コンメンタール
労働安全衛生法

三柴丈典 編
Mishiba Takenori

日本産業保健法学会 協力
The Japan Association of Occupational Health Law

法律文化社

KOMMENTAR

巻頭言

　労働安全衛生法は，1972年に労働基準法から独立して単独法となった。以来，工学，化学，衛生学，医学，経営学，心理学等の諸分野の成果を積極的に取り入れてきた。むろん，国際機関の条約勧告，諸外国の法制度，国内の裁判例等の影響も受けてきた。その結果，重大災害，とくに死亡事故は大幅に減少した。しかし，近年労災による死傷者数の減少に鈍化がみられる。その原因は多岐にわたるが，例えば介護施設での腰痛，小売店での転倒・転落等のサービス産業での災害，高齢者の事故（転倒・つまづき・墜落）などが注目される。

　また，職場で強い不安，ストレス，悩みを感じる労働者も高止まりしている。これまでの機械・設備・有害物質等による身体的リスクと並んで健康リスクへの対処が強く意識されるようになった。

　さらには，働き方の多様化のなかで，縦横にわたる重層下請構造の拡大，個人事業者の増加が認められる。しかし，これらに対して，労働安全衛生法は正面から対象にしてこなかった。2021年には，最高裁は建設アスベスト訴訟において，労働安全衛生法の一部は一人親方など労働者以外の者に対しても適用されると判断した。これをきっかけとして，国は個人事業者に対する安全衛生対策の整備に着手している。

　本書は，法令の制定経緯をふまえて労働安全衛生法令を総合的に解説することを目的としているが，上記のような災害リスクの変化や働き方の多様化をふまえて，労働安全衛生法の今後のあり方も意識して積極的な解釈を随所で行っている。

　特徴をいくつかあげると，本書は，労働安全衛生法令の字句説明にとどまらず，就業の実態及び監督指導の実務をふまえて，適用の実態を詳細に紹介しているところに第一の特徴がある。送検事例にかかる刑事裁判例も多く紹介し，そこから汲み取り得る示唆も示している。これにより，読者は，各条文の趣旨とそれが実際に果たす役割・作用を活き活きと理解することができるであろう。

　また，労災予防から健康増進，快適職場形成といった幅広い目的の実現のためには，人事労務担当者，産業保健職などの多彩な職能が個々の条文を的確に理解することが必要である。その意味で，労働安全衛生法令は，労働紛争における裁判規範としての性格だけではなく，産業保健に携わる関係者の心理と行動に働きかける行為規範である。本書は，これらの人たちが認識を共有できるように，機械・設備，有害物質等による災害発生のリスクを豊富な図画を用いながら分かりやすく解説している。

　第三の特徴は，本書は，豊富な民事裁判例を参照しつつ，安全配慮義務違反による事業者等の民事責任を視野に入れているところにある。労働安全衛生法令は基本的に監督行政によって実効性を担保されるものである。しかし，他方で，労災事故の被害者・遺族による民事裁判が数多く提起され，そこでは，労働安全衛生法令の規範が頻繁に斟酌されている。読者は，本書を通じて，労働安全衛生法令が民事裁判において果たす役割を理解することができよう。

　本書は，この他にも類書に見られない多くの特徴を有している。そのため，本書は，企業内の安全衛生管理担当者，企業経営者，産業医等の産業保健専門職，その他安全衛生や産業保健に関心を持つ実務家が，安全かつ健康な職場環境を整備するために採るべき措置・行為の選択にあたって有益な指針を提供するものである。また，労働安全衛生に関心をもつ弁護士・社会保険労務士等の法律専門家，行政の労働安全衛生担当者，さらには，安全衛生や産業保健に係る諸分野の研究者にとって，本書は，労働安全衛生法令を総合的に理解するための道標を提供するものである。

元厚生労働省労働政策審議会会長
東洋大学名誉教授
鎌　田　耕　一

巻頭言

　以下，編者であり，本書を統括した三柴丈典氏への飾らないメッセージをもって，巻頭言に代える。少し年齢は離れるが，四半世紀に及ぶ朋友として，敬称は略とする。

　三柴さんとの出会いは，26年前。平成10年，第９次労働災害防止計画が始動した年であったと記憶する。当時，私は労働省安全衛生部計画課の企画担当課長補佐を務めており，平成９年度の１年間を掛けてその素案を作成し，各方面との調整を経て，漸く閣議報告を終えて公表したところであった。
　担当者としては，死亡災害の数値目標，ストレスマネジメント対策，OHSMSの導入，機械・化学物質の包括的規制の導入などを織り込んだ，革新的なものをと思っていたが，各方面との熾烈な折衝・調整の結果，角張った素案は，誰でも呑み込みやすいモノになった反面，正に龍頭蛇尾の感も否めず，聊か脱力感を味わっていた時であった。
　そんな或る日，電話が鳴った。電話を取った係員が言うには，「一橋大学大学院で，労働安全衛生法の研究をやっている学生さんという人が，９次防について聞きたいとのことですが……。」とのこと。
　法学の研究者で，労働法を専門にする人は居ても，労働安全衛生法をやろうという人は，聞いたことがない。変わった人だなあと思いつつ，対応した。
　その後，平成13年，中央労働災害防止協会に出向していた時，また，三柴さんから「会ってお話を聞きたい」とのお申し出があった。
　本物の三柴さんとの出会いである。
　実物に会って，語り合って，魅せられた。

　労働法を，中でも安全衛生法を専門とする変わった人。しかし，労働者，働く人への視点。それのみならず，事業を行う人々（中小企業のオヤジ）に対しても注がれる温かい視点。更には，日本国に向ける温かい視点。労働法を専門とする学者の中には，日本嫌いの人もいる中で，三柴さんのような愛国者は珍しい。
　そして，音楽を，ピアノも深く愛する人。
　労働安全衛生行政の応援団長になって頂きたいと思った。
　以来，20余年の交友になる。
　その三柴さんは，労働行政の各種委員会で活躍され，遂には，労働政策審議会の委員に就任された。平成26年，労働安全衛生法改正の国会審議に際しては，参考人としても陳述をして下さった。
　しかし，三柴さんの活躍は，そこに止まらない。
　厚生労働科学研究では，労働安全衛生法の新機軸を念頭に研究を重ね，同好同学の士を発掘し，育成し，さらには，産業保健法学会を創ってしまった。その厖大なネットワークは，法学に止まらず，医学，産業界，さらには海外にまで広がる。

　その三柴さんが，労働安全衛生法コンメンタールを作ったという。正直言って，「法令のコンメンタールは，役所が書くもの」と思い込んでいた私は，「一　概論：安衛法の来し方行く末」，「二　現行法制度の背景と趣旨の整理再編」を読んで，ビックリした。
　長年，安全衛生行政に携わっていた者として，驚くような見解・視点。制度の解釈は様々なので，疑問に感ずる部分もあったが，「そういう見方もあったのかぁ」という箇所が多々あった。例えば，「鉱山保安法が安衛法の兄弟」という見解には，そういう見方もあるのかと新鮮に感じた。技術的基準から始まった安全衛生法令は，安全衛生管理の仕組みを取り入れる中で「安全衛生経営法」ともいえるものになった，という指摘は，首肯できる。
　化学物質管理には，「安衛法上の課題が集約している」との指摘も，思わず唸らされた。長年，化学物質管理の性能要件基準（目的を法定し，達成手段は規制対象に委ねる規制手法）化等に心血を注いできた私は，それが機械規制の見直しに繋がるとの視点は持っていたが，三柴さんのような視点は，遂に持ち得なかった。

私は，法学の専門家ではないが，「 6 　履行確保における安全配慮義務法理の活用」には，「法律の創造性」を垣間見たようで，この高揚感は，諏訪康雄先生（法政大学名誉教授。元中央労働委員会会長，労働政策審議会会長）の「キャリア権」の思想を伺って以来である。

　今，私の胸に去来しているのは「後生畏ルベシ」という言葉である。26年前，三柴さんが斯く変貌して，このような世界を創り上げているだろうとは，つゆ考えもしなかった。
　三柴さんが作り上げた，このコンメンタールがさらに裾野を広げ，三柴さんの肝胆を寒からしめる「後世」がさらに出で来たらんことを願っている。

元厚生労働省労働基準局安全衛生部長
（一社）日本ボイラ協会副会長

半　田　有　通

はしがき

　本書の特徴ないし理念は、「生きた法」にある。
　実は、タイトルを『〔コンメンタール〕生きた労働安全衛生法』にしたかったが、多くの方々にとって耳慣れないと思われるため、断念した。
　「生きた法」は、オーストリアの法学者 Eugen Ehrlich が産み、日本では、末広厳太郎教授や川島武宜教授らにより展開された言葉だが（ただし、「生ける法」と訳されることが多かった）、ここでは、
　　"法の作り手の思いと使い手の悩みを汲む営み"
　を意味する。
　前者は立法趣旨から規制の真の狙いを知ること、後者は法規と直面課題の不適応やそれに対応するための工夫を施すことを指す。
　形式的な法遵守や些末な解釈論にこだわるより、規制の趣旨を知り、法目的を達成するための学びとし、規制が現実に見合わなければ、趣旨の実現に向けて努力する、という前向き姿勢である。
　これは、多くの法律が目的とする利害調整や犯罪処罰より、労災防止等の現実的な結果を目的とし、そのため関係者（特に事業者らリスクの情報と管理権限を持つ者）への働きかけを重視する労働安全衛生法に必要な基本的姿勢である。
　もとより、労災や健康障害を望む事業者はいないはずだし、安衛法の目的は経営改善に通じる。しかし、経営はきれい事ばかりではない。ついつい労災・健康障害リスクを生じてしまうところに、法の説得力で、いかに意識と知識、仕組みと技術を持ち込めるかが、安衛法の勝負どころである。
　となれば、失敗学の宝庫である事件、そして予防政策の前線である監督指導実務の実際に学ばない手はない。それらの情報は、まさに生きた安衛法の具体化でもあり、法の趣旨も浮かび上がらせる。
　そこで本書では、関係判例と監督指導実務を中心に、適用の実際に関する情報をふんだんに盛り込んだ。また、規制の趣旨を明らかにするため、個々の条規の制度史を示した。加えて、同じ事象への適用上競合し得る関係規定にも、できる限り言及した。
　事務系の読者が事実関係を理解しにくいと思われる箇所には図解も付している。
　主な読者としては、安衛法に関わる行政官、労災防止に関わる各種団体、企業の安全衛生担当者のほか、労働法の専門家（弁護士、社会保険労務士、法学者等）、安全・衛生コンサルタント等を想定している。

　現段階で、法（政策）学、行政の監督指導ないし企業実務への貢献を考えて、これ以上充実した安衛法の体系書はないと自負している。
　本書は、条文解説に適用の実際を記した結果、ある面で、法政策の通信簿のような様相も呈している。むろん、法政策にも試行錯誤は欠かせないが、遵守や監督指導に困難を来しているものもある。安全より健康関係の規定や政策では、事業の個別性を踏まえた実施が求められることもあり、法の作り手、本省によるガバナンスが利きにくい実態も垣間見える。かといって、単なる一律強制が立法趣旨の実現に繋がるとも限らない。

　労働安全衛生は、多分野を横断する奥深い課題である。
　安全衛生は技術者の砦だったが、産業保健は、かなりの程度、人事労務的課題である。
　では、両者を取り結ぶべきか、是ならどう結ぶべきか。
　産業保健に着目すると、医療に寄せるべきか、経営に寄せるべきか。
　そもそも、安全衛生は、労働法の課題なのか、経済産業法ないしは環境法的課題なのか。
　つまり、労働者保護をどれだけ打ち出すべきなのか。仮にこれまではそれが有効だったとして、それが今後もそうなのか。
　疑問だらけである。

　そうした領域を扱う労働安全衛生法は、労災予防から健康増進、快適職場形成といった幅広い目的の実現のた

め，関係者の心理と行動への働きかけを図った行動科学的な法であり，規制技術の工夫の産物である。

代々漬け込まれてきた鰻の蒲焼きのタレのように，いろんな要素が混ざって，複雑多様，独特の風味を醸し出している。

問題はそれが秘伝となって，果ては誰も伝承できなくなることである。

今や，大きな変化の時代であり，複雑化し過ぎた法令は，温故知新を旨に，エッセンスのみ集約してシンプルな基準とし，その他はガイドライン等での情報提供を充実化することが求められている。

そのためにも，これまでの立法者の思いをこうした著書にまとめ上げ，規制の取捨選択をする必要がある。それが，役割を果たし終えた規制を成仏させることにも繋がるだろう。

本書の統一方針は，編者が設定した。

すなわち，生きた安全衛生法学を体現するため，先ずは，

1）条文の趣旨，2）制定経緯，3）適用の実際として，監督指導状況と関係判例

を調査して盛り込むよう，分担執筆者に繰り返し伝えた。

このうち監督指導状況については，厚生労働省安全衛生部のご助力を得て，（元）行政官（監督官・技官）向けのアンケート調査を行ったほか，本書の基礎となった厚生労働科学研究プロジェクトで研究協力者をお勤め頂いた，元労働基準監督署長の玉泉孝次氏，元労働基準監督官の篠原耕一氏，現労働基準監督官の森山誠也氏らに「語り部」となって頂き，詳細な情報提供を頂いた。

その調整は，元労働局長の藤森和幸氏にご担当頂いた。

条文の制定経緯や内容理解については，安衛法の立法に関わられ，やはり上記プロジェクトで研究協力者をお勤め頂いた畠中信夫氏，唐澤正義氏らから詳細な情報提供を頂いた。

しかし，内容が大部にわたるし，分担執筆者ごとに安衛法に関する理解，執筆のスタイル等がまちまちなので，編者において原著を独自に整理再編した概要を製作し，<u>その箇所だけ読めば標準的知識は得られるようにした</u>（特に詳しく知りたい場合，各条解をご参照頂きたい）。よって，その箇所の誤り等の文責は，基本的に編者にある。

なお，編者らが主要な関係判例について技術専門家に対して行ったインタビュー（事実関係を伝え，①判決の当否，②未然防止策の2点を尋ねた）の結果も概要に盛り込んだ。

本書が示す生きた法知識が，政策形成，学術論議から現場運用にまで活用され，労災や健康障害の防止から，個人と組織の双方が納得できる働き方までが実現されることを願ってやまない。

本書の刊行を支えた厚生労働科学研究・厚生労働行政推進調査事業による研究プロジェクトのメンバーで，本書の分担執筆をご担当頂いたか，ベースとなる班会議等で情報提供を頂いた方々は，以下の通り（2025年2月時点）。

浅田　和哉	社会保険労務士・労働安全コンサルタント，元労働安全衛生総合研究所監事，元大分労働局長	
阿部　未央	東北学院大学法学部　教授○	
阿部　理香	九州国際大学法学部　助教○	
石﨑由希子	横浜国立大学大学院国際社会科学研究院　教授○	
井村　真己	追手門学院大学法学部　教授○	
大幢　勝利	独立行政法人労働者健康安全機構　労働安全衛生総合研究所　所長代理	
大場　敏彦	元流通経済大学法学部　教授	
大藪　俊志	佛教大学社会学部公共政策学科　教授○	
鎌田　耕一	東洋大学名誉教授，前労働政策審議会会長○	
唐澤　正義	労働衛生コンサルタント（労働衛生工学），元福岡労働基準局長	
北岡　大介	東洋大学法学部　准教授，北岡社会保険労務士事務所　所長，元労働基準監督官	
吉川　直孝	独立行政法人労働者健康安全機構労働安全衛生総合研究所研究推進・国際センター　上席研究員○	
近藤　龍志	労働基準監督官○	
佐々木達也	名古屋学院大学法学部　准教授○	

篠原　耕一	合資会社 京都労務トラスト　社員，社会保険労務士，労働衛生コンサルタント
高木　元也	独立行政法人労働者健康安全機構　労働安全衛生総合研究所　新技術安全研究グループ　特任研究員
只野　祐	前公益社団法人全国労働衛生団体連合会　専務理事，元厚生労働省職業病認定対策室長〇
田中　建一	東洋大学 非常勤講師，社会保険労務士〇
玉泉　孝次	近畿労務安全衛生研究所　所長，元労働基準監督署長
角田　淳	労働安全コンサルタント
長谷川　聡	専修大学法学部　教授〇
畠中　信夫	元白鷗大学教授，元中央労働委員会事務局次長
原　俊之	青森中央学院大学経営法学部　教授〇
平岡　伸隆	独立行政法人労働者健康安全機構　労働安全衛生総合研究所　建設安全研究グループ　主任研究員
藤森　和幸	労働安全衛生研究所アクシス代表，元中央労働災害防止協会東京安全衛生教育センター所長
南　健悟	慶應義塾大学法学部　教授〇
森　晃爾	産業医科大学　産業生態科学研究所　教授
森山　誠也	労働基準監督官〇
柳川　行雄	元中央労働衛生専門官
吉田　肇	天満法律事務所　弁護士，元京都大学法科大学院　客員教授〇
淀川　亮	弁護士法人英知法律事務所　弁護士〇

（〇は，分担執筆者）

その他，以下の方々にヒアリングに応じ，貴重な情報をご提供頂いた（以下の肩書きはヒアリング当時）。

尾崎　智	日本化学工業協会環境安全部・RC推進部管掌常務理事
北口　源啓	旭化成株式会社環境安全部労働安全グループ長
後藤　博俊	一般社団法人日本労働安全衛生コンサルタント会顧問，元労働省環境改善室長等
宮澤　政裕	労働安全衛生コンサルタント，前建設労務安全研究会事務局長
森山　哲	技術士・労働安全コンサルタント，一般社団法人日本労働安全衛生コンサルタント会神奈川支部長

平成26年から28年の厚生労働科学研究で，以下の方々から頂いた情報も本書の重要な基盤をなしている。

稲垣　寛孝	元労働基準監督署長
梅崎　重夫	元（独）労働安全衛生総合研究所　所長
金原　清之	元労働基準局長，元労働基準監督官
酒井　直人	株式会社クボタ
高岡　弘幸	元旭硝子，元中央労働災害防止協会
豊澤　康男	元（独）労働安全衛生総合研究所　所長，仮設工業会　会長

その際行われた諸外国の法制度調査では，
編者（三柴）がイギリスの安全衛生管理にかかる法制度，
井村真己氏が，アメリカの事業者による自主的な安全衛生推進制度（SHARP〔Safety and Health achievement Recognition Program〕や現地コンサルテーション制度），
水島郁子氏（現大阪大学副学長・理事）が，EUのOiRA（Online Interactive Risk Assessment），
鈴木俊晴氏（現早稲田大学社会科学部教授）が，EUのリスクアセスメント法制
について調査し，そこから得られた示唆も本書の基盤の1つとなっている。

また，事務局員の早川智栄氏には，困難な厚労科研事務，分担者との調整等につき，幾年にもわたり，大変な

サポートを頂いた。

　本書の姉妹書として、『生きた労働安全衛生法』（法律文化社）、『生きた産業保健法』（産業医学振興財団）がある。前者は、本書に掲載した関係判例と監督指導状況等を中心に、後者は関係判例を中心に編纂したものであり、双方共に講座でのテキストとしての使用と一般読者による通読の双方を想定して執筆した。

　本書は，
　令和4年度-6年度厚生労働行政推進調査事業費補助金（政策科学総合研究事業）「法学的視点からみた社会経済情勢の変化に対応する労働安全衛生法体系に係る調査研究」（研究統括：三柴丈典），
　令和元年-3年度厚生労働科学研究費補助金（労働安全衛生総合研究事業）「労働安全衛生法の改正に向けた法学的視点からの調査研究」（研究代表：三柴丈典），
　平成26-28年度厚生労働科学研究費補助金（労働安全衛生総合研究事業）「リスクアセスメントを核とする諸外国の労働安全衛生制度の背景・特徴・効果とわが国への適応可能性に関する調査研究」（研究代表：三柴丈典）
　の研究成果の一部である。

　本書刊行の協力者である日本産業保健法学会は、生きた安全衛生法の探求と教育を目的として、多くの方々の支援を頂きつつ、2020年に設立された。当初の設立と育成は主に編者及び編者に近しい方々が担ったが、今や会員数1100名を超え、年次学術大会にも1100名以上の方々が参加し、分野をリードする国内誌と国際誌がWEBで公開され、万単位のアクセスを得る組織となり、多くの方々の自律的な活動により運営されている（https://jaohl.jp/）。

　本書の直接的な発刊費用には、この学会が、令和5年度に厚生労働省から受領した上記の厚生労働行政推進調査事業費補助金が充てられている。厚生労働省、学会及び学会関係者にも、深い謝意をお伝えしたい。
　日本産業保健法学会及び編者の研究や社会活動を長く支えて頂いている日本予防医学協会にも、この場を借りて深い謝意をお伝えしたい。

　最後になったが、困難な出版事情の中で、通常の人文・社会科学系の学術書とは、分量、スタイル、出版までの進め方等でかなり勝手の異なる出版物について寛容に受け止め、様々な無理難題に応じて頂き、なおかつ最大限丁寧な編集作業に従事して下さった法律文化社の梶谷修氏、徳田真紀氏、法律文化社様にも深い謝意をお伝えしたい。

2025年2月吉日

編者　三柴　丈典

＊本書では、文意の伝わりやすさを重視し、個々の文章を途中で行換えしている。これは、プレゼンテーション用のスライドに近づけることを意図したものである。
＊＊安衛法領域では規則や通達等の改訂が頻繁に行われるため、本書に書かれた情報が最新でない場合があるので、活用の際には、読者において最新情報をご確認頂けるようお願い申し上げる。

目次

巻頭言　　　　　　　　　　〔鎌田耕一〕i
巻頭言　　　　　　　　　　〔半田有通〕iii
はしがき　　　　　　　　　〔三柴丈典〕v
凡例　　　　　　　　　　　　　　　　xx
補論　安衛法の体系のどこに何を定めるか
　　　　　　　　　　　　　〔安達栄〕xxi

I 概論と整理再編

一　概論：安衛法の来し方行く末
　　　　　　　　　　　　　〔三柴丈典〕3
- 1 領域の特徴　3
- 2 法を巡る事情　3
- 3 来し方　4
- 4 規制の特徴　5
- 5 比較法社会学的調査の結果　7
- 6 履行確保における安全配慮義務法理の活用　8
- 7 改正の方向性　8

二　現行法制度の背景と趣旨の整理再編
　　　　　　　　　　　　　〔三柴丈典〕16

三　逐条解説の整理再編　〔三柴丈典〕19
- 1 三柴解説①（第1章第1条〜第5条）19
- 2 大藪・近藤解説①（第2章第6条〜第9条）25
- 3 三柴解説②（第3章第10条〜第19条の3）29
- 4 原解説（第4章第20条・第21条）59
- 5 佐々木解説（第4章第22条〜第25条の2）63
- 6 森山解説①（第4章第26条・第27条）80
- 7 石﨑解説①（第4章第28条〜第28条の2）90
- 8 三柴解説③（第4章第29条〜第32条）106
- 9 淀川解説①（第4章第33条・第34条）120
- 10 森山解説②（第4章第35条・第36条）128
- 11 井村解説（第5章第1節第37条〜第41条）135
- 12 森山解説③（第5章第1節第42条〜第44条の2）152
- 13 淀川解説②（第5章第1節第44条の3〜第54条の6）158
- 14 長谷川解説（第5章第2節第55条〜第58条）181
- 15 阿部（理香）解説（第6章第59条〜第63条）202
- 16 石﨑解説②（第7章第64条〜第68条の2）226
- 17 吉田・阿部（未央）解説（第7章第69条〜第71条）296
- 18 吉田解説①（第7章の2第71条の2〜第71条の4）307
- 19 大藪・只野・近藤・三柴解説（第8章第72条〜第77条）312
- 20 南解説（第9章第78条〜第87条）320
- 21 鎌田・田中解説（第10章第88条〜第100条）324
- 22 大藪・近藤解説②（第11章第101条〜第103条）332
- 23 吉田解説②（第11章第104条・第105条）335
- 24 森山解説④（第11章第106条〜第108条の2）347
- 25 大藪・近藤解説③（第11章第109条〜第115条）360

II 安衛法制定を後押しした災害と制定経緯
　　　　　　　　　　　　〔吉川直孝ほか〕396

III 逐条解説

第一章　総則

第1条から第5条まで　　〔三柴丈典〕399

第1条（目的）……399
- 1 趣旨　399
- 2 内容　399
- 3 沿革：制度史　400

第2条（定義）……402
- 1 趣旨　402
- 2 内容　402
- 3 沿革：制度史　406
- 4 運用　407

第3条（事業者等の責務）……410
- 1 趣旨　410
- 2 内容　410
- 3 制度史　411
- 4 運用　411

第4条……412
- 1 趣旨　413
- 2 内容　413
- 3 運用　413

第5条（事業者に関する規定の適用）……414
- 1 趣旨　414
- 2 内容　414
- 3 運用　415

結語：第1条〜第5条……415

第二章　労働災害防止計画

第 6 条から第 9 条まで　〔大藪俊志・近藤龍志〕421

 第 6 条（労働災害防止計画の策定）・第 7 条（変更）・
 第 8 条（公表）・第 9 条（勧告等）……421
  1 趣旨　421
  2 沿革　421
  3 内容　423
 考察と結語：第 6 条〜第 9 条……424
 章末資料……425

第三章　安全衛生管理体制

第10条から第19条の 3 まで　〔三柴丈典〕433

 第10条（総括安全衛生管理者）……433
  1 趣旨　433
  2 内容　434
  3 関係規定　436
  4 運用　436
 第11条（安全管理者）……436
  1 趣旨　436
  2 内容　437
  3 関係規定　440
  4 運用　440
 第12条（衛生管理者）……447
  1 趣旨　447
  2 内容　447
  3 関係規定　451
  4 運用　452
 第12条の 2 （安全衛生推進者等）……453
  1 趣旨　453
  2 内容　453
  3 関係規定　454
  4 運用　454
 第13条（産業医等）……454
  1 趣旨　455
  2 内容　456
  3 試論：産業医制度はなぜ必要なのか　463
  4 働き方改革における産業医制度改変の骨子と狙い　469
  5 諸外国の産業保健制度　475
  6 関係規定　475
  7 運用　475
 第13条の 2 ……484
  1 趣旨と内容　484
  2 関係規定　484
  3 運用　484
 第13条の 3 ……485
  1 趣旨と内容　485
  2 関係規定　486
  3 運用　486
 第14条（作業主任者）……486
  1 趣旨　487
  2 内容　487
  3 関係規定　490
  4 運用　490
 第15条（統括安全衛生責任者）・第15条の 2 （元方安全衛生管理者）……493
  1 趣旨　494
  2 内容　495
  3 関係規定　498
  4 運用　498
 第15条の 3 （店社安全衛生管理者）……501
  1 趣旨　502
  2 内容　502
  3 関係規定　504
  4 運用　504
 第16条（安全衛生責任者）……504
  1 趣旨　504
  2 内容　505
  3 関係規定　505
  4 運用　505
 第17条（安全委員会）・第18条（衛生委員会）・第19条（安全衛生委員会）……510
  1 趣旨　511
  2 内容　512
  3 関係規定　516
  4 運用　516
 第19条の 2 （安全管理者等に対する教育等）……519
  1 趣旨と内容　520
  2 関係規定　521
  3 運用　521
 第19条の 3 （国の援助）……521
  1 趣旨と内容　521
  2 関係規定　521
  3 運用　521
 結語：第10条〜第19条の 3 ……528

第四章　労働者の危険又は健康障害を防止するための措置

第20条・第21条　〔原　俊之〕535

 第20条（事業者の講ずべき措置等）・第21条……535
  1 趣旨と内容　535
  2 沿革　537
  3 背景になった災害等　538
  4 適用の実際　538
  5 関係判例　541
 考察：第20条・第21条……542
 結語：第20条・第21条……545

第22条から25条の2まで 〔佐々木達也〕 548

第22条……548
- 1 趣旨 548
- 2 内容 548
- 3 関連規則による健康障害防止等に必要な具体的規制 549
- 4 罰則 559
- 5 沿革 559
- 6 背景となった災害 560
- 7 関連判例 560
- 8 適用の実際 565

第23条……569
- 1 趣旨 569
- 2 内容 569
- 3 沿革 570
- 4 背景となった災害 571
- 5 関連判例 571
- 6 適用の実際 573

第24条……574
- 1 趣旨 574
- 2 内容 575
- 3 罰則 575
- 4 沿革 575
- 5 背景となった災害 575
- 6 関連判例 575
- 7 適用の実際 577

第25条……578
- 1 趣旨 578
- 2 内容 578
- 3 罰則 578
- 4 沿革 578
- 5 背景となった災害 578
- 6 関連判例 578
- 7 適用の実際 580

第25条の2……580
- 1 趣旨 580
- 2 内容 580
- 3 罰則 581
- 4 沿革 581
- 5 背景となった災害 582
- 6 関連判例 582
- 7 適用の実際 582

考察と結語：第22条～第25条の2……582

第26条・第27条 〔森山誠也〕 585

第26条（事業者の講ずべき措置等）……585
- 1 趣旨と内容 585
- 2 労働者派遣の場合の読替え 585
- 3 罰則 585
- 4 条文解釈 586
- 5 沿革 588
- 6 義務主体としての労働者と事業者との関係 590
- 7 労働者に義務を課す技術上の必要性とその義務の限界 594
- 8 労働者の責任 595
- 9 災害補償の免責及び労働者災害補償保険の支給制限 595
- 10 危害回避のための労働者の就労拒否・退避権 596
- 11 関連規定 598
- 12 国際労働基準との関係 599
- 13 適用の実際 600
- 14 鉱山における保安及び船員 601
- 15 家内労働法 603
- 16 外国の事情 603

第27条（事業者の講ずべき措置等）……604
- 1 趣旨と内容 604
- 2 条文解釈 604
- 3 沿革 607
- 4 命令委任 611
- 5 省令制定権限の不行使 614
- 6 命令制定過程，三者構成原則等 615
- 7 危害防止基準 616
- 8 国際労働基準との関係 634
- 9 適用の実際 635
- 10 鉱山における保安及び船員 636
- 11 刑務作業における危害防止基準 637
- 12 他の法令との重畳適用 637
- 13 使用従属関係による規制の限界と意義 638

考察と結語：第26条・第27条……639

第28条・第28条の2 〔石﨑由希子〕 652

第28条（技術上の指針等の公表等）……652
- 1 趣旨 652
- 2 内容 653
- 3 沿革 661
- 4 適用の実際 663
- 5 関係判例 664

第28条の2（事業者の行うべき調査等）……668
- 1 趣旨 668
- 2 内容 668
- 3 沿革 686
- 4 適用の実際 689
- 5 関係判例 694

考察と結語：第28条・第28条の2……699

第29条から第32条まで 〔三柴丈典〕 702

第29条（元方事業者の講ずべき措置等）・第29条の2……702
- 1 趣旨と内容 702
- 2 関連規定：法条 706
- 3 沿革 706
- 4 運用 708

第30条（特定元方事業者等の講ずべき措置）・第30条の2・第30条の3……715
- 1 趣旨と内容 716
- 2 関連規定：法条 720
- 3 沿革 720
- 4 運用 721

第31条（注文者の講ずべき措置）・第31条の2・第31条の3・第31条の4（違法な指示の禁止）……728
- 1 趣旨と内容 728
- 2 関連規定：法条 733
- 3 沿革 733
- 4 運用 734

第32条（請負人の講ずべき措置等）……736
- 1 趣旨 736
- 2 内容 737
- 3 運用 737

考察と結語：第29条～第32条……738

第33条・第34条　〔淀川　亮〕743

第33条（機械等貸与者等の講ずべき措置等）……743
- 1 趣旨 743
- 2 内容 743
- 3 関連規定 746
- 4 沿革 747
- 5 運用 748

第34条（建築物貸与者の講ずべき措置等）……752
- 1 趣旨 752
- 2 内容 752
- 3 関連規定 754
- 4 沿革 754
- 5 運用 755

結語：第33条・第34条……755

第35条・第36条　〔森山誠也〕756

第35条（重量表示）……756
- 1 趣旨と内容 756
- 2 罰則 757
- 3 条文解釈 757
- 4 適用範囲 758
- 5 船舶ニ依リ運送セラルル重包装貨物ノ重量標示ニ關スル條約（ILO第27号条約）759
- 6 沿革 766
- 7 適用の実際 768
- 8 関係分野の状況 769
- 9 検討課題 770

第36条（厚生労働省令への委任）……771
- 1 趣旨と概要 771
- 2 被引用規定の概要 771
- 3 労働者派遣の場合の読替え 771
- 4 本法中の他の包括的委任規定 773
- 5 沿革 773
- 6 運用 775

付録　国際労働基準の適用監視と関係資料等（参考）……776

考察と結語：第35条・第36条……777

第五章　機械等並びに危険物及び有害物に関する規制

第一節　機械等に関する規制

第37条から第41条まで　〔井村真己〕783

第37条（製造の許可）……783
- 1 関連政省令 783
- 2 趣旨と内容 786
- 3 関連規定 796
- 4 沿革 796
- 5 運用 800
- 6 改正提案 804

第38条（製造時等検査等）……804
- 1 関連政省令 805
- 2 趣旨と内容 808
- 3 関連規定 815
- 4 沿革 820
- 5 運用 823
- 6 改正提案 824

第39条（検査証の交付等）……824
- 1 関連政省令 824
- 2 趣旨と内容 825
- 3 沿革 826
- 4 運用：関係判例 826

第40条（使用等の制限）……826
- 1 趣旨と内容 826
- 2 沿革 828
- 3 運用 828

第41条（検査証の有効期間等）……829
- 1 趣旨と内容 829
- 2 沿革 830
- 3 運用 831
- 4 改正提案 833

結語：第37条～第41条……833

第42条から第44条の2まで　〔森山誠也〕836

第42条（譲渡等の制限等）・第43条・第43条の2……836
- 1 趣旨と内容 836
- 2 罰則 838
- 3 条文解釈 838
- 4 適用範囲の検討 851
- 5 動力に依り運転せらるる機械の保護に付ての責任に関する勧告（ILO第32号勧告）853

6　機械の防護に関する条約（ILO第119号条約）　854
　　　7　沿革　860
　　　8　運用：適用の実際　869
　　　9　関係規定（流通関係）　877
　　　10　家内労働法における機械等の譲渡等の制限規制　878
　　　11　第三者行為災害に対する保険支給運用　880
　　第44条（個別検定）・第44条の2（型式検定）……880
　　　1　罰則　881
　　　2　趣旨　881
　　　3　条文解釈　882
　　　4　沿革　884
　　　5　適用の実際　893
　　　6　検定制度に関する国会での議論とその検討　894
　　未検討課題等：第42条～第44条の2……895
　　結語：第42条～第44条の2……896

第44条の3から第54条の6まで　〔淀川　亮〕　901

　　第44条の3（型式検定合格証の有効期間等）……901
　　　1　趣旨　901
　　　2　内容　901
　　　3　沿革　902
　　　4　元行政官へのインタビューから得られた運用にかかる情報と制度改善案　903
　　第44条の4（型式検定合格証の失効）……903
　　　1　趣旨　903
　　　2　内容　903
　　　3　沿革　904
　　第45条（定期自主検査）……904
　　　1　趣旨　904
　　　2　内容　904
　　　3　沿革　909
　　　4　適用の実際　909
　　　5　関係判例　912
　　　6　元行政官へのインタビューで示された今後の検討課題　916
　　　7　その他　916
　　第46条（登録製造時等検査機関の登録）……916
　　　1　趣旨　917
　　　2　内容　917
　　　3　沿革　918
　　　4　元行政官への聞き取り調査から得られた運用実態に関する情報と制度改正への意見　919
　　第46条の2（登録の更新）……920
　　　1　趣旨と内容　920
　　第47条（製造時等検査の義務等）……920
　　　1　趣旨　920
　　　2　内容　920
　　　3　沿革　920
　　　4　運用　921
　　第47条の2（変更の届出）……922
　　　1　趣旨と内容　922
　　第48条（業務規程）……922
　　　1　趣旨と内容　922
　　　2　沿革　922
　　第49条（業務の休廃止）……923
　　　1　趣旨と内容　923
　　第50条（財務諸表等の備付け及び閲覧等）……923
　　　1　趣旨　924
　　　2　内容　924
　　第51条（検査員の選任等の届出）……925
　　　1　趣旨と内容　925
　　第52条（適合命令）……925
　　　1　趣旨と内容　925
　　第52条の2（改善命令）……926
　　　1　趣旨　926
　　　2　内容　926
　　第52条の3（準用）……926
　　　1　趣旨　926
　　　2　内容　926
　　第53条（登録の取消し等）……927
　　　1　趣旨と内容　928
　　第53条の2（都道府県労働局長による製造時等検査の実施）……929
　　　1　趣旨と内容　929
　　第53条の3（登録性能検査機関）……929
　　　1　趣旨　930
　　　2　内容　930
　　第54条（登録個別検定機関）……932
　　　1　趣旨　933
　　　2　内容　933
　　第54条の2（登録型式検定機関）……935
　　　1　趣旨と内容　936
　　第54条の3（検査業者）……938
　　　1　趣旨　939
　　　2　内容　940
　　第54条の4……941
　　　1　趣旨と内容　941
　　　2　運用　942
　　第54条の5……942
　　　1　趣旨と内容　942
　　第54条の6……943
　　　1　趣旨と内容　943
　　　2　適用の実際　944
　　考察と結語：第44条の3～第54条の6……944

第二節　危険物及び有害物に関する規制

第55条から第58条まで　〔長谷川聡〕　948

　　第55条（製造等の禁止）……950
　　　1　趣旨　950
　　　2　内容　951
　　　3　関連規定：法条　953

- ④ 沿革　953
- ⑤ 運用　954
- ⑥ その他　957

第56条（製造の許可）……957
- ① 趣旨　957
- ② 内容　958
- ③ 関連規定：法条　966
- ④ 沿革　966
- ⑤ 運用　966
- ⑥ その他　967

第57条（表示等）……967
- ① 趣旨　967
- ② 内容　968
- ③ 関連規定：法条　973
- ④ 沿革　974
- ⑤ 運用　975
- ⑥ その他　977

第57条の2（文書の交付等）……977
- ① 趣旨　978
- ② 内容　978
- ③ 関連規定：法条　983
- ④ 沿革　984
- ⑤ 運用　984
- ⑥ その他　985

第57条の3（第57条第1項の政令で定める物及び通知対象物について事業者が行うべき調査等）……985
- ① 趣旨　985
- ② 内容　986
- ③ 関連規定：法条　991
- ④ 沿革　991
- ⑤ 運用　992
- ⑥ その他　994

第57条の4（化学物質の有害性の調査）……995
- ① 趣旨　995
- ② 内容　995
- ③ 関連規定：法条　999
- ④ 沿革　999
- ⑤ 運用　1000
- ⑥ その他　1001

第57条の5……1002
- ① 趣旨　1002
- ② 内容　1002
- ③ 関連規定：法条　1002
- ④ 沿革　1002
- ⑤ 運用　1003
- ⑥ その他　1003

第58条（国の援助等）……1003
- ① 趣旨　1003
- ② 内容　1003
- ③ 関連規定：法条　1003
- ④ 沿革　1004
- ⑤ 運用　1004
- ⑥ その他　1004

考察と結語：第55条〜第58条……1004

章末資料……1010

第六章　労働者の就業に当たっての措置

第59条から第63条まで　〔阿部理香〕　1041

第59条（安全衛生教育）……1041
- ① 趣旨　1041
- ② 内容　1042
- ③ 関連規定　1065
- ④ 沿革　1065
- ⑤ 元行政官の安全衛生教育者が語る本条　1067
- ⑥ 関係判例　1068
- ⑦ 民事上の効果　1069
- ⑧ 改正提案　1069

第60条……1069
- ① 趣旨　1069
- ② 内容　1070
- ③ 関連規定　1070
- ④ 沿革　1070
- ⑤ 元行政官の安全衛生教育者が語る本条　1071
- ⑥ 関係判例　1072
- ⑦ 職長等の民刑事上の責任　1073
- ⑧ 改正提案　1073

第60条の2……1073
- ① 趣旨　1074
- ② 内容　1074
- ③ 関連規定：法条　1075
- ④ 沿革　1075
- ⑤ 運用　1075
- ⑥ その他：民事上の効果　1076

第61条（就業制限）……1076
- ① 趣旨　1076
- ② 内容　1076
- ③ 沿革　1079
- ④ 運用　1079
- ⑤ その他：民事上の効果　1081

第62条（中高年齢者等についての配慮）……1081
- ① 趣旨　1081
- ② 内容　1081
- ③ 沿革　1082
- ④ 運用　1082
- ⑤ その他：民事上の効果　1083
- ⑥ 改正提案：要配慮者の範囲　1084

第63条（国の援助）……1084
- ① 趣旨　1084
- ② 内容　1084
- ③ 背景となった災害等　1084
- ④ 運用　1084

考察：第59条〜第63条……1085
結語：第59条〜第63条……1086

章末資料……1089

第七章　健康の保持増進のための措置

第64条から第68条の2まで　〔石﨑由希子〕　1093

第64条……1094
- 1 沿革　1094

第65条（作業環境測定）……1094
- 1 趣旨　1094
- 2 内容　1094
- 3 沿革　1124
- 4 関係判例　1135
- 5 適用の実際　1135

第65条の2（作業環境測定の結果の評価等）……1136
- 1 趣旨　1137
- 2 内容　1137
- 3 沿革　1142
- 4 適用の実際　1143
- 5 法制度上の課題　1144

第65条の3（作業の管理）……1145
- 1 趣旨　1145
- 2 内容　1145
- 3 沿革　1145
- 4 関係判例　1147

第65条の4（作業時間の制限）……1147
- 1 趣旨　1147
- 2 内容　1148
- 3 沿革　1152
- 4 適用の実際　1153
- 5 関係判例　1153
- 6 視点・論点　1154

第66条（健康診断）……1155
- 1 趣旨　1155
- 2 内容　1156
- 3 沿革　1169
- 4 適用の実際　1175
- 5 関係判例　1179
- 6 関連規定　1185

第66条の2（自発的健康診断の結果の提出）……1185
- 1 趣旨と内容　1185
- 2 沿革　1186
- 3 適用の実際　1187

第66条の3（健康診断の結果の記録）……1187
- 1 趣旨と内容　1187
- 2 沿革　1188

第66条の4（健康診断の結果についての医師等からの意見聴取）……1188
- 1 趣旨　1188
- 2 内容　1188
- 3 沿革　1189
- 4 適用の実際　1190
- 5 関係判例　1191

第66条の5（健康診断実施後の措置）……1192
- 1 趣旨　1192
- 2 内容　1192
- 3 沿革　1193
- 4 適用の実際　1194
- 5 関係判例　1194

第66条の6（健康診断の結果の通知）……1195
- 1 趣旨　1195
- 2 内容　1195
- 3 沿革　1196
- 4 適用の実際　1196
- 5 関係判例　1196

第66条の7（保健指導等）……1197
- 1 趣旨　1197
- 2 内容　1197
- 3 沿革　1197

第66条の8（面接指導等）……1198
- 1 趣旨　1198
- 2 内容　1198
- 3 沿革　1200
- 4 適用の実際　1202
- 5 関係判例　1203

第66条の8の2……1206
- 1 趣旨　1206
- 2 内容　1206
- 3 沿革　1206
- 4 適用の実際　1207

第66条の8の3……1207
- 1 趣旨　1207
- 2 内容　1207
- 3 沿革　1209
- 4 適用の実際　1213
- 5 関係判例　1214

第66条の8の4……1216
- 1 趣旨　1217
- 2 内容　1217
- 3 沿革　1218
- 4 適用の実際　1220

第66条の9……1220
- 1 趣旨　1220
- 2 内容　1220
- 3 制度史　1221
- 4 適用の実際　1221

第66条の10（心理的な負担の程度を把握するための検査等）……1221
- 1 趣旨　1222
- 2 内容　1222
- 3 沿革　1229
- 4 適用の実際　1234
- 5 関係判例　1235

第67条（健康管理手帳）……1236

1 趣旨　1236
　　2 内容　1236
　　3 沿革　1237
　　4 関係判例　1238
　　5 適用の実際　1239
　　6 関連規定　1240
　第68条（病者の就業禁止）……1240
　　1 趣旨　1240
　　2 内容　1240
　　3 沿革　1240
　　4 関係判例　1242
　　5 適用の実際　1242
　　6 関連規定　1243
　第68条の2（受動喫煙の防止）……1245
　　1 趣旨　1245
　　2 内容　1245
　　3 沿革　1248
　　4 適用の実際：事業所における取組状況　1255
　　5 関係判例　1255
　　6 関連規定　1259
　考察と結語：第64条～第68条の2……1260

第69条から第71条まで　〔阿部未央・吉田肇〕　1272

　第69条（健康教育等）・第70条（体育活動等についての便宜供与等）・第70条の2（健康の保持増進のための指針の公表等）・第70条の3（健康診査等指針との調和）・第71条（国の援助）……1272
　　1 趣旨と内容　1272
　　2 関連規定　1277
　　3 沿革：制度史　1277
　　4 背景となった災害等　1278
　　5 運用　1279
　考察と結語：第69条～第71条……1295

第七章の二　快適な職場環境の形成のための措置

第71条の2から第71条の4まで〔吉田　肇〕　1299

　第71条の2（事業者の講ずる措置）・第71条の3（快適な職場環境の形成のための指針の公表等）・第71条の4（国の援助）……1299
　　1 趣旨　1299
　　2 内容　1299
　　3 関連規定　1302
　　4 沿革　1303
　　5 運用　1304
　考察と結語：第71条の2～第71条の4……1315

第八章　免　許　等

第72条から第77条まで

　〔大藪俊志・只野祐・近藤龍志・三柴丈典〕　1319

概　論……1319
　第72条（免許）……1327
　　1 趣旨　1327
　　2 内容　1327
　　3 関連規定　1329
　第73条……1330
　　1 趣旨　1330
　　2 内容　1330
　　3 関連規定　1330
　第74条（免許の取消し等）・第74条の2（厚生労働省令への委任）……1330
　　1 趣旨　1331
　　2 内容　1331
　　3 関連規定　1331
　第75条（免許試験）……1333
　　1 趣旨　1334
　　2 内容　1334
　　3 関連規定　1334
　第75条の2（指定試験機関の指定）……1336
　　1 趣旨　1336
　　2 内容　1336
　　3 関連規定　1337
　第75条の3（指定の基準）・第75条の4（役員の選任及び解任）・第75条の5（免許試験員）……1337
　　1 趣旨　1338
　　2 内容　1338
　　3 関連規定　1338
　第75条の6（試験事務規程）……1338
　　1 趣旨　1338
　　2 内容　1338
　　3 関連規定　1339
　第75条の7（事業計画の認可等）……1339
　　1 趣旨　1339
　　2 内容　1339
　第75条の8（秘密保持義務等）……1339
　　1 趣旨　1339
　　2 内容　1339
　　3 関連規定　1340
　第75条の9（監督命令）・第75条の10（試験事務の休廃止）・第75条の11（指定の取消し等）・第75条の12（都道府県労働局長による免許試験の実施）……1340
　　1 趣旨　1341
　　2 内容　1341
　　3 関連規定　1342
　第76条（技能講習）……1342
　　1 趣旨　1342

    ② 内容　1342
    ③ 関連規定　1344
  第77条（登録教習機関）……1345
    ① 趣旨　1346
    ② 内容　1347
  考察：第72条～第77条……1349
  参考1　免許に関連する用語等……1351
  参考2　技能講習に関連する用語等……1358
  章末資料……1371

第九章　事業場の安全又は衛生に関する改善措置等

第78条から第87条まで　〔南　健悟〕　1389

第一節　特別安全衛生改善計画及び安全衛生改善計画

  第78条（特別安全衛生改善計画）……1389
    ① 趣旨　1390
    ② 内容　1390
    ③ 関連規定　1392
    ④ 沿革　1392
    ⑤ 運用　1393
  第79条（安全衛生改善計画）・第80条（安全衛生診断）
    ……1393
    ① 趣旨　1394
    ② 内容　1394
    ③ 関連規定　1395
    ④ 沿革　1395
    ⑤ 運用　1396

第二節　労働安全コンサルタント及び労働衛生コンサルタント

  第81条（業務）・第82条（労働安全コンサルタント試験）・第83条（労働衛生コンサルタント試験）・第83条の2（指定コンサルタント試験機関）・第83条の3（指定コンサルタント試験機関の指定等についての準用）・第84条（登録）・第85条（登録の取消し）・第85条の2（指定登録機関）・第85条の3（指定登録機関の指定等についての準用）・第86条（義務）・第87条（日本労働安全衛生コンサルタント会）……1397
    ① 趣旨　1399
    ② 内容　1399
    ③ 関連規定　1403
    ④ 沿革　1404
    ⑤ 運用　1404
  課題と考察：第78条～第87条……1405
  おわりに：第78条～第87条……1406

第十章　監督等

第88条から第100条まで

〔鎌田耕一・田中健一〕　1409

  第88条（計画の届出等）……1409
    ① 趣旨　1410
    ② 沿革　1410
    ③ 内容　1411
  第89条（厚生労働大臣の審査等）……1426
    ① 内容　1427
  第89条の2（都道府県労働局長の審査等）……1427
    ① 内容　1427
  第90条（労働基準監督署長及び労働基準監督官）……1429
    ① 趣旨　1429
    ② 沿革　1429
    ③ 労働基準監督署長の職務　1429
    ④ 労働基準監督署の業務　1429
    ⑤ 「事務をつかさどる」の意味　1430
    ⑥ 権限行使の制約　1430
  第91条（労働基準監督官の権限）……1430
    ① 趣旨　1431
    ② 権限　1431
    ③ 是正勧告，指導票等　1433
    ④ 労働基準監督官の守秘義務　1434
    ⑤ 司法処分　1434
    ⑥ 犯罪捜査と行政監督　1434
  第92条……1435
    ① 趣旨　1435
    ② 沿革　1435
    ③ 司法警察員の権限　1435
  第93条（産業安全専門官及び労働衛生専門官）……1435
    ① 趣旨　1436
    ② 沿革　1436
    ③ 資格・配置　1436
    ④ 職務　1436
    ⑤ 実際の配置，職務　1437
    ⑥ 関連裁判例　1438
  第94条（産業安全専門官及び労働衛生専門官の権限）
    ……1438
    ① 趣旨　1439
    ② 権限　1439
    ③ 立入検査　1439
  第95条（労働衛生指導医）……1439
    ① 趣旨　1439
    ② 沿革　1439
    ③ 職務　1439
    ④ 任命　1440
  第96条（厚生労働大臣等の権限）……1440
    ① 趣旨　1440

② 内容　1440
③ 罰則　1441
第96条の2（機構による労働災害の原因の調査等の実施）……1442
① 趣旨　1442
② 沿革　1442
③ 機構の目的と組織　1442
④ 内容　1443
第96条の3（機構に対する命令）……1443
① 趣旨　1444
② 沿革　1444
③ 命令　1444
第97条（労働者の申告）……1444
① 趣旨　1444
② 沿革　1444
③ 申告権の内容　1444
④ 申告と労働基準監督官の監督権限の発動　1445
⑤ 本条違反の不利益取扱いの効力　1445
第98条（使用停止命令等）……1446
① 趣旨　1446
② 沿革　1446
③ 都道府県労働局長等の使用停止等命令　1447
④ 労働基準監督官の権限行使　1448
⑤ 都道府県労働局長等の権限行使と裁量　1448
⑥ 注文者に対する勧告又は要請　1449
⑦ 使用停止等命令違反に対する罰則　1449
第99条……1450
① 趣旨　1450
② 沿革　1450
③ 内容　1450
④ 適用の実際　1450
第99条の2（講習の指示）……1451
① 趣旨　1451
② 内容　1451
第99条の3……1452
① 趣旨　1452
② 内容　1452
第100条（報告等）……1452
① 趣旨　1453
② 沿革　1453
③ 報告すべき内容　1453

第十一章　雑　則

第101条から第103条まで
〔大藪俊志・近藤龍志〕　1463
第101条（法令等の周知）……1463
① 趣旨　1463
② 内容　1463
③ 実務上の取扱い　1464
④ 行政指導　1465

第102条（ガス工作物等設置者の義務）……1468
① 趣旨　1468
② 内容　1468
第103条（書類の保存等）……1468
① 趣旨　1468
② 内容　1469

第104条・第105条　〔吉田　肇〕　1471
第104条（心身の状態に関する情報の取扱い）……1471
① 趣旨　1471
② 内容　1472
③ 関連判例　1481
④ 関連する規定　1489
⑤ 沿革　1490
第105条（健康診断等に関する秘密の保持）……1490
① 趣旨　1490
② 内容　1491
③ 関連規定　1491
若干の考察：第104条・第105条……1492

第106条から第108条の2まで　〔森山誠也〕　1495
第106条（国の援助）……1495
① 趣旨　1495
② 条文解釈　1496
③ 関係規定　1499
④ 国際労働基準　1500
⑤ 沿革　1501
⑥ 運用　1503
⑦ 労働者災害補償保険事業（社会復帰促進等事業）　1511
⑧ 本法が適用されない領域等における事情　1514
第107条（厚生労働大臣の援助）……1515
① 趣旨　1515
② 条文解釈　1515
③ 関係規定　1516
④ 沿革　1516
⑤ 運用　1516
第108条（研究開発の推進等）……1517
① 趣旨　1517
② 条文解釈　1517
③ 関係規定　1517
④ 沿革　1518
⑤ 運用　1518
第108条の2（疫学的調査等）……1518
① 趣旨と内容　1518
② 条文解釈　1519
③ 罰則　1521
④ 関係規定　1521
⑤ 国際労働基準　1522
⑥ 沿革　1522
⑦ 運用及び本条の意義　1523

考察と結語：第106条〜第108条の2……1524

第109条から第115条の2まで

〔大藪俊志・近藤龍志〕 1529

第109条（地方公共団体との連携）……1529
- 1 趣旨 1529
- 2 内容 1529

第110条（許可等の条件）……1529
- 1 趣旨 1530
- 2 内容 1530

第111条（審査請求）……1530
- 1 趣旨 1530
- 2 内容 1530

第112条（手数料）……1531
- 1 趣旨 1532
- 2 内容 1532

第112条の2（公示）……1532
- 1 趣旨 1534
- 2 内容 1534

第113条（経過措置）……1534
- 1 趣旨 1534
- 2 内容 1534

第114条（鉱山に関する特例）……1534
- 1 趣旨 1534
- 2 内容 1534

第115条（適用除外）……1535
- 1 趣旨 1535
- 2 内容 1535

第115条の2（厚生労働省令への委任）……1535
- 1 趣旨 1535

事項索引……1537
判例索引……1550

凡　例

* 逐条解説では，解説する条文を網掛け内に引用している。原則原文通りとし，アラビア数字に改めた。下線は引用者，〔＊〕は編者による注記。
* その他の法令，判例等の引用は，原則原文通りとし，アラビア数字に置き換えた。参照資料によって，また，読みやすさのために，旧字体・新字体が混在している箇所がある。
* 改正刑法により，2025年6月1日以降，懲役刑と禁錮刑は「拘禁刑」に一本化される。

* 判例の示し方は下記の通り。
　　最1小判令3・5・17民集75巻5号1359頁
　　→最高裁判所第1小法廷令和3年5月17日判決最高裁判所民事判例集75巻5号1359頁

* 主な判例集，データベースの示し方は下記の通り。
　　民集　　　　最高裁判所民事判例集
　　集民　　　　最高裁判所裁判集民事
　　下刑集　　　下級裁判所刑事裁判例集
　　判時　　　　判例時報
　　判タ　　　　判例タイムズ
　　労経速　　　労働経済判例速報
　　労判　　　　労働判例
　　LEX/DB　　　TKCローライブラリー
　　WLJPCA　　　Westlaw Japan
　　D1-Law　　　第一法規法情報総合データベース
　　判例秘書　　LLI/DB 判例秘書 Internet

* 主な法令の示し方は下記の通り。
　　安衛法　　　　　　　　労働安全衛生法
　　安衛則　　　　　　　　労働安全衛生規則
　　安衛令　　　　　　　　労働安全衛生法施行令
　　労基法　　　　　　　　労働基準法
　　労契法　　　　　　　　労働契約法
　　安全・衛生コンサルタント規則　労働安全コンサルタント及び労働衛生コンサルタント規則
　　作環法　　　　　　　　作業環境測定法
　　災防法／労災防止団体法　労働災害防止団体法

【補論】安衛法の体系のどこに何を定めるか

本稿では，法律から通達まで，様々なルールから成る労働安全衛生規制の体系において，どこに何を定めるか等について，実際に立法活動に携わった経験から試論を述べる。

ただし，私見であり，行政の見解を示す趣旨ではない。

1 労働安全衛生法令の体系

労働安全衛生法令には，法律（安衛法），政令（安衛法施行令），省令（安衛則）と階層があり，さらにその具体化を告示，通達が図っている。

この法体系において，国民の権利を制限したり，同人に義務を課す事項は，「法律」に定めなければならない。これは，公共の福祉に関する日本国憲法の定め（第12条，第13条，第22条，第29条など）の解釈等から導かれる法原則である。

労働安全衛生法施行令などは，「政令（施行令）」と分類される下位法令である。

この政令については，憲法の規定により，「この憲法及び法律の規定を実施するために，政令を制定すること。但し，政令には，特にその法律の委任がある場合を除いては，罰則を設けることができない。」（憲法第73条第6号）とあるように，あくまで法律の規定を実施するために制定するものである。

労働安全衛生規則などの「省令（施行規則）」は，各省大臣（この場合は厚生労働大臣）が，法律を施行するために定める法令であり，政令と同様，法律の委任がない限り，罰則や国民の権利を制限するなどの規定を定めることはできない。

（参考）国家行政組織法第12条

> 第12条　各省大臣は，主任の行政事務について，法律若しくは政令を施行するため，又は法律若しくは政令の特別の委任に基づいて，それぞれその機関の命令として省令を発することができる。

各省庁が定める「告示」，「通達（行政通達）」は，法令を詳細に解釈するものであり，安衛法令のように，「講ずべき措置」が多岐にわたるものについては，法令の規定を具体的に施行する上で欠かせないものとなっている。

特に安衛法令では省令も多岐にわたり，告示，通達レベルまで一覧しなければ具体的な措置内容を判断しにくいものもあり，その点では，利用者にとっての「一覧性」にやや難があるといえる。

2 労働安全衛生法の改正手続き

労働安全衛生法などの法律を改正するには，国会の議決を経る必要がある。事前の各種プロセスも含め，手続きとしてはハードルが高い。

国会審議では，所管の委員会（安衛法については衆・参両院の厚生労働委員会）での審議を経て，本会議で審議される。会期中に審議できる法案の本数は限られることから，緊急性，重要性などから国会へ提出される法案は絞り込まれる。厚生労働省は，他の省庁に比べ，旧厚生省の社会保障，医療，社会福祉など，旧労働省の雇用政策などと広範囲な分野を所掌していることからも，法改正すべき事項が多々ある中で，ある程度優先順位が高くないと，法案提出の可能性が低くなる。

例えば，現在，特定機械等の検査業務につき，行政から民間の登録機関への移行が目指されているが，クレーンの検査業務を移管するには，法別表を改正せねばならず，法律事項になるが，これのみでの改正では優先順位が高まらず，困難を生じている。近年，いくつかの法律改正案を内包する「束ね法案」が提出されることがあるので，そうした方法がとられる可能性もある。

もっとも，「束ね法案」は，提出する行政側としては効率的だが，一括審議されるため，立法府としては十分な審議が難しいとの意見もある。

政令は内閣が制定するものであり，閣議決定の手続きを要する。その制定には，法律と同様に省庁間の十分な調整が求められる。さらに，内閣が提出する法律（閣法），政令の制定に際しては，「憲法の番人」とも称される内閣法制局が，閣議に付される法律案，政令

xxi

案の審査を行っており，特に安衛法のように，構成要件を具体化し難い法律の場合，難関となることもある[1]。

省令は，各省庁（厚生労働大臣）が定めるものであり，法律・制令に比べれば策定し易い。

3 労働安全衛生法を改正に際しての労使の意見調整

国会へ提出される法案には，内閣が提出する閣法と国会議員が提出する議員立法があるが，閣法について述べれば以下の通り。

厚生労働省には，労働政策審議会が設置されており，「労働政策に関する重要事項の調査審議を行う」（厚生労働省設置法第9条）と定められていることから，労働安全衛生法の改正に関する建議，諮問を受けた法律案要綱等の答申をはじめ，関係政令，省令の制定・改正についても，同審議会で調査審議がなされている。この審議会は，国際労働機関（ILO）の条約に基づき，「公労使の三者構成の原則」に基づく委員構成となっている。安衛法のように「事業者が講ずべき措置」を規定する場合には，労使の調整が不可欠であることから，審議会の段階で労使の合意形成のプロセスを経ることになっている。

4 法律に規定すべき事項（法律事項）について

法律を制定又は改正する際には，法律を改正しなければならない「立法事実」を明らかにしたうえで，「法律という形式をもって制定することを必要とする事項」（法律事項）の存在が必要とされている[2]。必ずしも法律で定める必要のない「努力義務規定」は「法律事項」ではない。よって，努力義務規定についての法律改正は，他の法律事項とパッケージとする必要がある。

安衛法第3条では，「事業者は，単にこの法律で定める労働災害の防止のための最低基準を守るだけでなく，快適な職場環境の実現と労働条件の改善を通じて職場における労働者の安全と健康を確保するようにしなければならない。」とされている。ここに示される通り，安衛法の規定には，労働者保護のための最低基準の確実な履行を求める「義務規定」がほとんどである。しかし，最低基準の遵守のみならず，更なる快適な職場環境の形成を目指す観点から，事業者の自主的な取組を促進する「努力義務規定」が規定されている。

法条文の規定の仕方としては，①罰則付きの義務規定，②罰則なしの義務規定，③努力義務規定に分類される。前記のとおり，安衛法第3条に規定する「事業者は，単にこの法律で定める労働災害の防止のための最低基準を守る」ための措置は，「①罰則付きの義務規定」によることが多いが，最低基準であるものの，中小規模事業場の実現可能性などを考慮し，「②罰則のない義務規定」とされたものもある。

例えば，事業場の健康管理の実務を担う衛生管理者（安衛法第12条）は，50人以上の事業場で選任し，法定の実施事項がなされるよう管理することまでが，事業者に対し，罰則付きで義務付けられているが，中小規模の10人以上50人未満の事業場については，安全衛生推進者（安衛法第12条の2）の選任が義務付けられているものの，罰則規定はない。

努力義務ならではのメリットもある。安衛法を施行する上で，義務規定については，履行が当然との前提で，労働基準監督機関による履行確保の取組により遵守の徹底が図られるが，努力義務規定については自主的な取り組みを促進する手法がとられている。よって，助成金による援助を付し易い。

一例として，職場における受動喫煙防止措置の例が挙げられる。同措置を新たに法律に規定する際に，健康障害防止の「義務規定」とするか，「努力義務化」とすべきかの議論があった。立法段階での立法事実として，実現可能性が考慮されたこともあるが，義務規定だと助成金による支援が難しいことからも，中小企業の取組を支援するために努力義務規定と助成金制度がパッケージとされた（安衛法第68条の2）。

労働災害の予防的な手続きに係る国際的潮流である「事業者が行う危険性・有害性の調査等（リスクアセスメント）」の法制化については，立法事実として，①指針に基づく実施率が低調であったこと，②中小企業などでの実行可能性に懸念が示されたことなどがあり，基本規定が努力義務規定（安衛法第28条の2）となった経緯がある。既に，化学物質のうちSDSによる通知対象物質については義務化されているが（安衛法第57条の3），近年の製造業，建設業での労災減少効果には，リスクアセスメントの普及による効果が大きいと解されることから，今後，さらに実施率が向上し，労働災害防止するうえで必要不可欠という立法事実が蓄積されれば，基本規定（法第28条の2）自体を現行の努力義務規定から義務規定に改正することも検討に値しよう。ただし，義務規定にするには，罪刑法定主義の観点から，措置義務の範囲，要件を明確にする必要がある。

なお，法令階層構造には，例外も生じる。上述の通り，通常は，法律で定めた事項について，下位法令（政令，省令）で詳細を定めるが，例外的な事例もある。

例えば，平成15年に公益法人制度の抜本的改革が行われ，その基本方針として，「国からの指定等に基づき特定の事務・事業を実施する法人」については，原

則として，法律にその根拠を明示することとされた[3]。

これにより，従来，各種省令にて指定機関の設備，資格者の要件を定めていたものを法律（公益法人に係る改革を推進するための厚生労働省関係法律の整備に関する法律〔平成15年法律第102号〕）に規定する「格上げ改正」が行われた。

これは，下位法令（省令）による行政判断だけではなく，国会のチェックが働くようにする趣旨に出たものであるが，法律改正は容易ではなく，実務上，技術の進展等に伴うキャッチアップの遅れは生じ易くなる。

5 仕様規定と性能規定

安衛法では，その具体的な措置義務をすべて個別具体的に法令で規定する（：仕様規定とする）ことには，膨大な条文が必要となり，技術の進展などにより改正，更新，廃止などを迅速に行うことには困難を伴う。さらに仕様規定以外の「同等の安全性が確保される措置」もあることから，自律的な安全水準の向上を妨げないような配慮が必要である。そこで，仕様規定から性能規定（性能基準）への移行も模索されている。

近年では，平成15年に特定機械等であるボイラーの構造基準である「ボイラー構造規格（告示）」は，従来，ボイラーに使用できる鋼材を限定列挙方式で規定していたが，「安全な化学的成分及び機械的性質を有するものでなければならない」（同第1条）という性能基準に改正され，具体的な「例示基準」を通達で示している。

また，化学物質によるばく露防止措置についても，一部，性能要件の規定が設けられるなど（有機溶剤中毒予防規則第13条の2など），今後の拡がりが期待されている。

【注】

1) 例えば，機械メーカーからユーザーに対するハザード情報の伝達を努力義務とする法改正について，内閣法制局との調整が難航した例がある。厚生労働省では，労働政策審議会安全衛生分科会での検討を踏まえ，同審議会より「今後の職場における安全衛生対策について（建議）」（平成22年12月）が発せられ，省内で法改正の準備を行った。しかし，内閣法制局からは，最低基準整備による義務づけが妥当であり，このような努力義務は認められない旨が示された。本件は審議会から建議を得ていたので，後に実施省令（安衛則第24条の13）として規定されたが，省令上の努力義務規定であり，施行力や，今後の規制の展開可能性には困難を生じている。

2) この点につき，例えば，山本浩三「法律事項」同志社法学50号（1959年）15-31頁等を参照されたい。

3) 「公益法人に対する行政の関与の在り方の改革実施計画」（平成14年3月29日閣議決定），「国からの指定等に基づき特定の事務・事業を実施する法人に係る規制の新設審査及び国の関与等の透明化・合理化のための基準」（平成18年8月15日閣議決定）等を参照のこと。

〔元厚生労働省安全課長・（公財）安全衛生技術試験協会事務局長　安達　栄〕

I

概論と整理再編

＊一は三柴の原著であり，二，三は，三柴が別掲の分担執筆内容（本書Ⅱ・Ⅲ）を整理した概要である。ただし，三柴独自に再編しており，文責は三柴にある。

一　概論：安衛法の来し方行く末[1]

1　領域の特徴

　労働安全衛生とは，職域における生命・心身・財産のリスク管理に他ならない。絶対安全はなく，"許されたリスク"はある。他方，過労・ストレスなど，社会認識の変化によっても，対応すべき新たなリスク（？）が生まれる。労働安全衛生法は，そうしたリスクの管理を目的として，労使その他関係者の行動と心理への働きかけを本質とする法である。特に技術者による経営者への働きかけを本質とする規定が多い（個々の事業場レベルから法政策レベルまで）。労働法だが，環境法等に近く，経営法，経済産業法的側面も持つ。労災防止等の量的な成果を求められるため，学際と現場観察が重要な意味を持つ。特定の対象に対する具体的な規制（仕様基準）との関係では，常に規制外のリスクが生じ得る。予防のためには，曖昧で柔軟な基準設定が求められるが，予防だからこそ構成要件を明確化する必要もあるという構造的矛盾を孕んでいる。

　ここで，本書のキーワードについて述べる。

　リスク創出者管理責任負担原則：職域のリスクに関する情報や管理権限を持つ者を含め，リスクを創り出す者こそが，それを管理する責任を負うという原則。淵源はUKの安衛法（HSWA 1974）だが，2011年に制定されたオーストラリアのモデル安衛法（model WHS Act. 連邦がモデルを示し，州が採用することで効力を得る）では，より明らかに示されている。ただし，執行上，デジタルプラットフォーマーらの強力な抵抗を受けている。

　仕様基準・性能基準：仕様基準は，「事業者は，労働者のストレスを，職業性ストレス簡易調査票で測定し，常時〇〇点以内に維持せよ」のように，結果と手段を具体的に規制する基準であり，性能基準は，「事業者は，労働者が業務上うつ病にかからないようにせよ」のように，目標は定めつつ，達成手段は規制相手に委ねる手法である。

2　法を巡る事情

1　労災・職業病事情

　1972年の安衛法典の制定以後，重大災害，特に死亡災害は大きく減少した（6000人超から1000人弱へ）。日本の労災発生率の低さは，国際的に上位にある[2]。しかし，法定定期健診での有所見率は一貫して上昇していく他，介護施設での腰痛，小売店での転倒・転落等の3次産業での災害，フォークリフトによる激突され，挟まれ等の災害が増加している。年齢階層別では，高齢者の災害（転倒，つまづき，墜落等），類型別では，機械・設備そのものより不安全行動（人的要因）による災害（行動災害）が増加している[3]。対象と対応策を個別具体的に定めた特別規則の規制対象となる化学物質は，実際に取り扱われている化学物質のうちごく僅かなので，その規制対象外の化学物質へのばく露による被害（最近では，胆管がん，膀胱がん等）が散発する状況は以前から変わっていない。また，自殺者のうち被雇用者・勤め人（有職者から家族従業者・自営業者を除いたもの）は7000人近く，職場で強い不安，ストレス，悩みを感じる労働者も高止まりしている[4]。

　もっとも，こうしたデータも，規制の目的や対象の変化の影響を受ける。安全衛生規制は，そもそも快適な職場環境形成をも目的とし，公害防止など，広く公衆の利益保護を目的とする規定（第27条第2項など）も擁していたが，その焦点は着実に変化してきた。すなわち，主な目的が，物理的リスクから心身の健康リスクへの対応，最近は働き方・生き方の改善に及び，保護対象も，労働関係から雇用類似，ひいては危険場所に出入りする者一般等に及ぼうとしている結果，捕捉されるデータも，それに応じたものに変化している。

2　社会・経済的背景

　こうした変化の背景には，いくつかのマクロ的変化があると考えられる。安衛法制定時と現在では，産業構造，雇用・就労形態共に大きく変化しており，近年では，第4次産業革命とも称される，データ価値（の創造）が重要性を持つ時代に至っている。これにより，一定割合では，就労者の組織的従属性，時間・場所・業務遂行方法の拘束性は後退し，相手方に生計を

資料1

安衛法の展開

安衛法	主な保護利益	道交法
安全衛生管理体制づくり	＝ 本人、周囲の生命・身体・財産 ＋ 無形財＝「安全の秩序」づくり	さしたる危険のない速度違反や駐車違反等の規制・取締

労災発生件数の変化
	休業4日以上	死亡
H30	127,329	909
R1	125,611	845

安衛法施行後、労災件数の減少は顕著。最近は、死亡災害は減少傾向の一方、休業4日以上の労災は、H21を下限として漸増傾向。また、高齢ほど増加。

交通事故発生件数の変化
	発生件数	死亡	負傷
H30	430,601	3,532	525,846
R1	381,237	3,215	461,775

負傷者数は15年連続で減少。死亡者数も減少傾向。ただし負傷者数は高齢者の割合が増加している。

無形財＝「安全の秩序」づくり：風紀・環境づくりともいえる。人間・組織の心理・行動への働きかけが本質。心理の特徴＝視野の限界、不快・不都合な事実の否認、教育・信頼するものの影響等

↑3E（規制、技術、教育）対策等

旧安衛則
「技術者による技術的な再発防止策」※1
「機械設備の本質的安全化」※2
行政による高権的監督

※1 廊下・階段の仕様、有害物質の取扱方法等の設定
※2 流通前の検査制度等

→ **重大労災の多発**
経営工学等の活用

安衛法の制定
場と組織の管理体制づくり
自主的取組、管理体制の整備、危害防止基準の充実、作業環境改善等
例）混在作業における元方の統括管理業務

対応が難しい衛生問題や健康問題の増加・顕在化

専門家の活用に比重を移したリスク管理
例）作業環境測定法、長時間労働者対象の面接指導制度、ストレスチェック制度

展開を通じて
取り組みが進んでいること
- 安全・衛生基準の整備
- 安全・衛生技術の発達
- 技術的課題から社会的課題への移行

伝統的労災の減少、産業構造・経営環境・働き方の変容

労使双方のQOL、QOWLの改善
両立支援策、副業・兼業・フリーランスの健康増進策など、労使以外の様々なステークホルダーを巻き込む対策

積み残し課題
- リスク創出者・管理能力者の管理責任負担
- 経営者・組織の意識・知識の向上
- 未解明のリスク対応
- 規制の過不足の解消

（三柴丈典作成）

依存することによる上下関係とも言える経済的従属性は、維持ないし増幅し、労使の境界は後退するだろう。ただし、知的、感情的な付加価値の生産・開発能力を持つ者と持たざる者とで二極化が進むだろう。その他、ゼロ成長、世界の中でもトップスピードで進む少子高齢化、個人を尊重する社会思想、基本的な労働保護規制の整備等も指摘できる。新たな時代の弱者（社会政策の対象者）は、労働者ではなく、新しいビジネスモデルを打ち出せない、人の心に潤いを与えられないなど、知的、感情的な付加価値を生み出せない人物や、人に愛される自信がない者になっていくのではなかろうか。安衛法の役割は、そうした格差是正のための諸種の支援や、AIのプログラム内への安全の組み込み、リスク情報の開示の義務づけ、各事業において奏功するリスク管理策の促進等になっていくだろう。他方で、中小企業での伝統的災害、化学物質被害、頻度の高い外国人技能実習生の労災など、適切な最低基準設定が求められる深刻な積み残し課題もある。

3 来し方

安衛法の来し方（資料1を参照されたい）を振り返ると、いわば産業技術安全の仕様書のような法から安全衛生管理体制の根拠法、そして長時間労働の抑制などの社会的労働保護も目的とする産業保健体制の根拠法ないし手引きへ、あるいは、ブルーカラー用からホワイトカラー用の法への変遷を辿ったと言える。

日本の安衛法は、道交法などと同様に、人の生命・身体・財産を主な保護法益としてきた。どちらも、主に3E（Enforcement：規制、Engineering：技術、Education：教育）により安全行動の秩序形成を図ることで、大きな災害防止効果を挙げてきた。安衛法の場合、旧労基法・安衛則時代は、本質的対策として、職場で用いられる機械等の検査制度を設けていたものの、概ね

技術者が解明した労災の再発防止策をそのまま義務規定としていた。しかし，十分な災防効果を挙げられなかったため，旧労災防止団体法ないし現行安衛法が，経営工学等を活用した，安全衛生管理の仕組みを採り入れたことで，労災防止効果が現れた。典型例は，重層的な下請構造下で複数の事業者の労働者らが就労する現場において，リスク情報の関係者間での共有や巡視等による統括的な安全管理を元方事業者（複数事業者の労働者が混在して就労する場所で，仕事を丸投げせず，自身も行う発注者等。概ねゼネコンを想定している）に担わせる規制（法第30条など），経営利益の帰属主体であって労働者を指揮命令する（≒経営責任者である）事業者を名宛人として，安全・衛生管理者，作業主任者などの専門知識・技術を持つ者の活用を義務づけた規定（法第3章など）である。安全衛生経営法とも言えよう。

その後，有害性や有効な対策が不明確だったり，個別性が求められる衛生・健康問題に焦点が当たると，作業環境測定法，長時間労働面接制度，ストレスチェック制度のように，専門家の活用を重視する法制度の整備が進んだ。近年は，がん患者らの治療と就労の両立支援，副業・兼業・フリーランスの健康促進策のように，労働者等の職業・日常生活の質の改善を図る，リスク対策とも言い切れない政策が進められるようになっている。これは，技術的法制度が社会的法制度に変質してきたということである。

こうした法制度の展開を通じて，技術的な再発防止策を強制規範化した基準の整備や，安全衛生技術の開発，社会的労働保護への進出は進んだが，建設物の設計者・発注者，運送の荷主，機械や化学物質の製造者等，リスク創出者の管理責任負担原則（訓示規定ながら法第3条を参照されたい）や，経営者の安全衛生に関する意識や知識の向上，未解明のリスク対応などの積み残し課題も多い。そうした課題の集積とも言えるのが，化学物質対策である。

もっとも，法制度の対象とありようが変化しても，①達すべき目的，②構築すべき体制，③方法論の明示，の重要性は変わっていない。特に，不確実性（原因と対策が不明確なこと）が強く，個々人の自己決定との調整が求められる健康対策では，③（及び②）をガイドライン等のソフト・ローにして，事業場の実情に応じた方法論を許容する方策が求められ，現に講じられている。[5]

4 規制の特徴

予防の成果を求められる安衛法は，規制技術の工夫の産物である。後述する日英の比較法社会学的調査の結果等から，事業者のみならず，労働者らの安全衛生に影響を与える者を広く取り込む管理体制の構築が，労災防止効果をもたらした経過が窺える。

1 本来規定と補助規定

安衛法は，概ね，特定の目的の実現を直接的に図る本来規定と，その履行を支援する補助規定から構成されている。

例えば，履行確保は，本来的には刑事罰で図られているが，補助的に，災害調査，立入，検査，検収，危険が窺われる場合の措置命令，事業停止命令等の行政措置が定められている。法定の安全衛生研究機関に立ち入り調査権限が付与されていること（第96条の2）に代表されるように，綿密さ，柔軟性，専門性がメリットだが，当該調査権限は殆ど行使されていないなど，硬直的運用になびき易い。

定めぶりの本来は，特定の対象にかかる具体的な安全確保措置（物的措置，人的措置等の作為・不作為）の罰則付の義務づけだが，補助として，罰則なしの義務，ガイドラインや予算措置の根拠となる努力義務，体制整備義務（諸種の管理者・専門家の選任，安全・衛生委員会の設置等），手続の履践義務（行政による製造許可の獲得，行政への諸種の情報の届出［化学物質の有害性調査とその結果の行政への届出，死傷病報告，産業医選任届等］，健診・ストレスチェック等の検査やその後の医師による面接指導の実施等）等の規定がある。

法の現場執行者の本来は監督官だが，補助として，立ち入り，質問，検査，検収等の行政権限を持つ専門官（第93条，第94条），立ち入り調査権限を持つ研究機関に関する定め等を置いている。

名宛人の多様性は，安衛法の特徴の一つである。本来は事業者だが，補助として，労働者，安全・衛生管理者等の資格者，元方事業者，発注者や注文者，製造・輸入業者，譲渡提供者，リース業者等が名宛人とされている。このうち，発注者以下は，概ね，建築物，化学物質，機械等の危険源の源流での本質的安全を図るため，製造流通業者に安全な製品の提供やリスクに関する情報提供等を図らせようとしたものである。労働者らが取り扱う機械器具の検査，危険作業従事者への教育，資格試験等を担う機関への行政の監理を図るため，彼らを名宛人とした規制も多い。

【主な製造流通規制】

・建築物・設備・原材料に係る注文者責任（第31条）
・化学物質取扱い設備の改造等作業に係る注文者責任（第31条の2）
・特定の機械に係る混在作業における発注者責任（第31条の3）
・違法な指示の禁止に係る注文者責任（第31条の4）

- 機械等を貸与する者の責任（第33条）
- 建築物を貸与する者の責任（第34条）
- 特定の機械を製造，輸入する者の責任（第37条，第44条，第44条の2）
- 一定の機械を譲渡・貸与・設置する者の責任（第42条）
- 一定の機械を譲渡・貸与・展示する者の責任（第43条）
- 特定の化学物質を製造・輸入・使用する者の責任（第55条，第56条）・一定の化学物質を譲渡・提供する者の責任（第57条，第57条の2）
- 新規の化学物質を製造・輸入する者の責任（第57条の4）

　これらは，事業者に自ら使用する労働者を保護させるだけでは，実効的に安全衛生を確保できないことを前提として，リスクに関する情報や支配管理権限を持つ者等に，情報提供や，必要な保護措置等の履行を義務づけたということであり，「労災を防ぎやすいのは誰か」との視点に立っている。名宛人の危険・報償責任や保護責任等でも説明できるだろうが，本質的には，安衛法の立法趣旨による。

　保護対象も労働者に限られない。本来は労働者だが，元より，公害防止等，公益に配慮した規定（法第27条第2項等。工場からの排気・排液中に有害物や病原体を含む場合の排出前の処理等を求める趣旨の規定）もあるし，建設アスベスト訴訟（神奈川第1陣）事件最判（最1小判令3・5・17民集75巻5号1359頁）が述べたように，作業環境整備や物の安全の確保を図る規定は，それに関わる者全ての保護を図っているとも解される。安衛法の姉妹法とも言える鉱山保安法では，一人親方どころか，鉱業現場の保全を義務づけており，保護法益は当該鉱業の持続性とも解し得る。安衛法の兄弟法とも言える船員法では，船員と船舶の一体性が重視されており，沈没すれば雇用契約が自動終了するが，なお人命・船舶等の救助に従事すべきこと，船内作業による危害防止等にかかる定めの遵守等が船員に義務づけられている（同法第39条）。

　なお，UKの安全衛生法典（HSWA）は，その土台を築いたローベンス報告の提言を受け，雇用者の事業の影響を受ける者を広く保護対象とし，自営業者や施設管理者も名宛人に含むなど，リスク創出者に遍く管理責任を負わせる方針（リスク創出者管理責任負担原則）を明記している。

2　危害防止基準を生み出す仕組み

　加盟国が，労使と協議しつつ，責任をもって安全衛生政策を立案し，実施していくべきというILOの労働安全衛生条約（第155号。日本は未批准）の考え方は，むしろ日本でよく踏襲されており，死傷病報告，行政による災害調査，新規化学物質の有害性調査結果の届出等を通じ，行政に危険有害性情報が集約されるようになっている。また，国が，労働安全衛生総合研究所やバイオアッセイセンター等の研究機関を管理し，危険源や再発防止策を専門的に解明し，危害防止基準（安全衛生の確保のため概ね罰則付で設定される労使等の行為基準）等の策定に反映されている。むしろ問題は，UK等に比べ，総じて，労使の安全衛生への重要性認識が乏しいことである。

3　不確定法概念（「危険のおそれ」等）の多用

　安衛法は，不測のリスクにもできる限り対応するため，措置義務の前提として，危険の「おそれ」がある場合等の不確定法概念を多用している。法の委任を受けた規則でも同じである。原俊之講師の調査では，「おそれ」という文言の使用箇所は，安衛法では目次を除き計18カ所，安衛則では計310カ所，クレーン等安全規則では22カ所，有機溶剤中毒予防規則では13カ所，特定化学物質障害予防規則では32カ所などとなっている。[6]

4　管理体制の重視

　上述の通り，安衛法は，使用者とは異なる「事業者」概念を設定し，違反行為者との両罰規定を設けると共に，事業の実質的な統括管理者を総括安全衛生管理者として，安全・衛生管理者を指揮して，安全衛生の確保を図らせるなど，経営トップ層に管理責任を課したり，重層的下請関係にある事業者の労働者が混在して働く工事現場の元方事業者にその現場の安全衛生の統括管理責任を課したり，小規模な建設現場を管轄するゼネコンの支店等に関係請負人の安全の統括管理責任を課すなど，既存の管理の秩序を法制度に取り込んでいる。

　両罰規定が適用される場合，事業者の責任は厳格に問われる。例えば，保護具の着用のように，使用者には着用「させる」こと，労働者には着用「する」ことが義務づけられている場合，使用者の管理範囲外で労働者が着用を怠っても，事業者が自身に直接義務づけられた措置以上の措置を講じていなければ，処罰され得る。[7]

5　手続要件化，ソフト・ロー化

　危険の要因，有効な対応策が未解明ないし個別性・背景依存性が強い，あるいは安全衛生の枠を超える総合的対応が求められる衛生，健康上の課題への対応では特に，法の手続要件化，ソフト・ロー化の傾向が見られる。事業者には，専門家を選任して一定の検査・調査を行わせ，その結果に基づき，関係者の協議を経て（即ち，サイエンスとコンセンサスを踏まえて），必要な措置を講じさせる。また，法律では目標と望ましい措置を盛り込む努力義務を定め，その履行を支援するガ

資料2

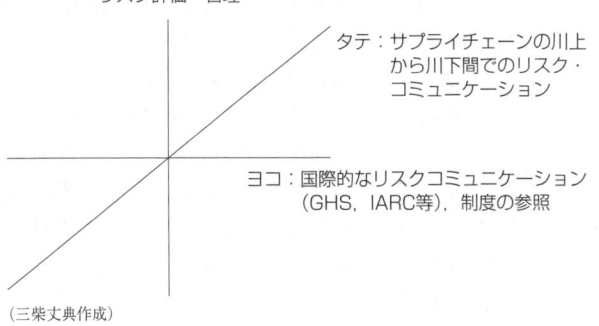

（三柴丈典作成）

イドラインに対応の好例を書き連ねるような規制形式である。これは，司法が受動的姿勢を採る民事訴訟での，個別事情等を踏まえた参酌と共に，当事者に事件化ないし訴訟に値するものを選別させることも企図していると解される。

また，旧安衛則時代より，ボイラー室の出入口の数や仕様等，事柄によって，作為・不作為を特定する基準（仕様基準）ではなく，達成目的を定め，方法は各事業場に委ねる性能基準が採用されてきた（ただし，概ね標準を定め，逸脱に際して行政の許可を要件とする形式）。現在，化学物質管理について，従来の特別規則に代わり，これを大幅に採り入れる方向性が模索されているが，筆者の提言も踏まえ，仕様基準からの逸脱に専門家の裏付けを要件とすることで，専門家へのニーズの喚起が図られている。

6 多角的な化学物質管理政策

化学物質管理は，有害性が未解明なものが多い等の情報の制約の他，対応技術，現場での実行可能性の制約，産業利益・消費者利益との調整の必要性等があり，安衛法上の課題が集約している。安衛法は，従来から3次元にわたる多角的な対策を図ってきた。縦は，製造流通業者等のサプライチェーンの上流に川下へ向けてリスク情報の共有を図らせる施策（法第5章第2節等）であり，横は，国連のGHS（化学品の分類および表示に関する世界調和システム），IARC（国際がん研究機関）の発がん性分類等の国際的な情報・仕組みを吸収する施策であり，高さは，個々の作業場でのばく露測定等による的確なリスク評価と管理の促進策である（資料2）。しかし，いずれも未完成である。

7 規制目的を踏まえた柔軟な法解釈

法目的を踏まえ，司法も安衛法を柔軟に解釈することがあった。例えば，旧労基法（旧安衛則）時代の河村産業所事件（鍋田農協倉庫倒壊事件）・名古屋高判昭47・2・28判時666号94頁（上告後，最2小判昭48・3・9〔未登載〕で棄却）は，使用者を名宛人とする当時の危害防止規定を，元請の現場監督者に適用し，その刑事責任を認めた。すなわち，元請の現場監督者が，造成中の建物の支保工の安定性確保を図る旧安衛則の規定に反した状態で，多数の社外工等を指揮してコンクリート打設工事をさせていたところ，支保工が崩れて屋根が落ち，多数が重軽傷を負い，業者から供給されていた社外工1名が落下・窒息して死亡したことを受け（資料3），当該現場監督者が，業務上過失致死傷罪と共に，旧安衛則の親法である労基法違反で起訴された事案で，同人が旧労基法第10条が定める「使用者」に当たるかが争われたが，判決は，当該「使用者」の概念は，安全衛生の場面では賃金支払等の場面より広く解釈されるべきで，そうしないと安全を担保する能力のある者（元請等）を免責させることになる等と述べ，被災者との間に実質的な指揮監督関係があれば，それに該当する旨を述べた。[8]

もっとも，こうした柔軟な解釈は，現行法が，事業者以外の誰にどのような場面で措置義務を課すかを明らかにしたことで，却って制約されたとも解し得る。[9]

5 比較法社会学的調査の結果

筆者は，2019年に日本，2020年に，日本より死亡災害の発生件数・率が低く，日本と同様に統一的な安全衛生法典を持つUKで，同様の質問項目による安全衛生に関する社会調査を行った。[10] その結果，以下の事柄が判明した。

先ず，UKとの類似点として，安衛法典が労災を減らした要素として，①安全衛生管理体制の整備，②事業者／雇用者責任の強化，③危害防止基準の整備，とする回答が多かったことのほか，安全衛生に関す

資料3　事件のイメージ図

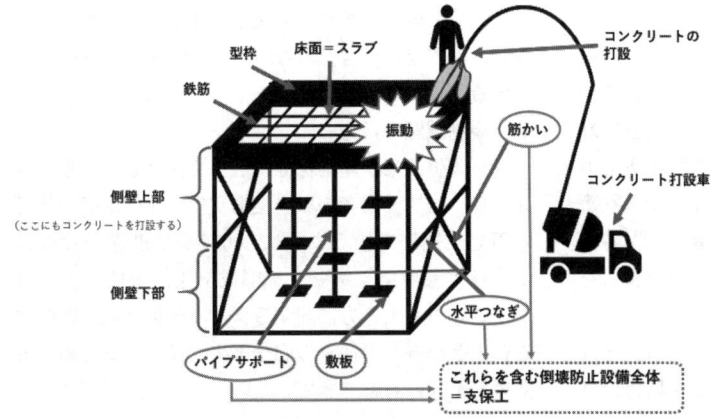

（原案：三柴丈典，イラスト：小菅佳江子）

る意識が高い経営者の多くは,「労災による心痛」や従業員の帰属意識の低下を気にしている傾向が挙げられる。他方, UK との相違点として, 安衛法典が労災を減らした要素として, サプライチェーンの上流（設計者, 製造者, 発注者等）への規制を挙げる回答が多かったこと, 日本では, 重大な労災体験が安全衛生を重視する主要な理由だったのに対し, UK ではそうとも言えなかったこと, そもそも回答者に経営トップ層が多かったこと, 担当役員等を選任している事業が多かった等, 経営層による安全衛生の重視や, 安全衛生の専門家の意見を尊重する傾向が窺われたこと, 安全衛生監督の高い専門性と労使による信頼が窺われたこと, 産業医制度の必要性が認識されず, むしろ GP（実地医家）によるプライマリケアへの信頼, 医師免許を持たない衛生・健康専門家への尊重が窺われたことが挙げられる。

6 履行確保における安全配慮義務法理の活用

上述の通り, 安衛法が健康問題を積極的に扱うようになり, 事案の個別性を考慮し易い民事司法による履行確保がより強く期待されるようになっている。もとより, 安衛法の直接的な民事的効力を認めることには功罪有り[11], 民事上の過失責任法理（や履行請求法理等）の側で参酌するのが UK 等の動向であり, 現に妥当性を確保し易い。日本では, 契約法上の安全配慮義務（安配義務）が, 一般的な予見可能性やなすべき措置の内容の画定に際して安衛法の影響も受けつつ, それが及ばないところもカバーしてきた。「特別な社会的接触関係」があれば負う義務として契約責任から若干展開し, 不法行為法上の注意義務に近い機能も持っている。

筆者の判例分析では, この法理は, 安衛法の定めや趣旨も踏まえ, 対象者の安全衛生を支配管理できる者に課せられた, 職域のリスク調査に基づくリスク管理義務だと整理できる[12]。 1次予防（未然防止）, 2次予防（早期発見早期対応）, 3次予防（緊急対応・再発防止）, 3ステップ・アプローチ（本質的対策, 工学的対策, 人的対策）等の予防理論の反映も見られる。折々の予防理論を踏まえた手続を尽くすことが, この義務の核心といえる。言うまでもなく, 専門家の選任を含む管理体制づくりは, リスクアセスメントの重要な要素であり, その趣旨を述べた判例もある。山形県水産公社事件・最1小判平5・1・21判時1456号92頁等は, 特定事業の発注者（ただし特定元方事業者以外）が請負人を指名して統括管理を履行させる義務（法第30条第2項）は安全配慮義務の内容でもあるとした。原審は, それを履行すれば, 本件加害者による逸脱行為を防げたはずとしていた。真備学園事件・岡山地判平6・12・20労判672号42頁のように, 法定産業保健体制が整備されていれば, 被災者の高血圧症を発見できたはずとして, その未整備を安配義務違反とした例もあり, 同種の例が増えてきている。

安衛法の履行確保につき, この義務に拠ることで, 同法の規制外ないしガイドラインレベルのリスクを捕捉できる一方, 同法違反を直ちに過失とせず, 個別事情, 背景に応じた活用が可能となる。手続的債務だけに, 安衛法の手続的規制化にもなじむ。心理社会的リスクのような, 過重でなければ毒にも薬にもなり得る課題については, 特にそうした対応が求められる。

7 改正の方向性

以上の整理を踏まえて, 若干ながら改正の方向性を展望する。

1 性能要件化の範囲, 罪刑法定主義との相克

職域リスクの多様化・複雑化を考えると, 性能基準の強化が必要だが, 筆者による国内向けの社会調査では, 現行法上の「危険のおそれ」等の不確定法概念の明確化を求める声が多かったこと（後掲注6・厚労科研報告書2016頁）, 性能基準の強化を支持する意見と仕様基準でよいとする意見が拮抗していたこと[13], 特に中小企業者に対しては, 罰則付の分かり易い規制でないと違法を誘い難いこと, 司法に係る罪刑法定主義の要請等から, 性能基準化の範囲と方法等を検討する必要がある。筆者は, 化学物質管理に関する REACH（EU 化学品規則）の原則も参考に, 一定の手続を設定し, 安全衛生の立証責任を事業者らに課す方向性を構想している。即ち, 法は達すべき目的や基本的体制等を定め, 必ずしも法の委任を受けない実施省令等で望ましい仕様基準を設定し, それを逸脱する場合, 行政の専門官の審査を受けたり, 然るべき専門家の裏付け等をもって事業者らが立証する責任を負うような方策である。適用範囲の重点は健康管理や化学物質対策になると思われ, 既に, 筆者の提言で, 前掲の今後の化学物質管理政策に関する厚生労働省の検討会報告書（令和3年）には盛り込まれている。これは,"全ての化学物質はあぶないかもしれない" という発想の転換を意味する[14]。

2 規制課題の行方

安全衛生政策が産業保健に触手を伸ばした結果, メンタルヘルス不調者の職場復帰支援, 難病治療と就労の両立支援等を扱うようになり, 労働基準一般のほか, 障害者雇用, キャリア形成支援, 地域医療のほか, 働き方や生き方に関する様々な政策課題と密接することとなった。従来の安全衛生とは異質なため, 労基署も十分に対応できていない。例えば, パワハラに関する相談の多くは, 労働 ADR や産業保健総合支援

センターにリファーされている。

こうした課題には，労働法等の知見に基づき学際的，予防的に対応する必要があり，筆者は，次のような産業保健者による不調者への対応モデルを打ち出している（資料4）。すなわち，急速な少子高齢化や個人の尊重意識の高まりを背景に，安全衛生政策は，労災職業病等の業務上のリスク対策から，メンタルヘルス対策等の作業関連疾患対策，遂にはがん等の難治性疾患者の就労継続支援まで展開し，民事司法も，健康配慮義務，解雇回避努力義務，障害者就労支援の法理の展開等を通じ，疾病障害者への救済姿勢を強化している。特に精神障害者への不利益措置に際して，治療の勧奨，経過観察，適正配置の努力等の手続を求めるようになっている。他方，民間であれば就業規則等，公務員ならば公務員法や紐付く勤務規程等に基づく休職，解雇／免職等のケジメも可能かつ求められている（みなし公務員の長期間の能力の低活用が違法なパワハラに当たると共に，国民への背信行為とした例として，兵庫教育大学事件・神戸地判平29・8・9労経速2328号23頁）。その切り分け（就業判定）の主体の役割を期待されているのが産業保健者であり，職場に不調者が生じれば，主治医と連絡して疾病性（疾病の有無・程度等）と共に事例性（疾病？が招いている現実の問題：就労不能，職場秩序紊乱等）を確認し，本人の職務及び職場の関係者への適応を支援する。産業保健者は事業者の履行補助者ないし代行者なので，その働きかけが，事業者の救済努力となり，それを尽くしてなお改善しなければ，ケジメが可能かつ求められる。この「太陽と北風」とも言うべき対処に，対象者の認知の偏りが強い場合ほど落差を付けることが望まれる[15]。

今後の安衛法は，労働者の休復職過程で事業者が尽くすべき手続的要素の労働契約法での法定を含め，労使や医療・リハビリ機関，家族らの関係者を資源とみなして産業保健に役立てる視点を強化する必要がある。

3 雇用類似の保護

前掲の建設アスベスト訴訟最判を契機として，フリーランス，一人親方等の雇用類似等への保護のあり方が問われている。既に，法22条と関係する11の省令改正（建設業事業者に対し，危険業務に従事する請負人，その場にいる者全てを保護対象として，指揮命令関係がなくても講ずべき措置を段階的に規定する等）が行われ，現在，更なる改正が検討されている（厚生労働省「個人事業者等に対する安全衛生対策のあり方に関する検討会」等[16]）。

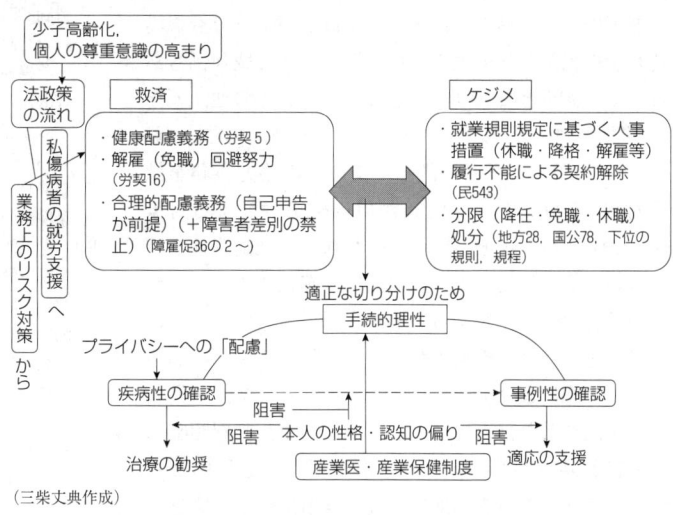

資料4　私傷病者への対応
（三柴丈典作成）

ここでは取るべき基本的視座と主な論点を列挙する。

取るべき基本的視座としては，リスク創出者管理責任負担原則が挙げられる。リスク創出者には，業務に関するリスク情報を持ち，管理できる者も含まれる。この原則から，労働安全衛生では，それを実施し易い立場にある者が実施すべきという要請が働く。すなわち，人の生命，身体，財産等の重要な法益に関わることを前提として，危険・報償責任，就労条件の支配管理，密接な社会的接触関係，場合によっては，民事・刑事上の保護義務などを根拠として，この原則の実現が求められる。筆者は，労働者概念の一般的な拡張適用には賛成しないが，安衛法は，ある者がその事業を通じたリスク創出者である限り，雇用類似を含め，それにより被災する者の保護を，リスクの調査と管理により講じるよう求めていると解する。もっとも，準労働法である家内労働法が，委託者が生み出すリスクを委託者に管理させようとした点や，委託者と受託者の双方に安全衛生上必要な措置を義務づけた点，経済法である中小企業等協同組合法が，組合の取引相手等に組合との誠実交渉義務を課している点等は，区々多様なリスクへの対応上有意義であり，広義の安衛法と解して解釈適用すべきと解する[17]。

検討すべき安衛法上の論点としては，1）安衛法上の労働者（第2条第2号），事業者（同第3号）の定義[18]，2）安衛法の目的（第1条：「労働者の安全と健康」），3）労働災害の定義（第2条第1号）を始めとして，事業者を名宛人，労働者を保護対象とする諸規定の修正の要否等が挙げられる。この際，第20条～第23条のような一般的な危害防止規定やその紐付き省令の名宛人を「場の管理者」等に改めるか，保護対象に労働者以外を含めるか等も問われる。前掲のM製作所（安衛法違反被告）事件のように，適用法条（安衛則第540

条，安衛法第23条，第27条）が労働者保護規定であることを理由に，社外工を保護する措置が不十分でも現場監督者や元請が刑事免責される旨を述べた裁判例もあるので，修正となれば，影響は大きい。その他，死傷病報告（第100条，安衛則第97条）の名宛人（現在は事業者），第26条が事業者の講じる措置への協力義務を課す対象（同労働者），第97条が申告権を付与する対象（同労働者）等の修正の要否も問われる。製造流通規制についても，労働者以外の保護を明確化するなら，検査の趣旨等を再検討する必要が生じ得る。例えば，検査で見過ごされた機械の製造上の欠陥から生じた周辺住民の迷惑により廃業に追い込まれたとして，事業者が国を問責した富士ブロイラー事件・東京高判昭60・7・17判時1170号88頁は，請求棄却の主な理由として，安衛法上の検査制度は労働安全衛生行政の実施を目的とし，国による製品安全の保証を目的としない旨を述べていた。

【注】
1) この章は，日本労働法学会の編集委員長及び法律文化社の許諾を得て，著者の先行業績（三柴丈典「安衛法の来し方行く末」日本労働法学会誌136号〔2023年〕7-22頁）を転載したものである。
2) ILO Statistics on Safety and Health at Work（https://ilostat.ilo.org/topics/safety-and-health-at-work/）。日本の安全衛生法政策と労災発生件数との関係については，本書の第6条～第9条の逐条解説（大藪俊志執筆部分）を参照されたい。
3) 厚生労働省公表の各種労災統計（https://anzeninfo.mhlw.go.jp/user/anzen/tok/anst00.html，最終閲覧日：2022年3月9日）。
4) 厚生労働省・警察庁「令和2年中における自殺の状況」（令和3年3月16日）。
5) 化学物質管理対策については，特別規則規制外での被害の多さや，規制整備の恒常的遅れ等を踏まえ，従来の危険有害性が明確に認識された物質を対象とした特定的な基準（仕様基準）の一律的強制策から，全ての化学物質には危険有害性が伴う可能性があることを前提に，専門家の支援を得て，事業場ごとに有効な方策の採用を許容する性能基準（自律管理）への制度改変が模索され（厚生労働省労働基準局安全衛生部「職場における化学物質等の管理のあり方に関する検討会報告書」〔2021（令和3）年7月19日〕），令和4年5月に規則改正等がなされた。その象徴は，安衛則第577条の3で，国によるGHS分類がされていない（危険有害性が認識されていない）全ての化学物質についてリスクアセスメントの努力義務を課したこと，リスクアセスメント義務の対象となる物質（安衛則第34条の2の7にいうリスクアセスメント対象物）を拡大し，安衛則第577条の2で，ばく露程度を最小限に抑えると共に，国がばく露濃度基準を定めた物質については，当該濃度基準以下への抑制を義務づけたことである。
6) 厚生労働省厚生労働科学研究費補助金（労働安全衛生総合研究事業）「労働安全衛生法の改正に向けた法学的視点からの調査研究」報告書〔研究代表者：三柴丈典〕（2022年）249頁［原俊之執筆部分］。
7) 同上323頁［森山誠也執筆部分］。
8) 現行安衛法制定後の目的論的，拡大的解釈の例として，幸陽船渠事件・広島高判昭53・4・18判時918号135頁等。
9) M製作所（安衛法違反被告）事件・千葉簡判平13・4・13労判835号86頁のほか，前掲注6）厚労科研報告書登載の議事録の行政官の発言等に顕著。
10) 前掲注6）厚労科研報告書156-158頁（日本），同158-159頁（UK）。対象は，事業において安全衛生に関わる者で，経営者から管理職，専門職，一般社員までを含む。
11) UKでの議論経過につき，三柴丈典「使用者の健康・安全配慮義務」日本労働法学会編『講座労働法の再生 第3巻 労働条件論の課題』（日本評論社，2017年）281頁等。
12) 同上287-296頁。
13) 厚生労働省厚生労働科学研究費補助金（安全衛生総合研究事業）「リスクアセスメントを中心とした諸外国の労働安全衛生制度の背景・特徴・効果とわが国への適応可能性に関する調査研究」報告書〔研究代表者：三柴丈典〕〈第2分冊〉（2016年）6頁。
14) これまでの化学物質対策は，危険有害性が判明したものばかりを対象にしてきた。
15) 三柴丈典「産業保健法学の狙い—日本産業保健法学会の設立を控えて」産業医学レビュー33巻2号（2020年）86-89頁。
16) 2023（令和5）年10月に検討結果をまとめた報告書が公表された。更にその後，労働政策審議会安全衛生分科会において，改めて法改正を展望した検討がなされた（概要は，第166回労働政策審議会安全衛生分科会資料「個人事業者等に対する安全衛生対策について（総括）」（令和6年9月6日）を参照されたい。以下の整理もこの資料に基づき作成した）。すなわち，措置の主体として，(1)事業者，(2)個人事業者等，(3)注文者，(4)注文者以外のリスク創出者，
の四者を指定し，
講ずべき措置を，(a)危険有害防止措置（(a-1)有害防止措置，(a-2)危険防止阻止），(b)危険有害防止措置以外（過重労働・メンタルヘルス対策），
の三者を指定して，
各組み合わせに対応する措置の法制度化につき検討された。
＊この整理に際しては，三柴が検討会で提示した「リスク創出者管理責任負担原則（リスクの情報と管理権限を持つ者がその管理責任を負担すべきとする原則）」が基底に置かれている（三柴追記）。

このうち，(1)事業者による各種措置義務は，従前の体系からさほど外れないこともあり，比較的早期に対応された。
また，全ての措置の主体による(b)危険有害防止措置以外（過重労働・メンタルヘルス対策）も，義務化ではなく緩やかな勧奨を想定していたことから，比較的早期に対応された。
しかし，その他の組み合わせ(2)個人事業者等，(3)注文者，(4)注文者以外のリスク創出者を主体とする(a)危険有害防止措置）を重点的に審議された。

この際，総論として，
総論①：安衛法上の個人事業者等の定義，
総論②：同人を保護ないし名宛人とする際の基本原則，
が設定され，
各論として，
各論①：個人事業者等自身で管理可能な災害リスク対策
各論②：同じく管理不可能な災害リスク対策
各論③：各論①②の実効性向上策
が設定された。
分科会での検討結果の概要は以下の通り。

総論①：安衛法上の個人事業者等の定義
・個人事業者：労働者を使用せず，法人・自然人を問わず，請負・業務委託契約等の契約関係の有無も問わない。

・中小事業の事業主及び役員：個人事業者や労働者と類似の作業を自ら行う中小事業の事業主及び役員。中小事業の範囲は，業務上災害の実態や労働基準関係法令の取扱いを踏まえて別途定める。
＊合わせて，労働者の個人事業者等への振り替えが起きないよう留意すべきことが示された。

総論②：個人事業者等を保護ないし規制対象とする際の基本原則
・個人事業者等に管理を求める理由：（安衛法の労働者保護の趣旨に照らして）労働者と同じ場所で就業するから。
・事業者ら（事業者や注文者，建築物や機械のリース業者）に個人事業者等の保護を求める理由：（安衛法の労働者保護の趣旨に照らして）労働者と同じ場所で就業する以上，個人事業者等も保護すべきだから。
　労働者と同じ場所で就業しない場合も，注文した仕事に関わるリスクへの対応には，既存の安衛法の枠組み（発注者・注文者対策）の応用が可能。
・個人事業者等や事業者らに措置を求め難い場合：それ以外の者にもガイドライン等で措置を求める。
＊安衛法には「場の管理」の趣旨があると理解している。その前提で，契約関係の有無や性質，主体に基づき強制力を段階的に設定している。

各論①：個人事業者等自身で管理可能な災害リスク対策
ア　機械等の安全確保
・現行法上既に，事業者は，自身の労働者のほか，その労働者の「周囲で作業する労働者」の保護も目的に，危険な機械の使用禁止等の安全確保を課されている。
　労働者と同じ場所で働く以上，個人事業者等にも基本的に事業者らと同様の義務を課すべき。
　すなわち，危険な機械の使用禁止，定期自主検査等は，その対象機械を同じとみて同じ義務を課すべきだが，個人事業者等がそれらを持ち込む場合はともかく，事業者から一時的に貸与を受ける場合については，省令等で別途定める。
・機械の管理・保管に関わる危険については，持ち込みと一時貸与の場合の双方を対象にガイドライン等で示す。
　違反の結果は同等なので罰則も事業者と同等とする。

イ　安全衛生教育の受講
・個人事業者等の作業による「周囲の労働者」への危害防止の観点から，特別教育の受講・修了を義務づけるべき。労働者なら作業主任者の選任を要する作業を個人事業者等が行う場合，当該技能講習の修了等が望ましい旨をガイドライン等で示す（＊）。
　義務づけられた受講・修了を怠った場合，その結果は同等なので，事業者の実施義務違反と同等の罰則を課す。
　受講等の費用負担は，（特殊健診とは異なり）注文者に一律に求めないが，経費が適切に支払われるようガイドライン等で周知する。
　個人事業者等の教育の受講・修了，持ち込み機械等の規格具備，法定検査の受検等は，元方事業者等に確認させるようガイドライン等で示す。
　周囲に労働者がいない場所での作業でも，所定の危険作業を行うなら（個人事業者等本人の安全のため）特別教育等を受講・修了するようガイドライン等で指導する。

＊事業者側は，一定の危険作業を実施する以上，作業主任者の選任を罰則付きで義務づけられているので，個人事業者等がそうした作業を指揮する場合で作業主任者資格を持つと偽ったような場合，事業者の義務違反につき両罰規定の適用を受けることとはあり得る。よって，技能講習は特別教育より危険な作業を

前提にすることからも，個人事業者等側の資格取得を強制しないのは，バランスを欠く可能性がある（三柴）。

ウ　事業者等が講ずべき措置への対応
・被害が同等なので，個人事業者等にも（おそらく法第26条及び第120条等が定める〔三柴注〕）労働者向けの罰則と同等の罰則を付す。
・法第22条（有害物リスク対策等）と他の事業者義務規定（第20条から第25条の2）を同様に扱う。
・事業者等が講じる措置につき，個人事業者等に周知すると共に必要な指導・指示を行うよう，しかし，それが直ちに雇用関係等に当たらない旨もガイドライン等で示す。
・法第4条に基づく労働者の努力義務（自身での労災防止措置や事業者による措置への協力努力義務）に相当する努力義務を設け，その履行支援のためのガイドライン等を設ける。
　そのガイドライン等に法第22条に基づく事業者による措置への対応の必要性も示す。

各論②：個人事業者等には管理不可能な災害リスク対策
各論②—1：注文者らがリスク創出者である場合

ア　注文者の責任に関する原則
・法第3条第3項（建設工事の注文者等が無理な工期等で受注者の作業の安全衛生を害しないよう配慮すべき旨の定め）は，全業種の注文者を対象とし，保護すべき受注者は，下請け以下にも及ぶ旨をガイドライン等で示す。
　無理な工期を設定しない等の消極的な配慮のみならず，適切な作業環境，作業内容，作業条件等を注文者が作業場所の管理者（おそらく運送業における着荷主の事業場の管理者等を想定〔三柴注〕）に求める等の積極的配慮が必要な旨もガイドライン等で示す。
・運送業における着荷主の事業場における複数請負業者の混在作業による災害防止のためのガイドラインを策定する。
・法第31条の4（注文者に対し，請負人の労働者が本法令に違反することとなるような指示を禁じた定め。罰則なし）の適用対象を，個人事業者等への違法な指示にも拡大する。

イ　主に建設業での混在作業に伴う災害対策
・主に建設業の混在作業下での災害リスクは個人事業者等にも生じ得るし，同人がもたらすこともあるので，元方事業者の統括管理下に置くと共に，関係請負人やその労働者に求められる（法第32条参照〔三柴注〕）のと同一の措置を個人事業者等にも求める。
　違反による被害は同等なので，罰則も同等とする。

ウ　その他の業種での混在作業に伴う災害対策
・規制対象となる混在作業が行われる「一の場所」の範囲は，通達で示す。
・建設業や製造業以外の業種につき，それらの業種を対象とする法第30条（建設業等の混在作業にかかる統括管理），第30条の2（製造業での混在作業にかかる統括管理）が求める統括管理とは別に，個人事業者等を含めその場で「何らかの作業に従事する者」（混在作業従事者）を対象として，当該場所の管理者（場所の管理，労働者の使用，主体的な労災防止措置の3つを講じ得る事業者：混在作業管理事業者）による管理の制度を設ける。
　もっとも，業種や現場事情等により混在作業も労災防止措置も様々なので，基本業務を「作業間の連絡調整」等として法定し，その他の措置は元方安全管理指針（基発第267号の2，平成7年4月21日）を参考にガイドライン等で例示する。連絡調整等の法定に際しては，作業管理事業者が行う作業と作業従事

者が行う作業を区別し，対象を限定する必要がある。罰則の対象は，請負契約等の関係性と混在作業による危険性を踏まえて検討する。

混在作業従事者が実施すべき措置は，混在作業管理事業者への協力を法定し，その他をガイドライン等で例示する。
・混在作業従事者を管理する場合，混在作業管理事業者との間に請負契約等何らかの関係を設けさせる。
・混在作業管理事業者がいない場合，連絡調整等が困難な場合等には，混在作業従事者が相互協力すべき旨をガイドライン等で示す。

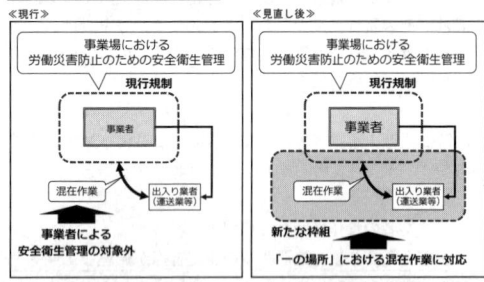

＊2つの図はあくまで建設業等以外の業種を前提にしている（三柴注）。
（厚生労働省第168回労働政策審議会安全衛生分科会資料「個人事業者等に対する安全衛生対策について（総括）」令和6年9月6日）

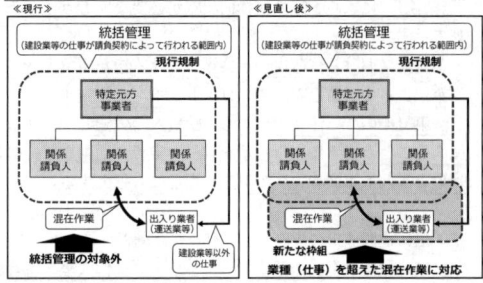

（厚生労働省第166回労働政策審議会安全衛生分科会資料「個人事業者等に対する安全衛生対策について（総括）」令和6年9月6日）

エオカ　法第31条（特定の危険な仕事の注文者が負う物の管理義務），第31条の2（化学設備の製造やメンテナンス等の注文者が負うリスク情報の提供等の労災防止措置義務），第31条の3（建設業での車両系建設機械等を用いる特に危険な作業を発注しつつ自らも行う者等が講じるべき統括的な管理義務）の適用範囲の保護対象及び名宛人としての（三柴注）個人事業者等への拡張
・これらの規定が想定するリスクは，作業者の種類では変わらないので，対象に個人事業者等も含むことを明記する。
罰則も現行規定通りとする。
・労働者が周囲にいない場所でも，個人事業者等本人の災害防止のため，同様の措置をガイドライン等で示す。

各論②－2：注文者ら以外がリスク創出者である場合
ア　法第33条（機械等リース業者が講ずべき労災防止措置義務）
・物的なリスクを前提とした規制だし，個人事業者等によるリース機械の借り受けや利用が周囲の労働者の被災をもたらすこともあるので，名宛人と保護の対象に（三柴注）個人事業者等が含まれることを明記する。
・とはいえ，リース先や利用状況（リース先が事業者か個人事業者等か，周囲に労働者がいる条件で用いられるか）は，リース業者には分からないので，リースを受ける事業者と同様の措置をリースを受ける個人事業者等に義務づける。
・規制対象となる機械に，運転に免許を要し，自走するフォークリフト／ローダー，ショベルローダーを追加する。

イ　法第34条（建築物リース業者が講ずべき労災防止措置義務）
・物的なリスクを前提とした規制だし，個人事業者等によるリース建築物の借り受けや利用が周囲の労働者の被災をもたらすこともあるので，名宛人と保護の対象に（三柴注）個人事業者等が含まれることを明記する。
・「建築物」の範囲は，広く「事業の用に供される建築物」とし（事務所や工場に限らない），屋外駐車場等についても，リース業者に求める措置をガイドライン等で示す。
・リース業者には，リース部分以外にも，墜落危険箇所等の災害原因となり得る要素（避難器具の不備等）を受リース者に伝達させる（従来からの規制の積み増し〔三柴注〕）。

ウ　プラットフォーム等による措置
・プラットフォームがアプリを活用した業務支援等を行い，仕事の注文者（請負契約の当事者）に該当せず，従って法第3条第3項を直接適用できない場合にも，就業者（ギグワーカー）の安全衛生に配慮するよう求める。
・実態としてプラットフォームと就業者の関係が労使関係に該当する場合，労働者として保護する。
・注文者（法第3条第3項）に該当する／しない場合に配慮すべき内容をガイドライン等で示すと共に，諸外国の例を参考に規制を検討する。

各論③：各論①②の実効性向上策
各論③－1：災害報告制度
・現行法上，網羅的な把握の仕組みがないので，監督署への報告の仕組みを構築する。

ア　報告対象
・労働者死傷病報告制度に倣い，休業4日以上の死傷災害とする。

イ　報告主体
・報告制度の趣旨は今後の災防政策の立案なので，被災した個人事業者等の①業務内容，②災害発生場所の把握者が適当。
　従って，①個人事業者等自身，②その直近上位の注文者（該当者がいない場合，順次その上位者）＝特定注文者，③災害発生場所の管理事業者，の三者が考えられる（②と③を合わせて「特定注文者等」という）。
・①個人事業者等→②特定注文者→監督署，の報告ルートが基本。両→を義務化する。②特定注文者がいない場合，③災害発生場所管理事業者に報告を義務づける（ただし，スーパーのバックヤード等では，③と個人事業者等との契約がないような場合，③による報告が難しい場合がある）。
・被災個人事業者等が中小事業の事業主や役員である場合，当該企業に報告義務を課す。
・総論②の考え方（個人事業者等に管理を求める理由を，労働者と同じ場所で就業すること〔主に労働者の災害防止〕に求める考え方）に照らし，報告義務を課すのは，災害発生場所で労働者が就業する場合に限定する（「労働者と同じ場所」の考え方は別途示す）。
　そうでない場所で生じた場合，監督署への情報提供（監督署

が情報提供を求める場合もある）にとどめる。個人事業者等が消費者から直接に住宅建築を請け負った場合等，特定注文者がいない場合にも監督署への情報提供にとどめる。

情報提供は基本的に個人事業者等が自身で行うが，加入する業種・職種別団体（特別加入団体を含む）も可能。

休業4日未満等，報告義務対象でない災害も，個人事業者等やその加入団体による情報提供の対象とする。

ウ　報告時期
・災害発生の把握後「遅滞なく」。

エ　罰則
・雇用関係や（直近上位の注文者でない場合〔三柴注〕）請負関係がないこと等を踏まえ，罰則なしの義務とする。

オ　報告事項
・労働者死傷病報告の事項を参考とし，報告者関係情報や被災者の労災保険特別加入の有無等の情報を加える。

カ　不利益取扱い
・特定注文者等に対し，個人事業者等による報告を理由とした不利益取扱いを禁じる。

雇用の場合と不利益取扱いの内容が異なり得るので，その具体例と全体像は，法令と通達等で示す。

キ　その他
・報告の促進のため，電子申請システムの活用等を検討する。
・個人事業者等が死亡・入院中の場合の対応等を通達等で示す。
・特定注文者等による監督署への「報告」とは別に，個人事業者等自身が監督署に「情報提供」できる旨を通達等で示す。

ク　脳心臓疾患・精神障害の報告
・原因不明なこともあるので，個人事業者等自身が監督署に報告できる仕組みを整備し，業種・職種別団体が報告を代行できるようにする。
・報告事項は，災害の報告と同様とする（労働者死傷病報告の事項を参考とし，報告者関係情報や被災者の労災保険特別加入の有無等の情報を加える）。

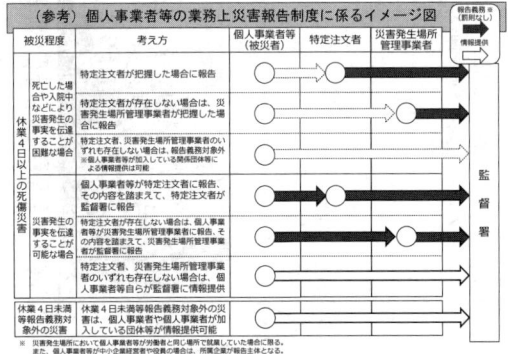

（厚生労働省第166回労働政策審議会安全衛生分科会資料「個人事業者等に対する安全衛生対策について（総括）」令和6年9月6日）

各論③—2：業種・職種別団体等の活用，国による情報の発信と相談や申告の受付窓口

・個人事業者等の安全衛生政策に関する協議に際しては，国が連絡会議等を設置して（事務局は行政に設置する），業種・職種別団体，仲介業者，関係する自治体などの参集を得る。
・ガイドライン等により，業種・職種別団体による災害情報の把握を促進する。
・優良な取り組みを行う団体に国が認定などのインセンティブを与える。団体がない業界では，彼らが集うフォーラムの開催等を企画する。
・個人事業者等の安全衛生に関するポータルサイトを設ける。
・独占禁止法や下請法の管轄庁（公正取引委員会や中小企業庁）とも連携した相談窓口を設ける。
・労基署への申告は，数は少ないが，事業者による個人事業者等の保護規定に関するものに限定する。主に個人事業者等への注文者としての規制や，リース業者としての規制に違反する場合があり得る。不利益取扱いについては，通達等で具体例と全体像を示す（再掲）。その際，個人事業者等が事業者的側面と共に作業者的側面を持つことを踏まえる。

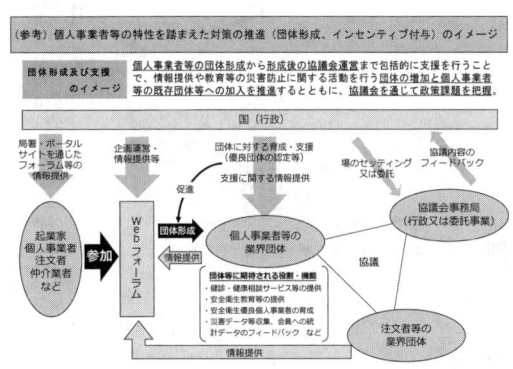

（厚生労働省第166回労働政策審議会安全衛生分科会資料「個人事業者等に対する安全衛生対策について（総括）」令和6年9月6日）

以上を総合してみると，個人事業者等を保護しようとしているのか，個人事業者等を通じて労働者を保護しようとしているのか，必ずしも明確でない。むしろ，個人事業者等の／による保護は，基本的に労働者と同じ場所で働くからとして，場所的な繋がりを根拠としている。総じて，場所か契約をとっかかりに，何とか労働者保護と結びつけようとしている。保護対象が個人事業者等であることが明らかな措置は，概ねガイドライン等での誘導にとどめられている（もっとも，ガイドラインであっても，事案の脈絡により，民事上の安全配慮義務の内容となることは多いだろうし，立案者もそのことを意識していると解される）。

これは，個人事業者等の安全衛生を，あくまで労使関係を基軸とする労働法の枠内で図ろうとの意図に基づくものと思われる。少なくとも，その枠を外れる保護は，今後，手順を踏んで図る意図と察せられる。

なお，検討の枠組みの基礎となったリスク創出者管理責任負担原則は，三柴が検討会で提起した（今後，手順を踏んでその方向に規制が進むように思われる）。また，各論③—1「不利益取扱い」の禁止，脳・心臓疾患や精神疾患につき監督署へ報告できる仕組みとすべきこと，各論③—2「業種・職種別団体等の活用」も，検討会での三柴の提言を基礎としている。

17）三柴丈典・倉重公太朗・中澤祥子「ギグワーカーの安全衛生に関する法的保護のあり方について―日本の状況と展望」産業保健法学会誌1巻2号（2022年）43-67頁。

18）筆者は，①事業を行い，②労働者を使用する者という現在の事業者の定義のうち，②を労働安全衛生リスクを創出する者等に変えるべきと考えている。

参考 監督指導状況（総合）

違反による送検件数を記した「労働基準監督年報」の集計
（ぼんの日記 [https://kynari.hatenablog.com/entry/2020/11/14/235232, 最終閲覧日：2022年4月9日] より。図の体裁整理：池崎万優氏）

危害防止

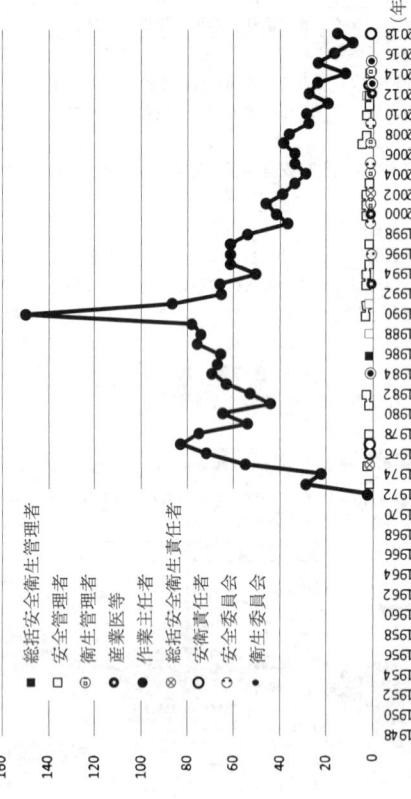

* 旧労基法・旧安衛則時代は、安全関係の基準違反の取締りや指摘が監督指導の中心だったことが窺われる。ただし、当時の分類には、当時の安全には一定程度衛生関係が含まれていた可能性がある。

安全装置

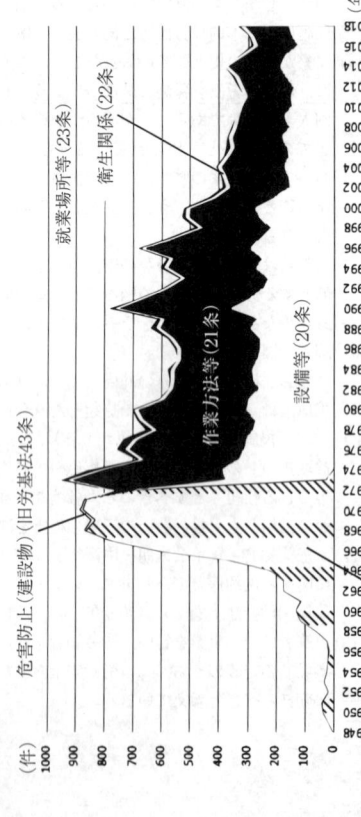

安全衛生管理体制

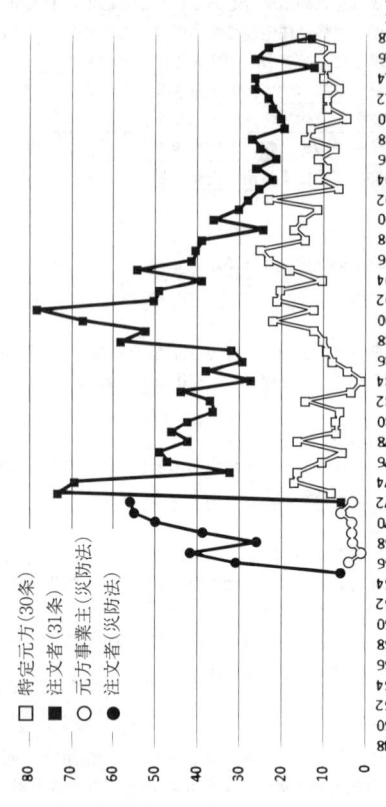

* 現行安衛法の大きな特徴の１つは、安全衛生管理体制の整備充実化であり、これがかなりの災厄効果を持ったことも、我々の調査から推論されている。

元方・注文者の義務

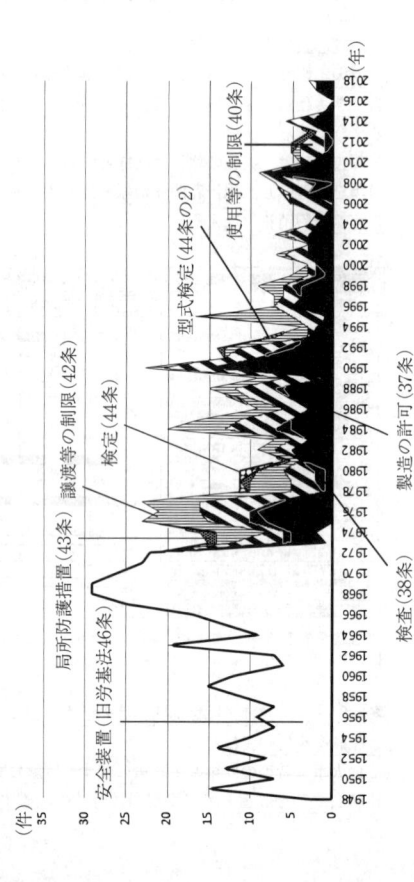

* 第31条は、物の安全に限定しているが、注文者に措置義務を課した稀少な規定である（対する第30条は、場の安全を目的としている）。このデータからも、その価値の大きさが窺われる。

労働時間・休日

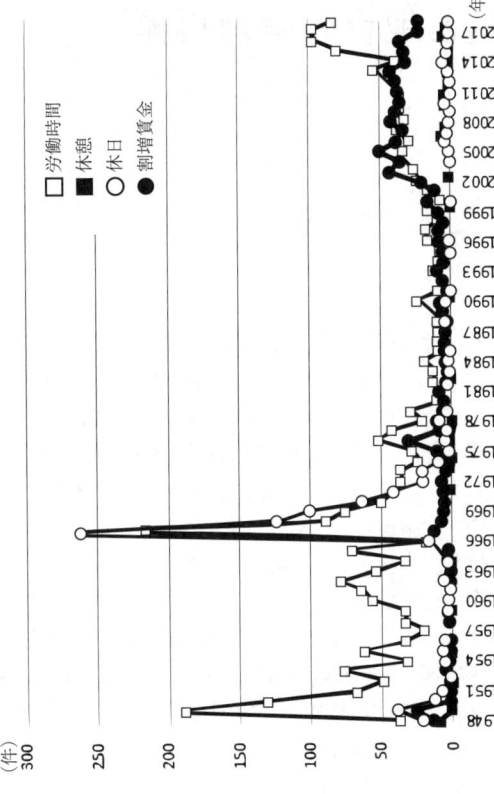

* 近年の急激な伸びは、働き方改革のためと思われる。ただし、ただでさえ採用者数の少ない労働基準監督官B（理工系）が安全衛生業務に専念できない状況は改革されるる必要がある。1960年代後半の伸びは、高度経済成長期、平均年間労働時間数が2200時間を超えていた状況への対応が求められたことの反映と思われる。

就業制限と安全衛生教育

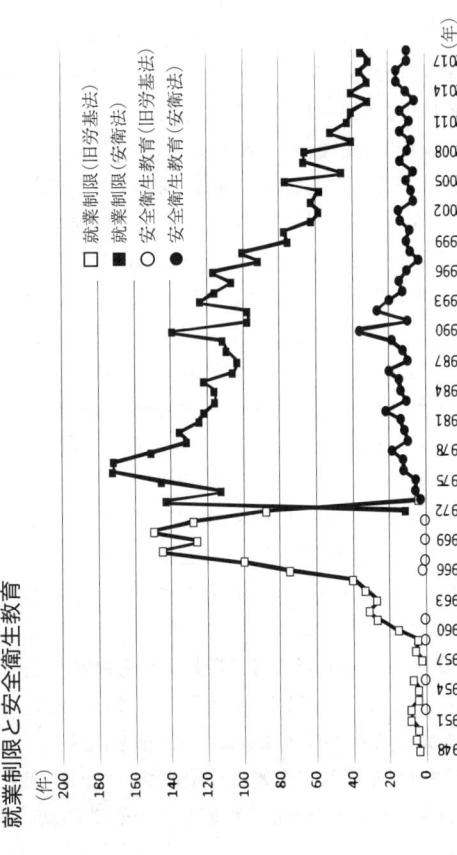

* 有資格者以外に危険有害作業をさせないという就業制限は、以前から監督指導上重視されてきたことが窺われる。近年の数字の落ち込みが、その面での遵守が進んだことの証であればと願うのだとすればよいが。近年の数字の落ち込みが、その面での遵守が進んだことの証であり、現に災害防止に繋がっているのだとすればよいが。

使用停止命令

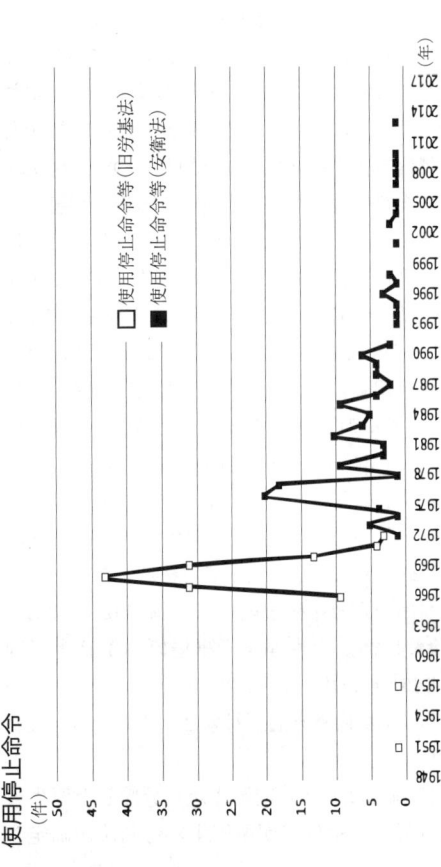

* 現行安衛法制定の直前と直後に発令件数が伸びたのは、特に重点的な監督を行おうとしたためと思料せられる。このデータは送検数を示しており、使用停止等処分自体は、現在に至るまでかなりの件数発せられる。最近の件数の減少は、使用停止等処分に事業者が従うようになったせいとも解される。

二　現行法制度の背景と趣旨の整理再編

「Ⅱ　安衛法制定を後押しした災害と制定経緯」は，現行安衛法の制定過程，すなわち法制度史，同法の制定を後押しした制定直前期の重大災害及び当時の災害の一般的傾向，並びにそれらを踏まえて現行法の骨格を形成した労働基準法研究会の分科会の概要を示している。

概要は以下の通り。

ア　現行安衛法の嚆矢とも言えるのが，1911（明治44）年に制定された工場法であり，同法中に設けられた，第9条〜第11条：保護職工（15歳未満の者及び女子）の危険有害業務への就業制限，第12条：傷病者及び妊婦の就業制限，第13条：男子を含む職工一般に対する危害の予防，第14条：臨検などの定めが，特に安全衛生と関係が深かった。要するに，対象を，一般労働者，弱い労働者（保護職工），特に弱い労働者（傷病者・妊婦）の3区分に分けた規制を行っていた。

イ　工場法時代に，マッチの製造に際しての黄りんの使用を禁じるなどした内務省所管の黄燐燐寸製造禁止法（1921〔大正10〕年4月11日法律第61号），屋外産業での労災補償制度の確立を主な目的としつつ，労災防止にかかる規制も図った内務省所管の労働者災害扶助法（1931年〔昭和6〕年4月2日法律第54号）及び，工場法の適用対象者も含めてその責任保険化を図った労働者災害扶助責任保険法（1931〔昭和6〕年4月2日法律第55号）などの安全衛生に関する法律が制定されたほか，工場法第13条に基づく工場附属寄宿舎規則（1927〔昭和2〕年4月6日内務省令第26号），工場危害予防及衛生規則（1929〔昭和4〕年6月20日内務省令第24号），労働者災害扶助法第5条に基づく土石採取場安全及衛生規則（1934〔昭和9〕年5月3日内務省令第11号），汽罐取締令（1935〔昭和10〕年4月9日内務省令第20号），土木建築工事場安全及衛生規則（1937〔昭和12〕年9月30日内務省令第41号），土木建築工事場附属寄宿舎規則（1941〔昭和16〕年12月1日厚生省令第53号）などの規則が制定され，工場内外を適用対象とする安全衛生規制が発達した。

ウ　1947（昭和22）年に内務省から分離した厚生省から更に分離した労働省が所管する労基法が制定され，その第5章14カ条等に安全衛生に関する定めが設けられたほか，その下に439カ条から成る旧安衛則（1947〔昭和22〕年労働省令第9号）や事業附属寄宿舎規程（1947〔昭和22〕年10月31日労働省令第7号）が設けられた。これらは，工場法時代の法規則を基礎としつつ，全業種の全労働者に適用が及ぶ普遍性と体系性を持ち，当時から国際的にも高水準にあったが，その制定直後からの活発な改正，新たな法規則の分離，新設（けい肺及び外傷性せき髄障害に関する特別保護法〔1955〔昭和30〕年7月29日法律第91号〕，ボイラ及び圧力容器安全規則〔1959〔昭和34〕年労働省令第3号〕，電離放射線障害防止規則〔1959〔昭和34〕年〕労働省令第11号の制定等）をもって，その水準が維持されてきた。

エ　新法制定の背景には，高度経済成長に伴う多くの新しい技術の登場，それに対応できる技術者の不足等により，大規模重篤災害が多発したこと，その好例として，1969（昭和44）年4月に荒川放水路の新四ツ木橋架設工事で発生したリングビーム工法での倒壊災害（死者8人）と同年11月に発生したエチレンの直接酸化法での爆発災害（死者8人），1970（昭和45）年4月に大阪市の地下鉄建設工事現場で発生したガス爆発災害（死者79人，重軽傷者420人），同年10月に長崎市の造船所で発生したタービンローターの破裂災害（死者4人，重軽傷者60名強）が挙げられる。

もっとも，新法制定を強く後押ししたのは，1963（昭和38）年11月9日同日（いわゆる「魔の土曜日」）に発生した東海道本線鶴見駅付近列車脱線二重衝突事故（死者161人）と三井三池炭鉱での炭じん爆発災害（死者458人，一酸化炭素中毒の後遺症者約1000人）[1]だった。前掲の大阪市の地下鉄工事現場でのガス爆発災害（天六ガス爆発災害）は，現行安衛法第102条（ガス工作物等設置者に課される義務）の設置の原動力になったと解される[2]。

オ　1969（昭和44）年9月に発足した労働基準法研究会のもとに1970（昭和45）年7月に設けられた安全衛生小委員会（後の第3小委員会）が詳細を検討し，翌1971（昭和46）年7月に労働省に提出された同研究会報告書が現行安衛法の骨格を形成した。そこでは，以

下のような事柄が指摘されていた。すなわち，

①戦後，高度経済成長期を経て休業8日以上の死傷災害が増加し，昭和36年には約48万人（うち死亡者約6700人），昭和45年にも約36万人に達していた（2018年には休業4日以上で13万人弱）。

②業務上疾病も昭和45年時点で3万件を超えていた（2018年には休業4日以上で8500人強）。内訳は，チェンソーによる白蝋病，キーパンチャー業務による頸肩腕症候群などの物理的な加力がもたらした疾病，負傷がもたらした疾病が多かったが，有機溶剤中毒などの化学的障害によるものも増加傾向にあった。

③こうした傾向の背景に，技術革新に伴う生産設備の大型化，複雑化，高速化，職業病や公害の発生等に象徴される産業の非人間化があったと解される。

④特に製造業，建設業の災害が多く，災害の重篤度を示す度数率では鉄道軌道新設事業，舗装事業，ずい道新設事業などが高かった。原因別では，クレーンなどの他，自動車などの動力運搬機，ショベルカー，ブル・ドーザー等の重建設機械によるものが多かった。また，「機械にはさまれ」，「飛来落下物にあたる」，「墜落」，「転倒」など，作業方法（＊どこでどのように原材料を製造・加工するか，機械を操作するか等の具体的な作業の手順や手法であり，主に作業計画により改善され得るもの）や不安全行動に起因する伝統的災害も多発していた。

⑤中小企業では，大企業より危険な作業を担当しがち。安全衛生設備に投下する資金に乏しいこと，下請企業の間で能力格差があって安全衛生面での協議連携が困難な場合が多いこと，大企業が下請の安全衛生管理に消極的な場合が多いこと，離職率が高く熟練労働者の確保が難しいこと，安全より生産に追われ易いこと，一般に衛生管理に関する意識が乏しいことなどの構造的問題がある（≒一層深刻になっている）。

⑥労働力構成の高齢化，若年労働者等の体力の低下，疾病による休業の増加など，おそらく社会経済構造の変化と関わる新たな健康問題が生じていた，など。

カ　労基法研究会報告書は，以上のような災害傾向分析を踏まえ，従前の制度について，以下のような問題点を指摘していた。

①労基法体系下での規制では，総合的な予防施策を講じにくく，特に産業社会の急激な変化に対応しにくい。

②より具体的には，最低基準による規制を超える幅広く柔軟な行政の展開が困難。

③官民双方に，安全衛生に詳しい技術者（安全衛生人材）が乏しい。

④中小企業や構内下請事業への対策が不十分，など。

キ　労基法研究会報告書は，以上の認識を踏まえ，以下の基本方針を打ち出し，この方針に基づく項目立てが概ね現行安衛法の章立てに反映された。ただし，安全技師の選任と医師による通報等の制度の提言は反映されなかった。

①積極的，科学的対策，

②新工法，新原材料対策のための事前審査制度，

③機械設備の本質的安全化のための発注，設計段階での安全性確保，

④職場の環境改善による公害源の解消，

⑤労働者の体力づくり等の積極的対策，

⑥技術指針の作成・公表，労災多発事業場への勧告制度などの行政による柔軟で幅広い誘導策，

⑦以上の方策を支える安全衛生研究の推進，

⑧安全衛生人材の積極的な養成と官民両者への供給，

⑨中小企業や構内下請企業に対する親企業の責任強化と行政による技術面，財政面での支援，など。

ク　工場法→旧労基法→労基法研究会報告書→現行安衛法という流れには一定の連続性があり，例えば，旧労基法時代に制定された旧安衛則，電離則，特化則，高圧則などの規定の中には，安衛法の規定に格上げされたものも多かった。

ケ　安衛法の制定過程では，発注者（他者から仕事を請け負っていない最も先次の注文者（法第30条第2項）。法第31条の3からも明らかなように，自ら仕事の一部を行うか否かは問われないが，請負業者でないこと（いわばお客様）を前提にしているので，自身で仕事を行わないことが多い。自ら仕事の一部を行う場合，元方事業者に該当し得る）を含め，建設工事等の注文者の関係請負人に対する指導の努力義務についても検討されていた。

コ　現行安衛法は，以上の経緯を経て，旧労基法第5章のほか，労働災害防止団体等に関する法律第2章（労災防止計画）及び第4章（元方事業主の責任等の特別規制）を母体として形成され，その施行後約10年で死亡災害が半減した。

【注】
1）　本事故のジャーナリズムからの記録として，久谷與四郎『事故と災害の歴史館―"あの時"から何を学ぶか』（中央労働災害防止協会，2008年）261-270頁がある。
　　ここには，本件災害が，巻き揚げ中の鉱車が連結リング切れで逸走・脱線した際に，側壁の高圧電線ケーブルを切断して火花が発生し，炭じんに引火して爆発して生じたこと，入坑者1403人中458人が死亡し，そのうち430人が一酸化炭素中毒死であったこと，爆発後に調査した鉱山の専門家は炭じんの大量の堆積を指摘したことなどが綴られている。
2）　本事故のジャーナリズムからの記録として，同上63-75頁がある。
　　ここには，災害原因は地下鉄工事の過程での掘削作業中に生じたガス導管の継ぎ手のすっぽ抜けからのガスの大量漏洩であったこと，最初に小火災から始まり，大阪ガスや消防がガス

漏れ対応や消火活動に入っていた／入ろうとしていたところ，約10分後に道路を覆っていた1枚350kgもあるコンクリート覆工板1500枚が一気に吹き飛ぶほどの大爆発が起きたこと，その後，大阪市交通局や大阪ガス，工事請負業者の工事関係者計11名が業務上過失致死傷容疑で起訴され，8名が有罪となったこと，当時は万博開催に合わせて急ピッチで工事が進められていたことが災いした可能性があることなどが綴られている。

三　逐条解説の整理再編

1　三柴解説①（第1章第1条～第5条）

　三柴解説①は，第1章第1条～第5条を対象としている。

　これらの条規は概ね，安衛法の趣旨や基本用語の定義，事業者のほか，労働者，注文者ら関係者の一般的な義務等を定めている。

　概要は以下の通り。

　ア　第1条は，労基法と相まって，①危害防止基準の確立，②安全衛生管理体制の整備，③自主的活動の促進等，総合的計画的対策により，労働の安全，健康確保のほか，快適職場形成の促進を図る旨定めている。

　これは，本法律が，労基法から分離独立したことで，同法の姉妹関係を維持しつつも，使用者依存の最低基準規制では安全衛生を実現できないことも踏まえ，より総合的に（製造者・譲渡提供者，リース業者等のリスク創出者なども名宛人として，安全衛生管理体制の設置など，多様な対策を計画的かつ重点的に）対策を講じるべきこと，その際，賃金，労働時間，休日などの一般的労働条件規制と連携すべきこと，それらによって，快適職場形成に至る高水準の達成を図るべきこと，を目的とすることを宣言する趣旨である。

　ただし，本法の体系には，特化則第12条のように公害防止規定があり，安衛法本法にも物の危険性防止や職場環境整備を図る規定があって，これらの保護対象は労働者に限らないとも解し得る（建設アスベスト〔神奈川第1陣〕事件・最1小判令3・5・17民集75巻5号1359頁）。

　主な手法として挙げられた，①危害防止基準の確立，②安全衛生管理体制の整備，③自主的活動の促進，のうち，

　①は，主に罰則で履行を担保され，物的・人的な措置を義務づける具体的な再発防止策であり，物的リスクへの物的対策（製造流通規制，使用段階での諸規制）のほか，作業上のリスク対策，能力不足等の人的リスク対策を主としている。

　②は，安全衛生を促進するための経営体制づくりともいえ，事業場内の経営責任者による安全・衛生管理者などの補佐を得た総括管理のほか，元請―下請関係下の労働者等による混在作業現場での統括管理などが図られてきた。

　③は，区々多様な職場リスクに応じ，労働者参加も得て積極的な労災防止対策を講じさせようとするもので，後に労働安全衛生マネジメントシステムによるリスクアセスメントの慫慂にも発展した。

　イ　本条にいう「快適な職場環境の形成」は，作業場所の空気，湿度，照度等の物理的環境を意味する作業環境のほか，作業方法（*どこでどのように原材料を製造・加工するか，機械を操作するか等の具体的な作業の手順や手法であり，主に作業計画により改善され得るもの）を含め労働者の利用施設の状況を意味し，これを具体化したいわゆる快適職場指針（平成4年7月1日労働省告示第59号）は，休養・洗面施設のほか，疲労・ストレスに関する相談室等も含まれるとしているが，労働時間のような一般的労働条件や，仕事の質量のような人事労務管理事項は，少なくともこの指針では，前面には出されなかったようだ（もっとも，第3条第1項に関する通達は，快適職場形成とは，作業環境や作業自体の快適化も含み，過重な疲労・ストレスがなく，働きやすい職場を意味し，これが健康確保と共にヒューマンエラーによる事故や災害の防止に繋がると解している〔昭和47年9月18日発基第91号第三・一㈠㈡，四㈠㈡など〕）。

　本条にいう「労働基準法と相まって」とは，賃金，労働時間，休日などの労基法が司る一般的労働条件が労災発生と密接な関係を持つため，両者の一体的運用が求められること（昭和47年9月18日発基第91号）を意味する。他方，本条（安衛法第1条）と労基法第42条（いわゆるドッキング規定）により，安衛法上の危害防止基準に労基法第13条が適用されて，労働契約直律効を持つかについて，立法関係者は否定的に解しており，それらドッキング規定につき，あくまで労基法の基本憲章的規定（労使の対等決定原則，強制労働の禁止，労働者及び使用者の定義等）の安衛法への波及を意図したものに過ぎないとしている。よって，民事上の過失責任法理（安全配慮義務等）の側で，適切な事情下で適切な安衛法規を参酌するのが立法趣旨に適うと解され

る。

　ウ　制度史を辿ると，工場法制定以前は，汽罐等の危険な機械・設備について，製造者や設置者等を対象に，その影響を受ける者一般の安全確保が義務づけられており，明治44年制定の工場法は，工業主を名宛人として，女性や年少者等から成る保護職工の危険有害業務での就業制限を定めたうえで，職工一般を主な保護対象として，工場及び附属建設物（工場の主要な生産活動を補助または支援するために建設された倉庫，事務所，労働者の宿舎，食堂，トイレ，医務室などの建物や施設等）等の危害，衛生等につき，行政官庁が必要な措置を具体的に命じた場合に従う義務を工業主に課し（したがって，行政による命令がなければ工業主に直接的な措置義務は生じなかった），それに紐付く工場危害予防及衛生規則（昭和4年）も，工業主を名宛人として，職工一般を保護対象として，主に事業場設置の機械・設備等の安全性確保や毒劇薬，粉じん等の危険・有害性対策を求めた。しかし，限られた名宛人に対して限られたリスク対策を求めるものに過ぎなかった。なお，工場法では，精神病者や出産を控えた者の就業を禁止していた。両罰規定はなく，労災の責任確定に困難を伴っていた。

　昭和22年の旧労基法時代には，同法第42条が，現行法第20条，第22条等の一般規定に相当する機械器具等の設備，原料や粉じん等の危害防止の一般的な措置義務を使用者に課すと共に，同条を含む第5章14カ条のもとに紐付き規則として旧安衛則が設けられたが，労基法の紐付き省令のため，使用者を基本的な名宛人としており，機械器具の譲渡提供者等を名宛人とする規定や，物品設備を主語として名宛人を設けない規定など（多くは根無し規定）はあったが，元方事業者等宛ての規制はなかった。労災の技術的な再発防止策を最低基準化した規制を中心としていた。

　その後，昭和39年の旧労災防止団体法が，建設業等における重層的な請負関係下での混在作業現場での統括的安全管理体制の構築や危険な建設物等にかかる注文者によるリスクコミュニケーション等の責任を規定し，これが現行法第15条や第30条，第31条，第32条の先駆けとなった。

　そして，昭和46年に労働基準法研究会報告書が，積極的，科学的対策，新規の工法や原材料にかかる事前審査制度，機械設備の発注・設計段階での本質的安全化，職場の環境改善を通じた公害源の解消，労働者の体力づくり等の積極的対策，行政による柔軟で幅広い誘導策，安全衛生研究の推進，安全衛生人材の養成，構内下請企業等に対する親企業の責任強化等を提言し，これが概ね現行安衛法の骨子となったが，安全技師の選任と医師による通報等の提言は反映されなかっ

た。

　エ　法第2条は，主要な用語の定義を置いている。
　第1号の労働災害は，一般人が被る公衆災害との差別化が重視された概念で，労働者の地位にあることで被る災害を意味し，物的設備等による物的災害と労働者の作業行動（主に不安全行動〔手間を惜しむ，悪慣れ等から，意図的に事故災害を生じ得る行動をとること〕を指す）に起因する行動災害に大別され，後者には過労死等も含まれる。

　第2号の労働者は，基本的に労基法，労働契約法上の労働者と同じ概念であり，①使用従属性（指揮命令関係）と②報酬の労務対償性を広義に捉えて決せられる。労基法（第116条）と同様に家事使用人を除外しており，その趣旨は，家族に準じる，家事労働の時間計測が困難，他国との平仄等にあるが，判例の中には，指揮命令関係が第三者にも把握でき，タイムカード，業務マニュアルによる労務管理など，一般家庭と同列に論じられない実態である場合，家事使用人に該当しない旨を述べたものがある（医療法人衣明会事件・東京地判平25・9・11労判1085号60頁）。

　船員法適用対象には適用されず（安衛法第155条第2項），国家公務員の場合も，一般職には，主に人事院規則第10-4～6が適用され，安衛法は適用されないが，7つの行政執行法人の一般職には適用される。地方公務員の場合，現業・非現業問わず，基本的に適用されるが，労災防止計画に関する第2章や，監督官の司法警察権限に関する第92条は，例外を除き適用されない（地公法第58条第2項，第3項，第5項）。

　第3号の事業者は，労基法上の使用者が労働者との関係で勤務先側の立場に立つ者という相対的概念であるのに対し，事業経営利益の帰属主体であって，法人企業であれば法人（≠代表者），個人企業であれば事業経営主を意味する。旧労基法時代，労基法本法に設けられていた両罰規定による処罰の対象とされていた事業主とほぼ同様の概念と解され（昭和47年9月18日発基第91号を参照されたい），通常，事業体が内外の信頼性，ブランド力を高めようと大切にしている存在を責任主体とすることで，事業のトップマネジメント層や事業組織全体に安全衛生を重視させようとしたものと解される。両罰規定（法第122条）により，半無過失責任を課したことで，その趣旨の徹底が図られた。これにより，例えば，事業者には保護具を着用「させる」ことが義務づけられ，労働者には着用「する」ことが義務づけられている場合，事業者の管理範囲外で労働者が着用を怠っても，半自動的に事業者の責任が認められ得る。また，事業者義務規定とペア関係にない労働者義務規定違反にも本条（法第122条）の適用例がある。ただし，安衛法違反罪は基本的に故意犯なので，現場

の職長クラスには権限が無く，社長クラスには危険認識がないということから，双方共に処罰できないケースもある。

平成26年の法改正で設けられた，複数事業場での重大労災の繰り返し等を要件とする企業名公表制度も，経営トップ層の安全衛生意識とリーダーシップを高める方策の一つだが，経営者や上級管理者個人の管理にかかる刑事責任を定めたUKのHSWA（労働安全衛生法典）や，役員解任命令を定めた企業役員解任法（the Company Directors Disqualification Act 1986）等に比べると，ソフト・ロー中心の構成になっている。

なお，筆者は，発注者や注文者らがリスク創出者となる災害，重層的請負構造下での混在作業の実態，フリーランスやギグワーカーらの増加等を踏まえると，事業者の定義である，①事業を営み，②労働者を使用する者，のうち，②を「他者の安全衛生にリスクを与える者」に変更すべきと考えている。

事業者概念と並んで議論を招き易い事業場概念は，労基法上の事業場と同趣旨であって，場所的一体性を持つことが原則だが，組織的関連から場所が離れていても１つと解されることもあれば，場所が近くても業態が異なれば別の事業場とされることもあり得る。なお，労働者の自宅は事業場とは解されていない（昭和47年労働省令第43号）。

日本の安衛法は，法第30条（混在作業下での元方事業者の統括管理義務：場の管理規定）や第31条（建設業等の注文者の自身が持つリスク情報の下請業者やその労働者への提供等の労災防止措置義務：物の管理規定）を好例として，事業者以外の者を名宛人としたり，事業者らに自身が雇用する者以外（社外工等）を保護させる規定を多く置いており，これらは，リスクに関する情報や管理権限を持つ者に必要な保護措置を義務づける，リスク創出者管理責任負担原則を部分的に具現化したものと解される。しかし，建設・造船業者，化学物質の製造業者に限られている，基本的な保護対象は労働者である等，未だ射程が狭い。

近年，アスベストにより石綿肺や肺がんなどに罹患した建設会社従業員や自営業者の職人である一人親方が，国に対しては，アスベストの危険性のラベルによる表示（現行安衛法第57条等）や掲示（現行特化則第38条の３等）の指導監督，保護具の「使用させ」の義務づけ等の規制権限不行使，保護具使用の指導監督等に関する規制権限不行使を国家賠償法上違法であるとし，建材メーカーに対しては，製品のリスクに関する警告を行う注意義務の懈怠等が不法行為であるとして，それぞれに対して損害賠償請求を求めた建設アスベスト訴訟（神奈川第１陣）事件（最１小判令３・５・17民集75巻５号1359頁）において，興味深い判断が示された。

すなわち，本件では，基本的には「労働者」の安全衛生の確保を目的とする労働安全衛生法が，請負・業務委託契約の一人親方も保護の対象としており，彼らの保護のための規制を怠ると，国の規制権限不行使が違法となり得るかも争点の一つとなったところ，

最高裁は，アスベスト建材メーカーの責任を認めると共に，国が，保護具の準備等の義務は事業者に課したうえで，アスベストのハザードの判明度合いに応じて通達等で対策を講ずべき前提のレベルを引き上げてきていた経緯は認めつつも，国は，事業者に保護具を準備させるのみならず，労働者らに保護具を「使用させる」ことを省令で義務づけ，指導監督により確保すべきだった，

リスクの内容と管理方法等の具体的内容を記したラベルによる表示（現行法第57条），掲示（現行の特化則第38条の３等）を通達等で示し，指導監督すべきだったのに行わなかったことから，

被災者らに対して国賠法上の損害賠償責任を負う旨と共に，物的な措置義務は，いわば集団的な措置，環境整備の措置であって，保護対象は労働者に限らず，一人親方等にも及ぶ旨を述べた。

厚生労働省では，この判決を契機の一つとして，個人事業者等に対する安全衛生対策のあり方に関する検討会を開催し，建設業等の特定業種で働く一人親方等への安全衛生確保策，フリーランス，ギグワーカー等の新しい働き方をする就労者の安全衛生確保策，広く個人事業者等の健康確保策の３点について検討した（令和５年10月に検討結果をまとめた報告書が公表された。概要は，「一 概論」の注16）（本書10頁）を参照されたい）。これは，最高裁判決の示唆を出発点として，安衛法の適用範囲を拡大すると共に，求める安全衛生水準を引き上げる動きである。

第３号の２は，化学物質を元素及び化合物と定義しており，化審法（化学物質の審査及び製造等の規制に関する法律〔昭和48年10月16日法律第117号〕）が定める人為的に合成したものと対照的であり，主に法第５章第２節に置かれた化学物質に関する規制に関わる。

この元素及び化合物に関する詳細は，主に昭和53年通達（昭和53年２月10日基発第77号）に定められており，要するに，単体でも結合物でも，性状が不安定なものほどハザードないしリスクが大きいと考えられていることが窺われる。なお，法第57条の４にいう新規化学物質は，４種の化学物質（元素，天然産出化学物質，放射性物質，ある時期までに行政が公表した物質）以外の物質であって，製造中間体等を含むとされている。

第４号の作業環境測定は，作業環境を把握するためのデザイン，サンプリング，分析を広く含み，作業環境改善のため，対象となる現場事情に適合した体系的

資料1　スレート踏み抜き災害の図

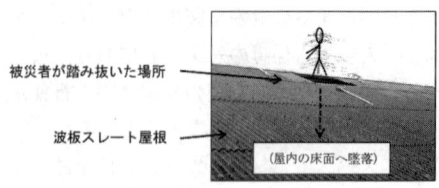

（水戸労働基準監督署作成）

資料2　スレート工事と望ましい安全対策の例

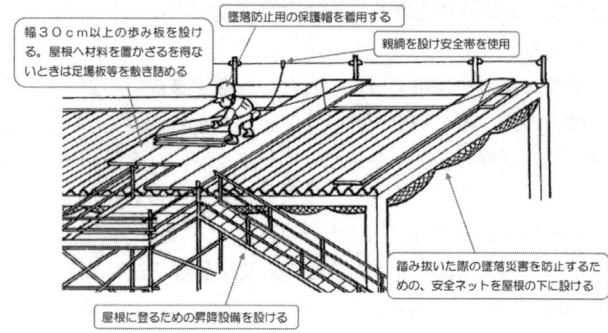

（水戸労働基準監督署作成）

な措置の端緒となるものである。作業環境測定法所定の測定より広い対象を想定した広い概念である。ここでデザインとは、測定対象作業場の諸条件（生産工程、作業方法、発散有害物の性状等）に即した測定計画の立案を意味する（昭和50年8月1日基発第448号）。

　オ　第2条の制度史を、労働者及び事業者を焦点にして、先ずは前者の労働者についてみると、工場法制定以前は、危険有害物の製造者や設置者を名宛人として、その危害を受ける者の保護を広く想定していて、労働者保護の視点に乏しかった。工場法では、雇用関係の有無にかかわらず、工場という場所内で、工業主の事業に組み込まれ、身体的な作業に従事し、立場的に下級に置かれ、経営者や管理者の指示に従わざるを得ない者を職工と定義し、彼／彼女らを主な保護対象とした（人夫、傭人もほぼ同旨と解されていた）。

　工場法は、主に女性や年少者等の保護職工と職工の労働時間・安全衛生（特に機械安全と危険有害物対策）を司るもので、保護対象は法令上狭く定義されていたが、その定めぶりからも、行政や司法の解釈上の裁量が強く、法が想定しない者も、そうした裁量で保護対象とし得たと解される。

　旧労基法・旧安衛則時代には、旧安衛則が旧労基法に紐付いていたため、基本的には同法第9条の労働者を保護対象としていたが、製造流通規制も存在して、使用者以外の者を名宛人としていたし、やはり行政や司法の解釈上の裁量が強かったと思われることから、適宜、使用者の指揮命令下にある労働者以外も保護対象と解することは可能だったと解される。

　第3号所定の事業者概念は、現行法により初めて設けられた。これは法人企業では法人そのもの、個人企業では個人事業主という、事業利益の帰属主体であって、事業組織が信頼性、求心力を高めようとする対象である。両罰規定により半無過失責任を課されたことにより、経営トップ層が率先して安全衛生をリードする圧力がかけられた。工場法時代は両罰規定はなかったが、旧労基法・旧安衛則時代に、旧労基法第121条に行為者と事業主の両罰規定が設けられ、現行安衛法にも第122条に行為者と事業者（労基法上の事業主とほぼ同旨）の両罰規定が設けられた経緯がある。

　旧労基法・旧安衛則時代は、主な名宛人が使用者だったが、安全衛生は賃金等とは異なるとして、使用者の意味内容を広く理解して、管理の不備により社外工の死亡災害を招いた元請の現場作業主任の刑事処罰を認めた例がある（河村産業所事件〔鍋田農協倉庫倒壊事件〕・名古屋高判昭47・2・28判時666号94頁〔上告後、最2小判昭48・3・9〔未掲載〕で棄却〕）。もっとも、その当時から、規則の名宛人は、使用者のほか、労働者、汽罐や起重機の取扱い資格者、行政（労働基準局長、監督署長等）、国の指定を受けようとする検査機関等多様だった。また、現行法規則に比べ、名宛人が書かれていない規定も多かった。

　カ　第2条の運用現場では、重層的請負構造下での偽装請負が多く、監督行政実務上、労働者派遣法第45条のみなし規定（第3項：労働者派遣の場合、安衛法の一般的な危害防止規定〔第20条～第27条〕の適用の際、派遣先＝使用者、派遣労働者＝労働者とみなす旨の規定）を活用し、請負関係上位者を派遣先と見立てて立件する方法が採られることがある。

　第2条の関係判例をみると、偽装請負的な関係にあった一人親方が注文者（1次下請）の現場責任者の危険防止措置の不備（歩み板、防網を使用せず）によりスレート工事中の屋根から落下して死亡した災害の後、注文者（1次下請）である被告人会社が、現場責任者の安衛法第21条第2項（安衛則第524条）違反、第119条にかかる両罰規定（第122条）により罰金刑を受けたところ、被告人会社より、被災者は安衛法上の労働者ではないと主張されたが、退けられた例（東京高判昭56・8・11判タ459号143頁〔原審：佐倉簡判昭56・2・18〕）がある（資料1・2）。

　この際、判決は、安衛法上の労働者は労基法第9条の労働者と同旨であり、契約や報酬制度の形式にとらわれず、指揮監督関係等の実態に照らして判断されるべき、殊に本件では安全措置義務の負担が争点なので、実態に基づく実質的判断が重要であり、報酬の性格を考える際には、安全経費が含まれるか（含まれな

い場合，労働者性が高まる）の観察が必要と示唆した。このケースでは，長期間被告人会社専属で，被告人会社が作成した予算書，手順書に基づき従属的に働かされ，報酬が毎月定期的に支払われる一方，安全経費は支給されていなかったこと等から，指揮従属関係ありと判断された。

【事件に関する技術専門家の意見²⁾】

> 1）事実関係について
>   おそらく工場の屋根のスレートが1枚しかない状態で，真ん中に乗ってしまうなどして，体重を支えられずに踏み抜き，落下したのではないか。
> 2）判決について
>   判決は，被災した一人親方の労働者性を認めている。確かに本件では，実質的に指揮監督関係があり，報酬も賃金と認められるので，判決は妥当と思われる。
> 3）未然防止策について
>   法令上，足場板を敷くこと，屋根裏に安全網をかけることになっており，それを遵守していれば落下は防げる。
> ［宮澤政裕氏（建設労務安全研究会）］

　また，法第14条の名宛人である「事業者」を，労働者を直接支配下に置いて指揮命令する雇用主としつつ，実際の判断では自身の道具や会計で事業を営むことを含め，「安全を確保すべき立場」にあったことを重視した例（福岡高判昭63・5・12判時1278号161頁〔原審：熊本簡判昭62・11・26未登載〕）もある。

　このケースでは，下請である被告人会社が経験や技術はあるが作業主任者資格を持たない者に現場監督を任せていたところ，その管理下で土止め支保工の組み立て作業を行わせていたアルバイト要員が土砂崩壊で死亡して，被告人会社とその取締役が安衛法第14条違反で起訴されたところ，同人らが同条の義務を負うのは上位の元請だと主張した。

　判決は，法第14条にいう事業者は，直接労働者を支配下に置いて指揮監督する法律関係を前提としており，本件の場合，被告人会社に事業上の独立性も認められるので，雇用する労働者の安全を確保すべき立場にあり，同社が法第14条の事業者に該当するとした。これは，直接的な雇用関係の存在を基本的前提としつつも，事業上の独立性等，安全に関する情報や管理権限を踏まえて労働者の安全を確保すべき立場を考える趣旨とも解される。

　キ　法第3条は，次条と共に，労災防止のためには，事業者だけでなく，関係者による総合的で本質的な対策が必要との認識から設けられた規定であり，第

1項では，過重な疲労・ストレス防止を含む快適な職場形成や，主に労基法が司る一般的な労働条件の改善という高い目標を設定する（＊それが労災防止にも結びつくとの考えによる）と共に，国の施策への協力を求め，第2項・第3項では，機械安全，化学物質安全，建設安全を図るため，リスク創出者（リスクに関する情報と管理権限を持つ者を含む）である製造・輸入者，設計者・注文者に労災防止への配慮を求めている。

　安衛法には，①罰則付きの最低基準規定，②主に事業者宛の具体的な努力義務規定，③主に事業者宛の一般的な責務規定，の3種があり，本条は③に位置づけられている。

　本条第1項は，快適職場形成と一般的労働条件の改善という高い目標の達成が一義的には事業者に求められることを示している。ここで快適職場形成とは，作業環境や作業自体の快適化も含み，過重な疲労・ストレスがなく，働きやすい職場を意味し，これが健康確保と共にヒューマンエラーによる事故や災害の防止に繋がると解されている（昭和47年9月18日発基第91号第三・一㈠㈡，四㈠㈡など）。具体例としては，低賃金から未熟練者が危険業務に従事する場合や，長時間労働による集中力の低下によるつまずきや転倒などが想定されている。

　第2項が図る機械，化学物質，建設にかかる本質的安全化のうち，機械については安全装置の組み込み等，化学物質については換気設備の設置等，建設については設計やリスク情報の提供等が想定されており，その実現を図る具体的規制（最低基準規制）は，主に第5章に置かれている。

　第3項は，建設工事等の注文者に，工期，安全経費の支払い，工区間の分割発注の際の連絡調整等の面で契約内容の適正化を求めるものである。

　本条は訓示規定に過ぎないが，本法に通底する理念を示しており，その趣旨を直接的に具体化した例に，石綿障害予防規則第9条（建設物等の解体等の注文者に，契約上，法令遵守を妨げる条件を付さないよう配慮を求めた規定）が挙げられる。また，機械の包括的な安全基準に関する指針（平成19年7月31日基発第0731001号）（機械等の製造流通業者らが，製造段階で講じるべき措置と，事業者が事業場で講じるべき措置〔リスク調査等〕の両者を定めている）の起案の基礎ともされた。

　ク　訓示規定なので，監督指導実務で違反条文として明示的な参照はされ難いが，例えば，第5章第1節の適用対象から漏れる食品加工機械による指の切断等の事案につき指導等の根拠とされ得る。また，本条第3項は，建設職人基本法の趣旨を体現する規定なので，より強い指導の根拠とされ得る。

　ケ　関係判例をみると，直接雇用関係になく，安衛

法上，罰則付きの具体的な義務も課されていない注文者の民事上の過失責任を認めた例がある。

例えば，自身も仕事の一部を行う注文者（1次請負人）が管理する造船所内で作業をしていた下請労働者が，造船中の船舶上（甲板）の開口部から墜落死した事案につき，当該注文者は，現行法第30条の前身である旧労災防止団体法第57条の名宛人（旧法上の元方事業主：統括安全衛生管理義務者）に当たるが，統括管理義務の一環として墜落防止措置の義務があったとは言えないし，その紐付き省令が建設業等の注文者の墜落防止措置を定めていた旧労災防止団体法第58条（現行法第31条の前身）についても，その名宛人には当たるものの，当該下請（労働者）に当該開口部を使用させたと認められないので，適用されないが，当該規定の趣旨に照らし，条理上，墜落防止措置を講じる民事上の注意義務があったとした例（常石造船事件・神戸地判昭48・4・10判時739号103頁〔確定〕）がある。

すなわち，法第3条が示唆するリスク創出者（リスクに関する情報や管理権限を持つ者を含む）管理責任負担原則は，民事上の注意義務や安全配慮義務の内容になり得る。

【事件に関する技術専門家の意見】

1）事実関係について
　2）3）に同じ。
2）判決について
　本判決の要点は，1次下請であるY1の責任まで認めた点にある（被災者の雇用主であるY2には災害を生じた場所の管理権はなかったが，雇用主として当然に〔おそらくは安衛則第519条（事業者を名宛人とした，開口部への囲い・覆い等による墜落防止措置義務）違反等を前提に〕過失責任が認められている〔三柴〕）。
　安衛法第31条（物の管理責任）は注文者責任規定なので，本件では，本来，開口部設置者（おそらく大本の発注者）の責任が問われる。監督指導実務でも，下請の法令（この場合安衛則第519条）違反を前提に，是正勧告程度であれば，元請程度までは行う（2次下請の労働者の被災について原発注者に是正勧告できるかは微妙との趣旨だろう〔三柴〕）（篠原）。
　統括管理に関する安衛法第30条の定めを考えれば，本件において，Y1は現場巡視をすべきだったし，そうすれば本件災害を防げた可能性もあると思う（前村）。
3）未然防止策について
　現在の監督指導実務では，設備の管理権／責任者や労働者を就業させている事業者に対して，開口部を塞ぎ，必要な時だけ開けるように指導している。バネ付きで，開けても自然に閉まる仕組みの開口部を設けることで，格段に墜落災害が減った。そうした指導の実績があれば，指導不順守をもって安全配慮義務違反とすることもできるだろう（篠原）。
　少なくとも所属先であれば，同類の現場では，元方事業者も本件のような問題への安全対策は行っている／行わせている（岩村）。
〔篠原耕一氏（元監督官，京都労務トラスト代表），岩村和典氏（ニッポン高度紙工業株式会社），前村義明氏（My社労士事務所，労働衛生コンサルタント）〕

コ　法第4条は，安全衛生の達成にとって特に労働者自身の積極的関与が必要との考えから設けられた規定で，法第26条（事業者による基本的な危害防止規定に基づく措置への対応），第32条第6項（元方事業者らが講じるべき措置やこれらに応じて関係請負人らが講じる措置への対応），第66条第5項（法定健診の受診），第78条第3項・第79条（安全衛生改善計画等の〔労使双方の〕遵守）において具体化されている。

2022（令和4）年10月時点で，安衛則の1109条1659項の条文中，労働者等（安全管理者等，通常は労働者が就任するものも含む）を名宛人とするものは160個だった。

サ　監督指導実務につき，法第4条違反の集計は見当たらないが，違反による送検件数を示した令和2年公表「労働基準関係法令違反に係る公表事案」によれば，令和元年6月1日から1年間で，法第26条違反の例が1件あった（森山誠也監督官の整理）。是正勧告を典型とする違反の指摘件数を記した「令和2年労働基準監督年報」の定期監督等実施状況・法違反状況（令和2年）では，労働者の義務を定めた条規違反を示すデータは見当たらなかった。

シ　本条に直接言及する関係判例は見当たらなかったが，民事判例において，発生した労災に過失相殺を認めた例について安西愈『そこが知りたい！労災裁判例にみる労働者の過失相殺』（労働調査会，2015年）が系統的に整理しており，これによれば，使用者側に安衛法令違反等の過失があれば，概ねその責任が大きく認められることを原則として，使用者側は軽過失（一定の措置を講じていた等）ながら，被災者の故意や重過失が災害に寄与した事案においてのみ，大きな過失相殺等の損益相殺がなされる傾向が窺われる。

ス　法第5条は，一の場所（建設業等の混在作業が行われ，元方事業者等による統括管理により安全衛生の確保が図られるべき場所）でジョイントベンチャーが行われる場合に，事業者として安全衛生の確保を担う者の明確化を図った規定である。

ジョイントベンチャーは，本来，業者側のイニシアチブにより，一建設業者のみでは請け負い難い工事を

複数業者の連帯により請け負えるようにしたものだが，日本では，複数企業で仕事を分け合うために活用されることも多い。

構成企業が新組織をつくって工事する共同施工方式（甲型）と，構成企業が場所的・時間的に工事を分割し，分担箇所を独立して施行する分担施工方式（乙型）があり，本条の対象は義務負担事業者が不明確となり易い乙型に限られる。

代表者は，出資割合ほか責任の程度を考慮して話し合いで決せられ（安衛則第1条第1項），工事開始14日前までに共同企業体代表者届（安衛則様式第1号）により行政に届け出られねばならず，この届出は効力発生要件なので，届出までは，個々の構成員が事業者としての義務を負う。代表者変更の場合も同様なので，届出までは，前の代表者が事業者としての義務を負う。

代表者が定まると，その者のみが共同企業体の事業者としての義務を負い，同企業体の労働者（一の場所で働く同企業体及びその構成員の労働者）は，全てその事業者の労働者とみなされる。

他方，当該代表者が法第15条の特定元方事業者に該当する場合，法第29条（関係請負人・その労働者によるコンプライアンス指導），法第30条（一の場所での混在作業にかかる統括管理等）等の義務も負うため，当該一の場所で就労する共同企業体の労働者全て（安衛法の解釈によっては一人親方等も含む）に対して，事業者としての責任と元方事業者としての統括管理責任の双方を負うことになる。

法第30条第2項の分割発注の際の統括安全衛生管理義務者の指名制度は，本条の定めをかなり援用しているが，分割発注は，コストカット等のため，発注者側がイニシアチブをとるのが通例である。本条所定のジョイントベンチャーでも，行政が地元の建設業者を育成するためにイニシアチブをとる場合もあるなど，様々な実態があり，実効性確保のためには，それを踏まえた監督行政が望まれる。

セ　以上の整理から，以下のように言える。

本法第1章総則（第1条〜第5条）は，ジョイントベンチャーにおける事業者責任の所在配分を定め，やや技術的な色彩を持つ第5条や定義規定（第2条）を除き，本法全体が果たそうとする目標を示したものである。すなわち，その担保を図る規定の整備の度合いや方法，強制の程度，実現可能性を，個別規定に委ねたプログラム規定である。よって，全体に大風呂敷を広げていて，法制定から50年以上を経た現在でも十分通用する羅針盤の役割を果たしている。

第2条の定義規定でも，作業環境測定の定めは，第65条以下や作業環境測定法が定めるものよりも適用対象が広く，目指すべき方向を示した大風呂敷であることに変わりない。

もっとも，基本規定としても，現段階で見直しの必要は生じていると思われる。

総じて，定めの要求水準は高く，今もかなり通用するが，適用対象が窮屈になって来ている。

すなわち，第1条や第3条によく示された定めの要求水準は，労災防止から積極的な安全と健康の確保を含み，当初から快適な作業環境形成（平成4年の法改正で職場環境形成に修正）を含むなど高水準で，現在も通用する。ただし，健康が英語でいう health（身体的な面を重視した健康障害防止）からより広範囲でレベルの高い wellbeing（身体的，精神的，社会的に完全な健康状態）に近い意味で捉えられるようになっている昨今，質的性格が強まっており，個人や組織の価値観等によっても評価が変わり得る。多くの場合，現実的に，wellbeing の要素を全て充足することは難しい。その前提で，喫煙，血液検査結果，睡眠等は，ある程度の量的指標による管理が必要だろうが，労働時間，ストレス，飲酒等は，一義的な量的指標で善し悪し判定するのが適当か，検討が求められる。その際，客観的健康指標の開発と共に，個人と組織の自律的決定を考慮した健康施策の視点が求められよう。

他方の適用範囲は，現在の定めは，やや限界状況にあると思われる。第1条の保護対象，第2条の労働災害の定義の対象，第2号・第3号の定義の対象，第3条の名宛人，第4条の名宛人が，事業者か労働者に絞られているが，リスクの情報と管理権限を持つ者が，その管理の責任を負う方向に舵を切るべきであろう。

すると，その原則を相当程度体現している第3条の第2項と第3項が，それぞれ製造業と建設業のみを適用対象としていることも見直しの対象となるだろう（現に後者は見直しが図られている〔厚生労働省「個人事業者等に対する安全衛生対策のあり方に関する検討会報告書」〈2023（令和5）年10月〉3-2(2)〕）。

2　大藪・近藤解説①（第2章第6条〜第9条）

大藪・近藤解説①は，法第2章に属する第6条から第9条を対象としている。

具体的には，これらの条項が規定する5カ年ごとの労働災害防止計画制度につき，その発祥以後の経緯を詳述している。

概要は以下の通り。

ア　1957（昭和32）年当時，労働災害による死者が5500人以上，休業8日以上の死傷者数が約40万人に達していたことから，政府全体の災害防止の取り組みの一環として，産業災害防止総合5カ年計画という名称でスタートし，その後，労災防止団体法で法制度化され，現行安衛法に引き継がれた。

イ　第2次計画（1963〔昭和38〕年開始）までは災害発生件数等を半減させようとし，その後は労災発生率の約3割減少を目標としていたが，発生件数や発生率の減少と共に目標値が漸減し，第8次計画から労災総発生件数の概ね25％減少，第9次計画から同じく概ね2割減少，第11次計画からは死傷者数の15％減少を目標とするようになった。

ウ　第1次計画（産業災害防止総合5カ年計画：1958〔昭和33〕年開始）の段階から，計画的取り組み，事業者（団体）による自主的取り組み，すなわち区々多様な職場リスクに応じた積極的な災害防止の取り組み（これは後に労働安全衛生マネジメントシステム等によるリスクアセスメントの誘導に発展する），重大災害対策や重点業種（当初は建設，港湾荷役，林業等。その後，製造業，陸運業等が含まれるようになった），中小規模事業への焦点合わせ（：選択と集中），生産設備や機械の本質的な安全化，作業行動（主に不安全行動〔手間を惜しむ，悪慣れ等から，意図的に事故災害を生じ得る行動をとること〕を指す）自体の安全化，行政による監督指導体制の強化等が掲げられ，その後も継承されていった。ただし，重点業種の設定は第2次計画，機械の本質的な安全化は第3次計画で特徴的に示された。

補償政策では，この時期に「中枢神経及び循環器系疾患（脳卒中，急性心臓死等）の業務上外認定基準について」が発出された（その後，昭和62年10月に改正され，名称も「脳血管疾患及び虚血性心疾患等の認定基準」に変更され，更に，平成7年2月，平成13年12月，令和3年9月に改正された）。

この期間の労災統計は，第1次計画（昭和33年度～昭和37年度）下では，死者：期初5500人弱→期末6000人強，死傷者（休業8日以上）：期初40万人強→期末46万人強と増加傾向を辿った。

第2次計画（昭和38年度～昭和42年度）下では，死者：期初6500人強→期末6000人弱，死傷者（休業8日以上）：期初44万人強→期末40万人弱と微減傾向を辿った。

第3次計画（昭和43年度～昭和47年度）下では，死者：期初6000人強→期末5600人強，死傷者（休業8日以上）：期初39万人弱→期末32万人強と減少傾向を辿った。

期間中の主要政策は，第1次計画下では，ボイラ及び圧力容器安全規則制定，電離放射線規則制定，有機則制定，クレーン則制定など，物のリスク対策が中心だった。

第2次計画下では，電離則改正等の物のリスク対策が進められると共に，旧労災防止団体法の公布と中央労働災害防止協会の創設，建設，港湾，陸上貨物，林業での各種労災防止規程の制定などのモニュメンタルな政策展開があった。他に，鉛中毒予防規則の公布，電離則改正なども行われた。

第3次計画下では，四アルキル鉛則公布，ゴンドラ則公布，酸欠則公布等の物のリスク対策に加え，事務所則公布がなされた後，いよいよ現行安衛法が制定されると共に，新安衛則が制定され，災防団体法も改正された。

エ　第4次計画（1973〔昭和48〕年開始）から，化学物質による健康障害や一般的な職業性疾病対策と共に，作業関連疾患対策，長時間労働時間対策などの健康面の対策にも焦点が当てられ，合わせて労働者参加も含む自主的対策の強化，安全衛生教育が強調されるようになった。

この期間の労災統計は，死者：期初5300人弱→期末3300人強，死傷者（休業4日以上〔＊この段階から休業4日以上となった〕）：期初39万人弱→期末35万人弱と明らかな減少傾向を辿った。

期間中の主要政策には，作業環境測定法公布，同法施行令と作業環境測定規則の交付，作業環境測定基準の公示のほか，職業病疾病対策要綱策定，総合的労働者健康管理対策の展開についての公表などの健康関連施策も見られる。労働安全・衛生コンサルタント規則も制定されたほか，各種工事や作業の事前段階での調査を促すセーフティ・アセスメントに関する指針の公表のほか，クレーン構造規格及び移動式クレーン構造規格，チェーンソー規格，動力プレス機械構造規格の公表など，機械の本質的安全化を志向する施策も講じられた。安衛法施行令の改正（安全衛生委員会関係），安衛則改正（爆発火災防止関係）も行われた。

オ　第5次計画（1978〔昭和53〕年開始）から，化学物質対策における有害性調査や作業環境管理のほか，産業医学・産業保健の推進，労災防止団体の活動強化等が盛り込まれるようになった。総じて，有害性が分かりにくい衛生や健康の積極的な対象化に伴い，情報の収集・提供などのソフトな対策も積極的に盛り込まれるようになった。また，中高年齢者（第7次計画以後は高年齢者）の安全衛生対策も盛り込まれるようになった。

この期間の労災統計は，死者：期初3300人強→期末2600人強，死傷者（休業4日以上）：期初35万人弱→期末30万人弱と減少傾向を辿った。

期間中の主要政策は，安衛則改正（化学物質の有害性調査関係），粉じん障害防止規則公布，安衛法改正（建設工事計画の安全性に係る事前審査制度関係），粉じん障害防止総合対策の公表，安衛法施行令改正（酸欠症，硫化水素中毒予防対策関係）等であった。

カ　第6次計画（1983〔昭和58〕年開始）から，明確に第3次産業対策が盛り込まれるようになった。

この期間の労災統計は、死者：期初2500人強→期末2300人強、死傷者（休業4日以上）：期初28万人弱→期末23万人強と減少傾向を辿った。

期間中の主要政策では、日本労働安全衛生コンサルタント会の設立、安衛則改正（産業用ロボットの安全規制関係）、粉じん障害防止総合対策推進要綱の公表、化学物質等やボイラーに係る自主検査指針の公表のほか、ホワイトカラー労働規制推進の現れとして、VDT作業のための労働衛生上の指針の公表が挙げられる。補償政策では、脳血管疾患及び虚血性心疾患等の認定基準の改正が行われた。この基準は、元々、昭和36年2月に策定され、昭和62年10月に改正され、その後、平成7年2月（平成8年1月にも追加改正）、平成13年12月、令和3年9月に改正され、今に至っている。

キ　第7次計画（1988〔昭和63〕年開始）では、作業環境管理の徹底と特殊健診項目の見直し、有害物対策の総合的推進、労働者の海外派遣や企業の海外進出に伴うリスク対策のほか、総合的推進施策として、安全衛生研究体制の整備、専門技術団体の活動促進等（このうち前者はその後も継承された。後者も一旦は消失したが、同旨の内容が第12次計画で復活した）も盛り込まれた。

この期間の労災統計は、死者：期初2500人強→期末2300人強、死傷者（休業4日以上）：期初23万人弱→期末19万人弱と減少傾向を辿った。

期間中の主要政策は、安衛法改正（健康の保持増進対策関係、快適職場形成関係）、同法改正に基づく指針の公表、危険有害業務に就いている者への安全衛生教育に関する指針の公表、建築物の解体又は改修工事における石綿粉じんへのばく露防止のためのマニュアルの公表、化学物質等の危険有害性等の表示に関する指針の公表等であった。有害物質対策と健康対策に軸足が移っていることが窺われる。

ク　第8次計画（1993〔平成5〕年開始）では、建設、陸運業等と共に第3次産業である卸売・小売・サービス業が重点化された。また、爆発・火災災害、交通災害が特定災害として重点化された。加えて、電離放射線等対策、化学物質等の危険有害性等の表示制度の推進、心身両面の健康づくりの推進、外国人労働者の増加に伴う災防対策（これは、第9次計画以後も継承されていった）等が盛り込まれた。

この期間の労災統計は、死者：期初2200人強→期末2100人弱、死傷者（休業4日以上）：期初18万人強→期末16万人弱と微減傾向を辿った。

期間中の主要政策は、安衛法改正（健康管理の充実化関係）、健診結果事後措置指針の公表のほか、衛生関係では、安衛法施行令改正（茶石綿及び青石綿の製造禁

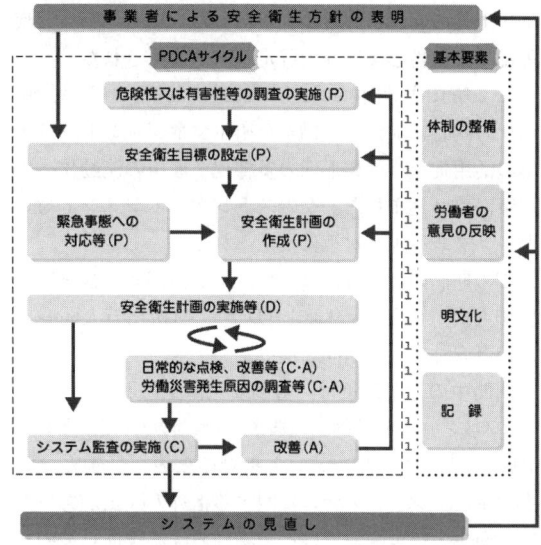

資料3　労働安全衛生マネジメントシステムに関する指針の基本的な枠組み

（厚生労働省「労働安全衛生マネジメントシステム～効果的なシステムの実施に向けて～」〔https://www.mhlw.go.jp/bunya/roudoukijun/anzeneisei14/dl/ms_system.pdf，最終閲覧日：2023年6月30日〕）

止関係）、職場における腰痛予防対策の公表、職場におけるエイズ問題に関するガイドラインの公表、職場における喫煙対策のためのガイドラインの公表、安全関係では、プレス災害防止総合対策の公表、交通労災防止のためのガイドラインの公表、動力プレスの定期自主検査指針の公表等であった。補償政策で、脳血管疾患及び虚血性心疾患等の認定基準の改正もあった。

ケ　第9次計画（1998〔平成10〕年開始）では、じん肺、職業がん等の減少、酸素欠乏症、一酸化炭素中毒等の撲滅が掲げられ、化学物質健康障害防止対策が職業性疾病対策から独立して設定され、健康確保対策にストレスマネジメント対策が盛り込まれた。また、国際水準に立った行政展開等が盛り込まれた。

この期間の労災統計は、死者：期初1800人強→期末1700人弱、死傷者（休業4日以上）：期初15万人弱→期末13万人弱と微減傾向を辿った。

期間中の主要政策は、労働安全衛生マネジメントシステムに関する指針の公表（資料3参照）、衛生・健康関係では、安衛法改正（深夜業従事者の健康管理関係）、ダイオキシン類による健康障害防止のための対策についての公表、化学物質等による労働者の健康障害を防止するための必要な措置に関する指針の公表、労働者の自殺予防に関する総合的対策推進事業実施要綱の公表、職場におけるメンタルヘルス対策の事業者等支援事業実施要綱の公表、過重労働による健康障害防止のための総合対策についての公表等があった。安全関係では、安衛則改正（土石流による危険防止関係）、工作機械等の制御機構のフェールセーフ化のガイドラインの公表、機械の包括的な安全基準に関する指針の公表等

があった。

　補償政策では，心理的負荷による精神障害等に係る業務上外の判断指針の公表があった。また，脳血管疾患及び虚血性心疾患等の認定基準が改正された。

　コ　第10次計画（2003〔平成15〕年開始）からは，概ねケの内容に加え，労働安全衛生マネジメントシステムの活用促進，就業形態の多様化・雇用の流動化への対策が盛り込まれた。ケのストレスマネジメント対策がメンタルヘルス対策に代えられた。

　この期間の労災統計は，死者：期初1600人強→期末1400人弱，死傷者（休業4日以上）：期初13万人弱→期末12万人強と微減傾向を辿った。

　期間中の主要政策は，労働安全衛生法改正（リスクアセスメント，過重労働対策関係，長時間労働面接指導制度関係），リスクアセスメント指針の公表，労働安全衛生マネジメントシステムに関する指針の改正があった他，衛生・健康関係では，職場における喫煙対策のためのガイドラインの公表，安衛法施行令改正（石綿含有製品の製造禁止関係），心の健康問題により休業した労働者の職場復帰支援の手引きの公表，メンタルヘルス指針の公表，2007年問題に対応するITを活用した新しい安全衛生管理手法の構築についての公表等があった。安全関係では，製造業における元方事業者による総合的な安全衛生管理のための指針の公表，機械の包括的な安全基準に関する指針の改正等があった。

　サ　第11次計画（2008〔平成20〕年開始）では，労働安全衛生マネジメントシステムの活用促進等が強調されたほか，建設業での転落・墜落災害防止対策，振動・騒音障害防止対策，熱中症予防対策，アスベストの全面禁止の徹底と解体作業等におけるばく露防止対策，社会福祉事業での腰痛防止対策（3次産業対策の重要性は以前も示唆されていたが，社会福祉事業が特出しされたのは，これが初めてだった）等が盛り込まれた。

　この期間の労災統計は，死者：期初1300人弱→期末1000人強，死傷者（休業4日以上）：期初12万人弱→期末12万人弱と，死者数は微減したが，死傷者数は微増した。

　期間中の主要政策は，派遣労働者に係る労働条件及び安全衛生の確保についての公表，ナノマテリアルに対するばく露防止等のための予防的対応についての公表，職場における熱中症の予防についての公表，振動障害総合対策の推進についての公表，安衛則改正（プレス機械等による災防対策関係，機械リスクに関する情報提供関係，化学物質等の危険有害性表示制度関係），東日本大震災により生じた放射性物質により汚染された土壌等を除染するための業務等に係る電離放射線障害防止規則の制定等であった。

　シ　第12次計画（2013〔平成25〕年開始）では，改めて小売・飲食のほか，社会福祉事業等の3次産業対策が重点化されると共に，メンタルヘルス対策，過重労働対策が強調され，古くて新しい，危険有害性がわかりにくい化学物質対策などの重要性も改めて喚起された。また，経営トップの安全衛生意識の高揚や，信賞必罰の姿勢が示され，発注者，製造者による安全対策の強化が盛り込まれた。更に，東日本大震災を受けた復旧・復興工事対策，原子力発電所事故対策が盛り込まれた。

　この期間の労災統計は，死者：期初1000人強→期末1000人弱，死傷者（休業4日以上）：期初12万人弱→期末12万人強と，死者数は微減，死傷者数は微増した。

　期間中の主要政策は，安衛法改正（一部の化学物質に係るリスクアセスメントの義務化，ストレスチェック実施の義務化等関係），同改正に基づく規則の制定，指針やマニュアルの公表，化学物質等による危険性又は有害性等の調査等に関する指針（化学物質RA指針）の公表，斜面崩壊による労働災害の防止対策に関するガイドラインの公表，チェーンソーによる伐木等作業の安全に関するガイドラインの公表，安全衛生優良企業公表制度の開設，機械安全による機械等に係る安全確保に関する技術上の指針の公表，シールドトンネル工事に係る安全対策ガイドラインの公表，雇用管理分野における個人情報のうち健康情報を取り扱うに当たっての留意事項の公表等であった。安全関係の施策も継ぎ足しつつ，心身の健康管理を本格的に進めていることが窺われる。合わせて，化学物質管理施策を少しずつ進行させている。

　ス　第13次計画（2018〔平成30〕年開始）では，改めて死亡災害対策の強化（建設業での墜落・転落防止，製造業での施設・機械等による災害防止等）が盛り込まれたほか，過重労働による健康障害防止対策，主にがん患者の治療と就労の両立支援を想定した，疾病を抱える労働者の健康確保対策，横断的課題として，安全衛生専門人材の育成，労働安全・衛生コンサルタント等の事業場外の専門人材の活用等が盛り込まれた。

　この期間の労災統計は，死者は期初900人強から始まり，死傷者（休業4日以上）は期初13万人弱から始まった。

　期間中の主要政策は，安衛法改正（働き方改革関連法関係〔産業医・産業保健制度改正，長時間労働者対象面接指導制度の強化等〕），労働者の心身の状態に関する情報の適正な取扱いのために事業者が講ずべき措置に関する指針の公表，過労死等の防止のための対策に関する大綱の変更，墜落制止用器具の安全な使用に関するガイドラインの公表等であった。

　総じて，安全から危険有害性がわかりにくい衛生，健康へ，一律的な強制規制型から分権的な自主取組促

進型へ，の流れを辿ってきたが，震災などの突発的災害への対応のほか，社会経済条件の変化などにより増加する伝統的な建設労災，危険有害性がわかりにくい化学物質対策など，古くて新しい課題への対応も図られてきたことが窺える。

災防計画制度の性格と実際的機能については，次のように言える。

三柴によれば，災防計画制度は，限られた行政資源を，立法から現場運用に至る安全衛生政策に，諸状況に応じて効率的に投入，配分するための計画とも言える。現に，法整備の予定を書くことがある一方，書かれた内容は，地方支分部局（都道府県労働局，労働基準監督署）や関係団体（労働災害防止団体等）を通じて，施行されることが多い。

内容は，他の行政計画等の影響を受けることもあれば，影響を与えることもある。例えば，1987（昭和62）年2月24日に閣議決定された「エイズ問題総合対策大綱」は，第8次計画におけるエイズ問題への言及に影響し，2018（平成30）年7月24日に閣議決定された「過労死等の防止のための対策に関する大綱」は，第12次計画における（平成29年までの）メンタルヘルス対策実施事業場割合8割という目標設定に影響した。

骨子作成は主に安全衛生部計画課が担当し，本省各課や都道府県労働局からも意見を聴く。作成した骨子については他省庁とも協議され，厳しい意見が出されることもあるという。計画に基づく事業は主に労災保険料（「社会復帰促進等事業」）による特別会計で賄われるが，概算要求では，特別会計であっても財務省の詳細な査定を受ける。

象徴的なのは，1977（昭和52）年の法改正により，製造者，輸入業者に新規化学物質の有害性調査（法第57条の4）が課され，国も既存の化学物質等の有害性調査を行うこととされ，第5次計画にも国による有害性調査にかかる調査研究について記載されたが，当時は実施可能な施設を国が持っていなかったため，当時の大蔵省と何度かの協議の末，現在の日本バイオアッセイ研究センターに当たる施設を設立する予算が認められたことである。

骨子は作成後，労働政策審議会安全衛生分科会に諮られるが，通例，計画期間の最終年に当期の計画の評価と次期の計画案を審議するため，当期の最終年の実績は次期の計画に反映され難い。また，審議会で意見が一致しなかった事項は，今後の検討課題として計画に記載され，その後改めて審議されることもある。

計画は，法第7条で変更可能とされているが，現在までに計画期間中に計画が変更されたことはない。

法第9条は，計画の実施等のため，厚生労働大臣が労災防止団体，労働組合，関係行政機関（各府省庁，地方公共団体）等の関係者に勧告，要請を行い得る旨を定めており，一例として，「STOP！転倒災害プロジェクト」が挙げられる。

第12次計画では，計画期間中の災害動向で，休業4日以上の死傷災害中転倒災害の件数が最も多かったため，計画期間途中の2015（平成27）年に，「STOP！転倒災害プロジェクト2015」を実施し，その後も継続したが転倒災害件数が増加傾向にあったため，2018（令和2）年に安全衛生部長から，各災防団体の長あてに，当該プロジェクトを再編して，「転倒災害の防止に向けた取組について（協力要請）」（令和元年6月17日基安発0617第2号）が発出された。

3 三柴解説②（第3章第10条～第19条の3）

三柴解説②は，第3章第10条～第19条の3を対象としている。

これらの条規は概ね，現行安衛法が大きな労災防止効果をあげた要素の一つと察せられる安全衛生管理体制について定めている。

概要は以下の通り。

ア 法第10条は，第1項と第2項で，事業の実施を統括管理する者を総括安全衛生管理者に充て，安全・衛生管理者等を指揮させることにより，広く安全衛生関係事項（危険・健康障害防止措置〔第1項第1号〕，安全衛生教育〔同第2号〕，健診等の健康保持増進措置〔同第3号〕，労災の原因調査と再発防止〔同第4号〕，その他省令所定事項〔同第5号〕）を統括管理させるよう事業者に義務づけ，第3項で，都道府県労働局長にその業務にかかる勧告権限を付与しており，現行安衛法が初めて設けたものである。

その趣旨は，安全衛生にとって経営責任者によるリーダーシップと安全衛生管理体制の確立（安全衛生を事業の生産ラインや経営管理体制に組み込むこと。いわば「安全衛生経営」の実現）が重要との認識から，事業場の事業責任者に安全衛生の要目を統括管理させようとしたものである。

よって，通達（昭和47年9月18日基発第602号）では，名称の如何を問わず，当該事業場での事業の実施を実質的に統括する者をその任に就けるべきとされているが，実際には，企業規模が大きくなるほど経営責任者が選任され難い傾向が見られる。

対象を一定規模以上の事業場に絞っているのは，小規模事業場なら経営トップが自らその役を果たすべきとの認識による。

イ 本条は，総括安全衛生管理者に安全管理者，衛生管理者，建設業等の仕事の一部にかかる救護措置の2次災害防止の技術担当者を指揮するよう定めたことで，これらの三者が総括者を補佐する立場にあること

資料4

業　種	常時使用労働者数
林業，鉱業，建設業，運送業及び清掃業（いわゆる「屋外産業的業種」*1）	100人以上
製造業（物の加工業を含む），電気業，ガス業，熱供給業，水道業，通信業，各種商品卸売業，家具・建具・じゅう器等卸売業，各種商品小売業，家具・建具・じゅう器等小売業，旅館業，ゴルフ場業，自動車整備業及び機械修理業（いわゆる「工業的業種」*1）	300人以上
その他の業種	1000人以上

＊1　畠中信夫『労働安全衛生法のはなし』（中央労働災害防止協会，2019年）124頁。
（労衛法施行令第2条を元に三柴丈典が作成）

を明確にしたが，産業医等や作業主任者は，その指揮を受けることが定められていない。このうち作業主任者は，安全管理者らの指揮を受けることが通達で示されていることからも，総括者の「指揮下の指揮下」にあることが明らかだが，産業医は，事業者に雇用される場合，あるいは，法定業務の履行を補助／代行する面では，その指揮命令を受けるが，事業者や総括者に勧告等を行うべき立場にあって，産業医としての職務の誠実な遂行に際しては一定の独立性を持つことが暗示されていると解される。

　総括安全衛生管理者は事業場のトップ層であるべきだが，事業者と総括者は別であり，事業者は総括者に職務遂行に必要な権限を付与し，その遂行状況を監督せねばならないし，その選任が事業者の安衛法上の責任を免除するわけでもない。

　本条第1項所定の選任義務の発生要件は**資料4**の通りである。

　この場合を含め，安衛法上の常時使用労働者数には派遣労働者が含まれる場合が多い（派遣元でも含めるべき場合が多いが，安全管理者と安全委員会は派遣先のみに設置義務が課されているので，派遣先のみでカウントすべきことになる）。

　安全・衛生管理者の場合，業務執行に問題がある場合には，監督署長による増員や解任の命令制度が定められているが（法第11条第2項，第12条第2項），総括安全衛生管理者の場合，増員や解任の命令に関する定めはなく，都道府県労働局長による業務の執行についての事業者への勧告権限が定められている。これは，総括管理者が経営トップ層であることを前提に実効性が図られたものと思われる。

　実際の運用は少ないだろうが，法第99条の2には，都道府県労働局長が，総括安全衛生管理者等（安全管理者，衛生管理者，統括安全衛生責任者等）による労災再発防止講習の受講を事業者に指示できる旨の定めがある。

　総括安全衛生管理者をはじめとする法定安全衛生管理体制の設置と機能確保のために安衛法が設けた主な担保は以下の通りである。

①所轄労働基準監督署長への選任報告（法第100条第1項）
・総括安全衛生管理者（安衛則第2条第2項）
・安全管理者（安衛則第4条第2項）
・衛生管理者（安衛則第7条第2項）
・産業医（安衛則第13条第2項）
②氏名等の作業場への掲示等
・安全・衛生推進者（安衛則第12条の4）
・作業主任者（安衛則第18条）
③議事概要周知義務
・安全・衛生委員会（安衛則第23条第3項）
④議事録保存義務
・安全・衛生委員会（法第103条第1項，安衛則第23条第4項）

　ウ　安衛法上の安全衛生管理体制と同様の体制には，鉱山保安法上の鉱山保安体制，公害防止組織整備法上の公害防止体制等がある。

　鉱山保安法上の鉱山（第2条第2項，第4項）に安衛法は適用されないが（安衛法第115条），総括安全衛生管理者は総括衛生管理者に読み替え，安全衛生推進者は衛生推進者と読み替えて準用される（安衛法第114条）。すなわち，安衛法の衛生に関する規定は，「衛生に関する通気及び災害時における救護（鉱山保安法第3条第2項）」に関する事項を除き，鉱山にも適用されるということだろう。

　エ　法第10条は違反指摘が少なく，関係判例も見当たらない。

　オ　法第11条は，第1項で，一定の業種及び規模の事業場において一定資格を満たす安全管理者を選任し，安全に関する技術的事項を管理させることを事業者に課し，第2項で，必要に応じて労基署長に増員／解任する権限を与えている。

　カ　この制度の趣旨は，労災が生じ易く，人の手当が可能な業種・規模の事業場で，生産と安全に関する知識を持つ者に，総括安全衛生管理者を補佐する存在として，区々多様な安全リスクへの対応を図らせようとしたことである。

　淵源は工場法時代の工場管理人制度で，その規模等から経営者（工業主）自身が工場法の遵法を担えない事態を前提に，その履行を代行させようとしたもので，上位の経営管理者を想定していたと解される。

　昭和13年頃，それに紐付く規則で安全管理者や安全衛生管理人を選任すべきことが定められた後，戦後の労基法制定時に，安全管理者と衛生管理者が区分された。

キ　安衛法施行令第3条によれば，専任・非専任を問わず，安全管理者の選任対象事業は，常時雇用労働者数50人以上で，いわゆる屋外産業的業種（安衛法施行令第3条第1号）と工業的業種（同第2号）であり，衛生管理者の選任対象事業との比較では，衛生管理者の場合，常時雇用労働者数50人以上の全ての業種で第2種衛生管理者以上の選任が求められ，しかし，第1種衛生管理者以上を充てるべき業種では3次産業系が外され，逆に，1次産業系・医療系業種が含まれているので，要するに，機械器具，重機等，物のリスクが特に生じ易い業種を安全管理者の選任対象事業とし，衛生・健康面のリスクは全業種で生じ得るとの前提に立ちつつ，管理に医療・衛生面での専門性が必要な業種を高度な衛生管理者の選任対象としたと解される。もっとも，匿名監督官より，小売業や飲食業，社会福祉施設等でも安全系の災害が生じているなど，現在の選任対象の業種区分には課題がある旨の指摘もある。

　事業者が選任する安全管理者ら（安全管理者のほか，衛生管理者，安全衛生推進者，元方安全衛生管理者，一定規模の又は一定業務を含む事業場の産業医等）は，複数選任が必要で，そのうち1人が労働安全・衛生コンサルタントである場合等を除き，専属とせねばならず，ここで専属とは，その事業場に固有の危険有害要因に知悉する条件を備えることを意味し，管理業務に支障がない限り兼務しても構わないし，安全管理業務のみに専従する必要もない。

　衛生管理者にも専属要件が課されているが，おそらく，免許制で要員確保が難しく，業務上一般的な専門性が重要なこと等から，通達（平成18年3月31日基発第0331004号）が示す一定条件（低リスク事業場，一定の資格を持ち，継続的業務が可能等）を満たせば，本来専属でない者も専属としての取扱いが可能とされている。

　選任すべき数につき法令上の定めはないが，通達（昭和41年1月22日基発第46号）で，事業場の規模や実態に応じて複数名を選任するよう推奨されている。また，本条第2項が，労基署長による増員命令について定めているが，発動の基準は厳しく設定されている（昭和25年3月15日基発第200号）。

　一定の業種及び規模の事業場（例えば，建設業や有機化学工業製品製造業等で常時雇用労働者数300人以上）では，最低1人を専任とすべき旨定められている（安衛則第4条第2項）。専任要件は旧労基則・旧安衛則時代には既に設けられていたが，常時雇用労働者数500人以上の一部業種で，前年の障害による休業者数120人未満なら適用除外とされていた。

　「専任」は「専属」とは異なり，勤務時間を専ら所定事項を行うために費やす者をいい，生産関係業務の兼任者等は該当しないが，安全と衛生の密接な関係性から，労働衛生業務を含んでも問題ないと解されている。

　安全管理者の確保と法定職務の実施条件の整備は徹底して事業者に託されている。

　先述の通り，安全管理者には，その事業場に固有の危険有害要因に知悉することが求められているため，同人に求められる資格は，理工学系統の学歴をデフォルトとしつつも，実務経験が重視され，研修で標準的知識を補う形が採られている。また，求められる実務経験も，安全関係の専門業務に限定されず，生産ラインでの管理業務を含めて良いとされている。

　法定の職務は，総括安全衛生管理者が統括管理すべき安全衛生事項全般のうち安全に係る技術的事項であり，これは総括者が行う統括管理に対応した用語であって，専門技術的事項に限られず，安全面での積極的なリスク管理全てを意味する（昭和47年9月18日基発第602号）。また，安衛則第6条第2項が事業者が安全管理者に権限を付与すべきとしている「安全に関する措置」には，種々の安全関連事項の一環で，作業主任者等の補助者の監督が含まれている（昭和47年9月18日基発第601号）。

　本条は，事業者が安全管理者に法定の安全関連事項を「管理させなければならない」と定めており，これには安衛則第6条第2項が定める必要な権限付与と共に，職務遂行の監督も含まれると解されている。同条第1項は，安全管理者を名宛人として，巡視を契機とした安全面でのリスク管理義務を課しており，第2項が定める事業者による権限付与の義務と対をなしている。いずれにも（：安衛法上の上位規定にも）罰則の担保はなく，実質的には，管理義務を果たさずに第三者を被災させた安全管理者の事業者による解任や懲戒処分を根拠づけたり，被災第三者が当該安全管理者の過失を主張立証し，事業者の使用者責任を追及し易くする等の意義があるものと解される。

　ある安全管理者等（安全管理者，衛生管理者，安全衛生推進者，衛生推進者）が，従前は一の事業場を担当していたが，分社化で複数の事業場となった場合，親・子事業者共に，その管理対象事業場の労働者数が安衛則に適合するようにすること（安全管理者については，前述した専任要件や特定の危険施設にかかる人員増加の要請のほか，常時使用労働者数に応じて必要選任数が増える衛生管理者につき注意が必要）等，一定条件を満たす場合，親事業者と支配関係にある子事業者での兼務を認める（両事業場で専属の者を選任してるとの取扱いを認める）旨の通達が発出されている（平成18年3月31日基発第0331005号）。

　資格別の兼任可能性を整理すれば，**資料5**の通りで

資料5

	子事業者			
	安全管理者	衛生管理者	安全衛生推進者	衛生推進者
親事業者 安全管理者	○	×	○	×
親事業者 衛生管理者	×	○	○	○
親事業者 安全衛生推進者	○	○	○	○
親事業者 衛生推進者	×	○	○	○

＊○は双方の資格を有する限り兼任可能な組合せ、×は兼任できない組合せを示す。
(平成18年3月31日基発第0331005号)

ある。

この際、連結会計基準第6項が言う、その会社の事業方針等の決定機関(株主総会等)が親会社に支配されている会社は子事業者、支配会社は親事業者に当たる。

本条(法第11条)第2項は、労基署長による事業者への増員・解任命令を定めているが、通達(昭和25年3月15日基発第200号)により、主要な義務の懈怠や職務遂行の困難など、よほどの場合に制限されている。

安全管理者については、選任義務がない事業場で選任された場合に関する通達(昭和23年9月27日基収第3251号)が発出されており、法令上職務遂行の責務を負わないが、雇用契約上その責務を負わせれば、事業者のために行為する者として安全管理責任を負うとされており、これは、その旨の雇用契約上の義務が生じ、その懈怠が事業者による不利益措置等を導き得ると共に、被災第三者との関係では、その者の過失により事業者が使用者責任を負うことを支持する趣旨とも解され、衛生管理者にも当てはまると解される。

ク　法第11条については、第1項(選任と職務遂行の確保)、第2項(増員・解任命令の遵守)共に罰則(法第120条第1号、第2号より50万円以下の罰金)が付されている。

ケ　関係規定についてみるに、本条は、監督取締においては、選任義務違反での一律的な適用がなされることが多いものの、後掲のJCO東海村臨界事故事件水戸地判が示唆するように、組織的に安全教育が不徹底で、安全の意識や知識が欠けていて労災が生じたような場合、たとえ安全管理者の選任は行われていても、職務を果たさせていなかったとして、適用されることがある。

その意味では、本法第59条等の教育に関する規定のほか、事業者らが労働者等に遵法を指示ないし指導すべき本法上の危害防止基準のほか、運送業法、建築業法、原子力規制法等の各種業法上の安全に関する規制等は、全て本条に関係すると解される。

コ　監督指導の実際についてみるに、本条から第13条に至る法定の管理者等の選任義務規定は、その選任義務が果たされていないことをもって一律的に適用する傾向があり、現に本条(安全管理者)、第12条(衛生管理者)、第13条(産業医)のいずれも、選任義務違反の指摘は比較的多い(ただし、行政指導レベルが殆どで、送検は少ない)が、中には企業独自に担当者による安全巡視の情報が関係従業員に即座に共有されるシステムを構築するなど、法定水準以上を実施しているところもあるとの声がみられた。

サ　関係判例のうち、刑事事件として挙げ得る代表例が、JCO東海村臨界事故事件・水戸地判平15・3・3判タ1136号96頁であり、これは、もともと厳しい原子力取扱い規制下にあって、ある程度形式的な法令順守はしていた企業(JCO)が、わが国で核燃料加工の許可を持つ唯一の事業者であったところ、旧動燃から、高速増殖炉「常陽」に用いる核燃料溶液の不定期かつ短期限の発注がかさむ一方で、経営合理化・人員削減の必要に迫られ、生産・安全管理体制の上下に臨界管理に詳しい者が乏しい状態となり、その知識経験に乏しい者が加工工程の効率化・省略を不用意に図った結果、ついにはバケツでウランと他の物質の溶解作業を行い、貯塔に代えて沈殿槽で混合均一化作業を行うに至り、当該沈殿槽で臨界を生ぜしめ、現場管理者を含む3名を被ばくさせ、このうち作業員2名を急性放射線症から極めて悲惨な経過で死亡させた事案につき、安全管理体制の上下にあった管理者全員に業務上過失致死罪等の刑事責任が認められ、その一部に本条(安衛法第11条)違反による刑事責任も認められた例である。

本件から得られる示唆の第1は、事業組織の安全の要素(安全規程の遵守、安全教育、安全人材、製造業における安全な工程等)は、たとえ核燃料のような特別な危険有害物との関係でも、発注者からの短期日、不定期な注文、生産効率の追求、そして、時間の経過、安全を崩す伝承の連鎖により、いとも簡単に失われてしまうということであり、

第2は、本件について、安衛法上は安全管理者の選任にかかる本条が適用されていることから、組織の上下にわたる安全文化の軽視、知識不足が生じた場合には、安全衛生における管理体制整備義務違反とされる可能性があること、逆に言えば、安全衛生の管理体制が整備されることで、作業関係者(管理者、作業者ら)に安全教育が行きわたると解されている可能性が窺われること、

第3は、本件で、安全管理者より事業所長であった

総括安全衛生管理者の方が重い刑を科されていることからも，司法の量刑判断では，その権限と知識に注目し，災害について直接的な責任を負う現場管理者より上位の管理者に重い刑が科される傾向が窺われることである。

【事件に関する技術専門家の意見】

1）事実関係について
災害の物理的な発生機序はすでに判明している。
まさに，少しずつ行うべきウラン核燃料の加工処理を，効率優先で一気に行おうとしたことが問題の本質である（福田）。
最もシビアな管理が求められる放射線関係で，信じられないような工程の中抜きをした事案であり，組織論的には，「品質保証部」がこの工程を容認した点が信じられない（岩村）。
2）判決について
概ね妥当な判決だと思う。
裁判所が，現場作業者や現場責任者等よりも，当時の事業所長であり，安衛法上の総括安全衛生管理者でもあったBに最も重い処罰を課したのは，本件が，数年かけて組織的に安全秩序を崩壊させていった過程を考えると，組織の管理責任者こそ重い責任を負うべきと考えたからだと思われる。
許可を受けた工程を変更したのに，国に対して再申請しなかったことも，事業所としての組織的問題だったといえる。
もっとも，判決が，JCOには受注を断わる自由があったとしている点については疑問がある。日本で1社しか核燃料加工の許可を受けていない業者が，実際に旧動燃からの発注を断わるのは困難だったと思われ，受注者側のコストパフォーマンスを無視するような発注がなされていた点については，発注者側の責任も検討されるべきだったように思われる（たとえ法解釈論的に難しくても，立法措置が検討されるべきとの趣旨と思われる〔三柴注記〕）（福田，岩村）。
また，国側も臨検ほか適切な監督指導を行わなかった点で責任が問われ得る（福田）。一般に，電離則関係での労働行政も，原子力行政も，厳しい規制や監督を行う傾向にある。コンプライアンスの第一義的責任は当事事業者にあるが，本件では，規制行政側にも弛みがあったのではなかろうか（岩村）。
3）未然防止策について
1）核燃料加工という極めて危険な事業なので，事業者は，許認可を得た工程を勝手に変えないことが第一（福田）。
法律及び社内ルールの徹底と責任の明確化が最も重要。
工程変更に際しての社内の確認・承認体制の強化も必要。
安全衛生委員会での実質的な審議，有効な安全パトロールの実施等により，部外者からも問題の指摘や確認ができる体制を構築することも重要。
社内外にコンプライアンス等の通報・相談窓口を設置することも有効である（岩村）。
2）発注者側も，適正な発注に努めるべき（福田，岩村）。
3）規制行政側も，適正な監督に努めるべき（福田，岩村）。
［福田隆文氏（長岡科学技術大学名誉教授），篠原耕一氏（元監督官，京都労務トラスト代表），岩村和典氏（ニッポン高度紙工業株式会社）］

関係判例のうち，民事事件の好例としては，Aサプライ［知的障害者死亡災害］事件・東京地八王子支判平15・12・10判時1845号83頁が挙げられ，法第16条（安全委員会）に関する解説で触れる。

シ　法第12条は，第1項で，政令指定規模の事業場に，業務区分に応じて，免許ないし資格を持つ衛生管理者を選任し，衛生に関する技術的事項を管理させるよう，事業者に義務づけ，第2項で，安全管理者に関する第11条第2項を準用し，労基署長による増員／解任命令を定めている。

安全は生産管理や機械・設備との関係が濃いが，衛生は化学物質，細菌，疾病などとの関係が濃く，医療・保健・衛生などの専門性が必要なことを前提に，安全管理者と共に総括安全衛生管理者を補佐する存在と位置づけられている（昭和47年9月18日発基第91号）。

日本の衛生管理者制度は，工場法時代の工場医制度（昭和13年）に始まり（ただし，それ以前から規則に基づく安全衛生管理人の制度はあった），労基法制定時に，医師である衛生管理者と医師でない衛生管理者に分離し，合わせて安全管理者と衛生管理者が明確に区分された。

その後，同法に紐付く旧安衛則の改正により，主任衛生管理者制度が設けられ（昭和27年），昭和41年の旧安衛則改正で，一定の規模・業種の事業場向けに専任の衛生管理者制度，一定の有害業務がある事業場向けに衛生工学衛生管理者制度が同時に設けられ，更に昭和47年の安衛法制定の際に，医師である衛生管理者は産業医制度に，医師でない衛生管理者は現在の衛生管理者制度に引き継がれた。

現行の衛生管理者は，総括安全衛生管理者をオーケストラの指揮者に例えると，その意向を踏まえながら，バイオリン部門を中心に楽団全体を調整的にまとめることで指揮者を補佐するコンサートマスターのような役割と言える。すなわち，産業医の専門的意見を尊重しながら衛生管理関係者全体を統括し，総括安全

資料6

事業場の規模 (常時使用労働者数)	要選任衛生 管理者数
50人以上200人以下	1人
201人以上500人以下	2人
501人以上1,000人以下	3人
1,001人以上2,000人以下	4人
2,001人以上3,000人以下	5人
3,001人以上	6人

(安衛則第7条第1項第4号)

衛生管理者を補佐する立場である。

ス　安全管理者とは異なり、衛生管理者は、常時使用労働者数50人以上の全業種の事業場に選任義務が課されるが、専属の原則（安衛則第7条第1項第2号本文）、複数を選任する場合で労働衛生コンサルタントを含む場合、うち1人は専属でなくてもよい点（同前但書）共に安全管理者と同じである。

衛生管理者は、業種区分に応じて選任すべき者に求められる資格が分けられており、第1次・第2次産業系と医療系では、第1種衛生管理者、衛生工学衛生管理者、医師・歯科医師等の高度専門職の選任を求め、その他（主に第3次産業系）では、第2種衛生管理者の選任でも良いこととされている。常時使用労働者数500人超で、一定の有害業務に一定数（常時30人以上）の労働者を従事させる場合、衛生管理者のうち1人以上を衛生工学衛生管理者とすべきとされている（安衛則第7条第1項第6号）。

衛生工学衛生管理者は、作業環境の測定・評価から改善に至る作業環境管理の専門家であり（昭和47年9月18日基発第601号の1）、衛生管理者の中でも最も高いレベルに位置づけられている。

安全管理者との比較では、要するに、機械器具、重機等、物のリスクが特に生じ易い業種を安全管理者の選任対象事業とし、衛生・健康面のリスクは全業種で生じ得るとの前提で、管理に医療・衛生面での専門性が必要な業種を高度な衛生管理者の選任対象としたと解される。

資料6の通り、安全管理者とは異なり、労働者数に応じた増員が求められている（安衛則第7条第1項第4号）ので、衛生管理は、安全管理より個々の職場や労働者の事情に応じた対応が必要と考えられたと解される（昭和47年9月18日基発第601号の1では、衛生管理者の選任数は、本来、事業者の規模、業種、作業内容等に応じて定まり、行政指導や法第12条第2項による増員命令で適正数の選任が図られるべきとされている）。

①常時使用労働者数1001人以上、②常時使用労働者数501人以上で特定の有害業務に一定数（常時30人以上）の労働者を従事させる事業場では、1人以上を専任とせねばならないとされており（安衛則第7条第1項第5号）、専任の定義は、安全管理者について述べたのと同じである。

総括安全衛生管理者、安全管理者らの場合と同様、事業者は、選任事由が生じてから14日以内に衛生管理者を選任し、遅滞なく労基署長に報告せねばならない（安衛則第7条第1項第1号・第2項、昭和47年9月18日基発第601号の1）。分社化に伴い分割された親子事業者における選任要件は、安全管理者の場合と同じである。

衛生管理者に求められる資格は、前述の通り、1次・2次産業系と医療系では第1種衛生管理者資格や衛生工学衛生管理者、医師・歯科医師のような高度の資格であり、第3次産業系を中心とするそれ以外の業種では、第2種衛生管理者資格であること、また、常時使用労働者数500人超の事業場で一定の有害業務に一定数の労働者を従事させる場合、衛生管理者のうち1人以上を衛生工学衛生管理者とすべきとされている。

ここで、第1種衛生管理者の免許には医学・衛生学の基本知識が求められており、当該免許試験の合格者のほか、大学で医学か保健衛生学を修めて卒業後労働衛生学を修めた者や、保健師免許や薬剤師免許の保有者等が該当する。

第2種衛生管理者は、第3次産業等、有害業務と関連の薄い業種で衛生管理者を確保するため設けられた制度であり、その免許には、第1種に準じる基準が求められている。

衛生工学衛生管理者は、まず医師、歯科医師、保健体育の教諭／教授らは無条件に免許を認め、その他、作業環境の測定や管理と関係する労働衛生工学関係の資格者（作業環境測定士、第1種衛生管理者免許試験合格者、大学等で工学／理学を修めて卒業した者、労働衛生コンサルタント）にも、講習受講を前提に免許を認めている。専門性は作業環境測定士と近いが、作業環境測定士が更に講習を受講して得られる資格なので、それよりもグレードが高い位置づけと解される。

衛生管理者の職務は、総括安全衛生管理者に統括管理させるべき業務のうち「衛生に係る技術的事項の管理」であり、具体的には、①健康障害防止措置関係、②衛生教育関係、③健診その他健康の保持増進措置関係、④災害原因調査及び再発防止策関係、の4項目となる。これらは、通達（昭和47年9月18日基発第601号の1）により具体化が図られているが、結局、労働衛生に関するリスク管理全般と解される。

安衛則第11条は、安全管理者に関する第6条と同様に、第1項で、衛生管理者を名宛人として、巡視を契機とした衛生面でのリスク管理義務を課し、第2項が

定める事業者による権限付与の義務と対をなしているが，実質的には，管理義務を果たさずに第三者を被災させた衛生管理者の事業者による解任や懲戒処分を根拠づけたり，被災第三者が当該衛生管理者の過失を主張立証し，事業者の使用者責任を追及し易くする等の意義があるものと解される。

増員・解任命令についても，本条第2項に安全管理者の場合と同様の定めがあるが，その発動基準を具体的に定めた通達（昭和25年3月15日基発第200号）は，安全管理者の場合に比べて定性的ながら，やはり厳しい基準を示している。

昭和24，25年頃に初めて解任命令が発動されたのは，繊維関係企業の女子寮で重病の少女が放置されて死亡し，労務課長を兼務していた衛生管理者が解任されたケースであった。

セ　本条は，未規制の化学物質による健康障害が生じ，具体的な衛生基準違反を指摘し難いケースで適用される場合がある（好例として，2013年に大阪の印刷工場で生じた複数名の胆管がんの発生事象が挙げられる）。その意味でも，実質的にリスクアセスメントを定める法第28条の2と深い関係にあるほか，安衛法以外の衛生関係法令とも関係する。

ソ　本条の監督指導の実際をみるに[7)]，安全管理者らと同様に，選任義務違反に対して一律的に違反指摘される傾向があり，違反指摘は比較的多い条規だが，送検事例は少ない。

衛生管理者資格の取得には基本的に免許試験の合格が必要なため，試験に合格して形式的に選任されたものの，実務活動には従事しておらず／兼務により従事する余裕がなく，SDSの読解も局所排気装置の維持管理もできない者が散見されるとの声がある。また，法定の職務は多岐にわたる一方，職務に必要な権限が殆ど与えられておらず，実質的な役割を果たし難い条件にあるとの指摘もある。

タ　法第12条の2は，安全・衛生管理者の選任義務がない中小規模事業場での労災発生率の高さや，ME化等による安全衛生業務の複雑化を踏まえて新設された規定であり，安全衛生推進者ないし主に第3次産業では衛生推進者の選任と所定の職務を担当させることを事業者に義務づけている。従前は，昭和49年の通達（昭和49年3月4日基発第112号）により，安全推進員及び労働衛生管理員の選任が行政指導で図られていたところ，中央労働基準審議会の建議（昭和63年1月29日）で，安全衛生管理体制の充実化が示唆されたことを踏まえ，法的義務に格上げされた経緯がある。

すなわち，安全管理者は，特定の危険業種（施行令第3条所定の19業種：製造業から旅館業まで幅広い）で，衛生管理者は，全業種で，いずれも常時使用労働者数50人以上の場合に選任義務が発生するところ，より小規模な事業場（常時使用労働者数10人以上50人未満）で，安全管理者要選任業種では安全衛生推進者，それ以外の業種では衛生推進者の選任を事業者に義務づけた（本条及び安衛則第12条の2）。

選任事由発生日から14日以内に選任すべきことは安全・衛生管理者等と同じだが，監督署長への届出は必要なく，その代わりに関係労働者への周知が求められている（安衛則第12条の4。作業主任者についても同旨の規定があるが，安全・衛生管理者にはない。産業医については，業務内容等の周知を求める定めがある〔法第101条〕）。

安全衛生推進者等にも専属原則があるが，安全・衛生管理者の場合と同様に，労働安全・衛生コンサルタントを選任する場合等が例外となる（安衛則第12条の3第2号。この例外は推進者が1人の場合にも及ぶ）。分社化に伴い分割された事業場での兼務に関する通達（平成18年3月31日基発第0331005号）は，安全管理者等（衛生管理者，安全衛生推進者等）を同列に扱っているので，選任要件等は安全管理者の場合と同じである。

その資格の基本は講習の修了だが，必要な能力を保有していればよく（安衛則第12条の3），関係通達（昭和63年9月5日労働省告示第80号，労働省安全課長・労働衛生課長内翰「安全衛生推進者等の選任制度の運用について」〔昭和63年12月9日〕）では，広く安全衛生に関係する実務経験が重視されている。

事業者が行わせるべき職務は，基本的には，法第10条第1項所定の総括安全衛生管理者に「統括管理」させるべき，また，安全・衛生管理者に「管理」させるべき事項の「担当」だが，安全管理者の職務との比較では，消防・避難訓練関係，作業主任者等の補助者の監督関係が省略され，衛生管理者の職務との比較では，作業条件の改善，健康異常者の発見・処置，健康相談，記録整備が省略され，両者に跨がる自他の事業者の労働者が同一場所で就労する場合の安全・衛生措置も省略されている。これは，安全・衛生管理者ほど立場（権限・責任）や専門性が高くないことを前提とした配慮と解される。現に，通達（昭和63年9月16日基発第601号の1）は，安全衛生推進者等は，安全衛生業務につき権限と責任を持つ者の指揮下で業務を担当するものと示唆している。

チ　安全衛生推進者等制度は，安全・衛生管理者以上に形骸化しがちで，本条については，行政指導等を掲載した「労働基準監督年報」の定期監督等実施状況には，集計自体が掲載されていない。

ツ　法第13条は，第1項で，所定の規模の事業場につき，事業者が産業医を選任し，労働者の健康管理等を行わせるべきこと，第2項で，産業医には業務に必要な知識にかかる省令所定の要件が求められること，

資料7　産業医の選任義務と選任率

事業所規模	産業医の選任義務	選任率(％)
1,000人以上	義務／専属	97.7
500～999人	義務／有害業務従事者が500人以上の場合は専属	96.2
300～499人	義務／嘱託も可	95.2
100～299人		95.8
50～99人		83.5
10～49人	義務なし	18.2

（厚生労働省「令和3年労働安全衛生調査（実態調査）」より作成）

第3項で，産業医の職務上の誠実義務，第4項で，事業者の産業医への職務上必要な情報提供義務，第5項で，産業医の事業者への勧告権と事業者の尊重義務，第6項で，勧告内容等の衛生委員会等への事業者の報告義務を定めている。

法第13条の2は，第1項で，第13条の対象の規模に満たない小規模事業場で，事業場が医師等に健康管理を行わせる努力義務，第2項で，第13条第4項所定の産業医への情報提供を努力義務として援用することを定めている。

法第13条の3は，産業医等が労働者からの健康相談に応じ，適切に対処するための体制整備の努力義務を事業者に課している。すなわち，産業医等が健康管理を行い易いよう，前提条件整備を事業者に求めている。

テ　本条（法第13条）は，職域での健康づくりのため，厚生労働省が重点的に強化を図っている産業医制度に関する基本規定であり，その趣旨は，労働者の健康管理に医師の医学的活動が不可欠との認識にあるが，メンタルヘルスや生活習慣病等，不確実性（原因も対応も不分明なこと）が大きい人的・社会的課題への対応が職務の中心を占めるようになって尚更に，医学的活動では対応が難しくなっている。

ト　法定の労働衛生関係専門職では最も歴史が古く，軍需産業を医療面で支えるために工場内に設置されて従業員のプライマリー・ケア等を行っていた医局が先駆けとなり，1938（昭和13）年の工場危害予防及び衛生規則で，常時使用労働者数500人以上の工場で選任義務が設けられたところに淵源があり，そのドライブは結核の蔓延であった。同規則では，工場等で衛生関連事項と健診の実施をさせるよう，工業主に義務づけていた。

その後，旧労基法下の旧安衛則では，医師である衛生管理者と医師でない衛生管理者の選任が常時使用労働者数50人以上の「使用者」に義務づけられた。

当初は安全管理者より下位の位置づけだったが，それと同格の位置づけを経て，現行法では，専門医学的立場から労働衛生を遂行する者として呼称が産業医と改められ，事業者や総括安全衛生管理者に勧告し，衛生管理者に指導・助言を与える存在に引き上げられた。更に平成8年法改正で，就任要件が定められると共に，事業者への勧告権が保障された。この領域に詳しい学識者の理解には，産業医を安全・衛生管理者等と同格とするものと，それらより上位とするものがある。

なお，畠中信夫元教授は，1979（昭和53）年に定期健診の結果報告書の様式に産業医の記名押印欄を設けたことで，健診結果のチェックを真摯に行う医師が増えたと指摘している。

ナ　産業医の選任義務は，常時使用労働者数50人以上の全事業場で（施行令第5条），資料7の条件で生じる（安衛則第13条第1項第二号）。500人以上の労働者それを就業させる場合に専任産業医の選任が求められる有害業務には，著しい高熱・寒冷・振動，有害放射線，異常気圧，重量物取扱い等のリスクに晒されるものが該当する。衛生管理者に比べ，事業所規模による要選任者数の縛りは緩い。

もっとも，産業医の質量不足が続いており（有資格者は約10万人だが，実働約3万人，専業約1000人〔いずれも推計〕），法令や通達は，以下のような基準緩和を図っている。

　A　専属産業医の退職後に補充ができない場合の嘱託産業医による期限付き代替と保健師らによる衛生管理の許容（昭和47年9月18日基発第601号の1）
　B　一定条件を満たす場合の元請事業場等の専属産業医による下請事業場の嘱託産業医の兼務の許容（平成9年3月31日基発第214号）
　C　一定条件を満たす場合の職務の一部のIT機器を用いた遠隔実施等の許容（令和3年3月31日基発0331第4号）

他方，平成28年の安衛則改正で，事業者等の経営トップ層は，COIの観点から産業医に選任できないこととされ（安衛則第13条第1項第2号），合わせて，事業場の運営に利害関係を持たない者は選任し得るとされたので，これにより，産業医は，事業場の運営から独立性を持つべき存在と位置づけられていることが窺われる。

ニ　従前は医師であれば産業医として選任できたが，平成8年の法改正で，労働者の健康管理等に関する知識が求められることとなり（本条第2項），安衛則第14条第2項で，所定の研修修了者（第1号），産業医科大学等の卒業者で実習修了者（第2号），労働衛生コンサルタント試験（保健衛生）合格者（第3号），労働衛生関係の教授等（第4号），その他（第5号）の5種類が示されている。

このうち所定の研修については，平成21年3月30日厚生労働省告示第136号（平成8年9月13日労働省告示第80号）が，**資料8**の研修科目と細目等を示しており，学科40時間と実習10時間の合計50時間で構成すべき旨も定めている。

研修の実施主体は，平成8年の告示第80号には医師会と産業医科大学が明記されていたが，平成21年の告示第156号による廃止で，現行の省令（労働安全衛生法及びこれに基づく命令に係る登録及び指定に関する省令）や告示には研修主体に二者を名指しする規定は存在しなくなっていると思われる。

この研修科目は網羅的だが，実際には多くの産業医に得手不得手があるので，今後は，産業医の専門性による担当業務の切り分けを進める必要がある。

研修によって産業医資格を取得する場合にも，現行法制度下では，実施主体の如何を問わず，一度取得すれば喪失しない設計になっているが，日本医師会は，所要の研修（基礎研修と呼ばれている）修了者に修了証を発行せず，代わりに同医師会が独自に認定産業医の称号を付与し，これを更新制としている。また，産業医を選任する事業者や労働基準監督署長も，産業医選任届に医師会発行の称号の証書を求めることが多いため，実質的に更新が必要な状態となっている。他方，産業医科大学は，所要の研修（基礎研修）修了者にその証書を発行しているため，実質的に更新が不要な状態となっているが，両者が実施する研修にはそれぞれ独自性があるので，一概にいずれが有利とも言えない。

基礎研修修了後に専門性を高めるための研修や資格制度が，日本産業衛生学会や産業医科大学により設けられており，日本産業保健法学会も産業保健法に関する研修を実施し，資格を発行している。

そもそも産業医に限らず，一定の専門性を必要とする安全衛生関係の資格は，基本となる資格自体，法制度上更新制にすべきと解される。そのため，国主導で更新制導入群と非導入群の前向きコホート研究等がなされる必要があると解されるが，データ化しにくいものもある点に留意する必要がある。もっとも，実務には意欲や感性，判断力のほか，事業者との相性も大きく作用するので，事業者において適任者を選任する必要があり，それも安全配慮義務となる場合もあると解される。

ヌ　産業医の職務については，安衛則第14条が，いわゆる労働衛生3管理（作業環境管理，作業管理，健康管理）を中心に9事項を列挙しつつ，それに該当し，「医学に関する専門的知識を必要とするもの」を定めていた（この点で衛生管理者等との職務の差別化が図られている）。ここには，近年とみに強化されている疲

資料8

研修科目	範　　　　囲
労働衛生一般	労働衛生概論 労働衛生管理体制 労働衛生関連法令 産業医の役割と職務
健康管理	健康情報とその評価 健康診断及び面接指導並びにこれらの事後措置 健康管理の事例
メンタルヘルス	メンタルヘルスケア ストレスマネジメント カウンセリング
作業環境管理	作業環境測定と評価 管理濃度と許容濃度 生物学的モニタリング 作業環境改善
作業管理	労働生理 安全管理 有害業務管理 作業管理の事例
健康の保持増進対策	健康測定 健康づくり 健康教育 保健指導

（平成21年3月30日厚生労働省告示第136号）

労・ストレス等を抱える者への面接指導（第2号）が含まれる。第3号所定の健康保持増進措置には，健診結果等に基づく事後措置（配転，時短，深夜業抑制等）や医師／保健師による保健指導等が該当すると解されている。第5号所定の作業管理には，有害業務での作業方法（＊どこでどのように原材料を製造・加工するか，機械を操作するか等の具体的な作業の手順や手法であり，主に作業計画により改善され得るもの），作業時間の適正化，保護具の適正使用等が該当すると解されている（昭和63年9月16日基発第602号）。第6号所定の健康管理には，健診・長時間労働面接・ストレスチェック自体やその結果に基づく事後措置はもとより，作業環境管理（旧法第64条関係），作業環境測定（法第65条関係），法第70条所定の心身の健康づくり，健康管理計画の企画立案，疾病管理や救急対応など，幅広い内容が含まれ（昭和63年9月16日基発第602号），本条第1項各号所定事項は全て含むと解される。

安衛法の解説書は，新たな労働衛生上の課題の発生に伴い，作業関連疾患の発症・増悪の予防，メンタルヘルスケア，高齢者を意識した基礎疾患を持つ者の適職配置，有害業務事業場での労働衛生3管理等の重要性が増している旨指摘している。

安衛則第14条第3項は，産業医の総括安全衛生管理者への勧告と衛生管理者への指導・助言の権限を定め，第4項は，これらを理由とする不利益取扱いの制約を定めており（第4項は平成8年の規則改正で追加），産業医以外の労働衛生関係専門職に同旨の規定はないので，立案者が特にその独立的立場の確保を図ろうと

した意図が窺われる。

　安衛則第15条は，安全管理者に関する第6条，衛生管理者に関する第11条に相当する定めであり，巡視の義務・権限と共に，そこから有害のおそれが判明した場合の健康障害防止措置を産業医に義務づけている。産業医に限って巡視の回数が原則1回／月と定められているが，平成29年の規則改正（平成29年3月29日厚生労働省令第29号）で一定要件を充たす場合には1回／2カ月で良い旨が追記された。

　また，近年の新型コロナ禍への対応として，一定条件（適宜実地で作業環境等を確認できること，面接に際しても，適宜直接対面実施すること，定期巡視は産業医が実地で行うこと等）を満たす場合の職務の一部のIT機器を用いた遠隔実施等を許容する通達が発せられた（令和3年3月31日基発0331第4号）。

　ネ　産業歯科医という呼称は安衛法本法にはないが，安衛則第14条の見出しにあり，酸など歯や歯ぐきに有害な物質を取り扱う業務（化学工業，窯業，非金属製品製造業等に多い）での活用が想定されており，現に中小企業を中心に，歯牙酸蝕症等の職業性歯科疾患が生じているが，実際にはまだ十分に認知されておらず，歯科健診自体，十分に実施されていない実態がある。

　現行安衛法第66条第3項（政令で指定する有害業務従事者への歯科健診）は，塩酸・硝酸など歯や歯ぐきに有害な物のガス等にばく露し得る業務に常時従事する労働者がいる事業場での歯科医師による特殊健診を定め，安衛則第48条が，雇入れ時，有害業務への配置時，配置後6カ月以内の定期に行うべきことを定めている。また，安衛則第14条第5項は，当該特殊健診の対象事業場（施行令第22条第3項）のうち有害業務に常時50人以上の労働者が従事させるところで，適宜，歯科医師から歯科に関する健康管理全般について意見聴取することを事業者に求めている。

　また，法第66条の4は，医師と同様に歯科医にも事業者が健診結果を踏まえた意見を聴取するよう，第66条の5は，事業者が当該意見を踏まえて就業上の措置を講じるよう定めており，このうち意見聴取義務は，法定外歯科健診が行われた場合を含め，健診が実施された場合の全てに及ぶ。

　産業歯科健診制度の嚆矢は，1954（昭和29）年の労基法改正で定められた特定業務従事者対象の歯科医師健診規定にあると思われるが，その省令における委任規定は，実施者を医師としてきた。平成8年の法改正で，上述した第66条の4と第66条の5が設けられた。

　近年，歯科医師会からの要望もあり，法令上の歯科医師業務の強化を通じた歯科医師の産業保健制度への組み込みが図られている。その一環で，従前は常時使用労働者数50人以上の事業者のみに課されていた歯科特殊健診の実施報告義務が，令和4年10月以後，当該健診の実施義務のある全ての規模の事業者に課されることとなった（改正安衛則第48条，第52条）。

　ノ　安衛法と安衛則には，産業医に関する規定と医師に関する規定があり，両者を列挙して比較すると，産業医には，医師でなくても可能だが，産業保健の専門性と，特に事業者との関係で権限が必要な業務等が割り当てられ，医師には，主に健診やそれに類する／その結果を踏まえた面談に基づく意見具申の業務が割り当てられていることが窺われる。

　ハ　そもそも産業医制度が必要な理由について再考すると，次のように言える。

　すなわち，消極面から言えば，
・国際的に産業医の選任を雇用者に義務づけている国は独仏などごく一部に限られていること，
・もとより，労働衛生の三管理を含め，現行法の法定業務のうち，実質的に医師でなければできない業務（医行為等）が殆どないこと，
・特にメンタルヘルスや生活習慣病対策が重要性を帯びる中で，不調者の組織内での適応の調整など，通常の医師養成課程では教育を受けない社会的力量が求められるようになってきていること，
・業務の法的性格が事業者の履行支援であり，自己完結的な意思決定者となり得ないこと，
・産業医資格を持つ医師は増えたが，産業医を専業とする医師は1000人ほどしかおらず，労使から信頼されている医師の割合は更に限られると思われること，
等が挙げられる。

　他方，積極面を言えば，
・ここ四半世紀ほど産業医資格の取得希望者が増えて資格者が約10万人に達しており，産業医科大学も開学40周年を迎え，牛歩ながら意欲的な産業医が増加していると思われること，
・職場での健康障害をめぐるトラブルが増え，使用者が訴訟で責任を認められるケースも多く，問題解決能力のある産業医への事業者のニーズが高まっていること，
等が挙げられる。

　もっとも，産業医業務では，医師としての信頼性を基礎としつつも，他職種ともフラットな関係を基点にリーダーシップを発揮する必要があり，疾病性管理より事例性管理が求められる場合が多いところ，患者利益を最優先し，医学の知識と技能を高めるよう教育を受けてきた医師が，突然に事業組織内での調整力を求められても困難という構造に変わりはない。

　ヒ　筆者は，産業医等の産業保健専門職による不調

者への対応につき，次のようなモデルを打ち出している（資料9）。

すなわち，
- 急速な少子高齢化や個人の尊重意識の高まりを背景に，安全衛生政策は，労災職業病等の業務上のリスク対策から，メンタルヘルス対策等の作業関連疾患対策，遂にはがん等の難治性疾患者の就労継続支援まで展開し，民事司法も，健康配慮義務，解雇回避努力義務，障害者就労支援の法理の展開等を通じ，疾病障害者への救済姿勢を強化している。特に精神障害者への不利益措置に際して，治療の勧奨，経過観察，適正配置の努力等の手続を求めるようになっている。
- 他方，民間であれば就業規則等，公務員ならば公務員法や紐付く勤務規程等に基づく休職，解雇／免職等のケジメも可能かつ求められている（みなし公務員の長期間の能力の低活用が違法なパワハラに当たると共に，国民への背信行為とした例として，兵庫教育大学事件・神戸地判平29・8・9労経速2328号23頁）。
- その切り分け（就業判定）の主体の役割を期待されているのが産業保健者であり，職場に不調者が生じれば，主治医と連絡して疾病性（疾病の有無・程度等）と共に事例性（疾病が招いている現実の問題：就労不能，職場秩序紊乱等）を確認し，本人の職務及び職場の関係者への適応を支援する。産業保健者は事業者の履行補助者ないし代行者なので，その働きかけが，事業者の救済努力となり，それを尽くしてなお改善しなければ，ケジメが可能かつ求められる。
- この「太陽と北風」とも言うべき対処に，対象者の認知の偏りが強い場合ほど落差を付けることが望まれる。[9]

資料9　私傷病者への対応

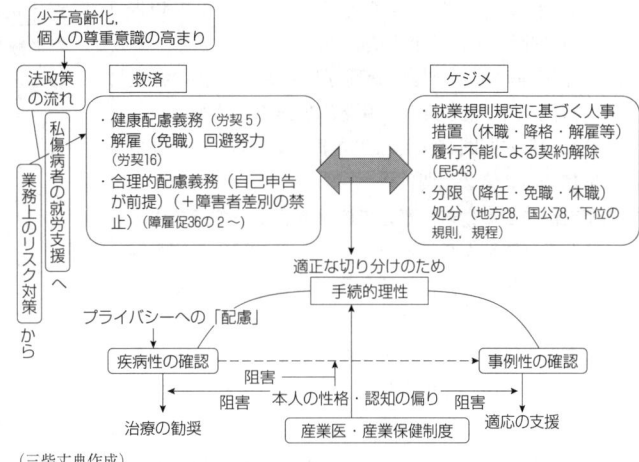

（三柴丈典作成）

産業医が重要な関与をした事件の判決でも，こうした過程を踏んだ産業医や，その就業先が敗訴した例は見当たらない。産業医がこうした役割を果たすことは，その選任者である事業者が不調者への配慮を尽くしたことに繋がる。産業医業務は，法的には事業者の履行補助／代行なので，産業医による誠実かつ適正な業務は，事業者による法的な配慮とみなされることとなる。

その意味でも，産業保健職にとって，不調者のキャリア形成支援（特に職場・仕事への適応支援）が重要な意味を持ってきていると解される。

しかし，先に，厚生労働科学研究費補助金で行った社会調査から，産業医は，メンタルヘルス等との関係では，健診やその結果を踏まえた意見，職場巡視，衛生委員会への参加のほか，研修等により啓発，休復職判断，主治医との連絡等のコミュニケーター的役割を担うことが多く，不調者に寄り添う対応，その環境調整，社内規定整備への関与，経営上層部への職場環境改善の提案，労働者のメンタルヘルス情報の管理等はあまり実施されていない場合が多いことが判明した。

前述した通り，産業医制度は，特に軍需産業等の工場内に設置され，従業員のプライマリー・ケア等を行っていた医局に端を発し，安全管理者より下の位置づけから，事業者らに勧告し，衛生管理者を指導・助言する存在へと立場を高めてきた過程で，健診，治療の振り分け，復職支援などの対個人業務から，作業，職場環境，疾病の疫学的分析などの集団的な予防業務へと役割を拡大してきた。

大久保久晃元産業医科大学学長は，産業医を，①プライマリー・ケア医（いわば，臨床医の延長線上で，健診を中心とした業務を行う者），②専門産業医（①の業務に加え，健康障害の予防まで行う者），③総括産業医（大きな組織で産業保健に関するマネジメントを行う者）の3種類に大別しているが，その枠には収まらないタイプも出てきており，筆者の整理では，現在，約13種類の産業医が存在する。

フ　2018（平成30）年6月に関連法が成立した働き方改革における産業医制度改革の骨子は以下のように整理できる。

---

(1)産業医の職務の追加（現行安衛法第13条第1項及び現行安衛則第14条第1項関係）

(2)産業医の知識・能力の維持向上（現行安衛則第14条第7項関係）

(3)産業医の権限の具体化（現行安衛則第14条の4第1項及び第2項関係）

(4)産業医の独立性・中立性の強化（現行安衛法第13条第3項関係）

(5)産業医の辞任又は解任時の衛生委員会又は安全衛生委員会（以下「衛生委員会等」という）への報告（現行安衛則第13条第4項関係）

(6)産業医等に対する健康管理等に必要な情報の提供（現行安衛法第13条第4項及び第13条の2第2項並びに現行安衛則第14条の2第1項及び第2項並びに第15条の2第3項関係）

(7)産業医による勧告に際しての事業者からの意見の求め及び産業医から勧告を受けたときの勧告の内容等の保存（現行安衛法第13条第5項並びに現行安衛則第14条の3第1項及び第2項関係）

(8)産業医の勧告を受けたときの衛生委員会等への報告（現行安衛法第13条第6項並びに現行安衛則第14条の3第3項及び第4項関係）

(9)労働者からの健康相談に適切に対応するために必要な体制の整備等（現行安衛法第13条の3関係）

(10)産業医等の業務の内容等の周知（現行安衛法第101条第2項及び第3項並びに現行安衛則第98条の2第1項及び第2項関係）

(11)労働者の心身の状態に関する情報の取扱い（新じん肺法第35条の3第1項から第4項まで及び現行安衛法第104条第1項から第4項まで並びに新じん肺則第33条及び現行安衛則第98条の3関係）

(12)安全委員会，衛生委員会等の意見等の記録・保存（現行安衛則第23条第4項関係）[10]

(13)産業医による衛生委員会等に対する調査審議の求め（現行安衛則第23条第5項関係）

このうち(4)は，塩崎恭久元厚生労働大臣が，産業医の独立性と中立性の強化を図ろうとしたところに端を発するが，そもそも安衛法では，産業医が事業者の履行補助者／代行者と位置づけられているし，現に日本の組織で産業医が有効に役割を果たすには，戦略的な「仮面の使い分け」も求められ，むしろ労使双方との信頼性が重要と解されるため，少なくとも中立性の一律的な強制は困難である（独立性も信頼性には及ばないと解されること）[11]から，条文では，必要な知識に基づく職務の誠実な遂行と定められた。

現に，この制度改変では，全体に，単なる産業医の権限の強化ではなく，労使と産業医のコミュニケーションと信頼関係の強化が図られた。なお，働き方改革全体では，長時間労働の抑制と労働密度の強化が図られたので，その健康面でのセーフティネットに産業医を位置づけることで，産業医制度の存在意義の引き上げが図られた。その職務の中心に面接指導が置かれたが，これは，不調の業務上外を問わず，本人の健康状態（デフォルト）を産業医によって確認し，それを基準とした個別的配慮を事業者に講じさせると共に，不調者の発生傾向（同じ作業に従事する者が複数不調に至っている等）などを踏まえて，より組織的な業務管理，労働条件管理などを事業者に図らせようと企図したものであり，こうした素因の増悪防止対策（≠健常な労働者の業務上の事由による健康障害防止）が目下の産業保健の重要な役割となってきている。

(1)についていえば，働き方改革により，医師（産業医でなくてもよい）による面接指導の対象には，以下の者が該当することとなった。

・週40時間基準での時間外・休日労働（以下，単に「時間外労働」とも言う）が80時間（従前は週100時間）／月を超過した通常労働者（裁量労働制や労基法第41条各号所定の適用除外制度対象者も含む）[12]から申し出があった場合

・週40時間基準での時間外労働が100時間／月を超過した研究開発業務従事者（申出は不要）（新設）

・健康管理時間（在社時間＋社外勤務時間）が原則100時間／月を超過した高度プロフェッショナル制度適用対象者（申出は不要）（新設）

産業医の職務に関する定めの法的意義について言えば，法は所定の職務を行わせる義務を事業者に課す形式をとっていることから，その履行確保は，直接的には事業者への刑事制裁や行政指導等で図られることになるが，法第13条第3項に基づき，産業医が自身に職務を行わせるよう勧告することは可能と思われる。

安衛則第14条の4第1項が，事業者が産業医に職務上必要な権限を付与するよう義務づけているので，特に制限しない限り，法定（安衛則第14条）の職務は契約上の職務と解されると共に，産業医がそうした職務を行う契約上の権利を持つことになると解される。いずれにせよ，事業者が産業医に法定職務を行わせず／行う条件を整えず，労働者の健康障害が生じる等すれば，事業者が過失責任を負うことになると解される。

なお，事業者－産業医間の契約には，法定職務（安衛則第14条）の職務が黙示に盛り込まれていると解され，その懈怠があれば，当該産業医への不利益措置や損害賠償請求も可能だが，受益者である労働者に限定した職務範囲を周知すること，複数の産業医により法定職務がカバーされるようにすることを前提に，特約で職務内容を限定することは可能と解される。

(3)についていえば，その具体的内容は，事業者や総括安全衛生管理者への「意見」，業務上必要な情報の「労働者からの」収集，緊急措置の労働者への指示の3権限の明文化である。もとより産業医には，事業者及び総括安全衛生管理者への「勧告権」と衛生管理者への指導・助言の権限が定められていたが（法第13条第5項・第6項〔旧第3項・第4項〕，安衛則第14条第3項・第4項），これに追加されたものであり，このうち「意見」とは，勧告よりも軽く，対話の一環であって，その権利の追加は，事業者－産業医間の対話を促進し

ようとしたものである。

　この際, 安衛法第13条及び安衛則第14条が定める助言等の意味内容は, 以下のように解される[13]。
　勧告：上位の立場の経営管理権者（事業者ないし総括安全衛生管理者）に, 専門的知見に基づいて措置を促すこと
　指導：下位の立場の者に, 上位の立場から教え諭すこと
　助言：立場の上下を問わず, 専門的知見を踏まえ, アドバイスをすること

　これらの定めは, 総じて, 産業医を産業保健業務従事者の中では上位（指導的立場）に置き, 事業運営に携わる総括安全衛生管理者よりは組織の指揮系統上下位だが, その専門性を尊重されるべき存在とすることを企図していると解される。

　その具体的内容は, 放射線漏れや苛烈なハラスメントの防止から, 慢性影響をもたらす有害物対策まで様々なものが想定される。

　労働者からの情報収集や労働者への指示の権限は, 従前から健診での問診等を通じて可能ではあったが, より一般的に事業者の指揮命令や承認なく法的に保障された点に意義がある。ただちに労働者に情報提供や指示の遵守義務を課すものとまでは解されないが, 産業医による合理的な指示は, 事業者による指示と推定され, その不遵守が人事上の不利益処分を正当化する可能性もある。また, 産業医がこれらの権限を適正に行使せずに労働者に健康障害等が生じた場合, 民事上, 当該産業医の過失と評価され, 事業者が使用者責任等を負う可能性はある。

　(4)については前述したが, 産業医の誠実な職務遂行の法定の実質的な意義は, 他の改正項目の基礎となる理念の呈示であったり, 産業医が専門家として誠実に行った職務を理由に事業者から不利益措置が講じられた場合の違法評価の一要素となること等であろう。

　(5)についていえば, 産業医の離職の報告先は衛生委員会等であって, 事業者が委員を指名する事業者の諮問機関に過ぎないが, 事業者の良識を信頼しつつ牽制を図る（：恣意的な措置に歯止めをかける）立案者の意図を看守できる。

　(6)についていえば, もとより安衛則第14条の4第1項が, 産業医が法定職務を遂行するうえで必要な権限を付与すべき旨を定めているが, 産業医から求めがなくても, 必要な情報を提供すべきことを定め, その業務を支援しようとしたものであり, 組織がある者に提供すべき情報の画定は, その者の業務の画定と等しいとすれば, この規定は, 長時間労働従事者の個別的な健康管理とそれを通じた職場の環境改善を産業医業務の中核に据えようとする立案者の意図の反映と解される。

る。

　(7)についていえば, 前者（勧告に際しての事業者からの意見の求め）は, 産業医が就業先の諸事情を把握しないまま勧告を行うことで信頼を失わないよう制度的な担保を図ったものであり, 後者（勧告内容等の保存）は, 事業者が勧告に従わずに健康障害等が生じれば, その過失責任が推定されるという意味で, 産業医勧告に間接的な拘束力を持たせる措置であり, 前者による勧告のピント合わせを前提にしているが, 前者（事業者からの意見の求め）は後者（産業医勧告）の効力発生要件とまでは解されない。

　(9)は, もともと「顔の見える産業医」制度の実現のため, 従業員全員を対象とした面接を構想していたが, おそらく現在の産業医の質量や経営者の負担などの事情から調整（トーンダウン）されたものと解される。

　(11)は, 産業保健機能の強化にとって健康情報等の取扱いが避けられない一方, それが機微な情報であることが多いことを踏まえ, 適切な健康管理や情報管理の体制と手続きのもとで, 健康管理のため, 適正に取り扱われるよう, 交通整理を図ろうとしたものと解される[14]。

　なお, この改正に合わせて発行された手引き（厚生労働省「事業場における労働者の健康情報等の取扱規程を策定するための手引き」）では, これまでに厚生労働行政（特に安全衛生行政）が示してきた指針等も踏まえ, ①本人同意の獲得, ②衛生委員会等での協議に基づく取扱規程の整備, ③産業保健職等による取扱い, ④それ以外の者が取り扱う情報の加工情報への制限, という4つの原則を, 情報の種類（安衛法令などとの関係で取り扱うべき根拠があるか）等に応じて当てはめ分けている。

　このように, <u>この改正の実質は</u>, 従前の法制度に新たな要素を加えるというより, <u>既定の制度の趣旨の実現のための誘導を図るもの</u>と解される。

　ヘ　産業保健制度に関する国際比較から, 以下の事柄が看取された。

　1) 産業保健制度を市場に委ねている国（英米）のほうが, 産業保健・看護職が自由に活躍できている。逆に, 同制度を法定し, 特に産業医の選任を法で義務づけている国（仏独）のほうが, 産業保健制度が秩序づけられ, 産業保健・看護職が医師の下位で管理される傾向にある。

　2) 産業保健の領域で, 産業保健・看護職は, いずれの国でも有意義な活動をし, 労使から信頼され, 比較的高い報酬を得られているようだ。

　3) 仏独のように, 産業医の選任義務が法定され, 教育制度上, 臨床医より高い位置づけを与えられてい

る国でも，産業医の数は少ない。産業保健・看護職の方が数が多い傾向にあるが，それでも法が想定する/実際のニーズには不十分な状況にある。

　4）イギリスのように，医師に限定してはいるが，疾病で勤務不能な公勤務者への退職勧奨を職務として行わせている国がある。そもそもイギリスは産業医制度を法定していないが，「労働/産業」医の特徴を示していると思われ，興味深い。

　ホ　法第13条は，送検件数は少ないが，是正勧告等の違反指摘は比較的多い条規である。発がん性が明確でなかった化学物質による，大阪の印刷工場での胆管がん発症の事案でも衛生委員会設置義務規定と共に適用され，事業者が送検された。ここからも，未解明のリスク対策の不備を問責する上で，こうした体制整備義務違反が指摘され得ることが示唆される。もっとも，それは選任が求められる専門家の役割の範囲内でなければならないので，産業医に広く専門的な健康管理の役割が託されるほど，こうした法活用の可能性が広がるとも言える。

　もっとも，監督指導実務からみた産業医制度最大の問題はその形骸化であり，その背景には事業者側と産業医側の双方に問題があると解される。嘱託産業医が予算のかかる労働衛生措置を求めることで解任される例もあり，安衛則第14条第4項の適用が雇用契約以外に及び得ることを示唆した裁判例もあるが（センクシア（株）産業医契約解除事件・東京地判令4・2・8 LEX/DB 25603655），現実的には，契約形態が雇用でなければ，それを防ぐのは極めて困難である。

　他方，産業という生き物，組織力学を理解する姿勢に乏しく，健康を巡るトラブルの防止や解決に貢献できない医師も少なくない。日本医師会の平成29年の調査でも，専属産業医の選任割合が極めて低く，嘱託産業医の報酬額が低額な傾向が判明された。

　マ　関係判例をみると，以下のような例がある。
　・臨床上は内科専門のベテラン産業医が，自律神経失調症という以上にあまり事情を知らされず，休職者の復職可能性を探る面談に臨んだところで，「それは病気やない，甘えなんや」等発言し，不調が遷延化して復職時期が遅れたとして産業医個人が賠償請求された事案で，産業医は，産業医となるための研修・実習で習う程度の一般的な医学的知識をもって業務に当たるべきで，このようなケースでは，病状の概略を把握し，それを悪化させるような言動を差し控えるべき注意義務を負っていたとした例（大阪市K協会事件・大阪地判平23・10・25時判2138号81頁〔控訴後和解〕），
　・数年間にわたって年間1000時間程度の時間外労働（半年内の5カ月に100時間超/月の時間外労働を含む）以後うつ状態となってからも，雇用者の業務請負先で就労し，強迫性障害等の診断を受けて2度休職して期間満了退職措置となった労働者が，発症が業務上との前提で雇用契約上の地位確認と共に，上司や産業医の発言や対応が不法行為に当たるとして損害賠償請求等をした事案で，長時間労働の事実は認めつつ，原告には元より精神疾患の既往があり，何より2回目の休職前に客観的な過重負荷が認められない，主張された不法行為も認められない等として請求が棄却された例（F社事件・東京地判平24・8・21労経速2156号22頁〔X請求棄却［帰趨不明］〕），

　・入社後年間3500時間を超える長時間労働，休みを取りにくい職場の雰囲気，上司との人間関係の不和等があって精神疾患（身体表現性障害等）に罹患したが，過重業務が軽減されず，1回目療養となり，復職後も過重業務が軽減されず，2回目療養となり，そこからの復職後は過重負荷は認められないが，会社への不信感を強めて出社しなくなり，疾病自体は改善して，統括産業医は就労可とするも，欠勤を続けたとして解雇されたことを踏まえ，原告が労働契約上の地位確認や損害賠償請求した事案で，本人が人格障害だった可能性を認めつつ，その判断をした統括産業医の確認が偏っていたと指摘して，本人の発症前と発症後の過重負荷につき，使用者側の対応上の過失を認める一方，原告は2回目療養からの復職後に完治していたので，無断欠勤による解雇は有効とした例（建設技術研究所事件・大阪地判平24・2・15労判1048号105頁〔X請求一部認容・一部棄却［控訴後帰趨不明］〕），

　なお，このケースでは，精神障害など業務上外の判断が困難な事例について，使用者が業務起因性に疑いを持つ場合，労災申請上求められる事業主の証明に協力しないこと，申請しないよう説得することは合法とされたことも特筆される。

　・特に過重負荷は認められないが，営業係長職にあった原告が転勤の内示に強い拒否反応を示して急性口蓋垂炎による呼吸困難で救急搬送されて以後，ストレス反応性不安障害の診断名で欠勤を続け，上司らに敵対的・攻撃的態度をとるようになり，休職命令を受けて後，期間満了退職措置を受けるに至る過程で，主治医が不相当に原告を利する診断を行い，本人は産業医から主治医への診療情報の提供依頼を拒否する一方，使用者側は，休職期間中，復職へ向けて励ましつつ必要な状況確認を行い，従前の労働時間管理の不備等自身の落ち度の指摘にも真摯に対応（謝罪と休職命令の延期，未払い残業代の支払い等）し，産業医から本人同意なしに主治医に直接問い合わせたうえで復職不可の判断をしていた等の経過を辿った事案で，使用者側の対応の冷静さや誠実さが認められ，主治医の診断は疑わしい一方，産業医の意見には「相当の説得力」あ

りとされ，休職命令，退職措置共に合法と判断された例（日本通運事件・東京地判平23・2・25労判1028号56頁〔X請求棄却［控訴］〕），

・入社から数年後に有能な若手職員の劣等感を持って以後卑屈な態度をとるようになり，配転されたところ上司に遺恨を持ち，怠業する，悪態をつく，社内外に電子メールで上司らへの不満や批判を送信する，存在しないパワハラ被害を内部通報する等の挙に出るようになり，抑うつ状態になったうえ，視神経症の視覚障害（本件視覚障害）を発症し，休職命令を受け，期間満了退職となって，本件視覚障害は上司からの嫌がらせや不当配転等による業務上疾病であるとして，労基法第19条第1項に基づく雇用契約上の地位確認，不法行為による損害賠償等を請求した事案において，本件視覚障害は業務上と認められないので，その前提に基づく地位確認や損害賠償の請求は認められないが，主治医の復職可能との診断，企画書作成の実績等にみる職務能力，雇用者が大企業であること，復職可否は心身の健康状態から客観的に判断されるべきこと等から，期間満了退職措置は違法無効とした例（第一興商〔本訴〕事件・東京地判平24・12・25労判1068号5頁〔X請求一部認容・一部棄却［控訴］〕）．

以上を含む関係判例から，産業医が，不調者の疾病性と事例性，個人と組織の事情もよく調べて把握し，粘り強く，理性的かつ誠実に対応の手続きを踏んだケースでは，事業者側は殆ど敗訴しないこと，不公正に使用者側に寄ったり，不十分な事情認識に基づいて判断すると却って大きな対立やトラブルを招くリスクが高まること，健康情報の適正な取得，取扱いは違法にはならないこと等が示唆される．

また，近年は，復職拒否等の場面で産業医を関与させなかったことを使用者の不利に判断する例や，逆に積極的かつ適正な関与をさせたことを使用者の有利に判断する例が増えている．

産業医と主治医の判断が分かれた場合には，属性より判断に際しての調査の丁寧さ，総合性（判断材料の幅）を重点とする，判断の合理性，妥当性が問われる傾向にある．

ミ　法第13条の2は，第1項で，産業医選任義務のない小規模事業場での健康管理等の確保のため，必要な知識を持つ医師等（安衛則で保健師と規定）にそれを行わせる努力義務を事業者に課し，第2項で，産業医の選任等に関する第13条で，職務上必要な情報を事業者が産業医に提供するよう義務づけていたところ，その努力義務を課している．

このうち必要な知識を持つ医師については，産業医はもとより，以前は産業医学振興財団が実施していた産業医基本研修の修了者や産業医として選任された経験者が該当するとされていたが（平成8年9月13日基発第566号），財団による基本研修は実施されなくなっており，もとより努力義務でもあり，要件としての実質的な意味は殆どないと思われる．

本条の実質的意味の1つは，その他省令で定める者を安衛則第15条の2第1項で保健師と定めたことにより，小規模事業場での保健師の活用に法規の裏付けを与えたことにある．以前は，安衛則の施行通達（昭和47年9月18日基発第601号の1）が，衛生管理者免許を持つ保健婦の活用等を示唆していたに過ぎなかった．

もう1つの実質的意味は，法第19条の3（小規模事業場での健康相談，情報提供等の援助にかかる国の努力義務）と共に，小規模事業場での健康管理の確保政策に予算措置の裏付けを与えることにあり，現に，これに基づき，独立行政法人労働者健康安全機構が運営する産業保健総合支援センター（全国47都道府県に1ヵ所ずつ．以下，「産保センター」とも言う）や，その下部組織であり，中小零細事業を支援対象として，地区ごと（全国350ヵ所）に地域産業保健センター（以下，「地産保」とも言う）が設置されている．

前者は，主に産業保健関係者への研修や相談対応，事業者らの産業保健に関する各種計画づくりの支援等（いずれも基本的に企業規模を問わない），後者は，中小零細事業に対して，健診結果にかかる医師からの意見聴取（安衛法第66条の4等），長時間労働面接（法第66条の8，9等），高ストレス者面接（法第66条の10第3項等），保健師（の訪問）による保健指導（法第66条の7等）など，より直接的なサービスを無償で行っており，産業保健関係者と中小零細事業の連結に重要な役割を果たしている．2023（令和4）年度予算では，前者を減額して後者を増額する予定である．

ム　本条に基づく国の産業保健活動支援状況の詳細は，労働者健康安全機構『令和2年度産業保健活動総合支援事業アウトカム調査報告書』に示されており，利用されたサービスの上位は，産保センターでは産業保健研修（約3割）とWEBサイトでの情報提供（約2割）で，センターごとに委嘱されるメンタルヘルス対策／両立支援促進員（カウンセラー，社会保険労務士等の実務専門家）による支援も数％利用されていた．地産保では，健診結果に基づく医師への意見聴取（約5割）が圧倒的に多く，産保センター＝研修＝大中規模事業，地産保＝健診後医師意見聴取＝小規模事業，という構図が見える状況である．

利用者の満足度は，有益評価が約9割と高く，特に産保センターでのメンタルヘルス対策促進員による個別支援と地産保での健診後医師意見聴取の有益評価が高かった．

メ　法第13条の3は，先述の通り，基本的には「顔

の見える産業医制度」を目指し，そのための前提条件整備を事業者に求めた規定だが，保健師による代替も企図しており，法第101条第3項（産業医選任義務のない小規模事業場で保健師らに健康管理等を行わせる場合にその業務を労働者に周知するよう事業者に努力義務を課した規定）も，本条と趣旨を一にしている。

本条（法第13条の3）が予定する措置内容の主軸は，産業医業務の内容の労働者への周知であり，健康相談の申出方法や事業場での健康情報等の取扱い方法を周知させることがその支えの役割を果たしている。このうち後者は，労働者に安心して産業医に相談してもらうための手当とも言える。

モ 小中規模の事業場で嘱託として就業する産業医が多い日本医師会の調査結果からは，よく行われているのは，健診の結果確認，長時間労働面接，保健指導等だが，活動時間は3時間未満／月が殆どで，衛生委員会への出席は1～2カ月に1度と1年に1～2度が多く，作業の環境や内容の把握と指導，健康障害の原因調査等も2時間未満／月が殆どであり，顔の見える産業医からはほど遠い現状が窺われる。

ヤ 法第14条は，高圧室内作業をはじめとする一定の危険／有害な作業（①作業の方法／条件，②設備，機械，原材料等）につき，有資格者（免許取得者か技能講習修了者）を作業主任者として事業者に選任させ，現場で直接作業を指揮し，設備管理等に当たらせるべきことを定めた規定である。作業主任者を選任すべき業務は施行令第6条に定められ，作業主任者の選任規定，名称と必要な資格（免許取得者か技能講習修了者か），選任すべき作業，作業主任者にそれらの業務を行わせるよう事業者に義務づけた規定は，安衛則とその別表，個別の特別則に定められている。

旧安衛則にも危険な物や作業にかかる取扱主任者や作業主任者を選任すべきこと等が一般的に定められ，安衛則内外の特別で，必要な資格やさせるべき業務の詳細が定められていた。現行安衛法の制定に際して，法律上の制度に格上げされると共に，法定安全衛生管理体制の一環に組み込まれた。

ユ 作業主任者については，法第14条の委任を受けて施行令第6条が選任すべき31業務を列挙し，このうち高圧室内作業，ガス溶接作業，林業架線作業，特級から2級ボイラーの取扱作業，エックス線作業，ガンマ線透過写真撮影作業の6業務には免許が求められ，その他は技能講習の修了で足りるとされている。技能講習では，既に関連の免許を取得した者等に講習の一部が免除されることがあり，所要日数は1～4日程度，誰でも受講できるものと一定資格を要するものとがある。以前は安衛則別表第6で規定するものと個別の規則等で規定するものに分かれていたが，平成15年の公益法人に係る改革を推進するための厚生労働省関係法律の整備に関する法律により，名称は安衛法別表第18，講師の資格は同第20で一元的に定められることになった。しかし，講習科目と受講資格は，なお従前の規則条項が定めている。

作業主任者の選任は，所定の作業場所ごとに，単なる配置ではなく，明確に作業主任者として行い，腕章，特別な帽子の着用等により（昭和47年9月18日基発第601号），氏名と行わせる事項を関係労働者に周知せねばならない（安衛則第18条）。労働者を直接指揮する必要上，交代制作業の場合，原則として各直ごとに選任せねばならない（昭和48年3月19日基発第145号）。

他の安全衛生管理体制と同様に，選任が雇用である必要はないこと，したがって，A社が作業主任者資格を持つ一人親方Cに請負等で仕事を発注し，自身の雇用するBをその指揮監督下で所定の危険有害作業に就かせる場合，A社における作業主任者選任要件は充たされる可能性がある。

ヨ 法第14条は，かなり違反指摘が多い条規であり，令和2年の是正勧告を典型とする違反指摘件数は合計約4000件，令和元年の送検件数も年間10件近くに達していた。

本条は，作業主任者の未選任のほか，安衛則第18条所定の氏名や職務の未周知に適用されることが多く，違反指摘の具体例には以下のようなものがある。

1）ビルの新築工事の1次下請B所属の現場責任者Xの指揮下で，鉄骨組立作業を請け負った2次下請Cの従業員と移動式クレーンのリース会社DのオペレーターYら（おそらくCが用立てた）が鉄骨建方工事をしていたところ，Yが運転する移動式クレーンのアウトリガ（張り出して地面に足を設置させて安定させる装置）を縮めた状態にしたことを忘れ，そのままジブ（腕）を旋回させたため横転し，ジブの先端が歩行中の婦人に当たって死亡させた事案で，Xが，おそらく法第20条違反（クレーン等安衛則第3章第2節の適当な条規違反），2次下請Cが，作業主任者選任義務違反（法第14条，施行令第6条第15号の2，安衛則第517条の4）で送検された例。

2）3階建ての個人住宅建設工事で，おそらく下請Aが雇用したXが，3階から屋上に至る階段の設置作業を行うため，屋上床の梁に跨がって作業していた際，作業上必要な番線を引き上げたクレーンの先端のフックを残されていた玉掛ワイヤロープに引っかけた状態でいたところ，クレーンオペレーターEが，フックを巻き上げたため，階段が持ち上がって梁が揺れ，Xが地面まで墜落して死亡した事案で，所轄監督署が，Aの社長であるYを法第14条（建設物等の鉄骨の組立等作業主任者〔施行令第6条第15号の2，安衛則第

517条の4〕の選任義務）違反，第21条第1項（墜落等危険場所等での危険防止措置〔安衛則第521条（高さ2m以上の高所作業での要求性能墜落制止用器具等の取付設備の設置）〕）違反で送検した例。

3) 管轄署が，主にパンチングメタルを製造するA社（代表Yと家族3人含め9人で，動力プレス機械20台を保有）に臨検に入ったところ，①プレス作業主任者の未選任，②労災保険未加入，③特定自主検査（特に危険な機械を原則として1回／年，事業者が一定資格者に検査させる義務を負うもの）の未実施，④機械のV字形状ベルト（滑り止め等のためV字模様がついたベルト），プーリー等へのカバーの未設置，⑤天井クレーンの玉掛有資格者未配置等の違反が認められ，是正勧告を行ったが，その5カ月後にも改善されず，「法律通りに是正していたら仕事にならない」と述べ，再度是正勧告したが，その5カ月後にもやはり改善されていなかったため，法人Aと代表Yを，安衛法第14条，第61条（資格者以外の就業制限）違反で送検した例。

この例では，プレス機械の安全性は高かったが，金型取り付けや取り外し等での災害危険が指摘された。

このように，本条の適用は，作業主任者の未選任につき機械的に行われる傾向にあるが，特にプレス機械作業主任者等で，資格者でも必要な技能を持たない例が多い。また，作業主任者は現場の作業指揮者なので，局所排気装置の不備等の設備の問題を工場長らに上申しない例も多いとの指摘がある。

ラ　関係判例には以下のようなものがある。

(1)　刑事事件

●福岡高判昭63・5・12判時1278号161頁

法第14条の名宛人である「事業者」を，労働者を直接支配下に置いて指揮命令する雇用主としつつ，実際の判断では自身の道具や会計で事業を営むことを含め，「安全を確保すべき立場」にあったことを重視した例。

このケースでは，下請に当たる被告人会社が経験や技術はあるが作業主任者資格を持たない者に現場監督を任せていたところ，その管理下で土止め支保工の組み立て作業を行わせていたアルバイト要員が土砂崩壊で死亡して，被告人会社とその取締役が安衛法第14条違反で起訴されたところ，同人らが同条の義務を負うのは上位の元請だと主張した。

判決は，法第14条にいう事業者は，直接労働者を支配下に置いて指揮監督する法律関係を前提としており，本件の場合，被告人会社に事業上の独立性も認められるので，雇用する労働者の安全を確保すべき立場にあり，同社が法第14条の事業者に該当するとした。これは，直接的な雇用関係の存在を基本的前提としつつも，事業上の独立性等，安全に関する情報や管理権限を踏まえて労働者の安全を確保すべき立場を考える趣旨とも解される。

(2)　民事事件

●岩瀬プレス工業事件・東京地判平20・11・13労判981号137頁

プレス作業の経験はあるが所要の特別教育を受けていなかった者が，法定作業主任者のいないタイミングで，安全装置の効かない条件で手を挟まれて重い障害を負った災害につき，労基署から，彼を雇用していた事業者が作業主任者に所要の業務を行わせなかったとして是正勧告を受けた後，一定金額（70万円）を本人に支払う旨の示談が成立したものの，安全配慮義務違反に基づき8700万円の賠償を求める訴訟が提起された。

判決は，当該作業者に特別教育を受けさせずに当該作業に就けたこと，使用者の作業主任者選任義務は，作業開始前のみならず個々の作業ごとに発生するのに同人の管理外で当該作業者に作業を行わせたことを理由にその安全配慮義務違反を認めつつ，過失相殺により8割の減額を認めた。

ただ，このケースでは，被災者が本件災害をもたらしたのと同様の光線式安全装置を備えたプレス機械（資料10）の使用経験があることを事業者が確認して採用し，現にヨウカン（資料11）と呼ばれる金型を乗せる四角材形の台の交換により安全装置が利かない条件が生じ得ることを被災者自身認識していたのに，自らそれを外して被災したこと，作業主任者資格を持つ者が，被災当日に安全装置を含めて当該プレス機械の安

資料10　プレス機

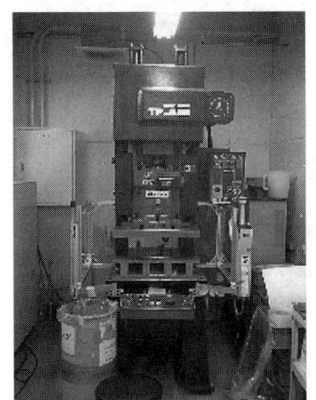

（岩村和典氏提供）

資料11　ヨウカン

©iStock

全衛生を確認していたこと，作業主任者資格は持たないがプレス作業を知る上司が，災害直前のやりとりで，安全装置が利く条件に設定するよう本人に伝達していた経緯もあるから，果たして作業主任者に被災者の作業を直接指揮させていたら災害を防げていたか，定かではない。

また，本判決が，作業主任者による安全装置の有効性の管理を事業者の安全配慮義務とした重要な根拠は，安衛則第134条だが，これは，事業者が作業主任者に安全装置の点検や異常への対応等を行わせるよう求めているに過ぎず，そこから個々の作業での安全装置の常時の有効性保持の担保まで導けるかは微妙である。たしかに，安衛則第28条は，法令上設置した安全装置等の有効性の保持を一般的に事業者に課しているが，この条規は，これを作業主任者に行わせる義務まで課してはいない。

結局，災害時点で作業主任者を作業に当たらせていなかった（法第14条違反）という外形をもって，事業者に半ば結果責任を負わせたとも解され，それだけ管理体制の整備を重視した判断とも言える。

【事件に関する技術専門家の意見】

1）事実関係について
　よくあるケースである（岩村）。
2）判決について
　判決の結論は妥当（岩村，篠原，前村）。ただし，判決を補強する理由付けは他にも考えられる。
　判決も示唆するように，プレス機を5台以上保有する事業者には，プレス機械作業主任者の選任が義務づけられており，安衛則第134条は，同人に安全装置の有効性の確保まで行わせることを予定していると解される。判決は明示していないが，ここでヨウカンも金型の一部と考えると，本件ではその義務違反に当たると解される（岩村）。
　作業主任者は，担当作業にかかるリスク管理を幅広くできるように教育を受けているので，本件でも一義的な災害防止の役割は果たせたはず（前村）。
　ヨウカンを金型と考えれば，ヨウカンの交換は金型の取替えとなり，安衛則上，作業主任者による指揮が求められているところ不履行だったことになるが，そう解し得ない場合にも，安衛則第131条で事業者に課せられたプレス機の安全性ないし安全装置の設置や機能維持の義務違反に該当する（篠原）。
3）未然防止策について
　プレス機は危険性が高いので，1台でも保有していれば，作業主任者を設置すべきであり，顧問先にもそう伝えている（篠原）。
　ヨウカンの高さによる安全装置の無効化の問題は，メーカーに伝えて交換させるようにする（篠原）。
　少なくとも，無効化のポイントについては事業者が作業手順書を作成して，作業者に伝達すべきだった（前村）。
　安衛則第131条との関係でも，光線式ではなく，危険部位に手を入れられない安全カバー等を採用すべきだった（篠原）。
　プレス機の作業者にはスキルマップ（従業員のスキルや能力を点数化したもの）を作成して，適任者のみを当たらせるようにしている（岩村）。
　なお，監督官時代，監督官は，刑事事件でプレス事件を取り扱って初めてプレスを理解できると先輩に言われたことがある（篠原）。
［篠原耕一氏（元監督官，京都労務トラスト代表），岩村和典氏（ニッポン高度紙工業株式会社），前村義明氏（My社労士事務所，労働衛生コンサルタント）］

リ　法第15条は，一の場所（統括管理が求められる混在作業現場）で，特定事業（現段階では建設業・造船業）の元方事業者（自身も仕事の一部を行うため，仕事にかかる情報と権限を持つことが期待される者）に，自身の労働者と関係請負人（自身が注文する仕事に連なる1次下請以下の請負人）の労働者の混在作業による労災を防止するため，その労働者数が一定数（現段階で原則として50人）以上の場合，統括安全衛生責任者を選任し，法第15条の2で選任が求められる元方安全衛生管理者の指揮と，法第30条第1項所定の統括管理業務（協議会の設置・運営，連絡調整，巡視，関係請負人による安全衛生教育の指導・援助，建設業の場合，工程計画や機械設備等の配置計画の作成や，関係請負人による機械設備等を用いる作業の指導等）を行わせるよう義務づけ[16]，

第2項で，統括安全衛生責任者には，その事業の統括管理者を充てるよう義務づけ，

第3項で，分割発注の場合で，複数ラインの混在作業の合計労働者数が一定数（現段階で原則50人）以上の場合，法第30条第4項により指名された統括安全衛生管理義務者は，統括安全衛生責任者を選任して統括管理を行わせるよう義務づけ，

第4項で，法第25条の2第1項所定の救護場面での2次災害防止措置が重層的請負構造下で混在的に行われる場合，統括安全衛生責任者を選任した事業者（建設業等（現段階では建設業のみ）の元方事業者と分割発注が行われる場合の統括安全衛生管理義務者）が，混在作業場所で働く労働者への当該2次災害防止措置を遍く行わせるために，統括安全衛生責任者に当該措置に特化した技術管理者を指揮させるとともに，同責任者に当該措置を統括管理させるよう義務づけ，

第5項で，法第10条第3項が総括安全衛生管理者の職務の執行について都道府県労働局長が事業者に勧告

できるとした定めを統括安全衛生責任者にも準用している。

ル　法第15条の2は，第1項で，建設業等（現段階では建設業のみ）の元方事業者等（分割発注の際の統括安全衛生管理義務者を含む）が，元方安全衛生管理者を選任し，法第30条第1項所定の統括管理業務のうち技術的事項を管理させるべきことを定め，

第2項で，法第11条第2項の労基署長による安全管理者の増員／解任命令の定めを元方安全衛生管理者に準用することを定めている。

レ　法第15条は，一の場所，すなわち「請負契約関係にある数個の事業によって仕事が相関連して混在的に行われる各作業現場」[17]（昭和47年9月18日基発第602号）では，その混在性ゆえに災害リスクが生じるので，法第29条は，元方事業者（重層的請負構造下の最先次で仕事の一部は自ら行う注文者。発注者も含む点と仕事の一部を自ら行う点で元請とは異なる。元請とは，通例，発注者から直接仕事を請け負う者を意味する）に，その構内（その管理下にある場所）で業務を行う請負人やその労働者への法令遵守の指導義務を課し（ただし罰則なし），

法第30条は，当該作業場の災害リスク（特に建設機械がもたらす接触のほか，足場，支保工，架設電気設備等にかかるリスク）に関する巡視，連絡協議などの統括管理を特定（現段階では建設業と造船業）の元方事業者（及び分割発注の場合には統括安全衛生管理義務者）に課し，

第30条の3は，第25条の2第1項（建設業等における爆発や火災等に際しての救護にかかる2次的な労災防止のための物的，人的措置義務）の履行確保のための統括管理を，一の場所における重層的請負関係に基づく混在作業下で図る目的で，元方事業者（及び分割発注の場合には統括安全衛生管理義務者）に課している。

こうした統括安全衛生管理の確実を期すため，一の場所で就労する合計労働者数が原則として50人以上で，元方事業者に選任義務が課されたのが，法第15条所定の統括安全衛生責任者と法第15条の2所定の元方安全衛生管理者である。

一の場所で就労する合計労働者数が原則として50人（建設業の一部では30人）に満たない場合，原則として元方事業者が，安衛法第15条の3に従って適任な管理担当者を選任し，統括管理の責任を負えば足りるが，建設業に限り，原則として20人以上（一定場所での橋梁，圧気工事等）であれば，店社安全衛生管理者の選任を求められる（法第15条の3）。これは，現場を統括するゼネコンの支店（現場より一段上の事業場レベル）での選任をイメージしている。

こうした場の管理の仕組みは，事業場内の総括安全衛生管理者を筆頭とする安全衛生管理体制を応用したものである。

ロ　法第15条の対象事業は施行令第7条第1項により建設業と造船業となっており，第15条の2の対象業務は政令委任だが，現段階で定めがないので，建設業に限られている。

特定元方事業者の要件としての自ら仕事を行う者とは，工事の施工管理を行う者を意味し，設計監理のみを行う場合は該当しない（昭和47年9月18日基発第602号）。この点について，最3小決平17・12・21判タ1199号197頁は，個人事業主Bに工事の大部分を委ねていた元請A社を特定元方事業者と認定するにあたり，施工管理を行っていたか否かの判断は，AB間の契約内容等の形式より実質を重視した。

選任対象となる労働者数の判断基準は，準備や終期の手直し工事等を除く期間の1日あたりの平均を指す（昭和47年9月18日基発第602号・Ⅱ4〔施行令第7条関係〕）。

法第30条第2項・第3項所定の統括安全衛生管理義務者の指名制度（特定事業の仕事の発注者か仕事の全部を請け負った者〔で特定元方事業者以外の者〕が複数の事業者に分割発注し，合計50名以上〔安衛法施行令第7条第2項〕の労働者が一の場所で混在作業を行う場合，自ら統括管理を担う1名を指名し，それがなされない場合，労基署長が指名することとなる制度）の下では，同義務者が統括安全衛生責任者を選任して，当該混在作業現場で就労する全労働者の統括管理を行わせねばならない。その適格者は，当該場所における業務の統括管理の権限と責任を持つ者であり（法第15条第2項），これは，第1項の諸業務のスムーズな実施を図り，責任をもってとりまとめる者を指す（昭和47年9月18日基発第602号）。

統括安全衛生管理義務者が適法に指名されれば，被指名者以外の特定元方事業者にその選任義務は生じない（法第15条第3項第2文）。統括安全衛生責任者1人当たりの統括管理対象事業場の数や規模に規制はないが，大規模な工事現場の統括管理を担うことや，毎月1回は巡視を行う必要上，[18] 5カ所程度に限られるべきと解される。

ワ　統括安全衛生責任者の基本的職務は，法第30条第1項各号所定の統括管理（協議会の設置・運営，連絡調整，巡視，関係請負人による安全衛生教育の指導・援助，建設業の場合，工程計画や機械設備等の配置計画の作成や，関係請負人による機械設備等を用いる作業の指導等）だが，その実効性確保のため，建設業においては，元方安全衛生管理者を指揮すべきこととなっている（第15条第1項及び第3項）。

また，第30条の3は，第25条の2第1項所定の措置（救護にかかる2次的な労災防止措置）が重層的請負関係下での混在作業現場で関係請負人らによって行われる

場合の統括管理を元方事業者（及び統括安全衛生管理義務者）に課しており、第15条第4項は、これらの規定を受けて、特定元方事業者は、その統括管理のためにも統括安全衛生責任者を選任し、当該統括管理を行わせると共に、その実効性確保のため、法第25条の2第2項所定の「救護に関する措置について技術的事項を管理する者」（建設業事業者全てに選任義務がある）の指揮をさせるべきと定めている。

分割発注の場合にも、当該混在作業場所での作業労働者数が原則50人以上ならば（施行令第7条第2項）、第25条の2第1項（救護活動による2次災害防止措置）の履行確保のため、第15条第3項に基づき、統括安全衛生管理義務者は、統括安全衛生責任者を選任し、第25条の2第2項所定の技術管理者の指揮と当該統括管理をさせねばならない。

第15条第5項は、事業場内の総括安全衛生管理者の場合と同様に、統括安全衛生責任者の業務の執行にかかる都道府県労働局長の勧告権を定めている。

ヲ 法第15条の2は、建設業に限定して、元方安全衛生管理者を選任させ、そうした事項を管理させるよう事業者に義務づけている。これは、統括安全衛生責任者には、通常、現場の所長等が就任し、広範な業務を行い、災防技術に詳しいとは限らないこと等を踏まえ、現場事情に応じた適切な技術的安全衛生管理を担わせることを意図したものである。

これは、事業場内の安全衛生管理体制でいえば、安全管理者に近い役割を負う。

元方安全衛生管理者は専属でなければならないが（安衛則第18条の3）、専任とは違い、当該混在作業現場のリスクを知悉できる条件にあればよい。ただし、事業者は災防措置を講じるうえで必要な権限を付与せねばならない（安衛則第18条の5）。

元方安全衛生管理者の資格（安衛則第18条の4）は法第11条（安衛則第5条）所定の安全管理者の資格と似ており、①「大学等」の②「理科系課程」を修了して卒業後、③「3年以上」④「建設工事の安全衛生実務」に従事した者を基本として（第1号）、一定の学歴を求めつつ、実務経験を重視している。

その職務は、統括安全衛生責任者の指揮下で、法第30条第1項所定の統括管理事項のうちの技術的事項を行うこと（実務の実施）である。同管理者についても、事業者に職務上必要な権限の付与義務が課されている（安衛則第18条の5）。第15条の2第2項は、法第11条第2項を準用し、安全・衛生管理者と同様に、労基署長による増員・解任命令を規定している。

法第15条（統括安全衛生責任者）と第15条の2（元方安全衛生管理者）の第1項（選任と法定職務させ）、第2項（増員・解任命令の遵守）には罰則が付されている。

また、これらの管理者には、以下の通り、労基署長への選任報告義務により、履行確保が図られている。

所轄労働基準監督署長への選任報告（法第100条第1項）
・統括安全衛生責任者（安衛則第664条第1項第3号）
・元方安全衛生管理者（安衛則第664条第1項第4号）
・店社安全衛生管理者（安衛則第664条第1項第5号）

ン 法第15条、15条の2は、そもそも適用対象となる作業場が限られており、監督業務上違反を認めることも少ないとのことで、違反による送検件数を記した令和2年の「労働基準関係法令違反に係る公表事案」や、同じ年の是正勧告を典型とする違反の指摘件数を記した「労働基準監督年報」の定期監督等実施状況・法違反状況では、項目立て自体がなされていない。

なお、特定元方事業者が一の場所での混在作業開始時に提出を求められる特定元方事業者事業開始報告に統括安全衛生責任者等の記入欄が設けられているため、選任義務のない規模（第15条所定の統括安全衛生責任者の選任義務は、混在作業を行う労働者数が、ずい道、橋梁建設工事の一部等では30人、その他では50人〔本条第1項但書及び安衛法施行令第7条〕未満の時には課されない）でも選任されるケースがあるという。

ア2 関係判例のうち、刑事裁判例では、特定元方事業者に該当するか否かが争われた前掲の最3小決平17・12・21判タ1199号197頁が挙げられる。これは、個人事業主Bに工事の大部分を委ねていた元請A社を特定元方事業者と認定するにあたり、施工管理を行っていたか否かの判断は、AB間の契約内容等の形式より実質を重視した例である。

民事裁判例には以下のようなものがある。

(1) 下請の労働者が、下請所有のトラック荷台で作業中に金属スクラップの破片が眼に刺さって失明する等重い障害を負い、元請下請双方に損害賠償請求した事案で、雇用者の責任を当然に認めつつ、元請につき、被災者の雇用者ではないが、雇用者の構内で元請として作業を分担実施していた状況等から、元方事業者として、雇用者の安衛法規違反につき必要な指導、指示を行うべきなのに（安衛法第29条）怠ったこと、また、特定元方事業者としても、労災防止のために定期的な協議組織の設置、開催等の措置を講ずべき（安衛法第30条）なのに怠ったことから、安全保護義務違反に当たるとした例（尼崎港運・黒崎産業事件・神戸地尼崎支判昭54・2・16判時941号84頁）。

この判決の特徴として、元請に、下請の安衛法令違反による安全保護義務違反について、重畳的に債務不履行責任を負わせるのではなく、法第29条違反と第30条違反を根拠に、独自に安全保護義務違反と判断した

こと，すなわち，元方事業者を名宛人とする安衛法違反をそのまま安全保護義務違反と解したことがあげられる。

（2）船舶内での補修工事（取り外したプロペラシャフト〔プロペラを取り付ける軸〕とプロペラの取り付け作業）中に，プロペラシャフトを固定するための重量のあるジャッキ受けの取り付け方法を誤ったために落下させ，それが足場を破壊したため，転落により死亡した災害の要因として，事業者の墜落防止措置（開口部の覆い等，安全帯の着用させ等）を定めた安衛則第519条違反を前提に，直接の雇用主の安全配慮義務違反による債務不履行責任を認めると共に，元請を特定元方事業者と認め，同条所定の措置を自ら講じるか直接の雇用主やその作業員に講じさせるよう指導監督する義務があったが怠ったとして不法行為責任を認めた例（常石造船・宮地工作所事件・広島地尾道支判昭53・2・28判時901号93頁）。

この判決の特徴として，元方が安衛則所定の墜落防止措置を直接行う義務も安全配慮義務の一内容としたことが挙げられる。

【事件に関する技術専門家の意見】

> 1）事実関係について
>   図示の通り（**資料12～14**）。
> 2）判決について
>   元方の責任については，重量物落下による足場の破壊による作業者墜落の責任まで認めるのは，一般的には予見可能性の面で厳しいと感じる。造船の現場は非常に広く，目が行き届きにくい事情もある。本件では，足場の設置者が元方だったという事情もあったのではないだろうか（篠原）。
> 3）未然防止策について
>   このように，非定型で予想が難しい災害対策では，やはりリスクアセスメントの発想が重要であり，本件では，高所で重量物を扱わせていた以上，何らかの事情で人が落ちるリスクは想定し，ヘルメット，墜落防止装置等の基本的対策は必要だったと解される。足場ではなく作業床を重量物の高さに合わせるような物的対策も講じられたのではないか（岩村）。
>   作業方法の改善も求められたのではないか（前村）。
> ［篠原耕一氏（元監督官，京都労務トラスト代表），岩村和典氏（ニッポン高度紙工業株式会社），前村義明氏（My社労士事務所，労働衛生コンサルタント）］

イ2　法第15条の3は，法第15条，第15条の2による統括管理体制が構築されない中小規模の建設現場で，それに準じる管理体制を構築させるために設けられた定めであり，現段階では建設業に限り，一の場所で働く自身と関係請負人の労働者数が原則50人未満20

資料12　補修工事中のプロペラシャフト周辺図

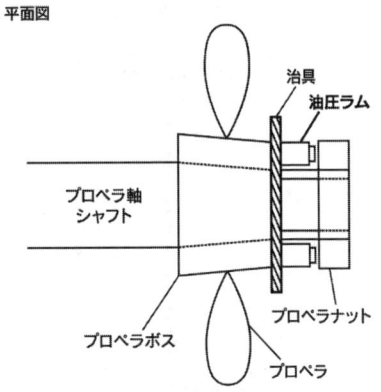

（篠原耕一氏提供のスケッチを踏まえ池崎万優氏が作図）

資料13　治具

（篠原耕一氏提供）

資料14　補修中のプロペラ及びプロペラシャフト

（岩村和典氏提供）

人以上で，当該現場を管理するゼネコンの支店等（店社）に安全衛生管理者を選任させ，現場の所長らの指導・管理に当たらせようとしたものである。よって，具体的な安全管理の措置義務者には，当該管理者を選任した1次下請以下を想定しているが，ゼネコン自身（の現場責任者ら）も含んでいる。

第2項は，発注者等から仕事が分割発注された場合に，同人らが店社安全衛生管理者の選任義務者を指名すべきことを定めている。

本規定は，平成4年公表の中央労働基準審議会建議に基づき，同年の法改正で新設されたもので，その建議では，建設業での中小規模現場での災防対策のための安全衛生管理体制の充実化の必要が示されており，

資料15

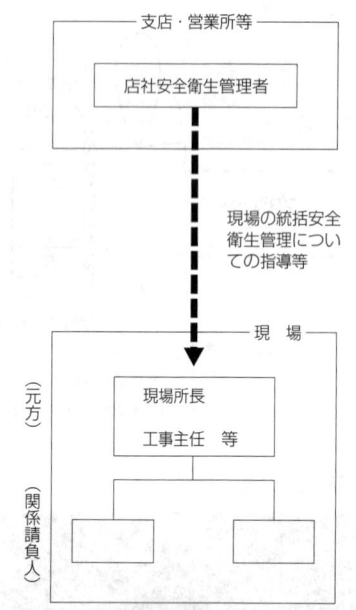

（労働調査会出版局編『労働安全衛生法の詳解―労働安全衛生法の逐条解説〔改訂5版〕』〔労働調査会、2020年〕306頁）

その一環で、10〜29人規模の現場で店社安全衛生管理者を選任すべきこと（30人までは、統括安全衛生責任者制度の適用範囲を拡大すべきこと）、その者の担当は10現場程度に抑えるべきこと、同管理者の職務は、小規模混在作業現場の統括管理の確保のための指導監督であり、巡視、状況把握、協議組織への参加、工程や機械設備の配置に関する計画審査等が該当すること、店社安全衛生管理者の資格要件は元方安全衛生管理者と同等とすること等が示唆されていた。

　ウ2　概ねゼネコンの支店を意味する店社は、条文上は、「当該場所において行われる仕事に係る請負契約を締結している事業場」とされている。すなわち、請負契約を手がかりとして、その工事現場の仕事を司る事業場に管理責任を負わせようとしたものである。

　趣旨は、中小規模混在作業現場での準統括管理体制の構築なので、元方事業者が自主的に統括安全衛生管理体制を構築している場合はもとより（安衛則第18条の6第2項）、本条所定の店社以外の店社が同機能を果たす場合もそれで足りる（平成4年8月24日基発第480号）。

　なお、本条が掲げる事業場は法人とは限らず、契約の主体になれない場合もあり得るので、法人が契約主体なら、ここで「請負契約を締結している事業場」とは、「請負契約を締結した法人等（建設業元方事業者）において当該一の場所の仕事の管理、指導を担当している事業場」と読み替えるべきこととなる。平成4年通達によって別途配置が認められる店社とは、そうした法人以外の法人や個人事業主が運営する事業場であって、当該「一の場所」での建設工事の管理、指導を担当しているところと理解できるため、その役割を果たす限り、元方事業者以外の下請事業者や純粋な発注者等も該当し得ると解される。

　対象となる建設工事現場は、元方と関係請負人の合計労働者数50人未満が原則だが、ずい道建設作業等の場合30人未満となる（安衛則第18条の6）。その他では50人未満となるが、安衛則18条の8により、店社安全衛生管理者を選任すべき職務が鉄骨造り建設作業等に限られているため、対象となる現場はこの2種類（ずい道建設作業等：30人、鉄骨造り建設作業等：50人）に限られている。

　第2項は、発注者等により仕事が分割発注された場合の、いわば準統括安全衛生管理義務者の指名につき定めており、同人らに分割発注され、なおかつ一の場所の合計労働者数20人以上の場合に、同人らが店社安全衛生管理者の選任義務者を指名すべきことを定めている。ただし、指名されない場合の労基署長による指名制度は定められていない。

　店社安全衛生管理者の資格要件は、中基審建議の示唆通り、安衛則第18条の7で元方安全衛生管理者のそれとほぼ同等に設定されているが、大卒等では理科系課程の修了及び卒業の要件は不要、学歴不問で実務経験のみの要件が設けられるなど、担当する現場の規模が小さいため、若干簡単／緩めに設定されている。

　その職務も元方安全衛生管理者のそれと似ており（安衛則第18条の8）、法第30条第1項所定の統括管理事項に類するが、店社安全衛生管理者の場合、自身が実施するのではなく、資料15の通り、その担当者（現場所長、工事主任、専任の安全担当者等）を指導することとされている（店社安全衛生管理者の選任義務を負うのは建設業元方事業者だから、自身が選任した者の管理を受けながら統括管理を行う義務を負う場合もある）。

　安衛則第18条の8は、概ね中基審建議の示唆通り、①巡視、②状況把握、③協議組織への参加、④工程・機械設備配置の計画審査等の管理指導的業務を定めている。その詳細について、平成4年8月24日基発第480号通達が説明している。

　特筆すべきは、店社安全衛生管理者の場合、事業者に職務上必要な権限を付与すべき義務を課しておらず、労基署長による増員／解任命令も定められていないことである。「準」統括管理の役割であることに加え、そもそも自身による実施ではなく指導監督の役割であることも影響したと思われる。

　エ2　本条の適用対象現場が限られているため、本条違反が認められることは少ない傾向にある。

　オ2　法第16条は、統括安全衛生責任者を選任すべき元方事業者より後次の関係請負人であって自ら仕事

を行う者に安全衛生責任者を選任させ，統括安全衛生責任者が示した方針を自身の属する事業の労働者らに伝達させると共に，それより後次の関係請負人の安全衛生責任者を通じて，同人や同人が属する事業の労働者らに伝達させ，協調させようとした規定であり，第1項でその旨を規定し，第2項で，安全衛生責任者を選任した関係請負人は，遅滞なく統括安全衛生責任者を選任すべき元方事業者にその旨通報すべきことを定めている。

すなわち，本条は，多くの事業者数があって統率を取りにくい混在作業現場で，元方事業者と関係請負人の安全衛生管理上の連携を図らせようとした規定であり，法第15条の2所定の元方安全衛生管理者が，統括安全衛生責任者と同じ事業に所属して，その指揮下で統括管理を管理ないし担当する者を想定しているのに対し，元方より下位の関係請負人に所属し，統括安全衛生責任者と元方安全衛生管理者の両者から指示を受けることが想定された存在である。

カ2　本条は，安全衛生責任者の選任要件を特定元方事業者により統括安全衛生責任者が選任されるべき場合（法第15条第1項，第3項）とし，名宛人を特定元方事業より後次の関係請負人で自ら仕事を行う者としたうえ（本条第1項），安全衛生責任者を選任した請負人に，統括安全衛生責任者を選任した特定元方事業者に，遅滞なくその旨を通報するよう義務づけている（本条第2項）。

その職務は，安衛則第19条に，概ね以下のように定められている。

・統括安全衛生責任者との連絡（第1号）
・同責任者から連絡を受けた事項の関係者への連絡（第2号）
・そのうち属する関係請負人にかかる事項の実施の管理（自身での実施を含む）（第3号）
・当該請負人による作業実施計画を混在作業現場の統括者と調整しつつ作成すること（第4号）

この計画には，ずい道掘削作業での落盤防止等のためのもの，金属製部材やコンクリートによる橋梁上部構造の架設，解体等にかかるもの，移動式クレーンの転倒による危険防止等のためのものが該当する（安衛則やクレーン則の関係条項）。

・混在作業による労災リスク全般の確認（第5号）

この確認は，作業前のミーティングで労働者から意見を聴く等でも構わないとされている（平成4年8月24日基発第480号）。

・後次の請負人の安全衛生責任者との作業上の連絡調整（第6号）

これらの職務が意味するのは，安全衛生責任者の主体的な媒体の役割であり，統括安全衛生責任者に成り代わることまで求める趣旨ではなく，関係請負人の代理／代行者の視点での管理，観察，連絡に他ならない。

キ2　法第16条の監督指導状況[19]についてみると，そもそも，第15条及び第16条の適用対象となる作業場が限られているため，監督業務上，本条違反が認められる建設現場もさほど多くない。

関係判例には，次のようなものがある。

(1) 刑事事件

●東京地立川支判令3・12・16 LEX/DB 25592016

ある会社（発注者）から土木建設工事を請け負った業者の安全衛生責任者兼職長と，同じ会社から土工工事業を請け負った会社の代表取締役で，当該安全衛生責任者の指揮を受けていた者が，

必要な防火措置を怠って，建設中の建物の地下階で，ガス切断器による溶断作業を行ったため，その炎等が吹き付けられたウレタンフォームに引火して火災を生じ，

死者5名，重軽傷者37名の災害を引き起こしたとして，

自然人である前後者共に，後者が代表取締役を務める会社（法人）が業務上過失致死傷，安衛法違反等で起訴され（ただし，安衛法違反は後者とその法人のみ），自然人につき執行猶予付き禁錮刑，法人につき罰金刑が科された。

〈事実の概要〉

被告人Y1は，b社（発注者）からビル新築工事そのものを請け負ったa社に勤務し，構台解体等の安全衛生責任者兼職長として，社内外の作業員らの指揮，安全管理等に従事していた。被告人Y3は，b社から当該ビル新築工事に伴う構台解体等のみを請け負った被告人会社Y2の代表取締役兼安全衛生管理責任者（≠安全衛生責任者〔法第16条〕）であり，Y1の指揮下で就業していた。

新築工事中のビル（本件建物）は，おそらく地下4階構造で，最下階には建物を地震の揺れから守る免震装置が設置されていた（資料16・17参照）。

Y1は，本件建物地下3階で，おそらく本件建物に残されていた構台杭（構台を支える杭）のガス切断器による溶断を，免震階にいるY3に指示したが，

免震階天井等に引火し易いウレタンフォームが吹き付けられているのを認識しながら，防火のための養生も火番もせずに作業に当たらせ，

また，自ら免震階に降りた後も，養生や火番をせずに他作業に従事していた。

Y3も，当該引火の危険を認識しながら（∵ウレタンフォームの除去も養生もされていないことを認識しつつ），Y1への遠慮と考えの安易さから，養生等の防火措置

資料16

（三井住友建設株式会社 WEB サイト〔https://www.smcon.co.jp/service/base-isolation-construction/〕，最終閲覧日：2024年7月30日〕）

資料17

（宮澤政裕氏のスケッチを踏まえ池崎万優氏が作図）

を Y1 に求めることも自ら実施することもせず，溶断を行った。

その結果，溶断作業によるガス切断機の炎が本件建物免震階天井に吹き付けられたウレタンフォームに引火し，本件建物の免震階，地下3階，同2階を焼損し，5名の死亡者と37名の重軽傷者を生ぜしめた。
〈判旨：起訴された罪状につき各被告人とも有罪〉
ア　Y1（メイン工事請負業者の安全衛生責任者）について

Y1 の上記注意義務違反は，業務上失火（刑法第117条の2前段），業務上過失致死傷（各被害者ごとに刑法第211条前段）の双方に該当し，科刑上一罪の処理（刑法第54条第1項前段，第10条）により，2罪を1罪として，刑及び犯情が最も重い業務上過失致死傷の刑で処断し，刑種は禁錮刑を選択する。
イ　Y2（Y1の指揮下で仕事をしていたサブ工事請負業者）について

安衛法第20条（機械器具，危険物，電気等のエネルギー等にかかる事業者の危険防止措置義務），安衛則第279条第1項（危険物等がある場所における火気等の使用禁止）等の違反につき，被告人会社自身の罪（第119条）及び Y3 の罪にかかる両罰規定を適用し（第122条），罰金刑を適用する。
ウ　Y3（Y2の代表取締役）について

Y3 の注意義務違反は，業務上失火（刑法第117条の2前段），業務上過失致死傷（各被害者ごとに刑法第211条前段）の双方に該当する。

また，Y2の業務の一環としての注意義務違反は，別途，Y2と同じ安衛法及び安衛則の規定違反に当たる。
〈汲み取り得る示唆〉

先ず以て，本判決の言う安全衛生責任者（Y1）が本条（安衛法第16条）に言うそれを指しているか定かではないが，仮にそうだとして，元請レベルの請負系列（特にメイン工事の）上位請負業者の安全衛生責任者には，現場職長クラスが就任することがあり，同じ発注者から工事を請け負った別系列（特にサブ工事）の業者（の代表取締役等，安全衛生管理責任者〔≠安全衛生責任者（法第16条）〕）に対して指示する関係に立つことがある。そのような場合，両者（メイン工事請負業者の安全衛生責任者と別系統のサブ工事請負業者やその安全衛生管理責任者）に重大な注意義務違反があれば，両者ともに同様の刑事責任を科され得る。

なお，本件で，別系統のサブ工事請負業者であるY2はその代表取締役兼安全衛生管理責任者Y3の過失につき自身ないし両罰規定による処罰を受けたのに，メイン工事請負業者であるa社が，Y1の過失につき処罰を受けなかったのは，Y3の過失が安衛法違反と評価されたのに対し，後者のY1の過失が安衛法違反と評価されなかったことによると思われる（Y2の罪は安衛法違反のみである）。

評価を違えた理由は定かでないが，担当検事が，安衛法が，第16条の安全衛生責任者につき，安衛法上の刑事罰の適用までは想定していない（安衛法上，安全衛生責任者に安衛法上の刑事罰を簡単に科すべきでない）と解釈した可能性はある。

【事件に関する技術専門家の意見】

1）事実関係について

建設業界では有名な災害である。

ウレタンは断熱材として，人が使用する建物にもよく用いられているので，一般に防火には気遣われているはず。

このケースでは，地下4階が免震階で，地面と共に動き，それより上の階は安定した状態を保つようになっており，構台杭は概ね仮設で後に撤去される。本件では，資料17のように，地下3階を貫通していた構台杭を撤去する際にガスで溶断したところ，近くにあったウレタンに引火したものと思われる。
2）判決について

サブ工事の請負業者のみに安衛法（安衛則）が適用されたのは，同法にある燃える物のある場所で火気を用いてはならないとの規定の直接の違反者が当該業者

だったからではないか。他方，本体（メイン）工事の請負業者にも予見可能性があったので，業務上過失致死傷罪の適用を受けたものと思われる。自身の経験上も，この罪は比較的容易に適用される感じがある。

3）未然防止策について

ウレタンに養生シートをかけるか，工程として，構台杭の溶断による撤去作業の後にウレタンを用いる方法もあったかもしれないが，工程全体に関わるため，元請でなければ判断が難しい。

なお，理論上，建築設計者の法的責任も問われ得るが，現実にはそれが問われたり，認められるケースは殆どない。

［宮澤政裕氏（建設労務安全研究会）］

(2) 民事事件

●日本総合住生活ほか事件・東京高判平30・4・26労判1206号46頁（1審：東京地判平28・9・12労判1206号65頁）（上告棄却，上告受理申立不受理）

団地の植物管理工事の第2次下請業者の労働者が樹木の上で剪定作業中に落下して重傷を負った災害につき，

1審は現に本人が作業上使用していた（が，フックを木の幹にかける等の適正使用を怠っていた）一丁掛け（一本掛け）安全帯（フックが1つで1カ所にしかかけられない安全帯。フックが2つあって2カ所にかけられる安全帯を二丁掛け〔二本掛け〕という。二丁掛けを用いれば，常に一本を掛けた状態で場所の移動ができるので，安全性が高い資料18）につき適正に使用させる義務違反があったとして，

直接の雇用主とその代表個人（現場代理人兼安全衛生責任者兼雇用管理責任者）の過失責任のみを認めた。

2審はより安全性が高いが準備も「使用させ」も法令上義務づけられていなかった二丁掛け（二本掛け）安全帯の「使用させ」が安全配慮義務の内容だったとしたうえ，

その義務違反にかかる責任を，直接の雇用主とその代表個人のほか，元請，1次下請業者にも負わせたが，

その際，1次下請が選任し，現場の巡視等の安全管理をしていた安全衛生責任者兼現場監督者は，一丁掛け（一本掛け）安全帯の使用を容認する元請の方針を踏襲して孫請らに遵守させる役割を果たし，1次下請の過失の一翼を担ったと解される一方，

被災者に対して個人的に民事過失責任を負わず，よって同人の過失による1次下請の使用者責任は生じず，まして元請との関係では，使用者責任が生じる関係性自体がないとされた。

本判決から汲み取り得る示唆は，以下の通り。

・労災民事訴訟では，安全衛生責任者は，その選任

資料18
①一丁掛け安全帯　　②二丁掛け安全帯

（藤井電工株式会社 WEBサイト〔https://www.fujii-denko.co.jp/product/harness/type2/，最終閲覧日：2024年7月11日〕）

者である雇用主の履行補助者／代行者とみなされ，その者の過失が選任者の過失とみなされる可能性が高い。事業者の代表等であって，業務管理や安全衛生管理の全権を委任されているような場合には，特にそう言える。

・実態の如何によるが，安全衛生責任者が，重層的請負構造下で，より後次の請負業者やその労働者に対して指揮命令関係を認められ，個人的に民事過失責任を負う可能性は低い。

・元請が下請の被用者に使用者責任を負う要件については，最高裁のリーディングケースにより，比較的高いハードルが課されるため，下請業者の安全衛生責任者の不法行為をもって，元請等，より先次の事業者の使用者責任が肯定される可能性は高くないだろう。

・しかし，元請等が下請等の労働者との間に特別な社会的接触関係を認められ，安全配慮義務を負うと判断される可能性は比較的高い。

ク2　安全委員会に関する第17条は，

第1項で，一定の業種と規模に該当する事業場で同委員会の設置義務を課し，それが以下の事項（以下，本条の解説において「調査審議事項」ともいう）について，調査審議と事業者への意見具申を行わせるためであることを定めている。

すなわち，第1号：労働者の危険防止の基本的対策，第2号：労災の原因と再発防止策のうち安全関連事項，第3号：その他の労働者の危険防止関連事項。

第2項では，委員の構成を，第1号：総括安全衛生管理者等の事業実施の統括管理者等のうちの事業者による指名者，第2号：安全管理者のうちの事業者による指名者，第3号：安全関係の経験を持つ労働者のうちの事業者による指名者，と定め，

第3項では，議長を第1号所定の総括安全衛生管理者ら事業実施の統括管理者等とする原則を定め，

第4項では，第1号所定の者以外の委員の半数を過半数組合や過半数代表の推薦により決すべき旨を定め，

第5項では，総括安全衛生管理者らによる議長を定

めた第3項と過半数組合／過半数代表による委員推薦制（ただし議長を除く委員の半数について）を定めた第4項は過半数組合との協約により適用除外できる旨を定めている。

衛生委員会に関する第18条は，第17条をデフォルトとして，

第1項では，第17条と同様に，一定の規模に該当する事業場で同委員会の設置義務を課すと共に，調査審議事項を，第1号・第2号：労働者の健康障害防止・健康保持増進（第17条では危険防止）の基本的対策，第3号：労災の原因と再発防止策のうち衛生関連事項（第17条では同じく安全関連事項），第4号：その他の労働者の健康障害防止・健康保持増進（第17条では同じく危険防止）関連重要事項としている。

第2項では，委員の構成を，第1号：総括安全衛生管理者等の事業実施の統括管理者等のうちの事業者による指名者（第17条と同じ），第2号・第3号：衛生管理者・産業医（第17条では安全管理者）のうちの事業者による指名者，第4号：衛生関係（第17条では安全関係）の経験を持つ労働者のうちの事業者による指名者と定め，

第3項では，作業環境測定士を委員として指名「できる」旨を定め，

第4項では，総括安全衛生管理者らによる議長を定めた第17条第3項と過半数組合／過半数代表による委員推薦制（ただし議長を除く委員の半数について）を定めた同第4項，同第3項及び第4項を過半数組合との協約により適用除外できる旨を定めた同第5項の本条への準用を定めている。

安全衛生委員会に関する第19条は，やはり第17条をデフォルトとして，

第1項では，安全委員会と衛生委員会の双方を設置すべき事業者（＊安全委員会の設置義務を負う事業者は，衛生委員会の設置義務も負う）が，両者を併合した安全衛生委員会の設置をもって代え得ることを定めている。調査審議事項はいわずもがなのため，定めていない。

第2項では，委員の構成を，第1号：総括安全衛生管理者等の事業実施の統括管理者等のうちの事業者による指名者（第17条，第18条と同じ），第2号・第3号：安全管理者及び衛生管理者・産業医（第17条では安全管理者，第18条では衛生管理者・産業医）のうちの事業者による指名者，第4号・第5号：安全関係と衛生関係（第17条では安全関係，第18条では衛生関係）の各経験を持つ各労働者のうちの事業者による指名者と定め，

第3項では，作業環境測定士を委員として指名「できる」旨を定め（第18条と同じ），

第4項では，総括安全衛生管理者らによる議長を定めた第17条第3項と過半数組合／過半数代表による委員推薦制（ただし議長を除く委員の半数について）を定めた同第4項につき，過半数組合との協約により適用除外できる旨を定めた同第5項の本条への準用を定めている（第18条と同じ）。

ケ2　委員会（安衛則第23条の定め通り，安全委員会，衛生委員会又は安全衛生委員会を指す）は，事業者の安全衛生対策の諮問機関であって，利害対立を前提とする団体交渉とは異なり，審議は労働時間内に行うのが原則である（昭和47年9月18日基発第602号）。

解説書には，労働者の意見の反映，労働者の関心の向上との趣旨を指摘するものもあり，確かに，委員会の設置義務が課されていない事業場では，会議等で関係労働者の意見を聴くよう勧められていること（安衛則第23条の2，昭和47年9月28日基発第601号の1）からも，その趣旨が窺える。

通達には，長時間労働による健康障害対策やメンタルヘルス対策における産業医や衛生管理者の役割の重要性を前提に，その適正な選任，出席と共に，調査審議結果の尊重を説くものがあるが（平成18年2月24日基発第0224003号），法的拘束力はない。

安全衛生を重視するUKでは，労働者から選出された安全衛生代表を主要メンバーとして安全衛生委員会を構成し，雇用主による安全衛生管理を監視し，委員会自体も巡視等を通じてリスクの調査や対策を実施し，事業所ごとの自律的な安全衛生管理を支える存在と位置づけているが，日本の委員会は，安全衛生にかかる事業者の権限と責任を前提に，「活用しなければ損する」との位置づけで設計されたと解される。

例えば，大阪の印刷工場で，当時は強い発がん性が認められず，特別規則の規制対象とされていなかった1,2-ジクロロプロパンで胆管がんが発症した事例で，厚生労働省は，衛生委員会や産業医の設置／選任義務違反で会社を書類送検した。これは，特に未解明なリスク対策との関係で事業者に本委員会の活用を求める趣旨と解される。[20]

コ2　資料19の通り，委員会の設置義務の発生要件は，<u>安全委員会については，業種と常時使用労働者数で区分されているが，衛生委員会については，全業種の常時使用労働者数50人以上の事業場で統一</u>されている（施行令第9条）。

安全委員会の設置につき，常時使用労働者数50人以上という厳しい条件が設けられた業種は，<u>伝統的に労災が多く</u>，現場状況の多様性や可変性，<u>安全管理の複雑さや困難さ</u>等の事情から，委員会でのリスクや対策の調査審議の必要性が高いと考えられたものと察せられる。

同じく100人以上で良いとされた業種に小売り，卸売などのサービス業系統が多い他，製造業でも大きなリスクが見込まれない業種が含められたのは理解できるとして，電気・ガス・水道等の公共事業系統が含められたのは興味深い。

安全委員会の設置義務対象事業場は，必ず衛生委員会の設置義務があるので，統合しての設置が認められているのが，法第19条所定の安全衛生委員会であり，構成等は両委員会のそれと変わらない。[21]

サ2　法第17条ないし第19条は，委員会の必要的調査審議事項を定めている。

法第17条は，事業者を名宛人として，安全委員会に，以下の事項について，調査審議と事業者への意見具申を行わせるべきことを定めている。

第1号：労働者の危険防止の基本的対策，
第2号：労災の原因と再発防止策のうち安全関連事項，
第3号：その他の労働者の危険防止関連事項。

衛生委員会に関する第18条は，第17条をデフォルトとして，

第1号・第2号：労働者の健康障害防止・健康保持増進（第17条では危険防止）の基本的対策，
第3号：労災の原因と再発防止策のうち衛生関連事項（第17条では安全関連事項），
第4号：その他の労働者の健康障害防止・健康保持増進（第17条では危険防止）関連事項，

を定めている。

上述の通り，第19条は，両委員会を併合して安全衛生委員会としているため，調査審議事項はいわずもがなのため，定めていない。

これらの定めの具体化は，以下のように安衛則と関係通達で図られている。

①関係規程の作成（安衛則第21条第1号，第22条第1号）
②法第28条の2第1項及び第57条の3第1項及び第2項に基づくリスクアセスメントと対応策（安衛則第21条第2号，第22条第2号）
③安全衛生計画の作成，実施，評価，改善（いわゆるPDCA）（安衛則第21条第3号，第22条第3号）
④安全衛生教育の実施計画の作成（安衛則第21条第4号，第22条第4号）
⑤労働行政から文書で命令，勧告，指導等を受けた事項（安衛則第21条第5号，第22条第12号）

資料19　設置が義務づけられている委員会

	業種	常時使用する労働者の数	安全委員会	衛生委員会
1	林業，鉱業，建設業，製造業の一部（木材・木製品製造業，化学工業，鉄鋼業，金属製品製造業，輸送用機械器具製造業），運送業の一部（道路貨物運送業，港湾運送業），自動車整備業，機械修理業，清掃業	50人以上	必要	必要
2	製造業（1以外）運送業（1以外）電気業，ガス業，熱供給業，水道業，通信業，各種商品卸売業，家具・建具・じゅう器等卸売業，各種商品小売業，家具・建具・じゅう器等小売業，燃料小売業，旅館業，ゴルフ場業	100人以上	必要	必要
		50人以上100人未満	義務なし	必要
3	1と2以外の業種	50人以上	義務なし	必要

※衛生委員会は労働者数50人以上の全業種の事業場で設置が必要です。
※安全委員会及び衛生委員会の両方を設けなければならないときは，それぞれの委員会の設置に代えて，安全衛生委員会を設置することができます。
（厚生労働省「安全委員会，衛生委員会について教えてください。」[https://www.mhlw.go.jp/stf/seisakunitsuite/bunya/koyou_roudou/roudoukijun/faq/1.html，最終閲覧日：2024年7月30日]）

衛生委員会特有の調査審議事項としては，

⑥作業環境測定の結果と対応策（安衛則第22条第6号）
⑦新規化学物質に関する有害性調査（法第57条の4，安衛則第22条第5号）
⑧定期健診等の法令上の医師の診断等の結果と対応策（安衛則第22条第7号）
⑨健康の保持増進策（法第69条第1項）の実施計画（安衛則第22条第8号）
⑩長時間労働による健康障害対策（安衛則第22条第9号）

これは過労死の社会問題化等を踏まえて衛生委員会の付議事項に加えられた経緯があり，面接指導の方法や体制，労働者の申出を促す条件整備等が含まれる。現実的には，経営者による労働条件適正化へ向けた組織的な取り組み，医師・保健師らによる面接での個別的な事情の聞き取りとそれを踏まえた対策の提案が中心になる。

⑪メンタルヘルス対策（安衛則第22条第10号）

通達によれば，その要諦は，計画，体制整備，不調者への不利益取扱いの禁止，健康情報の保護等である（平成18年2月24日基発第0224003号）。

⑫②のうち法第57条の3第1項及び第2項所定のリスクアセスメント義務の対象物質に関連して，ばく露低減措置，ばく露者向け健診，健診結果に基づく事後措置等（安衛則第577条の2，安衛則第22条第11号）が挙げられる。

もっとも，最も本質的なのは②であり，①（関係規程の策定），④（安全衛生教育）は②の実現のための重要な方策であり，③は②のはじめの一歩（1丁目1番地）である。

衛生関係では，化学物質（特に有害物）対策と心身の作業関連疾患対策（特に長時間労働による脳心臓疾患対

策とメンタルヘルス対策）が重視され，より積極的な心身の健康づくりがそれに次いで重視されていることも看守できる。

シ2　法第17条～第19条は，委員会の構成も定めており，畠中元教授によれば，これは委員会の成立要件であり，その1要素が欠けても刑事処分を受ける可能性が生じる（法第120条）。

1）各条第2項第1号所定の第1号委員は，各条第3項により議長となるべき者であり，総括安全衛生管理者の就任が基本だが，それに準じる者（副所長，副工場長等）も含まれる（昭和48年3月19日基発第145号，昭和47年9月18日基発第602号）。もっとも，審議上の判断の権限を持ち，決議事項が確実に履行される程度にトップマネジメントに近い人物でなければならない。

2）各条第2項第3号等所定の安全・衛生経験者委員のうち，安全経験者委員は，生産工程の実作業や管理業務など，安全に関する業務経験者も含む。これは，安全は衛生ほど横断的な専門知識を要せず，むしろ生産工程そのものと関係が深いことによると解される。

3）各条第4項は，議長以外の委員の半数を過半数組合や過半数代表の推薦で決すべき旨を定めているが，事業者が同人と誠実に協議している限り，彼らとの協議が整わないことで委員会を設置できなくても刑事責任は生じない（昭和47年9月18日基発第602号）。

条規がいう「推薦に基づき指名」とは，適法な委員の推薦があれば法定限度内で指名せねばならないことを意味する（昭和47年9月18日基発第602号）。ただし，構成員の数は適宜の決定で足りる（昭和41年1月22日基発第46号）。

衛生委員会等で指名が求められる産業医は専属である必要はなく（昭和63年9月16日基発第601号の1），その出席を委員会の開催要件とするかは，安衛則第23条第2項の委員会が決定すべき事項に該当するため，各委員会の判断に委ねられる。ただし，適任な産業医が出席を希望しているのに事業者が拒否する場合，当該産業医からその改善を求める勧告（法第13条第5項）は可能と解される。

各条第5項や第4項は，総括安全衛生管理者の議長就任や労働者の代表による（議長を除く）委員半数の推薦制につき，過半数組合との協約による適用除外を定めており，それらの規定が委員会や安全衛生管理への労使参加を支える趣旨であって，労使が合意すればよしとする趣旨と解されるが，逆に，その趣旨に悖る協約は，公序良俗違反や協約自治の限界超過，協約意思の否定等により，その規範的効力を否定され得ると解される。

なお，旧安衛則時代に存在した安全・衛生委員会の運営にかかる過半数決定規定が現行法で採用されなかったのは，安全衛生問題の性質上，労使の意見の合致を前提とすべきとの考えによると解される。

委員会の開催回数については，毎月1回以上とする努力義務が定められているが（安衛則第23条第1項），その招集，議事の決定，専門委員会の設置等は，委員会に委ねられている（同条第2項，昭和47年9月18日基発第601号の1）。

もっとも，その透明性確保のため，議事概要の労働者への周知（安衛則第23条第3項，第4項）等が定められている。

ス2　安全・衛生委員会に関する条規の監督指導状況は，以下の通りである。

すなわち，行政官等向けの法運用に関する調査では，第17条から第19条にかけて，安衛令で定める業種と規模の事業場において，<u>本条で定める安全委員会等を設けていない場合，一律的に適用するとの回答</u>や，<u>安全委員会と衛生委員会の双方ないし両者を合同した安全衛生委員会の設置義務がある事業場で安全委員会も衛生委員会も設置されていなかったため，安衛法第17条第1項と安衛法第18条第1項双方の法違反を指摘した</u>との回答があった。

法第17条から第19条は，安定して一定数の違反指摘があり，是正勧告を典型とする違反の指摘件数を記した「労働基準監督年報」の法違反状況の集計（平成11年～令和2年。森山誠也監督官による）では，<u>概ね2000～3000件／年</u>だった。これに対して，同じ資料での送検件数（≠送検人員数）は合計3件にすぎない（同前）。

<u>法第14条（作業主任者選任関係）</u>違反では，毎年20件程度送検されているのに比べ，<u>刑事処分までは求められ難い規定</u>であることが窺われる。

安全衛生委員会の活動実態（特に衛生関係）に関する統計と事例を簡潔にまとめ，活性化提言を行った近年の好著として，加藤憲忠編著『実践・安全衛生委員会の実務Q&A』（産業医学振興財団，2022年）がある。

同書では，労災問題の減少や間接部門における課題の少なさ等を背景に<u>委員会の議論がマンネリ化した際の活性化方策</u>として，

・<u>産業保健専門職による課題（要対応リスク）の明示</u>，
・<u>事業場ごとの安全衛生課題を踏まえた講話</u>，
・<u>巡視による職場事情，職場の人物マップの把握を前提とした委員への情報提供や感情への働きかけ</u>

等が示唆されている。

セ2　関係判例は，以下の通りである。

先ず，安全委員会関係では，刑事事件は見当たらなかった。

民事事件には，以下の例があった。

●Aサプライ［知的障害者死亡災害］事件・東京地八

王子支判平15・12・10判時1845号83頁

おむつやシーツのクリーニング業を営む会社で働いていた知的障害者が，クリーニング工場の大型自動洗濯・乾燥機に挟まった洗濯物をとるため一部のスイッチを切って機械内に入ったところ，機械が再稼働して頭蓋内損傷等を負って死亡した事案で，

同社の代表取締役2名（社長と副社長）が，

業務や安全の管理権限を持ち，被災者の知的障害も認識しながら，

同人に作業上・安全上の注意を十分に行わず，現場作業を任せきりにし，

安衛法に違反して，安全管理者等を選任せず，安全委員会等を設置しないなど，所要の安全管理体制を整備しなかった結果，

被災者が必要なスイッチを切らずに機械内に入って負傷・死亡したものとして，彼らの不法行為責任を認めたうえ，民商法上の法条に基づき会社の責任も認めた。

安全委員会の設置義務違反が安全配慮義務違反などの民事上の過失と評価される場合，安全・衛生管理者の選任義務違反など，他の安全衛生管理体制整備の不備と共に過失の要素とされることが多いが，実際にそうした体制整備がされていれば災害を防げたかについての具体的な論証はされないことが多い。

これは，体制整備自体の重要性を示唆する趣旨と解され，特に未解明なリスクや，発生機序が不明確な災害（本件も，実際には，被災者が取った措置［傾斜コンベアの停止］後になぜシェーカーが再稼働したかの理由は分かっていない）の過失認定で重要な役割を担っている。

逆に言えば，不確実性の高いリスクに対応するうえでは，この委員会での調査審議の実績をつくることで，結果がうまくいかなくても，過失認定を免れる可能性が高まるということである。

次に，（安全）衛生委員会関係では，刑事事件は見当たらなかった。

民事事件には，以下の2例があった。

これらは，雇用者に安全衛生委員会が設置されていたため，判決もそれに言及した例だが，実質的には衛生委員会の機能が問われたので，衛生委員会の分類で取り扱う。

●石綿管製造会社石綿関連疾患事件・さいたま地判平24・10・10裁判所WEBサイト

本件は，アスベストに長期間ばく露したうち1人は悪性中皮腫で死亡し，もう1人は石綿肺等にり患した事案である。すなわち，亡Aは昭和29年から約19年（退職は昭和57年末），X2は，昭和39年から約17年（退職は昭和57年末），石綿セメント管製造業を営むY（被告会社）の石綿粉じんが発生する職場で就業していた。その工程は，①石綿を粉砕して解綿し，セメント等と混ぜて管の形に固めたうえで，②寸法合わせのために切断，切削するものだった。また，③石綿管同士を接合する継ぎ手製品の製作も切削作業を伴った。両名共に，昭和53年の健診結果で，翌年にじん肺管理区分2と決定された。亡Aは，退職から約28年後の平成22年に悪性胸膜中皮腫で死亡し（診断は死亡の1カ月前），X2は，平成11年に胸部肥厚斑が認められ，平成22年には続発性気管支炎を合併した。

判決は，被告会社には，従業員への安全配慮義務として，昭和35年当時の法令等（労基法と関係規則や通達，じん肺法等）に照らし，①作業環境測定義務，②発生飛散抑制義務，③マスク配布及び着用指導義務，④教育義務，⑤健診実施義務があったとした。このうち，教育義務違反に安全衛生委員会でアスベストの危険性やマスク使用等の予防策が十分に協議されなかったことが含まれるとした（ただし，被告会社から同委員会で協議していたから教育義務が尽くされていた旨の主張に応じたもの）。安全衛生委員会に教育効果が期待されていることを窺わせる一例である。

【事件に関する技術専門家の意見】

1）事実関係について
　2）に同じ。
2）判決について
　判決が本件への適用法規選択の基準点とした昭和35年当時，アスベストの発がん性等の認識は不十分だったから，当時の法規の適用条件下での真剣な対策は考えにくかったと思われる（湯本，尾崎）。しかし，その後昭和56年頃までアスベストを取り扱っていたことは問題といえる（湯本）。判決は，安全衛生委員会を活用すべきだったというが，そこでの議論も結局経営者次第であり，当時の経営者は法律の定め以上の対策を講じるつもりはなかっただろうから，余計に法的対応が不十分な前提で事業者の責任を問うのは酷なように思う（湯本）。

　経営者には一般に規制値に傾倒する傾向がある。
　また，ハザードもリスクも不明なことが多い化学物質では特に，予防はどうしても再発防止にならざるを得ない面がある。特にアスベストは，安価で丈夫で耐熱性があり，撥水性もある等，当時は「夢の素材」と言われていたから，産業が取扱いをあきらめなかったのはやむを得ない面もある。
　だから，明確な規制がなければ対策は講じない傾向が生じる。
　規制は災害の後追いでできることが多いので，どうしても対策は再発防止となる。これは，アスベストのような便利な物質全てに言えることである（尾崎）。

アスベストのハザード認識が一般化し，対策が厳しく求められるようになったのは，平成後半になってからのことである（北口）。
 3） 未然防止策について
  2）に同じ。
［湯本公庸氏（安全工学会事務局長），北口源啓氏（旭化成株式会社環境安全部労働安全グループ長），尾崎智氏（日本化学工業協会環境安全部・RC推進部管掌常務理事）］

●公立八鹿病院組合ほか事件・広島高松江支判平27・3・18労判1118号25頁（上告が認められず，確定）

若手医師が複数の上司に当たる医師からのハラスメントや長時間労働の後に自殺して遺族が病院や上司に損害賠償を求めた事案につき，

同様の立場にあった若手医師が退職した経緯やその証言等からハラスメントの事実を認定したうえで，

長時間労働等による過重負荷との相乗的効果として被害が発生したものであり，

公務員である上司は本件で個人責任を負わないが，病院は，院長や上司が上記の負荷要因を認識し得た以上，有効な防止策を講じるべきだったし，

少なくとも彼の自殺後に当該病院で開催された安全衛生委員会で提案されたような対応策（懇親会開催による親睦，産業保健スタッフによる面接指導等）を講じるべきだったのに行わなかった等の過失につき債権債務法，国賠法上の責任を競合的に負い，医療機関としての特殊事情があっても免責されないとした。

本判決からは，（安全）衛生委員会は，自殺対策も議題とし得ることが窺われる。安衛則第22条が，同委員会への付議事項として，メンタルヘルス対策（第10号），長時間労働による健康障害対策（第9号）等を定めているので，確認的示唆とも言えるが，実際にそこで協議・決議された事項が過失の判断材料とされていることは興味深い。

また，そこで提案された対策に，懇親会の開催や産業保健職による面接指導，メンタルヘルス対策専門会議の開催など，本人の「内なる声」の聞き取りを含むコミュニケーションの促進，関係者の意識や知識の共有を図る事柄が含まれていることも示唆的である。

ソ2　法第19条の2は，安全衛生管理に際して，知識・技能の更新や既知の知識の反復学習の必要があることを前提に，安全・衛生管理者，安全・衛生推進者その他労災防止業務従事者（作業主任者，元方安全衛生管理者等を想定している〔昭和63年9月16日基発第601号の1〕[23]）を対象に，能力向上教育等を自ら実施するか，受講機会を与える努力義務を事業者に課している。

第2項は，厚生労働大臣が，当該教育講習等の有効適切な実施のための指針を公表すべきことを定めており，安衛則第24条は，この定めを受けて，国による指針の公表の方法（官報掲載，都道府県労働局等での公表等）を定めた。

第3項は，厚生労働大臣に，事業者やその団体に対して指導等の権限を付与しているが，実際に行使されることは稀と思われる。労働災害防止団体等による研修という形式では，開設されたこともあったが，なかなか受講者が集まらない実態があった。

タ2　安衛法の代表的な解説書（労働調査会出版局編『労働安全衛生法の詳解』）は，以前は，本条の解説箇所で，事業者に自主的な労働安全衛生マネジメントシステムを構築させようと図った安衛則第24条の2に触れていた（ただし，その後，同条への言及が削除された）。確かに，既存の知識だけでは不足する部分をカバーしようとする点で，本条と労働安全衛生マネジメントシステムとは通底する。

安衛則第24条の2は，平成11年の省令改正で設けられ，厚生労働大臣による事業場での自主的活動促進のための指針の公表について定めた。これに基づき，労働安全衛生マネジメントシステムに関する指針が発出された。これは，ベテランの引退によるノウハウの継承困難を想定して，システマチックな安全衛生管理を狙ったもので，経営者によるリード，危険・有害要因と管理措置の特定，関連する法令遵守，PDCAサイクルの構築，労働者の意見の反映等を要素としている。

リスクアセスメントは，労働安全衛生マネジメントシステムの核心なので当然ながら，法第28条の2や第57条の3に基づくリスクアセスメントについて定めた「危険性又は有害性等の調査等に関する指針」や「化学物質等による危険性又は有害性等の調査等に関する指針」とは共通点が多いが，安全衛生マネジメントシステムに関する指針の方が，健康の保持増進，快適職場形成等のハイレベルな目標を掲げている点や，専門家より組織全体の関与を強く想定している点が異なると思われる。

チ2　本条は努力義務規定なので，監督指導状況の統計は見当たらない。先述した通り，本条に基づく労働災害防止団体等による研修は開設されたことがあるが，なかなか受講者が集まらず，専門家からは，資格更新制度の拡大と共に，本条の義務化が求められてきたが，実現していない。

ツ2　法第19条の3は，第13条の2の解説で述べた通り，基本的に，労働者健康安全機構が運営する産業保健総合支援センター（略称「産保センター」，全国47都道府県に1カ所ずつ）や，その下部組織で，中小零細事業を支援対象とする地域産業保健センター（略称「地産保」，全国350カ所）の設置やそれへの予算措置を想定した規定である。

産保センターは，産業保健関係者への研修，相談対応，事業者による産業保健に関する計画づくりの訪問支援等，地産保は，中小零細事業を対象とした，健診結果にかかる医師からの意見聴取，長時間労働者面接指導，ストレスチェックで高ストレス者と認められた者への面接指導，法定健診での有所見者等への保健指導など，法定事項の無償提供を行っている。

また，本条は，中小零細事業が産業医を共同選任する場合に活用できる小規模事業場産業医活動助成金等の補助金制度の法的根拠にもなっている。

テ2　運用状況については，以下の通りである。
平成19年の総務省の行政評価では，小規模事業場の安全衛生対策の適切化にかかる勧告として，
地域産業保健センターの産業保健活動が低調であること，
事業委託費の配分で業績が反映されていないこと，
産業医を複数の小規模事業場が共同選任することを支援すること自体にはメリットが認められるが，実績が低調であること等を踏まえ，廃止すべきとされていた。

また，最近，小規模事業での産業保健活動に対する助成金（小規模事業場産業医活動助成金）を，その実態がないのに不正に受給したとして，支給決定の取消しを受けた18の事業者名が厚生労働省から公表されている。氷山の一角と思われ，産業保健なら活動をしてもしなくてもさしたる相違は生じないだろう（したがって，実績をごまかせるだろう）と考える事業者が多いことが窺われる。

皮肉な形で予防政策の難しさを語っているようにも思われる。

関係判例としては，南大阪マイホームサービス（急性心臓死損害賠償）事件・大阪地堺支判平15・4・4労判854号64頁が挙げられ，

本件では，被告側が，「労働安全衛生法上努力義務にすぎない地域産業保健センターの活用も積極的に行うなど，従業員の健康に……十分に配慮していた」などと主張したが，結局，基礎疾患のある原告に対し，適切な健康管理を行わず，過重負荷を軽減しなかったこと等から急性心臓死に至らしめたものとして，地産保利用にかかる主張は一顧だにされず，被告の損害賠償責任が認められた。

ト2　以上の整理から，以下の事柄が窺われる。
すなわち，
事業場内外での（事業場外では，特に請負契約を媒体とする混在作業にかかる）安全衛生管理体制の構築が，現行安衛法の特徴の一つであり，実際に労災防止効果を生んだ要素の一つと解される。監督指導実績からは，特に作業主任者選任が重視されてきたことが窺われるが，本来，管理体制の構築・運用の本質は，対策における専門性の確保と共に，組織的，集団的な安全行動の秩序作りへの働きかけという面が強いため，一定程度は，ハザードが明確でないリスク対策や心身両面にわたる積極的な健康の保持増進策にも応用できるし，現にそのような方向性を辿ってきた。したがって，個人事業主等も保護対象に含め，心身両面の健康を図ろうとする安衛法の改正に際しても，時代状況の変化に応じつつ，労災防止に大きな影響を持つ者を広く取り込む管理体制の構築を図る必要があると解される。

ただし，従前のように，危険有害性が判明した物質，場所，作業等にのみ資格者や管理責任者を配置する手法の妥当性は疑わしい。特に化学物質管理では，全ての化学物質は危ないかもしれないとの前提に立って，専門家によって安全性が立証されない限り，専門家の配置ないし支援を含む一定の対策を求める制度の構築が望まれる。

4　原解説（第4章第20条・第21条）

原解説は，第4章の事業者を名宛人とする危害防止基準の設定を図った第20条ないし第25条の2のうち，第20条と第21条を対象としている。

概要は以下の通りである。

ア　両条文は，モノ（第20条），作業場所（倒壊や墜落の危険場所等）・作業方法（＊どこでどのように原材料を製造・加工するか，機械を操作するか等の具体的な作業の手順や手法であり，主に作業計画により改善され得るもの）（第21条）にかかる典型的な労災の再発防止策の基準化（：危害防止基準の設定）を図る，安衛法の基軸とも言える規定であり，文言自体，工場法時代の原型から殆ど変更はないが，それに紐付く安衛則は，諸事情に応じて，成長する規則と言われるほど進化ないし変化してきている。両条文を具体化する規定は，概ね安衛則に盛り込まれている。

イ　危害防止基準は，刑事罰や使用停止命令等の行政権の発動をもって実効性確保が図られており，罪刑法定主義の要請が働く。労災民事訴訟で加害者側の過失の裏付けとされることも多い[24]。そうしたことからも，一般的には，法第27条により，対象条文の内容はそうした規則に定められた範囲に限られ，規則に定めのない対策の不備を対象条文によって処罰できないと解されている。それだけに，その策定や運用に際しては，現実の必要との関係で過不足を減らすと共に，名宛人による現実的な実行可能性が考慮される必要がある。

ウ　三柴の先行研究は，危害防止基準の過不足を減らすため，同基準の定め自体に一定程度抽象性を持たせ，危険が窺われる場合には名宛人である事業者に安

全性の証明責任を課す等の方策を提言している。[25]

エ　両条文が指す危険は，広く理解されてきた。

すなわち，第20条第1号が定める機械等による危険には，原動機や動力伝導部分への巻き込まれ危険などのほか，機械が取り扱う原材料や製造する加工物の飛来，ボイラーの破裂等も含まれる。

第2号所定の爆発物，発火物，引火物等は例示であって，事業場で製造ないし取り扱う物が，一定条件下で爆発，火災等を生じ，労働者に危険を及ぼし得る場合，それに該当する。また，「等」とされているのは，単独では発火等の危険はないが，可燃物や還元性物質（対象に対して電子を発して自身は酸化し易い物質）との接触に衝撃等が加わると爆発等が生じる酸化性の物等も含まれる趣旨である。

第3号所定の電気，熱その他のエネルギーによる危険には，危険源への直接の接触による感電危険のほか，アーク溶接による電光性眼炎（紫外線等による眼の火傷のようなもの），溶融高熱物による火傷等の危険も含まれる。

第21条が定める土砂等が崩壊するおそれがある場所等には，物体の落下するおそれのある場所等が含まれる。

オ　なお，法第37条や第42条が定める特定機械等の製造や流通に関する規制は，安衛則第27条やクレーン則第17条などが，事業者に対して，それらの規制による構造規格の審査等をパスしたもの以外の使用を禁止しているため，間接的には，事業者の危害防止基準としても機能している。

カ　法第20条の原型は，昭和4年に制定された工場危害予防及び衛生規則第1条～第14条（原動機に関する規定），第20条～第27条（爆発・火災・引火に関する規定），第21条の原型は，同規則第15条（墜落防止のための柵囲等の設置に関する規定）にあった。これらの規定は，明治44年に制定された工場法のうち，工場やその附属建設物（工場の主要な生産活動を補助または支援するために建設された倉庫，事務所，労働者の宿舎，食堂，トイレ，医務室などの建物や施設等）に物理的な危険や衛生・風紀にかかる問題がある場合に，行政官庁が工業主に改善措置や使用停止を命じ得る旨を定めた第13条に基づき定められた。これらの規則の策定に当たっては，当時の内務省社会局が関係各方面の意見を徴した経緯がある。工場法制定のための実地調査を主導した岡實は，現場のリスクは多種多様で変化もするので，法律では概括的な規定を置き，具体的な定めは細則に委ねていた独仏等の制度を参考に，これらの条文を起案した旨を著書に記している（ただし，少なくともドイツの法制度では，法律上の一般規定には罰則を設けず，それを具体化する規則に罰則が設けられている）。

戦後は，労基法第5章が安全衛生について定め，そのうち第42条が使用者による危害防止の一般規定を置き，その具体化のために旧安衛則が定められ，現行法第20条及び第21条並びに関連規則に該当する規定は第2編に設けられたが，折々の災害事情に応じて幾度か改正されてきた。昭和47年に現行安衛法が制定されて第4章がその中核を担い，中でも第20条及び第21条は，中核中の中核規定として，その後一度も改正されず，最も多くの紐付き規則を擁して現在に至っている。近年の好例として，食品加工用機械での死傷災害対策としての安全対策規定の新設（平成25年施行，第130条の2～第130条の9），車両系木材伐出機械による死傷災害対策としてのこれらの規制対象への追加（平成26年施行，第151条の84～第151条の174）等が挙げられる。

キ　工場法の制定前から，少女工の機械の掃除最中に運転が開始されたことによる死亡事故，精紡機のバンド紐の掛け直し作業中の腕の巻き込まれ事故等が多発していたことが，『女工哀史』等の資料に記載されており，工場法以後の危害防止基準確立の原動力になったと察せられる。

ク　厚労省労働基準局監督課が2017年5月に公表した安衛法関係送検公表事案によれば，送検された198件のうち，一定以上の高さの作業床の端に囲い等を設ける義務を定めた安衛則第519条違反を代表例として，法第20条及び第21条の違反が最多だった。「平成31年・令和元年の労働基準監督年報」でも同様の傾向（安衛法違反による全送検件数469件のうち，法第20条違反によるものが149件，第21条違反によるものが130件だった）であり，視覚的な摘発のし易さと適用対象の広さが理由と考えられる。監督の対象は，災害発生事業場のほか，個別の機械にもわたる。対象業種も多岐にわたるが，建設業，林業，港湾，食料品製造業，金属製品製造業などを重点としてきた。ただし，死傷者の発生を受けた，いわゆる事後送検が殆どである。

元監督官の玉泉孝次氏及び藤森和幸氏によれば，対象条文にかかるチェックの視点は，以下の通りだった。

1) 第20条関係

①安衛則第101条（伝導装置，歯車，回転軸等のカバー等）：モーター等のVベルト，機械の歯車，回転軸等にカバーがあるか，回転軸などの留め具が埋頭型になっているか等。

②安衛則第107条，第108条（機械の停止等）：作業者による誤起動で，機械の修理・清掃中の労働者が被災しないよう，そうした作業中の機械停止，起動禁止表示を行っているか等。

なお，シェイカー（洗濯物を乾燥後にほぐす機械）で

の目詰まりの解消を単独で図った作業者が機械内で巻き込まれたケースで，現認者不在のため，安衛則第107条の「機械の給油，検査または調整の作業」を裏付けられなかったが，実態として機械の停止により災害を防止できたので，適用すべきとの意見があった。

③安衛則第109条（ロールを有する機械の安全）：印刷機，巻取ロール機にガード，光線式安全装置が設置されているか等。

④安衛則第111条（ボール盤作業と手袋使用の禁止）：巻き込まれ防止のため，ボール盤での作業者に手袋の使用を禁止しているか等。

⑤安衛則第120条，第27条，研削盤等構造規格（グラインダーといしの安全）：破壊危険防止のため，周面といしを側面で使用していないか，といしのカバーが工作部位以外に設置されているか等。

⑥安衛則第131条，第27条，動力プレス構造規格，プレス又はシャーの安全装置構造規格（動力プレスの安全）：手などがガードで入らない／安全装置により停止する構造になっているか等。

⑦安衛則第123条，第27条，木材加工用丸のこ盤並びにその反ぱつ予防装置及び歯の接触予防装置の構造規格（木材加工用丸のこ盤の安全）：歯のカバーや安全装置が設置され，正常に機能するか等。

⑧安衛則第147条（射出成形機等の安全）：戸を閉じないと作動しない構造，光線式安全装置，両手押しボタン式安全装置が採用されているか等。

元監督官から，安衛法施行時の通達におよぶ動力による加圧，打ち抜き等でプレスに該当しないもの全てが該当する旨の定めがあったことを根拠に，本条をコンクリートブロック成形機に適用して送検した例があるとの情報があった。

⑨安衛則第155条，第158条，第164条（車両系建設機械の安全）：バックホウ，ユンボ等の車両系建設機械使用時に，作業計画を作成しているか，作業者以外の立入禁止区域を設定しているか等。

⑩安衛則第263条（ガス溶接用溶解アセチレンボンベの安全）：溶解アセチレンボンベの転倒防止措置が講じられているか，空・充の表示があるか等。

⑪安衛則第556条（はしご道）：はしご道の上端を60cm以上出しているか等（**資料20**）。

⑫安衛則第552条，第563条（架設通路の勾配・手すり等）：足場の作業床の幅や手すりの高さ等が安衛則の基準を満たしているか等（**資料21**）。

2）第21条関係

①安衛則第356条，534条，第365条，第366条，第382条，第384条（掘削作業の安全）：手掘り掘削作業の際の法面が規則通りの勾配になっているか，明かり掘削の際の崩壊危険防止措置（安全勾配，土止め支保工等）

資料20　はしご道

（玉泉孝次氏提供）

資料21　架設通路

（日本仮設株式会社 WEB サイト〔https://www.nihonkasetsu.co.jp/product/category_4/，最終閲覧日：2024年7月2日〕）

が講じられているか，運搬車と作業車の接触防止措置等が講じられているか等。

②安衛則第432条，第452条（荷役作業の安全）：はいが傾いている場合の崩壊防止措置，港湾での揚貨装置での荷のつり上げ作業での労働者の甲板上の通行禁止措置が講じられているか等。

③安衛則第477条，第478条，第479条（伐木作業の安全）：退避場所の選定，かかり木がある時の処理，合図決めをしているか等。

④安衛則第517条の16（建設物の組立等の作業の安全）：コンクリート構造物の解体作業の際に，作業計画を作成しているか，作業者以外の立入禁止区域を設定しているか，引き倒しの際に合図を定めているか

等。

⑤安衛則第518条，第519条[26]，第521条，第533条，第524条，第526条，第527条，第528条（墜落危険場所の安全）：高さ2m以上で作業する箇所に作業床を設置しているか，手すりを設置しているか，設置できない場合，親綱を貼ってハーネスを使用させているか等。

⑥安衛則第539条，第536条，第537条，第538条，第564条（飛来・落下危険場所の安全）：建築現場で保護帽をかぶっているか，物の投下時に投下設備を利用しているか監視人を置いているか等。

⑦安衛則第534条（土砂崩壊危険場所の安全）：地山の掘削作業ですかし掘りをしていないか，安全な勾配か，落下危険のある土砂を除去しているか等。

⑧安衛則第575条の14（土石流危険場所の安全）：土石流発生の警報装置が設置されているか等。

ケ　刑事事件に関する関係判例では，

1）工事現場での作業中，従業員がむき出しの高圧電線に接触して感電死した事故で，同じ被告人会社に勤務する当該工事現場の現場主任が，使用者に感電危害防止策を義務づけた旧安衛則第127条の8（及びその親法に当たる労基法第42条）違反で起訴された事件で，

当該主任は，電気会社やその下請に再三感電対策を依頼していたため，同条を履行した旨主張したが，かような危害防止基準は現に実施されねばならず，たとえ安全管理の専権を有する者にその実施を依頼するなど実施の努力をしたとしても，それのみで遵守したことにはならない旨判示された（大泉〔伊藤ビル新築工事現場〕事件・仙台高判昭40・6・28下刑集7巻6号1206頁）。

2）請け負った工場の建設（増築）工事に作業員を従事させたところ，当該工場に設置されていた織機の動力用シャフトに覆い等が設置されていなかったために生じた接触危険につき，当該請負会社の経営者が，床から1.8m以内の動力伝導装置に覆い等を設けるべき旨定めた旧安衛則第63条第1項（及びその親法である労基法第42条）違反に問われた事件で，

当該経営者は，要約，自身が所有も管理もしない装置について同条の適用はない旨主張したが，

動力伝導装置等にかかる危害防止措置の対象は，使用者の所有物や管理物でないもの，その作業場に設置されていない物にも及び得る旨判示された（加藤〔家屋建築請負業〕事件・最3小決昭47・6・6刑集26巻5号333頁）。

3）自動車用部品の加工等を行う工場で，労働者らにアルミダイカスト製品の成形加工（溶かしたアルミニウム合金を高い圧力をかけながら金型に流し込む鋳造方式）等を行わせる際に，全自動運転の際には安全装置が作動せず，労働者らの身体の一部が挟まれるおそれがあった点につき，当該会社に，安衛法第20条及び，射出成形機等に労働者が身体の一部を挟まれるおそれがあるときに，自動で装置が停止する等の安全装置の設置を義務づけた安衛則第147条違反が問われた事件で，

当該会社は，全自動運転中は危険作業を行わないよう指導していたこと等から，具体的危険がなかった旨主張したが，規則第147条は，フェイルセーフの考え方を採用している（労働者に過失があって機械に接触しても安全が保たれるよう図った規定である）ため，安全装置を設けなかった以上，違反が成立する旨判示された（X社事件・東京高判平28・11・8高等裁判所刑事裁判速報集（平28）号151頁）。

民事事件に関する関係判例では，

元請（発注者から直接仕事を請け負う1次請負人。仕事の全てを丸投げされる場合もあるが，元請の要件ではない[27]。発注者を含まない点，下請に仕事を丸投げする者も含む点で元方とは異なる）らにより，さしたる安全教育が行われず，重機の運転にかかる合図者の指名や指揮系統の特定，合図の統一などが行われない前提で，ある孫請けが運転手付きで傭車した重機が同じ会社の別の労働者（労働者派遣を行う孫請けに雇用され，元請，下請の指揮命令下で就業していた）に激突して腰椎挫傷の傷害を負わせたという事案で，

安衛則第2編第1章の2第1節，第2章第1節等の規定に照らすと，重機の運転者に信号者を予め定め，合図を統一し，作業内容や指揮系統を通知し，合図を確認して運転させること等が元請の安全配慮義務の具体的内容になる旨判示されるなど，安衛則の関係規定の文言より，それらの規定に通底する趣旨を汲んだ解釈がなされている（北土建設・前田道路事件・札幌地判昭59・2・28労判433号64頁）。

危害防止基準は，危険を定型化し，定型的措置を事業者を中心とする名宛人に課すことにより危害の防止を図るものなので，一見危害が窺われなくても，定型的遵守が求められる。安衛法が目的とする安全衛生の反意語は災害疾病ではなく危険であり，危害防止基準違反が災害疾病に帰結せずとも，安衛法違反が成立し，事前送検も可能である（しかし，実際にはなかなか行われない）。特に民事過失責任との関係では，定型的遵守のみならず，その趣旨を汲み，現場事情に即したより高度で柔軟な解釈に基づく危害防止措置が求められる傾向にある。

コ　法第20条，第21条を具体化する安衛則第2編（安全基準）からくみ取り得る危害防止基準の原則は，①機械等のうち労働者に危害を及ぼすおそれのある部位・箇所につき，囲い，覆い，運転停止などの手法によって安全化する，②機械等の点検，検査，整備などを義務づけると共に使用限度の超過を禁止する，③物との接触による危険を防ぐために労働者の身体に保護

具などを装着させる，④立入禁止などの措置によって，危険な機械またはその部位・箇所，危険な場所などに労働者を不用意に接近させないようにする，⑤合図などによって労働者に危険への注意を喚起し，その回避を促し，安全かつ合理的な行動を促進する，⑥作業主任者などの現場責任者の選任・配置を含め，安全管理に関する指揮命令系統を整備し明確化する，という6点に集約される。

　これは，1）危険源の除去・低減，2）それが叶わない場合ないしリスクが残留する場合の追加的な安全・衛生工学的措置，3）それでも残留するリスクに対する人的措置，という3ステップ・アプローチとも共通し，必ずしも最先端の知見や技術を要するわけではない。その嚆矢である工場危害予防及び衛生規則にもその要素が窺われる。

　サ　安衛法の危害の事前防止的性格を反映して，安衛則が示す危害防止基準は，「危険を及ぼすおそれ」（第130条の9など），「身体の一部を挟まれるおそれ」（第147条第1項）など，危険性を示す抽象的な文言（不確定法概念）を多く用いて，状況・場合，物の全部ないし一部，場所，方法ごとに想定される危険への対処を事業者に義務づける一方で，危険のおそれがない「時」・「物」という要件を充たす場合には，事業者に課せられた危害防止義務を例外的に免除しており，行政権を発動する場合や刑事責任を課す場合等にその解釈が問題となるところ，判例（最3小決昭48・7・24判時715号110頁）は，動力伝導装置に覆い・囲い等を設けなかったことで労働者が死亡し，安全管理責任者の刑事責任が問われた事案において，旧安衛則第63条第1項にいう「接触の危険」という文言について，労働者の操作ミス等を前提としたフェイルセーフの考え方を基準に，接触の抽象的な危険があればよく，たとえ通常の使用方法であれば危険が生じなくても，労働者は過失を犯し得ることを前提に，基準の定める措置を状況に応じて講じるべき旨を述べた。前掲のX社事件・東京高判平28・11・8高等裁判所刑事裁判速報集（平28）号151頁も同旨である。

　すなわち，危害防止基準は，基本的には，事業者らに定型的な遵守を求めるものであり，そこに含まれる「危険」，「おそれ」などの不確定法概念は，フェイルセーフの考え方に基づいて解釈され得る。他方で，危害防止基準は，産業利益等との調整の中で，自然科学的な知見を踏まえた再発防止策の合意水準を示しており，監督取締行政との関係では，さしあたりここまで講じていれば大丈夫という免責基準としての性格も持つ。労働者に一定の義務を課す危害防止基準は，それに労働者が違反した場合に，民事損害賠償請求事件において，過失相殺の根拠となり得る。

　シ　危害防止基準の履行は，関係諸規定との連携により初めて促進される。そのため，立法政策と解釈適用の双方で，三柴の先行研究（注25参照）が示唆した以下の8項目の実現が図られねばならない。

---

①リスク創出者管理責任負担原則を志向すべき，
②国などによる重点傾斜的な計画設定，高権的作用と支援的作用，基礎・応用にわたる安全衛生研究とその成果の普及促進を図るべき，
③物的措置のほか，経営工学的知見を踏まえた人的措置を重視すべき，
④不確実性が高いリスクには，事業場ごとに適任な専門家を選任し，その支援を受けつつ，自主的なリスクアセスメントを実施させるべき，
⑤予防政策は，1次予防から3次予防まで包括的に形成されねばならず，リスク管理では高いリスクを優先し，先ずは根本的で集団的な対策を行い，残留リスクについて，個別的・技術的な対策を計画的・体系的・継続的に講じるべき，
⑥労働者の高齢化，疲労・ストレスによる健康障害の一般化などの日本的文脈を前提に，たとえ比較法制度的にパターナリスティックな面があっても，職域でできる健康の保持増進対策（特に体制整備と諸手続きの履践）は積極的に推進すべき，
⑦不確実性の高いリスク対策は，法文上は積極的・開発的な課題として理想的目標を規定し，ガイドラインで詳細が規定されることが多いので，民事過失責任法上，事案の個別事情に応じて参酌すべき，
⑧ハラスメントのような心理社会的危険源を典型として，リスク要因は，社会科学的にも認識すべき。

5　佐々木解説（第4章第22条～第25条の2）

　佐々木解説は，第4章の事業者を名宛人とする危害防止基準の設定を図った第22条ないし第25条の2を対象としている。

　概要は以下の通り。

　ア　第22条は，主として原材料，放射線，振動のほか，計器監視，精密機械等の精神疲労を伴う作業等の健康障害要因を例示的かつ類型的に掲げ，それぞれに応じた規制によって，その防止を図ることを目的としている。

　同条第1号は，有毒なガス，蒸気，粉じんによる中毒，皮膚障害，酸素欠乏症，病原体への感染など，主に呼吸や経皮による体内への吸収による健康障害の防止措置を義務づけている。講ずべき措置の具体的内容は，法第27条第1項に基づく安衛則や特別規則等に定められている。

　第2号は，放射線障害，高温による火傷，低温による凍傷，騒音による難聴，振動による白ろう病，異常

気圧等による減圧症など，物理的な要因による健康障害の防止措置を義務づけている。

第3号は，精密工作作業など，高度の精神神経活動によるストレス等にかかる健康障害の防止措置を義務づけている。講ずべき措置の具体的内容は，法第27条第1項に基づく安衛則第3編第4章や事務所則第10条に定められている。

第4号は，ジクロルベンジジン，アルファ－ナフチルアミン等の要製造許可物質や，石綿，カドミウム，水銀等の特定化学物質や鉛等の化合物等を含有する排気，アルキル水銀化合物，硫化ナトリウムや放射性同位元素（放射線を発する原子）により汚染された廃液等による健康障害や公害等の防止措置を義務づけている。講ずべき具体的措置の内容は，法第27条第1項に基づく安衛則のほか，有機則，特化則，鉛則等の特別規則に定められている。

第22条，第23条共に，罰則（第119条第1号：6カ月以下の懲役又は50万円以下の罰金）が付されている。

イ　安衛則では，第3編第1章（有害な作業環境）に，以下のような法第22条を具体化する基準が定められている。

有害物によるリスク管理のための3ステップ・アプローチ（第576条），

ガス等発散抑制のための発散源の密閉を筆頭とする諸措置（第577条），

坑，ケーソンなど換気不十分な場所での（排ガスをもたらす）内煙機関の使用禁止（第578条），

局所排気装置の排気の無害化措置（第579条），

中和，沈殿，ろ過等による排液の処理（第580条），

病原体に汚染された排気，排液，廃棄物の滅菌処理等（第581条），

作業場における注水等による粉じんの飛散防止措置（第582条），

坑内作業場におけるガス濃度の抑制（第583条），

強烈な騒音を発する屋内作業場の明示等（第583条の2），

強烈な騒音を発する屋内作業場における隔壁等の伝ぱ防止措置（第584条），

暑熱，寒冷，有害光線や超音波，低酸素濃度，ガス・粉じん等の発散，有害物取扱い，病原体汚染等のリスク要因にばく露する場所への立入禁止とその表示，労働者の遵守（第585条），

有害物や病原体等の集積と表示（第586条），

施行令第21条第2号所定の作業環境測定（施行令第21条所定の作業環境測定は，安衛法第65条第1項に基づく測定であり，作業環境測定士／機関に測定させる必要のある作業環境測定法上の測定とは異なる。以下同じ）を行うべき暑熱，寒冷，多湿の屋内作業場（第587条），

施行令第21条第3号所定の作業環境測定を行うべき著しい騒音を発する屋内作業場（第588条），

施行令第21条第4号所定の作業環境測定を実施すべき坑内作業場（第589条），

第588条所定の著しい騒音を発する屋内作業場での定期的な騒音測定等（第590条），

第588条所定の著しい騒音を発する屋内作業場の条件を変更した際の騒音測定等（第591条），

第589条第1号所定の坑内作業場における定期的な炭酸ガス濃度の測定等（第592条），

著しい暑熱，低温，低湿物体，有害物，有害光線，ガス・蒸気・粉じん等の発散，病原体による汚染等の危険源にばく露し得る業務をさせる際の適当な保護具の備え付け（第593条），

皮膚障害をもたらす物や経皮吸収有害物等にばく露し得る業務をさせる際の適当な保護具等の備え付け（第594条），

強烈な騒音に晒され得る場合の耳栓等の保護具の備え付け（第595条），

同時就業者分の保護具の数の備えとメンテナンス（第596条），

労働者による保護具使用の指示の遵守（第597条），

保護具等による疾病感染リスクがある場合の個別の保護具の備え付け等（第598条）。

ウ　有機則は，1958（昭和33）年頃，大阪と東京で，ヘップサンダルの製造やポリエチレン袋の印刷に従事していた労働者に再生不良性貧血が多発し，その原因がベンゼン中毒と判明したことを契機として，有害性が明らかな有機溶剤51種類を選定し，それらによる労働者の健康被害を予防するために，労働基準法の衛生関係特別規則として制定された経緯がある。有機則等の特別規則は，安衛則に対する特別法に当たり，内容が競合する場合には，優先的に適用され，その余は安衛則が適用される。

法第22条に基づき有機則第2章が定めている危害防止措置は，第1種，第2種有機溶剤については，発散源密閉設備，局所排気装置（局排），局排の一種であるプッシュプル型換気装置であるが，第3種有機溶剤については，全体換気装置でもよいとされている（資料22～25を参照されたい）。通気の問題が生じ易いタンク内の有機溶剤業務では，一定のマスクの使用を求めている。

エ　鉛則は，戦後に新たな鉛化合物や鉛作業の登場とそれによる中毒者の発生を前提に，昭和42年に，やはり労働基準法の衛生関係特別規則として制定された経緯がある。鉛は，その製錬，加工等の際に発散するヒューム，粉じんへのばく露で，疝痛，四肢の麻痺などの悪質な中毒を発生させる。鉛則でも，局所排気装

置（局排）や局排の一種であるプッシュプル型換気装置の設置，労働者に保護具を使用させることなどが事業者に義務づけられている。

オ 四アルキル鉛則は，ノッキング防止のため自動車等の燃料に添加する無色の液体で，蒸気の吸引により頭痛，吐き気，著しくは錯乱状態等の健康障害をもたらす四エチル鉛等について，省庁横断的な協議の結果，1951（昭和26）年に施行された四エチル鉛危害防止規則に淵源を持つ。しかし，それは，製造，輸送における中毒を想定していたところ，昭和37年7月頃の横浜市の米軍石油貯蔵タンク清掃作業で作業員29名の四エチル鉛中毒を生じた（うち4名が死亡した）災害を踏まえ，改正されて昭和36年5月に四エチル鉛等防止規則となり，更に，昭和40年10月に，ぽすとん丸の四エチル鉛に汚染された船艙やタンクの清掃作業者が集団で中毒にかかった事故[28]をきっかけに，四エチル鉛，四メチル鉛，その他いくつかの混合アルキル鉛を対象に，事業者を名宛人として，装置を密閉式とすることから保護具の装着，特殊健診を含む総合的な対策を求めたのが四アルキル鉛則である。

カ 特化則は，僅かな物質しか規制対象にできなかった従来の特別規則の規制対象外の有害物質のうち，特定の物質を取り扱う労働者の健康被害が多い実態，従来の安衛則の規制内容に具体性を欠いていたこと等に鑑みて，公害対策も視野に入れ，昭和46年に労働省が制定した特定化学物質等障害予防規則と，それに紐付く3つの告示（ガス等の気中濃度関係，特殊健診の対象関係，作業主任者講習関係）を嚆矢としている。昭和47年の現行安衛法に製造許可，有害性の表示等の制度が盛り込まれたことを踏まえ，内容の充実化が図られ，以後も複数回の改正が重ねられた。

他の法令との関係についてみると，安衛法本体との関係では，法第55条が黄りんマッチ，ベンジン等の製造，輸入，譲渡等の禁止，第56条が，ジクロベンジジン，ベリリウム等の製造を大臣の許可制としつつ，その取扱いについては，本規則上の第1類物質として，その基準に委ねている。

安衛法上の製造等の禁止，製造許可の対象外物質は，有機則や本規則による類型別の管理に委ねられている（第1類：重度の慢性疾患を発生させ得るため，安衛法第56条で製造許可の対象とされている物質，第2類：〔重度の〕慢性障害を発生させ得るため，ガス，蒸気又は粉じんの発散源を密閉させる設備や局所排気装置の設置を要する物質，第3類：大量漏洩により急性障害を生じ得るため，屋内換気装置等一定の設備を要する物質）。

有機則等他の特別衛生規則との関係では，本規則は対象物質の用途や有害性の多様性などを踏まえ，<u>対象となる作業の特定はせず，それを製造又は取り扱う作業を全て対象としている</u>。特化則は，発がん性物質の規制を重視しており，従前は有機則が規制していたクロロホルム10種を，その第2類物質の「特別有機溶剤」に位置づけ，ばく露記録の長期保存，作業主任者の選任等を規定した（その後，1,2-ジクロロプロパン等が追加された）。

有機則との関係では，特定有機溶剤の単一成分の含有率が1％超で特定有機化合物と有機溶剤の合計含有率が5％以下の場合，特化則のみの適用，それぞれ1％以下，5％超の場合，有機則適用，それぞれ1％超，5％超の場合，両規則の適用，それぞれ1％以下，5％以下の場合，両規則とも適用なしとして，適用上の棲み分けが図られている（資料26）。

本規則は，ガス，蒸気又は粉じんによる健康障害防止措置として，設備上の措置のみでは不十分な場合等における防護具の備え付け等を定めている（第7章）。

キ 高圧則は，ケーソン内部作業や潜水作業などの高圧条件下での就業では，圧気下で体内に浸透した気体が低圧化すると気泡に変わり，細い血管を塞ぐなどして，関節痛，けいれん等を生じる高血圧障害等の防止のため，旧労基法の下で1961年に制定され，その内容が現行安衛法の制定の際に策定された旧高圧則に引き継がれたという経緯を持つ。

その後，1976年2月に栃木県の大瀬橋建設工事で一酸化炭素を含む空気の送給により，ケーソン内にいた労働者6人が一酸化炭素中毒で死亡する災害が発生したことを契機に，当時の安衛則の安全基準内の高圧作業にかかる危険防止に関する規定を統合するなどして充実化され，現高圧則（昭和52年3月19日労働省令第2号）ができた。

規則内には，高圧室内業務の設備，潜水業務の施設等（第2章），高圧室内業務の管理（第3章）等が定められている。

ク 電離則は，吸収された物質をイオン化（中性物質をプラスやマイナスの電荷を帯びたイオンにすること）させ，人体に影響を及ぼすエックス線などの電離放射線による健康障害の防止を目的とした規則である。

①戦後の経済復興時にエックス線装置や放射性物質の利用が増える一方，関係者の知識が乏しくて健康障害等が多発したことを踏まえて，昭和20年代後半に関係する様々な行政通達が発せられたこと，②昭和32年に放射性同位元素（放射線を発する原子）等による放射線障害の防止法が制定されたこと，③技術革新で電離放射線の取扱い範囲が拡がったこと等から，昭和34年に電離則（昭和34年3月31日労働省令第11号）が施行された。その後，昭和33年の国際放射線防護委員会（ICRP）勧告を踏まえた全面改正を経て，昭和47年に現行安衛法の制定を踏まえて新規則となった。なお，

資料22　換気の原則

換気の方法として、大きく局所排気、プッシュプル換気、全体換気の3つがあり、対象となる化学物質のリスクや費用対効果のバランスを考えて決定する必要があります。

リスクが大きい場合には、全体換気より局所排気またはプッシュプル換気を選択するほうが望ましく、広いで作業区域の中に少量の有害物質の発散源が点在する場合には、全体換気のほうが適当です。

以下に、3つの換気方法のメリット・デメリットを示します。メリットやデメリットを踏まえ、専門家やメーカーに相談し、適切な換気装置を導入しましょう。

換気方法	メリット	デメリット
局所排気	・周囲まで汚染される危険が少ない ・排気の処理ができる	・設備コスト、運転コストが大きい ・作業性を損なうことがある
プッシュプル換気	・周囲まで汚染される危険が少ない ・排気の処理ができる ・作業性を損なうことが少ない	・設備コスト、運転コストが大きい ・設置コストが大掛かりで場所を取る
全体換気	・設備コスト、運転コストが小さい ・設備が簡単で場所を取らない ・作業性を損なわない	・周囲まで汚染される危険がある ・排気の処理ができない

（厚生労働省「職場のあんぜんサイト」（https://anzeninfo.mhlw.go.jp/user/anzen/kag/pdf/taisaku/common_Ventilating.pdf、最終閲覧日：2024年3月12日））

資料23　局所排気装置の例

【局所排気（囲い式フード）】

- 囲い式フードは、発散源を囲い、開口面に吸い込み気流を与えることによって、有害物質がフード外へ流出することを防ぐことができ、化学物質へのばく露を減らすことができます。
- 囲い式フードは、外付け式フードと比べて、外乱気流による影響を受けにくく、小さい排風量でよい効果が得られる、最も効果的なフードです。
- 作業に応じた適切な囲い式フードの型式を導入しましょう。
- できる限り、作業空間を囲い開口部を減らすようにしましょう。また、必要な装置や材料が置ける十分な広さを確保するようにしましょう。
- 囲い式フード内には高濃度の有機溶剤蒸気があるので、中に立ち入ったり、顔を入れたりしないようにしましょう。
- 新規の局所排気装置の導入時や、隙間程度の開口部しかない既存の局所排気装置の構造が適切かどうかの判断の際は、有機則などの法令における要件を確認しつつ、専門の販売施工業者などに問い合わせましょう。

型式	概要	適応作業例
カバー型	発散源がフードにほぼ完全に囲い込まれていて、隙間程度の開口部しかないもの	粉砕、混合、ふるい分け、撹拌、コンベア、乾燥、仕込み
グローブボックス型		アイソトープの取扱い、毒ガスの取扱い
ドラフトチャンバ型	発散源はフードに囲い込まれているが、作業の都合上、囲いの1面が開口しているもの	袋詰め、分析、調合、研磨 溶接、粉砕、混合、撹拌、極版加工、切断、吹き付け塗装、酸洗い
建築ブース型		

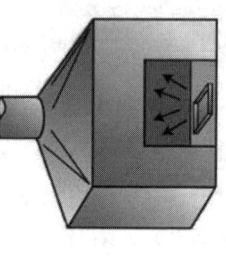
グローブボックス型

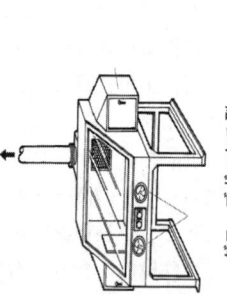
ドラフトチャンバ型

【局所排気（外付け式フード）】

- 外付け式フードは、開口面の外にある発散源の周囲に吸込み気流をつくって、まわりの空気といっしょに有害物質を吸引するもので、まわりの空気を一緒に吸引するために排風量を大きくしないと十分な能力が得られないため注意が必要です。
- また、まわりの乱れた気流の影響を受けやすく、囲い式に比べて効率はよくありません。
- 外付け式フードは吸込み気流の向きによって下方吸引型、側方吸引型、上方吸引型に分類されます。
- 新規の局所排気装置の導入時や、既存の局所排気装置の構造が適切かどうかの判断の際は、有機則などの法令における要件を確認しつつ、専門の販売業者などに問い合わせましょう。

型式	適応作業例
スロット型	混合、ふるい分け、ふりかけ、鋳物砂落とし
ルーバ型	溶解、混合、解体、めっき、洗浄溶解、浸漬塗装、鋳物砂落し
グリッド型	粉砕、塗装、接着、鋳物砂落とし
円形型	溶接、混合、ふるい分け、溶解、袋詰め、粉砕
長方形型	溶接、ふるい分け、溶解、極板加工、切断、ふりかけ、袋詰め

【局所排気（レシーバー式）】

- 発散源に熱浮力による上昇気流、回転に伴う気流があって、有害物質がその気流に乗って飛散するときに、気流の方向に沿って粉じん、ガス、蒸気を捕集するように設けたフードをレシーバー式フードと呼びます。
- 空気より比重が大きい有機溶剤蒸気に対しては、効果が期待できないため、注意が必要です。
- 作業者が発散源とフードの間に立ち入ると、フードに吸引される高濃度の有機溶剤蒸気にばく露する可能性があるため、そのような立ち入りはしないようにしましょう。
- 新規の局所排気装置の導入時や、既存の局所排気装置の構造が適切かどうかの判断の際は、有機則などの法令における要件を確認しつつ、専門の販売業者などに問い合わせましょう。

型式	適応作業例
キャノピー型	炉、焼入、鍛造、溶融
円形型	研磨
長方形型	研磨
カバー型（グラインダ型）	研磨、炉

（資料22に同じ）

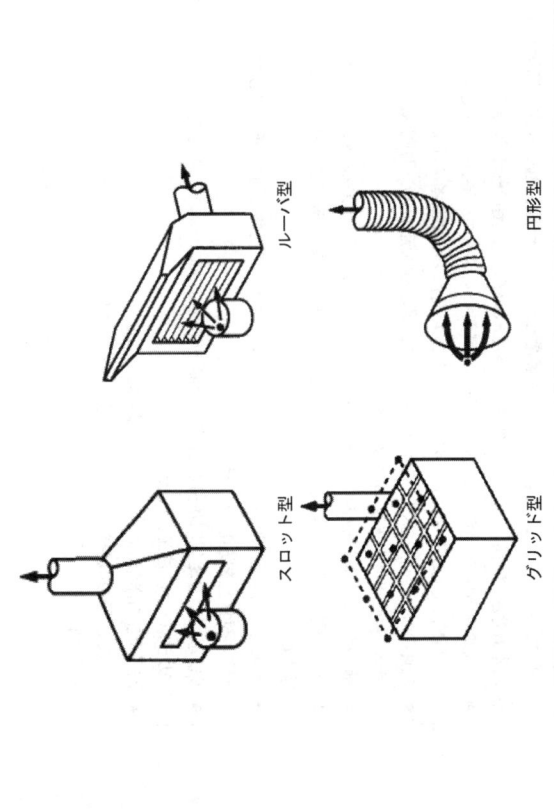

資料24 プッシュプル型換気装置

プッシュプル型換気装置は、局所排気装置に比べて、一般に低い風速で有害物質を補足し、排出でき、塗装作業や溶接作業、グラビア印刷などに用いられています。

- 新規の局所排気装置の導入時や、既存の局所排気装置の構造の判断の際は、有機則などの法令における要件を確認しつつ、専門の販売業者などに問い合わせましょう。
- 風速のばらつきを少なくすることと吹き出し気流に吸込み気流のバランスが重要であり、設計時の設計、稼働後の維持管理に留意しましょう。
- 扉、窓、および通路から離れた場所に設置して、一様な気流が乱れるのを防ぐようにしましょう。
- 吹出し側の空気を作業場内から供給する場合、外気の取り込み口（メークアップエア）を確保するようにしましょう。
- ファンはできるだけ低い位置に設置しましょう。
- 作業者が換気区域内に立ち入る場合、作業者は一様流の側方から受けるようにして、後流によるばく露を防止しましょう。
- 扉、窓、および給気口から離れた安全な場所に排気しましょう。また、排気によって近隣に迷惑がかからないように注意しましょう。
- 風下で誰も作業していないことを確認しましょう。
- 毎日、装置の電源を入れて、正しく動作することを確認しましょう。また使用前の日常点検を必ず行いましょう。

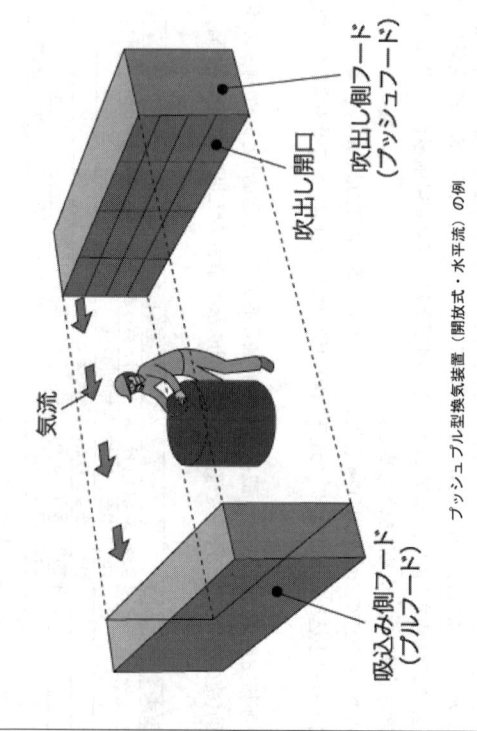

プッシュプル型換気装置（開放式・水平流）の例

（資料22に同じ）

資料25 全体換気装置

全体換気は希釈換気とも呼ばれ、給気口から入ってきたきれいな空気は、発散源付近の汚染された空気と混合希釈を繰り返しながら、換気扇に吸引排棄され、その結果有害物質の濃度を下げることができます。リスクアセスメントの結果、リスクが大きい場合には、局所排気装置、プッシュプル型換気装置の導入が望ましいです。

- 局所排気装置から排出するのに十分な換気量を確保しましょう。少なくとも1時間に10回の空気交換を推奨します。
- 新鮮な空気の取り入れ口か十分に確保できるか確認しましょう。確保できない場合は、屋外での作業または局所排気装置の導入を推奨します。ただし、扉や窓を開けるか、またはファンを使って換気に当てる場合は構いません。
- ファンはできるだけ発散源をできるだけ片方の丘に集めるようにしましょう。
- 発散源より風下で作業しないようにしましょう。
- 工場の建物内で作業する場合は、壁に取り付けられたファンを回して汚れた空気を排気に回して、中空レンガ、通気窓、または空気が天井の通気窓から新鮮な空気を作業場に入れて、空気を循環させるようにしましょう。汚れた空気が作業場から出るより、ファンを使って新鮮な空気を作業者に当てる方が有効な場合もあります。
- 新鮮な空気の取り入れ口の近くに汚れた空気を排気しないようにしましょう。
- 屋外では、汚れた空気が風下にくるように作業するようにしましょう。

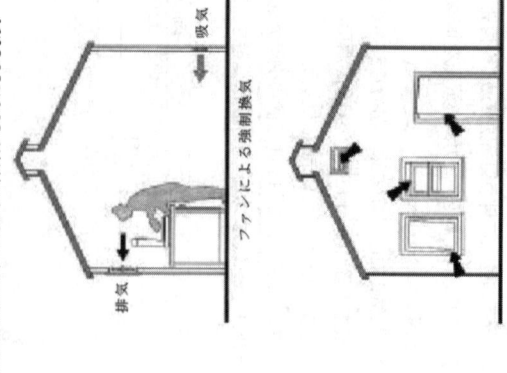

（資料22に同じ）

資料26 「特別有機溶剤」及び「有機溶剤含有物」の規制対象の範囲

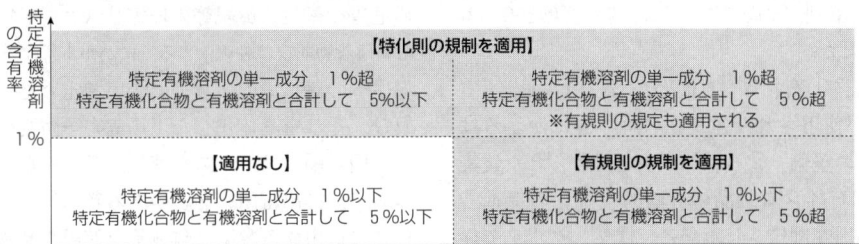

(三協化学株式会社 WEB サイト〔https://www.sankyo-chem.com/regulation/tokkasoku/?lang=ja,最終閲覧日：2020年10月29日〕。厚生労働省のパンフレットをもとに作成したもの)

　放射線同位元素（放射性同位体）は，不安定な原子核を持つ元素で，放射線を放出しながら安定な状態に変化する。一方，電離放射線は，高エネルギーの放射線で，物質を通過する際に原子や分子から電子をはじき飛ばし，電離を引き起こす。放射線同位元素は電離放射線の一種を放出する源となり得る。

　翌昭和48年に，非破壊検査の装置の放射線源による災害の多発等を踏まえ，電離放射線障害防止対策要綱が公表された。その後，平成11年の東海村 JCO 臨界事故を受けて，規則改正が行われた。また，平成23年の東日本大震災による福島第一原発事故により，本規則の改正と共に，除染電離則（東日本大震災により生じた放射性物質により汚染された土壌等を除染するための業務等に係る電離放射線障害防止規則）が制定された。

　本規則は，第2章で，管理区域を設定して標識により明示すべきことや，労働者が常時立ち入る場所について，遮蔽壁や局所排気装置の設置等により実効線量[29]が所定限度内となるようにすべきことや，放射線にばく露する労働者が受ける線量を測定すべきこと等を定めている。

　第4章で，放射線濃度にかかる作業環境管理，保護具や作業衣を労働者に使用させるべきこと等を定めている。

　ケ　酸欠則の前身は，昭和36年から37年にかけて，東京都内の高速道路工事現場で相次いで生じた酸欠による作業員の死亡災害等を受けて昭和42年に発出された「酸素欠乏症の防止について」と題する労働省通達に遡る。しかし，その後も酸欠による災害が継続し，昭和43年11月には「酸素欠乏症防止対策要綱」が公表された。それでも増加の一途を辿ったため，強制力のある規則を単独で制定したのが，「酸素欠乏症防止規則」（昭和46年9月13日労働省令第26号）であった。その後，昭和55年に滋賀県彦根市のゴミ焼却炉の汚水処理施設で，硫化水素中毒により計5名が死亡する災害が生じたことを受け，同中毒も視野に入れ，「等」を付した現行酸欠則が制定された。

　本規則は，酸欠危険のある作業場所を広く列挙して，対象範囲を定め，種々の防止措置の確保を図っている。防止措置としては，作業環境測定を筆頭に，換気（による一定の酸素濃度の確保と硫化水素濃度の抑制），換気を行えない場合等に保護具を使用させること，入退場者の点検，酸欠危険作業従事者の選任，同作業主任者以外の者の立入禁止，特に危険な酸欠危険作業（第1種酸欠危険作業）従事者に対する特別教育，退避，酸欠症状による転落の防止措置等を規定している。

　コ　粉じん則は，長期間にわたる粉じんの吸引による肺の病変による不可逆，難治性の健康障害（けい肺，溶接肺等）の防止のため，昭和35年に制定され，同52年に改正されたじん肺法を基礎としている。同法の52年改正は，じん肺有所見者数の多さを踏まえたものであった。本規則は，同改正の際に，職場における粉じんの規制（作業環境，ばく露防止にかかる規制）の強化を求める声を受けて昭和54年に策定された。

　本規則は，第2章に，粉じんの発散の防止／抑制を目的として，特定粉じん発生源に対する密閉設備や局所排気装置（局排），局排の一種であるプッシュプル型換気装置の設置，湿潤状態保持設備の設置，その他の粉じん作業にかかる措置（測定結果に応じた換気風量の増加，坑内作業場における切羽近くでの粉じん測定等），第6章に，ばく露防止のための保護具，一定の作業については有効な呼吸用保護具を労働者に使用させるべきこと等を定めている。

　サ　石綿則が対象とする石綿は，有用な天然鉱物として古くから利用されてきたが，発がん性等の影響が明らかとなり，日本を含む60カ国以上で輸入や使用が禁止されている。中皮腫の場合平均40年，肺がんで平均30～40年の潜伏期間が認められている。

　元は，安衛法と特化則等で健康障害防止措置を講じさせて来ていたが，平成7年，16年の安衛法施行令の改正で，石綿含有製品の製造等が禁止され，使用量が大幅に減った。しかし，昭和50～60年頃に建設された建築物に石綿含有建材が多く含まれており，その解体等の増加による労働者のばく露機会の増加が予想され，なおかつ，ばく露防止に必要な措置が特化則所定

の措置と大きく異なっていたため、平成17年に単独規則としての石綿則（平成17年2月24日厚生労働省令第21号）が制定された。

その特徴は、①石綿等（石綿及び石綿を1％以上含有する製品等）が使用された建築物の解体等にかかるばく露防止対策の整備、②石綿等が吹き付けられた建築物の管理、③石綿含有製品の計画的代替化の促進であった。本規則が制定された年に、偶然、クボタで従業員79名が石綿疾患で死亡し、近隣住民にも被害が発生していたことが明らかとなった（「クボタ・ショック」）。

本規則は、第2章で石綿等取扱い業務等にかかる措置を定めており、

その第1節は、建築物、工作物、船舶の解体等（解体、破砕等）のほか、発じん・ばく露防止措置としての吹付け石綿等の封じ込めや囲い込み作業での健康障害防止措置として、石綿等の使用の有無の目視、設計図書等による調査と結果の記録、使用の有無が不明な場合の分析調査と結果の記録、これら事前の調査結果を踏まえた作業計画の作成と、それに沿った作業の遂行、建築物の吹付け石綿等の囲い込み作業や建築物の張付け石綿等が使用されている保温剤の除去や囲い込み作業についての当該作業従事者以外の者の立入禁止措置及びその旨の表示等を事業者に求めている（第3条、第4条、第7条）。

第2節は、建築物の解体等の場面ではなく、吹き付けられた石綿や石綿含有保温材の損傷、劣化等により石綿等の粉じんを発散させ、労働者のばく露危険がある場合に、当該石綿等の除去、封じ込め、囲い込み等の措置を講じるべきこと、臨時に就業させる場合には、（除去等までは実施しなくてよいが、）呼吸用保護具等を使用させるべきこと等を規定している。

第3節は、建築物関係以外で石綿等を取り扱う業務等について、発散源の密閉、局所排気装置の設置等を求めると共に、石綿等の切断等の作業については、湿潤等の措置を講じると共に、労働者のばく露防止の徹底を図るために、当該労働者に呼吸用保護具を使用させることを事業者に義務づけている。そして、第2章で定められた作業を含め、石綿等を常時取扱い、もしくは（石綿による健康障害防止等を目的とする）試験研究のため石綿そのものを製造するか、一定の石綿を含有する製剤等の石綿分析用試料等を製造する作業場では、その作業の記録及び事故による汚染の概要を記録し、これを40年間保存させること等を使用者に義務づけている。

シ　法第22条の淵源は、行政官庁が、命令により、工場及び附属建設物（工場の主要な生産活動を補助または支援するために建設された倉庫、事務所、労働者の宿舎、食堂、トイレ、医務室などの建物や施設等）並びに設備による危害や衛生、風紀等の侵害リスク（＊全て「工場及び附属建設物並びに設備による」にかかる）がある場合の工業主への諸措置の命令等について定めた工場法第13条及び、それを具体化した工場危害予防及衛生規則にあり、同規則には、ガスや蒸気、粉じんなどの危険源について、排出密閉、必要のある者以外の立入り禁止、作業に従事する職工に防護具を使用させることなど、現行安衛則の衛生基準や特別規則が求める措置の原型が設けられていた。

戦後は、1947年に制定された旧労基法第42条が、使用者に安全衛生にかかる一般的義務を課し、他方で、当時は工場法施行令、同施行規則、工場危害予防及び衛生規則など様々な規則に分散していた内容を、労基法の体系下に位置づけると共に、ILOの条約・勧告を参照し、なおかつ工場監督行政の体験を踏まえて、同じく47年に、旧安衛則が制定された。旧安衛則等の諸規則には、後に法に格上げされた事項（作業主任者、安全・衛生委員会、急迫した危険時の労働者の退避、定期自主検査、検定、作業環境測定、有害業務の作業時間制限、技能講習等）が定められていた。

ス　法第22条の射程が広いため、背景となった災害は特定できないが、実質的には、それに紐付く特別衛生規則の制定を促した前述のような災害（オで述べた四アルキル鉛則の制定を促した災害など）が該当すると思われる。もっとも、鉛則や特化則のように、中毒者数の実態調査が背景となった特別規則がある。金属中毒や粉じんによるけい肺のように、大正時代から注目されていたものもあった。

セ　関連判例のうち、林野庁高知営林局事件・最2小判平2・4・20労判561号6頁では、林野庁が、昭和32年頃にチェンソー、同36年にブッシュクリーナーを本格導入して任用した職員に使用させていたところ、振動障害にり患したため、損害賠償請求された事案につき、1審は、鋲打機や削岩機等による振動障害から、これらの機械の導入によるリスクは予見できたのに、当該リスクに関する調査研究をせずに使用させたこと等は過失だとしたのに対し、2審及び上告審は、予見可能性を全否定はできないが、公務員災害補償制度の適用以上に民事過失責任を負わせるほどの違法性はなかったなどとして、林野庁の責任を否定した（もっとも、これは安全配慮義務のリスク管理義務としての本質を否定したのではなく、公務にかかる事案のため、容易に国等の責任を認めるべきではなく、公的補償に委ねるべきとの考えが基礎にあり、民間企業の場合には異なった結論となった可能性がある〔＊三柴注〕）。

東北機械製作所事件・秋田地判昭57・10・18労判401号52頁では、木型・金型修理・塗装工が、10年以

上，換気扇がなく防毒マスクも使用しないまま，溶剤としてシンナーを使用していたところ，有機溶剤中毒症にり患したとして，雇用主であった会社に損害賠償を求めた事案につき，会社は，先ずは換気装置等を設置して作業環境を改善し，次に保護具を使用させるべきだった（＊ほぼ有機則の定め通り）のに怠った点で過失責任があるとした。

三菱重工神戸造船所（騒音性難聴）事件・最１小判平３・４・11労判590号14頁では，全審級において，本件の元請は，下請の労働者と指揮命令関係にあり，元請が管理する労働手段を使用し，作業内容も元請の従業員とほぼ同じだった以上，当該下請労働者に対して安全配慮義務を負い，その内容は，労働省が作成した安全衛生のしおりに記されている措置（①環境改善，②騒音測定，③防音保護具の装着，④作業者教育，⑤聴力検査）と同一であるところ，これらの一部を怠った以上，同義務違反があるが，下請労働者側も，従前の経験から騒音の存在を知りながら，下請に採用されて元請の管理下で就業し続け，耳栓を完全に装着していなかった等の点で過失相殺されるとされた。

三菱重工神戸造船所（振動障害）事件・大阪高判平11・３・30労判771号62頁では，１，２審共に，チェンソーとそれ以外の振動工具による振動障害防止のため，それぞれに関する通達を踏まえ，会社側には，①工具の選定と保持，②作業時間管理，③作業標準の設定，④操作・作業方法（＊どこでどのように原材料を製造・加工するか，機械を操作するか等の具体的な作業の手順や手法であり，主に作業計画により改善され得るもの）の指導その他の教育，⑤保護具の支給と使用の徹底等を行う安全配慮義務があったが怠ったとして過失責任を認めつつ，被災労働者の血管収縮作用がある喫煙のほか，過度のアルコール節酒，単車運転による寒冷ばく露につき，賠償額の減額事由になると判断した。

喜楽鉱業（有機溶剤中毒死）事件・大阪地判平16・３・22労判883号58頁では，労働者が，おそらく，工場の廃溶剤タンクの底部に溜まったスラッジの清掃を，送気マスクや安全帯を装着せずに行っていたところ，有機溶剤中毒で死亡したために遺族から雇用主に損害賠償請求された事案で，法第22条が，事業者に，原材料，ガス，蒸気，酸素欠乏空気等による健康障害防止措置を課し，有機溶剤の易体内吸収性や毒性の強さから，有機則が定められた経緯などから，本件の雇用主には，有機溶剤を取り扱う労働者への有毒性，取扱い上の注意等の教育の徹底，安全管理体制や本件タンク内に入るには，送気マスク等の保護具を装着すべきこと等を記した作業手順の整備等を行い（＊教育を除き，有機則に定め有り），労働者の知識不足や慣れから生じる不注意等による災害を防止する（＊フェイルセーフの）注意義務があったが怠ったとして，過失責任が認められた。

化学メーカーＣ社（有機溶剤中毒等）事件・東京地判平30・７・２労判1995号64頁では，有機溶剤を取り扱う検査分析業務に従事していた従業員が，化学物質過敏症や中枢神経機能障害との診断を受けたことから，会社の安全配慮義務違反又は不法行為による損害賠償を請求したという事案で，<u>安衛法やそれに紐付く規則は，その趣旨からも，具体的な状況下で安全配慮義務の内容となり得る旨</u>を述べたうえで，

本件検査分析業務は，第１種有機溶剤等であるクロロホルムと第２種有機溶剤等であるノルマルヘキサンを使用し，有機則の適用を受けるため，会社は，同業務を行う部屋に局所排気装置等を設置する義務を負っており，それは安全配慮義務の内容でもあったが，同装置を設置していない部屋があった点につき，同義務違反となること，

業務時間が短い等の場合，保護具を使用させることを前提に同義務が免除されることがあるが，本件はその条件に該当しないこと，

有機溶剤の毒性等から，保護具を使用させることも，使用者の安全配慮義務の内容となるが，会社は，保護具の機能を満たさないマスクを設置したのみだったので，同義務に違反していたこと，

有機溶剤業務については，法令上，作業環境測定が義務づけられ，それが作業環境管理の基礎的要素であるため，やはり安全配慮義務となるが，会社は，それを果たさなかったこと等から賠償責任を負う旨の判断が示された。

国賠訴訟である大東マンガン事件（植田満俺精錬所・守口労基署長事件）・大阪高判昭60・12・23判時1178号27頁では，マンガン精錬所でマンガン鉱の製錬作業に従事してマンガン中毒にり患した労働者らが，当該被害は，安衛法第22条及びそれに紐付く特化則違反の状態を労基署が放置したことによるとして（ただし，本件で労働者は，<u>法第97条に基づく申告を行った形跡はない</u>），国賠請求を行った事案につき，２審は，行政官庁の権限行使は，その合理的裁量によるものであり，労働安全衛生に関する諸規定は，使用者に第一次的かつ最終的義務者であることを前提とし，行政官庁の権限はそれを後見的に監督するものとされている。少なくとも当該事業場につき労働者に切迫した「重大な危険」が予見され，監督機関の監督権限行使以外の方法では危険の発生を防止できず，なおかつ行使すれば防止し得た場合に初めて国賠責任が生じ得る旨を述べた。

なお，労働者が積極的に労基法違反を申告した場合にも，監督機関は権限行使する作為義務を負わないとする判例もある（池袋労基署長事件・東京高判昭53・７・

18判時900号68頁)。

ソ　適用の実際について，是正勧告等の行政指導を示した令和2年の「労働基準監督年報」をみると，第20〜25条の違反において，有機則違反が最多で約1800件，次に特化則違反が約2000件，粉じん則違反が約1400件，安衛則違反が約380件，石綿則約300件，酸欠則約100件で，鉛則，高圧則の違反は1桁台で少なく，四アルキル鉛則違反はゼロだった。ここ最近同様の傾向である。

違反による送検件数を示した「令和3年労働基準関係法令違反に係る公表事案」では，安衛法第22条違反が10件で，うち安衛則第578条（換気しない条件での内燃機関の使用禁止）違反4件，粉じん則第27条（保護具）違反3件，石綿則第3条（解体等に際しての事前調査や分析調査）違反1件，有機則第5条（第1種・第2種有機溶剤業務に際しての密閉，局排設置等）違反1件，高圧則第33条（潜水の際のさがり網の使用）違反1件だった。

タ　令和2年度厚生労働科学研究による行政官・元行政官向け法令運用実態調査（三柴丈典担当[31]）から，以下のような興味深い適用例が判明した。

①有機溶剤のリスクを示す掲示が汚損され，なおかつ機械設備の陰に隠れていたため，有機則第24条に基づき，掲示物の整備と掲示場所の位置変更について行政指導された例。

②石綿除去作業中，隔離養生（*石綿繊維の飛散等を防ぐため，シート等で囲うこと）した屋内作業場で内燃機関（発電機）を稼働させたことにより労働者が一酸化炭素中毒になったとして，安衛則第578条が適用された例。

チ　関係規則ごとの監督指導の実際については，以下のような情報が得られた。

1）安衛則

・第576条（有害原因の除去），第577条（ガス等発散の抑制），第579条（排気処理）は，特別則規定外の有害物に適用できるが，違反の基準がないため，全く適用しない。

・第578条（内燃機関の使用禁止）は，地下建設現場での発電用エンジンの使用による一酸化中毒発生事例等が多く，よく是正勧告している。

・第581条（病原体の処理）は，医療機関の廃棄物処理に関する法律の適用により，第582条（粉じん飛散防止）は，粉じん則の適用によるため，殆ど活用しない。

・第583条（騒音発生場所の明示等）は，関係ガイドライン（平成4年基発第546号）を示しつつ，よく適用する。第584条（騒音伝ぱ防止）は，何らかの措置が講じられていることが多く，概ね囲い設備の改善等の指導レベルで終わる。第585条（騒音障害防止用保護具）は，騒音職場での耳栓使用の強い指導に用いる。

・第592条の2〜6（ダイオキシン）は，主に廃棄物の焼却施設に適用するが，地方自治体が（民間委託して）運営しているので，環境測定，保護具使用等は概ね適正に行われている。

・第593条（呼吸用保護具等）は，特別則規定場面以外で適用する。例えば，有機則は，ゴム手袋や長靴などの皮膚障害防止は規定していないので，本条を適用する。

2）有機則

・対象となる有機溶剤は塗装で使用する例が多いので，計画的臨検を行っている。局排，全体換気装置，防毒マスク着用等（第5条，第6条，第10条，第15条，第18条，第33条）を確認する。人体リスクの表示も必ず確認する（第24条）。家内労働では，ヘップサンダル事件のような実例の紹介も重要な意味を持つ（が，実施例は多くない）。

3）特化則

・特化物（特に第2類・第3類）はよく取り扱われているため，計画的な臨検を行い，特に第2類取扱い事業場につき局排等の設置（第5条）を確認している。また，汚染されたぼろ等を不浸透容器等に入れているか（第12条の2），特別管理物質の人体リスクを掲示しているか（第38条），作業記録の作成保存（第38条の4）等を確認している。

4）鉛則

・鉛使用は減少しているが，鉛蓄電池製造事業場では，第3管理区分のところもあるので，適宜，臨検監督を行っている。中心的確認事項は，局排関係，除じん装置関係，防じんマスクの使用等である。

5）酸欠則

・酒造・醤油等製造会社，建設中の工事現場（圧気工法，ビル工事等），NTTや送電会社のマンホール等が主な臨検対象となる。

・第5条所定の換気（酸素21%以上，硫化水素10ppm以下の確保）が酸欠災害防止の基本なので，必ず確認する。

その他，人員点検（第8条）の際の氏名札の使用，立入禁止（第9条）のための酸欠場所の表示等の指導を行っている。

6）粉じん則

・対象が多岐にわたるため，陶磁器や鋳物，非鉄金属製品の製造現場では，粉じん主眼の臨検を行うが，その他では，工場や建設現場の監督の際に合わせて行うことが多い。注水，湿潤（第4条）を中心的な確認事項とし，建設現場等では防じんマスクも確認している（第27条）。

7）電離則

・病院でのエックス線使用現場，エックス線機械の製造現場，造船所などエックス線を使用する非破壊検査現場，イリジウム192を使用するコンビナート等を主な対象としているが，数は少ない。

8）四アルキル鉛則

・加鉛ガソリン製造コンビナートのみが対象で，実際の混入作業では，概ね3面開放で，漏れれば分かるよう白色ペンキ塗り，作業者も白色作業着を着用しているので，臨検のポイントは，防毒マスクや防護服の着用，シャワー，防毒剤の準備等となる。

ツ　第23条は，場所，機械器具，原材料等を含め，労働者の作業環境及び作業そのものの衛生や風紀等への配慮を義務づけた規定である。建物等の建設物等の構造上の欠陥や作業環境の衛生等に関する代表的な紐付き規則には，安衛則と事務所則があり，このうち安衛則の第540条は，安全な通路の設置と維持，標示，第543条は，機械間，機械―他設備間の通路幅を定めている。本条には罰則（法第119条第1号：6カ月以下の懲役又は50万円以下の罰金）がある。

テ　本条に紐付く主要な特別衛生規則である事務所則は，従来，事務所労働に適用されてきた安衛則第3編の規定が，特定の有害業務（坑内労働，粉じん労働，暑熱・低温作業等）を対象としていたところ，日常的な事務労働一般について対策を講じる必要性が生じたこと，その背景には，①安全衛生行政の最低基準から快適基準へのシフト，②ILOにおける商業及び事務所における衛生に関する条約（120号）・勧告の採択，③建築物における衛生的環境の確保に関する法律の制定等があったこと，現に，都市部への人口集中，建築物の大型化，気密化等もあって，室内空気汚染，冷房病，飲料水の汚染，悪臭，不完全なゴミ処理による害虫の発生などの事務所衛生に関する問題が発生していたこと等を踏まえ，昭和46年に制定され，翌年の安衛法制定に伴い，それに紐付く省令とされた。平成16年に，建築物の気密性の向上，化学物質を放出する建築材料の普及等を踏まえ，ホルムアルデヒド等による室内空気汚染への対策が加えられた。

事務所則では，第2章から第4章に危害防止基準が設けられており，第2章は環境管理の規制を担い，気積，換気，湿度，照度の基準設定，空気調和設備や機械換気設備による空気の浄化，燃焼器具を用いる室等での換気，安衛法施行令第21条第5号が定める室など，特定の室等における定期的な作業環境測定，騒音及び振動の防止等を定め，第3章は清潔を担い，飲料水の供給，飲用・食器洗い用給水の水質の確保，排水の漏出の防止，清掃等の実施，ネズミや虫の発生防止，便所の男女別化や一定個数の確保，洗面設備の確保，第4章は休養を担い，休憩設備設置の努力義務，男女別の睡眠／仮眠場所や寝具等の設置，一定数以上の労働者を使用する場合の男女別の休養室／休憩所の設置，立業従事者用の椅子の設置，第5章は救急用具を担い，救急用具等の備え付けと場所の周知等を定めている。

ト　本条の沿革も，法第22条と同様に，行政官庁が，命令により，工場及び附属建設物並びに設備による危害や衛生，風紀等の侵害リスク（＊「工場及び附属建設物並びに設備による」はここまでかかる）がある場合の工業主への諸措置の命令等について定めた工場法第13条及び，それを具体化した工場危害予防及衛生規則にあり，同規則には，採光，換気，照明，救急用具，食堂や食器の清潔，男女別の更衣所や浴場の設置など，現行の事務職則等が求める措置の原型が設けられていた。戦後は，1947年に制定された旧労基法第43条が，通路と休養以外の項目について，本条と同じ内容（建設物等に関する換気，採光，照明，保温，防湿，避難，清潔に必要な措置等）を使用者に義務づけ，第45条が，命令でそれを具体化する旨定めた。

ナ　法第22条と同様に，法第23条も射程が広いため，背景となった災害は特定できないが，やはり，工場法時代から同種の規定が存在したことから，現代とほぼ同様の建設物等による衛生面での健康障害が生じていたと解される。本条に紐付く事務所則は，都市部への人口集中，建築物の大型化，気密化等を背景とする室内空気汚染，冷房病，飲料水の汚染，悪臭，不完全なゴミ処理による害虫の発生などの事務所衛生に関する問題の発生を背景としていた。

ニ　関連判例のうち，刑事事件であるM製作所（安衛法違反被告）事件では，

元請F製作所が農協連から受注した増設工事のうち設備工事を下請したY1社の取締役であり，その工事及び安全管理を統括していたY2が，別の建設工事会社から派遣されたAらを使用して，網状鋼板に付け替えるため，先ずは機械室内の足場板を取り外して開口部（本件開口部）を生じたところで，別の場所でし残した作業を思い出し，ロープに白布を付けて目印として，その場を離れたところ，電気系統の点検に来た関係者のCが，そのロープを跨ぎ，その開口部から落下して死亡したことを受け，通路の安全確保を定めた安衛則第540条と安衛法第23条，第27条違反に当たるとして，両罰規定（法第122条）により，Y1と共に起訴された事案について，

1審が，本件開口部は，作業の工程と時系列を全体としてみると，本件工事のため，通路として用いられており，安衛則第540条が定める「通路」に当たるとしたのに対し，2審は，同条にいう「通路とは労働者が通行する場所をいう」と述べた上で，本件開口部

は，その発生時点から塞ぐ（予定の）時点まで，Y2とその指示の下で就労していた派遣労働者らのほかに通行することがあり得ない場所だから，同条にいう通路には当たらないし，<u>CはY1の労働者ではなかったので，Y1の労働者にとっての通路とも言えない</u>，と判断した（つまり，保護対象を，Y1〔とY1を代理するY2〕が使用する者のみとする旨示した）。

【事件に関する技術専門家の意見】

> 1）事実関係について
> 　現場は工場のプラントのようだ。図示（**資料27**）したように，機械施設がいくつか並んでいて，空中の通路が設置されていたものと思われる。
> 2）判決について
> 　やはり，死亡災害ということで，監督署が弔い送検（同程度の過失でも，軽度の災害なら行わない送検を，死亡という結果を重視して行う送検手続きのこと）をしたもののように察せられる（なお，三柴も同意見）。
> 　ただし，転落したCの雇用主の法的責任が問われていないことは疑問。
> 　私見も高裁と同様に，Cが転落した場所を安衛則上の「通路」というには無理があると考える。
> 3）未然防止策について
> 　Cの雇用主と就業させるプラント管理者とのリスクコミュニケーションが重要だったと思われる。
> ［宮澤政裕氏（建設労務安全研究会）］

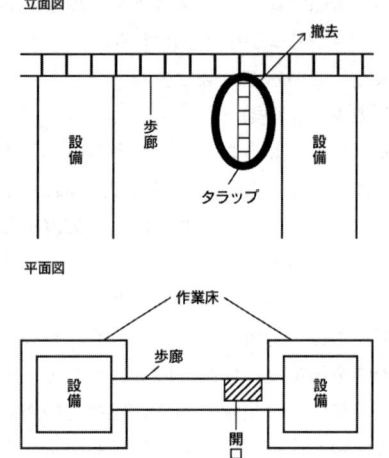

資料27

立面図

撤去／設備／歩廊／タラップ／設備

平面図

作業床／歩廊／設備／開口／設備

（双方とも宮澤政裕氏のスケッチを踏まえ池崎万優氏が作図）

ヌ　民事事件である内外ゴム事件では，

数年間，換気が悪い作業場で，保護具を着用せず，トルエン，ヘキサン等の有機溶剤を含有するゴム糊を使用する業務を行っていた作業員が，慢性有機溶剤中毒にり患し，使用者の安全配慮義務違反が問われた事案につき，

安衛法及びそれに紐付く安衛則や有機則の規定は，行政取締規定だが，その目的の一致から，使用者の労働者に対する私法上の安全配慮義務の内容となるとした上で，

本件では，局所排気装置の設置（安衛法第22条，第23条。有機則第5条，第14条乃至第18条），呼吸用保護具（防毒マスク），保護手袋等適切な保護具の具備（安衛則第593条，第594条，有機則第32条乃至第33条），有機溶剤の特性・毒性・有機溶剤中毒の予防にかかる安全衛生教育（安衛法第59条，安衛則第35条），適切な特殊健康診断（有機則第29条，第30条），必要な作業環境測定と結果の記録（安衛法第65条，施行令第21条，有機則第28条），有機溶剤のリスクと取扱上の注意事項，中毒発生時の応急処置等の掲示（有機則第24条，第25条）が同義務の内容となるが，いずれも（適切に）実施されなかった（局所排気装置は一切設けられず，保護具は十分に用意されず，全く着用されず，教育指導はされず，特殊健診は適正になされなかった）とされた。

なお，法定の測定は一応行われ，個々の有機溶剤は許容濃度内だったことを認めつつ，個人サンプラーを活用した正確なばく露濃度測定，複数の有機溶剤の相加作用の評価等も同義務の内容だったが果たされなかったとされた。

すなわち，たとえ作業環境測定の結果が目安となる基準範囲内でも，"結果よければ全てよし"ではなく，<u>本来講じられるべき対策を怠っていた場合，その目安となる基準自体が疑われ，違法扱いされ得る</u>ということである。

ネ　違反による送検件数を記した「労働基準関係法令違反に係る公表事案」（令和2年12月から同3年11月）のうち本条についてみると，通路等に関する安衛則第540条違反の2件に限られていた。是正勧告を典型とする違反指摘件数を記した令和2年の「労働基準監督年報」では，第20条〜第25条違反における安衛則違反は約382件，事務所則違反は9件だった。[32]

元監督官へのインタビューによれば，本条を主眼とする臨検監督はなく，通常の臨検監督の際に実施されるが，通路，床面，階段等の保全には留意するが，換気，採光，証明，保湿等の衛生基準関係はあまり重視しない傾向にある。

ノ　令和2年度厚生労働科学研究による行政官・元行政官向け法令運用実態調査（三柴丈典担当）から，以下のような興味深い適用例が判明した。

①常時使用労働者数50人超の製造業事業場で，休養室が男女別に設置されていなかったため，他の部屋の一部を転用するなどの緊急措置を指導した後，改めて区画レイアウト，鍵の取り付け等を行政指導した（事

務所則第21条関係)。

②工場内の安全通路（安衛則第540条）が形骸化し，労働者が積み上げ資材を跨いでショートカットしている状況につき違反指摘したが，その後の臨検で，資材を跨いでいても，通路でない場所だったことから，違反指摘できなかったことがあった（移動箇所の「通路」認定の困難の指摘）。

ハ　関係規則ごとの監督指導の実際については，以下のような情報が得られた。

1）安衛則

・通路の確保は全ての事業場の臨検時に確認する。建設業では特に重視している（第540条関係）。チェックポイントは，突起物がないか，滑りやすくないか，踏み抜きはないか，1.8m以内に障害物はないか，通路の幅は80cm以上あるか等である（第542条，第543条，第544条等）。

・危険物取扱い作業場に2カ所以上の出入口があるか（第566条）は，従来危険物を取り扱っていなかった室を変更した場合に違反となり易い。

・照度（第604条）については，建設現場で元請が照明器具を設置せず，全体的に暗い場合があり，下請自ら設置を余儀なくされる場合もあるので，臨検時に必ず指導する。その際，規則上の明るさ（150lx，300lx）に関わりなく，照度の確保を指導する。

・休養室等（第618条）は，特に第3次産業での違反が多く，労働者にとって重要なので，必ず確認するが，清掃に関する第619条は死文化している。

2）事務所則

・労働者が多数いる部屋については，気積（第2条）を計算する。VDT作業について，ガイドライン（令和元年7月12日基発0712第3号）に基づきチェックするが，照度（第10条）が問題となることは少ない。

ヒ　法第22条，第23条共に原型は工場法時代から受け継がれ，その実質は，それに紐付く規則等によって形成されているため，変化への適応は，規則等の追加や改正を行うことで足りると思われる。

フ　特別衛生規則の変遷は，

①技術の発達，労働者の健康実態，災害的出来事の発生や社会問題化を背景とする充実化（新たな基準の増加），

②危害要因の（特質や重要性認識の）変化などに応じた細分化（既存の基準の詳細化），

③有機則と特化則の重畳的適用に代表される複雑化，

の3点に集約され，これらの進展が，一定程度，労災や健康障害の防止効果を発揮したことは疑いないものの，事業者にとっての分かり易さや自律的な安全衛生活動の促進との相克が生じ得る。仮に統合を図る場合には，危害要因の種別やレベル，取扱い方法などの

要素のいずれに着目するかを検討する必要がある。

ヘ　法第24条は，第20条から第23条で企図された物的リスク対策では防止しきれない作業の行動様式に起因する行動災害対策を企図した規定であり，代表は腰痛リスク対策である。

本条の具体化も法第27条に基づき省令で図られているが，それらの履行を支援する通達も重要な役割を果たしている。

腰痛対策を図った代表的な省令や通達は以下の通り。

・「重量物取扱い作業における腰痛の予防について」（昭和45年7月10日基発第503号）

①自動化，機械化，作業速度の調整等による運搬作業の省力化と改善，②取扱い重量の軽減と負担均一化，③荷姿の改善と重量等の明示，④作業台の活用等，⑤取扱時間及び量の適正化，⑥作業方法（＊どこでどのように原材料を製造・加工するか，機械を操作するか等の具体的な作業の手順や手法であり，主に作業計画により改善され得るもの）の教育，等を示唆。

・「重症心身障害児施設における腰痛の予防について」（昭和50年2月12日基発第71号）

これら2通達に基づく行政指導等で腰痛発生件数は減少したが，業務上疾病に占める割合は依然として高かった（約6割）ため，中央労働災害防止協会への委託調査に基づき，以下の通達が発せられ，上記2通達は廃止された。

・「職場における腰痛予防対策指針」（平成6年9月6日基発547号）

本指針は，その後，福祉・医療分野の介護・看護作業，長時間の車両運転や建設機械の運転作業等を力点とした内容に改訂され（平成25年6月18日基発第0618第1号），現在に至っている。

ホ　本条にも罰則が付いており，本条に違反して必要な措置を講じない事業者には6カ月以下の懲役又は50万円以下の罰金に処せられ得る（法第119条第1号）。

マ　沿革をみると，工場法や旧安衛則に作業行動災害（主に不安全行動〔手間を惜しむ，悪慣れ等から，意図的に事故災害を生じ得る行動をとること〕による災害）を規制する一般的規定はなかったが，現行安衛法制定の15年以上前の論文（高梨湛「作業行動災害の防止策」労働基準7巻6号〔1955年〕5頁）に，産業災害全体の約8割が作業行動災害に起因する旨記載されており，現行法制定過程では，作業行動災害の規制を図ることが明言されていた（昭和47年4月12日衆議院社会労働委員会渡邊健二委員発言，昭和47年4月25日塚原俊郎国務大臣発言等）。

ミ　関係判例には以下のようなものがある。

●信濃運送事件・長野地判平19・12・4労判967号79頁

Yの従業員としてトラック運転業務に従事していたXが，20～30kgの箱や袋の積み込みを補助者も付けず単独で行っていて，椎間板ヘルニア，腰部脊柱管狭窄症の後遺障害を負って，労災認定を受けたため，Yの安全配慮義務違反による損害賠償請求を行った事案。

判決は，XがYで従事していた業務は腰に負担がかかり，本件後遺障害をもたらすリスクがあったので，Yはそれを防止する安全配慮義務を負っていたとしたうえで，平成6年9月6日付け旧労働省通達「職場における腰痛予防対策の推進について」等の通達，大臣告示は，一種の目安にすぎず，多岐にわたり一般的抽象的だったり，コストや手間を擁するものもあり，その違反が直ちに安全配慮義務違反にはならないが，違反の程度が著しかったり，多項目にわたっているような場合，同義務違反になる。

平成6年旧労働省通達やその解説では，昇降作業台，足踏みジャッキ，サスペンション，搬送モノレール等の補助具の導入が例示され，そのうちXが主張する台車の導入は容易だったのに，なされなかった点で，Yの安全配慮義務違反は否定できないとした。

行政が発出するガイドラインが安全配慮義務違反の有力な判断基準となることが窺われる。他に，昭和45年通達に言及したものとして，佐川急便（損害賠償請求）事件・大阪地判平10・4・30労判741号26頁，ヤンマーディーゼル事件・神戸地尼崎支判昭60・2・8労判448号31頁等がある。

平成6年の旧労働省指針に言及したものとして，おきぎんビジネスサービス事件・那覇地沖縄支判平18・4・20労判921号75頁がある。同判決は，この通達は行政取締規定に関連するものだが，労働者の安全や健康を確保するためのものなので，使用者の安全配慮義務の内容を考える際の基準となると明言した。

【事件に関する技術専門家の意見】

1）事実関係について
　特になし。
2）判決について
　原告も裁判所も，台車の使用によって本件災害を防げたと述べており，確かに中にはジャッキアップできるものもあるが，一般に台車では荷を上にあげられないので，荷積みできない（岩村，篠原）。
3）未然防止策について
　安全教育で，重量物取扱いの「恐ろしさ」を伝えることが重要。例えば，重量物の持ち上げでは，腰に3倍の力がかかり，椎間板がボロボロなることもある。実は，上掲のような行政のガイドラインも，その点に関する記載が不十分なので，よりリスクの内容を具体的に示すべき（篠原）。

労働者は一般に重量物取扱業務を命じられても断れないが，腰痛を感じた時点で早めに事業者に伝達することも必要（福田）。

［福田隆文氏（長岡科学技術大学名誉教授），篠原耕一氏（元監督官，京都労務トラスト代表），岩村和典氏（ニッポン高度紙工業株式会社）］

● 大成建設他事件・東京地判昭61・12・26判タ644号161頁

訴外Bから増設工事を請け負ったY1（1次下請）から基礎工事等を下請したY2（2次下請）の建設現場作業員（日雇い派遣労働者）として働いていた訴外Aが，Y2の従業員の指示を受けて転圧機（鉄製底部を上下に振動させて地盤を固める装置）の誘導のためロープで引っ張る補助作業をしていたところ，足を滑らせて転倒し，コンクリート製パイプ状パイルから突出した鉄筋に顔面を打ち付け，頸髄損傷で死亡した（顔面頰部を鉄筋で突き刺したショックもあって，体を支えられず，全体重が頸部にかかったことによる）ため，訴外Aの遺族（X）がY1・Y2の安全配慮義務違反等を根拠に損害賠償請求した事案。

判決は，安全配慮義務の内容は，実定法上使用者の配慮すべき義務として規定されているか否かには左右されない，Yらは，諸状況に応じて訴外Aの生命，身体，健康に対する危険の発生が客観的に予想される以上，それを防止ないし除去するための人的，物的措置を講じる義務を負っていた，鉄筋がむき出しのパイルの狭い空間を頻繁に移動しながら重量のある転圧機を誘導するという作業態様や現場状況には，転倒して本件のような災害が生じる危険が客観的に存在し，かつ，本件転圧作業を命じる者には容易に予見できた，Y1らは，本件事故現場の状況をつぶさに把握していたが，定期安全集会で作業手順等にかかる一般的な安全注意をするのみで，本件補助作業に特化した具体的な安全指導を行っていなかった，また，Y1らは，自身の支配監督下にある建設工事現場で，Aに本件補助作業を命じてその労務提供を受けていたから，雇用関係に類似ないし近接する使用従属的法律関係にあり，その作業現場の状況，作業内容等に照らしてAの生命，身体，健康に対する危険の発生が客観的に予見される以上，それを防止ないし除去するための人的，物的措置（本件災害を想定した具体的な危険回避策の打ち合わせや指導を含む）を講ずべき安全配慮義務を負っていたが，前記の具体的な安全配慮義務を懈怠したため，本件災害の発生を防止し得なかったので，その損害の賠償責任を負う，とした。

（実質的な）使用者に日常的なリスクアセスメントを求める趣旨とも解される。その後にも，労働者の作業

中の転落死亡災害につき，作業マニュアルの労働者への交付やその内容の周知徹底を怠ったとして使用者の安全配慮義務違反を認めた例（東京地判平25・2・18判例秘書L06830232）があるが，

20kg弱のブリキ缶運搬中の階段での転倒災害につき，缶の重量，階段の滑りやすさ，照明等の物的措置に問題なかったことを踏まえ，安全配慮義務違反を認めなかった（≒教育，人選等の人的措置義務違反までは認めなかった）例（本田技研工業事件・東京地判平6・12・20労判671号62頁）もあり，

違反の判断基準は必ずしも明らかではない。

【事件に関する技術専門家の意見】

> １）事実関係について
> 　おそらく，図示（資料28）したタンピングランマーを牽引していたのではないか。
> 　現在のものは40kg程度だが，本件が生じた昭和当時は重量が80kgほどあり，牽引する者がいないと操作できなかった。
> ２）判決について
> 　確かに，数多くのコンクリートパイルがあって，その間隔が狭い場所で，重いランマーを牽引する作業には危険を伴うので，場所の管理者が対策すべきではあった。
> 　被告側は，法定されていないから対策不要と述べたが，不見識であり，やはり個々の条件に応じたリスクアセスメントの発想は必要である。
> ３）未然防止策について
> 　判決が示唆したコンクリートパイルにキャップをする予防策は，今は既に常識化している。
> 　重いランマーを用いる作業に牽引者（補助者）を設けること自体は避けられなかったとしても，この類いの災害は多いことからも，最低限，現場リスクを想定した安全教育はすべきだったのではないか。
> ［宮澤政裕氏（建設労務安全研究会）］

ム　適用の実際についてみると，元監督官へのインタビューにおいて，本条（法第24条）については，法第27条に基づき省令で具体化されるべきところ，その例が全くないため，違反指摘をしにくいとの声があった。

本条違反は，労働者のエラー／ミスに起因する性格上，事業者側の構成要件の設定が困難という事情が窺われる。

しかし，法第26条等で労働者に課せられた義務規定違反も，両罰規定（法第122条）により事業者責任とすることはできるので，労働者の義務規定の充実化によって，行動災害防止を図ることは可能なようにも思われる（三柴私見）。

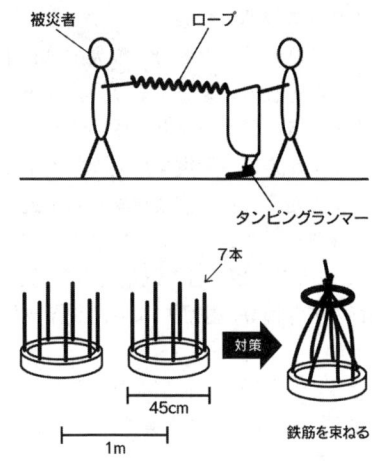

資料28

（双方とも宮澤政裕氏のスケッチを踏まえ池崎万優氏が作図）

メ　法第25条は，労災発生の急迫危険が生じた場合の作業中止，労働者の退避等の措置を事業者に義務づけた規定である。

旧労基法時代には，例えば，可燃性ガスがある地下作業場で労働者を就労させる場合，毎日ガスの含有率を検査し，メタンガスの含有率が100分の1.5以上の場合，改善措置を講じ，労働者を退避させ，動力を停止すべき旨の旧安衛則の定め（第153条）など，個別の規則で，個々の業務につき，個別的な定めが置かれるにとどまっていた。

しかし，現行法下では，本条が一般的に作業停止や労働者の退避措置を事業者に課し，その下，個別の規則で，典型的な危険有害状況につき，より充実した定めが整備されている。個別の規則に定めのない危険有害状況下でも，本条は適用され得るとの見解がある。[33]

①危険物等の爆発，火災等の急迫危険がある場合：安衛則第274条の2
②地下作業場等で，可燃性ガスの濃度が一定値を超えた場合：安衛則第322条第2号
③ずい道等での落盤，出水等の急迫危険がある場合：安衛則第389条の7
④ずい道等での建設作業で可燃性ガスの濃度が一定値を超えた場合：安衛則第389条の8
⑤土石流による急迫危険がある場合：安衛則第575条の13
⑥特定元方事業者が一定の作業場所で警報を発した場合：安衛則第642条第3項
⑦有機溶剤中毒発生のおそれがある場合：有機則第27条
⑧四アルキル鉛中毒り患のおそれがある場合：四アルキル鉛則第20条
⑨第3類物質等が漏洩した場合：特化則第23条

⑩事故発生時：高圧則第23条
⑪事故発生時：電離則第42条
⑫酸欠等のおそれが生じた場合：酸欠則第14条

　本条は，立法過程での調整により，作業停止や労働者の退避を事業者に課す形をとっているが，行政解釈によれば，本条が定める労災発生危険状況下で，労働者が緊急避難のために自ら作業現場から退避できることは当然である（昭和47年9月18日基発602号）。民法第536条第2項所定の債権者の危険負担や民法第533条の同時履行の抗弁権等の主張により，賃金支給も求め得る。³⁴⁾

　また，そのような場合，都道府県労働局長又は労働基準監督署長は，事業者に作業停止命令を発し得る（法第99条第1項）。

　モ　本条にも罰則が付されている（法第119条第1号：6ヵ月以下の懲役又は50万円以下の罰金）。

　ヤ　本条の制定過程をみると，中央労働基準審議会の議を経て国会へ提出された政府原案に本条はなかったが，労働側から労働安全に関する労働者三権の一つとして「労働者の退避権」が提議されて衆議院社会労働委員会で法案が修正され，本条が設けられた。しかし，労働者の権利としては規定されなかった。

　ユ　関係判例として，東京電力ホールディングス（旧東京電力）ほか2社事件・福島地いわき支判令元・6・26裁判所WEBサイトが挙げられる。

〈事実の概要〉
　Xは，訴外会社に雇用され，Y1（東京電力）が運営する複数の原子力発電所の定期点検作業に従事していた。Y2，Y3は，Y1から保守管理等を下請していた。
　Y1は，福島第一原発事故にかかる緊急作業として，3号機タービン建屋（本件建屋）の地下1階で電源盤（本件電源盤）にケーブルを接続する作業（本件作業）を行うこととし，Xは，Y2の従業員から，Y2のチームの一員として，本件作業を行うよう指示を受けた。当該作業にあたり，Y2チームのメンバー全員が，APD（警報付きポケット線量計）を渡され，20mSvにアラームを設定して着用するよう指示された（なお，訴外会社規則では，放射線業務従事者の線量限度は，通常時，40mSv／年間等とされていた）。
　本件作業中に，Y2従業員3名が着用していたAPDが連続して鳴ったため，Xが訴外会社の上位者に作業中止を申し出たが，聞き届けられなかった。この際，XのAPDは，積算4mSv超を示したが，積算20mSvを示すことはなかった。
　Xは，その後も本件原発での緊急作業に従事し，少量の外部被ばくをした。
　そこで，被ばくによる精神的苦痛を被ったとして，Y1らに安全配慮義務違反及び使用者責任に基づく損害賠償請求等を行った。

〈判旨：X請求認容〉
　Y1の放射線管理仕様書で，作業員の線量計の警報が連続して鳴ったら速やかに退避するよう求められていることからも，Y2チームは，APDが上記反応を示し，積算放射線量が20mSvを超えたおそれがある場合，過度の被ばくを避けるためにも本件作業を中止して本件建屋から退避すべきだった。
　そうした状況下で，本件作業を継続し，本件建屋にとどまることを余儀なくされたXの不安や恐怖は，健康被害を生じるかもしれないという危惧，恐怖を覚える程度のものといえ，相当程度の精神的苦痛を受けたものといえる。
　他方，20mSv超の被ばくが認められないこと，本件作業後も就業を継続したこと等は賠償額減額の事由となる。
　控訴審（仙台高判令2・12・16 LEX/DB25568687）も本判決を支持した。
　電離則第42条第1項第3号が労働者を退避させるべき基準としているのが，事故による実効線量が15mSvであることからも，本件ではXの被ばく量が20mSvに達していない中，判決がY1の放射線管理仕様書の記載等を頼りに警報が連続して鳴った場合の退避措置を事業者に求めたのは，放射線被ばくのようなケースでは，抽象的危険（労働災害発生の急迫した危険の可能性が存するに過ぎない場合）でも退避義務が生じると判断したとも解し得る。

【事件に関する技術専門家の意見】

1）事実関係について
　実質的には，機能の悪い線量計を用いたことが問題と思う（福田）。
2）判決について
　妥当な判決。
　訴訟で賠償を求めたのが方法として良かったかはともかく，原告が相当不安に感じたのは理解できる。
　また，安全秩序の維持のためにも，線量計が鳴っている以上，いったん作業者を退避させるべきだったと思う（福田）。
3）未然防止策について
　やはり，線量計が鳴っている以上，一旦は作業者を退避させ，正確な線量等を確認してから再度就労させるべきだった（福田）。
　従業員から退避の要望も出ていた以上，事業者側は尊重すべきである（岩村）。
［福田隆文氏（長岡科学技術大学名誉教授），篠原耕一氏（元監督官，京都労務トラスト代表），岩村和典氏（ニッポン高度紙工業株式会社）］

ヨ 監督指導状況については，元監督官へのインタビューからは，本条履行の場面に監督官が居合わせることは殆どないため，臨検監督での監督指導は殆ど行われないが，本条が履行されずに労災が発生した場合，立件の理由とされ得るとのことだった。

ラ 法第25条の2は，第1項で，建設業その他政令指定事業の事業者に，爆発，火災等に伴う救護活動での二次災害防止措置として，機械等の設置と管理（第1号），訓練（第2号），その他の必要事項（第3号）を行うべきこと，第2項で，第1項所定事項を行わせる有資格の管理者を選任すべきことを定めている。

本条が求める措置は，救護措置そのものではなく，救護の前提条件整備による二次災害防止であり，救護自体を規律する消防法等の定めに何ら影響しない（昭和55年11月25日基発第647号）。

リ 本条の内容をみるに，第1項に言う「建設業その他政令で定める業種に属する事業の仕事」については，安衛法施行令所定の，

ずい道等建設で出入口から1000m以上の場所で行われる作業や深さ50m以上のたて坑（縦方向に掘られる坑で，地下で横坑などと接続させる）の掘削を伴うもの等（第1号），

圧気工法で，一定レベル以上のゲージ圧力で行うもの（第2号），

が対象となり，現段階で，建設業以外の政令指定は行われていない。

事業者が講ずべき措置は，以下のように具体化されている。

1）救護に必要な機械等（第1号）

空気・酸素吸入器，メタンや硫化水素等の濃度の測定器，携帯用照明器具（ヘルメット等に付けるキャップランプ等を含む〔昭和55年11月25日基発第648号〕），その他の救護に必要な機械等（はしごやロープ等〔同前〕）（安衛則第24条の3第1項）。

2）訓練（第2号）

機械等の使用方法（機械等の説明書の理解と実際の装着や測定〔前掲昭和55年通達〕），蘇生などの救急措置（人工蘇生器の使用，人工呼吸，心臓マッサージなど〔同前〕），その他（救護者相互の連絡や合図等〔同前〕）（安衛則第24条の4第1項）。

3）その他の必要事項（第3号）

救護組織の形成，機械等の点検整備，訓練の実施及びこれらに関する規程の策定（安衛則第24条の5），ずい道工事内部や高圧室内の作業者の人数・氏名の常時把握のための措置（安衛則第24条の6）。

第2項にいう前ям「各号の措置のうち技術的事項を管理する者」に管理させるべき技術的事項とは，①機械等の備え付けと点検整備，②訓練の実施，③救護関係規程の作成，④ずい道等の内部の作業者の人数・氏名の確認，⑤その他であり，専門技術的事項に限られない（昭和55年11月25日基発第648号）。

管理者には専属の者を選任せねばならず（安衛則第24条の7第1項），必要な資格は，以下の通り。

①3年以上ずい道等の建設の仕事に従事した者（施行令第9条の2第1号）

②3年以上圧気工法による作業に従事した者（施行令第9条の2第2号）

のいずれかであって，厚生労働大臣所定の研修（①学科研修と②実技研修で構成〔昭和56年5月25日労働省告示第55号〕）を修了した者（安衛則第24条の8）

事業者は，この者に，職務遂行に必要な権限を付与せねばならない（安衛則第24条の9）。

ル 本条（法第25条の2）にも罰則が付されている。

第1項に違反し，救護にかかる二次災害防止策を講じない者には，法第119条第1号が適用され（6カ月以下の懲役又は50万円以下の罰金），

第2項に違反し，①技術的管理者を選任しない者や，②選任しても，必要な技術的管理をさせない者には，法第120条第1号が適用される（50万円以下の罰金）。

レ 本条（法第25条の2）の主な背景災害は，二次災害による死者2名を含む16名の死者を出した大清水トンネル工事の坑内火災事故（昭和54年3月20日）であった。[35]

もとより難工事だったが，掘削に使用した鋼製ジャンボドリル台の解体作業中に火災が発生し，現場で消火可能との第一報があったが，備え付け消化器は全て使い古しで機能せず，警報がなかったため，近くで作業していた労働者も煙に巻かれた。

なお，この災害の約1年8カ月前に，上越新幹線湯沢トンネル工事でも坑内火災事故が発生し，旧労働省が局長通達「トンネル工事等における坑内火災の防止について」（昭和52年7月25日基発第418号の2）を出し，火災発生後の警報や連絡体制の整備，消化器の点検整備等を示唆して再発防止を図っていたが，殆ど無視されていた。

この災害の後，「工事中の長大トンネルにおける防火安全対策について」（昭和54年10月22日基発第523号の2）が発出され，その後，昭和55年の安衛法改正で，本条が新設された。

ロ 監督指導状況については，本条（法第25条の2）の適用対象が，建設業で，二次災害防止が求められる場面と，非常に狭いため，殆ど適用されることはなく，研修を受講した技術的管理者が選任されているかの確認がなされる程度との情報があった。

ワ 法第22条から第25条の2を通じた監督指導の実

際については，元監督官らへのインタビューから次のような情報が得られた。[36]

- 衛生監督は，年間計画に従って定期的に行い，対象は，3年以上行っていない，過去に違反があった，健診結果報告に問題がある等を基準に選定する。
- 衛生監督の際に安全監督も行うことが多い。
- 特別則については，エックス線装置を用いる病院なら電離則，有機溶剤業務作業場なら有機則など，チェックする規則を絞って臨むことが多く，そうした場合，安衛則（第3編）のチェックはサブとなる。
- 事業者への指導は，労働衛生の3管理を意識して行う。
- ①安全衛生計画，災害状況の聞き取りなどデータと人からの情報収集，②実地検分による履行状況の確認，の2本立てで構成することが多いが，
　取り扱われている有害物質の成分がわからないことがある，
　有害物質の使用量・時間が少ない場合の局排設置等の適用除外を適正に判断しにくい場合がある，特に「常時」等に統一基準がないので，状況に応じ，常識に照らして判断することになる，
　等の難しさがある。
- 違反条文を明示し，是正勧告書を発布することは多いが，衛生面で使用停止命令を下すことは少ない。
- 法第22条第3号所定の精密機械等によるストレス等については，該当規則条項が見つからないので，ガイドライン等を根拠に指導票を公表したりする。
- 指導票に違反がもたらすリスク等を示すこともある。
- 有機則や特化則等の特別規則を，目的に応じて若干拡大解釈して違反指摘することもある。そうした際には，危険性の説明で理解を得るようにしている。
- 本来，改善法の指導が重要だが，実際には不十分な実態がある。

6　森山解説①（第4章第26条・第27条）

森山解説①は，第4章の労働者を名宛人として事業者の危害防止措置への対応を求めた第26条と，事業者宛の危害防止基準の規則による具体化を図った第27条を対象としている。

概要は以下の通り。

ア　法第26条では，法第20条〜第25条，建設業等での災害時救助の際の被災防止措置を定めた第25条の2第1項に基づき事業者が「講じる措置に応じて」，労働者が所要事項を遵守するよう義務づけている（これらの条規のうち主なものの構造については，**資料29**を参照されたい）。本条には，50万円以下の罰金が付されている（法第120条）。

本法上，安全衛生は，基本的に事業者の責任で果たされるものと考えられ，設計されているが，労働者の協働が必要なため，法第4条に原則を示し，本条でより具体化された。

本条にいう労働者と事業者の定義は，法第2条の定め通りであり，基本的に労働者に一人親方等の個人事業主等は含まれない（むろん契約の外形によらず，実質的に労働者であれば含まれる）。

派遣労働の場合，本条の適用は，労働者派遣法第45条第3項により，派遣先＝事業者，派遣労働者＝労働者とみなされる。

イ　本条所定の労働者の義務は，列挙された条規に基づく事業者の措置に対応するものなので，列挙された本法上の事業者義務規定に紐付く政省令を本法に格上げした場合，本条を改正してその規定を盛り込む等しないと，対応する労働者の義務が外れてしまうことになる。

また，法第27条は，事業者義務規定の具体化を省令に求めているので，本条に基づく紐付き省令において，事業者側に義務を課さずに労働者側のみに義務を課すことはできないと解される。

紐付き省令が労使双方に義務を課している場合，事業者が当該義務に反した場合にも労働者が義務を負うかが問題となるが，本条が，事業者が「講ずる措置に応じて」と定めているため，文理解釈上は，消極に解される。

ウ　厚生労働省令は，根拠となる法条を明記していないが，さしあたり，労働調査会刊の『安衛法便覧』に基づき，労働者に義務を課した省令規定を目視でピックアップしたところ，**資料30**の通り，計221個に及んだ（危険源分類は，法第20条から第24条による）。

このうち作業行動は，広く，作業方法とも呼べないような身体の立ち振る舞いや無意識に近いような行動，作業姿勢等を指し，定型的管理が困難なため，法第24条に基づく事業者義務規定自体が存せず，よって，労働者義務規定も存しないと解される。

なお，機械の安全装置の無効化は作業行動の問題だが，機械（法第20条第1号）関係の危険源と解されているため，省令で，事業者の覆い，囲い等の安全器具の取り付け義務（安衛則第101条）に対応して，労働者にも不安全行動抑制義務が課されている（安衛則第29条）。

エ　上記221個の省令規定を名宛人別に分類したところ，**資料31**の6類型となった。

このうち2〜6には，文理上，一人親方や会社役員等も含まれ得るので，本条との関係が不明である（もしくは，労働者への適用の場面でのみ適用される）。例えば，類型2〜4と6は，自然人を対象としていると解されるため，文理上，個人事業主の事業者は該当し得

る。

この221規定を内容で分類すると，**資料32**の6類型となった。

このうち類型1〜3は，対応する事業者側の義務は，安全設備や保護具の使用等にかかる労働者への安全上の命令等を定めているが，類型4〜6は，装置等の設置や備え付け等の物的措置となっている。

なお，安衛則第151条の73は，事業者に対し，労働者にあおり（車両の荷台部分にある開閉式の側板や後板。**資料33**）を閉じさせることを義務づける珍しい規定だが，三柴は，指示の対象を労働者に限定すること（同様に災防効果は果たせるはずの一人親方等を除外したこと）には，指揮命令関係による措置の確実を図る趣旨が込められている可能性を指摘している。

オ 安衛法上，1事業体において，事業者（労働者を使用し，事業利益の帰属主体である法人か個人事業主）と労働者は，基本的に相互に重なることのない排他的概念だが，両罰規定との関係では，困難な問題が生じ得る。

法第122条は，事業者（法人や個人事業主）の従業者が，事業者の業務に関して，所定の法違反を犯した場合に両者が罰せられる旨を定めており，ここで従業者には使用人＝労働者も含まれるので，<u>事業者義務規定であっても，労働者が違反行為者であれば，当然に処罰の対象となり得る</u>。

両罰規定については，対象規定により本来的に従業者も処罰され得ることを確認的に規定したものに過ぎないとする本来的義務者説と，対象規定の構成要件が修正されて処罰可能になったとする構成要件修正説があるが，最高裁は後者を採用している。[37] ただし，事業者義務規定にかかる両罰規定の適用対象となる実行行為者は，事業の代表者から当該義務の履行を委任され，その遂行に必要な権限を授与された者に限られると解される。

カ 逆に，労働者に義務を課す規定に労働者が違反した場合に両罰規定に基づき事業者を処罰できるかについて，寺西輝泰は，事業者に保護具を労働者に「着用させる」義務，労働者には「着用する」義務を課すような裏腹関係にある規定は，両罰規定の適用を想定

資料29

条項	名宛人	危険，有害性又は労働災害の分類		措置
第20条	事業者は，	機械，器具その他の設備（以下「機械等」という）による危険	による	を防止するため必要な措置を講じなければならない。
		爆発性の物，発火性の物，引火性の物，酸化性の物，可燃性のガスまたは粉じん，硫酸その他の腐食性液体等による危険		
		電気，熱，アーク等の光，爆発の際の衝撃波その他のエネルギー		危険
第21条第1項		掘削，採石，荷役，伐木等の業務における作業方法	から生ずる	
第21条第2項		労働者が墜落するおそれのある場所，土砂等が崩壊するおそれのある場所，物体の落下するおそれのある場所等	に係る	
第22条		原材料，ガス，蒸気，粉じん，酸素欠乏空気，病原体等	による	健康障害
		放射線，高温，低温，超音波，騒音，振動，異常気圧，赤外線，紫外線，レーザー光線等の有害光線等		
		計器監視，精密工作等の作業		
		排気，廃液又は残さい物		
第24条		労働者の作業行動	から生ずる	労働災害

（森山誠也作成）

資料30 労働安全衛生法第26条から委任を受けた省令の条項を危険源の種類ごとに集計したもの

本法中条項		危険源の種類	条項数
第20条	第1号	機械等	115
	第2号	危険物等	17
	第3号	エネルギー	10
第21条第1項		作業方法	21
第21条第2項		場所	6
第22条		有害要因	49
第23条		不潔さ	2
		通路	1
第24条		作業行動	0
		合計	221

（森山誠也作成）

資料31 労働安全衛生法第26条に紐付く省令の条項を名宛人の類型ごとに集計したもの

	名宛人の類型	条項数
1	労働者（労働者であることを前提とする除染等業務従事者及び特定線量下業務従事者を含む。）	168
2	運転者	43
3	事業者から指名を受けた者	6
4	指揮者	2
5	火気を使用した者	1
6	操作を行なう者	1
	合計	221

（森山誠也作成）

資料32　労働安全衛生法第26条に紐付く省令の条項を内容の類型ごとに集計したもの

	規定内容の類型	条項数
1	事業者又は事業者が定めた者（以下「事業者等」という。）の命令（立入禁止，手袋使用禁止，治具又は保護具の使用を含む。）並びに事業者等が設定した合図，誘導及び制限速度の遵守	74
2	安全装置の無効化等の禁止	1
3	安全設備（治具及び保護具を除く）の使用	21
	事業者等から命じられたときという要件のある場合	7
4	保護具の使用	70
	事業者等から命じられたときという要件のある場合	35
5	搭乗すべきでない箇所への搭乗禁止	10
6	その他作業方法の遵守	85
	合計（重複あり）	221

（森山誠也作成）

資料33　あおり

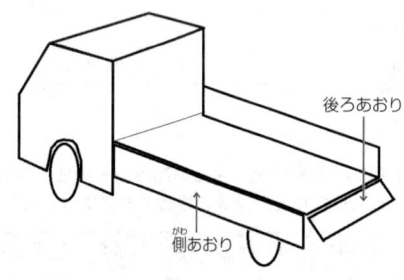

（森山誠也作成）

しておらず，事業者が自身に課された規定を果たしている場合，その適用はなく，労働者の不履行を見落としていた場合，事業者義務規定についても過失責任を問えるに過ぎないと述べている（＊ただし，過失で労基法上刑事責任を問えるかは疑問である。他方，労働者義務規定は，事業者の両罰規定からの免責を予定したものではなく，規定の実効性確保のため，あくまで加重的・付加的に設けられたものに過ぎないとの解釈も成り立つだろう〔三柴〕）。しかし，労働者義務規定違反につき両罰規定で事業者たる法人を送検した例がある。

事業者に，フォークリフト等の車両系荷役運搬機械等の運転者に安全措置を講じさせる（運転位置から離れる場合の荷役装置の最降下位置設置，確実なブレーキ等）義務（第1項），当該運転者側には当該措置を講じる義務（第2項）を課した安衛則第151条の11を例に挙げれば，ある労働者が雇用主の取引先等で単独でフォークリフトを操作し，ブレーキを確実にかけずに離れた場合，事業者には故意がないので，事業者義務規定である同条第1項違反は生じ得ないが，事業者が雇入れ時教育等で第1項所定事項等を伝えていた場合，運転者たる労働者に第2項違反が生じ得，なおかつ，両罰規定により，事業者の犯罪が成立し得る。

この際，事業者が免責されるには，雇入れ教育後の然るべき指導監督が必要となる，すなわち，労働者の義務の発生要件と，両罰規定の免責要件は異なり，そのため，労働者に義務を課す規定違反への両罰規定の適用も可能と解され，現に本条（法第26条）違反事件で事業者にも両罰が科された例がある。

両罰規定が存在し，その適用を広く解すると，事業者義務規定と労働者義務規定が実質的に同一化するのではないかとの疑問が生じ得るが，事業者義務規定につき労働者に義務が生じるのは，同人に安全衛生管理の義務と権限が付与された場合に限られること等による相違がある。

キ　本条（法第26条）が前提とする事業者義務規定には罰金と共に身体刑（6ヵ月以下の懲役）が付されているが，本条自体の罰則は罰金にとどめられている。

ク　本来的に事業者責任を中核とし，リスクの源流に位置する製造流通業者等を一定範囲で規制する本法に労働者の個人責任を問う本条を設けた趣旨を考えるに，例えば機械安全においては，リスク管理のヒエラルキーに基づき，まず設計・製造段階での本質的な安全策が望ましく，それが講じられる限り，機械の改造等の例外を除き，労働者の関与による影響は生じ難いが，それだけではリスクが残り，安全防護の追加が必要となる場合，労働者がそれを無効化する可能性があるので，禁じる必要が生じる（安衛則第29条）。

また，機械の清掃等のため無効化する場合もあり，この際，適切な作業手順を遵守させる方策（人的措置）を講じる必要が生じる（安衛則第108条第4項）。

それでも生じる残留リスクには，教育，情報提供のほか，保護具の着用等によることになるが，その確保を全て事業者に求められないため，労働者にも着用義務を課す必要が生じる（安衛則第151条の52第2項）。

すなわち，このヒエラルキーにおける後次のアプローチほど，労働者の協働が求められる構造がある（＊これは，人的措置が中心となるメンタルヘルス，生活習慣病対策等の健康対策に労働者の協働が求められることとも通底する〔三柴〕）。その典型がフォークリフト，ドラグ・ショベル等の車両系機械であり，運転操作を運転者が行うこと，他者にも危害を加えかねないことから，「運転者」規制を行わざるを得ない。もっとも，安全装置の無効化のような不安全行動の禁止以上に，作業計画の作成等の作業方法の設定，安全防護や本質的安全設計は，あくまで事業者の義務とせねばならない。

労働者の責任を問う場合は，技術的必要から導出される労働者への義務づけとは一旦切り離し，労働者への教育状況，ヒューマンエラーの回避可能性等を考慮

して別途抑制的に考えられるべきである。

ケ　労働者の行動は，災害補償・労災保険給付の免責等をもたらすことがある。

すなわち，労基法第78条は，労働者の重大な過失（重過失）による災害であって，行政官庁の認可を受けた場合，使用者の災害補償義務を免じる旨定めており，ここで重大な過失とは，著しく注意を欠く，故意に比肩すべき過失をいう。

労災補償保険法第12条の2の2も，たとえ労災に該当する場合にも（：一応労災認定されることが前提となる），労働者の故意による災害には保険給付を行わない旨（第1項）と，故意の犯罪行為若しくは重過失による災害や，正当事由のない療養指示の不遵守による傷病の増進・継続等には保険を不支給又は減額する旨（第2項）を定めている。

第1項の「故意」とは，自身の行為による一定の結果の発生の認識と認容を意味するが，本人が結果の発生を承知していようといまいと，業務によりその結果が発生していた（業務との因果関係が認められる）場合，第1項は適用されない。

第2項の「故意の犯罪」とは，重大な交通犯罪による交通労災など，災害発生の原因となる犯罪行為が故意である場合を意味する。

コ　労働者の義務や責任に関連し，危害回避のための労働者の就労拒否権や退避権を法律に定めるべきかが議論されることがある。本法が成立した第68回国会では，日本社会党の議員が，事業者規制と行政監督だけでは労災は防げないとして，違法又は不当な作業への就労拒否権の明文化，それに係る賃金保障と不利益取扱の禁止等を盛り込むよう求めたが，本法施行通達で客観的な急迫危険がある時の退避権が労働者の当然の権利であると記載されるに止まった。本法への就労拒否権等を明記すべきかは，その後も繰り返し議論となったが実現しておらず，第80回国会（昭和52年）では，中央労働基準審議会のコンセンサスが得られない旨の政府答弁があった。他方，平成16年，鉱山保安法第27条で，急迫危険等がある時の労働者の危害回避権とそれに伴う不利益取扱禁止が規定され，労働者の主観的判断も尊重されている。

サ　関連規定をみると，

法第4条が労災防止上必要な事項の遵守や，事業者ほか関係者（国，自治体，労災防止団体，労働組合等）が講じる労災防止措置への協力の努力義務を訓示的，一般的に定めているほか，

第29条第3項が，元方事業者（**資料34**を参照）による関係請負人及びその労働者への安衛法令遵守の指示に対応（指示に従うこと）するよう定め，

第32条第6項が，第30条から第31条の2に基づき特

資料34

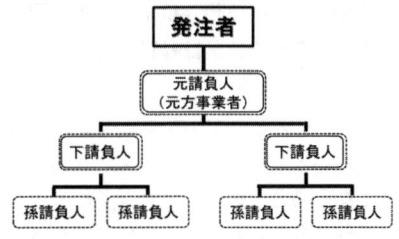

（厚生労働省「職場のあんぜんサイト」〔https://anzeninfo.mhlw.go.jp/yougo/yougo101_1.html，最終閲覧日：2022年5月24日〕）

定元方事業者らにより講じられる措置へ対応（必要な事項の遵守）するよう定め，

第32条第7項が，第30条から第31条の2に基づき元方事業者や注文者が実施する措置（一の場所の管理者による統括管理，物の管理者によるリスク情報の提供等の労災防止措置）や，第32条第1項から第3項に基づき，上記元方事業者や注文者の請負構造下にあって，仕事を自ら行う請負人が実施する措置の確保のための指示に従うよう定め，

第66条第5項が，健診受診義務を定め，

第66条の7第2項が，健診結果を踏まえ，保健指導を活用した自己保健の努力を定め，

第66条の8第2項が，長時間労働面接指導を受ける義務を定め，

第69条第2項が，事業者の行うTHP活動を利用した自己保健の努力を定め，

第78条第3項が，事業者が策定した特別安全衛生改善計画の遵守を定め，

第79条第2項が，同じく安全衛生改善計画の遵守を定めている。

シ　機械等や危険有害物の製造流通規制を置く第5章などは，製造流通業者や全ての者（法文では「何人（なんびと）」）を対象として本質的安全措置を講じさせる等しており，対応する労働者の義務を想定し難いため，そうした規定を設けていない。

ス　法第98条第2項，第99条第2項は，労働基準監督機関が事業者等に使用停止命令や緊急措置命令を発令した際に，必要事項を労働者にも命じられる旨定め，その違反に50万円以下の罰金を科している。

法第61条は，第1項で，事業者に対して，クレーン運転等の所定の業務につき，無資格者の就業を禁じ，第2項で，無資格者全てに対して就業を禁じており，これには労働者のみならず個人事業主等も含まれると解される。

刑法第117条は，火薬，ボイラー等の激発物を破裂させて，所定の物を損壊した者等を属性を問わず放火の例に倣って処罰する旨（第1項），過失犯の場合，失

火の例に倣って処罰する旨（第2項）を定め，軽犯罪法第1条第10号も，火薬類，ボイラー等の爆発物を使用ないし弄んだ者を拘留又は科料に処する旨定めている。

セ　本条（法第26条）の沿革を見ると，鉱山保安分野では，明治23年の鉱業条例第60条が，鉱業人が予防措置を講じない場合，鉱山監督署長が鉱夫等に直接予防措置の執行を命じられる旨を定めていたほか，同条例に基づく明治25年の鉱業警察規則第13条が，鉱夫に対して安全灯を用いる坑内での発火具の携帯を禁止していた。

船員分野では，明治32年の船員法が，船中秩序違反を犯した海員に対する船長の懲戒権限，人身や船舶に危害を及ぼす行為についての身体拘束権限等を規定していた。

製造業分野では，工場法施行以前は，大阪府の明治29年の製造場取締規則第11条第2項が，機関手（鉄道，船舶，航空機などの交通手段の運転・操縦にあたる職種），油差火夫（蒸気機関の稼働のためボイラーの火を焚く職種）又は電機手に対し，危害予防の注意と，異常ある場合の雇い主への申告を義務づけ（類似規定：現行安衛則第29条第1項第4号），違反者に2円以上10円以下の罰金を定めていた。

国法では，大正12年の改正工場法に，行政官庁が危害防止のための措置を工業主に命じた際に，職工や徒弟にも必要事項を命じ得る旨の規定が設けられた。その後，昭和4年の工場危害予防及衛生規則第14条第2項には，職工に作業中帽子又は作業服の着用を義務づける定め（現行安衛則第110条第2項に相当），第19条には，危害予防装置の無効化を制限する（みだりに無効化することを禁じる）定め（同前第29条第1項第1号に相当）が設けられた。

この際，「職工」には，工業主との雇用関係は要せず，一人親方や労働者供給事業者からの被供給者も含まれた。これは，これらの法制度が労働者のみならず「場」の総合的管理を目的としていたことにより，工場法と鉱山保安法が，公益保護規定（鉱山保安法第8条のような公害防止規定等）を置いていたこととも通底すると解される。

戦後制定された労基法第44条にも，労働者に危害防止のための必要事項の遵守義務の定めが設けられた（本条とは異なり，「事業者の措置に応じて」という前提は設けられなかった）。その理由について，労基法制定に携わった寺本廣作は，安全衛生の実効のため労働者による規定の遵守が不可欠であること，イギリス工場法にも労働者の義務規定があること（第119条），明治25年の鉱業警察規則も，事業の性質上危険性が高い場合，労働者義務規定を設けていたこと（第31条，第50条，第72条）等と共に，現に同法に紐付く旧安衛則に多数の労働者義務規定（一定の用具の使用，高所からの物の落下や機械作業時の手袋装着等を行わないこと，合図，墜落防止方法の遵守等）が設けられていること等を挙げていた。

現行安衛法制定時には，本条は現在とほぼ同様の定めだったが，昭和55年に，主に災害時の救護による二次被害の防止を狙った法第25条の2が新設されたため，これを対象条文に加える改正が行われた。

ソ　安全衛生における労働者の役割の重要性は国際条約にも示されている。例えば，1929年に採択され，2021年に撤回された産業災害の予防に関する第31号勧告は，以下のように定めていた。

「労働者の工場内での行動が安全措置の効果に与える影響の大きさに照らすと，各加盟国は，使用者が安全教育に全力を尽くすよう，また，労働者の団体がそのメンバー共々安全活動に協働するよう，措置を講じるものとする（In view of the fact that the workers, by their conduct in the factory, can and should contribute to a large extent to the success of protective measures, the State should use its influence to secure (a) that employers should do all in their power to improve the education of their workers in regard to the prevention of accidents, and (b) that the workers' organisations should by using their influence with their members co-operate in this work.）」。

「災害予防における労働者の行動の重要性に照らし，法律は，労働者が災害防止に関する法的要件を遵守すること，とりわけ，許可なく安全装置を解除することを禁じ，それらを適切に取り扱うことを義務づける必要がある（In view of the importance of the conduct of the worker in connection with accident prevention, the law should provide that it is the duty of the worker to comply with the statutory requirements on accident prevention and particularly to refrain from removing safety devices without permission and to use them properly.）」。

1973年に公布された機械の防護に関する第119号条約第11条も，労働者のみならず「いかなる者も」，機械の安全装置を無効化してはならない旨を定め，日本も批准し，2005年に国内で公布された石綿使用上の安全に関する第162号条約第7条も，労働者が石綿へのばく露にかかる健康障害防止のための手続に従うべきことを定め，建設業における安全及び健康に関する第167号条約第30条も，他により有効な保護方策がない場合，使用者に個人用保護具及び保護衣の提供と維持等を求め，労働者にそれらを適切に使用し，手入れすることを求めている。

タ　適用の実際としては，令和2年に，建設資材レンタル業の労働者がフォークリフトを離れる際に

フォークを最低降下位置に置かず，エンジンも切らなかったため，他社の労働者が当該フォークとトラックの荷台の間に挟まれて死亡した事案につき，両罰規定が適用され，労働者が雇い主のレンタル業者と共に送検されて罰金刑に処された例がある。

チ　前述の通り，鉱山保安に適用される鉱山保安法は，鉱山労働者を名宛人として，鉱業権者の措置に応じて危害防止や施設保全のための必要事項の遵守を義務づけているところ，鉱山労働者には請負人も含まれる（ただし，鉱業権者自身や鉱業代理人は含まれない）。また，経産省の逐条解説[39]によれば，鉱山労働者の義務は，鉱業権者の保安上の措置と無関係に設けることが適当でないため，当該措置に応じて課されたとのことだった。

ツ　船員は，船員法上，船舶との一体性が重視され，その沈没・滅失により雇用契約が終了すること（第39条第1項），契約終了後も人命，船舶等の救助に従事すべきこと（同第3項）等のほか，船内作業による危害防止や船内の衛生保持につき国土交通省令の定めを遵守すべきこと（同第4項）等が定められ，罰則も設けられているが（第128条，第128条の3），両罰規定の対象とはされていない。

テ　家内労働法は，業務の委託者と家内労働者を労使関係類似の関係と見立てており，第17条は，第1項で，委託者に対して，機械器具や原材料等を家内労働者に譲渡提供等する際に省令に基づきそれらによる危害の防止措置を講ずべき義務を定め，第2項で，家内労働者に対し，機械器具や原材料等のほか，ガス蒸気粉じん等による危害防止措置を「講じる」義務を定め，第3項で，家内労働者の同居の親族であり，同人に使用される補助者にも，第2項所定の家内労働者が講じる危害防止措置を「守る」義務を定めている。

ここで第2項は，家内労働者に，自己管理義務と共に補助者に対する安全衛生上の義務も課していると解される。

ト　UKの1974年労働安全衛生法（HSWA）第7条は，被用者に対して，自身の作為／不作為の影響を受ける他者と自身の安全衛生にかかる注意義務(a)，事業者らに課せられた関連法規の履行への協力義務(b)を課している。同条には身体刑を含む罰則がある（附則(schedule) 3A）。このうち(a)は，事業者らの講じる措置を前提としておらず，日本法より労働者にも積極的な安全衛生責任を担わせようとしている可能性がある。

ナ　法第27条は，第1項で，危害防止措置を包括的に定めた法第20条〜第25条の2に基づき事業者が講じる措置とそれに応じた労働者の遵守事項につき，厚生労働省令に委任する旨，第2項で，省令制定に際して公害防止関係法令の趣旨に沿うよう配慮すべき旨を定めている。

ニ　本条に基づき危害防止基準を定めた省令は，安衛則を筆頭に除染電離則（東日本大震災により生じた放射性物質により汚染された土壌等を除染するための業務等に係る電離放射線障害防止規則）に至る15省令だが，この中には本条以外の条項を根拠とするもの（いわゆる根無し省令を含む）も含まれていると解される。

ヌ　本条で省令策定に際しその趣旨に沿うよう配慮が求められている公害防止関係法令にいう「公害」とは，環境基本法第2条第3項が定める典型7公害であり，大気汚染，水質汚濁，土壌汚染，騒音，振動，地盤沈下，悪臭であって，人の健康や生活環境を害するものが該当する。

この定めの趣旨については，安衛法の施行通達（昭和47年9月18日発基第91号）が，労災防止と公害防止の技術基準は原則として異なるが，労災と公害の発生源が共に工場，事業場であって両者が密接な関係にある場合，職場内部の危害防止基準が公害等防止にも資する場合があるので，その策定に際して公害等防止基準の勘案を求めた旨を記している。したがって，本条の趣旨は，危害防止基準が別の法体系である公害規制との重複を避けると共に，職域規制の観点から公害規制を補完，支援するようにすべしとの趣旨と思われる。

好例として，特化則第12条が挙げられ，アルキル水銀化合物を含有する残滓物につき，除毒後でなければ廃棄できない旨を定めている。

ここで配慮の対象となる法令には，消防法や鉱山保安法，建築基準法のほか，核原料物質，核燃料物質及び原子炉の規制に関する法律，道交法など様々なものが含まれ，国法のみならず，条例や自治体の長が制定する規則も含まれ得る。

ここでいう「配慮」は，調整とは異なり，他省庁等との協議は必要としないと解される。

公益と労働の問題に関連して，非労働者である一人親方等は，公衆でも労働者でもないとして十分な保護を受けてこなかったため，その保護は今後の重要な検討課題の一つである。

ネ　公益の保護を図る規定（第2項）の沿革をみると，先ず，日本最古の安全衛生法制とも言える鉱山保安法制が，労働法としての性格を内包しつつも鉱業の持続的運営を支える総合的な性格を持っていた。

すなわち，明治6年に布告された日本坑法には，明治23年の改正で，試掘又は採製事業が公益を害する場合の農商務大臣による許可取消が定められ，明治23年に公布された鉱業条例第5章（鉱業警察）には，農商務大臣の指揮下で鉱山監督署長が監督する事柄として，建築物の保安，鉱夫の生命・衛生の保護，地表の

安全と公益の保護，鉱業上の危険や公益を害するおそれがある場合の予防・停止命令，農商務大臣によるこの条例の細則（鉱業警察規則）の制定について定められ，この条例が明治38年公布の鉱業法に受け継がれた際も同様の規定が置かれた。

戦後，鉱山保安法（昭和24年5月16日法律第70号）が制定されると，鉱業法の鉱山保安規定が部分的に承継されると共に，同法第3条の保安の定義に，人への危害防止（第1号）のほか，鉱物資源の保護（第2号），施設の保全（第3号），鉱害防止（第4号）が記され，このうち人への危害防止には，衛生に関する通気及び災害時の救護が含まれる旨（第2項）定められた。その後，昭和33年の法改正で，同法の目的規定に鉱害防止が明記された。

他方，明治44年に公布された工場法は，第13条で，工場や附属建設物，設備による危害のほか，衛生，風紀その他の公益を害するおそれに対処するため，予防措置や停止を工業主に命じ得る旨を定め，その具体化は，工場危害予防及衛生規則に委ねられていた。しかし，そこに公害防止規定は設けられていなかった。

工場及び鉱山以外の工業的業種（土石採取，建設業，運送業等の就業場所）については，労働者災害扶助法第5条で危害の防止が規定されたが，公益保護規定は不見当であった。

ボイラーについては，労基法以前は，労働関係によらない汽缶取締令（昭和10年4月9日内務省令第20号）で規制しており，これが公益保護法令そのものであった。

戦後の労基法には，このうち安全衛生及び風紀の確保が使用者に義務づけられる形で引き継がれたが（第42条，第43条），公益保護（公害防止）規定は引き継がれなかった。労働者保護以外を目的に含む規定は，第46条から第48条による機械・有害物の製造流通規制にとどまり，<u>公益保護（公害防止）規定は，当時の労基法に紐付く旧安衛則第174条（排気・排液中に有害物や病原体を含む場合の排出前の処理）などがあるにとどまっていた</u>。

しかしその後，有害物質による公害を受けて労基法のもとに制定された旧特化則第3章に，排ガス，排液，残滓物（溶解やろ過後に残る不溶物）等の処理が具体的に定められ，<u>施行通達が，その趣旨について，これらの物質の排出防止措置により，公害防止にも寄与し得る旨を示した</u>。

現行安衛法の骨格を形成した労働基準法研究会第3小委員会も，職場の安全衛生が「事業場外へも波及する問題であること」，旧特化則による規制には，「排気中の有害物質の除じん，除ガス等」も含まれており，こうした労働衛生確保措置が「直接公害防止と結びつく」と記していた。

安衛法では，省令制定時における公益法令への配慮という形で公益の文字が復活し，現在に至っている。

ノ　危害防止規定に係る命令委任の沿革をみると，新旧憲法下で行政立法の形式や性格が異なるが，先ず，鉱業分野において，鉱業条例（明治23年9月26日法律第87号）第63条で安全衛生等に関する農商務大臣の省令制定権限が明記され，これにより鉱業警察規則（明治25年3月16日農商務省令第7号）が制定された。鉱業法（明治38年3月8日法律第45号）でも鉱業警察事務は命令の定めるところにより行うこととされ，戦後，鉱山保安規定が鉱山保安法に分離された後も，保安の具体的な内容は省令に包括的に委任されてきた。

工場法でも第13条に行政官庁の命令制定権限が定められ，これに基づき工場危害予防及衛生規則が制定された。土石採取業，建設業，運送業等一定の業種に関する安全衛生について規定していた労働者災害扶助法第5条にも具体的措置の命令委任規定が置かれ，これに基づき，土石採取業につき土石採取場安全及衛生規則（昭和9年5月3日内務省令第11号），建設業につき土木建築工事場安全及衛生規則（昭和12年9月30日内務省令第41号）及び土木建築工事場附属宿舎規則（昭和16年12月1日厚生省令第53号）が制定された。

安全衛生に係る委任規定は商店法（昭和13年3月26日法律第28号）第9条にも認められるが，同法の廃止まで命令は制定されなかった。汽缶取締令（昭和10年4月9日内務省令第20号）では，ボイラーの構造上の要件を内務省告示に委任しており，当該委任告示である昭和10年4月9日内務省告示第204号（通称汽缶構造規格）では，既に，その材料や寸法につき，日本標準規格（JES）の引用がなされていた。

戦後，労基法においても，安全衛生措置の具体的内容は命令に委任されていた。すなわち，第42条は，機械器具その他の設備，原材料又はガス，蒸気，粉じん等によるリスク防止を定め，第43条は，建設物及びその附属建設物の換気，採光，照明，保温，防湿，休養，避難，清潔等，労働者の健康，風紀，生命保持に必要な措置を定め，第45条は，これらの条規により労使がなすべき措置を命令に委任する旨を定め，同条に基づき，旧安衛則をはじめとする種々の省令が制定された。

ハ　一般に省令とは，国家行政組織法第12条第1項に基づき，各省大臣が，法律や政令施行のため，又はそれらの委任に基づき，所掌する行政事務について，各機関の命令として発するもので，法的効力は法律・政令に劣後する。しかし，政令の場合に必要となる内閣法制局審査及び各省協議を経た閣議決定が不要なため，比較的迅速な制定改廃を行える。本法の命令委任

の方法には色々あるが，寺西輝泰は，本法違反罪の検討に際し，**資料35**のように，構成要件中の命令委任の有無及び程度に応じて3つに分類した。

このうち「包括委任型本条」に当たるのが本条（法第27条）と法第36条であり，名宛人は明確であるものの，危害防止のための措置基準の内容は，包括的な委任事項となっている。本来，行政法では命令委任の個別性・具体性が求められるものの，最高裁は，建設アスベスト訴訟判決等[42]において，本条の包括的委任は，多岐にわたる専門的・技術的な危害防止省令を，速やかに技術の進歩や最新の医学的知見等に適合したものとしていく趣旨であり許容されると解してきた。

ヒ　委任及び再委任の典型例を示せば，**資料36**の通り。法第27条→有機則第16条の2→厚生労働大臣所定の構造規格や性能基準（平成9年労働省告示第21号）の例や，安衛法第42条→研削盤等構造規格第9条第2項（最高使用周速度）→厚生労働省労働基準局長所定の値の例のように，再々委任の例も多く，中には，クレーン構造規格第25条第2項第6号のように，JISへの再委任の例も多く認められるが，JISに著作権が設定されているが故の周知上の問題がある。

フ　本条に基づく省令制定権限は適切に行使されなければならず，最高裁は，その違法な不行使があった場合に，国家賠償の対象となると判示している。例えば，前掲の建設アスベスト訴訟最高裁判決では，屋内建設現場において石綿含有建材の切断等の石綿粉じんを発散させる作業等に関し，昭和50年以降の一定期間，旧労働大臣が，石綿の有害性を十分認識していながら，本条に基づく省令において防じんマスクの備えつけのみを義務づけ，その着用までは義務づけていなかったこと等が違法とされ，国に対して元作業員等への賠償が命じられた。

ヘ　日本が平成19年に批准登録した，職業上の安全及び健康を促進するための枠組みに関するILO第187号条約第4条には，労働安全衛生法令の制定等に際して代表的な労使の団体と協議すべき旨が定められている。よって，労働政策審議会での省令の審議は，その要請にかなう。なお，安衛則第29条のように，条約の国内担保法となっている規則規定の改廃は，同審議会での審議を含め，当然ながら，当該条約に矛盾しないように行う必要がある。

旧安衛則は労基法に紐付いていて，その労基法には，同法に基づく命令の制定に際しては，行政機関の恣意を抑制する趣旨で，公聴会の開催が求められており（第113条），労災防止団体法にも，制定当初，同法に基づく省令制定に際して，同旨の規定が設けられていたが（第67条。その後廃止），現行安衛法に同旨の規定は存せず，労災防止計画の策定・変更に際して審議

資料35　労働安全衛生法違反罪の構成要件中の命令委任の有無及び程度に係る3類型

区分	説明
完結型本条	第35条のように，委任がなく各本条中で規定内容が完結しているもの
個別委任型本条	第13条のように，構成要件の一部を各条項の中で「厚生労働省令で定める」等と定める方式で命令に委任しているもの
包括委任型本条	第27条を介して規定の内容の一部を包括的に命令に委任している第20条のような規定

（寺西輝泰『改訂版　労働安全衛生法違反の刑事責任　総論』〔日労研，2004年〕216-221頁の分類をもとに森山誠也が作成）

資料36　労働安全衛生法における命令等への委任の類型

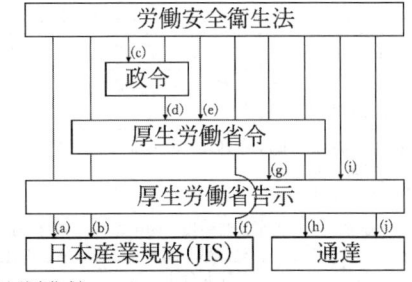

（森山誠也作成）

会の意見を聴取すべき旨の定めがあるにとどまる。

とはいえ，労働政策に関する重要事項については労働政策審議会による調査審議に付され，厚生労働大臣等に意見を述べることとなっているため（厚生労働省設置法〔平成11年7月16日法律第97号〕第9条等），本法でも重要な省令の制定等は，その審議に付されている。

ホ　「危害防止基準」との用語は，法第1条（目的）に登場するのみで，定義規定が見られないが，事業者義務規定のみならず，元方事業者を対象とするものや，製造流通規制を含め，安衛法の目的達成のために設定される関係者の具体的行為基準全てを含むと解され，その多くは罰則をもって強制されている。

法第20条から第25条の2までは，工場法第13条，旧労基法第42条，第43条の定めを継承し，分類学的には，事業者を対象として，最も一般的な内容を定めた法第4章前半（第20条から第25条の2）と，それ以外（第4章後半，第5章等：機械等・危険物有害物に関する規制，作業環境測定，特殊健診，安全衛生教育，就業制限等に関する規定等）とに区分でき，後者は前者の特別法的役割／性格を持つとも解される。

本法に紐付く省令には，本法中の根拠条文が示されておらず，旧労基法に関する労働省の解説書には，当時の第42条，第43条は，規制事項を安全と衛生で区分していなかったが，命令（ここでは省令のこと。主に安衛則を意味する）では，両者を区分していたこと，したがって，安衛則の個々の規定の根拠条文は，個別的検討に付される旨の記載があった。

資料37　危険性・有害性の分類と具体例

	危険源の分類	具体例
危険性	機械等	工作機械，食品加工機械，ボイラー，ドラグ・ショベル，クレーン，エレベーター，土止め支保工，マンホール，立て坑，足場
	原材料，ガス，蒸気，粉じん等	爆発性の物，発火性の物，引火性の物，腐食性の物
	電気，熱，その他のエネルギー	アーク等の光のエネルギー等
	作業方法	掘削の業務における作業，土止め支保工の組立等の作業，荷役の業務における作業
	作業場所	墜落するおそれのある場所，土砂等が崩壊するおそれのある場所，足を滑らすおそれのある場所，つまずくおそれのある場所，採光や照明の影響による危険性のある場所，物体の落下するおそれのある場所等
	作業行動等	作業姿勢，不安全行動など
	その他	家畜，人の暴力等による危険性も含まれる。
有害性	原材料，ガス，蒸気，粉じん等	酸素欠乏空気，病原体，排気，排液，残さい物
	放射線，高温，低温，超音波，騒音，振動，異常気圧等	赤外線，紫外線，レーザー光等の有害光線
	作業行動等	計器監視，精密工作，重量物取扱い等の重筋作業，作業姿勢，作業態様によって発生する腰痛，頸肩腕症候群等も含まれる。
	その他	

（森山誠也作成）

よって，現行法制度上も，規則規定の根拠条文は，個別的，後付け的に検討されざるを得ない。また，同じ危険有害問題に対する規則条項同士の法条競合や規則の根拠条文の重複が生じ得ること，現行法規則が対象とする危険源に限界があり，例えば猛獣，人間の暴力等含まれない危険源がある等の課題がある。

しかし，畠中信夫氏（元厚生労働省，元白鷗大学教授）によれば，現行法第20条から第25条の2は，いずれも規制事項を「等」で締めているので，全ての関係省令の規定は，いずれかの規定に紐付けられ得る。また，法条競合等は，実際上重大な問題とならないとも解される。

マ　危害防止基準を安全技術の諸概念に照らしてみると，安全技術の中核といえる製品安全規格 ISO/IEC Guide 51 が設計・製造業者における対策を基本としているのに対し，安衛法は事業者における対策を基本としているという体系上の違いがあり，その両方をうまく位置づけるための枠組の構築が必要である。

この課題に応じた研究成果として，労働安全衛生を ISO Guide 78 等のリスクマネジメント体系で整理し，その中に ISO/IEC Guide 51 を位置づけることを提案する濱島京子の論文[43]が挙げられる。

その他，安全技術的観点から，以下のような対策が求められる。

1）4ステップメソッドの採用

製品安全分野には，設計・製造者による3ステップメソッド，すなわちまず本質安全設計方策を検討し，それで解決しなかったリスクに対しては安全防護を講じ，最後に残った残留リスクをユーザーへ情報提供するといった設計・製造上の原則があるが，安衛法にはこれと少し異なる，いわば「4ステップメソッド」ともいえるものがあり，「危険性又は有害性等の調査等に関する指針」（平成18年同公示第1号）（いわゆるリスクアセスメント指針）にも示されている（危険性，有害性の分類については，資料37を参照されたい）。

すなわち，本質安全設計方策と安全防護までは同じだが，これらに次いで管理的対策，最後に個人用保護具の使用というメソッドがある点に2体系の違いが現れている。その具体例として有機則が挙げられ，同規則には，

①有機溶剤の使用の有無や多寡で規定の適用の有無が変わるという本質的衛生対策，

②局所排気装置等の工学的対策，

③作業主任者選任等の管理的対策，

④同装置等の使用が適さない場合の呼吸用保護具の着用

といった規制が設けられている。

2）性能要件

性能規定化は，1979年以来の TBT 協定においても，貿易の技術的障害の撤廃のため国家規格の性能要件化を図る規定に見出される。

仕様規定や性能規定といった概念は，国際標準化に係る用語を定める ISO/IEC Guide 2 でも，それぞれ特性記述事項（descriptive provision），動作記述事項（performance provision）として定義されている。

本法における性能規定化の例としては，

①平成15年のボイラー構造規格の改正により，鋼製ボイラーの主要材料につき，従前は構造規格本文に適当な JIS を列挙していたが，改正後は「鉄鋼材料又は非鉄金属材料であって，最高使用圧力及び使用温度に応じ，当該材料に及ぼす化学的影響及び物理的影響に対し，安全な化学的成分及び機械的性質を有するものでなければならない」とのみ規定し，これに適合する JIS を通達で例示列挙する方法に移行した例（材料の試験方法に係る規定は維持）や，

②平成24年の有機則等の改正により，従前の局所排気装置等に代わる発散防止抑制措置（例えば活性炭を

使ったダクトレスドラフトチェンバーなどが該当）の特例実施許可制度が設けられた例

などが挙げられる。

この概念を長く使ってきた建築分野において，田中哮義は，性能規定を，「達成すべき目的を正確かつ測定可能な言葉で記述する」ことと定義した上で，そうでない，例えば「適切な」「安全な」等の解釈に裁量の余地を残す定性的な言葉で記述する規定を「目的規定」と呼び，明確に区別している。

労働安全衛生分野では，目的規定を性能規定に含んで議論することがあるが，田中が，「仕様・目的・性能の3種の規定技術をその長短に応じて適切に使い分けること」が必要とし，目的規定にかかる設計者，行政を含む一般のコンセンサスを求めていることは示唆的である。

3）非定常作業の想定

非定常作業は，定常作業よりもリスクが高い場合が多い。

定常作業では，概ね安全防護（足場の手すり等）が施されているのに対し，非定常作業では，それらを無効化（手すりを外す等）し，個人用保護具（墜落制止用器具）を使用する等，4ステップメソッドの下位の対策を選択せざるをえない場合が多いことが挙げられる。

また，立法上，規定された条件が非定常作業を含んでいるかが分かり難い場合がある。

安衛則等の中には，危険源となる機械等を「使用して作業を行うときは，○○しなければならない」という表現が見られるが，その点検（非定常作業）が「使用」に含まれるかが議論となることがある。

また，エレベーター構造規格ではその定常作業である搬送用途上の安全措置は細かく規定されているが，非定常作業である点検作業上の安全に関する規定には乏しい。

よって，省令（及びそれから委任を受ける構造規格等）の制定に際しては，非定常作業にも着目した内容とすべきである。

4）安全衛生対策自体による危害の防止

安全衛生のための対策自体が，他の危害を生ずることもある。

例えば防毒マスクが面体に皮膚障害を起こすことがあるので，その規格が面体に皮膚障害を起こさない材料を使用するよう求めている（防毒マスクの規格〔平成2年9月26日労働省告示第68号〕第3条第1号←安衛則第27条←安衛法第20条又は第22条〔議論あり〕）。純酸素は有毒で可燃性もあるので，酸欠則が酸素欠乏場所への純酸素による換気を禁じている（酸欠則第5条第2項）。

新型コロナウイルス感染症については，効果がないか乏しい対策が講じられることがあった。

危害防止基準の設定に際しては，こうした課題への対応も求められる。

ミ　その他，危険源への適切な（≒過不足のない）対応のため，危害防止基準の設定上，幾つか留意すべき点がある。

1）構成要件の予防的観点での具体化

チェーンソーを例に取ると，下肢の切創防止用保護衣の着用義務の対象が，伐木と造材を行う場合に限られているが，消防機関のレスキュー作業や解体作業でも頻用するため，技術的合理性に応じ，作業を限定しない規制が望ましい。

また，安衛則第147条のように，適用対象となる機械等を「射出成形機，鋳型造形機，型打ち機等」と定めている場合，「等」に含まれるものの明確化が望ましいが，困難な場合，「2つ以上の可動部が向き合って動き，又は1つ以上の可動部が固定部へ向かって動く機械であって労働者に危険を及ぼすおそれのあるもの」などと，その機能等によって条件を規定することも考えられる。

一定の危険源への対策に「等」を付して適用対象に柔軟性を持たせる定めは，対策が求められる条件の多様性から許容されるべきだが，4ステップメソッドの原則が適用されるよう立法上の手立てをすべきである。

もとより，安衛法上の危害防止基準は，刑法典上の業務上過失致死傷罪のような結果犯とは異なり，注意義務違反と労災（結果）との因果関係の立証を求められず，予防的運用が可能なので，まさに予防的効果を重視した策定と運用が求められる。[44]

2）両罰規定による上位層の処罰

安衛法には両罰規定があるため，現場管理者を含む従業者が行為者として処罰の対象となり得るが，責任を負い得る立場は，規定ごとに異なり得る。

例えば，安全管理者等の選任義務や安全設備の設置義務の責任は工場長等など高位の者にかかり易いが，マスクの着用監視義務の責任などは現場の下級管理者に下り得る。

安衛法の主たる義務主体を，事業を行う者自身である「事業者」とした趣旨からは，省令制定に際して徒らに責任が下位の者に下らないようにすべきである。

リスクアセスメントは，危険源の同定とその対策の検討を組織的に共有・実施する営みであり，上位の者の責任追及に繋がり易く，予防効果を期待できる。故意や行為者の如何によらない過料等の行政上の制裁の定めも検討に値しよう。

ム　公益保護と本法との関係をみると，本法上の危害防止基準と他領域の法令との重畳適用がなされることがあり，その例として，平成11年9月に茨城県東海

村の株式会社ジェー・シー・オー東海事業所で生じた臨界による放射線被ばく災害がある。JCO東海村臨界事故事件・水戸地判平15・3・3判タ1136号96頁は、同社及び同社東海事業所長に対し、本法第11条第1項（安全管理者を選任し、労働者への安全教育を含め、安全にかかる技術的事項を管理させるべきこと）違反、同社及び同社東海事業所長ほか自然人2名に対し、原子炉等規制法第16条第1項（加工施設の設備の変更に際しては内閣総理大臣の許可を受けるべきこと）違反による刑事制裁を命じた。

なお、労災が発生していなくても、公衆災害の発生を契機として安衛法違反が立件されることがあり、その例として、平成28年10月14日に東京都港区のマンションの大規模修繕工事において仮設足場の高さ30mの地点から足場材が落下し、この直撃を受けた通行人が死亡したことを受けて三田労働基準監督署が安衛法第20条（安衛則第567条）違反として送検した事件があり、東京地裁は、業務上過失致死傷罪と併せて有罪を言い渡したという。

メ ローベンス報告等を淵源とし、三柴が提唱しているリスク創出者管理責任負担原則を踏まえ、その情報や管理権限を有する者をリスクの創出者として、一次的なリスク管理責任を負わせるべきである。

例えば、流通製品に起因する災害は、その設計・製造・流通段階での安全衛生の確保が必要であり、荷役先工場で作業する運送作業員の安全確保などは、労使関係を超えた協働的対策が必要であるように、労働法たる安衛法における使用従属関係に着目した安全衛生対策だけでは限界がある。

ただし、公益法令との比較で、労働法たる安衛法には、外部からは見えにくい企業生産活動内部の安全衛生上の問題について、たとえ被害者が1人でも保護を図れる等のメリットがあることは、看過されるべきでない。

[7] 石﨑解説①（第4章第28条～第28条の2）

石﨑解説①は、第4章の事業者の危害防止措置につき、厚生労働大臣を名宛人として、業種又は作業ごとに技術的指針を公表するよう求めた第28条と、事業者を名宛人として、リスクアセスメント等を講じるよう努力義務を定めた第28条の2について解説している。

概要は以下の通り。

ア 法第28条は、

第1項で、厚生労働大臣が、法第20条～第25条の2所定の事業者による危害防止措置につき、履行支援のため、直接的には法的拘束力を持たない技術上の指針を公表すべきこと、

第2項で、指針策定にあたり、中高年齢者に特に配慮すべきこと、

第3項で、各号に定める、がん原性等の有害性が認められる物質であって（第1号：製造輸入業者から届け出られた新規化学物質であって、学識経験者への意見聴取のうえ、届出事業者に対して勧告する施設設置、保護具着用等の対象となるもの〔法第57条の4第4項関係〕、又は、発がん性物質等の特に有害なものであって、大臣が製造輸入・取扱事業者に対して指示する有害性調査の対象となるもの〔法第57条の5第1項関係〕、第2号：第1号対象物質以外で、発がん性等の有害性が疑われるもの）、大臣が指定した化学物質の製造・取扱い事業者による健康障害防止につき、指針を公表すべきこと、

第4項で、大臣が技術上の指針（第1項）や健康障害防止指針（第3項）を公表した際に、事業者（団体）にそれに関する必要な指導を行い得ること、

を定めている。

イ 本条第1項は、危害防止基準を定める法令は、その性質上、画一的・一般的なものとならざるを得ないことを踏まえ、法令の趣旨を踏まえつつも、その適用対象となる事業場の事情に応じた労災防止対策を確立すること、ことに中小企業等にあっては、国による具体策のガイドが必要なことから設けられたものである。第2項は、中高年齢者の身体機能の変化に応じた施設設備、作業方法（＊どこでどのように原材料を製造・加工するか、機械を操作するか等の具体的な作業の手順や手法であり、主に作業計画により改善され得るもの）の改善等の対策を促すため設けられたものである。

第3項は、大臣による健康障害防止指針（いわゆる「がん原性指針」）の公表に関する規定で、<u>第1号所定の勧告や指示を受けた事業者以外の事業者に雇用される労働者にも、同人らと同じ化学物質を取り扱う場合には、同等の予防措置の実施を期待して公表を求めるものである</u>。指針の対象物質がSDS交付等対象物質（法第57条の2）と重複している場合には、SDS交付等対象物質が規制対象物質であると認識していない事業者にそのリスクや管理方策を行政が指導する意味合いも持っている。<u>特別規則との関係では、その対象となる前にいち早く関係者に取り扱い上の注意を促す意味があるように思われる</u>（＊三柴注）。

本条の名宛人は事業者ではなく、罰則の適用や私法上の請求権の発生を予定していないが、事業者の安全配慮義務（注意義務）の内容の確定に際して、本条に基づく指針が参照される可能性はある。

ウ これまで公表されてきた技術上の指針は、ヒドロキシルアミン等の安全な取扱い等に関する技術上の指針（平成13年12月3日技術上の指針公示第17号）を除き、全て安全関係だった。すなわち、スリップフォーム工法（型枠をジャッキで少しずつ巻き上げ滑らせながら

連続的にコンクリートを打設して高さを出していく工法）による施行上の安全基準関係，工作機械の構造の安全基準関係，ボイラーの低水位による事故防止関係，墜落危険防止ネットの構造関係，機能安全による機械等の安全確保関係（機械の包括的な安全基準に関する指針と相まって，従来式の安全装置等に加え，新たな制御機能の付加を図るもの）など17個あり，「油炊きボイラー及びガス炊きボイラーの燃焼設備の構造及び管理に関する技術上の指針」を含めて一部は，製造流通業者向けと思われる定めを含む。

近年ここに加わったのが，「化学物質による健康障害防止のための基準の適用等に関する技術上の指針」（令和5年4月27日技術上の指針公示第24号，改正：令和6年5月8日技術上の指針公示第26号）である。

これは，特別規則規制外で生じる化学物質被害が多いこと等を踏まえてなされた2022（令和4）年5月の省令等改正で新設された安衛則第577条の2の履行支援を図るものである。すなわち，この改正では，RA義務の対象物質（通知対象物質等：リスクアセスメント対象物〔安衛則第34条の2の7〕）を現行の700物質弱から2900物質（国によるGHS分類された物質のうち，国が優先的にモデルラベルやSDSを作成した物質）まで段階的に拡大すると共に，事業者には，RAの結果に基づき，労働者のばく露レベルを大臣が定める濃度基準値以下とする義務を課すこととなった（安衛則第577条の2）。なお，本条や脚注所掲のリスクアセスメント対象物健康診断の定めを含め，今回の化学物質管理制度の改編で新設された省令規定は，原則として法第22条に紐付くものである）。

本指針は，濃度基準値，ばく露レベルが濃度基準値以下にあることの確認方法，有効な保護具の選択等を定め，その履行支援を図っている。

中高年齢者に関する特則を設けた指針は見当たらないが，「工作機械の構造の安全基準に関する技術上の指針」，「プレス機械の金型の安全基準に関する技術上の指針」には，人間工学的配慮に関する規定があり，これには中高年齢者の身体的，認知的，精神的特性を踏まえた配慮の要求が含まれると解される。

エ　他方，健康障害防止指針（いわゆる「がん原性指針」）は，先ずは，四塩化炭素を対象としたもの（平成3年8月26日健康障害を防止するための指針公示第1号）から，2-ブテナールを対象としたもの（平成18年3月31日健康障害を防止するための指針公示第20号）まで，化学物質ごと個別に18個公表され，作業環境管理や作業管理（作業時間短縮，保護具装着等）などのばく露低減措置から，測定，教育，作業労働者の把握，リスクの表示等を定めていた。また，平成14年1月21日指針公示第13号は，平成11年の安衛法改正を踏まえ，既公表の10指針につき，SDSに関する記載を加えた。

これらの個別指針は，その後，平成23年10月28日指針公示第21号により統合され，（平成14年1月21日指針公示第13号を含めて）全て廃止された。平成23年の統合指針は，新たに8物質を加え，26物質の製造・取扱事業者に対し，講ずべき措置を定めると共に，①保護具，②測定方法，測定結果の評価指標等を別途通達で示す旨の定めを置いた。また，これ以後，対象物質のCAS番号を示すこととなった。これは，米国化学会の一部門であるCAS（Chemical Abstracts Service）が運営する化学物質登録システムによる数値識別番号をいい，名称等がバラバラだった物質の特定を図るものである。

統一指針は，その後も幾たびか改正され，令和2年2月7日指針公示第27号により，40物質を対象とするに至っている。このうち平成26年の指針改正（公示第25号）では，一定の指針対象物質について，対象となる業務幅を特別有機溶剤業務（特別有機溶剤の製造・取扱い業務）以外に拡大した。

健康障害防止指針（いわゆる「がん原性指針」）は，対象物質そのものや，1％超の含有物の製造・取扱い業務での健康障害防止措置を事業者に求めるものであり，対象物質名をCAS番号登録番号と共に列挙し，ばく露低減措置を，有機溶剤，特別有機溶剤，それ以外の特化物，それら以外の4種類に分けて，講じるべき措置を書き分けている。

もっとも，作業環境測定，測定結果の評価，当該評価の30年保存（の努力），教育の内容・時間（概ね4.5時間以上），常時従事労働者の氏名・業務概要等の記録などをデフォルトとしている。

また，リスクの（ラベルによる）表示，SDSの交付についても，それら双方の義務対象物質，いずれかの義務対象物質，いずれでもない物質の3種類に分けて規定している。

前述の通り，①保護具，②測定方法，測定結果の評価指標等については，別途通達で示す旨定められている。

指針の対象物質は，厚生労働省労働基準局内の検討会（「化学物質による労働者の健康障害防止措置に係る検討会」）で検討され，同検討会は，その選定の考え方を示している。これによれば，基本的に，

①国が実施した発がん性試験で動物への発がん性ありと評価された物質，

②IARCの発がん性分類1～2B該当物質等，

が該当する。しかし，①に該当しても，変異原性がなく，高用量のみで腫瘍発生増加が認められるものの場合，労働環境中の濃度を考慮して改めて検討される。

また，いったん指針対象とされた物でも，そのよう

な場合（変異原性なし，高用量のみでの腫瘍発生増加）であって，特化則等で規制される可能性があれば[50]，対象から外され得る。

　加除にかかる具体的検討は，「化学物質のリスク評価検討会（有害性評価小検討会）」で検討される。国による発がん性試験は，法第58条所定の国の援助（第57条の4〔製造者・輸入者による新規化学物質の有害性調査と届出〕，第57条の5〔国による製造者，輸入者，取扱者への有害性調査の指示〕にかかる調査の設備等での国の支援）として実施される。2年をかけた動物実験等を経て実施しているので，1つの被験物質に4年以上を要するものもある。それでは，次々と生じる新規物質に対応できないこともあり，上記②の採用法が設けられた経緯がある。また，2019（令和元）年8月5日の化学物質による労働者の健康障害防止措置に係る検討会で，国が行う発がん性試験の中に遺伝子改変動物（がん遺伝子を用いた実験動物やがん抑制遺伝子を欠損させた実験動物等）を用いたがん原性試験を含むことが確認された（発がん性の遺伝的性格を含め，発がん性物質と遺伝子との関係の調査を図る趣旨と思われる〔三柴注〕）。

　オ　対象物質追加に至るプロセスの実際として，令和2年2月7日健康障害を防止するための指針公示第27号（以下，「指針公示第27号」という）によるアクロレイン追加の例を見ると，

　先ず，日本バイオアッセイ研究センターでのラットを用いた吸入でのがん原性試験により，アクロレインは雌マウスに対するがん原性を示すと解され，それが2016（平成28）年6月の化学物質リスク評価検討会（有害性評価小委員会）に報告され，議論の結果，その発がん性が認められた。

　次に，その①変異原性の有無，②高用量のみで腫瘍発生増加が認められるか，の観点から，指針策定の要否が議論され，①につき不明，②につき明確に認められないことから，策定が必要との結論に至った。

　その後の化学物質による健康障害防止措置に係る検討会でも，同様の結論が導かれたが，アクロレインが測定困難な物質であることから，測定手法の通知は見送られた。

　カ　大臣が策定した技術上の指針や健康障害防止指針は，官報に掲載されると共に本省労働基準局及び都道府県労働局での閲覧に供されることで公表される旨，規則に定められている（安衛則第24条の10，同第24条）。大臣は，公表された指針の実を挙げるため，必要に応じて，事業者（団体）に指導等が行うことができる（本条第4項）。

　実際には，各都道府県労働局労働基準分健康主務課で新指針をWEB掲載するなどして閲覧に供しているほか，関係事業者団体や個別の事業者に周知を図る一方，本省労働基準局長から，関係事業者団体の長にその趣旨を伝達し，参加会員らへの周知を図るよう，協力依頼を行っている。

　キ　本条の沿革は，以下の通り。

　本条は，安衛法制定当時から設けられており，その骨子を形成した労働基準法研究会報告（1971〔昭和46〕年7月13日）には，大部分の労災が法定最低基準と関わりなく発生しており，別途，事業場の特殊性に着目した労災防止のための行政努力として，具体的な技術的指針の作成，公表が必要との趣旨が示されていた。同報告書は，危害防止基準の法令による明確化と充実化も重視したが，それと共に，行政指導や民間の自主的活動のより所としての具体的な技術基準の公表も重視した。

　法制定当初は，技術上の指針と「望ましい作業環境の標準」の公表のみを定めていたが，1977（昭和52）年の法改正で，現在の健康障害防止指針（いわゆる「がん原性指針」）の公表に関する定めが設けられると共に，現在の法第57条の4に相当する規定（製造・輸入事業者を主体とする新規化学物質の有害性調査の実施と調査結果の届出義務，大臣が必要と認める場合の健康障害予防措置の勧告）と，法第57条の5に相当する規定（発がん性物質等の有害物の製造輸入・取扱事業者に対する有害性調査と結果報告の指示）が設けられると共に，本条も設けられた。要するに，新規・既存双方の化学物質管理に関する制度の強化が図られ，本条もその一環を担った。

　1988（昭和63）年の法改正で，中高年齢者への配慮に関する現行第2項に相当する規定が設けられ，1992（平成4）年には，本条から「望ましい作業環境の標準」の公表に係る規定が削除され，代わりに第7章の2に快適な職場環境形成のための指針の公表に関する規定（法第71条の3）が設けられた。

　ク　本条制定の背景となった災害等につき，特定の例は挙げにくいが，やはり本法の骨格を形成した労働基準法研究会報告（1971〔昭和46〕年）において，法定最低条件違反による労災は全体の2割以下と指摘されていたことが特筆される。法令上の最低基準整備とは異なる状況に応じた柔軟かつ綿密な行政努力が求められることを示唆する情報だからである。

　本条に基づく指針策定の背景災害の好例として，2000（平成12）年6月に日進化工株式会社群馬工場で発生した爆発災害が挙げられる。これは，高濃度の水溶液，湿度の高さ，鉄イオン等の混入により発熱して爆発する性状を持つヒドロキシルアミンが8割以上に濃縮されて循環する配管内で，緊急抜き出し配管付近に貯まった鉄イオンと反応して爆発し，死者4人，周辺住民54人を含む負傷者58人等の被害を生む，大災害

だった。

　この災害まで，ヒドロキシルアミンの危険性は十分に判明しておらず，法律上の規制も不十分だったこと，IT産業の発展やフロン代替等で，急激に需要が増加したこと等が原因と分析され，その濃度・湿度の管理，リスクの共有の必要性等を記した「ヒドロキシルアミンに係る爆発災害等の防止について」（平成13年6月11日基安発第34号の2）が発出された後，「ヒドロキシルアミン等の安全な取扱い等に関する技術上の指針」（平成13年12月3日技術上の指針公示第17号）が公表された。

　ケ　監督指導の実情について，労働基準監督官である大久保克己氏によれば，通例，本条（法第28条）に基づく指針につき，特別に監督が行われることはなく，化学物質を重点とした監督指導を実施する中で，対象物質があった場合に，当該指針について監督指導を実施することになる。しかし，監督指導対象事業場で用いられる化学物質が，指針対象物質に当たるかの見極めは，監督官の資質によるところが大きいという。

　指針にCAS番号登録番号が明記されるようになったことで，インターネットでの照合が可能となったが，実際には困難なので，アメリカのNIOSH（国立労働安全衛生研究所）が刊行する「NIOSH POCKET-GUIDE to CHEMICAL HAZARD（NIOSHの化学物質の危険性に対するポケットガイド）」のように，化学物質別の詳細な資料を監督官に配布することが有益とされる。

　コ　関係判例は以下の通り。
●大隈鉄工所高価機械損傷損害賠償訴訟・名古屋地判昭62・7・27判時1250号8頁
〈事実の概要〉
　鋳鉄等で製造され，加工物の平面等を強力重切削する汎用プレーナーで切削加工作業に従事していた労働者Yが，作業中の居眠りでプレーナーと加工品に損傷等を与えたため，事業者Xが損害賠償請求した。Yは，Xには，「工作機械の構造の安全基準に関する技術上の指針」（昭和50年10月18日技術上の指針公示第4号）等を遵守し，自動停止装置を設置する，そもそも機械を自動制御化するなどして事故を防止する義務を怠った過失があるため，賠償責任を負わないと主張した。
〈判旨：X請求一部認容〉
　確かに，20-30万円の費用で汎用プレーナーを技術的に自動制御化すること（＊例えば，切削完了の手前である程度の余裕をもたせた位置で一時停止させ，その後のわずかの部分は，手動によって切削を完了させる方法）はできたし，場合によっては望ましいが，本件事故当時，そうした機械は存在しなかったし，仮に自動制御化させても，一般に監視業務と相まって良好な切削作業が可能となると認識されていた。

　安衛法等の法令上本件プレーナーに基準違反はなく，むしろ，各種保安装置が設置されていたし，仮に事故防止のための自動停止装置を設置した場合，刃物合わせごとに装置の調整を要する等，作業能率低下を招くうえ，その準備作業によって労働者の生命身体の危険を増大させる可能性もある。

　他方，本件居眠りは重大な義務違反にあたり，Xによる損害賠償請求自体に問題はないが，雇用関係における信義則及び公平の見地から，Xの保険無加入等の事情を考慮して，賠償額は一定程度減額される。
〈判決からくみ取り得る示唆〉
　安衛法上の技術上の指針の記載内容を全て実施していないことが，ただちに使用者の（加害者との関係での）過失責任等を導くわけではなく，それは，その時点での業界の認識，記載事項を行うことによるメリット・デメリット等を考慮して判断される。
●損害賠償請求事件・東京地判平29・1・24判タ1453号211頁
〈事実の概要〉
　平成16年ころ，全自動式丸鋸切断器（本件機械）で作業していたXが，端材を取り出そうとした際の丸鋸回転中の接触により右手中指切断等の傷害を負ったため，製造者Yを相手方として，製造物責任法第3条又は不法行為に基づく損害賠償を求めた。

　Xは，「機械の包括的な安全基準に関する指針（以下，「本件指針」）」（平成13年6月1日基発第501号）（法第28条に基づく指針ではないが，「機能安全による機械等に係る安全確保に関する技術上の指針」（平成28年9月26日厚生労働省告示第353号）と相まって機械安全の確保を図るものであり，両者は姉妹関係にある）には，機械の危険部位に接触しないようにする装置の設置を求めており，Yは，丸鋸刃の回転が停止するまで扉が開かない等の機構を標準装備すべきところ怠ったのは，製造物責任法第3条にいう「瑕疵」に当たると主張したが，Yは，取扱説明書等に，端材を取り出す際には主電源を切るよう警告が記載され，機械の前面扉の窓から丸鋸刃の回転状況も確認できたはずだし，X主張のような自動停止装置は同業他社の製品にも装備されていなかったので，「瑕疵」はなかったと反論した。
〈判旨：X請求認容〉
　「製造物責任法3条にいう『欠陥』とは，当該製造物の特性，その通常予見される使用形態，その製造業者等が当該製造物を引渡した時期その他の当該製造物に係る事情を考慮して，当該製造物が通常有すべき安全性を欠いていることをいう（同法2条2項）」。

　本件機械は，

・最後の端材は，前面扉を開けて手で取り出す必要があること，
・丸鋸刃の回転停止ボタンを押してもしばらくは惰性で回転を続けること，
・丸鋸刃の回転が停止するまで扉が開かない等の機構は設置されていなかったこと，
・本件指針は，全ての機械に適用できる包括的な安全方策等に関する基準を定めたものであり，危険源となる運動部分が完全に動作停止した後でなければガードを開けられないようにすること等（あるいは，ガードを開け次第動作停止すること等）を定めていること，

その内容は，M工業会を通じて知らされていたこと，

平成19年に改正指針され，更に内容が深化したこと，

・欧州でも，既に電磁ロック式インターロックを標準装備することが求められていて，Yもこれに対応する機械を輸出していたこと，
・同様の安全防護装置の設置は技術的に可能であり，同業他社でも，同様の対応をとっているところがあったこと，

等からすると，オプション装置の価格を考慮しても，機械操作による労災の危険の大きさに鑑みて，安全防護装置を備えないことは，通常有すべき安全性を欠いていると評価できる。

〈判決からくみ取り得る示唆〉

本判決は，「機械の包括的な安全基準に関する指針」の内容や平成19年改正，Yの認識可能性，海外の状況，標準装備の値段等を踏まえ，機械の危険源の作動時に人が触れないようにする安全防護装置を備えないことを，製造物責任法上の「瑕疵」と判断した。

本指針は，法第28条に基づく指針ではないが，「機能安全による機械等に係る安全確保に関する技術上の指針」（平成28年9月26日厚生労働省告示第353号）と相まって機械安全の確保を図るものであり，両者は姉妹関係にあるため，本条に基づく指針についても，同様の判断が下される可能性がある。

ただし，装備にかかる費用を含め，具体的状況下での期待可能性が考慮されることとなろう。

●三星化学工業事件・福井地判令3・5・11判時2506・2507号86頁

〈事実の概要〉

染料・顔料の中間体を製造するY福井工場に勤務し，乾燥工程での洗浄作業等に従事していたXらが相次いで膀胱がんを発症したため，Yに安全配慮義務違反に基づく損害賠償を請求した。

これは，製品原料に用いられていたオルト－トルイジンによるものと考えられたが，本災害当時，化学物質による健康障害防止指針の対象物質に指定されず，労災認定における職業病リスト（労基法施行規則別表第1の2）にも掲げられていなかった。

ただし，Yの福井工場副工場長は，SDS（安全データシート）に目を通し，本件薬品の発がん性も認識していた。

〈判旨：X請求認容〉

化学物質を用いる使用者の予見可能性としては，抽象的な危惧で足り，生じ得る障害の性質，程度や発症頻度まで具体的に認識する必要はない。

その上で，本件では，SDSに経皮的ばく露による発がん可能性の記載があって，副工場長が本件薬品の発がん性を認識していたこと，以前から従業員の尿中代謝物に本件薬品が高濃度で検出されていたことをYも認識していたから，Yは，本件薬品の経皮的ばく露による健康障害の可能性を認識し得た。

また，Yには，安全配慮義務として，不浸透性作業服等の着用や，身体に本件薬品が付着した場合の措置の周知を徹底し，従業員に遵守させる義務があったが，徹底されておらず，結果回避義務違反は免れない。

〈判決からくみ取り得る示唆〉

本判決は，特別規則はもとより，健康障害防止指針（いわゆる「がん原性指針」）の対象となっていなかったオルト－トルイジンによる膀胱がんの発症について，SDSの記載等を根拠に使用者の予見可能性を認め，過失責任を認めた点に特徴がある。

がん原性指針は，発がん性のおそれのある物質の早期把握早期対応を図る目的も持っているが，民事責任との関係では，その対象物質でないことは，被害の予見可能性を否定しないことが窺われる。

●損害賠償請求事件・神戸地判平31・4・16 LEX/DB 25563012

〈事実の概要〉

Y2が発注した建物の解体工事につき，受注したY1が石綿の事前調査を講じず，それに基づく飛散対策を講じずに工事を実施したため，一定量の石綿が飛散した。

そこで，周辺住民であるXらが，Y1・Y2の注意義務違反により，平穏生活権又は健康を損なわない利益を侵害されたとして，両名を相手方として，損害賠償を請求した。

Xらは，おそらくはY1・Y2の注意義務違反を主張する趣旨で，石綿則第3条第1項が建築物解体に際しての石綿等の使用にかかる事前調査を規定し，「建築物等の解体等の作業での労働者の石綿ばく露防止に関する技術上の指針」（平成24年5月9日）が，当該事前調査につき，①適任者による実施，②建材の使用箇

所や種類等の網羅的な把握を定め，その他行政の通知も目視できない部分まで網羅的に調査するよう示唆していたことを示す証拠を提出した。

〈判旨〉

本件解体工事を受注したY1は，石綿則第3条や上記指針，通知を参照し，設計図書等の資料の確認と現地の網羅的な目視，判断がつかない場合は専門家による分析を行う必要があったのに，怠ったとは認めがたい。

こうした調査を怠って本件建物の石綿含有建材を見落とし，大気汚染防止法上義務づけられる作業基準を違守せずに本件解体工事を施行した結果，周辺に一定量の石綿を飛散させたことにつき，注意義務違反を認める。

ただし，周辺地域まで到達した量は，人体に有害な影響を与えるほどではなかったので，平穏生活権や健康を損なわない利益の侵害は認められない。

Y2は発注者にすぎず，Y1が石綿に係る調査能力を欠いていると認識することは著しく困難だったので，注意義務違反はない。

〈判決からくみ取り得る示唆〉

本件は労働事件ではないが，本条（法第28条）に基づく技術上の指針の内容が，その上位の規則や下位の通知と共に，事業者の注意義務違反の認定に際して参酌されているようにも解し得る。

サ　法第28条の2は，第1項で，安全管理者の選任が求められるような，製造業等省令所定の業種での，建設物，設備（法第20条第1号関係）や原材料，ガス，蒸気，粉じん（法第22条関係）等によるか，作業行動（主に不安全行動〔手間を惜しむ，悪慣れ等から，意図的に事故災害を生じ得る行動をとること〕を指す）（法第24条関係）等による危険性又は有害性等（以下，本条の解説において，「リスク」又は「危険有害性等」という）（前掲資料37参照）のアセスメントと，その結果に基づく管理措置（本法令上の規定とその他必要な措置）の努力義務を定めている。言うまでもなく，このうち本法令上の危害防止規定の履行は義務である。

もっとも，施行令第18条各号所掲の物質≒第18条の2所掲のSDSによる通知対象物質等（リスクアセスメント対象物〔安衛則第34条の2の7〕）は，法第57条の3で実施が義務づけられているため，本規定の規制対象から外されている。

第2項では，前条による技術上の指針，健康障害防止指針（がん原性指針）のほか，本条による指針の公表を大臣に求めている。

第3項では，大臣による前項の指針による事業者（団体）への指導・援助の権限を定めている。

シ　爆発・火災等の重大災害の発生と，その背後に

資料38　労働安全衛生マネジメントシステムに関する指針の基本的な枠組み

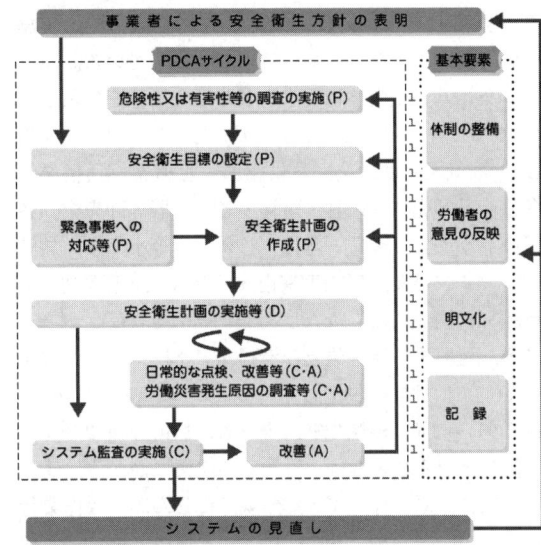

（厚生労働省「労働安全衛生マネジメントシステム～効果的なシステムの実施に向けて～」〔https://www.mhlw.go.jp/bunya/roudoukijun/anzeneisei14/dl/ms_system.pdf，最終閲覧日：2023年6月30日〕）

既存の法令では十分に対応できないリスクがあったこと，生産工程や生産手段の新規化，複雑多様化等によるリスクの多様化等を踏まえ，事業者による自主的なリスクアセスメント等（以下，本条の解説において，リスクの調査とその結果に基づく管理措置を示す。リスクアセスメントをRA，リスクアセスメント等をRA等とも記す）の努力義務を課した規定である（平成18年2月24日基発第0224003号）。

労働安全衛生マネジメントシステムでは，RA等のため，事業者がP（計画）D（実行）C（評価）A（改善）の過程を踏むことを予定しているので，RAは，その中核と言える（資料38参照）。

また，RA等は多分に安全配慮義務の内容と被っており，それを怠った結果災害等が生じれば，損害賠償責任が生じ得る。

ス　本条第2項に基づき，「危険性又は有害性等の調査等に関する指針」（平成18年3月10日同公示第1号）（以下，「RA指針」という）が公表されている（本指針の説明として，平成18年3月10日基発第0310001号が発出されている）。この指針は，「労働安全衛生マネジメントシステムに関する指針」（平成11年4月30日労働省告示第53号）所定のRA等として具体的に実施すべき事項（同指針第10条）に位置づけられる。

特定のハザード（リスク要因）に関する個別的な指針には，「化学物質等による危険性又は有害性等の調査等に関する指針」（平成18年3月30日危険性又は有害性等の調査に関する指針公示第2号）（その後，化学物質等による危険性又は有害性等の調査等に関する指針〔平成27年9月18日同公示第3号〕により廃止）や「機械の包括的な

安全基準に関する指針」（平成19年7月31日基発第0731001号）があり、いずれも①リスクの特定、②リスクの見積もり、③②に基づくリスク低減措置の実施というプロセスを示している点で共通している。

本条に基づく化学物質等のRAは全業種を対象とし（第1項但書）、それ以外は、製造業（物の加工業を含む）、電気業、ガス業、熱供給業、水道業、通信業、各種商品卸売業、家具・建具・じゅう器等卸売業、各種商品小売業、家具・建具・じゅう器等小売業、旅館業、ゴルフ場業、自動車整備業及び機械修理業等（いわゆる「工業的業種」。ただし、燃料小売業を含む）、林業、鉱業、建設業、運送業及び清掃業（いわゆる「屋外産業的業種」）に対象を限定している（第1項但書、安衛則第24条の11第2項、安衛法施行令第2条第1項、同第2号）。

対象となるリスクは、労働者の就業にかかる、建設物、設備、原材料、ガス、蒸気、粉じん等又は作業行動（主に不安全行動〔手間を惜しむ、悪慣れ等から、意図的に事故災害を生じ得る行動をとること〕を指す）その他の業務起因リスクである（RA指針2）。

実施体制としては、①総括安全衛生管理者等、事業場トップによる「統括管理」（安衛法第10条第1項、安衛則第3条の2第2号）、②安全・衛生管理者等による「管理」（法第11条第1項、第12条第1項）、③安全衛生委員会等の「活用」等（安衛則第21条第2号、第22条第2号）による労働者参加の確保、④職長等によるリスクの特定、見積もり、低減措置の検討、⑤機械設備等のアセスメントにおける当該専門知識を持つ者の活用が想定されている他、①から⑤の者への教育が必要とされている（RA指針4）。すなわち、トップの管理、現場を知る労働者、企業内外の専門家の参画が要素とされている。

実施時期は、新規採用時と変化・変更時（一定の期間が経過し、ハザードやリスクに関する知識・情報に変化が生じた場合を含む）が基本である。すなわち、①建築物の設置、移転、変更、解体時、②設備、原材料等の新規採用、変更時、③作業の方法や手順の新規採用、変更時、④①～③所掲の危険源（建築物等）によるリスクに変更が生じたか生じるおそれがあるときに実施が求められる（安衛則第24条の11第1項）。これらの詳細は、さらに、RA指針5(1)や関係通達（平成18年3月10日基発第0310001号）に示されている。

RAに際しては、発生し得る災害を予見し、実施対象を選定する必要がある。そこでは、過去の労災やヒヤリハット事例、日常不安を感じる状況等の情報の取得が基本となる（＊予防といえども、再発防止が基本となることによる〔三柴注〕）。取得すべき情報には、操作が複雑な機械設備の操作等も含まれる（平成18年3月10日基発第0310001号）。

その上で、作業標準・手順書、機械設備の仕様書・取扱説明書、SDS、機械設備等の周辺状況関連情報、作業環境測定結果等、同一場所での混在作業に関する情報、同様の条件下での一般的な災害事例、災害統計等、危険予知活動の実施結果等の資料を入手することが求められる（RA指針7(1)、平成18年3月10日基発第0310001号）。

これらは、どのような危険源により、どのような条件で、どのような災害が生じ得るかを推論させる、一般的、特定的な情報といえる。

なお、RA指針では、新規機械設備等の導入に際しては、そのメーカーから設計製造段階でのリスク調査等の結果を入手することや、その使用や改造を行う際に管理権限を有しない場合には有する者から調査結果等を入手すること、同一の場所での（混在）作業／危険作業に際しては、各（関係請負）事業者が元方事業者から調査結果等を入手することが求められている（RA指針7(2)）。すなわち、<u>リスクの源流に遡った調査</u>が求められることが示唆されている。

以上の情報入手プロセスを経て、事業者は、調査対象となる作業単位を「選定（調査の効率化と適正化の観点での絞り込み）」したうえで、予め定めたリスク分類に即して、各作業ごとのリスクを特定する。リスク分類には、危険性については、機械等によるもの、爆発性・発火性・引火性、腐食性の物等によるもの、電気・熱等のエネルギーによるもの、作業方法（＊どこでどのように原材料を製造・加工するか、機械を操作するか等の具体的な作業の手順や手法であり、主に作業計画により改善され得るもの。法第21条では、掘削、採石、荷役、伐木等の業務が例示されている）によるもの、作業場所（倒壊や墜落の危険場所等）にかかるもの、作業行動（主に不安全行動〔手間を惜しむ、悪慣れ等から、意図的に事故災害を生じ得る行動をとること〕を指す）等によるもの等が挙げられ、有害性については、原材料、ガス、蒸気、粉じん等によるもの、放射線、高温、低温、超音波、騒音、振動、異常気圧等によるもの、作業行動等から生じるもの等が挙げられている（厚生労働省「危険性又は有害性等の調査等に関する指針・同解説」〔2006（平成18）年〕15頁）。結局、安衛法上の危害防止基準の通則である法第20条から第25条の2が掲げるものとほぼ同様であり、逆に言えば、それらの規定が相当程度職域の安全衛生リスクを網羅していることが窺われる（三柴注）。

なお、疲労は負傷疾病のリスクを高めることを考慮する必要がある（RA指針8(2)）。また、急性毒性に関するRAでは、災害予見シナリオの作成が必要との指摘がある。

リスクの見積もりは、低減措置の優先度の決定に重

要な意味を持ち，基本的に生じ得る負傷・疾病の重篤度（基本的に休業日数等）と発生可能性（統一的尺度はない）を考慮して行われるが，化学物質による健康障害については，その有害性の度合いとばく露量の考慮でなされ得る（安衛則第34条の2の7第2項）。

関係通達（平成18年3月10日基発第0310001号）は，リスク見積もり方法の例として，
①マトリクスを用いた方法：災害重篤度と発生可能性を縦軸と横軸にとり，予めリスクの大きさが割り付けられた表を用い，測定対象がどの部分にプロットされるかでリスクを見積もる方法
②数値化による方法：災害重篤度と発生可能性を数値化し，加算／乗算等してリスクを見積もる方法
③枝分かれ図を用いた方法：災害重篤度と発生可能性等の段階的な分岐によりリスクを見積もる方法
を挙げている。

また，同通達は，被災者と被災内容の予測，過去の発生例ではなく最悪状況の予測を前提とすべきこと，災害の影響を受け得る周辺作業者等も考慮すべきこと等を示唆している（平成18年3月10日基発第0310001号）。RA指針には，有害性が立証されていなくても，一定の根拠があれば，有害性ありと仮定して見積もるよう努めるべき旨の示唆もある（RA指針9(2)）。

ハザードに応じたリスク見積もりについては，関係通達（平成18年3月10日基発第0310001号）で，以下のように分類されている。
①はさまれ，墜落等の物理的作用によるもの
②爆発，火災等の化学物質の物理的効果によるもの
③中毒等の化学物質等の有害性によるもの
④振動障害等の物理因子の有害性によるもの

このうち③については，以下のような見積もるべき項目に関する示唆がある。
・有害物質等の取扱量，濃度，接触の頻度等
・労働者のばく露量及びばく露限度等との比較
・侵入経路等

リスク見積もりに際しての要考慮事項については，関係通達（平成18年3月10日基発第0310001号）に以下のような示唆がある。
①安全装置，立入禁止措置等の労災防止措置が有効に維持されているか
②安全機能等を無効化／無視する可能性
③作業手順の逸脱等の可能性

リスク低減措置については，法定事項の遵守はマストとして，優先順位として，3ステップ・アプローチ（第1ステップ：危険作業の廃止，原材料の代替等の本質的安全方策，第2ステップ：局排設置，ガード等の工学的対策，第3ステップ：マニュアル整備，2人組体制，教育訓練等の管理的方策）を講じ，残存リスクには保護具で対応するよう示唆されている（平成18年3月10日基発第0310001号）。

3ステップ・アプローチの考え方は，ALARP: as low as reasonably practicable の考え方と通底しており，災防効果に対するリスク低減措置のコストパフォーマンスが著しく悪い場合に限り，より下位の措置の選択が許される。また，既存の行政指針等で示唆された手法以外を採用する場合にも，同等以上の効果が求められるほか，高齢者，外国人等の安全衛生対策上の弱者にも有効なレベルまで措置を講じる必要がある（平成18年3月10日基発第0310001号）。重篤な災害疾病をもたらすリスクへの対策に時間を要する場合，直ちに暫定措置を講じる必要もある（RA指針10(3)）。

RAの結果は，①実施対象作業，②特定したリスク，③見積もったリスク，④低減措置の優先順位，⑤実施した低減措置の順に記録する（RA指針11）。

セ　化学物質等のRAは，全業種の事業者に実施が求められる（本条〔法第28条の2〕第1項但書）。なお，化学物質のRAには，化学物質RA指針と一般的なRA指針の双方が適用される。

法第57条の3第3項でRAの実施が義務づけられている物質（施行令第18条各号所掲の表示義務対象物質≒第18条の2所定のSDSによる通知対象物質等：リスクアセスメント対象物〔安衛則第34条の2の7〕）は，本条（法第28条の2）からは，その適用が除外されているが，化学物質RA指針の適用範囲は，これまでも，労働者に危険や健康障害を生じるおそれがある物質（国によるGHS分類対象物質）全てであり，その両者（法第57条の3及び法第28条2の対象物質）に及んでいた。近年，特別規則規制外で生じる化学物質被害が多いこと等を踏まえてなされた省令等改正（令和4〔2022〕年5月）により新設された安衛則第577条の3により，国によるGHS分類がされていない（危険有害性が認識されていない）物質も，全てRAの努力義務対象とされることとなった。

化学物質等のRAでも，実施体制は，①総括安全衛生管理者等，事業場トップ層による「統括管理」（安衛法第10条第1項，安衛則第3条の2第2号），②安全・衛生管理者又は衛生管理者等による「管理」（法第11条第1項，第12条第1項），③安全衛生委員会等での「調査審議」等（安衛則第21条第2号，第22条第2号，第577条の2第10項）による労働者参加の確保，④化学物質や関係設備等について専門知識を持つ者の参加の確保，⑤化学物質管理に詳しい「化学物質管理者」の選任（安衛則第12条の5第1項）と同人による（安全・衛生管理者の管理下での）技術的業務，⑥必要に応じての，事業場内の化学物質管理専門家[53]や作業環境管理専門家[54]等の参画，存在しない場合の外部専門家の活用，⑦RA

等を行う者への化学物質管理者の管理下での教育が必要とされている（RA指針4）。やはり、トップの管理、現場を知る労働者、企業内外の専門家の参画が要素とされている。

実施時期も、新規採用時と変化・変更時（一定の期間が経過し、ハザードやリスクに関する知識・情報に変化が生じた場合を含む）が基本である点で、安全関係のRAと変わらない。すなわち、①化学物質等の新規採用、変更時、②作業の方法や手順の新規採用、変更時、③①～②所掲の場合のほか、化学物質等による危険性や有害性等に変化が生じたか生じるおそれがあるときに実施が求められる（安衛則第34条の2の7第1項。ただし、本規定は、SDSによる通知義務対象物質等を指すリスクアセスメント対象物を対象としている[55]）。

③の例として、労働者のばく露レベルを示す濃度基準値（安衛則第577条の2第2項）が新規設定／変更された場合、日本産業衛生学会の許容濃度やACGIHのTLV-TWA（8時間／日、40時間／週繰り返しばく露しても無害と考えられる平均濃度）等でばく露限界が新規設定／変更された場合のほか、GHSやJISZ7252により分類されたリスクアセスメント対象物の危険性／有害性区分が変更された場合であって、その譲渡提供者がSDSの記載内容を変更し、その変更内容を事業者に提供した場合等が挙げられている（平成27年9月18日基発0918第3号、最終改正：令和5年4月27日基発第0427第3号）。

その他、労災発生時であって過去のRAに問題がある場合、既製造・取扱い物質を国がRAの対象物質とした場合等にもRAが求められる（化学物質RA指針〔「化学物質等による危険性又は有害性等の調査等に関する指針」（危険性又は有害性等の調査等に関する指針公示第3号）〕5(3)(4)[56]）。

化学物質のRAでも、発生し得る災害を予見し、実施対象を選定する必要がある。RAは、製造／取扱い「業務ごと」に行う必要があるところ、一連の／共通性のある複数の作業工程を1単位とみなすことはできる。また、元方事業者は、混在作業に関するリスクを調査する必要がある（化学物質RA指針6）。

その際、作業標準・手順書、機械設備のレイアウト、SDS、機械設備等の周辺状況関連情報、作業環境測定結果等、同様の条件下での一般的な災害事例、災害統計等の資料を入手することが求められること（化学物質RA指針7(2)）も、安全関係のRAと変わらない。

化学物質のRAでも、ハザード／リスク情報をその源流から得る努力が重要になる。化学物質RA指針では、新規化学物質等の導入に際しては、譲渡提供者からSDSを入手すること、化学物質等にかかる新規機械設備の導入時には、その製造者に設計・製造段階でのRAを求めること、その使用や改造を行う際に管理権限を有しない場合には有する者から調査結果等を入手すること等が求められる（化学物質RA指針7(3)）。

また、化学物質管理でも、同一場所での（混在）作業では、元方事業者によるリーダーシップが求められている。すなわち、元方事業者は、自ら実施したRAの結果を関係請負人に提供することが求められる（RA指針7(2)）。前述した通り、関係請負人側でも、元方事業者から調査結果等を入手するよう求められている（RA指針7(2)）。

以上の情報入手プロセスを経て、事業者は、調査対象となる業務を「選定（調査の効率化と適正化の観点での絞り込み）」したうえで、当該業務で労働者がばく露する可能性がある物質ごとに、GHS等に基づき分類されたリスク（危険性又は有害性）、その管理濃度や濃度基準値、経皮吸収可能性等に即して、各業務ごとのリスクを特定する。もっとも、化学物質RA指針は、以前から、GHS分類されていない物質のリスクもこのプロセスの対象とする必要があるとしていた（化学物質RA指針2、8、12等）。

リスクの見積もりは、一般に、基本的に生じ得る危険や健康障害の重篤度（基本的に休業日数等）と発生可能性（統一的尺度はないが、リスク要因への接近の頻度や時間、回避可能性等を考慮して見積もる）を考慮して行われるが、化学物質による健康障害については、その有害性の度合いとばく露量の考慮でなされ得る（安衛則第34条の2の7第2項）。また、物質相互の化学反応による危険性（発熱等）や有害性（有毒ガス発生等）にも留意する必要がある（令和5年4月27日基発0427第3号）。

化学物質RA指針は、リスク見積もり方法の例として、

1）危険や健康障害の発生可能性と重篤度を考慮する方法
① マトリクスを用いた方法：災害重篤度と発生可能性を縦軸と横軸にとり、予めリスクの大きさが割り付けられた表を用い、測定対象がどの部分にプロットされるかでリスクを見積もる方法
② 数値化による方法：災害重篤度と発生可能性を数値化し、加算／乗算等してリスクを見積もる方法
③ 枝分かれ図を用いた方法：災害重篤度と発生可能性等の段階的な分岐によりリスクを見積もる方法
④ ILOが途上国の中小企業向けに開発したコントロール・バンディング（化学物質リスク簡易評価法）によりリスクを見積もる方法[57]
⑤ 化学プラントでの化学反応プロセス等による災害シナリオを仮定して、その発生可能性と重篤度を

かなりの程度質的に推論する方法（「化学プラントにかかるセーフティ・アセスメントに関する指針」〔平成12年3月21日基発第149号〕）
2）ばく露の程度と有害性の程度を考慮する方法
①管理濃度が定められている物質の場合，作業環境測定の第1評価値（単位作業場所において考え得る全ての測定点の作業時間における気中有害物質の濃度の実現値のうち，高濃度側から5％に相当する濃度の推定値）を当該管理濃度と比較する方法
②濃度基準値が定められている物質については，個人ばく露測定結果（濃度）を当該濃度基準値と比較する方法
③対象業務の作業環境測定結果を当該物質のばく露限界（日本産業衛生学会の許容濃度，ACGIHのTLV-TWA）と比較する方法
④数理モデルで労働者周辺の気中濃度を推定し（同じ条件の別の作業場所での作業環境測定結果から平均的濃度を推定する，単位時間あたりの化学物質等の消費量〔準備した化学物質等が消失する量〕と作業場所の気積から推計する，厚生労働省が提供している簡易リスクアセスメントツールであるCREATE-SIMPLE[58]を用いて気中濃度を推定する等），その物質のばく露濃度と比較する方法
⑤マトリクスを用いた方法：労働者のばく露のレベル（作業環境レベル（＊）と作業時間・頻度から導く）と有害性（GHS分類による健康有害性クラス及び区分で測る）を縦軸と横軸にとり，予めリスクの大きさが割り付けられた表を用い，測定対象がどの部分にプロットされるかでリスクを見積もる方法
＊作業環境レベル＝A（取扱量ポイント）＋B（揮発性・飛散性ポイント）－C（換気ポイント）＋D（修正ポイント）
を挙げている。

その他のばく露レベルの推定方法には，対象業務にかかる生物学的モニタリング（作業者の尿中代謝産物の量を測定して，作業者が摂取した物質の量を推定する方法）によるものもある。

なお，これらの方法での見積もりに際しては，物質の性状，製造量や取扱量，作業内容，作業条件や関連設備の状況，人員配置の状況，作業時間や頻度，換気設備，保護具の使用状況等の情報を考慮する必要があるとされている（化学物質RA指針9(2)）。

令和4年の規則改正等で，リスクアセスメントが義務づけられた物質については，その結果に基づいて，労働者のばく露レベルを国が定める濃度基準値以下にすることが義務づけられた（リスクアセスメント対象物以外についても努力義務となる）。よって，2）②に示したように，その対象物質については，前掲の「化学物質による健康障害防止のための濃度の基準の適用等に関する技術上の指針（以下，濃度基準指針）」（令和5年4月27日技術上の指針公示第24号）に示された方法で当該濃度基準以下であることを確認すること，その際，個人サンプリング等の労働者の呼吸域の測定方法のみではなく，よくデザインされたA測定，B測定等の固定点での測定方法も講じることが求められる（濃度基準指針6-1）。

リスク低減措置については，言うまでもなく，法定事項の遵守はマストとなる。安衛則第577条の2の新設を踏まえ，リスクアセスメント対象物について，ばく露レベルを最小限度とすること，及び，濃度基準値が定められた物質についてはそれ以下とすることも，マストとなる。法令上措置の定めがない場合，優先順位として，3ステップ・アプローチ（第1ステップ：濃度基準値やばく露限界がより高い物質等危険・有害性が低い物質への代替，化学反応のプロセス等の運転条件の変更等の本質的安全方策，第2ステップ：防爆構造化，局排設置，ガード等の〔衛生〕工学的対策，第3ステップ：作業手順の改善，作業時間の短縮，マニュアル整備，立入禁止，教育訓練，健康管理等の管理的方策）を講じ，残存リスクには保護具で対応するよう示唆されている（化学物質RA指針10，令和5年4月27日基発0427第3号）。

前述した通り，3ステップ・アプローチの考え方は，ALARP: as low as reasonably practicable の考え方と通底しており，災防効果に対するリスク低減措置のコストパフォーマンスが著しく悪い場合に限り，より下位の措置の選択が許される（化学物質RA指針10(2)，平成18年3月10日基発第0310001号）。重篤な災害疾病をもたらすリスクへの対策に時間を要する場合，直ちに暫定措置を講じる必要もある（RA指針10(3)，平成18年3月10日基発第0310001号）。

RA後，事業者は，①調査対象物の名称，②業務内容，③調査結果（特定したリスク，見積もったリスク），④講じるリスク防止措置を，掲示，書面交付，磁気テープへの記録，内容を常時確認できる機器の設置等により，労働者に周知させねばならない（安衛則第34条の2の8）。記録は，次にリスクアセスメントを行うまでの期間（3年以上）保存しなければならない（化学物質RA指針11）。

ソ　機械安全に関するRAについては，「機械の包括的な安全基準に関する指針」（平成13年6月1日基発第501号）（法第28条に基づく指針ではないが，「機能安全による機械等に係る安全確保に関する技術上の指針」〔平成28年9月26日厚生労働省告示第353号〕と相まって機械安全の確保を図るものであり，両者は姉妹関係にある。本条の解説において，以下，「機械包括安全指針」という）のうち，事業者の実施事項としてRAを定めた部分が，法第28条の2第2項所定の必要な指針に該当する。RA指針1

にも，特定のリスクの種類等については，詳細な指針が別途定められること，化学物質に関するもののほか，「機械安全に関しては，厚生労働省労働基準局長の定めるもの」が含まれることが規定されている。

機械包括安全指針は，法第3条第2項を具体化する目的で，機械の製造者等に設計・製造段階でのRAや譲渡貸与の相手方への情報提供等を規定すると共に，事業者に事業場で講じるべき措置（リスク調査等）も規定している。事業者が講じるべきRAに関する定めは，RA指針（リスクアセスメント指針：「危険性又は有害性等の調査等に関する指針〔平成18年3月10日同公示第1号〕」）と殆ど変わらない。

同安全指針は，
①機械の意図する使用が行われる作業
　から，
②運搬，設置等の使用開始関係作業，
③解体，廃棄等の使用停止関係作業，
④故障等の異常時作業，
⑤合理的に予見可能な誤使用（設計者の意図を外れた使用：ガードを外した状態での使用，左右両手で2個のボタンを押しながら作動させるプレスのボタンを片方の指と肘で押して操作する等）がなされる作業，
⑥機械使用者以外の者によるリスクへの接近
　を対象作業とし，
a．機械リスク
b．電気リスク
c．熱リスク
d．騒音リスク
e．振動リスク
f．放射リスク
g．材料／物質リスク
h．設計時に生じる人間工学的リスク
i．滑り・つまづき等のリスク
j．リスクの組み合わせ
k．環境関係リスク

に照らしてリスクを同定するよう示唆している（機械包括安全指針6）。

事業者は，こうして同定されたリスクごとに見積もりを行い，低減措置の優先度を検討する。その際，最も発生可能性の高い災害を重視すべきだが，発生可能性が低くても重篤な災害が生じ得る場合には配慮する必要がある（機械包括安全指針5）。

リスク低減措置の実施に際しては，法定措置は必ず実施することを基本として，残存リスクにつき，3ステップ・アプローチ（第1ステップ：機械の安全設計等や運転条件の変更等の本質的安全方策，第2ステップ：ガードや保護装置等，追加的保護方策，第3ステップ：作業手順の改善，マニュアル整備，労働者教育等の管理的方策）を講

じ，なお残存するリスクには保護具で対応するよう示唆されている（機械包括安全指針8(1)）。

また，事業者は，安全方策に配慮した機械の採用，安全に関する知見の製造者等への提供を求められる（機械包括安全指針10）。

タ　本条（法第28条の2）の沿革をみるに，本条は2005（平成17）年の法改正で導入された条規だが，その前身は法制定当時から第58条に存在しており，事業者を名宛人として，化学薬品やその含有製剤等で，労働者の健康障害リスクのあるものにつき，有害性等を調査し，その結果に基づき，法定事項のほか，必要な健康障害防止措置を講じるよう努力義務を課していた。

この規定は，1977（昭和52）年の法改正で，製造輸入業者らを名宛人として新規化学物質の有害性調査が義務づけられたことに伴い，タイトルが「事業者の行うべき」調査等に改められたが，化学薬品の用語が化学物質に変更されたほか，内容は特段変更されなかった。

1999（平成11）年の法改正では，既存の法第28条に基づく技術上の指針や健康障害防止指針（がん原性指針）のほか，第58条に基づく指針の公表，大臣による事業者らへの指導について定められ，2000（平成12）年3月には，この規定に基づき，「化学物質等による労働者の健康障害を防止するため必要な措置に関する指針」（労働安全衛生法第58条第2項の規定に基づく同指針に関する公示第1号）が公表された。この指針では，RAについて，概ね，化学物質等のハザード情報を入手し，その種類及び程度，労働者のばく露の程度等に応じて生じ得る健康障害の可能性及び程度を評価したうえ，ばく露の防止／低減策を検討することと定義されていた。

2005（平成17）年の法改正で本条が新設され，旧第58条は削除された（現行第58条は，化学物質のハザード調査等にかかる国の支援を定めている）。その直接的な背景には，「今後の労働安全衛生対策について（建議）」（2004〔平成16〕年12月27日）があり，ここでは，相次ぐ重大災害発生の要因にRAの欠如があるほか，生産工程の複雑多様化，新規化学物質の導入，それらに伴うリスクの複雑化等があると指摘されていた。第10次労災防止計画にも，リスクを低減させる安全衛生管理手法の展開が基本方針と明記された。こうした流れを受け，主に安全管理者選任義務のある業種等での設備の新設等の変化に際して，RAとそれを踏まえたリスク低減措置を講じる努力義務規定が求められることとなった。努力義務規定とされたのは，中小企業での実施を慮ったことによる（第15回労働政策審議会安全衛生分科会〔2004（平成16）年11月29日〕）。なお，前掲の建議

では，中小企業での円滑な実施のため，事例に基づく手順の明確化，担当者の資質の向上の必要性が示唆されていた。

2014（平成26）年の法改正では，法第57条の3が新設され，施行令第18条各号所掲の物質≒同第18条の2所掲のSDSによるハザード等の通知対象物質等（リスクアセスメント対象物〔安衛則第34条の2の7〕）に限り，RAが義務づけられたことにより，当該物質のRAは，本条（法第28条の2）によるRAの対象から除外された。

チ　RAに関する指針等の沿革をみると，1973（昭和48）年の石油コンビナートにおける爆発・火災等の大規模災害の連続を背景に，1976（昭和51）年に，「化学プラントにかかるセーフティ・アセスメントに関する指針」（昭和51年12月24日基発第905号。改訂版：平成12年3月21日基発第149号）が策定された。この指針は，立地等の定性的評価のほか，取り扱う物質の危険性と，容量，温度，圧力等の操作条件の多角的評価を踏まえ，各製造等のブロックごとに危険性を総合評価して，ランクに応じた対策を講じることを示唆しており，（法第58条は法制定当時からあったが，それより具体性があるという意味で）RAの先駆け的性格を持っていた。

2001（平成13）年には，前掲の「機械の包括的な安全基準に関する指針（機械包括安全指針）」（平成13年6月1日基発第501号）が公表された。これは，法第3条第2項を具体化するための指針であって，法第28条に基づく指針ではないが，「機能安全による機械等に係る安全確保に関する技術上の指針」（平成28年9月26日厚生労働省告示第353号）と相まって機械安全の確保を図るものであり，両者は姉妹関係にある。本指針（機械包括安全指針）のうち，事業者の実施事項としてRAを定めた部分が，法第28条の2第2項所定の必要な指針に該当する。

機械包括安全指針は，RAについて，「利用可能な情報を用いて危険源及び危険状態を特定し，当該危険源及び危険状態のリスクを見積もり，かつ，その評価をすることによって，当該リスクが許容可能か否かを判断すること」と定義したうえで，<u>製造者等による設計・製造段階でのRAと，事業者による製造者等からの情報の確認を踏まえたRAを定めている</u>。

なお，機械包括安全指針を含むRAに関する指針の策定の背景には，イギリスのHSWAが1998年に発行したリスクアセスメントのための5ステップ（Five steps to risk assessment）や，1999年に策定した労働安全衛生管理規則（Management of Health and Safety at Work Regulations 1999：行為準則〔code of practice〕であり，強制規範ではないが，他の手段をとる場合，同等の効果

が求められる）などの国外の参照例があった。アメリカのOSHAも1990年に安全衛生プログラム管理ガイドライン（Safety and Health Program Management Guidelines）を公表した。ISOも1999年に機械類の安全性―設計のための基本概念，一般原則：ISO14121，JIS B9702等を公表した。これには，機械の設計段階でのRAが定められている。ISOは，2003年に，機械の設計者による危険源の特定に始まる3ステップ・アプローチも示している（ISO12100）。

本条（法第28条の2）新設（2005〔平成17〕年）の翌年2006（平成18）年には，本条に基づくRA指針と旧化学物質RA指針（「化学物質等による危険性又は有害性等の調査等に関する指針」〔危険性又は有害性等の調査等に関する指針公示第2号〕）が公表された。前述の通り，両指針は，1999（平成11）年の「労働安全衛生マネジメントシステムに関する指針」（平成11年4月30日労働省告示第53号）所定のRA等として具体的に実施すべき事項（同指針第10条）に位置づけられる。

旧化学物質RA指針の公表により，従前，法第58条に基づき2000（平成12）年3月に公表されていた，「化学物質等による労働者の健康障害を防止するため必要な措置に関する指針」（労働安全衛生法第58条第2項の規定に基づく同指針に関する公示第1号）は廃止された。

その後，2014（平成26）年の法改正での法第57条の3の新設と一部化学物質のRAの義務化に伴い，それに基づく現行化学物質RA指針（「化学物質等による危険性又は有害性等の調査等に関する指針」〔危険性又は有害性等の調査等に関する指針公示第3号〕）が公表され，本条（法第28条の2）に基づく旧化学物質RA指針は廃止された。法第57条の3は，一部の化学物質のRAしか定めていないが，それに基づく現行化学物質RA指針は，もとより，同条の対象物質を含め，労働者に危険有害性を生じ得る物質全てを対象としてきた（化学物質RA指針2，8，12等）ところ，令和4年5月の規則改正等で新設された安衛則第577条の3が，まさに労働者に危険有害性を生じ得る全ての化学物質を対象にRAの努力義務の対象としたことにより，その法的根拠を得たと解される。

2001（平成13）年の行政通達（平成13年6月1日基発第501号）で公表された機械包括安全指針も，機械の製造段階から使用段階に至る一層の安全確保を図る目的で，2007（平成19）年に改正された（平成19年7月31日基発第0731001号）。

ツ　2021（令和3）年7月に「職場における化学物質等の管理のあり方に関する検討会報告書」が公表され，これに基づき，労働者に危険有害性を生じ得る全ての化学物質について，事業者がRAを行い，必要なリスク低減措置を自主選択して実行することを原則と

する「自律的な管理」へ向けた規制改革が図られている。

　そこでは，RA義務の対象物質は，現行の700物質弱から約2900物質（国によるGHS分類された物質のうち，国が優先的にモデルラベルやSDSを作成した物質）まで段階的に拡大され，事業者には，RAの結果に基づき必要な措置を講じることで，労働者のばく露レベルを最小化する（国が濃度基準値を示した物質については同基準値以下に抑える）義務が課されることとなった（安衛則第577条の2，2023〔令和5〕年4月施行）。また，国によるGHS分類がされていない物質（人や環境への危険性等の可能性があってGHS分類の必要性があるが未分類の物質と，危険性等がなく分類の必要のないものの双方を含む）についても，全てRAの努力義務の対象とされることとなった（安衛則第577条の3，2023〔令和5〕年4月施行）。これに伴い，化学物質RA指針も改定され（危険性又は有害性等の調査等に関する指針公示第4号〔令和5年4月27日〕），規則改正の内容が反映されたが，実質的な内容は殆ど変更されていない。

　テ　本条（法第28条の2）の背景災害等をみるに，「今後の労働安全衛生対策の在り方に関する検討会報告書」（2004〔平成16〕年8月）によれば，製鉄所での溶鋼の流出災害，ガスタンクの爆発災害，油槽（石油やガソリン等を貯蔵する大型タンク）所でのガソリンタンクの火災災害，タイヤ製造工場での火災事故等の重大災害の頻発があった。そして，厚労省による自主点検の結果，事業場トップによる安全管理面でのリーダーシップの弱さ，安全委員会の活動の低調さ，現場労働者への再教育不足等に加え，RAとそれを踏まえた低減措置の低調さが明らかとなった。

　また，上記報告書には，例示された機械災害のうち，設備災害は希で，殆どは人の行動にかかる災害であることも記されている。

　化学物質については，化学物質RA指針において，産業界で使用されている化学物質は5万種類を超え，毎年500〜600種類が新たに導入されており，これらには，健康障害を生じるものがあり，最近は，内分泌かく乱物質（生体にホルモン作用を起こしたり，逆に阻害したりする物質），フロン代替物（オゾン層破壊物質の代替物）等をめぐる問題も生じている。

　そして，2-プロモプロパンのように，文献情報もなく，毒性はないと信じられていたが，洗浄用溶剤に含まれて，人の性機能に悪影響を与えた例もある。

　ト　適用の実際をみると，2017（平成29）年労働安全衛生調査では，RAを実施している事業所の割合は約46%（前年もほぼ同じ）で，実施率が高かったのは，機械，交通事故，熱中症等のリスクで，化学物質では37%に過ぎなかった（もっとも，RA義務が課せられたSDS交付対象物質について，該当物質を使用している事業所での実施割合は高く〔令和3年には全部実施が7割強程度〕，そのような事業所では，非対象物質の実施割合でも若干低い程度〔令和3年には全部実施が7割弱〕だった。ただし，該当物質を使用しているか不明な取扱い事業所も分母とした調査では，対象物質で全部実施が3割程度，非対象物質で全部実施が2割程度だった〔平成30年労働安全衛生調査〕）。また，中小企業では実施率が低く，特に化学物質について，企業規模による格差が大きい。実施していない理由は，危険な機械や有害な化学物質等を使用していないためが最も多く（約6割），知識を持った人がいない（約3割弱）等が続いた。もっとも，法令遵守で十分なためとの回答は約1割に過ぎなかったので，RAの重要性自体は理解されていると思われる。

　ナ　監督官経験者からの監督指導状況に関する情報によれば，作業前に作業者自身が行い，管理的対策を中心とするKY活動で済ませている事業場が多数みられる。RAは，事業者がリードし，（必要に応じて専門家を活用し，）本質的，工学的対策を重視する点で異なる。

　また，RA実施対象物質に当たるか否かの判断が事業者にとって困難な場合があり，そうした事業場での指導に際しては，NIOSH POCKETGUIDE to CHEMICAL HAZARDのような化学物質別の詳細な資料を監督官に配布すべきとのことだった。

　なお，法第16条の関係判例で示した日本総合住生活ほか事件・東京高判平30・4・26労判1206号46頁（1審：東京地判平28・9・12労判1206号65頁）（上告棄却，上告受理申立不受理）では，所轄労基署から，所要の指導がなされた。本件は，団地の植物管理工事の第2次下請業者の労働者が樹木の上で剪定作業中に落下して重傷を負った災害で，本人が一丁掛け（フックが1つで1カ所にしかかけられない安全帯）を用いていて，落下時はフックが外れた状態にあり，1次下請が選任した現場監督者も，一丁掛けの使用を容認していたという経緯で生じた。

　所轄労基署は，高所作業車の導入，安全帯の取り付けの確保，作業標準の作成や労働者への安全教育，工事開始前のRA等を指導した。これらはいずれもRA等の一環である。

　ニ　RAについては，支援ツールがWEBで公開されている。厚生労働省の「職場のあんぜんサイト」では，小規模事業場を対象に，業種・作業別にRAツールを提供しており，全業種につきマトリクス・モデル，鋳物製造業等一部については数値化モデルが提供されている。化学物質については，ILOが開発したコントロール・バンディングやECETOC TRAのほか，クリエイト・シンプルも提供されている。

なお，元厚生労働省技官の柳川行雄氏は，簡易なRAツールのメリットとして，専門家なしで使用でき，中小企業でも実施可能なこと，信頼性の限界が明確なこと，GHS分類の活用により，ばく露限界や許容濃度が未設定の化学物質にも活用できること等を挙げ，デメリットとして，安全率を高くとるため，過大な対策が求められる傾向にあり，結果的に対策されない等の問題を生じ得ること，見積もりがブラックボックスのため，実施者の知識経験が向上しにくいこと，一定の知識経験がないと，入力方法がわからない場合があること等を挙げている。

ヌ　関係判例には，以下のようなものがある。

● 日本化学工業事件・東京地判昭56・9・28判時1017号34頁

〈事実の概要〉

クロム化合物製造を行う事業の労働者（X）が作業中のクロム（本件物質）粉じんへの大量ばく露により，鼻中隔穿孔，肺がん等の疾病にり患したことを理由に，雇用主（Y）に対して不法行為に基づく損害賠償請求を行った。

〈判旨：X請求認容〉

およそ，化学企業が労働者を使用して有害な化学物質の製造，取扱い等を行う場合，内外の文献によって調査研究を行い，その毒性に応じて衛生を図る義務を負う。また，予見すべき毒性は，重篤な健康被害の指摘があれば十分であり，具体的症状や発生機序などの確認は必要ない。本件物質については，昭和13年頃には，ドイツで肺がん発症との因果関係が明らかとなり，労災補償対象となったことが日本にも伝えられていたから，本件物質による重篤な疾病の発症リスクの予見は容易だった。また，当時のY社社長は応用化学者で本件物質やそれによる障害関係に深い学識があり，Yの労働者が以前に鼻のがんで死亡したこと等から，調査研究は可能だった。

こうした調査義務を尽くしていれば，当時ドイツでとられていた予防措置（工場の完全密閉化と吸じん装置の設置，3年おきの配転，胸部エックス線撮影）による肺がん発生予防は可能だったし，十分な措置の完了までは，労働時間短縮，早期配転，健康管理，肺がんリスクのある者の退職措置などを講じる義務があった。

なお，Y社が労基法等の取締法規に反して労働者に有害業務を行わせても，直ちに民事上の故意責任を構成しないが，逆に，Y社が労働省の規則，通達所定の作業環境基準（クロム濃度）その他法令上の規制（労働時間等）を遵守していたからといって，民事上違法がないとは言えない。

【事件に関する技術専門家の意見】

1）事実関係について
　2）に同じ。
2）判決について
　①判決に消極的な見解
　判決は厳しすぎるように感じる。
　クロムという物質は，既存化学物質であって当時のハザード認識は不十分で，法令上求められる対策も限られていた。会社も法令上の最低基準は守っていたと思うが，それでも防げなかった災害なのではないか。取扱業者だから取扱い物質全てのハザードやリスクに詳しいとは限らない。法令以上を求める考え方は，その後に生まれた（安衛法第28条の2の新設や民事裁判例の蓄積，国際的な規格による安全推進の動向等による企業の動きを示唆しているものと思われる〔三柴注記〕）のであって，本件災害当時は，法令で対象物質や規制値を明確化するのが先決だったように思う（湯本）。
　確かに，当時にもじん肺法はあったが，最低限の内容しか定めておらず，本件災害を防止できるようなものではなかった。本判決が示した，ドイツの知見，専門家である事業者の認識，事業場の先例などによる論法は，少々こじつけの感がある。対策面でも，吸じん装置の設置程度はできたかもしれないが，密閉となると，技術面，費用面で今でも難しい。たとえ住民を守れても，従業員にリスクをもたらす可能性もある（尾崎）。
　②判決に共感的な見解
　確かに厳しい判例ではあるが，先例として，鼻中隔穿孔のほか死亡例まであったのだから，もう少し経営者として対策を考えるべきだったのではないか（北口）。
3）未然防止策について
　経営者は一般に化学物質のリスクに関する認識が不足しており，規制値を重視する傾向もあるので，むしろこのケース等を契機に法規制の強化を図るべきだったのではないか。
　裁判の結果，比較的高額で和解し，新規物質のハザード研究の資金に充てさせるような例もあるので，訴訟が起きて被告企業が一定の和解金や賠償金を支払うような収め方が一概に悪いとは限らない。
　新規化学物質の製造業者を絞り込み，厳格，適正な製造・検証プロセスを課すような方策もあり得るが，産業の発展の制約にもなり，そうした規制は現実的に難しいかもしれない（湯本）。

［湯本公庸氏（安全工学会事務局長），北口源啓氏（旭化成株式会社環境安全部労働安全グループ長），尾崎智氏（日本化学工業協会環境安全部・RC推進部管掌常務理事）］

● 大成建設他事件・東京地判昭61・12・26判タ644号161頁

〈事実の概要〉

訴外Bから増設工事を請け負ったY1（元請）から基礎工事等を下請したY2（下請）の建設現場作業員（日雇い派遣労働者）として働いていた訴外Aが、Y2の従業員の指示を受けて、転圧機（鉄製底部を上下に振動させて地盤を固める装置）の誘導のためロープで引っ張る補助作業をしていたところ、足を滑らせて転倒し、コンクリート製パイプ状パイルから突出した鉄筋に顔面を打ち付け、頸髄損傷で死亡した（顔面頬部を鉄筋で突き刺したショックもあって、体を支えられず、全体重が頸部にかかったことによる）ため、訴外Aの遺族（X）がY1・Y2の安全配慮義務違反等を根拠に損害賠償請求した。

〈判旨：X請求認容〉

安全配慮義務の内容は、実定法上使用者の配慮すべき義務として規定されているか否かには左右されない。Yらは、諸状況に応じて訴外Aの生命、身体、健康に対する危険の発生が客観的に予想される以上、それを防止ないし除去するための人的、物的措置を講じる義務を負っていた。

鉄筋がむき出しのパイルの狭い空間を頻繁に移動しながら重量のある転圧機を誘導するという作業態様や現場状況には、転倒して本件のような災害が生じる危険が客観的に存在し、かつ、本件転圧作業を命じる者には容易に予見できた。

Y1らは、本件事故現場の状況をつぶさに把握していたが、定期安全集会で作業手順等にかかる一般的な安全注意をするのみで、本件補助作業に特化した具体的な安全指導を行っていなかった。

Y1らは、自身の支配監督下にある建設工事現場で、Aに本件補助作業を命じてその労務提供を受けていたから、雇用関係に類似ないし近接する使用従属的法律関係にあり、その作業現場の状況、作業内容等に照らしてAの生命、身体、健康に対する危険の発生が客観的に予見される以上、それを防止ないし除去するための人的、物的措置（パイルからむき出しになった鉄筋へのキャップの装着、本件災害を想定した具体的な危険回避策の打ち合わせや指導を含む）を講ずべき安全配慮義務を負っていた。しかし、前記の具体的な安全配慮義務を懈怠したため、本件災害の発生を防止し得なかったので、その損害の賠償責任を負う。

●東洋精箔事件・千葉地判平11・1・18労判765号77頁

〈事実の概要〉

金属箔を製造する工場で、焼鈍炉（焼き鈍しのための炉）での焼き鈍し作業に従事していた作業員が、（おそらく炉の設置場所を包む形になっていた）ピット内で、酸欠死したため、遺族（X）が勤務先（Y）の安全配慮義務違反を根拠に損害賠償請求した。

焼鈍炉ではアルゴンガスが用いられ、油槽のオイルが少なくなるほどガス漏れリスクが高まる状況ながら、当該ピットに換気装置はなく、漏洩ガスが溜まり易い状態だった。工場責任者も次長や現場責任者も、酸欠の可能性について認識が不十分か、具体的認識が不十分で、その危険性が作業員に周知されていなかった。ガス漏れ対策として、圧力計等によるガス圧の調整、油槽のオイル量の管理、ピットの酸素濃度の測定等が講じられていたが、作業員のピット入場前にガス圧の調整はされておらず、酸素測定も週1、2回しかなされず、酸欠状態に至った場合の対処法（救出、連絡、酸素吸入器の使用等）も教育されておらず、定められていた2人1組体制も実際には講じられていなかった。

なお、Yでは、過去に別の工場で同様の災害が生じ、同工場ではオイル量の測定、ピット内の排気、酸素濃度測定等が講じられていたが、本工場では実施されていなかった。

〈判旨：X請求認容〉

Yには、アルゴンガスによる酸欠事故を防止し、従業員の生命・身体を守るべき注意義務があり、当該工場で使用されるガスの性質、危険性、酸欠事故の発生の可能性や発生メカニズム等を従業員に周知徹底し、ピット滞在中の炉内ガス圧や油槽のオイル量の管理、酸素測定、2名作業体制等の安全管理体制や酸欠事故発生時の救助システムの確立のほか、酸素濃度低下時、油槽のオイル量の減少時の警報装置、強制排気装置の設置等により、酸欠事故を防ぐ雇用契約上の注意義務（安全配慮義務）があった。

Yが、従業員を酸欠事故発生リスクのある場所で作業させていることや、別工場で同様の事故が発生していることを考慮して、上記の措置を講じていれば、本件事故は発生しなかったと考えられる。

Yは、本件ピットが安衛法や関係政省令上の酸素欠乏危険場所とされていない等と主張するが、酸欠則第22条の2には、当該指定の有無にかかわらず、不活性気体が溜まり易い場所では、その滞留を防止すべき旨定められており、本件では、アルゴンガスの漏洩による滞留可能性は容易に予測できたので、その責任は回避されない。

【事件に関する技術専門家の意見】

1）事実関係について

　本件では、ピットの中に焼鈍炉があったのか、焼鈍炉の横にいたことで、ガスが滞留して酸欠になったのか不明だが、いずれにせよ、炉の側にピットがあって

酸欠状態になったということだろう（福田，篠原，岩村）。

アルゴンガス自体に毒性はないが，空気よりも重いため，下に沈む特性がある。アルゴンガス発生場所では，人が呼吸する範囲がアルゴンガスでいっぱいになり，人の呼吸域が酸欠状態となり易い。

本件では，同じ企業の他の工場で同類の災害が生じていたのに再発防止できなかった点が大きな問題である。よく生じるのは，換気をすれば大丈夫な物質だから，別の現場では起きないだろうと誤解してしまうことである（有害なガスの対策等を担当している某企業の匿名社員）。

2）判決について

妥当な判決。

本件では，同じ企業で同類の災害を再発させているので，会社側として反論のしようがない（福田）。

判決が示唆するように，たとえ本件で酸欠が生じた場所が，酸欠則所定の酸欠危険場所に該当しなくても，アルゴンガスの換気や排出等の滞留防止措置は求められた。

すなわち，酸欠則では，適用対象となる指定場所が号数にして13個（酸欠危険のみを想定した場所：11個，酸欠と硫化水素の危険を想定した場所：2個）掲げられており，これに該当すれば，作業主任者及び監視人の選任と測定が求められる。本件で酸欠が生じた場所がタンク内なら，これに該当する。

しかし，たとえこれらに該当せずとも，第22条の2（不活性気体が滞留しやすい場所での当該気体の外部への放出等の滞留防止措置）は適用されるので，本件では，ピット内であれば，同条所定の滞留防止措置は求められる（篠原）。

3）未然防止策について

酸欠は死亡に直結するので，所属先企業であれば，厳重に対策している。すなわち，ピットに酸素濃度計を設置し，一定濃度を下回ればアラームが鳴るようにするし，そうした場所の作業者本人にも計器を装着させるし，空気呼吸器も配備する（岩村）。

アルゴンガスは有毒ではないので，外部への放出が可能だし，それが最も現実的で有効な対策である。何らかの事情で換気が困難な場合，作業者にマスクを装着させる（有害なガスの対策等を担当している某企業の匿名社員）。

ピット等の酸欠場所でレスキューを担当できるのは，消防士と生ごみプラント（清掃組合等）の担当者らに限られ，緊急対応による3次予防は難しいことからも，命綱の装着が重要な意味を持つ（篠原）。

もっとも，2分ほど呼吸をとめられれば，一般人でも救出は可能（有害なガスの対策等を担当している某企業の匿名社員）。

［福田隆文氏（長岡科学技術大学名誉教授），篠原耕一氏（元監督官，京都労務トラスト代表），岩村和典氏（ニッポン高度紙工業株式会社），有害なガスの対策等を担当している某企業の匿名社員］

●日本総合住生活ほか事件・東京高判平30・4・26労判1206号46頁（1審：東京地判平28・9・12労判1206号65頁）（上告棄却，上告受理申立不受理）

団地の植物管理工事の第2次下請業者の労働者が樹木の上で剪定作業中に落下して重傷を負った災害につき，

1審は現に本人が作業上使用していた（が，フックを木の幹にかける等の適正使用を怠っていた）一丁掛け（一本掛け）安全帯（フックが1つで1カ所にしかかけられない安全帯。フックが2つあって2カ所にかけられる安全帯を二丁掛け〔二本掛け〕という。二丁掛けを用いれば，常に一本を掛けた状態で場所の移動ができるので，安全性が高い）につき適正に使用させる義務違反があったとして，

直接の雇用主とその代表者個人（現場代理人兼安全衛生責任者兼雇用管理責任者）の過失責任のみを認めた。

2審はより安全性が高いが準備も「使用させ」も法令上義務づけられていなかった二丁掛け（二本掛け）安全帯の「使用させ」が安全配慮義務の内容だったとしたうえ，その義務違反にかかる責任を，直接の雇用主とその代表個人のほか，元請，1次下請業者にも負わせたが，その際，1次下請が選任し，現場の巡視等の安全管理をしていた安全衛生責任者兼現場監督者は，一丁掛け（一本掛け）安全帯の使用を容認する元請の方針を踏襲して孫請らに遵守させる役割を果たし，1次下請の過失の一翼を担ったと解される一方，被災者に対して個人的に民事過失責任を負わず，よって同人の過失による1次下請の使用者責任は生じず，まして元請との関係では，使用者責任が生じる関係性自体がないとされた（資料39）。

〈判決からくみ取り得る示唆〉

ここに挙げた例は，いずれも既存の法定措置以上を求めている。判示を総合すれば，結局RA等（RAとその結果に基づく低減措置）を求めていることがわかる。本質的解決（本件では二丁掛けを使用させること）が困難な間，人的管理措置（本件では一丁掛けを適正に使用させること等）を講じるべきとの示唆も対策の優先順位づけを求めるRA等の考え方と通底する。

ネ 以上の通り，RAに関する本条は，法令遵守による災害防止の限界を意識して設けられた。本条に基づく通達等も，科学技術の進歩や新たな知見の確立，実際の災害等に応じて発展してきている。

法第28条に基づく指針も，特別規則の規制外の物質について適切な管理を求めるなど，法令の不備を補う趣旨を持っているが，基本的には法令の具体化や履行

資料39

①一丁掛け安全帯　②二丁掛け安全帯

(藤井電工株式会社 WEB サイト〔https://www.fujii-denko.co.jp/product/harness/type2/, 最終閲覧日：2024年7月11日〕)

の促進を目的としている。

民事上の安全配慮義務等は，まさに具体的な法令違反にとらわれず，予見可能なリスクの調査と管理を内容とするようになってきており，本条（法第28条の2）の定めと共通する部分が大きい（法第28条に基づく指針違反も，当然ながら，具体的状況によっては，安全配慮義務違反，製造物責任法第3条にいう「瑕疵」と評価されるなどして民事責任を招き得る）。

本条は，労災防止という目的志向という意味で，安衛法の理念を体現しているともいえ，化学物質管理政策の自律管理化とも考え方は通底する。

しかし，実際に労災を経験するなどして，事業者らがRAの必要性を実感しなければ，制度として画餅に終わりかねない。RAの必要性を実感させる安全衛生教育や，組織内外からの指導を支える官民両者の安全衛生人材が求められる。

8　三柴解説③（第4章第29条～第32条）

三柴解説③は，第29条から第32条を対象としている。

これらの条規は，直接の雇用者ではなく，場の管理者や物の管理者等に労災防止のための管理措置を求めており，労災防止に大きな貢献を果たしたことが窺われる。

概要は以下の通り。

ア　法第29条は，第1項で，元方事業者に，関係請負人（重層的な請負関係において元方事業者から仕事を請け負っている請負人全て）とその労働者（以下，「関係請負人ら」という）が，関係請負の仕事に関係して，本法令に違反しないよう「指導」するよう義務づけ，第2項で，現に関係請負人らが，当該仕事に関係して本法令違反を犯していると認める場合には是正を「指示」するよう義務づけ，第3項で，当該指示を受けた関係請負人らに，当該指示に従うよう義務づけている。

法第29条の2は，建設業元方事業者に，土砂崩壊危険場所，機械等転倒危険場所等の省令所定の危険場所で関係請負人の労働者が当該事業者の事業を行う際，技術上の指導等の危険防止措置を講じるよう義務づけている。

イ　法第29条は，全業種において，元方事業者（一の場所で行う仕事の一部を自ら行い，一部を関係請負人に行わせている事業者であって，重層的請負構造下では最先次の注文者〔法第15条第1項〕。発注者〔法第30条第2項〕も含むが〔畠中信夫氏のご教示による〕，当該仕事の元請と重なることが多い）に対し，その構内（注文者の事業場を含め，親企業の仕事を行っていて，その管理下にある場所）で業務を行う請負人らに，この法令に反しないよう指導し，違反を認めた場合，是正のための「指示」を行うよう義務づけ，関係請負人らにも，その指示の遵守を義務づけている。

これは，造船，鉄鋼，化学工業等で一般的な／だった構内下請作業において，請負人らの災害率が高い一方，彼らの自主的な努力のみでは災防効果を挙げにくいことから，構内の管理とそこでの事業遂行上の権限と責任を持つ元方事業者に関係請負人らの安全衛生管理面で可能な措置を委ねようとしたものであり，こうした定めは旧労基法時代には存しなかった。本条に基づき，有害物質を取り扱う構内については，局排設置，保護具使用の確保，健診の実施等の常時指導が求められる旨を示した解説書がある。

また，元方事業者に本条に基づく措置を安心して講じてもらうため，本条に基づく措置を講じたことで，元方事業者が関係請負人の派遣先と推認されることはない旨を示した公文書がある。

ウ　法第29条の2は，建設業元方事業者にかかる特定の危険場所に対象を絞った第29条の特則ともいえ，元方企業（親企業）構内にある法規則所定のような場所での関係請負人の労働者の被災が多かった経験を踏まえ，平成4年の法改正で設けられたもので，建設業の請負関係に着目した他の規制には，第30条の3（大規模ずい道工事等における救護体制の整備），第31条の3（建設機械作業にかかる自ら仕事の一部を行う発注者等の労災防止措置），第31条の4（注文者による請負人への違法な行為の指示の禁止）等がある。

本条は，建設工事現場でも，関係請負人自身が，法第21条に基づき，安衛則第361条等が定める措置（概ね，本質的安全対策，追加的防護措置，残留リスクに対する人的措置から成る3ステップ・アプローチ）を自ら講じる義務を負うことを前提に，リスクに関する情報や管理権限を前提に，建設業元方事業者に，特定の危険場所で関係請負人の労働者が作業する場合に，関係請負人による危害防止措置に<u>必要な援助等の措置</u>を義務づけたものである。

エ　本条が定める場所については，安衛則第634条

の2が，以下の5カ所を列挙していること，
①土砂等が崩壊するおそれのある場所（第1号）
②河川内にあって，土石流が発生するおそれのある場所（第1号の2）
③機械等（基礎工事用の車両系建設機械や移動式クレーン）が転倒するおそれのある場所（第2号）
④架空電線（地上高く架設された電線）の充電電路（通常は電圧を生じており，裸線であるか否かを問わず，触れれば感電する状態の回路）に近接する場所（第3号）
⑤明かり掘削（トンネル等と異なり，明るい露天下で行われる掘削〔例：道路建設のための山の切取りなど〕）を行うことで，埋設物等，れんが壁，コンクリートブロック塀，擁壁等の建設物が損壊する等のおそれのある場所（第4号）

これらの場所では，関係請負人が，規則によって，それぞれの危険に応じた人的，物的な危険防止措置（①について：土止め支保工の設置，労働者の立入禁止等，②について：河川上流や周辺状況の事前調査，土石流発生の予兆把握時の対応等を盛り込んだ災害防止規程の策定等，③について：車両系建設機械の運行経路の路肩の崩壊や地盤の不同沈下の防止措置，路肩や傾斜地での誘導員の配置，くい打ち機等の脚部や架台の沈下防止措置等，④について：労働者の感電危険がある場合の充電電路の移設，囲いの設置等，⑤について：損壊により労災を生じ得る埋設物等の補強や移設，露出したガス導管の防護や移設等）の実施を義務づけられている（③の誘導員の配置については，労働者にも誘導に従う義務が定められている）。

オ 本条に基づき建設業元方事業者がなすべき具体的内容は一律には決まらず，同人と関係請負人との請負契約内容，関係請負人に求められる危険防止措置の内容，程度等に応じて異なるが，技術上の指導，資材の提供，<u>元方事業者自身による危険防止措置</u>などが考えられる（平成4年8月24日基発第480号）。実際の運用では，概ね関係請負人の関係規定違反を前提とし，<u>元方事業者にできることがあったのにしていなかったと評価できる場合に</u>，両者共に違反とされることが多い。

第29条本条共に罰則はない。

カ 関連規定として，

特定元方事業者に混在作業（一の場所で元方事業者と関係請負人の労働者が混在して働くこと）に起因する労災防止のために，統括安全衛生責任者を指名し，元方安全衛生管理者を指揮させ，第30条第1項所定の事項（協議，安全パトロール等）を統括管理させる義務を課した法第15条第1項や，

特定建設業者（比較的規模の大きな元請）に対し，下請負人が建設業法や特定の建設労働者の使用に関する法令の定め（建築基準法等の一部の規定のほか，労働基準法上の強制労働の禁止や中間搾取の禁止の処罰規定，職業安定法上の労務供給禁止の処罰規定などの人権擁護的な規定）に反しないよう指導する努力義務を課した規定（建設業法第3条第1項第2号，第17条，第24条の6）などがある。

キ 法第29条及び第29条の2の制度史をみると，

工場法（明治44年3月29日制定）時代は，それに紐付く工場危害予防及衛生規則（昭和4年6月20日）の制定後も元方事業者宛の規制はなく，工業主を名宛人として，自身が雇用する被用者を，限られたリスクから保護させようとする（原動機や動力伝導装置等の機械の安全確保，墜落・転倒防止，危険箇所の標示，爆発・引火物等の危険性対策，ガス・粉じん等の有害性対策，物の飛散・高熱物や毒劇薬・有害光線等へのばく露作業での保護具の使用，食事・食堂の衛生確保等）規制だった（一部に職工側への規制〔職工による危害防止措置の無効化の禁止〕もあった）。

よって，この当時に元方事業者等，雇用者以外に対してリスクの情報や管理権限を持つ者の責任を問うには，彼／彼女らを工業主と解釈する（工業主の類推解釈）しかなかったと察せられる。

旧労基法（昭和22年4月7日制定）時代にそれに紐付く旧安衛則（昭和22年10月31日制定）が制定されても，元方事業者宛の規制は設けられなかったが，河村産業所事件（鍋田農協倉庫倒壊事件）名古屋高判昭47・2・28判時666号94頁が，刑事事件において，たとえ文言上名宛人が労基法第10条にいう使用者とされていても，安全衛生に関する限り，元方事業者等も含むと解し得る旨を述べた。

その後，旧労災防止団体法（昭和39年6月29日制定）が，その第4章で，建設業等の混在作業での労災の多発を意識して，元方事業主（同法上の文言）を名宛人とした安全衛生管理体制の構築にかかる規制（統括管理者を選任して，協議組織の設置，作業間の連絡調整，作業場所の巡視等の措置を講じるべきこと等）を設けた。

また，現行法第30条第2・3・4項に相当する分割発注の場合の元方事業主責任引受人の指名制度や，現行法第31条に相当する特定事業の仕事の一部を自身も行う最先次の注文者を名宛人とした建設物等を関係請負人の労働者に使用させる場合の法定の安全基準に適合する設備の提供等の災防措置の義務づけ，現行法第32条に相当する関係請負人やその労働者の対応の義務づけ等も定められた。

同法は，このようにして，現行法でいう特定元方事業者等による統括管理義務と個々の事業者が安衛法上負っている義務の双方からのアプローチにより，「一の場所」における効果的な労災防止を図った。

昭和46年7月に労働大臣に提出され，現行安衛法の骨子を形成した労基法研究会報告書では，建設業，造

船業のほか，鉄鋼業，化学工業，自動車製造業など多様な産業で構内下請形態が増え，ジョイントベンチャー等の新たな経営方式が登場していること等の現状に鑑みて，当時の制度には，未だ親企業の統括管理責任が弱い一方，統括管理体制が下請企業の意識不足を招いている面もあること，ジョイントベンチャーにおける責任関係が不明確で連携が困難なこと，重建設機械等のリースにおいて，賃借側に保守点検等の知識や体制不足がみられるが，適切な規制がないこと，化学コンビナート等工場密集地における大規模火災等を防止するための連携を促す規制がないこと等の問題があるとして，重層下請関係にある職場について，元方事業主の責任で総合安全衛生管理体制の確立を図るとともに，ジョイントベンチャー，リース業者等の労災防止責任の明確化，危険事業場密集地における労災防止のための協力体制の確立等が提言された。

更に日本の安衛法の歴史を遡ってみると，工場法制定前は，都道府県の各種取締規則等によって安全衛生が図られ，主な名宛人は危険有害物の製造者，設置者等であり，むしろ労働者保護の視点が欠けていた。

明治44年に工場法が成立し，その下に設けられた工場危害予防及衛生規則でも工業主が名宛人とされ，第13条に女性や児童といった保護職工のみでなく一般職工の安全にも貢献する設備安全規定（同人らを保護対象とした設備の改善等の措置の規定）が設けられたが，具体的な措置は行政官庁の命令に委任されていたし，現行法のように，事業者概念を設定し，両罰規定を置いて（ただし，両罰規定が設けられたのは，労基法制定時点〔第121条〕だった）半無過失責任を負わせるような規制にはなっていないこともあり，労使関係においてさえ，工場災害の責任所在の確定は困難だった（違反の実行行為者が工業主でないと，実行行為者も工業主も処罰されないこととなり得る）。

ク　第29条設定の背景になった災害等をみると，造船業，鉄鋼業，化学工業等では一般的な構内下請作業を行う請負人やその労働者の災害率がかなり高く，その要因として，同人らは，親企業（元方事業者）内での設備の修理，原材料や製品の運搬，梱包等，危険性や有害性が高い作業を分担することが多い一方，作業の性質上，自主的な努力のみでは災害防止効果をあげ難い事情があった。

第29条の2の場合，親企業の構内のうち，建設工事現場であって，本条が規定するような条件の場所で関係請負人の労働者に生じる労災が多かったという背景事情があった。

ケ　法第29条及び第29条の2の適用の実際については，以下のような情報が得られた。

違反による送検件数を記した令和2年公表「労働基準関係法令違反に係る公表事案」では，令和元年6月1日から1年間で，違反件数は0件だった。是正勧告を典型とする違反の指摘件数を記した「令和2年労働基準監督年報」の定期監督等実施状況・法違反状況（令和2年）でも0件だった。

しかし，森山誠也監督官によれば，是正勧告では非常によく使われている。下請負人らに1件でも安衛法規違反があって，元方事業者が認識していて放置している場合は是正勧告できる「便利な」条文なので，建設現場の監督指導では毎回といっていいほど本条違反で是正勧告するという。

行政官・元行政官向けの調査から得られた適用の具体例は以下の通り（令和2年度厚生労働科学研究による行政官・元行政官向け法令運用実態調査〔三柴丈典担当〕）。

①木造2階建住宅新築工事で，1次下請人の労働者（被災者）が，建材を持ったまま窓に近づいたところ，ユニットバス設置用ピットから3m下の1階床に墜落した。被災者は，墜落制止用器具を着用していたが，その取付設備はなく，ピット周囲に囲い，手すり，覆い等が設けられておらず，それが困難な事情も認められなかったため，当該下請業者には，安衛法第21条第2項（安衛則第519条第1項）違反で是正勧告し，その元請には，第29条第1項違反で是正勧告した。

②土木建設用鋼材（資料40）リース事業者の構内で，その洗浄や整備を請け負う会社の作業員がアーク溶接を行っていたが，当該作業員に対しアーク溶接特別教育を受講させていなかった件で，当該請負会社に安衛法第59条第3項違反を指摘したうえで，元請のリース会社に安衛法第29条第1項違反を指摘した例もある。

建設業に限らず適用可能であり，元方事業者から請け負った仕事を行う請負人やその労働者に安衛法令違反が認められた場合，本条違反を考え，元方事業者による指導がなかったことや，違反を認識しながら放置したことが確認されれば，それを指摘するようにしているとか，

下請の法令違反があれば，殆ど本条違反の是正勧告をするが，元方が下請に何らかの指導を行っていることも多いので，「必要な指導を"十分"行っていないこと」など，表現を和らげることもあるとの情報もあった。

特定元方事業者に統括管理義務を課した第30条や，最先次の注文者に建設物等にかかる労災防止措置を義務づけた第31条など，罰則付きの条規（特に第31条）の適用を先に考え，それが困難な場合に本条を適用するとの情報もあった。

これら罰則付きの規定には紐づく安衛則（労働者と労働契約関係にない元方等の負う義務の内容を具体化する第4編の規定）があり，下請に違反があった場合にも，

元方に当該規則違反を指摘し，必要に応じて刑事罰を含む厳しい処分を下せるが，これらの規定は主に土木建設業，製造業を対象としており，下請の違反が化学物質に関する特化則，有機則等である場合，たとえ本来的に元請の支援が必要でも，罰則のない安衛法第29条しか適用できなかったとの情報もあった。

第29条や第29条の2には罰則が付いていないこともあり，実質的に同法違反に当たるか，それにも該当し得るが，むしろ脱法的な偽装請負に当たるようなケースには，労働者派遣法第45条の適用で対応することがある。すなわち，建設業での重層的請負関係の末端労働者は，実質的に労働者供給であって，実質的な使用者は元方事業者ら請負関係上位者であることも多い。そうしたケースでの法第20条の措置義務違反につき，派遣法第45条のみなし規定（派遣先を安衛法上の事業者とみなす規定）を適用して，彼らを立件することがあるとの情報もあった。

監督指導の立場では，特に第29条に罰則が付いていないことをもどかしく感じるとの意見が多かった。

コ　関係判例には以下のようなものがある。
● 使用者を名宛人とする当時の危害防止規定を，元請（発注者から直接仕事を請け負う1次請負人。仕事の全てを丸投げされる場合もあるが，元請の要件ではない。発注者を含まない点，下請に仕事を丸投げする者も含む点等で元方とは異なる。元請とは，一般的には発注者から直接建設工事を請け負った者を意味する）の現場監督者に適用し，その刑事責任を認めた重要な判例（河村産業所事件〔鍋田農協倉庫倒壊事件〕・名古屋高判昭47・2・28判時666号94頁〔上告後，最2小判昭48・3・9で棄却〕）

元請の現場監督者が，造成中の建物の支保工の安定性確保を図る旧安衛則の規定に反した状態で，多数の社外工等を指揮してコンクリート打設工事をさせていたところ，支保工が崩れて屋根が落ち，多数が重軽傷を負い，業者から供給されていた社外工1名が落下・窒息して死亡したことを受け，当該現場監督者が，業務上過失致死傷罪と共に，旧安衛則の親法である労基法違反で起訴された事案で，同人が旧労基法第10条が定める「使用者」に当たるかが争われたが，判決は，当該「使用者」の概念は，安全衛生の場面では賃金支払等の場面より広く解釈されるべきで，そうしないと安全を担保する能力のある者（元請等）を免責させることになる等と述べ，被災者との間に実質的な指揮監督関係があれば，それに該当する旨を述べた。(64)

もっとも，こうした柔軟な解釈は，現行法が，事業者以外の誰にどのような場面で措置義務を課すかを明らかにしたことで，却って制約されたとも解し得る。(65)
● 元請の社外工（下請労働者）に対する民事上の安全

資料40　土木建設用鋼材

配慮義務を認めた重要な判例（大石塗装・鹿島建設事件・最1小判昭55・12・18民集34巻7号888頁〔1審：福岡地小倉支判昭49・3・14民集34巻7号895頁，原審：福岡高判昭51・7・14民集34巻7号906頁〕〔確定〕）

発注者である訴外Bから転炉工場建設工事を請け負ったY2（元請：鹿島建設）から塗装工事を請け負ったY1（下請：大石塗装）に塗装工として雇用されていた亡Aが，塗装作業中に使用を指示されていた命綱を外し，地上との塗料のやりとりのため，敷かれていた養生網に開口部を設けていたため，そこから墜落して死亡した災害を受け，遺族XらがY1・Y2に対して安全配慮（保証）義務違反等に基づく損害賠償を求めた事案において，1審は，Yらの安全配慮義務として，本件では，(a)命綱の使用に係る安全教育，(b)瑕疵がない養生網の設置，の義務があったとしつつ，Yらはいずれも果たしていたとしてXらの請求を棄却したが，本判決は，(イ)Y1・Y2間の下請契約を媒体として，(ロ)場所，設備，器具類の提供，(ハ)直接的な指揮監督，(ニ)Y1が組織的，外形的にY2の一部門の如き密接な関係にあること，(ホ)Y1の労働者の安全確保にとってY2の協力が不可欠であること，等の事情から，「実質上請負人の被用者たる労働者と注文者との間に，使用者，被使用者の関係と同視できるような経済的，社会的関係が認められる場合には注文者は請負人の被用者たる労働者に対しても請負人の雇傭契約上の安全保証義務と同一内容の義務を負担する」との一般論を述べたうえ，Y2は，ある程度その条件に当てはまるので，1審同様に，本件では(a)(b)の具体的安全保証義務があるとする一方で，本件災害は監視の強化で防止し得たのにそれを怠ったとして，同義務違反による損害賠償責任を認めた（ただし，過失相殺として損害の5割を差し引いた）。

本判決は，第29条，第29条の2に直接言及してはいないが，注文者と社外工らの間に，使用関係と同視できるような経済的，社会的関係が認められる場合，注文者は直接の雇用者に対するのと同様の安全配慮義務を負うことが示唆される。
● 元請の安衛法第29条，第30条違反が下請の労働者に

対する債務不履行に当たるとされた例（尼崎港運・黒崎産業事件・神戸地尼崎支判昭54・2・16判時941号84頁）

Y1の下請土木事業者であるY2に雇用されたXは、Y2所有の大型トラックの荷台上で、運河の曳舟からY1所有のクレーンで積み込まれた金属スクラップをならしていたところ、落とされたスクラップ破片が飛び散って左眼に刺さり、激痛のため運転室へ移動しようとして足を滑らせて、左眼失明、頸椎・腰椎捻挫を合わせて7級の障害（労働能力喪失率56％）を残したことから、Y1・Y2に損害賠償請求をした事案につき、判決は、保護眼鏡等の保護具を装着させなかった点で、飛来物による危険防止措置を求める安衛則第538条違反、曳船からスクラップをクレーンで卸すのに作業主任者を選任していなかった点で、一定規模の船舶への一定の方法による荷の積み卸しに際して作業主任者を選任して労働者を指揮させること等を定める安衛法第14条、同法施行令第6条第13号違反、1回に300kg以上のスクラップをクレーンで運んでいたのに作業指揮者を選任していなかった点で、貨車への一定以上の重量の荷の積み卸しに際して作業指揮者を選任すべきこと、作業の手順を決定させること等を定める安衛則第420条違反に当たり、Y2には安全保護義務の不完全履行があり、Y1は、事業者（Xの雇用者）ではないが、Y1構内でY2と請負関係にあって、同一作業場での元請としての作業の分担、実施の状況からすれば、元方事業者として、上記安衛法規違反につき関係請負人の労働者に必要な指導、指示を行うべきなのに（安衛法第29条）怠ったこと、また、特定元方事業者としても、労災防止のために定期的な協議組織の設置、開催等の措置を講ずべき（安衛法第30条）なのに怠ったことから、安全保護義務違反に当たるとした。

本判決の特徴として、元請に、下請の安衛法令違反による安全保護義務違反について、重畳的に債務不履行責任を負わせるのではなく、法第29条違反と第30条違反を根拠に、安全保護義務違反と判断していること、すなわち、元方事業者（元請とも重なるが、自らも仕事の一部を行っていることと、発注者を含む点で元請とは異なる）を名宛人とする安衛法違反をそのまま安全保護義務（＝安全配慮義務）違反と解していることがあげられる。また、法第29条違反の認定に際して、構内（親企業の支配下にあって親企業の仕事を行う場所）での混在作業から生じる労災を防止するため、自身も仕事を分担することから、仕事にかかるリスクの情報と管理権限の双方を持ち得る元方事業者を名宛人とすることで、その実効を図った同条の趣旨を汲み、構内での請負関係と、作業の分担や実施状況を前提に、その適用を認めたことが特筆される。

●下請の労働者が化学物質（ノルマルヘキサン）へのばく露で神経性の中毒にり患した事案において、元請－下請関係があったことを前提として、当該有害化学物質を提供していたこと、過去に取扱い経験があったこと等を理由として、ばく露防止のための下請への指示、指導を怠ったことをもって、元請の過失責任を認めた例（みくに工業事件・長野地諏訪支判平3・3・7労判588号64頁〔帰趨不明〕）

Xら3名は、直接の雇用主であるK（下請）がY（みくに工業：元請）から受注した腕時計針の印刷加工業務（針の中心線のインク印刷）に当たっていたところ、インク汚れ落とし等の目的で用いられていたA-ベンジンの主成分であり、有機則所定第2種有機溶剤であるノルマルヘキサン吸引による神経性の中毒（多発神経炎）にり患し、筋力低下等で、労働能力を喪失するなどし、その後Kが倒産したこともあり、XらがYを相手方として損害賠償請求をした事案において、判決は、①Y-K製作所が元請・下請関係にあったこと、②K製作所の従業員に作業手順を教育指導したこと、③労働手段である機械器具、備品等を無償貸与したこと、④本件災害の原因であり、作業上の原料でもあるノルマルヘキサンを含有するA-ベンジン等を支給したこと、⑤Yには、当該物質の取扱い経験があり、K製作所にはなかったこと等を根拠に、元請であるYとKは実質的に使用関係と同視し得る関係にあったとして、法第29条が定めるような、K製作所が果たすべき法定諸措置（発散源の密閉設備又は局所排気装置の設置〔有機則第5条〕、屋内作業場の気積を原則として$10m^3$／人以上すべきこと〔安衛則第600条〕、6カ月に1回以上の特殊検診〔安衛法第66条第2項、安衛令第22条第1項第6号〕、作業環境測定の実施〔法第65条第1項、安衛令第21条第10号、有機則第28条第2項〕、有機溶剤作業主任者の選任等〔法第14条、有機則第19条第2項、第19条の2〕の定め。いずれも名宛人は事業者）にかかる指示・指導の注意義務があるのに怠った過失により、Kは、本件業務で使用していた溶剤の有毒性や対策の必要性の認識を欠き、局所排気装置を設置せず、十分な気積を確保しなかったこと等のため、Xらがノルマルヘキサン吸引による多発性神経炎にり患したのだから、Yは、民法第709条により、その損害の賠償義務がある、とした。

直接の言及はないが、本判決は、法第29条が求めるような措置を不法行為法上の注意義務とした例と解されるが、Yは、訴外S社から受注した業務を、そのままK製作所に丸投げしたようで、法第29条が名宛人とする元方事業者（仕事の一部を自ら行う者）には当たらないので、上記①から⑤等を根拠としたと解され

る。

【事件に関する技術専門家の意見】

> 1）事実関係について
>   2）に同じ。
> 2）判決について
>   法的な責任関係はともかく，実質的には被災者の雇用主だった2次下請が廃業したため，1次下請に責任の追及と認定が集中したように思われ，本来は2次下請がより大きな責任を負うべき事案だと思う。判決は2次下請の化学物質にかかる知識不足を言うが，かなり環境の悪いところで働かせ，現に短期間で重い中毒症状がみられたので，何とかできたように思われる。ただ，確かに上位の注文者側が協力会社等に危険の下請け化のようなことをしてしまうこともあるので，必要な情報提供，指導はすべきだと思う（北口）。
>   事実経過をみると，民事的処理として納得できる判決ではある。自身も注文者側にいた立場で，受注者側の協力会社との関係でなすべきこと（情報提供，指導等）について考えさせられる。法人が違っても，安全面については同じ人間という認識を前提にすべきだと感じる（尾崎）。
> 3）未然防止策について
>   特に化学物質管理は専門的で，SDS作成1つとっても，個々の小さな請負企業では無理なことが多い。元請企業が自社の社員と併せて下請企業の社員の安全教育を一緒に行うことはよく行われているし，下請企業の安全管理を監査するような例もあるので，そうした例を一般化することが望ましいと思う（尾崎，湯本）。
> [湯本公庸氏（安全工学会事務局長），日本化学工業協会より北口源啓氏（旭化成株式会社環境安全部労働安全グループ長），尾崎智氏（日本化学工業協会環境安全部・RC推進部管掌常務理事）]

サ　法第30条は，第1項で，建設業等の特定元方事業者を名宛人として，同一の場所（＝一の場所。関係請負人の労働者が混在して働き，元方事業者の統括管理により労災防止が可能な範囲の場所）での混在作業による労災防止のための統括管理[66]（第1号：協議組織の設置運営，第2号：作業間の連絡調整，第3号：巡視〔安全パトロール〕，第4号：関係請負人による安全衛生教育の指導・援助，第5号：仕事場所がよく移動する業種〔現段階では建設業〕での工程計画，機械等の配置計画の作成，関係請負人による労災防止措置の実施の指導，第6号：その他の労災防止措置）の義務を課し，第2項で，建設業等の特定事業の発注者（他者から仕事を請け負っていない最も先次の注文者〔法第30条第2項〕。よって，自ら仕事の一部を行う者も含む）や仕事を丸投げされた元請（発注者から直接仕事を請け負う1次請負人。仕事の全てを丸投げされる場合もあるが，それ自体は元請の要件ではない。発注者を含まない点，下請に仕事を丸投げする者も含む点で元方とは異なる）が仕事を分割発注している場合で，複数の請負人の労働者が作業に当たる場合に，当該発注者及び元請に第1項の統括管理義務の履行者を指名すべき義務を課し，第3項で，第2項の指名がなされない場合の労基署長による指名を定め，第4項で，指名された事業者を名宛人として，当該同一の場所で当該仕事の作業に従事する全労働者に関する統括管理義務を課している。本項で，被指名者以外の事業者のほか，被指名者にも第1項が適用されないとしているのは，やや分かり難いが，第1項を援用する本項の適用があるので，援用元の適用は排除されるという趣旨である。

　法第30条の2は，第1項で，製造業等所定の業種の元方事業者を名宛人として，第30条第1項と同様の義務を課し，第2項で，第30条第2項（分割発注の場合の統括管理義務者指名）を本条第1項所定の仕事（製造業等所定の業種の同一の場所で混在して行われる仕事）の発注者と仕事を丸投げされた元請に準用し，第3項で，指名がなされない場合の第30条第3項（指名がなされない場合の労基署長による代替）の準用を定め，第4項で，第30条第4項（指名された者の当該場所で当該仕事の作業に従事する全労働者に関する統括管理義務）を準用している。

　法第30条の3は，第1項で，建設業等所定の業種で重層的下請が行われている場合の元方事業者を名宛人として，当該仕事の作業に従事する全労働者に関して，法第25条の2所定の救護による二次被害防止措置を講じるべきこと，第2項で，第30条第2項（分割発注の場合の統括管理義務者指名）を本条第1項所定の仕事の発注者と仕事を丸投げされた元請（発注者から直接仕事を請け負う1次請負人。仕事の全てを丸投げされる場合もあるが，元請の要件ではない。発注者を含まない点，下請に仕事を丸投げする者も含む点で元方とは異なる）に準用し，第3項で，指名がなされない場合の第30条第3項（指名がなされない場合の労基署長による代替）の準用を定め，第4項で，第30条第4項（指名された者の当該場所で当該仕事の作業に従事する全労働者に関する統括管理義務）を準用し，第5項で，第25条の2第2項（救護の際の二次被害防止措置のための技術管理者の選任）の本条第1項が名宛人とする元方事業者及び前項の指名された事業者への準用を定めている。

シ　法第30条は，重層的請負関係下で複数の請負人の労働者が混在して働く場所において，リスク関連情報と現場差配の権限を持ち得る特定事業（建設業，造船業）の元方事業者を名宛人として，特に建設機械等の接触リスク対策（特に，クレーン，ショベルカー等の車

両系建設機械，足場，支保工，架設電気設備等にかかるリスク対策）のため，統一的な安全管理体制と方針づくり，リスク関連情報と安全意識・知識の共有を図らせようとした規定であり，特定元方事業者等の統括管理（特定元方事業者が関係請負人やその労働者ら被統括管理者との関係で労働契約等に伴う指揮命令権を持たないことを前提にした概念で，法第32条による被統括管理者側の対応義務をセットで機能させることを予定している）義務と個々の事業者が安衛法上個別に負う義務の双方から「一の場所」における効果的な労災防止を図ったものと解される。

ス 第1項が定める統括管理義務は，当該作業場における労働者の総数が50人以上（一部のトンネル建設工事や圧気工事等の場合30人以上）の場合，統括安全衛生責任者を選任して行わせる必要があり（法第15条，施行令第7条第2項），選任後遅滞なく，事業場の名称，所在地等と共に，その氏名などの所定事項を所轄労基署長に報告せねばならない（法第100条第1項，安衛則第664条）。

統括管理義務の具体的内容は，安衛則等の規則に定められており，概ね以下の通りである。

(1)協議組織の設置・運営

同事業者及び全関係請負人が参加する協議組織を設置し，定期的に協議を開催すること。なお，関係請負人には，それに参加することを求めている（法第36条に基づき本条等を具体化した安衛則第635条。以下安衛則につき同じ）。

(2)作業間の連絡・調整

随時，同事業者―関係請負人間，関係請負人同士の連絡調整を実施する（安衛則第636条）。

(3)作業場所の巡視

作業日ごとに最低1回実施する。なお，関係請負人には，巡視を拒んではならない（安衛則第637条）。

(4)教育への指導・援助

関係請負人が行う労働安全衛生教育のため，場所の提供，教材の提供等の支援措置を講じる（安衛則第638条）。

(5)仕事の工程等に関する計画の作成

昭和55年改正で第1項第5号に追加された規定であり，現段階で，この措置が求められる，「仕事を行う場所が仕事ごとに異なることを常態とする業種」には，建設業が指定されている（安衛則第638条の2）。

区々異なる作業（場）の特徴から生じるリスク情報が関係請負人らに共有されない，安全衛生管理の方針や体制が請負人ごとにバラバラとなり易い等の問題が生じるので，元方事業者に，現場全体の工程に関する計画（工程表等），クレーン，支保工，仮設電気設備など主要な機械・設備，寄宿舎等の仮設建物の配置に関する計画（安衛則第636条の3）を作成するよう義務づけたものである。

(6)建設機械等の作業計画等に関する指導

平成4年改正で追加された内容であり，建設業元方事業者には，(5)の計画の作成が義務づけられる一方，個々の関係請負人にも，建設機械等に係る作業計画の作成等が義務づけられているので，これらの計画の間の調整のためにも，元方事業者に指導を行わせるという規制方式を採用したものである。具体的には，車両系建設機械については諸種の作業計画，移動式クレーンについては作業方法（＊どこでどのように原材料を製造・加工するか，機械を操作するか等の具体的な作業の手順や手法であり，主に作業計画により改善され得るもの。法第21条では，掘削，採石，荷役，伐木等の業務が例示されている）等について，機械の種類や能力，運行経路，作業方法，設置位置等について指導を行うべきとしている（安衛則第638条の4，平成4年8月24日基発第480号）。要するに，元方事業者の統括管理責任の強化を図った規定である。

(7)建設現場の状況等の周知

現場の状況，現場の危険箇所，作業相互の関係等のリスク関連情報の労働者への周知を各関係請負人が果たすため，元方事業者に場所，資料の提供等の条件整備を図らせる趣旨である（安衛則第642条の3）。元方事業者自らが関係請負人の労働者にそうした情報を周知することを例外としつつも，暗に推奨している。

(8)その他

石綿等を使用する保温剤，耐火被覆材等の除去作業が，混在作業場所で行われる場合，当該元方事業者は，除去作業開始前に関係請負人に通知し，作業時間帯の調整等必要な措置を講じるよう求めている（石綿則第7条第2項）。

その他，

①クレーン則の適用を受けるクレーン等の運転についての合図の統一と関係請負人への周知等（安衛則第639条），

②事故現場等の標識の統一と関係請負人への周知等（安衛則第640条），

③有機溶剤等の容器の集積箇所の統一と関係請負人への周知等（安衛則第641条），

④エックス線装置の稼働，発破，火災，土砂崩壊等にかかる警報の統一と関係請負人への周知等（安衛則第642条），

⑤トンネル建設作業，土石流危険河川での建設作業等にかかる避難訓練等の実施方法の統一と関係請負人への周知等（安衛則第642条の2及び第642条の2の2）。

セ 第2項及び第4項は，発注者又は仕事を丸投げされ，自身は仕事を行わない元請（発注者から直接仕事

を請け負う1次請負人。仕事の全てを丸投げされる場合もあるが，元請の要件ではない。発注者を含まない点，下請に仕事を丸投げする者も含む点で元方とは異なる）に対し，一の場所での仕事の分割発注に際して，法第5条のジョイントベンチャー規制を応用し[67]，第1項の措置義務履行者（統括安全衛生管理義務者）の指名を発注者らに義務づけたものだが，躯体工事等主要な部分を請け負って自身も行う者等がいる場合，その同意を得て指名するよう定め，工事において重要な役割を果たす者の意見が反映されるようにしたと解される。

ソ 本条第1項（特定元方事業者による統括管理）と第4項（指名を受けた統括安全衛生管理義務者による統括管理）には，第120条（50万円以下の罰金）の適用がある。

本条の実効性確保のため，安衛則第664条は，本条所定の混在作業に際して，特定元方事業者やその役割を果たす被指名者（統括安全衛生管理義務者）に，統括安全衛生責任者，元方安全衛生管理者，店社安全衛生管理者，関係請負人等の情報を所轄労基署長に届け出るよう義務づけている。

本条第2項（統括安全衛生管理義務者の指名）は行政取締規定であり，罰則は付されておらず，違反に際しては，第3項により監督署長が指名することが定められ，その権限の発動を促すため，安衛則上，本条第2項所定の発注者又は元請が，第2項による指名ができない旨を監督署長に届け出るべき旨定められているが（安衛則第643条第2項），その指名がなされない間は，各特定元方事業者が，各関係請負人の労働者に対してその義務を負うことになる（昭和42年4月4日基収第1231号）。

タ 法第30条の2は，第30条が対象とする造船業を除く製造業の混在作業に同条の主要な規制を展開する目的で，平成17年法改正で設けられたもので，主に化学プラントの用役（プラントの運転に必要な電気，水，空気や燃料など），鉄鋼業の製鉄，熱延，冷延の工程，自動車製造業のプレス，溶接，塗装，組立などの作業を想定している。対象業種を指定する政令が定められていないので，当面，製造業のみが対象となると解されている。第30条の中の分割発注等にかかる規定が準用されている。統括安全衛生管理義務者の指名に際しては，安衛則で，工事の主要な部分の担当者に予め同意を得る必要（第643条の7）も同様に定められている。

本条（法第30条の2）では，第30条が講ずべきとする，協議組織の設置・運営，作業場所の巡視，関係請負人が行う安全衛生教育への指導援助，建設業における仕事の工程や機械等の配置に関する計画等の作成などが省かれている。これらは，作業場が多岐にわたることが多く，散在することもある建設業と造船業において必要な措置（一般的な製造業では不要）との考えによると思われる。

逆に，作業間の連絡・調整，クレーン等の運転にかかる合図，事故現場の標識，有機溶剤等の容器の集積箇所，エックス線や電離則所定の放射線装備機器の照射等の際の警報の統一と周知は，一般的な製造業の混在作業でも必要と解され，安衛則第643条の2～7及び関係通達に定められている。

本条第1項（製造業元方事業者による統括管理）と第4項（製造業統括安全衛生管理義務者による統括管理）には，法第120条（50万円以下の罰金）の適用がある。

チ 法第30条の3は，昭和55年法改正で新設された第25条の2第1項（建設業等における爆発や火災等に際しての救護にかかる二次災害防止のための物的，人的措置義務）の履行確保を，一の場所における混在作業下で一元的に行わせる目的で設けられたものである。名宛人が元方事業者とされ，建設業者に限定されていないが，法第25条の2の規制対象が建設業に絞られている（同条では建設業以外を政令で定めるとしているが，現段階で定められていない）ので，結果的に建設業限定の規制になっていると解される。

第1項は，元方事業者に，関係請負人の全労働者につき，第25条の2第1項所定の二次災害防止義務を課して，混乱回避と効率化を図っている。

第2項ないし第5項は，一の場所（統括管理により労災防止が見込まれるひとまとまりの場所）における一の仕事（一の場所で行われる仕事）が分割発注される場合の混乱回避と効率化のため，法第30条第2項を準用するなどして，その履行義務を負う者を請負人から指名すべきこと等を定めたものである。指名の際，躯体工事等主要な部分を請け負って自らも行う者等には予め同意を得るべきこと等の省令の定め（安衛則第643条）の準用規定（第643条の8）も設けられている。第4項は，被指名者が第1項の措置を一括して履行すべきこと，第5項は，第25条の2第2項が定める救護に関する技術管理者の選任も，指名を受けた者が行うべきことを定めている。

ツ 本条第1項（元方事業者による救護にかかる二次災害防止の統括管理）と第4項（統括安全衛生管理義務者による二次災害防止の統括管理）には，法第119条第1項（6月以下の懲役又は50万円以下の罰金）の適用があり，第25条の2第2項を準用する第5項（元方事業者または統括安全衛生管理義務者による二次災害防止のための技術管理者の選任）には，元条文と同様に第120条（50万円以下の罰金）の適用がある。

法第30条の制定の背景には，建設業・造船業において一般的な重層的請負関係下での車両系建設機械，移動式クレーンへの接触等による労災の多発があり，第

30条の2の制定の背景には，食料品製造工場で，関係請負人の労働者が台車を押していたところ，元方事業者の労働者が運転するフォークリフトに正面から激突されて死亡した例などがあり，いずれも元方事業者のリードによる関係者間のリスク情報の共有等により防止できたと解された。

テ　法第30条ないし第30条の3の適用の実際については，以下のような情報が得られた。[68]

法第30条は，土木・建設業ではそれなりに違反が指摘されている条規であり，違反による送検件数を示した令和2年公表「労働基準関係法令違反に係る公表事案」では，令和元年6月1日から1年間の違反件数は1件にとどまっていたが，是正勧告を典型とする違反の指摘件数を記した「令和2年労働基準監督年報」の定期監督等実施状況・法違反状況（令和2年）では，合計734件となっていた。

実例には以下のようなものがある。

①大手建設会社Aが元請となった下水道工事現場で，Aの監督員2名のもと，下請土木業者Bの事業主（土止め支保工作業主任者及び地山掘削等作業主任者資格あり）が作業指揮し，B雇用のXと同僚が掘削溝に入り，下水管敷設工事を行っていたところ，本来，先に土止めをしてから掘削すべきところ，（周辺の住宅への騒音・振動等を避けるため）行わなかったこと等から，側壁が崩壊し，Xが生き埋めとなり，重傷を負った。

災害原因は土止めをせずに掘削溝に入った作業手順の不備にあり，AからBに殆ど丸投げ発注され，監視も十分に行われていなかったこと等を踏まえ，Aは，作業計画書の不備，下請人への指導の欠如等による法第30条第1項第5号（安衛則第638条の3）違反の疑いで書類送検された。Bも別途送検されている（労働調査会編著『建設業編　安衛法違反による送検事例集　第1集』〔労働調査会，2001年〕78-79頁）。

②雇用主である事業者を名宛人とする規制の適用可能性と共に，それが困難な場合に備え，本条の適用が検討された例がある。すなわち，元方事業者Yが，Aを現場責任者として河川改良工事を実施する際に，Y設置の車両系建設機械をその労働者Mに運転させていたが，接触危険個所に立入禁止，誘導者の配置等の危害防止措置を講じなかったため，下請労働者が立入り，被災した事案につき，河村産業所事件（鍋田農協倉庫倒壊事件）・名古屋高判昭47・2・28判時666号94頁を参考に，Yの法第21条（安衛則第158条）違反が検討されると共に，混在作業が同一の場所で行われていたことを前提に，Yの法第30条所定の統括管理義務違反が検討された（ただし，帰趨は不明）（法務省刑事局・労働省労働基準局『労働基準法等違反事件捜査処理に関する協議会資料』〔昭和50年〕）。

ト　関係判例には以下のようなものがある。
【刑事事件】
●幸陽船渠事件・広島高判昭53・4・18判時918号135頁

建造中のタンカー内の船殻作業場のうち特定元方事業者の管理が届かない場所で関係請負人の労働者が足場変更工事を行っていたところ，他の関係請負人の労働者が立ち入り，落下物と衝突する等して死亡したことを受け，特定元方事業者（被告人会社）の統括安全衛生責任者（課長）を補佐する立場にあって，本件作業現場を指揮していたMが，下請業者の労働者に関係者以外立入禁止措置を講じさせなかった等として，法第30条第1項第2号と関係省令（安衛則第636条），法第120条に基づき，被告人会社は両罰規定（第122条）に基づき罰金刑に処せられたところ，Mが，法第30条第1項にいう「同一の場所」とは，関係請負人のみで本件工事を行っていた場所（船舶右舷ウィングタンク）のみを指し，そこから離れた場所にいたMらに同条は適用されない，あるいは，刑事責任を負うべきは，被告人会社が選任した作業主任者Nや下請が選任した作業主任者Hである一方，被告人会社は彼らに足場作業の危険防止措置等に関する指導教育をしていた等と主張した事案において，判決は，法第30条や関係規則規定は，同一場所での混在作業での連絡調整等の確保を図ろうとしたものであり，同条にいう「同一の場所」の範囲も，仕事の関連性，労働者の作業の混在性及び統括安全衛生責任者の選任を定めた同法第15条の趣旨をも併せ考慮して目的論的見地から決定されるべきで，本件では，船殻作業場全域を指すものと解するのが相当である，また，上記作業主任者らが，足場作業にかかる危険防止のための連絡調整義務を負っていたが，Mが統括安全衛生責任者を補佐する立場にあって，作業実態を把握していた以上，Nに対して関係請負人への本件作業実施の連絡，周辺の立入禁止措置等の具体的指示を行うべきだったが怠った等とされた。

本判決から，混在作業での関係請負人間の連携調整を元方事業者にリードさせるという法第30条の趣旨に沿って，「同一の場所」が広く解釈され，元方事業者（の業務の履行担当者）が現場から離れた場所にいても該当する可能性が示唆される。

【事件に関する技術専門家の意見】

1）事実関係について
　船殻内で人が落ちたのだろうが，データベースの事件情報のみでは状況がよくわからない。おそらく，足場作業中に予定外の者がその場に立ち入って，その者

か作業中だった者が落ちたのだろう。
　2）判決について
　船殻内作業で元方事業者が統括管理すべき「同一の場所」については，安衛法制定時に発出された通達（昭和47年9月18日基発第602号）において，船殻の全域と明記されているので，判決は妥当であり，むしろ被告の主張に無理があるように思う。
　3）未然防止策について
　本件が足場の災害なら，組立・変更・解体中の足場については，作業者以外の立入禁止措置を講じるべきことは法定されているし，現に有効なので，実施すべきだった。
　そしてやはり，元方事業者が，本件災害のようなリスクについて関係者に連絡調整すべきだった。
　　　〔宮澤政裕氏（建設労務安全研究会）〕

【民事事件】
●エム・テックほか事件・高松地判平20・9・22労判993号41頁
〈事案の概要〉
　X（1審原告）は，17歳でY5（第1派遣元）に雇用され，Y1（エム・テック）が請け負った大規模工事の一部作業に派遣労働者として当たっていた。すなわち，大規模な橋梁設置工事を請け負ったY1の孫請であり，主に現場指揮をしていたY3に対し，Y4を介してXら労働者を派遣していたのがY5であった。本件災害は，Xが，橋脚（2径間以上の橋梁の中間部で上部構造を支えるもの）の高さ8.24ｍに設置されていたステージ上（本件現場）で型枠支保工の解体作業中，安全帯を繋ぐ親綱を張る手すりが外され，足場の隙間にビニールシートが被っていたため，そこを踏み抜いて落下し，労働能力14％を喪失する後遺障害を残す重傷をもたらしたものである。
　Y1は，本件現場に監督事務所を設置して所長Lを常駐させた上，作業工程ごとにY2，Y3，Y4らと打ち合わせし，協議の上，本件現場の作業手順を決め，監督事務所の担当者（MNOCら）に頻繁に現場巡視させており，本件災害の直前にもCが巡視で本件現場下を通りかかり，安全帯を繋ぐ親綱を張る手すりが外された状態で高所作業する者を認めて口頭で注意すると共にY3代表に電話連絡を試みていた。本件工事に際しては，CからLに解体作業手順書が渡され，そこには手すりの撤去は最後に行うべきことや安全帯の安全使用等の記載がされ，Y3代表のサインも付されていた。本件災害前日にY3代表とY4が派遣した職長がY1に行った報告に，手すりの解体は荷下ろし完了後に行うことも含まれていた。当日の朝礼でも，Y1担当者からXに危険個所での作業時の安全帯の装着が指示されていた。

　本件災害現場でXは，解体された材料を1カ所に集める作業に従事していたが，クレーンを奥まで差し入れて効率的に資材を移動させるため，Y4が派遣した職長Bが Y3の許可を得て手前のてすりを撤去した。前述の通り，本来，この手すりに安全帯の親綱を張るはずだったが，この際，Y3は，代わりの親綱設置位置等を指示しなかった。
　以上の経過を前提に，XがYらを相手方として安全配慮義務違反に基づく損害賠償請求をした。また，Y3，Y3代表，Y5は，おそらく年少者の危険業務就業制限を定めた労基法第62条違反で罰金刑を受けた。Y1代表は，事情聴取を受けたが，不起訴処分となった。
〈判旨：X請求一部認容〉
　Y1は，前掲のような安全管理をしてきたが，C（Y1の現場担当社員）は，作業手順を逸脱して安全帯の親綱を張る手すりが外されたまま高所作業をしている作業員に気づいたのに，口頭で注意するにとどめ，彼らが安全帯を使用できるようにするのを確認せずにその場を離れたこと，口頭での注意も，その現場の責任者らに個別に明確な指示をするなど具体的な指示をすべきだったのにしなかったこと，CからY3代表に連絡がとれるまでは，転落の危険のある付近での作業を全面的に中断させ，その場の作業員全員に個別に指示を行き渡せるべきだったのにしなかったこと等の安全配慮義務違反がある。
　Y3は，Y4のBほか作業員らに作業内容等の具体的指示をしていたから，Y3は，Xへの安全配慮義務を負う。Y3代表は，手すりを外して作業を進めることを許可したのに，撤去の範囲や順序，手すり下部の作業板の処置，安全帯にかかる親綱を張る位置等の安全上の措置について現場で具体的指示を怠った以上，安全配慮義務違反がある。
　Y4については，通常，労働者に直接指揮命令しない派遣元は，安全配慮義務を負うとは限らないが，派遣先の事業場の危険性を知りながら派遣した場合などにはその責任を負うところ，その危険性の高さから建設業務での派遣事業は禁止されている以上，その安全性を実地で確認した等の特段の事情のない限り，同義務違反となる。Y4はこれを怠ったし，Y4が派遣した職長Bは，Y3代表の許諾を得て手すりの除去をしながら，Xらに親綱を張って安全帯を使用するための具体的な指示をしなかったこと等から，安全配慮義務違反がある。
　派遣元であるY5についてもY4と同様のことが言えるところ，Xを17歳と知りつつ雇用し，18歳未満の者について禁止されている高所作業等（労基法第62条，年少者労働基準規則第8条第24号，第25号）に就労さ

せ，なおかつ本件現場で安全性の確認をしなかった以上，安全配慮義務違反がある。

他方，Xは，本件災害当日の朝のミーティング等に参加し，Y1の担当者から安全帯の使用を指示され，安全帯及び親綱が支給されたこと，年齢を虚偽申告して稼働したこと等から，1割を過失相殺する。

Y1は，X-Y1の間の過失割合を認定する際には，他の被告や作業員ら，中間者の過失を除外（：他者の過失の災害への貢献分を除外）すべきと主張するが，被害者保護の趣旨に照らし採用できない。

〈得られる示唆〉

民事損害賠償訴訟では，安衛法上の元方事業者向けの規制が，元方事業者の安全配慮義務違反を認める上で有効に働く（本件では，安衛法第29条，第30条違反＝元方事業者の安全配慮義務違反と判示されている）が，刑事事件では，関与の強さ，悪質性や結果の重大性などがなければ起訴には至らない（本件では，元方事業者については，第29条第2項〔関係請負人及びその労働者の法令違反に際しての是正指示〕，第30条第1項第6号〔混在作業下での特定元方事業者の統括管理義務の一環としての一般的な労災防止措置〕，個々の事業者については，第21条第2項〔墜落危険場所での危険防止措置等〕，第25条〔急迫危険時の作業中止・労働者退避措置等〕等の適用が検討されただろうが，本件でY3とY5が刑事処分を受けたのは労基法違反だから，年少労働者に高所作業を行わせたことによると思われ，安衛法違反によるわけではない）。直接の指揮命令関係や契約関係にない元方事業者であって，なおかつ，本件におけるように，その元方事業者が，ミーティングや危険予知活動の実施など，法第29条，第30条の定めを一定程度遵守している例では尚更といえる。

派遣元は，派遣労働者に指揮命令しないので，当然に安全配慮義務を負うわけではないが，派遣先での就労の危険性を認識すべき場合には，自らその就労の安全性を確かめる，自身が現場に設置した担当者が不安全な状況を創出した場合には，適切な安全対策を講じる等の義務を負う。

●山形県水産公社事件・最1小判平5・1・21判時1456号92頁

〈事案の概要〉

発注者であるY1（山形水産）は，同社が保有する船舶の法定定期検査の準備の仕事（本件仕事）のうち，基本的設備に関する事項をY2（山形造船所）に，機関（エンジン）に関する事項をY3に，冷凍装置に関する事項をY4に分割発注したため，船舶内で縦横関係で複数の事業者の労働者による混在作業が生じた。混在作業には，Y4の従業員だったY5のほか，派遣元であるY6及びY7から派遣されたH・K・T・Sも当たっており，H・K・T・SはY3の指揮下で機関室で就業していた。

当船舶の冷凍装置では，冷媒として安衛法上の第3類物質であり，特化物であり，特化則で種々のばく露危険防止措置が定められているアンモニア（吸入により呼吸困難や中毒等をもたらす）が使われ，また内部部品の潤滑油と混じることがあるため，潤滑油を排出するドレン抜き弁が複数設置されていた。Y1のM機関長とY3のA工場長の間では，Y4がアンモニアガスが発生し得る冷凍装置関係作業を行う間，Y3の作業を中止して作業員を退避させることにしていた（以下，「本件取り決め」という）が，Y5が，アンモニアガスに関わらない別の作業を行った際に，M機関長が潤滑油が溜まっている旨話していたのを思い出し，自身の判断でコンデンサーからドレン抜きを始めた。この際，アンモニアガスの有毒性や，その漏出防止策（ホースで水に導き溶かす方法等）は認識していたが，過去の経験から油だけを先に排出すればよいと考え，そうした防止策を講じなかったところ，突然の噴出で機関室内に充満し，中毒や呼吸不全等で，H・K・T・Sが死亡した。

そこで，彼らの遺族がYらを相手方として不法行為に基づく損害賠償を請求した。

1審は，Y5の過失責任とそれに基づくY4の使用者責任を認めたほか，Y1につき，本件仕事をY2～Y4に分割発注した以上，安衛法第30条第2項前段所定の発注者に該当するにもかかわらず，同条所定の請負作業間の連絡調整，巡視等を担う統括管理者の指名を行わず，各請負人に任せた。仮に指名が行われていれば，Y5の行うべき作業が明確化し，思い付きによる作業も防げたはずとして過失責任を認める一方，Y3は，そもそも受注業務がアンモニアガスと直接関わらないし，Y5の油抜き作業を現に知らず，知るべき事情もなかった。確かに受注作業の場所には冷凍装置の配管等に伴うアンモニアばく露のリスクがあったが，A工場長が冷凍装置に接触しないよう注意していたし，Y1のM機関長との間で，本件取り決めがなされていたこと等からも，過失は認められないとした。Y6とY7については，指揮命令関係がないこと等から無過失とした。

これに対して，おそらくY1のみが控訴したが，1審同様の判決となったため，上告した。

〈判旨：原判決破棄差戻〉

確かに本件仕事では混在作業が生じたが，本件取り決めや，Y5の油抜き作業が予定外だったことを踏まえると，安衛法第30条第2項前段に基づく統括管理者の指名がなされていても，Y5の思い付き作業を予測できず，Y3-Y4の並行作業も回避できなかった。安衛則第637条第1項所定の巡視も1日1回以上でよい

とされているので，被災者の派遣元による巡視でも現認は期待できない。
〈得られる示唆〉
　当然ながら，民事法と刑事・行政法上の責任論は異なり，刑事・行政法上の責任が認められても民事法上の責任が認められないことがある。安衛法の刑事・行政法的側面は，予防目的なので，理論的には，法違反さえ認められればよく，損害の発生や，損害との相当因果関係は不要である。

【事件に関する技術専門家の意見】

> １）事実関係について
> 　本件でY5が行ったような「お節介作業」は，よく行われる。その気持ち自体はよくわかる。
> ２）判決について
> 　最高裁の結論は理解できる（篠原，岩村，前村）。
> 　仮に本件で，雇用主（事業者）のY4からY5に抽象的であれ，ドレン抜き作業について指示されていれば，アンモニアが特化物である以上，当該雇用主（事業者）に作業主任者の選任が求められ，特化則第22条所定の諸措置も求められる。法第59条第２項所定の作業内容変更時の教育も求められる。元方事業者が指示していれば，それらの法令を遵守させる義務，統括管理の義務を負うことになる（法第29条，第30条）。民事なら発注者を含め，なおさらに安全配慮義務としてそうした義務を負うだろう。
> 　なお，建設業であれば，いわゆる元方指針（「建設業元方事業者による建設現場安全管理指針」平成７年４月21日基発第267号の２）に，元方事業者が，新規入場者に場のリスクを教育するよう定められているので，それを怠れば，少なくとも民事上の過失責任は負うだろうが，発注者責任までは問い難いだろう（篠原）。
> ３）未然防止策について
> 　本人がアンモニアのリスクを承知しながらこのような作業を行ったことが最大の問題だろうが，雇用主であるY4による教育は実施できたはず。SDSによるリスクコミュニケーションも図れたのではないか（岩村）。
> ［篠原耕一氏（元監督官，京都労務トラスト代表），岩村和典氏（ニッポン高度紙工業株式会社），前村義明氏（My社労士事務所，労働衛生コンサルタント）］

　ナ　法第31条から第31条の４は，第31条の３を除き，リスク関連情報や権限を持つ等，一定の条件を充たす「注文者」を名宛人として，関係請負人の労働者の労災防止措置を講じるよう定めている。
　このうち第31条は，第１項で，特定事業を自ら行う「注文者（事業者である必要はない）」に対して，関係請負人の労働者に，自身が管理する建設物，設備，原材料（建設物等）を使用させる際に所要の労災防止措置を講じるよう義務づけ，第２項で，重層的請負関係下では，最先次の注文者のみが当該義務を負うこととしている。最先次の注文者でありながら発注者と表現しなかった理由は，建設物等の危険を伴う特定作業を自ら実施する者でなければならないため，発注者以外が措置義務者となる可能性がある（∵自ら仕事を行わない発注者が上位にいる場合，発注者以外が措置義務者となる）ことによると解される。第31条の２や４と共に，あくまで自ら仕事の一部を行う最先次の注文者を名宛人として，「建設物等」にかかる危険に特化して直接的な防止措置を含めて講じるよう求めた規制であり，元方事業者らを名宛人として，統括安全衛生管理を行うよう定めた第30条（及び第15条）とは，一の場所での混在作業を前提としていないこと，自ら直接的な措置を講じることも想定している点等で趣旨を異にする。端的にいえば，第30条は場所の管理，本条は物の管理を目的としている。前身は旧労災防止団体法第58条であり，同条では，名宛人が建設業等の仕事を自ら行う注文者だと定められていた。
　第31条の２は，化学物質やその含有製剤等の製造等を行う所定の設備の改造や修理等，ばく露リスクを負う作業を伴う仕事の注文者に対して，当該仕事の請負人の労働者の労災防止措置（主にリスク関連情報の提供）を義務づけた規定である。
　第31条の３は，この並びでは若干異色で，性格的には第29条や第30条などに近いと思われる。
　第１項で，危険な建設機械等を用いる共同作業（特定作業）を複数の建設事業者の労働者が一の場所（複数の事業者の労働者が渾然一体となって働き，一体的な統括管理によって労災防止効果があがると解される場所）で行う場合，仕事の一部を自ら行う当該特定作業の発注者や１次下請が，当該全労働者の労災防止措置を講じるよう義務づけた。
　第２項では，第１項の義務主体がいない場合，その特定作業を要する仕事の全てを下請に出している本体工事の建設業元方事業者か，第30条第２項による被指名者（特定元方事業者以外の発注者から指名された，自ら仕事を行う統括安全衛生管理義務者）か第３項による被指名者（労基署長による被指名者）が，第１項所定の義務履行者を指名する等，その履行が果たされるよう配慮する義務を課した。
　第31条の４は，注文者に対し，請負人の労働者が本法令に違反することとなるような指示を禁じている。第29条は，元方事業者に関係請負人やその労働者が主体となった法令違反の是正を図らせる規定だが，本条は，広く注文者に同人が主体となって関係請負人らに

法令違反をさせないよう図った規定である。

　ニ　法第31条にいう建設物等とは，足場，型枠支保工，交流アーク溶接機等を指し，講ずべき労災防止措置は，法第36条に基づき，安衛則第644条から第662条に定められている。

　その中には，
・関係請負人の労働者に使用させる支保工，溶接装置，クレーン，ゴンドラ，局所排気装置，ケーソンを設ける圧気工法に用いる設備，エックス線装置等を法定基準に適合させること等

物の安全確保を図らせる（≠自ら図る）ことのほか，
・交流アーク溶接機につき，規格に適合する自動電撃防止装置（溶接機の停止時に自動的に電圧を下げる安全装置）を「備える」べきこと，
・一定の電動機械器具についても，一定条件での使用に際して有効な感電防止用装置を「接続す」べきこと，
・ずい道での建設作業を行わせる場合にも，支保工等落盤・肌落ち防止措置を「講じる」べきこと，
・足場を使用させる際に作業床の最大積載荷重を決めて「表示す」べきこと，
・悪天候や地震，足場の組立・解体等の後に点検，適宜の修理をすべきこと，
・修理等の内容を保存すべきこと等，

自ら物的・人的な安全措置を講ずべきことも定めている。

　本条による義務と当該建設物等にかかる個々の事業者の労災防止措置義務（法第20条～第25条等）は重畳的に存在して，対象物等にかかる労災防止に貢献することが期待されている。

　本条第1項（特定事業の注文者が建設物等の危険物を関係請負人の労働者に使わせる場合の当該物の管理義務）には法第119条（6月以下の懲役又は50万円以下の罰金）の適用がある。

　ヌ　法第31条の2は，危険有害な化学物質の製造等を行う設備等の分解や内部への立ち入りを伴う改造，修理，清掃等の作業が外注されることが増え，外注先がその設備等にある化学物質の危険有害性や対応策等の情報を知悉しなかったことで生じる労災が生じていたため，平成17年の安衛法改正（平成17年11月2日号外法律第108号）により，注文者と関係請負人間のリスクコミュニケーションを図るために設けられた規定である。

　対象となる化学物質には，施行令所定の爆発性，引火性の物質，大量漏洩により急性障害を招くもの等が想定され，対象となる設備には，加熱炉（金属などを加熱して加工などを行う炉），反応器（化学物質の製造過程で化学反応を生じさせる機器），蒸留器（液体を熱して蒸気としたものを冷却することで純度の高い液体をつくる機器）などのほか，特化則所定の第2類物質や施行令所定の第3類物質（いずれも第1類ほど有害ではないが，大量漏洩があれば急性中毒やがん等をもたらし得る物質）の製造，取り扱いを行う設備であって移動式でないものとその附属設備が該当する。名宛人の注文者には，対象設備にかかる特定の作業を伴う仕事の注文者全てが想定され，3次下請に対しては1次，2次下請の双方が該当する。

　注文者が講ずべき具体的措置は，法第36条に基づき安衛則第662条の4第1項に定められており，発注者と発注者以外とで異なるが，物質のMSDS，安全な作業方法，流出事故時の対応方法等のリスク関連情報の伝達である点で共通している。

　本条には法第119条（6月以下の懲役又は50万円以下の罰金）の適用がある。

　ネ　法第31条の3は，表現が難解なうえ，特に法第29条や第30条との区別がつきにくいが，そもそも縦関係のみでなく，分割注文により横関係に立つ異なる事業者の労働者間の連携・連絡不足等による建設機械への接触等による労災を防止するため，自らも仕事の一部を行うため，リスク関連情報（と場合によっては管理権限）を持つ，建設機械等を用いる危険な作業（特定作業）を要する仕事の発注者，1次下請等に統括安全管理を託す趣旨で，平成4年法改正で新設されたものである。

　名宛人は，重量の重いパワー・ショベルなどの建設機械等を用いる特定の危険作業を「共同して」行う複数の事業者のうち，仕事の一部を行う（作業の案内や示唆をするだけの者は該当しない）発注者や1次請負人である。一見すると，建設業・造船業の元方事業者の統括安全管理義務を定めた法第30条等と類似するが，本条第1項は，資料41のように，パワー・ショベル等特定の建設機械等を用いた共同作業を行う点線内の事業者のうち，その特定の仕事の一部を行う1次請負人を主な措置義務者としたものである（本体工事が特定作業を要する場合，図の1次請負人が発注者になり，措置義務者となり得る）。

　名宛人が講ずべき労災防止措置は，特定作業を行う関係請負人に対する，作業内容，作業にかかる指示系統及び立入禁止区域にかかる連絡と調整であり，名宛人が，関係請負人の労働者を含めて，これらを体系的に作業計画化し，関係請負人に周知すれば，本条の義務を果たしたことになる（平成4年8月24日基発第480号）。

　他方，第2項は，第1項の名宛人該当者がいない場合（例えば，発注者が自らその仕事の一部を行っていない，特定建設機械作業を伴う仕事の全部を請け負った者がいない

場合等）には，当該仕事を自身は行わない本体工事の元方事業者らが，本条の措置義務者を指名する等の配慮を行うよう義務づけている（**資料42**）。被指名者は，本条履行の法的義務は負わないが，本条の趣旨に即して請負人に適切な措置を講じるよう指導すべきとされている（平成4年8月24日基発第480号）。

ノ　法第31条の4は，注文者を名宛人として，例えばクレーンのつり上げ能力を超える荷のつり上げのように，請負人の本法令違反（他の法令違反には直接関知しない）に直接繋がるような指示を禁じている。本条にいう請負人には，第31条の定義の援用により，重層的請負関係において，名宛人より後次の請負人は全て含まれるが，第31条第2項のような／を援用する規定はないので，本条の名宛人が最先次の注文者である必要はない（∴最後次を除き，各次請負人が名宛人となり得る）と解される。

ハ　法第31条ないし第31条の4の適用の実際については，以下のような情報が得られた。

法第31条は，比較的多く違反が指摘される条規であり，違反による送検件数を記した令和2年公表「労働基準関係法令違反に係る公表事案」によれば，令和元年6月1日から1年間で22件あった（違反件数が第21条，第20条，第100条に次いで多い）。是正勧告を典型とする違反の指摘件数を記した「令和2年労働基準監督年報」の定期監督等実施状況・法違反状況（令和2年）でも，合計4130件となっていた。

建設現場での足場や開口部からの墜落防止対策が不十分な場合等に，事業者に法第21条違反を指摘するのに合わせ，注文者に法第31条違反を指摘することが多い（令和2年度厚生労働科学研究による行政官・元行政官向け法令運用実態調査〔三柴丈典担当〕）。玉泉孝次氏（元労働基準監督署長）も，下請の違反で元請も同時に送検できる便利な条規であり，送検の実績づくりにもなるため，そうした運用がよくなされるとする。

匿名ながら，「労働基準監督年報」に掲載される監督件数は，1つの現場であっても，複数の業者（元請，下請，孫請等）に是正勧告等を行えば複数件の監督とカウントされるため，こうした法運用が監督機関としての実績になる面もあるとの意見があった。

違反指摘の具体例には以下のようなものがある。

木造半地下2階建ての住宅工事現場で建築工事を請け負っていた2次下請Aの現場責任者X（Aの専務であり，現場責任者）が，現場で建築中の建物の1階床上から地上に降りようとし，鋼製足場板（長さ4m，幅32cm）を途中までわたり，山積みされていた木片（「ころび止め」。足場板との間に約80cmの段差があった）を階段代わりにして地上に降りようとして足を乗せたところ，崩れてバランスを失い，開口部から3mほ

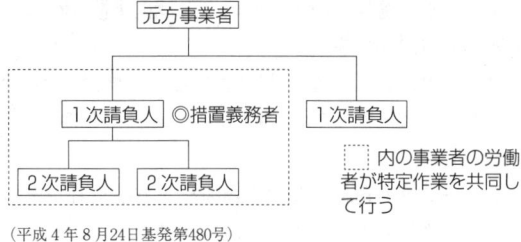

資料41

（平成4年8月24日基発第480号）

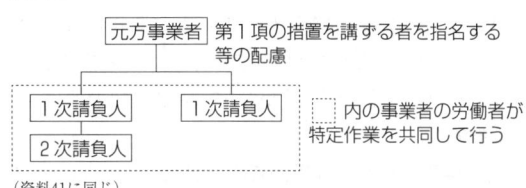

資料42

（資料41に同じ）

ど下の地下まで墜落し，脳挫傷で死亡した。

原因として，開口部に手すりや覆い，囲い等の墜落防止措置が講じられていなかったこと，本人が仮置きの木片を階段代わりにしたこと，保護帽を着用していなかったこと，元請が下請に安全指示を出していなかったこと等が考えられたことから，元請は，安衛法第31条第1項（安衛則第653条第1項）違反，Aとその社長は法第21条第2項（安衛則第519条第1項）違反で送検された（労働調査会編著『送検事例と労働災害　平成12年版』〔労働調査会，2000年〕34-35頁）。

その他，匿名ながら，第31条の4関係で，マンションの管理組合から受注した建物の外壁改修工事の施工中に石綿含有塗材がみつかったにもかかわらず，当該組合が施工業者に対し，それが含有されていないものとして工事をするよう求めた（ため，おそらく行政指導された）ケースがあったとの情報もあった（某監督官）。

ヒ　法第32条は，法第30条及び第31条と両条の枝番号条規（以下，本項において「法第30条等」という）が定める特定元方事業者・元方事業者や注文者（以下，本項において「特定元方事業者等」という）の義務に対応する，その他の請負人及びその労働者（以下，本項において「請負人等」という）の義務を規定している。

特定元方事業者等は，請負人等に対して指揮命令権を持たないため，法30条等の実効性確保のため，本条が必要となった経緯があり，旧労災防止団体法第59条にも概ね同趣旨の規定があった。

フ　本条所定の措置は，法第36条に基づき安衛則で，例示的ではなく限定的に具体化されており，本条各項ごとに，以下の7種類に分類され得る。

1）第1項により請負人が講じるべき措置（法第30条第1項により，特定元方事業者が講じるべき統括管理に対応する義務）

協議組織への参加（安衛則第635条第2項），統一標識による事故現場等の明示と原則立入禁止措置（同第640条第2項・第3項）等

2）第2項により請負人が講じるべき措置（法第30条の2により製造業等の元方事業者が講じるべき統括管理に対応する義務）

クレーン等の運転に関する合図を元方事業者が定めた統一基準に合わせること（同第643条の3第2項），有機溶剤等の容器の統一箇所への集積（同第643条の5第2項）等

3）第3項により請負人が講じるべき措置（法第30条の3により建設業等の元方事業者や被指名事業者が講じるべき爆発・火災等での救護にかかる二次災害防止措置に対応する義務）

元方事業者らが行う労働者の救護に必要な訓練への協力（安衛則第662条の9）

4）第4項により請負人が講じるべき措置（法第31条により最先次の注文者が建設物等について講じるべき措置〔安衛則第644条から第662条まで。種々の設備にかかる物的措置や人的措置を自ら講じたり，関係請負人に講じさせること〕に対応する義務）

当該注文者が講じるべき措置の不履行を認識次第注文者に申し出ること（同第663条），当該措置のために注文者が行う点検補修等の措置の受入れ（同前）

5）第5項により請負人が講じるべき措置（法第31条の2により化学物質等の製造等を行う設備の改造，清掃等，当該物質へのばく露危険のある作業を伴う仕事の注文者によるリスク関連情報の提供等の労災防止措置に対応する義務）

最先次の注文者を注文者に読み替えるほか，第4項に同じ（同第663条の2）

6）第6項により労働者が講じるべき措置（法第30条〔特定元方事業者による統括管理〕，第30条の2〔製造業等元方事業者による部分的統括管理〕，第30条の3〔建設業等元方事業者による爆発・火災等の際の救護にかかる二次災害防止措置〕，第31条〔最先次の注文者による建設物等にかかる労災防止措置〕，第31条の2〔化学物質等へのばく露危険作業にかかるリスク関連情報の提供〕により特定元方事業者等が講じるべき措置や，本条第1項から第6項に基づき，これらに対応して請負人らが講じる措置に対応する義務）

現段階で，具体的規定なし（そもそも第36条による省令委任の対象外）

7）第7項により請負人及び労働者が講じるべき措置（法第30条以下の諸規定により特定元方事業者，元方事業者，最先次の注文者，請負人が講じる措置の実効性確保のために同人らが発する指示に従う義務）

現段階で，具体的規定なし（そもそも第36条による省令委任の対象外）

ヘ　特定元方事業者ら所定の上位者に課された義務の履行への対応措置を関係請負人に義務づけた本条第1項から第5項，その労働者を対象として同様の義務を課した第6項には，法第120条が金50万円以下の罰金を定めている。

ホ　法第32条は，違反指摘は少ない条規であり，法違反による送検件数を記した令和2年公表「労働基準関係法令違反に係る公表事案」によれば，令和元年6月1日から1年間で，違反件数は0件だった。是正勧告を典型とする違反の指摘件数を記した「令和2年労働基準監督年報」の定期監督実施状況・法違反状況（令和2年）でも，合計12件にとどまっていた。

匿名ながら，労働者を対象とする是正勧告は殆どなされないとの意見もあった。

玉泉孝次氏（元労働基準監督署長）によれば，少ないながら存在する適用例の典型は，特定元方事業者が設置運営する協議組織（法第30条第1項第1号，安衛則第635条第1項第1号）に関係請負人が参加しない場合（安衛則第635条第2項）であり，同氏自身にも送検の経験があるとのことであった。この場合には，当然のように，特定元方事業者自身も安衛則第63条第1項（全ての請負人が参加する協議組織を設置運営すること）違反で送検されることになる。また，協議組織に参加しない下請業者が複数あれば，送検件数が増えるため，監督署として実績になるとのことであった。

9　淀川解説①（第4章第33条・第34条）

淀川解説①は，法第33条及び第34条を対象としている。

これらの条規は，基本的に，機械等（第33条）と建設物（第34条）のリースが行われる場合に，それらのリスクに関する情報や管理権限を持つリース業者に，それらの物の安全化やリスクコミュニケーション等の労災防止措置を課したものだが，第33条は，オペレーターもセットでリースを受けた者とオペレーター自身にも一定の措置を課している。

概要は以下の通り。

ア　法第33条は，①リース業者がリースする物の安全化や，リースを受けた者へのリスクコミュニケーション等の労災防止措置を講じるよう，②オペレーター付きのリースの場合，リースを受けた者が当該オペレーターに当該事業場特有の事情などのリスクコミュニケーション等の労災防止措置を講じるよう，③②の場合，オペレーター自身もリースを受けた者が講じる②の措置に対応するよう，義務づけている。

リースされた機械等の危険物による労災防止の一次的責任は事業者にあるが，所有権及び管理権がリース業者にあって，事業者になければ，十分な措置を講じ

得ないことによる。同様に，オペレーター付きのリースでは，外部のオペレーターが慣れない職場で就業することになるので，その職場固有のリスク関連情報を伝達するなどの措置が必要になる。また，オペレーター自身も，相応の知識技量を持つ者として，自他の安全のため，そうした措置に対応して自ら必要な労災防止措置を講じなければならない。本条は，こうした趣旨を踏まえて策定された。

すなわち，機械や化学物質等にかかる数多の製造流通規制などと共に，三柴が言うリスク創出者管理責任負担原則（リスクの情報と管理権限を持つ者が，そのリスクの管理責任を負担すべきとの原則）[73]を体現した規定である。

イ　現行安衛法制定前の段階で，建設工事の複雑化，機械化が進む一方，稼働日数の少ない大型機械の購入では採算が合わない等の事情から，種々の機械設備のリース業が一般化した（リースには，受リース者が定期自主検査〔法第45条〕を受ける必要がないというメリットもある）。これは，機械等のみを貸し出す場合と，オペレーター付きで貸し出す場合[74]とに大別されるが，いずれにせよ，本来労災防止責任を負うべき受リース側に管理権限がないため，補修・改造等の措置を講じ得ないとの問題が生じる。

そこで本条（法第33条）第１項とその関係規定（法第36条，施行令第10条，安衛則第666条）は，つり上げ荷重0.5t以上のクレーンや一定の車両系建設機械等を「業として」[75]他人にリースする者に，機械等の点検整備，使用上の情報提供などの労災防止措置を義務づけた。

また，本条第２項とその関係規定（法第36条，安衛則第667条）は，機械等の受リース者（基本的には安衛法が主な義務主体としている事業者）に対し，派遣されるオペレーターが操作に必要な法定資格を有するかの確認と共に，作業の内容，指揮の系統，連絡・合図の方法など，就業先のリスク関連事情を通知すること等の措置を義務づけた。

なお，本条第１項は，リース先を「機械等の貸与を受けた事業者」とし，第２項は，「機械等の貸与を受けた者」と書き分けているが，これは，後者には他人を使用しない被用者や個人事業主を含む趣旨と解される。

そして，本条第３項とその関係規定（法第36条，安衛則第668条）により，オペレーター自身にも，第２項により受けた通知を守る義務が課されている。

もっとも，本条の対象となる機械等は限られ，適用可能性がある条件でも，法第42条（譲渡等の制限等），法第45条（定期自主検査）の方が適用される場合が多いという（森山誠也監督官による）。

ウ　本条の規制対象となる機械等は，
①つり上げ荷重が0.5t以上の移動式クレーン
②整地・運搬・積込み用，掘削用，基礎工事用，締固め用，コンクリート打設用，解体用の機械であって，動力を用い，自走できるもの
③不整地運搬車
④一定の高所作業車
である（施行令第10条）。

第１項が名宛人とするリース業者（機械等貸与者）が講ずべき措置は，
①機械等を「あらかじめ」点検し，適宜補修等必要な整備を行うこと
②当該機械等の能力や特性その他の注意事項を記載した書面を受リース者に交付すること
である（安衛則第666条第１項）。

第２項が名宛人とする受リース者（機械等の貸与を受けた者）が講ずべき措置は，
①オペレーターが法定の資格や技能の保有者であることの確認
②作業内容，指揮系統，連絡・合図等の方法，運行経路・制限速度等の運行に関する事項[76]，その他の通知である（安衛則第668条）。

リース業者による第１項違反，受リース者による第２項違反には，６カ月以下の懲役又は50万円以下の罰金（法第119条第１号），オペレーターによる第３項違反には，50万円以下の罰金（法第120条第１号）が科され得る（なお，第３項と重畳的に適用され得る第36条に罰則はない）。

エ　本条に関する解釈例規には，以下のような定めがある。

１）昭和48年３月19日基発第145号

元方事業者がリース業者から機械を借り受け，更に下請に貸与して使用させる場合，本条（法第33条）第１項に紐付く安衛則第666条第１項第２号（機械の能力特性等に関する書面交付）の義務主体は元方事業者となる。

当該機械のオペレーターがリース業者の労働者である場合，本条第２項に紐付く安衛則第667条（機械の運転経路等その事業場特有の事情の通知義務）の義務主体も当該元方事業者となる。

２）昭和47年９月18日基発第601号の１

本条第１項に紐付く安衛則第666条第１項所定の「あらかじめ」行うべき点検は，使用の状況に応じて必要部分に限定して構わない。また，受リース者への書面による伝達が求められる機械等の能力とは，移動式クレーンなら明細書記載事項の主要部分，車両系建設機械なら，安定度，バケット容量等主要な事項で足りる。

資料43　ジブクレーン

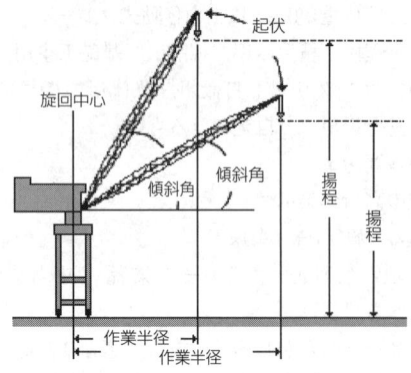

（山本誠一氏が運営する crane club WEB サイト〔http://www.crane-club.com/study/crane/wording.html，最終閲覧日：2023年7月15日〕）

資料44

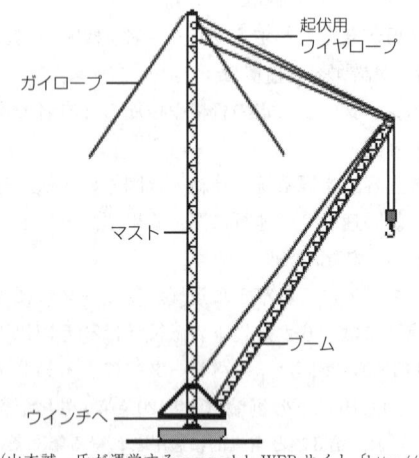

（山本誠一氏が運営する crane club WEB サイト〔http://www.crane-club.com/study/derrick/definition.html，最終閲覧日：2023年7月15日〕）

他方，本条第2項は，金融上の手段としてリース形式をとっているもの（実質的には管理権が受リース者に移動するもの）は適用対象としない趣旨である。

3）昭和47年9月18日基発第601号の1

安衛則第667条第1号に基づき受リース者が行うべきオペレーターの資格や技能の確認は，免許証，技能講習修了証によって行えば足りる。同第2号に基づく当該事業場特有の事情の通知は，当該オペレーターや操作する機械等にかかる労働者の労災防止に必要な範囲で足りる。

4）昭和46年9月7日基発第621号

本条の規制対象となる機械等を定めた施行令第10条がその定義に用いた「つりあげ荷重」とは，ジブクレーン（突き出した腕〔アーム〕を持つクレーン。資料43）の場合，ジブを最大限の傾斜角にしたとき（最も立てたとき），ジブを最も短くしたとき，ジブの支点にトロリを最も近づけたとき，ブーム付きデリック（資料44）の場合，ブームを最大傾斜角にしたとき（最も立てたとき）（＊いずれも最もつり上げ力を出しにくい状態）

資料45　不整地運搬車

資料46　高所作業車

を基準とする。

5）平成2年9月26日基発第583号

本条の規制対象となる機械等を定めた施行令第10条がその定義に用いた「不整地運搬車」（資料45）には，クローラ式とホイール式の両者が含まれる。

やはり施行令第10条が本条の適用対象となる機械等の定義に用いた「高所作業車」（資料46）は，概ね，高所での工事，点検，補修等に使用される機械であって，作業床と昇降装置等により構成され，自走できるものを意味する。

オ　本条（法第33条）の関連規定には以下のようなものがある。

1）法第31条第1項

建設物等の危険物を仕事を行う場所で関係請負人の労働者に使用させる場合，それにかかる危険防止措置を自身も仕事を行う注文者（業者）に課した規定。法第30条が場の管理規定であるのに対し，物の管理規定といえる。

建設業・造船業の受リース者がリース業者に仕事を注文した場合，そのオペレーターに事業場の設備等に関するリスク情報を提供する義務を課した本条（法第33条）第2項とでいずれの適用が適当かが問われる場合があり得よう。

2）法第34条

事務所や工場に用いられる建設物（雑居ビル，工場等）を（複数の）事業者にリースする場合に，共有の避難用出入口や警報設備の設置，リース建築物の有効性維持，給排水の確保等の安全衛生措置（安衛則第670条〜第678条）を行うよう義務づけている。

本条（法第33条）と適用場面が被ることは考えにくいが，本条と同様の趣旨（リスク創出者管理責任負担原則）に基づく規定である。

3）法第35条

荷の発送者に対し，貨物の重量を表示するよう義務づけた規定。これも本条と同様の趣旨（リスク創出者管理責任負担原則）に基づく規定である。

4）法第42条

一定の危険性を持つ政令で指定した機械等につき，所定の規格や安全装置を具備しない限り，譲渡，貸与，設置することを禁じた規定であり，要件を充たさない場合のリースも禁じているので，本条とは実質的に二重規制になっており（森山誠也監督官による），特にリース物件に物的瑕疵が認められる場合，本条（法第33条）との競合が生じ得る（ただし，法第42条は，機械の本質的安全を図る趣旨である）。

5）法第45条第1項

ボイラーその他の政令が指定する特定機械等（38種類：施行令第15条第1項）につき，定期自主検査を行い，結果を記録するよう事業者に課した規定である。

本条第1項が定めるリース業者がなすべき物的措置と競合する面がある。

6）法第98条

本条（法第33条）第1項が定めるリース業者の義務が履行されていない場合に，都道府県労働局長や労基署長が，作業の（全部又は一部）停止，建築物等の（全部又は一部）使用停止や変更等所要の労災防止措置を命じ得る旨の規定である。

本条等の履行確保を行政措置により図る規定といえる。

7）法第100条

労働基準監督機関がリース業者を含む関係者に対し，報告や出頭を命じ得る旨の規定である。

やはり，本条等の履行確保を行政措置により図る規定といえる。

8）法第102条

ガス工作物[77]，電気工作物[78]，熱供給施設，石油パイプラインといった工作物の設置者が，当該物の所在する場所等で工事等を行う事業者から求められた場合，労災防止のためにとるべき措置を教示する義務を定めた規定である。

本条（法第33条）との関係で直接競合は生じ難いだろうが，リース業者が受リース者の事業場にオペレーター付きで機械等を設置する際に，受リース者から労災防止上必要な情報の提供を受ける場面では活用できるかもしれない。いずれにせよ，本条と同様の趣旨（リスク創出者管理責任負担原則）を体現する規定である。

罰則は付されていない。

カ 本条（法第33条）の沿革は次の通り。

本条の策定を基礎づけたのも，1971（昭和46）年7月13日の労働基準法研究会報告書であり，ここには，

・種々の業種で構内下請への依存傾向が見られること，建設業などで，ジョイントベンチャーなどの新しい経営方式が生じていることのほか，やはり建設業などで重建設機械のリース業などの進出が目立ってきているが，労基法は労使関係を前提に危害防止を使用者に託していること，

・建設業では，労働力不足による省力化，工期短縮要請による大型機械化などを背景に，短期しか用いない大型機械の購入の採算の悪さが意識され，機械設備のリース業者が発達していたこと，

これには，機械のみリースと機械・オペレーターのセットでのリースの2種類があるが，安全衛生の基本的責任を負う受リース者には，当該機械の改修等はもとより，日常点検さえ困難であり，そもそも機械の構造要件の保持責任者は誰か，オペレーター付きリースの場合の当該オペレーターの安全衛生確保責任者は誰か等が問われること，

等が記されていた。

また，法案の国会審議中の政府委員の発言では，

・労基法のように直接の雇用関係のみを前提とする規制方法では災害を的確に防止できない状況が生じており，製造流通規制，重層下請関係やジョイントベンチャーに対応する規制，離職後の健康管理まで確保する必要が生じていること，

・新法では，基準法から切り離して，元方事業者やリース業者，ジョイントベンチャー業者等，働く者に対する実質的な指揮権や指示権等を持つ者に規制をかけることとし，それが法第29条，第30条や第33条などであること，

等が述べられていた。

キ 監督指導の実際については，以下のように言える。

<u>本条違反による行政指導や送検件数は少ない。</u>

すなわち，是正勧告等の行政指導件数を示す平成25年から令和元年の「労働基準監督年報」によれば，<u>法第33条の違反件数は，概ね1桁だった（令和元年に限り，第33条と第34条違反件数の合算で24件）。違反による送検件数を示す基準局監督課のデータでは，令和元年から2年公表分で1件だった。</u>

監督指導の実例については，令和2年度厚生労働科学研究による行政官・元行政官向け法令運用実態調査（三柴丈典担当[79]）において，いわゆる<u>オペレーター付きリースにより，多くの建築工事現場で移動式クレーン作業等が行われているが，受リース者がリース業者に</u>

対して移動式クレーン作業計画を示すなどにより，法定事項を通知していないため（本条第2項違反），災害や事故が発生している状況もみられる，との情報が得られた。

ただし，被災者がオペレーターではなく受リース者の被用者である場合，受リース者を法第20条違反で処罰することになる。

ク　関係判例には以下のようなものがある。
●法第33条第2項にいう「機械等の貸与を受けた者」が労災防止措置を講じなかったとされた例（福岡高判昭52・8・3判時896号110頁〔原審：長崎地判昭52・1・11未登載。最2小判昭53・9・20裁判所WEBサイトで上告棄却され確定〕）
〈事実の概要〉
　被告人Y1会社がSら複数の重機リース業者からオペレーター付きでブルドーザーのリースを受け，ゴルフ場造成工事をしていた際に，必要な労災防止措置を講じなかったところ，当該ブルドーザーが現場の崖から転落し，オペレーターKが死亡した。現場は，谷地形の山腹を切り崩した場所で，角度約40〜95度の急な傾斜があり，のり際の地盤が軟弱なため，重機が崖近くに寄りすぎると転落の危険があった。当該ブルドーザーは，そこを切り崩した土砂を逆サイドの谷に落として埋め立てており，災害当日も，のり面にほぼ45度の角度で進入したが，のり際に寄りすぎた結果，のり際約50cmが崩壊して転落した。

　被災したオペレーターは法定の有資格者だったが，Y2は，ブルドーザーの運転手である以上不要と考え，そのこと等を確認していなかった。

　そこで，Y1会社とその代表者Y2が，安衛法第33条第2項及びそれに紐付く安衛則第667条第1号，第2号違反により送検され，1審では，両者共に有罪として各罰金3万円の支払いが命じられたため，控訴した。

　本件では，①Y1は法第33条第2項にいう「機械等の貸与を受けた者」に当たるか，②Y2がオペレーターKの（現に保有していた）法定の資格等を確認しなかったことが可罰的違法性を有するか，③Yらは，オペレーターKに連絡，合図等の方法を通知すべきだったか，が主な争点となった。
〈判旨：Yらを有罪とした原判決を支持〉
①（Y1の受リース者該当性）について
　Y1がSに支払う使用料はタコメーターで測定された時間制で，オペレーターの労働賃金を含んでおり，チャーター料として月ごとに支払われ，作業内容はY1が決定して個々的に指示され，工事内容にSら提供者が介入することはなく，工期なども取り決められていなかったので，Y1は，法第33条第2項にいう「機械等の貸与を受けた者」に当たる。
②（Y2の資格等確認懈怠の可罰的違法性）について
　Y2はブルドーザーのオペレーターらの作業状況や実際の技能の確認はしていたし，彼らは全て法定有資格者だったが，それらは量刑判断上有利に作用しても，労災防止の見地から受リース者にその確認を義務づけた安衛則第667条第1号の法意に照らし，可罰的違法性をなしとすることはできない。
③（Yらの連絡・合図等の方法通知義務の存否）について
　安衛則第667条第2号は，受リース者とオペレーターの間に直接的な使用関係がないことを前提に，必要な労災防止措置を抽象的に定めたものであり，その名宛人も事業者に限定しなかったと解されるので，原判決が，Y1が（受リース者であると同時に）事業者であることを前提に，誘導者の配置を義務づけた事業者義務規定（安衛則第157条，第159条）を適用したことは相当でない。

　そして，本件の事実関係下では，Yらは，受リース者として誘導者の配置までは義務づけられずとも，労災防止の見地から，のり際の地盤軟弱な箇所などブルドーザーの転落危険等がある部分には見張り人を置くとか，何らかの明示方法を講じて周知させるなど，必要な連絡，合図等の方法を通知する義務があったのに怠ったので，安衛則第667条第2号違反があった。
〈判決からくみ取り得る示唆〉
　本判決からは，受リース者によるオペレーターの法定資格等の確認（安衛則第667条第1号）につき，現に資格保有者であったという点でその実が果たされているにもかかわらず，その懈怠に刑事処罰を下したことから，その規定（による安全秩序形成）の予防効果を重視していることが窺われる。

　また，安衛則第667条第2号（連絡，合図等の方法の通知）についても，その法意（趣旨）に照らして，現場に即した柔軟な解釈を図っている。

　このように，受リース者の労災防止措置が重視され，それに関する規定は，柔軟な解釈のもと，厳格に適用され得ることが示唆される。

【事件に関する技術専門家の意見】

1）事実関係について
　本災害の発生状況は，資料47の通り。
2）判決について
　Y1がリース業者に該当するとの判断は妥当と思う。
　Y2によるオペレーターの資格の確認義務違反については，経験上も，死亡災害においては問責され易くなると感じている。現に資格の確認漏れが生じ易いこ

とからも，判決の解釈も理解はできる。
　しかし，Y1が受リース業者として講ずべきとされた誘導員や路肩目印（赤旗等）の設置は現実的でない。山を削った土を順次，谷へ押し出す状況では，資料48の通り，法肩が常に移動することになる。また，誘導員の配置は，誘導員自身がブルドーザーと接触する危険がある。

3）未然防止策について
　本件で事業者は，できる限り法面に対して直角（多少法面が崩れてもバックすればそのまま山に戻る角度）で操業させるべきだった。
　もっとも，2）で述べた事情からも，本件では，運転者の経験感性に頼らざるを得ない面はあったと思われる。

［宮澤政裕氏（建設労務安全研究会）］

資料47

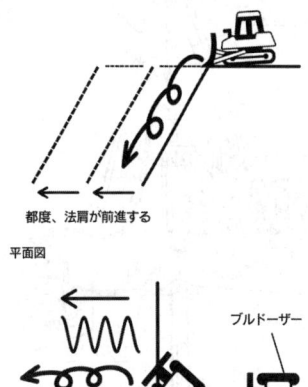

立面図

都度，法肩が前進する

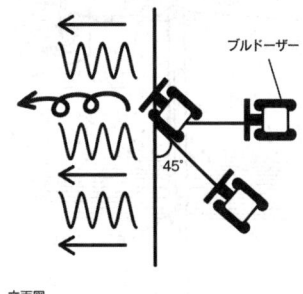

平面図

ブルドーザー

立面図

（3つとも宮澤政裕氏のスケッチを踏まえ池崎万優氏が作図）

●船を一時的に係留するための杭の設置工事のため地質調査を依頼された会社が，そのためのボーリング櫓（やぐら）の据付工事を別の会社に依頼し，オペレーター付きクレーン車のリース契約を締結したところ，同社（櫓の据付工事受託者：リース業者）所有のクレーン車が，土台となる地盤の陥没のため，海中に転落，水没したため，同社から依頼元会社（受リース者）に損害賠償請求されたが，当該受リース者は，所要の措置を尽くし，安全管理義務を果たしているとしてその責任が否定された例（高松地判平3・5・23判自91号71頁）

〈事実の概要〉
　Y1（被告自治体）が管理する港を改修する一環で，係船杭（マイナス3m）を新設することとなり，設置場所の海底の地質調査等をY2（被告会社）に委託した。Y2は，そのためのボーリング櫓（資料48参照）をクレーン車で据え付ける作業につきそれらを業とするXに依頼した。
　Xの従業員Aが，X所有のクレーン車（本件クレーン車）を運転して，櫓をつり上げ，海中に下ろして据え付ける作業を行っていたところ，同車の土台となっていた地盤が陥没・崩壊し，同車と櫓が共に海中に転落，水没した。
　そこでXは，X-Y2間でオペレーター付きリース契約が締結され，Y2は，当該契約を前提に，クレーン車使用の安全条件をY1に確認し，地盤に鉄板を敷設する等の指示や手配をするか，安全上の留意点をXに告知してXに適切な事故防止策をとらせる等の措置を講じる義務があったのに怠ったので，Y2には債務不履行責任があるなどとして，損害賠償を請求した。Y2側は，X-Y2間の契約は請負契約であり，クレーン車使用上の安全確保の注意義務はX自身が負うべきであり，仮に両者間の契約がリース契約だとしても，地盤養生を行う注意義務はXにあった等と主張した。

〈判旨：X請求棄却〉
　X-Y2間の契約は，8万円/日を報酬とするオペレーター付きリース契約だった。よって，安衛法第33条，同施行令第10条により，リース業者は，受リース者で当該リース対象機械等による労働災害が生じないよう必要な措置を講じる義務を負い，受リース者は，安衛法第33条第2項，安衛則第667条により，オペレーターが受リース者が使用する労働者でない場合，当該オペレーターの資格・技能の確認，当該オペレーターへの作業内容，指揮系統，連絡・合図等の方法，運行経路等の機械等の運行に関する事項の通知等を行う義務を負い，オペレーター自身も一定の労災防止措置義務を負っている。
　また，オペレーターの資格については，クレーン則第229条，第232条等に，免許資格制の採用，免許試験は所要の学科と実技につき行われること等が定められている。
　右法令の趣旨，内容からすれば，受リース者は，オペレーターに対し，作業内容等，その他移動式クレー

資料48 ボーリング櫓

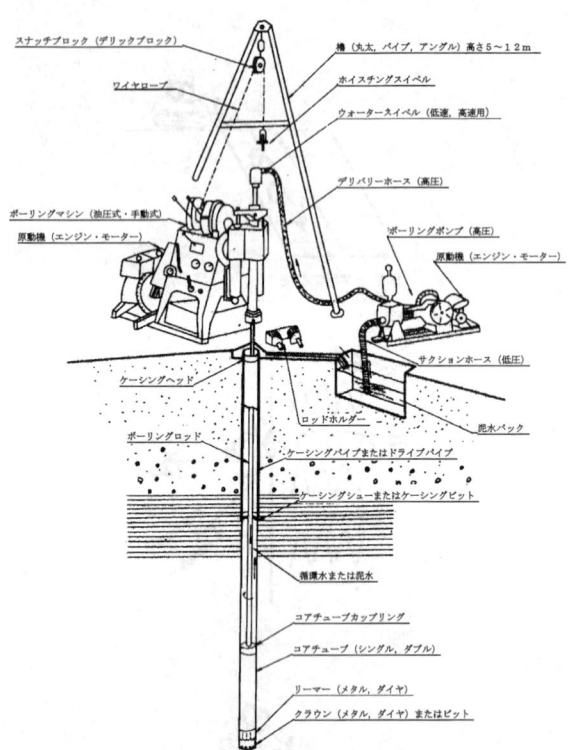

(国土交通省「設計業務等標準積算基準書および同（参考資料）」〔https://www.mlit.go.jp/common/001068093.pdf，最終閲覧日：2024年8月1日〕)

ンの操作による労災防止に必要な事項の通知義務を負うが，それ以上に安全管理義務を負わない。移動式クレーンの運転には一定の専門的，技術的知識・経験を要し，受リース者は必ずしも同人を指揮監督する能力を持たないことによる。よって，移動式クレーンの運転操作にかかる安全確保の注意義務の負担者は，一次的にはオペレーターであり，最終的にはリース業者である。

本件では，Y2の従業員がオペレーターAに，本件櫓の構造や重量，据付場所等を指示説明し，作業内容を通知する義務を果たしており，地盤の地耐力等は，Y2側に特別な知識があれば格別，資格を持つオペレーターAや本件クレーン車の据付作業を指揮したX（代表取締役E〔移動式クレーン運転士免許保有者〕）においてなすべきである。

〈判決からくみ取り得る示唆〉

本条（法第33条）第2項所定の受リース者によるオペレーターの資格・技能の確認や，一定の作業条件に関する通知義務は重要ながら，無制限ではなく，一般的な作業条件については，その専門性を持つオペレーター自身や，同人を派遣するリース業者側にあることが示唆されている。

【事件に関する技術専門家の意見】

資料49 事故の様子（イメージ）
立面図

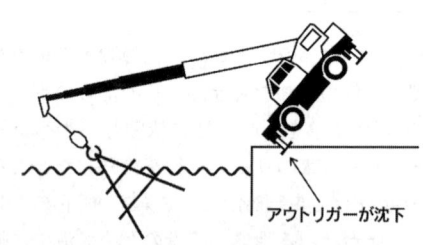

立面図

（双方とも宮澤政裕氏のスケッチを踏まえ池崎万優氏が作図）

1）事実関係について
　資料49の通り。
2）判決について
　妥当な判決と思われる。
　こうしたケースでは，地盤状況を確認して，下に鉄板を敷く等の転倒防止措置を講じるべきだった。そうした災害防止措置は，クレーン会社（本件の原告X）側が行うが一般的。Y2は，クレーンの知識をあまり持たない前提で，やるべきことはやっていたと思う。
3）未然防止策について
　同上。
〔宮澤政裕氏（建設労務安全研究会）〕

ケ 法第34条は，1つの建築物を，複数[80]の事業者にリースする者（建築物リース業者）に，所要の労災防止措置（避難用出入口の表示，警報設備の備付けとメンテナンス，所要の数の便所・便房の設置など）を義務づけた規定であり，法第33条と同様に，建築物の一室を借りた受リース者にはリスクの管理が困難な場合があることを背景に策定された。

ただし，一の事業者に当該建築物の全部をリースする場合，受リース者がその全部（にかかる災害リスク）を有効に管理できるので，適用しないこととされた（本条但書）。

コ 本条（法第34条）の規制対象は，事務所又は工場用の建築物である（施行令第11条）。ここで事務所用

建築物（施行令第11条）とは，主として事務所（事務所則第1条第1項）の用に供されるものであれば足りる（昭和47年11月15日基発第725号）。

仮設のものも含まれ，リースは有償・無償を問わない。元請一下請間のリースにも適用されるので，例えば，元請事業者が複数の下請事業者に仮設事務所をリースする場合にも適用される（昭和48年3月19日基発第145号）。

また，施行令第11条所定の建設物の全部の受リース者が，他の事業者に転貸する場合，当該転貸者がリース業者として本条の適用を受ける（昭和47年9月18日基発第602号）。

サ　名宛人（リース業者）が講ずべき具体的措置については，省令や通達に以下のような定めがある。

1）安衛則第670条

複数の事業者が共用する避難用の出入口，通路，はしご等の器具に避難用の表示をし，メンテナンスし，出入口や通路の戸を引戸（溝やレールで開閉する戸）か外開戸とすべき（：内開戸ではいけないということ）。

2）安衛則第671条

受リース事業者が危険物等を扱うとき又は貸与された建設物内で就業する労働者数が50人以上のときには，非常用の警報用設備器具を備え，メンテナンスすべき。

ここで警報用の設備器具とは，安衛則第548条所定の自動警報器，非常ベル等の設備や携帯用拡声器，手動式サイレン等を指す（昭和47年9月18日基発第601号の1）。

3）安衛則第672条

局所排気装置，プッシュプル型換気装置等の装置を設けた共用の工場用建築物をリースする場合，その共用部分の機能を有効に保持するため，点検，補修等の必要な措置を講ずべき。

ここで「必要な措置」には，受リース事業者間に協議組織を設置させ，相互に点検を励行させること等を含み，「点検，補修等」には，装置内部のそうじやメンテナンスのための基準設定を含む（昭和47年9月18日基発第601号の1）。

4）安衛則第673条

飲用／食器洗浄用の給水設備が設けられた工場用建築物をリースする場合，給水装置や水質につき水道法上の基準を満たすものとすべき。

ここで求められる水質基準は，水道法第3条第9項所定の給水装置以外を設けている場合，安衛則第627条第2項所定の基準（地方公共団体等による水質検査で法定水質基準への適合が確認されること）を充たすことである（昭和47年9月18日基発第601号の1）。

5）安衛則第674条

排水に関する設備が設けられた工場用建築物をリースする場合，設備の故障で汚水の漏水等が生じないよう，補修その他必要な措置を講ずべき。

ここで「排水に関する設備」には，排水処理のための配管，溝，槽，ピット，ポンプがあり，「漏水等」には，滞留及び溢がある。「その他必要な措置」には，装置内部のそうじやメンテナンスのための基準設定が含まれる（昭和47年9月18日基発第601号の1）。

6）安衛則第675条

工場用建築物をリースする場合，建築物の清潔を保持するため，受リース事業者との協議等により，所定の清掃及びねずみ，昆虫の防除に係る措置を講ずべき。具体的には日常の掃除と半年ごとの大掃除のほか，半年後の統一的調査の結果に基づき，ねずみ，昆虫等の発生を防止するため必要な措置を講ずべき。

なお，平成16年の安衛則改正（平成16年厚生労働省令第70号）では，従前，ねずみ，昆虫等の生息の有無にかかわらず防除を行わせていたところ，統一的調査結果に基づき，必要な措置を講じればよいこととした（平成16年6月21日基発第0621004号）。

7）安衛則第676条

受リース事業者から，局所排気装置，騒音防止のための障壁等の労災防止に必要な設備の設置について，建築物の変更の承認，設置工事に必要な施設の利用等の便宜の供与を求められた場合には応諾すべき。

ここで「建築物の変更」とは，局排のダクトを取り付けるための壁，天井，床等の改造，採光のための窓の設置等を指し，「工事に必要な施設」とは，電気，ガス，水道等を指す（昭和47年9月18日基発第601号の1）。

8）安衛則第677条

貸与建築物に設ける共用便所については，安衛則第628条第1項各号に定める基準（男女別，男女の労働者数に応じた便所や便房の数等）に適合するように講ずるとともに，便房等については，共用する事業者の労働者数を合算した数に基づいて設けるべき。

ここで「労働者数を合算した数」とは，受リース者の労働者のみでなく，その建築内で作業する貸与者の労働者数が含まれる（昭和47年9月18日基発第601号の1）。

9）安衛則第678条

建築物内での火災，有害化学物質の漏洩等の非常事態で用いる警報を統一的に定め，受リース事業者に周知させるべき。

10）石綿則第10条第5項

リースされた共用の廊下の壁等に吹き付けられた石綿や貼り付けられた保温材等が損傷等で石綿粉じんを発散させ，労働者のばく露危険がある場合，当該石綿

や石綿含有保温材等の除去，封じ込め，囲い込み等を講じるべき。

シ　リース業者が本条違反を犯した場合，6カ月以下の懲役か50万円以下の罰金に処せられ得る（法第119条第1号）。

ス　関連規定には以下のようなものがある。

1）法第33条

本条（法第34条）と共に，リスク創出者に管理責任を委ねる趣旨で，リース業者等に労災防止措置を求めた規定である。

機械等（移動式クレーン，車両系建設機械，不整地運搬車，高所作業車〔施行令第10条〕）をリースする場合に，リース業者には，事前点検・補修等，機械等の能力・特性等に関する書面の交付（安衛則第666条）の労災防止措置（第1項），オペレーター付きリースの受リース者には，オペレーターの資格・技能の確認，作業内容，指揮系統，合図の方法等の連絡・通知等の労災防止措置（第2項），オペレーターには，受リース者からの通知事項の遵守（第3項）を義務づけている。

軽重の差があるが，第1・2項，第3項の全てに罰則（両罰規定）がある。

2）法第35条

荷の発送者に対し，貨物の重量を表示するよう義務づけた規定。これも本条と同様の趣旨（リスク創出者管理責任負担原則）に基づく規定である。

3）法第98条

本条（法第34条）が定めるリース業者の義務が履行されていない場合に，都道府県労働局長や労基署長が，作業の（全部又は一部）停止，建築物等の（全部又は一部）使用停止や変更等所要の労災防止措置を命じ得る旨の規定である。

本条等の履行確保を行政措置により図る規定といえる。

4）法第100条

労働基準監督機関がリース業者を含む関係者に対し，報告や出頭を命じ得る旨の規定である。

やはり，本条等の履行確保を行政措置により図る規定といえる。

5）法第102条

ガス工作物，電気工作物，熱供給施設，石油パイプラインといった工作物の設置者が，当該物の所在する場所等で工事等を行う事業者から求められた場合，労災防止のためにとるべき措置を教示する義務を定めた規定である。

本条（法第34条）との関係では，リース対象の建築物に関するリスク関係情報を受リース者へ伝達する必要が生じる場面で競合する可能性がある。

いずれにせよ，本条と同様の趣旨（リスク創出者管理責任負担原則）を体現する規定である。

罰則は付されていない。

セ　本条（法第34条）の沿革は，安衛法制定当時，1つの建築物を複数の事業者に貸与する，いわゆる雑居ビルや工場アパートが増加傾向にあったが，それらの建築物の一部を借りた者に労災防止措置を課しても実効を期し得ない場合があると認識されたことにある。

ソ　本条の違反に基づく行政指導はあまり行われておらず，令和元年の「労働基準監督年報」によれば，第33条と第34条違反件数（違反による是正勧告等の行政指導の状況）の合算でも24件にとどまっていた。

森山誠也監督官も，本条に基づく送検や指導例の経験がなく，事務所又は工場の判断の難しさも一因であるという。また，近藤龍志監督官によれば，本条の適用可能条件に，安衛則第619条以下（事業者を名宛人とした，清掃等の実施〔第619条〕，汚染床等の洗浄〔第622条〕，床の構造〔第623条〕，汚物の処理〔第624条〕，洗浄設備等〔第625条〕等）など他の条規が適用されている可能性もあるという。

もっとも，他人の所有する建築物等の欠陥により，労働災害が生じる場合は多く，例えば，通販会社の倉庫内で複数の会社がその労働者に仕分け作業を行わせている場合，冷蔵倉庫内に複数の梱包業者等が賃貸で入居し，労働者に要冷蔵食品の仕分け作業を行わせている場合，運送業者が荷主事業場などで労働者に荷の積み卸しなどを行わせている場合などで，自動ドアに挟まれる，冷蔵庫に閉じ込められる等の災害が生じているという（森山誠也監督官）。

10　森山解説②（第4章第35条・第36条）

森山解説②は，法第35条及び第36条を対象としている。

このうち第35条は，一の貨物に1t以上のものを発送しようとする者全てを名宛人として，その場合に重量表示を義務づけた規定であり，1929年ILO第27号条約の国内担保法だが，同条約の対象が船舶運送貨物に限られるのに対し，本条はそれ以外全ての貨物に適用される。

第36条は，元方事業者による関係労働者の保護など，労使関係外を規律する特別規制所定の「必要な措置」の具体的内容の省令委任を包括的に定めた規定である。

概要は以下の通り。

ア　法第35条は，一の貨物で1t以上のものを発送しようとする者（＊事業者等の限定はない）を名宛人として，見やすく容易に消滅しない方法で重量表示するよう義務づけ，但書で，非包装で外観上重量が明らか

なものを除外している。

その趣旨と解釈について言えば，先ず，昭和47年9月18日発基第91号が，ILO条約第27号条約の採択と本邦の批准を受けて，従来旧安衛則に定められていた内容を法律に格上げしたことを示している。

次に，本法施行通達（昭和47年9月18日基発第602号）が，本条は貨物取扱者が重量にかかる誤認識による被災防止を目的としていること，「発送」に事業場構内の荷の移動は含まないこと，「発送しようとする者」は最初に運送ルートにのせようとする者をいい，途中の運送取扱者を含まないが，数個の貨物をまとめて重量1t以上の貨物とした者はそれに該当すること，外観上重量が明らかなものには，丸太，石材，鉄骨材等が該当すること，コンテナ貨物については，最大積載重量の表示で足りることを示している。[81]また，同施行通達からは，一の貨物で重量1t以上のものには，複数の荷のコンテナ詰めなど，数個をまとめて重量1t以上としたものも含まれると解される。

本条の適用を受ける貨物としては，コンテナのほか，包装された機械設備，フレコンバッグ（資料50）に入れられた土石等が考えられる。

本条に省令への委任はない。

違反者には，法第119条により6カ月以下の懲役または50万円以下の罰金が科され得る。

本条をめぐっては，その前提となったILO第27号条約の起草の段階から，主に，<u>表示義務者の如何，測定・表示の精確性，危険物等の内容物の表示の必要性</u>等が主な争点とされてきた。

イ　本条は，貨物の行き先を限定しておらず，後掲するILO第27号条約の趣旨に照らしても，外国への発送の場合も含まれると解される。

「貨物を発送しようとする者」は不明確であり，船舶安全関係法令で国際海上コンテナの重量確定義務の負担者は荷送人（商社等）だが，本条（法第35条）では誰になるか，例えば，実際の収納作業者等が該当するかは不明である。

本条では，重量表示の単位（系）が指定されていないが，重量表示は計量法（平成4年法律第51号）上の「証明」に該当し，同法第8条第1項により，メートル法のキログラム（kg），グラム（g），トン（t）による必要があると解される。

本条では，重量表示の精度につき定めがないが，計量法が正確な計量の努力義務（第10条），使用してはならない計量器等（第16条）を定めており，適用できるはずである。

なお，虚偽の重量を記載した場合，重量表示をしたことにならないし，そもそも「その重量」の表示という要件を充たさないので，本条違反になると解され

資料50　フレコンバッグ

（ふくろ屋ふくなが WEB サイト〔https://www.softbag.jp/info/quality/what.html，最終閲覧日：2024年6月20日〕）

る。

ウ　本法は，第115条で，鉱山保安法（第2条第2項・第4項）上の鉱山保安と船員法上の船員についての適用除外を定め，それらには各所掌法律が適用されている。

しかし，鉱山「保安」は基本的に安全を意味するので，衛生関係については，通気を除き安衛法が適用されると解される。鉱山保安法の適用対象である鉱山は場所的概念なので，安衛法上の場所を対象とする保安にかかる条文（法第21条第2項，第29条の2，混在作業場所にかかる第30条など）の適用は困難だが，鉱山から貨物を発送する場合のように，場所を超えて荷役や輸送の安全を確保するための規定は，鉱山にも適用されると解される。鉱山保安法に重量表示規定がないこと等もその解釈を裏付ける。

船員については，適用除外の趣旨が，安衛法の適用上，船員を労働者とみなさないことにあると考えられるので，使用従属関係を軸とする法第20条から第27条[82]の適用は困難だが，本条のように不特定多数の保護を目的とする規定は適用できると解される。ただし，船員が貨物を発送しようとする場合に，当該船員を義務主体として本条を適用できるかは検討を要する。

エ　上述の通り，本条（法第35条）は，ILO第27号条約（船舶に依り運送せらるる重包装貨物の重量標示に関する条約）の国内担保法であり，当該条約は1929年6月の総会第25次会議において98対24で採択された。日本は，1931年2月に批准した。2022年11月3日現在の批准国は66である。

本条約第1条第1項は，1t以上の貨物の船舶への積載前時点での重量表示を求めているにとどまり，第4項は，従業表示義務者を発送者，その他の個人又は団体のいずれかにするかは各国が法令で決すべきこととしている。

本条約採択までの過程は以下の通り。

まず，ILO事務局が各国政府へのアンケート調査を通じて第12回総会に提出した草案では，

> 千「キログラム」以上の全重量を有する包装貨物又は物品であって……締盟国の領土内で発送され，海上河川その他の内地水路により輸送されるべきものには，船舶への積み込み前にその全重量を外部に明瞭に読みやすくかつ耐久的に表示すべし。
> 重量表示義務者を発送者，その他の個人又は団体のいずれにするかは各国が法令で決すべき。

がたたき台とされた。

その他，論点ごとの議論の要旨は以下の通り（以下では，論点ごとに災害予防委員会での審議と総会第21次会議での審議の両者を取り扱う）。

1）条約とすべきか勧告とすべきか

・本条約案実施にさほど実際上の困難はなく，各国の港湾規則に含められる。他の委員が挙げた実際上の困難は，他の条約に伴うものより少ない（災害予防委員会での審議〔1929年6月〕：ドイツ政府側顧問ファイグ）。

・多くの国は海運貿易で自国の諸港に利害関係がある＝違法のコスト負担を回避したい場合，条約案の批准を躊躇するだろうし，非海運国は，自国の労働者に直接関係しないので，批准しないだろうから，勧告とすべき（災害予防委員会での審議〔1929年6月〕・総会第21次会議での審議〔1939年6月〕：オランダ使用者側代表レグート）。

・本条約案は，却って労働者の作業を危険にすること（＊趣旨不明だが，違法が徹底しない結果，表示がちぐはぐになるとの意味か〔三栄丈典注記〕）等から，条約化・勧告化共に反対（災害予防委員会での審議〔1929年6月〕：イギリス使用者側顧問ベイレイ）。

・実施には困難があろうが，それは一切の条約案と同じだし，いくつかの国が批准すれば，多くが後に続くだろう（災害予防委員会での審議〔1929年6月〕：フランス労働者側顧問キーヤン）。

＊その後，委員会で勧告案を支持するベルギー使用者側代表ジェラール案が表決に付されたが，45：40で否決された。

・本条約はドイツ政府の発案による。勧告では不十分である（総会第21次会議での審議〔1939年6月〕：ドイツ政府側顧問ファイグ）。

2）重量表示義務を誰に課すか

・発送国政府のみが責任を有し，通過国は負わない（災害予防委員会での審議〔1929年6月〕：委員長〔イギリス政府側代表サー・マルコム・デレヴィンニュ〕）。

・包装貨物が積み込まれた港湾の当局者が責任を負うべき（災害予防委員会での審議〔1929年6月〕・総会第21次会議での審議〔1939年6月〕：ドイツ政府側顧問ファイグ）。

・委員長見解もファイグ見解も実行不可能。本条約案は複雑すぎ，廃案にすべき（災害予防委員会での審議〔1929年6月〕：ベルギー使用者側代表ジェラール）。

＊その後，本条約の義務の主体をもっぱら対象物の発送国政府にあり，目的地までの中継国にないことが，追記された。

3）「又は物品」を削除すべきか

・物品一般まで本条約の規制対象を広げると，木材貨物への適用を以て実際上困難を来す（災害予防委員会での審議〔1929年6月〕：ベルギー使用者側代表ジェラール）。

・包装貨物（package）と物品（object）は，包装されているか否かで区別され，木材のようなバラの貨物は含まれないので，懸念する必要はない（災害予防委員会での審議〔1929年6月〕：委員長）。

＊その後，委員会でジェラールの提案が表決に付されたが，39：39で否決された。

4）重量の決定が困難な場合に国法による例外（概算重量等の方法）を認めるか（日本政府側顧問木村清司の提議）

・本案はあくまで全重量を明瞭に表示すべきことを旨としており，概算重量は認められない（災害予防委員会での審議〔1929年6月〕：委員長）。

＊その後，委員会で木村の提案が表決に付されたが，41：39で否決された。

・本修正案の趣旨は，精確な重量の決定が困難な場合概算重量表示を認める例外の定めにあり，こうした重荷物の取り扱いが稀で，測量機も持たない河川や湖水で，遠隔の山腹から採取した石を記念碑等まで輸送するような場合を想定している。この提案は，本条約案の実際的適用を促進し，その趣旨を活かすことにある（総会第21次会議での審議〔1939年6月〕：日本政府側代表吉阪俊藏）。

・一切の事情を考えると，精確な重量表示の期待は不合理不可能である（総会第21次会議での審議〔1939年6月〕：フランス政府側代表フォンテーヌ）。

・日本政府の修正案は，原案の実行困難を示すものであり，概算重量の表示は表示がないより却って危険である（総会第21次会議での審議〔1939年6月〕：イギリス使用者側顧問ジェンキン・ジョーンス）。

・本条約案は科学的に精確な重量表示を求めるものではなく，近似的重量を求めるに過ぎないが[83]，なおこの点の懸念を除去して条約の批准，実際上の適用を促進するため，日本政府の修正案（概算重量標示）の受け入れを望む（総会第21次会議での審議〔1939年6月〕：オランダ政府側代表ノーレンス）。

＊総会での日本政府案の表決では，80：3で可決された。

5）「その他の個人又は団体」を削除すべきか（オランダ使用者側代表レグートの提議），そもそも誰に

重量表示義務を課すか
＊レゲートは，原荷送主以外の一切の責任排除の明記を望み，委員会で表決に付されたが，43：39で否決された。
・原案では，重量表示義務者は荷送主にあるが，同人は世界中あちこちに存在するから，この規定の実施は現実的でない（総会第21次会議での審議〔1939年6月〕：イギリス使用者側顧問ジェンキン・ジョーンズ）。
6）本条約を批准しない国から発送された通過貨物への適用の是非（スウェーデン使用者側代表ラルソンの提議[84]）
原文に適用しないとの趣旨は含まれており，特に追記する必要はないが，起草委員会で確認規定を追加するよう希望する（災害予防委員会での審議〔1929年6月〕：委員長）。
以上の審議過程を経て，上掲の原案に対して，

①本条約の義務の主体はもっぱら対象物の発送国政府にあり，目的地までの中継国にないこと，
②表示する重量は近似的重量（an approximate weight）とする（：で構わない）こと，

を追記する等の修正が加えられ，成案となった。[85]
批准国が作成してILOに提出する本条約の年次報告書の指定様式では，以下のような内容の報告が求められている。
①条約実施のための国内法令の整備その他の措置の内容，憲法上の根拠，関係者への周知，実効性確保措置（監督，罰則等），
② CEACR（Committee of Experts on the Application of Conventions and Recommendations〔条約勧告適用専門家委員会〕）や CAS（Conference Committee on the Application of Standards〔基準適用に関する協議委員会〕）から指示を受けた事項に関する対応状況
③本条約の国内担保法を所管する監督組織と監督実施方法
④本条約関係の裁判例
⑤報告書の写しの労使団体への送付状況，労使の意見
日本は，2007，2008，2009，2012年に年次報告書を提出している。
このうち2007年の日本の年次報告書が検討された際に，連合が以下の趣旨の意見書を提出し，CEACRにも共有された。
・コンテナ輸送へ物流が変化する中，依然として重量貨物の取扱作業が残っている。港湾作業での重量装貨物の重量表示は概ね行われているようだが，27号条約や関連国内法規の遵守は，荷主，梱包業者，輸送手続きを引き受ける海運貨物取扱業者が主体的に法令遵守しなければ難しい。
・コンテナ化により，個品貨物の重量検査は困難となる中，30tを超える重量貨物の積込で，コンテナの底板が抜ける事故が生じている。トラック運転手が重量や中身を知らないまま過積載で摘発を受ける事例も多発している。
・よって，コンテナ外壁に純トン（コンテナ内部の貨物を積載できる容積）と総トン（コンテナ全体の外部容積）を表示すべきである。
これは，重量表示の精確化を求める趣旨と解される。
日本政府は，CEACRからの要望を受けて起案した2008年の年次報告案で，日本では，安衛法第35条のコンテナへの適用では，最大積載重量で足りるとしているが，それは実際の重量が表示より重いことによる労災の防止には十分なためであり，総重量等の情報の精確化については，関係省庁の連携により「国際海上コンテナの陸上における安全輸送ガイドライン」（以下，「安全輸送ガイドライン」という）を策定した旨を記載した。
このガイドラインには，荷主，外航船舶運航事業者（本邦の港と本邦以外の地域の港との間又は本邦以外の地域の各港間において行う船舶運航事業者），ターミナルオペレーター，取次事業者（自己の名で有償で運送の仲介を行う者）等，海運貨物取扱事業者（港湾地区で貨物を取り扱う専門業者）及び利用運送事業者（自ら運送手段を持たず，他者の運送手段を利用して有償で運送を行う事業者），トラック事業者，運転者等のステークホルダーがそれぞれ陸上安全輸送の実施に取り組むべきことと，その措置が記載されている。
しかし，連合は，第11回ILO懇談会において，この輸送ガイドラインの公表後も事故が発生しているので，これに強制力を持たせるべきこと（連合要求①），海外での貨物の積み付け不良や危険物表示の不備に国内法の適用は及ばないので国際的な統一基準を形成すべきこと（連合要求②），ILO第27号条約をコンテナ化に対応できるよう改訂すべきこと（連合要求③）等を主張した。
その後，政府は，2009年の年次報告書案に安全輸送ガイドラインの取組状況等に関する実態調査結果を掲載し，当該ガイドラインの公表後に関係する安全問題が減少したとしたが，連合は重大事故の頻発を指摘し，CEACRは2010年の報告書で，日本政府に対してコンテナ等の現代的荷役方法に関する措置を講じるよう求めた。
その後も連合は日本政府とILOに対して要求①②③を維持していたところ，政府は，コンテナ情報の伝達やトラック事業者の遵守事項を定めた「国際海陸一貫運送コンテナの自動車運送の安全確保に関する法律」を国会に上程したが，審議未了廃案となっ

た。CEACR は2012年の日本政府による年次報告を踏まえ、日本政府に対し、重量表示義務者の法令による明示、連合の示した懸念への対応を求めた（次回の年次報告は2025年の予定）。

その後、この問題（国際海上コンテナの荷役安全に関する問題）は、日本も批准している SOLAS 条約の改正とその国内担保法である船舶安全関係省令の改正（一定以上の大きさのコンテナ総重量の正確な証明等を義務づける制度の導入）により、一定程度対応された。

本条約（ILO 第27号条約）自体、ILO のカルティエ委員会（1995-2002年）で改正の必要性が示され（コンテナ化など輸送方法の変化への対応、正確な重量測定の義務化、重量以外の事項の表示、海上安全、船舶からの汚染防止等の海事問題を広く扱う IMO〔International Maritime Organization〕条約との互換、港湾労働安全衛生に関する条約〔第152号条約〕の採択を踏まえたシャッフル等）、理事会でも決定されたが、具体的な動きは取られていない。

オ　本条（法第35条）の沿革は以下の通り。

上述の通り、本条は ILO 第27号条約の国内担保法であり、同条約は、昭和4（1929）年6月21日に、第12回国際労働会議（於ジュネーブ）で採択され、昭和7（1932）年3月9日に発効した。

日本は昭和6（1931）年に批准し、同年中に公布し、発効させた。

その直前の昭和5（1930）年5月6日には、重貨物の重量標示に関する件（昭和5年5月6日内務省令第16号）が公布されており、ここには、概ね、

> 1貨物で1トン以上のもの（非包装の木材、石材、鉄材等を除く）を発送しようとする者は、発送前に見やすく容易に消えない方法で重量表記すべきこと、ただし、計測困難で推定重量が1トン以上の場合、推定重量を表記すべきこと[86]

が定められていた（この内務省令は、その後の日本国憲法の施行と同時に失効することとなった〔ただし、立法上、失効まで若干の猶予が生じた〕）。

推定重量で足りるとの定めは、第27号条約をめぐる ILO での議論で日本政府が提案したものであること、この省令において既に、対象貨物が船舶による運送物に限定されていなかったことが特筆される。

なお、日本は1940年に ILO を脱退し、1951年に再加盟したが、本条約を含めて批准済の14条約は脱退時も批准したままだった。

昭和22年には労基法が制定され（施行は同年9月と11月）、工場法、労働者災害扶助法等の安全衛生等にかかる規定を廃止する規定（法第123条）と共に、その第5章14カ条（安全及び衛生）が施行された（昭和22年11月）。

ILO 第27号条約の国内担保法は、労基法第5章に紐付く旧安衛則（昭和22年10月31日労働省令第9号）第123条に引き継がれた。

ここには、概ね、

> 1貨物で1トン以上の重量物を発送又は運搬する際、見やすく容易に消えない方法で重量標示せねばならないこと、但し、計測困難な場合で推定重量が1トン以上の場合、推定重量の標示で足りること

が定められた。内務省令にはあった、非包装で外観上重量が明らかなものを除外する旨の括弧書の定めが消えている。

行政の解説書（労働省編『労働基準法　下（労働法コンメンタール3）』〔労務行政研究所、1968年〕）には、

・重量物の運搬・取扱いに際して、精確な重量が明らかなら、様々なメリットがあり、災防効果も見込まれること、

・安衛則は、船舶運送に限らず、一般貨物も規制対象としていること、計量困難で推定重量1t以上の場合、推定重量標示で足りるとしていること、本規定は、包装・結束の有無を問わず適用され、1貨物とは、運送荷役の取扱対象となる1単位重量物をいうこと、

等が記されている。また、本条は、労基法第45条（基本的な危害防止規定にかかる命令委任規定。現行法上の法第27条や第36条等に相当する）の解説中に記されているので、当該命令委任を受けた危害防止基準の一つと解される。

しかし、本条の名宛人は特定されていない（主語を置かない条文であった）。親法である労基法が主に使用者を名宛人とする法律なので、本条が使用者以外を義務主体とする場合、根無し規定となる。

アメリカ統治下にあった沖縄でも、昭和28年に労基法（1953年9月1日立法第44号）が公布され、安衛則（1954年1月30日規則第5号）に上掲の第123条と同様の規定が設けられた。

昭和47（1972）年に現行安衛法が制定され、本条約の国内担保法が本条となったが、推定重量表示に関する特例は引き継がれず、代わりに？重量が外観上明らかなものにかかる除外が定められた。

カ　本条に関係が深い労働法以外の規制に、SOLAS 条約及び船舶安全関係法令がある。

SOLAS 条約の正式名称は、1974年の海上における人命の安全のための国際条約であり、日本も批准している。

同条約は、1986年改正で、附属書第7章に火薬類等の危険物の運送上の安全を定め、その第4規則では、

危険物を入れた容器に専門的名称で内容表示をすると共に，標識で危険性を示すよう定め，その後の附属書改正で，第6章第2規則に，荷送人を名宛人として，船長等に対して貨物等（コンテナ含む）の総質量等を記した資料を提供するよう規定した。さらに，2016年改正では，コンテナで運送する貨物の総重量につき，

・梱包されたコンテナ貨物と固定用材料，コンテナの自重を加えた重量の計量（ただし，トレーラー〔資料51参照〕積載コンテナを短国際航海を行うロールオン・ロールオフ船〔資料52参照〕にそのまま積み込む場合等を除く），

・船積書類と確認された重量の照合と船長や係留施設の代表者への事前提出，

・これらの要件が充たされない場合の船舶への積み込みの禁止，

等が定められ，計量の精確化が図られた。

この条約の国内担保法は，危険物船舶運送及び貯蔵規則（昭和32年8月20日運輸省令第30号）及び特殊貨物船舶運送規則（昭和39年9月2日運輸省令第62号）であり，この規則は，本邦外に貨物を輸送する場合で，船舶航行上危険性のある貨物運送の際，荷送人が，同人に関する情報（名称・住所等），貨物の特性や質量（コンテナの場合，総質量）等を記載した資料を船長に提出せねばならず，コンテナについては，<u>コンテナに荷物を入れた状態での総質量を計算するか</u>，<u>コンテナと内容物を別個に計量して合計する方法</u>で確定すべきこと等を定めている。

コンテナ総重量の確定責任者は，原則として荷送人とされているが，ここで荷送人とは，船荷証券（Bill of Landing）や海上貨物運送状（Waybill）等の運送書類の荷送人（Shipper）欄に名前のある者と定義されており，梱包業者などとは異なる。荷送人は第三者に重量確定業務を委託でき，自ら行う場合は国土交通大臣への届出，委託する場合は，重量確定業務を行う業者の同大臣への登録が求められる。

これらの規定には罰則が付されているが，20万円以下の罰金なので，本条（法第35条違反の罰則〔6カ月以下の懲役か50万円以下の罰金〕）より軽い。

やはり本条に関係が深い労働法以外の規制に計量法があり，本条の適用上も徴すべき法律だが，前述したので繰り返さない。

キ　適用の実際は以下の通り。

「労働基準監督年報」の定期監督等実施状況・法違反状況（違反による是正勧告等の行政指導の状況）には，本条にかかる項目がなく，違反件数は不明。同年報の送検事件状況には，本条違反による送検事例は存しなかった。

しかし，森山監督官独自に関係者に聴取したところ，本条違反による是正勧告事例が複数確認されたと

資料51　トレーラー

資料52　ロールオン・ロールオフ船

▼RORO船（ローロー船）

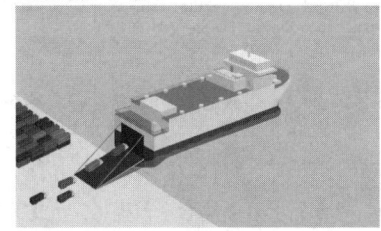

（PASONAのみんなの仕事Lab「シゴ・ラボ」WEBサイト〔https://lab.pasona.co.jp/trade/word/342/，最終閲覧日：2024年6月28日〕）

いう（詳細は不明）。

理論的には，重量の過少見積もりによるクレーンの転倒，クレーンのワイヤロープの切断，船舶での偏荷重による傾きや沈没危険の発生等が考えられる。

ク　本条（法第35条）の（改正）課題として，まず，重量表示義務者に梱包業者を含めることが挙げられる。荷の内部の偏荷重や高重心，最大積載荷重違反等は，実際に荷造りする者でなければ対応し難い。荷役や貨物運送には多くの関係者が関わるので，梱包業者を含め，誰にどのように義務をかけるのが災防効果に結びつくかを検討する必要がある。

また，死亡災害まで引き起こす荷役用具としてロールボックスパレット（資料53参照）があり，一度に多くの荷を積載するために縦長に製造され，JIS Z0610の転倒防止試験をクリアできないことのほか，車輪にストッパが設けられていない，各部に不良があるものがある等の問題がある。また，荷主等，運送事業者以外が所有していることも多く，陸上貨物運送業労災防止協会の委託検討会でも，荷主等に対する運送事業者の困難な立場が窺われた。よって，名宛人を荷主等に限定せずに構造規格化し，製造・譲渡・貸与業者等への規制をかける方法も考えられる。

ケ　法第36条は，第4章のうち元方事業者など被保護者とは必ずしも労働契約関係にない者に所要の労災防止措置を課した規定や，関係請負人やその労働者（関係労働者）にそれに応じる等の義務を課した規定（いわゆる「特別規制」）につき，厚生労働省令に具体化を委ねた条規である。

第4章は，前半（法第20条～第28条の2）で，直接的

資料53　ロールボックスパレット（転倒災害例）

（独立行政法人労働安全衛生総合研究所「労働安全衛生総合研究所技術資料　ロールボックスパレット起因災害防止に関する手引き」JNIOSH-TD-NO. 4〔2015〕(https://www.jniosh.johas.go.jp/publication/doc/td/TD-No4.pdf) 図2-5）

な雇用関係に基づく事業者及び労働者の義務を定めているが，労災防止上それでは不十分なため，後半（法第29条～第35条）で，請負関係を手がかりに，一の場所で混在作業が行われる場合を前提に，元方事業者に場の統括管理義務，注文者自身が仕事を行う場所で請負人が請け負った仕事を行う場合を前提に，注文者に危険な物にかかる管理義務を課したほか，そうした場面を限定せず，注文者による違法な指示の禁止，機械等や建築物のリース業者の義務，1t以上の重量貨物の荷送人の重量表示義務等を課している。

ただし，第4章後半のうち，

①第29条（元方事業者による関係請負人・関係労働者への法令遵守指導，違反の際の是正指示，関係請負人・関係労働者による指示の遵守：罰則なし），

②第29条の2（建設業元方事業者による土砂崩壊，機械転倒等の危険場所で関係労働者が仕事を行う場合の技術上の指導等：罰則なし），

③第31条の4（注文者による請負人・請負人の労働者への違反となる指示の禁止：罰則なし），

④第32条第7項（関係請負人・関係労働者による法第30条第1項以下に基づく〔特定〕元方事業者・注文者・関係請負人からの指示の遵守：罰則なし），

⑤第35条（発送者による重量物の重量表示義務：罰則あり）

については，命令委任がないか，個別の命令委任しかなく，本条とは関わりがない。

また，第31条の3（建設業で特定作業〔省令所定の危険性が高い作業〕を，縦横問わず複数の事業者の労働者に混在して行わせている場合，その仕事の一部を自ら行う当該特定作業の発注者や1次下請が，当該全労働者の労災防止措置を講じるよう義務づけた規定〔第1項〕，第1項の義務主体該当者がいない場合に元方事業者等が指名する等の配慮をするよう定めた規定〔第2項〕）でも，厚生労働省令への包括的委任がなされているが，その委任規定を同条中に置いており本条とは関わりがない。

なお，第32条第6項（特定元方事業者による統括管理

等に対応する〔≠指示を受けた〕関係労働者の義務）については，現在，本条の規定により委任された厚生労働省令の規定が存在せず，死文となっている。

　コ　本条（法第36条）の引用条文は資料54の通り。

また，労働者派遣法第45条は，ここに掲げたもののような安衛法上の一定の条規につき，「派遣先＝事業者」，「派遣労働者＝事業者の労働者」とみなし，派遣元は当該労働者を使用しない（＝安衛法上の事業者責任を負わない）ものとみなす旨を定めている。

派遣法第45条は，統括安全衛生責任者や元方安全衛生責任者らの選任義務を派遣先に課しており，（特定）元方事業者の講ずべき措置も派遣先に課しているので，結局，特別規制の履行責任は派遣先の中で，適用条件を満たすところということになる。

寺西輝泰氏によれば，安衛法本法が省令に委任する形態は，包括委任型（個々の条文の中ではなく，別途設けられた包括的な委任規定により，政省令によってその内容の具体化が図られている条規），個別委任型（構成要件に具体化のための政省令委任が書き込まれている条規）がある。その他，政省令委任がなく，自己完結した条規は，完結型と呼ばれている。

このうち包括委任型条規の包括委任の媒体を果たすのが，法第27条や本条（法第36条）である。これらの条規では，措置基準の面で，まさに包括的に幅広く委任されている。法第31条の3第1項（「厚生労働省令で定めるところにより」，特定作業従事する全労働者の労災防止措置を講ぜよ）のように，個別委任型ではあるが，包括委任的な条規もある。

　サ　制度史をみるに，そもそも，工場法は，工場という場を規制しており，保護対象となる職工には，工業主と直接的な雇用関係がない下請労働者等の社外工も含んでいた。戦後に制定された労基法では，規制範囲が労使関係に限定され，請負関係規制が後退したが，鉱山保安法は，依然として場の規制を維持し，同法上の鉱山労働者には個人請負事業者も含まれている。

確かに，司法判断では，河村産業所事件（鍋田農協倉庫倒壊事件）・名古屋高判昭47・2・28判時666号94頁（上告後，最2小判昭48・3・9〔未登載〕で棄却）のように，元請の現場責任者を使用者と読み替えて統括管理の刑事責任を課すような判決もあったが，一般化には限界がある。

森山監督官の経験では，安全衛生経費の差配を元請が行っていても，2次下請以下の労働者への指揮命令は1次下請に丸投げされているようなケースもあり，そうしたケースについては，やはり立法的対応が必要と解される。

その後，旧労災防止団体法（昭和39年6月29日法律第

118号）が制定され，第4章に，現行安衛法第4章後半に近い特別規制が設けられた。その立法趣旨は，労使関係を規律する労基法では，使用者の異なる労働者の混在，連絡不備等による災害を十分に防止できないので，元請事業主等に関係労働者の統一的安全管理義務等を課すこととしたと説明されていた。[87]

これらの条規は，昭和47年に現行安衛法が制定され，若干の修正を加えて，第4章後半に受け継がれた。また，昭和60年の労働者派遣法の制定に際して，前述の通り，第45条で本法の規定の一部が読み替えられ，特別規制の責任者が派遣先のうち所定条件を満たす者となることが明らかにされた。

本条（法第36条）は，制定以後，3回改正されているが（昭和55年法律第78号・平成11年法律第160号・平成17年法律第108号），その内容は，主に対象条文の追加（代表例として，平成11年改正における法第31条の2〔化学物質等取扱設備の改造等の仕事の注文者の講ずべき措置〕の追加が挙げられる）やナンバリング改正，省庁再編（労働省令→厚生労働省令）に対応したものである。

シ　本条（法第36条）の対象条文にかかる監督指導状況をみると，「労働基準監督年報」では，平成23年から令和2年までの違反指摘（違反による是正勧告等の行政指導の状況）は，

1）法第30条から法第30条の3（特定元方事業者による統括管理義務，製造業元方事業者による統括管理義務，元方事業者による救護活動の二次災害防止措置の統括管理義務）が例年1000件前後，

2）法第31条から法第31条の4（注文者による危険な物の管理，化学物質取扱い作業を伴う仕事の注文者の講ずべき災防措置義務，建設業で危険な作業を伴う仕事の発注者等が講ずべき災防措置義務，注文者による違法な指示の禁止）が例年4000件台と多く，

3）法第32条（特別規制における請負人や労働者の義務）は例年20〜50件台，

4）法第33条（機械等のリース関係）と第34条（建築物等のリース関係）は例年概ね10件台，

だった。

「労働基準監督年報」に掲載された送検事例では，法第30条違反が例年10件程度，法第30条の2違反が例年0〜1件，法第31条違反が10〜20件台，法第32条違反と第33条違反はごく稀にある程度であった。

11　井村解説（第5章第1節第37条〜第41条）

井村解説は，法第5章に属し，機械の本質的安全化を目的とする法第37条から第41条を対象としている。

これらの条規は，製造時の許可，製造時，設置時の検査の受検，検査をパスした機械等への検査証の交付，検査証を受けていない機械等の使用禁止，検査証の有効期間と更新制度等を定めている。

概要は以下の通り。

ア　法第37条は，ボイラー・圧力容器，クレーン・

資料54

条項	規定内容の概要
第30条第1項	特定元方事業者は，自身の労働者と関係労働者による同一の場所での混在作業から生じる労災防止のため，協議組織の設置等の統括管理を行うべきこと。
第30条第4項	指名を受けた統括安全衛生管理義務者は，当該場所で作業する全労働者に関し，統括管理すべきこと等。
第30条の2第1項	製造業等の元方事業者は，その労働者及び関係労働者の一の場所での混在作業による労災防止のため，作業間の連絡及び調整等の統括管理を行うべきこと。
第30条の2第4項	製造業等元方事業者にも第30条第4項と同様の規定（指名を受けた統括安全衛生管理義務者による統括管理等）を定めたもの。
第30条の3第1項	第25条の2第1項所定の仕事（災害時の救護にかかる二次被害防止措置）が数次の請負契約によって行われる場合に，元方事業者は，当該場所の全労働者につき，統括管理すべきこと等。
第30条の3第4項	第30条の3第1項の元方事業者にも第30条第4項と同様の規定（指名を受けた統括安全衛生管理義務者による統括管理等）を定めたもの。
第31条第1項	特定事業の仕事を自ら行う注文者（※該当する注文者が複数存在する場合は最先次のもの）は，建設物，設備又は原材料を，その請負人の労働者に使用させるときは，それらによる労災防止措置を講ずべきこと。
第31条の2	化学物質や化学物質含有製剤等を製造又は取り扱う設備で改造等の有害作業を伴う仕事の注文者は，請負人の労働者の労災防止措置を講ずべきこと。
第32条第1項	第30条により特定元方事業者（特定元方事業者が複数存在する場合は指名された統括安全衛生管理義務者）が講じる措置に関係請負人も対応すべきこと。
第32条第2項	第30条の2により元方事業者（元方事業者が複数存在する場合は指名された統括安全衛生管理義務者）が講じる措置に関係請負人も対応すべきこと。
第32条第3項	第30条の3により元方事業者（元方事業者が複数存在する場合は指名を受けた統括安全衛生管理義務者）が講じる措置に関係請負人も対応すべきこと。
第32条第4項	第31条第1項の場合に，当該建設物等を使用する労働者を雇用する事業者は，注文者が講じる措置に対応すべきこと。
第32条第5項	第31条の2の場合に，同条所定の仕事の請負人は，同条に基づき注文者が講じる措置に対応すべきこと。
第33条第1項	機械等貸与者は，受貸与事業者における当該機械等による労災防止措置を講じるべきこと。
第33条第2項	受貸与者は，オペレーターが自身の労働者でない場合，（同人への当該事業場にかかるリスク情報の提供などの）労災防止措置を講じるべきこと。
第34条	建築物貸与者は，受貸与事業者における当該貸与建築物による労災防止措置を講じるべきこと。ただし，当該建築物の全部を一の事業者に貸与する場合を除く。
第32条第6項	第30条第1項若しくは第4項，第30条の2第1項若しくは第4項，第30条の3第1項若しくは第4項，第31条第1項又は第31条の2の場合において，労働者は，これらの規定等により，元方事業者，注文者，貸与者，関係請負人等が講じる措置に応じて必要事項を遵守すべきこと。
第33条第3項	第33条第2項の機械等のオペレーターは，受貸与者が同項に基づき講じる措置に応じて必要事項を遵守すべきこと。

資料55　建設用リフト

ゴンドラ等，それ自体又はその取扱いに危険を伴う機械等（特定機械等〔①ボイラー，②第1種圧力容器[88]，③つり上げ荷重3t以上のクレーン（スタッカー式クレーンは1t以上），④つり上げ荷重3t以上の移動式クレーン，⑤つり上げ荷重2t以上のデリック，⑥積載荷重1t以上のエレベーター，⑦ガイドレールの高さが18m以上の建設用リフト（積載荷重0.25t未満のものを除く）（資料55），⑧ゴンドラ〕〔法別表第1〕）につき，「製造しようとする者」が，構造規格への適合審査を経て，行政官庁の製造許可を受けるべきことを定めている。

ここで，「製造しようとする」の解釈は，ボイラー等のような据置型，クレーンやゴンドラのような定置型，移動式クレーンのような移動型で異なり得，例えば定置型では，設置現場での組み立て着手時点とも解し得るが，条規の本来趣旨からすれば，部品の製造開始時点と解すべきだろう。

3ステップ・アプローチ（先ずは，機械や建設プロジェクトの安全設計，ハザードレベルの低い化学物質の採用などの本質的な安全対策を講じ〔1st ステップ〕，残存するリスクに対して，機械停止装置の装着，安全服の着用などの追加的防護柵＝安全工学，衛生工学的対策を講じ〔2nd ステップ〕，それでも残存するリスクに対して，安全教育などの人的措置を講じる〔3rd ステップ〕，というEU等で原則化している予防の方法論）のうち，1st ステップの履行確保を図る規定であり，3rd ステップの履行を図る規定，すなわち，そうした機械等を取り扱う者に免許や講習受講等の要件を課して，取扱いの適正確保を図る法第61条等とは両輪の関係にある。

すなわち，本条は，危険を伴う機械や有害物等につき，製造・流通段階での安全化を図ろうとする安衛法に特徴的な規制の一環であり，特定機械等を使用する事業者ではなく，その製造者を対象とした規制である。条文上，特定機械等は，「特に危険な作業を必要とする機械等」であって（これは，機械自体の構造上の欠陥から関わる作業者らに危険が及び得るものを含む），別表に掲げられたもののうち安衛法施行令で特定されたもの（ボイラー，第1種圧力容器，移動式クレーン，建設用リフト，ゴンドラ。このうちボイラー以下一定の機械等については，安衛法の施行通達〔昭和47年9月18日基発第602

号〕に定められている[89]）に限られており，安衛法制定以後追加されていないが，定めの趣旨や関係災害の実例からすれば，施行令が定めるものに限る必然性はなく，「特に危険な作業を要する機械等」については，その構造上の欠陥や取扱い方法の不備による災害発生の危険性が高い機械など，適切な解釈を改めて検討する必要がある。

施行令により，同条の対象とする特定機械等のうち，ボイラーは，一定以上の伝熱面積，最高使用圧力，胴の内径及び内容積を持つ等の条件を全て充たすものに限定され，第1種圧力容器（圧力容器のうち，内容物が大気圧での沸点を超える温度の液体〔圧力によって気体が液化している飽和液〕であるものを指す[90]）は，一定以上の最高使用圧力，胴の内径，内容積を持ち，容器内の圧力が大気圧を超える等の条件を全て充たす容器に限定され（＊内容物が気体のみである第2種圧力容器は本条の対象とされていない），クレーン，リフト，ゴンドラも，（過去の災害例や事業場での安全管理が適当か否か等の観点から）施行令で定義されたものに限定されている。

本条所定の製造許可を受けずに特定機械等を製造した者は，法第117条により1年以下の懲役または100万円以下の罰金に処せられ得る。

イ　本条が規制対象とする特定機械等については，現行安衛法の制定前から，それぞれに安全規則が設けられて，製造，設置等につき，検査による許可制度が定められ，本条は，それらをほぼそのまま継承する形で策定された。

例えば，ボイラーについては，明治時代に各都道府県で規制が始まり，東京では警視庁が取締規則で構造規定に基づく検査と設置許可を一体として定めた（製造自体の規制ではなく，設置許可に際して検査合格を求めていた。すなわち，既に製造したものが構造規格に合致しているかを検査する制度だったようだ）。

その後，工場法が行政官庁の裁量による使用停止命令を定め，1935（昭和10）年には，関係者からの全国的な統一基準整備の要請を受け，内務省が構造規格，設置基準，取扱責任者等を定めた汽罐取締令（内務省令）を策定して，缶体検査と設置手続を切り離し，缶体検査に合格していないボイラーの設置を禁じた（ただし，あくまで設置されるボイラーを対象とした規制であって，設置者や販売者が検査を受けることもでき，製造者による製造自体を規制する趣旨ではなかった）。

1947（昭和22）年の労基法制定に際して，同法第46条第2項が，特に危険な作業を要する機械器具につき，行政の許可なしに製造・変更・設置してはならないと定め，旧安衛則が，汽罐や特殊汽罐，揚重機，アセチレン溶接装置等につき，許可なしの「設置」を禁

じると共に（第38条），ボイラーの高圧化の流れを踏まえて，溶接を要するボイラーの「製造」を許可制とした（第37条）。圧力容器については，旧安衛則が，0.2MPa以上の気体圧力を蓄積する容器を内圧容器と定義し，労基法第54条第1項によって，耐圧証明書を添付して労基署長へ届け出るよう定めていたが，特に危険な作業を要する機械器具（労基法第46条第2項）の対象ではなく，したがって製造許可制の対象とはなっていなかった。

1959（昭和34）年には，ボイラーの技術的進歩等を踏まえてボイラー則が制定され，全てのボイラー・圧力容器を対象に製造許可制が採用された。現行のボイラー則は，1972（昭和47）年の現行安衛法制定に伴い改定されたものである。

クレーン・デリック等の揚重機については，1937（昭和12）年に，労働者災害扶助法に基づき制定された土木建築工事場安全及衛生規則で，（当時）デリックを中心とする起重機の巻上装置等に関する規制（巻上装置については，安全荷重をワイヤーの切断荷重の6分の1以下とすること等，一定のガイデリックについては，6本以上の支鋼索を設けること等，昇降機〔エレベーター等〕〔資料56〕については，支持金具が切断しても落下が防止される安全装置を設置すること等，基本的な安全構造や性能などの定め）が行われ，その後，1947（昭和22）年の労基法制定に際して，前述の通り，旧安衛則第38条が，汽罐や特殊汽罐，揚重機，アセチレン溶接装置等につき，許可なしの「設置」を禁じ，同第327条が，一定以上の巻き上げ能力や大きさを持つ起重機等の揚重機につき設置認可制を採用したが，クレーンの技術革新，クレーンや建設用リフトが果たす役割の増大，関連労災の多発等を受けて，1962（昭和37）年に旧クレーン則が制定されて，初めて製造許可制が採用されていた。

ゴンドラについては，戦前に特段の規制は存しなかったようだ。1947（昭和22）年に，労基法第46条第2項が，特に危険な作業を必要とする機械器具につき，製造許可制を定めたが，その対象にゴンドラは含まれず，1963（昭和38）年の旧安衛則改正で，第4章「足場」に第5節「つり足場」が独立項目として設けられ，第109条の6第6号が，巻上機に適切に作動する制御装置を設置するよう定めた後，1969（昭和44）年に，高層ビルの建設ラッシュによるゴンドラへの需要拡大と関連労災の多発等を受け，ゴンドラ安全規則が制定され，製造許可制が採用された。

ウ　関係する災害例をみると，ボイラーについては，1889（明治22）年に石川県金沢市の大鋸谷(おがや)製作所で死者9名，負傷者8名に達する破裂災害が起き，農商務省の技師による調査で，事前に原料や構造の検査を受け，熟練者が取り扱っていれば防げたと指摘さ

資料56　昇降機と支持器具

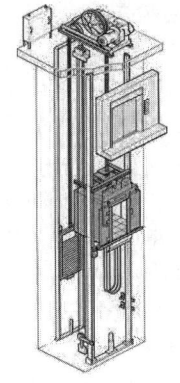

（国立研究開発法人建築研究所 WEB サイト〔http://www.kenken.go.jp，最終閲覧日：2023年8月10日〕）

れ，ボイラー則が制定される直前の1955（昭和30）年にも，横浜市鶴見区の製菓工場で，缶体の圧力を調整する安全弁の不備等による爆発事故が起き，死者2名，重傷者6名を生じる等の災害が発生していた。

クレーン等については，1927（昭和2）年に上野松坂屋の工事現場で重量物をつり上げようとした起重機が垂直に設置されていなかったため，支えとなるワイヤーも切断されて横倒しとなる事故が起き，死者4名，重軽傷者10名以上を生じ，1932（昭和7）年に東京上野の地下鉄工事現場で，支えとなるワイヤーの品質の問題でエレベーターが墜落し，4名が重軽傷を負い，クレーン則策定5年前の1957（昭和32）年にも，川崎製鉄千葉製鉄所で，マスト（主柱。高さ60m）を補強する溶接が不完全だったことで，ウィンチでアーム（長さ55m）をつり上げようとした際にマストが倒れ，アームと共に崩れ落ちて死者5名，重軽傷11名を生じる等の災害が発生していた。

ゴンドラについては，1969（昭和44）年に東京渋谷の西武百貨店で窓清掃作業中のゴンドラをつっているクレーン部分のギアのかみ合わせの問題からギアが外れてゴンドラが落下し，下を歩いていた小学生2名を含む3名が死亡する等の災害が発生していた。

以上のうちゴンドラの災害は，明らかにゴンドラ安全規則の制定を後押しした。

エ　特定機械等の製造許可申請を行う製造者（ボイラーの場合，一定条件を充たす廃止されたボイラーの改修者も含まれる）が遵守すべき申請手続きについては，ボイラー則，クレーン則等の機械等ごとの個別の安全規則に定められており，概ね所轄の都道府県労働局長への予めの申請となるが，既に許可を受けたものと同一の型式であれば不要である。なお，製造許可は，業者が製造に入る前に，設計図や強度計算等に関する必要書類を提出して得る必要がある。

添付すべき書類も規則等に定められており，特定機械等の性質（溶接の有無，組み立ての要否等）により若干の違いがある。それには，その構造を示す図面のほ

か，

　ボイラーの場合，強度計算，製造・検査のための設備（製品そのものではなく，製品を製造し，検査するための設備を審査する趣旨），工作責任者の経歴，工作者の資格・数，溶接による場合，溶接施工法試験（溶接継手の強度試験や非破壊検査等の性能試験など）の結果[91]，

　クレーンの場合，強度計算（機械等の構造及び部材の作業上発生する負荷に対する耐性）の基準（ただし，実務上は，計算式のみでなく，計算結果まで添付が求められている），製造過程で行う検査設備，主任設計者と工作責任者の経歴等が定められている（ボイラーの場合と違って，設計者の記載を求めているのは，ボイラーの場合，製造上の問題が重大災害を招く可能性が高いのに対し，クレーン・ゴンドラでは，設計段階での構造上の問題が重大災害を招く可能性が高いとの認識があったものと察せられる）。

　また，ボイラーについてもクレーンについても，申請を行う製造者が準拠すべき製造許可基準が公表されている。

　オ　監督指導状況をみるに，本条（法第37条）違反による送検事例は年2件程度であり，クレーン等にかかるものが多いと察せられる。

　本条に基づく製造許可申請が出されると，概ね都道府県労働局安全課の担当技官（産業安全専門官）が添付書類の不備や強度計算の正確性等をチェックし，適宜，必要書類の追加提出を指示する等している。基本的に，申請内容が各特定機械等の構造規格に適っていれば，局長決裁により許可書が発出される。

　許可は，特定機械等（の型式）ごとに受ける必要がある。初めて許可申請を行った事業場には現地調査を行い，製造設備や試験設備の設置の有無等を確認することが多い。既に別の型式で許可を受けており，そうした設備が確認済みの場合，書類審査のみで許可審査が行われる傾向にある[92]。

　審査では，関係法令のみならず，関係規則や構造規格にかかる解釈例規や問答集等への深い理解が求められ，担当専門官の知識と経験が必要だが，技官の地方任用の停止により，各都道府県労働局に一桁しか技官がおらず，少人数で膨大な量の許可事務を余儀なくされており，現に製造許可申請書記載の強度計算の誤りに気づかず許可を発出した例等が報告されている[93]。

　また，令和2年度厚生労働科学研究による行政官・元行政官向け法令運用実態調査（三柴丈典担当[94]）によれば，ある事業者が，その工場にテルハ（ホイスト〔巻上機〕が天井付近に取り付けられたレールに沿って移動するタイプのクレーン）を設置する際，当該設備工事を含む工事全体の元請，1次・2次下請のいずれも製造許可を受けず，監督署による監督指導時には既に当該テルハが殆ど完成していた例があり，本条（法第37条）

及びクレーン則第3条第1項に基づけば，刑事事件化も考えられたという。

　カ　関連判例に富士ブロイラー事件・静岡地判昭58・4・7訟月29巻11号2031頁があり，原告会社が購入した乾燥機に設計とは異なる製造上の問題があったことで，原料投入口の鉄蓋（てつのふた）が吹き飛び，同機内の鶏の肉片等が付近の住宅等に飛散し，操業停止から廃業を余儀なくされたため，同機の製造ないし落成に際し，構造検査（ボイラーや第1種圧力容器等を対象に，その製造後，許可を受けた図面通りに製造されたか否かについて，登録製造時等検査機関が行う検査）等を適正に実施せず，安衛法上の諸規則が定める許可基準を充たさないのに検査に合格させた等として，国を相手方として不法行為損害賠償請求をした事案につき，判決は，安衛法上の第1種圧力容器に関する諸規則が，製造許可，構造検査，落成検査等の審査手続きを行うのは，労働安全衛生行政の実施を目的とし（≒主に労働者の保護を目的とし，なおかつ結果の担保はしない），国が事業者に対してその安全性を保証する制度ではなく，仮に規格適合性審査が不十分な容器が設置されることになっても，事業者との関係では違法性を論ずる余地はないとし，控訴審（東京高判昭60・7・17判時1170号88頁）も，この機械と同型の機械が既に製造許可を受けていたため，ボイラー則上，新たに製造許可を受ける必要はなかったことを述べたうえ，原審と同趣旨の判断を示した。

【事件に関する技術専門家の意見】

> 1）事実関係について
> 　行政の検査官（技官）の立場では，本音としてドキンとさせられる事件である（篠原）。
> 2）判決について
> 　率直に言って，もう少し国の責任を指摘しても良かったように思う。
> 　ただ，行政内部では，検査が甘くて災害が生じたと思われるケースでは，担当行政官が責任を感じて退職されたようなこともあり，法的責任だけで論じられない面がある（篠原）。
> 　本件では個別検定だったようだが，型式検定であった場合に国の責任がどう変わるかに関心がある（前村）。
> 3）未然防止策について
> 　構造規格や検査方法の見直しが鍵だろう。
> 　なお，地方任用の技官制度があった頃は，ボイラーの溶接や構造検査では，検査対象にかなり圧力をかけてしっかり検査をしていた。今は，登録機関に構造検査以下，様々な検査の主体が移行している。結構精密に行われてはいるが，私見としては，信用，法的責任

負担等の面で，国が行っていた方が良かったように思う（篠原）
[篠原耕一氏（元監督官，京都労務トラスト代表），岩村和典氏（ニッポン高度紙工業株式会社），前村義明氏（My社労士事務所，労働衛生コンサルタント）]

【諸種の検査】
＊特定機械等の種類と段階によって必要な検査が異なる。詳しくは，**資料57・58**を参照されたい。

「ボイラー及び第１種圧力容器」について
１）溶接検査
　溶接によって製造されるものについて登録製造時等検査機関又は都道府県労働局長が行なう検査（＊これらが行う検査には，一定の専門性が必要と解されている。逆に，労基署長による検査には，検査機関等によるほどの専門性は必要としないと解されている）。
２）構造検査
　製造されたものについて登録製造時等検査機関又は都道府県労働局長が構造規格との適合性を中心に行なう検査。
３）使用検査
　構造基準は充たしているが，現に使用に耐え得るか否かの検査。
　輸入されたもの，構造検査や使用検査の後一定期間以上（種別により１年または２年以上）設置されていなかったが改めて設置されるもの，使用を廃止したものを再び設置するもの等について登録製造時等検査機関又は都道府県労働局長が行なう検査。
　検査の具体的内容は，ボイラー及び第１種圧力容器については構造検査，移動式クレーン及びゴンドラについては製造検査に準じる。
４）落成検査
　設置にかかる検査（機械等の構造より設置条件を重視する検査）であり，設置工事落成時に所轄労働基準監督署長が行なう。製造にかかる構造検査や使用検査と対置される（∴それらとは異なるものと解されている）。
　ボイラーや第１種圧力容器，クレーン，デリック，エレベーター，建設用リフトのような特定場所への据置型ないし定置型の機械につき実施される。
　ボイラーについては，ボイラーを設置する建物や部屋，ボイラー及び配管の設置状況，据付の基礎，燃焼室及び煙道の構造について行われる。第１種圧力容器については，設置と配管状況のみについて行われる。クレーン，デリック，エレベーター，建設用リフトについては，それぞれの機能の点検のほか，後掲の移動式クレーン等の製造検査と同様の方法で，荷重試験，クレーンについては安定度試験が行われる。
５）変更検査
　法定の主要部分を変更したときに，製造許可を得た機械等とは異なるものになったとみなされるため，所轄労働基準監督署長が行なう検査。
　主要な部分については，各安全規則に詳細が定められている。
　例えばボイラーの場合，胴（ドラム），ドーム（ボイラーの上部に位置する半球状の構造であり，蒸気の収集および均一な供給を目的とする），炉筒，火室（火をおこして炉筒に送る熱をつくる），鏡板，天井板，管板（鏡板のうち煙管ボイラーのように管を取り付けるもの），ステー（鏡板が平板の場合の脆弱性を補うために取り付けられる），附属設備，燃焼装置，据付基礎となっている（ボイラー則第41条）。
６）使用再開検査
　休止報告を提出して使用を休止し（休止と廃止は異なり，廃止されたものには改めて使用検査が必要になる），なおかつ検査証の有効期間を徒過したものを再び使用しようとするときに所轄労働基準監督署長が行なう検査。
　使用検査と同様に，ボイラー及び第１種圧力容器については構造検査，クレーン，デリック，エレベーターについては落成検査に準じた検査，移動式クレーン及びゴンドラについては製造検査に準じた検査が実施される。
７）性能検査
　検査証の有効期間の更新を受けようとするときに厚生労働大臣の登録を受けた登録性能検査機関が行なう検査。
　他の検査は基本的に法第38条に基づくのに対し，本検査は法第41条第２項に基づく。

「移動式クレーン及びゴンドラ」
１）製造検査
　製造されたものについて都道府県労働局長が行なう検査。
　移動式クレーンの場合，製造された機械それぞれについて，①移動式クレーンの各部分の構造および機能についての点検，②荷重試験，③安定試験を行う。このうち②では，定格荷重×1.25の荷重をかけて旋回・走行等させる。③では，定格荷重×1.27の荷重の荷をつって，最も不安定な条件でつり荷を地面から離させる。
　ゴンドラの場合，その種類により異なるが，作業床に積載荷重相当の荷を乗せて上下に所定の最高速度で作動させる。
２）使用検査
　ボイラー等に関する説明と同じ（ただし，検査者は都道府県労働局長）。
３）変更検査
　ボイラー等に関する説明と同じ。
４）使用再開検査
　ボイラー等に関する説明と同じ。

資料57

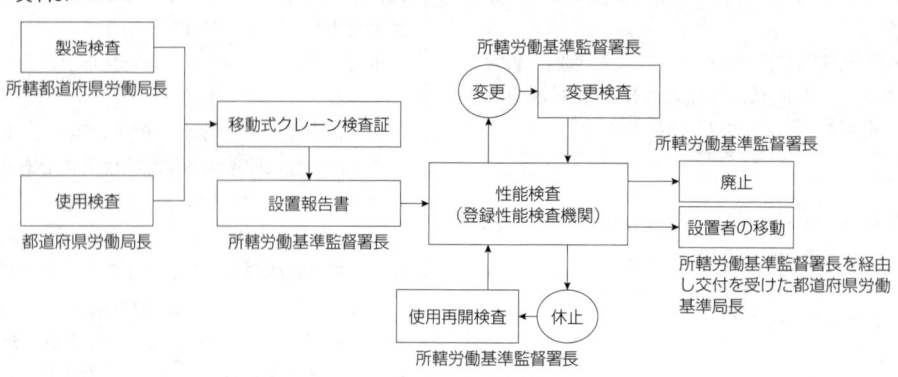

申請者	申請内容	申請先	申請書類
製造者	製造許可	所轄都道府県労働局長（所在地を管轄する都道府県労働局長）	製造許可申請書
製造者	製造検査	所轄都道府県労働局長（所在地を管轄する都道府県労働局長）	製造検査申請書
輸入業者	使用検査	都道府県労働局長	使用検査申請書
事業者	設置報告	所轄労働基準監督署長	設置報告書
事業者	変更	所轄労働基準監督署長	変更届
事業者	変更検査	所轄労働基準監督署長	変更検査申請書
事業者	休止	所轄労働基準監督署長	休止報告書
事業者	使用再開	所轄労働基準監督署長	使用再開検査申請書
事業者	廃止又は3t未満に変更	所轄労働基準監督署長	廃止報告書
事業者	検査証の滅失及び損傷	所轄労働基準監督署長	検査証再交付申請書
事業者	設置者の異動	所轄労働基準監督署長	検査証書換申請証
事業者	事故報告	所轄労働基準監督署長	事故報告書
事業者	性能検査	登録性能検査機関	性能検査申請書
免許取得者	免許証の滅失	都道府県労働局長	免許証再交付申請書
免許取得者	免許証の損傷	都道府県労働局長	免許証書替申請書
免許取得者	免許の取消し又は停止	都道府県労働局長	免許証の返還

移動式クレーンのつりあげ荷重	製造許可	設置報告	保守の義務
つりあげ荷重3t以上	○	○	○
つりあげ荷重3t未満	—	—	○

（山本誠一氏が運営する crane club WEBサイト〔http://www.crane-club.com/study/mobile/manufacturing.html，最終閲覧日：2023年8月12日〕）

5）性能検査
　ボイラー等に関する説明と同じ。

「クレーン，エレベーター」について
　1）落成検査，2）変更検査，3）使用再開検査，4）性能検査があり，各ボイラー等に関する説明と同じ。

（ボイラ・クレーン協会 WEB サイト〔https://www.bcsa.or.jp/kensa/cat3/cat7/post.html，最終閲覧日：2022年5月22日〕を改編した）

　キ　法第38条は，先述したボイラー，クレーン等の特定機械等の安全確保のため，製造すること自体についての許可制度（法第37条）とは別に，実際に製造・輸入された機械等が構造規格に適合しているか否か等に関するチェックの実施を求めた規定であり，ボイラーなど定置式の機械については設置工事の適正等のチェック，主要な構造部分を変更した際には強度の維持のチェックが必要となるため，機械の種別ごとに必要な場面での検査を求めている。

資料58　特定機械等の検査

特定機械等の種類		検査の種類						
略称等	名称	構造	溶接	製造	使用	落成	性能	変更	使用再開
ボイラー	ボイラー（移動式ボイラーを除く）	○	○	○	○	○	○	○	○
ボイラー	移動式ボイラー	○	○	○	○		○		
第1種圧力容器		○	○	○	○	○	○	○	○
クレーン等	クレーン（移動式クレーンを除く）					○	○	○	○
クレーン等	移動式クレーン			○	○		○	○	○
クレーン等	デリック					○	○	○	○
クレーン等	エレベーター					○		○	○
クレーン等	建設用リフト					○		○	
ゴンドラ				○	○		○	○	○

原則として構造検査及び溶接検査は登録製造時等検査機関，製造検査及び使用検査は都道府県労働局長（登録製造時等検査機関も実施可能），落成検査，変更検査及び使用再開検査は労働基準監督署長，性能検査は登録性能検査機関が実施する。

（森山誠也氏作成）
＊合わせて**資料59**も参照されたい。

資料59

○ ボイラー、クレーン等、その使用時に**特に危険な作業を必要とする機械（特定機械等）**は、構造上の要件を欠くと重篤な災害を招くおそれがあることから、安全性能を確保するため、労働安全衛生法では、**製造許可制度を設ける**とともに、製造段階から設置時、使用時の**各段階における検査を義務付けている**。

○ 他方で、**製造許可権限を国が持ちつつ**、民間活力を活用する観点から、これまでに**ボイラー、第一種圧力容器の製造時等検査**や、**性能検査**については、厚生労働大臣の登録を受けた検査機関が検査を行うなど民間移管を進めてきている。

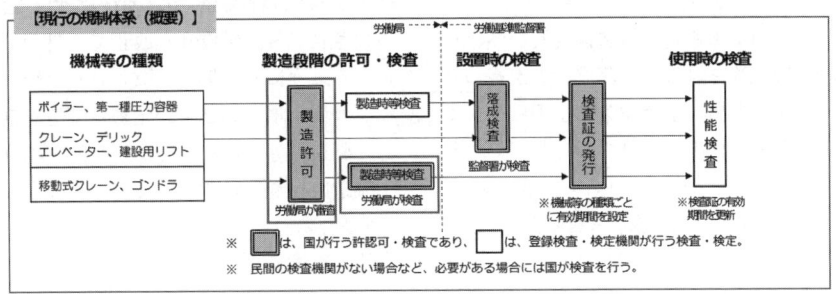

（厚生労働省作成）

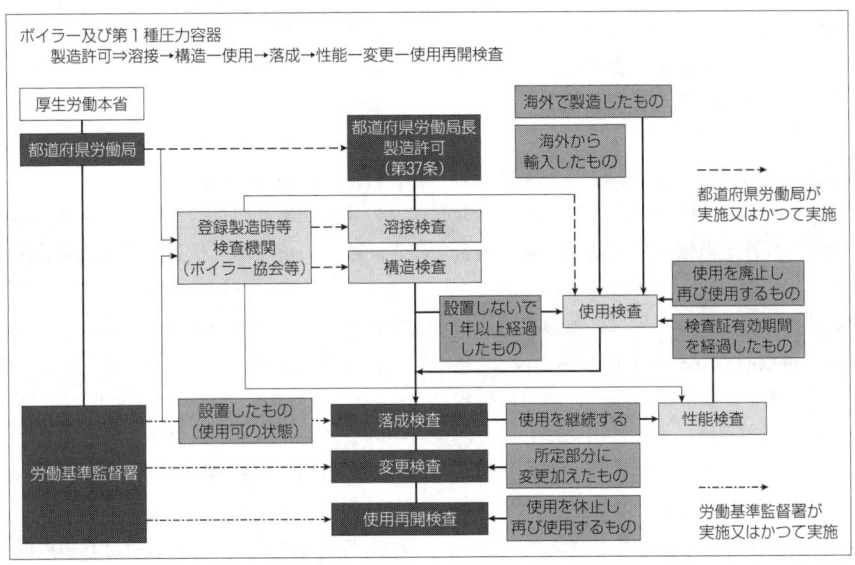

（篠原耕一氏作成）

　第１項の製造時等の検査は，基本的に製造後，設置前に行われる構造規格適合性を重視する検査であり，ボイラー，第１種圧力容器，移動式クレーン，ゴンドラなどを対象とする。移動式以外のクレーン，デリック，エレベーター，建設用リフトは，現場で組み立てて設置・使用する機械の性質上，設置後でなければ検査の意味がないので，本項に基づく検査は行われない。

　本項が対象とする特別特定機械等には，当初，特定廃熱ボイラーのみが指定されていたが，平成24年のボイラー則改正で，ボイラーと第１種圧力容器が指定されて現在に至っている（ボイラー則第２条の２）。

　本項にいう，「厚生労働省令で定める期間設置しなかったものを設置しようとする場合」の「設置しなかった」の期間は，各安全規則で定められており，ボイラー，第１種圧力容器，ゴンドラについては１年以上（ボイラー則第12条第１項第２号，同第57条第１項第２号，ゴンドラ則第６条第１項第２号），移動式クレーンについては２年以上（クレーン則第57条第１項第２号）と定められている。

　第２項に基づく検査は，外国の製造者が，日本に特定機械等を輸出しようとする際に，外国で検査の受検を希望する場合等に行われ，第１項と同様に，現場での設置後でなければ検査の意味をなさないクレーン，デリック，エレベーター，建設用リフトは対象とされていない。

　第１項及び第２項は，製造時等（主に製造直後，輸入時，再設置時）に際して，構造規格適合性などをチェックするため，専門性を要し，都道府県労働局長や登録製造時等検査機関（法第46条に基づき，製造時等検査〔製造検査・使用検査・溶接検査・構造検査などの初期的な検査〈法第38条，ボイラー及び圧力容器安全規則等の相当法条〉〕にかかる所定の設備・検査員の要件に適合しているとして厚生労働大臣に登録された機関）が行う検査を受

けるべきこととしている。

第3項は，設置，主要構造部分変更，休止後（：休止報告を提出して使用休止し，検査証の有効期間徒過後）の使用再開に際して労基署長が行う現場での稼働状況に関する検査を定めている。

設置に際しては，前2項所定の構造検査及び使用検査に合格した特定機械等を対象に，落成検査が行われる。設置しようとする者は，法第88条第1項に基づく設置届を所轄労基署長に提出した後でなければ，本条の落成検査の申請を行うことができない。前述の通り，落成検査は，据付ないし定置式の機械等を対象としている。

主要構造部分変更の主要部分については，特定機械等に関する各安全規則に規定があり，当該部分の変更を行った事業者は，法第88条第1項に基づく（提出済の）変更届に既に得ている検査証と変更しようとする部分の図面を添えて，本項に基づく変更検査申請を行う必要がある。

使用再開検査は，廃止届を要する廃止とは異なるが，休止した（：休止報告を提出して使用休止し，検査証の有効期間を経過した）特定機械等の再使用を図る場合に，その安全性確保のため行われる検査である。

本条所定のボイラーの検査は，元は，汽罐取締令に基づき，設置前，落成時，変更工事後，休止後（：休止報告提出による休止及び有効期間徒過後）再開時に行政機関が行い，有効期間満了後の継続使用に際しての性能検査は，行政機関やその代行機関が行ってきたが，労基法施行後，製造時検査（製造の際や直後の構造規格適合性を重視する検査）が加わり，溶接によるボイラーについては溶接検査も義務づけられたほか，第1種圧力容器にもボイラーと同様の検査が義務づけられた経緯がある。

クレーン，デリック，エレベーター，建設用リフト等についても，労基法施行後，設置（落成）時，主要構造部分変更時の検査に加え，認可の有効期間満了後の性能検査が義務づけられた。その後，旧クレーン則と旧ゴンドラ則の制定に伴い，移動式クレーンやゴンドラの製造時検査（製造の際や直後の構造規格適合性を重視する検査）の義務が追加された。すなわち，本質的安全化へ向けて，製造段階への介入が図られてきた経緯がある。また，民間活力活用等の観点から，登録製造時等検査機関による製造時等検査（製造検査・使用検査・溶接検査・構造検査などの初期的な検査〔法第38条，ボイラー及び圧力容器安全規則等の相当法条〕）の対象が拡大されてきた（平成24年のボイラー則改正で，その対象となる特別特定機械等の範囲が従前の廃熱ボイラー〔製鋼などの炉で発生する熱を利用するボイラー〕からボイラー及び第1種圧力容器に拡大された等）。

第2項は，外国の製造者が，特定機械等を日本に輸入する際に，輸入業者によらず，自らが直接，都道府県労働局長や代行業者の検査を受けられることを規定したもので，検査・検定制度等による貿易摩擦（の一環としての非関税障壁）の解消のため，昭和58年改正で追加された後，平成6年改正で，外国でも検査を受けられるようにする趣旨で改正された経緯がある。

ク 第1項・第2項が定める都道府県労働局長等が行う製造時等（製造時，輸入時，再設置時）の検査には，
①製造時検査（製造中や直後の構造規格適合性を重視する検査），
②輸入時検査，
③所定期間（ボイラー等につき原則1年。移動式クレーンにつき原則2年）にわたり設置（定置式の特定機械等の据付及び使用）されなかったものの設置時検査（性格的に使用開始時検査に近く，休止後再開検査（使用再開検査）などとは異なる），
④使用（移動式の特定機械等の利用）廃止後の再設置・再使用時検査（同前）[98]，

の4つがあり，このうち②〜④は，ボイラー等につき，設置の前段階で構造要件の具備状況を確認しようとするもので，使用開始時に使用に耐えるか否かの検査との趣旨で「使用検査」と呼ばれ，設置者や使用者に受検義務が課されている（ボイラー則第12条，第57条，クレーン則第57条，ゴンドラ則第6条）[99]。ボイラー則第2条の2によりボイラーと第1種圧力容器が指定されている「特別特定機械等」は，（おそらくは特に専門性が高く，検査に高い専門性が必要との趣旨で，）登録製造時等検査機関により，それ以外は都道府県労働局長により検査されることとなっている。

①製造時検査（製造中や直後の構造規格適合性を重視する検査）には，

溶接によるボイラーや第1種圧力容器の溶接検査，

ボイラー等の製造後の構造検査（ボイラーや第1種圧力容器を対象に，その製造後，許可を受けた図面通りに製造されたか否かについて，登録製造時等検査機関が行う検査〔ボイラー則第5条，第7条，第51条，第53条〕。構造検査の受検に際しては，ボイラーや圧力容器の種類，最高使用圧力，伝熱面積や内容積，製造許可年月日等の明細書を添えて登録製造時等検査機関等に申請せねばならない〔ボイラー則第5条第3項，第51条第3項〕），

移動式クレーンやゴンドラの製造後の製造検査，
がある（クレーン則第55条，ゴンドラ則第4条）。

検査の申請者が遵守すべき措置については，検査類型ごとに具体的規定が設けられており，例えば，移動式クレーンの製造検査では，

・検査しやすい位置に置くこと，

・荷重・安定度試験のための荷・玉掛け用具を準備す

ること，

が求められている（クレーン則第56条第1項）ほか，都道府県労働局長が必要事項を命じ得る（クレーン則第56条第2項）こととされている。使用検査にも，こうした製造検査等の規定が準用されている（ボイラー則第13条など）。

ボイラーと第1種圧力容器の構造検査の方法については，行政通達として「登録製造時等検査機関が行う製造時等検査，登録個別検定機関が行う個別検定及び登録型式検定機関が行う型式検定の適正な実施について」（平成17年4月1日基発第0401035号最終改正：令和3年8月12日基発第0812005号）の別紙に「製造時検査にかかる検査の方法等」が定められている。構造検査には，①設計審査，②材料検査，③外観検査，④水圧検査，⑤付属品検査等がある。

溶接検査は，ボイラー及び第1種圧力容器の溶接による製造者が，構造検査前に受検せねばならないが，重要なのは圧縮応力（ある部分に圧縮力がかかる場合の耐性）なので，それ以外の応力が問われる部分に溶接が施されていても，溶接検査は不要である。溶接検査の受検者は，溶接作業への着手前に検査機関に申請せねばならない（ボイラー則第7条第2項）。受検の際には，実物と同一材料で作成された試験板を実物と同一条件で溶接すること等が求められる（ボイラー構造規格第48条）。溶接検査では，ミルシート（鋼材の材質を証明する書類）との照合等による材料検査，接合部分に開先（溶接継手に設けられた溝状のくぼみ。資料60）を作って溶接金属を埋め込む突合わせ溶接の構造規格規定適合性の検査（開先検査），外観のひび割れ，溶接のはみ出し等の検査（外観検査），溶接部分の強度を確認するための試験板の引張試験，表曲げ試験などの破壊検査（機械試験），放射線による非破壊検査（放射線検査）などが行われる。

第1項が受検を求めているのは，特定機械等を「製造し，若しくは輸入した者」，（廃止後）再設置又は（休止後）再使用を図る者であり，この製造者には，法第37条の製造許可を得るべき者が該当し，輸入者には，外国製造者と国内の輸入業者等が該当する。

ケ　外国の製造者が，国内でも事業展開していて，自ら特定機械等を輸入した場合や製造者以外の国内の輸入業者等が輸入した場合には，第1項所定の「輸入した者」に該当し，自ら同議に従い受検する義務を負うが，外国の製造者が外国での受検を希望するか，国内の輸入業者等による受検を希望しない場合（＝自らによる受検を希望する場合），自ら国外又は国内で受検でき，この場合，国内の輸入業者等は受検義務を免除される（本条第1項但書）。これは，貿易摩擦の一環である非関税障壁の解消のため，外国の製造者が，特定

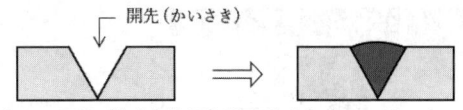

資料60　開先（かいさき）

（MONOWEB〔株式会社 RE〕WEBサイト〔https://d-engineer.com/dictionary/kaisaki.html，最終閲覧日：2024年7月6日〕）

機械等を日本に輸入する際に，輸入業者によらず，自らが直接，検査を受けられるよう図ったものである。

コ　本条第3項は，特定機械等の設置とそれ以後の検査を定めており，これには，

①設置（落成）時検査（ボイラー等については主に本体とその配管等，クレーン，デリック等についてはその各部分の構造と機能を対象に行われる〔ボイラー則第14条，第59条，クレーン則第6条，第97条，第141条，第175条〕。移動式機械やゴンドラについては，その性質上，この検査は行われない。逆に，クレーン，デリック，エレベーター，建設用リフト，簡易リフトについては，設置状況の検査が重要であることから，クレーン則で，製造時等〔製造時，輸入時，再設置時〕の構造検査ではなく，この検査の実施が求められている），

②所定の主要部分の変更時検査，

③休止後（：報告を提出して使用休止し，検査証の有効期間を徒過後）再開検査，

の3つがある。

ボイラー等については，第1項，第2項所定の使用検査（製造時等検査の一部で，製造検査に順じ，検査後しばらく設置しなかったものの利用，廃止後の再利用などに際し，一からその構造規格適合性を測り，使用に耐えるかを検査するもの。設置者や使用者に受検義務がある）での合格が受検の前提とされている（ボイラー則第14条第2項，第59条第2項）。

クレーン，デリック，エレベータ，建設用リフトについては，やはり，製造検査（基本的に製造後に行われる都道府県労働局による構造規格適合性検査）等と同様に，検査の申請者が遵守すべき措置（検査し易くするための準備等）等が定められている（クレーン則第7条など）。

②における所定の主要部分とは，例えばゴンドラ（資料61）の場合，作業床，アーム等，昇降装置，制御装置，ワイヤロープ等が該当する。検査の申請者が遵守すべき措置（検査し易くするための準備等）等については，やはり製造検査等と同様に，関係規定（ボイラー等：構造検査の関係規定，クレーン等：落成検査の関係規定，移動式クレーン等：製造検査の関係規定）を準用する形で定められている（ボイラー則第42条第3項など）。

③の休止後再開検査（使用再開検査）は，検査証の有効期間経過後の継続使用に際して法第41条第2項により受検が求められる性能検査などとは異なり，検査

資料61 ゴンドラ

（写真提供：日本ビソー株式会社）

証の有効期間中に休止の報告を提出して休止させた後，有効期間徒過後に再度使用しようとする際に労基署長により行われるもので，ボイラー則第46条，第81条，クレーン則第49条，第90条，第134条，第168条，ゴンドラ則第33条などに定めがある。

この検査についても，検査の申請者が遵守すべき措置（検査し易くするための準備等）等については，関係規定（ボイラー等：構造検査の関係規定，クレーン等：落成検査の関係規定，移動式クレーン等：製造検査の関係規定）を準用する形で定められている（クレーン則第50条など）。

休止報告せずに検査証の有効期間を超えて休止した特定機械等の再使用に際しては，有効期間満了により元の検査証が失効するので，改めて検査証を受けねばならない（定置式のものの場合は落成検査，移動式のものの場合は使用検査まで遡って受検する必要がある）が，通達により，検査証の有効期間を 6 カ月以上徒過したか否かのほか，一部は機械等が移動式か否かによって，取扱いが分けられている（昭和47年 9 月18日基発第602号）。例えば，6 カ月以上徒過した場合，本条第 1 項の廃止後再設置を求める者に当たり，使用検査と同第 2 項の落成検査が求められる。

サ　本条第 1 項違反者（同条に基づく構造検査，溶接検査，製造検査，使用検査を受けなかった者）は，法第119条第 1 号により 6 カ月以下の懲役または50万円以下の罰金に処せられる。

シ　本条は，第37条と同様に，特定機械等の製造・設置上の瑕疵による災害の発生を背景に制定されたものである。

まず，ボイラーに関する規制の沿革は次の通り。

ボイラーは，事故発生時の被害の大きさ等に鑑みて，缶体検査，設置検査に関する規制が古くから置かれてきた。

昭和10年に制定された汽罐取締令（同年内務省令第20号）は，それまで各府県の取締令によりバラバラだった規制を統一する狙いもあって制定された。これには，現行の製造検査に相当する罐体検査のほか，設置にかかる検査として，竣功検査（現在の落成検査），修繕変更検査，更新検査（現在の性能検査），臨時検査，再使用検査（現在の休止後再開検査）などが定められ，かなりの程度，現行規制に相当する内容を擁していた。

すなわち，その第 6 条は，罐体検査（現在の製造検査）に合格しない汽罐の設置を禁止し，

第 8 条第 1 項は，竣功（落成）時に竣功（落成）検査を受けるべきことを定め（第 6 条，第 8 条共に名宛人を定めず），

第10条は，汽罐の胴，炉筒，火室等（第 1 号）のほか，燃焼装置（焚焼装置）（第 2 号），汽罐の据付基礎（第 3 号）といった主要部分の修繕変更時に汽罐設置者が地方長官の事前許可を受けるべきことを定め，

第11条は，第10条第 1 号の部分の修繕変更工事の完了時に修繕変更検査を受けるべきことを定め，

第13条は，検査の有効期間満了前に更新検査（現在の性能検査）を受けるべきことと地方長官が必要と認める場合の臨時検査を定め，

第19条第 4 項は，有効期間満了後においては再使用検査（現在の休止後再開検査）を受ける必要があることを定めていた。

昭和22（1947）年に労基法が制定され，それに紐付く諸規則も整備されたことで，検査制度が相当程度充実化され，現行制度下の検査制度の陣容が概ね整えられた。

すなわち，労基法第47条第 1 項は，所定の危険性を持つ機械器具につき，認可後一定期間を経過した場合，性能検査を受ける必要があることを定めていた。

そして，それに紐付く旧安衛則第39条第 1 項は，性能検査の有効期間満了に際して検査申請を所轄労基署長に提出すべきことを定め，

同第230条第 1 項は，汽罐等につき，罐体検査の受検者が検査申請を所轄労基署長に提出すべきことを定め，

同第231条は，水管式等の組立式の汽罐の場合，罐体検査の前に同第237条所定の設置認可を受ける必要があることを定め，

同第234条は，汽罐等の溶接につき溶接検査を受けるべきことを定め，

同第236条は，溶接による汽罐等の場合，溶接検査に合格しなければ罐体検査を受けられないことを定め，

同第237条は，汽罐等を設置しようとする者が所轄労基署長に設置認可申請書を提出すべきことを定め，

同第238条は，罐体検査後 1 年以上経過した汽罐等の設置に際して，所轄労基署長の性能検査を受けねばならないことを定めていた。

昭和34年には旧ボイラー則（ボイラ及び圧力容器安全規則〔同年労働省令第 3 号〕）が制定され，

第9条第1項が，ボイラーの設置を図る者に労基署長から設置認可（現行法規則上は，製造許可になっており，許可を受ける段階が早まっている）を受けるべきこと，第2項が，設置認可は，原則として構造検査後でなければ与えないこと，第3項が，設置認可を求める者は，所定の申請書に明細書を添えて提出すべきことを定め，

第10条が，使用廃止したもの，輸入した等で認可不要だったもの，構造検査後未設置のまま1年以上経過したものにつき，都道府県労働局長が再使用検査（現在の使用検査に相当する）を行うこと等を定め，

第12条が，第9条の認可を受けた者を名宛人として，認可を受けたボイラーにつき，労基署長による落成検査を受けるべきこと，水管ボイラー等の組立式ボイラーの場合，構造検査か再使用検査合格後でなければ落成検査を受けられないこと等を定め，

第30条が，使用者を名宛人として，落成検査合格後1年経過したか，本条所定の性能検査の有効期間を経過したボイラーにつき，所轄労基署長や労働大臣指定の性能検査代行者による性能検査に合格せねば使用できないことを定め，

第32条が，性能検査を受けようとする者が所轄労基署長に提出すべき申請書や報告書について定め，

第33条が，性能検査を受けようとする者が行うべき準備（ボイラーや煙道の冷却，清掃等）等について定め，

第34条が，性能検査代行者として指定を受けようとする者が労働大臣に提出すべき申請書，申請書記載事項に変更があった場合に行うべき報告，月ごとに性能検査の結果を行うべきこと等について定め，

第35条が，胴（ボイラーの主要な円筒形部分であり，水や蒸気を保持し，燃焼による熱を伝える役割を果たす），ドーム（ボイラーの上部に位置する半球状の構造であり，蒸気の収集および均一な供給を目的とする），炉筒等のほか，附属設備，燃焼装置の主要部分，据付基礎といったボイラーの主要部分を変更しようとする場合に所轄労基署長の認可を受けるべきことを定め，

第36条が，前条の変更認可を受けた者は，所轄労基署長による変更検査を受けるべきこと等を定めていた。

次に，クレーン・デリック・エレベーター・リフトに関する規制の沿革は次の通り。

クレーン等については，労基法制定以前に検査規定はなかったようだが，労基法制定後，それに紐付く旧安衛則第39条第1項で，設置認可後に一定期間を経過したクレーン等の使用を再開する場合，性能検査を受けるよう規定された。

すなわち，労基法第47条第1項が，所定の機械器具につき，認可後，一定期間を経過した場合，行政官庁による性能検査に合格しない限り使用を禁止する旨定め，それに紐付く旧安衛則第39条第1項が，クレーン等について，性能検査の有効期間満了に際して，継続使用を望むなら所定の様式による申請書を所轄労基署長に提出するよう定めていた。

その後，昭和37（1962）年に制定された旧クレーン則（クレーン等安全規則〔昭和37年労働省令第16号〕）が，性能検査につき旧安衛則の定めを承継したうえで，落成検査，変更検査を規定した。この際，旧ボイラー則と同様に，所轄労基署長の設置認可（現在でいえば，製造検査合格に近い制度と思われる）を受けた上で受検することとされた。移動式クレーンについては，製造検査と使用検査の規定が設けられ，設置について認可制が採られていた（本来，移動式クレーンなら，設置ではなく，製造の許可となるはずだが，当時は移動式クレーンの数も少なく，他のクレーンに関する定めをそのまま援用してしまった可能性もある）。すなわち，

第6条が，設置認可を受けたクレーンにつき，所轄労基署長による性能検査を受けるべきこと，同検査では，荷重検査及び安定度試験を行うこと等を定め，

第38条が，検査証の有効期間を経過したクレーンにつき，所轄労基署長か性能検査代行者による性能検査に合格しない限り使用を禁じることを定め，

第41条が，クレーンガーダ（資料62），ジブ（資料63），脚，塔（資料63）その他，原動機，ブレーキ，つり上機構，ワイヤロープ又はつりチェーン，フックやグラブバケット等のつり具といった主要部分を変更する場合，予め所轄労基署長の認可を受けるべきことを定め，

第42条が，前条の変更認可を受けた者は，所轄労基署長の変更検査を受けるべきことを定めていた。

ゴンドラについては，昭和44（1969）年に旧ゴンドラ則が制定されるまで規制がなかった。旧ゴンドラ則では，製造検査，使用検査，性能検査，変更検査について定められていた。

ス　適用の実際についてみると，本条（法第38条）の適用対象のうち特別特定機械等（ボイラー，第1種圧力容器）に対する製造時等検査（製造検査・使用検査・溶接検査・構造検査などの初期的な検査〔法第38条，ボイラー及び圧力容器安全規則等の相当法条〕）は，従来は都道府県労働局安全課の技官（産業安全専門官）が担当していたが，法改正により，登録製造時等検査機関（代表例として，厚生労働省の関係団体である日本ボイラ協会，ボイラー・クレーン協会）が実施することとなった。ただし，その実施体制が整うまでは都道府県労働局も製造時等検査を行っており，例えば大阪労働局の場合，移行が完了したのは2017年4月だった。

監督指導状況についてみると，監督官による臨検の

資料62　クレーンガーダ

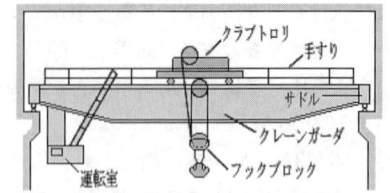

（長岡労働衛生コンサルタント事務所 WEB サイト〔http://www.nrec.sakura.ne.jp/, 最終閲覧日：2023年8月13日〕）

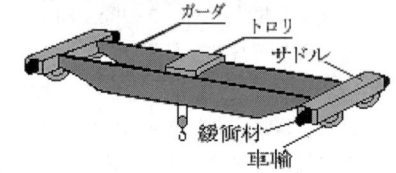

（crane-club WEB サイト〔http://www.crane-club.com/study/crane/structure.html, 最終閲覧日：2023年8月13日〕）

資料63　塔形ジブクレーン

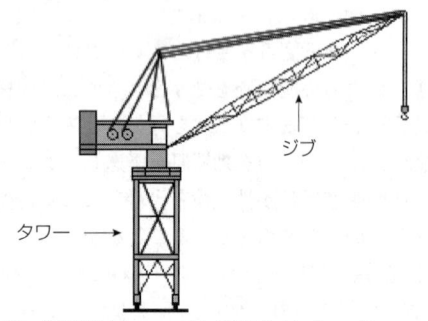

（山本誠一氏が運営する crane club WEB サイト〔http://www.crane-club.com/study/crane/jibcrane.html, 最終閲覧日：2024年7月18日〕）

際に検査証の提示を求めることはあるが、本条に基づく検査は、あくまで法の名宛人からの申請によりなされるものであり、臨検時に本条に基づく申請や検査自体について監督指導が行われることは稀だとされる。[101]

また、ボイラー、第１種圧力容器にかかる製造時等検査（製造検査・使用検査・溶接検査・構造検査などの初期的な検査〔法第38条、ボイラー及び圧力容器安全規則等の相当法条〕）では、溶接検査→構造検査の順で実施されるという。[102]

セ　関連判例として、第37条の関連判例である富士ブロイラー事件高裁判決が挙げられ、本判決は、国による検査を経た機械に欠陥があり、処理中の鶏肉の破片が周囲に飛び散ったことで廃業を余儀なくされたとして、検査の不備を根拠に国に賠償請求をした事案につき、本条に基づく検査の趣旨について、製造者、設置者が製造、設置した機械の安全性を規則や構造規格に従って確認するだけのもので、それ以上に包括的で綿密な検査をするわけではなく、主な保護対象は労働者であって、製造者や設置者の、機械の安全性確保による営業の継続や、事故による損害の発生防止は反射的利益でしかない旨を述べた。

ソ　法第38条には、労働法以外の様々な分野の関係規定がある。

例えば、ボイラー、第１種圧力容器（以下、この項において「ボイラー等」という）については電気事業法があり、同法では、ボイラー等を含め、事業用電気工作物（電気事業者が電気供給のため必要とする電気工作物。ボイラーは、加熱や圧力制御に電気を用い、その運転に必要な電気設備が含まれるため、電気工作物として取り扱われる）につき、事業者自らが使用前自主検査をして、経産相が指定した登録安全管理審査機関の審査を受けねばならないこと（同法第51条）、やはりボイラー等を含め、一定の圧力を加えられる特定電気工作物につき、事業者自らが定期安全管理検査をして、経産相が指定した登録安全管理審査機関の審査を受けねばならないこと（同法第55条）を定めている。

また、やはり一定の圧力以上で使用し、（爆発等により）公共の安全に関わるような特定重要電気工作物については、経産相による定期検査を受けるべきこと（同法第54条）、所定の電気工作物であって、耐圧部分を溶接するものの場合、溶接事業者検査を受けるべきこと（同法第52条）も定めている。

圧力容器については、高圧ガス保安法の規制もある。同法は、圧力容器を含め高圧ガスを貯蔵する容器の製造者に対して容器検査の受検を義務づけ、一定以上の容積と圧力を持つ容器（設計圧力×内容積が $0.004\,\mathrm{MPa/m^3}$ を超えるもの）を特定設備として、その製造者に、高圧ガス保安協会による材料検査、加工検査、溶接検査、構造検査の受検を義務づけている（高圧ガス保安法第56条の3）。また、高圧ガス製造事業者は、特定設備を含む製造施設全体について、都道府県知事か指定完成検査機関による完成検査を受けるべきことを義務づけられている（同法第20条）。

圧力容器への高圧ガス保安法と安衛法の適用関係については、通達（昭和51年5月6日基発第359号、平成28年11月28日基安安発1128第1号）が発せられており、高圧ガス保安法規制下の高圧ガスを貯蔵する容器には同法が適用され、それ以外の圧力容器には安衛法が適用される仕組みが原則だと示されている。

クレーンについては港湾法の適用がある。同法では、港湾施設内の所定の対象施設には、他の法令の適用があれば、その規定による（∴港湾法が適用されないのではなく、他の法令の適用を排除しない）ほか、対象施設が国交省令所定の技術基準に適合するよう建設・改良・維持すべきこと、その適合性の確認を受けるべきことを定めている（同法第56条の2の2第1項）。

この対象施設には、荷役機械としてクレーンが該当するため、港湾設置クレーン（コンテナクレーン等）は、安衛法令上の仕様基準による検査の受検のほか、

国交法令上の技術基準適合性について，確認を受ける必要がある。

エレベーターについては建築基準法の適用があるが，安衛法上のエレベーター・簡易リフトと建築基準法上のエレベーター・小荷物専用昇降機とでは定義が異なっている。

安衛法の適用対象であるエレベーターが人又は荷物を運搬する昇降機であって，建築基準法の適用を受ける場合，同法による確認申請等を経たうえで，安衛法上の検査の申請を行う必要がある。すなわち，クレーン則第140条第2項には，設置届の提出に際して，建築基準法上の確認済証を添付せねばならないと定められている。落成検査の申請の際にも，建築基準法第7条第5項所定の検査済証を添付しなければならない（クレーン則第141条第2項）。ただしこの際，荷重試験は免除される（クレーン則第146条）。

タ　改正提案として，特定機械等の検査内容が各安全規則に散在し，なおかつ同様の条文が繰り返されていて分かり難くなっている状況を改善するため，別途，各種検査の内容を包括的，統一的に規定する規則を制定することが考えられる。

チ　法第39条は，特定機械等は，法第40条により，法第38条所定の各種検査に合格しない限り使用できないことを前提に，使用する特定機械等が当該各種検査（構造検査，溶接検査，使用検査，変更検査，使用再開検査〔休止手続後に有効期間を徒過したものの使用再開の可能性を検査するものであり，廃止後の使用再開の可能性等を検査する使用検査とは異なる〕）に合格したことを関係者が確認できるよう，検査証の交付や裏書きについて定めたものである。

検査証の交付を受けていない特定機械等の流通や使用の排除により，特定機械等の安全確保を図っている。

第1項は，法第38条第1項及び第2項により都道府県労働局長又は登録製造時等検査機関が「製造時や輸入時，廃止されたものの使用再開時」に行う<u>製造時等検査（初期検査の性格の強い構造検査や使用検査，製造検査，溶接検査など）</u>の合格証明（検査証発行）を扱い，第2項は，法第38条第3項により労基署長が行う<u>落成検査</u>の合格証明（検査証発行）を扱い，第3項は，やはり法第38条第3項により労基署長が既に使用を開始した機械等について行う主要な構造部分の変更についての<u>変更検査や休止後（：届けを提出して使用休止し，検査証の有効期間を徒過した後の）再使用検査</u>（使用再開検査）の合格証明（裏書き）を扱う。裏書きは，ボイラーの変更履歴の確認を可能ならしめることを目的としている。

本条は，検査証の発行や裏書きを，検査実施機関である都道府県労働局長，登録製造時等検査機関，労基署長の三者に委ねている。労働局から他2者への分散の背景には，安全行政を担う専門技官の不足と民間活力の活用双方の狙いがあるとの指摘がある。[103]

本条所定の機械等への刻印や検査証の交付，裏書きについては，適用対象となる各特定機械等に関する各安全規則の中で具体化されている。

例えば，ボイラー則は，第5条第5項で，登録製造時等検査機関が，「構造検査」に合格した「移動式ボイラー」につき申請者に対して検査証を交付することを定め，第6項で，同機関が，「使用検査（構造検査や使用検査後一定期間以上放置後改めて設置されるもの，使用廃止後再び設置するもの等について申請者に対して登録製造時等検査機関又は都道府県労働局長が行なう〔*労基署長が行うものより高い専門性が必要な〕使用に耐え得るかを測る検査）」に合格した「移動式ボイラー」につき検査証を交付することを定め，第15条で，労基署長が「落成検査」（法第41条第2項）に合格した「ボイラー等」について検査証を交付することを定め，第43条で，労基署長が，「変更検査」に合格した「ボイラー」につき，検査証への裏書きを行うことを定めている。

クレーン則は，第9条で，労基署長が，「落成検査」（法第41条第2項）に合格した「クレーン等」につき，申請者に対して検査証を交付することを定め，第47条で，労基署長が，「変更検査」に合格した「クレーン等」につき，検査証への裏書きを行うことを定めている。

ゴンドラ則は，第8条で，都道府県労働局長が，「製造検査（製造後に構造規格に則った製造かを確認する検査）」又は「使用検査（構造検査に合格後しばらく放置したり，一旦廃止した機械等が使用に耐えるかを確認する検査）」に合格したゴンドラにつき，申請者に対して検査証を交付することを定め，第31条で，労基署長が，「変更検査」に合格したゴンドラ等につき，検査証への裏書きを行うことを定めている。

ツ　関連法規に高圧ガス保安法があり，その第20条は，高圧ガス製造事業者を名宛人として，高圧ガス製造施設全体について完成検査の受検を義務づけているが，石油コンビナート等災害防止法上の特別防災区域にあって，同法と安衛法双方の適用を受ける廃熱ボイラーについては，本条（安衛法第39条）に基づく検査証の写しを提出した場合，高圧ガス保安法上の特定設備検査を受検せずに当該施設にかかる完成検査証の交付を行って差し支えないとされている（経産省内規〔令和3年10月20日20211020保局第1号〕）。

また，エレベーター，簡易リフトのうち建築基準法の適用を受けるものについては，設置（落成）に際して同法第6条第4項に基づく「確認済証」を提出する

必要がある（クレーン則第140条第2項）。その際，建築基準法第7条第5項に基づく「検査済証」を提出すれば（クレーン則第141条第5項），安衛法上の検査証の交付にあたり，同法上の落成検査は免除される（クレーン則第143条第2項）。ただし，建築基準法上の検査済証を提出せずに落成検査の審査を申請することもできる（クレーン則第141条第4項）。

テ　本条（法第39条）の沿革をみると，昭和10年の汽罐取締令（同年4月9日内務省令第20号）が，第7条第2項で，罐体検査に合格した場合，（地方長官が）汽罐に刻印を押すと共に，汽罐明細書に検査済印を押捺して交付すると定め，同第8条第2項が，竣功検査（現在の落成検査）に合格した場合，（地方長官が）汽罐検査証を交付すると定めていたところに始まり，旧安衛則制定以後は，同規則が第230条第2項で，労働基準局長を主体として，罐体検査に合格した汽罐等に刻印を押すと共に，汽罐明細書に検査済印を押して交付すると定め，第234条第2項で，やはり労働基準局長を主体として，溶接検査に合格した汽罐等に刻印を押し，溶接明細書に検査印を押して交付すると定めていた。

このように，ボイラーについては，早い時期から現行法とさほど変わらない内容の規制が行われ，旧安衛則にもそれが引き継がれると共に，溶接検査の規定が設けられ，その後に制定された旧ボイラー則で，構造検査，落成検査等，現行ボイラー則とほぼ同様の仕組みが定められた。

クレーン，デリック，エレベーター，簡易リフト，ゴンドラといったボイラー等以外の特定機械等については，安衛法制定前の旧労基法に紐付く各安全規則に現行法と同様の検査関係規定と合わせて検査証の交付に関する規定が設けられた。

ト　本条制定を促した災害（背景災害）は，やはり法第37条について示したものと同様に，特定機械等の製造・設置上の瑕疵が原因となった災害である。

ナ　行政や検査機関による検査証の交付及び裏書き（おそらく責務と権限の双方）の定めという本条の内容，性格から，関係判例は見当たらないが，理論上，不適切な検査や検査の未実施により交付された検査証の効力が問題となり得る。適切な検査が検査の合格（法第38条）及び検査証発行や裏書き（本条）の要件と解されるため，無効と解される。

なお，いったん検査証を有効に取得した特定機械等の設置者や使用者が，その有効期間満了後も更新せずに使用していた場合は，法第40条違反の問題となり，本条には直接抵触しないと解される。

ニ　法第40条は，法第38条所定の各種検査（構造検査，溶接検査，使用検査，変更検査，使用再開検査〔届出の上使用休止して検査証有効期間徒過後の検査〕）の確実な実施とそれに合格した特定機械等の使用の確保を図るため，第39条所定の検査証（資料64）を交付されない機械等は使用できないこと，譲渡・貸与の際に検査証を伴うべきことを定めたものである。

本条第1項は，検査証の交付を受けていない特定機械等，すなわち検査に合格していない特定機械等の使用を禁止している。検査証は有効期間内のものでなければならず，期間満了後の継続使用は本条違反となる。

第2項は，特定機械等の譲渡及び貸与に際して，検査証と共に行うべきことを定めており，検査証を受けていない特定機械等の譲渡・貸与を禁止しているわけではないと解されるが，そのような機械等は本条第1項により使用が禁止される。使用のためには，譲渡・貸与をした側かされた側において法第38条に基づく検査を受検し，法第39条に基づき検査証の交付を受ける必要があると解される。

法第40条第1項（検査証のない特定機械等の使用禁止）違反は第119条により6カ月以下の懲役または50万円以下の罰金，同条第2項（譲渡・貸与に際して検査証を伴うべきこと）違反は第120条により50万円以下の罰金が科され得る。

ヌ　関連規定として，高圧ガス保安法第44条第1項がある。これは，本条第2項（譲渡・貸与に際して検査証を伴うべきこと）とおそらくほぼ同趣旨ながら異なる規制形式を採り，検査に合格したもの以外の譲渡を禁じている。すなわち，同条は，高圧ガスの貯蔵容器について，所定の容器検査を受けて合格し，刻印及び標章掲示がなされたもの以外，譲渡及び引き渡しを禁止している。当該刻印及び標章掲示されていない容器の使用を禁じていないが，これは，同条が容器製造者を対象とするものであって，容器使用者（高圧ガス製造事業者）を対象としていないことによる。前述の通り，容器使用者（高圧ガス製造事業者）の製造設備は，設備全体について完成検査を受けなければ使用できない。

また，建築基準法の第7条や第7条の6も関連規定に当たる。同法第7条は，同法の適用を受けるエレベーター・簡易リフト（同法では昇降機）につき，それを含む建築物の工事の完了時には完了検査を受け，建築基準関係規定適合性を示す検査済証の交付を受けるべきことを定め，同法第7条の6は，検査済証の交付を受けるまで，当該建築物の使用を禁じる旨定めている。

これらは，特定機械等を含む施設や建物全体への規制である点で安衛法とは異なっている。

ネ　本条の沿革も，前3条（法第37条～第39条）の沿

資料64　ボイラー検査証（表面・裏面）

（ボイラー則様式第6号）

革と重複する。まず，ボイラーについては，汽罐取締令第9条が検査証の交付を受けていないボイラーの使用を禁止し，同条第2項が，「設置者」変更の際，承継者が地方長官に届け出て検査証を書き換えるよう求めていた。現行法第2項のように，譲渡や貸与に際して検査証を伴うべしとして，検査証は，申請者という人ではなく特定機械等という物に対して交付するものとする規制形式より，ある面で厳しかったが，検査証がなければ当該ボイラーの使用が禁止されるという点では共通していた。

ノ　背景災害は，特定機械等の製造・設置上の瑕疵により生じた災害であり，法第37条について示した例と共通する。

ハ　監督指導の例については，令和2年度厚生労働科学研究による行政官・元行政官向け法令運用実態調査（三柴丈典担当）[104]から，以下のような事例の存在が判明した。

①町工場で，落成検査を受けずにつり上げ荷重10tのクレーンを設置したのに，そのフックにつり上げ荷重2.8tの表示をして，あたかも検査証不要のクレーンとして使用していた例につき，検査証を受けずに特定機械を使用していたとして書類送検した例。

②製造業の工場で，建設リフト（積載荷重3.0t）の検査証の有効期間満了後も使用を継続していたことが判明し，本条を適用した例（行政指導か書類送検かは不明）。

検査証については，少数ながらこうした事例が継続して発生しているという。特に，有効期間満了後の継続使用例が多いように見受けられる。

ヒ　条規の性質上，関係判例は乏しいが，本条（法第39条，第40条）所定の検査証の引き渡しにより，当該機械等の所有権も移転すると主張された興味深い事例（東京高判昭60・9・17判時1182号80頁）がある。

このケースでは，原告（被控訴人）が完成させた架装台車部分と移動式クレーンから成るクレーン車につき，所有権を留保したまま訴外Cに販売したところ，訴外Cが代金を支払わないまま倒産したため，その回収を行おうとした。すると，訴外Cが既に他者に引き渡しており，その他者から別の者を経由して1100万円を支払って購入した被告（控訴人）が使用していたため，その引き渡しを求めて訴えを提起した。すると，被告（控訴人）は，安衛法所定の移動式クレーン検査証と共に譲渡を受けたため，即時取得したことになる等として争った。

判決は，要約，以下のように述べて，原告の引渡請求を認容した。

すなわち，本件車両の所有権の得喪は，自動車登録ファイル（登録原簿）への登録をもって対抗要件とするものであり，このように登録された自動車については，一般の動産と異なり，民法第192条の即時取得の規定は適用されないし，移動式クレーン検査証にかかる規制は労災防止の見地から定められたものであって，安衛法がクレーン車の所有権の得喪にかかる解釈を修正したわけでもない。検査証には所有者の記載が

井村解説（第5章第1節第37条～第41条）　149

なく，右証書から所有者を確知することはできない。

本件クレーン車を台車部分と移動式クレーン本体とで考え分け，後者の所有権のみ即時取得したとの主張についても，両者は一体と扱われるべきであり，即時取得の成立する余地はない，と。

本判決からも，本条の趣旨が，あくまで検査証の確認による検査の確実な実施と安全な機械等の使用にあることが窺われる。

フ　法第41条は，特定機械等は，一定期間の経過による腐食・摩耗等が不可避であることを前提に，省令により検査証の有効期間を定めたうえ，継続しようを望む者に，定期的に（：有効期間満了前に）性能検査を受検するよう義務づけたものである。第1項は省令による有効期間の定めを記しているため名宛人を定めていないが，第2項は検査証の有効期間の更新を受けようとする者としており，所有者，貸与者，被貸与者等を想定していると解される。期間更新のための検査は，登録性能検査機関が行うべきこととされている。

もっとも，設置者からは，有効期間延長の要望が出されており，その期間の妥当性につき検討が求められる。

ヘ　本条第1項は，検査証に省令所定の有効期間を設けることを定めており，具体的期間は特定機械等ごとに定められている。①ボイラー，第1種圧力容器（以下，本条の解説において「ボイラー等」ともいう）のほか，エレベーター，ゴンドラについては1年，②クレーン，移動式クレーン，デリック（以下，本条の解説において「クレーン等」ともいう）については2年，③建設用リフトについては設置から廃止までの間となっており，このうち②（クレーン等）については，都道府県労働局長の判断で，有効期間を2年未満とすることもある。

本条第2項は，更新を受けるためには性能検査を受けるべきことを定めている。実施すべき性能検査の内容は，特定機械等ごとに異なっており，①（ボイラー等）については，機械等本体に加え，ボイラー室や配管の配置状況など落成検査の対象事項まで検査される（ボイラー則第38条第1項，第73条）のに対し，②（クレーン等）とエレベーター，ゴンドラについては，機械等本体の各部分の構造や機能の検査（点検と荷重試験）が基本となる（クレーン則第40条第1項，第81条第1項，第125条第1項，第159条第1項）。簡易リフトは更新の必要がないため，本項に基づく性能検査の対象とならない。

本条（法第41条）第2項所定の性能検査の実施機関は，所定の設備や検査員の要件に適合するとして厚生労働大臣の登録を受けた登録性能検査機関（詳細は法第53条の3の解説を参照されたい）とされているが，当該地域に存在しない場合，性能検査申請書の提出を受けて（ボイラー則第39条等），所轄労基署長が性能検査を実施することとなっている（法第53条の3第1項で準用された第52条の2第1項）。

登録性能検査機関は，検査結果に応じて有効期間を短縮／延長することができるが，ゴンドラについてのみ，1年未満への短縮のみが可能とされている（ゴンドラ則第27条）。

前述の通り，性能検査に合格した特定機械等の検査証の有効期間については，設置者から延長要望が出ており，一部，通達で延長が認められているが（「ボイラー及び第1種圧力容器の検査証の有効期間の取扱について」昭和60年12月18日基発第700号），全面的実施には至っていない。

ホ　関連法規には，高圧ガス保安法や建築基準法がある。

高圧ガス保安法第35条第1項は，ガス貯蔵容器を含む製造施設全体につき，定期的に保安検査の受検義務を課している（同法第35条第1項）。実施主体は原則として都道府県知事だが，同知事の認定を受けた指定保安検査機関等による実施後に知事に報告する形も可能である（同条第1項第1号及び第2号）。この検査は年1回の実施が求められ（一般ガス保安規則第79条第2項），対象施設が法定技術基準に適合していれば保安検査証が交付される（同条第7項）。

建築基準法は，その適用を受けるエレベーター・簡易リフト（昇降機）につき，特定建築設備等として，建築物所有者に対し，定期検査を実施し，特定行政庁（条件により市町村長か都道府県知事）に報告するよう義務づけている（同法第12条第3項）。この定期検査は，1級・2級建築士や建築設備等検査員により実施され（建築基準法施行規則第6条第3項，建築基準法第12条第3項），検査期間は半年から1年内で特定行政庁が定める期間とされている（同規則第6条第1項）。違反には罰則が設けられている。

マ　本条（法第41条）の沿革をみると，ボイラーについては，汽罐取締令で，検査証の有効期間を1年とし（同第12条），使用継続希望の場合，地方長官による更新検査の受検が義務づけられていた（同第13条）。興味深いことに，当該ボイラーに内務大臣指定の保険業者の保険が付されている場合，更新検査を省略できるとされていた（同第14条第1項）。災害が生じても塡補されることもあろうが，付保に際して保険業者による安全性にかかるチェックがされると期待されたことによると思われる。

また，旧安衛則は，第39条で性能検査につき定め，検査証の有効期間をボイラー等につき1年，クレーンにつき2年としていた（同第40条）。これらの定めは，

そのまま現行の各安全規則に受け継がれている。

ミ　本条（法第41条）の背景災害は，やはり法第37条の解説で示した特定機械等の製造・設置上の瑕疵による災害の例と重なる。

ム　監督指導状況をみると，監督官の臨検時には，ほぼ確実に特定機械等について検査証の提示を求め，受検の有無，有効期間を徒過していないかを確認しているという。

また，臨検の際に最もよくみられるのが移動式クレーンであり，概ね全数について検査証等を確認しているほか，有効期間の確認に合わせて，オペレーターの免許や定期点検の記録等も確認しているという。[106]

メ　関係判例として，公益社団法人ボイラ・クレーン安全協会事件・東京高判平31・4・17 2019WLJPCA04176007が挙げられる。

本件では，登録性能検査機関である公益社団法人（原告）の検査員が，ある工場に設置された特定機械等である天井クレーン（本件クレーン）につき，本条第2項に基づき，3回にわたり性能検査を行い，有効期間を延長したが，本件クレーンに設置された歩道（クレーンガーダの歩道と思われる）は，工場の天井のはりから手すりまでが0.08m，歩道の底までが1.18mしかなく，クレーン則第13条が定める離隔基準（はり等の建物部分と走行クレーンの最後部〔歩道の手すり等〕の間が0.4m以上，クレーンガーダの歩道ととはり等の間が1.8m以上。資料65）に反していた。

その後，本件クレーンの整備を担当する労働者が天井のはりと当該クレーン上の歩道の手すりの間に挟まれて死亡する災害が発生したため，厚生労働省が，原告に業務停止命令と業務改善命令を発令したところ，原告は，要約，性能検査（検査証の有効期間の更新を受けようとするときに厚生労働大臣の登録を受けた登録性能検査機関が行う検査）は機械自体の構造に関する構造規格に基づいて行えばよく，当該規格には機械の構造には直接関わらない離隔基準が定められていなかったので，違法はないなどと主張して処分の取消を求めた。

1審は，「性能検査に関する……安衛法及びクレーン則の構造，内容等を前提とすると，登録性能検査機関は，性能検査において，クレーンの各部分の構造及び機能について点検を行う必要があり，その際，検査の対象となるクレーンがクレーン則13条の規定に適合していることについてもこれを検査しなければならない」などとして，原告の請求を棄却した。

その際，安衛法第53条の3（登録製造時等検査機関に関する第47条から第53条の2の定めを登録性能検査機関に準用することを定めた規定）により登録性能検査機関に準

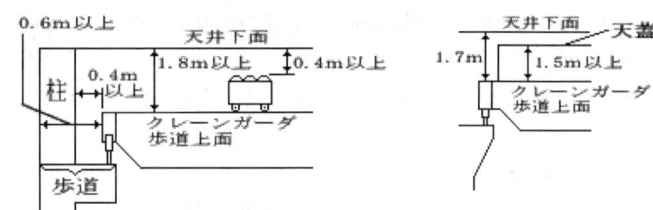

資料65

（山本誠一氏が運営する crane club WEB サイト〔http://www.crane-club.com/study/crane/interval.html，最終閲覧日：2022年4月8日〕）

用される第47条第3項（登録製造時等検査機関が製造時等検査を行う際，法第37条第2項〔製造許可〕所定の基準のうち特定機械等の構造に関するものに適合する審査方法を講じるべきことを定めた規定）が，登録性能検査機関の義務として，特定機械等の構造等が所定基準に適合しない限り，製造許可を出してはならない旨定めている以上，性能検査に際してクレーン則第13条との適合性の審査も行うべきことになるとの解釈論を述べた。

控訴審も，同様の解釈論を示したうえで（安衛法第37条第2項に基づきクレーン構造規格が定められたことにも言及しているが，実質的違いはないだろう），その法第37条第2項がいう特定機械等の構造に関する基準に適合する審査方法については，厚労省が登録性能検査機関の代表者宛に発出した通達（平成16年3月31日基発0331008号）があり，その別紙で，隔離基準への適合性も検査の対象とされていたこと等から，性能検査には隔離基準への適合性は含まれていたと解すべきだし，法第47条第3項所定の「特定機械等の構造」という文言には，前記通達における検査項目，内容，判定基準等に照らすと，「歩道」は「クレーンの各部分」に該当し，その歩道と建設物等の距離も，歩道が歩道として機能するための構造に該当するとした。

本条（法第41条）所定の登録性能検査機関による検査方法に関する定め（所定基準を充たさない限り製造許可を出してはならない旨を定めた法第37条第2項を登録製造時等検査機関による製造時等検査に準用した法第47条第3項を，更に登録製造時等検査機関による検査に準用した法第53条の3や，クレーン則第13条〔隔離基準〕，法第37条第2項に関する平成16年通達等の諸規定）が，当該機関の処分の根拠として用いられ得ること，その際，合目的的に，若干広い解釈が取られ得ることが示唆される。

判決は言及しなかったが，確かに，クレーン則第42条は，性能検査を受ける際の措置として，落成検査を受ける場合の措置を定めるクレーン則第7条を準用するとしている。また，2審が示唆したように，厚労省が登録性能検査機関の代表者宛に発出した通達（平成16年3月31日基発0331008号）では，性能検査の方法について，「クレーンの設置場所等について，……建設物との間隔，基礎部分の傾斜等を確認すること」とし，

クレーン則第13条から第15条への適合を求めていることからも，性能検査には落成検査と同様の検査が求められよう。

しかし，安衛法が第38条で，製造時検査にかかる検査とは別に第41条第2項で性能検査を定めたこと，少なくとも現行法制定当初，落成検査は労基署長，性能検査は民間事業者である登録性能検査機関に実施を委ね，専門的な検査を予定したと解されることに徴すれば，製造時及び設置時に求められる検査と，現に使用されている特定機械等の検査とは別なものとする原告協会側の主張にも一理ある。であれば，性能検査の基準は，通達等ではなく，法律や省令に明記する方が適当とも解される。

モ　特定機械等に関する検査規定は複雑な構造となっているので，法第38条所定の製造時等検査（製造検査・使用検査・溶接検査・構造検査などの初期的な検査〔法第38条，ボイラー及び圧力容器安全規則等の相当法条〕），本条第2項所定の性能検査共に，別途，それらに関する包括的・統一的な規則を策定すべきと思われる。その際には，安全性確保の見地から必要な検査を実施するという性能要件規定とすることも検討されるべきだろう。

12 **森山解説③（第5章第1節第42条〜第44条の2）**

森山解説③は，法第42条ないし第44条の2を対象としている。

これらの条規は，特定機械等以外の機械等の製造流通規制であり，第42条は特定機械等ではないが，一定の危険性を有する機械等であって厚生労働大臣の定める規格や安全装置を具備しないものの譲渡，貸与及び設置の禁止を定め，第43条はILO第119号条約の国内担保法であり，危険部位に所定の防護措置を講じていない動力駆動機械の譲渡，貸与及び展示の禁止を定め，第43条の2は検査に合格していないのに合格証を表示している，合格後に規格を満たさなくなったなど欠陥のある機械等が譲渡された場合等に行政官庁が回収や補修等の改善を命ずる権限を定め，第44条は一定の機械等に関する個別検定制度，第44条の2は一定の機械等に関する型式検定制度について定めたものである。

解説の概要は以下の通り。

ア　第42条は，全ての者を名宛人として（「何人も」から始まる），特定機械等以外の機械等で，本法別表第2や特定機械等には及ばないが，相応の危険を伴うものとして政令で定めるものについては，厚生労働大臣が定める規格又は安全装置を具備しなければ，譲渡し，貸与し，又は設置してはならないことを定めたもので，違反者に対しては罰則として6カ月以下の懲役又は50万円以下の罰金を定めている。

この譲渡等制限の対象となる「機械等」には，①危険若しくは有害な作業を必要とするもの（要するに危険源としての機械等）のみならず，②危険な場所で使用するもの（例：防爆構造電気機械器具〔爆発性ガスや粉塵の存在する環境でも安全に使用できるように設計された電気機器。内部の火花や高温部分が外部の爆発性物質と接触しないように作られている〕）や，③危険又は健康障害を防止するため使用するもの（例：動力プレス用の安全装置，防じんマスクなど）も含まれている。すなわち，この規定は，機械安全の確保だけでなく，安全衛生用製品の信頼性等の確保も目的としている。もっとも，その構造等により，安全衛生に大きな影響を及ぼす機械等を対象としていることに変わりはない。

イ　第42条の対象機械等には，法別表第2で規定されているものと，（①危険有害作業を要するもの，②危険場所で使用するもの，③安全装置等のうち）安衛法施行令で規定されているものがあり，前者は，殆ど全てが個別検定（法第44条関係）又は型式検定（法第44条の2関係）の対象となっており，後者の一部は第33条によるリース規制の対象となっている。

また，これらの一部は，第31条の注文者規制の対象（請負人の労働者に使わせる建設物等による労災防止措置の所定の注文者への義務づけ）や，第88条第1項所定の機械等設置・移転・変更届の対象（①危険有害作業を要するもの，②危険場所で使用するもの，③安全装置等のうち省令所定のもの）ともなっている。

ウ　第42条には，対象機械等が具備すべきものとして「規格又は安全装置」とあるが，令和5年現在，告示で定められているのは規格だけで，安全装置は定められていない。規格の規定方法には2種類あり，旧労基法時代に発せられた告示を本法に基づく告示で引用して効力を与えているもの（例：電気機械器具防爆構造規格）と，本法を直接の根拠として発せられた告示によるもの（例：防じんマスクの規格）がある。

エ　第43条は，動力に駆動される機械等で，作動部分上の突起物（セットスクリュー〔資料66〕，ボルト，キーのように作動部分に取り付けられた止め具等）又は動力伝導部分若しくは調速部分（回転軸，歯車，プーリー〔資料67〕，ベルト，チェーン，スプロケット〔資料68〕等）に厚生労働省令で定める防護のための措置が施されていないものは，譲渡し，貸与し，又は譲渡若しくは貸与の目的で展示してはならないことを定めたものである。この防護のための措置としては，安衛則第25条で作動部分上の突起物を埋頭型とするか覆いを設けること，動力伝導部分か調速部分に覆い又は囲いを設けることが規定されている。

第43条は，機械の防護に関する条約（ILO第119号条

約）第2部の国内担保法でもある。

オ　第43条の2は，第42条（危険作業を伴うもの等で特定機械等以外の機械等の譲渡，貸与又は設置の制限）による譲渡等の制限の対象機械等であって，規格を具備していない等の問題がある場合には，国が製造者又は輸入者に対して回収，改善等を命令することができることを定めたものである。よって，第42条の履行確保を図る規定の性格も持つ。

この命令ができるのは，具体的には，
①個別検定に合格していないのに個別検定合格標章が付された機械等,
②型式検定に合格したが実際には規格等を具備していない機械等,
③型式検定に合格していない型式なのに型式検定合格標章が付された機械等,
④その他規格等を具備していない機械等

を製造者又は輸入者が譲渡及び貸与した場合である。

これは，一旦規格不適合品が流通した場合には，<u>外観上，個々の製品の規格不適合性が確認できなくても（一定割合は規格に適合している可能性があっても），不適合のおそれのある製品群について一括して回収や改善等を命じることのできる制度</u>となっている。

カ　第43条の2の回収等命令制度の対象は，第42条の対象機械等に限られており，特定機械等，第43条の機械等（動力駆動機械等）やそれ以外の機械等は対象に含まれていないので，回収等命令制度のさらなる充実が望まれる。

キ　第44条は，小型ボイラーのように，溶接など工作上の適否について個別に検定を行う必要のある機械について，製造者又は輸入者が個別検定を受けなければならず，これに合格したものだけに付すことのできる個別検定合格標章のない当該機械等を使用してはならないこと等を定めた規定である。

ク　第44条の2は，
①プレス機械（**資料69**）の安全装置のように同型のものが大量に生産され，サンプルについて検定を行えば安全性が確認できるものや,
②保護帽のように検定（破壊試験）を行うことにより検定現品が破損し，又はその性能が劣化する等個別に安全性が確認できないものについて，

その製品の型式（機械等の種類，形状，性能等の組み合わせにおいて，共通の安全性能を持つ1つのグループ）について，製造者又は輸入者が型式検定を受けなければならず，これに合格したものだけに付すことのできる型式検定合格標章のない当該機械等を使用してはならないこと等を定めた規定である。

型式検定では，その対象機械等である限り，たとえ

資料66　セットスクリュー

資料67　プーリー及びベルト

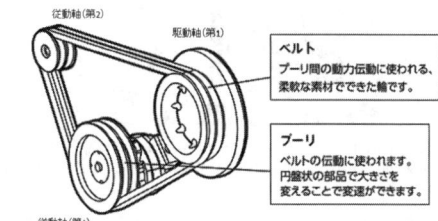

（株式会社ミスミグループWEBサイト〔https://jp.misumi-ec.com/tech-info/categories/technical_data/td06/x0134.html，最終閲覧日：2024年7月8日〕）

資料68　スプロケット及びチェーン

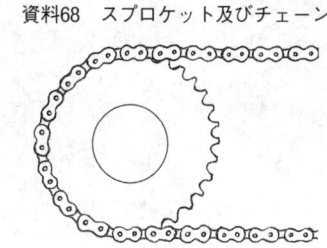

（森山誠也作成）

資料69　プレス機械の例

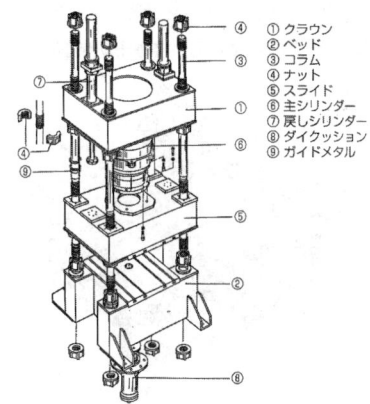

（中央労働災害防止協会『プレス作業と安全』〔2019年〕41頁の図3.2(c)油圧プレス例〔コラム形〕より）

この図の例では，製品を金型の一方をベッドの上面に設置してその上に材料を乗せ，スライドの下面に金型のもう一方を設置した上で，スライドを下降させる。スライドが一番下に到達することで金型が噛み合ってその中の材料が大きな力を受けることとなる。

1品物しか製造等されていなくても，大量生産が想定され，一定の有効期間を有するもので，製造設備等を有する限り，型式検定の対象となり，なおかつ原則と

資料70　プレーナーのテーブル（ストローク端）に対する防護

（厚生労働省配布のリーフレット〔https://www.mhlw.go.jp/bunya/roudoukijun/dl/pamphlet_0415.pdf，最終閲覧日：2023年9月13日〕の図を加工）

材料を取り付けたテーブルがこの図のように左右に運動することにより，テーブルに激突される等の危険が生ずるため，これを防止するため柵等を設ける必要がある。

プレーナーによる加工動画を有限会社埼玉プレーナー工業所のWEBサイトで閲覧することができる（https://blog.planers.co.jp/metal_cutting/planer，写真は動画のスクリーンショット，最終閲覧日：2024年7月4日）。

資料71　丸のこ盤の歯の接触予防装置

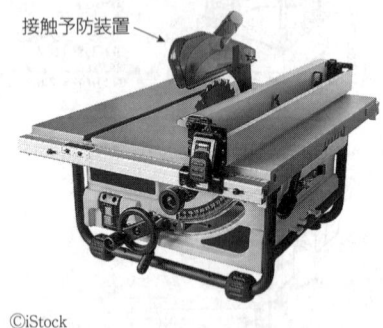

©iStock

して製造設備等も当該検定の対象となる。例えば，事業者が特殊な木材加工用丸のこ盤に取り付ける可動式の歯の接触予防装置（資料71）を特別に自社で製作した場合にも型式検定受検義務が生じる。しかし，このような場合には，機械等検定規則第8条第4項により，製造設備等の検査が省略され，個別検定に近い形での検査が行われる。

ケ　検定は，登録検定機関が行うが，2022年現在，検定可能な機関が複数登録されている機械等（防爆構造電気機械器具など）もあれば，1つ（公益社団法人産業安全技術協会）しか登録されていない機械等（防じんマスクなど）もある。

偽物の流通の防止のためには，検定合格情報の公表が有用であり，現に，公益社団法人産業安全技術協会は自主的に実施している。他の法領域，例えば，電波法とそれに紐付く規則に基づく無線機器型式検定については，総務省が，合格した機器情報の検索サイトを運用している。本法の検定制度においても，公表を義務化・制度化することが望ましいと考えられる。

登録検定機関が存在しないか，登録検定機関が検定業務を休止している機械等については，厚生労働大臣が自ら検定を行うこととなっており，その場合の検定手数料については，労働安全衛生法関係手数料令第4条及び第5条で定められている。個別検定で最も高額な，ゴム等を練るロール機の急停止装置のうち電気的制動方式のものの場合，1基1万3100円，型式検定で最も高額な，動力駆動プレス機械の新規検定の場合，1件48万4100円となっている。

なお，検定対象機械等を外国で製造している者（外国製造者）は，個別検定と型式検定のいずれについても，自ら検定を受けることができる（個別検定について法第44条第2項，型式検定について法第44条の2第2項）。後述するように，貿易摩擦のうち非関税障壁の解消対策の一つ（基準，規格面での対策）として設けられた制度である。

コ　法第42条ないし第44条の2における共通語句について検討するに，「機械等」は，法第20条が定める「機械，器具その他の設備」を意味し，「機械」に人力機械（自転車等）が含まれるか，議論の余地があるが，本法で人力機械を除外していないこと，法第43条も「動力により駆動される機械等」と表現していること，労働省安全衛生部の編著の中の，機械の一般基準を定める安衛則第2編第1章第1節（機械に伴う一般的なリスクを前提に危険防止措置を一般的に定めた部分）に関する解説において，「ここでいう機械は，あらゆる機械を指しており，……人力等の機械を対象外としているわけではない」とされていること[106]等から，私見（森山）は含まれると解する。

危険源となるような「器具」に該当するものとしては，ハンマー，包丁，ロールボックスパレット，ドーリー（資料72）等々様々なものがある。

「危険若しくは健康障害を防止するため使用するもの」，すなわち安全装置等には，プレス機械の光線式安全装置等のような機械のほか，防じんマスク，防毒マスク，絶縁用防護具，保護帽等のような器具が含ま

れる。

「譲渡」及び「貸与」は，有償か無償かを問わない。「設置」は，法第42条の前身に当たる旧労基法第46条（危険作業を要し，規格や安全装置を具備しない機械器具の譲渡，貸与，設置の禁止等の定め）の「設置」に係る法務省の見解を踏襲すれば，「物理的にそなえつける行為」と解され，この違反は状態犯（機械等の違法設置等の一時の行為により犯罪が既遂となり，その後の状態の放置で法益侵害状態が継続するものの，犯罪が継続しているとはみなされず，公訴時効は進行し，別の犯罪を構成しないもの。犯罪の継続が認められる継続犯などと対比される）にあたるだろう。この見解は，設置罪と使用罪（第20条）は，併合罪（一定程度刑の調整は行われるが，別個の罪とされるもの）の関係にあるとする金谷暁判事の見解とも整合する。

　サ　第42条ないし第44条の2の制度史は次の通り。

（府県令はさておき，）国の法令としての機械等の流通規制の嚆矢は，汽罐取締令（昭和10年4月9日内務省令第20号）であり，これが現在の特定機械等の規制の基礎となった。この時既に，汽罐の構造要件は告示に委任されており，その後告示から日本標準規格（JES）まで委任の範囲が拡大した経緯がある。

昭和22年から安衛法制定前まで，労基法で労働安全衛生を規定していた時期は，労基法旧第46条で機械安全に係る流通規制がなされており，ここに特定機械等の規制も含まれていた。

この規定は，労基法の草案段階（第8次案まで）では，「危険な作業を必要とする機械器具は安全装置を具備しなければ譲渡又は貸与若しくは設置をしてはならない」というものだったが，その後（第8次修正案の段階になり），「危険な作業を必要とする機械器具は必要な規格又は安全装置を具備しなければ譲渡又は貸与若しくは設置をしてはならない」と改められた（いずれも名宛人なし）。その結果，労基法上，圧機の安全装置のように，安全装置のみを対象に"規格"が定められる一方（旧安衛則第36条第1項），譲渡・貸与者に「圧機に安全装置を具備せよ」とは規定されないという歪な事態が生じることとなった。

当時，旧労基法第46条とともに流通規制を担ったのは，旧法第45条（使用者を名宛人とする法第42条や第43条，労働者を名宛人とする第44条の定めの命令への委任規定。このうち第42条は，機械器具等の設備，原材料，ガス・蒸気・粉じん等による危害防止措置を定めていた）に基づく労働省令（旧安衛則第2編等）であった。すなわち，旧労基法第45条に基づく旧安衛則第183条の2（昭和24年11月16日労働省令第30号で追加）は，防じんマスク，防毒マスクについては，安衛法制定前の時点で既に，労働者に使用させるため備え付けるべき保護具は，労

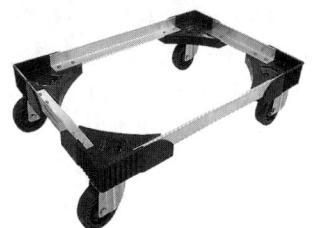

資料72　ドーリー

（株式会社ワコーパレット提供）

働大臣の定める規格に適合し，検定に合格したものでなければならない旨規制していた。また，旧安衛則第140条の7（昭和36年9月30日労働省告示第42号で追加）により，防爆構造電気機械器具についても，同様の規制が敷かれた。使用者を対象とする使用制限であり，譲渡等の規制ではないものの，準流通規制といえる。

これらが旧労基法第46条に基づく規制とされなかったのは，安全器具そのもの又は安全機能を備えた器具であって，同条が定める「危険な作業を必要とする機械及び器具」に該当しなかったためと思われる。

昭和47年の安衛法制定により，これらの流通規制が第5章第1節として再編されるとともに，流通規制の対象となる機械等が新たに追加された。

当初，検定は第44条のみで規定されていたが，昭和51年12月にとりまとめられた中央労働基準審議会の部会報告で，大量生産され，型式ごとに現品と製造・検査設備等の調査により安全性を確認できる等，個別検定になじまないものを異別扱いし，逆に，溶接工作等の適否がその機械等の安全性に重大な影響を及ぼすものは，個別検定の対象とする趣旨で，昭和52年改正により，個別検定は第44条による規制，型式検定は第44条の2による規制に分離された。これは，実際には従前から行われていた取扱いの追認的な規定である。

昭和58年には，貿易摩擦問題の一環である非関税障壁の一つにわが国の規格，基準，検査手続きがあると指摘され，外国事業者による型式承認等の取得の円滑化のための関係法律の一部を改正する法律が制定され，通常は国内にある輸入業者ではなく，外国製造者が自ら検定（型式検定と個別検定の双方）を受けられる（その場合，国内輸入業者は重ねて検査を受ける必要がなくなる）よう改正が行われた。その趣旨は，外国製造者が日本の各種認証を取得するための手続きにおいて，国内の者と実質的に同等条件で直接参加できる途を法制度的に確保することにあった。

昭和63年には，第7次労働災害防止計画の効果的な実施の観点から，中基審の答申を受けて安衛法が改正され，第43条の2（特定機械等以外の機械等で検査合格の虚偽表示がされたもの等を譲渡・貸与した製造・輸入者に対する回収／改善命令）が追加された。

平成15年には，公益法人改革に伴い，それまで安衛法施行令で規定されていた機械等のうちの一部（ほぼ検定対象となる機械等と一致する）を安衛法別表第2に規定する改正が行われた。この際，法第42条（特定機械等以外の機械等であって，別表第2で定めるか，危険有害作業を伴うもの等のうち政令で定めるものにつき，所定の規格や安全装置を具備しないものの譲渡，貸与又は設置を禁じる規定）の規制対象物のうち，法第44条（施行令第14条），第44条の2（施行令第14条の2）等に定める検定対象となるもの（15の機械等）は，一斉に移行させ，検定対象とならないものは政令に残した。その後，電動ファン付き呼吸用保護具が追加され，現在，別表第2には16の機械等が定められている。

なお，別表第2掲載物のうち個別検定（法第44条，施行令第14条）対象物は別表第3に，型式検定（法第44条の2，施行令第14条の2）対象物は別表第4に分けて掲載されている（別表第2掲載物が，種別に応じて別表第3，第4に分割して再掲されているということ）。

これらの一部は，法第31条（仕事を自ら行う特定事業の注文者が，請負人の労働者に使用させる物〔建設物，設備や原材料〕を構造規格等に適合させる等，労災防止上必要な措置を講じるべき旨の定め）や法第88条（一定の機械等の設置，移転，変更に際して労基署長に届け出を行うべき旨の定め）の規制対象物とも重なる。

別表第2の規定の一部は，施行令第13条に委任されている。

平成26年には，WTOの対日審査結果でのTBT協定（その6.4は，各加盟国が自国の適合性評価機関と比べ不利でない条件で他の加盟国に立地する適合性評価機関にも当該評価手続きへの参加を認めるよう奨励している）との関係に関わる指摘を受け，従来は国内機関しか登録できなかった検定機関について，外国機関も，製造時等検査（製造検査・使用検査・溶接検査・構造検査などの初期的な検査〔法第38条，ボイラー及び圧力容器安全規則等の相当法条〕），性能検査，個別検定，型式検定を行える検査・検定機関として大臣の登録を受けられるよう安衛法が改正され（平成26年6月25日法律第82号），翌年施行された。

シ　第42条から第44条の2は，労使関係を超え，機械等の製造・流通段階に適用範囲を拡大しているが，現行安衛法が第1条で「職場における労働者の安全と健康の確保及び快適な職場環境の形成の促進」を目的としていることとの整合性が問われる。

これについては，建設アスベスト訴訟（神奈川第1陣）事件・最判（最1小判令3・5・17民集75巻5号1359頁）が，本法は，「快適な職場環境（平成4年法律第55号による改正前は「作業環境」）」の形成促進も目的に掲げているので，非労働者が，労働者と同じ場所で働き，健康障害を生ずるおそれのある物を取り扱う場合に，爆発物，発火物，ベンゼン等所定の危険有害物の譲渡提供者に容器へのラベル等によるハザードやリスクの表示義務を課した安衛法第57条が，非労働者を「当然に保護の対象外としているとは解し難い」と判示したことや，一定の危険を伴う特定業務への無資格者の就業を禁ずる法第61条第2項の名宛人（同条第1項が事業者を名宛人として無資格者を就業させてはならない旨定めているのと対になっている）について，昭和49年に労働省労働基準局長が「労働者のみではなく，個人事業主や一人親方等も含まれるが，労働安全衛生法第61条第2項の規定が，産業労働の場以外の場における同条第1項の業務についても適用されるものではない」という旨の通知（昭和49年6月25日付け基収第1367号）をしていること等を併せて考えると，<u>第42条ないし第44条の2についても，産業労働の場で働く限り，労働者及び労働者と同じ職場で働く者の双方が保護対象になると解される。</u>

ス　ILO第119号条約は，機械安全に関する包括的な条約であり，本法では，第43条（動力駆動機械等の譲渡，貸与等の制限）のほか，第20条，第26条等が国内担保法となっている。

同条約は，1963年の第47回国際労働会議で採択され，1965年に発効し，日本では，本法施行により1973年に批准されて翌1974年に効力が生じた。近年のILO懇談会での同条約に関する議論では，日本労働組合総連合会（連合）から，

①機械の包括的な安全基準に関する指針（平成19年7月31日基発第0731001号）（機械等の製造流通業者らが，製造段階で講じるべき措置と，事業者が事業場で講じるべき措置〔リスク調査等〕の両者を定めている）の法規制への格上げ（2005年），

②機械等の譲渡・貸与者による使用上の情報提供の義務化（2015年），

が主張されてきた。

同条約は，国際労働基準の見直しのため開催されたカルティエ委員会（1995年～2002年）において改正の必要が指摘されて理事会でも改正が決議され（ただし現段階まで未改正），1998年には，フィンランド及びドイツから，EUのガイドラインに沿ったより包括的なアプローチを採用すべきとの意見が示される等している。

セ　第42条から第44条の2の運用状況（適用の実際）は次の通り。

労働基準監督署による過去10年間（平成23年～令和2年）の定期監督等では，毎年，第42条ないし第43条の2違反指摘（行政指導）が合計22～59件，第44条又は第44条の2の違反指摘（行政指導）が合計1～10件生

じていた。

　労働基準監督官による過去10年間（同前）の送検事件状況（送検時の主たる適用条文で分類し，複数条文に違反していても1件としてカウント）の統計をみると，第42条違反が平成23年に1件，第43条違反が平成24年及び平成25年に各1件，その他は無しであった。

　平成15年から平成24年6月までの間に第43条の2による回収・改善命令の発令件数は，検定対象機械等で3件，それ以外の機械等で15件であった。

　具体的な刑事事件の例としては，平成5年に，タンク内の薬品の容量などを量る静電容量式レベル計（レベルとは，気体と液体などの境界面のことで，レベル計とは，液面の高さの測定器などを意味する。静電容量式とは，電気を貯める能力の測定により，そうした液面等の高さを測る計器）につき，防爆構造電気機械器具であったのに型式検定を受検せず，かつ偽造の型式検定合格標章を付し，昭和61年12月から平成3年9月までに約70台を全国の食品・化学会社などに約25万円で販売していた大阪府のメーカーが，大阪労働基準局に第44条の2違反で書類送検された例がある（当該静電容量式レベル計は，大阪労働基準局の指導により全て回収された）。

　行政措置では，平成16年に，防爆構造電気機械器具の設計変更に伴う型式検定の受け直しをしないまま製品を製造し，型式検定合格標章を付して販売していた東京都のメーカーに対して厚生労働大臣が回収等を命じた例がある。また，平成22年には，福岡県のスーパー銭湯の円柱型ボイラー（小型ボイラー）が破裂して100m離れた建物に突き刺さった事故（負傷者なし）を端緒として，当該小型ボイラーが個別検定未受検でかつ構造規格に違反していたこと（不適合材料の使用，曲げ応力の強い部分に溶接がなされていた等），また，ユーザー側に当該機械が小型ボイラーであることや，取扱いに必要な資格等を明示していなかったことが明らかとなり，福岡労働局長が回収等を命じた例がある（製造者は平成23年に第42条違反で書類送検された）。

　このほか，型式検定に合格した防爆構造電気機械器具や防じんマスクなどであって，製造過程での問題等によって構造規格に違反することとなったものが流通したことが，厚生労働省による買取試験やメーカー自身からの自主報告などで発覚し，命令によらず行政指導レベルで回収が行われた事例等が，隔年ないし年に数件程度発生している。

　ソ　厚生労働省による流通製品の取締りのため，昭和46年から欠陥機械等通報制度が設けられており，特段の法的根拠はないが（それ故に補修等の指導に従わない製造業者もあったという），労働基準監督署の災害調査等で見つかった欠陥のある機械等について，製造者の所在地を管轄する都道府県労働局に通知し，製造者に立入調査し，設計変更，回収や補修等の改善指導等をするもので，特定機械等や第42条の対象機械等（特定機械等以外の危険な作業を伴うもの等の機械等）のほか，流通規制に係らない機械等も広く対象としている。第7次労災防止計画（昭和63年3月公示）で，流通段階における安全衛生の確保の重要性が示唆された際にも意識されていた制度と解される。昭和46年から昭和60年にかけて，プレス機械36件を筆頭に，繊維機械31件，食品製造機械30件，研削機19件，ボイラー19件等，合計で356件の改善件数が報告されている。

　また，社会復帰促進等事業の一環として，市場に流通している防じんマスク，防爆構造電気機械器具，墜落制止用器具等の買取試験を実施し，不良品があれば公表し，製造者及び輸入者に指導等を行っている。令和3年度には，じん肺等対策事業の一環で，呼吸用保護具等の買取試験が，機械等に起因する災害防止対策費の一環で防爆構造電気機械器具の買取試験が行われたほか，墜落制止用器具の性能確認のための買取試験も行われた。

　タ　譲渡等の制限違反は，中古品の取引でも発生しており，オークションサイトで覆いの無いグラインダーが売りに出されているケースや，違法なエレベーターが設置された建物が事業者に譲渡されるケースなどがある。

　チ　構造規格の改正に際して設けられる経過措置に伴い必然的に生じる合法な既存不適合機械等については，助成金等で買換えや改修を促す施策が講じられることがある。例えば，国の制度として，フルハーネス型の墜落制止用器具への買い換えや，つり上げ荷重3t未満の移動式クレーンへの過負荷防止装置（荷重計でないもの）（資料73）の取り付けを促進するための既存不適合機械等更新支援補助金がある（建設業労働災害防止協会が執行団体）。

　ツ　検定（法第44条〔個別検定〕，第44条の2〔型式検定〕）の対象となっていない機械等の規格適合性については，基本的にメーカー側で自己適合宣言がなされる場合があるにとどまるが，一部の規格については民間認証が行われている。例えば，型わく支保工用のパイプサポート等の規格，鋼管足場用の部材及び附属金具の規格等については，一般社団法人仮設工業会が型式認証を行っている（むろん，この民間認証制度に法的な強制力は無い）。

　テ　機械安全については，家内労働法の方が安衛法より先進的であり，委託者には，法第17条で，委託業務に関して，機械器具や原材料等の物品を家内労働者に譲渡，貸与，提供する時は，所定の危害防止措置を講じるよう定め，機械等の譲渡等に関する具体的な定めは，家内労働法施行規則の第10条ないし第14条に置

資料73　クレーンの過負荷防止装置

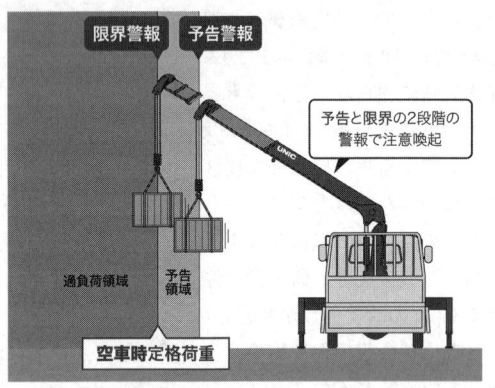

（古河ユニック株式会社WEBサイト〔https://www.furukawaunic.co.jp/products/details/uru600h/，最終閲覧日：2024年6月19日〕）

かれており，かなり網羅的で充実した内容になっている。そこには，家内労働者に貸与するプレス機械等に検定合格品の安全装置を設けなければならず（第11条），家内労働者に貸与する原動機等には覆い等を設けなければならず（第13条），機械等の貸与にあたってはその使用上の情報を提供しなければならない（第14条）等の規定がある。

また，家内労働者自身やその補助者にも一定の危害防止措置を義務づけている（法第17条第2項，第3項や，施行規則の関係規定）。

ト　労働者災害補償保険法の第三者行為災害には，第三者である機械製造者が製造した機械の瑕疵による災害が含まれるが，政府統計（労働者災害補償保険事業年報）においてその発生状況等を窺うことはできなかった。

ナ　本法所定の検査・検定制度は，平成15年に国会で取りあげられたことがあり，当時民主党に所属していた大島敦議員から，メーカー側ではなくユーザー側が検査・検定を受けるべき等といった批判がなされた。ユーザー側の方が労災防止のモチベーションが高く，検査・検定の質で検査・検定機関を選択するはずという趣旨の主張だが，政府側からは，製造・流通段階での機械等の安全確保についての趣旨が説明され，この批判を受けた法改正が行われることはなかった。

現に，型式検定では，製造設備や検査設備等も審査対象となるし，検査対象となる機械等（サンプル）を使用不能にすることもある。また，型式検定対象のような大量生産品について，ユーザーがバラバラに検定を受けるのは現実的ではないし，三柴が唱えるリスク創出者管理責任負担原則とも整合しない。

ニ　本稿では及ばなかったが，第42条から第44条の2に関連する残された調査検討課題として，安衛則等省令レベルでの機械安全規制の状況，製品安全にかかる規制や製造物責任法にかかる民事法理など機械安全にかかる分野横断的な規制状況，機械安全やその標準化に貢献する技術開発状況，製造流通規制のための法的・政策的手法，JIS B9700（ISO12100）の法制化の是非とあり方等が挙げられる。

ヌ　前述の通り，検定制度の対象となっていない機械等については，自己適合宣言が行われる場合があるにとどまっており，結果的に信頼ある老舗メーカーのものを買わざるを得ないという状態になっているので，認証制度の充実が必要である。

また，機械安全全般にJIS（ISO）等の機械安全規格から法規制が遅れており，少なくともその水準に達するような法規制の充実化が求められる。

13　淀川解説②（第5章第1節第44条の3～第54条の6）

淀川解説②は，第5章第1節のうち，主に，リスクを伴う機械等の本質的安全化を図るための検査機関等及びその業務の適正確保を図る条規のうち，第44条の3から第54条の6を対象としている。このうち法第44条の3から第45条はやや異質で，第44条の3は，型式検定の有効期間を定め，第44条の4は，規格外が事後的に判明した場合等の大臣による裁量的な失効措置を定め，第45条は，事業者による定期自主検査を定めている。

概要は以下の通り。

ア　法第44条の3は，第1項で，型式検定合格証の有効期間を機械等の種類に応じて省令で設ける旨を定め，第2項で，当該有効期間の更新を求める者は，省令の定めに従い，型式検定を受けるべき旨を定めている。

型式検定[108]は，大量生産品や，製品を破壊しないと検査が難しい（要破壊検査）等の事情がある製品について，一定の安全性能を確保するため実施するもので，サンプル（計画された抜き取り等）や製造・検査設備等を検査するものだが，製造・検査の設備や体制等に変化が生じ得るため，有効期間を設けることで，製造者の品質管理の安定を図ると共に，関係規格が改正された際の既存不適格を抑え，更新検定合格により，合格証の有効期間が更新されることとした（検定則〔機械等検定規則〕第11条）。

EUの機械指令に基づく型式検定，呼吸用保護具の型式認証（FFP2）の有効期間は5年である。アメリカNIOSHによる呼吸用保護具の認証に有効期間はないが，概ね2年に1回検査官が製造工場に立ち入り，品質管理の状況を監査する仕組みが採られている。日本の型式検定制度にこうした立入監査制度は組み込まれていないが，必要な場合の国の立入権限は法第96条第1項で担保されている。

イ 型式検定合格証の有効期間は，3年と5年に分かれる。

3年のものには，ゴム，ゴム化合物等を練るロール機の急停止装置のうち電気以外の制動方式のもの，プレス機械やシャーの安全装置，防爆構造電気機械器具（船舶安全法適用対象を除く），クレーン等の過負荷防止装置，丸のこ盤の歯の接触予防装置のうち可動式のもの，動力駆動プレス機械のうちスライドによる危険防止機構を有するもの，交流アーク溶接機用電撃防止装置，一定以上の電圧に耐える絶縁用保護具や絶縁用防具，一定の保護帽が該当し，

5年のものには，一定の防じんマスク，省令所定の防毒マスク，電動ファン付き呼吸用保護具が該当する。

解釈例規によれば，本条に言う「型式検定合格証の有効期間」とは，あくまで型式についての有効期間であって，合格した型式であって現に使用中の機械等の有効期間を意味しない（昭和53年2月10日基発第77号）。また，その型式の機械等の製造や輸入の有効期間を言い，有効期間内に製造等された機械等の販売や一部の補修の有効期間を意味しない（平成7年12月27日基発第417号）。

ウ 本条は，昭和52年法改正（同年7月1日法律第76号）で，検定が個別検定と型式検定に区分された際に追加された規定である。昭和47年の本法制定時点で型式検定の有効期間は定められていなかったが，同法制定時に同法に基づき定められた機械等検定規則（昭和47年9月30日労働省令第45号）第7条には，型式検定の有効期間（防じんマスク及び防毒マスクにつき5年，その他の機械等につき3年）が定められていた。

エ 本条の運用等についてみるに，本条に基づく措置ということではないが，型式検定対象機械等については，厚生労働省が市場買取試験を継続的に実施しており，墜落制止用器具など型式検定対象以外も対象としている。

オ 本制度の要改善点として，登録型式検定機関の間での検定実施結果に関する情報の引継ぎがある。現段階でも，国が検定を行わざるを得なくなった場合の登録検定機関から厚労大臣への情報引き継ぎの規定はあるが（法第54条の2で準用する第53条第2項），新規検定（や前回更新検定）と更新検定で検定実施者が異なる場合，先の検定関係情報が新たな検定実施者に引き継がれるよう，また，検定実施結果情報を国のサーバーに集積して新たな検定実施者がそれにアクセスできるよう法令を整備する必要がある。[109]

カ 法第44条の4は，以下の3つの場合を前提に，大臣による型式検定合格証の裁量的な失効処分について定めている。

一 合格した型式の機械等の構造，機械等の製造／検査設備等が所定の基準不適合と判明した場合，
二 外国製造者が合格した型式以外の機械等に合格表示やそれと紛らわしい表示をした場合，
三 型式検定に関連して，外国製造者の事業場や合格した型式の機械等やその製造／検査設備等がある場所で，大臣が職員をして質問，物件検査をさせようとしたのに，拒否ないし虚偽回答等された場合。

キ たとえ，型式検定に合格しても，実際に製造された機械の構造等が基準不適合である場合（基本的には，合格した型式自体の不備ではなく，その型式を前提に製造等された機械等の不備を想定している）等を前提に，型式検定合格証の失効処分の権限を大臣に付与したものである。

本条第1号は，国内製造者・輸入者，外国製造者ら，型式検定を受けた者全てを対象としているが，第2号・第3号は，型式検定を受けた外国製造者のみを対象としている。

国内製造者・輸入者に同様の事由が発生した場合には，法第119条第1号（法第44条の2第7項違反）や第120条第4号（法第96条第1項違反）の罰則を適用できることによる。第2号・第3号は，外国製造者の国外での行為には国内法で処罰し得ないため（刑法第1条～第4条，第8条），合格証の失効処分をもって代える趣旨で設けられた。

ク 本条は，特に1980年代初頭に生じた貿易摩擦問題の一つとして諸外国から強く批判された非関税障壁への対応のため，1983（昭和58）年に示された政府方針「基準・認証制度の改善について」に基づき行われた16法律の一括改正（一括法〔昭和58年法律第57号〕）で新設された。

その目的は，外国製造者のわが国での各種認証の取得手続きにつき，国内の者と同等条件での直接参加を確保することにあった。

ケ 法第45条は，

第1項で，事業者に，ボイラー等（施行令により車両系建設機械・フォークリフト及び高所作業車などが該当）の機械等につき定期自主検査を行い，結果を記録するよう義務づけ，

第2項で，第1項の定期自主検査のうち建設機械（油圧ショベルなど）や荷役運搬機械（フォークリフトなど）等を対象とするものを特定自主検査と呼び，自身の労働者のうち省令所定の資格保有者に行わせる（事業内検査）か，所定の要件を充たす検査業者に行わせる（検査業者検査）かのいずれかとするよう義務づけ（**資料74**を参照されたい）（特定自主検査の対象機械は定期自主検査の対象機械の一部だが，両検査は目的も検査項目も異

資料74

特定自主検査を実施しましょう。
特定自主検査の普及・促進が、安全確保の第一歩です。

■建設機械・荷役運搬機械などには、労働安全衛生法により定期自主検査が義務づけられています。

定期自主検査

■荷役運搬機械
　ショベルローダー
　フォークローダー
　ストラドルキャリア

■建設機械
　★整地・運搬・積込み用機械
　　ブルドーザー
　　モーター・グレーダー
　　トラクター・ショベル
　　ずり積み機
　　スクレーパー
　　スクレープ・ドーザー
　★締固め用機械
　　ローラー
　★掘削用機械
　　パワー・ショベル
　　ドラグ・ショベル
　　ドラグライン
　　クラムシェル
　　バケット掘削機

　★解体用機械
　　ブレーカ
　　鉄骨切断機
　　コンクリート圧砕機
　　解体用つかみ機
　★基礎工事用機械
　　くい打機
　　くい抜機
　　アース・ドリル
　　リバース・サーキュレーション・ドリル
　　せん孔機（チュービングマシンを有するものに限る）
　　アース・オーガー
　　ペーパー・ドレーン・マシン
　★コンクリート打設用機械
　　コンクリートポンプ車

フォークリフト
不整地運搬車

特定自主検査

■その他の機械類
　クレーン
　ボイラ

■高所作業車　■動力プレス

■車両系建設機械・フォークリフトなど（動力プレス）にも、自動車の車検制度に似た検査制度があります。

上表に示すような、労働安全衛生法（施行令）で指定された一定の機械については、定期自主検査（年次・月次など）を行う必要があります。

■特定自主検査とは

定期自主検査を行わなければならない機械のうち、建設機械（油圧ショベルなど）や荷役運搬機械（フォークリフトなど）等、特定の機械については、1年以内に1回（不整地運搬車は2年に1回）、一定の資格を持つ検査者の検査を受けなければなりません。

この検査を「特定自主検査」といいます。

（新潟労働局WEBサイト〔https://jsite.mhlw.go.jp/niigata-roudoukyoku/library/niigata-roudoukyoku/hourei_seido_tetuduki/roudouanzeneisei/h27/270601tokutei_jishukensa.pdf、最終閲覧日：2023年10月11日〕）

なるため、特定自主検査の方が詳細な検査ではあるが、それが行われても定期自主検査が免除されるわけではない）、

第3項で、厚労大臣が自主検査の実施を支援するための指針（自主検査指針）を公表する旨を定め、

第4項で、厚労大臣が、事業者、検査業者等に自主検査指針に関する指導を行い得る旨を定めている。

コ　本法は、ボイラー等の特定機械等について、製造時、輸入時、設置時、変更時の検査（法第38条～第40条等）を義務づけたうえ、使用過程でも、事業者が、一定期間ごとに行政機関や検査機関の検査（法第41条〔有効期間を更新するための性能検査〕等）を課している。また、特定機械等に当たらないが、その他危険有害な作業を必要とする機械等についても、一定の規格又は安全装置を具備しなければ譲渡、設置等をしてはならないこととしている（法第42条、第43条、第43条の2、第44条、第44条の2、第44条の3等）。

本条は、こうした規制に加えて、事業者自らが使用過程の一定期間ごとに主要構造や機能の安全性について検査することで、より綿密な安全性確保を図ったものである。

サ　本条に基づき安衛法施行令第15条第1項で事業者に定期自主検査が義務づけられている機械は、次の通り。

①ボイラー（一部除く）
②第1種圧力容器（一部除く）
③つり上げ荷重3t以上（一部除く）のクレーン
④つり上げ荷重3t以上の移動式クレーン
⑤つり上げ荷重2t以上のデリック
⑥積載荷重1t以上のエレベーター
⑦ガイドレールの高さ18m以上の建設用リフト（積載荷重0.25t未満除く）
⑧ゴンドラ
⑨活線作業用装置（一定以上の電圧の充電電路で用いられるものに限る）
⑩活線作業用器具（一定以上の電圧の充電電路で用いられるものに限る）
⑪フォークリフト
⑫所定の建設機械で、動力駆動型で不特定の場所に自走できるもの
⑬つり上げ荷重0.5t以上3t未満（一部除く）のクレーン
⑭つり上げ荷重0.5t以上3t未満の移動式クレーン
⑮つり上げ荷重0.5t以上3t未満のデリック
⑯積載荷重0.25t以上1t未満のエレベーター
⑰ガイドレールの高さが10m以上18m未満の建設用リフト
⑱積載荷重0.25t以上の簡易リフト
⑲ショベルローダー
⑳フォークローダー
㉑ストラドルキャリヤー
㉒不整地運搬車
㉓作業床の高さ2m以上の高所作業車
㉔第2種圧力容器（一部除く）
㉕小型ボイラー（一部除く）

資料75　⑨活線作業用装置

（株式会社タダノ WEB サイト〔https://www.tadano.co.jp/products/skyboy/at-147ce/index.html, 最終閲覧日：2024 年 7 月 24 日〕）

資料78　⑲ショベルローダー

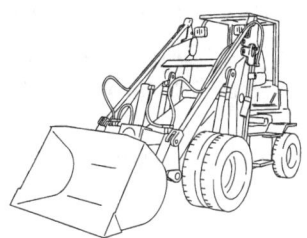

（厚生労働省「ショベルローダー等運転技能講習補助テキスト」〔https://www.mhlw.go.jp/content/11300000/001006480.pdf, 最終閲覧日：2024 年 7 月 17 日〕）

資料81　㉒不整地運搬車

資料84　㉟巻上機

（日本ホイスト株式会社 WEB サイト〔https://www.nipponhoist.co.jp/product/hoist/, 最終閲覧日：2024 年 7 月 2 日〕）

資料76　⑩活線作業用器具

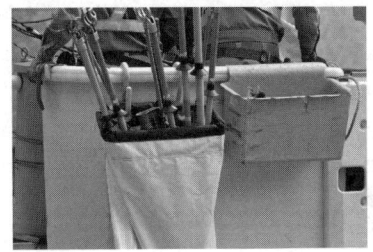

資料79　⑳フォークローダー

（資料78に同じ）

資料82　㉓高所作業車

資料85　㊲特定化学設備（イメージ）

（角田淳氏のブログ〔安全教員センター WEB サイト　https://www.anzen-pro.com/blog/column/postid_3099/, 最終閲覧日：2024 年 6 月 14 日〕）

資料77　⑱簡易リフト

（厚生労働省「職場のあんぜんサイト」〔https://anzeninfo.mhlw.go.jp/hiyari/hiy_0302.html, 最終閲覧日：2024 年 10 月 22 日〕）

資料80　㉑ストラドルキャリヤー

資料83　㉛遠心機械

（株式会社トミー精工 WEB サイト〔https://bio.tomys.co.jp/products/centrifuges/low-speed_benchtop_centrifuge/, 最終閲覧日：2024 年 7 月 8 日〕）

㉖小型圧力容器（一部除く）

㉗絶縁要保護具（一定以上の電圧の充電電路で用いられるものに限る）

㉘絶縁用防具（一定以上の電圧の充電電路で用いられるものに限る）

㉙動力駆動型のプレス機械

㉚動力駆動型のシャー

㉛動力駆動型の遠心機械

㉜化学設備（配管除く）及びその附属設備

㉝アセチレン溶接装置及びガス集合溶接装置（一部除く）

㉞乾燥設備及びその附属設備

㉟動力車及び動力駆動型巻上装置のうち軌条（レール）により人や荷を運搬するためのもの（一部除く）

㊱局所排気装置、プッシュプル型換気装置、除じん装置、排ガス処理装置、排液処理装置等のうち省令所定のもの

㊲特定化学設備及びその附属設備

資料86　㊳透過写真撮影用ガンマ線照射装置

（厚生労働省「職場のあんぜんサイト」〔https://anzeninfo.mhlw.go.jp/anzen_pg/sai_det.aspx?joho_no=100440，最終閲覧日：2024年9月12日］）

㊳透過写真撮影用のガンマ線照射装置

自主検査については，本条第3項に基づき，17の自主検査指針が公表されている。最初に公表されたのは，移動式クレーンの定期自主検査指針（昭和56年12月28日自主検査指針公示第1号）で，最新のものが，車両系建設機械の定期自主検査指針（安衛則第167条の自主検査に係るもの）（平成27年11月6日自主検査指針公示第20号）である。

シ　他方，本条第2項に基づき，施行令第15条第2項によって特定自主検査の対象とされている機械等（本条第1項による定期自主検査の対象機械等より危険性ないし検査に要する専門性が高く，所要の資格や専門検査業者による特殊な検査を要するもの。定期自主検査の対象機械の一部であり，プレス機を除き，特定機械等や特定機械等以外の機械とはあまり重ならない）は，次の通り。
①フォークリフト
②所定の建設機械で，動力駆動型で不特定の場所に自走できるもの
③不整地運搬車
④作業床の高さ2m以上の高所作業車
⑤動力駆動型のプレス機械

1年以内に1回の実施を基本とする定期自主検査のうち，上記5種の機械を対象とし，事業者が使用する一定の資格者か一定要件を充たす検査業者に実施させねばならないものが，特定自主検査である（安衛則第135条の3第1項ほか。不整地運搬車の場合2年以内に1回で構わない）。

例えば，動力プレス機械（通常の手動プレス機械とは異なり，電動モーターなどの外部動力を使用して動作することで操作が自動化され，高い精度と速度で作業を行うことができる。大量生産や精密な加工が求められる場合に適しており，自動車部品製造等に広く使用されている）の特定自主検査の実施に必要な資格は，大学等で工学に関する学科を専攻して卒業する等してその点検や整備業務に2年以上，又はその設計や工作業務に5年以上従事した者（その他，それより学歴が低くても実務経験が長い者）等であって，大臣所定の研修を修了した者となってい

る（安衛則第135条）。

特定自主検査を終えた機械には，事業者が検査標章をはり付けねばならない（安衛則第135条の3第4項）。

ス　事業者が，本条に違反して，定期自主検査を行わないか，実施の結果記録しない，特定自主検査を有資格者や専門検査業者に行わせない場合，50万円以下の罰金に処せられる（法第120条第1号）。

セ　沿革をみるに，昭和22年に制定された旧安衛則において既に，乾燥室作業主任者の職務として，乾燥室の電気設備の点検（第164条第10号），内圧容器（現行法上の第2種圧力容器）につき，特に名宛人を定めず，毎年1回以上の点検及び内外の掃除（第168条），同じく揚重機（現行法上のクレーン）の定期検査（第359条，第360条），軌道装置の定期検査（第430条，第431条）等が定められていた。

昭和34年のボイラ及び圧力容器安全規則（同年労働省令第3号）では，おそらく安衛則から引き継いで，第2種圧力容器の年次点検（第73条）と小型ボイラの年次点検（第79条）が定められ，昭和37年のクレーン等安全規則（同年労働省令第16号）でも，揚重機関係の定期検査等が安衛則から引き継がれたようだ。

現行安衛法に本条が設けられた時点では，定期自主検査に関する現行第1項のみだったが，昭和52年改正（昭和52年7月1日法律第76号）で第2項から第4項が追加され，特定自主検査と検査業者の制度が設けられた（前者は第2項，後者は第54条の3～第54条の6）。その後，平成2年の政令改正で，定期自主検査と特定自主検査の対象機械等が追加されている（特定自主検査の対象機械は，38種ある定期自主検査の対象機械の一部。プレス機を除き，特定機械等や特定機械等以外の機械とはあまり重ならない）。

ソ　本条（法第45条）の適用の実際をみるに，厚生労働省監督課の「労働基準関係法令違反に係る公表事案」（令和3年8月1日から令和4年7月29日分）では，本条違反での送検は0件であり，それ以前も少数（1桁台前半）にとどまっていた（令和2年5月1日～令和3年4月30日分に見られた1件は，化学設備にかかる定期自主検査の不実施の事例であった）。

対して，厚生労働省労働基準局の「労働基準監督年報」によれば，送検件数はやはり少数だが，是正勧告等の行政指導の件数は，ここ最近6000件台～7000件台で推移している。

令和2年度厚生労働科学研究による行政官・元行政官向け法令運用実態調査（三柴丈典担当）では，以下のような見解が見られた。
・プレス機械やフォークリフトのように特定自主検査と定期自主検査の双方が課されている対象機械につき，特定自主検査が実施されていない場合，殆ど定期

自主検査も実施されておらず、そのような場合、監督行政としては、両者の違反指摘のほか、前者のみの違反指摘を行う場合もある。

・フォークリフトにつき、所要の資格者や専門検査業者による特定自主検査が実施されていない事案が多く見受けられる。

安衛則第151条の21は事業者にフォークリフトの定期自主検査を義務づけ、第151条の24は特定自主検査を義務づけているところ、後者だけの違反とするのは、検査自体は実施していたが、有資格者らに行わせていない場合に限定している。

・フォークリフトのほか、特定化学設備等やクレーンにかかる検査規定違反が指摘されることもある。後者については、おそらく検査自体は行われていたが、クレーンの定期自主検査指針違反（おそらく検査の方法違反）が認められ、検査方法等を定めたクレーン等安全規則第34条違反が指摘された。フォークリフトについても、検査のサイクル（期日）違反等を理由とする安衛則第151条の21（フォークリフトの定期自主検査につき期日や方法等を詳細に規定）の適用例がある。

専門情報誌（労働新聞や安全スタッフ）には、以下のような送検事例が掲載されている。

【定期自主検査義務違反の例】

1）自社の運転手に特別教育を受けさせないままトラクター・ショベルを運転させ、委託事業場の労働者を死亡させた災害を契機に、当該機械の定期自主検査義務違反も見つかり、本条違反の疑い等で書類送検されたケース（2017年11月16日、八代労基署）。

2）会社が所有し、定期自主検査が行われず、前後の照灯が備え付けられていないフォークリフトを関連会社労働者に運転させていたところ、作業場（資材置き場）から道路にはみ出してトラックに衝突する災害を生ぜしめ、同社とその営業部長補佐が本条違反等の疑いで書類送検されたケース（2019年3月14日、豊橋労基署）。

3）1カ月以上使用していなかった移動式クレーンを再度使用する際に法定自主検査を実施せず、当該クレーンに吊られていた鉄板が落下して、別法人の労働者が死亡する災害の発生を契機に、会社とその代表取締役が本条違反容疑で書類送検されたケース（2019年8月6日、小樽労基署）。

【特定自主検査義務違反の例】

1）労災の発生を契機に、他支店の有資格者の名義を無断で用いて無資格者にドラグ・ショベルの特定自主検査を行わせていた疑いが生じ、機械リース業者とその支店長が本条違反で書類送検されたケース（福岡東労基署）。

2）動力プレス（**資料87**）の光線式安全装置の特定

資料87　動力プレス

資料88　ローラー

自主検査が実施されず、労働者が一定距離範囲内に入っても同装置が作動せず、金型に挟まれて3指を切断した災害を契機に、プレス加工製造業者とその代表取締役が本条違反で書類送検されたケース（2015年6月19日、淀川労基署）。

3）香川県高松市の検査業者が他社の求めに応じて特定自主検査を行う際、無資格者に行わせたことが厚労省の立入検査で発覚し、本条違反で6カ月間の業務停止を命じられたケース（厚生労働省。記事掲載は2018年3月1日）。

4）舗装・土木工事を営む会社が、アスファルト合材の敷きならし作業等を行っていた際、その労働者がバックしてきたローラー（**資料88**）と接触し、両下肢全廃の後遺症を残した災害を契機に、作業場所での立入禁止措置、誘導員配置等が講じられなかった点で、会社とその取締役が本法第20条違反容疑で書類送検されると共に、当該ローラーに特定自主検査を行っていなかったとして、本条違反容疑でも送検されたケース（2020年9月29日、秋田労基署）。

このように、労災発生時、他の条規の違反と共に芋づる式に本条違反が発覚し、刑事手続きが踏まれることが多い。

5）登録検査業者の常務兼営業部長、専務兼工事部長、取締役業務部長の3名が、顧客の動力プレス機械の特定自主検査を行う際、（別に有資格者が在籍しているのに、繁忙等を理由に）無資格者に検査を行わせると共に、台帳に有資格者が実施した旨虚偽記載し、その件で調査した労働局担当者に、複数班で検査を実施しており、有資格者も同じ現場の別班にいた等と虚偽陳述

をしたとして，本法第103条（書類の保存等），第96条（大臣等の権限）違反等の疑いで書類送検されると共に，半年間の業務停止処分とされたケース（2022年3月28日，神奈川労働局）。

　タ　関係判例には以下のものがある。

●京都地判昭61・6・10労判479号78頁
〈事実の概要〉
　プレス機（本件プレス機）のブレーキシューを固定する支点ピンの端の穴に装着された割ピン（穴を通して先端部分を別角度に折り曲げて本体を固定する軟鋼線。本体との間に座金（ざがね）を入れて損傷を防ぐことが多い）が脱落し，支点ピンが外れかかってブレーキが効かなくなり，プレス上型板が急に落下して労働者が傷害を負った災害につき，当該労働者が，上司であり，取締役工場長として専ら本件プレス機の管理責任を負っていたY2に対し，不法行為による損害賠償請求，使用者であるY1に対し，使用者責任とY1自身の安全配慮義務違反に基づく損害賠償請求を行った。また，本件プレス機の修理（≠検査業者による特定自主検査）を担当したY3についても，（その修理担当者が）割ピンの問題を見過ごしたとして，不法行為（ないし使用者責任）による損害賠償請求を行った。

　Y2は，作業開始前に本件プレス機を作動させて，試し打ち等で機能点検したり，毎月ブレーキ，クラッチ，給油状態等全般にわたり点検していた（本件災害当日も実施していた）が，割ピンの状況までは確認していなかった。また，安衛法第45条，同施行令第15条，第13条，同施行規則第135条，第135条の3所定の定期自主検査を怠っていた。

　本件割ピンは通常脱落しないし，割ピンが脱落しても，支点ピンは容易に脱落しないが，本件災害発生後，座金と折り曲げられたことのない割ピンが床面に落ちていた（そもそも割ピンが固定されていなかったと察せられる）。また，Y3が用意した特定自主検査記録表には点検箇所としてブレーキが挙げられ，締付ボルト，ナットの緩み，脱落等が掲げられていたので，特定自主検査がなされていれば，割ピンの状態は把握できたと解される。

〈判旨：X請求認容〉
　Y2は，認定事実所掲の点検を実施してはいたが，検査業者による特定自主検査を一度も履行していなかった以上，日常点検は入念にすべきだったし，そうしていれば，割ピンの状況を把握し，本件災害を未然に防止できたのに懈怠したので，本件により生じた損害につき賠償責任がある。

　Y1は，本件プレス機を所有する事業者として，そのブレーキその他制御機能を常に有効に保持せねばならず（安衛則第132条），1年に1回以上，定期に検査業者にブレーキ系統を検査させねばならない。かかる検査は安全配慮義務であり，その懈怠は，労働者に対する同義務違反であり，Y1は債務不履行責任と民法第715条の使用者責任の双方を負う。

　Y3は，その修理担当者の見過ごしにより，割ピンを曲げなかったことで本件災害が生じたので，損害賠償責任を負う。

〈汲み取り得る示唆〉
　特定自主検査は使用者の労働者に対する安全配慮義務となり得る。その際，当該検査の目的を示すような機械安全について定めた規則規定（本件では，事業者にブレーキその他制御機能の有効性保持を義務づけた安衛則第132条）が解釈上参照され得る。

　使用者は，それを実施しなかった機械等管理者の過失をもって使用者責任も負い得る。

●山口地判平3・2・27判タ757号208頁
〈事実の概要〉
　訴外会社の現場作業員であった亡Aは，本件クマリフトを使用して製品の搬出作業に従事していたところ，これに上半身を挟まれて死亡した。

　本件クマリフトの安全装置はドアスイッチに限られており，当該スイッチに触れると，扉を閉めずともリフトが作動する作りとなっていた。本件災害当時，亡Aは，ドアスイッチを意図的に指で押さえるか，体の一部が抑える形になっていたところ，上の階にいた同じ会社の従業員が移動ボタンを押したため，リフトが作動したものである。

　そこで，亡Aの遺族が，納入・据付を行った業者Y2と本件クマリフトの設置を含む倉庫新築工事を請け負ったY1の過失責任ありとして，損害賠償請求を行った。

〈判旨：Y2につきX請求一部認容〉
　本件クマリフトのように，その製品自体が危険物でなくても，利用者による不相当な使用等により重大な危険性を予見できる場合，利用者がその危険性を具体的に認識していることが明らかでない限り，製造業者らには，安全な使用方法を十分指示・説明することは勿論，不相当な使用等が行われないよう指示・警告して災害の発生を未然に防止すべき注意義務がある。

　本件でも，作業従事者が繰り返し流れるアナウンスの声を消すため，意図的にドアスイッチに触れるおそれがあるのに，Y2は，安全な使用方法についての十分な説明や，ドアスイッチの誤用等にかかる指示・警告をせず，それをしていれば，本件災害を回避できていたと解されるので，不法行為方上の注意義務違反がある。

　Xらは，Y1には，本件クマリフトについて，安衛法，クレーン等安全規則による定期自主検査が義務づ

けられているのに亡Aを雇用していた訴外会社に教示しなかった過失があると主張するが，事業者（本件では訴外会社）にそうした検査の義務が課されているところ，むしろY2がY1にその説明をしなかったことが認められ，Y1にその義務があったとは認めがたい。

〈汲み取り得る示唆〉

定期自主検査は事業者の義務だが，機械等の製造・設置業者に，適切な対象者に対してその必要性を教示する義務が生じる可能性がある。

本件では，倉庫全体の工事業者であるY1の教示義務は認められていないが，製造・設置業者であるY2にはそうした教示義務があったかのように示唆されている。

チ　本条については，本省任用で安全衛生部での勤務経験を持つ元行政官より，以下の検討課題が示された。

定期自主検査の対象機械等や検査頻度，検査項目，検査者等は，現行法令上は一律に定められているが，国が労働安全衛生について自律的管理への移行を進めている以上，リスクアセスメントの結果に応じて定まるようにすべきではないか。

そのため，機械等のメーカーも，製品のリスクアセスメントを実施して，講じ得る一次的対策を講じると共に，残留リスクを事業者に伝達すべきである（「機械等の包括的な安全基準に関する指針」〔平成19年基発0731001号〕や大臣の指針〔平成24年3月16日厚生労働省告示第132号〕はそのような趣旨を示しており，これらに基づく行政指導がなされてきた）。

本条第3項に基づく定期自主検査指針など，数多くの指針が公示されてきたが，仮に国の指針に従った措置を講じていて労災職業病が生じた場合，名宛人は免責されるのか等，国の法令とこうした指針との関係を再度検討する必要がある。

ツ　法第46条は，

第1項で，法第38条第1項（特定機械等の製造輸入者や，長期放置や使用廃止された特定機械等の再設置／使用希望者は，機械等の種別に応じて，都道府県労働局長か登録製造等検査機関の検査を受けるべき旨の定め）が定める「登録」検査機関となるには，それを望む者が省令に沿って，省令所定の区分ごとに申請すべき旨を定め，

第2項で，その欠格事由（第1号：本法令違反により罰金以上の刑に処せられて刑を終えてから2年未満等，第2号：法第53条第1項又は第2項により登録取り消しから2年未満，第3号：法人で役員のうち前2号該当者がいる）を定め，

第3項で，第1項による登録申請者が，所定要件（第1号：設備，第2号：所定条件を満たす検査員，第3号：検査員を指揮し業務を管理する統括者，第4号：検査を受けることとなる製造者等との利益相反に当たらないこと）を充たす場合には大臣が登録せねばならない旨を定め，

第4項で，第1項の登録につき，登録製造時等検査機関登録簿に所定事項（第1号：登録年月日と登録番号，第2号：氏名又は名称及び住所，法人の場合代表者氏名，第3号：事務所〔検査・検定員が配置され，検査・検定を実施できる体制にある事務所（平成16年3月19日基発第0319009号）〕の名称と所在地，第4号：第1項所定の区分）を記載してする旨を定めている。

テ　本条（法第46条）は，登録製造時等検査機関の登録区分と登録基準等を定め，その技術的能力や信頼性等の担保を図ったものである。登録基準については，第3項が，第1号で検査設備，第2号で人的資源（検査員），第3号で検査員及び業務の統括者，第4号で受検する製造業者等とのCOIを定めている。要するに，体制関係の基準である。

本条第3項は，規制改革のため，平成15年の法改正（同年7月2日法律第102号）により，行政の恣意で登録の可否が運用されないよう設けられたもので，所定条件を充たした申請の登録をき束行為とした。

また，本条第3項第4号に外国機関への言及があるが，これは，わが国市場の対外開放の圧力を受け，平成26年法改正（同年6月25日法律第82号）により，外国機関も本条に基づく登録が可能となったことを受けた結果である。

現在，登録製造時等検査機関による製造時等検査の対象は，ボイラーと第1種圧力容器に限られており，同じく同検査の対象である移動式クレーンとゴンドラの検査は国が担当している（同検査の対象となる特定自主検査には，①ボイラー〔小型ボイラー等を除く〕，②第1種圧力容器〔小型圧力容器等を除く〕，③つり上げ荷重が3t以上〔スタッカー式クレーンなら1t以上〕のクレーン，④つり上げ荷重が3t以上の移動式クレーン，⑤つり上げ荷重が2t以上のデリック，⑥積載荷重が1t以上のエレベーター，⑦ガイドレール〔昇降路〕の高さ18m以上の建設用リフト〔積載荷重0.25t未満除く〕，⑧ゴンドラ〔安衛法施行令第12条〕）。

本条は，もともと性能検査の実施機関を対象としていたところ，製造時等検査（法第38条）の実施機関を規制対象とするようになったのは，法改正によって，検査代行機関に基軸的な役割が託されるようになった結果，性能検査より基軸的な検査に当たる製造時等検査を託されるようになったことによると解される。現に，登録性能検査機関に関する法第53条の3，登録個別検定機関に関する法第54条，登録型式検定機関に関する法第54条の2は，製造時等検査機関に関する本条

を準用しているので，本条の定めは，これらの検査機関のデフォルトにもなっている。他方，落成検査や変更検査等（製造時等検査を定めた第38条第3項で定められているが，製造時等検査には含まれない）は，未だ国による検査とされている。

ト　本条（法第46条）第1項が定める省令で定める区分は，施行令第12条第1号のボイラーと同第2号の第1種圧力容器である。

登録申請希望者は法人・個人のいずれでもよく（平成16年3月19日基発第0319009），

同人が大臣に提出すべき書類は，
1）登録申請書（様式第4号の2）のほか，
2）定款や登記事項証明書等，
3）申請者が本条第2項各号（法人やその役員の安衛法令違反歴等の欠格事由）及び第3項第4号イからハまで（受検者らとのCOI）に該当しないことを証する書面，
4）申請者が法人である場合，役員の氏名・略歴，株主等の構成員等，
5）検査器具等，
6）検査員及び業務の統括者の経歴や数，
7）検査業務以外を行っている場合はその種類や概要等である（登録省令第1条の3）。

法第47条第4項所定の検査方法から生じる危険の防止措置は，概ね以下の通りであり（登録省令第1条の5），登録製造時等検査機関の対象機械がボイラーと第1種圧力容器（本節において「ボイラー等」という）に限られているため，その対象もこれらに絞られている。
(1)両機械の圧力を受ける部分に著しい損傷等が認められ，水圧／気圧試験での危険が予想される場合に当該試験（＊検査のこと）を行わないこと，
(2)それらの試験で，ボイラー等の破裂による鏡板の飛散や水の流出等の危険が予想される場合に災害防止措置を講じること，
(3)それらの試験の続行による危険が予想される場合に当該試験を中止すること。

本条第3項所定の登録基準は，法の別表や通達（特に平成16年3月19日基発第0319009号）で次のように具体化されている。

保有すべき検査設備については，法別表第5が，超音波厚さ計，超音波探傷器等を挙げている。

検査員については，法別表第6第1号が，大学等で工学に関する学科を修めて卒業し，検査に関する学科研修時間が160時間以上，検査実習を10件以上修了している（学歴が低い場合，学科研修と検査実習の要件が高まる）等の知識経験を持つ者であること，年間の製造時等検査件数を800で割った数以上の人数（法別表第6第2号）を擁することが求められている。

検査員や業務全般の統括者（検査長・主任検査員）については，大学等で工学に関する学科を修めて卒業し，特別特定機械等の研究，設計，製作，検査又はその製造時等検査に10年以上従事したこと（学歴が低い場合，要する期間が長くなる）が求められている。

また，製造業者等とのCOIについては，第3項第4号の定め通り，登録申請者が株式会社である場合，親法人がその製造・輸入業者の支配者でないこと，製造・輸入業者の役員又は職員が登録申請者の役員又は職員の過半数を構成していないこと，登録申請者が製造業者等の役員や職員でないこと，の確認が求められている（登録省令第1条の3第3号所定の登録申請書類の必要記載事項でもある）。

ナ　本条（法第46条）の制度史をみると，現行安衛法制定時点では，有効期間更新時に受検すべき性能検査を前提としており，登録申請者が所定要件を充たしていれば登録を行うべき旨の現行第3項も，登録簿の必要的記載事項の定め（現行第4項）もなかった。この時点では，殆どの検査（製造検査，構造検査，溶接検査，使用検査，落成検査，変更検査，使用再開検査）を国が行っており，検査代行機関に託されていたのが，製造検査等に比べ補完的役割にとどまる性能検査にとどまっていた。

しかし，検査種別は，平成4年の法改正（同年5月22日法律第55号）により，法第38条等が特定機械等の製造・輸入業者に製造時等検査の実施義務を課したことを受け，構造規格適合性等が厳格かつ多角的に確認される基軸的な製造時等検査とされ[116]，また，要件を充たした登録をき束行為とする現行第3項は，規制緩和の要請に基づき，平成15年の法改正（同年7月2日法律第102号）で設けられ，登録簿の必要的記載事項に関する定め（現行第4項）は，平成17年法改正（同年7月26日法律第87号）で設けられ，外国機関への言及は，貿易摩擦の一環としての非関税障壁撤廃圧力踏まえ，平成26年の法改正（同年6月25日法律第82号）で設けられた。

ニ　本条の運用については，元行政官（本省任用で安全衛生部での勤務経験を持つ技官）より，
・国の検査官と民間検査機関の検査員共に，養成と確保の両面で時間を要している実態があること，
・特定機械等にかかる検査のうち現在国が実施している落成検査，変更検査，使用再開検査（休止届を提出して使用を休止し，有効期間を徒過した機械等を再び使用しようとする場合に行う検査）は，検査に必要な技術能力を国が確保し続けることが難しいこと，

もっとも，国から民間検査機関への移行に際しては，関連する設置届，変更届，製造許可，各種報告等

の検査に関する仕組み全体の見直しが必要になること，

等の指摘があった。

ヌ　法第46条の2は，平成15年7月2日法律第102号で追加された条文で，第1項で，登録検査機関の登録は，5年以上10年以内で政令が定める期間ごとの更新を受けなければ失効すること，第2項で，前条（法第46条）第2項（登録の欠格事由），第3項（所定要件を充たす場合のき束的登録），第4項（登録簿への登録と必要的記載事項）の準用を定めている。このうち第1項の政令所定期間は5年である（施行令第15条の2）。

本条の主な趣旨は，検査実績がないまま登録が維持される等の幽霊登録の回避にある。

ネ　法第47条は，

第1項で，製造時等検査の応諾義務を定め，

第2項で，検査員に検査させる義務を定め，

第3項で，公正かつ厚労大臣策定基準のうち特別特定機械等の構造にかかるものに適合する方法での検査義務を定め，

第4項で，検査の際に検査方法から生じる危険の省令所定の防止措置の義務を定めている。

ノ　本条は，製造時等検査機関が検査につき公的性格を持つことを前提に，検査の求めに対する応諾義務を定めると共に，検査員の資格保有者に検査を行わせる義務等を定めたものであり，機関のなすべき行為を基準としている。

第3項にある「公正」については，通達が，相手によって検査料に差を設けること，検査・検定に異なる判定基準を適用すること等が不公正に当たる旨示している（平成16年3月19日基発第0319009号）。

ハ　本条（法第47条）の制度史をみると，現行法制定当時は，対象が製造時等検査ではなく，補完的な性能検査にとどめられていた。当時から応諾義務や検査員に実施させる義務は定められていたが，検査方法（構造基準適合性）やそれに伴う危険防止措置にかかる定めはなかった。

ヒ　適用の実際をみるに，（登録製造時等検査機関ではなく，登録性能検査機関にかかる）本条を準用する第53条の3違反に基づく業務停止命令の例として，ボイラ・クレーン安全協会の地方事務所に対する例が挙げられ，いずれもクレーンの性能検査において，荷重試験を行わなかったか，その方法に問題があった（定格荷重未満の荷で試験した）ため，2カ月から6カ月程度の業務停止命令を受けたものである。

本条の関係判例（ただし本条を準用する第53条の3に関するもの）として，公益社団法人ボイラ・クレーン安全協会事件・東京高判平31・4・17 2019WLJPCA04176007が挙げられる。詳細は，井村解説（第5章第1節第37条から第41条）を参照されたい。

フ　法第47条の2は，平成15年7月2日法律第102号で追加された条文で，登録製造時等検査機関が法第46条第4項第2号（登録簿に記載する氏名又は名称及び住所，法人の場合代表者氏名）又は第3号（事務所の名称及び所在地）所定の事項を変更する場合，厚労大臣に届け出るべきことを定めている。検査業務につき公的性格を持つ検査機関を行政が適切に把握するための規定と思われる。

届出に際しては，所定の届出書（様式第1号の5）を用いるべきこととされている（登録省令第1条の5の2）。

ヘ　法第48条は，第1項で，登録製造時等検査機関が検査に関する業務規程を定め，大臣に届け出るべきことと，変更時も同様にすべきこと，第2項で，当該規程の必要的記載事項（検査の実施方法，検査料金その他省令所定事項）を定めている。

本条は，登録製造時等検査機関による検査業務につき，その公的性格を踏まえ，その公正と円滑の確保を図ったものであり，本条に基づき，業務開始の2週間前までに，所定の届出書（様式第2号）に添えて，厚労大臣に提出すべき旨，省令に定められている（登録省令第1条の6第3項）。

本条第2項が定める必要的記載事項は以下の通り。

①検査（登録製造時等検査を指す。以下同じ）の実施方法
②検査に関する料金
③料金の収納方法
④業務時間と休日
⑤検査に合格した特定機械等への刻印に関する事項
⑥検査員の選任及び解任並びに配置に関する事項
⑦検査関係書類及び帳簿の保存に関する事項
⑧利害関係人による書面で作成された財務諸表等の謄本等の請求（法第50条第2項第2号），データ化された財務諸表等の提供等の請求（同第4号），同じく検査機関が締結した損害賠償保険契約の書面の閲覧等の請求（法第50条第3項第2号），データ化された契約書の提供等の請求（同第4号）に対応する場合の費用に関する事項
⑨その他

ホ　本条（法第48条）の沿革をみると，従前，検査代行機関が性能検査しか行えなかった時代は，業務規程の制改定は大臣の事前認可事項だったが，登録製造時等検査を行えるようになってから，事後的に厳正な運営を確保する方針に転換された経緯がある。

なお，当初，本条は第3項で認可された業務規程が公正な実施上不適当となった場合の変更命令を定めていたが，平成15年（平成15年7月2日法律第102号）により削除され，改善命令を定める法第52条の2（登録製

造時等検査機関に法第47条〔①検査の応諾，②検査員による検査，③公正かつ構造基準に則した検査，④検査方法から生じる危険防止措置〕違反が認められる場合に大臣が検査の実施や業務方法の改善を命じる旨の定め）がその機能を引き継ぐこととなった。

マ　法第49条は，登録製造時等検査機関による検査業務の休廃止を予め大臣に届け出るよう義務づけている。

これも，同業務の公益性を前提にした規定であり，検査機関による気ままな休廃止が公益に影響することを慮ったものである。

省令で，休廃止の届出は，所定の届出書で行うべきことも規定されている（登録省令第1条の7第1項）。

本条による届出が検査業務の廃止の届出である場合，国や他機関が当該検査機関の行った業務やそれにより把握した情報を踏まえて業務に当たる必要が生じる必要が生じ得るため，検査した対象機械等にかかる帳簿の写しを添付せねばならず（登録省令第1条の7第2項），また，何らかの事由で機関が登録を取り消されたときや失効した時にも，その提出が求められる（同第3項）。

本条違反による処罰は検査機関の役員や職員のみに科される定めとなっている（法第121条第1号）。検査機関が登録取り消し等になった後も本条を適用する必要性を慮ってのことと解される。

ミ　法第50条は，検査機関の財政状況（の健全性）を利害関係人等に確認させるため，財務諸表等の備付けと利害関係人による閲覧請求権等を定めたもので，

第1項で，事業年度ごとに

ア　財産目録，貸借対照表（＊決算日の企業の資産・負債・純資産の金額と内訳を示す表であり，企業の資産調達方法や財政状況がわかるもの）[117]

及び

イ　損益計算書（＊決算期の企業の利益と支出を示す表であり，該当期の利益の生み出し方や額がわかるもの）[118]

又は

ウ　収支決算書（＊決算期の収支をまとめた書類の通称で，貸借対照表，損益計算書，キャッシュ・フロー計算書など3点以上を指す）[119]

並びに

エ　事業報告書（以上を総じて「財務諸表等」という）

の作成と5年間の事務所への備付けを登録製造時等検査機関に義務づけ，

第2項で，受検希望者等の利害関係人の以下の請求権を定め，

一　財務諸表等の書面の閲覧／謄写
二　その書面の謄本／抄本
三　財務諸表等のデータを表示したものの閲覧／謄写
四　そのデータの提供／記録書面の交付

第3項で，検査機関が損害賠償保険契約を締結している場合に，利害関係人に以下の請求権を定め，

一　契約書の閲覧／謄写
二　その書面の謄本／抄本
三　契約書のデータを表示したものの閲覧／謄写
四　そのデータの提供／記載した書面の交付

第4項で，事業年度ごとに第1項所定の損益計算書／収支決算書及び事業報告書を厚労大臣に提出するよう，登録製造時等検査機関に義務づけている。

ム　本条は，元は，検査機関が財務諸表等を作成して保管すると共に所管大臣に提出することのみを求めていたが，平成14年の閣議決定（「公益法人に対する行政の関与の在り方の改革実施計画」）による官民役割の見直しを踏まえ，平成15年の法改正（平成15年7月2日法律第102号）により現在の定めとなった。利害関係人による財務諸表等や損害賠償保険加入情報の請求権の保障という手法の採用には，平成12年の機関則（登録製造時等検査機関等に関する規則〔昭和47年9月30日労働省令第44号〕。現在の「労働安全衛生法及びこれに基づく命令に係る登録及び指定に関する省令」）の改正により，指定基準から公益法人要件が外されたことをカバーしようとの意図もあったと察せられる。

メ　本条（法第50条）所定の財務諸表等には，登録製造時等検査機関（「登録機関」）が検査等以外の事業を行っている場合，それも含めた財務状況を示さなければならない（平成16年3月19日基発第0319009号）。当該事業体自体の経営の安定性を確認しようとする趣旨だからであろう。

本条第2項，第3項は，受検者，受講者その他の利害関係人に対し，登録機関選択の判断材料を提供しようとしたものである（平成16年3月19日基発第0319009号）。

本条に言う「その他の利害関係人」には，受検希望者の代理人等も含まれる（同前通達）。

本条第2項第3号，第3項第3号所定のデータ化された書面の表示についての省令で定める方法は，紙面や出力画面の映像面に表示する方法を意味する（登録省令第1条の7の2）。

第2項第4号，第3項第4号所定のデータ化された事項の提供にかかる省令で定める方法は，電気通信回路を通じて情報が送信され，受信者が使用する電子計算機に備えられたファイルに当該情報が記録されるものや，磁気ディスク等の情報記録可能な物による交付（登録省令第1条の7の3）を意味する。前者には，eメールによるデータ送信，クラウド保存したデータへのアクセス方法の伝達等が該当し，後者には，USB

等による提供が該当すると解される。

モ　登録製造時等検査機関が，本条第1項に違反して財務諸表等を備え置かない場合，記載すべき事項を記載しない場合や虚偽記載をした場合，又は第2項所定の請求（利害関係者からの財務諸表等の閲覧等の請求）を正当事由なく拒んだ場合，20万円以下の過料に処せられる（法第123条第1号）。前述の通り，本条第4項は，今も厚生労働大臣への事業年度ごとの財務諸表の提出を義務づけているが，罰則は付されていない。

ヤ　法第51条は，登録製造時等検査機関が検査員を選任／解任した際に所管大臣に届け出るべきことを定めている。

届出は，所定の書式（選任の場合様式第5号／解任の場合第6号）によって行わねばならない（登録省令第1条の8）。

本条は，当初は選任につき所管大臣の認可を要し，不適任な検査員の解任については大臣が行うことを定めていたが，やはり平成14年の閣議決定（「公益法人に対する行政の関与の在り方の改革実施計画」）による官民役割の見直しを踏まえ，平成15年法改正（同年7月2日法律第102号）で，現在の定めとなった。

ユ　法第52条は，平成15年法改正（同年7月2日法律第102号）で現在の定めになった条文で，所管大臣による登録製造時等検査機関に対する法第46条第3項各号（第1号：検査設備，第2号：人的資源〔検査員〕，第3号：検査員及び業務の統括者，第4号：受検者らとのCOI）の主に体制関係の要件にかかる適合命令の権限を定めている。

ヨ　法第52条の2は，やはり平成15年の法改正（同年7月2日法律第102号）で追加された条文で，所管大臣が登録製造時等検査機関に主にその行為関係を定めた法第47条（第1項：検査の応諾，第2項：検査員による実施，第3項：公正及び所定の構造基準に適合した方法による検査の実施，第4項：検査方法に由来する危険の防止措置の実施）違反ありと認めた場合の改善命令の権限を定めている。

本条が定める改善命令の内容の例には，検査機関が公正な検査等を実施しなかった場合に，受検者に対し，一旦合格とした検査結果を無効としてその旨検査機関自身に通知させることや，再検査等を命じさせること等が該当する（平成16年3月19日基発第0319009号）。

本条は，法第50条の改正（検査機関による財務諸表等の作成・備付けと，受検者等利害関係者による閲覧等の請求に関する第1項ないし第3項の追加〔法制定当初は所管大臣への財務諸表の届出しか定められていなかった〕）や法第51条の改正（所管大臣による選任の認可・解任命令の届出制への変更）等と同様に，検査機関にかかる行政の管理を緩和して民間委託を強化する趣旨，すなわち検査業務等の事前規制型から事後監視型への移行を図ったものである。

ただし，外国機関の外国にある事務所への行政命令は困難なので，平成26年法改正（平成26年6月25日法律第82号）により，次条（法第52条の3）が設けられ，当該機関への請求（≠命令）と規定されると共に，前条（法第52条）の適合命令と共に，本条（法第52条の2）の改善命令の適用対象から外された。

法第47条違反に際しては，本条による改善命令のほか，法第53条による登録取消しや業務停止命令を受ける可能性が生じることとなる。

なお，聞き取りを行った元行政官（本省任用で安全衛生部での勤務経験を持つ技官）は，本条の運用には罪刑法定主義にかかる問題があると指摘した。すなわち，法第47条違反の是正を目的とする本条（法第52条の2）の発動基準は，実際には上掲の局長通達（平成16年3月19日基発第0319009号）に求められており，これに従わなければ刑事罰が科される運用になっている点に疑問を呈した。

ラ　法第52条の3は，平成26年改正（平成26年6月25日法律第82号）により追加された規定で，貿易摩擦の一環である非関税障壁解消のため，外国の検査検定機関にも国内の検査検定機関と同様の登録条件を提供しようとした施策の一環である。

すなわち，外国の検査検定機関であって，日本国内に事務所のないものも登録を受けられるようにして，日本の行政による事後規制を受けることとしたが，適合命令（法第52条）や改善命令（法第52条の2）は，国外に事務所を持つ機関への適用は難しいため，本条を設けた。

こうした法整備により，外国機関の検査検定を受けた機械等は，国内で重ねて受検する必要はなくなったが，落成検査に限り，国内の労基署による検査を受けねばならない。

リ　すなわち，前述の通り，平成26年法改正（平成26年6月25日法律第82号）により，外国に立地する検査検定機関も，製造時等検査，性能検査，個別検定，型式検定を行う機関として登録できるようになった。

外国登録製造時等検査機関等の登録の申請をしようとする者が提出すべき添付書類について，申請者が，外国法令に基づいて設立された法人である場合には，定款又は寄附行為及び登記事項証明書に準ずるもの，外国に居住する外国人である場合には，住民票の写しに準ずるものとされている（登録省令第1条の3，第3条，第12条及び第19条の4）。

登録製造時等検査機関に対する法規制の殆どは，外国登録製造時等検査機関等にも同様に適用される。

すなわち，以下の規定の適用については，両者同様

に適用される（具体的には平成16年3月19日基発第0319009号で示されている）。

第46条：登録手続き（申請主義），欠格事由，登録基準（検査設備，人材〔検査員〕，検査員及び業務の統括者，受検者らとのCOI），登録年月日，代表者，所在地等の登録簿への記載。

第46条の2：所定期間ごとの登録更新と更新時における登録基準の準用。第47条：検査申請への応諾，検査員による実施，公正かつ所定の構造基準に適合した方法による検査，検査方法に由来する危険防止措置の義務。

第47条の2：登録簿記載事項（代表者，所在地等）の変更時の大臣への届出。

第48条：業務規程の策定（検査の実施方法，検査料金等の規定）と大臣への届出。

第49条：業務の休廃止に際しての大臣への届出。

第50条：事業年度ごとの財務諸表等の作成と事務所への備付け，利害関係人による財務諸表等，損害保険契約書等の閲覧等の請求，所定の財務諸表等の大臣への提出。

第51条：検査員の選任・解任時の大臣への届出。

第103条第2項：検査検定機関等による検査検定等の法定業務に関する帳簿の作成と保存。

第112条：受検者らによる手数料の納付義務等。

第112条の2：検査検定業者等の登録，登録取消等の変動があった場合の官報による告示。

第53条第2項第5号（大臣が必要ありと認めて外国登録製造時等検査機関に対して「必要な報告」を求めたにもかかわらず，報告されないか，虚偽報告がされた場合に，登録を取消し得る旨の定め）により，外国登録製造時等検査機関等に求められる「必要な報告」の内容は，行政解釈（平成27年5月15日基発0515第1号）により，第100条第2項の規定（厚労大臣等が，この法律の実施上必要な事項につき，省令に基づき登録製造時等検査機関等に報告させる権限を規定）により登録製造時等検査機関等に報告が義務づけられている事項と同様と解されている。

ル　法第53条は，登録製造時等検査機関の登録取消しについて定めている。

第1項で，以下の6事由に該当する場合の登録取消し又は業務停止の権限を大臣に付与している。

第1号：登録申請者が罰金以上の安衛法令違反を犯した場合（法第46条第2項第1号関係），法人の役員が罰金以上の安衛法令を犯した場合（同第3号関係）

第2号：検査の応諾，検査員による検査の実施，公正で構造基準に適合した方法による検査，検査方法に由来する危険の防止措置（法第47条関係），登記簿記載事項変更時の届出（法第47条の2関係），業務規程の策定と届出（法第48条関係），業務の休廃止の事前届出

（法第49条関係），事業年度ごとの財務諸表等の作成と備付け，大臣への提出（法第50条第1項もしくは第4項関係），検査検定機関による検査検定業務にかかる帳簿の作成と保存（法第103条第2項関係）の義務に違反した場合

第3号：利害関係人による財務諸表等や損害保険契約書の閲覧等の請求を正当な理由なく拒んだ場合（法第50条第2項各号，第3項各号関係）

第4号：検査員の選任・解任の届出義務に反した場合（法第51条関係）

第5号：検査機関が法第46条第3項各号の登録基準（設備，検査員，検査員及び業務の統括者，受検者らとのCOI〔体制関係〕）に適合しなくなった場合の適合命令（法第52条関係），法第47条の義務（検査の応諾，検査員による検査の実施，公正で構造基準に沿った方法による検査，検査方法に由来する危険の防止措置〔行為関係〕）を履行しなかった場合の改善命令（法第52条の2関係）に違反した場合

第6号：不正な手段で登録を受けた場合

第2項で，以下の6事由に該当する場合の外国登録機関の登録取消しの権限を大臣に付与している。

第1号：第1項第1号から第4号までか，第6号に該当する場合

第2号：外国登録機関に対する適合命令や改善命令に代わる請求に当該外国登録機関が応じなかった場合

第3号：外国登録機関に対する業務停止の請求に当該外国登録機関が応じなかった場合

第4号：外国登録機関に対する立入検査や帳簿等の物件検査を当該外国登録機関が拒否したり虚偽陳述した場合

第5号：外国登録機関に報告を求めたのに当該外国登録機関が拒否したり虚偽報告した場合

第6号：次項（第3項）に反して，第4号の立入検査等に要する費用を当該外国登録機関が負担しない場合

第3項で，第2項第4号の立入検査等に要する費用を外国登録機関が負担するよう定めている。

レ　本条（法第53条）第3項の政令所定の費用とは，大臣が職員を派遣して行う立入検査等に要する出張旅費に相当するものである（施行令第15条の3第1項）。この旅費相当額は，一般職職員の給与に関する法律（昭和25年4月3日法律第95号）第6条第1項第1号所定の行政職俸給表（一）の四級を基準として計算される。これは，本省の係長（困難職），出先機関の課長補佐クラスに相当する（登録省令第1条の8の2）。

ロ　登録製造時等検査機関の役員や職員が本条（法第53条）による業務停止命令に違反した場合，1年以下の懲役又は100万円以下の罰金に処せられる（法第

118条）。

本条は，諸規定の違反に際して，当該機関の登録取消し等を予定しているので，機関等に対してそれ以上の制裁を講じようがないため，一部規定につき，役職員個人の処罰を規定したものと察せられる。

ワ　法第53条の2は，製造時等検査機関による検査業務が困難な場合の都道府県労働局長による実施を定めており，

第1項で，
(1)登録を受ける者がいない場合，
(2)検査機関から検査業務の休廃止の届出（法第49条）があった場合，
(3)登録の取消しや業務停止命令が下された場合（法第53条第1項，第2項），
(4)天災等の事由で業務実施が困難となった場合

等必要と認められる場合に，都道府県労働局長が自らその全部／一部を実施できる旨，

第2項で，
第1項の場合の業務の引継ぎ等については省令で定めること，
を定めている。

ヲ　本条は，平成15年法改正（平成15年7月2日法律第102号）により現在の内容が定められた（それまでの同じ条文には全く異なる内容が定められていた）。平成26年改正（平成26年6月25日法律第82号）では，引用する第53条の改正に合わせて若干表現が変更されたが，内容は変わっていない。

本条は，現に主要な対象機械で運用されてきた。すなわち，平成24年の安衛則改正（平成24年1月20日厚生労働省令第6号）に伴い，ボイラー及び第1種圧力容器の製造時等検査については，原則として登録製造時等検査機関が行うこととされたが，実際にその実施体制が整うまで時間がかかるため，都道府県労働局長も製造時等検査を行ってきた。[120]

ン　本条（法第53条の2）第2項が定める検査業務の引継ぎの種別は，国内の登録製造時等検査機関の業務の引継ぎと，外国登録機関の業務の引継ぎとに分かれる。

前者で引継ぎを求められる事項は以下の通り（登録省令第1条の10第1項）。[121]
(1)製造時等検査業務自体と同業務に関する帳簿及び書類（管轄都道府県労働局長宛）
(2)製造時等検査につき管轄都道府県労働局長が必要と認める事項

後者で引継ぎを求められる事項は，(1)(2)共に国内の機関とほぼ同じである（登録省令第1条の10第2項）。[122]

ア2　法第53条の3は，法第41条所定の性能検査（資料89）に当たる登録性能検査機関の登録，業務運

資料89　性能検査（イメージ）

（一般社団法人日本ボイラ協会WEBサイト〔https://www.jbanet.or.jp/examination/performance/，最終閲覧日：2024年7月11日〕）

営，検査員の選任と解任，役職員の地位，登録取消し等につき，登録製造時等検査機関にかかる定めの準用を図った規定である。

すなわち，

法第46条（登録製造時等検査機関の登録の申請主義，欠格事由，適合要件〔検査設備，検査員，検査員の指揮・業務管理者の存在，受検者らとのCOIにかからないこと〕及びそれを充たす場合の必要的登録等に関する規定）及び

法第46条の2（登録の更新〔5〜10年範囲内で政令で規定〕に関する規定）は，

法第41条第2項（検査証の更新に際しての登録性能検査機関による性能検査の受検と合格の必要性に関する規定）が定める（≒定義する）登録性能検査機関の登録に準用し，

法第47条から第53条の2までの規定は，

登録性能検査機関に準用することを定めたうえ，語句の読み替えを示している。

ここで，法第47条から第53条の2の定めの概要は以下の通り。

第47条：検査の応諾，検査員による検査の実施，公正かつ所定の構造基準に適合した方法による検査，検査方法に由来する危険の防止措置。

第47条の2：登録簿記載事項（代表者，所在地等）の変更時の大臣への届出。

第48条：業務規程の策定（検査の実施方法，検査料金等の規定）と大臣への届出。

第49条：業務の休廃止に際しての大臣への届出。

第50条：事業年度ごとの財務諸表等の作成と事務所への備付け，利害関係人による検査機関への財務諸表等の閲覧等の請求，利害関係人による検査機関への損害保険契約書の閲覧等の請求，所定の財務諸表等の大臣への提出。

第51条：検査員の選任・解任の大臣への届出。

第52条：検査機関が法第46条第3項各号の登録基準（設備，検査員，検査員及び業務の統括者，受検者らとのCOI〔体制関係〕）に適合しなくなった場合の大臣による適合命令。

第52条の2：検査機関が第47条の義務（検査の応諾，

検査員による実施，公正で所定の構造基準に適合した方法による検査，検査方法に由来する危険の防止措置〔行為関係〕）に反した場合の大臣による改善命令。

第52条の3：適合命令と改善命令に関する規定の外国製造時等検査機関への準用（ただし，命令を請求に代える）。

第53条：所定の要件を充たした場合の登録の取消し等。

第53条の2：登録を受ける業者がいない場合等における都道府県労働局長による製造時等検査の実施。

イ2　本条は，法第41条所定の性能検査（特定機械等の損耗や機能低下等の度合いを技術的に判断して，使用許可の有効期間の更新の可否を決定するもの）を担当する機関についても，その技術水準や業務体制等を担保するため，登録製造時等検査機関と同様の規制を行うことを図ったものである。

ウ2　登録の区分は，登録製造時等検査機関の場合，登録省令第1条の2の45の定め通り，安衛法施行令第12条第1項第1号のボイラーと同第2号の第1種圧力容器の2種類に限られるが[124]，登録性能検査機関の場合，以下の7種が認められている（建設用リフトを含まない点等を除き，第38条が定める別表第1所掲の特定機械等に近い）。

(1)ボイラー（小型等除く）（施行令第12条第1項第1号）
(2)第1種圧力容器（小型等除く）（施行令第12条第1項第2号）
(3)クレーン（つり上げ荷重3t以上）（施行令第12条第1項第3号）
(4)移動式クレーン（つり上げ荷重3t以上）（施行令第12条第1項第4号）
(5)デリック（つり上げ荷重2t以上）（施行令第12条第1項第5号）
(6)エレベーター（積載荷重1t以上）（施行令第12条第1項第6号）
(7)ゴンドラ（施行令第12条第1項第8号）

登録申請希望者は法人・個人のいずれでもよく（平成16年3月19日基発第0319009），

同人が大臣に提出すべき書類は，
1）登録申請書（様式第4号の2）
のほか，
2）定款や登記事項証明書等，
3）申請者が本条（法第53条の3）で準用されている法第46条第2項各号（登録製造時等検査機関が法人である場合の法人自体やその役員の安衛法令違反歴等の欠格事由）及び第3項第4号イからハまで（受検者らとのCOI）に該当しないことを証する書面，
4）申請者が法人である場合，役員の氏名・略歴，株主等の構成員等，検査器具，業務の統括者や検査員の経歴や数，
5）検査業務以外を行っている場合はその種類や概要等
である（登録省令第3条）。

この点は，登録製造時等検査機関の登録申請に関する登録省令第1条の3と同様である。また，本条（法第53条の3）が準用する法第46条の2第1項（登録製造時等検査機関の登録更新）が定める登録更新にも準用される（登録省令第4条）。

また，本条（法第53条の3）が準用する法第47条第4項所定の検査方法から生じる危険の防止措置は，概ね以下の通りである（登録省令第5条）。登録製造時等検査機関の対象機械がボイラーと第1種圧力容器（本節において「ボイラー等」という）に限られているのに比べ，広範囲の対象が取られている分，広範囲の措置が定められている。[125]

①ボイラー等の性能検査に際して
(1)機械の圧力を受ける部分に著しい損傷等が認められ，水圧／気圧試験での危険が予想される場合に当該試験を行わないこと，
(2)それらの試験で，ボイラー等の破裂による鏡板の飛散や水の流出等の危険が予想される場合に災害防止措置を講じること，
(3)それらの試験の続行による危険が予想される場合に当該試験を中止すること等。

②クレーン等の性能検査に際して
(1)悪天候で実施上危険が予想される場合に検査を行わないこと，
(2)不意な起動による墜落，挟まれ等の防止のため運転を禁じること，
(3)構造部材等に著しい損傷等がある場合に試験を行わないこと，
(4)ジブ等が家屋，公道等に危険を及ぼすおそれがある場合に，荷重試験等を行わないこと，
(5)荷重試験等の続行による危険が予想される場合に当該試験を中止すること等。

③移動式クレーンの性能検査に際して
地盤軟弱等により転倒の危険がある場所では検査を行わないこと等。

法第46条は本条（法第53条の3）で登録性能検査機関（法第41条第2項）に準用されているので，上で示した法第46条第3項所定の登録基準（別表第5や第6，通達〔平成16年3月10日基発第0319009号〕に示されたもの）も，登録性能検査機関に準用される。

エ2　その他，
①登録簿の記載事項（氏名，名称，住所。事務所住所等〔法第47条の2を本条で準用〕）を変更の際に，変更届出書（様式第1号の5）を所管大臣に提出せねばならな

いこと（登録製造時等検査機関につき登録省令第1条の5の2，登録性能検査機関につき登録省令第5条の2），

②業務規程を作成して所定の届出書（様式第2号）に添付して所管大臣に届け出なければならないこと（届出義務は，法第48条第1項前段を本条で準用。届出方法は，製造時等検査機関につき登録省令第1条の6第1項，性能検査機関につき登録省令第6条第1項），変更する場合にも同様であること（届出義務は，法第48条第1項後段を本条で準用。届出方法は，製造時等検査機関につき登録省令第1条の6第3項，性能検査機関につき登録省令第6条第3項），

③業務の休廃止に際して所定の届出書（様式第4号）を用いて所管大臣に届け出なければならないこと（届出義務は，法第49条を本条で準用。届出方法は，製造時等検査機関につき登録省令第1条の7第1項，性能検査機関につき登録省令第7条第1項），

④検査員の選任・解任に際して所定の届出書（様式第5号，第6号）を用いて所管大臣に届け出なければならないこと（届出義務は，法第51条を本条で準用。届出方法は，製造時等検査機関につき登録省令第1条の8，性能検査機関につき登録省令第8条），

⑤検査実施可能な者の欠如等により都道府県労働局長が検査業務を引き継ぐ場合にかかる手続き（労働局長の引継ぎ権限は，法第53条の2を本条で準用。引継ぎの方法は，製造時等検査機関につき登録省令第1条の10，性能検査機関につき登録省令第10条の2），

⑥利害関係人に権利が付与される，財務諸表等や損害賠償保険契約書のデータの閲覧や提供等の請求の方法（請求権は，法第50条第2項第3号・第3項第3号，法第50条第2項第4号・第3項第4号を本条で準用。請求の方法は，製造時等検査機関につき登録省令第1条の7の2・第1条の7の3，性能検査機関につき登録省令第7条の2・第7条の3），

は，登録製造時等検査機関と変わらない。
業務規程の必要的記載事項（製造時等検査機関につき登録省令第1条の6，性能検査機関につき登録省令第6条第2項）も，検査種別を性能検査に置き換えれば，殆ど変わらない。わずかに，製造時等検査機関の業務規程では合格した機械等への刻印に関する定めが求められるが，性能検査機関の業務規程では求められないこと，逆に，性能検査機関の業務規程では有効期間の更新に関する定めが求められるが，製造時等検査機関の業務規程では求められないことが異なるにとどまる。

オ2　本条及び本条が準用する条規違反は，機関の場合，その登録取消しを導くため，制裁という意味では一定の効果を見込めるし，何より取り消されてしまえば，処罰の対象が存在しなくなるので，本法は，特に遵守が求められ，当該個人の罪を観念できる定めに

資料90　個別検定（イメージ）

（一般社団法人日本ボイラ協会WEBサイト〔https://www.jbanet.or.jp/examination/individual/，最終閲覧日：2024年7月11日〕）

ついて，機関の役員や職員個人に刑事罰を科す方法を採用している[126]。

すなわち，本条が準用する法第49条（検査業務の休廃止の大臣への届出）につき，無届け又は虚偽の届出につき，50万円以下の罰金としている（法第121条第1号）。また，本条が準用する法第53条第1項（安衛法令違反の欠格事由に該当する場合，利害関係人からの財務諸表等の閲覧請求を拒否した場合等の登録取消しや業務停止命令）に違反して命令に従わない場合，1年以下の懲役又は100万円以下の罰金に処せられる（法第118条）。

他方，法第50条第1項（検査機関による財務諸表等の作成及び備付けの義務）やこれを準用した本条又は同条第2項（利害関係人による財務諸表等の閲覧等の請求の権利）やこれを準用した本条に反した場合，当該機関に対し，20万円以下の過料（行政罰）が科せられる（法第123条第1号）。

カ2　令和2年度厚生労働科学研究による行政官・元行政官向け法令運用実態調査（三柴丈典担当）[127]では，監督官より，本条について，準用に次ぐ準用で内容理解が非常に難しくなっているとの問題が指摘された。例えば，本条（法第53条の3）は，法第46条を準用し，同条は法第38条に基づく登録につき，厚生労働省令で詳細を定める旨規定しているので，非常に分かり難い。

キ2　法第54条は，法第44条所定の個別検定[128]（資料90）に当たる登録個別検定機関の登録，業務運営，検定員の選任と解任，役職員の地位，登録取消し等につき，登録製造時等検査機関にかかる定めの準用を図った規定である。

すなわち，

法第46条（登録製造時等検査機関の登録の申請主義，欠格事由，適合要件〔検査設備，検査員，検査員の指揮・業務管理者の存在，受検者らとのCOIにかからないこと〕及びそれを充たす場合の必要的登録等に関する規定）及び

法第46条の2（登録の更新〔5〜10年範囲内で政令で規定〕に関する規定）は，

法第44条第1項（〔特定機械等以外の機械等のうち危険有害な作業を要するもののうち所定のものを対象とする〕登

録を受けた機関による個別検定を受けるべきこと）にいう登録個別検定機関の登録に準用し，

法第47条から第53条の2までの規定は，

登録個別検定機関に準用することを定めたうえ，語句の読み替えを示している。

ここで，法第47条から第53条の2の定めの概要は以下の通り。

第47条：検査の応諾，検査員による検査の実施，公正かつ所定の構造基準に適合した方法による検査，検査方法に由来する危険の防止措置。

第47条の2：登録簿記載事項（代表者，所在地等）の変更時の大臣への届出。

第48条：業務規程の策定（検査の実施方法，検査料金等の規定）と大臣への届出。

第49条：業務の休廃止に際しての大臣への届出。

第50条：事業年度ごとの財務諸表等の作成と事務所への備付け，利害関係人による検査機関への財務諸表等の閲覧等の請求，利害関係人による検査機関への損害保険契約書の閲覧等の請求，所定の財務諸表等の大臣への提出。

第51条：検査員の選任・解任の大臣への届出。

第52条：検査機関が法第46条第3項各号の登録基準（設備，検査員，検査員及び業務の統括者，受検者らとのCOI）に適合しなくなった場合の大臣による適合命令。

第52条の2：検査機関が第47条の義務（検査の応諾，検査員による実施，公正で所定の構造基準に適合した方法による検査，検査方法に由来する危険の防止措置）に反した場合の大臣による改善命令。

第52条の3：適合命令と改善命令に関する規定の外国製造時等検査機関への準用（ただし，命令を請求に代える）。

第53条：所定の要件を充たした場合の登録の取消し等。

第53条の2：登録を受ける業者がいない場合等における都道府県労働局長による製造時等検査の実施。

ク2　本条は，法第44条所定の個別検定（機械等の1台ごとに個別に行われる検定であり，同じ型式のものでも1台ごとに検定を受ける必要がある。検定合格証に代わり，その機械等の「明細書」に合格印を押したものが交付される[129]。内部に高い圧力の気体や流体等を保有する第2種圧力容器・小型ボイラー・小型圧力容器につき，労働安全衛生法に基づき定められた構造，使用材料等の構造要件適合性を確認するため，製造時又は輸入時に個々に行われる[130]）を担当する機関についても，その技術水準や業務体制等を担保するため，登録製造時等検査機関と同様の規制を行うことを図ったものである。

ケ2　登録の区分は，登録製造時等検査機関の場合，登録省令[131]第1条の2の45の定め通り，安衛法施行令第12条第1項第1号のボイラーと同第2号の第1種圧力容器の2種類に限られるが，登録個別検定機関の場合，以下の4種が認められている（登録省令第11条）。これがそのまま検定の対象機械等にもなっている。

(1)ゴム，ゴム化合物等を練るロール機の急停止装置のうち電気的制動方式のもの（施行令第14条第1号）
(2)第2種圧力容器（電気事業法等の適用を受けるものを除く）（施行令第14条第2号）
(3)小型ボイラー（電気事業法等の適用を受けるものを除く）（施行令第14条第3号）
(4)小型圧力容器（電気事業法等の適用を受けるものを除く）（施行令第14条第4号）

登録申請希望者は法人・個人のいずれでもよく（平成16年3月19日基発第0319009），

同人が大臣に提出すべき書類は，

登録申請書（様式第4号の2）のほか，

1）定款や登記事項証明書等，
2）申請者が本条（法第54条）で準用されている法第46条第2項各号（法人やその役員の安衛法令違反歴等の欠格事由）及び第3項第4号イからハまで（受検者らとのCOI）に該当しないことを証する書面，
3）申請者が法人である場合，役員の氏名・略歴，株主等の構成員等，
4）検定器具，検定員や業務の統括者の経歴や数，
5）検定業務以外を行っている場合はその種類や概要等

である（登録省令第12条）。

この内容は，登録製造時等検査機関に関する登録省令第1条の3と同様である。また，本条（法第54条）が準用する法第46条の2第1項所定の登録更新にも準用される（登録省令第13条）。

本条（法第54条）が準用する法第47条第4項所定の検査（ここでは検定）方法から生じる危険の防止措置は，概ね以下の通りである（登録省令第14条）。登録省令第1条の5の定める登録製造時等検査機関の対象機械（ボイラーと第1種圧力容器〔本節において「ボイラー等」という〕）より小型の機械等を対象としており，検定方法に由来する危険防止措置もそれに準じている。

(1)機械の圧力を受ける部分に著しい損傷等が認められ，水圧／気圧試験での危険が予想される場合に当該試験を行わないこと，
(2)それらの試験で，ボイラー等の破裂による鏡板の飛散や水の流出等の危険が予想される場合に災害防止措置を講じること，
(3)それらの試験の続行による危険が予想される場合に当該試験を中止すること等。

法第46条は本条（法第54条）で登録個別検定機関（法第44条）に準用されているので，上で示した法第46

条第3項所定の登録基準（別表第5や第6, 通達〔平成16年3月10日基発第0319009号〕に示されたもの）も，登録個別検定機関に準用される。

コ2　その他,

①登録簿の記載事項（氏名，名称，住所。事務所住所等〔法第47条の2を本条で準用〕）を変更する際に，変更届出書（様式第1号の5）を所管大臣に提出せねばならないこと（登録製造時等検査機関につき登録省令第1条の5の2，個別検定機関につき登録省令第14条の2），

②業務規程を作成して所定の届出書（様式第2号）に添付して所管大臣に届け出なければならないこと（届出義務は，法第48条第1項前段を本条で準用。届出方法は，製造時等検査機関につき登録省令第1条の6第1項，個別検定機関につき登録省令第15条第1項），変更する場合にも同様であること（届出義務は，法第48条第1項後段を本条で準用。届出方法は，製造時等検査機関につき登録省令第1条の6第3項，個別検定機関につき登録省令第15条第3項），

業務規程の必要的記載事項（製造時等検査機関につき登録省令第1条の6，個別検定機関につき登録省令第15条第2項），

③業務の休廃止に際して所定の届出書（様式第4号）を用いて所管大臣に届け出なければならないこと（届出義務は，法第49条を本条で準用。届出方法は，製造時等検査機関につき登録省令第1条の7第1項，個別検定機関につき登録省令第16条第1項），

④検定員の選任・解任に際して所定の届出書（様式第5号，第6号）を用いて所管大臣に届け出なければならないこと（届出義務は，法第51条を本条で準用。届出方法は，製造時等検査機関につき登録省令第1条の8，個別検定機関につき登録省令第17条），

⑤検定実施可能な者の欠如等により都道府県労働局長が検定業務を引き継ぐ場合にかかる手続き（労働局長の引継ぎ権限は，法第53条の2を本条で準用。引継ぎの方法は，製造時等検査機関につき登録省令第1条の10，個別検定機関につき登録省令第19条），

⑥利害関係人に権限が付与される，財務諸表等や損害賠償保険契約書のデータの閲覧や提供等の請求の方法（請求権は，法第50条第2項第3号・第3項第3号，法第50条第2項第4号・第3項第4号を本条で準用。請求の方法は，製造時等検査機関につき登録省令第1条の7の2・第1条の7の3，個別検定機関につき登録省令第16条の2・第16条の3），

は，登録製造時等検査機関と変わらない。

サ2　本条及び本条が準用する条規違反は，機関の場合，その登録取消しを導くため，制裁という意味では一定の効果を見込めるし，何より取り消されてしまえば，処罰の対象が存在しなくなるので，本法は，特に遵守が求められ，当該個人の罪を観念できる定めについて，機関の役員や職員個人に刑事罰を科す方法を採用している。[132]

すなわち，本条が準用する法第49条（検査業務の休廃止の大臣への届出）につき，無届け又は虚偽の届出につき，50万円以下の罰金としている（法第121条第1号）。また，本条が準用する法第53条第1項（安衛法令違反の欠格事由に該当する場合，利害関係人からの財務諸表等の閲覧請求を拒否した場合等の業務停止命令）に違反して命令に従わない場合，1年以下の懲役又は100万円以下の罰金に処せられる（法第118条）。

他方，法第50条第1項（検査機関が財務諸表等の作成及び備付けの義務）やこれを準用した本条又は同条第2項（利害関係人による財務諸表等の閲覧等の請求の権利）やこれを準用した本条に反した場合，当該機関に対し，20万円以下の過料（行政罰）が科せられる（法第123条第1号）。

シ2　法第54条の2は，平成15年7月2日法律第102号で追加された条文で，法第44条の2所定の型式検定に当たる登録型式検定機関の登録，業務運営，検定員の選任と解任，役職員の地位，登録取消し等につき，登録製造時等検査機関にかかる定めの準用を図った規定である。

すなわち，

法第46条（登録製造時等検査機関の登録の申請主義，欠格事由，適合要件〔検査設備，検査員，検査員の指揮・業務管理者の存在，受験者とのCOIにかからないこと〕及びそれを充たす場合の必要的登録等に関する規定）及び

法第46条の2（登録の更新〔5〜10年範囲内で政令で規定〕に関する規定）は，

法第44条の2第1項（〔特定機械等以外の機械等のうち危険有害な作業を要するもののうち所定のものを対象とする〕登録を受けた機関による型式検定を受けるべきこと）にいう登録型式検査機関の登録に準用し，

法第47条から第53条の2までの規定は，

登録型式検定機関に準用することを定めたうえ，語句の読み替えを示している。

ここで，法第47条から第53条の2の定めの概要は以下の通り。

第47条：検査の応諾，検査員による検査の実施，公正かつ所定の構造基準に適合した方法による検査，検査方法に由来する危険の防止措置。

第47条の2：登録簿記載事項（代表者，所在地等）の変更時の大臣への届出。

第48条：業務規程の策定（検査の実施方法，検査料金等の規定）と大臣への届出。

第49条：業務の休廃止に際しての大臣への届出。

第50条：事業年度ごとの財務諸表等の作成と事務所

への備付け，利害関係人による検査機関への財務諸表等の閲覧等の請求，利害関係人による検査機関への損害保険契約書の閲覧等の請求，所定の財務諸表等の大臣への提出。

第51条：検査員の選任・解任の大臣への届出。

第52条：検査機関が法第46条第3項各号の登録基準（設備，検査員，検査員及び業務の統括者，受検者らとのCOI）に適合しなくなった場合の大臣による適合命令。

第52条の2：検査機関が第47条の義務（検査の応諾，検査員による実施，公正で所定の構造基準に適合した方法による検査，検査方法に由来する危険の防止措置）に反した場合の大臣による改善命令。

第52条の3：適合命令と改善命令に関する規定の外国製造時等検査機関への準用（ただし，命令を請求に代える）。

第53条：所定の要件を充たした場合の登録の取消し等。

第53条の2：登録を受ける業者がいない場合等における都道府県労働局長による製造時等検査の実施。

ス2 本条は，法第44条所定の型式検定（機械等の型式ごとに行われる検定であり，検定に合格すれば，その型式に対して「型式検定合格証」が交付され，合格証に記載された有効期間の間は，その型式の機械等を〔数に制限なく〕製造又は輸入することができる）を担当する機関についても，その技術水準や業務体制等を担保するため，登録製造時等検査機関と同様の規制を行うことを図ったものである。

セ2 登録の区分は，登録製造時等検査機関の場合，登録省令第1条の2の45の定め通り，安衛法施行令第12条第1項第1号のボイラーと同第2号の第1種圧力容器の2種類に限られるが，登録型式検定機関の場合，以下の14種が認められている（登録省令第19条の3）。これがそのまま検定の対象機械等にもなっている。

(1)ゴム，ゴム化合物等を練るロール機の急停止装置のうち電気的制動方式のもの（施行令第14条の2第1号）
(2)プレス機械又はシャーの安全装置（施行令第14条の2第2号）
(3)防爆構造電気機械器具（施行令第14条の2第3号）
(4)クレーン又は移動式クレーンの過負荷防止装置（施行令第14条の2第4号）
(5)防じんマスク（施行令第14条の2第5号）
(6)防毒マスク（施行令第14条の2第6号）
(7)木材加工用丸のこ盤の歯の接触予防装置のうち可動式のもの（施行令第14条の2第7号）
(8)動力駆動型プレス機械のうちスライドによる危険の防止機構を有するもの（施行令第14条の2第8号）
(9)交流アーク溶接機用自動電撃防止装置（施行令第14条の2第9号）
(10)絶縁用保護具（施行令第14条の2第10号）
(11)絶縁用防具（施行令第14条の2第11号）
(12)保護帽（施行令第14条の2第12号）
(13)防じん機能を有する電動ファン付き呼吸用保護具（施行令第14条の2第13号）
(14)防毒機能を有する電動ファン付き呼吸用保護具（施行令第14条の2第14号）

登録申請希望者は法人・個人のいずれでもよく（平成16年3月19日基発第0319009），

同人が大臣に提出すべき書類は，
1）登録申請書（様式第4号の2）
のほか，
2）定款や登記事項証明書等，
3）申請者が本条（法第54条の2）で準用されている法第46条第2項各号（法人やその役員の安衛法令違反歴等の欠格事由）及び第3項第4号イからハまで（受検者らとのCOI）に該当しないことを証する書面，
4）申請者が法人である場合，役員の氏名・略歴，株主等の構成員等，
5）検定器具，検査員や業務の統括者の経歴や数，
6）検定業務以外を行っている場合はその種類や概要等である（登録省令第19条の4）。

この内容は，登録製造時等検査機関に関する登録省令第1条の3と同様である。また，本条（法第54条の2）が準用する法第46条の2第1項所定の登録更新にも準用される（登録省令第19条の5）。

本条（法第54条の2）が準用する法第47条第4項所定の検査（ここでは検定）方法から生じる危険の防止措置は，概ね以下の通りである（登録省令第19条の6）。登録省令第1条の5の定める登録製造時等検査機関の対象機械（ボイラーと第1種圧力容器〔本節において「ボイラー等」という〕）とは異なる対象につき，やや広めに取っている分，それに応じた措置が示されている。
(1)クレーン又は移動式クレーンの過負荷防止措置の作動試験につき悪天候で実施上危険が予想される場合に試験を行わないこと，
(2)クレーン又は移動式クレーンの過負荷防止装置の各部分につき点検を行うにつき，不意な起動による墜落，挟まれ等の防止のため，当該クレーン等の運転を禁じること，
(3)クレーン等の構造部材等に著しい損傷等がある場合に試験を行わないこと，
(4)作動試験に際して，ジブ等が家屋，公道等に危険を及ぼすおそれがある場合に，当該試験を行わないこと，
(5)作動試験の続行による危険が予想される場合に当該

試験を中止すること等。

(6)移動式クレーンの過負荷防止措置の型式検定に際して，地盤軟弱等により転倒の危険がある場所では検査を行わないこと等。

法第46条は本条（法第54条の2）で登録型式検定機関（法第44条の2）に準用されているので，上で示した法第46条第3項所定の登録基準（別表第5や第6，通達〔平成16年3月19日基発第0319009号〕に示されたもの）も，登録型式検定機関に準用される。

ソ2　その他。

①登録簿の記載事項（氏名，名称，住所。事務所住所等〔法第47条の2を本条で準用〕）を変更の際に，変更届出書（様式第1号の5）を所管大臣に提出せねばならないこと（登録製造時等検査機関につき登録省令第1条の5の2，型式検定機関につき登録省令第19条の6の2），

②業務規程を作成して所定の届出書（様式第2号）に添付して所管大臣に届け出なければならないこと（届出義務は，法第48条第1項前段を本条で準用。届出方法は，製造時等検査機関につき登録省令第1条の6第1項，型式検定機関につき登録省令第19条の7第1項），変更する場合にも同様であること（届出義務は，法第48条第1項後段を本条で準用。届出方法は，製造時等検査機関につき登録省令第1条の6第3項，型式検定機関につき登録省令第19条の7第3項），

業務規程の必要的記載事項（製造時等検査機関につき登録省令第1条の6，型式検定機関につき登録省令第19条の7第2項），

③業務の休廃止に際して所定の届出書（様式第4号）を用いて所管大臣に届け出なければならないこと（届出義務は，法第49条を本条で準用。届出方法は，製造時等検査機関につき登録省令第1条の7第1項，型式検定機関につき登録省令第19条の8第1項），

④検定員の選任・解任に際して所定の届出書（様式第5号，第6号）を用いて所管大臣に届け出なければならないこと（届出義務は，法第51条を本条で準用。届出方法は，製造時等検査機関につき登録省令第1条の8，型式検定機関につき登録省令第19条の9），

⑤検定実施可能な者の欠如等により都道府県労働局長が検定業務を引き継ぐ場合にかかる手続き（労働局長の引継ぎ権限は，法第53条の2を本条で準用。引継ぎの方法は，製造時等検査機関につき登録省令第1条の10，型式検定機関につき登録省令第19条の11の2），

⑥利害関係人に権限が付与される，財務諸表等や損害賠償保険契約書のデータの閲覧や提供等の請求の方法（請求権は，法第50条第2項第3号・第3項第3号，法第50条第2項第4号・第3項第4号を本条で準用。請求の方法は，製造時等検査機関につき登録省令第1条の7の2・第1条の7の3，型式検定機関につき登録省令第19条の8の2・第19条の8の3），

は，登録製造時等検査機関と変わらない。

タ2　本条及び本条が準用する条規違反は，機関の場合，その登録取消しを導くため，制裁という意味では一定の効果を見込めるし，何より取り消されてしまえば，処罰の対象が存在しなくなるので，本法は，特に遵守が求められ，当該個人の罪を観念できる定めについて，機関の役員や職員個人に刑事罰を科す方法を採用している[135]。

すなわち，本条が準用する法第49条（検査業務の休廃止の大臣への届出）につき，無届け又は虚偽の届出につき，50万円以下の罰金としている（法第121条第1号）。また，本条が準用する法第53条第1項（安衛法令違反の欠格事由に該当する場合，利害関係人からの財務諸表等の閲覧請求を拒否した場合等の業務停止命令）に違反して命令に従わない場合，1年以下の懲役又は100万円以下の罰金に処せられる（法第118条）。

他方，法第50条第1項（検査機関〔本条では検定機関〕が財務諸表等の作成及び備付けの義務）やこれを準用した本条又は同条第2項（利害関係人による財務諸表等の閲覧等の請求の権利）やこれを準用した本条に反した場合，当該機関に対し，20万円以下の過料（行政罰）が科せられる（法第123条第1号）。

チ2　法第54条の3は，昭和52年7月1日法律第76号で追加された条文で，法第45条を前提としている。

その法第45条は，

第1項で，事業者に，ボイラー等（施行令により車両系建設機械・フォークリフト及び高所作業車などが該当。38種あり，特定機械等の全てと特定機械等以外の検定対象機械のうち半分程度を含む）の機械等につき定期自主検査を行い，結果を記録するよう義務づけ，

第2項で，第1項の定期自主検査のうち建設機械（油圧ショベルなど）や荷役運搬機械（フォークリフトなど）等（定期自主検査の対象機械の一部。プレス機を除き，特定機械等や特定機械等以外の機械とはあまり重ならない）を対象とするものを特定自主検査と呼び，自身の労働者のうち省令所定の資格保有者に行わせる（事業内検査）か，所定の要件を充たす検査業者，すなわち特定自主検査機関に行わせる（検査業者検査）かのいずれかとするよう義務づけている。

本法は，ボイラー等の特定機械等について，製造時，輸入時，設置時，変更時の検査（法第38条～第40条等）を義務づけたうえ，使用過程でも，事業者に対し，一定期間ごとに行政機関や検査機関の検査（法第41条〔有効期間を更新するための性能検査〕等）の実施を課している。また，特定機械等に当たらないが，その他危険有害な作業を必要とする機械等についても，一定の規格又は安全装置を具備しなければ譲渡，設置等

資料91 特定機械等の検査

特定機械等の種類		検査の種類						
略称等	名称	構造	溶接	製造	使用	落成	性能	変更	使用再開
ボイラー	ボイラー（移動式ボイラーを除く）	○	○	○	○	○	○	○	○
	移動式ボイラー	○	○	○	○		○	○	○
第1種圧力容器		○	○	○	○	○	○	○	○
クレーン等	クレーン（移動式クレーンを除く）					○	○	○	○
	移動式クレーン				○		○	○	○
	デリック					○	○	○	○
	エレベーター					○		○	○
	建設用リフト					○			
ゴンドラ						○	○	○	○

原則として構造検査及び溶接検査は登録製造時等検査機関、製造検査及び使用検査は都道府県労働局長（登録製造時等検査機関も実施可能）、落成検査、変更検査及び使用再開検査は労働基準監督署長、性能検査は登録性能検査機関が実施する。

（森山誠也作成）

＊合わせて資料59も参照されたい。

をしてはならないこととしている（法第42条，第43条，第43条の2，第44条，第44条の2，第44条の3等）（資料91）。

法第45条は，こうした規制に加えて，事業者自らが使用過程の一定期間ごとに主要構造や機能の安全性について検査することで，より細密な安全性確保を図ったものである（資料74を参照されたい）。

同条（法第45条）を前提に本条（法第54条の3）は，検査業者検査を行う検査業者（特定自主検査機関）について定めている。

すなわち本条は，

第1項で，検査業者は名簿登録が必要なこと，

第2項で，以下の各号が欠格事由となること（概ね当該機関自身，法人の場合その役員による検査業務に関係する重大な違反），

　第1号：法第45条第1項／第2項（特に危険な作業を伴う機械等に関する特定自主検査と結果の記録義務）違反やそれに関する命令違反，又は，法第54条の6第2項（本条所定の登録基準の後発的非該当，次条所定の事業内検査の資格者による実施違反等に基づく登録取消しや業務停止命令）にかかる命令違反による罰金以上の受刑から2年未満等

　第2号：法第54条の6第2項（同前）による登録取消しから2年未満等

　第3号：法人で役員が第1号に該当する場合

第3項で，登録は申請主義を採用すること，

第4項で，大臣又は都道府県労働局長が登録に際して省令所定の登録基準を遵守すべきこと，

第5項で，利害関係者の検査業者名簿の閲覧請求権，

を定めている。

ツ2　このように，本条は，事業者に定期的な実施が義務づけられた建設機械（油圧ショベルなど）や荷役運搬機械（フォークリフトなど）等（定期自主検査の対象機械の一部。プレス機を除き，特定機械等や特定機械等以外の機械とはあまり重ならない）を対象とする特定自主検査につき，自前のスタッフによる事業内検査が難しい中小企業者等を念頭に，検査業者検査（特定自主検査機関）の活用を図らせようとしたものである（昭和53年2月10日発基第9号）。

このことは，本条の追加について議論した第80回国会衆議院社会労働委員会における桑原敬一政府委員の以下の発言によく現れている。

すなわち，「非常に危険な機械等の検査というものをこれは定期的に自主検査をやるたてまえになっておりますけれども，中小企業はなかなかそういった適確な方がおられないということで，今回の改正に当たりまして検査業者というしっかりした制度をつくって，そういった制度の中において，危険な機械について中小企業が安心して検査をしてもらえるような体制づくりをする」等の中小企業の安全衛生対策を進めようとしているわけです，と。

本条が定める検査業者制度（自主検査代行業者〔特定自主検査機関〕の登録等）は，登録検査・検定機関制度の一環ではあるが，本条は，他の登録機関に関する定めとは異なる。例えば，本条所定の検査業者（特定自主検査機関）の場合，製造時等検査機関等の登録では求められる裏付け資料の多くが不要である，業務規程の必要的記載事項もある程度絞り込まれている，登録基準でもCOIの項目が存在しない，登録につき，製造時等検査機関等では一定要件を満たした場合，登録がき束行為とされているが，本条所定の検査業者ではされていない等の相違がある。

これは，本条所定の検査業者（特定自主検査機関）制度は，導入当初から公益法人ではなく民間企業を受け皿とすることを予定していたためと解される。

検査業者というと，安衛法上のものに限らず，いわゆる車検を担う自動車の整備会社，建設機械の整備会社など全国各地に数多くの業者が存在し，特定自主検査済であることを示すステッカーが機体に貼られている例も散見される。本条が対象とする制度も，これらと同様に，社会に定着した制度となっている。

なお，本条に基づく検査事業の料金については国会審議で質疑されたことがある（第196回国会衆議院予算委員会第5分科会〔平成30年2月23日〕）。

ここでは当時の加藤勝信厚生労働大臣が，不透明な値引き等により検査の質の低下を招かないよう，検査業者自身に自主的に定めさせると共に，行政に届出させる仕組みとしている旨述べた一方，菊田真紀子分科

員から，1台の検査費用が10万円を超えるケースもあり，10台保有していれば毎年100万円を要することとなるので，小規模事業者にとって大きな負担となる旨の指摘がなされた。

テ2　検査業者（特定自主検査機関）の登録申請手続きでは，所定の様式（様式第7号の2）に，氏名又は名称，住所並びに法人にあっては代表者氏名，特定自主検査を行うことができる検査器具等の種類を証する書面を添えて，管轄労働局長に提出すればよく（登録省令第19条の14），製造時等検査機関等の登録申請手続きよりずっと簡便である。

登録基準では，資格保有者数（現段階では2名以上〔平成10年3月26日基発第131号〕。必要な資格については，法第54条の4の解説で後述。所定の学歴と実務経験のほか，所定の講習修了等が該当する），検査機器数（現段階では，所定の検査機器の種類ごとに1以上〔所定の動力駆動型プレス機械にかかる回転計，停止性能測定装置等，所定のフォークリフト，建設機械等にかかる圧力計，回転計等〕〔平成2年9月26日基発第584号〕）に関する定めがあるのは，製造時等検査機関と同様であり，業務規程と所定の必要的記載事項に関する定めがあることも，製造時等検査機関と同じだが，作成すべき業務規程において，製造時等検査機関では必要的記載事項とされている業務時間（登録省令第1条の6第1項第4号），検査員の選任・解任等（同第6号），財務諸表等の閲覧等の請求等にかかる費用（同第8号）等は，検査業者（特定自主検査機関）の基準には掲げられていない（：必要的記載事項とはされていない）。

製造時等検査機関では基準とされている（法第46条第3項第4号）COIも基準とされていない。

登録では，本条（法第54条の3）第4項が，基準に適合していなければ「登録してはならない」と定めており，登録製造時等検査機関について，法第46条第3項が所定要件を満たす場合に登録「しなければならない」として，行政のき束行為としているのと対照的であり，基準適合性を必要条件としつつ，行政に判断の裁量を付与する定めぶりである。確かに，別途，本条第2項の要件（検査に関連する法令違反者，所定の登録基準への後発的非該当者）の審査も受けるが，それなら製造時等検査機関でも同様の基準での審査は受けるし（法第46条第2項等），何より製造時等検査機関等に関するき束的な定めとの違いから，やはり行政に判断の裁量を与える意図であろう。

年度ごとに特定自主検査の状況について，所轄労働局長等宛てに，所定の様式（様式第7号の6）で実施状況報告を求められる点も，検査業者（特定自主検査機関）制度の特徴である。製造時等検査機関では，製造時等検査ごとに検査結果報告の所轄労働局長宛てに提出が求められているほか，事業報告書の大臣への提出が求められている（法第50条第4項）のに対し，より簡便な手続きを許容しようとしたものと解される。

こうした相違の背景には，やはり検査業者（特定自主検査機関）制度では，導入当初から公益法人ではなく民間企業を受け皿とすることを予定していたこと，中小企業によるアクセスを促進しようとした事情があると解される。

なお，定期自主検査従事者向けの能力向上教育（努力義務：法第19条の2第1項）について定めた以下の通達は，事業内検査従事者のみでなく，外部の検査業者における検査従事者への適用も予定されている。
①平成5年7月23日基発第480号（車両系建設機械〔基礎工事用〕特定自主検査者能力向上教育について）
②平成6年9月29日基発第600号（フォークリフトの特定自主検査者能力向上教育について）

ト2　法第54条の4は，昭和52年7月1日法律第76号で追加された条文で，検査業者が他人の求めに応じて（≒業として）特定自主検査を行う際に，省令所定の資格保有者に行わせねばならないことを定めている。

ここで，省令所定の資格は，特定自主検査の対象機械等ごとに定められており，例えば動力プレスの場合，

大学や高専の工学系学科の卒業者等であって，動力プレスの点検や整備の業務を2年以上経験したか，その設計や工作の業務を5年以上経験した者

を筆頭に，それより低学歴でも経験年数が長い者等が該当する（登録省令第19条の22第1項）。

登録製造時等検査機関の製造時等検査を実施する検査員との比較では，当該検査員の場合，学科研修の「時間」や検査実習の「件数」等が問われている（法別表第6第1号）ほか，特定自主検査検査員の資格規定（登録省令第12条の2の2）には存在する「その他厚生労働大臣が定める者」といった包括的規定も存在せず，後者の方がゆるめの基準設定となっていることが窺われる。

ナ2　労働新聞社が公表した運用実例として，約8年にわたりフォークリフトの特定自主検査を無資格者に行わせていた検査業者に対し，東京労働局が本条（法第54条の4）違反により6カ月の業務停止処分を下した例が挙げられる。同社では，車両系建設機械の特定自主検査を担当していた4名の従業員のうち1名がフォークリフトにかかる資格を持っていないにもかかわらず，約8年間に2社10台のフォークリフトを検査させた。他の大型建設機械の検査資格を持っていたため不要と考えていたとのことだったが，無資格者による検査は無効であり，再検査が求められることとなっ

た。

ニ2　法第54条の5は，平成11年5月21日法律第45号で追加された条文で，検査業者の変動があった場合の地位の承継について定めている。

すなわち，第1項で，検査業者につき，
①事業の全部譲渡，又は，
②相続，合併若しくは分割（ただし分割の場合，事業が全部譲渡される場合に限る）された場合に，
③譲受人，又は
④相続人，合併後存続する法人若しくは合併で設立された法人若しくは分割で事業の全部を承継した法人は，検査業者の地位を承継すること，

ただし，承継者が，法第54条の3第2項各号（＊欠格事由〔概ね検査に関する規定違反〕）のいずれかに該当する場合は承継者とはならない旨を定めている。

第2項では，第1項による承継者は，承継につき遅滞なく大臣又は都道府県労働局長に届け出るべきことを定めている。

ヌ2　前述の通り，本条は，平成11年法改正（平成11年5月21日法律第45号）で新設され，翌平成12年の商法改正に伴う改正（平成12年5月31日法律第91号）により，事業分割による場合が追記され，現在に至っている。

本条新設前，合併等の場合は，検査業者としての実質的条件は維持されていると解されていたが（平成11年5月21日発基第54号），事業の全部譲渡，相続等の場合は，承継者が登録をし直さなければ検査業者になれなかった。しかし，そのような場合も検査事業についての実質的同一性は失われないと解されるため，欠格事由に該当する場合を除き，その承継者に検査業者の地位を承継させることとしたのが本条である。

その背景には，いわゆるコーポレートガバナンスの見直しや商法改正等による企業変動の動きの拡大があったと察せられる[136]。

本法上の登録製造時等検査機関等に関する規定に本条の類似ないし準用規定は見当たらないが，作業環境測定法第34条第1項が，作業環境測定機関に本条を準用している。

本条第2項による届出は所定の様式（様式第7号の7）により行わねばならず，そこには，承継の理由，事務所所在地，検査を行える機械等の種類等を記載せねばならない（登録省令第19条の23第1項）。また，検査業者の地位の承継者につき，当該承継に伴い登録証記載事項に変更が生じた場合，やはり所定の届出書及び申請書を管轄都道府県労働局長に提出して登録証の書き換えを受けねばならない（同条第2項）。作業環境測定法による本条の準用を受け，作業環境測定機関にも同様の規定が設けられている（作業環境測定法施行規則第56条の2）。

ネ2　法第54条の6は，昭和52年7月1日法律第76号で追加された条文で，

第1項で，厚労大臣又は都道府県労働局長が，

法第54条の3第2項第1号又は第3号（＊登録検査業者が本法上の検査関係規定違反者である場合，同じく法人で役員にその違反者がいる場合）

に該当するに至った場合，

その登録を取り消さねばならないことを定め，

第2項で，厚労大臣又は都道府県労働局長が，以下のいずれかの場合，登録を取消すか，業務停止を命じ得ることを定めている。

第1号：省令による検査業者の登録基準に不適合となった場合（法第54条の3第4項関係）

第2号：資格者に検査を行わせるべき旨の規定に違反した場合（法第54条の4関係）

第3号：登録に付された条件に違反した場合（法第110条第1項関係）

ノ2　本条第1項は，検査業者が登録を受けた後，

法第45条第1項もしくは第2項（事業者による特定自主検査の実施と結果の記録，当該検査を事業内の有資格者か外部の検査業者に行わせるべきこと等〔事業者が講じるべき措置が含まれている趣旨については後述〕）

に違反したか，

本条（法第54条の6）第2項による命令（登録取消し，業務停止命令）違反により罰金以上の刑に処せられた場合，

厚労大臣か都道府県労働局長は，必ずその検査業者の登録を取り消さねばならないとしている。製造時等検査機関の登録取消処分は，大臣の裁量に委ねられているのと対照的である。

前者は，主に，検査業者としてではなく1事業者としての犯罪だが，検査業者として相応しくないとの趣旨であろう。

他方，第2項所定の3つの号に該当する場合には，大臣か都道府県労働局長に，登録取消しとするか否か，業務停止命令とするか否かないしその内容（全部か一部か，6カ月以内での停止期間等）につき，決定の裁量が委ねられている。

本条第2項違反については，役員又は職員を対象として，罰則（法第118条：1年以下の懲役又は100万円以下の罰金）が付されている。法人自体を対象とした罰則がないのは，登録取消し等を予定した規定であって，処罰の対象を欠くことになり得るためと解される。

ハ2　適用の実際だが，業務停止命令はよく発令されており，その多くが，検査業者が無資格者に定期自主検査を行わせた例のように見受けられる。他の対象機械等の検査資格は持つ者が，当該機械等の資格を持

たないまま実施していた例も散見される。違反機械は特定自主検査の対象となる機械（整地，運搬，積込み，掘削，解体等に用いる車両系建設機械，フォークリフト）での全般にわたり，業務停止命令の期間は半年程度が多く，範囲は当該企業のうち違反のあった事務所や事業所にかかる検査事業に限られることが多いようだ。

登録取消処分が下された例として，平成23年12月26日に岡山労働局による処分が挙げられ，ここでは，登録検査業者が他社から特定自主検査を求められ（引き受け）たのに，計22台につき，実際には検査を実施しないまま検査結果証明書を発行した。その悪質性が重い処分を導いたと解される。

[14] **長谷川解説（第5章第2節第55条〜第58条）**

長谷川解説は，第5章第2節に属する第55条から第58条を対象としている。

これらの条項は，化学物質の社会的必要性とリスク管理の均衡を目指して，全ての物質の製造や使用を禁じるのではなく，その危険有害性（やその判明の程度）等に応じて，製造者や譲渡提供者に対して，製造禁止から，有害性やリスクの伝達，表示など，段階的な規制をかけると共に，製造・輸入を行う事業者に対して有害性の調査を求めており，化学物質に関する規制条文の中では，主に製造流通段階での規制を行っている点に特徴がある。

本解説は，冒頭で，近年の化学物質の自主管理政策の展開を論じており，その概要は以下の通り。

従来の安衛法上の化学物質管理は，国が危険有害性（特に発がん性）を認定した特定の化学物質を特化則等の規制対象物質に追加し，ばく露防止措置を国が個別具体的に定める「法令準拠型」で進められてきたが，職域で日常的に用いられている化学物質は数万種類に及び，実際の労災の多くは具体的かつ強制的な規制対象外で生じている。

そこで，厚生労働省「職場における化学物質等の管理のあり方に関する検討会報告書〜化学物質への理解を高める自律的な管理を基本とする仕組みへ〜」（2021〔令和3〕年7月1日）により，自律管理型化学物質管理への政策転換の方向性が示され，既に規則改正等がなされている。

この報告書は，事業者が自らリスクアセスメント（以下，「RA」とも言う）を行い，判明したリスクへの対応策を自ら選択できる（例えば，A社は局所排気装置の設置，B社は防毒マスクの「装着させ」と吸収缶の管理等）仕組みを自律管理型として推進することとし，①リスク情報伝達，②国が定める管理基準に基づくRAと対策，③実施体制の確立，④小規模事業場支援を重点として提言しつつ，国によるGHS分類でリスクが確認された全ての物質について，個々の事業場に応じた手法で，国が示した管理基準を達成するよう求める方針を示した。

具体的には，

1）国によりGHS分類されたもののうち，危険性／有害性が認められた物質＝国がモデルラベルやモデルSDSを作成した物質につき，譲渡提供時のラベル表示・SDS交付を義務づけ（対象を現行の700物質弱から2900物質程度まで増やす予定），確実なリスクコミュニケーションを図ること，

2）当該物質につき，RAを義務づけること（GHS分類されていない物質にも法的根拠をもってリスクアセスメントの努力義務を課すこと），

3）RAの結果を踏まえ，リスクを最小化すると共に，上記物質のうち，国が管理基準を設定したものについては，ばく露濃度をそれ以下に抑える義務を課すこと（また，一律ではなく，RAの結果を踏まえ〔管理基準と照合した上で〕健康診断を行わせること[137]），

4）全ての業種・規模の事業者に化学物質管理者（化学物質〔管理〕に詳しく，安全・衛生管理者の指揮下にあって，化学物質RAを推進管理する者）の選任を義務づけること，

等を示し，既にある程度は実現している（この制度改変の趣旨と概要を端的に示したものとして，**資料92**を参照されたい）。

逐条解説は以下の通り。

ア　法第55条は，職業がん等の職業性疾病を発生させるような有害性が強く，今の技術では管理できない物——特に新規化学物質——の製造，輸入，譲渡，提供，使用（「製造等」）を禁じたものなので，対象に新規物質が追加される可能性があると共に，管理技術の発展により除外される可能性もある。他方で，今後も利用可能性がある等の事情から試験研究を目的とする場合，政令で定める一定要件——①予め都道府県労働局長の許可を受けること，②大臣基準（特化則第47条，石綿則第48条に定め有り）[138]に従い製造・使用すること（施行令第16条第2項第1号，第2号）——下での製造，輸入，使用を認めている。

本条所定の製造等禁止物質は，国際条約に基づき製造等が禁じられているものも含め，施行令第16条第1項に列挙されている。同条同項第9号は，それらを一定割合以上含有する製剤等もそれらと同様に扱われる旨を定めている。この物質には発がん性のものが多いが，発火するもの／しないもの，経皮吸収するもの／しないもの，臭気のあるもの／ないもの，引き起こす障害も，皮膚炎から，中皮腫，肺水腫，胸水など様々である。

用語として，譲渡は有償無償の所有権移転を意味す

資料92 労働安全衛生法に基づく化学物質に対する規制の体系

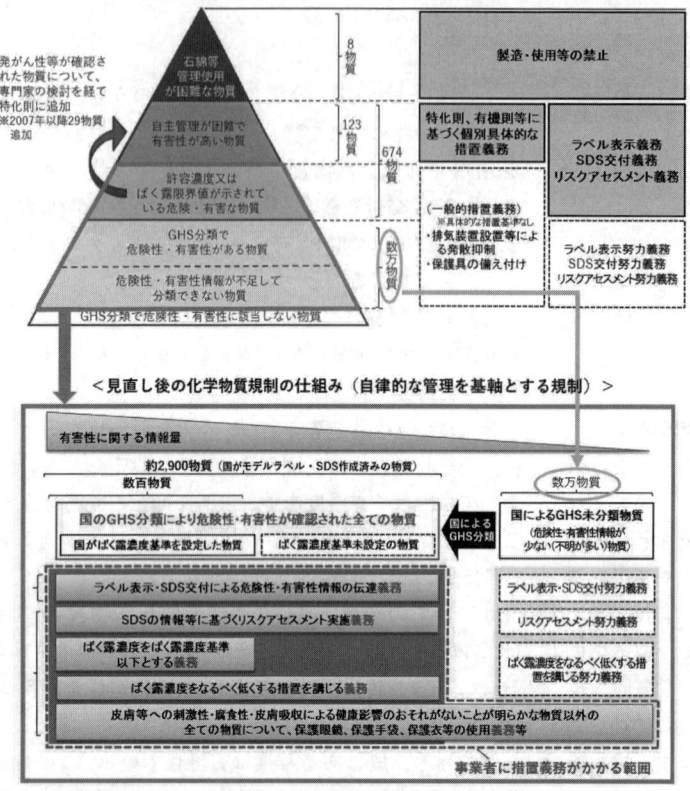

（厚生労働省作成〔https://www.mhlw.go.jp/content/11300000/000987253.pdf、最終閲覧日：2023年10月19日〕）

るが、提供は、物品と共に塗料を引き渡して塗布させる場合のように、所有権等を留保したまま引き渡して利用させる行為を意味する（昭和47年9月18日基発第602号）。

イ 沿革をみると、工場法時代、黄燐寸製造禁止法（大正10年4月11日法律第61号）が、「燐寸製造ニ於ケル黄燐使用ノ禁止ニ関スル条約」（1906〔明治39〕年）の批准公布を見越して制定され、マッチ製造における黄リン使用の禁止や工場への官吏の臨検権限等を規定したことを嚆矢として、旧労基法第48条がこれを受け継いだ。いずれも労使以外の者も義務づけ及び保護の対象としていた。また、禁止行為を製造に限定していなかった。昭和30年以降には、ベンジジンによる被害発生を踏まえてその抑制濃度（局所排出装置周辺の空気を測定することによって、局所排気装置の性能評価を行おうとする便宜的な基準）が通達され、昭和34年には、ヘップサンダル事件等を踏まえてベンゼンのりが労基法第48条の規制対象に加えられ、昭和40年代には、ベンジジンやベーターナフチルアミン等による尿路障害の多発を受け、尿路障害予防対策要綱が定められた後、これらの物質が特化則第1類物質に位置づけられた。昭和47年の現行安衛法制定に際しては、ベンジジン、ベーターナフチルアミン、四－アミノジフェニル、四

－ニトロジフェニル等の発がん性物質の製造、使用等が禁止された。

ウ 背景となった災害の代表例はベンゼン（ベンゾール）によるヘップサンダル事件である。オードリー・ヘップバーンが履いたサンダルを模したサンダル（ヘップサンダル）の底を貼るためのゴム糊の溶剤として多用されていたベンゼンを、その製造過程で吸い込んだ作業者（家内労働者などの準労働者を含む）が再生不良性貧血や白血病を発生させたこと、また、被害者に労基法適用外の家内労働者もいたこと等を受け、「労働基準法第48条の有害物を指定する省令」附則第3項及び第4項の規定により旧労基法第48条（製造等の禁止）の対象物質にベンゼンのりが追加されると共に、同条の保護対象に非労働者を含む全ての者が含まれる旨の内閣法制局見解が示された。

エ 現在では、本条の規制対象物質の有用性が限定されているので、製造等による違反は殆どなく、監督指導上も殆ど意識されていないが、特に石綿は、耐火性、防音性、断熱性、耐久性に優れ、軽くて安価なので、従前は、建築材料への混入、鉄骨の耐火被覆等で用いられていたため、禁止される石綿含有率を徐々に引き下げる対応が採られてきた。そうした事情から石綿を含む建築物が多く現存し、解体工事に際して届出が義務づけられて（石綿則第5条等）、更にその規制内容が見直されてきている。しかし、現に全ての届出が行われれば約200万件に及ぶと言われており、有効な規制に困難が生じている。

オ 関係判例の代表例は建設アスベスト訴訟である。国は、機械メーカーであるクボタの旧神崎工場の労働者が、アスベスト関連疾患で多数死亡すると共に、周辺住民にも被害が及んだことが明らかとなり、多額の賠償金の支払い等に発展した問題（クボタ・ショック）等を踏まえ、平成18年9月に至り、アスベストを施行令に基づく製造等禁止の対象物質としたが、それまでに建築物の建設や解体工事等に従事して中皮腫や肺がん等のアスベスト関連疾患を発症した建設作業従事者（労働者及び一人親方等の非労働者）が、全国8つの地裁に、国とアスベスト建材のメーカーを相手方として集団訴訟を起こした事件であり、国に対しては、規制権限不行使を理由に国賠法上の損害賠償請

求がなされた。

令和3年5月17日に神奈川第1陣訴訟について下された最高裁判決は、国が、保護具の準備等の義務は事業者に課したうえで、アスベストのハザードの判明度合いに応じて通達等で対策を講ずべき前提のレベルを引き上げてきていた経緯は認めつつも、

国は、事業者に保護具を準備させるのみならず、労働者らに保護具を「使用させる」ことを省令で義務づけ、指導監督により確保すべきだった、

リスクの内容と管理方法等の具体的内容を記したラベルによる表示（現行法第57条）、掲示（現行の特化則第38条の3等）を通達等で示し、指導監督すべきだったのに行わなかったことから、

被災者らに対して国賠法上の損害賠償責任を負う旨と共に、

物的な措置義務は、いわば集団的な措置、環境整備の措置であって、保護対象は労働者に限らず、一人親方等にも及ぶ旨を述べた。

なお、同判決が違法状態が解消したとしたのは、結局、含有量1％の混合物に至るまで製造等がほぼ全面的に禁止され、かつその結果輸入（流入）量がゼロになった時点であった。

【事件に関する技術専門家の意見】

1）事実関係について
　特になし。
2）判決について
　アスベストに限らず、この類の事件（その時点ではハザードが十分に判明していなかったが、多くの被災者が生じて救済を求める集団訴訟が生じるなどして社会運動化したケース〔三柴注記〕）では、原告救済の判断傾向を感じる。
　若干国や業者にとって厳しい感じがするが、日本より規制が厳しい国もあるし、時代の流れもあるので、判決に理解はできる。
　もっとも、安衛法の保護対象に一人親方等まで入ると明言したことには驚いた。建設現場の実際として、元請等の多くは、安全管理上、一人親方等を労働者と区別していないので、さほどの変更はないが、判決後、省令が300条ほど変更されることにもなった。特に、資料93が示す1次下請による2次下請（以下繰り下げ）に対する措置義務の規定は、実質的に大きな意味を持つだろう（宮澤）。
　事案を詳しく把握しきれてはいないが、概ね筋の通った判決とは思う。保護具の着用させ、ラベルや掲示によるリスク伝達の徹底は確かに重要だが、実際に一人親方まで安全面の教育をするのは大変だ。判決の理屈からは、構内入場者は、出入業者から見学者に至るまでみな保護対象とすることになるだろう（現に一定程度彼らを保護対象とする法的対応が行われた〔三柴注記〕）。理屈とすれば、従わない場合にも繰り返し指導し、重ねて順守されない場合、被用者なら懲戒、請負なら発注停止等の措置もありということになるのだろうが、今の一人親方は、60代や70代が多いので、（自分のやり方に慣れていて）なかなか指導に従ってもらえない実態もある（湯本、北口、尾崎）。
　所属先では、一人親方も事業者ではあるので、現場でもそのように対応していた。実態として、最初は被用者でも、ある程度技術を身に着けると、より高い収入や働き方の自由を求めて独立する傾向があり、自己責任が基本ではある。しかし、安衛法も（特別加入していなければ）労災保険法も適用されず、仕事を切られるリスクなど、気の毒な面もある。少なくとも安全衛生面で一定の保護をすることには一定の意義があると思う（北口）。
3）未然防止策について
　特になし。

〔2023年11月22日：宮澤政裕氏（建設労務安全研究会）
2023年12月15日：湯本公庸氏（安全工学会事務局長）、日本化学工業協会より北口源啓氏（旭化成株式会社環境安全部労働安全グループ長）、尾崎智氏（日本化学工業協会環境安全部・RC推進部管掌常務理事）〕

カ　本条の違反者（製造等禁止対象物質の製造、輸入、譲渡、提供、使用を行った者）は、3年以下の懲役又は300万円以下の罰金に処せられる（法第116条）。この罰則には両罰規定の適用がある（法第122条）。

キ　法第56条は、労働者に対する大きな健康障害リスクがあるが、製造や研究開発に不可欠である等の事情から、ジクロロベンジジンやその製剤等一定の物質を製造しようとする者に対して、法第22条やそれに紐付く特化則が定める健康障害防止の効果を最大化するため、製造を許可制として、製造設備や製造方法等にかかる基準を設け、製造前後の遵守を図らせようとした規定である。

その詳細（製造許可の単位、許可を受けるための手続、許可基準等）は、特化則に定められている。

ク　本条の対象物質は、施行令別表第3第1号所掲

資料93
注意事項

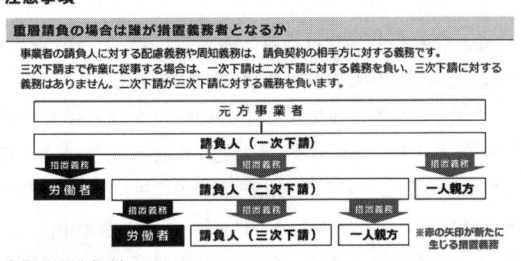

（厚生労働省作成）

の特定化学物質のうち特に有害性が強い第1類物質と石綿分析用試料等であり（施行令第17条），このうち第1類物質には，①ジクロルベンジジン及びその塩（陰イオンと陽イオンから成る化合物），②アルファ－ナフチルアミン及びその塩，③塩素化ビフェニル（別名PCB。絶縁性に優れている），④オルト－トリジン及びその塩，⑤ジアニシジン及びその塩，⑥ベリリウム（強酸や強塩基[139]と反応。合金材料や電子管製造などに用いられる）及びその化合物，⑦ベンゾトリクロリドの7つと，それらの一定割合以上含有物が該当する。

これらの特徴として，色は様々，形態は結晶が多いが（①②④⑤），一部はそれ以外の固体（⑥），液体（③⑦）で，特徴的臭気があるものがあり（②），

摂取経路は経皮（①②③⑤⑦）や経口（①②③⑥⑦），吸入（②⑤⑦），熱すると有毒なヒューム[140]を生じるもの（①⑤⑥⑦）が多く，エアロゾル[141]による吸入（②⑥）もあり，②③のほかは発がん性が明らかなほか，

皮膚炎（①③⑥），眼・皮膚等の刺激（②⑦），血管への影響（②），肝臓への影響（①③⑦），肺・腎臓・甲状腺への影響（⑦），重度の肉芽腫性肺疾患（慢性ベリリウム疾患）（⑥），塩素座瘡（＊にきびのような状態）（③），肺炎・気管支炎（⑥）などを引き起こすか，そのおそれがある。

⑦は，1975（昭和50）年の東京の化学工場での調査で肺がんとの因果関係が認められて，本条の対象物質に加えられた経緯がある。

ケ　本条の人的適用範囲である「製造しようとする者」は，文字通り製造予定者であり，他者からの購入者，販売者や小分けする者等は該当しない。

許可を受けるべき単位は，特化則第48条により，対象物質ごと，製造プラントごととされている（特化則第48条は，端的にその旨定めている）。

許可申請は，特化則様式第5号（特定化学物質製造許可申請書）に同第6号による摘要書を添えて，労基署長経由で厚生労働大臣に提出して行い（特化則第49条第1項），同大臣が許可した場合，特化則様式第7号による許可証（特定化学物質製造許可証）を交付する（特化則第49条第2項）こととなっている。

製造許可を受けた者が，設備等の一部の変更を図る場合，所要の書面を監督署長に提出すれば足りるが，製造工程の変更，許可物質の生産量の増加を図る場合等には，再度本条の許可を受けねばならない。

他方，設備等の主要構造部分の変更を図る場合，法第88条第1項（厚生労働省令で定める危険有害作業等を伴う機械等の設置，移転，主要構造部分の変更につき，厚生労働省令の定めに沿って監督署長に届け出るべき旨の定め）に基づき特化則第52条の特定化学設備等設置届の提出が求められることとなっていたが（昭和47年9月18日基発第591号），平成6年の省令改正（平成6年3月30日労働省令第20号）で，特化則第52条が廃止された。法第88条第1項が，対象，方法共に省令の定めに基づき届け出るよう定めているので，特定化学設備等の設置届の提出の必要自体がなくなったものと解される。

コ　厚生労働大臣が製造許可申請の審査時に用いる基準は，特化則に物質及び製造目的ごとに区分して規定されている。

特化則第50条第1項は，

ジクロルベンジジン等（施行令別表第3第1号に定められた上掲の7物質〔①ジクロルベンジジン及びその塩，②アルファ－ナフチルアミン及びその塩，③塩素化ビフェニル（別名PCB），④オルト－トリジン及びその塩，⑤ジアニシジン及びその塩，⑥ベリリウム及びその化合物，⑦ベンゾトリクロリド〕のうち⑥以外のもの）の製造については，

製造・取扱場所の隔離（別棟とするか隔壁での区画），製造設備を密閉構造とすること，

原材料等の運搬等の際の労働者への直接接触の回避（スクリューフィーダー，バケットコンベアによるなど機械化する），

反応槽での化学反応でガスや蒸気が漏えいしないようガスケット（構造に気密性を持たせるための固定用シール材）等で接合部を塞ぐ等すること，

真空ろ過機（資料94）等を稼働中に内部点検できる措置（ガラス窓等）を講じること，

労働者が取り扱う際は隔離室で遠隔操作させること，

計量・容器入れ・袋詰め等に際して遠隔操作が困難な場合に身体への直接接触を避けると共に囲い式フードの局排やプッシュプル型換気装置を所定の条件（局排，プッシュプル共に，発散源ごとに設ける，ダクトを短く，ベンド〔曲折部分〕の数を少なくする，粉じん含有気体を排出する装置には除じん装置を設ける，局排の場合，厚生労働大臣が定める性能を有する，プッシュプルの場合，厚生労働大臣が定める要件を充たす等）で設置すること，

粉じん含有気体を排出する製造設備の排気筒に除じん装置を設けること，

作業中は局排及びプッシュプルを稼働させること，

所定の物を含有する排液には，排液処理装置等を設け，有効に稼働させること，

製造・取扱作業について，漏えいや労働者の汚染等を防止するための所定の事項に関する作業規程を定めること，

試料の採取に際して所定の事項を遵守すること，

取扱作業に労働者を従事させる際に作業衣，保護手袋と保護長靴を着用させること，

等を規定している。

特化則第50条の2第1項は，

ベリリウム等（施行令別表第3第1号に定められた上掲の7物質のうちベリリウム及びその化合物）の製造については，

製造・取扱場所の隔離（別棟とするか隔壁での区画）と局排，

プッシュプルの設置，

ベリリウム等の製造（焼結・煆焼〔鉱石などの個体を加熱して熱分解や相転移を促したり，揮発成分を除去する処理のこと〕，アーク炉での溶融によるベリリウム合金の生成等）用設備を密閉構造とすること（ただし，ベリリウム等の製造では覆い等の設置も許される），

ベリリウム等の運搬等の機械化等による労働者への直接接触の回避，

粉状のベリリウム等を労働者に取り扱わせる際は隔離室で遠隔操作させること，

計量・容器入れ・容器からの取り出し，袋詰めに際して遠隔操作が困難な場合に身体への直接接触を避けると共に囲い式フードの局排やプッシュプル型換気装置を設置すること，

製造・取扱作業について，粉じんの発散や労働者の汚染等を防止するための所定の事項に関する作業規程を定めること，

取扱作業に労働者を従事させる際に作業衣，保護手袋を着用させること（保護長靴は含まれていない），

等はベンジジン等の場合と共通だが，

稼働中に内部点検できる措置（ガラス窓の設置等）の対象は，ベリリウム等の製造設備とすること，

アーク炉での溶融によるベリリウム合金の生成等所定の作業を行う場合に局排かプッシュプルを設置すること，

アーク炉で電極間を短く保つためにサンドシール（丸輪等）等を用いること，

水酸化ベリリウムから高純度酸化ベリリウムを製造する場合に，熱分解炉を隔離すること，

その他の設備に覆いを付すこと，

焼結・煆焼等に用いた匣鉢（さや）の破砕場所を隔離し，局排かプッシュプルを設置すべきこと，

等はベリリウム等に特有の規定である。

特化則第50条第2項，第50条の2第3項は，

試験研究目的でのジクロルベンジジン等，ベリリウム等の製造について要件を簡素化し，製造設備を密閉式構造とすること，製造者を健康障害予防の知識を持つ者とすること，製造者は保護前掛及び保護手袋を「使用すること」（労働者による着用を確保させることとほぼ同義だろうが，製造者自身に使用義務を課すスタイルを採っている），

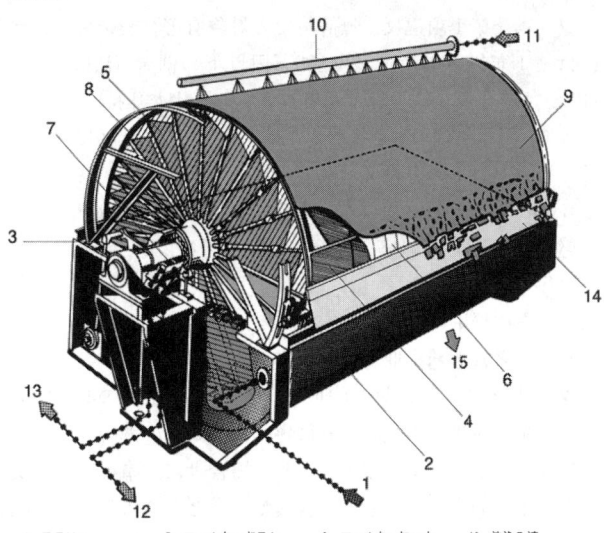

資料94

1. スラリー
2. フィルターバット
3. アジテーター
4. メッシュプレート
5. フィルタードラム
6. ろ布
7. コントロールバルブ
8. ろ液管
9. フィルターケーキ
10. 洗浄管
11. 洗浄液
12. ろ液
13. 洗浄ろ液
14. ケーキ剥離装置
15. 脱水ケーキ

（三菱化工機株式会社 WEBサイト〔http://www.kakoki.co.jp/products/m-002/index.html，最終閲覧日：2024年6月27日〕）

等を規定している。

サ 本条（法第56条）第3項は，許可基準を充たして製造許可を受けた後のメンテナンス（許可基準充足状態の維持）を製造者（上述の通り，譲渡者等は含まない）に課している。

同第4項は，製造者による実際の製造に際して，第2項の許可基準に適合した作業方法（＊安衛法上，この文言は，どこでどのように原材料を製造・加工するか，機械を操作するか等の具体的な作業の手順や手法であり，主に作業計画により改善され得るものを指す）を用いるよう義務づけている。

シ 本条第5項は，第3項と第4項の実効性を担保するため，厚生労働大臣が製造設備や作業方法について許可基準不適合と認める場合，修理，改造，移転，当該基準に適合した作業方法による製造を命じ得る旨を定めており，これに従わない場合，第6項所定の許可取消処分か第119条第2項所定の罰則の適用があり得るとされている。

ス 本条所定の許可対象物質は，ラベル表示義務（法第57条），SDS交付義務（法第57条の2），作業主任者の選任義務（法第14条），雇入れ時の安全衛生教育実施義務（法第59条，安衛則第35条第1号）の対象となる。

セ 本条の適用対象物質があまり用いられなくなっているため，本条の適用場面は限られているが（令和2年の「労働基準監督年報」でも，2020〔令和2〕年の法第55条及び同第56条を合わせた違反状況〔是正勧告を典型とする行政指導件数〕は4件），許可を受けた使用例としては，人造宝石（エメラルド）の製造場面でのベリリウム，打音検査用ハンマーの製造場面でのベリリウム銅

合金等が挙げられる。

ソ 本条第1項違反：無許可での対象有害物製造者には，1年以下の懲役又は100万円以下の罰金（法第117条），第3項（製造設備の許可基準への適合性の維持），第4項（作業方法の許可基準への適合性の維持）違反には，6カ月以下の懲役又は50万円以下の罰金（法第119条第1号），第5項に基づく命令違反には，6カ月以下の懲役又は50万円以下の罰金（法第119条第2号）が科され得る。

これらの罰則には両罰規定があり，行為者と共に法人や代表者にも罰金刑が科され得る。

タ 本条に基づく製造許可を得ない対象物質の製造，作業方法等の不遵守，許可獲得後の基準の逸脱等の違反は，それによる被災が生じた場合等に，事業者の民事上の過失を推定させる要素の一つとなり得る。

チ 法第57条は，第1項で，爆発，発火等の物理的危険性と，健康障害をもたらす有害性を持つ化学物（以下，「危険有害物」という）のうち所定のものを容器に入れたり包装（以下，「パック」ともいう）して譲渡提供する者（以下，「パッカー」ともいう）に，名称，危険有害性，取扱い上の注意，注意喚起標章等（以下，「所定必要表示事項」という。絵表示を意味する）の表示を義務づけ，第2項で，パック以外の方法で譲渡提供する者に，所定必要表示事項を記した文書の相手方への交付を義務づけている。

ツ 本条は，化学物質による労働者の被害を防止するには，労働者自身に当該物質に関する情報を認識させる必要があること，しかし，危険有害性の感知は困難な場合が多いこと，譲渡提供者はその危険有害性や取扱方法等を認識していることが多いこと，「職場における化学物質の使用の安全に関する条約」（ILO170号条約），同勧告（ILO177号勧告）でも，情報の表示，周知による労働者の認識の重要性が示されていること等を受け，所定必要表示事項の伝達によって防げる被害の防止を図ったものである。法第57条の2も同様の趣旨だが，本条では，SDS（安全データシート）より簡略な情報を簡易に伝達することを目的としている。

テ 本条の表示義務対象物質は，法第56条第1項所定の製造許可対象物質のほか，施行令第18条所定の物質であり，同条は，労働安全衛生法施行令の一部を改正する政令（令和5年8月30日政令第265号。施行：令和7年4月1日）により，

第1号で，施行令別表第9掲載物（ただし，アルミニウム，イットリウム，インジウム，銀等は，粉状のもの以外対象から除外される），

第2号で，国によるGHS分類された物質のうち危険性・有害性が認められたもののうち省令所定のもの（これにより，これまでは主に第1号所定の別表第9で定められていた表示・通知対象物が，主に省令で定められることとなった），

第3号で，第1号，第2号所掲の物質の含有製剤等，

第4号で，概ね製造許可の対象物質に該当する別表第3第1号の1から7所掲の物質の含有製剤，

を掲載している。

本条所定の表示義務対象物質と法第57条の2の通知義務対象物質は，厚労省が開設した「職場のあんぜんサイト」に公開されている。

表示・通知対象物質には裾切り値が定められており，これは，製剤（混合物）中の対象物の含有量（重量％）が，その値未満であれば，ラベル表示やSDS交付の対象とならない値を意味する。裾切り値は，GHSの濃度限界（検出され得る最低濃度）を基準として決定されている。裾切り値は，急性毒性，皮膚感作性，呼吸器感作性，生殖毒性などの有害性区分ごとに設定されており，複数の有害性区分を持つ物質の場合，最低値を採用することになっている。混合物の場合，表示・通知対象物質を裾切り値以上含有すれば，混合物自体がGHS分類されていなくても表示義務対象とされる。

施行令改正（令和5年8月30日政令第265号。施行：令和7年4月1日）及び省令改正（令和5年9月29日厚生労働省令第121号。施行：令和7年4月1日）後の施行令第18条第2号及び第4号が掲げる安衛則第30条所定の物質（別表第2所掲の2276物質）及び第31条所掲の7物質のうち，運搬中及び貯蔵中も固体を維持し，粉状にならない物であって，一定の危険物，爆発や火災の原因となる可燃物，皮膚腐食性のある物質を除く物は，吸入ばく露等のおそれがないため，表示義務の適用を除外されている（安衛則第30条但書，第31条但書による）。

ト 本条（法第57条）の表示義務の負担者は，上記のパッカーであり，製造業者であるか，販売業者であるか等，流通過程における立場は問われない。同一有害物の容器等の流通に際して，製造業者等先次の表示義務者の表示をもって足りる場合，後次義務者による表示の必要はなくなるが，義務が免じられるわけではない。

ナ 所定必要表示事項は，
・名称（第1項第1号イ），
・危険有害性（ロ），
・貯蔵・取扱い上の注意（ハ），
・その他省令規定事項（ニ），
・大臣所定の注意喚起標章（同項第2号。絵表示を意味する）
である。

このうち名称（第1項第1号イ）は，含有物質を特定

できる限り製品名で構わないが，法第57条の2に基づくSDSで通知される名称と一致させる必要がある。

危険有害性（ロ）は，GHS分類により決定された危険有害性クラス（リスクの種類：物理化学的危険性か発がん性かなど），危険有害性区分（リスクの程度）に基づきJIS規格等に記された危険有害性情報欄の文言を記載する必要がある。

その際，JISから公表されたGHS分類のガイダンス（JISのZ7252等）が参考になる。

国によるGHS分類の結果は，NITE（独立行政法人製品評価技術基盤機構）と厚労省の「職場のあんぜんサイト」で公表されている「GHS分類対応モデルラベル・モデルSDS情報」に掲載されている。混合物についてそれ自体の分類がされていない場合，構成する純物質ごとの記載で構わない。GHS分類の結果，危険有害性クラス・レベル（リスクの種類や程度）が決定しない物質については記載を要しない。

貯蔵・取扱い上の注意（ハ）が，物質へのばく露等から生じる被害の防止方法であることは自明だが，その他省令規定事項（ニ）については，安衛則第33条に以下の定めがある。

第1号：表示者特定情報
第2号：注意喚起語
第3号：安定性及び反応性

このうち注意喚起語としては，GHS分類により決定された危険有害性クラス（リスクの種類：物理化学的危険性か発がん性かなど），危険有害性区分（リスクの程度）に基づきJIS規格等に記されたものを記載する必要がある（平成18年10月20日基安化発第1020001号〔最終改正：令和5年4月24日基安化発0424第1号改正〕〔以下，本条〈法第57条〉の解説において「平成18年通達」という〕）。

混合物についてそれ自体の分類がされていない場合，構成する純物質ごとの記載で構わない。また，GHS分類の結果，危険有害性クラス・レベル（リスクの種類や程度）が決定しない物質については記載を要しない（平成18年通達）。

大臣所定の注意喚起標章（本条〔法第57条〕第1項第2号。絵表示を意味する）は，GHS分類により決定された危険有害性クラスや区分等の危険有害性情報を関係者に適切に伝達するためのラベルやSDSに関するJIS規格（Z7253）に定められた絵表示を意味する（平成18年10月20日厚生労働省告示第619号）。ただし，容器や包装に，船舶・航空関係法上安全確保のために告示によって同様のラベルによる表示が求められている場合，それをもって足りるとされている。

なお，ラベル表示の内容（所定必要表示事項）については，JISのZ7251に準拠した記載をもって，安全衛生関係法令の要件は充たすと解されている。

表示方法は，所定必要表示事項を容器等に直接印刷するか，印刷した票箋を貼り付けるのが基本だが，物理的に難しい場合，所定必要表示事項のうちの主要事項（法第57条第1項第1号ロからニ）及び大臣所定注意喚起標章（第2号。絵表示を意味する）を印刷した票箋を容器等に結びつける方法も採れる（安衛則第32条但書）。前述の通り，大臣所定注意喚起標章（第2号）は，絵表示で行われるのが原則だが，容器や包装に，船舶・航空関係法上安全確保のために告示によって同様のラベルによる表示が求められている場合，それをもって足りる。

なお，近年の規則改正により（令和4年5月31日厚生労働省令第91号），2023年4月1日以後は，たとえ譲渡提供せず，小分けして保管するような場合も，保管者と保管対象物の取扱者が異なる場合における後者の保護を目的として，当該物の名称及びハザードについて，ラベル表示や文書交付その他の方法によって，取扱者に明示せねばならないこととされた（安衛則第33条の2）。その規制趣旨から，対象物の取扱作業中に一時的に小分けしたり，作業場所への移動の際の容器にまでは適用されないし（要するに，保管者以外の者の手に渡らない場合には適用されない），既に譲渡提供者がラベル表示した容器等で保管する場合に改めて表示を求める趣旨でもない（令和4年5月31日基発0531第9号）。

ニ　本条第1項但書は，主に消費者の生活用品を表示義務の対象外としており，これには，医薬品，化粧品等，農薬，固体，表示対象物が密封されたもの，食品等が該当するが，労働者が表示対象物にばく露するおそれのあるものは除外される。

ヌ　本条（法第57条）は，第2項で，表示対象物質を第1項が定めるパッキング以外の方法（タンクローリーやパイプラインでの輸送等）で譲渡提供する者に対し，所定必要表示事項を記載した文書を相手方に交付することを義務づけている。

ネ　関連法として，化学物質排出把握管理促進法（化管法）と毒物及び劇物取締法（毒劇法）がある。

このうち化管法は，環境毒性を持つ化学物質の環境への排出量等の管理によって環境保全を図る法律であり，指定化学物質や含有製品の譲渡提供事業者全てを対象に，譲渡提供時点までにラベル表示を行う努力義務を課している。ラベルには，危険有害性（物理化学的性状，安定性，反応性，有害性），注意喚起語，貯蔵や取扱い上の注意，物質等の名称，表示者特定情報などを記載することとされている。

毒劇法は，日常流通するもののうち，主に急性毒性を持つ化学物質につき，保健衛生上必要な規制を図るもので，製造・輸入・販売業者，業務上取扱い者を対

象として，特定の毒劇物につき，ラベル表示義務を課している。ラベルには，名称，成分，営業者特定情報，含量，解毒剤の名称等を記載すべきとされている。

ノ　制度史をみると，旧安衛則に，該当する条文は見当たらず，1972（昭和47）年の現行安衛法の制定時に，ベンゼン等特定の有害物の譲渡提供者に容器や包装に有害性等の情報を表示すべき旨の規定が設けられた。

1977（昭和52）年の安衛法・じん肺法改正（昭和52年7月1日法律第76号）により，法第57条第1項が定める名宛人をパッカーである譲渡提供者と改めると共に，第2項に近い内容（容器等によらずに表示対象物質を譲渡提供する者は，所定必要表示事項を記した文書を交付すべきこと）が加えられた。

2003（平成15）年のGHSに関する国連勧告を受け，2005（平成17）年の安衛法改正（平成17年11月2日法律第108号）により，爆発，発火等の物理化学的危険性のある化学物質のうち政令所定の物が表示対象に加えられた他，注意喚起標章（絵表示）が所定必要表示事項に加えられた。

2014（平成26）年の安衛法改正（平成26年6月25日法律第82号）により，所定必要表示事項から成分（旧法第57条第1項第1号ロ）が削除される一方[47]，同時に行われた施行令第18条改正により，表示対象物質が，法第57条の2（及びそれに紐付く施行令第18条の2）の通知対象物質全般に拡大された（ただし，施行令第18条と第18条の2両条の第1号の定めには，若干の違いがある。すなわち，両者共に別表第9所掲の物を掲げているが，第18条の第1号だけが，一部の物質につき粉状のものに限っている）。

ハ　本条の背景事情をみると，一方では，ILOで職業がん条約（1974〔昭和49〕年第139号条約。1977〔昭和52〕年に日本批准），1977（昭和52）年に作業環境条約（1977〔昭和52〕年第148号条約。日本は未批准）が採択されるなど，化学物質による職業性疾病への国際的関心が高まっていたことがあり，他方では，現行法制定の前後に生じた日本化学工業六価クロム事件（日本化学工業が江戸川区，江東区一帯に33万t以上の六価クロム鉱滓を廃棄する一方，小松川工場で就労していた労働者が鼻中隔穿孔や肺がんを発症していたこと等で社会問題化した事件[48]）に象徴されるような化学物質による国内の災害があった。

ヒ　本条の改正に大きな影響を与えたGHSは，当初，危険有害物質の規制（危険有害性の定義，ラベルやSDSの対象物質，必要記載事項等）が各国でまちまちであったこと，化学物質等の国際貿易の円滑化の要請等を踏まえ，危険有害性の情報伝達に関する国際的なシステムの構築により，システムのない国への導入，試験・評価の必要性の減少等様々なメリットを図っている。このシステムでは，物理化学的危険性，人体への有害性，環境毒性の観点から化学物質の危険有害性を分類し，それを明示する標章（絵表示），SDSの作成，交付等を求めている。情報提供の対象者を，化学物質を取り扱う全ての者としている。

フ　適用の実際についてみると，ラベル貼り付けはメーカー等で行われており，化管法や毒劇法等による実質的に同内容の規制もあって，比較的よく履行されている（「令和3年労働安全衛生調査（実態調査）」では，法第57条の対象物質の製造／譲渡提供者におけるGHSラベルの表示割合は66.3％，同条の適用対象外だが，安衛則第24条の14で努力義務が課された製造・譲渡提供者のうち全製品でGHSラベルを表示している者の割合は69.9％だった）。

もっとも，大手製造会社が下請に塗装等を発注する際に，自社ブレンドの使用を指定しながら，下請に含有物質を知られたくない等の理由で表示がされていないケースもある（玉泉孝次氏による）。

また，法第57条の2がSDSによるより詳細な情報の通知を定めたことで，本条の意義が低下しているとの指摘もある（むろん，一瞥してハザード等を認識できるというラベル独自のメリットが失われたわけではない）。

GHSの趣旨からは，危険性／有害性が疑われる全物質でラベル表示が実施されるべきところ，今般の化学物質管理制度の改編で，その方向性が採られた。もっとも，努力義務の対象が多い状況は変わっていない。

ヘ　厚生労働省「職場の化学物質等の管理のあり方に関する検討会」では，硝酸，有機カルボン酸等を含有する洗剤を入れたラベルのない容器に，次亜塩素酸ナトリウム，水酸化ナトリウム等を含有する洗剤を移し入れたため，塩素ガスが発生し，同中毒を生じた例等が紹介されている。

ホ　関係判例には建設アスベスト訴訟（神奈川第1陣）事件最判（最1小判令3・5・17民集75巻5号1359頁）が挙げられ，当時既に義務づけられていたアスベストの危険性の表示につき，事業者等に通達等で示して指導監督しなかったことが国家賠償を根拠づける適切な規制権限の不行使に該当するとされた。

マ　特定の危険有害物を容器に入れる等して譲渡提供する者が，本条第1項に違反して，その容器等に所定の表示をせず，若しくは虚偽の表示をし，又は本条第2項の文書を交付せず，若しくは虚偽の文書を交付した場合，6カ月以下の懲役又は50万円以下の罰金に処せられる（法第119条第3号）。本条には法第122条の両罰規定の適用がある。

ミ　法第57条の2は，

第1項で，「労働者に」対する危険有害性があって

政令で定めるもの又は第56条第1項所定の製造許可物質（合わせて「通知対象物」）の譲渡提供者に，所定必要記載事項（名称，成分，物理化学的性状，有害性，貯蔵・取扱い上の注意，流出時等の応急措置，その他省令規定事項）を記した文書（SDS）を相手方に手交する等して通知すべきことを義務づけ，

第2項で，通知事項に変更の必要性が生じた場合に，変更後の所定必要記載事項を相手方に通知する努力義務を課し，

第3項で，第1項と第2項所定の通知の履行に関する省令の制定について定めている。

ム　本条の趣旨は，化学物質のハザードに関する情報は，その製造者やそれに近い流通業者が保有していることが多いため，彼らから下流のユーザーらに伝達させる仕組み（SDS〔Safety Data Sheet〕制度）を構築することにある。法第57条のラベルによる表示制度との比較では，化学物質の容器への挿入・包装を前提としておらず，譲渡提供場面を広く対象としているほか，対象化学物質に関する情報をより詳細に伝えさせることを意図している。

メ　通知対象物は，第56条第1項所定の製造許可物質のほか，危険有害性があって政令で定めるもの，即ち施行令第18条の2所定の物であり[149]，法第57条の表示義務対象物質（第56条第1項の製造許可物質のほか，施行令第18条所定のもの）とほぼ同じ（別表第9所掲の物質の一部につき，粉状以外のものも含む点が異なる程度）である。

森教授[150]が述べる通り，こうした物質を対象としたラベルによる表示及びSDSによる通知の「義務」を第1段階規制とすると，安衛則に基づく通知の「努力義務」は第2段階規制に当たる。

すなわち，現段階では，安衛則第24条の15で，厚労大臣が指定した特定危険有害化学物質（GHS（JIS Z 7253）に従った分類上，危険有害性を有するもの〔いわゆる国によるGHS分類の結果，危険有害性が認められた物質〕のうちSDS交付義務対象となる第1段階の対象物質を除いたもの）等について，交付を努力義務としており，特定危険有害化学物質等は，安衛則第24条の14が定める危険有害化学物質等と概ね一致するので，SDS交付の努力義務の対象物質は，ラベル表示の努力義務の対象物質となり，法第28条の2が定めるリスクアセスメントの努力義務の対象ともなる。

モ　ラベル表示とは異なり，SDSによる通知義務者は，通知対象物の譲渡提供者であり，流通途中で一部移し替えによる譲渡提供（分割的譲渡提供）が行われる場合，当該譲渡提供者が通知義務者となる。

ヤ　第1項に記載された所定必要記載事項は，名称，成分，物理化学的性状，有害性，貯蔵・取扱い上の注意，流出時等の応急措置，その他省令規定事項であり，詳細は通達（平成18年10月20日基安化発第1020001号〔最終改正：令和6年1月9日基安化発0109第1号改正〕〔以下，本条〈法第57条の2〉の解説において「平成18年通達」という〕）に定められている。

このうち名称（第1号）は，含有物質を特定できる限り製品名で構わない（平成18年通達）。

成分及び含有量（第2号）については，対象物質が裾切値以上含有される場合にその物質の名称と含有量を記載すべきとされ，ケミカルアブストラクトサービス登録番号（CAS番号）[151]，通知対象物質以外の物質の成分等も記載することが望ましいとされている（平成18年通達）。含有量は，対象物質ごとに重量パーセントを記載すべきだが，これまでは，製品の配合にかかる譲渡提供者の機密を守る趣旨もあり，10％未満の切り捨てが可能とされていた（旧安衛則第34条の2の6）。

しかし，規則改正により，令和6（2024）年4月1日以後は，通知対象物について，正確な重量パーセントを記載しなければならなくなった。ただし，製品の特性上含有量に幅が生じるもの等については，濃度範囲による記載も可能とされた。

また，「成分及びその含有量」が営業上の秘密に該当する場合には，SDS等にはその旨を記載の上，譲渡提供先のリスクアセスメントに必要な範囲で，成分及びその含有量の記載を省略し，秘密保持契約等の情報伝達方法により別途通知することも可能とされた（平成18年10月20日基安化発第1020001号，令和4年5月31日基発0531第9号）。

物理化学的性質（第3号）については，外観，匂い，pH（溶液中の酸性・アルカリ性の程度），融点（固体が液体になる温度）及び凝固点（液体が固体になる温度），沸点，引火点，燃焼・爆発範囲，蒸気圧（蒸気が示す圧力）等を記載すべきとされている（平成18年通達）。

人体に及ぼす作用（有害性）（第4号）は，化学物質等の有害性を意味し，通達では，ばく露による影響として，急性毒性，皮膚腐食性・刺激性，眼の損傷，呼吸器や皮膚の感作性（アレルギー等），生殖細胞変異原性，発がん性，生殖毒性，特定標的臓器毒性——単回ばく露・反復ばく露——，吸引性呼吸器有害性等が挙げられている[152]。直後の影響と遅発性の影響が想定されている（平成18年通達）。

GHS分類の結果，危険有害性クラス・レベル（リスクの種類や程度）が決定しない物質については記載を要しないが，分類のための情報が不十分だった場合には「分類できない」，危険有害性クラス（リスクの種類）に該当しない場合には「分類対象外」，危険有害性区分の最低レベルに達しないほどリスクレベルが低い（かそのレベルに達する証拠が得られない）場合「区分

外」と記載することが望ましいとされている（平成18年通達）。

貯蔵・取扱い上の注意（第5号）については，保管条件，混触禁止物質，管理濃度・許容濃度，密閉装置，局排，保護具の使用，廃棄・輸送上の注意等の記載が求められている（平成18年通達）。

流出等の場合の応急措置（第6号）については，吸入，皮膚付着，眼に入った場合等の措置，火災の際に使用すべき消火剤，事故発生時の退避措置，漏出時の回収・中和措置等の記載が求められている（平成18年通達）。

省令所定事項（第7号）については，安衛則第34条の2の4が，通知義務者の特定情報，危険有害性の要約，安定性及び反応性，適用法令等を記載すべきとしている（同条及び平成18年通達）。

このうち危険有害性の要約には，GHS分類により決定された危険有害性クラス（リスクの種類：物理化学的危険性か発がん性かなど），危険有害性区分（リスクの程度），それらのクラスや区分ごとに記された絵表示[153]と文言，注意喚起語等を記載すべきとされており，GHS分類に際しては，ガイダンス（JISのZ7252等）が公表され，参考にすることが求められている。分類結果は，NITE（独立行政法人製品評価技術基盤機構）と厚労省の「職場のあんぜんサイト」で公表されている「GHS分類対応モデルラベル・モデルSDS情報」に掲載されている。混合物についてそれ自体の分類がされていない場合，構成する純物質ごとの記載で構わない。GHS分類の結果，危険有害性クラス・レベル（リスクの種類や程度）が決定しない物質については記載を要しないが，「分類できない」，「分類対象外」，「区分外」の記載が望ましいとされている（平成18年通達）。

安定性及び反応性については，避けるべき条件（静電気の放電，衝撃，振動），混触危険物質，通常発生する一酸化炭素，二酸化炭素及び水以外の予想される危険有害な分解生成物等，GHS分類により決定された危険有害性クラス，危険有害性区分に基づきJIS規格等に記された危険有害性情報欄の中の物理化学的危険性（爆発，発火等の危険性）を示す文言を記載すべきとされている（平成18年通達）。

SDS等の作成の際には，出典を明記し，環境影響情報も本項目に記載することが望ましいとされている（平成18年通達）。

なお，近年の化学物質管理制度の改編を図る安衛則改正（令和4年5月31日厚生労働省令第91号）により，令和6（2024）年4月1日以後は，安衛則第34条の2の4の第4号に「想定される用途及び当該用途における使用上の注意」が挿入され，現在の第4号及び第5号が第5号及び第6号に繰り下げられることとなった。

その内容は，譲渡提供者が譲渡提供時点で想定できる／すべき内容であり，具体的な指針として，JISZ7253：2019 附属書D「D.2項目1―化学品及び会社情報」の項目において記載が望ましいとされている化学品の推奨用途及び使用上の制限に相当する内容が示唆されている（平成18年10月20日基安化発第1020001号，令和4年5月31日基発第9号）。譲渡提供を受けた側は，伝えられた想定範囲内で使用する場合，そこに記載された使用上の注意を踏まえてリスクアセスメントを行うべきこととなるが，それ以外の用途で使用する場合，当該物の有害性等をより慎重に検討したうえでリスクアセスメントを実施し，その結果を踏まえた措置を講じる必要がある（令和4年5月31日基発0531第9号）。

また，上記の安衛則改正により，令和4年4月1日より，本条（法第57条の2）第1項第4号所定の「人体に及ぼす作用」については，リスクアセスメントの実施上重要な情報であることに鑑み，直近の確認から5年以内に1回，最新の科学的知見に基づき記載内容につき確認し，変更を要する場合には，確認日から1年以内に変更せねばならないこととされた（安衛則第34条の2の5第2項，令和4年5月31日基発第0531第9号）。この変更を行った場合には，変更後の事項を，適切な時期に，次項で示す方法（当初のSDSによる通知方法）で，譲渡提供先に伝達せねばならない（同条第3項）。

確認及び更新対象となるSDS等は，現に譲渡提供している通知対象物等に係るものに限られ，既に譲渡提供を中止したものに係るSDS等は含まれない（令和4年5月31日基発第0531第9号）。また，再通知の対象となる譲渡提供先の範囲は，譲渡提供者による情報の保存期間や譲渡提供物の使用期限を踏まえて絞り込めば足りる（令和4年5月31日基発第0531第9号）。

ユ　通知方法は，文書（法第57条の2第1項，第2項）のほか，磁気ディスクの交付，FAX送信，電子メールの送信，情報を掲載したWEBサイトの伝達など，その他の方法も可能である（安衛則第34条の2の3，平成12年3月24日基発第162号）。以前は，相手方が承諾した方法でなければならないとされていたが，円滑な情報伝達のため改められた（令和4年5月31日基発0531第9号）。

通知は，譲渡提供物ごとに行う必要があるが，混合物の場合，その中に成分として1％を超えて含まれている全ての通知対象物個々について法第57条の2第1項第3号から第6号までの事項（第3号：物理的及び化学的性質，第4号：有害性〔人体に及ぼす作用〕，第5号：貯蔵又は取扱い上の注意，第6号：流出等の事故が生じた場合の応急措置）を通知し，全体について同項第1号，

第2号及び第7号の事項（第1号：名称，第2号：成分及びその含有量，第7号：省令所定事項）を通知することにより，当該物に係る通知が行われたものとして取り扱い得るとされている。[154]

第1項の通知は，提供相手が対象物の受領の準備ができるよう，譲渡提供時までに行う必要がある。

ヨ　本条の通知義務も，主に消費者の生活用品を対象外としており，これには，医薬品，化粧品等，農薬，固体，通知対象物が密封されたもの等が該当するが，ラベル表示と異なり，食品等は適用対象に含まれている。

ラ　前述の通り，安衛法は，第1段階として，第57条の2第1項で，政令指定物質と第56条第1項所定の製造許可物質について，譲渡提供者にSDSの交付を義務づけ（第57条では，ほぼ同じ要件を充たす物質にラベル表示を義務づけ），第2段階として，安衛則第24条の15で，厚労大臣が指定した特定危険有害化学物質（GHS〔JIS Z 7253〕に従った分類上，危険有害性を有するもの〔いわゆる国によるGHS分類の結果，危険有害性が認められた物質〕のうちSDS交付義務対象となる第1段階の対象物質を除いたもの）等について，交付を努力義務としており，特定危険有害化学物質等は，安衛則第24条の14が定める危険有害化学物質等と概ね一致するので，SDS交付の努力義務の対象物質は，同規定により，ラベル表示の努力義務の対象物質となり，法第28条の2が定めるリスクアセスメントの努力義務の対象ともなる。

リ　関連法として，化学物質排出把握管理促進法（化管法）と毒物及び劇物取締法（毒劇法）がある。

このうち化管法は，環境毒性を持つ化学物質の環境への排出量等の管理によって環境保全を図る法律であり，指定化学物質等取扱事業者であって他の事業者にそれを譲渡提供する者全てを対象に，譲渡提供時点までにSDSを提供する努力義務を課している。SDSには，危険有害性（物理化学的性状，安定性，反応性，有害性），注意喚起語，貯蔵や取扱い上の注意，物質等の名称，提供者特定情報などを記載することとされている。

ここで指定化学物質等取扱事業者とは，指定化学質（第1種指定化学物質と第2種指定化学物質）の製造事業者や当該物質や特定の含有製品の取扱い事業者等（輸入業者，販売業者，業務上取扱者も含むと解される）を指す（化管法第2条第5項，第6項）。

適用事業者は，国内の他の事業者に右譲渡又は提供する時までに，SDSを事前に提供することを義務づけられる。

SDSに記載する事項は，
①指定化学物質又は製品の名称，指定化学物質等取扱事業者の氏名又は名称，住所及び連絡先，
②危険有害性の要約，
③製品が含有する第1種指定化学物質又は第2種指定化学物質の名称及びその含有率（有効数字2桁），
④被害を受けた者に対する応急措置，
⑤取り扱う事業所において火災が発生した場合に必要な措置，
⑥漏出した際に必要な措置，
⑦取扱い上及び保管上の注意，
⑧取り扱う事業所における人のばく露防止措置，
⑨物理的化学的性状，
⑩安定性及び反応性項目，
⑪有害性，
⑫環境影響項目，
⑬廃棄上の注意項目，
⑭輸送上の注意，
⑮適用される法令，
⑯取扱い事業者が必要と認める事項，
である。

毒劇法は，日常流通するもののうち，主に急性毒性を持つ化学物質につき，保健衛生上必要な規制を図るもので，製造・輸入・販売業者，業務上取扱い者を対象として，特定の（毒劇法や関連する政令所定の）毒劇物につき，SDSによる通知義務を課している。SDSには，名称，成分，営業者特定情報，含量，解毒剤の名称等を記載すべきとされている。

SDSに記載しなければならないのは，
①情報を提供する毒物劇物営業者の氏名（名称）及び住所（所在地），
②名称並びに成分及びその含量，
③応急措置，
④火災時の措置，
⑤漏出時の措置，
⑥取扱い及び保管上の注意，
⑦ばく露の防止及び保護のための措置，
⑧物理的及び化学的性質，
⑨安定性及び反応性，
⑩毒性に関する情報，
⑪廃棄上の注意，
⑫輸送上の注意，
⑬毒物又は劇物の別，[155]
である。

ル　制度史をみると，1972（昭和47）年の現行安衛法制定時に本条に相当する規定は存しなかったが，平成11年の法改正（平成11年5月21日法律第45号）で新規に追加された。当初は有害性のあるもののみが通知対象物だったが，2003年のGHSに関する国連勧告を受け，2005（平成17）年の安衛法改正（11月2日法律第108

号）により，爆発，発火等の物理化学的危険性のある化学物質のうち政令所定の物が通知対象物に加えられた。

レ　本条制定の背景事情をみると，
1）化学物質による災害が多く発生していたこと，
2）そのうち有害性に関する情報伝達や管理方法の未確立が主因と解される例が半数以上を示していたこと，
3）化学物質の供給者による情報提供の重要性が，「職場における化学物質の使用の安全に関する条約」（1990年 ILO 第170号条約。日本は未批准）等で，国際的に示されていたこと，
等が挙げられる。

ロ　本条の適用の実際をみると，令和3年の「労働安全衛生調査（実態調査）」によれば，本条の対象物質の製造／譲渡提供者のうち，全製品につき SDS を交付している者は74.5％であり，本条の適用対象外だが安衛則第24条の15で努力義務が課された物質の製造／譲渡提供者による SDS 交付割合は，77.9％に達している。

しかし，「令和2年度厚生労働科学研究による行政官・元行政官向け法令運用実態調査」（三柴丈典担当）でも，提供先事業者の知識不足や提供者の提供義務違反で，SDS が備えられていない事業所が未だに多い実態も窺われた。事業者が入手した SDS をファイリングしたまま労働者に示していないケースもみられる（法第104条第4項の周知義務違反に当たる）。

ラベルや SDS は，労使による化学物質の性状の把握に役立つほか，臨検監督時における特別規則の適用やリスクアセスメントの監督指導等の効率性を高める意義も有している（玉泉孝次氏による）。

SDS の WEB での交付も認められるようになって，本条の遵守は容易になっており，製造者／譲渡提供者による遵守の更なる徹底と，衛生教育での活用も含め，労使双方への周知が求められている。

ワ　本条の通知義務の対象物質は，政令指定物質と製造許可物質に限られているが，新規化学物質は日々生まれるし，未規制化学物質に危険有害性がないとは言い切れないので，ハザード情報やリスク管理方法に関する SDS 交付対象物質は拡大すべきあり，現に，厚生労働省「職場における化学物質等の管理のあり方に関する検討会報告書」（2021〔令和3〕年）で，SDS 交付対象物質拡大の方向性が示された。

また，本条第2項は，SDS 修正の必要が生じた場合の譲渡提供先への通知を譲渡提供者の「努力義務」にとどめており，その理由は再通知の困難にあると解されるが，本来，当該通知対象物質のハザードとリスクに関する正確な情報は，必ず譲渡提供先に伝えられねばならない。

現在，職場のあんぜんサイトで「GHS 対応モデルラベル・モデル SDS 情報」が公開され，作成の負担軽減が図られているし，ICT を活用した情報更新の仕組み等が検討されているので，近い将来，義務化が図られる可能性はある。

ヲ　法第57条の3は，
第1項で，法第57条第1項所定の政令指定物質及び第57条の2所定の通知対象物について，リスクアセスメントを義務づけ，
第2項で，当該アセスメントの結果に基づき，法令所定の措置を講じる義務のほか，必要な管理措置を講じる努力義務を課し，
第3項と第4項で，厚生労働大臣による関係指針の策定とそれに基づく指導・援助等を根拠づけている。

ン　本条は，特別規則による規制対象外の物質の危険有害性等に対応するため，「先ずは」法第57条第1項所定の政令指定物質と第57条の2所定の通知対象物，即ち表示対象物及び通知対象物について（平成27年8月3日基発0803第2号），リスクアセスメントを義務化したものであり，事業者は，法第57条及び第57条の2に基づくラベルや SDS により一般的な危険有害性情報を得たうえで，本条に基づくリスクアセスメントにより，個別事情に応じたリスクの認識とそれに応じた管理策を講じることを求められる。

ア2　本条のリスクアセスメント義務の対象は，表示対象物及び通知対象物（安衛則第34条の2の7にいう「リスクアセスメント対象物」）に限られ，それ以外の物や裾切り値未満の対象物は対象外だが，法第28条の2第1項のリスクアセスメントの努力義務の対象となる。

主に一般消費者生活用の製品は，表示及び通知対象から除かれているので，本条のリスクアセスメント義務の対象外となる。

イ2　本条のリスクアセスメント義務の実施方法は，同第1項の定めにより，安衛則第34条の2の7に定められており，これによれば，
実施時は，
同条にいう調査対象物の新規採用時（第1号），
その製造・取扱いにかかる作業方法（＊安衛法上，この文言は，どこでどのように原材料を製造・加工するか，機械を操作するか等の具体的な作業の手順や手法であり，主に作業計画により改善され得るもの）・手順の新規採用・変更時（第2号），
調査対象物のハザード等が変化した／しそうな時（第3号）
とされており，当該物質のハザード情報に変更がない限り，従前から取り扱っている物を従来通り取り扱

う作業では不要である。

実施方法は，

被害の生じる可能性と重篤度を測る方法（第1号），

調査対象物へのばく露の程度（実際のばく露量や，推定値とばく露限界の比較など）と対象物の有害性の程度を測る方法（第2号），

これらに準じる方法（第3号）

とされ，第3号は，特別規則の規制対象物質につき，特別規則の履行状況を確認すること等が該当する（平成27年8月3日基発0803第2号）。

本条に基づくリスクアセスメントは，危険性（物理化学的な危険性）と有害性（人体の健康障害等の有害性）の双方について行う必要がある（同前）。作業工程が密閉化，自動化されていること等により労働者が調査対象物にばく露のおそれがない場合にも，そのことの確認自体が本条にいう調査に該当し，必要となる（同前）。

ウ2　事業者は，本条に基づく調査終了後，調査結果，それに基づき講じる危害防止措置等を，当該物質の製造又は取扱い業務に従事する労働者に周知せねばならない（安衛則第34条の2の8第1項）。周知の方法は，常時掲示・備え付け，交付，電磁的記録として常時確認できる機器を設置すること等とせねばならない（同第2項）。

なお，今般の化学物質の自律的管理を図った安衛則改正（令和4年5月31日厚生労働省令第91号）により，令和5（2023）年4月1日以後，事業者は，安衛則第34条の2の8第1項が定める，調査対象物の名称，取扱い業務の内容，調査結果，調査結果に基づき講じる危害防止措置について記録を作成し，次のリスクアセスメント実施まで（基本的に3年間），保存する義務を負うこととなった。これは，実質的に，リスクアセスメントの実施状況自体（≠実施の結果）についての記録の作成保存義務を設定したものといえ，行政による確認，事業者自身による次のリスクアセスメントでの活用，労働者との情報共有による労使間協働などへの貢献を図ったものと解される。

エ2　今般の化学物質管理制度の改編で，各事業場での化学物質のリスクアセスメントの管理の役割を委ねられたのが，化学物質管理者である。（本条に基づきリスクアセスメントを義務づけられ，概ね施行令第18条各号所掲の表示対象物や第18条の2各号所掲の通知対象物と一致する）「リスクアセスメント対象物を製造し，又は取り扱う」事業場ごとに選任し，化学物質管理にかかる技術的事項を管理させる義務が，事業者に課されている（安衛則第12条の5第1項）。

ここで，「リスクアセスメント対象物を製造し，又は取り扱う」には，対象物を取り扱う作業工程が密閉化，自動化等されている場合も含まれるが，密閉状態の製品を開閉等せずに保管する場合，火災や震災等の場合の応急対策で臨時に当該物を取り扱う場合等は含まれない（令和4年5月31日基発第0531第9号）。

衛生管理者は事業場の衛生全般に関する技術的事項の管理を託され，化学物質にかかる作業主任者は，個々の化学物質に関わる作業に従事する労働者の指揮等を託された存在であり，化学物質管理者とは役割が異なる。一般的に，化学物質管理の専門性の高さは評価されつつも，衛生管理者は化学物質管理者より上位か同格に置かれ，作業主任者は下位に置かれると思われるが，その職務に差し支えない範囲において，これらの職務との兼務は認められている（令和4年5月31日基発0531第9号。一部改正：令和4年9月7日基発0907第1号）。

化学物質管理者の管理対象事項は以下の通り（安衛則第12条の5第1項）。

①法定のラベル表示，SDS交付に関すること

②リスクアセスメントに関すること

③リスクアセスメント対象物にかかるリスクアセスメント結果等に基づくばく露程度の最小化（安衛則第577条の2第1項），ばく露濃度基準が設定されたリスクアセスメント対象物へのばく露レベルを基準以下とすること（同第2項）等，リスクアセスメント対象物のリスクアセスメント結果に基づく措置に関すること

④リスクアセスメント対象物による労災発生時の対応に関すること（応急対応の訓練や計画を含む〔令和4年5月31日基発第0531第9号〕）

⑤リスクアセスメントの実施状況（結果や対応を含む）の記録の作成・保存・周知（安衛則第34条の2の8第1項）に関すること

⑥③のばく露程度最小化の状況や労働者の実際のばく露状況等の定期的な記録の作成・保存，関係労働者への周知（安衛則第577条の2第11項）に関すること

⑦①～④の管理に際して必要な労働者への教育に関すること

法定のラベル表示やSDS交付のほか，ここで掲げた⑦（教育管理）を他の事業場で行っている場合（例えば，リスクアセスメント対象物を製造する事業場とラベル表示等を行う事業場が異なっている場合）には，両事業場で化学物質管理者を選任する必要がある。リスクアセスメントにとって，これらの要素が重要ということである。

そうした事項（ラベル表示やSDS交付等，教育管理）については，リスクアセスメント対象物の製造／取扱い事業場のみならず，その譲渡提供事業場でも，化学物質管理者を選任して，技術的事項を管理させねばな

らない（安衛則第12条の5第2項）。

化学物質管理者に求められる資格については，安衛則第12条の5第3項に以下のように定められている。
1）リスクアセスメント対象物の製造事業場の場合：所定の講習修了者かそれと同等以上の能力を認められる者（第2号イ）
2）それ以外の事業場：第2号イに定める者のほか，上掲の管理対象事項の担当に必要な能力を認められる者（第2号ロ）

1）の詳細は，追って示される予定である。2）には，管理対象事項の業務の経験者が含まれる（令和4年5月31日基発第0531第9号。一部改正：令和4年9月7日基発第0907第1号）。

化学物質管理者には，当然ながら，上掲の管理対象事項の遂行に必要な権限が付与されねばならない（安衛則第12条の5第4項）。複数選任して業務分担させても良いが，漏れが生じないよう連携させねばならない。実務の一部を化学物質管理に詳しい専門家等に請け負わせても良い（令和4年5月31日基発第0531第9号）。

選任後は，掲示，腕章，特別の防止，イントラネット等により，その氏名を関係労働者に周知せねばならない（安衛則第12条の5第5項，令和4年5月31日基発第0531第9号）。

オ2 化学物質管理者を選任した事業者が，リスクアセスメント結果に基づく措置として，労働者に保護具を使用させる場合，保護具着用管理責任者を選任し，
①適正な選択
②適正な使用
③保守管理
に関する事項を管理させねばならない（安衛則第12条の6第1項）。

これらの職務の遂行に際しては，関係する通達（平成17年2月7日基発第0207006号「防じんマスクの選択，使用等について」。その他，防毒マスク，化学防護手袋に関するもの）が発せられているので，踏まえる必要がある。

保護具着用管理責任者に求められる資格については，安衛則第12条の6第2項で，「保護具に関する知識及び経験を有すると認められる者」と定められ，通達で以下のように具体化されている（令和4年5月31日基発第0531第9号）。
①化学物質管理専門家の資格者
②作業環境管理専門家の資格者
③労働衛生コンサルタント試験合格者
④第1種衛生管理者免許か衛生工学衛生管理者免許取得者
⑤所定の作業主任者
⑥登録者による講習修了者や安全衛生推進者等の選任基準（昭和63年9月5日労働省告示第80号）を満たす者

保護具着用管理責任者にも，上掲の管理対象事項の遂行に必要な権限が付与されねばならない（安衛則第12条の6第3項）。複数選任して業務分担させても良い。職務に支障がない範囲で，作業主任者と兼任させても良い（令和4年5月31日基発第0531第9号）。これは，立案者が両者の組織内での位置づけを概ね同格とみたものとも解される。

選任後は，掲示，腕章，特別の防止，イントラネット等により，その氏名を関係労働者に周知せねばならない（安衛則第12条の6第4項，令和4年5月31日基発第0531第9号）。

カ2 本条第3項に基づき，「化学物質等による危険性又は有害性等の調査等に関する指針（化学物質RA指針）」（平成27年9月18日基発0918公示第3号）が公示されている。この指針は，本条に基づくものではあるが，安衛法第28条の2に基づき公表されていた同名の旧化学物質RA指針（平成18年3月30日危険性又は有害性等の調査等に関する指針公示第2号。上記平成27年指針により廃止）が対象としていた「労働者に危険有害性を生じ得る場合」に努力義務の内容として準用される。もとより，これにはGHS分類されていない（国により危険有害性が認識されていない）物質も含まれる。

より一般的な自主的な安全衛生管理システムに関する指針の動向をみると，先ず，平成11年に，「労働安全衛生マネジメントシステムに関する指針」（平成11年4月30日労働省告示第53号）が，本法上の特定の条文の根拠なく公表され（ただし，規則レベルでは，同時に安衛則第24条の2が根拠として定められた〔平成11年3月30日労働省令第21号〕），自主的な安全衛生管理システムの構築を促していたが，平成17年改正（11月2日法律第108号）に法第28条の2が設けられ，あわせて「危険性又は有害性等の調査等に関する指針」（平成18年3月10日付け危険性又は有害性等の調査等に関する指針公示第1号）が公示されたため，これと整合させるために改正された（平成18年3月10日付け厚生労働省告示第113号）。

キ2 本条の関連規定（というより本条に紐付く規定）には，前掲の安衛則第34条の2の7（調査対象物の危険性又は有害性等の調査の実施時期等），安衛則34条の2の8（調査の結果等の記録及び周知），安衛則34条の2の9（指針の公表）等がある。

ク2 制度史をみると，本条が新設されたのは平成26年の法改正（法律第82号）で，特別規則対象外の物質（ジクロロメタン，1,2-ジクロロプロパン）による胆管がんの発症等の例を受け（そうでなくてももとより），厚生労働省の安全衛生行政としては，特に化学物質については，法第28条の2に定めるリスクアセスメント

の努力義務規定を全て義務規定に改めたい意向だったが、内閣法制局等との調整の過程で、罪刑法定主義の要請からも、物質を特定しないままでの義務化は困難との事情から、先ずは表示・通知対象物質等から義務化を図った経緯がある。[162]

ケ2　条文設置の背景事情をみると、やはり、大阪の印刷工場における胆管がん問題が強いドライビング・フォースとなった。2012（平成24）年3月頃以降、大阪の印刷工場で勤務する労働者16名が、当時は特別規則の規制対象外だった物質（ジクロロメタン、1,2-ジクロロプロパン）が原因で胆管がんを発症し、うち7名が死亡するという事案である。発症原因となった物質は、業務上のがんを定めた労基法施行規則別表第1の2第7号や同表第10号を具体化するための告示にも定められていなかった。この事案を受けて、本件胆管がんは上記物質により発症した蓋然性が高いと推定され、被災者は労災認定された。

他方で、本件は、然るべき専門家の支援を得つつ、適正なリスクアセスメントが行われていれば防止できた可能性があると推定された（例えば、厚生労働省「胆管がん問題を踏まえた化学物質管理のあり方に関する専門家検討会報告書」〔2013（平成25）年10月〕）。

コ2　化学物質のリスクアセスメントの実施を支援するためのツールが行政等により作成されており、一例として、「厚生労働省版コントロール・バンディング」や、厚生労働省が第13次労災防止計画の下、みずほ情報総研と共同開発したCREATE-SIMPLE等があり、専門性より分かり易さ、簡便性などが重視されている。

サ2　今般の自律的管理へ向けた化学物質管理制度の再編では、安衛則の改正（令和4年5月31日厚生労働省令第91号）により、化学物質による災害を生じた等の事業場に、専門家を用いて自主的に改善措置を講じさせるスキームが設けられた（現在の法規制を踏まえた大企業における化学物質管理の例については、資料95・96を参照されたい）。

このスキームでは、化学物質による労災が現に生じたか、そのおそれがある事業者であって、化学物質管理が不適切との疑いが認められる場合、労基署長が改善を指示することができる（安衛則第34条の2の10第1項）。

具体的には、過去1年間程度で、①重篤な労災又は休業4日以上の労災が複数発生したこと、②作業環境測定により第3管理区分が継続し、継続が見込まれないこと、③特殊健診の結果、有所見率割合が同業種平均より相当高いこと等を基準に、労基署長が総合判断する。化学物質による労災に、通例、酸欠や中毒は含まれるが、粉じんの物理的性質から生じるじん肺、物質による切創等のけがは含まれない（令和4年5月31

資料95　作業環境測定の評価に基づいて行う事業者の措置

測定	評価		減免措置もしくは講ずべき措置	
測定の結果の記録（安衛法第65条第1項） 測定の評価の記録の保存（安衛法第65条の2第3項）	第1管理区分	作業環境管理が適切であると判断される状態	2年以上継続	監督署長の許可により簡易測定
			1年6ヶ月以上継続	監督署長の許可により局排風量減少
	第2管理区分	作業環境管理になお改善の余地があると判断される状態	・点検の実施（努力義務）	
	第3管理区分	作業環境管理が不適切であると判断される状態	・有効な保護具の使用（応急措置） ・健康診断の実施（著しい暴露を受けた場合で産業医等が必要と認めた場合：有機則、鉛則、特化則、粉じん則、石綿則） ・点検の実施（直ちに） ・改善措置 ・効果確認のための測定・評価	

（パナソニック産業衛生科学センターWEBサイト〔https://phio.panasonic.co.jp/kagaku/sagyou-kankyou-kanri/index.htm、最終閲覧日：2023年2月9日〕）

資料96　作業環境測定の実施と評価、管理区分の決定

測定
- 測定物質の確認 → サンプリング機材の決定
- 測定物質の使用場所・時間の確認／作業者の行動範囲の確認／測定物質の拡散範囲の確認 → サンプリング時間の決定
- 単位作業場（測定点）と測定日時の決定
- 作業環境測定の実施（A測定・B測定）

評価
- 分析
- A測定の結果
- 幾何平均値および幾何標準偏差の計算
- 第1、2評価値の決定　／　B測定の結果
- 管理区分の決定

（資料95に同じ）

基発第0531第9号）。

　改善指示を受けた事業者は，遅滞なく，厚労大臣が定める化学物質管理専門家から，その①管理状況にかかる確認と②改善措置に関する助言を受けねばならない（安衛則第34条の2の10第2項）。①には，以下の実施状況が含まれる（令和4年5月31日基発第0531第9号）。
1）リスクアセスメント
2）その結果に基づく措置
3）作業環境測定や個人ばく露測定
4）特別則所定のばく露防止措置
5）事業場内の化学物質の管理，容器への表示，労働者への周知
6）化学物質等に関する教育

　ここで，「化学物質管理専門家」とは，5年以上の実務経験を有する労働衛生コンサルタント（試験区分：労働衛生工学），8年以上の経験を有する衛生工学衛生管理者，6年以上の経験を有する作業環境測定士で講習を受けた者等を指す。日本作業環境測定協会の認定オキュペイショナルハイジニスト，国際オキュペイショナルハイジニスト協会（IOHA）の国別認証を受けている海外のオキュペイショナルハイジニスト等もここに含まれ，高い知識経験を持つことが想定されている（令和4年9月7日厚生労働省告示274号，令和4年9月7日厚生労働省告示第275号，令和4年9月7日基発0907第1号〔最終改正：令和5年7月14日基発0714第8号〕[163]）。

　上記の確認や助言を求められた化学物質管理専門家は，それらを速やかに書面で通知せねばならない（安衛則第34条の2の10第3項）。化学物質管理専門家は，客観的立場での判断の必要から，事業場外の者であることが望ましい。複数の専門家から異なる助言がなされた場合，労基署への改善計画の報告に際して，全専門家からの助言等を添付する必要がある（令和4年5月31日基発第0531第9号）。

　事業者は，化学物質管理専門家からの通知（安衛則第34条の2の10第3項）を受けて1カ月以内に計画を作成し，速やかに必要な改善措置を実施せねばならない（安衛則第34条の2の10第4項）。当該改善計画には，趣旨，時期，事項，体制，責任者を記載する必要があり，作成に際して化学物質管理専門家から支援を受けることが望ましいとされている（令和4年5月31日基発第0531第9号）。また，計画の作成後遅滞なく，化学物質管理専門家からの助言内容を含む通知及び計画の写し等を添えて，所定の報告書（様式第4号）により，労基署長に報告せねばならない（安衛則第34条の2の10第5項）。実施した改善措置は，事後的に確認できるよう記録し，通知及び計画と共に3年間保存せねばならない（安衛則第34条の2の10第6項）。

シ2　適用の実際をみると，本条（法第57条の3）に基づくリスクアセスメントは義務なので（ただし罰則なし），合法性監督がなされる必要があり，その実施は，実施記録等（安衛則第34条の2の8）から確認できる。また，（アセスメントを踏まえた）法定措置の実施は，本条による一部の物質にかかるアセスメントの義務化以前から事業者に義務づけられていた（安衛則第576条〔有害原因の除去〕や577条〔ガス等の発散の抑制等〕，特別規則における密閉措置や局所排気装置の設置義務，保護具の装着の定め等）から，その実施の有無をもって，ある程度，リスクアセスメントの履行の有無を確認できる。

　また，平成27年の規則改正（平成27年6月23日厚生労働省令第115号）で設けられた安衛則第34条の2の8は，アセスメント結果の掲示等による労働者への周知を事業者に義務づけてきたので，そうした掲示等がなされているかによる確認もできる。

　しかし，本条（法第57条の3）所定のリスクアセスメント義務自体罰則は付されていないし，その結果に基づく健康障害防止措置は（一律的な法定措置を除き）努力義務である。

　そうした事情からも，実際の臨検では，特別規則の遵守の確保に精一杯で，リスクアセスメントの履行確保まで「手が回らない」のが実態との声も聞く（匿名監督官[164]）。

　もっとも，リスクアセスメントは，一般的に労災予防にとって効果的な手法であり，その義務づけの強弱にかかわらず，比較的よく行われている。

　令和3年労働安全衛生調査（実態調査）によれば，実施を義務づけられた本条（法第57条の3）の対象物質についてのリスクアセスメント実施事業所の割合は，7割強であり，努力義務にとどまる法第28条の2第1項に基づく（法第57条の3の対象物質以外で危険有害性が認められる）物質を対象とするリスクアセスメントでも実施事業所割合は66.2%にのぼっている。

　法第28条の2に基づくリスクアセスメントは，建設現場などで徐々に浸透してきており，法第60条に基づく職長教育にはリスクアセスメントが含まれているし（安衛則第40条第2項），<u>元請事業者が，下請がその結果を提出しない限り作業を行わせない等の促進策を講じている例もある</u>。もっとも，化学物質のリスクは目に見えにくく，本条に基づくリスクアセスメントの対象物質は限られているので，<u>然るべき専門家の支援が重要であり，そうした専門家の公的な養成が求められ</u>[165]る。今般の化学物質管理制度の改編で，安全・衛生管理者の下の位置づけで設けられた化学物質管理者制度（安衛則第12条の5第1項）は，まさにその管理等の役割を担うことを期待されている。

　しかし，化学物質のリスクは可視化され難いことも

あって認識され難く，特に中小企業において専門人材活用の動機付けやコストを確保することが難しい。

なお，厚生労働省「職場における化学物質等の管理のあり方に関する検討会報告書」には，リスクアセスメント未実施によると推認される災害事例として，1-ブロモプロパンを含む溶剤で治具（物の加工に際して物を固定する器具等）等の洗浄作業をしていた労働者が急性薬物中毒となった例等が列挙されている。

また，リスクアセスメントは実施されていたが，アセスメントの結果，特別規則の対象外の物質であることを理由に特段のばく露防止対策を講じていなかったために，鋳物製造工程で中子（鋳物の中に空洞をつくるために中に入れる砂の塊）を作る際に，ノルマルヘプタンを木型の内部で塗布していた労働者が急性中毒となった例も挙げられている。

ス2　民事救済との関係では，リスクアセスメントの実施こそが民事上の安全・健康配慮義務の要諦とする学説（三柴丈典「使用者の健康・安全配慮義務」日本労働法学会編『講座労働法の再生　第3巻　労働条件論の課題』〔日本評論社，2017年〕273-296頁）があり，これによれば，本条や法第28条の2違反は安全・健康配慮義務違反となる可能性が高い。

セ2　法第57条の4は，

第1項で，新規化学物質（既存の政令所定の物質以外のもの）の製造・輸入業者に対し，所定の有害性調査とその結果等の厚生労働大臣への届出を義務づけると共に，

労働者のばく露危険がない場合（要大臣の確認）（第1号），

学術情報等で有害性なしと判明している場合（要大臣の確認）（第2号），

試験研究のための製造・輸入である場合（第3号），

輸入品が主に一般消費者生活用製品である場合（第4号）

に義務を免除し，

第2項で，事業者に，調査結果に基づく健康障害防止措置を義務づけ，

第3項で，厚生労働大臣による届出物質の公表を定め，

第4項で，届出後の厚生労働大臣による学識経験者からの意見聴取，それを踏まえた届出事業者への所要の措置（施設・設備の設置・整備，保護具の備え付け等）の勧告を定め，

第5項で，意見を求められた学識経験者に守秘義務を課しているが，同じ第5項の但書で，労働者の健康障害防止上必要な場合の適用除外を定めている。

ソ2　本条（法第57条の4）は，法令による化学物質のリスクの捕捉と対応には時間を要することを前提に，特にリスクの大きいがん原生物質を焦点として，そのふるい分け機能を持つ変異原性試験等を事業者に行わせ，結果を所管大臣に届出させ，もって所要の措置を迅速に講じさせようとしたものである。

タ2　本条（法第57条の4）が有害性調査の対象とする新規化学物質とは，施行令第18条の3が定める4種の化学物質（元素，天然産出化学物質，放射性物質，昭和54年2月末までに製造・輸入され，厚労大臣による公表済みの化学物質）と本条第3項による公表済みの化学物質の2種類を除く化学物質である。これには，製造中間体（製造工程中に生成し，その後同一事業場内で他の化学物質に変化していく化学物質），副生成物（製造工程で意図せずに生成してしまった化学物質），廃棄物も含まれる。

元素とは，物質を構成する基本的成分であり，1種類の原子から成る全ての状態であり，励起状態（excited state：エネルギー的に不安定な状態）を含み，単体（水素H_2，酸素O_2など，構成する元素の種類が1種類の物質。2種類以上の物質を化合物という）を含む（昭和53年2月10日基発第77号）。

本条の適用対象となる化合物とは，2種類以上の元素が互いに化学結合力で結合し，原則として一定の組成を持つ物質であり，通常は，1種類の物質を言うが，

主成分の製造中に不純物，副生物等が混入したもの，

モノマー（低分子の単量体。ポリマーの構成単位となる小さな分子であり，他のモノマーと化学結合して長い鎖状の分子〔ポリマー〕を形成する）であって一定の組成を持つが，厳密には同一性を有しないもの，

複数の化合物の集合体として，全体として均一な性状を持つもの，

等は，依然として化合物である。

他方，合金や，什器（棚やスタンドなどの商品陳列用の器具など），板，フィルム等固有の使用形状を持つもの，混合によって初めて製品となり，それが最終用途に用いられるもの（印刷用インキ，写真感光用乳剤等）は，化合物に該当しない（化合物について三柴追記）。

天然産出化学物質とは，鉱石，原油等，天然に存在するままの状態の化学物質であり，動植物から得られる一次産品等も含まれる（昭和54年3月23日基発第132号〔以下，「昭和54年通達」という〕）。

放射性物質とは，電離放射線障害防止規則第2条第2項の放射線物質を意味し（昭和54年通達），基本的には放射線を発する物質を意味する。

分子間化合物（異なる分子の結合によりできる化合物），包接化合物（分子間化合物の一種であり，一方の分子にできた空間に他方の分子が包摂されてできる）等のように，

2以上の化学物質が集合して単一の化学構造を持つ化学物質であって，その構成物がいずれも既存化学物質である場合，既存化学物質とみなされる（昭和54年通達）。

構成単位が全て既存化学物質であるブロック重合物（2種類以上のモノマー〔一般に1～100個程度の低分子〕が結合して生じた，一般に数千個以上の原子から成る高分子の重合物＝ポリマー）及びグラフト重合物（1本の高分子を幹にして，他の種類の高分子の枝をつけた重合体＝ポリマー）も既存の化学物質とみなされる（昭和54年通達）。

チ2　本条（法第57条の4）の義務主体は，新規化学物質の製造・輸入者であり，ここで輸入という場合，新規化学物質が密封された部品を含む機械等が密封状態のまま使用される予定の場合や，新規化学物質を（昭和54年通達当時の）通産大臣告示にいう商品見本等として輸入する場合には，該当しない扱いとなる（昭和54年通達）。

輸入事務の委託者であって，自ら使用／販売しようとする事業者は，本条の輸入者に該当する（昭和54年通達）。

ツ2　本条（法第57条の4）の有害性調査は，がん原性物質の検出を主な目的としており，その機能を持つ変異原性試験等か，がん原性試験のいずれかを用いることとされ（安衛則第34条の3第1項第1号），原則として微生物を用いる変異原性試験で行われる（昭和54年通達）。この試験は，厚生労働大臣所定の基準（安衛則第34条の3第2項，昭和63年9月1日労働省告示第76号）を充たす試験施設等で，厚生労働大臣所定の基準（昭和63年9月1日労働省告示第77号）に沿って行われねばならない（同第1項）。

テ2　有害性調査後の届出は，新規化学物質の名称，調査結果等を，所定の様式（新規化学物質製造〔輸入〕届書〔様式第4号の3〕）を用い，所要の書面（調査結果を示す書面，所定の試験機関等で調査されたことを示す書面，予定されている製造／取扱い方法を示す書面）を添えて行うべきとされている（安衛則第34条の4）。この届出は，機密保持にかかる産業界からの強い要望を容れて，厚生労働大臣宛になされて本省担当課で直接審査される仕組みが採用されている。

届出を終えた事業者は，第3項所定の公表（厚生労働大臣による新規届出物質の公表）前でも当該物質の製造・輸入が可能となる（昭和54年通達）。

ト2　本条（法第57条の4）第1項但書が定める適用除外事由は，

労働者のばく露危険がない場合（要大臣の確認）（第1号），

学術情報等で有害性なしと判明している場合（要大臣の確認）（第2号），

試験研究のための製造・輸入である場合（第3号），

輸入品が主に一般消費者生活用製品である場合（第4号）

の4例である。

このうち第1号は，新規化学物質が製造中間体等であって，(イ)当該物質を開放して取り扱うことがないこと，(ロ)製造・取扱い設備等の取り出し口，フランジ（管の接続部分）等から漏れが生じないこと等の条件を全て充たす場合が該当し（昭和54年通達），

第2号は，学会誌等に公表されている信頼できる情報でがん原性なしとされている場合を意味し（昭和54年通達），

第3号は，新規化学物質の開発研究等を行う場合であって，実験室的な規模で行う場合，然るべき担当者によって然るべく管理されている場合等を指し，

第4号は，一の事業場での1年間の製造／輸入量が100kg以下であることを確認された場合が該当する（施行令第18条の4）。

ナ2　本条（法第57条の4）第3項所定の公表は，第1項に基づく届出があった場合（同項第2号に基づき信頼できる情報でがん原性なしと確認された場合を含む），届出の受理やがん原性なしの確認から1年以内に，定期的に官報に掲載してなされねばならないとされている。公表された物質は既存化学物質となる。新規化学物質の命名は，IUPAC (International Union of Pure and Applied Chemistry) 命名法に基づいて行われており，かつてはズレが見られた労働安全衛生法と化審法の間の命名も平成24年に関係省庁所管部署で申し合わせが行われて以後共通化が図られている。

ニ2　本条（法第57条の4）第4項は，第1項に基づく届出があった場合の厚生労働大臣による勧告制度を定めている。これは，事業者に，調査結果に基づく健康障害防止措置を義務づけた第2項とパラレルで，厚生労働大臣による措置を定めたもので，当該届出を踏まえて先ずは学識経験者に意見聴取し，届出事業者に，施設・設備の設置・整備，保護具の備え付け等所要の措置を勧告できる旨を定めている。別途，省令が，意見聴取内容を労働政策審議会に報告すべき旨定めている（安衛則第34条の17）。

本条（法第57条の4）第5項は，意見聴取を受けた学識経験者に守秘義務を課しており（但書に，労働者の健康障害防止上必要な場合の適用除外の定めあり），これは，有害性に関する情報提供の前提を整えることで，その調査の実効性確保を図る趣旨に出たものである。

本条（法第57条の4）に基づく届出物質のうち，強い変異原性が認められたものと，国による試験でそれが認められた既存物質については，通達（平成5年5月17日基発第312号の3）で，ばく露低減措置，作業環

境測定，労働衛生教育，危険有害性に関するラベル表示・SDS交付，取扱い業務に従事した労働者にかかる記録の保存等を講じるよう求められている。これは，本条（法第57条の4）第2項や第4項に基づく措置とも解されるが，それにとどまらない示唆であろう。

ヌ2　関連法規の一つに化審法があり，同法は，人の健康及び動植物等の環境に有害な（可能性のある）化学物質による汚染を防ぐため，新規化学物質の製造・輸入に際して行政がその性状等を審査する制度を設けるとともに，その性状等に応じ，製造，輸入，使用等に所要の規制を行うことを目的とする法律（化審法第1条）である。

同法は，大別して次の3部分から構成されている。
①新規化学物質の行政による事前審査
②上市後の化学物質の継続的な管理措置
　上市後の届出による製造・輸入数量の把握，有害性情報の報告等（一定の化学物質につき，製造・輸入業者による調査の結果，環境毒性等一定の性状が判明した場合に行政に対して行う報告等）に基づくリスク評価
③化学物質の性状等（分解性，蓄積性，毒性，環境中での残留状況）に応じた規制及び措置（製造・輸入数量の把握，有害性調査の指示，製造・輸入許可，使用制限等）

ネ2　昭和52年における本条新設（同年7月1日法律第76号）の背景事情をみると，一方では，ILOで職業がん条約（1974〔昭和49〕年第139号条約。1977〔昭和52〕年に日本批准），1977（昭和52）年に作業環境条約（1977〔昭和52〕年第148号条約。日本は未批准）が採択されるなど，化学物質による職業性疾病への国際的関心が高まっていたことがあり，他方では，現行法制定の前後に生じた日本化学工業六価クロム事件（日本化学工業が江戸川区，江東区一帯に33万t以上の六価クロム鉱滓を廃棄する一方，小松川工場で就労していた労働者が鼻中隔穿孔や肺がんを発症していたこと等で社会問題化した事件）に象徴されるような化学物質による国内の災害があった。

また，カネミ油症事件（PCB事件）を契機として，昭和48年に化審法が制定された。この事件は，1968（昭和43）年10月頃，食用油の生産工程で熱媒体として利用されていたPCB（ポリ塩素化ビフェニル）が食用油に混入し，それを摂取した人々に皮膚障害，脳性麻痺，知的障害等を発症させたものであり，発症者1万4320人，死者50人以上にのぼった。

本条は，こうした経緯を背景に，昭和52年の法改正（昭和52年7月1日法律第76号）により新設され，その後，OECDが試験ガイドライン（The OECD Guidelines for the Testing of Chemicals）と有料試験所基準（Good Laboratory Practice: GLP）を採用し，これらに沿って得られた化学物質の安全性に関するデータを国際的に共有する仕組みが整備されたことから，昭和63年には，一定の技術的基礎を持つと認められる試験所で，所定の基準に沿って試験を行うべきことが追規定された（本条第1項が定める大臣所定の基準による有害性調査関係。この調査は，がん原性物質の検出を主な目的としており，試験は，厚生労働大臣所定の基準〔安衛則第34条の3第2項，昭和63年9月1日労働省告示第76号〕を充たす試験施設等で，厚生労働大臣所定の基準〔昭和63年9月1日労働省告示第77号〕に沿って行われねばならない〔同第1項〕）。その後，第57条の2，第57条の3の新設により，ナンバリング改正が行われた。

ノ2　行政は，本条の履行支援のために様々な工夫を凝らしている。例えば，WEBサイトで，調査から事後措置等に至るフローチャートが示されている。「新規化学物質の有害性の調査の具体的な方法等に関するQ&A」が公表され，それに関する通達（令和2年4月6日基安化発0406第5号）も発出されている。

また，新規化学物質の有害性調査及びその結果の届出等に関する手続を簡素化するための複数の通達が示されている（平成23年12月28日基安化発第1112第2号〔化審法に基づく新規化学物質の届出書等の写しの添付により，安衛法上の新規化学物質の製造・輸入届等の記載事項の一部を省略できることとしたもの〕，令和2年4月6日基安化発0406第3号〔バイオ医薬品については，バイオ医薬品安全性評価通知に基づいて，変異原性試験と同レベル以上の試験が実施されていれば，その結果の提出をもって，安衛法上の変異原性／がん原性試験の実施を不要としたもの〕など）。

ハ2　今のところ，法第57条の4に基づき届け出られた新規化学物質のうち強い変異原性が認められた約1000の物質が，既存化学物質のうち国による独自調査で強い変異原性が認められた237物質と共に，「強い変異原性が認められた化学物質による健康障害を防止するための指針」（平成5年5月17日基発第312号）に沿って，ばく露防止対策，作業環境測定，労働衛生教育，ラベルの表示・SDSの交付，記録の保存等の措置を講ずべきとされている。

ヒ2　本条（法第57条の4）第1項に違反した製造・輸入業者は，50万円以下の罰金に処せられ（法第120条第1号），第5項に違反した学識経験者は，6カ月以下の懲役又は50万円以下の罰金に処せられ得る（法第119条第1号）。また，これらの違反には両罰規定の適用があり得る（法第122条）。

フ2　民事上の効力についてみると，本条（法第57条の4）第1項は，本来的には行政が化学物質の有害性を把握して行政上の諸措置に活用するという行政上の目的を達するため，事業者に行政上の義務を課したものだが，その違反と労災の間に相当因果関係が認め

られる場合，使用者の過失責任認定の要素となり得る。また，第2項が定める判明した有害性に基づく健康障害防止措置は，民事上の安全配慮義務の内容と多分に共通する。

ヘ2　法第57条の5は，

第1項で，厚生労働大臣が，化学物質による健康障害防止措置が必要と認める場合に，製造・輸入事業者に対し，所定の有害性調査の実施と結果報告を指示できる旨を定め，

第2項で，その指示の際には，大臣策定基準に従い，調査の技術水準，調査機関の整備状況，事業者の調査能力等を総合的に考慮すべき旨を定め，

第3項で，指示に先んじて学識経験者への意見聴取を行うべき旨を定め，

第4項で，第1項による有害性調査を行った事業者に，自ら必要な健康障害防止措置を講ずべき義務を課し，

第5項で，学識経験者に第3項所定の業務にかかる守秘義務を課している。

ホ2　本条の趣旨は，未だ裏付けとなるデータが不十分ながら，がん原性が疑われる化学物質について，製造・輸入事業者に，一定基準を充たす有害性調査とその結果報告を行わせることで，健康障害防止措置を講じようとすることにある（昭和54年3月23日基発第132号）。

マ2　本条の義務主体は，新規化学物質の製造・輸入者であり，輸入の場合であって，新規化学物質が密封された部品を含む機械等が密封状態のまま使用される予定である場合か，新規化学物質を当時の通産大臣告示にいう商品見本等として輸入する場合，該当しない扱いとなる（昭和54年通達）。

輸入事務の委託者であって，自ら使用／販売しようとする事業者は，本条の輸入者に該当する（昭和54年通達）。

本条にいう有害性調査とは，基本的に，実験動物を用いて吸入投与，経口投与等により行うがん原性調査を意味し（施行令第18条の5），これには実験動物の皮膚への塗布も含まれる（昭和54年通達）。

ミ2　第2項所定の「厚生労働大臣が定める指示の基準」は，化学物質による疾病の性格，化学物質の取扱量，関係労働者数等を判断指標としており，実際の指示は，変異原性ありと判断された化学物質のうち，ばく露する労働者が多く，ばく露量も多いもの，外国から入手した情報等でがん原性が疑われるものについて行われている。

本条第5項は，意見聴取を受けた学識経験者に守秘義務を課しており（但書に，労働者の健康障害防止上必要な場合の適用除外の定めあり），これは，第57条の4第5項と同様に，有害性に関する情報提供の前提を整えることで，その調査の実効性確保を図る趣旨に出たものである。

ム2　本条設定の背景事情をみると，一方では，ILOで職業がん条約（1974〔昭和49〕年第139号条約。1977〔昭和52〕年に日本批准），1977（昭和52）年に作業環境条約（1977〔昭和52〕年第148号条約。日本は未批准）が採択されるなど，化学物質による職業性疾病への国際的関心が高まっていたことがあり，他方では，現行法制定の前後に生じた日本化学工業六価クロム事件（日本化学工業が江戸川区，江東区一帯に33万t以上の六価クロム鉱滓を廃棄する一方，小松川工場で就労していた労働者が鼻中隔穿孔や肺がんを発症していたこと等で社会問題化した事件）に象徴されるような化学物質による国内の災害があった。

また，カネミ油症事件（PCB事件）を契機として，昭和48年に化審法が制定された。この事件は，1968（昭和43）年10月頃，食用油の生産工程で熱媒体として利用されていたPCB（ポリ塩素化ビフェニル）が食用油に混入し，それを摂取した人々に皮膚障害，脳性麻痺，知的障害等を発症させたものであり，発症者1万4320人，死者50人以上にのぼった。

本条は，こうした経緯を背景に，昭和52年の法改正（昭和52年7月1日法律第76号）により新設された。

メ2　本条第1項に違反して，厚生労働大臣が指示する調査を行わない製造・輸入業者は，50万円以下の罰金に処せられ（法第120条第1号），第5項に違反した学識経験者は，6カ月以下の懲役又は50万円以下の罰金に処せられ得る（法第119条第1号）。また，これらの違反には両罰規定の適用があり得る（法第122条）。

モ2　法第58条は，法第57条の4（製造輸入業者による新規化学物質の有害性調査と報告等）と第57条の5（大臣による製造輸入取扱業者等の事業者への有害性調査等の指示）の履行を支援するため，

国が調査施設の整備，資料の提供等の援助に努めると共に，

自ら有害性調査を実施するよう努める旨定めている。

ヤ2　本法は，基本的には事業者に安全衛生措置を課す法体系だが，昭和52年の法改正（昭和52年7月1日法律第76号）で設けられた本条は，事業者による実施の困難を前提に，国による施設整備等とそのための予算付けを目的としている。

実質的には，1982（昭和57）年に中央労働災害防止協会内に設けられた日本バイオアッセイ研究センター（その後，独立行政法人労働者健康安全機構の傘下に組み入れられた）の設立を支える規定であり，同センターには，呼吸器を介した吸入ばく露を模した吸入試験を行

える毒性試験施設が設置され，長期吸入がん原性試験や遺伝子改変動物（遺伝子に関わる疾患を確認する等の目的で，人為的に遺伝子に操作を加えた動物）を用いた発がん性試験等が行われている。

本条も，基本的には事業者による有害性調査の支援を予定しているが，後尾は国自身による積極的（計画的）な有害性調査を予定しており，現にバイオアッセイセンターでそのような調査が行われている。

国による支援を定めた規定には，他に以下のようなものがある。

1）法第19条の3（事業者による産業保健活動の支援。実質的には独立行政法人労働者健康安全機構傘下の産業保健総合支援センターや地域産業保健センターの設置運営の根拠法）

2）法第63条（事業者による安全衛生教育のための指導員の養成，教材やカリキュラムの開発等の国による支援。実質的には中央労働災害防止協会本部でのテキストや教育カリキュラムの開発担当部署，傘下の安全衛生教育センター等の設置運営の根拠法）

3）法第71条（法第69条所定の健康の保持増進，心身の健康づくりの支援措置。実質的な措置として，中央労働災害防止協会によるTHP〔心と体の健康づくり〕の推進，傘下の地区安全衛生センターでの作業環境測定と分析の実施・改善のための助言，地域産業保健センターでの無償の健康診断，産業保健総合支援センターでのメンタルヘルス対策促進員や両立支援促進員事業，公益社団法人日本作業環境測定協会の監理等が挙げられるが，現段階で特定の機関や組織の根拠法とはなっていない）

4）法第71条の4（事業者による快適職場環境形成の金融的，技術的支援。実質的には，中央労働災害防止協会における中央快適職場推進センター及び都道府県労働基準協会等における都道府県快適職場推進センターの設置運営〔平成4年7月1日基発第391号〕，各種助成措置の根拠法だが，両センター含め廃止〔後，別組織に再編・統合〕されているものも多い）

5）法第106条（事業者による安全衛生施設の整備，〔特別〕安全衛生改善計画の実施等への金融的，技術的支援。安衛法制定当初から存在する規定であり，実質的に各種補助金制度の根拠法だが，折々に注力すべき政策課題に応じて変化する）[170]

ユ2 沿革をみるに，そもそも本条の目的が昭和52年の法改正（同年7月1日法律第76号）で設けられた法第57条の4（製造輸入業者による新規化学物質の有害性調査と報告等）と第57条の5（大臣による製造輸入取扱業者等の事業者への有害性調査等の指示）の履行支援であり，現に同年の法改正で共に設けられたので，旧労基法・旧安衛則時代はもとより，現行安衛法制定時にも本条に相当する規定は存在しなかったが，現行安衛法制定の際に，上記の法第106条は存在した。

本条の新設後，法第57条の2（平成11年5月21日法律第45号），法第57条の3（平成26年6月25日法律第82号）の追加によるナンバリング変更があった。

ヨ2 本稿の解説対象条文のうち，製造禁止と製造許可を定めた法第55条と第56条を除く条文は，多分に，事業者による自律的なリスクアセスメントに基づくリスク管理を支援するものと言え，近年の化学物質管理制度の改編は，それを強化するものである。[171]

三柴が述べるように，その実現のためには，
①組織の責任者による真摯で具体的な関与，
②構造的で計画的な取り組み，
③適切な人的・物的資源が利用できる条件の整備，
④全ての管理者による安全衛生の重視，
⑤直面課題に応じた柔軟な対応，
⑥安全衛生と組織の生産性や競争力との一体視，
という6つの要素をふまえた多面的で専門的かつ柔軟な安全衛生行政の推進が求められる。これらは，性能要件型の規制（労災防止の結果を重視し，その手法は各事業者等に委ねる規制手法）にも対応可能な組織的な安全衛生の学習と取り組みを促進していくものであり，その先の目標に社会全体における安全衛生文化の醸成がある。[172]

自律的なリスク管理の推進には，その基本原則を法律自体や大綱に定めておくことも一貫性のある制度展開・運用を実現するために不可欠である。例えば，イギリス等で採用されているリスク最小化原則[173]や，リスク創出者管理責任負担原則[174]はその候補に挙がるが，リスクアセスメント手法では，専門家頼みの上からの取り組みになり易いので，日本的な現場意見を取り込み，組織全体を巻き込む手法も組み入れる必要がある。

その際，ハザードやリスクの評価に不安定性や相対性を伴い，未知の物質（新規物質）や混合物も次々に登場し，事業体の企業秘密に関わり，産業としての有効活用が避けられないという化学物質の特徴をふまえれば，その対策は総合的なもの，多チャンネル的なものでなければならない。これは，対策の幅，メニューを拡大して，少なくともそのいずれかが効果を発揮するような仕組み作りが求められるということである。具体的には，タテ（サプライチェーンの上流から下流に至るリスク情報の共有やリスク低減策の実施）・ヨコ（GHSなどの国際的なハザード〔ないしリスク〕に関する情報の共有）・タカサ（現場でのばく露実体等の調査・分析）の3方向での展開を法政策的に図ることが求められよう[176]（**資料97**）。

資料97

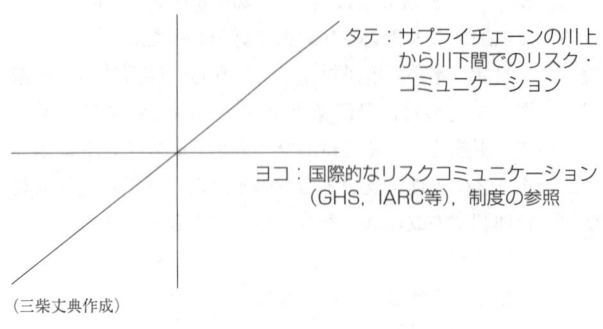

（三柴丈典作成）

15 阿部（理香）解説（第6章第59条〜第63条）

阿部解説は，法第6章に属する第59条から第63条を対象としている。

この章は，労働者への安全衛生教育を中心として，一定の危険有害業務への資格を持たない者の就業制限，中高年齢者等の適正配置等について定めている。

同解説は冒頭で第6章全体を概説しており，その概要は以下の通り。

労災防止のためには，危険有害な機械や物質に対する物的規制のみではなく，労働者による安全な取扱いのための人的規制（安全衛生教育，就業制限，適正配置等）が求められる。第6章はその役割を担っている。

安全衛生教育については，雇入れ時や作業内容変更時等，労働者が新たな業務に従事する局面，職長就任時など現場監督の役割に着く局面と，業務と役割を重視した実施を事業者に課している。また，危険有害な機械等の取扱者に対しては，取り扱う機械等に応じて特別教育を受けさせるよう，事業者に課している。

就業制限では，特別教育の対象業務よりリスクの大きな業務について，所定の資格の取得（免許や技能講習の修了等）を事業者と就業者双方に求め，そうした資格を持たない者（文言上労働者に限らない）の就業を制限している。

また，定期的な再教育（安全衛生水準向上教育〔法第60条の2〕等）の実施も，努力義務ながら事業者に求めている。

しかし，中小規模事業における余裕のなさ，国による支援の不足もあり，行政による指導も困難な実態がある。

本章所定の教育以外の就業措置には，労働者個々人の特性に応じた適正配置があり（法第63条），主に高齢者や身体障害者を想定していて，時代状況からも重要だが，監督指導実務では，違反指摘すら殆どされていない。ただし，裁判例には，本条の趣旨を汲んだと思われるものがある。

条文解説の概要は以下の通り。

ア 法第59条は，
　第1項で，労働者一般への雇入れ時教育，
　第2項で，同じく作業内容変更時教育，
　第3項で，特定の危険有害業務に労働者を就業させる場合の特別教育，
　の実施を事業者に義務づけている。

イ 本条を含む本章の条文とそれに紐付く政省令が定める安全衛生教育制度は，人的要因により生じ得るか，人的対応により防止し得る災害の防止を目的とするものであり，現行法によって具体化・充実化されると共に，体系的に整備されたものである。

本条第1項所定の雇い入れ時教育制度は旧労基法時代からあったが，作業内容変更時教育（本条第2項）や一定の危険有害業務に従事する者への特別教育（本条第3項）は，現行法に初めて盛り込まれた。

その趣旨は，事業場で取り扱われる機械等や原材料等，作業環境の危険有害性を労働者自身に認識させ，適切に作業を行わせることにある。

ウ 雇入れ時教育の基本的事項は，安衛則第35条に以下のように定められている。
①機械等，原材料等の危険有害性や取扱い方法関係
②安全装置，有害物抑制装置や保護具の性能や取扱い方法関係
③作業方法（＊安衛法上，この文言は，どこでどのように原材料を製造・加工するか，機械を操作するか等の具体的な作業の手順や手法であり，主に作業計画により改善され得るもの）関係
④作業開始時の点検関係
⑤業務関連疾病の原因や予防関係
⑥整理整頓や清潔関係
⑦応急措置や退避関係
⑧その他安全衛生上必要な事項関係

飲食サービス業など工業的業種でも屋外産業的業種でもない業種（施行令第2条第3号）では，①〜④を省略できるが（安衛則第35条第2項），⑧の教育（当該事業〔場〕の実態に応じた教育）は求められる。③は，作業見習過程での実施が原則とされる（昭和47年9月18日基発第602号）。

これらの事項は，作業内容変更時教育でも実施が求められる。

作業内容変更時とは，作業内容や方法の変更時など，労働者の安全確保のため教育が必要となる場合であり，合目的的に解釈される。現行法制定時にこの教育が追加されたのは，実質的に雇入れ時と状況が変わらないためなので，軽易な変更は含まれない。

特別教育の実施要件である危険有害業務については，安衛則第36条で，研削といしの取替，小型ボイ

ラー取扱い，動力プレス機械の型の調整等，以下の57業務（条文解説執筆時点。令和6年7月30日時点では60業務）が列挙されている。

① 研削といしの取替えや取替え時の試運転業務（第1号）
研削といしは誤用により破壊することがある。

② 動力プレスの金型，シャーの刃部，両機械の安全装置や安全囲いの取付け，取外し等の業務（第2号）

③ アーク溶接等の業務（第3号）
金属の電極と溶接対象物（母材）の間で火花を起こして溶接を行う。溶接に用いるアークは，一般に，電極から母材に向けてベル型状に発生する。溶接装置の不備や不適切な取扱いで，作業者が感電したり，火災・爆発等の重大災害が発生したりする。
講習では，電撃防止装置（停止時に電圧を低下させる装置）についても学ぶ。

④ 高圧・特別高圧の充電電路やその支持物の敷設，点検，修理，操作の業務，低圧充電電路の敷設等の業務，配電盤室や変電室等に設置する低圧電路のうち充電部分が露出した開閉器の操作業務（第4号）

電気工具のコードが破線した状態で絶縁テープを巻いて修理する作業等も含まれる。

⑤ 対地電圧50V超の蓄電池内蔵自動車の整備業務（4の2号）
電気自動車やハイブリッド自動車，バッテリー式フォークリフト等の整備業務を意味する。令和元年に低圧電気取扱業務から分離独立した（同年8月8日厚生労働省告示第83号）。
対地電圧は，接地式電路の場合，電線と大地の間の電圧，非接地式電路の場合，電線間の電圧を意味する。

⑥ 最大荷重1t未満のフォークリフト運転業務（第5号）

資料98　① 研削といしが装着された自由研削盤（グラインダー）

資料99　② プレス機

（コマツ産機株式会社 WEB サイト〔https://sanki.komatsu/product_index.html，最終閲覧日：2024年7月23日〕）

資料100　② シャー（一般には「シャーリング」又は「シャーリングマシン」と呼ばれることが多い）

（株式会社アマダ提供）

資料101　③ アーク

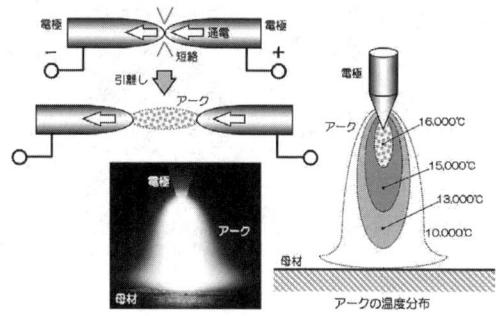

（三田常夫「アーク溶接技術発展の系統化調査」国立科学博物館技術の系統化調査報告 Vol. 23〔2016年〕396頁）

資料102　③ アーク溶接のイメージ

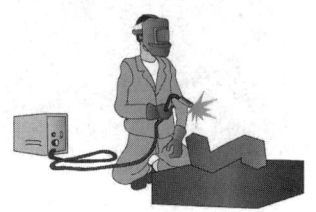

資料103　④ 充電電路等の修理業務の例

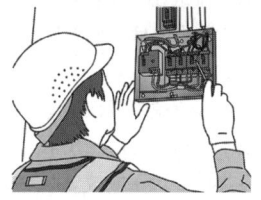

資料104　⑥ フォークリフト

フォークリフトとフォークローダーの違いは，フォークの上げ下げ動作の違いにある。フォークローダーがフォークを上下させるためにはアームの動作を行う（そのため，荷を前方にも伸ばせる）のに対し，フォークリフトはマストによってフォークを上下させる。[177]

⑦ 最大荷重1t未満のショベルローダーやフォークローダーの運転業務（第5の2号）
ショベルローダーは，車体前のショベル（バケット）をリフトアームで上下させてバラ物の荷役を行う機械で，フォークローダーは，車両前方のフォークをリフ

資料105　⑦

①ショベルローダー　②フォークローダー

（厚生労働省「ショベルローダー等運転技能講習補助テキスト」〔https://www.mhlw.go.jp/content/11300000/001006480.pdf，最終閲覧日：2024年7月17日〕）

資料108　⑪走行集材機械

（資料107に同じ）

資料109　⑫架線集材機械

（資料107に同じ）

資料106　⑧不整地運搬車

資料107　⑩伐木等機械

（静岡労働局WEBサイト〔https://jsite.mhlw.go.jp/shizuoka-roudoukyoku/hourei_seido_tetsuzuki/anzen_eisei/hourei_seido/_119834.html，最終閲覧日：2023年11月11日〕）

資料110　⑬簡易架線集材装置

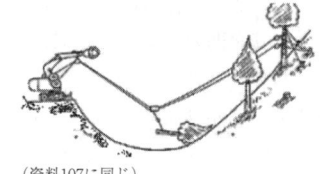

（資料107に同じ）

トアームで上下させて材木等の荷役を行う機械である。

⑧最大積載量1t未満の不整地運搬車の運転業務（第5号の3）

⑨制限荷重5t未満の揚貨装置の運転業務（第6号）

　揚貨装置とは，船舶に取り付けられたデリックやクレーン装置を指す。

⑩伐木等機械の運転業務（第6号の2）

　伐木等機械とは，伐木，造材又は原木若しくは薪炭材の集積を行う機械であって，動力を用い，不特定の場所に自走できるものを指す。

⑪走行集材機械の運転業務（第6号の3）

　走行集材機械とは，車両の走行により集材する機械であって，不特定の場所に自走できるものを指す。

⑫機械集材装置の運転業務（第7号）

　機械集材装置とは，動力を用いて原木や薪炭材（原木等）を巻き上げ，空中で運搬する設備を指す。

⑬簡易架線集材装置の運転又は架線集材機械の運転業務（第7号の2）

　簡易架線集材装置とは，動力で原木等を巻き上げ，原木等の一部が地面に接した状態で運搬する設備を指し，架線集材機械とは，動力で原木等を巻き上げて当該原木等を運搬する機械で，不特定の場所に自走できるものを指す。

⑭チェーンソーによる立木の伐木，かかり木の処理や造材の業務（第8号）

⑮機体重量3t未満の小型車両系建設機械（整地・運搬・積込み用及び掘削用）の運転業務（第9号）

　ここで援用されている施行令別表第7第1号または第2号所掲の小型車両系建設機械は以下の通り（資料111）。

第1号（整地・運搬・積込み用機械）

(1) ブル・ドーザー

(2) モーター・グレーダー

(3) トラクター・ショベル

(4) ずり積機

　トンネル掘削において，掘り出されたずりを運搬用車両等に積み込む目的で作られた機械を指す。[178]

(5) スクレーパー

　鉄製容器（土溜め）の前方下部に取り付けた刃板で路面を削って土をすくい込み，運搬し，捨てる重機を指す。[179]

(6) スクレープ・ドーザー

　前方のボウルを下げた状態で走行し，カッターで地面を平らにしていく機械で，主に整地に利用される。[180]

(7) 1～6に類するもので省令所定の機械

第2号

(1) パワー・ショベル

(2) ドラグ・ショベル（油圧ショベル）

　パワー・ショベルと変わらないが，ショベルが外向きの場合にパワー・ショベルと呼ばれることが多いようだ。[181]

(3) ドラグライン

　土工事用堀削機の一種で，機体から伸ばしたブームの先に吊るしたバケットを振り子のように前方に投げ，引き寄せながら土砂をすくう仕組みとなっており，機械を移動させずに広範囲の掘削ができる。[182]

(4) クラムシエル

資料111

第1号

ブル・ドーザー

モーター・グレーダー

トラクター・ショベル*¹

ずり積機*²

トンネル掘削において，掘り出されたずりを運搬用車両等に積み込む目的で作られた機械*³

スクレーパー*⁴

スクレープ・ドーザー*⁵

第2号

パワー・ショベル／ドラグ・ショベル
（油圧ショベル）*⁶

バケット掘削機

©iStock

クラムシェル*⁸

クラムシェルとは，ブームの先端にワイヤロープで吊られたクラムシェルバケットから，二枚貝のように土砂をつかんで掘削する掘削機をいう*⁹。

ドラグライン

©iStock

土工事用堀削機の一種で，機体から伸ばしたブームの先に吊るしたバケットを振り子のように前方に投げ，引き寄せながら土砂をすくう仕組みとなっており，機械を移動させずに広範囲の掘削ができる*⁷。

ホイールトレンチャー

©iStock

チェーントレンチャー

©iStock

* 1　厚生労働省「職場のあんぜんサイト」(https://anzeninfo.mhlw.go.jp/anzen_pg/SAI_DET.aspx?joho_no=101286, 最終閲覧日：2022年10月9日)。
* 2　株式会社フジタ WEB サイト (https://www.fujita.co.jp/solution-technology/11773/, 最終閲覧日：2024年7月22日)。
* 3　電設資材・電線・ケーブル　ネット通販 Watanabe WEB サイト (https://www.fuku-watanabe.com/ec/glossary/tunnel/006zurishori/038.htm, 最終閲覧日：2022年10月9日)。
* 4　JIS D 0004-1：1998の図8。
* 5　モデルトラックファクトリー WEB サイト (https://www.mt-factory.jp/nzg/models/398.htm, 最終閲覧日2024年7月5日)。
* 6　パワー・ショベルと変わらないが，ショベルが外向きの場合にパワー・ショベルと呼ばれることが多いようだ（昭和建設興業株式会社 WEB サイト〔https://shouwa-k-k.co.jp/topic/daily/353#，最終閲覧日：2023年11月1日〕)。
* 7　アールアイ株式会社 WEB サイト (https://r-i.jp/glossary/kana_ta/to/002231.html, 最終閲覧日：2022年10月9日)。
* 8　日立建機日本株式会社 WEB サイト (https://japan.hitachi-kenki.co.jp/products/industry/general/telescopic-clamshell/, 最終閲覧日：2024年7月1日)。
* 9　工事現場標識サイト (https://safety-signboard.com/clamshell/, 最終閲覧日：2023年11月1日)。

クラムシエルとは，ブームの先端にワイヤロープで吊られたクラムシエルバケットから，二枚貝のように土砂をつかんで掘削する掘削機をいう。[183]
(5) バケット掘削機
　　掘削したい場所にホイールを押し当てて，露天掘削する機械。
(6) トレンチャー
(7) 1～6に類するもので省令所定の機械
　ここで援用されている施行令別表第7第3号所掲の基礎工事用機械は以下の通り（資料112）。
(1) くい打機
(2) くい抜機
(3) アース・ドリル
(4) リバース・サーキュレーション・ドリル
　　アース・ドリル工法，リバース・サーキュレーション・ドリル工法は，いずれも場所打ち杭による基礎工事の工法を指し，地盤によって用いる工法が異なる。
　　リバース・サーキュレーション・ドリル工法は，掘り進めたときに穴壁が崩れ落ちる場合に用いられるもので，掘り進める際に泥水を入れたり（これにより穴壁を固める），泥水を排したりを繰り返す。
(5) せん孔機（チュービングマシンを有するものに限る）

(6) アース・オーガー
(7) ペーパー・ドレーン・マシン
　　ドレーンとは排水を意味し，ペーパー・ドレーン・マシーンとは，埋立地等の地盤改良を目的とした基礎工事用の機械の一つで，紙状のシートを少し地上に出るようにして埋立地に埋めて地中の水分を吸わせ，蒸発させて水分を飛ばすことで地盤を改良する工法。紙状のシートの代わりに砂を用いる場合は，サンド・ドレーン工法という。
(8) 1から7までに掲げる機械に類するものとして厚生労働省令で定める機械
　ここで援用されている施行令別表第7第6号所掲の解体用機械は以下の通り。
Ⅰ　ブレーカ（資料113）
Ⅱ　1に掲げる機械に類するものとして厚生労働省令で定める機械
⑯非自走式基礎工事用機械（施行令別表第7第3号の機械のうち非自走式のもの）の運転業務（第9号の2）
⑰自走式基礎工事用機械（施行令別表第7第3号の機械のうち自走式のもの）の作業装置の操作業務（第9号の3）
⑱締固め用機械（施行令別表第7第4号）の運転業務（第10号）
　ここで援用されている施行令別表第7第4号所掲の解体用機械は以下の通り。
(1) ローラー
(2) 1に掲げる機械に類するものとして厚生労働省令で定める機械
⑲コンクリート打設用機械の作業装置の操作業務（第10号の2）
　ここで援用されている施行令別表第7第5号所掲の解体用機械は以下の通り。
(1) コンクリートポンプ車
(2) 1に掲げる機械に類するものとして厚生労働省令で定める機械
⑳ボーリングマシンの運転業務（第10号の3）
㉑ワイヤロープ等で締め付ける方式のジャッキ式つり

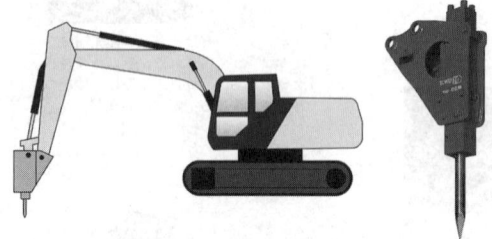

資料113　ブレーカ

（右：東空販売株式会社 WEB サイト〔https://www.toku-net.co.jp/product/breaker-small.html，最終閲覧日：2024年7月17日〕）

資料114　⑯非自走式基礎工事用建設機械の例

（鉱研工業株式会社 WEB サイト〔https://www.koken-boring.co.jp/products/593/，最終閲覧日：2024年7月17日〕）

資料115　⑰自走式基礎工事用機械の操作の例

（中部労働技能教習センター〔https://www.ginosenta.or.jp/course/361/，最終閲覧日：2024年7月19日〕）

資料116　⑱ローラー

資料112
第3号

くい打機*1

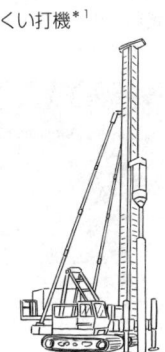

くい抜機*2

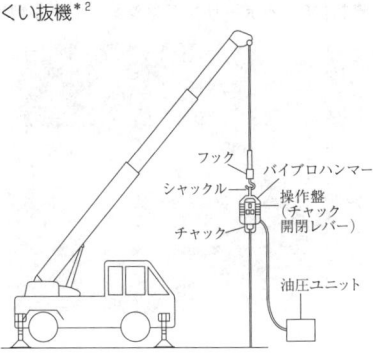

リバース・サーキュレーション・ドリル工法*3

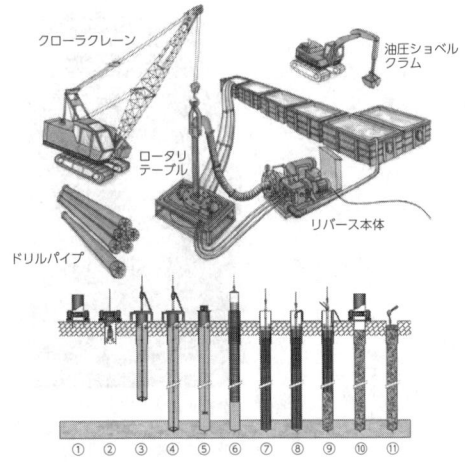

施工手順

アース・ドリル工法，リバース・サーキュレーション・ドリル工法は，いずれも場所打ち杭による基礎工事の工法を指し，地盤によって用いる工法が異なる。リバース・サーキュレーション・ドリル工法は，掘り進めたときに穴壁が崩れ落ちる場合に用いられるもので，掘り進める際に泥水を入れたり（これにより穴壁を固める），泥水を排することを繰り返して行う。

アースドリル工法*3

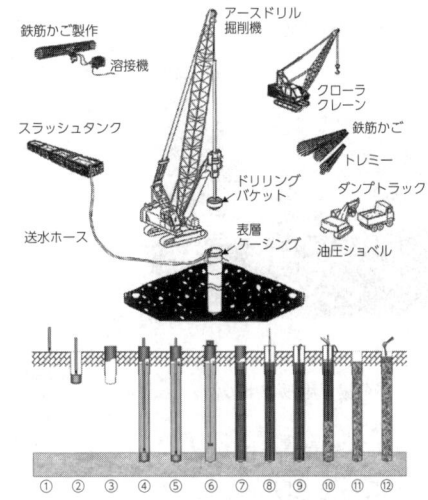

ドリリングバケットを回転させて地盤を掘削し，バケット内部に収納された土砂を地上に排土する工法。

プレファブリケイティドバーチカルドレーン（従来のペーパードレーン）*4

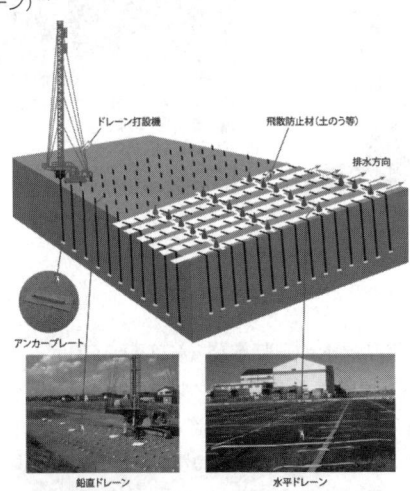

ドレーンとは排水を意味し，プレファブリケイティドバーチカルドレーン打設機とは，埋立地等の軟弱地盤改良を目的としたプレファブリケイティドバーチカルドレーン工法（PVD工法）用の機械。PVD工法とはプラスチック製のドレーン材を埋立地等の軟弱地盤に打設し，ドレーン材を介して地中の水を排水し軟弱地盤を改良する工法。プラスチック製ドレーン材の代わりに砂を用いる場合は，サンドドレーン工法という。

せん孔機　　アース・オーガー

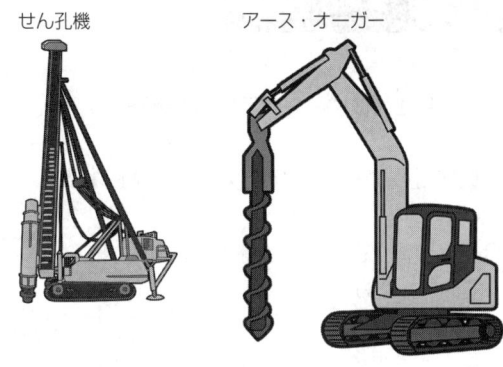

* 1　イラスト：辻井タカヒロ氏。
* 2　厚生労働省「職場のあんぜんサイト」（https://anzeninfo.mhlw.go.jp/anzen_pg/sai_det.aspx?joho_no=940，最終閲覧日：2024年10月22日）。
* 3　一般社団法人日本基礎建設協会WEBサイト（https://www.kisokyo.or.jp/activity/index/3，最終閲覧日：2024年7月16日）。
* 4　ジオドレーン協会WEBサイト（https://www.geo-drain.com/method.html，最終閲覧日：2024年10月24日）。

資料117　⑲コンクリートポンプ車

（画像提供：極東開発工業株式会社）

資料118　⑳ボーリングマシン（ドリル型）

資料119　㉑ジャッキ式つり上げ機械のイメージ

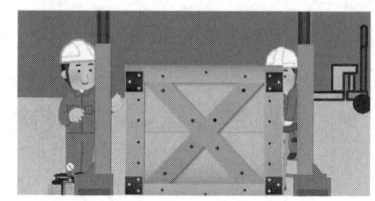

（「失業後はじめてのハローワーク」WEB サイト〔https://shi-tsu-gyo.com/jyakkishiki/、最終閲覧日：2023年11月1日〕）

資料120　㉒高所作業車

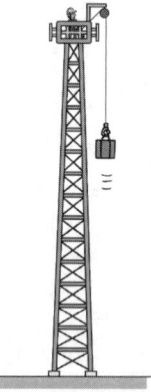

資料121　㉓巻上げ機（ウィンチ）の例

資料123　㉖小型ボイラーの例

（厚生労働省 WEB サイト〔https://www.mhlw.go.jp/content/11200000/02telecommunication5_tools_jp.pdf、最終閲覧日：2024年7月8日〕）

（株式会社サムソン WEB サイト〔https://www.samson.co.jp/product/boiler/、最終閲覧日：2024年7月8日〕）

資料122　㉕荷揚げ用リフトの例

資料124　㉗クレーン

（株式会社タダノ WEB サイト〔https://www.tadano.co.jp/products/index.html、最終閲覧日：2024年6月20日〕）

資料125　㉗跨線テルハの例

跨線テルハは、鉄道の線路を跨いで荷を運ぶテルハである。
（株式会社アドバンスのブログ〔http://advanceltd.cocolog-nifty.com/blog/2014/09/n-d069.html、最終閲覧日：2024年4月25日〕）

上げ用建設機械の調整又は運転業務（第10号の4）

㉒低層用の高所作業車の運転業務（第10号の5）

㉓巻上げ機（電気ホイスト等を除く）の運転業務（第11号）

㉔削除（第12号）

㉕レールを用いた巻上げ装置（巻上げ装置を除く）の運転業務（第13号）

「巻上げ装置を除く」とされているのは、㉓所掲の通常の巻上げ装置を除く趣旨と思われる。

㉖所定の小型ボイラーの運転業務（第14号）

㉗所定のクレーンの運転業務（第15号）

　（1）　つり上げ荷重5t未満のクレーン

　（2）　つり上げ荷重が5t以上の跨線テルハ

㉘つり上げ荷重1t未満の移動式クレーンの運転業務（第16号）

㉙つり上げ荷重5t未満のデリックの運転業務（第17号）

㉚建設用リフトの運転業務（第18号）

㉛つり上げ荷重1t未満のクレーン、移動式クレーン又はデリックの玉掛け業務（第19号）

㉜ゴンドラの操作業務（第20号）

㉝作業室及び気こう室へ送気する空気圧縮機の運転業務（第20号の2）

作業室や気こう室及びそこへの送気については、㉟及び㊳の図を参照されたい。

㉞高圧室内作業に係る作業室への送気の調節のための

資料126　㉘移動式クレーン
（厚生労働省WEBサイト）

資料128　㉚建設用リフトの例

資料127　㉙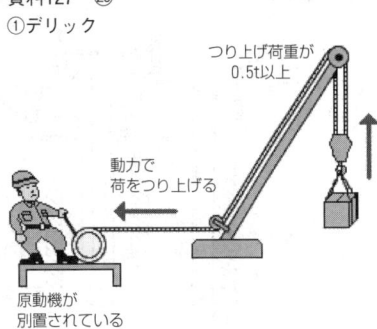
①デリック
つり上げ荷重が0.5t以上
動力で荷をつり上げる
原動機が別置されている

②ガイデリックの例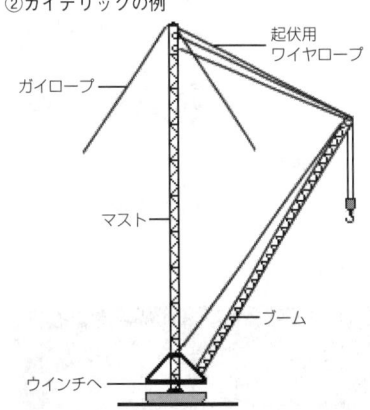
起伏用ワイヤロープ
ガイロープ
マスト
ブーム
ウインチへ

（山本誠一氏が運営するcrane club WEBサイト〔http://www.crane-club.com/study/derrick/definition.html、最終閲覧日：2020年8月23日〕）

資料129　㉛クレーンの玉掛け業務

資料130　㉜ゴンドラ
（写真提供：日本ビソー株式会社）

資料131　㉞バルブ及びコックの例

　バルブ又はコックの操作業務（第21号）
㉟気こう室への送気又は気こう室からの排気の調整を行うためのバルブ又はコックの操作業務（第22号）
　バルブやコックについては、㉞の図を参照されたい。
㊱潜水作業者への送気の調節を行うためのバルブ又はコックの操作業務（第23号）
㊲再圧室の操作業務（第24号）
㊳高圧室内作業に係る業務（第24号の2）
㊴所定の四アルキル鉛等業務（第25号）
㊵所定の酸欠危険場所における作業に係る業務（第26号）
㊶特殊化学設備の取扱い、整備・修理の業務（第27号）
㊷エックス線装置やガンマ線照射装置による透過写真の撮影業務（第28号）
㊸所定の核燃料等の加工施設や再処理施設、使用施設の管理区域内での所定の核燃料物質や使用済み燃料、これらで汚染された物の取扱い業務（第28号の2）

　この業務は、㊹と共に、JCO東海村臨界事故（平成11年9月30日）の後、同年中に行われた安衛則改正（同年11月30日労働省令第46号）により、特別教育（法第59条第3項）の対象に加えられた。
　同事故は、労働者が臨界に関する知識を有していなかったこと、適切な作業方法により作業を行わなかったことが発生原因と指摘されたことによる。
㊹所定の原子炉施設の管理区域内での核燃料物質や使用済み燃料、これらに汚染された物を取り扱う業務（第28号の3）
㊺東日本大震災で生じた放射性物質による汚染土壌等の除染業務に係る電離則（いわゆる除染電離則）所定

資料132　㉟気こう室（ケーソン）への送気

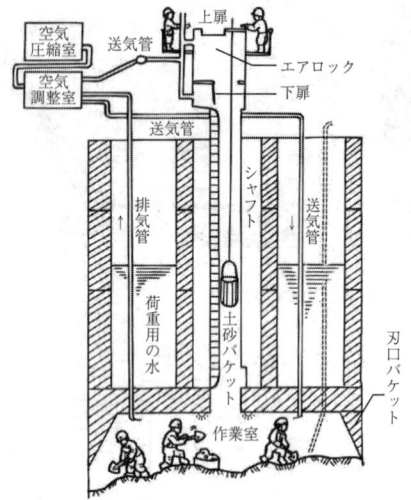

（農林水産省「土木工事等施工技術安全指針」〔https://www.maff.go.jp/j/nousin/seko/anzen_sisin/index.html，最終閲覧日：2024年7月31日〕第24章378頁の図24-10をもとに作成）

資料133　㊱潜水作業者への送気装置

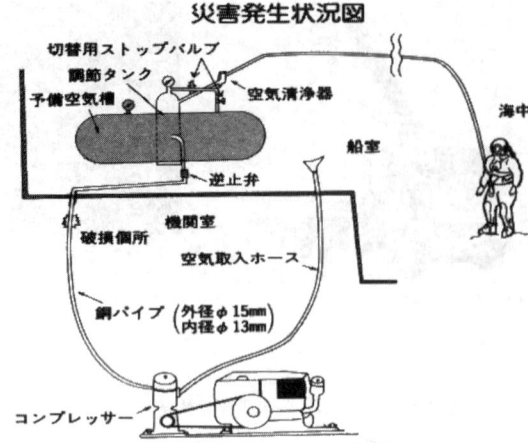

（厚生労働省「職場のあんぜんサイト」〔https://anzeninfo.mhlw.go.jp/anzen_pg/sai_det.aspx?joho_no=624，最終閲覧日：2023年11月1日〕）
＊図は、送気管の破損切断による送気停止による死亡災害の概要を示したものである。

資料134　㊲再圧室

（株式会社中村鐵工所WEBサイト〔https://www.k-nakatetu.co.jp/technology/42，最終閲覧日：2024年7月22日〕）

資料135　㊳高圧室内作業条件のイメージ

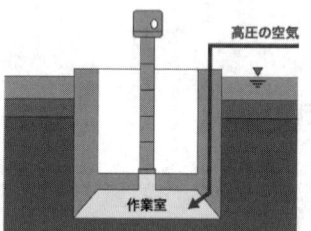

（株式会社吉光組WEBサイト〔https://www.yoshimitsugumi.co.jp/service/pneumatic-caisson/，最終閲覧日：2024年7月1日〕）

資料136　㊴特定化学物質や四アルキル鉛等を用いた業務のイメージ

（厚生労働省「職場のあんぜんサイト」）

資料137　㊵酸素欠乏危険場所のイメージ

（厚生労働省WEBサイト）

資料138　㊶特殊化学設備のイメージ

©iStock

資料139　㊷ガンマ線装置を用いた透過写真撮影業務のイメージ

（厚生労働省「職場のあんぜんサイト」〔https://anzeninfo.mhlw.go.jp/anzen_pg/sai_det.aspx?joho_no=100440，最終閲覧日：2024年9月12日〕）

の物その他所定の事故由来放射性物質による汚染物の処分の業務（第28号の4）

㊻電離則所定の特例緊急作業に係る業務（第28号の5）
　特例緊急作業とは、電離則第7条の2第3項に定める実効線量の限度値が特例的に250mmSvまで認められる緊急作業（原子炉の炉心の著しい損傷その他の重大事故等に対応するための緊急作業）を意味する。

㊼粉じん則所定の粉じん作業に係る業務（第29号）

㊽ずい道等の掘削作業、ずり・資材等運搬、覆工のコンクリートの打設等の作業に係る業務（第30号）

㊾産業用ロボットの可動範囲内で行うマニプレータの動作の順序や位置等のロボットへの指示（教示等）や、可動範囲外において、当該教示等を行う者と共同し、その教示等に係る機器操作を行う業務（第31号）

㊿産業用ロボットの可能範囲内で行う当該ロボットの検査、修理等（㊾の教示等を除く）や、可動範囲外で

資料140　㊹原子炉建屋内での核燃料物質に関連する作業の例

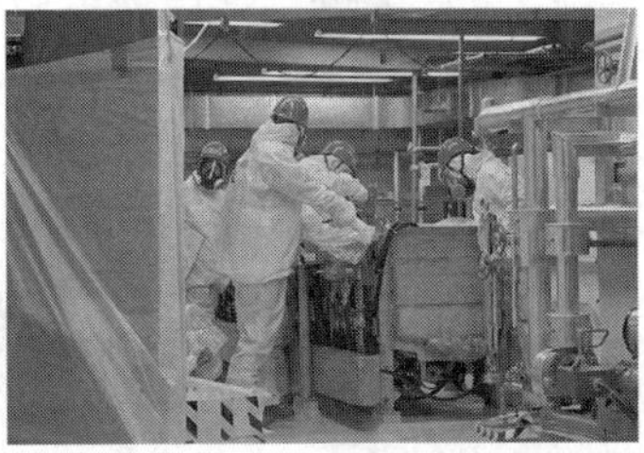

＊正確には，東京電力の福島原子力発電所の爆発事故の後，同第２原子力発電所の原子炉建屋内で，燃料の核分裂反応を抑えていた制御棒を出し入れする駆動機構（CRD）の補修室にある，CRD の分解装置などを高圧洗浄機を使って水を吹き付け放射性物質を除染する作業の様子をとらえたもの。
（毎日新聞社提供）

資料141　事故由来廃棄物等の中間貯蔵施設とそこでの中間処理（分別，減量化等）の概要（この後最終処分施設に埋め立てられる）

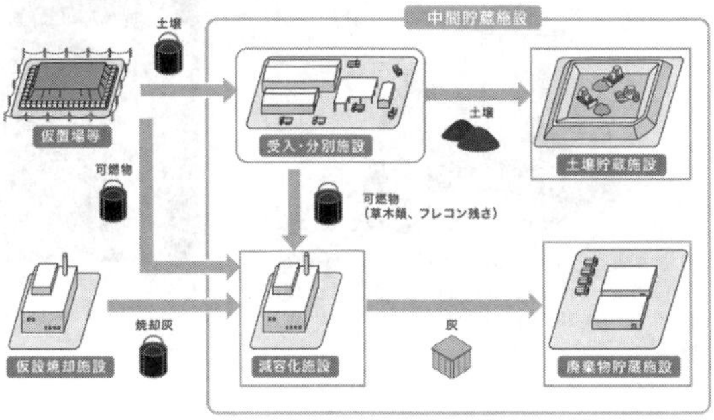

（環境省 WEB サイトに掲載された中間貯蔵施設の概要図式〔https://josen.env.go.jp/chukanchozou/about/，最終閲覧日：2024年12月27日〕）

資料142　㊼粉じん作業のイメージ

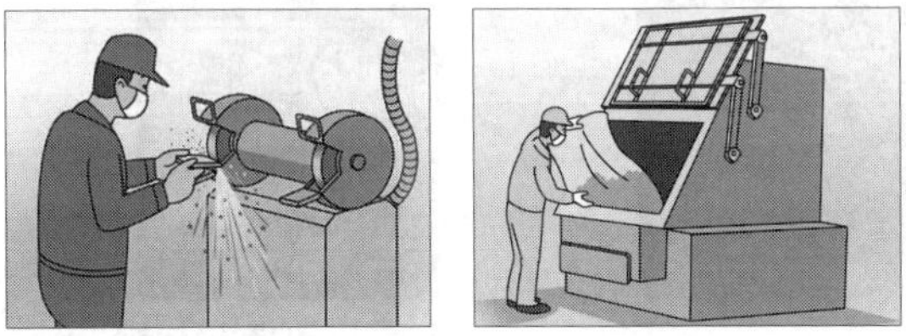

資料143　㊽ずい道等の掘削作業のイメージ

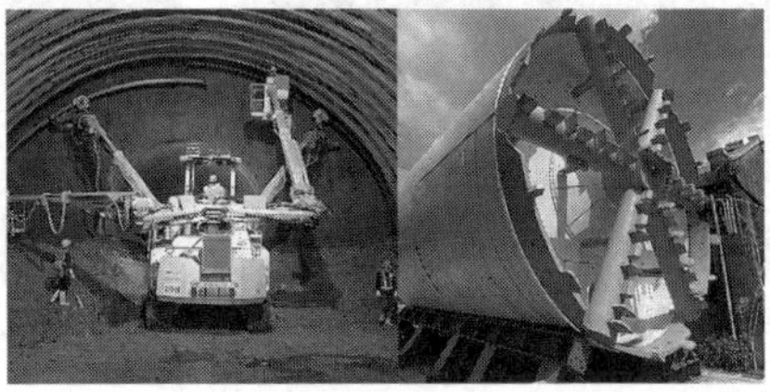

資料144　㊽ずい道等の掘削作業に伴う覆工のコンクリート打設作業のイメージ

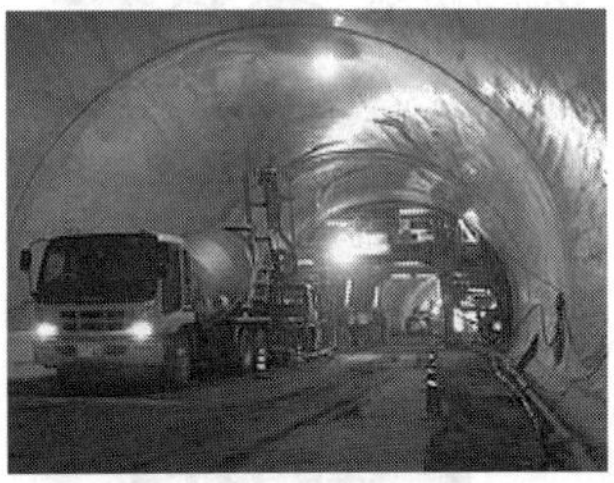

（国土交通省北陸地方整備局 WEB サイト「日本沿岸北陸自動車道国道７号朝日温海道路」〔https://www.hrr.mlit.go.jp/niikoku/now/nichiendou/tunel.html，最終閲覧日：2024年７月19日〕）

資料145　㊾産業用ロボットのマニプレータの例

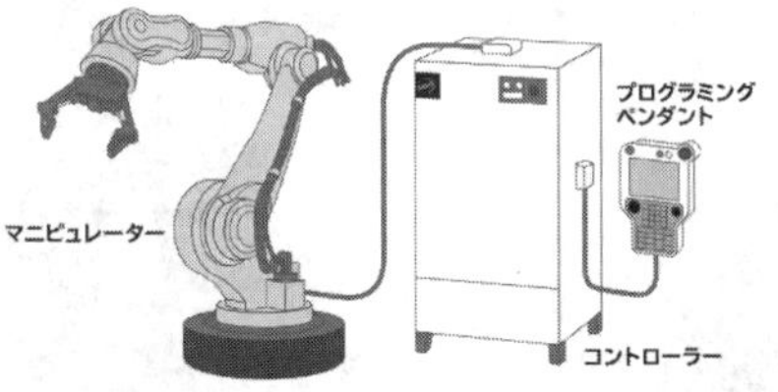

（キーエンス WEB サイト〔https://www.keyence.co.jp/ss/products/vision/fa-robot/industrial_robot/mechanism.jsp，最終閲覧日：2024年６月27日〕）

資料146　㊿産業用ロボットの可動範囲内での点検作業の例

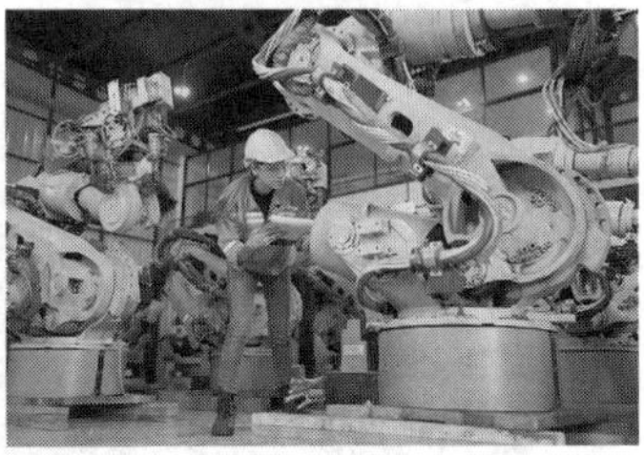

©iStock

資料147　(51)空気圧縮機を用いたタイヤへの空気充填作業

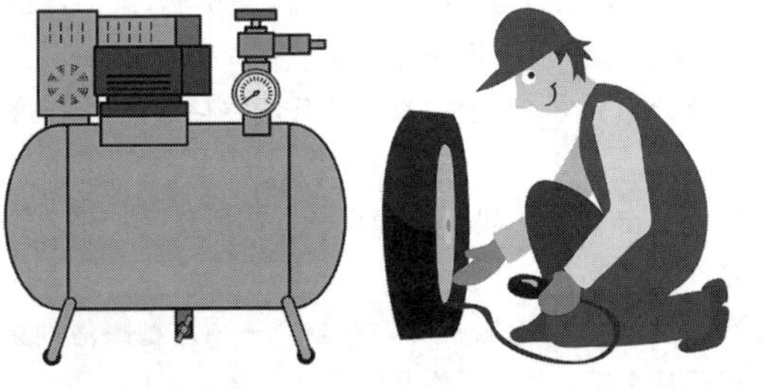

資料148　(52)ダイオキシン類を含む廃棄物の焼却施設の業務のイメージ

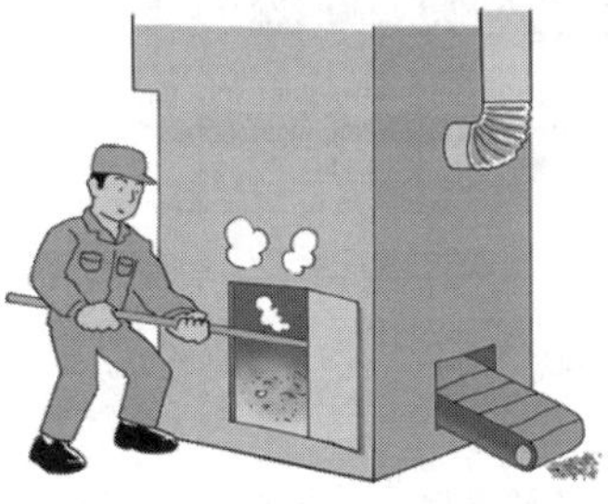

（厚生労働省「職場のあんぜんサイト」〔https://anzeninfo.mhlw.go.jp/anzen_pg/SAI_DET.aspx?joho_no=101123，最終閲覧日：2024年９月９日〕）

おいて当該検査等を行う労働者と共同してその検査等に係る機器を操作する業務（第32号）

(51)空気圧縮機によって自動車用タイヤに空気を充塡する業務（第33号）

(52)ダイオキシン類を発生させる廃棄物焼却施設でばいじん等の燃え殻を取り扱う業務（第34号）

(53)廃棄物焼却施設内の廃棄物焼却炉，集じん機等の保守点検等の業務（第35号）

(54)廃棄物焼却施設内の廃棄物焼却炉，集じん機等の解体等やこれに伴うばいじん等の燃え殻を取り扱う業

資料149　㊳廃棄物焼却炉の保守点検のイメージ

（厚生労働省「職場のあんぜんサイト」〔https://anzeninfo.mhlw.go.jp/anzen_pg/SAI_DET.aspx?joho_no=101098，最終閲覧日：2024年9月9日〕）

資料150　㊴廃棄物焼却炉の解体作業の例

（梶谷工業株式会社 WEBサイト〔https://kajitani-kogyo.co.jp/incinerator/，最終閲覧日：2024年6月25日〕）

資料152　㊶除染業務のイメージ

資料151　㊵石綿使用建物解体作業の例

（株式会社ウラシコ WEBサイト〔https://urashico2.com/blog/asbestos-dismantling-work-process/，最終閲覧日：2024年6月25日〕）

資料153　㊷足場の組立て

（（株）英〔福岡市早良区〕提供）

資料154　㊸ロープ高所作業のイメージ

（岡山労働局 WEBサイト〔https://jsite.mhlw.go.jp/okayama-roudoukyoku/hourei_seido_tetsuzuki/anzen_eisei/hourei_seido/ro-pusagyou.html，最終閲覧日：2023年11月1日〕）

資料155　㊹フルハーネス型安全帯

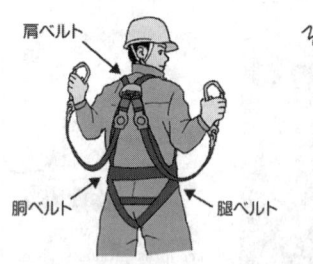

複数のベルトで支持されている→落下時の衝撃が分散される　　胴ベルトだけで支持されている→落下時の衝撃が大きい

（厚生労働省「正しく使おうフルハーネス」〔https://www.mhlw.go.jp/new-info/kobetu/roudou/gyousei/anzen/dl/170131-1.pdf，最終閲覧日：2024年7月9日〕）

務（第36号）

㊵石綿則所定の作業（石綿等が使用されている建物等の解体作業等）に係る業務（第37号）

　石綿等が使用されている建築物、工作物又は船舶の解体等の作業（石綿則第4条第1項）、〔石綿則第10条第1項規定による〕石綿等の封じ込め又は囲い込みの作業（同項）に係る業務に労働者を就かせるときは、以下の特別教育を行わなければならない（石綿則第27条）。

㊶除染電離則（東日本大震災により生じた放射性物質により汚染された土壌等を除染するための業務等に係る電離放射線障害防止規則）所定の除染等業務等（第38号）

㊷足場の組立て、解体、変更の作業に係る業務（第39号）

㊸高さ2m以上の場所でのロープ高所作業に係る業務（第40号）

㊹高さ2m以上の場所でのフルハーネス型墜落制止用器具を用いる高所作業に係る業務（第41号）

　教育の内容や時間等については、以下のような事柄が、以下のような関係規則や告示等に示されている。

【定められた伝達事項】

1）機械（本体・付属装置）の基本的な構造と動き

2）典型的なリスク
3）安全な操作法
4）法令上の（定型的な）遵守事項
【定めを置く規則，告示】
①安衛則第39条，安全衛生特別教育規程（昭和47年9月30日労働省告示第92号）
②クレーン等安全規則第21条（クレーン運転），第67条（移動式クレーン運転），第107条（デリック運転），第183条（建設用リフト運転），第222条（玉掛業務），クレーン取扱い業務等特別教育規程（昭和47年9月30日労働省告示第118号）
③ボイラー及び圧力容器安全規則第92条
④ゴンドラ安全規則第12条
⑤四アルキル鉛中毒予防規則第21条
⑥高気圧作業安全衛生規則第11条
⑦電離放射線障害防止規則第52条の5から第52条の9
⑧酸素欠乏症等防止規則第12条
⑨粉じん障害防止規則第22条
⑩石綿障害予防規則第27条
⑪除染電離則（東日本大震災により生じた放射性物質により汚染された土壌等を除染するための業務等に係る電離放射線障害防止規則）第19条

例えば，安衛則第36条第1号が掲げる研削といしの取替え又は取替え時の試運転業務は，誤った取扱いによる破壊の危険を想定して定められ，機械研削用といしの取替え又は取替え時の試運転については[184]，

学科教育として，

同研削盤（高速回転する砥石を金属や木材等の被加工材に少しずつ接触させることでその表面を削り取って仕上げを行う工作機械），研削用といし，取付用具等に関する知識（研削盤や研削用といしの種類や構造，取扱い方法等）につき4時間，

同研削用といしの取付けや試運転の方法（研削盤といしの適合性の確認等）につき2時間，

関係法令につき1時間，

実技教育として，

機械研削用といしの取付けや試運転の方法につき3時間，

となっている（安全衛生特別教育規程第1条）。

他の所掲業務の場合も，概ね合計で10時間前後である（ただし，アーク溶接作業，高圧活線作業のように実技だけで10時間以上とされているものもある）。

なお，特別教育を実施した事業者は，その受講者，科目等の記録を作成し，3年間保存せねばならない（安衛則第38条）。

エ　関連規定として，

法第17条・第18条・第19条，法第61条，法第78条・第79条

などが挙げられる。

法第17条・第18条・第19条は，安全・衛生委員会の設置義務，構成等について定めており，その付議事項である安全・衛生教育の実施計画（安全委員会の付議事項につき安衛則第21条第3号，衛生委員会の付議事項につき第22条第3号）には特別教育も含まれている（昭和47年9月18日基発第601の1）。

法第61条は，クレーンの運転他所定の危険有害業務につき，所定の資格の保有者のみに就業を制限する定め（事業者と就業者の双方が対象）で，所定の資格には，免許や技能講習修了が該当するが，本条所定の特別教育の修了は含まれない。資格には，特別教育修了より高いリスクへの対応が期待されている。

法第78条・第79条は，重大災害の発生や労災発生率を考慮して特定の事業場を指定し，（特別）安全衛生改善計画を策定，実施させる趣旨の規定であり，その改善計画には，通例，特別教育を含む安全衛生教育が含まれる。

オ　本条の沿革を見るに，

工場法（明治44年3月29日法律第46号）時代に，安全（衛生）教育等の規制はなかった。この時点では，そもそも，労働保護法制自体確立しておらず，工場法制定後も，鉱業法や商店法などの職域別の制定法に保護規定が散在しているに過ぎなかった。

昭和22年に制定された労働基準法（同年4月7日法律第49号）では，第5章の第50条に，使用者を名宛人として雇入れ時教育の義務が規定された。これは，労災の人的要因の排除を目的としたものだった。

同年に制定された旧安衛則（昭和22年10月31日労働省令第9号）は，第5条で，使用者が安全管理者に業務遂行上必要な権限を付与する義務を定めたうえ，第6条第3号で，安全管理者の業務の一環として，安全作業に関する教育訓練を定めた。

当時の安全教育の主な内容は，事業場で使用される機械設備の安全な使用法等であったため，このような定め方が採用されたものと解される。

しかし，労基法本法に雇入れ時教育以外の定めはなく，旧安衛則にも，事業者が行うべき安全衛生教育に関する具体的な定めはなかった。これは，安全衛生教育の内容は業界や業種に多分に影響を受けるため，一般法規に具体的な定めを置くことが難しかったためとも解される。現に，鉱山保安法第6条（現行法第10条第2項）は，それに紐付く石炭鉱山保安規則等への付託により，保安教育の内容や時間等を詳細に定めていた。

昭和46年に労働省に提出された労基法研究会（第3小委員会）報告では，

①新技術導入時，職種転換時などの教育

②教育内容の明確化
③職長教育等の明確化
を具体的内容として，安全衛生教育の充実強化の必要性が示されていた。

これらを受け，現行安衛法では，雇入れ時，それと同程度の作業内容の変更時に安全衛生教育を行わせる（法第59条第2項）と共に，危険有害業務への新規従事者への特別教育を追加し（同条第3項），それに紐付く安衛則等に教育の内容や時間等に関する詳細な規定を設けることで，その強化を図った。法第60条（職長等教育）も，この提言を受けて設定された規定である。こうして，全職種・全規模の事業場で就労する全労働者を対象とする，必要な安全衛生教育の法的基盤が整備された。

旧労基法・旧安衛則時代には，毎年6000人超の労災による死亡者が生じており，教育の懈怠が社外工や顧客にまで被害が及ぶ重大な労災の重要な原因となったと思われる例が生じていた（昭和38年の国鉄東海道線鶴見駅衝突事故〔死亡者数161名〕や三井三池炭鉱事故〔死亡者数458名〕のような，安衛法そのものの制定を促したと思われる例のほか，好例として，昭和48年11月に発生した熊本市のデパート火災が挙げられる。従業員50名，客54名が死亡する大災害の背景に，従業員への緊急時避難等の安全教育の懈怠等が指摘された〔避難時の安全確保のための階段通路の幅等の物的瑕疵も指摘された〕。高炉建設事件では，下請労働者への十分な教育を怠り，命綱も使用させずに就労させた結果，1年2カ月間に死者35人，休業災害515件もの被災を招いたという）。事業者が労働者に施すべき教育内容が不明確という問題もあったため，昭和46年の労災防止計画では，教育制度の強化が対策の柱の一つとされた。

法定教育内容の不明確さが仇となったと思われる裁判例もあった。すなわち，良工社女子年少者就業制限等違反被告事件（名古屋地判昭26・9・19未登載）では，材木運搬に伴う災害で被災した年少労働者への安全教育の懈怠による事業者の刑事責任が問われた事案で，作業人員4名の小規模事業場であること，30kg以上の材木を運搬させないような雰囲気が一応醸成されていたこと等を考慮し，当該年少労働者に見合った安全衛生教育が行われていなかったとしても，過失はないとされていた。

なお，平成11年には，同年9月30日に発生したJCO東海村臨界事故（詳細は法第11条に関する三柴解説を参照）を契機として，安衛則改正（同年11月30日労働省令第46号）により，第36条第28号の2，第28号の3が新設され，特別教育の対象に，核燃料物質等の加工施設や使用施設等や原子炉施設の管理区域内で核燃料物質等を取り扱う業務が加えられた。同事故は，労働者が臨界に関する知識を有していなかったこと，適切な作業方法により作業を行わなかったことが発生原因と指摘されたことによる。

カ　元行政官で安全衛生教育者の藤森和幸氏は，本条について，以下のように述べている。
すなわち，
事業者による安全衛生教育の体系整備と実施は，事業場の安全衛生管理体制を実質的に機能させるための必須要件である。

事業場で行われる安全衛生教育には，全社員に共通して実施されるべきものと，その組織における役割に応じて職階別（階層別）に実施されるべきものの2種類がある点で，一般の学校教育と異なっている。

安全衛生教育のうち，特別教育では，聞き取り当時51業務（令和6年7月30日時点で60業務）が対象となっており（安衛則第36条），事業者による実施が罰則付きで義務づけられている。安衛則の制定以後，過去の災害事例に照らして相対的に危険・有害と考えられるものが選定されており，新しい機械，設備，化学物質等の開発や使用に伴い，対象業務は増加傾向にある。

労働現場で行われる業務の全てが一定の危険有害性を伴うが，特別教育の対象は，過去の災害事例の数や重さ等にかんがみて，罰則付きで実施を強制するに相応しい業務に絞り込まれている。

同じく第6章に規定される就業制限（法第61条）との関係では，教育義務を定める法第59条は，事業者のみを名宛人として，当該業務に就かせる時には，当該「教育を行なわなければならない」と定めているのに対し，就業制限では，よりリスクの高い業務を対象として，事業者を名宛人として，所定の資格を持つ者でなければ，当該「業務に就かせてはならない」と定めると共に，当該資格保有「者以外の者は，当該業務を行なつてはならない」と定め，所定の資格には免許と技能講習の修了等が該当し，特別教育の修了は該当しない。これらは，危険有害性（リスク）の度合いによって分けられており，高い順に，免許→技能講習→特別教育に区分されている。

例えば，最大荷重1t未満のフォークリフトであれば，第59条第3項の特別教育の実施で足りるが，最大荷重が1t以上となる場合は，同じフォークリフトの運転業務でも，リスクレベルが上がるため，技能講習修了者等でなければ就業制限がかかることになる（事業者が就業させることも，就業者が就業することも，法第61条違反として処罰され得る）。

特別教育の科目，範囲及び時間については，安衛則第39条に基づき告示レベルでその細目が規定されている。

安全関係のうち，安衛則所定の機械等に係る業務の

特別教育については，一括して「安全衛生特別教育規程」（昭和47年9月30日労働省告示第92号）に，安衛則以外の規則所定の機械等（ボイラー，クレーン，ゴンドラ）については，それぞれ独立した教育規程に定められている。それらは個別に重大なリスクを伴うことによる（ボイラーについては破裂，クレーンについては転倒・崩壊，ゴンドラ等の場合は転落等）。

有害物に係る衛生関係の業務については，個々の独立した規程に，科目，範囲，時間について定められている（例えば，粉じん則については「粉じん作業特別教育規程」〔昭54年7月23日労働省告示第68号〕など）。規範レベルは同じ告示である。

なお，家内労働に特別教育制度はないが，委託者と家内労働者の関係は指揮命令関係に準じ，委託者から家内労働者に危険有害業務が委託されることがあるため，委託者は，委託業務に関し，機械器具等や原材料等を家内労働者に譲渡・貸与・提供するときは，これらによる危害の防止措置を講じなければならず（家内労働法第17条第1項），家内労働者も同様に危害防止措置を義務づけられている（同条第2項）。

また，都道府県労働局長または労働基準監督署長は，委託者又は家内労働者が，危害防止のための必要な措置を講じない場合には，委託または受託を禁止し，または機械器具等の設備や原材料等の使用停止等を命ずることができるとの定めもある（同第18条）。

実際に，接着剤を使用して品物を加工する委託業務中，（おそらく接着剤が）石油ストーブに引火して，同じ部屋で遊んでいた子供が被災した災害が生じたりしており，現に監督官が是正勧告等の行政指導を行うことがある。

キ 本条（法第59条）の関係判例として，山崎工業事件・静岡地沼津支判令2・2・25労判1244号94頁が挙げられる。
〈事実の概要〉
鋳物製造等を業とするYに雇用され，鋳物仕上げ等の業務に従事していたXが，エアブロー作業（空気で製品表面をきれいに仕上げる作業）をしていたところ，Aが運転するクレーンのフックが左肩背部に当たり，その衝撃で右足第4指の骨折等の傷害を負った（本件災害）。本件災害は労災認定された。

Aは，元々G社からYに派遣されており，その頃G社作成のマニュアルで安全教育を受けていたが，Y代表者作成の巡回記録には，クレーン運転業務にかかる安全意識や能力に欠ける旨の記載が複数記されていた。

本件災害の数年後，今度はXの不安全行動を理由にYに解雇されたことを契機に，XがYを相手取り，本件災害にかかる安全配慮義務違反に基づく損害賠償と共に，解雇の違法無効確認及び当該解雇を不法行為とする損害賠償を求め，訴訟を提起した。

このうち安全配慮義務違反に関する判旨は次の通り。
〈判旨〉
使用者の安全配慮義務の内容は，問題となる具体的状況等によって異なる。本件に即してみれば，Yは，クレーン運転について一定の合図を定め，合図を行う者を指名し，現に合図させること（クレーン等安全規則第25条第1項本文），クレーン運転業務に労働者を就ける際，安全のための特別教育を行うこと（同第21条第1項）などが求められている。

Aの技能が著しく劣ることは明らかだったのに，Yは，本件災害発生まで2年あまり運転手として稼働させ，自らクレーン運転上の安全に関する特別教育を行ったり，その成果が得られなければ運転手を交替させる等の方策を検討しなかった。Yは安全配慮義務違反をおかし，同義務を尽くしていれば本件災害は生じなかったというべきなので，損害賠償責任を負う。

Yは，Aに注意指導していたと主張するが，体系的な教育ではなく，その後も複数回の注意指導を受け続けていることから，奏功していないことは明らかである。
〈汲み取り得る示唆〉
本条（法第59条）第3項が定める特別教育の実施義務（クレーン則で具体化されたもの）は，労働者派遣法第45条第3項により，派遣先に課される。むろん，派遣元で既に特別教育を受けていれば派遣先が重ねて実施する必要はない。また，安衛則第37条には，他の事業場や外部機関で既に特別教育を受けていれば省略できる旨の定めもある。しかし本件では，おそらく派遣元でもXが従事したクレーン業務に関する特別教育が行われていなかった。判決は，Yの特別教育義務違反を直接的に指摘してはいないが，安全配慮義務は安衛法の定めより広範にわたることを前提に，現にY代表者らがAの意識・能力不足を認識し，記録していたことから，同義務違反を認めた。

ク 本条（法第59条）は，罰則付きの規定であり，筆者（阿部理香）としては，同条第1項及び第2項が定める雇入れ時又はそれと同視し得る作業内容変更時の事業者による安全衛生教育の実施は労働契約の内容となり，労働者は，使用者に対して当該教育義務の履行を請求できると考える。

安全衛生教育の内容や時間数が不適切だったことの立証責任は労働者が負うが，不十分な教育に起因して損害が発生した場合，事業者は損害賠償責任を負うと解される。

筆者が履行請求を認める理由は，当該教育義務の履

行が，刑事罰で担保され，民事上の安全配慮義務の目的である労災防止と密接に関連することによると思われるが，特別教育と違って教育規程がないこともあり，なすべき義務内容の特定を，訴訟手続きないし訴訟前手続きにおいて進める作業が求められよう（三柴丈典[186]）。

ケ　法改正提案を検討するに，繰り返しになるが，雇入れ時又はそれと同視し得る作業内容変更時の教育は，特別教育と異なり，業種や業務内容等に影響されるし，現に教育規程がない。しかし，それだけに，事業（場）の事情に応じて必要な内容及び時間を備えた教育が必要であり，実施後の理解度の確認，定期的な繰り返し等により知識を定着させること，事業場ごとの体系的な実施計画の策定が求められる（昭和47年9月18日基発第601号の1，平成28年10月12日基発1012第1号）。

第3項所定の特別教育に関する筆者の立場は不明だが，第1項・第2項所定の安全衛生教育に関する論旨からは，労働者に当然に履行請求権を認める考えと思われる。なお，第1項・第2項は第120条，第3項は第119条で罰則が付されている。

コ　法第60条は，労災防止には，労働者個々人が当該業務やそれに関わる安全について知るだけではなく，同人らの指導監督者が，適切な指導監督方法を熟知しておく必要があることを踏まえ，「新たに職務につくこととなった職長その他の作業中の労働者を直接指導又は監督する者（作業主任者を除く。）」，すなわち現に職長職にあるか，それに相当する役割ないし権限を持つ者に，指導監督に必要な知識の伝達を図ったものである。ここで作業主任者が除外されているのは，同者には，免許や技能講習修了といった一定レベル（職長等教育に期待されるレベル）以上の資格要件が定められていることによる。

法第59条所定の雇入れ時・作業内容変更時教育と違い，実施義務に罰則は付されていない。

サ　本条各号が定める通り，ここで伝達されるべき「指導監督に必要な知識」には，①業務管理的事項（作業方法〔＊安衛法上，この文言は，どこでどのように原材料を製造・加工するか，機械を操作するか等の具体的な作業の手順や手法であり，主に作業計画により改善され得るもの〕の決定，労働者の配置関係），②配置等の人事労務管理的事項（労働者の指導監督方法関係）のほか，③所定の労災防止上の必要事項も含められている。

このうち③には，法第28条の2第1項や法第57条の2第1項及び第2項所定のリスクアセスメント及びその結果に基づく管理措置のほか，異常時等の措置等の安全衛生の要ともいうべき事項が該当するとされているので，職長等には，相応の安全衛生の知識・見識が求められているということであろう。

職長等教育の対象業種は，

屋外産業的業種のうち建設業（安衛法施行令第19条第1号），

工業的業種のうち製造業[187]（第2号），電気業（第3号），ガス業（第4号），自動車整備業（第5号），機械修理業（第6号），

の6種にとどまる。

職長等教育に充てるべき時間数は，特別教育等と同様に法定されており，業務管理的事項（本条第1号）につき2時間以上，人事労務管理的事項（第2号）につき2.5時間以上とされている（安衛則第40条第2項）。十分な知識技能を持つ者につき省略できる旨の定めもあるが（同前第3項），特別教育等と異なり，それより上位の知識技能を裏付ける資格（免許，技能講習修了等）でなければならない等の特定の制約は見当たらない。

他方，受講していれば職長等教育の一部を省略できることとなる研修には，通達（平成25年6月14日基安安発0614第1号）で，労働安全衛生マネジメント研修（平成11年6月11日基発第372号）及びリスクアセスメント担当者（製造者等）研修（平成12年9月14日基発第577号）が定められており，やはり，職長等教育に安全衛生の要諦の習得が期待されていることが窺われる。

職長等教育は，事業者に課された実施責任を果たすため業務として課されるものであり，労働時間として扱われる必要があるため，仮に法定時間外に行われる場合には，事業者に割増賃金の支払い義務が生じ（昭和47年9月18日基発第602号），事業場外での実施に際しては，受講費用や旅費等を事業者が負担する必要がある（同前）。

職長相当者（「新たに職務につくこととなった職長その他の作業中の労働者を直接指導又は監督する者（作業主任者を除く。）」）に法的定義はないが，一般には，現場監督者，班長，組長等が該当すると解されている[188]。

シ　関連規定として，法第16条が挙げられる。同条は，建設業や造船業において，関係請負人が安全衛生責任者を選任し，元方事業者（統括安全衛生責任者）との連絡や下請事業者間の連絡調整を行わせるよう定めており，これに本条所定の職長等が充てられることが多い。

ス　本条（法第60条）の沿革をみるに，工場法時代も労基法制定当初も職長教育等に関する規制はなく，現行安衛法の骨格を形成した労働基準法研究会（第3小委員会）の報告書で，安全衛生教育の充実強化の一環として「職長教育などの明確化」の必要性が掲げられたのが嚆矢である。これは，昭和30年代以後の技術革新の進行で，新たな製造方法や化学物質の使用等により，大規模災害や職業病が生じるようになったことを受けていた。

ただし、「職長教育」という用語（概念）に国会で初めて言及されたのは、昭和24年4月の第5回国会衆議院労働委員会であり、ここで当時の齋藤邦吉職業安定局長は、「職長の教え方を教育」するために、政府が（職長に対する教育者として）補導員という職を養成しようとしている旨述べていた。もっとも、ここで労働安全衛生は殆ど意識されておらず、職長を用いた労働力の有効活用が構想されていた。

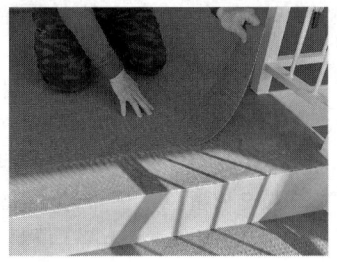
資料156　長尺シート

資料157　ガストーチ

セ　本条制定の背景災害等をみるに、前述の通り、本条が定める職長教育制度自体の背景には労働基準法研究会報告での示唆があり、その背景には、旧安衛則時代における毎年6000人超の労災による死亡者の発生、また、教育の懈怠が社外工や顧客にまで被害が及ぶ重大な労災の重要な原因となったと思われる例（昭和38年の国鉄東海道線鶴見駅衝突事故〔死亡者数161名〕や三井三池炭鉱事故〔死亡者数458名〕のような、安衛法そのものの制定を促したと思われる例のほか、昭和48年11月に発生した熊本市のデパート火災〔従業員と客合わせ死亡者数94名〕、高炉建設事件〔1年2カ月間に死者35人、休業災害515件〕のように、安全衛生教育の懈怠〔前者では避難誘導等、後者では命綱装着等〕が重要な被災原因となった例）があった。

なお、令和4年の労働安全衛生法施行令の一部改正により、それまで職長等教育の対象から除外されていた「新聞業、出版業、製本業及び印刷物加工業」が追加されることになった背景には、平成24年以降、大阪において印刷事業において多数の労働者が胆管がんを発症した例があると解される。

ソ　元監督官（元鳥取労働局長）で、長く東京安全衛生教育センター（法第63条に基づき設置された、厚生労働省の関係機関である中央労働災害防止協会が擁する教育機関）で安全衛生教育を行ってきた藤森和幸氏からは、本条（法第60条）につき以下の情報が得られた。

氏曰く、

受講者等からは、①対象業種と②職長の法的位置づけについて、よく質問を受けた。各質問と回答は以下の通り。

①職長等教育には罰則が付されていないのに、対象業種が安衛法施行令第19条で6業種（建設業、一部を除く製造業、電気業、ガス業、自動車整備業、機械修理業）に絞られているのはなぜか。

【回答例】

罰則の有無にかかわらず、労働災害の発生率・件数や重大性の程度、実施の実行可能性等を勘案して、相対的に職長を選任すべき業種が決定された。立法当初、対象業種から除外するのが望ましいと考えられたのが、食品製造業（うまみを除く）と印刷業だった。食品製造業は、かつては家内労働的側面が強く、また、印刷業は事業規模が小さい場合が一般的だったことによる。

②職長は、安衛法第3章「安全衛生管理体制」に直接規定されていないが、その位置づけ、法的責任、両罰規定（法第122条）との関係はいかなるものか。

【回答例】

職長等教育の実施義務者は事業者だが、対象業種で労働災害が発生した場合、職長は、事業者の立場を代理代行して現場を指揮しているため、一義的には自然人であるその責任が問われ、送検され易い。この場合、両罰規定により事業者も罰せられる。

なお、職長等教育は事業者に課せられているが（ただし罰則なし）、たとえ事業者により職長等教育が実施されていなくても、発生した労働災害にかかる職長個人の責任が免責されるわけではない。

タ　特筆すべき関係判例として、綿半ソリューションズ（綿半鋼機訴訟承継人）事件・長野地松本支判平30・3・28LEX/DB 25560025がある。

〈事実の概要〉

Xは、内装工事業者Aを営む個人事業者であり、建設工事等の設計、請負、施工等を営むYから、2階建て託児所の新築工事における床工事（本件工事）を請け負ったCから、本件工事の一部（タイル裏面に有機溶剤を含有する接着剤を塗布する仕事）を請け負っていた。本件工事の現場管理はYの従業員であるY2が担当し、X（A）とY3（B）に本件工事の一部を請け負わせたほか、Cを本件工事の職長に指名し、両者をその監督下においた。

Y3（B）がCと共に長尺シート（資料156）を床に貼る作業をしていて、それを温めて曲げやすくするためガストーチ（資料157）を使用したところ、X（A）が1人で作業をしていた保育室で、気化した有機溶剤に何らかの火気が引火して床に火が走った（本件事故）。

これによりXは、外傷性ストレス障害（PTSD）を発症し、労災認定を受けた。そこでXは、Yらを相手どり、安全配慮義務違反による不法行為損害賠償訴

訟を提起した。

本件では、特にXと直接的な契約関係にないY2の過失責任が争点となった。

〈判旨：X請求一部認容〉

Y2は、具体的な安全管理を職長（C）に任せていたと供述するが、Cに安全管理に関する指示をしておらず、Y3（B）やX（A）らに本件工事の応援を依頼したのはY2であり、X（A）らに具体的な作業内容の説明や作業場所の打ち合わせを行ったのもY2なので、<u>Y2には本件工事の各作業の安全を管理監督すべき義務があった。</u>

本件事故の火元はY3（B）のガストーチだったが、建物の窓の幅を狭める等したために気化した有機溶剤が滞留したことも本件事故の一因と考えられる。

長尺シート張り等が、間仕切りのない隣り合わせの空間で異なる作業員により同時に進められれば、気化した有機溶剤に引火する事故が発生する可能性があることも予見可能だった。よって、ガストーチを使用する作業と有機溶剤を使用する作業を、そうした空間で同時に進めないか、換気によりガストーチを使用しても引火しない作業環境を整える義務があったのに、果たさなかったので、Y2には過失責任がある。

〈汲み取り得る示唆〉

本判決は、形式的に任命されていた職長ではなく、実質的に工事を指導監督していた者に安全配慮の注意義務ないし事業者Yが負う安全配慮義務の履行補助／代行責任を負わせた例であり、「職長等」という肩書きが、少なくとも民事上、あまり意味を持たないか、実質的に判断されることが示唆される。

そもそも、安衛法上も、職長等は、「職長その他の作業中の労働者を直接指導又は監督する者（作業主任者を除く。）」と広く定義されているので、実質的に判断され得る。

チ　職長等の民刑事上の責任について考えるに、労働災害が発生した場合、民事刑事の双方で、一義的には直接の行為者の責任が問われるため、事業者と一体の立場で当該現場で指導監督の職務にあたる職長等が負い、事業者には事業者責任が問われることとなる（刑事上、事業者は、自身の規定違反に基づく責任のほか、法第122条の両罰規定による責任を負う）。

職長等教育の実施義務は事業者にあるが（ただし罰則なし）、事業者がこれを怠っていても、労働災害にかかる職長等の民刑事上の責任は免れない。職長等の責任は、組織内での実質的な指導監督の役割ないし権限とその実際の行為（作為・不作為）に伴うものだからである。

ただし、安衛法が、現場の要である職長に職階に即した教育を特に規定している趣旨、重要性に照らせば、職長等教育の不実施が、職長の民刑事上の責任を縮減する可能性はある。

ツ　本条（法第60条）の改正提案として、職長等教育やそれに相当する教育を、現在定められた建設業、製造業等の6業種以外の業種の事務系、技術系の管理職にも拡大すべきと解される。

テ　法第60条の2は、

第1項で、法第59条所定の雇入れ時・作業条件変更時教育及び特別教育、法第60条所定の職長等教育が課されない場合にも、危険有害業務の就業者（労働者に限定されていない）に対して、安全衛生教育（安全衛生水準向上教育）を行う努力義務を課し、

第2項で、厚労大臣がその実施のための指針を公表すべきことを定め、

第3項で、厚労大臣が当該指針に基づき指導等を行う権限について定めている。

本条第1項が挙げる法定教育（雇入れ時教育等）は、各職務へ従事する際の導入教育に過ぎず、技術革新に伴う新たな機械や技術の導入、作業態様の変化等に応じた継続教育が必要となることを踏まえ、設けられた規定である。

本条第2項に基づき、教育の対象者、内容、時間等を定めた「危険又は有害な業務に現に就いている者に対する安全衛生教育に関する指針」（定時教育及び随時教育指針。平成元年5月22日安全衛生教育指針公示第1号、最終改正：令和3年3月17日安全衛生教育指針公示第6号）が公表されている。

ト　同指針によれば、本条による教育の対象は、①就業制限業務の従事者、②特別教育対象業務従事者、③①②に準じる危険有害業務従事者であり、対象としては③の分だけ、法第59条第3項及び第61条の対象より広い。

内容は、労災動向や技術革新等に対応した事項、時間は原則1日程度、より具体的には、以下の15種類の業務種別ごとに別表に示されている。

これらは就業制限免除資格（免許、技能講習修了等）と特別教育の対象業務の双方を含んでおり、それらのうち特に知識技能の更新が必要なものを選定したものと察せられる。

①揚貨装置運転士安全衛生教育
②ボイラー取扱業務従事者安全衛生教育
③ボイラー溶接業務従事者安全衛生教育
④ボイラー整備士安全衛生教育
⑤クレーン運転士安全衛生教育
⑥移動式クレーン運転士安全衛生教育
⑦ガス溶接業務従事者安全衛生教育
⑧フォークリフト運転業務従事者安全衛生教育（就業制限に係るもの及び特別教育に係るもの）

⑨車両系建設機械（整地・運搬・積込み用及び掘削用）運転業務従事者安全衛生教育
⑩車両系建設機械（基礎工事用）運転業務従事者安全衛生教育
⑪機械集材装置運転業務従事者安全衛生教育
⑫ローラー運転業務従事者安全衛生教育
⑬有機溶剤業務従事者安全衛生教育
⑭チェーンソーを用いて伐木等の業務従事者安全衛生教育
⑮玉掛け業務従事者安全衛生教育
⑯特例緊急作業従事者安全衛生教育

　これら，本条（法第60条の2）に基づく安全衛生水準向上教育には，対象業務従事者の業務従事後，一定期間ごとに実施される定期教育と，機械設備等の更新ごとに実施される随時教育があり，随時教育には実技を含むものがある。
　事業者は，これらを<u>就業時間内に実施するよう努める義務</u>を負う。
　ナ　関連規定には，以下のようなものがある。
　事業者に，安全・衛生管理者，安全衛生推進者その他労災防止業務従事者への能力向上教育実施／受ける機会提供の努力義務を課した法第19条の2。
　事業者に，安衛則第36条所定の60（令和6年7月30日現在）の危険有害業務にかかる特別教育の実施を義務づけた法第59条第3項（罰則付き）。
　事業者と就業者の双方を名宛人として，特別教育対象業務よりリスクの大きな一定業務（施行令第20条）につき，資格（免許，技能講習修了等）保有者以外の就業を禁じた法第61条第1項・第2項（双方とも罰則付きだが，第1項違反には身体刑もある）。
　ニ　本条（法第60条の2）は，昭和63年の安衛法改正（同年5月17日法律第37号）で新設された。
　国会での法案審議では，産業構造の変化や技術革新の進展が背景として強調され，特にVDT作業による健康障害やメンタルヘルス問題への対応が意識されていた。
　ヌ　適用の実際についてみるに，監督指導上，本条を活用する場面は極めて少ない。その理由は，本条が努力義務にとどまることのほか，実施すべき教育の範囲が不明確なこともあると解される。本条の定めを踏まえれば，法第59条第3項所定の特別教育，法第61条所定の就業制限解除資格（免許，技能講習修了等）取得のための教育の内容の補完が標準になるとは言えるが，極論，業務に伴うリスクに対応する内容は全てとも言え，だからこそ，本条を努力義務にとどめざるを得なかったとも言える。
　また，匿名元行政官によれば，かつては指導票に監督官が自由記入できたので，本条のような努力義務規定であっても，指導の機会を確保できたが，現在は，指導票に予め記載された項目にチェックする形式になっており，本条（法第60条の2）にかかるチェック項目はないので，監督官も指導が難しくなっているという。
　挙示すべき関係判例は見当たらない。
　ネ　本条の民事上の効果についていえば，本条の履行請求は認められ難いだろうが，特に労働者が本条に基づく教育を求めているのに果たされず，労災を生じた等の事情があれば，損害賠償の支払い命令に際して過失の一事情として考慮され得るだろう。
　ノ　法第61条は，
　第1項で，事業者を名宛人として，クレーン運転その他政令所定の危険有害業務につき，所定の免許取得者や技能講習修了者以外を就業させることを禁止し，
　第2項で，就業者を名宛人として，上記資格者以外の就業を禁止し，
　第3項で，就業可能な資格保有者に，就業時における免許証等の資格証書の携帯を義務づけ，
　第4項で，職業能力開発促進法上の職業訓練中の労働者につき，省令の定めにより特例を設けられる旨を定めている。
　ハ　本条は，一定レベル以上のリスクを伴う業務への就業を，免許証等の資格を持つ者に制限した規定であり，<u>その対象は労働者に限られない。</u>
　就業制限の対象業務は，施行令第20条が定める以下の16業種であり，都道府県労働局長が発行する免許取得者か，都道府県労働局長の登録を受けた者による技能講習の修了者などの有資格者のみが就業できる（安衛則第41条別表第3）。
①発破の際のせん孔，装てん等の業務（施行令第20条第1号。以下号数のみ記載）
②制限荷重<u>5t以上の揚貨装置</u>（船舶に取り付けられたデリックやクレーンの設備）の運転業務（第2号）
③ボイラー（小型ボイラー除く）の取扱い業務（第3号）
④前号のボイラー又は第1種圧力容器（小型圧力容器除く）の溶接（自動溶接機による溶接や管の周継手〔円筒形の部材を接合する際に用いる継手〕の溶接等を除く）の業務（第4号）
⑤ボイラー（小型ボイラー及びそれに準じる本号所掲のボイラーを除く）又は所定の第1種圧力容器の整備業務（第5号）
⑥つり上げ荷重5t以上のクレーン（跨線テルハを除く）の運転業務（第6号）
⑦つり上げ荷重1t以上の移動式クレーンの運転業務（第7号）
⑧つり上げ荷重5t以上のデリックの運転業務（第8号）

資料158　①発破装薬の例

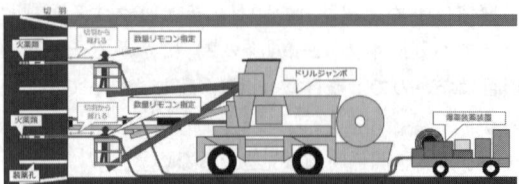

図1　本装置を用いた爆薬装薬構成
（2tトラック1台に爆薬装薬装置2台搭載の場合）

 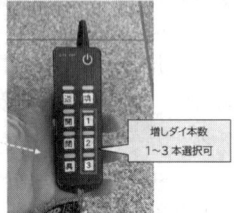

写真1　装薬作業状況　　写真2　ワイヤレス操作リモコン

（株式会社アクティオWEBサイト〔ニュースリリース2023年4月5日　https://www.aktio.co.jp/news/2023/file/NewsRelease_20230405.pdf，最終閲覧日：2024年7月8日〕）

資料161　④ボイラーの継ぎ手のイメージ

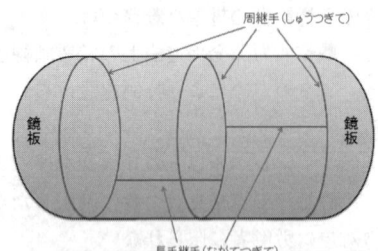

（「製造業に役立つ資格」WEBサイト〔https://hibari01.com/entry18.html，最終閲覧日：2024年6月21日〕）

資料162　⑥跨線テルハの例　　資料163　⑦移動式クレーン

跨線テルハは，鉄道の線路を跨いで荷を運ぶテルハである。
（株式会社アドバンスのブログ〔http://advanceltd.cocolog-nifty.com/blog/2014/09/n-d069.html，最終閲覧日：2024年4月25日〕）

⑨潜水業務（第9号）
⑩可燃性ガス及び酸素を用いて行う金属の溶接，溶断等の業務（第10号）
⑪最大荷重（本来の使用法で耐えられる最大荷重）が1t以上のフォークリフトの運転業務（第11号）
⑫機体重量3t以上の特定の動力による建設機械で，不特定の場所に自走できるものの運転業務（第12号）
⑬最大荷重（本来の使用法で耐えられる最大荷重）が1t

資料159　②揚貨装置の例

資料160　③ボイラーの例

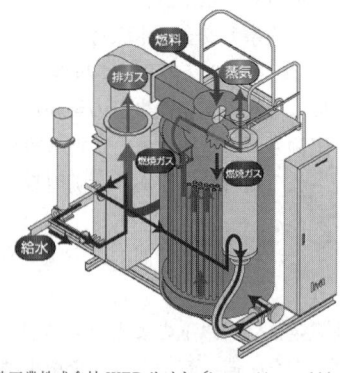

（川重冷熱工業株式会社WEBサイト〔https://www.khi.co.jp/corp/kte/product/boiler/principle/，最終閲覧日：2024年6月24日〕）

資料164　⑧デリック

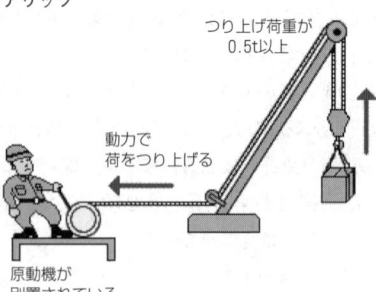

ガイデリックの例

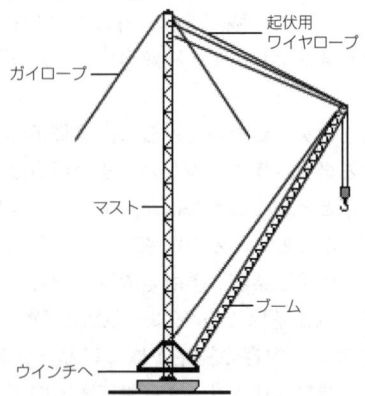

（山本誠一氏が運営するcrane club WEBサイト〔http://www.crane-club.com/study/derrick/definition.html，最終閲覧日：2020年8月23日〕）

資料165　⑨潜水業務の例

（厚生労働省「職場のあんぜんサイト」〔https://anzeninfo.mhlw.go.jp/anzen_pg/SAI_DET.aspx?joho_no=101585，最終閲覧日：2024年9月9日〕）

資料166　⑩金属溶断の例

資料167　⑪フォークリフト

資料168　⑫ブル・ドーザー（別表第7第1号）の例

資料169　⑬ショベルローダー

フォークローダー

（厚生労働省「ショベルローダー等運転技能講習補助テキスト」〔https://www.mhlw.go.jp/content/11300000/001006480.pdf，最終閲覧日：2024年7月17日〕）

資料170　⑭不整地運搬車

資料171　⑮高所作業車の例

資料172　⑯クレーンの玉掛け業務

以上のショベルローダー又はフォークローダーの運転の業務（第13号）

⑭最大積載量1t以上の不整地運搬車の運転業務（第14号）

⑮作業床の高さが10m以上の高所作業車の運転業務（第15号）

⑯制限荷重1t以上の揚貨装置又はつり上げ荷重1t以上のクレーン，移動式クレーン若しくはデリックの玉掛けの業務

ヒ　本条第1項違反（政令で指定する対象業務に所要の資格を持たない者〔ここでは無資格者という〕を就かせた場合）には6カ月以下の懲役や50万円以下の罰金（安衛法119条第1号），

第2項違反（無資格者が制限業務に従事した場合）には50万円以下の罰金（法第120条第1号）が科され得る。

第4項違反（職業訓練受講者にかかる特例〔就業制限解除〕を定めた省令違反）にも，6カ月以下の懲役又は50万円以下の罰金（法第119条第4号）が科され得る。

フ　特別教育にかかる規制と就業制限にかかる規制の関係については，次のように言える。

現段階では，法第59条第3項所定の特別教育は，事業者の義務なので，修了せずに就業した労働者らが罰せられることはない[191]。しかし，法第61条所定の就業制限は，事業者（第1項）のほか，就業者（第2項）も規制対象としており，就業者は労働者に限られず，事業主，法人の役員等も含み，処罰の対象となる。

これは，特別教育の対象業務（安衛則第36条）より，就業制限対象業務（施行令第20条）の方がリスクが高いことの反映である。

ヘ　本条（法第61条）の沿革をみるに，昭和22年の労基法制定時，第5章「安全及び衛生」に設けられた第49条が，

第1項で，使用者を名宛人として，未経験労働者を，運転中の機械の危険部位の清掃，調帯や調索の取付け・取外し等，危険業務に就かせてはならないと定め，

第2項で，使用者を名宛人として，特に危険な業務に必要な技能を持たない者を就けてはならないと定め，

第3項で，前2項の業務の範囲，必要な技能を命令で定めると定めていた。

このうち第2項及び第3項が，現行法第61条所定の就業制限に近い。

また，旧安衛則（昭和22年10月31日労働省令第9号）第44条は，

第1項で，法第49条第2項の定めを受け，使用者を名宛人として，汽缶のふん火（ボイラーへの点火のことと思われる），ボイラーの溶接，つり上げ能力5t以上のクレーン運転業務等，一定の業務を列挙し，都道府県労働基準局長による免許を取得しない限り就業させてはならない旨定め，

第2項で，当該免許取得者以外の当該業務への就業を禁止し，

第3項で，第1項所定の試験及び免許について，第4編各章で定める旨規定していた。

その後，現行安衛法の制定と共に，第61条に現在の定めと同様の定めが設けられ，施行令第20条が就業制限対象業務を定め，安衛則第41条が，就業制限を解除する資格について同規則別表第3所定のものと定めた。また，第42条が，法第61条第4項を具体化する趣旨で，職業訓練の場合の特例の適用条件等を定めた。

援用する法律名の変更（職業訓練法から職業能力開発促進法へ）に伴う修正等の微修正はあったが，法第61条及びそれに紐付く規定の骨格に変更はない。

ホ　監督指導状況についてみるに，令和2年度厚生労働科学研究による行政官・元行政官向け法令運用実態調査（三柴丈典担当）では，本条の実際の適用例として，フォークリフト運転技能講習を修了していない労働者に最大荷重が1t以上のフォークリフトの運転業務を行わせていたことから，有資格者に当該業務を行わせるよう指導された例やその類例が示された。

本条違反で送検されるケースも，無資格の労働者にフォークリフトの運転業務や移動式クレーンの玉掛け業務などを行わせるものが多いようだ。

なお，匿名元監督官によれば，必要な資格を有しない者が就業制限対象業務に就いていた場合，監督指導実務上，法第61条第1項により事業者に指導・処分を行うケースが圧倒的に多いが，事業者の指揮監督権が及ばない条件下，特に事業者が関知していない条件下での無資格就労では，第2項により就業者に指導・処分が行われる傾向にあるという。

また，他者を雇用する事業者が自身の判断で自ら無資格で制限業務を行った場合，法第61条第1項と第2項のいずれの適用になるのか。前掲令和2年の法令運用実態調査（三柴担当）でも，判断が分かれているとの回答がみられた。

事業者が無資格者である自身を制限業務に就かせた

として法定刑がより重い第1項を適用すべきとも考えられる。本条は，誰を使用するかを問わず，危険な機械等により関係者にリスクをもたらすことを防ぐことを目的としつつ，他者を使用する立場にあって事業上の判断が可能な事業者により重い罰則付きで禁じる趣旨と考えると，事業者本人が無資格のまま就労した場合に，第1項を適用するのが妥当であろう。他方，当該事業者が注文者等との関係で，実質的に指揮命令を受ける関係にあるような場合，第1項より法定刑の軽い第2項が適用されることもあり得よう（三柴の所見）。

マ　関係判例として，岡部組事件・人吉簡判昭45・2・20判時602号105頁が挙げられる。

本件では，有限会社岡部組の代表取締役である被告人Y1が，建設省から請け負ったダム工事で火薬類を消費し，労働者を使用していたが，火薬類を消費する場所に，火薬庫とは別に火薬類取締法に定められた火薬類取扱所を設け，1日分の消費分だけそこに別置して，爆発に際しての被害を最小限にとどめられるようにすべきだったのにそうせず，また，導火線発破の業務を，それに必要な資格を持たないY2に行わせていた。

そこで，Y1及びY2が，火薬類取締法及び旧労基法違反で起訴された。

両者の弁護人は，Y2は有資格者であるHの補助者として対象業務に従事し，Y1もその旨命じたに過ぎないので，旧労基法第49条第2項（＊必要な技能を持たない者に特に危険な業務に就かせてはならない旨の規定）等に反しないと主張した。

しかし判決は，以下のように述べて，両者を有罪とした。

右法令は，労働者の安全を保障するため使用者が必要な技能を持たない者を特に危険な有害業務に就かせることを禁じているのであって，技能者養成にかかる例外に該当しない本件では，労働者を独立してその業務に就かせるか，有資格者の手足のように使用される補助者として右業務に就かせるかに関わりなく，必要な技能を持たない労働者を右業務に就かせることで，当該規定に違反する。のみならず，本件においてY2は独立して当該業務に従事し，Y1はこれを認容したと認められる，と。

ここから，就業制限業務には，有資格者の指揮命令下で就業する補助者の従事も制限されることが示唆される。

ミ　法第62条は，事業者を名宛人として，中高年齢者等就業上の配慮を要する者につき，その心身の条件に応じた適正配置の努力義務を課している。

ム　本条は，生産方式や工法等の急激な変化への高年齢労働者の適応力の乏しさゆえの被災率の高さ等を意識して設けられた規定である。現に，休業4日以上

の死傷者数のうち60歳以上の労働者が占める割合は，2019年に27％であり，若年層より相対的に被災率が高い。しかし，高年齢者には，経験・研鑽で培われた技能や精神的安定があり，一律に雇用から排除するのは適当でない。そこで，その心身の機能・状態に応じた適正配置の努力義務を課したものである。一般に，高年齢労働者に重激な筋労働脚力や反応の敏捷さは求め難いので，個別性を踏まえた配慮を求める趣旨である。[194]

通達によれば，本条の主な保護対象は，高年齢者のほか，身体障害者と出稼ぎ労働者である（昭和47年9月18日基発第602号）。

身体障害者が含まれた理由は，本条が，本法成立直前の昭和46年9月17日に成立した2つの雇用促進法（①中高年齢者等の雇用の促進に関する特別措置法と②身体障害者雇用促進法）を受けたことによると解される。

すなわち，本条は，就職困難な類型の労働者の雇用促進の趣旨を帯びていると解される。

メ　本条（法第62条）の沿革についてみるに，旧労基法・旧安衛則時代にはなく，現行安衛法制定時に，上述の通り，おそらくは昭和46年に成立した2つの雇用促進法を受け，就職困難な労働者の雇用継続支援の趣旨を帯びて規定された。

モ　監督指導状況をみるに，近年の監督指導では，特に中高年齢者の転倒災害対策に重点が置かれている。また，エイジフレンドリーガイドライン[195]等を用いたソフトな指導が行われているという。

ヤ　関係判例として，綾瀬市シルバー人材センター（I工業所）事件・横浜地判平15・5・13労判850号12頁が挙げられる。

〈事実の概要〉

現在のシルバー人材センターに当たる高齢者事業団（Yへの事業と財産の承継者）が，当該事業団の会員にあたる高齢者Xに対してI工業所での就業機会を提供（法的には，事業団と就業先間の人材紹介契約や派遣契約に基づく職業紹介や労働者派遣に当たると解される）したところ，その工場内に設置されたプレスブレーキ（薄い金属板に曲げ加工をするためのプレス機械）の操作（本件作業）中，左手をテーブル奥に差し込んだ状態のまま誤ってフットスイッチを押したため，ラム（下降して鉄板に圧力を加える鋭利な刃物状の金属部分）がテーブルに下降して左手の示指，中指，環指及び小指の4指を根本から切断し，身障者福祉法別表4相当の障害を残した。

そこでXは，その後事業団からその地位を承継したY（ただしYはこの点も争った）を相手方として，主位的に債務不履行，予備的に不法行為に基づき損害賠償を求めて提訴した。

〈判旨：X請求一部認容〉

規約第3条に定められた高齢者事業団の目的（高齢者への就業機会の提供によるその社会参加の促進等）を合わせ考えれば，事業団は，就業機会の提供に際して，社会通念上その健康（生命身体の安全）を害する危険性が高いと認められる作業を内容とする仕事の提供を避止し，もって当該高齢者の健康を保護すべき信義則上の保護義務（健康保護義務）を負っている。

危険性が高いと認められる作業に当たるかは，作業内容等の客観的事情と当該高齢者の年齢，職歴等の主観的事情とを対比検討することにより，通常は比較的容易に判断できる。

本件事故は，通常の工場労働者でも生じ得るのに，Xは，身体的対応が遅れがちで，危険回避行動が困難になる等が指摘される高齢者であり，加えて，大卒後の大部分をデスクワークに従事して機械作業に従事したことがなかった。

そうすると，本件作業は，作業内容等の客観的事情とXの年齢，職歴等の主観的事情を対比検討して，社会通念上高齢者であるXの健康を害する危険性が高いと認められる作業に当たる。

事業団は，本件作業が含まれる仕事をXに提供し，Xがそれに応じた結果，本件事故に至ったから，事業団には健康保護義務違反があり，I工業所の関係者が本件プレスブレーキの操作方法をXに指示したことは，過失相殺等の損益相殺事由となるにとどまる。

そして，Yが事業団の法的地位を引き継いだので，Xへの損害賠償義務も承継したことになる。

本判決からは，事業者は，高齢者の反応の遅れ，危険回避行動の困難の特性や，従前の職業経験等を踏まえ，適正配置をすることが，民事上の安全（健康）配慮義務の内容となることが窺われる。

ユ　本条（法第62条）の民事上の効果を考えるに，おそらくは就職困難者の雇用継続支援という政策的な性格を持つ努力義務規定であり，当該措置を講じずに労災が発生した場合の過失（損害賠償）責任や，当該措置を講じずに解雇その他不利益措置を講じた場合に，その法的効力の判断に際して，考慮要素の一つになるが，その限りにとどまるだろう。

ヨ　本条（法第62条）の改正について考えるに，何より，その保護対象を拡大すべきである。障害者類型では，障害者雇用促進法の保護対象の拡大も踏まえ，身体障害者のみならず，知的障害者，精神障害者を加えるべきである。

また，外国人労働者にも，その熟練度や言語能力に応じた適正配置等の配慮が求められるので（現に，安全衛生教育推進要綱〔平成3年1月21日基発第39号。最終改正：平成28年10月12日基発1012第1号〕では，安全衛生教育の推進上の留意事項として，高年齢労働者と外国人労働者が

挙げられている），対象に加えることが差別的メッセージとならないよう留意しつつ，本条の保護対象に加えるべきだろう。

なお，日本にルーツを持たない外国人労働者は，出稼ぎ労働者に準じる者とも解される。

ラ　法第63条は，国が事業者による安全衛生教育の効果的実施を支援するため，指導員の養成等のほか，教育方法の開発，教育資料の提供等の施策の充実に努める責務を定めている。

リ　本条は，第6章で事業者に義務づけられた各種の安全衛生教育を効果的なものとするため，国による施策の充実が必要との認識から設けられたものであり／だが，実質的に，安全衛生教育センターの設立根拠規定と言える。現に，本条に基づく国の援助措置の一環として，中央労働災害防止協会と建設業労働災害防止協会への運営委託を前提に3つの安全衛生教育センターが設立され，事業場で行われる安全衛生にかかる指導者や教育の講師等の養成のため，様々なカリキュラムが設定，実施されている。

昭和48年9月12日基発第525号通達（「安全衛生教育センターの開設について」）では，「名実ともにわが国における安全衛生教育のメッカとすべきもの」とされていた。

ル　事業場における安全衛生教育にかかる法制度の沿革については前述したが，簡単に振り返る。

工場法時代から労災防止上重要と認識されていたが，工場法や工場危害予防規則に関係規定はなかった。

旧労基法時代には，その第50条で雇入れ時の安全衛生教育のみが義務づけられ，旧安衛則第6条で，安全管理者の職務の一つに安全作業に関する教育訓練が定められ，第18条で，衛生管理者の職務の一つに衛生教育が定められていた。この定め方は，事業場ごとに教育すべき内容が異なるため，法令で一律的に定めることが困難だったためと察せられる。現に，鉱山保安法第6条（現行法第10条第2項）は，当時既に，それに紐付く石炭鉱山保安規則等への付託により，保安教育の内容や時間等を詳細に定めていた。

前述の通り，就業制限は，旧労基法第49条で定められ，特にその第2項及び第3項は，現行安衛法第61条に近い定めを置いていた（第2項「使用者を名宛人として，特に危険な業務に必要な技能を持たない者を就けてはならない」，第3項「業務の範囲，経験及び技能は，命令で定める」）。また，旧安衛則第44条は，法第49条第2項の定めを受け，使用者を名宛人として，汽缶のふん火（ボイラーへの点火のことと思われる），ボイラーの溶接，つり上げ能力5t以上のクレーン運転業務等，一定の業務を列挙し，都道府県労働基準局長による免許を取得しない限り就業させてはならない旨定め，

第2項で，当該免許取得者以外の当該業務への就業を禁止し，

第3項で，第1項所定の試験及び免許について，第4編各章で定める旨規定していた。

しかし，法令上の安全衛生教育制度は不十分で，就業制限の対象業務も少なかった。

現行安衛法の制定により，従前は行政指導で進められていた作業内容変更時の安全衛生教育，危険有害業務への特別教育，職長等教育の実施が事業者に義務づけられ，就業制限も，特別教育よりリスクの高い業務を対象とするものとして，より整備充実化された。こうして，全職種・全規模の事業場で就労する全労働者を対象とする，必要な安全衛生教育の法的基盤が整備された。

その背景には，昭和46年に労働省に提出された労基法研究会（第3小委員会）報告が，
①新技術導入時，職種転換時などの教育
②教育内容の明確化
③職長教育等の明確化
を具体的内容として，安全衛生教育の充実強化の必要性を示したことがあった。

旧労基法・旧安衛則時代には，毎年6000人超の労災による死亡者が生じており，教育の懈怠が社外工や顧客にまで被害が及ぶ重大な労災の重要な原因となったと思われる例が生じていた。事業者が労働者に施すべき教育内容が不明確という問題もあったため，昭和46年の労災防止計画では，教育制度の強化が対策の柱の一つとされていた。良工社女子年少者就業制限等違反被告事件（名古屋地判昭26・9・19未登載）のように，法定教育内容の不明確さが仇となったと思われる裁判例もあった。

本条は，こうした経過を経て整備充実化された事業場における安全衛生教育制度を有効に機能させるための国の積極的な支援策を定めたものである。

レ　本条に基づき設置された安全衛生教育センターは，現在，以下の3施設と思われるが，事業場での教育・指導者を養成する教育は，中央労働災害防止協会や各労働災害防止団体の本部や支部，労働基準団体等をはじめとする行政関係の各種安全衛生関係団体のほか，行政から技能講習等の登録講習機関として指定を受けた民間団体でも実施されている。

①東京安全衛生教育センター（東京都清瀬市梅園1-4-6。昭和48年10月設立，大教室1，小教室4，討議室2，実習室2。局所排気装置，動力プレス，産業用ロボット，研削盤，研修用AED，振動工具等保有）

②大阪安全衛生教育センター（大阪府河内長野市河合寺423-6。昭和53年11月設立，大教室1，小教室4，実習室

4。局所排気装置，動力プレス，産業用ロボット等保有）

③建設業安全衛生教育センター（千葉県佐倉市飯野852）

ロ　第6章にかかる論点を抽出し，若干考察すれば，以下の通り。

①安全衛生教育の対象者

法第59条第1項・第2項の教育（雇入れ時教育・作業内容変更時教育）の対象は，事業者が使用する者全てであり，日雇い労働者まで含まれる（第3項の特別教育の対象も，所定の業務に就く限り，全ての労働者になると思われる〔三柴丈典の所見〕）。常時使用する労働者に限られる雇入れ時健診や定期健診（法第66条，安衛則第43条，第44条）と異なるのは，基本的に，線（：時間的経過）で生じる健康状態の悪化ではなく，点で発生する災害を想定しているためと解される。

派遣関係では，原則として労働者と雇用関係にある派遣元が実施責任を負うが，個別的には合目的的規制が図られている。

例えば，特殊な機械・設備等を派遣先で取り扱う場合等には，派遣元での実施が困難／無意味な場合もある。そこで，指針（「派遣労働者が講ずべき措置に関する指針」〔平成11年11月17日労働省告示第138号，最終改正：令和2年10月9日厚生労働省告示第346号〕）において，たとえ派遣先の実施義務が法定されていなくても，雇入れ時及び作業内容変更時教育について派遣元から委託があれば，派遣先は受託するよう（派遣元自身が行う場合は，派遣先が当該労働者に行わせている業務に関する情報を提供するよう）求められている。

もとより，作業内容変更時教育は派遣元・派遣先双方，特別教育は派遣先が担う立て付けとなっている（労働者派遣法第45条）。

現行法上，一人親方は安衛法上の労働者ではなく，法第59条の安全衛生教育の対象でもないが，平成28年に成立した略称・建設職人基本法（平成28年法律第111号）に基づき策定された「建設工事従事者の安全及び健康の確保に関する基本的な計画」により，一人親方も，安全衛生に関する知識習得のための支援を受けられることとなった。また，厚生労働省「個人事業者等に対する安全衛生対策のあり方に関する検討会報告書」（2023〔令和5〕年10月）において，不適任者による就業は周囲にリスクをもたらすため，個人事業者等にも特別教育の修了を義務づける方針が示された。現在，特別教育については，事業者への実施（外部機関での受講機会提供を含む）の義務づけしかされていないが，これに伴い，事業者には実施（同前），個人事業者と共に労働者にも修了の義務づけが図られるものと思われる（三柴丈典の所見）。

プラットフォーム就労に伴う心理的ストレス，生活習慣の乱れ，VDT作業による視力低下，就労場所の安全衛生問題等に対応できる教育制度等の整備も検討されねばならない。

②就業上の要配慮者の範囲

法第62条は，加齢に伴う脚力や反応の敏捷性などの機能低下等による転倒や落下等の危険を想定して，中高年齢者を主な保護対象として，通達において，身体障害者や出稼ぎ労働者が挙げられているが，その対象を全ての類型の障害者に拡大する必要がある。

また，同条が，就職困難者の雇用継続支援という政策目的を帯びていることに鑑みれば，適正配置について，各種の就業上の措置を講じた上での配置も含まれると解すべきであろう。

ここでは，平成28年に施行された障害者雇用促進法改正（平成25年6月19日法律第46号）に基づき公表された合理的配慮指針の示唆（知的障害につき，明確な業務指示，図表等を用いた業務マニュアル等。精神障害につき，本人の状況に応じた業務量の調整等や静かな環境での休憩所の提供。発達障害につき，サングラスの着用や耳栓の使用の許容等）が参考になる。

外国人労働者も，既に対象とされている出稼ぎ労働者と共通点が多く，対象に含めるべきである。すなわち，出稼ぎ労働者の場合，製造業や建設業等に従事して不慣れな業務に就くことも多く，法的地位や権利保障の不十分さもあって，被災事件が多発していた。「出稼ぎ」という文言は広く解釈できるので，立法的に明確に対象に含めるか，外国人労働者を含めた解釈が求められる。少なくとも，母国語による安全マニュアルや作業上の注意が求められる。

ワ　平成26年度から28年度に実施された三柴を研究代表とする厚生労働科学研究では，有効な安全衛生政策のための要素の筆頭に「組織の責任者による真摯で具体的な関与」が挙げられ，「構造的で計画的な取り組み」も挙げられている。それを踏まえて，経営のトップ層（総括安全衛生管理者等）や一般従業員層への安全衛生教育の充実化が提言されている。また，経営トップ層による関与を実現するには，教育の法制度化のみならず，刑事制裁の検討も必要として，イギリスの例も参考に，安全衛生の運営を担う事業体の役員が，内部統制システムの管理を怠ったことにより重大な労災を発生させた場合，刑事制裁を科す規定の新設を検討すべきとされている。

こうした提案と共に，教育の対象の拡大，業種業務の事情に応じたテーラーメードの安全衛生教育の計画，就業上の配慮の対象と内容の拡大が検討されるべきと思われる。

16 石﨑解説②（第7章第64条～第68条の2）

　石﨑解説②は，法第65条ないし第68条の2を対象としている。

　これらは，作業環境管理から健康診断，心と体の健康づくり等も含む広義の健康管理（昭和63年9月16日基発第602号）について定めた第7章の殆どに当たる。

　概要は以下の通り。

　ア　これらの規定は，労働衛生の3管理と呼ばれる①作業環境管理，②作業管理，③健康管理を定めている。

　①は，作業環境の有害因子を測定し，工学的対策等で除去・低減するなどして，良好な状態を維持すること，

　②は，作業方法（＊安衛法上，この文言は，どこでどのように原材料を製造・加工するか，機械を操作するか等の具体的な作業の手順や手法であり，主に作業計画により改善され得るもの）の管理により，有害因子へのばく露を防止したり，疲労・ストレスを防止すること等，

　③は，労働者個々人の健康状態を把握して個別的な対応策を講じたり，①②に反映させることと説明できる。

　<u>①②③の順で優先されるべき</u>だが，相互に関連させるべきである。

　イ　法第64条は，法制定当時，作業環境の快適化を定めていたが，平成4年の法改正で，第7章の2が，より幅広い職場環境の快適化を定めたことに伴い削除された。

　ウ　法第65条が定める作業環境測定を行うべき作業場（事業場内の細分化された法の適用単位[198]）については，<u>安衛法施行令第21条に定めがあり</u>，<u>政令（作業環境測定法施行令〔昭和50年8月1日政令第244号〕第1条）が指定する，健康障害リスクが高く，高度な測定技術が必要な屋内の5種の指定作業場のみを対象とした作業環境測定法よりはやや広範で，法第2条第4号所定の作業環境測定の対象とほぼ等しく</u>[199]，概ね，<u>空気中に有害物質があるか，有害物質を取り扱うか，温度・湿度・騒音など，作業環境自体が危険なものが列挙されており，放射線職場のほか，高濃度の粉じんが発生し，濃度が変化し易い坑内作業場なども含む</u>。

　このうち粉じんを著しく発散する屋内作業場（施行令第21条第1号）については，粉じん則第25条に「常時特定粉じん作業が行われる屋内作業場」と定義されており，

　ふるい分け，混合，袋詰め，坑内やずい道での掘削，鉱物の破砕，金属等の裁断，研磨，製品等に付着した物質の除去，粉体の運搬，金属の溶解，金属のアーク溶接等の一般的な粉じん作業（粉じん則別表第1）のうち，

粉じん発生源が「特定粉じん発生源」であるもの，すなわち「粉じんを著しく発散する」もの（坑内作業やずい道内建設作業における鉱物の掘削作業等15種類）が特定粉じん作業として列挙され（粉じん則別表第2），それが行われる場所が該当すると解されている。

　こうした作業では，じん肺や結核，気胸などの合併症を引き起こし易い[200]。

　暑熱・多湿等の屋内作業場（施行令第21条第2号）については，

　安衛則第587条で，

　製鉄・製鋼業で用いる種々の炉（高炉〔鉄鉱石→銑鉄の工程〕，転炉〔銑鉄の洗練の工程〕，電気炉など）に関わる屋内作業場のほか，

　金属・ガラス加工業で用いるキュポラ（鉄等を溶かして鋳物の溶湯を得るための溶解炉）等で金属・鉱物・ガラスを溶解ないし加熱，焼成，焼結する屋内作業場や，

　溶解金属を運搬する屋内作業場などのほか，

　多量の蒸気を使用する染色槽での染色を行う屋内作業場，同じく金属／非金属の洗浄／めっきを行う屋内作業場，

　紡績・織布（縦糸と横糸で布を織ること）を行い，給湿を行う屋内作業場，

　ドライアイス等を取り扱う屋内作業場，

　労働者が冷蔵庫の内部で作業を行う場

　等が該当するとされている。

　著しい騒音を発する屋内作業場（施行令第21条第3号）については，

　安衛則第588条で，

　鋳物・金属加工業における鋲打ち機，電動ハンマー，鋳物の型込機を取り扱う作業場，

　ロール機，圧延機による金属の圧延等に関わる作業場，

　通称ガラ箱による金属製品の研磨等を行う作業場，

　ドラム内の刃で木の皮を剝ぐドラムバーカーや丸太をチップ状にカットするチッパー等を用いる作業場

　等が該当するとされている。

　坑内の作業場（施行令第21条第4号）については，

　安衛則第589条で，

　炭酸ガスが停滞する（想定リスク：炭酸ガス中毒），気温が28度を超える（想定リスク：熱中症），通気設備が設けられている（想定リスク：酸欠）坑内作業場

　等が該当するとされている。

　坑内作業場で維持すべき炭酸ガス濃度（1.5％以下：安衛則第583条），坑内気温（37度以下：安衛則第611条），通気設備を設置すべきこと（安衛則第602条）については，それぞれ安衛則に規定されている。

　中央管理式空調設備（空気の浄化，温湿度や流量の調

整等ができる設備)の設置建築物の室(施行令第21条第5号)については，事務所用のものに限り，事務所則の規制対象となっており，

法第22条を根拠に室の一酸化炭素(50 ppm以下)及び二酸化炭素濃度(5000 ppm以下)(事務所則第3条)，法第23条を根拠に室の温度管理(室温10度以下の場合暖房すること，18度以上28度以下となるよう努めること)(事務所則第4条，第5条)などが定められている。

放射線業務(原子炉運転業務，医療現場での診断・治療，機械の非破壊検査にかかる作業等の放射線業務[201])を行う作業場(施行令第21条第6号)については，

測定を行うべき作業場として，電離則第53条において，

① 管理区域(放射線実効線量の合計が1.3mSvを超えるおそれがある等，放射線量が強く，標識等による明示や必要ある者以外の立入禁止が求められる区域)該当箇所，
② 放射性物質取扱作業室，
③ 事故由来廃棄物等取扱施設(東電福島原発の事故で放出された放射性物質で汚染された廃棄物や土壌の取扱作業用の施設)，
④ 坑内核原料物質採掘作業場

が該当するとされている。

放射線の生体影響は，その種類，エネルギー，内部照射(体の内部から放射線をあてる。放射線源を直接腫瘍にあてる治療等が該当する)か外部照射(体の外部から放射線をあてる)かにより異なるが，全身被ばくでは造血器障害等，局所被爆では皮膚，眼，生殖腺等に障害が生じるほか，長期の潜伏を経て発症する障害として悪性腫瘍，遺伝性影響が生じる。

特定化学物質(労働者に健康障害を発生させる〔可能性が高い〕物質として，労働安全衛生法施行令(令)別表第3で定められ，特化則で第1類から第3類に分類して規制されている化学物質)の製造・取扱いを行う屋内作業場(施行令第21条第7号)については，

特化則第36条と施行令別表の関連規定で，第1類物質と第2類物質の一部を扱う作業場が該当するとされている。

特化則は，がん原性等の有害性のある物質を，第1類から第3類に分けて規制している。規制対象物質には，純物質(資料173)のほか，これを含有する製剤等も含まれるが，重量に占める純物質の含有率が裾切値(原則1％)以下のものは除かれる(特化則第2条第2項，第3項，別表第1，第2)。

基本的に，作業環境測定のほか，発散抑制措置，健診の実施等が求められるのが，第1類及び第2類物質である。

このうち作業環境測定の対象(作業環境測定で何を調べるか)を正確に示せば，

資料173 純物質

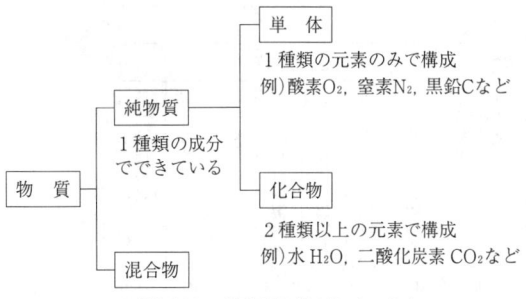

2種類以上の純物質が混ざり合ったもの
例)海水，空気など

第1類物質(純物質)と所定の第2類物質(純物質)の濃度

及び

「特定有機溶剤混合物」(特別有機溶剤又は有機溶剤を含有する製剤その他の物でその含有量ないしその合計が5％を超えるもの)に含有される「特別有機溶剤」

又は

第1種，第2種有機溶剤の濃度

である(特化則第36条，第36条の5)。

第2類物質でも，労働者のばく露による健康障害のおそれが低いと想定されるものは，測定実施の適用除外とされている(特化則第36条第4項，安衛法施行令第21条第7号)。

特化則の対象物質については，安衛法施行令別表第3が規定しており，第1号は第1類物質，第2号は第2類物質，第3号は第3類物質を定めている。

これらは以下のように説明される。

第1類物質：がん等の慢性・遅発性障害を引き起こす物質のうち，特に有害性が高く，概ね製造許可物質に当たり，一部を除き特別管理物質から成るもの。

第2類物質：がん等の慢性・遅発性障害を引き起こす物質のうち，第1類物質に該当しないもの。

第3類物質：大量漏洩により急性中毒を引き起こす物質であって非特別管理物質から成るもの。

第3類物質等：特定第2類物質又は第3類物質。

もっとも，特化則の規制対象物質(特定化学物質：特化物)は，区々多様な性質を持っているため，更に細かい分類がなされている(資料174・175)。まず，各類の中でも発がん性(の疑い)がある物質を「特別管理物質」とした。また，第2類物質を以下の4種類に区分した。

① オーラミン等：尿路系器官にがん等の腫瘍を発生するおそれのある物質。
② 特定第2類物質：特に漏洩に留意すべき物質であって，特別管理物質と非特別管理物質から成るもの。
③ 特別有機溶剤等：発がん性のおそれが指摘される物

資料174

区分						
禁止物質	特定化学物質					
	第1類物質	第2類物質			第3類物質	特別管理物質
		特定第2類物質	オーラミン等	管理第2類物質		
				特別有機溶剤等		

（静岡労働局WEBサイト〔https://jsite.mhlw.go.jp/shizuoka-roudoukyoku/content/contents/000751608.pdf〕，最終閲覧日：2021年9月1日）

で有機溶剤と同様の作用があり，蒸気による中毒を発生させるおそれのある物質であって，有機溶剤中毒予防規則（有機則）が準用され，特別管理物質から成るもの。
④管理第2類物質：それ以外の物質であって，特別管理物質と非特別管理物質から成るもの。

本条（法第65条）所定の作業環境測定を含め，特化物の規制において重要なのは，含有濃度と管理濃度であり，

前者は，特化物が混合溶剤として用いられる場合が多いことを前提に，単体としての規制を受ける含有量（重要比率）≒裾切り値を指し，

特化則第36条で測定の対象となる第2類物質については特化則別表第1，第3類物質については特化則別表第2で規定されている。

同じく第1類物質については，安衛法施行令別表第3第1号8に規定されている。[202][203]

特別有機溶剤のみ又はそれと有機溶剤を加えた成分の重量が全体の5％を超える製剤等は，特別有機溶剤混合物として，特化則第36条の5の適用を受け，準用された有機則により作業環境測定対象とされる（これには，特化則第36条では測定対象外とされている特別有機溶剤の含有率1％以下の製剤等も含まれる）。

規則の適用関係を整理すれば，

特定有機溶剤のみの成分が1％を超え混合物の成分が5％を超えるものは，特化則と有機則双方の適用を受け，

特定有機溶剤のみの成分が1％以下だが，混合物の成分が5％を超えるものは，有機則のみの適用を受ける。

特定有機溶剤のみの成分は1％を超えるが，混合物の成分が5％以下のものは，特化則のみの適用を受けることになる。

作業環境測定の対象業務の多くは，特殊健診対象業務と一致するが，エチレンオキシドやホルムアルデヒドの製造業務のように，前者の対象だが後者の対象となっていないものもある。[204]

資料175

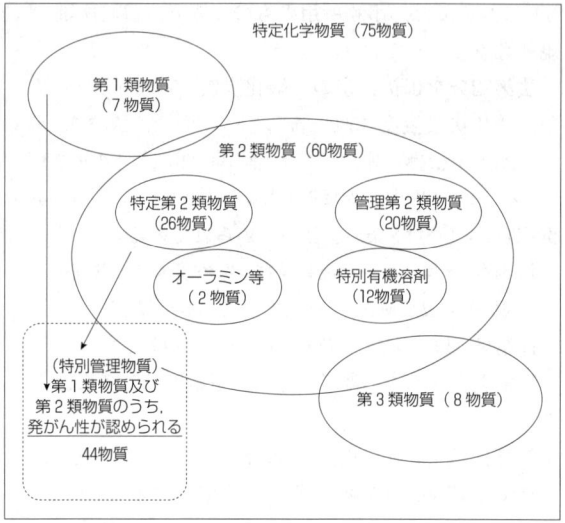

（藤森和幸氏作成）

石綿等の取扱い・製造を行う屋内作業場（施行令第21条第7号）については，

石綿等を取り扱ったり，試験研究のために製造する屋内作業場が該当し，石綿則の規制対象とされている。

石綿は，特化則の規制対象とされていたが，発がん性リスクの重要性等に鑑みて，平成17年に石綿則が分離独立した経緯がある。また，昭和50年の施行令改正で，コークス炉での石炭燃焼時に発生するタール蒸気による肺がん発生リスクを防止するため，施行令第21条第7号後半で，コークス製造作業場も作業環境測定の対象とされた。

鉛業務を行う屋内作業場（施行令第21条第8号）については，

施行令別表第4で，

鉛，銅などの製錬等にかかる溶鉱等の取扱作業，

鉛蓄電池，電線等の製造過程での溶融等の作業，

物体表面を鉛の膜で覆う鉛ライニングの作業，

溶融した鉛を用いる金属の焼入れ等（第1号～第8号，第10号，第16号）

が該当するとされている。

他方，鉛の飛散が少量と考えられる鉛化合物を含有する釉薬（素焼き段階の陶器などに塗ると，焼成によりガラス質となる）の製造や利用，鉛装置内部の作業等は該当しないとされている（第9号，第12号，第13号～第15号）が，特殊健診対象とされている。[205]

酸欠危険を伴う作業場（施行令第21条第9号）については，

施行令別表第6で，酸欠をもたらす要因ごとに列挙されている。それには，

物のサビ関係（鋼製のボイラー，タンク，長期間利用さ

れていない井戸等），

　物の呼吸関係（穀物，飼料，チップ等が入っている貯蔵施設等），

　微生物の呼吸関係（し尿，汚水，雨水や海水が溜まっている暗きょ，醤油や酒を入れたタンク等），

　不活性ガスの流入関係（爆発・酸化防止用の窒素が封入されたタンク等），

　ドライアイスなどの冷媒用ガス関係（冷凍機室等），

　酸欠空気等の噴出関係（メタンガスが発生する埋立地等，配管内のプロパンガスが噴出し得る配管替え作業場等，地下駐車場など消火用の炭酸ガスの誤放出による酸欠危険作業場等，石油ガスの遊離〔結合の切断〕が生じる危険のある石油タンカーの油槽内等）

等がある。このうち汚水等の微生物が発生する場所では，硫化水素が発生するおそれがある。酸欠則では，一定の酸素濃度の確保と硫化水素濃度の上限を定めている。

酸素欠乏危険場所は，「見えざるハンマーの一撃」と言われるように，一呼吸で生命の危険が生じるため，毎日作業開始前に，法定の技能講習を修了した作業主任者による作業環境測定を実施することが義務づけられている（酸欠則第3条第1項，第11条第2項第2号）。

また，測定機器が備えられ，容易に利用できる状態に維持しておかねばならない（酸欠則第4条）。

有機溶剤の製造・取扱いを行う屋内作業場（施行令第21条第10号）については，

施行令別表第6の2に掲げられた54種類の有機溶剤とその混合物のうち，計47種類の第1種・第2種有機溶剤等が測定の対象とされている。

第1種には，蒸気圧（空気中に飛び出す分子の運動量）が高いため，作業環境空気の汚染スピードが速く，単一物質でも有害性が高いものが選ばれている。

第2種には，それ以外の単一物質で有害性が高いものが選ばれている。

第3種には，多くの炭化水素（炭素と水素から成る有機化合物であり，水に溶けにくく，有機溶剤に溶けるものが多い）が混合状態となっているガソリン等の石油系／植物系溶剤であって可燃性の高いものが選ばれている。

有機則第1条では，第1種・第2種有機溶剤のほか，その単体ないし複合体の合計が5%超になる混合物は，有機溶剤「等」となる。

施行令第21条第10号が測定の条件としている（*同号は，別表第6の2に挙げられた有機溶剤の製造・取扱いを行う業務のうち，省令で定めるものを測定対象としている）有機溶剤業務には，

染料，医薬品，農薬，化学繊維等の製造工程での有機溶剤のろ過，混合，攪拌のほか，

有機溶剤を用いた印刷，つや出し・防水加工，有機溶剤が付着した物の乾燥，有機溶剤を入れたことのあるタンク内での業務等が該当する（有機則第1条第6号）。

特化則に定められた特別有機溶剤は，がん原性が認められるものであり，規制の趣旨が異なる。

エ　屋外作業場は，自然環境の影響を受け易い等の事情から定点観測前提の作業環境測定は困難と考えられてきたが，ガイドラインレベルながら，

「屋外作業場等における作業環境管理に関するガイドライン」

がまとめられ，個人サンプラー（個人に装着できる試料採取装置）による測定と管理濃度による評価と管理が推奨されたり，

廃棄物焼却施設内作業におけるダイオキシン類ばく露防止対策要綱（平成13年4月25日）や，

ずい道等建設工事における粉じん対策に関するガイドライン（平成12年12月26日基発第768号の2，最終改正：令和2年7月20日基発0720第2号）

が公表されたりしている。

オ　本条（法第65条）に基づく作業環境測定の対象（熱，粉じん濃度など）と頻度（作業開始前，半月に1度，半年に1度など）は，作業場の種類ごとに関係規則に定められているが，

本条（法第65条）に基づく作業環境測定の対象には，一部，「坑内（≠屋内）」作業場（施行令第21条第4号），酸欠危険場所（同条第9号）のような屋外作業場も含まれ，粉じん則第6条の3に基づく粉じんが飛散し易い坑内切羽作業場も該当すると解される（三柴の見解）。しかし，本文執筆者の石﨑氏は，場所の移動，濃度の上下等の特殊性から同作業場には管理濃度基準の適用が困難なことや，粉じん則第6条の3が換気に関する定めと銘打たれていること等から，法第2条第4号の測定対象には該当するが，本条（第65条）の測定対象には該当しないとする。

カ　作業環境測定が義務づけられている作業場のうち，

特定粉じんを著しく発散する屋内作業場，放射性物質取扱作業室及び事故由来廃棄物等取扱施設など，

作業環境測定法第2条第3号，同法施行令第1条に定められた屋内作業場（指定作業場：「安衛法第65条第1項の作業場のうち政令で定める作業場」〔作業環境測定法第2条第3号〕）は，

測定に高度の知識や技術を要すること，重篤な健康障害を招くおそれ等から，作業環境測定士等による測定が求められている（作業環境測定法第3条）。

指定作業場について作業環境測定士等による測定を行った上での結果の評価については，安衛法第65条の

2，作業環境測定法第4条により，

規則の定め（有機則第28条の2，鉛則第52条の2，特化則第36条の2，粉じん則第26条の2，石綿則第37条）によりつつ，

厚生労働大臣が定める作業環境評価基準に基づいて行わねばならないが，

同基準第1条では，放射線関係作業場は，作業環境評価基準による評価の対象から除かれている（評価自体が免除されているわけではない）。

唐澤正義氏によれば，放射線の強度の測定には，物理化学的な測定方法が確立され，電離則の第3条の2，第4条～第7条に被ばく限度も定められていること（*測定結果をその限度に照らせば評価できること）等から，特化物や粉じん等のように，捕集されたサンプルの分析方法まで細かく規定する必要がなかったことが理由である。

著しい騒音（施行令第21条第3号）を発する屋内作業場は，作業環境測定法上の指定作業場ではないが，

1992（平成4）年以後，作業環境測定基準第4条により，指定作業場と同様の測定方法，すなわち

A測定（単位作業場所の平均的な環境を調べるために，単位作業場内につき6m以内の等間隔で5点以上の格子点で測定）及び

B測定（ハザードの時間的・空間的な偏在や労働者の移動等を前提に，作業者が呼吸可能性がある中で最も濃度が高くなると考えられる点で測定）

を行うべきとされ，その実施のためのガイドライン（平成4年10月1日基発第546号，最終改正：令和5年4月20日基発0420第2号）が公表されている。

単位作業場とは，有害物質作業場の区域のうち，労働者の作業中の行動範囲，有害物の分布の状況等を考慮して定められる作業環境測定の単位をいう（作業環境測定基準第2条第1項第1号）。

測定対象となるのは等価騒音であり，これは，時間経過と共に変動する作業場内の騒音レベルを一定時間の中で測定して平均値を算出したものである。

キ　本条（法第65条）に基づく作業環境測定は，第2項に基づき厚生労働大臣が定める作業環境測定基準（昭和51年4月22日労働省告示第46号，最終改正：令和6年4月10日厚生労働省告示第187号）に基づいて行わねばならず，そうしなければ，法定の測定を行ったことにはならない。

同基準は，粉じん濃度から，気温，騒音，放射線等様々な危険源にかかる測定方法や測定機器について規定している。

基準が定める測定方法には，き束的なものと，「同等以上の性能を有しているもの」を許容する性能要件的なものがある。

現段階で，法第65条第3項に基づく作業環境測定指針は公表されておらず，したがって，第4項（指針に基づく事業者や測定専門団体への指導等）は行われておらず，また，特殊健診に関する法第66条第4項とセットで規定された第5項（労働衛生指導医の意見に基づく事業者への作業環境測定等の指示）も運用されていない。

ク　作業環境測定は，個々の作業場の条件を踏まえ，的確に行われねばならず，そのため，

生産工程，作業方法（*安衛法上，この文言は，どこでどのように原材料を製造・加工するか，機械を操作するか等の具体的な作業の手順や手法であり，主に作業計画により改善され得るもの），発散物の性状等を踏まえ，

対象物質，測定と管理の範囲，測定点，測定時間・時間帯，測定及び分析方法等

にかかるデザイン（計画）が必要となる。

ケ　作業環境測定では，

単位作業場内の平均的な有害物質の濃度分布を調べるA測定，

作業場内での有害物質の場所的，空間的な偏在を前提に，発散源発生時ないし発散源近くでの濃度を調べるB測定

が基本である（作業環境評価基準第2条，関係通達）。

2021（令和3）年4月1日からは，事業者の判断により，労働者の体に試料採取機器等を装着させ，個々人の作業環境条件を測定する個人サンプリング法（C測定，D測定）をもって代えることが認められるようになった（令和2年1月27日厚生労働省告示第18号による改定）。

測定点の高さは，人の呼吸域を意識して，50cm以上1.5m以下となっている。

C測定・D測定を採用すべき対象は，当初，
①管理濃度が低く（0.05mg/m²）（≒有害性が高い），作業者の動きで呼吸域付近の調査結果が変動し易い特化物及び鉛の測定，
②有機溶剤業務のうち，塗装作業等，発散源の場所が一定しない作業が行われる単位作業場所

だったが（作業環境測定基準第10条第5項，第11条第3項，第13条第5項。その他，令和2年2月17日基発0217第1号，最終改正：令和6年4月10日基発0410第2号も参照されたい），

令和5（2023）年4月の作業環境測定基準の改正（令和5年4月17日厚生労働省告示第174号）により，特化物のうち，アクリロニトリル等15物質や粉じん（遊離けい酸含有率が極めて高いものを除く[206]）が追加されたほか，

有機溶剤等については，②の条件が廃止され，全ての有機溶剤業務が対象とされる等拡大傾向にある[207]。

C測定とD測定の関係は，A測定とB測定の関係に近く，平均と特定の関係にある（資料176・177）。す

なわち,

　C測定：健康障害のリスクが高く，管理濃度が低く設定されている低管理濃度特定化学物質や有機溶剤を対象に，作業者の動きで呼吸域の濃度が変わるような条件で，複数の労働者に長時間サンプラーを付けてサンプリングを行う測定

　D測定：発散源が作業者と共に移動するような条件で，発散源に近い場所で濃度が最も高い時間に行う測定

である。

　主な捕集方法には，①ろ過捕集方法，②直接捕集方法，③固体捕集方法，④液体捕集方法，⑤冷却捕集方法がある。

　その選択は，常温・常圧で液体か固体か，昇華性があるか（固体が液体を経ずに気化するか），粒子の大きさ，利用条件などで決定される。

　コ　粉じん濃度の測定では，作業環境測定基準第2条で，

　ろ過捕集方法（粒子状物質を含む気体または固体物質を含む液体を，ろ紙を通すことによりろ過し，粒子状物質または固体物質のみをろ紙上に捕集する方法[208]）

　及び

　重量分析方法（ろ過材に捕集された試料〔目的成分以外も混合したもの〕を秤量したのち溶液にとかし，沈殿などにより目的とする成分を純粋な化合物として分離し，その重量を測ることにより，試料中の目的成分の定量を行う分析法[209]。いわば絶対濃度測定法。資料178）

が原則とされているが，吸引時間が長いこと等から，

　より簡易な光散乱式等の

　相対濃度指示方法（光を当てて反応をみる等して大まかな測定値を出し，質量濃度測定値との対比〔絶対濃度測定法による数値との対比から算出した係数＝変換係数：K値[210]〕を用いて，正確な測定値を推計する。資料179）

との並行測定が認められている。

　2年間第1管理区分の評価がされれば，労基署長の許可により，相対濃度指示方法のみでの測定が可能となる（粉じん則第26条第3項ほか）。

　相対濃度指示方法による場合には，絶対濃度測定法による数値との対比から算出した係数（質量濃度変換係数）を用いて，質量濃度を推計する必要がある。こうした測定法と評価法が，規則や基準に細かく規定されている。

　けい肺をもたらすなど有害性が強い粉じん中の遊離ケイ酸（石英など，けい素〔Si〕が酸素〔O〕と結合した鉱物〔SiO2〕）の含有率の測定については，

　エックス線回折分析方法（結晶構造を持つ物質に照射したエックス線の反射により生じる回折線の分析から物質を

資料176　A，B測定のイメージ図

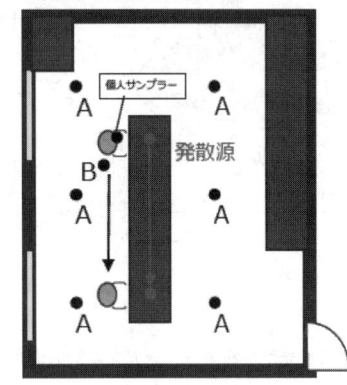

（静岡労働局WEBサイト〔https://jsite.mhlw.go.jp/shizuoka-roudoukyoku/content/contents/001303274.pdf，最終閲覧日：2023年2月7日〕）

資料177　C，D測定のイメージ図

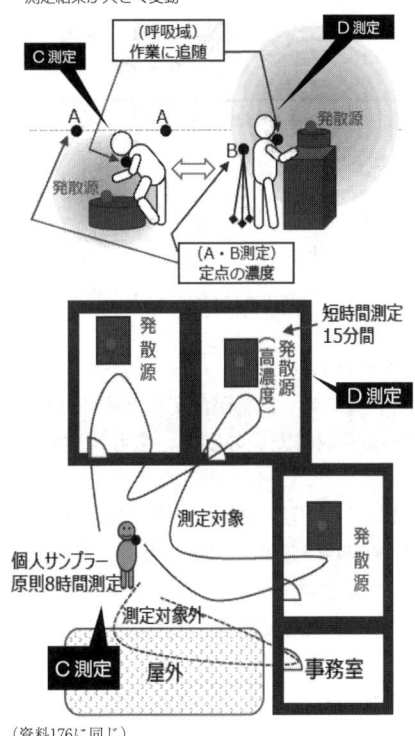

（資料176に同じ）

資料178　絶対濃度測定法

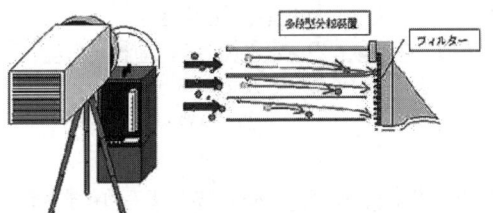

（厚生労働省作成資料〔日本カノマックス株式会社提供 https://www.mhlw.go.jp/file/05-Shingikai-11201000-Roudoukijunkyoku-Soumuka/0000145153.pdf，最終閲覧日：2024年11月8日〕）

資料179　相対濃度指示方法（光散乱式）

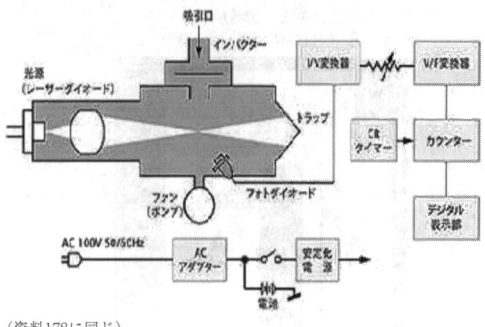

（資料178に同じ）

資料180　吸光光度分析方法（分光光度計の測光原理）

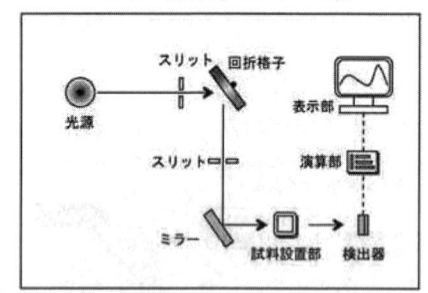

（一般社団法人日本分析機器工業会の許可を得て転載〔2024年年8月7日〕）

資料181　ガスクロマトグラフ分析機械の例

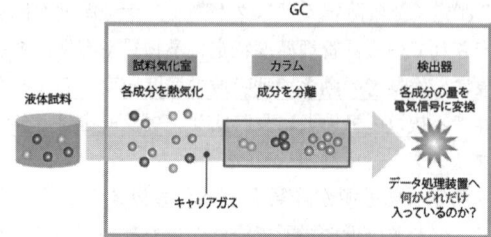

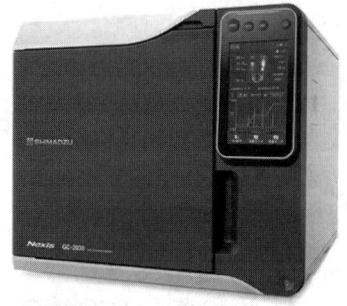

（株式会社島津製作所WEBサイト〔https://www.an.shimadzu.co.jp/service-support/technical-support/analysis-basics/gc/fundamentals/gas-chromatography/index.html, https://www.an.shimadzu.co.jp/products/gas-chromatography/gas-chromatograph/nexis-gc-2030/index.html, 最終閲覧日：2024年7月1日〕）

特定する方法）か
　前掲の重量分析方法（絶対濃度測定法の一つ）
によるべきことが定められている（作業環境測定基準第2の2）。
　鉛の測定については，
　特定の波長の光を試料が含まれた試料溶液に当て，その試料が吸収した光の度合いを可視化して測定する，
　吸光光度分析方法（資料180）等の採用が規定されている（作業環境測定基準第11条第1項）。
　代表的な方法の一つである，ガスクロマトグラフ分析方法は，試料成分をカラムと呼ばれる管に注入し，その中を通過する過程で，カラムの中に保持された固定相と物質の相互作用（引き合う力のこと。吸着力，電荷，親水性／疎水性等）によりそれぞれの成分を分離して検出する分析方法である（資料181）。
　所定の特定化学物質や有機溶剤については，特段の条件なく，又は，第1管理区分が2年間継続した単位作業場であるなどの一定条件下で，簡易な検知管方式等による測定が可能とされている（同第10条第2項，第3項，第13条第2項）（しかし，申請・許可件数は1桁から十数件にとどまっている）。
　サ　事業者は，管理区域（放射線実効線量の合計が1.3mSvを超えるおそれがある等，放射線量が強く，標識等による明示や必要ある者以外の立入禁止が求められる区域）

においては，原則として1カ月以内（一定条件を満たす場合6カ月以内）ごとに1回，外部放射線による線量当量率又は線量当量（両用語につき後述）を放射線測定器を用いて測定，記録，保存することが求められる（電離則第54条第1項）。
　ただし，線量当量率又は線量当量は，放射線測定器を用いて測定することが著しく困難なときは，計算により算出することができる（同条第2項）。
　放射線被ばくにかかる測定の技術と方法論はかなり複雑だが，それによる人体への影響の基本的な指標として，等価線量と実効線量（いずれも単位はシーベルト〔sV〕）という概念が用いられている。
　このうち
　等価線量は，人体が（個々の臓器や組織ごとに）受けた放射線の量（吸収線量という。単位はグレイ〔Gy〕）とその放射線の性格（α, β, γ, X, 中性子など。放射線荷重係数で示される）を加味して算出するもの，
　実効線量は，その2つの要素に加え，放射線を受ける臓器側の感受性（組織荷重係数で示される）を加味して算出するもの
である。要するに，放射能の人体への健康影響が関心事なので，その要素と認識されている放射線の量のほか，性格（物の透過力や破壊力〔：原子核の周りの電子を失わせる（電離）など，原子の構造を変えて不安定にする力〕など）と臓器側の受け止め（反応）が基本的な指標とされている。
　このうち放射線の性格や臓器側の受け止めを直接的

に測るのは実際には難しいので，人の臓器の多くがそれより深くにあることを踏まえ，

皮膚の表面から1cmの深さの線量（1cm線量当量と呼ばれる）を，

線量計を人に取り付けたり，人を模した球体（ICRU球という）の機器を用いるなどして測定し，推計する方法

がよく用いられている（前者で測定するものを個人線量当量，後者を周辺線量当量という）。

ただし，放射能の性質等により，浅い箇所の影響が大きくなる場合もあるので，70マイクロメートル（μm）の深さの線量（70μm線量当量と呼ばれる）を測定する方法も採られる。

この際に用いられる線量当量という用語は，放射線から人体が受ける影響を指す点で，実効線量と似た概念だが，実効線量を直接測定できない条件下で推計された，あまり精度が高くない実用量を示す値であり，単位はシーベルト（sV）で示される。

線量当量率とは，概ね1時間あたりの線量当量を示し，単位はsV/hで示される。

放射線障害防止法は，

許可等を受けて，放射性同位元素（放射線を発する原子）など，放射線を発するものの取扱いや廃棄をする者に，所定の危険箇所（管理区域）での1cm線量当量率の測定を義務づけつつ，

実施がかなり困難な場合，別の方法での推計も容認しているが，

電離則は実測を義務づけている。

もっとも，粉じん等の測定とは異なり，等間隔に測定器を置いて作業空間にある有害物の平均的な濃度を測るA測定のような方法でなければならないとはされていない。

管理区域での身体の外部からの放射線（外部放射線）による被ばくの実際の測定には，

線量当量率について，電離箱式照射線量当量率計，比例計数管，ガイガー・ミュラー計数管など，

放射能がもたらす原子の反応（電離によるイオン化〔原子が帯びる電荷〈プラス・マイナス〉のアンバランス〕やそれがもたらす現象ないしそれを人為的に促進して分かり易くした状態〔電子なだれなど〕）を検出する機器，

線量当量については，（一定条件下で）放射線量に応じて発光する性質を利用した，熱ルミネッセンス線量計，フィルムバッジ，蛍光ガラス線量計など，

個々人に取り付けて，ある程度時間をかけて感応を検出する機器（個人線量計測装置と呼ばれる）などが用いられており，

作業環境測定基準第8条は，以前は使用すべき機器まで定めていたが，一部の機器の廃止等もあり，現在は必要な性能を定める形式を採っている。

同条に紐付く告示では，JIS規格が援用されている。JIS規格が指示しているサーベイメータは，放射線のみならず，放射性物質（放射線を発する物質）そのものを対象とした測定も可能である。

前述の通り，

作業環境測定法第2条第3号，同法施行令第1条に定められた屋内作業場（指定作業場）では，作業環境測定士等による測定が求められているところ（作業環境測定法第3条），

放射性物質取扱作業室及び事故由来廃棄物等取扱施設も，電離則第55条の定めによりその対象とされ，なおかつ放射性物質の濃度（単位はベクレル〔Bq〕）が測定の対象とされている。

放射性物質の濃度は，概ね放射能（放射線を発する能力）とその量の掛け合わせに等しく，その状態（粒子状かガス状かなど），目的，採集箇所等に応じて適当な捕集方法が変わる。

例えば，作業室全体での空気汚染の検出には，汚染を確実に検出できる位置（排気口や作業場所の風下など）でのゼネラルサンプリングという方法，

放射性物質を複数の室で取り扱う場合の各室での空気汚染の検出には，セントラルサンプリングという方法（＊おそらく，各室の汚染空気を中央で捕集する方法），

逆に，作業者が吸入する空気中の放射性物質濃度を測るには，パーソナルサンプリングという方法が採られている。

分析方法には，

全ガンマ放射能計測方法（放射線をエネルギーで区別せずに計測する方法），

アルファ・ベータ・ガンマ線スペクトル分析方法（同じくエネルギー分布に基づいて計測する方法）

等がある。

放射性物質の濃度の上限は，告示（昭和63年10月1日労働省告示第93号。最終改正：令和4年11月17日厚生労働省告示第335号）に定められ，

それを超えている場合には，原因を調査し，その範囲内に収める必要が生じ，

それをもって足りるため（＊基準値と照合すれば評価が可能なため），

放射線強度の測定の後におけると同じく，作業環境評価基準に基づく評価対象とはされていない。

シ 指定作業場以外の作業場であって，作業環境測定法の適用がなく，作業環境測定士の選任が求められていないところ（暑熱，寒冷又は多湿の屋内作業場，著しい騒音を発する屋内作業場，坑内作業場，空気調和設備のある建築物の室，酸素欠乏場所）の一部

についても，作業環境測定基準第3条から第6条，

第12条，関係ガイドライン等で，測定点が定められており，著しい騒音を発する屋内作業場については，A測定とB測定が求められている。

他の作業場についても，ハザード（危険源）の近くの濃度か，人体のハザードへのばく露の状況を確実に捉える条件での測定が求められている。

ス　作業環境測定法は，作業環境の専門的な担い手として，作業環境測定士と作業環境測定機関を定めており，

前者は，第1種と第2種に区分され，現場に適合した作業環境測定にとって重要なデザインや，実際のサンプリングの基本事項は，いずれにも行わせられるが，

健康障害リスクが高く，測定や対策に一定の専門性を要することが多いことを前提に，指定作業場での測定等は第1種に制限している。

また，鉱物性粉じん，放射性物質，特化物，金属類，有機溶剤の5種類（＊概ね指定作業場で扱う物に当たる）の分析（解析）業務は，第1種に制限しており，第1種であっても，登録区分に応じた業務しか行えない。

最近，作業環境測定の一環として導入された個人サンプリング法は，いずれも（第1種測定士も第2種測定士も）実施可能だが，講習の修了と登録が求められている。

作業環境測定士には，指定作業場での作業環境測定の業務独占（作業環境測定法第3条），名称独占（同法第18条）が認められている（安衛法所定の50以上の資格のうち唯一）。

後者の作業環境測定機関は，自社で作業環境測定士を養成し難い中小企業の測定等を担うために法定された機関であり，

指定作業場があるのに作業環境測定士に測定させられない事業者には，同機関への委託が義務づけられている（作業環境測定法第3条等）。

厚生労働大臣か都道府県労働局長の登録を受けねばならず，

・測定する作業場の種類を担える第1種作業環境測定士の設置，
・所定の基準に適合した機器や設備の保有，
・事務所の保有

などが登録要件とされている（作業環境測定法施行規則第54条）。

名称独占が認められており（作業環境測定法第37条），現在，各都道府県に数十程度存在している。

セ　作業環境測定法には，日本作業環境測定協会という作業環境測定士や測定機関への情報提供と質の管理等を兼ねるような団体も定められている。

ソ　作業環境測定士の資格を得るには，国家試験の合格と登録講習の修了が要件とされているが，環境測定の教授等は免除される。

受験資格には，概ね理系科目の履修と一定年数の労働衛生の実務経験が盛り込まれている。

第1種・第2種共通の試験科目は，
・労働衛生の一般知識と法令知識，
・作業環境測定のデザインとサンプリング，
・分析の概論

であり，

第1種固有の試験科目は，上述した第1種に制限された石綿等の鉱物性粉じん等の5種（概ね指定作業場で取り扱うものに当たる鉱物性粉じん，放射性物質，特化物，金属類，有機溶剤）に関する選択科目であり，

選択し，合格した科目について登録を受ける仕組みとなっている（作業環境測定法第7条など）。

医師・歯科医師・薬剤師については，全科目，その他，原子力，公害，臨床検査など様々な専門家について，一部の科目が免除される。

労働衛生コンサルタント，労働衛生専門官，監督官で3年以上の実務経験を持つ者については，労働衛生一般，労働衛生関係法令が免除される。

登録講習でも，

労働衛生管理実務と作業環境管理にかかる基本的なデザイン・サンプリング実務が

第1種・第2種の共通講習科目とされ，

指定作業場での分析実務が第1種固有の講習科目とされている。

当該分析実務には，

・エックス線回折分析装置（結晶構造を持つ物質に照射したエックス線の反射により生じる回折線の分析から物質を特定する方法），
・位相差顕微鏡（照射した光が物体で変化〔回折／干渉等〕する性質等を利用して透明な物でも明暗をくっきり示せるようにした顕微鏡），
・放射線測定器（放射線の種類や強さを検出し，測定するための装置）

等の操作法の講習が含まれ，法律の別表に定められている（作業環境測定法別表第2，令和2年1月27日厚生労働省告示第18号）。

新たな測定技術が開発された場合等を想定し，都道府県労働局長が必要を認めた場合に追加研修の受講を指示できる旨の定めがある（作業環境測定法第44条第1項）。

タ　作業環境測定を行った際は，測定結果，実施者，実施時，実施方法，実施条件等を記録し，3年間保存すべき旨の定めが多くの特別規則に設けられている。

一部の物質の測定記録の保存期間は，遅発性疾患への対応を想定し，長期に設定されている（ベンジジン等のがん原性物質について30年間，石綿について40年間）。

作業環境測定の結果や，その評価に基づく対策は，衛生委員会の付議事項とされている（安衛則第22条第6号）。

チ　本条（法第65条）は，現行安衛法制定時点で初めて設けられた規定だが，作業環境の測定に始まる環境管理にかかる政策形成の取り組みは，それ以前から進められていた。

すなわち，当初は，昭和23年のいわゆる1178通達（昭和23年8月12日基発第1178号）で作業環境管理の促進を図っていた。

この通達は，当時の労基法が定めていた
①2時間以上の法定時間外労働制限，
②女子年少者の就業禁止，
③雇入れ時の特殊健診
の対象となる有害業務の基準を明らかにするもので（全ての業務にこうした制限や措置が課せられていたわけではなく，①～③の対象となる業務は一部の有害業務に限られていたということ），

①の対象は，暑熱・寒冷，有害放射線，じん埃や粉末の飛散，著しい振動，強烈な騒音，有害物の粉じん，蒸気やガスの発散等幅広いハザードにばく露する場所とされたが，

②③の対象は，有害物の粉じん，蒸気やガスの発散する場所の2つだけとされた。

ここに示された基準（こうした労基法上の制限に該当するか否かの判断や，労働衛生推進のため，そうした場所での実施が求められていた有害要因の測定基準）に確たる科学的根拠はなく，恕限度と呼ばれ，労働衛生の推進のため，当面妥当と考えられる基準値であった。実際には，その適合性の測定技術が確立していなかったので，履行確保が困難だった。

ACGIHによるTLV: Threshold Limit Value（当時は，成年男子が週6日，8時間労働／日，現在は週40時間，8時間労働／日で中毒発生危険が少ない濃度）との乖離も多かった。①については，昭和43年に作業列挙方式に改められた。

なお，1178通達の3年後には，当時の労働省が，労働衛生試験研究補助金交付規程を公布し，作業環境改善のための労働衛生工学的技術の開発等に助成を開始した。

ツ　1178通達が発出された頃の労働衛生行政の重要課題はじん肺対策であり，労働省は，先ずじん肺巡回健診から始めてその結果を得て，1955（昭和30）年にけい肺等特別保護法が制定された。

しかし，予防の基準となる濃度の裏付けが得られず，狭義の健康管理（特殊健診）と補償が中心とされ，対象は遊離けい酸じん又は遊離けい酸を含む粉じんに限られていた。

健康管理の対象は作業列挙方式で規定され，濃度に関わりない対策の前提が採られた。これは粉じんの種類と発生要因が多様であることも踏まえた措置だった。

労働省は，けい肺等特別措置法制定の翌年，1956（昭和31）年に，「特殊健康診断指導指針について」（昭和31年5月18日基発第308号）を発出し，23の有害業務を指定して，特殊健診を促したところ，それらの業務に相当の異常所見者がいることが明らかとなった。

その2年後に，「労働環境における有害なガス，蒸気又は粉じんの測定方法について」（昭和33年4月17日基発第238号）が発出され，当時問題視されていた20種類の気中有害物質を検知管で測定する方法を示した。

同年（昭和33年）5月に発出された通達（昭和33年5月26日基発第38号）では，局所排気装置等の改善手段と共に，それにより達すべき抑制目標限度という基準（局排の側に設置してその性能を測るもの）[211]が示された。

1960（昭和35）年のじん肺法では，鉱物性粉じんに起因するじん肺等が広く対象とされ，粉じん発散の抑制等にかかる適切な措置が努力義務とされた。

同年，有機則が，法令上初めて作業環境測定と共に局所排気装置の設置等の改善措置を義務づけた。

昭和40年代には，
公害の社会問題化への対応のため，
また，職業性疾病の業務上外の判断に際して，未然防止措置として何をなすべきかを明確化するため，

新たに制定された特化則等の特別規則に労働衛生の3管理を規定すると共に，作業環境測定が定められた。

しかし，いずれもいわゆる実施省令であり，法律上の明確な根拠はなかった（強いて言えば，当時の労基法第42条だろう。同条は，機械，器具その他の設備，原料若しくは材料又はガス，蒸気，粉じん等による危害の防止を使用者に求めた規定。概ね現在の安衛法第21条，第22条に相当する〔三柴〕）。

1972（昭和47）年の安衛法制定の際に本条（第65条）が規定されたことで，作業環境測定に法律上の根拠が設けられた。

当初は，現行の第1項相当の規定のみが設けられ，特定の「作業場」（屋内作業場その他の作業場）について，省令に従い環境測定と結果の記録を行うよう義務づけた。

これにより，従来は，測定しなくても直ちに違反にはならないが，測定結果が通達が示す基準に反していれば労基法第42条違反に該当し得たところ（とはいえ，

実際の処罰は困難だっただろう），逆になった。つまり，測定を義務づけるが，結果が基準違反でも処罰されなくなったと解される。

その後，1979（昭和54）年に，安衛法に紐付ける形で粉じん則が制定されて初めて，粉じんにかかる作業環境測定の実施が罰則付きで義務づけられた。

テ　安衛法制定時に制定された特化則（昭和47年9月30日労働省令第39号）は，

規制対象物質の（取扱いの）多様性，変異原性試験法の開発等を受け，

規制対象として，作業ではなく物質を列挙すると共に，気中濃度による規制方式を採用した。

安衛法制定に際して他の特別衛生規則と統合することもできたが，規制内容の特性，関係者の親しみなどから，従来の体系が維持された。

測定の精度を上げるにはサンプリングや分析の技量を要すること等から，研究会での検討を経て，規則制定と同年の1972（昭和47）年に特化物用の作業環境測定指針が公表されている。

この研究会は，その後も改組も経つつ検討を重ね，作業環境測定ガイドブックを公表し，これが，その後の日本作業環境測定協会『作業環境測定ガイドブック』の元となった。

なお，濃度規制の実効を挙げるため，特化則の施行と同時に告示（昭和46年4月28日労働省告示第27号。その後，昭和50年9月30日労働省告示第75号で改定された）が施行され，

局排周辺の濃度測定により当該局排の性能を評価するための濃度基準（抑制濃度基準）

が示されたが，一部に気中濃度の規制値との誤解を招いた。

ト　作業環境測定の専門家については，

特化則制定に当たり，1970（昭和45）年に設置された委員会で測定技士（仮称）の制度が提案された。

時あたかも，通産省が公害問題への対応のために環境計量士制度を創設する動きを取っていたこともあり，環境計量士とは異なり，特化物の作業環境測定に特有の手法でのデザイン，サンプリング，分析を一貫して担える人材の育成を目指して資格の創設が図られることとなった。

その後，1973（昭和48）年に示された検討委員会報告書で，作業環境測定士制度や作業環境測定機関の導入と測定方法統一化の必要性が示され，作業環境測定法の制定に至った。[212]

単独立法とされた背景については，国会審議で，その技術的専門性や体系性，条文の多さ，社会認識を高める効果等が説明された。

衛生管理者等との関係資格との関係については，特別な測定機器の操作技術の必要性等が説明された。

法の施行後，試験の実施事務は，当時としては珍しく，外部機関に委託することされたが，適当な委託先がなかったため，安全衛生技術試験協会の前身である作業環境測定士試験協会が設立されることとなった。

作業環境測定法の制定と同時に安衛法が改正され，測定結果を労働衛生管理に活用させるため，

本条（法第65条）に第2項〜第5項（測定に関する基準や指針の形成とそれに基づく指導，労働衛生指導医の意見を踏まえた測定の実施その他必要な事項の指示）が設けられた。

また，法第2条第4号で，作業環境測定の定義が示され，サンプリング，解析に加え，デザインを含むと定められた。

作業環境測定機関等による測定結果の事業者への報告様式については，昭和57年に通達（昭和57年2月4日基発第85号）が発出されたが，事業者にとっても分かり易いものに改訂された。

併せて，測定条件の違いを踏まえた評価のため，過去4年分の測定結果の記載を求めた。衛生委員会等の意見，産業医か労働衛生コンサルタントの意見，改善措置の内容等の記載も求めた。

ナ　本条（法第65条）制定の背景となった災害については，1971（昭和46）年の労働基準法研究会報告書に概括的な記載があり，

有機溶剤による中毒を中心とした化学的障害の増加，新規化学物質による障害の増加等が指摘されていた。

主な有害物質ごとに，災害と本条に関連する規制の関係を整理すれば，以下の通りとなる。

1）有機溶剤

1957（昭和32）年に，ニスびき工場で生じた作業者の貧血症状に印刷物用インキ内のベンゼンが作用しており，作業環境改善の行政指導を受けたが，局排の使用により製品にしわが寄る等の事情で十分な予防対策が講じられていなかった。

1958（昭和33）年には，当時流行したヘップサンダルの裏底を接着する作業を密閉空間で行っていた家内労働者が，接着剤のゴム糊に含まれるベンゼンの中毒で死亡する災害が生じていた。

これらの事態を受けて，同年11月には，ベンゼンの抑制目標濃度を25ppm以下（1178通達では100ppm以下）として，監督指導を行いつつ実態把握を図った。

また，1959（昭和34）年には，労基法施行規則第35条に関する通達で関連する中毒を労災認定する旨を示すと共に，ベンゼンを含有するゴム糊を労基法第48条所定の有害物に指定して製造等を禁止する省令を公布するなどした。

もっとも，代替物質として取扱い等が増えたトルエンによる中毒症状が新たに問題となり，有機則の制定に繋がった。

　1960年代には，ベンゼンに代わってノルマルヘキサンが多く生産ないし取り扱われるようになり，1963（昭和38）年の名古屋などのラミネート加工職場等での中毒，1964（昭和39）年の三重県桑名市でのビニールサンダル製造業者での大量中毒などを典型とする被害が発生した。

　2）六価クロム

　金属防錆処理剤として用いられ，少量で致死量となるほか，皮膚炎，腫瘍，吸入による鼻中隔穿孔等の被害を生じ，発がん性もある物質である。

　昭和40年代後半～50年代前半にかけて，日本化学工業小松川工場から排出された大量の六価クロム鉱さい（スラグとも呼ばれる不純物）による土壌汚染が問題となったほか，従業員の鼻中隔穿孔，肺がんなども多数認められた。

　その背景に，職人は「鼻に穴が開いて一人前」という業界常識のようなものがあった。

　環境汚染問題は，住民からの公的な処理費用返還請求事件の和解，東京都と日本化学工業との協定に基づく恒久処理事業等に帰結していった。

　職業病問題は，訴訟化し，賠償命令が出された（日本化学工業事件・東京地判昭56・9・28判時1017号34頁）。

　<u>判決の中で，当時の行政上の取扱基準（1178通達の示した気中濃度）を遵守していたのでは不十分で，折々の産業認識や海外の専門機関の示す基準を踏まえて対策すべきと明言された</u>。

　3）四エチル鉛

　ガソリンのノッキング（異常燃焼）防止のために添加される化合物であり，1937（昭和12）年に日本石油精製横浜製油所で作業員が防毒マスクを付けずに小分け作業をしていたところ，幻視・幻聴を生じたのが，最初の中毒例とされている。

　戦後，GHQの要望を踏まえて1951（昭和26）年に四エチル鉛則が制定され，ガソリンへの混入作業を焦点に規制されたが，1958（昭和33）年に，航空機用石油貯蔵タンク内のスラッジ（汚泥）に含有されていた四エチル鉛により，清掃作業員が中毒を起こして死亡者8名を生む災害を受け，石油タンク内の健康障害防止措置を規定する改正がなされた。

　更に，四メチル鉛も規制対象に含めた四エチル鉛等危害予防規則に改称された。

　しかし，1967（昭和42）年に，大型貨物船ぽすとん丸内で，甲板に積まれていた四エチル鉛入りドラム缶が高いうねりで転げ回ってエアパイプに激突して破損させ，四エチル鉛が，甲板のほか，燃料タンク，船倉等に流れ込み，船倉等を清掃した労働者に多くの中毒者を出す災害が生じた。

　1968（昭和43）年の改正の際には，改称と合わせ，四エチル鉛入りドラム缶の取扱い業務の規制等が行われた。

　その後，ガソリンは無鉛化されることとなったが，オクタン価（ガソリンの自己着火のしにくさ）を高める別の方法の採用で，芳香族化合物の混入量が増加し，別の問題が生じることとなった。1974（昭和49）年にも，厚木航空基地で航空燃料タンクの清掃作業をしていた者2名が四エチル鉛中毒にかかって一人が死亡する災害が発生した。

　ニ　本条（法第65条）の関係判例の代表は，

　<u>内外ゴム事件・神戸地判平2・12・27労判596号69頁</u>であり，

　有機溶剤ばく露による中毒につき，使用者の安全配慮義務違反が問われた事案につき，

　先ず，安衛法典とその関係規則に定められた公法上の義務は，その目的の一致から労使間の安全配慮義務にもなり得，

　法定された定期的な有機溶剤濃度の測定とそれに基づく作業方法（＊安衛法上，この文言は，どこでどのように原材料を製造・加工するか，機械を操作するか等の具体的な作業の手順や手法であり，主に作業計画により改善され得るもの）の改善は同義務の内容になるとした上で，

　このケースでは，

①局所排気装置の設置（安衛法第22条，第23条。有機則第5条，第14条乃至第18条），

②呼吸用保護具（防毒マスク），保護手袋等適切な保護具の具備（安衛則593条，第594条，有機則第32条ないし第33条），

③有機溶剤の特性・毒性・有機溶剤中毒の予防にかかる安全衛生教育（安衛法第59条，安衛則第35条），

④適切な特殊健康診断（有機則第29条，第30条），

⑤必要な作業環境測定と結果の記録（安衛法第65条，施行令第21条，有機則第28条），

⑥有機溶剤のリスクと取扱上の注意事項，中毒発生時の応急処置等の掲示（有機則第24条，第25条）

が同義務の内容となるとし，いずれも（適切に）実施されなかった（局所排気装置は一切設けられず，保護具は十分に用意されず，全く着用されず，教育指導はされず，特殊健診は適正になされなかった）とした。

　その上で，<u>法定の測定は一応行われ，個々の有機溶剤は許容濃度内だったことを認めつつ，個人サンプラーを活用した正確なばく露濃度測定，複数の有機溶剤の相加作用の評価等も同義務の内容だったが果たされなかった</u>とした。

【事件に関する技術専門家の意見】

> １）事実関係について
>   ２）に同じ。
> ２）判決について
>   判決が事業者が行っていた一応の測定の精度を疑ったのは理解できる。
>   トルエン等は芳香剤であり、許容濃度は当時も50ppm程度だっただろうが、測定の仕方で誤差も生じる。トルエン等は比重が重く、下方に滞留しがちなので、検査器具によっては正確な測定は難しい。今も使用されているが、引火点が低いので、現場では濃度よりむしろ静電気による引火を気にする傾向にある（北口、尾崎）。
>   しかし、当時に個人サンプラーの使用など、とても要求できない。現在でも、実際の測定は、机上の推計→検知管によるラフな測定→作業環境測定士による測定の順で試み、それでも的確な検査ができない場合に限り、個人サンプラーによるのが現実。そもそも、個人サンプラーは、日本に1000人ほどしか適切に活用（を指導）できる者がいない（北口、尾崎）。また、労基署自体が活用を否定していた経緯もある（湯本）。
>   まして相加作用の測定など、よほど高度の専門家でなければ実施できない（尾崎）。動物実験、場合によっては人体実験まで求められるレベルの要求であり、現実的でない（湯本）。
>   とはいえ、経皮吸収が生じ易い物質なので、もし実施していなかったなら、検知管での測定や、特殊検診くらいは実施すべきだったように思う（湯本、尾崎）。
> ３）未然防止策について
>   ２）に同じ。

［湯本公庸氏（安全工学会事務局長）、北口源啓氏（旭化成株式会社環境安全部労働安全グループ長）、尾崎智氏（日本化学工業協会環境安全部・RC推進部管掌常務理事）］

ヌ　本条（法第65条）の適用の実際について見ると、厚生労働省の「労働基準関係法令違反に係る公表事案」（令和２年分）によれば、その違反による送検事例は、建設現場の地下ピット内の酸素濃度を測定せず、酸欠則第３条違反に該当するとされた和歌山の事案１件に限られていた。測定義務違反が直ちに労働者の健康障害に結びつくわけではないためと思われる。

しかし、是正勧告等の行政指導を示した令和２年の労働基準監督年報をみると、各特別規則違反を根拠とする第65条の違反の合計は1899件に達していた（令和２年までの10年は2000件前後〜4000件程度で推移している）。

元監督官によれば、

作業環境測定自体を目的として臨検されることは稀であり、監督計画に基づく定期監督や労災発生事業場への臨検の際に、局排設置、作業主任者選任、リスク情報の表示や掲示、健診実施等とあわせて確認される傾向にある。

また、指定作業場・酸素欠乏危険場所以外の作業環境測定については、それほど重視されておらず、測定基準に従って定期的に測定しているところは少数であるものの、是正勧告はあまりされていない[213]。これは、状況の変化があまり想定されにくいことや健康障害に直ちに繋がるものではないとの考えからくるものと解される。

ネ　法第65条の２は、
事業者を名宛人として、
前条所定の作業環境測定の結果の評価に基づく物的措置、人的措置、健診を行うべきこと（第１項）、
測定結果の評価は作業環境評価基準に従って行うべきこと（第２項）、
測定結果の評価の結果を保存すべきこと（第３項）
を定めている。
このように、本条は、前条に基づく作業環境測定を踏まえた適切な作業環境管理を担保する趣旨の規定である。
本条が定める<u>措置の必要性</u>（「労働者の健康を保持するため必要があると認められるとき」）に該当するかは、<u>測定結果の評価から定まる</u>（昭和63年９月16日基発第601号の１）。
<u>本条に罰則はない。</u>

ノ　前述した通り、法第65条が定める作業環境測定を行うべき作業場については、安衛法施行令第21条に定めがあり、
概ね、空気中に有害物質があるか、有害物質を取り扱うか、温度・湿度・騒音など、作業環境自体が危険なものが列挙されているが、
測定結果の評価対象となる作業場は、作業環境評価基準第１条に定められており、安衛法施行令第21条各号のうち、
第１号（土石、岩石、鉱物、金属等の<u>粉じんを著しく発散する屋内作業場のうち特定のもの</u>）、
第７号（一定の<u>特化物の製造、取扱いを行う</u>屋内作業場等）、
第８号（一定の<u>鉛業務を行う屋内作業場</u>）、
第10号（<u>有機溶剤のうち一定のものの製造又は取扱いを</u>行う屋内作業場）
が定める屋内作業場とされている（資料182）。
<u>概ね測定士等による実施が求められる作環法</u>（作業環境測定法）<u>適用対象の指定事業場と同じ</u>だが、（作業環境評価基準所定の評価対象には、）作環法施行令第１条第２号が定める安衛法施行令第21条第６号が定める<u>特定の放射線業務が含まれない点が異なる。</u>

ハ　測定結果の評価は、作業環境評価基準に基づい

て行われねばならず，測定値は，ppm（100万体積の空気中の当該物質の含有量）か mg/m³（1m³中の当該物質の質量）で示される。

温度と圧力が同じなら，同じ体積内に含まれる分子（その構成は様々あり得るが）の数は同じ1mol（$6.0×10^{23}$個）である

というアボガドロの法則と，

1mol の物質がガスや蒸気の状態にある場合の体積は通常24.47ℓであるという原則から，

検出した有害物質の量（＝数：ある場所に現に存在している有害物質の分子の数。molで示す）が分かれば，これに24.47ℓをかけると，その有害物質がガスや蒸気の状態での体積となる。

これを，その作業場の労働者が吸引する空気量（空気の分子の数＝吸引量／時間×時間数）で割ると，

作業者がばく露する有害物質の体積（ppm）を算出できる。

また，検出した有害物質の量（分子の数。物質量ともいい，molで示す）に物質によって異なる分子量（原子量を加算したもの。g/mol＝重さ）をかければ，検出した場の有害物質の質量（g＝重さ）を算出できるので，

逆に，その場で検出された有害物質の質量（g）をその物質ごとの分子量（g/mol）で割れば，検出した場の当該物質の分子の数（物質量）を算出できる。

ヒ　管理濃度とは，行政による作業環境評価のための濃度基準であり，学会や国際的な専門団体が示すばく露限界のような時間の概念はなく，現実的な環境管理の可能性なども考慮して決められる（昭和59年2月13日基発第69号）。

瞬間的にでも高濃度になってはならない物質については，平均値と共に変動の大きさを考慮した基準が設定されている。

フ　作業環境評価基準では，

A測定のみ実施する場合，

作業場をカバーする所定の測定点の実測値の高濃度側から5％に当たる濃度（第1評価値）が／でも管理濃度に充たない場合（単位作業場所の95％以上の気中有害物質濃度が管理濃度以下）が第1管理区分，

第1評価値は管理濃度を超えるが，第2評価値（単位作業場所における気中有害物質の算術平均濃度の推定値）は管理濃度以下の場合が第2管理区分，

平均値が管理濃度を超える場合が第3管理区分となる（資料183を参照されたい）。

測定値の評価（第1評価，第2評価）には，単純平均ではなく，平均・標準偏差をそれぞれ対数化（桁数で示す）した幾何平均・幾何標準偏差を用いる。

標準偏差（ばらつき）を考慮するのは，気中の濃度分布の時間的，場所的な変動を適切に捉えるため，

資料182

施行令第21条の号数	測定の対象	省令上の定め
〈第1号〉粉じんを著しく発散する屋内作業場（常時特定粉じん作業が行われる屋内作業場）	空気中の粉じんの濃度（土石，岩石又は鉱物に係る特定粉じん作業を行う屋内作業場については，当該粉じん中の遊離けい酸の含有率）	粉じん則第26条第2項，同第3項
〈第7号〉特定化学物質を製造又は取扱う屋内作業場	第1類物質又は第2類物質（※がんなどの慢性疾病を発生させるおそれのある物質。第1類はそのリスクがより大きい）の空気中における濃度　＊一定の物質は，管理濃度の設定困難等から，評価基準に基づく評価では対象外となる（特化則第36条の2第1項）。	特化則第36条第1項
〈第8号〉鉛業務	空気中の鉛の濃度	鉛則第52条第1項
〈第10号〉有機溶剤業務	有機溶剤濃度の測定	有機則第28条第2項

標準偏差を対数化するのは，管理濃度の高い物質の場合などで濃度の測定値が大きくなると標準偏差が大きく出る傾向をコントロールするためである。

要するに，測定値の大小に惑わされず，測定値の時間的，場所的なばらつきを適切に捉えつつ，リスクを適正に評価するためである。

B測定を用いる場合，それが1箇所での最大値を測るものなので，A測定による第1評価値を組み合わせた評価となり，

第1評価値とB測定値の双方が管理濃度に充たない場合を第1管理区分とし，

第2評価値が管理濃度以下でB測定値が管理濃度の1.5倍以下である場合を第2管理区分，

第2評価値が管理濃度を超えるかB測定値が管理濃度の1.5倍を超える場合を第3管理区分とする。

個人サンプリング法を用いる場合には，C測定→A測定，D測定→B測定と読み替えて評価する。

ヘ　評価結果が第2，第3管理区分となった場合，特化則，有機則をはじめ複数の特別衛生規則に，

第2管理区分の場合，施設・設備，作業の工程・方法の点検とその結果に基づく作業環境改善措置等をなす努力義務，

第3管理区分の場合，①その義務と，②保護具を使用させること，③健診，④再測定の実施義務が定められているが，

②は①を講じるまでの応急措置と解されている。

第3管理区分となったこと自体での罰則の適用はないが，労基法第64条の3第2項，改正女性労働基準規則により，母性機能に影響する化学物質を取り扱う作

資料183

A測定のみを実施した場合

A測定		
第1評価値＜管理濃度	第2評価値≦管理濃度≦第1評価値	第2評価値＞管理濃度
第1管理区分	第2管理区分	第3管理区分

A測定及びB測定を実施した場合

		A測定		
		第1評価値＜管理濃度	第2評価値≦管理濃度≦第1評価値	第2評価値＞管理濃度
B測定	B測定値＜管理濃度	第1管理区分	第2管理区分	第3管理区分
	管理濃度≦B測定値≦管理濃度×1.5	第2管理区分	第2管理区分	第3管理区分
	B測定値＞管理濃度×1.5	第3管理区分	第3管理区分	第3管理区分

（森晃爾作成）

業場が第3管理区分となった場合、女性労働者の就業は禁止されている。

また、近年の化学物質管理の自律的管理化の方針により、2024（令和6）年4月以降は、環境改善措置を講じても第3管理区分が改善しない場合や、環境改善措置自体が講じられない場合等には、

事業者は、外部の作業環境管理専門家[214]の意見に基づいて改善措置を講じ、改めて測定・評価を行うことが義務づけられることとなった。

この再度の測定・評価によってもなお第3管理区分にとどまる場合、事業者は、直ちに、

①個人サンプリング法による測定等を行い、その結果に応じて有効な呼吸用保護具を使用させること、
②呼吸用保護具の適切な装着を確認し、その結果を記録・保存（3年間）すること、
③保護具着用管理責任者に①②を管理指導させること、
④作業環境管理専門家の意見や評価結果等を労働者に周知すること、
⑤以上の措置内容を所轄労基署に届け出ること、

を義務づけられる。

その後も、第1管理区分や第2管理区分と評価されるまで、

①6カ月以内ごとに1回、個人サンプリング測定等と評価結果の記録・保存（原則3年間、粉じんは7年間、クロム酸等は30年間）、
②①の結果に応じた有効な呼吸用保護具の使用、

等を求められるが、それらを実施する限り、作業環境測定を免除される（特化則第36条の3の2乃至同3の3、有機則第28条の3の2乃至同3の3、鉛則第52条の3の2乃至同3の3、粉じん則第26条の3の2乃至同3の3〔2024年〈令和6年〉施行〕）。

測定の免除は、個人サンプリング測定等で代替可能との考えによる（令和5年4月24日基発0424第2号）。

有機溶剤等については、「第3管理区分に区分された場所に係る有機溶剤等の濃度の測定の方法等」（令和4年11月30日厚生労働省告示第341号、最終改正：令和5年4月17日厚生労働省告示第174号）が公表され、

測定方法、呼吸用保護具の有効性の判断基準、保護具の適切な使用の確認方法等に関する詳細が示されている。

前述の通り、所定の特定化学物質や有機溶剤については、

第1管理区分が2年間継続した単位作業場であり、管轄労基署長の許可を受けるなどの一定条件下で、

簡易な検知管方式等による測定が可能とされている（作業環境測定基準第10条第3項～第4項、第13条第3項～第4項）（しかし、申請・許可件数は1桁から十数件にとどまっている）。

粉じんについても、同様の条件で、簡便な相対濃度指示方法（光を当てて反応をみる等して大まかな測定値を出し、それと質量濃度測定値〔有害物を抽出して重量を直接量る等の測定法〕の対比〔変換係数：K値〕を当てはめて、正確な測定値を推計する方法）による測定が可能とされている（作業環境測定基準第2条第3項、粉じん則第26条第3項）。

ただし、許可を受けた条件に一定の変化が生じた場合、許可の効力が及ばなくなる。

また、2023（令和4）年4月以後は、過去3年間にわたり第1管理区分で、化学物質による重大災害がなく、特殊健診で新たな異常所見が認められた労働者がいない場合、

専属の「化学物質管理専門家[215]」を配置し、過去3年間に、外部の化学物質管理専門家に1回以上、当該事業場でのリスクアセスメントやそれに基づく管理状況につき評価を受け、都道府県労働局長の認定を受ければ、所定の特別規則の適用を除外され得ることとなった（特化則第2条の3、有機則第4条の2、鉛則第3条の2、粉じん則第3条の2）。

また、2023（令和5）年4月より、直近3回の作業環境測定の結果第1管理区分となり、所定要件を充たした場合、特殊健診の実施頻度が6カ月以内に1回から1年以内に1回に緩和される（特化則第39条第4項、有機則第29条第6項、鉛則第53条第4項、四アルキル鉛則第22条第4項）。

作業環境測定の結果やその評価に基づく対策の樹立に関する事柄は、衛生委員会の付議事項とされ（安衛則第22条第6号）、有機則、鉛則、特化則では、掲示[216]、

書面等による労働者への周知が事業者に義務づけられている。

　ホ　制度史をみると，そもそも，本条（法第65条の2）第1項は，

1973（昭和48）年の「作業環境測定精度専門検討委員会」報告書で，作業環境測定結果の評価についても提言されていたこと，

六価クロム，塩化ビニル等の新たな化学物質の採用による職業がん等の疾病が生じていたこと，

ILO での職業がん条約（第139号），作業環境条約（第148号）の採択

等を背景に，1977（昭和52）年の法改正で当時の第65条第6項に規定されたものであり（その直後に日本は職業がん条約を批准した〔が，同年に採択された作業環境条約〈第148号〉は未批准である〕），作業環境測定結果を適切に評価して環境改善につなげることを狙ったものである。

本条第1項が，適切な管理措置の条件としている「労働者の健康を保持するため必要があると認めるとき」の具体化のために労働省が設置した専門家会議が1980（昭和55）年に報告書（「作業場における気中有害物質の規制のあり方に関する検討結果第一次報告書」〔以下，「第一次報告」という〕）を公表した。

国内外共に，安全衛生分野では，量一影響量一反応（同じ有害物質の濃度には同じ身体の反応が生じる）の考え方（定量的リスク評価の発想）が一般化しており，ACGIH の TLV や，その考え方を採り入れた日本産業衛生学会の許容濃度共に，ほぼ全ての労働者が毎日ばく露しても健康影響を生じない環境条件を指している。

ILO は，1977（昭和52）年に，これらの概念を包括して，「ばく露限界」という呼び名を示した。

法第65条が事業者に義務づけている作業環境測定は，ばく露限界とは異なる場の条件の測定なので，評価指標としてばく露限界をそのまま用いることはできず，第一次報告は，「管理濃度」という概念を示した（この概念の原点は，「塩化ビニル障害の予防について」〔昭和50年6月20日基発第348号〕にある）。

その際，測定方法については，A 測定に B 測定を加えると共に，評価に際しては，要するに，測定値の大小に惑わされず，測定値の時間的，場所的なばらつきを適切に捉えつつ，リスクを適正に評価するため，幾何標準偏差等の統計的な考え方を採り入れることとした。

当初は管理濃度の具体的数値は示されず，ばく露限界値の利用が推奨された。広い範囲で得られた平均作業環境濃度とばく露濃度はよく対応していることによる。

第一次報告が示したこの評価方法（幾何標準偏差等の統計技術を使用しつつ，管理濃度概念を示しながら，ばく露限界値の利用を推奨する評価方法）は，環境測定機関の好評を得て浸透していった。

これを充実させて，「作業環境の評価に基づく作業環境管理の推進について」（昭和59年2月13日基発第69号）が発出され，それを踏まえて昭和63年の作業環境評価基準が告示された。

こうした経緯を踏まえ，「第7次労働災害防止計画」（1988〔昭和63〕年開始）では，環境測定から環境改善までのシステマチックな管理が推進された。

1988（昭和63）年の法改正で，法第65条の2が新設され，従来の第65条第6項の内容が引き継がれると共に，評価を踏まえた適切な措置は省令で具体化される旨定められた。

合わせて，厚生労働大臣（当時は労働大臣）が客観的な測定結果の評価基準を示すことが定められ，

「作業環境評価基準」

が告示された。

また，第7章のタイトルが「健康管理」から「健康の保持増進のための措置」に改められ，

作業環境管理が健康管理より先次に実施されるべき措置であることと共に，

作業環境測定が作業環境管理の一環であることが明確化された。

　マ　本条新設の主な背景事情として，塩化ビニルによる健康障害が挙げられる。

日本での生産は昭和25年だが，同27年には，山形県酒田市で塩化ビニル工場の労働者が指端骨溶解症を発症する災害が生じたことを受け，「塩化ビニル障害の予防について」（昭和45年11月11日）が通達された。その後，塩化ビニルが肝血管肉腫を生じる可能性が明らかとなり，1974（昭和49）年に労働省が「塩化ビニル障害予防についての緊急措置について」（昭和49年6月24日基発第325号）を発出し，当時の ACGIH が設定していた TLV よりはるかに低濃度の 50 ppm の維持を指示した。

更に，職業がん専門家会議の調査により，工学的対策により気中濃度の幾何平均を 2 ppm まで下げられるが，濃度変動による一時的な高濃度ばく露対策のため，（＊許容する対数を上げるほど振れ幅を認めることになる前提で）幾何標準偏差の対数を0.4以下にする必要があること等が示され，労働省が，その趣旨を盛り込んだ「塩化ビニル障害の予防について」（昭和50年6月20日基発第348号）を発出し，管理濃度の原点となる考え方を示した。

その後，労災補償面でも，1976（昭和51）年の第556号通達により，労基法施行規則別表第1の2で救済する方針が示された。

ミ　本条（法第65条の2）の適用の実際については，

厚労省の労働環境調査によれば，作業環境測定の義務のある事業場での測定実施率は約8割で，そのうち第1管理区分の評価割合が約9割に上っており（監督実務経験者〔玉泉孝次氏〕も第1管理区分の事業場が多いと認識している），

第1管理区分と評価されたところ含め，局排の性能向上，作業方法（＊安衛法上，この文言は，どこでどのように原材料を製造・加工するか，機械を操作するか等の具体的な作業の手順や手法であり，主に作業計画により改善され得るもの）の変更等の環境改善の実施割合が4割に上っている。

また，令和2年度厚生労働科学研究による行政官・元行政官向け法令運用実態調査（三柴丈典担当）によれば，第1管理区分だが，取扱量が多い，作業者の移動が多い等の事情から，長期的な健康障害防止の観点で，日本産業衛生学会のガイドラインを用いて個人ばく露測定を行い，改善措置を講じている例があるという。

監督実務経験者からは，逆に，窓を開放し，自然換気で管理区分を変えようとするような例もあり，この場合，局排のフードの改善や風量の増強（フィルターの目詰まりの解消で改善する場合もある）等の工学的対策を指導したとのことだった（玉泉孝次氏による）。

日本作業環境測定協会の平成28年度の報告書（「平成28年度健康診断・作業環境測定結果相関調査業務報告書」）では，作業環境測定結果が良好でも，特殊健診結果や生物学的モニタリング[220]結果が有所見となる場合があると指摘されている。

ム　坑内作業場での作業環境測定は，作業環境測定法に基づくものではないが（安衛法施行令第21条第4号に定められているが，その対象となる第1号，第6号，第7号，第8号，第10号には該当しない），安衛法第2条第4号が定義する作業環境測定であり，法第65条に基づく測定にも該当する。

坑内作業場では，技術進歩や作業方法の変化で粉じん発生量が増加するなどしたため，平成19年に粉じん則が改正され（平成19年12月4日厚生労働省令第143号），半月内に1回，空気中の粉じん濃度の測定が義務づけられることとなった（粉じん則第6条の3）。

粉じんが発生する坑内作業場の典型であるトンネル建設工事現場では，

・掘進に応じて作業場所が移動する，

・作業ごとの粉じん濃度が大きく変化する[221]，

・切羽の土質の違いや土中の水分の変動等により粉じんの発生し易さが変化する，

・場所・タイミングにより，濃度が相当に高まる

等から既存の管理濃度をそのまま適用するのは現実的でない等の特殊性がある。

よって，粉じん則第6条の3に基づく切羽作業場での作業環境測定は，安衛法第2条第4号にいうそれに該当するが，法第65条にいうものではないとの見解もあるが（粉じん則第6条の3の沿革と，そのタイトルから明らかなように，換気に関する定めとされていること等による。条解著者の石﨑氏もこの見解だが，作業環境測定の性格を帯びてきていることとも認める），三柴は安衛法施行令第21条第4号が定める省令所定の坑内作業場に該当し，したがって法第65条の測定対象に該当すると解する。

また，簡便で精度の高い機器の開発など，粉じん濃度測定技術が向上していること等を受け，測定方法の改善と改善方法の選択肢を増やすため，

検討会（「トンネル建設工事の切羽付近における作業環境等の改善のための技術的事項に関する検討会」）での検討を経て，

粉じん則改定（令和2年6月15日厚生労働省令第128号，施行通達：令和2年6月15日基発0615第6号）に至った。合わせて，告示として，「粉じん作業を行う坑内作業場に係る粉じん濃度の測定及び評価の方法等」が示された（令和2年7月20日厚生労働省告示第265号，施行通達：令和2年7月20日基発0720第1号。最終改正：令和5年3月27日厚生労働省告示第88号）。

これにより，事業者は，前述の通り，原則として，坑内作業場の切羽に近接する場所の空気中の粉じん濃度を測定及び評価する義務を負うこととなった（粉じん則第6条の3）。

合わせて，測定結果の記録と保存（7年間），労働者への周知も義務づけられた（第6条の4第3項，第4項）。

試料採取の方法として，

①定点測定を通常は切羽から10～50m範囲内の両端と中間の6点で行う，

②2人以上の労働者で個人サンプリングを行う，

③掘削を行う複数の車両系機械に試料採取危機を装着して測定する，

の方法が告示及びガイドラインで示された。試料空気等の採取時間は，作業工程の1サイクルの全時間とされた。

測定技術には，

有害物を抽出して重量を直接量る等の質量濃度測定法，又は，

光を当てて反応をみる等して大まかな測定値を出し，それと質量濃度測定値の対比（変換係数：K値）を当てはめて，正確な測定値を推計する相対濃度指示方法のいずれかを用いることとされた。これは，様々な障害がある中での測定の精緻化が模索された結果である[222]。

評価に際しては，測定値の算術平均を行政が示す目安としての「粉じん濃度目標レベル」（2mg/m³）と比較することとされた。

　なお，相対濃度指示方法以外による場合，測定の精度の確保のため，ガイドラインにより，
　第1種作業環境測定士，
　作業環境測定機関等，
　その他当該測定に十分な知識経験を有する者
による実施が求められている。

　また，遊離けい酸含有率の測定は，エックス線回折分析方法（結晶構造を持つ物質に照射したエックス線の反射により生じる回折線の分析から物質を特定する方法）や重量分析方法に加え，
　工事前のボーリング調査等から判明した岩石の種類に応じた標準的な遊離けい酸含有率でも決定できることとされた。

　遊離けい酸濃度＝粉じん測定の評価値（測定結果を統計処理した値。幾何標準偏差，上位5％にあたる第1評価値，算術平均値にあたる第2評価値など）×様々な物質を含む飼料中の遊離けい酸含有率で求められ，

　この濃度は，遊離けい酸ばく露濃度の基準値（0.025mg/m³）で割る（＝それと比較する）ことで，基準値をどの程度上回っているか，下回っているかが評価されるようになっている。

　メ　日本作業環境測定協会の平成28年度の報告書（「平成28年度健康診断・作業環境測定結果相関調査業務報告書」）では，
　作業環境測定結果と特殊健診結果の関連づけがなされていないことが指摘されており，
　法第65条と第65条の2の沿革を踏まえると，例えば特殊健診個票で対象労働者がばく露した物質や単位作業場所の作業環境測定結果を記し，労働者にもフィードバックして，安全衛生委員会への意見具申のきっかけとさせる等の方策の法定も検討に値する。

　モ　法第65条の3は，作業管理の努力義務を定めており，
　これは，作業環境管理では対応しきれない環境由来のリスク（残存リスク）への対応と，現に作業そのものに伴うリスクへの対応を図る趣旨で設けられたものであり，
　リスクとしては，主に心身への過重な負担が想定されている。
　もっとも，リスク防止のみならず，第7章のタイトル通り，より積極的に健康の保持増進を図る趣旨を帯びている。
　本条やそれに基づくガイドライン等の違反を安全配慮義務違反とする判例も出されている。
　ヤ　行政解釈（昭和63年9月16日基発第601号の1）によれば，本条（法第65条の3）にいう作業の管理とは，
　作業時間や休憩時間の適正化，作業量の適正化，作業姿勢の改善等
を意味し，個々の措置についてはガイドライン等で具体化されている。

　例えば，VDT作業関係では，「情報機器作業における労働衛生管理のためのガイドライン」（令和元年7月12日基発第0712第3号）は，
　日ごとの作業時間制限，1連続作業時間制限，作業休止時間の設定，個々人の特性に応じた業務量設定，適正な姿勢維持のための条件設定等を定めている。
　他方，腰痛対策関係では，「職場における腰痛予防対策の推進について」（平成25年6月18日基発0618第1号）に添付された指針が，
　特に福祉・医療分野での介護・看護，長時間の運転等を想定して，
　作業の自動化，不自然な姿勢等の制限，作業の時間や内容の考慮，労働者の健康状態や特性の考慮等
を定めている。

　ユ　本条（法第65条の3）の制度史をみると，労働者の健康保持増進対策の充実等を図った1988（昭和63）年改正で追加された。
　同法改正に先立つ第7次労災防止計画（1988〔昭和63〕年〜1993〔平成4〕年）では，
　有害因子への人体のばく露の低減を図るため推進すべき措置として，作業環境管理と作業管理の双方（機械設備，作業方法の改善等，適正な呼吸用保護具の装着の確保のほか，各種有害作業における作業管理）が挙げられ，
　指針の作成，周知を行う旨表明されていた。
　加えて，VDT（Visual Display Terminals）作業に伴う眼，肩などの健康影響，テクノストレスなどのリスクが示されていた。
　VDT作業に伴うリスクへの対応は，1983（昭和58）年から3カ年にわたる産業医学総合研究所と産業医科大学による研究を踏まえた調査研究に始まり，
　1984（昭和59）年の「VDT作業における労働衛生管理のあり方」の公表，
　1985（昭和60）年の労働衛生対策研究委員会（中央労働災害防止協会）による文献レビューを中心とする調査結果の公表，
　これらを踏まえ，3管理の重要性を指摘した通達「VDT作業のための労働衛生上の指針について」（昭和60年12月20日基発第705号）の発出と続き，
　2003（平成14）年には，705号通達に代わって，「VDT作業における労働衛生管理のためのガイドライン」（平成14年4月5日基発第0405001号）が公表され，
　さらに前掲の令和元年の第0712第3号ガイドラインの公表に至った。

他方，腰痛対策については，

昭和43年に業務上腰部に過度な負担がかかる業務による腰痛が労災補償の対象となることとその認定基準が通達（昭和43年2月21日基発第73号）で示され，

予防対策については，

1970（昭和45）年に「重量物取扱い作業における腰痛の予防について」（昭和45年7月10日基発第503号），

1975（昭和50）年には「重症心身障害児施設における腰痛の予防について」（昭和50年2月12日基発第71号）

が発出され，その後，

1994（平成6）年に，これらを統合して「職場における腰痛予防対策の推進について」（平成6年9月6日基発第547号）が公表され，

これに付された腰痛予防対策指針では，3管理と共に労働衛生教育の重要性が示唆された。

この指針の改訂版（名称は同じく「職場における腰痛予防対策の推進について」平成25年6月18日基発0618第1号）は，社会福祉施設をはじめとする保健衛生業において，直近10年間で発生件数が2.7倍に増加していること等を踏まえ，福祉・医療分野における介護・看護作業，長時間の車両運転や建設機械の運転の作業等を対象に，以前より広く職場における腰痛の予防を一層推進することを目的に，リスクアセスメントの推進を強調した。

ヨ　本条（法第65条の3）の背景となった災害等の代表例は，キーパンチャー（コンピュータに入力するデータを，パンチカードと呼ばれるカードに穴をあけて入力する作業者。通例，タイプライターのような文字盤を叩いて行う）の頸肩腕症候群であり（他に，タイピストや電話交換手でも同種の問題が生じてきた），昭和36年頃から発症が認められ，その後，頸肩腕症候群を苦にしたキーパンチャーの自殺が社会問題化した。

そこで，同年11月には関係業界が自主的に作業基準を作成し，労働省は昭和38年に「キーパンチャーの健康管理について」（昭和38年2月8日基発第112号）を公表したが，発症者が後を絶たなかったことから，昭和39年に通達を改め（昭和39年9月22日基発第1106号），工作物に穴をあける穿孔機の操作等の管理，作業環境管理，健康管理について，指導を行うこととしたほか，迅速・適正な補償のため，昭和50年には，業務上外の認定基準を示した（昭和50年2月5日基発第59号など）。

ラ　関係判例として，

電通事件・最2小判平12・3・24民集54巻3号1155頁，

佐川急便事件・大阪地判平10・4・30労判741号26頁，

が挙げられる。

前者は，新入社員が過労自殺した事案につき，使用者には労働者に対して過重な疲労・ストレス防止措置を講じる義務があるとする論拠として，本条が作業内容を限定せずに作業管理の努力義務を事業者に課していること，それが労基法の労働時間規制と共に，長時間労働による過重な疲労・ストレスによる心身の健康障害の防止を図っていることを挙げた。

後者は，運送業務従事者が業務上の腰への負荷により腰痛を発症し，その後も休業を挟んで同様の業務を続けた結果，長期休業に至った事案につき，

行政の通達（昭和45年7月10日基発第503号）を引用しつつ，

それが，人力での取扱いは55kg以下とし，それ以上の物は2人以上で取り扱うよう努めること，重量物取扱い時間の適正化を図ること，問診，姿勢異常，代償性変形（＊代償性とは，身体や組織が障害や損傷を受けた際に，他の機能や部分がその不足を補うために働くことを意味する）のチェック等の健康診断と事後措置を講じること等を定めているのに，

被告会社は，同通達が基準とする55kg以上の重量物，時には80kgの重量物を取り扱う労働を長時間させ，腰痛予防のための健診も実施していなかったため，安全配慮義務違反があったとした。

リ　法第65条の4は，潜水業務のような省令で定める危険業務について，もともとは，省令で定める基準に労働者の作業時間を制限する旨を定めた規定であり，

作業時間を制限することが有効に働き，

制限する必要がある危険業務につき，

省令で定める基準の範囲内に作業時間を制限して労働者の職業性疾病の発症を防止し，健康の保持増進を図る趣旨を有していた。

もっとも，作業時間の基準範囲内への制限の意味合いは，本条制定当初から変化している。一般的には，作業時間の抑制だが，潜水業務における減圧停止時間（高圧下で体内に蓄積した不活性ガスをなだらかに排出させるため，浮上の途中に一定の深度で停止させる時間）のように，必要な時間の確保を意味することもある。また，作業時間の一律的な規制を不要とするような関係機器の発達もみられる。

そこで，高圧則改正（平成26年12月1日厚生労働省令第132号）により，一律的に高圧下の時間や潜水時間を制限する規制が廃止され，減圧時間の確保等その適正化を図る定めが残された[22]（退避ないし救出のため，やむを得ず，スピーディーに減圧せざるを得ないような場合，速やかに再圧室や気こう室に入れて加圧すべきことも定められている〔高圧則第19条，第32条〕）。

なお，高圧則所定の潜水業務従事者（同規則第8条等を参照のこと）には，インストラクターダイバーや素潜り漁師等の一人親方も含まれるが，本条（法第65

条の4）の対象とはならない。

本条には，6カ月以下の懲役を含む罰則がある（安衛法第119条）。

本条の現段階での適用対象業務は，

高圧則所定の

潜水業務（施行令第20条第9号所定。免許を要する業務）及び

高圧室内業務（安衛則第36条第24号の2所定。特別教育を要する業務）であり，

高圧則は，これらの業務に伴う酸素中毒や減圧症[224]等の防止を図っている。

高圧室内業務の典型は，潜函工法（ケーソン工法）での作業室やシャフト内部での作業であり，これは，予め地上で箱状の構造物（ケーソン）を製作し，その重量を利用して地下に沈めていき，高圧の圧積空気を送り込み，地下水を排除しながら，内側の地盤を掘削・排土して，構造物を地下に潜らせていく施工法であって，橋梁の基礎，シールド立坑（シールドマシンを用いたシールド工法によって掘削される垂直堀の穴のことで，トンネルや地下構造物の建設に用いられる）などで，特に軟弱地盤で幅広く用いられている。

本条（法第65条の4）にいう「作業時間」は，労基法上の労働時間とは別次元の概念であり，

①規制対象となる危険作業に直接従事している時間と，

②減圧停止時間（高圧下で体内に蓄積した不活性ガスをなだらかに排出させるため，浮上の途中で一定の深度で停止させる時間）

のように，リスクの緩和のために制限されるべき時間と確保されるべき時間の両者を意味する。

潜水業務では潜降開始から浮上開始までの潜水時間，高圧室内業務では，加圧開始から減圧開始までの高圧下の時間が①にあたり，減圧停止時間等が②にあたる。

高気圧作業については，

健康影響の原因が高圧下の時間より減圧時間（減圧のためにかける時間）等にあることが判明したこと，

高気圧作業の健康障害リスクを低下させる呼吸ガスが開発されたこと

等から，2014（平成26）年の高圧則改正で，①（高圧下の時間）の規制が廃止され，②（減圧にかける時間）の規制に一本化された。

また，以前は減圧を停止すべき圧力と時間を直接定めていたが，同改正で，事業者自身がそれらを予め計画して実施すべきとされた（計画さえすれば，一律的基準は課さない方針）。

その際，

減圧を停止する圧力については事業者の裁量に任せ，減圧停止時間は，告示（平成27年1月9日基発0109第2号第2⑽ア）により，

不活性ガス（ヘリウムを代表として，高圧環境で使用されることがあり，酸素と混ぜるなどして潜水や宇宙飛行で使用される呼吸ガスの成分）の分圧（そのガスに含まれる各ガスごとの圧力）が人体が許容できる不活性ガスの最大分圧を超えない範囲で，各分圧下で必要となる停止時間を，当該告示が定めた計算式で設定することとされた。

すなわち，前提条件の多様性などを踏まえ，仕様基準からやや性能基準的な基準へと変質した。

違反の認定は，事業者自身が作成した計画に定めた減圧停止時間に反した場合や，告示が示す計算式に従わずに減圧停止時間を設けた場合等になされると解される。

2014（平成26）年の高圧則改正前は，減圧停止圧力・時間の把握は労働者自身が行う方針が採られていたが，同改正により，事業者責任となった（高圧則第1条，第12条の2第3項）。

高圧則第1条は，2014年改正により，

「事業者は，労働者の危険又は高気圧障害その他の健康障害を防止するため，作業方法の確立，作業環境の整備その他必要な措置を講ずるよう努めなければならない」

と定めるに至ったが，

ここでいう「その他必要な措置」には，

・工期の早い段階でのエレベータの設置や，

・空気減圧の計算上高い安全率に基づく計算式の採用，

・減圧の効率が高い呼吸用ガスの採用

等が想定されている。

高気圧作業に当たった労働者は，過飽和等の状態にあり，衝撃等で溶解ガスの気泡化が進むとの知見があること等を踏まえ，高圧則では，浮上・減圧終了時から一定時間の重激な業務への従事を禁じている（高圧則第18条第2項，第27条，安衛則第13条第1項第3号ト，平成27年1月9日基発0109第2号）。

ル　本条（法第65条の4）は，安衛法制定当時は第69条にあった条文を，1988（昭和63）年に現在の条文番号に移行したものである。

前述した通り，本条に紐付く高圧則の2014（平成26）年改正により，高気圧作業にかかる作業時間の規制はなくなり，事業者に作業計画を練らせ，そこに減圧停止時間等を盛り込ませることになった（停止時間等は，以前，高圧則別表〔減圧表〕で直接規制されていたが，理論的根拠の不明確さ等から2014〔平成26〕年改正で廃止され，所定の計算式による設定が求められることとなった〔身体の各組織に取り込まれている不活性ガスの圧力を計算し，その

値が人体の最大許容分圧〈M値〉を超えないように停止時間等を設定する方法〕）。

これにより，目下，本条のもとで，危険作業に直接従事している時間の規制は存在しない状態になっている。

レ 減圧症の急性症状には，

皮膚のかゆみ，関節痛から，致死性の呼吸困難，循環障害（血液が体内の組織や臓器に十分に流れない状態のこと。酸素や栄養素の供給が不足し，組織の機能不全や損傷を引き起こす）まで様々なものがあり，

慢性症状には，骨壊死等があり，

このうち骨壊死については，1965年頃から行われた九州労災病院による有明海沿岸でのタイラギ（平貝）採取をする潜水夫対象の調査等で明らかとなっていった。

最近の日本潜水協会の調査では，民間の潜水請負業者のうち，減圧症やそれに類似する疾患にり患した経験のある者が3割強，そのうち医療機関受診者は5割に充たなかった。

ロ 本条（法第65条の4）の関係判例として，

NTT事件・松山地判昭60・10・3判時1180号116頁が挙げられ，

海底電線ケーブル埋設工事のため潜水作業に従事していた潜水夫が，酸素ボンベの空気がなくなりかけて急速に浮上したところ，潜水病にり患し，

直接の雇用主ではなく，その雇用主から彼を借り受け，Y1に派遣し，なおかつ契約上その監督を行う予定だったY2と，

Y2から彼の派遣を受けて，実際に使用したY1の責任が問われた事案について，

先ずY1については，潜水夫との実際の使用関係から安全配慮義務の存在を認めた上，

高圧則第29条が定めるボンベの給気能力の伝達と監視要員の設置のいずれも怠っていたことが安全配慮義務違反とし，

次にY2については，契約上潜水作業の監督をすることが予定されていたことから安全配慮義務の存在を認めた上，

Y1に潜水の知識がなかったのに，安全管理要員を派遣しなかったことが安全配慮義務違反とする一方，

潜水夫本人は，潜水の知識を十分持っていた以上，潜水時間，浮上時間，空気ボンベの給気能力を計算できたはずなどとして，2割の過失相殺を認めた。

2014（平成26）年の高圧則改正で，高圧下作業による健康障害防止のための体制整備等の第一義的責任を直接の雇い主である事業者が負うことが明示されたが，本判決からも窺われるように，民事の安全配慮義務は，元より指揮命令権者を筆頭に，危険の予見や管理が可能な者に課されるので，（＊三柴の見解では，）民事過失責任の判断にはさほど影響しないようにも思われる。

【事件に関する技術専門家の意見】

1）事実関係について
典型的な潜水病の事案である。
窒素が血液に溶け込んで，浮上で減圧するとサイダーのように気泡が発生し，血管が閉塞するなど様々な異常が生じる。
2）判決について
派遣元（Y2）と派遣先（Y1）の双方に過失責任を認めた本判決は妥当と思う。
正直なところ，本件はけっこうひどい事例だと思われる。
というのも，派遣先（Y1）は，潜水に関する知識のないまま潜水夫を指揮したこと自体おかしい。少しでも潜水に関する知識があれば，高圧則第31条が定めるような急浮上回避策などの措置を講じたはず。
派遣元（Y2）も，派遣元でありながら，危険な潜水作業について現場で安全管理しなかったことは，大きな落ち度である。
そもそも二重派遣（職安法，労働者派遣法違反）でもあり，会社，本人共にコンプライアンス意識や安全意識が欠けていたように感じる。
3）未然防止策について
重要なのは，高圧則第31条が定める通り，減圧に時間をかけることである。
減圧しないうちに2度目の潜水をすると，潜水病り患のリスクが高まる。
ベテラン作業者に悪慣れが生じる傾向があるので，再教育が必要と思う。
［宮澤政裕氏（建設労務安全研究会）］

ワ 高圧下作業と同様に作業時間の規制が有効に働く可能性が高い作業に，

チェンソー作業，研磨，石切，木の皮むき等の振動作業があり，

振動障害のリスクがある。

振動障害の典型例は，白ろう病とも呼ばれるレイノー現象のほか，しびれ，骨・関節系障害などである。

元は，1965（昭和40）年に，NHKで「白ろうの指」と題する番組が放映され，社会問題化したことがきっかけで，日本産業衛生協会の研究会が報告書を公表するなどし，

1970（昭和45）年に，労働省が，「チェンソー使用に伴う振動障害の予防について」（昭和45年2月28日基発第134号）を発出するに至った。

その後，昭和50年に，「チェンソー取扱い業務に係る健康管理の推進について」（昭和50年10月20日基発第610号）が発出された後，

同年に，「チェンソー以外の振動工具の取扱い業務に係る振動障害の予防について」（昭和50年10月20日基発第608号）が発出され，

これらの通達の中に含まれた指針では，振動業務の時間的，日数の制限等が示されたが，この時点では，工具の振動値が考慮されていなかった。

現在の通達では，振動工具の振動加速度レベルに応じたばく露時間規制が設けられている。

すなわち，

「周波数補正振動加速度実効値の3軸合成値」

（使用する振動工具の全ての振動について，前後，左右，上下の3方向測定して，人体に影響を与える周波数帯域を抽出し，補正して振動の強さとして振動値を合成した値。手腕への振動の強さを表す[225]）と

1日の振動ばく露時間を把握して，

所定の計算式で1日あたりの振動ばく露量を求め，

それが$5.0 m/s^2$を超えれば，ばく露時間の制限，工具の変更等が求められるようになっている。

ヲ　法第66条は，医師・歯科医師による各種の健診制度について定めており，

第1項が一般健診，

第2項が有害業務従事者への特殊健診，

第3項が歯科医による特殊健診，

第4項が特に必要がある場合の臨時健診，

第5項が労働者自身の選択した医師・歯科医師による健診の代替

を定めている。

本条が定める健診は2種類あり，

特殊健診は，職場に特有の有害要因による健康障害の早期発見と，そのリスクの評価ないし作業環境改善へのフィードバック，個別の就業調整（就業制限，適正配置等）を主な目的とし，

一般健診は，個々の労働者の健康状態から職務適正を評価すること，それに基づく脳心臓疾患，生活習慣病の発症や増悪等の防止を主な目的とし，これも個別の就業調整（罰則なしの義務），保健師等による保健指導（努力義務）との連携を予定している（安衛法第66条の7）。

第1項～第3項の健診実施義務違反には罰則（法第120条第1号）が付され，

第4項による労働局長からの指示違反にも罰則（法第120条第2号）が付されているが，

第5項が定める労働者の受診義務違反に罰則は付されていない。

事業者の健診実施義務は，民事上の安全配慮義務の内容にもなり，労働者の個人的利益の確保も図っているため，労働者の履行請求権を肯定する見解もあるが，それのみで健康管理が叶うわけでもないので，個々の労働者による個別的な解決より，公法的手段による方が適切と解される。

ン　法定一般健診には，

①雇入れ時健診（安衛則第43条）と

②定期健診（同条第44条）があり，

いわゆる非正規労働者も想定し，1年以上雇用され（ることが見込まれ），週ごとに通常労働者に近い就労をする「常時使用する労働者」であれば対象になるとされている。

このほか，

③特定の有害業務に従事する者（特定業務従事者）を対象とする配置換え時及び以後定期の健診（安衛則第45条），

④海外派遣労働者対象の健診（同第45の2），

⑤給食従事者対象の検便（同第47条）

があり，

③の対象者も常時使用労働者だが，雇用継続期間が6カ月以上あればよいとされている。

①雇入れ時健診は，適正な配置や配置後の健康管理等を主な目的としており（昭和47年9月18日基発第601号の1），安衛則が定める項目について，直近に所定の同類の健診を受けたことを事業者に知らせた場合のその項目を除き，実施されるべきとされている。ただし，医師の判断により，全部又は一部を省略できる（安衛則第44条の2）。

検査項目には，それぞれ目的があり，例えば，

既往歴は適正配置等，

業務歴は有害業務歴の確認等，

自他覚症状は身体特性の確認等，

胸部エックス線検査は結核等の有無の確認，

肝機能検査は肝機能障害や脳心臓疾患の発症リスクの確認等，

血中脂質検査は高脂血症の確認等，

血糖検査や尿検査は糖尿病や腎機能障害の発症リスクの確認等

であり，総じて，本人の身体特性，健康状態等を踏まえた適正配置，健康管理等を目的としている。

自覚症状の検査では文字通り本人の自覚を聴取し，他覚症状の検査では，本人の業務歴（特に有害業務歴）等も踏まえ，医師の判断で検査項目が設定される旨通達されている。

採用選考時健診は，雇入れ時健診とは異なる法定外健診であり，禁止されてはいないが，応募者の適性と能力を判断する上での必要性を吟味すべきとされている（平成13年4月24日付け職業安定局課長補佐名事務連絡

等)。

②定期健診は、まさに労働者の健康状態に応じた適正配置や健康管理等を目的としており、

1年に1回、雇入れ時健診とほぼ同じ項目について行われるが、

胸部エックス検査の項目には喀痰検査の選択肢が加えられている。

平成10年の告示（平成10年6月24日労働省告示第88号）により、既往歴・業務歴、自他覚症状、血圧、尿、心電図以外の検査・調査は、一定の基準を充たす場合、医師の判断で省略可能とされている。

その主な基準は年齢であり、身長につき20歳以上とされているほか、

腹囲、胸部エックス線、喀痰、貧血等について、原則として40歳未満とされている。

胸部エックス線検査については、学校、病院等で就労する者や、常時粉じん作業に従事する者は省略不可とされている。

③特定業務従事者健診は、衛生上有害な特定業務の従事者を対象に、

当該業務への配置換えの際及び以後半年以内の定期に、

一般定期健診と同じ項目につき実施するもので（特殊健診の場合、標的臓器等を想定して健診項目を絞るが、この健診では、項目を幅広くとる点が特徴の一つである）、

一般定期健診同様に項目の省略が認められる。

また、この健診のうち、半年以内の定期に行われるものの場合、貧血、肝機能、血中脂質、血糖、心電図といった肝機能障害や脳心臓疾患等に関わる検査は、前回実施されていれば、医師の判断により省略できる（安衛則第44条第2項、第3項）。

本健診の対象となる衛生上有害な業務は、

多量の高熱物体を取り扱う業務や著しく暑熱な場所での業務（暑熱業務）、多量の低温物体を取り扱う業務や著しく寒冷な場所での業務（寒冷業務）から、有害放射線業務、一定の塵埃にばく露する業務、異常気圧下業務、振動業務、重量物取扱い業務、騒音業務、坑内業務、深夜業務、水銀等の有害物取扱い業務、鉛、水銀、クロム、ヒ素等の有害物のガスや粉じんにばく露する業務、病原体による汚染のおそれが著しい業務等

であり、深夜業務を除き、職場特有の有害要因に関わる業務である。

これらの業務のうち一部（暑熱業務、寒冷業務、塵埃ばく露業務、異常気圧下業務、振動業務、重量物取扱い業務、騒音業務、鉛・水銀等の有害物のガスや粉じんにばく露する業務）については、

1178通達（昭和23年8月12日基発第1178号）

で数値基準も示されているが、これはさしあたりの基準であり、約70年間実質的な改正がなく、現在の許容濃度を超える結果となっているほか、多くの産業医がこの基準を用いていない等の問題が生じている。[226]

深夜業務については、別の通達（昭和23年10月1日基発第1456号）で、業務の常態として、深夜業を週1回以上か月4回以上行う業務とされているが、監督官経験者（玉泉孝次氏）によれば、安衛則第50条の2（「6カ月平均」）の援用により、6カ月平均で月4回以上をもって該当と判断しているという。

もっとも、監督官経験者（玉泉孝次氏）によれば、1178通達の存在自体、監督官にも殆ど知られていなかったという。医師対象のアンケートでは、深夜業についてのみ、この通達の基準を使用している者が多かったという。[227]

特定業務従事者健診については、深夜業について年2回の実施を維持する必要が認められるものの、一般健診と同じ項目を検査する意義が乏しく、特殊健診との一本化が望ましいとの指摘がなされてる。[228]

しかし、エチレンオキシド（平成13年4月27日基発第413号）やホルムアルデヒド（平成20年2月29日基発0229001号）のように、発がん部位を十分特定できておらず、標的臓器の特異性がないことから、あえて特殊健診ではなく、特定業務従事者健診の検査対象とされたものもあるので、[229]一本化に際しては、そうした点を踏まえる必要がある。

④海外派遣者健診は、海外に6カ月以上派遣される労働者や、逆に6カ月以上の勤務から国内勤務に就く労働者を対象に実施するものであり、

基本的な目的は、

派遣者の場合、海外派遣の可否や条件の判断、派遣中の健康管理、

帰国者については、国内業務における就業上の配慮や健康管理であり、

定期健診項目のほか、以下の項目が、医師の判断で付加される。

すなわち、

派遣者と帰国者共通の検査項目は、胸部画像（目的：胸部の実施臓器の状態の確認等）、血液中の尿酸の量（目的：痛風の有無の確認等）、B型肝炎ウイルス抗体（目的：海外で感染する場合に備えた初期状態の確認等）であり、

派遣者のみの検査項目は、血液型（目的：輸血の必要への対応等）、帰国者のみの検査項目は、糞便塗抹（目的：感染症の有無の確認等）である。

⑤給食従事者の検便は、事業場の食堂や炊事場の衛生のため、具体的には消化器伝染病（消化器系〔胃腸〕に感染する病気で、細菌、ウイルス、寄生虫などによって引

き起こされる。食物や水を介して感染し，下痢，嘔吐，腹痛などの症状を伴う。代表例にノロウイルス感染症や赤痢がある）や食中毒の防止のために設けられた制度である（安衛則第47条参照）。

ア2　一般健診の基本的性格は1次健診であり，これに基づく再検査や精密検査は任意だが，

業務上の事由が重要な要因となる脳心臓疾患の防止を目的とする2次健診とその結果に基づき医師又は保健師によりなされる特定保健指導（労災保険法に基づくものであり，メタボ対策に関する限り，高齢者医療確保法や国民健康保険法に基づくものと趣旨は似ているが，異なる制度である〔三柴〕）は，労災保険から給付される。

事業者は，2次健診の受診，結果の提出共に働きかけるべきとされている（健診事後措置指針2(2)。なお，この指針は，一般健診，特殊健診，臨時健診，深夜業務者健診，2次健診など法第66条，第66条の2，労災保険法第3章第2節が定める全ての健診を対象としている）。

2次健診結果の提出を受けた事業者には，一般健診におけると同様に，医師等からの意見聴取の義務が課されている（労災保険法第27条，安衛法第66条の4）。

イ2　特殊健診は，

一定の有害業務（安衛法施行令第22条）に従事する労働者を対象に，

雇入れ時（主に就業者の健康状態の初期値を測ると共に配置適性等を測るため），

当該業務への配置の際及びその後定期的に（原則として6カ月以内），

特定の項目につき，医師による実施が義務づけられており，具体的には，有機則，四アルキル鉛則，鉛則，電離則，高圧則，特化則に定められ（例えば，高圧室内業務の場合，既往歴及び高気圧業務歴のほか，関節や腰・下肢の傷み・耳鳴り等のほか，鼓膜や聴力，血圧，尿中の糖やタンパク等），

主に，業務経歴，作業条件，有害要因の標的臓器や健康影響が評価される。

特殊健診の中でも特殊なものとして，

・緊急の放射線業務従事者対象の健診（配置換え時と1回／月）（電離則第56条の2），

・特化物の漏洩時等における都度の健診（特化則第42条）

等がある。

安衛法施行令第22条が定める特殊健診を行うべき業務と，作業環境測定の義務の関係は，資料184の通りである。

なお，現在は有害業務に従事していなくても，過去に従事した者には，潜伏性の疾患等を想定し，早期発見・早期対応等のため，特定の特殊健診を行うこととされている（法第66条第2項，安衛法施行令第22条第2

資料184

号数	業務内容	測定
①	高圧室内作業	―
②	放射線業務	○*1
③	特定化学物質を製造し，若しくは取り扱う業務	○*2
	ベンジジン等，製造等が禁止される有害物等を試験研究のため製造し，若しくは使用する業務	―
	石綿等の取扱い若しくは試験研究のための製造若しくは石綿分析用試料等の製造に伴い石綿の粉じんを発散する場所における業務	○*3
④	鉛業務（遠隔操作によって行う隔離室におけるものを除く。）	○*4
⑤	四アルキル鉛等業務（遠隔操作によって行う隔離室におけるものを除く。）	―
⑥	屋内作業場等，一定の場所で所定の有機溶剤を製造し，又は取り扱う業務	○

*1　放射線業務の場合，測定対象も特殊健診対象も，一定の管理区域での作業（従事者）が中心となる点は共通だが，測定対象は，屋内作業場であること，特殊健診対象は，そうした業務の常時従事者である。
*2　オーラミン・マゼンタ等については，取り扱っていても製造していない事業場では，測定対象とならない。また，エチレンオキシド，ホルムアルデヒドを取り扱う業務は，標的臓器が不明なため，特殊健診の対象ではなく，一般的な健診項目が立てられた特定業務従事者健診の対象とされている。
*3　コークス炉に接する作業等を行う作業場は，測定のみが義務づけられている。
*4　鉛業務のうち一部は作業環境測定の対象とならないことにつき，本書Ⅲ第七章第65条 2 1(9)参照。

項）。

その対象業務は，製造禁止や製造許可対象の発がん性物質の製造又は取扱いを行う業務である（安衛法施行令第22条第2項，石綿則第40条第2項，特化則第39条第2項，第4項）。

特殊健診のうち，じん肺予防のための健診は，じん肺法にも定めがあり（じん肺法第1条，第7条以下），事業者が同法に基づくじん肺健診を行った場合，本条（法第66条）第1項又は第2項に定める健診は免除されることとなっている（同第10条）。

じん肺健診の対象は，「常時粉じん作業に従事する労働者（過去それに従事した者を含む）」であり，その内容は，就業時・離職時健診のほか，定期・定期外健診であり，資料185の通り，管理区分等により実施頻度が決められている（じん肺法第7条乃至第9条の2）。

ここでの管理区分は5段階で，管理2以上がじん肺所見ありを示し，その進行度合いに応じて数字が大きくなる（じん肺法第4条第2項）。じん肺管理区分は，労働者・事業者からの随時申請等により手続きが開始され，労働者の住所地の管轄労働局長が，地方じん肺診査医の意見を参考に決定する（じん肺法第12条乃至第13条，第15条乃至第16条）。

じん肺管理区分の意味と対応する就業上の措置は，資料186の通り（同第20条の2乃至第23条）。

ウ2　法第66条第3項が定める歯科医師による健診も特殊健診の一環であり，

資料185

種類	対象者		実施頻度
就業時	新たに常時粉じん作業に従事することになった労働者		就業時
定期	現在常時粉じん作業に従事する労働者	管理2又は管理3の労働者	1年1回
		上記以外	3年1回
	過去に常時粉じん作業に従事したが、現在は非粉じん作業に従事する労働者	管理3の労働者	1年1回
		管理2の労働者	3年1回
定期外	常時粉じん作業に従事する労働者（管理2乃至4の労働者を除く）が、安衛法に基づく健康診断において、「じん肺所見あり」または「じん肺の疑いあり」と診断されたとき		遅滞なく
離職時	現在、常時粉じん作業に従事する労働者が希望する場合	管理2又は管理3の労働者であって、前回のじん肺健診から6カ月以上経過	離職時
		上記以外で前回のじん肺健診から1年6カ月以上経過	
	過去に常時粉じん作業に従事したが、現在は非粉じん作業に従事する労働者が希望する場合	管理2又は管理3の労働者であって、前回のじん肺健診から6カ月以上経過	

（石崎由希子作成）

塩酸、硝酸、硫酸など、<u>歯やその支持組織にとって有害な物のガス等にばく露し得る業務</u>に常時従事する労働者に対し、

雇入れ時、当該業務への配置、配置後6月以内の定期の実施を義務づけている。

エ2 法第66条第4項は、

都道府県労働局長が必要を認める場合、

労働衛生指導医の意見に基づき、

臨時健診等を事業者に命じ得る旨を定めている。

指示すべき場合は、

健診結果や労働者の愁訴等から特定の疾病が窺われる場合、

有害物が大量に漏洩した場合、

原因不明の健康障害が発生した場合

等であり（昭和47年9月18日基発第601号の1）、

指示内容には、検査法、検査結果の報告に関することのほか、作業環境条件の測定や改善方法の検討等も含まれる（同上）。

東日本大震災に伴う福島第一原発事故に際して、本条に基づく指示が複数回出された。

また、近年のメンタルヘルス対策の推進の一環で、「『過労死等ゼロ』緊急対策を踏まえたメンタルヘルス対策の推進について」（平成29年3月31日基発0331第78号、最終改正：令和4年3月31日基発0331第33号・雇均発0331第5号）が通達され、長時間労働者に対して、過重労働による健康障害防止対策が講じられていない場合、適宜、該当者全員への臨時健診として医師による問診（緊急面接）を実施するよう要望された。

オ2 法第66条第5項柱書は、労働者の健診受診義務を定めており、これは、事業者の実施義務の履行確保を図ったものである。

しかし、健診も医行為（的行為）である以上、医師―患者間の信頼関係が重要な意味を持つことを理由として、同条項に但書が設けられ、医師選択の自由が保障されたと解される（三柴）。

カ2 法定健診の費用は、その実施が事業者の法的義務なので、事業者が負担すべきとされているが（昭和47年9月18日基発第602号）、

一般健診は、一般的な健康確保を目的としていることから、それにかかる時間を労働時間として、当然に

資料186

区分	健診結果	措置
管理1	じん肺の所見がないと認められるもの	―
管理2	エックス線写真の像が第1型で、じん肺による著しい肺機能の障害がない（F（−）またはF（＋））と認められるもの	粉じんばく露提言措置の努力義務
管理3イ	エックス線写真の像が第2型で、じん肺による著しい肺機能の障害がない（F（−）またはF（＋））と認められるもの	粉じんばく露提言措置の努力義務 都道府県労働局長からの勧奨による作業の転換の努力義務（転換手当：30日分）
管理3ロ	エックス線写真の像が第3型または第4型（大陰影の大きさが一側の肺野の3分の1以下のものに限る）で、じん肺による著しい肺機能の障害がない（F（−）またはF（＋））と認められるもの	作業の転換の努力義務 （転換手当：30日分） （必要なと認められるときは都道府県労働局長により作業転換指示。この場合の転換手当：60日分）
管理4	1 エックス線写真の像が第4型（大陰影の大きさが一側の肺野の3分の1を超えるものに限る）と認められるもの 2 エックス線写真の像が第1型、第2型、第3型または第4型（大陰影の大きさが一側の肺野の3分の1以下のものに限る）で、じん肺による著しい肺機能の障害がある（F＋＋）と認められるもの	療養

（石崎由希子作成）

賃金を支払う義務はないとされている（同前）。

しかし，特定業務従事者健診，海外派遣労働者健診，給食従事者の検便に要する時間は，労働時間であり，賃金時間（賃金を支払う義務のある時間）と解される。

最近の裁判例（社会福祉法人セヴァ福祉会事件・京都地判令4・5・11労判1268号22頁）には以下のようなものがある。すなわち，

原告労働者が4回分の健診を自ら選んだ医療機関で受診した費用につき，被告会社に不当利得返還請求した。

被告会社側は，会社として指定医を設けているのに，あえてそれ以外で受診する費用まで会社が負担すれば，健診費用の予測がつかないこと等反論したが，

判決は，そもそも被告会社が主張する医療機関は指定医と認められないし，安衛法第66条第5項からすれば，必要性と合理性の範囲内での費用償還請求は拒めない，とした。

キ2　派遣労働者への一般健診の実施義務は派遣元が負い，

特殊健診の実施義務は派遣先が負う（労働者派遣法第45条第1項，第3項）。

ただし，派遣先で有害業務に従事した労働者の配転後の特殊健診の実施義務は，派遣元が負う。一般健診結果を派遣元が派遣先に提供する際には，労働者本人の同意が必要とされている（健診事後措置指針3(6)）。

派遣元による一般健診の実施に際して，派遣先は，

労働者の就業時間，業務内容，職場環境等の就業条件を通知する，

派遣元が就業上の措置を講じる際に求めに応じて協力する

等の協力をなすべき旨が定められている（派遣法第42条第3項，施行規則第38条，健診事後措置指針3(1)(2)(3)）。

派遣先が特殊健診結果に基づき就業上の措置を講じる際には，派遣元と連絡調整を行い，措置内容を派遣元に知らせるべきとされている（健診事後措置指針3(3)）。

特殊健診結果（派遣元の場合，派遣先から送付された結果の写し）は，派遣先と派遣元の双方が保存せねばならないとされている（派遣法第45条第10項，第11項）。

派遣元は，特殊健診結果を本人に通知すべきとされている（健診事後措置指針3(5)）。

ク2　健診制度の制度史をみると，

戦時下の労働力強化の要請と，結核の蔓延，労働者の健康状態の悪化等が強いドライブとなった。

すなわち，支那事変の拡大と共に軍需産業での長時間残業等による労働者の健康状態の悪化や災害の増加が進んだこと等を受け，

内務省社会局から日本産業衛生協会の総会に肺結核の予防について諮問され，

1933（昭和8）年11月に，採用時の体格検査や健康診断で，肺結核の素因を持つ者を職場から排除することのほか，定期的なツベルクリン反応，喀痰検査（*いずれも結核に関係する。喀痰検査ではがん等も調べられる〔三柴〕）の励行等を内容とする答申がなされ，現にそれ以前から定期健診，過労防止等の行政指導がなされていたが，状況が改善せず，特に結核患者は増加の一途を辿った。

そこで，内務省社会局は，1937（昭和12）年に，地方庁に対して「軍需品工場に対する指導方針」（昭和12年10月8日発労第96号）を発出し，健診による疾病の早期発見と予防，有害業務従事者への一層厳重な措置の必要性を示した。

また，翌1938（昭和13）年には，陸軍省による国民体力の増強へ向けたイニシアチブを受け，厚生省(230)（体力局，衛生局，予防局，社会局，労働局の5局等から成る）が設置されると共に，工場法（明治44〔1911〕年制定，大正5〔1916〕年施行）に紐付く「工場危害予防及衛生規則」を改正し，

常時使用職工500人以上の工場の工場主に工場医の選任を義務づけつつ，

衛生上の危害が少ない工場については，地方長官の許可により免除され得ることとし（工場危害予防及衛生規則第34条の3第2項，第5項），

なおかつ，工場主を名宛人として，工場医に最低年1度の健診をなさしめ，その記録を3年間保存させることとした（同第7項，第8項）。

その後，1940（昭和15）年には工場危害予防及衛生規則が改正され，

健診の対象工場が常時使用職工数100人に拡大されたほか，

ガス，蒸気等を発散するような有害業務従事者につき，毎年2回実施すべきこととされ，これが現行の特定業務従事者健診の走りとなった。

1942（昭和17）年には，やはり工場法に紐付く工場法施行規則が改正され，労働力の維持培養，工場衛生の改善強化等を目的に，

工場法が適用される全労働者を対象に，

雇入れ時健診（施行規則第8条），

衛生上有害な業務従事者への年2回の健診（同第8条の2），

健診結果の記録と保存（3年間）（同第8条の4），

要注意職工に対する医師の意見を踏まえた療養指示，就業上の配慮（就業場所・作業の転換，就業時間の短縮，休憩時間の増加等）（同第8条の5）

を含め，現在と同様の法定一般健診制度が形成された。従前，健診は，工場医の任務の一つとされるにとどまっていたが，これに伴い，明確に，職工10人以上の工業主が職工に実施すべき義務と位置づけられることとなった。

現行の特定業務従事者健診については，昭和17年2月24日付け厚生次官発各地方長官宛「工場法施行規則中改正省令施行に関する件」で，衛生上有害な業務を特定したほか，その別添で，A（健常者）からH（要療養結核り患者）にわたる8つの健診結果の判定区分と講ずべき措置を定めた。

検査項目は，

身長・体重等の体格検査，視力・聴力・色神等の機能検査，感覚器，呼吸器，循環器，消化器，神経系等の一般臨床医学的検査の他，

「ツベルクリン」反応検査を全員に実施し，

陽性反応者にはエックス線間接撮影等を実施し，

結核性病変の疑いがある者にはエックス線直接撮影，赤血球沈降速度検査及び喀痰検査

を実施するものとした（同第8条の3）。

以上の通り，この頃は，職域における一般健康診断を結核健診網の一翼とする方向性が図られていた。

なお，この工場法施行規則改正に伴い，工場危害予防及衛生規則の健診及び工場医に関する規定のうち一部（工場医選任や健診に関する規定）が施行規則に移動し，整理された（昭和17年2月10日厚生省令第8号）（工場医の所掌や巡視の権限等に関する規定は工場危害予防及び衛生規則に残された）。

1947（昭和22）年の労基法制定の際，従前は規則（工場法施行規則）で定められていた法定健診結果に基づく事後措置（就業上の配慮）が，法律レベルに格上げされた（旧労基法第52条第1項，第3項）。

同法制定当初は，

①常時使用労働者数50人以上の事業（工場のみならず，一般の会社，官公署，農林畜産業，学校等を含む）で常時使用労働者を雇用する場合と，

②有害業務（現行の特定業務従事者健診の対象と同じ）で常時使用労働者を雇用する場合に，

①では年1回，②では年2回の定期健診を義務づけていた。

①では衛生管理者の選任が義務づけられ，その中に「医師である衛生管理者」が含まれ，健診を担当することとされていた。

また，

③製造業，鉱業，土木建築業，道路・船舶運送業，港湾運送業，飲食宿泊業など，1次産業から3次産業にわたる殆どの業種（旧労基法第8条が定め，現行労基法では別表第1が定めるもの。農林・水産等の1次産業のほか，金融・保険業など一部の業種のみが除かれる）に常時従事する労働者には，

その規模（常時使用労働者数）を問わず，年1回の定期健診を義務づけていた（その結果，③が適用されず，①に該当しない常時使用労働者数50人未満の事業では，健診義務が免除されることとなっていた）。

雇入れ時健診と定期健診の検査項目は，やはり，

身長・体重等の体格検査，視力・聴力・色神等の機能検査，感覚器，呼吸器，循環器，消化器，神経系等の一般臨床医学的検査のほか，

「ツベルクリン」反応検査，エックス線検査，赤血球沈降速度検査及び喀痰検査，その他労働大臣の指定する検査

だったが，臨床医学的検査以外は医師の判断等で省略可能とされていた（旧安衛則第50条）。

旧労基法第52条第2項に，医師選択の自由を保障する規定が設けられた。

その制定過程では，労働者が選択した医師の所見の信用性に疑義が挟まれるなどしたが，本人が望まない医師による健診は困難であること，使用者が選択する医師の所見なら信用できるとも言えないこと，労基法上の健診の趣旨は，健康管理，作業環境改善等であり，休業手当の支給決定等の経済的利益に直接関わらないこと等が政府から回答された経緯がある。

旧労基法第101条第2項（現行安衛法第91条第2項）に医師である労働基準監督官制度が設けられ，就業禁止措置が必要な疾病り患の疑いのある労働者の検診の権限が付与された。

特殊健診制度の歴史を辿ると，

1951（昭和26）年に，GHQの要請を受けて四エチル鉛危害防止規則（昭和26年5月1日労働省令第12号）が制定され，

四エチル鉛の取扱者に対し，

体重，一定条件下での血圧，ヘモグロビン，塩基性斑点を持つ赤血球を項目として，

雇入れ時と年4回の健診が義務づけられたのが嚆矢と解される。

その後，1954（昭和29）年の労基法改正で，特定業務従事者対象歯科医師健診規定が設けられた。

1956（昭和31）年には，「特殊健診指導指針」（昭和31年5月18日基発第308号）が，一定の有害業務等につき特別な項目を検査する特殊健診の仕組みを示し，

1963（昭和38）年には，「健康診断結果に基づく健康管理指針」（昭和38年8月19日基発第939号）がその事後措置（健康管理区分表等）の仕組みを示した。

それと相前後する1959（昭和34）年から1971（昭和46）年にかけて，電離則，有機則，高圧則の前身となる高気圧障害防止規則，鉛則，特化則が制定され，特

殊健診が規定された。

じん肺法関係では，

1955（昭和30）年に，労働省のじん肺巡回健診結果を踏まえ，けい肺等特別保護法が制定され，一定の粉じん作業常時従事労働者を対象に，雇入れ時健診，定期健診，離職者継続健診等の実施が義務づけられた。

1960（昭和35）年には，けい肺以外の鉱物性粉じんの吸入によるじん肺も対象とするじん肺法が公布された。

<u>1972（昭和47）年に安衛法が制定されて設けられた本条（法第66条）</u>と，同年9月に公布された<u>現行安衛則</u>の関連規定により，<u>全業種，全規模の事業を対象とする法定健診制度の基本が定まった</u>。

その後，

1977（昭和52）年改正（昭和52年7月1日法律第76号）で，健診結果の記録義務が定められ（当時の法第66条第6項），

作業環境評価に関する規定（当時の法第65条第6項。後の法第65条の2）の導入とあわせ，健診結果に基づく事後措置に，作業環境の測定や改善措置が盛り込まれた。

1996（平成8）年改正（平成8年6月19日法律第89号）では，

医師からの意見聴取（安衛法第66条の4）（それ以前の安衛法は，第66条第7項で，事業者が健診結果を踏まえ，必要に応じて就業上の措置を講じることを定めていたが，この措置は定めていなかった）[231]，

事後措置指針（同第66条の5），

労働者に対する一般健康診断結果の通知（同第66条の6），

保健指導（同第66条の7）

に関する定めが設けられ，

1999（平成11）年改正（平成11年5月21日法律第45号）では，深夜業従事者の自発的健康診断提出に係る規定が設けられた。

ケ2　健診項目の変遷をみると，

現行安衛法制定時点において，

雇入れ時健診と定期健診の検査項目には，

従来からの，身長・体重等の体格検査，視力・聴力（及び雇入れ時に限り色神等の）機能検査，エックス線検査（及び喀痰検査）が踏襲されると共に，

既往歴と業務歴，自他覚症状，血圧，尿の検査が追加された。

このうち自他覚症状調べの追加に伴い，従来の感覚器，循環器等の臨床医学的検査が削除された。これは，労働者の愁訴や問診をベースにして，医師が検査項目を判断する趣旨である。

業務歴の追加は，労働者の健康状態との関連を測る趣旨であり，定期健診を結核健診から労働者健診へと変質させるものだったと解される。

雇入れ時か定期の健診で結核発病のおそれが認められた労働者には，その後結核健診を行うべき旨も定められた。

1989（平成元）年には，成人病対策として，安衛則改正により，貧血，肝機能，血中脂質，心電図の検査が追加された。

また，海外派遣労働者の増加を受けて，同年の法改正で，海外派遣労働者健診が新設された。

1998（平成10）年には，成人病対策の強化，過労死対策のため，HDLコレステロール，血糖，尿中糖の検査が追加されると共に，肥満尺度としてのBMI（体重(kg)／(身長(m))^{2}で算出される）を健診個人票に記載することとされた。

この改正の際に発出された通達（平成10年6月24日基発第396号）では，

ストレスや生活習慣が脳心臓疾患の重要なリスクファクターであることを踏まえ，

プライバシーに配慮しつつ，「喫煙，飲酒を含む生活習慣に関する事項についても問診を行うことが望ましい」と記された。[232]

2001（平成13）年の安衛則改正では，それによる就労上の障害が少ないことや，却って偏見を招きかねないこと等から（平成13年7月16日基発第634号），色覚検査が健診項目から外された。

2007（平成19）年の安衛則改正では，健診項目に腹囲が追加され，血中脂質検査の対象が総コレステロールからLDLコレステロールに変更された。

前者は，BMIより腹囲の方が肥満のリスク指標として優位との見解が関係学会から示されたこと，後者は，日本動脈硬化学会が公表したガイドラインで，それが動脈硬化の強い危険因子になる旨指摘されていたこと等による。

また，血糖検査のみでは不正確だとして，尿酸検査の省略ができなくなった（平成20年1月21日基発第0121001号）。

結核検査についてみると，

2004（平成16）年に，一律的・集団的な結核健診の意義が希薄化したとしてなされた<u>結核予防法</u>（2006〔平成18〕年に廃止され，<u>感染症法に統合された</u>）<u>改正を踏まえ</u>，

2009（平成21）年になされた法改正で，

<u>結核健康診断</u>（雇入れ時，定期健診等において，結核の発病のおそれがあると診断された労働者に対し，その後概ね6月後に行われるエックス線直接撮影による検査及び喀痰検査等の健康診断）<u>が廃止され</u>，

結核菌にばく露する機会が多い職種や発症すると2次感染リスクが高い職種に限定して年1回の定期健診

の実施を義務づけることとなった。

コ2　健診制度の背景をみると,

定期健診の実施勧奨がなされるようになった昭和初期は結核り患率が高く,

1930（昭和5）年のり患率を,男子約8％,女子約17％とするデータもある。

死因をみても,1940（昭和16）年前半までは結核による年間死亡者数が増加傾向にあり,17万人程度に達したが,おそらくはペニシリンの処方等が奏功し,1950（昭和35）年頃から著しく減少した。

他方,この頃から脳血管疾患,がん（悪性新生物),心疾患等のいわゆる成人病（生活習慣病）の死因順位が上昇し,1955（昭和40）年頃にはがんが死亡率1位となって,その後も増加傾向にある。

サ2　令和3年定期健康診断結果報告によれば,

定期健診の有所見率は1991（平成3）年から増加傾向にあり,2021（令和3）年には58.7％であった。

特に血中脂質の増加傾向が顕著であるほか,血圧や血糖値も増加傾向にあること,

2020年「令和2年労働安全衛生調査（実態調査）」によれば,

正社員に対する一般健診実施事業所の割合は95.7％,

正社員の週所定労働時間の2分の1以上4分の3未満働くパートタイム労働者に対しては65％,2分1未満働くパートタイム労働者に対しては44.6％だった。

正社員と契約社員の一般健診受診率は高い（95％超）が,（対正社員の週所定労働時間数がその2分1以上の者も未満の者も含め,）パートタイマーや派遣労働者の受診率が6〜7割である。

2018年の「平成30年労働安全衛生調査（実態調査）」のうち事業所調査によると,

事業者側の特殊健診の実施率は,鉛業務,石綿取扱い業務,放射線業務がある事業所では8割を超えるが,

有機溶剤業務,特化物の製造・取扱い業務がある事業所では5〜6割にとどまっている。

粉じん作業にかかるじん肺定期健診（粉じん作業の常時従事者と従前の従事者のうち一定の者を対象とし,年に1度のものと3年に1度のものがある）の実施率も9割を超えるが,

粉じん作業従事者の雇入れ時,定期外（常時従事者で安衛法上の健診でじん肺所見等がある者,合併症による長期休業者で快復した者を対象とする),同じく離職時の健診となると,8割を切っている。

延べ受診者数を分母とした有所見率は,

石綿取扱い業務のある事業所で2割弱,

年1回のじん肺健診で3割弱

に上る。

2020年「令和2年労働安全衛生調査（実態調査）」によれば,

歯科健診を実施した事業所の割合は4.0％であり,本条（法第66条）第3項に基づくものの実施事業所割合は0.2％にすぎなかった。

監督実務経験者によれば,

鉛蓄電池の製造工場で製品に充電する際に硫酸ミストが発生する箇所,

メッキ工場で酸洗いに塩酸を使用している事業場,

研究で弗酸を使用している事業場

などで歯科健診の実施を是正勧告したことがあるという。

もっとも,単に有害物質があるのみでなく,「発散する場所」でなければならないし,実際に歯牙酸蝕症での症例が少ないこと等から,違反の指摘に消極的な監督官もいるとのことだった（玉泉孝次氏による)。

シ2　「平成24年労働者健康状況調査」（事業所調査）によると,定期健診不実施の理由に関する事業所の回答は,時間がないが4割強,費用がないが3割強,適当な健診機関等がないが約15％,健診の必要を感じないが約1割,事務的負担が1割弱,その他が約半数だった。

ス2　監督指導状況をみると,

是正勧告を典型とする違反の指摘件数を記した「労働基準監督年報」の定期監督等実施状況・法違反状況によれば,

例年,13万件強の定期監督等実施事業場のうち,第66条違反（＊平成31年以後は法第66条乃至第66条の6違反）が1万件から3万件程度となっており,違反指摘全体（概ね10万件程度）の1割から3割を占める。

令和2年の例では,一般健診義務違反が多く,特殊健診義務違反は少ないが,その中では,有機則違反,特化則違反の指摘が多い。

令和2年度厚生労働科学研究による行政官・元行政官向け法令運用実態調査（三柴丈典担当[23]）では,

定期健診不実施を理由とする安衛則第44条違反の監督指導例が多く,うち1件は,事業場が主体的に健診を実施しているとは言えないケース（＊おそらく労働者に任せてしまっているケース）であった。

健診実施の要件の一つである,「常時使用する労働者」に該当するか否かの判断に悩みを抱えているとの声もあった。

また,健診結果の本人への通知（法第66条の6,安衛則第51条）や監督署への結果報告（法第100条,安衛則第52条）違反の存否もみたうえで適用を判断する傾向を窺わせる回答があった。

特殊健診については,ドラフトチャンバー内で発煙

硝酸を使用する検査業務を行う労働者に<u>一般健診しか実施しなかった例</u>等が示された。

セ2 関連する刑事事件には、

1）雇入れ時健診や定期健診を行わず，時間外割増賃金も支払わなかった法人と代表取締役に罰金が科されたが，

時期を固定せず，健診自体は実施していたことや，健診実施機関の変更先を探索した経緯から，量刑が減らされたケースや，

2）会社の派遣担当者が，

時間的余裕がないとして派遣労働者2名の雇入れ時健診を省略し，医師名義の健診個人票を偽造して派遣先に提出したこと，

従前にも数十名の労働者の雇入れ時健診を省略したり，結果を書き換えたりしたこと

等を踏まえ，執行猶予付の懲役刑が命じられたケースがある。

このうち後者では，被告人側が，法第66条第5項（医師選択の自由の保障規定）を根拠に，労働者側が積極的に健診を受診すべき旨主張したが，（当然ながら）この規定により，事業者側の実施義務違反が免責されるわけではないことが明言された。

ソ2 関連する民事事件には，

①真備学園事件・岡山地判平6・12・20労判672号42頁や，

②東京海上火災保険・海上ビル診療所事件・東京高判平10・2・26労判732号14頁

などがある。(234)

①は，学校法人である被告が，

雇用する教員の健診については，民間医療機関に胸部エックス線間接撮影と尿中糖と蛋白の検査を委託し，

血圧は保健室に血圧計を用意して各教員の任意に委ね，

健診個人票の作成も校医による健康管理も行わずにいたところ，

被告で就業しており，悪性の高血圧症を基礎疾患にもつ高校教師が脳内出血で死亡したことを受け，その遺族が被告の健康管理に関する安全配慮義務違反に基づく損害賠償請求をなした事案を前提としており，

判決は，

安衛法上の事業者の健康確保の責務，健診実施及び事後措置実施義務，産業医選任義務，学校保健法上の健診実施及び事後措置義務，学校医の選任義務等を定めた規定の趣旨に照らし，

被告には，これらの規定内容を履行する公的責務と共に，雇用契約上の安全配慮義務として，健診実施及び事後措置等によりその健康状態を把握して適切な措置を講じる健康管理の義務があるとしたうえ，

定期健診項目に血圧検査があれば（判決の表現のママだが，「血圧検査が規程されているので」の趣旨であろう〔三柴〕），悪性高血圧症は判明していただろうし，

尿検査を促して結果報告を義務づけて健診個人票を作成していれば，その背後にある腎疾患等も把握でき，

それに応じた勤務軽減等の抜本的対策を講じられたはずなのに，

それらを怠ったことは，前記諸法規所定の公的な責務の懈怠であると共に，雇用契約上の安全配慮義務違反であるとした。

合わせて，当該教師が専門医を受診していたとしても，被告が主体的に健康を把握して対応すべきだったとした。

ここから，安全配慮義務の履行のためにも，法定の健診項目は全て履行する必要があることが窺われる。

もっとも，判決は，死亡した教師自身も，被告が民間医療機関に委託していた尿検査を受けず，主治医から入院や勤務軽減を勧告されていたことを被告に申告していなかった点に落ち度があるとして，本条（法第66条）第5項が労働者に健診受診義務を課していることに言及しつつ，4分の3の過失相殺を認めた。

したがって，本条第5項違反は，主に過失相殺で考慮され得ると解される。(235)

②は，肺がんで死亡した労働者の遺族が，

同人の死亡は，法定定期健診でのレントゲン写真の異常陰影の見過ごし等の安全配慮義務違反または不法行為により，肺がんへの処置が遅れたことにより生じたとして損害賠償請求した事案を前提としており，

判決は，一般企業での定期健診の実施は安全配慮義務の履行の一環といえようが，

一般医療水準に照らし相当と認められる程度の健診を実施するか，それが可能な医療機関に委嘱すれば足り，

診断がその水準を明白に下回り，かつ，企業側がそれを知り得た事情がなければ，安全配慮義務違反は認められない，

仮に医師らの過失について健診を実施する事業者に負わせれば，同人らに医師らの医療行為を指揮監督すべき義務を負わせることになり，妥当でないとの趣旨を述べた。

特殊健診に関する判例もある。

大東マンガン事件（植田満俺精錬所・守口労基署長事件）・大阪高判昭60・12・23判時1178号27頁の1審・大阪地判昭57・9・30労判396号51頁は，

原告X1～X4がり患したマンガン中毒等について，個人事業主Y1の安全配慮義務違反に基づく債務不履

行責任と，労働基準監督行政を行う国Y2の国家賠償法上の責任があるとして，損害賠償を求めた事案につき，

両責任を肯定した例だが（なお，個人事業主Y1の責任はこれ以上争われずに確定し，国Y2のみが控訴して認容された〔国の敗訴部分が取り消された〕），

Y1の賠償責任を認める根拠として，

Y1が，マンガン製錬業者でありながら，マンガン中毒等に関する知識を欠き，

発じん防止設備の整備不足，粉じんマスクの装着の不徹底等のほか，特殊健診も受診させていなかったこと，既にマンガン中毒り患者が2名発生していたのに，精密検査を受診させて早期発見に努める等の措置を講じていなかったこと

等を指摘した。

特殊健診義務違反が安全配慮義務違反となり得ることのほか，実際には，特殊健診義務違反を犯すような事業者は，作業環境管理も十分に行っていない，意識や知識に欠ける場合が多いことが窺われる。

東北機械製作所事件・秋田地判昭57・10・18労判401号52頁も似たような事案で，似たような判断が示された。

すなわち，被告Y社が原告Xを，木型・金型の塗装等の作業に従事させ，トルエンの蒸気に晒される条件下，有機溶剤の発散源（蒸気等）の密閉や，局所排出装置，全体換気装置の設置が求められていたのに（有機溶剤中毒予防規則〔昭和47年第36号〕〔旧予防規則〕第6条），それらの措置を講じず，

防毒マスク等の「使用させ」を講じず，

旧予防規則第28条，第29条第2項で実施が求められていた特殊健診も講じておらず，

原告Xが有機溶剤中毒にり患したため，関係諸法令により使用者が負う雇用契約上の義務（安全配慮義務と思われる）違反を根拠に，損害賠償請求した，という事案で，

判決は，Y社は少なくとも旧予防規則施行時以後，特殊健診を定期的に実施せねばならなかった，

Xは長期間有機溶剤であるトルエンの蒸気に晒されて吸引し，発病に至ったから，Y社が特殊健診を所定通り実施していれば，Xの体の何らかの異常を早期に発見し，適切な措置を講じることにより，発病や重症化を防ぎ得たかもしれない，

Y社は，作業環境上のトルエンの除去・軽減策を講じず，長い間保護具を支給せず，特殊健診も長い間実施してしなかったので，雇用契約上の安全配慮義務を懈怠した，と述べた。

その他，

ソニー有機溶剤中毒訴訟事件・仙台地判昭52・3・14判時847号3頁のように，

労働者が有機溶剤への長期間のばく露の末に肝障害で死亡した事案で，

特殊健診を「法定通り」実施し，労働者の身体の異常を適確に把握することは使用者の安全配慮義務だと明言したうえ，

6カ月に1度の実施が義務づけられている有機溶剤取扱者対象の特殊健診が，医療機関側の対応の遅れで遅れた場合でも，

Y社の医療機関側への依頼が遅れたこと，本来の実施予定時期の約3カ月後に原告Xが発症したこと，他に特殊健診で肝機能の異常がみつかった者が複数名いたこと等の経過もあり，

Y社が法定通りに特殊健診を実施していれば，Xの体の何らかの異常を発見できた可能性が高く，

Y社の安全配慮義務違反に当たる旨を示した例がある。

また，内外ゴム事件・神戸地判平2・12・27労判596号69頁のように，特殊健診自体は実施されていたが，適切な特殊健診の実施（有機則第29条，第30条）が安全配慮義務の内容であり，

その方法が不適当な場合（このケースでは，個人票中の取り扱った有機溶剤名や自他覚症状に関する記載の不備等），同義務違反となる旨が示された例もある。

前掲の通り，本件は，数年間，換気が悪い作業場で，保護具を着用せず，トルエン，ヘキサン等の有機溶剤を含有するゴム糊を使用する業務を行っていた作業員が，慢性有機溶剤中毒にり患し，使用者の安全配慮義務違反が問われた事案につき，

安衛法及びそれに紐付く安衛則や有機則の規定は，行政取締規定だが，その目的の一致から，使用者の労働者に対する私法上の安全配慮義務の内容となるとした上で，

本件では，

1）局所排気装置の設置（安衛法第22条，第23条。有機則第5条，第14条乃至第18条），

2）呼吸用保護具（防毒マスク），

3）保護手袋等適切な保護具の具備（安衛則第593条，第594条，有機則第32条乃至第33条），

4）有機溶剤の特性・毒性・有機溶剤中毒の予防にかかる安全衛生教育（安衛法第59条，安衛則第35条），

5）適切な特殊健康診断（有機則第29条，第30条），

6）必要な作業環境測定と結果の記録（安衛法第65条，施行令第21条，有機則第28条），

7）有機溶剤のリスクと取扱上の注意事項，中毒発生時の応急処置等の掲示（有機則第24条，第25条）

が同義務の内容となるとした上で，いずれも（適切に）実施されなかった（局所排気装置は一切設けられず，

資料187　日本の健診（検診）制度の概要

全体像
- 医療保険者や事業主は、高齢者の医療の確保に関する法律、労働安全衛生法等の個別法に基づく健康診査（健康診断）を実施。
- 市町村は、健康増進法に基づき、特定健診の対象とならない者の健康診査を実施。
- 市町村は、健康増進法に基づき、一定年齢の住民を対象としてがん検診などの各種検診を実施。（医療保険者や事業主は任意に実施）

母子保健法（乳幼児等、就学前）
- 【対象者】1歳6か月児、3歳児
- 【実施主体】市町村〈義務〉
  ※その他の乳幼児及び妊産婦に対しては、市町村が、必要に応じ、健康診査を実施又は健康診査を受けることを勧奨

学校保健安全法（児童生徒等）
- 【対象者】在学中の幼児、児童、生徒又は学生　※就学時健診については小学校入学前の児童
- 【実施主体】学校（幼稚園から大学までを含む。）〈義務〉

～39歳／被保険者・被扶養者：**医療保険各法**（健康保険法、国民健康保険法等）
- 【対象者】被保険者・被扶養者
- 【実施主体】保険者〈努力義務〉

うち労働者：**労働安全衛生法**
- 【対象者】常時使用する労働者　※労働者にも受診義務あり
- 【実施主体】事業者〈義務〉
- ※一定の有害な業務に従事する労働者には特殊健康診断を実施

その他：**健康増進法**
- 【対象者】住民（生活保護受給者等を含む）
- 【実施主体】市町村〈努力義務〉
- 【種類】
  ・歯周疾患検診
  ・骨粗鬆症検診
  ・肝炎ウイルス検診
  ・がん検診（胃がん検診、子宮頸がん検診、肺がん検診、乳がん検診、大腸がん検診）
  ・高齢者医療確保法に基づく特定健診の非対象者に対する健康診査・保健指導

40～74歳：**高齢者医療確保法**（特定健診）
- 【対象者】加入者
- 【実施主体】保険者〈義務〉

※労働安全衛生法に基づく事業者健診を受けるべき者については、事業者健診の受診を優先する。事業者健診の項目は、特定健診の項目を含んでおり、労働安全衛生法に基づく事業者健診の結果を、特定健診の結果として利用可能。

75歳～：**高齢者医療確保法**
- 【対象者】被保険者
- 【実施主体】後期高齢者医療広域連合〈努力義務〉

※上記以外に、歯周疾患検診、骨粗鬆症検診、肝炎ウイルス検診、がん検診について、保険者や事業主が<u>任意</u>で実施や助成を行っている。

（厚生労働省「第82回がん対策推進協議会」参考資料7〔https://www.mhlw.go.jp/content/10901000/000991053.pdf、最終閲覧日：2023年12月22日〕）

保護具は十分に用意されず、全く着用されず、教育指導はされず、特殊健診は適正になされなかった）とされた。

このうち5）について詳述すると、

約4年間に計8回実施されていたが、

そのうち7回分の健診個人票中の「主として取り扱った有機溶剤の名称」欄は空欄であり、

同じく「自他覚症状」欄、「神経または消化器系障害」欄は、原告から愁訴があったのに斜線が引かれ、「別にチェックしている」と回答された。

この点について判決は、

健診の実施方法と内容に疑問を抱かざるを得ず、個人票上の「健康」の記載は信用できない、

適切な特殊健診の実施（このケースでは有機則第29条、第30条の定めと趣旨に沿った実施）が安全配慮義務の内容であり、被告会社のやり方では同義務に違反する旨を述べた。

この際、

有機溶剤中毒の診断には自覚症状の確認が重要であるため、十分な問診が必要であること、

使用された溶剤の種類、その開始時期、ばく露状況等が重要な参考資料となること、

のほか、

健診のような機会に長時間の問診は不可能なので、先ずは問診票でアンケートし、健診時に直接補足的に問診するのも有効と解されること等、方法の詳細が提案されている。

タ2　関連法として、高齢者医療確保法があり、

保険者が、40歳以上の健康保険被保険者を対象に、メタボ対策として、糖尿病等の生活習慣病に関する特定健康診査及び、胸囲やBMI、血圧、中性脂肪やHDLコレステロール等を基準に、メタボリックシンドロームとされた者を対象に、特定保健指導を実施することを定めている（資料187を参照されたい）。

ただし、<u>特定健康診査は、本条（安衛法第66条）が定める一般健診のような同診査に相当する健診の受診をもって代替できるとされている</u>（特定健康診査及び特定保健指導の実施に関する基準第21条第1項）。

被保険者を使用している事業者は、<u>保険者からの健診記録の写しの提供の求めに応じてこれを提供する義務を負う</u>（同第27条第2項、第3項）。

他方、特定保健指導は、<u>安衛法第66条の7第1項に基づく保健指導とは別に、保険者が定める実施計画に基づき実施されることとなっている</u>。

他の関連法として、感染症法も挙げられる。

同法第53条の2第1項は、学校長等のほか、安衛法上の事業者も名宛人として、その事業の業務従事者等を対象に、期日又は期間を指定して、

結核に係る定期健診の実施を義務づけている。

ただし、事業者が、安衛法に基づく健診を実施し、そこで喀痰検査、胸部エックス線検査、聴診、打診その他必要な検査が行われた場合、感染症法上の定期健診を行ったものとみなされる（感染症法第53条の2第4項、第53条の9、同法施行規則第27条の2）。

同条に基づく健診の対象には受診義務が課されている（同法第53条の3第1項）が、三柴の調べでは、罰則は付されていない。

感染症法は，結核に関するこうした規定のほか，
　1類感染症，2類感染症もしくは新型インフルエンザ等の感染症の患者，疑似症感染者（感染症が疑われる症状を示し，臨床的に感染の可能性が高いが，確定診断がまだついていない者）若しくは無症状病原体保有者又はそれらの感染症や新型感染症に感染していると疑うに足りる正当な理由のある者に対して，
　医師による健診の受診を都道府県知事が勧告できる旨規定し，それに従わない者につき，衛生検査所の職員に健診させられる旨も規定している（同法第17条，第45条）。しかし，三柴の調べの限り，これらの勧告や健診の措置に反した場合の罰則は見当たらない。
　同法第18条は，第17条と概ね同様の対象者（ただし，感染が疑われる者については医師による届出が前提となる〔同法第12条第1項〕）につき，
　必要に応じ，都道府県知事が本人やその保護者に，所要の事項を書面で通知できること（第1項），
　通知を受けた者は，所定の期間，所定の業務に従事してはならないこと（第2項），
　を定めている。
　法第18条には罰則が付されており（法第77条第4項），第18条第1項に基づく通知を受けた者が，第2項に違反して所定の業務に従事すれば，50万円以下の罰金に処せられる。
　しかし，結局，感染が疑われる者自身が自ら受診するなどしない限り，対応はなされ得ない構造になっていると解される。[236]
　チ2　法第66条の2は，深夜業（原則として午後10時〜午前5時の業務）に従事する労働者の自発的な健診制度について定めており，
　これは，生体リズムに反する労働による健康障害を防止する観点から平成11年の安衛法改正（平成11年5月21日法律第45号）で設けられた経緯がある（平成11年5月21日発基第54号）。
　具体的には，
　健診前6カ月平均で深夜業に4回以上／月以上従事した常時使用労働者が，
　健康不安を感じ，直近の特定業務従事者対象健診を待てない場合，
　自発的に健診を受診し，
　受診した項目ごとに結果を記載し，
　受診から3カ月以内に事業者に提出「できる」旨の制度である。
　規定の趣旨から当然に罰則は付されていないが，受診しなかったり，受診しながら結果を提出せず，使用者が適切な措置を講じ得なかった場合等には，民事上過失相殺の適用を受ける等の可能性があると解される。
　ツ2　本条（法第66条の2）は，法定健診における有所見率の上昇，産業の国際化，消費者ニーズの多様化，生産技術上の必要性など種々の背景による深夜業の一般化等に加え，
　1998（平成10）年の労基法改正（法的拘束力のない大臣告示による時間外労働の限度基準の設定等）の際の附帯決議等を踏まえ，平成11年法改正で設けられたものである。
　この際，法定健診自体の事後措置に「深夜業の回数の減少」が設けられたほか，本条に基づく自主的健診についても，その結果を踏まえた医師への意見聴取や保健指導がなされるべきことが規定された（法第66条の4，第66条の7）。
　テ2　本条（法第66条の2）新設の背景には，
　パン工場でオール夜勤で精神的緊張を伴う製品仕分け作業等に従事していた高血圧症の基礎疾患を持つ40代労働者が急性心臓死した事案につき，
　オール夜勤による疲労の蓄積と健康リスクを述べて業務起因性を認めた浦和労基署長事件・東京高判昭54・7・9労判323号26頁や，
　24時間隔日交替制で，ロッカールームの管理業務に従事していた高血圧症の基礎疾患を持つ労働者が脳出血で死亡した事案につき，
　やはり深夜勤やそれを含む交替制勤務が人間の生理的リズムに反し，過労状態の進行で健康障害リスクを伴うことを指摘し，
　また，高血圧症等の基礎疾患を持つ者の深夜勤を不適とする産業衛生学会の交替勤務委員会の意見書も引き合いにして，業務起因性を認めた大日本印刷・新宿労基署長事件・東京高判平3・5・27労判595号67頁
　など，行政による労災不支給決定の取消判決があると解される。
　ト2　これまでの厚生労働省の労働安全衛生調査によれば，
　事業所の規模が大きいほど深夜業務を行う労働者がいる割合が増加し，500人以上では8割以上に上っている。
　深夜業務従事期間が3〜6年で，体調変化を認める労働者の割合が多かった。
　深夜業従事者のうち医師の診断を得たとする2割弱において，胃腸病，高血圧性疾患，睡眠障害などが多かった。
　ナ2　法第66条の3は，事業者に法定健診（一般健診・特殊健診のほか，労働者が選択した医師による健診，深夜業従事者の自発的健診）結果の保存義務を課しており，保存形式として健康診断個人票（様式第5号）が予定されている。
　安衛則や多くの特別衛生規則で，保存期間は原則として5年間とされているが，

がん等の遅発性疾病への対応のため，特化則の特別管理物質（特定化学物質の一部。第1類物質及び第2類物質のうち特定の物質で，人体に対する発癌性が疫学調査の結果明らかになった物質等〔特化則第38条の4〕）にかかる業務従事者対象の特殊健診結果は30年間（特化則第40条第2項），石綿業務従事者対象特殊健診結果は40年間（石綿則第41条）とされるなど，一律ではない。

本条には，罰則が付されており，民事上も，それ独自で，又はそれに基づく医師への意見聴取や就業上の措置の懈怠と相まって，健康管理にかかる過失を推定させる可能性がある。

ニ2　健診結果の保存に関する規制は，昭和初期の改正工場危害予防及衛生規則（昭和13年）及び改正工場法施行規則（昭和17年）に認められるが，

この時期の保存期間は3年間で，これは旧労基法に基づく旧安衛則時代も変わらず，

現行安衛法制定時に，健康管理上の必要性を踏まえて5年間に延長され，

1977（昭和52）年の安衛法改正時に結果の保存義務が法律本法に定められ，

この際，合わせて作業環境評価とその事後措置が定められた。

その背景には，ILOの1974（昭和49）年職業がん条約（第139号）が，がんのハザードとばく露の評価，健診，生物学的モニタリング等の調査を定めたことがあったことが窺われる。

本条（法第66条の3）は，1999（平成11）年の法改正で現在の条文番号となった。

ヌ2　法第66条の4は，事業者に対して，前条の対象と同じ種々の法定健診の結果に基づく就業上の措置の医学的見地を踏まえた適正化のため，医師・歯科医師からの意見聴取を義務づけた規定である。

本条は，この措置を，産業医の選任義務の有無にかかわらず，全規模の事業場に義務づけている。

産業医の選任義務がある事業場では産業医からの意見聴取が適当とされ（健診事後措置指針），

選任義務のない事業場では，「労働者の健康管理等を行うのに必要な医学に関する知識を有する医師」からの意見聴取が適当とされており（法第13条の2），

その具体的要件は，通達（平成8年9月13日基発第566号）に定められている。

その中には，産業医学振興財団が都道府県医師会に委託して実施していた産業医基本研修の修了者や産業医として選任された経験者が該当するとされているが（同前基発第566号），財団による基本研修は実施されなくなっており，要件としての実質的な意味は殆どない。

現在では，適任な医師が配置されている地域産業保健センターの活用が勧められている（健診事後措置指針）。

事業者は，医師・歯科医師から意見具申に必要な労働者の業務関連情報を求められたときは，速やかに提供すべきとされている（安衛則第51条の2第3項）。

法的には任意の性格をもつ健診後の再検査や精密検査についてこの義務は課されていないが，疾病の早期発見と健康管理等に資するため，労使協議により定めるのが望ましいとされている（平成8年9月13日基発第566号）。

本条に罰則は付されていないが，その趣旨から，本条違反が民事上の安全配慮義務違反と解される可能性がある。

ネ2　法定健診の事後措置の適正化のための医師の意見聴取制度の嚆矢は，改正工場法施行規則（昭和17年）にみられるが，

旧労基法は，事後措置に関する定めを置きつつ意見聴取を定めておらず，

現行安衛法の制定に伴う安衛則改正に際しても，施行通達（昭和47年9月18日基発第601号の1）で，健診結果について医師と協議の上で本人に伝えて対処するよう勧めるに留まっていた。

工場法時代は，工場医の選任義務のある工業主に健診実施義務が課されていたので，工場医の意見聴取が当然に予定されていたが，

旧労基法で「医師である衛生管理者」の選任義務がない使用者にも健診実施義務が課されたため，意見聴取を求められなくなったと察せられる。

その後，高齢化，定期健診での有所見率の上昇，過労やストレス問題の拡大等を背景としてなされた1996（平成8）年の法改正（平成8年6月19日法律第89号）で，「労働者の健康管理等を行うのに必要な医学に関する知識」を持つことが産業医の選任義務のない事業場における健診担当医の要件とされたことで，意見聴取措置の義務化の前提が整ったと解される。

合わせて，

一般健診結果の本人への通知（法第66条の6。その後，平成17年法改正〔平成17年11月2日法律第108号〕で本条及び安衛則第51条の4が改正され，特殊健診結果の本人通知も義務づけられた），

必要な者（一般健診，その代替健診，深夜業従事者健診の結果必要と認められた者）への保健指導の努力義務（法第66条の7）

も定められた。

その前年の1995（平成7）年に公表された「これからの産業保健のあり方に関する検討委員会報告書」は，

過労死予防のため，労働者の健康確保対策，長時間

労働の抑制等の総合的対策の必要性を唱えていた。

ノ2　1996（平成8）年改正の主なドライブは過労死・過労自殺問題であり，

具体的には，補償面での政策の動きとしての脳心臓疾患の労災認定基準の緩和，勤務問題を理由とする自殺者の増加，過労死・過労自殺等に業務起因性や使用者の過失責任を認める裁判例の登場などがあった。

このうち脳心臓疾患にかかる労災認定基準は，

発病直前の突発的な出来事等による医学的な疾病の発症を求めていた1961（昭和36）年の通達（昭和36年2月13日基発第116号）からスタートして，

1987（昭和62）年通達（昭和62年10月26日基発第620号），1995（平成7）年通達（平成7年2月1日基発第38号），1996（平成8）年通達（平成8年1月22日基発第30号）に至る過程で，

捕捉する期間は発症1週間前以前まで伸び，

当該労働者の属性として労働者の経験や年齢が考慮されるようになり，

対象疾病にも不整脈による突然死等が含まれるところまで緩和された。

過労自殺を使用者の過失責任とした典型例として，電通事件1審判決が，安衛法改正をめぐる国会審議で採り上げられ，

その際，個人の問題ではなく，産業医等の助言を得つつ，事業場全体ないし部署単位の問題として組織的に取り組む必要性が指摘されていた。

ハ2　本条（法第66条の4）の適用の実際についてみると，

平成24年労働者健康状況調査で，定期健診を実施した事業所のうち，異常所見労働者がいたところが75％超で，それを100％として，

そのうち医師等に意見聴取を行ったところが25％超，

地域産業保健センターを活用したところが4％弱だった。

他方，令和2年度厚生労働科学研究による行政官・元行政官向け法令運用実態調査（三柴丈典担当）[228]では，

有所見者について，医師からの意見聴取を行っていなかったことについて監督指導を行った例が2例報告された。

ヒ2　本条（法第66条の4）の関係判例をみると，

南大阪マイホームサービス事件・大阪地判平15・4・4労判854号64頁は，

定期健診で胸の苦しさを訴え，心電図で要医療とされた労働者が，その後，勤務中に急性心臓死したことを受け，

その遺族が，会社に医師への意見聴取していなかったこと等の過失があったとして損害賠償を求めた事案で，

判決は，被告会社が健診や一般的な保健指導は実施していたことを認めつつ，

安衛法上の健診実施，意見聴取，事後措置の義務は，心身に基礎疾患を持つ労働者の業務上の過度の負荷による増悪防止を図るものとも解し得る旨と，

電通事件最高裁判決が述べた過重な疲労・ストレス防止義務について述べたうえ，

被告会社らは，死亡した労働者の勤務状況や健康状態の確認，医師からの<u>個別的な意見聴取等</u>により，業務軽減等の措置を講じるべきだったし，

<u>これらの措置に際しては，被告会社の側からの積極的な働きかけを行うべきだった</u>のに怠ったのは被告会社の過失に当たるとしつつ，

会社に基礎疾患の存在を伝えず，業務軽減の要望を出さなかったこと等につき，素因減額・過失相殺を行った。

フ2　法第66条の5は，

特殊健診を含む法定健診の結果に基づく前条規定の医師等の意見を踏まえ，

就業場所や作業内容の変更，労働時間の短縮，深夜業回数の減少等の個人的措置のほか，

作業環境測定，施設や設備の設置等，医師等の意見の衛生委員会等への報告等（第1項）を規定するほか，

その履行支援のための大臣による指針の公表（第2項），

当該指針にかかる事業者らへの指導等（第3項）
を規定している。

本条は，前条以前に定める法定健診，医師等への意見聴取を前提とし，健康管理の実効性を確保するための決め手を定めている。

<u>第2項が定める指針として，健診事後措置指針</u>（平成8年10月1日，最終改正：平成29年4月14日）が設けられている。

<u>本条に罰則は付されておらず</u>，本条違反を直接の根拠とする民事上の履行請求権や損害賠償請求権の発生も確実視できないが，本条違反と相当因果関係のある健康障害が生じた場合，本条違反が過失の一内容となる可能性が高い。

本条（法第66条の5）が求める就業上の措置の前提となる医師等の意見には，

①就業区分とその内容，

②作業環境管理と作業管理，

に関するものの2種類があり，

①は，通常勤務，就業制限，要休業の3種類に分かれる。具体的な措置の決定に際しては，予め当該労働者の意見を聴き，十分に話し合うことが適当とされている（健診事後措置指針2(4)イ）。

また，措置の実施等に際しては，医師や産業保健スタッフはもちろん，健康管理部門や人事労務管理部門との連携，本人の管理監督者の理解を得ることが求められる。措置の実施後に健康状態が改善すれば，医師等の意見聴取のうえで通常の勤務に戻す等の措置を講ずべきとされている（健診事後措置指針2(4)ハ(イ)）。

第1項が定める衛生委員会等への報告は，医師等の意見を踏まえることで，労働時間の健康に配慮した設定などの集団的な対策を筆頭に，より適切な措置の決定に資するとの考えから設けられた経緯がある（健診事後措置指針2(4)ロ）。

健診事後措置指針では，就業上の措置が労働者の健康確保に必要な範囲を超えて不利益な取扱いとならないよう抑制を図っている（健診事後措置指針2(4)ハ(ロ)）。この定めは，障害者雇用促進法第35条などの既存の差別禁止規制や民事上の公序（民法第90条），各種の濫用法理（労働契約法第15条，第16条等）への抵触が問題となる際に，必要に応じて斟酌されることになると解される。

ヘ2 本条（法第66条の5）の沿革をみると，

1942（昭和17）年の改正工場法施行規則において既に，健診の結果を踏まえて注意を要する者について医師の意見を聴取し，療養指示，就業の場所や業務の転換，時間の短縮，休憩時間の増加，健康状態の監視等を講じる必要が定められており（同規則第8条の5），これは訓示的規定なので罰則は設けられなかったと説明されていた。

これが現行安衛法制定当時の第66条第6項（当時）に引き継がれた。

その後，1977（昭和52）年改正で，就業上の措置に作業環境測定の実施，施設や設備の設置等が追加された。

これは，健診の結果，有所見者が多数みられるような場合に集団的措置を講じる必要が生じるとの考えに基づいている。

1996（平成8）年改正では，前条に医師等への意見聴取義務が設けられたことを受け，就業上の措置の決定・実施に際して，医師等の意見を勘案すべきことが追記された（当時の法第66条の3）。また，大臣による関係指針の公表とそれに関する指導の実施について定められた（当時の法第66条の3第2項，第3項）。

1999（平成11）年改正では，深夜業の回数の減少，

2005（平成17）年改正では，医師等の意見の衛生委員会等への報告が，講ずべき就業上の措置に追加された。

ホ2 本条（法第66条の5）の適用の実際をみるに，平成24年労働者健康状況調査によれば，

定期健診で異常所見者がいたとする約78％を100としたとき，

「再検査・精密検査の指示等の保健指導を行った」が約68％だったが，

就業場所や作業の転換は約5％，労働時間の短縮等も約5％，作業環境測定は約2％，施設や設備の整備等も約2％，その他の措置が約6％，

何もしなかったが約20％であり，

要するに，個別的，集団的な労働条件の変更はあまり講じられていない。

殊に，健診結果を踏まえた作業環境管理がなされ難い背景に，作業環境管理について助言できる産業医が少ないことを指摘する見解がある[29]。

近年の行政監督実務では，こうした傾向を踏まえ，健診後の事後措置に関する指導に力を入れ，積極的に指導票を交付しているという（玉泉孝次氏による）。

マ2 主な関係判例として，

①システムコンサルタント事件・東京高判平11・7・28労判770号58頁，

②榎並工務店（脳梗塞死損害賠償）事件・大阪高判平15・5・29労判858号98頁，

③高島工作所事件・大阪地判平2・11・28労経速1413号3頁，

が挙げられる。

①は，コンピュータソフトウェア開発業務に従事していた亡Aが，入社から約10年間，年平均3000時間弱（死亡前1年間も2900時間弱）の労働，

それも，死亡前約1年間は，プロジェクトの実質的責任者として，スケジュール遵守を求める発注会社と増員や負担軽減を求める協力会社の板挟み状態にあった後，

脳幹部出血で死亡したことを受け，遺族が会社を相手取り，過重労働の安全配慮義務違反を根拠として損害賠償請求した事案である。

亡Aは，入社時から高血圧（140/92）であり，その後10年間で心拡張も伴い高血圧が相当増悪した（死亡の1年前頃には176/112，心胸比55.6）。

行政では労災認定されなかった。

判決は，会社が亡Aの高血圧の増悪を認識していた以上，「具体的な法規の有無にかかわらず，使用者として，太郎の高血圧をさらに増悪させ，脳出血等の致命的な合併症に至らせる可能性のある精神的緊張を伴う過重な業務に就かせないようにするとか，業務を軽減するなどの配慮をする義務」を負うべきところ，

特段の負担軽減措置をとることなく，同義務を怠ったとしてY社の損害賠償責任を認めた。

定期健康診断に基づく事後措置の規定は1999（平成11）年の法改正で導入されたものであり，事件当時はなかったが，同判決は，こうした具体的規定がなくて

も，使用者は，労働者の定期健診等により素因や基礎疾患を認識した以上，それに応じた業務軽減等の配慮をする義務を負うと判断した。

本判決からは，定期健康診断の結果等により，配慮が必要であることについての使用者の認識可能性（予見可能性）を導きうること，事後措置の不実施が安全配慮義務違反を基礎づけることが示唆される。

なお，判決の趣旨からすると，法第66条の5に例示された事後措置項目（就業場所の変更，職務変更，時短，深夜業回数の減少，作業環境測定，施設や設備の整備，安全・衛生委員会等への報告等）の実施はもちろんのこと，例示外の事後措置項目の実施も安全配慮義務の内容になり得る（三柴）。

②は，建設会社従業員が，その発症前6カ月の週40時間を超える時間外労働（法定時間外労働）は平均すると月40時間程度にとどまっていたが，発症直前には月70時間程度まで増加し，深夜業にも従事し，また，鉄粉が目に刺さる災害に見舞われて不眠になるなどした後，ガス管溶接作業中に脳梗塞を発症して死亡したため遺族が会社に損害賠償請求をした事案を審査した。

1審被告会社は，定期健診を実施はしたが，法定回数実施せず，産業医を選任せず，医師の意見聴取も行っていなかった。

また，安全・衛生委員会も安全・衛生管理者も実質的に機能しておらず，直属の上司に本人の健康情報が伝えられておらず，健診結果を踏まえた再検査のための作業日程調整もされていなかった。

判決は，使用者には，

1次予防策として労働時間等に関する適正労働条件確保措置，

2次予防策として健診による健康状態の把握と就業調整

を行うべき安全配慮義務があり（判決が〇次予防という表現を用いた訳ではない），

本件では，使用者が当該従業員の有所見（心電図と肝機能・脂質の異常）を認識していた以上，致命的な合併症を招くような精神的緊張を伴う業務に就かせるべきではなかった旨等を述べた。

本判決から，健診，医師等からの意見聴取，事後措置という健康管理のパッケージの重要性が窺われる。

③は，右眼偽黄斑円孔（眼底の網膜の中心部を黄斑と呼び，ものを見る真ん中に当たる。黄斑円孔は，黄斑の網膜に丸い穴〔円孔〕があく病気）により視力が低下した原告が，

本条を根拠として，業務内容の変更，配置転換等の具体的措置を提示して協議を求め，間接強制として，協議開始まで1日6000円の支払を求めた事案であり，

原告は面談の席で，被告会社が適当と思う業務の提示を求めていたが，被告会社から拒否された経緯があった。

判決は，安全配慮義務は，賃金支払等，労働契約上の本来的義務ではなく附随義務であり，予め具体的内容を確定し難いので，労使間の合意等特段の事情がなければ，直接的な履行請求はできず，

本条（現行法第66条の5。当時の第66条第7項）は，その規定の仕方が抽象的，概括的だし，罰則が付されていないから，使用者の本来的履行義務になったとは言えない旨を述べた。

その反対解釈は，規定の仕方が一義的に明確で罰則の定めがあれば履行請求可能となるが，その解釈についても妥当性の検討が求められる。

ミ2　法第66条の6は，一般健診と特殊健診の双方につき，結果の通知義務を事業者に課している。

一般健診については安衛則，特殊健診については各特別衛生規則にも，それぞれ通知義務が定められている。

通知は，各健診項目ごとになされねばならない（平成8年9月13日基発第566号，平成18年2月24日基発第0224003号）。

前述の通り，一般健診の当初目的は，結核患者の早期発見による労働者の職場からの排除であり，特殊健診の当初目的は，作業環境測定技術が不十分な中での作業環境の確認と改善であり，いずれも事業（者）の利益を図るものだったが，健診の目的が，労働者の健康管理に移行する中で，こうした通知が求められるようになった経緯がある。

本条には罰則が付されている（法第120条第1号により50万円の罰金）。

本条違反により疾病が発症増悪したと認められれば，使用者の過失責任が認められ得る。

ム2　沿革をみると，

先ずは1996（平成8）年の法改正で第66条の4に追加され，

1999（平成11）年の法改正で今の条文番号となり，

2005（平成17）年の法改正で，一般健診に加えて特殊健診の結果も通知対象とされた。

なお，その背景には，一般健診の結果に比べ，特殊健診の結果の方が不通知率が高い実態があった（一般健診：0.2%，特殊健診：2.7%〔愛知産業保健センターによるアンケート調査〕）。

メ2　適用の実際について，平成24年労働者健康状況調査をみると，企業規模を問わず，100%近く，本条による通知がなされていることが窺われる。

行政監督実務経験者（玉泉孝次氏）によれば，法改正による本条追加前にも，一般に企業で健診結果の本人への通知は行われていることが多く，監督官も，法

的根拠なく，そうした指導を行っていたという。

モ2　関係判例をみると，

京和タクシー事件・京都地判昭57・10・7判タ485号159頁は，

原告が被告での採用前にその指定機関で健診を受診したところ，左上肺野に異常陰影が認められ，被告に「左肺浸潤の疑，要精査」と通知されたが，被告は健常者と同様にタクシー運転業務に就かせていたところ，その後の定期検査の結果から要精密検査となり，精密検査を受けた結果，直ちに入院加療を要する肺結核と診断され，遂には解雇されるに至ったという事案について，

判決は，原告の雇入れの時点で精密検査をして病状を明確にしていれば軽作業をしながら治療できたこと，病状悪化の主因は労務であることを認めたうえで，

被告は，安衛法第66条及び安衛則第43条（雇入れ時健診），第44条（定期健診）に基づき，労働者の雇入時に胸部エックス線検査及び喀痰検査等の健診を実施する義務を負い，

その事後措置として同法第68条（病者の就業禁止）及び安衛則第46条（結核発病のおそれのある者を対象にした結核健診。その後廃止された）に基づき，結核にかかった労働者の就業を禁止し，その発病のおそれがあると診断された労働者に喀痰検査等の精密検査を行う義務を負っている。

安衛法，安衛則により労働者に義務づけられた健診の結果は，労働者の採否の判断資料となるだけでなく（＊判決の示唆だが，法的に義務づけられた雇入れ時健診は雇用後の健診だから，採否の判断資料にはならない。本件で実施されたのは，法的義務ではない採用前健診である〔三柴〕），採用後の労働者の健康管理の指針となり，労働者自身の健康管理の重要な資料となるものであるから，殊に労働者の健康状態が不良かその疑いがある場合は採用後遅滞なく労働者に健診結果を告知すべき義務があるにもかかわらず，被告はこれを怠った，

などと述べた。

本判決は，本条（法第66条の6）制定前のものだが，事後措置の懈怠と共に労働者への健診結果の通知の懈怠が民事上の過失責任をもたらし得ることを示唆している。

なお，労働者自身の健康管理の重要な資料となるものである以上，事業者において事後措置の懈怠がなく，健診結果通知の懈怠のみでも，過失と評価され得ると解される。

ヤ2　法第66条の7は，一般健診や自ら選択した医師による代替健診，深夜業従事者の自発的健診の結果，必要性が認められる労働者に対して，

医師又は保健師による保健指導を行う努力義務を事業者に課し（第1項），

労働者にも，前条（法第66条の6）により通知された健診結果と第1項が定める保健指導を受けて，自身の健康を保持するよう努力義務を課している。

本条は，疾病予防のためには労働者の自主的な健康管理が重要であることを前提に，特に必要性が認められる労働者に対して，保健指導等によって，その促進を図ろうとした規定であり，

当然ながら罰則は付されておらず，違反に際して直ちに損害賠償請求権が発生するとも言えないが，

事業者において，再検査や精密検査の受診勧奨，治療勧奨，検査や治療の日程調整等の懈怠による疾病の発症・増悪が認められる場合，過失の要素とされる可能性がある。

第2項の労働者自身の保健努力義務違反による疾病の発症・増悪が認められる場合，使用者の過失責任の免責や過失相殺の適用の可能性が生じる。

保健指導の方法には，面談での個別指導のほか，文書での指導等があり，

内容には，日常生活の指導，健康管理に関する情報提供，再検査や精密検査・治療の勧奨等がある（平成8年9月13日基発第566号）。

その円滑な実施のため，健康保険組合等の健康増進事業実施者（健康増進法第6条）等との連携，産業医を中心とする実施が推奨され，

深夜業従事者には，睡眠指導や食生活指導等を重視した保健指導の実施が推奨され，

労災保険法や高齢者医療確保法に基づく特定保健指導を受けた労働者は，本条に基づく保健指導を行う医師や保健師に内容を伝えるよう働きかけることが推奨されている（健診事後措置指針2(5)ロ）。

ユ2　本条（法第66条の7）は，

第8次労災防止計画（1993〔平成5〕年～1997〔平成9〕年）に心身両面の健康づくりの推進のための健康測定とその結果に基づく健康指導の促進が記載されたこと等を踏まえ，

1996（平成8）年の法改正で第66条の5に追加され，1999（平成11）年改正で深夜業従事者の自発的健診結果も踏まえるべきことが追加されると共に，ナンバリングが変更された経緯がある。

ヨ2　法第66条の8は，

第1項で，事業者に対し，省令所定の長時間労働等の条件に該当する労働者につき，医師による面接指導（問診等による心身の状況把握と必要な指導）を行うよう義務づけ，

第2項で，労働者に対し，第1項の面接指導を受けるべきこと，ただし，他の医師による面接指導を受け

てその結果を提出することで代え得ることを定め，

第3項で，事業者に面接指導の結果の記録を義務づけ，

第4項で，面接指導の結果に基づき，健康上必要な措置につき，事業者に対して医師への意見聴取を義務づけ，

第5項で，やはり事業者に対し，医師の意見を踏まえ，労働者の実情を考慮し，就業場所の変更，作業の転換，時短，深夜業の減少のほか，医師の意見の衛生委員会への報告等の事後措置を講じるよう義務づけている。

ラ2　本条は，長時間労働により脳心臓疾患のリスクが高まるとの医学的知見に基づき，長時間労働者に対する面接指導の実施義務を事業者に課したものである。

長時間労働と自殺との関係も窺われるため，面接指導の際に，メンタルヘルス面にも配慮するよう求められている（平成18年2月24日基発第0224003号）。

本条に罰則は付されていないが，働き方改革で対象に加えられた，研究開発業務従事者（面接指導につき法第66条の8の2第1項）や高度プロフェッショナル制度適用者（同じく法第66条の8の4第1項）に対して面接指導を実施しなかった場合，罰金50万円が科され得る（法第120条第1号）。

民事上，労働者の健康障害事案において本条違反に当たる面接指導の不実施が安全配慮義務違反等と評価される可能性はある。

リ2　本条が定める面接指導制度の内容は以下の通り。

週40時間を超える労働時間が80時間／月を超え，かつ，疲労の蓄積が認められる者から申し出があった場合，事業者は，医師による面接指導を行う義務を負う。ただし，1カ月以内に面接指導を受けた者や，医師による診察結果，健診結果，疲労調査の結果等から医師が必要なしと認めた者は除かれる（安衛則第52条の2第1項，平成18年2月24日基発第0224003号）。

労働者の申出を要件としたのは，疲労の蓄積について一義的な判断が難しいと考えられたことによる（平成18年2月24日基発第0224003号）。もっとも，産業医は，労働者に申出を行うよう勧奨できる（安衛則第52条の3第4項）。勧奨は，健診結果等を踏まえ，脳心臓疾患の発症リスクが高い者に予め行っておいたり，家族や周囲の者からの相談や情報に基づいて行うこと等が想定されている（平成18年2月24日基発第0224003号）。

面接指導では，労働者とのやりとりやその様子（表情，しぐさ，話し方，声色等）の観察が想定されているが，表情を確認できること，情報セキュリティが確保されていること等の条件を充たす限り，

産業医や，過去1年以内に当該労働者に面接指導した医師等であれば，

オンラインでの遠隔面接指導も可能とされている（平成27年9月15日基発0915第5号，最終改正：令和2年11月19日基発1119第2号）。

働き方改革に際してなされた産業医・産業保健制度改革で，事業者は産業医に対して，時間外・休日労働（以下，単に「時間外労働」とも言う）が月80時間を超えた労働者の氏名，超過時間等のほか，産業医が労働者の健康管理等に際して必要と認める情報を提供するよう義務づけられた（法第13条第4項，安衛則第14条の2第1項第2号・第3号）。

事業者には，申出し易い環境を整えることが求められる。具体的には，労働者が自分の労働時間数を確認できる仕組みづくり，申出窓口の設定等の体制整備とその周知，申出による不利益取扱いの抑止，家族や周囲の者から相談や情報を受けた場合に本人に面接指導を働きかける仕組みづくり等が想定されている（平成18年2月24日基発第0224003号）。

時間外労働時間の算定は，毎月1回以上，一定期日を定めて行わねばならない（安衛則第52条の2第2項）。

その算定は，1カ月の総労働時間数から計算期間（月）の総暦日数／7（その月の週数）×40時間をマイナスして算出する。週日に長時間労働していても，休祝日に休めていれば，当然にカウントされる方式である。

時間外労働時間数が80時間を超えた場合，事業者は，遅滞なく（1カ月程度以内に），当該労働者にその旨通知せねばならない（安衛則第52条の2第3項，第52条の3第2項）。

当該労働者から申出があり，医師が必要なしと判断しなければ，事業者は，遅滞なく（1カ月程度以内に）面接指導を実施せねばならない（安衛則第52条の3第3項）。

当該労働者は，本条の面接指導に相当する他の医師（産業医でない場合，健康管理等を行うのに必要な医学に関する知識を持つ医師が望ましいとされている〔平成18年2月24日基発第0224003号〕）による面接指導を受け，その結果を証する書面を事業者に提出することをもって代えることもでき（本条第2項），これは，労働者の医師選択の自由に配慮したものと言える。

面接指導では，当該労働者の①勤務状況，②疲労の蓄積状況，③心身の状況を確認する（安衛則第52条の4）。

事業者は，その後遅滞なく（1カ月程度以内に）その結果に基づき必要な健康保持のための措置につき，医師の意見を聴取せねばならない（本条第4項，安衛則第52条の7，平成18年2月24日基発第0224003号）。通達は，面接指導担当医が当該事業場で選任した産業医でない

場合，その意見（当該事業場で選任した産業医）を聴取することを勧めている（平成18年2月24日基発第0224003号）。

事業者は，医師の意見を踏まえて必要を認める場合，当該労働者の実情を考慮して，

①就業場所の変更，②作業転換，③労働時間短縮，④深夜業の削減

等の措置のほか，

⑤衛生委員会や安全衛生委員会，労働時間等設定改善委員会への医師の意見の報告

等の適切な措置を講じなければならない（本条第5項）。

衛生委員会等への医師の意見の報告は，長時間労働者の健康対策とメンタルヘルス対策の審議に供するため，労働時間等設定改善委員会への報告は，労働者の健康状況を踏まえた労働時間等のあり方の審議に供するためである。報告に際しては，個人名を出さない等のプライバシーへの配慮が求められている。

なお，事業者は，これら委員会への報告とは別個の独立した義務（産業医業務を支えるための措置義務）として，事後措置を実施した場合にはその内容，しなかった場合にはその旨とその理由を産業医に情報提供せねばならない（法第13条第4項，安衛則第14条の2第1項第1号）。

事業者は，面接指導の結果を記録し，5年間保存せねばならない（本条第3項，安衛則第52条の6）。記録すべき内容には，<u>労働者の疲労の蓄積状況</u>，<u>心身の状況</u>，<u>医師の意見</u>等が含まれる（安衛則第52条の5）。

面接指導の費用は，その実施が事業者の法的義務なので，事業者の負担となるが，それに要した時間にかかる賃金は，労使協議事項である。しかし，労働者の健康が事業運営上の必須条件であることから，事業者負担とすることが望ましいと通達されている（平成18年2月24日基発第0224003号）。

派遣の場合，派遣労働者への面接指導の実施義務は派遣元が負うが，労働時間等派遣先管理台帳に記録すべき情報は派遣先が派遣元に通知する義務を負う（労働者派遣法第42条第3項）。いずれにせよ，適正な面接指導には，派遣先と派遣元の連携が不可欠である（平成18年2月24日基発第0224003号）。

ル2　本条は，2005（平成17）年の法改正（同年法律第108号）で追加された条文であり，その沿革は以下の通り。

先ず，2001（平成13）年11月16日に公表された「脳・心臓疾患の認定基準に関する専門検討会報告書」で，

概ね1月100時間超（1日5時間超）の時間外労働をすると，脳心臓疾患の発症と有意な関係にある1日5時間程度の睡眠を確保できない状態となること，

逆に，1月45時間程度（1日2時間超程度）の時間外労働では，疲労の蓄積は生じないと考えられること，

等が示された。

2002（平成14）年には，「過重労働による健康障害防止のための総合対策」（平成14年2月12日基発0212001号）が公表され，時間外・休日労働（以下，単に「時間外労働」とも言う）が月45時間を超えている可能性がある事業場に対して，面接指導及び事後措置の実施を指導し，従わない場合には労働衛生指導医の意見を踏まえて臨時健診を指示する等の対応を行う旨が示されたが，

産業界からは，過労による健康障害を労働時間のみで測ることへの不満が表明された。

2004（平成16）年8月には，「過重労働・メンタルヘルス対策の在り方に係る検討会報告書」が公表され，

医師による労働者への面接指導の制度化，

当該面接指導の結果を踏まえた事業者による健診，時短，休養・療養等の適切な措置，

等が提言されると共に，

実施基準は，時間外労働月100時間超又は2～6カ月の平均80時間超を「やむなく行った場合」が考えられると共に，

それに達しない場合にも，予防的に面接指導を実施する必要が提言された。

それを踏まえた労働政策審議会安全衛生分科会の審議では，制度導入について，使用者側から激しい批判が示された。

その要諦は，

①労働時間のみを基準に面接指導対象者を画するのは不合理であり，特に複数月平均で労働時間を算出するのは負担が重いこと，対象者をよりリスクの高い者に絞り込むべきであること，

②本来労働時間管理を受けない管理監督者まで対象として，面接指導対象者の判別のために労働時間の算出を求められるのは負担が重いこと，

③2002（平成14）年通達から2年しか経っていないこと，

等であった。

このうち①については，面接指導対象者の選定に際して，複数月平均80時間超との基準案は削除され，申出のあった者のみを対象とする修正がなされた。

その他については，労働衛生課長から，

・2002（平成14）年通達に基づき面接指導を導入したところは，産業医選任済みの大手事業場でも6割程度である一方，過労死認定件数が労災死亡件数の1割近くで高止まりしていること，

・長時間労働と脳心臓疾患の関連性について医学的根拠があること，

等が説明されたほか，

衛生学専門の公益委員から，

・時間外労働と健康リスクに関わる8つの調査報告の全てで，時間外労働が月100時間以上（睡眠時間1日約5時間以下）となった場合に脳心臓疾患リスクが高いと結論されたこと[242]，

等が説明された。

また，使用者側委員から，制度の実施に際して，産業医や中小企業への支援が必要との意見も出されたため，

前者については面接指導マニュアルの作成や研修の実施，相談体制の整備等，後者については地域産業保健センターにおける登録産業医による面接指導の実施が図られることとなった。

また，産業医の選任義務のない小規模事業場は，2008（平成20）年3月31日まで，本条及び法第66条の9に基づく面接指導の実施義務（努力義務）が猶予され，その間は地域産業保健センターの活用が推奨された（平成18年2月24日基発第0224003号）。

レ2　本条（法第66条の8）は，設定から約13年を経て，働き方改革の影響を大きく受けることとなった。

周知の通り，2018（平成30）年に成立した働き方改革関連法により，時間外労働に関する絶対的上限規制が設けられ，時間外労働と休日労働の合計が100時間以上となるか，6カ月以内の複数月平均80時間を超える場合，労基法違反とされることになった（労基法第36条第6項，同法第119条第1号）。

そのため，2018（平成30）年の改正で，面接指導対象となる時間外・休日労働（以下，単に「時間外労働」とも言う）時間が月100時間から月80時間に引き下げられている。合わせて，時間外労働が月80時間を超える労働者に関する諸情報が，事業者から産業医に提供されるべきこととされた（安衛法第13条第4項，安衛則第14条の2第1項第2号・第3号）。また，面接指導の結果を踏まえた産業医等からの意見への対応（就業上の措置を行った場合はその内容，行わなかった場合はその旨と理由）も当該産業医に伝達すべきこととなった（安衛法第13条第4項，安衛則第14条の2第1項第1号）。

ロ2　本条（法第66条の8）新設の背景事情は，その根拠と骨格を示した2004（平成16）年の「過重労働・メンタルヘルス対策の在り方に係る検討会報告書」に，以下のように示されている。

・人事労務管理の個別化の中で労働時間が長短両極に二分化していること
・仕事に関して強い不安やストレスを感じる労働者が6割を超えていること
・一般健診において有所見率が年々増加して2003（平成15）年には5割弱に達し，中でも高脂血症，高血圧症等に関連するものが高い割合を占めていること
・2003（平成15）年に脳心臓疾患につき労災認定された件数が310件を超えていること，同じく精神障害（及びそれによる自殺）につき業務上の心理的負荷によるとして労災認定された件数が100件を超えていること

ワ2　適用の実際をみるに，

「令和2年労働安全衛生調査（実態調査）」の事業所調査によれば，

法定時間外労働80時間超の労働者がいた事業所割合は2.5％（平成30年調査7％）と減少傾向にあるが，

事業所規模が大きくなるほど割合が高まる傾向にあり，従業員数1000人以上では41％にのぼる。

しかし，時間外労働時間が月80時間超の労働者がいた事業所のうち，面接指導の申し出があった労働者がいた事業所は，12.1％（17.6％）に過ぎなかった。

ただし，申し出があった事業所を100とすると，80時間超の労働者がいた事業所での実施率は95％以上だった。

是正勧告を典型とする違反の指摘件数を記した「令和2年労働基準監督年報」の定期監督等実施状況・法違反状況（令和2年）では，面接指導実施等義務違反（法第66条の8，第66条の8の2，第66条の8の4）の違反指摘件数は618件だった。

ヲ2　関係判例として，

①公立八鹿病院組合事件・広島高松江支判平27・3・18労判1118号25頁
②横河電機（SE・うつ病り患）事件・東京高判平25・11・27労判1091号42頁
③東芝（うつ病・解雇）事件・最2小判平26・3・24労判1094号22頁

が挙げられる。

①は，上位の医師からのパワハラや過重労働により，新人医師Bが，精神疾患を発症した末，過労自殺した事案で，Y組合の安全配慮義務違反に基づく損害賠償責任が問われた事案であり，

判旨は，Y組合が尽くすべき安全配慮義務の内容として，

・広く新人医師らの労働環境整備に努めること，
・亡Bの勤務時間や人間関係を含む勤務状況を把握し，パワハラ加害者には是正を求めると共に，本人につき仕事を休ませる等してストレスや疲労を軽減させること，

が求められ，それにより本件自殺を防止できた蓋然性があったが果たされなかったとした。

このうち労働環境整備の具体的内容として，亡Bの死後に開催された安全衛生委員会で提言された諸方

法が挙げられ，
そこには，
①医師による面接指導の確実な実施のため，長時間労働者を安全衛生委員会に報告し，労働者が自己の労働時間数を確認できるシステムの構築，
②事業場内産業保健スタッフによる面接指導，
等が含まれていた。
判決は，Y組合が，近隣病院・診療所との連携により勤務医の負担軽減を図る等していたことは認めつつ，時間外勤務時間の把握やハラスメントへの対応が不十分で，亡Bの前任者らも短期で病院を去っていたのに，何ら対策が講じられなかったとしている。
本件は，そもそも労働時間の把握やハラスメントへの対応の懈怠が安全配慮義務違反の要素とされた例だが，少なくとも，
長時間労働者に対する面接指導の確実な実施のための，対象者の安全衛生委員会への報告，労働者自身が労働時間数を確認できるシステムの構築等
も安全配慮義務の一内容となり得ることは示唆されている。
②の概要は，次の通り。[243]

〈事実の概要〉
入社前に自殺企図を経験し，システムエンジニアとしてY1で勤務していたXが，比較的長時間（月に時間外労働40時間程度から始まり90時間程度に達したと思われる）の労働による疲労と上司Y2とのトラブル（強い口調で業務上の注意や指示を受け，その指示に矛盾を感じたり，本人の仕事を不合理に否定すると感じたりしていた）による精神的ストレスの蓄積を経てうつ病を発症したが，
PICS（プラント操作監視装置）と呼ばれる新たな担当業務の納期に迫られて過重業務（月の時間外70時間程度）を継続し，自身では苦心して考え出したアイディアを否定されるような出来事が発生し，更に症状が悪化した。
その後，病気休職に入り，仮復職したが，結局勤怠状況が安定せず正式な復職に至らずに退職措置を講じられたため，Y2の不法行為，Y1の使用者責任又は独自の不法行為もしくは安全配慮義務違反を主張し，両者に対して損害賠償請求訴訟を提起した。控訴の際には，雇用契約上の地位確認請求を追加した。
原審（東京地判平24・3・15労判1091号60頁）は，
長時間勤務による心身の疲労に加え，上司の指示の矛盾，Y2による日常的な強い口調での注意等により，相当な精神的ストレスを感じ，Xのうつ病が発症したと認めたが，上司とのトラブルはY1に伝えていなかったし，長時間労働については，Y1は産業医による許可制をとって制限しており，その発症増悪共にX自身のストレス脆弱性が原因，との趣旨を述べ

て，Xの請求を棄却した。
〈判旨：X請求一部認容〉
Xには，そもそも自殺未遂等うつ病の既往があった。
Y2の言動は業務上の指導の範囲内のもので，強い口調での仕事上の注意等もXの人格非難でなく，不法行為に当たらない。
Xは，〈事実の概要〉所掲の経過でうつ病を発症し，更に症状が悪化した。
そして，Y1は，Xのうつ病発症前後の長時間労働（時間外90時間程度），業務量やプレッシャー，Y2の下での仕事上のストレス，体調不良等を認識していたかすべきだったので，その精神障害の発症を予見できた。
これらの出来事は，中等度に強い疲労・ストレスの原因であり，個人的素質による発症とは言えない。
他方，Y1は，Xに休職期間中からコンタクトして病状を確認し，産業医面談を実施し，計画的な復職プログラムで復職を支援し，仮復職させた際も，ストレスの原因となったY2と顔を合わせないよう配慮するなどしており，復職に際しての安全配慮義務違反は認められない。
Xのうつ病の発症は，業務上の過重負荷によるものと認められるが，その症状が遷延化し，長期休職を継続したことには，個人の素質，脆弱性等の影響があり，寛解状態が4カ月以上継続したところからは5割の損害賠償でよく，1年以上継続したところからは損害賠償の義務はない。

〈長時間労働面接指導にかかる判決の示唆〉
原審は，Xの長時間労働についてもY1が産業医による許可制としていたこと等から，その過失責任を否定したが，
本判決は，結論的にその過失責任を一部認めている。結果回避のためにとるべき措置を明示してはいないが，長時間労働面接指導を（形式的に）実施するのみならず，そこで医師から指示された残業禁止措置を実効あらしめるため，業務軽減等の措置を具体的に実施する必要があったと示唆されているものと解される（もっとも，2審の本旨は，たとえ中程度のストレス要因しか認められなくても，本人の不調を認識できた以上，予見可能性は認められるというものだと思われる〔三柴〕）。
③は，液晶ディスプレイ製造プロジェクトのリーダーに任ぜられ，月60～85時間程度の時間外労働を行い，また上司の指示等にかかるトラブルを経験したXが，うつ病を発症し，増悪したことにつき，Y社の安全配慮義務違反に基づく損害賠償責任等を追及した事案である。
原審（東京高判平23・2・23労判1022号5頁）は，

Y社の損害賠償責任を認めた上で，その賠償額の算定に際して，

Xが神経症の診断を受けてデパス錠の処方を受けていたことを産業医や上司に申告しなかったこと等につき，うつ病の発症増悪防止措置の機会を失わせる一因となったとして，過失相殺を認めた。

しかし，最高裁は，<u>メンタルヘルスに関する情報は，労働者にとって人事考課等にも影響し得るプライバシー情報であり，使用者は，必ずしも労働者からの申告がなくても，その健康に関わる労働環境等に十分な注意を払うべき安全配慮義務を負っており，過重業務継続下での不調が看取される場合，労働者からの申告が期待し難いことを前提として，適宜，業務軽減等の配慮に努める必要がある</u>，として，過失相殺を否定した。

もっとも，本件では，Xが上司に体調不良の申告や業務軽減の申出をしていたほか，長時間勤務者対象の健診で，産業医に頭痛，めまい，不眠等の自覚症状を繰り返して申告していたうえ，体調を崩して1週間欠勤したが，上司から仕事を増やされた旨申告したのに，産業医は特段の就労制限は不要と判断していた等のYらの対応上の問題を窺わせる事情がある。定期健診の問診でも，頭痛，不眠，気鬱等を愁訴していた。

すなわち，労働者からのメンタル面での申告はあったにもかかわらず，産業医らによって適切な対応が図られなかったケースとも言える。

ン 2 法第66条の8の2は，労使での集団的合意により時間外・休日労働（以下，単に「時間外労働」とも言う）を可能にさせる36協定にかかる上限規制の適用が例外的に除外される

研究・開発業務従事者（「新たな技術，商品又は役務の研究開発に係る業務」：労基法第36条第11項）が，月に100時間を超える時間外労働を行った場合に，

本人の意向を問わず，

医師による面接指導の実施を事業者に義務づけたものである。

労働時間規制自体の適用が除外される管理監督者や高度プロフェッショナル制度や，労働時間のみなしにより規制が柔軟化される裁量労働制等と同様に，

たとえ職務の性格上労働時間が長くなることが許容されても，健康確保の観点での規制は必要との趣旨で設けられた規定である（なお，年収等一定の要件を充たした研究開発業務は，高度プロフェッショナル制度の適用対象ともなる）。

本条には，罰則が付されている（法第120条第1号）。私法上の効力は，法第66条の8と同様に解される。

ア 3 労基法第36条第11項が定める研究・開発業務とは，専門的，科学的な知識，技術を持つ者が従事する新技術や新商品等の研究開発の業務を指し（法施行通達：平成30年9月7日基発0907第1号），

これに従事する労働者の週40時間超の時間外労働（1カ月の総労働時間数から計算期間〔月〕の総暦日数／7〔その月の週数〕×40時間をマイナスして算出。週日に長時間労働していても，休祝日に休めていればカウントされる）が月100時間を超えた場合，事業者に，医師による面接指導の実施が義務づけられる（安衛則第52条の7の2）。

時間の算定は毎月1回以上，一定期日を定めて行わねばならず，面接指導は，当該期日後遅滞なく行われねばならない（安衛則第52条の7の2第2項，第52条の2第2項）。

労働者の申出によらずに実施が求められる点は，通常の労働者の面接指導（法第66条の8）とは異なるが，法律本法では，該当する労働者に面接指導を受ける義務が課されている点，事業者が，面接指導結果につき，医師の意見聴取と記録保存の義務を課されている点は同じである。

事後措置としては，職務内容の変更，有給休暇の付与，就業場所の変更，労働時間の短縮，深夜業の回数の減少等のほか，当該医師の意見の衛生委員会等への報告その他の適切な措置が定められている（本条第2項）。

なお，研究・開発業務従事者が，月80時間を超える時間外労働を行い，疲労の蓄積を認められる場合，法第66条の8第1項に基づく面接指導の対象となる（法施行通達：平成30年9月7日基発0907第2号Q&A8）。

事業者に実施義務が課されているため，面接指導に要する費用は，当然に事業者負担，事業遂行上の必要事項なので，それに要する時間は労働時間として扱う必要があると解されている（平成31年3月29日基発0329第2号）。

イ 3 その沿革をみるに，

働き方改革関連法（平成30年7月6日法律第71号）による罰則付上限規制の導入前にも，いわゆる限度基準告示（「労働基準法第36条第1項の協定で定める労働時間の延長の限度等に関する基準」）が存在し，行政指導の根拠とされていたが，本条の対象である研究・開発業務は適用を除外されていた（正確には，労基法第36条第3項が，36協定による協定時間を基準内に収めるよう定めていたところ，限度基準告示が，研究・開発業務には，当該基準を適用しないとしていた）。

また，2017（平成29）年6月5日の労働政策審議会建議「時間外労働の上限規制等について」では，研究・開発業務は，不用意に範囲が拡大しないよう対象を明確化した上で，上限規制の適用除外とするが，本条に基づく面接指導の義務づけが適当とされた。

こうした流れが，本条に結実したものと解される。

ウ3　本条（法第66条の8の2）の適用の実際をみるに，

令和2年労働安全衛生調査（実態調査）によれば，研究・開発業務従事者がいる事業所のうち，100時間超の時間外労働をした労働者がいた事業所の割合が1％弱，

（本来，研究・開発業務の100時間超過者全員に実施していなければならないはずだが〔＊三柴注〕）そのうち面接指導を申し出た者がいたと回答した事業所が1％弱，

そのうち面接指導を実施したと回答した事業所が3割強だった。

エ3　法第66条の8の3は，法第66条の8所定の面接指導の的確な実施のため，労働時間の状況の客観的な把握を事業者に義務づけたものである。

労働時間の把握は，もともと割増賃金等の賃金の適正支払いの観点から求められてきた経緯があるが，過労事案の社会問題化等を踏まえ，長時間労働による健康障害防止の観点が重視されるようになり，働き方改革関連法により設けられたものである。

本条に罰則はないが，ずさんな労働時間把握が健康障害に繋がれば，安全配慮義務違反等として，事業者らの過失責任が認められ得る。

オ3　本条により，労働時間法上は本人に労働時間管理が委ねられる労働者にも，健康管理の観点で医師による面接指導に確実に繋げるよう，労働時間の客観的把握が義務づけられることとなった。

通常の労働者でも，医師の面接指導は，本人からの申出を前提とするため，健康管理の観点では，必ずしも客観的な労働時間把握がされていない例もあった。

実際に，多くの事業者が，本条の履行のため，どの程度の精度で，どのように労働時間を把握すべきかに悩んでいる。立法者もその点を予測し，本条及び解釈例規で応えようと努めてきた（三柴による）。

本条によれば，事業者は，面接指導（通常の労働者対象：第66条の8，研究・開発業務従事者対象：第66条の8の2）の実施のため，

タイムカード，PC等の使用時間その他の客観的把握方法により，労働時間の状況を把握せねばならない（法第66条の8の3，安衛則第52条の7の3第1項）。

通達（平成30年12月28日基発1228第16号）に付されたQ＆A（以下，「通達Q＆A」とも言う）によれば，ここで言う労働時間の状況の把握とは，

労働者の健康確保措置を適切に実施する観点から，労働者が，
・いかなる時間帯に，
・どの程度の時間，
・労務を提供できる状態にあったか，
を把握することを指す。

把握対象となる労働者は，健康管理時間の把握が求められる高度プロフェッショナル制度（以下，「高プロ」とも言う）の適用対象者（以下，「高プロ対象者」とも言う）を除く全ての労働者である。

すなわち，労基法第41条所定の労働時間規制の適用除外対象者，労働時間みなし制度（事業場外みなし〔労基法第38条の2〕，裁量労働制〔専門業務型：労基法第38条の3，企画業務型：第38条の4〕）の対象者も含まれる。

カ3　労働時間把握の具体的方法の原則は，現認，タイムカード，PCの使用時間の記録等の客観的方法だが，「やむを得ず客観的な方法により把握し難い場合」には，所定条件下で自己申告が認められる（通達Q＆A11）。

やむを得ない場合には，事業場外業務に直行直帰する場合で，社内システムにアクセスすることも困難な場合等が該当する（通達Q＆A12）。

自己申告が認められる所定条件とは，

(ｱ)適正な自己申告に関する対象労働者への説明
(ｲ)同じく管理者への説明
(ｳ)申告時間にかかる実態調査と補正
(ｴ)労働時間が把握されない適正な理由の報告
(ｵ)不適当な時間外労働削減措置を含め，適正な申告を阻害する措置の抑制

等であり（通達Q＆A11），これらは，概ね，労働時間の適正把握ガイドライン（平成29年1月20日基発0120第3号）に記されていたものを踏襲している。

面接指導を導く月80時間超の時間外労働は，毎月1回以上，定期日に算定され，超過が確認され次第，概ね2週間以内に当該労働者に通知されねばならない（安衛則第52条の2第2項，第3項，通達Q＆A5）。通知は，書面や電子メール等によるべきだが，給与明細の労働時間数の記載による方法も許される（通達Q＆A4）。

キ3　政府は，テレワークの推進を図っており，2021（令和3）年には，いわゆるテレワークガイドライン（令和3年3月25日基発0325第2号・雇均発0325第3号）を公表し，

在宅勤務時の労働時間把握の方法として，PC等の使用時間が始終業時刻を反映し得ないような場合，労働者の自己申告によることも可能なこと，その他，始終業時刻を電子メールで報告させる方法等も可能なこと等を示した。

ただし，労働時間適正把握ガイドライン（平成29年1月20日基発0120第3号）も踏まえた対応として，

①適正な自己申告につき労働者と管理者に説明すること，
②実態との間に著しい乖離がある場合，補正すること，
③自己申告できる時間数の制限等の適正申告阻害措置

を講じないこと，
を求めている。

　もっとも，申告された時間と実態の違いを使用者が認識していない場合，申告された時間に基づいた管理と賃金支払いを行っていれば足りるとしており，この考え方が安全配慮義務違反に基づく損害賠償請求でどこまで通用するか，疑問がある。

　テレワークガイドラインは，中抜け等について，始終業時刻のみの把握で足りる等，厳格な把握を行わない方針を示しており，それ自体，労働者にとってメリットともなるが，特に終業時間をしっかり把握しない場合，労働時間帯の後ろ倒しによる睡眠時間の圧縮等の問題も生じ得るので，健康管理の観点では，やはり労働時間帯の把握も必要になる。

　なお，同ガイドラインでは，在宅ワークの留意点として，
①使用者による管理が弱まること，
②メール等で終日連絡が届き，仕事と私生活の区別がつきにくくなること，
等が挙げられ，
①時間外のメール送付やシステムへのアクセスの制限，
②長時間労働者への注意喚起，
等の対策が示唆されている。これらは，テレワークにかかる個々の事業でのルール形成を促すものとも言え，ひいては労働者の労働時間や健康状態の適正把握と，健康管理上必要な対応の促進に繋がるものと解される。

　ク3　政府は，労働者の副業・兼業の促進も図っており，長時間労働の抑制との調整を図る狙いもあり，2020（令和2）年に，
　いわゆる副業・兼業ガイドライン（令和2年9月1日基発0901第4号）を公表した。
　ここでは，労働時間の通算を認める従前の行政解釈（昭和23年5月14日基発第769号）の立場を維持しつつ，労働時間管理を自己申告によらざるを得ないことを認めている。また，管理監督者や高プロ適用者，非雇用型副業・兼業者の労働時間把握は不要とされている。
　具体的には，副業・兼業の届出時点で，見込み時間数等を申告させ，就業開始後は，所定外労働時間を申告させるべきだが，労使双方の労働時間管理の手続き面での負担軽減のため，管理モデルが示され，<u>本務先が，各使用者のもとでの労働時間の上限を設定し，労働者と副業先の了承を得た場合，副業先での実労働時間の把握を不要とする仕組みも示されている。</u>
　長時間労働面接との関係では，その実施のための通算労働時間の把握は基本的に求められないが，本務先の指示による副業・兼業の場合，副業・兼業先との情報交換により，それが困難な場合は自己申告により，なるべく通算労働時間を把握して，健康確保措置を講じることが適当とされている。いずれにせよ，使用者が副業・兼業を認めている場合，適当な健康管理策に関する労使の話し合いが推奨されている。

　なお，第14次労働災害防止計画には，副業・兼業者用のアプリ（労働時間，健診結果，ストレスチェック結果等を管理できるもの）の活用の促進が記されている。

　ケ3　本条所定の労働時間把握に係る規制の沿革をみるに，
　労働時間把握に係る規制は，当初，賃金適正払いの確保の観点で導入されていた。
　先ず，1947（昭和22）年に制定された労基法が使用者に作成を義務づけた賃金台帳には，賃金に関する事柄のほか，労働日数，労働時間数，時間外・休日・深夜労働時間数等も記載せねばならないと規定された（労基法第108条，労基則第54条第1項）。
　これは，1940（昭和15）年10月の第2次賃金統制令が，労働条件や労務管理の改善も目的の一つとして，賃金台帳制度を採用していたことを受けたものである。
　時期を隔てて2001（平成13）年に発出された労働時間適正把握基準（平成13年4月16日基発第339号）は，自己申告制の不適正な運用により割増賃金の未払いや長時間労働等の問題が生じていることのほか，
①労基法第37条違反の臨検監督事案の増加傾向，
②電通事件（最2小判平12・3・24民集54巻3号1155頁）
のような過労死事案で不適切な労働時間把握がみられること，
等を念頭に発出されたと説明されていた（厚生労働省）。
　2000（平成12）年11月30日の中央労働基準審議会建議は，適正把握基準の発出の主な背景を，割増賃金規制（法第37条）の履行確保とするような書き方をしていた。
　その後，2014（平成26）年に議員立法である過労死等防止対策推進法が制定され，2016（平成28）年には，長時間労働削減推進本部「『過労死等ゼロ』緊急対策」で，新ガイドラインによる労働時間の適正把握の徹底の必要性が示されるなどした後，適正把握基準の内容を発展させた適正把握ガイドライン（平成29年1月20日基発1020第3号）が公表された。
　このようにして，労働時間の適正把握の主な趣旨が，長時間労働防止による健康障害対策へと移行し，
　2015（平成27）年の労働政策審議会建議「今後の労働時間法制等の在り方について」で，高度プロフェッショナル制度の創設等と共に，
　管理監督者を含む全労働者の労働時間の客観的把握

義務を省令に規定することが適当とされ（高プロ制度対象者の場合は，把握の対象が健康管理時間となるので，対象外となり得るが，その点に関する明確な記載は見当たらない〔三柴〕），

その省令案を盛り込む労基法改正法案が2015（平成27）年の第189国会に提出されたが，第194回国会会期中の衆議院解散で審議未了廃案となった。その間に，電通で，新入女性社員による自殺が社会問題化し，長時間労働も背景にあったと推察され，改めて労働時間の適正把握の重要性が国会内で共有された。

2017（平成29）年3月の「働き方改革実行計画」を踏まえた同年の労働政策審議会建議「時間外労働の上限規制等について」で，労働時間把握義務の省令での規定の必要性が改めて示され，

2018（平成30）年に国会に提出された働き方改革関連法案に盛り込まれた。

野党議員から，把握義務を法定すべきとの意見も出されたが，政府は省令改正にとどめる方針でいたところ，企画業務型裁量労働制の適用対象者拡大を見越した厚生労働省による実態調査の信憑性が疑われる事態が生じ，把握義務も労働安全衛生法で規定する方針に転換された。

なお，野党議員からは，本条を罰則付きにすべきとの批判が見られた。

コ3　本条新設の背景には，電通での2つの過労自殺があり，前者では苛烈な長時間労働とずさんな労働時間管理が司法によって認定され，後者でも同様だったとの指摘がなされた。

第1案件は，1990（平成2）年に入社した当時24歳の男性社員が，長時間労働の末，翌年に縊死した事件であり，最高裁（第2小判平12・3・24民集54巻3号1155頁）が，会社の過失責任を認めた。

最高裁でも示された事実によれば，残業は上司の事後承認，実際より少なく申告することも常態化していたという。

被災社員の申告時間も実際より相当少なく，実際は，徹夜が月1～8回，午前2時以後退勤が月5～10回に及び，上司もそれを認識し，自殺の1～2カ月前には健康状態の悪化に気づいていたが，仕事を早く終えて休むよう指導したのみで，業務量等の調整を採らなかったため，その注意義務違反と会社の使用者責任が認められている。

前述の通り，本判決は，労働時間適正把握措置基準（平成13年4月16日基発第339号）発出のドライブとなった。

第2案件は，当時24歳の新入女性社員が，本採用となった2015（平成27）年10月以後に月100時間超の時間外労働に従事するなどして，同年12月25日に自殺したものであり，翌年9月に過労自殺として労災認定されたことを契機に社会的注目を集めた。

翌2016（平成28）年10月には，東京労働局の過重労働撲滅特別対策班と三田労働基準監督署が電通本社等に立入調査に入った。これは，電通の管理する労働時間記録と実態との不整合，36協定を超える長時間労働等について，過去2年間，東京と大阪の労基署から是正勧告を受けていたが，改善措置を講じなかったこと等の疑いによる。その後強制捜査に切り替えられ，12月には電通が一部容疑に絞って書類送検され，社長は引責辞任に追い込まれた。

翌2017（平成29）年1月には，遺族と会社間で，長時間労働改革や健康管理体制の強化等18項目の再発防止措置の実施等を内容とする合意書がまとめられた。

同年7月には，検察が法人を略式起訴したが，東京簡裁が略式起訴不当として正式裁判に付され，同年10月に，求刑通り，法人に罰金刑が言い渡され，確定した。

しかし，同社は，2019（令和元）年9月には，労基法と安衛法違反により，三田労働基準監督署から是正勧告を受けている。

サ3　本条新設の背景には，他にも幾つかの案件や社会運動等の事情があった。

例えば，働き方改革関連法案の国会審議中に，野村不動産への特別指導が公表された。これは，同社がマンションの営業担当者600人に不適正に裁量労働制を適用し，違法な長時間労働が生じているとして，本社及び複数の支社に各地の労基署から是正勧告がなされたほか，東京労働局による特別指導がなされたものである。

是正勧告等の個別的指導の公表は異例のことだったが，実は，2016（平成28）年9月に，同社の男性社員が長時間労働から体調を崩し，休職からの復帰後，更なる長時間労働の末，過労自殺し，翌2017（平成29）年には労災認定を受けた事案が背景にあることが，後に判明した。なお，野村不動産は，2018（平成30）年に裁量労働制の適用を全面的に停止した。

また，三菱電機でも，2012（平成24）年から2016（平成28）年にかけて，システム開発に当たる技術者や研究職の5人の男性社員が，精神障害や脳疾患の発症ないし自殺により，労災認定を受けたが，うち3人は専門業務型裁量労働制の適用を受けていた。また，2015（平成27）年には，パワー半導体の生産を担う子会社の40代の男性技術職員が，別の子会社に管理監督者扱いで副課長として出向し，月100時間を超える時間外労働等に従事した後，本務先に復帰し，裁量労働制の適用を受けて勤務した末に過労自殺し，2019（令和元）年に労災認定された。

三菱電機は，2016（平成28）年度から長時間労働抑

制方針を打ち出して子会社にも徹底を図っていたが，2017（平成29）年度には，長時間労働による精神疾患発症者が出て，会社とその上司が書類送検されるなどしているという。

「全国過労死を考える家族の会」のWEBサイトに掲載されている，「ぼくの夢」という，過労自殺者の子の詩（以下に掲載）も，国会で朗読され，過労死防止法の成立のほか，2017（平成29）年の労働時間適正把握ガイドライン策定の後押しとなった。

> 大きくなったら
> ぼくは博士になりたい
> そしてドラえもんに出てくるような
> タイムマシンをつくる
> ぼくはタイムマシーンにのって
> お父さんの死んでしまう
> まえの日に行く
> そして『仕事に行ったらあかん』て
> いうんや

シ3　適用の実際について，

事業場での実施状況からみると，

東京都産業労働局「労働時間管理に関する実態調査」（2017年3月）によれば，労働時間の管理方法は，

一般労働者については，

「タイムカード・ICカード等」が最多で約6割，

「自己申告」が約2割，

「上司が確認」が約1割だった。

管理職については，

「タイムカード・ICカード等」が一般労働者より少し少なく約55％，

「自己申告」が一般労働者より少し多く約23％だった。

この調査で労働者を対象としたものによれば，

総じて，使用者による労働時間把握は正確に行われていることが窺われたが（回答者の約74％），

勤務先で「時間管理されていない」（約3割）や「自己申告による」（約6割）との回答者では，会社の把握時間が実際より短いとの回答が25％以上を占めていた。

2021（令和3）年12月に公表された連合総研「第42回勤労者短観」によれば，残業手当の支給対象者のうち，未申告があるとの回答者が例年2～3割おり，そのうち自分自身で調整したからとの理由が約8割，上司から調整を求められたとの理由が約15％だった。

また，週の平均実労働時間が50時間を超える者の5～6割が，上司による業務量調整を疑問とし，仕事の進め方に関する指示が不明確と感じており，4～5割が，健康を気遣っていないと回答していた。

労働の長時間化が，上司の労務管理への疑念に繋がり易いことが窺われる。

監督指導の実際についてみると，

是正勧告を典型とする違反指摘件数を記した「令和2年労働基準監督年報」では，本条（法第66条の8の3）違反の指摘件数は，5607件（「平成31年・令和元年労働基準監督年報」では4120件）に上った。

令和2年度厚労科研行政官・元行政官向け法令運用実態調査（三柴担当）でも，労働時間の適正把握の懈怠につき，安衛則第52条の7の3（本条所定の労働時間把握方法の具体化を図り，記録作成と保存のための措置を定めた規定）を適用して監督指導を行った旨の回答が3件あり，

そのうち2件は，単にタイムカード・ICカード等の客観的な方法に拠っていなかったことによるとされ，もう1件は，労働者の出勤簿への押印のみにより，始終業時刻等を把握していなかったことによるとされていた。

また，回答の中には，本条は本来，労基法に設けられるべきものとの意見もあった。

ス3　本条（法第66条の8の3）の関係判例は以下の通り。

1）グルメ杵屋事件・大阪地判平21・12・21労判1003号16頁

Y社やその子会社が設営する飲食店で店長として勤務していたXが，月100時間超の時間外労働に半年以上従事した末，急性心筋梗塞で死亡した事案で，

判決は，Yの負う安全配慮義務の内容として，

①労働時間の適正管理等による労働条件の適正化，

②健診の実施と個々の労働者の特性（年齢，健康状態等）に基づく就業調整，

を示したうえ，Yの違反を認めた。

その際，

Yの労働時間把握は自己申告で行われ，提出された出勤表記載の労働時間は実態を反映していなかったこと，

警備会社のセキュリティ装置を利用する，従業員等からヒアリングする等すれば，Xらの過重労働の実態は把握できたはずなのに怠ったこと，

等が指摘された。

2）九電工事件・福岡地判平21・12・2労判999号14頁

Yにおいて，空調衛生施設（冷暖房，トイレ，消火施設等）等の現場監督業務に従事していたXが，1年間にわたり月100時間超（発症前7カ月間は月150時間超）の時間外労働に従事し，うつ病を発症して自殺した事案につき，

判決は，当該労働者の時間外労働が長期間にわたり

極めて長時間に及んでいたことに加え，Yで自己申告制が採られていたことを前提に，Yは，（当時の）労働時間適正把握基準（2003〔平成15〕年）に照らし，実態調査等による労働時間の実態把握により健康障害を防止する注意義務を負っていたが，申告時間と実態との乖離を認識しながら適正な自己申告へ向けた指導も実態調査もしなかったため，当該義務に違反したとした。

1）2）と同様に，労働時間の適正把握を使用者が負う安全配慮義務や注意義務の一環とした判例に萬屋建設事件・前橋地判平24・9・7労判1062号32頁（使用者による申告残業時間数の制限も適正申告を妨げたと指摘した），Y歯科医院事件・福岡地判平31・4・16労経速2412号17頁等がある。

このように，労働時間の適正把握は健康管理の大前提であり，安全配慮義務の内容と解されている。

その義務違反の認定に際しては，申告残業制限など，適正な自己申告の阻害措置の有無，実態調査を講じていたか等も考慮される。

3）岐阜県厚生農業協同組合連合会事件・岐阜地判平31・4・19労判1203号20頁

Yが管理する病院に勤務する事務職員Aが，半年間ほどの月100時間超の時間外労働の後，うつ病を発症して自殺した事案で，Yは安全配慮義務違反については争わなかったが，Aが超過勤務を申請しなかった点を過失相殺事由と主張した。

判決は，

Yは，

Aの申告時間と実態の乖離を認識していたのに，超過勤務の申請を求めたことも，実態把握に努めたこともなかったし，

管理者が長時間労働は労働者自身の仕事の進め方の問題と労働者に伝えていたので，超過勤務申請が難しい職場環境になっていたとして，

Yは，自ら労働時間把握を怠っておきながら，その責任を労働者に転嫁しようとしているとして，その主張を排斥した。

4）大庄事件・大阪高判平23・5・25労判1033号24頁

飲食店の従業員Xが，入社後4カ月にわたり月100時間程度の時間外労働に従事した後，急性左心機能不全で死亡したことを受け，遺族が会社の安全配慮義務と共にその取締役ら個人の遺族への善管注意義務違反に基づく賠償責任が問われた事案につき，

判決は，適切な労働時間把握と休憩休日付与を怠った点で会社の安全配慮義務違反を認めると共に，基本給に月80時間の時間外労働を組み込み，36協定で月80時間の時間外労働を許容していたことを前提に，

取締役等は，悪意又は重大な過失により，労働者の健康障害防止のため会社が行うべき体制の構築と長時間労働の是正方策の実行につき任務を負うところ，それを懈怠したとして，個人としての損害賠償責任を認めた。

5）狩野ジャパン事件・長崎地大村支判令元・9・26労判1217号56頁

麺製造販売会社の製麺工場で就業する労働者が25カ月間にわたり月90〜160時間の時間外労働等を行い，具体的疾患は生じていないが，慰謝料請求を行った事案で，

判決は，会社が36協定を締結していなかったか，しても無効なものだったこと，原告らの作業状況を窺わせる事情があったのに労働時間把握を怠り，改善指導も行わなかったこと等を踏まえ，

原告の人格的利益を侵害したとして，金30万円の慰謝料の支払いを会社に命じた（同様の判断例として，無洲事件・東京地判平28・5・30労判1149号72頁）。

セ3 法第66条の8の4は，

第1項で，事業者を名宛人として，

労基法第41条の2第1項が規定する高度プロフェッショナル制度の適用対象者であって，

その健康管理時間（事業場内外の労働時間を合算したもの）が所定時間を超える者に対し，

医師による面接指導を実施する義務を課し，

第2項で，

法第66条の8第2項から第5項（第2項：労働者の面接指導を受ける義務と代替方法が採られた場合の除外，第3項：結果の記録，第4項：結果に基づく就業上の措置に関する医師の意見の聴取，第5項：医師の意見を踏まえた就業上の措置）の準用

及び，同条第5項所定の就業上の措置の一部読み替え（「就業場所の変更，作業の転換，労働時間の短縮，深夜業の回数の減少等」を「職務内容の変更，有給休暇（略）の付与，健康管理時間（略）が短縮されるための配慮等」）

を定めている。

ソ3 本条は，労基法上の労働時間・休日規制（深夜割増賃金規制を含む）が適用除外となる

特定高度専門業務・成果型労働制（高度プロフェッショナル制度）の適用を受ける労働者（以下，「高プロ対象者」とも言う）

の「健康管理時間」（事業場内外の労働時間を合算したもの）の週40時間超過分が月100時間を超える場合，

医師による面接指導の実施を事業者に義務づけたものである。

高プロ対象者への健康確保措置は労基法にも定められているが，安衛法では，長時間労働者への面接指導を定めた。

本条には罰則が付されている（法第120条第1号により、50万円以下の罰金）。

本条の私法上の効力は、法第66条の8と同様に解される。

タ3 高プロ対象者は、

対象業務に就かせる労働者であって、

使用者との書面等での合意で職務が明確化されており、

年間給与が省令所定の金額（毎月勤労統計による労働者の平均年間給与額の3倍を相当上回る金額。現段階で1075万円）以上である者

でなければならない（労基法第41条の2、労基則第34条の2）。

対象業務は、高度な専門的知識等を必要とし、性質上、時間と成果の関係が希薄なものとして、省令で定めるものに限られる。

目下、これには以下の5種類が該当する（労基則第34条の2第3項）。

①金融商品開発業務
②資金を運用するファンドマネージャー、トレーダー等の業務
③有価証券市場アナリストの業務
④顧客の事業にかかる調査分析及び考案・助言を行う、いわゆるコンサルタント業務
⑤新たな技術・商品や役務の研究開発業務

高プロ制度適用のための手続的要件は、

以下の事項（ただしここでは概要のみ記す）につき、労使委員会での5分の4以上の議決を得て、所轄労基署長に届け出ること、及び、対象労働者から書面による同意を得ることである。

㈠対象業務
㈡対象労働者
㈢健康管理時間の把握措置を講じること
㈣年間104日以上かつ4週間に4日以上の休日を付与すること
㈤以下のいずれかの措置を講じること
　①11時間の勤務間インターバル及び深夜労働の月4回以内への制限
　②週40時間を超える健康管理時間を月100時間以内、3ヵ月240時間以内とすること
　③年1回以上継続した2週間の休日を付与すること
　④週40時間超の健康管理時間が80時間を超えた労働者か申出のあった労働者に臨時健診を行うこと
㈥健康管理時間の状況に応じて、健康・福祉確保措置（㈤の措置のうちいずれか、健診、面接指導、心身の健康問題に関する相談窓口の設置等）を講じること

㈦対象労働者の同意の撤回手続
㈧苦情処理措置
㈨同意しない労働者への不利益取扱いの禁止
㈩その他

このうち㈢㈣㈤は、高プロ制度適用の要件そのものである。

厚労省公表データによると、令和3年3月末時点で、

高プロ制度導入企業数は20社（21事業場）で、

㈤の選択的措置のうち、

②の上限措置が5事業場

③の連続休日の付与が9事業場

④の臨時健診が3事業場

で、①のインターバル及び深夜労働制限を選択した事業場はなかった。

㈥の健康・福祉確保措置については、

相談窓口の設置が10事業場、

面接指導が4事業場、

となっている。

高プロ対象者の健康管理時間の把握は、高プロ制度導入時の決議事項とされており、タイムカード、PC等の使用時間の記録等の客観的方法によることが原則だが、事業場外で労働し、やむを得ない理由がある場合、自己申告によることができる（労基則第34条の2第8項）。対象者が事業場内に居る時間に限り、休憩時間等、就労しない時間を健康管理時間から除く旨労使委員会で決議することもできる（同第7項）。

週40時間を超える健康管理時間が月100時間を超えた場合、本条に基づき面接指導の実施が義務づけられる（安衛則第52条の7の4）。

超えた時間の算定は、毎月1回以上、定期日に行われねばならず、面接指導は算定結果が出たら遅滞なく行われねばならない（安衛則第52条の7の4第2項、第52条の2第2項）。

本条に基づく面接指導は、研究開発業務従事者へのそれと同様に、労働者の申出によらずに実施が求められる点で、通常の労働者の面接指導（法第66条の8）とは異なるが、法律本法では、該当する労働者に面接指導を受ける義務が課されている点、事業者が、面接指導結果につき、医師の意見聴取と記録保存の義務を課されている点は同じである。

事後措置としては、職務内容の変更、有給休暇の付与、健康管理時間の短縮のための配慮等が例示されている（本条第2項）。

本条（法第66条の8の4）に基づく面接指導の費用は、事業者に実施義務が課されているため、当然に事業者負担、事業遂行上の必要事項なので、それに要す

る時間は健康管理時間として扱う必要があると解されている（平成31年3月29日基発0329第2号Q&A17）。

チ3　本条（法第66条の8の4）の沿革は以下の通り。

先ず，2015（平成27）年に国会に提出された労基法改正案に，

「時間ではなく成果で評価される働き方を希望する働き手」のための労働時間制度として，

高度プロフェッショナル制度が盛り込まれたが，批判も強く，審議未了廃案となった。

2018（平成30）年に国会に提出された働き方改革関連法案には，罰則付き上限規制と一本化する形で高度プロフェッショナル制度も盛り込まれ，同年6月に可決成立し，翌2019（平成31）年4月に施行された。

高プロ制度の導入には，従前から，労働政策審議会労働条件分科会において，労働者側より強い反対が示されていた。

行政より，健康確保措置として，①インターバル措置，②健康管理時間の上限，③年間104日間の休日確保のいずれかの実施を義務づける案が示されていたが，

労働者側より不十分とされ，

その後に示された法律案要綱では，

・104日の休日付与の義務づけ

を基本として，それに加え，

・上記①か②，

・年1回以上の継続した2週間の休日の付与，

・健康管理時間が月80時間を超えた場合の健診の実施，

のいずれかの実施を義務づける案に修正され，労働者側からは依然として問題視されつつも，概ね妥当と決議された。

もとより，2015（平成27）年の労基法改正案の骨格を示した建議「今後の労働時間法制等の在り方について」では，高プロ制度の創設に際して，健康管理時間に基づく医師の面接指導が盛り込まれていたが，この制度は安衛法で対応されることとなり，

同年9月，労働政策審議会安全衛生分科会に対し，安衛法において，健康管理時間が月100時間を超えた場合の面接指導の実施が規定する旨諮問され，特に異論なく議決・答申された。

ツ3　本条の適用の実際を見ると，

先ず，厚労省が高プロ制度の決議届と定期報告を集計したデータでは，

2022（令和4）年3月時点で，

制度の導入企業は21社（22事業場），

対象労働者数合計は665人（2021〔令和3〕年：552人），

であり，特にコンサルティング業務従事者が550人と多くなっている。

高プロ対象者のうち，月当たりの最長健康管理時間数は，

200時間以上300時間未満が15事業場，

300時間以上400時間未満が7事業場，

400時間以上500時間未満が2事業場，

であった。

導入されている選択的措置は，2週間の連続休日が最多で15事業場，

健康確保措置では，相談窓口の設置が最多で17事業場だった。

「令和2年労働安全衛生調査（実態調査）」によれば，

高プロ対象者がいる事業所のうち，100時間超の時間外・休日労働をした者がいる所が約2割だった。

そのうち面接指導を申し出た者がいたと回答した所が約2割あり，

申出を受けた所では，全て面接指導が実施されていた（制度上は，申出の有無にかかわらず，要件を満たした者全員に面接指導を実施せねばならないはずだが……〔三柴注〕）。

テ3　法第66条の9は，

法第66条の8（通常労働者向けの長時間労働面接指導），第66条の8の2（研究開発業務従事者向けの長時間労働面接指導），第66条の8の4（高プロ対象者向けの長時間労働面接指導）の対象となり，

各規定により所定要件下で事業者に長時間労働面接指導の実施が義務づけられる労働者以外の労働者にも，健康上の配慮（特に脳心臓疾患の発症予防が想定されている〔平成18年2月24日基発第0224003号〕）が必要な場合，その努力義務を課した規定である。

本条に罰則はないが，健康障害が予見可能とみなされる場合，事業者が本条所定の配慮を怠った場合，民事上，損害賠償責任を負う可能性はある。

ト3　本条に言う健康上の配慮とは，面接指導及びそれに準じた措置を意味する（安衛則第52条の8第1項）。

ここで，面接指導に準じる措置には，保健師等による保健指導，チェックリストによる疲労蓄積度評価の上での必要な者への面接指導，事業者が事業場の健康管理について産業医等から助言指導を受けること等が含まれる（平成31年3月29日基発0329第2号Q&A18）。

面接指導等を実施した場合には，その結果に基づき事後措置を講じるよう努める必要がある（同Q&A19）。

こうした措置の実施の是非は，事業場ごとに衛生委員会等で審議のうえで定めた基準による（安衛則第52条の8第2項，第23条の2）。時間外・休日労働が月45時間を超える労働者は対象となるよう基準を設定することが望ましいとされている（平成18年2月24日基発第0224003号）。

なお，健康管理時間の超過が月100時間を超えない高プロ対象者の場合，本人からの申出があった場合に，面接指導を行うよう努める必要があるとされている（安衛則第52条の8第3項，平成31年3月29日基発0329第2号Q＆A20）。

ナ3　本条（法第66条の9）の制度史をみるに，

法第66条の8と共に2005（平成17）年改正で追加された規定であり，2004（平成16）年12月の建議「今後の労働安全衛生対策について」において，安衛法第66条の8の対象とならない労働者についても，

①長時間労働で疲労の蓄積が認められる等であって申出を行った労働者，

②事業場所定の基準に該当する労働者，

のいずれかにつき，

面接指導に準じる措置等の実施に努めることが記されたことが基礎となった。

その当初案では，周囲の者が健康異常を疑い，産業医が必要と認めた者等を面接指導に準じる措置の対象とすることとされていたが，実行可能性の問題から落とされた経緯がある。

こうして，平成18年厚生労働省令第1号で新設された安衛則第52条の8は，

①長時間労働により疲労の蓄積が認められたか健康不安を有する労働者，

②事業場所定の基準に該当する労働者，

のいずれかに対して，

当該労働者の申出に基づき，必要な措置を講じる努力義務を規定した。

その後，2018（平成30）年の働き方改革関連法により，第66条の8の2（研究開発業務従事者向けの長時間労働面接指導），第66条の8の4（高プロ対象者向けの長時間労働面接指導）が設けられたため，これらの制度も対象者からの除外基準に組み込むため，本条も一部修正された。

この際，安衛則改正（平成30年9月7日厚生労働省令第112号）も行われ，

上述の通り，従前，安衛則第52条の8第2項所定の措置の対象者は，

①長時間労働により疲労の蓄積が認められたか健康不安を有する労働者，

②事業場所定の基準に該当する労働者，

のいずれかであって，本人が申出を行った者だったが，

①が削除され，事業場策定基準に該当すれば対象となることとなった。

合わせて同条（安衛則第52条の8）第3項が改められ，高プロ対象者に本条（法第68条の9）所定の努力義務としての面談を行う場合，本人の申出による旨の定めとなった。

ニ3　本条の事業場での実施状況について，監督実務経験者によれば，労働者からの申出がなくても，週40時間超の労働時間が月45時間を超える等，一定の長時間労働者に面接指導を実施している企業は一定数あるという。

ヌ3　法第66条の10は，ストレスチェック制度について定めた条文であり，

第1項で，事業者に対して，医師，保健師等による「心理的な負担の程度」を把握するための検査を義務づけ，

第2項で，事業者に対して，検査を実施した医師等から，受検した労働者へ検査結果が通知されるよう義務づけると共に，

当該医師等に対して，労働者の本人同意なく，当該結果を事業者に提供することを禁止し，

第3項で，事業者に対して，検査結果を通知された労働者であって，心理的負担のレベルが所定の要件に該当する者から申出があった場合に，医師による面接指導を行う義務を課すと共に，

事業者に対して，当該申出を理由とする不利益取扱いを禁止し，

第4項で，事業者に対して，面接指導結果の記録を義務づけ，

第5項で，事業者に対して，面接指導結果に基づく医師への意見聴取を義務づけ，

第6項で，事業者に対して，医師の意見を踏まえて，労働者の実情を踏まえ，就業場所の変更，作業の転換，時短，深夜業の回数制限等の事後措置を講じるほか，当該医師の意見の衛生委員会等への報告等の適切な措置を講じる義務を課し，

第7項で，厚生労働大臣に対して，第6項により事業者が講ずべき措置に関する指針の策定を求め，

第8項で，厚生労働大臣に対して，指針に関する指導等を行う権限を設定し，

第9項で，国に対して，医師等への心理的負担の健康影響に関する教育と，第2項により通知された検査結果の活用に関する労働者の相談への対応等の健康の保持増進策に努めるよう求めている。

ネ3　以下では，資料188に沿って，本条が定めるストレスチェック（以下，「SC」ともいう）制度の概要を説明する。[247]

(1) 事業者による方針表明

この制度は，労働者が事業者らを信用しなければ，そもそも検査を受けないか，受けても本音で答えないだろうから，機能しない。逆に言えば，この制度が機能するように努めれば，職場の心理社会的環境は良好になるだろう。

資料188 実施の流れ

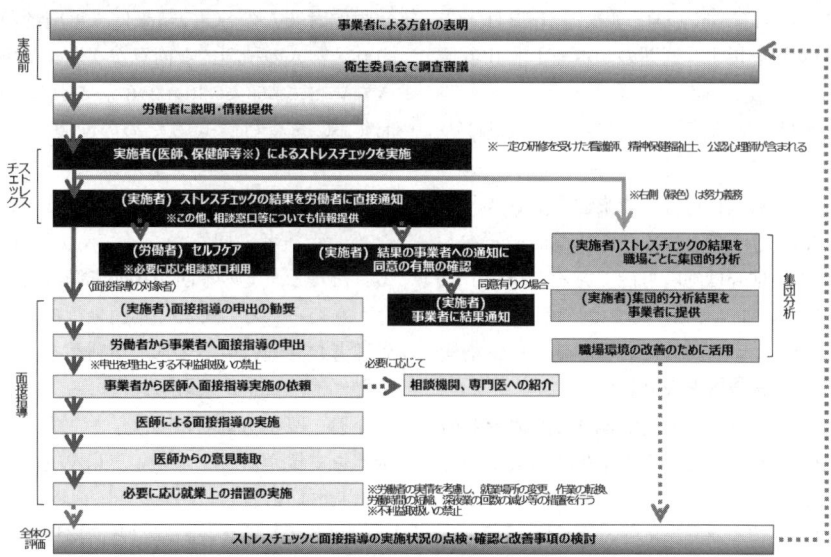

(厚生労働省「労働安全衛生法に基づくストレスチェック制度 実施マニュアル」〔平成27年5月（改訂令和3年2月）〕)

そこで先ず，事業者がこの制度を活用して，メンタルヘルス（以下，「MH」ともいう）対策を真摯に進めることを表明するよう求められている（「心理的な負担の程度を把握するための検査及び面接指導の実施並びに面接指導結果に基づき事業者が講ずべき措置に関する指針」〔平成27年4月15日，最終改正平成30年8月22日〕〔以下，「SC指針」という〕4ア）。

その具体策は，事業場の経営層のほか，産業医や衛生管理者，労働者の代表らが参加する衛生委員会（労働安全衛生法第18条）で練り上げるよう求められている（SC指針4イ）。なお，安衛則第22条第10号は，MH対策全般を，事業者が衛生委員会に付議すべき事項と定めている。

(2) ストレスチェックの実施

安衛則第52条の10により，SCの実施者となれるのは，医師（第1号），保健師（第2号）のほか，所定の研修を受けた歯科医師，看護師，精神保健福祉士又は公認心理師（以上，第3号）に限られている（このうち，歯科医師と公認心理師は，この法制度の施行後に追加された。公認心理師は，この法制度が施行された頃に法律によって国家資格となった）。

実施者の資格からも，標準的な検査項目からも明らかなように，SCは医学的な検査ではない。SCは，ICT（Information and Communication Technology）で行われることが多いが，実施者は，検査項目の設定，高ストレス者のうち医師の面接指導を受ける者の選定，検査結果の集団分析，集団分析結果を踏まえた事業者へのアドバイス，高ストレス者に面接指導を行う医師との連携等が期待されるため，一定の専門知識を持つ者であって，なおかつ，受検者の信頼を得る必要がある。

そこで，医療，保健，心理等の専門性を持つ国家資格者とされた。本来，標準的な専門知識を持つのみではなく，事業場の人や業務，環境等の事情に詳しい者が望ましいが，SCの実施を外部専門機関に委託している事業者が多い。

検査の補助を行う者は補助者と呼ばれ，彼／彼女らに特段の資格は必要ない。心理職などが想定されており，彼／彼女らが，検査の精度を上げる目的で面談することで，実質的に実施者の代わりを果たし，実施者はそれを承認するスタイルも認められている（SC指針7(1)ウ(イ)②など）。これは，後述する高ストレス者に対する面接指導についても同じであり，そうすることで，国家資格を持たない心理職を活用しようと図った面もある。

他方，検査の実施に関する事務を担う者は実施事務従事者と呼ばれ，受検者の人事権を持たない者であれば，人事労務部員なども着任できる。望ましくはないが，現実の事務の必要性を考慮したものである。

安衛則第52条の9は，ストレス要因，ストレス反応，周囲の支援の3領域の測定を義務づけている。

これを受け，SC指針7(1)イは，これら3領域が含まれていれば，実施者の意見及び衛生委員会等での調査審議を踏まえて，事業者の判断で選択できるが，「別添の『職業性ストレス簡易調査票』を用いることが望ましい」と記している。

その別添には，標準版の57項目が示されているが，「労働安全衛生法に基づくストレスチェック制度実施マニュアル（以下，「SCマニュアル」という）」には，簡略版の23項目が示されている。これは，①「心身のストレス反応」9項目（疲労，不安，抑うつ）＋身体愁訴

2項目（食欲・睡眠）の計11項目，②「仕事のストレス要因（仕事の量的負担とコントロール度）」6項目，③上司／同僚等の支援を指す「周囲のサポート」6項目の計12項目，から成っている。

SCマニュアルは，職務適性や性格の検査をSCの直接の目的とすべきでないとしているが（SCマニュアル6(2)イ），少なくとも職務適性が職業性ストレスと深く関係することは言うまでもなく，法律論的に，本人同意を得ずともその検査は随時可能である。現に，標準版57項目のA（ストレス要因）16では，「仕事の内容は自分に合っている」かを尋ねている。他方，性格検査は，プライバシー権侵害となり易い。

これらの項目（質問内容）は，科学的に同趣旨との確認が可能な限り，実施者の判断や衛生委員会での審議を経て，別の項目に代えることもできるが，BJSQ（職業性ストレス簡易調査票〔The Brief Job Stress Questionnaire〕）は，既に使用実績があって，全国平均との比較が可能などのメリットがあるため，実際の変更は難しい。他方，質問内容の追加は容易であり，行っているところも散見される。

(3) 集団分析

この制度の主な目的は，

労働者自身にストレスに気づかせ，自ら対処させること（セルフケア）と共に，

検査結果の集団分析等を通じて，事業者に職場の心理社会学的な環境改善を図らせることにある。

予防の活動を，1次予防（問題の未然防止），2次予防（問題の早期発見・早期対応），3次予防（問題発生後の事後対応と再発防止）に分類した場合，

この制度の主な目的は1次予防であり，副次的な目的が2次予防である。

そこで，安衛則第52条の14は，事業者に対し，組織内の集団（属性：部署，性別，年齢など）ごとのストレス状況を分析し，その結果を踏まえ，組織ごとに適当な対策を講じるよう努力義務を課した（実施者である医師等に集団分析をさせるよう努めねばならないという定め方が採用されている）。

そして，SCマニュアルが，そのツールとして，BJSQと共に開発された「仕事のストレス判定図」を用いるよう勧めている。

仕事のストレス判定図は，開発段階の研究で，抑うつや循環器疾患危険因子の予想が可能なことが判明している。安衛則が求める適当な対策は，個々の組織の背景，特徴などによって異なるが，結局，労使双方を参加させる，人事労務管理の質的な改善となることが多い。すなわち，経営者が，その事業の個性に確信を持ちつつ，人選，職務割当，動機付け，教育訓練の4つと，組織内の縦横にわたるコミュニケーションの改善を図ることが鍵となろう。

労働者個人のSCの結果は，実施者から本人に伝えられ，本人の積極的な同意がなければ事業者に提供できない（法第66条の10第2項）。これは，労働者に安心してSCを受けさせるための配慮であり，この制度は，全体に，労働者のプライバシーを手厚く保護している。しかし，集団分析結果は，個人を特定できないため，受検者の同意がなくても，事業者に提供できる。ただし，その集団が10人未満の場合，個々人の同意が求められる。また，集団分析結果が，その集団の管理者の評価に用いられ，不利益を与えないよう，事業者による留意が求められている（SC指針9(1)）。

なお，厚生労働省は，SC，SC結果の出力，集団分析等を支援するツールを，専用WEBサイトで無償で配信している。

(4) 高ストレス者の選定と面接指導の申し出

SCの結果は，①ストレス要因，②ストレス反応，③周囲の支援の3軸で測られる。

厚生労働省は，②の点数が高いか，②が一定以上で①③が著しく高い者（③の点数が高いというのは，周囲の支援が乏しいことを意味する）を，高ストレス者と考えているが（SC指針7(1)ウ(イ)，SCマニュアル6(2)ウなど。資料189を参照されたい），事業者が，衛生委員会に諮問して，その事業場に見合った基準とすることは差し支えない。

高ストレス者に該当し，その検査を担当した実施者が必要と認めた場合（安衛則第52条の15），自ら希望するなら，事業者に対して医師による面接指導を申し出る。

面接指導の申し出を理由に，事業者が当該労働者を不利益に取り扱うことは禁止されている（法第66条の10第3項）。

これは，高ストレス者による申し出を促すことのほか，面接指導に申し出ること＝就労不能との偏見を排除することを目的としている（厚生労働省「労働安全衛生法に基づくストレスチェック制度に関する検討会報告書」〔2014年12月〕〔以下，「SC制度検討会報告書」という〕4(5)ア）。

もっとも，高ストレス者が，事業者に面接指導を求めず，自ら外部のカウンセラーへの相談等を求めることも想定して，厚生労働省は，専用電話相談窓口を設けた。この相談窓口では，家族からの相談や，企業の人事労務担当者によるSC制度の運用に関する相談なども受け付けている。

厚生労働省は，SC制度の施行前から，「こころの耳」という名称の，MHに関する総合的な情報提供サイトを設置しており，SC制度の施行後，それに関する内容が加えられると共に，全体的に充実化された。2019年4月からの1年間のアクセス件数は1000万件を

資料189　高ストレス者の判定方法

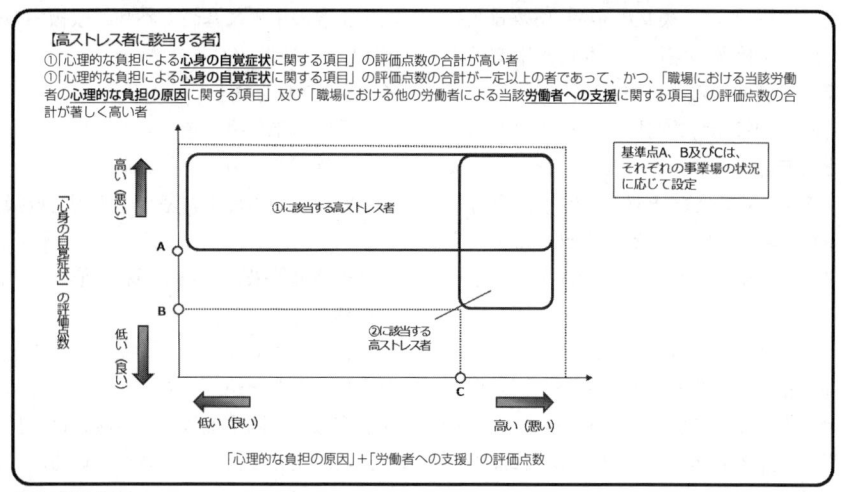

（厚生労働省作成）

超え，このサイトを通じたメールでの相談件数も，1日平均20件程度に達している（2021年に三柴〔当該サイト運営委員〕が確認）。

(5)　面接指導

SCの実施者がその必要性を認めた高ストレス者から医師による面接指導の申し出があれば，事業者は，拒めない（法第66条の10第3項）。

実施の主体は事業者であり，実施費用は事業者が負担し，担当医は事業者が選任する。その事業場の事情をよく知る医師（できれば産業医）に担当させることで，面接指導及びその後に事業者に伝えられる意見の適正を図ること等を目的としており，その事業場を担当する産業医であって，その労働者のSCの実施者であることが望ましいが，法的に義務づけられてはいない。

産業医の選任義務が課されていない中小企業がSCを実施し，面接指導の申出者が生じた場合には，厚生労働省が設置した産業保健総合支援センターを利用することもできる（SCマニュアル12(4)）。

面接指導担当者には，事業者からSCの結果が提供され得る（SCマニュアル7(4)）。これは，面接指導にとってその情報が有用であることのほかに，労働者が面接指導を申し出た時点でその提供に同意していると解釈できることによる。

面接指導では，対象者の，①勤務状況，②ストレスの状況，③②以外の心身の状況などが確認されたうえで（安衛則第52条の17），セルフケアの方法などの保健指導や医療機関への受診指導などが行われる。

面接指導の具体的方法は，SCマニュアル7(4)に記されている。ここには，適応障害と診断されたが，本人への受診指導や保健指導，職務内容や配置の調整などの環境調整が奏功して，職務に定着できた3例のベスト・プラクティスも掲載されている。

抑うつと睡眠を調べるためには，ある程度構造化した質問を行うべきこと，私生活やキャリアの話題では傾聴を怠ってはならないこと等を示唆した研究もある[256]。

(6)　事後措置

面接指導の終了後，事業者は，
その結果を記録して保管すると共に，
担当医から意見を聞き，
それを踏まえて労働時間の短縮，配置転換などの事後措置を講じる義務を負う（法第66条の10第4項〜第6項）。

事業者が記録・保管すべき情報は，①実施年月日，②当該労働者の氏名，③面接指導を行った医師の氏名，④労働者の勤務の状況，⑤労働者の心理的な負担の状況，⑥その他の労働者の心身の状況，⑦医師の意見であり，

これらは5年間保存する必要がある（本条〔法第66条の10〕第4項，安衛則第52条の17，同第52条の18）。

面接指導担当医から事業者への報告の方法についても，厚生労働省からマニュアルが発行されており（厚生労働省「長時間労働者，高ストレス者の面接指導に関する報告書・意見書作成マニュアル」〔平成27年11月〕），

そこに掲載された報告書の記載例では，担当医が判定する本人への指導区分は，①措置不要，②要保健指導，③要経過観察，④要再面接（3カ月後），⑤現病治療継続又は医療機関紹介，の5種類となっている。

通達は，医師は事業者に，診断名，検査値等の具体的な医療情報を提供してはならないとしているが（平成27年5月1日基発0501第3号），指導区分の判定は，医師の専門性をもってしなければ，人の健康に危害を及ぼすおそれがあるため，医行為性が強いと解される[257]。

医師の意見を踏まえて事業者が講じるべき措置の内容は予め決まっていない。

合理的な健康確保措置と差別的な不利益措置の区別を図るためにも、事業者は、条文の定め（法第66条の10第6項）どおり、「労働者の実情」と共に、事業場の実情なども考慮して判断する必要がある。

この際、主治医や面接指導担当医などの「専門家の意見の尊重」と「自治的な決定（労働者自身や、その関係者と協議して、合意に基づく決定を行うこと）」の双方を重視した合理的な手続を踏むこと（三柴は「手続的理性」と呼んでいる）が、講じた措置の合理性を推定させるだろう。

事業者は、1年以内に1回、定期に、ストレスチェック及び面接指導の結果を「心理的な負担の程度を把握するための検査結果報告書」（様式第6号の2）により、所轄労働基準監督署長に提出しなければならない（安衛則第52条の21）。

所定の様式（様式第6号の2）では、検査の実施者、受検した労働者数、面接指導をうけた労働者数、集団分析を実施したか否か等を記入するほか、記入内容を証する産業医の署名捺印が求められることになっている。

ストレスチェック制度において、ストレスチェックの実施自体には罰則は付されていないが、この報告は、安衛法第100条第1項に基づく義務であり、違反には罰則が科され得る（法第120条により50万円以下の罰金）。

ノ3　制度設計上の基本原則

三柴は、厚生労働省の労働安全衛生法に基づくストレスチェック制度に関する3つの検討会（以下、「SC制度検討会」ともいう）のうち個人情報管理の取扱い関係の検討会で、以下の原則を示した。これは、この制度の基礎を為している。

①労働者が安心して受検できる条件づくり
②メンタルヘルスの総合的な推進
③既存の法規や法理論との整合性
④現実的な実行可能性
⑤組織の部門責任者など、受験者以外の者の不利益の回避

①は制度全体で徹底されている。

実施者は国家資格者に限定され（安衛則第52条の10）、実施事務従事者は受験者の人事権を持たない者に限定されている（SCマニュアル6(1)）。SC結果は本人同意がなければ事業者に提供されない。この際、オプトアウトでの同意は許されない（安衛則第52条の13、SC指針11(3)ア）。

ただし、受検勧奨のため、労働者が受検したか否かは、本人同意なしに事業者に伝えられ得る（SCマニュアル7(3)）。

①③に関連して、SC結果に基づく不利益取扱いも、指針が禁止している。

すなわち、SC指針は、法が禁止する労働者による面接指導の申出に基づく不利益取扱いのほかに、
ア　SCの結果（SC指針10(1)）、
イ　SCの不受検、
ウ　受験結果の事業者への不提供、
エ　面接指導の申出を行わないこと、
という4つの理由に基づく不利益取扱い（同10(2)ア）と、
面接指導結果に基づく不利益取扱い（同10(2)イ）
を禁止している。

指針に法的拘束力はないので、「禁止」にも訓示的な意味しかないが、このうち面接指導結果に基づく不利益取扱いに関する以下の示唆には、民事裁判例を踏まえた三柴の提言も反映されている。

例えばイ①は、SCや医師による面接の結果、配置転換や降格などが、健康管理上必要になることもあることを踏まえ、先述した医師や関係者への意見聴取などの手続きが求められることを示唆したものである。

> 次に掲げる事業者による不利益な取扱いについては、……事業者はこれらを行ってはならない。
> （中略）
> イ　（略）
> ①措置の実施に当たり、……面接指導結果に基づく必要な措置について医師の意見を聴取すること等の法令上求められる手順に従わず、不利益な取扱いを行うこと。
> ②面接指導結果に基づく措置の実施に当たり、医師の意見とはその内容・程度が著しく異なる等……必要と認められる範囲内となっていないもの又は労働者の実情が考慮されていないもの等の……不利益な取扱いを行うこと。
> ③　（略）
> (a)〜(d)　（略）
> (e)その他の労働契約法等の労働関係法令に違反する措置を講じること。[258]

ハ3　本条（法第66条の10）の沿革をみるに、

SC制度は、長期間にわたり年間3万人を超えていた自殺の防止対策に端を発する。大変な紆余曲折を辿って成立したが、当初から一貫した目的は、職場環境改善によるメンタルヘルス不調の未然防止である。

厚生労働省によれば、メンタルヘルス不調とは、「精神及び行動の障害に部類される精神障害や自殺のみならず、ストレスや強い悩み、不安など、労働者の心身の健康、社会生活及び生活の質に影響を与える可能性のある精神的及び行動上の問題を幅広く含むものをいう」（厚生労働省「職場におけるメンタルヘルス対策検討会報告書」〔平成22年9月7日〕）。

左派中心（民主党等）政権の時に，既に労働安全衛生法で事業者に実施が義務づけられていた労働者の健康診断にうつ病の検査を盛り込む案が構想されたが批判され，検査の対象が，精神的な健康状態に変更された。

この時点で，4領域，57項目から成る職業性ストレス簡易調査票（The Brief Job Stress Questionnaire: BJSQ）や，その縮小版（当時は9つの質問項目）の活用が予定された。

4領域は，①仕事のストレス要因，②心身のストレス反応，③周囲のサポート，④仕事や生活への満足度を指す。

BJSQは，NIOSH（National Institute for Occupational Safety and Health）の職業性ストレス調査票等に基づき日本で開発されたもので，約1万2000名を対象とした調査で，因子分析の結果がほぼ尺度構成に対応していること等が判明していた。

もっとも，心理的な検査なので，信頼性（何度やっても同じ結果が出るかどうか）や妥当性（測りたいものを正しく測れているか）には一定の条件や限界がある。

この法案は国会で廃案となったが，政権が右派中心（自民党等）に交代した後，心理的な負担の程度の検査を義務づける法案に再編され，2014（平成26）年に成立した。

ただし，与党の意見により，労働者への受検の義務づけと，小規模事業場への適用は外された。成立後，その内容を補う規則や指針，その履行を支援する約200頁のSCマニュアルが公表された。SCマニュアルでは，活用が推奨される質問項目の最小限度はBJSQから選定された23項目とされた。マニュアルの目的はあくまで制度の履行支援だが，特に大企業の中には，形式的に実施マニュアルを守ろうとするところも多く見受けられる。

なお，このマニュアル作成の過程で，この制度に対応できる医師が少ないことを慮り，高ストレス者対象の面接指導を，ICT（Information and Communication Technology）を活用して遠隔で行う方法の是非が議論された。結論的に，そうした機器の活用は違法ではないが，基本的には，直接顔を合わせたことがある間柄で活用すべきこと，表情や雰囲気を感じ易い性能の機器を用いるべきこと等の方針が示された（平成27年9月15日基発0915第5号）。

ヒ3　施行後の運用状況は以下の通り。

事業場での実施状況からみると，

2021（令和3）年度の労働安全衛生調査では，法的義務のある従業員数50人以上の事業所でのSC実施割合は，ほぼ100％であり，50人未満でも，5〜6割が実施（10〜29人：約53％，30〜49人：約63％）していた。

SC実施事業所のうち，集団分析実施事業所割合は約75％と高く，そのうち分析結果を活用した割合も約8割に達しているが，

しかし，人員体制・組織の見直しや業務配分の見直しは，いずれも34％であり，人事労務／業務管理の中枢への影響は十分でない。

厚生労働省が2017（平成29）年7月に公表した「ストレスチェック制度の実施状況（概要）」によれば，

SC受検者のうち，医師の面接指導を受けた労働者は0.6％であり，

ニッセイ基礎研究所「2018年度 被用者の働き方と健康に関する調査」（2019年3月）でも，「高ストレスと評価され，専門家との面談を勧められた」者が受検者全体の約1割おり，それを受けて「何も行わなかった」者が約6割いた。

その理由の最多は，「それほど深刻ではないと思った」だったが（約3割），自由記載欄で，「どうせ何も変わらない」，「職場にばれる・不利益を被る」も散見された。

監督指導状況をみると，

是正勧告を典型とする違反の指摘件数を記した「令和2年労働基準監督年報」の定期監督等実施状況・法違反状況（令和2年）では，

定期監督におけるSC実施等義務違反の指摘件数は，95件であり，あまり多くない。現に実施割合が高いための数字だろうが，監督官が本条（法第66条の10）の監督指導を軽視していないか，いるとすれば理由を確認する価値はあるだろう。

なお，SC制度自体の効果の評価は少ないが，一例として，2492人の労働者を対象とした後ろ向きコホート研究で，SCと共に心理社会的な職場環境の改善を経験した職場の労働者で，心理的な苦痛が，効果量は多くないが，統計学的に有意に改善していたことを示すものがある[259]。

また，集団分析に基づく職場環境改善等が，心理的ストレス反応の改善や労働生産性の向上と有意な関連性を示したとの報告もある[260]。

総じて，本制度による人事労務・業務管理等の本質的な改善策は不十分と言わざるを得ないが，三柴は，SC制度のような心理的な尺度による測定結果は，一律的な基準で善悪の判断をせず，個人と組織が自身の個性を知るためのツールと理解することが重要と考えている。

フ3　関係判例をみるに，

NHKサービスセンター事件・横浜地判令3・11・30労経速2477号18頁は，

コールセンター業務に従事していた原告が，顧客からのわいせつ発言，暴言・不当な要求等のハラスメン

ト（いわゆるカスタマーハラスメント）により精神的苦痛を受けたとして、被告会社に安全配慮義務違反による損害賠償（慰謝料）請求をしたという事案で、

　被告会社が、

①コミュニケーターがわいせつ電話と判断したら、即座に上役に転送したり、保留できるよう、ルールを策定して周知していたこと、

②労働者への専門カウンセラーによるメンタルヘルス相談を実施していたこと、

③ストレスチェックを実施し、所定要件を充たす者に面接指導を受けられるようにしていたこと、

　等を考慮し、安全配慮義務違反を否定した。

　ここから、事情によっては、法定SC制度の適切な運用が、使用者による安全配慮義務の一要素となり得ることが窺われる。

　また、東京福祉バス事件・東京地判令3・6・17 LEX/DB 25590527は、

　不安障害で休職し、復職した原告に対し、被告会社が、通勤に約2時間かかる営業所への出勤日を設け、業務を命じたこと等が安全配慮義務違反に当たるかが争われた事案で、

　原告が、SCで高ストレス判定を受けたり、遠方の営業所への出勤日に体調不良を訴えたり救急搬送されたこと等を認めつつ、

　原告より診断書等の提出がなかったため、それらの提出まで、被告会社からの業務命令等で体調不良となることに医学的裏付けがないと捉えてもやむを得ないとした。

　高ストレス判定は医学的判断ではなく、そこから直ちに就業上の措置を講じるべき安全配慮義務が生じるとは限らないことが窺われるが、

　音更町農業協同組合事件・釧路地帯広支判平21・2・2労判990号196頁のように、労働者に長時間労働や心身の変調を窺わせる事情がみられたことから、

　たとえ脳神経外科で異常なしとの診断が出ていたとしても、

　使用者が、その仕事ぶりや言動の観察により、精神的疾患の可能性を疑わなかったことに落ち度があるとして、安全配慮義務違反を認めた例もある。

へ3　法第67条は、

　第1項で、都道府県労働局長を名宛人として、がん等の重度健康障害のリスクのある業務のうち所定のものに従事していた者のうち所定の者に対し、「離職の際に又は離職の後に」健康管理手帳を交付するよう求め、

　但書では、同手帳の既保有者を除外している。

　第2項で、政府を名宛人として、健康管理手帳の所持者に対する健診等の必要な措置を求め、

　第3項で、手帳の他者への譲渡貸与を禁じ、

第4項で、手帳の様式等の詳細を省令に委任することを定めている。

ホ3　本条は、がん等の重度健康障害を引き起こす業務起因の遅発性疾病の早期発見のため、行政が健康管理手帳を交付し、政府の費用で健診等を行って健康管理を図ることを定めたものである（昭和47年9月18日発基第91号）。

　例えば、ベンジジン等は既に製造禁止となっているが（法第55条）、それらによる職業性膀胱がんの潜伏期間は長い。

　在職中の労働者は、有害業務を離れても、作業転換後健診（かつて有害業務に就けたことのある労働者につき、作業転換後に定期的に行う特殊健診）が事業者に義務づけられているが（法第66条第2項後段）、

　既に有害業務に従事して離職した労働者にとっては、早期発見・早期治療が唯一の対策となる。

　とはいえ、事業者に離職後の健診を義務づけても現実的ではない（退職者が離職した事業所との接触を嫌う場合もある）ため、政府が費用負担して定期的に健診を行うよう図ったのが本条である。

　本条の定める健康管理手帳は、離職者に発症した疾病の労災認定にかかる重要な資料にもなっている。

マ3　本条及びこれに紐付く省令に基づき、安衛法施行令第23条が列挙するもののうち14業務に従事し、一定要件を充たす者は、離職時又は離職後の申請により、都道府県労働局長から健康管理手帳の交付を受けられる（本条第1項、安衛則第53条第2項）。

　14業務には、

　尿路系腫瘍を引き起こし得るベンジジンやその塩（ベンジジン〔有機化合物〕が酸と反応して作られる塩化物などの化合物）の製造・取扱い業務（期間3カ月以上）のほか、

　同じくベータ－ナフチルアミンやその塩（ベータ－ナフチルアミンが酸と反応して形成される塩化物や硫酸塩などの化合物）の製造・取扱い業務（同上）、

　同じくジアニシジンやその塩（ジアニシジン〔有機化合物〕が酸と結合して形成される化合物）の製造・取扱い業務（同上）、

　胆管がんを引き起こし得る1.2-ジクロロプロパンの取扱い業務（期間2年以上）、

　肺がんを引き起こし得るビス（クロロメチル）エーテルの製造・取扱い業務（期間3年以上）、

　膀胱がんを引き起こし得るオルト－トルイジンやその含有製剤等の製造・取扱い業務（期間5年以上）、

　肺がんを引き起こし得るベリリウムやその化合物の製造・取扱い業務（業務従事期間ではなく、それによる慢性結節性陰影）、

　肺がん等を引き起こし得る粉じん作業（業務従事期

間ではなく，じん肺管理区分が2か3），

等が含まれている。

なお，2022（令和4）年度労働安全衛生法における特殊健康診断等に関する検討会で，尿路系腫瘍（膀胱がん）を引き起こし得る3・3'-ジクロロ-4・4'-ジアミノジフェニルメタン（MOCA）の製造・取扱い業務（期間2年以上）につき，交付対象業務への追加が合意されたという。

14業務の選定方針は，1995（平成7）年12月4日付けの厚生労働省「健康管理手帳交付対象業務等検討結果報告」において，

①重度健康障害を防止するための法令上の規制，②業務起因疾病を招き得ること，③がん等の発生リスクの高さ，

であると示されており，唐澤正義氏によれば，従前から，職業病との因果関係が，疫学調査や作業環境実態から明らかなものに絞られているという。

交付を受けると，年2回，所定の健診を無料で受診できる。

都道府県労働局長は，手帳の交付対象者に対し，厚労大臣所定の健診の受診を勧告する（安衛則第55条）。その際，健診の回数，実施医療機関の名称・所在地・受診方法等の必要事項を通知する（安衛則第56条，昭和47年9月18日基発第601号の2）。

ミ3 本条（法第67条）の沿革をみるに，現行安衛法制定の際，当時も因果関係が認められていたベンジジン，ベーターナフチルアミン等による職業性膀胱がん等は，潜伏期間が20～30年に及び，労働者の離職後に発病する例が多いことを踏まえ，本条が設けられた。

その後，1977（昭和52）年の法改正（昭和52年7月1日法律第76号）に際して，交付の時点について，「離職の際に」の他，「離職の後」が追記された。離職の際に交付要件を充たさなかった者が，離職の後に充たすこととなる場合があることを勘案したものである（昭和53年2月10日発基第9号）。

本条制定の際に意識された物質の一つであるベンジジンは，1960（昭和35）年頃に膀胱がんを引き起こすことが判明し，現行安衛法制定の際に製造等禁止物質とされた。

ベンジジンと膀胱がんの因果関係を制度枠組み外の労災補償に反映させた好例として，和歌山ベンジジン（山東化学工業所ほか・和歌山労基署長）事件・最3小判平5・2・16民集47巻2号473頁が挙げられる。

本件は，被災労働者やその遺族が，ベンジジン製造作業に従事して膀胱がんを発症したとして労災保険給付を求めたところ，

膀胱腫瘍等の発症は労災保険法施行後だとしても，右疾病をもたらした業務に従事したのは同法施行前だったため，同法の適用はないとして不支給処分を下されたため，取消訴訟を提起したものである。

1・2審共に被災者側の請求を容認したため，国（和歌山労基署長）側が上告した。

上告審は，同法施行後に発症した災害の補償は，たとえ施行前の業務に起因するものでも補償対象としたものと解すべきとして，不支給処分を取り消した。

本件の1審（和歌山地判昭61・5・14労判476号26頁）は，ベンジジンばく露による尿路系腫瘍の特徴として，発病までの潜伏期間が平均18年と長く，統計上ベンジジンへのばく露期間と発病率間に相関関係が認められず，短期間ばく露でも発病可能性があるうえ，再発率が5割近くにのぼると指摘していた。

ム3 関係判例には，以下のようなものがある。
①損害賠償請求事件・山口地判令4・2・25LEX/DB 25591966

Y社の下請（？）に雇用され，船舶の木艤装（木材を用いた各種装備の取付け）や溶接等の作業に従事していてアスベストにばく露し，じん肺にり患したなどとして，亡Gらの遺族らが損害賠償請求したところ，Y社が，亡GがY社造船所以外でも粉じんばく露しているとして因果関係を否定する主張を行った事案において，

判決は，健康管理手帳に記載された職歴欄を参照し，アスベスト粉じん職場であるY社造船所での勤務期間が長期にわたること（昭和39年から平成21年）を認定し，そこでの業務とじん肺との因果関係を肯定した。

なお，遺族補償給付不支給処分取消訴訟事件・大阪高判平28・1・28判時2304号110頁のように，

石綿ばく露作業従事期間が対象業務の要件である10年の倍以上であったこと等に加え，

被災労働者と同じ場所で就労していた従業員の多くが石綿起因疾患を発症して健康管理手帳を交付されていたことを理由の一つとして，1審判断を覆して業務起因性を肯定した例もある。

②ニチアス（石綿ばく露・文書提出命令）事件・大阪高判平25・6・19労判1077号5頁

石綿ばく露による石綿関連疾患にかかる複数の元労働者XらからY社に対する損害賠償請求訴訟において，

1）粉じんが飛散した作業場所と時期の特定，2）補償金等を得る権利の有無の確認，等のためとして，

民事訴訟法第220条第4号等に基づき，同僚労働者の石綿健康管理手帳交付申請書の写し等（同申請書添付の職歴証明書の写し）の提出を求めたところ，Y社側が，当該文書内には「技術又は職業の秘密」が含まれ

る等（民訴法第220条第4号ハ，第197条第1項第3号）として争った事案につき，

判決は，

民訴法所定の「技術又は職業の秘密」とは，その公開により，当該技術の社会的価値が下落し，それによる活動が困難になったり，当該職業に深刻な影響を与え，その遂行が困難になるもの，とする最高裁の決定（最1小決平12・3・10民集54巻3号1073頁）や，

たとえ文書提出命令の対象文書に職業の秘密情報が記載されていても，所持者に与える不利益の内容，程度等と，当該民事事件の内容，性質，当該民事事件の証拠として当該文書を必要とする程度等の諸事情を比較衡量して決すべき，とする最高裁の決定（最3小決平18・10・3民集60巻8号2647頁，最3小決平20・11・25民集62巻10号2507頁）

を踏まえつつ，

当該文書は，確かに対象労働者がみだりに開示されることを望まない文書だが，
1）記載内容により，石綿飛散の時期や場所，Y社による製造工程の管理方法等を基礎づける事実認定の証拠資料となり得るし，
2）法令に基づき作成された文書であり，
3）既に石綿製造が禁止されていて，同文書の提出により，Y社の労働安全衛生等の人事労務管理が著しく困難になるとは考え難いこと，

から，保護に値する「職業の秘密」に該当しない，と判断した。

メ3 適用の実際として，行政による交付状況と対象者による取得状況をみるに，

本条に基づく健康管理手帳の累積交付数は約7万件である。

手帳の取得の経緯については，高松大学の研究チームが手帳取得者（78名）を対象にアンケート調査（1997年～2005年）を行っており，この手帳制度を知らなかった者（回答者38人）の取得の経緯では，（元）同僚からの情報入手が最多（20人）だった。

制度を知っていたが取得しなかった者にかかる最多の理由は，手続きが面倒くさい（12人）で，取得手続きにつき難しいとの回答が6割を超えていた。

モ3 関連制度として，労災保険給付の一環としてのアフターケアを受けるために都道府県労働局長が交付する健康管理手帳制度もある。

厚生労働省労働基準局長が定めた「アフターケア制度実施要領」や「傷病別アフターケア実施要項」（平成19年4月23日基発第0423002号）に基づき，脊髄損傷，頭頸部外傷症候群等20種類の傷病につき，労災病院等でアフターケアが行われている。

なお，通院費補助等の便宜を受けるには，手帳を提示する必要があることを示唆した司法判断がある（国・沖縄労働局長・那覇労基署長事件・東京地判平30・4・18LEX/DB 25560852）。

ヤ3 法第68条は，所定の伝染病等にり患した労働者の就業を禁止する義務を事業者に課した規定である。

病者の就業禁止規定は工場法時代から存在し，その目的は，病者本人と公衆衛生の観点での社会の保護とされていた。本条も同様と解され，その保護対象には，他の労働者の健康等も含まれると解される。

本条には罰則（6月以下の懲役又は50万円以下の罰金）が付されている（法第119条第1号）。該当者が事業者による就業禁止措置に従わずに就業すれば，法第122条の両罰規定が適用され得ると解される（三柴）。

ユ3 本条に基づく就業禁止は，
(a)一般的な禁止，
(b)特定業務にかかる禁止，
に大別される。

このうち(a)は，①伝染病，②就業による増悪リスクがあるもの，の2種類に分かれる。

いずれの場合も，就業禁止はやむを得ない場合の最終手段であり，産業医や専門医らの意見等を聴取し（安衛則第61条第2項），配転，時短等の配慮により，できる限り就業機会を維持する必要がある（昭和47年9月18日基発第601号の1）。

(a)①には，結核，梅毒，淋疾，トラコーマ，流行性角膜炎等が含まれる。

ただし，伝染予防措置により禁止は解除される。

結核の場合，ツベルクリン皮内反応陽性者（結核への免疫が完成している者）のみに接する業務の場合，

伝染性皮膚疾患の場合，り患部位が他に附着しないよう繃帯等で覆い，手指消毒させた場合，

伝染性眼疾患の場合，眼帯等で十分に覆い，手指消毒させ，患者用洗面用具を区別する等した場合，

等には解除される。

(a)②には，心臓，腎臓，肺等の疾病で，体動により息切れ，浮腫，チアノーゼ等が容易に生じる場合が該当する（以上，昭和47年9月18日基発第601号の1）。

(b)には，

鉛中毒り患者を鉛業務に就けること（ただし，健診後，医師が必要を認めた場合に医師が必要とした期間）（鉛則第57条），

四アルキル鉛中毒り患者を四アルキル鉛業務に就けること（ただし，健診後，医師が必要を認めた場合）（四アルキル鉛第26条），

減圧症等の高気圧による障害，肺結核等の呼吸器系疾患，心臓弁膜症や冠状動脈硬化症，高血圧症等の血液や循環器系の疾患，精神神経系の疾患，リウマチ等

の運動器の疾患，ぜんそく等の内分泌代謝系の疾患のり患者を高気圧業務に就けること（ただし，医師が必要と認めた期間）（高圧則第41条），

が該当する。

ヨ3　本条（法第68条）の沿革をみるに，

1911（明治44）年の工場法において既に，病者又は産婦の就業を制限又は禁じる規定を主務大臣が設け得る旨の定めが設けられていた（第12条）。

これに基づく工場法施行規則第8条では，

①精神病のり患者，

②癩，肺結核，咽頭結核のり患者，

③丹毒（皮膚の浅いところに生じる細菌感染症），再帰熱（ダニやシラミで媒体される細菌感染症），麻疹（いわゆるはしか。感染症），流行性脳脊髄膜炎（細菌性髄膜炎。感染症）等の急性熱性病のり患者，

④黴毒（関節奇形等をもたらすもののようだ），疥癬（ヒゼンダニが皮膚の最外層の角質層に寄生して生じる）等の伝染性皮膚病のり患者，

⑤膿漏性結膜炎，トラホーム（伝染性の結膜炎）（ただし著しく伝染の恐れのあるもの）等の伝染性眼病のり患者，

の就業を禁じていた。

ただし，④については，繃帯で患部を覆った場合，⑤については，医師の治療を受けて予防措置を講じた場合，禁止が解除された。

また，

⑥肋膜炎，心臓病，脚気等のり患者で，就業による増悪リスクのある者，

⑦伝染病や重大疾病にり患した後症状が消失したが，回復に至らない者，

も禁止対象とされたが，医師が可とする業務に従事させることはできた。

地方長官が必要と認める場合に，工業主にり患者の就業禁止を命じ得る旨の規定もあった（工場法施行規則第10条）。

上掲のうち，特に肺結核を対象とするに際しては，り患者の多さから多くの失職者を生じるおそれがあったが，当時の中央衛生会（1879年〔明治12年〕に内務省衛生局の諮問機関として設置された機関。主にコレラ防疫を課題とし，医学の専門家をメンバーとして，中央衛生行政における基本施策の諮問を受けていた）が事態を黙認できないとして賛意を示したという。

その後，1942（昭和17）年の工場法施行規則改正（昭和17年2月10日厚生省令第7号）により，「肺結核，咽頭結核」が，「病毒伝播ノ虞アル結核」に代えられ，それ以外の結核が⑦に組み入れられた。

労基法制定に際して，工場法時代の関係規定は，禁止対象業務を若干限定したほかは引き継がれた。

同法第51条第1項は，使用者を名宛人として，伝染病，精神病又は，労働により病勢悪化リスクのある疾病のり患者の就業を禁止する義務を課し，

第2項は，禁ずべき疾病の種類と程度の詳細を命令に委任した。

制定当初の旧安衛則（昭和22年10月31日労働省令第9号）は，

①再帰熱，麻疹（はしか），炭疽（炭疽菌による感染症），鼻疽（鼻疽菌による感染症）等の伝染病り患者，

②病毒伝播のおそれのある結核，梅毒，疥癬等の伝染性皮膚疾患，

膿漏性結膜炎，伝染リスクの高いトラホーム等の伝染性眼疾患

のり患者，

③精神分裂病，躁うつ病，麻痺性痴呆（脳が梅毒に侵された状態）等の精神病にり患し，就業が不適当な者，

④胸膜炎，結核，心臓病，脚気等のり患者であって，労働による著しい増悪リスクがある者，

⑤その他，審議会の議を経て労働大臣が指定する疾患のり患者，

を就業禁止の対象としていた。

また，同規則第21条は，就業を禁じた場合，使用者が所轄労基署長へ報告するよう義務づけていた（ただし，この規定は，昭和24年11月16日労働省令第30号により削除された）。

他方，労基法第101条第2項は，医師たる労働基準監督官に，就業禁止対象疾病り患の疑いのある労働者の健診を行う権限を付与していた。

1972（昭和47）年に制定された現行安衛法は，制定当初から現在とほぼ同様の定めを置き，

安衛則第61条が，

①病毒伝ばリスクのある伝染病のり患者，

②精神疾患により自傷他害リスクのある者，

③心臓，腎臓，肺等の疾病で労働による著しい増悪リスクのある者，

④労働大臣所定の，これらに準じるもののり患者，

を就業禁止対象と定めている。更に，安衛則の施行通達（昭和47年9月18日基発第601号の1）が①④所定の疾病の具体化を図っている。

なお，②については，同通達が，精神保健及び精神障害者福祉に関する法律第29条所定の自傷他害リスクを認められた者と同様の病状の者としていたが，

ア　自傷他害リスク者は，精神保健及び精神障害者福祉に関する法律上の措置入院により担保され得ること，

イ　その該当性につき，医療の専門家以外には客観的かつ公正な判断が困難なこと，

を理由に，2000（平成12）年の安衛則改正で削除された。

ラ3　本条（法第68条）の背景災害として，工場法制定の背景ともなった肺結核が挙げられる。

1903（明治36）年に発刊された農商務省の『職工事情』等は，特に繊維業の女工が不衛生な労働環境と深夜業により多く感染している実態を示し，

1913（大正2）年に石原修が公表した「衛生學上ヨリ見タル女工之現況（國家醫學會）」は，工場在籍中死亡者の過半数が結核性疾患であること等を示した。

リ3　関係判例として，以下の2例が挙げられる。
①田中鉄工休職事件・神戸地判昭33・8・13労民9巻5号791頁
②城東製鋼事件・大阪地判昭46・3・25判時645号96頁

①では，肺結核と診断された電気溶接工に使用者が下した休職（就業禁止）命令の効力が争われ，それとの関連で安衛則の関連規定の解釈が問われた。

判決は，結核にかかる就業禁止について，

伝染病にかかる当時の安衛則第47条第2号は，「病毒伝播のおそれのある結核」

と定め，

本人の病勢増悪にかかる同第4号は，「結核にかかっている者であって労働のために病勢が著しく増悪するおそれのある者」

と定めているので，単に結核にかかっているのみでは不十分であること，

また，外見上痩せていく等の身体的外観のみでは不十分で，使用者は，医師の専門的知識に基づく判断等の客観的根拠を把握する必要があるとして，本件休職命令を無効とした。

②では，被告会社は，定期健診で肺結核感染と治療や精密検査の必要性を把握していたのに，当時の労基法第51条（所定の対象者につき「就業を禁止しなければならない」と定めていた）に基づく就業禁止等の措置を講じず，その結果，外科手術を要するまで病勢が悪化した等として，原告労働者が同社を相手取り損害賠償請求した事案について，

判決は，被告会社は，現に原告労働者に医師への受診等を指示しており，その結果報告を踏まえて対応措置をとれば足り，

健診結果のみから直ちに就業禁止等を講じることまで右法令が要求しているわけではないとの趣旨を述べ，請求を棄却した。

これらの裁判例は，就業禁止は労働者の就業機会を奪うものでもあり，医師等の専門的判断に基づき慎重に判断する必要を示唆していると解される。

ル3　監督実務経験者（玉泉孝次氏）によれば，本条は監督指導上，あまり適用されておらず，通常は，主治医，産業医等の意見を踏まえ，労使合意の上で療養させ，健康保険法上の傷病手当金を受給させる会社が多い。

これは，就業禁止対象となる伝染病の範囲の不明確さ，就業禁止期間に所得が保障されるとは限らないこと等によるという。

レ3　関連規定として，やはり感染症り患者の就業制限を定めた感染症法第18条が挙げられる。同法により就業制限が行われる場合，本条（安衛法第68条）による就業制限の対象からは外れる。

感染症法では，同法で指定される，
①（1類から5類までの分類うち）1類，2類，3類感染症の患者
②新型インフルエンザ等感染症，指定感染症，新感染症の患者
③①②の無症状病原体保有者
④①②の保護者

のいずれかが，

都道府県知事から通知を受けた場合，

感染症を公衆に蔓延させるおそれのある業務に，

そのおそれがなくなるまで

従事を禁止される（感染症法第18条第2項，第7条第1項〔準用〕，同法第53条第1項〔準用〕）。

就業禁止対象となる業務及び期間は感染症法施行規則で絞り込まれている（同規則第11条第2項，第3項）。

同法上の就業禁止のプロセスは，

1）医師が対象該当患者を診断した場合，最寄りの保健所長を通じて保健所設置市等の長か都道府県知事に対し，

感染症の名称や症状，

診断方法，

推定される感染年月日，

感染経路

等所定の情報を届ける（感染症法第12条第1項〔医師の義務規定〕，感染症法施行規則第4条第1項，第2項）。

2）届出を受けた保健所設置市等の長は，厚生労働大臣及び都道府県知事に，

届出を受けた都道府県知事は，厚生労働大臣に，

届出内容を直ちに報告せねばならない（感染症法第12条第2項〔保健所設置市等の長の義務規定〕，第4項〔知事への準用〕）。

3）都道府県知事は，就業制限の当否等について，原則として保健所に設置された感染症診査協議会（感染症法第24条第5項）に意見聴取を行う。

4）都道府県知事は，当該患者や保護者に対して，

感染症の名称，症状，診断方法，

就業制限及びその期間，

等所定の事項を通知する（感染症法第18条第1項，感染症法施行規則第11条第1項）。

5）通知を受けた患者や無症状病原体保有者は就業を禁止される（感染症法第18条第2項，第7条第1項〔準用〕，第53条第1項〔準用〕）。

この規定には金50万円以下の罰則が付されている（感染症法第77条第4号）。

6）就業制限を受けた者やその保護者は，都道府県知事に対し，その対象でなくなったことの確認を求めることができ，その求めを受けた都道府県知事は，確認せねばならない（感染症法第18条第3項〔制限を受けた者等の権利規定〕，第4項〔知事の義務規定〕）。

ロ3　近年拡大した新型コロナウイルス感染症については，感染症予防等による公衆衛生の確保を目的とする感染症法の第18条等による対応のほか，

国民の生命健康のほか，生活や経済の保護も目的とし，2012（平成24）年に新型インフルエンザ用に設けられていた特別措置法による対応が図られてきた。

感染症法は，基本的な方法を，医師の届出，入院勧告・措置などの措置に拠っている。

感染症法上の対応は，令和2年1月28日政令第11号により，2021（令和3）年1月31日期限で第2類相当の指定感染症に指定され，その後指定期限が1年延長されていた。

2023（令和5）年5月8日以降は，従前の2類相当から5類感染症に位置づけが変更されることとなった（2023〔令和5〕年1月27日新型コロナウイルス感染症対策本部決定）。

新型インフルエンザ等対策特別措置法（平成24年5月11日法律第31号）は，基本的な方法を，感染症法より広く，飲食店への時短要請，外出・移動の自粛要請等のまん延防止等重点措置（第31条の6）のほか，飲食店の時短要請，施設の使用制限，催し物の開催制限，外出・移動の自粛要請等の緊急事態措置（第45条）に拠っている。

2020（令和3）年2月3日に交付され，同13日に施行された特別措置法の改正法により，感染症法に修正が設けられた。すなわち，「新型コロナウイルス等感染症」に「新型コロナウイルス感染症」と「再興型コロナウイルス感染症」が追加された。これにより，実質的に期限の定めなく感染症法上の対策を講じられることとなった（令和3年2月3日健発0203第2号）。

なお，労働者が新型コロナウイルスに感染したか，発熱等の症状により，事業者の判断で休業させる場合の休業手当の支払い義務の有無は，個別事案の事情の総合判断になるが，発熱等の症状のみで一律に休業させる場合，労基法第26条による休業手当の支払い義務を免れないとする行政の示唆がある（厚生労働省「新型コロナウイルスに関するQ&A〔企業の方向け〕」4-問1・問2）。

ワ3　法第68条の2は，事業者を名宛人として，室内等における労働者の受動喫煙防止の努力義務を課した規定であり，

新設時点から，同じ厚生労働省の健康局が所管する健康増進法第6章（受動喫煙）との協働が期待されている。

ここで受動喫煙とは，「人が他人の喫煙によりたばこから発生した煙にさらされること」をいう（健康増進法第28条第3号）。

ヲ3　本条は，たばこの健康影響等に関する社会的関心の高まり，受動喫煙による健康障害リスクに関する医学的解明，たばこ煙による不快感等を受け，努力義務として，平成26年の法改正（平成26年6月25日法律第82号）で新設された。

他方，協働相手の健康増進法は，2018（平成30）年に改正され，

第6章で，施設の種類に応じた受動喫煙防止措置を施設管理権者等の義務として定め，関連規定の一部には都道府県知事に勧告，命令の権限を付与する規定のほか，罰則も設けられている。

本条（法第68条の2）に反して，事業者が適切な受動喫煙防止措置を講じず，労働者らに健康障害が生じたと認められる場合，安全配慮義務違反等に基づく損害賠償責任が認められ得るが，同義務違反と健康障害の因果関係の立証はしばしば困難であり，従前の裁判例で，事業者の過失責任を認めた例は僅かである（もっとも，安全配慮義務違反による損害賠償責任の要件事実論において，こうした法規定の存在は，受動喫煙による損害の一般的・抽象的予見可能性を裏付け，労働者側が受動喫煙の事実を主張立証すれば，個別具体的な予見可能性の不存在の立証責任は，使用者に課され易くなるだろう〔三柴〕）。

ン3　本条に基づく適切な措置の具体化は，「職場における受動喫煙防止のためのガイドライン」（以下，「現行ガイドライン」とも言う）（令和元年7月31日基発0701第1号）によって行われている。

現行ガイドラインは，2018（平成30）年の改正健康増進法が施設管理権者に義務づけた事項と本条に基づき事業者が実施すべき事項の双方を一体的に示すことを目的に策定され，事業者と施設管理権者が異なる場合，連携を図る必要がある旨も示唆されている。

現行ガイドラインは，受動喫煙対策の組織的実施を重視しており，衛生委員会等の活用により，<u>労働者の意識や意見を事業者が十分に把握し，個々の事業場に合った方策を講じる</u>ことが求められている。

また，

資料190

区分	定義	健康増進法の位置づけ
第1種施設	多数利用施設のうち，学校，病院，児童福祉施設等受動喫煙による健康障害リスクが高い者が主に利用する所定の施設や行政機関の庁舎	敷地内原則禁煙
	技術的基準を満たす特定屋外喫煙場所を除き，労働者に敷地内で喫煙させないこと。	
第2種施設	多数者利用施設のうち，第1種施設及び喫煙目的施設以外（一般の事務所や工場，飲食店等を含む）	原則屋内禁煙
	ア．技術的基準に適合した喫煙専用室（喫煙だけができる部屋であり，飲食等はできない）又は指定たばこ専用喫煙室（飲食等しながら加熱式たばこを吸える部屋）を除き，労働者に施設の屋内で喫煙させないこと。 イ．指定たばこ専用喫煙室を設ける施設が広告等する場合，その旨表示すること ウ．嫌煙者が指定たばこ専用喫煙室での業務や飲食を避けられるよう配慮すること	
喫煙目的施設	多数者利用施設のうち，喫煙場所の提供を主な目的とする施設であり，①公衆喫煙所，②バー，スナック等，③たばこ販売店	屋内の一部又は全部に喫煙目的室の設置可
	ア．広告等の際，喫煙目的室（喫煙を主目的とする施設内に設けられた飲食等しながら喫煙できる部屋）の設置表示をすべきこと イ．嫌煙者が，喫煙目的室での業務や飲食を避けられるよう配慮すること	
既存特定飲食提供施設	2020（令和2）年4月1日時点で営業している飲食店で個人又は資本金5,000万円以下の会社が経営しており，客席面積が100平方メートル以下であること	喫煙可能室の設置可（経過措置）
	ア．広告等の際は，喫煙可能室（飲食等しながら喫煙できる部屋）である旨を表示すべきこと イ．嫌煙者が喫煙可能室で業務や飲食を避けられるよう配慮すること。業務上外を問わず，嫌煙者を喫煙可能室に同行させないよう，労働者に周知すること ウ．飲食できる場所を全面禁煙として喫煙専用室（喫煙だけでき，飲食等はできない部屋）又は屋外喫煙所を設置する場合，技術的基準の充足が望ましいこと エ．事業者は下記事項につき管理権原者に確認すること 　(ア) 既存特定飲食提供施設の要件に該当することを証する書類を備えること 　(イ) 喫煙可能室設置施設の届出を保健所に行うこと	

（石崎由希子作成）

①実施計画の策定，
②担当部署の指定による実施状況のモニタリング，
③衛生委員会での調査審議，産業医による巡視等による（作業環境改善を含む広義の）健康管理，
④施設内に喫煙場所を設ける際の標識の掲示，
⑤受動喫煙の健康影響，講じた措置の情報提供と相談対応等による労働者の意識の高揚，担当部署による情報収集と衛生委員会への提供による情報共有，
⑥労働者の採用プロセスにおける対策の明示（敷地内禁煙か屋内禁煙か屋内分煙か等），
等が重要とされている。

妊婦，呼吸器・循環器疾患者，がん患者，化学物質に敏感な者等には特段の配慮を行うことも求められている。

20歳未満の労働者については，喫煙室に立ち入らせないようにすることが求められ，立ち入ろうとする者への年齢確認も求められている。健康増進法では適用除外とされている，宿泊施設の客室（個室），老人ホームの個室，業務車両等でも同様（20歳未満の労働者は立ち入らせないこと）とされている。

20歳以上の労働者についても，喫煙区域を通らない動線の設定，喫煙室内の清掃前の換気，業務車両に同乗する喫煙者による配慮等が求められている。

現行ガイドラインでは，健康増進法の定めを踏まえて施設区分ごとに事業者に求められる措置も，**資料190のように示されている**（事業者が施設管理権原者でない場合，同人と連携すべきこととなる）。

なお，

特定屋外喫煙場所，喫煙専用室又は指定たばこ専用喫煙室，喫煙目的室，喫煙可能室（いずれも説明は資料190に掲載）

については，現行ガイドライン別紙1に設置要件が示されている。

安衛法第71条に基づき，受動喫煙防止対策助成金制度が設けられており，**資料191**の中小企業事業主であって第2種施設の運営者を対象に，

①入口の風速（0.2m以上），
②壁，天井等による区画，
③排気は屋外等にする，
　等の要件を充たす施設の
1）専用喫煙室や，
2）指定たばこ専用喫煙室
の設置・改修につき，必要経費の2分の1（既存特定飲食提供施設では3分の2）を上限100万円として支給されることになっている（2022〔令和4〕年10月時点。基労安発0510第2号等）。

ア4　本条（法第68条の2）の沿革をみるに，

職場の受動喫煙防止対策は，当初，法第71条の2，第71条の3が定める快適職場形成施策の一環として推進されてきた。法第71条の3に基づく指針である通称快適職場指針（平成4年7月1日労働省告示第59号）には，「屋内作業場では，空気環境における浮遊粉じん

や臭気等について，労働者が不快と感ずることのないよう維持管理され」る必要があり，適宜，「喫煙場所を指定する等の喫煙対策」すべき旨が示された。

厚生労働省が1995（平成7）年3月にまとめた「たばこ行動計画」では，職場は特定の人々が「選択の余地なく相当程度の時間を過ごす場所」なので，「職場の状況を踏まえつつ非喫煙者に十分配慮した対策」が必要とされた。

1996（平成8）年2月には，「職場における喫煙対策のためのガイドライン」（平成8年2月21日基発第75号）を公表し，快適職場環境形成のみでなく，健康確保の視点から，労働衛生上の対策が必要としつつ，

喫煙に寛容な社会的認識を前提に，喫煙者と非喫煙者双方の立場を尊重することが重要とし，

　全面禁煙，
　時間分煙，
　空間分煙（喫煙室のみで喫煙を認めるか，喫煙対策機器の設置によりたばこ煙の拡大を制御する方法）

の選択肢のうち，合意を得やすい空間分煙を推奨した。

この時期は，もっぱら不快感の減少（≠健康障害対策）等を目的に，喫煙者と非喫煙者の合意形成に重点が置かれていた。

2000（平成12）年から開始された「健康日本21」で，喫煙について，

①喫煙の健康影響にかかる知識の普及，
②未成年者の喫煙をなくす，
③公共の場と職場での分煙の徹底と効果的な分煙に関する知識の普及，
④禁煙支援プログラムの普及，

という4つの目標が掲げられた。

これらを受け，2002（平成14）年6月には，厚生労働省で「分煙効果判定基準策定検討会報告書」がまとめられた。ここには，

①屋内喫煙場所の空気は屋外への排気が最も有効であること，
②煙等の漏れ防止のため，非喫煙場所から喫煙場所への空気の流れを所定値（0.2m/秒）確保すべきこと，

等が記され，これがその後の政策に大きな影響を与えた。

2002（平成14）年には健康増進法が制定され，その第25条が多数者利用施設の管理者に，受動喫煙防止措置の努力義務を課したことで，受動喫煙防止対策への行政の取り組みの基点ができ，それが健康上の重要な

資料191

業種		常時雇用する労働者数	資本金
小売業	小売業，飲食店，配達飲食サービス業	50人以下	5,000万円以下
サービス業	物品賃貸業，宿泊業，娯楽業，医療・福祉，複合サービス（例：協同組合）など	100人以下	5,000万円以下
卸売業	卸売業	100人以下	1億円以下
その他の業種	農業，林業，漁業，建設業，製造業，運輸業，金融業，保険業など	300人以下	3億円以下

（厚生労働省作成）

課題であるとの認識が拡大した。

その翌年に発出された通知「受動喫煙防止対策について」（平成15年4月30日健発第430003号）では，法制定の背景について，

受動喫煙の急性影響（鼻閉，頭痛等）が明確になってきたほか，

肺がんや循環器疾患等のリスクの上昇を示す疫学的研究があり，

IARC（国際がん研究機関）が，たばこをグループ1（4類のうち最も強い部類）の発がん性部類に位置づけたこと，

低体重児の出産確率を上げる旨の研究報告があること，

等が示されていた。

もっとも，施設の規模・構造，利用状況等は様々なので，必ずしも全面禁煙とする必要はなく，分煙効果判定基準策定検討会報告書などを参考に，適切な分煙方法を採用すること等が推奨されていた。

厚生労働省は，2003（平成15）年5月に，「職場における喫煙対策のためのガイドライン」（「新ガイドライン」）（平成15年5月9日基発第0509001号）を公表した。

これは，分煙効果判定基準策定検討会の影響を強く受けており，喫煙室等を設ける際には，たばこ煙が漏れないよう，非喫煙場所との境界で，喫煙室等に向かう風速を0.2m/秒とするよう示唆すると共に，喫煙室等の中に設置する有効な喫煙対策機器は，屋外排出方式を原則とすること等，有効な分煙措置の促進を図っていた。

2003（平成15）年5月に，WHO総会で「たばこの規制に関する世界保健機関枠組み条約（FCTC）」が採択され，日本も署名した。

この条約の第8条は，締約国が，屋内の職場，屋内の公共の場所等での受動喫煙防止措置につき，既存の国内法の範囲で，立法，執行，行政等の措置を講じること等を求めている。

2005（平成17）年6月には，新ガイドラインの履行を促進するため，「『職場における喫煙対策のためのガイドライン』に基づく対策の推進について」（平成17年

6月1日基安発第0601001号）が発出され，有効に対策された喫煙場所の確保等が困難な場合，全面禁煙を勧奨するよう指導すべき旨が示された（この通知は，その他，対策のために利用できる機関や，事業場の受動喫煙対策に関する調査結果等を示していた）。

2009（平成21）年3月には，厚生労働省健康局の「受動喫煙防止対策のあり方に関する検討会」の報告書がまとめられ，

多数者が利用する公共的空間では原則として全面禁煙とすべきこと，

飲食店や旅館等では，営業との両立のため，暫定的に喫煙可能区域を確保することも許容すること，

職場によっては従業員本人の自由意志を表明しにくい可能性があることを踏まえて対策を検討する必要があること，

等，改正後の健康増進法の受動喫煙防止規制の骨格とも言える内容が示された。

2010（平成22）年2月には，厚生労働省健康局長名で「受動喫煙防止対策について」（平成22年2月25日健発0225第2号）が発出されて，2003（平成15）年の通知が廃止され，やはり，

多数者が利用する公共的空間では原則として全面禁煙とすべきこと，

全面禁煙が極めて困難な場合等には，施設の態様や利用者ニーズに応じた適切な受動喫煙防止対策を進めるべきこと，

職場では，新ガイドライン（前掲の職場における喫煙対策のためのガイドライン〔平成15年5月9日基発第0509001号〕）に則した対策の実施が望ましいこと，

等が示された。

同じ2010（平成22）年5月には，厚生労働省安全衛生部で「職場における受動喫煙防止対策に関する検討会報告書」がまとめられ，

受動喫煙防止対策は，今後，快適職場形成ではなく，健康障害防止の観点から取り組まれるべきこと，

労働者に職場の選択は困難で，かつ，一定時間拘束されること，

安全配慮義務の主体として，事業者の責任で対策が講じられるべきこと，

これらを前提に，安衛法において対策を規定することが必要であること，

講じられるべき措置は，

①全面禁煙又は一定条件を充たした空間分煙，
　顧客ニーズ等から困難な場合，
②換気，保護具の着用等，換気量や濃度基準の設定等，
③その他の対策（責任体制の整備や喫煙・禁煙区域の表示，労使への教育等），

であり，このうち①～③は，事業者の義務とすべきこと，労働者も事業者の指示に従うべきこと，等が示された[263]。

中小企業への財政的支援，技術的支援等にも言及されている。

その後，労働政策審議会安全衛生分科会での審議を経て，2010（平成22）年12月に建議「今後の職場における安全衛生対策について」が上程された。

ここでは，

①一般の事務所，工場等では全面禁煙か空間分煙とすることを事業者の義務とすること，
②飲食店等では，換気等により可能な限り労働者の受動喫煙機会を低減させることを事業者の義務とすること，
③当面，罰則は付けず，財政的支援や専門家による技術的支援を行うべきこと，

等が示された。

これに基づく改正法案が2011（平成23）年に衆議院に提出されたが，衆議院の解散で審議未了廃案となった。

この内容は，

新設する法第68条の2において，事業者に専用喫煙室以外の所定の屋内作業場での喫煙の禁止等の措置を義務づけ，

同じく附則第27条で，飲食サービス業等の事業者にその適用を除外する一方，

たばこ煙の浮遊粉じん濃度等の基準の遵守によるばく露低減措置を義務づけるものであった。

なお，上記の建議を受け，改正法成立を待たず，2011（平成23）年10月には，受動喫煙防止対策助成金制度等による支援が開始された。

この間，2020年東京オリンピックの開催が決まったことを受け，2010（平成22）年7月には，IOC（国際オリンピック委員会）及びWHOと「たばこのないオリンピック」を推進する旨の合意が成立した。これを受けて，関係府省庁連絡会議のもとに受動喫煙防止対策強化検討チームが設置され，従前の健康増進法上の努力義務による取り組みでは不十分との認識に基づき，

①大学，老人福祉施設，体育館，官公庁施設，バス・タクシー等は屋内・車内禁煙（喫煙専用室設置不可），
②健康上の配慮を要する施設では，敷地内禁煙，
③それ以外では原則屋内禁煙（喫煙専用室設置可），ただし，一定規模以下のバー・スナック等は例外とする，

旨提言した。

2013（平成25）年7月の第74回労働政策審議会安全衛生分科会では，使用者側委員から，義務化すると（履行が当然となるため）助成金を受けられなくなるこ

と，現段階で既に対策を講じる事業所が増えていること等を理由に対策の努力義務化を支持する意見が出され，労働者側委員は反対したが，

2013（平成25）年12月の建議「今後の労働安全衛生対策について」では，

使用者側委員の意見を踏まえた記載がなされた。

2014（平成26）年3月に国会に提出された改正法案では，屋内作業場等の作業場につき，喫煙室を除き禁煙とすること等の努力義務を課すこと，国が喫煙室の設置等につき必要な援助に努めること等が定められた。

この改正法案は，同年6月に成立し，交付された。衆参両院の附帯決議には，受動喫煙の健康影響がFCTCでも明示されていること，2020年までに職場での受動喫煙をゼロにすることを目標に必要な援助措置を講じていくこと等が示された。

法律案要綱では，新設された本条（法第68条2）の具体化は省令で図られる予定だったが，通達（平成27年5月15日基安発0515第1号）で示されると共に，従前の新ガイドライン（分煙効果判定基準策定検討会の影響を強く受けた「職場における喫煙対策のためのガイドライン（平成15年5月9日基発第0509001号）」）は廃止された。

この通達では，事業者が事業場の実情を把握・分析し，最も効果的な対策を講じるべきことや，これには，ハード面のみならず，担当部署の指定，推進計画の策定，教育指導等のソフト面の対策も含まれることなど，実情に応じて有効な対策を選択すべきことが示唆されている。

また，新ガイドラインの履行を促進するために発せられた，

「『職場における喫煙対策のためのガイドライン』に基づく対策の推進について」（平成17年6月1日基安発第0601001号）

も，「労働安全衛生法の一部を改正する法律に基づく職場の受動喫煙防止対策の実施について」（平成27年5月15日基安発0515第1号）をもって代えられ，廃止されている。この通知は，対策を講じる際の基本的考え方から，実際の対策例まで，図まで用いて詳細を綴っている。

2018（平成30）年には健康増進法が改正され，その第6章で，

施設管理権者を名宛人として，

施設の区分に応じ，受動喫煙防止措置を「義務づけた」。

すなわち，**資料190**の通り，

医療施設，教育機関，行政機関は敷地内禁煙，

それ以外の場所では，原則として屋内禁煙（喫煙専用室設置可），

小規模の特定飲食店では，経過措置として，「喫煙」，「分煙」標識の掲示により喫煙可，

とすることとされた。衆参両院の附帯決議では，喫煙可能場所／空間でも，従業員が望まない受動喫煙にあわないよう配慮されるべきこと，参議院の附帯決議では，管理権者が20歳未満の者を喫煙可能場所／空間に立ち入らせないようにすべきこと等が示された。

この附帯決議を踏まえ，健康増進法と安衛法に基づき事業者が実施すべき事項を一体的に示すことを目的に策定されたのが，「職場における受動喫煙防止のためのガイドライン」（令和元年7月1日基発0701第1号）であり，これにより，平成27年5月15日基安発0515第1号は廃止された。

通例，両者の名宛人である施設管理権者と事業者は一致するが，一致しない場合には，事業者が管理権者と連携を図るべきこととされている。

イ4　三柴の見解では，本条（法第68条の2）の新設を裏付ける被害，特に発がん性等の慢性影響については，確実なエビデンスを得難い中，それを探る模索の過程を辿ったと解される（率直に，エビデンスが不十分でも，積極的にその存在を措定してきた面もあると考えられる）。

IARCは，1986（昭和61）年に，たばこ煙を最も強い発がん性を指すグループ1に分類し，2002（平成14）年には，受動喫煙（passive smoking）についても，肺がんリスクを示す十分なエビデンスがあるとして，グループ1に分類した。

「受動喫煙防止対策のあり方に関する検討会」報告書（2009〔平成21〕年）では，

①受動喫煙は，それ自体ヒトに発がん性のある化学物質や有害大気汚染物質へのばく露であること，
②受動喫煙が冠状動脈疾患の原因となること，
③受動喫煙が循環器への急性の悪影響を及ぼすこと，

等が示されたが，どの程度，どのようなばく露により，どの程度の疾患が生じるかに関する具体的な記載ではなかった（三柴）。

日本産業衛生学会も，2010（平成22）年5月に，職場での受動喫煙が労働者の肺がんリスクを増加させる十分な証拠があるとして，第1群（ヒトに対して発がん性がある）に位置づけた。

2010（平成22）年10月の第44回労働政策審議会安全衛生分科会には，国立がん研究センターから，大略，

肺がんと虚血性心疾患による年間死亡者について，受動喫煙ばく露群と非ばく露群とで比較して，約3600人が職場の受動喫煙に起因して死亡している旨

の推計が示されたが，JTから反論が示された。

2016（平成28）年には，やはり国立がん研究センターから，複数の論文のメタアナリシスの結果，受動

喫煙経験者は非経験者より肺がんリスクが1.3倍となる旨が公表された。

なお，2013（平成25）年7月の第74回労働政策審議会安全衛生分科会で公表された国による労働者対象の調査結果では，

　34.1％が全面禁煙の積極的推進を支持する一方，52.3％が空間分煙で十分と回答していた。

　ウ4　本条（法第68条の2）の事業場での実施状況をみるに，

　令和2年「労働安全衛生調査（事業所調査）」によれば，敷地内全面禁煙は3割，

　屋内全面禁煙とし，屋外喫煙所を設置が18.8％，

　健康増進法上の施設区分に照らし，

　第1種施設（学校・病院等）では，敷地内全面禁煙が63.1％で最多，

　第2種施設（一般の工場・事務所等）では，屋内全面禁煙とし，屋外喫煙所を設置が49.2％で最多だった。

　加熱式たばこ喫煙専用室を設けて，嫌煙者がそこでの業務や飲食を避けられるよう配慮している事業場も一定割合あった（敷地内全面禁煙措置を採っていないが受動喫煙防止の取り組みを進めている事業所が54.1％あり，そのうちの27.2％）。

　令和3年「労働安全衛生調査（個人調査）」によれば，

　職場で受動喫煙がある労働者の割合は，

　殆ど毎日あるが8.4％，

　時々あるが12.3％，

　で，平成24年「労働者健康状況調査（労働者調査）」での，23.2％，28.6％から大幅な減少を見せている。

　また，平成28年「労働安全衛生調査（労働者調査）」では，

　喫煙室の設置による空間分煙措置を望む労働者が約6割，

　敷地内全面禁煙を望む労働者が約26％だった。

　エ4　本条（法第68条の2）の関係判例のうち代表例として，先ず，

①名古屋市教員（志賀中学校等）事件・名古屋地判平10・2・23判タ982号174頁

②江戸川区（受動喫煙損害賠償請求）事件・東京地判平16・7・12労判878号5頁

③積水ハウス（受動喫煙）事件・大阪地判平27・2・23労経速2248号3頁

　が挙げられる。

　①の概要は以下の通り。

〈事実の概要〉

・原告の請求：［補償（賠償を含む。以下同じ）］損害賠償（慰謝料）。

・請求の法的根拠：［補償］使用者としての安全配慮義務，

　労働安全衛生法第3条第1項所定の快適な職場環境の維持改善義務，第10条所定の安全衛生教育義務，

　教育管理者としての，教育基本法第6条第2項，第7条第2項所定の義務

　等の違反に根拠づけられた国家賠償法第1条所定の違法な職務執行及び不法行為，雇用上の債務不履行等。

・原告の訴えた被害：せき，頭痛等の急性影響のほか，タール，一酸化炭素，ダイオキシン等の有害物質の体内への吸収により，がんや循環器系疾患にかかり易くさせられたこと。

・企業等が講じていた措置：原告が勤務していた2つの中学校のうち，1つでは，サロンの設置，教職員へのサロンでの喫煙への協力要請，カーテンの設置，空気清浄機の設置等，

　もう1つでは，換気扇の設置された喫煙コーナーの設置，教職員への同コーナーでの喫煙の要請，プラスチック板の入口部分への設置，職員室内禁煙の申し合わせ等。

〈判旨：原告請求棄却〉

・裁判所の認定した影響：受動喫煙に関する一般的判断として，眼症状，鼻症状，頭痛等の急性影響の存在は認められるが，慢性影響については明確には認められない。また，原告個人についても，これまで医師の診断を受けたことがないことからも，「要するに，比較的軽微な急性影響以上」のものではない。

　受動喫煙による健康リスクに関する研究成果の公表や国際機関の勧告，国内での公共の場所での喫煙規制の進展等から，職場において分煙化が定着化しつつあり，

　Yは，施設等の管理又は公務の管理に当たり，当該施設等の状況に応じ，一定の範囲において，受動喫煙の蔵する危険から職員の生命及び健康を保護するよう配慮がなされるべきである。

　その際，

　受動喫煙の身体への影響はばく露の時間及び量その他諸種の条件の違いにより変動すること，

　喫煙が個人の嗜好として長く承認されてきたことも踏まえ，

　「当該施設の具体的状況に応じ，喫煙室を設けるなど可能な限り分煙措置を執るとともに，原則として職員が執務のために常時在室する部屋においては禁煙措置を執るなどし（……少なくとも，執務室においては喫煙時間帯を決めた上，これを逐次短縮する措置を執るべきである。），職場の環境として通常期待される程度の衛生上の配慮を尽くす」ことが求められ，これをもって足りる。

本件では，市の講じた措置や被害の軽微さから国賠法上の注意義務や安全配慮義務違反は認められない。
②の概要は以下の通り。
〈事実の概要〉
・原告の請求：[補償]損害賠償（医療費及び慰謝料の一部）。
・請求の法的根拠：[補償]主位的に安全配慮義務違反，予備的に不法行為または国家賠償法第1条第1項。
・原告の訴えた被害：副鼻腔炎，咽頭炎，喉頭炎等へのり患のほか，
　自ら席上に設置した空気清浄機の方を向く不自然な姿勢や激しいせき込みなどによる頸部椎間板ヘルニアへのり患。
・企業等が講じていた措置：原告が最初に配置された執務室については，室内に増設した換気扇付近に喫煙場所を設置し，職員にその場所での喫煙を指示していた。
　ただし，喫煙場所に区画はなく，Xの席後方2,3m付近にも喫煙場所があり，自席で喫煙する職員もいる状態であった。
　次に配置された事務室については，保健所全体用の中央式空気調和機と排風機を設置していたほか，
　換気扇1機，空気清浄機能付きの空気調節装置1機の設置された喫煙場所を指定し，喫煙は同所ですべき旨の周知を図っていた。
　また，原告の要請を容れ，彼の座席を，2カ所ある喫煙場所まで，各10m，19mの位置に設定した。その後，事務所内禁煙の方針を推進し，所内分煙及び禁煙の表示を行い，さらにその後，原告が同所の配属を外れる時期になって，室内全面禁煙措置を実施した。
〈判旨：原告請求一部認容〉
・裁判所の認定した影響：眼の痛み，のどの痛み，頭痛等の継続，及び，これによる精神的肉体的苦痛。
・受動喫煙の慢性影響として，肺ガン等のリスクが認められる。
　1992（平成4）年の「事業者が講ずべき快適な職場環境の形成のための措置に関する指針」（平成4年7月1日労働省告示第59号）や1995（平成7）年に厚生省がまとめた「たばこ行動計画」の記載，1996（平成8）年の「職場における喫煙対策のためのガイドライン」における記載等から，原告が受動喫煙被害を訴えた当時（1995～1996〔平成7～8〕年），
　被告には，「当該施設等の状況に応じ，一定の範囲において」，との限定付きながら，「受動喫煙の危険性から原告の生命及び健康を保護するよう配慮する義務」があった。
　原告が，大学病院の診断書を示して対策を求めた時点で，原告の座席を喫煙場所から遠ざけたり，職員の自席での喫煙を徹底する，などの措置を講じるべきであったのに放置した点で安全配慮義務違反があり，被告は慰謝料5万円を支払うべきだった。
　③の概要は以下の通り。
〈事実の概要〉
　本件原告は，本件被告に嘱託社員として障害者雇用（手関節や指の身体障害で採用当時は5級と認定）され，入社後，関節リウマチも発症していた。被告の工場内のミシン室に常駐し，作業服の修理作業等に従事していて，他の職員らのたばこ煙に晒されていた。
　工場の生産停止後は，会議室でカタログの台車への収集や箱詰め作業を行っていた。
　原告は，その双方で受動喫煙があったと主張した。
・原告の請求：[補償]損害賠償
・請求の法的根拠：[補償]安全配慮義務違反
・原告の訴えた被害：受動喫煙症及び化学物質過敏症（この他，持病の関節機能障害の増悪を訴えたが，主に作業内容の変更によると主張した）
・企業等が講じていた措置：平成15年の健康増進法第25条の施行，同年発出された厚生労働省のガイドライン（「職場における喫煙対策のためのガイドライン」〔平成15年5月9日基発第0509110号〕）等を踏まえた，
　工場内主要事務所の禁煙措置と，建物内の喫煙所の設置，休憩所内に暖簾やカーテン等で仕切られた喫煙スペースの設置，従業員らへの指定場所での喫煙の指示等の分煙措置（現にミシン室での喫煙者は少数だった）。
　その他，原告と産業医の面談を踏まえたミシン室の禁煙措置，
　会議室での従業員による自発的な喫煙後の換気，その後の全面的な禁煙措置，
　原告から受動喫煙症の診断に基づく損害賠償請求を受けた，工場内の喫煙スペースのある室内での粉じん濃度の測定，喫煙者のいる警備室の禁煙措置等。
〈判旨：原告請求棄却〉
・裁判所の認定した影響：特段の認定なし。
　確かに，原告入社当時，従業員の中に原告の就労する職場で喫煙する者がいたが，被告は，法改正等を踏まえ，原告らが受動喫煙状態にならないよう，申出を受ければ，その都度，相応の対策を講じており，原告が被告での勤務で受動喫煙状態を強いられていたとまでは言えない。
　その他の事情からも，被告の安全配慮義務違反は認められない。
〈汲み取り得る示唆〉
　これら3例だけをみても，本条（法第68条の2）所定の内容は，その制定前から安全配慮義務の内容と理解されていたこと，

しかし，実際の判断では，
①受動喫煙被害は，実際のばく露量に左右されること（相当のばく露量が認められない限り，法的救済に値する被害が認められ難いこと），
②喫煙が嗜好として社会的に承認されてきたこと，
③一般論はともかく，具体的事案における実際の被害の内容が急性影響にとどまり，がん等の慢性影響までは認められ難いこと，
等を理由として，（医師の診断書が出ても適当な措置を講じない等の事情がない限り，）裁判所が事業者らの過失責任の認定に慎重であったことが窺える。

職場の禁煙措置等の履行請求がなされた事案として，
④京都簡易保険事務センター（嫌煙権）事件・京都地判平15・1・21労判852号38頁
⑤JR西日本（受動喫煙）事件・大阪地判平16・12・22労判889号35頁
が挙げられる。

④の概要は以下の通り。
〈事実の概要〉
・原告らの請求：[予防]庁舎内部の禁煙措置，[補償]損害賠償。
・請求の法的根拠：[予防]主位的に安全配慮義務違反，予備的に人格権の侵害または不法行為，[補償]主位的に安全配慮義務違反，予備的に不法行為。
・原告らの訴えた被害：原告ら2名のうち1名（X1）は，受動喫煙による人格権である嫌煙権の侵害，肺がん等の病気にり患する危険性が増大したことによる精神的苦痛を被害とし，
もう1名（X2）は，化学物質過敏症にり患するなどの肉体的苦痛のほか，X1と同様の精神的苦痛を被害と主張した。
・企業等が講じていた措置：（おそらく原告らが滞在したわけではなく，主に機械へのたばこ煙の影響を慮ってなされた）電子計算機室の終日禁煙措置，その後，食堂内，更にその後，各階事務室等に禁煙室を設置，他の場所では喫煙をしないよう呼びかけていた。
〈判旨：原告請求棄却〉
受動喫煙とは，「自己の意思とは関係なく，その環境にいる限りは不可避的に他人の喫煙によるたばこ煙を吸引させられること」と定義され，それによる被害の可能性については，一般論として，急性影響，慢性影響共に，その蓋然性が認められる。
受動喫煙の危険性を考慮すると，受動喫煙を拒む利益も法的保護に値する。「嫌煙権」という言葉の適否はともかく，その利益が違法に侵害された場合に損害賠償を求めるにとどまらず，人格権の一種として，受動喫煙を拒むことを求め得ると解する余地もある。

しかし，受動喫煙による健康被害は，ばく露量等によること，
喫煙は現時点で社会的に許容されていること，
厚生労働省のガイドラインも空間分煙を定めていること，
等から，少量ばく露で安全配慮義務違反となるわけではない。
この点，本件においては，喫煙室から漏れ出るETS（環境たばこ煙）の量，濃度からしても，
X1については，一時的な不快感にとどまる。
X2については，化学物質過敏症による症状を主張するものの，それが被告施設における受動喫煙と因果関係を有するか不明
であり，原告らによる請求は，予防，補償共に否定される。

⑤も④とほぼ同様の事実関係で，同旨の判断が示されており，概要は以下の通り。
〈事実の概要〉
・原告らの請求：[予防]目録記載の各施設（本件各施設）内を禁煙室とする措置，[補償]損害賠償（慰謝料）。
・請求の法的根拠：[予防]人格権に基づく妨害排除・予防請求権又は雇用契約に基づく安全配慮義務履行請求権，[補償]不法行為又は安全配慮義務違反。
・原告らの訴えた被害：受動喫煙によるストレス，がん等の重篤な疾患等にり患する危険性へのばく露。
・企業等が講じていた措置：本件各施設のうち，男性更衣室，一部の（主要な）駅の乗務員詰所における禁煙措置，
一部の駅の乗務員詰所や休憩室，宿泊所等における緩やかな分煙（不完全分煙）措置（喫煙場所と非喫煙場所の間のパーティションでの区分と空気清浄機［屋内循環］の設置，こうした措置の従業員への告知，掲示，管理者による指導）等。
〈判旨：原告請求棄却〉
受動喫煙の慢性影響として，一定時間，一定濃度へのばく露を前提に，肺がん，副鼻腔がん，虚血性心疾患のリスクの上昇等が認められる。
現行法令等の解釈として，「被告としては，事業場において喫煙室を設置するのが望ましく，それが困難であるとしても，たばこの煙が拡散する前に吸引して屋外に排出する方式である喫煙対策機器を設置するという空間分煙を実施するよう努力することが要請されている」。
また，安全配慮義務違反の判断の一環として，厚生労働省の新ガイドライン（平成15年）に沿った履行状況が参考にされる。
しかし，法令等により直ちに全面禁煙措置が義務づ

けられることはなく，この理は安全配慮義務についても同様である。

また，受動喫煙にかかる安全配慮義務の内容は，
(i)受動喫煙空間への滞在の義務づけの有無，
(ii)ばく露レベル，
(iii)発生した健康上の影響，
等により異なる。本件ではそのいずれも，存在が認められないか，あっても些少に止まる。

たしかに，原告らは，本件各施設でETS（環境たばこ煙）にばく露する可能性があった。そして，それにより，目の充血，咳，頭痛等の症状を覚えることがあったが，「何らかの疾病に罹患するなど現実に医師の治療を要するほど健康が害されたとまでは認められない」。

よって，履行請求の法的可能性を論じるまでもなく，安全配慮義務の履行請求権に基づく作為請求は理由がない。

人格権に基づく妨害排除・予防請求についていえば，一般に，人の生命，身体及び健康上の利益は，人格権としての保護を受け，違法に侵害された者は，損害賠償請求のほか，人格権に基づき，加害者に対し，現に行われている侵害行為を排除するか，将来生ずべき侵害を予防するため，侵害行為の差止めを求めることができるが，

本件で被告のなすべき措置が全面禁煙に及ばない以上，被告の負う責任範囲外で生じる受動喫煙被害の加害者は，喫煙者である他の乗務員であり被告ではない。

〈汲み取り得る示唆〉

このように，受動喫煙対策の履行請求可能性や人格権に基づく妨害排除・予防請求可能性は，理論的には認められているが，

実際の認容に際しては，相当程度のばく露の質量を前提に，全面禁煙には至らない，当該事業場の実態に沿った現実的な措置に限られることが窺われる（三柴私見）。

健康増進法の改正で，法定措置の履行請求が認容される可能性はあるが，相当程度のばく露量を前提とすることに変わりはないだろう（三柴私見）。

製造業者に対する損害賠償請求例としては，
損害賠償等請求事件・東京地判平25・12・17LEX/DB 25516748
が挙げられる。

本件は，タクシー運転手だった原告が，車内での受動喫煙で咽頭がん等の疾病にり患した等として，たばこ販売業者である日本たばこ産業（JT）を相手方として，不法行為損害賠償請求と共に，人格権に基づき，主位的にたばこの製造・販売の差し止め，予備的に警告表示・不適切な広告の削除及び謝罪広告の掲載を請求した事案である。

判決は，直接の加害者は喫煙者であり，被告は間接的に関与しているに過ぎない，

受動喫煙被害防止のため紙巻きたばこの製造・販売停止を求めるには論理の飛躍がある等として，請求を全部棄却したが，

その過程で，受動喫煙防止の中心的課題は公共施設や職場での分煙化や喫煙者のマナーの徹底等であったし，（当時の）健康増進法第25条の名宛人も施設管理者であったこと等を述べている。

また，被告であるJTが，喫煙マナー啓発活動に取り組んだり，受動喫煙に関する注意文言をたばこの包装に表示してきたこと等も積極的に評価している。

加えて，ここでも，社会全体に喫煙に寛容な風潮があったこと等を挙げ，被告の責任を否定した。

〈汲み取り得る示唆〉

化学物質等による職業性疾病対策では，製造業者が一定の義務を怠った場合，安衛法上も民事法上も一定の責任を負うことが予定されているのに対し，たばこについては異なる発想となることが窺われるが，本判決はJTの取り組み努力を積極的に評価しているので，仮に他の化学物質と同じ責任を負う前提をとっても結論は変わらなかったと解される。

オ4　関連規定には，当然に2018（平成30）年改正健康増進法の諸規定が挙げられる。

同法は，第29条以下で，多数者利用施設等の区分に応じ，一定の場所等を除き，喫煙を禁止すると共に，施設管理権者が講ずべき措置を規定する。

特に20歳未満の者の喫煙可能場所へ立入らせてはならないとする（同第33条第5項，第35条第7項）。

また，全ての者を名宛人として，喫煙禁止場所での喫煙を禁止し，都道府県知事による命令及び命令違反への罰則によりその履行を担保している（同第29条，第77条第1号）。罰則はないが，喫煙禁止場所以外で喫煙する際も，受動喫煙を生じさせないよう配慮するよう定めている（同第27条）。

施設等の区分に応じ講ずべき措置は，資料190の通りであり，概略，

学校，病院，児童福祉施設等の第1種施設では，特定屋外喫煙場所を除き，敷地内原則禁煙とされ（同第29条），

第1種施設や喫煙目的施設以外の第2種施設（普通の事務所や工場等）では，技術的基準を充たす喫煙専用室以外，原則屋内禁煙とされ（同第29条第1項第2号，第33条），

バーやスナック等の喫煙目的施設では，屋内の一部か全部を構成する喫煙目的室（喫煙を主目的とする飲食

等しながら喫煙できる部屋）で喫煙可能とされている（同第35条）。

　また，既存の小規模飲食店（特定飲食提供施設）では，屋内の一部か全部を構成する喫煙可能室（飲食等しながら喫煙できる部屋）で喫煙可能とされている（同附則〔平成30年7月25日法律第78号〕第2条）。

　人の居住用の場所，ホテル等の客室（個室）は，これらの規制の適用が除外されている（同第40条第1項第1号，第2号）。

　施設管理権者等には，喫煙禁止場所での喫煙器具（灰皿等）の設置が禁止されているほか，喫煙者にその中止やその場所からの退出を求めるよう努める義務が課されている（同第30条第1項，第2項）。

　また，専用喫煙室（喫煙だけができる部屋）や喫煙目的室（喫煙を主目的とする施設内に設けられた飲食等しながら喫煙できる部屋）を設ける場合，施設の出入口に所定の標識を設置すること（同第33条第3項，第35条第3項）や，20歳未満の者をそこに立ち入らせないようにすること（同第33条第5項，第35条第7項）が求められている。

　これらに違反した場合，都道府県知事等の指導の対象となる（同第31条）ほか，

　喫煙禁止場所からの喫煙器具の撤去，設置した喫煙室の構造が技術的基準に不適合となった場合の標識の撤去や使用停止等については，都道府県知事が勧告できる（同第32条第1項，第34条第1項，同法第36条第2項）。

　この勧告に従わない場合，知事は，企業名の公表又は勧告に従うべき旨の命令をなし得ることを定め（同第32条第2項，第3項，第34条第2項，第3項，第36条第3項，第4項），

　この命令に従わない場合や，そもそも出入口の標識の掲示義務に反した場合には，50万円以下の過料が適用され得る（同第76条第1号，第2号）。

　ここでは，罰則の対象が，禁煙場所での喫煙器具の撤去義務違反や，設置した喫煙室の構造が技術的基準に不適合となった場合の標識の撤去義務違反や使用停止等違反に限られており，それも都道府県知事の勧告及びそれに従わない場合に発せられる命令にも従わない場合に限られていて，禁煙場所での喫煙行為やその管理の懈怠そのものに罰則の適用が予定されていないことを強調せねばならない。

[17] **吉田・阿部（未央）解説（第7章第69条〜第71条）**

　吉田・阿部（未央）解説は，第7章に属する第69条から第71条の4を対象としている。

　これらは，労働者の業務上の事由による（主に身体的な）健康障害防止を超えて，より積極的な労働者の心身の健康増進の促進を図った規定群である（作業関連疾患対策は射程に入る）。いずれも罰則は付されていない。

　解説の概要は以下の通り。

　ア　法第69条は，

　第1項で，事業者に対し，健康教育や健康相談を例示しつつ，健康の保持増進策を，継続的かつ計画的に講じるよう，努力義務を課し，

　第2項で，労働者に対し，第1項所定の事業者が講じる措置を「利用して」自ら健康の保持増進に努めるよう求めている。

　イ　本法が第1条で定める労働者の安全と健康の確保（＋快適職場環境形成）という目的を達するには，業務起因性のある健康障害の防止を超えて，
①心と体の両面にわたる対策を講じること，
②積極的な健康づくり，体力づくりを行うこと，
③生活習慣病，業務に関わる精神疾患を含む作業関連疾患の予防を見据え，
　労働者の現在の健康状態を基準とした就業上の配慮を図ること，
　その限りで私傷病管理も行うこと，
④必要の限り，私生活に及ぶ働きかけを行うこと，
等が必要になるため（以上の整理は三柴），本条は，先ず事業者に対して，そうした措置を講じる努力義務を課した。

　本条には，生活習慣病の有病率，労災発生率，傷病による労働損失日数の減少等の効果が期待されている。

　安衛法は，その制定当初から，労基法が定める賃金，労働時間等の一般的労働条件と労働災害との関係を指摘していた（昭和47年9月18日発基第91号）。すなわち，心身の健康状態の悪化が労災リスクを高めることは，もとより本法の想定内であった。

　もっとも，職域のリスク管理を主な目的とする労働安全衛生法が，具体的な課題について，どこまで労働者の私傷病や私生活，心の問題にまで踏み込むべきかは常に議論されてきた。

　近年の産業保健を巡る政策論議でも，日本経団連は，産業保健政策の所掌を業務上の危険有害要因による健常者の発症増悪防止に限定するよう求めてきた[268]。厚生労働省は，素因や基礎疾患保有者への健康配慮／管理と就労支援を，産業医等の産業保健専門職の支援を受けつつ事業者側の責任で行わせるよう，政策を展開してきた[269]。

　少子高齢化，産業構造の変化とストレス社会の到来，法定健診での有所見率の増加，国民の健康への関心の高まり，伝統的な労災発生率の減少等，様々な事情が本条に基づく国の施策や事業者責任の強化を後押

ししている。

ウ 本条を含む心身両面に及び，健康保持増進を多角的に図る／支援する規定の多くは，昭和63（1988）年の安衛法改正時に新設された。

制定の背景には，

第1に，高年齢労働者の労災の増加傾向があった。とりわけ転倒・墜落等の発生率が若年労働者の2倍超に達していた。高血圧，虚血性心疾患等の有病率も高かった。いずれも，職域での管理が必要かつ可能と考えられた。

第2に，技術革新等の働き方や職場の変化を背景とするストレス問題の増加ないしそれへの問題意識の高まりがあった。

本条の制定にあわせ，労働者の心と体の健康づくり（Total Health Promotion Plan: THP）の推進を目的として，法第70条の2に基づく「事業場における労働者の健康保持増進のための指針」（健康保持増進指針。昭和63年9月1日健康保持増進のための指針公示第1号。最終改正：令和5年3月31日健康保持増進のための指針公示第11号）が策定された。

これは，企業における体操やウォーキング，禁煙，接種の促進等をイメージしたもので，健常者と不調者とを問わず，労働時間等の勤務条件面での配慮も含んでいる（昭和63年9月16日基発第601号の1・七）。

同指針では，職場でのTHPの目的を，労働者のメタボリックシンドロームの予防と健康レベルの向上とし，労働生産性向上の観点にも言及している。方法としては，適度な運動と健全な食生活，ストレスコントロール等を挙げている。

令和2年の指針改定（令和2年3月31日健康保持増進のための指針公示第7号）では，
①労働者個人より集団を対象としたポピュレーション・アプローチ，
②無関心層の取り込みのための楽しみながら取り組めるスポーツの促進，
③高齢化を見越した若年期からの運動の習慣化，
の3点が追記された。この改定は，令和2（2020）年に開催された東京オリンピック・パラリンピックに向けて策定された「スポーツ基本計画」（平成29年3月24日）との連動も図っていた。

指針が事業者に求める主な措置の内容は，①健康指導，②健康教育，③健康相談等であり，このうち①は，健診や健康測定（健診に追加して行われる医学的検査や生活状況調査等，健康指導を目的とした，より広範囲のもの）等による健康状態把握に基づきなされる，運動指導，メンタルヘルスケア，栄養指導，保健指導（特に睡眠，喫煙，飲酒に関するもの）等が想定されている。

措置の実施主体には，

産業医，衛生管理者，保健師等の事業場内産業保健スタッフと人事労務管理スタッフのほか，
労働衛生機関，中央労働災害防止協会，医療保険者，医師会，地方自治体等の事業場外資源
が想定されており，令和2年の改正で，中小企業による後者の活用が強調された。

指針では，健康保持増進対策でも，事業者が目標設定と推進表明から始め，計画（Plan），実行（Do），評価（Check），改善（Action）のサイクルを構築・運用するよう求められている。

エ 法第70条は，事業者を名宛人として，健康保持増進対策として，第69条に定めるもののほか，体育活動，レクリエーションその他の活動につき，労働者に「便宜供与」を行う等の努力義務を課している。

本条は，昭和47年の安衛法制定時点で，同じ第70条に設けられており，法第69条の新設に伴い，「前条第1項に定めるもののほか」が追記されたほか，現在に至るまで内容は変わっていない。

「体育活動」は，スポーツ等を意味し，「レクリエーション」は，勤務時間外に楽しみで行われる活動を意味する。「便宜の供与」とは，可能な範囲での提供であって，労働者に請求権を付与する趣旨でないことを意味する（昭和47年9月18日基発第602号）。「その他の活動」は，職場体操，栄養改善等を想定している。

オ 法第70条の2は，やはり法第69条所定の健康保持増進対策につき，

第1項で，厚生労働大臣による履行支援のための指針の公表を定め，

第2項で，厚生労働大臣による事業者等に対する指導を定めている。

これらは，具体的手法を承知しない事業者に向けて標準的手法を示すことにより，対策の促進を図る狙いを持っている。

本条に基づく主な指針は，
①上掲の健康保持増進指針
②労働者の心の健康の保持増進のための指針（通称メンタルヘルス指針。平成18年3月31日指針公示第3号，最終改正：平成27年11月30日指針公示第6号）
の2つである。

この他，対象を特定した臨時的指針として，
③「原子力施設等における緊急作業従事者等の健康の保持増進のための指針」（「東京電力福島第一原子力発電所における緊急作業従事者等の健康の保持増進のための指針」平成23年10月11日基発1011第2号・第3号・第4号。最終改訂：平成27年8月31日基発0831第11号・第12号）がある。

なお，法第70条の2に基づく指針につき，安衛則第61条の2（同第24条を準用）は，その公表は官報に掲載

するとともに，厚生労働省労働基準局及び都道府県労働局において閲覧に供することにより行うと規定している。

①は，前述の通り，1988（昭和63）年の安衛法改正により法第69条等が設けられた際に定められたもので，健康保持増進対策の基本的考え方，推進体制，個人情報保護等を定めている。

②は，2005（平成17）年の安衛法改正の際，法令上の根拠を持たなかった「事業場における労働者の心の健康づくりのための指針」（平成12年8月9日基発第522号の2）の内容を発展的に踏襲して策定されたものである。

この指針は，予防段階を1次予防から3次予防の3段階に分け，以下のように，各段階に応じて具体的な進め方を示している。

1次予防（メンタルヘルス不調の未然防止）：作業環境・方法，労働時間，仕事の質量，ハラスメントを含む職場の人間関係，職場の文化・風土等の職場環境等にかかる問題点の把握と改善。

2次予防（不調をもたらす問題の早期発見・早期対応）：労働者，上司，家族等からの相談対応体制の整備，産業保健スタッフや外部医療機関への紹介等。

3次予防（不調者への事後対応や再発防止）：職場復帰支援プログラムの策定と体制整備，組織的・計画的取り組み。

また，以下の4つの実施主体による取組方法を提示している。
①労働者自身によるセルフケア
②上司等によるラインケア
③産業医等による事業場内産業保健スタッフ等によるケア
④外部医療機関等による事業場外資源によるケア

平成27年の改定では，その包括性，具体性が強化された。特に職場復帰支援の項目が新設されたことと，個人情報保護について詳細が示されたこと等が特筆される。

カ 法第70条の3は，
①法第66条第1項所定の法定健診の方法等を具体化する省令，
②法第66条の5第2項所定の健診後事後措置等の履行支援のための指針，
③法第66条の6所定の法定健診結果の本人への通知方法等に関する省令，
④法第70条の2第1項所定のTHP等の健康保持増進策を具体化／履行支援する指針，
につき，
健康増進法第9条第1項所定の健康検査等指針（厚生労働大臣が，健康増進事業者〔健康増進法第6条所定の健康保険者等〕に対して，健康診査実施，健康手帳発行等に関する指針を公表して，国民の自主的措置の支援を図るもの）との調和，ひいては安衛法上の健康保持増進策と健康増進法との連携を図らせようとした規定である。

キ 法第68条の2の解説で述べられているように，健康増進法と安衛法の連携は，受動喫煙対策で図られたのが嚆矢と思われるが，この規定は，それを更に展開させようとしたものと解される。

すなわち，職域での労働者の健康を司る安衛法が，まさに家庭，地域などでの生涯にわたる心身両面にわたる健康（国民全体の健康）にも関心を持ち，ゆくゆくはコラボヘルスの実現のため，事業者と健康保険の保険者とで，健診データ等の情報連携を図ることを視野に，

まずは努力義務やそれに紐付くガイドラインレベルからでも，それらを推進する政策と連携して進めていくという行政の目標設定を図る趣旨と共に，

健常者の健康状態の維持強化のみならず，例えば事業者に健康診断で生活習慣病等も診査させ，その健康状態に応じた就業上の措置を講じさせる，

産業医が面接指導において行う私生活に関わる聞き取りやアドバイスを許容ないし促進するなど，

職域から私傷病管理や私生活にアプローチすることに根拠を与える趣旨もあると察せられる（三柴による）。

ク 法第71条は，
第1項で，労働者の健康の保持増進対策につき，国が，
①資料提供，
②作業環境測定及び健康診断の実施「の促進」，
③受動喫煙防止設備の設置「の促進」，
④健康教育等にかかる指導員の確保及び資質向上「の促進」，
等の援助に努めるよう求め，
第2項で，
国が第1項の援助を行うに際して，中小企業者に特別の配慮を行うよう定めている。

第1項で，「促進」との文言を多用した趣旨は，実施を保証できないことと，行うとしても直接の実施ではなく，費用補助等の形式になること，政府内では，そのための予算を得る意図もあると解される（三柴）。

ケ 上掲①（又は④）の好例として，厚生労働省は「心の健康問題により休業した労働者の職場復帰支援の手引き」（送付案内：平成16年10月14日基安労発第1014001号，平成21年3月23日基安労発0323001号，最終改正：平成24年7月6日基安労発0706第1号。以下「職場復帰の手引き」という）が挙げられる。

ここには，以下の5段階のステップと具体的支援内

容が示されている。

・第1ステップ：病気休業開始及び休業中のケア
　労働者が安心して療養に専念できるような情報提供が求められる。

なお，後掲のワコール事件・京都地判平28・2・23LEX/DB 25542312では，本人の療養中，会社関係者から直接連絡しないよう主治医から求められていた（と本人から聞き及んでいた）のに，あえて連絡をとったことが安全配慮義務違反となる旨示されている。

・第2ステップ：主治医による復帰可能性の判断
　日常生活への復帰と業務遂行能力の回復ではレベルが異なることを踏まえ，主治医―産業医間の情報交換が求められる。

・第3ステップ：復帰の可否判断及び復帰プランの作成
　事業場内産業保健スタッフが中心となって，労働者の意向を確認し，上司も参画のもと，就業上の配慮の内容を定める必要がある。

・第4ステップ：最終的な復帰の決定

・第5ステップ：復帰後のフォローアップ
　疾患の再発再燃の確認，プランの評価・見直しが求められる。

裁判例の中には，2度目の復帰時のプランでは定時・軽減勤務とされていたのに，月100時間超の時間外労働が行われ，労働者の精神疾患が再燃した事案で，使用者の安全配慮義務違反を認めた例がある（建設技術研究所事件・大阪地判平24・2・15労判1048号105頁）。

なお，職場復帰の手引きでは，正式な職場復帰の決定（第4ステップ）前に，復帰準備と可否判断等を目的とした「試し出勤制度」の実施が推奨されている。

コ　第69条から第71条のような健康の保持増進策に関する規定にとって近年の重要な関連規定として，法第66条の10が挙げられる。

同条は，ストレスチェックの集団分析等により，ストレスの原因となる職場環境の改善を図ることを1次的目的，高ストレス者に対する就業上の配慮を2次的目的としており，特に第69条と第70条の2第1項に基づくメンタルヘルス指針との関係が深い（その制度の原型は，以前から同指針に定められていた〔三柴〕）。

サ　健康の保持増進対策に関する定めの沿革は以下の通り。

労基法制定当初は，第5章「安全及び衛生」のうち，作業環境面について，事務所衛生等の一般的義務を定めた第43条で，

　建設物及びその附属建設物について，
　換気，採光，照明……
　その他労働者の健康，風紀及び生命の保持に必要な措置
を講じねばならないと定め，

第52条第3項で，

　法定健診（雇入時及び定期の健診）の結果に基づく就業上の措置（就業場所や業務の転換，時短等）
を講じねばならないと定めていた。

しかし，前者は事務所衛生に限られていたし，後者は一般的な健診に基づく措置に限られており，射程が狭かった。

1972（昭和47）年の現行安衛法制定で，第7章「健康管理」の第70条に現行同条とほぼ同様の規定が設けられたが，現在もそうであるように，比較的身体面を強調する定めだし，それを具体化するなど実施を支援する規定はなく，事業者向けの訓示的色彩が強かった。

1988（昭和63）年の法改正で，第7章が「健康管理」から「健康の保持増進のための措置」に改められ，第69条に，健康教育及び健康相談，継続的かつ計画的な実施等のソフトないし心理面に及ぶ具体策を示す規定が設けられた（従前の第69条は，潜水業務等の危険作業における作業時間の制限を定めており，これは第65条の4に移動した）。

第70条の2には，所管大臣による指針の公表と事業者らへの指導が定められ，法第69条（及び第70条）の実施を支える制度がある程度整った。

シ　健康増進（Health Promotion）の考え方は，国際的には，1946（昭和21）年にWHOが，身体的，精神的，社会的に完全に良好な状態との広い定義を示したところに嚆矢があり，

1986（昭和61）年には，WHOの「ヘルスプロモーションに関するオタワ憲章」が採択され，ヘルスプロモーションとは，人々が自ら健康をコントロールし，改善できるようにするプロセスだとの自律性を謳うと共に，社会的環境の改善を含むことも示された。

国内での政策的取り組みの嚆矢は，1978（昭和53）年の「第1次国民健康づくり対策」10カ年計画の策定と思われる。高血圧，肥満を主なターゲットとして，疾病防止を図り，国民全体の健康を図った計画である。

これに基づき，当時の労働省は，シルバー・ヘルス・プラン（SHP）構想を発表し，1979（昭和54）年には中央労働災害防止協会に専用の推進室が設けられた。

1980（昭和55）年には，第6次労災防止計画に「トータル・ヘルスケア」の文言が盛り込まれた。これは，高齢者に限らず全年齢を対象とした健康対策を意味する。

これらの構想／計画は，

①疾病防止から積極的な健康・体力づくり（ポジティブ・ヘルスケア）へ，
②職域のみならず，私生活全てでの健康管理，
③身体のみでなく，メンタルも対象とした健康管理，
といった性格を持っていた。

こうした流れを踏まえ，1988（昭和63）年には第2次国民健康づくり対策（アクティブ80ヘルスプラン）が策定されると共に，安衛法が改正され，健康の保持増進対策に関する規定の整備が図られ，THP（トータル・ヘルス・プロモーション）事業が開始された。

メンタルヘルスについては，1982（昭和57）年の羽田沖航空機墜落事故につき，機長の精神疾患との関係が指摘されたこと、1984（昭和59）年に新幹線上の地下駅で起きた国鉄の設計技師の過労自殺未遂が初めて労災認定されたことが嚆矢となり，

中央労働災害防止協会や産業医学振興財団による対応のための冊子が発行されるなどしていた。

1999（平成11）年には，「心理的負荷による精神障害等に係る業務上外の判断指針について」（平成11年9月14日基発第544号）が発出され，

2000（平成12）年には，法的根拠はなく，「事業場における労働者の心の健康づくりのための指針の策定について」（旧メンタルヘルス指針。平成12年8月9日基発第522号の2）が公表された。

これらの動きには，新入社員の過労自殺につき企業責任が認められた電通事件・最2小判平12・3・24民集54巻3号1155頁が大きく影響した。

2005（平成17）年の法改正では，長時間労働者対象の面接指導制度が創設され，その際にメンタルヘルスもチェックすべきこととされた。また，衛生委員会の調査審議事項にメンタルヘルス（精神的健康の保持増進を図るための対策）が加えられた。

2006（平成18）年には，安衛法第70条の2に基づく現行のメンタルヘルス指針（労働者の心の健康の保持増進のための指針〔平成18年3月31日指針公示第3号，最終改正：平成27年11月30日指針公示第6号〕）が公表された。

ス　健康の保持増進対策にかかる条規の適用の実際については，元労働行政官で，安全衛生教育者である藤森和幸氏と，元労働基準監督官である篠原耕一氏から，以下の情報が得られた。

これらの規定のうち事業者を名宛人としたものは，いずれも努力義務規定であるため，監督官による介入は難しく，メンタルヘルス不調者，過労死・過労自殺者が生じた場合の事後対応に際して，労災認定したり，労働時間の面で取り締まりを図ったりするのが一般的である。

確かに，体制整備や手続き面の監督指導はできる。事業者は，衛生委員会や安全衛生委員会で，健康保持増進対策や健康障害防止対策の基本や重要事項，実施計画の作成，メンタルヘルス対策の樹立（法第18条第1項）について調査審議することになっているので，監督官は，臨検等でその開催議事録（安衛則第23条第4項）を確認することができるし，現に時々行われている。

しかし，内容を深く確認はできないし，そもそも中小事業場では，委員会の設置義務がない。だからマンネリ化し，安全衛生活動に必要な情報が委員会等で共有されないことにもなり易い。

産業医や衛生管理者等の選任については，監督指導が行われているが，中小規模事業場では，産業医や衛生管理者等の選任義務もない。衛生管理者に代わるべき衛生推進者等の選任も形だけになり易い。

否，大企業での衛生管理者や産業医でも形式化の傾向があるし，医療や保健の専門家でありながら，企業に雇用ないし委託され，人事労務部門とも協力するには倫理的な矛盾（個人の保護か組織の防衛か等）があり，企業側が，その点を理解したうえで活用方法（先ずはできる限りの快復や職務定着を支援させたうえで，奏功しない場合には人事労務部門が労務的対応を図るなど，彼らが役割葛藤を生じず，その職責を果たし易くなるような工夫〔三柴〕）を考えないと，存在意義を発揮し難い。

メンタルヘルスについては，ストレスチェックの実施状況につき，事業者に結果等報告が義務づけられているので（安衛則第52条の11），未実施につき監督指導が行われているほか，メンタルヘルス指針の内容について，関連するリーフレット等の資料を示しつつ，「ソフトな文書」である指導票を用いて注意を喚起することがある。

臨検の際に長時間労働者や高ストレス者が認められた場合，
「過重労働による健康障害防止について」
「メンタルヘルス対策に関する指導書」
という定型書式により，指導を行うようにもなっている。

両書式には，法令や指針に沿ったチェック項目が並び，監督署に改善事項を報告させるつくりになっている。また，その最後には，ちさんぽや産保センターの案内が記され，相談先等として利用できることが示されている。

しかし，特に健康保持増進対策は開発的な前線課題なので，中小規模事業場での実施は困難なのが実情である。

結局，ガイドラインから著しく外れるような対応は，労災民訴において，被害の予見・回避可能性ありとして，企業の民事過失責任が認められることで，経営者がそうした事柄に注意を向ける場合には，一定の

抑止になっているものと解される（三柴の見解を含めた）。

行政関係団体による事業者らへの支援策は，労働者健康安全機構の産業保健総合支援センターや中央労働災害防止協会（中災防）等で行われている。

労働者健康安全機構は，労働者健康安全機構法に基づく厚生労働省所管の認可法人であり，産業保健総合支援センター（産保センター）は，その傘下にあって，全国47都道府県に設置されている。紆余曲折を辿って今の体制となっており，現在は，産保センターが，従業員数50人未満の小規模事業を支援する地域産業保健センター（ちさんぽ）の運営も担っている。

産保センターでは，
①窓口相談・訪問指導（実施相談）
②研修会の実施・講師派遣
③WEBサイト等を通じた情報提供
④事業場向けの啓発
⑤調査研究
⑥ちさんぽの運営
等を担っている。

産業カウンセラーや社会保険労務士などの有資格者が，メンタルヘルス対策促進員に任命され，（回数制限があるが，）事業場での訪問指導（実施相談）等を担っており，心の健康づくり対策計画策定の支援等も行っている。

ちさんぽは，健診での有所見労働者にかかる医師等からの意見聴取，長時間労働者対象の面接指導，ストレスチェックにより判明した高ストレス者対象の面接指導等（安衛法第66条の4，第66条の8，第66条の8の2，第66条の10第5項）を，概ねその地域の医師会に所属する医師を紹介して実施している。

最大の特徴は，いずれも（すなわち，ちさんぽ事業を含めた産保センター事業の全てが）無料で実施されていることである。また，いずれも監督署が，是正勧告や指導を行った際等に活用を促している。地域に密着しつつ法令対応事業を行っている（事業者が法令遵守のために利用できる）ことも特徴の一つである。

課題の一つとして，周知・活用の不足が挙げられる。

中災防は，労災防止団体法に基づく厚生労働省所管の認可法人であり，各事業場のメンタルヘルス推進担当スタッフの養成，管理監督者や一般従業員向けのメンタルヘルス研修などを実施している。また，全国約5000の賛助会員を中心に，依頼のあった事業場にトレーナー（講師）を派遣して，心身両面の健康づくりを支援している。基本的には有償である。

また，諸種のチェックリストを作成し，普及を図っている。

課題の一つとして，産業保健総合支援センターほか，他の事業場外資源との連携不足が挙げられる。

事業場での実施状況として，これらの条規の趣旨を踏まえた積極的な実施例が見られる。

労働者の病死等の経験を踏まえ，あるいは積極的な経営戦略として，

経営者が，生産性や企業イメージ，社員のモチベーションの向上，健康保険料・傷病手当の削減，労災リスク，離職率の減少等のメリットを強調し，健康と経営の一体性を従業員に周知し，

経営トップクラスがリーダーとなると共に，各部署ごとに推進担当者を任命するなどして，トップダウンとボトムアップの情報流通や働きかけを行い，

適正体重，朝食，飲酒，間食，禁煙，運動，睡眠，ストレス

等の指標を設定して，数値による個別的・集団的な健康管理を行うような例である。健康管理のためのスマホのアプリの開発なども行われている。

組織的取り組みの目標として，健康経営優良法人の認証を設定する等も行われている。

ただし，健康という課題の質的性格ゆえに，成功例を定義しにくいという問題もある。健康経営優良企業の認証も比較的手続きを重視した仕組みであり，その認証を受けているから実質を伴っているとは限らない。逆もまた然りである。

一般論として，アピールの上手な企業が前面に出やすいという問題も生じる（三柴追記）。

総じて，法政策による健康保持増進対策は難航しており，勤務に関係する自殺者の減少も，予防施策というより，景気動向と連動しているように見える（三柴追記[273]）。

過労死・過労自殺者数や，職場で強い不安・ストレス・悩みを抱えている労働者の割合も高止まりしている[274]。

セ　関係判例は以下の通り。
(1)　健康保持増進指針に関する裁判例
●療養補償給付不支給処分取消請求事件・東京地判平20・11・28未登載

重度で要治療の高血圧症を持つ原告が，店舗での勤務後，工場に配転され，箱詰め作業等に従事していたところ，脳疾患である右被殻出血（ひかく）（本件疾病）を発症し，その後脳梗塞を合併して左片麻痺となったため，

被告会社が，健診，保健指導等の健康保持増進措置を講じなかった，また，工場への配転が不適切だったとして，労災申請した事案において，

判決は，被告会社は，
①定期健診を実施し，
②保健指導で血圧測定，ストレス管理，休養・睡

眠，禁煙等を指示していたし，

配転後の工場での作業の業務の質量は過重でなかったので，

本件疾病と原告の業務に相当因果関係はないとした。

重度の高血圧症り患者に健康保持増進指針所定の措置（特に健診とその結果に基づく保健指導，受診勧奨等）が履行されていたことを評価し，

それが自然的経過を超えて脳心臓疾患を生じたと評価しなかった例と言える。

なお，法定健診とその結果に基づく事後措置は，安衛法上の義務であると共に，民事上の安全配慮義務の内容と評価され易い。

●真備学園事件・岡山地判平6・12・20労判672号42頁

法第66条の関係判例を参照されたい。

なお，本件が生じた当時は，健診結果を受けた事後措置（現行安衛法第66条の5）や保健指導等の措置（現行安衛法第66条の7）は定められていなかったが，この時点で既に安全配慮義務の内容と評価されていたことは特筆される。

メンタルヘルス対策（若手医師の自殺防止）につき，長時間労働者対象の面接指導，メンタルヘルス専門部会の設置等の制度整備のほか，業務軽減・担当替え等の措置を講じることが安全配慮義務の内容だったとした例として，

公立八鹿病院組合ほか事件・広島高松江支判平27・3・18労判1118号25頁がある。

（2）後の過労（死）やメンタルヘルス関係判例のリーディングケースとなった判例

●電通事件・最2小判平12・3・24民集54巻3号1155頁（1審：東京地判平8・3・28労判692号13頁，原審：東京高判平9・9・26労判724号13頁）

〈事実の概要〉

亡Aは，大学卒業後，Y社（被告，控訴人，被上告人）に採用されてラジオ推進部に配属され，40社ほどのスポンサーを担当していたほか，新人のため，朝方に来て机のぞうきん掛け等の雑務をこなしていた。

明朗快活，真面目な性格で，業務に意欲的だったので，上司や顧客等からも好意的に受け止められていた。

Y社の給与水準はかなり高かったが，時間外労働の過少申告が恒常化していた。亡Aは，入社年8月頃から翌日1～2時頃の退社が増え，11月末には帰宅しない日が生じるようになり，翌年1月からは，290時間強／月（年間換算で3500時間程度）の労働時間となり，心身とも疲労困憊した姿が同僚や上司にも認められたが，上司は早く仕事を切り上げて帰宅するよう述べる以上の措置を講じず，同年8月末頃に，自宅で縊死した。

そこで，父母であるXらが，Y社を相手取り，その過失責任（契約責任及び不法行為責任）ないし上司の過失にかかる使用者責任に基づく損害賠償請求を行った。

1審はXらの請求をほぼ全面的に認容したが，原審は，基本的に1審判断を支持しつつ，本人の労働時間の過少申告，労働時間の不適切な配分，医療受診をしなかったこと，両親が仕事を止めなかったこと等につき，過失相殺の類推適用により，3割を差し引いた。そこで，XらとYの双方が上告した。

〈判旨：原判決中Xらの敗訴部分を破棄差戻し〉

長時間労働により疲労や心理的負荷等が過度に蓄積すると，心身の健康を損なう危険がある。

労基法の労働時間制限，安衛法の作業管理規定（第65条の3）は，そうした危険の発生防止を目的とするものと解される。

使用者は，業務遂行に伴う過度な疲労や心理的負荷等の蓄積による労働者の心身の健康障害を防止する注意義務を負う。上司（使用者に代わり労働者に指揮監督権限を有する者）は，その注意義務に沿ってその権限を行使すべきである。

身体加害行為による損害賠償請求につき，裁判所は，過失相殺規定を類推適用して，損害の発生又は拡大に寄与した被害者の性格等の心因的要因を一定程度斟酌できるが，

ある労働者の性格が，同種業務に従事する労働者の個性の多様さの通常想定範囲内にある限り，その性格とそれに基づく業務遂行の態様等が損害の発生や拡大に寄与しても，使用者や上司は，適材適所も図れることもあり，使用者の予見範囲内といえ，賠償額算定上心因的要因として斟酌できない。

亡Aの性格は，同種業務に従事する労働者の個性の多様さの通常想定範囲内にあったので，斟酌できない。

〈判決の意義〉

本判決は，最高裁として初めて，使用者の業務管理を通じた過重な疲労・ストレス防止義務を宣言し，過重負荷によるメンタル疾患（や過労による脳心臓疾患）の賠償や補償にかかるリーディングケースとなった。

事案としては長時間労働を前提にしていたが，精神的な理由による精神的な障害（やそれによる自殺行動）について，使用者の責任を認めた点に意義があり，現に多方面に影響を与えた。

また，従前は自殺は本人の故意によるものと考えられていたところ，業務上の過重負荷により精神障害が発症し，それにより行為選択能力を著しく阻害されて

自殺に至る旨推定された。同種業務に従事する労働者の個性の多様さの通常想定範囲内にある性格傾向につき，損益相殺ができない旨述べられたことと合わせ，予防と補償の政策や裁判例に多大な影響を与えた。

例えば，安衛法第70条の2に基づくメンタルヘルス指針の発出の契機となったほか，精神障害の労災認定に関する「心理的負荷による精神障害の業務上外に係る判断指針について」(平成11年9月14日基発第544号)[25]の発出にも影響を与えた。ここでは，精神障害によって正常な行為選択能力が著しく阻害され，自殺が引き起こされるとの推定が採用されている。

(3) メンタルヘルス指針に言及した裁判例
●さいたま市（環境局職員）事件・東京高判平29・10・26労判1172号26頁（1審：さいたま地判平27・11・18労判1138号30頁）
〈事実の概要〉
さいたま市職員だった亡Cは，市立小学校で業務主任として勤務していた際に「うつ病，適応障害」の病名で89日間病気休暇を取得し，職場復帰後約半年で，環境局所管のaセンターの業務主任に配転されたところ，

指導係Dから暴行などのパワハラを受け続け，うつ病を発症して自殺したなどとして，

その両親であるX（1審原告，被控訴人）らがY（1審被告，控訴人。さいたま市）を相手取り，安全配慮義務違反の債務不履行又は国家賠償法第1条第1項に基づき損害賠償請求した。

原審は，Yの損害賠償責任を認めつつ，亡C本人にはうつ病の既往症があったこと，Xらには，亡Cが受けていたパワハラや精神状況の悪化を認識しながら医師と連携して休職させる等しなかったことを理由に，8割を過失相殺した。

両当事者共に控訴した。
〈判旨：原判決一部変更〉
安衛法第70条の2に基づくメンタルヘルス指針により，メンタルヘルス問題で休業した労働者への職場復帰支援が求められていることから，

Yが負う安全配慮義務には，そのような職員に対し，その特性を十分理解した上で，
①休業中の配慮，
②復帰の判断，
③復帰の支援，
④復帰後のフォローアップ，
を行う義務が含まれる。

Cは，採用直後に職務ストレスによる長期のストレス障害，その後反復性心因性抑うつ精神病と診断され，小学校への転任直後に「うつ病，適応障害」の病名で，ほぼ上限の89日間の病気休暇を取得した。

復帰後のフォローアップの観点では，勤務先の校長が，本人同意を得るなどした上，本庁の人事担当者から異動先（環境局のaセンター）の上司らに病気休暇等の情報を引き継ぐよう求めるか，自ら彼らに情報提供することが望まれたが，その懈怠がただちに安全配慮義務違反とは言えない。

他方，aセンターのF所長は，体調不良，その後重症うつ状態で90日間の休職を要する旨の診断書の提出を受け，自殺念慮を訴えられ，Cの精神状態の危険性を十分に認識できたのだから，主治医等から意見を求め，産業医等に相談するなど適切に対処する義務があったのに，自己判断で勤務を継続させ，その精神状況を悪化させ，うつ病の症状を増悪させたから，パワハラを放置した点と共に，安全配慮義務に違反した。
〈判決の意義〉
最大の意義は，メンタルヘルス指針に言及し，その内容に則した職場復帰支援やフォローアップを事業者の安全配慮義務と明言した点にある。

特に，その6(4)「職場復帰における支援」に照らして，重症症状を呈したCへのF所長の対応，6(2)「職場環境等の把握と改善」に照らして，パワハラの放置が問題視された。

また，7「メンタルヘルスに関する個人情報の保護への配慮」では，不調者への対応にあたり，労働者の上司や同僚の理解と協力のため，労働者のメンタルヘルスに関する情報を適切に活用する必要が生じ得る旨が記されていることに照らし，

元の勤務先の校長が，異動先の上司らに病気休暇等の情報を引き継ぐ措置を講じなかったことも問題視しつつ，安全配慮義務違反にまでは当たらないと評価している。

●ティー・エム・イーほか事件・東京高判平27・2・26労判1117号5頁（原審：静岡地判平26・3・24労判1117号12頁）

入社前から不安障害や不眠症の診断を受け，投薬治療を受けていた派遣労働者が，さほど過重な負荷のない業務（空調設備のメンテナンス業務。死亡前約1年間の平均残業時間は26時間／月程度）に従事していたが，

かかりつけ医でうつ病の診断を受けながらその旨の診断書を派遣元・派遣先のいずれにも提出しないまま自殺した事案につき，

メンタルヘルス指針が2次予防（不調の早期発見・早期対応）の必要性を説いていることに触れたうえ，

派遣先と派遣元共に，派遣労働者の休暇取得状況などから当該労働者の不調を認識していた（体調不良等での早退・休暇が月に1～3回あり，派遣先の所長は派遣元の代表取締役に不調情報を伝え，同人が本人から睡眠薬の服用を伝えられた。その後，メールでの体調等の確認が複数回

あり，服薬なし，再健診結果異常なし等を確認していた）以上，両者に，
① 不調の具体的内容等（診断名，処方薬，通院先等）を調査する義務，
② 適宜，産業医等に受診させ，就業上の配慮や指導を行う義務
があり，その義務違反があったとしたが（この際，本人が健康情報等を派遣元・派遣先共に伝えていなかった原因として，両者の本人への日頃の対応により，解雇等を恐れたためと推認し，それも両者による安全配慮義務の履行の不十分さゆえと推認している），客観的な過重労働がなかったことを踏まえ，当該義務違反と自殺との相当因果関係は認められないとして，当該義務違反を理由とする慰謝料（200万円）の支払いのみを命じた。

すなわち，安全配慮義務違反は認めつつ，それが自殺を導いたと言えないとして，その義務違反のみを根拠に精神的慰謝料のみの支払いを命じた。

本判決も，さいたま市事件東京高判と同様に，メンタルヘルス指針に照らして安全配慮義務違反を論じた。

2次予防（不調の早期発見・早期対応）にかかる指針の示唆を汲み，通院先や診断名，処方薬の確認，適宜の産業医への相談等，かなり踏み込んだ措置を安全配慮義務の内容としたこと，

本人がうつ状態等の不調を正直に申告できなかった背景に，派遣先や派遣元の本人への日頃の対応があり，それ自体が安全配慮義務の履行の不十分さを窺わせる旨述べたこと，

派遣元と派遣先の双方に安全配慮義務違反を認めたことも特筆される。

(4) メンタルヘルス指針に言及していないが，その示唆と共通する事項を安全配慮義務等の内容として示した例

●国・静岡労基署長（日研化学）事件・東京地判平19・10・15労判950号5頁[277]

〈事実の概要〉

大学卒業後に製薬会社である訴外A社に入社してMR（医療情報担当者）として勤務していた被災者（Z）は，入社7年目に静岡に転勤後，そこに新たに赴任して来たF係長に，仕事上の能力に問題ありとみなされ，「存在が目障りだ，居るだけでみんなが迷惑している」，「どこへ飛ばされようと……Zは仕事しない奴だと言い触らしたる」，「お前は会社を食い物にしている，給料泥棒」などの厳しい言葉を浴びせられるようになり，約2年後に仕事上のトラブルも重なって縊死した。そこで，X（Zの妻）が，遺族補償年金等を申請したが不支給決定を受け，審査請求・再審査請求も棄却されたため，取消訴訟を提起した。

なお，F係長は，ものの言い方がきつく，決めつけたような言い方をし，自分の仕事はよくできるが，部下らから慕われていなかった。

〈判旨：X請求認容〉

一般に，上司―部下間で軋轢が生じることは避け難いが，その内容が，通常予定される範疇を超える場合，精神障害を発症させる程度に過重といえる。

本件は，①組織でZより上位の立場にあるF係長の言葉がZの人格やキャリアを否定する苛烈なものだったこと，②その態度に嫌悪の感情の側面があったこと，③過度に直截な言い方をしていたこと，④職場に上司とのトラブルについて部下をフォローする体制がなかったこと（従業員は営業先に直行直帰し，日頃，F係長より上位の社員との接点がなく，同係長からの厳しい言葉をはけ口なく受け止めねばならなかったうえ，会社が所属部署の人間関係や従業員の異常に気づき難い職場環境だった），の4点から，F係長の態度によるZの心理的負荷は，精神障害を発症させる程度に過重なものと評価できる。

〈判決の意義〉

メンタルヘルス指針に直接言及していないが，その6(2)が述べる，ハラスメントやそれによる心理的負荷を阻止・軽減するための勤務形態や管理体制（ハラスメント後のフォローの体制を含む）の問題点を指摘したものと評価できる。

●名古屋南労基署長（中部電力）事件・名古屋高判平19・10・31労判954号31頁[278]

〈事実の概要〉

被災者（Z）は，工業高校を卒業して中部電力に入社後，約15年ほどは特定の部署で技術職として勤務していたが，別の部署に配置後に主任に昇格し，慣れない業務で，なおかつ部下の管理，予算・計画など，責任の重い職務を任されて許容の限界を超え，評価も最低となり，追い詰められていった。

法定時間外労働は月30～100時間程度に達したほか，苦心して遂行し，やっと直属の上司の了解を得た業務について，更に上位の上司（F課長）から繰り返しやり直しを命じられる，他の課員の前で「主任失格だ」，「お前なんか，いてもいなくても同じだ」等の発言を受ける，Zのみが結婚指輪を外せと指示される，自らを責める内容の反省文の執筆を強要される等の出来事を経て，うつ病に罹患し，自家用車内で焼身自殺した。

そこで，遺族が遺族補償年金等を申請したところ，労基署長から不支給決定を受けたため，取消訴訟を提起した。

〈判旨：X請求認容〉

行政の策定した判断指針（労働省労働基準局長通達平

成11年9月14日基発544号〔当時〕）は，上級行政庁が下部行政機関に運用基準を示した通達に過ぎず，内容的にも十全とは言えないので，業務起因性の判断に際しては，判断指針を参考にしつつ，個別の事案に即して相当因果関係を判断する。

本件認定事実によれば，上司（F課長）の言動は，何ら合理的理由のない，単なる厳しい指導の範疇を超えた，いわゆるパワーハラスメントとも評価されるものであり，それが1回ではなく，主任昇格後からZの死亡直前まで継続して行われており，大きな心理的負荷を与えた。

また，業務に量的，内容的にも大きな変化があり，上司の支援体制も不十分であり，死亡直前の数カ月は月に100時間程度の時間外労働を強いられていた。

Zが晒された業務等による心理的負荷は，一般的平均的労働者に対し，社会通念上，うつ病を発生させるに足りる危険性を有するものだったので，当該業務とZのうつ病発症には相当因果関係が認められる。そして，Zの自殺前の言動から，Zの自殺と業務には条件関係があり，Zはうつ病によって正常な判断能力が阻害されるなどして自殺に及んだと推定できるので，Zのうつ病発症と自殺の間にも相当因果関係が認められる。

〈判決の意義〉

これもメンタルヘルス指針に言及はしていないが，その6(2)が指摘する，上司の継続的パワハラ，過度な長時間労働，仕事の質量，職場の組織や人事労務管理体制（不十分な支援体制）等の問題を業務上の過重負荷として労災認定した例である。

本判決は，1999（平成11）年の「心理的負荷による精神障害等に係る業務上外の判断指針」（平成11年9月14日基発第544号）を（指針の解釈を改めるような暫定措置を経て）「心理的負荷による精神障害の認定基準」（平成23年12月26日基発1226第1号。最終改正：令和5年9月1日基発0901第2号）に改編させることにもなった。

●建設技術研究所事件・大阪地判平24・2・15労判1048号105頁

法第13条の関係判例を参照されたい。

本判決は，メンタルヘルス指針に言及しなかったが，その6(4)「職場復帰における支援」に沿った支援がなされず，精神疾患による療養・寛解後，定時・軽減勤務の条件付きで復帰したのに，月100時間超の時間外労働等をして症状が再燃した経過を踏まえ，

衛生委員会等での調査審議，産業医等の助言を踏まえた職場復帰支援プログラムの策定

が使用者の安全配慮義務の内容だった（が果たされなかった）としている。

●公立八鹿病院組合ほか事件・広島高松江支判平27・3・18労判1118号25頁[29]

〈事実の概要〉

新人医師である亡Bは，Y1（被告病院）での勤務開始後，新人としては多い患者数の診察や当直等により，月150時間を超える時間外労働を行う一方，

上司である医師のY2（整形外科医長）からは身体的な暴行のほか，仕事ぶりが給料に相当しない，それを「両親に連絡しようか」等の発言，同じくY3（整形外科部長）からは「田舎の病院だと思ってなめてるのか」等の発言を受けた後，

勤務開始の2カ月後にはうつ病を発症して自殺した。

そこで，亡Bの両親（Xら）がY1につき債務不履行若しくは不法行為又は使用者責任，Y2及びY3につき不法行為に基づき損害賠償請求した。また，2審でY1に対する国賠法に基づく請求を追加した。

〈判旨：Xら請求一部認容〉

Y2・Y3が，社会通念上許容される指導又は叱責の範囲を超える言動を行っていたことは，亡Bの前任までの複数の医師が，彼らに相談すると怒鳴られたり，無能扱いされるなどしたため委縮した旨証言し，うち3名が半年で退職していたこと等からも裏付けられる。

本件病院で亡Bが従事していた業務は，質量共に相当過重であったばかりか，Y2とY3から「パワハラを継続的に受けていた」。これらが重層的かつ相乗的に作用して一層過酷な状況に陥った。

亡Bに特に素因は認められないが，遅くとも自殺した月の上旬にはうつ病を発症した。

Yらは，亡Bの能力不足による自信喪失が自殺の原因との趣旨の主張をするが，同程度の職務経験者と比べて，特別にミスが多いとか，格別能力が劣っていたとはいえないし，自殺前には，心身の疲弊により余計にミスが誘発されたと察せられる。

Y1は，亡Bの赴任前から，Y2らの下にいた医師からの異動願等によって彼らによるパワハラを認識し，その後院長への暴行の報告等から亡Bへのパワハラも認識し，時間外手当の支払いから時間外労働について認識していた以上，

亡Bの自殺後に開催された安全衛生委員会で提言された方法（歓迎会，診療科を跨いで繋がる機会の提供，産業保健スタッフによる面接指導等）などにより，新人医師らの労働環境整備に努めるべきだったし，

遅くとも自殺の前月下旬頃には，その勤務状況を把握し，Y2らにパワハラの是正を求めるとともに，本人を休職させる等の措置をとるべきであり，そうしていれば自殺を防止できる蓋然性があった。

しかし，勤務時間の把握自体充分にせず，パワハラ

を認識しながら，本人にしばらく我慢してもらうか，派遣元の大学病院への転属を申し出るのを待てばよいとの認識で放置していた以上，安全配慮義務違反が認められる。

Y1は，院長及びY3がその義務に従った権限行使を怠った以上，国賠法上の責任も負うが，Y2らのパワハラは，公立病院であるY1の職務を行うについて行われたので，彼らは個人的な責任は負わない。

〈判決の意義〉

やはり，メンタルヘルス指針に言及してはいないが，同指針6「メンタルヘルスケアの具体的進め方」にある

①教育研修・情報提供，
②労働者による自発的な相談とセルフチェック，
③管理監督者，事業場内産業保健スタッフ等による相談対応，

等に該当する事項が，安全配慮義務の内容として示されている。

　(5) 公務員の懲戒免職処分を裁量権濫用とする際にメンタルヘルス指針に言及した例

●懲戒免職処分取消等請求事件・名古屋高判平30・3・14裁判所WEBサイト

〈事実の概要〉

X（原告，控訴人）は，Y（愛知県。被告，被控訴人）に任用されたが，次第に仕事が嫌になり，9日連続で休暇をとったが，そのうち7日は，通常の始業時刻（午前8時45分）より早い7時台に出勤しながら，気持ちが焦って落ち着かずいたたまれない状態で，パソコンでメール返信等を行った後，8時に可能となるシステム登録を行い，上司のJ課長補佐の許可を得て職場を離れるという特異な休暇の取り方を続けていた。

この間，J課長補佐は，Xのそうした休暇取得方法について理由を確認したり，精神状況を確認しないまま，漫然と休暇取得を許可し，上席のB課長にも報告しなかった。

その後は無断欠勤が続き，その間，上司らが本人に連絡をとろうとしたが叶わず，欠勤日数が47日に及んだところで，それ（無断欠勤）を理由にYが懲戒免職処分及び退職手当支給制限処分としたところ，Xがそれらの取消しを求めて本訴を提起した。

原審はXの請求を棄却した。

〈判旨：原判決取消し・X請求認容〉

メンタルヘルス指針では，不調者の早期発見早期対応を示唆している。また，管理監督者による部下への接し方については，「いつもと違う」部下への気づきが大切としており，遅刻・早退・欠勤増加は，その典型とされている。

Xの休暇取得状況は，頻度，経緯共にそれまでの行動様式とずれており，メンタルヘルス不調を疑うべき明瞭な兆候を発しており，この頃からうつ病等にり患していたと認められる。

Yは，不調を発見し，Xから話を聞き，適切な情報を提供し，適宜，事業場内産業保健スタッフ等や事業場外資源への相談や医療機関受診を促すよう努めるべきだった。

Yは，無断欠勤に至る前にXが発していた兆候を見逃し，適切な対応を怠ったうえ，無断欠勤後もその精神状態を正しく認識しないまま，その欠勤日数のみをことさら重大視して本件免職処分を行ったのであり，その判断の基礎となる事実の評価において明白に合理性を欠き，裁量権濫用に当たる。

〈判決の意義〉

メンタルヘルス指針が示唆する「いつもと違う」様子に早く気づいて，相談にのる，適切な情報を提供する，産業保健スタッフに繋げる，医療受診させる等の対応を行うことは，精神的不調者への対応上重要な意味を持ち，それを怠って懲戒免職処分を行えば，裁量権の逸脱と判断される可能性があることが窺える。

民間企業の事案で同旨を述べた判例として，

日本ヒューレット・パッカード事件・最2小判平24・4・27裁時1555号8頁等がある。

　(6) 職場復帰手引きに言及しつつ法的意義を否定すると共に，療養休職期間中の労働者への接触方法にかかる使用者の配慮義務違反を認めた例

●ワコール事件・京都地判平28・2・23LEX/DB25542312

〈事実の概要〉

Y（会社）と有期契約を締結して，販売員として就労していたX（原告）が，適応障害及び軽症うつ病エピソードを発病して休職したことを踏まえ，Yが適切な職場環境の改善を行わなかったために適応障害等を発病し，これによる休職後，適切な職場復帰支援を実施しなかったためにその精神障害が遷延化したなどとして，不法行為等に基づく損害賠償請求した。

その際，法的根拠は定かではないが，Yには，厚生労働省が公表した新職場復帰手引き（「改訂版『心の健康問題により休業した労働者の職場復帰支援の手引き』」〔平成21年3月23日送付案内：基労安発第0323001号〕）に沿った復職支援（事業場内産業保健スタッフの支援を得た職場復帰支援プログラムの策定等）を実施する義務があり，これを怠ったことも，不法行為等に該当する旨主張した。

〈判旨：X請求一部認容〉

新職場復帰手引きは，法的義務を設定したものではないので，使用者に，それに沿った職場復帰支援を行う義務はない。

もっとも，使用者には，労働者の療養休職中，当該労働者を療養に専念させる義務があり，主治医から被告会社関係者との接触を制限すべき旨の診断書が出された後，主治医を介さず，又は主治医に接触方法を確認せずに直接本人に連絡をとったことは，安全配慮義務違反に当たる。

　また，（Xが有期契約者であったため）休職期間中に満了を迎える労働契約を短期間化して更新する旨を，合理的な説明なしに伝えたことも，このような状態にある者への配慮を欠く点で過失に当たる。

　よって，YはXに精神的慰謝料を支払う義務がある。

〈判決の意義〉

　本判決が，療養休職中の労働者に対する接触方法につき，使用者の療養に専念させる配慮義務の一環として，主治医からの示唆を前提として，主治医を介する等せずに接触することを当該配慮義務違反とした判断はかなり前衛的である。

　他方，使用者には職場復帰手引きに沿った措置（職場復帰支援プログラムの策定等）の義務がないとした点は，事例に則した判断であり，事案によっては安全配慮義務の内容となることがあり得よう。

18 吉田解説①（第7章の2 第71条の2〜第71条の4）

　吉田解説①は，第7章の2を対象としている。

　同章は，事業者による快適職場環境形成の努力義務と国による支援について定めている。

　なお，平成4年の安衛法改正（平成4年5月22日法律第55号）による本章の追加に伴い，法第1条所定の本法の目的及び第3条所定の事業者が果たすべき責務が，快適な「作業環境」の形成から，快適な「職場環境」の形成に変更された。

　概要は以下の通り。

　ア　法第71条の2は，事業者を名宛人として，
　1）適切な作業環境管理
　2）作業方法の改善
　3）労働者の疲労回復施設の設置等
　4）その他必要な措置
の継続的，計画的実施により，快適な職場環境の形成に努めるよう求めている。

　法第71条の3は，

　第1項で，厚生労働大臣に，前条の措置に関する指針の公表をもって，履行を支援するよう求め，

　第2項で，厚生労働大臣が，その指針に従って事業者等に指導を行い得る旨定めている。

　法第71条の4は，快適職場環境形成のため，国が，金融，技術，資料等の面で事業者の支援に努めるべきことを定めている。

　イ　本章は，第1条所定の本法の目的（「労働者の安全と健康の確保」と「快適な職場環境の形成」）のうち，快適な職場環境の形成の達成のために設けられたものである。

　技術革新と経済のソフト化，サービス化，国際化の進展に伴う職場環境の変化と労働者の疲労・ストレスの増加，

　働きやすさを重視する労働者の意識の変化，
　高齢化や女性の職場進出等の労働力の構造の変化，
　等を背景として，

　快適な職場環境の形成により，労災や健康障害の防止のほか，労働生産性の向上や事業活動の活性化等の効果を図るため，平成4年の法改正（平成4年5月22日法律第55号）により追加された経過がある。

　ウ　法第71条の2が事業者に求める措置のうち，4）その他必要な措置は，主に洗面所やトイレ等の施設・設備の設置やメンテナンス等を指している。

　本条は，事業者が最低限講ずべき措置を定めた危害防止基準（作業環境，作業方法，休憩室，食堂等に関するものも含む）とは異なり，事業者による自主的取り組みを求める努力義務規定であり，法第71条の4所定の国による支援措置も，それを後押しするものだが，その不履行により労働者に具体的な健康被害が生じたり，そのおそれが生じた場合，事業者に安全配慮義務違反による民事責任が生じる可能性はある。

　本条（法第71条の2）所定の措置の具体的内容は，法第71条の3所定の指針である

　①「事業者が講ずべき快適な職場環境の形成のための措置に関する指針」（平成4年7月1日労働省告示第59号。改正：平成9年9月25日労働省告示第104号。以下「快適職場指針」という）

　及び

　②「『事業者が講ずべき快適な職場環境の形成のための措置に関する指針』について」（平成4年7月1日基発第392号，改正：平成16年5月13日基発第0513002号。以下「快適職場指針について」という）

　等に示されている。

　①の内容は，
　1）目標に関する事項
　2）措置内容に関する事項
　3）考慮すべき事項
の3種に大別される。

　1）目標に関する事項

　それらが労働者の疲労・ストレスにも影響することを踏まえ，空気環境，温熱条件等の作業環境を管理すること。

　不自然な姿勢での作業を避ける等，労働者の心身の負担を軽減するよう作業方法を改善すること。

心身の疲労を回復できるような休憩室等や，職場生活に必要な洗面所，トイレ等の施設を設置・整備すること。
　2）措置内容に関する事項
　2-1）作業環境管理関係
　2-1-1）空気環境
　浮遊粉じんや臭気等が労働者の不快感を招かないようにし，適宜喫煙対策を講じること。
　なお，喫煙対策については，法第68条2が事業者に求める措置（努力義務）と改正健康増進法第6章が施設管理権者に求める措置（努力義務と義務[280]）を一体的に示す趣旨で，
「職場における受動喫煙防止のためのガイドライン」
（令和元年7月31日基発0701第1号）
が公表されている。
　浮遊粉じんや臭気等が常時発生する屋外作業場では，発散抑制措置を講じること。
　2-1-2）温熱条件
　屋内作業場では，温度，湿度等の温熱条件を適切に維持し，屋外作業場では，日よけ，暖をとる設備を講じること等。
　2-1-3）視環境
　作業に適した照度を確保し，過度な輝度対比（対象物と周囲の輝度の差）やグレア（まぶしさ）を生じないようにすること等。
　2-1-4）音環境
　事務所につき，外部騒音の遮断，所内の静かなOA機器の採用等により低騒音化を図ること等。
　2-1-5）作業空間等
　十分な空間や通路等の確保等。
　2-2）作業方法改善関係
　機械設備の改善等による不自然な姿勢の解消，
　筋力を要する荷物の持ち運び等における助力装置の導入，
　高温多湿・騒音場所における防熱，遮音壁の設置，操作の遠隔化等，
　高い緊張状態が持続する作業についての緊張緩和機器の導入（自動化，ロボット化，小休止の導入，精神的疲労の解消に繋がる音楽機器の導入等）等，
　機械設備や事務機器の識別表示等。
　2-3）疲労回復施設の設置等
　ベッドを備えた休憩室の確保，
　シャワー室等の洗身施設の整備，
　職場組織等を含め，疲労やストレスをもたらす条件にかかる相談受付，
　運動施設や敷地内緑地の設置等。
　2-4）その他必要な措置
　洗面所，更衣室，トイレ，食堂，給油設備や談話室の確保等。
　トイレ等は，LGBTQの利用に配慮すること。
　3）考慮すべき事項
　3-1）継続的かつ計画的取り組み
　推進体制の整備，マニュアルの作成，職場環境の常時見直し等。
　3-2）労働者の意見の反映
　安全衛生委員会の活用等による労働者の意見の反映で，その満足感を高める。
　3-3）個人差への配慮
　温度，照度等の物理的条件の感じ方や作業から受ける心身の負担にかかる個人差を考慮すること。
　3-4）潤いへの配慮
　植栽の設置，絵画の展示等，職場環境に空間的，情緒的なゆとりを持たせること。
　エ　法第71条の4は，法第106条と同じく国の援助に関する規定だが，本条は，事業者による快適な職場環境の形成に対する援助を定めるものである。
　いずれも金融と技術面の援助を定めているが，本条は資料の提供まで定めている。
　本条の制定と同時期に，本条の施行通達「快適職場形成促進事業の施行について」（平成4年7月1日基発第391号）が発出され，
①快適職場推進計画の認定，
②低利融資，
③助成，
等の援助が記載された[281]。
　このうち①の認定を受けた事業者には，労災保険制度の特別メリット制の適用（特別メリット制は，中小企業事業主を対象に，通常は最大±40％のメリット増減率を最大±45％とする制度であり，要するに対象となる中小企業事業主向けの労災保険料の減額である），小規模事業場についての機器整備等助成金のあっせん，相談等の援助が行われることとされた（しかし，両者共に平成22年度をもって廃止された）。
　オ　第7章の2の関連規定には，以下のようなものがある。
（1）安衛法第1条，第3条
　上述の通り，平成4年の安衛法改正（平成4年5月22日法律第55号）による本章の追加に伴い，法第1条所定の本法の目的及び第3条所定の事業者が果たすべき責務が，快適な「作業環境」の形成から，快適な「職場環境」の形成に変更された。
　「作業環境」とは，作業場所の空気，湿度，照度等の物理的環境を意味し，「職場環境」とは，作業方法（＊どこでどのように原材料を製造・加工するか，機械を操作するか等の具体的な作業の手順や手法であり，主に作業計画により改善され得るもの）を含め労働者の利用施設の

状況を意味する。

(2) 安衛則第61条の3

事業者が作成する計画の都道府県労働局長による認定（第1項。裁量的定め），認定を受けた事業者への特別な配慮（第2項。羈束的定め）について定めている。

(3) 安衛法第68条の2，健康増進法第6章，職場における受動喫煙防止のためのガイドライン（令和元年7月1日基発0701第1号）等

受動喫煙対策については，平成4年の本章（第7章の2）の新設に伴い，法第71条の3に基づく快適職場指針に，屋内作業場の浮遊粉じんや臭気等が労働者の不快感を招かないよう，適宜作業場内で喫煙場所を指定する等の対策を講じるよう示唆が設けられた。この頃，受動喫煙対策は，業務上疾病ではなく，不快感を導くに過ぎない課題と位置づけられていた。

しかしその後，快適職場づくりの一環としての位置づけ（快適職場指針での示唆等）を残しつつ，受動喫煙に関する医学的解明の進展と社会認識の変化を踏まえ，標記のような規定が設けられ，受動喫煙防止対策は，安衛法上，健康保持増進対策の一環と位置づけられた。

すなわち，平成26年改正で追加された法第68条2は，受動喫煙が条件によっては業務上疾病を招き得ることを前提に，事業者に事業場の実情に応じた受動喫煙防止の努力義務を定めた。

また，平成30年7月に成立した改正健康増進法第6章は，多数者利用施設等の管理権原者等に対し，当該特定施設等における受動喫煙防止措置の義務及び努力義務を課した。[282]

これを受けて，職場における受動喫煙防止のためのガイドライン（令和元年7月1日基発0701第1号）が公表された。これは，改正健康増進法が施設管理権者等に求めた事項及び安衛法第68条の2が事業者に求めた事項を一体的に示すことを目的に作成されたものである。

(4) 労働契約法第5条，民法第415条，第709条，第715条，第719条，国家賠償法第1条

いずれも，安衛法第71条の2（やそれに紐付く指針等）の違反に際して，事業者等に民事上の賠償責任を負わせる根拠となり得る条規である。

上述の通り，法第71条の2は努力義務を定めるものであり，直ちに民事上の注意義務や安全配慮義務の内容となったり，履行請求権を根拠づけるものではないが，その違反により具体的な健康障害が生じたこと等，個別具体的な事情により，注意義務や安全配慮義務の内容の確定に際して参酌され得る（それらの内容となり得る）。

カ 本章の沿革は以下の通り。

本章の骨格を示すと共に新設のドライブとなったのは，1992（平成4）年1月になされた中央労働基準審議会の建議「労働者の安全と健康の確保のための対策の推進について」だった。

この建議は，建設業の総合的な労災防止対策を打ち出すと共に，業種を問わず，労働環境や作業態様の変化による疲労・ストレスを重視し，それがヒューマンエラーによる災害に繋がるとして，全労働者にとって，疲労・ストレスが蓄積しない快適な職場環境の形成を重要な課題とした。

その他，労働力人口の高齢化，女性の職場進出，労働者の意識の変化等も，その背景として挙げた。

建議は，快適職場の概念を，

①作業場の空気，温湿度，照明等の適正管理，
②作業の適正管理，
③疲労・ストレスの蓄積の防止，
④洗面所や休憩室等の設備の整備，

等がなされた職場としたうえ，
その実施を支援する指針の作成を示唆した。
また，

・事業者が快適職場形成推進計画を策定した場合の都道府県労働局長による認定制度，
・認定を受けた事業者に対する低利融資制度，助成制度のあっせん，安衛法の規定の適用上の特例
・中央労働災害防止協会（中災防）を快適職場センターとして，事業者への指導，助言等を行わせること，

等を示唆した。

なお，本章の新設以後，受動喫煙対策は，その重要な関心事となってきた。

本章新設と同時に公表された，法第71条の3に基づく快適職場指針（平成4年7月1日労働省告示第59号）は，快適職場環境形成の一環に空気環境の整備を挙げ，また，その施行通達「快適職場指針について」（平成4年7月1日基発第392号）は，喫煙対策として，「喫煙室や喫煙場所の設置，禁煙タイムの設定等があり，事業場の実態に応じて適切な対策」をとることを事業者に求めていたが，逆に言えば，その限りにとどまっていた。

その後の受動喫煙の健康影響に関する医学的・疫学的知見の進展や社会常識の変化を踏まえた法規制の進展（WHOでのFCTC〔たばこ規制枠組み条約〕の採択と日本の批准〔平成16年6月〕，安衛法第68条の2の新設〔平成26年6月25日法律第82号〕等）を受けて，

2004（平成16）年5月に，「快適職場指針について」（平成4年7月1日基発第392号）が改定され（平成16年5月13日基発第0513002号），「喫煙室や喫煙場所の設置，禁煙タイムの設定等」が，「全面禁煙又は空間分煙

に改められる等の変更がなされた。

2014（平成26）年の法改正（平成26年6月25日法律第82号）で新設されたストレスチェック制度では，まさに職場環境の改善が一次的な目的とされた。

先述の通り，ここでいう職場環境には，職場の物理的環境（温湿度，照明等）のほか，職場のレイアウト，作業方法，人間関係，人事労務管理体制，疲労回復施設等，様々なものが含まれる（ストレスチェック指針[283]が活用を推奨する職業性ストレス簡易調査票の質問項目からも明らかである）。

キ　本章にかかる監督指導の実際をみると，他章が定める罰則付きの労基法違反や危害防止基準違反が多すぎて，本章に基づく快適職場指針の指導までとても手が回らないことが多いのが実相と思われる。

指針等で定められた，最低基準を超える要求は，概ね中央労働災害防止協会等の関係団体による指導，援助，相談等，認定制度や助成金等によるか，それによらない事業者の自主的取り組みの推進に拠ってきたと言えよう。

もっとも，3K（きつい，汚い，危険）を避け，収入以上に働きやすさ等を求める若年層の傾向[284]からも，快適職場形成は，事業者にとって経営問題でもある。

快適職場形成促進事業は平成4年度から平成22年度まで実施されたが（平成22年度には，快適職場推進計画の認定，低利融資や助成のほか，中災防による快適職場推進センター事業も廃止された），労働基準局労災補償部労災管理課作成資料によると，事業廃止の直前でも，推進計画認定件数は設定目標（3200件程度）を上回る件数（3400件程度）に達していたという。

中災防が2004（平成16）年頃に実施した，推進計画の認定を受けた事業場向けのアンケート調査によると，認定後も取り組みを継続している事業場が8割を超え，また約8割弱が安全衛生活動の一環として快適職場形成に取り組んでいたという。

計画実行の効果としては，
①従業員の安全衛生への関心の向上（73%），
②職場の整理整頓の推進（64%），
③職場での安心感・満足感の向上（49%），
④労働生産性の向上（44%），
⑤企業イメージの向上（35%），

等が高い数値になったという。

その後，労働生産性と企業による健康保持増進の関係を重視する健康経営[285]という概念が現れ，経済産業省のイニシアチブで推進されて，多くの企業による健康保持増進の取り組みを誘っている。

他方，中央労働災害防止協会は，国の委託を受けて，職場環境のソフト面での快適化の重要性に注目した調査票「快適職場調査（ソフト面）」を開発し，公表している。[286]

ここでは，継続的・計画的な取り組みの必要性を謳ったうえで，ソフト面の7領域として，
①キャリア形成・人材育成
②人間関係
③仕事の裁量性
④処遇
⑤社会とのつながり
⑥休暇・福利厚生
⑦労働負荷

が挙げられている。概ね人事労務管理的な事項といえる（三柴による）。

ク　本章の関係判例は受動喫煙に関するものに集中しており，それらは法第68条の2の解説で取り上げたので，そちらを参照されたい。[287]

付言すれば，以下の通り。

受動喫煙の健康影響のうち急性影響は早くから明らかだったが，がん等の慢性影響については，最近まで確実性の高い裏付けを得られなかった。それも，試験室等の限定された条件で一定の実証を得られても，概ね一定のばく露レベルを前提としており，複合的な条件から成立する実際の職場でそのレベルに達するとは限らない。

また，仮に一定の健康影響が確認されても（まして，確認されない条件では），社会的に認容されてきた経過から，「人間として社会生活・職業生活を送っていれば，避けられない被害」と評価されてきた（いわゆる受忍限度論）。

そうした条件下，政策も裁判例も，近年は，一般論としての受動喫煙の健康影響につき，慢性影響を含めて認め，まさに一般論として職場事情に応じた一定の受動喫煙防止措置（主に空間分煙）を安全配慮義務等の内容として認めるようになってきたが，

個別具体的な事件では，そうした事情（慢性影響の確証度の問題，社会的受容，個別事案の個別事情等）を前提に，まさに慢性影響を生じるほどのばく露はなかったとか，慢性影響は認められないとか，使用者の対策の不備（＝過失）と労働者の健康障害に（相当）因果関係が認められない等の理由づけをもって，使用者らの過失責任や対策履行責任を否定してきた。

原告につき，より強度な受動喫煙防止措置を講じるべき旨の医師の診断書が出されているのに，喫煙者から十分に距離を離さなかったこと等を過失と認め，5万円の慰謝料の支払いを任用者に命じたケース（江戸川区受動喫煙訴訟・東京地判平16・7・12労判878号5頁）がある程度である。

要するに，司法は職場における受動喫煙の法的救済に消極的だった。

政策としての受動喫煙防止対策は，上記の通り，受動喫煙の健康影響に関する医学的・疫学的知見の蓄積，社会認識の変化等に応じ，格上げされてきた。

すなわち，当初は業務上疾病には結びつかない積極的・開発的方策としての快適職場形成（法第7章の2）の位置づけだったが，作業関連疾患を中心に業務上疾病を招くこともある健康保持増進対策（法第7章）の位置づけに格上げされた（もっとも，現在もなお快適職場形成の課題でもあり，両者の課題となったということである）。

そのため，受動喫煙に関する裁判例は，そのいずれにも位置づけられるが，時代の進歩によって受動喫煙対策が健康保持増進対策と扱われるようになった経過を踏まえ，本書では法第68条の2の関係判例として取り扱った（以上の整理は三柴による）。

本章（第7章の2）の関係判例として挙げられる受動喫煙関係以外の例に，建設アスベスト訴訟（神奈川第1陣）事件最判（最1小判令3・5・17民集75巻5号1359頁）がある。

国は，2006（平成18）年9月に至り，アスベストを施行令に基づく製造等禁止の対象物質としたが，それまでに建築物の建設や解体工事等に従事して中皮腫や肺がん等のアスベスト関連疾患を発症した建設作業従事者（労働者及び一人親方等の非労働者）が，全国8つの地裁に，国とアスベスト建材のメーカーを相手方として集団訴訟を起こした事件であり，国に対しては，規制権限不行使を理由に国賠法上の損害賠償請求がなされた。

重要な論点の一つが，少なくとも本件への安衛法上の適用法条は，保護対象に一人親方を含むかであったところ，

2021（令和3）年5月17日に神奈川第1陣訴訟について下された最高裁判決（最1小判令3・5・17民集75巻5号1359頁）は，

国は，事業者に保護具を準備させるのみならず，労働者らに保護具を「使用させる」ことを省令で義務づけ，指導監督により確保すべきだった，

リスクの内容と管理方法等の具体的内容を記したラベルによる表示（現行法第57条），掲示（現行の特化則第38条の3等）については通達等で示し，指導監督すべきだったのに行わなかったことから，

被災者らに対して国賠法上の損害賠償責任を負う旨と共に，

物的な措置義務は，いわば集団的な措置，環境整備の措置であって，保護対象は労働者に限らず，一人親方等にも及ぶ旨を述べた。

その際，判決は，本法は，「快適な職場環境（平成4年5月22日法律第55号による改正前は「作業環境」）の形成促進も目的に掲げているので，非労働者が，労働者と同じ場所で働き，健康障害を生ずるおそれのある物を取り扱う場合に，所定の危険有害物の譲渡提供者に容器へのラベル等によるハザードやリスクの表示義務を課した安衛法第57条が，非労働者を「当然に保護の対象外としているとは解し難い」と述べた。

すなわち，法第1条が快適な職場環境の形成を目標に含めていることをもって，本件への適用法条が一人親方等の非労働者も保護対象とする旨を述べた。

原審は，快適な職場環境（事件発生当時は「作業環境」）の形成という法目的は，安全と健康の確保という最終目的を達するための手段に過ぎず，独立の目的ではないので，その文言ゆえに安衛法の保護対象を広く捉えるべきではないとしていたが，最高裁は異なる見解を採った。

本判決を踏まえ，厚労省は，以下のような省令改正を行った（石綿則第17条，第13条，第14条，第33条，第34条，有機則第26条，特化則第38条の14，酸欠則第14条等）。

先ず，危険有害業務の請負人（一人親方，下請業者）を対象に，事業者を名宛人として，以下の保護措置を講じる義務が設定された。

①有害物発散抑制装置等を，請負人のみが作業をする場合も稼働させる等配慮する義務

②マスク等の保護具の使用の必要性を請負人に周知する義務

③安全確保のための作業方法の遵守の必要性を請負人に周知する義務

④作業終了時の身体の汚染除去が必要である旨を周知する義務

次に，同じ作業場所の労働者以外の者全般（一人親方，他社の労働者，資材搬入業者等）を対象として，事業者を名宛人として，以下の保護措置を講じる義務が設定された。

①危険箇所への立入を禁じる義務

②特定場所で喫煙・飲食を禁じる義務

③危険性等を掲示する義務

④事故発生時に退避させる義務

更に，個人事業者等に対する安全衛生対策のあり方に関する検討会を開催し，

①上記建設アスベスト事件最判の趣旨から建設業等で拡大的に求められる法規則改正

②①を離れ，広くフリーランス等の個人事業者等に対して求められる安全衛生保護措置

③同じく，同人らに求められる過重労働防止やメンタルヘルスを含めた健康管理措置

について検討し，2023（令和5）年10月には，報告書を公表した。概要は，「一　概論」の注16（本書10頁）を参照されたい。

19 大藪・只野・近藤・三柴解説（第8章第72条～第77条）

　大藪・只野・近藤・三柴解説は，第8章に属する第72条から第77条を対象としている。
　この章は，
　①第61条第1項（就業制限）が特に就業を認める者や，
　②第12条第1項（衛生管理者の選任と所定業務の委任）と第14条（作業主任者の選任と所定業務の委任）が，事業者による所定業務の遂行上一定数の選任を求めている者
に必要な免許試験制度や技能講習制度の細目，それらの実施を委ねられる指定機関の業務，備えるべき条件，国による監督等を定めている。
　第75条の2から第75条の12は，実質的に公益財団法人安全衛生技術試験協会のための条文と言って良い。また，登録検査機関に関する定めを多く準用する第77条についても，その履行を支援し担う団体として，一般社団法人全国登録教習機関協会（全登協）[288]のような行政関係団体が設けられている。
　概要は以下の通り。

　ア　法第61条（就業制限）は，一定の危険業務への就業に一定の資格（業務独占資格）を求め，
　それを，①所定の免許保有者，②登録教習機関による技能講習修了者，③その他省令で定める者，の3種類に分類している。
　他方，法第12条第1項は，所定業務（基本的に就業制限業務ではない）を遂行させるために所定の免許（業務必置資格）[289]を持つ衛生管理者を選任すべきことを定め，
　法第14条は，所定の危険業務（就業制限業務とは限らない）の指揮を行わせるため所定の資格（業務必置資格）を持つ作業主任者を選任すべきことを定め，その資格を，①所定の免許保有者と，②登録教習機関による技能講習修了者，の2種類としている。
　現段階で，安衛法に基づく免許は，第1種衛生管理者免許を筆頭に，各種作業主任者免許を含めて20種類あり，同じく技能講習は，木材加工用機械作業主任者技能講習を筆頭に37種類ある。
　イ　行政学では，規制とは，私人や経済主体の行動に対する制限であり，規制主体により，私的規制（私人による）と公的規制（公的機関による）に分かれる。
　このうち公的規制は，
　自然独占や情報偏在等による資源配分非効率の防止や利用者の公平などを主な目的とする経済的規制（主に健全な経済活動の促進：電気・水道等のインフラ事業，金融等への参入規制や料金規制等）と，
　外部不経済の修正，リスク防止，社会秩序の維持等を目的とする社会的規制（主に経済活動による弊害への対応：環境保全，感染予防を含む公衆衛生施策等）から成ると解されている。
　このうち社会的規制は，主に，①健康・衛生の確保（公衆衛生・医療，薬物対策等），②安全の確保（自然・労働・交通・製品災害等の防止），③環境保護・公害対策から成り，安全衛生規制は，このうち②に属すると解される。
　社会的規制の手段には，①直接規制，②ルール型規制，③経済的手段，④情報公開・提供等があり，このうち①直接規制には，
　(1)特定行為の禁止・営業活動の制限（法令に基づく許認可により，一般的な禁止措置を許可，認可，免許等により解除する強い規制から，所定の基準に照らして審査し，公の認定，証明，認証等を行う中間の規制，報告，届出など，一定の事実を行政庁に伝えさせるが，原則として記載事項の確認しか行わない弱い規制までがある），
　(2)資格制度（一定の知識，経験，技能を持つ者を国が認定，証明すると共に，その業務に関する規制を図る制度），
　(3)検査検定制度（製品の品質保持等のため，事業者に対して，一定の製品の設計段階，使用前，定期，使用後等に検査等を義務づける制度），
　(4)基準・認証制度（製品自体や設備の操業・管理の安全性に関する基準を設け，それに適合するものを認証したり，認証のない製品等の販売・利用を禁じる制度。基準（technical regulation）は，遵守すべき技術的水準の定めであり，それへの適合性審査の手順を定めた法令上の仕組みを認証〔certification〕という），
　(5)その他，
　の5種類がある。
　このうち，安衛法に基づく免許・技能講習制度は(2)に属し，物の技術的安全性ではなく，安全衛生に関する役務提供者の技能水準を公的に保証するための仕組みと解される。
　資格制度は，①業務独占資格（資格者のみに特定の業務をさせる），②業務必置資格（事業者に資格者の設置を義務づける），③名称資格（レベルの公的な認証）に区分され，安衛法上の資格のうち，ボイラー技士や同溶接士の免許は①に属し，木材加工用機械作業主任者等は②に属する。
　資格制度の意義には，資格者による役務の水準の確保，取引の適正化，資格者の資質やモラルの確保，資格者の確認による公的な検査の代替，消費者の資格者活用による取引相手との情報の非対称性のカバー等が挙げられるが，事業への新規参入の障害，行政コストの増大，既得権の発生による見直しの困難等の問題も指摘されている。
　政府は，社会の問題解決と良好な状態の維持のため

の「社会管理（social control）」を行う存在と解され，そのため，課題設定，政策立案，政策決定，政策実施，政策評価の5段階から成る政策過程を踏む。このうち政策実施は，所期の政策目的に適う結果をもたらすために重要であり，免許は，一般に禁止された特定の行為ないし専門職への就業を許諾する政策手段であって，以下のような特徴を持ち，政策実施にとって有用である。

(1)人々が活動を始める前に適任者をスクリーニングできる，
(2)網羅的な規制ができる，
(3)申請対応で済むので，効率的な管理ができる，
(4)個別に具体的条件を付けられる，
(5)更新制度により，事後的な制限もできる。

　以上から，安全衛生法上の政策実施にとっても，免許・技能講習制度は有用と解される。

　ウ　安衛法上の免許・技能講習制度の歴史をみると，1947（昭和22）年の旧労基法施行時点では，「汽罐士」「汽缶溶接士」「起重機運転士」「アセチレン溶接士」「映写技術者」の5種類の免許制度に限られていたが（旧安衛則第44条），その後，新たな制度が創設されるなどして，今日，免許20種類，技能講習37種類まで拡大している。

　旧労基法第49条は，第1項で，運転中の機械の危険部分の掃除等の所定の危険業務への未経験者の就業を禁止し，第2項で，「必要な技能を有しない者」の「特に危険な業務」への就業を禁止し，第3項で，前2項が定める危険業務の範囲と，必要な経験及び技能の定めを命令に委任していた。

　旧安衛則は，旧労基法第49条第3項に基づき，就業制限業務を，①就業上免許・技能講習を要する業務，②技能選考者のみ就業可能な業務，③経験者のみ就業可能な業務，の3種に整理した。

　①のうち免許を要する業務には，前掲の5種類を充てたが，その後，旧労基法時代のうちに，折々の状況に応じて，名称変更（汽罐〔汽缶〕関係免許からボイラ・圧力容器関係免許へ等），約10の免許（講習免許〔講習の受講で取得可能な免許〕を含む）の創設（電気／導火線発破技士免許〔講習免許〕等），統合（集材架線技士免許と運材架線技士免許を林業架線技士免許へ等）等が行われた。

　その間に，安衛則第44条のほか，ボイラー則，クレーン則等により，アセチレン溶接主任者業務，発破業務，揚貨装置運転業務，機械集材装置・運材索道の組立・解体の作業主任者業務，ボイラー溶接業務，第1種圧力容器溶接業務，ボイラー取扱い業務，クレーン・デリック運転業務（つり上げ荷重5t以上／未満で扱いが分かれる），高圧室内業務，潜水業務等25種の業務が指定された。

　②には，安衛則第45条により，火元責任者業務，アセチレン溶接の係員業務，制限荷重5t未満の揚貨装置の運転業務，動力による軌条運輸業務，高圧充電電路等の支持物の敷設，低圧充電電路の敷設等の17種（ただし，一部は1種で複数の業務を含む）の業務が指定された。

　③には，安衛則第46条により，運転中の原動機から中間軸までの動力伝導装置の掃除等の業務，ゴムのロール練りの業務，丸のこ盤や帯のこ盤での木材供給業務，操車場内での軌道車両の入替業務など7種（ただし，一部は1種で複数の業務を含む）の業務が指定された。

　1972（昭和47）年に安衛法が施行されて後，時代に応じて，様々な免許資格や技能講習制度が創設されたり，統合，分離，名称変更される等した。

　その前提には，1971（昭和46）年7月に取りまとめられ，労働省に提出された労働基準法研究会の安全衛生関係の報告書がある。

　その免許資格等にかかる示唆は以下の通り。

　a. 安全衛生の実現には，物的規制のみではなく，危険業務等には一定の知識技能を持つ者のみに就けさせる必要がある。

　b. 既存の就業資格は，試験免許から6カ月の経験まで5段階あるが，技能水準，判定基準共に不明確である。また，技能選考指名制度は，その選考基準が不明確で，実効を期しがたい。

　c. 他の法律では，就業にかかる免許制度につき詳細な規定を置き，細部の手続を政省令に委ねており，労基法でもそうすべき。

　d. 大幅な機械化，作業の合理化等により，クレーン等の大型特殊設備への需要が高まり，免許試験や講習免許への需要も増し，行政官庁の事務量の増加を招いているので，指定機関への委託が必要だが，既存の機関に対して適切な監督がなされていない。

　e. 急速な技術革新等により取得後，資格が有効でなくなる場合もあるので，再教育や再講習，免許更新制度等による知識の更新が必要である。

　f. 教育については，一般作業者に対する新技術導入時，配置転換時等の安全衛生教育が重要である。また，彼／彼女らを指揮監督する職長等教育が特に重要である。

　g. 資格取得に必要な技能知識等を積極的，効率的に付与する体制整備が必要である。

　この報告を受けて，安衛法には第8章に免許等の定めが設けられ，

　旧労基法下の3種の就業制限業務（①就業上免許・技能講習を要する業務，②技能選考者のみ就業可能な業務，③経験者のみ就業可能な業務）は，第61条（就業制限業務）

資料192

	安衛法に基づく免許の種類（安衛則第69条）	旧労働基準法に基づく免許等
1	第1種衛生管理者免許	衛生管理者免許（旧安衛則第24条）
1の2	第2種衛生管理者免許	
2	高圧室内作業主任者免許	高圧室管理者免許（旧高圧則第49条）
3	ガス溶接作業主任者免許	ガス溶接技能講習（旧安衛則第44条の2）
4	林業架線作業主任者免許	集材架線技士免許（旧安衛則第44条の5）
5	特級ボイラー技士免許	特級ボイラー技士免許（旧ボイラー則第81条）
6	1級ボイラー技士免許	1級ボイラー技士免許（旧ボイラー則第81条）
7	2級ボイラー技士免許	2級ボイラー技士免許（旧ボイラー則第81条）
8	エックス線作業主任者免許	エックス線作業主任者免許（旧電離則第59条）
8の2	ガンマ線透過写真撮影作業主任者免許	—
9	発破技師免許	発破技師免許（旧安衛則第44条の3）
10	揚貨装置運転士免許	揚貨装置運転士免許（旧安衛則第44条の4）
11	特別ボイラー溶接士免許	特別ボイラー溶接士免許（旧ボイラー則第93条）
12	普通ボイラー溶接士免許	普通ボイラー溶接士免許（旧ボイラー則第93条）
13	ボイラー整備士免許	ボイラー整備技能講習（旧ボイラー則第104条の2）
14	クレーン・デリック運転士免許	クレーン運転士免許（旧クレーン則第104条）デリック運転士免許（旧クレーン則第127条）
15	移動式クレーン運転士免許	移動式クレーン運転士免許（旧クレーン則第126条の2）
16	潜水士免許	潜水士免許（旧高圧則第56条）

関係や第59条第3項（特別教育）関係の規定に，

就業制限内外で求められる免許と技能講習については，第72条（免許）関係，第76条（技能講習）関係の規定に再編された。

この際，旧労基法上の免許の殆どが引き継がれ，ガス溶接，ボイラー整備士資格は，技能講習から免許に引き上げられた。新旧両制度下の主な免許制度を対比すると，資料192の通りとなる。

技能講習についてみると，旧労基法のもとでは，
①ガス溶接技能講習（旧安衛則第327条），
②フォークリフト運転技能講習（旧安衛則第333条），
③プレス作業主任者技能講習（旧安衛則第372条），
④ボイラー整備技能講習（旧ボイラー則第104条の2），
⑤玉掛技能講習（クレーン則第150条）
の5種のみが関係省令に規定されていたが，安衛法の制定に際して，このうちガス溶接とボイラー整備は免許制に格上げされた。

残りの3種（②③⑤）は，旧安衛則第45条所定の技能選考対象業務の殆どが技能講習対象業務となったのに合わせ，改めて技能講習制度の対象とされた。

安衛法制定後の1976（昭和51）年4月1日，労働省は，安衛法に基づく試験実施機関として（公財）安全衛生技術試験協会の設立を許可し，1977（昭和52）年の法改正で，第75条の2から第75条の12に指定試験機関制度を設け，安全衛生技術試験協会を指定することにより，従前は都道府県労働局の行っていた試験事務を指定試験機関に実施させる体制を整えた。

技能講習制度は，旧労基法時代から都道府県労働基準局長又は局長の指定する講習機関が実施しており，安衛法制度後は，第77条が定める登録教習機関が実施することとなった。

エ　法第72条は，

第1項で，第12条第1項（衛生管理者の選任と所定業務の委任），第14条（作業主任者の選任と所定業務の委任），第61条第1項（＊クレーンの運転，ボイラーの取扱い，車両系建設機械の運転等の危険業務にかかる就業制限）の免許は，都道府県労働局長による免許試験の合格者その他所定の資格者に付与すること，

第2項で，その欠格事由（一，故意・重過失による免許にかかる重大事故，二，免許にかかる安衛法令違背，三，就業制限免許の場合の心身の故障等による免許の取消し後1年以内），

第3項で，心身の障害により特に免許を与えない場合があり得ること，

第4項で，前項の場合の本人への通知と意見聴取につき定めている。

本条所定の「厚生労働省令で定める資格を有する者」でいう「資格」とは，免許保有者に限らず，その危険有害性ゆえに就業制限をかけた業務や，就業制限はかけないが，一定の業務（専門性を持つ者による遂行が適当な業務）に就けるため，法が求める一定要件を指し，

本法が設ける免許の免許試験合格者のほか，他の法律が設ける免許の保有者や，技能講習修了者，特別教育修了者等が該当し，詳細は，安衛則第62条，別表第4に定められている。

現段階で，免許の種類は次の20種類である。
【法第12条（衛生管理者）第1項の免許：3種】
　1　第1種衛生管理者免許
　2　第2種衛生管理者免許
　3　衛生工学衛生管理者免許
【第14条（作業主任者）の免許：3種】
　4　高圧室内作業主任者免許
　5　ガス溶接作業主任者免許

＊これは次項（就業制限）の免許にも該当する。
　6　林業架線作業主任者免許
【法第61条（就業制限）第1項の免許：14種（＊5を含めれば15種）】
　7　特級ボイラー技士免許
　8　1級ボイラー技士免許
　9　2級ボイラー技士免許
　10　エックス線作業主任者免許
　11　ガンマ線透過写真撮影作業主任者免許
　12　特定第1種圧力容器取扱作業主任者免許
　13　発破技師免許
　14　揚貨装置運転士免許
　15　特別ボイラー溶接士免許
　16　普通ボイラー溶接士免許
　17　ボイラー整備士免許
　18　クレーン・デリック運転士免許
　19　移動式クレーン運転士免許
　20　潜水士免許
　　＊5　ガス溶接作業主任者免許も重複該当する。
　免許は申請主義であり，免許試験の合格者その他要件を充たす者が，所定の免許申請書を所轄の都道府県労働局に提出せねばならない（安衛則第66条の3）。
　オ　本条第2項に定められた免許の欠格事由を，紐付く規則を踏まえて整理すると，以下のようになる。
　①免許の取消しの日から1年を経過しない者。
　②満18歳に満たない者（揚貨装置運転士免許，特級ボイラー技士免許，1級ボイラー技士免許，2級ボイラー技士免許，特別ボイラー溶接士免許，普通ボイラー溶接士免許，ボイラー整備士免許，クレーン・デリック運転士免許，移動式クレーン運転士免許，ガス溶接作業主任者免許，林業架線作業主任者免許，発破技士免許，エックス線作業主任者免許，ガンマ線透過写真撮影作業主任者免許及び潜水士免許）（安衛則第63条，ボイラー則第98条・第105条・第114条，クレーン則第224条・第230条，電離則第49条・第52条の4の2，高圧則第53条）。
　③満20歳に満たない者（高圧室内作業主任者免許）（高圧則第48条）。
　なお，免許試験の受験資格に年齢制限はないが，合格しても，所定年齢に達しないと免許を申請できない。
　カ　本条第3項は，法第61条第1項（就業制限）に基づく免許のうち省令所定のもの（現段階で以下の12種）につき，心身の障害による欠格を規定している。
①発破技士免許
②揚貨装置運転士免許
③特級ボイラー技士免許
④1級ボイラー技士免許
⑤2級ボイラー技士免許
⑥特別ボイラー溶接士免許
⑦普通ボイラー溶接士免許
⑧ボイラー整備士免許
⑨クレーン・デリック運転士免許
⑩移動式クレーン運転士免許
⑪潜水士免許
⑫ガス溶接士作業主任者免許
　すなわち，エックス線作業主任者免許，ガンマ線透過写真撮影作業主任者免許，特定第1種圧力容器取扱作業主任者免許は対象から除外されている。
　第14条（作業主任者）の免許と重複該当する⑫も含まれている。
　元は，衛生管理者や作業主任者免許にも，障害者にかかる欠格事由が定められていたが，2001（平成13）年の法改正で廃止され，法第61条第1項に基づく免許についても，厚生労働省令で規定した者に限ることとした経過がある。
　本項に基づく欠格の判断に際しては，障害を補う手段，治療による軽減可能性等が考慮される。免許を付与しない措置のみではなく，条件付免許の付与も行われ得る。
　キ　法第73条は，免許証の交付後の期間の経過による技能低下の恐れ，新技術・新工法の採用等による知識更新の必要性等を踏まえ，免許に有効期間を設け得ること等を定めている。
　厚生労働省令は，これを受け，ボイラー溶接士（特別・普通）について，有効期間を2年としている（ボイラー則第107条第1項）が，他の免許には有効期間が付されていない。
　ボイラー溶接士の免許更新の要件は，有効期間の満了前1年間の溶接実績があること，有効期間中の溶接したボイラー等の全てが検査に合格していること等とされている（ボイラー則第107条第2項）。
　ク　法第74条は，
　第1項で，免許の必要的取消事由として，第72条第2項第2号が定める18歳以上の年齢制限にかかわらず年齢を偽って免許を取得した場合を規定しており，
　第2項で，任意的取消ないし効力停止の事由として，7つの事項（一　故意・重過失による免許にかかる重大事故，二　免許にかかる安衛法令違背，三　就業制限免許の場合の心身の故障等による免許の取消し，四　免許に付された条件違背，五　免許試験における不正等，六　免許証の譲渡・貸与，七　本人からの免許取消申請）を挙げており，
　第3項で，第2項第3号所定の事由（就業制限免許の場合の心身の故障等）により免許を取り消された者は，その後非該当となれば再免許の付与が可能なことを定めている。

第74条の2は，第72条（免許），第73条（免許の有効期間・更新），第74条（免許の取消し）に定めるもののほか，

免許に関する所要の事項（交付〔安衛則第66条の2〕，申請手続〔安衛則第67条〕，再交付又は書替え〔安衛則第67条〕，取り消し申請手続き〔安衛則第67条の2〕など）は，厚生労働省令（労働安全衛生規則：第62条～第72条）が規定する旨定めている。

ケ 法第75条は，免許試験について定めており，

第1項で，実施者は都道府県労働局長であり，省令（安衛則第69条）で定める区分ごとに実施すること，

第2項で，実施方法は，学科及び／又は実技によること，

第3項で，登録教習機関での教習修了者等につき，試験の全部又は一部を免除できること，

第4項で，前項の教習は，別表第17に掲げる区分ごとに実施すること，

第5項で，受験資格，試験科目，受験手続，教習の受講手続等の必要事項の定めは省令に委任する旨等を定めている。

すなわち，同条は，免許試験等の実施に関する定めであり，

第1項の省令で定める区分とは，

安衛則第69条所定の，①第1種衛生管理者，②第2種衛生管理者，③高圧室内作業主任者，④ガス溶接作業主任者，⑤林業架設作業主任者，⑥特級ボイラー技士，⑦1級ボイラー技士等の18種の免許であり（衛生工学衛生管理者と特定第1種圧力容器取扱作業主任者の場合，免許試験は行われず，一定の資格〔前者の場合，工学や理学の学位，衛生管理者試験や労働衛生コンサルタント試験の合格等〕を持つ者が講習を受けることで免許を取得できる），

実施者は都道府県労働局長だが，実際には第75条の2（指定試験機関の指定）に基づき，公益財団法人安全衛生技術試験協会が指定を受けて実施に当たっている。

第3項は，省令の定めにより，登録教習機関による一定の教習修了者や，省令所定の一定の資格保有者の免許試験を免除できる旨を定めており，前者（修了により一定の免許試験の免除をもたらす教習）には，安衛則第70条が定める別表第5所定のクレーン運転実技，移動式クレーン運転実技，揚貨装置運転実技，デリック運転実技の各教習が該当する。

第5項の委任先の省令は，安衛則，ボイラー則，クレーン則，高圧則，電離則である。

コ 法第75条の2は，希望機関の申請により，厚生労働大臣が，免許試験の実施事務（試験事務）の全部又は一部を当該機関に委託できる（ただし，全国で1つに限る）旨を定めており，本条から第75条の12までは，実質的に公益財団法人安全衛生技術試験協会のためにあるとも言える。

安衛法制定後の1976（昭和51）年4月1日，労働省は，安衛法に基づく試験実施機関として（公財）安全衛生技術試験協会の設立を許可し，1977（昭和52）年の法改正で，第75条の2から第75条の12に指定試験機関制度を設け，安全衛生技術試験協会を指定することにより，従前は都道府県労働局の行っていた試験事務を指定試験機関に実施させる体制を整えた。

同協会は，作業環境測定法の施行後，同測定士試験につき，当時としては珍しく，外部委託を図って設立された作業環境測定士試験協会が前身である。

本協会への指定前は，免許試験の種類の多さ，業務の膨大さから，試験の実施回数の制限等，受検者の不便が生じていた。本協会は，近畿安全衛生技術センターを皮切りに，全国に7カ所の試験センターを設置して現在に至っている。

当初から作業環境測定士試験の指定を受けていたほか，平成12年に労働安全・衛生コンサルタント試験の指定も受けている。

受験者数が最も多いのは衛生管理者試験であり，安衛法関係免許試験の全受験者数12万人強のうち半数強を占める。

試験事務の詳細（試験の日時及び試験場の公示，申請書の受理，問題作成，実施，合否の決定，合否の通知等）や指定の申請にかかる詳細は，厚生労働大臣が策定する登録省令第3章の4に定められている。

登録省令では，指定試験機関が休廃止する場合，所要の事項を記した申請書を提出して許可を受け，都道府県労働局長に所定の事務や書類等を引き継がねばならない旨定められている。

サ 法第75条の3～5は，指定基準，役員，免許試験員の3点で，指定試験機関の適格性（高度な公正・中立性，斉一性，運営の安定性等）確保を図る規定である。

このうち第75条の3は，指定基準（試験事務の実施能力の判定基準）として，

第1項で，職員（ヒト），設備（モノ），事務の実施方法（運営ノウハウ）に関する計画が適正・確実であること（第1号），経理・技術面の基礎の整備（第2号）を定め，

第2項で，

一般社団法人／一般財団法人であること（第1号），

試験事務以外の業務で試験事務を公正に行えないおそれがないこと（第2号），

申請者が，安衛法令違反で一定の刑事処分を受けていないか，刑期終了か執行猶予時点から2年以上経過

したこと（第3号），

第75条の11所定の事情（本法違反関係，役員／免許試験員による本法違反や試験事務規程違反等の不正行為関係，大臣による試験事務規程の変更命令その他監督上の命令違背，免許試験員の選任，選任に際しての省令要件の遵守，大臣への届出，事業計画・予算にかかる大臣の認可の獲得等の違背，許可・免許等にかかる設定条件違背）で指定を取り消されていないか，取り消されてから2年以上経過したこと（第4号），

役員に第3号該当者がいないこと（第5号），

役員に，第75条の4第2項所定の試験事務規程違反等の不正行為による解任命令により解任された者がいないか，解任から2年以上経過したこと（第6号），

を定めている。

第75条の4は，

指定試験機関の役員の選任・解任は大臣の認可が効力発生要件であること，

試験事務規程違反等の不正行為に際して大臣による解任命令が可能なこと，

を定めている。

大臣の認可を受ける際には，①該当者の氏名及び略歴，②選任／解任の理由を記載した申請書を大臣に提出せねばならない（登録省令第19条の28）。

第75条の5は，

免許付与の判定を免許試験員に行わせるべきこと（第1号），

免許試験員の選任は，省令所定要件（登録省令第19条の29及び別表）に基づくべきこと（第2号），

免許試験員を選任・変更した際は大臣に「届け出る」べきこと（第3号），

試験事務規程違反等の不正行為に際して大臣による解任命令が可能なこと（第4号），

を定めている。

これらの条規（法第75条の3～第75条の5）の具体化は，登録省令第19条の26から30で図られている。

シ　法第75条の6は，試験事務規程について定めており，

第1項で，指定試験機関は，その制定又は変更につき，大臣の認可（許可とは異なり，それを受けない行為も違法ではないが，効力発生要件となるもの）を得なければならないこと，

第2項で，試験事務規程の絶対的必要記載事項に関する定めを省令に委任すること，

第3項で，試験事務規程が不適当となった場合の変更命令

について定めている。

第2項所定の絶対的必要記載事項は，①試験の実施方法，②手数料の収納方法，③合格通知，④秘密保持，⑤帳簿及び書類の保管，⑥その他，の6項目である（登録省令第19条の32）。

本条については，登録省令第19条の31から33等が詳細を定めている。

ス　法第75条の7は，指定試験機関に，事業年度ごとに事業計画及び収支予算につき大臣の認可を得るべきこと，事業年度経過から3カ月以内に事業報告書及び収支決算書を大臣に提出すべきことを定めている。

安衛則，登録省令に作成・提出書類に関する定めはないが，安全衛生技術試験協会は公益財団法人であるため，公益社団法人及び公益財団法人の認定等に関する法律（認定法）上の作成・提出書類に関する定めが適用される。

もとより，法第75条の3第2項第1号は，一般社団法人または一般財団法人であることを指定試験機関の要件としているため，一般社団法人及び一般財団法人に関する法律（法人法）も適用される。

後者により，貸借対照表等の計算書類のほか，事業年度経過後3カ月以内に，財産目録，役員名簿，役員等の報酬等の支給基準等の書類の作成と5年間の事務所備え付け等が求められている（認定法第21条第2項）。

セ　法第75条の8は，

第1項で，指定試験機関の役職員等（元役職員を含む）の守秘義務を定め，

第2項で，試験の公正を図るため，彼らを刑法上公務員と同様に扱うことを定めており，

守秘義務違反があった場合，罰則は，安衛法第117条と国家公務員法第109条の法条競合の関係に立つと解される（法条競合との理解は三柴）。

本条は，安全・衛生コンサルタントの指定試験機関にも準用されており（法第83条の3，第85条の3），現在，当該指定試験機関も安全衛生技術試験協会である。

ソ　法第75条の9～12は，厚生労働大臣の監督下で，指定試験機関の業務の公正と安定を図ろうとしている点では，第75条の3～8と同様の規定であり，

同大臣による指定試験機関への命令，

許可のない試験事務の休廃止の禁止，

指定要件等が不適正となった場合の指定取り消し，

取り消した場合の都道府県労働局長による運営の引継ぎ

等を定めている。

このうち第75条の9は，厚生労働大臣の試験事務に関する監督上の命令権限を定めている。これにより，試験を実施する事務所を管轄する都道府県労働局長は，試験が適正に行われているか監督し，必要な命令をすることができる。

第75条の10は，大臣の許可を得ない休廃止を禁じて

いる。指定試験機関が休廃止の許可を申請する場合，休廃止する範囲，年月日，期間，理由を記載した申請書を大臣に提出せねばならない（登録省令第19条の36）。

第75条の11は，

第1項で，指定試験機関が本法関係規定の違反で刑罰を受けた場合の必要的指定取り消しを定め[291]，

第2項で，

本法関係規定や試験事務規程違反等の不正行為による役員や免許試験員の解任命令から2年を経過しない場合（第1号），

本法関係規定や試験事務規程違反等の不正行為による役員や免許試験員の解任命令，不適当となった場合の試験事務規程の変更命令，大臣による試験事務にかかる監督上の命令に違反した場合（第2号），

免許試験員の選任，選任の際の省要件の遵守，選任・変更時の大臣への届出，事業計画・収支予算の認可等，試験事務の休廃止に際しての許可に違反した場合（第3号），

認可を受けた試験事務規程によらず試験事務を行った場合（第4号），

許可・免許等に付された条件に違反した場合（第5号）

の厚生労働大臣の取消，停止の命令権限を定め，

第75条の12は，

第1項で，指定試験機関が，大臣の許可を受けて試験事務を休止（行政法上，休止は，本人の意思で業務遂行を一時的に中止することを言い，停止は，本人の意思によらずに一時的に中止させられることを言う〔『法律用語辞典〔第5版〕』（有斐閣，2020年）201頁〕）したとき，大臣により停止を命じられたとき，天災等で実施困難となったときは，都道府県労働局長が自ら試験事務を行うこと，

第2項で，第1項の場合のほか，大臣の許可により試験事務を廃止する場合，大臣により指定を取り消された場合の試験事務の引継ぎ等に関する定めを省令へ委任すること，

を定めている。

これを受け，登録省令第19条の37は，指定試験機関は，試験事務並びにその帳簿及び書類，その他労働局長が必要と認める事項を引き継がねばならない旨を定めた。

タ　指定試験機関の役職員が，第75条の10に反し，大臣の許可を得ずに試験事務の全部を廃止した場合には罰則が適用され得る（法第121条第2号）。

法第75条の11第2項所定の業務停止命令（裁量による指定取消／業務停止命令）違反にも，罰則が適用され得る（法第118条）。この場合も，機関の処罰は困難なので，自然人である役職員が処罰対象として定められている。

チ　法第76条は，作業主任者及び就業制限業務にかかる技能講習の実施方法（学科講習・実技講習），修了証の交付，詳細の定めの省令への委任について定めている。

現段階では，安衛則・ボイラー則・クレーン則・有機則・鉛則・四アルキル鉛則・特化則・酸欠則・石綿則と各規則に基づく技能講習規程に詳細が定められている。

作業主任者及び就業制限業務にかかる技能講習は，法別表第18に掲げる37種の区分ごとに，学科講習・実技講習により行われている。

このうち就業制限業務は，法第61条の委任を受けて施行令第20条が16業務を定め，安衛則第41条関係の別表第3が，就業可能な資格を列挙している。

多くは免許者と技能講習修了者が占め，作業主任者資格では，ガス溶接作業主任者免許を受けた者に限られている。

就業制限は，比較的高いリスクレベルの業務にかけられており，特別教育（法第59条第3項）の修了者の就業は認められていない。特別教育は，就業制限をかけるほどではないリスクレベルの業務に労働者を就ける際に事業者が受けさせねばならないと定められているが，そうでなければ就業が許されないとの定め方は採用されていない。

他方，作業主任者については，法第14条の委任を受けて施行令第6条が選任すべき31業務を列挙している。このうち，

①高圧室内作業（高圧室内作業主任者免許），
②アセチレン溶接装置又はガス集合溶接装置を用いて行う金属の溶接，溶断又は加熱の作業（ガス溶接作業主任者免許），
③機械集材装置若しくは運材索道の組立て，解体等の作業（林業架線作業主任者免許），
④電熱面積が大きいボイラーの取扱作業等（特級・1級・2級ボイラー技士免許），
⑤放射線業務に係る作業（エックス線作業主任者免許），
⑥ガンマ線照射装置を用いて行う透過写真撮影作業（ガンマ線透過写真撮影作業主任者免許），

の6業務には免許が求められ，その他は技能講習で足りる（∴作業主任者資格を得られる）とされている。すなわち，作業主任者になるには，免許の取得か技能講習の修了のいずれかが求められる。

内容の類似する免許や技能講習を既に修得している場合に講習の一部が免除されることがあり，所要日数は1〜4日程度と様々である。誰でも受講できるものと，一定の資格を要するものとがあり，また，地域の人口や業務需要の多寡により講習の実施頻度は異な

る。

　以前は安衛則別表第6で規定するものと個別の規則等で直接規定するものに分かれていたが，公益法人に係る改革を推進するための厚生労働省関係法律の整備に関する法律（平成15年7月2日法律第102号）により，技能講習の名称は，労働安全衛生法別表第18，受講資格は同別表第20で定められることとなった。講習科目と受講資格については，なお従前の規則条項による定めが残っているが，法別表第20に講習科目のほぼ全部が掲出されている。

　技能講習は，厚生労働省令で定める区分に基づき登録教習機関が行うものであり，登録教習機関は，技能講習修了者に対し，技能講習修了証を交付しなければならない。修了証の交付を受けた者が修了証を滅失し，又は損傷したときは，修了証の交付を受けた登録教習機関から修了証の再交付を受けることができる。修了証，修了証明書ともに法第61条第3項が当該業務従事時の携帯を求める「資格を証する書面」に該当する。

　ツ　法第77条は，

　第1項で，作業主任者，就業制限業務に係る技能講習や，免許試験の免除をもたらす教習を行おうとする者の登録は，厚生労働省令で定める区分ごとに，その申請によるべきことを定め，

　第2項で，都道府県労働局長は，以下の要件を充たした登録申請者は，登録しなければならないことを定め，

> 第1号：所定の設備・施設の使用
> 第2号：所定条件に適合する講師
> 第3号：所定条件に適合する業務管理者（一定期間以上の当該業務の管理監督経験者）
> 第4号：教習の場合，申請者が行う教習かそれに相当するものの修了者の免許試験合格割合が95％以上であること

　第3項で，製造時等検査機関登録制度に関する以下の定めを準用し，

> ①同登録の欠格事由（本法違反による処罰，登録取り消しを受けた者等）
> ②同登録簿の必要的記載事項
> ③登録事項変更時の大臣への届出義務
> ④検査業務規程の作成・届出義務
> ⑤業務規程の必要的記載事項
> ⑥休廃止時の大臣への届出義務
> ⑦事業報告書・財務諸表等の作成・保管義務
> ⑧検査を受けようとする者からの財務諸表等の閲覧請求等への対応義務
> ⑨事業報告書・損益計算書等の大臣への届出義務
> ⑩登録要件に不適合となった登録製造時等検査機関への大臣による適合命令
> ⑪検査の速やかで公正な実施等を求める規定に違反した者への改善命令
> ⑫所定事由該当者の登録取り消し・業務停止命令
> ⑬諸事情で検査機関による検査業務が困難な場合の都道府県労働局長自身による検査業務

　第4項で，登録の更新（5～10年内で政令所定期間）を定め，

　第5項で，登録更新にかかる登録製造時等検査機関に関する規定（登録の欠格事由，登録時に必要的記載事項を登録簿に記載すべき旨の定め等）を準用し，

　第6項で，正当事由がある場合を除く，事業年度ごとの事業計画の作成とそれに基づく実施を定め，

　第7項で，実施の詳細を定めた省令の遵守義務について定めている。

　テ　このうち第1項にいう「厚生労働省令で定める区分」は，登録省令第20条を指し，ここに，作業主任者，就業制限，免許試験の免除をもたらす教習に係る26種の技能講習及び教習が列挙されている。

　関係通達等に拠れば，第2項にいう登録申請者には法人と個人の双方が含まれ，法人から申請権限が委任され，なおかつ業務の実施権限も委任されている場合，法人の支部・支店等も該当し得る。

　第1号の所定の設備・施設の使用という要件は，当該設備等を占有していればよく，賃貸による使用でも構わない。

　第2号の所定条件に適合する講師等は，所要の契約により確保されている必要があるが，雇用契約以外でも構わない。

　第3号の実施管理者に管理の経験が求められる業務については，関係通達に

・講習／教習の実施計画の策定，

・修了試験の作成，

・合否判定，

・修了者の決定，

・関係帳簿の作成

等の10項目の例が挙げられ，実施管理者は，自ら直接それらを管理する必要がある旨も示されている。

　第4号の「教習に相当するもの」は，揚貨装置，クレーン，移動式クレーン及びデリックの運転に関する実技教習の規程に則したものでなければならず，試験の受験者は20人以上いなければならない。

　第3項では，登録教習機関に，登録製造時等検査機関に関する規定（第46条第2項・第4項，第47条の2，第48条，第49条，第50条第1項・第2項・第4項，第52条，第52条の2，第53条第1項〔第4号を除く〕，第53条の2）が

準用されているが，

これは，登録教習機関には，登録製造時等検査機関と同様に十分な社会的信頼性が求められるためである。

このうち準用された法第50条に基づき財務諸表等の閲覧の請求が認められる利害関係人には，受講希望者の所属する事業者等が含まれる。

第4項所定の政令で定める更新期間は，施行令第23条の2で5年とされている。

第6項は，実施計画を作成できない「正当な理由がある場合」があり得ることを定めており，関係通達によれば，これには，本条第3項で準用する法第49条に基づき大臣に事業休止を届け出た場合，受講見込み者数が著しく少ない場合等が該当する。

ト　求められる法改正は以下の通り。

（1）免許更新制度の導入

この点については，1988（昭和63）年の安衛法改正の際に検討されたが，有効期間を設けていないことにより災害につながったとする明確なデータがない，取得済の免許にかかる既得権の侵害になる，など

として採用されず，

その代わりに，法第19条の2により能力向上教育制度が定められ，安全管理者，衛生管理者，安全衛生推進者，衛生推進者，作業主任者，元方安全衛生管理者，店社安全衛生管理者，その他の安全衛生業務従事者が対象とされた。

しかし，努力義務規定のため，登録教習機関における需要が殆どないため，定期的な能力向上教育の義務化が望まれる（ただし，ボイラー技士等，個人的な技術・技能を問う資格は対象外とすべき）。

（2）能力向上教育カリキュラムの対象の拡大

現在は，能力向上教育指針により能力向上教育のカリキュラムが示されているものが，免許関係では，衛生管理者のほか，作業主任者ではガス溶接作業主任者，林業架線作業主任者に限られている。よって，高圧室内，エックス線，ガンマ線透過写真撮影，特定第1種圧力容器取扱等の作業主任者にも拡大すべきである。

技能講習関係でも，カリキュラムが示されているのが，法別表第18に掲げる37種のうち12種に限られるので，全てに拡大すべきである。

（3）免許と技能講習に関する定めの整理

現在，免許と技能講習に関する基本的事項の定めが分散しているので整理すべきである。

すなわち，

免許と技能講習の種類に関する定めが，法や規則の別表に，

免許試験の受験資格，試験科目等，技能講習の受講資格，講習内容の定めが，安衛則の別表や各規則に分散していて分かりにくいので，

免許と技能講習の種類は全て施行令，免許試験の受験資格等は安衛則別表第4，技能講習の受講資格等は同別表第6にまとめて規定できないか検討すべきである。

20　南解説（第9章第78条～第87条）

南解説は，法第9章に属する第78条から第87条を対象としている。

この章は，

企業単位で複数の重大労働災害を生じた事業者を対象とする特別安全衛生改善計画制度と，

同制度の対象には当たらないが，その適用によらなければ労災防止を果たし得ない事業場を対象とする安全衛生改善計画制度，

事業場の安全衛生の診断や改善指導等を業とし，所定の受検資格を充たす者が試験により認定される労働安全・衛生コンサルタント（国家資格）について定めている。

概要は以下の通り。

ア　本章が定める諸制度は，事業場による自主的な安全衛生確保を支援するための，行政による（人・組織の意識・知識への）働きかけという性格が強い。

イ　特別安全衛生改善計画制度は，2014（平成26）年の法改正（平成26年6月25日法律第82号）で新設された制度で，仮に事業場単位ではそうでなくても，企業単位では複数の重大災害を繰り返した「事業者」[292]に企業単位での改善策を講じさせるために設けられたもので，企業単位での措置の義務づけは，安衛法制史上初めてだった。

制度形成前の2009（平成21）年からの3年間にも，まさに企業単位で，起因物（災害をもたらすもととなった機械や設備等）や型（墜落・転落，転倒など，傷病を受けるもととなった起因物が関係した現象）が一致する災害を繰り返した会社が少なくとも20社あった。

ウ　特別安全衛生改善計画制度に関する第78条は，重大災害が発生し，その再発を防止するため必要がある省令所定の場合に同制度を適用する旨定めている。

特別安全衛生改善計画制度の適用の基本的要件となる重大労災については，安衛則第84条第1項に定めがあり，

死亡災害や労災補償保険法上の障害等級第7級までの障害が生じた場合か，

安衛法上の死傷病報告を踏まえ，それを「生じるおそれ」がある場合を指すこと，

また，災害発生当時に等級判定できないケースでは，その時点では重大災害には該当しないものと扱

い，その後確定の際に災害発生時点に遡って発生日とすること，

ただし，遅発性疾病の場合，医療による診断時を発生日とすること

等が通達（平成27年5月15日基発0515第1号）に示されている。

エ 「重大な労働災害の再発を防止するため必要がある」省令所定の場合については，安衛則第84条第2項に定めがあり，

①当初の重大労災発生から3年以内に他の事業場で起因物と事故の型が同じ重大労災が生じたことと，

②関係法令に違反したこと

等が主な要件とされ，

違反が問われる関係法令に一般労働者の長時間労働規制等は含まれず，あくまで安全衛生関係の規制に限定されているが，基本的な要件に厳密には当てはまらなくても，企業単位での重大労災の再発防止という制度趣旨に照らして個別判断される旨も通達で示されているし，

長時間労働による健康障害が複数生じていながら，長時間労働面接指導を行っていない（法第66条の8第1項違反），産業医に労働時間に関する情報を提供していない（法第13条第4項に紐付く安衛則第14条の2第2号違反），衛生委員会等で協議していない（法第18条第1項に紐付く安衛則第22条第9号違反）等，関連する安衛法上の規定違反として，本制度の適用対象となる可能性はある（三柴による）。

また，その対象とならない場合も，安全衛生改善計画制度の適用対象にはなり得る。

オ 特別安全衛生改善計画及び安全衛生改善計画の作成に際して求められる労働者の代表からの意見聴取（第78条第2項，第79条第2項）は，当該企業の全事業場ではなく，計画の対象とする事業場（安衛則第84条第4項第2号）のみで行われれば良いと解されている。もっとも，計画の対象とする事業場は，重大な労災が発生した事業場と同様の作業が存在するなど，同様の労災が発生する可能性がある全ての事業場とされている（平成27年5月15日基発0515第1号）。

カ 第78条は，第3項で，労使双方に特別安全衛生改善計画の遵守義務を課しており，

事業者がそれに反した場合，第1項，第4項が定める厚生労働大臣による計画の作成，変更の指示に反した場合と同じく，

必要な措置につき厚生労働大臣が勧告することができ（第5項），

それでもなお当該事業者がその勧告に従わない場合，その旨を公表できることになっている（第6項）。

企業名等の公表制度の趣旨は，特別安全衛生改善計画制度の実効性の確保（すなわち，企業単位での重大労災の再発防止）にある。

勧告や公表には，事業者による違反が要件とされており，労働者のみに不遵守がある場合の適用は困難と解される。

上述の特別安全衛生改善計画制度や安全衛生改善計画制度の作成に労働者（の代表）を関与させる制度（第78条第2項，第79条第2項）の趣旨については，その意見を反映することで同制度の実効性を高めるものとする見解がある。

すなわち，両計画の実現には，労働者の関与が必要であることが窺われることから，法第78条第3項が定める計画の遵守義務は，労働者にも課されると解され得る。

キ 監督指導状況として，2022（令和4）年1月時点で，特別安全衛生改善計画の作成及び提出の指示が発出された例は見当たらなかった。

元より，本制度創設時の国会審議に際して，重大な労災を3年以内に2回繰り返した企業は，当時18社にとどまっており，制度新設の効果をあまり期待できない旨が指摘されていた（平成26年6月11日衆議院厚生労働委員会［井坂信彦委員発言］）。参考人（有識者）として招致された三柴は，制度の存在自体に意味はあるが，柳生流の「抜かずの剣」とするのが良い旨を述べていた（平成26年6月13日衆議院厚生労働委員会）。

ク 安全衛生改善計画制度は，旧労基法（旧安衛則）時代に，戦後の産業復興に事業場での安全衛生対策が追いつかずに労災（特に，労働力増強の一方で教育や管理にかかる問題が災いして生じた災害）が多発していた実態を踏まえて当時の労働省労働基準局が策定した安全管理特別指導制度（以下，「特安」とも言う）と衛生管理特別指導制度（以下，「特衛」とも言う）を前身として，現行安衛法制度の際に法定されたものである。

このうち特安では，1950（昭和25）年，地方労働基準局ごとに，

①災害度数率の高さ，

②労災保険給付額の多さ，

③労働者数（150～1000人程度の規模）

を基準に選定し，発生災害の3割減を目標に，特別安全管理指導を行っていた。

指導内容には，

1）安全管理組織

2）安全委員会や安全管理研究会等の開催

3）安全点検の励行

4）危険有害業務の調査と対策

5）作業動作の標準化や教育訓練

6）安全教育計画の作成と実施

等が含まれていたと考えられる。

その実施の結果，1949（昭和24）年に比べ，（約1年間で）災害度数率は約15%減少したという。[294]

1952（昭和27）年には特衛もスタートし，労災発生率等ではなく，指導育成の必要性を基準に対象を選定し，

1）衛生管理組織（当時は「機構」と呼称）の整備
2）衛生管理者を主体とする衛生管理業務
3）衛生委員会の適正な運営
4）衛生教育の徹底と効果判定
5）健診の完全実施と判明した患者への事後措置
6）労働者疾病統計の作成による疾病発生状況や病気欠勤者，損失労働時間延べ数等の把握

等を中心とした指導が行われていた。その際，疾病の発生予防や作業環境改善に指導の重点が置かれていたようだ。

これらの指導は，労災や健康障害の防止のみではなく，労働生産性や企業経営の効率化，労災保険の支出削減等も目的としていたようだ。[295]

その後，現行安衛法制定過程で，中央労働基準審議会の「労働安全衛生に関する法制について」という答申により，安全衛生改善計画に基づく自主的な労災防止活動の推進が説かれ，その計画のための規定を創設することとなった。加えて，災害多発事業場に対する計画の作成指示と，専門家（労働安全・衛生コンサルタント）による助言を可能とする規定も盛り込まれた。この際，行政庁は計画作成を指示するが，その内容や運用の診断は労働安全・衛生コンサルタントによるスキームが予定された。

こうした経緯で設けられた安全衛生改善計画制度の本来の趣旨は，事業者を悪者扱いすることではなく，事業場ごとの自主的な労災再発防止措置の積極的な履行確保にあり，

講じられるべき防止措置も，当該事業場の（部門ごとの）性質，安全衛生状態に応じた「総合的な改善措置」となる。

具体的には，
・機械設備の配置や作業工程の改善，
・機械設備の改修，代替等の安全化，
・騒音，振動，暑熱環境等の有害性の除去，
・局所排気装置や換気装置の設置等の有害物対策，
・保護具の整備，
・作業標準の整備，
・教育訓練，
・安全・衛生管理者の選任，
・職務内容や権限の見直し等々，

法定内外の（ただし，基本的には法定の），

3ステップ・アプローチの全て，物的措置，人的・組織的措置の双方にわたる幅広い措置が該当し得る。

よって，その適用に際して，必ずしも法違反は要件とならない。ただし，本制度設定に際して，対策を事業者の自主性に委ねすぎるとの批判もなされていた。

ケ　安全衛生改善計画制度の適用の実際について，元監督官からは以下の情報が得られた。

1）都道府県労働局長による本計画の作成指示は，安衛法違反を要件としていないので，現に，優れた取り組みを促す目的で，それが可能な事業場になされることがある。

2）以前，資金に乏しい中小企業の労災防止基盤整備等の支援のための長期の低利融資制度（労働安全衛生融資制度。2001（平成13）年の特殊法人等整理合理化計画により廃止された）が実施されていた頃は，計画の作成を指示した事業場に対して，同制度を用いた設備投資を促していた。

3）やはり以前は，計画の作成を指示した事業場に，その旨を掲示させていた例もあった（ただし，対象とする上で違反が要件とされていないので，現在では不適当と解される）。

4）近時は，本条に基づく計画作成指示は少なくなっているが，介護事業等の第3次産業の事業場への適用例が出てきている。

衛生改善計画の実施には大きなコストがかかるため，作成指示が困難な実態がある。

5）法第80条により，都道府県労働局長は，本条により計画の作成を指示された事業場に，労働安全・衛生コンサルタントによる安全衛生診断を受けさせ，計画作成等についてその意見を聴くよう勧奨できる。そこで，以前は，その作成を指示された事業者を一同に集めて合同説明会を開催し，コンサルタントによる説明を受けさせることで，事業者が彼／彼女らに依頼することもあったが，現在はそうした機会も失われ，両者の繋がりが弱くなっている可能性がある。

コ　安全衛生改善計画制度の関係判例として，

石綿製品の製造作業に従事していた複数の労働者がじん肺にり患したことにつき，使用者の安全配慮にかかる損害賠償責任のほか，国の安全基準設定やその履行確保などの規制・監督権限不行使による国家賠償責任が争われた事案で，

国は，そもそも原告労働者らが主張するような規制・監督義務は負っていないし，例外的に行政裁量が収縮して権限不行使の責任が認められる場合があるとしても，本件で管轄の県労働基準局長は，当該事業場を衛生管理特別指導対象に指定し，改善計画の作成を指示して報告書の提出を受けるなどの措置を講じていた以上，その責任を負わないとした裁判例（長野地判昭61・6・27判タ616号34頁）があり，

<u>本制度の適用が，国の適正な監督権限の行使の裏付</u>

けとなることが窺われるが，

本計画の不遵守にかかる労使の民事責任等について述べた裁判例は見当たらない。

サ　主に第9章第2節が定める労働安全・衛生コンサルタント制度は，

そもそも，安全衛生は，事業者の自主的取り組みで行われるべきものだが，安全衛生の所掌が拡大し，その実現に高度な専門性を要する条件下，企業内で安全・衛生の専門家を設置する余裕がない中小企業等に実効的な指導を行わせることを主目的として設けられたものである。

第1節の最後，特別安全衛生改善計画制度と安全衛生改善計画制度に関する定めの後に設けられた法第80条は，まさに専門知識が求められることが多い両計画の作成ないし変更の際に，彼／彼女らを活用するよう誘うべく，厚生労働大臣が事業者に対してその意見を聴くよう勧奨できる旨を定めたものである。

シ　元々は，労働安全コンサルタントのみが法制度化される予定であり，衛生関係では，産業医，衛生工学衛生管理者，作業環境測定士等の資格があるため不要との意見もあったが，

関係の各専門家から得られた事業場に関する情報を統合して労働衛生管理を主導すべき存在として，衛生コンサルタントも法制度化された経緯がある。

この際，監督官との関係では，各事業者らによる自主的な安全衛生活動を民間の立場で支援する者としての意味があり，既に民間で安全衛生活動を推進している専門家がいるので，それらを活用することが有益である。監督官では賄えないほど著しい生産技術の展開をフォローできる等の意義が説明された。

なお，労働安全・衛生コンサルタントとは別に，やはり中小規模事業場で労働災害の防止を図ることを主な目的とした労災防止指導員制度があった。

これは，「労災防止指導員規程」（平成13年1月6日厚生労働省訓第41号）に基づき，都道府県労働局に設置され（同規程第1条），同労働局長の指示を受けて，中小規模事業場等における安全衛生管理にかかる指導に関する事務に従事する（同規程第2条），非常勤の国家公務員であった。

事業場を実際に訪問し，その知識や経験を活かして，主として安全管理について指導していた。

元監督官の玉泉孝次氏によれば，民間の存在である労働安全・衛生コンサルタントよりも，国家公務員である労災防止指導員による指導を受ける事業場もあったという。もっとも，平成23年に事業仕分けの一環として廃止された。

ス　労働安全・衛生コンサルタント資格は，その名称を用いて業として労働安全衛生にかかる診断や指導を行うものとして設計され，業務独占でも名称独占でもないが（ただし，法第81条が「労働安全コンサルタントの名称を用いて」〔第1項〕，「労働衛生コンサルタントの名称を用いて」〔第2項〕と規定していること等から，名称独占であるとの理解が一般化しているとの見解もある〔田中正晴氏（一社・日本労働安全衛生コンサルタント会専務理事）〕），

本来専属たるべき安全・衛生管理者について，1人目以外は当該コンサルタントの選任をもって足りる旨の規定や，

中小規模事業場では安全・衛生管理者の代わりに選任が義務づけられている安全・衛生推進者については，外部のコンサルタントの選任をもって代替し得る旨の規定など，

資格取得によって業務を果たし易いよう，制度的な支援が図られている。

セ　労働安全・衛生コンサルタントの一般的な役割には，

上述の特別管理指導の一環として，都道府県労働局長から事業者への改善計画の作成指示に際して，その勧奨を受けて行う安全衛生診断のほか，

（一社）日本労働安全衛生コンサルタント会が厚生労働省から受託している安全衛生診断事業にかかる業務等がある。

労働安全・衛生コンサルタントの選任自体を安全配慮義務の内容と述べた裁判例は見当たらないが，近年は，複雑多様な安全衛生課題に対応するため，産業医を筆頭に安全衛生の専門家の選任を使用者の安全配慮義務の一環と述べる民事裁判例も増えてきており，近い将来，そうした裁判例が出てくる可能性はある（三柴による）。

ソ　労働安全・衛生コンサルタントには，様々な事業場に立ち入って安全衛生診断や指導を行うことを前提に，登録制度（法第84条，第85条等）が採用されているほか，第86条で，信用と秘密の保持が義務づけられている。

第1項は，コンサルタントの信用や名誉を傷つけないよう，第2項は，業務上知り得た秘密の漏洩や盗用を禁じている。

特に第1項の内容は明らかでないが，日本労働安全衛生コンサルタント会の倫理綱領が，それを具体化している面がある。ここでは，品位の保持（綱領第2条），公正で誠実な業務遂行（同第3条）などと共に，能力を超える業務の禁止（同第5条），利益相反行為の禁止（同第8条）等が定められている。第6条には，秘密保持の定めもある。

また，倫理綱領を具体化した行動規範では，知っている事実を包み隠さず伝えること（≒ビジネスでは行わ

れがちな情報の出し惜しみ，情報操作をしないこと）(2-4)，仕事の他者への丸投げをしないこと（5-4），契約締結後に予想を上回る経費が生じても合意なく所定の報酬以上を請求しないこと（7-3），賄賂や心付けを得ないこと（8-2）等が定められている。秘密保持については，コンサルタントからの離職後を含め，業務上知り得た企業及び個人の秘密を，本人同意なく第三者へ漏洩したり盗用することを禁じる（6-2, 6-3, 7-3）と共に，そもそも業務に不必要な個人情報を得ないよう求めている（6-2）。

こうした倫理綱領と関係の深い法第86条第1項に罰則はないが，第2項が定める秘密保持義務，盗用禁止の違反には罰則が付されている[297]。よって，倫理綱領等のうち，第2項に関する定めは，その解釈例規的な性格を持っている[298]。

安衛法第91条第1項に基づく監督官の質問等に対して，労働安全・衛生コンサルタントが，秘密保持義務を理由とした拒否が許されるかについては，

弁護士法第23条に基づく照会に対して税理士が顧客情報を回答したことが，①税理士の専門家としての立場の公正性，②他人に知られたくない情報に触れること，③クライアントの税理士への信頼を裏切ることになること，等から秘密保持義務違反に当たるとした判例（大阪高判平26・8・28判時2243号35頁）が参考になるが，

監督官の質問等への回答拒否は刑事罰を招き得ること，監督官にも守秘義務が課せられていること（労基法第105条），監督官の質問等も労働安全衛生を目的とするものであって，コンサルタント業務の目的と共通すること等から，基本的に拒否は許されないと解される（逆に言えば，労働安全衛生を目的とするものでなければ，拒否も許されることになろう）。

タ　法第87条は，日本労働安全衛生コンサルタント会について定めており，同会の目的を会員の指導と連絡に関する事務とし，具体的には，診断方法の調査研究，教育・出版等が行われている。

同会は一般社団法人とされ，定款でコンサルタントを社員（企業等の従業員ではなく，株式会社でいえば株主に当たる社団法人の持ち主を意味する）とすべきことも規定されているため，一義的には，コンサルタント相互の利益を図る団体と位置づけられていると考えられる。

以前は2006（平成18）年改正前民法第34条に基づく公益法人とされていたが，平成18年の公益法人制度改革により，一般社団法人と位置づけられた。社会福祉法に基づく社会福祉法人，私立学校法に基づく学校法人など，個別法上の公益法人としての位置づけも付与されなかった。

他方で，安衛法は，同会が厚生労働大臣の監督に服する旨の規定も置いている。日本労働安全衛生コンサルタント会という名称には独占使用が認められているが，労働安全・衛生コンサルタントという名称に独占使用は認められていない（ただし，異論があることにつき，前頁の田中正晴氏の見解を参照されたい）。日本労働安全衛生コンサルタント会は強制加入ではなく，個々の労働安全・衛生コンサルタントは，同会に所属しなくても同コンサルタントとしての国家資格を維持できる。

とはいえ，国家資格としての同コンサルタントの称号は，所要の試験に合格し，厚生労働大臣の指定登録機関（現在は，安全衛生技術試験協会）に登録して初めて得られることとされている。

このように，労働安全・衛生コンサルタント及び労働安全衛生コンサルタント会は，絶妙な法的立ち位置にある存在と言える（三柴による）。

チ　第9章の改正案は以下の通り。

1）特別安全衛生改善計画制度については，その立案過程で，労働者側の代表から，過重労働やメンタルヘルス対策も同制度の適用対象とすべきとの意見が示されていたことや，過重労働が社会問題化している現状も踏まえ，

企業単位で複数の過労死等を生じている場合，同制度の適用対象とすることも検討に値する。

2）労働安全・衛生コンサルタントの試験区分は細分化されている。しかし現状では，どの区分で合格しても全ての業務をその資格を名乗って遂行できる仕組みとなっているので，再検討の価値がある。

3）イギリスの安全衛生コンサルタント制度等を参考に，必要な場合の選任の義務化を検討すべきではないか。

4）労働安全・衛生コンサルタントの職務の公益性，それをバックアップする労災防止団体としての性格から，コンサルタント会の公益法人化を検討する価値がある。

[21] **鎌田・田中解説（第10章第88条〜第100条）**

鎌田・田中解説は，法第10章に属する第88条から第100条を対象としている。

この章は，危害防止基準（なすべきこと・なすべきでないことを具体的に定め，罰則で強制して安全衛生の確保を図る規定）の設定とその強制という刑事一般法的な手法ばかりでは，

①関係者の技術，知識，意識，財政など様々な事情から法目的の達成が困難であること，

②人の生命身体健康という保護法益の重要性から，より積極的な措置を講じる必要があること

等を背景に，

　行政を労働安全衛生の実現のための資源と見立て，様々な形で関与を図らせようとしている。

　同解説の概要は以下の通り。

　ア　戦前の工場法は，既に設置された設備や建築物等に災害発生リスクがある場合，改善策や使用停止を命じ得る旨の規定は設けていたが，

　それらの新設，操業開始段階での検査等は，各府県の警察命令である工場取締規則に委ねていた。

　戦後，旧労基法制定に際して，事業場の設備等，付属寄宿舎（建設現場に設置されるものを好例として，事業者が労働者のために提供する宿泊施設）について，一定の基準に沿った新設計画を届け出させ（第45条，第96条），安全衛生上必要な場合に着手差し止め，計画変更命令等の監督措置を講じ得る旨の規定（第54条）が設けられ，

　1972（昭和47）年に現行安衛法が制定された際に，第88条にそれらの規定の内容が概ね引き継がれつつ，

　①特定の（：危険と認められる）機械を物的対象に含めるほか，設備等について，場面として，主要構造の変更や移転も適用範囲に含める，

　②重層的下請関係下では，発注者（他者から仕事を請け負っていない最も先次の注文者〔法第30条第2項〕。法第31条の3からも明らかなように，自ら仕事の一部を行うか否かは問われないが，請負業者でないこと〔いわばお客様〕を前提にしているので，自身で仕事を行わないことが多い。自ら仕事を行う場合，元方事業者に該当し得る）や元方事業者のみを適用対象とする，

　などの整序及び充実化が図られた。

　その後，1980（昭和55）年の法改正で，工事計画の策定に特定の有資格者を参画させるべきこととされ，

　1988（昭和63）年の法改正で，必要に応じ，発注者向けの勧告等ができることとされた。

　2014（平成26）年の法改正で，<u>大規模工場等で生産ライン等を新設・変更する場合の事前届出制度が廃止</u>され，

①危険な機械等の設置・移転（本条第1項），
②大規模建設工事等（本条第2項），
③一定の規模・種類の建設工事や土石採取（本条第3項），

　の事前届出制度等の3種が残存することとなった。

　イ　法第88条は，以上のような経緯を経て，

　① それ自体にリスクがあるか，有害作業を要するか，それ自体労働者の安全衛生の確保を目的とする機械等（危険有害機械等），

　すなわち，

1）動力プレス，
2）一定容量以上の金属等の溶解炉，
3）危険物の製造・取扱い等を行う化学設備，
4）乾燥設備，
5）一定以上の出力の原動機を持つ機械集材装置（材木等をつり上げて一箇所に集積する装置），
6）一部を除く一定以上の高さの足場，
7）一定の有機溶剤の蒸気の発散源の密閉設備，
8）局所排気装置，
9）一定の換気装置，
10）一定の鉛や焼結鉱等の粉じんの発生源の密閉設備，
11）事務所則所定の空気調和設備等，
12）四アルキル鉛のガソリンへの混入業務に用いる機械等，
13）特化則所定の第1類物質（特に有害性が強い発がん性物質等）や第2類物質（第1類に次いで有害性が強い発がん性物質等）を製造する設備等

　の設置，移転，変更を行おうとする場合（本条第1項），

　② 過去の災害状況を踏まえて選定された，特に大規模な建設業の仕事，

　すなわち，爆発，倒壊，異常出水等のリスクが高いトンネル，橋梁，潜函（圧縮空気で地下水の流出を防ぎながら作業ができるようにしたコンクリート製の箱。ケーソンともいう）等にかかる建設工事のうち，一定の規模や性質の仕事。

　　一例として，最大支間500m以上の橋梁建設の仕事を開始しようとする場合（本条第2項），

　③ ②には達しないが，やはり過去の災害状況を踏まえて選定された

1）一定の規模や種類の建設業の仕事（一例として，最大支間50m以上の橋梁建設の仕事）
2）土石採取業（鉱業を除く）の仕事（一例として，地中に穴を掘って採掘する坑内掘り〔≠露天掘り〕）

　を開始しようとする場合（本条第3項）には，

　②の場合，厚生労働大臣宛に，

　①③の場合，所轄の労基署長宛に，

　各行為の30日前までに，所定の様式による届出書のほか，所定の書面と図面等を添えてその計画を届け出るべきこと（第1項〜第3項），

　当該計画のうち省令所定のものの作成に際しては，省令所定の資格者（労働安全・衛生コンサルタント）を参加させねばならないこと（本条第4項），

　これらの義務は，重層的下請構造下では，仕事を自ら行う発注者や，その者がいない場合は元請人が負うこと（本条第5項），

　ただし，労働安全衛生マネジメントシステムを適正に実施していること等を所轄の労基署長が認定した場合，①②の届出が免除されること（本条第1項但書。計

画届免除制度），

　厚生労働大臣や所轄労基署長は，届出内容を審査し，法令違反事実を認めれば，工事差止め命令や計画変更命令を発し得ること（本条第6項），

　当該命令等の発令時に必要がある場合，発注者に対して，労災防止のための勧告や要請を行い得ること（本条第7項）

を定めるに至った。

　第1項ないし第4項違反には罰金刑，第6項違反（命令に従わない場合）には罰金刑又は懲役刑が下され得る（第120条第1号，第119条第2号）。

　ウ　計画届免除制度は，法第28条の2，安衛則第24条の2に基づく指針等の関係規定に沿って，労働安全衛生マネジメントシステムを適正に実施していることのほか，労災発生率が平均未満，申請日前1年間に重大労災が生じていないこと等を条件に，事業場に対して，所轄労働基準監督署長の認定により適用されるが，

　建設業者については，

　店社安全衛生管理者（法第15条の3：特定元方事業者は，混在作業について統括管理義務を負うところ，法第15条に基づく統括安全衛生責任者の選任義務を負わないが，原則として労働者数20名以上の規模の一定の危険な作業〔ずい道工事等〕について，法定されてはいないが，必要上通例選任される現場の統括管理担当者の指導・支援のため，選任が義務づけられる者。選任の主な基準は，場所より契約なので，概ね，ゼネコンが該当する元方事業者の支店の担当者等が宛てられる）

と同様に，「当該仕事の請負契約を締結している事業場（事業場は法人とは限らず，契約の主体になれない場合もあり得るので，法人が契約主体なら，ここで「請負契約を締結している事業場」とは，「請負契約を締結した法人等（建設業元方事業者）において当該一の場所の仕事の管理，指導を担当している事業場」と読み替えるべきこととなる〔三柴〕）」ごとに認定されることとなっている。

　安全衛生マネジメントシステムの一次的な運営評価は，一定要件を備えた労働安全・衛生コンサルタントに委ねられている。

　エ　重層的請負関係下で建設工事が行われる場合，下請（工事を自ら行う発注者や元請人以外の者）は届出義務を負わない（本条第5項）。

　元請人が共同企業体であって，そのうち代表となる企業が共同企業体代表者届を労基署長に提出した場合，法第5条に基づき，当該企業のみに第88条の届出義務が生じる。

　事業者に第88条履行の意思があるのに，受任者や補助者（従業員）の故意や過失で違反が生じた場合には，両罰規定（第122条）が適用され，当該事業者と共に，第88条の名宛人ではない当該受任者や補助者が行為者として処罰され得る。

　オ　本条違反の送検事例として，以下のような例がある。すなわち，

　労基署の臨検で，A社が施行する高さ30m超のマンションの建設工事につき，本条（法第88条）第4項（現在の第3項）所定の建築工事計画届及び第2項（現在の第1項）所定の足場設置届が提出されていないこと，やはりA社が施工する別のビル建築現場でも足場設置届が提出されていないことが確認され，各現場代理人X，Yに是正勧告書を交付したが，その後も双方で足場設置届が提出されなかったため，悪質と認め，

　A社，X，Yの三者を本条第2項違反の疑いで送検したもの。

　カ　法第89条と第89条の2は，法第88条の特則である。

　第88条に基づき届け出られた計画のうち，既存の法令上の措置基準や構造規格に合致していても，

　①技術革新，設備の大型化，新規有害物質の登場等を背景に，高度の技術的検討を要するもの，

　例えば，新規に開発された工法等を採用する建設計画や，石油化学工場等における新生産方式の採用による設備増設計画等

については厚生労働大臣が，

　②それに準じるもののうち所定のもの，

　例えば，高さ100m以上の建築物の建設の仕事のうち，埋設物等が輻輳する場所の近くで行われるもの，

　堤高が100m以上のダム建設の仕事のうち，車両系建設機械の転倒等の危険がある場所で同機械を用いて作業を行うもの等

については都道府県労働局長が，

　その計画に係る建設物，機械，仕事の規模等を勘案して，審査できる旨が定められている（第89条，第89条の2）。

　キ　法第90条は，本法の施行事務を労働基準監督署長と労働基準監督官が司る旨を定めている。また，本条の委任を受けた安衛則第95条は，第1項で，本法規則の施行事務に際して，監督署長は都道府県労働局長の指揮監督を受けること，第2項で，立入検査，司法警察員の職務等の法の施行事務に際して，監督官は上司の命を受けること，第3項で，法第91条第3項が定める監督官が携帯し，適宜提示すべき身分証票は所定の様式によるべきこと，を定めている。

　すなわち，本法の施行事務は，都道府県労働局長＞監督署長＞監督官の指揮監督系統のもとで行うべきことが定められている。

　労基法第99条は，第1項で，同法の施行事項等につ

き，労働基準主管局長が厚生労働大臣の指揮監督下で都道府県労働局長を指揮監督すること，第2項で，同じく，都道府県労働局長は，労働基準主管局長の指揮監督下で管内の監督署長を指揮監督し，第3項で，同じく，監督署長は，都道府県労働局長の指揮監督下で所属職員を指揮監督すること，第4項で，労働基準主管局長及び都道府県労働局長は，下級官庁の権限を自ら行うか，所属の監督官に行わせることができることを定めている。

従って，本法（安衛法）が労基法と一体と考えれば（本法第1条参照），その施行事務についても，厚生労働大臣＞労働基準主管局長＞都道府県労働局長＞労働基準監督署長＞労働基準監督官という指揮監督系統のもとで行うべきことになる。この際，本条（安衛法第90条）のうち，労基法第99条の定めと重複する部分は，その確認規定だと解釈できるが，立法者は，おそらく，両方を別ものと考えたうえで本条を設けたと解され，本法の施行事務に際して，労基法第99条所定の指揮命令系統は，尊重すべき秩序だと理解していたように思われる〔三柴の見解〕。

ク　法第91条は，
労働基準監督官による令状なしの立入，帳簿等の検査，作業環境測定，物品の収去等の権限（第1項），
医師である監督官による伝染病等の疑いのある労働者への検診の権限（第2項），
第1項，第2項の権限行使に際しての証票の携行・呈示の義務（第3項）
と併せ，
第1項の権限が刑事責任追及目的ではないことを定めている（第4項）。

実際の立入調査（臨検監督）には，定時監督，災害時監督，申告監督，再監督の4種類があり，そこで労働基準関係法令違反が認められれば是正勧告（是正勧告書の交付）が行われる。

是正勧告は行政指導に過ぎないが，対象者が<u>違反状態を放置すれば</u>，行政処分としての報告の命令（労基法第104条の2）がなされ，対象者が応じないか，虚偽の報告を行えば，労基法第120条第5項に基づき送検手続を講じ得る。

他方，法令違反に当たるとは限らないが，ガイドラインに反するなど，状況改善の必要が認められる場合，指導票が交付され得る。

ケ　犯罪捜査の必要が認められた場合，監督官は，司法警察官として，刑事訴訟法に沿って職務を執行することとなる。

強制捜査（差押え，捜索，検証等）には当然ながら令状が必要となる。労働法違反の捜査は高度に専門的であることから，監督官にその権限が認められることと

なった。かつては，どのような場合に司法処分にするかの判断基準（司法処理基準）が存在したが，現在は存否自体公開されていない。実際には，死亡災害などの重大災害をもたらす法違反，いわゆる「労災隠し」，「虚偽申告」などの故意性，公益侵害性が強いものが処分対象とされる傾向にある。

罪刑法定主義は刑事司法の基本だが，安衛法の解釈では，リスクに応じた運用が必要なため，拡大解釈は許されるべきである。

行政権限の行使と刑事司法手続きとは厳格に区分すべきであり，現にそのように運用されている。労働基準監督官による司法警察職員としての役割は，第2次大戦後，労働行政が警察行政から分離して以後，その専門性を頼みとして，労基法違反事件について委ねられることとなったものである。

コ　わが国の労働監督制度の発祥は，1892（明治25）年鉱業条例に基づく鉱業監督制度だが，一般的には工場法施行の直前に農商務省商工局に置かれた工場監督官4名と同監督官補5名と理解されている。

1916（大正5）年には，工場法の施行を，都道府県の警察部に置かれ，独立官職としての身分保障のない工場監督官と同監督官補計208名が担うこととなり，

1938（昭和13）年に厚生省労働局監督課が工場法を所掌することとなって3年後に，労務監督官，労務監督官補に改められ，戦時体制下には労務管理官に名称が統一され，

戦後，1947（昭和22）年に労基法が制定されると，労働監督機関は新設された労働省のもとに統一されると共に，1923年 ILO 第20号勧告をモデルに一定の独立性と身分保障が付与されるに至った。

サ　労働基準監督官による令状なしの立入，検査，収去等の合憲性について参考になる判例として，

被告人が令状なしの税務調査（書類呈示の要求）を拒否したために起訴された事案で，同調査の合憲性が争われた川崎民商事件・最大判昭47・11・22判時684号17頁がある。

同判決は，侵入，捜索，押収等における令状の必要性（令状主義）を定めた憲法第35条第1項は，刑事責任の追及手段としての強制に対する司法権による抑制を保障した規定だが，旧所得税法に基づく検査のような目的を異にする類似の手続にもその保障は及び得ること，

他方，本件質問調査は，刑事責任の追及を目的としておらず，刑罰も間接強制的な性格のもの（∵調査を拒めば罰則が適用され得るが，調査の受け容れ自体が強制されるわけではない）で強制度合いは直接強制的なものほど強くなく，

重要な公益目的の実現に不可欠で，その目的との関

係は不均衡ではないことなどから，
<u>令状がなくても違憲ではないとした。</u>

シ　法第93条は，本省，都道府県労働局，労働基準監督署に，産業安全専門官及び労働衛生専門官を配置し，

前者には，

①特定機械等の製造許可（法第37条），

②特別安全衛生計画や安全衛生改善計画のうち産業安全に関する事項の審査，

③災害原因調査

等の産業安全に関する事務，

後者には，

①有害物の製造許可（法第56条），

②新規化学物質の有害性調査に係る勧告（法第57条の4第4項に基づくものなど），

③作業環境測定，

④特別安全衛生計画や安全衛生計画のうち労働衛生に関する事項の審査，

⑤災害原因調査

等の労働衛生に関する事務

を司らせることとしているほか，両者に，それぞれの専門に係る労使への指導援助を行わせることとしている。

本条の細則が，「産業安全専門官及び労働衛生専門官規程」に設けられている。同規程は，本省配置の専門官を中央専門官，都道府県労働局以下配置の専門官を地方専門官と呼び分けている。専門官は，一定の知識経験を持つ（：行政職俸給表（一）の3級以上となった）技官や監督官らが就けられる職名である。

ス　法第94条は，両専門官の立入，質問，帳簿等の検査，作業環境測定，物品の収去の行政権限（≠司法警察権限）を定めている。

専門官制度は，技官を就任させることで，こうした行政権限を行使させる意味も持つが（ただし，専門官には，立入権限があり「指導」はできても，「監督」〔是正勧告，使用停止等命令〕といった処分性の強い行政措置は行使できない），現在は，地方での技官任用が停止され，監督官がその任を担うこととされているため，その趣旨は希薄化している。

法第93条，産業安全専門官及び労働衛生専門官規程には，産業安全専門官は安全関係業務，労働衛生専門官は衛生関係業務を所掌する旨の定めがあるが，

実際には，都道府県労働局の健康安全課でも労働基準監督署でも，そのいずれかしかおらず，名称に関係なく「安全衛生」の業務全般を担当していることが多い。もっとも，安全と衛生の連携という意味では問題とはいいきれない。

セ　法第95条は，都道府県労働局に労働衛生指導医を置き，

都道府県労働局長の指示による

作業環境測定（法第65条第5項）の実施，

同じく臨時健診（法第66条第4項）の実施

にかかる意見具申など，労働衛生に関する専門医学的立場から労働衛生行政に関与させることを定めている。関与を定めた条文は，労働衛生指導医を主語として，語尾は「～の事務に参画する」となっており，義務とも権限ともつかぬ，絶妙な定めぶりである（三柴）。

この制度は，1968（昭和43）年の労働衛生指導医規程で，衛生環境の改善，職業病予防等への貢献を目的に設けられた制度を引き継いだもので，非常勤の国家公務員として，集団的措置と個別的措置の双方への貢献が予定されている。

一例として，鉛中毒患者が発生した事業場でり患が判明している労働者以外にも臨時健診（法第66条第4項）の実施を指示するに際して，①必要性の判断理由，②健診項目，③実施すべき労働者の範囲等を示すために参画を得るような場合が挙げられる[302]。

ソ　法第96条は，型式検定に合格した機械等の受検者（主に製造・検査業者）やその機械等の設置者，労働安全・衛生コンサルタント事務所，登録製造時等検査機関等の事務所等への厚生労働職員らによる立入，検査等を定め，長文にわたっているが，

要するに，

①機械等の本質的安全化を図るため，型式検定（大量生産予定のもののサンプル検査など）や個々の機械の安全性能検査の万全を図ること（第1項），

②安全衛生の確保にとって重要な外部からの審査的，指導的役割に加え，内部的な安全衛生管理体制の要にもなり得る労働安全・衛生コンサルタント及びその業務の質の確保を図ること（第2項），

を目的とした規定である。

①の規定が特に型式検定の万全を図った趣旨は，個別検定が免除されているがゆえの安全性担保である。すなわち，個別性・特例性が強いが，水平展開されるという意味で影響力が大きく，高い専門性が求められることから，型式検定（を受けた機械等の構造や，それらを製造・検査する設備等）の監督を厚生労働大臣の権限とし（第1項），

同じく影響力の大きいコンサルタント業務の監督も厚生労働大臣の権限とし（第2項），

より定常性が強い登録製造時等検査機関等の業務の監督を厚生労働大臣又は都道府県労働局長の権限とした（第3項）。

コンサルタント業務の監督に労働衛生指導医の関与が必要な場合，同指導医に事業場への立入，質問，作

業環境測定や健診結果等物件の検査をさせることができる旨の定めも置かれた（第4項）。

条文上，権限の主体は都道府県労働局長であり，同人が，指導医をして，そうした行為を行わせる，すなわち，指導医は，自身の権限ではなく，労働局長の権限を代行するという方式が採られている（三柴による）。

タ　法第96条の2は，平成18年に成立した独立行政法人改革関連厚生労働省関係法律整備法（平成18年3月31日法律第25号）により追加された規定であり，独立行政法人労働者健康安全機構に災害調査（労災の原因調査），立入検査等を行わせることができること等を定めている。

本条が調査，立入の権限を与えた対象は，当初は独立行政法人労働安全衛生総合研究所であったが，組織改編により，労働者健康安全機構に統合された経緯がある。労働安全衛生総合研究所は，元は国立機関で，その後独立行政法人となった産業安全研究所と産業医学総合研究所が併合されてできた経緯がある。現在も，本条に基づく業務は同機構内の同研究所が行っている。

実際のところ，本条による立入検査は，労働安全衛生総合研究所の頃より，安衛法規違反が窺われ，重篤な被害が予想されるような条件でなければ，適用され難かった。

他方，調査（労働災害調査）は，比較的よく実施されてきた。

すなわち，その規模や性質から，災害原因の調査に高度な専門性が求められ，監督官等では難しい場合，機構（以前は労働安全衛生総合研究所）に調査が委ねられて来た。

機構における災害調査の流れは以下の通り。

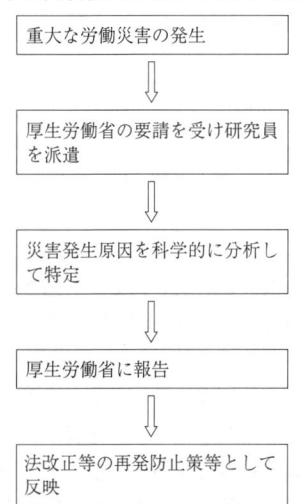

2017（平成29）年度の本条に基づく（：厚生労働省の要請による）調査実施件数は9件，調査結果等報告は13件だった。その他，鑑定等12件，労災保険給付に係る鑑別，鑑定等7件，行政機関依頼調査1件となっている。

チ　法第97条が定める安衛法令違反事実に関する労働者の申告権は，<u>労働行政に権限の発動を促すことをもって労働安全衛生行政の実効性を確保するために保障されたもの</u>である。すなわち，労働行政に権限発動の作為義務を課したものではないと解されている。

その旨を示した例として，

①東京労働基準局長（青梅労基署）事件・東京高判昭56・3・26労経速1088号17頁（本件は上告されたが，最3小判昭57・4・27未登載で棄却された），

②池袋労基署長事件・東京高判昭53・7・18判時900号68頁，

が挙げられる。

ただし，学説の中には，放置することで，労働者の生命・身体・健康に重大な侵害が予想される場合，少なくとも申告に基づき，事実調査等の作為義務が生じるとするものもある。

本条は強行規定なので，本条第2項に反する不利益取扱いは，事業者の報復的意思の存在（実際の認定は，概ね間接的な事情からの推認となる）を要件として，解雇等の法律行為であれば違法無効となり，いじめ等の事実行為であれば不法行為となり得る。

ツ　使用停止命令等と銘打たれた法第98条は，刑事罰とは別の方法で，広く安全衛生基準の実効性を確保するために，行政機関が，それに違反した

①事業者，
②注文者，
③機械等貸与者，
④建築物貸与者

に対して，作業や使用の停止，変更等を命じられることとした規定である。

元は，工場法第13条が，工場及び附属建設物や設備が危害を生じるおそれがある場合（衛生風紀その他公益を害する場合も含む）を要件に同旨の定めを置いていたが，それらの新設等については検査・監督権限を定めていなかったところ，

旧労基法が，第54条に，それらの新設移転変更に際しての監督措置（基準に則して届け出させ，必要に応じて工事を差し止め，使用を停止させること）を定めたことを受け，

それらの工事の開始後や設備の設置後に生じた安全衛生基準違反に対応することを主目的として，第55条に工場法第13条と同旨の規定を定めると共に，建設物，寄宿舎等の附属建設物や設備のみではなく，原材料（を使用する場合）も行政措置の対象に加えた。

それが安衛法制定の際に更に拡大されて本条に引き

継がれた経緯がある。

テ　第98条に基づく使用停止等の命令は，あくまで同条に列挙された条項違反の場合に限られ，

それには，

①法第20ないし第25条，救護に関する第25条の2のような事業者を名宛人とした規定のほか，

②第25条の2第1項を援用した第30条の3第1項や第4項のような，元方事業者等を名宛人とした規定，

③物の管理に関する法第31条第1項のような，建設物等（建設物，設備，原材料）を請負人の労働者に使用させる一定の注文者を名宛人として，当該建設物等にかかる労災の防止措置を義務づけた規定，

④法第33条第1項のような，特定機械等の貸与者（リース業者）を名宛人として，受リース者側で生じる，当該機械等による労災の防止措置を義務づけた規定，

⑤法第34条のような，建築物貸与者を名宛人として，当該建築物による労災の防止措置を義務づけた規定

が当てられている。

ト　第98条に基づく使用停止等命令の発令要件である法違反の判断基準については議論がある。

例えば，事業者に墜落防止措置を義務づけた安衛則第518条（法第21条第2項を具体化した規定）は，作業床設置の要件として，高さが2m以上であることのほか，労働者に危険を及ぼすおそれがある場合と定めている（その他，安衛法令が構成要件とする「危険のおそれ」などの不確定法概念については，原解説を参照されたい）。

そのため，具体的・形式的な高さ基準のほか，落下場所の態様，労働者の年齢技量等を実質的に総合考慮する必要があるとの見解があり得るが，

足場からの墜落事案を審査した広島簡判昭56・4・9［未登載］は，<u>安衛法規は，危険を定型化して労災防止を図ろうとしたものなので，該当する形式基準に反することは，すなわち労働者への危険の可能性があることであり，それをもって命令の発令要件たり得る</u>と解している。

ナ　建設物や設備等について変更を命じられる範囲は，違反した規範の保護「目的」と当該建設物等の「性質」を考慮して決定される。

そのため，目的が重要で，目的志向で命じる措置を柔軟に検討する必要があろうが，一般にどんな条件下でも有効な方法と考えられる，安衛則で義務づけられた安全装置の備え付けのような措置は，当然に命じ得ると考えられる（ただし，コストを考慮した方法を命じなければならないか否か等は要検討）。

使用停止等命令は，所定の書式をもって，違反法令，期日等の事項を明示して行われ，当該期日までに違反状態が是正されない場合，刑事手続きが採られ得る。命令発令後に違反状態が是正された場合，命令を受けた者が，その旨発令者に報告せねばならないと解されている。

ニ　法第98条第3項は，

法令違反があって，なおかつ都道府県労働局長等の権限行使を待っていられないほど事態が切迫している場合，

労働基準監督官が，自ら使用停止等の権限を即時に行使できる旨を定めており，

この規定は，本条が定める法違反は，現場の監督官による臨検で初めて発覚することが多いことを踏まえて設けられた。

ヌ　事業者などの法令の名宛人が本条（法第98条）所定の法令に違反し，労働者からの申告がなくても労働監督機関がその事情を認識し得たような場合に，その権限を発動する義務を負うか（その義務違反につき国家賠償責任を負うか）に関するリーディングケースとして

大東マンガン事件（植田満俺精錬所・守口労基署長事件）・大阪高判昭60・12・23判時1178号27頁がある。

本件では，マンガンの粉じん等が飛散する工程で就業していてマンガン中毒等にり患した労働者が，当該被害は，事業者による従前からの関連法令違反があり，労働監督機関は，（従前に条件是正の指導をした経緯もあって，）労働者の生命身体健康が侵される危険を認識し得たのに，臨検，指導勧告等，適切な監督措置を講じなかったことにより生じたとして（ただし，本件で労働者は，<u>法第97条に基づく申告を行った形跡はない</u>），国の国家賠償責任を問うた。

判決は，

1）労働基準監督行政の権限行使は直接労働者に責任を負うものではなく，基本的にはその裁量に委ねられている，

2）労働安全衛生に関する諸規定は，使用者に第一次的かつ最終的義務者であることを前提とし，行政官庁の権限はそれを後見的に監督するものとされている，

3）しかし，

①切迫した重大な危険の発生が予見される，

②監督権限行使によらねば危険の発生を防止できない，

③現に権限行使によりそれを防止できる，

という条件を充たすのにその権限を行使しなかった場合には，国家賠償責任が生じる，とした。

なお，労働者が積極的に労基法違反を申告した場合にも，監督機関は権限行使する作為義務を負わないとする判例もある（池袋労基署長事件・東京高判昭53・7・

18判時900号68頁)。

ネ　第98条第4項は，重層的下請関係等の下で，請負人らに対して第1項所定の使用停止等命令が発令され，その実効性確保のために必要と認められる場合，

都道府県労働局長や労基署長は，注文者への勧告や要請を行えるとしている。

これは，請負人らの法令違反に注文者の作為・不作為が影響しているとの考えに基づいている。

安衛法は，事業者にとどまらず，危険有害物質等の製造者，流通者，注文者等にもリスク最小化のため一定の措置義務を課している。これは，リスクを創出しかつ容易にリスク管理できる者に災害防止の責任を課すという考え(いわゆる「リスク創出者管理責任[306]」)に基づくものとも理解でき，本条はこうした考えをふまえたものともいえよう。

ノ　本条(法第98条)に基づく使用停止等命令を遵守せず，事業者が送検された事例も存在する。

例えば，両手操作式や手払式程度の安全装置しかない旧式のクランクプレスで，作業員に単品の穴あけ加工をさせていたところ，左手人差し指を第1関節から切断する災害を発生させたこと，過去5年間に4件のプレス災害を生じ，使用停止命令を受けていたこと等を踏まえ，再発可能性を考えて，事業者である法人と工場長を安衛法違反の疑いで送検した例が挙げられる[307]。

ハ　法第99条は，

第88条第6項や第98条第1項〜第3項とは異なり，

法令違反がないか，確定できない場合でも，

労災発生の急迫した危険があり，かつ，緊急の必要があるとき(：労災発生が目前に迫っていて，放置すれば労働者の生命に危害が及ぶと予想されるような状態で，かつ，労災発生を防止するための措置を直ちに講じなければならない場合に)，

必要の限度で，都道府県労働局長，監督署長が，作業停止，建築物等の使用停止等を命じられることとしたものである。

これを緊急措置命令といい，実務上は，概ね，事業者にその旨の文書(緊急措置命令書)が交付されている。

もっとも，これら法令違反を要件としない行政行為の活用状況について，元労働基準監督署長(玉泉孝次氏)にヒアリング調査を行ったところ，活用例が極めて少ないことが判明した。これは，本条が必ずしも法令違反を前提としない代わりに，急迫した危険で緊急の必要がある等の厳格な要件が課されていることによると解される。

とはいえ，法令に囚われない労災防止対策の砦であり，もう少し積極的な活用が図られても良いように思われる(三柴[308])。

ヒ　法第99条の2は，

都道府県労働局長が，死亡災害等の重大災害が発生したり，災害が多発した事業所の事業者に，その事業場の安全・衛生管理者などの労働災害防止業務従事者に指定講習を受けさせるよう指示できる旨を定めている。

無災害の事業場がある一方，災害が繰り返される事業場もある現実を踏まえ，1992(平成4)年の法改正で設けられた。その講習には，法令や安全・衛生管理の方法のほか，実際の労災事例と防止対策が含まれている。

この規定は，立法者が，災害(の再発)防止にとって，安全衛生人材による管理体制が重要と考えていたことを示しているが，実際にはあまり活用されていないようである。

フ　法第99条の3も，1992(平成4)年改正で設けられた規定で，

第61条第1項が定めるクレーン運転等の就業制限業務(危険性や有害性が認められ，一定の資格を持つ者以外の就業が禁止された業務)の有資格者が，当該業務について本法令違反により労災を発生させた場合，都道府県労働局長が，事業者ではなく，当該有資格者に対して，直接，指定講習の受講を指示できる旨を定めている。

当該講習には，危険な機械等の構造やそれを用いた作業方法(＊安衛法上，この文言は，どこでどのように原材料を製造・加工するか，機械を操作するか等の具体的な作業の手順や手法であり，主に作業計画により改善され得るもの)等のほか，やはり，関係法令や実際の労災事例と防止対策が含まれている。

ヘ　法第100条は，

第1項で，厚生労働大臣以下労基署長までの労働行政機関が，本法の施行のため，労使のほか，機械等貸与者，建築物貸与者や労働安全・衛生コンサルタントに報告や出頭を命じることができる旨を定め，

第2項で，登録製造時等検査機関等にも報告を命じ得る旨を定め，

第3項で，労働基準監督官が，労使に報告させたり出頭を命じられる旨を定めている。

事業者等から報告を求める旨の定めは安衛則のほか各種規則に多数存在し，概ね本条第1項に基づく。安衛則が定める健診結果報告制度(第52条)や特別規則が定める様々な特殊健診結果報告制度，労働者私傷病報告制度(第97条)等がそれに該当する。

このうち労働者死傷病報告制度(安衛則第97条)は，行政も特に重視しているが，これに反していわゆる労災隠しが行われる場合が多い。その背景として，

①建設業における工事の受発注への支障，
②労災保険料の増額，
③刑事責任の追及に繋がること，
④作業責任者等の勤務評価の低下
　等を回避する意図が指摘されている。
　最近の法改正で，派遣労働者の労災については，派遣先と派遣元の双方に報告義務が課され，その実施を確保するための関係規定の整備も行われた。
　もっとも，最近，厚生労働省は，安衛法関係の届出等の簡素化を図っている。
　例えば，
①労働者死傷病報告，
②定期健康診断結果報告書，
③心理的な負担の程度を把握するための検査結果報告書，
④総括安全衛生管理者（安衛則第2条），安全管理者（安衛則第4条），衛生管理者（安衛則第7条）及び産業医（安衛則第13条）の選任届
　については，帳票の入力記録を残し，次回届出時の効率化を図っている。
　また，
①労働者死傷病報告，
②定期健康診断結果報告書，
③心理的な負担の程度を把握するための検査結果報告書，
④総括安全衛生管理者，安全管理者，衛生管理者，産業医の選任，
⑤機械等の設置・移転・変更
　など多数で，労働安全衛生法令でできるところから，押印を廃止している（その場合，電子署名も不要となる）。
　法定健診結果の届出に際しては，産業医制度の普及を図る趣旨もあって，産業医の署名押印を求めていたが，これも不要とするなどの変更が進められている。
　こうした動きの詳細は，「押印を求める手続の見直し等のための厚生労働省関係政令の一部を改正する政令」（令和2年政令第367号）
　及び
　押印を求める手続の見直し等のための厚生労働省関係省令の一部を改正する省令（令和2年12月25日厚生労働省令第208号）
　等に定められている。
　ホ　労働者死傷病報告については，要件，方法等を含め，安衛則第97条に定めがあり，
　要件は，「労働者が労働災害その他就業中又は事業場内若しくはその附属建設物（仮設トイレ，休憩所，食堂，更衣室，倉庫など，労働環境を整えるため，工場や建設現場等に付設される，一時的または恒久的な構造物が該当）内における負傷，窒息又は急性中毒により死亡し，又は休業したとき」で，
　効果は，「遅滞なく」所定の様式で報告書を提出する義務を負う，とされている。
　この定めでは，疑わしきは報告を，という考えに立っているため，例えば労働者が食中毒にかかった場合でも，事業場内等であれば，報告書の提出を求められる。
　もめやすいのは，「遅滞なく」の解釈である。
　安衛法令には，①「速やかに」（安衛則第14条の2第2項第2号等），②「直ちに」（安衛則第6条第1項，第11条第1項等）といった類似の文言がある。銃刀法違反に関する裁判例ではあるが，①②も「遅滞なく」も時間的即時性を表すが，最も即時性が強いのが②，次が①，「遅滞なく」は，正当又は合理的な遅延は許容する趣旨と解される旨述べたものがあり（大阪高判昭37・12・10判時327号46頁），参考になる。
　「遅滞なく」につき，監督実務では，概ね1カ月以内を目安としており，ストレスチェック制度における検査結果報告についても，この文言を概ね1カ月以内と述べた通達がある（平成27年5月1日基発0501号第3号）。
　しかし，それもあくまで目安にとどまり，事情による判断が原則である。
　次に疑問を招き易いのは，報告の対象である。「負傷，窒息及び急性中毒」以外の傷病であれば，労災のみが報告義務の対象となるが，問題は，精神疾患，脳心臓疾患，有機溶剤中毒，腰痛などの作業関連疾患である。
　労災補償との関係では，給付申請書に死傷病報告の提出年月日の記載欄があるため，「念のため」も含め，報告が促されている面があり，行政実務としては，特に労災認定された健康障害については，一応労働災害と推定されるため，報告を促しているという。
　しかし，安衛則第97条は，原因を調査しても不明な場合を想定しておらず，実際にも適用は困難である。労基署は，「念のため報告」を「一応受理」し，労災認定状況等を踏まえて，労働災害統計への反映の可否等を判断する他ない状況とのことである（行政実務については，主に玉泉孝次氏による）。

22 大藪・近藤解説②（第11章第101条〜第103条）

　大藪・近藤解説②は，第11章第101条〜第103条を対象としている。
　これらは，やはり法令等の遵守ないしリスク・コミュニケーションを促進するための支援策を定めている。
　第101条は，事業者に対し，その職場に関係する法

令の要点，産業医の存在や活用方法，SDSによって通知された化学物質等のリスクや対応法等を労働者に周知させるよう義務づけ，

第102条は，ガス工作物等の設置者に対し，その周辺で工事を行おうとする者への労災防止のための情報提供を義務づけ，

第103条は，事業者や各種検査機関等，労働安全・衛生コンサルタントに対し，法令上作成が求められる書類や，業務状況を示す帳簿の作成と保存を義務づけている。

ア　法第101条は，

第1項で，事業者に，掲示や備付け等所定の方法により安衛法令の要旨を労働者に周知するよう義務づけ，

第2項で，産業医を選任した事業者に，掲示や備付け等所定の方法により，その業務内容等所定の事項（労働者が産業医を活用し易くなるような情報）を労働者に周知するよう義務づけ，

第3項で，産業医の選任が義務づけられていない事業場で，法第13条の2（努力義務）に基づき，保健師等産業医に代わる者に労働者の健康管理等を行わせる事業者に対し，第2項と同様の事項を同様の方法で労働者へ周知する努力義務を課し，

第4項で，事業者に対し，法第57条の2第1項又は第2項によりSDSで通知された化学物質等に関するリスク関係情報を，やはり掲示や備付け等所定の方法で，それを取り扱う労働者に周知するよう義務づけている。

このうち第1項は，安衛法令は複雑多岐にわたり，専門性が高いことを踏まえ，当該作業場に即した規定の要旨を，常に参照可能な状態で労働者に周知するよう図った規定である。

対象規定違反者はその周知も行っていないことが多い。逆に言えば，要旨をまとめて周知を図れば，事業者自身がその規定を理解することにもなる。よって，本条には，それを伝えられた労働者による事業者への働きかけはもとより，事業者自身による対象規定の理解を通じた遵守を図る趣旨もあったと解される。

同旨の規定は，工場法施行規則第12条や，労基法第106条にも設けられていたし，1947年 ILO 第81号条約（労働監督条約）の第12条も，労働監督官が事業場での法令遵守を確認（ないし促進）するため，法規で求められた掲示を事業者に行わせる権限を定めている（第1項(c)(iii)）。

イ　本条第1項が要旨の周知を求める<u>対象法令</u>は，<u>安衛法施行令，安衛則のほか，ボイラー則以下種々の特別規則，告示</u>[310]<u>等であって，当該作業場にとって必要なものである。</u>

ここで作業場とは，一定の業種的，場所的まとまりを意味する事業場のうち，個々の建物など，一定の空間や作業のまとまりを指す（昭和23年4月5日基発第535号）。

安衛則第98条の2第1項は，周知の方法について，
①作業場の見やすい場所への常時の掲示や備付け，
②書面の交付，
③デジタル情報の保存と常時アクセス可能な状態に置くこと，

の3種を定めている（安衛則第23条第3項の準用）。

ウ　第2項が周知を求める産業医の業務の内容等とは，
①業務の具体的内容，
②健康相談の申出方法，
③健康情報等の取扱い方法，

であり（安衛則第98条の2第2項），省令所定の周知方法は，常時掲示や備付けを始め，本条（法第101条）第1項所定のものと変わらない（安衛則第98条の2第1項）。

エ　第3項は，

産業医選任義務のない，常時使用労働者数50人未満の事業場につき，

第2項の定め（産業医の業務等の周知による労働者による活用の促進）を，

法第13条の2第1項所定の者（労働者の健康管理等を行うのに必要な医学に関する知識を有する医師その他厚生労働省令で定める者。主に保健師を想定しており，その旨安衛則に定めがある）に労働者の健康管理等を行わせる（努力義務）場合に準用し，

その業務内容等，労働者が活用し易くなるような情報を周知するよう，努力義務を課している。

オ　第4項が周知を求める事項は，法第57条の2が定める，化学物質等の譲渡提供者が交付すべきSDSに記載される，

・当該物質の名称や物理的性状，

・人体に及ぼす影響，

・取扱い上の注意，

・ばく露の際の応急措置，

・安定性（温度や光，酸素などの外部条件の影響を受けにくい性質）や反応性（他の物質と化学反応を起こしやすい性質）

等である。

周知の方法は，第1項及び第2項のそれと変わらない（安衛則第98条の2第3項）。

カ　厚生労働省労働基準局発行「労働基準監督年報」には本条（法第101条）のデータが掲載されていない。

あまり適用されていないか，監督指導を行う条文と

してあまり重視されていないか，データを出すことが不適当な条文と判断されたかのいずれかであろう（三柴による）。

　もっとも，本条と類似の労基法上の条規として，同法第106条第1項があり，労基法関係法令の要旨のほか，（安衛法上は対象とされていない）就業規則や労使協定等の周知義務を課していて，違反指摘件数はかなり多い（令和2年で2476件。もっとも，周知義務違反の対象が法令か就業規則等の事業場内規制かは不明である）。

　上述の通り，労使に条規の要旨≒趣旨を認識させることは，その遵守を大いに促進するので，本条は極めて重要な意味を持つ。仮に不十分な面があれば，監督指導の徹底が図られるべきと思われる（三柴）。

　ただし，現状，法令等は，その要旨を含めてインターネットで容易に入手できるので，監督指導の重点は，第2項所定の産業医業務関係や，第4項所定のSDS情報関係に置かれて然るべきだし，現にそうされているようだ。

　もっとも，法令等の内容には，要旨にしても複雑で専門的なものも多いので，分かり易いパンフレットやリーフレットを行政が作成してWEB公開する，配布する等は，現に行われているし，今後も継続されるべきだろう。

　キ　本条（法第101条）第1項違反には50万円以下の罰金が科され得る（法第120条第1号）。

　逆に言えば，努力義務である第3項（常時使用労働者数50人未満の事業場で保健師等に労働者の健康管理等を行わせる場合の業務内容等の周知）は当然として，

　産業医の業務等の周知（第2項），

　SDSに記載されたリスク関連情報の周知（第4項）

については，義務規定でありながら罰則は付されていないということである。

　ク　法第102条は，ガス工作物等所定の工作物設置者に，周辺で工事を行う事業者からの求めに応じて，労災防止のための情報提供を義務づけている。

　本条は，土中への掘削を伴うような工事中に，ガス管，電力地下ケーブル，蒸気配管，石油配管などの地下埋設物に接触して破壊し，現に重大災害を生じた経験や今後のリスクを考慮し，

　工作物設置者であれば，周辺掘削工事に伴うリスクや対策について知識と経験を有しているであろうとの想定のもと，規定されたものである。

　特に，1970（昭和45）年4月に大阪市営地下鉄谷町線の建設工事中に生じたガス爆発災害（死者79人，負傷者420人）が大きなドライブとなった。

　本条所定の工作物については，安衛法施行令第25条により，

①電気工作物，

②熱供給施設，

③石油パイプライン

　の3種が指定（限定列挙）されている。

　ケ　法第103条は，

　第1項で，事業者に対して，本法令に基づき作成した書類の保存を義務づけ，

　第2項で，各種検査機関，検査業者，指定試験機関，登録教習機関（法第77条に基づき技能講習や免許試験の一部を免除させる教習を行う機関），指定コンサルタント試験機関又は同登録機関に対して，検査・検定[312]，免許試験や技能講習，教習，コンサルタント試験や登録に関する所定の事項を記載した帳簿の備えと保存を義務づけ，

　第3項で，安全・衛生コンサルタントに対して，業務に関する所定事項を記載した帳簿の備えと保存を義務づけている。

　こうした書類の作成保存を義務づけることで，労働監督が容易になると共に，作成者の自発的な安全衛生活動を促すことになる。本条は，まさにそうした効果を狙い，特に労災防止上重要な帳簿を対象としたものである。

　コ　第1項に基づき事業者が保存を求められる書類には，

①特別教育，

②健診結果，

③定期自主検査の結果，

④作業環境の測定及び評価，

⑤安全・衛生委員会の重要な議事

　に関する記録等，様々な記録がある。

　規則所定の保存年限も様々で，上掲のうち

　①③④⑤は3年間，

　②は，医療法のカルテにかかる定めと平仄を合わせ，原則として5年間とされているが，

　特化則等で発がん性を認められた物質にかかる健診結果等は30年間，

　石綿則所定の石綿健診結果記録（同個人票）は，労働者が常時業務に従事しなくなってから40年間

とされている。これらの規則規定にとって，本条項は違反処罰の根拠規定となる（三柴）。

　第2項が対象とする帳簿には，

①登録製造時等検査機関又は登録性能検査機関[313]が作成する各検査の対象機械等に関する帳簿[314]，

②登録個別検定機関又は登録型式検定機関が作成する各検定の対象機械等に関する帳簿，

③検査業者が作成する特定自主検査[315]の対象機械等に関する帳簿，

④指定試験機関が作成する免許試験に関する帳簿，

⑤登録教習機関が作成する技能講習又は教習に関する

帳簿

の5種がある。

このうち検査機関の行う検査の種類については，改めて**資料193**を参照されたい（再掲）。

第3項が労働安全・衛生コンサルタントに作成保存を義務づけた帳簿は，労働安全コンサルタント及び労働衛生コンサルタント規則（昭和48年3月24日労働省令第3号）第22条が定める以下の4種である。

①依頼者の氏名及び住所
②依頼の年月日
③実施診断項目
④報酬額

要は，誰にどのような支援を行い，どの程度の稼ぎを得ているかに関する情報であり，コンサルタント自身は，自身の業務の改善に活かし，行政は，コンサルタントの業務状況を知ることとなるよう図ったものと思われる（三柴）。

サ 本条（法第103条）第1項に違反して所定の書類を保存しない場合，50万円以下の罰金を科され得る（法第120条第1号）。

検査機関等の役員又は職員が，第2項に違反して帳簿の備付けや保存をしないか，虚偽記載をした場合，50万円以下の罰金を科され得る（法第120条第5号）。

コンサルタントが，第3項に違反して帳簿の備付けや保存をしないか，虚偽記載をした場合も，50万円以下の罰金を科され得る（法第120条第6号）。

23 吉田解説②（第11章第104条・第105条）

第104条と第105条は，条文では「心身の状態に関する情報」とされている健康情報等の取扱いについて規制しており，第104条は，概ね個人情報保護法の定めを確認する内容で，健康情報等の適正取扱いについて定め，第105条は，ナンバリング改正前は相当する定めが第104条に位置した条文で，法定の健診，長時間労働面接，ストレスチェック等に携わる実施事務従事者（これにはそれらを担当する医師等も含まれる〔三柴〕）の守秘義務を定めている。

ア 法第104条は，

第1項で，事業者が，本法令に基づく健康管理措置の実施に際して，本人同意があるか，正当事由がある場合を除き，まさに健康管理の必要範囲内，その目的範囲内で，「心身の状態の情報（健康情報等）」を取り扱う（収集，保管，使用する）べきことを定め，

第2項で，事業者が，健康情報等を適正管理するため必要な措置（体制づくりを含む人的管理や物的管理等）を講じるべきことを定め，

第3項で，厚生労働大臣が，第1項や第2項の履行支援のための指針を公表することを定め，

資料193 特定機械等の検査

特定機械等の種類		検査の種類						
略称等	名称	構造	溶接	製造	使用	落成	性能	変更	使用再開
ボイラー	ボイラー（移動式ボイラーを除く）	○	○		○	○	○	○	○
	移動式ボイラー	○	○	○			○	○	○
第1種圧力容器		○	○		○	○	○	○	○
クレーン等	クレーン（移動式クレーンを除く）					○	○	○	○
	移動式クレーン				○		○	○	○
	デリック					○	○	○	○
	エレベーター					○		○	○
	建設用リフト					○		○	
ゴンドラ				○		○	○	○	○

原則として構造検査及び溶接検査は登録製造時等検査機関，製造検査及び使用検査は都道府県労働局長（登録製造時等検査機関も実施可能），落成検査，変更検査及び使用再開検査は労働基準監督署長，性能検査は登録性能検査機関が実施する。

（森山誠也作成）

第4項で，厚生労働大臣に，事業者らに向けて，指針に基づく指導を行う権限を付与している。

法第105条は，

法定健診（法第65条の2第1項〔作業環境測定結果に基づくもの〕，第66条第1項～第4項〔いわゆる一般健診，特定項目健診，特殊健診等〕），

長時間労働者対象面接指導（法第66条の8第1項，第66条の8の2第1項，66条の8の4第1項），

ストレスチェック及びその結果に基づく面接指導（方第66条の10第1項，第3項）

の実施事務従事者に業務で知り得た労働者の秘密の漏示を禁じている。

イ 労働者の健康管理で取り扱われる情報の多くは，個人情報保護法では要配慮個人情報とされる機微な情報であり，同法では，取得や利用目的を超えた利用，第三者提供等に際して，原則として本人同意を求めているが，

事業者は，同人及びその関係者の健康管理のため，それが得られない場合にも，当該情報を取り扱う必要が生じ得る。

そこで法第104条及び第105条（以下，両条の解説部分において「両条」とも言う）は，労働者が安心して事業者による健康管理を受けられるよう，事業者による情報の適正取扱いと，関係者の守秘義務を定めた。すなわち第104条は，個人情報保護法の特則（特別法），第105条は刑法第134条とは適用対象の違いから特則（特別法）とは言えないが，類似の趣旨を持つ規定である（なお，個人情報保護法については，その指針として条文の行政解釈や履行支援策を示した「個人情報の保護に関する法律についてのガイドライン（通則編）」〔平成28年11月〈令和5年12月一部改正〉〕〔以下，「個情法ガイドライン」という〕が公表されている）。

第104条第3項及び第4項は，健康情報等については，その定義，法的性格と取扱いの区分，健康管理での活用のための手順など複雑な課題が多いため，適正取扱いに困難が生じ得ることを慮り，そのための指針の公表と，事業者らに対する行政の指導を定めたものである。

　法第104条は，働き方改革関連法の一環として行われた平成30年の安衛法改正により新設されたもので，じん肺法でも同旨の改正が行われた（じん肺法第35条の3〔安衛法第104条に相当〕，第35条の4〔安衛法第105条に相当〕）。第105条は，元々第104条にあった守秘義務規定が充実化されて移設されたものである。

　第104条の新設後，その第3項（及びじん肺法第35条の3第3項）に基づき，

　「労働者の健康情報の取扱いに関する検討会」での審議を経て，

　「労働者の心身の状態に関する情報の適正な取扱いのために事業者が講ずべき措置に関する指針」（平成30年9月7日労働者の心身の状態の情報の適正な取扱い指針公示第1号，最終改正：令和4年3月31日公示第2号〔以下，「本指針」という〕）が策定されると共に，

　本指針に基づき事業者が定めるべき取扱規程等を示唆した

　「事業場における労働者の健康情報等の取扱規程を策定するための手引き」（以下，「手引き」という）が公表された。

　健康情報等の取扱いについては，

　「雇用管理分野における個人情報のうち健康情報を取り扱うに当たっての留意事項について（通知）」（平成29年5月29日個情第749号・基発0529第3号，最終改正：令和5年10月27日基発1027第5号〔以下，「留意事項」という〕），

　「心理的な負担の程度を把握するための検査及び面接指導の実施並びに面接指導結果に基づき事業者が講ずべき措置に関する指針」（平成27年4月15日心理的な負担の程度を把握するための検査等指針公示第1号。最終改正：平成30年8月22日公示第3号〔以下，「ストレスチェック指針」という〕），

　「労働者の心の健康の保持増進のための指針」（平成18年3月31日健康保持増進のための指針公示第3号，最終改正：平成27年11月30日公示第6号〔以下「メンタルヘルス指針」という〕）

　等の行政指針等による定めがあるが，重なる部分では本指針が優先する。

　ウ　法第104条は同居の親族のみを使用する者を除き，全事業者に適用される。

　第104条の名宛人である事業者は，法第2条の解説で述べた通り，勤務先側の立場に立つ者という相対的概念である労基法上の使用者に対し，事業経営利益の帰属主体であって，法人企業であれば法人（≠代表者），個人企業であれば事業経営主を意味し（昭和47年9月18日発基第91号を参照されたい），両罰規定（法第122条）により半無過失責任が課され，通常，事業体の求心力となり，対外的な信用やブランドの主体と考えられるものを指す。

　もっとも，実際に健康情報等を取り扱うのはその代理／代行者である従業員であることが通例で，そもそも「事業者」が指す者も判然としない（≒その者の行為を事業者の行為と言えるか判然としない）ので，本指針は，「事業者等」という文言を用い，事業者が行う健康管理等のため，健康情報等を取り扱う者であって，人事権者，管理監督者や産業保健従事者を広く示すものとした。

　エ　法第104条が求める事業者による健康情報等の適正使用（安全配慮義務の履行等と労働者のプライバシー保護等の両立）のためには，本指針が強調するように，取扱規程を策定し，健康情報等について，以下のような事柄を定める必要がある。

①取扱いの目的及び方法
②取扱い権者，権限と取り扱える情報の範囲
③取扱い目的等の通知方法，<u>同意の取得方法</u>
④適正管理の方法
⑤開示，訂正等，使用停止等の方法
⑥第三者提供の方法
⑦事業承継，組織変更に伴う引継ぎ関係
⑧取扱いに関する苦情処理
⑨規程の周知方法

　取扱規程は，衛生委員会等を活用し，労使の関与のもとで起案する必要がある（本指針1，2⑷）。

　本指針は，就業規則等で策定した取扱規程の労働者との「共有の方法」を定めること等を示唆しているが（本指針2⑷），仮に取扱規程を就業規則の一部として策定し，周知すれば，労働契約としての法的拘束力が生じると共に，職場秩序の具体化ともなり，事情により，遵守しない者への懲戒根拠ともなる。

　取扱規程の検討又は策定単位は，事業場ではなく，企業単位とすることもできる（本指針2⑷）。

　本条（法第104条）にいう「使用」には，閲覧を含め活用することのほか，第三者提供も含む。「加工」とは，目的達成に必要な範囲内で使用されるよう変換することを意味し，「消去」とは，削除等により使えなくすることを意味する（手引き4頁）。これらの解釈は，概ね個情法ガイドラインの示唆と一致しているが，個情法の用語法に準じ，同ガイドラインでは「使用」が「利用」とされている等の相違がある。

　オ　法第104条が「心身の状態の情報」とする健康

情報等の具体的内容は，手引き32頁の別表1に記されており，
・法定健診結果，それに基づく医師の意見・事後措置・保健指導の内容等
・長時間労働面接指導の結果，それに基づく医師の意見・事後措置の内容等
・ストレスチェックの結果，それに基づく医師の面接指導の結果，それに基づく医師の意見・事後措置の内容等
・法定外健診／検診結果[318]
・その他（任意に労働者から提供された病歴等）
等様々なものが該当する。
手引きは，これらを以下の3種類に大別している。[319]

①（第1類型）：安衛法令上事業者が取り扱う必要がある情報
　1）健診の受診・未受診，
　2）長時間労働者の面接指導の申出の有無，
　3）ストレスチェックでの高ストレス者の面接指導の申出の有無，
　4）健診結果・長時間労働面接・ストレスチェック後の面接指導に基づく医師の意見等
（取扱い原則）
　取扱い目的に即した取扱いが必要（それさえ踏まえれば当然に取扱い可能）。

②（第2類型）：取扱いはマストではないが，安衛法令上の根拠があり，本人同意なく取得可能な情報[320]
　1）健診結果（法定項目）
　2）再検査結果（法定項目）
　3）長時間労働面接指導結果
　4）ストレスチェック結果に基づく高ストレス者対象の面接指導の結果
（取扱い原則）
　事業場内外の専門家／専門機関への委託が可能であり，必ずしも事業者が直接把握する必要はない情報なので，情報取扱者の専門家等への制限，それ以外の者への情報の加工提供など，労使合意に基づく取扱規程の策定により適正取扱いを担保する。

③（第3類型）：安衛法令上の根拠はなく，原則として取扱いに本人同意が必要な情報
　1）健診結果（法定外項目）
　2）再検査結果（法定外項目）
　3）保健指導の結果
　4）健康相談の結果，等
（取扱い原則）
　そもそも本人同意に基づく取扱いが原則となる情報であり，本人同意がないが必要な場合の取扱いを正当化するためにも，事業場内の誰がどのように扱うかを[321]はじめとして，適正取扱いを担保する取扱規程を策定し，運用する。

　特に本人同意を得ないで健康情報等を取り扱う上では，事業者は，
　以上の取扱い原則に加え，
　取扱規程で定めた取扱いの目的や方法等について，イントラネット，事業場での掲示等を通じて労働者に周知せねばならない。例えば法定健診であれば，健診の受診案内等にも取扱い目的を明記する等の方法が考えられる（本指針2(6)）。
　退職者にも同様の取扱いが求められるため，郵送等の方法によることになる。

　カ　手引きによれば，健康情報等の取扱い担当者として，以下の者が想定されている。
①監督的立場にある直接的な人事権者：社長，役員，人事部長等
②産業保健業務従事者：産業医，保健師・看護師，衛生管理者，衛生推進者等
③管理監督者：所属長等
④人事部門事務員：人事部の長以外の者
　このうち医師，保健師等以外は法令上の守秘義務が課されていないので，取扱規程等で規定することが望ましいとされている（手引き5頁）。
　個人情報保護法では，同じ法人内での個人情報の取扱いには，利用目的範囲内という以上に制約をかけていないが，安衛法に基づく手引きは，これらの者につき，上掲の情報の種別ごとに可能な取扱い範囲（いわば「壁づくり」）の目安を示している。その基本的基準は，安全配慮義務や健康確保措置の履行に必要か否かである。

　キ　健康情報等の取扱い上，実務上も講学上も重要な意味を持つのが，本人同意の取り方である。
　特に第3類型の情報の取得に始まる取扱いでは，
①法令に基づく場合，
②人の生命身体財産のため必要で本人同意を得がたい場合，
等を例外として，本人同意が求められるが，その獲得の方法は複数考えられる。
　例えば，第3類型の情報を本人から事業者が書面や口頭で直接取得する場合，本人同意の存在は自明であり，
　ストレスチェック制度下で，高ストレス者が事業者に面接指導を申し出た場合も，同意ありとみなし得る（ストレスチェック指針11(3)）。
　問題は，個別同意ではなく，就業規則による包括的同意（同意の擬制）で足りるか否かである。
　手引きでは，労使協議の上で健康情報等に関する取

扱規程を就業規則に盛り込み，労働者に周知し，内容等を丁寧に説明していれば，労働者が本人の意思で情報提供したことをもって，本人同意ありと推定して構わない旨が記されている。

この文言調整に際しては，厚生労働省労働衛生課と個人情報保護委員会の間で調整が行われ，三柴も深く関与した。本人の意思を尊重する書きぶりではあるが，少なくとも，健康管理上必要な情報であれば不提供への不利益措置（本人が望まない業務軽減措置，休職命令の発令，復職申請の拒否等）による強制は可能な趣旨と解される。

あるいは，労働者本人が自らの意思で就業規則（取扱規程）に定めた情報を提出した場合には，その提出をもって当該情報の取扱いに同意する意思を表示したものと解する旨の規定を取扱規程に定めることで（手引き30頁の取扱規程のひな形を参照されたい），就業規則の規定内容が労働契約の内容となり（労働契約法第7条，第10条），当該規則規定により個情法第20条第2項の同意は得られたものとして，情報の取得に始まる取扱いにつき，労働者の個別の同意の獲得は不要となるとの解釈も可能だろう。

ただし，三柴が整理した行政による情報取扱い4原則，すなわち，
①本人同意（取得のための説明・説得），
②医療職種等の適任者による生データの取扱い，
③それ以外の者への情報共有に際しての情報の加工[322]，
④情報取扱いルールの設定，
について，可能な限りの履行が求められる。また，前述の通り，
①偏見を生じ易いか（情報共有相手の理解の程度にも左右される），
②情報を得たことで就業上の配慮ができるか，
③職場秩序（自他の労働生産性）に影響するか，
の3視点から，求められる本人同意の個別性や情報加工の程度等を決定すべきと解される（三柴）。

なお，健康情報等の取扱いに関する代表的判例である，電電公社帯広電報電話局事件・最1小判昭61・3・13労判470号6頁は，頸肩腕症候群にり患して公務災害補償を受け続けていた労働者に対して，

公社が，職員の健康保持義務，健康管理従業者の指示に従う義務などを定める公社の健康管理規程及び公社就業規則の規定に基づき，公社関連病院での法定外の精密検査の受診を命じたが拒否されたため，懲戒戒告処分に付したところ，受診命令がプライバシー権侵害に当たる等として，同処分の違法無効の確認が求められた事案について，以下のように判示した。

「就業規則が労働者に対し，一定の事項につき使用者の業務命令に服従すべき旨を定めているときは，そのような就業規則の規定内容が合理的なものであるかぎりにおいて当該具体的労働契約の内容をなしている」。

公社の健康管理規程及び公社就業規則の該当規定は，「いずれも合理的なものというべきであるから，右の職員の健康管理上の義務は，公社と公社職員との間の労働契約の内容となっている」。

これは，秋北バス事件最判（最大判昭43・12・25民集22巻13号3459頁）が示した，労働者は原則として「郷に入れば郷に入れ」の論理は，健康管理にも及ぶ旨を宣言した例である（ただし，業務上の身体疾患の例であったこと等に留意する必要がある[323]〔三柴〕）。

本指針は，労働者が健康情報等の取扱いに同意しないことや，事業者が取り扱う情報の内容により，
・解雇，雇止め，
・退職勧奨，
・不当な動機による配転，職位変更，
・その他労働関係法令に違反する措置，
・聴取した医師の意見と著しくことなる就業上の措置，
等の不利益取扱いを行わないよう求めているが，元より，合理性ある就業規則規定に基づく，健康管理上必要な指示に労働者が不合理に従わない場合の不利益措置まで否定する趣旨ではないと解される。

なお，事業者が健康情報等の適正管理や健康管理の実施に努め，安心して情報提供できる条件を整えたにもかかわらず，労働者が不合理に情報提供を拒み，それゆえに必要な健康管理が困難となり，疾病の発症増悪を招いた場合，事業者の予見可能性が否定され，免責ないし減責され得ることは，言うまでもない[324]。

ク　本人同意がとれなくても，個情法第18条（利用目的による取扱い制限）第3項，第20条（適正取得）第2項，第27条（第三者提供の制限）第1項等が定める事由，すなわち，
①法令に基づく場合，
②人の生命身体財産の保護に必要で，本人同意を得がたい場合，
等には，個情法違反とならないことはもとより，
・安衛法第104条第1項にいう「正当な事由」に該当すること，
・刑法第134条のほか，保健師助産師看護師法第42条の2等の身分犯規定にいう「正当な事由」に該当すること，
・刑法第35条の定める正当行為に該当すること（安衛法第105条は，正当な事由による除外を定めていないが，刑法第35条は適用される）
等から，両条（安衛法第104条，第105条）の規制下でも（事業場で策定された取扱規程に抵触する場合も含む），

事業者は，本人同意なく健康情報等を取扱い得る。

正当な健康管理目的であれば，①（法令に基づく場合），②（生命身体財産保護に必要で本人同意を得難い場合）のいずれにも該当し得る。

また，行政指針等が示した情報取扱い4原則のうち①本人同意以外の3原則（②医療職等の適任者による生データの管理，③その他の者へ提供する情報の加工，④事業場ごとの取扱いルールの策定）を満たし，本人同意についても取得に努めれば，正当化の可能性は高まる。

これは，そもそも除外事由に該当するため，構成要件に該当しないとも言えるし，仮に該当しても，正当事由ありとして，違法性が阻却されよう。

なお，本指針は，情報管理体制の整備が難しい小規模事業場では，第2類型の生データは衛生推進者に取り扱わせたり，取扱規程に基づき事業者自らが取り扱う方法もあり得るとしている（本指針2⑽）。手引きの別表4も，常時使用労働者数十人未満の事業場で，②産業保健業務従事者がいない場合には，

①監督的立場にある直接的な人事権者：社長，役員，
　人事部長等
③管理監督者：所属長等
④人事部門事務員：人事部の長以外の者
　が取り扱える旨を記している。

ケ　取得した健康情報等の適正管理の具体的内容としては，以下のようなものが考えられる（本指針3(1)）。
①正確性，最新性の確保（個情法第22条）
②安全管理措置（漏洩，滅失，改ざん等の防止のための体制整備，不正アクセス防止等）（同法第23条）
　外部委託する場合は，委託契約への安全管理措置の盛り込みや委託先の監督等（同法第25条）
③不要な情報の消去等（同法第22条）

ただし，法令で保存期間が定められている場合は，それに従う必要がある。

例えば，

健診関係は一般健診，特殊健診共に5年が多いが（安衛則第51条，高圧則第39条，鉛則第54条，四アルキル則第23条，有機則第30条），

じん肺健診は7年（じん肺法第17条），

放射線関係の健診は30年（電離則第57条，除染電離則第21条），

石綿健診は40年（石綿則第41条）

などとなっている。

コ　事業者は，労働者本人から健康情報等の開示請求を受けた場合，遅滞なく開示せねばならないが，
本人又は第三者の生命身体財産等を害するおそれがある場合や，
　業務の適正実施に著しい支障を及ぼすおそれがある場合

等には，拒否できる（個情法第33条）。ただし，理由の説明に努める必要がある（同法第36条）。

現に本指針にも，開示請求等がなされる健康情報等の多くは非常に機微な情報であることが多いため，慎重な対応が求められると記されている（本指針3(2)）。

仮に事業者が本人の知らない難病や社会的偏見の強い病のり患情報を保有しているような場合，その開示には，まさに慎重な判断が求められよう。

訂正，追加，削除，（第三者への提供を含む）使用の停止につき適正な請求がなされた場合にも，事業者が応じなければならないが（個情法第34条第2項，第35条第6項），

利用目的に照らして訂正等の必要がない場合，指摘が不当な場合，産業医意見を踏まえた就業可否の判断など評価に関する情報である場合

等には，応じる必要はない。ただし，本人に遅滞なく判断を通知する義務を負い（個情法第34条第3項，第35条第7項），理由を説明する努力義務を負う（個情法第36条）。

サ　事業者が講じるべき安全管理措置の具体化は，個情法ガイドラインの10（別添：講ずべき安全管理措置の内容）で図られており，項目だては以下の通り。

10-1：基本方針の策定
10-2：個人データの取扱いに係る規律の整備
10-3：組織的安全管理措置
10-4：人的安全管理措置
10-5：物理的安全管理措置
10-6：技術的安全管理措置
10-7：外的環境の把握

シ　前述した通り，事業者が健康情報等を第三者に提供するには，原則として本人同意が必要だが，
①法令に基づく場合，
②人の生命身体財産の保護に必要で，本人同意を得がたい場合，

等には，個情法違反とならない（法第27条）ことはもとより，

安衛法第104条第1項にいう「正当な事由」に該当し，他の刑法や特別刑法上の守秘義務規定もクリアできる。

同一事業者内での情報共有は第三者提供には当たらないが，目的外利用に当たる可能性はあり，その場合は原則として本人同意が求められる（個情法第18条第1項，第2項）。この場合も，正当事由があれば，本人同意は不要となる（個情法第18条第3項）（以上，手引き17頁[35]）。

なお，合併，会社分割，事業譲渡等による健康情報等の引継ぎに際しては，引継ぎ自体に本人同意は必要

ないが，引継ぎ前の利用目的外で利用する場合，原則として本人同意を得る必要が生じる（個情法第18条第2項，手引き17，19頁）。

ス　両条（法第104条，第105条）違反は，個人情報保護委員会による指導，助言（個情法第147条），勧告，命令（同法第148条）の根拠となり，命令違反には罰則が科され得る（同法第178条）。

また，利用目的制限違反（同法第18条），不適正利用（同法第19条）[326]，不適正取得（同法第20条）の場合，利用停止等（同法第35条）を導く。

加えて，民事上，プライバシー権侵害の不法行為に該当し得る。その場合，損害賠償請求，差止め請求が可能となる。

個情法上の個人情報（個情法第2条第1項）とプライバシー情報は概ね重複するが，前者は個人識別性を重視して定義され，公知か否かを問わない点等で後者と異なる。

なお，後掲するJAL労組ほか事件東京地判は，あまり秘匿性の高くない個人識別情報から，病歴等の機微な情報までをプライバシー情報として法的保護対象とした。

セ　両条の関係判例は以下の通り。
(1)　主に情報の収集に関する例
(a)　メンタルヘルス情報に関する例
(i)　情報の収集制限を強調した例

●富士電機E&C事件・名古屋地判平18・1・18労判918号65頁（損害賠償等請求事件，控訴後和解）[327]

疾病休職から復職後，他の支社に異動したところ労働者が自殺した事案で，原告側が，現行安衛法令や，被告会社の就業規則（安全衛生規程）の定めに照らし，被告会社には，死亡した労働者の精神状態について踏み込んだ調査を行う安全配慮義務があった旨を主張したのに応え，以下のように述べた。

「確かに昨今の雇用情勢に伴う労働者の不安の増大や自殺者の増加といった社会状況にかんがみれば，使用者（企業）にとって，その被用者（従業員）の精神的な健康の保持は重要な課題になりつつあることは否めない」。

しかしながら，安衛法令上も，精神障害は定期健診項目に入っていないし，「精神的な疾患については，社会も個人もいまだに否定的な印象を持っており，それを明らかにすることは不名誉であるととらえていることが多いことなどの点でプライバシーに対する配慮が求められる疾患であり，<u>その診断の受診を義務づけることは，プライバシー侵害のおそれが大きい</u>といわざるを得ない」，と。

もっとも，本件では，本人がうつ病り患を被告会社に報告していた。判決が被告会社の過失責任を否定し

た主な理由は，会社も一定の配慮措置を実施し，なおかつ異動先では寛解状態にあったと認めたことにある（ただし，控訴後，被告会社が一定額の金銭を支払うことで和解している）。

●ボーダフォン（ジェイフォン）事件・名古屋地判平19・1・24労判939号61頁

長時間労働等により既にうつ病が発症していた被災者が，当該発症を認識しないまま配転措置をとろうとしてなされた使用者からの説得に憤激し，実際の配転の後自殺したという事案につき，判決は以下のように述べた。

Xらは，安全配慮義務の一環として，「健康管理義務，すなわち，必要に応じて，メンタルヘルス対策を講じ，労働者の精神的健康状態を把握して健康管理を行い，精神障害を早期に発見すべき義務を負う旨を主張する。使用者が労働者の精神的健康状態に配慮すべき義務があることはXら主張のとおりであるが，<u>労働者に異常な言動が何ら見られないにもかかわらず，精神的疾患を負っているかどうかを調査すべき義務まで認めることは，労働者のプライバシーを侵害する危険があり，法律上，使用者に上記健康管理義務を課すことはできない</u>」。

富士電機E&C事件名古屋地判と同様に，使用者による精神疾患の調査に消極的な姿勢をとっているが，労働者に異常な言動等がみられないことを前提としている。

逆に言えば，それが疑われるような言動等があれば，精神科受診の指示・勧奨やその結果の取得，それに応じた対応等を図ることも可能かつ安全配慮義務の内容となり得るとの示唆と解される。

(ii)　精神的不調を疑わせる言動を前提に，積極的な情報収集（精神科受診の促し等）の必要を示唆した例

●日本ヒューレット・パッカード事件・最2小判平24・4・27裁時1555号8頁他（1審：東京地判平22・6・11労判1025号14頁，2審：東京高判平23・1・26労判1025号5頁）[328]

〈事実の概要〉

Y（会社）に中途入社して，システムエンジニアとして就労していたX（30歳代の男性）が，妄想により自身が監視を受けているなどと訴えてY（会社）に対策を求めたが，その調査の結果誤認と確認されたことを不服として，先ずは年休の取得後，休職制度の適用を求めたが認められず，40日間にわたり欠勤を続けたところ，無断欠勤に当たるとして懲戒解雇を受けたため，解雇無効による雇用契約上の地位確認等を求めた。

〈判旨：上告棄却・X請求認容〉

「このような精神的な不調のために欠勤を続けていると認められる労働者に対しては、精神的な不調が解消されない限り引き続き出勤しないことが予想されるところであるから、使用者であるYとしては、その欠勤の原因や経緯が上記のとおりである以上、精神科医による健康診断を実施するなどした上で（記録によれば、Yの就業規則には、必要と認めるときに従業員に対し臨時に健康診断を行うことができる旨の定めがあることがうかがわれる。）、その診断結果等に応じて、必要な場合は治療を勧めた上で休職等の処分を検討し、その後の経過を見るなどの対応を採るべきであり、このような対応を採ることなく、Xの出勤しない理由が存在しない事実に基づくものであることから直ちにその欠勤を正当な理由なく無断でされたものとして諭旨退職の懲戒処分の措置を執ることは、精神的な不調を抱える労働者に対する使用者の対応としては適切なものとはいい難い」（下線は筆者が添付した）。

　(b) メンタルヘルス情報以外の健康情報等に関する例

　　(i) 代表的判例

●上掲の電電公社帯広電報電話局事件・最1小判昭61・3・13労判470号6頁（以下、再掲）

　頸肩腕症候群にり患して公務災害補償を受け続けていた労働者に対して、

　公社が、職員の健康保持義務、健康管理従業者の指示に従う義務などを定める公社の健康管理規程（就業規則の下位規定）及び公社就業規則の規定に基づき、法定外の精密検査の受診を命じたが拒否されたため、懲戒戒告処分に付したところ、受診命令がプライバシー権侵害に当たる等として、当該労働者が、同処分の違法無効の確認を求めた。

　判決は、以下のように述べ、身体疾患前提の事案ではあるが、就業規則規定の内容も、それに基づく法定外検診の指示も合理的と認められる場合、法定外検診の強制も可能との考えを示した。

　「就業規則が労働者に対し、一定の事項につき使用者の業務命令に服従すべき旨を定めているときは、そのような就業規則の規定内容が合理的なものであるかぎりにおいて当該具体的労働契約の内容をなしている」。

　公社の健康管理規程及び公社就業規則の該当規定は、「いずれも合理的なものというべきであるから、右の職員の健康管理上の義務は、公社と公社職員との間の労働契約の内容となつている」。

　　(ii) 一定条件下で就業規則の根拠規定なくなされた法定外検診の指示を有効とした例

●京セラ事件・東京高判昭61・11・13労判487号66頁

（上告審〔最1小判昭63・9・8労判530号13頁〕も上告棄却し、同判決を支持した）

〈事実の概要〉

　当初、主治医Aによる脊椎椎間軟骨症の診断書を提出して病気欠勤後、休職措置を講じられていた原申立人（1審原告〔原申立人の雇用企業〕の労働組合の分会長）が、

　主治医Bによる頸肩腕障害・腰痛症の診断書を提出して、業務上疾病との認定に基づく取扱いを申し入れたところ、

　1審原告から、その指定医に受診するよう求められたが拒否し、結果的に休職期間満了による退職措置を受けたことが不当労働行為に当たる等として労働委員会に申し立てた。

　労働委員会が不当労働行為と認定して救済命令を発したところ、1審原告が取消しを求めて訴訟を提起したが、1審が棄却したため控訴した。

〈判旨：原判決破棄、原命令取消し〉

　確かに、1審原告には、指定医の受診命令を根拠づける就業規則規定はなかったが、同社にとって、1審原告「の疾病が業務に起因するものであるか否かは同人の以後の処遇に直接影響するなど極めて重要な関心事であり」、

　本件のような事情の下で1審原告が原申立人「に対し改めて専門医の診断を受けるように求めることは、労使間における信義則ないし公平の観念に照らし合理的かつ相当な理由のある措置であるから、就業規則等にその定めがないとしても指定医の受診を指示することができ、原申立人はこれに応ずる義務があるものと解すべきである」。

　また、原申立人において、1審被告による指定医の人選に不服があるときは同社と交渉できるし、自ら選択した医師による診断をもって争い得るため、前記義務を肯定しても、直ちに原申立人の基本的人権や医師選択の自由を侵害するとは言えない（安衛法第66条第5項但書は、本件におけるような法定外検診への適用や類推適用の余地はない）。

　　(iii) 労働者が一定条件下で法定外検診の受診を拒否した場合、使用者の責任が免責ないし減責されるとした例

●空港グランドサービス（AGS）・日航事件・東京地判平3・3・22労判586号19頁

〈事実の概要〉

　注文者（被告日本航空）と直接の雇用者（被告AGS）間の請負契約に基づき、注文者の機内のクリーニング作業に従事していた原告ら3名が、筋々膜性腰痛にり患し、被告AGCの嘱託医よりその旨の診断を受け、作業の負荷による患として労災認定も受けたが、同医師より適切な指示がなされず、被告らも双方とも適

切な事後措置を怠ったなどとして，注文者と直接の雇用者の両者を被告として損害賠償等を請求した。

〈判旨：一部認容・一部棄却〉

原告らの腰痛は，業務上の事由によるものと認められ，被告 AGS には，原告らの状態を踏まえた就業調整等を怠った過失が認められる。

原告の過失相殺についてみると，「被告 AGS の嘱託医による腰痛患者に対する診察は，被告 AGS がその被用者に対する安全配慮義務を尽くすための一つの手段として行うものと評価することができ，したがって，嘱託医による腰痛患者の診察は，被告 AGS の義務に属する……。

それでは，被用者は，その嘱託医による診察を受診すべき義務を負うのかという点についてであるが，医療行為は，原則として，これを受ける者に自己の信任する医師を選択する自由があると解すべきである。なぜなら，医師による診察を受けるという行為は，診察に必要な限度において身体への侵襲を受けることになるとともに，個人的な秘密を知られることにもなるのであって，患者のプライバシーあるいは自己決定権が侵害される可能性のある行為だからである。したがって，被用者が使用者の指定した医師を希望しない場合には，被用者は他の医療機関を選択しうると解すべきである。しかし，被用者の選択した医療機関の診断結果について疑問があるような場合で，使用者が右疑問を抱いたことなどに合理的な理由が認められる場合には，使用者は，被用者への安全配慮義務を尽くす必要上，被用者に対し，使用者の指定する医師の診察をも受けるように指示することができるというべく，被用者はこの指示に応ずる義務があるというべきである。

そして，被用者が使用者の選択した医師による診察を受容することを拒否した場合には，前記のとおり被用者に右医師による診察を受けるべき義務が存在する場合はもとより，その義務が存在しない場合であっても，使用者は，被用者の受診拒否によって，安全配慮義務を尽くすべき手段を被用者自らの意思により退けられたのであるから，これにより使用者が安全配慮義務を尽くすことができなくなる限度において，義務違反の責任の全部または一部を免れるものと解するのが，損害の分担についての信義，公平の観点から相当というべきである」(下線は筆者が添付した)。

本件では，原告が被告 AGS の嘱託医へ，当初は受診して診断を得たが，その後の受診を拒否したことにより2割減額するのが相当である。

(iv) 本人同意のない HIV 感染検査を行い，その結果を提供及び取得したことが，提供者側・取得者側双方のプライバシー権侵害となるとした例

● T 工業（HIV 解雇）事件・千葉地判平12・6・12労判785号10頁

Y1 に有期雇用され，就労を開始したばかりだった在日日系ブラジル人の X が，外部健診機関（病院）である Y2 で実施されていた Y1 の定期健診を受診した際，本人同意のないまま HIV 抗体検査を実施され，感染情報が Y1 に伝達された後に期間満了を待たずに解雇されたこと（正確には，Y1 総務課長が HIV 検査の結果を示しつつ，表面的に経営難を理由に挙げて「辞めて欲しい」旨を告げたことを受け，X が出勤を停止した経緯があるが，判決はその発言などをもって解雇と認めている）を受け，その両者に対してプライバシー権侵害を根拠に慰謝料を，Y1 に対しては，解雇無効を根拠に雇用契約上の地位の確認と所定賃金の支払を請求した事件である。

なお，この抗体検査は，Y1 の依頼で新規雇用ブラジル人被用者のみに対して実施されて来た経緯があり，Y2 も意図的に X の同意を得ずに実施していたことなどの事情があったが，

Y1 は Y2 から指南を受けて実施した，工場で機械を扱うため出血事故対策の必要があった，X に欠勤が多かったため健康状態を知る必要があったなどと主張し，

Y2 は，Y1 において同意獲得済みと誤解していたなどと主張した。

判決は当然ながら両者によるプライバシー権侵害の責任を認めたが，雇用契約上の地位については，有期契約の満了により認められないとした。慰謝料については，本人が HIV 感染の事実を以前から知っていたこと等を理由に Y1 につき200万円，Y2 につき150万円にとどめた。

(2) 情報の取扱い全般に関する裁判例

(a) 健康情報等を含む個人情報等の収集，保管，利用行為がプライバシー権侵害に当たるとして損害賠償責任が認められた裁判例

● JAL 労働組合ほか（プライバシー侵害）事件・東京地判平22・10・28労判1017号14頁

〈事実の概要〉

Y 社内の Y 組合が，Y 社と一体となり，X らを含む Y 社の CA（キャビンアテンダント）らの個人情報（①社員番号，氏名，生年月日，性別，住所，電話番号等の個人識別情報のほか，②組合活動，人物評価，家族関係，思想信条等の人格的自律に関する情報，③病歴，健康状況等の健康情報等）を収集してデータファイルを作成，保管，使用していたことが内部告発から明らかとなり，

Y 組合の組合員ではない X らが Y 社，Y 組合及び当該ファイル作成等に関わった Y 組合の元幹部らを相手方として，不法行為による損害賠償請求をした。

Y社は，早々に一定の金員を支払う旨の和解で本件を終結させたが，Y組合及び元幹部らが争い，判決に至った。

〈判旨：Xら請求一部認容〉

少なくとも，個々の労働者と同人らは加入していない使用者と近しい労働組合等の関係では，

健康情報などのセンシティブ情報（上記③），

人事・組合活動情報のような人格的自律に関わる情報（上記②）

共にプライバシー情報として法的保護を受け，本人同意を経ない収集は，当該情報を取り扱う者の活動に必要である等の正当な目的がない限り，プライバシー侵害として違法となる。

氏名・社員番号のような個人識別情報（上記①）も，プライバシー情報であり，

本人が欲しない第三者にみだりに収集，保管又は使用されたくないという期待を侵害すれば，プライバシー侵害として違法となる。

他方，Y社がY組合に公式に提供した情報（公式提供情報：氏名，採用，職位，職級，配置，休職，退職などの情報。個人情報保護法の施行後，採用，休職，退職などの情報に制限された）については，Y組合の組合員の勧誘等の組合活動や欠勤した組合員の代替要員の手当て等のために提供されており，提供当時，Y組合の組合員であったか否かを問わず，その収集につき，定型的に推定的同意があると解される。

①②③情報のうち，収集に（推定的）同意があるものについては，収集者の内部にとどまる限り，保管及び使用にも定型的に推定的同意があると解されるが，

同意がなければ当該保管及び使用はプライバシー侵害に当たる。

また，本人同意のもとに収集された情報についても，漏えいリスクのある保管がなされている場合は本人同意の範囲を超える態様なので，プライバシー侵害に当たる。

Y組合内部でも，情報の入力等を行った者以外の者にプライバシー情報の閲覧を許すことは，同人らへの開示に当たり，公式提供情報等でない限り，本人同意がないためプライバシー侵害に当たる。

個人的印象情報の場合，収集に制限はないが，開示には本人同意が求められ，それがなければプライバシー侵害に当たる。

公式提供情報の場合でも，本人は収集者（ここではY組合）の内部にとどめる希望だったと解されるので，開示目的が不明確で，収集者（本件ではY組合）の内部にとどめない場合，本人同意を超える使用に当たり，プライバシー侵害に当たる。

では，この解釈を個人情報保護法と比較すると，どう言えるか。[334]

先ず，本判決がいう個人識別情報は，組み合わせにより個人を特定させるものではない限り，個人情報保護法上の個人情報（第2条第1項，第2項等）には当たらないため，同法の規制は受けないが，本判決は，本人が欲しない第三者にみだりに取り扱わせればプライバシー侵害になるとしている。

次に，本判決が，公式提供情報のY組合による収集には原則として本人同意を推定できるとした点は，個人情報保護法の解釈にも影響を与え得る。

公式提供情報には，採用時期，職位等の人事情報のほか，休職等の健康に関わる情報も含まれており，健康関連情報の一部をのぞき，要配慮個人情報とまではいえないが，同法の規制対象となる個人データである。

また，Y社とY組合は別団体である以上，前者から後者への情報提供に際しては，

Y組合につき，少なくとも同法第15条（利用目的の特定），第17条（適正な取得）及び第18条（特定した利用目的の通知，公表等）が，

Y社につき，第23条（第三者提供の制限）が適用され得る。

とすれば，判決は，使用者がその事業場の労働組合に対して，公式にそうした情報を提供する場合，第17条や第23条との関係でも，本人同意が擬制され，第15条や第18条との関係では，組合員の勧誘，欠勤した組合員の代替要員の手当てなどを利用目的とする旨，特定のうえ通知されていたと解していたことになろう。[335]

次に，本判決が，①②③情報のうち，収集に推定的同意があるものの収集者（この場合，Y組合）の内部での保管及び使用には推定的同意を認めつつ，そうして収集された情報の安全管理措置の懈怠を当該同意の範囲外として違法と解した点は，個人情報保護法の規制内容に概ね一致する。

他方，本判決が，収集した情報をパソコンに入力した人物以外に閲覧させたことにつき，同人らへの開示であり，原則として本人同意を要するとしたこと，個人的印象情報でも当該開示に本人同意が求められるとした点は，個人情報保護法の規制よりも厳しい。

上述した通り，個人情報保護法は，そもそも個人的印象情報を規制対象としていないし，規制対象となる個人情報についても，同じ個人情報取扱事業者内での流通は，利用目的による取扱い制限を除き，規制していないからである。

このように，本判決は，本人の望まない個人識別情報の取扱いに制限を加えたり，個人情報一般に加え，個人的印象情報についても，同じ法人内でも特定の情報取扱者以外の者に閲覧させる際に本人同意を求めた

りした点では，個人情報保護法の規制を超えるプライバシー（権）法理独自の意義を示した。

他方，使用者から労働組合に対し，正当な組合活動等に必要な労働者個人情報を伝える場合のように，判決が正当と考える情報の取扱いには，本人同意を擬制する手法により，実質的に個人情報保護法の規制を緩めるような解釈も示した。

（b）診療目的で取得した医療情報を労務管理目的で利用することは個情法の目的外利用（第16条第1項）に該当し，本人の同意がない限りプライバシー侵害の不法行為が成立するとした例

●社会医療法人A会事件・福岡高判平27・1・29労判1112号5頁（原審：福岡地久留米支判平26・8・8労判1112号11頁）

被告病院に勤務する看護師が，受診していた被告病院の医師（担当医）から紹介を受けた別の病院で患者として受けた検査で判明したHIV感染情報を，やはり被告病院に勤務する紹介元の担当医らが入手した後，

①当該医師らが，院内感染を防ぐ目的で，当該看護師の同意を得ずに被告病院の他の職員らに伝達したこと，

②被告病院が，当該看護師のHIVり患を理由として，その意思に反して病気欠勤を指示したことを受け，

当該看護師が，①につきプライバシー権侵害，②につき働く権利の侵害であるとして損害賠償を請求した，という事案につき，

原審は，①については，

1）本件情報共有は，（おそらく，被告病院における診療の一環でなされたという理解で，）同一事業者内における情報提供なので，情報の本人同意のない第三者提供を規制する個人情報保護法第23条1項には反せず，

2）その利用は院内感染を防ぐという労務管理目的だったと認められるが，事前に本人同意を得られたのに得ずに情報共有したことは診療目的外の利用であり，個人情報保護法第16条第1項等に反し，プライバシー侵害に当たる，

②については，

3）被用者にとって労働契約に基づく労働は義務であるとともに権利であり，当該看護師の就労による本人の日和見感染（：免疫力の低下を条件とする感染）の危険性があったとは認められず，本人から患者への感染の危険は全否定できないが，HIVに感染した医療従事者への対応として，本人の意向を確認したうえで，配転を含め今後の業務を検討しなかったこと等から，就労の不当な制限に当たる，とした。

対して本判決は，

1）と3）につき，原審判断を概ね支持したうえ，2）についても，ほぼ同旨ながら，HIV感染情報は，別の病院で患者として受診した結果取得されたものであるからその収集目的は診療目的にあり，労務管理を目的（院内感染の防止のため原告の就労に関する方針を検討する目的）で利用することは目的外利用（個人情報保護法第16条第1項〔当時。現在の第18条第1項〕）に該当し，本人同意がなければ許されず，特段の事情のない限り不法行為が成立するとした。

ただし，高裁は，情報共有範囲が少数だったこと等も考慮して，賠償額を減額した。

（c）精神疾患に関する健康情報を異動先に引き継がなかったことが安全配慮義務違反になる可能性を示した例

●さいたま市（環境局職員）事件・東京高判平29・10・26労判1172号26頁（1審：さいたま地判平27・11・18労判1138号30頁）

17 セ(3)の関係判例を参照されたい。

なお，本件からの示唆として，

具体的な事情にもよるが，メンタル不調で休業，休職していた従業員を復職させる場合は，復職支援のために健康情報等を職場に提供することが求められる場合が少なくないので，医療職により適切に加工された情報を提供することも選択肢となる。

ソ 法第104条の関連規定は以下の通り。

(1) じん肺法第35条の3

じん肺法は，じん肺の予防と健康管理につき，主に事業者に一定の措置義務を課した法律であり，その第35条の3は，安衛法第104条と同旨，第35条の4は，第105条と同旨の規定である。

いずれも両条と同じく働き方改革関連法（平成30年7月6日法律71号）により設けられた。

(2) 個人情報保護法の諸規定

前述の通り，本条は個情法の特則に当たると解され，両者は法条競合の関係に立つと解される（三柴の見解）。

(a) 第17条

個人情報取扱事業者を名宛人として，利用目的を特定すべきこと等を定めている。

(b) 第18条

個人情報取扱事業者を名宛人として，

第1項：利用目的外の個人情報の取扱いには原則として本人同意が必要なこと，

第2項：事業承継の際には，原則として，承継前に特定した利用目的を超えて取扱いをしないこと，

第3項：法令に基づく場合，人の生命身体財産の保護に必要で本人同意を得難い場合の例外を定めている。

(c) 第20条

個人情報取扱事業者を名宛人として,

第1項で,個人情報の偽りその他不正な取得を禁じ,

第2項で,要配慮個人情報の取得に際しては,原則として本人同意を得るべき旨を定めている。

(d) 第21条

個人情報取扱事業者を名宛人として,

個人情報を取得した際に,その利用目的を本人に通知するか公表すべきことを定めている。

(e) 第22条～第26条,第33条～第37条

個人情報取扱事業者を名宛人として,

第22条はデータ内容の正確性の確保,

第23条は安全管理措置,

第24条は従業者の監督,

第25条は委託先の監督,

第26条は漏洩等の個人情報保護委員会への報告の義務を定め,

請求権については本人,対応については個人情報取扱事業者を名宛人として,

第33条は開示,

第34条は訂正等,

第35条は利用停止等,

第36条は本人から求められた措置をとらない場合の理由の説明を定め,

第37条は,個人情報取扱事業者が開示等の請求等に応じる手続きを定め得る旨を定めている。

(f) 第27条

第1項で,個人情報取扱事業者を名宛人として,原則として本人同意のない第三者提供を禁じている。例外として,

法令に基づく場合,

人の生命身体財産の保護に必要で本人同意を得難い場合,

公衆衛生や児童の育成上の必要があって本人同意を得難い場合

を定めている。

(g) 第40条

個人情報取扱事業者を名宛人として,苦情処理(のための体制整備)の努力義務を課している。

(h) 第147条,第148条,第178条

法違反に際しての個人情報保護委員会による指導,助言(第147条),勧告,命令(第148条),命令違反に際しての罰則(第178条)について定めている。

また,前述の通り,「個人情報の保護に関する法律についてのガイドライン(通則編)」が,

同法に定める本人の同意の意義,

安全管理措置の具体的内容

等に関する行政解釈を示している。

(3) 憲法第13条

民刑事上のプライバシー権の根本規範と解されている。

主要な判例は,プライバシー権について,憲法第13条が保障する私生活の自由の一内容として,プライバシーに係る情報が適切に取り扱われるよう法的に保護される利益との趣旨を述べており,前掲の通り,健康情報等の取扱いについてその権利侵害を述べた例もある[37]。明かされる事実が真実であるからこそ,保護が必要という点で名誉毀損とは異なる。

(4) 行政指針等

(a) ストレスチェック指針

労働者にストレスチェックを安心して受検してもらうため,実施事務者の範囲,検査結果の事業者への提供に際しての本人同意の取得方法,結果の集団分析に際しての留意事項等,種々の情報管理面での配慮が施されている。

(b) 留意事項

正式名称は,「雇用管理分野における個人情報のうち健康情報を取り扱うに当たっての留意事項」(平成29年5月29日平成29年個情第749号,基発0529第3号,最終改正:令和5年10月27日基発1027第5号)であり,

個情法ガイドラインの示唆につき,健康情報の取扱いに特化して解説している。

(c) メンタルヘルス指針

上述した通り,メンタルヘルス情報の保護の必要性と共に,関係者による取扱いの必要を説き,

取得や第三者提供に際しての同意取得の必要性と方法,産業保健スタッフによる生データの取扱い,他者への加工提供,衛生委員会での取扱いルールの策定等の取扱い上の基本原則(三柴のいう「行政による情報取扱い4原則」)を示している。

なお,以上の関連規定の適用関係と解釈について,三柴は以下のように整理分析し,健康管理上必要な場合の健康情報等の取扱いを柔軟に行うべきことを説いている[38]。

健康情報等には,概ね資料194のような法規や法理が適用される。

このうちプライバシー権法理は,人間の他者理解の限界等を前提に,事実を他者に明かさないことで本人らしい生活を守らせようとする点に核心の一つがあるので,通説である私生活保護権説(私的領域の侵害からの保護を重視)や有力説である自己情報コントロール権説(自己に関する情報は,自己がコントロールすべきとする)をはじめ,どの説を採っても,情報取扱者―対象者間に信頼関係が現にあるか,あると推定できる場合,保護の必要性は原理的に減殺される。

資料194　情報取扱い規制法の鳥瞰図

プライバシー（権）保護
保護法益：個人の私的領域，人格的自律，スムーズな社会生活のための仮面の使い分けetc.

個人情報保護法
保護法益：情報化社会が進展する中での個人のプライバシーの一部 etc.

刑法134条，保助看法等
保護法益：クライアントの専門職への信頼

安衛法105条
保護法益：労働者の法定健診等の実施者らへの信頼

※産業医への適用はケースバイケース（法務省見解）

（三柴丈典作成）

人格の成長も，具体的な情報で促進される面があり，プライバシー保護の過度な強調は，それに逆行する面がある。そもそもプライバシー権は，法益として，本人及び周囲の生命・身体・財産（企業秩序を含む）等に劣後する。

情報社会の進展に伴う情報の濫用等に備えるために制定された個人情報保護法も，個人情報の保護と活用の調整を図っている。一定の取扱い制限は，「法令に基づく場合」や，生命・身体・財産の保護に必要で，本人同意の獲得が困難な場合には適用除外され，ここでの法令には，安衛法上の努力義務規定も含まれる。よって，努力義務規定に紐付く健康に関するガイドライン遵守のための情報取扱いも，事情により正当化され得る。

また，同法上，健康情報等の取扱いを認める本人同意が就業規則等による包括的合意や擬制等であってはならないという規制はない。

2015（平成27）年の個人情報保護法改正（同年9月9日法律第65号）で，健康情報はセンシティブ情報として，取得，第三者提供に際しての個別的な本人同意が求められることとなり（第三者提供についてはオプトアウトが禁止されたことによる），令和2年改正（同年6月2日法律第44号）で，検索可能な状態に体系化された個人情報を意味する個人データと，それが6カ月を超えて保有されたものを意味する保有個人データの規制が統一化される等の修正が加えられたが，以上の理解は維持されている。

医師らの守秘義務を定めた刑法第134条は，産業医への適用の可否が問われるが，法務省刑事局によれば，ケースバイケースとのことであった（三柴の照会に対する2015年12月24日付けの回答）。産業医は事業者の履行代行者／補助者であり，実際に，産業医が不調者の健康管理を果たす上で，不調者の上司ら事業者側と情報連携しなければ，その業務を達し得ない場合が多

い。

上告審（最2小判平26・3・24労判1094号22頁）は積極的に支持しなかったが，東芝事件2審（東京高判平23・2・23労判1022号5頁）は，そうした連携の懈怠を会社の過失と評価した。もとより，正当な事由があれば，漏示も許され，産業医らは不調者の職務と職場を知るため正当事由を説明し易い立場にある。そもそも，専門家を頼りとするクライアントの利益を考慮して生まれた規定であり，専門職がクライアントの利益を考えて他者と情報共有することは想定している。

安衛法第105条（旧第104条）には，条文上，正当事由による除外の定めがないが，一般的に正当行為の免罰を定める刑法第35条は適用される。新設された安衛法第104条は，第1項で，健康管理目的に沿った情報の取扱いを定めている。有効な健康管理には人事労務部門との連携が不可欠なので，実質的に健康管理目的を含む限り，人事労務管理目的の利用も認められ得る。

その判断を就業規則等で産業医等に委ねれば，より正当化され易いだろう。産業医等の人選が不適切ならば，労働者の代表からの交替要求に誠実に応じることも，使用者の安全配慮義務の一環だろう。[339]

タ　両条の沿革は以下の通り。

2003（平成15）年5月，IT技術の発達に伴う個人情報保護の必要性の高まり等を受けて，個人情報保護法が成立し，

雇用管理分野については，「雇用管理に関する個人情報の適正な取扱いを確保するために事業者が講ずべき措置に関する指針」（平成16年厚生労働省告示第259号）及び

「雇用管理に関する個人情報のうち健康情報を取り扱うに当たっての留意事項について」（平成16年10月29日基発第1029009号）（改正：平成24年6月11日基発第0611第1号，平成27年11月30日基発1130第2号）

が発出され，運用されてきた。

その後，2015（平成27）年の個人情報保護法の改正にあわせ，個情法ガイドラインが公表され，留意事項も，同ガイドラインにつき，雇用管理分野における健康情報等の取扱い方法の具体化等を図るものとして，現在の留意事項（平成29年5月29日平成29年個情第749号，基発0529第3号，最終改正：令和5年10月27日基発1027第5号）に改められた。

2018（平成30）年に成立した働き方改革関連法により，安衛法が改正され，産業医・産業保健制度の強化が図られると共に，安衛法第104条が新設され，従来の第104条の内容が若干拡充されて第105条に異動した。それとほぼ同時に，本指針と手引きが公表され

た。

チ　上述した通り，法第105条は，

法定健診（法第65条の2第1項〔作業環境測定結果に基づくもの〕，第66条第1項～第4項〔いわゆる一般健診，特定項目健診，特殊健診等〕），

長時間労働者対象面接指導（法第66条の8第1項，第66条の8の2第1項，66条の8の4第1項），

ストレスチェック及びその結果に基づく面接指導（法第66条の10第1項，第3項）

の実施事務従事者に業務で知り得た労働者の秘密の漏示を禁じている。

本条違反には，6月以下の懲役又は50万円以下の罰金が科され得る（法第119条第1号）。

両罰規定（法第122条）により，このうち罰金刑は，実行行為者である自然人と共に，（彼らが代表・代理ないし従業する）事業者たる法人や個人事業主にも科され得る。

ツ　法第105条は，医師，薬剤師，弁護士等の信頼性が重要な高度専門職の守秘義務を定めた刑法第134条（6月以下の懲役刑又は10万円以下の罰金の定めあり）の労働安全衛生領域における特則であり，両条が定める「秘密」は同義と解されている。[340]

テ　ここで「秘密」とは，以下の条件を充たすものである。

①特定少数にしか知られておらず，他人に知られないことが本人の利益と認められる。

②生存する人の秘密であって，自然人，法人，法人格を持たない団体を含む。

③業務上知り得たものであって，本人から明示的又は黙示的に打ち明けられたか，自己の調査で知り得たかは問わない。

④主観的に秘密と欲するものか，客観的に秘密と解されるものか，その両者を（どう）組み合わせるか，については見解が分かれているが，

奈良地判平21・4・15判時2048号135頁（控訴審：大阪高判平21・12・17刑集66巻4号471頁も原判決を支持）は，一般的にみて何人も他人に知られることを欲しない事項と認められるので，「秘密」に当たるとし，客観説の立場に立っている。

本条及び刑法第134条にいう「漏らし」（漏示）とは，秘密を知らない他人に告知することをいい，秘密を記載した文書の放置のような不作為による場合を含む。

既知の事実が概略に過ぎないときに，その詳細を述べることも含まれるとされる。[341]

ト　本人同意がある場合，漏示行為は，構成要件該当性を欠くか（秘密に該当しなくなるためと思われる〔三柴〕），違法性が阻却される。

なお，親権者に対して医師が子の秘密を告知することは，子の訓育上必要な限り認められるのと同様に，医師が，第三者の生命身体等を保護するため，患者本人の秘密を漏示する行為も，緊急避難に当たる場合に限らず，違法性阻却を認めるべき旨を述べる説がある。[342]

ナ　法第105条の関連規定は以下の通り。

1）保健師助産師看護師法第42条の2，第44条の4（罰則：6月以下の懲役又は10万円以下の罰金。親告罪）

保健師，看護師又は准看護師を名宛人として，正当な理由なく業務上知り得た人の秘密を漏らすことを禁じている。

2）医療法第86条第1項（罰則：1年以下の懲役又は50万円以下の罰金）

診療録，助産録の提出等の事務に従事した公務員である医師，助産師等を名宛人として，その職務の執行に関して知り得た業務上の秘密を正当な理由なく漏らした場合の処罰を定めている。

3）精神保健福祉法第53条（罰則：1年以下の懲役又は100万円以下の罰金）

精神科病院の指定医等が，この法律の職務の執行に関して知り得た人の秘密を正当な理由なく漏らした場合の処罰を定めている。

24　森山解説④（第11章第106条～第108条の2）

法第106条～第108条の2は，事業者が安全衛生を実現するため，あるいは安全衛生行政の推進のための国の（法令のエンフォースメントにとどまらない）積極的役割について定めている。

ア　法第106条は，

第1項で，

以下に掲げる規定によるものの他，事業者による安全衛生施設の整備，（特別）安全衛生計画等の活動につき，

金融面，技術面等について，援助に努めるよう定め，

第2項は，当該援助に際しての中小企業者への特別の配慮を求めている。

【（支援が規定済のため）本条の支援対象から除外されるもの】

第19条の3
・小規模事業場での健康相談，情報提供等の援助を定め，実質的に産保センターや地産保事業を支える規定
・支援対象：事業者

第28条の2第3項 ・リスクアセスメント指針に関する大臣による指導・援助を定めた規定 ・支援対象：事業者	
第57条の3第4項 ・政令指定物質等（ラベル貼付・SDS交付義務がかかる物質）のリスクアセスメント義務を定めた第1項に関する指針に基づく指導・援助を定めた規定 ・支援対象：事業者	
第58条 ・製造輸入業者による新規化学物質の有害性調査等（第57条の4）や、所定の物質（発がん性等重篤な健康障害をもたらし得る物質）を製造輸入使用する事業者による大臣からの指示に基づく有害性調査等（第58条の5）の国による支援を定めた規定であり、実質的に日本バイオアッセイセンターを支える規定 ・支援対象：限定なし	
第63条 ・事業者による安全衛生教育を国が支援する旨の規定であり、実質的に安全衛生教育センターを支える規定 ・支援対象：事業者	
第66条の10第9項 ・ストレスの健康影響に関する医師教育等とストレスチェック結果の活用に関する労働者への相談対応等の国による支援を定めた規定 ・支援対象：限定なし	
第71条 ・国による健康の保持増進対策の支援を定めた規定であり、健診施設の設置運営や受動喫煙防止設備の設置の補助の他、いわゆる職場復帰支援手引きの根拠規定でもある ・支援対象：限定なし	
第71条の4 ・国による快適職場形成の支援を定めた規定であり、本条と同様の金融と技術面の援助のほか、資料提供を定めている ・支援対象：事業者	
第107条 ・厚生労働大臣による、安全管理者以下労災防止業務従事者の資質向上及び労働者の労災防止思想の向上のための資料提供その他の援助を定めている ・支援対象：労災防止業務従事者、労働者	

本法制定当時、本条以外の援助規定は、これらのうち第63条、第71条、第107条のみだったが、その後9個まで増加した。

本条と同じく国による援助を定めた8個を本条に吸収することも考えられるが、援助対象を事業者に限定していないものや、労災防止ではなく、快適職場形成を目的とするものもあり、全てをそのまま吸収することは難しい。

なお、これらの条規のほか、法第93条も、産業安全専門官や労働衛生専門官の職務に、労使その他関係者への指導や援助を含めている。

国の援助については、本法第2章が定める労災防止計画で謳われることがある。これまで、既存不適合機械等更新支援補助金事業や、第3次産業の安全衛生確保のための労働安全・衛生コンサルタント等の活用支援等が謳われてきた。

イ 本条の制定理由と援助の内容については、本法の施行通達（昭和47年9月18日発基第91号）に以下のように示唆されていた。

1）特に中小企業には、安全衛生措置につき、資金的・技術的な問題があり、国による「側面（≠上からの）」援助が必要。

2）労働福祉事業団法を改正し、労働安全衛生融資制度を設け、同事業団が、長期低利で、事業者による安全衛生改善計画の実施や、健診機関による機器購入の資金を融資することとし、

租税特別措置法を一部改正し、特定の労働安全衛生設備の特別償却を認める等の減税措置を講じることとする。

3）その他、（おそらく第63条や第71条に基づき、）安全衛生教育の指導員を養成するための安全衛生教育センターの設置、健診機関による特殊健診用機器の整備費用の補助、中小企業向けの巡回健診の実施等を行う。

ウ 援助規定の名宛人として用いられている「国」は、法律上の権利義務の主体としての国家を意味することが多く、三権全てを指すと解される。それだけに抽象的事柄についての責務（＊実施できなくても責任を追及されない〔三柴〕）レベルの定めが多いと思われる。

「政府」はこのうち内閣及びその統轄下の行政機関を指す。「国」を名宛人とする場合より、具体的措置が義務づけられる場合が多いと思われる。

「厚生労働大臣」など行政機関の長が名宛人とされる場合、その所掌を明確化すると共に、具体的措置の義務的性格がより高まるとも解される（＊ただし、行政の行為は、特にき束的な定めによる場合を除き、自由裁量によると解されてきた[344]〔三柴〕）。

本条は、名宛人を「国」としており、国の援助を一般的かつ任意的に規定したものと解される。

本条が定める「安全衛生施設の整備」のうち「施設」は，物的設備のほか人的要素を加味した事業活動全体を指すことが多い。「整備」は，新設のみでなく，点検や修理等も含むと解される。

よって，かつて存在した職場環境改善資金制度が事業運転資金を対象に含めていたことも，本条の範囲で説明できることになる。

「特別安全衛生改善計画又は安全衛生計画」は，第78条（前者）と第79条（後者）所定のものであり，従来は第78条と第79条の両者に跨がって安全衛生計画制度のみが定められていたところ，第78条に特別安全衛生改善計画制度が新設（安全衛生改善計画制度は第79条に移設・統合）されたため，両制度を定めることになった。

両制度共に，都道府県労働局長による事業者への作成指示（両条第1項），事業者による過半数代表への意見聴取（第78条第2項，第79条第2項で準用），労使双方による計画の遵守義務（第78条第3項，第79条第2項で準用）を定めているが，

第78条の特別安全衛生改善計画制度では，計画変更指示（第4項），計画不遵守等の場合の勧告（第5項），勧告不遵守の場合の企業名公表（第6項）が定められている点が特徴的である。

本条が定める「その他の活動」には，労災防止に資するあらゆる活動が含まれると解される。

同じく「金融上の措置」には，一般に有償資金（融資，出資，投資）が該当し，補助金等の無償資金は該当しないと解される。

「技術上の助言」との文言には，監督機関によるアドバイスも含まれるので，<u>監督官は，法の執行のみならず，アドバイスが可能であり</u>，もとより，産業安全専門官や労働衛生専門官については，法第93条で事業者への指導や援助を行う旨規定されている。

以前存在した労災防止指導員等の制度や，現在も存在する産業保健総合支援センターによる相談対応（法第19条の3に基づくものを除く），中央労働災害防止協会による中小規模事業場安全衛生サポート事業等は，本条（法第106条）に基づくものとも解釈できる。

「その他必要な援助」には，減税措置，補助金，資料提供，講習会等の集団指導等が該当する。法制上，減税等を「税制上の措置」とし，補助金支出や融資制度の創設，そのための予算措置等を「財政上の措置」とする例がある。

もっとも，減税措置は，税収減に繋がり，国の徴税権に制約を加えることから，実現のハードルが高い旨の示唆があった（畠中信夫氏）。

「援助を行う」には，国費を投じた委託事業等も含まれると解され，労災保険料財源（いわゆる労災特会）

資料195　中小企業基本法による中小企業者の範囲（平成11年12月3日～現在）

業種	中小企業者 （下記のいずれかを満たすこと）	
	資本金の額又は出資の総額	常時使用する従業員の数
①製造業，建設業，運輸業その他の業種（②〜④を除く）	3億円以下	300人以下
②卸売業	1億円以下	100人以下
③サービス業	5000万円以下	100人以下
④小売業	5000万円以下	50人以下

（森山誠也作成）

による事業も含まれると解されているが，労災予防への注力は労災保険財政に資する投資とも言えるし，労災保険制度自体，使用者の補償責任を肩代わりし，使用者が保険料を全額負担する制度とも言えるため，本条が定める「援助」に該当するか，議論の余地がある。

なお，法定の義務事項は履行して当然との前提から援助が難しく，努力義務事項や，既存不適格製品の新基準への適合化のような法令改正に伴う経過措置期間における事業者の対応の促進などの援助の方が，予算を求め易いとの証言もあった（野澤英児氏）。

本条（法第106条）は，努力義務であり，援助内容も抽象的だが，予算要求の根拠条文にはなり得る。

本条第2項が定める「中小企業者」について定義は定められていないが，中小企業基本法（昭和38年7月20日法律第154号）第2条第1項は，中小企業者の原則的範囲（施策ごとにアレンジされ得る）を，1999（平成11）年12月3日以後，**資料195**のように定めている。

本条に基づく既存不適合機械等更新支援補助金事業（法令改正により不適格となったが経過措置により合法な機械等の更新費用を支援する事業）の対象者は，この範囲とされている[35]。なお，労災保険に特別加入している個人事業者もその対象とされている。

中小企業基本法は，1963（昭和38）年7月20日に公布されて以後，第2条第1項も幾度か改正してきており，

当初はより基準資本金額が低く，卸売業の定めがなかったところ，徐々に基準資本金額が引き上げられ，卸売業が個別項目化されるなどして，平成11年に今の定めとなった。

エ　関係規定として，他の法令中の国等の援助規定を挙げれば**資料196**の通り。

なお，鉱山保安法等に国の援助規定はないが，経済産業省等が，技術上の助言，リーフレットの配布等の指導援助を行っている。

独立行政法人エネルギー・金属鉱物資源機構によ

資料196

法条項	概要
労基法第105条の2	大臣又は都道府県労働局長による労基法の目的の達成のための資料提供等の援助
じん肺法第32条～第35条	政府が事業者に対し，粉じんの測定・発散防止抑制，じん肺健診等の予防・健康管理について技術的援助を行うよう努めること。 技術的研究及び技術的援助を行うため必要な施設を整備すること。 技術的援助を行わせるため，粉じん対策指導委員を配置すること。 じん肺り患者へのリハビリ施設等を整備すること。
船災防法＊1 第5条	国による，船舶所有者（団体）の災防活動にかかる財政上の措置，技術上の助言，資料提供の努力，研究開発の推進や成果の普及等の努力。
CO法＊2 第9条～第11条	政府による，炭鉱災害による一酸化炭素中毒症から回復した者への社会復帰促進等事業としての診察，保健指導等。リハビリテーション施設の整備の努力。
家内労働法第25条	国又は地方公共団体＊3による，家内労働者及び委託者に対する，資料提供，技術指導，施設に関する便宜供与等，同法の目的達成に必要な援助の努力。 なお，国民金融公庫の産業安全衛生施設等整備資金貸付（廃止済）及び労働安全衛生融資制度（廃止済）は，家内労働者も対象としていた。
作業環境測定法第47条	政府による，作業環境測定士の資質向上，作業環境測定機関や登録講習機関の業務の適正化のための資料提供，測定手法の開発等の援助の努力。
建設職人基本法第7条	政府による，建設工事従事者の安全や健康確保施策の実施のための法制上，財政上，税務上の措置の責務。

＊1　船員災害防止活動の促進に関する法律（昭和42年法律第61号）。
＊2　炭鉱災害による一酸化炭素中毒症に関する特別措置法（昭和42年法律第92号）。
＊3　地方自治体も名宛人とされているのは，家内労働者の労働条件向上対策は，地域住民の福祉対策の側面も持つことによると解されている（寺園成章『家内労働法の解説』〔労務行政研究所，1981年〕286頁）。

り，金属鉱業等による鉱害防止のための資金貸付等も行われている。

　オ　本条（法第106条）とILOとの関係は以下の通り。

ILOが示す国際労働基準でも，国や労働基準監督機関による援助が繰り返し謳われてきた。

例えば，労働者保護を目的とする法令及び規則の実施を確保する為の監督制度の組織に付ての一般原則に関する勧告（第20号，1923年10月29日採択）では，監督官は，健康安全の最善の標準（best standards）について，使用者に対し情報供与及び助言（inform and advise）すべきと勧告している。

産業災害の予防に関する勧告（第31号，1929年6月21日採択，2021年撤回）では，第10項で，常設安全展覧会の設置等を勧告し，第23項で，国が災害保健機関及び災害保険会社を災害予防事業に協力させるべきことを勧告し，

具体的方法として，監督機関への災害情報の報告，災害調査研究機関や安全第一運動への協力，使用者への安全装置の貸付，災害防止に関する発明等への褒章，使用者や公衆への災害防止の宣伝，安全措置に関する（労使への）助言，安全博物館及び災害予防教育施設への拠出を例示していた。

その他，法第107条にも関係する勧告として，第9項が，国が災防に関する労働者の関心を覚醒・維持させる取り組みを行うべきこと，

第11項が，国が使用者に災防教育を改善させ，労働者団体にその教育へ協力させるようすべきこと

を述べていた。

また，ILOが公表した労働監督官の手引き（Guide for labour inspectors）（1955年）では，最も効果的な監督手法は，法令に関する理解の促進と，労使への情報提供と助言であり，重大・悪質な違反行為に対してやむを得ず抑圧的な措置を講じるべきとしている。

日本は批准していない労働安全衛生基本条約（第155号，1981年6月22日採択）及びこれを補足する第164号勧告（1981年採択）にも，国の援助を含む国の施策について，体系的な定めが置かれている。

　カ　本条（法第106条）等の国の援助規定をめぐる沿革は以下の通り。
堀口良一氏の研究によれば，[346]

戦前の全国規模の日本の安全運動には，1917（大正6）年に始まる安全第一協会，中央災害防止協会，日本安全協会と続く民間の安全運動の系統と，1929（昭和4）年に設立された産業福利協会を起源とする官製安全運動の系統があり，この2系統は，1941（昭和16）年に大日本産業報国会に統合された。

民間系の安全第一協会は，雑誌『安全第一』の刊行のほか，約2カ月で18万人以上の来場者を集めた災害防止展覧会（安全第一展覧会）への多大な協力，その会期中1週間にわたる日本初の安全週間の実施等の活動を行っていたが，会費及び寄付収入中心で，国による援助は確認できない。

官系統の産業福利協会は，1925（大正14）年，内務省社会局の外郭団体として設立され，工場法等の労働法規の円滑施行，労働安全衛生の改善，労働者福利の増進等を目的とした事業主団体の全国組織であって，内務省社会局を「補佐」するものとして，事務所は社会局内に置かれていたが，1929（昭和4）年に財団法人化された後，1936（昭和11）年に解散した。理事は社会局職員で構成され，代々，会長は社会局長官，理事長は社会局労働部長であり，財団法人化後，一部民間人を理事に起用しても基本は変わらなかった。

その事業は，月刊誌『産業福利』や安全衛生関係図書の刊行，ポスター，パンフレット類の配布，安全週

間・衛生週間の実施等であり，例えば昭和2年度には歳入5.7万円中国庫補助2万円等，国の援助が大きかった。

本協会は，1936（昭和11）年に協調会産業福利部に受け継がれ，同部門は1941（昭和16）年に汽罐協会等と共に大日本産業報国会に統合された。

戦後は，1945（昭和20）年の工場法戦時特例（昭和18年6月16日勅令第500號）の廃止から始まり，都道府県労働基準局等を介した労務用物資（作業用必需品，食料及び嗜好品）の配給が行われたりした。

1946（昭和21）年12月には，労務法制審議会が，労働基準法草案の答申案を決定し，骨子はそのまま帝国議会で成立したが，その最終総会で，休業手当と罰則適用について，

①政府が労使双方に帰責事由のない休業につき労働者の生活保障を図るべきこと，

②監督官がみだりに初犯者に身体刑を科し，法運用を過酷にしないよう期すべきこと，

との附帯決議が付された。

また，1947（昭和22）年3月の貴族院本会議での可決成立時にも，希望決議に，

徒らに取締や処罰を旨とせず，指導斡旋に努めるべきこと，が盛り込まれた。

労基法に国の援助規定が初めて設けられたのは，昭和27年法改正（昭和27年7月31日法律第287号）で新設された第105条の2であり，

労働大臣又は都道府県労働基準局長が，本法の目的達成のため，労使に資料提供等の援助をすべきこと，を定めた。

労基法に目的規定はないが，ここで本法の目的とは，同法第1条の趣旨に照らし，人たるに値する労働条件の最低基準の確保とその向上と解される。援助には，助言勧告のほか，福利施設，住宅等への財政的援助等が含まれる。

この改正は，中央労働基準審議会が，1952（昭和27）年3月にした答申及び建議に基づくもので，その背景には，総評からの，福利厚生施設に関し労基法中に使用者に必要な措置を講じる義務を課すと共に，国も援助協力すべき旨の求め等があった。

建議での目的は，「労働者の福祉の向上によって労働能率を増進するため」とされていたが，法案の段階では，「この法律の目的を達成するために」に修正された。

その後，けい肺及び外傷性せき髄障害に関する特別保護法（昭和30年7月29日法律第91号）やその後身であるじん肺法（昭和35年3月31日法律第30号）にも政府の援助規定が設けられた（前掲）。

なお，アメリカ統治下にあった沖縄で昭和28年に交付された労働基準法（同年9月1日立法第44号）にも，第103条に，

行政主席は，本法の目的達成のため，労使に資料の提供等の援助をしなければならない旨の定めが設けられた。1972（昭和47）年の本土復帰後は，本土の法令が適用されている。

1972（昭和47）年の安衛法制定では，前掲の援助規定（法第63条，第71条，本条，第107条）が設けられた。この際，労基法第105条の2のうち，労働者対象の援助規定に該当する内容は安衛法第107条に，使用者対象の援助規定に該当する内容は本条（法第106条）に設けられ，労基法第105条の2自体は，その後もほぼそのまま労基法に残された。

本条（法第106条）は，その後，除外対象となる特別事項に関する援助規定が追加されたほか，援助対象に，安全衛生改善計画に特別安全衛生改善計画を加える改正（平成26年6月25日法律第82号）がなされた。

キ　本条（法第106条）の運用実態は以下の通り。

先ず強調すべきは，1つの援助措置や事業は，本条含め複数の援助規定に係ることが多いことである。

(1)　監督機関による助言等

本条等の国の援助規定は，監督機関による事業者への助言等の根拠にもなっており，監督官が法令による取締りのみでなく，資料の提供や助言等の援助をすべきことは，旧労働省労働基準局による「労働基準監督官執務規範」（昭和25年）等に示され，近年の労働基準監督官行動規範（平成31年）でも，法令等の分かり易い説明の必要性等が示されている。

助言の方法には，口頭によるもののほか，指導書や指導票に記載して交付するもの等がある。

(2)　労働者災害補償保険事業（社会復帰促進等事業）

現在，監督機関による助言等以外の援助の多くは，労災保険事業のうちの社会復帰促進等事業（労災保険法第29条）として実施されており，50種類以上の広範に渡っている。

そのうち一部を示せば以下の通り。

①労災等の傷病の治癒後の再手術費用，

　同じく機能障害が残った者への義肢等の購入費用等，再発や後遺障害等への手当のための費用

②長期療養者への賃金の一部補填，

　CO中毒患者への介護料の補助，

　労災年金受給者やその子弟への就学経費の補助，

　在宅介護・看護が必要な重度被災者への訪問看護支援費用の補助，

　使用者が行うべき休業3日目までの休業補償がなされない場合の補助，

　死亡した重度被災者を長期間介護した遺族への援護等，いわば既存の補償金制度の隙間のカバーのため

の費用
③CO中毒患者の特性を考慮した診療体制の整備，医療・療養施設の整備費用
④労災疾病臨床研究補助金事業，過労死等の調査研究等，労災の予防や認定，リハビリ等に資する研究補助の費用
⑤全国安全週間，労働衛生週間の実施，「職場のあんぜんサイト」による安全衛生情報の提供，重大災害等を発生させた事業場等への継続的な安全指導の実施等の安全衛生啓発費用
⑥安全衛生優良企業の表彰費用
⑦安全衛生教育のためのカリキュラムやテキスト，教育の実施等の教育支援費用
⑧OECDや日中2カ国による安全衛生シンポジウム等，国際的な安全衛生会議への職員の派遣，開催等の費用
⑨東電福島第一原発で緊急作業に従事した者の被曝線量，健診結果データの蓄積システムの構築，蓄積したデータの国内外への公表等の費用
⑩石綿取扱い業務に従事した労働者等への健康管理手帳の交付，特殊健診の実施等のじん肺等対策事業の費用
⑪職場で利用される化学物質のリスク評価ツールの開発，化学物質のGHS分類やモデルSDSの作成，バイオアッセイ研究センター等の施設整備等の化学物質管理促進事業の費用
⑫産業保健総合支援センターによる事業者らへの研修，小規模事業場への訪問指導，都道府県労働局での労働衛生指導医の設置等の産業保健活動総合支援事業の費用
⑬労基署設置の時間外・休日協定点検指導員による窓口指導，労働条件相談ホットラインの設置等，働き方改革の実現のための長時間労働防止対策の費用
⑭「こころの耳」サイトの運営等のメンタルヘルス対策等事業の費用
⑮2020年東京オリンピック・パラリンピックへ向けた労災防止のための安全専門家による巡回指導，安全衛生教育，東日本大震災及び熊本地震にかかる復旧・復興工事での労災防止のための安全専門家による巡回指導，安全衛生教育等の建設業等における労災防止対策の費用
⑯最新構造規格に適合しないフルハーネス型墜落制止用器具等の更新を促すための中小企業等向けの費用補助等の費用
⑰産業医科大学の運営費用の補助費用
⑱中小企業を対象とする職場改善機器等の導入資金の融資のための費用（2001〔平成13〕年度以降新規融資は停止）
⑲テレワークの周知啓発や，導入に関する相談対応等の費用
⑳労働大学校における労働行政職員等への研修実施の費用，独立行政法人労働政策研究・研修機構の施設改修費用

(3) その他の主な援助事業
(a) 安全指導員・労災防止指導員制度

1958（昭和33）年秋に具申された臨時産業災害防止懇談会（政府の有識者会議）の意見書に，政府が安全指導員を委嘱し，業種別や企業系列別に安全指導班を編成し，中小企業事情に詳しい人物も随伴し，中小企業の安全指導を行わせる案が盛り込まれた。

これを受け，当時の労働省は，安全指導員規程（昭和34年労働省訓令第2号）を制定し，全国の都道府県労働基準局に安全指導員を配置した。

その職務は，中小規模事業場等における安全管理の指導であり，具体的には，①安全管理一般，②研究発表，③災害事例の検討，④同じく対策，⑤安全器具にかかる知識の普及，⑥安全パトロール等と定められ（同規程第3条），中小規模事業場に限らず，要請があれば無料で派遣されていた。

1965（昭和40）年に労災防止指導員規程（同年労働省訓令第10号）が制定され，名称が安全指導員から労災防止指導員に変えられると共に，その職務に衛生管理が加えられた。2001（平成13）年に，厚生労働省の設置と共に，労災防止指導員規程（平成13年厚生労働省訓令第41号）に改められたが，内容は従前とほぼ同じだった。

その活動実態を示す資料は殆ど不見当ながら，1978（昭和53）年度の活動実績が3万5187事業場だったとの政府答弁がある。

この制度は40年以上実施されたが，2010（平成22）年のいわゆる省内事業仕分けにより廃止が提言され，労災防止指導員規程を廃止する訓令（平成23年厚生労働省訓令第12号）により，2011（平成23）年4月1日をもって廃止された。

森山誠也氏による関係者への聴取によれば，この制度には，以下のようなメリットとデメリットがあったという。

〈メリット〉
・現場に根ざした経験や技術を持つ指導員が多く，対策の定着技術に長けていた。
・指導員自身の技術の向上や取り組みのモチベーションの向上も図られた。

〈デメリット〉
・技術や経験の流出を懸念し，指導員の事業場への立入りを嫌がる企業も多かった。
・トラブル防止のため，技官や監督官が随行するこ

とも多く，却って行政官の負担を増加させた。
- トラブルが生じやすい中小事業場には，却って派遣しづらい実態があった。

労災防止指導員制度の廃止に伴い，代替措置として，都道府県労働局安全衛生労使専門家会議が設置されたが，年2回，専門家から意見を聴取し，都道府県ごとの安全衛生行政に反映させるものに過ぎず，原制度の代替は困難と解される。

労災防止指導員制度には，
- 民間安全技術者が様々な事業場の実態を見聞して自社の安全衛生管理に活かす可能性，
- 高度な実務経験を持つ者が行政監督の水準を引き上げる可能性，

等が考えられ，その再検討が期待される。

(b) 減税措置

1957（昭和32）年には，電気集じん機等が，新規購入後3年間は5割増しで減価償却費（資産の取得費用を耐用年数にわたって分割し，毎期の費用として計上する会計処理のこと。資産の価値減少を反映し，税務上の利益を調整する）を計算できる重要機械等とされ，昭和52年度まで継続していたようだ。

1972（昭和47）年の省令第52号では，健診用機器（自動血液分析器）の耐用年数が短縮される（資産価値を低く見積もる）等の減税措置が行われていた。

現在も実施されているのは，租税特別措置法第42条の12の4に基づく働き方改革の促進を目的とした中小企業者等対象の経営強化税制で，対象となる減価償却資産に冷暖房設備等が掲げられており，これには労災防止に資する設備も含まれると解される。

しかし，現段階で，安全衛生政策の実現を直接の目的とした減税措置は見当たらない。

(c) 融資措置（廃止済）

(i) 政策金融機関による融資（廃止済）

戦後創設された国民金融公庫（1949〔昭和24〕年設立）や中小企業金融公庫（1952〔昭和28〕年設立）は，中小企業の設備近代化のための融資を行い，その中で産業安全衛生に係る融資も行っていた。

国民金融公庫は，1961（昭和36）年の産業災害防止施策推進に関する閣議決定に基づき，産業安全施設等整備資金貸付（略称：産業安全貸付）を開始した。当初は2年限りの予定だったが，昭和41年度の労災防止計画に関する公示（昭和41年2月2日）に安全衛生施設にかかる融資制度や税制特別措置の活用が記載されたことを受けて，昭和41年度から，資金使途に産業衛生施設取得資金が加えられると共に恒久化された。

1970（昭和45）年には，使途に産業公害防止施設の取得資金を追加して，産業安全衛生・公害防止施設等整備資金貸付（略称：安全公害貸付）となり，翌々年の昭和47年には，産業安全衛生施設等整備資金貸付（略称：安全貸付）と産業公害防止施設等整備資金貸付（略称：公害貸付）に分離された。

中小企業金融公庫でも，前掲の閣議決定に基づき，昭和36年に，中小企業を対象とした産業安全施設等貸付（昭和36年9月〜），金属鉱山保安施設等貸付（昭和36年12月〜），石炭鉱山保安施設貸付（同前）の3つから成る産業災害防止施設貸付を開始した。

その貸付条件は，

貸付対象が，①火薬類の製造・販売業者，消費する事業者，②労基法上の製造・建設・道路運送取扱い業者，であり，

資金使途が，関係規則所定の産業安全施設の取得・改造資金，であった。

昭和41年度には，資金使途に産業衛生施設取得資金が加わって，産業安全衛生施設等貸付に改称されると共に，恒久化され，その後も貸付対象が拡大された。

昭和57年度までの貸付額実績を見ると，制度開始当初の昭和36年度は85件で2億500万円だったが，ピークの昭和53年度には，件数不明だが，168億4600万円に達していた。[348]

しかし，これらの融資制度は，その後全て廃止された。

(ii) 労働安全衛生融資（廃止済）

安衛法制定の際，附則第15条で労働福祉事業団法が改正され，その目的（第1条）中に，労災防止資金の融通が追記されると共に，第19条（業務範囲）にも，事業者等による労災防止等のための資金の貸付が追記され，第19条の2に，金融機関に対する業務委託等の定めが新設された。

これにより，1972（昭和47）年に労働安全衛生融資制度が発足し，当初は，職場環境改善資金と健診機関等整備促進資金（健診機関による一部の健診機器の購入資金）の2種類だったが，昭和54年には，建設工事安全機材資金が加わり，長年運用されてきた。

しかし，2001（平成13）年の特殊法人等整理合理化計画により，新規融資が廃止され，労働福祉事業団の独立行政法人化に際して融資業務は引き継がれず，その後の独立行政法人労働者健康福祉機構法の制定による労働福祉事業団法の廃止の際に，法文上も融資事業に関する規定がなくなり，同機構（平成28年に独立行政法人労働者健康安全機構に改組）は融資事業を行わず，現在に至っている。

(d) 補助金・助成金

本条（法第106条）に基づくと解される助成金制度として，

①中小企業安全衛生活動促進事業（平成7年度から平成12年度頃）

10〜100の中小事業者が集う意欲的な集団を対象に，原則として1団体500万円，機器を購入する場合2000万円を上限に，集団安全衛生管理体制をリードする責任者への謝金，特定自主検査に係る経費，作業環境測定及び特殊健康診断に係る経費，局所排気装置，除じん装置等の購入費用等を補助する事業で，中央労働災害防止協会と連携して行われていた事業。

②小規模事業場等団体安全衛生活動援助事業（たんぽぽ計画）（平成11年度から平成24年度）

常時使用労働者数50人未満の製造業の事業場を主な構成員とする団体に，各労働局ごとに改善が見込まれる2団体を目安に指定し，安全衛生管理体制の整備，活動計画の策定，教育などを支援するため，中央労働災害防止協会に委託して行われていた事業。

③職場改善用機器等整備事業（平成13年度から平成21年度）

健診用器具や，作業環境測定器具等の安全衛生関連器具を，中小規模事業者や健診事業者等に補助する制度。①の終了等を受けて，しかし中小企業での安全衛生措置の不十分さを踏まえ，創設されたもの。

ク　ここでは，広範な広がりを見せている労災補償保険事業（社会復帰促進等事業）について述べる。

上述の通り，現在，監督機関による助言等以外の援助の多くが，労災保険事業のうちの社会復帰促進等事業（労災保険法第29条）により行われている。いわゆる労災特会と呼ばれるものである。

これには，①社会復帰促進事業，②被災労働者等援護事業，③安全衛生確保等事業，の3種類があり，このうち③は，

1）業務災害防止活動への援助
2）健診施設の設置運営等の労働安全衛生の確保
3）保険給付の適正化
4）賃金の支払い確保に必要な事業

に細分化される（同条第1項第3号）。

本条（法第106条）に基づく支援事業は，このうち1）に当たると解される。2）のうち健診施設の設置運営には法第71条に基づく事業が該当し，4）には賃金支払確保法第7条所定の未払賃金立替払事業が該当すると解される。

沿革をみるに，終戦時点において，労災扶助責任保険は，健康保険，国民健康保険と共に厚生省保険局の管轄だったが，労災保険法（昭和22年4月7日法律第50号）の施行，労働省の設置と共に，それを労働省労働基準局に移管するかが問われた。

厚生省側は，社会保険は全て保険局の一元管理下に置くべきと主張したが，新労働省側は，当時の社会保険制度では労働者の損害賠償の肩代わりができないし，労災保険は労災の事後対応であり，予防と一体で管轄せねば予防の効果があがらないと主張した。

労災保険法の施行当初，労災保険事業は，保険給付のほかは，業務災害に係る保険施設（保険運営機関）（同法旧第23条）のみを行うこととなっていたが，労災防止団体法（昭和39年6月29日法律第118号）附則第6条により改正され，予防に必要な保険施設も行うこととされた（労災保険法旧第23条の2）。

1975（昭和50）年，中央労働基準審議会労災保険基本問題懇談会が，労災保険事業について，労災補償を中心としつつも，安全衛生や労働条件をめぐる使用者責任にかかる総合的な保険制度へ発展させるよう建議し，これを受けた労災保険法改正（昭和51年5月27日法律第32号）により，従来の「保険施設」は労働条件確保事業（未払賃金立替払事業を含む）を含む「労働福祉事業」に拡充された。ただし，昭和56年度予算以降，労災勘定に占める労働福祉事業と事務執行費用の上限が，労災保険法施行規則第43条に定められ，現在に至っている。

その後，2000（平成12）年12月の閣議決定「行政改革大綱」で特殊法人等改革が示されて，特殊法人等改革基本法（平成13年6月21日法律第58号）が制定され，これに基づく平成13年12月の特殊法人等整理合理化計画により，労働福祉事業団は，2004（平成16）年4月1日に独立行政法人労働者健康福祉機構に改組され，労働安全衛生融資業務も廃止された。

さらに，2005（平成17）年12月の閣議決定「行政改革の重要方針」では，小さくて効率的な政府が謳われ，これを踏まえた簡素で効率的な政府を実現するための行政改革の推進に関する法律（平成18年6月2日法律第47号）第23条で，労働保険特別会計で経理される事業は，原則として，労災保険法上の保険給付に係る事業と，雇用保険法上の失業等給付にかかる事業に限り，①労働福祉事業，②雇用安定事業，③能力開発事業，④雇用福祉事業は，廃止を含めた見直しを行う方針が示された。

これを受けて組織された検討会での議論を踏まえ，

・労働条件確保事業（未払賃金立替払事業を含む）の大幅縮小，
・安全衛生確保事業との統合，

により，保険給付事業の健全運営のため必要な事業（労災防止，職場環境改善等の事業）のみを行うこととし，労働福祉事業の名称を変更することとなった。

その後，労政審議会労働条件分科会労災保険部会の審議を経て，厚生労働大臣に建議され，雇用保険法改正（平成19年4月23日法律第30号）により，従来の労働福祉事業は社会復帰促進等事業に再編・改称された。

その後，事業仕分け第3弾前半で，社会復帰促進等事業は，労働保険特別会計としては原則廃止とされた

が，野党からの反対もあり，結局，個別事業ごとの整理再編にとどまった。

しかし，その後も，労働基準局主催の検討会，行政監察等の機会であり方が検討されて来ている。

行財政改革等では，委員から，労災保険料財源の使途は，被災労働者や遺族の補償保険給付（や特別支給金）に限るべきとの意見がよく示される。しかし，災害保険財政の安定には災害予防が有効なので，安全衛生対策の推進は合理的との労働経済学者の見解もあるし，ILOの産業災害の予防に関する勧告（第31号，1929年採択。2021年撤回）の第23項でも，災害保健機関が災害予防事業を行うべきとされていた。日本では，古くから，損害保険会社がボイラー検査を行うような例もある。

そして，現に国の労災防止事業の多くが，一貫して労災保険料を主な財源とする特別会計から支出されてきており，一般会計による事業は不見当であり，一般会計から労災勘定への国庫補助も殆どない。

ここでは，そもそも労災保険料を財源とする労災防止事業を国の「援助」と呼べるかという疑問がわく。災害保険が災害防止事業を行うのは支出抑制策とも言えるし，そもそも労災保険制度は使用者の災害補償責任を肩代わりする趣旨を持つからである。しかし，労災保険料は税に近い公益的拠出との見方もできる。

ケ　法第107条は，厚生労働大臣を名宛人として，安全管理者以下の労災防止業務従事者の資質と，労働者の労災防止思想の向上のため，資料提供等の援助を行う努力を求めた規定である。

第106条との比較では，名宛人は国ではなく厚生労働大臣であり，対象が事業者ではなく，労災防止業務従事者及び労働者である点が異なる。

コ　要点の解釈は以下の通り。

本条が援助の対象とする労災防止業務従事者（「安全管理者……その他労働災害の防止のための業務に従事する者」）は，法第99条の2（講習受講の指示）において，都道府県労働局長が事業者に「受講させるよう指示」する対象として定めた「労働災害防止業務従事者」や，法第19条の2が定める能力向上研修の対象とほぼ同旨と思われるが，本条が事業場に所属しない外部コンサルタント等を対象とし得る点で，内部者を想定したと解されるほか2条とは若干異なる。

本条の対象にも，労災防止業務に従事する限り，総括安全衛生管理者，産業医，産業保健師，産業歯科医師，作業主任者，職長，統括安全衛生責任者，元方安全衛生管理者，店社安全衛生管理者，安全衛生責任者等，様々な職種や資格者が含まれる。

本条は，労働者一般も援助対象に挙げている。前述の通り，労基法第105条の2は，労使双方への援助を定めていたところ，安衛法の制定に際して，同法第106条が使用者への援助，本条（法第107条）が労働者への援助を引き継いだ経過がある（ただし，労基法第105条の2自体は残存）。

本条は，本法の目的である労災防止と快適職場形成のうち，前者を目的としており，後者は直接の目的としていない。

「資料の提供」には，労災発生状況，有効な防止対策，諸外国での労災防止対策の状況，各種統計等を示したパンフレット等の提供が含まれる。

「その他必要な援助」には，全国安全週間や全国労働衛生週間等の行事の開催や後援のほか，法第63条の支持を受けた安全衛生教育センター等の施設の設置や助成等が含まれよう。

サ　関係規定として，上述の第99条の2等が挙げられ，労災が発生してしまった場合に，都道府県労働局長が，安全管理者をはじめとする（内部の）労災防止業務従事者に講習を受講させるよう事業者に指示し得る旨を定めている。

シ　本条（法第107条）の沿革は，概ね法第106条の沿革に記した通りだが，安衛法制定時には，安全管理者，衛生管理者，コンサルタントしか例示されていなかったところ，その後，昭和63年法改正（同年5月17日法律第37号）により，安全衛生推進者及び衛生推進者制度が新設されて追記され，平成8年法改正（同年6月21日法律第92号）により，産業医の専門性の確保が図られると共に，産業医が追加される等の改正がなされてきた。

ス　本条及び関連する国の援助規定の運用実態（ただし，法第106条について述べたものを除く）は以下の通り。

(1)　全国安全週間及び全国労働衛生週間

日本最初の安全週間は，1919（大正8）年6月15日から21日まで，東京市と隣接町村で地域的に開催された。その後，昭和2年，関西地区の工場監督官らの発案により，1道3府21県で連合工場安全週間が実施され，昭和3年には，全国工場監督主任官会議の決定で，全国統一の全国安全週間が開催された。

1950（昭和25）年以降は，全国労働衛生週間が分離実施されている。

2023（令和5）年7月には，厚労省により，96回目となる全国安全週間が開催された。同年10月には，同じく74回目となる全国労働衛生週間が開催された。

(2)　産業安全技術館及び大阪産業安全技術館

かつて，一般に安全衛生に関する資料や設備を提供する施設として，産業安全技術館と大阪産業安全技術館が存在した。

前者は，1933（昭和18）年に厚生省産業安全研究所

（東京都港区）の附属施設である産業安全参考館として設立された。産業安全研究所も産業安全参考館も国立機関だったが、その設立は、伊藤一郎ら民間からの寄付と強い要望によるものだった。

産業安全参考館は、1954（昭和29）年に産業安全博物館に改称され、その後、博物館法（昭和26年12月1日法律第285号）第29条に基づき、私立の労働科学資料館（世田谷区祖師谷）と共に、博物館相当施設に指定された。

後者の大阪産業安全技術館は、大阪産業安全博物館として、1961（昭和36）年に日立造船からの寄付で設立された。

1971（昭和46）年に、産業安全博物館は産業安全技術館に、大阪産業安全博物館は大阪産業安全技術館に、それぞれ改称された。

その後、両者共に中央労働災害防止協会の管理とされていたところ、2010（平成22）年5月の事業仕分け第2弾（後半）で、両者を含む同協会の安全衛生情報提供・相談等業務が廃止と判定されたことを受け、2011（平成23）年3月31日をもって廃止された。

セ　法第108条は、政府を名宛人として、労災防止に資する科学技術の振興のため、研究開発の推進と成果の普及等の措置に努めるよう求めている。

これを果たす施設として、

独立行政法人労働者健康安全機構労働安全衛生総合研究所、

産業医学振興財団、

学校法人産業医科大学

などが挙げられる。推進のための制度の代表例は、厚生労働科学研究費補助金であり、制度の趣旨に適う大学や研究機関の研究者が行う調査研究に対し、資金面での補助を行い、研究成果を厚生労働科学研究データベース（https://mhlw-grants.niph.go.jp/）で一般公開している（三柴）。

このうち、労働安全衛生総合研究所の沿革は、**資料197**の通り。

日本バイオアッセイセンター研究センター（中央労働災害防止協会に運営が委託されていたが、その後、労働者健康安全機構に移管された）は、法第58条に基づく事業である。

厚生労働省の管轄ではないが、

警察庁科学警察研究所、

消防庁消防大学校消防研究センター、

独立行政法人製品評価技術基盤機構（NITE）、

独立行政法人国民生活センター

などの行う研究開発が労災防止に資することも少なくない。

ソ　代表的な関係規定として、じん肺法第32条が挙げられる。

これも、第1項で、政府を名宛人として、粉じんの測定、発散防止・抑制、じん肺健診等、じん肺の予防や健康管理に関する技術的援助に努めることを求め、第2項で、じん肺予防に関する技術的研究と、前項の援助のため、必要な施設の整備を図るよう求めている。

タ　本条（法第108条）の沿革では、昭和46年7月付けの労基法研究会第3小委員会報告に嚆矢が窺われる。

その第3・3（十）の「(8)国の監督指導および援助」に、「ホ　研究体制の整備充実」として、

「技術の進展、労働環境等の変化に対応する科学的労働災害防止対策を展開するためその裏付けとなる研究体制の整備充実をはかる必要があること」

と記されていた。

チ　法第108条の2は、厚生労働大臣による疫学的調査等の規定であり、

第1項で、厚生労働大臣に対し、労働者がばく露する化学物質等や、その従事する作業と疾病の相関関係の把握のため、疫学的調査等を行う権限を付与し、

第2項で、厚生労働大臣に対し、その調査等の事務を専門家に委託する権限を付与し、

第3項で、厚生労働大臣及び前項による調査受託者に対し、事業者や労働者その他関係者に対して、質問をし、報告や書類の提出を求める権限を付与し、

第4項で、第2項により受託された調査の実施事務従事者（調査受託者本人を含む）に対し、労働者の健康障害の防止上やむを得ない場合を例外として、守秘義務を課している。

ツ　本条は、新規化学物質の製造輸入者等による有害性調査制度等（法第57条の2等）の新設と共に、昭和52年法改正（同年7月1日法律第76号）で追加されたものであり、その趣旨は、施行通達（昭和53年2月10日発基第9号）に、以下のように示されている。

1）最近の新たな原材料の採用、特に六価クロムによる職業がん等の新たな重篤な職業性疾病が生じているため、その防止対策が求められている。

2）疫学的調査等は、がん原性等の疑いがある化学物質等や、作業と疾病の相関関係の把握のため行う調査であり、

従来は法的根拠をもたず、事業者の自主的な協力に依存してきたが、それを設けて国として調査を行う姿勢を明らかにした。

3）調査結果は、予防措置のみならず、労災補償の基礎資料にもなる。

テ　要点の解釈は以下の通り。

「化学物質」は、法第2条第3号の2で、「元素及び

化合物」と定義され，化審法（化学物質の審査及び製造等の規制に関する法律〔昭和48年10月16日法律第117号〕）が定める人為的に合成したものと対照的である。

前述の通り，この元素及び化合物に関する詳細は，主に昭和53年通達（昭和53年2月10日基発第77号）に定められており，要するに，単体でも結合物でも，性状が不安定なものほどハザードないしリスクが大きいと考えられていることが窺われる。

元素とは，物質を構成する基本的成分であり，1種類の原子から成る全ての状態であり，励起状態（excited state：エネルギー的に不安定な状態）を含み，単体（水素 H_2，酸素 O_2 など，構成する元素の種類が1種類の物質。2種類以上の物質を化合物という）を含む（昭和53年2月10日基発第77号）。

化合物とは，2種類以上の元素が互いに化学結合力で結合し，原則として一定の組成を持つ物質であり，通常は，1種類の物質を言うが，

主成分の製造中に不純物，副生物等が混入したもの，

モノマー（低分子の単量体）は一定の組成を持つが，厳密には同一性を有しないもの，

複数の化合物の集合体として，全体として均一な性状を持つもの，

等は，依然として化合物である。

他方，合金や，什器（家具や道具，備品など），板，フィルム等固有の使用形状を持つもの，混合によって初めて製品となり，それが最終用途に用いられるもの（印刷用インキ，写真感光用乳剤等）は，化合物に該当しない。

法第57条の4が有害性調査の対象とする新規化学物質とは，施行令第18条の3が定める4種の化学物質（元素，天然産出化学物質，放射性物質，昭和54年2月末までに製造・輸入され，厚生労働大臣による公表済みの化学物質）と本条第3項による公表済みの化学物質以外の化学物質である。これには，製造中間体（製造工程中に生成し，その後同一事業場内で他の化学物質に変化していく化学物質），副生成物（製造工程で意図せずに生成してしまった化学物質），廃棄物も含まれる。

分子間化合物（異なる分子〔複数の原子が結合してできる粒子。同じ種類の原子から成る物質が元素〕の結合によりできる化合物），包接化合物（分子間化合物の一種であり，一方の分子にできた空間に他方の分子が包摂されてできる）等のように，2以上の化学物質が集合して単一の化学構造を持つ化学物質であって，その構成物がいずれも既存化学物質である場合，既存化学物質とみなされる（昭和54年3月23日基発第132号〔以下，「昭和54年通達」という〕）。

構成単位が全て既存化学物質であるブロック重合物

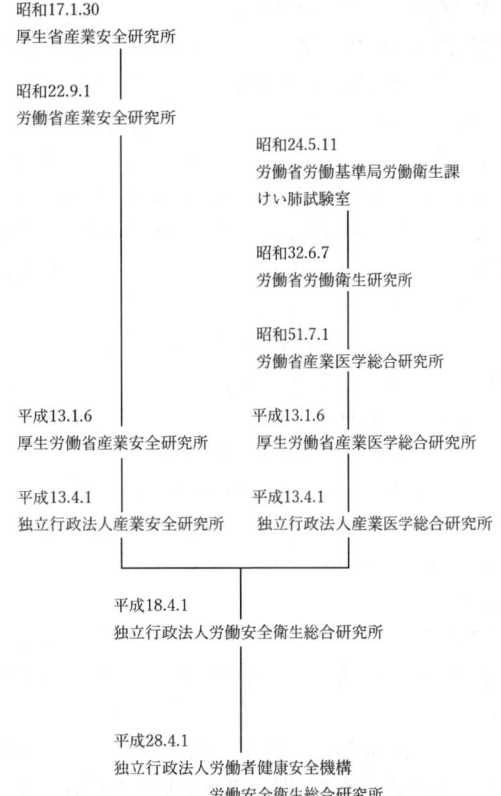

資料197　労働安全衛生総合研究所の沿革

昭和17.1.30　厚生省産業安全研究所
昭和22.9.1　労働省産業安全研究所
昭和24.5.11　労働省労働基準局労働衛生課けい肺試験室
昭和32.6.7　労働省労働衛生研究所
昭和51.7.1　労働省産業医学総合研究所
平成13.1.6　厚生労働省産業安全研究所
平成13.1.6　厚生労働省産業医学総合研究所
平成13.4.1　独立行政法人産業安全研究所
平成13.4.1　独立行政法人産業医学総合研究所
平成18.4.1　独立行政法人労働安全衛生総合研究所
平成28.4.1　独立行政法人労働者健康安全機構　労働安全衛生総合研究所

（独立行政法人労働者健康安全機構労働安全衛生総合研究所の案内パンフレット〔https://www.jniosh.johas.go.jp/about/doc/jniosh_pamphlet.pdf，最終閲覧日：2023年2月1日頃〕19頁。2024年8月時点では掲載されていないが，27頁「研究所の歩み」にて確認できる）

（2種類以上のモノマー〔一般に1～100個程度の低分子〕が結合して生じた，一般に数千個以上の原子から成る高分子の重合物＝ポリマー）及びグラフト重合物（1本の高分子を幹にして，他の種類の高分子の枝をつけた重合体＝ポリマー）も既存の化学物質とみなされる（昭和54年通達）。

本条（法第108条の2）の疫学的調査等の対象が，化学物質「等」とされているのは，化学的組成そのものに毒性はないが，吸入すると健康障害を引き起こす粉じん等のほか，黄りんマッチ，ベンゼンゴムのりなどの化学品（特定の用途や目的で製造・加工された製品。化学品の構成要素が化学物質）や，有害な動植物等を含めるためと思われ，安衛法制定時に用いられていた「有害物」等の文言を用いていないのは，調査する前からそう断定できないことによると思われる。

疾病との相関関係が調査される「労働者の従事する作業」には，化学物質等に晒される作業以外にも，精神的疲労を招き易い計器監視，精密工作等の作業や，介護，クレーム対応，長時間にわたる作業など，様々な作業が含まれると解される。

「疫学的調査」とは，一定の集団における特定の疾病の分布を，（性，年齢，職業等の人間的因子，場所，時

間等の）多角的観点から観察し，その結果に基づき，分布の理由（主に疾病の成立原因）を統計学的に解析する調査をいい，コーホートスタディ，ケースコントロールスタディ等が該当する。

このうちコーホートスタディとは，同種の仕事等に従事した対象集団（コーホート）を設定し，死因等の後ろ向き調査や前向きの追跡調査により，一般人口での死因等と比較解析すること等で，特定の疾病原因を解明しようとする手法であり，いわば，仕事等の特徴からのアプローチ手法と言える。

ケースコントロールスタディとは，特定の地域で特定の疾患にり患した者（ケース）と性・年齢等の人間的因子が等しい対象（コントロール）を無作為に選定し，両者が従事した仕事等の履歴を調査し，両者における特定の仕事等の出現頻度を統計学的に比較して，特定の疾病と仕事等の関連を解明しようとする手法であり，いわば，疾患や死因等からのアプローチ手法と言える。

「その他の調査」には，既存の科学的知見に照らした個別ケースの原因分析的なアプローチ等が含まれる。

本条（法第108条の2）第3項が定める，行政や調査受託者による事業者，労働者その他の関係者への質問，報告徴収，書類の要求権限についてみるに，

監督官（第91条。罰則は第12条第4項）や産業安全専門官・労働衛生専門官による調査（第94条第1項。罰則は第120条第4項），労働者健康安全機構による調査（第96条の2第2項による第94条第1項の準用）等には付されている拒否，妨害，忌避等にかかる罰則が，本条（法第108条の2）による疫学的調査等には付されていない。

ただし，この調査に従事する公務員に暴行や脅迫を加えた者には，公務執行妨害罪が適用され得る。調査受託者がみなし公務員となり，同罪が適用される場合もあり得よう。

本条（法第108条の2）第4項が定める，委託調査の実施事務従事者（調査受託者自身を含む）の守秘義務には罰則（6月以下の懲役又は50万円以下の罰金：法第119条第1項）が付されている（法第122条も適用されるので，その事務を受託した事業主も罰金刑を受け得る）。対象は，「従事した者」とされているので，退職者にも適用される。

本条項は，委託調査の実施事務従事者（受託業者ら）のみを対象としている。労働行政官が調査する場合，国家公務員法第100条第1項で，退職者を含め守秘義務が課されている（1年以下の懲役又は50万円以下の罰金：同法第109条第12号）ので，重ねての規定は避けられたものと解される。

なお，第57条の4第5項（製造業者等が届け出た有害性調査等の結果に応じて対応措置を勧告する場合になされる学識経験者への意見聴取）及び第57条の5第5項（がんなど重度障害を生じ得る物質について厚生労働大臣が必要性を認めた場合に，製造業者や取扱い事業者等に有害性調査等を指示する場合になされる学識経験者への意見聴取）（いずれも本条と同じ昭和52年法改正で設けられた規定）により，化学物質の有害性調査で意見を求められた学識経験者にも同様に守秘義務が課されている。いずれにも，罰則（第119条第1号により，6カ月以下の懲役刑又は50万円以下の罰金）が付されている。

ここで，何が「秘密」に該当するかが問われるが，昭和52年法改正の審議過程で，本条（法第108条の2），第57条の4第5項，第57条の5第5項の守秘義務規定が，
①企業の公害や職業病隠しに加担するのではないか，
②科学公開の原則に反するのではないか，
③学識経験者の自由な研究を阻害するのではないか，

等の意見が示され，政府側は，この規定は，あくまで疫学的調査等の円滑な運営にとって必要かを基準に判断されるべきであり，情報提供者の希望を重要な要素の一つとして，労働大臣（現在の厚生労働大臣）が総合判断する旨，また，委託の場合は（委託）契約で秘密の範囲を明確化することで労働大臣がその意思を明らかにする旨答弁していた（第80回国会）。

守秘義務の例外である，「労働者の健康障害を防止するためやむを得ないとき」との条件は，参議院社会労働委員会での法案審議中の修正で加えられた。

原案に対して日本共産党等から，「正当な理由がないのに」との文言を加えるよう求められたのがきっかけだった。これには，職業病隠しと共に公害隠しを防ぐ目的があったので，成案は不十分とも言えるが，政府からは，公害防止上やむを得ない情報漏洩は，正当な理由となり，その場合違法性は阻却される旨答弁され，成案となった。

ト　関係規定の筆頭には，本条（法第108条の2）の関係規則規定である，安衛則第98条の4が挙げられる。

同条は，厚生労働大臣を名宛人として，本条（法第108条の2）に基づく疫学的調査等を行った場合，その終了後1年以内にその結果を労働政策審議会に報告するよう求めている。

また，製造・取扱い事業者側から行政への情報提供を担保ないし強化するため，平成18年の改正（同年1月5日厚生労働省令第1号）により新設された安衛則第95条の6が，事業者を名宛人として，

健康障害を生じるおそれのある所定の物を製造又は取扱う作業場で，それらのガス，蒸気，粉じんへのば

く露危険のある作業に労働者を従事させた場合，所定の様式をもって，所轄労基署長に報告するよう義務づけた（もっとも，この規則規定が本条〔法第108条の2〕に紐付くとすれば，同規定違反に罰則はかからないことになる。そもそも，同規定の文言には不確定法概念が多く，仮に法第100条など罰則付きの条規に紐付けても，罰則の適用は困難だろう〔三柴〕）。

この他，化学物質や，労働者が従事する作業の有害性調査に関する本法の規定には，**資料198**のようなものがある。

資料198

	調査主体	
	事業者	国
全ての要因	第28条の2	第94条（産業安全専門官・労働衛生専門官），第96条の2（労働者健康安全機構），第108条（政府による研究開発），第108条の2
表示・通知対象物	第57条の3	
化学物質	第57条の4（新規化学物質の製造輸入業者による有害性調査），第57条の5（重度の健康障害を労働者に生ずるおそれのある化学物質を製造輸入使用する事業者による大臣の指示に基づく有害性調査）	第58条（国の援助等）

国際労働基準では，日本は，がん原性物質及びがん原性因子による職業性障害の防止及び管理に関する条約（第139号，1974年6月24日採択，1977年7月26日批准。略称：職業がん条約）を批准している。

これを補足するほぼ同名の勧告（1974年6月24日採択）の16の(1)では，権限のある機関は，適当な場合，国際的及び国内的な団体（労使の団体を含む）の援助を得て，疫学的その他の研究（epidemiological and other studies）を促進し，情報収集と普及をすべきとされている。

ナ 本条（法第108条の2）の沿革は以下の通り。

るる述べた通り，本条は，1977（昭和52）年の安衛法改正（同年7月1日法律第76号）により，化学物質の有害性調査制度等にかかる諸規定と共に追加されたものである。

1975（昭和50）年当時，化学物質への需要が多様化し，毎年約450種類の新規化学物質が産業界で生み出される状況にあり，六価クロムによる肺がん，塩化ビニルモノマーによる肝血管肉腫及び末端骨溶解症等，新規化学物質による重篤な職業性疾病が社会問題化していた。

国際的にも，ILOで1974（昭和49）年に職業がん条約，昭和52年に作業環境条約が採択されるなどしていた。

こうした情勢を踏まえ，1975（昭和50）年11月の中央労働基準審議会で，労働者側委員から職業性疾病対策の充実強化を求める意見書が提出され，労働災害防止部会で検討することとなった。活発な議論を経て，全員一致で報告書が取りまとめられ，本審議会に提出された。そのうち，本条（法第108条の2）に係る部分の要旨は以下の通り。

1）労働大臣は，疾病と化学物質や作業環境との関係を把握するため，疫学調査を行えるものとし，事業者らには，これに協力する義務を課す。

2）退職労働者，医師等の報告義務を明確化し，調査結果の正確性を確保すると共に，医師の守秘義務との関係で法律上の疑義が生じないようにする。

3）調査従事者が，個人や企業の秘密を守る義務を負うこととする。

4）調査を委託する場合，大学の研究者等専門知識を持つ者に対して行う。

5）調査実施に際して，事業者に過重な負担をかけないよう配慮する。

6）調査に際して，調査対象関係労使の意見を十分に聴取する。

これを元に，労働省によって改正法律案要綱が起案され，中央労働基準審議会で適当の答申を得て，労働省による関係省庁との折衝，内閣法制局審査等を経て法律案となり，1977（昭和52）年3月の閣議を経て，各法第61号として国会に上程された。

なお，改正法律案要綱では，労働大臣及び調査受託者は，労使及び医師その他の関係者に，調査票への必要事項の記入や書類の提出を求め得るようにする旨記載されていた。

国会審議では，前述の通り，参議院社会労働委員会での審議で，日本共産党等の議員から，本条（法第108条の2）及び化学物質の有害性調査条項に設けられた3つの守秘義務規定に激しい批判がなされた。

1997（昭和52）年6月9日の審議で，日本共産党の内藤功議員から，各守秘義務規定とそれに付された罰則を削除する修正案が，自民党の佐々木満議員から，健康障害防止のためやむを得ない場合に限り，守秘義務を免除する旨の但書案が提出され，佐々木案が可決され，修正後の法律案が成立した。

ニ 本条（法第108条の2）の運用状況をみると，相当以前から，本条に基づく疫学的調査は行われていない。

その要因として，本条を追加した昭和52年法改正により，政策の軸足が，法第57条の4や第57条の5所定

の事前アセスメントに移行したことのほか，労働者名簿から本籍地欄が削除されたことにより，原死因の調査に際して，死亡診断書等を保管する本籍地を辿れなくなったこと等が考えられる。

ただし，2007（平成19）年7月に，日本産業衛生学会が，厚生労働大臣に対して石綿取扱労働者の疫学的調査の実施を求めたことがある。

25 **大藪・近藤解説③（第11章第109条〜第115条）**

法第109条から第115条は，第101条から第108条と並び，第11章を形成する雑則であり，安全衛生の実体規制ではないが，法の趣旨の実現，実効性を高めるために必要な補完的事項を定めている。

ア　法第109条は，国による労災防止施策の推進に際して，国が地方公共団体と連携するよう求めている。

労災防止施策は，一義的には国の役割だが，工場内から排出された有害物が周辺住民に影響して公害となるなどの都市型産業災害（Urban Industrial Disasters）のように，1災害が産業災害と公害の双方を引き起こすこともあり，地方公共団体との連携が求められる。

本条は，その前提で，国の側が，地域の実情を踏まえたうえで，地方公共団体の立場を積極的に理解して配慮するよう求めたものである。

実例として，建設工事関係者連絡会議が挙げられる。

これは，基本的に都道府県を単位とし（都道府県労働局が事務局を務め），国の発注機関，地方公共団体の公共工事担当部署等の参加を得て設置，開催されてきたもので，

発注機関が工事の安全衛生に配慮すること，発注者，施工者，労災防止行政関係者等の連携を図ることを主な目的としたものである（平成26年4月11日基安発0411第1号を参照されたい）。

その他，石油コンビナート（原料・燃料・工場施設を1カ所に集めた工業地帯）等の災害防止を目的とする，石油コンビナート等防災本部や幹部会への参加，都道府県や防災本部が主催する防災訓練への参加等の例がある。

消防機関との連携例として，建設業附属寄宿舎（建設業労働者のために事業者が設置するもので，工事現場に付属する形で提供される。その構造や設備，安全衛生管理の基準等が定められている）で防火対策が採られていない場合に消防機関に通報するよう促す通達も発せられている（平成13年5月11日基発第441号）。

イ　法第110条は，

第1項で，安衛法に基づく許可，免許，指定，登録に条件を付すこと，変更ができる旨を定め，

第2項で，付す条件は，必要最小限度に限定し，不当な義務を課すものであってはならない旨を定めている。

第1項の登録にはカッコ書きがあり，法第54条の3第1項所定の検査業者名簿への登録，法第84条第1項所定の労働安全・衛生コンサルタント名簿への登録を指すことが示されている。登録というと，登録検定機関の登録（法第54条，第54条の2），法第77条所定の登録教習機関の登録もあるが，カッコ書きされたものに対象が絞り込まれている。

本条（法第110条）は，こうした行政処分に一定条件を付すことで，適正な行政運用と行政自身の恣意的裁量の抑制に繋げようとの趣旨に出た規定である。

本条にいう「許可」には，特定機械等にかかる製造許可（法第37条第1項），有害物の製造許可（法第56条第1項）があり，

「免許」には，衛生管理者の免許（法第12条第1項），作業主任者の免許（法第14条），就業制限業務に係る免許（法第61条第1項）があり，

「指定」には，指定試験機関・登録機関の指定（法第75条の2第1項〔免許試験の試験機関〕，第83条の2〔コンサルタント試験の試験機関〕，第85条の2〔コンサルタントの登録（事務実施）機関〕）があり，

「登録」には，検査業者，コンサルタント名簿へのコンサルタント自身による登録（法第54条の3第1項，法第84条第1項）がある。

本条にいう「条件」は，民法上の条件（法的行為の効果を将来な不確定な事実にかからしめるもの）とは異なり行政処分の附款であり，許認可等の法的効果について，法による規定事項以外の内容を付加したものを意味する。

許認可等の処分を行うか否か等の二者択一の硬直性を緩和したり，行政庁がとり得る措置を予告する（どういう条件を侵せば不利益処分を科すかを伝える等）などして，状況に応じた適切な処分を可能にするメリットがある。

ウ　法第111条は，本法所定の処分にかかる行政不服審査法上の審査請求の可否と方法に関する定めであり，

第1項で，法第38条所定の製造時等検査，性能検査，個別・型式検定の結果にかかる処分には審査請求ができない旨を定め，

第2項で，指定試験機関や指定コンサルタント試験機関が行う試験事務（合否判定等）に係る処分や不作為，指定登録機関が行う登録事務に係る処分や不作為については，審査請求できること，その場合の行政不服審査法（平成26年6月13日法律第68号）所定の上級行政庁の，指定試験機関，指定コンサルタント試験機

関，指定登録機関への読み替えを定めている。

このうち，第1項所定の法第38条所定の検査のうち，同条第1項・第2項が定める製造時等検査には，
①製造時検査（製造の際や直後の構造規格適合性を重視する検査），
②輸入時検査，
③所定期間（原則1〜2年）にわたり設置されなかった特定機械等（ボイラー，移動式クレーン等）の設置時検査（性格的に使用開始時検査に近く，休止後再開検査などとは異なる），
④使用廃止後の再設置・再使用時検査，
の4つがある。

法第38条第3項は，特定機械等の設置とそれ以後の検査を定めており，これには，
①設置（落成）時検査
②所定の主要部分の変更時検査，
③休止後（：報告を提出して使用休止し，検査証の有効期間を徒過後）再開検査，
の3つがある。

第2項所定の読み替えの概要は以下の通り。
①第25条第2項
処分庁の上級行政庁等は，必要に応じ処分の執行を停止できる旨の定め
②同条第3項
処分庁の上級行政庁等以外の審査庁も，必要に応じ一定範囲で処分の執行を停止できる旨の定め
③第46条第1項
処分にかかる審査請求に理由がある場合，審査庁は裁決で当該処分を取り消すこととなるが，審査庁が上級行政庁等でない場合，当該処分の変更はできない旨の定め
④同条第2項
審査庁が申請却下・棄却の処分を取り消す場合，審査庁が処分庁の上級行政庁である場合，当該処分庁に当該処分をすべき旨を命じる旨等の定め
⑤第47条
事実上の行為にかかる審査請求に理由がある場合，審査庁は，裁決で当該行為を違法や不当と宣言し，当該処分庁にその撤廃や変更を命じることとなるが，審査庁が処分庁の上級行政庁でない場合，変更を命じることができない旨の定め
⑥第49条第3項
不作為にかかる審査請求に理由がある場合，審査庁は，裁決で，その違法や不当を宣言することとなるが，審査庁が処分庁の上級行政庁である場合，当該不作為庁に対し，当該処分をすべき旨命じる旨の定め

エ　本条（法第111条）は，
①製造時等検査
②性能検査
③個別検定
④型式検定
⑤免許試験
等の結果に基づく適否の処分につき，高度に専門的，技術的な処分の性格を踏まえ，行政不服審査法による審査請求を排し，

免許試験やコンサルタント試験の指定試験機関が行う試験事務に関する処分等については，事案の重要性を踏まえ，厚生労働大臣への審査請求を可能としたものである。

第2項が定める行政不服申立制度は，国民が行政庁による公権力の行使につき不服を申し立てる手続きであり，行政不服審査法（行審法）が規定する手続きは，
①審査請求
②再調査の請求
③再審査請求
の3種だが，原則は①である。

行政庁の処分や不作為は審査請求対象となり得るが，第7条が適用除外を定めており，そのうち第1項第11号は，「専ら人の学識技能に関する試験又は検定の結果についての処分」を定めている。

本条第1項もこの趣旨であり，安衛法上の明文規定でその趣旨を確認したものと解される。

ただし，第1項所定の処分についても，行政事件訴訟法に基づく行政訴訟の提起は妨げられない。

オ　法第112条は，次の者につき，国又は指定試験機関，指定コンサルタント試験機関，指定登録機関に手数料を納付するよう義務づけたものである。

第2項は，指定機関に納付された手数料は当該指定機関の収入とする旨定めている。
①第1号
免許を受けようとする者
②第1号の2
第14条（事業者は，所定の危険有害作業については，都道府県労働局長の免許や登録を受けた者が行う技能講習修了者から作業主任者を選任して，所定の業務を行わせるべき旨の定め），

第61条第1項（事業者は，クレーン運転等の危険有害業務＝就業制限業務については，都道府県労働局長による免許や登録を受けた者が行う技能講習修了者等以外を就業させてはならない旨の定め）

第75条第3項（都道府県労働局長は，その登録を受けた者が行う教習を修了してから間もない等の資格者につき，免許試験の学科試験や実技試験の全部又は一部を免除できる旨の定め）

の登録の更新を受けようとする者
③第2号

技能講習（登録教習機関が行うものを除く。）を受けようとする者

④第3号

第37条第1項（ボイラー，クレーン等の特定機械等〔特に危険な作業を要する機械等のうち所定のもの〕の製造に際して都道府県労働局長の許可を要する旨の定め）

の許可を受けようとする者

⑤第4号

第38条（前条の解説を参照のこと）の検査（登録製造時等検査機関が行うものを除く。）を受けようとする者

⑥第4号の2

第38条第1項（ボイラー，クレーン等の特定機械等を製造輸入等した者は，検査対象により都道府県労働局長又は厚生労働大臣により登録を受けた登録製造時等検査機関による製造時等検査を受けるべき旨の定め），

第41条第2項（都道府県労働局長又は登録製造時等検査機関による検査に合格した特定機械等に交付される検査証の有効期間の更新を受けようとする者は，厚生労働大臣の登録を受けた登録性能検査機関の性能検査を受けるべき旨の定め），

第44条第1項（小型ボイラーの溶接などの確認が必要な特定機械等以外の機械については製造・輸入業者が個別検定を受ける義務を負うことと，それは登録個別検定機関によるべき旨の定め）

もしくは

第44条の2第1項（同型機械が大量生産されたり破壊試験が必要になるもの等につき，製造・輸入業者が型式検定を受ける義務を負うことと，それは登録型式検定機関によるべき旨の定め）

の登録又はその更新を受けようとする者

⑦第5号

検査証の再交付又は書替え（登録製造時等検査機関が行うものを除く。）を受けようとする者

⑧第6号

性能検査（登録性能検査機関が行うものを除く。）を受けようとする者

⑨第7号

個別検定（登録個別検定機関が行うものを除く。）を受けようとする者

⑩第7号の2

型式検定（登録型式検定機関が行うものを除く。）を受けようとする者

⑪第8号

第56条第1項（強い有害性を持つ物質の製造には許可を要する旨の定め）

の許可を受けようとする者

⑫第9号

第72条第1項（衛生管理者，作業主任者，クレーン運転等の就業制限業務従事者に求められる免許は，所定の免許試験合格者等に交付して行う旨の定め）

の免許証の再交付又は書替えを受けようとする者

⑬第10号

免許の有効期間の更新を受けようとする者

⑭第11号

免許試験を受けようとする者

⑮第12号

労働安全コンサルタント試験又は労働衛生コンサルタント試験を受けようとする者

⑯第13号

第84条第1項（労働安全・衛生コンサルタント試験合格者は，所定事項を厚生労働省に備える名簿に登録して初めて同コンサルタントとなることができる旨の定め）

の登録を受けようとする者

カ　本条（法第112条）は，第1項で，所定の対象者に対し，政令が定める手数料を，国又は所定の指定機関（免許試験につき指定試験機関，コンサルタント試験につきコンサルタント試験機関，コンサルタント登録につきコンサルタント登録機関）に納付すべき旨を定めている。

ここでの政令は，労働安全衛生法関係手数料令（手数料令）を意味し，納付の方法は，原則として相当額の収入印紙の貼付によることとされている。

第2項では，指定機関に収められた手数料は，当該指定機関の収入となる旨を定めている。

手数料額を法律で定めている例もあるが，安衛法では，手数料の納付対象が非常に多いこともあり，本条で政令に委任している。

本条でいう「手数料」とは，国や地方公共団体，それらの指定機関が，他人のために行う公の役務に対して報償として徴収する料金を指し，法令上の根拠による制限的な徴収が求められる。

手数料の納付後は返還されない（法第112条，手数料令第7条）。

キ　法第112条の2は，

第1項で，厚生労働大臣を名宛人として，次の場合に，その旨の官報での告示を義務づけている。

①第1号

第38条第1項（第38条については，第111条の解説を参照のこと。第1項は，ボイラー，クレーン等の特定機械等を製造輸入した者は，検査対象により登録製造時等検査機関による製造時等検査を受けるべき旨の定め），

第41条第2項（検査に合格した特定機械等に交付される検査証の有効期間の更新を受けようとする者は，登録性能検査機関の性能検査を受けるべき旨の定め），

第44条第1項（登録機関による個別検定の定め。詳細は法第112条の解説を参照のこと）

又は

第44条の2第1項（登録機関による型式検定の定め。詳細は法第112条の解説を参照のこと）

の規定による登録をしたとき。

②第2号

第44条の4（合格認定後に基準不適合が判明した場合等に，厚生労働大臣が型式検定合格証を失効させられる旨の定め）

の規定により型式検定合格証の効力を失わせたとき。

③第3号

第47条の2（登録製造時等検査機関が登録簿に記載すべき法第46条第4項所定の事項のうち，氏名・名称や代表者氏名を変更する場合，厚生労働大臣に届け出るべき旨の定め）

又は

第49条及び一部の準用規定（登録製造時等検査機関が当該検査を休廃止する場合，予め厚生労働大臣に届け出るべき旨の定め）

の規定による届出があったとき。

④第4号

第53条第1項及びその準用規定（登録製造時等検査機関などが一定の事由〔所定の欠格事由等〕に該当した場合に，厚生労働大臣が登録取り消し又は一定期間業務停止を命じ得る旨の定め）

により登録を取り消し，又は製造時等検査，性能検査，個別検定若しくは型式検定の業務の全部若しくは一部の停止を命じたとき。

⑤第5号

第53条第2項及びその準用規定（外国登録製造時等検査機関などが一定の事由〔所定の欠格事由等〕に該当した場合に，厚生労働大臣が登録取り消しを命じ得る旨の定め）

により登録を取り消したとき。

⑥第6号

第53条の2及びその準用規定（登録製造時等検査機関などの登録を受ける者がいない，休廃止の届出，登録取消し，業務停止命令等により，業務が困難な場合等で必要な場合には，都道府県労働局長が自ら行い得る旨の定め）

により都道府県労働局長，労働基準監督署長若しくは厚生労働大臣が製造時等検査，性能検査，個別検定，型式検定若しくは技能講習の業務の全部若しくは一部を自ら行うものとするとき，

又は

それを行わないものとするとき。

⑦第7号

第75条の2第1項（厚生労働大臣は，指定試験機関に法第75条所定の免許試験の実施に関する事務〔試験事務〕を委託できる旨の定め），

第83条の2（厚生労働大臣は，指定コンサルタント試験機関に労働安全・衛生コンサルタント試験の事務〔試験事務〕を委託できる旨の定め）

又は

第85条の2第1項（厚生労働大臣は，指定登録機関にコンサルタントの登録にかかる事務〔登録事務〕を委託できる旨の定め）

による指定をしたとき。

⑧第8号

第75条の10及びその準用規定（指定試験機関などは，厚生労働大臣の許可を受けなければ，試験事務を休廃止できない旨の定め）

の許可をしたとき。

⑨第9号

第75条の11第1項及びその準用規定（所定の事由に該当する場合の厚生労働大臣による指定試験機関などの必要的取消しの定め）

による取消しをしたとき。

⑩第10号

第75条の11第2項及びその準用規定（所定の事由に該当する場合の厚生労働大臣による指定試験機関などの裁量的取消しの定め）

により指定を取り消し，又は試験事務等の登録事務の停止を命じたとき。

⑪第11号

第75条の12第1項及びその準用規定（指定試験機関などが許可を受けて試験事務を休廃止したとき，試験事務の停止を命じた等により，業務が困難な場合等で必要な場合には，都道府県労働局長が自ら行い得る旨の定め）

により都道府県労働局長等が試験事務等を自ら行うものとするとき，

又は

それを行わないものとしたとき。

本条（法第112条の2）第2項では，

次の場合に，都道府県労働局長にその旨の公示（第1項にある「官報で」という制限はない）を義務づけている。第1項による告示との違いは，事柄の重要性や影響の規模，全国区かローカルかの地理的性質の問題等だと思われる。

①第1号

法第14条所定の作業主任者を養成する技能講習の実施機関，

法第61条第1項所定の就業制限業務就業者を養成する技能講習の実施機関，

法第75条第3項所定の免許試験一部免除となる教習の実施機関

の登録をした時。

②第2号

法第47条の2（登録製造時等検査機関が登録簿に記載すべき氏名等の変更時に厚労大臣に届け出るべき旨の定め）

資料199

区分	説明
完結型本条	第35条のように，委任がなく各本条中で規定内容が完結しているもの
個別委任型本条	第13条のように，構成要件の一部を各条項の中で「厚生労働省令で定める」等と定める方式で命令に委任しているもの
包括委任型本条	第27条を介して規定の内容の一部を包括的に命令に委任している第20条のような規定

(寺西輝泰『改訂版 労働安全衛生法違反の刑事責任 総論』［日労研，2004年］216-221頁の分類をもとに森山誠也が作成)

又は

法第49条（登録製造時等検査機関が休廃止する場合に厚労大臣に届け出るべき旨の定め）

を登録技能講習・教習機関に準用する第77条第3項による届出があった場合。

③第3号

法第53条第1項（登録製造時等検査機関の欠格事由等による大臣による登録取消しや業務停止命令に関する定め）

を登録技能講習・教習機関に準用する第77条第3項による登録取消し，又は業務停止命令があった場合。

ク 本条（法第112条の2）は，
①登録製造時等検査機関
②登録性能検査機関
③登録個別検定機関
④登録型式検定機関
⑤指定試験機関

の登録，指定，業務や事務の休廃止の許可，指定の取消し等がなされた場合に，事項に応じ，厚生労働大臣又は都道府県労働局長が公示すべき旨の定めである。

これは，行政の代行機関の指定や業務動向を広く一般に周知することを目的としている。

公示事項の定めは登録省令（第1条の11，第10条の3，第19条の2，第19条の12，第19条の38，第25条の3，第38条，第52条），検定則（第15条）に委ねられている。

ケ 法第113条は，安衛法の規定に基づく命令（政令や省令を意味する）の制定，改廃に当たり，罰則を含め，合理的な範囲内で，経過措置を定め得る旨定めている。

現実に，施行令や各規則に多くの経過措置が定められている。

コ 法第114条は，鉱山保安法（昭和24年5月16日法律第70号）が定める「鉱山」（同法第2条第2項が定義する，鉱業を行う事業場。第4項に基づき経産省令が例外を規定）での保安につき，

第1項で，次条（法第115条）を前提に，労災防止計画に関する安衛法第2章が適用されることを前提に，厚生労働大臣を経済産業大臣，労働政策審議会を中央鉱山保安協議会
に読み替えることを定め，

第2項では，安衛法は，保安以外の衛生（通気や災害時救護を除く）については鉱山にも適用されることを前提に，同法第3章所定の
総括安全衛生管理者を総括衛生管理者，
安全衛生推進者を衛生推進者
に読み替えることを定めている。

次条（法第115条）が定める通り，「鉱山」の「保安」については鉱山保安法が規制を担当しているが，その第115条で，本法第2章の労災防止計画については，安衛法の適用とされている。

そこで本条第1項は，本法第2章の定める労災防止計画の策定・変更，公表，関係者への必要な勧告・要請の責務を経済産業大臣と中央鉱山保安協議会に課した。

また，鉱山保安法の所管はあくまで鉱山の「保安」なので，通気及び災害時救護を除く衛生については，安衛法が適用される。そこで本条（法第114条）第2項は，事業場における管理責任者や推進者の役割を安全衛生から衛生に絞った。

サ 法第115条は，

第1項で，鉱山保安法第2条及び第4項所定の鉱山の保安は，鉱山保安法の所管であり，労災防止計画に関する定めを除き，労働安全衛生法の適用がないこと，

第2項で，船員法（昭和22年9月1日法律第100号）所定の船員は，同法の所管であり，やはり労働安全衛生法の適用がないことを定めている。

後者は，海上労働の特殊性に基づく定めである。鉱山労働・保安の特殊性（条件，技術等）が背景にある点では前者（第1項）も同様と解される（三柴による）。

シ 法第115条の2は，本法律の具体化を一般的に省令に託した規定である。

本法律では，法第27条，第36条，第53条の2第2項，第67条第4項，第74条の2，第75条第5項，第75条の6第2項，第75条の12第2項，第76条第3項，第93条第4項，第99条の2第3項，第115条の2のように（以上，三柴調べ），具体化を明文で包括的に省令に委任した規定がある。

また，寺西輝泰氏（元検察官）が資料199のように整理したように，条文中一部の部分を省令委任した規定がある。

本条は，その前提で，本法の条規につき，一般的に省令による具体化を定めたものである。

本法に基づく省令には，条文上委任を受けたもののほか，いわゆる実施省令として，必ずしも具体的条規

に基づかず，したがって法的拘束力を持たないものがある。国家行政組織法第12条第1項に基づき，各省大臣が，法律や政令施行のため，所掌する行政事務について，各機関の命令として発するものであるが，これらは，本法全体の秩序ないし一般規定，複数の規定群に基づくものとして，本条（法第115条の2）に支えられたものとも理解できるだろう（三柴による）。

【注】
1） 安衛法上「告示」は，法令の一環であって，通例，法的拘束力を持つと解される（行政手続法第2条第1号を参照されたい）。本来，公示も告示も公的機関などが一定事項を広く一般公衆に周知することであって，法的拘束力を持つとは限らないが（林修三『法令用語の常識〔第3版〕』〔日本評論社，1975年〕36頁），少なくとも告示の場合，根拠法律の性格，当該告示の法令上の位置づけ等により，法規命令的な性格を持つことがあり，安衛法は行政法的性格が強いことや，概ね同法において強制規範（基準）を具体化する役割を与えられているため，法規命令的な規範と考えられる。
2） 令和4年度厚生労働行政推進調査事業費補助金（政策科学総合研究事業〔政策科学推進研究事業〕）「法学的視点からみた社会経済情勢の変化に対応する労働安全衛生法体系に係る調査研究」（研究代表者：三柴丈典）の一貫で行われた技術専門家へのインタビュー結果の要旨。
　労働安全・衛生コンサルタント会より宮澤政裕氏（建設労務安全研究会，労働安全コンサルタント・労働衛生コンサルタント），安全工学会より福田隆文氏（長岡科学技術大学名誉教授），湯本公庸氏（安全工学会事務局長），日本化学工業協会より北口源啓氏（旭化成株式会社環境安全部労働安全グループ長），尾崎智氏（日本化学工業協会環境安全部・RC推進部管掌常務理事）をご推薦頂き，主に3項目（1）事実関係，2）判決，3）未然防止策）についてインタビューに応じて頂いた。
　その他，篠原耕一氏（元監督官，京都労務トラスト代表），岩村和典氏（ニッポン高度紙工業株式会社），一部は前村義明氏（My社労士事務所，労働衛生コンサルタント）にも同様にインタビューに応じて頂いた。
3） 他者から仕事を請け負っていない最も先次の注文者（法第30条第2項）。法第31条の3からも明らかなように，自ら仕事の一部を行うか否かは問われないが，請負業者でないこと（いわばお客様）を前提にしているので，自身で仕事を行わないことが多い。自ら仕事の一部を行う場合，元方事業者に該当し得る。
4） これには，①安全衛生方針の表明，②リスクアセスメントと対応措置，③PDCA（計画，実施，評価，改善）サイクルの構築が該当する（安衛則第3条の2）。
5） 本条を含む主要な安衛法規にかかる監督指導実務の推移を「労働基準監督年報」から集計したものとして，「法令の適用状況（総合）」を参照されたい。
6） この災害に関するジャーナリズムからの記録として，久谷與四郎『事故と災害の歴史館—"あの時"から何を学ぶか』（中央労働災害防止協会，2008年）24-36頁。
　これによれば，JCOは，その後，核燃料物質の加工事業の認可を取り消され，全ての事業を停止した。しかし，核施設は容易に廃棄できず，JCOには年間7億円の管理費用がかかり続け，管理に当たっている社員は周辺住民へのお詫びを続けていると言う。
7） 本条を含む主要な安衛法規にかかる監督指導実務の推移を「労働基準監督年報」から集計したものとして，「法令の適用状況（総合）」を参照されたい。
8） もっとも，この政策には，新型コロナ禍での産業医業務の確保の狙いもあると察せられる。
9） 三柴丈典「産業保健法学の狙い—日本産業保健法学会の設立を控えて」産業医学レビュー33巻2号（2020年）86-89頁。
10） 従前から議事で重要なものについては記録の作成・保存の定めがあったが，この改正で，委員会で出た意見とそれを踏まえて講じた措置の記録・保存も定められた。
11） この点は，法改正に際して筆者からも行政に進言した。
12） 以前から通常労働者扱いされていたが，制度の性格上労働時間の算定が困難で，実際には殆ど機能していなかったところ，法第66条の8の3の新設等により，労働時間の状況把握義務が設定され，一応は労働時間管理がされるようになった。
13） 例えば「勧告」という文言も，行政法上の勧告は行政指導の一環であるなど，法律論では，同じ文言でも法令や条規ごとに意味内容が異なり得る。ここでは，あくまで安衛法第13条や安衛則第14条が定める助言等の意味内容を述べる。
14） 筆者は三柴丈典『労働者のメンタルヘルス情報と法—情報取扱い前提条件整備義務の構想』（法律文化社，2018年）で法解釈論的にその論証と展開を図った。
15） 準委任契約で就業していた産業医が勧告権の行使による解任の違法性を訴えた事案において，裁判所は，当該勧告が不当であったとしつつも，「安衛則14条4項の趣旨・目的を踏まえると，本件勧告書の内容が，的確な事実に基づくもので，かつ，労働者の健康管理等について必要な勧告であるにもかかわらず，被告が，同勧告内容の実現をあえて妨げる目的で本件契約を解除したと認められるような場合には，本件解除は，権利の濫用に当たると評価される余地がある」，と述べた。しかし，あくまで例外を示唆するくだりである。
16） 統括管理の実施義務自体は，特定元方事業者であれば，一の場所の常時労働者数に関わりなく負うが，原則50人以上だと統括安全衛生責任者の選任，法定職務の行わせ義務が生じる。
17） 分割発注が行われた場合の複数系統の下請構造も合わせて混在作業ないし一の場所と言い得るだろうが，基本的には単数請負構造下での労働者による混在作業を想定していると思われる。
18） 平成4年に公表された中央労働基準審議会建議「労働者の安全と健康の確保のための対策の推進について」（平成4年1月10日発表）は，小規模の建設工事現場でも月1回の巡視が望ましいとしていた。
19） 本条を含む主要な安衛法規にかかる監督指導実務の推移を「労働基準監督年報」から集計したものとして，「法令の適用状況（総合）」を参照されたい。
20） むろん，複数の被災者が亡くなった事実を受け，事業者を処罰する上で，こうした処理しかなかったという事情もあろう。
21） 畠中元教授は，安全管理者選任対象業種なら安全問題は存在する以上，安全委員会も衛生委員会と同様に，安全管理者選任対象業種であって常時使用労働者数50人以上の全事業場に設置義務を課すべきとする（畠中信夫『労働安全衛生法のはなし』〔中央労働災害防止協会，2019年〕157頁）。筆者も賛同する。
22） 本条を含む主要な安衛法規にかかる監督指導実務の推移を労働基準監督年報から集計したものとして，「法令の適用状況（総合）」を参照されたい。
23） 法第99条の2（講習受講の指示）において，都道府県労働局長が事業者に「受講させるよう指示」する対象として定めた「労働災害防止業務従事者」とほぼ同旨と思われるため，ここでもその略称（労災防止業務従事者）を用いる。第107条（労災防止業務従事者及び労働者への支援）も同様の対象を設定しているので，その略称を用いるが，法第19条の2と法第99条の2の対象は事業場内部の者を想定していると解されるのに対

し，外部コンサルタントも対象に含み得る点で異なる。
24) 三柴丈典「使用者の健康・安全配慮義務」日本労働法学会編『講座労働法の再生　第3巻　労働条件論の課題』（日本評論社，2017年）287頁。
25) 三柴丈典「日本の安衛法の特徴と示唆される予防政策のエッセンス」厚生労働省厚生労働科学研究費補助金（労働安全衛生総合研究事業）「リスクアセスメントを核とした諸外国の労働安全制度の背景・特徴・効果とわが国への適応可能性に関する調査研究」〔研究代表者：三柴丈典〕（2016〔平成28〕年度）〈第1分冊〉分担研究報告書3頁。
26) 被災者が単独作業をしていた場合，墜落場所の高さを特定できず，安衛則第518条や第519条の適用が難しくなることがあるという。
27) 建設業法は元請による下請への丸投げを原則禁止しつつ，共同住宅工事以外の工事については，発注者による書面の承諾を前提に許容している（建設業法第22条第3項，同法施行令第6条の3）。もとより，商社等，建設業者でない者による丸投げは許容されている。自ら仕事の一部を行っているか否かは，当該業者が施工管理したか否かで判断され，設計監理のみの関与の場合には該当しない（昭和47年9月18日基発第602号，昭和47年11月15日基発第725号）。
28) 本事故のジャーナリズムからの記録として，久谷・前掲注6）143-154頁がある。
　　ここには，暴風雨で四エチル鉛入りのドラム缶が破れ，破損したパイプ等から中身が船艙等に流れ込んだこと，その後の清掃作業に従事した船内清掃業者の労働者の多数が四エチル鉛中毒にかかり，けいれん・精神錯乱を起こして自ら舌をかみ切るなど悲惨な状況で8名が死亡したこと，その前後にも四エチル鉛中毒事故は生じ，折々に規則の制定改定が行われていたが，タンク内作業，燃料タンク以外が偶然汚染された場合の清掃作業など規制の盲点で事故が繰り返されてきたことなどが綴られている。
29) 等価線量は，人体が吸収する放射線の量（吸収線量という。単位はグレイ（Gy））とその放射線の性格（α，β，γ，X，中性子など。放射線荷重係数で示される）を加味して算出する。実効線量は，その2つの要素に加え，放射線を受ける臓器側の感受性（組織荷重係数で示される）を加味して算出するもの。いずれも単位はシーベルト（sV）。
30) 検査と検定には，厳密な用語定義がなく，両者の区分も判然としない。現行安衛法の立法に携わられた畠中信夫氏は以下のように述べている。
　　「検査も検定も，公権力が関与し，対象機械等の規格適合性を測る点は共通しており，両者の違いは，歴史的な沿革による。
　　すなわち，検査については，旧労基法本体で，特に危険な作業を伴う機械につき認可制度を採用し（第46条），それをフォローするものとして，性能検査を定めていた（第47条）。これが現行法にも引き継がれている。
　　他方，検定については，旧労基法本体には定めはなかったが，同法第45条に紐付く旧安衛則に定めが置かれた。すなわち，その第181条から183条に保護具の備付け義務が定められていたが，昭和24年の改正により設けられた183条の2で，保護具のうち労働大臣が規格を定めるものについては，検定を受けたものでなければ使用できない旨が定められ，防じん・防毒マスクが対象とされ，その実施のための手続き規則として，労働衛生保護具検定規則（昭和25年12月26日労働省令第32号）が制定された。更に，防爆構造電気機械器具についても，昭和44年の旧安衛則改正（同140条の3～140条の7）と防爆構造電気機械器具検定規則（昭和44年1月29日労働省令第2号）の制定により，検定制度の対象とされた。しかし，検定の法的性格については，法律に根拠を置くものではなく，製造者（メーカー）に対する製造流通規制というものではなく，同法第45条に基づく使用者（ユーザー）の義務として，間接的に強制力を持つというものであった。それが，現行安衛法本法に盛り込まれたことにより，製造流通規制の一環であるという，その法的拘束力が明確となった」。
　　また，元労働行政官の浅田和哉氏は，以下のように述べている（一部，森山誠也氏，松田裕氏の見解を加えた）。
　　「検査対象は高い災害リスクを伴う機械等であり，検定対象はそれに次ぐリスクを伴う機械等であることから，前者は多数回の規格適合確認を要するのに対して，後者は1回で済むという違いがある。
　　すなわち，検査の場合，出荷時，設置時（定置式の機械），主要構造部の変更時，有効期間の更新時等のリスクの変動等を伴う節目ごとに多数回の規格適合確認が行われるのに対して，検定は通常，出荷時（個別検定は単体ごと，型式検定は型式ごと）の1回のみである（個別検定対象機械の主要構造部の変更時等には，改めて個別検定を受ける必要がある）。
　　その他，検査対象機械等の場合，型式ごとに事前の製造許可を要するという違いもある」。
31) 厚生労働省安全衛生部のご助力を頂き，筆者が全国の都道府県労働局の健康・安全関係課，監督課，主要労基署の現役行政官，安全衛生行政関係団体等の行政官OBに向けて，安衛法の条文ごとの監督指導実例，法改正提案等につき，アンケート調査を行ったもの。
　　監督官49，技官15，元監督官12，元技官2の回答があった。
32) 本条を含む主要な安衛法規にかかる監督指導実務の推移を「労働基準監督年報」から集計したものとして，「法令の適用状況（総合）」を参照されたい。
33) 井上浩『最新労働安全衛生法〔第10版〕』（中央経済社，2010年）123-124頁。
34) 危険有害状況下での労働者の退避権については，三柴丈典「アメリカにおける労災予防権の検討—とくに労働安全衛生法（OSHA）の一般的義務条項との関わりについて」季労181号（1997年）139-162頁やその引用文献等が詳しく論じている。
　　なお，井上・前掲注33）160-163頁は，①就労制限業務（安衛法施行令第20条）へ無資格者が就業を命じられた場合など，法令違反により労働者に刑事罰が科され得る場合（就労拒否の権利ではなく義務がある場合），②例えば，作業主任者選任の必要がある作業（安衛法施行令第14条）に，作業主任者不在のまま作業するように命じられた場合や，安全装置を装着すべき機械（安衛則第131条第1項）に，装着しないままの状態でそれを使用して作業するよう命ぜられた場合のように，使用者が必要な措置をとるまで就労拒否できる場合（事業者に対して同時履行の請求ができる場合）に，労働者の就労拒否が認められるとする。
35) 本事故のジャーナリズムからの記録として，久谷・前掲注6）13-23頁がある。
36) 本条を含む主要な安衛法規にかかる監督指導実務の推移を労働基準監督年報から集計したものとして，「法令の適用状況（総合）」を参照されたい。
37) 平岡雅紘「両罰規定に関する実証的研究」法務研究報告書68集2号（1982年）170頁。同書同箇所に掲載されている参照判例は，最3小決昭30・10・18刑集9巻11号2253頁（https://www.courts.go.jp/app/hanrei_jp/detail2?id=56883）（古物営業法旧第33条〔両罰規定〕は，古物営業法の一部を改正する法律〔平成7年4月19日法律第66号〕により第38条に移動），最1小判昭40・5・27刑集19巻4号379頁（火薬類取締法違反，https://www.courts.go.jp/app/hanrei_jp/detail2?id=51743），最3小決昭43・4・30刑集22巻4号363頁（商品取引所法違反，https://www.courts.go.jp/app/hanrei_jp/detail2?id=50852）。
38) 第30条：主に，重層的請負関係で様々な所属先の労働者が混

在して工事が行われる建設現場で，自身が仕事の一部を担っていることからも，現場差配の権限とリスク関連情報を持ち得る元方事業者を統括者として，その作業場の特徴を踏まえつつ，特に建設機械がもたらす接触等のリスクについて，物的，人的両面での統一的かつ計画的な安全管理の仕組みを構築すると共に，リスク関連情報が末端まで共有されるようにすることを図った規定。

第30条の2：製造業でも，混在作業による危険が拡大してきたことを踏まえ，第30条が対象とする造船業を除く製造業の混在作業に，同条のうち主立った規制を展開することを狙って，平成17年の法改正（平成17年11月2日法律第108号）で新設された規定であり，主に化学工業の製造工場，施設設備の用役，鉄鋼業の製鉄，熱延，冷延の工程，自動車製造業のプレス，溶接，塗装，組立などの作業を想定している。

第30条の3：昭和55年の法改正（昭和55年6月2日法律第78号）により設けられた第25条の2第1項（建設業等における爆発や火災等に際しての救護にかかる労災防止のための物的，人的措置義務）の履行確保を，一の場所における重層的請負関係に基づく混在作業下で図る目的で設けられた規定。第1項は，元方事業者に，当該場所で当該作業に従事する全労働者について，第25条の2第1項の定める救護にかかる労災防止措置の履行義務を課し，第2項ないし第5項は，一の場所における一の仕事が分割発注される場合の，法第30条第2項を準用を定めている。

第31条：建設業等の事業では，請負関係のもとで，発注者をはじめとする上位の注文者が，自身が管理する建設物等を関係請負人の労働者に使用させることが多いが，同人らがその管理権やリスク関連情報を持たないため，労災防止対策を講じにくい面があるため，設けられた規定。建設業等の事業では，注文者は，同人が管理権やリスク情報を持っている建設物等（足場，型枠支保工，交流アーク溶接機等）を関係請負人の労働者に使用させる際，必要な労災防止措置を講じるべきとされている。その具体的内容は，法第36条に基づき，安衛則第644条から第662条に定められている。

枝番号付の条文を含め，あくまで注文者を対象とした規制であり，第29条，第30条，第15条のように，統括安全衛生管理体制の定めとは，対象と趣旨を異にする。

第31条の2：業務の外注化の進展に応じて，危険有害な化学物質を製造し，又は取り扱う設備等の改造，修理，清掃等の作業が外注されることも増え，外注先がその設備等にある化学物質の危険有害性や対応策等の情報を知悉しなかったことで生じる労災が生じていたため，平成17年の安衛法改正（平成17年11月2日法律第108号）により，注文者と関係請負人間のリスクコミュニケーションを図るため，設けられた規定。特定の爆発性，引火性の物質，大量漏洩により急性障害を招く物質を製造し，又は取り扱う設備の改造，修理，清掃等の仕事であって，設備の分解，内部への立ち入り等，物質にばく露する作業を伴うもの（安衛則第662条の3）の発注者（他者から仕事を請け負っていない最も先次の注文者〔法第30条第2項〕。法第31条の3からも明らかなように，自ら仕事の一部を行うか否かは問われないが，請負業者でないこと〔いわばお客様〕を前提にしているので，自身で仕事を行わないことが多い。自ら仕事を行う場合，元方事業者に該当し得る）等に，それらの物質に起因する労災の防止措置を講じること，具体的には，そうした化学物質の危険有害性，作業上の留意点等を文書で関係請負人に提供することを求めている。

39）経済産業省「鉱山保安法等逐条解説」21頁（https://www.safety-hokkaido.meti.go.jp/kozan_hoan/about/explanation02-1.pdf，最終閲覧日：2024年8月6日）。

40）第42条　使用者は，機械，器具その他の設備，原料若しくは材料又はガス，蒸気，粉じん等による危害を防止するために，必要な措置を講じなければならない。

第43条　使用者は，労働者を就業させる建設物及びその附属建設物について，換気，採光，照明，保温，防湿，休養，避難及び清潔に必要な措置その他労働者の健康，風紀及び生命の保持に必要な措置を講じなければならない。

41）第45条　使用者が第42条及び第43条の規定によって講ずべき措置の基準及び労働者が前条の規定によって遵守すべき事項は，命令で定める。

42）筑豊じん肺（国賠関係）訴訟・最3小判平16・4・27労判872号5頁，建設アスベスト訴訟（神奈川第1陣）事件・最1小判令3・5・17民集75巻5号1359頁等。

43）濱島京子「機械安全制度の導入に伴う機械の使用段階での妥当性確認の考察—労働安全分野におけるマクロ労働安全の提案」労働安全衛生研究9巻2号（2016年）61-72頁。

44）なお，公害罪法（昭和45年12月25日法律第142号）では，工場等が排出した有害物質と公害発生との因果関係の存在を罪の成立の前提としつつ，その推定規定を設けている。

45）三柴丈典「安衛法の来し方行く末」日本労働法学会誌136号（2023年）7-22頁，三柴丈典「副業・兼業者，フリーランスに対する安全衛生法政策に関する試論」労働法学研究会報71巻21号（2020年）4-31頁等。初出は，厚生労働科学研究費補助金（労働安全衛生総合研究事業）「リスクアセスメントを核とした諸外国の労働安全衛生制度の背景・特徴・効果とわが国への適応可能性に関する調査研究」〔研究代表者：三柴丈典〕〈第1分冊〉総括研究報告書1-79頁〔三柴丈典〕。

46）本省令等改正では，国によるGHS分類がされていない物質（危険有害性が認識されていない物質）も，全てRAの努力義務の対象とされることとなった（安衛則第577条の3）。

47）本条の第3項と第4項には，それぞれ健診制度が規定された。いずれもリスクアセスメント対象物の影響の測定を主な目的とするため，合わせてリスクアセスメント対象物健診と呼ばれるが，第3項は，リスクアセスメントの結果，リスクレベルが許容範囲を超えると認められた場合に，医師等が必要と認める項目について実施するもの（第3項健診），第4項は，局排の異常，呼吸用保護具不使用などの異常事態に実施するもの（第4項健診），との違いがある。

いずれも，従来の特殊健診のように，特定業務従事者に一律に実施するものではなく，リスクに応じた実施を予定している点に特徴がある（厚生労働省「リスクアセスメント対象物健康診断に関するガイドライン（令和5年10月17日）」，「リスクアセスメント対象物健康診断に関するガイドラインの概要について」〔https://www.mhlw.go.jp/content/11302000/001156455.pdf，最終閲覧日：2024年10月10日〕）。

48）クロロホルム等有機溶剤業務（クロロホルム等を製造し，又は取り扱う業務のうち，屋内作業場等において行う有機溶剤業務〔有機溶剤中毒予防規則第1条第6号に定める12の業務〕）＋エチルベンゼン塗装業務＋1,2-ジクロロプロパン洗浄・払拭業務を指す（厚生労働省作成資料「特定化学物質障害予防規則等関係法令改正説明会（クロロホルム他9物質を中心に）」〔https://www.mhlw.go.jp/file/06-Seisakujouhou-11300000-Roudoukijunkyokuanzeneiseibu/H140930K0044.pptx，最終閲覧日：2023年5月27日〕）。

49）細胞に突然変異を与えたり，DNAや染色体に異常を生じさせる性質を意味し，多くの発がん性物質は変異原性を有するため，変異原性試験は発がん性物質の特定にも繋がる（生活関連化合物の遺伝毒性データベース〔石館基，https://www.j-ems.org/the-mutants/mo-ishidate/Mutagenicity-RolesinTesting.html，最終閲覧日：2022年10月22日〕）。

50）基本的に，がん原性指針は，特化則，有機則等の特別衛生規則より広く物質を捕捉し，これらとの二重規制の回避に努めている（労働安全衛生法第28条第3項第2号の規定に基づく指針

〔がん原性指針〕対象物質の選定の考え方〔https://www.mhlw.go.jp/content/11201000/000867711.pdf，最終閲覧日：2023年5月31日〕）。

例えば，特化則の対象物質である特別管理物質は明確に除外されている（厚生労働省労働基準局長発「労働安全衛生規則第577条の２第３項の規定に基づきがん原性がある物として厚生労働大臣が定めるものの適用について」令和４年12月26日基発1226第４号）。

しかし，特化則の規制対象物質（特別化学物質）全体が除外されているわけではなく，現に両者の規制対象物質には重複がみられる。

51）今般の自律的管理へ向けた化学物質管理制度の改編の一環として，「労働安全衛生法施行令の一部を改正する政令」（令和５年８月30日政令第265号）が発せられ，施行令第18条の対象物一覧には，第２号として，国によるGHS分類（JIS Z7252所定の方法による危険性及び有害性の分類）の結果，令和３年３月31日までに危険性又は有害性ありとされた物質（「特定危険性有害性区分物質」）のうち省令所定のもの（発がん性等一定のカテゴリーで区分１のもの等）が定められることとなった（これにより，これまでは主に別表第９で定められていた表示・通知対象物が，主に省令で定められることとなったが，本条〔施行令第18条〕第１号は，従前通り，施行令別表第９掲記のものを定めている）。

これは，ラベル表示対象物質（≒SDS交付対象物質＝リスクアセスメント対象物）を，2026年までに2900物質まで増加させる制度改編の方向性を政令に具体化したものである。

これを受け，改正省令（令和５年９月29日厚生労働省令第121号〔施行：令和７年４月〕）が，（施行令第18条第２号所定の表示対象物，第18条の２第２号所定の通知対象物として）別表第２に2276の対象物を定めたが，その施行が令和７年４月に設定されたので，それまでの経過措置として，別表第９の掲載物質に比較的強い有害性が確認された234物質が追加され，合計900物質弱となった。

法第57条（ラベル表示）及び第57条の２（SDS交付）は，共に法第56条所定の製造許可対象物質を対象と定め，その製造許可対象物質は，施行令第17条で，施行令別表第３第１号所定の有害性区分１類＋α（７物質）とされていることにも変わりはない（三柴丈典）。

52）最終改正：令和５年４月27日（危険性又は有害性等の調査等に関する指針公示第４号）。この改正は，特別規則規制外での化学物質被害が多いこと等を踏まえてなされた令和４年５月の省令改正等に合わせてなされたもので，全ての化学物質には危険有害性が伴う可能性があることを前提に，専門家の支援を得て，事業場ごとに有効な方策の採用を許容する性能基準（自律管理）への制度改変が模索された（厚生労働省「職場における化学物質等の管理のあり方に関する検討会報告書」〔令和３年〕）。その象徴として，安衛則第577条の３で，国によるGHS分類がされていない（危険有害性が認識されていない）全ての化学物質についてリスクアセスメントの努力義務を課したことが挙げられる。この指針（化学物質RA指針）は，もとより全ての化学物質を対象とする旨の記載を含んでいたが，この規則規定の新設により，法的根拠を得たことになる。

53）「化学物質管理専門家」とは，５年以上の実務経験を有する労働衛生コンサルタント（試験区分：労働衛生工学），８年以上の経験を有する衛生工学衛生管理者，６年以上の経験を有する作業環境測定士で講習を受けた者等を指す。日本作業環境測定協会の認定オキュペイショナルハイジニスト，国際オキュペイショナルハイジニスト協会（IOHA）の国別認証を受けている海外のオキュペイショナルハイジニスト等もここに含まれ，高い知識経験を持つことが想定されている（令和４年９月７日厚生労働省告示274号，令和４年９月７日厚生労働省告示第275号，令和４年９月７日基発0907第１号〔最終改正：令和５年７月14日基発0714第８号〕）。

上記の確認や助言を求められた化学物質管理専門家は，それらを速やかに書面で通知せねばならない（安衛則第34条の２の10第３項）。化学物質管理専門家は，客観的立場での判断の必要から，事業場外の者であることが望ましい。複数の専門家から異なる助言がなされた場合，労基署への改善計画の報告に際して，全専門家からの助言等を添付する必要がある（令和４年５月31日基発第0531第９号）。

54）「作業環境管理専門家」とは，①「化学物質管理専門家」の他，②３年以上の実務経験を有する労働衛生コンサルタント（試験区分：労働衛生工学又は／化学），③６年以上の経験を有する衛生工学衛生管理者や作業環境測定士等であり，「化学物質管理専門家」に準じる専門知見を持つ者が想定されている（令和４年５月31日基発0531第９号，最終改正：令和６年５月８日基発0508第３号）。

55）化学物質RA指針の場合，通知義務対象物質等であって，リスクアセスメント義務の対象となるリスクアセスメント対象物を対象とする規定が多いが，その２，８，12等に記載されている通り，その適用は，努力義務としては，労働者に危険有害性を生じ得る全ての化学物質に及ぶ。新設された安衛則第577条の３は，それらが努力義務となることに法的根拠を与えたと解される。

よって，ここでは，指針においてリスクアセスメント対象物と記載されているものも，旧来の指針の通り，単に物質などと表記する。

56）最終改正：危険性又は有害性等の調査等に関する指針公示第４号（令和５年４月27日）。

57）厚生労働省の「職場のあんぜんサイト」で，厚生労働省版コントロール・バンディングが提供されている（https://anzeninfo.mhlw.go.jp/user/anzen/kag/ankgc07_1.htm，最終閲覧日：2023年９月８日）。作業内容，GHS区分，固液の別，取扱量，取扱い温度，沸点等の入力により，リスクレベルと対策管理シートが得られる。

58）厚生労働省の「職場のあんぜんサイト」で，CERATE-SIMPLEが提供されている（https://anzeninfo.mhlw.go.jp/user/anzen/kag/ankgc07_3.htm，最終閲覧日：2023年９月８日）。

59）今般の自律的管理へ向けた化学物質管理制度の改編の一環として，「労働安全衛生法施行令の一部を改正する政令」（令和５年８月30日政令第265号）が発せられ，施行令第18条の対象物一覧には，第２号として，国によるGHS分類（JIS Z7252所定の方法による危険性及び有害性の分類）の結果，令和３年３月31日までに危険性又は有害性ありとされた物質（「特定危険性有害性区分物質」）のうち省令所定のもの（発がん性等一定のカテゴリーで区分１のもの等）が定められることとなった（これにより，これまでは主に別表第９で定められていた表示・通知対象物が，主に省令で定められることとなったが，本条〔施行令第18条〕第１号は，従前通り，施行令別表第９掲記のものを定めている）。

これは，ラベル表示対象物質（≒SDS交付対象物質＝リスクアセスメント対象物）を，2026年までに2900物質まで増加させる制度改編の方向性を政令に具体化したものである。

これを受け，改正省令（令和５年９月29日厚生労働省令第121号〔施行：令和７年４月〕）が，（施行令第18条第２号所定の表示対象物，第18条の２第２号所定の通知対象物として）別表第２に2276の対象物を定めたが，その施行が令和７年４月に設定されたので，それまでの経過措置として，別表第９の掲載物質に比較的強い有害性が確認された234物質が追加され，合計900物質弱となった。

法第57条（ラベル表示）及び第57条の２（SDS交付）は，共に法第56条所定の製造許可対象物質を対象と定め，その製造

許可対象物質は，施行令第17条で，施行令別表第3第1号所定の有害性区分第1類+α（7物質）とされていることにも変わりはない（三柴丈典）。

60）溶接した構造物を昇温して溶接部にクリープ変形（一定の温度条件下において一定の荷重をかけることで物質を変形させること）を生じさせ，固有ひずみ（物質内において応力の発生源となっているひずみ）を低減し，それによって溶接残留応力（溶接後に溶接部分の内部に残る応力）を低減させることで構造物の硬度を高めるために行う処理。

61）現行安衛法の施行通達には，「請負契約関係にある数個の事業によつて仕事が相関連して混在的に行なわれる各作業現場」を意味し，「具体的には，労働者の作業の混在性等を考慮して，この法律の趣旨に即し，目的論的見地から定められるもの」である（昭和47年9月18日基発第602号），とある。

要するに，混在作業に伴う関係請負人の労働者同士の連携ミスによる労災リスクを元方事業者による場の統括管理によって防止するという法第30条の趣旨を果たす一環で用いられた文言なので，実際には元方の目が行き届き難い場所で生じた災害でも，この文言を広く解釈することで，元方事業者に責任を負わせるマジックワードとして用いられたりする（後掲の幸陽船渠事件・広島高判昭53・4・18判時918号135頁など）。よって，事業場に該当する場合も，作業場に該当する場合もある（畠中・前掲注21）207-210頁）。

62）特定元方事業者が労働契約等に伴う指揮命令権を持たないことを前提にした概念で，法第32条による被統括管理者側の対応義務をセットで機能させることを予定している。

63）現行法第30条と旧災防法第57条の実質的な違いは，分割発注（1つの建築物の躯体工事をA社，内装工事をB社に発注するような形式）の場合に特定元方事業者（現行法第15条・30条）／特定元方事業主（旧災防法第59条）が複数生じるか（前者），一人しか生じないか（後者）である（畠山信夫氏のご教示による）。

すなわち，旧災防法第59条は，（特定）元方事業主を一の場所を統括管理する者と定義していたので，同法第57条の名宛人である（特定）元方事業主は，まさに同条第3項等の指名制度により，分割発注の場合にも，1人しか生じないことになる。他方，現行法第30条の場合，同条の名宛人である特定元方事業者の定義は第15条にあり，あくまで自らも仕事の一部を行う最先次の注文者（であって特定事業［建設業と造船業］の事業者である者）とされている。現行法は，（特定）元方事業者と法第30条第1項が定める統括安全衛生管理義務者（現行法第30条第1項，旧災防法第57条第1項所定の統括管理義務の履行責任者）を考え分けており，分割発注の場合，同条第2項等により，統括安全衛生管理義務者は1社に絞られるが，同義務者とならない者も，第15条の定義を満たす限り（特定）元方事業者ではあり続ける。よって，特定元方事業者は複数生じ得ることになる（こうした理解を前提にすると，森山誠也監督官が指摘するように，現行安衛則第643条のタイトルは，「特定元方事業者の指名」ではなく，「統括安全衛生管理義務者の指名」とすべきであろう）。

畠中氏は，法第30条の名宛人の定め方について，このような定め方によって初めて現行法第29条を規定できたという。それは，関係請負人らの安衛法令のコンプライアンスを図る法第29条の名宛人を旧災防法上の元方事業主としたままでは，統括安全衛生管理義務者に限定されることになる。いかに発注者の指名を受けたとはいえ，分割発注下で横の関係に立つ別系統（別の仕事）の分割受注者に対し，同じ分割受注者がコンプライアンスの指導・指示を行うことは難しい，という趣旨と解される。

64）現行安衛法制定後の目的論的，拡大的解釈の例として，幸陽船渠事件・広島高判昭53・4・18判時918号135頁等。

65）M製作所（安衛法違反被告）事件・千葉簡判平13・4・13労判835号86頁のほか，三柴・前掲注45）総括研究報告書登載の議事録の行政官の発言等に顕著。

66）元方事業者が労働契約等に伴う指揮命令権を持たないことを前提にした概念で，法第32条による被統括管理者側の対応義務をセットで機能させることを予定している。

67）ジョイントベンチャーは，本来，大規模／専門的な工事を請け負えるようにし，工事のリスクの負担を分散する等の目的から，建設業者側のイニシアチブで，複数の業者が共同し，自主的に代表者を決定して工事を請け負う形式であり，本条所定の分割発注は，一部の発注先に廉価で工事を発注できる等の事情から，発注者がイニシアチブを取り，工事を分割して複数の業者に発注する形式である。

68）本条を含む主要な安衛法規にかかる監督指導実務の推移を「労働基準監督年報」から集計したものとして，「法令の適用状況（総合）」を参照されたい。

69）特定元方事業者が労働契約等に伴う指揮命令権を持たないことを前提にした概念で，法第32条による被統括管理者側の対応義務をセットで機能させることを予定している。

70）玉泉孝次氏（元労働基準監督署長）によれば，個人住宅の修理を一人親方Aが請け負い，下請Bに請け負わせた場合で，Bがその労働者に当該建設物等を使用させる場合，一人親方Aに本条が適用される。森山誠也監督官によれば，法第30条第2項や第31条の4における発注者は，いわゆる「お客さん」的存在が想定され，ここでの注文者には，建設業者・造船業者が想定されている。

71）法第15条によれば，仕事を自らは行わない者は「元方事業者」には当たらないが，本項にいう事業者は，特定作業を伴う仕事に限って，その全部を請け負わせている者であり，その他の仕事を自ら行っている限り，元方事業者の定義からは外れない。

72）重量の重いパワー・ショベルのほか，ドラグ・ショベル，くい打機，くい抜機，アースドリル，一定以上のつり上げ能力を持つ移動式クレーン等に関わる作業（安衛則第662条の5）。

73）三柴丈典「安衛法の来し方行く末」日本労働法学会誌136号（2023年）7-22頁，三柴丈典「副業・兼業者，フリーランスに対する安全衛生法政策に関する試論」労働法学研究会報71巻21号（2020年）4-31頁等。初出は，三柴・前掲注45）総括研究報告書1-79頁。

74）移動式クレーンに限り，数10t能力の大型のものがあり，操作に高度な技術を要するため，その殆どが移動式クレーンであるという（玉泉孝次氏による）。

75）安衛則第665条により，相当の対価を得て業として他の事業者に貸与する者とされている。よって，無償，一度限りのリースや，代金がリース代か人工代か不明の場合等には，本法ないし安衛則第666条，第667条の適用が困難となる（森山誠也監督官による）。

76）抽象的定めなので，実際の災害に際して適用し易いという（玉泉孝次氏による）。

77）一般家庭で使われる燃料ガスの製造から供給までに関わる設備の総称（技術資格ガイドWEBサイト〔https://www.gijutsushikaku-guide.net/gas-facilities，最終閲覧日：2023年7月21日〕）。

78）発電，蓄電，変電，送電，配電又は電気の使用のために設置する工作物（経済産業省WEBサイト〔https://www.meti.go.jp/policy/safety_security/industrial_safety/sangyo/electric/detail/setsubi_hoan.html，最終閲覧日：2023年7月21日〕）。

79）厚生労働省安全衛生部のご助力を頂き，筆者が全国の都道府県労働局の健康・安全関係課，監督課，主要労基署の現役行政官，安全衛生行政関係団体等の行政官OBに向けて，安衛法の条文ごとの監督指導実例，法改正提案等につき，アンケート調

監督官49，技官15，元監督官12，元技官2の回答があった。
80) 複数要件は法第33条にはない。
81) この点につき，森山監督官は，本条の文理解釈上も，本条の基礎であるILO第27号条約が近似的重量（an approximate weight）を許容するにとどまることからも，また，1974年SOLAS条約等では，コンテナ荷送人にコンテナの質量等の記載資料の船長及びコンテナヤード（港頭地区で海上コンテナを一時保管しておく場所）代表者への提出を求めているが，記載すべき重量につき実際の計量を前提にしているので，疑問があるとする。同監督官は，これに加えて，船舶への積載では，船体に偏荷重がかからないようにする必要があるところ，コンテナの最大積載量しか表示されず，正確な重要がわからなければ，規定の目的を達し得ないと述べる。

しかし，本条約が言う近似的重量は，日本政府が追記を求めていた概算重量に限りなく近い意味であることが，後掲の審議経過から窺えるし，いずれにせよ，森山監督官がここで指摘する齟齬は，日本政府が，ILO第27号条約の趣旨に賛同しつつも，業界での実効可能性にかかる国内事情との調整を図った結果と解される。後掲の通り，ILOでもこの規制の実効可能性にかかる議論がかなりなされた経過もある。よって，今後，安価かつ容易に計量可能な技術開発等がなされない限り，SOLAS条約を踏まえた国内法の実効性の確保やILO条約と安衛法の整合性の実現は難しいように思われる（三柴丈典注記）。

82) ただし，建設アスベスト訴訟（神奈川第1陣）事件（最1小判令3・5・17民集75巻5号1359頁。アスベストばく露による被災者への保護具の「装着させ」やアスベストのリスクの掲示や表示による伝達にかかる国の規制権限不行使について判断する中で，職場環境整備や物の安全確保を目的とした規定は建設業一人親方も保護対象とする旨を述べた）を受けて，法第22条と関係する11の省令改正（建設業事業者に対し，同じ建設現場で働くか，そこに出入りするが，雇用関係にない一人親方等を保護対象として，指揮命令関係がなくても講ずべき措置を段階的に規定する等）を予定している。

83) 日本政府による災害予防委員会における概算重量表示の提案は否決されたが，この解釈自体，日本政府の提案を踏まえたもののように思われる。
84) ラルソンの提議は，適用しないことを追加的に明記することだった。
85) 森山監督官は，ILO条約が最終的に採用した近似的重量（an approximate weight）と概算重量は異なるとするが，この審議過程に徴すれば，両者はかなり近い趣旨と察せられる（三柴丈典注記）。
86) その他，違反した貨物発送者に科料を科すこと（第2条），貨物発送者が未成年者や禁治産者である場合は法定代理人，法人である場合はその代表者を処罰すること（第3条），代理人，戸主，家族，同居人，雇人等の違反に際して，貨物発送者は，自身が指揮していないことを理由に処罰を免れないこと（第3条）が定められていた。
87) 労働福祉事業団・労働福祉昭和39年8月号14頁。
88) 第1種圧力容器については，以下のような判例がある。
有限会社ラボプレクス事件・東京地判令3・8・10 LEX/DB 25601459は，理化学機器のメーカーであるY（被告会社）に発注した産業廃棄物処理に使用する高温高圧機器（本件機器）につき，要求仕様や法定基準を満たさないとして，注文者であるX（原告。事業協同組合）が，Yの債務不履行責任等を訴求した際，その一環で，本件機器が安衛法令上の第1種圧力容器（施行令第1条第5号）に該当するのに，行政の製造許可や各種の法定検査等の手続きを経ていないことを主張したという事案につき，以下のように述べて，Xのこの点に関する主張を斥け，また，本件請求自体も棄却した。

すなわち，「労働安全衛生法施行令1条5号所定の第1種圧力容器に当たるかどうかについては，当該機器の耐久性（上限値）ではなく，具体的な使用条件に即して認定される」。本件機器は，「高温の水蒸気を送り込んで，専ら本件機器内の温度を上げることにより，分解対象内の水分を気化させた上で細胞の中から外に出し，液化することを促進することを意図したもので，高温の水蒸気を本件機器内に継続的に送り込んで，本件容器内の温度を一定以上に保つために，逃し弁や配管等から温度が下がった空気を本件機器の外に出すことが可能な構造になっていると認められる」。「圧力の滞留を生じさせない点で，容器を密閉することによりその内部に圧力をかけていく圧力容器とは構造及び原理が異なるものというべきである」，と。

89) 特定機械等の定義の詳細を施行令で定めることは不適当（なじまない）との内閣法制局の方針に基づいた措置である（唐澤正義氏による）。
90) 前掲注88）参照。
91) 一般に，溶接を要する機械の製造者は，溶接施工要領書（Welding Procedure Specification, WPS）を作成するが，その裏付けとして溶接施行法試験を実施する。その試験結果を記したのが，PQR（Procedure Qualification Record）であり，法第37条に基づく製造許可申請で求められる添付文書としても機能する。当該試験は，ボイラー製造許可基準所定の溶接条件で実施されねばならず，同基準第4条は，JIS規格（JIS B 8285：2010 圧力容器の溶接施工方法の確認試験）等への準拠を求めている。このようにして，JIS規格が法令の解釈基準として重要な役割を果たしている。
92) 地方産業安全専門官経験者で，地方労働衛生専門官の職にあった者（被告人X）による製造許可事務にかかる受託収賄により，結果的に両専門官の職務の性格と製造許可事務の実務が明らかとなった事件として，福岡地小倉支判平30・10・4 LEX/DB 25449830がある。

本件で被告人Xは，かつて地方産業安全専門官の職にあり，その業務に精通していたが，本件当時は異動により地方労働衛生専門官の職にあった。しかし，A社の取締役Bより依頼を受け，同社が今後を見込んで行った，つり上げ重量400tの大型クレーンの製造許可申請につき，直接の担当であった地方産業安全専門官のCに働きかけ，局長決裁を受けさせ，許可を発出させた。

すなわち，Aは既に，小型の移動式クレーンの製造許可を得ており，そのための設備は保有していたが，Cとしては，今回申請された大型クレーンの製造能力は不足していると考え，他社との共同申請を勧めていた。しかし，Xは，Bの依頼を受け，大型クレーンの製造が可能な他社の土地や設備を借用することを条件に，Cに許可を働きかけたため，Cは局長決裁を受け，許可が発せられた。この際，Bは，F社に依頼して大型クレーンを製造可能な工場使用承諾書を得て提出したが，実際の使用を予定しない条件であり，虚偽の内容であった。

その後，Xは，Bから30万円分の商品券を受け取ったため，受託収賄罪に問われた。

判決は，Xの職務権限の有無について，確かに地方産業安全専門官と地方労働衛生専門官の職は法令上明確に区分されているが，組織体制や，両者が人員配置の都合でコンバートされる実態等に鑑みて，前者は後者の職務にも一般的職務権限を有しているとし，Bによる請託の有無については，現にXに申請受理の働きかけを行い，Xから他社の工場使用承諾書を得るよう提案され，CはXの助言がなければ申請を受理しなかったと述べていること等から，請託ありとした。

本件から，安衛法第93条所定の各専門官の職務分掌の形骸化が窺われるが，地方専門官の任用停止から，現在は，更にその状況が進んでいると思われる。

なお，本件でXが提案した製造能力を示すための工場使用

承諾書の提出は，クレーンの製造許可基準には定めがないが，おそらくボイラーの製造許可基準の援用であり，現場運用の一例として，違法とまでは言えないだろう。しかし，実際にAが提出した書類は虚偽だったため，それをXが承知していたなら虚偽公文書作成罪等の共犯となり得る違法行為だろうし，許可も取り消されるべきだろう。

93) 元労働基準監督官である玉泉孝次氏，篠原耕一氏による。
94) 厚生労働省安全衛生部のご助力を頂き，筆者が全国の都道府県労働局の健康・安全関係課，監督課，主要労署の現役行政官，安全衛生行政関係団体等の行政官OBに向けて，安衛法の条文ごとの監督指導実例，法改正提案等につき，アンケート調査を行ったもの。
　　　監督官49，技官15，元監督官12，元技官2の回答があった。
95) 製造検査・使用検査・溶接検査・構造検査などの初期的な検査（法第38条，ボイラー及び圧力容器安全規則等の相当法条）。
96) ①ボイラー，②第1種圧力容器，③つり上げ荷重3t以上のクレーン（スタッカー式クレーンは1t以上），④つり上げ荷重3t以上の移動式クレーン，⑤つり上げ荷重2t以上のデリック，⑥積載荷重1t以上のエレベーター，⑦ガイドレールの高さが18m以上の建設用リフト（積載荷重0.25t未満のものを除く），⑧ゴンドラ。
97) ボイラー則第2条の2によりボイラーと第1種圧力容器が指定されており，おそらくは特に危険性が高く，なおかつ検査に高い専門性が必要との趣旨で，基本的には登録製造時等検査機関により，対応できない場合は都道府県労働局長により検査されることとなっている。
98) 法第38条第1項にいう「廃止」と第3項にいう「休止」の相違について言えば，前者は検査証の労基署長への返還を要するが，後者は要しない（ただし，休止期間が有効期間を超える場合には監督署長への報告を要する）。したがって，第1・2項に基づく検査は，その時点で検査証のない特定機械等を対象とし，第3項に基づく検査は，その時点で検査証のある特定機械等を対象としていることになる。よって，廃止した機械等につき変更検査を受ける場合，第1項に基づく検査が必要になる。
99) ただし，流通前段階での使用検査が望ましいため，特定機械等の譲渡・貸与者が譲渡・貸与前に受検できることとなっている（昭和47年9月18日基発第602号）。
100) 特定機械等の種別ごとに規則を設けつつ，同じ条規を準用したり同様の定めを置く形式は分かり難いので，解説担当の井村真己教授は，別途，統一的な別規則を設けて，共通原則を明確化すべきとしている。
101) 玉泉孝次氏による。
102) 篠原耕一氏による。
103) 玉泉孝次氏による。
104) 厚生労働省安全衛生部のご助力を頂き，三栄丈典氏が全国の都道府県労働局の健康・安全関係課，監督課，主要労署の現役行政官，安全衛生行政関係団体等の行政官OBに向けて，安衛法の条文ごとの監督指導実例，法改正提案等につき，アンケート調査を行ったもの。
　　　監督官49，技官15，元監督官12，元技官2の回答があった。
105) 玉泉孝次氏による。
106) 労働省労働基準局安全衛生部編『実務に役立つ労働安全衛生規則の逐条詳解　第2巻　安全基準編①』（中央労働災害防止協会，1993年）3頁。
　　　ただし，平成25年9月3日第2回「労働安全衛生法における機械等の回収・改善命令制度のあり方等に関する検討会」議事録（https://www.mhlw.go.jp/stf/shingi/0000025592.html）において，事務局（厚生労働省労働基準局安全衛生部安全課）から「安衛則における『機械』の定義については，『機械包括安全指針』における機械の定義によることとしている。」との説明が行われている。同指針（https://www.jaish.gr.jp/horei/hor1-48/hor1-48-36-1-4.html）第1の(3)の1では，「機械」を「連結された構成品又は部品の組合せで，そのうちの少なくとも1つは機械的な作動機構，制御部及び動力部を備えて動くものであって，特に材料の加工，処理，移動，梱包等の特定の用途に合うように統合されたもの」と定義し，「動力部」は同指針の解説通達（https://www.jaish.gr.jp/anzen/hor/hombun/hor1-48/hor1-48-37-1-0.htm）で「動力部」に用いられる動力源としては，電力，内燃機関，油圧，空気圧等があり，人力のみによって動かされるものは『機械』には該当しないこと。」としており，中央労働災害防止協会編著の記述と矛盾している。
107) 例えば，一般社団法人日本機械工業連合会による全国の製造業者対象のアンケート調査では，1989年以前（調査時点の30年以上前）に取得（＝入手）したものが金属工作機械（NC工作機械など）で22％，第2次金属加工機械（プレス機械など）で31％，鋳造機械で23％あった。
108) 検査と検定には，厳密な用語定義がなく，両者の区分も判然としない。現行安衛法の立法に携わられた畠中信夫氏は以下のように述べている。
　　　「検査も検定も，公権力が関与し，対象機械等の規格適合性を測る点は共通しており，両者の違いは，歴史的な沿革による。
　　　すなわち，検査については，旧労基法本体で，特に危険な作業を伴う機械につき認可制度を採用し（第46条），それをフォローするものとして，性能検査を定めていた（第47条）。これが現行法にも引き継がれている。
　　　他方，検定については，旧労基法本体に定めはなかったが，同法第45条に紐付く旧安衛則に定めが置かれた。すなわち，その第181条から183条に保護具の備付け義務が定められていたが，昭和24年の改正により設けられた183条の2で，保護具のうち労働大臣が規格を定めるものについては，検定を受けたものでなければ使用できない旨が定められ，防じん・防毒マスクが対象とされ，その実施のための手続き規則として，労働衛生保護具検定規則（昭和25年12月26日労働省令第32号）が制定された。更に，防爆構造電気機械器具についても，昭和44年の旧安衛則改正（同140条の3～140条の7）と防爆構造電気機械器具検定規則（昭和44年労働省令第2号）の制定により，検定制度の対象とされた。しかし，検定の法的性格については，法律に根拠を置くものではなく，製造者（メーカー）に対する製造流通規制というものではなく，同法第45条に基づく使用者（ユーザー）の義務として，間接的に強制力を持つというものであった。それが，現行安衛法本法に盛り込まれたことにより，製造流通規制の一環であるという，その法的拘束力が明確となった」。
　　　また，元労働行政官の浅田和哉氏は，以下のように述べている（一部，森山誠也氏，松田裕氏の見解を加えた）。
　　　「検査対象は高い災害リスクを伴う機械等であり，検定対象はそれに次ぐリスクを伴う機械等であることから，前者は多数回の規格適合確認を要するのに対して，後者は1回で済むという違いがある。
　　　すなわち，検査の場合，出荷時，設置時（定置式の機械），主要構造部の変更時，有効期間の更新時等のリスクの変動等を伴う節目ごとに多数回の規格適合確認が行われるのに対して，検定は通常，出荷時（個別検定は単体ごと，型式検定は型式ごと）の1回のみである（個別検定対象機械の主要構造部の変更時等には，改めて個別検定を受ける必要がある）。
　　　その他，検査対象機械等の場合，型式ごとに事前の製造許可を要するという違いもある」。
109) 元行政官（本省任用で安全衛生部での勤務経験を持つ技官）への聞き取り調査による。
110) 関係制度の対象機械等との関係は以下の通り。

製造許可は，①～⑧に限り必要となる。
製造検査は，①及び②に限り必要となる。
溶接検査は，①及び②に限り必要となる。
使用検査は，①，②及び④に限り必要となる。
落成検査は，①～③，⑤～⑦に限り必要となる。ただし，①のうち移動式ボイラーは除かれている。
性能検査は，①～⑥，⑧に限り必要となる。
変更検査は，①～⑧に限り必要になる。
使用再開検査は，①～⑥，⑧に限り必要となる。
個別検定は，㉔～㉖に限り必要となる。
型式検定は，㉗及び㉘に限り必要となる。

111）ここに掲げられた機械の場合，製造許可，製造検査，構造検査，溶接検査，使用検査，落成検査，性能検査，変更検査，使用再開検査，個別検定，型式検定のいずれも不要である。

112）厚生労働省安全衛生部のご助力を頂き，筆者が全国の都道府県労働局の健康・安全関係課，監督課，主要労基署の現役行政官，安全衛生行政関係団体等の行政官OBに向けて，安衛法の条文ごとの監督指導実例，法改正提案等につき，アンケート調査を行ったもの。
監督官49，技官15，元監督官12，元技官2の回答があった。

113）三柴は，ガイドラインにつき，事業者の違法認定基準ではなく，免責基準として活用すべきとの考えに立つ（三柴・前掲注45）総括研究報告書5頁）。

114）製造検査・使用検査・溶接検査・構造検査などの初期的な検査（法第38条，ボイラー及び圧力容器安全規則等の相当法条）を意味する。

115）法第38条所定の製造時等検査の対象となる特定機械等は，法第37条所定の製造許可の対象となる別表第1所掲のもので，ボイラー，第1種圧力容器，ゴンドラ，移動式クレーンなどを含むが，法第46条所定の製造時等検査機関が検査を認められた機械は，登録省令第1条の2の45の定め通り，安衛法施行令第12条第1項第1号のボイラーと同第2号の第1種圧力容器の2種類（法第38条所定の特別特定機械等）に限られる。

116）本改正について審議した第123回国会　参議院労働委員会第7号（平成4年5月14日）において，北山宏幸政府委員は，次のように述べていた。いわゆる保安四法（労働安全衛生法，消防法，高圧ガス取締法，石油コンビナート等災害防止法）「に基づきまして，労働省，消防庁及び通産省がそれぞれの立場からボイラー，圧力容器等に関しまして所定の検査を行っているわけでございますけれども，そういうものにつきまして，一定の機関が複数の法律に基づく検査もあわせて行うことがより合理的であるというようなことから，指定検査機関等による相互乗り入れができるように，今回製造時等検査について指定機関が行うことができるようにしたいというふうに考えているところでございます」。

117）株式会社オービックビジネスコンサルタントWEBサイト（監修：石割由起人氏 https://www.obc.co.jp/360/list/post213，最終閲覧日：2023年9月23日）。

118）同上。

119）freee 株式会社 WEB サイト（https://www.freee.co.jp/kb/kb-accounting/about-settlement-of-accounts/，最終閲覧日：2023年9月23日）。

120）一般社団法人日本ボイラ協会WEBサイト（https://www.jbanet.or.jp/examination/waste-heat-boiler/，最終閲覧日：2023年9月30日）。

121）法第53条の3（登録性能検査機関），第54条（登録個別検定機関），54条の2（登録型式検定機関）でこの規定も準用され，登録省令で，それぞれにつき，以下のような引継ぎ事項が定められている。
　　1）登録性能検査機関について（第10条の2第1項）
　　・性能検査業務自体と同業務に関する帳簿及び書類（管轄労基署長宛）
　　・性能検査につき管轄労基署長が必要と認める事項
　　2）登録個別検定機関について（第19条第1項）
　　・個別検定自体と同業務に関する帳簿及び書類（大臣又は管轄都道府県労働局長宛）
　　・個別検定につき大臣又は管轄都道府県労働局長が必要と認める事項
　　3）登録型式検定機関（第19条の11の2）
　　・型式検定自体と同業務に関する帳簿及び書類（大臣宛）
　　・型式検定につき大臣が必要と認める事項

122）外国機関についても本条が準用され，登録省令（性能機関につき第10条の2第2項，個別検定機関につき第19条第2項）が国内の機関と同様の引継ぎ事項を定めている。

123）労働安全衛生法及びこれに基づく命令に係る登録及び指定に関する省令（昭和47年9月30日労働省令第44号）。

124）法第38条所定の製造時等検査の対象となる特定機械等は，法第37条所定の製造許可の対象となる別表第1所掲のもので，ボイラー，第1種圧力容器，ゴンドラ，移動式クレーンなどを含むが，法第46条所定の製造時等検査機関が検査を認められた機械は，登録省令第1条の2の45の定め通り，安衛法施行令第12条第1項第1号のボイラーと同第2号の第1種圧力容器の2種類（法第38条所定の特別特定機械等）に限られる。

125）同上。

126）三柴丈典氏による。

127）厚生労働省安全衛生部のご助力を頂き，筆者が全国の都道府県労働局の健康・安全関係課，監督課，主要労基署の現役行政官，安全衛生行政関係団体等の行政官OBに向けて，安衛法の条文ごとの監督指導実例，法改正提案等につき，アンケート調査を行ったもの。
監督官49，技官15，元監督官12，元技官2の回答があった。

128）検査と検定には，厳密な用語定義がなく，両者の区分も判然としない。現行安衛法の立法に携わられた畠中信夫氏は以下のように述べている。
　「検査も検定も，公権力が関与し，対象機械等の規格適合性を測る点は共通しており，両者の違いは，歴史的な沿革による。
　すなわち，検査については，旧労基法本体で，特に危険な作業を伴う機械につき認可制度を採用し（第46条），それをフォローするものとして，性能検査を定めていた（第47条）。これが現行法にも引き継がれている。
　他方，検定については，旧労基法本体に定めはなかったが，同法第45条に紐付く旧安衛則に定めが置かれた。すなわち，その第181条から183条に保護具の備付け義務が定められていたが，昭和24年の改正により設けられた183条の2で，保護具のうち労働大臣が規格を定めるものについては，検定を受けたものでなければ使用できない旨が定められ，防じん・防毒マスクが対象とされ，その実施のための手続き規則として，労働衛生保護具検定規則（昭和25年労働省令第32号）が制定された。更に，防爆構造電気機械器具についても，昭和44年の旧安衛則改正（同140条の3～140条の7）と防爆構造電気機械器具検定規則（昭和44年労働省令第2号）の制定により，検定制度の対象とされた。しかし，検定の法的性格については，法律に根拠を置くものではなく，製造者（メーカー）に対する製造流通規制というものではなく，同法第45条に基づく使用者（ユーザー）の義務として，間接的に強制力を持つというものであった。これが，現行安衛法本法に盛り込まれたことにより，製造流通規制の一環であるという，その法的拘束力が明確となった」。
　また，元労働行政官の浅田和哉氏は，以下のように述べている（一部，森山誠也氏，松田裕氏の見解を加えた）。
　「検査対象は高い災害リスクを伴う機械等であり，検定対象はそれに次ぐリスクを伴う機械等であることから，前者は多数

回の規格適合確認を要するのに対して、後者は1回で済むという違いがある。

　すなわち、検査の場合、出荷時、設置時（定置式の機械）、主要構造部の変更時、有効期間の更新時等のリスクの変動等を伴う節目ごとに多数回の規格適合確認が行われるのに対して、検定は通常、出荷時（個別検定は単体ごと、型式検定は型式ごと）の1回のみである（個別検定対象機械の主要構造部の変更時等には、改めて個別検定を受ける必要がある）。

　その他、検査対象機械等の場合、型式ごとに事前の製造許可を要するという違いもある」。

129) 公益社団法人産業安全技術協会WEBサイト（https://www.tiis.or.jp/02_01_subcategory/, 最終閲覧日：2023年10月9日）。

130) 一般社団法人日本ボイラ協会WEBサイト（https://www.jbanet.or.jp/examination/individual/, 最終閲覧日：2023年10月9日）。

131) 労働安全衛生法及びこれに基づく命令に係る登録及び指定に関する省令（昭和47年9月30日労働省令第44号）。

132) 三柴丈典氏による。

133) 公益社団法人産業安全技術協会WEBサイト（https://www.tiis.or.jp/02_01_subcategory/, 最終閲覧日：2023年10月9日）。

134) 労働安全衛生法及びこれに基づく命令に係る登録及び指定に関する省令（昭和47年9月30日労働省令第44号）。

135) 三柴丈典氏による。

136) 三柴丈典氏の見解。

137) 安衛則第577条の2の第3項と第4項には、それぞれ健診制度が規定された。それらの趣旨・目的、考え方等については前掲47) 参照。

138) 概ね、製造設備の密閉構造化、製造設備設置場所の清掃の容易化、製造・使用者を名宛人による適任者の選任、物質の容器を堅固なものとし、物質の成分を表示すること、一定の場所に保管し表示すること、不浸透性の保護前掛・保護手袋を使用すること、製造設備設置場所への立ち入り禁止措置等の規制が設けられている。

139) 塩基は、酸と反応して塩を生じる化合物。

140) 金属等の加熱溶融での蒸発が凝縮したもの（大気環境総合センターWEBサイト〔https://iiae.or.jp/information_communication/cafe/, 最終閲覧日：2021年12月5日〕）。

141) 気体中に固体や液体の微粒子が広がった状態（大気環境総合センターWEBサイト・同上）。

142) 今般の自律的管理を志向した化学物質管理制度の改編の一環として、施行令別表第9に記載される化学物質には、2022（令和4）年に、国によるGHS分類の結果、発がん性、生殖細胞変異原性、生殖毒性、急性毒性のカテゴリーで比較的強い有害性が確認された234物質が追加され、合計900物質弱となった（施行は令和6年4月1日で、有効期間は令和7年3月31日まで）。これは、国によるGHS分類により危険性／有害性ありとされた物質の全てをラベル表示・SDS交付義務（＝リスクアセスメント義務）の対象とする方針のもと、先ずは2026年までにラベル表示・SDS交付対象物質（＝リスクアセスメント義務の対象物）を2900物質まで増加させる方針の一環としての、いわば経過措置と言える。

　すなわち、安衛法第57条及び第57条の2に基づき表示・通知対象物を指定する施行令第18条及び第18条の2が、労働安全衛生法施行令の一部を改正する政令（令和5年8月30日政令第265号。施行：令和7年4月）により、双方共に、第1号で別表第9掲載物質を定め、第2号で国によるGHS分類の結果、危険性／有害性が認められたもののうち省令所定のものと定めた（これにより、これまでは主に別表第9で定められていた表示・通知対象物が、主に省令で定められることとなった）。

　これを受け、改正省令（令和5年9月29日厚生労働省令第121号〔施行：令和7年4月〕）が、（施行令第18条第2号所定の表示対象物、第18条の2第2号所定の通知対象物として）別表第2に2276の対象物を定めたが、その施行が令和7年4月に設定されたので、それまでの経過措置として、別表第9の掲載物質が追加されたものである。

　令和7年4月以後は、別表第9掲載物質は、金属及びその化合物に該当する33個に制限されることとなるが、これらが残存する理由は、制度運用上の特別な便宜のため、GHSとは異なる包括的な分類をする必要性に基づく。すなわち、令和5年8月30日政令第265号の施行通達（令和5年8月30日基発0830第1号）が示唆するように、別表第9号掲載物質は、特定の元素から構成される化合物について、米国産業衛生専門家会議（ACGIH）等の諸機関が包括的にばく露限界値を設定したものであり、GHS分類ではカバーできない物質として、金属及びその化合物に該当する33個が残存することになったものである（三柴丈典）。

143) ただし、それらの化合物は対象物質となる（平成27年8月3日基発0803第2号）。

144) 今般の自律的管理へ向けた化学物質管理制度の改編の一環として、「労働安全衛生法施行令の一部を改正する政令」（令和5年8月30日政令第265号）が発せられ、施行令第18条の対象物一覧には、第2号として、国によるGHS分類（JIS Z7252所定の方法による危険性及び有害性の分類）の結果、令和3年3月31日までに危険性又は有害性ありとされた物質（「特定危険性有害性区分物質」）のうち省令所定のもの（発がん性等一定のカテゴリーで区分1のもの等）が定められることとなった（これにより、これまでは主に別表第9で定められていた表示・通知対象物が、主に省令で定められることとなったが、本条〔施行令第18条〕第1号は、従前通り、施行令別表第9所掲のものを定めている）。

　これは、ラベル表示対象物質（≒SDS交付対象物質＝リスクアセスメント対象物）を、2026年までに2900物質まで増加させる制度改編の方向性を政令に具体化したものである。

　これを受け、改正省令（令和5年9月29日厚生労働省令第121号〔施行：令和7年4月〕）が、（施行令第18条第2号所定の表示対象物、第18条の2第2号所定の通知対象物として）別表第2に2276の対象物を定めたが、その施行が令和7年4月に設定されたので、それまでの経過措置として、別表第9の掲載物質に比較的強い有害性が確認された234物質が追加され、合計900物質弱となった。

　法第57条（ラベル表示）及び第57条の2（SDS交付）は、共に法第56条所定の製造許可対象物質を対象と定め、その製造許可対象物質は、施行令第17条で、施行令別表第3第1号所定の有害性区分第1類＋α（7物質）とされていることにも変わりはない（三柴丈典）。

145) 同様の定めは施行令及び省令改正前にもあったが、施行令第18条第2号を受けた省令第30条所定の表示義務対象物が、別表第2上欄所掲の物の含有製剤等に限られていた。

146) 使用場所での掲示、必要事項を記載した一覧表の備付け、磁気ディスク等の記録媒体への記録と内容を常時確認できる機器の設置、作業手順書等による伝達等が該当する（令和4年5月31日基発第0531第9号）。

147) 従来、混合物の場合、成分を記載する必要があったが、この改正で表示対象物質とSDS交付対象物質を一致させることとなり、成分欄に記載する物質の数が増えて危険有害性情報や取扱い上の注意事項等が見えにくくなるおそれが生じたため講じられた措置。SDSを確認すれば成分は分かる（厚生労働省作成のQ&A集〔https://www.mhlw.go.jp/file/06-Seisakujouhou-11200000-Roudoukijunkyoku/0000056064.pdf, 最終閲覧日：2023年1月31日〕）。

148) 光信隆夫「労働保安権と生活環境保安権の社会保障論上の整合性について―六価クロム禍事件と労働安全衛生法」人文28号（1976年）37-46頁。

149) この政令指定物質とは，安衛法施行令第18条の2が定める同施行令別表第9所定の物及び製造許可物質等であり，従前，別表第9には630種類強の物質が掲げられ，同施行令別表第3第1号が製造許可物質を定めており，合計700物質弱が交付義務対象とされ，リスクアセスメントの義務（法第57条の3第1項）の対象物質と一致していた。

　しかし，今般の自律的管理へ向けた化学物質管理制度の改編の一環として，「労働安全衛生法施行令の一部を改正する政令」（令和5年8月30日政令第265号）が発せられ，施行令第18条の2の対象物一覧には，第2号として，国によるGHS分類（JIS Z7252所定の方法による危険性及び有害性の分類）の結果，令和3年3月31日までに危険性又は有害性ありとされた物質（「特定危険性有害性区分質物」）のうち省令所定のもの（発がん性等一定のカテゴリーで区分1のもの等）が定められることとなった（これにより，これまでは主に別表第9で定められていた表示・通知対象物が，主に省令で定められることとなったが，本条〔施行令第18条の2〕第1号は，従前通り，施行令別表第9所掲のものを定めている）。

　これは，ラベル表示対象物質≒SDS交付対象物質＝リスクアセスメント対象物を，2026年までに2900物質まで増加させる制度改編の方向性を政令に具体化したものである。

　これを受け，改正省令（令和5年9月29日厚生労働省令第121号〔施行：令和7年4月〕）が，（施行令第18条の2第2号所定の表示対象物，第18条の2第2号所定の通知対象物として）別表第2に2276の対象物を定めたが，その施行が令和7年4月に設定されたので，それまでの経過措置として，別表第9の掲載物質に比較的強い有害性が確認された234物質が追加され，合計900物質弱となった。

　法第57条（ラベル表示）及び第57条の2（SDS交付）は，共に法第56条所定の製造許可対象物質を対象と定め，その製造許可対象物質は，施行令第17条で，施行令別表第3第1号所定の有害性区分第1類+α（7物質）とされていることにも変わりはない（三柴丈典）。

150) 森晃爾「化学物質による健康障害防止対策の現状と課題」令和2年度厚生労働科学研究費補助金（労働安全衛生総合研究事業）「労働安全衛生法の改正に向けた法学の視点からの調査研究」〔研究代表者：三柴丈典〕1129頁。

151) アメリカ化学学会の一部門であり，物質に関する世界中の公開情報を全て収集して組織化している（化学情報協会のWEBサイト〔https://www.jaici.or.jp/annai/img/20150709_CAS_PressRelase.pdf，最終閲覧日：2021年12月17日〕）。

152) 前掲注49）参照。

153) GHS分類により決定された危険有害性クラス，危険有害性区分等の危険有害性情報を関係者に適切に伝達するためのラベルやSDSに関するJIS規格（Z7253）に定められた絵表示を意味する（平成18年10月20日厚生労働省告示第619号）。

154) ここで求められているのは，含有量1％を超える通知対象物質のリスク及び対応方法であり，上掲の安衛則第34条の2の6が10％刻みでの通知対象物質の成分及び含有量の記載を求めていた（ただし廃止）のとは，趣旨が異なる。

155) 一般的には，医薬品等であって毒性が強いものが毒物，医薬品等以外であって毒性が若干弱いものを劇物と呼んでいる。

156) 厚生労働省安全衛生部のご助力を頂き，筆者が全国の都道府県労働局の健康・安全関係課，監督課，主要労基署の現役行政官，安全衛生行政関係団体等の行政官OBに向けて，安衛法の条文ごとの監督指導実例，法改正提案等につき，アンケート調査を行ったもの。

　監督官49，技官15，元監督官12，元技官2の回答があった。

157) 法令所定の危害防止措置であれば，本条の対象物質外であって，リスクアセスメントが努力義務にとどまる場合も当然ながら義務づけられるが，定型的実施義務ではなく，「危険のおそれがある場合」等の要件設定により，危害認識が前提となる条項の場合，前提となるリスクアセスメントが努力義務に過ぎないため履行されなかったとなれば，刑事処罰は困難であろう。しかし，本条のようにリスクアセスメントが義務づけられていれば，そうした事態は生じ難い（三柴丈典追記）。

158) 三柴丈典氏による。

159) 三柴丈典氏による。

160) 三柴丈典氏による。

161) 最終改正：令和5年4月27日（危険性又は有害性等の調査等に関する指針公示第4号）。この改正は，特別規則規制外での化学物質被害が多いこと等を踏まえてなされた令和4年5月の省令改正等に合わせてなされたもので，全ての化学物質には危険有害性が伴う可能性があることを前提に，専門家の支援を得て，事業場ごとに有効な方策の採用を許容する性能基準（自律管理）への制度改変が模索された（厚生労働省『「職場における化学物質等の管理のあり方に関する検討会」報告書』〔令和3年〕）。その象徴として，安衛則第577条の3で，国によるGHS分類がされていない（国により危険有害性が認識されていない）全ての化学物質についてリスクアセスメントの努力義務を課したことが挙げられる。この指針（化学物質RA指針）は，もとより全ての化学物質を対象とする旨の記載を含んでいたが，この規則規定の新設により，法的根拠を得たことになる。

162) 三柴丈典氏による。

163) これに対して，特化則第36条の3の2に定められた「作業環境管理専門家」とは，①「化学物質管理専門家」のほか，②3年以上の実務経験を有する労働衛生コンサルタント（試験区分：労働衛生工学又は／化学），③6年以上の経験を有する衛生工学衛生管理者等であり，「化学物質管理専門家」に準じる専門知見を持つ者が想定されている（令和4年5月31日基発0531第9号，最終改正：令和6年5月8日基発0508第3号）。

164) 適用の実際について，ここまでは三柴の所見。

165) 日本で伝統的なゼロ災運動などは従業員全体を巻き込む全体主義的な性格を持っていたが，欧州由来のリスクアセスメントは，専門家活用の性格が強い（三柴丈典氏による）。

166) 前掲注49）参照。

167) 同上。

168) 同上。

169) 同上。

170) 現在の安全衛生関係の補助金一覧は，愛媛労働局WEBサイト（https://jsite.mhlw.go.jp/ehime-roudoukyoku/anzeneiseijyuseikintouitiran.html，最終閲覧日：2023年10月27日）等を参照されたい。

171) 三柴丈典氏による。

172) 三柴・前掲注45）総括研究報告書71頁。

173) 排除できるリスクは排除し，それが困難なリスクは最小化すべきとする原則。まず，リスク調査をして集団的措置を中心に本質的な排除・低減策を講じ，それが叶わない場合に個別的，人的措置等を実施する方策である3ステップ・アプローチに代表される。

174) リスクの管理責任は，製造者，設計者，発注者等のリスク創出者が負担すべきとする原則。

175) 三柴・前掲注45）総括研究報告書75頁。

176) 同上。

177) JUKIDORI WEBサイト（https://jukidori.com/carry/forkloader/，最終閲覧日：2023年10月30日）。

178) ネット通販 Watanabe WEBサイト（https://www.fuku-watanabe.com/ec/glossary/tunnel/006zurishori/038.html，最

終閲覧日：2022年10月9日）。

179) 日本工学院テクノロジーカレッジWEBサイト（http://blog18.neec.ac.jp/archives/52068896.html，最終閲覧日：2023年11月1日）。

180) 重機買取のイロハのブログ（http://blog.livedoor.jp/escape_at_5/archives/35728585.html，最終閲覧日：2023年11月1日）。

181) 昭和建設興業株式会社WEBサイト（https://shouwa-k-k.co.jp/topic/daily/353#，最終閲覧日：2023年11月1日）。

182) アールアイ株式会社WEBサイト（https://r-i.jp/glossary/kana_ta/to/002231.html，最終閲覧日：2022年10月9日）。

183) 工事現場標識サイト（https://safety-signboard.com/clamshell/，最終閲覧日：2023年11月1日）。

184) 工作機械等を用いる。自由研削の場合，携帯用グラインダー等を用いる。

185) 本事故のジャーナリズムからの記録として，久谷・前掲注6) 37-50頁がある。

　ここには，火災原因は不明であったこと，避難訓練が一度もなされていなかったこと，避難用階段が倉庫代わりに使われていた様子，消火活動の障害となる建物の構造などが綴られている。

186) この際，鎌田名誉教授が打ち出した履行請求理論が参考になる（鎌田耕一「安全配慮義務の履行請求」水野勝先生古稀記念論文集刊行委員会編『労働保護法の再生』〔信山社，2005年〕359-412頁）。

187) ただし一部を除く。

188) 井上浩『労働安全衛生法』（北樹出版，1978年）150頁。

189) 法第99条の2（講習受講の指示）において，都道府県労働局長が事業者に「受講させるよう指示」する対象として定めた「労働災害防止業務従事者」や，法第19条の2が定める能力向上研修の対象とほぼ同旨と思われるため，ここでもその略称（労災防止業務従事者）を用いる。第107条（労災防止業務従事者及び労働者への支援）も同様の対象を設定しているので，その略称を用いるが，法第19条の2と法第99条の2の対象は事業場内部の者を想定していると解されるのに対し，外部コンサルタントも対象に含み得る点で異なる。

190) 胴の内径の大きさや伝熱面積が一定以下のものと指定されている。

　胴の内径の大きさは内圧の強さ，伝熱面積の大きさは内部の熱量の強さに比例し，いずれも爆発の可能性や爆発時の被害の大きさに影響すると察せられる。

191) ただし，厚生労働省「個人事業者等に対する安全衛生対策のあり方に関する検討会報告書」〔令和5年10月〕において，不適任者による就業は周囲にリスクをもたらすため，個人事業者等にも特別教育の修了を義務づける方針が示された。事業者には実施（外部機関での受講機会提供を含む），労働者には修了の義務づけが図られるものと思われる（三柴丈典）。

192) 厚生労働省安全衛生部のご助力を頂き，筆者が全国の都道府県労働局の健康・安全関係課，監督課，主要労基署の現役行政官，安全衛生行政関係団体等の行政官OBに向けて，安衛法の条文ごとの監督指導実例，法改正提案等につき，アンケート調査を行ったもの。

　監督官49，技官15，元監督官12，元技官2の回答があった。

193) 第68回国会衆議院社会労働委員会第5号・昭和47年3月10日〔渡邊（健）発言〕。

194) 労務行政研究所編『労働安全衛生法（労働法コンメンタール10)』（労務行政，2017年）574頁。

195) 厚生労働省「高年齢労働者の安全と健康確保のためのガイドライン（エイジフレンドリーガイドライン）」〔令和2年3月〕。

196) 詳しくは，中央労働災害防止協会安全衛生情報センターWEBサイト（https://www.jaish.gr.jp/information/dantai.html，最終閲覧日：2023年11月13日）を参照されたい。

197) 厚生労働省厚生労働科学研究費補助金（労働安全衛生総合研究事業）「リスクアセスメントを核とした諸外国の労働安全制度の背景・特徴・効果とわが国への適応可能性に関する調査研究」〔研究代表者：三柴丈典〕（2016〔平成28〕年度）。

198) 畠中・前掲注21）76頁。

199) 作業環境測定の法的定義については，木村嘉勝・松尾幸夫・畠中信夫・沼野雄志・興重治「座談会　作業環境測定法20年を迎えて」作業環境17巻1号（1996年）7-8頁に掲載された畠中信夫発言が参考になる。

　これによれば，作業環境測定法（作環法）は，安衛法第65条を基本法として，測定実施の能力の担保を図ろうとしたものである。その第1条に安衛法「と相まって」というドッキング規定を盛り込むことで，同法の一環であることを宣言しており，これは作業環境測定の労働安全衛生上の重要性を示す意味も持っている。この法律（作環法）の制定の際に設けられた附則により，安衛法第2条第4号に作業環境測定の定義（単なる分析ではなく，デザインから分析までの体系を言うこと）が定められた。もっとも，作環法の対象は，リスクが高い政令指定作業場に絞られ，そのうち専門的技術が必要なものについて，測定士や測定機関の利用を強制した。

　こうした経緯から，安衛法第2条と第65条，作環法に言う「作業環境測定」は文言としてはほぼ同義だが（ただし，坑内粉じん作業にかかる粉じん則第6条の3所定の作業環境測定のように，前者には該当するが後者には該当しないとされているものもある），作環法上測定実施義務がかかる作業場は作環法施行令指定の作業場に絞られる，ということと解される（三柴丈典）。

200) なお，鉱物等の破砕，裁断，研磨等では，固定的な動力設備（≠手持ち式動力工具）による作業が常時行われている場合のみが測定対象となり，例えば，手持ち式動力工具である手持ち式グラインダーを使用した金属研磨作業や金属アーク溶接作業は，粉じん発生場所が特定の場所とは限らないため，特定粉じん作業に当たらず，測定対象にはならない。

201) 測定対象となる放射線業務につき，施行令別表第2及び電離則第2条第3項において，医療現場等における診断・治療，産業現場での非破壊検査等，研究開発やがん治療等に用いる加速器の使用，原子炉の運転業務等が該当するとされている。

202) 森晃爾「化学物質による健康障害防止対策の現状と課題」令和4年度厚生労働行政推進調査事業費補助金（政策科学総合研究事業〔政策科学推進研究事業〕）「法学的視点からみた社会経済情勢の変化に対応する労働安全衛生法体系に係る調査研究」〔研究代表者：三柴丈典〕2481頁。

203) 現段階での特化則の主な規制内容は以下の通り。

　第1類，第2類物質については，密閉設備，囲い式フードの局排又はプッシュプル型換気装置の設置を原則とし（第1類につき第3条，第2類につき第4条，第5条），

　除じん，排ガス・排液処理などの用後処理（第3章：第9条〜第12条の2），

　接合部，バルブ，出入口などからの漏えい防止（第4章：第13条〜第26条），

　特化物作業主任者の選任，設備の定期自主検査，作業環境測定と結果の評価などの管理（第5章：第27条〜第38条の4），

　塩素化ビフエニル等，インジウム化合物等，エチレンオキシド等の特殊な物質を取り扱う作業にかかる特殊な管理（第5章の2：第38条の5〜第38条の21），

　特殊健診の実施，記録の保存，医師からの意見聴取，事後措置，労基署長への報告，漏えいした特化物へばく露した場合の緊急健診等（第6章：第39条〜第42条），

　呼吸用保護具の備え付け，経皮吸収や皮膚障害を招く物質にばく露する作業での保護衣，保護手袋，保護長靴等の備え付けと着装の確保等（第7章：第43条〜第45条），

製造禁止物質（法第55条）の免除の手続と製造許可物質（法第56条）の許可の手続・基準等（第8章：第46条〜第50条の2），

特定化学物質及び四アルキル鉛等作業主任者技能講習の内容（健康障害防止措置，作業環境の改善方法や保護具の取扱い方法等を含む）（第9章：第51条），

特別管理物質の製造・取扱い事業者が事業を廃止する場合の報告（第10章：第52条，第53条）（以上，三柴丈典まとめ）。

204) 後述するように，特殊健診は，有害等取扱い作業従事労働者に対し，作業環境管理や作業管理ではばく露リスクを完全に除去できないことを前提に，労働者個人ごとに，特定の有害要因へのばく露による標的臓器の障害等の健康影響の関係と共に，必ずしもばく露と関わらない健康障害の発見を目的とするものである。

205) 粉状の鉛等又は焼結鉱等が内部に付着し，又はたい積している炉，煙道，粉砕機，乾燥機，除じん装置その他の装置（安衛法施行令別表第4備考5）。

206) 管理濃度が極めて低くなり，適切な濃度の測定が困難となることによる（令和5年4月17日基発0417第4号）。

207) 個人サンプリング法の導入は，化学物質管理のリスクアセスメント化の一環として進められた経緯がある。要点のみ記せば，以下の通り。

先ず，1992（平成4）年に国連環境開発会議で採択された「アジェンダ21」に国際的なリスクアセスメントの強化が盛り込まれ，

2002（平成14）年に，持続可能な開発に関する世界首脳会議（WSSD）で，科学的根拠に基づくリスク評価・管理手法による化学物質管理が目標として掲げられ，そのためのロードマップとして，SAICM（サイカム）が取りまとめられた。

こうした流れを受け，国内では，2010（平成22）年7月に「職場における化学物質管理の今後のあり方に関する検討会報告書」がまとめられ，リスクアセスメントの結果に応じた合理的な化学物質管理のため，規制の柔軟化や性能要件化を進める必要性と共に，個人サンプラーによる測定の導入に向けた検討等が提案され，

2015（平成27）年に公表された化学物質リスクアセスメント指針（平成27年9月18日指針公示第3号）では，作業管理手法の一つとして，個人サンプラーによる測定が示された。

これは，本条（法第65条）に基づくA測定やB測定では，作業環境中の濃度が過小評価され得る一方，測定方法によっては過大評価され得る可能性を踏まえていた。

2018（平成30）年2月に策定された「第13次労働災害防止計画」でも，リスクアセスメント結果を踏まえた作業等改善策の一つとして，個人サンプラーによる作業環境測定を追加し，作業態様に応じた選択を可能とすることが明記された。

同年11月に公表された「個人サンプラーを活用した作業環境管理のための専門家検討会報告書」では，個人サンプラーによる測定方法の導入は，リスクアセスメントと作業環境測定の一括実施を促進するものであり，将来的に広範な作業場での導入が望ましいとしつつ，

それを担える作業環境測定士の養成を図る等の間，その特性を特に発揮できる作業（①溶接など，発散源が作業者と共に移動し，両者間に測定点を設け難い作業や，②有害性が高く管理濃度が低い物質を扱うため，作業者の動きで呼吸域付近の評価結果が変動しやすい作業）での先行的導入が提案された。

また，個人サンプラーによる測定は，その目的が気中濃度の把握なら「作業環境測定」，個人ばく露濃度の把握なら「個人ばく露測定」となることが示された。

なお，2021（令和3）年7月に公表された「職場における化学物質等の管理のあり方に関する検討会」で示された，化学物質管理の自律的管理化の方針も，これらリスクアセスメント化，個人サンプラーによる測定と軌を一にしている。

ここでは，5年後には自律的管理の定着を条件に，そのため重要な規定を除いて特化則等の特別規則を廃止することのほか，管理の実施状況に応じ，事業場への規制に柔軟化と強化のメリハリを付けることが提案されている。

例えば，過去3年間第1管理区分，化学物質による労災がなく，特殊健診で新たな異常所見が出ていない場合，専属の化学物質管理専門家の配置等を条件に特別規則の適用を除外する，

概ね同様の条件を満たす場合，特殊健診の実施頻度を1年1回に減らす，

他方で，第3管理区分と評価された事業場のうち，作業環境管理専門家に改善が困難と判断された場合，個人サンプラーによる測定とその結果に基づく呼吸用保護具の選択・使用等を事業者に義務づける，

等である。これらは既に，令和4年5月31日厚生労働省令第91号等で対応されている。

208) ATOMICA WEBサイト（https://atomica.jaea.go.jp/dic/detail/dic_detail_746.html，最終閲覧日：2021年4月18日）。

209) 信州大学モジュール教材WEBサイト（http://zen.shinshu-u.ac.jp/modules/0032000004/main/index.html，最終閲覧日：2021年4月18日）。

210) 質量濃度測定法を並行測定する方法だけでなく，文献等から統計的に決定した標準K値を使用することも認められている。

211) この基準は，鉛では$0.5mg/m^2$で，1178通達と一致しているが，クロムでは，1178通達$0.5mg/m^2$に対し$0.1mg/m^2$，粉じんでは，原則として1178通達$15mg/m^3$に（1000個/cc）対し同じく$10mg/m^3$（1000個/cc）などの違いがあり，その理由は明らかになっていない。

212) 本法及び作業環境測定士制度の新設を促したのは，当時の通産省による計量法改正による環境計量士制度新設の動きだったことを示唆する資料がある。

すなわち，労働行政におられた後藤博俊氏によれば，1973（昭和48）年ころ，通産省が計量法改正により設けようとしていた環境計量士制度が作業環境測定も取り扱う予定が判明したため，当時の労働省が，急遽，作業環境測定法案を準備し，計量法改正案と同じ時期の国会に上程し，1974（昭和49）年の国会では，参議院で廃案となったが，翌1975（昭和50）年の国会で可決成立させた。

しかし，いわば「間に合わせ」の性格が強くて予算準備も不十分だったため，作業環境測定士の試験が実施できない状況に陥った。当時，安衛法関係の資格試験は労働局が実施していたが，窮余の一策として，指定試験機関として，作業環境測定士試験協会（現在の安全衛生技術試験協会）に試験実施を委託することになったのだという。

これが，指定試験機関のさきがけとなり，以降，各省庁が追随するようになったという（後藤博俊「労働衛生の変遷(9)充実の時代（その2）法令の整備」セイフティダイジェスト52巻4号〔2006年〕34-36頁）（三柴丈典まとめ）。

213) 2021（令和3）年11月19日における玉泉孝次氏（近畿労務安全衛生研究所所長）からの情報提供及び同月21日における篠原耕一氏（労働衛生コンサルタント）からの情報提供による。

214) 「作業環境管理専門家」とは，①「化学物質管理専門家」の他，②3年以上の実務経験を有する労働衛生コンサルタント（試験区分：労働衛生工学又は/化学），③6年以上の経験を有する衛生工学衛生管理者や作業環境測定士等であり，「化学物質管理専門家」に準じる専門知見を持つ者が想定されている（令和4年5月31日基発0531第9号，最終改正：令和6年5月8日基発0508第3号）。

215) 「化学物質管理専門家」とは，5年以上の実務経験を有する労働衛生コンサルタント（試験区分：労働衛生工学），8年以上の経験を有する衛生工学衛生管理者，6年以上の経験を有す

る作業環境測定士で講習を受けた者等を指す。日本作業環境測定協会の認定オキュペイショナルハイジニスト，国際オキュペイショナルハイジニスト協会（IOHA）の国別認証を受けている海外のオキュペイショナルハイジニスト等もここに含まれ，高い知識経験を持つことが想定されている（令和4年9月7日厚生労働省告示274号，令和4年9月7日厚生労働省告示第275号，令和4年9月7日基発0907第1号〔最終改正：令和5年7月14日基発0714第8号〕）。

　上記の確認や助言を求められた化学物質管理専門家は，それらを速やかに書面で通知せねばならない（安衛則第34条の2の10第3項）。化学物質管理専門家は，客観的立場での判断の必要から，事業場外の者であることが望ましい。複数の専門家から異なる助言がなされた場合，労基署への改善計画の報告に際して，全専門家からの助言等を添付する必要がある（令和4年5月31日基発第0531第9号）。

216）特定化学物質障害予防規則（特化則）第38条の3は，事業者に対して，発がん性物質等の法定の有害物質を扱う作業場において，その物質の有害性や取扱い上の注意等を目立つよう掲示する義務を課している。建設アスベスト訴訟（神奈川第1陣）事件（最1小判令3・5・17民集75巻5号1359頁）は，この義務を具体化するガイドラインを発出したり，補完する規則を発令しなかった国は規制権限不行使の違法があり，当該掲示義務等は労働者のみならず，一人親方も保護対象としていると判示した。

217）昭和59年の通達で，学会等のばく露限界及び各国のばく露の規制のための基準の動向を踏まえつつ，作業環境管理技術の実用可能性その他作業環境管理に関する国際的動向等をもとに，作業環境管理の目的に沿うよう行政的な見地から設定したもの，と説明されている（昭和59年2月13日基発69号）。

　あくまで管理区分決定のための指標であり，日本産業衛生学会の許容濃度やACGIHのTLV等とは異なる。

218）①時間加重平均（〔TWA: Time Weighted Average〕＝濃度×持続時間／総時間数で算出される。その範囲内にあれば，ほとんどの労働者に悪影響が生じない値を得るため，適当な時間〔通常8時間／日か40時間／週〕の平均を算出することで得られる。測定値が継続した時間に等しい重みづけを行う＝「ならす」ことに意味がある値）を示しているものと，②瞬間的にも超えてはならない天井値を示しているもの，③双方を示しているもの，の3種があるが，概ね①の1.5倍が②になる。そこで第1次報告書は，一方のみが示されている場合，この計算で他方を算出すると共に，A測定では時間加重平均，B測定では天井値を踏まえて評価するよう提案している。

219）この頃，労働省は，「作業環境測定の記録のモデル様式について」（昭和57年2月4日基発第85号）を通達した。

　これは，従前は作業環境測定機関等による測定結果の事業者への報告の品質確保を図るための措置であり，更に平成8年には，事業場の担当者にとって分かり易くして，作業環境改善へ結びつけさせるため，モデル様式が改正された（平成8年2月20日基発第72号）。

　この際，衛生委員会等の意見，産業医や労働衛生コンサルタントの意見，作業環境改善措置の内容等も記録することとされた。

220）体内に摂取された有害物の量と，排泄された量との関係が明らかな場合に，排泄された物質の量を分析することにより，体内に蓄積された有害物の量を推定する方法により，有害物へのばく露の程度を把握する手法（厚生労働省「職場のあんぜんサイト」〔https://anzeninfo.mhlw.go.jp/yougo/yougo21_1.html，最終閲覧日：2023年2月5日〕）。

221）トンネル工事では，概ね，削孔・装薬→発破・退避→ずりだし・支保工建込→コンクリート吹付→削孔・装薬というサイクルを4～6時間で繰り返す。

222）質量濃度測定法を並行測定する方法だけでなく，文献等から統計的に決定した標準K値を使用することも認められている。

223）停止時間等は，以前，高圧別則表（減圧表）で直接規制されていたが，理論的根拠の不明確さ等から2014（平成26）年改正で廃止され，所定の計算式による設定が求められることとなった（身体の各組織に取り込まれている不活性ガスの圧力を計算し，その値が人体の最大許容分圧〔M値〕を超えないように停止時間等を設定する方法）。

　ただ，計算が煩雑なので，以前の規制方式の方が良かったとの意見もある（森嘉孝ほか「改正高気圧作業安全衛生規則と労働衛生」産業衛生学雑誌60巻2号〔2018年〕42頁，池田知純「改正高気圧作業安全衛生規則の問題点」日本高気圧環境・潜水医学会雑誌51巻3号〔2016年〕114頁）。

224）軽症であれば，皮膚のかゆみに留まるが，最も多く見られるのは，四肢の関節（特に，肩や肘）や筋肉の疼痛である。重症になると呼吸器障害や下肢麻痺，膀胱直腸障害など脊髄に影響が生じる場合もある（小島泰史〔潜水医学の専門医〕「〔連載コラム〕もっと知りたいダイビング医学　第2回　減圧症～ダイバーが知っておくべきこと　その1～」Marin Diving Web〔https://marinediving.com/safety_diving/kojima_2/，最終閲覧日：2022年10月20日〕）。

225）富山労働局WEBサイト（https://jsite.mhlw.go.jp/toyama-roudoukyoku/var/rev0/0112/2120/20131022105757.pdf，最終閲覧日：2021年4月28日）

226）伊藤直人「特定業務従事者健康診断のあり方の検討」厚生労働省労災疾病臨床研究事業費補助金研究「特定業務従事者の健康診断等の労働安全衛生法に基づく健康診断の諸課題に対する実態把握と課題解決のための調査研究　総合研究報告書」〔研究代表者：森晃爾〕（2020〔令和2〕年3月）分担研究報告書129頁以下。

227）同上。

228）同上。

229）労働安全衛生法における特殊健康診断等に関する検討会（2013〔平成25〕年8月1日）議事録〔圓藤委員，化学物質評価室長補佐〕。

230）元々，保険社会省案だったが，「社会」という文字が時節柄不適当との意見を踏まえ，書経・左伝の「正徳利用厚生」からこの名称とされた。厚生省の設置により，内務省社会局，衛生局は廃止された。

231）施行通達（昭和47年9月18日基発第601号の1）で，健診結果について医師と協議の上で本人に伝えて対処するよう勧めるにとどまっていた。

232）健診結果情報の保護に関する詳細は，法第104条，第105条に関する逐条解説の所掌だが，石﨑解説も相応に論究している。

　石﨑解説は，この点に関する裁判例を複数挙げて，情報保護の観点のみでは安衛法等による健康情報収集の要請を満たせない場合があることを指摘したうえ，2つの学説を紹介している。

　一方は，事業者による健康情報の取扱に積極的な説であり，特に，メンタルヘルス情報との関係で「安心して情報を伝えられる条件」（本人同意獲得に向けた努力，メンタルヘルス対策や産業保健体制整備，教育の実施，不利益取扱いを行わない方針の徹底，情報安全管理措置，産業保健スタッフとの面接機会提供，衛生委員会等における情報取扱い方法についてのルール化）を整備した使用者は，仮に労働者が情報提供を拒むなどした場合，それに基因して発生した災害について免責・減責されるほか，プライバシーや情報保護規制との関係でも，情報収集についての正当理由や本人の個別同意の擬制を認めたりすべきであるとする学説（三柴丈典『労働者のメンタルヘルス情報と法──情報取扱い前提条件整備義務の構想』〔法律文化社，2018年〕290頁以下）である。

他方は，事業者による健康情報の取扱いに慎重な説であり，特に労働者が事業者による取扱いを拒む場合にも，事業者が必要な情報を正当に取り扱うことにつき，正当理由や本人の個別同意の擬制を認めたりすべきか，という点について，健康情報の取扱いが専ら労働者の利益の保護の観点から基礎づけられるような場合には，健康情報を秘匿することにより不利益を受けるか，健康情報を提供し利益を受けるかの選択を個々の労働者に選択させるべき場面もあるとする学説（河野奈月「労働者の健康情報の取扱いをめぐる規制の現状と課題」季労265号〔2019年〕103頁）を挙げている。

233) 厚生労働省安全衛生部のご助力を頂き，筆者が全国の都道府県労働局の健康・安全関係課，監督課，主要労基署の現役行政官，安全衛生行政関係団体等の行政官OBに向けて，安衛法の条文ごとの監督指導実例，法改正提案等につき，アンケート調査を行ったもの。

監督官49，技官15，元監督官12，元技官2の回答があった。

234) その他，使用者による定期健診の不実施（安衛法第66条第1項違反）等を認めつつ，それに基づく基礎疾患（レビー小体型認知症）の増悪の事実も，当該事実に基づく／とは別個の慰謝料等の損害賠償の支払いも命じなかった例として，酔心開発事件・東京地判令4・4・12労判1276号54頁がある。

もっとも，本件では，原告が，長時間労働や，割増賃金不払い等，使用者による複数の不法行為とそれによる基礎疾患の増悪等を主張し，慰謝料請求もそれらを包括的な根拠として行ったが，健診不実施と割増賃金不払い以外は，事実自体が認められなかった経緯がある。

割増賃金不払い分の支払請求は認められている。

235) システムコンサルタント事件・東京高判平11・7・28労判770号58頁も，労働者の健康受診拒否が基礎疾患の増悪に寄与したと解される場合には過失相殺を適用している。

すなわち，この判決は，使用者の健康管理上の1次的な過失責任の認定に際して，労働者の自己責任原則に否定的態度をとりつつも，1審被告会社からの精密検査受診の指示に従わなかったことや，入社当初からの高血圧等の事情を考慮して，5割の過失相殺を認めた。

236) この見解及び感染症法第18条に関する解説は三柴による。

237) 体内に摂取された有害物の量と，排泄された量との関係が明らかな場合に，排泄された物質の量を分析することにより，体内に蓄積された有害物の量を推定する方法により，有害物へのばく露の程度を把握する手法（厚生労働省「職場のあんぜんサイト」〔https://anzeninfo.mhlw.go.jp/yougo/yougo21_1.html，最終閲覧日：2023年2月5日〕）。

238) 厚生労働省安全衛生部のご助力を頂き，筆者が全国の都道府県労働局の健康・安全関係課，監督課，主要労基署の現役行政官，安全衛生行政関係団体等の行政官OBに向けて，安衛法の条文ごとの監督指導実例，法改正提案等につき，アンケート調査を行ったもの。

監督官49，技官15，元監督官12，元技官2の回答があった。

239) 第139回労働法学会大会における堀江正知氏（産業医科大学）による報告内容に基づく。

240) 林眼科病院WEBサイト（https://www.hayashi.or.jp/disease/detail/masterid/69/，最終閲覧日：2022年4月15日）。

241) 玉泉孝次氏によれば，昭和49年頃の新任監督官対象の研修では，こうした趣旨から労働者に健診結果を伝える必要はないと説明されていたという。

242) 加えて，睡眠時間1日6時間が，リスクの高低の分かれ目になっているため，それに概ね相当する月の時間外労働80時間超の場合に面接指導を努力義務とする案も示された。

243) 本判決の事案とは判旨が，概ね三柴が整理した。

244) 本評価は原著者の石崎氏によるが，編者（三柴）は，本件の原審にかかる評釈（三柴丈典「最新判例批評（〔2012年〕64）東芝（うつ病・解雇）事件［東京高裁平成23.2.23判決］」判時2160号〔2012年〕195頁）において，その認定事実から，原審（高裁）が1審（地裁）より，本人の性格傾向を若干否定的に捉えた可能性を指摘している。

245) 和歌山県内の自治体職員として，条例改正業務等に従事して午前1時過ぎまで持ち帰り残業等をして，館内外を合計した時間外労働が200時間／月近くに達し，遺書を書き残し自殺したという。

246) 厚生労働省安全衛生部のご助力を頂き，筆者が全国の都道府県労働局の健康・安全関係課，監督課，主要労基署の現役行政官，安全衛生行政関係団体等の行政官OBに向けて，安衛法の条文ごとの監督指導実例，法改正提案等につき，アンケート調査を行ったもの。

監督官49，技官15，元監督官12，元技官2の回答があった。

247) 三柴は，本制度の形成に深く関わったため，本条（法第66条の10）の解説の整理のうち，1）事業者による方針表明，2）ストレスチェックの実施，3）集団分析，4）高ストレス者の選定と面接指導の申出については，Industrial Health誌に許諾を頂き，三柴が本制度を国際的に紹介するために公表したMishiba, T. 2022. The background and current state of implementing a legal system for stress checks. Industrial Health Vol. 60 No. 2, 183-195. https://doi.org/10.2486/indhealth.2021-0090の邦語訳の改編をもって代える。この場を借りて同誌に謝意を表する。

248) 衛生委員会は，常時使用する労働者が50人以上の事業場で設置が義務づけられ，労働者の健康障害の防止や，それより積極的な健康の保持増進に関する事柄の審議を役割としている（法第18条第1項，安衛則第22条）。構成員は，事業場の事業の統括者のほか，産業医，衛生管理者等である（法第18条第2項～第4項）。

249) ただし，行政が活用をマニュアルで推奨しているBJSQ（職業性ストレス簡易調査票〔The Brief Job Stress Questionnaire〕）の定型的な検査項目以外に事業場独自の検査項目を設定して分析対象とする例は少ないように思われる。

250) 三柴は，SC自体が科学というより統計学の産物なので，ここで科学的裏付けを求めるのは適当でないと考えている。

251) 川上憲人・原谷隆史・小林章雄・石崎昌夫・林剛司・藤田定・相澤好治・宮崎彰吾・廣尚典・荒記俊一「要求度－コントロール―社会的支援モデルによる『仕事ストレス判定図』の開発：職業性ストレスと健康コホート研究ベースラインデータから」産業衛生学雑誌41号特別号（1999年）665頁。

252) 三柴丈典「メンタルヘルス対策従事者向け調査結果の整理・分析―質問票のドラフト作成者の立場から」厚生労働科学研究費補助金（労働安全衛生総合研究事業）「諸外国の産業精神保健法制度の背景・特徴・効果とわが国への適応可能性に関する調査研究」〔研究代表者：三柴丈典〕（2014年）平成23-25年度総合研究報告書655頁を参照されたい。

253) 実施者は，たとえ高ストレスによる健康リスクが窺われる場合にも，本人同意なく，その結果を事業者に提供してはならない。しかし，事業者に注意喚起したり，何らかの配慮を求めることはできる。

254) 「厚生労働省版ストレスチェック実施プログラム」ダウンロードサイト（https://stresscheck.mhlw.go.jp/，最終閲覧日：2020年10月14日）。

255) 厚生労働省「働く人の『こころの耳電話相談』」（https://kokoro.mhlw.go.jp/tel-soudan/，最終閲覧日：2020年10月15日）。閲覧時点では，1日平均35件程度の相談に対応している。

256) 廣尚典「ストレスチェック制度における医師面接のあり方―産業医の役割を中心に」予防精神医学3巻1号（2018年）95-105頁。

257) 医行為に関する行政解釈として，医政発第0726005号平成17

年7月26日付け厚生労働省医政局長通知がある。
258) 三柴（三柴丈典「改正労働安全衛生法におけるストレスチェック制度」労務事情52巻1289号〔2015年〕20-24頁）は、この規制内容につき、不調の事由が業務上外で分かれることを前提に、

　　たとえ業務外の不調であっても、

　　　降格降級には、原則として、本人同意か根拠となる就業規則規定などがなければ違法となるが、雇用契約上果たすべき本来業務を長期間果たせない場合、解雇や強制的な退職措置が講じられ得ること、

　　　降格降給を可能とする就業規則規定の新設や変更には、高度の必要性などの厳しい要件が求められること、

　　　不調者の降給を伴わない降職は、権利濫用とならない限り使用者の裁量で行え、低額な役職手当の不支給は正当化され得ること、

　　　たとえ降格降給等の不利益取扱いが就業規則などに規定されている場合にも、

　　　　（i）労働基準法などが意図する賃金の生活保障的性格、
　　　　（ii）正常な判断能力等を欠く者を保護するための法制度（成年後見制度、保佐制度、補助制度など）や法理論（意思無能力者による取引の取消しなど）、
　　　　（iii）障害者雇用促進法を踏まえた能力相応の待遇、合理的配慮のもとでの雇用継続の可能性、

　　などを踏まえて対応すべきことを説いた。

259) K. Imamura, Y. Asai, K. Watanabe, A. Tsutsumi, A. Shimazu, A. Inoue, H. Hiro, Y. Odagiri, T. Yoshikawa, E. Yoshikawa, N. Kawakami. Effect of the National Stress Check Program on mental health among workers in Japan: A 1-year retrospective cohort study. J Occup Health. 60(4)：298-306, 2018.

260) N. Kawakami, A. Tsutsumi. The Stress Check Program: a new national policy for monitoring and screening psychosocial stress in the workplace in Japan. J Occup Health 2016；58：1-6.

261) その主な目的は、「業務災害又は通勤災害により、せき髄損傷等の傷病にり患した者にあっては、症状固定後においても後遺状に動揺をきたす場合が見られること、後遺障害に付随する疾病を発症させるおそれがあることにかんがみ、必要に応じてアフターケアとして予防その他の保健上の措置を講じ」ることにあり、その対象者は、障害（補償）給付の受給者及び当該給付を受けることが見込まれる者であって、傷病別実施要綱に定める者である（「社会復帰促進等事業としてのアフターケア実施要領」〔平成19年4月23日基発第0423002号、最終改正：令和6年3月25日基発0325第3号〕）。

262) 基礎疾患の病勢が悪化するのみでなく、減圧症が発現し易い等の疾患が該当する。

263) この報告書の比較法制度面での裏付けを提供した調査報告書として、受動喫煙の健康への影響及び防止対策に関する調査研究委員会編『受動喫煙の健康への影響及び防止対策に関する調査研究委員会報告書（平成19年度）』（中央労働災害防止協会・中央快適職場推進センター、2008年）13-106頁、125-243頁（三柴丈典編／井村真己・大友有・表田充生・小谷順子・小早川真理・鄭永薫・沼田雅之・幡野利通・水島郁子分担執筆）がある（平成22年には三柴、幡野両名による英米独の追加調査結果書が作成されている）。

　　この調査研究結果を要約再編した論考として、三柴丈典「職場の受動喫煙対策に関する法的検討―8か国の法制度調査を踏まえて」季労221号（2008年）136-148頁がある。

264) 以下、①②④⑤の概要の殆どは、三柴・同上〔季労221号〕138-141頁から転用した。

265) この限定の根拠として、受動喫煙リスクは、そのばく露量やばく露量を無視して一律に論じられない性質であること、当時の日本では、喫煙に寛容な社会的認識が残っていたこと、ガイドラインでも、即時に全面的な分煙対策の導入を図るべきとはされていなかったこと等が示されている。

266) 本件も三柴独自に整理した。

267) なお、関節機能障害の悪化については、本人を従事させた作業（当初はミシンを使用した短時間の軽作業やキャスター付きの机や椅子の運搬作業等、その後、倉庫内でのカタログ等の台車での収集や箱詰め作業）の性質上、被告に予見可能性はなかったし、原告から、手関節に負担のかかる作業を避けるよう記された医師の診断書を受領して以後は、原告とも相談しつつ、梱包作業のみの指示、清掃業務への配転等の配慮をする等、安全配慮義務を果たしていたとした。

268) 例えば、令和4年10月17日第1回「産業保健のあり方検討会」における鈴木重也構成員（日本経団連）の発言。

269) 令和4年11月14日第2回「産業保健のあり方検討会」資料1（「今後の産業保健のあり方に関する論点」）1-2頁や治療と就労の両立支援政策に顕著。三柴丈典「個人と組織の健康測定・情報管理と法」日本労働研究雑誌66巻1号（2024年）5-6頁も参照されたい。

270) 昭和57（1982）年2月9日、精神的変調をきたした機長の異常行動により、日本航空の飛行機が逆噴射して航空機が羽田空港沖で墜落し、乗客24人が死亡、149人が負傷した。心身症が疑われたが、事故調査報告書では、精神分裂病（現在の統合失調症）であり、投薬治療を受けていたことが示唆された。

271) 平成23年12月に「心理的負荷による精神障害の認定基準」（平成23年12月26日基発1226第1号）に改められて指針は廃止され、最終改正は、令和5年9月1日基発0901第2号により行われている。

272) 「健康経営®」は、NPO法人健康経営研究会の登録商標である（https://kenkokeiei.co.jp/kenkokeiei_executiveoffice_info/）。

　　健康経営については、日本労働研究雑誌66巻1号（2024年）が、多角的な検証を加えている。

　　ここで、三柴丈典「個人と組織の健康測定・情報管理と法」は、健康経営について、従業員の健康管理を通じて労働生産性の向上を図るよう、経営層に訴求するための概念であって、特に労働生産性に影響する精神・脳心臓疾患（のリスク）、心身の不調の測定に関心を持つことを述べる。国の産業保健に関するEBPM構想とも相まって、先ずは事業者による健康情報の取扱いの要求が高まっていることを指摘する。

　　そのうえで、事業者がいかなる点に留意して健康情報を取り扱うべきかを整理している。

　　すなわち、①偏見を受けやすい情報か、②職場で管理できる事柄か、③労働能力や職場秩序に影響する事柄か、の3点を基本的な基準として、一定の体制整備と手順を踏んだうえ、職場での情報の取扱いの是非を判断すべき旨を述べている。

273) 警察庁作成資料（https://www.npa.go.jp/safetylife/seianki/jisatsu/H24/H24_jisatunojoukyou_04.pdf、最終閲覧日：2024年1月9日）。

274) 厚生労働省作成資料（https://www.mhlw.go.jp/content/11200000/001001667.pdf、最終閲覧日：2024年1月9日）。

275) 平成23年12月に「心理的負荷による精神障害の認定基準」（平成23年12月26日基発1226第1号）に改められて指針は廃止され、最終改正は、令和5年9月1日基発0901第2号により行われている。

276) 東芝（うつ病・解雇）事件・最2小判平26・3・24労判1094号22頁は、メンタルヘルス情報に対する社会的偏見、申告による不利益のリスク等を理由に、労働者からの申告がなかったことを過失相殺の根拠とできない旨述べている。

277) 本件の整理は、三柴丈典「講座：産業保健と法10　ハラスメ

ントの失敗学—判例を主な素材として(2)」産業医学ジャーナル 41巻3号（2018年）28頁以下による。
278) 同上。
279) 本件の整理は、三柴丈典「講座：産業保健と法11 ハラスメントの失敗学—判例を主な素材として(3)」産業医学ジャーナル 41巻4号（2018年）46-48頁による。
280) 詳細は法第68条2の解説に委ねるが、健康増進法が施設管理権者に義務的に求めた事項は、灰皿等の喫煙器具の撤去や、喫煙目的室や喫煙専用室を設けた場合の標識、20歳未満の者の立入禁止措置等であり、それも、違反者には都道府県知事による指導ないし勧告や企業名公表がなされ、それでも従わない場合、知事から命令され、それでも従わなければ、50万円以下の過料が科され得ることとなっている（同法第29条～第36条、第76条の相当法条）。施設の種別に応じた規制は、主に喫煙者に課せられている（同法第29条）。
281) 具体的には、快適職場指針の要旨、中央労働災害防止協会と労働基準協会等への委託事業（普及啓発、推進計画審査、相談等）、推進計画の認定関係、日本開発銀行等による低利融資、職場改善用機器への助成等が定められた。別添が設けられ、推進計画の認定要綱などが定められた。
282) 上記の通り、健康増進法が施設管理権者に義務的に求めた事項は、灰皿等の喫煙器具の撤去や、喫煙目的室や喫煙専用室を設けた場合の標識、20歳未満の者の立入禁止措置等であり、それも、違反者には都道府県知事による指導ないし勧告や企業名公表がなされ、それでも従わない場合、知事から命令され、それでも従わなければ、50万円以下の過料が科され得ることとなっている（同法第29条～第36条、第76条の相当法条）。施設の種別に応じた規制は、主に喫煙者に課せられている（同法第29条）。
283) 平成27年4月15日心理的な負担の程度を把握するための検査等指針公示第1号。最終改正：平成30年8月22日心理的な負担の程度を把握するための検査等指針公示第3号。
284) 確かに、近年の各種社会調査の結果は、若年層が残業が少ない（プライベート時間を多く確保できる）こと、給与を含む労働条件を重視する傾向を示しているが（例えば、姜英淑「若者が考える働きやすい・働きがいのある職場」東洋大学社会学部紀要53巻2号〔2016年〕17-31頁）、仕事のやりがいを求める割合は高く、仕事にやりがいを感じさせる人（経営者、上司、顧客等）やきっかけが存在する場合にも同じ回答になるか、疑問である（三柴による）。
285) 前掲注272) 参照。
286) 中央労働災害防止協会WEBサイト（https://www.jisha.or.jp/health/kaiteki/soft/index.html、最終閲覧日：2024年1月20日）。
287) 受動喫煙に関する裁判例の解説として下記の文献を参照されたい。
三柴丈典「改正労働安全衛生法解説：メンタルヘルス対策の充実・強化、受動喫煙防止対策の推進等職場環境の改善へ」労働法学研究会誌66巻5号（2015年）4-23頁、三柴・前掲注263)［季労221号］。
前者は、2010年頃までの受動喫煙に関する国内の法令と判例水準、後者は、諸外国の法令と国内の判例の水準を示したものであり、いずれも、三柴が主導し、平成26（2014）年の法改正や指針整備の参考資料とされた研究成果（受動喫煙の健康への影響及び防止対策に関する調査研究委員会編・前掲注263)）をまとめたものである。
288) この団体は、自ら登録教習機関として技能講習等を行う限り、民業としての登録教習機関と同じだが、それらの機関に対する支援を行う点等で、公益性を帯びている。
三柴は、日本では、こうした形で安全衛生技術の普及や開発を行政がリードないし関与することには必然性があると考えている。
289) 業務必置資格は、ある事業者が所定の事業を行う際に、所定人数それを保有する者の配置を求められるもので、その業務を行う者全てがその資格を保有している必要はない。
業務独占資格は、当該業務を行う者全てに保有が求められる資格であり、代表例は医療行為を行う際に求められる医師の国家資格である。
290) ここでの「技術」とは、安全衛生技術より事業運営技術ないし試験技術を意味するものと思われる（三柴）。
291) 処分理由の対象となる本法関係規定は、試験機関の運営の安定や公正に関わるものだけでなく、安衛法全体と解される。しかし、膨大な安衛関係法規の全ての遵守は容易でない。よって、第1項は、違反により刑罰を受けた場合に適用を限定し、第2項は、違反により役員らが解任命令を受けても従わなかった場合等に適用を限定しているものと解される。
292) 条文上の名宛人は事業者だが、本来は「企業者」や「事業主」などと呼び分けるべきだろう（三柴による）。
293) 同議員が厚生労働省に照会して得た情報と思われる（三柴）。
294) 労働基準局「安全管理特別指導の実態」労働時報5巻3号（1952年）35頁。
295) 山田耕作「安全管理特別指導の成果」労災2巻6号（1951年）43頁等。
296) 特別安全衛生改善計画制度や安全衛生改善計画制度の適用を受けていなくても、直近の一定の労災経験等から特に重点的な安全管理が必要とされた中小規模事業場等に、安全衛生診断員を派遣して指導を行わせる事業であり、一般社団法人日本労働安全衛生コンサルタント会が厚生労働省から受託してきた。
詳細は、平成9年7月2日基発第497号のほか、基労安化0822001号（http://www.joshrc.org/files/20050822-001.pdf、最終閲覧日：2024年1月25日）を参照されたい。
297) 安衛法第105条と同様に、正当事由がある場合の適用除外が定められていないが、刑法第35条が正当行為の免罰を定めていることからも、法令に基づく場合、クライアントの利益になる場合など正当事由がある場合のほか、刑事の一般原則による免責、免罰は生じる。
なお、本人同意がある場合も、一般的に正当事由に含められようが（大阪高判平26・8・28判時2243号35頁）、そもそも「秘密」の「漏洩」には当たらないと解されるので、法第86条第2項の構成要件に該当しないというべきであろう（以上は三柴による）。
298) 法第86条第1項と関係の深い倫理綱領や行動規範の違反は、大臣による裁量的な登録取消し「の可能性」を導く（法第85条第2項）に過ぎないが、第2項違反により刑事罰を受けた場合、必要的取消しを導く（法第85条第1項）。
299) 特定元方事業者が労働契約等に伴う指揮命令権を持たないことを前提にした概念で、法第32条による被統括管理者側の対応義務をセットで機能させることを予定している。
300) 労働調査会編著『建設業編 安衛法違反による送検事例集 第1集』（労働調査会、2001年）100-101頁。
301) 労働調査会出版局編『労働安全衛生法の詳解—労働安全衛生法の逐条解説〔改訂5版〕』（労働調査会、2020年）971頁。
302) 同上987頁。
303) 厚生労働省WEBサイト（https://www.mhlw.go.jp/content/12601000/000343314.pdf、最終閲覧日：2022年10月8日）。
304) 尾添博『楽に読める安衛法—概要と解説〔改訂第2版〕』（労働新聞社、2019年）342頁。
305) 労働者の申告には基づかないが、行政が違反状況を認識している場合の対応については、後掲の大東マンガン事件（植田満俺精錬所・守口労基署長事件）・大阪高判昭60・12・23判時1178号27頁が、例外的に作為義務が生じる場合の判断基準を示している。

306) 三柴丈典「安衛法の来し方行く末」日本労働法学会誌136号（2023年）7-22頁等。
307) 労働基準調査会編著『送検事例と労働災害 平成元年版』（労働基準調査会，1990年）48-49頁。
308) なお，三柴・前掲注45) 総括研究報告書3頁は，安衛法の解釈運用上，罪刑法定主義を強調し過ぎると，法規則の隙間で生じる労災を防げないことを懸念し，法の委任を受けた政省令の定め方に一定の抽象性を持たせ，事業者側に安全性の証明責任を課したうえ，専門官に法遵守の判定を行わせるなどの手続きを定めることで，要件を個別的に特定していく手法を提言している。
309) 厚生労働省WEBサイト（https://www.mhlw.go.jp/stf/seisakunitsuite/bunya/hokabunya/jyouhouseisaku/index_00001.html，最終閲覧日：2022年10月8日）。
310) （再掲）安衛法上「告示」は，法令の一環であって，通例，法的拘束力を持つと解される（行政手続法第2条第1号を参照されたい）。本来，公示も告示も公的機関などが一定事項を広く一般公衆に周知することであって，法的拘束力を持つとは限らないが（林・前掲注1）36頁），少なくとも告示の場合，根拠法律の性格，当該告示の法令上の位置づけ等により，法規命令的な性格を持つことがあり，安衛法は行政法的性格が強いことや，概ね同法において強制規範（基準）を具体化する役割を与えられているため，法規命令的規範と考えられる。
311) 繰り返しになるが，本災害のジャーナリズムからの記録として，久谷・前掲注6）63-75頁がある。
　本災害の原因は，地下鉄工事の過程での掘削作業中に生じたガス導管の継ぎ手のすっぽ抜けからのガスの大量漏洩であった。約10分後に道路を覆っていた1枚350kgもあるコンクリート覆工板1500枚が一気に吹き飛ぶほどの大爆発が起き，大阪市交通局や大阪ガス，工事請負業者の工事関係者計11名が業務上過失致死傷容疑で起訴され，8名が有罪となった。
312) 繰り返しになるが，検査と検定には，厳密な用語定義がなく，両者の区分も判然としない。現行安衛法の立法に携わられた畠中信夫氏は以下のように述べている。
　「検査も検定も，公権力が関与し，対象機械等の規格適合性を測る点は共通しており，両者の違いは，歴史的な沿革による。
　すなわち，検査については，旧労基法本体で，特に危険な作業を伴う機械につき認可制度を採用し（第46条），それをフォローするものとして，性能検査を定めていた（第47条）。これが現行法にも引き継がれている。
　他方，検定については，旧労基法本体に定めはなかったが，使用者を名宛人とする同法第45条に紐付く旧安衛則に定めが置かれた。しかし，使用者を名宛人とする規定で，製造者等を規律する必要があって，法的拘束力に疑問があったところ，現行安衛法に明記されたことで，製造流通規制としての法的拘束力が明確となった。
　その他，
　検査対象は高い災害リスクを伴う機械等であり，検定対象はそれに次ぐリスクを伴う機械等であることから，前者の方が多数回の規格適合確認を要するのに対して，後者は1回で済む。
　検査対象機械等の場合，型式ごとに事前の製造許可を要する等の違いも指摘されている（浅田和哉氏，森山誠也氏，松田裕氏）。
313) 製造検査・使用検査・溶接検査・構造検査などの初期的な検査（法第38条，ボイラー及び圧力容器安全規則等の相当法条）。
　各検査の概要は以下の通り。
　製造検査：製造されたものについて都道府県労働局長が行う検査。移動式クレーンの場合，製造された機械それぞれについて，①移動式クレーンの各部分の構造及び機能についての点検，②荷重試験，③安定試験を行う。

　使用検査：構造基準は充たしているが，現に使用に耐え得るか否かの検査。
　溶接検査：溶接によって製造されるものについて，それが万全になされたかを登録製造時等検査機関又は都道府県労働局長が行う検査であって，高い専門性を要する。
　構造検査：ボイラーや第1種圧力容器等を対象に，その製造後，許可を受けた図面通りに製造されたか否かについて，登録製造時等検査機関が行う検査。
314) 検査証の有効期間の更新を受けようとするときに厚生労働大臣の登録を受けた登録性能検査機関が行う検査。他の検査は基本的に法第38条に基づくのに対し，本検査は法第41条第2項に基づく。
315) 法第45条は，第1項で，事業者に，ボイラー等（施行令により車両系建設機械・フォークリフト及び高所作業車などが該当）の機械等につき定期自主検査を行うよう義務づけているが，そのうち，検査に一定の専門性が必要なため，検査業者や有資格者による検査を求めた建設機械（油圧ショベルなど）や荷役運搬機械（フォークリフトなど）等を対象とした検査。
316) 第104条当時は，法定健診と長時間労働面接指導の実施事務従事者のみが対象とされていた。
317) 法文上の「心身の状態の情報」は，後掲の「手引き」では，「健康情報等」とも呼ばれている。よって，ここでは主に「健康情報等」と呼ぶ。
　「健康情報」とは，労働者の心身の状態の情報のうち，要配慮個人情報に該当するものを指す。「健康情報等」の呼称は，「心身の状態の情報」では長すぎるため，関係検討会の委員であった三柴から厚生労働省に提案したものだが，三柴自身は，より前段階で提案していれば，法第104条以下の文言も健康情報等として頂けたのにと後悔している。
318) 検診は特定の疾患を疑って，ある程度項目を絞って行う診査であり，健診はより一般的に健康状態を検査するものであり，前者の方が医療的性格が強い（三柴による）。
319) なお，関係検討会の委員でもあった三柴は，行政による情報取扱4原則として，(i)本人同意の取得，(ii)産業医等産業保健の専門家による生情報の管理，(iii)それ以外の者へ提供する情報の加工，(iv)衛生委員会等での審議を踏まえた規定の整備を求めてきたとし，これらはあくまで原則なので，例えば(i)が満たされなくとも，その努力をしたうえ，他の原則を満たせば足りることもあり得るとする。
　そして，本指針と手引きに示された分類は，個情法の改正を踏まえ，安衛法令に基づき，4原則を展開したものとしている（岡村久道編『対談で読み解くサイバーセキュリティと法律』〔商事法務，2019年〕296頁）。
　また，最近公表された別稿において，近年における事業者らによる健康情報等の取扱いの必要性の高まりに応じて，
　①偏見を生じ易いか（情報共有相手の理解の程度にも左右される），
　②情報を得たことで就業上の配慮ができるか，
　③職場秩序（自他の労働生産性）に影響するか，
　の3視点から，
　①：×，②③：○の情報なら，行政による情報取扱4原則に基づく手順を緩やかに踏み，
　①：○，②③：×の情報なら，保護の必要性が高いので，その手続きを厳格に踏むべきと提言している（三柴丈典「個人と組織の健康測定・情報管理と法」日本労働研究雑誌762号〔2024年〕4-14頁）。
320) 本指針も手引きも，これに事業者の努力義務を含めている。三柴は民事上の安全配慮義務（労働契約法第5条）も，事情によって含まれると考えている（三柴・前掲注14）169-170頁）。
　行政指針が健康情報等の取扱いに際して，その履行の必要性を示してきたこと（古くは，労働省「労働者の個人情報保護に

321) 例えば，メンタルヘルス指針 7 は，「メンタルヘルス不調の労働者への対応に当たっては，労働者の上司や同僚の理解と協力のため，当該情報を適切に活用することが必要となる場合もある」としている。
322) 情報加工は相手方の信頼性，情報の必要性によって度合いを調整すべきであろう。
323) その他，
　療養と公務補償が継続されており，公社側も就業可能性，就業上の配慮の必要性，補償継続の可能性等の検討材料を得る必要があったこと，
　法定外検診の必要性について労働組合の理解があって，労働協約にも受診命令の根拠規定があり，同組合の幹部も 1 審原告に受診を説得した経緯があったこと，
　本人が然るべき高度医療機関の診断書を提出した形跡がないこと
　等の事情があった。
324) 三柴・前掲注14) 158頁以下のほか，後掲の空港グランドサービス (AGS)・日航事件・東京地判平 3・3・22労判586号19頁等。
325) 三柴・前掲注14) 245-280頁は，事業者から本人の受診先，家族等の第三者への健康情報等の提供に際しては，健康管理目的である限り，就業規則での根拠規定の定め（と，目的の妥当性が疑われる場合には産業医等の判断の介在）に基づき，誠実に本人同意の取得に努めれば，個別同意が得られなくても正当化され得ることを論証している。
326) 電話営業を行う業者への名簿の提供や，採用時に取得した個人情報の差別的な利用等が該当する。
327) 本件の詳細は，以下を参照されたい。
　三柴丈典「うつ病患者の職場復帰後の自殺と安全配慮義務」(富士電機E&C事件) 民商法雑誌136巻 1 号 (2007年) 111-131頁。
328) 三柴・前掲注14) 58-59頁を改編した。
329) 検診は特定の疾患を疑って，ある程度項目を絞って行う診査であり，健診はより一般的に健康状態を検査するものであり，前者の方が医療的性格が強い（三柴による）。
330) 三柴・前掲注14) 56頁を改編した。
331) 同上57-58頁を改編した。
332) 三柴丈典「産業医に関する裁判例と産業精神保健」日本産業精神保健学会編『ここが知りたい職場のメンタルヘルスケア—精神医学の知識＆精神医療との連携法』(南山堂，2011年) 24頁を改編した。
333) 判旨は三柴・前掲注14) 81-88頁を改編した。
334) JAL労組事件東京地判に関するここからの記述は，同上87-89頁に拠った。
335) 個情法ガイドライン 2-12, 3-4-1 も，個情法が定める本人の同意を個別具体的なものに限定してはいない。もっとも，「事業の性質及び個人情報の取扱状況に応じ，本人が同意に係る判断を行うために必要と考えられる合理的かつ適切な方法によらなければならない」とされているので，やはり方法選択の正当性（合理性と妥当性）は問われることになろう。
336) 事実の概要と原審判旨は，三柴・前掲注14) 242-243頁を改編した。
337) 宴のあと事件 1 審・東京地判昭39・9・28下級民集15巻 9 号2317頁，京都市前科照会事件・最 3 小判昭56・4・14民集35巻 3 号620頁，ノンフィクション「逆転」事件 1 審・東京地判昭62・11・20判時1258号22頁，長良川リンチ殺人事件報道事件・最 2 小判平15・3・14判タ1126号97頁等。その他，三柴・前掲注14) 74-89頁を参照されたい。
338) 三柴丈典「個人と組織の健康測定・情報管理と法」日本労働研究雑誌66巻 1 号 (2024年) 8-10頁。
339) 三柴丈典「使用者の健康・安全配慮義務」日本労働法学会編『講座労働法の再生　第 3 巻　労働条件論の課題』(日本評論社，2017年) 293頁。
340) 労働調査会出版局編・前掲注301) 1024頁。
341) 団藤重光編『注釈刑法(3)　各則(1)』(有斐閣，1965年) 254頁〔所執筆部分〕。
342) 大塚仁・河上和雄・佐藤文哉・古田佑紀編『大コンメンタール刑法　第 7 巻〔第 2 版〕』(青林書院，2000年) 363頁〔米澤敏雄執筆部分〕。
343) 法第99条の 2 (講習受講の指示) において，都道府県労働局長が事業者に「受講させるよう指示」する対象として定めた「労働災害防止業務従事者」や，法第19条の 2 が定める能力向上研修の対象とほぼ同旨と思われるため，ここでもその略称（労災防止業務従事者）を用いる。本条（第107条〔労災防止業務従事者及び労働者への支援〕）も同様の対象を設定しているので，その略称を用いるが，法第19条の 2 と法第99条の 2 の対象は事業場内部の者を想定していると解されるのに対し，外部コンサルタントも対象に含み得る点で異なる。
344) 安全衛生行政に関する好例として，大東マンガン事件（植田満俺精錬所・守口労基署長事件）・大阪高判昭60・12・23判時1178号27頁，池袋労基署長事件・東京高判昭53・7・18判時900号68頁。行政裁量に関する近年の研究書として，榊原秀訓『行政裁量と行政的正義』(日本評論社，2023年) 等がある。
345) 厚生労働省WEBサイト (https://www.mhlw.go.jp/stf/newpage_03667.html，最終閲覧日：2024年 2 月29日)。
346) 堀口良一『安全第一の誕生—安全運動の社会史〔増補改訂版〕』(不二出版，2015年)。
347) 第91回国会衆議院社会労働委員会第14号昭和55年 4 月22日，日本社会党安田修三衆議院議員に対する津澤健一労働省労働基準局安全衛生部長の答弁（国会会議録検索システム〔https://kokkai.ndl.go.jp/txt/109104410X01419800422/42〕）。
348) 中小企業金融公庫編『中小企業金融公庫三十年史』(中小企業金融公庫，1984年)。
349) 予防的な失業防止策であり，事業主に対する助成金，中高年齢者等再就職の緊要度が高い求職者に対する再就職支援，若者や子育て女性に対する就労支援等を内容としてきた。
350) 藤本武「労災補償法と労働安全」季刊社会保障研究 5 巻 3 号 (1969年) 12頁。
351) 行政の編著（労働省労働基準局安全衛生部編『実務に役立つ労働安全衛生法』〔中央労働災害防止協会，1993年〕）では，こうした行事の開催のほか，関係法令に関する講習会の開催等が本条に基づく援助と解説されている。
352) 都市型産業災害は，都市型災害（urban disasters）と産業災害（industrial disasters）の両方の特色を持つ。
353) 必要に応じ，監督署管轄等の単位で開催されることもあるという。
354) 寺西輝泰『労働安全衛生法違反の刑事責任（総論）—労働災害の防止をめざして〔改訂版〕』(日労研，2004年) 216-221頁：第 2 編第 1 章第 2 節の第 1。

II

安衛法制定を後押しした災害と制定経緯

吉川直孝 　（独）労働者健康安全機構労働安全衛生総合研究所・上席研究員
分担研究者　大幢勝利　（独）労働者健康安全機構労働安全衛生総合研究所・所長代理
分担研究者　平岡伸隆　（独）労働者健康安全機構労働安全衛生総合研究所・主任研究員
分担研究者　梅崎重夫　（独）労働者健康安全機構労働安全衛生総合研究所・元所長
分担研究者　豊澤康男　（独）労働者健康安全機構労働安全衛生総合研究所・フェロー研究員

本稿では，条文解説のプロローグとして，現行安衛法の制定の経緯とそれを後押しした事情を知るため，概括的ながら[1]，同法に関わる工場法の条文，当時の労働基準法（以下「労基法」という）の条文，安衛法制定前の重大災害，労働基準法研究会の報告書で示された安衛法の骨子を整理する。その際，安衛法と背景災害はどのような関係に立つのか（1件の重大災害は法令の策定にどのようなインパクトを与えるか），との課題認識を維持する。

1911（明治44）年3月28日に工場法（明治44年3月29日法律第46号）が制定され[2]，1916（大正5）年9月1日に施行された。以下に，主な条文のタイトルを列挙する[3]。
・適用範囲（第1条）
・12歳未満の者の使用禁止（最低年齢制限）（第2条）
・保護職工（15歳未満の者及び女子）に対する就業時間制限（休憩時間を含み1日12時間），深夜業（午後10時から午前4時）の禁止，休憩時間（1日の就業時間が6時間を超える労働につき30分，10時間を超えるときは1時間）及び月2回の休日の付与（第3条～第8条）
・保護職工の危険有害業務への就業制限（第9条～第11条）
・傷病者及び妊婦への就業制限（第12条）
・男子を含む職工一般に対する危害の予防（第13条）
・臨検（第14条）
・職工一般に対する災害扶助（第15条）
・徒弟に関する事項（第16条）
・職工一般に対する雇入，解雇，周旋の取締り（第17条）
・工場管理者の選任（第18条）
・工場管理者の権限（第19条）
・罰則（第20条，第21条）
・罰則の範囲（第22条）
・罰則対象者による行政訴訟の許可（第23条）
・原動力を用いる工場への本法の適用（第24条）
・官立及び公立工場への本法の適用（第25条）

ここで，後の安衛法に繋がる条文としては，主に第9条～第11条の保護職工の危険有害業務への就業制限，第12条の傷病者及び妊婦への就業制限，第13条の男子を含む職工一般に対する危害の予防，第14条の臨検等が挙げられる。

工場法が施行されて以降，様々な省令が制定されている。畠中信夫氏の著作[4]から引用すれば以下の通り。

特定の危険・有害物に対する規制として，1919（大正8）年のILO（国際労働機関）第1回総会で採択されたILO第6号勧告（燐寸製造に於ける黄燐使用の禁止に関する1906年のベルヌ国際条約の適用に関する勧告）を受けて，1921（大正10）年に「黄燐燐寸製造禁止法」（大正10年4月11日法律第61号）が，前記条約の批准公布に先立ち制定された。また，工場法第13条に基づいて，1927（昭和2）年に「工場附属寄宿舎規則」（昭和2年4月6日内務省令第26号）が制定され，続いて1929（昭和4）年に「工場危害予防及衛生規則」（昭和4年6月20日内務省令第24号）が制定公布されている。その後，建設業，土石採取業，貨物運送業等屋外産業における労働者災害補償を目的として，1931（昭和6）年に，労働者災害扶助法及び労働者災害扶助責任保険法が制定された。そして，その運営上の必要もあって，労働者災害扶助法第5条の規定に基づき，1934（昭和9）年には「土石採取場安全及衛生規則」（昭和9年5月3日内務省令第11号）が制定されている。1935（昭和10）年4月9日には，全文53カ条から成る「汽罐取締令」（昭和10年4月9日内務省令第20号）が公布され，同年5月1日から施行された。さらに，1937（昭和12）年には「土木建築工事場安全及衛生規則」（昭和12年9月30日内務省令第41号），1941（昭和16）年には「土木建築工事場附属寄宿舎規則」（昭和16年12月1日厚生省令第53号）が制定され，製造業以外の他の業種に対する安全衛生関係法令の拡大がなされていった。

このような経過で整備された工場法及び同法に基づく省令等を参考として1947（昭和22）年4月7日に労働基準法（昭和22年4月7日法律第49号）が制定され[5]，同年9月1日に同法の大部分が施行された。残余の部分は同年11月1日に施行された。以下に，労基法の章立てを列挙する。
・第1章（総則）
・第2章（労働契約）
・第3章（賃金）
・第4章（労働時間，休憩，休日及び年次有給休暇）
・第5章（安全及び衛生）　第42条から第55条
・第6章（女子及び年少者）
・第7章（技能者の養成）
・第8章（災害補償）
・第9章（就業規則）
・第10章（寄宿舎）　第96条
・第11章（監督機関）
・第12章（雑則）
・第13章（罰則）

ここで，前述の工場法の第9条から第14条や，それに関連して整備された法令，また後の安衛法に繋がる条文としては，主に第42条から第55条の第5章（安全及び衛生）が挙げられる。そのうち，例えば，労基法第48条（有害物の製造禁止）では，黄りんマッチに関する製造，販売，輸入，所持を禁止しており，同条文は前述した「黄燐燐寸製造禁止法」（大正10年4月11日法

律第61号）を受けたものである．また，事業附属寄宿舎の設備及び安全衛生に関しても，労基法の「第10章寄宿舎」の章に第96条として1カ条が設けられた．

さらに，労基法に定めるこれらの安全衛生関係規定を具体化するものとして，439カ条に上る労働安全衛生規則（昭和22年10月31日労働省令第9号）（以下「安衛則」という）と事業附属寄宿舎規程（昭和22年10月31日労働省令第7号）が制定され1947（昭和22）年11月1日に施行された．

これらは，工場法及び同法に基づく命令や各府県の取締規則をはじめとする戦前の安全衛生関係法令を基礎にし，さらにそれまでの工場監督行政の体験から得た事項やILO条約などを参考として制定されたものであり，その内容は，概ね当時の国際水準に達していたと言われている[6]．このような，労働基準法の第5章（安全及び衛生）及び労働安全衛生規則によって構成される労働安全衛生法令は，統一性と普遍性など労働基準法全体に通ずる特徴を当然のことながら備えていたという点において，対象となる業種・規模が限定されていた戦前の安全衛生関係法令の単なる統合ではなかった．例えば，従来全く労働安全衛生法令が及ばなかった病院や商店，事務所などで働く労働者にも，休養室，健康診断，安全衛生教育などの規定が適用されるなど，全ての労働者に安全衛生法令による保護が及んでいくこととなったものであり，当時としては，現行の安衛法の制定・施行にも匹敵する労働安全衛生に関する大立法であったと言うことができよう[7]．

労基法制定以降も，"安全衛生規則は成長する規則（growing regulations）である"という言葉[8]にあるように，技術の進歩，頻発する災害・疾病等に対応するため，その制定直後から規則の改正，新規則の分離独立，新規の規制等がなされている．以下に新たに制定された規則，法律等を年代順に列挙する．下線は法律を示す．

・<u>けい肺及び外傷性せき髄障害に関する特別保護法</u>（後に「じん肺法」が制定）：1955（昭和30）年
・ボイラ及び圧力容器安全規則（後に「ボイラー及び圧力容器安全規則」と改称）：1959（昭和34）年
・電離放射線障害防止規則：1959（昭和34）年
・四エチル鉛等危害防止規則（後に「四アルキル鉛中毒予防規則」と改称）：1960（昭和35）年
・有機溶剤中毒予防規則：1960（昭和35）年
・高気圧障害防止規則（後に「高気圧作業安全衛生規則」と改称）：1961（昭和36）年
・クレーン等安全規則：1962（昭和37）年

戦後の高度経済成長に伴い，多くの新しい技術が進出してきたこと，それらの技術に対応できうる技術者の不足，産業活動の重層化（例えば，建設業における元請，1次下請，2次下請というような請負形態の重層化）に伴い，1960年代頃から，一度に多くの労働者，民間人が死亡する災害が多発した．安衛法制定の先導的な役割を果たした当時の労働省安全衛生部長である北川俊夫氏によると，1963（昭和38）年11月9日の同日に発生した2つの災害が，安衛法制定の動機に決定的な役割を果たしたとのことである．それらの災害は，次の災害である．

○国鉄東海道線の鶴見駅における死者161人を出した列車の二重衝突事故
○福岡県の三井三池炭鉱における死者458人に上る炭じん爆発事故
　一酸化炭素中毒の後遺症者1000人近く

このため，これらの災害，またその他の災害・疾病の発生状況等から，さらに新たな法律，規則等が制定された．

・<u>労働災害防止団体等に関する法律</u>[9]：1964（昭和39）年
・鉛中毒予防規則：1967（昭和42）年
・<u>公害対策基本法</u>：1967（昭和42）年
・<u>炭鉱災害による一酸化炭素中毒症に関する特別措置法</u>：1967（昭和42）年
・ゴンドラ安全規則：1969（昭和44）年

また，新技術に伴う重大な災害として，労働基準法研究会の報告書で言及された災害を挙げると，1969（昭和44）年4月1日に発生した<u>東京都墨田区の荒川放水路の新四ツ木橋架設工事，リングビーム工法における倒壊事故（死者8人）</u>がある．

以降も以下の規則が制定されている．
・特定化学物質等障害予防規則（後に「特定化学物質障害予防規則」と改称）：1971（昭和46）年
・事務所衛生基準規則：1971（昭和46）年
・酸素欠乏症防止規則（後に「酸素欠乏症等防止規則」と改称）：1971（昭和46）年

1963（昭和38）年11月9日の同日に発生した2つの災害を受け，また社会的な機運の高まりもあり，1969（昭和44）年9月30日に労働基準法研究会（石井照久会長）が発足した．ここで，同研究会の成した功績に敬意を表し，そのメンバーの名前を挙げる．
◎石井照久　成蹊大学学長
・堀秀夫　雇用促進事業団理事長
・千種達夫　成蹊大学教授

- 勝木新次　明治生命厚生事業団体力医学研究所長
- 金子美雄　日本賃金研究センター長
- 武山泰雄　日本経済新聞主幹論説委員長
- 田辺繁子　専修大学教授
- 塚本重頼　中央大学教授
- 辻村江太郎　慶応大学教授
- 内田俊一　相模中央化学研究所理事長
- 氏原正治郎　東京大学教授
- 大来佐武郎　日本経済研究センター理事長
- 奥村敏恵　東京大学教授
- 山内一夫　学習院大学教授
- 神山欣治　弁護士
- 近藤文二　大阪市立大学名誉教授
- 有泉亨　上智大学教授
- 吾妻光俊　専修大学教授
- 北川徹三　横浜国立大学教授
- 所沢道夫　弁護士

同研究会が活動している間にも新たな技術に係る災害が発生しており，1969（昭和44）年11月20日にはエチレンの直接酸化法における爆発火災（徳山石油化学（株）爆発災害），1970（昭和45）年4月には大阪市の地下鉄建設工事現場におけるガス爆発災害[10][11]が発生した。

これらの災害を受けてかどうかはわからないが，1970（昭和45）年7月3日に労働基準法研究会の中に安全衛生小委員会が発足し，のちに，第3小委員会と名称を改めた。そのメンバーは以下の通りである。

○石井照久　成蹊大学学長
- 堀秀夫　雇用促進事業団理事長
- 勝木新次　明治生命厚生事業団体力医学研究所長
- 内田俊一　相模中央化学研究所理事長
- 奥村敏恵　東京大学教授
- 北川徹三　横浜国立大学教授

第3小委員会の活動中にも1970（昭和45）年10月に長崎市の造船所におけるタービンローター破裂災害が発生している。

第3小委員会発足後1年で遂に1971（昭和46）年7月13日に労働基準法研究会の報告書が労働省に提出された[12]。

同報告書は現代においても通ずる事項が各所にあり，当時としては画期的な報告書であったのではないかと推察する。

まず，「1．まえがき」では，労基法及び第3小委員会発足と活動の経緯を簡潔に示している。

次に，当時の災害の傾向を捉えるため，「2．労働災害の現状」として，災害事例を詳細に分析し，統計をとっており，その構成と内容をまとめると資料1の通りである。「2．(1)労働災害の概況」において，当時は休業8日以上の死傷災害の統計をとっており，昭和36年には戦後最高の約48万人となり，その後は減少に転じたが，昭和45年にはなお約36万人を数えており，その減少傾向の鈍化に着目している（2018年現在を見てみると，休業4日以上の死傷者数は12万7329人である）。このうち，死亡者数で見ると，当時の死亡者数は，昭和23年に2896人であったものが，昭和36年には6712人にも達し，この間約4000人も増加している（2018年現在の全産業の死亡者数を見ると年間909人である）。さらに，業務上疾病に関する記述もあり，昭和42年以降かなりの増加を示しており，昭和45年には3万796件に達している（2018年現在の休業4日以上の業務上疾病者数は，8684人である）。特に，腰痛，火傷熱傷，工業中毒等を挙げている。

全体的な問題点としては，技術革新にともなう生産設備の大型化，高速化，エネルギーの増大，職業病，公害，公衆災害等を挙げている。

「2．(2)産業別労働災害の状況」を概観すると，製造業と建設業の死傷災害が最も多いとある。その内訳は，昭和45年において，建設業2430人で全産業の4割，製造業1400人，運輸交通業541人，鉱業474人，林業248人等である。

製造業では特に金属工業（鉄鋼業，非鉄金属製造業，金属製品製造業），機械器具工業（一般機械器具製造業，電気機械器具製造業，輸送用機械器具製造業），木材木製品工業（木材木製品製造業，家具装備品製造業）の順に災害が多いとある。

一方，建設業では，木造家屋建築工事業，鉄骨鉄筋コンクリート造家屋建築工事業で災害が最も多く，建設業全体の4割を占めるとある。また度数率（＝死傷者数／延べ労働時間数×10万）で見ると，鉄道軌道新設事業，ほ装事業，ずい道新設事業，橋りょう新設事業等が高いとある。

「2．(3)規模別労働災害の状況」からは，小規模の事業場で最も災害が多く，度数率も高率となっているとある。ここから，中小企業の課題として，以下の事項を挙げている。
- 一般的に比較的危険有害な作業をともなうものを分担していること
- 資金力が薄弱なため，生産設備の近代化合理化や安全衛生設備の整備への資本投下が十分に行われ難いこと
- 離職率が高く労働者の流動が激しいため，熟練労働者の確保が十分でないこと
- 安全衛生教育や適性配置が十分でないこと
- 生産に追われ安全衛生を十分顧みる余裕のないこと

このように，企業体質の弱さが安全衛生水準の低調や災害発生に結びついていると考えられ中小企業の自助努力のみでは災害防止活動に限界があると考えられ

資料1　労働基準法研究会第3小委員会報告書の第2章の構成と内容

第2章の節	第2章の内容
	労働災害の経済的損失は昭和45年の1年間で約5,700億円。
(1)労働災害の概況	・休業8日以上の死傷者数：昭和36年約48万人，昭和45年約36万人。 ・死亡者：昭和36年6712人，昭和42年を除き，毎年6000人台。技術革新による生産設備の大型化，高速化にともなう労働災害の潜在エネルギーの増大など。 ・業務上疾病：昭和45年3万796件。腰痛，火傷裂傷，化学物質による工業中毒など。
(2)産業別労働災害の状況	・製造業と建設業が休業8日以上の全災害の70％を占める。 ・製造業：金属工業，機械器具工業，木材木製品工業の順に災害が多く，製造業全体の3分の2を占める。 ・建設業：木造家屋建築工事業，鉄骨鉄筋コンクリート造家屋建築工事業の順に災害が多く，建設業全体の約4割を占める。また，度数率は，鉄道軌道新設事業，ほ装事業，ずい道新設事業，橋りょう新設事業などが高い。 ・運輸交通業は労働災害が増加の傾向にある。 ・昭和45年の死亡者数：建設業2430人，製造業1400人，運輸交通業541人，工業474人，林業248人。 ・業務上疾病：製造業，建設業，交通運輸業は昭和41年以降毎年増加。特に，製造業は全体の40％強を占める。
(3)規模別労働災害の状況	・規模10～49人の事業場で全体の約40％の災害を占め，規模1～99人にまとめると約70％。 ・度数率も規模が小さくなるほど高率。 ・中小企業の労働災害の発生率が高い。この理由としては以下の通り。 　・比較的危険有害な作業を分担していること 　・資金力が薄弱なため，生産設備の近代化合理化や安全衛生設備の整備への資本投下が十分に行われ難いこと 　・離職率が高く労働者の流動が激しいため，熟練労働者の確保が十分でないこと，また生産に追われて安全衛生を十分顧みる余裕のないこと→安全衛生教育の充実強化，免許資格体系の整備 ・中小企業の自助努力のみでは災害防止活動に限界がある。→安全衛生管理組織の確立 ・造船業，鉄鋼業，化学工業，建設業などにおける構内下請企業の労働災害発生率は，親企業の約2.5倍。その原因としては以下の通り。 　・親企業内の機械設備の修理，原材料や製品の取り扱い運搬，生産設備の建設といった比較的危険性の高い作業を分担していること 　・その作業が臨時的で親企業の生産調整の手段となっており，その影響を強く受けるなど不利な条件にあること 　・親企業とのあるいは下請労働者同志との混在作業での連絡調整，責任体制が不明確な状態にあること→特殊な労働関係の規制の強化，安全衛生管理組織の確立 　・多数の下請や重層的に下請が存在する場合，各下請企業間に能力の差があるため，企業間の安全衛生協議組織の円滑な活動が行われ難いこと→特殊な労働関係の規制の強化，安全衛生管理組織の確立 　・親企業の総合的な生産活動のなかでの安全衛生活動が構内下請企業の部門で絶えてしまい，下請に対する生産管理はあっても安全衛生管理はないという状態にあること 　→特殊な労働関係の規制の強化，安全衛生管理組織の確立 ・構内下請企業の努力のみでは十分な災害防止の実をあげられない。 ・業務上疾病の発生状況からは，以下の課題を挙げている。 　・中小企業では有害作業が多いにもかかわらず衛生管理に関する意識が低いこと 　・職場環境の改善が遅れていること→健康対策の充実強化 　・健康診断の実施率が低いため業務上疾病の把握が十分でないこと→健康対策の充実強化
(4)原因別労働災害の状況	・災害全体のなかで占める割合が高くなってきたもの 　・「クレーンなどによるもの」→危険な機械，有害物の製造，流通規制 　・「自動車など動力運搬機によるもの」 　・「一般動力機械によるもの」 ・注目すべきこととして，建設工事におけるブル・ドーザー，パワー・ショベルなどの「重建設機械によるもの」が増加。以下の傾向を指摘。 　・新技術の開発による機械化，機械設備の大型化，高速化などが，それに見合う十分な対策が講じられないまま採用されてきたこと→国の監督指導及び援助 　・生産手段の変化に対応し必要な技能を有する労働者を確保することが困難。→免許資格体系の整備 　・安全衛生についての教育訓練が十分でないこと→安全衛生教育の充実強化 ・新工法，新生産方法が事前に十分な安全衛生面の検討，配慮がなされないまま採用されたために起こった災害例として以下の災害を挙げている。→国の監督指導及び援助 　・1969（昭和44）年4月1日に発生した東京都墨田区の荒川放水路の新四ツ木橋架設工事リングビーム工法における倒壊事故（死者8人） 　・1969（昭和44）年11月20日に発生したエチレンの直接酸化法における爆発火災（徳山石油化学（株）爆発災害）→危険な機械，有害物の製造，流通規制 ・一時に多数の死傷者を生じた重大災害として，また一般市民をも巻きこむような公衆災害として以下を挙げている。→国の監督指導及び援助 　・1970（昭和45）年4月に発生した大阪市の地下鉄建設工事現場におけるガス爆発災害 　　→安衛法第102条 　・1970（昭和45）年10月に発生した長崎市の造船所におけるタービンロータ破裂災害 　　→危険な機械，有害物の製造，流通規制 ・多発災害としては以下の通り。 　・「機械にはさまれる」 　・「飛来落下物にあたる」 　・「墜落」 　・「転倒」 ・機械の防護措置や作業方法の欠陥，あるいは不安全な行動に起因するものであり，基礎的な安全対策が十分にとられていれば防止できる災害としている。→危害防止基準の強化

第2章の節	第2章の内容
	・業務上疾病をみると，以下の災害が多い。 　・「負傷に起因する疾病」 　・「物理的障害によるもの」 　・「重激業務による運動器の疾病」 　・「化学的障害によるもの」 　　・有機溶剤による中毒の増加 　・林業におけるチェンソーの使用による「白ろう病」→健康対策の充実強化 　・キーパンチャー業務における「頸肩腕症候群」→健康対策の充実強化 　・重筋労働ではない作業においても発生している「腰痛症」→健康対策の充実強化 ・「化学的障害によるもの」としては，以下のものを列挙している。 　<u>→危険な機械，有害物の製造，流通規制</u> 　・「エポキシ樹脂」による皮膚炎 　・合成繊維などの原料として使用される「アクリロニトリル」による中毒 　・ビニール製品の原料や安定剤として使用される「ステアリン酸鉛」による中毒 　・カドミウムなど重金属による急性中毒 　・染料中間体のベンジジンによるぼうこう癌 　・農薬のPCPによる中毒死 　・重油炉に堆積する五酸化バナジウムなどによる中毒 ・原因別労働災害の状況からは，技術の進歩による生産方式の変化や新しい原材料の採用などは，有害な作業環境，作業方法をうみだしている ・労働者に与える肉体的，精神的影響や作業環境に対する検討が不十分なまま，新しい機械や新しい原材料を取り入れたことによるもの→国の監督指導及び援助 ・人間的，社会的配慮に欠け，専ら経済的技術的側面から展開されてきた技術の進歩とその実用化 ・企業内では労働災害，企業外では公害の発生となって現れている ・労働力構成の高齢化 ・出稼ぎ労働者の増加 ・若年労働者等の体力の低下 ・疾病による休業の増加など ・健康管理のあり方について新しい問題が提起されている→健康対策の充実強化

＊下線は同報告書の第10章むすびとの関係。

るとある。

　これら中小企業のうち，造船業，鉄鋼業，化学工業あるいは，建設業などにおける構内下請企業の労働災害が注目され，その災害発生率は，親企業に比べて約2.5倍となっている。このような構内下請企業の課題として以下の事項を挙げている。
・親企業内の機械設備の修理，原材料や製品の取扱い運搬，生産設備の建設といった比較的危険性の高い作業を分担していること
・その作業が臨時的で親企業の生産調整の手段となっており，その影響を強く受けるなど不利な条件にあること
・親企業とのあるいは下請労働者同志との混在作業での連絡調整，責任体制が不明確な状態にあること
・多数の下請や重層的に下請が存在する場合，各下請企業間に能力の差があるため，企業間の安全衛生協議組織の円滑な活動が行われ難いこと
・親企業の総合的な生産活動のなかでの安全衛生活動が構内下請企業の部門で絶えてしまい，下請に対する生産管理はあっても安全衛生管理はないという状態にあること

　これらの課題があり，構内下請企業の努力のみでは十分な災害防止の実をあげられない面が指摘されるとある。

　一方，業務上疾病の発生状況からは，以下の課題を挙げている。

・中小企業では有害作業が多いにもかかわらず衛生管理に関する意識が低いこと
・職場環境の改善が遅れていること
・健康診断の実施率が低いため業務上疾病の把握が十分でないこと

　中小企業の衛生管理水準は，このように多くの問題を抱えているとある。

　「2．(4)原因別労働災害の状況」からは，災害全体のなかで占める割合が高くなってきたものとして「クレーンなどによるもの」，「自動車など動力運搬機によるもの」，「一般動力機械によるもの」などを挙げ，また注目すべきこととして，建設工事におけるブル・ドーザー，パワー・ショベルなどの「重建設機械によるもの」が増加していることを挙げており，以下の傾向を指摘している。
・新技術の開発による機械化，機械設備の大型化，高速化などが，それに見合う十分な対策が講じられないまま採用されてきたこと
・生産手段の変化に対応し必要な技能を有する労働者を確保することが困難なこと
・安全衛生についての教育訓練が十分でないこと

　ここで挙げている災害として特筆すべきは前述した1969（昭和44）年4月1日に発生した<u>東京都墨田区の荒川放水路の新四ツ木橋架設工事，リングビーム工法における倒壊事故（死者8人）</u>及び1969（昭和44）年11月20日に発生した<u>エチレンの直接酸化法における爆発</u>

火災（徳山石油化学（株）爆発災害）である。これらの災害は，新工法，新生産方法が事前に十分な安全衛生面の検討，配慮がなされないまま採用されたために起こった災害例としている。また，一時に多数の死傷者を生じた重大災害は，昭和36年以降，全体的に労働災害が減少傾向にある中で，爆発，倒壊，中毒薬傷，クレーンなどによるものを中心に多発する傾向にあると述べている。これらのうち，1970（昭和45）年4月には大阪市の地下鉄建設工事現場におけるガス爆発災害及び1970（昭和45）年10月に長崎市の造船所におけるタービンローター破裂災害を挙げている。特に，両災害は一般市民をも巻きこむような公衆災害という位置づけを与えている。特に前者の災害は，安衛法の第102条（ガス工作物等設置者の義務）の基となった災害である。

他方，このような労働災害の変化にもかかわらず，従来からみられる「機械にはさまれる」，「飛来落下物にあたる」，「墜落」，「転倒」などの事故の型の労働災害が依然として多く発生しているとある。これは機械の防護措置や作業方法の欠陥，あるいは不安全な行動に起因するものであり，基礎的な安全対策が十分にとられていれば防止できる災害としている。

一方，業務上疾病をみると，「負傷に起因する疾病」，「物理的障害によるもの」，「重激業務による運動器の疾病」が多く，昭和41年以降増加する傾向にある。また，「化学的障害によるもの」も目立っており，そのうち有機溶剤による中毒の増加が注目される。その他，林業におけるチェンソーの使用による「白ろう病」，キーパンチャー業務における「頸肩腕症候群」，重筋労働ではない作業においても発生している「腰痛症」などの疾病を挙げている。「化学的障害によるもの」としては，以下のものを列挙している。

・「エポキシ樹脂」による皮膚炎
・合成繊維などの原料として使用される「アクリロニトリル」による中毒
・ビニール製品の原料や安定剤として使用される「ステアリン酸鉛」による中毒
・カドミウムなど重金属による急性中毒
・染料中間体のベンジンによるぼうこう癌
・農薬のPCPによる中毒死
・重油炉に堆積する五酸化バナジウムなどによる中毒

このように原因別労働災害の状況からは，技術の進歩による生産方式の変化や新しい原材料の採用などは，有害な作業環境，作業方法をうみだしているが，これは，労働者に与える肉体的，精神的影響や作業環境に対する検討が不十分なまま，新しい機械や新しい原材料を取り入れたことによるものと考えられ，このような人間的，社会的配慮に欠け，専ら経済的技術的側面から展開されてきた技術の進歩とその実用化，産業化が企業内では労働災害，企業外では公害の発生となって現れているとある。

また，労働力構成の高齢化，出稼ぎ労働者の増加，若年労働者等の体力の低下，疾病による休業の増加などにより健康管理のあり方について新しい問題が提起されているとある。

このような当時の災害の傾向を受け，同報告書では，「3．安全衛生対策の現状と問題点」，「5．有害業務による障害の防止」，「6．健康対策」，「7．就業資格」，「8．特殊な労働関係の規制」，「9．国の監督指導と援助」として，当時の労基法をはじめとする法制，現状及び問題点がまとめられている。

さらに，同報告書の最後に「10．むすび」として，当時の法制の問題点，今後の労働安全衛生対策の基本的方向，具体的方向がまとめられている。当時の労基法をはじめとする法制の問題点としては，以下の事項が挙げられている。

1．労働基準法を中心とする現行法制に基づく労働災害防止対策は，総合的予防的施策の面で不十分であり，産業社会の急激な進展ないし変化に即応することができない。
2．現実の労働災害の実態に照らし，有効な防止対策を講ずるためには最低基準による規制のみによっては十分ではなく，実態に即した指導，勧告を含む幅広い行政を展開することが必要であり，現行の最低基準の確保を中心とする安全衛生対策は限界に来ている。
3．産業活動の急激な進展にともない安全衛生を担当する技術者が民間ばかりでなく，行政部門においても著しく不足しており，今後の安全衛生活動の展開に大きな支障を来たしている。
4．労働災害が多発している中小企業，構内下請企業に対する対策が必ずしも十分とはいえず，大企業などに比し依然高い災害の発生率を示している。

これを受けて，今後の労働安全衛生対策の基本的方向を次の通り示している。

1．産業社会の進展に即応するため，積極的，科学的対策を講ずる必要がある。新工法，新原材料の採用にともなう事前審査の制度，発注，設計段階における安全性の配慮，機械設備の本質的安全の確保，職場環境の抜本的改善による公害源の解消，労働者の体力増強といった積極的施策を講ずる必要がある。
2．労働災害防止の実をあげるため，今後，技術指針の作成，公表，災害多発事業場など特定事業場に対する勧告制度の導入，快適基準の設定など行政指導の分野を充実，強化するとともにその裏づけとなる研究部門の拡充が必要である。また，これらの施策

を通じて，企業内における自主的活動の展開をはかる必要がある．
3. 今後の安全衛生活動を円滑に展開してゆくためには民間，政府を問わず安全衛生を担当する技術者を育成，確保する必要がある．とくに行政部門では行政簡素化の要請が強いなかで今後大幅な増加が予想される行政需要に応えるため，現在の行政体制に抜本的検討を加える必要がある．
4. 大企業に比し労働災害が多発している中小企業，構内下請企業に対する対策を強化する必要がある．例えば，構内下請企業に対する親企業の責任の強化，中小企業の安全衛生施設などに対する融資制度の充実，中小企業の安全衛生活動に対する技術的援助，指導体制の整備などの施策を講ずる必要がある．

さらに，今後の労働安全衛生対策の具体的方向を示している．ここで，興味深い事項は，以下の各項目がそのまま安衛法の各章を形成していることである．労働基準法研究会の報告書が安衛法制定に果たした役割は非常に大きいことがわかる．各節のタイトルの下に括弧書きで安衛法に関連する章を記載している．

(1) 安全衛生管理組織の確立
(→安衛法 第3章 安全衛生管理体制)
　イ　企業経営者の責任の明確化と自主的活動の推進
　ロ　総括安全衛生管理者の新設
　ハ　安全管理者，衛生管理者の職務内容，資格の明確化
　ニ　安全技師の選任
　ホ　安全衛生委員会の設置
　ヘ　実質活動の促進

(2) 安全衛生教育の充実強化
(→安衛法 第6章 労働者の就業に当たつての措置)
　イ　新技術導入時，職種転換時などにおける教育の実施
　ロ　教育内容の明確化
　ハ　職長教育などの明確化

(3) 危害防止基準の強化
(→安衛法 第4章 労働者の危険又は健康障害を防止するための措置)

(4) 危険な機械，有害物の製造，流通規制
(→安衛法 第5章 機械等並びに危険物及び有害物に関する規制)
　イ　設計，製造にあたっての安全上の配慮
　ロ　防護措置がない機械などの譲渡，貸与についての規制
　ハ　危険な作業を必要とする機械などの譲渡，貸与，設置の規制および検定
　ニ　特に危険な作業を必要とする機械などの製造，設置認可
　ホ　検査体制の整備
　ヘ　有害物に対する製造・流通規制の整備（製造認可，表示）

(5) 免許資格体系の整備
(→安衛法 第8章 免許等)

(6) 健康対策の充実強化
(→安衛法 第7章 健康の保持増進のための措置)
　イ　積極的健康対策の推進
　ロ　健康診断の体系の整備
　ハ　有害業務に対する作業時間の制限
　ニ　職場環境の改善と公害の防止
　ホ　医師の通報制度

(7) 特殊な労働関係の規制の強化
(→安衛法 第3章 安全衛生管理体制)
(→安衛法 第4章 労働者の危険又は健康障害を防止するための措置)
　イ　構内下請企業を有する産業における総合安全衛生管理体制の整備
　ロ　特殊な業種業態における安全の確保

(8) 国の監督指導及び援助
(→安衛法 第2章 労働災害防止計画，第9章 事業場の安全又は衛生に関する改善措置等，第10章 監督等)
　イ　事前審査制度の導入
　ロ　災害多発事業場などに対する勧告制度
　ハ　中小零細企業に対する援助
　ニ　他省が行う保安行政との調整
　ホ　研究体制の整備充実

同報告書の「10. むすび」の各節，安衛法の章立て，工場法及び労基法の関係を資料2に示している．同表に示すように，工場法，労基法，労働基準法研究会報告書，安衛法と一連の流れが見えるようである．また，安衛法制定前に，労基法に基づく省令事項（当時の安衛則，電離則，特化則，高圧則）で安衛法の制定に際して法律事項とされたものの例を資料3に示す．このように，当時の規則から安衛法に格上げされた条文も多く存在していることがわかる．

一方で，安全技師の選任，医師の通報制度等の取り消し線で示している箇所は，同報告書には言及されたが，安衛法には採用されなかった事項である．当初構想に現れた事項で最終的な法案作成の段階までには至らなかったものを資料4に示す．ここで興味深い点としては，安衛法制定に当たって「建設工事等の注文者の請負人およびその労働者に対する指導の努力義務」が検討されていたという点である．注文者には発注者も含まれる．安衛法第3条第3項（訓示規定），第29条，第29条の2，第30条第1項第4号，第5号等に，

資料2　工場法，労働基準法，労働基準法研究会報告書及び労働安全衛生法の関係

工場法	労働基準法	労働基準法研究会 第3小委員会報告書		労働安全衛生法
明治44年3月28日公布当時のもの	昭和22年4月7日公布当時のもの	当時の労働災害の現状と問題点	安全衛生対策	昭和47年6月8日公布 平成30年7月25日公布（平成30年法律第78号）改正時のもの
		2．労働災害の現状（・国鉄東海道線の鶴見駅における死者161人を出した列車の二重衝突事故（1963（昭和38）年11月9日））（・福岡県の三井三池炭鉱における死者458人に上る炭じん爆発事故（1963（昭和38）年11月9日））	10．むすび（・労働災害防止団体等に関する法律：1964（昭和39）年）	第1章 総則（第1条～第5条）
		（・国鉄東海道線の鶴見駅における死者161人を出した列車の二重衝突事故（1963（昭和38）年11月9日））（・福岡県の三井三池炭鉱における死者458人に上る炭じん爆発事故（1963（昭和38）年11月9日）） 2．(3) 規模別労働災害の状況 2．(4) 原因別労働災害の状況	（・労働災害防止団体等に関する法律：1964（昭和39）年） 10．(8) 国の監督指導及び援助	第2章 労働災害防止計画（第6条～第9条）
	第53条（安全管理者及び衛生管理者）	2．(3) 規模別労働災害の状況	10．(1) 安全衛生管理組織の確立	第3章 安全衛生管理体制（第10条～第19条の3）
第13条（男子を含む職工一般に対する危害の予防）	第42条，第43条，第44条，第45条（危害の防止）	2．(3) 規模別労働災害の状況 2．(4) 原因別労働災害の状況	10．(3) 危害防止基準の強化 10．(7) 特殊な労働関係の規制の強化（・労働災害防止団体等に関する法律：1964（昭和39）年）	第4章 労働者の危険又は健康障害を防止するための措置（第20条～第36条）
	第46条（安全装置） 第47条（性能検査）	2．(4) 原因別労働災害の状況	10．(4) 危険な機械，有害物の製造，流通規制	第5章 機械等並びに危険物及び有害物に関する規制 第1節 機械等に関する規制（第37条～第54条の6）
	第48条（有害物の製造禁止）（第42条）（第36条）	2．(4) 原因別労働災害の状況	10．(4) 危険な機械，有害物の製造，流通規制	第5章 機械等並びに危険物及び有害物に関する規制 第2節 危険物及び有害物に関する規制（第55条～第58条）
第9条，第10条，第11条（保護職工の危険有害業務への就業制限）第12条（傷病者及び妊婦への就業制限）	第49条（危険業務の就業制限）第50条（安全衛生教育）第51条（病者の就業禁止）	2．(3) 規模別労働災害の状況 2．(4) 原因別労働災害の状況	10．(2) 安全衛生教育の充実強化	第6章 労働者の就業に当たつての措置（第59条～第63条）
	第52条（健康診断）（第51条）	2．(3) 規模別労働災害の状況 2．(4) 原因別労働災害の状況	10．(6) 健康対策の充実強化	第7章 健康の保持増進のための措置（第64条～第71条）
		2．(3) 規模別労働災害の状況 2．(4) 原因別労働災害の状況	10．(6) 健康対策の充実強化	第7章の2 快適な職場環境の形成のための措置（第71条の2～第71条の4）

		2．(3) 規模別労働災害の状況 2．(4) 原因別労働災害の状況	10．(5) 免許資格体系の整備	第8章 免許等（第72条～第77条）
		2．(3) 規模別労働災害の状況 2．(4) 原因別労働災害の状況	10．(8) 国の監督指導及び援助	第9章 事業場の安全又は衛生に関する改善措置等 第1節 特別安全衛生改善計画及び安全衛生改善計画（第78条～第80条）
		2．(3) 規模別労働災害の状況 2．(4) 原因別労働災害の状況	10．(8) 国の監督指導及び援助	第9章 事業場の安全又は衛生に関する改善措置等 第二節 労働安全コンサルタント及び労働衛生コンサルタント（第81条～第87条）
第13条（男子を含む職工一般に対する危害の予防） 第14条（臨検）	第54条，第55条（監督上の行政措置）（第103条）（第97条）（第99条）（第105条）	2．(3) 規模別労働災害の状況 2．(4) 原因別労働災害の状況	10．(8) 国の監督指導及び援助	第10章 監督等（第88条～第100条）
		2．(3) 規模別労働災害の状況 2．(4) 原因別労働災害の状況 大阪市の地下鉄建設工事現場におけるガス爆発災害（安衛法第102条）	10．(8) 国の監督指導及び援助 10．(6) 健康対策の充実強化	第11章 雑則（第101条～第115条の2）
				第12章 罰則（第115条の3～第123条）
				附則

資料3 労基法に基づく省令事項で安衛法の制定に際して法律事項とされたものの例

事　項	安衛法の条文	労基法に基づく旧規則条文
産業医	13条	安衛則（医師である衛生管理者）
作業主任者	14条	安衛則10条等
安全・衛生委員会	17～19条	安衛則10条，20条，54条の2
労働災害発生の急迫した危険がある時の労働者を退避させる義務	25条	電離則47条等
重貨物の重量表示	35条	安衛則123条
検定	44条～44条の4	安衛則140条の7，183条の2
定期自主検査	45条	特化則23条等
作業環境測定	65条	特化則29条等
作業時間の制限	65条の4	高圧則16条，30条
配置換え時の特殊健康診断	66条②項	特化則35条①項前段
作業転換後引き続き雇用している者に対する特殊健康診断	66条②項後段	特化則35条①項後段
安全衛生改善計画の作成の指示	78条	安衛則8条の2（安全管理規定の作成命令）
健康診断に関する秘密の保持	104条	安衛則54条

注：1）略語： 安衛則＝労働安全衛生規則（昭和22年労働省令第9号）。
　　　　　電離則＝電離放射線障害防止規則（昭和38年労働省令第21号）。
　　　　　特化則＝特定化学物質等障害予防規則（昭和46年労働省令第11号）。
　　　　　高圧則＝高気圧障害防止規則（昭和36年労働省令第5号）。
　　2）安全衛生改善計画の作成の指示制度と「安全管理規定の作成命令」制度とは，その範囲が完全に一致するものではない。

（畠中信夫「労働安全衛生法の形成とその効果」日本労働研究雑誌42巻1号（2000年）14-28頁）

資料4　当初構想に現れた事項で最終的な法案作成の段階までには至らなかったもの

事項 ＼ 文書[1]	研究会報告 (1971.7.13)	新聞発表 (1971.8.20)	考え方 (1971.9.28)	基本構想 (1971.11.5)	要綱（案）（その1）(1971.12.3)	要綱（案）（その2）(1971.12.17)
一定規模以上の企業における安全技師の選任[2]	○			○		○……
危害防止基準は公害等の防止に資するものとすること				○	○……	
職業病に関する医師の通報制度[3]	○→	○→	………			
工場密集地における労働災害防止協議会の設置	○→	○→	…………			○……
ボイラー、クレーン等の検査専門団体の設立		○→	○……			
建設工事等の注文者の請負人およびその労働者に対する指導の努力義務						○……

注：1）「文書」欄の文書名は略称を使用しているが，正式名称は，表2の該当欄を参照のこと。
　　2）安全技師は，高度の学識および経験を有し，かつ総合的判断のできる者をもってあてることにし，工場の新設，特定設備の導入，新工法の採用に当たっての検討等により企業全般にわたる産業災害の防止について，企業経営者を直接に補佐するものである（研究会報告三の（十）の（1）の二）。
　　3）診断の結果，職業病およびその疑いがあると認められる場合には，医師が，速やかに，監督機関に通報する制度を確立するとともに，労働大臣は，必要があると認められる場合には，当該診断を下した医師に対して報告を求めることができるようにすること（研究会報告三の（十）の（1）のホ）。

（資料3に同じ）

資料5　内閣（政府）提出に係る労働立法の通常の流れ

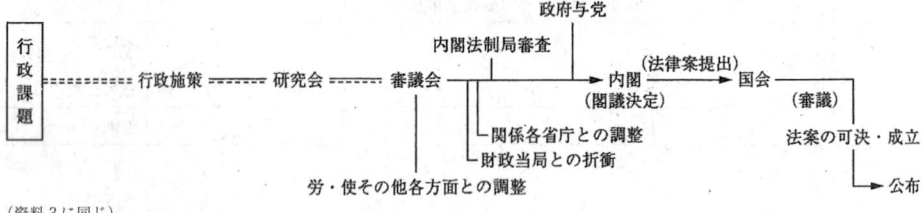

（資料3に同じ）

資料6　労働安全衛生法の制定経過

年　月	経　過
1969（昭和44）年	
9月30日	労働基準法研究会（石井照久会長）発足
1970（昭和45）年	
5月22日	労働基準法研究会，安全衛生小委員会（石井照久委員長）を置くことを決定（同委員会は，その後，一般問題を論ずる小委員会（第1），労働時間等を検討する小委員会（第2）の発足に伴い第3小委員会と名称を改めた）
7月3日	第3小委員会における検討開始
1971（昭和46）年	（この間9回にわたって会合）
7月13日	労働基準法研究会報告（安全衛生関係）を労働大臣に提出
8月20日	労働省，「労働安全衛生法（仮称）の制定」と題する新聞発表
9月1日	財界人で構成される「労働安全衛生懇話会」の開催（その後10月8日，11月11日と計3回開催され，その結果は，12月15日「労働安全衛生懇話会話し合い事項取りまとめ」としてとりまとめられ，原労働大臣あて提出された）
9月28日	労働省，中央労働基準審議会に，「労働安全衛生に関する立法についての考え方」を説明
10月19日	同審議会に，「安全衛生に関する新法の概要」を説明
11月5日	同審議会に，「労働安全衛生に関する法制についての基本構想」について諮問
12月3日	同審議会に，「労働安全衛生に関する法制（要綱案）その1」（「要綱案」の第1～第7までの部分）を提出　同時に，「労働安全衛生法制として現行の労働基準法とは別に単独法を制定しなければならぬ理由」を提出
12月17日	同審議会に，「労働安全衛生に関する法制（要綱案）その2」（「要綱案」の第8以降の部分）を提出
1972（昭和47）年	
1月21日	同審議会に，「労働安全衛生法案要綱（案）」を提出
1月26日	答申起草小委員会（塚本重頼小委員長）
2月4日	中央労働基準審議会から労働大臣あて答申
2月15日	「労働安全衛生法案」閣議決定
2月16日	内閣から国会に同法案を提出（閣法第41号）

（資料3に同じ）

資料7　国会における質疑とその後の法律条文の修正や法施行へのつながり

1972（昭和47）年4月25日の衆議院社会労働委員会における労働安全衛生法案の総括質疑事項（注）	法律案文の修正やその後の法施行へのつながり
労働基準法との関連	安衛法施行のための労働事務次官通達（昭47・9・18発基91号。以下「次官通達」という）の記の第2の1（この法律と労働基準法との関係）において，安衛法と労基法とは一体としての関係に立つものであること，したがって，労基法の労働憲章的部分（1条～3条）は安衛法の施行に当たってもその基本とされなければならないこと，また，両法律は一体的な運用が図られなければならないことを明示
建設業の災害防止に関する専門の審議機関の設置	労働基準監督機関令（昭和22年政令第174号）を改正（昭和48年政令第62号により，第29条の2を新設）し，中央労働基準審議会に建設専門委員会を設置
学校給食業および清掃業従事労働者の安全衛生対策	次官通達の記の第2の3（事業場の範囲）において，学校に附設された給食場は，学校とは別個の事業場としてとらえるべきものであることを明示 労働安全衛生法施行令（昭和47年政令第318号）2条第1号（総括安全衛生管理者を選任すべき屋外産業的業種）において清掃業を明示 学校給食事業における労働災害の防止について指導通達（昭48・3・6基発107号）を発出
労働災害の定義の明確化	法案修正により，第2条第1号の労働災害の定義中，原案にあった「作業行動によって」を「作業行動その他業務に起因して」に修正
事業者の責務の明確化	法案修正により，第3条第1項の事業者の責務に関する規定を「労働条件の改善を通じて職場における労働者の安全と健康を確保するようにしなければならない」旨修正
労働者の責務規定の趣旨の明確化	法案修正により，労働災害の防止についての労働者の責務に関する第4条に関し，原案の「しなければならない」を「努めなければならない」に修正
健康診断の費用および受診に要する時間の扱い	安衛法施行のための労働省労働基準局長通達（昭47・9・18基発602号。以下「局長通達」という）の記のIの13の(2)のイおよびロにおいて，健診費用は事業者が負担すべきものであること，その受診に要した時間の賃金の支払については，特殊健康診断については当然事業者が支払うべきものであり，一般健康診断についてもその受診に要した時間の賃金を事業者が支払うことが望ましいことを明示
安全衛生委員会の開催および安全衛生教育の実施に関する時間の扱い	次官通達の記の第3の3および局長通達の記のIの8の(4)および12の(2)において，これらに関する時間は労働時間であることを明示
安全衛生委員会の労働者側の委員推薦の扱い	法案修正により，原案にあった，労働者側から安全衛生委員会の推薦がなかった場合には，それによらなくともよいという趣旨のただし書きを削除 局長通達の記のIの8の(5)において，種々の事情により労働者側の委員推薦が得られない場合には，誠意をもって話し合うべきであり，その間は委員会の未設置による刑事責任の問題は発生しないと解されるものであることを明示
申告権の趣旨の明確化	法案修正により，安衛法第97条（労働者の申告）の原案にあった「申告する」を「申告して是正のため適切な措置をとるよう求める」に修正し，その趣旨を明確化
労働災害発生の急迫した危険がある時の労働者を退避させる義務の明確化	法案修正により，新たに，第25条としてその趣旨の1カ条を追加

注：このときの総括質疑では，上記以外に，行政体制の強化，労災防止指導員の活用，健康管理手帳の交付対象業務，労災保険制度の充実についてとり上げられた。
資料出所：1972（昭和47）年4月25日付衆議院社会労働委員会議事録より。
（資料3に同じ）

その趣旨の規定が散在している。また，第30条第2項，第30条の2第2項，第30条の3第2項，第31条の3第1項等も，断片的ながら，その趣旨を定める規定ではある。さらに，同事項は発注者も含めて，2016（平成28）年に至ってようやく現実的に形成されつつある。つまり，「建設工事従事者の安全及び健康の確保の推進に関する法律」（平成28年12月16日法律第111号）（以下「職人基本法」という）である。同法律の第3条には以下の条文が謳われている。

『第3条　建設工事従事者の安全及び健康の確保は，建設工事の請負契約において適正な請負代金の額，工期等が定められることにより，行われなければならない。2　建設工事従事者の安全及び健康の確保は，このために必要な措置が建築物等の設計，建設工事の施工等の各段階において適切に講ぜられることにより，行われなければならない。』

このように，安衛法制定前に構想していた事項が，2016年に職人基本法として公布された。ただし，同事項のうち，発注者の役割と責務を安衛法の中に組み入れるまでには至っておらず，今後の検討が望まれる。

このように，労働基準法研究会第3小委員会の報告書の「10．むすび」の各節である「今後の労働安全衛生対策の具体的方向」は，いくつかは最終的な法案まで至らなかったものの，そのほとんどがそのまま安衛法の章立てとなり，安衛法の骨格を為していることがわかる。

同報告書を受け，資料5～7のような流れで遂に1972（昭和47）年6月8日労働安全衛生法（昭和47年6月8日法律第57号）が制定される。[13] 同法は，前述したように労基法第5章（安全及び衛生）ならびに労働災害防止団体等に関する法律第2章（労働災害防止計画）及び第4章（特別規制）を統合したものを母体としてお[14]

り，労働基準法研究会第3小委員会による当時の労働災害の現状の詳細把握に基づく今後の労働安全衛生対策の具体的方向が骨格となり，新規の規制事項，国の援助措置に関する規定等を加え形成された。同年10月1日には，安衛法（昭和47年6月8日法律第57号）が施行され，年間6000人を超えた死亡災害が法施行後10年足らずで半減した。

考察と結語

　概括的ではあるが，以上の安衛法制定を後押しした災害とその制定経緯の整理から，ある特定の災害に基づいて作成された条文は非常に稀であることがわかる。安衛法制定前の重大災害は，どちらかというと，社会全体及び国民全体に新たな枠組みの法律，または独立法としての安衛法の必要性を痛感させるために作用したと考えられる。

　多くの安衛法の条文は，1つには，工場法，安衛法制定前の労基法，労働災害防止団体等に関する法律，安衛法制定前の省令事項（安衛則，電離則，特化則，高圧則）等の流れを組む条文が多くあること，もう1つには，安衛法制定前に立ち上げられた労働基準法研究会（石井照久会長）において，当時の災害発生状況を詳細に分析し，当時の災害の傾向を適切に捉えて，それらの災害を的確に減少させるように，多くの条文が形成されていることが明らかとなった。

　他方で，ある特定の災害に基づいて作成された1つの条文は稀であり，例えば，1970（昭和45）年4月には大阪市の地下鉄建設工事現場におけるガス爆発災害に基づく安衛法第102条（ガス工作物等設置者の義務）があることも明らかとなった。

　これは，当時の多発災害の傾向を捉え，これらの災害を包括的に防ごうとすれば，自ずと災害と条文は1対1に対応せず，多くの条文にまたがって，多発災害を総合的かつ体系的に防ごうとする結果となるためである。1つの災害は1つの原因で発生することは稀で，複数の原因が幾重にも重なって発生していることがほとんどである。それらの原因の裏返しが再発防止対策であり安衛法の各条文に該当するため，1つの災害を防ぐためには，複数の条文が必要になる。加えて，多発災害の傾向を捉え，それらの災害を包括的に防ごうとすれば，自ずと災害と条文は1対1に対応せず，多くの条文にまたがって，多発災害を総合的かつ体系的に防ごうとする結果となる。このために，逐条ごとにある特定の災害があるわけではなく，複数の条文にまたがり，それら多発災害の再発防止対策を総合的かつ体系的に取りまとめることが効果的となり，安衛法はそのような形成過程を経ている。

　このような形成過程を経ているが，これまで言われているように，「安全規則は先人の血で書かれた文字である」ということわざを否定するものでなく，安衛法制定に至るにはいくつもの災害があり，何千，何万という先人の血が165カ条もの条文の必要性を常に訴え続けている。

【注】
1）　本書は，各条規の趣旨と適用の実際に注目するため，安衛法典の史学的研究には立ち入らない。本稿は，安衛法に関する「生きた法」の探求という本書の目的に必要な限りでの情報提供を試みるものである（三柴丈典）。
2）　国立公文書館：工場法（https://www.archives.go.jp/ayumi/kobetsu/m44_1911_02.html，最終閲覧日：2020年1月27日）。
3）　畠中信夫『労働安全衛生法のはなし〔改訂版〕』（中央労働災害防止協会，2006年）322頁。
4）　同上。
5）　国立公文書館：労働基準法（https://www.archives.go.jp/ayumi/kobetsu/s22_1947_02.html，最終閲覧日：2020年1月27日）。
6）　畠中・前掲注3）参照。
7）　同上。
8）　同上。
9）　法律第118号（昭39・6・29）労働災害防止団体等に関する法律（https://www.shugiin.go.jp/internet/itdb_housei.nsf/html/houritsu/04619640629118.htm，最終閲覧日：2020年2月3日）。
10）　赤塚広隆・小林英男「地下鉄工事現場での都市ガス爆発（1970年4月8日，大阪府大阪市）」失敗知識データベース—失敗百選，1-9頁。
11）　久谷興四郎『事故と災害の歴史館—"あの時"から何を学ぶか』（中央労働災害防止協会，2008年）320頁。
12）　石井照久（労働基準法研究会会長）「労働大臣宛労働基準法研究会第3小委員会報告書（昭和46年7月13日）」『産業安全年鑑　昭和46年版』（中央労働災害防止協会，1971年）27-43頁。
13）　畠中信夫「労働安全衛生法の形成とその効果」日本労働研究雑誌42巻1号（2000年）14-28頁。
14）　畠中・前掲注3）参照。
15）　同上。

III

逐条解説

第一章　総　則

第1条から第5条まで

（目的）
第1条　この法律は、労働基準法（昭和22年法律第49号）と相まつて、労働災害の防止のための危害防止基準の確立、責任体制の明確化及び自主的活動の促進の措置を講ずる等その防止に関する総合的計画的な対策を推進することにより職場における労働者の安全と健康を確保するとともに、快適な職場環境の形成を促進することを目的とする。

1 趣旨

本法が、使用者依存の安全衛生管理の困難等の事情（詳細は、労基法研究会報告（本書の「Ⅱ　安衛法制定を後押しした災害と制定経緯」に概要を掲載））を背景に、労基法から離れ、合目的志向で、機動的、多面的、専門的かつ柔軟に安全衛生等の実現を図ろうとしたものであることを明らかにしている。

すなわち、労使関係における使用者への最低基準の確保を中心とした労基法の基本的趣旨（特に総則部分に示された憲章）を承継しつつも、それにとらわれず、総合的に（譲渡提供者等のリスク創出者なども名宛人として、安全衛生管理体制の設置など、多様な対策を重点を定めて計画的に）講じること、労基法の社会的労働条件規制と連携することにより、労災防止を第一に、快適職場形成に至る高い水準の達成を目的としたものであることを明らかにしている。

その主な手法として、

① 危害防止基準（主に罰則で担保され、物的・人的な措置を義務づける具体的な再発防止策）の確立
② 責任体制の明確化（法定内外の安全衛生措置の確保の責任者の明確化。いわば安全衛生経営の体制面での確保）
③ 自主的活動の促進（区々多様な職場リスクに応じ、労働者参加も得た積極的な災害防止の取り組み〔これは後に労働安全衛生マネジメントシステムによるリスクアセスメントの誘導に発展する〕）

を挙げている。このうち②は、安全衛生を促進するための経営体制づくり（安全衛生経営の実施）を図るものとも言える。事業場単位が基本だが、元請―下請の労働者等による混在作業が行われ、したがって、場所単位での統括的な安全衛生管理を図らせる趣旨も含まれるし、重視されている。

本条は、本法の趣旨を語る宣言規定なので、当然ながら、罰則は付されていない。

2 内容

本条で解釈論上問題となる点の一つは、平成4年法改正で「快適な作業環境の形成」から変えられた「快適な職場環境の形成」の意味内容である。従前の政府の説明では、作業環境とは、「作業を行う場所の空気、湿度、照度等」を指し、職場環境とは、「作業環境のほかに作業方法等労働者が利用する施設設備の状況等を含む概念」を意味する。同改正で設けられた法第71条の2及び、「事業者が講ずべき快適な職場環境の形成のための措置に関する指針」（以下、「快適職場指針」ともいう）（平成4年7月1日労働省告示第59号）がその具体化を図っており、①「作業環境の管理」、②「作業方法の改善」、③「労働者の心身の疲労の回復を図るための施設・設備の設置・整備」、④「その他の施設・設備の維持管理」が挙げられている。

快適職場指針によれば、①は、空気環境の清浄化、温熱条件の適正化等を意味し、②は、作業姿勢の改善等を意味し、③は、休憩室の設置等を意味し、④は、洗面所やトイレの清潔、利便性等を意味する。③には、疲労やストレス等に関する相談室の確保等も該当するとされている。ここでは、労働時間のような一般的労働条件や、仕事の質量のような人事労務管理事項は、前面には出されなかったようだが、第3条第1項に関する通達は、快適職場形成とは、作業環境や作業自体の快適化も含み、過重な疲労・ストレスがなく、

働きやすい職場を意味し、これが健康確保と共にヒューマンエラーによる事故や災害の防止に繋がると解している（昭和47年9月18日発基第91号第三・一（一）（二），四（一）（二）など）。

　法第71条の2は，こうした高水準の目的を達するため，継続的かつ計画的な措置が必要としている。

　もっとも，質的に高水準を求めれば，安全衛生の課題は，労基法が定める社会的な労働保護のほか，キャリア形成支援，障害者雇用などとも所掌が重なってくる。個人（の能力や適性，健康状態等）と所属組織の相性合わせ（適応支援）や利害調整も求められる。従前の安全技術や衛生工学等の知見を超え，経営学，組織心理学，医学，法務など，学際的な課題の達成，問題の解決／解消の取り組みが求められる。そうした要請に応えると共に，従前からの安衛法上の積み残し課題の解決を図るため，2020年に設立されたのが，日本産業保健法学会である。

　次に解釈論上問題となり易いのは，「労働基準法と相まって」の意味内容である。労基法には，第5章「安全及び衛生」が残され，第42条に，労働安全衛生に関しては安衛法の定めによる旨の定めがあるので，両者が一体的関係（いわゆる姉妹法関係）に立つことは明らかだが，問題は，その具体的な意味である。

　その一つは，通達が示す通り，労基法が司る「賃金，労働時間，休日などの一般的労働条件の状態は，労働災害の発生に密接な関連を有すること」から（都道府県労働基準局長あて労働事務次官通達「労働安全衛生法の施行について」昭和47年9月18日発基第91号），両法が一体的に適用されることで安全衛生が確保されるという労働監督上の運用方針である。この理解にほぼ異論はないだろう。

　議論となるのは，安衛法第1条と労基法第42条により，少なくとも安衛法上の危害防止基準（最低基準）に労基法第13条が適用され，労働契約を直律する効力を有するかである。

　従前の労働法学説の中には，これを肯定する見解もあったが，安衛法の立法に携わられた畠中信夫氏（元白鷗大学教授）は，これらの規定は，労基法の憲章とも言える総則（第1条：最低基準的性格，第2条：労使の対等決定原則，協約・就業規則・労働契約の遵守，第3条：差別的取扱の禁止，第4条：男女同一賃金原則，第5条：強制労働の禁止，第6条：中間搾取の排除，第7条：公民権行使の保障，第8条：削除〔以前は適用事業〕，第9条：労働者の定義，第10条：使用者の定義，第11条：賃金の定義，第12条：平均賃金の定義）が，安衛法にも及ぶよう図ったもので，安衛法はあくまで行政による監督取締法規であって，契約直律効を予定していなかったとしている。

　確かに，裁判例の中には，安衛法の危害防止基準はそのまま民事上の注意義務や安全配慮義務の内容になるような趣旨を述べたものもあるが，それは安衛法の立法者の意図ではなく，民事側での解釈と理解すべきだろう。

3 沿革：制度史

　工場法制定以前は，製造所取締規則，汽罐，汽罐に関する取締規則，煙火，燐寸及び魚獣化製造に関する取締規則等により，各地方庁ごとに取り締まられて来た。主な名宛人は危険有害物の製造者，設置者等であり，むしろ労働者保護の視点が欠けていた。爆発物貯庫規程，電気事業法，瓦斯事業法などの安全法もあったが，労働者保護がメインの目的ではなかった。

　明治44年に制定された工場法は，工業主を主な名宛人として，主に女性と年少者から成る保護職工の危険有害業務への就業制限を図りつつ，第13条で，一般職工を含む職工一般（工業主と雇用関係がなくても良い）を保護対象として，設備の改善等の措置を規定した。ただし，具体的な措置は行政官庁の命令に委任し，同条のみで工業主に直接的な義務が生じるわけではなかった。

○工場法（明治44年3月29日法律第46号）
第13条「行政官庁ハ命令ノ定ムル所ニ依リ工場及附属建設物並設備カ危害ヲ生シ若ハ衛生，風紀其ノ他公益ヲ害スル虞アリト認ムルトキハ予防又ハ除害ノ為必要ナル事項ヲ<u>工業主ニ命シ</u>必要ト認ムルトキハ其ノ全部又ハ一部ノ使用ヲ停止スルコトヲ得」
　＊保護対象は，職工一般。

○工場危害予防及衛生規則（昭和4年6月20日内務省令第24号）
　<u>工場法に紐付く規則だけに，同法と同様に，元方事業者宛の規制はなく，工場内で就労する職工一般を主な保護対象とし，主に事業場に設置された機械，設備等の安全性確保や毒劇薬や粉じん等による危険・有害性対策を図る。限られた名宛人に対して限られたリスク対策を求める内容だった。</u>

　すなわち，第2条から第14条は，概ね原動機や動力伝導装置等の機械安全関係，第15条は墜落防止，第16条は可搬式（移動可能）はしごからの落下や転倒防止，第17条は機械と隣接する通路の確保，第18条は危険箇所の標示，第19条は職工側による危害防止措置の無効化の禁止，第20条から第25条は爆発，発火，引火等の危険物対策，火災による危険防止，第26条はガス，粉じん等の有害物対策，第27条は，危険性，有害性のある場所への立ち入り禁止措置，第28条は，物の飛散，高熱物や毒劇薬，有害光線，粉じん，ガス等にばく露する作業で使用させる保護具の準備，第29条は，有害な作業をする工場での食事場所の隔離，有害物等にばく露する工場での洗面装置の設置等，第30条は，今では殆どみられない織機につき，杼（シャットル）（資料1-1参照）を通すためその端を引き出す道

> 具の設置，第31条は，建物の採光，換気，第32条は，救急用具の設置，第33条は，食堂等の清潔，第34条は，更衣所等の男女別の設置を定めていた。

なお，工場法では，種々の感染症の感染者や癩（原因不明な疼痛を伴う内臓疾患）のほか，精神病者，4週間以内に出産を控えた者等の就業を禁止していた[9]。就業禁止対象の多くは，旧労基法時代の労働安全衛生規則にも引き継がれた。

工場危害予防及衛生規則など工場法に紐づく規則も工業主を主な名宛人としていたが，現在の安衛法のように，事業者という概念を設定し，両罰規定を設けて（ただし，両罰規定が設けられたのは，労基法制定時点〔第121条〕だった），半無過失責任を負わせてはおらず，工場災害の責任所在の画定は困難と解されていた[10]。

その後，労基法（昭和22年4月7日法律第49号）が制定され，当初，第5章に「安全及び衛生」を設け，第42条に「使用者は，機械，器具その他の設備，原料若しくは材料又はガス，蒸気，粉じん等による危害を防止するために，必要な措置を講じなければならない。」との一般規定をおいていた。これは，現行法の第20条，第22条等の一般規定の元になった規定である。第5章には，その他を含め14箇条が設けられ，その下に，旧労働安全衛生規則（昭和22年10月31日労働省令第9号）が策定された。同規則自体に罰則の定めはなく，本法14カ条の中で同規則に具体化が委任され，当該14カ条に本法第118条，第119条で罰則が設けられていたので，その紐付き規則規定は，実質的に強制力を持つこととなっていた。旧安衛則には，本法の委任を受けない実施省令的な規定も多く存在した。

旧労働基準法の紐付け省令なので，基本的には同法第10条が定める使用者を名宛人としており，元方事業者宛の規制はなかった（ただし，機械器具の譲渡提供者等にかかる規制は設けられていた〔第34条等〕。また，物品設備を主語として，名宛人を設けない規定も多かった）。後掲の通り，元請の現場責任者を使用者とみなす判例（後掲の河村産業所事件〔鍋田農協倉庫倒壊事件〕名古屋高判）も現れたが，法の不備は拭えなかった。

いずれにせよ，旧労基法と旧安衛則は，使用者を義務対象とした最低基準規制を中心とし，旧安衛則や関係特別規則に，生じた労災の再発防止を目的とする技術的規制を中心に整備が進んだが，十分な労災防止効果をあげられなかった。

そこで，まずは建設業等における重層的な請負構造下での混在作業現場での統括的な安全管理体制の構築や危険な建設物等にかかる注文者の責任負担等を図ったのが，昭和39年の旧労働災害防止団体法（昭和39年6月29日法律第118号）だった。

資料1-1　杼（シャットル）

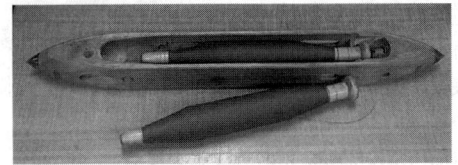

（株式会社テキスタイル・ツリーWEBサイト〔http://textile-tree.com/tex/sanchi/shuttle-loom1/，最終閲覧日：2024年7月2日〕）

同法は，第4章で，元方事業主等を主な名宛人とする新たな安全衛生管理体制を設定した。

その第57条は，現行法の第15条及び第30条に相当する内容を定めた。すなわち，建設業等の特定事業の元方事業主を名宛人として，混在作業が行われている場合，それに伴う労災を防ぐため，統括管理者を選任すべきことのほか，協議組織の設置，作業間の連絡調整，作業場所の巡視等必要な措置（まさに統括管理）を講ずべきことを定めた。

第58条は，現行法第31条と同趣旨，第59条は，現行法第32条と同趣旨を定めた。

このように，同法は，現行法でいう特定元方事業者等による統括管理義務と個々の事業者が安衛法上負っている義務の双方からのアプローチにより，「一の場所」における効果的な労災防止を図るなど，労使関係中心の従来の規制のあり方から一歩前に踏み出した。

その後，昭和46年に労働基準法研究会報告書が現行安衛法の骨子を提言した（昭和46年7月13日）。ここには，以下のような災害傾向分析が記されていた。

・戦後，高度経済成長期を経て休業8日以上の死傷災害が増加していること，
・チェンソーによる白蝋病，キーパンチャー業務による頸肩腕症候群などのほか，有機溶剤中毒などの化学的障害などの業務上疾病のり患者も多数に上ったこと，
・背景には，技術革新に伴う生産設備の大型化，複雑化，高速化，職業病や公害の発生等に象徴される産業の非人間化があると考えられたこと，
・特に製造業，建設業の災害が多く，なおかつ災害の重篤度も高く，クレーンなどの他，自動車などの動力運搬機，重建設機械によるものが多かったこと，
・元請との力関係，下請同士の連携不足，人材・資力・能力不足など，中小下請企業の安全衛生管理に問題がある場合が多いこと，
・労働力構成の高齢化，若年労働者等の体力の低下，疾病による休業の増加などの新たな健康問題が生じていたこと等。

労基法研究会報告書は，以上のような認識を踏まえ，以下の基本方針を打ち出し，これが概ね現行安衛法の章立てに反映された。ただし，安全技師の選任と

医師による通報等の制度の提言は反映されなかった。
① 積極的, 科学的対策
② 新工法, 新原材料対策のための事前審査制度
③ 機械設備の本質的安全化のための発注, 設計段階での安全性確保
④ 職場の環境改善による公害源の解消
⑤ 労働者の体力づくり等の積極的対策
⑥ 技術指針の作成・公表, 労災多発事業場への勧告制度などの行政による柔軟で幅広い誘導策
⑦ 以上の方策を支える安全衛生研究の推進
⑧ 安全衛生人材の積極的な養成と官民両者への供給
⑨ 中小企業や構内下請企業に対する親企業の責任強化と行政による技術面, 財政面での支援等

> (定義)
> 第2条　この法律において, 次の各号に掲げる用語の意義は, それぞれ当該各号に定めるところによる。
> 　一　労働災害　労働者の就業に係る建設物, 設備, 原材料, ガス, 蒸気, 粉じん等により, 又は作業行動その他業務に起因して, 労働者が負傷し, 疾病にかかり, 又は死亡することをいう。
> 　二　労働者　労働基準法第9条に規定する労働者(同居の親族のみを使用する事業又は事務所に使用される者及び家事使用人を除く。)をいう。
> 　三　事業者　事業を行う者で, 労働者を使用するものをいう。
> 　三の二　化学物質　元素及び化合物をいう。
> 　四　作業環境測定　作業環境の実態をは握するため空気環境その他の作業環境について行うデザイン, サンプリング及び分析(解析を含む。)をいう。

1　趣旨
本法上の主要な用語の定義を示したものである[11]。

2　内容

1　労働災害(第1号について)
本条第1号の「労働災害」は, 本法による対応の主なターゲットを確定する概念であり, その定義は非常に重要な意味を持つ。

労災保険法上の補償は政策的に決定されることもあり(例えば, 東日本大震災の被災者のうち海外線に近い事業場で就労していた労働者を補償対象とする, 通勤途中に地下鉄サリン事件の被害に遭った労働者を補償対象とする等), 同法上の労働災害と本法上のそれは必ずしも一致しないが, 本法上の労働災害も, 本法所定の諸措置により防止が求められ, その発生が労災保険の適用や使用者の民事損害賠償責任を「推定」させる等の点で, 他の災害(公衆災害等)と差別化できる必要がある。用語法として, 「災害」は, 人的損害を生じるもの, 「事故」は, 物的損害を意味する。

安衛法に関する代表的な解説書によれば, 産業活動によって生じる災害だが, 「労働者が労働者としての地位にあることによって被る災害である点において一般人が被害を受ける公衆災害とは異な」り, 大規模な爆発や資材の道路への落下等では, 労働者と一般人の双方に被害が及ぶことがあるが, このような場合, いずれの被害に注目するかでいずれの災害か呼び分けることになり, 労働災害の面がある限り本法の対象となる。要するに, 公衆災害との差別化が重視された用語といえる。

労働災害は, 建設物, 物的設備等による物的災害と労働者の作業行動等による行動災害に大別され, 後者には, 過労死等も含まれる[12]。当然ながら, 疾病傷害及びそれらによる死亡の全てが含まれる。

2　労働者(第2号)について
本条第2号が定め, 本法の主な保護対象である労働者は, 労基法上の労働者と同一の概念である(安衛法第2条第2項)。労基法上の労働者と労働者災害補償保険法(以下, 「労災保険法」)上の労働者もほぼ同一の概念である。労基法上の労働者性と労契法上の労働者性(労契法第2条第1項)もほぼ同一の概念である。これらの労働者性の本質的要素は, ①使用従属性(指揮命令関係)と②報酬の労務対償性である[13][14]。判例及び行政見解[15]によれば, ①は, 逐一使用者の指示を受けて業務を遂行することではなく, 広い意味で使用者の指示を受け, 使用者のために就労していれば充たされ, ②は, 仕事の完成に対する対価ではなく, 労務提供それ自体の対価となっているか否かを問う。判例は, 具体的な判断要素(要件ではないので, 全てを充たす必要は無い)として, ①仕事の依頼, 業務の指示等に対する諾否の自由の有無, ②業務の内容及び遂行方法に対する指揮命令の有無, ③勤務場所・時間についての指定・管理の有無, ④労務提供の代替可能性の有無, ⑤報酬の労働対償性, ⑥事業者性の有無(機械や器具の所有や負担関係や報酬の額など), ⑦専属性の程度, ⑧公租公課の負担(源泉徴収や社会保険料の控除の有無)を総合的に考慮してきた。

なお, 本号が家事使用人を適用除外したのは, 労基法第116条に倣ったものと思われ, 同条が家事使用人を適用除外した理由は,
① 家族人に準じる者／一般家庭で私生活を送る者と位置づけられ, 「法は家庭に入らず」の考え方が準用

されたこと，
②他国の労働法規も適用除外対象としていたこと，
③家事労働の時間計測が困難と解されたこと，
④実態として，その多くを女性が占めていたこと，

等であったと分析されている[16]。なお，行政解釈によれば，法人に雇われ，その役職員の家庭で家族の指揮命令下で行う労働は家事使用人に該当するが，家政婦紹介所など家事を請け負う事業者に雇用され，その指揮命令下で派遣先で就労する者は該当しない（昭和63年3月14日基発第150号，平成11年3月31日基発第168号）。また，判例の中に，家事使用人も労働者であり，その範囲は厳格に解すべきで，利用家庭の外から「その労働条件や指揮命令の関係等を把握することが容易であり」，かつ，「それが一般家庭における私生活上の自由の保障と必ずしも密接に関係」しない場合，家事使用人と認められない。①タイムカードによる労働時間管理，②家事のマニュアル化，③会議やヒアリングでの業務内容把握等がなされている条件では，家事使用人には該当しない，としたものがある（医療法人衣明会事件・東京地判平25・9・11労判1085号60頁）。

その他の人的な適用除外対象として，船員や公務員がある。

安衛法第115条第2項により，船員法の適用を受ける船員に本法は適用されない。船員法では，船員と船舶の一体性が重視されるなど，独特の秩序が通底しており，沈没すれば雇用契約が自動終了するが，なお人命・船舶等の救助に従事すべきこと，船内作業による危害防止等にかかる定めの遵守等が船員に義務づけられている（同法第39条）。

国家公務員の場合，一般職（国家公務員法第2条第2項。内閣総理大臣・国務大臣から国会職員，国会議員秘書，防衛省職員，独立行政法人役員までを含む特別職以外の一切の職。現業・非現業の双方を含む）には適用されない（国家公務員法附則第6条）。彼／彼女らの労働安全衛生は，主に人事院規則第10-4～16に規定されている。

例外は，造幣局，国立印刷局など7つの行政執行法人に勤務する一般職であり，彼／彼女らには安衛法が適用される（行政執行法人の労働関係に関する法律第37条第1項第1号）。

また，特別職の国家公務員であっても自衛隊員（自衛隊法第108条），国会職員（国会職員法第45条第1項，第2項で準用規定）などには安衛法の適用が除外されており，逆に，国会議員秘書らには，安衛法が適用される。

地方公務員の場合，現業，非現業を問わず，基本的に適用される。労災防止計画に関する安衛法第2章は，一部の現業公務員以外には適用されない（地方公務員法第58条第2項）。また，労働基準監督官の司法警察権限に関する安衛法第92条も，人事委員会等が行うこととなるため，一部の現業公務員以外には適用されない（地方公務員法第58条第3項，第5項）[17]。

3 事業者（第3号）について

労基法では，名宛人の多くが「使用者」である。これは，「事業主又は事業の経営担当者その他その事業の労働者に関する事項について，事業主のために行為をするすべての者」（労基法第10条）と定められており，要するに，ある事柄について，労働者（単独または複数）との関係で勤務先側の立場に立つ者だから，相対的なものであり，当該事業における権限と責任の設定等に応じて該当者は変わる。

では，本条が主な名宛人とする「事業者」はどうか。

本条は，「事業を行う者で，労働者を使用するもの」と定めている。よって，先ず，労働者を使用していなければならない。問題は，「事業を行う者」の意味内容である。

通達には，以下のようにある。すなわち，「この法律における主たる義務者である『事業者』とは，法人企業であれば当該法人（法人の代表者ではない。），個人企業であれば事業経営主を指している」[18]。「これは，従来の労働基準法上の義務主体であった『使用者』と異なり，事業経営の利益の帰属主体そのものを義務主体としてとらえ，その安全衛生上の責任を明確にしたものである」。「なお，法違反があった場合の罰則の適用は，法第122条に基づいて，当該違反の実行行為者たる自然人に対しなされるほか，事業者たる法人または人に対しても各本条の罰金刑が課せられることとなることは，従来と異なるところはない」[19]（都道府県労働基準局長あて労働事務次官通達「労働安全衛生法の施行について」昭和47年9月18日発基第91号）。

つまり，法人なり企業トップなり，通常，事業体が最も大切に思っている存在（内外の信頼性，ブランド力を高めようとするもの）を責任主体とすることで，事業のトップマネジメント層ないし事業組織全体に安全衛生を重視させようとしたと解される。その趣旨は，たとえ事業者の代行を従業者に委ねていても，当該者に違反があれば，事業者自身も罰金を課され得るという両罰規定（法第122条）にもよく現れている。両罰規定が適用される場合，事業者の責任は厳格に問われる。例えば，保護具の着用のように，事業者には着用「させる」こと，労働者には着用「する」ことが義務づけられている場合，事業者の管理範囲外で労働者が着用を怠っても，事業者が自身に直接義務づけられた措置以上の措置を講じていなければ，処罰され得る[20]。

もっとも，安衛法の構造にかかる問題がある。安衛法違反罪は故意犯であり，実行行為者に措置義務の委任及び権限に加え，原則として故意の存在が必要である。しかし，現場の職長クラスには，作業者の指揮命

第2条 403

令権限はあっても，安全衛生予算等の決定権限がなく，他方，社長クラスには，予算等の決定権限はあっても，現場の危険認識を欠き，したがって故意が認められないということになりかねず，現に，そうした事情から立件が見送られた事案もあるという[21]。

また，実務上，事業者は，事業者概念の拡大，相対化に努めることで，科罰を避けてきた面もある。業種にもよるが，生産や販売より安全衛生を重視する企業は多くなく，労働基準監督官らの災害調査や臨検でも，安全衛生事項について，経営トップ層が対応することは多くないようだ。最終責任を事業者が負うとしても，履行代行者を組織内で高い地位の者に行わせることまで義務づけることは難しい。

平成26年法改正では，企業名公表制度（同じ企業の複数事業場での重大労災の繰り返しの発生及び改善計画の作成，変更，実施の指示違反が基本的な要件。法第78条，安衛則第84条，第84条の2）が設けられたが，これも，経営トップ層の安全衛生意識を高める方策の一環と言える。しかし，UKのHSWA（労働安全衛生法典）等に比べると，事業者に科される罰金はかなり低額であるほか，経営者や上級管理者個人の管理責任が刑事罰で図られる仕組みにはなっていない[22]。基本的には，間接的な圧力を狙ったソフト・ロー（結果の担保までは求めない手続き的な規定やガイドライン等）で構成されている。

事業者概念と並んで議論を招き易いのが，安衛法の基本的な適用単位である「事業場」概念である。行政解釈（昭和47年9月18日発基第91号通達の第2の3）によれば，労基法上の事業場と同趣旨であり，<u>場所的な一体性</u>を持つことが原則だが，個々の規模が小さくて組織的関連があり，事務能力等がない場合，場所が離れていても1個の事業場とされることがある一方，企業内の診療所，自動車販売会社内の自動車整備工場のように，たとえ同じ場所にあっても，業務内容，業態が著しく異なるような場合には別個の事業場とされ得るなど，<u>最終的には実態を踏まえた個別的判断に委ねられる</u>という。

もっとも，事業場に変動が生じた場合の同一性については，未解明な点が多い。

例えば，

①ある事業場が事業譲渡されたが，その労働者の全部又は一部が同じ場所で同じ業務に従事する場合，

②地方公共団体が有する有料道路の料金所業務のような現業の運営を民間事業者に委託したが，労働者や業務内容等に殆ど変更がない場合，なおかつそこで就業する労働者の殆どが有期契約者で，年度ごとに契約を更新されている場合，なおかつ，受託する民間業者が入札制度により変更される場合，

等について，明確な解釈の指針は存せず，安衛法上，所定の書類の保存義務の負担者，法第38条等所定の機械の設置者であり，検査を受けるべき者等の所在が不明である。

筆者は，そもそも事業場自体が，場所を基本として，業務内容，業態等により判断されることから，それらに変動がなければ，緩やかに同一性を認めてよいと解する（①の場合，事業の譲渡人，②の場合，地方公共団体を事業者として，上記の事業場の安全衛生管理責任を負わせる）。

4　労働安全衛生法の適用範囲の拡大の可能性と限界[23]

日本の労働安全衛生法は，事業者に自身が雇用する労働者を，産業活動に伴う様々な労働安全衛生上のリスクから保護させる規定を基本としている。しかし，事業者以外の者を名宛人としたり，事業者らに自身が雇用する労働者以外の者を保護させる規定を多く設けている。例えば，建設業等の発注者であって，自らも仕事の一部を行う者（「元方事業者」という）に，同じ建設現場等で働く下請業者等（下請，孫請等）の労働者の安全を統括管理（混在作業現場におけるリスクや対応方針の共有，安全パトロール等）させる規制を設けている（第30条）。建設業等の工事の注文者の一部（自身も仕事の一部を行う者であって，重層的な下請構造がある場合は最先次の注文者。自ら仕事を行わないクライエントは該当しない。最先次の注文者ではない元請も該当しない）に対して，同人が管理権やリスク情報を持っている建設物等（足場，型枠支保工，交流アーク溶接機等）を，下請業者等の労働者に使用させる際，自身が使用する労働者に対するのと同様に，必要な労災防止措置を講じるべき旨を定めている（第31条）。第30条は場の管理規定，第31条は物の管理規定である。特定の危険有害な化学物質の製造者や輸入者などに，それに関するリスク情報を，ラベル等の形式で，それを取り扱う可能性のある者に提供させようとする定めもある（第57条など）。労働者派遣法では，派遣元事業主より，労働者を直接使用する派遣先事業主の方が，多くの安全衛生法規の履行義務を課されている（労働者派遣法第45条）[24]。

これらは，事業者に対して，自ら使用する労働者を保護させるだけでは，実効的に安全衛生を確保できないことを前提にした規制である。そこで，<u>危険源やリスクを生じる場所や物に関する情報や支配管理権限を持つ者等に，情報提供や，必要な保護措置等の履行を義務づけた</u>ということである[25]。これらの規制の背景には，名宛人の報償責任の原則（ある活動により利益を受ける者こそが，その活動による災害の防止と賠償の責任を負うべきとの考え方）や，予見・管理可能性による安全配慮の要請や保護責任の原則（災害を予見でき，管理できる者が，その防止と賠償の責任を負うべきとの考え方）等もあると解されるが，本質的には，労災防止という目的を重視する労働安全衛生の性格による。しかし，そうした規制の対象は，<u>建設業者や造船業者，化学物質</u>

の製造業者等に限られている[26]。また，日本の安衛法や，それに紐付く省令は，必ずしも誰が保護対象かを定めていない（安衛法は，一般的に労働者の保護を目的とすると定めているが（第1条，第3条第1項），個別規定のうち保護対象を労働者としているものは一部にとどまる）。その場合，保護対象は，当然に労働者とも解釈できるし，より広く想定されているとも解釈できる。

近年，安衛法の一部の条規の保護対象を広く解釈する判例が出た。すなわち，アスベストにより石綿肺や肺がんなどにり患した建設会社従業員や自営業者の職人である一人親方が，国に対しては，アスベストの危険性のラベルによる表示や掲示にかかる通達等による指導監督，保護具にかかる使用確保の義務づけ等の規制権限不行使を国家賠償法上違法であるとし，建材メーカーに対しては，製品のリスクに関する警告を行う注意義務の懈怠等が不法行為であるとして，それぞれに対して損害賠償請求を求めた建設アスベスト訴訟（神奈川第1陣）事件（最1小判令3・5・17民集75巻5号1359頁）がそれである。国は，2006（平成18）年9月に至り，アスベストを安衛法施行令に基づく製造等禁止の対象としたが[27]，それまでに建築物の建設や解体工事等に従事していた建設作業従事者（労働者及び一人親方等の非労働者）が，中皮腫や肺がん等のアスベスト関連疾患を発症した。そこで，全国8つの地裁に，国とアスベスト建材のメーカーを相手方として集団訴訟を起こした。本件はそのうちの一つである。

本件では，基本的には「労働者」の安全衛生の確保を目的とする労働安全衛生法が，請負・業務委託契約で就労する一人親方も保護の対象としており，彼らの保護のための規制（法的拘束力を持つ規則の作成・改正や法的拘束力のない通達の発出など）を怠ると，国の規制権限不行使が違法となり得るかも争点の一つとなった。

本件発生当時，安衛法第57条は，特定の化学物質を容器に入れたり包装して他者に譲渡したり提供する者に対して，そのリスク等を容器に貼り付けるラベルに表示する等して，関係者に伝える義務を課していた。特定化学物質障害予防規則（特化則）第38条の3は，事業者に対して，発がん性物質等の特定の有害物質を扱う作業場において，その物質の有害性（hazard）や取扱い上の注意等を掲示する義務を課していた。また，当時の労働安全衛生規則は，事業者に呼吸用保護具を備える義務は課していたが，実際に作業従事者に着用させる義務は課していなかった。

本件では，国は，これらの規制につき，表示や掲示については，通達（法的拘束力なし）で具体化して指導監督したり，保護具については，規則（法的拘束力あり）で使用確保を義務づけなかったこと等により，国家賠償法上の違法を犯したか等が争われた。また，これらの規制措置の保護対象に一人親方が含まれるかが問われた。

この点について最高裁は，先ず，通達により，アスベストのリスクや保護具装着の重要性を表示や掲示で十分に伝達させなかったこと，作業従事者への保護具使用を規則で義務づけなかったこと等が，国家賠償法上違法としたうえで，要するに，以下のように述べて，一人親方に対する国の国家賠償法上の賠償責任を肯定した。すなわち，

1）安衛法の主な目的は労働者保護だが，職場環境の整備も定めている。また，法第57条は，物の危険性に着目した規制なので，同条の保護対象は，職場に出入りする非労働者にも及ぶ。

2）特化則が定める掲示義務も，非労働者を含め，有害物質を扱う作業場での作業従事者の保護を図っている。

しかし，裁判所による柔軟な解釈にも限界がある。結局，今の安衛法は，リスク創出者管理責任負担原則のごく一部しか具体化しておらず，一人親方，フリーランス，ギグワーカーなど，多様な業種・職種にわたる新たな就労者の保護は難しい[28]。

5　化学物質（第3号の2）について

本号は，化学物質を元素及び化合物と定義している。本法において，化学物質に特化した規制は，第5章第2節に置かれており，その有害性調査等を定めている。

元素や化合物に関する詳細は，主に昭和53年通達（昭和53年2月10日基発第77号）と昭和54年通達（昭和54年3月23日基発第132号）に定められているが，概ね性状が不安定なものほどハザードないしリスクが大きいと理解できる（これはリスク全般に言えることかもしれない）。

元素とは，物質を構成する基本的成分であり，1種類の原子から成る全ての状態であり，励起状態（excited state：エネルギー的に不安定な状態）を含み，単体（水素 H_2，酸素 O_2 など，純物質を構成する元素の種類が1種類の物質。2種類以上の物質を化合物という）[29]を含む（昭和53年通達）。

化合物とは，2種類以上の元素の結合（化合）によって生じた，原則として一定の組成を有する物質をいう。通常単一の種類の物質をいうが，ここでいう化合物には，次の各号に掲げる物を含む（昭和53年通達）。

イ　主成分は一定の組成を有しているが，その主成分を製造する際に混入した不純物，副生物等が混在しているもの

ロ　高分子化合物のごとく，単量体（モノマー：一般に1～100個程度の低分子。逆に一般に数千個以上の原子から成る高分子をポリマーという）は一定の組成を有しているが，厳密な意味では化学構造が完全な同一性を有するとは限らないもの

ハ　一部の染料，コールタール状物質等のように，製造行為の結果，複数の化合物の集合体となり，個々の化学物質の同定が困難だが，全体として均一な性状を有し，個々の化学物質の分離精製を行わないもの

　要するに，中心となる化合物に一定の組成やパターンはあるが，単純なつくりではなく，複合的に混淆していて，一定の不安定性を伴うものと言えよう。

　また，次の各号に掲げる物は，化合物として取り扱われない。

イ　合金
ロ　固有の使用形状を有するもの（合成樹脂製の什器，板，管，棒，フイルム等）及び混合物のうち，混合によってのみ製品となり，原則として最終用途に供される物（例：顔料入り合成樹脂塗料，印刷用インキ，写真感光用乳剤）

　要するに，用途に従って使用される限り安定し，特に危険をもたらすおそれのない製品と解される。

　なお，新規化学物質の製造・輸入業者にその有害性調査を求める法第57条の4にいう新規化学物質とは，施行令第18条の3が定める4種の化学物質（元素，天然産出化学物質，放射性物質，昭和54年2月末までに製造・輸入され，厚労大臣による公表済みの化学物質）と同条第3項による公表済みの化学物質以外の化学物質であり，これには，製造中間体（製造工程中に生成し，その後同一事業場内で他の化学物質に変化していく化学物質），副生成物（製造工程で意図せずに生成してしまった化学物質），廃棄物も含まれる。

　このうち天然産出化学物質とは，鉱石，原油等，天然に存在するままの状態の化学物質であり，動植物から得られる1次産品等も含まれる（昭和54年通達）。

　同じく放射性物質とは，電離放射線障害防止規則第2条第2項の放射線物質を意味し（昭和54年通達），基本的には放射線を発する物質を意味する。

　分子間化合物（異なる分子の結合によりできる化合物），包接化合物（分子間化合物の一種であり，一方の分子にできた空間に他方の分子が包摂されてできる）等のように，2以上の化学物質が集合して単一の化学構造を持つ化学物質であって，その構成物がいずれも既存化学物質である場合，既存化学物質とみなされる（昭和54年通達）。

　構成単位となる重合物（複数の分子の結合により新たな化合物となる反応で生じた物）が全て既存化学物質であるブロック重合物（2種類以上のモノマー（一般に1〜100個程度の低分子。逆に一般に数千個以上の原子から成る高分子をポリマーという）を用いた重合物）及びグラフト重合物（1本の高分子を幹にして，他の種類の高分子の枝をつけた重合体）も既存の化学物質とみなされる（昭和54年通達）。

6　作業環境測定（第4号）について

「作業環境の実態をは握するため空気環境その他の作業環境について行うデザイン，サンプリング及び分析（解析を含む。）」とされている。つまり，背景依存性があって，絶対的方法が存在しない中で，一定の目的をもって模索される系統だった一連の行為を意味する。

　昭和50年通達（昭和50年8月1日基発第448号）によれば，「作業環境測定は，作業環境の現状を認識し，作業環境を改善する端緒となるとともに，作業環境の改善のために採られた措置の効果を確認する機能を有するものであつて，労働者の健康管理の基礎的な要素である。そのため，従来より，労働安全衛生法……において，一定の有害作業場について定期に作業環境を測定し，その結果を記録する義務が事業者に課せられてきた」。

　デザインとは，測定対象作業場の諸条件（生産工程，作業方法，発散有害物の性状等）に即した測定計画（サンプリングの箇所，時間，回数，試料分析方法や分析機器等を含む）の立案である（昭和50年通達）。

　サンプリングとは，試料の捕集と適宜行う分析のための前処理を意味する（昭和50年通達）。

　分析とは，捕集した試料に種々の理化学的操作を加えて測定対象を分離，定量又は解析することをいい，解析とは，温度計などの物理的測定機器により物象の状態を分析することをいう（昭和50年通達）。

3　沿革：制度史

　第2条の定めで最も争われ易いのは，労働者及び事業者の定義なので，この点に絞って述べる。

1　労働者について

　日本の安全衛生法制の主な保護対象は，工場法時代から労働者だった。工場法制定以前は，製造所取締規則，汽罐，汽罐に関する取締規則，煙火，燐寸及び魚獣化製造に関する取締規則等により，各地方庁ごとに取り締まられて来た。主な名宛人は危険有害物の製造者，設置者等であり，むしろ労働者保護の視点が欠けていた。爆発物貯庫規定，電気事業法，瓦斯事業法などの安全法もあったが，労働者保護がメインではなかった。

　工場法が制定され，主な保護対象が職工（オーストリアでいう Hilfs arbeiter）と定められた。岡実氏によれば，制定当時の諸外国の立法例でも確たる定義はなく，行政上の必要に応じて設けられた多義的な概念だった。当時の法令で用いられていた職工・人夫・傭人は全て，下級の労働者に法定の場合に一定の扶助をなすことを目的とした点で似たような意味であり，岡氏は以下のように推論している。

　「職工とは主として工場内にあって工場の目的とする作業の本体である業務につき労役に従事するもの及び直接にその業務を助成するため労役に従事するものを言う。すなわち，工場の主たる作業はもちろんこれに関係ある作業，たとえば場内運搬，工場設備の手入

れ修復等の労役に従事する者を包含する」〔＊三柴が表現を現代用に修正した〕。

より詳細に言えば，
①労役に従事する者
　主に身体的労働者であって，通常，技師，事務員等は含まない。
②工場の目的とする作業の本体である業務に従事する
　工場の目的とする作業とは，製造業での製造作業のように工場経営の目的である事業を指し，作業の本体である業務とは，機械製造工場での鋳造・仕上・組立のように，場内運搬，機械の手入れ等の補助作業の対義語を指す。
③工場の目的とする作業を直接助成する
　工場の目的とする作業に密接な関係がある作業であって，工場の場内運搬，機械の掃除，手入れ，修繕，注油等を意味し，もっぱら作業場（包囲された場所でなくても良い）外で原・燃料等の運搬に当たるもの等は含まれない。
④工場内で労働する
　工場法は，主に場内労役者の保護を精神としており，いわゆる戸外労働者の保護は以後の立法に委ねた経緯から，例えば電線路の保守のみに従事する外部の電力会社等は職工に含まれない。
⑤雇傭関係の存在にこだわらない
　例えば，請負人が雇傭した労働者又は業者から労務供給された労働者が，請負人や業者から賃金その他の世話を受けつつ工場内で工業主の仕事に従事する場合にも，その工業主の職工に当たる。[30]

このように，工場法の主な保護対象である職工は，概ね，工場という場所内で，工業主の事業に組み込まれ，身体的な作業に従事し，立場的に下級に置かれ，経営者・上司の指示に従わざるを得ない存在だったと言えよう。

工場法の主な目的は，女性や年少者等の保護職工及び職工の長時間労働の制限と安全衛生（特に機械安全と危険有害物対策）であり，行政による高権的な監督取締法規としての性格が強かった。よって，設定された適用範囲が狭かったこともあり，元請等のリスク創出者に対して，あるいは，法が想定しないリスクの規制に際しては，行政の裁量や司法判断によって拡大解釈する必要があり，現にある程度は可能だったと察せられる。[31]

旧労基法時代は，旧安衛則は旧労基法に紐づいていたので，当然に，同法第9条の労働者が基本的な保護対象だった。しかし，その当時から，物的措置を義務づけたり，環境衛生を図るような規定もあり，明記していなくても，保護対象は労働者に限られなかったと解される。当時，注文者，発注者，元方事業者等の規制はなかったが，製造者等を想定した製造流通規制は存在したので，たとえ一義的ではなくても，実質的には保護対象に主な名宛人である使用者の労働者以外も含んでいたと解され得る。

旧労働災害防止団体法（昭和39年法律第118号，現行安衛法〔昭和47年6月8日法律第57号〕により大きく改正された）でも，当初，第2条第2号で，労基法第9条所定の労働者と定義が同じとされていた。もっとも，同法こそ，まさに元方事業主，注文者宛の規制を設けた先駆けだったので，保護対象は社外工や注文先等の労働者に拡張されていた。確かに，同法は，一義的には労基法上の労働者を保護するための補助策を定めたに過ぎないのだろうが，労働者の安全衛生も，労働者対象の措置のみで図れないことは示していたと解される。

2　事業者について

事業者概念が設けられたのは現行安衛法が初めてである。

先述した通り，工場法制定以前は，機械，危険有害物等に関わる物的な危険防止措置がメインで，労働者保護の視点が欠けていた。

明治44年に制定された工場法は，工業主を基本的な名宛人として，主に女性と年少者から成る保護職工の危険有害業務への就業制限を図りつつ（第9条，第10条に顕著），第13条で，一般職工を含む職工一般を保護対象として，設備の改善等の措置を規定した。ただし，具体的な措置は行政官庁の命令に委任し，同条のみで工業主に直接的な義務が生じるわけではなかった。[32]

工場危害予防及衛生規則など工場法に紐づく規則も工業主を主な名宛人としていたが，現在の安衛法のように，事業者という概念を設定し，両罰規定を設けて（ただし，両罰規定が設けられたのは，労基法制定時点〔第121条〕だった），半無過失責任を負わせてはおらず，工場災害の責任所在の画定は困難と解されていた。[33]

旧安衛則も旧労基法に紐づけられていたので，基本的な名宛人は使用者だった。しかし，安全衛生は賃金等の労働条件とは異なり，使用者の意味内容を広く理解して，元請の現場作業主任もそれに該当するとして刑事罰を科したケースもある（河村産業所事件〔鍋田農協倉庫倒壊事件〕・名古屋高判昭47・2・28判時666号94頁〔上告後，最2小判昭48・3・9で棄却〕）。また，その当時から，規則の名宛人は，使用者のほか，労働者，汽罐や起重機の取扱い資格者，行政（労働基準局長，監督署長等），国の指定を受けようとする検査機関等多様だった。現行法規則に比べ，名宛人が書かれていないものも多かった。

4　運用

1　適用の実際

本条については，やはり労働者や事業者の定義が，

監督取締上の課題と認識されることが多い。

すなわち、「労働者」の場合、使用者との指揮命令関係や報酬の労務対償性が求められ、事業者の場合、やはり労働者を使用している（労働者との指揮命令関係がある）必要がある。

しかし、実際には、重層的請負関係下で請負関係上位者が下請業者の労働者らに作業指示を行っており、実質的には労務供給関係＝偽装請負関係にありながら、雇用関係を前提とする安衛法の適用等を免れようとするケースが後を絶たない。

そこで、監督行政実務では、労働者派遣法第45条のみなし規定の活用により、そうした請負関係上位者を立件することがある。すなわち、同条第3項は、労働者派遣の場合、安衛法第20条から第27条の適用については、派遣先を労働者の使用者、派遣労働者を派遣先に使用される労働者とみなす旨の定めを置いている。そこで、請負関係上位者を派遣先、下請の労働者を派遣労働者と見立て、安衛法第20条等の措置義務を怠ったとして、当該上位者を立件するということである（令和2年度厚生労働科学研究費補助金〔労働安全衛生総合研究事業〕「労働安全衛生法の改正に向けた法学的視点からの調査研究」〔研究代表者：三柴丈典〕による行政官・元行政官向け法令運用実態調査〔三柴丈典担当〕）。

2 関係判例

【刑事事件】

●偽装請負的な関係にあった一人親方が注文者（1次下請）の現場責任者の危険防止措置の不備（歩み板、防網を使用せず）によりスレート工事中の屋根から落下して死亡した災害の後、注文者（1次下請）である被告人会社が、現場責任者の安衛法第21条第2項（安衛則第524条[34]）違反、第119条にかかる両罰規定（第122条）により罰金刑を受けたところ、被告人会社より、被災者は安衛法上の労働者ではないと主張されたが、退けられた例（東京高判昭56・8・11判タ459号143頁〔原審：佐倉簡判昭56・2・18未登載〕）

〈事実の概要〉

被告人会社が、訴外B社が訴外Aから請け負った倉庫の建築工事のうち屋根等のスレート工事（粘土板岩の薄板を使用した屋根材の取り付け工事。本件工事）を下請けし、Fを現場責任者として、当該工事と被災者Tらの指揮監督に当たらせていた。Fが、被告人会社の支店でTら3名に本件工事の作業を依頼し、作業の内容、使用する資材、規格、数量、作業時のヘルメットと命綱の装着につき具体的に指示し、なおかつ自ら調達した資材を提供して作業させていたが、踏み板・歩み板（高所に板を渡して作業員が歩けるようにした物）、防網の使用はしなかったところ、高さ約6.1mの屋根で作業中だったTが転落して死亡した。

なお、Tの遺族は、本件災害につき元請の訴外Bが加入していた労災保険の適用を受けるため、事実に反し、同社の賃金台帳や出勤簿等を作成（いわば偽造）して管轄労基署に提出した。

以上の経過を受け、管轄労基署は、現場責任者Fに対して、安衛法第21条第2項（安衛則第524条）違反に基づき是正勧告書及び使用停止命令書を交付すると共に、第119条にかかる両罰規定により、被告人会社を送検したが、被告人会社は、被災者は独立した請負人であって、安衛法上の労働者ではないと主張した。

〈判旨：被告人会社による控訴棄却（有罪）〉

安衛法第2条第2号が定める労働者は、労基法第9条が定める労働者と同義であり、結局、①事業〔＊当時は第8条に列挙されていたが、その後同条が削除され、全ての事業が対象となった（三柴注）〕に使用され、②賃金を支払われる者を意味する。

①について

①は、(イ)身分上の雇用関係と、(ロ)指揮監督関係に分けられ、(イ)は、請負、委任等の契約形式に囚われずに判断され、(ロ)は、具体的な業務遂行過程における指揮監督の実態に即して判断される。②も同様に、たとえ出来高払いの金員でも、その実態から労務対償性があれば賃金とみられる。殊に本件では、安全措置義務の負担が争点なので、報酬に当該安全措置の必要経費が含まれるかを実態に即して観察する必要がある〔＊含まれない場合＝外形上の注文者が安全措置を負担する場合、労働者性が高まる（三柴注）〕。

(イ)について

被災者Tら3名は、被告人会社と明確な雇用契約等を締結していなかったので、他の職場でも働けたが、本件当時まで継続して被告人会社の作業現場のみで働き、その班長（親方）となって他2名を抱える一方、被告人会社は、その名前入りの作業着を無償支給し、支店に職員名簿を備えてTらを登載し、Tを永年勤続表彰する、Tが中心になって被告人会社の現場職員から成る親睦会を組織するなど、長い間、被告人会社専属のスレート工として遇されてきた。

(ロ)について

被告人会社は、逐一契約書の取り交わしはせず、作業現場ごとに使用する資材の品名、寸法、数量、単価、工賃等を記載した予算書を自ら作成したうえ自ら資材を調達して提供し、これに基づいて作業するよう一括指示していたので、Tらに仕事の裁量などは全くなく、単に労務を提供するに過ぎなかった。

タイムカード管理こそ受けなかったが、毎朝被告人会社の支店に出向き、作業の進め方、機械の使用方法、危険防止措置等について具体的指示を受け、元請が危険防止措置を講じない場合、引き上げるよう指示

資料1-2 スレート踏み抜き災害の図

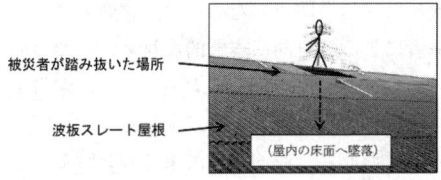

（水戸労働基準監督署作成）

資料1-3 スレート工事と望ましい安全対策の例

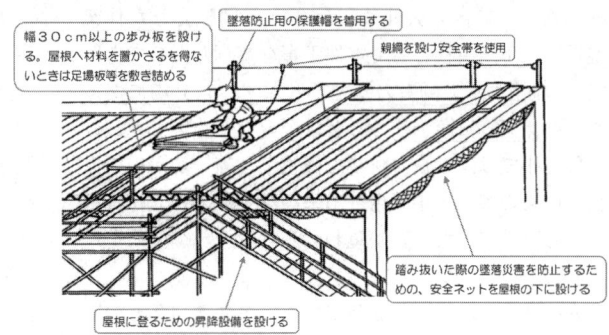

（資料1-2に同じ）

され，被告人会社主催の講習を受講していた。
　すなわち，事業計画，危険負担の双方で独立性は認められない。
　②について
　被告人会社の仕事では，毎月末，作業終了後に職人の班長が班員全体の出来高分，常雇分（最低報酬を保障するための補塡）に交通費を含めて計算した工賃を請求し，被告人会社がチェックし，諸経費を控除して班長に支払い，班長から班員に配分する習わしだったが，Tらの請求する工賃に危険防止費用は含まれていなかった。ただし，被告人会社の一般従業員とは支払方法が異なり，賞与・退職金がなく，公租公課はTらが負担し，労災保険等の社会保険にも加入していなかった。すなわち，支払われていた工賃には実質的に労務対償性があった。
　以上のような事実関係下では，Tと被告人会社の間には使用従属関係の実態が存したといえ，Tを安衛法上の労働者と認めるのが相当である。
〈判決から汲み取り得る示唆〉
・建設現場では，伝統的に偽装請負が横行しており，特に死亡災害のような重大災害では，刑事司法でも，形式より実質をみて労働者性を判断することがある。
・判断要素として，資材調達の主体のほか，安全衛生担保の主体も考慮される。
●法第14条の「事業者」を，労働者を直接支配下に置いて指揮命令する雇用主としつつ，実際の判断では自身の道具や会計で事業を営むことを含め，「安全を確保すべき立場」にあったことを重視した例（福岡高判昭63・5・12判時1278号161頁〔原審：熊本簡判昭62・11・26未登載〕）
〈事実の概要〉
　被告人会社は，熊本市が発注した下水道工事（本件工事）の元請（元方事業者でもある）Oから工事の約半分（川尻地区と八幡地区の一定範囲）を受注した。被告人会社は従業員数16名，Oは5名の中小規模の企業で，Oの方が被告人会社より小規模だったが，この注文は，Oが工事を落札したため，Oが若干のマージンを取って，被告人会社と仕事をシェアする趣旨で行われた。

　本件下水道工事全般に，水道管を埋設するために車両系建設機械を使用して地山を掘削するため，土止め支保工の組立の必要があった。よって，各作業につき，安衛法上，技能講習を修了した作業主任者（本件では，地山掘削作業主任者及び土止め支保工作業主任者）の選任配置及び同人による指揮監督が必要だった。
　被告人会社は，川尻地区には，有資格者Aを現場監督に充て，元請Oの有資格者Bから現場図面を受け取り，作業に従事させたが，八幡地区には，土木管理技師及び重機運転資格を持ち，現にこの種の工事の施工経験及び重機運転の経験を持つが，作業主任者資格を持たないCを現場監督に充て，Aも同地区の施工は同人に一切を委ねた。
　Cが八幡地区で重機運転手不在のまま自ら重機運転及び工事指揮をし，アルバイトのDに土止め支保工の組立作業を行わせていたところ，土砂崩壊により同人が死亡する労災が発生した。
　この経過を受け，国は，被告人会社とその取締役で安全管理を含む経営全般を統括していた被告人Yを安衛法第14条違反で起訴し，原審も有罪と認めたが，被告人らは，本件で同条の名宛人の事業者に当たるのは元請Oだと主張し，控訴した。
〈判旨：被告人会社による控訴棄却（有罪）〉
　被告人らは，安衛法第14条の「事業者」は，同法の立法趣旨から，労働安全の確保の見地で作業主任者選任義務を課す対象を解釈すべきで，元請―下請労働者間に直接の雇用関係がなくても，実質的な指揮監督関係があり，元請が労働安全を確保すべき立場にあるような場合，当該元請が事業者となるべきで，本件ではOが該当する旨を述べる。
　しかし，同法第14条は，「労働法上の事業者の安全配慮義務を定めた規定であって，労働者を直接その支配下に置いてこれを指揮監督する法律関係が認められる場合において，法定の危険業務に従事させるときは，その雇用主である『事業者』に各作業主任者選任義務を負わせているものである」〔＊下線は筆者が添付した〕。

これを本件についてみると，〈事実の概要〉所掲の経緯から，被告人会社は，元請Oとは独立した作業現場で，下請会社として本件工事を遂行したのであって，「雇用する労働者の安全を確保すべき立場にあった『事業者』に該当することは否定できない」。なお，本件工事では，人員，材料，機械工具等一切が被告人会社のもので，工事費用も出来高計算で，独立採算制による下請だったことが窺われる。

〈判決から汲み取り得る示唆〉
・安衛法全体ないし第2条ではなく，法第14条との関係で「事業者」の定義を考えている。逆に言えば，本法の第14条以外の条規では，事業者をより広く解釈できる可能性を残したとも解し得る。
・一般論では直接的な雇用関係の存在を前提にするような趣旨を述べつつ，本件に即した具体的判断では，事業者としての独立性（特に自ら労働者を指揮監督していたか），仕事遂行上の自律性を主な論拠として，被災者の直接的な雇用主であった被告人会社が，その「安全を確保すべき立場」にあったことを重視している。

すなわち，雇用関係以外に，安全に関する情報や管理権限の有無等を考慮している。結局，本法上の「事業者」は，被告人らが主張したように，本条内外で目的論的に広く解釈できる可能性が示されたとも解し得る。

【民事事件】
特に見当たらなかった。

（事業者等の責務）
第3条　事業者は，単にこの法律で定める労働災害の防止のための最低基準を守るだけでなく，快適な職場環境の実現と労働条件の改善を通じて職場における労働者の安全と健康を確保するようにしなければならない。また，事業者は，国が実施する労働災害の防止に関する施策に協力するようにしなければならない。

2　機械，器具その他の設備を設計し，製造し，若しくは輸入する者，原材料を製造し，若しくは輸入する者又は建設物を建設し，若しくは設計する者は，これらの物の設計，製造，輸入又は建設に際して，これらの物が使用されることによる労働災害の発生の防止に資するように努めなければならない。

3　建設工事の注文者等仕事を他人に請け負わせる者は，施工方法，工期等について，安全で衛生的な作業の遂行をそこなうおそれのある条件を附さないように配慮しなければならない。

---

1 趣旨

本条と次条は，労災防止のためには，事業者のみならず，関係者による総合的で本質的な対策が必要との認識から設けられた。本条は，第1項で，それが労災防止にも結び付くという考えから，事業者に対して，快適な職場環境形成と一般的な労働条件の改善という高い目標を設定すると共に，国の施策への協力を求め，第2項と第3項で，機械安全，化学物質管理，建設安全を図るため，リスク創出者（リスク情報とそれに基づく管理権を持つ者も含む）である機械や原材料の製造・輸入者，建設物の設計・注文者に労災防止への配慮を求めた。

本法の解説書によれば，本法の規定は，
①基本的に罰則で裏付けられた最低基準規定（危害防止措置，安全衛生管理体制，安全衛生教育，健診等）
②事業者宛の具体的な努力義務規定（産業医選任義務のない事業場での健康管理等〔第13条の2〕，能力向上教育〔第19条の2〕，第20条から第25条の2が定める基本的な危害防止措置や発がん性等の有害性が窺われる特定の化学物質の製造・取扱いに際しての健康障害防止措置の履行支援のための技術指針〔第28条〕，リスクアセスメント〔第28条の2〕，作業管理〔第65条の3〕，健診結果を踏まえた保健指導等〔第66条の7〕，健康の保持増進措置〔第69条〜第71条〕，快適職場形成〔第71条の2〜第71条の4〕等）
③事業者等に宛てた一般的な責務規定（第1条所定の本法の目的を達するために必要となる広範かつ本質的な方策を包括的に示し，①②の根拠を提供している）
の3種に分かれ，本規定は③に該当する。

2 内容

本条第1項は，第1条と共に，本法の目的が快適職場環境の形成という高い水準にあることを示すと共に，一般的な労働条件の改善と共に，その達成が一義的には事業者に求められることを示している。

ここで快適な職場環境とは，労働者の疲労やストレスが少なく働き易い職場を示す。具体的には，作業環境や作業自体の快適化，利用する設備の改善等も意味し，これが健康確保と共にヒューマンエラーによる事故や災害の防止に繋がると解され，平成4年法改正で新設された第7章の2に，その実効策が設けられた。

また，ここで一般的な労働条件の改善が求められている趣旨は，まさに本法第1条や改正後の労基法第42条等により，本法が労基法の姉妹法とされたことの現れであり，「賃金，労働時間，休日などの一般的労働条件の状態は，労働災害の発生に密接な関連を有すること」（都道府県労働基準局長あて労働事務次官通達「労働安全衛生法の施行について」昭和47年9月18日発基第91号）を指している。すなわち，低賃金から，未熟練者が危

険業務に従事せざるを得なくなる場合や，長時間労働による集中力の低下によるつまずきや転倒などが想定されている。[38]

第2項は，機械安全，化学安全，建設安全を図るため，リスク創出者である機械器具等の設備，原材料の製造・輸入者（と前者の場合設計者），建設物の設計・建設者に労災防止への配慮を求めた。

機械安全では，予め安全装置を組み込むこと，化学物質管理では，工場での十分な作業空間の確保や換気設備の設置等，建設安全では，建設工事上危険を生じる場合には所要の情報を提供して注意を促すこと，安全に建設できるような設計をすること等を意味する。建設物の建設者とは，その発注者を指す（昭和47年9月18日基発第602号）[39]。本条の趣旨を体現する最低基準規制は，第5章（機械等並びに危険物及び有害物に関する規制）に置かれている。[40]

第3項は，建設工事等（第2項の建設物の建設・設計者と異なり，建設工事以外も含まれる）の請負契約の注文者（同じく発注者に限られない）に契約内容の適正化の配慮を求めるもので，具体的には，①充分な工期の設定，②安全確保のための経費の支払い，③施行条件が変化した場合の①②の確保，④複数の工区ごとの分割発注の際の工区間の連絡調整等が該当する。[41]

本条は訓示的な規定なので，監督指導において「違反条文」として明示的に参照されることは原則としてないが，罰則付きの危害防止基準を含め，本法に通底する理念を示している[42]。本条の趣旨を直接的に具体化した例として石綿障害予防規則第9条が挙げられる。同条は，建築物，工作物等の解体等を行う仕事の注文者に，石綿等の使用の有無の調査，作業方法，費用や工期等について，法令遵守を妨げる条件を付さないよう配慮を求めている（ただし，配慮義務規定であり，仮に法律本法に根拠を求める場合にも罰則はない）。また，本条は，機械の包括的な安全基準に関する指針（平成19年7月31日基発第0731001号）の起案の基礎ともされた。同指針は，機械等の製造・輸入・流通業者が設計，製造段階で講じるべき措置と，事業者が労働者に使用させる際に講じるべきリスク調査等の措置について定めており，前者は本条第2項に関わること，後者は第28条の2に関わることも示唆している。

3 制度史
（略）

4 運用
1 適用の実際

前述の通り，本条は訓示的な規定なので，監督指導において「違反条文」として明示的に参照されることは原則としてないが[43]，例えば，厚生労働省の労働災害統計で起因物分類を見ると，第5章第1節が主な対象としていない食品加工機械，一般動力機械による指の切断，骨折等の災害が一定数あることからも，製造者への指導等の根拠とされ得る。

また，本条第3項は，建設工事従事者の安全及び健康の確保の推進に関する法律（平成28年法律第111号，通称建設職人基本法）の趣旨を体現する重要な規定であり，より強い指導（指導票の発布等）の根拠として活用される可能性はある。[44]

2 関係判例
【刑事事件】
特に見当たらなかった。
【民事事件】
直接雇用関係になく，安衛法上，罰則付きの具体的な義務も課されていない注文者の民事上の過失責任を認めた例がある。

●自身も仕事の一部を行う注文者（1次請負人）が管理する造船所内で作業をしていた下請労働者が，造船中の船舶上（甲板）の開口部から墜落死した事案につき，当該注文者は，現行法第30条の前身である旧労災防止団体法第57条の名宛人（旧法上の元方事業主：統括安全衛生管理義務者）に当たるが，統括管理義務の一環として墜落防止措置の義務があったとは言えないし，その紐付き省令が建設業等の注文者の墜落防止措置を定めていた旧労災防止団体法第58条（現行法第31条の前身）についても，その名宛人には当たるものの，当該下請（労働者）に当該開口部を使用させたと認められないので，適用されないが，当該規定の趣旨に照らし，条理上，墜落防止措置を講じる民事上の注意義務があったとした例（常石造船事件・神戸地判昭48・4・10判時739号103頁〔確定〕）。

〈事実の概要〉
元請H社から約2000ｔの船体建設工事を請け負った造船業者であるY1から油圧パイプのフラッシング工事（配管システムの接続完了後の配管の清掃処理）を請け負ったY2の従業員であった亡Tは，同僚Bと共にY2のMの指揮監督下に入り，建設中の船体の船上（甲板）で当該工事にかかる作業中，開口部から深さ約6ｍの船底に墜落し，頭蓋底骨折により死亡した。すなわち，甲板中央付近に置いた複数のドラム缶（フラッシングオイル）とそこから約20ｍ離れたところに仮置きした貯蔵用タンクの間を送油するためのビニールパイプを敷いた後，ポンプを始動したが，送油が不調なため，亡Tが先導してBと共に，貯蔵タンクからドラム缶へ向けて，パイプの異常の有無を点検しながら移動中，開口部から船底に墜落し，頭蓋底骨折により死亡した。

開口部には手すり，囲い，覆い，防網はなく，看視

資料 1-4　事件関係者

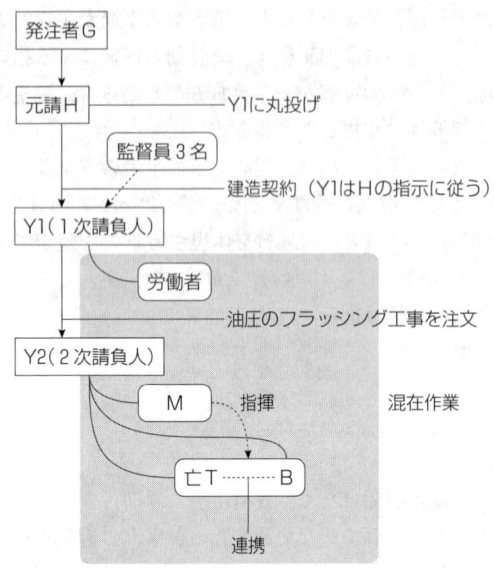

（三柴丈典作成）

人も設置されていなかった。

　元請 H と発注者 G は、船舶建設工事中に随時監督検査等を行い、Y1 は元請 H の指示に従う旨の建造契約を締結しており、現に元請 H から監督員 3 名が常駐派遣されていた。

　そこで、亡 T の遺族（X ら）が、Y らを相手方として、不法行為に基づく損害賠償請求をした。
〈判旨：X ら請求認容〉

　Y1 は、元請 H から船体建造等を請け負い、自己の造船所内で当該工事を自ら行うと共に注文者として Y2 に一部を請け負わせ、その労働者に自身の建設物等を使用させているので、Y1 は、災防法第57条第 1 項〔*現行法第30条第 1 項に相当〕の元方事業主（旧災防法では、これは統括安全衛生管理義務者を意味した。以下、発注者らによる分割発注によって、現行法第30条第 1 項、旧災防法第57条第 1 項所定の統括管理義務を負う者が複数生じる場合に、指名を受けてその履行責任を負う者を「統括安全衛生管理義務者」という）に当たるが、元請 H は、〔*純粋な丸投げ業者なので、〕これに該当しない。

　また、Y1 は、災防法第58条第 1 項〔*現行法第31条第 1 項に相当〕の注文者にも当たる。同条第 1 項所定の「注文者」が元請 H に限らないことは、同条第 2 項の「注文者」が元請に限らないことから明らかである。

　よって、Y1 には同法第57条第 1 項（現行法第30条第 1 項に相当）に基づく統括管理義務があるが、同義務から本件甲板上の開口部に墜落防止措置を講ずべき義務が生じるとは解しがたい。同法第58条第 1 項（これを具体化した同法施行規則第30条第 1 項第 1 号が、同法条所定の注文者が関係請負人の労働者に使用させる建築物等が作業床、物品揚卸口、ピット、坑又は船舶のハッチであって、

高さが 2 m 以上で墜落危険がある場所には、囲い、手すり、覆い等を設けるべきことを規定していた）はあるが、Y1 が Y2 に本件甲板開口部を使用させた証拠はないから、本件でその義務があったとは言えない。

　しかし、災防法の元方事業主、建設物等を使用させる自ら仕事を行う注文者の義務は、条理上認められる義務を労災発生防止の見地から積極的に、その違反には災害が発生しなくても刑事制裁することとして明文化したものに過ぎず、災防法の右規定の趣旨からしても、Y1 には、条理上、本件甲板開口部に墜落防止措置を講ずべき義務があった。

　Y2 は、開口部のある甲板上で労働者を作業させる以上、労基法第42条（及びそれに紐づく旧安衛則第111条第 2 項）により、囲い、手すり、覆い等の墜落防止措置を講じる義務がある。Y2 は、客先の設備については危害防止の権限を与えられていないので当該義務はないというが、右防止義務を負うのは、使用者が所有・管理しているものに限られない。災防法上の墜落防止措置義務が注文者にあったとしても、個々の使用者が本来有する労基法上の義務は免除されない。
〈判決から汲み取り得る示唆〉

　旧災防法第57条第 1 項（現行法第30条第 1 項に相当。場所の管理目的）が設定しているのは一の場所における元方事業者の統括管理義務であるため、元方事業者自らが墜落防止措置を講じる等の義務は導かれ難い。

　他方、旧災防法第58条第 1 項（現行法第31条第 1 項に相当。物の管理目的）の定めは、自身も仕事の一部を担う最先次の注文者を名宛人としていた。すると、おそらく仕事を概ね丸投げしていた元請 H は元方に当たらず、自ら仕事を行っていた Y1 に適用されることとなる。同条は、同人に旧災防法第57条（第30条に相当）より直接的な措置を義務づけている。しかし、関係請負人の「労働者に使用させる建設物等」の安全確保（物の管理）を目的としており、紐づく規則もその前提をとっているため、そもそも関係請負人に使用させたといえない場合、同条は適用され得ない。ただし、その条規の趣旨、すなわち自ら仕事の一部を行うため、仕事をめぐる種々の事情を承知し、したがってリスクに関する情報や権限を持つ上位の注文者に、所要の労災防止措置を講じさせようとした趣旨は、条理として、民事上の注意義務に反映される。

〔*労働者の責務〕
第 4 条　労働者は、労働災害を防止するため必要な事項を守るほか、事業者その他の関係者が実施する労働災害の防止に関する措置に協力するように努めなければならない。

1 趣旨

第3条と共に，安全衛生の達成は，事業者への諸措置の義務づけのみでは果たされず，関係者の協働，特に労働者自身の積極的関与が必要との考えから設けられた規定である。

2 内容

本条は，「その他の関係者」が実施する労災防止措置に労働者が協力するよう求めている。これは，一義的には，前条（第3条）が，労災防止措置等の主な名宛人を事業者としつつ，機械器具，有害物等の製造流通業者，建造物の設計者，注文者等に，労災防止等のための配慮を求めたことを受けているように思われるが，より広く，国，地方公共団体，労働災害防止団体，労働組合など，当該労働者の労災防止活動を行う者全てを想定している。

安衛法上，労働者への具体的な義務づけは，第26条（事業者による基本的な危害防止措置に関する規定：第20条〔機械等，爆発物等の危険物等，電気等の物的危険の防止措置〕，第21条〔第1項：掘削，荷役等の作業方法に起因する危険防止措置，第2項：落下・土砂崩壊など場所等に係る危険防止措置〕，第23条〔通路安全から風紀に至る作業場の環境保全措置〕，第24条〔不安全行動等の作業行動に起因する災害防止措置〕，第25条〔急迫危険の際の退避措置〕，第25条の2第1項〔建設業等の仕事での爆発・火災等の際の救護措置の2次災害の防止措置〕に基づき事業者が講じる措置への対応），第32条第6項（法第30条〔特定元方事業者による統括管理〕，第30条の2〔製造業等元方事業者による部分的統括管理〕，第30条の3〔建設業等元方事業者による爆発・火災等の際の救護〕，第31条〔最先次の注文者による建造物等にかかる労災防止措置〕，第31条の2〔化学物質等へのばく露危険作業にかかるリスク関連情報の提供〕により元方事業者らが講じるべき措置や，第32条第1項から第5項に基づき，これらに対応して請負人らが講じる措置に対応する義務），第66条第5項（各種法定健診の受診義務等），第78条第3項・第79条（労使双方の特別安全衛生改善計画，安全衛生改善計画の順守義務）等で図られ，それぞれ安衛則等の紐づき規則で具体化されている（ただし，第32条第6項に紐づく規則規定はない）本条は，それらの規定の趣旨を集約的に体現したものともいえよう。

なお，資料1-5の通り，2022年10月時点で安衛則には全体で1109条1659項の定めがあり，そのうち労働者等（安全管理者等，通常は労働者が就任するものも含む）を名宛人とするものは160個あった（笹井健司氏ほか調べ）。

3 運用

1 適用の実際

違反による送検件数を記した令和2年公表「労働基

資料1-5

名宛人	条項数
事業者等	1,047
労働者等	160
元方事業者等	34
注文者，発注者等	29
行政官庁，行政官等	28
医師，産業医等	12
請負人等	6
その他	56
明記なし	287
合計	1,659

（笹井健司氏ほか調べ）

準関係法令違反に係る公表事案」（https://www.mhlw.go.jp/content/000534084.pdf，最終閲覧日：2020年7月9日）にも，是正勧告を典型とする違反指摘件数を記した「令和2年労働基準監督年報」の定期監督等実施状況・法違反状況（令和2年）にも，本条の集計は見当たらない。

2 関係判例

本条に直接言及する例は見当たらなかったが，民事判例において，発生した労災に過失相殺を認めた例については，安西愈『そこが知りたい！労災裁判例にみる労働者の過失相殺』（労働調査会，2015年）が系統的に整理している。

これによれば，8割から8割5分の過失相殺がなされたケースとしては，①危険が明白重大な場所等であるにもかかわらず労働者自身が極めて軽率な危険発生行為をして被災した場合，②明らかに被災者自ら重大災害の危険のある行為を故意的かつ軽率に行って被災した場合，③車両の荷台から建設車両を降ろす際，危険が予測されるのに飛び乗る等極めて危険な行為を軽率に行って被災した場合，④高血圧症による脳内出血，うつ病による自殺，頸肩腕症候群等についての安全配慮義務に関し，本人の私生活や内面的な原因の寄与が重大であった場合（高血圧症でありながら，治療の懈怠と使用者からの「ふるまい酒」を控えなかったこと，自殺以外の解決方法が十分にありながら性格等によって自殺を選択したこと等）等が挙げられる。

1割程度の過失相殺しかなされなかったケースとしては，①崩壊危険現場で使用者の管理措置の不備と明らかな危険状況に対する労働者の注意不足が協働して被災したような場合，②車両の通行や荷物・材料の運搬が頻繁な場所で，他の車両等に注意を払わないで後ろ向きや下向き等で作業をしていて被災した場合，③高所など危険性の高い場所で使用者が防止措置を怠る一方，被災者も被災に繋がり得る不安全行動をとった場合等が挙げられる。

すなわち，使用者側に安衛法令違反等の過失があれ

ば，概ねその責任が大きく認められることを原則として，使用者側は軽過失（一定の措置を講じていた等）ながら，被災者の故意や重過失が災害に寄与した事案においてのみ，大きな過失相殺等の損益相殺がなされる傾向が窺われる。

> （〔＊一の場所でのジョイントベンチャーにおける〕事業者に関する規定の適用）
> 第5条　二以上の建設業に属する事業の事業者が，一の場所において行われる当該事業の仕事を共同連帯して請け負つた場合においては，厚生労働省令で定めるところにより，そのうちの1人を代表者として定め，これを都道府県労働局長に届け出なければならない。
> 2　前項の規定による届出がないときは，都道府県労働局長が代表者を指名する。
> 3　前2項の代表者の変更は，都道府県労働局長に届け出なければ，その効力を生じない。
> 4　第1項に規定する場合においては，当該事業を同項又は第2項の代表者のみの事業と，当該代表者のみを当該事業の事業者と，当該事業の仕事に従事する労働者を当該代表者のみが使用する労働者とそれぞれみなして，この法律を適用する。

1　趣旨

一の場所でジョイントベンチャーが行われる場合に，事業者として本法上の安全衛生確保の義務を負う者の明確化を図った規定である。

2　内容[47]

ジョイントベンチャーは，本来，1つの建設業者のみでは技術，資金等の面で請け負い難い大規模／専門的な工事を，複数業者が共同連帯することで請け負えるようにするもので，建設業者側のイニシアチブで，自主的に代表者を決定して工事を請け負う形式であり，アメリカから日本に導入されたものである。しかし，日本では，複数企業で仕事を分け合うことを目的とする例が増えてきている。

大別すると，全構成企業が資金，人員，機械等を分担して新組織をつくり，合同計算により工事を行う共同施工方式（甲型）と，各構成企業が，場所的，時間的に工事を分割し[48]，共通経費を担うほか，分担箇所を財務と仕事の両面で独立的に施工する分担施工方式（乙型）があり，本条は，労災防止措置の義務を負担する事業者が不明確となり易い前者を対象に，そのうち1事業者を代表者として，安全衛生確保の責任の所在の明確化を図ったものである[49]。

代表者は，共同体構成企業間での話し合いで決定されるが，出資割合その他工事施工上の責任の程度を考慮して行う必要がある（安衛則第1条第1項）。代表者は，工事開始の14日前までに共同企業体代表者届（安衛則様式第1号）により，所轄労基署長経由で都道府県労働局長に届け出なければならない（安衛則第1条第2項及び第4項）。この届出がなされない場合には，都道府県労働局長が代表者を指名する（本条第2項）。この届出は効力発生要件なので，届け出られるまでの事業者としての義務は，個々の共同企業体構成員が負う。

代表者の変更は，共同企業体代表者変更届（安衛則様式第1号）を所轄労基署長経由で都道府県労働局長に届け出て行わねばならない（安衛則第1条第3項及び第4項）。代表者変更でも，届出が効力発生要件なので，当該届出まで，変更前の代表者が事業者としての義務を負う。

代表者が定まると，その者のみが，その共同企業体の事業者としての義務を負い，その共同企業体の労働者（その共同企業体自体が雇用する労働者及び，共同企業体構成企業が雇用する労働者であって，当該一の場所で作業させる労働者）は，全て当該事業者の労働者とみなされる。共同企業体の存続中に生じた事案については，その解散後も，当該代表者が本法に基づく責任を負う。

なお，当該代表者が法第15条所定の特定元方事業者に該当する場合，法第29条（関係請負人及びその労働者による法令順守の指導等），第30条（一の場所での混在作業にかかる統括管理等）等の義務を負う。本条は，当該代表者に事業者責任を負わせるものだから，この場合，当該代表者は，当該一の場所で就労する自身ないし共同事業者の関係請負人の労働者全て（法の解釈によっては一人親方等も含む）に対して，事業者としての責任と元方事業者としての統括管理責任の双方を負うことになる。

分割発注にかかる法第30条第2項は，本条の定めを多分に援用している。分割発注は，一部の発注先に廉価で工事を発注できる等の事情から，発注者がイニチアチブを取り，工事を分割して複数の業者に発注する形式だが，発注者や元請等の建設業者が，両者のメリット，デメリットをどう考えて法形式を選択しているかに，監督官は関心を持っているという。第5条にも第30条第2項・第3項にも罰則は付されていないし，いずれも行政に届け出がなされて初めて法的効力を生じる点も変わらないが，監督行政の視点では，これらの法形式（の選択）が発注者，建設業者の安全管理その他建設工事の業務に具体的に与える影響に関心を持っているという[50]。

本書の基礎となった研究プロジェクト（厚生労働科学研究費補助金〔労働安全衛生総合研究事業〕「労働安全衛

生法の改正に向けた法学的視点からの調査研究」〔研究代表者：三柴丈典〕）で元建設会社社員で現在は技能講習等で講師を務める方に伺ったところ，ジョイントベンチャーの選択は，概ね工事完成の保証と業者の育成を目的としている。後者は，主に行政が地元のゼネコンを育成するために，公共工事の発注に際して大手ゼネコンと共同させるパターンが多い。メリットは，そうした面のほか，工事費用を値上げし易いこと，デメリットは，特に同規模業者同士の共同だと連携がうまくいき難いこと，逆に，大手ゼネコンに地元業者の組み合わせでは，後者の社員が非人間的に扱われ易いこと等である。他方，分割発注の選択は，本来，分野ごとに専門性の高い業者に請け負わせることが目的だが，共同企業体で生じがちな上下関係を避ける目的をもつこともあるという。[51]

3 運用
1 適用の実際

違反による送検件数を記した令和2年公表「労働基準関係法令違反に係る公表事案」（https://www.mhlw.go.jp/content/000534084.pdf，最終閲覧日：2020年7月9日）にも，是正勧告を典型とする違反指摘件数を記した「令和2年労働基準監督年報」の定期監督等実施状況・法違反状況（令和2年）にも，本条の集計は見当たらない。

なお，届出用紙は，**資料1-6**を参照されたい。

2 関係判例

見当たらなかった。

結語：第1条～第5条

本法第1章総則（第1条から第5条）は，ジョイントベンチャーにおける事業者責任の負担配分を定め，やや技術的な色彩を持つ第5条や定義規定（第2条）を除き，本法全体が果たそうとする目標を示したものである。すなわち，その担保を図る規定の整備の度合いや方法，強制の程度，実現可能性は，個別規定に委ねたプログラム規定である。よって，全体に大風呂敷を広げていて，法制定から50年以上を経た現在でも十分通用する羅針盤の役割を果たしている。

第2条の定義規定でも，作業環境測定の定めは，第65条以下や作業環境測定法が定めるものよりも適用対象が広く，目指すべき方向を示した大風呂敷であることに変わりない。

もっとも，基本規定としても，現段階で見直しの必要は生じていると思われる。

総じて，定めの要求水準は高く，今もかなり通用するが，適用対象が窮屈になってきている。

資料1-6 共同企業体代表者（変更）届

すなわち，第1条や第3条によく示された定めの要求水準は，労災防止から積極的な安全と健康の確保を含み，当初から快適な作業環境形成（平成4年の法改正で職場環境形成に修正）を含むなど高水準で，現在も通用する。ただし，健康が英語でいう health（身体的な面を重視した健康障害防止）からより広範囲でレベルの高い wellbeing（身体的，精神的，社会的に完全な健康状態）に近い意味で捉えられるようになっている昨今，質的性格が強まっており，個人や組織の価値観等によっても評価が変わり得る。喫煙，血液検査結果，睡眠等は，ある程度の量的指標による管理が必要だろうが，労働時間，ストレス，飲酒等は，一義的な量的指標で善し悪し判定するのが適当か，検討が求められる。その際，客観的健康指標の開発と共に，個人と組織の自律的決定を考慮した健康施策の視点が求められよう。

他方の適用範囲は，現在の定めは，やや限界状況にあると思われる。第1条の保護対象，第2条の労働災害の定義の対象，第2号・第3号の定義の対象，第3条の名宛人，第4条の名宛人が，事業者か労働者に絞られているが，リスクの情報と管理権限を持つ者が，その管理の責任を負う方向に舵を切るべきであろう。

すると，その原則を相当程度体現している第3条の第2項と第3項が，それぞれ製造業と建設業のみを適用対象としていることも見直しの対象となるだろう（現に後者は見直しが検討されている〔厚生労働省「個人事業者等に対する安全衛生対策のあり方に関する検討会報告書」〈令和5年10月〉3-2(2)〕）。

【注】
1) 畠中元教授は，本条における「職場における」とは，産業労

働の場での労働災害防止を目的として，大きく法の適用範囲を区切る概念としている（畠中信夫『労働安全衛生法のはなし』〔中央労働災害防止協会，2019年〕48頁）。おそらく，労働災害の防止に力点があり，機械や化学物質の製造流通業者等も対策を求められるが，対策を行うべき基本的な場所はあくまで労働者の就労場所であって，社長室でも一般往来でもないという趣旨だろう。もっとも，労働災害の概念の拡大により，自宅や交通労災の危険場所等が含まれる可能性まで排除するものではないと察せられる。

2) 本節で労災防止という場合，労災，職業病，本法が射程とする作業関連疾患を含めた健康障害の防止を指す。また，広義には，不調の防止や快適職場環境形成も含む。

3) もっとも，その目的を労働者の安全と健康の確保と快適な職場環境形成の促進に絞っている点には疑問が残る。

　　安衛法には，特化則第12条（アルキル水銀化合物を廃棄する際の除毒義務）のような公害防止規定もあるし，後述するように，安衛法の中でも，物の危険性に着目した規制や職場環境整備に関する規制の保護対象は，有害物質を扱う作業場で作業に従事する者のほか，規制によってはその場に出入りする者にも及ぶ旨を述べる最高裁判決（建設アスベスト訴訟（神奈川第1陣）事件・最1小判令3・5・17民集75巻5号1359頁）も出ている。第5章にある，機械や有害化学物質等の製造流通規制（安全な物以外を製造したり市場に流通させること自体を規制するような規定）も，工場法制定以前から存在したが，そうした危険有害物のリスクに晒される者の安全を広く図ったもので，当時は，むしろ労働者保護の視点を欠いていた。

　　時あたかも，個人事業者等への安衛法の適用の可能性／拡大が議論されている時期でもあり，本条は，労働者を中心とし，事業者の事業者リスク管理の影響を受ける者一般を保護対象とし，事業者自体も，現在の定義から「人を使用する者」を外し，事業を営み，「人の安全衛生に影響を与える者」まで射程を拡大するよう，改定されるべきだろう。

4) 畠中元教授は，「危険および健康障害を防止するための基準」であり，特定の危害に特定の作為／不作為を罰則付きで課す法第20条から第27条までの規定（及びその紐付き省令等）が基本だが，広義には，機械等・危険有害物の危険有害性の調査やリスク関連情報の伝達等の上流での規制，作業環境測定，特殊健診，安全衛生教育，一定の資格者以外の就業制限等の補完的な規制も含まれるとする。また，危害防止基準は，大別して，
　①機械器具その他の設備，原材料，建設物や作業環境のような物的リスクに対する物的規制（製造流通規制，使用段階での規制）
　②作業に伴うリスクに対する作業規制
　③能力不足等の人的リスクに対する安全衛生教育，資格保有者への就業制限などの人的規制
　の3種類に分けられるという（畠中・前掲注1）50-51頁）。

5) 片岡曻『新版労働法2（続労働団体法・労働者保護法）〔改訂版〕』（有斐閣，1986年）390頁以下，西村健一郎他『労働法講義(3) 労働者保護法』（有斐閣，1981年）2頁以下など。

6) 本書の基礎となった研究プロジェクト（厚生労働科学研究費補助金〔労働安全衛生総合研究事業〕「労働安全衛生法の改正に向けた法学的視点からの調査研究」〔研究代表者：三柴丈典〕）の研究会議での畠中元教授の発言。

7) 中国電力事件・鳥取地判昭53・6・22判時920号198頁，中国ピアノ運送事件・広島地判平元・9・26判547号6頁，内外ゴム事件・神戸地判平2・12・27労判596号69頁など。

8) 鈴木隆治『危害予防規則の施行解説』（紡織雑誌社，1931年）70頁。

9) 同上47頁。

10) 同上59-60頁。

11) 労働調査会出版局編『労働安全衛生法の詳解—労働安全衛生法の逐条解説〔改訂5版〕』（労働調査会，2020年）200頁。

12) 同上201頁。

13) 労働基準法研究会報告（労働基準法の「労働者」の判断基準について）（昭和60年12月19日）。

14) 藤沢労基署長事件・最1小判平19・6・28労判940号11頁，横浜南労基署長（旭紙業）事件・最1小判平8・1・18労判714号14頁，朝日新聞社（国際編集部記者）事件・東京高判平19・11・29労判951号31頁，日本放送協会事件・大阪高判平27・9・11労経速2264号2頁，新宿労基署長（映画撮影技師）事件・東京高判平14・7・11労判832号13頁など。

15) 労使関係法研究会報告書（労働組合法上の「労働者性」の判断基準について）（平成23年7月）。

16) 宮木義博「『家事使用人』の範囲についての考察」季刊労働行政研究36巻（2015年）20-21頁。

17) 畠中元教授は，安衛法の適用除外を，「人の適用除外」，「物の適用除外」，「場所の適用除外」の3種類に分け，ここで述べた家事使用人以下の例を「人の適用除外」に含めている。
　　「物の適用除外」の例には，機械等ならびに危険物及び有害物に関する規制の適用が除外される特定機械（ボイラー等）等を挙げ，「場所の適用除外」の例には，鉱山保安法が定める鉱山を挙げている（畠中・前掲注1）81-83頁）。

18) 労基法（第121条）では，法人の代表者を事業主として，両罰規定の適用対象としている。

19) 昭和22年の旧労働基準法施行時点で，第121条に両罰規定があったので，第5章の使用者義務規定等の違反による事業主の処罰は可能だった。

20) 厚生労働科学研究費補助金（労働安全衛生総合研究事業）「労働安全衛生法の改正に向けた法学的視点からの調査研究」報告書〔研究代表者：三柴丈典〕（2022年）323頁〔森山誠也執筆部分〕。
　　ここには，事業者に義務を課した規定（事業者義務規定）に労働者が違反した場合にも適用し得ること，労働者に義務を課した規定（労働者義務規定）に労働者が違反した場合，本条の適用は想定されていないという説もあるが，実際には本条の適用例があること等も示されている。

21) 複数の監督官への聴取の結果による。

22) UKでは，HSWA第37条や2007年法人故殺罪法（Corporate Manslaughter and Corporate Homicide Act 2007）により，企業役員などは，企業体による法違反がその怠慢等により生じたと認められる場合，身体刑や罰金刑を科され得る。前者は，役員（directors），管理者（managers），秘書（secretaries）などの怠慢等を対象とした処罰の規定を置き，後者は，企業の重要な決定権を持つ上級管理者（senior management）にも法人故殺罪の適用が可能な旨を定めている。実際に，禁止通知の不遵守を根拠に禁錮刑を命じられたり，執行猶予付の懲役刑を命じられる例がある。また，1986年企業役員解任法（the Company Directors Disqualification Act 1986）第2条には，個々の企業役員が有罪とされた場合，裁判所がその地位をはく奪できる旨の定めもある（三柴丈典「イギリスのリスクアセスメントと法」厚生労働科学研究費補助金〔労働安全衛生総合研究事業〕「リスクアセスメントを核とした諸外国の労働安全衛生法制度の背景・特徴・効果とわが国への適応可能性に関する調査研究」〔研究代表者：三柴丈典〕分担研究報告書187頁等〔三柴丈典執筆部分〕）。

23) 三柴丈典・倉重公太朗・中澤祥子「ギグワーカーの安全衛生に関する法的保護のあり方について—日本の状況と展望」産業保健法学会誌1巻2号（2022年）55-57頁。

24) 日本の安衛法の特徴については，厚生労働科学研究費補助金（労働安全衛生総合研究事業）「労働安全衛生法の改正に向けた法学的視点からの調査研究」報告書〔研究代表者：三柴丈典〕（2021年度）（2022年）1-180頁を参照されたい。

25) 土岐将仁『法人格を越えた労働法規制の可能性と限界―個別的労働関係法を対象とした日独米比較法研究』（有斐閣，2020年）368頁は，これらの規定の名宛人は，労働契約上の使用者の持つ権能を行使しているために，労働法規（この場合，労働安全衛生法）の履行義務を負わされている旨を述べている。確かに，派遣先事業主にはそういう面があるが，元方事業者などは，むしろ自ら下請業者等の労働者を指揮命令することを禁じられている（本来，労働者派遣として扱うべきものの脱法的行為とみなされる。「労働者派遣事業と請負により行われる事業との区分に関する基準」〔昭和61年労働省告示第37号〕等を参照されたい）。労働安全衛生法は，労災防止という目的を重視して，専門的，機動的な役割を果たすため，労働基準法から分離独立した経過があるので，危害防止措置の名宛人を使用者との類似性で説明するのは適当でない。

26) なお，労働者の自宅は，労働安全衛生法の主な適用対象となる「事業場」には該当せず，同法に紐付く事務所衛生基準規則（1972年労働省令第43号）の適用対象となる「事務所」にも該当しない。

27) 最高裁は，国が，保護具の「準備（≠装着の確保）」等の義務を事業者に課したうえで，アスベストのハザードの判明度合いに応じて通達等（法的拘束力はない）で講ずべき対策のレベルを引き上げてきていた経緯は認めている。

28) 厚生労働省は，「個人事業者等に対する安全衛生対策のあり方に関する検討会」を開催し，建設アスベスト最判を契機とした一人親方らへの建設業等での安全管理責任の拡大，フリーランス一般への安全衛生管理の拡大，彼らへの健康管理措置の実施の是非や範囲，方法等を検討し，令和5年10月に，その結果をとりまとめた報告書を公表した。
更にその後，労働政策審議会安全衛生分科会において，改めて法改正を展望した検討がなされた（概要は，第166回労働政策審議会安全衛生分科会資料「個人事業者等に対する安全衛生対策について（総括）」（令和6年9月6日）を参照されたい。以下の整理もこの資料に基づき作成した）。すなわち，
措置の主体として，(1)事業者，(2)個人事業者等，(3)注文者，(4)注文者以外のリスク創出者，
の四者を措定し，
講ずべき措置を，(a)危険有害防止措置（(a-1)有害防止措置，(a-2)危険防止阻止），(b)危険有害防止措置以外（過重労働・メンタルヘルス対策），
の三者を措定して，
各組み合わせに対応する措置の法制度化につき検討された。
＊この整理に際しては，三柴が検討会で提示した「リスク創出者管理責任負担原則（リスクの情報と管理権限を持つ者がその管理責任を負担すべきとする原則）」が基底に置かれている（三柴追記）。

このうち，(1)事業者による各種措置義務は，従前の体系からさほど外れないこともあり，比較的早期に対応された。
また，全ての措置の主体による(b)危険有害防止措置以外（過重労働・メンタルヘルス対策）も，義務化ではなく緩やかな勧奨を想定していたことから，比較的早期に対応された。
しかし，その他の組み合わせ（(2)個人事業者等，(3)注文者，(4)注文者以外のリスク創出者を主体とする(a)危険有害防止措置）を重点に審議された。

この際，総論として，
総論①：安衛法上の個人事業者等の定義，
総論②：同人を保護ないし名宛人とする際の基本原則，
が設定され，
各論として，
各論①：個人事業者等自身で管理可能な災害リスク対策

各論②：同じく管理不可能な災害リスク対策
各論③：各論①②の実効性向上策
が設定された。
分科会での検討結果の概要は以下の通り。

総論①：安衛法上の個人事業者等の定義
・個人事業者：労働者を使用せず，法人・自然人を問わず，請負・業務委託契約等の契約関係の有無も問わない。
・中小事業の事業主及び役員：個人事業者や労働者と類似の作業を自ら行う中小事業の事業主及び役員。中小事業の範囲は，業務上災害の実態や労働基準関係法令の取扱いを踏まえて別途定める。
＊合わせて，労働者の個人事業者等への振り替えが起きないよう留意すべきことが示された。

総論②：個人事業者等を保護ないし規制対象とする際の基本原則
・個人事業者等に管理を求める理由：（安衛法の労働者保護の趣旨に照らして）労働者と同じ場所で就業するから。
・事業者ら（事業者や注文者，建築物や機械のリース業者）に個人事業者等の保護を求める理由：（安衛法の労働者保護の趣旨に照らして）労働者と同じ場所で就業する以上，個人事業者等も保護すべきだから。
　労働者と同じ場所で就業しない場合も，注文した仕事に関わるリスクへの対応には，既存の安衛法の枠組み（発注者・注文者対策）の応用が可能。
・個人事業者等や事業者らに措置を求め難い場合：それ以外の者にもガイドライン等で措置を求める。
＊安衛法には「場の管理」の趣旨があると理解している。その前提で，契約関係の有無や性質，主体に基づき強制力を段階的に設定している。

各論①：個人事業者等自身で管理可能な災害リスク対策
　ア　機械等の安全確保
・現行法上既に，事業者は，自身の労働者のほか，その労働者の「周囲で作業する労働者」の保護も目的に，危険な機械の使用禁止等の安全確保を課されている。
　労働者と同じ場所で働く以上，個人事業者等にも基本的に事業者らと同様の義務を課すべき。
　すなわち，危険な機械の使用禁止，定期自主検査等は，その対象機械を同じとみて同じ義務を課すべきだが，個人事業者等がそれらを持ち込む場合はともかく，事業者から一時的に貸与を受ける場合については，省令等で別途定める。
　機械の管理・保管に関わる危険については，持ち込みと一時貸与の場合の双方を対象にガイドライン等で示す。
　違反の結果は同等なので罰則も事業者と同等とする。

　イ　安全衛生教育の受講
・個人事業者等の作業による「周囲の労働者」への危害防止の観点から，特別教育の受講・修了を義務づけるべき。労働者なら作業主任者の選任を要する作業を個人事業者等が行う場合，当該技能講習の修了等が望ましい旨をガイドライン等で示す（＊）。
　義務づけられた受講・修了を怠った場合，その結果は同等なので，事業者の実施義務違反と同等の罰則を課す。
　受講等の費用負担は，（特殊健診とは異なり）注文者に一律に求めないが，経費が適切に支払われるようガイドライン等で周知する。
　個人事業者等の教育の受講・修了，持ち込み機械等の規格具備，法定検査の受検等は，元方事業者等に確認させるようガイドライン等で示す。
　周囲に労働者がいない場所での作業でも，所定の危険作業を

行うなら（個人事業者等本人の安全のため）特別教育等を受講・修了するようガイドライン等で指導する。

＊事業者側は，一定の危険作業を実施する以上，作業主任者の選任を罰則付きで義務づけられているので，個人事業者等がそうした作業を指揮する場合で作業主任者資格を持つと偽ったような場合，事業者の義務違反につき両罰規定の適用を受けることはあり得る。よって，技能講習は特別教育より危険な作業を前提にすることからも，個人事業者等側の資格取得を強制しないのは，バランスを欠く可能性がある（三柴）。

ウ　事業者等が講ずべき措置への対応
・被害が同等なので，個人事業者等にも（おそらく法第26条及び第120条等が定める〔三柴注〕）労働者向けの罰則と同等の罰則を付す。
・法第22条（有害物リスク対策等）と他の事業者義務規定（第20条から第25条の2）を同様に扱う。
・事業者等が講じる措置につき，個人事業者等に周知すると共に必要な指導・指示を行うよう，しかし，それが直ちに雇用関係等に当たらない旨もガイドライン等で示す。
・法第4条に基づく労働者の努力義務（自身での労災防止措置や事業者による措置への協力努力義務）に相当する努力義務を設け，その履行支援のためのガイドライン等を設ける。
　そのガイドライン等に法第22条に基づく事業者による措置への対応の必要性も示す。

各論②：個人事業者等には管理不可能な災害リスク対策
各論②―1：注文者らがリスク創出者である場合

ア　注文者の責任に関する原則
・法第3条第3項（建設工事の注文者等が無理な工期等で受注者の作業の安全衛生を害しないよう配慮すべき旨の定め）は，全業種の注文者を対象とし，保護すべき受注者は，下請け以下にも及ぶ旨をガイドライン等で示す。
　無理な工期を設定しない等の消極的な配慮のみならず，適切な作業環境，作業内容，作業条件等を注文者が作業場所の管理者（おそらく運送業における着荷主の事業場の管理者等を想定〔三柴注〕）に求める等の積極的配慮が必要な旨もガイドライン等で示す。
・運送業における着荷主の事業場における複数請負業者の混在作業による災害防止のためのガイドラインを策定する。
・法第31条の4（注文者に対し，請負人の労働者が本法令に違反することとなるような指示を禁じた定め。罰則なし）の適用対象を，個人事業者等への違法な指示にも拡大する。

イ　主に建設業での混在作業に伴う災害対策
・主に建設業の混在作業下での災害リスクは個人事業者等にも生じ得るし，同人がもたらすこともあるので，元方事業者の統括管理下に置くと共に，関係請負人やその労働者に求められる（法第32条参照〔三柴注〕）のと同一の措置を個人事業者等にも求める。
　違反による被害は同等なので，罰則も同等とする。

ウ　その他の業種での混在作業に伴う災害対策
・規制対象となる混在作業が行われる「一の場所」の範囲は，通達で示す。
・建設業や製造業以外の業種につき，それらの業種を対象とする法第30条（建設業等の混在作業にかかる統括管理），第30条の2（製造業での混在作業にかかる統括管理）が求める統括管理とは別に，個人事業者等を含めその場で「何らかの作業に従事する者」（混在作業従事者）を対象として，当該場所の管理者（場所の管理，労働者の使用，主体的な労災防止措置の3つを講じ得る事業者：混在作業管理事業者）による管理の制度を設ける。
　もっとも，業種や現場事情等により混在作業も労災防止措置も様々なので，基本業務を「作業間の連絡調整」等として法定し，その他の措置は元方安全管理指針（基発第267号の2，平成7年4月21日）を参考にガイドライン等で例示する。連絡調整等の法定に際しては，作業管理事業者が行う作業と作業従事者が行う作業を区別し，対象を限定する必要がある。罰則の対象は，請負契約等の関係性と混在作業による危険性を踏まえて検討する。
　混在作業従事者が実施すべき措置は，混在作業管理事業者への協力を法定し，その他をガイドライン等で例示する。
・混在作業従事者を管理する場合，混在作業管理事業者との間に請負契約等何らかの関係を設けさせる。
・混在作業管理事業者がいない場合，連絡調整等が困難な場合等には，混在作業従事者が相互協力すべき旨をガイドライン等で示す。

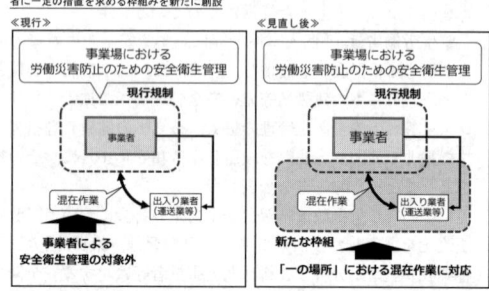

（参考）建設業等以外の業種の混在作業場所における連絡調整のイメージ①

＊2つの図はあくまで建設業等以外の業種を前提にしている（三柴注）。
（厚生労働省第166回労働政策審議会安全衛生分科会資料「個人事業者等に対する安全衛生対策について（総括）」令和6年9月6日）

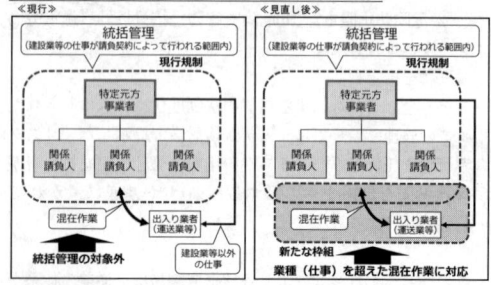

（参考）建設業等以外の業種の混在作業場所における連絡調整のイメージ②

（厚生労働省第166回労働政策審議会安全衛生分科会資料「個人事業者等に対する安全衛生対策について（総括）」令和6年9月6日）

エオカ　法第31条（特定の危険な仕事の注文者が負う物の管理義務），第31条の2（化学設備の製造やメンテナンス等の注文者が負うリスク情報の提供等の労災防止措置義務），第31条の3（建設業での車両系建設機械等を用いる特に危険な作業を発注しつつ自らも行う者等が講じるべき統括的な管理義務）の適用範囲の保護対象及び名宛人としての（三柴注）個人事業者等への拡張
・これらの規定が想定するリスクは，作業者の種類では変わらないので，対象に個人事業者等も含むことを明記する。
　罰則も現行規定通りとする。
・労働者が周囲にいない場所でも，個人事業者等本人の災害防止のため，同様の措置をガイドライン等で示す。

各論②－2：注文者ら以外がリスク創出者である場合
ア　法第33条（機械等リース業者が講ずべき労災防止措置義務）
・物的なリスクを前提とした規制だし，個人事業者等によるリース機械の借り受けや利用が周囲の労働者の被災をもたらすこともあるので，名宛人と保護の対象に（三柴注）個人事業者等が含まれることを明記する。
・とはいえ，リース先や利用状況（リース先が事業者か個人事業者等か，周囲に労働者がいる条件で用いられるか）は，リース業者には分からないので，リースを受ける事業者と同様の措置をリースを受ける個人事業者等に義務づける。
・規制対象となる機械に，運転に免許を要し，自走するフォークリフト／ローダー，ショベルローダーを追加する。

イ　法第34条（建築物リース業者が講ずべき労災防止措置義務）
・物的なリスクを前提とした規制だし，個人事業者等によるリース建築物の借り受けや利用が周囲の労働者の被災をもたらすこともあるので，名宛人と保護の対象に（三柴注）個人事業者等が含まれることを明記する。
・「建築物」の範囲は，広く「事業の用に供される建築物」とし（事務所や工場に限らない），屋外駐車場等についても，リース業者に求める措置をガイドライン等で示す。
・リース業者には，リース部分以外にも，墜落危険箇所等の災害原因となり得る要素（避難器具の不備等）を受リース者に伝達させる（従来からの規制の積み増し〔三柴注〕）。

ウ　プラットフォーム等による措置
・プラットフォームがアプリを活用した業務支援等を行い，仕事の注文者（請負契約の当事者）に該当せず，従って法第3条第3項を直接適用できない場合にも，就業者（ギグワーカー）の安全衛生に配慮するよう求める。
・実態としてプラットフォームと就業者の関係が労使関係に該当する場合，労働者として保護する。
・注文者（法第3条第3項）に該当する／しない場合に配慮すべき内容をガイドライン等で示すと共に，諸外国の例を参考に規制を検討する。

各論③：各論①②の実効性向上策
各論③－1：災害報告制度
・現行法上，網羅的な把握の仕組みがないので，監督署への報告の仕組みを構築する。

ア　報告対象
・労働者死傷病報告制度に倣い，休業4日以上の死傷災害とする。

イ　報告主体
・報告制度の趣旨は今後の災防政策の立案なので，被災した個人事業者等の①業務内容，②災害発生場所の把握者が適当。
　従って，①個人事業者等自身，②その直近上位の注文者（該当者がいない場合，順次その上位者）＝特定注文者，③災害発生場所の管理事業者，の三者が考えられる（②と③を合わせて「特定注文者等」という）。
・①個人事業者等→②特定注文者→監督署，の報告ルートが基本。両→を義務化する。②特定注文者がいない場合，③災害発生場所管理事業者に報告を義務づける（ただし，スーパーのバックヤード等では，③と個人事業者等との契約がないような場合，③による報告が難しい場合がある）。
・被災個人事業者等が中小事業の事業主や役員である場合，当該企業に報告義務を課す。
・総論②の考え方（個人事業者等に管理を求める理由を，労働者と同じ場所で就業すること〔主に労働者の災害防止〕に求める考え方）に照らし，報告義務を課すのは，災害発生場所で労働者が就業する場合に限定する（「労働者と同じ場所」の考え方は別途示す）。
　そうでない場所で生じた場合，監督署への情報提供（監督署が情報提供を求める場合もある）にとどめる。個人事業者等が消費者から直接に住宅建築を請け負った場合等，特定注文者がいない場合にも監督署への情報提供にとどめる。
　情報提供は基本的に個人事業者等が自身で行うが，加入する業種・職種別団体（特別加入団体を含む）も可能。
　休業4日未満等，報告義務対象でない災害も，個人事業者等やその加入団体による情報提供の対象とする。

ウ　報告時期
・災害発生の把握後「遅滞なく」。

エ　罰則
・雇用関係や（直近上位の注文者でない場合〔三柴注〕）請負関係がないこと等を踏まえ，罰則なしの義務とする。

オ　報告事項
・労働者死傷病報告の事項を参考とし，報告者関係情報や被災者の労災保険特別加入の有無等の情報を加える。

カ　不利益取扱い
・特定注文者等に対し，個人事業者等による報告を理由とした不利益取扱いを禁じる。
　雇用の場合と不利益取扱いの内容が異なり得るので，その具体例と全体像は，法令と通達等で示す。

キ　その他
・報告の促進のため，電子申請システムの活用等を検討する。
・個人事業者等が死亡・入院中の場合の対応等を通達等で示す。
・特定注文者等による監督署への「報告」とは別に，個人事業者等自身が監督署に「情報提供」できる旨を通達等で示す。

ク　脳心臓疾患・精神障害の報告
・原因不明なこともあるので，個人事業者等自身が監督署に報告できる仕組みを整備し，業種・職種別団体が報告を代行できるようにする。
・報告事項は，災害の報告と同様とする（労働者死傷病報告の事項を参考とし，報告者関係情報や被災者の労災保険特別加入の有無等の情報を加える）。

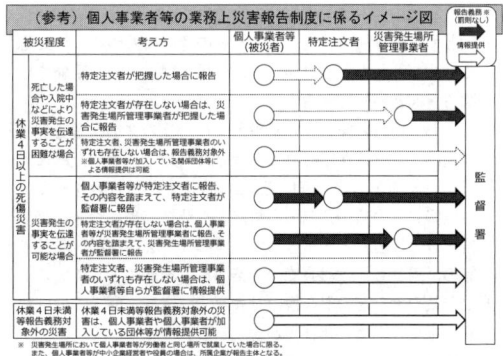

（参考）個人事業者等の業務上災害報告制度に係るイメージ図

（厚生労働省第166回労働政策審議会安全衛生分科会資料「個人事業者等に対する安全衛生対策について（総括）」令和6年9月6日）

各論③－2：業種・職種別団体等の活用，国による情報の発信と相談や申告の受付窓口

・個人事業者等の安全衛生政策に関する協議に際しては，国が連絡会議等を設置して（事務局は行政に設置する），業種・職種別団体，仲介業者，関係する自治体などの参集を得る。
・ガイドライン等により，業種・職種別団体による災害情報の把握を促進する。
・優良な取り組みを行う団体に国が認定などのインセンティブを与える。団体がない業界では，彼らが集うフォーラムの開催等を企画する。
・個人事業者等の安全衛生に関するポータルサイトを設ける。
・独占禁止法や下請法の管轄庁（公正取引委員会や中小企業庁）とも連携した相談窓口を設ける。
・労基署への申告は，数は少ないが，事業者による個人事業者等の保護規定に関するものに限定する。主に個人事業者等への注文者としての規制や，リース業者としての規制に違反する場合があり得る。不利益取扱いについては，通達等で具体例と全体像を示す（再掲）。その際，個人事業者等が事業者的側面と共に作業者的側面を持つことを踏まえる。

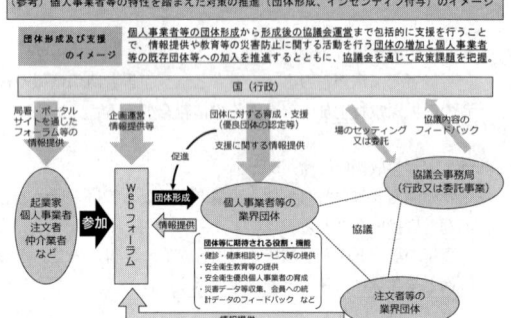

（厚生労働省第166回労働政策審議会安全衛生分科会資料「個人事業者等に対する安全衛生対策について（総括）」令和6年9月6日）

以上を総合してみると，個人事業者等を保護しようとしているのか，個人事業者等を通じて労働者を保護しようとしているのか，必ずしも明確でない。むしろ，個人事業者等の／による保護は，基本的に労働者と同じ場所で働くからとして，場所的な繋がりを根拠としている。総じて，**場所か契約をとっかかりに，何とか労働者保護と結びつけようとしている**。保護対象が個人事業者等であることが明らかな措置は，概ねガイドライン等での誘導にとどめられている（もっとも，ガイドラインであっても，事案の脈絡により，民事上の安全配慮義務の内容となることは多いだろうし，立案者もそのことを意識していると解される）。

これは，個人事業者等の安全衛生を，あくまで労使関係を基軸とする労働法の枠内で図ろうとの意図に基づくものと思われる。少なくとも，その枠を外れる保護は，今後，手順を踏んで図る意図と察せられる。

なお，検討の枠組みの基礎となったリスク創出者管理責任負担原則は，三柴が検討会で提起した（今後，手順を踏んでその方向に規制が進むように思われる）。また，各論③—1「不利益取扱い」の禁止，脳・心臓疾患や精神疾患につき監督署へ報告できる仕組みとすべきこと，各論③—2「業種・職種別団体等の活用」も，検討会での三柴の提言を基礎としている。

29) 空気や水などの混合物の対義語で，窒素，酸素等の純粋な物質を指す。単体と化合物が含まれる。
30) 岡実『改訂増補工場法論［復刻版］』（有斐閣，1985年）287-307頁。
31) 本節でいうリスク創出者には，リスク情報とそれに基づく管理権を持つ者も含む。
32) 鈴木・前掲注8）70頁。

33) 同上59-60頁。
34) スレート等でふかれた屋根の上で作業を行う場合で，踏み抜き（ここでは，スレートが割れる等して落下することを意味する）により労働者に危険を及ぼすおそれのあるときは，幅30cm以上の歩み板を設け，防網を張る等の危険防止措置を講じるよう事業者に義務づけた定め。
35) 第28条の名宛人は厚生労働大臣だが，基本的に事業者向けの技術指針の発出を求めるものである。第3項だけが，製造・取扱業者に向けた技術指針の発出を求めている。すなわち，事業者による有害性調査の結果報告を踏まえて講じるべき措置が行政から勧告された新規化学物質（法第57条の4第4項）や，新規化学物質に限らず強い有害性が窺われ，行政から製造・輸入，取扱い業者への有害性調査が指示された物質（法第57条の5第1項），その他の発がん性が疑われる物質のうち，特定のものにつき，製造，取扱業者に向けて，大臣が健康障害防止措置を指針で定めるとしている。
36) 労働調査会出版局編・前掲注11）213頁。
37) 同上211-212頁。
38) 同上212頁。
39) 注文者のうち，その仕事を他の者から請け負わないで注文している者（法第30条第1項）。法第31条の3からも明らかなように，自ら仕事の一部を行うか否かは問われないが，請負業者でないこと（いわばお客様）を前提にしているので，自身で仕事を行わないことが多い。自身で仕事を行う場合，元方事業者に該当し得る（畠中信夫氏のご教示による）。

なお，建設業における発注者の労災にかかる民刑事上の責任については，安西愈『建設労働災害と発注者の責任』（労働基準調査会，1994年）が系統的に整理している。
40) 労働調査会出版局編・前掲注11）213-214頁。
41) 同上215頁。
42) 森山誠也監督官の示唆による。
43) 森山誠也監督官の示唆による。
44) 森山誠也監督官の示唆による。
45) この判示の趣旨はよく分からない。旧災防法第58条も，それを引き継いだ現行法第31条も，自ら仕事を行う最上位の注文者のみを義務主体としているため，元請Hが丸投げ事業者なら，それに該当しないはずだからである。
46) たしかに，当時の労災防止団体法第58条第1項（現行安衛法第31条第1項に相当）では，既に，建設物等を関係請負人の労働者に使用させる場合の労災防止措置を義務づけていた。もっとも，当時から関係請負人「の労働者」に使用させる場合としていたので，この判決の表現はやや不正確であろう。もっとも，関係請負人に使用させなかったこと＝関係請負人の労働者に使用させなかったこと，という理解はできる。
47) 労働調査会出版局編・前掲注11）217-220頁。
48) 昭和48年3月19日基発第145号は，時間的分割も分担施工方式に該当する旨明言している。
49) 民法上の典型契約の1つである任意組合（民法667条〜第688条）の一種との見解がある（畠中・前掲注1）61頁）。確かに，共同出資で成り立ち，法人格はないが，ある程度団体の維持を支持する法理（組合の権利義務につきメンバーは無限責任を負い，一部メンバーの債務不履行を理由に別のメンバーが組合契約を解除したり自身の債務を履行しないことを許されない等）が妥当する限り，そうした理解が適当だろう。
50) 匿名の監督官の示唆による。
51) 建設業界の慣行は，長門昇＝㈱建設経営サービス『よくわかる建設業界』（日本実業出版社，2006年）等に詳しく示されている。

〔三柴丈典〕

第二章　労働災害防止計画

第6条から第9条まで

（労働災害防止計画の策定）
第6条　厚生労働大臣は、労働政策審議会の意見をきいて、労働災害の防止のための主要な対策に関する事項その他労働災害の防止に関し重要な事項を定めた計画（以下「労働災害防止計画」という。）を策定しなければならない。
（変更）
第7条　厚生労働大臣は、労働災害の発生状況、労働災害の防止に関する対策の効果等を考慮して必要があると認めるときは、労働政策審議会の意見をきいて、労働災害防止計画を変更しなければならない。
（公表）
第8条　厚生労働大臣は、労働災害防止計画を策定したときは、遅滞なく、これを公表しなければならない。これを変更したときも、同様とする。
（勧告等）
第9条　厚生労働大臣は、労働災害防止計画の的確かつ円滑な実施のため必要があると認めるときは、事業者、事業者の団体その他の関係者に対し、労働災害の防止に関する事項について必要な勧告又は要請をすることができる。

1　趣旨

労働安全衛生法の第2章は、厚生労働大臣による労働災害防止計画の策定（第6条）、労働災害防止計画の変更（第7条）、労働災害防止計画を策定・変更した場合の公表（第8条）、厚生労働大臣が関係者に対して行う労働災害の防止に関する必要な勧告・要請に関する事項について定めている。

労働災害防止計画制度は、労働災害の防止に関する総合的・計画的な対策の推進を図る（第1条）ため、国（厚生労働大臣）が長期的な展望に基づき労働災害の防止に関する包括的・一体的な計画を策定し、具体的な施策を講ずるとともに、事業者などの関係者に労働災害の防止に関する指針を周知することにより自主的な労働災害防止活動への取り組みを促し、行政と関係者が一体となって労働災害の防止対策を総合的かつ効果的に推進することを目的としている[1]。限られた行政資源を、立法から現場運用に至る安全衛生政策に、諸状況に応じて効率的に投入、配分するための計画ともいえる[2]。

労働災害防止計画は、行政計画として法令の抽象性を補い政策を具体化する性格を有する一方、未だ法整備がなされていない事項について労働災害防止計画に定め、計画に基づき具体的な法令を整備することもある。行政計画は、政策目標の実現に向けた手段を体系化する行政技術の一種であるが、労働災害防止計画制度では、計画期間における労働災害の減少目標や計画を推進するための具体的方策（主要な労働災害防止対策）などを明記し、計画の内容を地方支分部局（都道府県労働局・労働基準監督署）の行政運営方針や、関係団体（労働災害防止団体など）の労働災害防止活動に反映させることを通じて、計画的・効果的な労働災害防止の取り組みを実施している（一例として、**資料2-1**を参照されたい）。また、目標達成のために必要であれば労働災害防止計画に基づき法令改正も行われる[3]（1988〔昭和63〕年の労働安全衛生法改正法案の国会審議において、当時の中村太郎労働大臣は「労働災害防止対策の一層の充実と健康の保持増進対策の推進を図るため、新たな労働災害防止計画を策定するとともに、この計画の効果的な推進が図られるよう、労働安全衛生法の改正法案を今国会に提出することとしております。」と答弁している）。

2　沿革

労働災害を効果的に防止することを目的とする長期計画の取り組みは、1958（昭和33）年に策定された「産業災害防止総合5カ年計画」に端を発する。計画

資料2-1　沖縄労働局による災防計画展開の例

（厚生労働省WEBサイト）

策定当時の労働災害の状況をみると，労働災害による死者は5612人，休業8日以上の死傷者数は約40万人に達し（いずれも1957〔昭和32〕年の数値），とりわけ中小企業における災害の急激な増大（1957年の死傷年千人率は1952〔昭和27〕年当時と比較して49%の増）が懸念されるところであり，政府は「産業災害防止総合5カ年計画」を策定することにより，5年後の労働災害発生件数の半減を目標として掲げた[4]。

また，政府は産業安全に関する有識者で構成される臨時産業災害防止懇談会を設置（1958〔昭和33〕年9月）し，同懇談会は，「産業災害防止対策に関する意見書」（産業災害防止計画の樹立促進，重大災害防止対策，中小企業災害防止対策，産業安全教育，法令の検討整備，広報活動，行政能率の改善，鉱山災害防止対策に関する8項目を内容とする）を総理大臣に手交（11月）した[5]。

しかしながら「産業災害防止総合5カ年計画」の策定以後の労働災害の発生状況をみると，1957（昭和32）年と1962（昭和37）年の時点との比較では，100人以上の事業場の休業1日以上の度数率が23.26から15.46に，年千人率では50.6から36.2にそれぞれ減少していたものの，死傷者数をみると約70万9000人から約79万4200人に増大していた[6]。

このような状況に対し，産業災害防止対策審議会（先の臨時産業災害防止懇談会を発展的に解消して1959〔昭和34〕年に設置された政府の諮問機関）は，新たな計画の策定などを含む答申を行い，これを受けて「新産業災害防止5カ年計画」が閣議了解された（1962〔昭和37〕年10月）。この1963（昭和38）年から1967（昭和42）年までを計画期間とする新たな5カ年計画では，1961（昭和36）年時点における死傷千人率21.05を12.3にまで概ね半減することを目標に定め，具体的な対策としては，事業場の自主的安全活動の促進，組織・設備環境の整備・改善，標準作業方法の確立，安全教育の徹底などを進めることとしていた[7]。

この後，1964（昭和39）年6月には「労働災害防止団体等に関する法律」が成立し，同法において労働災害の防止に関する計画（基本計画〔5年間の長期計画〕と実施計画〔毎年策定される〕により構成される）の策定が初めて法定されることとなった。この「労働災害防止団体等に関する法律」における労働災害防止計画に関する規定は以下の通りである。

第2章　労働災害防止計画
第3条（基本計画）
　労働大臣は，5年ごとに，中央労働基準審議会の意見を聞いて，労働災害の減少目標その他労働災害の防止に関し基本となるべき事項を定めた労働災害防止基本計画（以下「基本計画」という。）を作成しなければならない。
第4条（実施計画）
　労働大臣は，毎年，中央労働基準審議会の意見を聞いて，基本計画の実施を図るため，次の事項を定めた労働災害防止実施計画（以下「実施計画」という。）を作成しなければならない。
　一　労働災害の減少目標
　二　労働災害の防止に関し重点をおくべき業種及び労働災害の種類
　三　労働災害の防止のための主要な対策に関する事項
　四　その他労働災害の防止に関し重要な事項
第5条（変更）
　労働大臣は，労働災害の発生状況，労働災害の防止に関する対策の効果等を考慮して必要があると認めるときは，中央労働基準審議会の意見を聞いて，基本計画又は実施計画を変更しなければならない。
第6条（公表）
　労働大臣は，基本計画又は実施計画を作成したときは，遅滞なく，これを公表しなければならない。これらを変更したときも，同様とする。
第7条（勧告等）
　労働大臣は，基本計画又は実施計画の的確かつ円滑な実施のため必要があると認めるときは，事業主その他の関係者に対し，労働災害の防止に関する事項について必要な勧告又は要請をすることができる。

「労働災害の防止団体等に関する法律」に基づき，1968（昭和43）年4月に第3次の5カ年計画に当たる労働災害防止基本計画が策定され，同計画では，屋外産業や中小零細企業などの重点業種の明示，災害原因の科学的究明，機械設備の本質的安全化，職業病対策の強化といった重点施策が明記された[8]。

その後，1972（昭和47）年の労働安全衛生法の制定を受け，現在の「労働災害防止計画」の制度（5カ年の基本計画と毎年策定される実施計画を一本化し，国としての重点施策を明示したもの）がスタートし，今日に至る。

3 内容

1 第6条

第6条中「労働災害の防止のための主要な対策」には，安全衛生管理計画の策定，安全衛生管理体制の整備，安全衛生事前評価の実施，生産設備の安全化，適正な作業方法の確立，安全衛生教育の実施，安全衛生意識の高揚などに関する事項が含まれ，「その他労働災害の防止に関し重要な事項」としては，労働災害の動向，労働災害の減少目標，労働災害の防止に関し重点を置くべき業種及び労働災害の種類などの事項が挙げられる[9]。

内容は他の行政計画等から影響を受けることがあり，また労働災害防止計画が他の行政計画等に影響を与えることがある。例えば1987（昭和62）年2月24日に閣議決定された「エイズ問題総合対策大綱」を踏まえて，第8次労働災害防止計画（計画期間：1993〔平成5〕年度～2007〔平成9〕年度）においてエイズ問題が取り上げられた。また，第12次労働災害防止計画（計画期間：2013〔平成25〕年度～2017〔平成29〕年度）で「平成29年までにメンタルヘルス対策に取り組んでいる事業場の割合を80％以上とする」という目標を掲げていたが，これは「過労死等の防止のための対策に関する大綱」（2018〔平成30〕年7月24日閣議決定）の目標の元となっている[10]。

(1) 骨子作成

労働災害防止計画の骨子は厚生労働省安全衛生部計画課が中心となって作成される。この時，本省の各課及び都道府県労働局からも意見を聴いて作成する。なお，労働災害防止計画は厚生労働大臣が策定するものであるが，厚生労働省で作成した骨子について各省庁と協議が行われ，時には業所管省庁から厳しい意見出しが行われることもあるという。

各省協議は財務省に対しても行われるが，計画の内容について財務省から意見出しが行われることはほとんどない。ただし，労働災害防止計画に基づく事業を行う場合，当該予算は毎年度の概算要求事項に含まれるが，概算要求の際には財務省による査定が細かく行われる。労働災害防止計画に基づく事業は主に労災保険料により運営される「社会復帰促進等事業」により実施されている。これは特別会計に当たるが，特別会計でも，概算要求に基づく財務省の査定を受けることに変わりはない。事業の内容には，補助金や助成金，教育や研修，調査研究などのほか，施設運営費も含まれる。

例えば1977（昭和52）年の労働安全衛生法改正により新規化学物質の有害性調査制度が設けられ（法第57条の4），国も既存の化学物質等の有害性調査にあたるものとされた（法第58条など）。法改正を受け，第5次労働災害防止計画（計画期間：1978〔昭和53〕年度～1982〔昭和57〕年度）にも化学物質の有害性調査について国が調査研究等を行うことが定められたが，当時そのような施設を労働省（当時）は持っていなかったため，当該施設の土地購入費等を1988（昭和53）年度の概算要求に盛り込み，何度か大蔵省（当時）と折衝を行った結果予算が認められた（なお，この時に設立された施設が日本バイオアッセイ研究センターである）。

(2) 労働政策審議会

厚生労働大臣は，労働災害防止計画の策定に当たりその内容の適正を期するため，労働政策審議会の意見を聴かなければならない。骨子の作成後，労働政策審議会安全衛生分科会で審議が行われる。労働政策審議会へ諮るのと並行して業界団体等へ説明を行う場合もある。

近年の労働政策審議会の審議状況は，計画期間最終年の6～7月頃に当期の計画の評価が行われ，その後に次期計画案の審議が行われ，概ね年内に大筋の合意があり，翌年2月頃に厚生労働大臣から労働政策審議会への諮問と労働政策審議会から厚生労働大臣への答申があるというスケジュールとなっている。なお，労働政策審議会での議論は概ね半年間であるが，労使の対立が大きい事項などその期間で意見が一致しない場合があり，その際は労働災害防止計画に今後の検討課題とする旨を記載し，計画策定後に労働政策審議会で当該事項について改めて検討することもある[11]。

労働災害防止計画の計画期間の最終年に当期計画の評価が行われ，その後に次期計画の策定の議論が行われるため，最終年の実績は次期計画には反映されない。この点について厚生労働省は，労働災害防止活動に空白があってはならず，途切れなく労働災害防止計画を更新することで空白期間を生じさせることなく労働災害防止活動を行うため，最終年の実績が次期計画に反映できないことはやむを得ないとの認識を示している[12]。

(3) 鉱山

鉱山に関する保安（鉱山保安法第2条第2項及び第4項

の規定による鉱山における保安〔衛生に関する通気及び災害時の救護を含む〕）に関しては，経済産業大臣が中央鉱山保安審議会の意見を聴いて労働災害防止計画を策定（又は変更）し，公表することとされている（労働安全衛生法第114条第1項の規定に基づく[13]）。

2 第7条

労働災害防止計画の策定後，計画策定時の基盤となる事情が変動し，計画の内容が適当でなくなった場合には，労働災害の発生状況，労働災害の防止に関する対策の効果を考慮して厚生労働大臣は労働災害防止計画を変更しなければならない[14]。現在までに計画期間中に計画を変更したことはないが，計画を変更する場合には，計画策定時と同様に労働政策審議会の意見を聴く必要がある。

3 第8条

労働災害防止計画は，事業者，労働災害防止団体などの関係者が取り組む労働災害防止活動の指針となるものであり，関係者に広く周知徹底される必要がある。そのため厚生労働大臣は，労働災害防止計画を策定する場合，計画を変更する場合には，遅滞なくこれを公表しなければならない。公表の形式は特に規定されていないが，実務上官報に掲載することにより公表されている[15]。

4 第9条

労働災害防止計画を実施し実効性を確保するためには，事業者をはじめとする関係者の協力が必要不可欠となる。そのため厚生労働大臣が必要と認めるときは，関係者に対して労働災害の防止に関する事項に関し，必要な勧告・要請をすることができる。

第9条中「労働災害防止計画の的確かつ円滑な実施のため必要があると認めるとき」には，計画が示す目標や方向性と，事業者などの関係者が取り組む労働災害防止対策の実施状況との間に齟齬が生じ，関係者に対して対策の変更等を求める必要が生じる場合などが想定され，「関係者」には，労働災害防止団体，労働組合，関係行政機関（各府省庁，地方公共団体）などが含まれる[16]。

例えば，第12次労働災害防止計画（計画期間：2013〔平成25〕年度～2017〔平成29〕年度）において，2012（平成24）年と比較して2017（平成29）年までに労働災害による休業4日以上の死傷者数を15％以上減少させるという目標を掲げており，休業4日以上の死傷災害の中で転倒災害が最も件数が多かったため，厚生労働省は2015（平成27）年に「STOP！転倒災害プロジェクト2015」を実施し，それを発展・継続する形で2016（平成28）年から「STOP！転倒災害プロジェクト」を開始した。しかし依然として転倒災害件数が増加傾向を示していたため，計画期間を過ぎた2018（令和元）年6月17日に，厚生労働省労働基準局安全衛生部長から各災防団体の長あてに基安発0617第2号「転倒災害の防止に向けた取組について（協力要請）―『STOP！転倒災害プロジェクト実施要綱』改正による転倒災害の防止―」を発出している。

なお，12次防策定時の担当者によると，「STOP！転倒災害プロジェクト」は第3次産業対策であったという。すなわち，12次防策定時に第3次産業の労働災害発生件数が増加傾向にあったため，12次防で初めて第3次産業を重点業種とした。ところが第3次産業は安全衛生に対する意識が低く，労働基準監督署の職員が事業場を訪れても安全衛生の担当者がいない（一時的な不在ではなく担当者自体がいない）など[17]，従来の製造業対策や建設業対策とは異なるアプローチが必要であった。そこで第3次産業でも身近な転倒災害を切り口にしたという。

> **考察と結語：第6条～第9条**

労働災害防止計画制度は，先行研究である「リスクアセスメントを核とした諸外国の労働安全衛生制度の背景・特徴・効果とわが国への適応可能性に関する調査研究」が明らかにした労働安全衛生法の特徴である「行政による監督指導的・支援的役割」を表す制度であり[18]，労働安全衛生法の実効性を確保するための手段の一つとしても位置づけられる[19]。

また，労働災害防止計画は，行政計画（代表的な事例として国土計画〔国土形成計画など〕や職業安定行政における雇用対策基本計画などがある）としての性格を有する。行政計画は，目標を定立し，その目標を実現するための諸手段を総合して体系化するところに特徴があり，地域，対象行政部門，期間，計画体系，機能，法的効果，法律の根拠などによる分類がなされることがある[20]。行政計画は，法律の抽象性を補い政策を具体化する行政技術であるが，関係する主体を拘束する側面もあるため，計画の策定過程（と変更するプロセス）においては，審議会や公聴会において関係者の意見を聴き，調整を図る必要も生じる[21]。そのため労働災害防止計画の策定（と変更）に際しては，公益代表委員・労働者代表委員・使用者代表委員の公労使三者で構成される労働政策審議会の意見を聴くことが必要とされている（労働安全衛生法第6条及び第7条）[22]。一方で，労働災害防止計画に基づく法令改正が行われるなど，労働災害防止計画は既存の法令からある程度独立した内容を定めることができ，労働災害防止のために労働行政が定める中長期的な行動計画であるといえる。また，労働災害防止計画の内容（具体的な施策）は，厚生労働省が毎年度策定する「地方労働行政運営方針」に基

づき，各都道府県労働局が管内の事情を反映した方針を策定することにより，計画的に実施されている。[23]

【注】
1) 労働調査会出版局編『労働安全衛生法の詳解―労働安全衛生法の逐条解説〔改訂4版〕』（労働調査会，2015年）214頁，労務行政研究所編『労働安全衛生法（労働法コンメンタール10）』（労務行政，2017年）216頁。
2) 三柴丈典氏による。
3) 例えば心と身体の健康づくり（THP）は1988（昭和63）年の労働安全衛生法改正により従来のシルバーヘルスプラン（SHP）を発展させた取り組みであるが，「第6次労働災害防止計画」（計画期間：1983〔昭和58〕年度～1987〔昭和62〕年度）がもととなった法改正であるという。6次防には「『健康づくり』については，身体機能の強化のみならず，心身両面からの『総合的健康づくり（トータル・ヘルス・ケア）』として展開する」と記載されており，今後の「展開」を6次防策定時にすでに宣言している。
4) 中央労働災害防止協会編『日本の安全衛生運動―五十年の回顧と展望』（中央労働災害防止協会，1971年）389-390頁。
5) 同上390-391頁。
6) 同上391頁。
7) 同上404-405頁。
8) 同上443-445頁。
9) 労働調査会出版局編・前掲注1）215-216頁。
10) なお，最新の「過労死等の防止のための対策に関する大綱」（2021〔令和3〕年7月30日閣議決定）では「数値目標については，第14次労働災害防止計画（令和5年度から令和9年度まで）において新たな数値目標が設定された場合には，その目標の達成に向けた取組を推進する。」と記載されている。
11) 例えば「第12次労働災害防止計画」（計画期間：2013〔平成25〕年度～2017〔平成29〕年度）の策定過程をみると，「法令違反により重大な労働災害を発生させ改善がみられない企業」への対応として企業名の公表制度が検討されていたが，労使の意見が一致せず，12次防には「企業名と労働災害の発生状況をホームページ等で公表することを含めて検討する。」と記載するにとどまった。12次防策定後，労働政策審議会安全衛生分科会で改めて企業名公表制度の議論が行われ，2013（平成25）年12月に企業名公表制度を含めた「今後の労働安全衛生対策について」が労働政策審議会で建議された。「今後の労働安全衛生対策について」には「重大な労働災害を繰り返す企業への対応」の一環として必要な勧告を行ったうえで，その勧告に従わない場合に「例えば企業名を公表する等の仕組みを併せて設けることが適当である。」と記載された。
12) 2012（平成24）年6月26日　第61回労働政策審議会安全衛生分科会。
13) 労務行政研究所編・前掲注1）215-217頁。
14) 同上217-218頁。
15) 同上216-217頁。
16) 同上，労務行政研究所編・前掲注1）219-220頁。
17) 2012（平成24）年7月23日　第62回労働政策審議会安全衛生分科会。
18) 厚生労働省厚生労働科学研究費補助金（労働安全衛生総合研究事業）「リスクアセスメントを核とした諸外国の労働安全衛生制度の背景・特徴・効果とわが国への適応可能性に関する調査研究」〔研究代表者：三柴丈典〕（2014〔平成26〕年度～2016〔平成28〕年度）〈第1分冊〉総括研究報告書26-28頁〔三柴丈典〕。
19) 畠中信夫『労働安全衛生法のはなし』（中央労働災害防止協会，2019年）86-87頁（この他，労働安全衛生法の実効性確保の手段としては，労働者への知識の付与〔情報の提供〕・労働者の参加の保障と促進，労働基準監督制度，安全衛生改善計画・特別安全衛生改善計画，労働安全・労働衛生コンサルタント制度，罰則と送検処分が挙げられる〔畠中・同書87-117頁〕）。
20) 宇賀克也『行政法概説Ⅰ　行政法総論〔第6版〕』（有斐閣，2017年）302-314頁。
21) 小島和貴「行政計画」堀江湛編『政治学・行政学の基礎知識〔第3版〕』（一藝社，2014年）320-321頁。
22) 例えば「第13次労働災害防止計画」（計画期間：2018〔平成30〕年度～2022〔令和4〕年度）の策定経過をみると，2017（平成29）年7月に労働政策審議会安全衛生分科会に対して厚生労働省より「第12次労働災害防止計画」の評価について報告がなされた後，同分科会では次期労働災害防止計画の策定に向けた論点等の検討を行い，その検討結果を踏まえ，2018（平成30）年2月，厚生労働大臣からの諮問を受けた労働政策審議会の答申を経て「第13次労働災害防止計画」が策定されるという経緯を辿っている。
23) 厚生労働省「平成31年度地方労働行政運営方針」（2019〔平成31〕年4月1日公表）。

〔大藪俊志・近藤龍志〕

章末資料　労働災害防止計画の変遷（抄）

1．「産業災害防止総合5ヵ年計画」（第1次労働災害防止計画）
(1) 計画期間
　　1958（昭和33）年度～1962（昭和37）年度
(2) 労働災害の減少目標
　　当時の労働災害の増加傾向からみて5年後に予想される災害発生件数（死傷件数）を半減（86万件から43万件へ）させるとともに，1,100億円の経済的損失を防止する。
(3) 計画期間中の主要施策等
　　「ボイラ及び圧力容器安全規則」制定（1959〔昭和34〕年）
　　「電離放射線障害防止規則」制定（1959〔昭和34〕年）
　　「四エチル鉛等危害防止規則」改正（1960〔昭和35〕年）
　　「有機溶剤中毒予防規則」制定（1960〔昭和35〕年）
　　「高気圧障害防止規則」制定（1961〔昭和36〕年）
　　「クレーン等安全規則」制定（1962〔昭和37〕年）
(4) 計画期間中の労働災害の状況
　　1958（昭和33）年　死亡者数：5,368人　死傷者数：401,760人（休業8日以上）
　　1962（昭和37）年　死亡者数：6,093人　死傷者数：466,126人（休業8日以上）

2．「新産業災害防止総合5ヵ年計画」（第2次労働災害防止計画）
(1) 計画期間
　　1963（昭和38）年度～1967（昭和42）年度
(2) 労働災害の減少目標
　　1961（昭和36）年における労働者1,000人当たり死傷発生率（21.05）を，計画期間中に概ね半減（12.30）させる（1967年において見込まれる休業8日以上の災害発生件数約63万件を約36万件にとどめる）。
(3) 推進方策
　　災害防止計画の樹立，団体等（安全団体・業種団体など）における自主的活動の拡充。事業場における安全管理体制の確立，設備・環境の改善整備，作業行動の安全確保など。

(4) 計画期間中の主要施策等
「電離放射線障害防止規則」改正（1963〔昭和38〕年）
「労働災害防止団体等に関する法律」公布（1964〔昭和39〕年）
中央労働災害防止協会：創立（1964〔昭和39〕年）
「墜落防止に関する建設業労働災害防止規程」制定（1966〔昭和41〕年）
「船内荷役作業に関する港湾労働災害防止規程」制定（1966〔昭和41〕年）
「陸上貨物運送事業労働災害防止規程」制定（1966〔昭和41〕年）
「伐木造材作業に関する林業労働災害防止規程」制定（1966〔昭和41〕年）
「鉛中毒予防規則」公布（1967〔昭和42〕年）
(5) 計画期間中の労働災害の状況
1963（昭和38）年　死亡者数：6,506人　死傷者数：440,547人（休業8日以上）
1967（昭和42）年　死亡者数：5,990人　死傷者数：394,627人（休業8日以上）

3．「第3次労働災害防止計画」
(1) 計画期間
1968（昭和43）年度～1972（昭和47）年度
(2) 労働災害の減少目標
労働災害の発生率（1968〔昭和43〕年当時の度数率：11.08）を全般として計画期間中に3割減少させる。
(3) 計画推進上基本となるべき事項
重点を置くべき業種等（建設，港湾荷役，林業，中小零細企業など）における労働災害防止対策，災害原因の科学的究明，機械設備の本質的安全化，職業性疾病の対策強化など。
(4) 計画期間中の主要施策等
「四アルキル鉛中毒予防規則」公布（1968〔昭和43〕年）
「ゴンドラ安全規則」制定（1969〔昭和44〕年）
「特定化学物質等障害予防規則」公布（1971〔昭和46〕年）
「事務所衛生基準規則」公布（1971〔昭和46〕年）
「酸素欠乏症防止規則」公布（1971〔昭和46〕年）
「労働安全衛生法」公布（1972〔昭和47〕年6月）・施行（10月）
「労働災害防止団体等に関する法律」改正（「労働災害防止団体法」と改称）（1972〔昭和47〕年）
「労働安全衛生規則」制定（1972〔昭和47〕年9月）・施行（10月）
(5) 計画期間中の労働災害の状況
1968（昭和43）年　死亡者数：6,088人　死傷者数：386,443人（休業8日以上）
1972（昭和47）年　死亡者数：5,631人　死傷者数：324,435人（休業8日以上）

4．「第4次労働災害防止計画」
(1) 計画期間
1973（昭和48）年度～1977（昭和52）年度
(2) 労働災害の減少目標
特に死亡及び重大災害の減少に重点を置き，計画期間中に労働災害の発生率（1973〔昭和48〕年当時の度数率：6.67）を全体として概ね3割減少させることを目標とする。職業性疾病（1973〔昭和48〕年当時の業務上疾病件数：29,938）については，在来型の慢性疾病の新規発生を大幅に減少させるとともに，急性の中毒については発生の半減を目標とするなど。
(3) 労働災害防止対策の進め方
労働災害防止対策の科学的検討，機械設備等の安全性の確保，健康管理対策の推進，安全衛生教育の充実と安全衛生意識の高揚，職場環境と労働時間の改善，自主的労働災害防止活動の強化と労働者の参加促進，業種別対策の推進，監督指導の強化と行政体制の整備，関係行政機関との連携など。
(4) 計画期間中の主要施策等
「労働安全衛生コンサルタント及び労働衛生コンサルタント規則」制定（1973〔昭和48〕年）
「労働安全衛生規則」改正（爆発火災防止関係）（1974〔昭和49〕年）
労働安全衛生法に基づく技術指針の公表（1974〔昭和49〕年）
「作業環境測定法」公布（1975〔昭和50〕年）
「作業環境測定法施行令」「作業環境施行規則」公布（1975〔昭和50〕年）
職業病疾病対策要綱：策定（1976〔昭和51〕年）
作業環境測定基準：公示（1976〔昭和51〕年）
超大型規模建設工事災害防止対策推進要綱：公表（1976〔昭和51〕年）
クレーン構造規格及び移動式クレーン構造規格：公示（1976〔昭和51〕年）
総合的労働者健康管理対策の展開について：公表（1976〔昭和51〕年）
セーフティ・アセスメントに関する指針：公表（1976〔昭和51〕年）
「労働安全衛生法及びじん肺法の一部を改正する法律」（化学物質の有害性調査関係）公布（1977〔昭和52〕年）
チェーンソーの規格：公示（1977〔昭和52〕年）
「労働安全衛生法施行令」一部改正（安全衛生委員会関連）（1977〔昭和52〕年）
動力プレス機械構造規格：公示（1977〔昭和52〕年）
(5) 計画期間中の労働災害の状況
1973（昭和48）年　死亡者数：5,269人　死傷者数：387,342人（休業4日以上）
1977（昭和52）年　死亡者数：3,302人　死傷者数：345,293人（休業4日以上）

5．「第5次労働災害防止計画」
(1) 計画期間
1978（昭和53）年度～1982（昭和57）年度
(2) 計画の目標
①死亡災害及び大型災害の大幅な減少を図ること，②在来型の労働災害の減少を図ること，③職業がん等の職業性疾病（1978〔昭和53〕年当時の業務上疾病件数：27,456）の大幅な減少を図ること，④中小企業特に下請事業場における労働災害の減少を図ること，⑤中高年齢労働者の安全を確保するとともに健康の保持増進に努めること。
(3) 主要な労働災害防止対策
①大型災害の防止対策の推進，②在来型労働災害の防止対策の推進（機械設備の安全衛生の確保等，安全衛生教育の充実），③職業性疾病予防対策の積極的推進（化学物質の有害性調査制度等の積極的活用，作業環境管理対策の推進，健康管理対策の積極的推進，産業医学の振興），④中小企業における労働災害防止対策の助成制度の充実，中高年齢労働者の安全衛生対策の推進，⑤各種施策の充実（業種別重点対策の推進，安全衛生改善計画の作成指示等，労働時間等労働条件の適正化，監督指導の強化と行政体制の整備，情報の収集と提供，関係行政機関との連携，労働者の参加促進，労働災害防止団体等の活動強化）。
(4) 計画期間中の主要施策等
「労働安全衛生規則」一部改正（化学物質の有害性調査関係）（1979〔昭和54〕年）
「粉じん障害防止規則」公布（1979〔昭和54〕年）
木材加工用機械災害防止総合対策：公表（1979〔昭和54〕年）
「労働安全衛生法」一部改正（建設工事計画の安全性に係る事前審査制度関連）（1980〔昭和55〕年）

粉じん障害防止総合対策：公表（1981〔昭和56〕年）

移動式クレーン等の定期自主検査指針：公表（1982〔昭和57〕年）

トンネル工事に係るセーフティ・アセスメントに関する指針：公表（1982〔昭和57〕年）

「労働安全衛生法施行令」一部改正（酸素欠乏症，硫化水素中毒の予防対策関連）（1982〔昭和57〕年）

日本バイオアッセイ研究センター設立（化学物質の有害性調査関係）（1982〔昭和57〕年）

(5) 計画期間中の労働災害の状況

1978（昭和53）年　死亡者数：3,326人　死傷者数：348,826人（休業4日以上）

1982（昭和57）年　死亡者数：2,674人　死傷者数：294,319人（休業4日以上）

6.「第6次労働災害防止計画」

(1) 計画期間

1983（昭和58）年度～1987（昭和62）年度

(2) 計画の目標

①死亡災害及び重大災害の大幅な減少を図るとともに労働災害全体（1983〔昭和58〕年当時の労働災害による死亡者数は2,588人，死傷者数（休業4日以上）は278,623人）の概ね30％の減少を図ること，②職業性疾病（1983〔昭和58〕年当時の業務上疾病件数：15,480）を予防するため適正な作業環境等の確保を図ること，③中高年齢労働者の総合的な健康の保持増進を図ること，④産業用ロボット等新たな技術の導入に対応して安全衛生の確保を図ること。

(3) 主要な労働災害防止対策

①労働災害防止の基本的事項に関する対策の推進

安全衛生に関する事前評価の充実，実効ある安全衛生管理体制の確立等，生産設備等の安全化の促進，適正な作業方法の確立，安全衛生教育の徹底等。

②特定の災害・業種等における対策の推進

重大災害防止対策の推進，中小企業における労働災害防止対策の推進，建設業等屋外型産業における労働災害防止対策の推進，機械等の安全の確保，高年齢労働者の安全確保の推進，第三次産業における労働災害防止対策の推進。

③職業性疾病の予防対策の推進

総合的な労働衛生管理の推進，化学物質の有害性調査の推進，特定疾病対策の推進，労働衛生対策を推進する基盤の整備。

④中高年齢労働者の健康管理の推進

⑤産業用ロボット等に関する労働災害防止対策の推進

⑥各種施策の充実

業種別重点対策の推進，国の労働災害防止推進体制の整備，労働者の参加促進，労働災害防止団体等の活動強化。

(4) 計画期間中の主要施策等

日本労働安全衛生コンサルタント会：設立（1983〔昭和58〕年）

「労働安全衛生規則」一部改正（産業用ロボットの安全規制関連）（1983〔昭和58〕年）

産業用ロボットの使用等の安全基準に関する技術上の指針：公表（1983〔昭和58〕年）

粉じん障害防止総合対策推進要綱：公表（1984〔昭和59〕年）

化学物質等定期自主検査指針：公表（1984〔昭和59〕年）

VDT作業のための労働衛生上の指針：公表（1985〔昭和60〕年）

ボイラー定期自主検査指針：公表（1986〔昭和61〕年）

大規模小売業における労働災害の防止について：公表（1986〔昭和61〕年）

脳血管疾患及び虚血性心疾患等の認定基準：改正（1987〔昭和62〕年）

＊元々，昭和36年2月に策定され，昭和62年10月に改正され，その後，平成7年2月（平成8年1月にも追加改正），平成13年12月，令和3年9月に改正され，今に至っている。

(5) 計画期間中の労働災害の状況

1983（昭和58）年　死亡者数：2,588人　死傷者数：278,623人（休業4日以上）

1987（昭和62）年　死亡者数：2,342人　死傷者数：232,953人（休業4日以上）

7.「第7次労働災害防止計画」

(1) 計画期間

1988（昭和63）年度～1992（平成4）年度

(2) 計画の目標

死亡災害，重大災害及び重篤な職業性疾病（1988〔昭和63〕年当時の業務上疾病件数：12,523）の大幅な減少を期するとともに，労働災害の総件数（1988〔昭和63〕年当時の労働災害による死亡者数は2,549人，死傷者数〔休業4日以上〕は226,318人）の概ね30％の減少を図り，労働者の安全と健康を確保すること。

(3) 主要な労働災害防止対策

①基本的事項に関する対策の推進

安全衛生管理を進めるための計画の策定と体制の整備，適正な作業方法の確立，安全衛生教育の充実，安全衛生意識の高揚のための創意工夫，労働時間等労働条件の適正化。

②中小規模事業場における労働災害防止対策の推進

中小規模事業場における安全衛生活動の強化，親企業等を含めた総合的な労働災害防止対策の推進。

③建設業等屋外型産業の特徴に応じた労働災害防止対策の推進

④機械設備に係る労働災害防止対策の推進

⑤第三次産業における労働災害防止対策の推進

安全衛生管理活動の促進，関係事業者団体の自主的労働災害防止活動の促進，雇用・就業形態の複雑多様化に対応した対策の推進。

⑥高年齢労働者の労働災害防止対策の推進

⑦新技術の安全衛生対策の推進

事前評価体制の整備，安全衛生指針の整備，快適な事務所環境の整備。

⑧職業がん等の健康障害防止対策の推進

⑨職業性疾病予防対策の推進

作業環境管理対策の徹底，作業管理指針の作成，特殊健康診断項目の見直し，有害物対策の総合的推進，物理的障害対策の徹底。

⑩健康の保持増進対策の推進

事業場における健康の保持増進対策，産業医の職務の明確化及び活動の活性化。

⑪安全衛生の国際化への対応

海外派遣労働者に係る安全衛生対策の充実，企業の海外進出に伴う安全衛生対策の充実，国際基準との整合性の確保。

⑫総合的な労働災害防止対策を推進するための体制の整備

行政体制の整備，研究体制の整備，教育体制の整備，労働者の安全衛生活動への参加の促進，労働災害防止団体等の活動強化，専門技術団体の活動の促進

⑬業種別重点対策の推進

(4) 計画期間中の主要施策等

「労働安全衛生法」一部改正（健康の保持増進関係等）（1988〔昭和63〕年）

事業場における労働者の健康保持増進のための指針：公表（1988〔昭和63〕年）

危険又は有害な業務に現に就いている者に対する安全衛生教育に関する指針：公表（1989〔平成元〕年）

建築物の解体又は改修工事における石綿粉じんへのばく露防止のためのマニュアル：公表（1989〔平成元〕年）
粉じん障害防止対策：改正（1991〔平成3〕年）
「労働安全衛生法」一部改正（快適職場の形成関係）（1992〔平成4〕年）
事業者が講ずべき快適な職場環境の形成のための措置に関する指針：公表（1992〔平成4〕年）
化学物質等の危険有害性等の表示に関する指針：公表（1992〔平成4〕年）
騒音障害防止のためのガイドライン：公表（1992〔平成4〕年）
(5) 計画期間中の労働災害の状況
　　1988（昭和63）年　死亡者数：2,549人　死傷者数：226,318人（休業4日以上）
　　1992（平成04）年　死亡者数：2,354人　死傷者数：189,589人（休業4日以上）

8．「第8次労働災害防止計画」
(1) 計画期間
　　1993（平成5）年度～1997（平成9）年度
(2) 計画の目標
　　死亡災害，重大災害及び重篤な職業性疾病（1993（平成5）年当時の業務上疾病件数：9,630）の大幅な減少を期するとともに，計画期間中の労働災害の総件数（1993（平成5）年当時の労働災害による死亡者数は2,245人，死傷者数（休業4日以上）は181,900人）の概ね25％の減少を図り，労働者の心身両面にわたる健康の積極的な保持増進及び快適な職場環境の形成を図ること。
(3) 主要な労働災害防止対策
①基本的事項に関する対策の推進
　　生産活動と一体となった安全衛生管理活動の促進，安全衛生に係る事前評価の充実等，適正な作業方法の確立，安全衛生教育の徹底等，労働時間等労働条件の適正化。
②職業別労働災害防止対策の推進
　　建設業，陸上貨物運送事業，港湾貨物運送事業，林業，卸売・小売業及びサービス業。
③特定災害防止対策の推進（機械設備による災害の防止対策，爆発・火災災害の防止対策，交通労働災害の防止対策）
④高年齢労働者の労働災害防止対策の推進
⑤職業性疾病対策の推進
　　化学物質等の有害物による健康障害の防止対策，電離放射線等の物理的因子及び作業態様による健康障害の防止対策。
⑥化学物質等の危険有害性等の表示制度の推進
⑦心身の健康の保持増進対策の推進
　　心身両面にわたる健康づくりの推進，産業保健活動の活性化，作業関連疾患対策の推進。
⑧快適な職場環境の形成の促進
⑨中小規模事業場における労働災害防止対策の推進
⑩外国人労働者の増加等に対応した労働災害防止対策の推進
⑪国際化に対応した安全衛生対策の充実
⑫エイズ予防対策の推進
⑬労働災害防止対策を推進するための体制の整備等
　　行政体制の整備等，安全衛生教育体制の整備，労働者の安全衛生活動への参加の促進，労働災害防止団体等の活動の強化，安全衛生情報の提供。
⑭業種別重点対策の推進
(4) 計画期間中の主要施策等
　　ガラス繊維及びロックウールの労働衛生に関する指針：公表（1993〔平成5〕年）
　　プレス災害防止総合対策：公表（1993〔平成5〕年）
　　交通労働災害防止のためのガイドライン：公表（1994〔平成6〕年）
　　職場における腰痛予防対策：公表（1994〔平成6〕年）
　　「労働安全衛生法施行令」一部改正（茶石綿及び青石綿の製造禁止関連）（1995〔平成7〕年）
　　脳血管疾患及び虚血性心疾患等の認定基準：改正（1995〔平成7〕年）
　　＊元々，昭和36年2月に策定され，昭和62年10月に改正され，この時期に3回目の改正を受けた（平成8年1月にも追加改正）。その後，平成13年12月，令和3年9月に改正され，今に至っている。
　　職場におけるエイズ問題に関するガイドライン：公表（1995〔平成7〕年）
　　職場における喫煙対策のためのガイドライン：公表（1996〔平成8〕年）
　　熱中症予防対策：公表（1996〔平成8〕年）
　　「労働安全衛生法」一部改正（健康管理の充実関連）（1996〔平成8〕年）
　　健康診断結果に基づき事業者が講ずべき措置に関する指針：公表（1996〔平成8〕年）
　　動力プレスの定期自主検査指針：公表（1996〔平成8〕年）
(5) 計画期間中の労働災害の状況
　　1993（平成5）年　死亡者数：2,245人　死傷者数：181,900人（休業4日以上）
　　1997（平成9）年　死亡者数：2,078人　死傷者数：156,726人（休業4日以上）

9．「第9次労働災害防止計画」
(1) 計画期間
　　1998（平成10）年度～2002（平成14）年度
(2) 計画の目標
　　①死亡災害が年間2,000人台で一進一退を繰り返している現状を打破し，大幅な減少を図ること（1998〔平成10〕年当時の労働災害による死亡者数は1,844人），②計画期間中における労働災害総件数を20％減少させること（1998〔平成10〕年当時の労働災害による死傷者数〔休業4日以上〕は148,248人），③じん肺，職業がん等の職業性疾病の減少（1998〔平成10〕年当時の業務上疾病件数：8,574），死亡災害に直結しやすい酸素欠乏症，一酸化炭素中毒等の撲滅を図ること（1998〔平成10〕年当時の酸素欠乏症等の発生状況〔休業4日以上〕：発生件数22，被災者35人，死亡者11人），④産業保健サービスの充実等労働者の健康の保持増進及び快適な職場環境を推進すること。
(3) 重点対象分野における労働災害防止対策
　　業種別労働災害防止対策（建設業対策，陸上貨物運送事業対策，第三次産業対策），特定災害防止対策（機械設備に係る労働災害防止対策，交通労働災害防止対策，爆発・火災災害防止対策）。
①労働者の健康確保対策
　　職業性疾病予防対策，化学物質に係る健康障害予防対策，職場における着実な健康確保対策，ストレスマネジメント対策，健康づくり対策，快適な職場環境の形成。
②安全衛生管理対策の強化
　　中小規模事業場対策，安全衛生管理手法の充実・強化，労使による自主的な安全衛生活動の推進，人的基盤の充実等，高年齢労働者の労働災害防止対策，外国人労働者対策。
③安全衛生行政の展開
　　新たな行政展開（情報提供体制の整備，調査研究体制の整備（産業安全研究所，産業医学総合研究所等における調査研究の充実など），行政体制の整備等，労働災害防止団体等の活動の強化，国民安全への貢献），調査研究の推進（労働災害分析手法，評価手法等の研究推進），国際的な視点に立った行政展開。
(4) 計画期間中の主要施策等

「労働安全衛生規則」一部改正（土石流による危険防止関連）（1998〔平成10〕年）

工作機械等の制御機構のフェールセーフ化のガイドライン：公表（1998〔平成10〕年）

労働安全衛生マネジメントシステムに関する指針：公表（1999〔平成11〕年）

「労働安全衛生法」一部改正（深夜業従事労働者の健康管理対策関連）公表（1999〔平成11〕年）

心理的負荷による精神障害等に係る業務上外の判断指針：公表（1999〔平成11〕年）

ダイオキシン類による健康障害防止のための対策について：公表（1999〔平成11〕年）

化学物質等による労働者の健康障害を防止するための必要な措置に関する指針：公表（2000〔平成12〕年）

労働者の自殺予防に関する総合的対策推進事業実施要綱：公表（2001〔平成13〕年）

職場におけるメンタルヘルス対策の事業者等支援事業実施要綱：公表（2001〔平成13〕年）

機械の包括的な安全基準に関する指針：公表（2001〔平成13〕年）

「労働安全衛生規則」一部改正（廃棄物焼却施設におけるダイオキシン類ばく露防止対策）（2001〔平成13〕年）

過重労働による健康障害防止のための総合対策について：公表（2002〔平成14〕年）

VDT作業における労働衛生管理のためのガイドライン：公表（2002〔平成14〕年）

(5) 計画期間中の労働災害の状況

1998（平成10）年　死亡者数：1,844人　死傷者数：148,248人（休業4日以上）

2002（平成14）年　死亡者数：1,658人　死傷者数：125,918人（休業4日以上）

10. 「第10次労働災害防止計画」
(1) 計画期間
2003（平成15）年度〜2007（平成19）年度
(2) 計画の目標
①労働災害による死亡者数の減少傾向を堅持し、年間1,500人を大きく下回ることを目指して一層の減少を図ること（2003〔平成15〕年当時の労働災害による死亡者数は1,628人）、②計画期間中における労働災害総件数を20%以上減少させること（2003〔平成15〕年当時の労働災害による死傷者数〔休業4日以上〕は125,750人）、③じん肺、職業がん等の職業性疾病の減少（2003〔平成15〕年当時の業務上疾病件数：8,055）、死亡災害に直結しやすい酸素欠乏症、一酸化炭素中毒等の撲滅を図ること、④過重労働による健康障害、職場のストレスによる健康障害等の作業関連疾患の着実な減少を図ること。
(3) 重点対象分野における労働災害防止対策
①業種別労働災害防止対策（建設業対策、陸上貨物運送事業対策、第三次産業対策）、②特定災害防止対策（機械に係る労働災害防止対策、交通労働災害防止対策、爆発・火災災害防止対策）。
①労働者の健康確保対策
職業性疾病予防対策、化学物質による健康障害予防対策、メンタルヘルス対策、過重労働による健康障害の防止対策、職場における着実な健康確保対策、快適職場づくり対策。
②安全衛生管理対策の強化
労働安全衛生マネジメントシステムの活用促進、中小規模事業場対策、事業者及び労働者による自主的な安全衛生活動の推進、人的基盤の充実等、就業形態の多様化、雇用の流動化等に対応する対策、高年齢労働者の労働災害防止対策、外国人労働者対策。
③労働災害防止の支援体制の整備
情報提供体制の整備、リスク評価及び調査研究の体制整備、労働災害防止団体等の活動の充実、労働安全衛生サービスのアウトソーシング化への対応、国際的な視点に立った行政展開、評価を踏まえた施策の実施。
(4) 計画期間中の主要施策等
職場における喫煙対策のためのガイドライン：公表（2003〔平成15〕年）

「労働安全衛生法施行令」一部改正（石綿含有製品の製造禁止関連）（2003〔平成15〕年）

大規模製造業における安全管理の強化に係る緊急対策要綱：公表（2004〔平成16〕年）

心の健康問題により休業した労働者の職場復帰支援の手引き：公表（2004〔平成16〕年）

「労働安全衛生法」一部改正（リスクアセスメント、過重労働対策関連）（2005〔平成17〕年）

「石綿障害予防規則」制定（2005〔平成17〕年）

危険性又は有害性等の調査等に関する指針（リスクアセスメント指針）：公表（2006〔平成18〕年）

労働安全衛生マネジメントシステムに関する指針の改正について：公表（2006〔平成18〕年）

労働者の心の健康の保持増進のための指針（メンタルヘルス指針）：公表（2006〔平成18〕年）

「労働安全衛生法」一部改正（長時間労働者に対する医師の面接指導関連）（2006〔平成18〕年）

「労働安全衛生法施行令」一部改正（石綿含有製品の製造等全面禁止関連）（2006〔平成18〕年）

製造業における元方事業者による総合的な安全衛生管理のための指針：公表（2006〔平成18〕年）

2007年問題に対応するITを活用した新しい安全衛生管理手法の構築について（2007〔平成19〕年）

機械の包括的な安全基準に関する改正指針：公表（2007〔平成19〕年）

事業場における労働者の健康保持増進のための改正指針：公表（2007〔平成19〕年）

(5) 計画期間中の労働災害の状況

2003（平成15）年　死亡者数：1,628人　死傷者数：125,750人（休業4日以上）

2007（平成19）年　死亡者数：1,357人　死傷者数：121,356人（休業4日以上）

11. 「第11次労働災害防止計画」
(1) 計画期間
2008（平成20）年度〜2012（平成24）年度
(2) 計画の目標
①死亡者数：2012（平成24）年において2007（平成19）年と比して20%以上減少させること（2007〔平成19〕年当時の労働災害による死亡者数は1,357人）、②死傷者数：2012（平成24）年において2007（平成19）年と比して15%以上減少させること（2007〔平成19〕年当時の労働災害による死傷者数〔休業4日以上〕は121,356人）、③労働者の健康確保対策を推進し、定期健康診断における有所見率の増加傾向に歯止めをかけ、減少に転じさせること（2007〔平成19〕年当時の業務上疾病件数：8,684）。
(3) 計画における労働災害防止対策
①自主的な安全衛生活動の促進
「危険性又は有害性等の調査等」の実施の促進、労働安全衛生マネジメントシステムの活用等、自主的な安全衛生活動促進のための環境整備等、情報の共有化の推進等。
②特定災害対策
機械災害防止対策、墜落・転落災害防止対策、交通労働災害防止対策、爆発・火災災害防止対策。
③労働災害多発業種対策
製造業対策、建設業対策、陸上貨物運送事業対策、林業対策、第三次産業対策。
④職業性疾病（石綿及び化学物質関係を除く）等の予防対

策
　　　粉じん障害防止対策，腰痛予防対策，振動・騒音障害防止対策，熱中症予防対策及び酸素欠乏症等防止対策，その他の職業性疾病等の予防対策。
⑤石綿障害予防対策
　　　全面禁止の徹底等，解体作業等におけるばく露防止対策の徹底，離職者の健康管理対策の推進。
⑥化学物質対策
　　　化学物質による労働災害の防止対策，化学物質管理対策。
⑦メンタルヘルス対策及び過重労働による健康障害防止対策
　　　メンタルヘルス対策，過重労働による健康障害防止対策。
⑧産業保健活動，健康づくり及び快適職場づくり対策
　　　産業保健活動の活性化（産業医等の選任の徹底，地域における産業保健活動の活性化，産業医と産業保健スタッフとの連携，健康診断の結果に基づく健康管理の徹底など），健康づくり対策，快適職場づくり対策。
⑨安全衛生管理対策の強化
　　　安全衛生教育の効果的な推進等，中小規模事業場対策の推進，就業形態の多様化等に対する対策，高年齢労働者対策等の推進，グローバル化への対応。
⑩効率的・効果的な施策の推進
　　　労働安全衛生研究の促進，地域における労働災害多発業種等対策の推進，関係機関との連携等。
(4) 計画期間中の主要施策等
　温泉掘削等のボーリング作業等における可燃性天然ガスによる爆発・火災災害の防止について：公表（2008〔平成20〕年）
　局地的な大雨による下水道渠内工事等における労働災害の防止について：公表（2008〔平成20〕年）
　派遣労働者に係る労働条件及び安全衛生の確保について：公表（2009〔平成21〕年）
　ナノマテリアルに対するばく露防止等のための予防的対応について：公表（2009〔平成21〕年）
　職場における熱中症の予防について：公表（2009〔平成21〕年）
　振動障害総合対策の推進について：公表（2009〔平成21〕年）
　「労働安全衛生規則」一部改正（プレス機械等による災害防止対策関連）（2011〔平成23〕年）
　動力プレス機械構造規格の一部改正（2011〔平成23〕年）
　機械メーカー向け，ユーザーへの危険情報提供に関するガイドライン：公表（2011〔平成23〕年）
　「東日本大震災により生じた放射性物質により汚染された土壌等を除染するための業務等に係る電離放射線障害防止規則」制定（2011〔平成23〕年）
　除染等業務に従事する労働者の放射線障害防止のためのガイドライン（2011〔平成23〕年）
　「労働安全衛生規則」一部改正（機械リスクに関する情報提供関連）（2012〔平成24〕年）
　機械譲渡者等が行う機械に関する危険性等の通知の促進に関する指針（2012〔平成24〕年）
　「労働安全衛生規則」一部改正（化学物質等の危険有害性表示制度関連）（2012〔平成24〕年）
(5) 計画期間中の労働災害の状況
　2008（平成20）年　死亡者数：1,268人　死傷者数：119,291人（休業4日以上）
　2012（平成24）年　死亡者数：1,093人　死傷者数：119,576人（休業4日以上）

12.「第12次労働災害防止計画」
(1) 計画期間
　2013（平成25）年度～2017（平成29）年度
(2) 計画の目標
　①2012（平成24）年と比較して2017（平成29）年までに労働災害による死亡者数の数を15％以上減少させること（2012〔平成24〕年当時の労働災害による死亡者数は1,093人），②2012（平成24）年と比較して2017（平成29）年までに労働災害による休業4日以上の死傷者数の数を15％以上減少させること（2012〔平成24〕年当時の労働災害による死傷者数〔休業4日以上〕は119,291人）（2012〔平成24〕年当時の業務上疾病件数：7,743）。
(3) 重点施策ごとの具体的取り組み
①労働災害，業務上疾病発生状況の変化に合わせた対策の重点化
　　　重点とする業種対策（第三次産業〔特に小売業・社会福祉施設・飲食店〕対策，陸上貨物運送事業対策，建設業対策，製造業対策），重点とする健康確保・職業性疾病対策（メンタルヘルス対策，過重労働対策，化学物質による健康障害防止対策，腰痛・熱中症対策，受動喫煙防止対策），業種横断的な取り組み（リスクアセスメントの普及促進，高年齢労働者対策，非正規労働者対策）。
②行政，労働災害防止団体，業界団体等の連携・協働による労働災害防止の取り組み
　　　専門家と労働災害防止団体の活用，業界団体との連携による実効性の確保，安全衛生管理に関する外部専門機関の育成と活用。
③社会，企業，労働者の安全・健康に対する意識改革の促進
　　　経営トップの労働者の安全や健康に関する意識の高揚，労働環境水準の高い業界・企業の積極的な公表，重大な労働災害を発生させ改善が見られない企業への対応，労働災害防止に向けた国民全体の安全・健康意識の高揚，危険感受性の向上。
④科学的根拠，国際動向を踏まえた施策推進
　　　労働安全衛生総合研究所等との連携による科学的根拠に基づく対策の推進，国際動向を踏まえた施策推進。
⑤発注者，製造者，施設等の管理者による取組強化
　　　発注者等による安全衛生への取組強化，製造段階での機械の安全対策の強化，労働者以外の人的・社会的影響も視野に入れた対策の検討。
⑥東日本大震災，東京電力福島第一原子力発電所事故を受けた対応
　　　東日本大震災の復旧・復興工事対策，原子力発電所事故対策。
(4) 計画期間中の主要施策等
　職場における腰痛予防対策指針：公表（2013〔平成25〕年）
　「労働安全衛生規則」一部改正（食品加工用機械の労働災害防止対策関連）公表（2013〔平成25〕年）
　「労働安全衛生法」一部改正（化学物質に係るリスクアセスメント実施の義務化，ストレスチェック実施の義務化関連）（2014〔平成26〕年）
　過労死等の防止のための対策に関する大綱：公表（2015〔平成27〕年）
　「STOP！転倒災害プロジェクト2015」（2015〔平成27〕年）
　「STOP！転倒災害プロジェクト」（2016〔平成28〕年～）
　化学物質等による危険性又は有害性等の調査等に関する指針（化学物質リスクアセスメント指針）：公表（2015〔平成27〕年）
　心理的な負担の程度を把握するための検査及び面接指導の実施並びに面接指導結果に基づき事業者が講ずべき措置に関する指針：公表（2015〔平成27〕年）
　労働安全衛生法第57条の3第3項の規定に基づく危険性又は有害性等の調査等に関する指針に関する公示：公表（2015〔平成27〕年）

斜面崩壊による労働災害の防止対策に関するガイドライン：公表（2015〔平成27〕年）
東京電力福島第一原子力発電所における安全衛生管理対策のためのガイドライン：公表（2015〔平成27〕年）
チェーンソーによる伐木等作業の安全に関するガイドライン：公表（2015〔平成27〕年）
安全衛生優良企業公表制度（2015〔平成27〕年〜）
機能安全による機械等に係る安全確保に関する技術上の指針：公表（2016〔平成28〕年）
事業場における治療と職業生活の両立支援のためのガイドライン：公表（2016〔平成28〕年）
山岳トンネル工事の切羽における肌落ち災害防止対策に係るガイドライン：公表（2016〔平成28〕年）
シールドトンネル工事に係る安全対策ガイドライン：公表（2017〔平成29〕年）
雇用管理分野における個人情報のうち健康情報を取り扱うに当たっての留意事項：公表（2017〔平成29〕年）
「STOP！熱中症 クールワークキャンペーン」（2017〔平成29〕年〜）
(5) 計画期間中の労働災害の状況
2013（平成25）年 死亡者数：1,030人 死傷者数：118,157人（休業4日以上）
2017（平成29）年 死亡者数： 978人 死傷者数：120,460人（休業4日以上）

13. 「第13次労働災害防止計画」
(1) 計画期間
2018（平成30）年度〜2022（令和4）年度
(2) 計画の目標
①死亡災害：死亡者数を2017（平成29）年と比較して，2022（令和4）年までに15％以上減少（2017〔平成29〕年当時の労働災害による死亡者数は1,030人），②死傷災害（休業4日以上の労働災害）については，死傷者数の増加が著しい業種，事故の型に着目した対策を講じることにより，死傷者数を2017年と比較して，2022年までに5％以上減少（2017〔平成29〕年当時の労働災害による死傷者数〔休業4日以上〕は118,157人）（2017〔平成29〕年当時の業務上疾病件数：7,844）。
(3) 重点事項ごとの具体的な取り組み
①死亡災害の撲滅を目指した対策の推進
建設業における墜落・転落災害等の防止，製造業における施設，設備，機械等に起因する災害等の防止，林業における伐木等作業の安全対策など。
②過労死等の防止等の労働者の健康確保対策の推進
労働者の健康確保対策の強化，過重労働による健康障害防止対策の推進，職場におけるメンタルヘルス対策等の推進など。
③就業構造の変化及び働き方の多様化に対応した対策の推進
災害の件数が増加傾向にある又は減少がみられない業種等への対応，高年齢労働者，非正規雇用労働者，外国人労働者及び障害者である労働者の労働災害の防止など。
④疾病を抱える労働者の健康確保対策の推進
企業における健康確保対策の推進，企業と医療機関の連携の促進，疾病を抱える労働者を支援する仕組みづくりなど。
⑤化学物質等による健康障害防止対策の推進
化学物質による健康障害防止対策，石綿による健康障害防止対策，電離放射線による健康障害防止対策など。
⑥企業・業界単位での安全衛生の取り組みの強化
企業のマネジメントへの安全衛生の取込み，労働安全衛生マネジメントシステムの普及と活用，企業単位での安全衛生管理体制の推進など。
⑦安全衛生管理組織の強化及び人材育成の推進

安全衛生専門人材の育成，労働安全・労働衛生コンサルタント等の事業場外の専門人材の活用など。
⑧国民全体の安全・健康意識の高揚など
高校，大学等と連携した安全衛生教育の実施，科学的根拠，国際動向を踏まえた施策推進など。
(4) 計画期間中の主要施策等
「労働安全衛生法」一部改正（働き方改革を推進するための関係法律の整備に関する法律関連［産業医・産業保健制度改正，長時間労働者対象面接指導制度の強化等］）（2018〔平成30〕年）
労働者の心身の状態に関する情報の適正な取扱いのために事業者が講ずべき措置に関する指針：公表（2018〔平成30〕年）
過労死等の防止のための対策に関する大綱：変更（2018〔平成30〕年）
墜落制止用器具の安全な使用に関するガイドライン：公表（2018〔平成30〕年）
墜落制止用器具の規格：制定（2019〔平成31〕年）
過労死等の防止のための対策に関する大綱：変更（2021〔令和3〕年）
(5) 計画期間中の労働災害の状況
2018（平成30）年 死亡者数：909人 死傷者数：127,329人（休業4日以上）

（大藪俊志・近藤龍志作成）
＊参考文献
労働省／厚生労働省「労働災害動向調査」
労働省／厚生労働省「業務上疾病調」
労働省／厚生労働省「労働基準監督年報」
労働法令協会／日本労働研究機構『労働行政要覧（昭和29年度版〜平成13年度版）』
全日本産業安全連合会『産業安全年鑑（1955年〜1984年）』
中央労働災害防止協会『安全衛生年鑑（1985年〜2005年）』
中央労働災害防止協会『安全の指標（1967年〜2019年）』
中央労働災害防止協会『労働衛生のしおり（1974年〜2019年）』
中央労働災害防止協会編『日本の安全衛生運動—五十年の回顧と展望』（中央労働災害防止協会，1971年）
中央労働災害防止協会編『安全衛生運動史—労働保護から快適職場への七〇年』（中央労働災害防止協会，1984年）
中央労働災害防止協会編『安全衛生運動史—安全専一から100年』（中央労働災害防止協会，2011年）
労務行政研究所編『労働安全衛生法（労働法コンメンタール10）』（労務行政，2017年）

第三章　安全衛生管理体制

第10条から第19条の3まで

（総括安全衛生管理者）
第10条　事業者は，政令で定める規模の事業場ごとに，厚生労働省令で定めるところにより，総括安全衛生管理者を選任し，その者に安全管理者，衛生管理者又は第25条の2第2項の規定により技術的事項を管理する者の指揮をさせるとともに，次の業務を統括管理させなければならない。
一　労働者の危険又は健康障害を防止するための措置に関すること。
二　労働者の安全又は衛生のための教育の実施に関すること。
三　健康診断の実施その他健康の保持増進のための措置に関すること。
四　労働災害の原因の調査及び再発防止対策に関すること。
五　前各号に掲げるもののほか，労働災害を防止するため必要な業務で，厚生労働省令で定めるもの
2　総括安全衛生管理者は，当該事業場においてその事業の実施を統括管理する者をもつて充てなければならない。
3　都道府県労働局長は，労働災害を防止するため必要があると認めるときは，総括安全衛生管理者の業務の執行について事業者に勧告することができる。

1　趣旨

安全衛生の確保のためには，経営責任者によるリーダーシップと安全衛生管理体制の確立が重要との認識から，事業場の事業責任者を選任させ，安全・衛生管理者らの指揮と，危害防止措置，リスクアセスメント等，安全衛生の要目を統括管理させようとした規定である（資料3-1を参照されたい）。施行通達には，「安全衛生管理の企業の生産ラインと一体的に運営されることを期待し，一定規模以上の事業場」で「事業の実施を統括管理する者をもつて」充てることとしたと記されている（昭和47年9月18日発基第91号[1]）。

そこで，本条第2項にいう「事業の実施を統括管理する者」の定義が問われるが，行政解釈は，工場長，作業所長等名称の如何を問わず，当該事業場での事業の実施を実質的に統括管理する権限と責任を持つ者としている。ここで「業務を統括管理する」とは，「第1項各号に掲げる業務が適切かつ円滑に実施されるよう所要の措置を講じ，かつ，その実施状況を監督する等当該業務について責任をもつて取りまとめることをいう」（昭和47年9月18日基発第602号）。

このように，総括安全衛生管理者たる資格はそのポストで自ずと定まり，行政による法令遵守監督も，主にその点の確認で果たされ得る点が安全・衛生管理者と異なるが，匿名監督官によれば[2]，監督実務経験上，一定規模以上の会社では工場長，一定規模以下の会社では代表取締役らが選任されるケースが多い（逆に言えば，企業規模が大きくなるほど経営責任者が選任され難い）という。

旧労基法時代にも，安全管理者，衛生管理者に関する規定が，法第53条や旧安衛則にあったが（規則第1条：安全管理者の選任要件，第6条：安全管理者の職務，第11条：衛生管理者の選任要件，第12条：小規模事業への衛生管理者の共同選任命令，第13条：衛生管理者を専属とすべき要件，第19条：衛生管理者の職務，第24条：衛生管理者の免許付与の条件，第28条〜第33条：衛生管理者免許の試験関係），彼らを事業トップの直轄管理とする必要性は明記されていなかった。しかし，本条により，事業場の経営トップ層が安全，衛生管理（者）を直轄管理する体制が明示的に規定された。

本条は，本法が，安全衛生経営（経営への安全衛生の組み込み）を志向する法律であることを象徴している。

対象を一定規模以上の事業場に絞っているのは，小

資料 3 - 1　総括安全衛生管理者を中心とした安全衛生管理体制

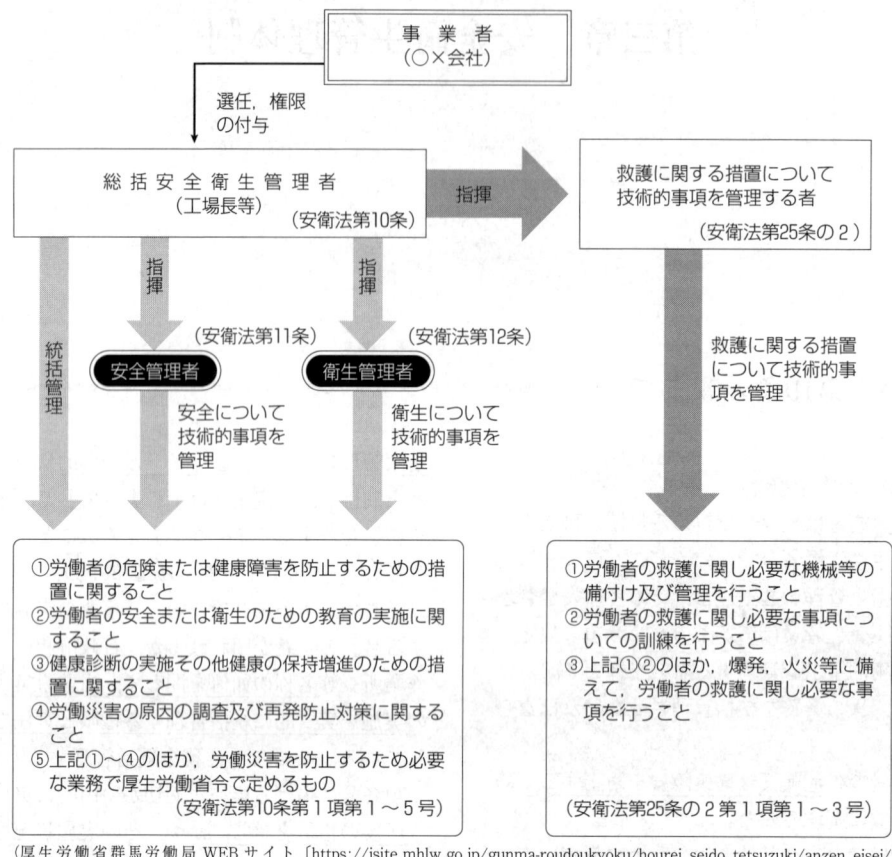

（厚生労働省群馬労働局 WEB サイト〔https://jsite.mhlw.go.jp/gunma-roudoukyoku/hourei_seido_tetsuzuki/anzen_eisei/anzen12/anzen12_2/anzen12_2_1.html, 最終閲覧日：2022年11月20日〕）

規模事業場なら，まさに経営トップが自ら行うべきこととの認識による。事業規模の拡大により，経営トップが自ら担当できなくなっても，それに代わり得る立場の者を選任せよとの趣旨である。

2 　内容[3]

本条は，総括安全衛生管理者に，安全管理者（法第11条），衛生管理者（法第12条）と昭和55年法改正新設された法第25条の 2 第 2 項所定の技術担当者（建設業等の仕事の一部に係る救護措置の 2 次災害防止の技術的事項を担う者）を指揮するよう定めたことで，これら三者が総括者を補佐する立場に立つことを明確にした。[4]

他方，本条において，産業医等や作業主任者は，総括者の指揮下にある旨定められていない。このうち作業主任者については，通達「労働安全衛生規則の施行について」（昭和47年 9 月18日基発第601の 1 ）で，「作業主任者その他安全に関する補助者の監督」が安全管理者の職務の一つに挙げられていることからも，統括者の直接の指揮下になくても，指揮系統の下（指揮下の指揮下）にあることが明らかである。しかし，産業医は，事業者に勧告等を行うべき立場であり，総括者として事業のトップ層が想定されている以上，総括者に

も勧告等を行うべき立場に立っている（昭和47年 9 月18日基発第601の 1 ）（資料 3 - 2 ）。近年の働き方改革に伴う安衛法改正で，産業保健に奉仕するという意味で，独立性の強化も図られた。[5] むろん，産業医といえども，事業者に選任され，ときに雇用され，法第10条第 1 号から第 5 号所定の業務のうち，労働者の健康管理等の業務を履行補助／代行する以上，その限りで事業者や，その代行者である総括安全衛生管理者の指揮命令に服すべきことは言うまでもない。

本条が定める総括安全衛生管理者の職務は，

安全管理者（法第11条），衛生管理者（法第12条）と法第25条の 2 第 2 項所定の技術担当者（建設業等の仕事の一部に係る救護措置の 2 次災害防止の技術的事項を担う者）の指揮，

本条第 1 号から第 4 号所定の業務（第 1 号：危険・健康障害防止措置（法第 4 章のほか第 5 章のうち事業者の措置義務規定を含む）関係，第 2 号：安全衛生教育関係，第 3 号：健診等の健康保持増進措置（事後措置，作業環境管理，作業管理，健康教育・相談等）関係，第 4 号：労災の原因調査と再発防止策関係（以上，昭和47年 9 月18日基発第602号）。法第25条の 2 第 2 項所定の建設業等の仕事の一部に係る爆発・火災等に伴う救護措置の 2 次災害防止措置もここに

資料3-2

```
                    事業者
                      │
              総括安全衛生管理者      ←勧告
     製造業≥300人他   │技術的事項分掌    指導・助言
     危険健康障害      │
     防止措置統括     ↓↓↓
              安全管理者  衛生管理者  産業医
              安全管理   職場巡視   職場巡視
              工業的業種等≥50人  衛生管理等   健康管理等
                       全業種≥50人
```

（堀江正知「産業医と安全衛生法の歴史」産業医科大学雑誌35巻特集号〔2013年〕14頁）

資料3-3

業　種	常時使用労働者数[6]
林業，鉱業，建設業，運送業及び清掃業（いわゆる「屋外産業的業種[7]」）	100人以上
製造業（物の加工業を含む），電気業，ガス業，熱供給業，水道業，通信業，各種商品卸売業，家具・建具・じゅう器等卸売業，各種商品小売業，家具・建具・じゅう器等小売業，旅館業，ゴルフ場業，自動車整備業及び機械修理業（いわゆる「工業的業種[8]」）	300人以上
その他の業種	1000人以上

（安衛法施行令第2条をもとに三柴丈典が作成）

資料3-4

労基法別表第1各号の事業	安衛法上の業種分類
第6号の事業（農林業）（造林，伐木，造材，集材または運材を行なう事業に限る。）	林　業
第2号の事業（鉱業）	鉱　業
第3号の事業（土木・建設業）	建設業
第4号および第5号の事業（交通業，貨物取扱業）	運送業
第15号の事業（焼却・清掃業）（焼却または清掃の事業に限る。）	清掃業
第11号の事業（郵便・通信）	通信業
第2号の事業（鉱業）（鉱山保安法適用事業以外の事業に限る。）	土石採取業

（都道府県労働基準局長あて労働事務次官通達「労働安全衛生法の施行について」昭和47年9月18日発基第91号を三柴丈典が改編）

含まれる）の統括管理，のほか，

本条第5号の業務：その他省令所定の労災防止措置関係），

であり，このうち第5号の業務は，

①安全衛生方針の表明関係，

②第28条の2第1項所定のリスクアセスメントと対応措置関係，

③安全衛生に関するPDCA（計画，実施，評価，改善）サイクルの構築関係，

の3つである（安衛則第3条の2）。

このように，総括安全衛生管理者の職務は，事業場の安全衛生について包括的であり，総括管理者は事業場の経営トップ層であるべきだが，事業者である個人事業主自身が総括管理者となる場合は別として（法人企業の場合の事業者は法人そのものなので），事業者と総括管理者は別であり，総括管理者の選任が事業者の安衛法上の責任を免除するわけではない。事業者は，総括管理者に職務遂行にとって必要な権限を委任し，その遂行状況を監督する必要がある[9]。

本条が適用単位とする事業場の概念については，第2条の解説内の事業者の解説を参照されたい。

事業場の業種の区分は，実態に応じて個別的に判断される。例えば，製鉄所は製造業（施行令第2条第2号）とされるが，当該製鉄所を管理する本社が別の場所にある場合，本社はその他の業種（施行令第2条第3号）となる（昭和47年9月18日発基第91号通達の第2の3）。

本条第1項による総括安全衛生管理者選任義務の発生要件は，資料3-3の通りである。

なお，労基法上の業種分類と安衛法上の業種分類の対応関係については，資料3-4のように整理されている。

事業者は，総括安全衛生管理者の選任を，その要件を満たした日（①当該事業場が前掲の規模に達した日，②同管理者に欠員を生じた日）から14日以内に行うと共に，遅滞なく，所轄労基署長に報告書を提出せねばならない（安衛則第2条）。

総括安全衛生管理者に穴が開く事態は防がねばならないため，疾病等で職務を行えない場合，事業者が代理を選任せねばならないが（安衛則第3条），予め代理を選任しておく方法も許される（昭和47年9月18日基発第601号の1）。

本条第3項は，都道府県労働局長が必要を認めた場合に，総括安全衛生管理者の業務の執行について事業者に勧告できる旨を定めているが，行政解釈によれば，これは，当該事業場の労災発生率が比較的高く，それが総括安全衛生管理者の業務執行に基づくものと認められる場合に発せられるものとされている（昭和47年9月18日基発第602号）。安全・衛生管理者には増員や解任の命令制度が設けられているのと対照的であり，総括管理者が経営トップ層であることを前提に実効性が図られた経緯がある[11]。

実際の運用は少ないだろうが，法第99条の2には，総括安全衛生管理者等（安全管理者，衛生管理者，統括安全衛生責任者その他労働災害防止業務従事者）による労災再発防止講習の受講を，都道府県労働局長が事業者に指示できる旨の定めもある。

本条第1項（選任と職務遂行の確保）には罰則がある（法第120条第1号：50万円以下の罰金）。

また，本条以下の事業場内の安全衛生管理体制の設置運営に関する規定には，別途，以下のような担保が設けられている。[12]

①所轄労働基準監督署長への選任報告（法第100条第1項）
　・総括安全衛生管理者（安衛則第2条第2項）
　・安全管理者（安衛則第4条第2項）
　・衛生管理者（安衛則第7条第2項）
　・産業医（安衛則第13条第2項）
②氏名等の作業場への掲示等
　・安全衛生推進者等（安衛則第12条の4）
　・作業主任者（安衛則第18条）
③議事概要周知義務
　・安全委員会・衛生委員会又は安全衛生委員会（安衛則第23条第3項）
④議事録保存義務
　・安全委員会・衛生委員会又は安全衛生委員会（法第103条第1項，安衛則第23条第4項）

3 関係規定

安衛法上の安全衛生管理体制と同様の体制には，
鉱山保安法（昭和24年法律第70号）上の鉱山保安体制（保安統括者〔第22条等〕→保安管理者〔第23条等〕→作業監督者〔第26条等〕，保安委員会〔第28条，第29条等〕等），

特定工場（一定業種で，ばい煙，特定粉じん，汚水，騒音，ダイオキシン等を発生させる施設）における公害防止組織整備法（昭和46年法律第107号）上の公害防止体制（公害防止統括者〔第3条等。工場長等が適任で資格不要〕→公害防止主任管理者〔第5条等。部課長が適任で資格必要〕→公害防止管理者〔第4条等。施設の管理責任者が適任で資格が必要〕），

等がある。

鉱山保安法第2条第2項及び第4項所定の鉱山に安衛法は適用されないが（安衛法第115条），安衛法第3章の総括安全衛生管理者は総括管理者と読み替え，安全衛生推進者は衛生推進者と読み替えて，準用される（安衛法第114条）。

4 運用

1 適用の実際

法第10条は，違反指摘は少ない条規である。違反による送検件数を記した令和2年公表「労働基準関係法令違反に係る公表事案」（https://www.mhlw.go.jp/content/000534084.pdf，最終閲覧日：2020年7月9日）によれば，令和元年6月1日から1年間で，違反件数は0件だった。是正勧告を典型とする違反の指摘件数を記し

た「令和2年労働基準監督年報」の定期監督等実施状況・法違反状況（令和2年）でも，合計25件にとどまっていた。

2 関係判例

見当たらなかった。

（安全管理者）
第11条　事業者は，政令で定める業種及び規模の事業場ごとに，厚生労働省令で定める資格を有する者のうちから，厚生労働省令で定めるところにより，安全管理者を選任し，その者に前条第1項各号の業務（第25条の2第2項の規定により技術的事項を管理する者を選任した場合においては，同条第1項各号の措置に該当するものを除く。）のうち安全に係る技術的事項を管理させなければならない。
2　労働基準監督署長は，労働災害を防止するため必要があると認めるときは，事業者に対し，安全管理者の増員又は解任を命ずることができる。

---

1 趣旨

労働災害が生じ易く，現実に人の手当てが可能な業種，規模の事業場において，生産と安全に関する知識を持つ者に，広く安全にかかる管理を委ねることを事業者に義務づけ，区々多様なリスクへの専門的な対応を図らせようとした規定である。現行法の施行通達には，安全衛生管理を生産活動と一体化させるために法定された総括安全衛生管理者を補佐する存在と記されている（昭和47年9月18日発基第91号）。

古く工場法（及び施行令，施行規則）には，安全・衛生の管理者制度自体は定められていなかったが，工場管理人制度が定められていた（第18条，第19条）。これは，特に大企業が多数の工場を所有する等で経営者（工業主）自身が工場法の遵法を担えない事態を等を前提に，その履行を代行させるために設けられたものである。基本的に上位の経営管理者を想定していたと解される。

そして，それに紐づく工場危害予防及び衛生規則では，昭和13（1938）年の改正により，常時使用職工50人以上の工場では，原則として安全管理者を選任すべきことが定められ，土木建築工事場安全衛生規則（昭和12年9月30日内務省令第41号）や土石採取場安全及び衛生規則（昭和9年5月3日内務省令第11号）では，その制定当初から安全衛生管理人を選任すべきことが定められていた。

安全管理者と衛生管理者が区分されたのは，戦後の

労基法の制定時だが，両者の厳密な区分は難しい（後掲の通達〔昭和27年9月20日基発第675号〕は，安全管理者の専任要件との関係で，安全管理者が衛生管理を行っても専任要件を逸脱しない旨を述べ，安全管理と衛生管理の密接なつながりを指摘している）。

2 内容[13]

1 選任対象事業

（専任・非専任を問わず）安全管理者の選任対象事業は，安衛法施行令第3条で，以下の事業のうち，常時雇用労働者数50人以上と定められている（安全管理者については施行令，衛生管理者については安衛則で定められている）。

林業，鉱業，建設業，運送業及び清掃業（第1号。いわゆる屋外産業的業種[14]），製造業（物の加工業を含む），電気業，ガス業，熱供給業，水道業，通信業，各種商品卸売業，家具・建具・じゅう器等卸売業，各種商品小売業，家具・建具・じゅう器小売業，燃料小売業，旅館業，ゴルフ場業，自動車整備業及び機械修理業（第2号。いわゆる工業的業種[15][16]）。

衛生管理者との比較では，衛生管理者の場合，全ての業種で第2種衛生管理者以上を選任すべきとされている（安衛則第7条第1項第3号。第2種衛生管理者は，主に第3次産業的業種を想定したと解されている[17]）。他方，第1種衛生管理者以上を充てるべき業種では，上記の安全管理者選任対象業種から通信業，各種商品卸売・小売業，家具・建具・じゅう器等卸売・小売業，旅館業等（3次産業系）が外され，逆に，農・畜水産業，医療業（1次産業系・医療系）が含められている（安衛則第7条第1項第3号。第2種衛生管理者は，主に第3次産業的業種を想定したと解されている[18]）。つまり，機械器具，重機その他物のリスクが特に生じ易い業種を安全管理者選任対象とし，衛生面，健康面でのリスクは全ての業種で生じ得るだろうとの想定で，全て衛生管理者選任対象とし，管理に医薬・衛生面での専門性が必要な業種について，高度な衛生管理者の選任対象とした，ということと思われる。

しかし，選任対象業種の指定に疑問を寄せる監督官もいる。匿名の監督官から，指定以外の小売業や飲食業，社会福祉施設等での転倒，やけど，機械による挟まれ，巻き込まれ等の災害が生じており，これらも安全管理者の選任対象とすべきではないか，また，食料品の製造販売を行う小売・飲食業も製造業に含め，対象とすべきではないか，との指摘があった。

2 専属の原則

選任する安全管理者らは，原則として，その事業場に専属とせねばならない（安全管理者について：安衛則第4条第1項第2号，衛生管理者について：安衛則第7条第1項第2号，安全衛生推進者について：安衛則第12条の3第1項第2号（ただし，安全・衛生コンサルタント等を除く），元方安全衛生管理者について：安衛則第18条の3，一定規模又は一定業務を含む事業場の産業医について：安衛則第13条第1項第3号）。これは，昭和61年6月6日基発第333号通達が示唆するように，その事業場に固有の危険有害要因を知悉した者こそ適任との趣旨による。同様の趣旨から，派遣中の労働者は，派遣先の専属には該当しない扱いとされる。

ここで「専属」とは，まさに，「その事業場に固有の危険有害要因を知悉」できる条件を備えることであり，その事業場のみに勤務することが原則だが，管理業務が損なわれない限り，兼務しても構わないし，安全管理業務のみに専従することも要しない[19]。

衛生管理者については，平成18年3月31日基発第0331004号「自社の労働者以外の者を衛生管理者等に選任することについて」が，危険有害要因の少ない業種（安衛則第7条第1項第3号ロ）の事業場であって，一定の資格を持ち，一定期間継続して業務に当たる等の条件を満たす場合，専属の衛生管理者等と扱って差し支えなく，同様の条件を満たす限り，派遣中の労働者も専属に該当する旨示唆している。

安全管理者らと差別化された（衛生管理者の専属要件が緩和され，安全管理者につき緩和されなかった）のは，衛生管理者が免許制で，要員確保が難しく，業務上一般的な専門性が重要と解されたこと，安全管理者の方が，より現場の生産管理との結びつきが強いと解されたことによると思われる。

3 選任すべき数，専任とすべき場合

選任すべき数について法令の定めはなく，「1 選任対象事業」で述べた条件を満たす事業場では，原則として1人選任すればその要件は満たされるが，通達で，事業場の規模や実態に即して複数名を選任するよう推奨されているが（昭和41年1月22日基発第46号），あくまで推奨である。本条第2項には，監督署長による増員命令が定められてもいるが，発動には厳しい基準が設けられている（昭和25年3月15日基発第200号）。例外は，異常化学反応等により爆発，火災等を生じるおそれのある施設を設置する事業場で，都道府県労働局長が指定するもの（「指定事業場」）で，指定生産施設ごとに必要数を選任せねばならない（安衛則第4条第1項第3号。例えば四直三交代制〔4つの班で24時間を8時間ずつ3分割して交替で担当〕で操業する場合，4人以上[20]）。

原則として1人の選任でも許される安全管理者も，資料3-5の通り，一定の業種及び規模の事業場では，最低1人を専任とすべき旨定められている（安衛則第4条第1項第4号）。

所定の事業場での専任要件は，旧労基法（旧安衛則）

資料3-5

業　種	常時使用する労働者数
建設業，有機化学工業製品製造業，石油製品製造業	300人以上
無機化学工業製品製造業，化学肥料製造業，道路貨物運送業，港湾運送業	500人以上
紙・パルプ製造業，鉄鋼業，造船業	1,000人以上
選任が必要な業種で上記以外のもの　ただし，過去3年間の労働災害による休業1日以上の死傷者数の合計が100人を超える事業場に限る	2,000人以上

（労働安全衛生規則第4条第1項第4号をもとに三柴丈典が作成）

時代には設けられていたが，500人以上の製造業，鉱業，土木建築業，旅客運送業，港湾運送業等のほか，伐木・運材業等に限られ，なおかつ前年の傷害による休業者数が120人未満の場合，全事業で適用が除外されていた（旧安衛則第1条の2）。なお，当時から現在に至るまで，過去の休業者発生要件を充たし得ない新設事業場についても，専任管理者の選任が推奨されてきた（昭和27年9月20日基発第675号）。

「専任」とは，前掲の「専属」とは異なり，安衛則第5条所定の資格（一般的な安全管理者の資格）を充たし，「通常の勤務時間を専ら」所定の「事項を行うために費す者をいい，例えば生産関係等の業務を兼任する者はこれに該当しないが，業務の一部に労働衛生の業務が含まれている場合には安全管理と密接な関係があるから，……かかる関連業務を行」っても構わない（昭和27年9月20日基発第675号）。

事業者は，選任事由が生じた日から14日以内に安全管理者を選任し（安衛則第4条第1項第1号），選任後，遅滞なく，その資格を証する書面を付して労基署長へ報告せねばならない（同条第2項）。安全管理者がやむを得ない事由で職務を行い得ない場合，代理者を選任せねばならない（同前）。すなわち，その確保（と法定職務の実施条件の整備）が，徹底して事業者に託されている。

4　資格

前述の通り，安全管理者には，「その事業場に固有の危険有害要因を知悉」した者が望ましいとの考えから，産業の生産現場への親しみが求められ，安衛則第5条が定める資格要件でも，専門資格を持たない者については，理工学系統の学歴を原則的なデフォルトとして，実務経験が重視され，研修で標準的知識を補う形が採られている。

すなわち，同条では，
①大学等（高等専門学校を含む）で理科系の課程を修めて卒業後，2年以上産業安全実務に従事したか，高校等で理科系の学科を修めて卒業後，4年以上産業安全実務に従事した者であって，厚生労働大臣所定の研修（平成18年厚生労働省告示第24号。安全管理，事業場ごとの自主管理〔リスクアセスメント等〕，安全教育，関係法令から成り，合計9時間）を修了した者，
②労働安全コンサルタント，
③その他，厚生労働大臣が定める者（昭和47年10月2日労働省告示第138号），

とされているが，高卒でも大卒より2年多く実務経験を積めば受講資格が得られる仕組みだし，大学等での理科系の課程や高校等での理科系の学科は，機械・土木・金属等に関する工学，化学，造船等を広く網羅しているので（昭和47年9月18日基発601号の2），理工学の基本的素養を求めているに過ぎない。③では，大学等で理科系統以外の課程を修めて卒業した者も，産業安全実務を4年以上（高校等の場合，6年以上），それを充たさない者でも7年以上当該実務を経験すれば該当するとしているので，実務経験重視の傾向は明らかである。詳細には触れないが，経過措置の定め（安衛則附則第5条第1項等）でも，実務経験が重視されている。

さらに，①で経験が求められる産業安全実務は，「必ずしも安全関係専門の業務に限定する趣旨ではなく，生産ラインにおける管理業務を含めて差しつかえない」（下線は筆者が添付した）とされている（昭和47年9月18日基発601号の2）。

5　職務

条文上は，総括安全衛生管理者が統括管理すべき法第10条第1項の業務（第1号：危険・健康障害防止措置，第2号：安全衛生教育関係，第3号：健診その他健康確保措置，第4号：労災の原因調査と再発防止策，第5号：その他の省令所定事項）のうち，「安全に係る具体的事項」とされている。

文言上は「安全に係る技術的事項」とされているが，これは，総括安全衛生管理者の行うべき「統括管理」に対応した用語であって，その内容は幅広く，極論すれば，当該作業場所等での安全面での（積極的な）リスク管理の全てであり，専門技術的事項に限られない（昭和47年9月18日基発第602号）。

また，安衛則第6条第2項が，事業者に対し，安全管理者に権限を付与すべきと定めている「安全に関する措置」について，通達には，以下のような職務が列挙されている（昭和47年9月18日基発第601号の1）。
①建設物，設備，作業の場所や方法に危険がある場合の応急措置や防止措置（新設備・方式採用時の安全面の検討を含む）
②設備・器具の定期的な点検・整備
③安全教育・訓練
④災害の原因調査と対策の検討

⑤消防・避難訓練
⑥作業主任者等の補助者の監督
⑦安全関連情報の記録
⑧自他の事業の労働者が同一場所で就労する場合の安全措置

　その①からも窺われるように，この内容自体広いが，それでもこの示唆は例示というべきであり，結局，同人が行うべきは，「作業場等を巡視し，設備，作業方法等に危険のおそれがあるときは，直ちに」必要な防止措置を講じること（安衛則第6条第1項）であって，当該作業場等における安全面での（積極的な）リスク管理の全てである。これには，（特に自身の権限範囲を超える事項について）事業者等に報告し，その指示を受けることも含まれる（昭和47年9月18日基発第601号の1）。

　本条が，「管理させなければならない」と定めていることからも明らかなように，選任と同様に，安全管理者の職務遂行の前提づくりも事業者に託された同人の義務であり，おそらくは，その具体化の趣旨も込めて，安衛則第6条第2項が，前掲の「安全に関する措置」について，「なし得る権限を与えなければならない」と定めている。[24]　これらの規定により，事業者は，単に安全管理者を選任しただけでは足りず，同人に必要な権限を付与し，必要な職務の遂行を監督する義務を負うと解されている。[25]

　もっとも，安衛則第6条は，第1項で，安全管理者を名宛人として，巡視を契機とする作業場等での安全面でのリスク管理措置を「講じなければならない」としつつ，第2項で，事業者を名宛人として，それに必要な権限付与を義務づけている。同条（及び安衛法上の上位規定）に罰則はないので，その法的意義は，行政指導の根拠となり得ること，就業規則上の根拠規定の合理性を裏付けたり，職場秩序となる等して，事業者による懲戒処分等の根拠となり得ること，同人の懈怠により被災した第三者が，事業者の使用者責任（民法第715条）を追求するうえで，当該安全管理者の過失（注意義務違反）を主張立証し易くなること等になると考えられる。

6　分社化に伴う親子事業者における安全管理者等の選任要件の考え方

　ある安全管理者等（安全管理者，衛生管理者，安全衛生推進者，衛生推進者）が，従前は一の事業場を担当していたところ，分社化で複数の事業場となった場合，従来の安全衛生管理のシステムやノウハウの継承のため，以下の要件を全て充たす場合，親事業者（事業方針等の決定機関であり，子事業者の支配者）の安全管理者等に子事業者（親会社の被支配者）での兼務を認める趣旨で，両事業場で専属の者を選任しているとの取扱い

資料3-6

	子事業者			
	安全管理者	衛生管理者	安全衛生推進者	衛生推進者
親事業者　安全管理者	○	×	○	×
親事業者　衛生管理者	×	○	○	○
親事業者　安全衛生推進者	○	○	○	○
親事業者　衛生推進者	×	○	○	○

＊○は双方の資格を有する限り兼任可能な組合せ，×は兼任できない組合せを示す。
（平成18年3月31日基発第0331005号）

が認められている（平成18年3月31日基発第0331005号）。
①親事業者の一部の分社化により子事業者ができたこと
②親・子事業者の事業場が同一か近くにあること
③協議組織の設置など，分社化後も安全衛生管理が密接に関連していること
④両事業場の事業内容が分社化前後で著しく変化していないこと
　ただし，
イ　一旦各事業場で別の安全管理者等を選任した後の兼務は認められないこと，
ロ　親・子事業者共に，安全管理者等に業務上必要な情報と権限を十分に提供すべきこと，
ハ　親・子事業者共に，安全管理者等の管理対象事業場の労働者数が安衛則に適合するようにすべきこと（衛生管理者の場合，常時使用労働者数に応じて必要選任数が増加する。また，前掲の専任要件や化学反応による爆発危険等がある施設にかかる安衛則第4条第1項第3号の充足等にも留意する必要がある），管理対象事業場の数を職務遂行上支障ない範囲とすべきこと，
ニ　資格別の兼任可能性の整理は資料3-6の通りであり，親事業者の安全管理者による子会社の衛生管理者等の兼任は認められないこと（平成18年3月31日基発第0331005号）。

　なお，旧商法特例法（子会社及び株式会社の監査等に関する商法の特例に関する法律〔昭和49年4月2日法律第22号〕）1条の2第4項所定の連結子会社（現在は，会社法第2条第3号による「子会社」の定義，金融商品取引法第32条の2第2項による「連結」の定義を受け，連結会計基準第6項が，定義している。要するに，その会社の事業方針等の決定機関〔株主総会等〕が親会社に支配されている会社を意味する）を有する会社は，親事業者に該当する（平成18年3月31日基発第0331005号）。

7　増員・解任命令

本条第2項は，労基署長による事業者への増員・解任命令を定めているが，その発動基準は次のように通達され，容易には発動されないよう図られている（昭和25年3月15日基発第200号）。

① 安全管理者による主要な義務の懈怠があって，次に該当する場合．
  イ　災害度数率が同業種の平均値の2倍を超え，監督上の措置後6カ月改善しなかった場合．
  ロ　重大災害が生じた場合．
  ハ　本法令違反による致死災害が複数回生じた場合．
② 安全管理者が，病気等で職務を遂行し得ない場合．

本条第1項（選任と職務遂行の確保）と第2項（増員・解任命令の遵守）には罰則がある（法第120条第1号と第2号：50万円以下の罰金）．

3　関係規定

本条は，選任義務違反での一律的な適用がなされることが多いが，後掲のJCO東海村臨界事故事件水戸地判が示唆するように，組織的に安全教育が不徹底で，安全の意識や知識が欠けていることで労災が生じたような場合，たとえ安全管理者の選任は行われていても，職務を果たさせていなかったとして，適用されることがある．

その意味では，本法第59条等の教育に関する規定のほか，事業者らが労働者等に遵法を指示ないし指導すべき本法上の危害防止基準のほか，運送業法，建築業法，原子力規制法等の各種業法上の安全に関する規制等は，全て本条に関係することとなろう．

4　運用

1　適用の実際

匿名行政官（おそらく監督官）より，本条（第11条）から第13条に至る法定の管理者等の選任義務規定は，施行令で定める業種，規模の事業場に対して，安衛則で定める資格要件を満たす安全管理者等を選任していないことを確認すれば，一律的に適用するとの認識が示された．

また，別の匿名行政官（おそらく監督官）より，企業の中には法令の基準より先駆的な取り組みもある旨の報告があった．すなわち，ある九州地方の大手電機工事業の事業場では，安全巡視者（安全管理者との記載はなかった）の安全巡視では，巡視の計画から現場における帳票作成，写真撮影，巡視結果の整理，印刷等までを1つのタブレットで実施できるようにして，関係する職員へのスムーズな情報共有を図っていたという（令和2年度厚生労働科学研究費補助金〔労働安全衛生総合研究事業〕「労働安全衛生法の改正に向けた法学的視点からの調査研究」〔研究代表者：三柴丈典〕による行政官・元行政官向け法令運用実態調査〔三柴丈典担当〕）．

法第11条は，違反指摘は比較的多い条規である．後掲の通り，著名なJCO東海村臨界事故でも，本条（安全管理者に行わせるべき職務）違反の疑いで，法人としてのJCOと，当時の東海事業所長以下数名が刑事制裁を受けている．

違反による送検件数を記した令和2年公表「労働基準関係法令違反に係る公表事案」（https://www.mhlw.go.jp/content/000534084.pdf，最終閲覧日：2020年7月9日）によれば，令和元年6月1日から1年間で，本条違反による送検件数は0件だった．しかし，是正勧告を典型とする違反の指摘件数を記した「令和2年労働基準監督年報」の定期監督等実施状況・法違反状況（令和2年）では，合計427件に達していた（第12条〔衛生管理者の選任〕の約8分の1）．

2　関係判例

【刑事事件】

● もともと厳しい原子力取扱い規制下にあって，ある程度形式的な法令順守はしていた企業（JCO）が，わが国で燃料加工の許可を持つ唯一の事業者であったところ，旧動燃から，高速増殖炉「常陽」に用いる核燃料溶液の不定期かつ短期限の発注がかさむ一方で，経営合理化・人員削減の必要に迫られ，生産・安全管理体制の上下に臨界管理に詳しい者が乏しい状態となり，その知識経験に乏しい者が加工工程の効率化・省略を不用意に図った結果，ついにはバケツでウランと他の物質の溶解作業を行い，貯塔に代えて沈殿槽で混合均一化作業を行うに至り，当該沈殿槽で臨界を生ぜしめ，現場管理者を含む3名を被ばくさせ，このうち作業員2名を急性放射線症から極めて悲惨な経過で死亡させた事案につき，安全管理体制の上下にあった管理者全員に業務上過失致死罪等の刑事責任が認められ，その一部に本条（安衛法第11条）違反による刑事責任も認められた例（JCO東海村臨界事故事件・水戸地判平15・3・3判タ1136号96頁）．

〈事実の概要〉

（1）被告人会社Aの概要

被告人会社A（JCO）は，住友金属鉱山の分離子会社であり，昭和55年に内閣総理大臣から核燃料物質加工事業の許可を受けて当該事業を営んでおり，本件臨界事故（以下，「本件事故」ともいう）は，その東海事業所の転換試験棟で起きた．転換試験棟は，酸化ウラン粉末や硝酸ウラニル溶液を製造する施設で，これ以外には，酸化ウラン粉末を製造する第1・第2加工施設棟があった．本件の被告人の中には，この施設棟での

就業経験があって，転換試験棟での溶液製造との違いを承知せずに危険な行為をとってしまった者もいた。

(2) 加工事業許可の条件

加工事業許可の審査基準（「核燃料施設安全審査基本指針」）では，臨界事故（＊ウランのような核分裂物質を含む体系の中で核分裂が連鎖的持続的に発生する状態を臨界といい，大量の熱エネルギーのほか，人体に有害な中性子線等の放射線が多量に放出される）を防止するため，各種核的制限の実施（以下，「臨界管理」という）を要請し，原子炉等規制法に紐づく加工規則では，いかなる場合にも臨界に達しないよう加工を行うべきことや，「必要な知識を有する者」に加工操作を行わせるべきこと，加工業者は，保安規定を定めて操業すると共に必要な指示・監督を行うべきこと，放射線業務従事者への保安教育に関する事項を定めるべきこと等を定めていた。また，原子炉等規制法第22条の2は，核燃料物質の取扱い上の保安の監督に当たる核燃料取扱主任者の有資格者からの選任と報告を義務づけていた。

ここで核的制限とは，臨界の発生防止のための各種制限をいい，物質中のウラン濃度を制限する濃度制限，ウラン容器の形状を細くして通過量を制限する形状制限，作業1回あたりのウラン取扱量（バッチ）を制限する質量制限等がある。要するに，核燃料を少量ずつ加工することで臨界を防ぐ方法が採られていた。

(3) Aの組織構成と被告人らの属性

被告人会社Aの組織構成は，東海事業所長のもとに，技術部，製造部，総務部があり，技術部には，製品の品質保証等を担当するグループと，一般安全衛生管理と臨界管理等を担当する安全管理グループ等があり，各グループにグループ長が置かれていた。製造部には，生産工程計画を担当するグループのほか，ウランの加工等を担当する製造グループがあり，その下には，第1・第2加工施設棟の4つの作業班のほか，組織の合理化によりスタッフが減らされた部署の遊軍的支援を行い，転換試験棟でのウランの加工や30Bシリンダー（ウラン輸送用容器）の点検補助も担当するスペシャルクルー等が置かれていた。

東海事業所で本件事故が起きた転換試験棟の安全管理を担当し，本件で刑事責任を問われた自然人は，以下の6名だった（資料3-7も参照）。

①被告人B：当時の東海事業所長であり，原子炉等規制法に基づきAが策定した保安規定（以下，「保安規定」という）上の安全主管者。安全主管者は，核燃料加工に関する保安を総括し，各管理統括者に指示・監督する役割。安衛法上の総括安全衛生管理者でもあり，同法に基づいてAが策定した安全衛生管理規定（以下，「安衛管理規定」という）では，同職は，安全管理グループ長を含む各部グループ長，安全管理者を指揮するほか，安全衛生管理に関する指揮管理全般を担うこととされていた。

②被告人C：当時の製造部長兼製造グループ長。保安規定上の製造管理統括者であり，安衛法上の安全管理者。管理統括者は，各グループの保安を管理し，各グループ員に指導・監督すると共に，毎日1回以上，加工設備等の巡視・点検を行う役割。また，加工施設の操作を必要な知識を有する者に操作させる等の責務を負う。安全管理者は，安衛管理規定上，施設等の安全，作業上の安全，危険発生時の応急措置等とその教育訓練等の技術的事項を管理することとされていた。

③被告人D：当時の核燃料取扱主任者。核燃料取扱主任者は，原子炉等規制法により選任が義務づけられ，Aの保安規定上，安全主管者が選任し，同者への意見具申，教育訓練計画の作成への関与，核燃料物質取扱者への指示等を行う役割。

資料3-7

```
被告人B
安全主管者
総括安全衛生管理者
         │
         ├─(製造部)
         │
         ├─ 被告人C
         │   製造部長兼製造グループ長
         │   製造管理統括者
         │   安全管理者
(品質保証部)│
   │      ├─ 被告人D
   丁     │   核燃料取扱主任者
   品質保証部主任
         ├─ 被告人E
         │   製造部製造グループ職場長
         │                    乙→丙
         │                    転換試験棟主任
         ├─ 被告人F
         │   製造部計画グループ主任
         │
         └─ 被告人G
             スペシャルクルー班副長
              │
         ┌────┼────┐
         X    Y    庚   戊
                      溶解作業経験あり
```
（三柴丈典作成）

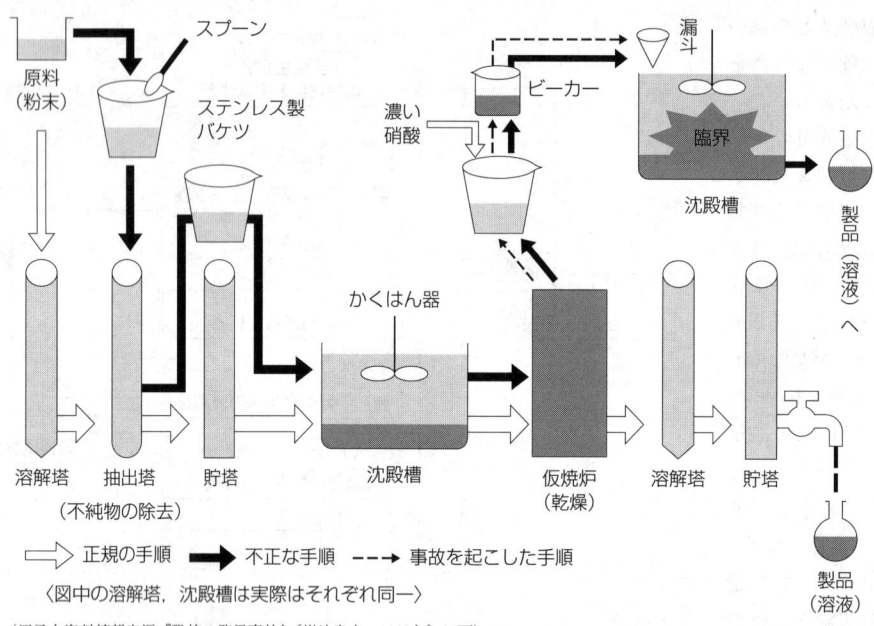

資料3-8 溶液製造工程図

(原子力資料情報室編『恐怖の臨界事故』〔岩波書店，1999年〕35頁)

④被告人E：当時の製造部製造グループ職場長。
⑤被告人F：当時の製造部計画グループ主任。
⑥被告人G：当時のスペシャルクルー副長。

(4) Aのコンプライアンスの変遷：安全秩序溶解の経過

被告人会社Aは，昭和58年に，当時の動力炉・核燃料開発事業団（後の核燃料サイクル開発機構。以下，「サイクル機構」という）から，高速増殖炉「常陽」用の濃縮度約20％（通常の発電所用の燃料の濃度は3～5％程度なのでかなりの濃度）の二酸化ウラン粉末と硝酸ウラニル溶液の製造依頼を受け，昭和59年6月に両作業が可能な加工事業の変更許可を受けた。このうち，転換試験棟での硝酸ウラニルの溶液製造作業（「溶液製造作業」）の許可を受けた工程は，**資料3-8**の「**正規の手順**」であり，以下の2つの工程から成っていた。
①第1工程：八酸化三ウラン粉末に他の物質（硝酸と純水）を加えて溶解，貯留，沈殿させる，仮焼きする等により精製する工程。途中段階では溶液状態である（資料3-9も参照されたい）。
②第2工程：第1工程で精製された八酸化三ウランに第1工程と同じく硝酸と純水を加えて再溶解させ，貯塔でじっくり混合して均一化させ，製品（硝酸ウラニル）を得る工程。

新工程での操業開始当時（＊ただし，この頃は，まだ第1工程しか稼働させていなかった模様），転換試験棟では，溶解塔と抽出塔に直径を17.5cm以下とする形状制限がなされていたが，本件事故を生じた沈殿槽には形状制限はなされておらず，代わりに，沈殿槽に投入するウランを1バッチ2.4kgウラン以下とする質量制限のほか，第1工程の溶解から沈殿までの各段階で投入されるウランを1バッチ以下として，そこで精製されたウランを用いるその後の工程のウラン投入量が結果的に1バッチ以下となるようにする方法（「1バッチ縛り」）が採られていた。

しかし，1バッチ縛りは，非常に効率が悪く，製品の品質にも悪影響を与えかねないことから，昭和60年8月に開始された常陽第3次操業以後，複数バッチの連続操業が行われるようになった。また，昭和61年に開始された常陽第4次操業で初めて硝酸ウラニル溶液の発注を受けた際，転換試験棟主任乙らにより，おそらく第2工程の溶解作業で活用するため，いわゆるクロスブレンド法（精製された八酸化三ウラン粉末を溶解塔で1バッチずつ溶解し，10本の容器に均等分量ずつ小分けし，各容器内で硝酸ウラニル溶液の混合を行って濃度等を均一化する方法：貯塔等を用いない方法）が考案され，溶液製造作業中の混合均一化（以下，単に「混合均一化」という）の方法として採用され，手順書にも記載された。

さらに，常陽第6次操業の際には，急にタイトな納期で多量の硝酸ウラニルを受注したことを受け，<u>被告人C，乙，品質保証部の丁らの検討により，第2工程で，溶解塔の代わりにステンレス製バケツを用いて再溶解作業を行う方法</u>が考案され，被告人Bの了承を得て，平成5年1月ころ（第6次操業時）から採用された。被告人Cは，作業員に自らこの方法を指導した。また，その指導下で，品質保証部の丁により，手順書が作成された。

しかし，それでも不自由と考えられる事態が生じ

た。すなわち，平成5年12月ころ，サイクル機構から常陽第7次操業用硝酸ウラニル溶液の従来の2倍の出荷を求められ，被告人Cの指示を受けた乙の検討により，貯塔に仮設配管を取り付け，ポンプで溶液を循環させることで混合均一化が可能と判明し，後任の主任である丙にもその方法が引き継がれ，丙が若干の工夫を加えて，被告人C，Dの了承も得られたため，以後，混合均一化は，この方法（以下，「貯塔での混合均一化方式」という）で行われるようになった。

この頃，丙は，上記のステンレス製バケツによる溶解作業についても引継ぎを受けたが，第1工程か第2工程か不明確だったため，両工程で実施するようになった。また，平成8年10月ころ，第2工程に関する手順書（ステンレス製バケツによる溶解，貯塔での混合均一化の方法を記載したもの）を作成し，被告人Cの承認のもと，翌月に発行された。

他方，平成7年ころ，被告人会社Aでは，急激な円高と電力事業自由化のあおりを受け，事業再構築（「リエンジ」）を余儀なくされ，加工施設棟の作業班の班数と班員数が減らされると共に，賄いきれなくなった様々な業務を担当するため，丙が管理し，戊らが班員となるスペシャルクルーが発足し，30Bシリンダーの点検補助等と共にウラン加工も担当することとなった。平成10年8月頃には，庚，X，Yがクルーに加わり，被告人Gが4名いる副長（以前の作業班のリーダーに相当）の1人に就任した。しかし，遊軍的に多能工の役割を求められた班員の臨界等に関する知識は不十分だった。被告人Gは，臨界について，基本的教育しか受けず，具体的内容を十分に理解せず，核的制限のうち濃度制限を知らず，ウランが溶液のままなら臨界にならない等と誤解していた。G以外の班員も，臨界管理方法について必要な教育指導を受けていなかった。

平成11年9月，Aとサイクル機構の間で常陽第9次操業について契約が成立し，転換試験棟で濃縮度約20％弱（高濃度）の硝酸ウラニル溶液の製造（以下，「本件操業」という）が予定された。もとより溶液製造作業は不定期にしか実施されないうえ，本件操業は約2年10カ月ぶりの実施となり，スペシャルクルー班員には溶液製造作業に詳しい者が誰もいなかったが，被告人Eから操業予定を伝えられた被告人Gは，手順書を見れば何とかなる旨回答した。

契約実施のための作業指示書（Process Para-meter Sheet: PPS。おそらくステンレス製バケツによる溶解作業を含むもの）は，混合均一化に関する部分を除き，被告人Fが作成した。これをE，F，Gで審査した際，Fが，混合均一化はクロスブレンド法で行う旨説明したところ，Gが，現在は貯塔で行っている旨（貯塔での混

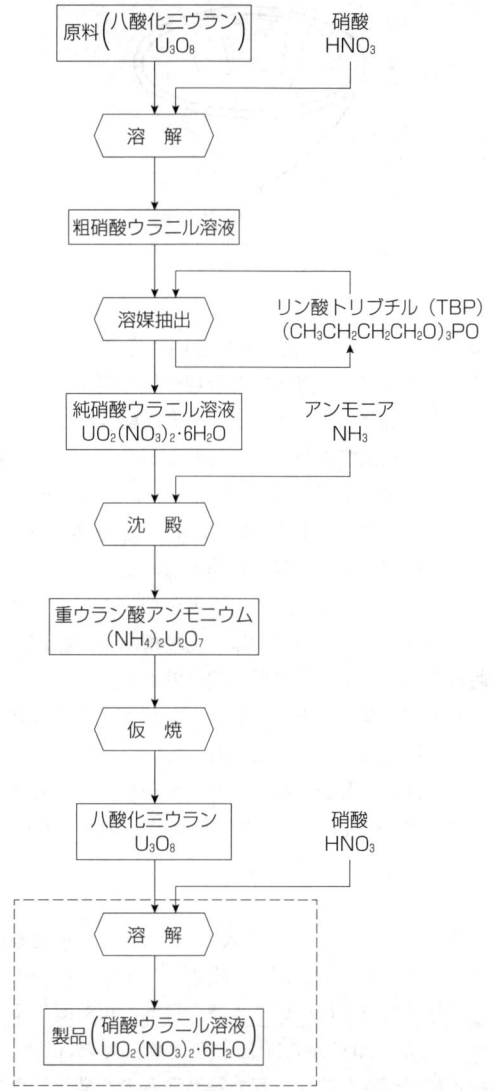

資料3-9 溶液製造工程図③

（原子力資料情報室編『恐怖の臨界事故』〔岩波書店，1999年〕35頁）

均一化方式の採用）を述べると共に，やはり，作業経験のある戊に尋ねたり手順書を見れば何とかなる旨述べたが，G自身では手順書を確認しなかった。Eは，特に検討せず，当該PPSを承認した。Fからの説明を受けて，被告人Dも特に検討せずに当該PPSを承認した。

平成11年9月前半，スペシャルクルーの己（XYらと同じクルーの一員）は，本件操業開始に先立ち，戊からの指導を思い返し，庚，Xに，ステンレス製バケツによる溶解作業を前提とした溶解及び抽出方法（ステンレスバケツでの溶解後の溶液をポリバケツに入れて濃度調整し，ポンプで抽出塔へ送る溶媒抽出工程）を教え，同月28日までには，7バッチ分のウランにつき，乙，庚，X，Yの4名を2人ずつ組ませて第1工程の作業をさせた。被告人Gは，現場に赴き進行状況を確認していた。

第11条 443

資料3-10 漏斗（ろうと）

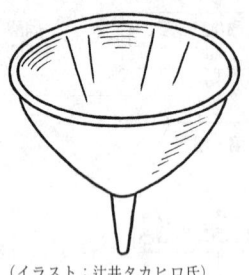

（イラスト：辻井タカヒロ氏）

資料3-11 ウラニル溶液注入の様子

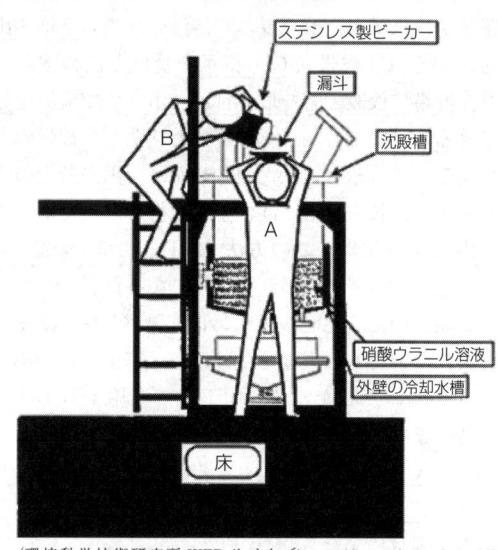

（環境科学技術研究所WEBサイト〔https://www.ies.or.jp/publicity_j/mini_hyakka/60/mini60.html, 最終閲覧日：2024年7月12日〕。原子力安全委員会ウラン加工工場事故調査委員会報告〔平成11年12月24日〕を加工したもの）

　被告人Gが第2工程の準備を始めた際，当初は，仮設配管を接続し，貯塔で混合均一化作業を行おうと考えたが，溶液の出し入れのため仮設配管を2本設ける必要性を認識できなかったこともあり，その方法に不便を感じていると伝えたところ，Yから沈殿槽の使用（以下，「沈殿槽使用方式」という）を提案され，Xも，撹拌機があること等から作業効率が良いとして賛成した。この際，Gは，知識不足から，これまで沈殿槽が用いられなかった理由は，沈殿槽内の汚泥が溶液に紛れることによる品質悪化問題であり，十分な洗浄により解消できると考え，溶液であれば，濃度の高まりによる臨界は生じないと誤解していた。

　ただ，注入口となるハンドホールが小さく，硝酸ウラニル溶液がこぼれる可能性を慮り，漏斗（資料3-10）を差し込んで注入する方法を発案してXとYに伝えた。

　平成11年9月29日，被告人Gは，XとYが沈殿槽等を十分に洗浄したことを確認したうえ，被告人Fに沈殿槽使用方式について承認を得て，再溶解作業を開始させた。29日から30日にかけて，XとYは，Gの指示に基づき，第1工程で精製済みの八酸化三ウラン粉末を1バッチずつステンレス製バケツに入れて溶解し，ろ過器でろ過した後，ステンレス製のバケツからビーカーに入れた硝酸ウラニル溶液を，漏斗を差し込んだハンドホールを通じて順次，沈殿槽に注入した。29日に4バッチ分沈殿槽に注入するところまで完了し，30日には，残る3バッチ分の注入を再開した。この際，当初はXが漏斗を支えていたが（資料3-11参照），途中，被告人Gが支えを代わったことがあった。

　そうしたところ，臨界事故が発生し，XとYは，多量の中性子線等の放射線を被ばくし，その後，徐々に皮膚の殆どがはがれ落ちて再生不能，焼けただれ，人体が溶解していくような，言語を絶する無残な状態となり，Xはその約3カ月後，Yはその約半年後に，多臓器不全により死亡した。Gも被ばくして約3カ月間入院したが，命はとりとめた。

（5）Aの安全管理体制

　被告人会社Aの安全管理体制は以下の通りだった。上記の通り，保安規定に基づく安全主管者として歴代の東海事業所長が選任され，管理統括者として各グループ長が選任されていたが，安全主管者から各管理統括者に保安確保措置の指示・監督はなされず，教育訓練計画を定めることもなく，各管理統括者も，既定通りの巡視・点検はせず，作業員の知識を確認する手続きはなく，作業員への保安上の指導等も殆ど行われていなかった。

　原子炉等規制法及びAの保安規定に基づき，核燃料取扱主任者も選任されていたが，安全主管者に教育訓練計画に関することを含め，意見具申はせず，安全管理グループが策定した計画の追認にとどまっており，交代の際の引継ぎもされていなかった。

　やはり，保安規定に基づき，安全主管者の諮問機関として，核燃料加工の保安を審議する安全専門委員会が設置され，平成7年9月に技術課長，被告人B，C，Dらが出席し，転換試験棟での臨界管理方法が議題とされ，複数バッチがある連続操業，ステンレス製バケツを使用した八酸化三ウランの溶解，貯塔での混合均一化方式等の現状が報告されたが，一同同意し，被告人Aでの承認に至った。

　東海事業所には，所長直属で，一般安全衛生管理と臨界管理，職員への教育訓練を担う安全管理室があったが，リエンジで実質的に格下げされて技術部内の安全管理グループとなり，臨界の専門知識の保有者は配置されず，臨界に関する規定や手順書の審査についても，もとより被告人会社Aではこれらの審査手続きが明確化されておらず，同グループが実施することも

なかった。

　前述の通り，Aでは，安衛法に基づく安全衛生管理規定を定め，総括安全衛生管理者と安全管理者を選任していたが，核燃料物質の加工工程における臨界管理方法等についての教育訓練は殆ど行っていなかった。

　以上の経過を踏まえ，被告人BないしGが，それぞれの過失の競合により臨界事故を発生させ，XとYを死亡させたという業務上過失致死，被告人BないしDが，ウラン加工に際して許可を受けずに加工施設の設備を変更したという原子炉等規制法違反，被告人Bが，安全管理者Cをして東海事業所勤務の労働者に対して臨界管理方法に関する安全教育を実施させなかったという労働安全衛生法違反により，起訴された。

〈判旨：起訴された罪状の全てにつき各被告人共に有罪〉

　(1) 主文と総論

被告人会社A：罰金100万円
被告人B：禁錮3年及び罰金50万円
被告人C：禁錮3年，執行猶予4年
被告人D・E・G：禁錮2年，執行猶予3年
被告人F：禁錮2年6月，執行猶予4年

　核燃料物質は，非常に危険な物質なので，その取扱いには厳しい制限があり，その安全につき細心の注意と施策が求められている。本件臨界事故の直接的原因は，被告人Gが被害者両名に形状制限のない沈殿槽内に合計約7バッチ分のウラン含有硝酸ウラニル溶液の注入を指示したことにあり，その過失は極めて単純かつ重大である。

　G以外の各被告人も，核燃料物質の危険性を十分認識せず，Gの誤った指示を防止できなかったから，刑事責任は重い。さらにその背景には，被告人会社Aの長年にわたる安全軽視の姿勢があった。

　被害者両名は，Xは35歳，Yは40歳という人生で最も充実した時期に愛する家族を残して先立たねばならなかったのであり，無念は察するに余りある。両名は，Xは約3カ月，Yは約7カ月もの闘病生活を送った末に死亡した。家族も容態の悪化をなすすべなく見守り，生前の姿を想像できないほど変わり果てた遺体と対面するという結末は，あまりにも残酷かつ悲惨である。

　加えて，事業所の周辺住民などに数百人の被ばく者を出し，風評被害による農水産物の売り上げ減少などの地域社会への打撃，原子力の安全性についての国民の信頼の著しい毀損など，本件の影響は極めて深刻である。

　(2) 被告人会社Aについて

　無許可で加工施設の設備を変更したことは，厳格な取扱い規制で核燃料物質等による災害防止を図った原子炉等規制法の趣旨を没却するものである。それも，許可後初めての製造段階から複数バッチの連続操業を行っていたことは，当初から許可内容を遵守する意識を欠いていた。

　確かに，1バッチ縛りを順守すれば，極めて非効率で製品の品質にも悪影響が及ぶが，その許可内容を受け入れるか否かは被告人会社の経営上の判断だし，臨界事故解析（＊臨界事故が起きる条件〔溶液の温度，濃度等〕を算出し，防止を図る手法のことと思われる）による選択肢もあったし，特別な許可によって危険な操業をする企業にとって最低限の企業倫理だった。

　弁護人は，サイクル機構による配慮を欠く発注にも原因があったとも主張するが，発注者が無理を承知の受注を認識していたとは認められず，むしろ被告人A側の意向で受注していた。

　また，安全管理者から作業員への指示・監督が殆どなされず，系統立てた臨界教育も，個々の作業員の知識・能力の検証も行われないなどの労働安全衛生法違反[27]は，Aの長年の安全軽視姿勢の表れであり，組織の末端から幹部までが危険認識を欠く事態を招いた。

　(3) 被告人Bについて

　Bは本件事故当時の東海事業所の操業の最高責任者であり，核燃料物質の取扱いについて十分な知識経験を有していたから，被告人G及びX，Yらに本件操業を行わせるにあたり，内閣総理大臣の許可内容を遵守した加工作業を行うよう，自身及び部下職員に指示・監督を行うと共に，臨界管理方法に関する臨界教育を行う等，臨界事故防止に向けた諸施策を講じる責務を負っていたが，怠った業務上の過失がある。

　平成7年9月（リエンジでスペシャルクルーが組織された頃）以後，被告人C及びDと共謀して，（第1工程と第2工程共に？）許可を受けた溶解装置に代えて，ステンレス製バケツを用いたことは，無許可の加工施設の設備の変更であり，原子炉等規制法違反にあたる。

　所長着任以後の約3カ月間，安全管理者Cをして，X，Yらスペシャルクルー班員に対して核的制限に関する安全教育を実施しなかったこと等は，労働安全衛生法違反にあたる。

　また，1バッチ縛りの逸脱，ステンレス製バケツを用いたウランの溶解，貯塔での混合均一化方法等を了承していたから，刑事責任は極めて重いが，間接的な監督・管理責任であること，その過失が組織的過失の一環であること，所長就任から本件事故まで僅か3カ月程度であり，就任時点で常陽第9次操業は既定方針だったこと，短期間に事業所の安全管理体制の再構築

と意識改革を成し遂げるのは事実上不可能だったこと，許可内容からの逸脱は以前からで，歴代の所長らにも責任があること，遺族に個人的にも慰謝し，被告人会社Aを懲戒解雇され，本件事故が広く報道される等相当の社会的制裁を受け，前科前歴がないこと等は量刑判断上有利に作用する。

業務上過失致死罪は禁錮刑，原子炉等規制法違反罪は懲役だが，犯情の重い前者で処断し（刑法第10条），安衛法違反罪の罰金を併合し，主文の通り判決する。

（4）被告人Cについて

Cは，製造部長兼製造グループ長として製造部門の最高責任者としてBに次ぐ地位にあり，核燃料物質加工等の業務全般を統括していた。また，保安規定上の製造管理統括者，安衛法上の安全管理者として，それに関わる安全確保にも従事していたから，溶液製造作業一般や転換試験棟での作業状況等をよく知っていた。よって，Bと同様に，被告人G及びX，Yらに本件操業を行わせるにあたり，内閣総理大臣の許可内容を遵守した加工作業を行うよう，自身及び部下職員に指示・監督を行うと共に，臨界管理方法に関する臨界教育を行う等，臨界事故防止に向けた諸施策を講じる責務を負っていたが，怠った業務上の過失がある。

原子炉等規制法違反罪についてはBと同じ。

また，貯塔での混合均一化方法の検討を指示して了承し，ステンレス製バケツを使用した再溶解作業を自ら指導し，またそれが記載された手順書を承認し，安全専門委員会で，これらの作業や1バッチ縛りの逸脱等を了承するなど，Bと共に被告人会社Aの安全軽視姿勢の形成に深く関与した。

しかし，間接的な監督・管理責任であること，その過失が組織的過失の一環であること，遺族に個人的にも慰謝し，Aを懲戒解雇されていること，前科前歴がないこと等は量刑判断上有利に作用する。

業務上過失致死罪は禁錮刑，原子炉等規制法違反罪は懲役だが，犯情の重い前者で処断し（刑法第10条），主文の通り判決する。

（5）被告人Dについて

（略）

（6）被告人Eについて

（略）

（7）被告人Fについて

本件事故当時，製造部計画グループ主任であり，事故直前に被告人Gに沈殿槽使用方式を承認したことは，質量制限（作業1回あたりのウラン取扱量〔バッチ〕を制限する方法）の核的制限を遵守させて臨界を防止すべき業務上の注意義務を怠った過失にあたる。当該承認がなければ，本件事故は発生しなかったことから，その刑事責任は重大だが，同人の職務は工程管理等であってGらスペシャルクルーを監督する立場になく，被告人会社Aから臨界管理方法等について十分な教育を受けていなかったこと，遺族に個人的にも慰謝し，Aを懲戒解雇されていること，軽微なものを除き，前科前歴がないこと等は量刑判断上有利に作用する。

よって，主文の通り判決する。

（8）被告人Gについて

Gは，スペシャルクルー副長の立場にあり，XとYに手順書等の臨界管理方法に従った加工作業を行わせる業務上の注意義務を怠った業務上の過失がある。

本件操業に必要な知識経験を欠くのに手順書等を確認せず，安易に沈殿槽使用方式を実施したこと等から，本件臨界事故発生の直接原因はGにあり，その刑事責任は重大だが，被告人会社Aから臨界管理方法等について十分な教育を受けていない等，Aの安全管理体制の不備がGの過失の背景にあること，本人も被ばく等により約3カ月入院したこと，Aから出勤停止14日の処分を受けたこと，遺族に個人的にも慰謝し，前科前歴がないこと等は量刑判断上有利に作用する。

よって，主文の通り判決する。

〈判決から汲み取り得る示唆〉

・本件では，判決の法的判断より，認定事実から，労災防止上非常に有益な示唆を得られる。

それは，事業組織の安全の要素（安全規程の遵守，安全教育，安全人材，製造業における安全な工程等）は，たとえ核燃料のような特別な危険有害物との関係でも，発注者からの短期日，不定期な注文，生産効率の追求，そして，時間の経過，安全を崩す伝承の連鎖により，いとも簡単に失われてしまうということである。

・法的判断との関係では，本件について，安衛法上は安全管理者の選任にかかる本条が適用されていることから，組織の上下にわたる安全文化の軽視，知識不足が生じた場合には，安全衛生における管理体制整備義務違反とされる可能性があること，逆に言えば，安全衛生の管理体制が整備されることで，作業関係者（管理者，作業者ら）に安全教育が行きわたると解されている可能性があること。

・本件で，安全管理者より事業所長であった総括安全衛生管理者の方が重い刑を科されていることからも，司法の量刑判断では，その権限と知識に注目し，災害について直接的な責任を負う現場管理者より上位の管理者に重い刑を科す傾向も窺われる。

【民事事件】

● 第16条（安全委員会）に関する解説で後掲するAサプライ［知的障害者死亡災害］事件・東京地八王子支判平15・12・10判時1845号83頁等を参照された

い。

> **（衛生管理者）**
> **第12条** 事業者は，政令で定める規模の事業場ごとに，都道府県労働局長の免許を受けた者その他厚生労働省令で定める資格を有する者のうちから，厚生労働省令で定めるところにより，当該事業場の業務の区分に応じて，衛生管理者を選任し，その者に第10条第1項各号の業務（第25条の2第2項の規定により技術的事項を管理する者を選任した場合においては，同条第1項各号の措置に該当するものを除く。）のうち衛生に係る技術的事項を管理させなければならない。
> 2　前条第2項の規定は，衛生管理者について準用する。

1 趣旨

安全衛生業務のうち，安全は生産管理や機械・設備との関係が濃いが，衛生は化学物質，細菌，疾病などとの関係が濃く，医学や衛生学などの高い専門性が必要なことを前提に，事業者（≒総括安全衛生管理者）の行うべき安全衛生業務のうち衛生関係を担わせることを事業者に義務づけた規定である。現行法の施行通達には，安全衛生管理を生産活動と一体化させるために法定された総括安全衛生管理者を補佐する存在と記されている（昭和47年9月18日発基第91号）。

堀江教授が整理した通り（資料3-12参照），日本の衛生管理者制度は，工場法時代の工場医制度（1938〔昭和13〕年）に始まる。安全管理者に関する解説でも述べた通り，土木建築工事場安全衛生規則（昭和12年9月30日内務省令第41号）や土石採取場安全及び衛生規則（昭和9年5月3日内務省令第11号）では，その制定当初から安全衛生管理人を選任すべきことが定められていた。

工場医制度は，労働基準法が制定された1947（昭和22）年に医師である衛生管理者制度に引き継がれ，それと同時に，医師でない衛生管理者制度も創設され，これをもって，安全管理者と衛生管理者が区分された。同法に紐付く旧安衛則時代の1952（昭和27）年には主任の衛生管理者制度が創設された。同じく1966（昭和41）年に，一定の規模・業種の事業場を対象に専任の衛生管理者制度が設けられると同時に，作業環境管理等の衛生工学的措置を必要とする一定の有害業務がある事業場を対象に衛生工学衛生管理者制度が設けられ，1972（昭和47）年の安衛法制定に際して，医師である衛生管理者制度は産業医制度に引き継がれ，医師でない衛生管理者制度は，現在の衛生管理者制度に引き継がれた。現行の衛生管理者制度は，総括安全衛生管理者をオーケストラの指揮者に例えると，その意向を踏まえながら，バイオリン部門を中心に楽団全体を調整的にまとめることで指揮者を補佐するコンサートマスターのような役割と言える。すなわち，産業医の専門的意見を尊重しながら衛生管理関係者全体を統括し，総括安全衛生管理者を補佐する立場である。安全管理者も同様ではあるが，自身で業務を担当する技術職的な性格が強く，衛生管理者の方が管理・調整の性格が強いように思われる。

安全管理者について述べたように，安全管理と衛生管理の厳密な区分は難しいが，求められる専門性の高さから，労働衛生関係の管理者制度では，衛生管理者はもとより，作業主任者でも，免許制が採られていることが多い。

2 内容

1 全業種での選任原則

資料3-13に示されるように，安全管理者とは異なり，衛生管理者は，常時使用労働者数50人以上の全業種の事業場で選任義務がある。専属の原則（安衛則第7条第1項第2号本文）は，安全管理者と変わらない。(任意，法定を問わず，) 複数の衛生管理者を選任する場合，その中に労働衛生コンサルタントがいれば，そのうち1人は専属でなくてよい点（安衛則第7条第1項第2号但書）も，安全管理者制度と類似する（安全管理者については，安衛則第4条第2号但書）。

2 選任すべき数，専任とすべき場合

衛生管理者の場合，業種区分に応じて，一定要件を充たす者の選任が，事業者に義務づけられている（安衛則第7条第1項第3号，第10条）。

イ　農林水産業，鉱業，建設業，運送業及び清掃業，電気業，ガス業，熱供給業，運送業，自動車整備業，機械修理業，医療及び清掃業，
　　要件：第1種衛生管理者免許保有者，衛生工学衛生管理者免許保有者，安衛則第10条各号所掲の者（医師，歯科医師等）

ロ　その他の業種
　　要件：イの要件に，第2種衛生管理者免許保有者を加えた者

また，常時使用労働者数500人超の事業場で，坑内労働などの局所排気装置の設置等，衛生工学的な作業環境管理を要する有害業務に常時30人以上の労働者を従事させる場合，衛生管理者のうち1人は衛生工学衛生管理者とせねばならない（安衛則第7条第1項第6号）。後述するように，衛生工学衛生管理者は，作業環境の測定・評価から施設・作業方法の衛生工学的改

資料3-12 労働衛生関係法令に基づく労働衛生の専門職等の推移

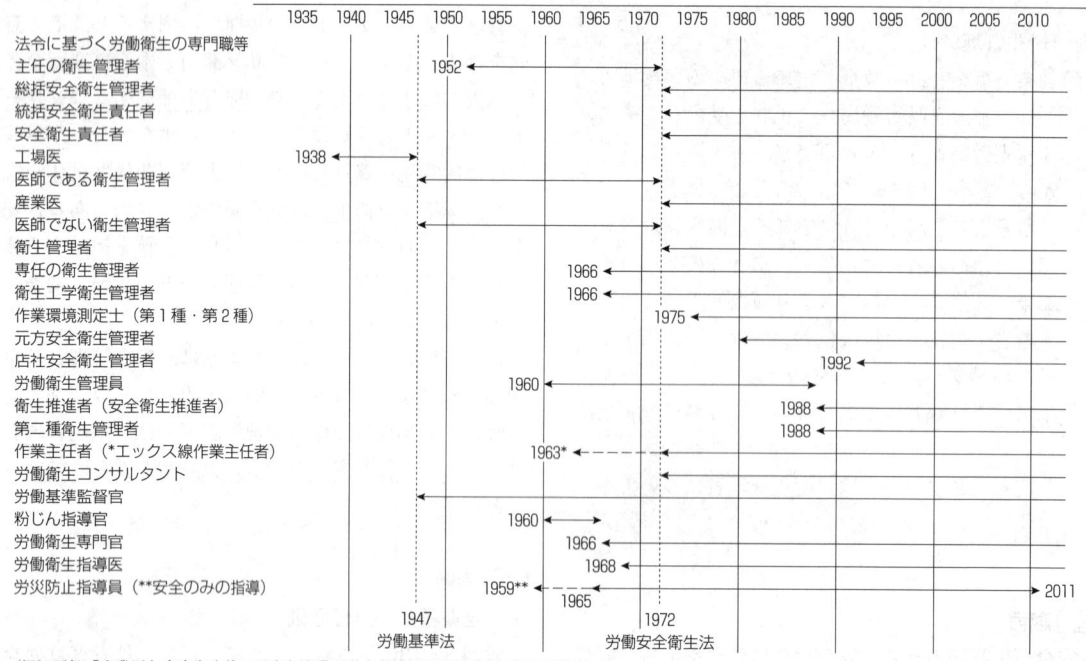

(堀江正知「産業医と安全衛生法の歴史」産業医科大学雑誌35巻特集号〔2013年〕4頁)

善に至る作業環境管理の専門家であって（昭和47年9月18日基発第601号の1〔具体的職務の定め〕），衛生管理者の中で最も高いレベルに位置づけられている。

安全管理者との比較では，第1種衛生管理者以上を充てるべき業種については，通信業，各種商品卸売・小売業，家具・建具・じゅう器等卸売・小売業，旅館業等（3次産業系）が外され，逆に，農・畜水産業，医療業（1次産業系，医療系）が含められていること，その他全ての業種について，第2種衛生管理者でもよい／最低でも第2種衛生管理者は選任すべきとされている。よって，機械器具，重機その他物のリスクが特に生じ易い業種を安全管理者選任対象とし，衛生面，健康面でのリスクは全ての業種で生じ得るだろうとの想定で，それ以外は全て衛生管理者選任対象とし，管理に医薬・衛生面での専門性が必要な業種について，高度な衛生管理者の選任対象とした，ということと思われる。

選任すべき衛生管理者数は資料3-14の通りであり（安衛則第7条第1項第4号），安全管理者とは異なり，労働者数に応じた増員を求めているので，衛生管理は，安全管理に比べ，個々の職場や労働者の事情に応じた対応が必要と考えられたものと思われる。

通達では，本来，選任すべき数は，事業者の規模，業種，作業内容等に応じて定まるものであり，常時使用労働者数が3000人を大幅に超える場合等には，相応の数の選任が必要であり，行政指導や，法第12条第2項による増員命令により図るべきとされている（昭和47年9月18日基発第601号の1）。ただし，増員命令には厳しい制限がかけられている（昭和25年3月15日基発第200号）。

なお，①常時使用労働者数1001人以上の事業場か，②常時使用労働者数501人以上で，坑内労働等特定の有害業務に常時30人以上の労働者を従事させる事業場，に該当する場合，最低1人を専任とせねばならない（安衛則第7条第1項第5号）。

「専任」とは，前掲の「専属」とは異なり，安衛則第7条第1項第3号，第10条所定の資格を充たし，「通常の勤務時間を専ら」所定の「事項を行うために費す者をいい，例えば生産関係等の業務を兼任する者はこれに該当しない」。しかし，労働安全管理者が労働衛生管理業務を行う場合と同様に，業務の一部に労働安全の業務が含まれている場合には安全衛生と密接な関係があるから，かかる関連業務を行っても構わないと解される（昭和27年9月20日基発第675号を参照されたい）。

事業者は，選任事由が生じた日（事業場の規模に新たに達した日や衛生管理者に欠員を生じた日等）から14日以内に衛生管理者を選任し（安衛則第7条第1項第1号，昭和47年9月18日基発第601号の1），選任後，遅滞なく，その資格を証する書面を付して労基署長へ報告せねばならない（同条第2項）。衛生管理者がやむを得ない事由で職務を行い得ない場合，代理者を選任せねばならない（同前）[28]。すなわち，その確保（と法定職務の実施条件の整備）が，徹底して事業者に託されている[29]。

資料3-13　事業場規模別・業種別安全衛生管理組織

業種	林業、鉱業、建設業、運送業、清掃業 (令2条1号の業種)	製造業（物の加工業を含む、電気業、ガス業、熱供給業、水道業、通信業、各種商品卸売業、家具・建具・じゅう器等卸売業、各種商品小売業、家具・建具・じゅう器小売業、燃料小売業、旅館業、ゴルフ場業、自動車整備業、機械修理業 (令2条2号の業種)	その他の業種 ※1 (令2条3号の業種)
規模（人）			
1,000〜	事業者→選任→総括安全衛生管理者（法10条）→指揮	事業者→選任→総括安全衛生管理者→指揮→産業医、安全管理者、衛生管理者	事業者→選任→総括安全衛生管理者→指揮→産業医、衛生管理者
300〜999	産業医（法13条）、安全管理者（法11条）、衛生管理者（法12条）		
100〜299			
50〜99	事業者→選任→産業医、安全管理者、衛生管理者	事業者→選任→産業医、安全管理者、衛生管理者	事業者→選任→産業医、衛生管理者
10〜49	事業者→選任→安全衛生推進者（法12条の2）／店社安全衛生管理者（建設業のみ）※2（法15条の3）	事業者→選任→安全衛生推進者	事業者→選任→衛生推進者
1〜9	事業者	事業者	事業者

(注1)　下線の業種およびその他の業種のうち農林畜水産業、医療業については、第2種衛生管理者免許を有するものを衛生管理者として選任することはできません。（労働安全衛生規則第7条第3号）
(注2)　「令」：労働安全衛生法施行令、「法」：労働安全衛生法
※1　規模10人以上の事業場においては通達により安全推進者の配置が求められています。（平成26年3月28日基発0328第6号）
※2　仕事の種類により、規模20人以上30人未満または20人以上50人未満の現場を有する店社。
（中央労働災害防止協会編『安全の指標　令和6年度』〔中央労働災害防止協会、2024年〕249頁）

分社化に伴い分割された事業場における兼務に関する通達（平成18年3月31日基発第0331005号）は、安全管理者等（安全管理者、衛生管理者、安全衛生推進者、衛生推進者）を同列に扱っているため、分社化に伴う親子事業者における選任要件の考え方は、安全管理者について述べた通りである。

また、次の要件を全て満たす場合、外部者を衛生管理者として選任できる（平成18年3月31日基発第0331004号）。

①安衛則第7条第3号のロの業種（第2種衛生管理者の選任が許される、一般に危険有害性が低い業種）であること
②衛生管理者資格を持つ者を選任すること（第2種衛生管理者資格者を含む）
③派遣契約や委任契約（この項目において「契約」という）上、対象事業場に専ら常駐し、なおかつ一定期間継続して職務に当たる旨明記すること

もっとも、具体的業務・必要な権限の付与・労働者の個人情報保護の契約での明記、必要な情報の提供、能力向上を図ること、に留意する必要がある。

資料3-14

事業場の規模（常時使用労働者数）	要選任衛生管理者数
50人以上200人以下	1人
201人以上500人以下	2人
501人以上1,000人以下	3人
1,001人以上2,000人以下	4人
2,001人以上3,000人以下	5人
3,001人以上	6人

（安衛則第7条第1項第4号）

3　資格

前述した通り、要件となる衛生管理者の資格（衛生管理者として選任され得る要件）は、業種区分に応じて異なっており（要するに、第2種衛生管理者でも許されるか否か）、再掲すれば、以下の通り（安衛則第7条第1項第3号、第10条）。

イ　農林水産業、鉱業、建設業、運送業及び清掃業、電気業、ガス業、熱供給業、運送業、自動車整備業、機械修理業、医療及び清掃業（1次・2次産業系、医療系）、

要件：第1種衛生管理者免許保有者、衛生工学衛生管理者免許保有者、安衛則第10条各号所掲の者（医師、歯科医師等）

ロ　その他の業種（3次産業系）

要件：イの要件に、第2種衛生管理者免許保有者を加えた者

また、常時使用労働者数500人超の事業場で、坑内労働などの局所排気装置の設置等、衛生工学的な作業環境管理を要する有害業務に常時30人以上の労働者を従事させる場合、衛生管理者のうち1人は衛生工学衛生管理者とせねばならない（安衛則第7条第1項第6号）。衛生工学衛生管理者は、作業環境の測定・評価から施設・作業方法の衛生工学的改善に至る作業環境管理の専門家であり（昭和47年9月18日基発第601号の1〔具体的職務の定め〕）、衛生管理者の中で最も高いレベルに位置づけられている。

以下、個々の資格要件につき詳述する（安衛則第7条第1項第3号、第10条、衛生管理者規程〔昭和47年労働省告示第94号〕）。

(1)　第1種衛生管理者免許

イ　当該免許試験の合格者
ロ　大学／高専で医学の課程を修めて卒業した者
ハ　大学の保健衛生関係学科の卒業者で、労働衛生関係科目／講座を修めた者
ニ　保健師免許保有者
ホ　医師国家試験予備試験合格者で、1年以上診療

第12条

「及び」公衆衛生の実地修練を経た者
　ヘ　外国の医学校の卒業者等で厚生労働大臣の認定を受けた者
　ト　特定の大学で歯学課程を修めて卒業した者
　チ，リ　（略）
　ヌ　薬剤師免許保有者
　ル　その他都道府県労働局長の認定者
　(2)　第2種衛生管理者免許
　有害業務と関連の薄い業種で衛生管理者を確保するため設けられた資格であり[30]，第2種衛生管理者免許試験合格者のみが該当する。
　(3)　衛生工学衛生管理者免許
①以下の条件を満たし，厚生労働大臣所定の講習を修了した者
　イ　大学や高専で工学／理学の課程を修めて卒業した者等
　ロ　労働衛生コンサルタント（法第83条）試験合格者
　ハ　第1種衛生管理者免許（安衛則別表第4）試験合格者
　ニ　作業環境測定士となる資格（作業環境測定法第5条）保有者[31]
②以下の者（安衛則第10条，衛生管理者規程第1条）
　イ　医師
　ロ　歯科医師
　ハ　労働衛生コンサルタント
　ニ　中高等学校の常勤の保健体育や保健の教諭
　ホ　大学／高専の常勤の保健体育の教授等
　概観すると，第1種衛生管理者免許には，医学・衛生学の基本知識を求め，第2種衛生管理者免許には，それに準じるものを求め，衛生工学衛生管理者免許には，医学や保健学の専門知識を持つ者を無条件に認めつつ，そうでない場合，作業環境の測定・管理と関連の深い労働衛生工学の知識を求めていることが窺える。なお，産業保健実務の前線を産業保健職が担っている事業場が多いことを考えると，保健師免許保有者にそのまま衛生管理者資格を認めていることは有意義だが，看護師資格保有者が排除されたままでよいか，一考に値しよう。
　この概観の趣旨は，次項で示す，これら資格者（衛生管理者）が果たすべき職務によって，より鮮明になる。

　4　職務
　本条第1項は，衛生管理者の職務を，第10条第1項各号の業務（総括安全衛生管理者に統括管理させるべき職務）のうち衛生に係る技術的事項の管理としているので，①健康障害防止措置関係，②衛生教育関係，③健診その他健康の保持増進措置関係，④災害原因調査及び再発防止策関係，の4項目となる[32]。
　安全管理者におけると同様に，ここでいう「技術的事項」の内容は，専門技術的事項に限られず，労働衛生に関するリスク管理全てを意味する。法第25条の2第1項各号所定の，建設業等における爆発や火災等に際しての救護にかかる2次的な労災防止のために選任された管理者がいる場合に，衛生管理者が，その部分の職務を除外される事情も，同様である。
　通達が，以下のように，その具体化を図っているが（昭和47年9月18日基発第601号の1），結局，労働衛生に関するリスク管理の要素を示唆しており，安全管理者の職務に関する通達の示唆と同様に，例示列挙にとどまると解される。
　イ　健康異常者の発見と処置
　ロ　作業環境調査
　ハ　作業条件の改善
　ニ　保護具，救急用具等のメンテナンス
　ホ　衛生教育，健康相談等の健康保持増進措置
　ヘ　衛生関連情報（負傷等を含む）の統計の作成
　ト　自他の事業の労働者が同一場所で就労する場合の衛生措置
　チ　衛生関連情報の記録作成等
　衛生工学衛生管理者の職務についても，同じ通達が以下のように示唆している。
　イ　作業環境の測定と評価関係
　ロ　局排，全体換気装置など，労働衛生関係施設の設計，施工，点検，改善関係
　ハ　作業方法の改善関係
　ニ　記録整備関係
　ここからも改めて，衛生工学衛生管理者への期待が，労働衛生工学的な作業環境管理であることが窺える。
　安衛則第11条は，同第6条が，安全管理者を名宛人として，巡視を契機とする作業場等での安全面でのリスク管理措置を「講じなければならない」としつつ，第2項で，事業者を名宛人として安全管理者への必要な権限付与を義務づけていたのと同様に，第1項で，衛生管理者を名宛人として，巡視を契機とする衛生面でのリスク管理措置の義務を課すと共に，第2項で，事業者を名宛人として，衛生管理者への必要な権限付与を義づけている。
　同条（及び安衛法上の上位規定）にも罰則はないので，その法的意義は，やはり，行政指導の根拠となり得ること，就業規則上の根拠規定の合理性を裏付けたり，職場秩序となる等して，事業者による懲戒処分等の根拠となり得ること，同人の懈怠により被災した第三者が，事業者の使用者責任（民法第715条）を追求するうえで，同人の過失（注意義務違反）を主張立証し易く

なること等になると考えられる。

5 増員・解任命令

法第11条第2項と同様に、本条第2項も、労基署長による事業者への増員・解任命令を定めているが、その発動基準は、やはり次のように通達され、かなり制限されている（昭和25年3月15日基発第200号）。

衛生管理者による主要な義務の懈怠があって、事業場の衛生状態と労働者の健康状態が同種の事業場に比べて著しく悪く、監督上の措置後6カ月改善しなかった場合か、衛生管理者が、病気等で職務を遂行し得ない場合。

安全管理者の場合と比べ、定量的な指標が困難なことが踏まえられ、質的な基準となっている。

1973年に発刊された労働省編著に衛生管理者解任第1号に関する情報が掲載されている[33]。これによれば、昭和24,25年ころ、ある繊維関係の大企業の女子寮の1室で、重病の少女が看護されることもなく放置され、いつ息を引き取ったかさえはっきりしないまま息絶えていたという例[34]で、あまりに不行き届きということで、管轄労基署長により、労務課長兼務の衛生管理者の職を解任し、警告する措置が講じられたのだという。ちなみに、その後、同社の工場長が監督署内に共産党員の監督官がいるのではないかと本省に抗議したことを受け、衛生管理者解任の際には本省に打ち合わせてからとの通達が発せられたという。

本条第1項（選任と職務遂行の確保）と第2項（増員・解任命令の遵守）には罰則がある（法第120条第1号と第2号：50万円以下の罰金）。

3 関係規定

後述するように、本条は、未規制の化学物質による

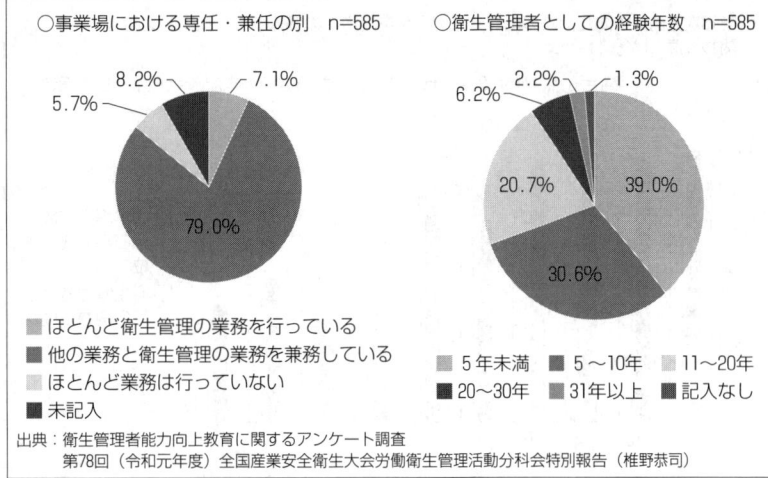

資料3-15 衛生管理者の活動状況①

（厚生労働省「第1回 産業保健のあり方に関する検討会」参考資料1〔https://www.mhlw.go.jp/content/11201250/001001488.pdf, 最終閲覧日：2022年10月20日〕）

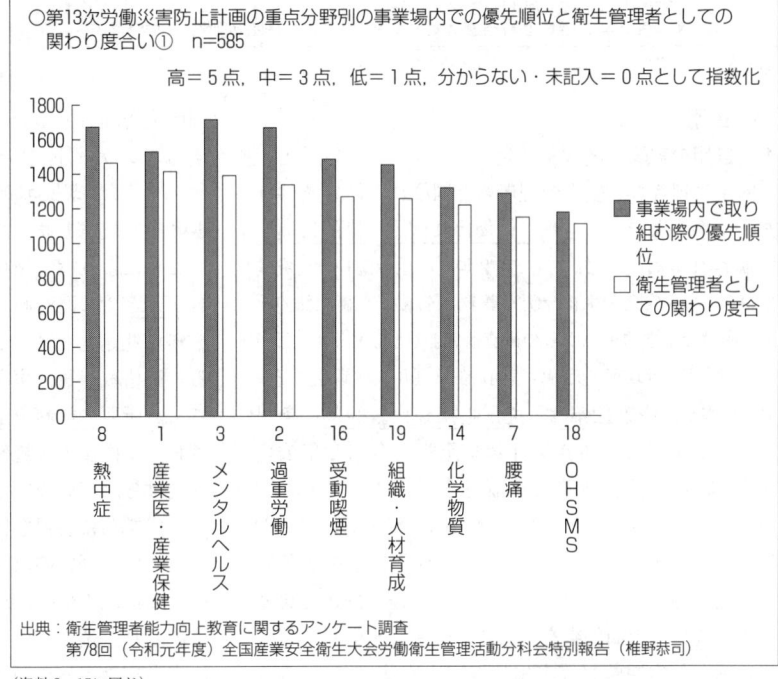

資料3-16 衛生管理者の活動状況②

（資料3-15に同じ）

健康障害が生じ、具体的な衛生基準違反を指摘し難いケースで違反が認められると、適用される場合もある。衛生管理者の選任は、衛生管理体制の確立上、最重要事項と言え、現に、衛生管理体制の確立は、衛生に関するリスク管理の要なので、法第28条の2を筆頭に、衛生に関する法定内外のリスク管理を定めた規定とは特に深い関係にある。むろん、衛生管理体制の確立は、既存の衛生基準の履行確保にも繋がるので、それらの規定とも大いに関係する。環境法など、安衛法以外の労働者らの衛生に貢献する法令とも関係する。

資料3-17 衛生管理者の活動状況③

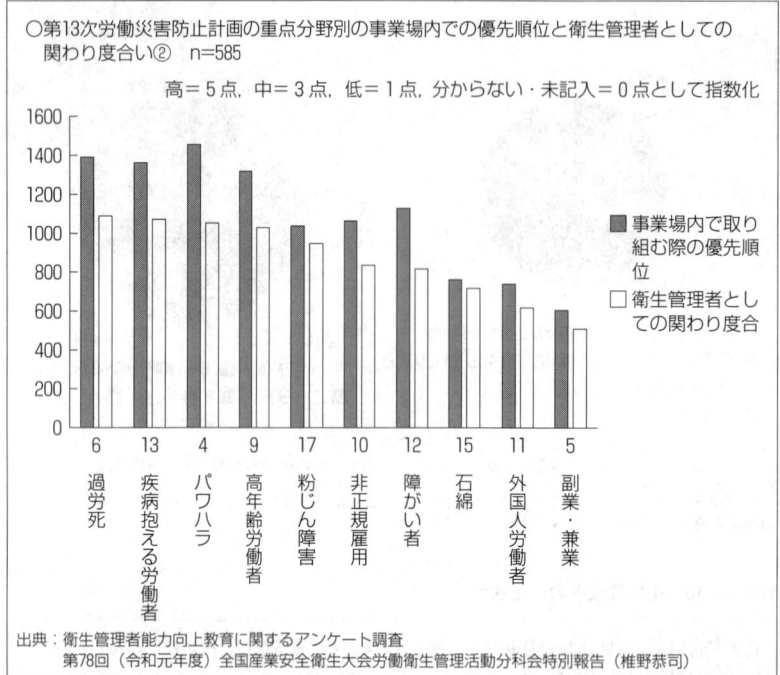

○第13次労働災害防止計画の重点分野別の事業場内での優先順位と衛生管理者としての関わり度合い② n=585

高＝5点，中＝3点，低＝1点，分からない・未記入＝0点として指数化

■ 事業場内で取り組む際の優先順位
□ 衛生管理者としての関わり度合

6 過労死／13 疾病抱える労働者／4 パワハラ／9 高年齢労働者／17 粉じん障害／10 非正規雇用／12 障がい者／15 石綿／11 外国人労働者／5 副業・兼業

出典：衛生管理者能力向上教育に関するアンケート調査
第78回（令和元年度）全国産業安全衛生大会労働衛生管理活動分科会特別報告（椎野恭司）

（資料3-15に同じ）

4 運用

1 適用の実際

衛生管理者も，安全管理者らと同様に，法定条件を充たす事業場で選任されていなければ，一律的に違反指摘される傾向にあり（令和2年度厚生労働科学研究費補助金〔労働安全衛生総合研究事業〕「労働安全衛生法の改正に向けた法学的視点からの調査研究」〔研究代表者：三柴丈典〕による行政官・元行政官向け法令運用実態調査〔三柴丈典担当〕），法第12条は，違反指摘が比較的多い条規である。違反による送検件数を記した令和2年公表「労働基準関係法令違反に係る公表事案」（https://www.mhlw.go.jp/content/000534084.pdf，最終閲覧日：2020年7月9日）によれば，令和元年6月1日から1年間で，違反件数は0件だった。しかし，是正勧告を典型とする違反の指摘件数を記した「令和2年労働基準監督年報」の定期監督等実施状況・法違反状況（令和2年）では，合計3584件に達していた。

衛生管理者資格は基本的には免許制になっており，選任できる者が限られる結果，免許試験には合格したが，実際には労働衛生管理を行っておらず，あまり現場事情に精通していない者が形式的に選任されているケースも少なくないという。大量の化学物質が使用されていながら，たとえ免許を保有していても，SDS（フォーマットに即して対象物のリスク関連情報を比較的詳しく伝達するために作成されるシート）を読解でき，局所排気装置の維持管理が可能な者が殆どいない実態も散見されるという。

衛生管理者制度の形骸化（事業者が必ずしも重視せず，事業場の重要な衛生問題に活用するとは限らない傾向）を示すデータとして，資料3-15～3-17等を参照されたい。

なお，2013年に大阪の印刷工場（サンヨー・シーウィピー）で生じた複数名の胆管がんの発生事案では，ジクロロメタン等の原因物質が未規制であったことを受け，本条違反等で，事業者（法人）が立件された。このように，本条は，未規制の化学物質による健康障害が生じ，具体的な衛生基準違反を指摘し難いケースで違反が認められると，適用される場合もある。

衛生管理者の現状に関する詳細は，2019（令和元）年全国衛生管理者協議会「衛生管理者の能力向上教育に関するアンケート（N＝595）」結果によく示されている（回答者の企業規模は300人以下が5割であり，主に中小規模事業場の実態を反映している）。

これによれば，衛生管理者業務を兼務で行っている者が殆どで（約8割），経験年数も5年未満が約4割。業務を指導し，引き継ぐべきベテランが不足している。資格取得後，事業者が選任届を監督署長に提出しても，所要の業務を十分に行えていないケースが散見され，安衛法上実施努力義務が課された能力向上教育も受けられていないことが多い。事業者に軽視されがちで，業務に必要な権限は実質的に殆ど与えられておらず，健康経営の取り組みにもあまり参画できていない（人事やIT部門等が担当していることが多い）。本業に忙殺され，週1回の巡視も厳しい実態がある。他方，法定業務は多岐にわたり，そのいずれに注力すべきかが不明。健診やストレスチェック後のフォロー（就業上の配慮等の事後措置等）も，どこまで踏み込み得るか・踏み込むべきかが不明。同業者の先輩からの指導や同輩等との情報交換の場が乏しい。

こうした現状分析を踏まえ，神津進氏（全国衛生管理者協議会監事）は，衛生管理者の職務の再整理と優先順位づけ，実践的で受講しやすい能力向上教育制度の整備，資格更新制度の創設を提言している。

2 関係判例

見当たらなかった。

> （安全衛生推進者等）
> 第12条の2　事業者は，第11条第1項の事業場及び前条第1項の事業場以外の事業場で，厚生労働省令で定める規模のものごとに，厚生労働省令で定めるところにより，安全衛生推進者（第11条第1項の政令で定める業種以外の業種〔*主に3次産業〕の事業場にあつては，衛生推進者）を選任し，その者に第10条第1項各号の業務（第25条の2第2項の規定により技術的事項を管理する者を選任した場合においては，同条第1項各号の措置に該当するものを除くものとし，第11条第1項の政令で定める業種以外の業種の事業場にあつては，衛生に係る業務に限る。）を担当させなければならない。

1　趣旨

　安全・衛生管理者の選任義務のない中小規模事業場での労災発生率の高さや，労災防止策の不十分さ，他方で，ME化等の技術革新を踏まえた安全衛生業務の複雑化を踏まえ，昭和63年の法改正（同年5月17日法律第37号）で設けられた規定である。[39]

　この改正の骨子を示した中央労働基準審議会労働大臣宛建議「労働安全衛生法令の整備について」（昭和63年1月29日）は，安全衛生管理体制の充実を優先課題とし，その具体策として，①安全衛生推進者等の選任，②衛生委員会及び安全衛生委員会の調査審議事項に労働者の健康の保持増進に関する事項を加えること，③安全管理者等に対する能力向上教育の実施，の3点を挙げていた。

　本条の新設前の中小規模事業場の安全衛生管理体制は，昭和49年の通達（昭和49年3月4日基発第112号「安全推進員制度及び労働衛生管理員制度の推進について」）により，常時使用労働者数10人以上50人未満の事業場につき，安全推進員及び労働衛生管理員の選任が，行政指導により図られていたところ，法的義務に格上げされたという面を持つ。

2　内容

　本条は，中小規模事業場における安全衛生推進者又は衛生推進者（以下，「安全衛生推進者等」という）の選任義務と行わせるべき職務を定めている。

1　選任を要する業種，専属原則

　衛生管理者について述べたように，安全管理者は，特定の危険業種（施行令第3条所定の19業種〔林業，製造業から旅館業，ゴルフ場業まで幅広い〕）で選任義務が課されるが，衛生管理者は，全業種で選任義務が課される。いずれも，常時使用労働者数50人以上の場合に限られる。本条は，それぞれに対応して推進者制度を設けた。すなわち，安全管理者選任業種であって，より小規模な事業場（常時使用労働者数10人以上50人未満）に安全衛生推進者の選任義務を課し，それ以外の業種，すなわち衛生管理者選任業種であって，より小規模な事業場（同前）に衛生推進者の選任義務を課している（本条及び安衛則第12条の2）。

　安全衛生推進者等の選任は，選任事由発生日（常時使用労働者数が法定規模に達したか，法定選任者に欠員が生じた日）から14日以内に行わねばならない（安衛則第12条の3第1号）点は，安全・衛生管理者と同様だが，両管理者と異なり，選任した際，所轄労働基準監督署長への届出は必要なく，その氏名の掲示等による関係労働者への周知が求められている（安衛則第12条の4。作業主任者についても同旨の規定があるが，安全・衛生管理者にはない。産業医については，業務内容等の周知を求める定めがある〔法第101条〕）。

　安全衛生推進者等にも専属原則があり，労働安全コンサルタント，労働衛生コンサルタント，その他厚生労働大臣所定の者（安全・衛生管理者資格を有し，5年以上の安全衛生実務〔衛生推進者の場合，衛生実務〕経験を持つ者等〔昭和63年9月1日労働省告示第73号〕）を選任する際が例外となること（安衛則第12条の3第2号）は，安全・衛生管理者と似ている。分社化に伴い分割された事業場における兼務に関する通達（平成18年3月31日基発第0331005号）は，安全管理者等（安全管理者，衛生管理者，安全衛生推進者，衛生推進者）を同列に扱っているため，分社化に伴う親子事業者における選任要件の考え方は，安全管理者について述べた通りである。

2　資格

　安全衛生推進者等は，都道府県労働局長登録者が行う講習の修了者その他，所定業務の担当に「必要な能力を有すると認められる者」から選任されねばならない（安衛則第12条の3）。[40]

　この「必要な能力を有すると認められる者」の選任基準（昭和63年9月5日労働省告示第80号）には，①大学や高専の卒業後1年以上の安全衛生の実務経験者，②中学高校の卒業後3年以上の実務経験者のほか，学歴を全く問わない，③5年以上の実務経験者が含まれることが特筆される。また，「安全衛生の実務」には，生産管理，事務管理等に際して安全衛生上の配慮を行うことや，健診や安全衛生教育等の事務も含まれる（労働省安全課長・労働衛生課長内翰「安全衛生推進者等の選任制度の運用について」〔昭和63年12月9日〕）。確かに，安全衛生は，これらの管理業務と表裏一体だが，この基準の広い適用範囲が窺われる。

3　職務

　本条の定め通り，事業者が安全衛生推進者等に行わ

資料3-18 労働安全衛生法に基づく衛生管理者，産業医，保健師の選任基準等

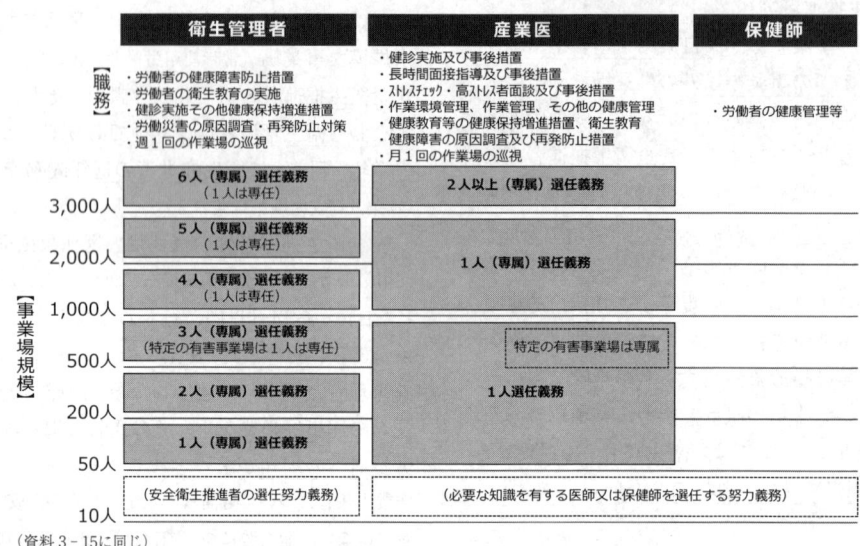

（資料3-15に同じ）

せるべき職務は，法第10条第1項所定の総括安全衛生管理者に統括管理させるべき（安全・衛生管理者には管理さささせるべき）業務を自ら「担当」させること（ただし，衛生推進者の場合，衛生に係る業務に限られる）であり，その具体例は，通達（昭和63年9月16日）で以下のように示されている。本条が援用する法第10条第1項各号所掲の職務の性格からして，この示唆は，例示と解される。

① 施設，設備等（安全装置，労働衛生関係設備，保護具等を含む）のメンテナンス等関係
② 作業環境測定等の作業環境の点検や作業方法の点検と結果に基づく対応関係
③ 健診及び健康保持増進策関係
④ 安全衛生教育関係
⑤ 異常事態での応急措置関係
⑥ 労災の原因調査と再発防止策関係
⑦ 情報収集及び労災等に関する統計の作成関係
⑧ 行政機関への安全衛生関係の各種報告・届出等関係

安全管理者の職務との比較では，消防・避難訓練関係，作業主任者等の補助者の監督関係が省略され，衛生管理者の職務との比較では，作業条件の改善，健康異常者の発見・処置，健康相談，記録整備が省略されているほか，両者に跨がる，自他の事業の労働者が同一場所で就労する場合の安全措置／衛生措置も省略されている。

これは，中小規模事業場で，高い専門性を問わずに選任される者に期待できる事柄の限界のほか，その位置づけにも理由があると解される。すなわち，安全衛生推進者等は，安全・衛生管理者が安全衛生業務の技術的事項を管理する者であるのに対して，安全衛生業務について権限と責任を有する者の指揮を受けて当該業務を担当する者であること（昭和63年9月16日基発第601号の1）が影響していると解される。

[3] 関係規定
特になし。

[4] 運用
1 適用の実際
安全管理者はともかくも，衛生管理者ですら，形骸化傾向が指摘される条件下，安全衛生推進者等，特に衛生推進者の場合，選任自体なされず，選任されていても形骸化する傾向は，容易に察せられる。
是正勧告を典型とする違反指摘件数を記した「令和2年労働基準監督年報」の定期監督等実施状況・法違反状況（令和2年）には，そもそも本条の集計は存しない。

2 関係判例
見当たらなかった。

（産業医等）
第13条 事業者は，政令で定める規模の事業場ごとに，厚生労働省令で定めるところにより，医師のうちから産業医を選任し，その者に労働者の健康管理その他の厚生労働省令で定める事項（以下「労働者の健康管理等」という。）を行わせなければならない。
2 産業医は，労働者の健康管理等を行うのに必要な医学に関する知識について厚生労働省令で定める要件を備えた者でなければならない。
3 産業医は，労働者の健康管理等を行うのに必

要な医学に関する知識に基づいて，誠実にその職務を行わなければならない。
4　産業医を選任した事業者は，産業医に対し，厚生労働省令で定めるところにより，労働者の労働時間に関する情報その他の産業医が労働者の健康管理等を適切に行うために必要な情報として厚生労働省令で定めるものを提供しなければならない。
5　産業医は，労働者の健康を確保するため必要があると認めるときは，事業者に対し，労働者の健康管理等について必要な勧告をすることができる。この場合において，事業者は，当該勧告を尊重しなければならない。
6　事業者は，前項の勧告を受けたときは，厚生労働省令で定めるところにより，当該勧告の内容その他の厚生労働省令で定める事項を衛生委員会又は安全衛生委員会に報告しなければならない。

資料3-19

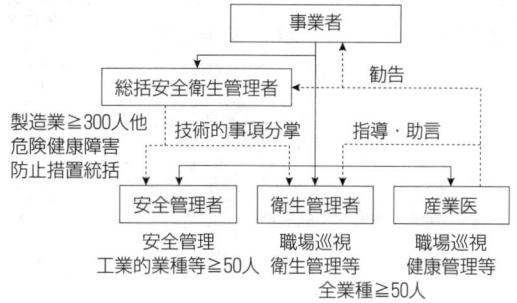

（堀江正知「産業医と安全衛生法の歴史」産業医科大学雑誌35巻特集号〔2013年〕14頁）

資料3-20　一般的な安全衛生管理組織図（典型例）

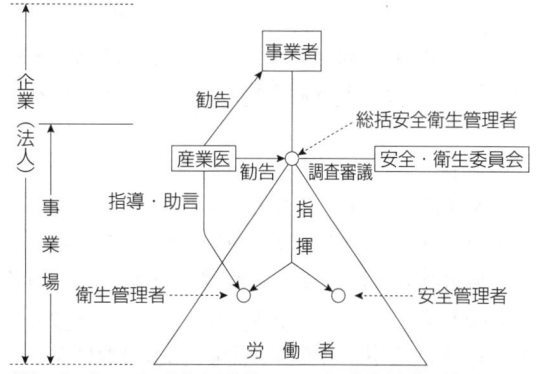

（注）　その他，一定の危険有害作業については，作業主任者が置かれる。
（畠中信夫『労働安全衛生法のはなし』〔中央労働災害防止協会，2019年〕121頁）

1　趣旨

　現行の産業医制度の趣旨は，労働者の健診，健康障害の原因調査と再発防止策の樹立等の健康管理に医師の医学的活動が不可欠との認識にある。しかし，メンタルヘルスや生活習慣病など，不確実性（原因も対応方法も不分明）が強い人的・社会的課題への対応が職務の中心を占めるようになってきた中で，医療教育を受けた医師に，事業組織という利害が対立し易い「生もの」で有効な働きを求めることには相当の困難を伴う。

　資料3-12が示す通り，法定の労働衛生関係専門職の中で，医師の歴史が最も古く，1938（昭和13）年の工場危害予防及衛生規則第34条の3（常時使用労働者数500人以上の工場の工業主の工場医の選任義務）に遡る。その強いドライブは，結核の蔓延であり，同規則は，選任した工場医に工場及びその附属建設物での衛生関連事項と健診の実施をさせるよう工業主に義務づけた。旧労基法下での旧安衛則では，その第11条で，医師である衛生管理者と医師でない衛生管理者の選任が義務づけられた（選任要件：原則として常時50人以上の労働者を使用する事業とし，常時使用労働者数の増加に合わせて選任者数増）。

　後述するように，日本の産業医の歴史は，実態としては，工場法時代に軍需産業などを医療面で支えるために工場内に設置され，従業員のプライマリー・ケア等を行っていた医局にはじまり[41]，法制度上，当初は安全管理者より下位の位置づけだったが，安全管理者と同格の位置づけを経て，安衛法制定に際し，呼称を産業医と定め，事業者や総括安全衛生管理者に勧告し，衛生管理者に指導・助言を与える位置づけへと，僅かながら「出世」してきた経緯がある[42]。改正安衛法の施行通達（昭和62年9月16日基発第602号）は，産業医の呼称を用いた意義について，「従来の『医師である衛生管理者』について，専門医学的立場で労働衛生を遂行する者であることを明確にするためにその呼称を産業医に改め，専門家として労働者の健康管理にあたることとした」としている。

　平成8年法改正（平成8年6月19日法律第89号）では，その専門性確保のため，就任要件が設けられると共に，事業者への勧告権が保障された。また，常時使用労働者数50人未満でその選任義務のない小規模事業場につき，医師，保健師等による健康管理等の努力義務が定められた。

　堀江教授は，資料3-19のように，産業医を安全管理者，衛生管理者と同列に並べて示したが，

　畠中元教授は，産業医の立場の強さを資料3-20のように図示している。制度趣旨からは，こちらのイメージが望ましいと思う。

　なお，畠中元教授は，安衛法施行後も産業医制度はなかなか定着しなかったが，1979（昭和53）年の安衛

資料3-21　産業医の選任義務と選任率

事業所規模	産業医の選任義務	選任率（％）
1,000人以上	義務／専属	97.7
500～999人	義務／有害業務従事者が500人以上の場合は専属	96.2
300～499人	義務／嘱託も可	95.2
100～299人		95.8
50～99人		83.5
10～49人	義務なし	18.2

（厚生労働省「令和3年労働安全衛生調査（実態調査）」より作成）

則改正により，事業者が監督署に提出する定期健診結果報告書（様式第6号）の様式に産業医の記名押印欄を設けたこと（様式改正）で，健診結果を真摯にチェックする医師が増えると共に，責任感を持つ医師を選任しようとする事業者が増えたと評価している。[43]

2 内容

1 選任義務の前提，専属とすべき条件

産業医の選任義務は，常時使用労働者数50人以上の全ての事業場で生じ（施行令第5条），常時使用労働者数1000人以上または次の有害業務での常時使用労働者数500人以上の事業場では，専属の者とせねばならない（安衛則第13条第1項第2号。資料3-21も参照）。

イ　著しい高熱業務
ロ　著しい寒冷業務
ハ　エックス線等有害放射線にばく露する業務
ニ　著しい粉じん業務
ホ　異常気圧下の業務
ヘ　著しい振動業務
ト　重量物取扱い業務等
チ　強烈な騒音業務
リ　坑内業務
ヌ　深夜業を含む業務
ル　水銀，ヒ素等の有害物取扱い業務
ヲ　鉛，水銀，一酸化炭素等の有害物のガスや粉じん等を発散する場所での業務
ワ　病原体による汚染リスクが大きい業務
カ　その他所管大臣の所定業務（現段階で定めなし）

衛生管理者とは異なり，選任者数は，法令上，3000人未満は1人，それ以上は2人とされているが（安衛則第1項第4号等。衛生管理者との比較は，資料3-22を参照されたい），通達では，「常時使用する労働者数が3,000人を大巾にこえるごとき場合などには，……産業医の増員，衛生管理者の免許を有する保健婦の活用等について必要に応じ指導すること」としている（昭和47年9月18日基発601号の1）。

もっとも，産業医の質量不足は，伝統的な課題である。確かに，認定産業医者数は約10万人に達しているが（資料3-23），実働者数は約3万人[44]，主に産業医業務で生計を立てている医師は，約1000人に過ぎず，全国の届出医師数の1％に満たない。[45]

そうした事情も踏まえ，安衛則第13条第3項は，法規通りに産業医を選任できないやむを得ない事由があり，都道府県労働局長の許可を受けた場合の例外を認めており，通達は，専属者の選任（安衛則第13条第1項第2号）及び2人以上の選任（同第3号）に関する特例の許可基準として，専属産業医の退職後専属の者の補充ができない場合に，期限付きながら，嘱託産業医を選任してその業務に当たらせると共に，保健師，看護師，衛生検査技師等の設置により衛生管理を行わせる場合を挙げている（昭和47年9月18日基発第601号の1）。

平成9年には，構内（親企業の管理下にある事業場）請負関係下において，以下の条件を満たす場合，元請事業場等の専属産業医が下請事業場の嘱託産業医を兼務できる旨が通達された（平成9年3月31日基発第214号。情報通院機器を用いた産業医業務の拡大及び適正化〔限られた産業医資源の有効活用〕を図った令和3年3月31日基発0331第4号及び，その趣旨を汲んだ令和3年3月31日基労安発0331第2号の発出に伴い，一部改正された〔令和3年3月31日基発0331第5号〕）。

1）兼務する事業場間の地理的関係，労働衛生管理が密接で，労働の態様が類似している（令和3年改正後も維持），
2）兼務事業場数，対象労働者数が，専属の趣旨を侵さず，職務に支障を生じない範囲内である（令和3年改正により，非専属事業場への訪問頻度や移動に要する時間を踏まえること，衛生委員会等で調査審議すること，安衛則第15条に基づき，原則として毎月1回以上実地で定期巡視すべきこと等が追記された），
3）対象労働者数が3000人以内である（令和3年改正後も維持）。

このうち地理的関係の密接については，平成25年の通達（平成25年12月25日基安労発第1225第1号）で，通常の交通手段で移動に1時間以内という目安が示されていたが，おそらく，限られた産業医資源の有効活用の観点から，令和3年3月31日基安労発0331第2号により廃止された。

産業医の選任は，選任事由（法定の常時使用労働者数への到達等）の発生日から14日以内に行わねばならず（安衛則第13条第1項第1号），選任時には，遅滞なく所轄監督署長に報告書を提出せねばならない（同第2項）。ただし，学校保健安全法第23条に基づき任命／委嘱された学校医を産業医として選任する場合，労働基準監督機関が教育委員会等を通じて選任状況を把握できるので，報告義務は生じない（同第2項但書）。

資料3-22 事業場の規模別産業医及び衛生管理者の選任状況

事業場規模	産業医の選任状況※1（％）	衛生管理者の選任状況※2（％）	事業場数※3	労働者数※3
1,000人以上	99.4	99.2	1,944	3,774,310
500〜999人	99.3	96.4	3,973	2,752,037
300〜499人	97.0	94.1	7,044	2,550,199
100〜299人	95.3	89.0	49,949	7,919,750
50〜99人	85.6	70.2	101,435	6,929,787
30〜49人	34.7	15.2	161,784	6,087,793
10〜29人	20.9	10.8	774,718	12,712,968
1〜9人	−	−	3,019,957	10,208,334
全体※4	32.8	21.6	4,120,804	52,935,178

※1 令和2年労働安全衛生調査（実態調査）
※2 平成30年労働安全衛生調査（実態調査）
※3 平成26年経済センサス（一部推計含む）
※4 産業医及び衛生管理者の全体の選任状況は，事業場規模10人以上の事業場における選任割合

（厚生労働省「第1回 産業保健のあり方に関する検討会」参考資料1〔https://www.mhlw.go.jp/content/11201250/001001488.pdf, 最終閲覧日：2022年10月20日〕）

資料3-23 日本医師会認定産業医数の推移

認定産業医総数：110,837人（2024年3月時点，死亡・失効等含む）
年間平均新規登録数：2,426人

2023年3月末時点の日本医師会認定産業医会内データより作成

（日本医師会より提供）

なお，平成28年の規則改正（平成28年3月31日厚生労働省令第59号）で，COI（利益相反）の観点から，①事業者が法人の場合はその代表者，②法人でない場合は個人事業主，③事業の統括管理者，の三者は，原則として産業医に選任できないこととなった（安衛則第13条第1項第2号）。ただし，事業場の運営について利害関係を有しない者は適用除外（：選任し得る）とされたので，この定めが，産業医を，事業場の運営から独立性を持つべき存在と位置づけていることが分かる。

2 求められる専門性

前述した通り，産業医は，従来は医師の中から選任すればよいとされていたが，平成8年の法改正（平成8年6月19日法律第89号）で，産業医学の専門性の確保が求められることとなり（本条第2項），その専門性（法第13条第2項の「労働者の健康管理等を行うのに必要な医学に関する知識」）については，安衛則第14条第2項に以下の定めがある。

一 厚生労働大臣指定者（現段階では日本医師会）による研修の修了者
二 産業医科大学等厚生労働大臣指定機関の卒業者であって，当該大学による実習の修了者
三 労働衛生コンサルタント試験（保健衛生）の合格者
四 労働衛生関係科目の常勤の教授等（元職含む）

資料3-24

研修科目	範囲
労働衛生一般	労働衛生概論 労働衛生管理体制 労働衛生関連法令 産業医の役割と職務
健康管理	健康情報とその評価 健康診断及び面接指導並びにこれらの事後措置 健康管理の事例
メンタルヘルス	メンタルヘルスケア ストレスマネジメント カウンセリング
作業環境管理	作業環境測定と評価 管理濃度と許容濃度 生物学的モニタリング 作業環境改善
作業管理	労働生理 安全管理 有害業務管理 作業管理の事例
健康の保持増進対策	健康測定 健康づくり 健康教育 保健指導

（平成21年3月30日厚生労働省告示第136号）

五　その他厚生労働大臣所定の者

産業医が面談中に不適切な発言（「そんな病気やない，甘えや」，「薬を飲まずに頑張れ」等）をしたため，精神疾患が遷延化して復職時期が遅れたとして産業医個人が被告となった民事損害賠償請求事件（（財）大阪市K協会事件・大阪地判平23・10・25判時2138号81頁〔控訴後和解〕）において，判決は，産業医の業務上の注意義務を画定するに際して，受益者の期待を前提としつつ，「産業医として合理的に期待される」レベルを測るため，その養成課程に盛り込まれた科目に言及した（このケースでは，メンタルヘルスが科目に盛り込まれているのに，上記のような発言をしたことが過失とされた）。

そこで，関係告示（労働安全衛生規則第14条第2項第1号等の規定に基づく厚生労働大臣が定める告示〔平成8年9月13日労働省告示第80号。平成21年3月30日厚生労働省告示第156号により廃止された〕）を省みると，この事件の当時，安衛則第14条第2項第1号所定の研修の内容について，要約，以下のように定めていた。

一　医師会又は産業医科大学が行い，次の学科（40時間以上）と実習（10時間以上）で構成すること（＊1単位：1時間で構成されるため，一般に50単位研修と呼ばれている[46]）。
　(1) 労働衛生一般
　(2) 健康管理
　(3) メンタルヘルス
　(4) 作業環境管理
　(5) 作業管理
　(6) 健康の保持増進対策
二　その他必要事項は厚生労働省労働基準局長が定めること。
三　本通達時前に所定の研修の受講を開始して修了した者や産業医業務経験者

これに代わる現行の平成21年3月30日厚生労働省告示第136号も，同じ研修科目，講義時間及び実習時間を定めると共に，研修科目については，資料3-24の通り，細目を示している（なお，平成8年の告示第80号の廃止により，省令にも告示にも，医師会や産業医科大学を名指して研修の実施者とする定めは存在しなくなったように思われるが，2023年4月現在，実際には両者のみが実施している）。

これらの科目の更に具体的な内容については，産業医の資質向上に向けた産業医研修等に関する検討委員会「労働安全衛生法第13条第2項に規定する労働者の健康管理等を行うのに必要な医学に関する知識についての研修：基礎研修カリキュラム研修目標」（2018〔平成30〕年）が公表されている[47]。

もっとも，現実には，多くの産業医に得意・不得意科目があるので，今後は，チームによる対応，個々の産業医の専門性に応じた担当業務の切り分けなどが進められる必要があろう。2022年10月に厚生労働省に設置された検討会（厚生労働省「産業保健のあり方に関する検討会」）でも，この点が議論されている。

産業医の資格（業務独占資格）は，研修により取得する場合でも，研修実施主体の如何（医師会か産業医科大学か）を問わず，一度取得すれば喪失しない。

日本医師会の産業医学基礎研修や産業医科大学の基礎研修会等の修了者は産業医の資格を取得できるが，日本医師会は，その対象者（日本医師会や産業医科大学の基礎研修で50単位を取得した者）に対し，別途，同医師会認定産業医の称号を付与している。これを維持しなくても産業医資格は喪失しないが，その称号は，所定の研修を受ける等して更新しない場合，喪失する（日本医師会「認定産業医の手引き」〔2011（平成23）年〕等）。

その意味で，日本医師会の認定産業医制度は，それを信頼する選任者側に運用を委ねられた制度と言えるが，実際には，選任者である事業者が日本医師会発行の認定産業医証書の提出を選任の条件とすることが多く，労働基準監督署長に提出する産業医選任届（安衛則第2条第2項，第13条）でも，同証書の提出が求められる選択肢とされることが多いため，実質的に必須となっている。そして，同証書には，有効期限が付されているので，実質的に更新が必要になっている。

他方，産業医科大学の基礎研修修了者も実務的に日本医師会の認定産業医と同等の扱いを受けている。す

なわち，その修了者に発行される修了認定証を選任者や労働基準監督署長に提出すれば，産業医としての活動を認められる。しかし，この証書は，実質的に産業医の資格を証するものなので，有効期限が付されていない。結局，基礎研修了者に産業医資格を証する統一的な証書が発行されていないことの問題なのだろうが，現状，実質的に後者を取得すれば，更新講習を受ける必要がなくなる（＝称号の更新の必要がない）事態となっている。もっとも，現段階で，産業医科大学の基礎研修は有償で集中的に受講する必要があるが，日本医師会の基礎研修は，無償のものもあり，細切れ受講も可能等のメリットがある。そもそも，両者にはそれぞれ独自性があるので，メリット・デメリットを単純には比較できない。

産業医資格や日本医師会の認定産業医称号の取得後に高めた専門性を認定する制度として，日本産業衛生学会認定専門医制度，同指導医制度，社会医学系専門医制度，同指導医制度，産業医科大学認定産業医学ディプロマ等がある。労働衛生コンサルタント資格を取得する産業医も増えてきている（この資格を取得すると，安衛則第14条第2項第3号の要件を満たすため，他の手段をとらなくても，その専門性の維持を証明しやすくなる）。

2021（令和3）年には，日本産業保健法学会が認定し，産業保健／メンタルヘルスに関する実践的な法務の知識を認証する産業保健法務主任者／メンタルヘルス法務主任者制度も創設された。今後，こうした称号の保有者を有利に扱う選任者が増えることが期待される。

また，そもそも産業医に限らず，一定の専門性を必要とする安全衛生関係の資格は，基本となる資格自体，法制度上更新制にすべきであろう。たとえ更新制による労災防止等の裏付けを得にくいとしても[48]，交通運転免許を更新制としつつ，安全衛生技術免許をしない合理的理由は見当たらない。

もっとも，産業医としての適性は，こうした資格等の形式のみで判断できるわけではない。意欲や能力はもとより，専門性や価値観等にかかる事業場・事業者との相性も重要な意味を持つだろう。そこで筆者は，労働者や労働者集団からの合理的な根拠に基づく産業医の交替要求に適正に応じることは，使用者の安全配慮義務の一環だと論じたことがある[49]。また，通達の中には，長時間労働による健康障害対策やメンタルヘルス対策における産業医や衛生管理者の役割の重要性を踏まえ，適正な選任（と衛生委員会への参加の徹底）の必要性を述べたものがある（平成18年2月24日基発第0224003号）。ただし，後掲する東京地判平30・6・27 LEX/DB 25555958からも窺われるように，実際に不適正な選任による安全配慮義務違反が司法に肯定されるケースは多くないと思われる。

3 職務

安衛則第14条が，要約，次に掲げる事項で医学に関する専門的知識を必要とするものと定めている[50]。
[51]
一 健診及びその結果に基づく健康の保持増進措置
二 長時間労働者等で不調が窺われる者への面接指導その他の健康保持増進措置
三 ストレスチェックの実施及び高ストレス者等への面接指導，その結果を踏まえた健康保持増進措置
四 作業環境管理
五 作業管理
六 その他の健康管理
七 健康教育・相談等の健康保持増進措置
八 衛生教育
九 健康障害の原因調査と再発防止策

このうち，第2号の措置には，法第66条の8第1項所定の長時間労働者対象の面接指導のほか，第66条の9所定の措置（第66条の8の面接指導の対象となる長時間労働基準〔原則時間外100時間／月〕を満たさなくても，時間外80時間超／月もしくは疲労の蓄積や不調が認められる，事業場独自の基準を満たす等の労働者に対して行う医師による面接指導，保健指導等の必要な措置〔努力義務〕）が含まれる。

第3号の健康保持増進措置とは，健診結果等に基づく事後措置（配置転換，労働時間短縮，深夜業抑制等）及び健診結果に基づく医師／保健師による保健指導（努力義務）を指す。

第4号の作業環境管理（原文では「作業環境の維持管理に関すること」）には，局所排気装置，エアコン，加湿器等の労働衛生関係設備のメンテナンス，作業環境測定・評価及び事後措置等が該当する（昭和63年9月16日基発第602号）。

第5号の作業管理（原文では「作業の管理に関すること」）には，有害業務での作業方法，作業時間の適正化，保護具の適正使用等が該当する（同前）。

安衛法上，健康管理というと健診とその結果に基づく事後措置等が想起されるが，ここ（安衛則第14条第1項第6号）でいう健康管理（原文では「労働者の健康管理に関すること」）は，第65条所定の作業環境測定関係，第66条所定の健診並びに第66条の8及びその枝条文所定の長時間労働面接，第66条の10所定のストレスチェックやその結果に基づく事後措置，第70条所定の心と体の健康づくり等，幅広い内容を意味する（昭和63年9月16日基発第602号）。健康管理計画の企画立案，疾病管理や救急措置等も含み[52]，結局，本条第1項各号所定事項は全て含むと考えられる。

第7号の健康教育・相談等の措置（原文では「健康教

育，健康相談その他労働者の健康の保持増進を図るための措置に関すること」）は，法第69条第1項及び第70条の文言通りであり，これらの規定が定める心と体の健康づくりを指す。

以上のうち，第4号から第6号所定の作業環境管理，作業管理，健康管理は，3管理と呼ばれ，産業医や衛生管理者らが行うべき職務の中軸といえる。

また，安衛法の解説書は，新たな労働衛生上の課題の発生に伴い，以下の事柄も職務上重要になってきているとする。[53]

①作業関連疾患の（発症，増悪の）予防

②メンタルヘルスケア

③加齢等に伴い高血圧症等の基礎疾患を持つ労働者の適職配置

④有害業務事業場での作業環境管理，作業管理と労働者の健康管理等

安衛則第14条第3項は，産業医が産業医学の専門家として，その職務事項について，事業者ではなく総括安全衛生管理者に勧告し，[54] 衛生管理者に指導・助言できるとし（勧告，指導，助言の趣旨については，後述する），第4項は，これら勧告，指導・助言を行ったことを理由に，事業者が産業医を解任その他不利益取扱いを「しないようにしなければならない」としている（第4項は平成8年改正による新設）。その第一義的な趣旨は，ここで述べた産業医の職務の実効性を確保するためと解されるが，産業医以外の法定の労働衛生関係専門職に同旨の規定はないので（業務遂行に必要な権限の付与を定めるにとどまる），立案者が特にその独立的立場（≒高い地位）の確保を図ろうとしたことが窺われる。

また，安衛則第15条は，安全管理者に関する第6条，衛生管理者に関する第11条に相当する規定であり，産業医に対しても，巡視の義務・権限と共に，「作業方法又は衛生状態に有害のおそれがあるとき」の健康障害防止措置を義務づけている（名宛人は産業医）が，巡視回数を原則1回／月以上（主に産業医が業務遂行上必要な情報を獲得するための一定要件を満たす場合1回／2月以上）と定めている（＊安全・衛生管理者の巡視回数について法令上の定めはない）。

なお，最近，デジタル技術の進展を前提に，IT機器を用いた遠隔業務等について通達（令和3年3月31日基発0331第4号）が発せられ，以下のような留意事項を守れば，職務の一部を遠隔で実施しても構わないと示唆されている。

・職務範囲等を衛生委員会等で審議して労働者に周知すること，

・必要に応じて産業医が実地で作業環境等を確認できること，

・送受信の安定性と相互の意見交換の円滑が確保された機器を用いること，

・健康情報等の漏洩防止のための対策（特に技術的安全管理措置）が十全に行われること，

・長時間労働者対象面接，一定の労働時間を超え不調を呈する労働者対象の面接，ストレスチェック後の面接等については，所定の通達の留意事項（平成27年9月15日基発0915第5号〔令和2年11月19日最終改正〕）を遵守し，必要に応じて直接対面実施すること，

・作業環境管理，作業管理では，定期巡視の際に実地で状況確認すること，製造工程や使用する化学物質の変更等の大きな変化に際しては実地で状況確認すること，

・衛生教育（安衛則第14条第1項第8号関係）は，eラーニング等に関する所定の通達（令和3年1月25日基安安発0125第2号，基安労発0125第1号，基安化発0125第1号）に則して行うべきこと，

・健康障害の原因調査や再発防止措置（安衛則第14条第1項第9号関係）に際しては，嗅覚や触覚による情報収集も必要となり得るので，原則として実施で状況確認すべきこと（報告書等の確認で足りる場合を除く），

・定期巡視（安衛則第15条関係）は産業医が実地で行うべきこと，

・安全衛生委員会等に出席する場合には，所定の通達（令和2年8月27日基発0827第1号）によるべきこと，

・産業医が遠隔実施が適当でないと認める職務については，事業者が実地での実施に配慮すべきこと。

4　産業歯科医

産業歯科医という呼称は，安衛則第14条の見出しにあるが，安衛法本法にはない。酸による洗浄，メッキ作業，バッテリー製造など，酸やフッ化水素等，歯やその支持組織に有害な物質を取り扱う業務（化学工業，窯業・土石製品製造業，非金属製品製造業等に多い）での活用が想定されているが，実際にはこうした業務を行う事業場でもあまり歯科検診が実施されておらず，[55] 産業歯科医の存在や，産業歯科保健の活動は，未だ十分に認知されていない。しかし，歯牙酸蝕症等の職業性歯科疾患は，未だ中小企業を中心に生じている。[56]

現行安衛法では，第66条第3項が，歯科医師による特殊健診（及び，第5項で労働者自身の選択した歯科医師による健診）を定め，安衛則第48条が，それを雇入れ時，有害業務への配置時，配置後6月以内の定期に行うよう，また，その対象を，施行令第22条第3項が定める塩酸，硝酸，硫酸など，歯やその支持組織にとって有害な物のガス等にばく露し得る業務に常時従事する労働者がいる全ての事業場とすべきことを定めている。また，安衛則第14条第5項は，当該特殊健診の対

象事業場（施行令第22条第3項所定の有害物質を取り扱う業務のある事業場）のうち，その有害業務に常時50人以上の労働者を従事させる事業場において，適宜，歯科医師から，歯科に関する健康管理事項一般（原文では，「安衛則第14条第1項各号所掲事項〔*産業医の職務〕のうち当該労働者の歯又はその支持組織に関する事項」）について意見聴取するよう求めている（条文の語尾は「聴くようにしなければならない」）。

これら歯科健診制度の嚆矢は，1954（昭和29）年の労基法改正により設けられた，特定業務従事者対象の歯科医師健診規定にあると思われる。

本条文の委任規定（省令）は，安衛則であり，特化則にも，歯肉炎，歯牙の変色や変化を引き起こす物質の取り扱い業務を対象とした健診規定が設けられているが，実施者は医師とされている。

平成8年法改正（平成8年6月19日法律第89号）で新設された法第66条の4は，事業者が，医師と同様に歯科医師にも健診結果を踏まえた意見を聴取するよう，第66条の5は，やはり医師による健診の場合と同様に，事業者が，当該意見を踏まえ，必要が認められる場合に，就業上の措置（配置転換，労働時間短縮，深夜業の抑制等）を行うよう義務づけた。

このうち歯科医師（医師も同じ）からの意見聴取義務は，（産業医の選任義務の有無にかかわらず，）全ての事業場に課されている。すなわち，法第66条の4に基づく意見聴取は，法定外の歯科健診が実施された場合にも及ぶ。

歯科医師会からの要望もあり，近年，法令上の歯科医師業務の強化を通じた歯科医師の産業保健制度への組み込みが図られている。従前，前掲の歯科特殊健診の報告義務は，常時使用労働者数50人以上の事業者のみに課されていたが，報告義務のない小規模事業場での実施率は2割程度にとどまっていたこと（令和2年12月25日基安発1225第1号別添1）等を踏まえ，令和4年10月から施行予定で安衛則を改正し，当該健診の実施義務のある全ての規模の事業場に実施報告の義務を課すと共に，新たな様式による詳しい報告を課すこととした（改正安衛則第48条，第52条）。

5 産業医に関する規定と医師に関する規定

安衛法と安衛則には，産業医に関する規定と医師に関する規定がある。以下にそれぞれを列挙し，その特徴を描出する。

(1) 産業医に関する規定

(a) 安衛法

第13条
　第1項：所定の条件を満たす事業場における産業医の選任及び所定の健康管理等の業務をさせる義務

　第2項：産業医に求められる知識要件
　第3項：産業医による職務の誠実遂行義務
　第4項：事業者から産業医への職務に必要な情報提供義務
　第5項：事業者への勧告権と事業者の尊重義務
　第6項：勧告を受けた際の事業者の衛生委員会等への報告義務

第13条の3
　産業医による健康相談のための体制整備等（役割，相談の申出方法，情報の適性取扱いの周知等）の義務

第18条
　第2項第3号：衛生委員会の委員への就任[57]

第19条
　第2項第3号：安全衛生委員会の委員への就任

第101条
　第2項：産業医の業務内容等の労働者への周知義務

第107条
　厚生労働大臣による資質の向上，資料の提供等の支援

(b) 安衛則

第13条
　第1項：法第13条第1項所定の産業医の選任義務の詳細（除外すべき者，専属とすべき場合，複数選任すべき場合等）
　第2項：労基署長への選任届
　第3項：選任できない場合の特例
　第4項：辞任／解任時の衛生委員会等への報告

第14条
　第1項：法第13条第1項所定のさせるべき業務の具体的内容
　第2項：法第13条第2項所定の知識要件の具体的内容
　第3項：総括安全衛生管理者に対する勧告，衛生管理者への指導／助言の権限
　第4項：勧告等を理由とする産業医への不利益取扱いの抑制
　第7項：産業医による専門性の研鑽の努力義務

第14条の2
　第1項：法第13条第4項に基づき事業者が産業医に提供すべき情報の具体的内容
　第2項：同じく提供すべきタイミング（所定の出来事の後「速やかに」）

第14条の3
　第1項：法第13条第5項所定の勧告前に事業者の意見を求めるべきこと
　第2項：事業者の勧告内容の保存義務
　第3項：産業医から受けた勧告内容の衛生委員会等への報告のタイミング（勧告後「遅滞なく」）

第4項：同じく衛生委員会等に報告すべき内容
第14条の4
　第1項：所定の職務（第14条第1項）をなし得る権限を付与すべきこと
　第2項：前項の権限の具体的内容（事業者等への意見具申，労働者からの情報収集，緊急時の労働者への指示）
第15条
　産業医による定期巡視及び有害のおそれのある場合の対応の義務
第23条
　第5項：衛生委員会等に対する調査審議の請求権
第52条の3
　第4項：長時間労働者（第52条の2第1項）への面接指導の申し出の勧奨権限
第61条
　第2項：伝染病罹患者等所定の者の就業禁止に際しての事業者の産業医等への意見聴取義務（ただし，「産業医その他専門の医師」）
第98条の2
　法第101条第2項に基づき事業者が産業医に提供すべき情報の具体的内容（業務の具体的内容，健康相談の申出方法，健康情報等の適正取扱い）

(2) 医師に関する規定
(a) 安衛法

第13条の2
　産業医選任義務のない小規模事業場における健康管理等の努力義務の実施主体（健康管理等を行うのに必要な医学に関する知識を有する医師等）
第66条
　第1項：一般健診
　第2項：有害業務での特殊健診
　第3項：有害業務での特殊歯科健診（歯科医師）
　第5項：事業者指定医による健診を希望しない労働者による自身の選択した医師／歯科医師による自費での健診（以下，「自己選択健診」という）の受診と結果の提出義務
第66条の2
　深夜業従事者による医師による自発的な健診の受診と結果の提出の権利
第66条の4
　第66条所定の健診や第66条の2所定の医師／歯科医師による自発的健診の結果に基づく医師／歯科医師への意見聴取義務
第66条の5
　前条の医師／歯科医師の意見の勘案した上での事業者の事後措置義務（事後措置に際しての医師／歯科医師の意見の勘案義務）
第66条の7
　第66条第1項所定の健診，第5項所定の自己選択健診，第66条の2所定の自発的健診の結果を踏まえた医師／保健師による保健指導の努力義務
第66条の8
　第1項：長時間労働者への面接指導
　第4項：面接指導結果に基づく事業者の医師への意見聴取義務
　第5項：前項の医師の意見を勘案した上での事業者の事後措置義務（事後措置に際しての医師の意見の勘案義務）
第66条の8の2
　第1項〜第2項：研究開発業務従事者（労基法第36条第11項）で一定の長時間労働を行った労働者への医師による面接指導，事業者による医師への意見聴取，当該意見を踏まえた事後措置等の実施義務
第66条の8の4
　第1項〜第2項：高度プロフェッショナル制度（労基法第41条の2第1項）の対象労働者であって，在社勤務時間と社外勤務時間の合計（健康管理時間）が長時間にわたる者への医師による面接指導，事業者による医師への意見聴取，当該意見を踏まえた事後措置等の実施義務
第66条の10
　第1項〜第6項：医師等（保健師のほか，所定の研修を受けた歯科医師，看護師，精神保健福祉士，公認心理師）によるストレスチェックの実施，医師等による結果の通知，医師による面接指導，事業者による医師への意見聴取，当該意見を踏まえた事後措置等の実施義務

(b) 安衛則

第10条
　衛生管理者となれる者（医師，歯科医師等）
第14条
　第5項：産業医選任義務のある中規模以上の事業場における産業医の法定業務（同条第1項）のうち歯等に関する事項（＊特出した定めはない）についての事業者による歯科医師への意見聴取の促進（語尾「聴くようにしなければならない」）
　第6項：法定歯科健診（法第66条第3項，安衛則第48条）を行った歯科医師の事業者等への勧告権限
第14条の2
　第1項及び第2項：法第13条第4項により事業者が産業医に提供すべき情報に，医師／歯科医師からの意見聴取を踏まえて講じた／講じようとする措置等を含み，情報提供は，当該意見聴取の後遅滞なく行うべきこと
第15条の2
　産業医選任義務のない小規模事業場の事業者が法第

13条の2第1項に基づき健康管理等を行う場合，必要な知識を持つ医師の選任や，国の支援事業（地産保等）の利用等に努めるべきこと

第43条
医師による雇い入れ時健診の実施項目

第44条
第1項：医師による定期健診の実施項目
第2項：医師が不要と認める場合の項目の省略
第4項：医師が適当と認める聴力検査の採用

第44条の2
第2項：第44条の2は，中学生以下の年少者につき，学校保健法上の健診を受診することや，規制により労働自体の有害性が抑制されていること等から，基本的に第44条の健診を免除する定めだが，第2項は，小学校就学以下など，学校保健法上の健診を受けない者であっても，医師の判断で健診項目を省略できるとしている。

第45条
第1項：医師による特定業務従事者向けの健診
第2項：医師が認めた場合の，定期健診と重複する項目の省略
第4項：医師が適当と認める聴力検査の採用

第45条の2
第1項：海外派遣する労働者に対する医師が必要と認める健診項目についての医師による健診
第2項：海外派遣後帰国する労働者に対する医師が必要と認める健診項目についての医師による健診

第48条
施行令第22条第3項所定の歯やその支持組織に有害な物のガス等にばく露し得る業務に常時従事する労働者がいる事業場における歯科健診の実施義務

第50条の3
法第66条の2所定の深夜就労者が受診した医師による自発的健診結果の提出の権利

第51条の2
第1項：健診結果に基づく医師／歯科医師からの意見聴取（法第66条の4）の具体的方法
第2項：自発的健診（法第66条の2）の結果に基づく医師／歯科医師からの意見聴取の具体的方法

第52条の2
第1項：既に面接指導を受けた者等にかかる医師の判断による長時間労働面接（法第66条の8）の省略

第52条の4
長時間労働面接（法第66条の8）の面接指導において医師が確認すべき事項

第52条の6
第2項：事業者は，長時間労働面接（法第66条の8）の面接指導の結果の記録には，当該結果を踏まえて医師から聴取した意見（法第66条の8第4項）を記載すべきこと

第52条の7
医師への意見聴取（法第66条の8第4項）は，面接指導後「遅滞なく」行うべきこと

第52条の10
第1項：ストレスチェックの実施者に医師のほか保健師，所定の研修を修了した歯科医師，看護師，精神保健福祉士，公認心理士が該当すること

第52条の12
ストレスチェックの結果は，実施者の医師等から遅滞なく本人に通知させるようにすべきこと

第52条の15
ストレスチェック後の面接指導の対象は，高ストレスであって実施者である医師等が必要ありと認めた者とすること

第52条の16
第3項：ストレスチェック実施者の医師等は，前条の対象者に面接指導を申し出るよう勧奨できること

第52条の17
ストレスチェック後の面接指導に当たる医師が確認すべき事柄（勤務状況，ストレス状況，その他の心身の状況）

第52条の18
事業者が保存すべき面接指導結果の記録には，面接指導担当医師（の名前）及び当該医師による意見（法第66条の10第5項）を含めるべきこと

第52条の19
事業者は，ストレスチェック後の面接指導の終了後，遅滞なく医師からの意見聴取（法第66条の10第5項）を行うべきこと

第61条
第2項：事業者が伝染病等所定の疾病り患者につき就業禁止の措置義務を果たす際には，産業医その他の専門医の意見をきくべきこと

(3) 窺われる特徴

以上の整理から，産業医には，医師でなくても可能だが，産業保健の専門性と，特に事業者との関係で権限が必要な業務等が割り当てられていること，医師には，主に健診やそれに類する／その結果を踏まえた面談に基づく意見具申の業務が割り当てられていることが窺われる。

ただし，厚生労働省の担当部署は，現在は医師の役割とされている面接指導等を産業医の役割にする方向で検討している。

3 試論：産業医制度はなぜ必要なのか[58]

1 はじめに

近年の安衛法政策上の重点である産業保健の担い手として，厚生労働省が重視し，発展を図ろうとしてい

るのが産業医制度である（むろん，保健職，看護職らの実務的な重要性も認識しているが，先ずは医師の地位の確立を図り，産業保健職全体の引き上げを図ろうとしてきたと察せられる）。

日本の安衛法は，もとより，産業医の職務として，いわゆる労働衛生の3管理（①職場空間にある有害物の除去などを典型とする作業環境管理，②腰痛を防止する作業方法の採用などを典型とする作業管理，③健診やその結果を踏まえた就業上の配慮を典型とする健康管理），衛生・健康教育，労働者の健康障害の原因の調査と再発防止策等を定めていたところ，近年，ストレスチェック制度の創設や，働き方改革での長時間労働対策の強化に際して，面接指導などの職務が積極的に割り当てられた。要するに，重要な政策課題に関する仕事の割当を通じて同制度の意義の向上が図られてきた。日本医師会も，産業医の継続教育制度の整備などを通じ，同制度の強化を図ろうとしている。

ここ四半世紀ほどは，産業医資格の取得を望む医師が増えており，資格取得者は既に10万人に達している[59]。1978年に産業医ほか産業保健の専門家を養成するために開学した産業医科大学も40周年を迎え，筆者の観察からも，意欲的な産業医が増えてきているように思われる。また，産業医の存在感の高まりの反映か，産業医を被告としたり，実質的にその責任を問うような訴訟も増えてきている（後掲の関係判例を参照されたい）。

しかし，法規則に規定された産業医業務の中で，医師免許がなければできない独占業務（医行為等）は限られており，そもそも産業保健業務は，事業者の履行補助・代行者として行うものであって，産業医は，事業者の支援者にはなり得ても，自己完結的な意思決定者にはなり得ない。また，業務内容自体が「医師らしくない」と捉えられ易い。

そうした限界もあって，未だ，一般的に，産業医への労使，医療界，社会の評価が高いとは言い切れず，産業医を専業とする者の数も限られている（堀江論文を参考にすれば，おそらく国全体で1000名程度であり，全医師の0.5%にも充たない）[60]。国際的にみても，産業医（に相当する職）の選任を事業者に義務づけている国は，独仏と北欧諸国の一部などに限られている[61]。他方，UKのように，GP（General Practitioner：総合診療医。いわゆる家庭医のこと）が，プライマリー・ケア（日常生活にわたる密接で総合的，継続的な健康管理；疾病の予防から健康づくりまで）を通じて，実質的に産業医に近い役割――少なくとも勤労者医療の役割[62]――を果たしている国もある（もっとも，UKにもいわゆる産業医が存在する。ビジネスを行う会社に所属し，その会社が契約する企業等で産業保健活動を行う。あるいは主に公共部門にある組織内の産業保健部門に所属して活動を行う。UKでは，法律上，産業医の選任義務は定められていないが，使用者に安全衛生法や民事の裁判法理上，重い健康管理・配慮責任が課されていることから，このようなニーズが生まれている。また，UKの産業保健〔Occupational Health〕は，そもそも雇用者が福利厚生的な趣旨で従業員に医療サービスを提供しようとしたところに淵源があるため，その役割において，GPによる一般診療との区分は付きにくいという）[63]。

そこで本項では，改めて，産業医制度の現代的意義について，試論を述べる。結論から言えば，各組織が抱える／認識する健康課題の解決に貢献することだと考える。それは，突き詰めると，個人と仕事や職場の適応の支援であり，個人と組織への働きかけであり，健康課題に関する個人と組織の納得の最大化になるのだろうと思う。

2 産業医の現代的役割を示唆する最近の事件：神奈川SR経営労務センターほか事件

昨今，産業医業務の多くは，メンタルヘルスと生活習慣病に関わる問題への対応になっている。中でも，発達や性格傾向が職場環境に適応しない労働者への対応が懸案となり，時に訴訟にまで発展する。典型例の一つが，神奈川SR経営労務センターほか事件（東京高判平30・10・11 LEX/DB25561854ほか）である。

このケースでは，同種同根の問題から，既に4つの訴訟が提起されている。元はといえば，社会保険労務士が運営する同センターが，おそらくは，その組織とあまり相性の良くない事務員を採用したこともあって，ハラスメント問題に発展し，事務員から訴訟が提起された後，センター側が一定金額を支払い，ハラスメント防止策をとること等を内容とする訴訟上の和解で終結した（これは，訴訟実務上は，センター側がハラスメントの存在を認めたのと同じような意味を持つ）。しかし，その後も対立関係は継続し，事務員は，和解条件が守られていないとして2次訴訟を起こし，その請求は認容された。そのうちに，事務員は，うつ状態となったが，センターから休職命令を受けて療養し，臨床症状は改善したため，主治医の診断書を添えて復職を求めたところ，センターの嘱託産業医は，性格・人格的な問題から復職不可との意見を述べ，センターも復職を拒否して休職期間満了による退職措置を講じたため，3次訴訟が起き，結局，退職措置は違法無効とされた。その後も，センターが給与を支払いつつも復職させずにいたところ，遂にはセンターの嘱託産業医を相手方として名誉感情の侵害等に基づく損害賠償請求訴訟が提起された，という経過である[64]。

このケースでは，被告は人事労務問題のプロであるはずの社会保険労務士の団体等であり，嘱託産業医も代理人弁護士もいる，という体制のもとで，事態は沈

静化せず，悪化した。以前であれば，実際には，退職勧奨や解雇で終わっていた問題なのかもしれないが，今は，違法なハラスメントであるなどとして事件化し易い。では，産業医は，どうすれば良かったのか。

あくまで筆者の私見だが，本件で，産業医には，組織全体をよく観察した上で戦略的な動きをとる必要があったと考える。仮に最終的には退職させるという結論を持っていたとしても，そこに至るまでの手順をアドバイスすることなく，短兵急に，組織の運営者が望んでいると思われる結論だけを伝えると，かえって労使双方に不利益を与えることがある。よって，センターの運営者や本人に陰性感情を持つ周囲の事務員らに対しては，表向き，「本人にスムーズに辞めてもらうためにも，復職させる必要がある」などと説得し，その方法を徹底的に討議させ，成熟化（≒多様な個性を受け入れる力）を誘う一方で，本人に対しては，復職後，充たすべき職務上の条件を説明して合意をとり，復職後も経過を観察する。また，その過程で，一方では本人によい距離感で共感できるような人物を相談相手として設置して状況報告を受け，他方では，本人に，すべきこと・してはいけないことを毅然と伝える。つまり，「北風と太陽」ならぬ，「太陽と北風」で臨むことで，望ましい行動に近づけつつ，本人がそうできない場合には，納得して休退職してもらえる条件整備に努める。

もっとも，今となっては難しい面もあろうから，一定の金銭支払を前提に退職の交渉を誘うのも一案だろう。

では，こうした役割まで医師が果たすべきか。

大久保利晃元産業医科大学学長は，産業医業務の重点が個々の労働者の特性に着目した健康管理から，組織全体の健康度向上に移行すると，職場に医療が直接関わる必要性自体が問われてくると予言しておられたが[65]，このケースのように，労働者の特性に関わるにせよ，身体の健康というより，個々人の性格傾向と組織の方針／文化の関係調整となると，本来，社会保険労務士や人事労務担当者の業務なのではないか。

けれども，産業医業務の重点は時代と共に変わるし，個々人の性格傾向や行動傾向を医療人と産業人の2つの目線で捉え，環境適応に努めることこそ，産業保健ないし予防の本質に近く，労使双方の利益に適う

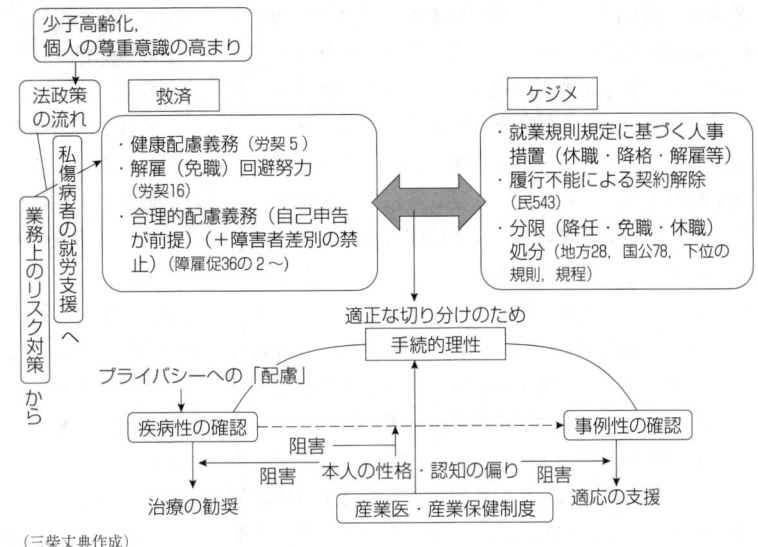

資料3-25 私傷病者への対応

（三柴丈典作成）

ようにも思われる。それは，世の中にはいろいろな人間がいて，価値観があることを前提に，不条理や矛盾を受け入れつつ，物事を先に進める，という意味では，実学的な文系的素養を磨くことなのかもしれない。

とはいえ，事業が抱える健康課題の解決に貢献するには，その事業の特質に応じて，化学物質や細菌の危険有害性のほか，機械器具，建設，電気など，安全衛生に関する理化学的知識も貪欲に学ぶ必要がある。少なくとも，適切な専門家・機関を選択して協働する必要がある。ここで期待されているのは，好奇心や向学心（と，それらを支える学力）のように思われる。今現在であれば，COVID-19にかかるリスク管理の支援を求められたり，積極的に対応策を提言している産業医も多いが，その度合いにはかなりの落差があるように見受けられる。人によっては，事業場から，自宅待機のさせ方，支払うべき賃金額，リモートワークのさせ方まで，様々な相談が寄せられているという。

3 私傷病者に対する行政と司法の姿勢と産業医ら産業保健専門職の役割

昨今の私傷病者に対する行政と司法の姿勢と産業医ら産業保健専門職の役割を筆者が図式化したのが，**資料3-25**である。以下では，この図に即して説明する。

現在，日本では，世界的にもトップスピードで少子高齢化が進行しており，集団より個人を尊重する意識も，以前よりは強くなっている。

こうしたマクロ的変化も受けて，厚生労働省の安全衛生政策の重点は変化してきた。以前は，建設現場での転落防止や，アスベストへのばく露による中皮腫患や肺がんの防止など，業務上のリスク対策を軸とし

ていたが，政策の比重が健康に移行するに連れ，メンタルヘルス不調など，一般的に業務上とは言い切れない，又は／及び，疾病を生じるとは言い切れない問題への対応に歩みが進み，遂には，がん等の難病を発病した労働者の就労支援にまで触手が及んでいる。これは，いよいよ政策が労働者の生き方や働き方に踏み込み始めたということであり，見ようによっては「お節介」と言えなくもないが，まさに国民総活躍のためにも，個々の労働者の健康と就労を丁寧に支援していこうということである。

こうした政策の流れとほぼ歩調を合わせ，裁判所も，疾病障害者らに対する法的救済の水準を引き上げてきた。例えば，安全配慮義務の一環として，労働者の素因（基礎疾患や疾病を引き起こしやすい資質など）を疾病の発症や増悪に至らしめないよう配慮する健康配慮義務を，脳心臓疾患にかかる事案を中心に認める例が相当数にのぼっている（ただし，健康配慮義務という用語を使用した例はさほど多くない）。また，日本では，もとより労働者の解雇には民事裁判において厳しいハードルが設けられてきたが，職場で問題行動をとる精神障害者についても，そうした行動が精神障害の影響下にあると認められる限り，一定の手続きを踏まない限り違法とする例が増えて来ているように見受けられる（例えば，カンドー事件・東京地判平17・2・18労判892号80頁，京都府立大学事件・京都地判平28・3・29労判1146号65頁など）。こうした流れは，私傷病者への不適切な対応による疾病の発症や増悪を業務上（広い意味での労災）と評価する傾向と相互に影響し合っている。さらに，近年，障害者雇用促進法が，障害者の障害や個性などの特性に応じて，できる限り，オーダーメイドの就労支援策を講じるべきこと等を内容とする合理的配慮義務を定めるなど，事業者に障害者の就労支援を求める法整備が進んで来ており，特に発達障害については，独立した支援法（発達障害者支援法〔平成16年12月10日法律第167号〕）が制定されているほか，身体障害者雇用促進法（昭和35年7月25日法律第123号）に基づき，他の精神障害とは別個になすべき配慮が関係指針で示されるなど，積極的な配慮が求められている。こうした法政策の動きは，裁判所による雇用契約の解釈，解雇の正当性の判断などの面で，民事裁判にも影響する（合理的配慮義務を盛り込む障害者雇用促進法の改正前ではあるが，好例として阪神バス〔勤務配慮〕事件・神戸地尼崎支判平26・4・22判時2237号127頁が挙げられる）。

ここ最近顕著なのは，精神障害者への司法の対応の変化である。以前は，仮に背後に精神障害が窺われても，異常な言動が継続するなどすれば，半ば「人間には対応困難な問題」として，解雇等の合法性を認めていたが，昨今は，背後に精神障害が窺われる限り，
①専門医への受診の勧奨／指示
②適職配置
③経過観察
の3点の手続きを踏まない限り，合法性を認めなくなってきている。

他方で，法には，社会の秩序をつくる役割があるため，一定の支援のもとで長期間経過しても契約に沿った働きができない労働者に対しては，いわば「ケジメ」の根拠も提供している。合理的な就業規則は労使間の契約として拘束力を持つので，そこに，常識的な療養期間と共に，それが経過した場合の休職や退職措置を定めておけば，概ね有効と解される。また，日本の民法典の個別規定は，雇用契約についても解約自由原則を採用してきたし（民法第627条等），契約を果たせなければ，解除できる旨も定めてきた（民法第542条）。確かに，労働者の解雇は，労働者に様々な面で大きなマイナスインパクトを与えるし，日本の裁判所は，日本的雇用慣行を踏まえて，特に正社員に対する人事一般措置については，広く使用者の裁量に委ねる方針を採ってきた。そこで，民事法の解釈運用上，労働者の解雇は厳しく制約されてきたし，その後，労働契約法第16条に解雇が民事上は容易に許されないことが明記された。けれども，民法上，本来，労働者の解雇が自由であり，契約の趣旨に沿った働きができなければ解除され得るという原則は維持されている[66]。加えて，公務員に関する国家・地方公務員法には，疾病障害により就労が困難な者や，労働能力が著しく低い者に対する分限処分（降任，免職，休職）が定められている。諸事情から，実際に行使されることは少ないが，問題行動を繰り返す公務員（後に国立大学法人のみなし公務員となった者）について，能力以下の仕事しか指示せずに在職させ続けるのではなく，そうした処分を適正に下すべきだったと述べた例もある（兵庫教育大学事件・神戸地判平29・8・9労経速2328号23頁）。

となると，事業者としては，疾病障害を持つ労働者らに母性的に対応すれば良いのか，父性的に対応すれば良いのか，悩むことになる。そこで，適正な判定の役割を期待されているのが産業医らの産業保健の専門家である。

産業医らは，担当労働者の中に不調者が生じたら，先ず，その者のプライバシーに配慮しながら，その疾病性（どのような疾病にどのレベルで罹患しているか）を調べ，それと並行して／その後に，その事例性（その疾病が，働けない，周囲に迷惑をかけるなど，具体的にどのような問題を引き起こしているか）を調べる。その際，主治医から職場関係者に至るまで，本人の関係者からなるべく多角的に情報を収集する。そうして本人にも

その職務や職場にも詳しくなった上で，事例性を緩和して，本人が少しでも職務や職場に適応できるような支援方法を関係者と協議し，試行錯誤する。産業保健において決定的に重要なのは，おそらく事例性の緩和≒職務や職場への適応の支援である。もっとも，それを疾病性に関する丹念な調査に基づいて行うことが基本であり，医療の知識や経験は，主にこの場面で活きると思われる。環境適応の支援という以上，環境を変えさせる努力が必要となることもある。そして，産業医らにとって重要性が増している就業判定の業務は，専門家として独立して，定点観測的に行わねばならないこともあろうが，望むべくは，そうした過程を踏む中で，関係者に自ずと回答が共有されるよう，理性的に手続を尽くすことである。つまり，産業医は，臨床医とは違って，医療体制のトップに立って，自己完結的に治療を行うのではなく，関係者を巻き込んで，本人と職務や職場にマッチングさせるためのファシリテーターの役割を果たすことで，リーダーシップを発揮することが求められる職のように思われる。その過程で，産業医以外でもその役割を分割承継する者が現れれば，かなり成功ということではなかろうか。

産業医が重要な関与をした事件の判決でも，こうした過程を踏んだ産業医や，その就業先が敗訴した例は見当たらない。

さて，産業医がこうした業務に取り組むことは，実は，その産業医を選任した事業者にとって，先述した法的に求められる配慮（資料3-25の左枠）を果たすことに繋がる。産業医の業務は，法的には事業者の履行補助／代行なので，産業医による真摯で適正な産業保健業務≒事業者による法的な配慮ということになり，事業者の立場では，それでも奏功しない場合に初めて，ケジメを以て臨むことも可能になるということである。

なお，資料3-25で示した左枠（救済）と右枠（ケジメ）の関係は，前項で記した「太陽と北風」にも例えられる。法を俯瞰してみれば，適正な産業保健においても，その両面が重要であることが示唆される。おそらく，支援の対象者の認識に偏りが強い場合ほど，支援者側の対応のメリハリが求められる。

その意味でも，産業医等の産業保健職にとって，不調者のキャリア形成支援（特に職場・仕事への適応支援）が重要な意味を持ってきていると解される。

4 産業医に関する社会調査の示唆

以前，厚生労働科学研究費を得て企業等でメンタルヘルスに関わる方々を対象に実施した社会調査（主任研究者・三柴丈典『諸外国の産業精神保健法制度の背景・特徴・効果と我が国への適応可能性に関する調査研究・報告書』〔2013年〕653頁以下）で，産業医のメンタルヘルス業務への関わりについて調べたところ（調査対象は，事業体で産業保健に関わる者で，人事労務担当者，安全衛生担当者，産業医を専業とする者から経営者まで，様々な職種にわたっていた），産業医は，専属，嘱託を問わず，健診（での問診），職場巡視，衛生委員会への参加，不調者への就業上の措置に関する意見のほかは，研修等を通じた組織（集団）への啓発，休復職判定などを目的とする従業員との個別面談，主治医との連絡などのコミュニケーター的な役割を担っている場合が多いが，不調者に寄り添ったり，その環境調整にエフォートを割くような直接的な関与はできていない場合が多く，また，社内規定づくりへの関与や，経営上層部への就業条件の本質的な改善提案なども殆どできておらず，法政策上は果たすべきとされているメンタルヘルス情報の管理も実施されていない場合が多いことなどが判明した。

メンタルヘルスのような課題については特に，幅広く，粘り強い支援を行い，労使からの信頼を獲得していく必要があるが，実際には，一部の定型的業務しか行えていない産業医が多いこと，しかし，中には意欲的な産業医もいることが窺われた。

5 では，医師でなければできない仕事なのか

産業医業務の実情に照らすと，治療の振り分け（医療受診の要否や受診科の判断），主治医とのやりとり（診断書の解釈を含む），疾病性の確認，その他，診断的要素が含まれる対個人的業務については，医行為かそれに類する行為であって，医師としての資格が必要だろうが，法定業務の殆どはそれに当たらない。

むしろ，医師としての基本的な能力，臨床経験，個々人（の健康）を重視する姿勢，倫理観，信用，説得力などが，職域でも必要な場面があるので，労働安全衛生法がその活用を図っている面もあるだろう。

日本の産業医の歴史は，実態としては，工場法時代に軍需産業などを医療面で支えるために工場内に設置され，従業員のプライマリー・ケア等を行っていた医局にはじまり，堀江教授が分析するように，法制度上，当時は安全管理者より下位の位置づけだったが，安衛法制定前には安全管理者と同格で，現行法上の総括安全衛生管理者に相当する主任衛生管理者の下位の位置づけとなり，安衛法制定に際し，事業者や総括安全衛生管理者に勧告し，衛生管理者に指導・助言を与える位置づけへと少しずつ「出世」してきた経緯がある。

その過程で，健診，治療の振り分け，復職支援などの対個人的な健康管理から，個々の労働者の従事する「作業」や「職場環境」と「疾病」との疫学的な因果関係の分析，ひいてはそれらに基づくか，より一般的な対集団的な予防措置まで，幅広い業務を託されるよ

うになった。すなわち，3次予防（疾病発症後の復職支援や再発防止）から1次予防（疾病予防），ひいては組織的な健康づくりへと，業務の幅が拡大してきた。

その結果，別稿[71]（ここでは，専属，嘱託，その他をあわせ，産業医を計13種類に分類している）に記したように，実に様々なタイプの産業医が生まれている。大久保元産業医科大学学長は，産業医を，①プライマリー・ケア医（いわば，臨床医の延長線上で，健診を中心とした業務を行う者），②専門産業医（①の業務に加え，健康障害の予防まで行う者），③総括産業医（大きな組織で産業保健に関するマネジメントを行う者）の3種類に大別しているが，その枠には収まらないタイプも出てきている。

そうなると，やはり，「医師でなければならない」というより，「医師である方がよい」業務が多くなる。となれば，産業保健職や看護職を含め，その役割を代替できる職をうまく活用，育成したり，彼／彼女らと協業できる方が望ましく，なおかつ，連携相手には，経営管理の専門家，福祉の専門家など，幅広い想定が求められよう。

6 日本的産業医？

2018（平成30）年6月に関連法が成立した働き方改革に伴う産業医制度改変では，安衛法第13条第3項に，「労働者の健康管理等を行うのに必要な医学に関する知識に基づいて，誠実にその職務を行わなければならない」と定められた。これは，塩崎恭久元厚生労働大臣が，産業医の独立性と中立性の強化を図ろうとしたことに端を発する。

もっとも，そもそも安衛法では，産業医が事業者の履行補助者／代行者と位置づけられているし，上記の神奈川SR経営労務センター事件に関する私見で述べたように，日本の組織で産業医が有効に役割を果たすには，戦略的な意味で，場面による「仮面の使い分け」が求められるだろうから[72]，一律的な強制は困難である。日本産業衛生学会「産業保健専門職の倫理指針」（2000年4月25日公表）でも，独立性は求められているが，中立性には触れられていない。

独立性についても，その徹底を図るならば，フランスのように，大企業では企業ごと，中小企業では，企業が共同して，事業組織から独立した産業保健組織／組合的なものを設置する方が良いことになる。現に，産業医らを健康保険組合に所属させている大企業もあるし，厚生労働省が企業外部の産業保健機関の育成を図ろうとしたこともあるが[73]，産業医が労使双方の信頼を得て，各組織の健康課題の解決に貢献できているかは，体制的な独立性より属人性が強い感じも受ける。

なお，フランスでは，国と医師会の強い連携のもとで，産業医が高いステータスと強い権限を得ている。標準6年の医学部を卒業後，選抜された者が標準4年の専門課程を経てようやく資格を与えられる。医療倫理法で独立性，中立性が保障され，企業との契約は医師会の管理下に置かれている。産業医になると，一般診療はできなくなるが，一般に，臨床医より収入は高い。企業には，従業員数や業種等に応じた時間，産業医を就業させる義務が課され，その選任，解任には，従業員代表機関との共同決定が求められている[74]。欧州では，ドイツがこれに近い法制度を持っているが，オランダのように，産業医や労働衛生専門機関（健診や作業環境測定などの産業保健業務を総合的に行う専門機関）の選任を義務づけている国がある程度で，フランスは別格である。

とはいえ，フランスでは健康障害が少ないとは言えず，その制度が日本になじむかも別問題である。むしろ，日本の場合には特に，組織のキーマンを中心に労使双方に信頼を得るような働きと実績が重要であり，今回の産業医制度改変でも，ただ産業医の権限を強化するのではなく，<u>労使と産業医のコミュニケーションと信頼関係を強化する方策が講じられている</u>[75]。

もっとも，日本的な事情を踏まえても，日本の産業を支えている中小企業が産業保健過疎地帯になっている一方，医師が産業の原点を知る意味もあるため，例えば，産業医資格の継続要件に中小企業支援の実績を盛り込む等の案は，検討に値しよう[76]。

7 働き方改革における産業医制度改変の骨子と狙い

働き方改革（2018〔平成30〕年6月29日関連法成立，2019〔平成31〕年から順次施行）における産業制度改変については，法解釈面を含め，後述するが，その骨子は以下の通りである。

---

(1) 産業医の職務の追加（現行安衛法第13条第1項及び現行安衛則第14条第1項関係）

(2) 産業医の知識・能力の維持向上（現行安衛則第14条第7項関係）

(3) 産業医の権限の具体化（現行安衛則第14条の4第1項及び第2項関係）

(4) 産業医の独立性・中立性の強化（現行安衛法第13条第3項関係）

(5) 産業医の辞任又は解任時の衛生委員会又は安全衛生委員会（以下「衛生委員会等」という。）への報告（現行安衛則第13条第4項関係）

(6) 産業医等に対する健康管理等に必要な情報の提供（現行安衛法第13条第4項及び第13条の2第2項並びに現行安衛則第14条の2第1項及び第2項並びに第15条の2第3項関係）

(7) 産業医による勧告に際しての事業者からの意見の求め及び産業医から勧告を受けたときの勧告の内容等の保存（現行安衛法第13条第5項並びに現行安衛

則第14条の3第1項及び第2項関係）

(8) 産業医の勧告を受けたときの衛生委員会等への報告（現行安衛法第13条第6項並びに現行安衛則第14条の3第3項及び第4項関係）

(9) 労働者からの健康相談に適切に対応するために必要な体制の整備等（現行安衛法第13条の3関係）

(10) 産業医等の業務の内容等の周知（現行安衛法第101条第2項及び第3項並びに現行安衛則第98条の2第1項及び第2項関係）

(11) 労働者の心身の状態に関する情報の取扱い（新じん肺法第35条の3第1項から第4項まで及び現行安衛法第104条第1項から第4項まで並びに新じん肺則第33条及び現行安衛則第98条の3関係）

(12) 安全委員会，衛生委員会等の意見等の記録・保存（現行安衛則第23条第4項関係）[77]

(13) 産業医による衛生委員会等に対する調査審議の求め（現行安衛則第23条第5項関係）

俯瞰すれば，産業医の存在意義と認知度の向上，そのための就業先における労使とのコミュニケーションと信頼関係の向上を図る狙いを看取できる。働き方改革では，長時間労働の抑制と共に労働密度の向上を図っているので，その健康面でのセーフティーネットとして産業医を位置づけることで，その意義を高めようとした。ただ，おそらく本質的な狙いは別のところにある。

産業保健の課題が，労働者の生き方や働き方に深く関わるようになるほど，労使を中心とした関係者間の対話と適応の促進を図ることが業務の本質になってくる。個々の労働者も事業組織も個性を持つ存在なので，対話を通じてそれら個性のありようを探りながら，対話を通じて適応を図ることが産業保健の大きな役割になってきている。

むろん，事業組織ごとに健康課題は異なるので，そうした人的な課題の解決に加え，危険有害物管理や感染症対策が求められることもあれば，機械安全，設備安全，建設安全，電気安全が求められることもあるだろう。それらも，結局は，事業の個性に応じた支援であって，専門家として信頼されるルートには違いない。少なくとも，幅広く適任者を統括管理できるか紹介できる，ワンストップサービスの役割を果たせることが望ましく，それは，今回の制度改変の狙いの延長線上にあると思われる。

なお，別項（4 2(1)）に記した通り，上記の規定中，罰則が付いているのは，産業医の職務に関する法第13条第1項に限られ，その他の規定については（実は，第13条第1項も，実際の罰則の適用は難しい規定だと思われるが），実質的には行政指導と民事裁判での活用などが念頭に置かれていると思われる。このことも，この制度改変自体が，法的強制より働きかけを目的としていたことの証左といえる。

8 小括

以上の通り，法的な産業医制度は，本質的に不可欠とまでは言えないが，組織の健康課題の解決に貢献できるなら，少なくともその組織にとって不可欠な存在になり得るし，特に長期視点ではそう言える。もっとも，そのためには，産業医が組織のキーマンを中心に，労使双方と良質なコミュニケーションを取ることと，その組織の健康課題に応じた仕事と成果を示すこととの相乗効果が求められる。つまり，専門家でありながら，人と組織をよく理解する力（洞察力）が求められる。十分な観察と，毅然としつつ柔らかな仕事ぶりを通じて自然にリーダーシップを発揮する必要がある。つまり，幅が求められる。労使も，産業医とのコミュニケーションの機会（接点）を積極的に作ることが望まれる。専属と嘱託とで，実現の難易や方法に違いはあるだろうが，この点に本質的な違いはないと思われる。

法は，そのきっかけを作っているに過ぎない。働き方改革に伴う産業医制度改変も然りである。中でも，産業医の職務の追加（面接指導対象者の拡充）や産業医への情報提供義務の設定は，制度趣旨の実現に一定の効果を発揮するだろう。

4 働き方改革における産業医制度改変の骨子と狙い[78]

本項では，2018（平成30）年に成立した働き方改革関連法（「働き方改革を推進するための関係法律の整備に関する法律」〔平成30年7月6日法律第71号〕）による安衛法改正（同前）及び安衛則改正（平成30年9月7日厚生労働省令第112号）について詳述する。

本改正の内容と趣旨は，その予告を図った通達（平成30年9月7日基発0907第2号）（以下，「予告通達」という）によく示されているので，以下では，同通達の項目に沿って論じる。

1 はじめに：産業医・産業保健機能の強化にかかる法令等改正の趣旨（予告通達第1・1）

働き方改革は，基本的にOECD的な基準での労働密度の向上を図っており（例えば日本生産性本部の分析〔労働生産性の国際比較（2018年）https://www.jpc-net.jp/intl_comparison/〕を参照されたい），穿った見方になるが，それに見合う労働者であれば，性別，年齢，障害等の属性を問わず，処遇の均衡を図ろうとしている。厚生労働省がこの方針に賛成しているかは不明だが，その一環と位置づけることで，産業保健制度の発展を図ったように思われる。労働政策審議会建議「働き方改革実行計画を踏まえた今後の産業医・産業保健機能の強化について」（以下，「建議」という）の前書きから

も窺われるように，長時間労働の抑制と労働密度の向上をセットで推進するうえでのセーフティー・ネットとして，主に個別的な面接指導と事業者への就業上の配慮の助言等による健康リスクの2次予防を担う産業保健制度の強化が必要との説明を図ってきた。

長時間労働やメンタルヘルス不調対策での1次予防は，経営・人事労務管理の問題に直結し得る。実質的には2次，3次予防（緊急対応，再発防止）を含め，経営・人事労務管理との関係は深いが，予告通達第1・1は，産業保健制度の強化が，それらへの越権的な介入を意図しないことを，明示的・暗示的に示唆している。産業医学の専門性と健康リスクの2次予防の強調などは，そうした趣旨に基づくものとも解される。[79]

2 法令等改正の内容（予告通達第1・2）

以下では，予告通達に示された項目に沿って，その趣旨を解説する。

(1) 産業医の職務の追加（現行安衛法第13条第1項及び現行安衛則第14条第1項関係）

働き方改革関連法による改正後の安衛法（ここ〔働き方改革での産業保健制度改変に関する解説〕では「現行安衛法」という）や安衛則（ここでは「現行安衛則」という）により，事業者には，週40時間を基準に時間外労働が80時間を超えた通常の労働者[80]から申出があった場合や，同じく100時間を超えた研究開発業務従事者[81]については申出がなくても，（産業医に限らない）医師による面接指導の実施が義務づけられた。前者は，本通達の第2・2(1)が示すように，従前の100時間からの基準の引き下げ（強化），後者は新設である。

また，本通達には示されていないが，高度プロフェッショナル制度の適用対象者については，在社時間と社外勤務時間を合わせた健康管理時間が一定時間を超えることを前提に，事業者に面接指導を実施することが義務づけられた（現行安衛法第66条の8の4）。[82]この改正では，このようにして，働き方の裁量が大きい者を含め，あらゆる労働者が一定の長時間労働をすれば，（通常の労働者は本人希望を前提に）医師による面談に確実に繋がるよう，制度的な保障が諮られた。これらは，安衛則第14条第1項第2号により，産業医の職務に組み入れられた。

そこで，そもそも産業医に関する職務の定めが法的にどのような意味を持つかについて検討する。

安衛法第13条第1項は，所定の職務を行わせる義務を事業者に課す形式を採用し，第120条が，その違反に罰則を科している。よって，その履行確保は，直接的には，それに従わない事業者への刑事制裁や行政指導等の行政措置により図られることになる。また，法第13条第3項に基づき，自らに正当な職務を行わせるよう，産業医から事業者らに勧告することもできるだろう。さらに，安衛則第14条の4第1項は，事業者は産業医に対し，同第14条第1項が定める健康管理等の事項を行う権限を付与する義務を負う旨を定めているので，講学論にはなるが，民事上も，産業医が事業者に対してその職務を行う契約上の権利を持つ（：そのような契約上の地位にあることの確認を訴訟で求め得る）とも解される。産業医に法定の職務をさせず，または職務遂行に必要な条件を整えずに労働者の健康障害が生じるなどすれば，事業者が過失責任を負うことにも異論はないだろう。

他方，産業医が安衛則第14条が定める職務を怠った場合の法的効果をどう考えるかは難題である。法第13条は，産業医に当該職務を「行わせ」る義務を事業者に課す形式を採用しているので，産業医にとって，当該職務の遂行はあくまで事業者との関係での権限ないし権利であって義務ではないとも解し得る。とはいえ，産業医は，法第13条第2項を受けた安衛則第14条第2項（及びその解釈例規）等が定める要件の充足を求められていることからも，事業者と産業医間の契約には，安衛則第14条所定の職務が当然に／黙示に盛り込まれており，その職務懈怠により損害が発生した場合には，その産業医に賠償請求（事業者が第三者の被害を賠償した場合には求償）したり，雇用契約関係にある場合には，懲戒処分等の不利益措置も講じることができ，ただ，特約で職務内容を限定した場合に限って，それ以外の職務を免じ得るに過ぎないと解すべきであろう。

もっとも，現実的には，個々の産業医に，職務ごとの得意・不得意もあるので，事業者は，そうした特約での個々の産業医の担当職務を制限して労働者へその旨を周知するほか（この点について，(10)も併せて参照されたい），チームによる産業保健業務の推進を通じて全領域のカバーを図る必要があるだろう。[83]

(2) 産業医の知識・能力の維持向上（現行安衛則第14条第7項関係）

上で述べた通り，もとより，安衛法第13条第2項は，「産業医は，労働者の健康管理等を行うのに必要な医学に関する知識について厚生労働省令で定める要件を備えた者でなければならない」と定め，安衛則第14条第2項（及びその解釈例規）等がその要件を具体化している。そもそも，こうした訓示的内容を法の個別規定に定める意味があるかは疑問である。しかし，本改正により，実質的に産業医・産業保健機能の向上を図るには，産業医らの権限強化にもまして，組織内での信頼性や存在感を高める必要があることや，[84]本改正について経営者側の理解を得る必要があったことなどから，産業医の知識・能力向上の必要性を明文化して強調する必要があったものと解される。

実際には，安衛則第14条第2項に関する労働安全衛生規則等の一部を改正する省令（平成21年厚生労働省令第55号）第1条の2の17や，その内容の具体化のために作成された平成21年3月30日厚生労働省告示第136号（前身は労働安全衛生規則第14条第2項第1号等の規定に基づく厚生労働大臣が定める告示〔平成8年9月13日労働省告示第80号。平成21年3月30日厚生労働省告示第156号により廃止された〕）に基づいて医師会や産業医科大学が実施している産業医学基礎研修の内容の改編が図られることとなるだろう。

(3) 産業医の権限の具体化（現行安衛則第14条の4第1項及び第2項関係）

産業医が，現行安衛則第14条第1項各号に掲げる職務をなし得るよう，

ア：事業者又は総括安全衛生管理者への意見，

イ：労働者の健康管理等を実施するために必要な情報の「労働者から」の収集，

ウ：労働者の健康に関わる緊急措置の労働者への指示，

の3つの権利が明文化された。

このうちアは，もとより安衛法第13条第3項・第4項（現行第5項・第6項）が事業者への勧告権，安衛則第14条第3項・第4項が総括安全衛生管理者への勧告権と衛生管理者への指導・助言を規定していたところ，新たに意見の申述権を加えたものである。

ここで意見とは，法定健診等の事後措置に際して，事業者が医師に聴取するものにも用いられているが，ここでは勧告よりも軽く，いわば対話の一環との趣旨である（第116回労働政策審議会安全衛生分科会における神ノ田労働衛生課長の発言［同分科会議事録］）。それを，わざわざ規則で明文化したのは，特に日本の事業組織では，産業医の業務の実効性を高めるうえで，対話が重要であることを強調する趣旨と解される。勧告（法第13条第5項等）は，一般に事業者に重く受け止められ易く，事を荒立たせてしまうこともあるため，たとえ勧告に至るとしても，先ずは意見による対話を通じて産業医に事業者の認識や事業場の事情を把握させ，その適正を図ろうとしたものとも言える。

この際，安衛法第13条及び安衛則第14条が定める助言等の意味内容は，以下のように解される。

勧告：上位の立場の経営管理権者（事業者ないし総括安全衛生管理者）に，専門的知見に基づいて措置を促すこと

指導：下位の立場の者に，上位の立場から教え諭すこと

助言：立場の上下を問わず，専門的知見を踏まえ，アドバイスをすること

堀江教授が分析するように，産業医は，そもそも工場法時代における安全管理者の下位の位置づけから，安衛法制定前に安全管理者と同格で現行法上の総括安全衛生管理者に相当する主任衛生管理者の下位の位置づけとなり，現行安衛法において事業者や総括安全衛生管理者に勧告し，衛生管理者に指導・助言を与える位置づけへと，僅かながら「出世」してきた経緯がある。

立案者の意図として，助言，指導，勧告の三者で内容そのものの違いはあまり想定されず，ただ，産業医を産業保健業務従事者の中では上位（指導的立場）に置き，事業者や事業場の経営権者の就任が予定されている総括安全衛生管理者よりは下位にあるが，その専門性を尊重されるべき存在との位置づけとするため，そうした用語の使い分けが図られたのだろう。

三者とも，安衛法上，事業者に対して法的拘束力は持たないが，勧告には事業者による尊重の義務や，それに基づく不利益取り扱いの禁止が定められており（安衛法第13条第4項〔現行第5項〕〔罰則規定なし〕，安衛則第14条第4項〔現行第6項〕〔罰則規定なし〕），多くの組織で「重いもの」と受け止められて来た。この改正で，勧告内容やそれに基づく措置等の記録の保存義務や衛生委員会等への報告義務が課されたので（(7)(8)を参照されたい），なおさらである。現に，他二者に比べ，それを受けた事業者が従わずに労働者の健康障害を生じた場合に民事上の過失責任を負う可能性は高まるだろう。

三者の具体的内容は，その主体である産業医に課せられた職務，直面するリスク，相手方である事業者らとの関係性などからおのずと定まると思われる。よって，産業医の事業者への勧告なら，放射線漏れや苛烈なハラスメントが認められる場合など緊要時に行う運用になり易いだろうが，発がん性や変異原性がさほど強くはないが，体内に蓄積して健康影響をもたらし得る有害物質や，蓄積疲労を生じる長時間労働などの慢性的な問題に関する一般的な労働条件についての（意見に従わない場合の）改善勧告などが適当な場面もあるだろう。

イも，従前から法定健診での問診や諸種の面接指導などを通じて労働者が持つ情報の収集は可能であったところ，事業者の指揮命令や承認を得なくても独自に行使できる産業医固有の権限とされたところに意義がある。後掲の(9)と合わせ，産業医による全員面談（：従業員の全てを対象とする面談）のような産業医と従業員の距離を近づける制度を組織内で創設する根拠にもできるだろう。ただし，事業者との関係で，独自に労働者に情報提供を求め得る法的地位を設定するものであって，産業医による当該労働者への情報提供の強制を一般的に保障する趣旨ではないと思われる。

ウも，事業者との関係で，その指示や承認を得なくても，独自に労働者に緊急措置を指示し得る法的地位を設定するものと解されるが，この措置は特に，事業者の労働者らに対する安全配慮義務の履行を補助ないし代行する性質が強いので，就業規則や雇用契約にその旨の明文規定がなくても，それらの客観的な解釈として，産業医による指示は，事業者による指示と推定され，労働者がその指示に従わない場合には，その措置自体に健康上の緊要性がなくても，賃金減額を伴う降職など一定の人事上の（不利益）措置を講じることも許されるのではなかろうか。

なお，この改定は直接的に想定していなかっただろうが，産業医がアイウの権限を適正に行使せずに労働者に健康障害等の損害が生じた場合，民事上，少なくとも被害者との関係で，当該産業医の過失と評価され易くなる（：結果的に選任した事業者の責任と評価され易くなる）だろう。

(4) 産業医の独立性・中立性の強化（現行安衛法第13条第3項関係）

予告通達は，産業医は，独立性・中立性をもってその職務を行えるよう，産業医学の専門知識に基づいて誠実に職務を遂行するよう産業医に求める規定を新設すると述べていた。むろん，本条の趣旨の実現は本条のみによって成るものではなく，産業医の勧告権（法第13条第5項，安衛則第14条第3項）やそれに基づく不利益取扱いの禁止（安衛則14条第4項）などの既定の保障制度や，ここで取り上げた産業医に関する改正内容の全てがそれを支えている。

新設規定（法第13条第3項）の名宛人は産業医だが，当該産業医を選任する事業者にも，その独立性・中立性を尊重するよう求める趣旨と解される。

産業医の独立性・中立性は，フランスなどでは法定されているが，日本ではそうされて来なかった。経営者が反対してきただろうし，安衛法でも，安全衛生の実効性確保は原則として事業者責任とされ，産業医はその履行の代行者ないし補助者に位置づけられてきたし，また，日本の事業組織で実効的に業務を行おうとすれば，ある場面では経営者ヨリ，他面では労働者ヨリなど，「仮面の使い分け」が求められるだろうから，特に中立性の一律的な強制は困難だったと察せられる。日本産業衛生学会「産業保健専門職の倫理指針」（2000年4月25日公表）でも，独立性は求められているが，中立性には触れられていない。

とはいえ，独立性・中立性の推進を図る塩崎恭久厚生労働大臣（当時）の意向は尊重する必要があったため，産業医学の専門性と職務遂行上の誠実性を強調する形で法律上の明文化が図られたものと思われる。

もっとも，職務遂行上の誠実性と言っても抽象的で，条文の性格も訓示規定にとどまるので，実質的な意義は，他の項目に示された具体的な権利義務の設定の根拠とされたり，民事裁判等で，違法評価──例えば，産業医が独立的な立場で就業したことを理由とする当該産業医への不利益措置の違法性の評価など──の要素（参考材料）とされること等に求められよう。

(5) 産業医の辞任又は解任時の衛生委員会又は安全衛生委員会（以下「衛生委員会等」という。）への報告（現行安衛則第13条第4項関係）

予告通達によれば，産業医の辞任又は解任に際して，遅滞なく（：概ね1カ月以内に），その旨と理由を衛生委員会等に報告すべき義務を新たに事業者に課したものである。

フランスやドイツであれば，法律上，使用者は，従業員代表組織の同意を得なければ産業医の選任や解任をなし得ない。上述の通り，日本では，安衛法上，安全衛生の実効性確保は原則として事業者責任とされ，産業医はその履行の代行者ないし補助者に位置づけられてきた。そこに，産業医（業務）の独立性等を高めるための制度的保障の一つとして設けられたのがこの規定である。事業者の決定に会議体の監視を介入させる一方，衛生委員会は労使交渉の場ではなく，委員は事業者の指名者である（安衛法第18条第2項）という点で，事業者の良識を信頼しつつ牽制を図る（：恣意的な措置に歯止めをかける）立案者の意図を看取できる。今後，労働者側の意向をもう少し強く反映させる制度をつくる上での布石となる可能性もある。

(6) 産業医等に対する健康管理等に必要な情報の提供（現行安衛法第13条第4項及び第13条の2第2項並びに現行安衛則第14条の2第1項及び第2項並びに第15条の2第3項関係）

予告通達は，産業医等（産業医と，産業医の要件を充たさないが，安衛法第13条の2に基づき産業医の選任義務のない事業場で健康管理等の業務を行い得る医師）が効果的な業務を行ううえで必要な情報として，

ア：法定健診，長時間労働者対象面接指導，ストレスチェックの後に既に行ったか，行う予定の事後措置（事後的な配慮措置）の内容，

イ：週40時間を基準に時間外・休日労働が80時間を超えた通常の労働者の氏名と超過時間，

ウ：その他，適切な健康管理等の業務に必要な情報[89]

を，アについては遅滞なく（：概ね1カ月以内に），イウについては速やかに（：概ね2週間以内に），できる限り書面で提供する義務を新たに事業者に課す旨を述べていた（現行法第13条の2第1項所定の，産業医選任義務のない常時使用労働者数50人未満の事業場でも，法第13条の2第1項所定の者に健康管理等を行わせる事業者には，同様の情報提供の努力義務を課すこととなった〔安衛則第15

条の2第3項〕）。

　もとは、厚生労働省「『産業医制度の在り方に関する検討会』報告書」（2016年12月26日）で、産業医の求めに応じて労働者の業務に関する情報を同人に提供するよう事業者に義務づけるべきことが示されていたところ、その後、産業医・産業保健制度の強化を働き方改革の一環に位置づけられることとなって、当該改革の要目である長時間労働対策に関する情報を中心に、産業医の求めがなくても提供すべき旨が制度化された経緯と解される。

　もとより、安衛則第14条の4は、事業者は、産業医が第14条第1項各号に定められた職務を遂行するのに必要な権限を付与すべき旨を定めているので、本規定の新設はその具体化に過ぎないともいえるが、産業医に提供すべき情報の画定は、実質的に産業医業務の画定と同義であり、この規定から、要するに、長時間労働従事者の個別的な健康管理とそれを通じた職場の環境改善（≒組織的な健康管理）を産業医業務の中核に据える意図が窺われる。また、契約論的には、特約がない限り、産業医に事業者に対する情報請求権は存しない一方、業務上必要な情報を産業医に提供せずに健康障害等が生じれば事業者が過失責任を負うので、事業者には自ずと情報提供圧力がかかる。そこに、あえて立法措置で情報請求を根拠づけることで、産業医の独立性ないし組織内での位置づけの向上を担保しようとしたとも解される。

　なお、(3)で述べたのと同様の理由から、産業医がこの権限を適正に行使せずに労働者に健康障害等の損害が生じた場合、民事上、当該産業医の過失と評価され易くなる（：結果的に選任した事業者の責任と評価され易くなる）可能性はある。

　(7)　産業医からの勧告に際しての事業者からの意見の求め及び事業者が産業医から勧告を受けたときの勧告の内容等の保存（現行安衛法第13条第5項並びに現行安衛則第14条の3第1項及び第2項関係）

　予告通達によれば、産業医が事業者に勧告（現行安衛法第13条第5項関係）を行う際に、予め事業者に意見を求めるよう新たに当該産業医に求めることと、現に産業医から勧告を受けた場合には、その内容とそれを踏まえて講じた措置の内容、講じない場合にはその理由を記録して3年間保存する義務を新たに事業者に課したものである。

　(6)(8)などと共に、産業医による事業者への勧告の実効性を高めるための措置であり、罰則は付されていない。

　前者は、産業医による勧告を、安衛法が設定した身分固有の権限と考えれば相反する面もあろうが、勧告の制度論上の重みを高めると共に、産業医が向き合う労働者の労働実態や就業先の実態を把握しないまま勧告を行うことでその信頼を失う事態を防止する趣旨も込められている。このことからも、この制度改正の基本理念が、産業医の就業先での信頼性と存在感を高めることにあることが窺われる。

　後者は、産業医の勧告に間接的な拘束力を持たせる措置といえる。産業医が行った勧告と事業者の対応の記録の義務づけにより、事業者がこの義務を遵守しなければ、産業医の適切な勧告に従わなかったと推認され易くなり、関連する諸種の民事事件で事業者の過失責任が認められ易くなるだろう。

　フランスでは、（少なくとも法制度上は）日本の産業医に当たる労働医が、産業保健について強い権限を持っている。職場の監視権限や労働者の就業に関する措置の勧告権限などを持ち、企業に対する指示・助言には、直接・間接に法的な拘束力を伴う場合が多い。安全衛生労働条件委員会とも協働して職務を遂行してきた[91]。本制度の新設は、産業医の勧告の実効性、ひいては産業医の地位を高める意味では、日本的な脈絡を踏まえつつ、実質的にフランスの制度に近づけたともいえよう。

　もっとも、前者（：勧告に際しての事業者への意見の求め）が果たされずに勧告がなされた場合に、それが後者を含む勧告としての法的効果（：事業者による尊重義務、不利益取扱いの禁止、記録の保存義務など）を生じるかは明らかでない。私見は、前者は後者の効力発生要件ではなく、前者を履行しない勧告も原則として有効だが、内容的に不合理な勧告に法的効果は生じないことを前提として、前者の不履行は、その不合理性を推定させる要素になると解する。

　(8)　産業医の勧告を受けたときの衛生委員会等への報告（現行安衛法第13条第6項並びに現行安衛則第14条の3第3項及び第4項関係）

　前項等と共に、産業医の勧告の実効性を高めるための措置であり、事業者が産業医から勧告を受けた場合、その勧告の内容、それを踏まえて講じた措置、講じない場合の理由等を衛生委員会等に報告する義務を新たに課す旨を述べている。

　(5)と同様に、労使交渉の場ではなく、委員が事業者の指名者である衛生委員会等を報告の相手方としている点で、事業者の良識を信頼しつつ牽制を図る（適正な勧告からの逸脱等に歯止めをかける）意図を看て取れるが、将来的には、労働者の関与をもう少し強化しようと展望している可能性もある。

　(9)　労働者からの健康相談に適切に対応するために必要な体制の整備等（現行安衛法第13条の3関係）

　産業医等が労働者からの健康相談に応じて適切な対応を図るための条件整備の努力義務を新たに事業者に

課した。

　建議1ウ（ア）に対応する制度であり，元は，「顔の見える産業医」を実現するため，従業員全員を対象とした面談（いわゆる全員面談）が想定されていた。しかし，おそらくは，現在の産業医の質量や経営者の負担などの事情から，たとえ努力義務でも直接規定するのは困難との認識から，「労働者からの健康相談に応じ，適切に対応するために必要な体制の整備」等という表現に抑えられる一方，その目的が産業医等による健康管理等の適切な実施にあることを明示することで，全員面談（による「顔の見える産業医」）の方向性を示唆したものと思われる。

　⑽　産業医等の業務の内容等の周知（現行安衛法第101条第2項及び第3項並びに現行安衛則第98条の2第1項及び第2項関係）

　予防通達によれば，産業医を選任した事業場につき，産業医の業務内容，産業医への健康相談の申出方法，労働者の健康情報等の取扱い方法を，分かり易い方法で周知する義務を新たに事業者に課したものである。

　これは，産業医の活用と，労働者と産業医の気道の確保（「顔の見える産業医」）を事業者に強く促す趣旨と解される。健康情報等の取扱い方法を周知事項に含めたのは，産業保健の推進にとっての重要性を前提に，取扱規程の整備を促す趣旨と解される。

　この際，産業医の業務内容を安衛則第14条第1項の定めより制限して周知することが可能か，明らかではない。複数の産業医を選任している場合に，行う業務を分担させ，その旨を周知することや，産業医の重点業務を周知することに問題はなかろうし，本制度（特に安衛則第98条の2）は，特に①法定健診やその結果に基づく面接指導，②長時間労働者対象面接指導，③ストレスチェックやその結果に基づく面接指導などの業務の担当者とアクセス方法の周知を重視しているようでもある。とはいえ，この制度には，その運用を通じて，産業医による法定業務の履行確保を図る趣旨もあると解されるので，基本的に，法定業務を制限して周知することは予定していないと解すべきだろう。

　⑾　労働者の心身の状態に関する情報の取扱い（新じん肺法第35条の3第1項から第4項まで及び現行安衛法第104条第1項から第4項まで並びに新じん肺則第33条及び現行安衛則第98条の3関係）

　予告通達は，事業者が，法定健診の結果やそれに基づく面接指導，ストレスチェックの結果に基づく面接指導，長時間労働面接指導のような安衛法令上の義務の履行により当然に入手すべき場合のほか，そうでない場合にも，労働者の健康情報等を入手して健康管理等に活用する必要が生じること，他方で，そうした情報の中には機微な情報が含まれる場合が多いことから，労働者が安心して自身の健康情報等を事業者に提供できるようにするため，事業者が，健康管理等の利用目的の範囲内で入手し，適切な取扱いを行うよう，必要な措置を講ずべきことや，その措置について厚生労働大臣が指針を公表すべきこと等を，安衛法やじん肺法で規定する旨を述べていた。

　産業医・産業保健機能の強化にとって健康情報等の取扱いは避けられない。しかし，それがトラブルを招くこともある。現に，産業医が労働者らから問責される際，プライバシー権侵害等の主張を伴うことがある。[92] ここでは，過剰な保護でもルーズな取扱いでもなく，産業保健を目的に必要な情報が，必要とする者によって，目的に適うように取り扱われるという意味での適正化が求められる。新規定は，それを実現するための原則を示し，指針の基礎とすることを図ったものである。

　健康情報の取扱いに関する法規制（個人情報保護法，刑事上の医師の守秘義務規定，保助看法上の保健師看護師の守秘義務規定，安衛法上の健診等の実施事務従事者の守秘義務規定，民事上のプライバシー権法理など）は，多岐にわたり複雑なため，実務上の道先案内を図る趣旨も含む。

　その核心は労働者に安心して情報提供を求め得るような健康管理や情報管理の体制や手続きの整備であ[93]り，その旨は，本条の具体化や履行支援を目的に発出された指針（労働者の心身の状態に関する情報の適正な取扱いのために事業者が講ずべき措置に関する指針〔平成30年9月7日，労働者の心身の状態に関する情報の適正な取扱い指針公示第1号，改正：令和4年3月31日同公示第2号〕）及び，手引き（事業場における労働者の健康情報等の取扱規程を策定するための手引き〔令和元年〕）によく示されている。

　なお，新手引きでは，これまでに厚生労働行政（特に安全衛生行政）が示してきた指針等も踏まえ，①本人同意の獲得，②衛生委員会等での協議に基づく取扱規程の整備，③産業保健職等による取扱い，④それ以外の者が取り扱う情報の加工情報への制限，という4つの原則を，情報の種類（安衛法令などとの関係で取り扱うべき根拠があるか）等に応じて当てはめ分けている。

　⑿　安全委員会，衛生委員会等の意見等の記録・保存（現行安衛則第23条第4項関係）

　安全委員会，衛生委員会等の開催頻度，委員会が示した意見とそれを踏まえて講じた措置の内容を記録して3年間保存する義務を新たに事業者に課した。

　従前も，安衛則の同じ条文で委員会の議事で重要なものは記録・保存義務が課されており，労働基準監督

官が安衛法第17条以下所定の安全・衛生委員会（安全委員会〔第17条〕，衛生委員会〔第18条〕又は安全衛生委員会〔第19条〕〔安衛則第23条〕。以下同じ）の設置義務の履行状況を確認する際には，議事録の提出を求めるなどしてきたので，この規定の新設により，その対象が拡大されることになる。その狙いは，安全・衛生委員会の実質化や活性化により，産業保健関係者と連携を図らせ，その活動を支えることにあると察せられる。

安全・衛生委員会の設置義務がない常時10人以上50人未満の労働者を使用する事業場では，本来，安全衛生推進者との協議の記録や保存を求めるべきだろうが，履行確保の困難から，見送られたのではないかと思われる。

⒀　産業医による衛生委員会等に対する調査審議の求め（現行安衛則第23条第5項関係）

この改正で，衛生委員会等での産業医の発議権が新設された。より正確には，労働者の健康確保のために「必要な調査審議を求めることができること」が明文化された。

前項に象徴されるように，この改正では，全体的に，健康管理を推進する上での産業医と衛生委員会の役割が重視されており，この規定からは，産業医が衛生委員会をリードするモデルを望ましいと解していることが窺われる。

3　小括

以上の趣旨解説からも明らかな通り，この改正の実質は，従前の法制度に加筆修正するというより，その趣旨の確認や具体化（：穴埋め）ないし，その実現のための誘導を図るものといえる。本来，法令よりガイドラインなどに規定されるべきものも多く，現に，新設規定のうち罰則が設けられるのは，安衛法第104条を改編した第105条に限られる。その法的な意義は，概ね民事上の過失ないし違法性評価の要素となるというにとどまる。

すなわち，産業医の就業先での信頼性と存在感を高めるための「至れり尽くせり」のメニューということである。

こうした施策が奏功して，産業医・産業保健の機能が自律的に強化されていくことが，その最終目的のように思われる。

5　諸外国の産業保健制度

後掲の**資料3－53**（産業保健制度に関する国際比較）を参照されたい。

なお，この比較対照から，以下の事柄が看取された。

①産業保健制度を市場に委ねている国（英米）のほうが，産業保健・看護職が自由に活躍できている。逆に，同制度を法定し，特に産業医の選任を法で義務づけている国（仏独）のほうが，産業保健制度が秩序づけられ，産業保健・看護職が医師の下位で管理される傾向にある。

②産業保健の領域で，産業保健・看護職は，いずれの国でも有意義な活動をし，労使から信頼され，比較的高い報酬を得られているようだ。

③仏独のように，産業医の選任義務が法定され，教育制度上，臨床医より高い位置づけを与えられている国でも，産業医の数は少ない。産業保健・看護職の方が数が多い傾向にあるが，それでも法が想定する／実際のニーズには不十分な状況にある。

④イギリスのように，医師に限定してはいるが，疾病で勤務不能な公勤務者への退職勧奨を職務として行わせている国がある。そもそもイギリスは産業医制度を法定していないが，「労働／産業」医の特徴を示していると思われ，興味深い。

6　関係規定

特になし。

7　運用

1　適用の実際

（1）　本論

法第13条は，違反指摘が比較的多い条規である。違反による送検件数を記した令和2年公表「労働基準関係法令違反に係る公表事案」（https://www.mhlw.go.jp/content/000534084.pdf，最終閲覧日：2020年7月9日）によれば，令和元年6月1日から1年間で，違反件数は0件だった。しかし，是正勧告を典型とする違反指摘件数を記した「令和2年労働基準監督年報」の定期監督等実施状況・法違反状況（令和2年）では，合計590件だった。

他の主要条文違反に関するものも含めた平成11年以後の経年データについては，後掲する**資料3－54・3－55**を参照されたい。

具体例として，有名な大阪の印刷工場での胆管がん発症の事案への適用が挙げられる。すなわち，同工場で，有機溶剤を含む洗浄剤を使って印刷機械などに付着したインクを落とす作業に従事していた複数の従業員に胆管がんが発症し，洗浄剤に含まれていた1,2-ジクロロプロパンが発症の原因と特定された。当時，当物質に強い発がん性が認められていなかったが，厚生労働省は，同工場を運営する会社を，産業医や衛生委員会の選任／設置義務違反で，書類送検した[94]。日本医師会の調査結果からも[95]，作業環境管理まで関わっている産業医は少ないようなので，実際に選任していたとしても，ばく露を防げたかは疑問だが，特に未解明の

リスク対策との関係で，必要な手続きを尽くす一環としての体制整備の重要性が示されたとも言えよう。

監督指導実務の立場からみた産業医制度の最大の問題は，まさにその形骸化である。大企業でも名ばかりのケースはあるが，中小規模事業場で就業する嘱託産業医においてその傾向が顕著である。その背景には，事業者側と産業医側の双方に問題があると思われる。

例えば，嘱託産業医の場合，特に予算のかかる労働衛生上の措置を求めると解任される例が見られる。近年の法規則改正で，安衛則第14条第4項は，産業医が法第13条第5項所定の勧告等をしたことを理由とする産業医への不利益取扱いを禁止し，安衛則第13条第4項は，産業医解任の際の衛生委員会等への事業者の報告義務を定めたが，雇用契約ではなく，準委任契約や委託契約であったりすると，契約更新拒絶等の抑制は実質的に困難である。産業医が，腰痛対策ツールを積極的に考案しようとしたところ，「産業医の仕事は，開発ではなく，既存の製品を事業者に紹介することだ」と言われた例もあるという。[96]

日本医師会が2017（平成29）年3月に実施した調査では，嘱託産業医の報酬額は低額（1カ所で月額3万円程度）で月1回程度の訪問に留まっていた。[97] 2018（平成30）年の労働安全衛生調査（実態調査）の事業所向け調査（有効回答率55％）では，産業医の選任率が84.6％だったが，嘱託産業医の選任率が91.4％，そのうち過去1年の事業所への訪問回数0回が約2割だった。訪問していても巡視の実施率は更に低いと思われる。

筆者自身の産業医の現状に関する認識は，次項に示す。

(2) 補論：産業医の今[98]

(a) 様々なタイプの産業医

約20年間にわたる筆者の産業医等との交流から，現在稼働している産業医には，概ね以下のようなタイプの方々が存在する。

【専属産業医】
①企業等の上層部との繋がりを得て，実質的に健康管理部長的な立場に立ち，システム開発を含め健康管理の統括的業務を積極的に行っている方
②当該企業等での産業保健の歴史が浅い等の理由から，健康管理に関わる権限（特に健康に関する人事への関与の権限）を得られていないものの，組織内での調整を図りつつ，健康管理の実効性をあげ，信頼性と発言力を高めようと努めている方
③企業等が健康管理を軽視していたり，産業医への信用が不充分である等の理由から，組織の奔流から外された個室の住人のように扱われてしまい，本人もリスクや負担を背負う業務には及び腰になりがちな方

【嘱託産業医】
④産業医事務所を開設して一定数の企業などと業務委託契約を結び，健診結果に基づく意見，職場巡視，面談，衛生委員会への参加等を手始めに，その組織の特性を把握したうえで，様々な健康の保持増進プログラムを考案するなどして，組織全体の生産性の向上への貢献を図っている方。組織内での就業より独立的な就業の方が個性に合っていて，現にいきいきと活動している方も多い
⑤専門的な産業保健サービスを構築してチームで就業している方
⑥健診団体などの労働衛生機関に勤務し，経営者や上司の理解を得て，特に中小企業向けの産業保健サービスに従事しておられる方
⑦専業は精神科／心療内科の開業医だが，メンタルヘルス問題の拡大を受け，企業などで活動を行ううえで，産業医として契約を結ぶ方が，契約の取り易さ，活動領域の拡大などの面で有利と考えて，資格を取得して業務を行っている方
⑧専業は開業臨床医だが，知り合いから協力を求められるなどして，やむなく産業医業務に従事しているが，産業保健に関する意欲や知識を充分にお持ちでない方（経緯は同様ながら，意欲的に業務を行おうとする方もおられる）
⑨臨床医業務から引退したものの，なんらかの事情があって産業医となったため，産業保健に関する知識も意欲も充分にお持ちでない方
⑩大学に所属する若手の臨床医であって，副業として就業しており，産業保健に関する知識を充分にお持ちでない方（中には産業保健に関心を持って意欲的に業務を行おうとする方もいる）

【その他】
⑪医行為的な性格を持つ業務（健診，診断を伴う面談など）は一切行わず，産業保健を切り口とした経営コンサルティング業務に徹している方
⑫大学などの研究機関に所属して，ある程度は実地の活動を行いつつ，産業保健の学問としての発展を図っている方（研究機関に所属していないが，学会活動などを通じて実地の知見を産業保健業界全体に展開させようとしている方も含められよう）
⑬医系技官などとして行政に所属して，産業保健政策の発展を図っている方

はなはだ不充分ながら，以上の整理によっても，産業医の幅広い展開ぶりが窺える。

また，以上は1軸な類型化であって，勤務先の健康管理の重視度合い，世代などの軸を設けていない。よって，本来①の役割を果たせる方が②に甘んじているような場合もあろうし，初めて産業医として企業などに赴任し，②の役割を果たした方が礎となって，後任者が①の役割を果たせるようになったという例もあ

るだろう。

(b) 政策系3医大の卒業者の現状

一般的な医科大学とは別に，特別な政策目的をもって設立された3大学として，自治医科大学，防衛医科大学，産業医科大学が挙げられる。言うまでもなく，自治医大は，地域医療の担い手，防衛医大は，自衛隊等で働く医官，産業医大は，産業保健をリードする産業医の育成を使命としているが，前2者が，数字の上では概ねその目的を達している（自治医大卒業者の約7割程度はへき地を含む地域の医療を担い，防衛医大卒業者の場合は，ごく一部の任官拒否者を除く殆どは自衛隊等で働く医官になっていると聞く）のに対して，産業医大は苦戦している（卒業者の2～3割程度しか産業医を専業としていない）と聞く。同医大の組織内部にも，「医者は医者らしく」と説く方々と，「産業医も奥が深くて面白いよ」と説く方々の双方があると聞く。予防は性格的にジェネラリスト志向になりがちなので，専門家らしく見えなくなる。白衣より背広や作業着を羽織ることが多くなる。難関を突破して医師となった方々からすれば，医師としての地位，業務パターン，信用，やりがい等を失う不安を伴うだろう。そして何より，健康障害に関わるもめ事の間に入る必要に迫られる。患者のため全力を尽くすという医療教育を受けてきたのに，弁護士や社会保険労務士のような役割を求められることがある。

しかし，産業医科大学の創設にせよ，法整備による産業医への業務の割り当てにせよ，予防は行政が牽引しなければ，進み難いことは事実だし，光明も多い。

先ず，産業医大卒業者を中心に，試行錯誤しつつ，産業医のアイデンティティの確立に尽力し，積極的に後輩の育成を図っている方がおられる。産業医学推進研究会のような，知的・人的交流を図るプラットフォームもできている。そして，現に，意欲的で優秀な若手産業医が増えてきている。「医師」と「女性」の両立を考える優秀な女医のキャリアの選択肢の一つにもなってきているようだ。

ただ，健康障害をめぐるトラブルが増えてきている中で，事業者が頼りがいを感じる，リスクテイクしてくれる産業医はまだ少ないようだ（UKでは，産業医の選任は法的に義務づけられていないが，使用者らに重い健康管理責任が課されているので，選任せざるを得ない状況になっているという[99]）。そこで日本産業保健法学会は，産業医等を対象に，実際に生じた労災・健康障害事件を素材とした法教育を開始し[100]，令和4年度からは，厚生労働科学研究費の助成を得て，内容の充実化を図っている[101]。

現に，日本産業保健法学会の前身に当たる日本産業保健法学研究会が実施していた同様の研修講座の受講者へ向けたアンケート調査では，当該法教育により，「産業保健に関する問題解決の自信になった」との回答が9割を超えていた（149/160）。

もっとも，法知識を不用意に説得材料に用いる（：法に使われる）ようでは，組織内での信頼は得られない。法の作り手の思いと使われ方（：使い手の思い）を洞察し，俯瞰して重要なことから説かねば（：法を使わねば）ならない。

(c) 産業医の職務の今後の展望

上述した通り，制度発足当初は，有害物対策や感染症対策が主な業務だったが，昨今は，ある程度業務に時間を割ける産業医の場合，発達やパーソナリティーに問題を抱える精神的な不調者への対応や，指導を素直に聞き入れない生活習慣病者への対応などが委ねられ易く，難題として継続し易いと聞く。

こうなると，個人と組織／業務の適応の支援の一環として，労働者の生き方，働き方，組織の業務体制や人的環境への働きかけも求められてくる。

また，意欲的で，経営上層部の信頼も得ている産業医であれば，健診，巡視，面接などから得られたデータも活用して，健康管理面から経営改善を支援することも可能であり，政策的にも期待されている。化学物質管理が可能な産業医は少ないが，化学プラント等で就業する産業医であれば，当然に危険有害物質にかかる作業環境管理に精通するか，精通した人物と連携しなければならない。

もっとも，産業医らしさを象徴する業務は，就業判定であろう。そのフローを，内科医療と対比しつつモデル化すれば，以下のように表現できる。

| 内科医療：診断　→　処方　→　体調の快復・改善 |
| 産業保健：就業判定　→　就業調整　→　就業可能性の拡大 |

ここからも，産業保健業務が，全て他職種との連携と調整を要素とすることが窺われよう。的確な就業判定のためには客観的な情報収集が求められるが，そのため，本人の他，主治医，上司，人事，家族などの関係者からも聴取せねばならず，就業調整ではなおさらに様々な関係者の協力が求められる。

(d) 改めて産業医とは？

極めて回答が困難な問いだが，医学の知識経験を基礎に，健康障害の発見，防止と，結果的にも労働生産性の向上に貢献する職種というのが教科書的な回答であろう。不調者のキャリア形成支援という面もあろう。

その本質を考えれば，ILO/WHOが1950年に共同で定義した通り，個人と職務／職場の適応の支援者というべきかもしれない。

医学の知識経験が深堀されている方が，他職種と協働できる幅広さと柔らかさを帯有するような専門性の

資料3-26

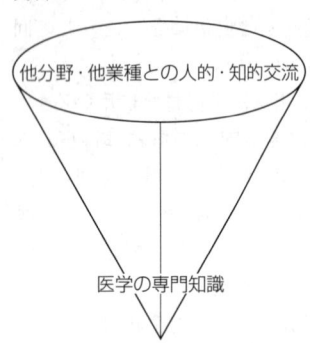

資料3-27
組織の健康課題の達成に関わる総合的な知識や人脈

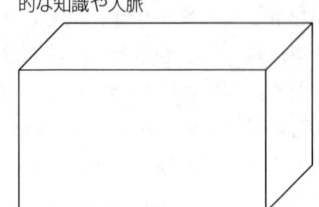

イメージ（「円錐型」：資料3-26）が一つのモデルとなり得るが，産業保健の一般的知識を基礎に，組織ごとの健康上の問題の解決や課題の達成能力を高めるような専門性のイメージ（「四角柱型」：資料3-27）なども別のモデルになり得るように感じられる。

2　関係判例[102]

民事ではあるが，産業医に関する裁判例は近年増加傾向にある。

(1) 産業医が直接被告とされた例
(a) 産業が単独で被告とされた例

● (財)大阪市K協会事件・大阪地判平23・10・25判時2138号81頁（控訴後和解）

〈事実の概要〉

内科専門の年配のベテラン産業医Yが，自律神経失調症の診断名で休職していた職員Xが復職準備段階にあるとして，急遽，その快復度合い等を測る目的で面接を依頼され，当該診断名のみを事前情報として面談を行った。一通りの聞き取りを行ったうえで，さほど状態は悪くないと考え，激励の趣旨で断続的に，「それは病気やない，それは甘えなんや」，「薬を飲まずに頑張れ」，「こんな状態が続いとったら生きとってもおもんないやろが」などと発言し，本人の不安の愁訴に傾聴しないような態度をとった。

その後，不調状態が悪化ないし遷延化し，復職が約4カ月間延期されたとの主治医の診断等を受け，Xが，面接に当たったYのみを相手方として，逸失利益と慰謝料等を求める損害賠償請求訴訟を提起した。

〈判旨：X請求認容〉

Yは，勤務先から自律神経失調症により休職中の職員との面談を依頼されたのであるから，面談に際し主治医と同等の注意義務までは負わないものの，産業医として合理的に期待される一般的知見を踏まえ，面談相手であるXの病状の概略を把握し，面談においてその病状を悪化させるような言動を差し控えるべき注意義務を負っていた。

産業医は，大局的な見地から労働衛生管理を行う統括管理に尽きるものではなく，メンタルヘルスケア，職場復帰の支援，健康相談などを通じて，個別の労働者の健康管理を行うことをも職務としており，産業医になるための学科研修・実習にも，独立の科目としてメンタルヘルスが掲げられていることなどに照らせば，産業医には，メンタルヘルスにつき一通りの医学的知識を有することが合理的に期待される。

自律神経失調症という診断名自体，特定の疾患を指すものではないが，一般に，うつ病やストレスによる適応障害などとの関連性は容易に想起できるのであるから，面談する産業医としては，安易な激励や，圧迫的な言動，患者を突き放して自助努力を促すような言動により，患者の病状が悪化することを知り，そのような言動を避けることが合理的に期待されるものと認められる。YがXの病状について詳細な情報を与えられていなかったことを考慮してもなお，上記の注意義務に反するものということができる。

本件経過に照らすと，Xは面談直前には，約1カ月後からの復職を予定していたが，本件面談により病状が悪化して自宅療養期間が延びて復職が約4カ月遅れたことが認められる。

〈くみ取るべき示唆〉

・産業医にとって臨床上の専門でない症例／事例についても，学科研修での習得が求められているなど，その専門性の内容をなす一般的な知識は踏まえて対応することが法的に求められる。敷衍すれば，仮に自身での対応が困難な場合には，適当な専門医等への照会ないし紹介が求められる。

・産業医の職務には，組織全体の労働衛生管理のみではなく，個々の症例／事例への個別対応も含まれる。なお，医師である以上，企業内の診療所で従前から治療行為に携わって来た場合等，一定の脈絡があって応招義務が発生する場合には，治療行為を行う義務を負うこともある[103]。

・自律神経失調症の診断名による休職者については，うつ病や何らかのストレス要因による適応障害等へのり患を疑った上での対応が法的にも求められ得る。また，事前情報が充分でない場合には，自ら必要な情報を獲得／請求して対応する必要がある。

・ディスチミア親和性を疑う等して，特殊，例外的な対応（支持的ではない，厳しい対応等）を行う場合には，講じる措置の合理性を担保するための手続（主治医との連携，一定期間の多角的な観察等）が法的にも求められる。

・産業医は，事業者が果たすべき労働者の健康管理等の業務を代行ないし補助するため，組織との契約（雇用契約，業務委託契約等）により選任される存在だ

が，不法行為規定（民法第709条）により，直接かつ単独で被告とされることがある。

選任者（企業等）の業務上の方針に従ってなされた，いわゆる組織的過失に当たるような場合でも，原則として（：会社から脅迫され，自由意思を失っていた等の特別な事情がない限り）免責されない。選任者にも独自の過失責任又は使用者責任が認められる場合には，概ね連帯責任を負うことになる（民法第719条）。また，仮に選任者に使用者責任が認められ，相当分以上の支払がなされた場合，内部調整として加害者本人（この場合産業医）への求償がなされ得る。よって，違法が横行する組織での勤務は，産業医自身にとっても法的リスクを高める。

　(b)　その他の例

● F社事件・東京地判平24・8・21労経速2156号22頁（X請求棄却［帰趨不明］）

〈事実の概要〉

Xは，Yの正社員であり，システムエンジニアとして勤務していたところ，年間1200時間，980時間，1070時間の時間外労働（法定時間外か所定時間外かは不明）と半年間に5カ月にわたり100時間を超える時間外労働（同前）を経験後にうつ状態の診断を受けた。

その1年ほど後に半年間ほどYの業務請負先（H）で就労したところ，強迫性障害，うつ状態の各診断を受け，病気欠勤と休職を2度繰り返し，2度目の休職で，1年4カ月の所定私傷病休職期間を満了したとして退職扱いを受けた。

そこで，

ア）Yに対し，（おそらくは労基法第19条に基づく）雇用契約上の地位確認と本来支払われるべき賃金と実支給額との差額賃金，

イ）Y入社後に直属の上司Cから断続的にパワハラを受けていたとして，C及びYに対して慰謝料の支払い，

ウ）1回目の休職期間中からXに関わり始めたYの産業医Dが不当ないし不適当な行為をしたとして，Dに対して不法行為に基づく慰謝料の支払い，

等を請求した。

このうち産業医の不法行為としては，XからHでの就労条件の悪さやCのパワハラ等を伝達したのに調査を怠ったこと，主治医の診断書を無視して（少なくとも1回目の）休職原因を私傷病としたこと，1回目の休職後の復職の際，主治医の復職可能診断書を添えた復職希望を放置して復職を妨害したうえ，Cのパワハラへの対応に抗議したところ，気に入らなければ医師を替えればよい旨の開き直るような発言をしたこと等が主張された。

〈判旨：X請求棄却〉

・アについて

Xにはそもそもに Y入社以前に精神安定剤服用の経過があり，裁判所からの再三の求めにもかかわらず，退職に至る2回目の休職原因となった精神疾患（強迫性障害等）の発症直前に過重な業務上の負荷があったとの主張立証はなく，当初の長時間労働の事実のみでXの傷病が業務上であるとまでは言えない。

・イ〜ウについて

そうした事情の存否自体不明なうえ，仮に有ってもYによる退職扱いとの相当因果関係が認められない。

〈くみ取るべき示唆〉

・個々の主張の裏付け（要件事実）にかかる主張立証が十分になされていないうえ，当初の長時間労働によるうつ病発症やその後の遷延化の有無など，基本的な論点に関する主張立証も尽くされていない。

裁判所がX本人の言動が全体に非常識との心証を抱いた可能性もある。

・本件からは，非常識な対応をとる労働者は，たとえ訴訟を提起しても，結局，論理矛盾や立証困難などから請求を認められ難いことが窺える。また，仮に当人の関係者の対応に過失があっても，生じた損害との間に相当因果関係が認められなければ民事責任は認められないという過失責任法の当然の原則も示唆される。

産業保健実務は，その点には確信を持った上で，寄り添い姿勢（太陽）とけじめをつける厳しさ（北風）の双方をもって接することが求められよう。

　(2)　産業医が被告とはならなかったが事件に関与した例

● 建設技術研究所事件・大阪地判平24・2・15労判1048号105頁（X請求一部認容・一部棄却［控訴］）

〈事実の概要〉

Xは大学院で土木工学を専攻し，建設工事の調査，設計やコンサルティング等を営む大手企業のYに入社して，河川工事の技術部門で就労していた。

入社2年目に年間3500時間を超える長時間勤務（＊月平均約135時間の法定時間外労働）を行った後，体調不良を経てSDS（抑うつ性尺度）でやや高い点数となった（裁判所は，遅くともこの頃精神疾患にり患したと認定している）。遅刻が常態化し，Y所属の看護師のカウンセリングを受けるようになり，主治医EやLから身体表現性障害や適応障害の診断を受け，約1カ月の在宅療養（以下「1回目療養」という）後，元職場に復帰した。

復帰後，主治医Eから身体表現性障害につき完全寛解との診断も受けていたが，精神疾患が完治したわけではなく，その約4カ月後には同じ主治医から抑うつ状態と診断され，約5カ月間の在宅療養（以下「2

回目療養」という）に入った。

　この2回目療養期間中，主治医Eは抑うつ状態はほぼ寛解しており就労可と診断したが，精神科を専門とするYの統括産業医は，医学的には復職可能だが労働関係上の問題がある旨の意見等を述べ，在宅療養が継続された。

　5カ月後には復職し，1年弱勤務した。この間にも主治医Eが抑うつ状態は寛解し就労可と診断していたが，労災申請や過去の賃金の問題などからYに不信感を強めるなどして再び出社しなくなった（以下「本件欠勤」という）。この間に労使紛争に至ったとして主治医Eが以後の関与を拒否し，その後，別の診療所医師も診断書の作成を拒否した。

　約2カ月後に，主治医LがXの申告をもとに睡眠障害により通院加療を要する旨の診断をしたが，その約1カ月半後から無給となり，更にその約1カ月半後にYの統括産業医がMMPI（ミネソタ多面人格テスト）を経て就労可と診断した。

　X自身が就労を拒否したことを受け，その約2か月後（入社からの通算で約4年9カ月後）に正当な理由のない欠勤を続けたとして解雇された。そこで，Xが，Yを相手取り，労働契約上の地位確認や，未払賃金，安全配慮義務違反や違法解雇による慰謝料等を請求した。

〈判旨：X請求一部認容〉
　本件では，
①入社2年目の著しい長時間労働と翌年第1四半期の長時間労働，
②定時退社や休暇取得が難しい「職場の雰囲気」，
③X自身の問題も背景にあって複数の上司との関係が悪く，厳しい叱責を頻繁に受けるなどしていたこと，
④そもそも経験に比して業務量が多かった上，生産目標による圧力が加わっていたこと，
⑤身体表現性障害の診断を受けた後も休暇の取得を拒絶され，深夜残業を含む勤務を継続したこと，
⑥1回目療養明けに勤務軽減条件下としては過重な業務と生産目標を課されて残業が行われ，2回目療養直前には月間法定時間外労働時間が100時間を超えるに至ったこと等がいずれも過重な心理的負荷となっていたこと，
他方，
⑦2回目療養以後に過重な業務上の心理的負荷要因はなかったこと，
⑧Xは人格障害であった可能性があるが，過重な業務によって精神症状が発症したこと（人格障害でなかった場合には，過重な業務により身体表現性障害を発症したこと），
⑨Xの精神疾患は当該療養期間中に寛解し，当該療養から復帰して約半年後には完治したこと，が認められる。

　Yの統括産業医は，Xは（おそらく妄想性）人格障害の影響で発症した適応障害であったと診断していた。それを窺わせる事情もあるが，Y側のバイアスのかかった資料に基づいて初診に臨んだり，上記①～⑥のような業務上の過重性を捨象している等の問題があった。

　Xは，2回目療養からの復帰後に窓際に追いやられ，能力に見合わない仕事を課されたことで心理的負荷を受けたと主張したが，同人が指示された軽減業務（写真のライブラリー化業務）は，容易な分だけ生活リズムを整え易く，そこで実績をあげた上で新たな業務の割当を求めるべきなのに，彼はそうしなかった。

　以上から，Xの発症前と発症後の再発再燃の双方に業務上の過重性が起因し，当該過重性の背景には，Xの上司がXの長時間労働の実態及び健康状態の悪化を認識しながら負担軽減策をとらなかった過失があった。

　他方，YによるXの解雇については，Xがその年の1月には完治していたにもかかわらず（よって労基法第19条第1項の適用はない），4月以後，Yからの求めに従わず，約4カ月半にわたり欠勤を続けたことを理由とするもので，出勤か休養の必要性を証する診断書の提出かを文書等で再三通知するなどの適正手続きを経ており，かつ就業規則上の根拠規定に基づくものであり，正当である。

　Xが本件欠勤期間中に休養を要する旨のL作成の診断書を提出していたことは認められるが，Yがそれに疑義を感じて産業医の診断を受けるよう指示しても2カ月間以上応じず，実際の診断でも就労可とされたうえ，Lへの医療情報提供依頼への同意にも退職勧告書の受領まで応じておらず，不当である。

　XはYによる労災申請への妨害があったと主張するが，事業主が証明を拒んでも労災申請は受理されるうえ，（特に過重労働事案のような場合には）使用者側にも労災要件該当性を争う機会が保障されるべきであり，労災保険の申請にかかる事業主の協力義務を規定した労働者災害補償保険法施行規則第23条第2項もそうした場合にまでは適用されない。労災申請以外の解決方法等を協議すべく社会的に相当な範囲で労働者を説得することは不当ではない。

〈くみ取るべき示唆〉
①業務上の心理的負荷の1次予防として，長時間労働やそれを慫慂する雰囲気（心理社会的職場環境）を防止する必要がある。
②同じく3次予防として，復帰間もない労働者に従前

と同様の過重労働をさせてはならない。
③パーソナリティに問題がある労働者でも、過重負荷をかけて精神症状を発症させれば、業務起因性や使用者側の過失責任が認められ得る。
④たとえ業務上の過重負荷で不調を発生させた場合にも、無断欠勤、不合理な産業医面談の拒否、主治医への連絡の拒否など、パーソナリティに起因することが窺われる問題行動がなされた場合、使用者側として適正な復職支援を含めた適正手続きを講じていれば、解雇等の不利益措置も正当化され得る。
⑤精神障害など業務上外の判断が困難な事例について、使用者として業務起因性に疑義を抱く場合、労災申請上求められる事業主側の証明に協力しないこと、過度にわたらない範囲で申請しないよう説得することは直ちに違法とはならない。
産業医も、こうした示唆を汲みつつ事業者や使用者を支援する必要がある。

●日本通運事件・東京地判平23・2・25労判1028号56頁（X請求棄却［控訴］）

〈事実の概要〉
Xは、物流事業を営む企業Y1に雇用され、T支店N事業所で営業係長職にあった。直属の上司Y2を通じてなされたB事業所への転勤の内示（本件内示）に強い拒否反応を示したことを契機に、急性口蓋垂炎による呼吸困難で救急搬送（本件救急搬送）された。

以後、主治医からストレス反応性不安障害の診断名を得て欠勤すると共に、それ以前は特に関係に問題のなかったY2らに対して敵対的・攻撃的態度をとるようになり、紆余曲折の末に休職命令（本件休職命令）を受け、更に所定休職期間の満了により退職措置（本件退職措置）を受けるに至った。

この過程で、本件救急搬送の1週間ほど後からXが受診を開始した主治医Dが、特に休職や復職に関わる場面で不相当にX側を利する診断を行い、Y1の産業医EやXの上司の不信を招いた経緯がある。

Xは、Dへの最初の受診日（本件受診開始日）の翌日に別の病院でうつ病の診断を受けていたが、その約2カ月後にDよりストレス反応性不安障害により約3カ月の休養加療を要する旨の診断を受け（本件発症）、Y1にそれによる欠勤を届け出て、以後も休養加療期間の満了ごとに同様の診断を受けて欠勤していた。

本件受診開始日の翌月頃からは、「Y2の犯罪行為」など、Y2らを激しく非難・攻撃する長文の手紙をY1（特にT支店総務課長C。時に社長）宛に繰り返し送付するようになり、Xの父親も同調するようになった。

対してY側は、以下のように、概ね冷静な対応を行ったうえで、復職へ向けて前向きに取り組むよう励ましつつ、本件休職命令（実質的には欠勤から休職への変更）を発令し、その後も何度か電話連絡するなどして意思の疎通を図った。
①CらはX や父親に手紙で本件内示の理由、Y2の言動の実際の内容、病気欠勤期間の期限と休職命令の予定等を伝えた。
②T支店のH次長は、Xと複数回面談する過程でY2の労働時間管理の不備による割増賃金不払いを指摘されたため、休職命令をいったん延期して当該不備の事実を確認してXに謝罪したうえ、（消滅時効にかからない）過去2年分の割増賃金200万円余りを支払った。
③ほぼ同時期に、Dから「ストレス反応性不安障害頭書の疾患により通院加療中である。症状は改善し、就労は可能と思われるが、可能であればストレスの少ない職場への復帰が望ましい」との診断書を受け取ったため、Xに電話して、復職条件は不安の除去なので、その点についてDと話をするよう伝えたが、激昂され電話を切られた。

本件休職命令の発令後、産業医E、X、主治医Dは、以下のようなやりとりをした。
①まずEがXに対してDから診療情報提供を受けることへの同意を求めたところ、不合理な理由を述べて拒否された。そこで、休職期間満了が迫った時期に、Dに対して本人同意なく情報提供を求めたところ、傷病名を恐怖性不安障害とし、不当な人事措置が発症要因らしく、ここ1年ほどは症状が落ち着いてきたので復職可能と判断したが、会社への信頼回復が復職支援の前提になる旨の情報が示された。
②そこでEは、改めて主治医に直接問い合わせを行ったうえで、本人の会社への信頼感の回復を待たずに復職しても、症状が増悪する可能性が高い旨の意見書をYに提出した。Yは、以上の経緯を踏まえて本件退職措置を講じた。

〈判旨：X請求棄却〉
1）本件休職命令について
発令に至るH次長らの冷静かつ良識的な対応の経緯から、不当な目的は認められない。たしかに休職を要する旨の診断書等はなかったが、欠勤からの復職を示唆するDの診断書では、ストレスの少ない職場への復帰も示唆しているため、純粋な復職可能診断とはいえず、その妥当性や実効性にも疑問があること等から合法である。
2）本件退職措置について
次の理由から合法である。
①Y側はXとの信頼回復の努力をしていたこと、
②それにもかかわらずY2らへの非難・攻撃を続けるXの不安の除去は困難と解されること、

③Dはそうした事情を充分に認識せずに診断していたと解される一方，そうした事情を知悉していたEの意見には「相当の説得力」が認められること，
④Xは本件退職措置の後も半年間以上Dの処方する抗不安薬等を服用していたこと，等。
〈くみ取るべき示唆〉
相当程度の事例性（ここでは関係者への不当な敵対的，攻撃的言動等）をもたらす不調者や，客観的な情報分析をせずに彼らに同調する主治医への対応に際しては，産業医と選任者（企業等）が協力し，手続的理性（合理的な手続きを考案し，公正に運用することで，良識や理性を示す作業）を尽くすことが，司法に諸措置の正当性を認めさせることに繋がる。

●第一興商（本訴）事件・東京地判平24・12・25労判1068号5頁（X請求一部認容・一部棄却［控訴］）
〈事実の概要〉
Xは，業務用カラオケ機器の製造・販売等を業とし，従業員数1500名を超える大企業Yで総合職従業員として就労していたが，紆余曲折の末，視覚障害（本件視覚障害）を発症して休職命令（本件休職命令）を受けた。

保障休職期間（12カ月）内に治癒しなかったとして自動退職とされたことを受け，そもそも本件視覚障害は，上司による嫌がらせやYによる不当な配転等による業務上の事由により発症した，または休職期間満了時点までには復職可能な状態にあったなどとして，Yに対して労基法第19条第1項に基づく雇用契約上の地位確認，退職措置後の賃金のほか，上記嫌がらせ等にかかる安全配慮義務違反等に基づく損害賠償等を請求した。

この事件の特徴の一つは，Xの性格傾向について，裁判所が「考え方，ものの見方に偏り」があり，その「供述内容には，全般的に疑問な点が多い」と認めている点にある。

Xは，20代半ばでYに入社して約3年後に総務部法務室（室長B）に配属されたが，その約3年半後に特販営業部営業第二課（課長D）に配転され，その約1年半後にDAMステーションの運用や契約を管理するDSサービス部管理課（課長E）に配転された。

その約1年後には視界の中心が白色になり見えなくなる等の本件視覚障害（後に視神経症と診断された）を発症し，その翌年に本件休職命令を発せられ，更に1年後に自動退職措置を受けた。

Xは，法務室勤務の当初は特に問題なく働けていたが，有能な若手職員の新規加入以後担当業務が減少するなどして不満を抱き始めて卑屈な態度をとるようになり，B室長の判断で営業二課に配転された経緯があった。しかし，この措置に遺恨を抱いてB室長と顔を合わせても意図的に避ける等の露骨な態度をとり，営業第二課での業務でも熱心さを欠き，営業成績も悪かった。

営業二課のD課長は，新規顧客の開拓は困難と考え，既存顧客の担当とする，人事考課でも長所を捉えて積極的な評価を行う等の配慮を行ったが，自ら考案した企画の中止を命じられたこと等を契機にY内外に電子メールで不満を送信する，実際には存在しないパワハラ被害をD課長から受けていると内部統制推進室に通報する等の行動をとるようになった。

DSサービス部管理課配属の約2カ月後には，精神神経科医師に抑うつ状態と診断され，その後同じ部門の同僚や過去の上司などを批判する電子メールを他部門の従業員に送る等の行動もみられるようになり，その約1年後には，元の上司らに社内失業状態であるなどと訴える共に，本件視覚障害を発症する等の経過を辿った。

この間のXの法定時間外労働は，最も長い時期でも60時間／月程度であった。
〈判旨：X請求一部認容〉
本件視覚障害（ミトコンドリア点の変異）が過度のストレスにより発症する可能性は認められるが，客観的な業務上の過重負荷がないため業務上疾病とは認められない。よって，その前提に基づく雇用契約上の地位確認，損害賠償等の請求は認められない。

本件休職命令も，就労中の症状の悪化，自宅療養を指示する医師の診断があったこと等から合法である。

他方，休職期間満了時の退職措置は，以下の理由から違法無効である。
①視力強化の専門家であるXの主治医より，本人の工夫と職場による一定の配慮（保護具の活用等）により復職可能とされていたこと，
②現に視覚障害にり患した以後もパワーポイント等を用いて企画書を作成できていたこと，
③Yは，Xに産業医の診断を受けさせたり，復職の可否について産業医の意見を求めた形跡すらなく，復職不可としたYの判断こそ客観性を欠くこと，
④大企業であるYにとって，高々月額26万円程度の給与水準の事務職が内部に存在しないとは考えにくいこと，
⑤Yの主張の真意は，Xの人間関係等の情意面の問題にあると思われるが，「復職の可否の判断は，基本的に労働者の心身の健康状態を初め（ママ）とした客観的事情に基づいて決せられるべき」こと。
〈くみ取るべき示唆〉
たとえパーソナリティに問題が窺われる労働者への対応でも，復職判断等の重要な労働条件に関わる判断は客観的事情に基づいて行うべきこと，その際，産業

医の判断は，判断の客観性を窺わせる重要な事情となり得，産業医意見を求めずに就業可否の判断を行うことは，措置の正当性の否定に繋がる可能性があること。

(3) (1)(2)の裁判例から得られる示唆

①産業医が，自身の臨床上の専門分野外の症例（事例）についても，主治医とのコミュニケーションを含めて積極的かつ慎重な調査や学習を重ねて対応したケースでは，その判断は司法によっても尊重され，妥当性を認められることが多い。このことは，主治医が症例（事例）の意見に頼り過ぎるなどして産業医と診断を異にした場合等に特に妥当する。

②的確な法知識は，バランスの取れた判断と行動を支援する。特に難治性で事例性をもたらす症例（事例），とりわけ主治医と同調して不当に使用者に敵対する症例（事例）などへの対応に際しては，特別な察し力，質問力等のコミュニケーション技術を持つ者でない限り，産業医自身も労働法などの関係法令や判例に関する知識を持ち，事業者，上司らと協力しつつ，企業等が法的リスクについて過剰防衛に拠らず，手続的理性を粘り強く履践し，結果的に良識と理性を示し得るよう促す必要がある。

③逆に，産業医が，特に人事や離職，災害疾病の業務上外判定など労働者にとって重要な利害得失に関わる場面で不公正に使用者側に寄ったり，不十分な事情認識によって判断すると，使用者側への不信感を高め，却って大きな対立やトラブルを招くことがある。また，産業医が臨床医からの信頼を失う結果，必要な折に主治医とコミュニケーションをとることが困難になることもある。

④産業保健活動における健康情報の不適正な取り扱いは，訴訟を招き易い。もっとも，それ自体が事件化することは少なく，信頼関係の破綻が背景となることが多い。産業医は，労働者の健康情報について，取扱いの必要性と保護の必要性の均衡を考え，オール・オア・ナッシングではなく，その専門性と良識に基づき，適正な（：柔軟かつ合理性があれば時に果敢な）判断を行う必要がある。

⑤産業医が自身の運営する診療所や企業設置診療所で労働者の主治医を務め，一定の治療行為も行っているような場合，同人に治療や健康管理について過剰期待を持たせてしまう場合があるため，COIを避ける意味でも，適宜自身の職掌についてインフォームド・コンセントをとる，本人同意を得て主治医を交替する等の措置が求められる。

(4) 主治医と産業医・指定医の見解が相違したケースに関する例

本項では，産業医の職業的性格が現れやすい主治医との見解相違が生じた場合に関する裁判例を取り上げる[105]。

先取りしてその示唆を述べれば，裁判所は，医師の属性を問わず，情報確認の丁寧さ，本人の様子を継続的にみているかを含め，合理的な見解を採用する傾向にあるが，産業医は，本人の職場での状況や業務歴，職場環境等を確認し易い立場にあるため，主治医の意見も踏まえて疾病性と事例性を丁寧に確認し，総合勘案した見解は尊重する傾向にある。

なお，近年，産業医を関与させなかったことを使用者の不利に解する例（キヤノンソフト情報システム事件・大阪地判平20・1・25労判960号49頁〔地位保全等請求，確定〕，第一興商〔本訴〕事件・東京地判平24・12・25労判1068号5頁〔地位確認等請求事件，控訴後帰趨不明〕）や，逆に，積極的かつ適正な関与を肯定的に評価したと解される例（伊藤忠事件・東京地判平25・1・31労経速2185号3頁〔地位確認等請求事件，帰趨不明〕，横河電機〔SE・うつ病り患〕事件・大阪高判平25・11・27労判1091号42頁〔損害賠償請求事件（控訴段階で地位確認請求追加），上告後帰趨不明〕等）は増加傾向にあるように見受けられる。

(a) 産業医の判断の合理性を認めた例

α 産業医の見解を積極的に採用したわけではないが，適応障害による傷病休職の期間満了間際に突然発行された主治医の通常勤務可の診断書につき，「被告会社から原告に対し，休職期間満了の通知が届き，『焦って目が覚めた……，会社に戻りたい，頑張ろうと思う』との話があったため，希望どおりに書いたというものである。これは，医学的に軽快した……のではなく，原告の強い意向によることが理由と考えざるを得ない」とした例（コンチネンタル・オートモーティブ事件・横浜地判平27・1・14労経速2244号3頁〔賃金仮払仮処分申立事件，帰趨不明〕）や，

β 市立病院（被告病院）の看護師が，患者からの苦情を踏まえた配転等をきっかけに発症した抑うつ反応（病名は不明）により，市の分限条例に従い，5回にわたり分限休職処分を受けたことを不服として，処分の取消と損害賠償を求めた事案で，

主治医の診断書は，その職場で求められる業務遂行能力の回復を保証しているとは限らないことから，（市のマニュアルに従い）産業医面談を復職要件とすることは，被告が負う安全配慮義務の履行の一環として，復職適性等について専門家の判断を求めるものと解され，不合理とはいえないし，被告の管理者の指定医だからといって不公正な判断をするとは限らない以上，原告が被告病院から復職条件と伝えられた産業医面談を全て拒否したのは不当だったので，本件休職処分は合法とした例（C市立病院事件・千葉地判平29・12・8労経速2340号11頁〔分限休職処分取消等請求事件，帰趨不

明〕），がある。

(b) 主治医の判断の合理性を認めた例

好例として，前掲の神奈川SR経営労務センター第3事件東京高判が挙げられる。同判決は，睡眠，食欲，気分，希死念慮，就労意欲等の健康状態からは，主治医の復職可能の判断は信用でき，本人の従前の業務の性格から，復職可能だったと解される一方，1審被告の産業医が復職不可とした理由は，休職前の状況から職場の他の職員に影響が及ぶリスクにあると解され，現に，同医師は，本人が冷静に内省できない，組織的な協調性を欠く等指摘し，人格障害等との判断もしたが，本人がトラブルの原因との主観に基づいており，合理的な根拠を欠く旨を述べた（神奈川SR経営労務センター第3事件・東京高判平30・10・11 LEX/DB25561854〔1審：横浜地判平30・5・10労判1187号39頁〕〔地位確認等請求事件，帰趨不明〕）。

> 第13条の2　事業者は，前条第1項の事業場以外の事業場については，労働者の健康管理等を行うのに必要な医学に関する知識を有する医師その他厚生労働省令で定める者に労働者の健康管理等の全部又は一部を行わせるように努めなければならない。
> 2　前条第4項の規定〔*事業者から産業医への健康管理等に必要な情報提供〕は，前項に規定する者に労働者の健康管理等の全部又は一部を行わせる事業者について準用する。この場合において，同条第4項中「提供しなければ」とあるのは，「提供するように努めなければ」と読み替えるものとする。

1　趣旨と内容

産業医選任義務のない小規模事業場における健康管理等の確保のために平成8年の法改正（平成8年6月19日法律第89号）で新設された。

通達によれば，本条第1項の「労働者の健康管理等を行うのに必要な医学に関する知識を有する医師」には，(i)法第13条第2項所定の産業医（現段階では，基本的には，日本医師会や産業医科大学の産業医学基礎研修修了者）のほか，(ii)産業医学振興財団が都道府県医師会に委託して実施している産業医基本研修の修了者，産業医として選任された経験を持つ者等が含まれるとされているが（平成8年9月13日基発第566号），現在では，財団による産業医基本研修は実施されなくなっているという（日本医師会の認定産業医資格を維持するための「更新研修」に限り，財団から都道府県医師会へ委託されている）。

本条には，保健師の活用に法規の裏付けを図った面もある。本条の具体化を図った安衛則第15条の2第1項は，「法第13条の2第1項の厚生労働省令で定める者は，労働者の健康管理等を行うのに必要な知識を有する保健師とする」としている。

もとより，安衛則の施行通達（昭和47年9月18日基発第601号の1）は，法第13条第1項第2号は，「専属の産業医の選任について規定したものであるが，専属の産業医の選任を要しない事業場においても比較的多数の労働者の勤務するところについては，労働者の健康管理に資するため，衛生管理者の免許を有する保健婦の活用等を行なうよう指導すること」としていた。

とはいえ，本条の主な実質的目的は，後述する法第19条の3と共に，予算措置の法的根拠の提供にある。同条は，国を名宛人として，本条が対象とする常時使用労働者数50人未満の事業場の労働者の健康確保等に関する相談，情報提供等の援助を行う努力義務を課している。

これに基づき，独立行政法人労働者健康安全機構が運営する産業保健総合支援センター（全国47都道府県に1カ所ずつ。以下，「産保センター」とも言う）や，その下部組織であり，中小零細事業を支援対象として，地区ごと（全国350カ所）に地域産業保健センター（以下，「地産保」とも言う）が設置されている。

前者は，産業医，産業保健職，看護職等の産業保健関係者への研修，産業保健に関する相談対応業務，事業者らの産業保健に関する各種計画づくりの（訪問による）支援等（いずれも基本的に企業規模を問わない），後者は，中小零細事業に対して，健診結果についての医師からの意見聴取（安衛法第66条の4等），長時間労働者対象の面接指導（法第66条の8，9等），高ストレス者への面接指導（法第66条の10第3項等），保健師（の訪問）による保健指導（法第66条の7等）など，より直接的なサービスを無償で行っており，産業保健関係者と中小零細事業の連結に重要な役割を果たしている。[106] 2023（令和4）年度予算では，前者を減額して後者を増額する予定である。

2　関係規定

法第19条の3（本条の目的の達成のための国による援助）。

3　運用

1　適用の実際

本条に基づく国の産業保健活動支援の状況については，長らく，資料3-28のような大まかなデータしか公表されて来なかったが，最近，労働者健康安全機構『令和2年度産業保健活動総合支援事業アウトカム調

資料3-28 産業保健活動総合支援事業の実施状況

産業保健活動総合支援事業 （平成29年度予算額 3,618,696千円）

産業保健スタッフ・事業者向け支援

産業保健総合支援センター ※47都道府県

事業場で産業保健活動に携わる産業医、産業看護職、衛生管理者をはじめ、事業主、人事労務担当者などに対して、産業保健研修や専門的な相談への対応などの支援

○産業保健関係者に対する専門的研修等
（H28実績 約4,400件 約13.9万人）
産業医、保健師、看護師、衛生管理者等を対象として、産業保健に関する様々なテーマの研修を実施。

○産業保健関係者からの専門的相談対応
（H28実績 約40,600件）
専門スタッフが産業保健に関する様々な問題について、窓口、電話、メール等で相談に応じ、助言を行う。また、事業場の具体的な状況に応じた専門的な支援が必要な場合には、事業場を訪問し実地相談も実施。

○メンタルヘルス対策の普及・促進のための個別訪問支援
（H28実績 約5,900件 約1.8万人）
専門スタッフが中小規模事業場に赴き、ストレスチェック制度の導入について具体的なアドバイスをするなど、職場のメンタルヘルス対策推進のための支援を行う。また、管理監督者や若年労働者を対象としたメンタルヘルス教育も実施。

○治療と職業生活の両立支援 （H28実績 約400件 約492人）
治療中の労働者が就労を継続するために、事業場に対する支援を行う。

○事業主・労働者に対する啓発セミナー
（H28実績 約700件 約2.7万人）
事業主を対象とした、職場における労働者の健康管理等の産業保健に関する啓発セミナーや、労働者を対象とした、労働者のメンタルヘルス、生活習慣病対策等のセミナーを実施。

小規模事業場向け支援

産業保健総合支援センター 地域窓口 ※325地区

労働者数50人未満の産業医の選任義務のない小規模事業場の事業者や労働者を対象として、労働安全衛生法で定められた保健指導などの産業保健サービスを提供

○労働者の健康管理（メンタルヘルスを含む）に係る相談
（H28実績 約73.3万人）
健康診断で、脳・心臓疾患関係の主な検査項目（「血中脂質検査」「血圧の測定」「血糖検査」「尿中の糖や蛋白」「心電図検査」）に異常の所見があった労働者に対して、医師または保健師が日常生活面での指導などを行う。また、メンタルヘルス不調を感じている労働者に対して、医師または保健師が相談・指導を行う。

○健康診断結果についての医師からの意見聴取
（H28実績 約54.8万人※）
健康診断で異常の所見があった労働者に関して、健康保持のための対応策などについて、事業主が医師から意見を聴くことができる。

○長時間労働者及びストレスチェックに係る高ストレス者に対する面接指導
（H28実績 約1.5万人※）
時間外労働が長時間に及ぶ労働者やストレスチェックの結果、高ストレスであるとされた労働者に対し、医師が面接指導を行う。

○個別訪問による産業保健指導の実施
（H28実績 約2.3万件※）
医師、保健師または労働衛生工学の専門家が事業場を訪問し、作業環境管理、作業管理、メンタルヘルス対策等の健康管理の状況を踏まえ、総合的な助言・指導を行う。

※労働者の健康管理（メンタルヘルスを含む）に係る相談の内数

（厚生労働省「現行の産業医制度の概要等」〔https://www.mhlw.go.jp/file/05-Shingikai-12602000-Seisakutoukatsukan-Sanjikanshitsu_Roudouseisakutantou/0000164723.pdf, 最終閲覧日：2022年10月20日〕）

査報告書』（令和3年）が、詳細なデータを示した。[107]

本調査は、産保センターと地産保が行う支援事業につき、調査期間中の全国のセンター利用者（産保センター：9674人、地産保：7223人、合計1万6897人〔うち回収数7758人、回収割合約46％〕）への調査票の郵送、利用者以外については、企業情報データから無作為抽出した労働者数30人以上の企業の担当者（2万人〔うち回収数6451人、回収割合約32％〕）への調査票の郵送により行われた。

回答者では、人事労務担当者が3割近くを占め、その他の管理職と一般労働者が15％程度、嘱託産業医やそれ以外の医師、産業看護職（保健師、看護師）、衛生管理者、衛生推進者も2〜7％ずつ存在した。

センター利用のきっかけは、以前から利用しているが最多（約3割）、労働行政からの紹介（約25％）、ホームページ経由（約2割）、職場からの指示（約15％）も多かった。

利用したサービスは、産保センターでは約3割が産業保健研修、WEBサイト等での情報提供が約18％、相談員[108]による相談対応が約14％、メンタルヘルス対策促進員[109]による支援が約9％、両立支援促進員[110]による支援が約3％など、地産保では約51％が健診結果に基づく医師への意見聴取、健康相談が約17％などとなっていた。事業場規模別では、50人以上が産業保健研修（約61％〔50人未満では約12％〕）、WEBサイト等での情報提供（約34％〔50人未満では約10％〕）の利用率が高く、50人未満が圧倒的に健診結果に基づく医師への意

見聴取（約73％〔50人以上では約11％〕）、健康相談（約23％〔50人以上では約7％〕）であり、産保センター＝産業保健研修＝大中規模事業、地産保＝健診後医師意見聴取＝小規模事業という関係性が明確に現れている。

産業保健活動への有益性については、全ての利用項目について、約9割の有益評価（「大変役に立った」と「役に立った」の合計）を得ていた。特に、産保センターでのメンタルヘルス対策促進員による個別的な支援と地産保での健診後医師意見聴取の有益評価が高かった（「大変役に立った」が5割以上）。

2 関係判例

見当たらなかった。

> **第13条の3** 事業者は、産業医又は前条第1項に規定する者による労働者の健康管理等の適切な実施を図るため、産業医又は同項に規定する者が労働者からの健康相談に応じ、適切に対応するために必要な体制の整備その他の必要な措置を講ずるように努めなければならない。

1 趣旨と内容

第13条 4 2(9)で示した通り、基本的には「顔の見える産業医制度」を目指した規定と思われ、労働者が、産業医の役割を認識したうえで、安心して健康上の相談等ができるよう、事業者に前提条件の整備を求めた規定だが、保健師に役割を代替させることも企図

資料3-29　長時間労働者面接指導とストレスチェック後面接指導の実施状況

産業医の職務実施状況等について

【長時間労働者への面接指導制度】

事業場規模	1000人～	500～999人	300～499人	100～299人	50～99人
産業医を選任し、面接指導に関与させている事業場割合※	86.7%	66.1%	49.8%	34.4%	14.5%
面接指導等実施事業場割合	83.0%	60.5%	42.1%	28.5%	12.6%

※ 産業医を選任している事業場の割合 × 産業医が実際に関与した業務として「長時間労働者への面接指導の実施」を回答している事業場の割合

(平成22年労働安全衛生基本調査)

【ストレスチェック制度】

検査実施者			面接指導実施	産業医が実施	事業場内の医師(産業医以外)が実施	事業場外の医師等が実施	面接指導実施なし
産業医	事業場内の医師等(産業医以外)	事業場外の医師等					
49.0%	8.6%	42.4%	27.0%	(80.1%)	(5.8%)	(14.1%)	73.0%

※（ ）内は面接指導を実施した事業場の内訳

(平成29年3月時点速報値・厚生労働省労働基準局調)

(資料3-28に同じ)

している。産業医選任義務のない小規模事業場については、現行安衛法第101条第3項（小規模事業場で法第13条の2第1項により保健師らに健康管理等を行わせる場合の業務等の労働者への周知の努力義務）も本条と趣旨を一にしており、先述した通り、ここで法第13条の2第1項の医師「等」を具体化した安衛則第15条の2第1項は、保健師が該当する旨を明記している。

本条が予定する主な措置内容は、
① 産業医による健康相談の申出の方法（健康相談の日時・場所等）、
② 産業医業務の具体的内容、事業場における労働者の健康情報等の取扱方法（＊産業医が適正に労働者の情報を取り扱うこと）
を、労働者に周知させることであり、

周知方法としては、各作業場の見やすい場所への掲示、書面での通知、イントラネット等が想定されている（平成30年12月28日基発第1228第16号）。

結局、本条が予定する措置内容の主軸は、産業医業務の内容の労働者への周知であり、健康相談の申出方法や事業場での健康情報等の取扱い方法を周知させることが、その支えの役を担っている。このうち後者は、労働者に安心して産業医に相談してもらうための手当とも言える。

[2] 関係規定

特になし。

[3] 運用

1　適用の実際

先述した通り、回答者に常時使用労働者数300人未満の企業での兼業産業医が多い日本医師会の調査結果[11]からは、

① 職場巡視は毎月と年間1～6回、衛生委員会への出席は毎月、2カ月に1回と年間1～2回が多いこと、

② よく行われている活動は、一般健診や特殊健診の結果確認、長時間労働者対象面接、保健指導や労働者の相談への対応等だが、活動時間は1カ月あたり3時間未満が殆どであること、

③ 作業環境や作業内容の把握と指導、健康障害の原因調査等もある程度行われているが、1カ月あたり2時間未満が殆どであること、

等が窺われた。

また、資料3-29からは、長時間労働者面接指導ですら、小中規模事業場ではあまり実施されていない。

未だ「顔の見える産業医」にはほど遠い現状にある。

2　関係判例

見当たらなかった。

（作業主任者）

第14条　事業者は、高圧室内作業その他の労働災害を防止するための管理を必要とする作業で、政令で定めるものについては、都道府県労働局

> 長の免許を受けた者又は都道府県労働局長の登録を受けた者が行う技能講習を修了した者のうちから，厚生労働省令で定めるところにより，当該作業の区分に応じて，作業主任者を選任し，その者に当該作業に従事する労働者の指揮その他の厚生労働省令で定める事項を行わせなければならない。

1 趣旨

　一定の危険／有害な作業（①作業の方法や条件，②設備，機械，原材料等）につき，所要の資格（当該作業や設備等）を持つ者を作業主任者として事業者に選任させ，現場で直接労働者の作業を指揮し，設備等を管理させることにより，労災防止を図ろうとした規定である。[112]

　旧安衛則でも，第10条に使用者による危険な物質や作業にかかる取扱主任者や作業主任者の選任等が一般的に定められ，安衛則内外の特則で資格やさせるべき業務の詳細が定められていた（（例）乾燥室の作業主任者　ア　資格の詳細　受け持ちの乾燥室について，構造や附属設備，乾燥物の安全な加熱方法，乾燥物の加熱程度及び時間に応じたリスクを知り，室内温度の調整に熟達し，発火後の延焼防止や消火措置を講じられる者〔第163条〕。イ　させるべき業務の詳細　乾燥室内外及び附属設備を適時に点検して不備な箇所を発見して修繕する，室内の温度及び時間経過に応じて必要な措置を講じる，熱源の種類に応じた常時看視を行う，乾燥物が脱落しないよう支える，危険な加熱操作を行わない，引火物の加熱の際，爆発性混合ガスを排除する，室内の粉じんのたい積を防ぐ，壁外温度に留意すると共に可燃物の接近を防ぐ等の業務を行うべきこと〔第164条〕。その他，旧ボイラー則等にも作業主任者に関する特則があった）。

　現行安衛法の制定に際して，法律上の制度に格上げすると共に，法定安全衛生管理体制の一環に組み込んだ。[113]

2 内容

　作業主任者が選任されるべき業務を定めた施行令第6条の号数，作業主任者の選任規定を置く規則と条文，作業主任者の名称と必要な資格の種類（免許か技能講習か〔安衛則第16条第1項，別表第1。資格要件の詳細は，安衛則や各特別規則で定められている〕）[114]，選任すべき作業，職務根拠（作業主任者に所定の業務を行わせるよう事業者に義務づけた規定）については，資料3-30に整理されている。

　上述の通り，選任されるべき業務を大別すると，①作業等の危険有害性が窺われ，作業指揮を要するもの，②設備等の危険有害性が窺われ，設備等管理を要するもの，の2種類になる。

　また，第72条～第77条に関する解説のうち，

・章末資料8-2の2，3，6，8（免許試験でなければ取得できない作業主任者資格）

・参考2 の1～25，28（技能講習で取得できる作業主任者資格），

・章末資料8-1 ①（免許試験の実施状況〔受験者数，合格者数，合格率〕），②（登録省令第20条に定める登録区分〔技能講習の種類（40種），登録教習機関数，受講者数〕），

・参考1（免許に関連する用語等）の2（高圧室内作業主任者），3（ガス溶接作業主任者），4（林業架線作業主任者），6（エックス線作業主任者，ガンマ線透過写真撮影作業主任者），

のほか，

・第72条（免許が必要な資格と取得方法，欠格事由等）に関する解説のうち，〈第14条（作業主任者）の免許〉，

・第74条（都道府県労働局長による免許の取消し〔必要的取消し，任意的（裁量的）取消し，効力の一時停止〕，再免許）

・第74条の2（免許に関する必要事項の省令への委任）に関する解説のうち，〈免許資格の必要な業務〉，

・第75条（免許試験の実施方法）に関する解説のうち，〈免許試験の種類〉，

・第76条（技能講習）に関する解説のうち，1 趣旨 と 2 内容，

等に作業主任者に関する記載があるので，参照されたい。

　第76条（技能講習）の 2 内容 で述べる通り，作業主任者については，法第14条の委任を受けて施行令第6条が選任すべき31業務を列挙し，このうち，①高圧室内作業（高圧室内作業主任者免許），②アセチレン溶接装置又はガス集合溶接装置を用いて行う金属の溶接，溶断又は加熱の作業（ガス溶接作業主任者免許），③機械集材装置若しくは運材索道の組立て，解体等の作業（林業架線作業主任者免許），④電熱面積が大きいボイラーの取扱作業等（特級・1級・2級ボイラー技士免許），⑤放射線業務に係る作業（エックス線作業主任者免許），⑥ガンマ線照射装置を用いて行う透過写真撮影作業（ガンマ線透過写真撮影作業主任者免許），の6業務には免許が求められ，その他は技能講習で足りる（：作業主任者資格を得られる）とされている。逆に言えば，作業主任者になるには，免許の取得か技能講習の修了のいずれかが求められる。

　技能講習では，内容の類似する免許を取得ないし技能講習を履修している場合に講習の一部が免除されることがあり，所要日数は1～4日程度と様々である。誰でも受講できるものと，一定の資格を要するものと

資料3-30　作業主任者選任業務一覧表

(令：労働安全衛生法施行令，安規：労働安全衛生規則)

令6条号別	各規則条文	作業主任者名称	資格種類	選任すべき作業 (安衛法14条，同法施行令6条，安衛則16条)	職務根拠
1	高圧則10	高圧室内作業主任者	免許	潜函工法その他の圧気工法により大気圧を超える気圧下の作業室又はシャフトの内部において行う作業	高圧則10②
2	安規314	ガス溶接作業主任者	免許	アセチレン溶接装置又はガス集合溶接装置(10以上の可燃性ガスの容器を導管により連結したもの又は9以下の連結で水素若しくは溶解アセチレンの場合は400リットル以上，他は1,000リットル以上)を用いて行う金属の溶接，溶断，加熱業務	安規315
3	安規151の126	林業架線作業主任者	免許	次のいずれかの機械集材装置，運材索道の組立，解体変更，修理の作業又はこれらの設備による集運材作業(①原動機定格出力7.5kwを超えるもの②支間の斜距離の合計が350m以上のもの③最大使用荷重が200kg以上のもの)	安規151の127
4	ボイラー則24	ボイラー取扱作業主任者	ボイラー技士免許等	ボイラー取扱業務(小型を除く→令1条4号) ①特級＝伝熱面積合計500m²以上(貫流のみは除く) ②1級以上＝伝熱面積合計25m²以上500m²未満(貫流のみ500m²以上) ③2級以上＝伝熱面積合計25m²未満 ④技能講習以上＝令20条5号イからニまでのボイラー	ボ規25
5	電離則46	エックス線作業主任者	免許	次の放射線業務(但し医療用又は波高値による定格電圧が1,000KV以上のエックス線装置使用は除く) ①エックス線装置の使用又はエックス線の発生を伴う装置の検査業務 ②エックス線管，ケノトロンのガス抜き又はエックス線発生を伴うこれらの検査の業務	電離則47
5の2	電離則52-2	ガンマ線透過写真撮影作業主任者	免許	ガンマ線照射装置を用いて行う透過写真撮影の作業	電離則52-3
6	安規129	木材加工用機械作業主任者	技能講習	丸のこ盤，帯のこ盤，かんな盤，面取り盤，ルーターで合計5台以上(自動送材車式帯のこ盤を含む場合は3台以上)	安規130
7	安規133	プレス機械作業主任者	同上	動力プレス5台以上	安規134
8	安規297	乾燥設備作業主任者	同上	①乾燥設備内容積1m³以上(令別表第1の危険物に係るもの) ②危険物以外，熱源に燃料又は電力使用(その最大消費量が，固体燃料毎時10kg以上，液体燃料毎時10ℓ以上，気体燃料毎時1m³以上，定格消費電力10kW以上のものに限る)	安規298
8の2	安規321-3	コンクリート破砕器作業主任者	同上	コンクリート破砕器を用いる破砕作業	安規321-4
9	安規359	地山の掘削及び土止め支保工作業主任者	同上	掘削面の高さ2m以上の地山の掘削の作業 (技能講習は「地山の掘削及び土止め支保工で統一」)	安規360
10	安規374			土止めの支保工の切りばり，腹おこしの取付け又は取りはずしの作業(同上)	安規375
10-2	安規383-2	ずい道等の掘削等作業主任者	同上	ずい道の掘削，ずり積み，支保工組立(落盤，肌落防止用)，ロックボルト取付，コンクリート等吹付	安規383-3
10-3	安規383-4	ずい道等の覆工作業主任者	同上	ずい道等覆工(型わく支保工)組立，解体，移動，コンクリート打設	安規383-5
11	安規403	採石のための掘削作業主任者	同上	掘削面の高さ2m以上となる採石法2条の岩石の採取のための掘削	安規404
12	安規428	はい作業主任者	同上	高さ2m以上のはい付け，はいくずし(但し，ばら物荷や荷役機械の運転者のみで行う作業を除く)	安規429
13	安規450	船内荷役作業主任者	同上	船舶荷積み卸，船舶内荷移動(但し，500t未満の船舶で揚貨装置を用いない作業は除く)	安規451
14	安規246	型枠支保工組立て等作業主任者	同上	型わく支保工の組立て，解体の作業(但し，建築物の柱・壁・橋脚，ずい道のアーチ・側壁等のコンクリート打設用は除く)	安規247
15	安規565	足場の組立て等作業主任者	同上	つり足場，張出足場又は高さが5m以上の足場の組立，解体，変更の作業(ゴンドラのつり足場は除く)	安規566
15-2	安規517-4	建築物等の鉄骨の組立て等作業主任者	同上	建築物の骨組み・塔であって高さが5m以上の金属製の部材により構成されるものの組立て，解体，変更	安規517-5
15-3	安規517-8	鋼橋架設等作業主任者	同上	橋梁の上部構造であって金属部材により構成されるものの架設，解体，変更(但し，高さ5m以上又は橋梁支間30m以上に限る)	安規517-9

令6条号別	各規則条文	作業主任者名称	資格種類	選任すべき作業（安衛法14条，同法施行令6条，安衛則16条）	職務根拠
15-4	安規517-12	木造建築物の組立て等作業主任者	同上	軒高5m以上の木造建築物の構造部材組立て，屋根下地外壁下地の取付	安規517-13
15-5	安規517-17	コンクリート造の工作物の解体等作業主任者	同上	高さ5m以上のコンクリート造工作物の解体，破壊	安規517-18
16	安規517-22	コンクリート橋架設等作業主任者	同上	橋梁の上部構造であってコンクリート造のものの架設又は変更（但し，高さ5m以上又は橋梁支間30m以上に限る）	安規517-23
17	ボ則62	第一種圧力容器取扱作業主任者	＊1	第一種圧力容器の取扱作業（但し，令1条6号小型圧力容器及び令6条17号イ，ロは除く）	ボ則63
18	特化27	特定化学物質作業主任者	技能講習	令別表第3の特定化学物質（1類・2類・3類）製造又は取扱（但し，試験研究の取扱業務は除く）	特化則28
19	鉛33	鉛作業主任者	同上	令別表第4の鉛業務1号から10号まで（但し，遠隔操作の場合は除く）	鉛則34
20	四アル14	四アルキル鉛等作業主任者	同上	令別表第5の1号から6号・8号の四アルキル鉛等業務（講習は18と同一）	四アル15
21	酸欠11	酸素欠乏危険作業主任者（第1種）	同上	酸素欠乏危険場所における作業（第一種酸素欠乏危険作業）	酸欠則11②
		酸素欠乏危険作業主任者（第2種）	同上	酸素欠乏危険場所（酸素欠乏症にかかるおそれ及び硫化水素中毒にかかるおそれのある場所として厚生労働大臣が定める場所に限る）における作業（第二種酸素欠乏危険作業）	酸欠則11③
22	有機19	有機溶剤作業主任者	同上	令別表第6の2に掲げる有機溶剤の製造又は取扱	有機則19の2
23	石綿19	石綿作業主任者	同上	石綿若しくは石綿をその重量の0.1％を超えて含有する製剤その他の物を取扱う作業，試験研究のため製造する作業	石綿則20

＊1：化学設備にかかる第一種圧力容器の場合は化学設備第一種圧力容器作業主任者技能講習
上記以外はボイラー技士免許（特級・1級・2級），第一種圧力容器作業主任者技能講習（化学設備・普通）
（中央労働災害防止協会WEBサイト〔https://www.jisha.or.jp/campaign/kyoiku/pdf/kyoiku04.pdf，最終閲覧日：2025年1月22日〕）

があり，また，地域の人口や業務需要の多寡により講習の実施頻度は異なる。

やはり技能講習について言えば，以前は安衛則別表第6で規定するものと個別の規則等で直接規定するものに分かれていたが，公益法人に係る改革を推進するための厚生労働省関係法律の整備に関する法律（平成15年7月2日法律第102号）により，名称は，労働安全衛生法別表第18，講師の資格は同別表第20で定められることとなった。講習科目と受講資格については，なお従前の規則条項が定めているが，別表第20に講習科目のほぼ全部が掲揚されている。

作業主任者の選任は，所要の場所に資格者を「配置」するのみでは足りず，事業者は，明確に「作業主任者として選任」し，その氏名と行わせる事項を関係労働者に周知せねばならない（安衛則第18条。氏名の掲示による方法について，通達は，腕章，特別の帽子の着用等を例示している〔昭和47年9月18日基発第601号の1〕）。選任は作業場所ごとに行われねばならず，交替制の作業の場合，労働者を直接指揮する必要から，原則として各直ごとに選任せねばならないが，ボイラー取扱，第1種圧力容器，乾燥設備の各作業主任者に限り，各直ごとでなくてもよいとされている（「労働安全衛生法関係の疑義解釈について」昭和48年3月19日基発第145号）。

繰り返しになるが，事業者が作業主任者に行わせるべき業務の詳細は，安衛則や個別の特別則に定められている。

本来1人の作業主任者を選任すれば足りるところに複数選任した場合（施行令第6条所掲の各作業を同一の場所で行う際に複数作業主任者を選任した場合），各作業主任者の職務の分担を定める必要が生じる（安衛則第17条）。

なお，他の安全衛生管理体制とも共通するが，本条（法第14条）が定める「選任」（及び所定の事項を行わせること）が雇用である必要はない。

それとの関連で，例えば，A社が作業主任者資格を持つ一人親方Cに請負ないし委託契約により仕事を発注し，自身の雇用するBをCの指揮監督下で施行令第6条所定の危険有害作業に就かせる場合を考えてみる。このような場合，BをCに対して労働者派遣したと言えるか，また，Bの作業について作業主任者選任要件が満たされるか，という問題が生じる。このうち前者については，A社がBを「他人〔＊この場合C〕のために労働に従事させ」たと言えないため，労働者派遣に当たらないことはもとより（労働者派遣事業関係業務取扱要領〔令和3年1月1日〕第1の1(3)ハ(イ)），A社における作業主任者選任要件（本条）も満た

される可能性がある。[116]

3 関係規定
特になし。

4 運用

1 適用の実際
法第14条は、かなり違反指摘が多い条規である。違反による送検件数を記した令和2年公表「労働基準関係法令違反に係る公表事案」(https://www.mhlw.go.jp/content/000534084.pdf、最終閲覧日：2020年7月9日)によれば、令和元年6月1日から1年間で、違反による送検件数は9件だった。他方、是正勧告を典型とする違反指摘を記した「令和2年労働基準監督年報」の定期監督等実施状況・法違反状況（令和2年）では、違反の指摘件数は合計4025件に達していた。

他の主要条文違反に関するものも含めた平成11年以後の経年データについては、後掲する資料3-54・3-55を参照されたい。

本条は、作業主任者の未選任のほか、安衛則第18条が定めるその氏名や職務の未周知について適用することが多いという（令和2年度厚生労働科学研究費補助金〔労働安全衛生総合研究事業〕「労働安全衛生法の改正に向けた法学的視点からの調査研究」〔研究代表者：三柴丈典〕による行政官・元行政官向け法令運用実態調査〔三柴丈典担当〕）。

違反指摘の具体例には次のようなものがある。

(1) クレーン横転による一般人の死亡事例

ゼネコンA社が請け負ったビルの新築工事の現場で、1次下請の鉄骨業者B社が派遣した現場責任者Xが、2次下請の鉄骨建方工事業者Cの従業員と、移動式クレーンのリース業者Dのオペレータ Yらを指揮し、Dの移動式クレーンを用いて、Bが製造した鉄骨部材をつり上げ、Cの従業員に組立させていた。午前中は、アウトリガ（張り出して地面に足を設置させ、クレーンを安定させる装置）をしっかり張り出して作業していたが、お昼の休憩時間中にYが交通障害防止のために中間張り出し状態としたところ、午後の作業開始時に元に戻すのを忘れ、作業再開後、ジブ（腕）を旋回させたところで横転し、ジブの先端が歩行中の婦人の頭部に直撃し、死亡させた（資料3-31）。クレーンには、アウトリガの張り出し状態に応じた作業半径を超えた場合の自動警報装置が設置されていたが、Yがそのセット段階を変更していなかったので機能しなかった。また、高さ5m以上の鉄骨組立作業がなされながら、それ用の作業主任者（施行令第6条第15号の2、安衛則第517条の4）が選任されていなかった。

この経過を踏まえ、オペレーターYらの指揮をしていながらアウトリガの張り出し状態を確認しなかったXと共に、鉄骨組立作業を請け負っていたCが、前者については、おそらく法第20条違反（アウトリガーの張り出しに関する直接的な規制は、当時のクレーン等安全則第3章第2節のうち適当な条規〔当時は現行第70条の5はまだ存在しなかった〕）、後者については、作業主任者の選任義務違反で送致された。

なお、安衛法は抽象的危険犯の処罰が可能であり、事前送検可能な法律だが、実際問題として、一般人の被災事例をきっかけに、第20条違反による送致がなされたとすれば、同条は労働者のみを保護対象とする規定ではないことが監督行政上確認されたとも解される。

(2) 鉄骨組立工の墜落による死亡事例

3階建ての個人住宅建設工事をCが元請し、鉄骨組立工事をAが下請けし、①Cが現場に派遣した現場責任者D、②クレーンオペレーターE、③Aの社長であり、現場を指揮していたY、④X（おそらくAの被用者）、⑤Xの同僚F（おそらくAの被用者）の5名で鉄骨組立作業を行っていた。

Xは同僚Fと共に、鉄骨のボルト締め作業を担当し、基礎工事と2階から屋上に至る床の小梁の設置と3階までの階段の設置（仮締め）を終え、3階から屋上に至る階段の設置作業に入った。この際、当該階段には、それを搬入した際に使用した玉掛ワイヤロープが外されず残されていた。

Xは、屋上床の梁に跨がって作業していたが、ボルトがはまらない箇所（梁と階段の間）に番線（結わえ物を固定する等に用いる金属の紐）を代用すべく、地上にいたYにクレーンで番線を自分のいる所まで引き上げさせた後、先端のフックを残されていた玉掛ワイヤロープに引っかけ、そのまま仮締め作業を続けていたところ、クレーンオペレーターEが、クレーンのフックを巻き上げたため、階段が持ち上がって梁が揺れ、Xがバランスを崩して約10m下の地面に墜落して死亡した。

本件災害の原因は、Yによる墜落防止措置、作業主任者（建築物等の鉄骨の組立て等作業主任者〔施行令第6条第15号の2、安衛則第517条の4〕）の選任、安全帯の取付設備の設置、元方事業者に当たる元請Cによる作業の連絡調整等が、いずれも不履行だったことによると解された。

そこで所轄監督署は、Yを安衛法第14条、第21条第1項（墜落、土砂崩壊危険場所等での危険防止措置）、安衛則第517条の4（上記作業主任者の選任）、第521条（高さ2m以上の高所作業における要求性能墜落制止用器具等の取付設備の設置）の違反容疑で書類送検した。なお、

資料3-31 災害発生状況図

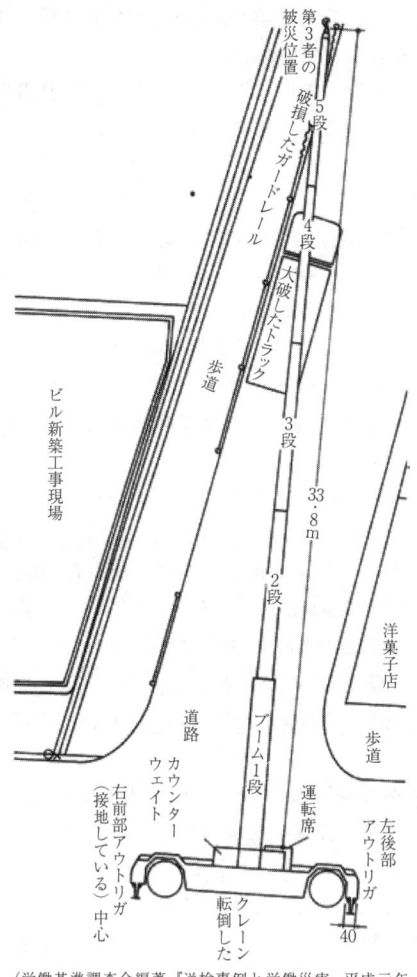

（労働基準調査会編著『送検事例と労働災害 平成元年版』〔労働基準調査会，1990年〕20-21頁）

資料3-32 パンチングメタル

安全帯については，それ自体は支給され（装着の一般的な指示もなされ）ていたが，取付設備が設置されていなかったため，このような処理になったと察せられる。

担当監督官は，作業主任者の選任や安全帯の取付設備の設置は，小規模事業場でも可能（＊前者は指定講習を受講させるだけで要件の実質を満たせる〔三柴注〕）なのに怠っていたことは問責されるべきと述べた（労働調査会編著『建設業編 安衛法違反による送検事例集 第1集』〔労働調査会，2001年〕14-15頁）。

（3）無災害ながら再三の是正勧告の無視を踏まえた事前送検の例

昭和63年2月，管轄署が，他所から管内に移転して数年経過し，主にパンチングメタル（資料3-32）を製造する有限会社A社（代表Yと家族3人を含め9人。動力プレス機械20台を保有）に臨検に入ったところ，

①プレス作業主任者の未選任，
②労災保険の未加入，
③特定自主検査（定期自主検査〔年次，月次等で行われ，

自動車でいう車検のようなもの〕が必要な機械のうち特に危険性が高い機械〔建設機械（油圧ショベルなど）や荷役運搬機械（フォークリフトなど）等〕につき，原則として1年以内に1回，一定の資格者による検査を行う義務が設定されたもの）の未実施（安衛法第45条第2項，施行令第15条第1項第2号〔動力により駆動されるプレス機械〕等に抵触），

④機械のV字形状ベルト（滑り止め等のためV字模様がついたベルト），プーリー等へのカバーの未設置（安衛則第101条等に抵触），

⑤つり上げ荷重2tの天井クレーンの玉掛有資格者未配置（クレーン等安全規則第21条等に抵触），

等の違反が認められ，是正勧告を行った。

しかし，その5カ月後にも②以外改善されていなかったうえ，代表Yは，「法律通りに是正していたら仕事にならない」と述べたこと，再度の是正勧告にもかかわらず，その5カ月後の監督でも，やはり改善されていなかった。そこで，管轄署は，法人Aと代表Yを，安衛法第14条，第61条違反の疑いで送致した。

担当監督官は，この事業場で用いられていたプレス機械が全て自動送給方式で安全性が高いことを認めつつ，金型の取り付けや取り外し時等の災害発生危険を指摘していた（労働基準調査会編著『送検事例と労働災害 平成元年版』〔労働基準調査会，1990年〕44-45頁）。

このように，本条の適用は，作業主任者資格者の選任の有無によって機械的に行われる傾向にあるが，その資格の多くは，技能講習の修了で取得できることからも，実際には資格者であっても必要な技能を持たないことが多いとの指摘がある[117]。特にプレス機械作業主任者，木材加工用機械作業主任者，有機溶剤作業主任者や特定化学物質作業主任者にその傾向が顕著であり，プレス機械作業主任者がプレスの安全対策について殆ど無知であったり，木材加工用機械作業主任者が安全装置や型式検定制度について殆ど無知であったりする例も散見されるという。

また，作業主任者は，あくまで現場の作業班の作業の指揮者であって，有機溶剤作業現場の局所排気装置等，物的措置の責任者ではないことからも，そうした設備の不備を工場長等に上申する例も多くないのでは

資料3-33 ヨウカン

©iStock

ないかとの指摘がある。[118]

2 関係判例
【刑事事件】
　第2条の関係判例でもある福岡高判昭63・5・12判時1278号161頁が参考になる。
　同判決からは，安衛法上の事業者は，基本的に保護対象となる労働者の雇用主でなければならないが，当該労働者の安全管理を担うべき立場にある場合，元請等も含む広い解釈も可能なことが窺われる。

【民事事件】
●プレス作業の経験はあるが所要の特別教育を受けていなかった者が，法定作業主任者のいないタイミングで，安全装置の効かない条件で手を挟まれて重い障害を負った災害につき，労基署から，彼を雇用していた事業者が作業主任者に所要の業務を行わせなかったとして是正勧告を受けた後，一定金額（70万円）を本人に支払う旨の示談が成立したものの，安全配慮義務違反に基づき8700万円の賠償を求める訴訟が提起された事案で，当該作業者に特別教育を受けさせずに当該作業に就けたこと，使用者の作業主任者選任義務は，作業開始前のみならず個々の作業ごとに発生するのに同人の管理外で当該作業者に作業を行わせたことを理由にその安全配慮義務違反を認めつつ，過失相殺により8割の減額を認めた例（岩瀬プレス工業事件・東京地判平20・11・13労判981号137頁）

〈事実の概要〉
　中国残留孤児Bの息子のX（原告）は，日本国籍を得て7年後にプレス用金型メーカーで，プレス機械5台を有する有限会社Yに雇用され，プレス作業に従事していた。Xは，それ以前に光線式安全装置備え付けのプレス機械の使用経験があり，ヨウカン（金型を乗せる四角材型の台。資料3-33参照）の取り替えに際して同装置の高さ調節が必要になること（そうしないと機能が働かない部分ができてしまうこと）は認識していた。Yの採用の際にも，プレス作業経験があること，金型を取り付けられること，プレス作業の危険性を認識していること等を伝えていた。

　Yでは，その資格を持つCが法第14条，施行令第6条第7号，安衛則第133条所定のプレス機械作業主任者に選任されていた。
　本件災害発生の日，Cの代わりに作業主任者資格を持たないDが工場での指導・監督をしていた。Xは，金型とヨウカンを取り替えたが，光線式安全装置の取付位置をヨウカンの高さに合わせないまま休憩に入り，Dに作業開始の許可を求めたところ，同装置を正しい位置に調整するよう求められたが実施せず，同装置が機能しない範囲で右手を入れて機械を作動させたため，スライドに右手指先を挟まれ，右手の人差し指と中指の2/3ほどが欠損し，右上肢が麻痺して運動性を失うなど，総合して後遺障害等級6級の障害を負った（本件災害）。
　Xが被災したプレス機（本件プレス機）は80tプレス機で，型式検定により構造規格上の安全プレスと認められたものであり，両手操作式安全装置（両手のいずれかを放すと自動停止する装置）と光線式安全装置（危険範囲の前を通過する光線を物体が遮ると自動停止する装置）の双方を備えていたが，検定上，ヨウカンの交換に際して，後者の高さ調節を要すること自体は許容されていた。
　江戸川労基署は，Xへの労災認定と共に，Yに対して，所定の作業主任者（ここではC）に所要の業務を行わせていなかったとして是正勧告等を行った。
　その後XY間で補償交渉が始まったが，折り合わないまま復職し，結局，Xの不安全行動をきっかけとするトラブルから無断欠勤を経て，本件災害から約2年半後に辞職した。その後も実父Bらを伴っての補償交渉が続き，その約2カ月後に，YがXに70万円支払うことで解決する内容の示談が成立した。
　以上の経緯を経て，Xは，Yに対して，安全配慮義務違反に基づき，8700万円余の損害賠償請求を行った。
〈判旨：X請求棄却（ただしYの賠償責任自体は肯定）〉
　法第14条，安衛則第28条（事業者は法令により設置した安全装置等の有効性の保持すべきこと），第134条（事業者はプレス機械につき作業主任者に安全装置の点検，異常への対応等を行わせるべきこと）によれば，事業者は，プレス機械作業主任者を選任した場合，同人に各作業ごとに同装置の安全装置の有効性の保持のため調整を行わせる義務があり，法定の特別の教育を受けた労働者に限り，その作業自体を行わせ得るが，作業主任者自身が作業遂行を確認する必要がある。「この義務は，労働者の安全を確保する上で重要な義務であるから，事業者の労働者に対する安全配慮義務の一内容を構成する」。
　本件では，Yは，本件災害当時，プレス機械作業

主任者CはY工場に不在で，上記特別教育を受けていないXに本件安全装置の調整をゆだねたうえ，その作業遂行も確認していないから，Yには安全配慮義務違反があった。

Yは，安衛則第136条（事業者によるプレス等作業開始前の点検の定め。第3号に急停止機構，プレス機械の金型やシャーの刃物の状態等が定められている）は，事業者に対し，その日の作業開始前にプレス機械の光線式安全装置の取付け位置を点検するよう求めているにすぎないと主張するが，事業者は，同条に基づく作業開始前の点検義務のほか，安衛則第28条に基づき，上記安全装置の有効性保持のための調整義務を負うから，事業者は，プレス機械作業主任者を選任した場合，同人に当該調整を行わせる義務がある。

ただし，Xは，他社で本件プレス機械と同様の機械によるプレス作業の経験とY入社後の経験から，ヨウカン交換時の光線式安全装置の調整の必要性を認識していたこと，採用時のYへの伝達内容に加え，本件災害直前に，Dから本件安全装置の取付け位置の調整を前提にプレス作業の開始を許されたにもかかわらず，本件安全装置の取付け位置を取り替えたヨウカンの高さに合わせて下げなかったことが原因で本件事故が発生したことが明らかであり，Xには本件災害につき相当の過失があった。よって，Xの損害につき8割の過失相殺をするのが相当である。

〈判決から汲み取り得る示唆〉

本判決最大の示唆は，作業主任者の選任と共に，同人に行わせるべき業務に関する規則規定等の存在を前提に，作業主任者の選任は個々の危険作業ごとに行う（本件では，作業開始前の点検のみでなく，現に危険作業が行われる場面で安全指揮を行わせる）必要があり，現に有効に活用する（本件ではプレス機械の安全装置の有効性保持のための調整をさせる）必要があるとしたことである。

先述した通り，作業主任者は，現場で直接作業の安全指揮をとる存在であり，交替制勤務でも，各直ごとに選任する必要があるため，仮に，作業主任者らの選任義務規定のみがあって，行わせる業務に関する規定がなかった場合でも，同様の判断が下された可能性は高い。なぜなら，本判決がXによる危険作業の際の作業主任者による安全装置の有効性の管理を事業者の安全配慮義務とした重要な根拠は，安衛則第134条だが，これは，事業者がプレス機械作業主任者に安全装置の点検や異常への対応等を行わせるよう求めているに過ぎず，そこから個々の作業での安全装置の常時の有効性保持の担保まで導けるかは微妙だからである。たしかに，安衛則第28条は，法令上設置した安全装置等の有効性の保持を一般的に事業者に課しているが，

これを作業主任者に行わせる義務まで課してはいない。つまり，本判決にも目的志向の創造的な解釈が含まれているということである。それだけ，作業主任者の選任と職務の実施という外形（秩序）を重視していると言える。

このことは，他の判例からも看取できる。例えば，山形県水産公社事件・最1小判平5・1・21判時1456号92頁等は，船舶の機関室内での冷蔵庫の冷媒（アンモニア）による関係請負人の従業員の中毒等による死亡等をもたらした仕事の発注者（船舶保有者）に，安衛法第30条第2項が定める第1項の特定元方事業者による統括管理の履行担当者の選任義務違反があったことが安全配慮義務違反にも当たるとした（ただし，同義務違反と本件災害の間に相当因果関係は認められず，その過失責任はないとした）。真備学園事件・岡山地判平6・12・20労判672号42頁のように，法定産業保健体制が整備されていれば，被災者の高血圧症を発見できたはずとして，その未整備を安配義務違反とした例もある。

このように，安全衛生の管理者の選任義務規定の存在から，当該管理者に合理的に期待し得る業務を安全配慮義務の内容と解する判断もあり，そもそも専門家や管理者の選任は，多様な事情に応じて講じるべき措置を特定させるために義務づけている面もあるので，制度趣旨に適った解釈とも言えよう。

（統括安全衛生責任者）

第15条　事業者で，一の場所において行う事業の仕事の一部を請負人に請け負わせているもの（当該事業の仕事の一部を請け負わせる契約が二以上あるため，その者が二以上あることとなるときは，当該請負契約のうちの最も先次の請負契約における注文者とする。以下「元方事業者」という。）のうち，建設業その他政令で定める業種に属する事業（以下「特定事業」という。）を行う者（以下「特定元方事業者」という。）は，その労働者及びその請負人（元方事業者の当該事業の仕事が数次の請負契約によつて行われるときは，当該請負人の請負契約の後次のすべての請負契約の当事者である請負人を含む。以下「関係請負人」という。）の労働者が当該場所において作業を行うときは，これらの労働者の作業が同一の場所において行われることによつて生ずる労働災害を防止するため，統括安全衛生責任者を選任し，その者に元方安全衛生管理者の指揮をさせるとともに，第30条第1項各号の事項を統括管理させなければなら

ない。ただし，これらの労働者の数が政令で定める数未満であるときは，この限りでない。
2　統括安全衛生責任者は，当該場所においてその事業の実施を統括管理する者をもつて充てなければならない。
3　第30条第4項〔＊分割発注の場合に発注者によって統括安全衛生管理義務者の指名がなされた場合に，被指名者が当該一の場所での作業する全労働者に対して統括管理を講じるべきこと〕の場合において，同項のすべての労働者の数が政令で定める数以上であるときは，当該指名された事業者は，これらの労働者に関し，これらの労働者の作業が同一の場所において行われることによつて生ずる労働災害を防止するため，統括安全衛生責任者を選任し，その者に元方安全衛生管理者の指揮をさせるとともに，同条第1項各号の事項を統括管理させなければならない。この場合においては，当該指名された事業者及び当該指名された事業者以外の事業者については，第1項の規定は，適用しない。
4　第1項又は前項に定めるもののほか，第25条の2第1項〔＊救護場面での2次災害防止措置〕に規定する仕事が数次の請負契約によつて行われる場合においては，第1項又は前項〔＊分割発注の場合の統括安全衛生管理義務者による統括安全衛生責任者の選任等〕の規定により統括安全衛生責任者を選任した事業者は，統括安全衛生責任者に第30条の3第5項〔＊元方事業者（第30条の3第1項で，第25条の2第1項〔救護場面での2次災害防止措置〕につき，関係請負人の労働者全ての保護を図るよう求められている）とその指名者が，第25条の2第2項〔＊事業者が救護場面での2次災害防止措置に特化した安全管理者を選任して所定業務を行わせるべき旨の定め〕を果たすよう求めた規定。要するに，元方事業者等が，混在的な条件下での救護場面での2次災害防止措置のため，それに特化した安全管理者を選任してその業務を行わせるよう求めた規定〕において準用する第25条の2第2項の規定により技術的事項を管理する者の指揮をさせるとともに，同条第1項各号の措置を統括管理させなければならない。
5　第10条第3項〔＊都道府県労働局長による総括安全衛生管理者の業務の執行に関する事業者への勧告〕の規定は，統括安全衛生責任者の業務の執行について準用する。この場合において，同項中「事業者」とあるのは，「当該統括安全衛生責任者を選任した事業者」と読み替えるものとする。

（元方安全衛生管理者）
第15条の2　前条第1項又は第3項の規定により統括安全衛生責任者を選任した事業者で，建設業その他政令で定める業種に属する事業を行うものは，厚生労働省令で定める資格を有する者のうちから，厚生労働省令で定めるところにより，元方安全衛生管理者を選任し，その者に第30条第1項各号の事項のうち技術的事項を管理させなければならない。
2　第11条第2項〔＊労基署長による安全管理者の増員／解任命令〕の規定は，元方安全衛生管理者について準用する。この場合において，同項中「事業者」とあるのは，「当該元方安全衛生管理者を選任した事業者」と読み替えるものとする。

1　趣旨

一の場所，すなわち「請負契約関係にある数個の事業によつて仕事が相関連して混在的に行なわれる各作業現場」（昭和47年9月18日基発第602号。≒重層的請負構造下での混在作業）では，その混在性ゆえに災害が生じ得るので，法第29条は，全ての業種につき，元方事業者（第15条が定める通り，重層的請負構造下の最先次にあって仕事の一部は自ら行う注文者であり，発注者も含む点と仕事の一部を自ら行う点で元請とは異なる。元請とは，通例，発注者から直接仕事を請け負う者を意味する）に，その構内（その管理下にある場所）で業務を行う請負人やその労働者の法令遵守の指導義務を課し（ただし罰則なし），法第30条は，当該作業場の災害リスク（特に建設機械がもたらす接触のほか，足場，支保工，架設電気設備等にかかるリスク）に関する巡視，連絡協議などの統括管理を特定（現段階では建設業と造船業）の元方事業者（及び分割発注の場合には統括安全衛生管理義務者）に課している。第30条の3は，第25条の2第1項（建設業等における爆発や火災等に際しての救護にかかる2次的な労災防止のための物的，人的措置義務）の履行確保のための統括管理を，一の場所における重層的請負関係に基づく混在作業下で図る目的で，元方事業者（及び分割発注の場合には統括安全衛生管理義務者）に課している（資料3-34～3-36を参照されたい）。

こうした統括安全衛生管理の確実を期すため，混在作業労働者数が一定数（原則として50人〔施行令第7条第2項〕）以上に及ぶ場所につき，元方事業者が選任すべきとされたのが，第15条所定の統括安全衛生責任者と，第15条の2所定の元方安全衛生管理者である。混在作業労働者数が一定数（原則として50人，建設業の一

部では30人）に満たない場合には，基本的には元方事業者が，安衛法第15条の3に従って適任な統括管理担当者を選任し，統括管理の責任を負えば足りるが，現段階では建設業に限り，ずい道，一定場所での橋梁，圧気等の工事の場合20人以上30人未満，鉄骨（鉄筋コンクリート）づくりの建設工事の場合20人以上50人未満では，現場を統括するゼネコンの支店（現場より一段上の事業場レベル）での選任をイメージした店社安全衛生管理者の選任が求められる（法第15条の3）（資料3-36・3-45を参照されたい）。

これは，事業場内における，総括安全衛生管理者が安全管理者，衛生管理者を指導する体制（資料3-13を参照されたい）を，特定の業種の混在作業現場に応用したものと解される。

2 内容

1 統括安全衛生責任者について

法第15条の対象事業は施行令第7条第1項により建設業と造船業となっており，その元方事業者は特定元方事業者と呼ばれているが，第15条の2の対象業務である建設業その他政令で定める業種について，現段階で政令の定めはないので，建設業に限られている。

通達（昭和48年3月19日基発第145号）によれば，第15条にかかる業種の特定は，当該事業の実態に即してなされ，例えば，鉄鋼業で常態的に行われる炉等の補修を構内に常駐する修理業者に請け負わせるような場合，当該鉄鋼業の事業者が製造業の元方事業者となるが，大がかりな補修工事であって，外部の専門業者に発注するような場合，独立の建設工事とみなされ，外部専門業者が建設業元方事業者となり，法第15条や15条の2の適用を受ける。

前述の通り，特定元方事業者というためには，発注者等が特定事業を自ら行う者である必要があるところ，工事の施工管理を行っている場合にも「特定事業を行うもの」に含まれるが，設計監理のみを行っている場合は含まれない（昭和47年9月18日基発第602号）。施工管理と設計監理の違いは，前者が工事の実施の管理であるのに対し，後者は設計図書の作成と工事がそれに沿っているかの確認とされている（昭和47年11月1日基発第725号）。要するに，元方事業者一般に，自身も仕事を行うというためには，設計ではなく施工に携わっている必要があるということである。

資料3-34 混在作業現場における統括安全衛生管理体制①

(イ) 法第30条第2項前段の場合

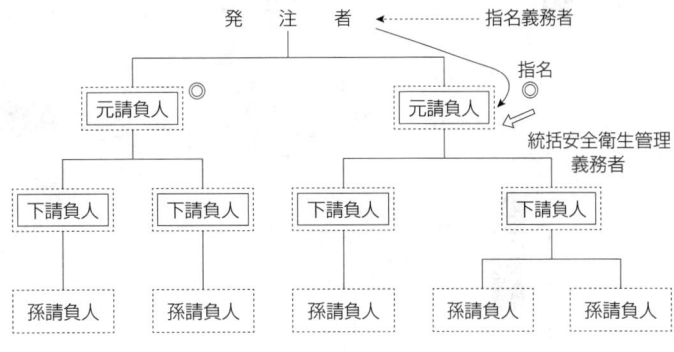

(ロ) 法第30条第2項後段の場合

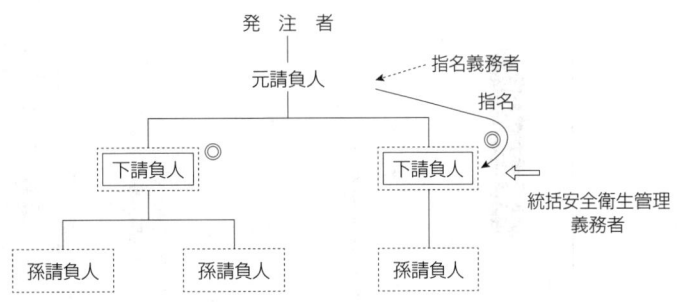

(注)① ☐ 内の者は，一の場所において行う事業の仕事の一部を請負人に請け負わせているものをさす。
② ┈┈ 内の者は，一の場所で自ら仕事を行っているものをさす。
③ ◎印は，特定元方事業者をさす。

（労働調査会出版局編『労働安全衛生法の詳解―労働安全衛生法の逐条解説〔改訂5版〕』〔労働調査会，2020年〕503頁）

この点につき，示唆的な判例がある。すなわち，集じん機の付け替えに伴うダクトの配管等の工事を発注者から請け負ったA社が，当該集じん機の設計・製造等を行い，A社と密接な取引関係にあって，その従業者のように使用していた（Aの技術顧問の肩書きで安全講習会を受けさせる等）個人事業主Bに対し，施工管理の大部分と共に工事を委ね，BはCに（おそらく一部を）請け負わせ，さらにCは（おそらく一部を）Dに請け負わせ，BCDの作業が，発注者の構内で混在して行われることとなったところ，当該構内で労災が発生してA社の特定元方事業者としての刑事責任（おそらく安衛法第30条の統括管理義務違反）が問われ，同人がその該当要件である自身も仕事を行う者だったかが争われた事案において，AB間の取引で，AはBに仕事を丸投げせず，施工管理の一部を実質的に留保していたとして，その責任が認められるとした例（最3小決平17・12・21判タ1199号197頁）である。ここでは，施工管理を行っていたか否かにつき，両者間の契約内容等の形式面より，実質面を重視した点が特筆される。

資料3-36に示した通り，統括安全衛生責任者を選

資料 3-35　混在作業現場における統括安全衛生管理体制②

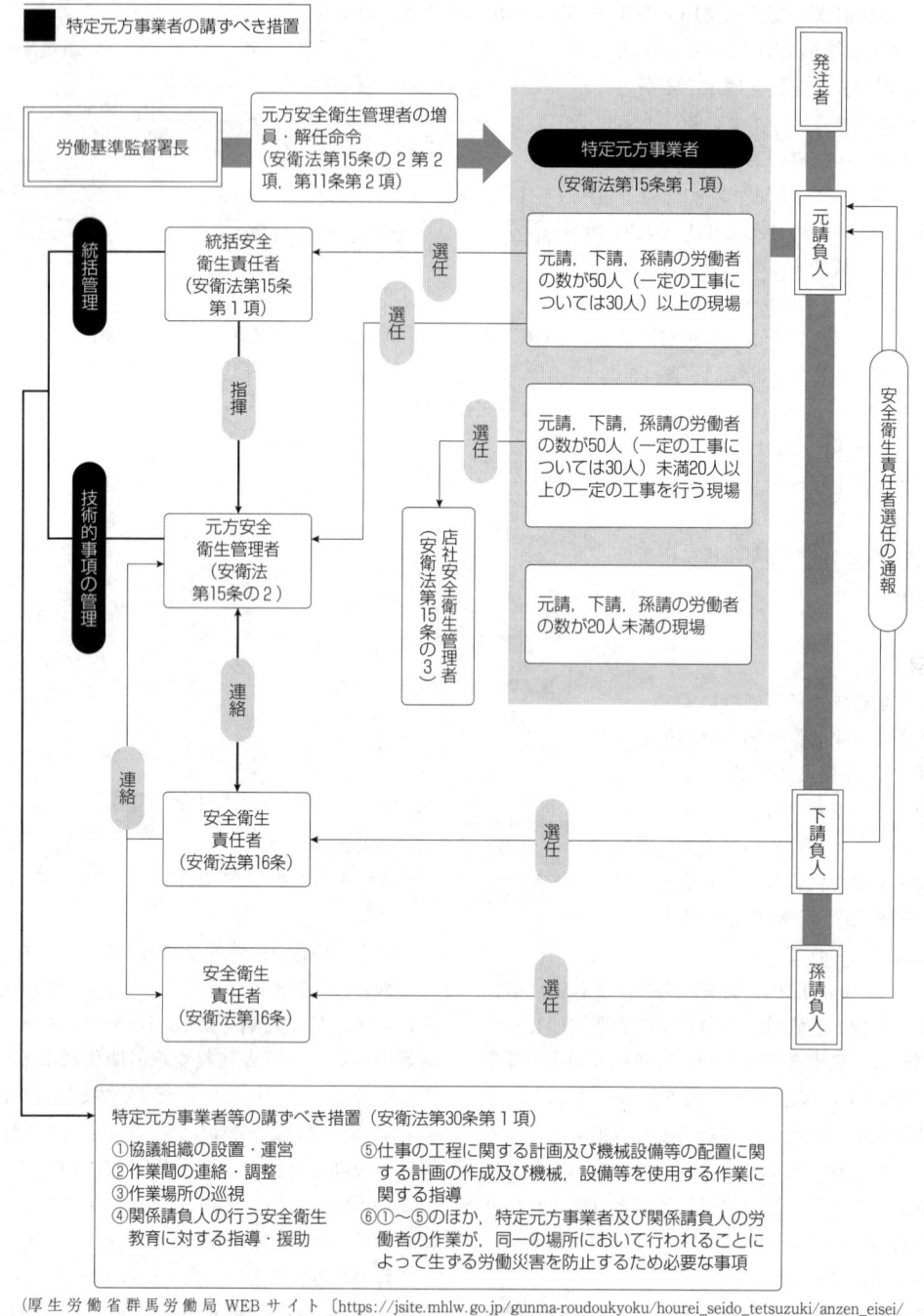

（厚生労働省群馬労働局 WEB サイト〔https://jsite.mhlw.go.jp/gunma-roudoukyoku/hourei_seido_tetsuzuki/anzen_eisei/anzen14/anzen14_3.html，最終閲覧日：2022年11月20日〕）

任すべき場所は，当該混在作業労働者数の合計が原則として50人（ずい道等，一定場所で行われる橋梁の建設又は圧気工法による仕事に限り30人）以上であり（ここでの労働者数のカウントは，準備や終期の手直し工事等を除く期間の1日あたりの平均を指す〔「労働安全衛生法および同法施行令の施行について」（昭和47年9月18日基発第602号）Ⅱ4（施行令第7条関係）〕），それ未満は，原則として統括管理担当者（安衛則第15条の3第1項）の設置で足りるが，現段階では建設業に限り，ずい道，一定場所で

の橋梁，圧気等の工事の場合20人以上30人未満，鉄骨（鉄筋コンクリート）づくりの建設工事の場合20人以上50人未満で，現場を統括するゼネコンの支店（現場より一段上の事業場レベル[127]）での選任をイメージした店社安全衛生管理者の選任が求められる（安衛則第18条の6）（資料3-45参照）。

法第30条第2項及び第3項が定める分割発注時の統括安全衛生管理義務者の指名制度（特定事業の仕事の発注者か仕事の全部を請け負った者〔で特定元方事業者以外の

資料3-36 混在作業現場における統括安全衛生管理体制③

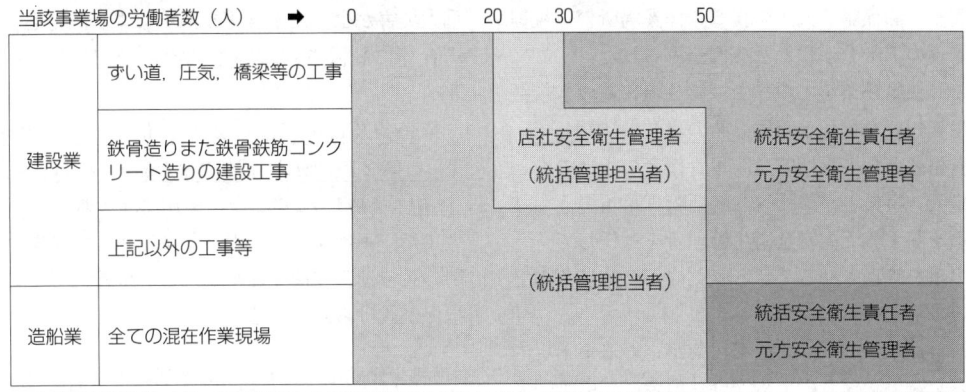

※（統括管理担当者）とは、安衛法第15条の3第1項にいう「第三十条第一項各号の事項を担当する者」であり、店社安全衛生管理者は統括管理担当者の指導及び安衛則第18条の8各号の職務を行う者であること。
（加藤知美監修『図解で早わかり 最新 労働安全衛生法のしくみ』〔三修社、2016年〕49頁）

者〕が分割発注し、複数名の労働者が混在作業を行う場合、自ら統括管理を担う1名を指名し、それがなされない場合、労基署長が指名することとなる制度）のもとでは、当該義務者が統括安全衛生責任者を選任し、当該場所でその仕事に関わる全労働者について管理業務を行わせねばならない（第15条第3項）（資料3-34・3-35を参照されたい）。その適格性については、第15条第2項が、「当該場所においてその事業の実施を統括管理する者」としており、これは第10条第2項の場合と同義である。すなわち、工場長、作業所長等名称の如何を問わず、当該事業場での事業の実施を実質的に統括管理する権限と責任を持つ者であり、「業務を統括管理する」とは、「第1項各号に掲げる業務が適切かつ円滑に実施されるよう所要の措置を講じ、かつ、その実施状況を監督する等当該業務について責任をもって取りまとめることをいう」（昭和47年9月18日基発第602号）。

統括安全衛生管理義務者が適法に指名された場合、被指名者以外の特定元方事業者に統括安全衛生責任者の選任義務は生じない（第15条第3項第2文）。また、統括安全衛生責任者がやむを得ない事由で職務を行えない場合には、代理人の選任が求められる（安衛則第20条〔第3条の準用〕）。統括安全衛生責任者1人あたりの対象事業場について規制はないが、大規模な工事現場の統括管理を担い、建設現場ならば元方安全衛生管理者を指揮する必要があることの他、毎月1回は巡視を行う必要上、多くとも5つ程度に限られるべきだろう。

統括安全衛生責任者の基本的職務は、いうまでもなく、法第30条第1項各号所定の統括管理（協議会の設置・運営、連絡調整、巡視、関係請負人による安全衛生教育の指導・援助、建設業の場合、工程計画や機械設備等の配置計画の作成や、関係請負人による機械設備等を用いる作業の指導等）だが、資料3-35が示すように、その実効性確保のため、建設業においては、元方安全衛生管理者を指揮すべきこととなっている（第15条第1項及び第3項）。

また、第30条の3は、第25条の2第1項所定の措置（建設業における爆発や火災等に際しての救護にかかる2次的な労災防止のための物的、人的措置〔機械等の備付けと管理、救護関係の訓練等〕）が重層的請負関係下での混在作業現場で関係請負人らによって行われる場合の統括管理を元方事業者に課しており、第15条第4項は、これらの規定を受けて、特定元方事業者は、この件の統括管理のためにも統括安全衛生責任者を選任し、当該統括管理を行わせると共に、その実効性確保のため、法第25条の2第2項所定の「救護に関する措置について技術的事項を管理する者」（建設業事業者全てに選任義務がある）の指揮をさせるべきと定めている。分割発注の場合にも、当該混在作業場所での作業労働者数が原則50人以上ならば、第25条の2第1項の履行確保のため、第15条第3項に基づき、統括安全衛生管理義務者は、統括安全衛生責任者を選任し、第25条の2第2項所定の技術管理者の指揮と当該統括管理をさせねばならない。

第15条第5項は、事業場内の総括安全衛生管理者の場合と同様に、統括安全衛生責任者の業務の執行について、都道府県労働局長が勧告できる旨を定めている。

2 元方安全衛生管理者について

統括安全衛生責任者は、当該混在作業現場で事業の実施を統括管理する者であり（第15条第2項）、一般的には現場の所長等工事施工の責任者となり、広範な業務を有し、災害防止の技術に詳しいとは限らない。特に建設業では、複雑な重層請負構造下での混在作業、タイトな工期、作業現場の移動と作業内容の変化等の事情から、現場事情に応じた適切な技術的安全衛生管

理の必要性が高い。現に，本規定（第15条の２）が新設された昭和55年当時，死亡災害事例の中に，作業間の連絡調整，関係請負人への指導，作業場所の巡視等の統括管理の不十分が窺われる例がみられた。[131]

そこで，法第15条第１項または第３項に基づき統括安全衛生責任者を選任した建設業の事業者に対して[132]，一定の資格者から，統括安全衛生責任者の指揮のもとで，特定元方事業者が講ずべき統括管理事項のうち技術的事項を関する元方安全衛生管理者を選任して，そうした事項を管理させることとしたのが，第15条の２である。[133]

先述した通り，これは，法第10条が定める事業場内の総括安全衛生管理者による安全管理者，衛生管理者の指揮関係と類似し，混在作業現場でも安全衛生管理体制の構築を図ろうとしたものである。

元方安全衛生管理者は専属でなければならず（安衛則第18条の３。専任とは異なり，兼務も認められるが，当該混在作業現場のリスクを知悉できる条件が求められる），選任する建設業元方事業者は，まさに混在作業による労災防止のため必要な措置をなし得る権限を与えねばならない（安衛則第18条の５）。また，やむを得ない事由で職務を行い得ない場合，代理人を専任せねばならない（安衛則第20条）。[134]

元方安全衛生管理者の資格は，法第11条（安衛則第５条）所定の安全管理者の資格と似ており，安衛則第18条の４に定められている。これは，①「大学等」の②「理科系課程」を修了して卒業後，③「３年以上」④「建設工事の安全衛生実務」に従事した者を基本として（第１号），①が高校等になれば，③が５年以上となる（第２号）。また，その他厚生労働大臣が定める者（第３号）については，②が理科系統以外の場合，③が５年以上，②が理科系統以外で①が高校等の場合，③が８年以上等となっており（昭和55年12月２日労働省告示第82号），一定の学歴を求めつつも，実務経験を重視していることが窺われる。

その職務は，統括安全衛生責任者の指揮下で，法第30条第１項所定の統括管理事項（協議組織の設置運営，作業間の連絡調整，作業場所の巡視，関係請負人による安全衛生教育の指導・支援等）のうちの技術的事項を行うこと（実務の実施）であり，専門技術的事項に限られず（昭和55年11月25日基発第647号），管理と実働の両者を担う。[135]

元方安全衛生管理者についても，事業者がその職務に必要な権限を付与すべき旨が定められている（安衛則第18条の５）。

第15条の２第２項は，法第11条第２項を準用し，安全管理者，衛生管理者におけると同様に，元方安全衛生管理者についても労働基準監督署長による増員・解任命令を規定している。準用する安全管理者制度では，この命令の発動基準が，主要な義務の懈怠により重大災害が生じた場合等や病気による職務遂行不能な場合等に制限されている（昭和25年３月15日基発第200号）。

第15条及び第15条の２第１項（選任と職務遂行の確保）と第２項（増員・解任命令の遵守）には罰則がある（法第120条第１号と第２号：50万円以下の罰金）。

また，両条文以下の混在作業関係の安全衛生管理体制の設置運営に関する規定には，別途，以下のような担保が設けられている。[136]

所轄労働基準監督署長への選任報告（法第100条第１項）
・統括安全衛生責任者（安衛則第664条第１項第３号）
・元方安全衛生管理者（安衛則第664条第１項第４号）
・店社安全衛生管理者（安衛則第664条第１項第５号）

3　関係規定

法第30条（特定元方事業者による混在作業場所での統括管理義務等）。

4　運用

1　適用の実際

違反による送検件数を記した令和２年公表「労働基準関係法令違反に係る公表事案」（https://www.mhlw.go.jp/content/000534084.pdf，最終閲覧日：2020年７月９日）と是正勧告を典型とする違反指摘件数を記した「令和２年労働基準監督年報」の定期監督等実施状況・法違反状況（令和２年）では，そもそも第15条，第15条の２に関する項目立て自体がなされていない。

森山誠也監督官によれば，そもそも，第15条及び第16条の適用対象となる作業場が限られているため，監督業務上，違反を認めることはそれほど多くないという。

もっとも，監督指導上，混在作業従事者が労働者か一人親方か明確でない場合もあるという。

また，第15条の履行確保のための行政への提出文書の書式について，興味深い指摘がなされた。すなわち，前述の通り，第15条所定の統括安全衛生責任者の選任義務は，混在作業を行う労働者数が，ずい道，橋梁建設工事の一部等では30人，その他では50人（本条第１項但書及び安衛法施行令第７条）未満の時には課されない。しかし，ある監督官によれば，特定元方事業者が一の場所での混在作業の開始時に提出を義務づけられている特定元方事業者事業開始報告（資料３−37）の中に統括安全衛生責任者等の記入欄が設けられていることから，必要だと誤解されて選任されることも多い

資料3-37 特定元方事業者の事業開始報告

という。

この誤解が生じる理由には，むろん書式のつくりがあるだろうが，他に，労働者数をカウントするタイミングが不明確であること等も影響している可能性もあるという。

2 関係判例

安衛法違反による刑事事件において特定元方事業者の該当性（仕事を丸投げする元請か，自らも仕事を行う元方か）が争われた前掲の最3小決平17・12・21判タ1199号197頁のほか，以下のような民事（裁）判例がある。

● 元請の安衛法第29条，第30条違反が下請の労働者に対する債務不履行に当たるとされた例（尼崎港運・黒崎産業事件・神戸地尼崎支判昭54・2・16判時941号84頁）

法第29条・第29条の2の関係判例を参照されたい。

● 船舶補修工事中に足場からの転落により死亡した災害の要因として，事業者の墜落防止措置（開口部の覆い等，安全帯の着用させ等）を定めた安衛則第519条違反を前提に，直接の雇用主の安全配慮義務違反による債務不履行責任が認められると共に，元請が特定元方事業者と認められ，不法行為責任を認められた例（常石造船・宮地工作所事件・広島地尾道支判昭53・2・28判時901号93頁）

〈事実の概要〉

造船等を業とするY1（常石造船）は，訴外M社からあらびあ丸の補修作業を元請けし，船舶の修理等を業とするY2（宮地工作所）にプロペラシャフト（プロペラを取り付ける軸），プロペラの取り外しと取り付け作業を下請けさせ，自身の構内（管理する作業場）にある船渠で作業をさせた。同社では，担当部署の技師が本件作業の工程を決め，指揮をしていた。

他業者がプロペラシャフト（おそらく船舶に連結されている）にプロペラを仮はめこみした状態で引き継ぎを受け，Y2の責任者F1のほか，F2，K，T，亡Hほか1名の計6名で作業に当たることとなった。最初は6名，その後F1ら3名が，プロペラの取り付け作業の準備として，プロペラシャフトにナットの装着作業を行い，次いで，チェーンブロックを使って渠底にあったジャッキ受け（Y1の担当部署のNが，F1から依頼を受けて用立てたもので，内径約50cm，タテとヨコの外径が各々約1mで重量は約140kgあった[137]）を作業床の高さまで引き揚げ，下部を押し広げてプロペラシャフトにはめ込もうとしたが十分に開かず奏功しなかった。そこでF1は，（おそらくは）ジャッキ受けを2つに分けて別個にシャックルを用いてつり上げ，左右からプロペラシャフトを挟み込んで固定する方法を考え，Kにシャックルを2つ取りに行かせたところで亡Hらが現場に戻り，作業を引き継いだ。この際，Y2のF1は，従前の作業経過や安全上の注意は行わなかった。

F1は，Hら現場作業員に安全帯を使用させておらず，また，本件作業足場には，足場とプロペラの間等に落下危険のある開口部があったが，覆い，囲い，防壁等は設けられていなかった。Y1の本件補修作業担当者は，彼らが安全帯を付けずにこうした危険な方法で作業しているのを現認したが，何ら指示や注意はし

資料3-38 補修工事中のプロペラシャフト周辺図

（篠原耕一氏提供のスケッチを踏まえ池崎万優氏が作図）

資料3-39 治具

（篠原耕一氏提供）

資料3-40 補修中のプロペラ及びプロペラシャフト

（岩村和典氏提供）

なかった。

　シャックル引き取りをKから引き継いだTがそれを持参して現場に戻ると、亡HとF2が、F1と同じ方法でのはめ込みを試みていて、シャックルを使おうとしなかった。そのまま作業を続け、亡Hらが作業床から約1m上がったジャッキ受けの下部を押し広げてプロペラシャフトにはめ込もうとしたところ、ジャッキ受けの上部接続部のボルトが折損し、ジャッキ受けが割れて作業床に落下したため足場板が破損し、その上にいた亡Hが約4.7m下の渠底に転落し、脳挫傷で死亡した（資料3-38〜3-40参照）。

　そこで、遺族のXらが、Y2の安全配慮義務違反（安衛則第519条第2項違反等による）とY1の不法行為（安衛法第15条第1項所定の特定元方事業者に該当するのに、安全上万全の措置を講じなかったことによる）を根拠に、賠償請求した。

〈判旨：Xら請求認容〉

　ア　Y2の責任

　事業者は、労基法第42条（安全衛生に関する定めの安衛法への委任）、安衛法第3条（第1項：最低基準を超えた労働者の安全・健康の確保、国の労災防止施策への協力、第2項：機械器具や原材料の製造流通業者、設計者による労災防止措置の努力義務、第3項：建設工事の注文者等の安全衛生に係る施工方法・工期等についての配慮義務）により、労災防止のための最低基準のみならず、労働安全・健康の確保を要請され、機械器具その他の設備による危険防止措置を課されている（安衛法第20条第1号）。たしかに、本件作業に際して、ジャッキ受けをプロペラシャフトにはめ込む際の安全作業手順を指示する作為義務までは認められないだろうが、Y2の現場責任者のF1は、自身でやってみてうまくいかなかったジャッキ受けのプロペラシャフトへのセットを、その作業を初めて行う亡Hに交替させる際に、操作方法を誤り、ジャッキ受けの重量、高所作業、夜間の作業等の条件から、作業足場から墜落するリスクは予想できたはずだし、Y2の責任者であって、作業手順を指示し得る立場にあったはずなので、条理上、作業手順を示して災害発生を未然防止すべきだった（＊ジャッキ受けの転落防止関係）。

　また、本件足場は高さ4.7mの作業床で、墜落危険のある開口部があって、囲いの設置が著しく困難だったこと等から、安衛則第519条により、足場にかかる開口部に転落防止用ネットを張るか、亡Hらに安全帯（命綱）を使用させる義務があった（Yらも、その義務の存在自体は争っていない）が、それらを怠って本件災害を発生させたので（＊ジャッキ受けの転落に導かれた亡Hの転落防止関係）、雇用契約上の安全配慮義務違反に当たる。

　イ　Y1の責任

　自身が船舶建造等を業とする会社で、その構内での補修作業の一部をY2に請け負わせていた以上、Y1は、安衛法第15条にいう特定元方事業者に該当する。そして、その構内でその作業床を使用させて、請負人Y2の労働者に作業させていた以上、Y2について述べたのと同様の理由から、足場にかかる開口部に転落防止用ネットを張るか、亡Hらに安全帯（命綱）を使用させるか、Y2やその作業員に当該措置を講じるよう指導、監督する義務があったが、それらを怠って本件災害を発生させたので、不法行為責任を負う。

　ウ　アイに関するYらの主張について

　Yらは、Y2やF1に安衛則第519条違反があったことは争わないが、民事上の過失責任は別問題であり、

本件災害は，同条を遵守していても発生したので，Yらに過失責任はないと主張するが，本件災害は，もともとあった開口部が（重いジャッキ受けの落下による）足場の折損に伴って更に拡張して生じたものだし，同条所定の措置（転落防止用ネット張りや安全帯の使用させ）を講じていれば防止できたことが明らかである。Yらは，日頃から安全帯の着用を指導し，本件作業現場近くに安全帯を備えていたというが，同条が求める措置は，「現実的かつ実効」的なものでなければならないので，失当である。

　　エ　過失相殺
　亡HがF1に匹敵する指導者の地位にあったとも，F1の指示に反して作業したとも言えないが，現場の作業床の開口部を認識していたこと，そのような場所で適当か不明な方法で重量のあるジャッキ受けのはめこみ作業をしていた以上，他の方法を検討せず，容易に使用できる安全帯を使用しなかったこと等が本件災害の一因となったこと等から，過失割合は3対7とみるのが相当である。

〈判決から汲み取り得る示唆〉
　そもそも，法第15条については，同法所定の特定元方事業者に該当するか否かが争われるケースが多いことが窺われる。
　本判決の法解釈について言えば，まず，安衛法第3条や第20条をもって，公法（監督取締法）上，機械器具に関する事業者の安全健康上の確保措置義務を広く認めている点が特徴的である。すなわち，法第27条によって義務内容の具体化が省令に委ねられたにもかかわらず，それを超えて，安衛法上の一般的な安全健康確保措置義務を認めている。たしかに，法定外の作業手順の指示まで一般的には義務づけられないとしているが，公法である安衛法上，省令の定めを超えた措置義務があるとし，本件の事情下では，条理上，安全な作業手順の指示が求められたとしている。これは，監督取締法上の義務を意味していると思われる。
　また，より重要なのは，Y1につき，法第15条所定の特定元方事業者に当たるとしたうえで，被災者の直接の雇用主であるY2と同様に，安衛則第519条所定の措置（事業者の墜落防止措置〔開口部の覆い等，安全帯の着用させ等〕）義務を負うとしている点である。おそらく法第29条（元方事業者による関係請負人等の安衛法令遵守の指導・指示義務）を意識して，直接講じるのではなく，Y2らに当該措置を講じるよう指導する選択肢も認めているが，安衛法上の義務として，明らかに直接履行する義務を述べている。民事上の安全配慮義務ないし注意義務の内容というなら分かるが（そう理解できないでもないが），素直に読めば，監督取締法としての安衛法上の義務としているので，かなり広い解釈

である。
　もっとも，担当判事が，安衛法や，同法と民事過失責任の関係について正確に理解していたか，やや疑問がある。

（店社安全衛生管理者）
第15条の3　建設業に属する事業の元方事業者は，その労働者及び関係請負人の労働者が一の場所（これらの労働者の数が厚生労働省令で定める数未満である場所及び第15条第1項又は第3項の規定により統括安全衛生責任者を選任しなければならない場所を除く。）において作業を行うときは，当該場所において行われる仕事に係る請負契約を締結している事業場ごとに，これらの労働者の作業が同一の場所で行われることによつて生ずる労働災害を防止するため，厚生労働省令で定める資格を有する者のうちから，厚生労働省令で定めるところにより，店社安全衛生管理者を選任し，その者に，当該事業場で締結している当該請負契約に係る仕事を行う場所における第30条第1項各号の事項〔＊混在作業現場での統括管理：協議会の設置・運営，連絡調整，巡視，関係請負人による安全衛生教育の指導・援助，建設業の場合，工程計画や機械設備等の配置計画の作成や，関係請負人による機械設備等を用いる作業の指導等〕を担当する者に対する指導その他厚生労働省令で定める事項を行わせなければならない。
2　第30条第4項〔＊統括安全衛生管理義務者が混在作業の行われる一の場所で関係契約のもとで就労する全ての労働者の統括管理を行うべきこと〕の場合において，同項のすべての労働者の数が厚生労働省令で定める数以上であるとき（第15条第1項又は第3項の規定により統括安全衛生責任者を選任しなければならないときを除く。）〔＊20人以上50人未満の中小規模建設現場〕は，当該指名された事業者〔＊元方の立場にある者〕で建設業に属する事業の仕事を行うものは，当該場所において行われる仕事に係る請負契約を締結している事業場ごとに，これらの労働者に関し，これらの労働者の作業が同一の場所で行われることによつて生ずる労働災害を防止するため，厚生労働省令で定める資格を有する者のうちから，厚生労働省令で定めるところにより，店社安全衛生管理者を選任し，その者に，当該事業場で締結している当該請負契約に係る仕事を行う場所における第30条第1項各号の事項を担当

> する者に対する指導その他厚生労働省令で定める事項を行わせなければならない。この場合においては，当該指名された事業者及び[138]当該指名された事業者以外の事業者については，前項の規定は適用しない。

1 趣旨

本条は，法第15条，第15条の2に基づく統括管理体制が構築されない中小規模の建設現場において，それに準じる管理体制を構築させるために設けられた。

すなわち，一の場所で就労する自身と関係請負人の労働者数が原則として50人未満20人以上で，したがって，法第15条所定の統括安全衛生責任者や第15条の2所定の元方安全衛生管理者の選任義務は生じないが，災害が多発していた中小規模建設現場を対象として（現段階では建設業に限られる），法第15条や第15条の2に準じる統括安全衛生管理体制として，当該現場を管理するゼネコン（本条の名宛人である建設業元方事業者）の支店等（店社）に安全衛生管理者を選任させ，現場所長，安全担当者（基本的に措置義務者である1次下請以下を想定しているが，店社安全衛生管理者を選任したゼネコン〔の現場責任者ら〕も含む）の指導や管理に当たらせることとしたものであり（したがって，措置義務者はあくまで1次下請以下であり，自ら措置する義務を負うわけではない），平成4年の法改正（平成4年5月22日法律第55号）で新設された（資料3-36・3-45を参照されたい）。

第2項は，第1項の適用条件下で，発注者等（自身も仕事の一部を行う建設業元方事業者を除く）から仕事が分割発注された場合に，法第30条第2項及び第3項に倣い，店社安全衛生管理者の選任義務者を発注者等が指名すべきことを定めたものである。

平成4年に公表された中央労働基準審議会建議「労働者の安全と健康の確保のための対策の推進について」（平成4年1月10日発表）は，建設業における中小規模現場での労災防止対策のための安全衛生管理体制の充実化の一環として，本制度の趣旨を以下のように示している。

ア　10～29人規模の小規模建設工事現場の元方事業者は，当該現場を管理している店社に店社安全衛生管理者を選任すべきこと，この場合，10現場程度ごとに1人を選任すべきこと[139]，

イ　店社安全衛生管理者の職務は，安衛法第30条第1項各号の事項の確実な実施のための指導監督であり，①毎月1回以上の現場巡視，②現場状況の把握，③協議組織への参加，④工程や機械設備の配置等に関する計画の審査等を行うべきこと，

ウ　店社安全衛生管理者の資格要件は元方安全衛生管理者と同等とすること，

エ　安衛則第664条所定の特定元方事業者による一の場所における混在作業の開始時の（労基署長への）報告で店社安全衛生管理者の氏名を報告すべきこと[140]，

オ　新任店社安全衛生管理者らへの研修，相談実施等の支援を行うべきこと。

ここから，この制度は，当初は統括安全衛生責任者制度等の拡充が考えられていた規模を含め，中小規模建設工事現場で，なるべくそれに近い統括安全衛生管理制度の実現を図ろうとしたものと言える。

2 内容

本条にいう「当該場所において行われる仕事に係る請負契約を締結している事業場」とは，まさに，「一の場所」として混在作業が行われ，統括管理にふさわしい中小規模建設現場を管理するゼネコンの支店等（店社：現場より一段上の事業場レベル）[141]を意味し，本条は，そこに準統括管理体制を構築させようとしたものである。準統括管理体制の構築[142]という目的を果たせれば良いので，元方事業者が自主的に統括安全衛生管理体制を構築している場合はもちろん（安衛則第18条の6第2項），一の場所での建設工事に関係する請負契約を締結している店社以外の店社が現場の監督，指導を行っている場合にもそれで足りる（平成4年8月24日基発第480号）。

もっとも，事業場は法人とは限らないので，契約の主体になれない場合もあり得る。よって，法人が契約主体である場合，ここで「請負契約を締結している事業場」とは，「請負契約を締結した法人等（建設業元方事業者）において当該一の場所の仕事の管理，指導を担当している事業場」と解すべきだろう。平成4年通達によって別途配置が認められる店社とは，そうした法人以外の法人や個人事業主が運営する事業場であって，当該「一の場所」での建設工事の管理，指導を担当しているところと理解できる。よって，元方事業者以外の下請事業者や純粋な発注者等も該当し得ると解される。

対象となる建設工事現場は，安衛則第18条の6に定められており，混在作業が行われる一の場所で就労する自身と関係請負人の労働者数が50人（ずい道等や橋梁の建設や圧気工法作業を行う職務〔以下，本条（法第15条の2）の解説において「ずい道建設作業等」という〕の場合30人。その他が50人だが，安衛則第18条の8により店社安全衛生管理者を選任すべき職務が特定されているため，50人となるのは，鉄骨造り又は鉄骨鉄筋コンクリート造りの建設工事〔以下，本条の解説において「鉄骨造り建設作業等」という〕に限られる。結局，店社安全衛生管理者を選任すべき職

務は，この２種類〔ずい道建設作業等：30人，鉄骨造り建設作業等：50人〕に限られている。安衛法施行令第７条）に満たず，したがって，法第15条所定の統括安全衛生責任者や第15条の２所定の元方安全衛生管理者の選任義務は生じないが，災害が多発していた労働者数20人以上の中小規模の建設現場である（資料３-36・３-45を参照されたい）。

第２項は，発注者等（発注者と一の場所の仕事の全部を請け負った元請）により建設業の仕事が分割発注された場合の，いわば準統括安全衛生管理義務者の指名を定めている。すなわち，分割発注により建設業元方事業者が複数生じ，仮に一の場所の労働者数が原則として50人以上なら，法第30条第２項及び第３項により，統括安全衛生管理義務者が指名されるべきこととなる場合であって，なおかつ，<u>一の場所の労働者数が，第１項により建設業元方事業者が店社安全衛生管理者を選任すべき要件に該当する場合（20人以上）</u>につき，第１項所定の<u>店社安全衛生管理者の選任義務者を当該仕事の発注者らが指名すべきこと</u>を定めたものである。

この指名がなされ，被指名事業者（建設業元方事業者）が店社安全衛生管理者を選任して所定業務を行わせた場合，それ以外の請負人が選任義務を負わないこと（本条第２項第２文。統括安全衛生管理義務者の場合，法第30条第４項），店社安全衛生管理者が職務を行えない場合の代理者の選任の必要性（安衛則第20条）も，統括安全衛生管理義務者らと変わらない。もっとも，統括安全衛生管理義務者の場合とは異なり，<u>指名がなされない場合の労基署長による指名制度（統括安全衛生管理義務者の場合，法第30条第３項）は定められていない</u>。

店社安全衛生管理者１人あたりの対象現場数は法定されていないが，毎月１回の巡視等の確保の見地から，10現場程度とすべきとの見解がある。[143]

<u>店社安全衛生管理者の資格要件</u>は，本制度の基礎である中央労働基準審議会の建議が示唆していた通り，<u>安衛則第18条の７</u>において，<u>元方安全衛生管理者のそれとほぼ同等に設定されている</u>（ただし，担当する現場が元方安全衛生管理者より小さいので，それより若干簡単／緩めに設定されている）。両者を比較対照すると<u>資料３-42</u>のようになる。

その職務も元方安全衛生管理者のそれと似ており（安衛則第18条の８），法第30条第１項所定の統括管理事項（協議組織の設置運営，作業間の連絡調整，作業場所の巡

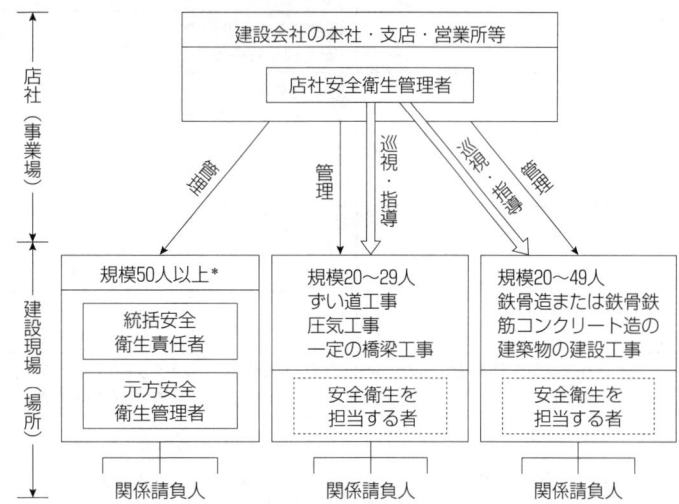

資料３-41　店社安全衛生管理者制度の概念図

＊ずい道工事，圧気工事，一定の橋梁工事の場合は，規模30人以上。
(注）この図の左端のケースは，店社安全衛生管理者の選任を要しない典型的な場合を，参考までに掲げたもの。

（畠中信夫『労働安全衛生法のはなし』〔中央労働災害防止協会，2019年〕217頁）

視，関係請負人による安全衛生教育の指導・支援等）に関わるが，<u>店社安全衛生管理者の場合，自身が実施するのではなく，資料３-43の通り，その担当者（現場所長，工事主任，専任の安全担当者等）を指導することとされている（店社安全衛生管理者の選任義務を負うのは建設業元方事業者だから，自身が選任した者の管理を受けながら統括管理を行う義務を負う構図になる場合もある</u>）。

<u>安衛則第18条の８</u>は，概ね中央労働基準審議会の建議通り，<u>①現場巡視，②現場状況の把握，③協議組織への参加，④工程や機械設備の配置等に関する計画の審査</u>等の管理指導的な業務を定めている。平成４年８月24日基発第480号は，①は毎月１回以上とすべきこと，ただし，時機，間隔共に工事の状況に応じて労災防止上の必要から決定されるべきであり，必ずしも毎月１回以上である必要はないこと，②は各工事の進捗状況等の把握を意味すること等を示している。また，③では，店社安全衛生管理者が複数の建設現場に割り当てられることを前提に，重要な工程に着手する時期等にできるだけ参加すること，④は，そうした計画が適正に作成されているかを確認することが求められる。[144]

店社安全衛生管理者の場合，元方安全衛生管理者の場合（安衛則第18条の５）と異なり，<u>事業者がその職務に必要な権限を付与すべき旨は定められていない</u>。法第15条の２第２項のような規定（<u>労基署長による増員・解任命令</u>）もない。「準」統括管理の役割であることに加え，そもそも自身による実施ではなく指導監督の役割であることも影響したと思われる。

資料3-42

	元方安全衛生管理者 （安衛則第18条の4）	店社安全衛生管理者 （安衛則第18条の7）
大卒等	①「大学等」の ②「理科系課程」を修了して卒業後， ③「3年以上」 ④「建設工事の安全衛生実務」に従事 （第1号）	②は不要かつ学士と同等以上と認められた者や専門職大学前期課程修了者を含むほか，同左 （第1号）
高卒等	②④は同上で，③が5年以上となる （第2号）	②は不要かつ高卒等と同等と認められた者を含むほか，同左 （第2号）
学歴を問わない場合		③が8年以上 （第3号）
学歴での課程が理科系以外の場合 （その他厚生労働大臣が定める者）	②が理科系以外の場合，③が5年以上， ②が理科系以外で①が高校等の場合，③が8年以上 （第3号，昭和55年労働省告示第82号）	現段階で大臣による指定は見当たらない （第4号）

＊店社安全衛生管理者の資格要件としての実務経験は，行政解釈上，店社に籍を持って現場巡視等を行い，現場の「安全衛生管理について指導」した経験を含むとされている（平成4年8月24日基発第480号）。
（三柴丈典作成）

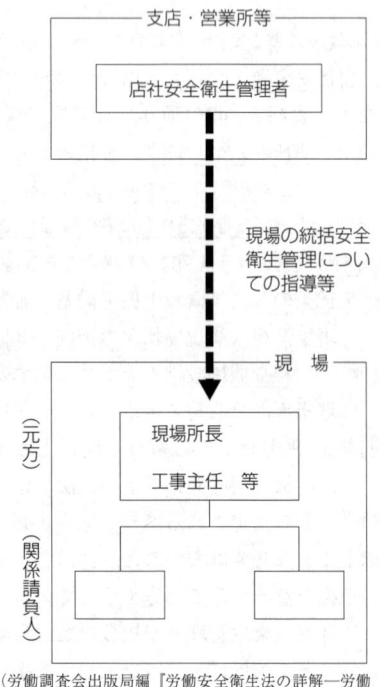

資料3-43

（労働調査会出版局編『労働安全衛生法の詳解—労働安全衛生法の逐条解説〔改訂5版〕』〔労働調査会，2020年〕306頁）

3 関係規定

条文解説で挙示した安衛則の規定以外には特になし。

4 運用

1 適用の実際

森山誠也監督官によれば，本条違反が認められる建設現場はさほど多くないという。

2 関係判例

特に見当たらなかった。

（安全衛生責任者）
第16条　第15条第1項又は第3項の場合において，これらの規定により統括安全衛生責任者を選任すべき事業者以外の請負人で，当該仕事を自ら行うものは，安全衛生責任者を選任し，その者に統括安全衛生責任者との連絡その他の厚生労働省令で定める事項を行わせなければならない。
2　前項の規定により安全衛生責任者を選任した請負人は，同項の事業者に対し，遅滞なく，その旨を通報しなければならない。

1 趣旨

本条は，混在作業における統括管理体制の確実を期すため，統括安全衛生責任者を選任すべき元方事業者より後次の関係請負人（であって自ら仕事を行う者）に安全衛生責任者を選任させ，統括安全衛生責任者が示した方針（指示・連絡）を自身の属する事業の労働者らに伝達させると共に，それより後次の関係請負人の安全衛生責任者を通じて，同人やその属する事業の労働者らに伝達させ，協調させようとした規定である（資料3-44を参照されたい）。

すなわち，多くの事業者数があって，激しい動きをとりがちな混在作業現場で，統括安全衛生責任者や元方安全衛生管理者のみに統括管理を委ねることが難しい実態を踏まえ，実質的に，元方事業者と関係請負人の安全衛生管理上の連携を図る要素の制度化を図った規定である。元より，安衛法は基本的には各事業者に安全管理義務を課しているから，同人に連携担当者を選任させ，各事業者ごとの安全管理業務を行わせるのは当然とも言える。

法第15条の2所定の元方安全衛生管理者は，基本的には統括安全衛生責任者と同じ事業に所属し，その指揮下で統括管理事項を管理ないし担当することが想定された存在だが，本条所定の安全衛生責任者は，彼／彼女らが所属する事業より後次の関係請負人によって選任され，統括安全衛生責任者と元方安全衛生管理者の両者からの指示を受けることが想定された存在である。

2 内容

　本条は，安全衛生責任者の選任要件を特定元方事業者により統括安全衛生責任者が選任されるべき場合（法第15条第1項，第3項）とし，名宛人を当該特定元方事業者以外の請負人（それより後次の関係請負人）で自ら仕事を行う者としたうえ（本条第1項），安全衛生責任者を選任した請負人に，統括安全衛生責任者を選任した特定元方事業者に，遅滞なくその旨を通報するよう義務づけている（本条第2項）。また，総括安全衛生管理者，安全管理者，衛生管理者，統括安全衛生責任者，元方安全衛生管理者，店社安全衛生管理者と同様に，被選任者が職務を行えない場合の代理者の選任義務も定めている（本条第3項）。

　職務は安衛則第19条関係に以下のように定められている。

・統括安全衛生責任者との連絡（第1号）
・同人から連絡を受けた事項の関係者への連絡（第2号）
・当該事項のうち属する請負人に係るものの「実施についての管理」（第3号）
・当該請負人による作業実施計画の作成場面での特定元方事業者が作成する計画との統括安全衛生責任者を通じた調整（第4号）
・当該一の場所における混在作業による労災リスク全般の確認（第5号）
・当該請負人より後次の請負人の安全衛生責任者との作業上の連絡調整（第6号）

　このうち，第3号の「実施についての管理」には，統括安全衛生責任者から連絡を受けた事項を自ら実施することも含まれる。第4号の当該請負人が作成する計画には，以下の計画や作業方法等が該当する。

ⅰ）車両系建設機械を用いた作業の際に，転落等の防止のため，地形等を調査し，それに基づき策定すべき計画（安衛則第155条）
ⅱ）ずい道等の掘削作業の際に，落盤等の危険防止のため，地山の形状等を調査し，それに基づき策定すべき計画（安衛則第380条）
ⅲ）橋梁の上部構造のうち金属製部材で構成される一定規模以上のものの架設，解体等の作業に際して策定すべき計画（安衛則第517条の6）
ⅳ）橋梁の上部構造のうちコンクリートで構成される一定規模以上のものの架設，解体等の作業に際して策定すべき計画（安衛則第517条の20）
ⅴ）移動式クレーンの転倒等による危険防止のための，場所の広さ，地形，クレーンの性能等の調査とそれに基づき決定すべき作業方法等（クレーン則第66条の2第1項）

　第5号所定のリスクの確認は，作業前のミーティングで労働者から意見を聞く等の方法でも構わない（平成4年8月24日基発第480号）。

　これらの要素は，まさに，統括安全衛生責任者が示した方針（指示・連絡）を自身の属する事業の労働者らに伝達すると共に，それより後次の関係請負人の安全衛生責任者を通じて，同人やその労働者らに伝達し，協調させることである。確かに，法定職務には，当該一の場所での混在作業による労災リスク全般を確認することも含まれているが，これは統括安全衛生責任者に成り代わることまで求める趣旨ではなく，同人が発信する情報を的確に把握すると共に，1関係請負人の代理／代行者の視点で認識したことを当該請負人や統括安全衛生責任者等の関係者に伝えることにとどまると解される。

3 関係規定

　特になし。

4 運用

1 適用の実際

　森山誠也監督官によれば，そもそも，第15条及び第16条の適用対象となる作業場は限られているため，監督業務上，本条違反が認められる建設現場もさほど多くないという。

2 関係判例

【刑事事件】

●ある会社（発注者）から土木建設工事を請け負った業者の安全衛生責任者兼職長と，同じ会社から土工工事業を請負った会社の代表取締役で，当該安全衛生責任者の指揮を受けていた者が，必要な防火措置を怠って，建設中の建物の地下階で，ガス切断器による溶断作業を行ったため，その炎等が吹き付けられたウレタンフォームに引火して火災を生じ，死者5名，重軽傷者37名の災害を引き起こしたとして，自然人である前後者と共に，後者が代表取締役を務める会社が業務上過失致死傷，安衛法違反等で起訴され（ただし，安衛法違反は後者とその法人のみ），自然人につき執行猶予付き禁錮刑，法人につき罰金刑が科された例（東京地立川支判令3・12・16 LEX/DB

第16条　505

資料3-44　統括安全衛生責任者と安全衛生責任者

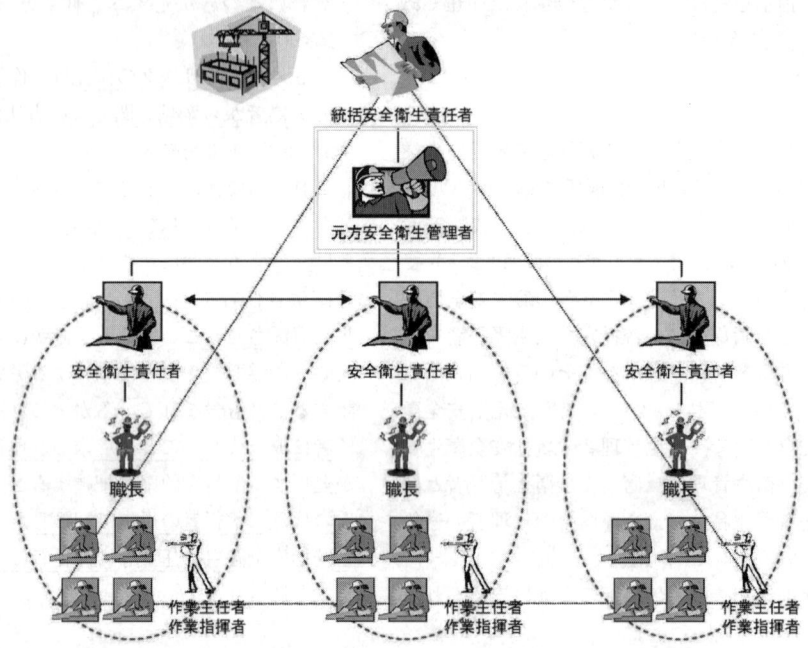

（長岡労働衛生コンサルタント事務所WEBサイト掲載資料〔http://nrec.web.fc2.com/0043.pdf，最終閲覧日：2024年6月27日〕）

資料3-45　店社安全衛生管理者

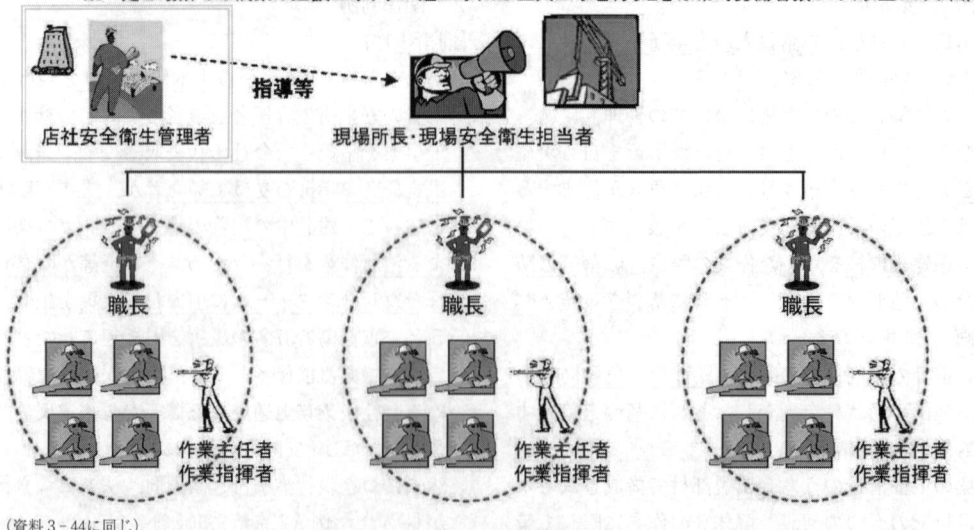

（資料3-44に同じ）

25592016）

〈事実の概要〉

　被告人Y1は，b社（発注者）からビル新築工事そのものを請け負ったa社に勤務し，構台解体等の安全衛生責任者兼職長として，社内外の作業員らの指揮，安全管理等に従事していた。被告人Y3は，b社から当該ビル新築工事に伴う構台解体等のみを請け負った被告人会社Y2の代表取締役であり，Y1の指揮下で就業していた。

　新築工事中のビル（本件建物）は，おそらく地下4階構造で，最下階には建物を地震の揺れから守る免震装置が設置されていた（資料3-46・3-47参照）。

　Y1は，本件建物地下3階で，おそらく本件建物に残されていた構台杭（構台を支える杭）のガス切断器による溶断を，免震階にいるY3に指示したが，免震階天井等に引火し易いウレタンフォームが吹き付けられているのを認識しながら，防火のための養生も火番もせずに作業に当たらせ，また，自ら免震階に降りた後も，養生や火番をせずに他作業に従事していた。Y3も，当該引火の危険を認識しながら（：ウレタンフォームの除去も養生もされていないことを認識しつつ），Y1への遠慮と考えの安易さから，養生等の防火措置をY1に求めることも自ら実施することもせず，溶断を行った。

　その結果，溶断作業によるガス切断機の炎が本件建物免震階天井に吹き付けられたウレタンフォームに引火し，本件建物の免震階，地下3階，同2階を焼損し，5名の死亡者と37名の重軽傷者を生ぜしめた。

〈判旨：起訴された罪状につき各被告人とも有罪〉

　ア　Y1（メイン工事請負業者の安全衛生責任者）について

　Y1の上記注意義務違反は，業務上失火（刑法第117条の2前段），業務上過失致死傷（各被害者ごとに刑法第211条前段）の双方に該当し，科刑上一罪の処理（刑法第54条第1項前段，第10条）により，2罪を1罪として，刑及び犯情が最も重い業務上過失致死傷の刑で処断し，刑種は禁錮刑（3年）を選択する。

　イ　Y2（Y1の指揮下で仕事をしていたサブ工事請負業者）について

　安衛法第20条（機械器具，危険物，電気等のエネルギー等にかかる事業者の危険防止措置義務），安衛則第279条第1項（危険物等がある場所における火気等の使用禁止）等の違反につき，被告人会社自身の罪（第119条）及びY3の罪にかかる両罰規定を適用し（第122条），罰金刑を適用する。

　ウ　Y3（Y2の代表取締役）について

　①Y3の注意義務違反は，業務上失火（刑法第117条の2前段），業務上過失致死傷（各被害者ごとに刑法第211

資料3-46

（三井住友建設株式会社WEBサイト〔https://www.smcon.co.jp/service/base-isolation-construction/，最終閲覧日：2024年7月30日〕）

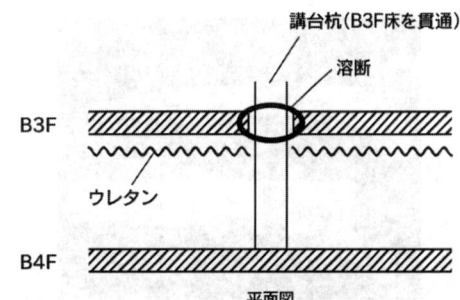

資料3-47

（宮澤政裕氏のスケッチを踏まえ池崎万優氏が作図）

条前段）の双方に該当する。科刑上一罪の処理（刑法第54条第1項前段〔1個の行為が複数の罪に当たる／ある罪の手段か結果が他の罪に当たる場合，最も重い罪で処断する〕，第10条〔刑の軽重：懲役＝禁錮×2〕）により，2罪を1罪として，刑及び犯情が最も重い業務上過失致死傷の刑で処断し，刑種は禁錮刑（おそらく2年）を選択する。

　②また，Y2の業務の一環としての注意義務違反は，別途，Y2と同じ安衛法及び安衛則の規定違反に当たる。刑種は懲役刑（不明だがおそらく1年未満）を選択する。

　①②を併合罪として，より重い①の刑に法定の加重をする（刑法第45条前段〔2個以上の罪を併合罪とする〕，第47条本文〔最も重い罪×1.5を科刑〕，第10条〔刑の軽重：懲役＝禁錮×2〕）。

　エ　量刑の理由

　Y1，Y3の行為のずさんさ，溶断作業に従事する者としての過失の程度の重さ，被害の重大さ，謝罪と反省の経緯，前科前歴がないこと等から，Y1，Y3共に執行猶予付き禁錮3年とする。Y3の過失に基づくY2の罰金は20万円とする。

〈判決から汲み取り得る示唆〉

　先ず以て，本判決の言う安全衛生責任者が本条（安衛法第16条）に言うそれを指しているか定かではないが，仮にそうだとして，元請レベルの請負系列（特にメイン工事の）上位請負業者の安全衛生責任者には，

資料3-48
①一丁掛け安全帯　②二丁掛け安全帯

（藤井電工株式会社WEBサイト〔https://www.fujii-denko.co.jp/product/harness/type2/，最終閲覧日：2024年7月11日〕）

資料3-49　剪定ノコギリ

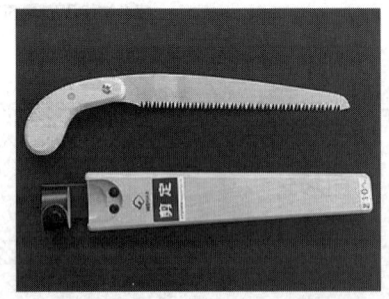

（ヒシカ工業株式会社WEBサイト〔https://www.nokoya-hishika.com/ヒシカのノコギリ/，最終閲覧日：2024年7月4日〕）

現場職長クラスが就任することがあり，同じ発注者から工事を請け負った別系列（特にサブ工事）の業者（の代表取締役等，安全衛生管理責任者≠安全衛生責任者〔法第16条〕）に対して指示する関係に立つことがある。そのような場合，両者（メイン工事請負業者の安全衛生責任者と別系統のサブ工事請負業者やその安全衛生管理責任者）に重大な注意義務違反があれば，両者ともに同様の刑事責任を科され得る。

なお，本件で，別系統のサブ工事請負業者であるY2はその代表取締役兼安全衛生管理責任者（≠安全衛生責任者〔法第16条〕）Y3の過失につき自身ないし両罰規定による処罰を受けたのに，メイン工事請負業者であるa社が，Y1の過失につき処罰を受けなかったのは，Y3の過失が安衛法違反と評価されたのに対し，後者のY1の過失が安衛法違反と評価されなかったことによると思われる（Y2の罪は安衛法違反のみである）。

評価を違えた理由は定かでないが，担当検事が，安衛法が，第16条の安全衛生責任者につき，安衛法上の刑事罰の適用までは想定していない（安衛法上，安全衛生責任者に安衛法上の刑事罰を簡単に科すべきでない）と解釈した可能性はある。

【民事事件】
●団地の植物管理工事の第2次下請業者の労働者が樹木の上で剪定作業中に落下して重傷を負った災害につき，1審は現に本人が作業上使用していた（が，フックを木の幹にかける等の適正使用を怠っていた）一丁掛け（一本掛け）安全帯につき適正に使用させる義務違反があったとして，直接の雇用主とその代表個人（現場代理人兼安全衛生責任者兼雇用管理責任者）の過失責任のみを認めたが，2審はより安全性が高いが準備も「使用させ」も法令上義務づけられていなかった二丁掛け（二本掛け）安全帯の「使用させ」が安全配慮義務の内容だったとしたうえ，その義務違反にかかる責任を，直接の雇用主とその代表個人のほか，元請，1次下請業者にも負わせたが，その際，1次下請が選任し，現場の巡視等の安全管理をしていた安全衛生責任者兼現場監督者は，一丁掛け（一本掛け）安全帯の使用を容認する元請の方針を踏襲して孫請らに遵守させる役割を果たし，1次下請の過失の一翼を担ったと解される一方，被災者に対して個人的に民事過失責任を負わず，よって同人の過失による1次下請の使用者責任は生じず，まして元請との関係では，使用者責任が生じる関係性自体がないとされた例（日本総合住生活ほか事件・東京高判平30・4・26労判1206号46頁〔1審：東京地判平28・9・12労判1206号65頁〕〔上告棄却，上告受理申立不受理〕）

〈事実の概要〉

本件は，独立行政法人H機構が元請Y1に発注した団地の植物管理工事（「本件工事」）の2次下請Y3の労働者X1が，地上約5mのケヤキの木の上から転落し，四肢体幹機能障害等の後遺障害を生じる重傷を負ったとして，直接の雇用主であるY3とその代表者Y4のほか，1次下請Y2と元請Y1に対して，安全配慮義務違反に基づく債務不履行又は不法行為等に基づき，損害賠償等を請求した事案である。

この際，X1は，Y2の労働者で，本件工事の現場代理人兼安全衛生責任者であるEが，一丁掛け（一本掛け）安全帯（フックが1つで1カ所にしかかけられない安全帯。フックが2つあって2カ所にかけられる安全帯を二丁掛け〔二本掛け〕という。二丁掛けを用いれば，常に一本を掛けた状態で場所の移動ができるので，安全性が高い。資料3-48）の使用を容認するY1（元請）の方針を踏襲してY3（孫請）らに遵守させる役割を果たしたことで個人的に不法行為を犯したこととなり，Y1とY2双方の使用者責任が生じる等と主張した。

災害の態様をみるに，X1は，普段から5m以上の高所で剪定作業を行うに際して，木の昇降では安全帯は使用せず，高所で安全帯を使用する際には，左手で木の幹や枝を掴みながら右手で安全帯のロープを幹や枝に巻き付けて固定しつつ剪定鋸（せんていノコギリ）（資料3-49）をソケットから出して剪定してソケットに収める手順で作業しており，本件災害時も，本件樹木を地上5.2mまで登ったが，安全帯を使用しないまま剪定鋸をソケッ

トから取り出して作業を開始しようとしたところで転落したものと推認される。

1審は、現に本人も使用していたが、フックを木の幹にかける等の適正使用を怠っていた一丁掛け（一本掛け）安全帯につき適正に使用させる義務違反があったとして、直接の雇用主とその代表個人（現場代理人兼安全衛生責任者兼雇用管理責任者）の過失責任のみを認めた。

この際、Y3の過失責任は、（Y3の代表取締役であり、現場代理人兼安全衛生責任者及び雇用管理責任者だった）Y4がX1に対して一丁掛け安全帯を用いつつ、作業場所の移動時に身体を安定させる3点支持の方法（両足で幹を抱え込むように挟み、片方の腕で幹や枝を掴み、網片方の手で安全帯を掛け替える方法）を具体的にX1に指導していなかったことをもって認定されている。

Y4の不法行為責任は、Y3が実質的にY4の一人会社であったこと等を前提に、Y3によるX1への安全配慮義務の履行確保を不法行為法上の義務として、その義務違反をもって認められている。

他方、Y2の過失責任否定の主な根拠は、Y3に対する指示が一般的なものにとどまっていたこと、設備や器具の供給、作業工程の決定、作業に関する具体的指示を行っておらず、Y2の従業員とX1とで作業内容の類似性も見られないこと等から、X1との間に特別な社会的接触関係が認められないことに求められ、Y1の過失責任否定の主な根拠は、作業内容等を具体的に定めることも指示することもなく、工具の提供をせず、Y1の従業員とX1とで作業内容の類似性も見られないこと等から、X1との間に特別な社会的接触関係が認められないことに求められた。

Xらは、安全衛生責任者でもあったY4や、E（Y2の労働者で、本件工事の現場代理人兼安全衛生責任者）の不法行為に基づくY2、Y1の使用者責任も主張した（*いわば、責任の迂回路も探った）が、裁判所は、元請が下請の被用者に使用者責任を負う要件として、最高裁のリーディングケースに基づき、①元請—下請間に使用従属関係やそれと同視し得る関係があり、②下請の被用者が下請工事に関連する作業で他人に損害を加え、③元請—下請の被用者間に指揮監督関係があること、を挙げたうえで、

ア　E（2次下請であるY2の労働者）の不法行為に基づくY2の責任について

EのY4に対する指示は一般的なものにすぎない一方、具体的な作業管理はY4が行っており、Eによる安全衛生関連の指示の諾否もY4に委ねられていたから、少なくとも①を満たさない。

Xらは、E（2次下請であるY2の労働者）が安衛法上、X1に対してY3（3次下請であり、X1の直接の雇用者）と同様の安全管理義務を負うとの考えを前提に[146]、Eの当該義務違反の使用者責任をY2が負う旨を主張したが、そもそも安衛法上の義務は事業者が負うものだし、そのまま民事上の義務になるものでもない等として否定した。

イ　Y4の不法行為に基づくY2の責任について

特段の判示はないが、アについて、①を充たさない旨が述べられた時点で、それ以上の説明は不要と考えられたのかもしれない。

ウ　EやY4の不法行為に基づくY1の責任について

アの通り、E（2次下請であるY2の労働者）については、そもそも不法行為が成立しない。

Y4については、Y1-Y4間に指揮監督関係がないので、（Y1-Y3間に指揮従属関係等がないのと同じ意味となり、）①を充たさない。

〈判旨：Xら控訴認容、原判決のXら敗訴部分の変更〉

ア　Y3及びY4の責任について

Y3が安全配慮義務違反による債務不履行責任及び会社法第350条に基づく損害賠償責任、Y4が不法行為責任を負い、両者が不真正連帯債務の関係に立つことは、原審認定の通り（ただし、原審は、一丁掛け安全帯の適正使用を指導しなかった点に過失を認めたが、当審は二丁掛けの安全帯の提供、使用方法の指導、「使用させ」〔「使用させ」等〕の懈怠を過失と解する）。

安衛則第518条は、高さ2m以上の高所での作業に際し、足場等の作業床の設置や、それが困難な場合の要求性能墜落制止用器具の「使用させ」等の墜落防止措置を事業者に義務づけているところ、本件では高所作業車の導入や仮設足場の設置は困難であった（原審も同じ判断）から、二丁掛け安全帯の使用が求められた。一丁掛けでは、安全帯の掛け替えの際に不安定になることからも、同条に違反し、Y3には、「使用させ」等を行う義務があった。

X1に二丁掛けの安全帯を使用させていれば、木の昇降、樹上での移動の際にも落下災害を防止でき、本件災害も、幹を取り付け装置とすることで防止できた。「街路樹剪定ハンドブック〔改訂版〕」には、安全帯の二丁掛けが記載され、本件災害後、Y1は本件工事に従事する作業者らにその使用を指示していたこと等から、Y3にとっても、その「使用させ」等は可能かつ容易だった。

Y4は、X1のみを雇用し、実質的にY4の一人会社であったY3の代表者であり、現場代理人、安全衛生責任者及び雇用管理責任者として、X1に対し、二丁掛けの使用させ等を指示すべき立場にありながら懈怠した点で、Y3に安全配慮義務違反があり、それがな

ければ本件災害を防ぎ得たから，Y3は，X1に債務不履行責任を負う。

イ　Y2の責任について

元請人は，下請会社の仕事の結果のみを享受し，通常，下請会社や下請負人の雇用する労働者の仕事の過程を直接拘束しないないから，原則として，下請負人の雇用する労働者に対する安全配慮義務を負うことはない（民法第716条，第636条参照）が，元請人と下請企業の労働者との間に特別な社会的接触の関係が認められる場合には，元請人は，信義則上，当該労働者に対して安全配慮義務を負う（最１小判平３・４・11労判590号14頁参照）。その有無については，元請人の管理する設備，工具等を用いていたか，労働者が事実上元請人の指揮，監督を受けて稼働していたか，労働者の作業内容と元請人の従業員のそれとの類似性等の事情に着目して判断するのが相当である。

本件で重要なのは，Y2は下請の安全管理担当に指示・指導をする立場にあって，Y1と共に，安全確保上一丁掛けで十分と考えていたことである（＊下線は筆者が添付した）。

すなわち，Y2は，Y1から安全衛生事項についても指示監督を受ける約定を結び，本件作業に関する記載と，遵守しない者には解雇，発注停止もあり得る旨の記載を含む安全マニュアルを配布し，現にY1の指示に基づき，下請であるY3に具体的で厳守を求める指示を行い，それはY3（≒Y4）を通じてその作業員にも及んでいた。その前提で，誤った認識下，本件作業について，一丁掛けの使用の徹底をY3（≒Y4）を通じてX1に指示していたと言えるので，Y2-X1間には特別な社会的接触関係を肯定するだけの指揮監督関係があり，Y2は，X1に対する安全配慮義務違反による債務不履行責任と不法行為責任を負う（＊下線は筆者が添付した）。

ウ　Y1の責任について

Y1は，Y2に安全帯の使用に関する指示を具体的に行い，週２回現場訪問して遵守状況を確認しており，この指示はY2を通じてY3に，Y3を通じてその作業員にも及んでいたので，Y1とX1間には特別な社会的接触関係を肯定するだけの指揮監督関係があった。その前提で，Y1は，誤った認識下，一丁掛けの使用の徹底をY2らを通じてX1に指示していたと言えるので，Y1は，X1に対する安全配慮義務違反による債務不履行責任と不法行為責任を負う（＊下線は筆者が添付した）。

〈判決から汲み取り得る示唆〉

・労災民事訴訟では，安全衛生責任者は，その選任者である雇用主の履行補助者／代行者とみなされ，その者の過失が選任者の過失とみなされる可能性が高い。事業者の代表等であって，業務管理や安全衛生管理の全権を委任されているような場合には，特にそう言える。

・実態の如何によるが，安全衛生責任者が，重層的請負構造下で，より後次の請負業者やその労働者に対して指揮命令関係を認められ，個人的に民事過失責任を負う可能性は低い。

・元請が下請の被用者に使用者責任を負う要件については，最高裁のリーディングケースにより，比較的高いハードルが課されるため，下請業者の安全衛生責任者の不法行為をもって，元請等，より先次の事業者の使用者責任が肯定される可能性は高くないだろう。

・しかし，元請等が下請等の労働者との間に特別な社会的接触関係を認められ，安全配慮義務を負うと判断される可能性は比較的高い。

（安全委員会）

第17条　事業者は，政令で定める業種及び規模の事業場ごとに，次の事項を調査審議させ，事業者に対し意見を述べさせるため，安全委員会を設けなければならない。

一　労働者の危険を防止するための基本となるべき対策に関すること。

二　労働災害の原因及び再発防止対策で，安全に係るものに関すること。

三　前２号に掲げるもののほか，労働者の危険の防止に関する重要事項

２　安全委員会の委員は，次の者をもって構成する。ただし，第１号の者である委員（以下「第１号の委員」という。）は，１人とする。

一　総括安全衛生管理者又は総括安全衛生管理者以外の者で当該事業場においてその事業の実施を統括管理するもの若しくはこれに準ずる者のうちから事業者が指名した者

二　安全管理者のうちから事業者が指名した者

三　当該事業場の労働者で，安全に関し経験を有するもののうちから事業者が指名した者

３　安全委員会の議長は，第１号の委員がなるものとする。

４　事業者は，第１号の委員以外の委員の半数については，当該事業場に労働者の過半数で組織する労働組合があるときにおいてはその労働組合，労働者の過半数で組織する労働組合がないときにおいては労働者の過半数を代表する者の推薦に基づき指名しなければならない。

５　前２項の規定は，当該事業場の労働者の過半

数で組織する労働組合との間における労働協約に別段の定めがあるときは，その限度において適用しない。
　（衛生委員会）
第18条　事業者は，政令で定める規模の事業場ごとに，次の事項を調査審議させ，事業者に対し意見を述べさせるため，衛生委員会を設けなければならない。
　一　労働者の健康障害を防止するための基本となるべき対策に関すること。
　二　労働者の健康の保持増進を図るための基本となるべき対策に関すること。
　三　労働災害の原因及び再発防止対策で，衛生に係るものに関すること。
　四　前3号に掲げるもののほか，労働者の健康障害の防止及び健康の保持増進に関する重要事項
2　衛生委員会の委員は，次の者をもつて構成する。ただし，第1号の者である委員は，1人とする。
　一　総括安全衛生管理者又は総括安全衛生管理者以外の者で当該事業場においてその事業の実施を統括管理するもの若しくはこれに準ずる者のうちから事業者が指名した者
　二　衛生管理者のうちから事業者が指名した者
　三　産業医のうちから事業者が指名した者
　四　当該事業場の労働者で，衛生に関し経験を有するもののうちから事業者が指名した者
3　事業者は，当該事業場の労働者で，作業環境測定を実施している作業環境測定士であるものを衛生委員会の委員として指名することができる。
4　前条第3項から第5項までの規定は，衛生委員会について準用する。この場合において，同条第3項及び第4項中「第1号の委員」とあるのは，「第18条第2項第1号の者である委員」と読み替えるものとする。
　（安全衛生委員会）
第19条　事業者は，第17条及び前条の規定により安全委員会及び衛生委員会を設けなければならないときは，それぞれの委員会の設置に代えて，安全衛生委員会を設置することができる。
2　安全衛生委員会の委員は，次の者をもつて構成する。ただし，第1号の者である委員は，1人とする。
　一　総括安全衛生管理者又は総括安全衛生管理者以外の者で当該事業場においてその事業の実施を統括管理するもの若しくはこれに準ずる者のうちから事業者が指名した者
　二　安全管理者及び衛生管理者のうちから事業者が指名した者
　三　産業医のうちから事業者が指名した者
　四　当該事業場の労働者で，安全に関し経験を有するもののうちから事業者が指名した者
　五　当該事業場の労働者で，衛生に関し経験を有するもののうちから事業者が指名した者
3　事業者は，当該事業場の労働者で，作業環境測定を実施している作業環境測定士であるものを安全衛生委員会の委員として指名することができる。
4　第17条第3項から第5項までの規定は，安全衛生委員会について準用する。この場合において，同条第3項及び第4項中「第1号の委員」とあるのは，「第19条第2項第1号の者である委員」と読み替えるものとする。

1 趣旨

　現行法の施行通達によれば，一定規模等の事業場に設置義務が課される事業者の安全衛生対策の諮問機関であって[147]，メンバーの協力を得る目的も持つので，審議は労働時間内に行うのが原則である。会議が法定時間外に行われれば，当然に参加労働者に対して割増賃金の支払い義務が生じる（昭和47年9月18日基発第602号）。労使が協力して調査審議を行う場であり，労使の利害対立を前提とする団体交渉とは異なるので，折り合い難い課題についても，労使が納得行くまで話し合って合意に基づき行動すべきとされている（昭和47年9月18日発基第91号）。

　安衛法の解説書には，労働者の意見の反映，労働者の関心の向上の趣旨を指摘するものもある[148]。たしかに，委員会の設置義務が課されていない事業場では，会議，懇談会等を通じて関係労働者の意見を聴く機会を設けるべきとされていることからも（安衛則第23条の2，昭和47年9月28日基発第601号の1[149]），その趣旨が窺われる。いずれにせよ，使用者に何らかの措置を強制したり，独自の監視・監理権限等を保障された存在ではない。通達の中には，特に長時間労働による健康障害対策やメンタルヘルス対策における産業医や衛生管理者の役割の重要性を前提に，その適正な選任，出席の徹底と共に，調査審議の結論の尊重を説くものがあるが（平成18年2月24日基発第0224003号），法的拘束力はない。

　UKなど安全衛生を重視する国では，安全衛生代表を主要メンバーとして彼らと一体的に活動し（よって，

安全衛生代表の活動保障は，安全衛生委員会の活動の基盤でもある），雇用主による安全衛生管理を監視し，提言し，必要に応じて自らも巡視等を通じてリスクの調査や対策を実施ないし推進することで，事業所ごとの自律的な安全衛生管理を支える存在として，より積極的な役割を付与されていることが多い。[150]

日本の安衛法上の安全・衛生委員会（前述の通り，安全委員会〔第17条〕，衛生委員会〔第18条〕又は安全衛生委員会〔第19条〕〔安衛則第23条〕）は，安全衛生にかかる事業者の権限と責任を前提に，「活用しなければ損する（≒労災が生じれば法的責任を負うリスクが生じる）」という位置づけで設計された存在と言えよう。

例えば，大阪の印刷工場で有機溶剤を含む洗浄剤を使って印刷機械などに付着したインクを落とす作業に従事していた複数の従業員に胆管がんが発症し，洗浄剤に含まれていた1,2-ジクロロプロパンが発症の原因と特定されたが，当時，同物質に強い発がん性が認められていなかったという事案で，厚生労働省は，同工場を運営する会社を，衛生委員会や産業医の設置／選任義務違反で，書類送検している。[151]産業医制度に関する箇所でも述べたが，特に未解明のリスク対策との関係で，必要な手続きを尽くす一環としての体制整備の重要性が示されたものとも言えよう。[152]

2 内容

1 各条文の概要と違い

第17条の規定を基本として，第18条，第19条は，それをアレンジした定めとなっている。

安全委員会に関する第17条は，

第1項で，一定の業種と規模に該当する事業場で同委員会の設置義務を課すことと，以下の事項（以下，本条の解説において「調査審議事項」ともいう）について，調査審議と事業者への意見具申を行わせるべきことを定めている。

すなわち，第1号：労働者の危険防止の基本的対策，第2号：労災の原因と再発防止策のうち安全関連事項，第3号：その他の労働者の危険防止関連事項。

第2項では，委員の構成を，第1号：総括安全衛生管理者等の事業実施の統括管理者等のうちの事業者による指名者，第2号：安全管理者のうちの事業者による指名者，第3号：安全関係の経験を持つ労働者のうちの事業者による指名者と定め，

第3項では，議長を第1号所定の総括安全衛生管理者ら事業実施の統括管理者等とする原則を定め，

第4項では，第1号所定の者以外の委員の半数を過半数組合や過半数代表の推薦により決すべきこと，

第5項では，総括安全衛生管理者らによる議長を定めた第3項と過半数組合／過半数代表による委員推薦制（ただし議長を除く委員の半数について）を定めた第4項の過半数組合との協約による適用除外を定めている。

衛生委員会に関する第18条は，第17条をデフォルトとして，

第1項では，第17条と同様に，一定の規模に該当する事業場で同委員会の設置義務を課すことと共に，調査審議事項につき，第1号・第2号：労働者の健康障害防止・健康保持増進（第17条では危険防止）の基本的対策，第3号：労災の原因と再発防止策のうち衛生関連事項（第17条では同じく安全関連事項），第4号：その他の労働者の健康障害防止・健康保持増進（第17条では同じく危険防止）関連重要事項を定めている。

第2項では，委員の構成を，第1号：総括安全衛生管理者等の事業実施の統括管理者等のうちの事業者による指名者（第17条と同じ），第2号・第3号：衛生管理者・産業医（第17条では安全管理者）のうちの事業者による指名者，第4号：衛生関係（第17条では安全関係）の経験を持つ労働者のうちの事業者による指名者と定め，

第3項では，作業環境測定士を委員として指名「できる」旨を定め，

第4項では，総括安全衛生管理者らによる議長を定めた第17条第3項と過半数組合／過半数代表による委員推薦制（ただし議長を除く委員の半数について）を定めた同第4項，同第3項及び第4項の過半数組合との協約による適用除外を定めた同第5項の本条への準用を定めている。

安全衛生委員会に関する第19条は，やはり第17条をデフォルトとして，

第1項では，安全委員会と衛生委員会の双方を設置すべき事業者（＊安全委員会の設置義務を負う事業者は，衛生委員会の設置義務も負う）が，両者を併合した安全衛生委員会の設置をもって代え得ることを定めている。調査審議事項はいわずもがなのため，定めていない。

第2項では，委員の構成を，第1号：総括安全衛生管理者等の事業実施の統括管理者等のうちの事業者による指名者（第17条，第18条と同じ），第2号・第3号：安全管理者及び衛生管理者・産業医（第17条では安全管理者，第18条では衛生管理者・産業医）のうちの事業者による指名者，第4号・第5号：安全関係と衛生関係（第17条では安全関係，第18条では衛生関係）の各経験を持つ各労働者のうちの事業者による指名者と定め，

第3項では，作業環境測定士を委員として指名「できる」旨を定め（第18条と同じ），

第4項では，総括安全衛生管理者らによる議長を定

めた第17条第3項と過半数組合／過半数代表による委員推薦制（ただし議長を除く委員の半数について）を定めた同第4項，同第3項及び第4項の過半数組合との協約による適用除外を定めた同第5項の本条への準用を定めている（第18条と同じ）。

2　設置義務の発生要件

資料3-50の通り，委員会の設置義務の発生要件は，安全委員会については，業種と常時使用労働者数で区分されているが，衛生委員会については，全業種の常時使用労働者数50人以上の事業場で統一されている（施行令第9条）。

安全委員会の設置につき，常時使用労働者数50人以上という厳しい条件が設けられた業種は，伝統的に労災が多く，現場状況の多様性や可変性，安全管理の複雑さや困難さ等の事情から，委員会でのリスクや対策の調査審議の必要性が高いと考えられたものと察せられる。

同じく100人以上でよいとされた業種に小売り，卸売などのサービス業系統が多い他，製造業でも大きなリスクが見込まれない業種が含まれたのは理解できるとして，電気・ガス・水道等の公共事業系統が含められたのは興味深い。公共事業である分，安全管理も十分に行うだろうという信頼があるということだろうか。

安全委員会の設置義務対象事業場は，必ず衛生委員会の設置義務があるので，統合しての設置が認められているのが，法第19条所定の安全衛生委員会であり，構成等は両委員会のそれと変わらない。

3　調査審議事項

法第17条ないし第19条は，資料3-51に記載通りの委員会の必要的調査審議事項を定めている。

法第17条は，事業者を名宛人として，安全委員会に，以下の事項について，調査審議と事業者への意見具申を行わせるべきことを定めている。

第1号：労働者の危険防止の基本的対策，

第2号：労災の原因と再発防止策のうち安全関連事項，

第3号：その他の労働者の危険防止関連事項。

衛生委員会に関する第18条は，第17条をデフォルトとして，

第1号・第2号：労働者の健康障害防止・健康保持増進（第17条では危険防止）の基本的対策，

第3号：労災の原因と再発防止策のうち衛生関連事項（第17条では安全関連事項），

第4号：その他の労働者の健康障害防止・健康保持増進（第17条では危険防止）関連事項，

を定めている。

上述の通り，第19条は，両委員会を併合して安全衛生委員会としているため，調査審議事項はいわずもがなのため，定めていない。

これらの定めの具体化は，以下のように安衛則と関係通達で図られている。

【両委員会の調査審議事項】

①関係規程の作成（安衛則第21条第1号，第22条第1号）

②法第28条の2第1項（様々な業務内在リスクのアセスメント及びその結果を踏まえた対策の努力義務）及び法57条の3第1項及び第2項（政令所定の危険有害物質〔自主管理が困難で有害性が高く，特別則で規制された123物質と許容濃度（産業衛生学会）又はばく露限界値（ACGIH等）が示されている前者含め674物質（2023年1月1日現在）にかかるリスクアセスメント（危険性又は有害性等の調査）の義務とその結果を踏まえた対策の努力義務〕）に基づくリスクアセスメントと対応策のうち安全関係事項（安全委員会），衛生関係事項（衛生委員会）（安衛則第21条第2号，第22条第2号）

このうち，第57条の3第1項所定の有害性調査の対象には調査の方法及び結果を含む（昭和54年3月23日基発第133号）。

③安全衛生計画の作成，実施，評価，改善（いわゆるPDCA: Plan-Do-Check-Action）に関する事項（安全関係事項：安全委員会，衛生関係事項：衛生委員会。安衛則第21条第3号，第22条第3号）

④安全衛生教育（安全教育：安全委員会，衛生教育：衛生委員会）の実施計画の作成関連事項（安衛則第21条

資料3-50　設置が義務づけられている委員会

	業種	常時使用する労働者の数	安全委員会	衛生委員会
1	林業，鉱業，建設業，製造業の一部（木材・木製品製造業，化学工業，鉄鋼業，金属製品製造業，輸送用機械器具製造業），運送業の一部（道路貨物運送業，港湾運送業），自動車整備業，機械修理業，清掃業	50人以上	必要	必要
2	製造業（1以外） 運送業（1以外） 電気業，ガス業，熱供給業，水道業，通信業，各種商品卸売業，家具・建具・じゅう器等卸売業，各種商品小売業，家具・建具・じゅう器等小売業，燃料小売業，旅館業，ゴルフ場業	100人以上 50人以上100人未満	必要 義務なし	必要 必要
3	1と2以外の業種	50人以上	義務なし	必要

※衛生委員会は労働者数50人以上の全業種の事業場で設置が必要です。
※安全委員会及び衛生委員会の両方を設けなければならないときは，それぞれの委員会の設置に代えて，安全衛生委員会を設置することができます。
（厚生労働省「安全委員会，衛生委員会について教えてください。」〔https://www.mhlw.go.jp/stf/seisakunitsuite/bunya/koyou_roudou/roudoukijun/faq/1.html，最終閲覧日：2024年7月30日〕）

4号，第22条第4号）

このうち安全教育には，法第59条（雇い入れ時教育，作業内容の変更時教育，危険有害業務就業時の特別教育）及び第60条（特定業種にかかる職長教育）に基づく教育等のうち，安全に係るもののほか，随時必要な時期における労働者に対する安全教育が含まれ，衛生教育には，法第59条（雇い入れ時教育，作業内容の変更時教育，危険有害業務就業時の特別教育）及び第60条（特定業種にかかる職長教育）に基づく衛生に係る教育のほか，適時の衛生教育が含まれる（昭和47年9月18日基発第601号の1）。

⑤労働行政から文書（勧告書，指導標等〔昭和53年2月10日基発第78号〕）で命令，勧告，指導等を受けた事項に関すること（安全関係事項：安全委員会，衛生関係事項：衛生委員会。安衛則第21条第5号，第22条第12号）

【衛生委員会特有の調査審議事項】

⑥作業環境測定（法第65条第1項，第5項）の結果と対応策に関する事項（安衛則第22条第6号）

⑦新規化学物質に関する有害性調査（法第57条の4）に関する事項（調査の方法及び結果を含む〔昭和54年3月23日基発第133号〕）（安衛則第22条第5号）

⑧定期健診，臨時健診，深夜業従事者の自主健診その他法令上の医師の診断等（法第66条第1項～第3項，第4項，第66条の2）の結果と対応策に関する事項（安衛則第22条第7号）

⑨健康の保持増進策（法第69条第1項所定の措置〔昭和63年9月16日基発第602号〕）の実施計画関連事項（安衛則第22条第8号）

⑩長時間労働による健康障害対策関連事項（安衛則第22条第9号）

⑩は，過労死が社会問題となり，脳心臓疾患の労災認定件数も高い水準にあること等を踏まえて，衛生委員会の付議事項に追加された項目である。

これには，面接指導の方法，体制のほか，それへの労働者の申し出（特に安衛則第52条の3第1項〔標準的な長時間労働面接〕，第52条の8第3項〔労基法第41条の2所定の高度プロフェッショナル制度対象者からの申し出による健康配慮〔努力義務〕[154]に基づくもの）がスムーズに行われるための環境整備，（引用文献に根拠条文の記載がないが，おそらく）安衛則第52条の8第2項により，高度プロフェッショナル制度対象者以外で一定の長時間労働を行い，疲労が認められる者等への健康配慮〔努力義務〕に関する事項が含まれる[155]。現実的には，経営者による労働条件適正化へ向けた全体的な取り組みと，専門家による面接での個別的な事情の聞き取りとそれを踏まえた対策の提案が中心になる。

⑪メンタルヘルス対策関連事項（安衛則第22条第10号）

通達によれば，ここには計画，体制整備，不調者への不利益取扱いの禁止，健康情報の保護等が含まれる（平成18年2月24日基発第0224003号）。行政が認識する有効なメンタルヘルス対策のエッセンスである。

⑫おそらく②の法第57条の3第1項及び第2項に関連して，リスクアセスメント対象物を取り扱う事業場におけるばく露低減措置，対象物ばく露者対象の健診の実施，健診結果に基づく事後措置その他の対応策に関する事項（安衛則第577条の2，安衛則第22条第11号）

これらのうち，最も本質的なのは②であろう。通達（平成18年2月24日基発第0224003号）も，「事業場における安全衛生水準の向上には，事業場トップ及び労働災害防止の当事者であり現場を熟知している労働者が参画する安全衛生委員会等（安全委員会，衛生委員会及び安全衛生委員会をいう。……）の活性化が必要であることから」同委員会等の調査審議事項に，②（リスク調査・管理）と③（安全衛生のPDCA）「に関することが含まれることとしたこと」と述べている。①（関係規程の策定）④（安全衛生教育）は②の実現のための重要な方策であり，③は②のはじめの一歩（1丁目1番地）である。衛生関係では，化学物質（特に有害物）対策と心身の作業関連疾患対策（特に長時間労働による脳心臓疾患対策とメンタルヘルス対策）が重視され，より積極的な心身の健康づくりがそれに次いで重視されていることも看取できる。

4 委員会の構成

法第17条ないし第19条は，資料3-51に記載通りの委員会の構成を定めている。畠中元教授は，法第17条第2項柱書及び第18条第2項柱書からも，法定された構成は安全・衛生委員会（安衛則第23条の定め通り，安全委員会，衛生委員会又は安全衛生委員会を指す）の成立要件であり，構成要素の1つが欠けても委員会は不適法，未設置となるとする。[156]刑事処分を受ける可能性が生じるということである（法第120条を参照されたい）。

第17条第2項第1号及び第18条第2項第1号，第19条第2項第1号の委員（以下，「第1号委員」という）は，各条第3項により議長となるべき者であり（議長は1名に限られる〔法第17条第2項但書，法第18条第2項但書〕），総括安全衛生管理者に準じる者（副所長，副工場長等）[157]も含まれる（昭和48年3月19日基発第145号，昭和47年9月18日基発第602号）。安全・衛生委員会は事業者の諮問機関であり，安全衛生が事業上の重要問題であることからは，トップマネジメントの議長就任が望ましいことには違いないが，事業規模が大きくなるほど安全衛生の専門性が増すうえ，トップマネジメントの役割を経営判断等に絞り込む必要が生じることはやむを得ない。そうした事情が汲まれたものと思われるが，審議上の判断の権限を持ち，決議事項が確実に履行さ

れる程度にトップマネジメントと関係が近い人物でなければならない。

第17条第2項第3号及び第18条第2項第4号，第19条第2項第4号・第5号の委員（以下，「安全・衛生経験者委員」という）のうち第17条第3号の委員（以下，「安全経験者委員」という）は，直接的な安全業務の経験者のみでなく，生産工程の実作業や管理業務など，安全に関係する実作業や管理業務の経験者も含む（昭和47年9月18日基発第602号）。

安全は衛生より生産工程そのものと関係が深いこと，衛生ほど横断的な専門性を必要としないことを示唆していると解される。

法第17条第4項（第18条第4項，第19条第4項により，衛生委員会，安全衛生委員会に準用）は，議長以外の委員の半数を過半数組合や過半数代表の推薦により決すべき旨定めているが，事業者が推薦者と誠実に話し合っている限り，推薦が得られないために指名できず，委員会を設置できなくても，刑事責任は生じない（昭和47年9月18日基発第602号）。

なお，「推薦に基づき指名」するとは，過半数組合等から適法に委員の推薦があれば，議長以外の委員の半数を限度にその者を委員に指名せねばならないことを意味する（昭和47年9月18日基発第602号）。

構成員の数は，事業場の規模や作業の実態に即して適宜決定されねばならない（昭和41年1月22日基発第46号）。

衛生委員会及び安全衛生委員会には産業医の指名が求められている（法第19条第2項）。しかし，通達によれば，専属産業医である必要はない（昭和63年9月16日基発第601号の1）。また，産業医の出席を委員会の開催要件とするか否かは，安衛則第23条第2項所定の委員会が決定すべき「委員会の運営について必要な事項」に該当し，各委員会の判断に委ねられる。産業医の質量不足を踏まえた示唆と思われるが，先述した通り，衛生委員会にも出席しない産業医は不適任だろうし，仮に適任な産業医が出席を希望しているのに事業者があえて出席させない場合，その改善を求める勧告を発することは可能であり，当該勧告は衛生委員会等に報告されねばならず，それに基づく不利益な取扱いは規制されることとなろう（法第13条第5項，第6項，安衛則第14条第4項等）。

法第17条第5項（第18条第4項，第19条第4項により，衛生委員会，安全衛生委員会に準用）は，総括安全衛生管

資料3-51 安全・衛生委員会の構成と調査審議事項等

委員の構成、調査審議事項等

	安全委員会	衛生委員会
委員の構成	1 総括安全衛生管理者又は事業の実施を統括管理する者等（1名） 2 安全管理者※ 3 労働者（安全に関する経験を有する者）※	1 総括安全衛生管理者又は事業の実施を統括管理する者等（1名） 2 衛生管理者※ 3 産業医※ 4 労働者（衛生に関する経験を有する者）※
調査審議事項（主要な事項を抜粋したものです。詳細については、労働安全衛生規則第21条及び第22条を参照してください。）	1 安全に関する規程の作成に関すること。 2 危険性又は有害性等の調査及びその結果に基づき講ずる措置のうち、安全に係るものに関すること。 3 安全に関する計画の作成、実施、評価及び改善に関すること。 4 安全教育の実施計画の作成に関すること。 など	1 衛生に関する規程の作成に関すること。 2 衛生に関する計画の作成、実施、評価及び改善に関すること。 3 衛生教育の実施計画の作成に関すること。 4 定期健康診断等の結果に対する対策の樹立に関すること。 5 長時間にわたる労働による労働者の健康障害の防止を図るための対策の樹立に関すること。 6 労働者の精神的健康の保持増進を図るための対策の樹立に関すること。 など
その他（共通事項）	① 毎月一回以上開催すること。 ② 委員会における議事の概要を労働者に周知すること。 ③ 委員会における議事で重要なものに係る記録を作成し、これを3年間保存すること。	

※ 1以外の委員については、事業者が委員を指名することとされています。なお、この内の半数については、労働者の過半数で組織する労働組合がある場合はその労働組合（過半数で組織する労働組合がない場合は労働者の過半数を代表する者）の推薦に基づき指名しなければなりません。

（厚生労働省「安全衛生委員会を設置しましょう」〔https://www.mhlw.go.jp/new-info/kobetu/roudou/gyousei/anzen/dl/0902-2a.pdf，最終閲覧日：2023年1月13日〕）

理者らによる議長を定めた第3項と過半数組合／過半数代表による委員推薦制（ただし議長を除く委員の半数について）を定めた第4項の過半数組合との協約による適用除外を定めている。第3項と第4項は，重要な安全衛生方針への経営者のイニシアチブと労働者参加の担保を図ったもので，要するに労使参加を促す趣旨とも言えるので，過半数組合との間で締結された労働協約による条件変更であればよしとする趣旨と思われる。しかし，第3項が持つ経営トップ層に委員会をリードさせ，決議事項を確実に履行させる趣旨，第4項が持つ現場を知る労働者の意見を委員会審議に反映させる趣旨に著しく悖る労働協約の場合，公序良俗に反するか，協約自治の限界を超える，あるいは協約意思の否定により，その規範的効力を否定され得ると解される。

なお，現行安衛法において，旧労基法（旧安衛則）時代には存在した安全・衛生委員会の運営にかかる過半数決定規定（旧安衛則第8条第6項等）が採用されなかったのは，安全衛生問題の本来的性格から，労使の意見の合致を前提とすべきとの趣旨による（昭和47年9月18日基発第602号）。

5 その他委員会運営に関すること

事業者には，委員会の会議を1回／月以上開催する

努力義務が課されている（安衛則第23条第1項）ほか，委員会の招集，議事の決定，専門委員会の設置等の運営上の必要事項の定めは委員会に委ねられている（同条第2項，昭和47年9月18日基発第601号の1）。

もっとも，その透明性確保のため，議事概要の労働者への周知（作業場での掲示，書面交付，電磁データへの記録とアクセスの確保等による），議事要録の作成と3年間保存（安衛則第23条第3項，第4項）等が定められている。

また，通達（平成18年2月24日基発第0224003号）では，安全・衛生委員会がその本来的役割を果たすためには，トップマネジメントと現場をよく知る労働者の関与が必要なこと，法定調査審議事項の中でも，リスクアセスメントとその結果に基づく対策，トップによる主体的な計画の作成，それを踏まえたP（計画）-D（実行）-C（確認）-A（改善）サイクルの推進（安衛則第21条第2号，第3号，第22条第2号，第3号）を果たすことが重要な旨が示唆されている。特に長時間労働による健康障害対策やメンタルヘルス対策の重要性，これらの対策における産業医や衛生管理者の役割の重要性を前提に，その適正な選任，出席の徹底と共に，調査審議の結論の尊重も示唆されている。

3 関係規定

特になし。

4 運用

1 適用の実際

行政官等向けの法運用に関する調査では，第17条から第19条にかけて，安衛令で定める業種と規模の事業場において，本条で定める安全委員会等を設けていない場合，一律的に適用するとの回答や，ある金属製品製造業で常時使用労働者数が50人以上の事業場（安全委員会と衛生委員会の双方ないし両者を合同した安全衛生委員会の設置義務がある）で安全委員会も衛生委員会も設置されていなかったため，安衛法17条第1項と安衛法第18条第1項双方の法違反を指摘したとの回答があった（令和2年度厚生労働科学研究費補助金〔労働安全衛生総合研究事業〕「労働安全衛生法の改正に向けた法学的視点からの調査研究」〔研究代表者：三柴丈典〕による行政官・元行政官向け法令運用実態調査〔三柴丈典担当〕）。

法第17条から第19条は，安定して一定数の違反指摘があり，是正勧告を典型とする違反指摘件数を記した「労働基準監督年報」（厚生労働省労働基準局）の定期監督等実施状況・法違反状況の集計（平成11年～令和2年。森山誠也監督官による）では，概ね2000～3000件／年だった。これに対して，同じ資料での送検件数（≠送検人員数）は合計3件にすぎない（同前）。法第14条（作業主任者選任関係）違反では，毎年20件程度送検されているのに比べ，刑事処分までは求められ難い規定であることが窺われる（後掲の**資料3-54・3-55**を参照されたい）。

安全衛生委員会の活動実態（特に衛生関係）に関する統計と事例を簡潔にまとめ，活性化提言を行った近年の好著として，加藤憲忠『実践・安全衛生委員会の実務〔増補版〕』（産業医学振興財団，2022年）がある。同書では，労災問題の減少や間接部門における課題の少なさ等を背景に委員会の議論がマンネリ化した際の活性化方策として，産業保健専門職による課題（要対応リスク）の明示，事業場ごとの安全衛生課題を踏まえた講話，巡視による職場事情，職場の人物マップの把握を前提とした委員への情報提供や感情への働きかけ等が示唆されている。

2 関係判例

（1）安全委員会関係

【刑事事件】
見当たらなかった。

【民事事件】
●おむつやシーツのクリーニング業を営む会社で働いていた知的障害者が，クリーニング工場の大型自動洗濯・乾燥機に挟まった洗濯物をとるため一部のスイッチを切って機械内に入ったところ，機械が再稼働して頭蓋内損傷等を負って死亡した事案で，同社の代表取締役2名（社長と副社長）が，業務や安全の管理権限を持ち，被災者の知的障害も認識しながら，同人に作業上・安全上の注意を十分に行わず，現場作業を任せきりにし，安衛法に違反して，安全管理者等を選任せず，安全委員会等を設置しないなど，所要の安全管理体制を整備しなかった結果，被災者が必要なスイッチを切らずに機械内に入って負傷・死亡したものとして，彼らの不法行為責任を認めたうえ，民商法上の法条に基づき会社の責任も認めた例（Aサプライ［知的障害者死亡災害］事件・東京地八王子支判平15・12・10判時1845号83頁）

〈事実の概要〉
亡Aは，幼少期から発達遅滞が認められ，IQが50～60程度で推移するなど，障害等級2級程度の知的障害を抱えており，小中学校共に特殊学級で学んだ後，別の会社で働いたが続かず，中学校の担任だった教諭の紹介で，病院やホテル等を顧客としておむつやシーツ等のクリーニング業等を営み，そうした生徒を積極的に採用していたY3（被告会社）に就職した。障害の程度が軽度だったため，障害者手帳等は取得していなかったが，代表取締役社長Y1，同副社長Y2のほか，本人の上司らも，障害者であること，読解力，思考力，判断力等に乏しく，臨機応変な対応が苦手なこと

等を認識していた。

Y3は、本件災害当時、従業員数110名強（多くはパート。全体のうち障害者が20名弱）で、Y1が設立し、本件災害時にも、重要事項は自ら決定していたが、Y2が日常業務を担当して、Y1を補佐しており、本件災害時に亡Aが就労していた稲城事業所・工場（本件事業所）の視察や管理も行っていた。

Y3は、当初従業員数50人未満の2つの事業所・工場を保有していたが、本件事業所が新設され、一方の事業所の機能が移った際に本件事業所の規模が従業員数50人を超え、安衛法上、概ね安全・衛生管理者や産業医の選任、安全・衛生委員会の設置が義務づけられることとなり、本件災害当時は100人を超えていたが、それらの選任も設置もしていなかった。また、亡Aらに対して、洗濯ラインの機械の操作方法やトラブル時の対応法等に関する安全教育も行われておらず、取扱説明書等も配布されておらず、本人も部下らも機械の非常停止の方法を知らなかった。

本件災害当時、亡Aは、本件事業所のダイアパー部というおむつの洗濯、乾燥から畳んで結束する作業までを担う部署に所属し、D副工場長のもと、2人の部下（知的障害者であり、Y3から機械の操作自体を禁じられていた）を指示・監督する洗濯主任の立場にあり、Dの不在時は現場作業を任されていた。

災害当日は、本件事業所に設置され、洗濯物と水・洗剤を投入して、洗濯・乾燥、洗濯物のほぐし、2階にあるレシーバーへの吸い上げ等を行う大型機械（本件機械）を操作していたが、シェーカー（洗濯物を回転させつつほぐす直径1m60cm程の大型回転機械）のうち、エアーシューター（ほぐされた洗濯物を風圧で2階に設置された洗濯物受け［レシーバー］まで吸い上げる機械）との接続部に洗濯物が詰まり、回転が停止した。そこで、乾燥機操作盤の非常停止ボタンを押し、排出操作盤の傾斜コンベヤーのセレクタースイッチを「停」にして（その他にエアシューター制御盤のシェーカー、エアシューター、レシーバーのセレクタースイッチ等があったが、全て「自動」状態だった）、傾斜コンベヤーを登りシェーカーに入って異物を取り出していた。すると、何らかの理由で傾斜コンベヤーの光センサーの光軸が遮られ、シェーカーとエアシューターが再稼働したため、内部で全身を打たれ、エアシューターに頭を引き込まれた後、頭蓋内損傷により死亡した。

これを受け、Y1とY3は、安衛法上の安全管理者選任義務違反等により罰金刑を受けた。

そこで、亡Aの遺族Xが、Y1、Y2については、安全配慮義務違反による不法行為責任（民法第709条）、Y3については、当該不法行為を前提として、商法第261条第3項、第78条第2項、民法第44条第1項に基づく責任を負う旨主張して提訴した。

〈判旨：原告請求認容〉

本件事業所では、常時使用労働者数が50人を超え、本件災害当時は100人を超えていたが、Y3は、安衛法上求められる安全・衛生管理者、産業医の選任、安全・衛生委員会の設置共に行っていなかった。Y1、Y2は、その事実を知りつつ、本件災害に至るまで行わなかった。

また、亡Aらに対して、洗濯ラインの機械の操作方法やトラブル時の対応法等に関する安全教育も行われておらず、取扱説明書等も配布されておらず、本人も部下らも機械の非常停止の方法を知らなかった。

<u>Y1及びY2の地位</u>、業務内容、Y3の規模、本件事業所のY3での位置づけ、<u>両名の本件事業所の業務への関与の強さ等からすれば、両名はY3において、人的・物的環境整備の安全配慮義務を負っていた</u>。すなわち、亡Aの生命身体に危害が及ばないよう、機械設備その他の物的設備を整備し、管理者に工場内の機械設備や作業方法等のリスクを調査及び対応をさせる等の安全管理体制を整備し、日常的な機械の取扱方法や作業手順、トラブル時の対処方法等について安全教育を行い、緊急時対応が可能な人的体制を整備すべきだったのに怠り、それゆえに本件災害が生じたから、<u>Y1及びY2は、民法第709条に基づく不法行為責任</u>を負い、両名はY3の代表取締役としての職務上過失を犯したから、Y3は、商法第261条第3項、第78条第2項、民法第44条第1項に基づき損害賠償責任を負う。

〈判決から汲み取り得る示唆〉

安全委員会の設置義務違反が安全配慮義務違反などの民事上の過失と評価される場合、安全・衛生管理者の選任義務違反など、他の安全衛生管理体制整備の不備と共に過失の要素とされることが多いが、<u>実際にそうした体制整備がされていれば災害を防げたかについての具体的な論証はされない</u>ことが多い。

これは、体制整備自体の重要性を示唆する趣旨と解され、特に未解明なリスクや、発生機序が不明確な災害（本件も、実際には、被災者が取った措置［傾斜コンベアの停止］後になぜシェーカーが再稼働したかの理由は分かっていない）の過失認定で重要な役割を担っている。

逆に言えば、不確実性の高いリスクに対応するうえでは、この委員会での調査審議の実績をつくることで、結果がうまくいかなくても、過失認定を免れる可能性が高まるということである。

(2) （安全）衛生委員会関係

【刑事事件】

見当たらなかった。

【民事事件】

＊以下の2例は，雇用者に安全衛生委員会が設置されていたため，判決もそれに言及した例だが，実質的には衛生委員会の機能が問われたので，衛生委員会の分類で取り扱う。

●アスベストに長期間ばく露したうち1人は悪性中皮腫で死亡し，もう1人は石綿肺等にり患した事案で，被告会社に認められた安全配慮義務違反の一環として労働者への所要の教育義務違反が指摘され，これに安全衛生委員会でアスベストの危険性やマスク使用等の予防策が十分に協議されなかったことが含まれるとされた（ただし，被告会社から同委員会で協議していたから教育義務が尽くされていた旨の主張に応じたもの）例（石綿管製造会社石綿関連疾患事件・さいたま地判平24・10・10裁判所WEBサイト）

〈事実の概要〉

亡A（おそらく昭和10年頃生まれ）は昭和29年から昭和54年まで約19年（退職は昭和57年末），X2（昭和11年生まれ）は，昭和39年から昭和56年まで約17年（退職は昭和57年末），石綿セメント管製造業を営むY（被告会社）の石綿粉じんが発生する職場で就業していた。その工程は，①石綿を粉砕して解繊し，セメント等と混ぜて管の形に固めたうえで，②寸法合わせのために切断，切削するものだった。また，③石綿管同士を接合する継ぎ手製品の製作も切削作業を伴った。両名共に，昭和53年の健診結果で，翌年にじん肺管理区分2と決定された。亡Aは，退職から約28年後の平成22年に悪性胸膜中皮腫で死亡し（診断は死亡の1カ月前），X2は，平成11年に胸部肥厚斑が認められ，平成22年には続発性気管支炎を合併した。

以上の経過を踏まえ，亡Aの遺族X1と存命のX2がYを相手取り，安全配慮義務違反の債務不履行又は不法行為に基づき損害賠償請求をしたのが本件である。

〈判旨：Xら請求認容〉

安全配慮義務の前提として使用者が認識すべき予見義務の内容は，安全性に疑念を抱かせる程度の抽象的な危惧で足り，障害の性質，程度や発症頻度まで具体的に認識する必要はない。

石綿粉じんが有害性認識のもと，労基法に基づく規制や通達によって，石綿粉じん発生場所での労働への規制が進む中，昭和35年にじん肺法が制定され，石綿の解きほぐし，石綿製品の切断，研磨，仕上げ等の作業が適用対象とされ，粉じんの発散抑制，保護具使用等の適切な措置の努力義務，常時粉じん作業に従事する労働者への教育，定期じん肺健診，管理区分決定時の本人への通知等の義務が定められた。

よって，昭和35年頃には，石綿関連事業を営むYに，石綿粉じんばく露の健康被害につき予見可能性があった。たとえ中皮腫の発症を予見していなくても，予見義務を認め得る。

Yには，従業員への安全配慮義務として，昭和35年当時の法令等に照らし，①作業環境測定義務，②発生飛散抑制義務，③マスク配布及び着用指導義務，④教育義務，⑤健診実施義務があった。

① 作業環境測定義務について

作業環境測定は，健康被害防止対策の前提であり，昭和33年の環境改善通達（労働省労働基準局長発「職業病予防のための労働環境の改善等の促進について」）でも，石綿取扱い職場での測定位置，測定方法，石綿抑制目標限度が定められていたから，定期的に実施する義務があったが履行しなかった。

② 発生飛散抑制義務について

昭和22年制定の労基法及び旧安衛則で，有害粉じん発生場所での密閉装置等の設置が使用者に義務づけられ，昭和35年頃には石綿粉じんの有害性がYにも予見可能となり，昭和33年環境改善通達に前掲の示唆がされたことから，Yは，昭和35年以降，石綿粉じんの発生飛散抑制措置を講じる義務があったが履行しなかった。

③ マスク配布及び着用指導義務について

昭和22年制定の労基法及び旧安衛則で，適当な保護具の備え付けが使用者に義務づけられ，昭和25年に粉じんマスクの規格が定められ，昭和26年の通達（労働省労働基準局長通達「粉じんマスクの規格の制定及び検定の実施について」）で石綿粉じん発生作業が例示され，昭和35年のじん肺法でも，保護具の使用等についての適切な処置の努力が定められたことから，Yには，法令に適合したマスクの配布と着用指導義務があったが履行しなかった。

④ 教育義務について

昭和35年のじん肺法により，常時粉じん作業者への教育義務が設けられたことからも，Yには石綿粉じんの有害性や関連疾患の予防方法にかかる教育義務があったが履行しなかった。

<u>Yは，安全衛生委員会でマスクの使用状況や粉じんの発生状況等の確認，改善策等が協議されていたと主張するが，実際のマスク不使用者の存在や，石綿粉じん曝露作業の継続等から，「十分に協議されていたとは認められない」</u>（＊下線は筆者が添付した）。

⑤ 健診実施義務

昭和35年のじん肺法により，健診の実施と管理区分決定時の通知義務が設けられたが，Yは昭和50年頃まで履行していなかった。

以上から，Yは，安全配慮義務違反により，損害賠償責任を負う。同内容の過失に基づく不法行為責任も負う。

〈判決から汲み取り得る示唆〉
　被告会社からの主張への対応ではあるが，安全衛生委員会で有害物質のリスクや有効な対応策を十分に協議しなかったことが，安全配慮義務の一環としての教育義務違反の一要素とされた。また，実際のマスク不着用者や石綿粉じんばく露作業の継続等の実態を協議不充分の論拠としている。
　やや穿った見方だが，これは，安全衛生委員会の労働者への教育的効果を示唆するものとも解し得る。
●若手医師が複数の上司に当たる医師からのハラスメントや長時間労働の後に自殺して遺族が病院や上司に損害賠償を求めた事案につき，同様の立場にあった若手医師が退職した経緯やその証言等からハラスメントの事実を認定したうえで，長時間労働等による過重負荷との相乗的効果として被害が発生したものであり，公務員である上司は本件で個人責任を負わないが，病院は，院長や上司が上記の負荷要因を認識し得た以上，有効な防止策を講じるべきだったし，少なくとも彼の自殺後に当該病院で開催された安全衛生委員会で提案されたような対応策（懇親会開催による親睦，産業保健スタッフによる面接指導等）を講じるべきだったのに行わなかった等の過失につき債権債務法，国賠法上の責任を競合的に負い，医療機関としての特殊事情があっても免責されないとした例（公立八鹿病院組合ほか事件・広島高松江支判平27・3・18労判1118号25頁〔上告が認められず，確定〕）
〈事実の概要〉
　医師となって3年目，整形外科医となって半年ほどの新人医師である亡Bは，Y1（病院を運営する被告組合）での勤務開始後，新人としては多い患者数の診察や当直等により，月150時間を超える時間外労働を行う一方，上司であるY2（医長）からは身体的な暴行のほか，仕事ぶりが給料に相当しない，それを「両親に連絡しようか」等の発言，Y3（部長）からは，「田舎の病院だと思ってなめてるのか」等の発言を受けた後，勤務開始の2ヵ月後にはうつ病を発症して自殺した。
　そこで，亡Bの両親（Xら）がY1につき債務不履行又は不法行為，Y2及びY3につき不法行為に基づき損害賠償請求した。また，2審でY1に対する国賠法に基づく請求を追加した。
〈判旨：Xら請求一部認容〉
　Y2及びY3が，社会通念上許容される指導又は叱責の範囲を超える言動を行っていたことは，亡Bの前任までの複数の医師が，彼らに相談すると怒鳴られたり，無能扱いされるなどしたため委縮した旨証言し，うち3名が半年で退職していたこと等からも裏付けられる。

　本件病院で亡Bが従事していた業務は，質量共に相当過重であったばかりか，Y2とY3から「パワハラを継続的に受けていた」。これらが重層的かつ相乗的に作用して一層過酷な状況に陥った。
　亡Bに特に素因は認められないが，遅くとも自殺した月の上旬にはうつ病を発症した。
　Yらは，亡Bの能力不足による自信喪失が自殺の原因との趣旨の主張をするが，同程度の職務経験者と比べて，特別にミスが多いとか，格別能力が劣っていたとはいえないし，自殺前には，心身の疲弊により余計にミスが誘発されたと察せられる。
　Y1は，亡Bの赴任前から，Y2らの下にいた医師からの異動願等によって彼らによるパワハラを認識し，その後院長への暴行の報告等から亡Bへのパワハラも認識し，時間外手当の支払いから時間外労働について認識していた以上，<u>亡Bの自殺後に開催された安全衛生委員会で提言された方法（歓迎会，診療科を跨いで繋がる機会の提供，産業保健スタッフによる面接指導等）などにより，新人医師らの労働環境整備に努めるべきだったし，遅くとも自殺の前月下旬頃には，その勤務状況を把握し，Y2らにパワハラの是正を求めるとともに，本人を休職させる等の措置をとるべきであり，そうしていれば自殺を防止できる蓋然性があった</u>（＊下線は筆者が添付した）。しかし，勤務時間の把握自体充分にせず，パワハラを認識しながら，本人にしばらく我慢してもらうか，派遣元の大学病院への転属を申し出るのを待てばよいとの認識で放置していた以上，安全配慮義務違反が認められる。
　Y1は，院長及びY3がその義務に従った権限行使を怠った以上，国賠法上の責任も負うが，Y2らのパワハラは，公立病院であるY1の職務を行うについて行われたので，彼らは個人的な責任を負わない。
〈汲み取り得る示唆〉
　（安全）衛生委員会は，自殺対策も議題とし得る。安衛則第22条が，同委員会への付議事項として，メンタルヘルス対策（第10号），長時間労働による健康障害対策（第9号）等を定めているので，確認的示唆とも言えるが，実際に過失の判断材料とされていることは興味深い。
　また，そこで提案された対策に，懇親会の開催や産業保健職による面接指導，メンタルヘルス対策専門会議の開催など，本人の「内なる声」の聞き取りを含むコミュニケーションの促進，関係者の意識や知識の共有を図る事柄が含まれていることも示唆的である。

（安全管理者等に対する教育等）
第19条の2　事業者は，事業場における安全衛生

> の水準の向上を図るため，安全管理者，衛生管理者，安全衛生推進者，衛生推進者その他労働災害の防止のための業務に従事する者に対し，これらの者が従事する業務に関する能力の向上を図るための教育，講習等を行い，又はこれらを受ける機会を与えるように努めなければならない。
> 2　厚生労働大臣は，前項の教育，講習等の適切かつ有効な実施を図るため必要な指針を公表するものとする。
> 3　厚生労働大臣は，前項の指針に従い，事業者又はその団体に対し，必要な指導等を行うことができる。

1 趣旨と内容

新規の機械設備，化学物質の登場，産業の高度化，高年齢労働者の増加，健診における有所見者の増加等を背景に，安全衛生管理上，知識・技能の更新が必要になるし，既知の知識の反復学習の必要もある。

そこで，安全・衛生管理者，安全・衛生推進者，その他労災防止業務に従事する者（作業主任者，元方安全衛生管理者等を想定している〔昭和63年9月16日基発第601号の1〕）を対象に，能力向上教育等を行うか，受講機会を付与する努力義務を課したものである。

本条第2項を受け，安衛則第24条は，国による指針の公表（官報掲載，都道府県労働局等での公表等）を定めた。

また，本条との直接の関係は定かではないが，本法の代表的な解説書[60]は，本条の解説箇所で安衛則第24条の2に触れていた（しかし，その後の改訂で，本条の解説箇所からは削除された）。

確かに，本条の主な目的は，安全衛生業務従事者による新たな知識の獲得を通じた事業場の安全衛生水準の向上なので，既存の知識だけでは不足する部分をカバーしようとする点で，安衛則第24条の2が図る労働安全衛生マネジメントの促進とは通底する。

安衛則第24条の2は，平成11年の改正（平成11年3月30日労働省令第21号）で設けられ，厚生労働大臣による事業場での自主的活動促進のための指針の公表について定めた。これに基づき，「労働安全衛生マネジメントシステムに関する指針」（平成11年4月30日労働省告示第53号，最終改正：令和元年7月1日厚生労働省告示第54号）が発出された。これは，安全衛生管理のベテランの引退によるノウハウの継承困難を想定し，国際動向も踏まえてシステマチックな安全衛生管理を狙ったもので，

ア　経営者によるリード（安全衛生方針の表明）
イ　機械設備，化学物質等の危険・有害要因（危険性・有害性の分類と具体例については，資料3-52を参照されたい）の特定と管理措置の特定，関連する法令遵守
ウ　P（Plan：計画）-D（Do：実施）-C（Check：確認）-A（Action：システムの見直しと改善）サイクルの構築
エ　労働者の意見の反映

等を要素とする。

リスクアセスメントは，労働安全衛生マネジメントシステムの核心なので，当然ながら，法第28条の2や

資料3-52　危険性・有害性の分類と具体例

	危険源の分類	具体例
危険性	機械等	工作機械，食品加工機械，ボイラー，ドラグ・ショベル，クレーン，エレベーター，土止め支保工，マンホール，立て坑，足場
	原材料，ガス，蒸気，粉じん等	爆発性の物，発火性の物，引火性の物，腐食性の物
	電気，熱，その他のエネルギー	アーク等の光のエネルギー等
	作業方法	掘削の業務における作業，土止め支保工の組立等の作業，荷役の業務における作業
	作業場所	墜落するおそれのある場所，土砂等が崩壊するおそれのある場所，足を滑らすおそれのある場所，つまずくおそれのある場所，採光や照明の影響による危険性のある場所，物体の落下するおそれのある場所等
	作業行動等	作業姿勢，不安全行動など
	その他	家畜，人の暴力等による危険性も含まれる。
有害性	原材料，ガス，蒸気，粉じん等	酸素欠乏空気，病原体，排気，排液，残さい物
	放射線，高温，低温，超音波，騒音，振動，異常気圧等	赤外線，紫外線，レーザー光等の有害光線
	作業行動等	計器監視，精密工作，重量物取扱い等の重筋作業，作業姿勢，作業態様によって発生する腰痛，頸肩腕症候群等も含まれる。
	その他	

（森山誠也作成）

第57条の3に基づくリスクアセスメントについて定めた「危険性又は有害性等の調査等に関する指針」(平成18年3月10日基発第0310001号別添)や，「化学物質等による危険性又は有害性等の調査等に関する指針」(平成27年9月18日基発0918第3号別添1)とは共通点が多いが，安全衛生マネジメントシステムに関する指針の方が，健康の保持増進措置や快適職場形成などのハイレベルな目標を掲げていること，専門家より組織全体の関与を強く想定していること等が異なるように思われる。

2 関係規定

安衛則第24条（法第19条の2第2項による指針の公表〔官報掲載，都道府県労働局等での公表等〕），第24条の2（自主的活動促進のための指針：労働安全衛生マネジメントシステムに関する指針）。

3 運用

1 適用の実際

努力義務規定なので，監督指導状況の統計は見当たらない。

能力向上教育等は，労働災害防止団体等が実施してもなかなか受講者が集まらない一方，実際の必要性が高いため，その義務化は，資格更新制度の拡大と共に，専門家からつとに指摘されてきた。

しかし，経営者側からの抵抗が強く，なかなか実現しないと聞く。

2 関係判例

見当たらなかった。

（国の援助）
第19条の3　国は，第13条の2第1項の事業場の労働者の健康の確保に資するため，労働者の健康管理等に関する相談，情報の提供その他の必要な援助を行うように努めるものとする。

---

1 趣旨と内容

第13条の2の解説でも述べたが，本条は，基本的には，独立行政法人労働者健康安全機構が運営する産業保健総合支援センター（全国47都道府県に1カ所ずつ）や，その下部組織であり，中小零細事業を支援対象として，地区ごと（全国350カ所）に設置された地域産業保健センターの設置や関連する予算措置を想定した規定である。

前者は，産業医，産業保健職，看護職等の産業保健関係者への研修，産業保健に関する相談対応業務，事業者らの産業保健に関する各種計画づくりの（訪問による）支援等，後者は，中小零細事業に対して，健診結果についての医師からの意見聴取（安衛法第66条の4等），長時間労働者対象の面接指導（法第66条の8，9等），高ストレス者への面接指導（法第66条の10第3項等），保健師（の訪問）による保健指導（法第66条の7等）など，より直接的なサービスを無償で行っており，産業保健関係者と中小零細事業の連結に重要な役割を果たしている。

また，中小零細事業が産業医を共同選任する場合に活用できる小規模事業場産業医活動助成金等の補助金制度の法的根拠にもなっている。

2 関係規定

法第13条の2（産業医の選任義務のない小規模事業場における医師による健康管理等の実施の努力義務）。

3 運用

1 適用の実際

平成19年に示された総務省の行政評価では，小規模事業場の安全衛生対策の適切化にかかる勧告として，地域産業保健センターの産業保健活動が低調であること，事業委託費の配分で業績が反映されていないこと，産業医を複数の小規模事業場が共同選任することを支援すること自体にはメリットが認められるが，実績が低調であり，廃止すべきとされていた。

また，最近，小規模事業での産業保健活動に対する助成金（小規模事業場産業医活動助成金）を，その実態がないのに不正に受給したとして，支給決定の取消しを受けた18の事業者名が厚生労働省から公表されている。氷山の一角と思われ，産業保健なら活動をしてもしなくてもさしたる相違は生じないだろう（したがって，実績をごまかせるだろう）と考える事業者が多いことが窺われる。

皮肉な形で予防政策の難しさを語っているようにも思われる。

2 関係判例

南大阪マイホームサービス（急性心臓死損害賠償）事件・大阪地堺支判平15・4・4労判854号64頁では，被告側が，「労働安全衛生法上努力義務にすぎない地域産業保健センターの活用も積極的に行うなど，従業員の健康に……十分に配慮していた」などと主張したが，結局，基礎疾患のある原告に対し，適切な健康管理を行わず，過重負荷を軽減しなかったこと等から急性心臓死に至らしめたものとして，地産保利用にかかる主張は一顧だにされず，被告の損害賠償責任が認められている。

資料3-53　産業保健制度に関する国際比較

	産業保健のカバー範囲 ※いわゆる私病も対象とするかという観点	産業医の選任義務	産業医の資格者数及び資格要件
日本 ＊厚生労働省	・産業保健に係る法令上の明確な定義はないが、業務に起因して発生する疾病や、業務により疾病が増悪することを予防することを産業保健の一義的な目的としている。 ・また、生活習慣病の予防を含む労働者の健康保持増進措置を講ずることを事業者の努力義務として規定しており、その実施者には産業医、保健師等の産業保健スタッフも含まれている。	・労働者数50人以上の事業場：産業医の選任を義務づけ ・労働者数50人未満の事業場：一定の知識を有する医師又は保健師による健康管理を努力義務として規定	（資格者数） ・約10万人（うち実働推定4万人程度） （資格要件） 医師であって、 ①所定の法人が行う研修を修了した者 ②産業医科大学の卒業生で実習を履修した者 ③労働衛生コンサルタント試験合格者で、試験区分が「保健衛生」である者 ④大学において労働衛生に関する科目を担当している者
フランス ＊Loïc LEROUGE （ボルドー大学） ＊訳：三柴丈典（近畿大学） ＊一部は厚生労働省	・産業保健の基本的目的は業務起因の健康障害の防止である。よって、業務上のリスク及びその健康影響の調査と管理が主なタスクとなる。ただし、その目的には雇用の維持に繋がる職業人生にわたる健康の維持、QOL、職場でのアルコールや薬物の抑制も含まれるとしており、現に（業務上のリスクの健康影響の測定が主な目的ではあるが）労働者個々人の健康状態のモニタリング（個人の健康管理）をその職務としている。また、ワクチン接種、積極的な健康づくりなども役割に含む（労働法典 L. 4622-2）。 ・労働法典 L. 4623-1第1項cは、労働者の心身の健康状態に諸種の労働条件を適合させること（の支援）も産業医の職務と明記している。 ・労働法典 L. 4622-8-1第4号は、労働者の労働からの排除を防ぐための様々な支援も産業保健の役割としている。ただし、対象は、それが有効に働く者に限られている。 ・障害を持つことや障害手当の受給を自己申告した者は産業医にリファーされ、個別的な健康管理を受けることとされている（L. 4624-1）。 ・なお、産業医の法的位置づけは、労使、労働者の代表らへのアドバイザー（≠最終判定者、運営責任者）である（L. 4623-1）。	・全ての企業で労働保健機関（単一労働保健機関（単一機関）か複数の企業による共同労働保健機関（共同機関））の設置が義務づけられている。前者は支援対象となる労働者数500人以上、後者はそれ以下で設置が必要となる。 ＊共同機関は、自営業者が希望すれば、その業務上リスクの管理、健康管理等も行う（L. 4621-3）。小規模事業の経営者もその支援を受けられる（L. 4261-4）。 ・いずれの労働保健機関も産業医かその指名を受けた者がその責任のもとで統括する（L. 4622-8-1第4号）。産業医が統括するチームには、助手（医師）、安全衛生技術者、看護師等が属し、必要に応じ別の専門性を持つ者によって補完される（L. 4622-8）。 ・労働保健機関の規模に応じて、配置すべき労働医の最低人数が決まっている。 ・労働医は、全員が労働保健機関に所属する専業・専属の産業医。	（資格者数） ・約7千人 （資格要件） ・労働医：6年間の医学教育の後さらに4年間の産業医学教育・研修を経た専門医
ドイツ ＊佐々木達也（名古屋学院大学） ＊三柴丈典（近畿大学）	・労働安全衛生法（Arbeitssicherheitsgesetz: ASiG）3条は、産業医の職務につき、特に、安全衛生に関する物的、人的、組織的な条件に関する使用者や安全衛生担当者への助言（1号）、健診を含む健康管理（2号）、巡視や保護具のチェック、作業関連疾患の原因調査等を通じた作業管理（3号）、労働衛生教育や避難訓練等（4号）について、労働医学的知見から使用者の労働保護及び災害防止の実施を支援することと定めている。 　私病も対象かは不明だが、心身の健康リスクへの対応、採用時健診、就労時健診等の健診（災防止規程 DGUV Vorschrift 6 (BGV A4)）を含む健康管理、作	・選任義務あり。 ・労働安全衛生法2条1項は、業種ごとの労災危険度、労働者数、労災予防責任者の数から算定される必要度に応じて産業医を選任することを使用者に義務づけている。必要度は、産業医を産業保健活動に従事させるべき時間（投入時間：Einsatzzeiten）という形で設定されている。 ・産業医を選任する義務は、産業医を所定の時間数だけ産業保健活動に従事させることであり、特定の選任形態（例えば、専従者の雇用）を強制するものではない。 　産業保健サービスとの業務委託契約も許されている。	（労働医学（Arbeitsmedizin）の就業者数） ・3,716人（2020年） ＊DGUVの前身の1988年の調査では、7,442名だった（Rundschreiben ZHB 70/89 des Hauptverband der Gewerblichen Berufsgenossenschaften）。 ＊就業者数：約4200万人（2020年）（JILPT 国別基礎情報） （資格要件） ・産業医の資格は、医師でありかつ産業医の任務に必要な産業医学上の専門知識を行使できる者に認められる（労働安全衛生法2条1項3号、4条）。 ・実際には、3カ月の理論研修を含む産業医としての1年ないし2年の臨床研修の修了が求められて

コメディカルの活用	産業医，コメディカル以外の専門家の活用	事業場外の産業保健サービス	根拠法令
・保健師・看護師：健康相談，保健指導，ストレスチェックの実施等，産業保健活動を実践する専門職。法定の資格要件や選任義務はなし。	・衛生管理者：事業場の衛生に関わる技術的事項を管理（50人以上の事業場で選任を義務づけ）。 ・化学物質管理者：SDS の確認，RA の実施管理，RA 結果に基づくばく露防止措置の選択・実施管理等の化学物質管理を担当。業種によっては専門的な講習の受講が必要。 ・労働衛生コンサルタント：事業場の衛生診断及び指導を行う専門職（国家資格）。	・労働衛生機関等：作業環境測定，健康診断，ストレスチェック，メンタルヘルス支援相談等のサービスを提供する機関。作業環境測定機関は国への登録が必要。 ・産業保健支援センター：事業者は，独立行政法人労働者健康安全機構の地域産業保健センターが提供する無料の産業保健サービスを利用することができる。 ・地域の経済団体：地域の経済団体等が産業医等と契約して会員企業の労働者に産業保健サービスを提供した場合に，国が一定の助成を行う制度がある（団体経由産業保健活動推進助成金）。	労働安全衛生法（昭和47年法律第57号）
・看護師 　労働保健機関の規模に応じて，配置すべき看護スタッフの最低人数が決まっている。 　看護師は，産業医が統括するチームの一員であり，これには助手（医師），安全衛生技術者，看護師等が所属し，必要に応じ別の専門性を持つ者によって補完される（L. 4622-8）。 　看護師は，医師の求めを受けて，健康管理のため，労働者に医師の診断を受けさせる（医師につなぐ）等の補助的役割を負うことが法定されている（L. 4623-14 II 第 2 項）。 　労働者は，産業保健スタッフから個別の健康管理を受ける権利を保障されており，ここでのスタッフには看護師も含まれている（R. 4624-10）。 　雇用者には，労働医による 2 年に 1 度の定期健診の実施が義務づけられているが，労働医の負担軽減の観点から，1 年ごとに看護師による面談をすれば 2 年を越える間隔でもよいとされている。	・産業保健の目的に照らし，労働者の就労継続を支援するための多様な職種で産業保健を行うことが想定されており，安全衛生技術者，産業保健技術者を持つアシスタントなどもチームのメンバーとなることが想定されている（労働法典 L. 4622-8）。アシスタント医の役割も重視されているようだ（L. 4623-37等）。産業医を労働保健機関のリーダーとして，多職種のメンバーが現場で労働者と対話し，何かあれば産業医に繋ぐというスタイルが目指されているようだ（R. 4624-10に顕著）。 ・特に慢性疾患で休職した被用者の元職種への復帰が困難な場合，同人は，理学療法士，心理職，ソーシャルワーカーらによる健康管理を要求できる（R. 4624-10）。また，企業内労働保健では，時に応じて occupational social service（おそらく福利厚生，年金・社会保険関係の所掌部門）との連携が求められるという（L. 4623-1）。 ・興味深いことに，産業医によるオンライン面談の際に，産業医の判断で主治医等の参加がなされることがあるという（L. 4624-1 II）。	・産業保健活動自体は労働保健機関が行うが，外部の産業保健支援機関も存在し，中規模の企業内の労働保健機関と連携することもある（労働法典 L. 4622-9からも明らか）。 ・労働保健機関が産業保健活動を実施する際に，医療機関や医療の専門家，地域の健康保険団体，障害補償関係者，職業リハビリ機関等様々な組織や個人と連携することは，法が想定しており，現に行われている模様。	・労働法典
・産業看護師（Betriebskrankenpfleger/Betriebskrankenschwester） 　選任は法定されておらず，看護師，医療助手（MFA），救急救命士等の資格者が就業し，産業医学に関する追加資格や産業医学に関する研修受講歴を持つ者が有利とされる。 　主な職務は労働者の疾病予防（諸種の検査），人間工学的な職務や健康計画の設計，応急措置，産業医の業務のサポート等で，ワークライフバランスをとり易く，給与額は，2.430 から 3.940 Euro（約35万円から約57万円）／月との情報がある（https://medwing.com/DE/de/magazine/artikel/betriebskrankenpfleger-gehalt/）。	・労働安全衛生専門員 　業種ごとの労災危険度，労働者数，労災予防責任者の数から算定される必要度等に応じて選任が使用者に義務づけられている。 　使用者のその他，労働保護等の義務を負う者への助言，事業施設及び技術的な作業用具，作業方法の安全技術的な再検査，労働保護等の実施状況の監視などの職務を行う。 　資格は，一定の要件を満たす安全技術員又は安全マイスターとされている。 ・労働安全衛生専門員は，産業医と共に安衛法 8 条で職務上の独立性を保障されている。	・主に財政の苦しい中小企業への配慮から，労働安全衛生法（ASiG）19条により，産業保健サービス（Überbetriebliche Dienste）との業務委託契約が認められている。	・労働安全衛生法（ASiG）1973年12月12日公布（BGBl. I S. 1885） ・労働保護法（ArbSchG）1996年 8 月 7 日公布（BGBl. I S. 1246） ・労災保険組合が定める労災防止規程（DGUV Vorschriften） ＊産業医や労働安全衛生専門員の選任に関する具体的基準をもって，国の法令を補完している。

	産業保健のカバー範囲 ※いわゆる私病も対象とするかという観点	産業医の選任義務	産業医の資格者数及び資格要件
〈前頁から続き〉 ドイツ ＊佐々木達也（名古屋学院大学） ＊三柴丈典（近畿大学）	業関連疾患にかかる原因調査等も職務範囲内なので，労働者の健康状態に応じた管理は職務範囲内と解される。 ・なお，産業医の法的位置づけは，使用者や安全衛生担当者の助言者（≠最終判定者，運営責任者）である（労働安全衛生法（ASiG）3条1項1号など）。		いる（DGUV Information 250-105，(Muster-) Kursbuch Arbeitsmedizin/Betriebsmedizin auf der Grundlage der (Muster-) Weiterbildungsordnung 2018など）。 ・産業医は，直接治療行為を行うことは認められていないが，ドイツでは内科との関係が強く意識され，資格要件で内科での12カ月の臨床・診療が課されてきた。 ・主な認定主体は医師会。
英国 ＊Diana Kloss (MBE, London South Bank University) ＊訳：三柴丈典（近畿大学）	・UKの勤労者医療は，無料（1948年～）だが患者からのアクセスが困難なことも多い（特に重症例）ことを踏まえ，一般診療等を労働者に提供するところに淵源があるので，業務起因の災害疾病の防止に限定されない。プライマリーケア中心に一部は医療行為も行い，幅広い健康管理を行ってきた。しかし，現在はかなりGPと役割が分化している。就業判定等も行い，労働者の希望に沿わない場合，不満を招くこともあるという。 ・2006年のWaddell and Burton報告が労働が健康に及ぼすプラス効果（働くことが健康につながる）や，2008年のCarol Black報告が，総合的な健康（wellbeing）への投資がもたらす様々な効果を指摘したことが，政労使の積極的な健康づくりへの意識を高め，産業保健の役割を広げた。 ・産業保健専門職は，原子炉作業員や食品加工業での労働者の職務適性の評価，パンデミック下での予防的な健康対策のアドバイス，病気休職者の復職支援，障害者への合理的配慮，いわゆる三管理（作業環境管理，作業管理，健診含む健康管理），理学療法とカウンセリング，公共部門勤務者への病気による退職勧告（ただし医師のみ），例外的には治療行為等を行っている。 ・近年は，企業外の商業としての産業保健サービスも現れている。 ・有害物質管理等の労働衛生（occupational hygiene）や筋骨格系障害の予防などの人間工学的課題と産業保健は区別されているが，緊密に連携している。	・選任義務なし ＊NHS（全国民対象の無償医療制度）の採用で不要と考えられたことによる。 ＊しかし，歴史的には良心的な経営者，今は特に化学プラントなど健康リスクの高い大企業が，各種の法的責任回避，労働生産性の向上，人手不足状況下での労働者の採用，時にクリスチャンとしての信念等に動機づけられ，勤労者医療を労働者に提供してきたという。	・710人（2016年時点の王立内科医協会（Royal College of Physicians）の産業医部会（FOM）の会員数） ・深刻な不足状況にあるうえ，会員は高齢化している。 ＊FOMが産業医の適格性認証を担っており，産業医学専門医（MFOM）や産業医学指導医（FFOM）の資格を発行している。 ＊産業医学の研修は，NHSが実施している。 ＊GP（実地医家）がパートタイムで産業医を務めることが増えている。 ＊民間事業の教育により基礎的知識を身に付けた医師には，FOMが認定産業医（ディプロマ）の称号を与えている。 ＊なお，UKでは，全ての医師はGMC（総合医療審議会：日本の医師会のような団体）に登録せねばならないので，医師への政策展開もし易い面はあるように思われる。
米国 ＊井村真己（追手門学院大学） ＊加筆修正：三柴丈典（近畿大学）	・法的に明確な定義はないが，アメリカ労働環境医学会（American College of Occupational and Environmental Medicine, ACOEM）によれば，定期的な健康診断や健康危険度評価（Health Risk Appraisals, HRAs）を用いた健康教育により，私傷病を含む包括的な労働者の健康増進を図ることが重要とされている。	・法令上の選任義務はないが，OSH法（アメリカ労働安全衛生法）2条(b)(1)に基づき実施されている個々の事業による自発的予防プログラム（Voluntary Protection Program, VPP）の認定要件には，医療従事者（Licenced Health Care Professionals）へのアクセス確保がある。	・法的な選任義務がないため，法的資格もないが，アメリカ予防医学委員会（American Board of Prevention Medicine）が，認定試験合格者に労働環境医学の民間専門医資格（他に航空医学，公衆衛生・一般予防医学のほか，中毒医学などの副専攻にも資格を設けている）を発行しており，その受験資格を得るため，4年間の研修と大学院レベルの生物統計学（biostatistics），疫学（epidemiology），社会行動学（social and behavioral sciences），医療・保健経営（health services administration），環境衛生学（environmental health science）について，最低15単位時間分の学修が必要とされている。

コメディカルの活用	産業医，コメディカル以外の専門家の活用	事業場外の産業保健サービス	根拠法令
・就業者の人数は不明。			
・産業保健の主な担い手は，医師と看護師。 *2016年の統計では，産業保健分野で働く看護師は4,950人，このうちNMC（看護助産審議会：日本の看護師協会・助産師会のような団体）が発行するSCPHNの称号（日本の保健師に近く，保健職の専門性を示す）を持つ者が3,332人だった（Occupational Health at Work）。 　企業内外の産業保健サービスが，医師と看護師双方の採用に苦労しているという。 *UKの産業保健において実質的な役割を担っており，彼／彼女らとその下の技術系スタッフが日常業務を担い，困難なケースのみ医師に相談することが多い。 *なお，UKでは，全ての看護師はNMCに登録せねばならない。 *看護師は，大学で所要の課程を経れば保健職資格を得ることができ，これには産業保健看護師（occupational health nurse）も含まれる。彼／彼女らは，OHA（産業保健アドバイザー）と呼ばれることが多く，労使双方から尊敬されていることが多い。メジャーな保健職の称号としてSCPHNがあり，NMCが発行しているが，労働衛生に関する大学の学位を持って産業保健職を務めている者もいる。2022年には，FOMが，登録看護師に限り，産業保健職に転向した者に産業保健看護職の称号を付与するようになった。	・大規模な産業保健サービス事業では，理学療法士，作業療法士，職業リハビリアドバイザー，カウンセラー等も，その他の技術者と協力しつつ就業している。しかし，概ね上級の産業保健看護師が司っている。	・最近，外部の商業的な産業保健サービスが現れるようになった。ただ，企業内外問わず，その質にはかなりのばらつきがあるとの指摘がある（Lisa Rodgers, Leicester大学による）。	・産業保健（勤労者医療）自体に法的根拠はないが，使用者に課された応急手当義務の根拠は，the Health and Safety (First Aid) Regulations 1981である。また，HSWA（労働安全衛生法）の高レベルな健康責任の要求が，雇用者に産業保健職を選任する重要な動機になっている。
・産業保健看護師（Occupational Health Nurse）と呼ばれる職種があり，労働者の健康管理，労働環境の調査，安全衛生教育等を主な業務分野としている。 　このうち，認定産業保健看護師（Certicified Occupational Health Nurse, COHNまたはCerticified Occupational Health Nurse in Specialist, COHN-S）となるためには，準看護学士（Associates Degree in Nursing, ADN）または看護学士（Bachelor of Science in Nursing, BSN）の学位を持つ登録看護師（Registered Nurse, RN）が，所定の要件（実務経験または大学院学位等）を満たした上で，アメリカ産業保健看護委員	・OSH法下の行政規則で，安全衛生専門家（Safety and Health Specialist）と定義された医師，看護師以外の職は以下の通りであり，適宜の連携が求められている。 　安全衛生管理者（Safety and Occupational Health Manager/Specialist GS-018） 　安全技師（Safety Engineer GS-803） 　防火技師（Fire Prevention Engineer GS-804） 　インダストリアル・ハイジニスト（Industrial Hygienist GS-690） 　防火・防災責任者（Fire Protection and Prevention Specialist/Marshal GS-081） 　衛生工学技師（Health Physi-	・健康危害評価（Health Hazard Evaluations）プログラム 　国立労働安全衛生研究機構（National Institute of Occupational Safety and Health, NIOSH）が提供するプログラムであり，事業者，従業員，労働組合からの要請を受けて，NIOSHより担当者を派遣し，職場の健康への危険について調査・評価を行うもの。 　なお，最近，NIOSHは，Total Worker Health: TWHなど，賃金，労働時間等の一般的な労働条件に関わる総合的な健康管理施策を推し進めている。 ・従業員支援プログラム（Employee Assistance Program, EAP） 　EAPは，業務遂行に影響を及ぼすような従業員が抱える問題（個	・直接的な法的根拠はないが，OSH法が間接的な根拠となっている。

	産業保健のカバー範囲 ※いわゆる私病も対象とするかという観点	産業医の選任義務	産業医の資格者数及び資格要件
〈前頁から続き〉 米国 ＊井村真己（追手門学院大学） ＊加筆修正：三柴丈典（近畿大学）			2022年1月1日現在のOEM認定医は，3,068名。 ・このほか，OSHA内に設置されている産業医・看護部門（Office of Occupational Medicine and Nursing）では，医師及び看護師向けの研修プログラムを実施している。

資料3-54　労働基準監督年報の経年データ①（送検件数）

	合計	10	11	12	13	14	16	17	18	20	21	22	23	25	25の2	26	30	30の2	31	31の2	31の4	32
平成11年	784					37		1		269	237	17	7				17		24			
平成23年	542					19				163	140	8	1				9	1	22	1	2	
平成24年	614		1			28				151	168	8	8			1	9		23	1		
平成25年	560	2	1	1	1	24				179	156	11	7			1	6		26	1		
平成26年	628				2	12			1	199	173	9	1				10		26			
平成27年	550		1	1		24				180	140	9	1	1			9		12			
平成28年	497					17			1	135	135	11	6			1	11		26			
平成29年	474					9				159	125	10	3				8		23			
平成30年	529					15	1			169	148	13	4			1	15		13			
平成31年	469			1		19				149	130	19	4			1	8		20			
令和2年	505					14				164	153	15				1	10		21			1

＊上の番号は，安衛法の条文を指す。
＊数値は，労働安全衛生法違反の送検人員数ではなく，事件数を指す。1事件で複数の被疑条文がある場合には，その主たる被疑条文により件数を計上し
（森山誠也作成）

資料3-55　労働基準監督年報の経年データ②（違反指摘件数）

	定期監督等実施事業場数	同違反事業場数	10	11	12	13	14	15	17-19	2025	30	31	32	33・34
平成11年	146160	87285	71	855	4540		7238	14	2723	29865	3939	1221	5417	43	37
平成23年			40	819	4914		4230	7	3569	23116	3092	820	4175	57	17
平成24年			36	851	5696		5132	3	3395	25878	4647	918	4768	56	14
平成25年			64	766	5361		5425	1	3369	25074	5115	1038	4687	23	19
平成26年			46	684	5541		6099	7	2923	25645	6571	1025	4775	27	19
平成27年			44	731	5743		6966	7	3109	25474	7540	926	4635	29	15
平成28年			39	693	5563		6572	9	2991	23664	7034	865	4333	34	17
平成29年	135785	92695	38	608	5155		5791	3	2703	23816	6080	796	4476	37	16
平成30年	136281	93008	41	575	5232		5139	1	2834	24165	5134	809	4215	48	9
平成31年	134981	95764	36	646	5075	888	4480	1	2604	23604	4591	870	4171	27	24
令和2年	116317	80335	25	427	3584	590	4025		1795	22432	4148	734	4130	12	11

＊上の番号は，安衛法の条文を指す。本表の条文表記については，枝番号を特記している場合を除き，全ての枝番号を含む。
（森山誠也作成）

コメディカルの活用	産業医，コメディカル以外の専門家の活用	事業場外の産業保健サービス	根拠法令
会（American Board for Occupational Health Nursing, Inc., ABOHN）による認証を受けなければならない。 　2010年頃には，約19,000人の登録看護師が産業保健領域で就労し，そのうち約12,000人がABOHNの認定産業保健看護師だったという（Thompson, Margaret C. Occupational Health Nursing in the United States. *Workplace Health & Safety* 60(3)：128.2012）。	cist GS-1306） 　安全技術者（Safety Technician GS-019） 　物理工学技術者（Physical Science Technician GS-1311） 　環境衛生技術者（Environmental Health Technician GS-699） 　航空安全調査官（Air Safety Investigation Officer GS-1815） 　航空安全専門家（Aviation Safety Specialist GS-1825） 　化学物質専門家（Chemist GS-1320） 　保健専門家（Health Technician GS-645） 　道路安全管理者（Highway Safety Manager GS-2125）	人，職場，家族，地域等）や健康状態に対して解決支援を行うことを通じて，より良い職場環境の構築を目指す民間事業である。民間企業がサービス契約を締結して利用しているほか，連邦政府の職員が利用できるよう，一定のガイドラインに従って，各省庁にEAPが設けられている。	

33	35	37	38	40	42	43	44	44の2	45	55	59	61	65	66	88	91	94	98	100	103	108の2④	120
3		1	1	1	2				4		11	75	2	1	74							
		1	3	1					7		9	42		1		1			111			
1		1	3		1				4	1	14	40	1	10	3	3			131	1		1
4		1	1		1				1		6	31	1	3	2			1	89			2
1		3	3						4		11	40		1	4				127			1
			1						2	4	16	31	1	2					114			1
									6	1	16	35		7	1				86			2
			2						3		10	30	2	3		2			83	1		1
			2		1				2	3	10	34		1	2	3	1		90			1
			1		1				2		4	20	1	1	2				86			
1			2		1				2	1	12	22	1	1	3		1		79			

ている。

37	38・40	42・43	44・44の2	45	55・56	57	59・60	61	65	66	66～66の6	66の8・66の8の2・66の8の4	66の8の3	66の10	88
4	57	227	6	8037	0	10	2095	3010	1818	8206					989
2	57	52	4	6348	10	6	1880	1850	1561	16459					421
4	56	59	3	7355	11	4	2159	2127	2051	17475					441
5	73	44	3	6642	3	10	1963	1959	2404	18839					529
1	53	42	5	7325	7	31	1981	1817	3544	18747					599
2	48	35	2	7667	7	15	2106	1820	4014	20190					604
3	48	29	2	7020	1	63	1982	1490	3881	19716					537
3	46	27	10	6455	5	165	1868	1434	3305	20586					580
4	46	34	1	6511	2	186	1760	1376	2855	22359					527
3	41	22	3	6047	2	216	1678	1224	2176		27618	379	4120	173	605
1	51	25	2	5433	4	216	1477	1104	1899		20153	618	5607	95	477

結語：第10条～第19条の3

　事業場内外での（事業場外では、特に請負契約を媒体とする混在作業にかかる）安全衛生管理体制の構築が、現行安衛法の特徴の一つであり、実際に労災防止効果を生んだ要素の一つと解される（このことは、本研究事業で別途実施した社会調査の結果からも窺われる）。監督指導実績からは、特に作業主任者選任が重視されてきたことが窺われるが、本来、管理体制の構築・運用の本質は、対策における専門性の確保と共に、組織的、集団的な安全行動の秩序作りへの働きかけという面が強いため、一定程度は、ハザードが明確でないリスク対策や心身両面にわたる積極的な健康の保持増進策にも応用できるし、現にそのような方向性を辿ってきた。したがって、個人事業主等も保護対象に含め、心身両面の健康を図ろうとする安衛法の改正に際しても、時代状況の変化に応じつつ、労災防止に大きな影響を持つ者を広く取り込む管理体制の構築を図る必要があると解される。

　ただし、従前のように、危険有害性が判明した物質、場所、作業方法等にのみ資格者や管理責任者を配置する手法の妥当性は疑わしい。特に化学物質管理では、全ての化学物質は危ないかもしれないとの前提に立って、専門家によって安全性が立証されない限り、専門家の配置ないし支援を含む一定の対策を求める制度の構築が望まれる。

【注】
1）　これにより、安全管理者、衛生管理者は、総括安全衛生管理者を補佐する存在と位置づけられることになったとも記されている。
2）　畠中信夫『労働安全衛生法のはなし』（中央労働災害防止協会、2019年）126頁。
3）　労働調査会出版局編『労働安全衛生法の詳解―労働安全衛生法の逐条解説〔改訂5版〕』（労働調査会、2020年）226-233頁を参照した。
4）　同上228頁。
5）　詳細は、三柴丈典「産業医の助言・指導・勧告をめぐって―法律論者の立場から」産業医学ジャーナル42巻3号（2019年）16-24頁、三柴丈典「産業医制度はなぜ必要なのか―働き方改革関連法の施行を踏まえて改めて考える」DIO 33巻5号（2020年）6-11頁を参照されたい。
6）　これには、短時間労働者や有期雇用者は含まれる（昭和47年9月18日基発第602号）。派遣先における派遣労働者は、就業規則作成・届出義務（労基法第89条）等の要件となる労基法上の常時使用労働者に含める必要はないが、総括安全衛生管理者、衛生管理者、産業医の選任、衛生委員会の設置等の安衛法上の安全衛生管理体制構築の要件との関係では、派遣先（及び派遣元双方）の計算に含める必要がある（労働者派遣法第45条第1項）。安全管理者と安全委員会の場合、派遣先のみに設置義務が課されているので、派遣労働者は、派遣先の常時使用労働者数の計算のみに含めるべきことになる（厚生労働省WEBサイト〔https://www.mhlw.go.jp/stf/newpage_09985.html、最終閲覧日：2022年9月14日〕）。
7）　畠中・前掲注2）124頁。
8）　同上。
9）　労働調査会出版局編・前掲注3）233頁。
10）　同様の規定は、安全管理者、衛生管理者、統括安全衛生責任者、元方安全衛生管理者、店社安全衛生管理者、安全衛生責任者に設けられている。
11）　労働調査会出版局編・前掲注3）233頁。
12）　畠中・前掲注2）123頁。
13）　以下の記載にあたり、労働調査会出版局編・前掲注3）234-245頁等を参照した。
14）　この呼称は畠中・前掲注2）129頁による。
15）　同上。
16）　ここで挙示した屋外産業的業種にも工業的業種にも該当しない「その他の業種」（安衛法施行令第2条第3号）については、安全管理者の場合常時使用労働者数50人未満、安全衛生推進者の場合同じく10人未満の場合、法的にはそれらの選任を要しないが、休業4日以上の災害約12万件のうち約5万件が発生している実態等を受け、「労働安全衛生法施行令第2条第3号に掲げる業種における安全推進者の配置等に係るガイドライン」（平成26年3月28日基発第0328第6号）が発出され、そうした事業でも、一定規模以上の事業場での安全活動経験者等から安全推進者を配置し、統括管理責任者を補佐させるべきこと等が示された。畠中元教授は、本制度を法的に位置づけるべきとしているが（畠中・前掲注2）130頁）、実際には運用面で相当の困難を伴うだろう。
17）　畠中・前掲注2）136頁。
18）　同上。
19）　労働調査会出版局編・前掲注3）235-236頁。
20）　畠中・前掲注2）132頁、268頁を参照した。
21）　同様の規定は、総括安全衛生管理者、衛生管理者、統括安全衛生責任者、元方安全衛生管理者、店社安全衛生管理者、安全衛生責任者に設けられている。
22）　選任義務がない事業場で選任された場合、同人は法的な安全管理者ではなく、法令上の職務遂行の実務は負わないが、雇用契約上、その責務を負わせることは可能であり、その場合、事業者のために行為する者（旧安基法上の使用者。現行の労基法でも同じ）として安全管理の責任を負うとされている（昭和23年9月27日基収第3251号）。これは、当該被選任者が法定の安全管理者と同様の措置を講じる雇用契約上の義務を負うこと（よって事業者に対して職務懈怠の民事責任を負うこと）と共に、その懈怠により被災した者との関係では、事業者が責任を負うことを意味していると解される。
23）　ただし、本条（第11条）かっこ書きにより、昭和55年の法改正で設けられた第25条の2第1項（建設業等における爆発や火災等に際しての救護にかかる2次的な労災防止のための事業者の物的、人的措置義務）の履行のために選任された管理者がいる場合、職務の重複を避けるため、本条所定の安全管理者は、その部分の職務を除外される。
24）　労働省労働基準局安全衛生部編『実務に役立つ労働安全衛生規則の逐条詳解　第1巻　通則編』（中央労働災害防止協会、1993年）20-21頁からも窺える。
25）　労働調査会出版局編・前掲注3）246頁。
26）　100万延実労働時間当たりの労働災害による死傷者数で、災害発生の頻度を表す。同一人が2回以上被災した場合には、死傷者数はその被災回数として算出している。対して「強度率」とは、1000延実労働時間当たりの労働損失日数で、災害の重さの程度を表す（厚生労働省WEBサイト〔https://www.mhlw.go.jp/toukei/itiran/roudou/saigai/03/2.html、最終閲覧日：2023年3月20日〕）。
27）　本件操業が危険な放射線業務（労働安全衛生法施行令別表第

2，電離則第2条第3項）に当たることから，就業制限に関する法第61条違反を認識しているように思われるが，直接的には安全管理者に所定業務をさせる義務違反の指摘であろう。

28) 同様の規定は，総括安全衛生管理者，安全管理者，統括安全衛生責任者，元方安全衛生管理者，店社安全衛生管理者，安全衛生責任者に設けられている。

29) 前述の通り，安全管理者については，選任義務がない事業場で選任された場合に関する通達がある。すなわち，その場合，同人は法的な安全管理者ではなく，法令上の職務遂行の責務は負わないが，雇用契約でその責務を負わせた場合，事業者のために行為する者（旧労基法上の使用者。現行の労安法でも同じ）として安全管理の責任を負うとされている（昭和23年9月27日基収第3251号）。これは，当該被選任者が法定の安全管理者と同様の措置を講じる雇用契約上の義務を負うこと（よって事業者に対して職務懈怠の民事責任を負うこと）と共に，その懈怠により被災した者との関係では，事業者が使用者責任を負うことを意味していると解され，衛生管理者にも妥当すると思われる。

30) 労働調査会出版局編・前掲注3）251頁。

31) この緩和条件があるため，作業環境測定士資格がスケープゴートとされている（より合格しやすい作業環境測定士資格を取って，衛生管理者となる）可能性を指摘する声もある。また，労働衛生コンサルタント試験では，作業環境測定士資格を持つ者の科目免除があるため，それを狙った資格取得者の存在も指摘されている（厚生労働科学研究費補助金〔労働安全衛生総合研究事業〕「労働安全衛生法の改正に向けた法学的視点からの調査研究」令和3年度研究報告書〔研究代表者：三柴丈典〕〔2022年〕〔https://mhlw-grants.niph.go.jp/system/files/report_pdf/202123001A-sonota5.pdf，最終閲覧日：2022年10月10日〕）。

32) 労働調査会出版局編・前掲注3）254頁。

33) 労働省労働基準局編『労働基準行政25年の歩み―先達の記録より』（労務行政研究所，1973年）172頁。

34) 枕元には，手を付けた跡のない冷え切ったお粥と梅干しの食膳が残されていたのだという。

35) なお，同一都道府県内に本社及び複数の支店を有する事業者が，本社専属の衛生管理者に複数支店の衛生関係業務を行わせ，常時使用労働者数50名以上の支店（事業場）に専属の衛生管理者を選任していなかったことから，当該支店での選任について指導を行った例があるという（令和2年度厚生労働科学研究費補助金〔労働安全衛生総合研究事業〕「労働安全衛生法の改正に向けた法学的視点からの調査研究」〔研究代表者：三柴丈典〕による行政官・元行政官向け法令運用実態調査〔三柴丈典担当〕）。

分社化による親子事業者には該当せず，外部者を衛生管理者として選任できる場合に関する通達（平成18年3月31日基発第0331004号）の条件も満たさない例のようだが，実際には，専属原則について，こうした誤解が多いことが窺われる。

36) 森山誠也監督官の示唆による。

37) 発生までとその後の経過を分かりやすくまとめた例として，中央労働災害防止協会編『胆管がん問題！それから会社は…』（2018年）がある。ここには，当事会社となったSANYO-CYP社における災害発生後の経営者らによる事業立て直しの努力も綴られている。

38) 神津進「衛生管理者の現状と課題について」（厚生労働省「産業保健に関する検討会」第2回資料〔令和4年11月14日〕）〔https://www.mhlw.go.jp/content/11201250/001010935.pdf，最終閲覧日：2022年11月15日〕。

39) 労働調査会出版局編・前掲注3）257-258頁。

40) これには，安全・衛生管理者や労働安全・衛生コンサルタントのような推進者より専門性が高い資格のほか，作業主任者で資格取得後1年以上の実務経験を持つ者も含まれる（昭和63年12月9日基発第748号）。

41) 大久保利晃「産業医と勤労者医療」日本職業・災害医学会会誌51巻2号（2003年）95頁。

42) 堀江正知「産業医と安全衛生法の歴史」産業医科大学雑誌35巻特集号（2013年）5頁Fig. 2，9頁Fig. 3，14頁Fig. 4。

43) 畠中・前掲注2）152頁。

44) 日本医師会の調査結果を受けた厚生労働省作成資料（https://www.mhlw.go.jp/file/05-Shingikai-12602000-Seisakutoukatsukan-Sanjikanshitsu_Roudouseisakutantou/0000164723.pdf，最終閲覧日：2022年10月20日），日本医師会WEBサイト（https://www.med.or.jp/nichiionline/article/008418.html，最終閲覧日：2022年10月25日）。

45) 堀江・前掲注42）2頁。

46) 現行の労働安全衛生法及びこれに基づく命令に係る登録及び指定に関する省令第1章の4が定める指定産業医研修機関及び第1章の5が定める指定産業医実習機関の指定基準にも，これら6つの科目の実施が定められている。

47) 産業医学振興財団WEBサイト（https://www.zsisz.or.jp/insurance/89d38ccce65e9b8fc7714a2b11ae9401ff14da9e.pdf，最終閲覧日：2022年10月20日）。

48) 今後，国主導で，安全衛生関係の適当な資格につき，更新制導入群，非導入群とで労災発生率の前向きコホート研究等を行う必要はあるだろう。もっとも，データにしにくい効果もある点は加味される必要がある。

49) 三柴丈典「使用者の健康・安全配慮義務」日本労働法学会編『講座労働法の再生第3巻 労働条件論の課題』（日本評論社，2017年）293頁。

50) なお，選任された産業医が複数いる場合に1人が全てを行う必要がないことはもとより，保健師らに補助させて自ら完成させることも可能なことは，安衛則に列挙された職務全般に通じる。

そもそも安衛法は，事業者に対して，それらの職務を産業医に行わせることを義務づけているのであって，産業医側が実施義務を負う職務は，選任者たる事業者との契約で定められるべき事柄である。すなわち，安衛法上，産業医個々人が全ての法定職務の遂行義務を負うわけではない。ただし，選任された産業医が1人しかおらず，職務内容を契約で特定していない場合等には，当事者間の合理的意思解釈として安衛法令等に定められた職務内容がその内容になる等と解釈される可能性はある。

51) これは必ずしも産業医自身が健診を行うべきことを意味しないが，「健康診断結果に基づき事業者が講ずべき措置に関する指針」（平成8年10月1日指針公示第1号）が健診の計画や実施上の注意等について助言を求めるよう示唆していることを踏まえる必要がある（畠中・前掲注2）146-147頁）。

52) 労働調査会出版局編・前掲注3）269頁。

53) 同上270頁。

54) もとより本条（法第13条）第5項（旧第3項）及び働き方改革関連法（「働き方改革を推進するための関係法律の整備に関する法律」〔平成30年7月6日公布〕）による安衛則改正（平成30年9月7日厚生労働省令第112号）で新設された安衛則第14条の4は，産業医の事業者への勧告権を定めている。

55) 令和2年12月25日基安労発1225第1号。奈良県歯科医師会WEBサイト（https://www.nashikai.or.jp/hm/koushin/2016/mes_201609.pdf，最終閲覧日：2022年10月22日）も参照した。

56) 日本産業衛生学会産業歯科保健部会WEBサイト（http://occup-oh.umin.jp/establishment/index.html，最終閲覧日：2022年10月22日）。

57) 安衛法第18条第2項第3号は，産業医のうち事業者による指名者を衛生委員会の構成メンバーとすべき旨，安衛則第23条第5項は，産業医が同委員会等に健康確保に関する調査審議を求

め得る旨を定め，現に，産業医が選任された事業場では，同人が衛生委員会に出席することが多いが，産業医の出席が安衛則第23条所定の委員会開催義務の履行の要件とまでは解されない。

また，不適格な産業医との面談により精神障害（双極性障害躁状態）を発症したとして，労働者がその選任者たる会社の過失（当該産業医を交替させる注意義務違反）責任を主張した東京地判平30・6・27 LEX/DB 25555958において，労働者は，その産業医が嘱託契約上出席義務のあった3種類（本部，本部と同じ地域の直轄，本部と異なる地域の支社に各設置）の安全衛生委員会の全てに出席しなかったことを不適格性の根拠の一つと主張したが，裁判所は，産業医の職務はそれのみでないことからも，一部の委員会に出席しなかったことから直ちに不適格とは言えないとした。

58) 以下，三柴・前掲注5)「産業医制度はなぜ必要なのか」4-11頁に若干の修正を加えて転載した。

59) 日本医師会WEBサイト（https://www.med.or.jp/nichiionline/article/008418.html，最終閲覧日：2022年10月25日）。

60) 堀江・前掲注42) 2頁。

61) 厚生労働省作成資料（https://www.mhlw.go.jp/stf2/shingi2/2r9852000000qmvh-att/2r9852000000ryv7.pdf，最終閲覧日：2022年10月25日）。

62) 労働者が職場で健康に働けるよう，当該個人への支援を医療機関側から行う作用のこと。それを職場側で労働者個人と組織の双方に対して行うのが産業医である（大久保・前掲注41) 99頁）。

63) Diana Kloss. Occupational Health Law 6th ed. Wiley Blackwell, 2020の著者であり，UKで産業保健法学の礎を築いたDiana Kloss氏による（2022年10月23日の電子メール）。

64) なお，産業医個人を相手取った第4次訴訟にかかる横浜地判令4・6・23（判例集未登載）は，要約，当該産業医の判断や発言に法的に過失といえるほどのものはなかったし，そもそも，産業医として不適当な判断や言動を行ったかも微妙との趣旨を述べ，請求を棄却した。東京高判令5・1・25（判例集未登載）も同旨を述べ，1審原告の控訴を棄却した。

65) 大久保・前掲注41) 98頁。

66) したがって，例えば，違法な解雇が労働者の心を傷つけたとしても，通常は，労働者としての地位の確認（いわば復権）と未払い分の賃金を支払えば済むとされ，それ以上にハラスメントなどとして慰謝料の支払いが認められることは少ない。その理由は，まさに，解雇が本来使用者の権利だからと説明されてきた（ワタシン事件・東京地判平11・3・19労経速1707号17頁など。その他の関連裁判例は，佐々木達也「判批」労旬1787号〔2013年〕60-65頁に掲載されている）。

67) もっとも，健診は専門機関に委ねているケースも多い。

68) 他方，回答者に兼業産業医が多い日本医師会の調査結果（厚生労働省WEBサイト〔https://www.mhlw.go.jp/file/05-Shingikai-11201000-Roudoukijunkyoku-Soumuka/0000098557.pdf，最終閲覧日：2022年10月26日〕）からは，
①月額報酬は1万円から6万円が多いこと，
②職場巡視は毎月と年間1～6回，衛生委員会への出席は毎月，2カ月に1回と年間1～2回が多いこと，
③よく行われている活動は，一般健診や特殊健診の結果確認，長時間労働者対象面接，保健指導や労働者の相談への対応等だが，活動時間は1カ月あたり3時間未満が殆どであること，
④作業環境や作業内容の把握と指導，健康障害の原因調査等もある程度行われているが，1カ月あたり2時間未満が殆どであること，
⑤事業者への意見の伝達と対応は比較的よく行われていること，

等が窺われた。ただ，この調査対象となった医師の主な活動先は常時使用労働者数300人未満の企業なので，中小規模企業の事業場では，基本的な健康管理に問題が多く，事業者は，医師の意見に従い易いということかもしれない。

69) 大久保・前掲注41) 95頁。

70) 堀江・前掲注42)。

71) 三柴丈典「法律論者からみた産業医の今とこれから」産業医学ジャーナル編集委員会編『産業医学のプリンシプル～大切なこと―産業医学振興財団40周年記念誌』（産業医学振興財団，2018年）271-272頁。

72) 筆者は，日本の産業医の基本的な立ち位置は，「与党内野党」，つまり，政権の利益を真摯に考えるが，耳障りのよくないことも言う存在（事業場では，その組織に愛着を感じつつ，俯瞰視点で厳しい指摘もする存在）とイメージしている（三柴・前掲注5)「産業医の助言・指導・勧告をめぐって」18頁）。

73) 厚生労働省「事業場における産業保健活動の拡充に関する検討会報告書」（2010年11月22日）を参照されたい。

74) 保原喜志夫編著『産業医制度の研究』（北海道大学図書刊行会，1998年）203-250頁〔保原喜志夫執筆部分〕，鈴木俊晴「フランスの雇用関係における労働医制度の機能と問題点」季労231号（2010年）130-153頁など。

75) 筆者も厚生労働省からのヒアリング等でこの方向性を推進した。

76) 厚生労働省「産業保健のあり方に関する検討会」の第2回会合で，筆者は次のように述べた。「現状では日医さんの認定産業医が，実質，免許のような役割になっているので，その部分で，特に更新単位とか実地のところ，あるいはそもそも基礎研修のところで，産業医の先生が資格を獲得したり維持するためには，中小企業での就業を条件化するような，一部でもいいのですけれども，経験を持っていただくような枠組みというのが考えられないのかなと考えています」（令和4年11月14日検討会議事録：https://www.mhlw.go.jp/stf/newpage_29588.html）。

77) 従前から議事で重要なものについては記録の作成・保存の定めがあったが，この改正で，委員会で出た意見とそれを踏まえて講じた措置の記録・保存も定められた。

78) 三柴・前掲注5)「産業医の助言・指導・勧告をめぐって」16-24頁。

79) 産業医が介入する健康管理制度（例えば長時間労働対策，ストレスチェック対策等）は，多くの場合，面接指導を中心としているが，これは不調の業務上外を問わず，本人の健康状態（デフォルト）を先ずは産業医に把握させ，それを基準とした個別的配慮を事業者に講じさせることと共に，不調者の発生傾向（特に一定の属性で同様の不調者が複数生じていること）などを踏まえ，より組織的で適正な業務管理，労働条件管理などを事業者に講じさせることを狙ったものと察せられる。

すなわち，産業保健は，健常な労働者の業務上の事由による健康障害防止だけではなく，いわゆる増悪防止，すなわち健康上の問題を抱える労働者への適切な配慮による就労支援（及び就労不能の判定と適切な復職支援）も含む。

80) これには，従前から裁量労働制（労基法第38条の3，第38条の4）や適用除外制度（労基法第41条各号）の対象者も含まれていたが，労働時間管理を行わないことを前提とする制度だったので，自己申告に基づく運用とされ，実効性に疑問があった。

そこで，今回の法改正で，これらの制度の適用対象者にも労働時間の適正把握義務が課され（現行安衛法第66条の8の3），対応が図られることとなった。

81) 専門的，科学的な知識や技術をもって，新技術，新商品等の研究開発の業務を行う者で，従前，厚生労働大臣が告示する法定時間外労働にかかる限度基準（いわゆる「限度基準告示」。

限度時間が労基法に直接明記されることになったこと〔第36条第3項～第6項等〕等により廃止された。なお，告示にあった主な基準は当該労基法本文のほか，その第36条第7項に基づき定められた新たな指針〔平成30年9月7日厚生労働省告示第323号〕に引き継がれた）の適用が除外されてきた者で，新労基法第36条第11項でも同法による上限規制の適用が除外されることとなった者のこと。

82) ここで，本法改正を経た面接指導制度の概要を述べる。今回の改正前から，安衛法第66条の8は，長時間労働者を対象とする医師（産業医でなくてもよい）による面接指導制度を定め，安衛則第52条の3がその対象を希望者に限定していた。また，その対象者には，裁量労働制や適用除外制度の適用対象者も含めていたが，そもそも労働時間の把握を行わないことを前提とする制度だったため，運用は本人の申告に拠ることとされ，実効性に疑問が生じていた。そこで，この法改正で，定型的な労働時間規制の対象者と共に，労働時間の適正把握と面接指導への着実なリンクを目した改定を行った。

すなわち，通常の労働者については，対象となる要件が，休憩時間を除き週40時間を超える時間外労働時間数100時間から80時間に引き下げられたほか，第66条の8の3の新設等により，労働時間の状況把握義務が設定され，対応が図られた。使用者の現認や客観的方法によることを原則とし，ICカードやタイムカードによる記録が想定された（現行安衛則第52条の7の3）。

高度プロフェッショナル制度の適用対象者についても，同様の趣旨から，労基法第41条の2第3号に健康管理時間と把握の定め（省令委任）が設けられた。

以前から時間外・休日労働の上限基準（ガイドライン）の適用が除外され，本改正後も法定上限の適用を除外されることとなった研究開発業務従事者については，上述の労働時間の状況把握義務の対象となることは当然として，一定要件を充たせば，本人の希望がなくても，面接指導の対象とすることとされた（現行安衛則第52条の7の2第2項）。高度プロフェッショナル制度の適用対象者についても，週40時間を超える健康管理時間が100時間を超えた場合には，一律に面接指導の対象とすることとされた（現行安衛則第52条の7の4第2項）。

また，第68条の8第5項の新設により，面接指導の結果講じられるべき就業上の配慮措置に，法定外の有給休暇の付与，高度プロフェッショナル制度の適用対象者については，健康管理時間の短縮措置が加えられたことにも留意する必要がある。

83) 厚生労働省・前掲注73）は，このような方向性を示していた。

84) 筆者が新制度の立案過程で厚生労働省安全衛生部に行った進言の中核である。

85) 嘱託産業医としての勤務先で，部長職にある者の不調者への対応を批判する内容の勧告（本件勧告）をする等して産業医契約（本件契約）を解除されたことを不服として，産業医の勧告を理由とする不利益取扱いを禁じた安衛則第14条第4項の強行的性格等を根拠に所定の報酬の支払い等を求めた事案において，東京地裁（センクシア(株)産業医契約解除事件・東京地判令4・2・8 LEX/DB 25603655)は，本件勧告の不当性を認めると共に，本件契約は民法上の準委任契約であって，いつでも解除され得る（民法第656条，第651条第1項）としつつ，以下のように述べた。

すなわち，「安衛則14条4項の趣旨・目的を踏まえると，本件勧告書の内容が，的確な事実に基づくもので，かつ，労働者の健康管理等について必要な勧告であるにもかかわらず，被告が，同勧告内容の実現をあえて妨げる目的で本件契約を解除したと認められるような場合には，本件解除は，権利の濫用に当たると評価される余地がある」，と。

86) 例えば「勧告」という文言も，行政法上の勧告は行政指導の一環であるなど，法律論では，同じ文言でも法令や条規ごとに意味内容が異なり得る。ここでは，あくまで安衛法第13条や安衛則第14条が定める助言の意味内容を述べる。

87) 堀江・前掲注42）。

88) 日本産業衛生学会政策法制度委員会「産業医の権限強化に関する答申」2-2（2019年）を参照されたい。

89) 厚生労働省が発行したリーフレット（『「産業医・産業保健機能」と『長時間労働者に対する面接指導等』が強化されます」〔https://www.mhlw.go.jp/content/000497962.pdf，最終閲覧日：2024年8月6日〕）では，「①労働者の作業環境，②労働時間，③作業態様，④作業負荷の状況，⑤深夜業等の回数・時間数などのうち，産業医が労働者の健康管理等を適切に行うために必要と認めるもの」が例示される一方，最終的には事業者―産業医間での協議により決すべき旨が示されている。

90) 筆者は，上記の「産業医制度の在り方に関する検討会」で，創設的な意味も持つので，ルールの策定が必要ながら，（第15条第2項の解釈例規として）ガイドラインでの規定もあり得る旨を述べた。

91) 鈴木俊晴「フランス労働医の権限拡大と『信頼』の起源」季労242号（2013年）133-144頁，鈴木俊晴「フランスの雇用関係における労働医制度の機能と問題点」季労231号（2010年）130-153頁など。

もっとも，労働条件安全衛生委員会（CHSCT）は，2017年のオルドナンスにより，他の労働条件や企業経営に関わる問題を協議する企業社会経済委員会（CSE）に統合されることとなり，原則として，安全衛生対策を専門的に図る従業員代表組織は存在しないこととなった。これにより，安全衛生問題が，他の論点と競争関係に立ち，相対化されてしまう等の批判もあるという（三柴丈典『職場のメンタルヘルスと法―比較法的・学際的アプローチ』〔法律文化社，2020年〕84-85頁）。

92) 東京電力（解雇）事件・東京地判平10・9・22労判752号31頁（X請求棄却〔控訴後帰趨不明〕）等。健診機関の例だが，B金融公庫事件・東京地判平15・6・20労判854号5頁（X請求一部認容〔確定〕），瀧川化学工業（HIV解雇）事件・千葉地判平12・6・12労判785号10頁等。

93) 筆者は三柴丈典『労働者のメンタルヘルス情報と法―情報取扱い前提条件整備義務の構想』（法律文化社，2018年）で法解釈論的にその論証と展開を図った。

94) 日本経済新聞WEBサイト（2013年4月2日）「胆管がん発症の印刷会社強制捜査，大阪労働局」（https://www.nikkei.com/article/DGXNASHC0200J_S3A400C1000000/，最終閲覧日：2023年1月6日）等。

95) 厚生労働省WEBサイト（https://www.mhlw.go.jp/file/05-Shingikai-11201000-Roudoukijunkyoku-Soumuka/0000098557.pdf，最終閲覧日：2022年10月26日）。

96) 匿名監督官から示唆による。

97) 松本吉郎「ストレスチェック制度開始後の現状と問題点」総合健診45巻2号（2018年）29頁。

98) 三柴・前掲注71）271-274頁。

99) Sarah Fullick, Kelly Maguire, Katie Hughes, Katrina Leary. Employers' motivations and practices: A study of the use of occupational health services. DWP research report no. 979, 2019.

100) 日本産業保健法学会WEBサイト（https://jaohl.jp/schedule/，最終閲覧日：2022年11月2日）。

101) 令和4年度厚生労働科学研究費補助金（政策科学総合研究事業〔政策科学推進研究事業〕）「法学的視点からみた社会経済情勢の変化に対応する労働安全衛生法体系に係る調査研究」（https://www.mhlw.go.jp/stf/newpage_27120.html，最終閲覧日：2022年11月2日）。

102) 以下は，三柴丈典「産業保健に関する裁判事例」森晃爾編

『産業保健マニュアル〔改訂8版〕』（南山堂，2021年）80-88頁，三柴丈典「裁判事例から学ぶ産業医の活動と責任」Medical Practice31巻9号（2014年）1388-1401頁，原俊之「産業医に関する裁判例」産業医学レビュー33巻2号（2020年）105-122頁に加筆修正を加えたものである。

103) 堀江・前掲注42) 22頁 Table 19には，産業医が現実に担っている役割に通常の医療行為が含まれる例があることが示されているが，産業医の本来業務からは区別されている。

104) 視覚障害への対応を重点にしているようだが，後の方で「心身の健康状態」に基づく判断を求めているので，健康状態に関わる限り，精神状態も考慮している可能性はある。

105) この項目の記述は，三柴丈典「講座：産業保健と法(31) 休復職と法――律的な判断基準に代わるもの(16)」産業医学ジャーナル44巻6号（2021年）42-44頁による。

106) 森山誠也監督官の示唆による。

107) その他，森échange祐子・菅原保・中野あゆみ・神村裕子・齋藤忠明「産業保健活動総合支援事業における地域産業保健センターの活動状況」産業衛生学雑誌60巻6号（2018年）180-190頁等も参考になる。

108) 原則として，事業場への訪問は行わず，決まった時間に産保センターに赴き，電話，FAX，電子メール等を用いて，事業場からの相談に応じる専門家。促進員より指導的立場の専門家が着任することが多い。詳細は，労働者健康安全機構「産業保健業務基準」を参照されたい。

109) 実際に事業場を訪問して（訪問上限回数あり），その事業場の実情を踏まえ，こころの健康づくり計画の策定を支援したり，研修を行うなどする専門家。保健師・看護師，産業カウンセラー，社会保険労務士などが多い。

110) 所定の研修を修了し，実際に事業場に訪問し，両立支援の職場環境整備のためのアドバイスや社内研修などを行う専門家。比較的社会保険労務士が多いが，保健師・看護師，労災病院のソーシャルワーカー等も多く委嘱されている。

111) 厚生労働省WEBサイト（https://www.mhlw.go.jp/file/05-Shingikai-11201000-Roudoukijunkyoku-Soumuka/0000098557.pdf，最終閲覧日：2022年10月26日）。

112) 職長教育の対象となる職長と多分に重複するため，職長教育に関する法第60条柱書で，その対象から作業主任者が除外されている。

113) 労働調査会出版局編・前掲注3) 278頁。

114) 安衛則第16条は，作業主任者の選任について，区分，資格者，名称を一括的に掲げたものであり，個々の作業主任者の資格要件，職務内容等の詳細は，安衛則や個々の特別規則で定められている（昭和47年9月18日基発第601号の1）。

　例えば，安衛則第16条第2項の定めにより，施行令第6条第17号所定の第1種圧力容器取扱作業のうちの一部（高圧ガス保安法，ガス事業法，電気事業法の適用を受けるもの）については，ボイラー則の定めにより，特定第1種圧力容器取扱作業主任者免許の保有者で足りることが定められている。

115) しかし，例えばボイラー取扱作業主任者については，その職務に「圧力，水位及び燃焼状態を監視すること。」（ボイラー及び圧力容器安全規則第25条第1項第1号）が含まれることと矛盾するのではないかとの指摘もある（森山誠也監督官）。

116) 森山誠也監督官による。

117) 匿名監督官からの示唆による。

118) 匿名監督官からの示唆による。

119) 第1項を準用する本条が適用されるため，第1項の適用は無用との趣旨である。

120) 詳細は，法第29条の解説を参照されたい。併せて法第30条～第30条の3の解説に記した幸陽船渠事件・広島高判昭53・4・18判時918号135頁も参照されたい。

121) 分割発注が行われた場合の複数系統の下請構造も合わせて混在作業ないし一の場所と言い得るだろうが，基本的には単数請負得構造下での労働者による混在作業を想定していると思われる。

122) 純粋なお客様（client）は除外する趣旨である。

123) 畠中元教授は，これら請負関係に基づく一の場所での混在作業による労災防止のための安全衛生管理体制を「請負関係に係る安全衛生管理組織」と呼び，事業者の組織内に基本的には使用従属関係に基づき（≒人事権による選任と業務命令権による業務の履行確保により）設置運営される安全衛生管理体制（総括安全衛生管理者，安全・衛生管理者，同推進者，産業医，安全・衛生委員会等：畠中氏が「一般的な安全衛生管理組織」と呼ぶもの）と対比させている。この際，前者は後者の健全な機能を前提に機能すると示唆している。

　また，前者を「基本型（：統括安全衛生責任者（法第15条），安全衛生責任者（法第16条），これらと関係請負人を含めた協議組織（法第30条））」と「建設業限定型（基本型に元方安全衛生管理者（法第15条の2），店社安全衛生管理者（法第15条の3）を加えたもの）」に細分化している（畠中・前掲注2) 20-122頁）。それだけ建設業が特別視されたということであろう。

124) 統括管理の実施義務は，当該一の場所での常時作業従事労働者数に関わりなく特定元方事業者が負うが，当該場所での常時作業従事労働者数が原則として50人以上である場合は，統括安全衛生責任者を選任して，その者に統括管理をさせる必要が生じる（法第15条第1項，安衛法施行令第7条第2項）。

125) 畠中・前掲注2) 217頁。

126) 国勢調査上の人口集中地域であって，道路上，道路に近接した場所，鉄道の軌道上又は軌道に近接した場所（安衛則第18条の2の2）。要するに，乗り物や人と接触しやすい場所。

127) 畠中・前掲注2) 217頁。

128) 同様の規定は，総括安全衛生管理者，安全管理者，衛生管理者，元方安全衛生管理者，店社安全衛生管理者，安全衛生責任者に設けられている。

129) 平成4年に公表された中央労働基準審議会建議「労働者の安全と健康の確保のための対策の推進について」（平成4年1月10日発表）は，小規模の建設工事現場でも月1回の巡視が望ましいとしていた。

130) 法第25条の2は，「建設業その他政令で定める業種」と定めているが，現段階でその定めはないため，建設業に限られている。

131) 労働調査会出版局編・前掲注3) 296-298頁。

132) 法第15条の2は，「建設業その他政令で定める業種」と定めているが，現段階でその定めはないため，建設業に限られている。

133) 労働調査会出版局編・前掲注3) 296頁。

134) 同様の規定は，総括安全衛生管理者，安全管理者，衛生管理者，統括安全衛生責任者，店社安全衛生管理者，安全衛生責任者に設けられている。

135) 畠中元教授は，法第30条に基づく混在作業にかかる協議組織（の設置運営）は，安全衛生管理組織の一環としている（畠中・前掲注2) 214頁）。

136) 畠中・前掲注2) 213頁，216頁，218頁等。

137) 図を入手できていないので推測になるが，プロペラを取り付けるためプロペラシャフト（プロペラを取り付ける軸）の円周に沿って取り付けられるジャッキの反力を受け止めるために，プロペラシャフトに取り付けられる円筒形の治具（ジグ：対象物を固定させるもの）と思われる。軸方向に2つに分かれるようになっており，接続部はボルトによって固定される構造で，おそらくこのボルトを締め付けることによってプロペラシャフトに，仮に／永続的に固定するようになっている造船用の専門的器具であろう。あくまで推測だが，本件災害は，プロペラシャフトにジャッキ受けを取り付ける作業を，上部をボルトで

軽く接続した状態で，下部のボルトを外してプロペラシャフトに取り付けるという，誤った（無理な）手順で行ったため，部品が破損してジャッキ受けが落下し，その重量から作業床を破壊して起きたものと察せられる。

138) この文言（「当該指名された事業者及び」）が盛り込まれたのは，指名を受けた者による第1項の措置義務は，法形式的には第4項（実質的には第2・3項）により新たに創設されたため，前者を排除する必要があると解されたことによる。別の条規における同様の文言についても同じである（畠中信夫氏のご教示による）。

139) その前提として，30人以上の中規模建設現場については，統括安全衛生責任者等による統括管理の必要な現場の規模を現在の50人以上から拡大し，統括安全衛生責任者等の職務は50人以上と同じにするよう示唆している。

140) 現行安衛則第664条第1項第5号にその旨の定めがある。

141) 畠中・前掲注2）217頁。

142) 労働調査会出版局編・前掲注3）303頁。

143) 同上304-305頁。前掲の通り，この見解の嚆矢は，本条の骨格ないし趣旨を示していた平成4年の中央労働基準審議会の建議である。

144) 同上306-307頁。

145) これは，仕事に関する事情，リスクに関する情報と対応法を知ることを定式化した要件と解される。

146) 法第16条に照らしても，後次の請負人の安全衛生責任者との連絡調整により，混在作業による労災防止を図ることは，当該安全衛生責任者の義務である。元請が自らも仕事を行う最先次の建設・造船・製造業者であれば，法第29条，第30条や第31条の2に基づき，元方事業者として，当該元請が後次の関係請負人のコンプライアンスの確保や混在作業の統括安全管理の義務を負い，その実施をEのような安全衛生管理の受任者に託すことはあり得る。

147) 畠中元教授は，諮問機関というより調査審議機関と呼ぶべきとするが（畠中・前掲注2）156頁），筆者は，調査のみでなく審議を行う以上，両者の相違はあまりなく，事業者が自身に課された責務を果たすうえで専門知見を獲得しつつ，関係者の合意形成を図る場であるから，諮問機関と述べて支障ないと解する。

148) 労働調査会出版局編・前掲注3）314頁。畠中元教授も，労働者の当事者意識の向上と事業場ごとの自律的安全衛生管理を本制度の重要な目的としている（畠中・前掲注2）155頁）。

149) 例えば，常時使用労働者数200名の病院では，衛生委員会の設置義務はあるが，安全委員会の設置義務はないので，安全面については，安衛則第23条の2が適用される。なお，本条はいわゆる根無し規定だが，畠中元教授は，本来，法律本法に設けられるべき重要な規定だとする（畠中・前掲注2）168-169頁）。

150) 三柴丈典「イギリスのリスクアセスメントと法」厚生労働科学研究費補助金（安全衛生総合研究事業）「リスクアセスメントを核とした諸外国の労働安全衛生制度の背景・特徴・効果とわが国への適応可能性に関する調査研究」〔研究代表者：三柴丈典〕分担研究報告書162-163頁〔三柴丈典〕。

151) 日本経済新聞WEBサイト・前掲注94）等。

152) よって，筆者は，メンタルヘルス不調による休職者の復職判定のように，科学的判定が困難な事柄については，衛生委員会（やその専門部会）で調査審議して決定することで，事業者が民事上の過失責任を負う可能性を低減できると考えている。

153) 畠中元教授は，安全管理者選任対象業種なら安全問題は存在する以上，安全委員会も衛生委員会と同様に，安全管理者選任対象業種であって常時使用労働者数50人以上の全事業場に設置義務を課すべきとする（畠中・前掲注2）157頁）。筆者も賛同する。

154) 先ず，法第66条の9は，面接指導を踏まえた就業上の配慮が義務づけられている標準的な長時間労働面接の対象者（第66条の8第1項）や，同じく研究開発業務従事者であって長時間労働の者（第66条の8の2），同じく高プロ対象者であって，健康管理時間が長時間にわたる者（第66条の8の4）以外でも，健康への配慮が必要な者には，対象者からの申し出の有無を問わず，当該配慮の努力義務を課している。安衛則第52条の8第3項は，高プロ対象者に対して，この条文が定める健康配慮（努力義務）を行う場合，対象労働者からの申出により行えば足りる旨を定めている。

155) 労働調査会出版局編・前掲注3）319頁。

156) 畠中・前掲注2）163頁。

157) 同上164頁。

158) 前述した通り，筆者は，労働者や労働者集団からの合理的な根拠に基づく産業医の交替要求に適正に応じることは，使用者の安全配慮義務の一環だと論じたことがある（三柴・前掲注49）293頁）。また，通達の中には，長時間労働による健康障害対策やメンタルヘルス対策における産業医や衛生管理者の役割の重要性を踏まえ，適正な選任（と衛生委員会への参加の徹底）の必要性を述べたものがある（平成18年2月24日基発第0224003号）。ただし，後掲する東京地判平30・6・27 LEX/DB25555958からも窺われるように，実際に不適正な選任による安全配慮義務違反が司法に肯定されるケースは多くないと思われる。

159) 労働調査会出版局編・前掲注3）322頁。

160) 労働調査会出版局編『労働安全衛生法の詳解―労働安全衛生法の逐条解説〔第4版〕』（労働調査会，2015年）313-315頁。

161) 詳細は，厚生労働省「危険性又は有害性等の調査に関する指針，同解説」厚生労働省WEBサイト（https://www.mhlw.go.jp/topics/bukyoku/roudou/an-eihou/dl/ka060320001b.pdf，最終閲覧日：2023年2月13日）を参照されたい。

162) 畠中信夫元教授は，リスクアセスメント制度について，安衛法をリスク後追い的性格から後追い＋先取り的性格に転換するものと評している（畠中・前掲注2）57-59頁）。筆者は，従前から第3条等の一般規定や譲渡提供者らを名宛人とする規制，種々の安全衛生管理に関する規定等によって，一定程度は先取り的性格を帯びていたし，また，リスクアセスメント制度の導入後も，法第57条の3をのぞき努力義務なので，先取り的性格になったとまでは言い切れないと考えているが，リスクアセスメント制度がそうした方向性を持っているとの分析は傾聴に値する。

163) 森山誠也監督官の示唆による。

164) 総務省WEBサイト（https://www.soumu.go.jp/main_sosiki/hyouka/hyouka_kansi_n/ketsuka_nendo_19.html，最終閲覧日：2023年3月1日）。

165) 厚生労働省WEBサイト（https://www.mhlw.go.jp/stf/newpage_27768.html，最終閲覧日：2023年3月1日）。

〔三柴丈典〕

第四章　労働者の危険又は健康障害を防止するための措置

第20条・第21条

「労働災害の防止のための危害防止基準の確立」は、労働者の安全と健康の確保という安衛法の主目的を達成するための重要な手段の一つとされている（第1条）。

危害防止基準の具体的な内容は、原則として、対象条文（＊本節で検討対象とする2つの条文の総称。以下同じ）を含む安衛法本法の定めに基づき、安衛則はじめ複数の政省令に明文化され、違反に対しては刑事罰や使用停止命令などによってその実効性が図られている（ただし、罰則は上位の法律条文に付されており、規則自体に罰則の定めはない）。

対象条文は、事業者を名宛人として、モノ、作業場所及び作業方法から生じる危険を防止する措置を講じる義務を幅広く課しており、本法の中でも最多の関係政省令を擁するため、その起源や運用の実際等の調査は、立法者が、危害防止基準に、どこまで、どのような役割を持たせようとしてきたかの解明に繋がる。

また、危害防止基準は、労災民事訴訟で加害者側の過失の裏付けとしてよく言及される。安全配慮義務に関する最新の研究は、「事業の実情に応じて合理的に実行可能な限り、安全衛生関係法上の最低基準（危害防止基準）を遵守する」ことをその定義に含めるべきであるとしている[1]。よって、対象条文を主軸とする危害防止基準の内容の検討は、民事過失責任の中核を知ることにも繋がる。

それだけに、その策定と運用に際しては、労災防止効果と共に、名宛人による現実的な実行可能性が考慮される必要がある。一方で多様化し、変化する現場のリスクを的確に捕捉するものでなければならないが、事業者らの名宛人が現実的に遵守できないようなものであってはならない。三柴の先行研究は、安衛法の焦点が技術的な安全から組織的・社会的な健康に移行してきていることも踏まえ、施行令や規則（政省令）が具体化する危害防止基準は、「折々の事情に応じて行政が主導し、適宜、罰則付きで策定されている」が、「そうした政省令が、親法の解釈を完全に『き束』してしまうとなると、構造的に過不足が生じ得る」ため、「政省令側の定め方に一定の抽象性を持たせ、危険が窺われる場合には、事業者側に安全性の証明責任を課す……などの手続き面での規定により、要件を個別的に特定していく必要がある」としている[2]。これは、実質的に、危害防止基準をリスクアセスメント規定に近づける面を持つ。本節は、この提言の正当性や妥当性の検証を図る意義も持つ。

> （事業者の講ずべき措置等）
> **第20条**　事業者は、次の危険を防止するため必要な措置を講じなければならない。
> 一　機械、器具その他の設備（以下「機械等」という。）による危険
> 二　爆発性の物、発火性の物、引火性の物等による危険
> 三　電気、熱その他のエネルギーによる危険
> **第21条**　事業者は、掘削、採石、荷役、伐木等の業務における作業方法から生ずる危険を防止するため必要な措置を講じなければならない。
> 2　事業者は、労働者が墜落するおそれのある場所、土砂等が崩壊するおそれのある場所等に係る危険を防止するため必要な措置を講じなければならない。

1　趣旨と内容

日本でも、労働災害防止のための第1次的責任を事業者に課す原則が採られており[3]、安衛法第4章には、個別の労働関係すなわち使用従属関係の存在を前提とした事業者規制に関する規定（第20条～第25条）が置かれている。そして、労働災害の要因が、労働者が接するモノ、場所、作業方法などあらゆる環境に内在している中で、第20条は「モノ」に、第21条は場所と作業

方法にそれぞれ着目した危害防止基準の確立をねらった規定である。

工場労働における機械による事故や爆発・火災の危険性は、工場法施行当初からすでその重大性が指摘されており、近年においても決して根絶されたわけではない。それゆえ、対象条文が定める危害防止基準は、近代的な工場労働をはじめあらゆる職場環境において必須のものであり、現在もなおその意義を失っていない。

第20条各号及び第21条各項列挙の危険には、それぞれ以下のものが含まれる。

〔第20条〕

* 機械等（第1号）：機械特有の作業部分及び動力伝導部分に労働者の肉体の一部が接触したり、巻き込まれたりする場合に発生する機械的危険のほかに機械が行う仕事により原材料、加工物等の飛来等の物理的危険、足場の倒壊、ボイラーの破裂等の構造的危険等も含む。

* 爆発性の物（第2号）：硝酸エステル類、ニトロ化合物のように、加熱、衝撃、摩擦等により、多量の熱とガスを発生して激しい爆発を起こす物等。

* 発火性の物（第2号）：通常の状態においても発火しやすく、カーバイトや金属ナトリウムのように水と接触して可燃性ガスを発生して発熱・発火するもの、黄りんのように酸素と接触して発火する物等。

* 引火性の物（第2号）：エチルエーテル、ガソリンのように火を引きやすい可燃性の液体であって、液体が直接引火して火災を生ずる危険性のほか、その液体表面から蒸発した可燃性の蒸気と空気との混合気に何らかの点火源が作用すると爆発を起こす危険性を有する物。

なお、通達（昭和47年9月18日基発第602号）によると、「爆発性の物、発火性の物、引火性の物等」の中には、塩素酸カリウム、過酸化ナトリウムのように、単独では発火、爆発等の危険はないが、可燃性の物や還元性物質と接触したときは、衝撃、点火源により発火、爆発等を起こす酸化性の物、可燃性のガス又は粉じん、硫酸その他の腐食性液体等が含まれる。

第2号所定の物は例示的なものであり、事業場において製造し、又は取り扱う物が一定の条件のもとで爆発、火災等を起こし、労働者に危険を及ぼすに至る性状を有すると認められるならば、本号に該当する物と判断される。

* 電気、熱その他のエネルギー（第3号）：電気設備の充電部分や漏電箇所に接触することによる感電危険のほか、アーク溶接等にみられる電火性眼炎、加熱や漏電による火災、溶融高熱物等による火傷の危険。通達（昭和47年9月18日基発第602号）によると、

「その他のエネルギー」には、アーク等の光、爆発の際の衝撃波等のエネルギーが含まれる。

〔第21条〕

* 「土砂等が崩壊するおそれのある場所等」（第2項）の「等」には、物体の落下するおそれのある場所等が含まれる（昭和47年9月18日基発第602号）。

このほか、安衛法上の製造規制（第37条）及び流通規制（第42条）に関する規定が、事業者に課せられた危害防止基準として機能している。すなわち、法第37条は特定機械等の製造については都道府県労働局長の許可を要する旨定め（第1項）、都道府県労働局長は、特定機械等の構造等が厚生労働大臣の定める基準に適合しない場合には許可をしてはならない旨規定している（第2項）。これを受け、例えばクレーン則第17条は「事業者は、クレーンについては、法第37条第2項の厚生労働大臣の定める基準……に適合するものでなければ使用してはならない」として、事業者を名宛人とした義務を課している。また、法第42条は、「特定機械等以外の機械等で……政令で定めるものは、厚生労働大臣が定める規格又は安全装置を具備しなければ、譲渡し、貸与し、又は設置してはならない」と定める一方、安衛則27条が、「事業者は、法別表第2に掲げる機械等……については、法第42条の厚生労働大臣が定める規格又は安全装置を具備したものでなければ、使用してはならない」、と規定している。このように、製造・流通段階における構造規格等がユーザーたる事業者に対しても危害防止基準として機能することによって、より実効性を高める効果が期待されている。

対象条文をはじめとする安衛法上の危害防止基準に関する諸規定の多くは、「事業者に、その使用する労働者の労働災害を防止するために必要な措置を講ずべきことを抽象的に義務づけているだけで、事業者が講ずべき具体的な措置内容はほとんど白紙で、法第27条第1項により厚生労働省令に委任されている」。その具体的内容は、主として安衛則「第2編　安全基準」に定められており、第20条第1号所定の危険については、「第1章　機械による危険の防止（第101条～第151条）」、「第1章の2　荷役運搬機械等（第151条の2～第151条の83）」、「第1章の3　木材伐出機械等（第151条の84～第151条の174）」、「第2章　建設機械等（第151条の175～第236条）」、「第3章　型わく支保工（第237条～第247条）」及びボイラー則、クレーン則、ゴンドラ則に、同条第2号については「第4章　爆発、火災等の防止（第248条～第328条の5）」に、そして同条第3号は、「第5章　電気による危険の防止（第329条～第354条）」にそれぞれ詳細な規定が置かれている。

第21条については、第1項所定の危険については、「第6章　掘削作業等における危険の防止（第355条～

第416条）」，「第7章　荷役作業等における危険の防止（第417条～第476条）」，「第8章　伐木作業等における危険の防止（第477条～第517条）」に，第2項については「第8章の2　建築物等の鉄骨の組立て等の作業における危険の防止（第517条の2～第517条の5）」，「第8章の3　鋼橋架設等の作業における危険の防止（第517条の6～第517条の10）」，「第8章の4　木造建築物の組立て等の作業における危険の防止（第517条の11～第517条の13）」，「第8章の5　コンクリート造の工作物の解体等の作業における危険の防止（第517条の14～第517条の19）」，「第8章の6　コンクリート橋架設等の作業における危険の防止（第517条の20～第517条の24）」，「第9章　墜落，飛来崩壊等による危険の防止（第518条～第539条の9）」，「第10章　通路，足場等（第540条～第575条）」，「第11章　作業構台（第575条の2～第575条の8）」，「第12章　土石流による危険の防止（第575条の9～第575条の16）」にそれぞれ具体的な定めがなされている。

また，安衛則第27条，第28条及び第29条第2項は，事業者規制として機能する製造・流通規制（法第42条）の具体的内容を定めたものである。

対象条文が事業者に義務づけた危害防止措置は，現実にその措置を講ずることが必要とされるのであって，単にその措置を講ずるために努力したというだけでは足りない。結果的に災害事故が発生しなかったとしても，対象条文（及びその紐付き政省令）が要求する措置が講じられていない以上，違反が成立する。また，安衛法第3条第1項前段に「事業者は，単にこの法律で定める労働災害の防止のための最低基準を守るだけでなく」とあるように，対象条文ほか各規定に定められた危害防止基準は最低基準となる。違反に対しては6カ月以下の懲役又は50万円以下の罰金が科せられ（第119条1号），なおかつ違反行為者ほか法人も処罰対象となる（第122条，両罰規定）。

2　沿革

1　工場法による規制

対象条文の原型となる規定は，すでに戦前の法令の中に存在した。工場法（明治44年3月29日法律第46号）は第13条において，「行政官庁ハ命令ノ定ムル所ニ依リ工場及附属建設物並設備カ危害ヲ生シ又ハ衛生，風紀其ノ他公益ヲ害スル虞アリト認ムルトキハ予防又ハ除害ノ為必要ナル事項ヲ工業主ニ命シ必要ト認ムルトキハ其ノ全部又ハ一部ノ使用ヲ停止スルコトヲ得」と定め，これを受けて昭和4年に工場危害予防及衛生規則（昭和4年6月20日内務省令第24号）が制定される。安衛法第20条の原型は，同規則第1条～第14条に設けられた原動機に関する規定，第20条～第27条に設けられた爆発・火災・引火に関する規定であり，また墜落防止のための柵囲等の設置を義務づけた同規則第15条は，安衛法第21条第2項の原型といえる。同規則の各条項については，工場危害予防及衛生規則施行標準（昭和4年7月18日付発第58号地方官宛社会局長官依命通牒）において細則が規定されていた。

上述の工場危害予防及衛生規則の制定経緯については，労働省の著書に，「社会局は工場法第13条に基づき工場災害予防および衛生に関する省令制定のため調査研究を進めていたが，各方面の意見を徴した上，この規則を公布するに至ったものである」との記載がある。いかなる調査研究が進められ，またいかなる意見が聴取されたのかに関して詳細は明らかではないものの，工場法制定のための実地調査を主導した岡實の以下の見解が参考になる。

岡は，工場災害の除去と工場疾病者の減少は「單ニ法律ノ力ノミヲ以テ克クスヘキニ非ス，工業主ハ勿論専門学者ノ努力並一般国民ノ自覚ニ俟ツヘキモノ甚タ多シ」との問題意識から，「本章ニ於テ工場監督ニ関シ最モ豊富ナル経験ヲ有スルジー，エム，プライス博士ノ近著『近世工場』中ヨリ工場設備ノ改善ニ関スル部分ヲ抄録シ，之ニ管見ヲ加ヘテ読者ノ参考ニ資セントスル」。その上で，原動機・動力伝導装置の危険予防装置は実際の状況如何によるものであり，予め法令で詳細な標準を規定することの難しさを指摘する。そして，独仏などの諸外国では法律において概括的な規定を設けたうえで細目を施行細則に委ねている手法に着目し，「我国モ亦工場法第十三條ニ依リ之ヲ命令ニ委任セルカ故ニ此ノ点ハ独仏ト同主義ヲ採レルモノトラフヲ得ヘシ」としたうえで，原動機や建物その他の設備の危険予防，工場火災対策等に関する詳細な見解を提示する。

上述の工場危害予防及衛生規則も，かような岡の見解の影響を受けたものと思われる。

2　労働基準法と旧労働安全衛生規則

戦後に制定・施行された労働基準法（昭和22年4月7日法律第49号，以下「労基法」とする）は，当初第5章に「安全及び衛生」を設け，第42条に「使用者は，機械，器具その他の設備，原料若しくは材料又はガス，蒸気，粉じん等による危害を防止するために，必要な措置を講じなければならない。」と規定していた。そしてこれを具体化すべく，戦前の工場危害予防及衛生規則，土石採取場安全及衛生規則，汽罐取締令，土木建築場安全及衛生規則などを統一する形で，労働安全衛生規則（昭和22年10月31日労働省令第9号，以下「旧安衛則」とする）が制定される。旧安衛則中，対象条文に相当する内容は「第2編　安全基準」に規定されているところ，「第1章　原動機及び動力傳導装置」，

「第2章 機械装置」,「第7章 電気」,「第9章 火災及び爆発の防止」の各章が安衛法第20条に,「第3章 通路及び作業床」,「第4章 足場」,「第5章 墜落防止」,「第6章 崩壊,落下の予防」が同第21条にそれぞれ該当する。また,「第4編 特別安全基準」の中に汽罐(ボイラー)等に関する安全基準が定められていた。旧安衛則は,その後数次にわたる改正を経て,現行の安衛法及び安衛則に継承されることとなる。主な改正は下記の通りである。

* 改正(昭和34年2月11日労働省令第2号):くい打ち機・くい抜き機に関する規定の追加
* ボイラ及び圧力容器安全規則(昭和34年2月24日労働省令第3号)が独立
* 改正(昭和35年11月25日労働省令第25号):電気関係の安全基準強化
* クレーン等安全規則(昭和37年7月31日労働省令第16号)が独立
* 改正(昭和38年5月16日労働省令第10号):型わく支保工の安全等に関する規定の追加
* 改正(昭和44年1月29日労働省令第1号):電気機械器具に対する規制の強化
* 墜落死亡事故の続発を受けゴンドラ安全規則(昭和44年10月1日労働省令第23号)制定。
* 改正(昭和45年9月28日労働省令第21号):機械の安全についての大改正,製造段階における規制強化,機械の本質的安全に関する規定等が追加

3 安衛法の制定

安衛法(昭和47年6月8日法律第57号)が,「従来の労働基準法第5章(安全及び衛生)を中核として,労働災害防止団体等に関する法律の第2章(労働災害防止計画)および第4章(特別規制)を統合したものを母体とし,そのうえに新規の規制事項,国の援助措置に関する規定等を加え」て制定された経緯からもわかる通り,労基法及び旧安衛則による危害防止基準を承継した「第4章 労働者の危険又は健康障害を防止するための措置」が安衛法の中核であるといえる。その中で,対象条文はいずれも安衛法制定当初より改正はなされておらず,実質的にはこれを具体化・詳細化した安衛則等の改正によって技術革新や新たな災害類型に対処がなされてきた。近年の例を挙げれば,食品加工用機械によって多発する死傷災害への対処として,安衛則に新たな安全対策規定が設けられ(第130条の2~第130条の9,平成25年10月1日施行),翌年には車両系木材伐出機械による休業4日以上の死傷災害が増加傾向にあること等の状況に鑑み,安衛則においてこれを新たな規制対象として追加することとなった(第151条の84~第151条の174,平成26年6月1日施行)。

資料4-1 リング精紡機

(Brooks and Doxey Ring Spinning Frame, Wikimedia Commons)

3 背景になった災害等

対象条文は,いずれも労働災害の原因となる物,作業方法,場所についてあらゆる類型の危険に対処すべく,抽象的かつ広範囲な定めをするにとどまり,その具体的内容は膨大かつ多種多様な条文から成る政省令に委ねられている。このため,対象条文制定の契機となる背景災害を特定することは容易ではない。

しかし,少女工が機械掃除の最中であることを失念した組長の運転ミスによる死亡事故,あるいは輪具(リング)精紡機(資料4-1参照)のバンド紐の掛け直しの際に腕を巻き込まれる事故などが『女工哀史』の時代から記録されており,労働組合期成会による「工場法案に対する意見書」の冒頭部分では,「現在工場の多数が其設備上欠点の多きは吾々職工の明に認むる所」であり,「危険なる機械に向って適当の防険装置の備へなきか如きは実に我工場に於ける通弊」であるがゆえに,「我々職工の健康を害し又は身命を危ふすることあるは殆んど日常の事例」であると強調されている。対象条文が想定する危険は,近代的な工場設備その他の職場においては常に付きまとう宿命であるといえる。こうした多数の名もなき事故の蓄積が,工場法(及び工場危害予防及衛生規則)以来の安全衛生法制における危害防止基準確立の原動力となったことは想像に難くない。

4 適用の実際

対象条文は安全関係全般について定めた規定であるため,適用される場面は非常に多岐にわたる。行政による安全衛生の監督は,災害発生事業場以外にも,動力プレスや木工機械,ロボットなど個別の機械を対象に行われ,また対象業種も多岐にわたるが,建設業,林業,港湾,食料品製造業,金属製品製造業などを重点に監督されている。安全関係は衛生監督に比して,危険かどうかを視覚的に捉えやすいため,事業者に対して対象条文違反の指摘をすることが比較的容易である。

資料4-2　Vベルトのメッシュカバー

©iStock

資料4-3　巻取ロール機

©iStock

資料4-4　ボール盤

(株式会社マキタWEBサイト〔https://makita-engei.com/, 最終閲覧日：2024年7月11日〕)

資料4-5　グラインダー

(株式会社マキタWEBサイト〔https://makita-engei.com/, 最終閲覧日：2024年7月11日〕)

　厚生労働省労働基準局監督課が2017年5月に公表した安衛法関係送検公表事案によると，刑事事件として送検された198件のうち，対象条文違反が最も多い。[18] 例えば高さ2m以上の作業床の端などに囲いや手すりなどの設置を義務づけた安衛則519条（根拠条文・安衛法第21条）違反が32件，機械の掃除，給油，検査などの際に機械の運転停止を義務づけた安衛則第107条（根拠条文・安衛法第20条）違反が14件，などといった状況である。また，「平成31年・令和元年の労働基準監督年報」によると，安衛法違反による送検事件469件のうち，第20条違反が149件，第21条違反が130件と，対象条文が上位2位を占めている。[19] このような現状は上述したように，対象条文の適用範囲の広さと視覚的な摘発のし易さがその要因の一つとなっていると思われる。
　安衛法違反の摘発は労働基準監督官の職務の一つであるところ（安衛法第90条〜第92条），対象条文（及び安衛則）に違反するか否かのチェックの視点及び適用の具体例は以下の通りである。[20]
〔第20条関係〕
①伝動装置，歯車，回転軸等のカバー等（安衛則第101条）：モーターなどの伝動装置であるVベルトにカバーがあるか〔資料4-2参照〕，機械の歯車にカバーがあるか，回転軸にカバーがあるか，回転軸などの留め具が埋頭型になっているかなどが調べられる。
②機械の停止等（安衛則第107条，第108条）：他の作業者が誤って起動させることにより，修理や掃除を行っている労働者が被災することを防止するため，機械等の修理や掃除の際に機械を停止して行っているか，その際に当該機械の起動装置に錠をするか，起動禁止の表示をして他の労働者が作動させないための措置を講じているかなどが調べられる。[21]
③ロールを有する機械の安全（安衛則第109条）：ロールを有する機械（印刷機，巻取ロール機〔資料4-3参照〕など）に手が巻き込まれないためのガード，光線式安全装置などがあるかが調べられる。
④ボール盤〔資料4-4参照〕作業と手袋使用の禁止（安衛則第111条）：回転する「刃」を有する機械に手袋が巻き込まれて指等を切断する危険があるため，ボール盤で作業する者に手袋の使用を禁止しているかが調べられる。
⑤グラインダー〔資料4-5参照〕といし（安衛則第120条，第27条，研削盤等構造規格）：グラインダーであれば，周面といしを側面に使用していないか，といしのカバーが（工作部位以外に）正しく取り付けられているか，手持ちグラインダーについては適正なカバーが付いているかなどが調べられる（周面といしを側面に使用すると破壊する危険があるため）。

資料4－6　木材加工用丸のこ盤

ⒸiStock

資料4－7　ドラグ・ショベル

⑥動力プレス[22]（安衛則第131条，第27条，動力プレス構造規格，プレス又はシャーの安全装置構造規格）：手などの身体が，ガードなどで入らない構造になっているか，安全装置により入らない構造になっているか，入った場合プレスが自動的に停止する構造になっているかなどが調べられる。

⑦木材加工用丸のこ盤〔資料4－6参照〕（安衛則第123条，第27条，木材加工用丸のこ盤並びにその反ぱつ予防装置及び歯の接触予防装置の構造規格）：歯の接触予防装置（カバー，安全装置）が設置されており，正常に機能するか，同装置が可動式の場合は安衛法に基づく構造規格適合品であるかなどが調べられる。

⑧射出成型機等[23]（安衛則第147条）：戸を閉じなければ作動しない構造となっているか，光線式安全装置（手が入ったら停止する構造）が設置されているか，両手押しボタン式安全装置（2つの押しボタンを両手で同時に下死点まで押し続けなければ作動しない構造）となっているか（指導事項としては押し釦の間隔が30cm以上あり，片手で操作できないものであること），マット式安全装置を使用しているかなどが調べられる。[24]

⑨ドラグ・ショベル〔資料4－7参照〕（車両系建設機械）（安衛則第155条，第158条，第164条）：車両系建設機械であるドラグ・ショベル（バックホウ，ユンボ）で掘削作業をしている場合は，作業計画を作成して作業しているか，他の労働者がドラグ・ショベルに接触しないよう立入禁止区域を設定して作業しているか，掘削作業以外の用途外の作業に使用していないかなどが調べられる。

⑩ガス溶接用溶解アセチレンボンベ（安衛則第263条）：ガス溶接に使用している溶解アセチレンボンベは立てて，転倒防止措置を講じているか，40℃以下に保っているか，使用前か使用後かの表示（空・充の表示）があるかが調べられる。

⑪はしご道（安衛則第556条）：はしご道は，その上端を60cm以上出しているかが調べられる。

⑫架設通路の勾配・手すり等（安衛則第552条，第563条）：架設通路の勾配や手すりなど，足場の作業床の幅や手すりの高さなどが安衛則の基準を満たしているかが調べられる。

〔第21条関係〕

①掘削作業（安衛則第356条，第534条，第365条，第366条，第382条，第384条）：手掘りでの掘削作業の場合の法面の角度が安衛則で定められている勾配になっているか，明り掘削の作業場所が崩壊のおそれがある場合に安全な勾配としているか又は土止め支保工を設けるなどの措置を講じているか，明り掘削の作業に使用するトラックなどが労働者に接触しないよう又は転落しないよう誘導者を配置しているか，明り掘削作業者に保護帽を被らせているか，ずい道掘削作業で肌落ちの危険がある場合に点検を行わせているか，浮石を落とすなどの措置を講じているかなどが調べられる。

②荷役作業（安衛則第432条，第452条）：はいが傾いている場合にロープや杭などで崩壊防止措置を行っているか，港湾において揚貨装置で荷を吊り上げる作業等をするときに労働者の甲板上の通行を禁止しているかなどが調べられる。

③伐木作業（安衛則第477条，第478条，第479条）：伐木作業をするときに退避場所を選定しているか，かかり木があるときはかかり木を処理しているか，伐木作業を行うとき合図を定めて伐倒しているかなどが調べられる。

④建築物の組立等の作業（安衛則第517条の16）：コンクリート構造物の解体作業の際に，作業計画を立てているか，関係者以外立入禁止措置を講じているか，引き倒しの際に合図を定めているかなどが調べられる。

⑤墜落危険場所（安衛則第518条，第519条[25]，第521条，第533条，第524条，第526条，第527条，第528条）：高さ2m以上で作業する箇所に作業床を設置しているか，また手すりが設置されているか，手すりが設置できない場合安全網を張ってハーネスを使用させているか，煮沸槽・ホッパーなどの周りに手すりがあるか，スレート屋根上での作業時に歩み板を敷いているか，高さ1.5m以上の箇所への昇降設備がある

か，はしごを使用して作業するとき滑り止め装置を使用するか他の作業者が保持をするなどの転移防止措置を講じているか，脚立の角度が75度になっているか，破損していないか（ガタが来ていないか，水平になるか），開き止めがあるかなどが調べられる。

⑥飛来・落下危険場所（安衛則第539条，第536条，第537条，第538条，第564条）：建築現場で保護帽を被っているか，物を投下するとき投下設備を使用するか監視人を置いているか，物が落ちてくる危険や飛んでくる危険があるときは防網の設置や，飛来防止の設備，保護帽の使用，立入禁止などの措置を講じているか，足場の組立て解体時に関係労働者以外立入禁止の措置を講じているかなどが調べられる。

⑦土砂崩壊危険場所（安衛則第534条）：地山の掘削作業において，すかし掘り（狸掘り）をしていないか，安全な勾配か，落下の危険がある土石を取り除いているかなどが調べられる。

⑧土石流の危険がある場所（安衛則第575条の14）：土石流発生の警報装置が設置されているかが調べられる。

5　関係判例

本条及び関係政省令の理解に有為と思われる判例は少なからず見受けられるが，一例として以下のものが挙げられる。

【刑事事件】

●大泉（伊藤ビル新築工事現場）事件（仙台高判昭40・6・28下刑集7巻6号1206頁）

ビル建設工事などを請負う被告人会社にてIビル新築工事現場（本件現場）の現場主任として勤務していた被告人Xは，本件現場において同社の従業員Aが被覆されずに露出していた高圧電線に接触した結果感電死した事故（昭和38年9月発生）につき，労働基準法第42条（当時）及び旧安衛則第127条の8（＊架空電線や電気機械器具の充電電路に近接する場所で所定の作業に従事する労働者が，電路に接触・接近することにより感電の危害を生ずるおそれがあるときは，電路の移設，囲いの設置，絶縁用防護具の装着など所定の措置を講じる義務を使用者に課した規定）等の違反に問われた。Xは，電力会社及びその下請会社に電線からの危害防止措置を再三にわたり依頼要求していたがゆえに，法令所定の措置を講じていたと主張した。判決は，Xを本件工事現場において安全管理について被告人会社のために行為する者，すなわち労働基準法上の使用者であると認定した上で，以下のように判示した。

「労働基準法42条に規定する『危害を防止するために，必要な措置を講じなければならない』というのは，現実にその措置を講ずることが必要とされるのであつて，単にその措置を講ずるために努力したというだけでは足りるものではなく，たとえその措置を講ずるには自らの手ではできず他の者の専権に属するような場合であつても，その者にその措置を講ずべきことを依頼したのみでは，やはり同条の危害を防止するために必要な措置を講じたとはいえないのである。いやしくも現実にその措置を講じないかぎり，当該危害を受けるおそれある場所で労働者を就労させることは許されないのである。」

●加藤（家屋建築請負業）事件（最3小決昭47・6・6刑集26巻5号333頁）

家屋建築請負業を営む被告人Xは，昭和44年2月にA社工場の増築工事を請け負った際に，同社工場の織機動力用シャフトに配下の労働者らが作業中接触する危険があるにもかかわらず，これに囲いや覆い等を設置しなかったとして，労働基準法第42条（当時）及び旧安衛則第63条第1項（＊床面から1.8m以内の動力伝導装置の車軸で接触の危険があるものに囲い・覆いなどの設置を使用者に義務づけた規定）等の違反に問われた。Xは，同シャフトはA社所有の設備であるところ，労働基準法上の使用者は「当該設備を自己の使用する労働者に生産器具として使用せしめる者に限定され」，旧安衛則第63条の義務者は「当該機械をその使用する労働者にその作業の際に使用せしめる使用者」に限定されるため，これら規定はXには適用されないと主張した。これに対し，判決は以下のように判示した。

「労働基準法42条（等）により使用者が講ずべき危害防止措置の対象たる当該動力伝導装置等は，当該労働者が作業上接触する危険があるかぎり，その労働者の使用者が所有または管理するものにかぎられるものではなく，また，その労働者をしてその作業場において直接これを取り扱わせるものであると否とを問わないものと解するのを相当とする。」

●X社事件（東京高判平28・11・8高等裁判所刑事裁判速報集（平28）号151頁）

自動車用部品等の加工，組立，販売等を営む被告X社は，平成23年4月，同社工場において労働者らにダイカストマシンを使用してアルミダイカスト製品の成形加工等を行わせるに当たり，同機械には両手操作式の安全装置が取り付けられていたものの，全自動運転の際には同装置が作動せず，労働者の身体の一部が挟まれるおそれがあったのであるから，安全扉（閉じなければ機械が作動しない構造の戸）を取り付けるなどして安全措置を講じなければならないのに，かかる措置を講じないまま労働者らに上記作業を行わせたとして，安衛法第20条及び安衛則第147条の違反に問われた。

安衛則第147条は「射出成形機，鋳型造形機，型打

ち機等……に労働者が身体の一部を挟まれるおそれのあるときは、戸、両手操作式による起動装置その他の安全装置を設け」る義務を事業者に課し（第1項）、第1項における「戸」は「閉じなければ機械が作動しない構造のものでなければならない」とされている（第2項）。X社は上記機械の全自動運転中にはバリ取り等の作業を行わないよう指導し、そのような作業実態もなかったがゆえに、労働者が身体の一部を挟まれる具体的なおそれがあったとは言えないと主張した。判決は、以下のように判示した。

安衛則第147条第1項にいう「『労働者が身体の一部を挟まれるおそれのあるとき』とは、同規則の趣旨及び文言等からすれば、労働者が、作業の過程において、射出成形機等の機械の可動部に近づき、過失の有無を問わず、その身体の一部を挟まれるおそれのある場合をいう……。すなわち、規則147条は、作業中の労働者が当該機械の可動部に近づく場合を想定し、その際に安全装置を設けることにより、労働者が身体の一部を挟まれるという労働災害を防止しようという趣旨から設けられた規定である。そうすると、労働者が作業中に本件機械の金型の可動部に……何らかの事情により近づくことが想定される場合には、労働者の過失の有無を問わず、労働者の身体の安全を図ろうという趣旨のものである。」X社は上記機械に安全扉を設置せず、また上記両手操作式による安全装置は、安全装置としての機能を有していないため、安衛則第147条所定の安全装置を設けたことにはならないとして、X社の同条違反を認めた。

【民事事件】
●北土建設・前田道路事件（札幌地判昭59・2・28労判433号64頁）

労務者提供を業とするA社に雇用されたXは、Y1（北土建設）が札幌市から請負い、その一部をY2（前田道路）に下請に出して行っていた（Y2はさらにA社に再下請に出していた）水道管敷設工事（本件工事）において、Y1・Y2の従業員の指揮監督を受けながら就労していたところ、昭和53年9月、A社が運転手付で庸車したショベルローダ（本件重機）の一部がXの腰部に衝突した（本件事故）。この結果、Xは腰椎挫傷の傷害を受け、歩行困難などの後遺症が残った。Xは、Y1・Y2を相手取り、Xと両社には直接の雇用契約関係はないものの支配従属関係に立っていたゆえに、両社はXに対し安全配慮義務違反の責任を負うと主張して損害賠償等の支払を求めた。

Xらは本件事故前の作業に取り掛かる際、Y1従業員から本件重機の回転半径内に入らないよう注意を受けたほかは、Y1・Y2及びA社から何らの安全教育も受けなかった。また、XらA社の者は本件事故の前後を通じて重機運転者に対する合図者を固定していたことはなく、Xら作業員らの中から適宜手のすいた者が合図者となって、思い思いの方法で合図をしていた。そして、合図者となった場合でもそれと分かる腕章や旗を持っていたわけではなく、合図の方法も決められていなかった。さらに、合図者が交替してもそのことが運転者に伝えられることはなかった。

判決は以下のように判示した。

安衛則第2編第1章の2第1節、第2章第1節等の規定に照らすと、「重機の運転者に対する信号者を予め決め、そのなすべき一定の合図を決定し、運転者へ周知徹底し、運転者に対し、作業内容並びに指揮の系統を通知し、運転者をして信号者の合図を確認して運転させること」が被告らの安全配慮義務の具体的内容の一部となるとしたうえで、「被告両名が右の安全配慮義務を過怠していたことは、前示のXらの作業方法、本件事故発生の態様等に照らして明らかである」と判断。

●エム・テックほか事件（高松高判平21・9・15労判993号36頁）

Xは平成14年11月、高松市内の地上約8mの工事現場（本件現場）にて、足場上で解体された枠組支保工等の材料の荷降ろし作業（本件作業）中、地上に転落し負傷した。Xは、Y1（本件工事を受注した元請企業）、Y2（Y1から本件工事を受注した下請企業）、Y3（Y2から受注した孫請企業）及びY4・Y5を相手取り、安全配慮義務違反に基づく損害賠償等を請求した。Xは同年10月にY5にとび職人として雇用され、Y4に派遣された後、Y4によりY4が雇用する作業員とともにY3に派遣され、本件作業に従事していた。原審（高松地判平20・9・22労判993号41頁）はY1、Y3、Y4、Y5について安全配慮義務違反を認めつつ、本件事故当日の朝のミーティングでY1担当者らから安全帯の使用が指示され、安全帯と親綱の支給がなされていたにもかかわらず、Xがこれを使用しなかったことなどから1割の過失相殺を認めた。X及びY1、Y3、Y4、Y5が控訴したものの、原審とほぼ同様の理由でいずれも棄却。

考察：第20条・第21条

1 対象条文の趣旨・内容及び沿革との関連性

対象条文は、ともに使用従属関係を前提とした事業者規制であり、安衛法の中核をなすとともに、製造規制・流通規制とあいまって、効果的な危害防止基準の確立を目指す規定である。同条に定められた危害防止基準の内容は抽象的であり、それぞれ各号・各項において列挙された、モノ・作業方法・場所から生じる危

険を防止するよう事業者に義務づけているに過ぎない。これらの具体的内容は安衛則などの政省令で明文化されているため，対象条文の趣旨・内容の分析は，その運用実態を含めた関係政省令の分析と共になされる必要がある。かかる作業を通じ，現行安衛法が設定する危害防止基準がどのようなものであり，現場でいかに運用されているかの具体像が明確になると思われる。

安衛則は700条に迫る膨大な数の条文によって構成されており（改正によって追加された挿入条文を含めばさらなる数となる），対象条文を具体化した規定は，主に「第2編　安全基準」（第101条〜第575条の16）に置かれている。ここから窺われる危害防止基準の共通項と傾向は，概ね以下のように整理できる。

①機械等のうち労働者に危害を及ぼすおそれのある部位・箇所につき，囲い，覆い，運転停止などの手法によって安全化する[26]。
②機械等の点検，検査，整備などを義務づけ，同時に使用限度の超過や誤った使用法を禁止する[27]。
③物による接触の危険を防ぐために労働者の身体に保護具などを装着させ，また危険を誘発する手袋などの使用を禁止する[28]。
④立入禁止などの措置によって，危険な機械またはその部位・箇所，危険な場所などに労働者を不用意に接近させない[29]。
⑤合図などによって労働者に危険に対する注意・回避を喚起し，安全かつ合理的な行動を促進する[30]。
⑥作業主任者など責任者を選任・配置することによって，指揮命令系統を整備し明確化する[31]。

労働災害は，危険源が労働者の心身に接触することによって引き起こされるとすれば，必然的に，両者の接触を何らかの形で可能なかぎり回避することが，基本的な危害防止措置となる[32]。すなわち，危険源の発生前にこれを探知して阻止し（上記②），その発出の出端を挫くとともに（上記①），発出した危険に対処すべく労働者の身体を守る（上記③）。また，そもそも労働者の接近を防ぐとともに（上記④），現場の労働者らの意思疎通によって危険源やそれがもたらす被害について注意を喚起し，それとの接触や接触がもたらす被害を回避させるという仕組みになっている（上記⑤⑥）。以上から指摘し得ることとして，対象条文が現場に求める危害防止措置は，最新鋭の技術・研究成果や高度の知見を駆使したものとは限らず，現場の実態や常識感覚に基づき，労働者の目線に立って，通常求められる措置に重点を置いているといえる。

わが国の安全衛生法制は，戦前から戦後にかけて連続性があり，対象条文のような危害防止措置においてその傾向は一層顕著である。前述の工場危害予防及衛生規則においても，すでに上記①〜⑥と同趣旨の規定が少なからず見受けられ，旧安衛則に発展的に引き継がれている。対象条文が設定する危害防止基準の中には，技術の進歩や社会経済の変遷に左右されることなく，1世紀近くにわたって現場の安全衛生の基礎となってきたものが多い。

また，これらの危害防止基準は，ビジネス（事業の効率的運営）とのバランスラインの典型を示しているという意味でも参照価値がある。安全衛生はあらゆる産業において不可欠のルールである半面，それが過剰に及ぶと産業や社会全体が窒息しかねない。対象条文が安衛則によって設定した危害防止基準は，例えば機械等を全面的に製造・使用禁止とするのではなく，機械としての稼働を許容しつつ，その危険部位のみに着目し危害防止のための規制を施すものであるといえる。では，構造的に生じる危害防止基準の過不足をどのように埋めるべきか，性能要件基準（基準は安全衛生上の効果を定め，その実現手段は個々の事業者に委ねる基準）を認める場合の対象範囲はいかにあるべきか，それに関連して，次項で示すように，「危険を及ぼすおそれ」等の抽象的な文言（不確定法概念）をどう解釈すべきか，中小企業等の資源の不十分な事業が全ての危害防止基準を一気に遵守できない場合の監督指導行政をいかに行うべきか，等については，今後とも検討課題となろう。

2　対象条文及び関係政省令の文言から窺われる予防志向ほか安衛法制の基本的姿勢

対象条文は物，作業方法及び作業場所から生じる危害の防止措置を事業者に義務づけるものであるところ，これらの措置は労働災害の危険が具体化して差し迫った状況下ではなく，それ以前の段階において早期に講じられなければならない。このため，安衛法及び政省令においては，事業者の危害防止措置の要件等を定めるに際して，危険等の「おそれ」という文言が頻繁に用いられている[33]。

安衛則において「危険」と「おそれ」がワンセットで用いられている規定の概要は以下の通りである。
①危険を及ぼす（を生ずる・が生ずる）「おそれのあるとき」：第104条第1項（機械の運転開始の際の合図），第479条第2項・第3項（伐木作業の際の合図及び労働者の遵守義務），第130条の5第1項（食品加工用機械開口部からの転落防止措置）など
②危険を及ぼす（を生ずる・が生ずる）「おそれのあるもの」：第109条（巻取りロール等の危険防止措置），第151条の112第1項（伐木等機械による伐木作業の際の危険防止措置），第341条第1項第1号（高圧活線作業の際の感電防止措置）など

③危険を及ぼす「おそれのある部分」：第101条第1項（原動機等による危害の防止措置）など

④危険が生ずる「おそれのある場所」：第151条の93（車両系木材伐出機械の転倒・転落による危険防止措置），第153条（車両系建設機械使用の際の岩石落下等による危険防止措置）など

⑤危険を及ぼす（を生ずる・が生ずる）「おそれのあるところ」：第386条（ずい道等建設作業における立入禁止措置），第481条（造林等作業における立入禁止措置）など

⑥危険を及ぼす（を生ずる・が生ずる）「おそれのある箇所」：第151条の96（車両系木材伐出機械作業における立入禁止措置），第158条第1項（車両系建設機械作業の際の立入禁止措置），第519条第1項（高所作業における墜落防止措置）など

⑦危険を及ぼす「おそれのない方法」：第150条の2（高速回転体の回転試験の実施方法）

⑧危険を及ぼす「おそれのないもの」：第122条（木材加工用丸のこ盤の反ばつ予防措置）

⑨危険を及ぼす（が生ずる）「おそれのないとき」：第108条第1項（機械刃部の掃除等の際の運転停止措置），第407条（掘削面のこう配の基準），第342条第1項（高圧活線近接作業の際の感電防止措置）

以上の規定から明らかなように，安衛則は状況・場合（上記①），物の全部ないし一部（上記②③），場所（上記④⑤⑥），方法（上記⑦）ごとに想定される危険への対処を事業者に義務づける一方で，危険のおそれがない「とき」・「もの」という要件を充たす場合には，事業者に課せられた危害防止義務を例外的に免除している（上記⑧⑨）。

前述のように労働災害の防止措置は，危害が具現化する以前の「おそれ」があるに過ぎない段階で講じられなければならないことに鑑みれば，対象条文の関係政省令がかかる文言を数多く用いているのは必然ともいえる。同時に多くの規定において，「危険のおそれ」が意味する具体的内容について通達等を通じて明確化が図られ，事業者が講ずべき措置内容の輪郭を浮き彫りにしている。これはやや大仰に表現すれば，安全衛生に関して形成された自然科学的知見に基づく社会的コンセンサス（＝事業者は，監督取締行政との関係では，差当りここまでやっておけば大丈夫としよう，という趣旨）の表明であるともいえる。また他方で，「おそれ」という表現は事業者に課せられた義務を緩和ないし免除するための要件として用いられることもあり（上記⑧⑨），こうした姿勢の中に，安全衛生と事業の効率的運営とのバランスを図ろうとする意図を看取することもできよう。

安全衛生制度において危険の「おそれ」が持つ意味についてのより詳細な内容に関しては，今後とも重要な検討課題となろう。

3　関係判例による対象条文の解釈

対象条文の趣旨は，その前身である労基法第42条に関するものも含め，判例の検討を通じてより一層明確となる。[5]の大泉（伊藤ビル新築工事現場）事件により，同条の危害防止措置は「単にその措置を講ずるために努力した」ただけでは足りず，「現実にその措置を講ずることが必要とされる」ことが明示され，[5]の加藤（家屋建築請負業事件）は，措置の対象たる機械等が使用者の所有・管理下にあるか否かを問わず，労働者を使用する以上は所定の措置を講じるべきことを示している。これらの判旨から，危害防止基準は，安衛法の中核であって，基本的には，字義通りの定型的な遵守を求める趣旨であることが窺われる。

また，前述のように，同条の具体的内容は安衛則などの政省令によって定められているところ，安衛則には「危険を及ぼすおそれ」（第130条の9），「身体の一部を挟まれるおそれ」（第147条第1項）など，「おそれ」という文言が事業者の措置義務の要件を定める際に頻繁に用いられている。この点[5]のX社事件が「労働者が，作業の過程において，射出成形機等の機械の可動部に近づき，過失の有無を問わず，その身体の一部を挟まれるおそれのある場合」をいい，「労働者の過失の有無を問わず，労働者の身体の安全を図ろうという趣旨」であると解している。なお，最高裁は旧安衛則第63条第1項にいう「接触の危険」という文言について，接触の抽象的危険があればよいとした原判断（大阪高判昭46・12・13刑集27巻7号1368頁）を是認し，「その危険の発生が労働者の注意力の偏倚，疲労その他の原因による精神的弛緩，作業に対する不馴れ等による場合をも含め，労働者が作業の過程で接触して危害の発生する危険をいい，その危険が熟練した注意深い労働者からみて異常とみられる作業方法により，または労働者の重大な過失により……生じうるものであると否とを問わない」と判示している（最3小決昭48・7・24判時715号110頁）。

安衛法の規定の多くは，行政による監督・取締を前提としており，違反に対して事業者らに刑事罰が科されることなどから，公法的な性質を有するが，[5]の北土建設・前田道路事件が示す通り，安衛則上の措置義務が事業者（使用者）の安全配慮義務の具体的内容と化し，民事賠償請求権を根拠づける場合が多い。また，安衛法や安衛則には，労働者に一定の義務を課す規定もあり，[5]のエム・テックほか事件は，労働者がこれに違反した場合，民事賠償請求事件において過失相殺を根拠づける要素として考慮される可能性を示唆している。

結語：第20条・第21条

（1）　以上の通り，対象条文は，労災の再発防止策を現場目線で基準化したものであって，内容的にも沿革的にも安衛法の中核であり，その源流はすでに戦前の工場法に見出すことができ，原理的な規定であるため，安衛法の他の規定に比して技術や制度の変遷から受ける影響は少なく，それに紐付く規則は別として，条文の文言も，昭和47年の制定当時からまったく変わっていない。このため，目下のところ対象条文自体は別段改正を要することはなく，強いて言うなら前述の通達（昭和47年9月18日基発第602号）が記した幅広い危険類型（条文の適用範囲）をあらためて条文化し，アナウンス効果を図る方途を検討する価値はあるかもしれない。

今後改正の可能性があるのは，対象条文を具体化する安衛則の関連規定である。「安全衛生規則は成長する規則である」と言われ，技術の進歩，災害・疾病の発生状況その他産業労働の場における諸般の事情の変化を背景として不断の進化を遂げていくものであるが，その際には労働者の安全確保を図ることを主眼としつつ，同時に産業の発展や事業の効率的運営とのバランスのとれた調整という視点を軽視してはならない。

（2）　安衛法は言うまでもなく労働災害の予防を主たる目的とし，対象条文が定める危害防止基準もその目的達成のために設定されてきた。事業者らに対して，危害が顕在化し急迫した状況下にかぎらず，その「おそれ」が窺われる段階で一定の措置を講じる義務を求める諸規定のあり方は，労働災害を芽のうちに摘んでしまおうという基本的姿勢のあらわれに他ならない。しかし，⑤に引用した各事例のように，災害事故によって死傷者が発生した際の事後処理的な適用も今なお少なからず見受けられ，対象条文が一層の予防効果をあげるためには，他の規定との効果的な連携が不可欠であることを示唆している。

三柴の先行研究は，現行安衛法が示唆する予防政策のエッセンスを以下の8項目に整理しているが，危害防止基準の本来的な趣旨の実現を促進するための補充手段としても有効と思われる。特に，「一次的に事業者責任を原則としつつ，二次的に労働者自身にも責任を負わせる」，「国などによる……計画設定，高権的作用と支援的作用，基礎・応用にわたる安全衛生研究とその成果の普及促進」，「経営工学的知見を踏まえた人的措置」，「事業場ごとに適任者を選任し，専門家の支援を受けつつ，自主的なRAを実施」などといった，制度的・人的措置による補強に比重を置く方向での安衛法令の改正や解釈を今一度検討することが肝要となろう。

①リスク創出者管理責任負担原則を志向すべき，
②国などによる重点傾斜的な計画設定，高権的作用と支援的作用，基礎・応用にわたる安全衛生研究とその成果の普及促進を図るべき，
③物的措置のほか，経営工学の知見を踏まえた人的措置を重視すべき，
④不確実性が高いリスクには，事業場ごとに適任な専門家を選任し，その支援を受けつつ，自主的なRAを実施させるべき，
⑤予防政策は1次予防から3次予防まで包括的に形成せねばならず，リスク管理では高いリスクを優先し，先ずは根本的で集団的な対策を行い，残留リスクについて，個別的・技術的な対策を計画的・体系的・継続的に講じるべき，
⑥労働者の高齢化，疲労・ストレスによる健康障害の一般化などの日本的文脈を前提に，たとえ比較法制度的にパターナリスティックな面があっても，職域でできる健康の保持増進対策（特に体制整備と諸手続きの履践）は積極的に推進すべき，
⑦不確実性の高いリスク対策は，法文上は積極的・開発的な課題として理想的目標を規定し，ガイドラインで詳細が規定されることが多いので，民事過失責任法上，事案の個別事情に応じて参酌すべき，
⑧ハラスメントのような心理社会的危険源を典型として，リスク要因は，社会科学的にも認識すべき。

【注】

1）　三柴丈典「使用者の健康・安全配慮義務」日本労働法学会編『講座労働法の再生　第3巻　労働条件論の課題』（日本評論社，2017年）287頁。

2）　三柴丈典「日本の安衛法の特徴と示唆される予防政策のエッセンス」「厚生労働省厚生労働科学研究費補助金労働安全衛生総合研究事業　リスクアセスメントを核とした諸外国の労働安全制度の背景・特徴・効果とわが国への適応可能性に関する調査研究」〔研究代表者：三柴丈典〕（2016年度）〈第1分冊〉分担研究報告書3頁。

3）　同法施行当初の通達も「事業者に，その使用する労働者の危害を防止するための措置を講じさせることが，労働災害防止の基本であることはいうまでもないところである」と指摘する。「労働安全衛生法の施行について」（昭和47年9月18日発基第91号）第三・四・（一）・イ参照。

4）　岡實『改訂増補工場法論　全［復刻版］』（有斐閣，1985年）。

5）　厚生労働省「職場のあんぜんサイト」（https://anzeninfo.mhlw.go.jp/user/anzen/tok/anst00.html，最終閲覧日：2024年8月6日）参照。

6）　労務行政研究所編『労働安全衛生法（労働法コンメンタール10）』（労務行政，2017年）311頁に基づく。

7）　詳細は畠中信夫『労働安全衛生法のはなし』（中央労働災害防止協会，2019年）178頁参照。

8）　同上178頁。

9）　大泉（伊藤ビル新築工場現場）事件（仙台高判昭40・6・28下刑集7巻6号1206頁）。

10）　安衛法は労働者の「安全」確保を目的の一つとしているとこ

ろ（第1条），安全の反対概念は災害・事故ではなく「危険」であり，対象条文はまさに「危険を防止するため必要な措置」を事業者に義務づけているわけである。

11）労働省編『労働行政史　第1巻』（労働法令協会，1961年）239頁。

12）岡・前掲注4）784頁以下。

13）同上804頁。

14）労働安全衛生法の施行について（昭和47年9月18日発基第91号）第一。

15）特に第20条第1号にいう機械等による危険防止のため，安衛則以外にボイラー及び圧力容器安全規則（昭和47年9月30日労働省令第33号），クレーン等安全規則（昭和47年9月30日労働省令第34号），ゴンドラ安全規則（昭和47年9月30日労働省令第35号）等，それぞれの機械，器具，設備等の特質に合わせた詳細な規則が制定・施行されている。

16）中央労働災害防止協会編『日本の安全衛生運動―五十年の回顧と展望』（中央労働災害防止協会，1971年）81頁。

17）労働組合期成会「工場法案に対する意見書」（1898年）1-2頁。

18）最も多い違反は安衛法第100条（安衛則第97条）の労働者死傷病報告で，34件にのぼる。しかし，安衛則の当該条文の根拠となる安衛法の条文をみると，対象条文たる第20条及び第21条違反の合計が圧倒的に多い。

19）https://www.mhlw.go.jp/bunya/roudoukijun/kantoku01/dl/31-r01.pdf，最終閲覧日：2022年2月1日。

20）本書の基礎となった研究プロジェクト（厚生労働科学研究費補助金〔労働安全衛生総合研究事業〕「労働安全衛生法の改正に向けた法学的視点からの調査研究」〔研究代表者：三柴丈典〕）の研究協力者であり労働基準監督官経験者である玉泉孝次氏（近畿労務安全衛生研究所長）及び藤森和幸氏（東京安全衛生教育センター）に対し，2021年11月13日に筆者が実施したインタビュー及び両氏作成の資料のほか，同研究プロジェクトにおいて実施された行政官（またはOB）向けの調査結果（以下，「調査結果」とする）に基づく。

21）調査結果では，洗濯したタオルを乾燥後にほぐす機械（シェイカー）にて目詰まりが発生したため，解消作業に行ったが戻ってこないので同僚が見に行ったところ，同シェイカー内で倒れていたという事例が報告されている。同事例では，単独作業であったことから現認者がおらず，労働安全衛生規則第107条（機械の給油，検査または調整の作業等に際して機械の停止を義務づけた規定）に定める「機械の給油，検査または調整の作業」の特定ができず，法違反を特定できないという意見がある一方，実態として機械（シェイカー）が動いている時に機械を止めていれば災害は発生しなかったのだから，法違反を認めるべきとの意見があった。

22）動力プレス機械の具体的なイメージについては，「工作機械のイロハ」（https://www.kousakukikai.tech/presses/，最終閲覧日：2022年12月17日）参照。

23）射出成形機の具体的なイメージについては，「工作機械のイロハ」（https://www.kousakukikai.tech/injection-molding-machine/，最終閲覧日：2022年12月17日）参照。

24）調査結果では，元監督官より以下のような意見が寄せられている。「射出成形機等による危険の防止に関する条文であるが，コンクリートブロック成形機について適用し，送検したことがある。コンクリートブロック成形機が射出成形機等に含まれるか否かが，検察官の懸念するところであった。安衛法施行時の解釈通達に，射出成形機等の範囲を示したものがあり，および，動力によって加工用の装置を往復させて加圧，打抜きなどするものでプレスに該当しないもの全てが該当するとしている。あまりにも範囲を広げていて，事業者において本条文の適用は範囲を想定しにくくなっている。」

25）調査結果では，倉庫内で移動はしごを使用して，高さ約3mの場所に置かれた段ボール箱を下そうとした際に，移動はしごから墜落した事例が報告されている。同事例では，状況を勘案した結果移動はしごから墜落したと判断したものの，単独作業であったことから，被災者がどの高さから墜落したのか不明であり，第518条及び第519条の適用は見送られたとされる。

26）囲いや覆い等の設置義務については，回転部分のように機械それ自体が及ぼす危険のほか，加工物，切削屑，荷物など機械以外の物体の飛来や落下による危険を防止するために課せられるものがある。前者の例として，機械の原動機，回転軸，歯車など（安衛則第101条第1項），機械のストローク端（第108条の2）（厚生労働省WEBサイト〔https://www.mhlw.go.jp/bunya/roudoukijun/dl/pamphlet_0415.pdf〕参照），巻取りロール・コイル巻等（第109条），帯のこ盤の歯の切断に必要な部分以外の部分（第114条），丸のこ盤（第115条，「歯の接触予防装置」の設置義務），研削といし（第117条），バフ盤のバフ研磨に必要な部分以外の部分（第121条），木材加工用帯のこ盤の歯の切断に必要な部分以外の部分及びのこ車（第124条），食品加工用切断機又は食品加工用切削機の刃の切断又は切削に必要な部分以外の部分（第130条の2），食品加工用ロール機の労働者に危険を及ぼすおそれのある部分（第130条の8），食品加工用成形機又は食品加工用圧縮機（第130条の9），伸線機の引抜きブロック又はより線機のケージ（第146条）などに覆いなどを設置しなければならないとされている（もっとも，第101条第1項の「労働者に危険を及ぼすおそれのある部分」，また第146条の「労働者に危険を及ぼすおそれのあるもの」といったように，留保条件が付される規定もある）。後者には，加工物等の切断・欠損による飛来（第105条第1項），切削屑の飛来による危険を防止するための覆い・囲いの設置を（第106条第1項），コンベヤーからの荷の落下を防止する措置として覆い・囲いの設置を（第151条の79），それぞれ義務づける規定がある。遠心機械にふたの設置を義務づける第138条も同趣旨といえよう。また，総則的な規定として，安衛則第28条が「事業者は，法及びこれに基づく命令により設けた安全装置，覆い，囲い等（以下「安全装置等」という。）が有効な状態で使用されるようそれらの点検及び整備を行なわなければならない。」と定めるとともに，第29条は労働者に安全装置等の取扱いや事業者への報告義務を課している。

運転停止措置については，機械等の掃除，検査，修理などの際にこれを義務づけるもののほか（第107条，第108条），食品加工用切断機等に原材料を送給し又は取り出す場合（第130条の3，第130条の4），粉砕機等に内容物を送給し又は取り出す場合（第130条の6，第130条の7），遠心機械から内容物を取り出す場合（第139条），粉砕機又は混合機から内容物を取り出す場合（第143条）などにかかる措置を事業者に義務づけている。

27）安衛則は事業者に対し，木材加工用機械作業主任者（第130条），プレス機械作業主任者（第134条），林業架線作業主任者（第151条の127）等に安全装置や器具・工具等の点検を行わせる義務を課している。

また，プレス等を用いて作業を行うときには「その日の作業を開始する前に」，クラッチ及びブレーキの機能を含めた6項目にわたる事項につき点検を行う義務を事業者に課し（第136条），異常を認めたときは，補修その他の必要な措置を講じる義務を課す（第137条）。このような点検義務と対処義務のセットは，産業用ロボット（第151条），フォークリフト（第151条の25及び第151条の26），ショベルローダー等（第151条の34及び第151条の35），ストラドルキャリヤー（コンテナターミナルをはじめとする港湾や貨物の積み替え拠点において，輸送コンテナを移動させたり積み上げたりするために用いられる特殊自動車。資料4-8参照）（第151条の41及び第151条の42），不整

資料4-8　ストラドルキャリヤー

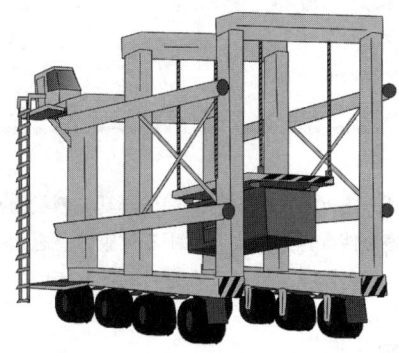

地運搬車（第151条の57及び第151条の58）及びその荷掛けに使用する繊維ロープ（第151条の47），構内運搬車（第151条の63及び第151条の64），貨物自動車（第151条の75及び第151条の76）及びその荷掛けに使用する繊維ロープ（第151条の69），コンベヤー（第151条の82及び第151条の83），車両系木材伐出機械（第151条の110及び第151条の111），走行集材機械作業に用いるスリング等（第151条の116），架線集材機械作業に用いるスリング（第151条の122），林業架線作業（第151条の146），簡易林業架線作業（第151条の171），車両系建設機械（第170条及び第171条）などにも見受けられる。

研削といしの最高使用周速度を超えた使用（第119条），遠心機械の最高使用回転数を超えた使用（第140条）などが禁止されているほか，第116条は「運転中の立旋盤，プレーナー等のテーブルには，労働者を乗せてはならない」とする事業者の義務を定めるとともに（第1項），労働者にも同行為を禁止する（第2項）。また，車両系荷役運搬機械等（第151条の14），車両系木材伐出機械（第151条の103），車両系建設機械（第164条），高所作業車（第194条の17）などは，「主たる用途以外の用途に使用してはならない」とされている。

28）　溶鉱炉等で火傷等の危険を防止するため（第255条），アーク溶接のアーク等を発散して危険のおそれのある場所などについて（第325条），保護具を備える事業者の義務が定められているほか，腐食性液体を圧送する作業に従事する労働者（第327条），高圧活線作業に従事する労働者（第341条），低圧活線作業に従事する労働者（第346条）などに保護具を着用させる義務が課されている。これらの場合のほとんど全てにおいて，労働者にもその着用義務が定められている。アセチレン溶接作業，ガス集合溶接作業に従事する労働者に，保護眼鏡及び保護手袋を着用させる義務を課す規定もある（第312条，第313条）。また，覆いや囲いを設けることが作業の性質上困難な場合に，保護具の着用が安全のための代替手段と位置づけられる場合もある（第105条，第106条など）。

逆に，「回転する刃物に作業中の労働者の手が巻き込まれるおそれのあるときは，当該労働者に手袋を使用させてはならない。」とする規定もあり（第111条第1項），これにより労働者も手袋の使用を禁止される（同2項）。

29）　自動送材車式帯のこ盤の送材車と歯との間（第128条），車両系荷役運搬機械等につきそのフォーク，ショベル，アーム等又はこれらにより支持されている荷の下（第151条の9），車両系木材伐出機械作業につき物体の飛来等により労働者に危険が生ずるおそれのある箇所（第151条の96），林業架線作業における所定の場所（第151条の142），簡易林業架線作業における所定の場所（第151条の166），解体用機械作業における物体の飛来等により労働者に危険が生ずるおそれのある箇所（第171条の6），運転中のくい打機，くい抜機又はボーリングマシンの巻上げ用ワイヤロープの屈曲部の内側（第187条），建設工事におけるジャッキ式つり上げ機械を用いた作業の区域内（第194条の6），火災又は爆発の危険がある場所（第288条），明り掘削の作業における地山の崩壊又は土石の落下により労働者に危険を及ぼすおそれのあるとき（第361条），などにおいて事業者は労働者を立ち入らせてはならないとされている。

30）　安衛則上の合図に関する規定は多くの場合，1）一定の合図の内容を定め，2）合図を行う者を定め，3）その合図を使用させる義務を事業者に課すとともに，4）労働者（運転者）の合図に従う義務を定めている。機械の運転を開始する場合（第104条），車両系荷役運搬機械等について誘導者を置くとき（第151条の8），車両系木材伐出機械について誘導者を置くとき（第151条の94），走行集材機械のウインチの運転（第151条の117），架線集材機械のウインチの運転（第151条の123），林業架線作業（第151条の141），簡易林業架線作業（第151条の165），車両系建設機械の運転について誘導者を置くとき（第159条），荷のつり上げの作業（第164条第3項第1号），コンクリートポンプ車を用いた作業（第171条の2第2号），くい打機・くい抜機・ボーリングマシンの運転（第189条），高所作業車を用いた作業（第194条の12），軌道装置の運転（第220条），揚貨装置を用いた作業（第467条）など，いずれも概ねそのような構成になっている。

31）　安衛則上，一定の作業について作業主任者の選任を事業者に義務づけるとともに，作業主任者の職務内容を規定するものが多く見受けられる。木材加工用機械（第129条，第130条），プレス機械（第133条，第134条），林業架線（第151条の126，第151条の127），型枠支保工の組立て等（第246条，第247条），乾燥設備（第297条，第298条），ガス溶接（第314条，第315条），コンクリート破砕器（第321条の3，第321条の4），地山の掘削（第359条，第360条），土止め支保工（第374条，第375条），ずい道等の掘削等（第383条の2，第383条の3），ずい道等の覆工（第383条の4，第383条の5），採石のための掘削（第403条，第404条），はい作業（第428条，第429条），船内荷役作業（第450条，第451条），建築物等の鉄骨の組立て等（第517条の4，第517条の5），鋼橋架設等（第517条の8，第517条の9），木造建築物の組立て等（第517条の12，第517条の13），コンクリート造の工作物の解体等（第517条の17，第517条の18），コンクリート橋架設等（第517条の22，第517条の23），足場の組立て等（第565条，第566条）など，いずれもそのような構成になっている。

32）　安全教育センター「機械による危険の防止　共通一般」（https://www.anzen-pro.com/blog/column/postid_1453/〔〜_1455/〕，最終閲覧日：2024年8月6日）は，機械の安全対策の多くは，危険源に触れないようにする，適当な距離を保つことであると指摘する。

33）　「おそれ」という文言は安衛法においては計18ヵ所（目次を除く），安衛則においては計310ヵ所，クレーン等安全規則では22ヵ所，有機溶剤中毒予防規則は13ヵ所，特定化学物質障害予防規則32ヵ所といったように，代表的な政省令において頻繁に用いられている。

34）　例えば，安衛則第104条第1項の「労働者に危険を及ぼすおそれのあるとき」とは，綜合運材方式にあっては原動機にスイッチを入れる場合，連続した一団の機械にあっては共通のスイッチを入れる場合等をいう（昭和45年10月16日基発第753号）。また，同第130条の3第1項にいう「労働者に危険を及ぼすおそれのあるとき」とは，原材料を送給し，又は取り出す際に機械の可動部分が労働者の手の届く範囲にある場合をいう（平成25年4月12日基発第0412第13号）など。

35）　三柴・前掲注2）も同旨を述べる。

36）　畠中・前掲注7）32頁。

37）　三柴・前掲注1）も，民事上の安全配慮義務につき，諸外国の安全衛生規制を参照したうえで，「対象者の安全衛生につき，現にリスク関連情報を得ているか得るべき立場にあり，支配管

理可能性を持つ者が，事業の実情に応じて合理的に実行可能な限り，安全衛生関係法上の最低基準（危害防止基準）を遵守する（以下略）」と共に，ガイドラインを含めて，その趣旨を果たす義務と定義している（下線部引用者）。

38）三柴・前掲注２）85頁以下。

〔原俊之〕

第22条から25条の２まで

労働安全衛生法（以下，「安衛法」）第１条は同法の目的を達成するための手段の一つとして「労働災害の防止のための危害防止基準の確立」を挙げている。「危害防止基準」とは，事業者が，特定の危害源や健康障害の要因に対して，労働者に防護具を使用させる等，「必要な措置」を講ずることを義務づけるといった具体的な行為基準である。

安衛法第４章「労働者の危険又は健康障害を防止するための措置」は，関連する規則と相まって，規制基準を定めたものである。しかし，安衛法第20条〜第25条は事業者に，その使用する労働者の労働災害を防止するために必要な措置を講ずべき抽象的な義務を課すにとどまっている。事業者が講ずべき具体的措置については，法第27条第１項により厚生労働省令に委任されている。

安衛法第22条及び第23条は，事業者の講ずべき健康障害防止措置と作業場の環境整備についての規定である。第22条は労働者に健康障害を及ぼす重要な要因を列挙したうえで，健康障害の種別ごとからみて講ずべき措置内容を，第23条は建物その他の建設物等の構造上の欠陥や作業環境の不適切が原因となる健康障害を防ぐために必要な措置を内容としている。

> 第22条　事業者は，次の健康障害を防止するため必要な措置を講じなければならない。
> 一　原材料，ガス，蒸気，粉じん，酸素欠乏空気，病原体等による健康障害
> 二　放射線，高温，低温，超音波，騒音，振動，異常気圧等による健康障害
> 三　計器監視，精密工作等の作業による健康障害
> 四　排気，排液又は残さい物による健康障害

1 趣旨

本条は，労働者の就業する作業場所，取扱操作をする機械，器具等の設備，取り扱う原材料，あるいは作業の性質に応じて，労働衛生面での十分な配慮がなされないとすると，関係労働者は種々の健康障害を被るため，事業者に健康障害の防止の措置を義務づけている規定であり，健康障害の種別ごとに講ずべき措置を定めたものである。

本条は，主として原材料，機械器具等の設備及び精神疲労等を伴う作業により生ずる健康障害を類型的に規制し，その防止を図ることを目的としている。

2 内容

本条においては，労働者に及ぼす健康障害の重要なものを例示的に列挙しているが，その措置の対象とする健康障害を以下のように類型化して明確にしている。

本条第１号は，有害なガス，蒸気，粉じん（粉じんにはファイバー，ヒューム及びミストが含まれる）による中毒，皮膚障害など，酸素欠乏現象による酸素欠乏症，あるいは病原体による疾病等いわば化学的な要因に基づく健康障害，すなわち呼吸により体内に吸収し又は有毒物を皮膚に付着させることによる健康障害を挙げている。本号に列挙されている健康障害は，例示的なものであって，およそ工場その他の事業場において労働者が作業する過程にあって類似の健康障害を労働者に及ぼすものは，建設物その他の作業場から生ずるものを除き，全て本条による健康障害防止の措置を講ずべき対象に含まれる。その対象となる原材料，ガス，蒸気，粉じんその他の物質などについては，本法第27条第１項に基づく命令，すなわち労働安全衛生規則（以下，「安衛則」）をはじめとし，有機溶剤中毒予防規則（以下，「有機則」），鉛中毒予防規則（以下，「鉛則」），四アルキル鉛中毒予防規則（以下，「四アルキル鉛則」），特定化学物質障害予防規則（以下，「特化則」），酸素欠乏症等防止規則（以下，「酸欠則」），粉じん障害防止規則（以下，「粉じん則」）及び石綿障害予防規則（以下，「石綿則」）において定められている。

本条第２号は，皮膚障害，血液変化，生殖機能の変化等のいわゆる放射線障害，高温による火傷や熱中症，低温による凍傷や冷房病，超音波による皮膚深部などへの障害，騒音による難聴症，振動による白ろう病など振動障害，あるいは異常気圧による減圧症等のいわば物理的な要因による健康障害を挙げている。なお，「異常気圧等」の「等」には，赤外線，紫外線，レーザー光線等の有害光線が含まれる（昭和47年９月18日基発第602号）。

本条第３号は，計器監視の作業，精密工作の作業などのように高度の神経緊張や精神的活動の持続を必要とする特殊な作業におけるストレス等に関連する健康

障害を例示的に掲げている。例えば，精密工作の作業についてみると，視機能の過重負担を生じやすく，これによって視力の低下のほか，視神経の疲労，大脳疲労に関連する健康障害を発生するおそれがある。本条に列挙されている健康障害と類似の労働者に及ぼす健康障害についても全て第22条による健康障害防止の措置を講ずべき対象に含まれる。これに関連する安衛法第27条第1項に基づく命令としては，安衛則第3編第4章及び事務所衛生基準規則（以下，「事務所則」）第10条において「精密な作業」についての措置が定められている。

本条第4号は，有害物等を含有する排気，排液又は残さい物による健康障害について包括的に定めている。鉛，カドミウムなどの有害な物質について，これらのガス，蒸気又は粉じんが局所排気装置や生産設備などからそのまま排出された場合には，作業場の再汚染，これらの物質を含有する排液による有害なガスなどの異常発生又は地下水等の汚染を生ずるおそれがある。また，それらは事業場附近一帯の環境をも汚染し，いわゆる公害を引き起こすことになる。労働者に対し健康障害を及ぼす主なものとしては，排気関係については，例えば，ジクロルベンジン，アルファ－ナフチルアミン，ジアニシジンなど製造許可を要する物質をはじめ，石綿，カドミウム，クロム酸，水銀などの特定の化学物質あるいは鉛及びその化合物等が挙げられる。また，排液関係については，アルキル水銀化合物，塩酸や硫酸などの強酸類，シアン化合物その他硫化ナトリウム，あるいは放射性同位元素により汚染された排液等があり，残さい物としては，アルキル水銀化合物や四アルキル鉛の廃スラッジが挙げられる。

本号に列挙されている健康障害については，全て本条による措置を講ずべき対象に含まれるものであるが，これらに関する安衛法第27条1項に基づく命令としては，安衛則をはじめとして，特化則，鉛則，四アルキル鉛則及び電離放射線障害防止規則（以下，「電離則」）が定められている。

3　関連規則による健康障害防止等に必要な具体的規制

労働者の健康障害の防止及び労働者の健康，風紀及び生命の保持のために事業者が講ずべき具体的な措置については，安衛則をはじめ，有機則，鉛則，四アルキル鉛則，特化則，高気圧作業安全衛生規則（以下，「高圧則」），電離則，酸欠則，事務所則，粉じん則及び石綿則並びにこれらの規則に関連する厚生労働省令において定められている。

1　安衛則

安衛則第3編第1章の有害な作業環境において，安衛法第22条において類型化されている健康障害を防止するために「必要な措置」が定められている。具体的には，有害原因除去のための3ステップ・アプローチ（第576条），ガス等発散の抑制のための発散源の密閉を筆頭とする3ステップ・アプローチ（第577条），坑，ケーソンなど換気不十分な場所での（排ガスをもたらす）内煙機関の使用禁止（第578条），局所排気装置の排気の無害化措置（第579条），中和，沈殿，ろ過等による排液の処理（第580条），病原体に汚染された排気，排液，廃棄物の滅菌処理等（第581条），作業場における注水等による粉じんの飛散防止措置（第582条），坑内作業場におけるガス濃度の抑制（第583条），強烈な騒音を発する屋内作業場の明示等（第583条の2），強烈な騒音を発する屋内作業場における隔壁等の伝ぱ防止措置（第584条），暑熱，寒冷，有害光線や超音波，低酸素濃度，ガス・粉じん等の発散，有害物取扱い，病原体汚染等のリスク要因にばく露する場所への立入禁止とその表示，労働者の遵守（第585条），有害物や病原体等の集積と表示（第586条），施行令第21条第2号所定の作業環境測定を行うべき暑熱，寒冷，多湿の屋内作業場（第587条），施行令第21条第3号所定の作業環境測定を行うべき著しい騒音を発する屋内作業場（第588条），施行令第21条第4号所定の作業環境測定を実施すべき坑内作業場（第589条），第588条所定の著しい騒音を発する屋内作業場での定期的な騒音測定等（第590条），第588条所定の著しい騒音を発する屋内作業場の条件を変更した際の騒音測定等（第591条），第589条第1号所定の坑内作業場における定期的な炭酸ガス濃度の測定等（第592条）の規制が設けられている。

そして，同編第2章においては，労働者が健康を害するおそれがある業務に従事する場合に，事業者が保護具を備えなければならない旨を定めている（呼吸用保護具〔安衛則第593条〕，皮膚障害等防止用の保護具〔同第594条〕，騒音障害防止用の保護具〔同第595条〕）。他方で，労働者が当該作業に従事する場合に「事業者から当該業務に必要な保護具の使用を命じられたときは，当該保護具を使用しなければならない」として労働者に対して保護具を使用することを義務づけるとともに（同第597条），労働者に疾病感染のおそれがあるときは各労働者に専用の保護具を備え，又は疾病感染を予防する措置を講じなければならないとしている（同第598条）。

2　有機則

有機溶剤とは，他の物質を溶かす性質を持つ有機化合物の総称であり，様々な職場で，溶剤として塗装，洗浄，印刷等の作業に幅広く使用されており，常温では液体であるものの，一般に揮発性が高いため，蒸気

資料4-9　労働安全衛生法施行令別表6の2

第1種有機溶剤			
14	クロロホルム	32	1・1・2・2-テトラクロルエタン（別名四塩化アセチレン）
23	四塩化炭素		
27	1・2-ジクロルエタン（別名二塩化エチレン）	36	トリクロルエチレン
28	1・2-ジクロルエチレン（別名二塩化アセチレン）	38	二硫化炭素

第2種有機溶剤			
1	アセトン	20	酢酸ノルマル-プロピル
2	イソブチルアルコール	21	酢酸ノルマル-ペンチル（別名酢酸ノルマル-アミル）
3	イソプロピルアルコール		
4	イソペンチルアルコール（別名イソアミルアルコール）	22	酢酸メチル
		24	シクロヘキサノール
5	エチルエーテル	25	シクロヘキサノン
6	エチレングリコールモノエチルエーテル（別名セロソルブ）	26	1・4-ジオキサン
		29	ジクロルメタン（別名二塩化メチレン）
7	エチレングリコールモノエチルエーテルアセテート（別名セロソルブアセテート）	30	N・N-ジメチルホルムアミド
		31	スチレン
8	エチレングリコールモノ-ノルマル-ブチルエーテル（別名ブチルセロソルブ）	33	テトラクロルエチレン（別名パークロルエチレン）
		34	テトラヒドロフラン
9	エチレングリコールモノメチルエーテル（別名メチルセロソルブ）	35	1・1・1-トリクロルエタン
		37	トルエン
10	オルト-ジクロルベンゼン	39	ノルマルヘキサン
11	キシレン	40	1-ブタノール
12	クレゾール	41	2-ブタノール
13	クロルベンゼン	42	メタノール
15	酢酸イソブチル	43	メチルイソブチルケトン
16	酢酸イソプロピル	44	メチルエチルケトン
17	酢酸イソペンチル（別名酢酸イソアミル）	45	メチルシクロヘキサノール
18	酢酸エチル	46	メチルシクロヘキサノン
19	酢酸ノルマル-ブチル	47	メチル-ノルマル-ブチルケトン

第3種有機溶剤			
48	ガソリン	53	テレビン油
49	コールタールナフサ（ソルベントナフサを含む。）	54	ミネラルスピリット（ミネラルシンナー、ペトロリウムスピリット、ホワイトスピリット及びミネラルターペンを含む。）
50	石油エーテル		
51	石油ナフサ		
52	石油ベンジン	55	前各号に掲げる物のみから成る混合物

となって作業者の呼吸を通じて体内に吸収されやすく，また，油脂に溶ける性質があることから皮膚からも吸収される[3]。そして，その毒性は，溶剤の蒸気の濃度，ばく露時間の長さ等により異なるが，急性中毒又は慢性中毒のかたちで人体に致命的に作用するので，予防措置が必要となる[4]。

有機則は，昭和33年に大阪，同34年に東京において，ヘップサンダルの製造あるいはポリエチレン袋の印刷に従事していた労働者に再生不良性貧血が多発し，その原因がいずれもベンゼン中毒であったことが判明したことを契機として，有害性が明らかな有機溶剤51種類を対象として，これらの有機溶剤による労働者の健康被害を予防するために，労働基準法（以下，「労基法」）の衛生関係特別規則として制定，公布された（昭和35年10月31日労働省令第24号[5]）。有機則は，「有機溶剤による中毒の予防に必要な事項のうち，現行労働安全衛生規則に規定されていない事項及び規定されてはいるが，更に具体的に規定する必要がある事項に

ついて規定したものであり，両規則の規定が競合する部分については，労働安全衛生規則を一般法とすれば，これに対して特別法の関係に立つもの」であって，「両規則の規定が競合する場合には，本規則の規定が優先し，本規則に規定されていない事項については，労働安全衛生規則の規定が適用される」と説明されている[6]。

有機則第1条は，本規則で用いられる「有機溶剤」，「有機溶剤等」及び「有機溶剤業務」などの各語についての意義を明らかにする規定である。本規則における「有機溶剤」とは，労働安全衛生法施行令別表6の2（資料4-9参照）に掲げられており，有害度に応じて3種類に区分されており，第1種は厳しく，第3種は比較的ゆるやかな規制を受けることとなる[7]。

本規則第2章は，安衛法第22条に基づき，有機溶剤業務を行う場合に発散する有機溶剤の蒸気により作業場内の空気が汚染されることを防止するため，それに必要な設備の設置を有機溶剤等の区分，作業場所及び

資料4-10 局所排気装置

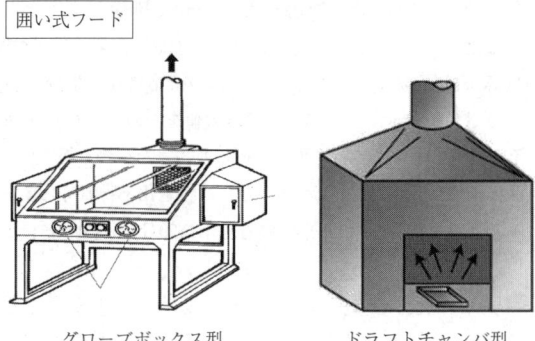

囲い式フード
グローブボックス型　ドラフトチャンバ型

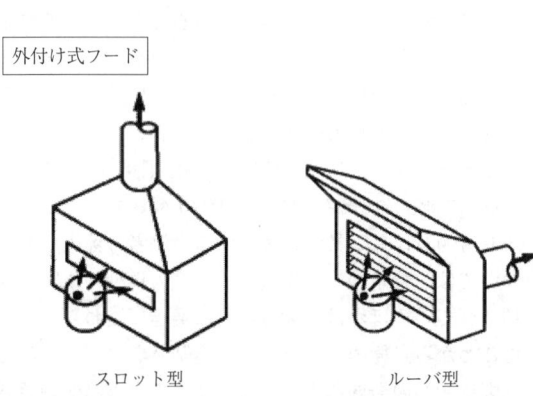

外付け式フード
スロット型　ルーバ型

（厚生労働省「職場のあんぜんサイト」〔https://anzeninfo.mhlw.go.jp/user/anzen/kag/pdf/taisaku/common_Ventilating.pdf，最終閲覧日：2024年7月30日〕）

資料4-11 プッシュプル型換気装置

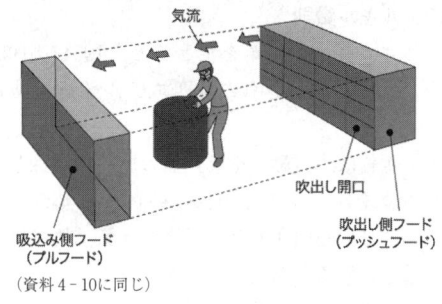

（資料4-10に同じ）

資料4-12 全体換気装置

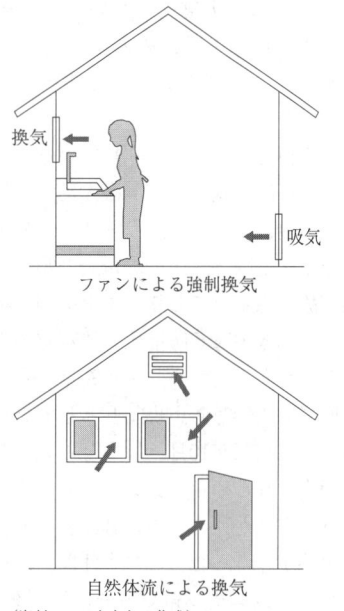

ファンによる強制換気

自然体流による換気

（資料4-10をもとに作成）

業務の態様に応じて定めている[8]。第5条は、第1種有機溶剤等又は第2種有機溶剤等に係る業務に労働者を従事させるときは、事業者は当該有機溶剤業務を行う作業場所に、有機溶剤の蒸気の発散源を密閉する設備、局所排気装置（＝工場や作業場、実験室などで発生する、粉じんや有機溶剤、ガスといった人体に有害な物質を、作業者が吸い込まないために、管〔ダクト〕によって有害物質を屋外に排出する装置[9]〔**資料4-10参照**〕）又はプッシュプル型換気装置（＝有害物質の発散源を挟んで、吹出し用と吸込み用の2つのフードを向き合って設置する方式の換気装置[10]〔**資料4-11参照**〕）を設けなければならないと定めている。第3種有機溶剤については、全体換気装置（＝換気扇などを設置し、工場内全体の空気を入れ換えることで、汚れた空気を排出するための装置〔**資料4-12参照**〕）の設置でもよいとされている（同第6条1項）。

また、第26条においては、通気が不十分なため急性中毒の発生するおそれが大きいタンク内作業において有機溶剤業務に労働者を従事させるときに事業者が講じなければならない措置が定められている。本条によると、事業者は労働者を特定の業務に従事させる場合に送気マスク又は有機ガス用防毒マスクを使用させなければならない（同第32条、第33条）。

3　鉛則

戦後に労基法ができて間もなく、鉛中毒について多方面の調査研究が始められ、また産業界においても新しい鉛化合物や鉛作業が取り入れられ、それらによる中毒者がこれまでの法規では完全な予防が困難になってきたため、昭和38年に再度実態調査をしたところ、鉛中毒の疑いのある者が多いことが分かった[11]。そこで、昭和40年春から立法作業を開始し、昭和42年に当時の労基法に基づく衛生関係特別規則として制定されたのが本規則である。

鉛は、大量に、かつ、多方面にわたって用いられ、例えばその製錬、加工などの段階で発散する鉛のヒューム、粉じんにばく露することで、労働者に疝痛、四肢の麻痺など極めて悪質な中毒を発生させる[12]。

鉛則においても、他の規則と同様に、事業者が鉛の製錬又は精錬などの業務に労働者を従事される際に講じなければならない措置（鉛則第5条〜第23条の3）や当該労働者に保護具等を使用させなければならない旨（同第58条、第59条）を定めている。特に、第5条においては、鉛製錬等に係る設備として、有機則と同様に、局所排気装置又はプッシュプル型換気装置などを

設けることが事業者に義務づけられている。

4 四アルキル鉛則

四アルキル鉛則の沿革をたどると、1951（昭和26）年5月に公布・施行された「四エチル鉛危害防止規則」に遡る。

四エチル鉛は、自動車や航空機の燃料に添加して、ノッキングを防止するために用いられる無色の液体で、この蒸気を吸引すると、頭痛、吐気、倦怠感が起こり、重症になると錯乱状態になり死亡する。この猛毒性により中毒者患者発生の危険性があったため、厚生省、労働省、運輸省、資源庁の各省庁で公害防止規定について協議し、労働省において、労基法に基づき、当時の労衛則より高度の基準を規定することとなったため、「四エチル鉛危害防止規則」が制定されることとなった。

しかし、昭和37年7月から9月にかけて、横浜市小柴にある米軍石油貯蔵タンク清掃作業で、作業員29人が四エチル鉛中毒にかかり、うち8人が死亡する事故が発生した。同規則は、四エチル鉛の製造・輸送における中毒事故を想定しており、タンク内作業に関して使用者の行うべき中毒予防措置基準が定められていないという盲点があったため、昭和36年5月に規則が改正され「四エチル鉛等防止規則」として施行された。

ところが、昭和42年10月、ぼすとん丸において四エチル鉛で汚染された船倉やタンクの清掃作業を行った労働者のうち8名が死亡、中毒者20名を発生させたぼすとん丸事件が起こった。この事件は、たまたま事故により流出した四エチル鉛で汚染されたタンク（もともとは重油タンク）を清掃した作業員が中毒にかかったもので、このような事態を当時の規則は想定していなかった。

このような規則の盲点をついた中毒事件が発生したことを背景に、中毒発生を予防するばかりでなく、輸入時の措置、製造工場に対する措置を含めた総合的な規制を目指し、昭和43年4月1日から施行されたのが本規則である。本規則は、四エチル鉛、四メチル鉛、その他の混合アルキル鉛について取り扱い上の規定、健康管理などについて詳しく規制している。

本規則は、第2章四アルキル鉛等業務に係る措置（第2条から第21条の2）において、労働者を一定の業務に従事させる場合に、事業者が装置等を密閉式の構造のものとすることや防護具を使用させることなど、労働者が健康被害にあわないよう必要な措置を講じることを義務づけている。

5 特化則

①労働省が労働者の特殊健康診断結果をとりまとめたところ、ベンジジンや砒素などの特定の有害物質を扱う労働者の健康被害の実態が明らかとなったこと、②労働者の健康を保持するための対策を一層強化するなかで、公害の発生原因をもあわせて排除しようとしたことから、労働省は昭和46年4月28日、特定化学物質等障害予防規則（昭和46年労働省令第11号）及び関連する3つの告示（「ガス等の濃度の値を定める件」〔昭和46年労働省告示第27号〕、「健康診断の対象となる物を指定する件」〔昭和46年労働省告示第28号〕、「特定化学物質等作業主任者講習規程」〔昭和46年労働省告示第29号〕）を制定し、これを公布した。

従来の化学物質等に関する法規制は、①安衛則第174条に、排気または排液中に有害物質等を含む場合における沈でん、収じん等をすべきことを抽象的に定めているにとどまり、わずかにベンジジン、五塩化石炭酸をこの条項に基づき規制しているに過ぎなかったこと、②安衛則以外の化学物質の規制としては、鉛則第25条（鉛の除じん）や四アルキル鉛則第8条（四アルキル鉛の排液及び残さい物の処理）のみであったこと、③有害物質に係る業務に従事する労働者の健康診断については、特定の有害物質についての単独の規則で規制されているほかは、大幅に行政通達に委ねられていたことから、極めて不備のある規制となっていた。有機則は産業の発展によってより多くの有害物が使用されるにつれて、従来の規制では対応しきれなかった特定の有害物質を単独省令により規制したものである。

その後、昭和47年の安衛法の制定に伴って、新たに創設された製造の許可及び流通段階における有害表示等の有害物対策規制とともに、従来の特定化学物質等障害予防規則の内容に検討を加え、労働者の健康障害の防止の充実を期することとし、新たな特定化学物質等障害予防規則として昭和47年に公布・施行された（昭和47年9月30日労働省令第39号）。それ以来、数次にわたる改正が行われ、平成18年に特定化学物質障害予防規則と名称が改められた。

化学物質に関する規制は、本規則以外にも安衛法並びに有機則などの特別衛生規則にも置かれているため、本規則との関係を整理する。

まず、安衛法は、化学物質規制の類型として、製造等の禁止（第55条）、製造の許可（第56条）を定めている。第55条は、①黄りんマッチ、②ベンジジン及びその塩、③4-アミノジフエニル及びその塩、④石綿、⑤4-ニトロジフエニル及びその塩、⑥ビス（クロロメチル）エーテル、⑦ベータ-ナフチルアミン及びその塩、⑧ベンゼンを含有するゴムのり（②から⑧は含有量が一定割合以上含む製剤を含む）を「製造し、輸入し、譲渡し、供与し、又は使用」することを禁止している。そして、第56条は、①ジクロルベンジジン及びその塩、②アルファ-ナフチルアミン及びその塩、③塩素化ビフエニル、④オルト-トリジン及びその塩、⑤

資料4-13 「特別有機溶剤」及び「有機溶剤含有物」の規制対象の範囲

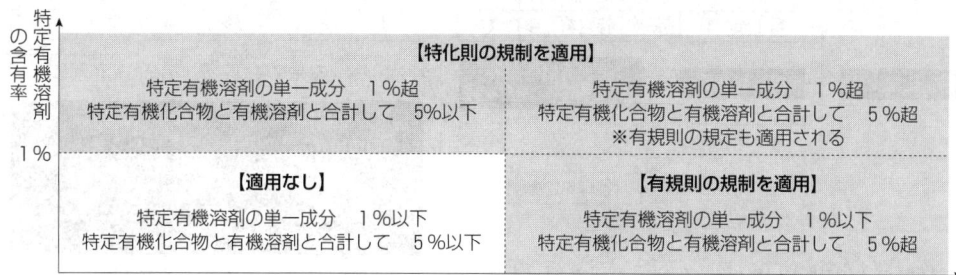

(三協化学株式会社WEBサイト〔https://www.sankyo-chem.com/regulation/tokkasoku/?lang=ja, 最終閲覧日：2020年10月29日〕。厚生労働省のパンフレットをもとに作成したもの)

ジアニシジン及びその塩、⑥ベリリウム及びその化合物、⑦ベンゾトリクロリド（いずれも含有量が一定割合以上含む製剤を含む）につき、製造の労働者のばく露防止の観点から「製造」についてのみ大臣の許可が必要とされている。第56条に列挙されている物質は「第1類物質」（後述）であり、取扱いは本規則に基準がある。

また、安衛法における「製造等の禁止」、「製造の許可」の対象外となっている化学物質は、その類型に応じて有機則や本規則に従って管理し、取扱いを行うこととなる。

次に、有機則などの特別衛生規則との関係を見ると、他の特別衛生規則は物質名を規定しているほか、適用対象となる作業を列挙している点に特徴がみられる。例えば、有機則においては、第1条第1項第6号は有機溶剤等を取り扱い、又は有機溶剤等が付着している物を取り扱う等、なんらかの形で有機溶剤の蒸気を発散させる業務のうち、当該業務に従事する労働者が有機溶剤による中毒にかかるおそれがあると認められる業務（有機溶剤業務）を制限的に列挙しており、有機溶剤等を製造する工程における有機溶剤等のろ過、混合、攪拌、加熱又は容器若しくは設備への注入の業務（同号イ）や有機溶剤含有物を用いて行う印刷の業務（同号ハ）などの作業に有機則第2章から第7章の規定、及び第9章の規定が適用される[19]。他方で、本規則は、化学物質の用途や有害性等が多様であるため、作業の列挙が困難であることから、対象物（特化物）を製造し、又は取り扱う作業の全てを対象とする方法をとっている。特に有機則との関係において、従来は有機則の規制対象物質であった有機溶剤のうちクロロホルムなど10種（第1種有機溶剤と第2種有機溶剤）は、有機則の有機溶剤のうち、特に発がん性の高い物質として、平成26年8月の特化則等の改正の公布により、本規則の第2類物質の「特別有機溶剤等」に位置づけられ、本規則により特別有機溶剤として本規則により管理されることとなった（同年11月1日施行）[20]。ま

た、特別有機溶剤のそれぞれについて含有量1％を超えて含有するものも含めて「特別有機溶剤等」という。ただ、有機則の規制対象物質である一般の有機溶剤と同様に、蒸気による中毒を発生するおそれがあるため、その含有量に応じて有機則のみが適用される場合と、本規則のみが適用される場合、そしていずれも適用される場合に分けられる。すなわち、①特別有機溶剤単一成分の含有率が1％超かつ特別有機溶剤と有機溶剤の合計の含有率が5％以下の場合には特化則、②特別有機溶剤単一成分の含有率が1％以下かつ特別有機溶剤と有機溶剤の合計の含有率が5％超の場合には有機則、③特別有機溶剤単一成分の含有率が1％超かつ特別有機溶剤と有機溶剤の合計の含有率が5％超の場合には特化則と有機則の双方が適用される（資料4-13参照）。なお、特別有機溶剤単一成分の含有量が1％以下かつ特別有機溶剤と有機溶剤の合計の含有率が5％以下の場合にはいずれの規則の適用もない。

特化則第2条は、本規則で用いられる物質についての規制区分を規定している（資料4-14参照）。まず、「第1類物質」とは、安衛法第56条の製造許可対象物質である。次に、「第2類物質」とは、主として、慢性障害の発生を防止するため、ガス、蒸気又は粉じんの発散源を密閉させる設備又は局所排気装置を設けるための設備を必要とする物質をいう。そして、「第3類物質」は、設備からの大量漏えいによる急性中毒を防止するため、一定の設備を必要とすべき物質を指す。本規則は、化学物質を大別して、その類型に応じて、蒸気若しくは粉じんの発散源を密閉する設備、局所排気装置又はプッシュプル型換気装置を設けなければならないことなど製造等に係る措置（第2章〔第3条から第8条〕）、労働者が当該特定化学物質により汚染されることを防止するために、特定化学物質により汚染されたぼろ、紙くず等については、ふた又は栓をした不浸透性の容器に納めておく等の措置を講じなければならない旨（第12条の2）などを規定する第3章（用後処理〔第9条から第12条の2〕）、特定化学設備等を

資料4-14　有機溶剤と特別有機溶剤の関係

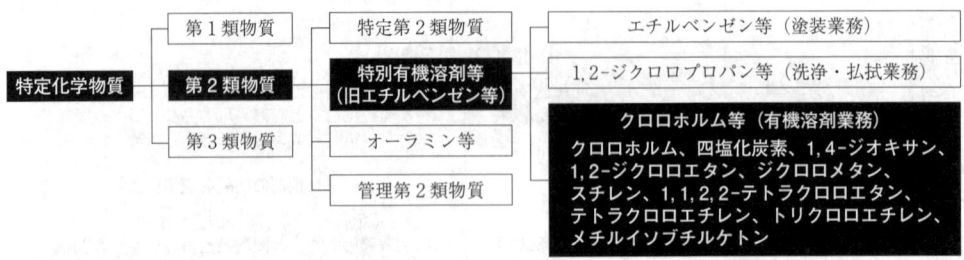

(厚生労働省「クロロホルムほか9物質の健康障害防止対策」をもとに作成)

使用して作業を行うときは第3類物質等の漏えいを防止するため必要な作業規程を定め、これにより作業を行うこと（第20条）や特定化学物質を運搬し、又は貯蔵するときは堅固な容器を使用し、又は確実な包装をし、当該物質の名称及び取扱い上の注意事項を表示する措置を講じ、保管については一定の場所を定めること（第25条）などを定める第4章（漏えいの防止〔第13条から第26条〕）、第1類物質又は第2類物質を常時製造し、又は取り扱う作業を行うときは作業場以外の場所に休憩室を設け、当該休憩室について汚染防止のための措置を講ずること（第37条）や第1類物質又は第2類物質を常時製造し、又は取り扱う作業を行うときは洗眼、洗身、うがい等の設備、更衣設備及び洗濯のための設備を設けること（第38条）などを定める第5章（管理〔第27条から第38条の4〕）において危険防止基準を定めている。

そして、ガス、蒸気または粉じんによる労働者の健康障害を防止するための措置として、第7章（第43条から第45条）は防護具についての定めを置いている。本章の規定は、作業の実態によっては設備上の措置だけではなお不十分な場合、臨時の作業の場合、異常事態発生の場合等に対処するために、呼吸用保護具、保護衣等の備付けを規定している。第43条（呼吸用保護具。資料4-15〜4-19参照）は、特定化学物質の製造又は取扱いを行う作業場に、送気マスク等給気式呼吸用防護具、防毒マスクなどを備え付けることを規定する。第44条（保護衣等）は、特定化学物質の第1類物質及び第2類物質が重度の慢性中毒を及ぼす物質であることに鑑み、不浸透性の保護衣、保護手袋及び保護長靴並びに塗布剤を備え付けることを義務づけている。そして、第45条（保護具の数等）において、前2条により備え付ける保護具等の数並びにその効果及び清潔の保持を規定している。

6　高圧則

高気圧障害とは、高気圧による減圧症、酸素、窒素又は炭酸ガスによる中毒その他の高気圧による健康障害をいい（本規則第1条の2第1号）、治療方法の確立をみていない障害である。減圧症は、高気圧下の作業

時に呼吸によって体内に取り込まれ、血液や組織中に溶け込んでいた窒素ガスが、急激に減圧を実施した際に体内で気化して気泡となり、この気泡が血液循環を阻害することにより血管を閉塞したり、組織を圧迫したりすることによって発生する障害のことである。[21] 減圧症は皮膚のぎ走感、そうよう感や関節痛、神経麻痺やけいれんなどを起こして、死亡することもある。また、酸素中毒は、通常の酸素よりも酸素濃度が高い、もしくは酸素分圧が高いガスを呼吸することにより、引き起こされる中毒状態で、肺型酸素中毒の場合には胸部の痛み、呼吸困難を、中枢神経型酸素中毒の場合には全身の痙攣や意識障害が生じる。[22]

高気圧環境下における労働者の健康障害が問題となってきた作業は、潜水作業や圧気工法による土木工事の作業であった。これらの高気圧環境下の作業における労働災害を防止するため、1961年に労基法に基づく労働省令として「高気圧障害防止規則」（昭和36年労働省令第5号）が制定され、その後、安衛法の施行に伴い、実質的な内容の変更なく、同法に基づく「高気圧障害防止規則」（昭和47年9月30日労働省令第40号、以下「旧高圧則」）となった。[23] 同規則の目的は、高気圧下における労働者の健康障害、すなわち潜函等圧気工法（資料4-20参照）による土木工事の作業における高気圧障害の防止と潜水作業における減圧症の防止であった。

しかし、1976年2月に栃木県の大瀬橋建設工事において潜函工法（ニューマチックケーソン工法）が取られていたところ、一酸化炭素を含んだ空気が潜函内に送給され、潜函内で作業していた労働者6人が一酸化炭素中毒で死亡する事故が発生した。この事故を契機に、それまで安衛則第2編「安全基準」に規定されていた「圧気工法による加圧下の作業場所における労働者の危険防止」の規定と、旧高圧則による高気圧環境下の作業における労働者の健康障害防止の規定を併せ、これらの規制内容をさらに充実させたのが1977年3月に公布された高圧則（昭和52年3月19日労働省令第2号）である（施行は同年4月1日）。本規則の施行に関して、「高気圧障害防止規則及び労働安全衛生規則の

資料4-15　呼吸用保護具の系統図

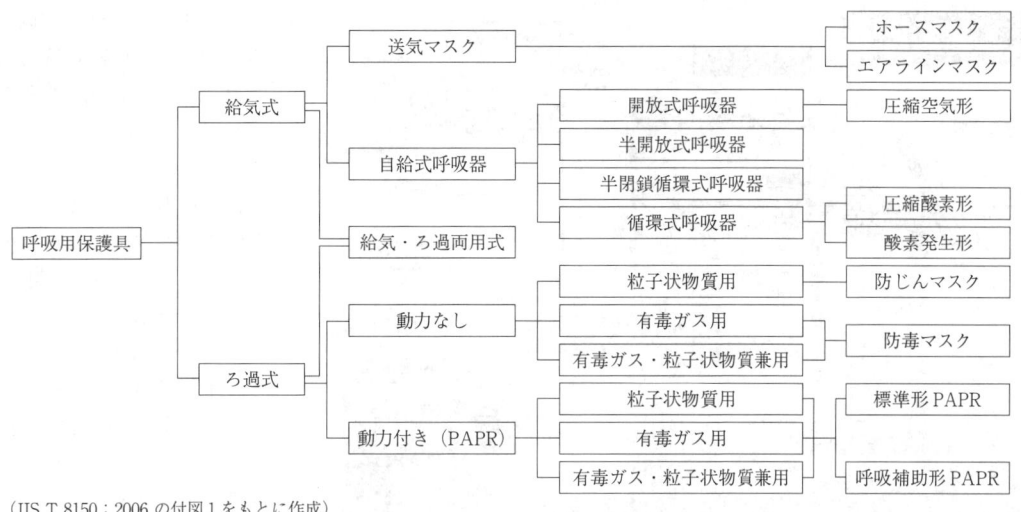

（JIS T 8150:2006 の付図1をもとに作成）

資料4-16　送気マスク　　資料4-17　防毒マスク　　　　資料4-18　電動ファン付き呼吸用保護具

資料4-19
鉛対策用呼吸用保護具　　塗装作業用呼吸用保護具
（電動ファン付き呼吸用保護具）　（防毒マスク）

資料4-16～4-19はいずれも株式会社重松製作所WEBサイト（最終閲覧日：2024年6月28日）
・送気マスク　Z-AL（https://www.sts-japan.com/products/hmal/z_al.php）
・防毒マスク　TW099（https://www.sts-japan.com/products/twoway/tw099.php）
・電動ファン付き呼吸用保護具　Sy11FV3（https://www.sts-japan.com/products/papr/sy11fv3.php）
・鉛対策用呼吸用保護具　Syx099PV3/OV-H-1（https://www.sts-japan.com/products/papr/syx099pv3_ov_h_1.php）
・塗装作業用呼吸用保護具　TW02SF（https://www.sts-japan.com/products/twoway/tw02sf.php）

一部を改正する省令の施行について」（昭和52年4月25日基発第246号）は，この改正の趣旨を以下の通り説明する。

「今回の改正は，潜函工事等における最近の労働災害発生状況にかんがみ，次の事項を要点として行われたものである。
①高気圧業務に係る危険及び健康障害を防止するため，一部の規定を除き，規制の対象を，高圧室内業務にあっては大気圧を超える気圧下における作業に，潜水業務にあっては水面下における作業にまで拡大したこと。
②空気圧縮機による空気圧縮過程から作業室等の排気管からの排気過程に至るまでの圧気工法全体をシステムとしては握し，これに係る設備及び作業方法について規制を整備することにより高圧室内作業者について，減圧症の防止に加えて危険及び一酸化炭素中毒その他の健康障害を防止することとしたこと。これに伴い，従来労働安全衛生規則に規定されていた圧気工法による加圧下の作業場所における労働者の危険防止のための規定を，高気圧障害防止規則……に移し，その題名を高気圧作業安全衛生規則と改めたこと。」

①では旧高圧則における適用対象作業の範囲を拡大することで，大瀬橋事故と同様の事故の再発防止と減圧症など労働者の健康障害を防止するための改正が行

資料4-20 潜函工法（ケーソン設備）

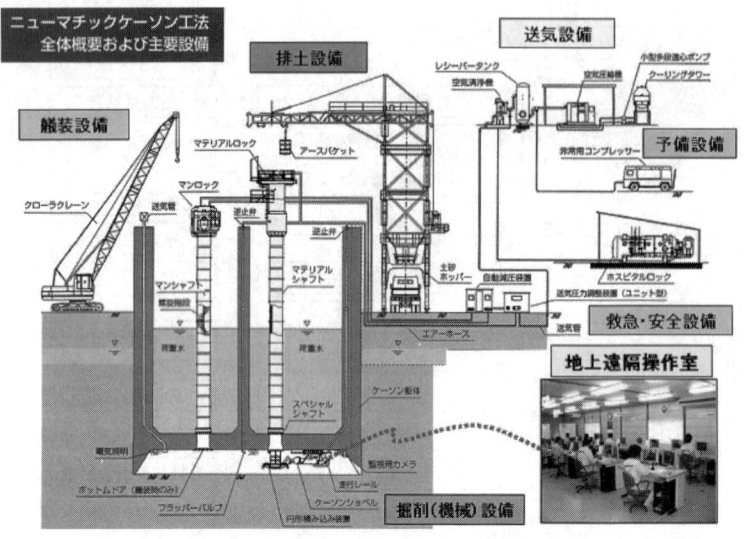

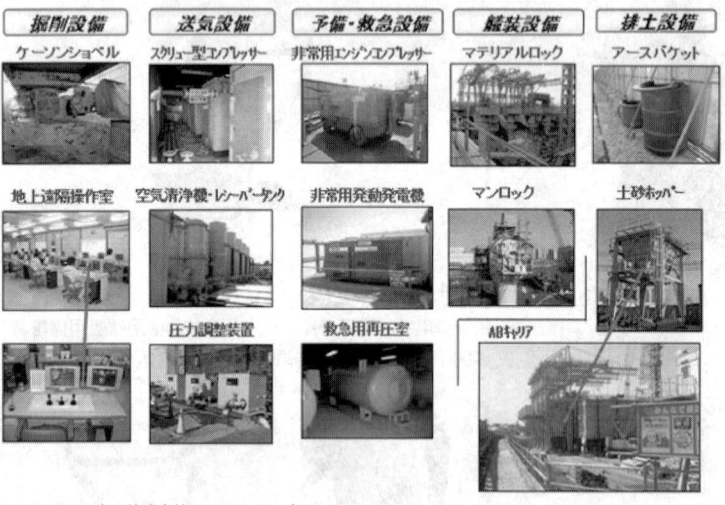

（オリエンタル白石株式会社WEBサイト〔http://www.orsc.co.jp/tec/newm_v2/ncon02.html，最終閲覧日：2024年6月24日〕）

われ，また，②では潜函作業の安全を確保するため，空気圧縮機による空気圧縮過程から作業室等の排気管からの排気過程に至るまでの圧気工法全体をシステムとして把握する必要があることから，異常温度の自動警報装置や気こう室内部の状態を把握することができるのぞき窓等の措置など潜函工事に関するいくつかの規定が改正された。[24]

本規則は，第2章に設備に係る規制が置かれており，第1節（第2条から第7条の4）は高圧室内業務に関する規制として，例えば作業室の気積（第2条），気こう室の床面積及び気積（第3条），送気管の配管等（第4条），空気清浄装置の設置（第5条），排気管の配管（第6条），圧力計（第7条），異常温度の自動警報装置に係る規定（第7条の2），第2節（第8条，第9条）[25]

は潜水業務の規制として，送気を調節する空気槽の設置（第8条），空気清浄装置，圧力計または流量計の設置（第9条）の規制が設けられている。また，平成27年には，気こう室内に自記記録圧力計を設けること（第7条第6項）などの改正がなされた。第3章には業務管理に係る規制が置かれ（第2節〔第12条の2から第26条〕高圧室内業務の管理），高圧室内業務を行うときは，高気圧障害を防止するため，予め，高圧室内作業に関する計画を定めること（第12条の2）及び必要のある者以外の者が気こう室及び作業室に立ち入ることを禁止し，その旨を潜函，潜鐘，圧気シールド等の外部の見やすい場所に掲示しなければならないこと（第13条）のほか，ガス分圧の制限（第15条），酸素ばく露量の制限（第16条），有害ガスの抑制（第17条）など事業者が講ずべき措置，気こう室において高圧室内作業者に減圧を行うときの速度等（第18条）を規定している。

7　電離則

電離放射線とは，物質に吸収されるとその物質をイオン化（電荷的に中性の物質をプラスやマイナスの電荷を持つイオンにすること）させる作用のある電磁波及び粒子であり，人体に様々な障害を及ぼすのみでなく，寿命の短縮及び遺伝への影響もあるといわれる物質である。

第2次世界大戦後の経済復興，産業の発展に伴い，事業場，医療機関，研究所などにおいて，エックス線装置や放射性物質の利用が急速に増えてきた一方で，電離放射線に対する人々の知識は乏しく，それゆえに事故や健康障害が発生する実態が多く見られた。そこで，昭和20年代後半，放射性物質による健康障害の防止について，様々な行政通達が発せられた。さらに，昭和30年代に入ると，①「放射性同位元素等による放射線障害の防止に関する法律」（昭和32年6月10日法律第167号）に対応して，労基法の面からそれまでよりも充実した規制の必要性が生じたこと，②技術革新に伴

い，電離放射線を取り扱う範囲が拡大されたため，それによる健康障害の防止を図る必要が生じたことから，労働省は特別規則制定に向けた取り組みを開始し，昭和34年に電離則（昭和34年3月31日労働省令第11号）を公布・施行するに至った。[26]

その後，同規則は昭和33年に国際放射線防護委員会（ICRP）の勧告による全面改正（昭和38年12月28日労働省令第21号〔昭和38年12月28日公布，昭和39年1月1日施行〕）を経て，昭和47年安衛法の制定に伴い，新たな規則として発足した。

しかし，1971年9月，造船所で非破壊検査用の放射線源（ステンレスの鉛筆のような形状のもの）に触れたり，近くで眺めたりした労働者6名が被ばくし，放射線急性障害を訴えた事故をはじめ，非破壊検査で使用される装置の放射線源による事故が次々と発生し，社会的注目を集めることとなったため，労働省は「電離放射線障害防止対策要綱」（昭和48年3月12日基発第121号）を定めるなどの対応をとるなどの規制強化を図った。

また，1999年9月の東海村JCO臨界事故を受けて，同種災害の再発防止を図るため，電離放射線障害予防規則の改正が行われた（平成11年11月30日労働省令第46号）。さらに，2011年3月に起こった東日本大震災による東京電力福島第一原子力発電所（東電福島原発）の事故の際にも，事態に対応するための同規則の改正や，放射性物質により汚染された土壌等を除染するための業務に係る電離放射線障害防止規則（除染電離則）の制定が行われている。

本規則第2章は管理区域並びに線量の限度及び測定について定めており，放射線業務を行う事業者が一定の区域を標識で明示しなければならないこと（第3条），施設等の線量の限度（第3条の2），放射線業務従事者の被ばく限度（第4条から第7条の2），線量の測定（第8条）など事業者が講じるべき措置を規定している。

また，第4章は汚染の防止についての定めを置いており，事業者が労働者に保護具（第38条，第39条），作業衣（第40条）を使用させなければならないこと，保護具又は作業衣が汚染されている場合には汚染を除去するまで労働者に使用させてはならないこと（第41条）を規定している。

8　酸欠則

昔から，古井戸の中には炭酸ガスがたまり酸素濃度が低下するから危険，飼料貯蔵庫（サイロ）やバナナ熟成室では内部に置かれた植物の呼吸により酸素が消費されるから危険，と言われるなど，社会生活においては古くから酸素欠乏の危険性が認識されていた。

労働者における酸素欠乏症が注目を集めたのは，昭和36年8月（江戸橋事故），翌37年4月（神田橋事故），同年9月（一石橋事故）に，東京都内での高速道路工事現場で相次いで作業員の死亡事故が発生し，その原因が酸欠空気であることが明らかとなったことである。[27] これらの事故を受けて，東京都労働基準局は昭和37年9月に「酸欠調査委員会」を発足させ，酸欠事故の実態調査等を行い，その調査結果は，昭和42年11月，「酸素欠乏症の防止について」の労働省通達に活かされた。

しかし，その後も，昭和42年6月に製薬会社のタンク内で労働者が倒れたり，同年7月に最高裁判所新築工事現場で労働者が死亡したりするなど酸素欠乏症による災害はなくならなかった。

このような状況下で，「酸素欠乏となるおそれのある場所」を特定し，その場所での対策を検討して，法制化する準備が進められた。その結果，昭和43年11月に「酸素欠乏症防止対策要綱」が公表されたものの，酸素欠乏症の発生は増加の一途をたどったため，行政指導の限界を越えて一層有効に災害発生を防止するために，防止規則を単独規則として新しく制定することとなり，昭和46年11月，労基法に基づく労働省令として，「酸素欠乏症防止規則」（昭和46年9月13日労働省令第26号）が制定された。[28]

同規則の制定後，酸素欠乏症による災害は減少したものの，昭和55年9月に滋賀県彦根市の清掃センターごみ焼却炉の汚水処理施設で，配管の詰まりを取り除くために汚水槽に入った労働者が倒れ，救助しようとして入った労働者も倒れ，5人が死亡する事故が発生した。この事故の原因は硫化水素であり，酸素濃度は酸素欠乏症防止規則に基準（酸素18％未満）にはなっていなかった。この事故を契機として，昭和57年5月，酸素欠乏症と同時に発生するおそれのある硫化水素中毒も視野に入れた省令へと改正され，従来の名称に「等」を加えた酸欠則が制定された。

本規則は，酸素欠乏の空気を吸入するおそれのある作業場所を広く列挙し，これを酸素欠乏危険場所として対象範囲を定め，これらの場所について作業環境の整備，測定その他酸素欠乏症又は硫化水素中毒を防止するための措置が確保されるよう，規定されている。

本規則において，労働者の健康障害を防止するために事業者が講じるべき措置には次のものがある。[29]

本規則第2章は，酸素欠乏危険作業に労働者を従事させる場合において酸素欠乏症等を防止するために講ずべき作業環境測定，換気，人員の点検，立ち入り禁止，作業主任者の選任，特別の教育の実施，退避等の措置について規定している。第5条は酸素欠乏作業に労働者を従事させる場合に，当該作業を行う場所の酸素及び硫化水素の濃度を保つために換気を行うことを

事業者に義務づけている。また，第5条の2は，換気を行うことができない場合，又は換気を行うことが著しく困難な場合に，事業者が労働者に保護具を使用させること，及び労働者には事業者の命令に従い保護具を使用することを義務づけている。さらに，第6条は，労働者が酸素欠乏等の空気を呼吸してよろめき，又は，失神することにより転落し危害を受けることを防止するために，転落のおそれのある場所では，安全帯を使用させなければならない旨を定めている。

また，第3章は特殊な作業における防止措置が定められており，第25条の2には，し尿等腐敗しやすくまたは分解しやすい物質を入れてあるポンプ等の設備の改造等を行う場合に講じるべき必要な措置が規定されている。

9　粉じん則

粉じん作業に従事する労働者が長期間粉じんを吸引し続けると肺に組織変化をきたし，じん肺という病気になる。粉じんの種類によってけい肺，溶接肺，炭素肺などと呼ばれるものの，有効な治療方法は確立されていない。このことから，昭和35年にじん肺の早期発見と適切な健康管理を目的としてじん肺法が制定施行された[30]。

しかしながら，じん肺有所見者数に鑑み，昭和52年にじん肺法が改正された。その際に，じん肺の健康管理とあわせて，職場における粉じんの規制を強化し，粉じん障害の予防を図るべきであるという意見が強く出されたため，労働省は昭和53年に「粉じん障害防止規則案要綱」を作成したものの，同要綱に対する不十分さが労組から指摘されたことから，同要綱に若干の修正を加えて粉じん則が制定された[31]。

本規則において，労働者の健康障害を防止するために事業者が講じるべき措置には次のものがある[32]。

第2章は，安衛法第22条に基づき，粉じんの発散を防止するため又は粉じんを減少させるために必要な設備等の基準を定めている。第4条は特定粉じん発生源に対して①密閉する設備を設置すること，②局所排気装置を設置すること，③プッシュプル型換気装置を設置すること，④湿潤な状態に保つための設備を設置すること等の措置を定めている。第5条，及び第6条から第6条の4は特定粉じん作業以外の粉じん作業を行う場合の措置について定めている。さらに，第6章は労働者が粉じんを吸入することを防ぐために必要な保護具について，労働者にこれを使用させるべき事業者の責務と，これを着用すべき労働者の義務を定めている。第27条は，一定の作業に労働者を従事させる場合に，当該作業に従事する労働者に有効な呼吸用保護具を使用させることを事業者に義務づけている。

10　石綿則

石綿は天然の鉱物で，有用な物質として古くから利用されてきたが，発がん性などの人体への影響があり，日本を含めて60カ国以上ではすでに輸入や使用が禁止されている。石綿は非常に強力な発がん性物質であり，肺がん，中皮腫を発生させ，その特徴は中皮腫の潜伏期間は平均40年，肺がんは30～40年とされ，非常に長いことにある。

本規則の制定以前，石綿による健康障害の予防については，安衛法，特化則等に基づき必要な措置を講じてきたところ，石綿を含有する製品の製造等が禁止された（平成6年，平成16年）ため，国内の石綿使用量は大幅に減少した。

他方で，1970年代後半から1980年代にかけて建設された石綿が含まれる建材を使用した建設物等の解体等の作業が増加することが予想され，石綿ばく露防止対策は，建築物等の解体作業が中心となり，事業者が講じるべき措置の内容が特化則に定める他の化学物質とは大きくことなることから，新たに建築物の解体等の作業における石綿ばく露防止対策等の充実を図った単独の規則として，石綿則（平成17年2月24日厚生労働省令第21号）を制定，公布し，石綿による健康障害の予防対策の一層の推進を図ることとした。特化則から石綿則に移行するにあたって規制が充実強化された主要な対策は，①石綿等（＝石綿及び石綿を1％を超えて含有する製品等）が使用されている建築物等の解体等の作業における石綿ばく露防止対策，②石綿等が吹き付けられている建築物の管理，③石綿含有製品の計画的な代替化の促進であった[33]。

くしくも，本規則が定められた2005年は，兵庫県尼崎市の大手機械メーカー「クボタ」旧神崎工場の元従業員79名が石綿疾患で死亡していることが明らかになったほか，周辺住民にも石綿疾患が発生していることが報道され，石綿による健康被害が社会問題となった年でもあった（「クボタ・ショック」）。

本規則において，労働者の健康障害を防止するために事業者が講じるべき措置には次のものがある[34]。

まず，本規則第2章は石綿等を取り扱う業務等に係る措置を定めており，解体等の業務に係る措置（第1節）では，建築物，工作物又は船舶の解体，破砕等の作業，吹付け石綿等の封じ込めまたは囲い込みの作業において，労働者の健康障害を防止するため，予め，石綿等の使用の有無を目視，設計図書等により調査し，その結果を記録するとともに，当該調査の結果，石綿等の使用の有無が明らかとならなかったときは，石綿等の使用の有無を分析により調査し，その結果を記録することを事業者に求めている（第3条）。また，事業者は，第3条の事前調査の結果を踏まえて作業計

画を作成し，当該作業計画により作業を行わせること（第4条），保湿剤等の除去作業，吹付け石綿等の囲い込みの作業について，当該作業場所に当該作業に従事する労働者以外の立ち入りを原則として禁止し，及びその旨の表示をしなければならないこと（第7条）などを規定している。第2節は，労働者が石綿等にばく露するおそれがある建築物等における業務に係る措置として，当該石綿等の除去，封じ込め，囲い込み等の措置を講じなければならないこと，また労働者を臨時に就業させる場合には，当該労働者に呼吸用保護具及び保護衣または作業衣を使用させ，労働者は当該保護具等の使用を命じられたときはこれを使用しなければならないことを規定している（第10条）。また，第3節では，石綿等を取り扱う業務等に係るその他の措置として，石綿等の切断等の作業に労働者を従事させるときには，労働者のばく露防止の徹底を図るために，当該労働者に呼吸用保護具を使用させることを事業者に義務づけている（第14条）。

そして，石綿等を取扱い，もしくは試験研究のため製造または石綿分析用試料等を製造する作業場において，常時当該作業をする労働者については，その作業の記録及び事故による汚染の概要を記録し，これを保存させることを使用者に義務づけている（第35条）。記録の保存期間は，石綿による疾患の潜伏期間が長期であることを踏まえ，石綿等を取り扱う作業場において当該労働者が常時当該作業に従事しないこととなった日から40年間保存しなければならない。

4 罰則

事業者が，本条に違反して必要な措置を講じない場合には，6カ月以下の懲役又は50万円以下の罰金に処せられる（安衛法第119条1号）。

5 沿革

> 工場法（明治44年3月29日　法律第46号）
> ・第13条「行政官廳ハ命令ノ定ムル所ニ依リ工場及附属建設物竝設備カ危害ヲ生シ又ハ衛生，風紀其ノ他公益ヲ害スル虞アリト認ムルトキハ豫防又ハ除害ノ為必要ナル事項ヲ工業主ニ命シ必要ト認ムルトキハ其ノ全部又ハ一部ノ使用ヲ停止スルコトヲ得」

> 工場危害予防及衛生規則（昭和4年6月20日　内務省令第24号）
> ・第26条「瓦斯，蒸気又ハ粉塵ヲ発散シ衛生上有害ナル場所又ハ爆発ノ虞アル場所ニハ之ガ危害ヲ予防スル為其ノ排出密閉其ノ他適当ナル設備ヲ為スベシ」
> ・第27条「左ニ掲グル場所ニハ必要アル者以外ノ者ノ立入ルコトヲ禁止シ其ノ旨掲示スベシ
> 　一　爆発性，発火性又ハ引火性料品ノ製造，取扱又ハ貯蔵ヲ為ス場所
> 　二　毒劇薬，毒劇物又ハ其ノ他ノ有害料品ノ製造又ハ取扱ヲ為ス場所
> 　三　瓦斯，蒸気又ハ粉塵ヲ発散シ衛生上有害ナル場所
> 　四　多量ノ高熱物体ヲ取扱フ場所
> 　前項ニ依リ禁止セラレタル場所ニハ職工ハ濫リニ立入ルコトヲ得ズ
> 　地方長官ハ第一項ノ場所ニ於ケル作業ニ関シ他種ノ作業ノ禁止其ノ他必要ナル事項ヲ命ズルコトヲ得」
> ・第28条「研磨機ニ依ル金属研磨，炭酸含有清涼飲料水ノ罎詰其ノ他物体ノ飛来ノ虞アル作業，高熱物体又ハ毒劇薬，毒劇物ノ製造又ハ取扱ヲ為ス作業，有害光線ニ曝露スル作業，多量ノ粉塵又ハ有害ノ瓦斯，蒸気若ハ粉塵ヲ発散スル場所ニ於ケル作業其ノ他危害ノ虞アリ又ハ衛生上有害ナル作業ニ於テハ之ニ従事スル職工ニ使用セシムル為適当ナル保護具ヲ備フベシ」
> ・第29条「衛生上有害ナル瓦斯，蒸気又ハ粉塵ヲ発散スル工場ニ於テハ当該職工ノ為適当ナル食事ノ場所ヲ設クベシ但シ当該職工ガ工場内ニ於テ食事ヲ為サザル場合ニハ此ノ限ニ在ラズ
> 　毒劇薬，毒劇物其ノ他有害料品ノ取扱ヲ為ス工場，多量ノ粉塵ヲ発散スル工場其ノ他ノ工場ニシテ作業ノ為身体ヲ汚染スル工場ニ於テハ適当ナル洗面装置ヲ設ケ必要品ヲ備フベシ
> 　前二項ノ工場又ハ高熱物体ヲ取扱フ工場ニ於テ地方長官必要ト認ムルトキハ飲料水ノ供給又ハ食事ノ場所，更衣所，含嗽装置若ハ浴場ノ設置ヲ命ズルコトヲ得」
> ・第30条「織機ノ杼ガ杼通ノ為緒ヲ吸出ス必要アルモノニ在リテハ緒引出具ヲ備フベシ
> 　職工ハ杼通ノ為緒ヲ吸出スベカラズ」

> 労基法旧第42条
> 「使用者は，機械，器具その他の設備，原料若しくは材料又はガス，蒸気，粉じん等による危害を防止するために，必要な措置を講じなければならない。」

戦前，工場法第13条は工場及び附属建設物並びに設備が危害を生じ又は衛生風紀その他公益を害するおそれがあるときに必要な事項を命じ得ることを規定しており，特定の場合に行政官庁が命令を出すことを定めていた。そして，工場危害予防及衛生規則には，ガスや蒸気，粉じんなど労働者の生命，身体及び健康に被害を及ぼすおそれの危害要因について，排出密閉などの適当な設備をすることや必要のある者以外を立ち入り禁止とすること，そして作業に従事する職工に防護具を使用させることなど，工業主が講じるべき措置が

定められていた。工場法当時に，現代における安衛則の衛生基準や各特別衛生規則に規定されている必要な措置につながる内容がすでに定められていた。

第2次大戦後，1947年に制定された労基法旧第42条は設備及び原材料を危害防止の対象とし，安全及び衛生のために考慮されるべき重要事項を例示しながら，使用者に安全衛生上必要な措置を採るべき一般的義務を課した。

また，労基法の立法作業と並行して，安衛則の原案作成が行われていた。当時，安全衛生に関する法規は，工場法施行令，工場法施行規則，工場危害予防及衛生規則など様々な規則があった。これらの法規は労基法の関連条項に基づいて検討，整理され，またこれらを骨子として，国際労働機関（ILO）の条約や勧告を参考にしながら，さらに工場監督行政の体験から得た必要事項を加えて原案を作成した後，数回の公聴会を経て，1947年11月1日から安衛則が施行された。[35]

労基法旧第42条における「必要な措置」は同法旧第45条の規定に基づき安全衛生規則等の諸規則において定められることとされていたところ，その中には，その後の安衛法の制定に際して法律事項とされた作業主任者，安全・衛生委員会，労働災害発生の急迫した危険があるときの労働者の退避，定期自主検査，検定，作業環境測定，有害業務の作業時間の制限，技能講習等の事項も規定されていたことを踏まえると，本条は労基法旧第42条と同質のものとして，もう少し例示を細かく整えた形で整備されたものということができる。

6 背景となった災害

本条は，労働者に及ぼす健康障害の重要なものを抽象的かつ広範囲で列挙していること，そして具体的な内容は関連規則に委ねられていることから，本条に定める危害防止基準を制定する際に背景となった災害を特定することは困難であると思われる。

ただ，以下の2点について指摘できると思われる。

まず，本条に関連する特別衛生規則の制定及び改正についての背景となった災害については，前述の通りである。また，直接的に背景となった災害が特定できていない特別衛生規則の中には，例えば鉛則や特化則のように中毒者数の実態調査により労働者の健康被害が明らかになったことから定められたと推察される規則も複数存在し，化学物質による健康障害は災害的出来事のみならず，労働者の健康被害の実態が規則制定の背景となっているといえよう。

また，すでに大正時代末期から金属中毒や粉じんによる健康障害は職業病として注目され，[36]そして工場法施行当時の昭和初期においても金属中毒（鉛中毒，水銀中毒，有機金属中毒，クロム中毒），粉じんとじん肺，各種ガス中毒（一酸化炭素中毒，有機溶剤中毒）に関する多くの事故が発生し，調査・研究が進められていたことに鑑みると，[37]工場危害予防及衛生規則から今日に至るまでの危害防止基準は，健康被害に苦しんだ数多くの労働者の犠牲のうえに成り立っているものであるといって過言はないであろう。

7 関連判例

【民事事件】
●林野庁高知営林局事件・高知地判昭52・7・28判時861号24頁，高松高判昭59・9・19労判440号39頁，最2小判平2・4・20労判561号6頁
〈事実の概要〉
チェンソー，ブッシュクリーナーを長期間使用していた伐採等作業員が振動障害にり患したことにつき，安全配慮義務違反に基づき損害賠償を請求した。
〈判旨〉
第1審は，「雇用者としての林野庁は，全く新しい機械を導入するのであるから，機械の人体に与える影響を当然事前に調査研究し，右機械の使用あるいは使用方法によって，作業員に障害がないことを確かめた上で，作業者に対し機械を使用させるべきであつた。

ところが林野庁は右義務を怠り，国有林における昭和32年のチェンソーの本格的導入（ブッシュクリーナーは昭和36年）以前にすでにチェンソー，ブッシュクリーナーと同様の振動器具である鋲打機，さく岩機等の使用によって蒼白現象等の振動障害が起ることが，わが国の学者の研究論文等で明らかとなっており，鋲打機，さく岩機等の使用による振動障害は労働基準法により，職業病に指定されていたにもかかわらず，単に振動の強度が異ること，チェンソー，ブッシュクリーナーによる振動障害の実例がないことを理由に，チェンソー，ブッシュクリーナーの導入に際して振動障害について事前に調査，研究をせず，チエンソー，ブツシユクリーナーを導入し，原告らの経歴目録記載どおり，原告らにチエンソー，ブツシユクリーナーを使用させ，振動障害を惹起させたものであるから，安全配慮義務の不履行として被告は責任を負うべきである」としたうえで，①林野庁は早急に雇用者として振動障害について調査研究し，振動障害を予防すべきであったにもかかわらず，漫然とこれを放置したこと，②振動機械使用によりレイノー現象が発現している者にも振動機械を使用させたこと等により振動機械使用者の振動障害を増悪させたこと，③林野庁は振動機械の使用を中止せず，又振動機械の使用を中止しなかった場合振動障害を予防するため必要な措置と考えられる全林野の振動機械使用時間規制の要求に対して振動

機械使用時間と振動障害との因果関係が明確でないことを理由にこれを拒否し、昭和44年4月26日に至ってようやく右要求に応じたことから、安全配慮義務の不履行を認めた。

これに対して、控訴審では、①林野庁がチェンソー等の実用を開始し順次これを増加させた昭和30年ないし同36年ころ、チェンソー等を導入するとそれを使用する者の身体に何らかの障害が生ずることのある可能性を全く予見できなかったこと、②林野庁は振動障害の発生の可能性を全く予見できなかったとはいえないがその当時の知見、経験からみて身体に振動障害が発生することはないと思ってチェンソー等を導入し、使用させたものであるから振動障害が発生したとしても控訴人に国家公務員災害補償法による補償義務以上に債務不履行の責任を負わさねばならぬ程の批難を加むべき違法性があると判断することはできないことなどから、林野庁の安全配慮義務違反を否定した。

そして、最高裁も、「社会、経済の進歩発展のため必要性、有益性が認められるがあるいは危険の可能性を内包するかもしれない機械器具については、その使用を禁止するのではなく、その使用を前提として、その使用から生ずる危険、損害の発生の可能性の有無に留意し、その発生を防止するための相当の手段方法を講ずることが要請されているというべきであるが、社会通念に照らし相当と評価される措置を講じたにもかかわらずなおかつ損害の発生をみるに至った場合には、結果回避義務に欠けるものとはいえないというべきである」と述べ、①チェンソーを導入したことにつき落ち度はなく、林野庁（被上告人）に振動障害を回避するためチェンソー等の使用自体を中止するまでの義務はないこと、②振動障害の発生を防止するために林野庁が社会通念上相当と認められる各種の措置を講じたこと、③林野庁としてはその置かれた諸条件のもとにおいて、結果回避のための努力を尽くしていたことから、林野庁に安全配慮義務違反はないと判示した。

●東北機械製作所事件・秋田地判昭57・10・18労判401号52頁（有機溶剤による健康障害）
〈事実の概要〉
　原告X（以下、「X」）は、昭和26年12月に被告Y社（以下、「Y社」）に木型工として雇用され、昭和50年3月に退職するまでの間、一貫して木型・金型の修理及び塗装作業に従事してきた。

　昭和32年7月頃からXの従事した作業では溶剤としてシンナーを使用していたものの、昭和45年頃までの作業場（旧作業場）は換気扇の設備がなく、また有機ガス用防毒マスクを使用せずに作業をしていた。Xはシンナーを使用するようになった昭和32年頃から体調に異変が現れ、複数の病院を受診したところ、昭和49年5月にXは有機溶剤中毒症であるとの診断を受けた。

　XはY社に対して、換気設備の設置や有機ガス用防毒マスクの支給など必要な措置を講じなかったことが雇用契約上の義務違反に当たると主張して、損害賠償を請求した。
〈判旨〉
　Y社は、「旧作業場に、有機溶剤の蒸気の局所排出装置又は全体換気装置等を設けなければならなかったのに、当時それを怠ったのであるから、旧予防規則6条〔昭和47年10月1日以前の有機溶剤中毒予防規則―注〕に違反していたことは明らかである。」

　「旧作業場時代において、Y社は、まずもって換気装置等の設備を設置して作業場の作業環境を改善すべきであったが、前記のとおりこれを怠っていたのであるから、右作業環境の改善にみあう措置として、少なくとも、塗装作業の際、原告を含む右作業の従事者に対し、有機溶剤の蒸気の吸引を防止するため、ホースマスク等の保護具を使用させるべき義務があったというべきである。

　しかるに、Y社はXに対し、昭和46年頃までこれの使用を指示しなかったのであるから、右義務違反は明らかである。」

●三菱重工神戸造船所（騒音性難聴）事件・神戸地判昭59・7・20労判440号75頁、大阪高判昭63・11・28労判532条49頁、最1小判平3・4・11労判590号14頁
〈事実の概要〉
　造船所で働く労働者が構内における騒音作業によって騒音性難聴にり患して、聴力障害を被ったと主張し、安全配慮義務違反に基づき損害賠償を請求した。
〈判旨〉
　第1審は、まず、騒音職場における事業者の安全配慮義務の内容としては、労働省・安全衛生のしおりに記されている①環境改善、②騒音の測定、③防音保護具の支給、着用、④作業者への衛生教育、⑤聴力検査の義務があるものと解するのが相当であるとしたうえで、「被告は、その構内で就労する労働者の身体健康に危害（騒音性難聴の発生又は進行）を及ぼさないように万全の方策をとるべき注意義務を負う」として同注意義務は労働省・安全衛生のしおりに記載されている内容と同一であると判示した。他方で、①「原告らは、被告構内における騒音状況・騒音性難聴発生状況等をある程度認識しながら、あえて被告構内で就労するに至ったことがあり、……慰藉料の算定にあたつては、右の事情を一の減額事情として考慮する」こと（危険への接近の斟酌）、②「原告らは、それぞれ耳栓の

支給を受け，これらを着用していたのであるが，……原告ら労働者の側についてみても，耳栓使用によつて騒音性難聴を予防しあるいはその進行をくい止めることに対する認識が必ずしも十全でなかつた」ことから，「この点を慰藉料算定にあたつては斟酌する」こと（過失相殺）を認めた。結論として，被告の安全配慮義務違反を認めた。

控訴審は概ね第１審判決を引用して被告の安全配慮義務違反を認めたが，危険への接近については，第１審原告らが騒音被曝により騒音性難聴にり患し，それが進行する危険を「ある程度認識しながら，１審被告又は下請企業に就職して同被告神戸造船所構内で就労したからといって，直ちにその被害を全面的に甘受すべきものとし，……債務不履行責任に関しても安全配慮義務違反にはならないと解することはできない」，「但し，１審原告が自己の体験に基づき１審被告神戸造船所構内における職場の騒音状況を知り，その騒音被曝により現実に聴力が低下したことを自覚し，騒音性難聴に罹患する危険のあることを認識しながら，他の就業先を選択して右危険を回避することが容易にできない等特段の事情がないにもかかわらず，敢えて１審被告あるいはその下請企業と雇用契約を締結し，再度又はそれ以上にわたり同被告神戸造船所で就労し，そのために騒音性難聴による被害を被ったときは，具体的な事情の如何により，慰藉料の額を定めるについてこれを減額事由として考慮するのが相当である」と判示した（１審原告らの損害額は変更あり，上告審は控訴審判決を維持）。

●三菱重工業神戸造船所（振動障害）事件・神戸地判平６・７・12労判663号29頁，大阪高判平11・３・30労判771号62頁
〈事実の概要〉
被告神戸造船所において就労中に振動ばく露を受けた原告らが振動障害にり患したことにつき，被告の安全配慮義務違反を根拠として，損害賠償を請求した。
〈判旨〉
第１審は，被告の安全配慮義務の具体的内容について，原告らが主張する「労働安全衛生法上の各規定の内容と前記『チェンソー使用に伴う振動障害の予防について』と題する通達（基発第134号）及び同『チェンソー以外の振動工具の取扱い業務に係る振動障害の予防について』と題する通達（基発第608号）の各内容とを総合すると」，被告は，原告ら従業員に対し，①原告ら従業員に対し振動による健康障害を防止するため必要な措置を講じなければならないこと（安衛法第22条），②振動工具使用による振動予防として，工具の選定，振動作業の作業時間の管理，工具の保持，操作と作業方法の指導，作業標準の設定，施設の整備，保護具の支給及び使用の徹底，体操の実施，健康診断の実施及びその結果に基づく措置，安全衛生教育の実施を内容とする安全配慮義務を被告が負っていたと判示した。そして，「被告は，被告神戸造船所内で振動工具を使用する原告ら従業員に対し，振動障害の発生と進行を防止すべき安全配慮義務の履行を怠った」として，被告の安全配慮義務違反を肯定した。

他方で，被告が主張した一部の原告らの自己保健義務違反については，「振動障害患者については，喫煙は，血管収縮作用があるため末梢血液循環に最も有害であるとされており，また，摂取する栄養に配慮し，過度のアルコール摂取を慎むべきであり，単車の運転等の寒冷曝露は禁止すべきであること」，原告らの一部が医師から喫煙は振動障害に禁忌であるから控えるように指導されていたことから，「原告ら従業員のうち，喫煙や過度のアルコール摂取を行ったり，寒冷曝露に身を置いたと認められる者については，本件慰謝料の算定に当たり，必ずしも療養に専念しなかったといわざるを得ない点を配慮して，かかる事実を減額事由として斟酌するのが相当である」と判示している（控訴審は原審判決を維持）。

●喜楽鉱業（有機溶剤中毒死）事件・大阪地判平16・３・22労判883号58頁
〈事実の概要〉
亡Ａ（以下，「Ａ」）は，平成６年４月に被告Ｙ社（以下，「Ｙ社」）に雇用され，平成７年４月から，有機溶剤を取り扱う業務に従事していた。

平成12年12月初めころ，Ｙ社本社工場の廃溶剤タンクの底のほうにスラッジが溜まり，出口管が詰まって不具合が生じたため，同月13日に亡Ａは清掃作業に従事したものの，亡Ａは作業服姿で，ヘルメット，長靴及び手袋を着用していたが，送気マスクや安全帯は着用していなかった。翌日，亡Ａが出勤しなかったことから，本社工場内を捜索したところ，タンク内で倒れているのが発見され，死亡が確認された。亡Ａの死因は有機溶剤中毒であった。

亡Ａの相続人である原告Ｘ（以下，「Ｘ」）が，Ｙ社に対して，同事故はＹ社の安全配慮義務違反に基づく損害賠償請求をした。
〈判旨〉
「そして，事業者は，原材料，ガス，蒸気，酸素欠乏空気等による健康障害を防止するため必要な措置を講じなければならないところ（安衛法第22条），有機溶剤は，揮発性の液体で，脂溶性等から体内に吸収されやすい上，その毒性は強く，場合によっては急性中毒により死亡するに至るなど，種々の健康障害をもたらす有害な物質であるから，特に有機溶剤規則が定められ，安全衛生管理体制，貯蔵・取扱方法，屋内処理場

における作業に当たり注意すべき事項（換気、送気マスク等の保護具の使用など）、健康診断の実施等、有機溶剤による健康障害の予防のため、種々の面から規制がなされている。」

「Y社には、有機溶剤の特性、特にその有害性に鑑み、有機溶剤を取り扱う従業員に対する安全衛生教育を徹底し、有機溶剤による健康障害の発生を防止するために万全の安全管理体制を整えるなどの義務があるというべきであり、本件タンクの清掃作業に関しては、その作業を行わせるに当たり、あらかじめ安全を配慮した作業手順及び注意事項、特に、送気マスク等の保護具を着用せずに本件タンク内に入ることは厳に禁じられるべきこと等を具体的かつ明確に定め、これを周知徹底し、また、日頃から、有機溶剤の特性、特にその有毒性や、安全を図るための取扱上の注意等についての教育、指導を十分行い、さらに、本件タンク内の廃溶剤が有害・危険であることや保護具を着用せずにタンク内に入ることを厳禁する旨の表示をするなどして従業員の注意喚起をするなどの措置を講じ、もって、従業員の知識不足あるいは慣れからくる不注意、過信等を原因とする事故を未然に防止すべき注意義務があったというべきである。」

①「本件事故当時、廃溶剤タンクの清掃手順や作業に当たっての注意事項・禁止事項、特に、送気マスク等の保護具を装着せずにタンク内に立ち入ることは厳に禁じられていることの周知徹底は十分でなかったというべきで」あること、②「Y社が後に策定した本件清掃作業手順書のような手順書を作成して、それが周知徹底され」、「この手順に従って作業を実施していれば、本件事故は発生しなかったものと考えら」ること、③清掃作業の際に、上司が「亡Aに対して作業手順及び注意事項を明確に指示又は確認し、特に、本件タンク内に立ち入ってはいけない旨を十分に指導していれば、本件事故は発生しなかった可能性が大きいと認められる」こと、④Y社は、「有機溶剤の有毒性・危険性等に関する安全衛生教育を行わず、そのことも本件事故発生の一因となった」ことから、Y社は安全配慮義務を怠ったものと認められる。

●化学メーカーC社（有機溶剤中毒等）事件・東京地判平30・7・2労判1195号64頁

〈事実の概要〉

Y社の従業員として化学物質を取り扱う検査分析業務に従事していた原告X（以下、「X」）は、平成18年5月26日、平成22年7月22日に化学物質過敏症をり患している旨の診断を受けた。その後も、Xは他の病院においても、有機溶剤中毒及び化学物質過敏症を診断され（平成26年1月8日）、さらに揮発性有機化合物中毒の後遺症に基づく化学物質過敏症及び中枢神経機能障害が継続している旨の診断を受けた（平成28年5月30日）。

Xは雇用契約上の安全配慮義務違反を理由とする債務不履行又は不法行為に基づき損害賠償などを求めた。

〈判旨〉

「本件検査分析業務は、第1種有機溶剤等であるクロロホルム（有機則1条1項3号、安衛令別表第6の2第14号）及び第2種有機溶剤等であるノルマルヘキサン（有機則1条1項4号イ、安衛令別表第6の2第39号）を使用する検査であって、有機則による規制の適用を受ける『有機溶剤業務』に該当する（有機則1条1項6号ル）。そのため、使用者であるY社は、本件検査分析業務を行っていた107号室及び110室に、局所排気装置等を設置する義務を負っていた（安衛法22条、有機則5条）。

かかる安衛法及び有機則の規制の趣旨は労働者の健康被害を防止する点にあること及び有機溶剤の毒性は急性中毒又は慢性中毒の形で人体に致命的に作用することがあることに照らせば、Y社は、Xに対し、雇用契約上の安全配慮義務として、局所排気装置等設置義務を負っていたと解すべきである。」

「本件においては、ガスクロ検査業務ないしその前処理作業であるメチルエステル化作業が行われていた107号室には、局所排気装置等は設置されず、Y社はその状態を放置していたと認められるから、局所排気装置等設置義務の違反が認められる。

他方、110号室には、局所排気装置であるドラフトが2機設置されていたことが認められるから、同義務違反を認めることはできない。」

「保護具支給義務の趣旨は労働者の健康被害を防止する点にあること及び有機溶剤の毒性は急性中毒又は慢性中毒の形で人体に致命的に作用することがあることに照らせば、上記送気マスク又は有機ガス用防毒マスクを使用させるという保護具支給義務は、雇用契約上の安全配慮義務の内容になると解すべきである。」

〈検討〉

ここで取り上げた裁判例は、事業者が特別衛生規則において定められる「必要な措置」を講じていないことにより発生した災害に対する安全配慮義務（安全保障義務）違反を争う事件である。

まず、裁判所の立場を確認すると、安衛法、安衛則及び特別衛生規則などの規制は公的規制であり、同規制の定める義務は使用者の国に対する公法上の義務と解しつつも、これらの規定が労働者の安全と健康の確保を目的とすることを根拠に、同規定の内容が使用者の労働者に対する私法上の安全配慮義務の内容となるとの理解が定着しているといえよう。このような考え

方に基づくと，使用者は関連規則に定められた義務を適切に果たすことが，同時に労働者に対する安全配慮義務を履行することにもつながることになろう。また，特別衛生規則がない騒音についても，前掲・三菱重工神戸造船所（騒音性難聴）事件は労働省『安全衛生のしおり』の記載をもとに安全配慮義務の具体的内容を判示している点には注目すべきであろう。このことは，使用者の視点からみると，関連省令などを確認することで労働者に対して講ずべき安全配慮義務の範囲が概ね予見可能であると解される。しかし，前述の通り法体系が非常に複雑であり，かつ条文数も膨大であることから全てを正確に把握することが難しく，講ずべき措置を使用者が理解できていないことが事件発生の一因になっていると考えられる。このように考えると，法体系を分かり易く整理することは使用者が安全配慮義務を履行するうえで有用であると思われる。

ただ，安全配慮義務の内容は関連省令に定められる措置のみではないため，関連規則に定められる措置は安全配慮義務の履行として使用者が最低限講じるべき措置に過ぎず，状況に応じた配慮が求められよう。もっとも，技術の進歩により新たな機械や化学物質が傷病をもたらした場合，「社会通念に照らし相当と評価される措置を講じた」ときには事業者は結果回避義務を欠くことはないものの（前掲・林野庁高知営林局事件最高裁判決），傷病が発生した当時の知識や認識をもとに如何なる措置を講じることが必要であったかは，事業者にとって予見は困難とならざるを得ない。

また，三菱重工神戸造船所（騒音性難聴）事件判決においては，労働者が「耳栓使用によって騒音性難聴を予防しあるいはその進行をくい止めることに対する認識が必ずしも十分でなかった」として，過失相殺をしうる旨判示しており，使用者が省令等に従った措置を講じているにもかかわらず，労働者が十分に応じないことが賠償額の算定において斟酌される点には留意すべきである。使用者側が講じる必要な措置と同措置に対する労働者側の行動により損害賠償額を調整することは，安衛法第26条が「労働者は，事業者が第20条から第25条まで及び前条第1項の規定に基づき講ずる措置に応じて，必要な事項を守らなければならない」と定めていることにも整合し，同条が民事訴訟においても考慮されることが示唆される。

さらに，前掲・三菱重工業神戸造船所（振動障害）事件においては，使用者の主張する労働者の自己保健義務違反を認め，振動障害にり患した労働者が医師から指導された飲酒，喫煙ならびに寒冷ばく露の禁止を遵守していたか否かを賠償額の減額事由として考慮しており，労働者は被災後に治療に専念することも判例上求められている。

【行政事件】
●植田満俺精錬所・守口労基署長事件・大阪地判昭57・9・30労判396号51頁，大阪高判昭60・12・23判時1178号27頁（労基監督権限の不行使と国家賠償）

〈事実の概要〉

マンガン精錬所である被告Y社（以下，「Y社」）に雇用され，マンガン鉱の精錬業務に従事し，マンガン中毒にり患した原告Xら4名（以下，「Xら」）が，Y社の安衛法第22条（労基法旧第42条を含む）及び特化則違反に関して労基署の労災防止のための監督権限の不行使を根拠として，国に対して国家賠償法に基づき損害賠償を請求した。

本事件では，Y社に対する安全配慮義務違反に基づく損害賠償請求もなされているものの，判旨は国に対する請求に関する判示部分のみを記述する。

〈判旨〉

第1審は，「旧法〔旧労基法―注〕の労働衛生関係の条項の執行により労働者が受ける利益は所謂反射的利益ではあるが，反射的利益でも違法に侵害された場合は損害賠償義務が発生することがありうる」としたうえで，監督機関の権限の行使不行使は裁量事項であって，一般的には，違法の問題は生じないけれども，監督権限の「不行使の場合においても裁量の範囲を著るしく逸脱し，著るしく合理性を欠くと言えるような特殊な場合に，不行使を続けると不作為の違法として問責されるであろう。

但し，旧法上このような場合でも，事業者は，監督機関の監督を受けるまでもなく，少なくとも自己の事業に関する法令の規定を熟知して事業をなすべきものであつて，事業者は第一の，そして究極の責任者であり，国は，二次的，補足的責任を負うにすぎない」と判示する。そして，特殊な場合については，以下の要件を示した。すなわち，「甲事項 人間の生命，身体に対する危険が切迫していること。そして継続していること。乙事項 監督機関において右の危険の切迫し継続していることを知っているか，又は容易に知りうる場合であること。丙事項 監督機関においてその権限を行使すれば容易にその結果の発生を防止することができる関係にあり監督機関が権限を行使しなければ結果の発生を防止しえないという関係にあること。丁事項 被害者―結果の発生を前提―として監督権限の行使を要請し，期待することが，当時において，社会的に，容認される場合であること。」であると判示した（1名を除く，Xら3名につき，国に対する損害賠償請求を認容）。

これに対して，第2審は，「旧法及びその関連法令における労働者の安全衛生及び労働災害防止に関する諸規定は，いずれも使用者をして第一次的かつ最終的

義務者であることを前提とし，行政官庁の権限は右使用者の義務履行を後見的に監督するものとされているのであつて，このような労働基準監督行政の性質からして，行政官庁による右諸規定に定められた権限の行使は，その合理的な裁量に委ねられたものと解するのが相当である」と述べたうえで，「労働基準監督行政の目的，性質並びに監督機関，使用者及び労働者の関係からして，少なくとも当該事業場につき労働者に対し切迫した重大な危険の発生が予見され，監督機関の監督権限行使以外の方法によつては危険の発生を防止できず，かつ右権限の行使によつて危険の発生を防止することが可能であるのに，監督機関が右権限を行使しなかつた場合」に，監督機関の権限の不行使により国家賠償が発生しうると判示する（結論として原判決取消）。

〈検討〉

本件は，労働基準監督行政における監督機関の権限不行使の違法性が争点となった事例である。最近では，建設アスベストに関連する国の規制権限不行使が問題となった最高裁判例（建設アスベスト訴訟〔神奈川第1陣〕事件・最1小判令3・5・17民集75巻5号1359頁など）が出されたが，同事件は非「労働者」である一人親方等が争点となっている点で本件とは異なる。

まず，労働者が労基法違反を申告した場合に，監督機関に権限行使を行使する作為義務があるか否かについては，監督官は職務上，作為義務を負わないとするのが判例の立場であった（池袋労基署長事件・東京高判昭53・7・18判時900号68頁）。

本件では，例外的ではあるものの，4つの要件を充足する場合には，監督権限の不行使が違法となる旨判示した点に意義が認められよう。

本件第1審においては国家賠償請求を認容したものの，控訴審においてはそれを棄却した。両判決における法律構成は基本的には同一であるところ，結論の逆転は，事実認定の違い，具体的にはY社の事業場の作業環境，Y社の就労条件改善に対する意欲と能力，労使の協力による改善の可能性，監督権限の行使不行使等に関する事実認定の違い，及びそれらの事実に対する評価の違いから生じているとの分析がなされている[39]。

両判決における各要件にかかる詳細な検討は先行研究にゆずるが[40]，監督機関の権限不行使の違法性を問うにあたっては，以下の点には留意すべきと思われる。

第1に，「人間の生命，身体に対する危険が切迫していること」という要件は，事業者が労働安全衛生に関する第一義的な責任を負い，国は二次的，補足的責任を負うに過ぎないとの判示を考慮して，いかなる場合に充足するかが問題となる。この点，監督機関が事業者に対して再三にわたり是正指導など行ったものの，事業者が従わない場合など限定的な事例となると解される。また，「切迫」が，結果発生が間近という時間的切迫なのか，結果発生の蓋然性の高さなのかも問題となりうる[41]。

第2に，第1審判決では，監督機関が事業者に対して司法処分や使用停止等の処分をしなかったことを問題視しているが，当該処分は法律によって明確に要件が定まっており，監督機関がそうした処置をとりうるような法律違反の存在が必要となる[42]。

第3に，監督権限の不行使を理由とする国家責任の追及は，場合によっては誰に対しても被害の救済を求めえない被害者の保護・救済に役立ち，また行政の怠慢に対する警鐘としての効果を持つ反面，それを無制限に認めれば，行政活動に過大な負担をもたらすだけでなく，悪くすれば，いたずらに行政規制の強化・拡大を招く結果になるとの指摘があるように[43]，労働安全衛生の分野における行政権限行使の限界について議論する必要があると考える。あわせて，両判決が示す4つの要件が抽象的であることから，その充足について抽象的なレベルでの判断を行うことになれば，監督権限の不行使が違法とされる場合を特殊例外的な場合に限定する趣旨が没却されるだけでなく，被害について国に一定範囲の結果責任を認めることになりかねず[44]，監督機関の権限不行使の違法性判断を本判決の枠組みで行うとすれば，各要件の内容を精緻化することが求められよう。

8 適用の実際

1 統計資料

まず，違反による送検件数を記した厚生労働省労働基準局監督課「労働基準関係法令違反に係る公表事案」（令和2年12月1日〜令和3年11月30日公表分）によると，安衛法第22条違反は10件（うち，安衛則第578条違反4件，粉じん則第27条違反3件，石綿則第3条違反1件，有機則第5条違反1件，高圧則第33条違反1件）であった。また，同「労働基準関係法令違反に係る公表事案」（令和3年11月1日〜令和4年10月31日公表分）によると，本条違反は8件（うち，安衛則第578条違反2件，粉じん則第27条違反2件，高圧則第34条違反1件，特化則第43条違反1件，石綿則第3条違反2件）であった。公表事案はいずれも，本条のみでなく，特別衛生規則にも違反した事案であることは，本条の適用における特別衛生規則の重要性を示しているといえよう。

次に，是正勧告を典型とする違反指摘件数を記した厚生労働省労働基準局「平成30年労働基準監督年報」（以下，「平成30年年報」）によると，安衛法第20条〜第25条の違反状況において，安衛則（衛生基準）違反は

438件，特別衛生規則違反は多い順に有機則2271件，特化則1911件，粉じん則1485件，石綿則269件，酸欠則87件，除染則32件，電離則18件，鉛則17件，高圧則6件であった。「平成31年・令和元年労働基準監督年報」(以下，「平成31年・令和元年年報」)によると，安衛法第20条～第25条の違反状況において，安衛則(衛生基準)違反は369件，特別衛生規則違反は多い順に有機則1801件，粉じん則1465件，特化則1433件，石綿則288件，酸欠則76件，除染則34件，電離則24件，鉛則22件，高圧則2件であった。「令和2年労働基準監督年報」(以下，「令和2年年報」)によると，安衛法第20条～第25条の違反状況において，安衛則(衛生基準)違反は382件，特別衛生規則違反は多い順に有機則1631件，粉じん則1377件，特化則1291件，石綿則303件，酸欠則93件，鉛則1，高圧則2件であった。いずれも四アルキル鉛則違反はなかった。もっとも，この統計は安衛法第20条～第25条違反の件数であるため，本条違反の件数は不明である。しかし，安衛法第20条～第25条において，事務所則を除く特別衛生規則が最も関連するのは本条であることから，本条違反が多数であると推察できよう。また，「平成30年年報」によると，本条の「送検事件状況(平成30年)」は13件であり，「平成31年・令和元年年報」によると，「送検事件状況(平成31年・令和元年)」は19件，「令和2年年報」によると，「送検事件状況(令和2年)」は15件であった。

2　インタビュー

現場における本条から第25条の2の適用について，2021年11月20日(土)，元労働基準監督官である藤森和幸氏，玉泉孝次氏にインタビューを実施した。各条文の「インタビュー」の項目における記述は，本インタビューの結果及びその際に作成いただいた資料に基づいている。

(1)　臨検監督の実際

実際の臨検監督は，通常監督官1名または複数名で行い，衛生監督が主眼であっても，安全関係を含めて網羅的に監督する。衛生監督は各監督署が定めた年間の監督計画に基づき実施する(定期監督)。対象事業場は，3年以上監督を行っていない事業場，過去に違反があった事業場など過去の監督の資料，健康診断結果報告などにより選定する。

本条の適用は，前述の通り，関連規則において健康障害防止等に必要な具体的規制が定められていることから，労働基準監督官が臨検監督を行う際には規則が中心となる。実際，監督に際しては，有機溶剤主眼，特化物主眼，酸欠主眼，電離放射線主眼，粉じん主眼などで実施する。すなわち，有機則や特化則のように特定の規則にターゲットを絞り，あらゆる条文を対象とした臨検監督が行われることとなる。例えば，有機則であれば，最も使用される第1種有機溶剤にターゲットを絞り，蒸気を調査したり，エックス線装置を用いる医療機関では電離則にターゲットを絞ったりする。また，安衛則第3編(衛生基準)を主眼として計画的に臨検監督を行うことはなく，特別衛生規則が主，安衛則は副という位置づけで臨検監督を行うこととなる。事業者として本条に定める措置義務は，いわゆる「労働衛生の3管理」，すなわち「作業環境管理」，「作業管理」及び「健康管理」を中心に構成されていることから，指導監督はこのことを念頭において行っているとのことである。

次に，労働衛生監督を主眼とした場合の一般的な定期監督は，主として，①事業所，事務所において，労働衛生の3管理の観点から，事業者が講ずべき措置等(本条)についての書類調査を行いながら安全衛生方針・災害発生状況の聴き取り，②実地調査(工場建屋内等の臨検監督)による本条を中心とした履行状況の確認から構成される。なお，①→②の順番とは限らず，状況によっては②から着手する場合がある。定期監督においては，①労働衛生の3管理のうち，特に「作業管理」について，限られた状況の中で十分な調査・検証はできない場合があること，②関連規則の条文が多岐にわたるため，現場において対象を絞らざるを得なかったこと，③西陣織や友禅染など伝統産業では，製品の原料・材料として使用している物質の内容・成分がよく分からない，又は教えてくれないこと，④有害物質の使用量や使用時間により，規定の適用除外あるいは特例となる場合(例えばパンクの修理等で少量の有害物質を使用する場合)，取り扱いで間違ったこと，⑤臨検監督は数時間であることから，監督した時点の作業のみが対象となり，見ていない時間帯及び作業に違反があったとしても分からないことのように，監督指導において困難な状況がしばしば生じる。特に，④については，常に少量と常時性が問題となる。有機溶剤の場合，監督官が個人的には健康障害にはならないと考える使用量である場合でも，局所排気装置の設置などの指導をしなければならず，事業者の理解を得るのに苦労する。さらに，1週間に1回程度しか使用しない場合など使用頻度が間歇的であるときの「常時」性について，監督署によっては基準を設定している場合もあるものの，統一的な基準は設定されていない。基準が設けられていない場合には，常識に照らして判断を行うが，臨時でなければ常時と解するなど労働者にとって有利な適用を行うことがある。

そして，事業所の臨検監督を行った結果として違反が認められた場合には，まず，違反事項を明確に示し，是正期日を示したうえで，「是正勧告書」を交付

する。すぐ作業を停止させる必要があるときには，使用停止あるいは作業停止などの命令書（「使用停止等命令書」）を交付する場合もあるものの，実態として，衛生面においては機械設備などの安全面を比較してその数は多くない。違反が認められた場合には，まず，前述の文書により違反となった法条文を明示して指摘を行う。具体的は，関連規則において違反を特定したうえで，本条を表示して指導・勧告を行う。なお，本条第3号に定める精神的要因に関しては対象となる規則・条文が思い浮かばないため，ガイドラインや要綱を根拠とした監督を行っていたとのことである（例えば，腰痛や頚肩腕症候群，作業関連疾患，ストレスなど）。また，法違反でない事項には，指導票の交付を行う。

法令違反の指摘に加えて，法令の背景にある疾病の「こわさ」，是正の方法（類似事例における好事例の提供など），労働衛生の3管理の内容等を「指導票」によって行うこともある。

本条に基づく各条文を適用するにあたっては，当該作業が各条文の構成要件に必ずしも完全に該当している場合でなく，多少の疑義がある場合であっても，有機則や特化則などの目的である健康障害防止の観点から若干広義に解釈して違反を指摘してきたとのことであった。もっとも，罰則との関係においては，罪刑法定主義が問題になる点には留意すべきであろう。なお，そのような場合には，危険性を説明することで理解を得るように努めている。

さらに，安全衛生については，法や規則に定めた事項の指摘だけではなく，改善方法等についての指導が重要な部分を占めることがあるところ，監督官は法令違反を指摘するのが仕事であることから，局所排気装置のフードの選択や形状など細かな指導ができていないのが現状である。

(2) 各規則における適用の実際

(a) 安衛則

第576条（有害原因の除去），第577条（ガス等の発散の抑制），第579条（排気の処理）は，特別衛生規則が適用されない有害物全てに適用できるものの，違反とする明確な基準がないことから，全く使用されることはない。

第578条（内燃機関の使用禁止）は，例えば，建設現場の地下工事現場，隧道工事現場などで発電用エンジンを使用して一酸化炭素中毒が毎年のように発生しており（工事現場では，電気がまだ来ていない段階で工事をすることが多いため，発電用設備を使用することが多い），臨検監督時に本条の基づく勧告を行うことが多い。

第581条（病原体の処理）は医療機関の廃棄物に関する法律が別途あるため，第582条（粉じんの飛散の防止）は粉じん則を適用するため，適用されることはない。

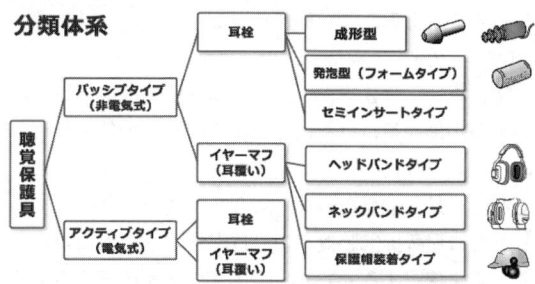

資料4-21 騒音障害防止用の保護具

聴力保護具を大きく分けると，耳の穴にいれる耳栓と，耳全体を覆うイヤーマフ（耳覆い）があります。どちらを使用するかは作業の性質や騒音の性状で選択します。騒音の大きなところでは耳栓とイヤーマフ（耳覆い）を同時に使用するとより効果的です。
（日本聴力保護研究会WEBサイト〔http://japanhearing.jp/howtouse.html，最終閲覧日：2024年7月2日〕）

騒音について，まず，第583条の2（騒音を発する場所の明示等）は，「騒音障害防止のためのガイドライン」（平成4年10月1日基発第546号）と併せて，実際に騒音現場でよく適用される。次に，第584条（騒音の伝ぱの防止）については，現場の作業状況に鑑みて，可能な範囲での措置を指導する。囲いが全くなされていない場合には法違反となるとして勧告をすることもあるものの，実際には何らかの措置を講じていることが多いため，ほとんどが囲っている設備の改善などの指導ベースになる。第595条（騒音障害防止用の保護具。資料4-21参照）は，騒音職場の作業者に耳栓を使用させるよう強力に指導を行う。

第592条の2から同条の6（ダイオキシン）については，廃棄物の焼却施設は地方自治体（実際の作業は民間企業に委託）が行っていることから，測定，保護具の使用などはほぼ適正に行われており，臨検監督時には確認を行う。

第593条（呼吸用保護具等）は，特別衛生規則について定められている事項以外の場面での適用となる。例えば，有機則では防毒マスク・送気マスクについて規定しているが，ゴム手袋や長靴などの皮膚障害防止などについては規定されていないため，本条の適用となる。その他の実際の適用場面として，ガス溶接やアーク溶接作業者の保護眼鏡，保護手袋の指摘が多く存在する。

(b) 有機則

有機溶剤は塗装に用いられるなど，多くの職場で使用しているため，有機溶剤を主眼とした臨検は計画的に行われている。有機則においては，局所排気装置，全体換気装置，防毒マスクの使用が特に重要であることから，必ず確認を行う（第5条，第6条，第10条，第15条，第18条，第33条）。また，人体に及ぼす作用等の掲示については，大臣告示で定められた表示があるため，必ず確認する（第24条）。さらに，本規則の適用にとどまらず，特に家内労働については，前述のヘップ

サンダル事件のような災害事例を用いて，有機溶剤のこわさを伝えることも重要となる。

(c) 特化則

特化物は，第2類物質，第3類物質の取扱い事業場の監督が最も多い。特化物も多くの職場で使用されているため，特化物を主眼とした計画的な臨検が行われている。最も重要なのは，第2類物質を取り扱っている場合に局所排気装置等の設置があるか否かになるため，必ず確認する（第5条）。また，必ず確認する事項としては，現場の作業管理状況が如実に分かるため，汚染されたぼろ等を不浸透等の容器に入れているか（第12条の2），特別管理物質が人体に及ぼす作用を掲示しているか（第38条の3），労災認定の際に重要な資料となるため，特別管理物質取り扱い作業者の作業の記録の作成保存（第38条の4）が挙げられる。

(d) 鉛則

鉛の使用事業場は減少傾向にあるものの，鉛蓄電池製造事業場では作業環境測定の評価が第3管理区分の事業場もあるため，依然として臨検監督が重要な状況である。本規則のうち中心的に確認する事項として，局所排気装置関連の条項（第5条，第7条，第17条，第18条，第30条），除じん装置があるか否か（第26条，第29条），防じんマスクの使用（第58条）などが挙げられる。

(e) 酸欠則

井戸，マンホール，タンクなど酸欠等の危険作業箇所はたくさんあるところ，酸欠，硫化水素中毒の危険性の認識がない事業場もあるため，酸欠危険作業（施行令別表6）の作業場には計画的に臨検監督を実施する。酒造・醤油等製造会社，建設中の工事現場（圧気工法，ビル工事など），NTTのマンホールや地下の洞道，送電会社のマンホールや地下の送電線用隧道などが臨検対象となる。本規則では，第5条に基づく換気（酸素21％以上，硫化水素10ppm以下の確保）が酸欠災害防止の基本となることから，必ず確認を行う。また，第8条（人員の点検）では氏名札を使用するなどの方法を指導，第9条（立入禁止）では酸欠場所である旨の表示をするよう指導を行っている。第20条（冷蔵室等に係る措置）では，非常照明があるかなどは指導ベースで行う。さらに，第21条（溶接に係る措置）は，大企業の製造工場でも認識が薄い条項である。

(f) 粉じん則

粉じん対象作業は多岐にわたることから，粉じん則のみを主眼とする臨検を行うよりも，工場の監督，建設現場の監督の際に併せて粉じん作業について確認することが多い。もっとも，陶磁器製造，鋳物製造，非鉄金属製品製造などは，粉じんを主眼とする臨検監督が実施される。粉じん作業については，注水や湿潤状態での作業としているか否かが最も重要となるため，重点事項として確認を行う（第4条）。また，防じんマスクの使用も，特に建設現場などにおいて確認がなされる（第27条）。

(g) 電離則

電離則の臨検対象は，医療機関（レントゲン技師や医師），医療用エックス線の機械を製造している事業場，造船所などでのエックス線を使用しての非破壊検査，コンビナートなどでのイリジウム192などでの非破壊検査，紙製品等の厚み測定，原子力発電所が中心となる。計画的な臨検監督が行われるが，その数は多くはない。

(h) 四アルキル鉛則

四アルキル鉛は加鉛ガソリンを製造するコンビナートのみであり，実際の混入作業は，3面が開放され，漏れてもわかるように全ての面を白色ペンキで塗っており，作業者も白色の作業着で作業する。臨検のポイントは，防毒マスク，防護服の使用，シャワー，洗身用の薬品，除毒材の備え付けの確認である。

3 令和2年度厚生労働科学研究プロジェクトによる行政官・元行政官向け法令運用実態調査（三柴丈典担当）

本条及び関係省令の条文が適用された事例について，行政官・元行政官より，以下のように回答された。

① 局所排気装置の未設置，呼吸用保護具の未着用，
② 昭和52年，メッキ工場で，個別指導による立ち入りで有機溶剤の危険・有害性などの掲示が汚損され，且つ機械設備の陰に隠れている状況が現認されたことから，文書により「掲示物の整備」と「掲示場所の位置変更」を行政指導した事例（有機則第24条），
③ (1)屋内作業場で塗装しているのに，局所排気装置が設置されていない，(2)局所排気装置が設けられていても，制御風速が足りない（いずれも有機則第5条の適用例），
④ 保護衣，呼吸用保護具等の必要な保護具を使用させず，ガス等による健康障害を防止するための必要な措置を講じなかった（特化則第5条の適用例），
⑤ 金属アーク溶接作業に従事させていたにもかかわらず，労働者に防じんマスクを使用させていなかったため，是正勧告を行った（粉じん則第27条の適用例），
⑥ ドラム缶に入ったホルムアルデヒドに薬剤を入れる作業を，労働者に鶏舎内でかつ送気マスク等の呼吸用保護具を使用させずに行っていたため，特化則第38条の14第2号違反を指摘した，
⑦ 立入禁止の表示をしていない（安衛則第585条〔立入禁止等〕の適用例），
⑧ 石綿除去作業中，隔離養生（＊石綿繊維の飛散等を防

ぐため，シート等で囲うこと）した屋内作業場で内燃機関（発電機）を稼働させたことにより労働者が一酸化炭素中毒になった（安衛則第578条の適用例）。

⑨「海上交通の事業場において，自社が所有する船舶のプロペラ修理のために，水中眼鏡と潜水スーツ，アクアラング〔＝水中で呼吸できる自給式水中呼吸装置—注〕のみを着用して海中に入ったが，いつまでも浮上してこないため捜索したところ，海底に沈んでいるところを発見された。水中時計，水深計，及び鋭利な刃物を携行させるほか，救命胴衣又は浮力調整具を着用させていなかった」（高圧則第37条の適用例）。

> 第23条　事業者は，労働者を就業させる建設物その他の作業場について，通路，床面，階段等の保全並びに換気，採光，照明，保温，防湿，休養，避難及び清潔に必要な措置その他労働者の健康，風紀及び生命の保持のため必要な措置を講じなければならない。

1 趣旨

本条は，労働者の就業する作業場所，取扱操作をする機械，器具等の設備，取り扱う原材料，あるいは作業の性質に応じて，労働衛生面での十分な配慮がなされないとすると，関係労働者は種々の健康障害を被ることとなるため，事業者に健康障害の防止の措置を義務づけている規定であり，建設物その他の作業環境からみて必要な措置を定めたものである。

2 内容

1 建設物等に関する必要な措置

本条は建物その他の建設物等の構造上の欠陥や作業環境の不適切が原因で健康，風紀，生命の保持に支障が生ずることを防止することを目的とし，事業者が所要の措置を講じなければならないことを規定したもので，その対象は，労働者を就業させる建設物その他の作業場に限られることになる。

本条に関連する規則として重要なものとして，まず安衛則が挙げられる。同規則第540条は「事業者は，作業場に通ずる場所及び作業場内には，労働者が使用するための安全な通路を設け，かつ，これを常時有効に保持しなければならない。」（第1項），「前項の通路で主要なものには，これを保持するため，通路であることを示す表示をしなければならない。」（第2項）として，「通路」の安全について定めている。また，第543条は「事業者は，機械間又はこれと他の設備との間に設ける通路については，幅80センチメートル以上のものとしなければならない。」として，機械間等の通路についての安全を定めている。

2 事務所則

本条に関連する特別衛生規則としては，事務所則（昭和47年9月30日労働省令第43号）が挙げられる。事務所則の制定以前においては，都市の人口集中や技術の進歩によって建築物の大型化や気密化が急速に進められたものの，ビル内部の環境衛生についての関心があまり高くなかったことから，室内空気の汚染による頭痛，冷房病のような健康障害，飲料水の汚染や悪臭の発生，不完全なごみ処理に起因する害虫の発生など環境衛生上好ましくないことが数多くあった[45]。また，事務所労働に関する衛生上の基準は，安衛則の第3編（衛生基準）の規定が適用されてきたものの，同規則第3編の規定は，坑内労働，粉じん作業，暑熱・低温作業，放射線業務等いわゆる有害業務といわれる労働態様に最もフィットしたもので，事務労働の衛生上の規定を主たる目的とするものではなかった[46]。そこで，このような実情に対処し，事務所の衛生状態の改善を図るために定められたのが事務所則である。

また，事務所則制定の背景には，以下の3つの要因があったことが指摘されている[47]。

1つ目は，当時の労働行政が，労働衛生面について，「最低基準から快適基準へ」と変化しており，事務所則もその一環であったという時勢の変化であった。

次に，1964（昭和39）年7月8日，国際労働条約機関（ILO）が，「商業及び事務所における衛生に関する条約（第120号条約）」を採択したことである。同条約は，同時に採択された「商業及び事務所における衛生に関する勧告」とあいまって，事務労働者の健康保持及び快適な作業条件の確保のためも憲章的な役割を果たし，事務所則の制定において大いに参考にされた。

最後に，昭和45年4月14日，建築物における衛生的環境の確保に関する法律（ビル管理法）が公布され，同年10月13日から施行されたことである。この法律は，建築物の高層化，大型化，所有と管理と使用の分離化等により，これらの建築物における環境衛生上の維持管理については，必ずしも十分な配慮が払われていたとはいえず，空気調和設備や給排水設備の管理の不適による生理的障害や伝染性疾患の発生，ねずみ，こん虫等の発生その他環境衛生上好ましくない事例が指摘されたという実情から，不特定多数の者が使用し，または利用する建築物の維持管理に関して必要な事項を定め，公衆衛生の向上を図るために制定された[48]。

同法の制定に触発された労働省は学識経験者からなる労働環境技術委員会を設置し，労働環境改善の技術

的事項について検討を行った。そこでの検討結果を取りまとめ、昭和45年11月27日、労働省は中央労働審議会に対して、「事務所等の用途に供する建築物の衛生基準規則案要綱」について諮問し、同規則案要綱によることが適当である旨の答申を得、事務所則（昭和46年労働省令第16号）として公布制定された。[49]

そして、昭和47年の安衛法の制定に伴い、同法の省令として、改めて事務所則（昭和47年9月30日労働省令第43号）として制定された。この規則は、従来の事務所則をILO条約第120号に照らすなどして全面的に検討を加え、騒音・振動の防止、十分な飲料水の供給、被服の乾燥設備の設置等の規制を追加して充実整備し、事務所における衛生基準をより適切にしたものである。[50]

事務所則とビル管理法との適用関係について最も問題があるのは、ビルの中にある事務所である。ビル管理法にいう特定建築物（＝事務所等の用途に供される部分の延べ面積が5000m²以上の建築物〔他の用途に供される部分の延べ面積が事務所等の延べ面積の10％を超えるものを除く〕等のこと〔同法施行令第1条〕）の中の事務所に対する職権の行使については、旧労働省と旧厚生省で覚書を交わしており、①ビルの用途が、もっぱら事務所の用途に供されるものである場合には、主として労働省側において職権を行使する、②もっぱら事務所以外の用途に供されている建築物については、厚生省側において職権を行使するとされている（昭和44年5月15日）。[51]

その後、①技術改良等により、中央管理方式以外の空気調和設備等が比較的規模の大きな建築物においても導入されるようになってきている中で、換気量が十分に確保されず、室内空気の汚染が懸念される等の問題が指摘されたこと、②建築物の気密性の向上、化学物質を放出する多くの建築材料等の普及に伴い、ホルムアルデヒド等の化学物質による室内空気の汚染、それによる健康影響への指摘がなされたことから、2004年3月に、空気環境の調整が必要な対象機器の拡大、ホルムアルデヒドに係る基準の設定及び測定等が新たに加えられる内容の規則改正がなされている。[52]

事務所則における危害防止基準としては、第2章において事務所の環境管理（第2条～第12条）、第3章において清潔（第13条～第18条）、第4章において休養（第19条～第22条）の定めが設けられている。各章の概要は以下の通りである。[53]

まず、事務所の環境で、多くの働く人がいると問題になる室の狭さ、換気、一酸化炭素の含有量の改善が必要となるため、第2章の環境管理は、気積、換気、温度、空気調和設備等による調整、燃焼器具、作業環境測定・測定方法、照度、騒音及び振動の防止について規定している。

次に、第3章の清潔は、事務所における清潔を保持するための事項として、飲用・食器洗浄用の給水の基準、排水設備の補修と掃除、日常の定期の清掃及びねずみ等の防除、廃棄物の処理、便所の所要数及び構造要件ならびに洗面用施設と更衣設備の設置について規定している。

第4章の休養は、事務作業に伴う疲労の防止などを図るため、休憩の設備の設置、睡眠や仮眠の設備とそのための寝具の備付け、休養室等の設置、ならびに持続的立作業における椅子の設置について規定している。

3　罰則

事業者が、本条に違反して必要な措置を講じない場合には、6カ月以下の懲役又は50万円以下の罰金に処せられる（安衛法第119条第1号）。

3　沿革

工場法（明治44年3月29日　法律第46号）
・第13条「行政官廳ハ命令ノ定ムル所ニ依リ工場及附属建設物竝設備カ危害ヲ生シ又ハ衛生、風紀其ノ他公益ヲ害スル虞アリト認ムルトキハ豫防又ハ除害ノ為必要ナル事項ヲ工業主ニ命シ必要ト認ムルトキハ其ノ全部又ハ一部ノ使用ヲ停止スルコトヲ得」

工場危害予防及衛生規則（昭和4年6月20日　内務省令第24号）
・第31条「地方長官ハ衛生又ハ危害予防上必要ト認ムルトキハ工場及附属建設物ノ採光、換気ノ為窓面ノ増加又ハ照明装置其ノ他適当ナル処置ヲ命ズルコトヲ得」
・第32条「工場ニハ負傷者ノ救護ニ必要ナル救急用具及材料ヲ備フベシ但シ作業ノ性質上傷害ノ虞ナキ場合ニ於テハ此ノ限ニ在ラズ
　救急用具及材料ノ備附場所及使用方法ハ之ヲ従業者ニ周知セシムベシ」
・第33条「食堂、炊事場及食器ハ常ニ清潔ニ保ツベシ
　食堂及炊事場ニハ工場法施行規則第八条第1項ノ疾病ニ罹レル者ヲ使用スルコトヲ得ズ」
・第34条「更衣所及浴場ハ之ヲ男女用ニ区別スベシ」
・第35条「地方長官ハ前各条ニ定ムルモノノ外工場及附属建物並設備ガ危害ヲ生ジ又ハ衛生、風紀其ノ他公益ヲ害スル虞アリト認ムルトキハ予防又ハ除害ノ為必要ナル事項ヲ工業主ニ命ズルコトヲ得」
・第36条「第19条ノ規定ニ違反シタル者又ハ第21条ノ場所ニ於テ喫煙ヲ為シ其ノ他濫リニ火気ヲ使用シタル者ハ科料ニ処ス」

> 労基法旧第43条
> 「使用者は，労働者を就業させる建設物及びその附属建設物について，換気，採光，照明，保温，防湿，休養，避難及び清潔に必要な措置その他労働者の健康，風紀及び生命の保持に必要な措置を講じなければならない。」

本条も第22条と同様に，工場法第13条が前身となっている規定である。そして，工場危害予防及衛生規則が，工場及びその附属建設物の採光や換気など，建物その他の建設物の欠陥から生じる危険を列挙して，詳細な定めを置いていることも第22条の沿革と同様である。

労基法旧第43条が建設物を危害防止の対象として，使用者に危害防止の義務を規定し，その具体的内容は労基法旧第45条の命令に委任されていた。本条は労基法旧第43条に相当する規定である。

4 背景となった災害

本条も，前条と同様に，労働者の健康，風紀，生命の保持に支障を生じる建物その他の建設物等の構造上の欠陥や作業環境を抽象的かつ広範囲で列挙していること，そして具体的な内容は関連規則に委ねられていることから，本条に定める危害防止基準を制定する際に背景となった災害を特定することは困難であると思われる。

しかし，工場危害予防及衛生規則の時代から本条と同様の規定が置かれていることから，建設物や作業環境において労働者の健康や生命に危害を及ぼす要因は時代を越えて共通するものであるといえる。

また，本条との関連する特別衛生規則である事務所則は，都市への人口集中や技術の進歩に伴い新たに生じた問題に対応するために制定された規則であり，時代背景を反映して展開した条文である。

5 関連判例
【刑事事件】
● M製作所（労働安全衛生法違反被告）事件・千葉簡判平13・4・13労判835号86頁，東京高判平14・3・22労判835号80頁（安衛法23条，安衛則540条にいう「通路」の解釈）

〈事実の概要〉

被告人Y1社（以下，「Y1社」）は，コンベア等輸送機の製作，備付け等の事業を営むものであり，被告人Y2（以下，「Y2」）はY1社の取締役であった。

Y1社はF製作所からK県経済農業協同組合連合会（以下，「農協連」）M精米工場設備増設工事の製品タンク等の設備工事を請け負い，Y2がY1社の工事の施工及び安全管理全般の統括をする現場責任者となった。

平成11年8月29日の作業中，機械室内に設置された長さ約41cm，幅約85cmにわたる開口部（1階のコンクリート床からの高さ約9.1mで，その間は中空，以下「本件開口部」）が生じたため，Y2は麻ロープを2本張らせるなどし，そのロープに白い布を結び付けさせて，従業員とともにその場を離れた。その後，増設機器の電気系統を点検しにきた他社の労働者が，前記ロープをくぐり，本件開口部をまたいで通ろうとした際，本件開口部から1階のコンクリート床に転落して間もなく死亡した。

この事故について，Y1社らは安全衛生法令上の措置義務違反（安衛法23条，第27条〔安全措置義務〕，安衛則第540条第1項〔安全通路保持〕）により起訴された。

第1審判決は，「本件床面は，元々，経済農協連により，作業場（機械室）内で各種機器の保守・点検場所を順次移動するために設けられた本件通路の一部を形成していたものであり，Y2らが本件床面を足場として据付作業をしていた間は，一時的には規則544条〔安衛則—注〕にいう作業場の床面として利用されたとしても，その作業終了後は，本件通路は，全体として本体等工事，電気工事，保守・点検等をするための通路としての機能を回復し，それらに従事する労働者の使用に供されていたのであるから，本件床面は，規則540条にいう『通路』に該当することは明らかである」。

「Y1社は，本体等工事中，本件工場内で既存の通路に改変を加えた事業者（施工業者）として，規則540条により，配下の派遣労働者やその他工事及び本件工場関係者らが使用するための通路を有効に保持すべき措置義務を負っていたところ，Y2は，本体等工事に関し被告人会社の現場責任者として常駐し，本件開口部の危険性を承知している者として，法122条〔安衛法—注〕により，右規則違反に該当する行為をしてはならない義務を負っていながら，本件開口部を放置して右義務に違反したものであるから，Y1社は，Y2の行為により，右措置義務違反の責めを免れないというべきである」として，Y1社を罰金15万円に，Y2を罰金15万円に処すると判示した。

これに対して，Y1社及びY2社が控訴した。
〈判旨〉

安衛法第23条における通路の意義を検討すると，安衛法は，「そもそも，労働者の安全と健康を確保することなどを目的とするものであり（1条），同規則において，540条1項で『事業者は，作業場に通ずる場所及び作業場内には，労働者が使用するための安全な通路を設け，かつ，これを常時有効に保持しなければ

ならない。』と規定した上で，通路であることの表示（540条2項），通路の照明（541条），屋内に設ける通路の幅，通路面の状態（542条），機械間の通路の幅（543条）等，通路の安全を確保するための基準を示していることにかんがみれば，通路とは労働者が通行する場所をいうと解するのが相当である。」

Y2とAら3名は，「網状鋼板を取り付けるため，足場板を取り外して本件開口部を生じさせたが，この時点では，本件開口部はY1社の労働者が作業をなす場所であって，ここで作業中の労働者以外に，工場内で働くY1社の労働者はそもそもいないから，本件開口部は通路に当たらない。その直後，忘れていたコーキング作業を思い出し，麻ロープを張った上で，それぞれその場を離れ，コーキング作業が終わり次第，その場に戻って網状鋼板を取り付けることにしたわけであるが，この時点では，本件開口部はY1社の労働者が作業をなす場所ではなくなったとはいえ，……工場内で働くY1社の労働者は，Y2を除けばAら3名だけであるから，それ以外のY1社の労働者が本件開口部を通行することはあり得ず，Aら3名がコーキング作業中に戻ってきて本件開口部を通行することも考え難いから，本件開口部は通路に当たらないというべきである。そして，コーキング作業終了後にAら3名が本件開口部に戻ってくれば，網状鋼板を取り付けることになるから，その時点ではAらY1社の労働者全員の作業する場所となり，それ以外の労働者が通行することもあり得ず，通路になるわけではない。実際には，本件開口部を農協連職員のBやI電からの依頼を受けたCが通行し，あるいは通行しようとしたが，これらの者はY1社の労働者ではないから，これらの者が通行することがあるとしても，Y1社の労働者にとっての通路になるわけではない。」

〈検討〉

本件は，開口部が安衛法第23条における「通路」に当たるか否かは，開口部が生じた以後の時点によるとして，3つの時点につき検討し，いずれも「通路」には当たらないと判示する。この判示において重要となるのは，開口部が生じた以後の時点，かつY1社の労働者を基準に「通路」という概念を検討していることであり，地裁判決と高裁判決の結論を分けたポイントである。本件について学説には，「Y1社とY2にとって，「通路か否かの判断を，本件開口部が生じた後の時点に限り，事故が配慮すべき労働者に関してのみ行うのではなく，開口部が生じた以前の状況や第三者の行動まで考慮に入れて行うべきとすることは，厳格であるべき刑事事件の判断として妥当ではなかろう」との見解が見られる。[54]

もっとも，また，判旨によると，同一の場所が「通路」であるか否かはその時点の労働者の作業状況次第であることになるが，このように解するとどの時点において当該場所が「通路」に当たるかについての判断が事業者にとって予見することが難しいケースが存するであろう点は課題となろう。

本件は刑事事件であるため，事件の処理としては妥当であると思われるものの，安衛法が労災の予防を目的としていることに鑑みると，同事件のように多数の関係者（工場の所有者，元請，複数の下請など）が同一場所で作業をする際に，どのように企業横断的な労災防止対策をすべきかについては検討する必要性があろう。同事件は，ある下請会社の作業が原因で他社の労働者が被災した事件であるところ，民事訴訟であれば，開口部を放置することにより工場内で作業する誰かが転落する危険性があることによってY1社らの民事責任が認められうる。しかし，そうした救済はあくまで発生した事故に対する責任であり，労災の発生を防ぐためには関係当事者間の連携と責任（刑事責任も含めて）の明確化が必要であると考えられる。同事件のように普段から工場内で作業する多くの者が通路として利用する場所等は，当該場所で直接的に作業する労働者のみでなく，工場内で作業する者全てにとって危険が生ずることとなるため，特に対策が重要となろう。

【民事事件】

● 内外ゴム事件・神戸地判平2・12・27労判596号69頁（安衛法，同規則，有機則に定める使用者の義務との安全配慮義務）

〈事実の概要〉

原告X（以下，「X」）は，昭和40年に被告Y社（以下，「Y社」）の作業員として採用され，昭和45年から昭和52年末までの大部分の期間，トルエン，ヘキサン等の有機溶剤を含有するゴム糊を使用する業務に従事していた。

有機溶剤を含有するゴム糊を使用する業務を行っていた各作業場は換気が悪く，またXら労働者は保護具を着用せずに作業をしていたため，高濃度の有機溶剤にばく露する作業環境であった。Xは，体調不良により診療所を受診したところ，医師は，XはY社の業務に起因して，慢性有機溶剤中毒にり患したものであり，その発症時期は遅くとも昭和52年ころであると判断した。

そこで，XはY社に対して安全配慮義務違反を根拠として損害賠償を請求した。

〈判旨〉

安衛法，安衛則並びに有機則の各規定は，「いわゆる行政的な取締規定であって，右各規定の定める義務は，使用者の国に対する公法上の義務と解される。

しかしながら，右各規定の究極的目的は労働者の安全と健康の確保にある（労安法1条参照。）と解するのが相当であるから，その規定する内容は，使用者の労働者に対する私法上の安全配慮義務の内容ともなり，その規準になると解するのが相当である。」

「本件において，Y社はXに対し右各規定の内容に則し次の具体的安全配慮義務を負っていたと認めるのが相当である。

(イ) 原告の従事する本件各作業場内の有機溶剤曝露を最小限にするため，右作業場に所定の規模・機能を持った局所排気装置を設置すべきであった。（労安法22条，23条。有機規則5条，14条ないし18条）

(ロ) 呼吸用保護具（防毒マスク），保護手袋等適切な保護具を備えるべきであった。（労安則593条，594条。有機規則32条ないし33条）……」。

「Y社は，Xが本件各作業に従事中同人に対し負っていた具体的安全配慮義務に違反し，同人をして本件有機溶剤中毒に罹患せしめたというほかはない。」

〈検討〉

本判決は，安衛法及びそれに紐付く安衛則や有機則の規定は，行政取締規定だが，その目的の一致から，使用者の労働者に対する私法上の安全配慮義務の内容となるとした上で，Y社の安全配慮義務違反を認めた。

本件では，局所排気装置の設置（安衛法第22条，第23条。有機則第5条，第14条ないし第18条），呼吸用保護具（防毒マスク），保護手袋等適切な保護具の具備（安衛則第593条，第594条，有機則第32条ないし第33条），有機溶剤の特性・毒性・有機溶剤中毒の予防にかかる安全衛生教育（安衛法第59条，安衛則第35条），適切な特殊健康診断（有機則第29条，第30条），必要な作業環境測定と結果の記録（安衛法第65条，施行令第21条，有機則第28条），有機溶剤のリスクと取扱上の注意事項，中毒発生時の応急処置等の掲示（有機則第24条，第25条）が同義務の内容となるとした上で，いずれも（適切に）実施されなかった（局所排気装置は一切設けられず，保護具は十分に用意されず，全く着用されず，教育指導はされず，特殊健診は適正になされなかった）とされた。

本判決で特徴的なのは，法定の測定は一応行われ，個々の有機溶剤は許容濃度内だったことを認めつつ，個人サンプラーを活用した正確なばく露濃度測定，複数の有機溶剤の相加作用の評価等も同義務の内容だったが果たされなかったとされた点にある。

すなわち，たとえ作業環境測定の結果が目安となる基準範囲内でも，"結果よければ全てよし"ではなく，本来講じられるべき対策を怠っていた場合，その目安となる基準自体が疑われ，違法扱いされ得るということである。

6 適用の実際

1 統計資料

違反による送検件数を記した厚生労働省労働基準局監督課「労働基準関係法令違反に係る公表事案」（令和2年12月1日～令和3年11月30日公表分）によると，安衛法第23条違反は2件（いずれも安衛則第540条違反）であった。同「労働基準関係法令違反に係る公表事案」（令和3年11月1日～令和4年10月31日公表分）によると，本条違反は1件（安衛則第540条違反）であった。また，是正勧告を典型とする違反指摘件数を記した「平成30年年報」によると，安衛法第20条～第25条の違反状況において，安衛則違反は438件，本条と関連性が強い事務所則違反は8件である。「平成31年・令和元年年報」によると，安衛則違反は369件，事務所則違反は8件であった。「令和2年年報」によると，安衛則違反は382件，事務所則違反は9件であった。なお，この統計は安衛法第20条～第25条違反の件数であるため，本条違反の件数は不明である。

さらに，「平成30年年報」によると，本条の「送検事件状況（平成30年）」は4件で，「平成31年・令和元年年報」によると，本条の「送検事件状況（平成31年・令和元年）」は4件であった。なお，「令和2年年報」の「送検事件状況（令和2年）」には，本条違反に関する記述はなかった。

2 インタビュー

(1) 臨検監督の実際

本条を主眼とする臨検監督はなく，通常の臨検監督時に併せて確認する。その際には，通路，床面，階段等の保全関係については留意するものの，換気，採光，照明，保湿等の衛生基準関係についてはあまり重視していない状況にある。特に，通路の確保は転倒災害防止につながるため，重点的に確認する。

(2) 各規則における適用の実際

(a) 安衛則

まず，通路の確保は，全ての安全の基本となるため，工場，建設現場，事務所など全ての事業場の臨検監督時に確認を行う。工場では，白線などで表示しているか，工事現場では床に表示したり，パイロンや単管などで区画したりしているかどうかを確認する。建設業では，通路の確保は重点的に指導している（第540条）。次に，通路面に突起物はないか，滑りやすくないか，踏み抜きはないか，上方1.8m以内に蛍光灯などの障害物はないか，作業場の床面の確認（第542条，第544条），通路の幅は80cm以上あるか（第543条）も確認する。

危険物取扱作業場に2カ所以上の出入口があるかの点については，従来，危険物を取り扱っていなかった室を取扱作業場に変更した場合に，違反となる事例が

ある（第546条）。

照度（第604条）は，工場などの機械の手元の照度が重要となるが，300lxでは暗く実際には500lx以上は確保されている。ただし，近時，建設現場における下請の作業現場や手元の照明器具を元請が設置せずに，全体的に暗い場合があり，下請が自ら調達，持参しなければならない状況にあることから，建設現場での照度の確保は臨検監督時に必ず指導する。その際は，規則の150lx，300lxに関係なく，照明を確保するよう指導する。また，採光及び照明については，6カ月ごとの点検が義務づけられているものの，点検内容が不明であることから，適用例はほとんどない（第605条）。

そのほか，休養室等は，ビル内にある店舗などの第3次産業については違反が見られることがあり，労働者にとって休養室は重要な事項であることから，必ず確認を行う（第618条）。第619条の清掃の実施はほとんど死文であり，適用例は聞いたことがないとのことである。

(b) 事務所則

気積は事務所で違反が認められることがあるため，労働者が多数いる室については計算する（第2条）。照度については，「情報機器作業における労働衛生管理のためのガイドラインについて」（令和元年7月12日基発0712第3号）に基づき，パソコンの作業についてガイドラインの基準を満たしているかどうかを中心に調べるものの，VDT作業（＝液晶等の画面表示機器と，キーボードやマウス，タッチ画面等の入力機器による情報端末を使用する作業）での照度が問題となることはほとんどない（第10条）。休養室については，その有無及び男性用，女性用の区別を確認する（第21条）。

3 令和2年度厚生労働科学研究プロジェクトによる行政官・元行政官向け法令運用実態調査（三柴丈典担当）

本条及び関係省令の条文が適用された事例について，行政官・元行政官より，以下のように回答された。

①安衛則第53条の適用により，健康管理手帳の交付が労働者にされたとき，管理に困ることが想定される（携帯電話のアプリ等に連結させたほうが，管理・保存がしやすい）。

②平成2年，労働者数が50名を超える製造業の事業場への立ち入りで，休養室が男女別に設置されていないことから，改善されるまでの間は，打ち合わせ室の一部を転用するなどの緊急措置を指導し，しっかりと出入口，及び室内の区画をレイアウトし，男女別に休養室を整備し，鍵を設けて管理されるなどについて，文書交付により行政指導を実施した（事務所則第21条）。

③工場内に設置された安全通路が形骸化しており，労働者が移動に際して，安全通路ではない積み上げられた資材の上を跨いでショートカットして通行している状況を確認したため違反を指摘し，是正報告においては，当該箇所の通行に際しては，安全通路を通行するように徹底させるとの報告はあった（安衛則第540条の適用例）。

④事業場の敷地内で，凍結した地面（アスファルト）で転んで頭部を打って労働者が死亡した事例について，路面凍結防止剤を使用していなかったとして本条を根拠に是正勧告（可罰性の有無に問題があったため，罰則は適用していない）を行った（安衛則第544条）という回答があった。

ただし，安衛則第540条の「通路」については，「安全な通路」が曖昧であり，労働災害があれば安全な通路ではなかったとして違反を指摘するが，「安全な」の程度を明らかにすべきとの意見や，③の回答において，その後に同工場の臨検を実施した際に，積み上げた資材を跨ぐ労働者を確認したものの，通路ではなく，作業のために資材を跨いでいた状況であったため違反として適用しなかった事例も挙げており，作業場内における移動箇所を「通路」として認定して適用した事例と適用しなかった事例があったことの記載があり，現場での適用が困難な条文であることが窺える。

> 第24条　事業者は，労働者の作業行動から生ずる労働災害を防止するため必要な措置を講じなければならない。

1 趣旨

本条は，労働者の作業行動から生じる労働災害を防止するため，事業者が必要な措置を講ずべきことを定めたものである。労働者の危険又は健康障害を防止するために，事業者が必要な措置を講ずべきことを法第20条から前条までにおいて，様々な観点から定めているが，それらの措置によっても作業上の危害要因の全てが排除されるものではない。

特に，ある種の労働災害は，行動様式を確立し，それに従って労働者が正確に行動しなければなかなか防止できない。例えば，重量物の運搬に伴って起こりやすい腰痛症による健康障害もその一つであり，この腰痛症の防止は，労働者が行動様式を厳重に守ることによって確保することができる場合が少なくない。事業者に，こうした種類の労働災害をも防止するため，適切な措置をとるべきことが義務づけられたものである。

2 内容

本条の規定により事業者が講ずべき措置の具体的内容については，厚生労働省令により規定し得ることとされているが，従来，例えば，重量物取扱い作業における腰痛の予防を図るため，①自動化，機械化，作業速度の調整等による運搬作業の省力化と改善，②取扱い重量の軽減と負担均一化，③荷姿の改善と重量等の明示，④作業姿勢，作業台の活用等，⑤取扱い時間及び量の適正化，⑥作業方法の教育，などについて行政指導が行われている（昭和45年7月10日基発第503号「重量物取扱い作業における腰痛の予防について」[55]）。

職場における腰痛対策については，前述の通達と「重症心身障害児施設における腰痛の予防について」（昭和50年2月12日基発第71号）により当該業務従事者に対する腰痛予防対策を示し，その指導に努めてきた結果，腰痛の発生件数は着実に減少したものの，業務上疾病全体に占める割合も約6割と，依然として高い状況にあった。そこで，広く職場における腰痛の予防を一層推進するための対策として，調査研究結果を踏まえた「職場における腰痛予防対策指針」を定めるとともに，前述2つの通達は廃止された（平成6年9月6日基発第547号[56]）。その後，福祉・医療分野における介護・看護作業，長時間の車両運転や建設機械の運転の作業等を対象に，広く職場における腰痛の予防を一層推進するため，「職場における腰痛予防対策指針」の改訂を行った（平成25年6月18日基発第0618第1号[57]）。

3 罰則

事業者が，本条の規定に違反して必要な措置を講じない場合には，6カ月以下の懲役又は50万円以下の罰金に処せられる（法第119条第1号）。

4 沿革

作業行動から生ずる労働災害を防止するための措置について，工場法及び旧労基法に関連する一般的な規定はなかった。しかし，安衛法が制定される15年以上前の論文[58]には，産業災害の原因別統計によると全体の75〜80％が作業行動災害に属するとの記述が見られ，すでにこの時点で作業行動から生じる労働災害への対策は重要な課題であったことが窺われる。

安衛法制定時の第68回通常国会衆議院社会労働委員会における議論を見ると，作業行動から生ずる労働災害の防止に関連する発言としては，「腰痛症にはいろいろな原因が考えられるのでありますが，作業行動から生ずるものが少なくございませんし，……今後ともさらに十分な検討をいたしまして，それにより適切な有効な措置の実施をはかるために，必要なものにつきましては，技術上の指針なども検討し，公表することも，ただいま検討しておるところでございます」（昭和47年4月12日渡邊健二委員）や「この法律で防止しようとしております労働災害は物的施設の不備あるいは作業行動によって生ずるすべてのもの，広く労働者の就業にかかわる要因に起因するものも含むものであります」（昭和47年4月25日塚原俊郎国務大臣）などが挙げられる。

当初の安衛法案では，本条文は第25条であったが，事業者の労働者を退避させる義務（現行第25条）が設けられたため，本条文は第24条として規定されることとなった。

5 背景となった災害

本条は労働者の作業行動から生ずる労働災害を防止するために，正確に行動することを労働者に求める規定であるという性格上，特定の災害が本条の制定背景にあるとは考えがたい。

6 関連判例

1 腰痛

●信濃運送事件・長野地判平19・12・4労判967号79頁（腰椎間板ヘルニア，腰部脊柱管狭窄と安全配慮義務）

〈事実の概要〉

被告Y社（以下「Y社」）の従業員としてトラック運転の業務に従事していた原告X（以下「X」）は，25kgの箱を130箱，20kgの袋を約500袋，30kgの袋を約330袋などの積み込みを常時，補助者を付けずに1人で行っていた。Xは平成11年7月19日，荷卸し作業中に腰に激痛を感じ，入通院治療を受けた。Xは，椎間板ヘルニア，腰部脊柱管狭窄の後遺症を負い，平成14年10月30日，長野労基署から労災認定を受けた。

Xは，Y社が安全配慮義務を怠った結果，腰部の後遺症を負ったと主張し，損害賠償を請求した。

〈判旨〉

「XがY社において従事していたトラック運転と荷積み・荷卸しの労働は腰に負担がかかり，その程度が重ければ，椎間板ヘルニア，腰部脊柱管狭窄等の腰部の障害を生じさせる可能性のあることは明らかである。したがって，Y社としては，雇用契約上の安全配慮義務として，Xの従事する労働を原因として腰部に障害を生じさせないようにする注意義務を負っていたといえる。」

そして，平成6年9月6日付「職場における腰痛予防対策の推進について」と題する旧労働省の通達は，「旧労働省において，広く職場における腰痛の予防を一層推進するための対策として旧労働省の委託を受けた中央労働災害防止協会による調査研究を踏まえて定められ，事業者に周知すべきものとされていること」，

労働大臣告示「自動車運転者の労働時間等の改善のための基準」は、「トラック運転者の労働条件の改善を目的にして策定されたものであることが認められるから、これら通達、大臣告示は、当然、事業者において遵守することが望まれるものである。もっとも、通達において定められた事項は多岐にわたり一般的抽象的なものや過分の手間・費用を要するものもあるし、労働大臣告示で定められた労働時間も一種の目安であるから、その違反が直ちに雇用契約上の安全配慮義務違反となるものではないが、その趣旨、目的からいって、違反の程度が著しかったり多項目にわたったりするような場合には、雇用契約上の安全配慮義務違反となると考えられる。」

旧労働省「職場における腰痛予防対策の推進について」やその解説では、「トラックへの荷積みや荷卸しの際に適切な補助具を導入することが腰痛予防のための人間工学的対策とされているところ、……被告においてはこうした人間工学的な対策がとられたとは認められ」ず、「補助具として、昇降作業台、足踏みジャッキ、サスペンション、搬送モノレールなどが例示されているところ、これらの中には導入に過分の手間や費用がかかるものもあるから、これらを導入しないことが直ちに安全配慮義務違反になるとはいえないが、少なくともXの主張する台車の導入は容易であったはずであり、この点に関し、Y社の安全配慮義務違反を否定することはできない。」

〈検討〉

本件は、重量物の荷積み・荷卸しにより腰痛を発症したトラック運転手が安全配慮義務違反を争った事件である。

前述の通り、職場における腰痛対策については旧労働省及び厚労省の通達が出されているところ、本判決においても、Y社の安全配慮義務違反の有無を判断するにあたって、旧労働省の通達の趣旨及び目的が基準とされている。腰痛の発症に対する安全配慮義務違反が争点となった従来の裁判例においても、本件と同様に、旧労働省「職場における腰痛予防対策指針」に言及するものがある。おきぎんビジネスサービス事件・那覇地沖縄支判平18・4・20労判921号75頁は、この通達を「行政的な取締規定に関連するものではある」としつつも、「その内容が基本的に労働者の安全と健康を確保するためのものであることに鑑みれば、使用者の労働者に対する安全配慮義務の内容を考える際の基準となるもの」と位置づけている。また、前述旧労働省「重量物取扱い作業における腰痛の予防について」を安全配慮義務の内容を定める際の基準とする裁判例も見受けられる（佐川急便〔損害賠償請求〕事件・大阪地判平10・4・30労判741号26頁、中国ピアノ事件・広島地判平元・9・26労判547号6頁、ヤンマーディーゼル事件・神戸地尼崎支判昭60・2・8労判448号31頁など）。裁判例を踏まえると、腰痛予防対策については、通達の内容に従った措置を講じることで安全配慮義務を履行することができるものと解される。

他方で、労働者の健康保持が十分ではなかったり、自らの発意であえて過重労働となる作業に従事したりするなど、疾病の発症や増悪について考慮すべき事情がある場合（前掲ヤンマーディーゼル事件）や、使用者の指定する産業医の受診を拒否するなど会社の健康管理に協力しなかった場合（空港グランドサービス・日航事件・東京地判平3・3・22労判586号19頁）には、それらの事情は過失相殺され、損害額を減額する根拠となりうる。

2 転倒

●大成建設他事件・東京地判昭61・12・26判タ644号161頁（転倒死亡事故と元請会社の安全配慮義務違反の有無）

〈事実の概要〉

訴外A（以下「A」）は被告Y2社（以下「Y2社」）の建設現場作業員として働いていた。被告Y1社（以下「Y1社」）は訴外B社から増設工事（以下「本件工事」）を請け負い、そのうちの基礎工事等をY2社に下請けさせていた。

Aは、昭和59年2月1日、本件工事現場でY2社の従業員の指示を受けて補助作業（以下「本件補助作業」）をしていた際に足を滑らせて転倒し、付近にあったコンクリート製パイプ状パイルから突出していた鉄筋の一本に右顔面を打ちつけ、頸髄損傷の傷害を負って死亡した（以下「本件事故」）。

Aの妻及び子である原告Xらは、Y1社らの安全配慮義務違反を根拠に損害賠償を請求した。

〈判旨〉

「Y1らは、いずれも本件事故発生当日の前記本件事故現場の状況をつぶさに掌握していたものであるが、Aに本件補助作業を行わせるに際して、前記補助作業の危険性を全く認識しておらず、これが回避のために作業工程について具体的指導を与えたことはなかった。なお、前記のとおり、Y1らは、定期的に安全集会なるものを開いていたが、右集会の内容は、作業手順に関する事項や安全に関する一般的注意事項を与えていたにすぎず、本件転圧作業ないし本件補助作業に言及したことは全くない。」

「Y1らは、自らの支配監督下にある建設工事現場において、Aに本件補助作業を命じ、Aからその労務の提供を受けていた関係上、実質的にはAの使用者ともいうべく、Y1らとAとの間には、雇用関係に類似ないし近接する特別な使用従属的法律関係を認め

るのが相当というべきである。したがつて，Y1らは，右法律関係に付随する義務として，Aに対し，本件転圧作業ないし本件補助作業を行わせるに当たり，その生命，身体及び健康に対する安全を配慮すべき義務を負つていたものと解すべきであるところ，右安全配慮義務の具体的内容は，作業現場の状況，作業員の作業内容等の具体的状況に応じて個別的に措定されるべきものであつて，必ずしも実定法上使用者の配慮すべき義務として規定されているか否かによつて左右されるものではないから，その作業現場の状況，作業内容等に照らしてAの生命，身体，健康に対する危険の発生が客観的に予見される以上，右危険を防止ないし除去するための人的，物的措置を講ずべき安全配慮義務を負つているものと解すべきである。」

Y1らは，「定期的な安全大会の開催などを通して，一応作業員の安全に対する配慮を払つていたことはうかがわれるものの，本件補助作業に伴う前記危険に対しては，全くこれに意を払うことなく，漫然と従来の慣行に従つて作業を行わせ，前記の具体的な安全配慮義務を懈怠したため，本件事故の発生を防止しえなかつたものというべきであるから，Y1らは，本件事故によつて生じた損害を賠償すべき責任があるものといわざるをえない。」

〈検討〉

本件は，本件事故現場の状況を掌握していたものの，本件補助作業にかかる危険性を認識していなかつたY1社らに対して，本件事故が発生する危険が客観的に存在し，かつ，当該危険は容易に予見できたとして，現場作業員に対してかかる危険ないしこれを回避する適宜の措置を周知徹底させ，当該危険を回避しあるいは当該危険に対し適切な対応が行えるよう安全教育を施すべき具体的な注意義務を負つていたとしてY1社らのAに対する安全配慮義務違反を認めた事例である。

本件では本件補助作業における危険を認識していなかつたため，これを回避するための具体的指導を与えていなかつたものの，定期的に安全集会を開催することにより，作業手順に関する事項や安全に関する一般的注意事項を与えており，労働者の安全に対する配慮を払つていた点に事例としての特徴があるといえよう。特定の作業について災害発生の危険性が存在する場合には，一般的な安全への配慮のみならず，個々の作業の危険性に応じた配慮が求められることとなる。また，使用者は，普段から作業ごとにリスクアセスメントを行い，それぞれの作業行動に内在する危険性を明らかにし，必要な措置を労働者に周知徹底したり，安全教育を施したりして当該危険性を回避することに努めなければならないことが示唆される。さらに，元

請事業者及び下請事業者双方にこれらの義務が課されることとなる。

後続の裁判例においても，労働者の作業中の転落死に対する安全配慮義務違反が争点となった事例において，作業手順書やマニュアルが労働者に交付されていなかったことや安全な作業手順を従業員に周知徹底し，作業手順書記載の作業手順が間違いなく遵守されるよう指導・教育することを怠ったなどとして，安全配慮義務違反が肯定されている（東京地判平25・2・18判例秘書06830232）。他方で，ブリキ缶（19.1kg）の運搬作業中の階段で転倒事故に対する安全配慮義務違反が争われた本田技研工業事件・東京地判平6・12・20労判671号62頁では，階段の構造に欠陥がなかったこと，階段が滑りやすくなかったこと，缶の重量も問題なかったこと，階段の照明は暗くなったことから，使用者の安全配慮義務違反を否定している。この裁判例からは，作業行動から生ずる労働災害を防ぐために必要な措置としては，教育・指導という観点以外にも，施設・設備面での措置を講じることが安全配慮義務の履行にとって重要であることが見て取れる。

ただ，本件ではY1社らも本件補助作業の危険性を認識していなかったという事情があることには留意すべきであろう。本判決はこの危険性を容易に予見できたと評価しえたと判示するが，どのような場合に同様のことが妥当するかは不明確であり，本判示部分の射程は慎重な検討を要する。

7 適用の実際

元行政官によると，本条を適用した事例はないとのことであった。本条は，作業行動から生ずる労働災害を防止するために必要な措置義務を定める条文であり，本法第27条で具体的な措置事項は省令で定めるとしているところ，省令における規定が全くないため，違反として指摘しにくいという事情がある。労働者の行動を原因とする災害は，労働者のエラーやミスに起因するところが多いことから，構成要件を定めるのが困難であることが，省令における規定がない理由の一つであると推察される。

以上のことから，現場における監督では，指導票による指導を行うにとどめている。

しかし，①例えば，重量物に関して，「両手に荷物を持って階段を昇降させてはならない」，「〇〇kg以上の荷を持ち上げる作業をさせるときは，腰痛防止ベルトを使用させなければならない」などといった構成要件を通達や指針に定めること，②作業行動のリスクアセスメント（本法第28条）を行い，過去の災害事例を分析して規則に規定すること，といった提言があった。

> 第25条　事業者は，労働災害発生の急迫した危険があるときは，直ちに作業を中止し，労働者を作業場から退避させる等必要な措置を講じなければならない。

1 趣旨

本条は，労働災害発生の急迫した危険が生じた場合に，事業者は，作業中止，労働者の退避等必要な措置を講ずべきことを定めたものである。

また，危険を察知した労働者は，自ら現場から緊急避難的な意味合いで退避し得る。

2 内容

本条に基づいて事業者が講ずべき具体的措置は，以下の関係政省令において定められている。

安衛則第274条の2（危険物等の爆発，火災等による急迫した危険がある場合の退避），第322条第2号（地下作業場等であって，可燃性ガスの濃度が爆発下限界の値の30％以上であると認めたときの退避），第389条の7（ずい道等での落盤，出水等による急迫した危険がある場合の退避），第389条の8（ずい道等の建設作業を行う場合であって可燃性ガスの濃度が爆発下限界の値の30％以上であると認めたときの退避），第575条の13（土石流による急迫した危険があるときの退避），第642条第3項（特定元方事業者に警報の統一等の義務が課せられている作業場所で警報が発せられた場合の退避），有機則第27条（有機溶剤中毒の発生のおそれのある場合の退避等），四アルキル鉛則第20条（四アルキル鉛中毒にかかるおそれのある場合の退避等），特化則第23条（第3類物質等が漏えいした場合における退避等），高圧則第23条（事故発生時の措置），電離則第42条（事故が発生した場合の退避等），酸欠則第14条（酸素欠乏等のおそれが生じた場合における退避等）である。

以上に該当しない場合でも，労働災害発生の急迫した危険があるときは，事業者は安衛法に基づく規定がなくても，必要な措置を講ずる義務があると解されている。

行政解釈によると，「本条は，事業者の義務として，災害発生の緊急時において労働者を退避させるべきことを規定したものであるが，客観的に労働災害の発生が差し迫っているときには，事業者の措置を待つまでもなく，労働者は，緊急避難のため，その自主的判断によって当然その作業現場から退避できることは，法の規定をまつまでもないものであること。」（昭和47年9月18日基発第602号）とされている。

なお，労働災害発生の急迫した危険があり，かつ，緊急の必要があるときは，都道府県労働局長又は労働基準監督署長は，事業者に対し，作業の全部又は一部の一時停止を命ずることができる（第99条第1項）。

3 罰則

事業者が，本条の規定に違反して必要な措置を講じない場合には，6カ月以下の懲役又は50万円以下の罰金に処せられる（法第119条第1号）。

4 沿革

旧労基法時代は，例えば，可燃性ガスがある地下作業場で労働者を就労させる場合，毎日ガスの含有率を検査し，メタンガスの含有率が100分の1.5以上の場合，改善措置を講じ，労働者を退避させ，動力を停止すべき旨の旧安衛則の定め（第153条）など，個別の規則で，個々の業務につき，個別的な定めが置かれるにとどまっていた。

安衛法の立法過程において，中央労働基準審議会の議を経て国会へ提出された政府原案は，第20条から第24条までだけであったのが，労働側主張のいわゆる「労働安全に関する労働者の三権」の一つである，労働災害発生の急迫した危険があるときの「労働者の退避権」の問題が国会において議論となり，その結果，衆議院社会労働委員会における修正によって，「事業者の退避させる義務」として新たに第25条が設けられた[61]。したがって，本法の制定を機に，はじめて事業者の退避させる義務が明確に法律の中に位置づけられた。

なお，法制定時には，作業中に急迫した危険がある場合に，労働者が就労拒否できることを安衛法に規定すべきという意見があったものの，その意見は採用されなかった[62]。

5 背景となった災害

緊急時に事業者が労働者を退避させる義務は，安衛法施行以前から各規則に個別に定められていたことや，安衛法の立法過程における議論経過に鑑みると，本条を制定する背景となった特定の災害はないと考えられる。

6 関連判例

●東京電力ホールディングス（旧東京電力）ほか2社事件・福島地いわき支判令元・6・26裁判所WEBサイト

〈事実の概要〉

原告X（以下，「X」）は，平成18年頃から株式会社いわきメンテナンス（以下，「訴外会社」）に雇用され，福島第一原子力発電所（以下，「本件原発」），福島第二原子力発電所，柏崎刈羽原子力発電所等において，原子力発電所の定期点検作業に従事していた。被告Y1社

（以下，「Y1社」）は，本件原発内の原子炉の運転等に係る原子力事業者である。被告Y2社（以下，「Y2社」）及び被告Y3社は，原子力発電所の保守管理等を業とする株式会社である。

Y1社は，平成23年3月11日（以下の日付は平成23年のもの）に発生した本件原発の事故（以下，「本件事故」）における緊急作業として，3号機タービン建屋（以下，「本件建屋」）の地下1階において，電源盤（以下，「本件電源盤」）にケーブルを接続する作業（以下，「本件作業」）を行うこととした。

3月24日，Xは，Y2社の従業員から，本件建屋1階の電源盤と本件建屋地下1階にある本件電源盤をつなぐ作業をするように指示を受け，Y2社チームの一員として本件作業を行うこととなった。Y2社チームは各自，APD（警報付ポケット線量計。以下，「本件APD」）のアラーム設定値を20mSvに設定するようY2社の従業員から指示を受けた上で，そのように設定された本件APDを防護服の内部に着用した。なお，訴外会社規則には，放射線業務従事者の線量限度に関し，通常時は80mSv／5年間，40mSv／1年間，緊急作業時は100mSv／1回，災害対策支援業務時は40mSv／1回と規定されていた。

同日の本件建屋での作業中，Y2社の従業員3名が着用していた本件APDが相次いで連続して鳴った。Xは，訴外会社で立場がXより上である従業員に対して本件作業を中断すべきではないかと述べたものの，Y2社チームは本件作業を継続することとなった。なお，本件作業を通じて，Xが着用していた本件APDが，積算4mSvを超えた場合の反応を示したものの，積算20mSvを超えた場合と同様の反応を示したことはなかった。

Xは，本件作業を行った3月24日以降も本件原発での緊急作業に従事し，同月29日に0.07mSv，同月30日に0.36mSv，同月31日に2.25mSv，4月1日に0.75mSvの外部被ばくをした。

そこで，Xは，本件作業を行ったことにより被ばくし，精神的苦痛を被ったと主張して，主位的に，Y1社らに対し，安全配慮義務違反及び使用者責任（民法第715条）に基づく損害賠償請求を，予備的に，Y1社に対し，原子力損害の賠償に関する法律第3条1項に基づく損害賠償請求を行った。

〈判旨〉

「Y1社の放射線管理仕様書上，作業員の電子式線量計の警報が連続的に鳴った場合には，速やかに作業員が管理区域から退避することが求められており，APDが鳴動した場合に放射線管理区域外から速やかに退出することが原則である……。そうすると，Y2社チームとしては，本件APDが上記反応を示し，積算放射線量が20mSvを超えたおそれがある場合には，過度の被ばくを避けるためにも本件作業を中断して本件建屋から退避すべきであったと考えられる。」

Xは放射線被ばくのおそれなどから本件作業の中止を直属の上司を通じてY2社らの従業員に対して求めたが，聞き入れられず，本件建屋にとどまることを余儀なくされた。「本件APDの警報音が鳴り，原則として当該区域からの退避が求められる状況下で，本件作業を継続し，本件建屋にとどまることを余儀なくされたXが覚えた不安や恐怖は，漠然とした不安感や恐怖感にとどまるものではなく，健康被害を生じるかもしれないという危惧，恐怖を覚える程度のものといえ，Xは相当程度の精神的苦痛を受けたものといわざるを得ない。」

他方で，Xが，本件APDのアラーム設定値である20mSvを超える被ばくをしたとは認められないことや，本件作業後も被ばくの可能性が否定できない本件原発での勤務を継続し，一定程度の更なる被ばくを受忍したことなどの事情が損害額の算定において考慮されている。

控訴審（仙台高判令2・12・16 LEX/DB 25568687）は，本判決を維持している。

〈検討〉

本判決は安衛法第25条が争点となった裁判例ではないものの，労働者が退避を提案したにもかかわらず，その提案が受け入れられなかったために被ばくしたことに対する安全配慮義務違反の有無等が争われていることから，労働者の退避を考える上で参考となる事例であると思われる。

なお，福島第一原発事故に適用される具体的な規定としては，電離則第42条第1項第3号（「事業者は，次の各号のいずれかに該当する事故が発生したときは，その事故によつて受ける実効線量が15ミリシーベルトを超えるおそれのある区域から，直ちに，作業に従事する者を退避させなければならない。」「三 放射性物質が多量に漏れ，こぼれ，又は逸散した場合」）が挙げられる。[63]

本判決は，本件APDのアラーム設定値を20mSvに設定しており，かつY1社の放射線管理仕様書上，警報が鳴った場合には速やかに労働者を退避させることが求められていたことから，本件APDが鳴動した時点でY2社チームには労働者を退避させる義務が生じるとして，本件作業を継続したことに対するXの精神的苦痛を認めた。

本件では，Xの被ばく量が20mSvに達していないことに鑑みると，Xに具体的な「労働災害発生の急迫した危険」があったとは考えにくい。このことを考慮すると，本判決は，同一の場所で作業を行う他の労働者の状況や事業者等が定める作業に関する規則など

を考慮し，抽象的であっても「労働災害発生の急迫した危険」の可能性が存在する場合には，事業者は労働者を退避させる義務を負うと判示したと解される。

もっとも，本判決が，本件作業後も本件原発での作業を継続したことは，損害賠償額を減額する要素となっていることに留意すべきであろう。本判示部分には，被ばくを好んで受ける者はおらず，自己の利益のための行動を抑え，全体のためにあえて引き受けた本件業務の状況下で味わった恐怖感に対しては，増額があってもよいとの批判がある。[64]

本件の原発事故に限らず，緊急作業においては，労働災害発生の急迫した危険や健康リスクが存在したとしても，被害の拡大を防いだり，現場を復旧させたりするために当該作業に従事する者は必要となりうる。また，使用者は労働者に対して指揮命令権を有するため，労働契約の内容によっては健康リスクを伴う作業であっても拒否しがたいケースがあると考えられる。以上を考慮すると，本件作業に従事したXのような労働者を「リスクを受け入れた者」として捉え，損害額を減額する理由とする本判決には疑問が残る。

7 適用の実際

元行政官によると，①本条は事故発生時の退避義務を定めた条文であり，実際に事故が発生したときは当然に退避措置を講じていることから，臨検監督において本条を適用する場面はなく，また，②実際に事故発生時点で監督官が現場に居合わせることはなく，事故発生後に現場に駆け付ける，すなわち現場に到着するのは退避措置を講じた後になるため，本条の適用場面に遭遇しない。そのため，実際の適用例はないとのことであった。

しかし，退避が遅れた結果として労災事故は発生したときは立件の対象として適用する可能性はありうるとのことである。

> 第25条の2　建設業その他政令で定める業種に属する事業の仕事で，政令で定めるものを行う事業者は，爆発，火災等が生じたことに伴い労働者の救護に関する措置がとられる場合における労働災害の発生を防止するため，次の措置を講じなければならない。
> 一　労働者の救護に関し必要な機械等の備付け及び管理を行うこと。
> 二　労働者の救護に関し必要な事項についての訓練を行うこと。
> 三　前2号に掲げるもののほか，爆発，火災等に備えて，労働者の救護に関し必要な事項を行うこと。
> 2　前項に規定する事業者は，厚生労働省令で定める資格を有する者のうちから，厚生労働省令で定めるところにより，同項各号の措置のうち技術的事項を管理する者を選任し，その者に当該技術的事項を管理させなければならない。

1 趣旨

本条は，ずい道等の建設工事等特に危険な工事を行う事業者については，爆発，火災等の重大事故が発生したことに伴い救護に関する措置がとられる場合に備えて，必要な機械器具の備付け，必要な訓練の実施等の措置を行わせるとともに有資格者にこれらに関する技術的事項を管理させることとしたものである。[65]

行政解釈によると，「本条は，労働者の救護に関する措置がとられる場合に備えて事業者は，あらかじめ必要な措置を講じなければならないことを規定したものであり，事業者の救護義務自体について規定したものではないこと。したがって，消防法の規定等現在の事故発生時における救護責任のあり方を変更するものではないこと。」とされている（昭和55年11月25日基発第647号）。

2 内容

1 対象となる業務

本条第1項によると，「建設業その他政令で定める業種に属する事業の仕事」が対象となる。対象となる仕事は安衛法施行令第9条の2に定められており，ずい道等の建設の仕事で，出入口からの距離が1000m以上の場所において作業を行うこととなるもの及び深さが50m以上となるたて坑（通路として用いられるものに限る）の掘削を伴うもの（第1号），圧気工法による作業を行う仕事で，ゲージ圧力0.1Mpa（メガパスカル）以上で行うこととなるもの（第2号）が対象となる。なお，「その他政令で定める業種」は現在のところ定められていない。

2 事業者が講ずべき措置

まず，第1号の「労働者の救護に関し必要な機械等」は，①空気呼吸器又は酸素呼吸器，②メタン，硫化水素，一酸化炭素及び酸素の濃度を測定するため必要な測定器具，③懐中電灯等の携帯用照明器具，④①から③までのほか，労働者の救護に関し必要な機械等と定められている（安衛則第24条の3第1項）。なお，③の「懐中電灯等」の「等」には，携帯電灯（電池付）及びキャップランプが含まれ，④の「機械等」の「等」とは，救護に当たる労働者の安全を確保するために必要なはしご，ロープ等をいう（昭和55

11月25日基発第648号)。

次に，第2号の「労働者の救護に関し必要な事項についての訓練」とは，①前条第1項の機械等の使用方法に関すること，②救急そ生の方法その他の救急処置に関すること，③①及び②に掲げるもののほか，安全な救護の方法に関することと定められている（安衛則第24条の4第1項）。①の「機械等」の使用方法については，それぞれの機械に添付されている説明書の内容を熟知すること，実際に，呼吸器を装着したり，測定器で測定してみることが必要である[66]。②の「救急そ生の方法」とは，人工蘇生器の使用方法及び人工呼吸の方法及び心臓マッサージの方法をいい，「その他の救急処置」とは，止血法，骨折部の固定法等打撲，火傷等に対する応急手当をいう（昭和55年11月25日基発第648号）。また，③の「安全な救護方法」とは，具体的には，非常時の招集，救護に当たる者相互の連絡又は合図，携行品の確認，救護に係る伝達事項に対する復唱等による確認等の事項をいう（昭和55年11月25日基発第648号）。なお，救護に関する訓練を行ったときは，①実施年月日，②訓練を受けた者の氏名，③訓練の内容を記録し，これを3年間保存しなければならない（安衛則第24条の4第3項）。

そのほかに，事業者は，機械等の備付け時期までに，①救護に関する組織に関すること，②救護に関し必要な機械等の点検及び整備に関すること，③救護に関する訓練の実施に関すること，④①から③までに掲げるもののほか，救護の安全に関することについて，救護の安全に関する規程を定めなければならない（安衛則第24条の5）。さらに，ずい道工事等における作業は，地下の限られた空間において行われるものであることから，いったん，その内部で事故が発生した場合に，その内部に何人残存しているのかが明確でなければ救護のための対策がたてにくいため，事業者は，救護に関する機械等の備付け時期までに，ずい道等の内部又は高圧室内において作業を行う労働者の人数及び氏名を常時確認することができる措置を講じなければならない（安衛則第24条の6）。

3 救護に関する技術的事項を管理する者

救護に関する措置は，技術的・専門的事項を含むものであることから，その技術的事項については，一定の資格を有する者に管理させることとし，事業者は，一定の資格を有する者のうちからこれの措置に係る技術的事項を管理する者を選任し，①労働者の救護に必要な機械等の備付け及び点検整備，②労働者の救護に必要な訓練の実施，③労働者の救護に関する規程の作成，④ずい道等の内部等において作業を行う労働者の人数，氏名の確認，⑤その他の救護に関し必要な技術的事項の管理，等の職務を行わせ，技術的事項を管理させなければならない[67]。なお，行政解釈によると，「技術的事項」とは，救護に関する「具体的事項をいうものであり，専門技術的事項に限る趣旨のものではないこと」とされている（昭和55年11月25日基発第648号）。

救護に関する技術的事項を管理する者の選任は，救護に関する機械等の備付け時期までにその事業所に専属の者を選任しなければならない（安衛則第24条の7第1項）。

救護に関する技術的事項を管理する者の資格は，次に掲げる者で，厚生労働大臣の定める研修を修了したものと定められている（安衛則第24条の8）。すなわち，①施行令第9条の2第1号に掲げる仕事 3年以上ずい道等の建設の仕事に従事した経験を有する者，②施行令第9条の2第2号に掲げる仕事 3年以上圧気工法による作業を行う仕事に従事した経験を有する者である。なお，①及び②の「仕事に従事した経験」とは，それぞれの建設工事現場において，当該工事の施工に直接従事したことであって，単に現場事務所における報告書の作成等の事務処理に従事していたことだけでは足りない[68]。これらの者が厚生労働大臣の定める研修を修了し，救護に関する技術的事項を管理する者となれるが，研修の具体的内容は，①学科研修，②実技研修から構成される（昭和56年5月25日労働省告示第55号）。事業者は，救護に関する技術的事項を管理する者がその職務を適正に行うことができるように，安全に関し必要な措置をなし得る権限を付与すべきこととなる（安衛則第24条の9）。

3 罰則

事業者が，本条第1項の規定に違反して救護に関する事前の措置を講じない場合には，6カ月以下の懲役又は50万円以下の罰金に処せられる（法第119条第1号）。

また，本条第2項の規定に違反して，①救護に関する技術的事項を管理する者を選任しない場合又は，②選任したとしても，法第25条の2第1項各号の措置のうち技術的事項を管理させない場合には，50万円以下の罰金に処せられる（法第120条第1号）。

4 沿革

後述上越新幹線大清水トンネル工事の坑内火災事故（1979〔昭和54〕年3月20日）の1年8カ月前，上越新幹線の湯沢トンネル工事の坑内で火災事故が発生していた（死亡者はなし）。この火災の後，旧労働省は局長通達（「トンネル工事等における坑内火災の防止について」〔昭和52年7月25日基発第418号の2〕）を出し，再発防止のための指示を細部にわたって行った。

にもかかわらず，大清水トンネル工事の坑内火災事

故の際には，通達事項はほとんど無視されており，ずさんな防災・救護の体制が明らかとなった。国会では，特に，火災発生後の警報・連絡体制，役に立たない消火器，空気呼吸器の容量不足など，火災発生後の救護の不備が問題となった。

このことから，旧労働省は大清水トンネル事故の坑内火災事故の経験を織り込んだ新たな通達（「工事中の長大トンネルにおける防災安全対策について」〔昭和54年10月22日基発第523号の２〕）を出した後，この事故では救護に向かった人も犠牲になっていることから，万一重大な事故が発生したときのことを想定した救護体制を整えておく必要があることから，昭和55年の安衛法改正により，本条が新設された。[69]

なお，労働者の救護に関する措置として，本条が設けられたことに伴い，安衛則第１編第２章の２（労働者の救護に関する措置）が設けられ，救護のために設置すべき機械等，救護に関する訓練，救護の安全に関する規程の作成，救護に関する技術的事項を管理する者の選任要件とその者の資格等が規定された（安衛則第24条の２から第24条の８）。

5　背景となった災害

本条が設けられた背景となった災害は，前述の通り，大清水トンネル工事の坑内火災事故である。この事故は，群馬県利根郡水上町の保登野沢工区，谷川岳の真下に当たる地点で発生した。[70]

工事現場で，掘削に使用した鋼製ジャンボドリル台の解体作業中に火災が発生した。火災発生直後に，坑内の現場から「ジャンボが燃えたが，何とか消せそうだ」と工事を請け負っていた会社の現場事務所に電話が入った。しかし，その後，これ以上の連絡がとれないまま，数名が地上に逃げ出してきた。

そのため，請け負っていた会社の職員２名が，救出と連絡のため，空気呼吸器を付けて入坑したものの，その後に連絡を絶ち，２名とも死亡するという二次災害が発生した。

当時，坑内では54名が作業に従事しており，そのうち解体作業に従事していたのは11名で，最初は消火に努めた。しかし，備え付けの消火器は全て使い古しで，消火粉末は出なかった。また，警報がなかったため，坑内の別の場所で作業をしていた労働者は逃げる間もなく煙に襲われた。この事故で，16名が命を落とした。

6　関連判例

本条については関連判例なし。

7　適用の実際

元行政官によると，本条に関する監督は，適用対象となる工事を行っている建設現場において，厚生労働大臣が定める研修を修了した者がいるか否かを確認するだけであるとのことである。

考察と結語：第22条～第25条の２

まず，対象条文と関連規則との関係を確認すると，本法により労働者に健康障害を及ぼす要因を抽象的かつ広範囲に定め，労働者の健康障害を防止するために必要な措置を関連省令によって詳細に規定するという構造を取っている。本解説の対象条文における危害要因は，技術の進歩や労働者の健康被害の実態，災害的出来事を反映して，その都度対応がなされているものの，第22条及び第23条は内容面では工場法及び工場危害予防及衛生規則の時代にはすでに原型が形成され，旧労基法を経て安衛法に至るものであり，連続性のある規定があることが明らかとなった。他方で，第24条は，本解説が対象とする他の条文と比べて立法の沿革に関する資料が少なかったこともあり詳細は必ずしも明らかではないものの，産業災害の中でも作業行動災害の割合が高い状況にあったことから，その対策として規定が設けられたものと推察される。さらに，第25条は，安衛法制定時に労働者団体の意見による修正で追加された条文であるところ，安衛法は旧労基法までには見られなかった「労働者の権利」という視点を取り入れたことは特徴的である。

関連裁判例や違反事例において，第22条及び第23条は当該条文のみが問題となる事例はほとんど見られず，多くの事例は安衛則及び特別衛生規則違反があるがゆえに対象条文違反が問題となっている。このような実態に鑑みると，対象条文における解釈上の問題は見られず，また改正する必要性はないものと考えられる。

第24条については，腰痛については厚労省及び旧労働省の通達の内容が安全配慮義務違反の有無を判断する際の基準となっており，転倒や転落については安全教育の実施や施設・設備面での対策が安全配慮義務違反の有無を判断する際の基準となっている。同条は省令もなく，規定自体が抽象的であることを考慮すると，労災予防をより効果的に実現するためには，インタビューでも提言があったように，作業行動ごとに通達や指針，規則を定める対応が必要となると思われる。

第25条は，通常，前述の福島第一原発事故のような緊急作業や火災や爆発などの緊急事態での場面が問題となると考えられることから，どのような場合に退避

をさせるか（前述の裁判例ではアラームが鳴ったとき）を使用者が明確に定めておかなければならないであろう。そして，緊急作業が想定される事業や災害発生率の高い事業については，労働者を退避させる基準，退避させる際の手順が事業者において確立され，労働者に周知されているかなど，必要な場合に退避が行える体制が整っているかを行政監督の際に確認することも労働者を退避させる義務を履行させるための一つの手段であると思われる。

また，本解説は先行研究[71]において指摘されていた課題の克服及び改善策を実現することも視野に入れて，関連規則の制定・改正の背景及び対象条文との関係で重要となる規定の調査を行った。

日本における特別衛生規則の変遷及び現状については，①技術の発達，労働者の健康被害発症の実態，災害的出来事や社会問題に対応する形で内容を充実させてきたこと（充実化），②主たる作業内容の変化により事業者が講ずべき措置が他の化学物質と大きく異なったことから，特化則における規制から石綿について単独の規則が制定されるなど危害要因それぞれの変化に応じて徐々に細やかな規制が設けられるようになったこと（細分化），③例えば，特別有機溶剤等について，その濃度に応じて有機則と特化則の適用関係が変わるように（前述の通り，いずれか一方が適用される場合と重畳的に適用される場合がある），複数の規則が関連する場合があること（複雑化）が指摘できる。

以上のような展開は，先行研究[72]も指摘するように，綿密さや実際的な実用性を実現しており，危害要因それぞれの特徴に応じた定めを細かく設けることが労働者の健康障害を予防するために効果的であることは明らかである。しかし同時に，分かり易さという要請からは，正反対の方向への展開でもあるといえよう。

実際に現場で監督及び法令の適用を行う監督官の意見としては，①規制される化学物質が増えるたびに改正されている有機溶剤中毒予防規則及び特定化学物質障害予防規則の構成が複雑になってきている，②有機溶剤中毒予防規則と特定化学物質障害予防規則については，同じ化学物質の規制とするものであり，大きく見直す必要があるものと考えられる，③特定化学物質障害防止規則，有機溶剤中毒予防規則，粉じん障害防止規則等の現在単独で規定される各有害物質に関する省令を一本化すること，など現行の特別衛生規則の見直し又は統廃合の必要性を指摘する意見が多くみられる[73]。また，適用場面では，罪刑法定主義の観点からの問題が生じるとの回答もある。この調査の結果から，監督官にとっても，現行の安衛法体系が複雑・難解であり，現場での適用を困難にしている要因であることが明らかになっている。さらに，監督官にとってさえ現行法体系が難解であるということは，法令を遵守する対象である事業者にとっては，安衛法はもはや理解できないレベルに複雑であると推察される。このような状況においては，安衛法が目的とする職場における労働者の安全と健康の確保を達成することは極めて困難であると考えられる。したがって，監督官にとっても，事業者にとっても，何をすると違反になるのかを明確にすることが，安衛法及び特別衛生規則を整理するうえで最も重要な視点となる。

しかし，細分化・複雑化した規則をどのように整理することで，分かり易さ・事業者にとっての見やすさを実現するかは難解な問題であり，この問題をどのように解消するかはさらなる検討を要する。また，労働者の健康障害を防止するための措置は，危害要因が有機溶剤や鉛のような物質であるのか，高気圧や事務所といった作業環境であるかによって異なるし，さらに危害要因の形状や有毒性の程度・取り扱う作業の方法などの特徴に左右されるため，法体系を整理する際にはどこに軸を置くかを定める必要があろう。

【注】
1) 労働調査会出版局編『労働安全衛生法の詳解—労働安全衛生法の逐条解説〔改訂5版〕』（労働調査会，2020年）392頁，393頁，労務行政研究所編『労働安全衛生法〔改訂2版〕（労働法コンメンタール10）』（労務行政，2021年）279頁。
2) 本条第1号から第4号の詳細については，労働調査会出版局編・前掲注1）393-395頁。
3) 厚生労働省・都道府県労働局・労働基準監督署『有機溶剤を正しく使いましょう』2頁。
4) 労働調査会出版局編・前掲注1）400頁。
5) 中央労働災害防止協会編『有機溶剤中毒予防規則の解説〔第15版〕』（中央労働災害防止協会，2019年）11頁。当時の状況について詳しくは，久谷與史郎『事故と災害の歴史館—"あの時"から何を学ぶか』（中央労働災害防止協会，2008年）179-189頁，中央労働災害防止協会編『安全衛生運動史—安全専一から100年』（中央労働災害防止協会，2011年）411-413頁も参照。
6) 労働省昭和35年10月31日基発第929号「有機溶剤中毒予防規則の施行について」。
7) 有機則の対象となる有機溶剤の種類と区分をまとめた表は，厚生労働省・都道府県労働局・労働基準監督署・前掲注3）2頁を参照。
8) 中央労働災害防止協会編・前掲注5）『有機溶剤中毒予防規則の解説』69頁。
9) テラル株式会社WEBサイト（https://www.teral.net/solution/exhaust/yougo-system-local/，最終閲覧日：2020年10月26日）。
10) テラル株式会社WEBサイト（https://www.teral.net/solution/exhaust/yougo-system-pushpull/，最終閲覧日：2020年10月26日）。
11) 山本秀夫「鉛中毒予防規則について」日本災害医学会会誌15巻3号（1967年）138頁。
12) 労働調査会出版局編・前掲注1）402-403頁。鉛の生体への影響について詳しくは，太田久吉「化学物質による中毒の恐ろしさを知る 第1回鉛（Lead）」安全と健康62巻1号（2011

13) 中央労働災害防止協会編・前掲注5)『安全衛生運動史』354頁。
14) 労働衛生課「四エチル鉛危害防止規則について」労働基準3巻5号（1951年）9頁。
15) 中央労働災害防止協会編・前掲注5)『安全衛生運動史』354頁。
16) 「特定化学物質等障害予防規則の内容―労働省が新しく制定した公害防止関係の重要省令」労政時報2085号（1971年）48頁。
17) 旧安衛規（昭和22年10月31日労働省令第9号）第174条「排気又は排液中に有害物又は病原体を含む場合には，洗じょう，沈でん，ろ過，収じん，消毒その他の方法によって処理した後，これを排出しなければならない」。
18) 前掲注16)50頁。
19) 中央労働災害防止協会編・前掲注5)『有機溶剤中毒予防規則の解説』48-50頁。なお，本規則第8章の規定は，有機溶剤業務以外の業務，例えば有機溶剤を貯蔵し，あるいは販売する業務についても適用される。
20) 平成26年の特化則改正により第2種物質に追加された物質のほかには，エチルベンゼン（平成24年10月公布，平成25年1月施行の特化則等改正）と1,2-ジクロロプロパン（平成25年8月公布，同年10月施行の特化則等の改正）の2種類が「特別有機溶剤」に当たる。
21) 岡田和三・芳川信之・谷口拓也「高気圧下におけるニューマチックケーソン工法の無人化施工について」https://thesis.ceri.go.jp/db/files/144183854158478d8c55bd3.pdf，最終閲覧日：2021年3月30日。
22) https://www.kantei.go.jp/jp/singi/tiiki/kokusentoc_wg/hearing_s/141120siryou07.pdf，最終閲覧日：2021年3月30日。
23) 高気圧障害防止規則の制定から高気圧作業安全衛生規則への改正について経緯は，後藤俊博「潜函内に一酸化炭素流入「高気圧障害防止規則」から「高気圧作業安全衛生規則」に」安全と健康67巻10号（2016年）42-44頁に基づく。
24) 同上44頁。
25) 高圧則における規制の概要をまとめるに際しては，角森洋子『わかりやすい労働安全衛生管理』（経営書院，2015年）219-221頁も参照した。
26) 電離放射線障害防止規則の制定及び改正の経緯については，中央労働災害防止協会編『電離放射線障害防止規則の解説〔第6版〕』（中央労働災害防止協会，2016年），後藤俊博「ガンマ線照射装置による非破壊検査で相次ぐ事故での規制強化―電離放射線障害防止規則の改正」安全と健康67巻5号（2016年）45-47頁に基づく。
27) 規則制定の背景や制定過程については，久谷・前掲注5)76-84頁，後藤俊博「酸素欠乏症・硫化水素中毒の防止―酸素欠乏症等防止規則までの道」安全と健康67巻3号（2016年）36，37頁。
28) 「新しく制定された酸素欠乏症防止規則―作業ごとに濃度測定等事故防止対策を義務づけ」労政時報2101号（1971年）49頁。
29) 酸素欠乏症等防止規則の解説は，中央労働災害防止協会編『酸素欠乏症等防止規則の解説〔第10版〕』（中央労働災害防止協会，2016年）に基づく。
30) 露木保「粉じん障害防止規則の概要」季刊114号（1979年）124頁。なお，じん肺法のルーツは，栃木県足尾町の広場で開催された「鉱山復興町民大会」から始まるけい肺法制定運動の結果として制定されたけい肺等特別保護法である。
31) 藤原精吾「『粉じん障害防止規則』の解説」労旬983号（1979年）38頁。
32) 本規則の解説については，中央労働災害防止協会編『粉じん障害防止規則の解説〔第6版〕』（中央労働災害防止協会，2014年）に基づく。
33) 「石綿障害予防規則の制定をめぐって―規則制定の経緯，概要とコンサルタントとしての対応」安全衛生コンサルタント25巻75号（2005年）8頁。
34) 中央労働災害防止協会編『石綿障害予防規則の解説〔第7版〕』（中央労働災害防止協会，2018年）に基づく。
35) 中央労働災害防止協会編・前掲注5)『労働安全運動史』217頁，218頁。
36) 三浦豊彦『労働と健康の歴史〈第三巻〉―倉敷労働科学研究所の創設から昭和へ』（労働科学研究所，1980年）137頁以下を参照。
37) 三浦豊彦『労働と健康の歴史〈第四巻〉―十五年戦争下の労働と健康』（労働科学研究所，1981年）54頁以下を参照。
38) 三菱重工業事件・神戸地判昭62・7・31労判502号6頁も，造船所の元従業員，下請作業員らの騒音性難聴のり患について，職場騒音によるものであったとして会社の安全配慮義務違反を認めている。
39) 保原喜志夫「労災における国の監督責任―植田マンガン事件大阪高裁判決」ジュリ860号（1986年）75頁。
40) 第1審判決の評釈として，菅野和夫「判批」ジュリ811号（1984年）96頁，西村健一郎「判批」ジュリ780号（1982年）119頁，同「判批」季労126号（1982年）135頁，保原喜志夫「判批」昭和57年度重判解（ジュリ臨増792号，1983年）212頁。控訴審判決の評釈としては，保原・前掲注39）72頁。
41) 菅野・同上98頁。
42) 西村・前掲40）ジュリ124頁。
43) 同上119頁。
44) 同上123頁。
45) 石井國博「事務所衛生基準規則の考え方」労働法学研究会報931号（1971年）1頁。
46) 「新しく制定された事務所衛生基準規則の内容―ホワイトカラーの労働衛生憲章，本年9月より施行」労政時報2091号（1971年）2頁。
47) 石井・前掲注45）2-4頁。
48) 前掲注46）3頁。
49) 同上。
50) 中央労働災害防止協会編『事務所衛生基準規則の解説』（中央労働災害防止協会，2005年）7頁。
51) 井上浩『労働安全衛生法』（北樹出版，1978年）345頁，346頁。
52) 中央労働災害防止協会編・前掲注50）5頁。
53) 労働と医学編集部「事務所衛生基準規則の解説」労働と医学103号（2009年）41-44頁。
54) 小畑史子「労働安全衛生法23条の『通路』の意義」労働基準55巻2号（2003年）22頁。
55) ここまでの記述は，労務行政研究所編・前掲注1）444頁，445頁に基づく。
56) 中央労働災害防止協会安全衛生情報センターWEBサイト（https://www.jaish.gr.jp/anzen/hor/hombun/hor1-35/hor1-35-10-1-0.htm，最終閲覧日：2021年12月18日）。
57) 中央労働災害防止協会安全衛生情報センターWEBサイト（https://www.jaish.gr.jp/anzen/hor/hombun/hor1-54/hor1-54-36-1-0.htm，最終閲覧日：2021年12月18日）。
58) 高梨湛「作業行動災害の防止策」労働基準7巻6号（1955年）5頁。
59) 井上浩『最新労働安全衛生法〔第10版〕』（中央経済社，2010年）123頁，124頁。
60) 危険有害状況下での労働者の退避権については，三柴丈典「アメリカにおける労災予防権の検討―とくに労働安全衛生法（OSHA）の一般的義務条項との関わりについて」季労181号（1997年）139-162頁やその引用文献等が詳しく論じている。

61) 畠中信夫『労働安全衛生法のはなし』(中央労働災害防止協会，2019年) 176頁.
62) 井上・前掲注59) 160頁. なお, 同書 (160-163頁) は, ①就労制限業務 (安衛令第20条) へ無資格者が就業を命じられた場合など, 法令違反により労働者に刑事罰が科され得る場合 (就労拒否の権利ではなく義務がある場合), 及び, ②例えば, 作業主任者選任の必要がある作業 (安衛法第14条) に, 作業主任者不在のまま作業するように命じられた場合や, 安全装置を装着すべき機械 (安衛則第131条第1項) に, 装着しないままの状態でそれを使用して作業するよう命ぜられた場合のように, 使用者が必要な措置をとるまで就労拒否できる場合 (事業者に対して同時履行の請求ができる場合) に, 労働者の就労拒否が認められるとする.
63) 原発事故における労働者の退避について論じるものとして,「緊急作業の被ばくと労働者の権利 原発事故で労働者の退避はどう考える」関西労災職業病449号 (2014年) 2-5頁.
64) 清水弥生「原発復旧作業の退避希望拒否の精神的苦痛に計33万円」先見労務管理1618号 (2019年) 47頁.
65) 労務行政研究所編・前掲注1) 283頁.
66) 労働調査会出版局編・前掲注1) 455頁.
67) 労務行政研究所編・前掲注1) 289頁.
68) 同上291頁, 労働調査会出版局編・前掲注1) 460頁.
69) 後藤博俊「建設業における安全衛生対策の充実 (昭和50年代)」安全と健康67巻4号 (2016年) 37頁.
70) 事故の経緯などの詳細は, 久谷・前掲注5) 13頁以下.
71) 厚生労働省厚生労働科学研究費補助金 (労働安全衛生総合研究事業)「リスクアセスメントを核とした諸外国の労働安全制度の背景・特徴・効果とわが国への適応可能性に関する調査研究」〔研究代表者：三柴丈典〕(2016年度)〈第1分冊〉1-24頁等.
72) 同上28頁, 105頁等.
73) 令和2年度厚生労働科学研究費補助金 (労働安全衛生総合研究事業)「労働安全衛生法の改正に向けた法学的視点からの調査研究」〔研究代表者：三柴丈典〕による行政官・元行政官向け法令運用実態調査 [三柴丈典担当].

〔佐々木達也〕

第26条・第27条

> (事業者の講ずべき措置等)
> 第26条 労働者は, 事業者が第20条から第25条まで及び前条第1項の規定に基づき講ずる措置に応じて, 必要な事項を守らなければならない.

この見出しは第20条から第27条までの共通見出しである.
「前条」とは第25条の2を指す.
以下, 単に第何条という時は本法の条番号を指す.
法令等を引用する場合は□で囲み, その際, 本法については題名を省略し, 本法以外の法令 (本法に基づく命令等を含む) を引用する場合には題名等を明示する.
国際労働基準については, 英語正文を引用しつつ, 試訳を示した.

1 趣旨と内容

本条 (第26条のことをいう. 以下同条の逐条解説部分において同じ) は, 事業者が本法第20条から第25条まで及び第25条の2第1項の規定により労働者の安全と健康の確保等のため講ずる措置に応じて, 労働者もまた必要な事項を守らなければならないことを定めたものである.
労働災害の防止等は, もとより事業者に本来的な責任があるが, 事の性質上, 労働者の協力をまたねばならない面もある. その理念は, 本法第4条において宣明されているが, 本条においてその具体的な内容が定められている[1].

2 労働者派遣の場合の読替え

労働者派遣における本条の適用については, 労働者派遣事業の適正な運営の確保及び派遣労働者の保護等に関する法律 (昭和60年7月5日法律第88号, 略称＝労働者派遣法) 第45条第3項の規定により, 派遣中の派遣労働者に関しては, 派遣先事業者が当該派遣中の労働者を使用する事業者と, 当該派遣中の労働者が派遣先事業者に使用される労働者とみなされる.

> 労働者派遣事業の適正な運営の確保及び派遣労働者の保護等に関する法律 (昭和60年7月5日法律第88号)
> (労働安全衛生法の適用に関する特例等)
> 第45条 〈略〉
> 2 〈略〉
> 3 労働者がその事業における派遣就業のために派遣されている派遣先の事業に関しては, 当該派遣先の事業を行う者を当該派遣中の労働者を使用する事業者と, 当該派遣中の労働者を当該派遣先の事業を行う者に使用される労働者とみなして, 労働安全衛生法〈略〉第20条から第27条まで〈略〉の規定並びに当該規定に基づく命令の規定 (これらの規定に係る罰則を含む.) を適用する.〈略〉
> 4～16 〈略〉
> 17 この条の規定により労働安全衛生法及び同法に基づく命令の規定を適用する場合における技術的読替えその他必要な事項は, 命令で定める.

3 罰則

本条の規定に違反した者は, 第120条の規定により50万円以下の罰金に処せられる.
本条違反の罪については, 第122条の両罰規定が適

用される（ 6 2・4参照）。

4 条文解釈

1 「労働者」及び「事業者」

労働者と事業者の意義は第2条で定義されている通りである。

労働者を義務主体とする意義については， 6 及び 7 で検討する。

2 「第20条から……の規定」

本条は，事業者が第20条から第25条まで及び第25条の2第1項の規定に基づき講ずる措置に応じて，労働者もまた必要な事項を守らなければならないことを定めたものである。

「第20条から第25条まで及び前条第1項の規定」は限定列挙だから，仮に，本法を改正して，事業者を名宛人とする新たな条文を新設した場合で，労働者に対しても法律事項としてこれに応じた何らかの義務を課したいときは，同時にそのための法改正が必要である。

第25条の2の新設に際しては，同時に本条も改正され，労働者についても，本条を根拠として，事業者が第25条の2第1項の規定に基づいて講ずる措置に応じて，必要な事項を守らなければならないこととされた。

3 「事業者が講ずる措置に応じて，必要な事項を守らなければならない」

本条は，労働者が，事業者が講ずる措置に応じて必要な事項を守らなければならないことを規定したものである。

したがって，第27条の規定により厚生労働省令で本条に係る労働者の具体的な遵守事項を定めるときに，ある危険源に係る危害防止に関し，事業者に何の義務も課さないで労働者にだけ義務を課すことはできないものと解される。

ここで問題になるのは，厚生労働省令により事業者が講ずべき措置を定め，かつこれに応じて労働者が遵守すべき事項を定めた場合に，事業者がその厚生労働省令に違反して措置を怠った場合にも労働者に本条の義務が生じるか否かということである。これについては，本条が「事業者が講ずべき措置に応じて」ではなく「事業者が講ずる措置に応じて」という表現を採っていることから，文理上，事業者が当該措置を実際に講ずることを要件とすると解釈することができ，また，「事業者が講ずる措置に応じて」の部分が，危害防止の一次的な義務を事業者に課す趣旨からしても，事業者が法定の措置を実際に講じなければ労働者に本条の義務が生じないと解すべきであろう[3]。

以下，本条に基づいて実際に制定された厚生労働省令について検討することとする。ただし，これらの厚生労働省令では，具体的に本法第何条第何項の委任を受けているのかが規定中で明らかにされていない（本書第27条 4 3参照）。労働調査会出版局が法令改正により毎年改訂している『安衛法便覧』では，その対応関係が示されているが，これはあくまでも参考程度に止めるべきものと言われている[4]。

本稿では，さしあたり，同書で委任元が本条であると記載されている厚生労働省令の条項221個について分析する（目視で拾い上げたため漏れがある可能性にご留意頂きたい）。

(1) 危険源による分析

本条に基づく省令の条項221個を危険源の種類別に分類すると，**資料4-22**のようになる。

資料4-22 労働安全衛生法第26条から委任を受けた省令の条項を危険源の種類ごとに集計したもの

本法中条項		危険源の種類	条項数
第20条	第1号	機械等	115
	第2号	危険物等	17
	第3号	エネルギー	10
第21条第1項		作業方法	21
第21条第2項		場所	6
第22条		有害要因	49
第23条		不潔さ	2
		通路	1
第24条		作業行動	0
		合計	221

（森山誠也作成）

ここでの危険源分類は，本法第20条から第24条までの規定で採用されている危険源分類に従った（本法における危険源分類については，本書第27条 7 2等で検討する）。

なお，**資料4-22**で作業行動（第24条関係）に係るものは0件となっているが，これはそもそも第24条の委任先となる省令の規定が今のところ存在していないからである（なぜ存在していないにかということについては，本書第27条 7 2(3)で検討）。本条には「事業者が講ずる措置に応じて」という要件があるため，第24条の委任先となる省令の規定がなければ本条に基づいて労働者の作業行動に係る義務を省令で定めることはできない。

(2) 名宛人による分析

次に，当該221個の条項の名宛人が省令で実際にどのように書かれているか確認したところ，**資料4-23**の通り6類型が確認された。

これら名宛人のうち「除染等業務従事者」は「除染等業務に従事する労働者」，「特定線量下業務従事者」

資料4-23 労働安全衛生法第26条に紐付く省令の条項を名宛人の類型ごとに集計したもの

	名宛人の類型	条項数
1	労働者（除染等業務従事者及び特定線量下業務従事者を含む。）	168
2	運転者	43
3	事業者から指名を受けた者	6
4	指揮者	2
5	火気を使用した者	1
6	操作を行なう者	1
	合計	221

（森山誠也作成）

資料4-24 労働安全衛生法第26条に紐付く省令の条項を内容の類型ごとに集計したもの

	規定内容の類型	条項数
1	事業者又は事業者が定めた者（以下「事業者等」という。）の命令（立入禁止，手袋使用禁止，治具又は保護具の使用を含む。）並びに事業者等が設定した合図，誘導及び制限速度の遵守	74
2	安全装置の無効化等の禁止	1
3	安全設備（治具及び保護具を除く）の使用	21
	事業者等から命じられたときという要件のある場合	7
4	保護具の使用	70
	事業者等から命じられたときという要件のある場合	35
5	搭乗すべきでない箇所への搭乗禁止	10
6	その他作業方法の遵守	85
	総数（重複があるため単純な足算とはなっていない）	221

（森山誠也作成）

は「特定線量下業務に従事する労働者」をいうが[5]，それ以外については特に定義規定は置かれていない。

この6類型のうち，類型1（労働者）が名宛人の場合は本条の委任を受けていることが比較的明らかであるが，それ以外の類型2～6については，文理上，例えば，混在作業を行っている一人親方や，労働者でない会社役員等もこれに含まれうる。しかし，本法中に一人親方等を名宛人に含みうる適当な規定は見当たらない（本法第35条〔重量表示〕などは何人にも適用され一人親方等を名宛人に含むが，省令の規定内容との間に関連がない）。

また，類型2～4及び6は各条項の規定内容からして自然人と解されるので，事業者が法人ならば，事業者は法人そのものであるから類型2～4及び6の名宛人にはなりえないが，事業者が個人事業者ならば，類型2～4及び6の名宛人に当該個人事業者が含まれると解することは文理上不可能ではないであろう[6]。

なお，安衛則では，移動式機械を運転する者に義務を課すときは，殆どの場合，名宛人を「運転者」としているが，採石作業に係る運搬機械等及び小割機械についてだけは「～を運転する労働者」（第416条第2項）と規定されている。

「運転者」を名宛人とする例が多いことについては7の2で検討する。

(3) 遵守事項の内容による分析

当該221個の条項は，資料4-24の通り，遵守事項の内容に関して，6類型に分類することができた。

このうち類型1及び類型2，それから類型3及び4のうち事業者等から命じられたときという要件のある場合には，事業者の講ずる措置に応じて労働者が義務を負うという趣旨が最も分かりやすく反映されている。

類型3（事業者等から命じられたときという要件のある場合を除く）は，事業者の責任で設置した安全設備について，労働者が省略行動等によりこれを使用しないで作業を行うのを禁ずるものであり，ここでも事業者の講ずる措置に応じて労働者が義務を負うという趣旨が明確である。

類型4（事業者等から命じられたときという要件のある場合を除く），類型5（搭乗禁止）及び類型6（その他）も，事業者から労働者へ命令することを要件とはしていないものの，全て，事業者が労働者に対してする措置義務規定との組み合わせとなっている。例えば，労働者の義務を規定する項の前に「事業者は，……適当な保護具を備えなければならない。」「事業者は，……当該作業に従事する労働者に保護帽を着用させなければならない。」等といった項が前置され，ペアになっている。安衛則第104条もその一例である。

労働安全衛生規則（昭和47年9月30日労働省令第32号）
（運転開始の合図）
第104条　事業者は，機械の運転を開始する場合において，労働者に危険を及ぼすおそれのあるときは，一定の合図を定め，合図をする者を指名して，関係労働者に対し合図を行なわせなければならない。
2　労働者は，前項の合図に従わなければならない。

なお，次の安衛則第151条の73は，労働者が貨物自動車の荷台に乗る場合の危険を防止するための規定であるが，なぜか労働者にあおりを閉じさせる規定振りとなっている。

労働安全衛生規則（昭和47年9月30日労働省令第32号）
（荷台への乗車制限）
第151条の73　事業者は，荷台にあおりのある貨物自動車を走行させる場合において，当該荷台に労働者

を乗車させるときは，次に定めるところによらなければならない。
- 一　荷の移動による労働者の危険を防止するため，移動により労働者に危険を及ぼすおそれのある荷について，歯止め，滑止め等の措置を講ずること。
- 二　荷台に乗車させる労働者に次の事項を行わせること。
  - イ　あおりを確実に閉じること。
  - ロ　あおりその他貨物自動車の動揺により労働者が墜落するおそれのある箇所に乗らないこと。
  - ハ　労働者の身体の最高部が運転者席の屋根の高さ（荷台上の荷の最高部が運転者席の屋根の高さを超えるときは，当該荷の最高部）を超えて乗らないこと。
- 2　前項第2号の労働者は，同号に掲げる事項を行わなければならない。

あおりとは，資料4-25に示すように，貨物自動車の荷台に設けられる囲いで，荷台に蝶番等で取り付けられ，開け閉めが可能なものである（「あおり」については，JIS D0105：1987〔トラックの普通荷台に関する用語〕の2の(4)で定義されている）。これを閉めずに走行すると荷台上の労働者が振り落とされるおそれがあることから，このような規定が設けられたものである。

この場合，誰にあおりを閉じさせても問題ないはずであるから，わざわざ労働者に閉じさせる（労働者以外に閉じさせると違反となるようにも読める）点で不合理な規定ではないだろうか。同様の規定は，不整地運搬車についても存在する（安衛則第151条の51）。

結局，安衛則第151条の73第1項においては，事業者の責任においてあおりを閉じればいいのだから，労働者に閉じさせるということではなく単に「事業者はあおりを閉じなければならない」（6）で検討する通り，両罰規定によりその名宛人は責任有る従業者〔労働者を含む〕まで拡張されることとなる）との旨の規定振りとし，労働者については別途「荷台に乗車している労働者は走行中にあおりを開けてはならない」というような規定を設ければ良いのではないだろうか。

5　沿革

1　労働基準法制定以前

鉱山保安分野では，既に，鉱業条例（明治23年9月26日法律第87号）に基づく鉱業警察規則（明治25年3月16日農商務省令第7号）に次のような鉱夫に対する義務規定がみられる。

> 鑛業警察規則（明治25年3月16日農商務省令第7號）
> 第13條　安全燈ヲ用キル坑內ニ於テハ鑛夫ハ發火具ヲ携帶スルコトヲ得ス

また，同法第60条においては，鉱業人が予防措置に着手しない場合に所轄鉱山監督署長が鉱夫等を直接指揮して予防を執行することができるという規定が設けられていた。

> 鑛業條例（明治23年9月26日法律第87號）
> 第59條　鑛業上ニ危險ノ虞アリ又ハ公益ニ害スト認ムルトキハ所轄鑛山監督署長ハ鑛業人ニ其ノ豫防ヲ命シ又ハ鑛業ヲ停止スヘシ
> 　　　　所轄鑛山監督署長ニ於テ鑛業ヲ停止セントスルトキハ其ノ猶豫シ難キ場合ヲ除クノ外ハ農商務大臣ノ認可ヲ經ヘシ
> 第60條　前條第1項ノ場合ニ於テ鑛業人直ニ其ノ豫防ニ著手セサルトキハ所轄鑛山監督署長ハ鑛業人ノ使用スル役員及鑛夫ヲ指揮シ其ノ豫防ヲ執行スヘシ
> 　　　　此ノ場合ニ於テ鑛業人ハ其ノ使用スル役員及鑛夫ヲ豫防ノ用ニ供シ且一切ノ費用ヲ負擔スルノ義務アルモノトス

船員分野では，既に船員法（明治32年3月8日法律第47号）第5章（規律）において船長が船中秩序違反を犯した海員を懲戒する権限のほか，海員が危険物を所持するときにこれを保管又は放棄し，海員が人身又は船舶に危害を及ぼす行為をなそうとするときに当該海員の身体を拘束する権限等が規定されていた。

製造業における安全衛生基準は，工場法施行前は庁府県令等に委ねられていた。例えば大阪府の製造場取締規則（明治29年2月3日大阪府令第21号）第11条第2項で，機關手（鉄道，船舶，航空機などの交通手段の運転・操縦にあたる職種），油差火夫（蒸気機関の稼働のためボイラーの火を焚く職種）又は電機手は「常ニ危害ノ豫防ニ注意シ若シ異狀ヲ生シタルトキハ速ニ雇主ニ申告スヘシ」（現行安衛則第29条第1項第4号に類似の規定あり）と規定して同令第17条で違反者に2円以上10円以下の罰金に処すこととするなど，労働者に義務を課す規定も設けられていた。

国法では，工場法中改正法律（大正12年3月30日法律

資料4-25　あおり

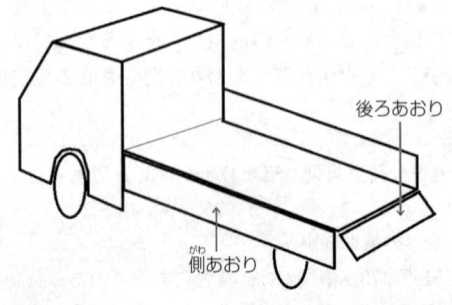

（森山誠也作成）

第33号）により，行政官庁が危害防止等のため必要な事項を工業主に命じた場合において職工又は徒弟にも必要な事項を命じることができるとされた。

また，工場危害予防及衛生規則（昭和4年6月20日内務省令第24号）では第14条第2項で「職工ハ作業中前項ノ帽子又ハ作業服ヲ著用スルコトヲ要ス」（現行安衛則第110条第2項に相当），第19条で「職工ハ濫リニ危害豫防裝置ヲ取外シ又ハ其ノ效力ヲ失ハシムル行爲ヲ爲スコトヲ得ズ」（現行安衛則第29条第1項第1号に相当）と定める等職工の義務が定められ，罰則も設けられた。

工場法の「職工」について議論するときに注意しなければならないのは，労働基準法の労働者と異なり，工場の主要業務（製造業務等）又はその補助業務に従事している者であれば，工業主と雇用関係になくても職工に含まれるということである。したがって例えば請負人の労働者や労働者供給業者から供給された労働者も「職工」に含まれる[9]。これは工場法が労働法というよりも寧ろ工場という「場」に対する法令であったからであろう。この考え方は現代の鉱山保安法の「鉱山労働者」についても同様である（14 1参照）。

土石採取場安全及衛生規則（昭和9年5月3日内務省令第11号）では，事業主と労働者の義務をより対比的に取り扱っている。例えば，労働者を名宛人とし，粉じん及び飛来石片に係る保護具の着用義務を定める第17条第3項に罰則はないが，火薬等を取り扱う者（労働者も含まれる）を名宛人として火薬等の取扱基準を定める第12条については罰則を設けている。これは，火薬等が，その取扱者のみならず周囲にいる他人にも危害を及ぼすからだろう。さらに，その罰則を労働者に適用する場合については，次のように，その監督者も，相当な注意をしていなかった場合は罰するという両罰規定を設けている。

> 土石採取場安全及衛生規則（昭和9年5月3日內務省令第11號）
> 第24條　第10條第3項及第12條ノ規定ニ違反シタル者ハ百圓以下ノ罰金又ハ科料ニ處ス
> 　　前項ノ規定ニ依リ勞働者ヲ罰スベキ場合ニ於テハ其ノ監督者モ亦百圓以下ノ罰金又ハ科料ニ處ス但シ監督上相當ノ注意ヲ爲シタルトキハ此ノ限ニ在ラズ

この種の両罰規定は，その後の労働基準法や本法には認められない。

2　労働基準法の制定

戦後制定された労働基準法（昭和22年4月7日法律第49号）では，次のような労働者の義務規定が設けられた。

> 労働基準法（昭和22年4月7日法律第49号）
> 第44条　労働者は，危害防止のために必要な事項を遵守しなければならない。

本条との大きな違いは，「事業者（労働基準法に置き換えれば，使用者）が講ずる措置に応じて」という要件がない点である。

なお，労働基準法の制定によって義務主体が工場法の「工業主」から「使用者」に，保護客体が「職工」から「労働者」に変わったことにより，労働者保護が使用従属関係を前提としたものとなったことから[10]，請負関係における規制は一度後退したといえる。

同条については，厚生省労政局労働保護課長として労働基準法案作成を指揮した寺本廣作が著書の中で次のように解説している[11]。

> 安全衛生に關する勞働者の義務について工場法第十三條第二項は行政官廳は使用者に命じた事項について必要な事項を勞働者にも命ずることが出來る旨の規定を設けてゐた。本法制定の過程に於ては安全衛生に關し勞働者が守るべき事項は職場規律の問題として就業規則に定めるのが適當であつて，これに關する罰則の如きも刑罰とせず就業規則中に定める制裁によるべきであるとする意見もあつたが，安全衛生に關する嚴格な規定も勞働者がこれを遵守しなければその效果は期待し難いので，これを法律に規定することゝし義務違反についても刑罰を以て臨むことになつた。（法第百二十條第一號）英國工場法（第一一九條）にも安全衛生に關する勞働者の義務を定めた規定がある。鑛業警察規則で安全に關する勞働者の義務について（第三十一條，第五十條及び第七十二條）詳細な規定を設けてゐるのは事業の性質上危險性が多いためである。
>
> 法第四十四條の規定に基き勞働安全衛生規則では一定の用具又は保護具を使用しなければならない義務（第八十七條第二項，第百二十七條第二項，第百二十八條第二項，第百二十九條第二項，第百三十三條第二項，第百八十五條，第百八十七條第二項等），一定の設備がある場合それ以外のものを使用してはならない義務（第六十三條第三項，第百一條第二項，第百二條第二項，第二百十一條，第二百二十條等）その他特定のことをし，（第七十三條合圖を守る義務，第百十二條墜落防止方法を行ふこと等）又は特定のことをしてはならないこと，（第百二十一條第二項高所からの物體落下，第百三十條第二項機械作業中の手袋使用，第百四十條第三項火氣の使用，又は火花を發する行爲，第百九十二條設備の取り外し又は效力毀損等）等を規定した。

その後，鉱山の保安が商工省の所管となることとなり，昭和24年に鉱山保安法が制定されたが[12]，同法でも

鉱山労働者の義務が規定された（14 1参照）。

> 鉱山保安法（昭和24年5月16日法律第70号）
> （鉱山労働者の義務）
> 第5条　鉱山労働者は，鉱山においては，保安のため必要な事項を守らなければならない。

3　沖縄法令

戦後，アメリカ合衆国の統治下にあった沖縄では，昭和28年9月1日に労働基準法（1953年立法第44号）が公布され，同年10月1日から施行されたが，同法でも，本土の労働基準法と同様，労働者の危害防止義務が規定されていた。

> 労働基準法（1953年9月1日立法第44号）
> 　第5章　安全及び衛生
> 第45条　労働者は，危害防止のため必要な事項を遵守しなければならない。

沖縄は，本法公布目前の昭和47年5月15日に本土に復帰し，以後本土の法令が適用されている。

4　労働安全衛生法の制定以降

本法の制定当初，本条の規定は次の通りであった。「前条」は第25条を指す。

> 第26条　労働者は，事業者が第20条から前条までの規定に基づき講ずる措置に応じて，必要な事項を守らなければならない。

労働者の義務規定に「事業者が……講ずる措置に応じて」という条件が加えられたのはこの時である。

本条はこれまで一度だけ改正されている。すなわち，労働安全衛生法の一部を改正する法律（昭和55年6月2日法律第78号）により救護の安全に関する措置を定める第25条の2が追加されたのに伴い「前条まで」が「第25条まで及び前条第1項」と改められることとなり，「前条」は第25条の2を指すこととなった。この改正規定は労働安全衛生法の一部を改正する法律の一部の施行期日を定める政令（昭和55年11月14日政令第296号）により昭和56年6月1日から施行された。

なお，鉱山保安法では，本法に遅れて，鉱山保安法及び経済産業省設置法の一部を改正する法律（平成16年6月9日法律第94号）により，鉱山労働者の義務規定に「鉱業権者が講ずる措置に応じて」という要件が加えられた。この改正に際し，鉱山労働者の危険回避措置等についても新たに規定されたことは特筆に値する（14 1参照）。

6　義務主体としての労働者と事業者との関係

本条の大きな特徴は，名宛人を労働者としていることである。これは，本法の主たる名宛人が事業者であることと対をなしている。

しかし，本法ではその罰則に行為者罰規定を含む両罰規定が置かれ，名宛人の部分について構成要件の修正が加えられていることから，その点では事業者と労働者は部分的に重なる概念となる。以下，両罰規定をメインテーマとしながら，名宛人としての労働者と事業者を対比的に検討する。

1　行政取締法規上の義務主体としての労働者と事業者との比較

事業者とは，事業を行う者で労働者を使用するものをいい[13]，事業経営の利益の帰属主体すなわち法人企業であれば当該法人（法人の代表者ではない），個人企業であれば事業経営主を指し[14]，使用従属関係を基礎とする労働法体系の中にある本法において第一次的に安全衛生上の責任を負う主体となっている。

法人はもちろん労働者であることはあり得ず，個人企業の事業経営主もまた労働者ではあり得ないから，1個の事業の内部で事業者と労働者は互いに重なることのない，相互排反的な概念である。

しかし，これは本法において事業者を名宛人とする各本条，即ち行政取締法としての構造にすぎず，罰則を含めて考えた場合には異なる様相を呈することとなる。

2　両罰規定の概要

本法第122条には，次の通り，他の行政取締法と同様，両罰規定が置かれている。

> 第122条　法人の代表者又は法人若しくは人の代理人，使用人その他の従業者が，その法人又は人の業務に関して，第116条，第117条，第119条又は第120条の違反行為をしたときは，行為者を罰するほか，その法人又は人に対しても，各本条の罰金刑を科する。

同条の「法人又は人」は，まとめて「業務主」と表現できる[15]。

両罰規定の対象となるのは，同条に規定されている通り，第116条，第117条，第119条及び第120条に規定される罪に限られる（資料4-26）。

なお，両罰規定の対象とならないのは，第115条の3（登録製造時等検査機関等における贈収賄等の罪），第118条（登録製造時等検査機関等の業務停止命令違反の罪）など，行為者だけを直接罰する規定である。

第122条中の「使用人」は労働者（ただし，労基法第116条や本法第2条などと異なり家事使用人等が除外されていないが）を意味するので，事業者を名宛人とする規定（本条〔第26条〕と対応関係にある第20条から第25条まで及び第25条の2第1項の規定を含む）であっても，労働者がその違反行為の行為者となった場合には，当該労働

者が処罰されることとなる。要するに，行政取締法規の名宛人を事業者と設定しても，両罰規定を適用すると，労働者が処罰されうるのである（ 6 3で検討する）。

両罰規定には，本来的義務者説（両罰規定によらなくても本来的に従業者も当然義務を負い処罰されるものであって「行為者を罰する」の部分は確認的な規定にすぎないという説）と構成要件修正説（両罰規定の「行為者を罰する」という規定により各本条の構成要件が修正されることによって初めて処罰対象となる範囲が従業者に拡張されるという説）があるが，最高裁判所は構成要件修正説を採用している。

特に本法については，労働基準法から本法が分離する際，主たる義務主体を労働基準法の「使用者」から「事業経営の利益の帰属主体そのもの」たる事業者に改めた立法趣旨からしても，構成要件修正説を採らなければ従業者を処罰することはできないと解すべきだろう。以下，本稿でも，構成要件修正説の立場を取ることとする。

例として，第20条（第1号）違反罪について構成要件を修正すると，資料4-27のようになる。

この「従業者」には，代理人，労働者（使用人）が含まれ，それ以外の典型例としては代表取締役その他の役員のほか，雇用関係になくとも一定の業務を任されている一人親方等の関係者が含まれると解される。このような場合の業務主と行為者との関係を，資料4-28(a)〜(c)に図示した。

また，資料4-28(d)のように，子会社の労働者が実質的に親会社の業務に従事している場合等に，親会社に法人両罰を適用することもありうるのではないだろうか。

このほか，原則として建設工事の下請業者は独立した業務主であるが，一定の事実関係の下では，下請業者の労働者を元請負人の従業者と認めるべきとの見解がある。その場合，下請業者の法人格を否認することを要せず，行為者が元請業者の従業者であることを立証することで足りるだろう。また，元請業者の担当者が下請業者の者について教唆犯，共謀共同正犯等の関係にある場合にはいずれの業者についても業務主としての両罰規定の適用がありうるだろう。

以上のように，両罰規定は本来的に複雑な適用が想定される規定であるが，以下，事業者と労働者との対比のため，業務主＝事業者，行為者＝労働者という場合（資料4-28(b)）について検討していく。

3 事業者を義務主体とする規定違反で労働者が処罰される場合

事業者を名宛人とする措置義務違反行為について具体的に誰が処罰の対象となるかは，資料4-29の通

資料4-26 労働安全衛生法の両罰規定の対象となる条及び各条に規定される罪の概要

条	罪の概要
第116条	製造等禁止物質の製造等
第117条	特定機械等の無許可製造，個別検定・型式検定の不受検，製造許可物質の無許可製造など
第119条	作業主任者不選任，事業者を名宛人とする第20条から第25条の2第1項までの危害防止基準違反，労働者の遵守義務違反，注文者の措置違反など
第120条	安全管理者等不選任，特定元方事業者の義務違反，機械等設置不届，立入検査妨害など

（森山誠也作成）

資料4-27 労働安全衛生法第20条（第1号関係）違反の構成要件の修正例

業務主（修正無し）	事業者甲は，機械等による危険を防止するため必要な措置を講じなかった。
行為者	事業者甲の代理人，使用人（又は）その他の従業者である乙は，事業者甲の業務に関して，機械等による危険を防止するため必要な措置を講じなかった。

（森山誠也作成）

資料4-28 労働安全衛生法違反に関する両罰規定の適用類型の例（概念図）

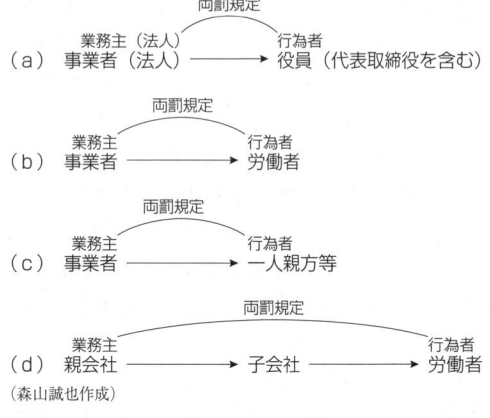

（森山誠也作成）

資料4-29 労働安全衛生法違反の行為者の区分別処罰対象

事業者の区分	行為者	処罰対象	
		両罰規定なし	両罰規定あり
法人の場合	従業者	（罰則適用不可能）	従業者及び法人
個人の場合	個人事業主	個人事業主	（適用不要）
	従業者	（罰則適用不可能）	従業者及び個人事業主

（森山誠也作成）

り，事業者が法人の場合と個人の場合に分けて整理することができる（もちろん，両罰規定の適用において事業者に過失が無い場合など，この表が妥当しない場合もある）。

資料4-29が示すように，個人事業主が自ら実行行

為をした場合を除き，本法の罰則適用には両罰規定による構成要件の修正が不可欠である。事業者が法人の場合は，構成要件修正説に法人の犯罪能力を当然には認めない立場[21]を組み合わせると，いうまでもなく実行行為は事業者（法人）そのものではなく従業者が行うから両罰規定を適用しなければ誰も処罰できないことになり[22]，事業者が個人事業主の場合にも，構成要件修正説においては，行為者が従業者の場合は事業者そのものを名宛人とする条文だけでは従業者を処罰できないからである。

以上のように，本法では，事業者を名宛人とする行政取締法規であっても，その違反行為を行った者が労働者であれば当該労働者を処罰の対象とする体系となっている。言い換えれば，事業利益の帰属主体でない労働者が，罰金などの刑を受けることがあるということである。実際，法人の代表者や個人事業経営主などが自ら安全衛生管理を行っているような小規模の事業者を除けば，労働者が行為者となる事件が少なくない。

しかし，事業者を名宛人とする規定については，両罰規定を適用する場合でも，全ての従業者を対象としているとは到底解されず，行為者であるためには事業の代表者から当該義務の履行を委任（再委任を含む）され，また当該義務の履行に一定の権限を必要とするものについてはその権限が事業の代表者から授与されていることを要すると解され[23]，全ての労働者が行為者となる可能性を有する訳ではない。

下級管理者ないし労働者が本法違反の責任を負う可能性については，本法成立過程において国会でも議論された[24]。本法のような枠組みでも，行為者を起訴しないで業務主のみを起訴・処罰することはできる[25]が，それは運用上の問題に過ぎない。両罰規定の適用により誰が刑事的責任を負うかは，第27条の規定に基づく委任省令の具体的規定振り等に大きく左右される問題でもあり，別途本書第27条 7 5(2)で検討する。ただし，本法にかかわらず，実際に労働災害が発生した場合には，刑法の業務上過失致死傷罪などにより下級管理者が責任を負う可能性が依然として存在していることから，この種の議論は本法の枠内だけに収まるものではない。

4 労働者を義務主体とする規定違反で事業者が処罰される場合

反対に，労働者が本条に基づく必要な事項を遵守せず，本条違反の行為を犯した場合には，両罰規定に基づき業務主たる事業者もまた処罰することができるかが問題となる。

この点について，本法違反の刑事責任を詳細に研究した寺西輝泰（元神戸地方検察庁検事正）は，一例として，事業者には労働者に保護具を着用させる義務を負わせ，一方で労働者に保護具を着用する義務を負わせている規定を挙げ（ 4 3(3)で検討した類型1に該当），「このように事業者の義務と労働者の義務とが裏腹の関係にある場合，法律が裏側に立つ労働者を処罰することにしたのは，当初から両罰規定の適用を考えていなかったと解するのが相当であり，労働者の義務を定めた第26条及び第32条第 4 項[26]についての違反行為については，事業者がその義務を果たしている場合には両罰規定の適用がないと解すべきである」としている[27]。本条ではそもそも事業者と労働者の義務が裏腹の関係にあるから，この見解によると，本条に両罰規定を適用する余地がないことになる。

しかし，実際には，本条違反について労働者とともに両罰規定で法人も処罰された例がある（ 13 2 参照）。

個別事件に係る憶測は厳に慎むべきだが（筆者は個別事件については既に報道・公表されていること以外の情報を一切有していない），以下，実際の事例とは別に，本条に対する両罰規定の適用の可能性について，安衛則第151条の11を題材として思考実験を試みる。

> 労働安全衛生規則（昭和47年 9 月30日労働省令第32号）
> （運転位置から離れる場合の措置）
> 第151条の11　事業者は，車両系荷役運搬機械等の運転者が運転位置から離れるときは，当該運転者に次の措置を講じさせなければならない。〈略〉
> 一　フォーク，ショベル等の荷役装置〈略〉を最低降下位置に置くこと。
> 二　原動機を止め，かつ，停止の状態を保持するためのブレーキを確実にかける等の車両系荷役運搬機械等の逸走を防止する措置を講ずること。
> 2　前項の運転者は，車両系荷役運搬機械等の運転位置から離れるときは，同項各号に掲げる措置を講じなければならない。
> 〈略〉

例えば，ある労働者がひとりで客先等に行って，誰も見ていないところでフォークリフトを運転する業務をしている時に，ブレーキを確実にかけないで運転位置から離れたとしよう。これは少なくとも構成要件上は同条第1項（第2号）違反となる（同号は資料4-30のようにフォークリフトが逸走したりしないようにするための規定である）。

しかし，仮に事業者側が，当該労働者が当該フォークリフトを運転する事実ないしブレーキを確実にかけないで運転位置から離れたという事実を全く認識していない場合はどうか。この場合，事業者を名宛人とす

る同条第1項の違反行為（本法違反は全て故意犯であるからこれも故意犯である）[28]には故意（当該労働者がそもそもブレーキを確実にかけないで運転位置から降りたという事実の認識）が無いから犯罪は成立しない（ただし，事業者側が当該労働者のその行為を常日頃から容認している場合等は除く）。

次に，この場合に同条第2項違反は成立しうるかということを検討する。[4]3では，事業者が必要な措置を講じていなければ労働者に本条の義務は生じないと論じた。しかしながら，事業者が労働者を常に監視することまでは求められておらず，例えば，事業者が雇入教育時等に労働者にフォークリフトのブレーキの徹底等について指導をしていた場合などには，労働者に同条第2項の義務が生じうるといって良いであろう。

では，この場合，業務主たる事業者に対する両罰規定の適用はどうなるのだろうか。業務主たる事業者は，雇入教育時等にブレーキの徹底等を教育していただけでは労働者の違反行為に関する監督義務を完全に免れるとまでは言えないだろうから（もっとも，一定規模以上のフォークリフトの運転については技能講習制度もあるが），例えば雇入教育後に何らの指導監督もしていない場合は，同条第2項に係る両罰規定で事業者の犯罪が成立しうる[29][30]。

このように，本条の規定する労働者の義務を生じさせるために事業者が先行的に行うべき措置と，両罰規定における事業者（業務主）の免責のために事業者が行うべき措置は，必ずしもその範囲が同一ではなく，前者として十分な措置をしていたからといって後者の措置をなしたことにはならない場合もある。

したがって，ある危害を防止する規定において事業者と労働者の義務は裏腹にあるとは言っても，ある特殊な事実に本法を適用する場合には，本条違反に対する両罰規定の適用の余地があるということができ，実際，事実関係の詳細は明らかではないが，実際に本条違反に対する両罰規定の適用（[13]2参照）がなされているところである。

なお，寺西元検事は，本法中の労働災害を直接的に防止するための措置義務規定については本法に明文化された過失犯処罰がなくても過失犯を処罰できるとの見解[31]を述べた上で，労働者を名宛人とする義務規定違反と両罰規定との関係について「なお，事業者が自らの義務を果たしていないときは，本来の各本条の規定違反で事業者は処罰されることになるし，事業者が労働者の違反行為を見落とすなどしていた場合は両罰規定を適用しなくても，後に述べるように過失による各本条違反として事業者の責任を追及することが可能である。」とも述べている[32]。本法における過失犯処罰の

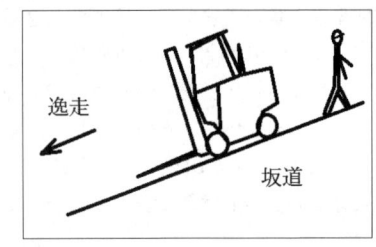

資料4-30　フォークリフトが坂道で逸走する図

（森山誠也作成）

可否は非常に大きなテーマであり本稿で扱うことは難しいことから，ここではこれ以上立ち入らないこととする。

5　罰則適用上の義務主体としての労働者と事業者との相違

本法では，名宛人が事業者であろうが労働者であろうが，一旦両罰規定が適用されればその違反行為に関して両方が処罰されうる仕組みになっていることから，事業者を名宛人とする規定と労働者を名宛人とする規定とは実質的に同じではないかという疑問が生ずる。

しかし，先述したように，労働者を名宛人とする規定は，労働者であれば問答無用で適用されるのに対し，事業者を名宛人とする規定は，労働者の中でも，事業者から安全衛生管理に関する義務と権限が特別に付与されている者にしか適用されない（[6]3参照）。

また，第27条の規定により本条に係る省令制定を行う際は，本条中の「事業者が……講ずる措置に応じて，」という規定により，労働者に課される義務が事業者の講ずる措置に応じたものでなければならないと解されるので，委任省令で規定される労働者の義務の内容が，事業者の措置義務の内容に応じたものでなければならず，実際，そのような省令制定・改正が行われていると思われる（[4]3，[7]3参照）。

また，本条の実際の適用場面においても，本条中の「事業者が……講ずる措置に応じて，」という規定により，事業者が一定の措置を実際に講じたのでなければ労働者に本条の義務は生じないと考えられる（[4]3参照）。

6　労働者と事業者がともに違反となる場合

両罰規定に関係なく，労働者がフォークリフトのブレーキを確実にかけないで離席するという同条第2項違反の行為に加え，事業者によるフォークリフトに係る作業計画の作成懈怠（安衛則第151条の3第1項違反），作業範囲への立入禁止措置不実施（安衛則第151条の7第1項違反）等の違反行為が組み合わさって1つの災害（労働者がフォークリフトに轢かれる等）に繋がることもある。

7　罰則の比較

本法第20条から第25条まで又は第25条の2第1項に違反した者（事業者の従業者）は6カ月以下の懲役又は50万円以下の罰金（ただし、業務主については、同罰金刑のみ）に処することとされているのに対して、本条に違反した者（労働者）は50万円以下の罰金に処することとされ、本条違反の法定刑は罰金刑のみとなっている。

7 労働者に義務を課す技術上の必要性とその義務の限界

1　労働者に義務を課す技術上の意義

危害防止措置は、本来、危険・有害性を伴う業務への従事を労働者に命じ、かつ事業利益の帰属主体となる事業者、あるいは産業の上流において危険源たる機械又は有害物を生み出す製造業者等の責任で行うべきといえよう。

それにもかかわらず、わざわざ本法の保護対象そのものである労働者の個人責任を問う本条の規定は、どのように正当化されるのであろうか。また、事業者を義務主体とすれば、それだけで、組織的な安全衛生管理に組み込まれている労働者には既に両罰規定上の行為者としての義務が生じているから十分ではないか、という疑問もあるだろう。

ここでは、労働者（組織的な安全衛生管理の体制を構成する労働者以外の労働者を含む）の協力を得ることなく危険又は健康障害を防止する、あるいは各危険源に係るリスクを許容可能なレベルまでに低減することはできるかという技術的な命題から、本条の意義を検討することとする。

まず1個の機械を考えてみると、製造者ないし事業者によって当該機械のもつ全ての危険箇所に本質的安全設計方策[33]（本書第27条の 7 3(2)の議論を参照）が講じられれば、その時点でリスクは許容可能なレベルに低減されており、かつ、本質的安全設計方策による保護方策は容易には無効化することができないため、労働者に義務を課す必要は比較的少ない。しかし、危険源に安全防護[34]による保護方策が採られた場合には、当該機械を取り扱う末端の労働者が安全防護を無効化（移動式クレーンのモーメントリミッターを無効化するなど）することが比較的容易なので、労働者がみだりに安全防護を無効化することを禁ずる必要が生じる。これが安衛則第29条である（同条についてはILO条約との関係で 12 2でも触れる）。もちろん、労働者が本質的安全設計方策を無効化することが無いわけではなく、例えば、安全機構の改造、有害物の無許可使用（ただし、有害物の無許可使用は新たな危険源の導入としても整理できる）などが考えられる。労働者による本質的安全設計方策の無効化又は新たな危険源の創出を規制する省令

は少ないが、安衛則第291条第2項はこの一つである。

> 労働安全衛生規則（昭和47年9月30日労働省令第32号）
> （火気使用場所の火災防止）
> 第291条　〈略〉
> 2　労働者は、みだりに、喫煙、採だん、乾燥等の行為をしてはならない。
> 3　〈略〉

また、安全防護は、やむを得ず無効化せざるを得ない場合がある。例えば機械の掃除をするために危険箇所を覆っているガード[35]を取り外す場合がこれに該当する。この場合、けがの防止のためには適切な作業方法により労働者に掃除を行わせる必要があるが、その場合には労働者が当該作業方法から逸脱することを禁ずる必要が生じる。この例として安衛則第108条第4項がある。

> 労働安全衛生規則（昭和47年9月30日労働省令第32号）
> （刃部の掃除等の場合の運転停止等）
> 第108条第1項・第2項　〈略〉
> 3　事業者は、運転中の機械の刃部において切粉払いをし、又は切削剤を使用するときは、労働者にブラシその他の適当な用具を使用させなければならない。
> 4　労働者は、前項の用具の使用を命じられたときは、これを使用しなければならない。

さらに、作業方法の徹底によってもまだ安全とはいえない場合には、事業者は労働者に個人用保護具を着用させることとなるが、事業者が労働者の保護具の着用を監視・強制することには技術上自ずと限界があるから、労働者自身にもこの着用義務を課す必要が生じることがある。この例として安衛則第151条の52第2項がある。

このように、事業者が労働者の行動をコントロールすることには自ずと限界があり（管理のヒエラルキーの後次のアプローチほど、労働者の協働が求められる構造がある）、事業者だけで安全衛生を十分に確保することは困難であるから、安全衛生の確保のためには、労働者個々人に対しても安全衛生措置への協力を義務づける技術上の必要性があるといえる。

2　典型例としての車両系機械の運転者規制

本質安全化された機械では労働者の行動如何によるリスクの増減が少ないのに対し、安全防護以下の保護方策による機械では労働者の行動がリスクを大きく左右するため労働者に対する規制を要する場合が多いと言うことができるだろう。

この最も典型的な例が，車両系機械（フォークリフト，貨物自動車，ドラグ・ショベル等）である。車両系機械は，その車体が動き回る機械であるから，現代の技術では常に人間を轢く危険性がつきまとい，本質的に言って，運転操作については管理的対策による保護方策が大きなウエイトを占めざるを得ず，その上運転操作は（上司でなく）当然運転者（その多くは労働者であろう）が直接行うことから，運転者の行動が安全性に直結する。このような事情から，4 3(2)で明らかなように，本条の規定に基づき多くの「運転者」規制が行われている（なお，運転者規制は道路交通法においてより体系的かつ明確に現れていると言えるだろう）。

また，車両系機械の場合は危害が他人にも及ぶことからも，罰則付きで義務を課すことに一定の合理性があると言えるだろう。

3 労働者に課すことができる義務の限界

ここで問題となるのは，本質的安全設計方策又は安全防護といったレベルの措置の実施について，労働者に義務を課せるかということであるが，事業者が事業を統括し，事業の利益を享受する以上，これらの措置は事業者が行うべきであり，たとえ事業者にその義務を課した上であっても，労働者にその義務を課すべきではないだろう。そもそも，本質的安全設計方策及び安全防護は組織的にしか行えず，経費がかかるものでもあり，労働者の個人責任を問うことはできないだろう。組織的な作業方法の決定，保護具の配備等にも，同様のことがいえる。

しかし，この場合にも，労働者に対し，本質的安全設計方策及び安全防護を無効化しないことや，作業方法に従うことについて義務を課すことは妨げられないだろう。

また，新たな危険源の持ち込み等の禁止（安衛則第291条第2項）や，異常事態を上司等に報告すること（安衛則第29条第4号）などについて，労働者に義務づけることも可能であろう。

8 労働者の責任

7 では，技術的見地から，労働者の義務について述べた。しかし，労働者に義務を課す必要性から直ちに労働者の責任を導き出すことはできない。

第1に，必要な教育を受けていない労働者がした不安全行動に責任を課すのは過酷である。労働者が危険源に対して合理的に対処するためには，危険源に対する危険性及び有害性について予め教育されている必要がある。特に，産業現場に存在する危険源には，家庭生活では縁のない種類・量のものも多く，労働者は，教育を受けない限り，危険源に対する十分な知識を有しないのが普通である。

第2に，ヒューマンエラー[36]に個人責任を問うことには慎重になるべきである。人間の判断力，身体能力，環境その他の諸条件からして，ヒューマンエラーの回避可能性があったのかということは，考慮されなければならない。

第3に，労働者の行動の責任を問うことそのものに慎重になるべきだろう。事故や災害の原因は常に複合的であり，まず危険源が存在し，それに対する各種の保護方策があるのであり，労働者の行動による部分（ヒューマンファクター[37][38]）はその中の一部を構成するに過ぎない。また，保護方策の中に占める労働者の行動（の制御）の役割は，危険源を用い，又は生み出して事業利益を得る事業者等（機械製造者等を含む）の技術的ないし金銭的事情により様々であり，そのような事情の結果責任まで労働者に負担させることには抑制的であるべきだろう。

労働災害における被災労働者の責任については，判例については安西愈『そこが知りたい！労災裁判例にみる労働者の過失相殺』（労働調査会，2015年）に詳しく，その他科学的見地からの議論も多いが[39]，時間の制約上本稿で検討することはできなかった。

9 災害補償の免責及び労働者災害補償保険の支給制限

労働基準法では，次の通り，業務上災害であっても，労働者に重大な過失がある場合には，使用者による災害補償義務のうち，休業補償又は障害補償については免責することを定めている。

> 労働基準法（昭和22年4月7日法律第49号）
> （休業補償及び障害補償の例外）
> 第78条　労働者が重大な過失によつて業務上負傷し，又は疾病にかかり，且つ使用者がその過失について行政官庁の認定を受けた場合においては，休業補償又は障害補償を行わなくてもよい。

ただし，この場合においても，療養補償，遺族補償及び葬祭料は免責されない。

「重大な過失」とは，故意にも比すべき程度の重い過失をいい，労働者がわずかな注意をもってすればその負傷又は疾病の発生することを認識できたにもかかわらず，著しく注意義務を怠ったために，その発生を認識できない場合である[40]。

また，労働者災害補償保険法（昭和22年4月7日法律第50号）でも，次の通り，労働者の故意等による業務上災害及び通勤災害について，政府は保険給付の全部又は一部を行わないこととしている。

> 労働者災害補償保険法（昭和22年4月7日法律第50

号）
第12条の２の２　労働者が，故意に負傷，疾病，障害若しくは死亡又はその直接の原因となつた事故を生じさせたときは，政府は，保険給付を行わない。
② 労働者が故意の犯罪行為若しくは重大な過失により，又は正当な理由がなくて療養に関する指示に従わないことにより，負傷，疾病，障害若しくは死亡若しくはこれらの原因となつた事故を生じさせ，又は負傷，疾病若しくは障害の程度を増進させ，若しくはその回復を妨げたときは，政府は，保険給付の全部又は一部を行わないことができる。

資料４-31　労働者災害補償保険法第12条の２の２第２項前段の規定による支給制限の状況（通勤災害分を除く）

	支給制限		支給額（円）	新規
	件数	金額（円）		
平成30年	31	2,304,858	5,376,725	3
令和元年	29	2,702,839	6,306,678	4
令和２年	15	1,158,039	2,702,467	2

＊令和元年には平成31年も含む。
＊上記数値は，労働者災害補償保険事業年報（注43）参照）第16-1のデータに基づく労働者災害補償保険法第12条の２の２第２項前段（故意の犯罪行為，重大過失によるもの）に係る支給制限の状況（通勤災害分を除く）であるが，同年報同表によれば，同項後段（療養に関する指示に従わないもの）に係るものは平成30年から令和２年までの３年間でいずれも０件０円であった。

第１項の「故意」とは，自分の行為が一定の結果を生ずべきことを認識し，かつ，この結果を生ずることを認容することをいう（例えば，自傷する意図を持って敢えて自らを危険にさらし，負傷した場合などがこれに含まれるだろう）。ただし，被災労働者が結果の発生を認容していても，災害と業務との因果関係が認められる事故（例えば，業務上の精神疾患による自死などがこれに含まれるだろう）については，第１項の規定の適用はない。この場合に保険給付をしないのは，業務又は通勤と事故との因果関係が故意によって中断されるという考え方に基づいている。[41]

第２項の「故意の犯罪行為」とは，事故の発生を意図した故意はないが，その原因となる犯罪行為が故意によるものである（第１項の場合と異なり，自傷の意図はなくても，例えば，労働者が自動車の運転において法定速度を遙かに超過し，それが原因で交通災害に至った場合などがこれに含まれるだろう）。故意の犯罪行為又は重大な過失に当たるものとしては，事故発生の直接の原因となった行為が，法令上の危害防止に関する規定で罰則の付されているものに違反すると認められる場合であるとして行政上取り扱われている。[42]

労働者災害補償保険法第12条の２の２第２項の規定による支給制限については，労働者災害補償保険事業年報[43]第16-1表等にその件数，金額等が掲載されている（資料４-31）。

[10] 危害回避のための労働者の就労拒否・退避権

危害を回避するために，労働者が就労を拒否したり，作業を中止して退避したりする権利については，本法には規定されていないが，国会その他の場で繰り返し議論されてきた。本節では，国会における議論等を中心に若干の検討を行う。鉱山保安法の危害回避規定については[14]１，ILO第155号条約の危害回避権の規定については[12]４を参照されたい。

この種の議論において「就労拒否」は，危険有害性のある業務について就労を拒否するという場合，「退避」は危険が急迫する際に作業を中止して退避するという場合に，主に使用されていることがわかる。その他「緊急避難」「自己防衛」等の用語も使用されている。[44]また，鉱山保安法第27条では「危害回避」という用語が使用されている。ILO第155号条約に係る2009年の総合調査報告書[45]では，workersを主語としたremove oneself, cease/stop work, defend oneself, refuse workのほかthe right of removalという用語が使用されている。

1　本法制定時の議論

本法が成立した第68回国会では，複数の日本社会党議員から政府側に対して危害を回避するための労働者の就労拒否権ないし退避権の明文化について質問等が繰り返しなされたが，政府側は，これは法律で規定せずとも当然認められる権利であるとし，最終的には修正案により事業者の義務として第25条（急迫した危険があるときに事業者が労働者を退避させる等の義務規定）が追加されたが，労働者側の就労拒否・退避権に係る修正案が提出されることはなく，これが本法で明文化されるには至らなかった。[46]衆参両院の社会労働委員会で行われた附帯決議でも，就労拒否・退避権について触れられることはなかった。この時の議論から論点の一部を抽出すると，資料４-32の通りである。

また，本法の国会審議に先だち，日本労働者安全センターの月刊誌『月刊いのち：労働災害・職業病』1972年２月号では「特集 労働安全衛生法案と労働者―労働安全衛生法案の問題点をさぐる[47]」と題し，本法案について複数人（反対派から法案作成者まで）からの記事が掲載されている。このうち東田敏夫「『労働安全衛生法案』のねらいと問題点」では，法案には労働者の権利に関わる条項が全く欠如しており，危険有害作業を拒否しうる権利とともに，危険有害作業の内容や安全衛生事業の内容などを知る権利，危険有害な業務や状態の改善を請求する権利，医師を選択する権利等が保障されるべきだと主張された。また松岡三郎「労働安全衛生法案―単独立法化への覚書」では，退避権は現行法上の解釈によっても可能であると思われ

資料4-32 第68回国会における危害回避のための労働者の就労拒否・退避権等に関する論点及び政府答弁

	論点（日本社会党の質問から）	政府答弁
1	就労拒否権の明文化（事業者規制と行政監督だけでは労災は防げない。事業者のみならず労働者の権利という側面からも立法措置を取るべきだ。）	①安衛法は事業者規制法であり、修正案で第25条を追加した。②危険急迫時の労働者の退避権は条理上当然の権利であるから、明文化するまでもない。③退避を要するような条件は多種多様で法律で包括的に書くのは難しい。
2	就労拒否に係る賃金保障及び就労を拒否した労働者に対する不利益取扱の禁止	言及なし
3	企業内での労働者の発言権	①安全衛生委員会で意見表明の機会がある。②労働基準監督機関に対する申告権（第97条）がある。
4	化学物質等の有害性が未確認である場合の就労拒否権	主観的に個々の労働者が危惧を持つことを法律上の問題とすることはできない。
5	労使の認識が対立する場合（特に、化学物質等の有害性が不明確又は対策が確立されていないとき）	安全衛生委員会において労使が対等な立場で審議ができるよう行政指導を行う。

（森山誠也作成）

るが、労働者は危険有害と知りつつ仕事を継続して労働災害が生ずることが多いとして、退避権及びそれに係る賃金保障の明文化や、知る権利、医師選択権等の確保が主張されている。

最終的には、本法の施行通達の第25条の説明箇所において、次の通り、客観的な急迫危険がある場合の労働者の退避権について触れられるにとどまった。

基発第602号
昭和47年9月18日
都道府県労働基準局長　殿
　　　　　　　　　　　労働省労働基準局長
労働安全衛生法および同法施行令の施行について
記
I　法律関係
　9　労働者の危険又は健康障害を防止するための措置
　(4)　第25条関係
　　本条は、事業者の義務として、災害発生の緊急時において労働者を退避させるべきことを規定したものであるが、客観的に労働災害の発生が差し迫っているときには、事業者の措置を待つまでもなく、労働者は、緊急避難のため、その自主的判断によって当然その作業現場から退避できることは、法の規定をまつまでもないものであること。

2　その後の国会その他における議論

労働者の就労拒否・退避権については、労働安全衛生法及びじん肺法の一部を改正する法律（昭和52年7月1日法律第76号）が成立した第80回国会でも、議論された。

同国会では、昭和52年5月19日、参議院社会労働委員会で田中寿美子委員（日本社会党）が「労働者の代表として中央労働基準審議会に入っていらっしゃる小野沢さん、……危険有害な職場での就労拒否権の明文化というようなことまで要求していらっしゃいます[49]」として改めて就労拒否権の明文化を要求したのに対し、桑原敬一労働省労働基準局長が「就労拒否権の問題につきましては、この法案をおかけいたしました労働基準審議会においてもいろいろ御議論がございまして、一応見解が統一できなかったという面でございます。……現行の安全衛生法の25条に、急迫した危険があった場合には、直ちに作業を中止する義務が使用者に課せられておりますし、……ぎりぎり問題になりますと、これは当然に緊急避難の問題ということで処理もできる、こういうふうに考えております。最終的には、基準審議会でコンセンサスを得られなかった点でございます。[50]」と答弁した。

労働者の就労拒否・退避権については、その後、昭和55年の第91回国会[51]、平成5年の第126回国会[52]などでも言及されたが、深く議論されることはなかった。このうち平成5年2月23日の第126回国会衆議院労働委員会ではILO第155号条約（12 4参照）との関係にも言及された。

昭和63年の総評から労働大臣あての意見書にも、本法で労働者の退避権及び不利益取扱禁止を規定する旨の要望が含まれている[53]。

また、頻度等は不明であるが、厚生労働省の検討会でも労働者の退避権について言及されている[54]。

3　各論点に関する検討

資料4-32の論点1について、政府側は、特に、衆議院の修正案で追加された第25条及び安全衛生委員会を取り上げて、労働者の就労拒否・退避権の明文化は必要無いと主張した。しかし、第25条は実際には第27条の規定により省令で具体的に定められた事項しか規制がなされず、現在でも、極めて限られた場合につき安衛則その他の省令で計10カ条が設けられているに過ぎない（ただし、もともと第20条〜第24条と第25条との区分は本来明確ではないことに注意）。労働者が管理者不在の下で作業を行うことや、管理者に十分な安全衛生の知識がない場合を考えると、第25条で十分な労働者保護が図れるとは考えにくい。

安全委員会、衛生委員会及び安全衛生委員会の設置義務も、全体から見れば一部の事業場にしか適用されない規定であり、また、これらの委員会は緊急事態には即応できない[55]。

また、就労拒否・退避権は条理上当然で明文化する

までもないという主張については，平成16年に鉱山保安法第27条（ 14 １参照）で明文化した例があるほか，法令で明文化すれば第101条第１項の周知義務の対象にもなる。また強行法規として明文化すれば当然にこれに反する就業規則は無効となり労働基準監督署長の就業規則変更命令の対象にもなる。[56] 法律で包括的に書くのは難しいという主張に対しては，鉱山保安法第27条第１項に例があるように，労働者の包括的な権利として書けば良く，省令等で細目を定める必要は無いだろう。急迫した危険とは何か[57]，あるいは急迫していないが危険有害性がある場合はどうするかということは別途重要な研究課題であるが，例えば衛生管理については作業環境測定の結果から第３管理区分と評価されたにもかかわらず直ちに改善されない等作業環境が劣悪な場合が考えられるだろう（それ以前に事業者が作業中止，作業環境改善等の措置を講じるべきであるが，事業者により迅速・適切な措置が講じられない場合があるため）。

論点２の賃金保障については，例えば動力プレスに対する安全装置，有害性粉じん等に対する局所排気装置等がないような状況で就業を続けざるを得ない労働者は存在しているのであり，その大きな理由は，一時的であっても収入が絶たれることへの恐れであろう。このような状況の是正には数カ月，ときには数年を経過することもあり（例えば外付け式フードによる局所排気装置の設計・設置には時間が掛かる），就労を拒否した労働者に対する経済的保障については，雇用保険上の取扱を含め検討されるべきではないだろうか。また，就労拒否に対する不利益取扱禁止に関する本法等での明文規定がなければ，実際に不利益取扱がなされてもその多くは民事紛争にすぎず，就労拒否権が有名無実化する可能性がある。

論点３について，安全衛生委員会については上述の問題があるほか，第97条の申告権は法違反しか対象としておらず，事業者がガイドラインや努力義務を遵守していない事実が急迫した危険を生んでいても第97条の規定は適用されないことに注意が必要である（もちろん監督機関に通報はできるが，第97条第２項の不利益取扱禁止規定や公益通報者保護法を適用できない）。

論点４及び５は科学的な問題でもあり筆者の能力では立ち入った議論はできない。ただし，危険があることと，予防措置が実施されていないこととは似て非なるものであることには注意が必要であり，「危険があること」だけを就労拒否権の要件とした場合は，それをどうやって知り，証明するかという問題が生じうるし，「所定の予防措置がなされていないこと」だけを要件とした場合は，所定の予防措置をとっていないことのみから就労拒否ができるが，所定の予防措置だけでは安全上不十分な場合には対応できない。

なお，雇入時等の安全衛生教育について定める安衛則第35条第１項では，教育を行わなければならない事項として「事故時等における応急措置及び退避に関すること。」が含まれている。

近年では，新型コロナウイルス感染症（COVID-19）への感染を懸念する労働者の就労拒否権が議論されている。例えば，早川智津子[58]は，テレワーク，賃金・休業手当等を含め判例等を分析しつつ幅広く議論している。

なお，労働基準法第15条第２項では，労働契約の締結に際して明示された従事すべき業務等の労働条件が事実と相違する場合は，労働者は即時に労働契約を解除することができるとしているが，要件が限定的でかつ失業のリスクもあるため，この規定を以て労働者が危害を回避することができるのは一部の場合に限られるだろう。

11 関連規定

1　労働者の義務規定（本条以外）

本法では，まず第１章（総則）第４条で労働者の責務が訓示的に規定されている。

> 第４条　労働者は，労働災害を防止するため必要な事項を守るほか，事業者その他の関係者が実施する労働災害の防止に関する措置に協力するように努めなければならない。

この「関係者」には，国，地方公共団体，労働災害防止団体，労働組合等その労働者に係る労働災害を防止するために活動している者全てが含まれる。[59]

本法では，このほか，資料４-33の通り，請負制に係る特別規制，労働者の健康管理等並びに特別安全衛生改善計画及び安全衛生改善計画について労働者の義務を定めている。

 4 ２でも述べた通り，第26条は，第20条から第25条の２までの規定のみに係るものであるので，仮に，本法を改正して特別の事項について別途事業者の講ずべき措置を規定した場合には，当該特別の事項についてもまた別途労働者の義務を規定しなければ，法律事項としては労働者に義務を課すことはできないだろう。

2　労働者に対する使用停止命令等

資料４-34の通り，具体的危険に際し，労働基準監督機関が事業者等に労働災害の防止のため必要な場合に，労働者にも作業停止，建築物等の使用停止等命令又は緊急措置命令を発出することができる。

これらの命令に違反した者は，50万円以下の罰金に処せられる。

資料4-33 労働安全衛生法中の労働者の義務規定（第4条及び第26条を除く）

条項	規定内容の概要
第29条第3項	元方事業者は、関係請負人の労働者が、当該仕事に関し、労働安全衛生法又はこれに基づく命令の規定に違反していると認めるときは、是正のため必要な指示を行なわなければならないが、この指示を受けたその労働者は、当該指示に従わなければならない。
第32条第6項	第30条から第31条の2までの規定に基づき特定元方事業者等又は注文者により講ぜられる措置及び当該措置に応じて請負人により講ぜられる措置に応じて、労働者は、必要な事項を守らなければならない。（違反者は、50万円以下の罰金）
第32条第7項	労働者は、特定元方事業者等若しくは注文者又は請負人が、第30条から第31条の2まで又は第32条第1項から第3項までの規定に基づく措置の実施を確保するためにする指示に従わなければならない。
第66条第5項	労働者は、健康診断を受けなければならないこと。ただし、事業者の指定した医師又は歯科医師が行なう健康診断を受けることを希望しない場合において、他の医師又は歯科医師の行なうこれらの規定による健康診断に相当する健康診断を受け、その結果を証明する書面を事業者に提出したときは、この限りでない。
第66条の7第2項	労働者は、通知された健康診断の結果及び一般健康診断の結果に基づく保健指導を利用して、その健康の保持に努めるものとする。
第66条の8第2項	労働者は、長時間労働に係る面接指導を受けなければならない。ただし、事業者の指定した医師が行う面接指導を受けることを希望しない場合において、他の医師の行う面接指導を受け、その結果を証明する書面を事業者に提出したときは、この限りでない。
第69条第2項	労働者は、事業者が講ずる健康教育及び健康相談その他労働者の健康の保持増進を図るため必要な措置を利用して、その健康の保持増進に努めるものとする。
第78条第3項	労働者は、特別安全衛生改善計画を守らなければならない。
第79条第2項	労働者は、安全衛生改善計画を守らなければならない。

（森山誠也作成）

資料4-34 労働安全衛生法中労働者に対する使用停止命令等を定める規定

条項	規定内容の概要
第98条第2項	労働基準監督機関は、事業者、注文者、機械等貸与者又は建築物貸与者に対して使用停止等命令を発出した場合に、必要な事項を労働者に命ずることができる。
第99条第2項	労働基準監督機関は、事業者に対し緊急措置命令を発出した場合に、必要な事項を労働者に命ずることができる。

（森山誠也作成）

3 何人にも適用される規定

第35条（重量表示）及び第5章（機械等並びに危険物及び有害物に関する規制）も危害防止のための規定群ではあるが、労働者の義務について明記した規定は設けられていない。ただし、これらの規定は、定期自主検査及び化学物質のリスクアセスメント等に関するものを除き、何人にも適用される。

このほか、第61条では、次の通り、就業制限業務に係る無資格就業を禁止しているが、ここでは第1項の事業者責任に加え、第2項ではこの責任を何人にも適用させる意味で名宛人を「前項の規定により当該業務につくことができる者以外の者」まで拡張し、労働者はもちろん個人事業主等を含むような規定としている[60]。

（就業制限）
第61条 事業者は、クレーンの運転その他の業務で、政令で定めるものについては、都道府県労働局長の当該業務に係る免許を受けた者又は都道府県労働局長の登録を受けた者が行う当該業務に係る技能講習を修了した者その他厚生労働省令で定める資格を有する者でなければ、当該業務に就かせてはならない。
2 前項の規定により当該業務につくことができる者以外の者は、当該業務を行なってはならない。
3・4 〈略〉

4 その他の法令

労働安全（産業安全）に関連し、名宛人を事業者、労働者に限定しないものとして、刑法第211条（業務上過失致死傷等）のほか、刑法第117条（激発物破裂）（過失罪あり）、軽犯罪法第1条第10号（相当の注意をしないで、銃砲又は火薬類、ボイラーその他の爆発する物を使用し、又はもてあそんだ者）などがある。

刑法第211条（業務上過失致死傷等）が両罰規定を有しないことには注意が必要である。

12 国際労働基準との関係

1 産業災害の予防に関する勧告（第31号）

1929年6月21日、第12回国際労働総会において産業災害の予防に関する勧告（第31号、第12回総会で1929年6月21日採択、第109回総会で2021年撤回）が採択された。この勧告では、次の通り、労働者に対しても災害予防に関する事項を義務づけることを勧告していた。

Prevention of Industrial Accidents Recommendation, 1929 (No. 31)

III

11. In view of the fact that the workers, by their conduct in the factory, can and should contribute to a large extent to the success of protective measures, the State should use its influence to secure (a) that employers should do all in their power to improve the education of their workers in regard to the prevention of accidents, and (b) that the workers' organisations should by using their influence with their members co-operate in this work.
16. It should be provided by law that it is the duty of the employer to equip and manage his under-

taking in such a way that the workers are adequately protected, regard being had to the nature of the undertaking and the state of technical progress, as well as to see that the workers in his employment are instructed as to the dangers, if any, of their occupation and in the measures to be covered by them in order to avoid accidents.
19. In view of the importance of the conduct of the worker in connection with accident prevention, the law should provide that it is the duty of the worker to comply with the statutory requirements on accident prevention and particularly to refrain from removing safety devices without permission and to use them properly.

2　機械の防護に関する条約（第119号，批准済）

　機械の防護に関する条約（第119号，1973年7月31日批准書寄託，1973年8月10日公布及び告示，1974年7月31日日本について効力発生[61]）では，次の通り，労働者等による防護措置の無効化の禁止等について規定している。

Guarding of Machinery Convention, 1963 (No. 119)
PART III. USE
Article 11
1. No worker shall use any machinery without the guards provided being in position, nor shall any worker be required to use any machinery without the guards provided being in position.
2. No worker using machinery shall make inoperative the guards provided, nor shall such guards be made inoperative on any machinery to be used by any worker.

　この規定のうち労働者の義務に係る部分については，本条に基づく安衛則第29条が国内担保法となっている。

3　石綿の使用における安全に関する条約（第162号，批准済）

　石綿の使用における安全に関する条約（第162号，第72回ILO総会で1986年6月24日採択，2005年8月11日日本で公布，2006年8月11日日本で効力発生[62]）では，石綿に関する労働者による安全衛生手続の遵守義務が規定されている。

Asbestos Convention, 1986 (No. 162)
PART II. GENERAL PRINCIPLES
Article 7
Workers shall be required, within the limits of their responsibility, to comply with prescribed safety and hygiene procedures relating to the prevention and control of, and protection against, health hazards due to occupational exposure to asbestos.

　この国内担保法は，石綿障害予防規則中の本条に基づく規定群がこれに含まれると考えられる。

4　職業上の安全及び健康並びに作業環境に関する条約（第155号，未批准）

　日本は批准していないが，職業上の安全及び健康並びに作業環境に関する条約（第155号，第67回ILO総会で1981年6月22日採択，1983年8月11日発効）第13条において，労働者の退避権の保護等について規定されている。

Occupational Safety and Health Convention, 1981 (No. 155)
PART III. ACTION AT THE NATIONAL LEVEL
Article 13
A worker who has removed himself from a work situation which he has reasonable justification to believe presents an imminent and serious danger to his life or health shall be protected from undue consequences in accordance with national conditions and practice.
PART IV. ACTION AT THE LEVEL OF THE UNDERTAKING
Article 19
There shall be arrangements at the level of the undertaking under which—
(f) a worker reports forthwith to his immediate supervisor any situation which he has reasonable justification to believe presents an imminent and serious danger to his life or health; until the employer has taken remedial action, if necessary, the employer cannot require workers to return to a work situation where there is continuing imminent and serious danger to life or health.

　これらの条項の解釈や各国の状況等についての文献としては，同条約と関係する勧告等に関するILOの2009年の総合調査報告書[63]がある。同報告書によると，急迫した深刻な危険からの退避について労働者に決定権を与えるか使用者の決定に依存させるべきかという問題は同条約の検討時に最も熱い議論を呼んだことの一つだったとのことである[64]。

13　適用の実際

　本条の委任省令には，機械の安全防護の無効化の禁止，フォークリフトから降りるときにブレーキを確実にかけること，クレーンで荷を吊ったままでの運転位置からの離脱禁止など，機械一般，フォークリフト，クレーン等がありさえすれば必ずといっていいほど適用されるような，適用場面に富む規定が多いが，本条については判例，報道，統計資料等に乏しい。以下，若干の文献から本条の適用例をみることとしたい。
　なお，労働基準監督機関が行う定期監督等における法違反状況については，「労働基準監督年報」に統計表が掲載されているが，本条違反については集計が省

資料4-35 労働基準監督官による労働安全衛生法違反及びうち第26条違反の送検事件件数（主条文）

	労働安全衛生法違反全体	
		うち第26条違反
平成23年	542	0
平成24年	614	1
平成25年	560	1
平成26年	628	0
平成27年	550	0
平成28年	497	1
平成29年	474	0
平成30年	529	0
平成31年 令和元年	469	1
令和2年	505	1

＊ 労働基準監督年報[65]（平成23年から令和2年まで）の統計表「送検事件状況」による。同表では1事件で複数の被疑条文がある場合には、その主たる被疑条文により件数を計上している。したがって、本条が被疑条文に含まれている場合であってもそれが主たる被疑条文でない場合は計上されていないことに注意されたい。また、これは労働基準監督官が送検した事件のみを集計したものである。

略されているため、その実態は不明である。申告監督及び再監督については、条文ごとの違反件数が集計されていないため件数は不明である。

また、人事委員会等が労働基準監督を行う非現業等の地方公務員に関する状況など、労働基準監督官が監督を行わない領域における状況については時間の制約上、調査が及ばなかった。

1 送検事件状況（統計）

平成23年から令和2年までの本条違反事件の労働基準監督官による送検事件件数は**資料4-35**の通りである。

通常司法警察員が送検したものや検察官認知・直受等の事件については、検察統計において本法違反事件全体の集計はなされているが、条文ごとの情報は不見当であり、不明である。

2 刑事裁判例

最近では、令和2年、建設資材レンタル業を営む会社Xの労働者X'が、フォークリフトの運転位置を離れる際、フォークを最低降下位置に置かず、エンジンを切らなかった疑いで、両罰規定により所属会社Xとともに送検され、それぞれ罰金刑が確定した事例がある[66]。この違反に関連し、同社社内で積荷の建設資材を運搬しに来た他社Yの労働者Y'が、労働者X'の運転していたフォークリフトのフォークとトラックの荷台の間に挟まれて死亡した[67]（なお、当然ながら、筆者はこの事件について、報道・公表されていること以外の情報を有していない）。

14 鉱山における保安及び船員

1 鉱山における保安

鉱山保安法（昭和24年5月16日法律第70号）による鉱山における保安については、本法（第2章を除く）は適用されず、その代わりに鉱山保安法が適用される。

同法第9条では、鉱山労働者の義務を定めており、罰則及び両罰規定の対象となる。

> 鉱山保安法（昭和24年5月16日法律第70号）
> （用語の意義）
> 第2条　〈略〉
> 2　〈略〉
> 3　この法律において「鉱山労働者」とは、鉱山において鉱業に従事する者をいう。
> 4　〈略〉
> （鉱山労働者の義務）
> 第9条　鉱山労働者は、鉱山においては、経済産業省令の定めるところにより、鉱業権者が講ずる措置に応じて、鉱山における人に対する危害の防止及び施設の保全のため必要な事項を守らなければならない。
> 第61条　次の各号のいずれかに該当する者は、1年以下の懲役又は100万円以下の罰金に処する。
> 一　〈略〉
> 二　第9条〈略〉の規定に違反した者
> 三〜七　〈略〉
> 第63条　法人の代表者又は法人若しくは人の代理人、使用人その他の従業者が、その法人又は人の業務に関し、前3条の違反行為をしたときは、行為者を罰するほか、その法人又は人に対して各本条の罰金刑を科する。

ただし、経済産業省による鉱山保安法の逐条解説[68]によれば、「鉱山労働者」とは、鉱山において鉱業に従事する者をいい、基本的に鉱業権者及び鉱業代理人はこれに含まれないが、いわゆる請負鉱山労働者はこれに含まれる。したがって本法の労働者とは定義を異にするので注意を要する。

また、「『鉱業権者が講ずる措置に応じて』としているのは、保安のための措置を鉱業権者が講じた上で、これを鉱山労働者に遵守させるのが本来的なものであって、鉱山労働者が遵守すべき事項を鉱業権者の講ずる保安上の措置と無関係に設けることが適当とは考えられないことから、これを確認するために設けたものである。」と解説されている。

経済産業省令で定められた鉱山労働者が講ずべき措置の内容は、次の通りである。

> 鉱山保安法施行規則（平成16年9月27日経済産業省令第96号）

(鉱山労働者が守るべき事項)
第27条 法第9条の規定に基づき、鉱山労働者が守るべき事項は、次に掲げるものとする。
一 法第5条及び第7条の規定による鉱業権者が講ずべき措置に関し、鉱業権者が定めた方法又は手順を遵守すること。
二 法第5条及び第7条の規定による鉱業権者が講ずべき措置に関し、保護具その他の鉱業権者から指示されたものを使用、着用又は携帯すること。
三 前2号の規定によるほか、第三者に対し危害を及ぼす行為をしないこと。

このように、鉱山保安法の体系では、鉱山労働者の義務は法令で具体的に定められておらず、鉱業権者の管理に服すべきことを包括的に定めている。また、鉱山労働者が第三者に対し危害を及ぼす行為を包括的に禁止していることも注目に値する。

ただし、鉱山保安法では、鉱業権者は、保安委員会(原則として、委員の過半数をその鉱山の鉱山労働者の過半数の推薦により選任しなければならない)の審議を経て危害防止措置等を含む保安規程を定め、経済産業大臣に届け出なければならず、経済産業大臣は保安のため必要がある場合は保安規程の変更を命ずる権限を有しており、鉱山労働者に遵守させる事項を鉱業権者が独断的に定められるような法体系とはなっていない。

また、鉱山保安法では、第27条で鉱山労働者の危害回避措置等について明文化されており、当該措置等をとった鉱山労働者に対する不利益取扱いの禁止規定(罰則付き)も設けている。

鉱山保安法(昭和24年5月16日法律第70号)
(危害回避措置等)
第27条 鉱山労働者は、その作業に従事している際に、人に対する危害が発生し、又は発生する急迫した危険があると認めるときは、その判断により、当該危害を避けるため必要な措置(その作業の中止を含む。)をとることができる。この場合において、当該鉱山労働者は、当該危害及び当該措置の内容について保安統括者又は保安管理者に直ちに報告しなければならない。
2 鉱山労働者は、この法律若しくはこの法律に基づく経済産業省令に違反する事実が生じ、又は生ずるおそれがあると思料するときは、保安統括者又は保安管理者に対し必要な措置をとるべき旨を申し出ることができる。
3 鉱業権者は、鉱山労働者が第1項の規定による措置をとったこと、又は前項の規定による申出をしたことを理由として、当該鉱山労働者に対して解雇その他不利益な取扱いをしてはならない。

この条項は、鉱山保安法及び経済産業省設置法の一部を改正する法律(平成16年6月9日法律第94号)より追加されたものであるが、その趣旨は、経済産業省による逐条解説において、例えば第1項については「持ち場を離れること等が就業規則等に違反する場合であっても、このような措置をとることは、いわゆる正当防衛や緊急避難に該当することが多いと考えられるが、確認的に本規定を設けることにより、鉱山労働者が危害回避をとりやすくなり、結果的に人に対する危害の防止が図られやすくなることが期待されるものである。」等とされている。

また、同条は、危害回避措置等を取る要件につき鉱山労働者を主語として第1項では「急迫した危険があると認めるとき」と、第2項では「思料するときは」と規定することにより、鉱山労働者の主観的判断を尊重していることは注目に値する(10 1末尾に引用した本法施行通達で、労働者の退避権について「客観的に労働災害の発生が差し迫っているときには」とあるのと対照的である)。

また、同逐条解説によれば、この規定は、鉱山における安全及び健康に関する条約(第176号、ILO第82回総会で1995年6月22日採択、日本は未批准)や、1989年に採択された安全衛生に関するEU指令の趣旨を汲んだものとされている。

2 船員

船員の安全及び衛生に関する事項を定める船員法(昭和22年9月1日法律第100号)においては、次の通り、船員の義務を定めている。

船員法(昭和22年9月1日法律第100号)
(沈没等に因る雇入契約の終了)
第39条 船舶が左の各号の一に該当する場合には、雇入契約は、終了する。
一 沈没又は滅失したとき。
二 全く運航に堪えなくなったとき。
② 〈略〉
③ 第1項の規定により雇入契約が終了したときでも、船員は、人命、船舶又は積荷の応急救助のために必要な作業に従事しなければならない。
④⑤ 〈略〉
(安全及び衛生)
第81条 〈略〉
②・③ 〈略〉
④ 船員は、船内作業による危害の防止及び船内衛生の保持に関し国土交通省令の定める事項を遵守しなければならない。

これらの規定については罰則(船員法第128条及び第128条の3)があるが、両罰規定は適用されない(同法

第135条第1項)。

船員法に基づく船員労働安全衛生規則(昭和39年7月31日運輸省令第53号)で定められている船員の義務は,次の通り,本法のそれと同様,7 3で議論したような労働者に課すことができる義務の範囲内で定められている。

> 船員労働安全衛生規則(昭和39年7月31日運輸省令第53号)
> 　第1章　総則
> (船員の遵守事項)
> 第16条　船員は,次に掲げる行為をしてはならない。
> 　一　第24条に定める防火標識又は禁止標識のある箇所における当該標識に表示された禁止行為
> 　二　第46条から第48条まで又は第69条第1項の規定により禁止された火気の使用又は喫煙
> 2　船員は,第47条第2項,第48条から第51条第1項まで,第53条から第65条第1項まで,第66条第1項,第67条,第68条第1項,第69条第1項又は第71条第2項から第73条までに規定する作業において保護具の使用を命ぜられたときは,当該保護具を使用しなければならない。
> 3　船員は,第51条第1項,第52条第1項,第57条第1項,第66条第1項又は第68条第1項に規定する作業において墜落制止用器具又は作業用救命衣の使用を命ぜられたときは,当該墜落制止用器具又は作業用救命衣を使用しなければならない。

15 家内労働法

家内労働法(昭和45年5月16日法律第60号)では,その保護客体である家内労働者にも危害防止義務が課されている。

> 家内労働法(昭和45年5月16日法律第60号)
> 　第4章　安全及び衛生
> (安全及び衛生に関する措置)
> 第17条　委託者は,委託に係る業務に関し,機械,器具その他の設備又は原材料その他の物品を家内労働者に譲渡し,貸与し,又は提供するときは,これらによる危害を防止するため,厚生労働省令で定めるところにより,必要な措置を講じなければならない。
> 2　家内労働者は,機械,器具その他の設備若しくは原材料その他の物品又はガス,蒸気,粉じん等による危害を防止するため,厚生労働省令で定めるところにより,必要な措置を講じなければならない。
> 3　補助者は,前項に規定する危害を防止するため,厚生労働省令で定める事項を守らなければならない。

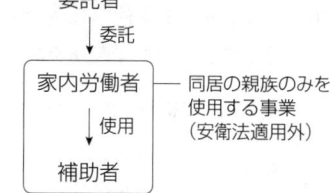

資料4-36　家内労働における3者の委託・使用関係

家内労働法の委託者と家内労働者の関係は労働関係ではなく,労働関係に準じた委託関係であるところ,家内労働者は,補助者(家内労働者の同居の親族であって,当該家内労働者の従事する業務を補助する者〔同法第2条第4項〕)を使用する場合がある。しかし,家内労働者の定義上,委託者から委託を受けた業務について同居の親族以外の者を使用しないことを常態としているので(同法第2条第2項),家内労働者が行う事業には普通,本法の適用はない(資料4-36)。

家内労働法で興味深いのは,同法第17条において,第1項で委託者の危害防止義務,第2項で家内労働者の危害防止義務,第3項で補助者の危害防止義務が規定されていることである。家内労働者はこの第2項で,保護客体としての自己管理義務を課されると同時に,補助者を使用する者としての地位も併せ持つ関係上,補助者に対する危害防止義務もまた課されているのである。

16 外国の事情

英国の1974年の労働安全衛生法第7条では[72)73)],労働者の義務として,(a)自己及び自己の業務上の行為又は懈怠によって影響を受ける他人の健康と安全に対して相当な注意を払う(take reasonable care)とともに,(b)雇用主その他の者が関係法令による義務又は要求を遵守するにあたり必要な限りにおいて,労働者が彼等に協力する義務を定めている。

> Health and Safety at Work etc. Act 1974
> Part I Health, Safety and Welfare in connection with Work, and Control of Dangerous Substances and Certain Emissions into the Atmosphere
> General duties
> 7　It shall be the duty of every employee while at work—
> 　(a)　to take reasonable care for the health and safety of himself and of other persons who may be affected by his acts or omissions at work; and
> 　(b)　as regards any duty or requirement imposed on his employer or any other person by or under any of the relevant statutory provisions, to co-operate with him so far as is necessary to enable that duty or requirement to be per-

米国の1970年の職業安全衛生法第5条[74)75)]でも，労働者に職業安全衛生関係法令等の遵守義務を課している。

> Occupational Safety and Health Act of 1970
> Section 5 - Duties
> (a) Each employer —〈略〉
> (b) Each employee shall comply with occupational safety and health standards and all rules, regulations, and orders issued pursuant to this Act which are applicable to his own actions and conduct.

（事業者の講ずべき措置等）
第27条　第20条から第25条まで及び第25条の2第1項の規定により事業者が講ずべき措置及び前条の規定により労働者が守らなければならない事項は，厚生労働省令で定める。
2　前項の厚生労働省令を定めるに当たつては，公害（環境基本法（平成5年法律第91号）第2条第3項に規定する公害をいう。）その他一般公衆の災害で，労働災害と密接に関連するものの防止に関する法令の趣旨に反しないように配慮しなければならない。

この見出しは第20条から本条までの共通見出しである。

1 趣旨と内容

本条（第27条のことをいう。以下同条の逐条解説部分において同じ）第1項は，第20条から第25条まで及び第25条の2第1項の規定により労働者の安全と健康の確保等のため事業者が講ずべき措置及び第26条の規定により労働者が遵守すべき事項の具体的内容を厚生労働省令に包括的に委任することを定めたものである。

第2項は，第1項の厚生労働省令を定めるに当たつては，典型七公害のほか，その他一般公衆の災害で労働災害と密接に関連するものの防止に関する法令の趣旨に反しないように配慮しなければならないことを定めたものである。

2 条文解釈

1　「事業者」及び「労働者」
これらの用語は本法第2条で定義されている。
2　「第20条から……の規定により事業者が講ずべき措置」
第20条から第25条まで及び第25条の2第1項の規定は，本法が定める危害防止基準の中核となる規定群である。本法におけるこの規定群の位置づけは 7 （特に 7 2(1)）で検討する。

3　「前条の規定により労働者が守らなければならない事項」
「前条」は第26条を指す。
事業者を名宛人とする第20条から第25条まで及び第25条の2第1項の規定群に対応する労働者の義務については，危険源，危険・健康障害等の区分にかかわらず第26条に一括されている。

4　「厚生労働省令」
本条に基づく危害防止基準を定める省令には，現在，次の15省令がある。ただし，これらの省令中には，実施命令のほか，本法中の本条以外の条項から委任された規定も多く含まれている。
○労働安全衛生規則（昭和47年9月30日労働省令第32号）
○ボイラー及び圧力容器安全規則（昭和47年9月30日労働省令第33号）
○クレーン等安全規則（昭和47年9月30日労働省令第34号）
○ゴンドラ安全規則（昭和47年9月30日労働省令第35号）
○有機溶剤中毒予防規則（昭和47年9月30日労働省令第36号）
○鉛中毒予防規則（昭和47年9月30日労働省令第37号）
○四アルキル鉛中毒予防規則（昭和47年9月30日労働省令第38号）
○特定化学物質障害予防規則（昭和47年9月30日労働省令第39号）
○高気圧作業安全衛生規則（昭和47年9月30日労働省令第40号）
○電離放射線障害防止規則（昭和47年9月30日労働省令第41号）
○酸素欠乏症等防止規則（昭和47年9月30日労働省令第42号）
○事務所衛生基準規則（昭和47年9月30日労働省令第43号）
○粉じん障害防止規則（昭和54年4月25日労働省令第18号）
○石綿障害予防規則（平成17年2月24日厚生労働省令第21号）
○東日本大震災により生じた放射性物質により汚染された土壌等を除染するための業務等に係る電離放射線障害防止規則（平成23年12月22日厚生労働省令第152号）

厚生労働省令への委任に関することについては 4 で検討する。

5　「公害（……）」
「公害」とは，本条中で定義されている通りであり，これはいわゆる典型七公害を意味する。

環境基本法（平成5年11月19日法律第91号）
（定義）
第2条　この法律において「環境への負荷」とは，〈略〉
2　この法律において「地球環境保全」とは，〈略〉
3　この法律において「公害」とは，環境の保全上の支障のうち，事業活動その他の人の活動に伴って生ずる相当範囲にわたる大気の汚染，水質の汚濁（水質以外の水の状態又は水底の底質が悪化することを含む。第21条第1項第1号において同じ。），土壌の汚染，騒音，振動，地盤の沈下（鉱物の掘採のための土地の掘削によるものを除く。以下同じ。）及び悪臭によって，人の健康又は生活環境（人の生活に密接な関係のある財産並びに人の生活に密接な関係のある動植物及びその生育環境を含む。以下同じ。）に係る被害が生ずることをいう。

公害関係法令としては，工業用水法（昭和31年6月11日法律第146号），大気汚染防止法（昭和43年6月10日法律第97号），騒音規制法（昭和43年6月10日法律第98号），水質汚濁防止法（昭和45年12月25日法律第138号），悪臭防止法（昭和46年6月1日法律第91号），振動規制法（昭和51年6月10日法律第64号），土壌汚染対策法（平成14年5月29日法律第53号）のほか多数存在する（資料4-37参照）。

6　「その他……法令」

これには，例えば消防法（昭和23年7月24日法律第186号）及び建築基準法（昭和25年5月24日法律第201号）がこれに含まれるという立法時の政府答弁があるが[76]，このほかにも，核原料物質，核燃料物質及び原子炉の規

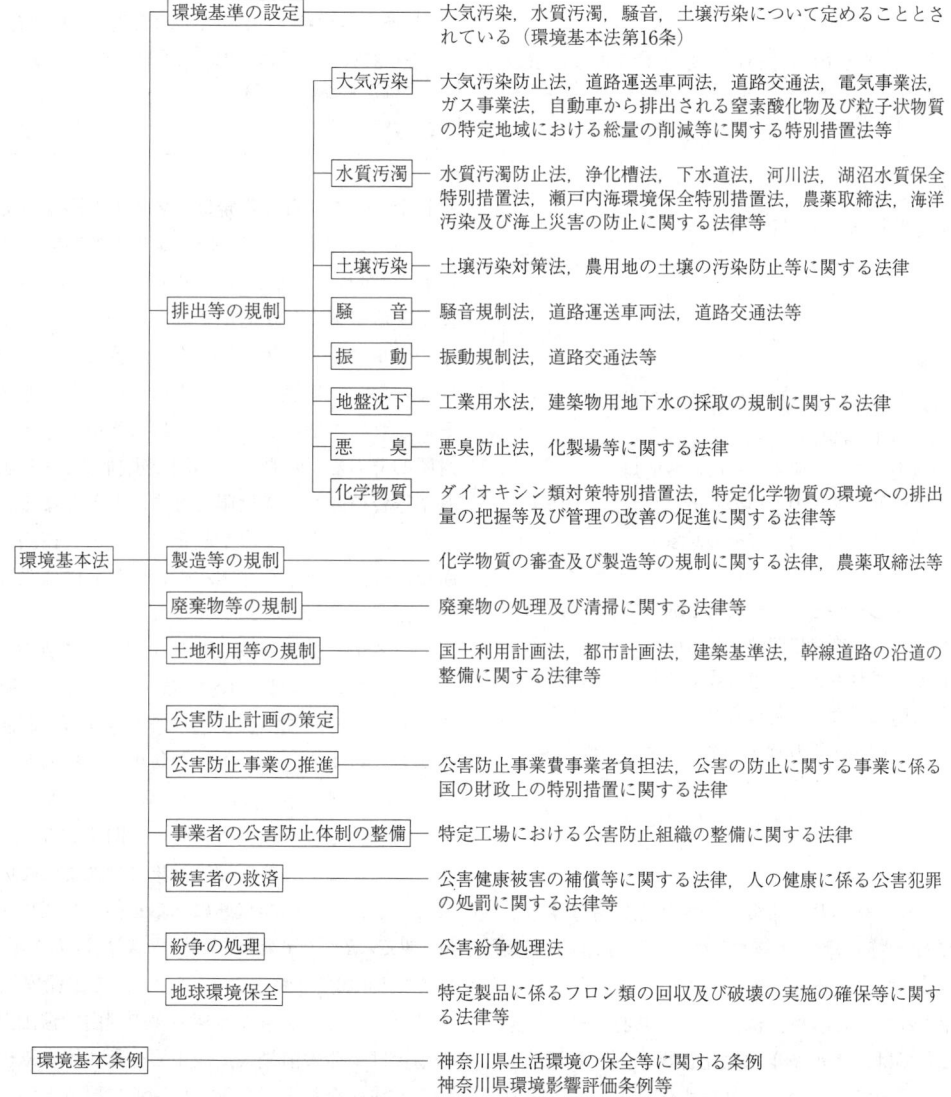

資料4-37　環境関係法令の体系

環境基本法
├─ 環境基準の設定 ── 大気汚染，水質汚濁，騒音，土壌汚染について定めることとされている（環境基本法第16条）
├─ 排出等の規制
│　├─ 大気汚染 ── 大気汚染防止法，道路運送車両法，道路交通法，電気事業法，ガス事業法，自動車から排出される窒素酸化物及び粒子状物質の特定地域における総量の削減等に関する特別措置法等
│　├─ 水質汚濁 ── 水質汚濁防止法，浄化槽法，下水道法，河川法，湖沼水質保全特別措置法，瀬戸内海環境保全特別措置法，農薬取締法，海洋汚染及び海上災害の防止に関する法律等
│　├─ 土壌汚染 ── 土壌汚染対策法，農用地の土壌の汚染防止等に関する法律
│　├─ 騒音 ── 騒音規制法，道路運送車両法，道路交通法等
│　├─ 振動 ── 振動規制法，道路交通法等
│　├─ 地盤沈下 ── 工業用水法，建築物用地下水の採取の規制に関する法律
│　├─ 悪臭 ── 悪臭防止法，化製場等に関する法律
│　└─ 化学物質 ── ダイオキシン類対策特別措置法，特定化学物質の環境への排出量の把握等及び管理の改善の促進に関する法律等
├─ 製造等の規制 ── 化学物質の審査及び製造等の規制に関する法律，農薬取締法等
├─ 廃棄物等の規制 ── 廃棄物の処理及び清掃に関する法律等
├─ 土地利用等の規制 ── 国土利用計画法，都市計画法，建築基準法，幹線道路の沿道の整備に関する法律等
├─ 公害防止計画の策定
├─ 公害防止事業の推進 ── 公害防止事業費事業者負担法，公害の防止に関する事業に係る国の財政上の特別措置に関する法律
├─ 事業者の公害防止体制の整備 ── 特定工場における公害防止組織の整備に関する法律
├─ 被害者の救済 ── 公害健康被害の補償等に関する法律，人の健康に係る公害犯罪の処罰に関する法律等
├─ 紛争の処理 ── 公害紛争処理法
└─ 地球環境保全 ── 特定製品に係るフロン類の回収及び破壊の実施の確保等に関する法律等

環境基本条例 ── 神奈川県生活環境の保全等に関する条例
　　　　　　　神奈川県環境影響評価条例等

（厚木市「平成21年版　環境の概要（公害編）資料編」分割2　資料編3-b〔https://www.city.atsugi.kanagawa.jp/material/files/group/35/kgk21s_03b.pdf〕）

制に関する法律（昭和32年6月10日法律第166号），道路交通法（昭和35年6月25日法律第105号）など，無数の法令が含まれるだろう。

7 「配慮しなければならない」

「配慮」とは，辞書によると「心をくばること。心づかい。」を意味するものとされるが，これは本条に基づく省令の制定改廃に際して厚生労働省が他の法令に配慮を行うことを意味する。これは「調整」等と異なり，他省庁等との協議は当然には必要としないものである。

第2項の趣旨について，立法時の政府答弁では，労働災害，特に職業病と公害が裏腹の関係にあることから，事業場内を安全にあるいは衛生にすることによって公害防止にも当然寄与ができるものであり，また事業場内の有害物を単に外へ排出するのではなく，事業場外の環境にも配慮して排出基準を考え，安全衛生と公害とを一体的に運営するという意味で配慮を行う旨の説明がなされている。

このことは，本法の施行通達でも，次のように解説されている。

発基第91号
昭和47年9月18日
都道府県労働基準局長　殿
　　　　　　　　　　　　　　　　労働事務次官
　　　　労働安全衛生法の施行について
　　　　　　　　　　記
第三　概要
　四　労働者の危険または健康障害を防止するための
　　措置（第4章関係）
　　㈠　労働災害を防止するための一般的規制
　　　ハ　労働災害防止のための基準と公害防止の技術
　　　　基準とは，原則としてその対象を異にするもの
　　　　である。
　　　　　しかしながら，労働災害と公害，公衆災害で
　　　　労働災害と密接に関連するものとは，その発生
　　　　源がいずれも工場，事業場であり，職場内部の
　　　　危害防止のために定められた基準のうちには，
　　　　公害等の防止にも資するものがあり，そのよう
　　　　なものについては，公害等の防止基準を勘案し
　　　　て定められねばならないものとされたところで
　　　　あること。

本条により発せられる命令で公害防止に寄与するものとしては，特化則第3章（用後処理），鉛則第26条（除じん装置）などがあり，施行通達でも公害防止の趣旨が明記されている。例えば，このうち特化則第11条及び第12条では，アルキル水銀化合物に関する次のような規定を置いているが，これは水俣病として知られるメチル水銀中毒を予防するための規定でもある。

特定化学物質障害予防規則（昭和47年9月30日労働省令第39号）
（排液処理）
第11条　事業者は，次の表の上欄に掲げる物を含有する排液（第1類物質を製造する設備からの排液を除く。）については，同表の下欄に掲げるいずれかの処理方式による排液処理装置又はこれらと同等以上の性能を有する排液処理装置を設けなければならない。

物	処理方式
アルキル水銀化合物（アルキル基がメチル基又はエチル基である物に限る。以下同じ。）	酸化・還元方式
〈略〉	

2・3　〈略〉
（残さい物処理）
第12条　事業者は，アルキル水銀化合物を含有する残さい物については，除毒した後でなければ，廃棄してはならない。
2　〈略〉

しかし，これらの規定は，名宛人が事業者であるから，いうまでもなく労働者（同居の親族のみを使用する事業又は事務所に使用される者及び家事使用人を除く）を使用する事業にしか適用されないので，それ以外の事業でアルキル水銀化合物等を垂れ流しても本法の適用はないから，当然ながら公害防止法制が別途必要である。これは本法第5章が何人にも適用されることとは対照的である。ただし，本法で規制している限り労働基準監督機関が取締権限を有することとなる。

なお，このような命令制定における公益法令への配慮規定は，第36条など本法の他の部分には設けられなかった。

ところで，鉱山保安法の鉱山における保安（10 1も参照）については，本法（第2章を除く）は適用されず，その代わり鉱山保安法が適用される。同法は鉱山労働者に対する危害と鉱害の防止とを目的としたものであるところ，後者は一般公衆災害の防止といえるが，前者は一般公衆災害の防止に関するものとはいいがたく，本条第2項の配慮対象には含まれないと思われる。しかし，休業状態にある鉱山（鉱業法第62条第2項の規定に基づく事業着手延期認可又は同条第3項に基づく事業の休止認可を受けている鉱山）は鉱山保安法の鉱山ではないので，工事など何らかの理由で鉱山が休業する場合は，その前後で，適用すべき法律が鉱山保安法から本法になり，また鉱山保安法に戻るということがある。この場合に生じる問題として，例えば単軌条運

搬機が鉱山保安法では認められているのに外形上は本法違反となるなどの問題がある（ 7 4(1)で詳説）。本法の目的と鉱山保安法の目的の異同などの合理的な理由がない限り，少なくとも設備等の構造基準は，鉱山保安法との調整が図られることが望ましいと思われる。

本条は本法が他の公益関係法令に配慮することを定めているが，これとは逆に，建設業法や建築基準法をはじめとして，本法の趣旨に配慮している又は本法の目的に資する公益関係法令も多数存在する。また，一般公衆に対する危険性がなくても労働者が点検，整備，清掃等を行う際に危険な建築物，機械等もあり，労働分野に対する一層の配慮が必要なものもあるだろう。

なお，ここでは労働災害と公衆災害が対比されているが，建設業における一人親方等のように，本法の労働者ではなく，かといって公衆でもないため十分な保護を受けてこなかった存在も，忘れてはならない。

3 沿革

ここでは，労働安全衛生に関する法令における命令委任の沿革と公益保護規定の沿革をそれぞれ述べる。説明の便宜上，公益保護規定の沿革を先に取り上げる。

1 公益関係規定の沿革

(1) 鉱業分野

日本最古の安全衛生法制は鉱業分野で生まれたといわれているが，鉱業分野では，現在の鉱山保安法に至るまで，労働安全衛生と公害防止が一つの法律に規定されている。これは，鉱業法令が労働法としての性格を内包しつつも鉱業の持続的運営のための総合的な法令であるからであろう。

具体的には，日本坑法（明治6年7月20日太政官第259号布告）の通洞崩壊防止規定が日本最古の災害予防規定といわれているが，その後の改正（明治23年7月30日法律第55号）により，試掘又は採製の事業が公益を害する場合には，農商務大臣は借区許可出願を拒否し又は既に与えた許可を取消すことができることとされた。

また，鉱業条例（明治23年9月26日法律第87号，明治25年6月1日施行，この法律の施行と同時に日本坑法が廃止となった）では，次のように，初めての本格的な鉱山保安規定である鉱業警察の章が設けられ，鉱夫の安全衛生上の保護規定のほか公益保護規定も盛り込まれ，その詳細は鉱業警察規則（明治25年3月16日農商務省令第7号，のち全部改正）で定められた。

> 鑛業條例（明治23年9月26日法律第87號）
> 第5章 鑛業警察
> 第58條 鑛業ニ關スル警察事務ニシテ左ニ揭クルモノハ農商務大臣之ヲ監督シ鑛山監督署長之ヲ行フ
> 一 坑內及鑛業ニ關スル建築物ノ保安
> 一 鑛夫ノ生命及衛生上ノ保護
> 一 地表ノ安全及公益ノ保護
> 第59條 鑛業上ニ危險ノ虞アリ又ハ公益ヲ害スト認ムルトキハ所轄鑛山監督署長ハ鑛業人ニ其ノ豫防ヲ命シ又ハ鑛業ヲ停止スヘシ
> 〈略〉
> 第63條 農商務大臣ハ此ノ條例ノ範圍內ニ於テ省令ヲ以テ鑛業警察規則ヲ定ムルコトヲ得

その後，鉱業警察に関する規定が鉱業法（明治38年3月8日法律第45号，明治38年7月1日施行，施行と同時に鉱業条例廃止）に受け継がれた際にも，同様の規定が置かれ，詳細は引き続き鉱業警察規則で定められることとなった。

> 鑛業法（明治38年3月8日法律第45號）
> 第4章 鑛業警察
> 第71條 鑛業ニ關スル左ノ警察事務ハ命令ノ定ムル所ニ依リ農商務大臣及鑛山監督署長之ヲ行フ
> 一 建設物及工作物ノ保安
> 二 生命及衛生ノ保護
> 三 危害ノ豫防其ノ他公益ノ保護
> 第72條 鑛業上危險ノ虞アリ又ハ公益ヲ害スルノ虞アリト認メタルトキハ農商務大臣ハ鑛業權者ニ其ノ豫防又ハ鑛業ノ停止ヲ命スヘシ
> 　急迫ノ危險ヲ防ク為必要アルトキハ鑛山監督署長ハ前項ノ處分ヲ為スコトヲ得

戦後，鉱業法の鉱山保安規定は鉱山保安法（昭和24年5月16日法律第70号）に分離され，次の通り，同法第3条で「保安」に鉱害の防止が含まれることされ，現行第8条で鉱業権者の鉱害防止義務が規定された。

> 鉱山保安法（昭和24年5月16日法律第70号）
> 第3條 この法律において「保安」とは，鉱業に関する左の各号の事項をいう。
> 一 鉱山における人に対する危害の防止
> 二 鉱物資源の保護
> 三 鉱山の施設の保全
> 四 鉱害の防止
> 2 前項第1号の鉱山における人に対する危害の防止には，衛生に関する通氣及び災害時における救護を含む。
> 第8条 鉱業権者は，次に掲げる事項について，経済産業省令の定めるところにより，鉱害の防止のため必要な措置を講じなければならない。
> 一 ガス，粉じん，捨石，鉱さい，坑水，廃水及び

　　　　鉱煙の処理
　　　二　土地の掘削

　ここで「鉱害の防止」とは，鉱業を実施する上で，地表の沈降，鉱さい，坑水，廃水等による水質の汚濁，鉱煙等により他に及ぼす被害を防止しようとするものをいう。[83]

　同法についてはさらに鉱山保安法の一部を改正する法律（昭和33年12月12日法律第175号）により第1条の目的規定に鉱害の防止が明記された。

（2）工場法等

　工場法では，第13条において安全衛生に加え，公益保護と風紀についても規定されていた。

工場法（明治44年3月29日法律第46號）
第13條　行政官廳ハ命令ノ定ムル所ニ依リ工場及附屬建設物竝設備カ危害ヲ生シ又ハ衛生，風紀其ノ他公益ヲ害スル虞アリト認ムルトキハ豫防又ハ除害ノ爲必要ナル事項ヲ工業主ニ命シ必要ト認ムルトキハ其ノ全部又ハ一部ノ使用ヲ停止スルコトヲ得

　この規定により工場危害予防及衛生規則（昭和4年6月20日内務省令第24号）が制定されたが，公益・風紀保護規定としては地方長官の命令権限規定（同令第35条）と更衣所及び浴場の男女区分規定（同令第34条）があるほかは，爆発・火災予防規定などが公益にも資するという程度であった。

　なお，工場法と公益関係法令との関係について，寺本廣作は，『勞働基準法解說』（時事通信社，1948年）[84]で「事業場の建築物については，市街地建築物法の適用のある場所に於いては同法關係法令……の適用を受けることゝなるが同法は一般衛生，一般保安等一般の公益保護の見地に立つて規定されてゐるので（同法第十二條）勞働保護を目的とする勞働安全衛生規則の規定とはその趣旨に於て重複するものではない。從來も市街地建築物法關係法令と工場危害豫防及衛生規則の關係はかゝる趣旨によつて調整されてゐた。」と解説している。

　工場以外については，労働者災害扶助法（昭和6年4月2日法律第54号）について若干の調査を行ったが，特段の公益保護規定は不見当であった。

　ボイラーについては，労働基準法制定前は労働法の枠組と別に汽缶取締令（昭和10年4月9日内務省令第20号）で規制しており，これそのものが公益保護法令であった。

（3）労働基準法

　労働基準法（昭和22年4月7日法律第49号）には，次の通り安全衛生及び風紀が引き継がれたが，公益に関する規定は姿を消した。

労働基準法（昭和22年4月7日法律第49号）
（危害の防止）
第42條　使用者は，機械，器具その他の設備，原料若しくは材料又はガス，蒸氣，粉じん等による危害を防止するために，必要な措置を講じなければならない。
第43條　使用者は，労働者を就業させる建設物及びその附属建設物について，換氣，採光，照明，保温，防濕，休養，避難及び清潔に必要な措置その他労働者の健康，風紀及び生命の保持に必要な措置を講じなければならない。
第44條　〈略〉
第45條　使用者が第42條及び第43條の規定によつて講ずべき措置の基準及び労働者が前條の規定によつて遵守すべき事項は，命令で定める。

　労働基準法の公益保護規定といえば，労働安全衛生法施行前の同法第46条から第48条まで（機械及び有害物の流通規制，労働安全衛生法第5章へ引継ぎ）も労働関係の範囲外にも適用されるという意味では公益保護の機能を有するといえるだろうが，それ以外では，旧安衛則で，次のように有害物等の排出時等の除害に係る包括的・抽象的な規定を置いていた。

労働安全衛生規則（昭和22年10月31日労働省令第9号）
第174條　排氣又は排液中に有害物又は病原体を含む場合には，洗じよう，沈でん，ろ過，収じん，消毒その他の方法によつて処理した後，これを排出しなければならない。

（4）特定化学物質等障害予防規則の制定[85][86]

　しかし，旧安衛則第174条の規定はあまりに抽象的に過ぎ，これにより事業場に対し適確な監督指導をすることは困難であった。昭和34年の水俣病以降，公害問題が社会問題化する中で，労働省では，昭和45年6月頃を契機として公害問題にどう対処すべきか論議が始まり，労働衛生対策に公害防止対策を織り込むこととし，昭和45年9月，全国の労働基準監督官1900名を動員して，有害性が高く公害発生に特に関連の深い46種類の有害物を取り扱っている1万3665事業場の一斉総点検を実施した。その結果，[87]特殊健康診断結果の有所見者がかなり多く，有害物の排出処理も不十分で公害防止の観点からも看過し得ない状況が判明した。この結果を踏まえ，昭和45年12月に医学系，工学系の専門家による労働環境技術基準委員会が設置され，規制の対象とすべき有害物，対策が検討され，昭和46年1月21日にその結果が労働省に報告された。同報告に基づいて省令案要綱が取りまとめられ，中央労働基準審

議会における審議，公聴会を経て，特定化学物質等障害予防規則（昭和46年4月28日労働省令第11号）が制定され，特定化学物質の発散抑制，健康管理等に係る各種措置のほか，第3章（用後処理）において排ガス，排液，残滓物等に係る一定の処理方式が明確化された。その趣旨は，施行通達において「第1類物質，第2類物質その他とくに問題がある物質について，これらの物質のガス，蒸気または粉じんが局所排気装置，生産設備等から排出された場合の附近一帯の汚染または作業場の再汚染，およびこれらの物質を含有する排液による有害なガス等の発生または地下水等の汚染等による，労働者の障害を防止し，あわせて附近住民の障害の防止にも資するようそれぞれ有効な処理装置等を附設すべきこと等を規定したものであり，その遵守によつて公害の防止にも寄与することができるものであること。」と説明されている。

(5) 労働安全衛生法制定以降

昭和44年9月30日に発足した労働基準法研究会は，発足以来，労働安全衛生の問題を主として調査研究を行っていたが，この問題をより専門的に調査研究するため第3小委員会を設置し，昭和46年7月13日，その結果を「第3小委員会報告」として会長に報告した。

その報告の中では，次の通り，公害及び公衆災害についても取り上げられたほか，他の保安行政への調整について配慮することが提言された。

昭和46年7月13日付け労働基準法研究会第3小委員会報告別紙

2　労働災害の現状
(1) 労働災害の概況
〈略〉さらに最近の公害，公衆災害などと関連し職場における安全衛生の確保が単に事業場の問題にとどまらず，事業場外へも波及する問題であることがあらためて認識され，職場内における安全衛生についての国民の関心が高まってきている。

3　安全衛生対策の現状と問題点
(五) 有害業務による障害の防止
(2) 現状および問題点
ホ　有害物質規制と公害の防止
最近問題になっている公害の原因をなす有害物質は，その大半が主として工場，事業場における産業活動により排出されるものである。
工場，事業場における労働者を有害物質から保護するため，特定化学物質等障害予防規則により，一定の有害物質の取扱いについて，その抑制限度の設定，局所排気装置の設置等の規制が行なわれている。
これらの規制のなかには，排気中の有害物質の除じん，除ガス等の措置も含まれており，こ

のような労働衛生を確保するための措置が，直接公害防止と結びつくことはいうまでもない。
しかしながら，このような労働衛生確保のための措置と公害防止関係の法令に基づく排出基準との調整をはかることが必要であるにもかかわらず，法的になんらの考慮も払われていない現状にある。
(十) むすび

(6) 健康対策の充実強化
イ　積極的健康対策の推進
最近における国民生活水準の向上ならびに労働社会環境の激しい変化に対応して，単に疾病，虚弱をなくすだけでなく，労働者の健康増進を目標とした積極的対策を推進するため，事業所において遵守すべき最低基準のほか，必要に応じて望ましい基準を設定するなど労働環境の快適化をはかるとともに，健康管理の抜本的充実強化をはかること。
なお，健康対策の積極的推進にあたっては，公衆衛生，公害防止等国民の衛生水準の向上との調和について配慮すること。
ニ　職場環境の改善と公害の防止
有害物取扱事業場における職場環境の整備をはかることにより，労働者の安全衛生の確保とあわせて公害源の解消につとめること。

(8) 国の監督指導および援助
ニ　他省が行なう保安行政との調整
安全衛生行政は，高圧ガス保安行政，消防行政等と密接な関連を有するので，これら他省が行なう保安行政との調整について配慮すること。

この報告をもとに，中央労働基準審議会の審議を経て，昭和47年に本法が制定されるに至った。

本法制定当時の本条の規定は次の通りであった。

第27条　第20条から第25条までの規定により事業者が講ずべき措置及び前条の規定により労働者が守らなければならない事項は，労働省令で定める。
2　前項の労働省令を定めるに当たつては，公害（公害対策基本法（昭和42年法律第132号）第2条第1項に規定する公害をいう。）その他一般公衆の災害で，労働災害と密接に関連するものの防止に関する法令の趣旨に反しないように配慮しなければならない。

その後，本法の改正ではないが，引用している公害対策基本法第2条第1項の規定につき，公害対策基本法の一部を改正する法律（昭和45年12月25日法律第132号）により，「水質の汚濁」の下に「（水質以外の水の状態又は水底の底質が悪化することを含む。第9条第1項を除

き，以下同じ。），土壌の汚染」が加えられ，即日施行された。これにより従来の典型六公害に土壌の汚染が追加され，典型七公害に改められた。

また，労働安全衛生法の一部を改正する法律（昭和55年6月2日法律第78号）により「第25条まで」の下に「及び第25条の2第1項」が加えられ，昭和56年6月1日に施行された。

さらに，環境基本法の施行に伴う関係法律の整備等に関する法律（平成5年11月19日法律第92号）第18条の規定により，本条中「公害対策基本法（昭和42年8月3日法律第132号）第2条第1項」が「環境基本法（平成5年11月19日法律第91号）第2条第3項」に改められ，即日施行されて現在に至っている。

2 命令委任規定の沿革

日本国憲法の施行前後では行政立法の形式や性格が異なるが，ここでは労働基準関係法令における命令の取扱について簡単な沿革を見る。

（1） 鉱業法令

鉱業法令では，鉱業条例（明治23年9月26日法律第87号，明治25年6月1日施行，この法律の施行と同時に日本坑法が廃止となった）第63条において初めて農商務大臣の省令制定権限が明記され，十数カ条の災害防止規定と数カ条の監督規定などからなる鉱業警察規則（明治25年3月16日農商務省令第7号）が制定された。

鑛業條例（明治23年9月26日法律第87號）
　　第5章　鑛業警察
第58條　鑛業ニ關スル警察事務ニシテ左ニ揭クルモノハ農商務大臣之ヲ監督シ鑛山監督署長之ヲ行フ
　一　坑内及鑛業ニ關スル建築物ノ保安
　一　鑛夫ノ生命及衛生上ノ保護
　一　地表ノ安全及公益ノ保護
第63條　農商務大臣ハ此ノ條例ノ範圍内ニ於テ省令ヲ以テ鑛業警察規則ヲ定ムルコトヲ得

鉱業条例が鉱業法（明治38年3月8日法律第45号，明治38年7月1日施行，施行と同時に鉱業条例廃止）に代わった際にも，鉱業警察事務は命令の定めるところにより行うこととされた。

鑛業法（明治38年3月8日法律第45號）
　　第4章　鑛業警察
第71條　鑛業ニ關スル左ノ警察事務ハ命令ノ定ムル所ニ依リ農商務大臣及鑛山監督署長之ヲ行フ
　一　建設物及工作物ノ保安
　二　生命及衛生ノ保護
　三　危害ノ豫防其ノ他公益ノ保護

なお，これらの命令には独立命令（警察命令）としての側面もあったと思われる。

戦後，鉱業法の鉱山保安規定が鉱山保安法（昭和24年5月16日法律第70号，10 1参照）として分離されたが，引き続き鉱山の保安に関する具体的事項は経済産業省令に包括的に委任されている。

（2） 工場法等

工場法では第13条（前掲）で行政官庁の命令制定権限が定められ，工場危害予防及衛生規則（昭和4年6月20日内務省令第24号）が制定されていた。

工場及び鉱山以外の工業的業種，即ち土石採取業，建設業，陸上運輸業，貨物取扱業等で一定のものについては，業務災害補償等について定める労働者災害扶助法第5条で危害防止及び衛生について次の通り命令委任規定が設けられ，同条の規定により，土石採取業（砂鉱法の適用を受ける事業を除く）に対して土石採取場安全及衛生規則（昭和9年5月3日内務省令第11号）が，建設業に対して土木建築工事場安全及衛生規則（昭和12年9月30日内務省令第41号）及び土木建築工事場附属宿舎規則（昭和16年12月1日厚生省令第53号）が制定された。

勞働者災害扶助法（昭和6年4月2日法律第54號）
第5條　行政官廳ハ命令ノ定ムル所ニ依リ事業ノ行ハルル場所ニ於ケル危害ノ防止又ハ衛生ニ關シ必要ナル事項ヲ事業主又ハ勞働者ニ命ズルコトヲ得

これら工場法及び労働者災害扶助法の命令委任規定は白紙委任的なもので，これにより発せられる勅令及び省令は警察命令であり，罰則も付されていた。

同様の命令委任規定は，商店法（昭和13年3月26日法律第28号）第9条にも認められるが，これに基づく命令は制定されなかった[90]。

商店法（昭和13年3月26日法律第28號）
第9條　行政官廳ハ命令ノ定ムル所ニ依リ店舗又ハ其ノ附屬建設物ニ於ケル使用人ノ危害ノ防止又ハ衛生ニ關シ必要ナル事項ヲ店主ニ命ズルコトヲ得

なお，ボイラーを規制していた独立命令（警察命令）である汽缶取締令（昭和10年4月9日内務省令第20号）では，ボイラー（当時は「汽缶」と呼んでいた）の構造上の要件を内務省告示に委任していた。また，当該委任告示である昭和10年4月9日内務省告示第204号（通称＝汽缶構造規格）では，汽缶に使用する材料やその寸法等について，日本標準規格（JES）を引用していた。

（3） 労働基準法制定以降

労働基準法（昭和22年4月7日法律第49号）は昭和22年9月1日と11月1日の2回に分けて施行されたが，労働者の安全及び衛生に関する事項を定める同法第5章は，工場法，労働者災害扶助法等のうち安全衛生等

に係る事項の廃止規定とともに，昭和22年11月1日に施行された。

労働基準法旧第42条から第45条までの規定は，本法第20条から第27条までの規定の前身に当たり，旧安衛則（昭和22年10月31日労働省令第9号）を初めとする労働安全衛生に関する命令は，労働基準法旧第45条に基づいて制定された。

労働基準法（昭和22年4月7日法律第49号）
（危害の防止）
第42條　使用者は，機械，器具その他の設備，原料若しくは材料又はガス，蒸氣，粉じん等による危害を防止するために，必要な措置を講じなければならない。
第43條　使用者は，労働者を就業させる建設物及びその附属建設物について，換氣，採光，照明，保温，防濕，休養，避難及び清潔に必要な措置その他労働者の健康，風紀及び生命の保持に必要な措置を講じなければならない。
第44條　労働者は，危害防止のために必要な事項を遵守しなければならない。
第45條　使用者が第42條及び第43條の規定によつて講ずべき措置の基準及び労働者が前條の規定によつて遵守すべき事項は，命令で定める。

このように法律で包括的・抽象的な規定を置き，その具体的内容は命令で定めるという方法は，本法第20条から第27条までの規定等にも引き継がれたが，本法では条項数が増え，個別・具体化が進んだ。[7] 2(1)でも述べる通り本法第65条も労働基準法旧第42条から派生したものである。

ただし，本条と労働基準法旧第45条と間には注目すべき相違点があり，本条が「事業者が講ずべき措置……は，厚生労働省令で定める。」と単なる委任規定の形をとっているのに対し，労働基準法旧第45条は「使用者が……講ずべき措置の基準……は，命令で定める。」としていた。これについて，労働省労働基準局安全衛生部編『実務に役立つ労働安全衛生法』（中央労働災害防止協会，1993年）は本条の解説部分において「従来の労働基準法第四五条……は，『使用者が……講ずべき措置の基準……は，命令で定める。』となっていたことから，命令の規定は単なる基準であり，具体的な義務づけは，法第四二条，第四三条から直接なされるという見解もあった。そこで，本条では，労働基準法第四五条のような表現を改め，そのような疑義を立法的に解決している。」と説明している。旧安衛則第2編（安全基準）及び第3編（衛生基準）等では名宛人が明記されていないが，労働基準法旧第45条に基づく命令が単なる基準と解釈すれば，その理由がより理解しやすい。

[4] 命令委任

1　概論

国の法令の形式には憲法，法律，政令，府省令などがある。また，各省大臣等がその所掌事務について定めた事項を公示する形式としての告示がある。政令や府省令など行政機関が定める法形式を総称して命令といい，告示もこれに含む場合がある。

命令には実施命令（法律の規定を執行するため必要な事項を定めるもの。執行命令とも）と委任命令（委任元の法令を補充するために，委任の範囲において，命令を定立する行政機関が独自に意思表示をするもの）がある。

実施命令は，手続的な事項を定めるだけであれば法律中に委任規定を置く必要はないが，最近は敢えてこれを設けることも多く，本法でも平成30年7月6日法律第71号により第115条の2として実施命令の根拠となる規定が追加された。

委任命令は，本条に基づく厚生労働省令を含め，国民に義務を課したり，罰則の構成要件の一部を構成したりするものであるから，法律からの委任が必要であり，唯一の立法機関である国会の権限を不当に侵害するような白紙委任は認められない。法律が命令への委任を行う場合は，その委任は個別的・具体的でなければ日本国憲法第41条に反し無効となり，委任を受けた命令もまた，委任の趣旨に基づいていなければその法律違反となり無効となると解される。

法律から命令に委任された事項について，当該命令で更に下位の命令等に委任することを「再委任」という。法律で委任先の法形式が指定されている場合は，再委任は当然に認められるものではないが，必要やむを得ない場合において具体的な細目の規定だけを授権するようなものであれば，そのような再委任は許されないとまではいえないとされる。

命令等の制定改廃に際しては，平成11年4月1日以降，閣議決定によりパブリックコメント手続が行われるようになり，その後，行政手続法の改正により平成18年4月1日から同法に根拠をもった制度に引き継がれた。本法に基づく命令の制定改廃も，原則としてパブリックコメント手続に付す必要がある。労働政策審議会等については，[6] で簡単に述べる。

2　本法における命令委任

本法の命令委任の方法には色々あるが，寺西輝泰は，本法違反罪の検討に際し，構成要件中の命令委任の有無及び程度に応じてこれを3つに分類した。資料4-38は，筆者がこの分類をまとめたものである。

寺西も述べているように，包括委任型本条の委任を担う条文としては，本条のほか第36条がある（資料4-

資料4-38 労働安全衛生法違反罪の構成要件中の命令委任の有無及び程度に係る3類型

区分	説明
完結型本条	第35条のように，委任がなく各本条中で規定内容が完結しているもの
個別委任型本条	第13条のように，構成要件の一部を各条項の中で「厚生労働省令で定める」等と定める方式で命令に委任しているもの
包括委任型本条	第27条を介して規定の内容の一部を包括的に命令に委任している第20条のような規定

（寺西輝泰『改訂版 労働安全衛生法違反の刑事責任 総論』〔日労研，2004年〕216-221頁の分類をもとに森山誠也が作成）

資料4-39 労働安全衛生法における包括的な省令委任規定

章別	省令委任の対象となる条項等	省令委任規定
第4章 労働者の危険又は健康障害を防止するための措置	第20条～第25条，第25条の2第1項，第26条	第27条第1項
	第30条第1項及び第4項，第30条の2第1項及び第4項，第30条の3第1項及び第4項，第31条第1項，第31条の2，第32条第1項～第5項，第33条第1項及び第2項，第34条，第32条第6項，第33条第3項	第36条

（資料4-38に同じ）

39）。

本条と第36条の委任の対象となる**資料4-39**中欄に列記した規定群では，名宛人（本条では事業者及び労働者，第36条では元方事業者，注文者等）は明確であるが，危害防止のための措置基準の内容は，包括的な委任事項となっている。危害防止基準には，健康診断，作業環境測定など，本法中で独立条文となっているものもあるが，それ以外の事項は本条又は第36条に一括されている。

命令委任はできるだけ個別的・具体的に行うべきというのが，行政法上の要請である。しかし，本法がその最も重要な目的の一つとしている労働災害の防止のための危害防止基準（ 7 参照）の確立について，具体的内容を省令に包括的に委任した趣旨は，それが多岐にわたる専門的・技術的事項であるとともに，その内容をできる限り速やかに技術の進歩や最新の医学的知見等に適合したものに改正していくためには，これを主務大臣に委ねるのが適当だからであり，そのような趣旨を鑑みると，このような包括的委任は許容されるものと考えられる。

委任先の法形式を政令でなく厚生労働省令としているのは，政令の制定改廃ならば内閣法制局審査及び各省協議を経て閣議決定を要するところ，省令についてはこれらを要せず，より迅速・即応的に制定改廃を行うことができるからだろう。また，仮に共同省令にすれば，他省の行政目的との調整が必要となり，労働者保護という目的を十分発揮できない可能性もあるだろ

う。

他方で，このような省令委任が，厚生労働大臣の恣意にならないよう，本法に基づく命令を含め，法令の制定改廃が労働政策に関する重要事項にあたる場合は，労働政策審議会の意見を聴いてその制定改廃を行うこととなっている。労働政策審議会は，別途，三者構成原則から導かれる仕組みでもあるが（ 6 参照），本条に基づく委任省令のような命令の正当性を担保するという側面もあるといえる。

3 委任元・先の対応関係

本条に基づく省令の各規定中には，「法第20条の規定により事業者が講ずべき必要な措置は……」というような委任元との対応関係（省令の各規定が本法各条項のどの条項を根拠としたものなのかということ）が明示されていない。

条文中に法律各本条との対応関係を明示しないのは危害防止基準に係る包括的委任の特徴であり，労働基準法旧第5章（あるいは工場法）時代から受け継がれている方法である。第36条の規定による委任を受けた省令にも，委任元条項が明示されていないものが少なくない。

この点に関し，労働省労働基準局編著『労働基準法下〔改訂新版〕（労働法コンメンタール3）』（労務行政研究所，1969年）は，労働基準法旧第45条（ 3 1(3)参照）に係る解説の中で次のように述べている。

> 第四二条及び第四三条においては，安全と衛生に区別せず，機械，器具，原材料と建設物に分けて，それぞれについて危害防止の措置を講ずべきことを定めているのであるが，命令においては，安全と衛生に区別して規定しており，したがって，命令中のおのおのの条文についてその根拠となる本法上の規定が第四二条であるか又は第四三条であるかについては当該条文の内容について検討するほかはない。

これはつまり，危害防止基準については，旧安衛則等の省令中の各規定と労働基準法旧第42条又は第43条との対応関係について省令の内容から後付け的に判断せよということである。このような運用は，本法制定後も本条及び第36条の規定に基づく省令に関し，継承されている。

しかし，本条に基づく省令の条文を見ても，にわかには法律各本条との対応関係がわからないものも多い。

また，安衛則等の省令には委任のないと思われる規定もあり，さらに本法には施行規則と称する省令がなく，施行規則的性格を有する実施命令の規定も安衛則等の中に紛れ込んでいるため，事態をより複雑にしていると思われる。

対応関係を検討する上で参考となる文献として、労働調査会出版局の『安衛法便覧』（法令改正に対応するため毎年改訂される）があり、ここでは省令の各条項に対応関係が示されている。同書は労働基準監督機関の取締りの際の携行図書でもあり、同書記載の対応関係は労働基準監督機関でも参考にされている。しかし、これは飽くまで参考程度に止めるべきものとされており[107]、事実、示されている対応関係の殆どは正しいが、中には悩ましいものもある。しかしこれは『安衛法便覧』に責任があるのではなく、省令の規定の中に対応関係が曖昧なものがあるからである。

例えば、安衛則第558条（安全靴等の使用）のように、危険源を明確に限定せず保護具のみを包括的に定め、第20条から第24条までのどれに対応するのか分からなくなっている例もある。省令で保護具を包括的に定める場合は、第20条から第24条までの複数の条項と対応することとしてもよいので、危険源を明確にするか、対応関係が明らかになる何らかの対処をすべきではないだろうか。

また、酸欠則第6条第1項（要求性能墜落制止用器具等）は措置の目的が危険か健康障害か不明確であることにより（ 7 2(8)参照）、対応関係がはっきりしない例である。

このほか、危険源分類が交差分類である関係上、省令中の1つの規定が、本法中の複数の条項に対応しそうな場合があるが、これについては 7 2(3)で検討する。

4 再委任及びJISへの委任

本法では、法律から命令等への委任のほか、再委任も多用されている。

本条についても、「厚生労働省令で定める」と規定してはいるが、当該厚生労働省令から告示に再委任されていることも少なくない。

全ての類型を把握することは筆者の時間の制約上困難であったが、典型例を資料4-40に示し、資料4-40(a)～(i)の具体例を各1例ずつ資料4-41に挙げた。

告示、日本産業規格（JIS）及び通達への委任は、危害防止基準の専門技術性を表しているとも言えるが、命令委任・再委任がどこまで許容されるかということは、行政法上の研究課題となるのではないだろうか。なお、JISには著作権が設定され、自由な複製が許されていないことから、法令周知上の大きな支障となっている。

ところで、JIS Z 8002：2006（ISO/IEC Guide 2：2004）（標準化及び関連活動──一般的な用語）によると、法規の中に詳細な記述事項を設ける代わりに、1つ又は複数の規格（JISを含む）を引用することを「法規における規格の引用」（reference to standards in regulations）と

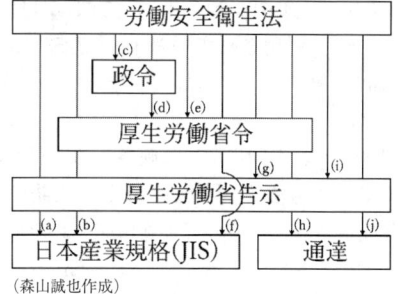

資料4-40　労働安全衛生法における命令等への委任の類型

（森山誠也作成）

資料4-41　労働安全衛生法における命令等への委任の各類型ごとの例（資料4-40(a)～(i)の具体例）

資料4-40	具体例	委任事項
(a)	安衛法第57条第1項第2号▶労働安全衛生法第57条第1項第2号の規定に基づき厚生労働大臣が定める標章▶JIS Z7253（GHSに基づく化学品の危険有害性情報の伝達方法─ラベル、作業場内の表示及び安全データシート（SDS））	危険物又は有害物を入れた容器等に付すべき標章（絵表示）
(b)	安衛法第20条▶安衛則第27条▶研削盤等構造規格第15条第1項▶JIS G5501─1956（ねずみ鋳鉄品）	研削盤のフランジの材料等（事業者規制）
(c)	安衛法第10条第1項▶安衛令第2条	総括安全衛生管理者を選任すべき事業場の規模
(d)	安衛法第65条第1項▶安衛令第21条第1項▶粉じん則第25条	粉じんに係る作業環境測定を行うべき屋内作業場
(e)	安衛法第20条▶安衛則第101条第1項	機械の回転軸等への防護
(f)	安衛法第20条▶安衛則第238条▶JIS G 3101（一般構造用圧延鋼材）等	型わく支保工に使用する支柱等の主要部分の鋼材
(g)	安衛法第22条▶有機則第16条の2▶有機溶剤中毒予防規則第16条の2の規定に基づく厚生労働大臣が定める構造及び性能	有機溶剤に係るプッシュプル型換気装置の性能等
(h)	安衛法第20条▶安衛則第27条▶研削盤等構造規格第9条第2項▶厚生労働省労働基準局長	セグメントといしの最高使用周速度の上限値の計算方法（事業者規制）
(i)	安衛法第42条▶防じんマスクの規格第4条	防じんマスクの構造（流通規制）
(j)	安衛法第42条▶研削盤等構造規格第9条第2項▶厚生労働省労働基準局長	セグメントといしの最高使用周速度の上限値の計算方法（流通規制）

（森山誠也作成）

いう。これには、引用の厳密さに応じて、日付付き引用（法規を改正しなければその後の規格の改正等が反映されない引用方法）と日付なし引用（法規の改正なくその後の規格の改正等が反映される引用方法）等があるが、例えば、労働安全衛生法第57条第1項第2号の規定に基づ

き厚生労働大臣が定める標章（平成18年10月20日厚生労働省告示第619号）[108]がJISを引用する方法は日付なし引用であるから、引用されているJIS Z7253（GHSに基づく化学品の危険有害性情報の伝達方法—ラベル、作業場内の表示及び安全データシート〔SDS〕）が改正された場合には自動的にそれが同告示に反映されると思われる。なお、ここでの「法規」「規格」などの用語は同規格で詳細に定義されているので別途参照されたい。

法規における規格の引用としては、汽缶取締令の委任を受けて汽缶の構造上の要件を定めていた昭和10年4月9日内務省告示第204号（通称＝汽缶構造規格）で既に、材料等の要件につき日本標準規格（JES）の引用が行われていた。

5 省令制定権限の不行使

本条の規定による労働大臣の省令制定権限不行使が争点に含まれた裁判として、建設アスベスト訴訟がある[109]。その神奈川1陣訴訟の最高裁判決では[110]、労働大臣が建設現場における石綿関連疾患の発生防止のために労働安全衛生法に基づく規制権限を行使しなかったことが屋内の建設作業に従事して石綿粉じんにばく露した労働者との関係において、そして労働者に該当しない者との関係においても国家賠償法第1条第1項の適用上違法であるとされた。

同判決は、「本件についてみると、安衛法は、職場における労働者の安全と健康の確保等を目的として（1条）、事業者は、労働者の健康障害の防止等のために必要な措置を講じなければならないものとしているのであって（22条等）、事業者が講ずべき具体的措置を労働省令（平成11年法律第160号による改正後は厚生労働省令）に委任している（27条1項）。このように安衛法が上記の具体的措置を省令に包括的に委任した趣旨は、事業者が講ずべき措置の内容が多岐にわたる専門的、技術的事項であること、また、その内容をできる限り速やかに技術の進歩や最新の医学的知見等に適合したものに改正していくためには、これを主務大臣に委ねるのが適当であるとされたことによるものである。以上の安衛法の目的及び上記各規定の趣旨に鑑みると、主務大臣の安衛法に基づく規制権限は、労働者の労働環境を整備し、その生命、身体に対する危害を防止し、その健康を確保することをその主要な目的として、できる限り速やかに、技術の進歩や最新の医学的知見等に適合したものに改正すべく、適時にかつ適切に行使されるべきものである」と判示した。

この判決理由で示された規制権限の不行使の具体的内容を見ると、労働者の保護については、国は昭和50年には石綿の有害性を十分認識し、屋内建設現場において石綿含有建材の切断等の石綿粉じんを発散させる作業及びその周囲における作業をする際、石綿粉じんへのばく露を防止する上で、呼吸用保護具の着用は必要不可欠であったのに、本法第57条に基づく石綿等の有害性表示の記載方法を示した通達で単に「必要に応じ防じんマスクを着用してください」等という文章にとどめ、不十分な指導監督をするのにとどまり、上記作業では必ず防じんマスクを着用させるようにという表示の方法を指導しなかったこと、それから呼吸用保護具についても、事業者にはその備付け義務を課しただけで、労働者に使用させる義務までは課していなかったことの2点である。

労働省は、旧特化則（昭和46年4月28日労働省令第11号）では、石綿を第2類物質に分類し、第2類物質について、局所排気装置等による発散防止抑制措置を義務づけたが、呼吸用保護具については備付けを義務づけただけで、労働者に呼吸用保護具を使用させることは、第2類物質などを取扱う設備の改造、修理、清掃等における設備の分解等の作業（以下本稿で「設備分解等作業」という）の場合を除いて義務化しておらず、これは本法施行に伴う現行特化則（昭和47年9月30日労働省令第39号）の制定の際にも変更されなかった。

労働省が設備分解等作業以外の石綿に係る作業について労働者に呼吸用保護具を使用させることを初めて義務化したのは、特定化学物質等障害予防規則の一部を改正する省令（昭和50年9月30日労働省令第26号）[111]で新設された特化則第38条の7においてであった（昭和51年1月1日施行）。しかしこれは、石綿等の吹付け作業において労働者に送気マスク又は空気呼吸器をさせるという当たり前の内容で、同時に新設された第38条の8では石綿等の切断等作業（同判決で問題となった屋内建設現場において石綿含有建材の切断等の石綿粉じんを発散させる作業もこれに含まれるだろう）における湿潤化が定められただけで、呼吸用保護具の使用義務化はやはり行われなかった。

特定化学物質等障害予防規則（昭和47年9月30日労働省令第39号）

第5章の2　特殊な作業等の管理
（石綿等に係る措置）

第38条の7　事業者は、次項に規定する場合のほか、令別表第3第2号4に掲げる物又は別表第1第4号に掲げる物（以下「石綿等」という。）を吹き付ける作業に労働者を従事させてはならない。

2　事業者は、次の措置を講じたときは、建築物の柱等として使用されている鉄骨等へ石綿等を吹き付ける作業に労働者を従事させることができる。

一　吹付けに用いる石綿等を容器に入れ、容器から取り出し、又は混合する作業場所は、建築作業に従事する労働者の汚染を防止するため、当該労働

> 者の作業場所と隔離された屋内の作業場所とすること。
> 二　当該吹付け作業に従事する労働者に送気マスク又は空気呼吸器及び保護衣を使用させること。
> 3　労働者は、事業者から前項第2号の保護具の使用を命じられたときは、これを使用しなければならない。
> 第38条の8　事業者は、次の各号のいずれかに掲げる作業に労働者を従事させるときは、石綿等を湿潤な状態のものとしなければならない。ただし、石綿等を湿潤な状態のものとすることが著しく困難なときは、この限りでない。
> 一　石綿等の切断、穿孔、研ま等の作業
> 二　石綿等を塗布し、注入し、又は張り付けた物の破砕、解体等の作業
> 三　粉状の石綿等を容器に入れ、又は容器から取り出す作業
> 四　粉状の石綿等を混合する作業
> 2　事業者は、前項の作業を行う場所に、石綿等の切りくず等を入れるためのふたのある容器を備えなければならない。

　同判決は、労働省のこのような規制状況から、屋内建設現場において石綿含有建材の切断等の石綿粉じんを発散させる作業及びその周囲における作業についての呼吸用保護具の使用義務化をせず、省令制定権限不行使の違法があったと判断した。

　思うに、石綿等の吹付け作業ではその作業の性質上当然に石綿等の粉じんが発散するので、遠隔操作など高度な技術があれば別だが、普通は作業員が呼吸用保護具を使用することが基本的なばく露防止対策となる。これに対し、切断等作業においては、完璧な湿潤化がなされれば、理論上、石綿粉じんが発散することはない（又は発散しても十分微量である）ので、呼吸用保護具は要らないということで、省令への規定がなされなかったのかもしれない。しかしそれは机上の空論であり、湿潤化という対策の現実的な信頼性を考慮すると、湿潤化と併せて呼吸用保護具の使用が必要であったのだと考えられる。また、第38条の8の但書の場合においては湿潤化さえなされないのだから、呼吸用保護具の使用が一層必要であったはずである。

　なお、労働者以外の者についても、本法第1条の快適な職場環境の形成の推進が労働者と同じ職場で働く労働者以外の者にも適用されると解されるとされ、上記石綿等に関する表示方法についての指導不足についての賠償が認められた。

　省令制定権限を行使すべきだった理由については、同判決は、国は上述の通り石綿の有害性を十分認識しつつ、当時の屋内建設現場が石綿粉じんにばく露する危険性の高い作業環境にあったにもかかわらず大半の労働者が防じんマスクを着用していないため建設作業従事者に石綿関連疾患にり患する広範かつ重大な危険が生じていたことも認識していたこと、そして、マスクの使用義務を規定することに対してその障害となるような事情があったとは窺われないとした。

　石綿に限らず、比較的広範に使用され重大な危険性を有していても十分な規制がなされていない産業上の危険源は、新しいもののみならず古くからあるものでも存在する。今後、これらに対する省令制定権限の適確な行使が求められる。

　ところで、労働条件法の目的が、他の公益法令と異なり、労働者個々人を保護することにあるとするならば、「広範性」がない危険であっても放置すべきではないという考え方もあるはずであり、省令制定権限の適切（あるいは適確、適正、必要十分等といっても良い。本稿では「適確」ということとする）な行使がどうあるべきかは、別途検討を要する課題である。また、1つの危険源が広範に存在するかそうでないかというのは、統計上、何を1つの危険源として分類するかによって変わることである。

　省令制定権限の行使の問題は、立法事実に対する規制内容の適確性の問題でもあり、これは 7 4 で検討する。

6 命令制定過程，三者構成原則等

　日本は、職業上の安全及び健康を促進するための枠組みに関する条約（第187号、2007年7月24日批准登録、2009年2月20日効力発生[112]）を批准している。同条約は、加盟国が、最も代表的な使用者団体及び労働者団体と協議した上で国内政策、国内制度及び国内計画を定めることにより、職業上の負傷、疾患及び死亡を予防するために職業上の安全及び健康を不断に改善することを促進すること等を目的としたものである。同条約の全体が政労使による三者構成原則で貫かれており、その中で、加盟国は、最も代表的な使用者団体及び労働者団体と協議した上で、労働安全衛生法令を含む国内制度（適当な場合には、三者構成の諮問機関を含む）を定め、維持し、漸進的に発展させ、及び定期的に検討することとされている。

> Promotional Framework for Occupational Safety and Health Convention, 2006 (No. 187)
> IV. NATIONAL SYSTEM
> Article 4
> 1. Each Member shall establish, maintain, progressively develop and periodically review a national system for occupational safety and health, in consultation with the most representative organiza-

tions of employers and workers.
2. The national system for occupational safety and health shall include among others:
    (a) laws and regulations, collective agreements where appropriate, and any other relevant instruments on occupational safety and health;
    (b)～(d) 〈略〉
3. The national system for occupational safety and health shall include, where appropriate:
    (a) a national tripartite advisory body, or bodies, addressing occupational safety and health issues;
    (b)～(h) 〈略〉

　日本は，ILO加盟時から政労使の三者構成原則に基づくILOへの参加を要求されていたが，戦後改革まで労働組合法がなかったこともあり，国内政策決定過程における三者構成会議の出発点は，昭和20年10月に設置され，労働組合法及び労働関係調整法の制定にあたった労務法制審議委員会（途中で労務法制審議会に改称）だったとされる。その後の労働基準法の制定に際しては，労使その他有志が参加する公聴会が活発に開かれた(113)。

　昭和22年に労働基準法が制定され，同法第98条で中央と地方に公労使の労働基準委員会（昭和22年6月1日に労働基準審議会に改称）(114)が設置され，同法第113条で命令制定に際して公聴会により公労使の意見を聴くことが規定された。

労働基準法（昭和22年4月7日法律第49号）
第98条　この法律の施行及び改正に関する事項を審議するため，労働に関する主務省及び都道府縣労働基準局に労働基準委員会を置く。
　労働基準委員会は，労働に関する主務大臣及び都道府縣労働基準局長の諮問に應ずる外，労働條件の基準に関して関係行政官廳に建議することができる。
　労働基準委員会の委員は，労働者を代表する者，使用者を代表する者及び公益を代表する者について，行政官廳が各々同数を委嘱する。
　前3項に定めるものの外，労働基準委員会に関し必要な事項は，命令で定める。
（命令の制定）
第113条　この法律に基いて発する命令は，その草案について，公聴会で労働者を代表する者，使用者を代表する者及び公益を代表する者の意見を聴いて，これを制定する。

　また，本法による改正前の労働災害防止団体等に関する法律（昭和39年6月29日法律第118号，本法制定により労働災害防止団体法に改題）においても，特別規制（本法制定により本法に移った）に係る省令制定に関し，次のように中央労働基準審議会からの意見聴取義務が課されていた。

労働災害防止団体等に関する法律（昭和39年6月29日法律第118号）
（省令の制定）
第67条　労働大臣は，この章の規定に基づく労働省令を制定しようとするときは，中央労働基準審議会の意見を聞かなければならない。

　しかし，昭和44年に労働基準法研究会が設置されて以降は，本法立案を含め，同研究会が労働政策立案に大きな役割を担うようになった(115)。

　労働基準審議会は，中央省庁再編に伴い，平成13年，労働に係る他の審議会と統合され，労働政策審議会となった。

　本法には，命令制定に際して公聴会での意見聴取規定はない。また，労働政策審議会への意見聴取規定についても，労働災害防止計画の策定及び変更に係るものを除き設けられていないが，労働政策に関する重要事項については労働政策審議会が調査審議を行い厚生労働大臣等に意見を述べることとなっており(116)，本法及びその命令の改正については殆ど全て同審議会への諮問がなされている(117)。

　しかし，特に安全衛生に関しては，多くの省内検討会等が設けられており(118)，これら検討会の報告書に基づいて省令案が作成されることが多いようである。

7 危害防止基準

　本法は，第1条において，職場における労働者の安全と健康を確保するための手段の筆頭に「危害防止基準の確立」を掲げているが(119)，以下述べるように，その中核となっているのが第20条から第24条までの規定群であり，本条はその内容を具体化する重要な位置を占める。

　本稿では，本条及びそれが束ねる第20条から第26条までの規定が本法に占める位置を体系的に理解するために，以下，この「危害防止基準」の概念を検討する。ただし，危害防止基準に関する法的問題——ひいては本法全体の構造については，非常に詳細な検討を加えた文献として寺西輝泰『労働安全衛生法違反の刑事責任（総論）——労働災害の防止をめざして〔改訂版〕』（日労研，2004年）があることから，本節ではできるだけ同書と重複をしないよう，論点を絞り，又は別の観点からの検討を行う。

1　危害防止基準の概念

　「危害防止基準」の語は，本法では第1条（目的）

にのみ現れるが，命令，通達等による公式の定義は存在しない。それでも，危害防止基準という語はしばしば使用され，特に，労働安全衛生法の一部分を指してそう呼ぶ場合がある。しかし，この用語が具体的に労働安全衛生法中どの部分を指すのか，明確にはされていない。

そこで参考となるのが，労働安全衛生法案の作成に中心的に携わった畠中信夫による次のような解説である。[120]

> **危害防止基準**
> 　労働安全衛生法第一条の目的規定の中で，「労働災害の防止のための危害防止基準の確立」というのが，職場における労働者の安全と健康を確保するという同法の目的達成のための方法の第一番目にあげられている。
> 　この「危害防止基準」は，「墜落により労働者に危険を及ぼすおそれのある箇所には，囲い，手すり，覆い等を設けなければならない。（安衛則第五一九条第一項）」などのように，特定の危害に対して特定の措置を規定するというのが，通常のスタイルであり，労働安全衛生法の目的を達成するために設定される関係者の具体的な行為（作為又は不作為）基準として罰則でもってその履行が強制される。
> 　この「危害防止基準」という文言は，非常に使い勝手の良い言葉ではあるが，労働安全衛生法では，この第一条にだけ出てくる言葉である。それは，同法第二〇条から第二五条までに規定するところに止まるものではなく，その字義通り，危険と健康障害を防止するための基準ということであり，機械等並びに危険物及び有害物に関する規制，あるいは作業環境測定，特殊健康診断，安全衛生教育，就業制限などの規定も含まれる広い概念としてとらえられる。

この記述によると，少なくとも労働災害の防止のために設定される関係者の具体的な行為基準は全て危害防止基準であるということになる。ただ，この解説では「罰則でもってその履行が強制」されるものに限定するような書きぶりとなっているが，本法には，罰則は付されていないが危害防止のための一定の行為基準といえるものもあるし（第65条の2等），本条に基づく省令の規定の中にも努力義務のため罰則はかからないがやはり一定の行為基準といえるものもある。寺本廣作[121]も，労働基準法旧第45条に基づく旧安衛則につき，「安全衛生基準の向上に資する為必要な場合には，勧告的基準（advisory standard）（第五十九條，第百七十二條，第二百四條等）を設け，厳格な履行が要求される義務的基準（obligatory standard）についても……」と述べており，努力義務であっても一種の基準として捉える見方がある。[122]

資料4－42　労働安全衛生法の危害防止基準の親部分とそれ以外の部分との関係

		規制内容の限定→	
		包括的	限定的
名宛人の変更・拡張↓	事業者	親部分（第20条～第24条）	第25条（退避措置），第59条（教育），第65条（測定），第66条（健康診断）等
	事業者以外	第26条（労働者），第4章後半（元方事業者，注文者等）※これらの規制対象範囲にも若干限定が認められるが依然として広範である。	第5章（何人にも適用，特定の機械及び有害物），第61条第2項（何人にも適用，無資格運転禁止）等

（森山誠也作成）

また，これらの基準の義務主体，つまり名宛人は，事業者である場合が多いが，これを事業者に限定する必要は見当たらない。

以上を踏まえ，本稿では，名宛人を問わず，罰則の有無や，努力義務であるかどうかにかかわらず，労働災害の防止のために設定される関係者の具体的な行為基準を「危害防止基準」と呼ぶこととする。

危害防止基準は，以下でみていくように，法律学や実定法によって作られた法的枠組の中に，安全技術や安全工学が反映されたものである。

2　危害防止基準の法的枠組

本節では，まず法的枠組に焦点を当てた検討を行う。なお，危険源は，本来は安全工学の概念だが，本法が法律本体で危険源分類を行い法的枠組を形成している関係上，ここで検討した。

(1) 危害防止基準の「親」部分

本法中にはあちこちに色々な危害防止基準が散らばっているが，立法技術的にいえば，その親（母体）となる第20条から第24条までの規定群があり，それ以外の危害防止基準は，その親部分に対して名宛人を「事業者」から変更若しくは拡張し，又は規制の内容（危険源，保護方策等）を限定したものであるということができる。[123][124]

この構造理解に基づき，危害防止基準の親部分とそれ以外の部分がどのような関係にあるかということを，**資料4－42**に示した。

なお，親部分に最も近い位置にある第25条は，労働災害発生の急迫した危険があるときに事業者が労働者を退避させる等の義務を規定したものであるが，これは原案にはなく，本法が成立した国会の衆議院社会労働委員会で可決された修正案[125]により追加されたものである（第25条を挿入したため原案第22条が第21条第2項とされ，原案第23条～第25条が第22条～第24条にずれたという経緯がある）。[126]これは，第25条も親部分の規制対象範囲を「急迫した危険」に限定して分離したものといえ

資料4-43 労働安全衛生法中危害防止基準の親部分の対象範囲

条項	必要な措置の内容			
20	機械, 器具その他の設備（以下「機械等」という。）	による	危険	を防止するため必要な措置
	爆発性の物, 発火性の物, 引火性の物等			
	電気, 熱その他のエネルギー			
21①	掘削, 採石, 荷役, 伐木等の業務における作業方法	から生ずる		
21②	労働者が墜落するおそれのある場所, 土砂等が崩壊するおそれのある場所等	に係る		
22	原材料, ガス, 蒸気, 粉じん, 酸素欠乏空気, 病原体等	による	健康障害	
	放射線, 高温, 低温, 超音波, 騒音, 振動, 異常気圧等			
	計器監視, 精密工作等の作業			
	排気, 排液又は残さい物			
24	労働者の作業行動	から生ずる	労働災害	
23	労働者を就業させる建設物その他の作業場について,	通路, 床面, 階段等の保全		に必要な措置
		換気, 採光, 照明, 保温, 防湿, 休養, 避難及び清潔		
		労働者の健康, 風紀及び生命の保持		のため必要な措置

（森山誠也作成）

る。実際, 旧安衛則第163条の34のずい道等の建設の作業において落盤等による急迫危険の際に使用者は直ちに労働者を安全な場所に退避させなければならないという義務規定は, 労働基準法旧第42条を委任元としており, 労働省としては原案通りの安衛法に基づく新安衛則で同様の退避規定を置くことが可能と考えていたと思われる。また, 昭和55年6月2日法律第78号により追加された第25条の2も, 同様だろう。

第26条については, 同条の労働者の義務が事業者の義務とは似て非なるものであるということは本書第26条 4 3で述べたが, それがあくまで名宛人の変更に相応したものであり, 規制対象範囲も依然として包括的であるという考えから, 資料4-42の通り位置づけた。第4章後半の元方事業者等に関する規定についても同様である。

本法の危害防止基準に親部分とそうでない部分があるという構造を理解すると, 名宛人が事業者であれば, 例えば本法第65条や第66条が存在しなかったとしても, 事業者による作業環境測定や健康診断の実施に関する委任省令の規定を, 同法第4章（具体的には第22条）で読む[127]ことができ, 逆に, 現在同法第22条で読んでいる特化則第38条の4（作業記録）を, 同法で独立条項を設けてそれから委任することもできる, と考えることができる。実際, 旧特化則（昭和46年4月28日労働省令第11号）第29条（環境測定）は, 労働基準法旧第42条で読んでいたものであり, 本法制定時の際にも環境測定は本法第22条で読むことも可能であったが, 第65条として独立条文となったという経緯もある。

危害防止基準の親部分の各規定を構造化して並べると, 資料4-43のようになる。

このうち第23条は労働基準法旧第43条をほぼ踏襲したものであり, それ以外は同法旧第42条を細分化したものである（労働基準法のこれらの条文は 3 1(3)で引用した）。

第23条を除く条文には, 機械, 粉じん, 作業方法等といった色々な危険源が例示され, それによる「危険」「健康障害」又は「労働災害」を「防止するため必要な措置を講じなければならない」という書きぶりとなっている。第23条は, 建設物その他の作業場（これの中には危険源となるものがあるが作業場の快適性に係るものもある）に着目し, 通路等の保全のほか健康及び生命の保持, さらには工場法以来の「風紀」の保持も付け加えている。[128]

(2) 危険源の概念とその分類

この親部分の大きな特徴は, ここで危険源が分類されていることである。[129]

この危険源分類は相当に網羅的で, リスクアセスメントにおける危険源の同定のために使用できる危険源分類一覧表としてもかなり有用であり, 実際, 平成18年3月10日付け基発第0310001号「危険性又は有害性等の調査等に関する指針について」（通称＝リスクアセスメント指針）[130]別添3に示された危険源の分類例（一覧表）は, 第20条から第24条までの規定を踏まえて作成されたものである。[131]

リスクアセスメント指針その他ISO等をみても分かる通り, 危害防止のための保護方策は, 危険源を分類し, 同定し, 各危険源に対してそれぞれ保護方策を検討して講じていくこととなる。したがって, 初めに危険源を分類し, それを省令の章・節・款に行くに従い細分化して体系化されている現行省令は, リスクアセスメントの実施と相性が良い（ただ, 法律本体で危険源を分類すべき必然性はない）。もしこれを「事故の型」[132][133]で分類していたとしたら, リスクアセスメント体系に整合せず, 使いづらかったのではないかと思われ, そもそも法令として体系化することも難しかったのではないだろうか。[134]なお, リスクアセスメントのための危険源分類法には唯一のものがあるわけではなく, 既存の様々な分類法があり[135], また職場の状況など必要があればアレンジすべきものである。ただし, 本法と類似の分類法（あるいはそれを細分化したもの）を使用すれ

ば，リスクアセスメントと本法遵守を同時に進めやすいという利点がある。

なお，いわゆる混ぜるな危険の問題（酸化剤と還元剤の接触など）のように，2つ危険源が組み合わさって危害を生じる場合とそれに対する措置をどう位置づけるかという問題があるが，これについての検討は本稿では割愛する。

ところで，第20条から第25条の2までの規定で例示列挙されているものについて，労働省労働基準局安全衛生部編『実務に役立つ労働安全衛生法』（中央労働災害防止協会，1993年）に「労働者の危害を防止するため労働者が講ずべき措置について，危険・有害の起因物別に詳細な規定が置かれ……」とあるように，危険源でなく「起因物」と表現する向きもある。起因物とは，労働行政による災害調査・統計で使われてきた概念で，災害をもたらすもととなった物または環境等をいい，危険源に似た概念であるが，起因物分類コード表には設備，粉じん，樹木，動物などが掲げられているが，作業方法，作業行動等は含まず，よって危険源とは分類が若干異なる。また，「起因物」は災害発生の起因となった物というニュアンスが感じられ，「未だ災害を引き起こしていなくてもそこに潜んでいるもの」を意味する危険源とはニュアンスの違いもあるといえなくもない。本稿では，リスクアセスメント指針やISO等の概念に合わせ，「危険源」という概念を主に使用する。

(3) 親部分における危険源分類の交差分類問題と序列化による解決

法律本体レベルにおける危害防止基準の親部分（第20条から第24条まで）の危険源分類には，区分の一貫性がない。即ち，交差分類となっている。

したがって，実務上，省令等に規定されている危険源が，第20条から第24条までのどれで読まれるべきかが分からない場合がある。

例えば，車両系荷役運搬機械等の作業計画について定める安衛則第151条の3第1項は，機械等（第20条）なのか作業方法（第21条第1項）なのか，分からない。さて，この安衛則第151条の3第1項は，『安衛法便覧』では機械等（第20条）として分類されている。思うに，これは，機械等を用いて行う作業の作業方法よりも，機械等そのものの方が，より根源的な危険源（というより，これが「危険源」の本来の意味であるが）であるからそこに対応させるという考え方によるものだと思われる。この考え方は区分原理を「最も根源的なもの」と修正し，危険源を序列化することで危険源の区分の一貫性を担保する。もちろん，そのような考え方は法令中には書かれていないので，飽くまで1つの理論的な解釈方法に過ぎないが，リスクアセスメント

資料4-44 労働安全衛生法第20条から第24条までに掲げられた危険源の序列化（上にいくほど根源的なものである）

	安全	衛生	建設物等
↑根源的	第20条	第22条	第23条
	第21条		
	第24条		

（森山誠也作成）

における保護方策の決定等に関する技術的観点からすれば，より根源的なもの（本来の意味での「危険源」）ごとに分類する方が合理的である。

このような考えに基づいて本法第20条から第24条までに掲げられた危険源について再考し，試行的であるが，資料4-44の通り，その根源性に応じて3段階に分類した。

まず第20条及び第22条に掲げられた危険源は，最も根源的なものであると考えられる。したがって，これらに当てはまる危険源は，これらに分類してしまう。例えば「足場の高所で墜落のおそれのある場所」は「場所」だから第21条第2項にも当てはまるが，足場は「機械，器具その他の設備」にも当てはまるから，より序列が上の第20条に分類するのである。

次に，第21条が位置する。明らかに第20条に当たらないものとして，はい作業や掘削作業がある。これは作業方法の誤り（はいを雑に積み上げたり，地山をすかし掘りをしたりという誤り）により危険が生じることから，第21条第1項の作業方法による危険ということにできる。また，崖っぷちの上で墜落のおそれのある場所は「機械，器具その他の設備」ではないから第21条第2項の場所による危険ということになる。

第22条は健康障害の防止であるが，健康障害に係る有害要因は同条でほぼ網羅されており，第23条は建設物等に関する事項なので，順序づけが少し難しい。

第24条は労働者の作業行動による労働災害の防止である。「作業行動」については法令等での定義は見当たらないが，「作業方法」という用語が別途第21条第1項で使用されていることから，作業行動とは，作業方法とも呼べないような身体の立ち振る舞いや無意識に近いような行動，作業姿勢等をいうと思われる。

このような序列化を行うと，産業上の多くの危険源が第20条から第23条までに分類され（第21条でさえ少ない），第24条に分類されるようなものは自ずと少なくなる。

(4) 作業行動の規制と安全衛生教育等

実は，『安衛法便覧』をみると，第24条を委任元とする省令の規定が現在のところ存在していない。この理由の一つとして，第20条から第23条までに分類され

資料4-45　平成18年3月10日付け基発第0310001号「危険性又は有害性等の調査等に関する指針について」別添3（危険性又は有害性の分類例）

```
危険性又は有害性の分類例
1　危険性
　(1)　機械等による危険性
　(2)　爆発性の物，発火性の物，引火性の物，腐食性の物等による危険性：「引火性の物」には，可燃性のガス，粉じん等が含まれ，「等」には，酸化性の物，硫酸等が含まれること。
　(3)　電気，熱その他のエネルギーによる危険性：「その他のエネルギー」には，アーク等の光のエネルギー等が含まれること。
　(4)　作業方法から生ずる危険性：「作業」には，掘削の業務における作業，採石の業務における作業，荷役の業務における作業，伐木の業務における作業，鉄骨の組立ての作業等が含まれること。
　(5)　作業場所に係る危険性：「場所」には，墜落するおそれのある場所，土砂等が崩壊するおそれのある場所，足を滑らすおそれのある場所，つまずくおそれのある場所，採光や照明の影響による危険性のある場所，物体の落下するおそれのある場所等が含まれること。
　(6)　作業行動等から生ずる危険性
　(7)　その他の危険性：「その他の危険性」には，他人の暴力，もらい事故による交通事故等の労働者以外の者の影響による危険性が含まれること。
2　有害性
　(1)　原材料，ガス，蒸気，粉じん等による有害性：「等」には，酸素欠乏空気，病原体，排気，排液，残さい物が含まれること。
　(2)　放射線，高温，低温，超音波，騒音，振動，異常気圧等による有害性：「等」には，赤外線，紫外線，レーザー光等の有害光線が含まれること。
　(3)　作業行動等から生ずる有害性：「作業行動等」には，計器監視，精密工作，重量物取扱い等の重筋作業，作業姿勢，作業態様によって発生する腰痛，頸肩腕症候群等が含まれること。
　(4)　その他の有害性
```

ない純粋な作業行動を危害防止基準として定型化することの困難さがあるといえる。作業行動は労働者の身体の動きそのものであり，事業者がこれを実力的にあるいはその他工学的に管理することは容易ではないだろう。しかしながら，作業行動による労働災害としては荷の持上げ動作による腰痛等が考えられるが，そのような動作については適切な運搬機械等の導入すること等は可能のはずだから，対象作業をうまく類型化する等により，今後第24条に基づく省令の規定が作られる可能性はある。重量物取扱い，介護作業等における腰痛の予防は，作業姿勢（作業行動）によるところも大きく，これは「職場における腰痛予防対策指針」[145]が通達で示されているが，省令で定めるまでには至っていない。

親部分から離れて本法全体を見渡すと，労働者の作業行動の管理は，第59条（安全衛生教育）や第61条（就業制限）等という別の形によって，確保が図られているようである（例えば，事業者は労働者を重量物取扱い，介護作業等に従事させる場合は第59条第1項の規定により安全衛生教育を行わなければならない）。なお，第59条第1項及び第2項の規定による雇入時及び作業内容変更時

の安全衛生教育については，安衛則第35条で安衛令第2条第3号の業種（保健衛生業，飲食店，警備業など労働災害の多い業種も含まれる）について，なぜかその主要な内容の省略を許し，不十分な規定となっていたが，当該省略規定は，労働安全衛生規則等の一部を改正する省令（令和4年5月31日厚生労働省令第91号）第3条の規定により削除され，令和6年4月1日に施行された。

　(5)　危険源分類の網羅性の不備問題

本法の危害防止基準の親部分（第20条から第24条まで）に示されている危険源分類には，基本的にはあらゆる種類の危険源が網羅されていると想定されている[146]。事実，その分類体系は，上述の通り，リスクアセスメント指針通達の危険源分類例の参考とされたほど，相当に網羅的である。

しかし，資料4-43に現れている分類体系と，資料4-45に示したリスクアセスメント指針通達の分類例を比較すると，前者の網羅性に不備があると思われる。

資料4-43の分類体系は，危険源を限定列挙して「等」を付したものに過ぎないため，例えば，猛獣等の危険な動物（危険性関係に限る。有害性については衛生基準にねずみ等に関する規定がある），人間の暴力[147]，パワーハラスメント，自然災害等に関する危険源が含まれないと解される[148]。この点，資料4-45の分類では「その他の危険性」「その他の有害性」という区分肢の導入により区分の網羅性が保証されている[149]。

したがって，実は，7　2(1)で述べ，資料4-42に示した「危害防止基準の親部分は包括的で，そこから他の規定が派生しうる」という筆者の主張は，この親部分の危険源分類における網羅性の不備という点においては，誤りということになる（ただし，猛獣から身を守るための安全通路など，第23条で対処できる可能性はある）。

本法には，危険源を特定していない条文もあり，例えば第59条第1項（安全衛生教育）は，労働者が従事する業務に関する危険源の種類を限定していない。実際，サファリパークで労働者（飼育員）がライオンに噛まれた災害について，安全衛生教育に不備があったとして同項違反が適用され，事業者に罰金刑が科された事例がある[150]。

他に危険源を特定していない条項として，第25条，第30条，第61条，第66条等がある。なお，危害防止基準ではないが，第99条の都道府県労働局長等の緊急措置命令についても危険源を特定していない。

以上の検討を踏まえて本法全体を考えると，資料4-43に含まれていない危険源については，別に特別な規定がない限り，主に安全衛生教育に委ねられてお

り，動物（危険性関係），人間の暴力，自然災害等については，「教育はするのであとは各自気をつけるように」といったことになりかねない体系となっている（ただし第25条は危険源を限定していないので退避させる義務はある）。動物に係る危害防止基準の設定可能性は別途検討するとしても（保護方策を一律に定められないようなものは作業計画規定などで対応することも考えられる），法律本体においては全ての危険源を網羅すべきだろう。

なお，起因物分類には動物，天候等が含まれるほか，本法では作業方法又は作業行動による危険に分類している荷を起因物そのものとして分類しており，興味深い。

また，災害補償分野では，以上に述べたものとは別の分類体系として，労基則第35条・別表第1の2ないし「傷病性質コード」[51]があり，同コード表では負傷については危険源を特定しないで分類し，疾病については非常に詳細かつ広範な危険源等の分類がなされているので，災害や危険源分類を検討する際の参考となる。

ところで，以上，法律本体における危険源の分類について論じてきたが，筆者は，第20条から第24条までについては，委任関係の混乱や網羅性の不備等の問題を避けるため，労働基準法旧第42条のごとく1条にまとめるべきだと考える。それでも，省令委任の包括性の度合いは実質的に変わらないだろう。

(6) 危険源の細分化とその指針

資料4-43に掲げた危険源は，命令等で細分化されることになる。

例えば，機械（本法第20条第1号）による危険についていえば，安衛則第2編第1章第1節に機械一般に適用すべき安全基準が示されているが，それ以外の章節において，工作機械，木材加工用機械などと分類され，さらに工作機械は立旋盤，タレット旋盤等に細分化され，木材加工用機械も木材加工用丸のこ盤，木材加工用帯のこ盤などに細分化されていく。

7 2(3)では法律本体における危険源分類（資料4-43）の交差分類の問題を取り上げたが，省令レベルでは，より明確な交差分類の回避が行われている。例えば安衛則では木材加工用帯のこ盤とそれ以外の帯のこ盤を区別する際，前者を「木材加工用帯のこ盤」，後者を「帯のこ盤（木材加工用帯のこ盤を除く。）」としている（同様の例として，資料4-46）。

危険源において何を1つの区分肢に分類し，何を細分化するかということは，同じような保護方策が必要な物どうしをまとめて規定するという指針に沿ってなされるべきと考えられ，実際，本法の政省令でもそのようになっていると思われる。

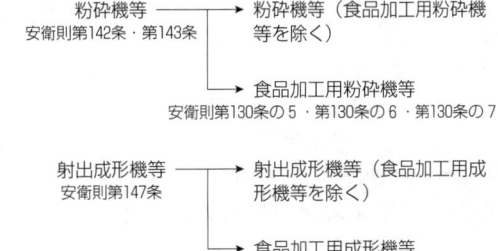

資料4-46 労働安全衛生規則の一部を改正する省令（平成25年厚生労働省令第58号）による粉砕機等の細分化

（森山誠也作成）

例えば，性状や中毒に類似性があって同様の衛生管理が必要なものを「有機溶剤等」としてまとめ，それに対する保護方策を1つの体系としたものが有機則であり，その中で，更に有害性の程度等に応じて少しずつ異なった保護方策を採用するため，第1種有機溶剤等，第2種有機溶剤等といったように細分化されている。

また，必要に応じ，省令の改正により危険源が更に細分化される例もある（資料4-46）。

他方で，工作機械のストローク端について規制していた安衛則旧第112条が，字句を殆ど変えずに安衛則第2編第1章第2節（工作機械）から同第1節（一般基準）に第108条の2として移動し，あらゆる機械のストローク端に適用されることとなった例もある。

(7) 規定の競合と特別関係

形式的効力を等しくする2つの法令が，一般法（ある事項について一般的に規定した法令）と特別法（一般法の対象とするある事項と同じ事項のうち，特定の場合等を限って，一般法と異なる内容を定めた法令）の関係にある場合には，特別法が規律の対象としている事項に関する限りにおいては，特別法の規定がまず優先的に適用され，一般法の規定は，それらの対象については，特別法の規定に矛盾しない範囲内で，補充的に適用されるとされており，これを特別法優先の原理[152]という。条項単位では同様に一般規定と特別規定といい，また，このような関係を特別関係という[153]。

危害防止基準における特別関係の典型例として，安衛則第577条と有機則とがある。これらはいずれも本法第22条から委任を受けた省令であり形式的効力は等しいが，安衛則第577条が有害物の蒸気等の発散抑制等に関する一般規定であるのに対し，有機則は有機溶剤という特別な事項を定める特別規定と考えられるから，有機溶剤業務については有機則が優先的に適用されることとなる。

また，安衛則第101条第1項と同第107条も特別関係にある（3(5)参照）。

しかし，安衛則第101条第1項と同第151条の78のよ

うに，判断に悩む例もある。

> 労働安全衛生規則（昭和47年9月30日労働省令第32号）
>   第2編　安全基準
>   第1章　機械による危険の防止
>   第1節　一般基準
> （原動機，回転軸等による危険の防止）
> 第101条　事業者は，機械の原動機，回転軸，歯車，プーリー，ベルト等の労働者に危険を及ぼすおそれのある部分には，覆い，囲い，スリーブ，踏切橋等を設けなければならない。
> 2～5　〈略〉
>   第1章の2　荷役運搬機械等
>   第2節　コンベヤー
> （非常停止装置）
> 第151条の78　事業者は，コンベヤーについては，労働者の身体の一部が巻き込まれる等労働者に危険が生ずるおそれのあるときは，非常の場合に直ちにコンベヤーの運転を停止することができる装置（第151条の82において「非常停止装置」という。）を備えなければならない。

安衛則第101条の適用対象である機械一般に対し，コンベヤーは特別な事項であるが，安衛則第101条はよく見るとプーリー，ベルト等の個々の危険部分について規制しており（資料4-47），コンベヤーの一部分をなすプーリーとベルトに適用されるとも読める。

思うに，コンベヤーには安衛則第101条第1項と同第151条の78の両方の規定が適用されるだろう。なぜなら，そもそも，安衛則第101条第1項の覆い等が安全防護（7 3(2)参照）であるのに対し，同第151条の78の非常停止装置は付加保護方策といって，既に生じ始めた危害の程度を低減し，又は切迫した危害を直前で防止するものに過ぎず，保護方策としては明らかに不十分であり，本法第20条の趣旨に鑑みると，コンベヤーだからといって安衛則第101条第1項の適用を除外する意義は見出しにくいからである。

しかし，危害防止基準にこのような分かりにくさがあることは事実であるから，危害防止基準に安全技術をより明確かつ理論的に取り込み，法令の適用関係を整理することが望まれる。

(8)　「危険」「健康障害」等の概念とその分離

資料4-43を見ると，危害防止基準の親部分においては，危険源だけが分類されているのではなく，一部，防止すべきものが「危険」と「健康障害」に分かれている。

第23条は「通路，床面……その他労働者の健康，風紀及び生命の保持」というように多くの項目が1条に

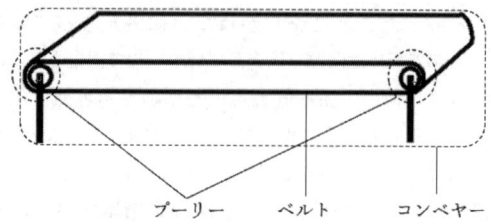

資料4-47　コンベヤーとその一部分であるプーリー及びベルト

まとめられ危険と健康障害の防止をいずれも含み，第24条もまた「労働災害」として両方を含む表現となっているが，第20条から第22条までについては，危険の防止（第20条及び第21条）と健康障害の防止（第22条）とに分かれ，それぞれに危険源が列挙されている。

したがって，例えば，第20条は機械を規定しているが，機械による振動障害は健康障害であって危険の防止でないから，同条ではなく第22条（安衛則第576条関係）に振り分けられる。

また，1つの危険源であっても，危険と健康障害の両方をひきおこすものは，危険と健康障害のそれぞれについて防止措置を規定する必要がある。

例えば，有機溶剤はその殆どが引火性の物にも該当するが，引火性の物としての爆発・火災の防止は安衛則第2編第4章第2節（危険物等の取扱い等）等，有機溶剤としての健康障害の防止は有機則という風に分けて規定されている。

しかし，「労働災害」は第2条に定義規定があるが，「危険」と「健康障害」については定義規定がなく命令や通達でも説明はなされていない。また，「安全」，「衛生」，「有害」，「疾病」などといった用語についても同様に説明はなされていない。

本法令全体を見ると「危険の防止」は「安全」と裏腹の関係にあり，「健康障害の防止」は「衛生」という用語と裏腹の関係にある。また「健康障害の防止」は「健康」，「有害」，「疾病」との関係も深そうである。しかし，これらの用語の異同は，はっきりしない。

ある事項が安全（危険の防止）か衛生（健康障害の防止）かという問題は，安全衛生管理体制，鉱山保安法の適用除外・特例等との関係で，実務上は重要な解釈問題となる。

危険と安全は負傷関係，衛生は健康障害と疾病関係などと理解する向きもあるようだが，負傷による疾病もあるため，それほど単純なことではない。この解釈問題について，労働省労働基準局編著『労働基準法下〔改訂新版〕（労働法コンメンタール3）』（労務行政研究所，1969年）は，労働基準法旧第42条の解説中で次のように検討している。

なお，本章においては「安全」「衛生」とか「危険」「有害」という用語がしばしば用いられているが，これについて常識的には危険な所には怪我が発生しやすく，有害な所で働けば病気になり，またこのような所は，安全に又は衛生的にしなければならない，というように使われているのであるが，これらの用語に関し法的な意義としては，従来明確な解釈がなされていない。しかし，これらの用語が本章の各条文中にどのように用いられているかを検討してみると，安全と衛生，危険と有害はそれぞれ対応する概念として用いられており，これらによる結果的な現象として負傷又は疾病が起こるものであるとして使われていることがわかる。このような点から，これらの関係を次のようにみることができる。すなわち，「危険」と「有害」は，労働者が労働の場において接触するところの物体又は環境との相互の関係を現しているものであり，相互の関係が危険又は有害な状態にある場合には，その結果として負傷又は疾病が発生するものである。その物又は環境による疾病の発生が必然性をもっている場合は「有害」であるといい，この有害性を軽減し，又は除去することによって疾病の防止等を図ることが衛生であると考えられる。一方，負傷又は疾病の発生が蓋然性をもっている場合は，「危険」といい，これらの蓋然性を軽減し，又は除去することによって結果として起こる負傷又は疾病の防止等を図ることが「安全」の分野であると考えられる。このような考え方を，具体的な例に当てはめてみると，調帯の掛換えの作業は調帯に巻き込まれる蓋然性があるので「危険」な作業であるといえ，びょう打作業は難聴になる必然性をもっているので「有害な作業」ということができる。また鉱山等の切羽におけるせん孔作業は落磐，肌落等の蓋然性があるので「危険」であり，かつ，珪酸粉じんが飛散するためけい肺になる必然性があるので「有害」でもあるということができる。同様の例としては，多量の高温物体を取り扱う業務は接触による「危険」業務であり，また，熱線による熱中症を起こす点から「有害」な業務でもあるわけである。

この見解に対し，井上浩は次のような批判・提案を行っている。[158]

例えば，チェンソーや穿孔機の作業は，必然的に白ろう病や頸肩腕症を発生させるものではない。その作業時間や，従事期間や，密度や，作業環境や，個人の体質等の各種の要素がまざりあって発病するかどうかがきまるのである。〈略〉必ずしも疾病発生に必然性があるとはいいがたい。

〈略〉「安全」とは，異常な現象が原因で発生する労働災害から労働者を守ることである。この「異常な現象」には，爆発や崩壊等のように，労働者の働きかける対象側に異常な現象が発生する場合と，作業姿勢がくずれるとか，作業のリズムが狂うとかいうように労働者側に異常な現象が生ずる場合がある。このような異常な現象の結果発生する労働災害を防止することが，安全の問題である。〈略〉したがって，前述した，管理特定化学設備に関する規定は，特定化学物質等障害予防規則のなかにあるにもかかわらず，安全法規のほうに属するものと考えられる。というのは，それらの規定は，いずれも「異常」化学反応等によって生ずる労働災害を防止するためのものだからである。

〈略〉「衛生」とは〈略〉異常な現象以外から発生する労働災害を防止することである。例えば，粉じん作業から発生するじん肺症を予防したり，チェンソーの使用からくる白ろう病を予防したりするのは，すべて衛生の分野である。

安全を「異常な現象」と割り切り，井上のいう通り管理特定化学設備に関する規定（第3類物質等の大量漏洩を防止するための規定で，現行特化則では第18条の2等関係）を安全に分類するとすれば，これを衛生としている従来の行政解釈と整合しない。[159]しかし，平成11年に発生した株式会社ジェー・シー・オー東海事業所の臨界事故に関して，本法に関し責任者が訴追され，刑が確定したのは，第11条（安全管理者）違反であった。判決文中本法違反について認定された犯罪事実では，[160]実行行為者である所長Bが，「被告人会社Aの業務に関し，平成11年6月29日から同年9月30日までの間，常時50人以上の労働者を使用して核燃料物質の加工業を営む事業場である東海事業所において，安全管理者であるCをして，スペシャルクルーの班員であるX及びYら労働者に対し，核燃料物質の加工工程における臨界の発生を防止するための形状制限，質量制限等の核的制限を遵守するなどの安全のための教育を実施させず，もって，安全に係る技術的事項を管理させなかった。」とされており，これは事業者が安全管理者に法定事項を管理させなかったという第11条第1項違反である。ここでは，放射性物質の臨界防止教育が「安全」教育だと解釈されたことになるが，これは，電離則が衛生基準にあたるという従来（現在も）の行政解釈と矛盾しうるものであるとともに，[161]「臨界は異常な現象だから安全関係であるとした」と解釈したとき，井上の見解を支持するものとなる。

ところで，1つの危険源に対する保護方策が，危険と健康障害の両方を同時に防止することがある。

例えば，酸欠則第6条第1項は，事業者は労働者が酸素欠乏症等にかかって転落するおそれのあるときに要求性能墜落制止用器具等を使用させなければならないという規定である。

> 酸素欠乏症等防止規則（昭和47年9月30日労働省令第42号）
> （要求性能墜落制止用器具等）
> 第6条　事業者は，酸素欠乏危険作業に労働者を従事させる場合で，労働者が酸素欠乏症等にかかつて転落するおそれのあるときは，労働者に要求性能墜落制止用器具（労働安全衛生規則（昭和47年労働省令第32号。以下「安衛則」という。）第130条の5第1項に規定する要求性能墜落制止用器具をいう。）その他の命綱（以下「要求性能墜落制止用器具等」という。）を使用させなければならない。
> 2～4　〈略〉

これは転落による危険を防止すると同時に，転落した先の場所（ピットの底など）もまた酸素欠乏空気等で満たされている場合に酸素欠乏症等（健康障害）も防止するものであるといえよう。これが危険の防止なら，墜落のおそれのある場所ないし酸素欠乏危険場所という意味で第21条第2項が該当し，酸素欠乏空気等による健康障害の防止という意味で第22条にも該当するが，どちらをとるかで委任元条文が分かれてしまうので混乱を生じる（もっとも，第21条第2項も第22条も違反に対する罰則は同一である）。また，仮に第21条第2項と第22条の両方から委任を受けていると考えた場合は，酸欠則第6条第1項違反という1つの行為については常に，第21条第2項に係る「～要求性能墜落制止用器具等を使用させず，もって墜落のおそれのある場所に係る危険を防止するため必要な措置を講じなかった」と第22条に係る「～要求性能墜落制止用器具等を使用させず，もって酸素欠乏空気による健康障害を防止するため必要な措置を講じなかった」という2つの犯罪構成要件が成立する（少なくとも外観上そのようにみえる）ので，罪数上の問題が生じる。[162]

思うに，このような委任対応関係についての混乱を避けるためには，何らかのルールを定めるか，危険と健康障害とを法律本体では敢えて区別しないという解決策も考えられる。

(9) 「健康障害」等の範囲

第22条の健康障害と第24条の労働災害（第2条で定義）の範囲については，いわゆる職業病は当然含まれるが，作業関連疾患（work-related disease，職業病と認定されている疾患以外で一般人口にも出現するが，作業環境と作業がその疾患の発症に著しく寄与するもの，あるいは作業環境の中でばく露する要因により著しく影響を受け，疾病の発症に関連するものをいう）は含まれるのか，含まれるならどの程度含まれるのかという問題がある。

本法では第68条の委任を受けた安衛則第61条第1項で「心臓，腎臓，肺等の疾病で労働のため病勢が著しく増悪するおそれのあるものにかかつた者」の就業禁止規定が置かれているが，これには作業関連疾患も含まれるだろう。また，平成18年には，作業関連疾患である脳・心臓疾患の予防措置として，第66条の8等で一定時間を超える長時間労働を行った労働者に対する医師による面接指導制度が導入された。

第23条では従来から健康及び生命の保持といった幅広い概念で労働者の福祉が謳われているが，第22条の「健康障害」がどの範囲まで及ぶかということは，省令制定権限の適切な行使という行政法上の問題との関連でも，重要な解釈問題となりうると思われる。

3　危害防止基準と安全技術

本節では，危害防止基準（主に政省令のレベル）と安全技術の概念との関係をみていく。

危害防止基準は法令ではあるが，これを安全技術の用語や体系に照らしてみていくことで，厖大な省令の規定を整理して捉えることができ，その欠陥も見つけやすくなる。

なお，安全技術では安全には衛生も含むことが多いので，本節では安全衛生のことを単に安全という。

(1) 製品安全規格と労働安全衛生の関係

労働災害を引き起こす危険源には，職場で生み出されるものもあるが，外部からもたらされる原材料，生産設備その他の製品から生じるものも多い。

安全技術の体系化は，とりわけ国際的な製品安全規格の作成という形で行われてきた。現在，その中核となっているのが，ISO/IEC Guide 51：2014（安全側面——規格への導入指針）（JIS Z 8051：2015として日本語化されている）であり，危害[163]，ハザード（本稿では「危険源」と呼んでいる）[164]，リスク，リスクアセスメント，保護方策等といった基本用語もこの規格で定義されている。「保護方策」とは，危険源を除去するか，又はリスク（危害の発生確率及びその危害の度合いの組合せ）を低減させるための手段又は行為と定義されている（「リスク低減方策」ともいう）。

本法の危害防止基準の相当部分は，各種危険源に対する保護方策で占められている。

本来，保護方策は，製品又はシステムの設計・製造段階から使用段階までに一貫して行われるものであり，製造者等（上流の者）からユーザー（下流の者）まで複数の主体にそれぞれ担うべき役割がある。特に，ISO/IEC Guide 51をはじめとする安全規格では，主な義務主体は製品又はシステムの製造・供給者であり，まず彼らが設計・製造段階において最大限の保護方策を講じ，これに対してユーザーは製造段階で除去できずに残ったリスクに対応するのが本来のあり方である。

しかし，本法において危害防止基準は労働法の枠組

み，即ち使用従属関係における事業者を主たる義務主体としたものであることから，そこで製品安全規格との断絶が存在するといえる[165]。例えば，安衛則第2編第3節の2の食品加工用機械の構造基準は事業者を名宛人とするものであるが，同様の構造要件について製造・流通業者に義務を課すような規定は（第43条を除いて）本法には無いと思われる。それに加え，製品安全規格を守った製品にも残留リスクが存在することから，製品安全規格だけで労働安全衛生を実施することはできない。したがって，その両方を体系的に位置づけ，実施するための枠組が必要である。

機械安全（製品安全の代表的分野といえる）と労働安全の関係については，濱島京子により体系的・理論的な研究がなされており[166]，そこでは労働安全をISO Guide 73及びISO 31000によるリスクマネジメント体系で整理し，ISO/IEC Guide 51をはじめとする機械安全規格体系その他建設など他分野の労働安全体系をその中に位置づけることが提案されている。残念ながら本稿では時間の制約上，この提案を検討し，本法とリスクマネジメント体系との理論的な対照関係を論じることができなかった（なお，この提案の具現化に際して考慮すべきと思われる概念として，13においてリスク創出者管理責任負担原則について言及する）。

(2)「4ステップメソッド」

保護方策には，より本質的（根本的）なものと，より「対処療法的」なものや「小手先」のものがある。危害を十分に防止するためには，できるだけ本質的な対策を検討・実施し，それが不可能だったり，あるいはそれでも少しリスクが残ったりしたときに2番手の方法を採るべきである。また，1つの対策だけでは十分な信頼性が得られず，複数の方策を組み合わせる必要がある場合も少なくない。

リスクアセスメント指針は，事業者向けの保護方策（ここでは「リスク低減措置」という用語が使用されている）を次のように4つに区分し，優先順位をつけて序列化している[167]。

危険性又は有害性等の調査等に関する指針（平成18年3月10日危険性又は有害性等の調査等に関する指針公示第1号）
10　リスク低減措置の検討及び実施
　(1) 事業者は，法令に定められた事項がある場合にはそれを必ず実施するとともに，次に掲げる優先順位でリスク低減措置内容を検討の上，実施するものとする。
　　ア　危険な作業の廃止・変更等，設計や計画の段階から労働者の就業に係る危険性又は有害性を除去又は低減する措置
　　イ　インターロック，局所排気装置等の設置等の工学的対策
　　ウ　マニュアルの整備等の管理的対策
　　エ　個人用保護具の使用
　(2) (1)の検討に当たっては，リスク低減に要する負担がリスク低減による労働災害防止効果と比較して大幅に大きく，両者に著しい不均衡が発生する場合であって，措置を講ずることを求めることが著しく合理性を欠くと考えられるときを除き，可能な限り高い優先順位のリスク低減措置を実施する必要があるものとする。
　(3) なお，死亡，後遺障害又は重篤な疾病をもたらすおそれのあるリスクに対して，適切なリスク低減措置の実施に時間を要する場合は，暫定的な措置を直ちに講ずるものとする。

この(1)のうち，アがいわゆる本質的安全設計（あるいは本質的安全設計方策）とよばれるものである。イ～エは順に工学的対策，管理的対策，個人用保護具の使用といわれる。基本的には，できるだけアからエの順に保護方策を検討し，講じていくことが求められている。

保護方策に関するこのような序列は「（危険源に対するばく露の）管理のヒエラルキー[168]」，「リスク管理のヒエラルキー[169]」等と呼ばれ，4段階ではなく5段階に分ける場合もある[170]。また製品安全分野では製造・供給者による本質的安全設計方策から安全防護，使用上の情報までの3段階に分けて「3ステップメソッド」とされる[171]。厚生労働省の指針に関していえば，リスクアセスメント指針及び化学物質等による危険性又は有害性等の調査等に関する指針（通称＝化学物質のリスクアセスメント指針[172]）が事業者を対象とし，機械の包括的な安全基準に関する指針[173]も製造者だけでなく事業者も対象としているため，保護方策の序列はいずれも同様の区分による4段階によるものとなっている。本稿ではこれを「4ステップメソッド」ということとする。

ただし，この優先順位は絶対的なものではない。例えば，実務上，信頼性の高い個人用保護具の使用は，管理的対策に勝ることもあると思われるからである。また，工学的対策のため導入した設備が新たな危険源となる場合もあり，当該設備の使用頻度等を勘案するとそれより下位の保護方策による方がリスクが低くなることもありえると思われる。

4ステップメソッドの思想は，本法の危害防止基準にも現れている。例えば，有機則は，まず有機溶剤業務に対して工学的対策として密閉設備，局所排気装置等の設置・使用を義務づけ，工学的対策が困難な場合又は作業が臨時の場合は，工学的対策を緩和するとともに，個人用保護具の使用を義務づけている。また，

これらの保護方策を補足する管理的対策として，原則として試験研究業務を除く全ての有機溶剤業務に係る作業について有機溶剤作業主任者の選任等を義務づけている。では本質的安全設計はどうなるかというと，有機溶剤を使用しないか，風通しの良い屋外で使用すれば「有機溶剤業務」ではなくなり，有機溶剤の貯蔵等に関する規定を残して有機則全体が適用されないこととなる。また，有機溶剤等の消費量が一定量以下であれば，有機則第2条又は第3条の規定により有機則の相当部分が適用除外となる。このように，有機則は概ね4ステップメソッドと整合している。

しかし，物の代替については特に慎重な検討が必要である。有機溶剤など規制の対象となっている有害物の代わりに，規制のない物に代替すれば，本法の危害防止基準が適用されず，見かけ上は本質的な安全化がなされたように思えるが，代替物がより深刻な，又は未知の危険・有害性を有していることもあるからである。

4ステップメソッドは，安全基準にもみられる。例えば，安衛則第519条は第1項で工学的対策，第2項で個人用保護具の使用を定めている。これに対する本質的安全設計として，高さを2m未満にしてリスクを軽減するか（「1mは一命とる」という言葉もあるように，2m未満だから安全というわけではないが），「墜落により労働者に危険を及ぼすおそれ」を除去すれば，同条の適用を免れることができる。

> 労働安全衛生規則（昭和47年9月30日労働省令第32号）
> 第519条　事業者は，高さが2メートル以上の作業床の端，開口部等で墜落により労働者に危険を及ぼすおそれのある箇所には，囲い，手すり，覆い等（以下この条において「囲い等」という。）を設けなければならない。
> 2　事業者は，前項の規定により，囲い等を設けることが著しく困難なとき又は作業の必要上臨時に囲い等を取りはずすときは，防網を張り，労働者に要求性能墜落制止用器具を使用させる等墜落による労働者の危険を防止するための措置を講じなければならない。

なお，このほか，非常停止装置の位置づけや，上記の保護方策の概念に含まれない，救護等の概念もあるが，本稿では割愛する。

(3) 労働衛生の3管理

労働衛生分野では，作業環境管理，作業管理及び健康管理からなる労働衛生の3管理という概念（資料4-48）がある（労働衛生教育及び総括管理を加えて労働衛生の5管理とする場合もある）。

作業環境管理とは，作業環境における有害因子の量を抑制し，作業環境を良好な状態にととのえるよう管理することをいう。具体的には作業環境測定，作業工程の設計，有害物の密閉，設備による換気等が含まれる。

作業管理とは，個々の労働者の有害因子へのばく露を減少させるよう管理することをいう。生物学的モニタリング，作業行動の改善，個人用保護具の使用，作業主任者による指揮等が含まれる。

健康管理とは，健康診断等により個々の労働者の健康状態を把握し，疾病等がある場合の進行・増悪の防止等をいう。

このように，労働衛生の3管理は，作業環境測定から有害物等の発散防止抑制措置，作業主任者，個人用保護具，健康診断，疾病管理等までを含み，本法ないし安衛則の衛生基準や衛生関係規則の構造を最もよく表す概念でもある。

4ステップメソッド（(2)）と労働衛生の3管理を比較すると，両者は相互に矛盾する概念ではないが，前者が保護方策に限った概念であるのに対し，後者はマネジメントまで含めたより広い概念である。また，労働衛生の3管理が，保護方策のヒエラルキーを4ステップメソッドほど細かく明確に示しているわけではないというのも相違点の一つである。

(4) 仕様規定，性能規定等

資料4-48　労働衛生管理の概要

	使用から影響までの径路	管理の内容	管理の目的	指標	判断基準
作業環境管理	有害物使用量 ↓ 発生量	代替 使用形態，条件 生産工程の変更 設備，装置の負荷	発生の抑制	環境気中濃度	管理濃度
作業環境管理	↓ 気中濃度	遠隔操作 自動化 密閉	隔離	環境気中濃度	管理濃度
作業環境管理	↓	局所排気 全体換気 建物の構造	除去	環境気中濃度	管理濃度
作業管理	曝露濃度 ↓ 体内侵入量	作業場所 作業方法 作業姿勢 曝露時間 呼吸用保護具 教育	侵入の抑制	曝露濃度 生物学的モニタリングの結果	曝露の限界 生物学的曝露指標 (BEI)
健康管理	↓ 反応の程度 ↓ 健康影響	生活指導 休養 治療 配置転換	障害の予防	健康診断のための検査結果	診断基準

(興重治「作業環境管理の沿革と現状」産業医学レビュー2巻2号〔1989年〕2頁の図1「労働衛生管理の概要」から)

技術基準の設定にあたって要求事項をどのように規定するかということに関し，仕様規定，性能規定等といった分類概念がある。何を指し示すかという対象の微妙な違いに応じ，「規定」の代わりに基準，規格，要件という語が用いられることもある。

仕様規定及び性能規定の概念を使用している公的文書として，東京ラウンドにおいて1979年に作成された貿易の技術的障害に関する協定（略称＝TBT協定）[175]の2.4がある。

> 貿易の技術的障害に関する協定（昭和55年条約第11号）
> 強制規格及び任意規格
> 第2条　強制規格及び任意規格の中央政府機関による立案，制定及び適用
> 中央政府機関に関し，
> 2.4　締約国は，適当な場合には，デザイン又は記述的に示された特性よりも性能に着目して強制規格及び任意規格を定める。

> AGREEMENT ON TECHNICAL BARRIERS TO TRADE
> Technical regulations and standards
> Article 2 Preparation, adoption and application of technical regulations and standards by central government bodies.
> With respect to their central government bodies:
> 2.4 Wherever appropriate, Parties shall specify technical regulations and standards in terms of performance rather than design or descriptive characteristics.

同協定は，その後のウルグアイ・ラウンドにおいて1994年に改正され，旧2.4は2.8と附属書3のI.に分けて規定されているが[176][177]，規定内容は大きくは変わっていない。

これらの規定は，「仕様規定」，「性能規定」という語そのものは使われていないが，規格策定にあたってはなるべく仕様規定よりも性能規定とすべしという趣旨の規定であると解されている[178]。同様の規定は，政府調達に関する協定，環太平洋パートナーシップ協定等にも存在する。

なお，「仕様規定」と「性能規定」は，TBT協定等の表現に基づけば，それぞれ，JIS Z 8002：2006（ISO/IEC Guide 2：2004）（標準化及び関連活動——一般的な用語）で定義されている「特性記述事項」と「動作記述事項」に相当する概念だと思われる（資料4－49）。

このJISではperformanceは「動作」と訳されているが，一般にperformanceは「性能」と訳されることもある。

TBT協定のような考え方に基づき，仕様規定で

資料4－49　特性記述事項と動作記述事項

用語	定義
特性記述事項（descriptive provision）	目的適合性についての記述事項であって，製品，プロセス又はサービスの特性に関するもの。 注記　特性記述事項は，通常，寸法及び材料の組成とともに設計，詳細構造などを示す。
動作記述事項（performance provision）	目的適合性についての記述事項であって，製品，プロセス又はサービスの，使用中若しくは使用に関連する動作に関するもの。

（JIS Z 8002：2006，ISO/IEC Guide 2：2004から）

あった基準等を性能規定とすることを「性能規定化」といい，色々な分野で規制の性能規定化が行われている。

本法における性能規定化の例として，平成15年のボイラー構造規格の改正がある[179]。当該改正の施行通達では，新旧規格の相違点について「旧規格で定めていた仕様に関する規定について，安全上必要な最低限の規定を除き性能規定化を図ったこと。ただし，最終的な安全確認を行う試験方法に係る規定については，従前と同様の規定を置いたこと。」と解説している。具体的には，鋼製ボイラーの主要材料について，旧規格では，第1条本文で「次の各号に掲げる日本工業規格に適合したもの……又はこれらと同等以上の化学成分及び機械的性質を有するものでなければならない。」とし，同条各号列記部分で JIS G 3101（一般構造用圧延鋼材）その他30のJISを列挙していた（引用していた）のに対し，新規格では第1条第1項で「鉄鋼材料又は非鉄金属材料であって，最高使用圧力及び使用温度に応じ，当該材料に及ぼす化学的影響及び物理的影響に対し，安全な化学的成分及び機械的性質を有するものでなければならない」と規定した上で，施行通達において「例えば，次の材料がある」として旧規格第1条各号に掲げられていたJISを例示列挙する方法をとった[180]。この結果，新技術を用いた自由度の高いボイラーの設計・製造が可能になった。しかし，新規格第2条では，使用してはならない材料を定めるとともに，上記通達引用中の但書の通り，最終的な安全確認を行う試験方法に係る規定については，従前と同様の規定を置いており，また，ボイラーは落成検査（小型ボイラーは個別検定）等で性能が担保される社会的・技術的な仕組みがあることはボイラーの性能規定への適合性の担保のための重要な側面である。

性能規定化の流れは化学物質管理の分野にも見られる。旧有機則（昭和35年10月31日労働省令第24号）では，局所排出装置の性能につき，フードの型式に応じた一定の制御風速を定め，即ち仕様規定により規制していたが，旧特化則（昭和46年4月28日労働省令第11号）は，

次の通りフードの外側における有害物の濃度を規定し（具体的には，特定化学物質等障害予防規則の規定に基づき労働大臣が定める値を定める件〔昭和46年4月28日労働省告示第27号〕で公示されている），それを超えないようなものとすべしという性能規定による規制を行っている（現行特化則にも同様の規制方法が引き継がれている）。

> 特定化学物質等障害予防規則（昭和46年4月28日労働省令第11号）
> （局所排気装置の要件）
> 第6条　第4条第1項の局所排気装置は，次の各号に定めるところに適合するものでなければならない。
> 　一～四〈略〉
> 2　前項の局所排気装置は，そのフードの外側における第2類物質のガス，蒸気又は粉じんの濃度が第2類物質の種類に応じ，労働大臣が定める値をこえないものとする能力を有するものでなければならない。

近年も，平成23年の厚生労働省の職場におけるリスクに基づく合理的な化学物質管理の促進のための検討会の報告書の中で[181]「化学物質管理において，事業者の自律的管理は重要であるが……全ての化学物質管理を事業者の自律的な対応に委ねることは困難である。そこで，国がリスク評価を行い，健康障害を生ずるリスクが高い物質を取り扱う作業については，最低基準として，有機溶剤中毒予防規則……等……による規制を行うことも必要である。しかし，これらの特別規則に基づく措置を，工程が多様化・複雑化する現場に即したより効果的・効率的なものとするためには，措置を中心とする規定（仕様規定）から，措置の結果である管理濃度を守ることを中心とする規定（性能規定）に改めることが必要である。そのため……一定の条件の下，事業者が事業場の状況に応じて，自らの判断の下，より多様な措置が選択できるよう性能規定化を図ることが求められる。」という考え方が示され，密閉設備，局所排気装置，プッシュプル型換気装置等に限定する従来型の仕様規定については「専門家の創意工夫による自主的な管理の機会が十分与えられてこなかったとの指摘がある。また，局排以外の新たな発散抑制対策を導入しても法的な措置義務を履行したとみなされないため，技術開発に向けた意欲がそがれているとの指摘もある。」とし，性能要件への適合性を労働基準監督署長の許可制で担保することにより多様な発散防止抑制措置を導入すべきことが提言され，これに基づき平成24年に有機則，鉛則及び特化則が改正され，発散防止抑制措置特例実施許可の制度が創設された[182]。また，平成25年に策定された第12次労働災害防止計画でもこの改正有機則等による化学物質管理の推[183]

資料4－50　建築法規における要求事項の規定の仕方の3分類（太字は原文ママ）

	内容
仕様規定	法規の目的を達成するための方法を，材料の種類，寸法，形状，建設方法の形で直接記述する。
目的規定	達成すべき最終目標を言葉で記述する。"適切な"，"安全な"，"支障の無い"等の表現を伴うことが多い。
性能規定	達成すべき目的を正確かつ測定可能な言葉で記述する。これは，物理的に意味のある数値，試験の測定値等で示されることが多い。

（田中論文を基に森山誠也作成）

進が謳われた。

その後，令和元年から約2年間にわたり，厚生労働省の職場における化学物質等の管理のあり方に関する検討会が開かれ[184]，さらなる性能要件化を含む，化学物質の自律管理という新たな規制枠組が提言され，安衛則，有機則等が大幅に改正され，順次施行されている。

ところで，性能規定の語は，場合により異なった意味で用いられることがあるので，注意が必要である。

仕様規定，性能規定といった用語は，建築分野において特に頻繁に使用される概念でもあるが，田中啓義（建設省建築研究所企画調査課長）「性能規定と仕様規定の得失」（社団法人日本建築学会『建築雑誌』1278号，1988年）（以下「田中論文」という）[185]は，「仕様規定」，「性能規定」のほかに「目的規定」を加えて3つの概念について説明している（資料4－50）。

田中論文には記述の根拠となる文献等が特に示されていないため詳細は不明であるが，田中論文によると，この3分類に係る建築規制の沿革は，概ね次の通りだったという。即ち，建築規制は仕様書的なものから始まったが，その後の技術の発展に伴い，仕様書的な規制は新しい開発を妨げるものとして産業側に不満が高まった。これを受け，被規制者に規制遵守の具体的手法の自由度を与える目的規定が用いられるようになり，それを補完するものとして仕様的指針等が作成された。しかし目的規定による規制では，要求事項の達成の有無が規定解釈上の問題として残り，実際上，消費者は製品を黙って受け入れるしかなかった。そこで，要求事項を明確化した規定，即ち性能規定による規制がなされるようになったとのことである。

田中論文では，性能規定を「達成すべき目的を正確かつ測定可能な言葉で記述する」と厳格に定義し，目的規定と区別している。この考え方に基づけば，上述の旧特化則における濃度による局排性能規制は性能規定と言えるが，上述の新ボイラー構造規格第1条第1項は目的規定に分類される。もちろん，ボイラー構造規格は単なる規格文書ではなく法規性を有するもので

あるから、「最高使用圧力及び使用温度に応じ、当該材料に及ぼす化学的影響及び物理的影響に対し、安全な化学的成分及び機械的性質を有するものでなければならない」等といった表現に対し、裁判所等により何らかの正確かつ測定可能な解釈基準が示される可能性はあるが、そうでない限り、解釈上の問題が残ることに変わりはない。

昨今、「性能規定」という言葉が多用されるが、同論文にいう目的規定の意味で使われることもあることから、注意が必要である。

田中論文は、建築分野における仕様規定、目的規定及び性能規定の各長短を**資料4-51**のようにまとめている。

田中論文は、その最後に、「建築法規の規定形態としては性能規定が最も理想的」としながらも、「建設行為はごく簡単な工事から、非常に高度な技術や綿密な管理を要する大規模で複雑な建物の建設までを含む幅広い活動であり、関与する人の技術レベルも様々」であり、「設計・行政上の時間的、経済的効率性にも十分な関心が払われなければならない」として、「法規は明快であると同時に、仕様・目的・性能の3種の規定技術をその長短に応じて適切に使い分けることにより上記のような条件に現実に対応できるようなものであることが必要」と結んでいる。田中論文の考え方は、労働安全衛生分野にも共有できるものであり、とりわけ、目的規定が「設計者、行政を含む一般に広範な理解・合意が確立している場合のみ有効」という見解は、建築分野よりも裾野の広い労働安全衛生分野において示唆的である。

仕様・目的・性能のいずれを選択すべきかということは、適合性確認も重要な考慮事項とした上で個別具体的な危険源の特性や実効性確保の観点から技術的に選択されるべき問題であり、そこに机上の思想が先行してはならないと思われる。

(5) 非定常作業

定常作業と非定常作業とでは、別の保護方策が規定されることがある。

一般に、定常作業においてより厳しい保護方策が義務づけられ、非定常作業においてそれよりも緩い保護方策が許容される傾向にあるため、法規としては原則―例外の関係が用いられることが多い。

例えば、安衛則第563条第1項第3号が定常作業時の足場用墜落防止設備（手すりなど）を規定しているのに対し、同条第3項で、第1項第3号の規定は作業の必要上臨時に足場用墜落防止設備を取り外す場合等において、要求性能墜落制止用器具の使用等を講じたときは適用しないとしている。

しかし、原則―例外の関係が明示されていないこと

資料4-51 建築分野における仕様規定、目的規定及び性能規定の各長所及び短所

		長所・短所
仕様規定	長所	(a)規制内容が正確に記述され理解が容易であること。 (b)建築生産者・行政双方にとって適合性確認が容易であること。 (c)自己完結的であるため他の文献の参照が不要であること。
	短所	(a)他の解決法を認めない硬直性（新規開発の支障にもなりがち）。 (b)目的が述べられないので、緩和規定があっても代替手段の正当化が困難なこと。
目的規定	長所	設計者が目的達成手法についての完全な自由を得る。
	短所	適合性の証明が難しく、法執行上も困難が多い（したがって設計者、行政を含む一般に広範な理解・合意が確立している場合のみ有効）
性能規定	長所	(a)意味が明確で理解しやすい。 (b)適合性確認が容易、建築検査上も困難が少ない。 (c)性能達成方法が自由のため設計の自由度、技術開発等を阻害しない。
	短所	(a)設計側、行政側に高度な技術的能力が必要とされる。 (b)性能基準の設定、性能の確認のために高価な試験装置、研究所等の科学的情報源が必要 (c)建物完成後に必要な性能が担保されるか否かを、予め設計段階で予測するための信頼できる設計法を必要とする。

（田中論文を森山誠也が要約）

もある。安衛則第101条（原動機、回転軸等による危険の防止）の機械の回転軸等への安全防護規定は、安衛則第107条（掃除等の場合の運転停止等）等と内容が競合するが、前者は定常作業に関する保護方策、後者は非定常作業に関する保護方策とする原則―例外の関係にたつものと解される。

定常作業だけを規定しているのかそうでないのか、明確でない場合もある。例えば、「○○を使用する場合は、」という要件中の「使用」は主たる用途のための使用なのか、点検における試運転等も含むのか、また「合理的に予見可能な誤使用」も含むのかという疑問がもたれる場合がある。更に「○○を使用して作業を行うときは、」という表現になると、「作業」という語が追加されているので、より限定的に感じられる嫌いもある。もちろん、これら全てを含むというのは安全分野の常識ではあるが、法令又は通達で「使用」、「作業」等の基本用語に明確な定義を与えることにより、誰が読んでも明確なものとするか、不要な言葉（要件）は削るべきである。

ところで、非定常作業は、ときに無視される嫌いがある。例えば、エレベーター構造規格をみると、その用途（人や物の搬送）のための安全基準は厳しいが、昇降路内で作業する点検員のことは考慮におかれてい

資料4-52　荷物用エレベーターの昇降路内の概略図

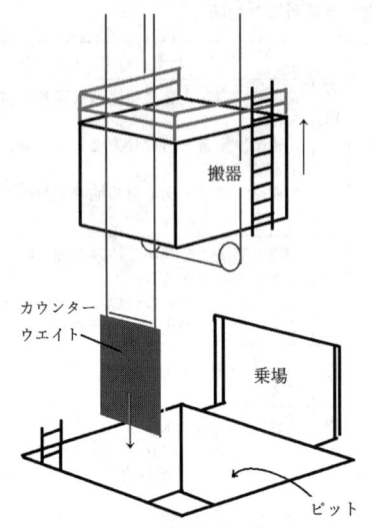

＊ガイドレール，乗場戸等は省略。これはピット内に巻上機を置くタイプであるがその周辺も省略している。
（森山誠也作成）

ない。

荷物用エレベーターなどの昇降路内（資料4-52）においては，ピット深さが2m以上のものもあり，安衛則第519条の適用があるが，墜落防護柵の設置は困難な場合があるとしても，墜落制止用器具の取付け設備もないことがある。点検業者はその施設の管理者でもエレベーター製造者でもないし（管理権原の問題は 13 3 でも検討する），墜落制止用器具の取付け設備には相当な強度が要求されるから，ピット内で有効な墜落防止措置を講じるのは容易ではない。また搬器側面のはしごや搬器上の手すり等についても不十分（危険）な構造の物が珍しくない。また，ピット内においてカウンターウエイトが降下してくる位置に囲いや表示などの安全対策が全く無い場合もある。点検労働者もエレベーターのある施設で働く労働者も全く平等に扱うべきであるし，これらの対策は技術的にも困難ではないから，エレベーター構造規格で規定すべきだろう。

思うに，非定常作業は，本法が最も重要視すべき事項の一つである。なぜなら，エレベーターに例をとると，定常作業即ち主たる用途である搬送時の安全（工事用エレベーターを除く）は公益法令である建築基準法でも規制されているが，非定常作業である点検等における安全については殆ど本法しか規制していないからである。また，非定常作業を行う点検業者において災害が発生しても，それは公衆災害ではなく企業組織内部のことであり，労働分野を除いては社会的な関心が払われない。したがって，本法における危害防止基準の設定においては非定常作業に特に注意すべきであるとともに，労働分野は，管理権原の観点から，他の名宛人を規制する公益法令に対しても非定常作業の安全に対する配慮を求めていく必要がある。

なお，使用従属関係を軸とする労働法で危害防止を定める意義については 13 4 でも検討する。

(6) 保護方策により生じる危害及び効果の無い方策等

4ステップメソッド（(2)）はいわば保護方策の信頼性を向上させるためのものであるが，信頼性以前にそもそも効果が無い方策や，保護方策そのものによる危害が考えられる。

例えば，防毒マスクは労働者を中毒から守るための保護方策であるが，同時に，面体の材料によっては皮膚障害を引き起こすことが想定される。このため，防毒マスクの規格第3条第1号では，顔面に密着する部分については，皮膚に障害を与えない材料を使用するよう定められている。また，高所作業における墜落を防止するために設置する作業床も，単に作業床を設けただけでは墜落その他の危険が生じるため，手すり等の墜落防護その他の措置が安衛則第563条等で規定されている。

また，全く誤った方策を講じることにより逆に重大な危険を生じることもあるだろう。酸欠則第5条では，酸素欠乏症の防止のための換気措置が定められているが，第3項では，爆発火災や酸素中毒を引き起こさないよう，純酸素による換気が禁止されている。

酸素欠乏症等防止規則（昭和47年9月30日労働省令第42号）
（換気）
第5条　事業者は，酸素欠乏危険作業に労働者を従事させる場合は，当該作業を行う場所の空気中の酸素の濃度を18パーセント以上（第2種酸素欠乏危険作業に係る場所にあつては，空気中の酸素の濃度を18パーセント以上，かつ，硫化水素の濃度を100万分の10以下。次項において同じ。）に保つように換気しなければならない。ただし，爆発，酸化等を防止するため換気することができない場合又は作業の性質上換気することが著しく困難な場合は，この限りでない。
2　（略）
3　事業者は，前2項の規定により換気するときは，純酸素を使用してはならない。

また，疑似科学に基づく方策又は非科学的な方策，効果のない又は証明されていない方策が講じられることもあるだろう。効果のない方策等は，副作用がなくても，効果のある方策の代替手段として採用された場合は，効果のある方策を結果的に排除することもある。

古くからある疑似科学としてはホメオパシー[188)189)]などがあるが，近年では新型コロナウイルス感染症の対策においても，殆ど効果のない又は効果が証明されていない方策や商品[190)]が普及し，感染予防方策に相当な混乱を来したものと思われる。このような方策の排除[191)]も，本法の重要な課題の一つである。

4 立法事実に対する規制内容の適確性の問題

何らかの法的規律を必要とする社会的実態を，立法事実という[192)]。本法の危害防止基準の設定に際しては，本法の目的達成のため必要となる社会的実態をうまく類型化し，適確な予防基準を設けなければならない。

これは，省令制定権限の行使の適確性（[5]参照）にも深く関わることだろう。

(1) 規制対象範囲の適確性

2では，本法の危害防止基準が規制対象とする危険源について述べた。しかし，実際の省令の規定を見てみると，危険源から生じる同種の危険を包括的に規制せず，そのごく一部しか規制していないものがある。

例えば，チェーンソーによる切創事故を予防するための下肢切創防止用保護衣の着用について規定する安衛則第485条の規制対象は「チェーンソーを用いて行う伐木の作業又は造材の作業」であり，チェーンソーを用いた全ての作業を対象としているわけではない。

労働安全衛生規則（昭和47年9月30日労働省令第32号）

（下肢の切創防止用保護衣の着用）

第485条　事業者は，チェーンソーを用いて行う伐木の作業又は造材の作業を行うときは，労働者の下肢とチェーンソーのソーチェーンとの接触による危険を防止するため，当該作業に従事する労働者に下肢の切創防止用保護衣（次項において「保護衣」という。）を着用させなければならない。

2　前項の作業に従事する労働者は，保護衣を着用しなければならない。

これについては，レスキュー活動でチェーンソーを使用する消防機関で疑義が生じ，消防庁から厚生労働省に照会がなされたが，厚生労働省は「『流木』及び『家屋の柱や梁などの木材』は，自立している状態の木ではないことから，安衛則が適用される『立木』には含まれない。ただし，当該作業に従事する者の下肢とチェーンソーのソーチェーンとの接触による危険を防止するため，当該作業に従事する者にも下肢の切創防止用保護衣を着用させることが望ましい。[193)]」等と回答している。チェーンソーは消防機関のほか，建物解体や，造材以外の木材加工にも使用されており，それらを規制から除外する意義はないと思われることから，単に「チェーンソーを取り扱うときは」あるいは「チェーンソーの運転により危険を及ぼすおそれがあるときは」等という表現を用い，包括的な規制とすべきではないだろうか。

はい作業について，「はい」の定義は安衛令第6条第12号で「倉庫，上屋又は土場に積み重ねられた荷（小麦，大豆，鉱石等のばら物の荷を除く。）の集団をいう。」とかなり限定的に定義されており，建設現場の置き場などは該当しない場合がある。

このような過度な限定表現は枚挙にいとまがなく，安衛則等省令の条項数に比して，カバーできる危害が意外に少ないという結果を生んでいる。これは，省令制定権限行使の適確性という観点からも望ましくないと思われる。

本法の危害防止基準は「安全規則は先人の血で書かれた文字である」と表現されてきたように，実際に発生した災害の再発防止策としてその都度追加されてきたものが多いとされる。思うに，何らかの個別性を有する災害の再発防止策をそのまま省令に規定したのではないかと思われるようなものがある。上述の「チェーンソーを用いて行う伐木の作業又は造材の作業」についていえば，典型的林業事業場では確かに伐木と造材に係る災害が主で，統計分類上もそのような類型が多くなるので，特に林業事業者に限定してその対策を通達するのは理解できなくもないが，この種の切創の危険源はチェーンソーであって当該作業ではないから，作業を限定しないことが望ましい（ただし，この「作業」概念も，例えばチェーンソーについてA作業，B作業……という作業類型ごとに異なる保護方策を講じさせる必要があるときには，有用だろう）。

もっとも，有機則，鉛則，粉じん則などは業務列挙方式ないし作業列挙方式を採っている。これは，制定当時の時代背景や，法規による規制可能性など諸事情を考慮すればやむを得ない面があった。これに対し，特化則はその制定当初から，規制対象を特定の業務等に限定しない許容濃度方式を基本としているという違いがある[194)]。

翻って，規制対象の定義の範囲が広すぎるという例もある。例えば，林業，農園，鉱山等で使用される単軌条運搬機というものがある。単軌条運搬機は急傾斜地で使用されるモノレール式の運搬機械をいい，鉱山保安分野では鉱業上使用する工作物等の技術基準を定める省令（平成16年9月27日経済産業省令第97号）第14条でその構造要件が定められているれっきとした運搬機械だが，本法ではこのようなものが定義されていないため，構造上，安衛則第2編第2章第3節の軌道装置に該当してしまい，ほぼ水平面上を走行することが想定されている軌道装置の構造要件に違反してしまう。労働基準行政の運用としては単軌条運搬機には同節

適用しないこととしており、通達では林業機械の一種として認めているが、安衛則でも正式に軌道装置から単軌条運搬機を除外するか、別途構造要件等を定めるべきである。

また、本法に基づく政省令では、その規制対象について、安衛則第101条の「機械の原動機、回転軸、歯車、プーリー、ベルト等」、同第108条の2の「研削盤又はプレーナーのテーブル、シエーパーのラム等」、同第147条の「射出成形機、鋳型造形機、型打ち機等」などといったように、外延的表現と「等」を組み合わせて一定の具体性と拡張解釈の可能性を持たせるような表現が多用されている。これらについては一定の拡張解釈は可能であるものの、外延的表現が個別的に過ぎるためはっきりとした共通点が見出しにくいこともあり、何が入るか入らないかという境界は曖昧になる。

思うに、これはできるだけ、内包的な表現に改めることを検討すべきではないだろうか。例えば、安衛則第147条について検討すると、JIS B 9711：2002（ISO 13854：1996）（機械類の安全性—人体部位が押しつぶされることを回避するための最小すきま）が押しつぶし（挟まれ）の危険源について次のような内包的定義を与えている。

> JIS B 9711：2002
> （ISO 13854：1996）
> 機械類の安全性——人体部位が押しつぶされることを回避するための最小すきま
> 3.1 押しつぶしの区域（crushing zone）
>   人体又は人体部位が押しつぶしの危険源にさらされる区域。
>   この危険源は次の場合に発生する。
>   — 2つの可動部が向き合って動く。又は、
>   — 1つの可動部が固定部へ向かって動く。

このような表現を参考に、荷重の大きさや隙間の大きさ、出荷時の安全防護の状況等を考慮して、安衛則第147条の規制対象機械を「2つ以上の可動部が向き合って動き、又は1つ以上の可動部が固定部へ向かって動く機械であって労働者に危険を及ぼすおそれのあるもの」（プレス機械及び食品加工用機械を除く）などと表現を改めることも考えられる。

(2) 規制対象に対する予防措置の適確性

立法事実を類型化して得られた危険源などの規制対象に対しては、適確な予防基準を設定する必要がある（7 3(4)等も参照）。

本法が定める予防基準の内容をみると、最も抽象的なものの例として、安衛則第255条と同第576条がある。

> 労働安全衛生規則（昭和47年9月30日労働省令第32号）
> （火傷等の防止）
> 第255条 事業者は、溶鉱炉、溶銑炉又はガラス溶解炉その他多量の高熱物を取り扱う作業を行なう場所については、当該高熱物の飛散、流出等による火傷その他の危険を防止するため、適当な措置を講じなければならない。
> 2 事業者は、前項の場所には、火傷その他の危険を防止するため、適当な保護具を備えなければならない。
> 3 労働者は、〈略〉
> （有害原因の除去）
> 第576条 事業者は、有害物を取り扱い、ガス、蒸気又は粉じんを発散し、有害な光線又は超音波にさらされ、騒音又は振動を発し、病原体によつて汚染される等有害な作業場においては、その原因を除去するため、代替物の使用、作業の方法又は機械等の改善等必要な措置を講じなければならない。

安衛則第255条で定められているのは「適当な措置」と「適当な保護具」だけであり、同第576条も「代替物の使用」その他のいくつかの考え方を示してはいるが、同2条はいずれも具体性がなく、仕様規定でも性能規定でもない、抽象的な内容となっている（保護方策の優先順位も明示していない）。

ただし、安衛則は単なる民間規格ではなく法令であるから、その適用に際しては、法解釈によりその要件を確定していくほかない。他方で、この規定内容について、効果のない措置（例えば、同第576条でいえば新型コロナウイルス感染症に係る種々の効果のない感染予防措置）や効果が不十分な措置であっても「措置」をしているなら同条には反しない、と解釈する向きもあるが、委任元である本法第22条の趣旨からしても当を得ないのではないだろうか。

しかしながら、一般論として、危害防止基準を定めるという本法の趣旨や省令制定権限の適切な行使の観点からいえば、技術的に可能な範囲で、何らかの仕様又は性能を規定できることが望ましい。

これに対し、プレス機械や防爆構造電気機械器具のように、3ステップメソッドに基づく構造規格等で厳格に規制されている分野もある。

最近、化学物質の自律管理という新しい考えに基づき、安衛則が改正された。新安衛則第576条の2では、リスクアセスメント対象物に対する労働者のばく露程度の低減措置が義務づけられることとなるが、そこには上記優先順位が明示されていない。これに対し、全国労働安全衛生センター連絡会議はWEBサイト上の

記事で「『リスク管理のヒエラルキー』の原則は、労働に関連したすべてのリスクに係る事業者の義務の基本として、関係条文を整理したうえで、法第4章に規定されるのがふさわしいと考えている。」との見解を示している。これは重要な指摘であるが、上述の通り、保護具の方が管理的対策より信頼性が高い場合も考えられ優先順位は絶対視できないとともに、優先順位の強制は、より有害性の高い（そしてその有害性がまだ確認されていない）物質への誤った代替を誘発するおそれもある。しかし、優先順位について何の規制もないと、信頼性の低い保護方策に頼る事業者が増えかねないことから、法第4章において、この優先順位を考慮して合理的にリスクを低減する保護方策を選択するよう義務づけることが望ましいと思われる。また、同記事では「最小限度にするのは『ばく露される程度』ではなく『リスク』としたほうが論理的である。」と指摘しているが、これも非常に重要な指摘であると思われる。

なお、安衛則第34条の2の8では、リスクアセスメントの結果等を周知すべき対象者について、リスクアセスメントの対象物を製造し、又は取り扱う業務に従事する労働者に限定しているが、当該業務に従事していなくても対象物のガス、蒸気、粉じん等に曝される労働者は存在することから、そのような者に対しても周知させるべきではないだろうか。

5 実効性確保

本節では、危害防止基準に内在する実効性確保上の特徴と諸問題について検討する。

(1) 結果犯との比較

一定の結果の発生を構成要件要素として規定している犯罪を結果犯といい、結果の発生を必要とせず行為者の一定の身体的挙動のみが構成要件の内容となっている犯罪を単純行為犯という。労働災害に関する犯罪としてはしばしば業務上過失致死傷罪と本法（の危害防止基準）とが比較されるが、前者は結果犯、後者は単純行為犯である。

結果犯である業務上過失致死傷罪の特徴として、責任追及にあたっては行為と傷害との因果関係を証明しなければならないが、たとえ真に因果関係があったとしても、それが常に証明できるとは限らない。

特に、健康障害についてはこの証明が難しいため、人の健康に係る公害犯罪の処罰に関する法律（昭和45年12月25日法律第142号）第9条では工場等が排出した有害物質と危害との因果関係を推定する規定まで設けられている。

安全分野でも、例えば引火性の物のミストや可燃性の粉じんが静電気で爆発した事故があり、誰かに静電気発生の防止に関する過失があったとしても、静電気は痕跡が残らないことが少なくなく、捜査で因果関係が証明できないこともあるだろう。

翻って、本法は予防措置に係る単純行為犯を定めているので、省令で定められた危険源がありさえすれば事業者等に一定の措置義務が生じ、当該措置義務を履行していなければ責任を問われることとなる。いうまでもなく、本法には、危害が現実化する前にこれを予防しなければならないという思想があるからである。

したがって、労働災害を引き起こした一定の作為又は不作為があった場合において、業務上過失致死傷罪では処罰できない場合でも、本法で処罰できる場合がある。本法のこのような特徴が、本法の遵守ないし実効性確保に資する面もあるといえる。

また、因果関係の評価が容易でない健康障害を、実際の被害発生と結びつけることなく一定の分かりやすい予防基準をもって事業者等に強制する意義は大きい。

(2) 両罰規定による下級管理者の処罰問題

本書第26条 6 3では、名宛人を事業者とする規定であっても、その違反罪の構成要件は両罰規定により修正され、事業者（法人の場合はその代表者等）から安全衛生管理の権限を授権された労働者が処罰されることが少なくないことを述べた。

これを少し細かく見ていくと、どのような地位にいる者にその授権がなされ、責任者となりうるかということは、省令の各規定の具体的規定振りに左右されることが分かる。

最も分かりやすい例では、安全管理者等の選任義務違反は、人事に関わるので、経営者、事業場の長等相当の上級管理者が責任を負うだろう。

また、有機則違反を例にとると、局所排気装置等の設置懈怠の行為者も、社長、工場長等の上級管理者になる可能性が高い。なぜなら、その設置には費用が掛かり、設置を決定する権限は上級管理者にしかないことが多いからである。

これに対し、労働者にマスクを着用させる義務は、場合によっては各作業場の職長等の下級管理者が負う可能性も否定できない。マスクを着用させる義務とは、日頃から労働者にマスクの着用を指導したり、着用していない労働者を見つけたら直ちにマスクの着用を指示したりする義務である。社長がこれを怠っていた場合は社長の責任になるが、普段現場に来ることの少ない社長が現場の職長等にこれを授権し、適正な指導を行った（また有機溶剤作業主任者に選任する等した）場合、当該現場の職長等が責任を負うだろう。

以上は不作為犯の場合であるが、作為犯としては、例えば就業制限業務に就かせるという違反行為があるが、この場合、下級管理者であっても、現場トップの

管理者であれば，現場において無資格の労働者を就業制限業務に就かせれば，行為者となりうる。他方で，もし，現場における就業制限業務の有無や労働者の資格の確認義務を事業者の経営トップに課せば，その責任が下級管理者に下ることは減るだろう。

本法を真の事業者規制として運用するためには，省令による危害防止基準の設定の際に，その適用において両罰規定により行為者がいたずらに下級管理者へ下ることのないよう，その規定内容や語句を慎重に検討する必要がある。また，現行省令において責任が下級管理者まで下ってしまっている規定群があれば，これらを改正することにより上級管理者が責任を負うような規定へと改正することも検討すべきではないだろうか。

役員等の上級管理者に刑事責任を引き上げる方法として，事業者にリスクアセスメント義務を課す方法が考えられるが，これについては(3)で述べる。同じ目的を達するための方法として，このほか，下級管理者が行為者である場合でも行為者ではなく役員等の管理者に転嫁罰を課す方法や，危害防止基準違反等に過失罪を導入する方法も考えられるが，その検討は本稿では割愛する。

(3) リスクアセスメントと刑事責任

本法の主たる義務主体は事業者であるが，本法違反があったとき，(2)で述べたように両罰規定により下級管理者が行為者となる例（殆どの例で両罰規定により業務主も罰金刑を受けるが，代表者をはじめとする役員等は刑を受けない）が後を絶たないほか，そもそも事業者を構成する人間が無知や未調査を理由として誰も危険源を把握できておらず，刑事責任が追及されない例も多い。

しかし，事業者がリスクアセスメントを行うことは，この2つの問題を同時に解決する可能性がある。

まず，下級管理者が処罰される原因には，一般に，危険源の把握や対処が下級管理者の責任とされており，上級管理者（特に役員など）はその存在さえも認識していない場合がある。この場合，上級管理者には危険性や有害性についての認識がなく，したがって違反行為の故意が無いから，本法の危害防止基準違反の刑事責任の対象にはなりえない。しかし，事業者がリスクアセスメントを実施し，危険源についての網羅的な情報を役員等上級管理者が共有し，危害防止基準の実施状況も管理すれば，事業の実施を統括する上級管理者（安全衛生に要する経費の支出の決定等を行うことができる者でもある）が責任を負うこととなり，本法の趣旨に合致する。

次に，無知や未調査等を理由とする未把握は，リスクアセスメントが，危険源分類表等を利用した危険源の網羅的な特定を要求していることによる解決が期待される。例えば，酸素欠乏危険場所は，安全衛生に関する知識に乏しい者にとってはそれとわからない。このため，最初に酸欠となった者とそれを助けに行った者の合計2人以上が被災することも珍しくない。また，いかに安全衛生に詳しいベテラン技術者であっても，あらゆる危険源を網羅的に知り尽くしている人は少ない。したがって，危険源の特定を能動的に行うリスクアセスメントは，危険源の未把握を大幅に減らし，実効性確保の観点でいえば，事業者にその管理責任を負わせる効果を期待できる。

しかし，それでも，リスクアセスメントの実施を懈怠すれば，依然としてこの2つの問題は解決されないことから，リスクアセスメントの実施そのものを罰則付きで強制することも検討する必要があるだろう。

なお，鉱山保安法第18条及び第19条では，鉱業権者にリスクマネジメント義務を課し，その一環であるリスクアセスメントの結果に基づく保安規程を保安委員会での審議を経て作成し，経済産業大臣に届け出なければならないと罰則付きで定めている。同法逐条解説[109]ではその趣旨が「国がすべての鉱山について危険を把握し，これを回避するための措置を講ずべきことを鉱業権者に命ずるには限界があり，むしろ，鉱山の現況を最も熟知している鉱業権者に危険の把握と保安確保措置の立案及びその実施を行わせて，各鉱山の実態に則した保安確保措置を保安規程に定めさせ，国が全鉱山に共通して求めている最低限の義務の水準を超えて，より高次の保安のための措置を講じさせることが適当であることから，本法において，明確に，リスクマネジメントについて規定したものである。」と解説されている。

(4) 行政制裁

事業者責任をより純粋な形で明確化する方法として，刑罰によらず，故意や行為者如何によらない過料等の行政上の制裁を定めることも検討すべきだと思われる。

8 国際労働基準との関係

本条に基づく省令の規定の中には，ILO条約の国内担保法となっているものもあり，このような規定の改廃については，条約の規定と矛盾しないように行われなければならない。

例えば，安衛則第29条は，機械の防護に関する条約第11条の国内担保法となっている。

なお，同条約第2部（第2条～第5条）の内容は別途，本法第43条で規定され，その細目を個別に省令に委任している。これは名宛人が異なるからである。

また，燐寸製造ニ於ケル黄燐使用ノ禁止ニ関スル千

九百六年ベルヌ国際条約は本法第55条が国内担保法となっているがその要件の一部を政令と省令に委任している。

船舶ニ依リ運送セラルル重包装貨物ノ重量標示ニ關スル条約（第27号）は本法第35条が国内担保法となっているが，これは自己完結型（資料4-38）の規定となっている。

9 適用の実際

本条の命令委任規定及び公益法令配慮規定としての運用状況は既に述べた通りである。

本条に基づいて具体的事項を省令に委任している第20条から第26条までの規定の詳細は，各本条の逐条解説（第26条については本書第26条 13 の通り）に委ねることとし，本節では，若干の統計資料と公衆災害を契機とする刑事裁判例及び送検事例を紹介するにとどめる。

1 定期監督等実施状況・法違反状況（統計）

平成23年から令和2年までの労働基準監督機関による定期監督等（申告監督及び再監督は含まれない）において，本条に基づいて具体的事項を省令に委任する第20条から第25条の2までの規定違反が確認された事業場の数は資料4-53の通りである。

申告監督及び再監督については，条文ごとの違反件数が集計されていないため件数は不明である。

人事委員会等が労働基準監督を行う非現業等の地方公務員に関する状況など，労働基準監督官が監督を行わない領域における状況については時間の制約上，調査が及ばなかった。

2 送検状況（統計）

平成23年から令和2年までの第20条から第25条までの違反事件の労働基準監督官による送検事件件数は資料4-54の通りである。ただし，これは各送検事件の主条文のみを集計したものであり，例えば第20条違反と第21条違反を併せて事件した事件であってもいずれか片方だけが主条文として計上されているので注意されたい。

なお，第24条違反については委任省令が存在しないこともあって各年0件であるため省略した。

通常司法警察員が送検したものや検察官認知・直受等の事件については，検察統計において本法違反事件全体の集計はなされているが，条文ごとの情報は不見当であった。

3 刑事裁判例・送検事例（公益関係）

公衆災害を契機として労働基準監督署が本法違反の捜査を行い，罰則が適用された例がある。

平成28年10月14日，東京都港区のマンションの大規模修繕工事において，仮設足場の組立解体を行っていた下請会社の作業員が資材を地上に下ろす際，筋交いに資材をぶつけた衝撃で幅3cm，長さ約1.8mの足場材が外れ，落下物を受け止める防護板が撤去された部分をすり抜けて落下し，30m下の地上でその直撃を

資料4-53 労働基準監督機関による定期監督等における労働安全衛生法第20条から第25条の2までの規定違反が確認された事業場数

	定期監督等実施事業場数	同違反事業場数（労基法等含む）		
			うち安衛法第20条～第25条の2	
			安全基準	衛生基準
平成23年	132829	89586	23116	3092
平成24年	134295	91796	25878	4647
平成25年	140499	95550	25074	5115
平成26年	129881	90151	25645	6571
平成27年	133116	92034	25474	7540
平成28年	134617	89972	23664	7034
平成29年	135785	92695	23816	6080
平成30年	136281	93008	24165	5134
平成31年令和元年	134981	95764	23604	4591
令和2年	116317	80335	22432	4148

＊ 「労働基準監督年報[200]」（平成23年から令和2年まで）の統計表「定期監督等実施状況・法違反状況」による。1つの事業場に安全基準違反と衛生基準違反の両方がある場合は両方に集計されている。なお，参考のために各年の定期監督等実施事業場数及び同違反事業場数を記載したが，全ての定期監督等で安全衛生についての調査を行っているわけではないため，この表は，定期監督等実施事業場のうち安全基準（又は衛生基準）違反が存在する事業場の割合を示すものではなく，あくまで定期監督等で覚知・指導することとなったものを集計したということにすぎない。

資料4-54 労働基準監督官による労働安全衛生法違反及びうち同法第20条から第25条の2までの各規定違反の送検事件件数（主条文）

	労働安全衛生法違反全体						
		うち（条文番号）					
		20	21	22	23	25	25の2
平成23年	542	163	140	8	1	0	0
平成24年	614	151	168	8	8	0	0
平成25年	560	179	156	11	7	0	0
平成26年	628	199	173	9	1	0	0
平成27年	550	18	140	9	1	1	0
平成28年	497	135	135	11	6	0	0
平成29年	474	159	125	10	3	0	0
平成30年	529	169	148	13	4	0	0
平成31年令和元年	469	149	130	19	4	0	0
令和2年	505	164	153	15	0	0	0

＊ 「労働基準監督年報[201]」（平成23年から令和2年まで）の統計表「送検事件状況」による。同表では1事件で複数の被疑条文がある場合には，その主たる被疑条文により件数を計上している。したがって，第20条から第25条の2までが被疑条文に含まれている場合であってもそれが主たる被疑条文でない場合は計上されていないことに注意されたい。また，これは労働基準監督官が送検した事件のみを集計したものである。

受けた通行人が死亡した[202)203)]。これは労働災害でなく公衆災害であるが，三田労働基準監督署は，平成30年1月16日，同社と作業責任者を本法第20条（安衛則第567条）違反で書類送検した[204)]。令和元年5月21日，東京地方裁判所は同社に罰金50万円，同作業責任者に業務上過失致死傷罪と併せ禁錮1年6カ月（執行猶予4年）の判決を言い渡し，同作業責任者が作業前点検を目視のみで済ませており，責任者としてあまりにずさんだと指摘した[205)]。この事件では，元請会社の現場監督も業務上過失致死傷罪で送検され，令和2年3月3日，東京地方裁判所は同現場監督に禁錮1年4カ月（執行猶予4年）の有罪判決を言い渡した[206)]。

　一般論として，足場の解体作業を行う際，解体前の足場材がしっかり取り付けられていなければ，足場材が不意に落下し，下にいる労働者に危険を及ぼすおそれがあるため，そのようなことが起きないよう，作業開始前に点検を行う必要がある。これを怠れば，場合によっては一般公衆にも危険を及ぼすことがあるため，この点検措置は，公益にも資するものであるといえる。

　また，起訴の有無は未確認だが，平成24年3月19日，埼玉県東松山市のマンション補修工事現場で保育園児22人の列に高さ約10m，縦横約1.8mの鋼製仮設足場が，壁つなぎ等が設けられていなかったため倒れ，園児2人がその下敷きになり死傷した公衆災害に関連し，同年12月20日，川越労働基準監督署が，下請業者として足場の組立等を請け負った会社とその社長を本法第14条違反（高さ5m以上の足場の組み立てを行った際に足場の組立て等作業主任者を選任していなかった）の疑いで，書類送検した例がある[207)208)]。この災害に関して埼玉県警察が元請会社の社長ら3人を業務上過失致死傷罪により送検し，平成27年4月28日，さいたま地方裁判所は同罪で同社長に禁錮2年（執行猶予4年），ほか2人に禁錮1年6カ月（執行猶予3年）を言い渡した[209)]。

10 鉱山における保安及び船員

1 鉱山における保安

　鉱山における保安は，本法（第2章を除く）の適用を受けず，その代わり鉱山保安法（昭和24年5月16日法律第70号）の適用を受ける。同法の主たる名宛人は鉱業権者である。

　鉱山保安法第1条に謳われている同法の目的は鉱山労働者に対する危害及び鉱害の防止による鉱物資源の合理的開発であるところ，同法第3条で定義された「保安」の筆頭に掲げられているのは「鉱山における人に対する危害の防止」（制定当初からである）であり，本法では保護対象を労働者に限定した書きぶりとなっているのとは対照的である。

鉱山保安法（昭和24年5月16日法律第70号）
第1条　この法律は，鉱山労働者に対する危害を防止するとともに鉱害を防止し，鉱物資源の合理的開発を図ることを目的とする。
第3条　この法律において「保安」とは，鉱業に関する次に掲げる事項をいう。
　一　鉱山における人に対する危害の防止
　二　鉱物資源の保護
　三　鉱山の施設の保全
　四　鉱害の防止
2　前項第1号の鉱山における人に対する危害の防止には，衛生に関する通気及び災害時における救護を含む。
第5条　鉱業権者は，次に掲げる事項について，経済産業省令の定めるところにより，鉱山における人に対する危害の防止のため必要な措置を講じなければならない。
　一　落盤，崩壊，出水，ガスの突出，ガス又は炭じんの爆発，自然発火及び坑内火災
　二　ガス，粉じん，捨石，鉱さい，坑水，廃水及び鉱煙の処理
　三　機械，器具（衛生用保護具を除く。以下同じ。）及び工作物の使用並びに火薬類その他の材料，動力及び火気の取扱い
2　前項に定めるもののほか，鉱業権者は，経済産業省令の定めるところにより，衛生に関する通気の確保及び災害時における救護のため必要な措置を講じなければならない。
第6条　鉱業権者は，経済産業省令の定めるところにより，落盤，崩壊，出水，ガスの突出，ガス又は炭じんの爆発，自然発火及び坑内火災から鉱物資源を保護するため必要な措置を講じなければならない。
第7条　鉱業権者は，鉱山における坑内及び坑外の事業場の区分に応じ，経済産業省令の定めるところにより，機械，器具及び建設物，工作物その他の施設の保全のため必要な措置を講じなければならない。
第8条　鉱業権者は，次に掲げる事項について，経済産業省令の定めるところにより，鉱害の防止のため必要な措置を講じなければならない。
　一　ガス，粉じん，捨石，鉱さい，坑水，廃水及び鉱煙の処理
　二　土地の掘削

　鉱業権者を名宛人とした同法第5条から第8条までの規定は，本法でいえば第20条から第24条までの規定に位置づけられるような親部分であろう。ここには，鉱物資源保護のための規定も含まれている。

　ここでも本法同様，包括的な委任となっているが，本法に係る石綿国賠訴訟に先駆けて包括的委任の意義と省令制定権限不行使の違法性を判示した，筑豊じん

肺訴訟に係る最高裁判決がある。[210]

2 船員

船員法（昭和22年9月1日法律第100号）でも，安全衛生措置の細目は，国土交通省令に包括的に委任している。

> 船員法（昭和22年9月1日法律第100号）
> （安全及び衛生）
> 第81条　船舶所有者は，作業用具の整備，船内衛生の保持に必要な設備の設置及び物品の備付け，船内作業による危害の防止及び船内衛生の保持に関する措置の船内における実施及びその管理の体制の整備その他の船内作業による危害の防止及び船内衛生の保持に関し国土交通省令で定める事項を遵守しなければならない。
> ②　船舶所有者は，国土交通省令で定める危険な船内作業については，国土交通省令で定める経験又は技能を有しない船員を従事させてはならない。
> ③　船舶所有者は，次に掲げる船員を作業に従事させてはならない。
> 　一　伝染病にかかつた船員
> 　二　心身の障害により作業を適正に行うことができない船員として国土交通省令で定めるもの
> 　三　前2号に掲げるもののほか，労働に従事することによって病勢の増悪するおそれのある疾病として国土交通省令で定めるものにかかつた船員
> ④　船員は，船内作業による危害の防止及び船内衛生の保持に関し国土交通省令の定める事項を遵守しなければならない。

11 刑務作業における危害防止基準

本法では，受刑者の在監関係についての適用除外が明文で規定されていないが，行政通達で受刑者は労働基準法第9条の労働者には該当しないとされていることから[211]，受刑者は本法の適用を受けないものと解される。

その代わり，受刑者については，刑事収容施設及び被収容者等の処遇に関する法律（平成17年5月25日法律第50号）第95条第2項から第4項までにおいて，刑事施設の長及び受刑者の安全衛生上の義務を定めるとともに，その具体的な内容については，本法その他の法令に定める労働者の安全及び衛生を確保するため事業者が講ずべき措置及び労働者が守らなければならない事項に準じて，法務大臣が定めることと規定されている。

> 刑事収容施設及び被収容者等の処遇に関する法律（平成17年5月25日法律第50号）
> 　第2編　被収容者等の処遇
> 　　第2章　刑事施設における被収容者の処遇
> 　　　第10節　矯正処遇の実施等
> 　　　　第2款　作業
> （作業の条件等）
> 第95条　刑事施設の長は，法務省令で定める基準に従い，1日の作業時間及び作業を行わない日を定める。
> 2　刑事施設の長は，作業を行う受刑者の安全及び衛生を確保するため必要な措置を講じなければならない。
> 3　受刑者は，前項の規定により刑事施設の長が講ずる措置に応じて，必要な事項を守らなければならない。
> 4　第2項の規定により刑事施設の長が講ずべき措置及び前項の規定により受刑者が守らなければならない事項は，労働安全衛生法（昭和47年法律第57号）その他の法令に定める労働者の安全及び衛生を確保するため事業者が講ずべき措置及び労働者が守らなければならない事項に準じて，法務大臣が定める。

12 他の法令との重畳適用

1件の労働災害や事故に対して，複数の法令違反が成立する場合がある。例えば，本法違反と業務上過失致死傷罪という組合せ（もちろん実行行為者が同一人とは限らないが同一人となる場合も少なくない）は典型例である。

大抵，重大な労働災害に際しては，警察と労働基準監督機関が捜査又は行政調査を行い，それぞれが法違反の有無を調査する。爆発・火災の場合はこれに消防機関が加わり，事案に応じてその他様々な機関が集まる。

有名な例として，平成11年9月30日，茨城県那珂郡東海村の株式会社ジェー・シー・オー東海事業所で臨界が発生し，労働者2名が放射線障害で死亡したほか多数の者が被ばくした事件がある。この事件について水戸地方裁判所は，同社及び東海事業所長に対し本法第11条第1項違反（選任した安全管理者をして労働者に対する安全教育を実施させず，もって安全に係る技術的事項を管理させなかったもの）を適用したほか，同社及び東海事業所長外自然人2名に対して原子炉等規制法第16条第1項違反（内閣総理大臣の許可を受けないで加工施設の設備を変更したもの），東海事業所長外自然人5名に対して刑法第211条（業務上過失致死傷罪）を適用し，同社に罰金100万円，所長に禁錮3年（執行猶予5年）及び罰金50万円，外5名に禁錮2〜3年（執行猶予3〜4年）の有罪判決を言い渡した。[212]

また，平成24年9月29日に株式会社日本触媒姫路製造所でアクリル酸を貯蔵するタンクが爆発し，消防隊員1人が死亡，作業員ら36人が負傷した事件について

は，平成30年7月19日，神戸地方裁判所から会社が本法違反で罰金50万円，従業員1人が本法第20条（安衛則第274条）違反と業務上過失致死傷で禁錮2年（執行猶予3年），他従業員2人がそれぞれ業務上過失致死傷で禁錮1年6月（執行猶予3年），業務上過失致死傷で禁錮8月（執行猶予3年）の有罪判決をうけた[213][214][215]。送検時に兵庫労働局が発表したプレスリリースによると，本法違反の被疑事実の概要は，同社は化学設備たる中間タンク及びそれぞれの附属設備を使用して危険物たるアクリル酸の製造作業を行うに当たり，爆発又は火災を防止するために必要な規程（バルブの操作，撹拌装置の操作に関する事項）を定めないで同作業を行わせたというものであった。

13 使用従属関係による規制の限界と意義

使用従属関係を主軸とする他の労働法と同じく，本法でも主たる義務主体は事業者であり，これは本法全体から明らかであるが，第42条（譲渡等の制限等）の規定における規格等を具備したものの使用の遵守が安衛則第27条で事業者にもまた直接命じられていることからもその徹底が窺える。また，使用従属関係において事業者と対になる労働者もまた，事業者への協力義務を負っている（本書第26条 6 1 参照）。

しかしながら，使用従属関係による規制だけでは危害を十分に防止できないことがある。

本節では，このような問題について検討し，最後に使用従属関係による規制の意義について若干の再検討を行う。

1 リスク創出者管理責任負担原則

三柴丈典（研究代表）「リスクアセスメントを核とした諸外国の労働安全衛生制度の背景・特徴・効果とわが国への適応可能性に関する調査研究」総合報告書（H26-労働-一般-001，2016年）は，本法や英国労働安全衛生法にみられるリスク創出者管理責任負担原則[216]という概念を提唱し，これを本法等で規定することを提言している。この原則は「リスク創出者こそが最善の安全管理者たりえる[217]」という考え方を意味し，「リスク創出者」には，リスクに関する情報を得て，リスクを支配管理できる者が管理責任を負う者が含まれる[218]。その思想はいわゆるローベンス報告（Safety and Health at Work: Report of the Committee 1970-1972）に遡ることができる[219]。ローベンス報告では，次のように「現在の職業上の災害や疾病に対処する一次的な責任は，リスクを創出する者及びそれを扱う者にある。」と述べている[220]。

Safety and Health at Work
Report of the Committee 1970-1972

Chairman LORD ROBENS
CHAPTER 1
WHAT IS WRONG WITH THE SYSTEM?
Defects of the statutory system
28. 〈略〉 The primary responsibility for doing something about the present levels of occupational accidents and disease lies with those who create the risks and those who work with them. 〈略〉

そして，この趣旨は英国の労働安全衛生法（1974年）第3条から第7条までの規定に具現化されているほか[221]，本法でも見られるところである[222]。

この「リスク」の語意がISO/IEC Guide 51等の定義と同一か否かはさておき，ここで重要なのは，使用従属関係にかかわらず，合目的性による責任の分担を行う点である。

同総合報告書は，本法にこの原則を認めつつも，これをさらに徹底すべきとしている。

以下，製品の設計・製造・流通と設備等の管理権限の2つを例に，若干の考察を行う。

2 製品の設計・製造・流通上の問題

一般に，既存の製品に対して事業者が変更を施すことは容易でないか，又は不可能である。例えば覆い1つ作るにも，材料や形状，あるいは引火性ガス等がある場所では静電気の問題も検討しなければならない。車輪止めのないロールボックスパレットに後から車輪止めをつけるのも極めて難しいだろう。電気製品に動力遮断機やインターロック式ガードを取り付ける場合は回路を変更しなければならず専門的な知識が要るかそもそもいじれない場合もある。製品は製造業者だけでなく商業その他製造に関する専門技術を有しない事業者によって使用される。ユーザーによる製品の後付け的な安全化は費用が掛かったり，対策が不十分なものにとどまったり，そもそも改造が不可能で廃棄するしかない等の問題が生じるため，製品の安全化は設計・製造・流通段階で行われるべきというのが常識である[223]。

本法でも，第5章第1節では機械等の製造，譲渡等に関する規制が行われている。例えば，エレベーターは安全装置等が無ければ極めて危険性の高い機械であることから，構造規格が定められ，製造・流通段階と使用段階のそれぞれで保護方策が講じられている（資料4-55）。

しかし，本法では，特定機械等，第42条の機械等及び第43条の機械等以外に，製造ないし流通の規制は行われておらず，要するに機械等のうち大半のものは事業者のみに安全措置が義務づけられている[224]。そのため，例えば安衛則第2編第1章などの規定の遵守は，容易ではない。

資料4-55 エレベーターに関する製造・流通業者と事業者に対する規制

保護方策	製造・流通業者 (製造・流通段階)	事業者 (使用段階)
本質的安全設計	材料の使用制限（エレベーター構造規格第1条），昇降路塔等を架空電路に近接させない（エレベーター構造規格第18条）等	構造規格に適合していないエレベーターの使用禁止（クレーン等安全規則第148条）等
工学的対策	リミットスイッチ，戸開走行保護装置（エレベーター構造規格第30条）等	同上
管理的対策	使用上の注意に関する情報の表示・通知（エレベーター構造規格第42条，安衛則第24条の13（努力義務））により事業者に委ねる	積載荷重の遵守（クレーン等安全規則第150条）等
個人用保護具		殆ど不要

（森山誠也作成）

労働行政は，行政指導により設計・製造段階における機械等の安全化を指導しているが，強制力が無いこともあり，あまり浸透していないのが現状である。

3 設備等の管理権限

事業者を名宛人とする危害防止基準で規制対象となる設備，建築物等については，その所有や管理の権限が誰に帰属するかを問わず，事業者が必要な措置を講じる義務を負う。しかし，実際問題として，管理権限が事業者にない場合は，是正が容易でなかったり，是正が遅れたり等して，違反が放置される傾向にある。これに対処するための規定としては既に第33条，第34条などがあるが，例えば運送業者が客先で荷役作業をしている際に，床面の穴に足を取られて転倒するおそれがあるが，この防止に関する規定は事業者を名宛人とする安衛則第544条だけとなっている。また，ビル等の周辺に低いチェーンポールが設置され，通路に近接している場合は転倒のおそれがあるが，そこに配達等で訪れた労働者の安全を確保するのも事業者を名宛人とする安衛則第540条だけである。極端な例では，京都府南部の木津川に架かる上津屋橋（流れ橋）には欄干がなく，安衛則第552条の構造基準を満たしていないので，事業者は労働者にここを通行させてはならないことになる。

しばしば問題となるのは，高い作業床の端部等で手すり等がない，あるいは作業の都合上手すり等を一時的に外さなければならない場所に，墜落制止用器具の取付け設備がなく，かつ取付け設備を付加的に設置することも難しい（設置作業そのもののための違反になる）ような例がある。

流れ橋のように文化的目的により遺しておきたいものは別としても，事業者だけでは是正が容易ではない建築物，工作物等の構造の問題は，公益法令を所管する機関と労働行政とが連携して対処するべきだと思われる。

4 使用従属関係による規制の意義

危害の防止は，労働分野だけでは実現できず，製品安全，運輸安全，建築基準，消費者保護等様々な分野が協力することが不可欠であるが，これらの諸分野を横断的に見渡したとき，労働分野において危害防止を取り扱うことの意義が改めて問い直されるだろう。

思うに，労働分野の特徴は，使用従属関係に基づく企業活動の内部における危害という，ややもすれば外部から見えず無視されてしまうようなものに，たとえ危害を受ける者が1人だけであったとしてもその保護を目指すところにあるのではないだろうか。

考察と結語：第26条・第27条

1 第26条関係

第26条は，事業者が本法第20条から第25条まで及び第25条の2第1項の規定により労働者の安全と健康の確保等のため講ずる措置に応じて，労働者もまた必要な事項を守らなければならないことを定めたものである。

労働者に一定の義務を課すことには技術上の必要性があるが，労働者は事業利益の帰属主体ではなく，また安全衛生措置は事業の一環として組織的に行う必要があるものであるから，労働者に課す義務は最小限にとどめるべきである。また，危険源はその製造者又は事業者等が生み出し，又は導入しているにもかかわらず，技術的制約からその保護方策の一部を労働者の安全行動に委ねているという事情があるほか，人間にはヒューマンエラーなど人間工学的に避けがたい失敗があることから，労働者が担う責任の評価は，形式的な作業手順違反があるような場合があっても，慎重に行う必要がある。第26条の運用状況についてみると，第26条違反の送検事例は少なく，詳細な実態は不明である。

労働者は，両罰規定の関係上，事業者を名宛人とする規定により処罰されることもあることから，両罰規定が，事業利益の帰属主体である事業者を主たる名宛人とした本法の趣旨を弱めている嫌いがある。管見の限りでは，新卒社員と変わらないような賃金しか受け取っていない従業員が，事業者を名宛人とする規定の行為者として処罰された例もある。実際にどのような者が両罰規定の行為者となるかは犯罪構成要件の具体的内容に左右されるが，できるだけ高位の者が責任を負うような法体系が望まれる（刑罰法規の名宛人に関する議論において，両罰規定（行為者罰規定）の検討は常に重要な論点である）。また，この議論では労働法や行政取締法規だけでなく，刑法の業務上過失致死傷罪のあり

方など様々な刑罰法規が同時に検討される必要があるだろう。思うに，犯罪は人の行為と定義されているところ，事業者の多くは法人であるから，真に事業者そのものに責任を負わせようとするのであれば，法人を直接制裁する行政制裁制度を検討するべきである。[229]

また，労働災害防止のための労働者の就労拒否権など，本法の目的に資するような労働者の権利についても，本法等法律で規定することを検討するべきである。

2　第27条関係

第27条第1項は，第20条から第25条まで及び第25条の2第1項の規定により労働者の安全と健康の確保等のため事業者が講ずべき措置及び第26条の規定により労働者が遵守すべき事項の具体的内容を厚生労働省令に包括的に委任することを定めたものである。

法律事項を命令へ包括的に委任することについてはその合憲性がしばしば議論されるが，第27条に基づく労働大臣の省令制定権限の不行使の違法性等が争われた建設アスベスト訴訟神奈川1陣訴訟における最高裁判所の判決文[230]等でもそれを認める趣旨の見解が示された通り，法律で規制する内容が多岐にわたる専門的・技術的事項であって，その内容を速やかに技術の進歩や最新の医学的知見等に適合したものに改正していくためには，これを包括的に主務大臣に委ねるのが適当であるから，第27条におけるような包括的命令委任は許容されるものであろう。また，同判決では，争点の一つとして，第27条に基づく主務大臣による省令制定等の規制権限行使については，本法の目的に鑑みできる限り速やかに，技術の進歩や最新の医学的知見等に適合したものに改正すべく，適時かつ適切に行使されるべきものであるとされた。

現行省令で定められている具体的な措置内容は，危害防止基準が概ね危険源ごとに整理されて規定され，保護方策の設定にあたっては危険源に対するばく露の管理のヒエラルキー（本稿では「4ステップメソッド」と呼ぶ）に適合したものがあるなど，国際的なリスクアセスメントの考え方に相当程度整合的なものとなっている。しかし，立法事実に対する規制内容の十分性を考えたとき，現行省令の内容にはいまだ不十分な点も多いことから，本法第1条及び第20条から第26条までの趣旨と，省令制定権限の適切な行使という観点から，これをより適確なものとしていく必要がある。

第27条第2項は，省令の制定改廃に際しての公益法令への配慮を行うことを定めたものである。この例として，事業場からの有害物の排出方法に関する特化則の規制などがある。また，公衆災害を契機として労働基準監督機関が本法違反の捜査を開始し，罰則が適用された例もあるとともに，1つの事件において本法違反と他の公益法令違反が同時発生していることも少なくない。

3　共通事項

本稿（特に第27条の逐条解説）では，本法及びその政省令をより適確で，より体系的な法令とするための厳密で細やかな議論の活性化を目指し，「危害防止基準」等の用語を定義するとともに，仕様規定と性能規定，非定常作業等本法と本質的な関わりをもつ諸概念と本法の関係について整理し，本法令中で改善又は検討すべきと思われる課題について，具体的箇所を挙げ，できるだけ多く紹介するよう努めた。

また，危害の防止は，労働分野だけでは実現できず，製品安全，運輸安全，建築物等の安全，消費者保護等様々な分野が協力することが不可欠であり，そのためにリスク創出者管理責任負担原則の概念の検討・使用が必要である。その上で，再び労働分野の特長を顧みると，使用従属関係に基づく企業活動の内部における危害という，ややもすれば外部から見えないか無視されてしまうようなものに，たとえ危害を受ける者が1人だけであったとしてもその保護のため法や制度が介入し，監督を行うことを目指すところにあるのではないかと思われる。

【注】

1) 労働省労働基準局安全衛生部編『実務に役立つ労働安全衛生法』（中央労働災害防止協会，1993年）175頁。

2) 本稿では，JIS Z 8051：2015安全側面—規格への導入指針（ISO/IEC Guide 51：2014　Safety aspects—Guidelines for their inclusion in standards をもとに作成されたもの）で「危害の潜在的な源」と定義されているハザード（hazard）という概念を「危険源」と呼ぶこととする（言いやすく文字数も少なく済むため）。JIS B 9700：2013機械類の安全性—設計のための一般原則—リスクアセスメント及びリスク低減（ISO 12100：2010　Safety of machinery — General principles for design — Risk assessment and risk reduction をもとに作成されたもの）においては，同様の概念（「危害を引き起こす潜在的根源」）が危険源（hazard）として定義されている。労働安全衛生法，リスクアセスメント指針等では「危険性又は有害性」と表現が使用されており，労働安全衛生規則第576条においては衛生に関するものを「有害要因」と呼称している。また，「危険有害要因」という用語が使用されることもある（第12次労働災害防止計画など）。

3) 金谷暁「労働安全衛生法(三)」研修410号（1982年）97-98頁も，同趣旨。

4) 寺西輝泰『労働安全衛生法違反の刑事責任（総論）—労働災害の防止をめざして〔改訂版〕』（日労研，2004年）222頁に同趣旨の記載あり。参考に止めるものというは，労働基準行政の関係者間でも常識化しているものと思われる。

5) 東日本大震災により生じた放射性物質により汚染された土壌等を除染するための業務等に係る電離放射線障害防止規則（平成23年12月22日厚生労働省令第152号）第2条第3項及び第4項。

6) 労働省労働基準局編『労働基準法　下〔改訂新版〕（労働法コンメンタール3）』（労務行政研究所，1969年）646頁における労働基準法旧第45条の解説の最後で「なお，労働安全衛生規則中には，その義務の主体が使用者とも労働者とも明示されて

いない場合がある。たとえば『火気を使用した者は，確実に残火の始末をしなければならない』（安全衛生規則第149条第3項），『爆発薬を使用する者は，左の事項を行わねばならない。……』等がそれであるが，これらは，一般的には労働の過程においてそれらのものを使用する関係労働者を指しているものと考えられるが，右の者が使用者である場合にも義務違反の行為があれば処罰の対象となる場合もあると考えられる。」と説明している。

7）日本産業標準調査会（JISC）―データベース検索（https://www.jisc.go.jp/app/jis/general/GnrJISSearch.html）― JIS D0105（トラックの普通荷台に関する用語）。

8）大阪府公報（明治29年2月3日第1158号）（大阪府公文書館，https://archives.pref.osaka.lg.jp/search/kenmeiInfor.do?method=initPage&from=search&kenmeicd=0000283430）。

9）岡實『改訂増補工場法論』（有斐閣書房，1917年）293-298頁に次のような記述がある。

「職工トハ主トシテ工場内ニ在リテ工場ノ目的トスル作業ノ本體タル業務ニ付勞役ニ従事スルモノ及直接ニ其ノ業務ヲ助成スル爲勞役ニ従事スルモノヲ謂フ即チ工場ノ主タル作業ハ勿論之ニ關係アル作業例ヘハ場内運搬，工場設備ノ手入修覆等ノ勞役ニ従事スル者ヲ包含ス

以上陳ヘタル所ニ依リ尚職工ノ觀念ヲ説術スレハ職工トハ

（一）勞役ニ従事スル者タルコト　主トシテ身體的ノ労働ニ従事スルモノニシテ平職工，伍長，組長等ヲ含ムモ技師，技手事務員，製圖師等ヲ含マサルヲ常トス。

（二）工場ノ目的トスル作業ノ本體タル業務ニ従事スルコト　工場ノ目的トスル作業トハ工場經營ノ目的タル事業ヲ謂フ，即チ物品ノ製造ヲ爲スモノニ在リテハ製造ノ作業，修繕ヲ爲スモノニ在リテハ修繕ノ作業，製造及修繕ヲ兼營スルモノニ在リテ製造又ハ修繕ノ作業ヲ謂フノ類ナリ，作業ノ本體タル業務卽チ補助作業卽チ助成作業ニ對スルモノニシテ假ヘハ機械製造工場ニ於ケル鑄造，仕上，組立等ノ業務ハ製造ヲ目的トスル作業ノ本體タル業務ニシテ場内運搬，機械ノ手入注油等ハ其ノ補助作業ナリ。

工場ノ目的トスル作業ト何等ノ關係ナキ勞務ニ服スル門衛，給仕，便所ノ掃除夫寄宿舎ノ賄方等ハ職工ニ非ス。

（三）工場ノ目的トスル作業ヲ直接ニ助成スルモノモ亦職工ナルコト　直接ニ助成スル作業卽直接ノ補助作業トハ主タル作業，卽チ工場ノ目的トスル作業ニ密接ナル關係アル作業トシテ，例ヘハ製造工場ニ於ケル場内運搬，作業場及機械ノ掃除，注油其ノ他工場設備ノ手入及修繕等ハ直接ノ補助作業ニシテ專ラ作業場（必スシモ蔽圍シタル場所タルコトヲ要セス）外ニ在リテ原料又ハ燃料等ノ運搬ニ従事スルモノノ如キハ之ニ屬セス（通常人夫ト稱スルモノノ全部又ハ一部ハ之ニ屬ス）

（四）工場内ニ於テ勞働スルコト　職工トハ主トシテ工場内ニ於テ勞働スル者ニシテ，織物工場ニ於ケル出機工，及電氣會社ニ於ケル電線路ノ保守ノミニ従事スル者ノ如キハ職工ニ非ス，蓋シ工場法ハ主トシテ工場内勞役者ヲ保護スルノ精神タルコトハ，立法當時ノ當局者ノ説明ニ徴スルモ明カナリ所謂戸外勞働者ノ保護ハ之ヲ第二期以後ノ立法（工場法ヲ第一期トスレハ）ニ譲ルコトト爲シタルモノノ如シ。

（五）雇傭關係ノ存在ハ必要ノ條件ニ在ラス　工業主ト職工トノ間ニ雇傭關係ノ存在スルハ之ヲ常態ト稱スルコトヲ得ルモ必スシモ要素ト爲セルモノニ非ス，假ヘハ工業主カ他人ヲシテ一定ノ作業ヲ請負ハシメ其ノ請負者カ自ラ雇傭シタル職工ヲ連レ來リテ作業ヲ爲ス場合，又ハ斯ノ如キ請負關係ナク唯單ニ他人ヲシテ勞働者ヲ供給セシメ，其ノ供給者ニ於テ賃金ノ支拂其ノ他ノ世話ヲ爲ス場合ニ於テモ，此等ノ勞働者カ前陳フル所ニ依リ工場内ニ於テ工業主ノ仕事ニ従事スル以上ハ孰モ其ノ工業主ノ職工タルヘキモノトス。

（六）常時一定ノ工場ニ就業スルコトヲ要セス　常時其ノ工場ニ於テ就業スル者タルト臨時其ノ工場ニ於テ就業スルモノタルヲ問ハス，他ノ條件ニシテ職工タルニ足ルモノナル時ハ等シク其ノ工場ノ職工タルヲ妨ケス，故ニ臨時職工，目見ヘ職工等ハ凡テ其ノ工場ノ職工タルモノトス

（七）報酬ノ有無ヲ問ハス

（八）家族モ職工タリ得　家族ハ職工ニ非サルヲ常態トス，然レトモ客觀的ニ職工タルノ常素ヲ具備スル場合（雇傭契約ニ準スヘキ條件ニ依リ又ハ報酬ヲ得テ勞働スル等）ハ之ヲ職工ト看做ササルヘカラス。

（九）見習職工モ亦職工ナリ　實質上ノ意義ニ於テ見習職工中徒弟タルモノト然ラサルモノトアリ，其ノ徒弟タルモノハ施行令ノ定ムル要件ヲ具備スルヲ要スルト共ニ行政廳ノ認可ヲ經タルモノナラサルヘカラス，斯ノ如キ徒弟ハ形式上職工ノ範圍ニ入ラス，全然別種ノモノニシテ徒弟ニ關スル施行令ノ規定ノ支配ノ下ニ立ツモノトス然レモ徒弟タル實質及形式ヲ具備セスシテ單ニ見習ヲ爲ス者ハ，通常之ヲ職工ノ中ニ數フヘキモノトス。

職工ノ觀念ノ概要ハ右述フルカ如シ尚職工タリヤ否ヤニ關シ疑アルモノニ付職工ト認ムヘキモノ及職工ニ非スト認ムヘキモノヲ例示スレハ左ノ如シ。

第一　職工ト認ムヘキモノ
　（一）勞役ヲ直接ニ指揮監督スル組長，伍長，職工長ノ類
　（二）工場建物ノ修繕ノ爲ニ常時使用シ居ル大工又ハ左官職
　（三）臨時職工，日雇職
　（四）職工カ自己ノ子女ヲ工場ニ同行シ仕事ヲ爲サシムル場合ニ於テハ其ノ子女モ亦職工トス
　（五）入渠船舶汽罐掃除ノ爲メ臨時雇入ルル者（カン〳〵蟲）

第二　職工ト認メサルモノ
　（一）專ラ作業場外ニ在リテ運搬ニ従事スル人夫，便所寄宿舎ノ掃除夫及賄方
　（二）門衛，給仕
　（三）生絲工場ニ於ケル敎婦
　（四）山林内ニ於テ伐木運搬ノ業務ノミニ従事スル者
　（五）入渠船舶ニ使用スル臨時掃除夫ニシテ單ニ注水雜巾掛等ノ如キ普通掃除ノ業務ノミヲ爲ス者，但シ機械其ノ他「パイプ」，器具等ヲ取附，取外其ノ他之ニ準スヘキ業務ヲ爲ス者ハ職工トス
　（六）電氣事業ニ於テ單ニ電線路ノ保守ノミヲ爲ス者」

10）畠中信夫「労働安全衛生法の形成とその効果」日本労働研究雑誌42巻1号［475号］（2000年）のⅣの2に同趣旨。

11）寺本廣作『勞働基準法解説』（時事通信社，1948年）〔『日本立法資料全集　別巻46』（信山社，1998年）所収］263頁。

12）鉱山の保安が商工省所管となった経緯については，濱口桂一郎「労働基準監督システムの１世紀」季労265号（2019年）〔http://hamachan.on.coocan.jp/kikan265.html，最終覧日：2022年10月18日〕の2などに記載がある。

13）労働安全衛生法第2条（定義）第3号。

14）昭和47年9月18日付け発基第91号「労働安全衛生法の施行について」（https://www.mhlw.go.jp/web/t_doc?dataId=00tb2042&dataType=1）。

15）平岡雅紘「両罰規定に関する実証的研究」法務研究報告書68集2号（1982年）1頁，4頁等。

16）同上169-170頁

17）同上170頁。同書同箇所に掲載されている参照判例は，最3小決昭30・10・18刑集9巻11号2253頁（https://www.courts.go.jp/app/hanrei_jp/detail2?id=56883）（古物営業法旧第33条〔両罰規定〕は，古物営業法の一部を改正する法律〔平成7年4月19日法律第66号〕により第38条に移動），最1小判昭40・5・27刑集19巻4号379頁（火薬類取締法違反，https://www.courts.go.jp/app/hanrei_jp/detail2?id=51743），最3小決昭43・4・30刑集22巻4号363頁（商品取引所法違反，https://www.courts.go.jp/app/hanrei_jp/detail2?id=50852）。

18) 前掲注14) 参照。
19) 法律上の名義人と利益帰属主体が異なる場合の業務主の確定問題については，平岡・前掲注15) 52-57頁に詳しい。
20) 同上58-59頁。
21) 同上35-36頁にてこの立場が採られている。
22) 同上183-184頁によれば，業務主責任と従業者責任は別個，独立の構成要件に基づくものであり，従業者の実行行為さえあれば（故意犯であれば故意がある必要はある），業務主の処罰のために従業者を起訴ないし処罰する必要はない。
23) 同上173頁。
24) 労働安全衛生法が成立した第68回国会では，昭和47年4月18日の衆議院社会労働委員会において本法違反の責任追及が下級管理者に対して行われる可能性について議論された。即ち，日本社会党後藤俊男委員が「建設産業の現状から考えてみるときに，現場主任がおるわけです。この現場主任は，いわゆる下級管理者ですね。労働組合があれば労働組合の組合員が多いと思います。労働安全衛生については，それらの人には何ら権限が与えられていないわけなんですね。そうなった場合に，いまあなたが説明されましたような条文の運用いかんによっては，万一災害があった場合に，企業の責任者は免れて，下級管理者が責任を追及される，こういうような場合も想定されるわけなんですね。その点はひとつ明確にすべきであるというのが一つです。」(https://kokkai.ndl.go.jp/txt/106804410X01719720418/8)と指摘し，政府委員渡邊健二労働省労働基準局長が「下級管理者がどの程度の権限を持っているかということは，これはそれぞれの企業なり，現場なりによって一様でございませんので，一がいには申せないわけでございますが，新法におきましては，災害防止の責任は，第一には事業者といたしておることは，先ほど申し上げましたとおりでございます。したがいまして，下級管理者に対して権限が明確に委任されていない限りは，下級管理者の責任は追及されることはない，下級管理者に責任がしわ寄せされることはないわけでございます。それから，下級管理者に権限が委任されておって，それでその責任が問われる場合でございましても，労働安全衛生法の122条という規定がございまして，……事業者そのものであります法人，あるいは個人経営でございますれば事業主その人，それに対しては当然責任追及がなされるわけでございまして，事業主が責任を免れて，下級者だけが責任をしわ寄せされるということはないわけでございます。」(https://kokkai.ndl.go.jp/txt/106804410X01719720418/9)と答弁している。
25) 平岡・前掲注15) 183頁～（第5章）の議論を参照。
26) 第32条第4項は，その後の法改正により同条第6項に移動している。同項は，一の場所で行われる作業につき，特定元方事業者に統括安全衛生管理を求めた法第30条や，建設物等を関係請負人の労働者に使用させる建設業元方事業者等にリスク情報の提供等の措置を求めた法第31条により各事業者によって講じられる措置に対応して，労働者に必要な事項の遵守等を義務づけた規定である。
27) 寺西・前掲注4) 244-245頁。
28) ただし，寺西輝泰元検事は，労働安全衛生法違反について過失犯の成立を肯定する見解を示している（後掲注31) 参照)。
29) 平岡・前掲注15) 90-96頁（第3章〔業務主の刑事責任〕第3節〔業務主の注意義務〕）の議論は同様の趣旨と思われる。特に，平岡は，93頁において，労働安全衛生法第26条違反が第122条から除外されていないことを指摘した上で，業務主処罰の理論的根拠としての義務履行委任説と経営者地位説を比較しながら，労働者固有の義務についての事業者責任を検討する文脈で，94頁で「労働安全衛生規則366条1項は，『事業者は，明り掘削の作業を行なうときは，物体の飛来又は落下による労働者の危険を防止するため，当該作業に従事する労働者に保護帽を着用させなければならない。』と規定しており，同条2項は，『前項の作業に従事する労働者は，同項の保護帽を着用しなければならない。』と規定している。1項，2項ともに故意犯であるから，被疑者甲〔引用者註＝事業者〕が従業者乙に保護帽を着用させなかった場合は，甲，乙ともにそれぞれ1項，2項違反で処罰される。一方，被疑者甲において，従業者乙が保護帽を着用していないことを知らなかった場合は，乙は2項違反で処罰されるが，甲には犯意が認められないので1項違反は成立せず処罰されない。甲の監督責任の有無についても，『義務履行委任説』によれば，甲は乙に義務の履行を委任していないから，消極に解さざるを得ない。そうすると，甲を処罰することは不可能となるが，このような結論は妥当であろうか。労安法の趣旨・目的から考えてみることにする。」と議論を展開し，「事業者に対して，労働者が違反行為をしないように監督義務を課すべきであり，かく解することこそ，労安法の趣旨・目的に合致すると考える。」と述べている。ただし，事業者が具体的にどのような措置をとれば監督義務を果たしたとして両罰規定の適用を免れるのかという詳細な議論はなされていない。
30) 金谷暁「労働安全衛生法(五)」研修412号（1982年) 96頁に同趣旨。
31) 寺西・前掲注4) 300-301頁において寺西元検事は「過失犯の処罰規定を欠く行政罰則に関して，判例は，行政罰則に過失犯を処罰する旨の規定がなくても，それらの規定に，行政目的を達成するためには過失犯を処罰することが必要であるとする意味が含まれているときは，明文の規定がなくても過失犯を処罰することができるとしている（注）ので，安衛法の場合も，その規定に過失犯を処罰する趣旨が含まれている場合には，明文の規定がなくても過失犯を処罰することが可能である。

  （注）最高裁判決・刑集7巻3号506頁，同・刑集第16巻5号510頁
  　　東京高裁判決・下級刑集・7巻1号36頁

  罪刑法定主義の見地からいえば，明文の規定がないのに過失犯を処罰することは認められないことであり，過失犯処罰の規定を設けていないのは立法の手落ちであって，それを解釈によって補うことは好ましくないことであるが，明文の規定がないために過失犯を処罰できないのでは，行政目的の達成を大きく阻害することになるということから，過失犯の処罰を認めることにしたものであり，その範囲を無制限に拡大することは許されないであろう。

  安衛法の場合，措置を講ずるためには経済的な負担も大きく，意図的に措置を講じないという故意犯も多いが，客観的な事実を見落としたことによる措置の不履行という過失犯が多数に上ることも事実である。そして，安衛法の措置は，労働者の生命・身体を損ね，健康を害する労働災害を予防することを目的とするものであり，これらの措置が故意に講じられないことと過失により講じられないこととの間にはその危険性に全く差がないのであって，過失犯も故意犯と同様に処罰する必要性は高い。

  特に，安衛法上の義務を，一つ一つの現場の状況を完全には認識できない立場にいる事業者に負わせているのは，その責任を明確にすると同時に，事業者の事実認識のいかんに係わらずその措置を講じる責任を負わせようとするもので，法律自体過失犯を処罰する趣旨を含むものといえよう。

  そこで，安衛法で過失犯の処罰が認められる範囲を考えてみると，安衛法の措置には労働災害を防止する措置のように，状態が危険な方に悪化するのを防止するための措置と，採用時の教育の実施などのように現状をより良い方向に変化させるための措置とがあり，前者の措置は必要性，緊急性が高く，故意とか過失とかは関係なく講じられなければならないものであるので，前者の措置義務違反については過失犯も処罰できると解すべきである。」との見解を述べている。

  最高裁判決・刑集7巻3号506頁とは最1小判昭28・3・

5・昭和27年（あ）第3931号・酒税法違反外国人登録令違反被告事件，同・刑集第16巻5号510頁とは最2小判昭37・5・4・昭和35年（あ）第2945号・贓物故買，古物営業法違反事件（https://www.courts.go.jp/app/hanrei_jp/detail2?id=56988）である。

32) 寺西・前掲注 4)。

33) ここで「本質的安全設計方策」とは，JIS B 9700：2013（ISO 12100：2010）（機械類の安全性―設計のための一般原則―リスクアセスメント及びリスク低減）で定義される本質的安全設計方策（ガード又は保護装置を使用しないで，機械の設計又は運転特性を変更することによって，危険源を除去する又は危険源に関連するリスクを低減する保護方策）をいい，「安全防護」とは，同規格で定義される「本質的安全設計方策によって合理的に除去できない危険源，又は十分に低減できないリスクから人を保護するための安全防護物の使用による保護方策」をいう。

34) 同上。

35) 一般に，インターロック装置のないガード等の妥当性については，JIS B 9700：2013（ISO 12100：2010）「機械類の安全性―設計のための一般原則―リスクアセスメント及びリスク低減」等を参考に，リスクを勘案し慎重に検討されるべきであることに注意されたい。なお，安衛法では，安衛則第131条第2項及び第147条第2項，エレベーター構造規格第30条等インターロック装置又はそれと同等以上と思われる措置が規定されることもあるが，基本的にはあまり厳しく規定していない。

36) ヒューマンエラー及びヒューマンファクターの概念を紹介する分かりやすい資料として，臼井伸之介「ヒューマンエラーとヒューマンファクター(1)〜(3)」安全衛生のひろば41巻6号，7号，8号（2000年）。また，行動形成要因について紹介する分かりやすい資料として，岡田有策「ヒューマンエラーの原因を探る―行動形成要因という考え方」（第36回安全工学研究発表会講演予稿集，2003年12月4・5日金沢工業大学多目的ホール，安全工学協会）。

37) 同上。

38) JIS B 9700：2013（ISO 12100：2010）（機械類の安全性―設計のための一般原則―リスクアセスメント及びリスク低減）5.5.3.4ではリスク見積もりにおいてヒューマンファクターも考慮しなければならないとしている。

39) 労働者不注意論に対する批判として，小木和孝「労働災害の"不注意"原因説をどう克服するか」月刊いのち：労働災害・職業病7巻5号〔通巻77号〕（1973年），及び藤原精吾「『不注意』論とのたたかい」同巻同号，狩野広之「労働者不注意論の克服―過失と裁判の問題」月刊いのち：労働災害・職業病10巻6号〔通巻114号〕（1976年）等がある。

40) 厚生労働省労働基準局『労働基準法 下 平成22年版（労働法コンメンタール3）』（労務行政，2011年）840頁。

41) 厚生労働省労働基準局労災補償部労災管理課編『労働者災害補償保険法 六訂新版（労働法コンメンタール5）』（労務行政，2005年）289頁〔昭和40年7月31日基発第901号〕。

42) 同上。

43) e-Stat 政府統計の総合窓口―労働者災害補償保険事業年報（https://www.e-stat.go.jp/stat-search?page=1&toukei=00450582）。

44) 第68回国会衆議院社会労働委員会において，就労拒否・退避権の問題については，まず昭和47年3月21日に田邊誠委員（日本社会党）から「特に今後のいろいろな規定を実施をする中に，労働者の，あるいはまたそこに労働組合があれば当然でありますけれども，そういったものの労働災害防止のための**発言権を確保すること**が私は必要ではないかと思うのです。……当然この面について発言権を増加するという立場に立って，知る権利なり意見を述べる権利なり，あるいは違法，不当な作業に対しては拒否するという権利なり……法的な面においてもこれが明確化を期すべきであるというふうに思っております」（https://kokkai.ndl.go.jp/txt/106804410X00819720321/49，太字は引用者。以下同じ。)「やはり違法なものや不当なものに対して，そういった作業には労働者は携わらないという**拒否権**，これを持っている。そういう権限，権利，これは**法の中でもって明確にしておくことが必要なことであるし，当然なことである**」（https://kokkai.ndl.go.jp/txt/106804410X00819720321/51）との質問があったのに対し，渡邊健二労働省労働基準局長は「身体に危険が急迫した場合に退避する権利ということは規定するまでもないと考えておりますので――この法律は法体系全体といたしますと，主として事業主側の責任とか義務とかを規定しております関係上，特に退避する権利等はこの法律に書くまでもない，こういうことで規定してないわけでございますが，**実質的に労働者が退避し得ることは当然のことである**」（https://kokkai.ndl.go.jp/txt/106804410X00819720321/52）「おっしゃいましたような事態のときには，安全衛生委員会の中で十分実情を委員として把握され，それについて意見を使用者側に表明される機会があるわけでございますし，さらには一般論といたしまして，基準法ないしは安全衛生法関係の違反がある場合には，労働者はその違反を**労働基準監督機関に申告する権限**も認められておるわけでございますから，そういうことによりまして，十分に違反を是正し，それを直させる，そういう権限も労働者に与えられておる，われわれかように考えておるわけでございます。」と答弁した。

4月12日には川俣健二郎委員（日本社会党）からも就労拒否権について言及があり，渡邊局長が「確かに労働者に非常に危害が急迫しておりますときに，使用者としては労働者を退避させることは当然のことでございますが，ただ，それはそれぞれの場合によりまして，**非常に多種多様**であるわけでございます。そこで現在は〔引用者註＝労働基準法では〕，それぞれの規則におきまして，こういう場合には使用者は労働者を退避させるというような，それぞれの場合をあげまして規定をいたしておるところでございまして，法律で包括的に書くということになりますと，これはなかなかむずかしいのではないか，かように考えますが，なお規則等におきましても，考えられるいろいろな場合を想定いたしまして，今後とも使用者にそういう義務をできる限り明確にしてまいりたい」（https://kokkai.ndl.go.jp/txt/106804410X01419720412/168）等と答弁した。

4月18日には後藤俊男委員（日本社会党）から「事業者のほうで安全だ安全だといっておりましても，そこで働いておる労働者が危険だ，やはり意見が相対立する場合があると思うのです。そういうような場合を考えるときには，やはり自分の命が大事でありますから，働いておる者としては緊急に避難するだけの**権利があるのだ**，その間につきましても**賃金カット等は行なわないんだ**，これは働いておる労働者としての権利である，こういう点を明確にすべきであると私は思うわけなんです。」（https://kokkai.ndl.go.jp/txt/106804410X01719720418/14）と質問があったのに対し，渡邊局長は「ただ緊急の場合につきまして，使用者かそういう措置をとるひまがなく災害発生のおそれが緊迫しておるというような場合には……労働者が自己の生命身体を守るために，その現場から緊急避難的に退避できるということは当然のことでございまして，**法律に一々明文の規定を置くまでもなく，当然のことであると私ども考えておるわけでございます。**」（https://kokkai.ndl.go.jp/txt/106804410X01719720418/15）等と答弁した。

4月25日には山本政弘委員（日本社会党）から，「**危険性があったんだったら直ちに中止すべきであるにもかかわらず，要するにそれに対する対策研究をしながら，なおかつ生産に従事させているという事実があるではないか。**」（https://kokkai.ndl.go.jp/txt/106804410X02019720425/97）「最後に申し上げた

いことは、98条と99条〔引用者註＝使用停止命令等〕です。……特に労働者の危険業務への一就労拒否という問題について、危険の防止というものは、事業主の責務規定あるいは行政監督では保障できません。……ゼネラル石油の例でもわかるように、労働基準局というものは、労災のあとで現場に行っているんですよ。……指一本取られたくらいだったら一分間かそこいら機械をとめて、そうしてまた回せば、生産というものは可能ですよね。つまり企業というものはそういうものなんですよ。要するに取られた人間というものは、これは改善なんてやれっこないわけですよ。やられっぱなしというのが労働者じゃないですか。つまり機械はかえることができるだろうし、設備というものは改善することができるけれども、被災をした労働者というものは代替できないということですよ。その観念というものは、この法案の中を貫いた観念ではないということを私は指摘したいわけです。設備は改善することはできる。機械は取りかえることもできる。しかし、けがをしたり被災をした人間というものは、労働者というものはかえることができないし。それが安全の一番基本であるけれども、全法案を貫いているものにはそれがないでしょう。」（https://kokkai.ndl.go.jp/txt/106804410X02019720425/107）と質問したのに対し、渡邊局長が「監督官は、このような使用停止処分の権限を持っておりますが、すべての場合にこれで有効かといわれますと、確かにゼネラル石油の場合も事前の監督もいたしておるわけでありますが、そういう災害が起きた現場にいるかどうかは、必ずしも常時ということは確言できませんので、確かにそういう場合はこれらの規定だけでは十分安全が確保できるとはいえないと思います。したがいまして、〔引用者註＝当時の労働基準法において〕われわれはいろいろな安全衛生規則とか酸欠防止規則とか、それぞれの規則におきまして、急迫した危害が発生するおそれがあるときには、**使用者に労働者を待避させる義務等も規定**をいたしておるわけでございまして、それらと相まちまして**使用者に安全確保の義務を罰則をもって強制している**ということから、使用者にそういう安全を確保させるための責任を負わせるという形で、安全の確保をはかっておるところでございます。」（https://kokkai.ndl.go.jp/txt/106804410X02019720425/108）、塚原俊郎労働大臣が「要するに、**利潤追求と安全衛生を守ることには矛盾点がある**ではないかという御指摘でございましたが、今日までそれが**絶無とは、私は言えないと思います**。いろいろな面で御批判をいただいた点はあると思います。しかし、今後は労使が一体となってその企業を守り、また人命の尊重、明るい職場ということでいかなければ日本の経済というものは伸びていかないのでありますから、この安全衛生法というものを中心として、ことに責任者の責任というものも、事業主の責任というものも明確にいたしておりますから、労使がほんとうに話し合って、円満な間柄で企業の発展を進展させること、それが一番望ましい姿であり」（https://kokkai.ndl.go.jp/txt/106804410X02019720425/109）と答弁した。

参議院社会労働委員会においても、5月11日に須原昭二委員（日本社会党）から「現実にいま起きた労災を私たちが検討してみますと、被害労働者がその危険な仕事を拒否しておったら死亡事故は起きなかったと考えられるケースが非常に多いわけですよ。ただ、現実の職場でありますと、危険である、あるいは有害であるとわかっておっても、個々の労働者では使用者や監督者の就労命令を拒否できない場合が多いわけです。……危険有害業務の就労拒否権を労働者に与える、それによる**不利益処分を受けないように制度的に保障することが私は必要だと思うのです。**」（https://kokkai.ndl.go.jp/txt/106814410X01319720511/73）と質問があったが、渡邊局長は従前のとおり答弁した。

同日、田中寿美子委員（日本社会党）からは、有害物による健康障害について、「緊急の場合の問題じゃなくて、いま、やっぱり問題だと私が思いますのは、急性の中毒というのは、これはすぐわかりますね。そんなんじゃなくて、新しい有害物質、合成物質、たとえばカドミウムなんかもその一つで、いま問題になっているPCBなんかもそうでありますけれども、そういうものは急性であったり、慢性毒性があったりするわけですね。それが、そう簡単じゃないわけですよ。学者に頼んだり、研究所に頼んで、それをちゃんと慢性毒性を立証するのに、動物実験で2年でも3年でもかかる、こういうようなものが非常に多いのじゃないかと思いますね。……私は、それを取り扱っている労働者は、自分の健康に障害を感ずるし、毎日毎日それに当たっているわけですから、わかるわけで、いまこれは非常にあぶないというふうに思うときに、そのくらいのことでは使用者が応じてくれるわけでもないし、労働省だって、ちゃんとしたデータがなかったら、それを差しとめることができないわけでしょう。そうすると、労働者が感じて、ようやく**最後になって立証されたときは、もうからだが悪くなって死んでしまうときか、あるいは重体のときですね。**ですから、あらかじめということばは、見分たちが作業をやっていて、これは危険だなと感じたときには、一時就労を拒否できる。そうしたら、本気になって検査するでしょう、使用者が。そういうふうな権利があるんじゃないかということなんです。これはいかがですか。法的には、おっしゃったとおりに、できますということにはなっているんですけれども、実際は、なかなか、そういうふうに法律のような文章では通用しない問題が一ぱいあるので、これに対して、労働者が自分たちの対等の立場──先ほど午前中言われましたように、労使対等の立場で、労働条件として話し合いたい。しかし、応じてくれない。そういうときには、一時就労を拒否する権利を留保してもいいんではないかと」（https://kokkai.ndl.go.jp/txt/106814410X01319720511/133）と質問し、渡邊局長が安衛法の有害物関係規定について説明しつつ「新法の中では、……いろいろな措置によりまして、労働者のそういう懸念に対しまして必要な措置が講じられるように相なっておるわけでございまして、それにもかかわらず、労働者が危惧を持たれることはあるにいたしましても、そういう場合には、やはりあくまでも客観的なことでないと──**主観的に個々の労働者が危惧を持ったということでは、やはりこれはなかなか法律上の問題にはなり得ないのではないかと、かように思うわけでございます。**」（https://kokkai.ndl.go.jp/txt/106814410X01319720511/136）等々と答弁し、田中委員が更に「いまの主観的な危険の危惧ですか、主観的な危惧とか、あるいは客観的な危険が存在するという、その判定は、これは労使の間でいつでも、何べんも対立するわけですね。……かつて企業はこれは有害ではないと言い張ってきました。……そういうふうに対立するときに、**対等に労働者に発言権を与えよというのが私の主張でございまして……**」（https://kokkai.ndl.go.jp/txt/106814410X01319720511/137）と質問し、渡邊局長が「労働者がほんとうに対等の立場でこの委員会〔引用者註＝安全衛生委員会〕の中でそういう問題について審議に加わり得るような運営がされるよう十分に行政指導をしてまいりたい」（https://kokkai.ndl.go.jp/txt/106814410X01319720511/138）と答弁している。

5月25日には、須原昭二委員から再び、繰り返し就労拒否権明文化について質問がなされた。ここで、須原委員「事業者が判断を誤って労働者を死に至らしめた場合ですね。もちろんこれは事業者は当然法的制裁を受ける、しかし労働者はそれで満足できないんですよ。死んでしまって、あれは事業者は法的に罰せられたからいいわというわけにはまいらないわけです。したがって、労働者にとって事業者が罰せられるかいなか問題外なんです。絶対に安全であるという、そういうものがすべてに私は優先すると思うのです。したがって、……**労働者……が自己の判断で行動できる余地を残しておくのが私は当然だと思**

う」（https://kokkai.ndl.go.jp/txt/10681441 0X01719720525/66）、渡邊局長「これは法文等の規定を待つまでもなく、労働者が生命の安全を守りますために作業を中止して退避できること、これは条理上の問題として当然のことであろう」（https://kokkai.ndl.go.jp/txt/106814410X01719720525/67）、須原委員「はたして、私はこれから運用していく段階において安全衛生委員会……で討議をするといったって……やはり職制の圧力というものはなみなみならぬ問題点があると思うんですよ。……労働省は疑問がないとお考えになっていたら、それは認識が間違っておると思うんですよ。監督行政の今日の能力の実態、そうしたものに欠陥がある現状ではどうしてもこの危険有害業務に対する労働者の自己防衛思想ですね、自己防衛の主張というものは何らかの形で私は浮き彫りにされなければならないと思う。」（https://kokkai.ndl.go.jp/txt/106814410X01719720525/70）「事業者というものは利潤を追求する側のものなんです。労働者というのは、そのために労働力を売る、労働力を提供する側、本質的にこの２つの性格は異なっているんです。利害が対立する以上、ここに私は立法の措置として、両方の側面から、事業者と労働者の側面から立法というものが考えられなければならない。」（https://kokkai.ndl.go.jp/txt/106814410X01719720525/72）、渡邊局長「災害防止をすべき第一の責務は事業主側にあると思うわけでございます。……差し迫った危険のときに労働者が緊急避難的に退避できる。これはもう私は自分の生命、身体を守るための、それは人間として当然の権利であって、法律の規定を待つまでもないのであって……これはもう条理上当然の、人間として当然のことと」（https://kokkai.ndl.go.jp/txt/106814410X01719720525/73）といったやりとりがなされた。

この第68回国会では、結局、就労拒否・退避権については修正案が提出されることはなく、衆参両院の社会労働委員会が行った附帯決議でも特に触れられることはなかった。

45) International Labour Organization — General Survey concerning the Occupational Safety and Health Convention, 1981 (No. 155), the Occupational Safety and Health Recommendation, 1981 (No. 164), and the Protocol of 2002 to the Occupational Safety and Health Convention, 1981 (https://www.ilo.org/ilc/ILCSessions/previous-sessions/98thSession/Reportssubmittedtotheconference/WCMS_103485/lang--en/index.htm).

46) 前掲注44) 参照。

47) 『月刊いのち：労働災害・職業病』6巻4号（通巻64号）（1972年）（https://dl.ndl.go.jp/info: ndljp/pid/2266209/）。

48) 昭和47年9月18日基発第602号「労働安全衛生法および同法施行令の施行について」。

49) 第80回国会参議院社会労働委員会第10号昭和52年5月19日010—日本社会党田中寿美子委員質問（https://kokkai.ndl.go.jp/txt/108014410X01019770519/10）。

50) 第80回国会参議院社会労働委員会第10号昭和52年5月19日010—桑原敬一労働省労働基準局長答弁（https://kokkai.ndl.go.jp/txt/108014410X01019770519/11）。

51) 第91回国会衆議院社会労働委員会第16号昭和55年5月7日日本社会党安田修三委員質問（https://kokkai.ndl.go.jp/txt/109104410X01619800507/33）。

52) 第126回国会衆議院労働委員会第3号平成5年2月23日日本社会党沖田正人委員質問（https://kokkai.ndl.go.jp/txt/112605289X00319930223/55）。

53) 「特集 労働安全衛生法の一部改訂（計画）に関する総評・単産・県評等の意見・要求」月刊いのち：労働災害・職業病22巻3号（通巻255号）（1988年）（https://dl.ndl.go.jp/info: ndljp/pid/2266391/3）で労働者の就労拒否権について要求がなされている。同特集の中の「総評の労働大臣あての安衛法及び関連法令の改正要求書（87.12）」は各単産・県評等の意見等を集約したものであるが、その中で「事業者が法令上講ずべき危害防止の必要な措置をしていなかった場合、あるいは客観的に見て危険・有害と思われる場合は労働者の自主的判断で退避することが出来るものとする。なおこのことをもって労働者に不利益なことをしてはならないことの規定をおくこと。」と要求している。

54) 厚生労働省「第5回今後の労働安全衛生対策の在り方に係る検討会議事要旨」（平成16年6月29日）（https://www.mhlw.go.jp/shingi/2004/06/s0629-7.html、最終閲覧日：2022年10月21日）。

55) なお、厚生労働省労働基準局「令和2年労働基準監督年報」（2020年）統計表中「業種別・規模別適用労働者数」（平成26年経済センサス—基礎調査〔総務省統計局〕をもとに算出された数字）をもとに計算すると、常時50人以上の労働者を使用する事業場に使用される労働者は、全体の45.2％である。

56) 労働基準法第92条では次の通り就業規則と法令との関係及び就業規則変更命令について規定している。

> 労働基準法（昭和22年4月7日法律第49号）
> （法令及び労働協約との関係）
> 第92条 就業規則は、法令又は当該事業場について適用される労働協約に反してはならない。
> 2 行政官庁は、法令又は労働協約に牴触する就業規則の変更を命ずることができる。

この「法令」は強行法規のみに限られ、例えば民法第90条は含まれないという見解が現在のところ有力であると思われる（東京大学労働法研究会編『注釈労働基準法 下巻』〔有斐閣、2003年〕1016-1019頁参照）。

57) 急迫した危険により労働者が退避したことが窺える例として、（報道内容に誤りが無ければ）令和5年2月18日に北海道名寄市のコンビニエンスストアで、積雪荷重のためか、店舗の建物がミシミシという音をたて、徐々に半壊したが、中にいた店員らは店舗外に避難して無事だったことが報道された例がある。店員は「ミシミシという音が聞こえて外に逃げた」という。参考：テレ朝NEWS（2023年2月18日）「『ミシミシと音が……』雪の重みでコンビニつぶれる」（https://news.tv-asahi.co.jp/news_society/articles/000000288.htm、最終閲覧日：2023年2月20日）、NHK北海道NEWS WEB（2023年2月18日）「名寄のコンビニ 天井の一部崩れる 雪の重みが原因か」（https://www3.nhk.or.jp/sapporo-news/20230218/7000055322.html、最終閲覧日：2023年2月20日）、TBS NEWS DIG（2023年2月18日）「『雪の重みで倒壊した』営業中のコンビニ天井崩落、店舗全体も…店内の4人は避難、築5〜6年でミシミシという音 北海道名寄市」（https://newsdig.tbs.co.jp/articles/-/336061?display=1、最終閲覧日：2023年2月20日）。

58) 早川智津子「感染症対策をめぐる労働者の権利と義務」日本労働研究雑誌63巻4号〔729号〕（2021年）（独立行政法人労働政策研究・研修機構 https://www.jil.go.jp/institute/zassi/backnumber/2021/04/、最終閲覧日：2022年10月19日）。

59) 労働省労働基準局安全衛生部編・前掲注1）74-75頁。

60) 安衛法第61条第2項の名宛人の範囲については、昭和49年6月25日基収第1367号において、新潟労働基準局長による「労働者のみではなく、個人事業主や一人親方等も含まれると解されるが如何」との疑義照会に対し、労働省労働基準局長は「貴見のとおり。なお、労働安全衛生法第61条第2項の規定が、産業労働の場以外の場における同条第1項の業務についても適用されるものではないことはもち論であるので、念のため申し添える。」と回答している。この回答は、安衛法第1条の趣旨と整

合的である。しかし，建設アスベスト訴訟に係る令和3年5月17日の最高裁判決の前後では，安衛法第1条の行政解釈が異なる。安衛法制定以降，労働省・厚生労働省は安衛法第1条について労働者の安全及び健康の確保並びに労働者の快適な職場環境（平成4年法律第55条による本法改正前まで「作業環境」）の形成の促進であると解釈していた。安衛法制定のもととなった労働基準法研究会第3小委員会報告（昭和46年7月13日）では，労働災害防止のための危害防止基準の上乗せというニュアンスで，民間の自主的活動の推進及び労働者の健康対策の一環としての労働環境の快適化が謳われており，平成4年法律第55号のもととなった平成4年1月10日付け中央労働基準審議会建議（「安全センター情報」1992年2月号掲載）でも，快適職場の概念を飽くまで労働者に係るものとの旨明記していたのである。しかし，法律では「労働者の快適な作業環境」や「労働者の快適な職場環境」とは明記されなかったため，同判決では，文理上，同じ場所で働く労働者以外の者も法律の保護対象となると判断された。したがって，同通達は，発出当初は，「労働者の保護のための規定であるから産業労働の場以外の場に適用はない」との趣旨と解されるが，現在では，「労働者及び労働者と同じ職場で働く者のための規定であるから産業労働の場以外の場に適用はない」というふうにその解釈を改めれば依然として同判決と整合するといえる。しかしながら，安衛法第5章を見てみれば，例えばボイラーの製造流通規制や石綿の製造等禁止規定は，労働者だけでなく一般市民の安全及び衛生も目的としている筈であるところ，第1条の目的規定との関係で言えば，労働者（及び労働者と同じ場所で働く者）に危害を及ぼさない場合に適用がないという主張もあるだろう。これについては昭和47年9月18日付け発基第91号「労働安全衛生法の施行について」で「労働基準法の適用範囲より拡大され，政令で定める一定の機械等または有害物の製造等を行なう者は，何人も，この法律による規制を受けることとなつた。」とされているが，家庭でボイラーを自作する場合（間違えば近隣住民に危険が及ぶ）なども含むのか否か，第1条の趣旨との関係で疑問が残る。私見では，労働法が安全衛生の相当部分を担ってきた歴史と，安衛法が全国327カ所に官署を有する労働基準監督機関により司法処分を含む機動的な履行確保が可能であることに鑑み，第1条である領域に関する一般公衆を含む産業安全衛生の確保も明記すべきだと考える（例えば，主として労働者に危険や健康障害を及ぼすおそれのある危険源については，一般公衆を含め安衛法により規制する等）。それは，第61条第2項の解釈にも影響を及ぼすだろう。その場合は，他の法領域との調整や，三者構成原則との関係について議論が必要かもしれない。

61） 国際労働機関WEBサイト―1963年の機械防護条約（第119号）（https://www.ilo.org/tokyo/standards/list-of-conventions/WCMS_239060/lang--ja/index.htm），外務省―条約データ検索―機械の防護に関する条約（第119号，外務省訳）（https://www.mofa.go.jp/mofaj/gaiko/treaty/pdfs/B-S49-0139.pdf）。

62） 外務省WEBサイト「石綿の使用における安全に関する条約（第162号）」（https://www.mofa.go.jp/mofaj/gaiko/treaty/treaty162_4.html），厚生労働省法令等データベース（https://www.mhlw.go.jp/web/t_doc?dataId=97aa7370&dataType=0）。

63） 前掲注45）参照。

64） 同上50頁（Chapter II, section 7, subsection E, paragraph 146）。

65） 「労働基準監督年報」は，ILO第81号条約第20条の規定により作成・公表される年次報告書であり，直近数ヵ年分については厚生労働省のWEBサイト（https://www.mhlw.go.jp/bunya/roudoukijun/kantoku01/）で閲覧することができる。定期監督等実施状況や送検事件状況の件数は統計期間は暦年（1月1日〜12月31日）である。定期監督等実施状況・法違反状況については一部の条文についてしか違反件数が集計されていないが，送検事件状況については全ての事件の主条文について集計されている旨統計表に記載されている（主条文でないものは集計されていない）。

66） 国土交通省ネガティブ情報等検索サイトに，会社Xに対し次の通り処分が行われた旨掲載されている（https://www.mlit.go.jp/nega-inf/cgi-bin/search.cgi?jigyoubunya=kensetugyousya&EID=search&no=949，最終閲覧日：2020年8月23日）。
　　商号又は名称　〈引用略＝会社X〉
　　処分年月日　2021年2月26日
　　処分を行った者　宮崎県
　　根拠法令　建設業法第28条第1項（第3号該当）
　　処分の内容（詳細）　建設業法第28条第1項に基づく指示処分1　今回の違反行為の再発を防ぐため，以下の事項について必要な措置を講じること。(1)今回の違反行為の内容及びこれに対する処分内容等について，役職員に速やかに周知徹底すること。(2)社内の業務運営の調査及び施工体制の点検を行うとともに，業務管理体制をより一層整備・強化すること。(3)建設業法及び関係法令の遵守を徹底するため，研修計画を作成し，従業員に対し継続的な研修を行うこと。2　前記各号について講じた措置（前記に係る措置以外に講じた措置がある場合はこれを含む。）を所定の期日までに文書で報告すること。
　　処分の原因となった事実　〈引用略＝会社X〉及び同社使用人は，フォークリフトを使用した建設資材の荷降ろし作業中に，機械等による危険を防止するための必要な措置を講じず死亡事故を発生させたとして，労働安全衛生法違反により，それぞれ罰金の刑に処せられ，令和3年1月26日にその刑が確定した。

67） 労働新聞社WEBサイト（2020年5月16日）「フォークリフトのエンジン切らずに送検　挟まれ死亡災害が発生　日南労基署」（https://www.rodo.co.jp/column/90776/，最終閲覧日：2024年10月30日）（この事件は労働新聞で労働安全衛生法第20条違反と記載されているが，厚生労働省労働基準局監督課が発表している「労働基準関係法令違反に係る公表事案」によると労働安全衛生法第26条（労働安全衛生規則第151条の11）違反の旨記載されている。事案の内容から判断すると，厚生労働省の発表が正しく，労働新聞社の記事が誤りであると考えられる）。

68） 経済産業省「鉱山保安法等逐条解説」21頁（https://www.safety-hokkaido.meti.go.jp/kozan_hoan/about/explanation02-1.pdf，最終閲覧日：2024年8月6日）。

69） 鉱山保安法第19条及び第20条。

70） 経済産業省・前掲注68）44頁。

71） 国際労働機関WEBサイト―1995年の鉱山における安全及び健康条約（第176号）（https://www.ilo.org/tokyo/standards/list-of-conventions/WCMS_239003/lang--ja/index.htm）。

72） Legislation. gov. uk — Health and Safety at Work etc. Act 1974 - Part I - General duties - Section 7（https://www.legislation.gov.uk/ukpga/1974/37/section/7，最終閲覧日：2022年10月21日）。

73） 労働安全衛生総合研究所WEBサイト内の資料―（旧）国際安全衛生センター「イギリス1974年労働安全衛生法」のページ（https://www.jisha.or.jp/international/jicosh/japanese/country/uk/law/HealthandSafetyatWorkAct1974/，最終閲覧日：2024年8月6日）。目次ページに原文へのリンクあり。

74） United States Department of Labor — OSH Act of 1970 Section 5（https://www.osha.gov/laws-regs/oshact/section_5，最終閲覧日：2022年10月21日）。

75） 労働安全衛生総合研究所WEBサイト内の資料―（旧）国際安全衛生センター「アメリカ1970年労働安全衛生法」のページ

76) （https://www.jisha.or.jp/international/jicosh/japanese/country/usa/law/OSHAct1970/mokuji.html，最終閲覧日：2024年8月6日）仮訳併記。

76) 第68回国会参議院社会労働委員会第13号昭和47年5月11日北川俊夫労働省労働基準局安全衛生部長答弁「公害関係，たとえば排水処理に関する法律，あるいは建築関係で言いますと，建築基準法，あるいは避難に関する消防法，そういう関連のことをここでは意味をいたしております。」（https://kokkai.ndl.go.jp/txt/106814410X01319720511/140）。

77) 小学館『デジタル大辞泉』では「心をくばること。心づかい。」，小学館『精選版 日本国語大辞典』では「心をくばること。心づかい。心配。」としている。

78) 対照的な例として，感染症の予防及び感染症の患者に対する医療に関する法律（平成10年10月2日法律第114号）第53条の8では，保健所長が事業者に対して事業者が指定する結核健康診断の期日等について指示を行う場合には，予め所轄労働基準監督署長と「協議」をしなければならないと規定している。

79) 第68回国会参議院社会労働委員会第13号昭和47年5月11日北川俊夫労働省労働基準局安全衛生部長答弁「事業場内の災害，特に職業病の問題と事業場外の公害，一般市民の方が疾病になられる関係はうらはらの関係だろうと思います。したがいまして，事業場内を安全にあるいは衛生にすることによって公害防止にも当然寄与ができると，こういう考え方でこの規定を設けたわけでございまして，したがいまして，われわれとしましては，事業場内の有害物を単に外へ排除すればいいというのじゃなくて，外に排除する際にも外のことも考え，中の衛生環境を規制する，そういう意味で，一体的に安全衛生と公害とを運営するという配慮でございました。」（https://kokkai.ndl.go.jp/txt/106814410X01319720511/142）。

80) 前掲注14）参照。

81) 昭和46年5月24日付け基発第399号「特定化学物質等障害予防規則の施行について」の本文及び記のIVの一及び二に，公害防止への寄与についての記載がある（https://www.mhlw.go.jp/web/t_doc?dataId=00tb2101&dataType=1）。労働基準法時代の通達であるが労働安全衛生法制定後も有効である。

82) 昭和47年9月18日付け基発第589号「鉛中毒予防規則の施行について」記の第二の5(1)

83) 経済産業省・前掲注68）23頁。

84) 寺本・前掲注11）262-263頁。

85) 特定化学物質等障害予防規則の制定経緯については，宮野美宏・坂部弘之・房村信雄・秋元広吉「座談会 特定化学物質等障害予防規則の制定をめぐって」労働福祉22巻8号（1971年）及び後掲注86）を参照した。

86) 特定化学物質等障害予防規則の制定経緯については，松尾幸夫主筆／片岡輝男・木村嘉勝編『政策担当者が語る労働衛生施策の歩み』（労働調査会，2012年）61-65頁及び前掲注85）を参照した。

87) この結果は，「資料①労働省の『有害物質取り扱い事業場総点検の結果について（全文）』」月刊いのち：労働災害・職業病5巻2号・3号（通巻50・51号）合併号（1970年）（https://dl.ndl.go.jp/info:ndljp/pid/2266196/75）で読むことができる。

88) 昭和46年5月24日付け基発第399号「特定化学物質等障害予防規則の施行について」前文及び記のIV（https://www.mhlw.go.jp/web/t_doc?dataId=00tb2101&dataType=1）。

89) この報告書の引用部分末尾に「……なんらの考慮も払われていない現状にある」とあるが，省令レベルでは，既に特定化学物質等障害予防規則（昭和46年4月28日労働省令第11号）が制定されていた。ただし，第11条（残さい処理）の規定は昭和46年11月1日，第8条（除じん），第9条（排ガス処理）及び第10条（排液処理）の規定は昭和47年5月1日に施行された。

90) 濱口桂一郎『日本の労働法政策』（労働政策研究・研修機構，

2018年）463頁。

91) 第68回国会衆議院社会労働委員会第17号昭和47年4月18日渡邊健二労働省労働基準局長は「個々の災害防止の措置の基準につきましては，これはそれぞれの業種，それぞれの作業によりまして非常に多岐にわたらなければ具体的な措置を規制し得ないわけでございます。現在ございます諸規則でもその条項を全部合計いたしますと千数百条になるような内容でございますし，またそれらの災害防止のための措置は，いろいろ技術の進展等々によりまして随時改正をしていく必要がありますので，これを一々法律に規定することはむしろ適当でないということで省令に譲ったわけではございますが，しかし今回の法律ではむしろ，20条から25条〔本研究協力者註＝この25条というのは修正前安衛法原案の第25条をいい，修正後成立した第24条に該当する。〕までに，それぞれの災害の原因別にそれを規制すべき処置の方向等を各条ごとに明確にいたしまして，そういう措置を省令で定める基準を明確にいたしておるわけでございまして，その点従来の労働基準法におきましてはわずか2，3条〔本研究協力者註＝労働基準法旧第42条及び第43条のことと思われる。〕でそれを包括的に書いて，すべて規則に譲っておりましたものからいたしますと，規則を制定すべき基本的な方向というものは法律の中で相当明確になっておるわけでございますので，今後規則の中で相当具体的な個々の措置を規制していく上に今度の新法は大いにプラスになるものと私ども考えておるわけでございます。」（https://kokkai.ndl.go.jp/txt/106804410X01719720418/134）。

92) 労働省労働基準局安全衛生部編・前掲注1）176-177頁。

93) 国家行政組織法第14条第1項。

94) 法令で正式に告示を含むとしているものに，行政手続法第2条がある。また，法律から一定の事項を委任（再委任）された告示は，通常，法令に含めて考えることが多い。

95) 実施命令，委任命令について，法制執務研究会編『新訂ワークブック法制執務』（ぎょうせい，2007年）48-52頁（問15）参照。

96) 櫻井敬子・橋本博之『行政法〔第4版〕』（弘文堂，2013年）第6章第2節の議論を参照した。

97) 再委任について，法制執務研究会編・前掲注95）52-53頁（問16）。

98) 規制の設定又は改廃に係る意見提出手続（平成11年3月23日閣議決定）（https://www.soumu.go.jp/main_content/000526774.pdf）。

99) 総務省—規制の設定又は改廃に係る意見提出手続（いわゆるパブリック・コメント手続）（https://www.soumu.go.jp/main_sosiki/gyoukan/kanri/tetsuzukihou/iken_teisyutsu.html）。

100) 行政手続法第39条第4項ではパブリックコメント手続の適用除外となる場合が掲げられており，同項第4号では法律の規定により委員会等の議を経て定められ，かつ一定の条件を満たすものとして政令で定められる命令等については適用を除外することとしているが，本法に基づく命令は，当該命令等に該当しない。同項の他の各号にも通常は該当しないと思われる。

101) 寺西・前掲注4）216-221頁第2編第1章第2節の第1。

102) 同上。

103) 最1小判令3・5・17民集75巻5号1359頁・平成30年（受）第1447号，第1448号，第1449号，第1451号，第1452号各損害賠償請求事件（建設アスベスト訴訟神奈川1陣）判決文（https://www.courts.go.jp/app/hanrei_jp/detail2?id=90298）において，「本件についてみると，安衛法は，職場における労働者の安全と健康の確保等を目的として（1条），事業者は，労働者の健康障害の防止等のために必要な措置を講じなければならないものとしているのであって（22条等），事業者が講ずべき具体的措置を労働省令（平成11年法律第160号による改正

後は厚生労働省令）に委任している（27条1項）。このように安衛法が上記の具体的措置を省令に包括的に委任した趣旨は，事業者が講ずべき措置の内容が多岐にわたる専門的，技術的事項であること，また，その内容をできる限り速やかに技術の進歩や最新の医学的知見等に適合したものに改正していくためには，これを主務大臣に委ねるのが適当であるとされたことによるものである。以上の安衛法の目的及び上記各規定の趣旨に鑑みると，主務大臣の安衛法に基づく規制権限は，労働者の労働環境を整備し，その生命，身体に対する危害を防止し，その健康を確保することをその主要な目的として，できる限り速やかに，技術の進歩や最新の医学的知見等に適合したものに改正すべく，適時にかつ適切に行使されるべきものである（前掲最高裁平成16年4月27日第三小法廷判決，前掲最高裁平成26年10月9日第一小法廷判決参照）。」との考え方が示されている。

104) 労働安全衛生規則（昭和47年9月30日労働省令第32号）第4編参照。

105) 労働省労働基準局編・前掲注6）500頁。

106) 法制事務においては，Aの根拠条項をBだと解する（取り扱う）ことを，「A（省令の条項）をB（法律の条項）で読む」という。

107) 前掲注4）参照。

108) 労働安全衛生法第57条第1項第2号の規定に基づき厚生労働大臣が定める標章（平成18年10月20日厚生労働省告示第619号）（https://www.jaish.gr.jp/anzen/hor/hombun/hor1-1/hor1-1-68-1-0.htm）。

109) 厚生労働省「建設アスベスト訴訟に係るこれまでの経緯」（厚生労働大臣と建設アスベスト訴訟原告団及び弁護団との間の基本合意書，その他）（https://www.mhlw.go.jp/stf/newpage_19306.html）。

110) 前掲注103）参照。

111) 昭和50年10月1日付け基発第573号「特定化学物質等障害予防規則の一部を改正する省令の施行について」（https://www.mhlw.go.jp/web/t_doc?dataId=00tb2103&dataType=1）。

112) 国際労働機関WEBサイト—2006年の職業上の安全及び健康促進枠組条約（第187号）（https://www.ilo.org/tokyo/standards/list-of-conventions/WCMS_239181/lang-ja/index.htm），外務省—条約—「職業上の安全及び健康を促進するための枠組みに関する条約（第187号）」（外務省訳）（https://www.mofa.go.jp/mofaj/gaiko/treaty/treaty166_6.html）。

113) 濱口桂一郎「国会図書館調査及び立法考査局講演『行政機関における政策形成過程—労働法制を中心に—』」（http://hamachan.on.coocan.jp/ndl.html，最終閲覧日：2024年8月6日）。

114) 労働基準法第113条の規定は，法制執務研究会編・前掲注95）51，52頁において「特別の事情があって，制令等に対し，ある程度広い範囲で法律事項を委任しなければならないような場合には，その規定の内容が行政機関の恣意にわたることのないように，〈略〉その制定前にあらかじめ学識経験者などで組織する特定の審議会等の意見を聴くべきものとされることもある。」の例として掲げられている。

115) 濱口桂一郎・前掲注113）参照。

116) 厚生労働省設置法（平成11年7月16日法律第97号）第9条第1項第1号，労働政策審議会令（平成12年6月7日政令第284号）第6条第1項。

117) 令和3年12月18日「労働安全衛生法の改正に向けた法学的視点からの調査研究」第22回会議における三柴丈典教授（元労働政策審議会安全衛生分科会委員），唐澤正義（元労働省）らからのご教示による。

118) 厚生労働省—審議会・研究会等—労働基準局が実施する検討会等（https://www.mhlw.go.jp/stf/shingi/indexshingiother_128808.html）。

119) なお，労働安全衛生に関する事項のうち，年少者に関する事項，母性保護に関する事項並びに寄宿舎の設備及び安全衛生に関する事項については，使用者を名宛人とする労働基準法で定められている。このうち寄宿舎の設備及び安全衛生に関する事項を定める労働基準法第96条第1項は，本法第23条と非常によく似た規定振りとなっている。

120) 畠中信夫『労働安全衛生法のはなし〔改訂版〕』（中央労働災害防止協会，2006年）47頁。

121) 寺本・前掲注11）261-262頁。

122) 旧労働安全衛生規則第59条，第172条及び第204条の規定は次の通り。
労働安全衛生規則（昭和22年10月31日労働省令第9号）
第59條　動力傳導装置による危害を防止するため，機械毎に電動機を取り付け，又はその全系統を簡略に配置するよう努めなければならない。
第172條　ガス，蒸氣又は粉じんを発散し，有害放射線にさらされ，騒音を発し，病原体によつて汚染される等衛生上有害な作業場においては，その原因を除去するため，作業又は施設の改善に努めなければならない。
第204條　事業場には，労働者が有効に利用し得る休憩の設備を設けるように努めなければならない。

123) 令和4年6月25日「法学的視点からみた社会経済情勢の変化に対応する労働安全衛生法体系に係る調査研究」第2回会議において畠中信夫氏から「安全衛生法の20条から27条までの規定というのは，もし安全衛生法を10か条に圧縮しろと言われたとしても最後まで残る条文なのです。あれは基本的な条文でありまして，要するに20条から27条までの規定というのは，事業者にその使用する労働者の安全衛生を確保するために必要な措置を講じなければならないということを，抽象的に，と言うと語弊があるのかもしれませんが，要するに義務付けられた規定です。」との発言があったのを参考とした。

124) 労働安全衛生法第65条の3（作業の管理）及び第65条の4（作業時間の制限）などの位置づけについても検討が必要であるが，ここでは省略することとしたい。

125) 第68回国会衆議院社会労働委員会第20号昭和47年4月25日田邊誠委員（https://kokkai.ndl.go.jp/txt/106804410X02019720425/146）。

126) 第68回国会参議院社会労働委員会第12号昭和47年5月9日労働安全衛生法案（https://kokkai.ndl.go.jp/minutes/api/v1/detailPDF/img/106814410X01219720509（PDF40頁），ただし，小字及び―は衆議院修正の部分）。なお，先議院で法律案が修正可決された場合は，後議院で審議対象となるのは法律案の原案ではなく当該修正可決された法律案である。

127) 前掲注106）参照。

128) 風紀の保持は労働災害の防止と直接関係無く，危害防止基準に含むべきでないという論理もありうるが，それほど実益もないと思われたので本稿では検討しなかった。

129) 前掲注2）参照。

130) 平成18年3月10日付け基発第0310001号「危険性又は有害性等の調査等に関する指針について」（https://www.jaish.gr.jp/anzen/hor/hombun/hor1-47/hor1-47-5-1-0.htm），厚生労働省労働基準局安全衛生部安全課『危険性又は有害性等の調査等に関する指針・同解説』（https://www.mhlw.go.jp/bunya/roudoukijun/anzeneisei14/dl/ka060320001b.pdf）。

131) 厚生労働省労働基準局安全衛生部安全課・同上14頁解説3。

132) 厚生労働省「職場のあんぜんサイト」安全衛生キーワード「事故の型」（https://anzeninfo.mhlw.go.jp/yougo/yougo20_1.html，最終閲覧日：2022年10月28日）。

133) 現在厚生労働省が使用している労働災害統計の「死傷災害の事故の型および起因物分類」は，労働省安全課「死傷災害の事故の型および起因物分類（上）」安全23巻7号（1972年）

134) 「事故の型」は危害の潜在的な源，すなわち危険源とは大きく異なる。例えば，事故の型の一つである「墜落・転落」を例に取ると，高所の架設通路に墜落防護柵があれば，そこには既に墜落・転落のおそれがないので，リスクアセスメントの対象とならない。墜落防護柵が劣化する等により故障し，又は性能が低下したときに漸く，リスクアセスメントの対象としてテーブルに上るだろう。このようなやり方は，危険源をスタート地点とするやり方に比べ，対処療法的になるだろう。
135) 厚生労働省労働基準局安全衛生部安全課・前掲注130）参照。
136) 労働安全衛生規則第256条（危険物を製造する場合等の措置）がその例である。
137) 労働省労働基準局安全衛生部編・前掲注1）49頁。
138) 厚生労働省「職場のあんぜんサイト」安全衛生キーワード「起因物」(https://anzeninfo.mhlw.go.jp/yougo/yougo13_1.html，最終閲覧日：2022年10月28日）。
139) 前掲注132）参照。
140) 前掲注2）参照。
141) 分類学において，「区分原理の一貫性」，「区分の網羅性」及び「区分の漸進性」を区分の3原則という。このうち「区分の一貫性」とは，複数の区分肢が相互排他的であること（交差分類がおこらないこと）をいう。例えば積み木を「赤，白，四角」などと区分すると，赤くて四角い積み木の分類に困ることとなる（この状態を交差分類という）。「区分の網羅性」とは，その名の通り，対象とするもの全てが，用意された複数の区分肢のどれかに漏れなく分類できることをいう（田窪直規編著『三訂 情報資源組織論』〔樹村房，2020年〕113-114頁参照）。
142) 前掲注106）参照。
143) 前掲注2）参照。
144) 例えば，労働省労働基準局安全衛生部編・前掲注1）160頁では，本法第21条第1項（作業方法による危険の防止）の解説で「例えば労働者が使用する機械等の本体について，事業者が安全な措置を講じたとしても，なおその用法等を誤ることによって危険を生ずることがあり，このような危険防止の措置をも事業者に講ぜしめる目的のもとに定めたものである。」と説明されており，ここでは根源的に機械に原因があるものを全て第20条に分類するという考えはとられていない。
145) 平成25年6月18日付け基発0618第1号「職場における腰痛予防対策の推進について」(https://www.mhlw.go.jp/stf/houdou/youtsuushishin.html〔参考2〕)。
146) 令和4年6月25日「法学的視点からみた社会経済情勢の変化に対応する労働安全衛生法体系に係る調査研究」第2回会議において畠中信夫氏から「危険または健康障害を生じさせる要因というのを20条から25条の2までに列挙したあれは，よく見ていただくと末尾はだいたい『等』とかそういう形でありとあらゆるものが読めるような形にしてあるはずなのです。そういう形で法律は整理されています。」との見解が述べられた。
147) 暴力の典型例としては，精神科病院・精神看護における患者による暴力，保育園における園児による暴力などがある。
148) 本法第28条の2の規定によるリスクアセスメント指針策定のもととなった「労働安全衛生分野のリスクアセスメントに関する専門家検討会」(https://www.mhlw.go.jp/stf/shingi/other-roudou_128866.html）の議事録及び資料を参照。例えば第2回検討会の資料2（危険性又は有害性の分類（案）(https://www.mhlw.go.jp/shingi/2005/10/dl/s1025-4b.pdf）には「その他の危険性」の例として「地下駐車場の警備中における不審者からの暴力」が挙げられている。
149) 前掲注141）参照。

150) このサファリパークでは，平成12年に飼育員がライオンに噛まれる災害が発生し，その後，サファリパークを経営する法人及び管理者が当該飼育員に対して事故発生時の応急措置や退避方法など同法で定められた教育を怠ったとして労働安全衛生法違反で送検され，罰金刑を受けた事件があった。また，平成9年にも同様の災害があり罰金刑を受けた（ヨミダス―読売新聞2002年1月12日東京朝刊〈法人名略〉サファリパーク飼育員事故 大田原簡裁，会社と〈実行行為者職名略〉に略式命令」参照）。この事件の適用条文は，記事に「事故発生時の応急措置や退避方法」との記載があり，これが安衛則第35条第1項第7号に該当し，またこの根拠規定としては従来安衛法第59条の第1項と第2項とがあるが，第2項違反に対しては，労働安全衛生法等の一部を改正する法律（平成17年11月2日法律第108号）で初めて罰則が設けられ（平成18年4月1日施行），それより前は罰則がなく，この事件がそれより前に発生して罰金刑が適用されていることから判断すると，安衛法第59条第1項であったと考えられる。安衛則第35条第1項のうち第7号で立件された理由としては，サファリパークは一般に安衛令第2条第3号の業種（その他の業種）に該当することから，安衛則第35条第1項但書により同項第1号から第4号までの事項が省略可能となっており，例えば機械等，原材料等（ライオンも含まれると考えられる）の危険性や，作業手順などについての教育はしなくてもよいから，同項第7号の「事故時等における応急措置及び退避に関すること」くらいしか適用できる教育事項がなかったのではないかと思われる。なお，この但書（省略規定）は，労働安全衛生規則等の一部を改正する省令（令和4年5月31日厚生労働省令第91号）第3条の規定により削除されることとなった（令和6年4月1日施行）。
151) 全国労働安全衛生センター連絡会議（JOSHRC）「傷病性質コード表（労災保険）（最新版2020年7月現在）／職業病リスト関連―労働災害・職業病（業務災害・業務上疾病）統計基礎資料」(https://joshrc.net/archives/5056，最終閲覧日：2022年10月28日）。
152) 法制執務研究会編・前掲注95）43頁。
153) 裁判所職員総合研修所監修『刑法総論講義案〔三訂補訂版〕』（司法協会，2014年）374頁など。
154) 有機溶剤（労働安全衛生法施行令別表第6の2）の殆どが65℃未満の引火点を有し，引火性の物（同令別表第1第4号）に該当するが，該当しないものとしては，引火点を持たない1,1,1-トリクロルエタン（難燃性。ただし，これは液面燃焼しないという意味であって爆発範囲は存在する），引火点が81～86℃（密閉式）であるクレゾール（GHSでは引火性液体に分類される）がある。正確には，SDSその他の文献を参照されたい。
155) なお，労働基準法の労災補償分野では，業務上の負傷又は疾病という，これまた別の用語を使用しており，疑問は増すばかりである。なお，このうち業務上の疾病の範囲は厚生労働省令に委任されており，労働基準法施行規則第35条・別表第1の2で定められている。
156) 安衛則第14条（産業医及び産業歯科医の職務等）第1項では健康教育と衛生教育がそれぞれ掲げられているので，この2つには違いがあると思われる。
157) 安全・衛生，危険・健康障害の語について検討したものとして，労働省労働基準局編・前掲注6）477-478頁。
158) 井上浩『労働安全衛生法』（北樹出版，1978年）49-53頁。
159) 厚生労働省労働基準局が公表している「労働基準監督年報」の統計表「定期監督等実施状況・法違反状況」では特化則は衛生基準に分類されている。
160) 水戸地判平15・3・3判タ1136号96頁・平成12年（わ）第865号（株式会社ジェー・シー・オー（JCO）東海事業所臨界事故判決）(https://www.courts.go.jp/app/hanrei_jp/detail4?

id=6239)。

161) 厚生労働省労働基準局が公表している「労働基準監督年報」の統計表「定期監督等実施状況・法違反状況」では電離則は衛生基準に分類されている。

162) 類似の例として，安衛則第261条（通風等による爆発又は火災の防止）と有機則第2章（設備）及び第3章（換気装置の性能等）並びに第35条（有機溶剤等の貯蔵）第2号（有機溶剤の蒸気を屋外に排出する設備）がいずれも換気・排出措置を規定しているというものがある。この場合は，爆発下限界と許容濃度（日本産業衛生学会「資料 許容濃度等の勧告（2021年度）」産業衛生学雑誌63巻5号〔2021年〕参照）が大きく異なるので，安全と衛生では要求される換気措置の水準には大きな差がある。しかし，周囲が解放されていない屋内作業場でトルエンなどの蒸気が充満していて換気措置を取っていないならば安衛則違反と有機則違反が両方成立し，やはり罪数問題が生ずる。

163) JIS Z 8051：2015（ISO/IEC Guide 51：2014）（安全側面―規格への導入指針）では「危害」は「人への傷害若しくは健康障害，又は財産及び環境への損害」と定義されており，労働安全衛生法における労働災害よりも広い。

164) 前掲注2)参照。

165) 厚生労働省―審議会・研究会等―労働安全衛生分野のリスクアセスメントに関する専門家検討会（2005年）（https://www.mhlw.go.jp/stf/shingi/other-roudou_128866.html）の第1回の議事録において，機械安全や設計段階における安全技術のあり方と，事業者規制法としての本法のあり方の違いについて言及されている。

166) 濱島京子「機械安全制度の導入に伴う機械の使用段階での妥当性確認の考察―労働安全分野におけるマクロ労働安全の提案」労働安全衛生研究9巻2号（2016年）（https://www.jstage.jst.go.jp/article/josh/9/2/9_JOSH-2015-0018-CHO/_article/-char/ja）

167) 厚生労働省労働基準局安全衛生部安全課『危険性又は有害性等の調査等に関する指針・同解説』23頁によれば，同指針のリスク低減措置の優先順位はILOの労働安全衛生マネジメントシステムガイドライン（ILO-OSH 2001）の3.10.1，米国の「職場のハザードの分析（JHA）」，英国の「5ステップ」にも同様の記述が見られるとのことである。

168) The National Institute for Occupational Safety and Health (NIOSH) — Workplace Safety & Health Topics — Hierarchy of Controls (https://www.cdc.gov/niosh/topics/hierarchy/, 最終閲覧日：2022年12月22日)ではhierarchy of controlsという用語が使用されている（controlの目的語はexposures to hazards in the workplace）。

169) 全国労働安全衛生センター連絡会議―2022年11月16日付け「【特集／労働安全衛生法制定50周年】労働者の権利規定必要ないか／義務の対象と内容等は十分か―厚生労働省とのやりとりも振り返る」(https://joshrc.net/archives/13477, 最終閲覧日：2022年12月22日)では「リスク管理のヒエラルキー」という用語が使用されている。

170) 前掲注168)参照。

171) JIS Z 8051：2015（ISO/IEC Guide 51：2014）（安全側面―規格への導入指針）及びJIS B 9700：2013（ISO 12100：2010）（機械類の安全性―設計のための一般原則―リスクアセスメント及びリスク低減）参照。管理的対策や個人用保護具は，使用上の情報等に基づいてユーザー側が行う保護方策であるため3ステップメソッドには含まれていない。

172) 平成27年9月18日付け基発第918003号「化学物質等による危険性又は有害性等の調査等に関する指針について」(https://www.mhlw.go.jp/web/t_doc?dataId=00tc1267&dataType=1)。

173) 平成19年7月31日付け基発第0731001号「『機械の包括的な安全基準に関する指針』の改正について」(https://www.mhlw.go.jp/web/t_doc?dataId=00tb3487&dataType=1)，平成19年7月31日基安安発第0731004号「『機械の包括的な安全基準に関する指針』の解説等について」(https://www.mhlw.go.jp/web/t_doc?dataId=00tb3488&dataType=1)。

174) 参考文献として，輿重治「作業環境管理の沿革と現状」産業医学レビュー2巻2号（1989年），労働省安全衛生部環境改善室監修『労働衛生工学通論』（日本作業環境測定協会，1992年）57-59頁を用いた。

175) 昭和55年5月23日官報号外第28号に和訳及び英文が掲載。

176) 外務省―貿易の技術的障害に関する協定 本文 (https://www.mofa.go.jp/mofaj/ecm/it/page25_000410.html，最終閲覧：2023年1月30日)。

177) World Trade Organization — Urguay Round Agreement — Agreement on Technical Barriers to Trade (https://www.wto.org/english/docs_e/legal_e/17-tbt_e.htm，最終閲覧日：2023年1月30日).

178) 辻幸和「性能規定化，適合性評価とJISマーク表示制度」コンクリート工学43巻9号（2005年）(https://www.jstage.jst.go.jp/article/coj1975/43/9/43_65/_pdf)において「すなわち，WTOの発足に伴い，我が国も締結した協定の中のいわゆるTBT協定（貿易の技術的障害に関する協定）および政府調達協定の存在である。これらの協定では，技術基準は仕様規定ではなく性能規定とすべきことがまずべられている。」とされている。

179) 平成15年4月30日付け基発第0430004号「ボイラー構造規格及び圧力容器構造規格の全部改正について」(https://www.jaish.gr.jp/anzen/hor/hombun/hor1-44/hor1-44-21-1-0.htm) の記の1。

180) 同上。

181) 厚生労働省「職場におけるリスクに基づく合理的な化学物質管理の促進のための検討会」（平成23年）(https://www.mhlw.go.jp/stf/shingi/other-roudou_128823.html)。

182) 平成24年5月17日付け基発0517第2号「有機溶剤中毒予防規則等の一部を改正する省令の施行について」(https://www.mhlw.go.jp/web/t_doc?dataId=00tb8344&dataType=1)。

183) 平成25年2月25日付け厚生労働省発基安0225第1号「第12次労働災害防止計画の策定について」(https://www.mhlw.go.jp/web/t_doc?dataId=00tb9235&dataType=1) 4(1)イ③c。

184) 厚生労働省「職場における化学物質等の管理のあり方に関する検討会」（令和元年～令和3年）(https://www.mhlw.go.jp/stf/newpage_06355.html)。

185) 一般社団法人日本建築学会―論文検索―田中啇義建設省建築研究所企画調査課「性能規定と仕様規定の得失（〈特集〉建築法規）」(https://www.aij.or.jp/paper/detail.html?productId=77758)。

186) 「合理的に予見可能な誤使用」とは，JIS Z 8051：2015（ISO/IEC Guide 51：2014）（安全側面―規格への導入指針）3.7で「容易に予測できる人間の行動によって引き起こされる使用であるが，供給者が意図しない方法による製品又はシステムの使用」と定義されている。

187) JIS Q 45001：2018（ISO 45001：2018）（労働安全衛生マネジメントシステム―要求事項及び利用の手引）6.1.2.1 b)，JIS B 9700：2013（ISO 12100：2010）（機械類の安全性―設計のための一般原則―リスクアセスメント及びリスク低減）5.5.3.2などを参照。

188) 日本学術会議―平成22年8月24日付け日本学術会議会長金澤一郎「『ホメオパシー』についての会長談話」(https://www.scj.go.jp/ja/info/kohyo/pdf/kohyo-21-d8.pdf)。

189) 日本医学会―2010年8月25日付け日本医師会会長原中勝征及び日本医学会会長髙久史麿「『ホメオパシー』への対応について」(https://jams.med.or.jp/news/013.html，最終閲覧日：

190) 消費者庁―お知らせ―（2022年2月18日）新型コロナウイルスに対する予防効果を標ぼうする商品等の表示に関する改善要請及び一般消費者等への注意喚起について（https://www.caa.go.jp/notice/entry/027528/，最終閲覧日：2022年12月22日）。

191) 筆者の見聞きした範囲であるが，建物内で窓を閉め切り換気しないで，空間除菌器を稼働させるだけで新型コロナウイルスの感染対策とした例などがある。

192) 大森政輔・鎌田薫編『立法学講義』（商事法務，2007年）305頁の「立法事実」についての説明を参照。

193) 令和元年11月25日付け基安安発1125第2号「労働安全衛生規則等の解釈について（回答）」（https://www.mhlw.go.jp/content/11300000/000600105.pdf）。

194) 宮野美宏・坂部弘之・房村信雄・秋本広吉「座談会 特定化学物質等障害予防規則制定をめぐって」労働福祉昭和46年8月号で，坂部は「労働省の労働者の健康を守るための法規制の一貫したやり方というのは，作業列挙方式をとってきたわけです。たとえば〈鉛中毒予防規則〉であるとか，あるいは〈有機溶剤中毒予防規則〉，そういうような物質をあげて，それぞれの物質の中毒を防ぐ方法を出していくという。物質よりも物質を取り扱う作業といったほうがいいかもしれませんが，われわれはこれを作業列挙方式と名づけたわけです。そういうやり方をとってきたわけですね。しかし，A・C・G・I・Hが書き出している許容濃度がすでに四三〇種にも達するようになりまだまだふえつつある時代にいちいち作業列挙方式なんてとれないじゃないかというのがかねがねわれわれの考え方だったわけです。今度の特化則ができる前から，労働省も作業列挙方式から許容濃度方式に行政のやり方を変える時期がくるだろうという予測をしておったわけですが，それが今度初めて実を結んだということになるわけなんです。そういう意味で，もうここまでくればあとは物質はつけたしていけばいい。いちいちその物質について，何々規則といわなくてもこれに物質を付け足せばいいということで，労働省の将来の労働衛生行政が画期的な展開をみせるだろう，と思っております。」と述べている。

195) 株式会社マルジン「S&Uだより No. 118～モノレールに関する労働安全衛生規則の適用について～」（2007年2月10日）（http://www.ttn.ne.jp/~marujin/2007su2.pdf）。

196) 平成8年4月23日付け基発第261号「林業用単軌条運搬機安全管理要綱の策定について」（https://www.jaish.gr.jp/anzen/hor/hombun/hor1-37/hor1-37-13-1-0.htm）。

197) 全国労働安全衛生センター連絡会議「『新たな化学物質規制制度』のための労働安全衛生法関係政省令等の改正―令和4～6年施行に向け安衛令と7規則等を改正（2022.6.3/7.11解説追加）」，2022年6月3日／最終更新日時：2022年7月11日」（https://joshrc.net/archives/12724，最終閲覧日：2022年10月30日）。

198) 裁判所職員総合研修所・前掲注153）49頁。

199) 経済産業省・前掲注68）37-39頁。

200) 前掲注65）参照。

201) 同上。

202) 産経新聞WEBサイト（2016年10月14日）「鉄パイプが30メートルに落下 頭を貫通，通行人の男性死亡 東京・六本木」（https://www.sankei.com/article/20161014QVCATGXNENMCRMDQJXMI4UBTBM/，最終閲覧日：2022年11月1日）。

203) 朝日新聞デジタル（2020年3月3日）「六本木の鉄パイプ落下事故死 現場監督に有罪判決」（https://www.asahi.com/articles/ASN335TPHN33UTIL043.html，，最終閲覧日：2022年11月1日）。

204) 朝日新聞デジタル（2018年1月17日）「六本木・パイプ落下事故で書類送検」（https://www.asahi.com/articles/DA3S13316417.html，最終閲覧日：2022年11月1日）。

205) ヨミダス歴史館―読売新聞2019年5月22日付け東京朝刊「パイプ落下死 作業責任者有罪」。

206) 前掲注203）参照。

207) KYODO NEWS［共同通信社YouTube公式チャンネル］（2012年3月20日）「足場倒れ，園児2人けが 埼玉，強風原因か」（https://www.youtube.com/watch?v=fc7VH6OBK-c），最終閲覧日：2024年10月30日。

208) 埼玉新聞WEBサイト（2015年4月28日）「東松山足場倒壊，業者3人に有罪判決 地裁『防止措置取らず』」（https://www.saitama-np.co.jp/news/2015/04/29/01.html）。

209) 労務安全情報センターブログ（2012年12月21日）「川越労基署が保育園児22人に足場が倒壊した事故で社長書類送検」（http://laborstandard.blog82.fc2.com/blog-entry-391.html?sp）（2012年12月20日付け共同通信の記事の引用あり）。

210) 平成16年4月27日最高裁判所第三小法廷判決・平成13年（受）第1760号（筑豊じん肺訴訟）（https://www.courts.go.jp/app/hanrei_jp/detail2?id=052326）。

211) 昭和23年3月24日付け基発第498号。

212) 前掲注160）参照。

213) 兵庫労働局日本触媒姫路製造所爆発労働災害対策本部プレスリリース（平成26年3月18日）「株式会社日本触媒の書類送検について」ほか（https://jsite.mhlw.go.jp/hyogo-roudoukyoku/var/rev0/0109/0765/201431813254.pdf）。

214) 株式会社日本触媒―ニュースリリース（2018年7月19日）「姫路製造所における爆発・火災事故に関する判決について」（https://www.shokubai.co.jp/ja/sp/news/news0315.html，最終閲覧日：2022年10月30日）。

215) ゴムタイムス「日本触媒 12年の爆発事故で有罪判決」（2018年07月23日）（https://www.gomutimes.co.jp/?p=134588，最終閲覧日：2022年10月30日）。

216) 厚生労働省厚生労働科学研究費補助金（労働安全衛生総合研究事業）「リスクアセスメントを核とした諸外国の労働安全衛生制度の背景・特徴・効果とわが国への適応可能性に関する調査研究」［研究代表者：三柴丈典］総合報告書（H26-労働－一般-001，平成28（2016）年度）（https://mhlw-grants.niph.go.jp/project/26210，文献番号201621001B）―リスク創出者管理責任負担原則の意義については，総括研究報告書27頁【示唆される予防政策のエッセンス】①，同30頁【特徴】①ほか。英国労働安全衛生法への反映状況については，分担研究報告書「日本の安衛法の特徴と示唆される予防政策のエッセンス」87頁。

217) 三柴丈典「使用者の健康・安全配慮義務」日本労働法学会編『講座労働法の再生 第3巻 労働条件論の課題』（日本評論社，2017年）279頁。

218) 三柴丈典・倉重公太朗・中澤祥子「ギグワーカーの安全衛生に関する法的保護のあり方について―日本の状況と展望」産業保健法学会誌1巻2号（2022年）（https://www.jstage.jst.go.jp/article/jaohl/1/2/1_43/_pdf/-char/ja）50頁ほか。

219) 三柴丈典教授（本研究事業代表者）へのメールによる問合せ（令和5年2月19日）による。

220) The committee 1970-72, chairman Lord Robens "Safety and Health at Work: Report of the Committee 1970-72"（1972年）Chapter 1: What is wrong with the system？―28（7頁）。Chapter 18: Summary ―457（151頁）にも同様の記述がある。

221) 条文は，legislation. gov. uk ― Health and Safety at Work etc. Act 1974（https://www.legislation.gov.uk/ukpga/1974/37/contents）参照。日本語訳は，中央労働災害防止協会―旧国際安全衛生センターWEBサイト―イギリス1974

年労働安全衛生法（https://www.jniosh.johas.go.jp/icpro/jicosh-old/japanese/country/uk/law/HealthandSafetyatWorkAct1974/1syou.html）参照。
222) 前掲注219）参照。
223) 製品又はシステムの設計・製造者等によるリスクアセスメント等について包括的なものを定めた文献として，JIS Z 8051のほか，機械については JIS B 9700：2013（ISO 12100：2010）（機械類の安全性—設計のための一般原則—リスクアセスメント及びリスク低減），機械の包括的な安全基準に関する指針（平成19年7月31日付け基発第0731001号「機械の包括的な安全基準に関する指針」の改正について）等がある。
224) ただし，製造流通規制に係る構造規格は改正（規制強化）に際して経過規定が設けられるものの，事業者のみに規制を課している機械については規制強化の際も経過規定は設けられないという，いわば逆転現象が起きることもある。
225) 昭和48年3月22日付け基発第118号の3「メーカー段階における機械等の安全衛生の確保について」（https://www.jaish.gr.jp/anzen/hor/hombun/hor1-27/hor1-27-13-1-0.htm）。
226) 前掲注173）参照。
227) 労働省労働基準局安全衛生部編・前掲注1）163頁に同趣旨。

228) 労働基準法旧第42条により使用者が危害防止の措置を講ずべき機械等が使用者の管理権原にない場合の同条の適用問題について，最3小決昭47・6・6刑集26巻5号333頁・昭和46（あ）第989号（労働基準法違反事件）（https://www.courts.go.jp/app/hanrei_jp/detail2?id=51031）は「労働基準法42条，45条，昭和45年労働省令第21号による改正前の労働安全衛生規則63条1項により使用者が講項ずべき危害防止措置の対象たる動力伝導装置等は，当該労働者が作業上接触する危険があるかぎり，その労働者の使用者が所有または管理するものにかぎられるものではなく，また，その労働者をして作業場において直接これを取り扱わせるものであると否とを問わない。」として被告人側の上告を棄却した。
229) 法制執務研究会編・前掲注95）問102の答七（247頁）に，両罰規定の議論に関連し，行政処分を受ける主体について議論されている。
230) 前掲注103）参照。

〔森山誠也〕

第28条・第28条の2

（技術上の指針等の公表等）
第28条　厚生労働大臣は，第20条から第25条まで及び第25条の2第1項の規定により事業者が講ずべき措置の適切かつ有効な実施を図るため必要な業種又は作業ごとの技術上の指針を公表するものとする。
2　厚生労働大臣は，前項の技術上の指針を定めるに当たつては，中高年齢者に関して，特に配慮するものとする。
3　厚生労働大臣は，次の化学物質で厚生労働大臣が定めるものを製造し，又は取り扱う事業者が当該化学物質による労働者の健康障害を防止するための指針を公表するものとする。
一　第57条の4第4項の規定による勧告〔＊製造輸入業者から届け出られた新規化学物質につき，学識経験者の意見を聴いたうえで，届出事業者に対して行う施設の設置，保護具の使用等の勧告〕又は第57条の5第1項の規定による指示〔＊発がん性など特に有害な物質につき，厚生労働大臣が，製造輸入・取扱事業者に行う有害性調査の指示〕に係る化学物質
二　前号に掲げる化学物質以外の化学物質で，がんその他の重度の健康障害を労働者に生ずるおそれのあるもの
4　厚生労働大臣は，第1項又は前項の規定により，技術上の指針又は労働者の健康障害を防止するための指針を公表した場合において必要があると認めるときは，事業者又はその団体に対し，当該技術上の指針又は労働者の健康障害を防止するための指針に関し必要な指導等を行うことができる。

1　趣旨

本条は，①厚生労働大臣が，危害防止基準に基づき事業者が講ずべき措置の適切かつ有効な実施を図るための技術上の指針，特定の化学物質による労働者の健康障害を防止するための指針を公表すること，②厚生労働大臣が必要があると認めるときに，事業者又は事業者団体に必要な指導を行うことについて，法的根拠を提供する規定である。

危害防止基準（安衛法第20条乃至第25条，同法第25条の2第1項）の具体的内容は厚生労働省令において定められるが（同法第27条第1項），法令は，その本来もつ制約上，画一的・一般的・抽象的なものとならざるを得ず，その適用対象となる事業場の業種，規模，作業の態様に対応することができず，個々の事業場における労災防止を実効的に行う上で懇切丁寧とは言い難い面がある。また，法令の趣旨を踏まえた具体的な労災防止対策を確立することは，本来，個々の事業場における努力によるべきものといえるが，実際問題，中小企業等にあってはそれが困難である場合もあるため，国としてもその対策の内容を積極的に示す必要がある。本条第1項に基づく技術上の指針は，以上のような考えに基づくものである。また，本条第2項は，中高年齢者の労災防止のため，中高年齢者の身体機能の変化に応じて施設設備，作業方法等の改善等の対策を

各事業場において確立させる必要があることから定められたものである。[3]

ところで、一定の新規化学物質を製造・輸入するために、有害性調査を行い、その結果を届け出た事業者に対し、厚生労働大臣は、施設又は設備の設置又は整備、保護具の備付け等の健康障害を防止するために必要な措置を勧告することができるとされている（同法第57条の4第4項）。また、がんその他の重度の健康障害が生ずるおそれがある化学物質を製造、輸入、使用している事業者等に対し、厚生労働大臣は、有害性調査を実施し、その結果を報告すべきことを指示することができ（同法第57条の5第1項）、指示を受けた有害性調査を行った事業者は、その結果に基づいて健康障害を防止するために必要な措置を速やかに講じることが義務づけられている（同第4項）。本条第3項に基づく健康障害防止指針（いわゆる「がん原性指針」）は、上記の勧告や指示を受けた事業者以外の雇用主に雇用される労働者で、勧告や指示を受けた事業者の下で働く労働者と同じ化学物質を取り扱う者に対する予防措置の実施を期待して公表されるものでもある。[4]

また、一定の危険有害性が認められた化学物質の中には、安全データシート（SDS）の交付等対象物質となっているものもあり（安衛法第57条の2）、事業者はSDSを通じてその危険有害性（がん原性を含む）を知ることが可能であるが、事業者の中には、SDS対象物質が規制対象物質であるという意識がないケースもある。がん原性指針は、こうした中で、がん原性のある化学物質をその対象とすることにより、行政指導の根拠を付与し、事業者に対して当該化学物質の有害性をより分かりやすく伝える機能も果たしているといえる。[5]

本条は事業者を名宛人とする規定ではなく、罰則の適用や私法上の請求権の発生を予定するものではない。また、本条に基づき策定される指針も同様に、罰則の適用やそこから直ちに私法上の請求権の発生を予定するものではない。ただし労災事故ないし職業病の発症に係る事業者の安全配慮義務（注意義務）違反が問題となる中で、指針に規定されている事項が参酌される可能性はある。[6]他方、指針に記載がないことが事業者の免責を認めるものでもない（ 5 参照）。

2 内容
1 技術上の指針

現在公表されている技術上の指針の名称及び概要は、資料4-56の通りである。[7]技術上の指針を定めるに当たっては、中高年齢者に関して、特に配慮することが求められているが（安衛法第28条第2項）、中高年齢者にとって有効な安全衛生対策は他の世代や経験の浅い労働者にとっても有効となるためか、下記指針の中で中高年齢者に関する特則を定めているものはみられない。なお、「工作機械の構造の安全基準に関する技術上の指針」、「プレス機械の金型の安全基準に関する技術上の指針」においては、人間工学的な配慮に係る規定があるが、ここには中高年齢者の身体的・認知的・精神的特性を踏まえた配慮が当然に含まれることとなろう。

2 健康障害を防止するための指針
(1) 概要

化学物質による健康障害を防止するための指針（健康障害防止指針）については、下記の通り、1991（平成3）年8月26日以降、化学物質ごとに各々の指針が公表され、その中で①ばく露を低減させる措置（作業環境管理、作業管理）、②作業環境測定、③労働衛生教育、④当該物質の製造等に従事する労働者の把握、⑤危険有害性の表示について定められていた。なお、平成14年1月21日健康障害を防止するための指針公示第13号では、1999（平成11）年安衛法改正の内容を踏まえ、化学物質等安全データシート（MSDS、現在の安全データシート（SDS））の活用に関する記載が追記されている。[8]

①四塩化炭素による健康障害を防止するための指針（平成3年8月26日健康障害を防止するための指針公示第1号）
②1,4-ジオキサンによる健康障害を防止するための指針（平成4年12月21日健康障害を防止するための指針公示第2号）
③1,2-ジクロルエタンによる健康障害を防止するための指針（平成5年6月25日健康障害を防止するための指針公示第3号）
④パラ－ニトロクロルベンゼンによる健康障害を防止するための指針（平成6年3月25日健康障害を防止するための指針公示第4号）
⑤クロロホルムによる健康障害を防止するための指針（平成7年9月22日健康障害を防止するための指針公示第5号）
⑥テトラクロルエチレン（別名パークロルエチレン）による健康障害を防止するための指針（平成7年9月22日健康障害を防止するための指針公示第6号）
⑦酢酸ビニルによる健康障害を防止するための指針（平成9年2月6日健康障害を防止するための指針公示第7号）
⑧1,1,1-トリクロルエタンによる労働者の健康障害を防止するための指針（平成9年2月6日健康障害を防止するための指針公示第8号）
⑨パラ－ジクロルベンゼンによる健康障害を防止するための指針（平成9年2月6日健康障害を防止するため

指針の名称	概要
スリップフォーム工法による施工の安全基準に関する技術上の指針（昭和49・7・4技術上の指針公示第1号）	煙突工事，橋脚工事等に用いられるスリップフォーム工法による施工における労働者の墜落，建設物の倒壊等の災害を防止するため，当該工法の施工上の留意事項について定めたもの。スリップフォーム工法とは，コンクリートを成型するための型枠を内包する施工機械を使用し，施工機械内部で成型を行うと同時に，同機械を前進させることにより，同一断面の構造物を連続的に構築していく工法を指す（資料4-57*1）
工業用加熱炉の燃焼設備の安全基準に関する技術上の指針（昭和49・7・4　技術上の指針公示第2号）	熱処理，鍛造，焼付け等を行うための工業用の加熱炉の燃焼設備に使用する気体燃料又は液体燃料による爆発災害を防止するため，炉の燃焼設備のうち，燃料配管，バーナ（※ガスや油などの燃料を燃焼して生み出される熱エネルギーを間接的に，あるいは直接的に炉に与えるための機器*2，資料4-58），安全装置等に関する留意事項について規定したもの
感電防止用漏電しゃ断装置の接続及び使用の安全基準に関する技術上の指針（昭和49・7・4　技術上の指針公示第3号）	移動式又は可搬式の電動機械器具が接続される電路に接続する電流動作形の感電防止用漏電しゃ断装置（資料4-59）の適正な接続及び使用を図るため，これらに関する留意事項について規定したもの
工作機械の構造の安全基準に関する技術上の指針（昭和50・10・18技術上の指針公示第4号）（平成13・9・18技術上の指針公示第15号により改正）（改正：令和4年12月20日技術上の指針公示第23号）	金属加工用の工作機械への接触等による災害を防止するため，工作機械の設計及び製造に関する留意事項について規定したもの
コンベヤの安全基準に関する技術上の指針（昭和50・10・18技術上の指針公示第5号）	コンベヤ又はその附属装置への接触，荷の落下等による災害を防止するため，コンベヤ及びその附属装置の設計，製造，設置及び使用に関する留意事項について規定したもの
移動式足場の安全基準に関する技術上の指針（昭和50・10・18技術上の指針公示第6号）	主として工場，建設工事現場等で使用する移動式足場（資料4-60）の転倒，移動式足場からの労働者の墜落等による災害を防止するため，その設計，製造及び使用に関する留意事項について規定したもの
ボイラーの低水位による事故の防止に関する技術上の指針（昭和51・8・6技術上の指針公示第7号）	燃焼装置としてバーナを使用する蒸気ボイラー（資料4-61）の水位が安全低水面以下になったボイラーの燃焼を行った場合に発生するボイラー変形，膨出，き裂，圧かい，破裂等の事故を防止するため，低水位燃焼しゃ断装置等の構造及びボイラーの管理に関する留意事項について規定したもの
墜落による危険を防止するためのネットの構造等の安全基準に関する技術上の指針（昭和51・8・6技術上の指針公示第8号）	建設工事の場所等において，労働者の墜落による危険を防止するため，水平に張って使用するネットの構造等に関する留意事項について規定したもの
プレス機械の金型の安全基準に関する技術上の指針（昭和52・12・14技術上の指針公示第9号）	プレス機械の金型（資料4-62）に身体の一部をはさまれる危険や組立て式等の金型の破損や脱落等による災害を防止するため，金型に関する留意事項について規定したもの。
鉄鋼業における水蒸気爆発の防止に関する技術上の指針（昭和52・12・14技術上の指針公示第10号）	鉄鋼業における溶融した高熱の鉱物（溶融高熱物）と水との接触により発生する水蒸気爆発（資料4-63）を防止するため，溶融高熱物の処理設備のうち，ピット，水冷装置及び鉱さい（※鉱物を精錬する際などに生じる，目的成分以外の溶融物質*3）処理場の構造等に関する留意事項について規定したもの。なお，水蒸気爆発は鋳造作業中の冷却水との接触，高熱の鉱さいの水処理中，高熱の鉱物をピット内で取り扱い中ピット内に滞留していた水との接触，溶解炉等に原材料の金属くずが水が混入したまま投入した場合等に多く発生することが指摘されている*4。
油炊きボイラー及びガス炊きボイラーの燃焼設備の構造及び管理に関する技術上の指針（昭和52・12・14技術上の指針公示第11号）（改正：平成13・9・18技術上の指針公示第16号）	重油，軽油，燈油等の燃焼油を使用する油炊きボイラー及び都市ガス，液化石油ガス，天然ガス等の燃料ガスを使用するガス炊きボイラー（※都市ガスを燃焼して，水（液体）を加熱し，温水（温水ボイラー）や蒸気（蒸気ボイラー）を作る装置。資料4-64）による爆発，火災等の災害を防止するため，燃焼設備の構造及び管理に関する留意事項について規定したもの
産業用ロボットの使用等の安全基準に関する技術上の指針（昭和58・9・1技術上の指針公示第13号）	産業用ロボット（マニプレータ（※産業用ロボットのアーム）及び記憶装置を有し，記憶装置の情報に基づきマニプレータの伸縮，屈伸，上下移動，左右移動若しくは旋回の動作又はこれらの複合動作を自動的に行うことができる機械（安衛則第36条第31号），資料4-65）の使用時における産業用ロボットとの接触等による災害を防止するため，産業用ロボットの選定，設置，使用等に関する留意事項について定めたもの
可搬式ゴンドラの設置の安全基準に関する技術上の指針（昭和61・6・9技術上の指針公示第14号）	建造物の工事等のため一定期間設置される可搬型ゴンドラ（資料4-66）の使用時等における落下等による災害を防止するため，可搬型ゴンドラの設置に関する留意事項について定めたもの
ヒドロキシルアミン等の安全な取扱い等に関する技術上の指針（平成13・12・3技術上の指針公示第17号）	鉄，銅，ニッケル，クロム等の金属イオン（鉄イオン等）の触媒作用によって発熱分解する性質を持つヒドロキシルアミン等を製造し，又は取り扱う作業に関し，ヒドロキシルアミン等の爆発による労働者の危険を防止するため，その製造，取扱い等に関する留意事項及び危険性判別の方法について定めたもの
交流アーク溶接機用自動電撃防止装置の接続及び使用の安全基準に関する技術上の指針について（平成23・6・1技術上の指針公示第18号）	交流アーク溶接機（資料4-67）の自動電撃防止装置（※溶接機の出力側無負荷電圧を自動的に30V以下の安全電圧に低下させる装置）の適正な接続及び使用に関する留意事項について規定したもの。アーク溶接とは，電気エネルギーを空気中の放電現象（アーク放電）に変え，発生する熱で金属の溶接を行うことをいう*5。交流アーク溶接機用自動電撃防止装置の接続及び使用の安全基準に関する技術上の指針（昭和55・7・30技術上の指針公示第12号）は同指針により廃止。
建築物等の解体等の作業及び労働者が石綿等にばく露するおそれがある建築物等における業務での労働者の石綿ばく露防止に関する技術上の指針（平成26・3・31技術上の指針公示第21号）（改正：令和2・9・8技術上の指針公示第22号）	建築物等の解体等の作業及び労働者が石綿等にばく露するおそれがある建築物等における業務に係る措置に関する留意事項について規定 建築物等の解体の作業での労働者の石綿ばく露防止に関する技術上の指針（平成24・5・9技術上の指針公示第19号）（改正：平成26・3・31技術上の指針公示第20号）はこれにより廃止。

指針の名称	概要
機能安全による機械等に係る安全確保に関する技術上の指針（平成28・9・26厚生労働省告示第353号）	電気・電子技術やコンピュータ技術の進歩に伴い，これらの技術を活用することにより，機械等に対して高度かつ信頼性の高い制御が可能となってきている中で，危険性又は有害性等の調査等に関する指針（平成18年危険性又は有害性等の調査等に関する指針公示第1号）及び機械の包括的な安全基準に関する指針（平成19年7月31日付け基発第0731001号厚生労働省労働基準局長通達）と相まって，従来の機械式の安全装置等に加え，新たに制御の機能を付加することによって機械等の安全を確保するための必要な基準等について規定したもの
化学物質による健康障害防止のための濃度の基準の適用等に関する技術上の指針（令和5・4・27技術上の指針公示第24号）（改正：令和6・5・8技術上の指針公示第26号）	特別規則により規制されていない化学物質による労働災害が多く発生していることを背景になされた2022（令和4）年5月の省令等改正において導入された新たな化学物質管理では，所定の物質（リスクアセスメントの実施やラベル表示等を義務付けられる化学物質（以下，リスクアセスメント対象物）という）を製造し，又は取り扱う事業者において，労働者がこれらの物にばく露される程度を厚生労働大臣が定める濃度の基準（濃度基準値）以下としなければならないとされたこと（安衛則第577条の2）との関係で，濃度基準値及びその適用，労働者のばく露の程度が濃度基準値以下であることを確認するための方法，物質の濃度の測定における試料採取方法及び分析方法並びに有効な保護具の適切な選択及び使用等について，事業者が実施すべき事項を一体的に規定したもの（適用日：2024（令和6）年4月1日）。事業者は，①リスクアセスメント対象物についてリスクを見積もること，②その過程で，労働者が当該物質にばく露する程度が濃度基準値を超えるおそれのある屋内作業を確認した場合には，ばく露の程度が濃度基準値以下であることを確認するための測定（確認測定）を実施すること，③①・②の結果に基づき，労働者がリスクアセスメント対象物にばく露する程度を最小限度とすることを含め，必要なリスク低減措置を実施することが求められる。

* 1　日本スリップフォーム工法協会 WEB サイト（http://www.nsfa.jp/slip/gaiyo.html，最終閲覧日：2022年7月16日）。
* 2　中外炉工業株式会社 WEB サイト（https://chugai.co.jp/pro_04_3_gas_01/，最終閲覧日：2022年7月16日）。
* 3　株式会社リバスタ「電子マニフェストサービス e-reverse.com」（https://www.e-reverse.com/blog/law017/，最終閲覧日：2022年8月27日）。
* 4　厚生労働省「職場のあんぜんサイト」（https://anzeninfo.mhlw.go.jp/anzen_pg/SAI_DET.aspx?joho_no=001056，最終閲覧日：2022年8月27日）。
* 5　コベルコ教習所 WEB サイト（https://www.kobelco-kyoshu.com/licenses/%E3%82%A2%E3%83%BC%E3%82%AF%E6%BA%B6%E6%8E%A5%E7%AD%89%E7%89%B9%E5%88%A5%E6%95%99%E8%82%B2/，最終閲覧日：2022年8月27日）参照。

（石﨑由希子作成）

資料4-57　スリップフォーム工法

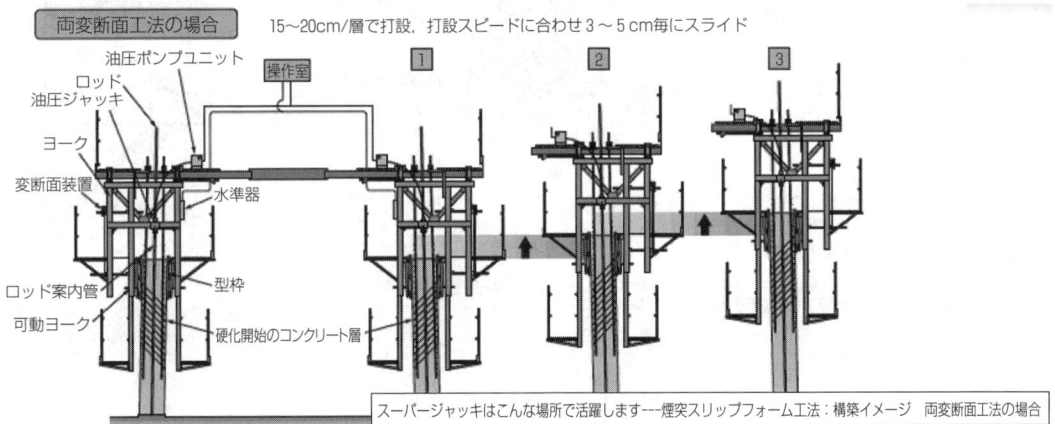

※スリップフォーム工法とは，型枠や足場を装着したジャッキがロッドを上昇していくことにより，連続的なコンクリート打設作業が可能となる工法。型枠をスライドさせながらコンクリート壁を構築できるため，大型の足場が不要である，ステップ毎の型枠解体が不要で，工期短縮できるというメリットがある。

スリップフォーム装置の組立

コンクリート打設スタート

頂部コンクリート工事中

（JFE シビル株式会社 WEB サイト〔「煙突スリップフォーム工法」https://www.jfe-civil.com/infra/tokkou/goodfor_high07.html，最終閲覧日：2024年6月21日〕）

資料4-58　バーナ

NEOTMG® 型スロートミクスバーナ
小容量に特化した機種

TMG 型スロートミクスバーナ
汎用型ガスバーナーの代表的機種

（中外炉工業株式会社 WEB サイト〔「製品情報」https://chugai.co.jp/pro_04_3_gas_01/，最終閲覧日：2024年6月24日〕）

資料4-59　電流動作形の感電防止用漏電遮断器

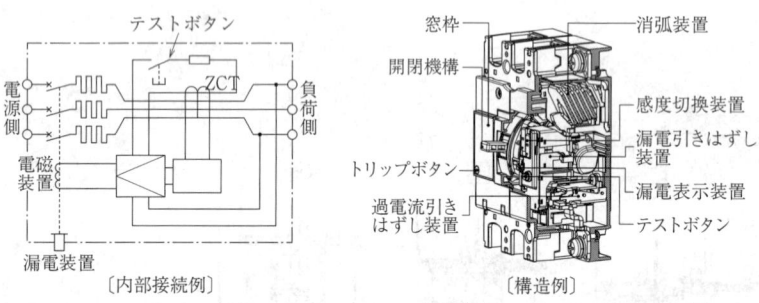

〔内部接続例〕　　〔構造例〕

＊漏電遮断器には，①配線用遮断器の機能に地絡電流（※地絡とは，電気が大地に接触し，電流が流れた状態）に応動して遮断器を引き外す漏電引外し装置，②地絡事故で動作したことを表示する漏電表示装置，③動作することを確認するためのテストボタン装置などが組み込まれている。

（三菱電機株式会社「三菱ノーヒューズ遮断器・漏電遮断器　技術資料集」〔https://dl.mitsubishielectric.co.jp/dl/fa/document/catalog/lvcb/yn-c-0657/y0657j2203.pdf，最終閲覧日：2024年10月18日〕より作成）

資料4-60　移動式足場

（株式会社アクトワン　ヤマイチ WEB サイト〔https://www.act-1.co.jp/item/u-rt/，最終閲覧日：2024年7月4日〕）

資料4-61　バーナを使用する蒸気ボイラー

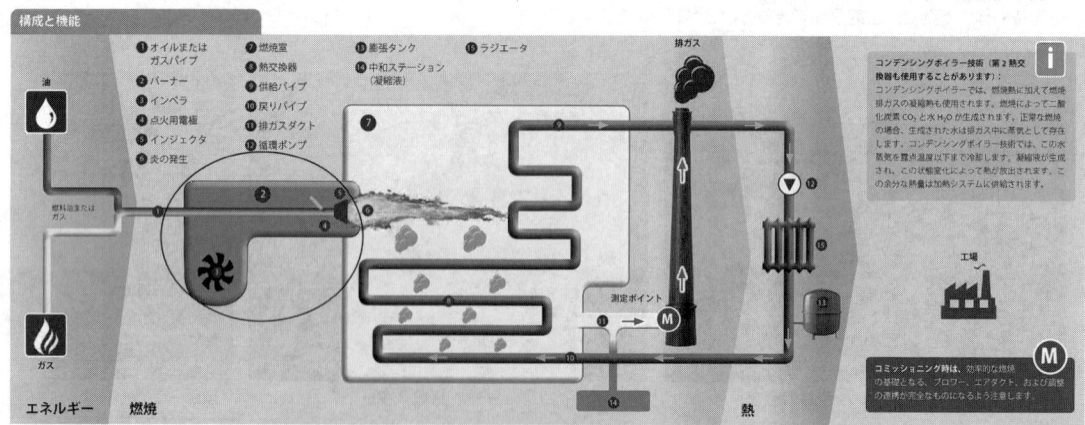

＊燃料油又はガスがバーナー（丸で囲った部分）まで送られ，燃料用空気もまたバーナーの炎に供給される。点火されると，燃料ガスはボイラーの熱交換器の表面を流れ，その過程で加熱水から熱エネルギーが放出される。加熱水はポンプやパイプを通じてラジエーターまで運ばれ，そこで熱を放出し冷却され，再び加熱に利用される。

（資料提供：株式会社テストー）

資料4-62　プレス装置

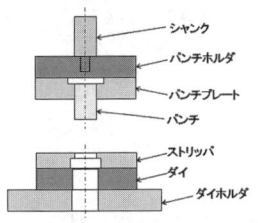

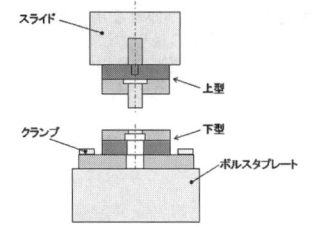

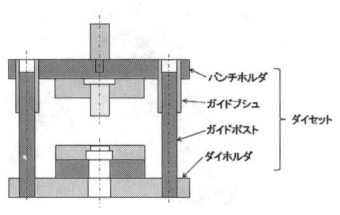

図1　標準的な打ち抜き型の構造　　図2　プレス機械と金型の関係　　図3　パンチ・ダイの位置合わせ

（株式会社サンコー技研WEBサイト〔https://sankogiken.com/uchinuki/pressdie/，最終閲覧日：2024年7月22日〕）

資料4-63　水蒸気爆発

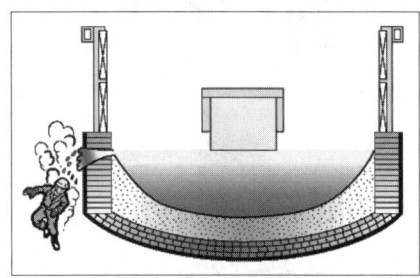

＊電気炉内の高温の鋼湯が炉壁の一部を溶損したため、鋼湯が漏出し、これが電気炉の外側を通っていた水冷ジャケットの配管を溶損し、鋼湯と水が接触し水蒸気爆発を引き起こした事例を示したイラスト。

（株式会社高橋製作所WEBサイト〔https://www.takahashi-works.jp/single.html，最終閲覧日：2024年7月1日〕）

（厚生労働省「職場のあんぜんサイト」〔https://anzeninfo.mhlw.go.jp/anzen_pg/SAI_DET.aspx?joho_no=001056，最終閲覧日：2022年8月27日〕）

資料4-64　油焚きボイラー及びガスボイラー

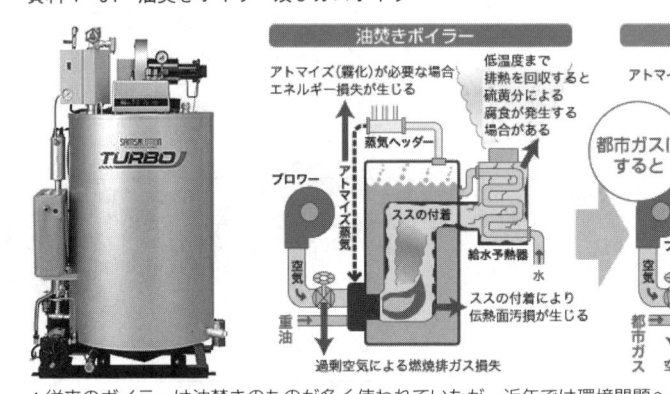

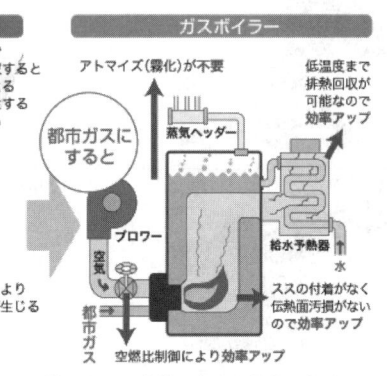

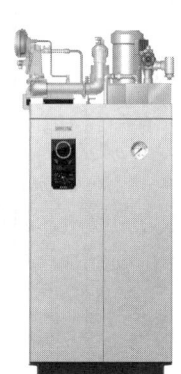

＊従来のボイラーは油焚きのものが多く使われていたが、近年では環境問題への意識の高まりから、クリーンエネルギーである都市ガスボイラーへ転換する例が増加している。

（図：仙台市ガス局WEBサイト〔https://www.gas.city.sendai.jp/biz/boilers/，最終閲覧日：2022年10月22日，ボイラーの写真：株式会社サムソンWEBサイト〔https://www.samson.co.jp/product/boiler，最終閲覧日：2024年7月8日〕）

資料4-66　可搬型ゴンドラ

第28条　657

資料4-65　産業用ロボットの種類

分類	種類	説明
シリアルリンク型 / 多関節型	垂直多関節ロボット	汎用性が高く，様々な用途で，現在最も多く使用されているロボット。7つの軸をもつといわれる人間の腕の動きに近く，自由度が高いため複雑な動作が可能。
シリアルリンク型 / 多関節型	水平多関節ロボット	スカラ（SCARA, Selective Compliance Assembly Robot Armの略称）ロボットとも呼ばれる。平面で位置決め可能な2つの回転軸（①上下方向は直線軸，②ハンドの向きを調整する回転軸）とアームで構成される。真上からの作業が主で，組立に用いられる。
シリアルリンク型 / 座標軸型	直角座標ロボット	直交型ロボット，ガントリーロボットとも呼ばれる。直線的な動きだけをする産業ロボットで，縦・横・高さという3方向を直交して，3方向をスライドのみで往復する構造を有する。搬送，検査といった作業に用いられる。
シリアルリンク型 / 座標軸型	円筒座標ロボット	上下及び前後の動作は直線軸で，全体を旋回する回転軸が一つあるロボット。直角座標ロボットと比較すると，接地面に対して作業領域が広いことがメリットであり，液晶パネルの搬送などに利用されている。
シリアルリンク型 / 座標軸型	極座標ロボット	産業用ロボットの元祖ともいえるロボット。1969（昭和44）年，「川崎ユニメート2000型」が国産の産業ロボット第1号として登場している。アームを上下左右に回転させる回転軸をもち，アームが伸縮するロボット。
パラレルリンク型	パラレルリンクロボット	高速動作が得意で，主にピッキングの用途で使用される。

（株式会社FAプロダクツWEBサイト〔https://jss1.jp/column/column_31/，https://jss1.jp/column/column_38/，https://jss1.jp/column/column_41/，https://jss1.jp/column/column_107/〕のほか，株式会社スギノマシンWEBサイト〔https://www.sugino.com/site/robot/industrial-robot.html，最終閲覧日：2022年10月31日〕をもとに石崎由希子作成。図は，株式会社FAプロダクツWEBサイト〔https://jss1.jp/column/column_31/，https://jss1.jp/column/column_41/，最終閲覧日：2024年10月29日〕を引用）

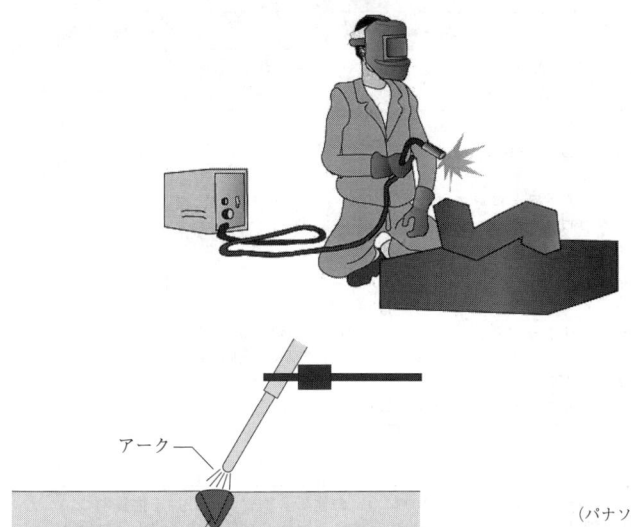

資料4-67 アーク溶接

交流アーク溶接機

（パナソニックコネクト株式会社WEBサイト〔https://connect.panasonic.com/jp-ja/products-services_welding_products_arc-welding_shielded-metal-gouging，最終閲覧日：2024年7月4日〕）

ための指針公示第9号）

⑩ビフェニルによる健康障害を防止するための指針（平成9年2月6日健康障害を防止するための指針公示第10号）

⑪アントラセンによる健康障害を防止するための指針（平成14年1月21日健康障害を防止するための指針公示第11号）

⑫ジクロロメタンによる健康障害を防止するための指針（平成14年1月21日健康障害を防止するための指針公示第12号）

⑬N,N-ジメチルホルムアミドによる健康障害を防止するための指針（平成17年6月14日健康障害を防止するための指針公示第14号）

⑭2,3-エポキシ-1-プロパノールによる健康障害を防止するための指針（平成18年3月31日健康障害を防止するための指針公示第16号）

⑮キノリン及びその塩による健康障害を防止するための指針（平成18年3月31日健康障害を防止するための指針公示第17号）

⑯1,4-ジクロロ-2-ニトロベンゼンによる健康障害を防止するための指針（平成18年3月31日健康障害を防止するための指針公示第18号）

⑰ヒドラジン及びその塩並びにヒドラジン一水和物による健康障害を防止するための指針（平成18年3月31日健康障害を防止するための指針公示第19号）

⑱2-ブテナールによる健康障害を防止するための指針（平成18年3月31日健康障害を防止するための指針公示第20号）

これらの指針は，「労働安全衛生法第28条第3項の規定に基づき厚生労働大臣が定める化学物質による健康障害を防止するための指針」（平成23年10月28日健康障害を防止するための指針公示第21号）により統合され，廃止されている。同指針では，既に指針が公表されてきた18の化学物質に8の化学物質（塩化アリル，オルト-フェニレンジアミン及びその塩，1-クロロ-2-ニトロベンゼン，2,4-ジクロロ-1-ニトロベンゼン，1,2-ジクロロプロパン，ノルマル-ブチル-2,3-エポキシプロピルエーテル，パラ-ニトロアニソール並びに1-ブロモ-3-クロロプロパン）を加えて，化学物質を製造し，又は取り扱う事業者が，その製造，取扱い等に際し講ずべき措置について示している。また，その際，①保護具，②作業環境測定の方法・測定結果の評価指標等については通達により示す形へと改定されている。なお，同指針以降，対象物質のCAS登録番号が示されるようになっている。

CAS登録番号とは，米国化学会の一部門であるCAS（Chemical Abstracts Service）が運営・管理する化学物質登録システムから付与される固有の数値識別番号をいう。系統名，一般名または慣用名など複数の名称が存在するような場合も多い化学物質について，その物質の特定を容易にするものである。

現在公表されている指針は，「労働安全衛生法第28条第3項の規定に基づき厚生労働大臣が定める化学物質による健康障害を防止するための指針」（平成24年10月10日健康障害を防止するための指針公示第23号）（いわゆる「がん原性指針」）である。同指針は従前の26物質に2物質（2-アミノ-4-クロロフェノール及び1-ブロモブタン）を対象物質に加えている。また，同指針は，その後も複数回改正されており，**資料4-68**の物質がそれぞれ追加されている。

(2) 健康障害防止指針の構成

資料4-68

指針	追加された物質	対象物質数
平成25・10・1健康障害を防止するための指針公示第24号	N, N-ジメチルアセトアミド	29
平成26・10・31健康障害を防止するための指針公示第25号	ジメチル-2 2-ジクロロビニルホスフェイト スチレン 1,1,2,2-テトラクロロエタン トリクロロエチレン メチルイソブチルケトン	34
平成28・3・31健康障害を防止するための指針公示第26号	エチルベンゼン 4-ターシャリ-ブチルカテコール 多層カーボンナノチューブ（がんその他の重度の健康障害を労働者に生ずるおそれのあるものとして厚生労働省労働基準局長が定めるもの） メタクリル酸2,3-エポキシプロピル	38
令和2・2・7健康障害を防止するための指針公示第27号	アクリル酸メチル アクロレイン	40

なお，平成26年指針改正では，上記の新規対象物質（枠内掲示のもの）の他，6物質の指針対象物質について，特別有機溶剤業務（特別有機溶剤の製造・取扱い業務*）以外の業務を指針の対象とする改正（対象となる業務幅を広げる改正）がなされている。
＊クロロホルム等有機溶剤業務（クロロホルム等を製造し，又は取り扱う業務のうち，屋内作業場等において行う有機溶剤業務〔有機溶剤中毒予防規則第1条第6号に定める12の業務〕）＋エチルベンゼン塗装業務＋1,2-ジクロロプロパン洗浄・払拭業務を指す（厚生労働省作成資料「特定化学物質障害予防規則等関係法令改正説明会（クロロホルム他9物質を中心に）」〔https://www.mhlw.go.jp/file/06-Seisakujouhou-11300000-Roudoukijunkyokuanzeneiseibu/H140930K0044.pptx，最終閲覧日：2023年5月27日〕）。
（石﨑由希子作成）

健康障害防止指針（いわゆる「がん原性指針」）は，対象物質及び対象物質を重量の1％を超えて含有するものを製造し，又は取り扱う業務における労働者の健康障害防止に資するため，事業者が講ずべき措置を定めるものである。指針では，対象物質名がCAS登録番号と共に列挙されるほか，対象物質へのばく露を低減するための措置について，A）有機溶剤，B）特別有機溶剤以外の特定化学物質，C）特別有機溶剤（＊発がん性があり，有機溶剤と同様に作用し，蒸気による中毒を発生させるおそれのある特化則の規制対象物質。有機則が準用される），D）上記A・B以外の対象物質を類型化して措置を規定している。また，各物質について，作業環境測定及びその結果の評価を行うことや測定結果及びその評価の結果は30年間保存に努めることのほか，労働衛生教育の内容・時間（総じて4.5時間以上），対象物質を製造し，又は取り扱う業務に常時従事する労働者について，1カ月を超えない期間ごとに氏名，業務概要等の記録を行うことを規定している。さらに，危険有害性等の表示及び譲渡提供時の文書交付については，対象物質を a）ラベル表示及びSDS交付の義務対象物質，b）SDS交付のみの義務対象物質，c）上記以外の3グループに類型化して規定している。

具体的に選定すべき保護具や具体的な作業環境測定方法及び評価指標については，指針ではなく，通達で物質ごとに示すことが予定されている。対象物質のうち，評価指標が設定できない物質については測定方法についてのみ規定されることもある。さらに，測定方法等が確立していない段階で指針対象物質に追加され，後に測定分析手法が通達に書き込まれるケースもある[9]（ 4 参照）。

(3) 指針対象物質の選定

がん原性指針の対象物質にするか否かは，厚生労働省労働基準局内に設置されている「化学物質による労働者の健康障害防止措置に係る検討会」において検討される。同検討会は，「労働安全衛生法第28条第3項第2号の規定に基づく指針（がん原性指針）対象物質の選定の考え方」を示しているが，そこでは，原則として次のいずれかに該当する物質については，「化学物質のリスク評価検討会」等における議論を踏まえ，がん原性指針の対象とすることを検討するとしている。すなわち，①国が実施した発がん性試験（短・中期発がん性試験，遺伝子改変動物を用いたがん原性試験を含む）により動物への発がん性が認められると専門家により評価された物質，あるいは，② IARCの発がん性分類の1～2Bに該当する物質，又は他の国際機関等による発がん性分類又はその他の発がん性に関する知見によりそれに相当すると専門家が判断した物質である。ただし，①について，発がん性が認められた場合であっても，当該物質に変異原性がなく，かつ試験において，高用量のみで腫瘍発生増加が認められた場合には，労働環境中の濃度を考慮して，がん原性指針の対象とすることについて要否が改めて判断される。また，一旦，がん原性指針の対象とされた物質又は業務であっても，リスク評価の結果，特定化学物質障害予

防規則（特化則）等により発がん予防の観点での規制がなされる可能性があり，このような場合には，当該規制の範囲については指針の対象から除外することとされている。発がん性が認められるか否か，認められるとして，がん原性指針に追加する必要があるか否かは[10]，「化学物質のリスク評価検討会（有害性評価小検討会）」において検討される。

なお，国による発がん性試験は，安衛法第58条に規定される国の援助（第57条の4〔製造者・輸入者による新規化学物質の有害性調査と届出〕，第57条の5〔国による製造者，輸入者，取扱者への有害性調査の指示〕にかかる調査の設備等での国の支援）として実施されるものである。動物を用いたがん原性試験（発がん性試験[11]）としては，1983（昭和58）年以降，複数（ラット，マウス）の動物種に対して化学物質をほぼ生涯（2年間）投与（吸入ばく露，経口投与）し，臓器の変化等によりその化学物質のがん原性を調べる試験が行われてきた。この試験に先立ち，用量を決定するための予備試験（2週間試験及び13週間試験）が行われるため，ある被験物質についてがん原性試験を行って報告がなされるまでには4年以上を要するものであった[12]。もっとも，これでは新規化学物質への対応が困難であることから，2013（平成25）年9月18日の第6回化学物質による労働者の健康障害防止措置に係る検討会においては，①短・中期の発がん性試験を含むことが明確化されたほか，②国の試験により発がん性が明らかとなった物質だけではなく，それと同等，あるいはそれ以上の発がんの可能性を国際機関等で指摘されている物質についても，指針の対象としていくこととされた（上記②）[13]。また，その後，2019（平成31）年8月5日の第1回化学物質による労働者の健康障害防止措置に係る検討会では，2015（平成27）年度の検討会の後から，遺伝子改変動物を用いたがん原性試験（がん遺伝子を用いた実験動物やがん抑制遺伝子を欠損させた実験動物等を使用する試験[14]）が開始されたことを受けて，国が行う発がん性試験の中に遺伝子改変動物を用いたがん原性試験を含むことが確認されている[15]。

3 指針の公表及び必要な指導等

指針の公表は，当該指針の名称及び趣旨を官報に掲載するとともに，当該指針を厚生労働省労働基準局及び都道府県労働局において閲覧に供することにより行われる（安衛則第24条の10，同第24条）。また，厚生労働大臣は，技術上の指針又は労働者の健康障害を防止するための指針の公表による労働災害及び健康障害防止の実を上げるため，必要があると認めるときは，事業者又は事業者団体に対し，必要な指導等を行うことができる（本条第4項）。

3 沿革

1 制度史

本条は安衛法制定当時から導入されている規定である。安衛法制定に先立ち取りまとめられた「労働基準法研究会報告」（1971〔昭和46〕年7月13日）では，大部分の労働災害が法規違反によってではなく，法定の最低基準とかかわりなく発生しており，最低基準の確保とは異なる観点からの行政努力が必要とされること，最低基準の確保という施策は事業場の普遍性，共通性に着目して労働災害を防止しようとするものであるが，事業場の特殊性に着目して労働災害を防止するためには，例えば，「個々の産業，個々の作業の実態に即した具体的な技術的指針の作成，公表」が必要となることが示されている。その上で，同報告書は，今後の安全衛生対策の具体的方向の一つとして，「具体的な安全衛生基準の明確化」を挙げ，危害防止の措置を講ずべき対象，場合，あるいは，講ずべき措置の内容等を法令上明確に規定することのほか，行政指導ないし民間の自主的活動のよりどころとするために，国が具体的な技術基準を示すことを提案している。制定当時の本条の標題は，「技術上の指針及び望ましい作業環境の標準の公表等」であり，危害防止基準に基づく措置に関する技術的指針の公表に関する規定のほか，「快適な作業環境の形成を図るため必要があると認めるときは，望ましい作業環境の標準を公表することができる」旨の規定を置いていた（安衛法第28条第2項〔当時〕）。なお，労働大臣が必要と認める場合の指導に関する規定は制定当時から置かれていた（同第3項〔当時〕）。

1977（昭和52）年の安衛法改正（昭和52年7月1日法律第76号）では，本条の標題が「技術上の指針等の公表等」に改められ，新たに，所定の化学物質を製造し，取り扱う事業者が労働者の健康障害を防止するための指針の公表に関する規定が追加された（同法第28条第2項〔当時〕）。ところで，1977（昭和52）年改正では，新規化学物質を製造・輸入しようとする事業者に対し，新規化学物質の有害性調査の実施と調査結果の届出が義務づけられ，労働大臣が必要と認める場合には，健康障害予防のための措置を講ずべきことを勧告することができるとされた（同法第57条の2〔当時。現行法第57条の4に相当〕）。また，労働大臣が必要と認めるときは，がんその他の重度の健康障害を労働者に生ずるおそれのある化学物質を製造し，輸入し，又は使用している事業者に対し，有害性調査の実施と結果報告を指示することができるとされた（同法第57条の3〔当時。現行法第57条の5に相当〕）。本条に基づく指針は，こうした勧告・指示の対象となる化学物質の他，これ以外の「がんその他の重度の健康障害を労働者に

生ずるおそれのある」化学物質も対象とするものとされている。

1980（昭和55）年安衛法改正（昭和55年6月2日法律第78号）では，危害防止基準として，建設爆発，火災等が生じたことに伴う労働者の救護に関する措置が安衛法第25条の2において定められたこととの関係で，技術上の指針の対象が拡げられている。

1988（昭和63）年安衛法改正（昭和63年5月17日法律第37号）では，技術上の指針を定めるに当たり，中高年齢者に関して，特に配慮するものとする旨の規定が追加されている。同規定は，転倒・墜落等，身体機能の低下が原因となって発生する高年齢者の労働災害が増加する中で，こうした労働災害を防止するため，中高年齢者の身体機能の変化に応じた施設設備，作業方法等の改善等の対策を各事業場で確立する必要があるとして追加されたものである。

1992（平成4）年安衛法改正（平成4年5月22日法律第55号）では，望ましい作業環境の標準に係る規定が本条から削除された。同改正は，安衛法に新設された「第7章の2　快適な職場環境の形成のための措置」において，「快適な職場環境の形成のための指針の公表等」の規定（安衛法第71条の3）が設けられたことによるものである。

1999（平成11）年には，中央省庁等改革に伴い，労働大臣を厚生労働大臣とする安衛法改正（平成11年12月22日法律第160号）が行われている。さらに，2014（平成26）年安衛法改正（法律第82号）では，SDS交付が義務づけられる物質を対象としてリスクアセスメントを義務づける安衛法第57条の3が挿入されたこととの関係で，本条が引用する，有害性調査に係る規定の条文番号が繰り下げられるという改正がなされている。

2　背景になった災害等

本条制定の背景になった災害等として，特定の災害・職業病を挙げることは困難であるが，「労働基準法研究会報告」（1971〔昭和46〕年7月13日）においては，法規違反が原因となって発生する労働災害は全体の2割かあるいはそれ以下であることが指摘されており，これは，最低基準とは別個の観点からする行政努力の展開が要請される背景事情といえる。

なお，本条に基づく指針制定の背景災害として，さしあたり下記の例を取り上げる。「ヒドロキシルアミン等の安全な取扱い等に関する技術上の指針」（平成13年12月3日技術上の指針公示第17号）の制定に先立ち，「ヒドロキシルアミンに係る爆発災害等の防止について」（平成13年6月11日基安発第34号の2）が発出されており，ヒドロキシルアミンの濃度管理，温度管理や鉄等の金属との接触防止に留意するとともに，作業手順

資料4-69　ヒドロキシルアミンによる爆発事故

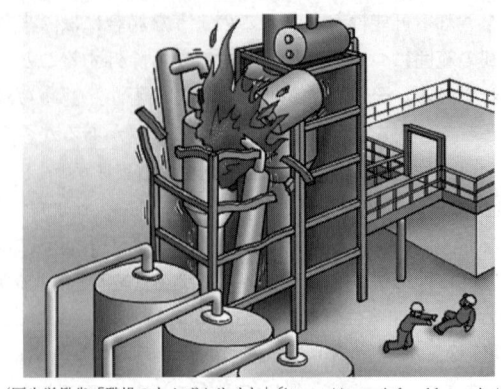

（厚生労働省「職場のあんぜんサイト」〔https://anzeninfo.mhlw.go.jp/anzen_pg/SAI_DET.aspx?joho_no=100711，最終閲覧日：2024年7月26日〕）

書に危険性及び取扱い上の注意事項などを盛り込み，安全衛生教育を実施することが要請されているが，その背景には，日進化工株式会社群馬工場で発生した爆発事故があった旨記載されている（資料4-69）。ヒドロキシルアミンは，50％濃度の水溶液として市販され，主に半導体の洗浄・はく離剤，農薬・医薬品の中間原料等として使用されており，通常の状態においてはほとんど分解しない安定なものとされているが，①水溶液中の濃度が高いほど，②取り扱う温度が高いほど，③鉄イオン等の混入物の濃度が高いほど，自己発熱分解が促進され，高濃度のヒドロキシルアミン水溶液については爆ごう性（衝撃波の伝ばを伴って破壊的に爆発する性状）があることが上記爆発事故の事故原因調査等を通じて明らかとなっている。

日進化工株式会社群馬工場の再蒸留塔で発生した爆発火災は，2000（平成12）年6月10日18時頃に発生し，死者4人，負傷者58人（負傷者のうち54人は周辺住民）を出した。爆発の瞬間は爆心地から閃光のような火柱が吹き上げ，再蒸留塔は跡形もなく吹っ飛び，工場は壊滅的な大被害を受けたほか，工場周辺では建物2棟が全壊，建物5棟が半壊，建物285棟の一部が損傷するなどした。事故原因としては，80～85％濃度に濃縮されたヒドロキシルアミンの循環配管からの緊急抜き出し配管（＊行き止まり配管になっていた）に蓄積した鉄イオンにより，高濃度ヒドロキシルアミンが反応し分解したと推定されている。また，背景には，法律上の規制が十分ではなく，事業者がヒドロキシルアミンの危険性を軽くみていたこと，また，遠因としては，ヒドロキシルアミンは半導体産業において使われるところ，IT産業の発展，フロン代替で，急激に需要が増加し，週末も運転が行われていたことがあるのではないかと指摘されている。

4 適用の実際

1 対象物質追加に至るプロセス

がん原性指針の最新改正は令和2年2月7日健康障害を防止するための指針公示第27号（以下、「指針公示第27号」という）によるものであるが、同指針において、アクロレインが追加されるに至ったプロセスを以下確認する。

まず、2016（平成28）年6月23日に開催された平成28年度第2回化学物質のリスク評価検討会（有害性評価小検討会）においては、日本バイオアッセイ研究センターから、アクロレインのラット・マウスを用いた吸入によるがん原性試験結果について報告がなされた。その結果については、①ラットは、雌雄とも鼻腔に扁平上皮癌の発生、雌では鼻腔に横紋筋腫の発生が認められており、雌雄ラットに対するがん原性を示す証拠と考えられること、②マウスは、雄では、腫瘍の発生増加は認められず、雌では、鼻腔の腺腫の発生増加が認められており、アクロレインは雄マウスとの関係ではがん原性はないが、雌マウスに対するがん原性を示す証拠と考えられるとされた。その後の委員による議論の結果、アクロレインは発がん性を有するとの結論が導かれた。次に、指針策定の要否が検討された。（A）当該物質に変異原性がなく、かつ（B）試験の高用量のみで腫瘍発生増加が認められた場合には、指針策定は不要と判断されるところ、まず、アクロレインの遺伝毒性については明確に判断できない、変異原性については「確定的には言い切れない」ことが確認された（A）。他方、試験結果から得られたNOAEL（Non Observed Adverse Effect Level、無毒性量〔毒性試験期間中に試験物質を与え続けても、動物に毒性（有害な）影響がみられない最大の投与量〕）が、発がん性については、ラットが0.5ppm、マウスが0.4ppm、慢性毒性については、ラットが0.5ppm、マウスが0.1ppmであるのに対し、日本産業衛生学会が示している許容濃度が0.1ppmということもあり、「高用量のみで腫瘍発生増加が認められた」とまではいえない（B）とされた。結論として、指針の策定が必要との判断がなされた。

2019（令和元）年8月5日に開催された2019年度第1回化学物質による労働者の健康障害防止措置に係る検討会においては、上記の検討会結果を踏まえ、アクロレインについてがん原性指針に定める措置と同様の措置を講じることが必要であるとの結論が得られている。もっとも、アクロレインについては、測定が困難な物質であり、同年7月26日に開催された2019年度第1回化学物質のリスク評価検討会（ばく露評価小委員会）では、厚労省からばく露実態調査について委託を受けた中災防によりアクロレインについて測定可能である旨の報告がなされたものの、アクロレインのサンプリングに用いられたカートリッジが特注品であり、ばく露実態調査の目的はそれによって果たされるとしても、広く一般事業者の行為規範を示すがん原性指針において、特注品前提の測定手法を示すわけにはいかないことから、測定手法について局長通知に書き込むことは見送られた。[19]

2 周知

上記プロセスを経て策定された改正指針を公表するにあたり、2020（令和2）年2月7日、厚生労働省労働基準局長から各都道府県労働局長に対し、「『労働安全衛生法第28条第3項の規定に基づき厚生労働大臣が定める化学物質による健康障害を防止するための指針の一部を改正する件』等の周知について（基発0207第2号）」という通知がなされ、対象物質の追加や関係通達の改正についての周知がなされている。その上で、①各都道府県労働局労働基準部健康主務課において新指針を閲覧に供する（新指針が厚生労働省Webサイトに掲載されている旨を知らせることを含む）とともに、②事業者、関係事業者団体等に対してその周知を図り、③各事業場においてがん原性指針の対象物質による健康障害の防止対策が適切に行われるよう指導することを要請している。また、同時に、厚生労働省労働基準局長からは、関係事業者団体の長に対しても、改正指針の趣旨を理解した上で、改正指針の内容や留意事項等について傘下会員に対する周知やがん原性指針の対象物質による健康障害の防止対策が適切に行われるよう協力を依頼する通知がなされている。

3 監督の実態

監督官経験者[20]によれば、指針に関する監督の実態は下記の通りである。安衛法28条に基づく指針に関して特別に監督が行われることはない。健康障害防止指針の対象物質との関係でいえば、いわゆる化学物質を重点対象とした監督指導を実施している中で、対象となる物質があった場合に監督指導を実施するという形になる。もっとも、監督指導事業場で用いられている化学物質が指針該当物質に当たるか否かの見極めは、監督指導に対応した監督官の資質によるところが大きい。なお、指針においてCAS登録番号が明記されるようになり、インターネットで調べることは可能ではあるものの、これを調べる余裕がないことの方が多い。監督官経験者の意見としては、監督の質の向上という観点から、アメリカの国立労働安全衛生研究所（NIOSH）が刊行し、労働者、使用者、労働衛生の専門家らへの情報提供を目的とする「NIOSH POCKETGUIDE to CHEMICAL HAZARD（国立労働安全衛生研究所の化学物質の危険性に対するポケットガイド）」のように、化学物質別の詳細な資料を監督官に配布する

資料4-70 プレナー

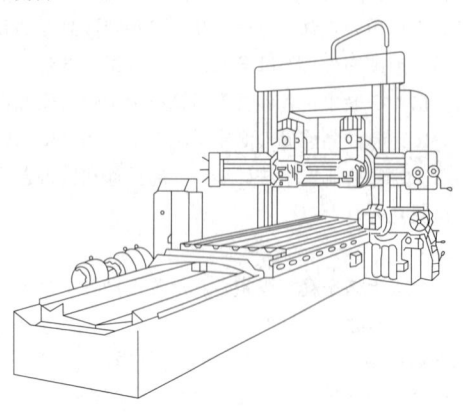

ことが有益であるとのことである（なお、同ポケットガイドはオンライン上でも公開されている[21]）。

5 関係判例

●大隈鉄工所高価機械損傷損害賠償訴訟・名古屋地判昭62・7・27判時1250号8頁

〈事案の概要〉

本件は、汎用プレナー（＊鋳鉄、鋼鉄などを材料にした加工物の平面や溝等を強力重切削する機械、汎用プレナーは、不特定多数の部品を加工することが可能〔資料4-70〕）でギアボックスの切削加工作業に従事していた労働者Yが作業中に居眠りをしたことにより、プレナーにキズをつけ、加工品も工作不良にしたため、X社はYに対し損害賠償を請求したというものである。Yは、その際、X社は事故防止義務を怠っていることから、Yは損害賠償責任を負わない、事故防止義務の中には、事故防止装置の設置が含まれると主張し、特に、「工作機械の構造の安全基準に関する技術上の指針」（昭和50年10月18日技術上の指針公示第4号）において「過走、誤作動等に対する安全装置」として、「電気的にインターロックされる装置又は送り停止用リミットスイッチ、その他の安全装置を設けることが望ましい」旨規定があること等を踏まえ、刃物台上下送り自動停止装置の設置をすべきなどの主張をしている。

〈判旨〉

同判決は、まず、過剰切削を防止するという目的の範囲内での自動化は20〜30万円の費用で可能である旨認定し、「切削完了の手前である程度の余裕をもたせた位置において一時停止させ、その後のわずかの部分は、手動によって切削を完了させる方法を採れば足り、場合によつてはその方が切削方法として望ましい」とする。しかしながら、「本件事故当時の工作機械業界において、実際に、汎用プレナーに完全自動制御化されたり、自動警報装置を備えた機械は存在していなかつたし、部分的にせよ、自動送り中に一定の位置に達した際プレナーの往復運動あるいは刃物台の降下を自動的に停止させる装置を備え付けたものも見当らず（汎用機でないものについては、作業能率その他の見地から自動制御化が図られ、これは日時の経過とともに、その範囲が拡大されつつある。）、自動送りにした場合でも作業者の切削状況の監視業務と相まつて初めて良好な切削作業が遂行されるものと一般に考えられていたこと、労働安全衛生法その他関係諸法令上も本件プレナーが安全基準に違反する点はなく、むしろ、刃物台あるいはテーブルが作動限界に来た場合あるいは他の装置と衝突したりした場合に機械自体の破損を防ぎ、合わせて人身等に対する危険を防止するため、汎用プレナーにも必要かつ十分な各種保安装置が設置されていたこと、更に本件事故当時はもちろん現在においても、前記のような事故防止のための自動停止装置を設置した場合は、成る程、それ自体の費用は低廉であるかもしれないが、これを作業の内容や加工対象の形状等に合わせて目的的に作動させるためには、刃物合わせ毎に装置の調整を要する等の準備作業に相当の時間と手間のかかることが予測され、作業能率の低下を招くことを免れず、時には、安全装置の不完全さなども加わつて、これら準備作業によつて、労働者の生命、身体に対する危険の増大することもなくはないと推測されること」から、本件プレナーに、自動停止装置あるいは警報装置を設置しておかなかったからといって、義務違反は認められない旨の判断をしている。

その上で、本件居眠りは重大な義務違反にあたるもので、X社が損害賠償請求権を行使すること自体は問題ないとしつつ、損害額の算定に際しては、雇用関係における信義則及び公平の見地から、X社が機械保険に加入するなどの損害軽減措置を講じていないこと、重大事故であるとはいえ、深夜勤務中の事故でありYに同情すべき点もあること、労働者の過失に起因する物損事故についてこれまで損害賠償請求を受けた者がいないこと等を考慮して、一定程度の減額が認められている。

〈判決から導かれる示唆〉

同判決は、使用者から労働者に対する損害賠償請求が認められるか否かが争われる中で、使用者の事故防止義務が適切に行使されたか否かが争点化された事案であり、その際、技術上の指針に記載されている工学的対策がとられているか否かが問題とされている。同判決は被告労働者が主張する対策をとることも理論的には可能であることを認めつつ、事故当時の工作機械業界における自動化の状況や一般的な認識、自動化がもたらすコストやリスク（作業能率の低下、労働者の生命・身体に対する危険）、汎用プレナーに一定の保安装

置が備え付けられていたことなどを考慮して，こうした対策をとる必要はなかったと判断している。技術上の指針は，望ましい対応について規定するものであるが，それを全て行っていないからといって直ちに民事上の責任を問われたり，労働者側の過失を免責するものではないこと，民事上の責任が生じるか否かはその時点における業界の状況や認識，指針記載の事項を行うことにより生じるデメリットの大きさ等によって変わりうることが示唆される。

●損害賠償請求事件・東京地判平29・1・24判タ1453号211頁

〈事案の概要〉

本件は，全自動式丸鋸切断機（本件機械）で作業していた担当者Xが，その操業中，丸鋸の回転中にこれに接触することにより，右手中指を切断するなどの傷害を負った事故につき，本件機械の製造者Y社に対し製造物責任法3条又は不法行為に基づく損害賠償責任を追及した事案である。

Xは，本件機械の製造時である2004（平成16）年当時，「機械の包括的な安全基準に関する指針」（平成13年6月1日基発第501号）が発出されており，機械の危険部位に接触することができない装置を施すことは，工作機械製造業者では常識の範囲内にあったのであり，丸鋸刃の回転が停止するまでは扉が開かないなどの機構を標準装備とすべきであったにもかかわらず，本件機械はそのようになっていないことが，製造物責任法3条にいう「瑕疵」にあたると主張していた。これに対し，Y社は，本件機械の取扱説明書等には，丸鋸刃は「入・切」ボタンを押しても直ちに停止しないが，端材を取り出す場合には主電源を切ることなどの警告が記載されているほか，本件機械の前面扉に取り付けられた窓からも，丸鋸刃が回転しているかどうかを確認することができるため，本件機械の作業者は，適切な注意を払うことにより丸鋸刃に接触することによる事故を回避することができることから，「瑕疵」は認められないと主張した。なお，Y社は，同業者が販売していた類似の機械の多くは，危険源となる運動部分に人の身体が触れることを防止する装置を備えていなかったことも主張している。

〈判旨〉

同判決は，「製造物責任法3条にいう『欠陥』とは，当該製造物の特性，その通常予見される使用形態，その製造業者等が当該製造物を引渡した時期その他の当該製造物に係る事情を考慮して，当該製造物が通常有すべき安全性を欠いていることをいう（同法2条2項）」との一般論を示し，下記の判示により，本件機械に「瑕疵」が認められると判断する。

「本件機械は，自動運転であれ手動操作であれ，少なくとも最後の端材を取り出すときは，前面扉を開けて手を挿入し，丸鋸刃付近に残存する端材を取り出す作業が必要であること，本件機械は，丸鋸刃の回転を停止させるボタンを押してもすぐにはその回転が停止せず，惰性で回転を続けること，本件機械には前面扉を開けると丸鋸刃が直ちに停止し又は丸鋸刃が停止するまでは前面扉が開かないなどといった安全防護装置は標準装備されていないこと，本件指針が平成13年に発出され，改正指針が平成19年に発出されたが，本件指針は，すべての機械に適用できる包括的な安全方策等に関する基準を定めたものであり，製造者等による安全な機械の製造等を促進し，機械による労働災害の防止に資することを目的として定められ，業界団体等を通じて周知されたこと，本件指針は，可動式ガードについて，危険源となる運動部分の動作中はガードが開かないように固定する機構を備えない可動ガードは，当該ガードを開けたときに危険源となる運動部分が直ちに動作を停止することや，上記機構を備える可動ガードの場合は危険源となる運動部分が完全に動作を停止した後でなければカードを開けることができないようにすることなどが定められていること，被告もその所属するM工業会から本件指針に関する情報を得ていたこと，そのころ，欧州においては，すでに電磁ロック式インターロックを標準装備とすることが求められており，Y社もこれに対応した本件機械を輸出していたこと，国内向けの本件機械に同様の安全防護装置を設けることは技術的に可能であること，平成19年，改正指針が発出され，機械による労働災害の一層の防止のため，本件指針の内容が深化したことが認められる。また，他社の対応においても，平成16年当時，工作機械にインターロック等を標準装備するなどの対応をすでに取っていた会社も存在するところである。」

「そうすると，本件機械を使用して材料を切断する場合に，自動運転であれ手動操作であれ，少なくとも最後の端材を取り出す際には丸鋸刃付近に手を挿入して端材を取り出す工程が不可避的に存在するため，その使用形態に照らして，作業者が丸鋸刃に手を触れる危険性があるものである一方，そのオプション装置としての価格を合わせ考慮しても，本件機械の前面扉にかかる装置を標準装備とすることに困難はないし，本件機械が製造された平成16年当時，機械による労働災害を防止するため，機械操作による労働災害の危険の大きさに鑑み，機械の危険源が運動しているときに人が身体を危険源に誤って触れることがないような装置を備えることが求められていたということができるから，こうした安全防護装置を備えないことは，通常有すべき安全性を欠いていると評価し得るというべきで

ある。」

〈判決から導かれる示唆〉

同判決は、「機械の包括的な安全基準に関する指針」（平成13年6月1日基発第501号）の内容や平成19年改正の事実、業界におけるその周知状況やY社の認識可能性を考慮して、機械の危険源が運動しているときに人が身体を危険源に誤って触れることがないような安全防護装置を備えないことが製造物責任法にいう「瑕疵」にあたると判断する。また、その際、欧州においてインターロックを標準装備することが求められており、Y社も対応していたことやそうした対応をとっていた他の会社があること、標準装備する場合の価格も考慮している。「機械の包括的な安全基準に関する指針」は本条に基づく指針ではないが、「機能安全による機械等に係る安全確保に関する技術上の指針」（平成28年9月26日厚生労働省告示第353号）と相まって機械等の安全を確保するための必要な基準等について規定するものであり、本条に基づく指針も同様に製造物責任法にいう「瑕疵」の判断にあたり参酌される可能性がある。ただし、その際には、同判決のように、指針の内容のみならず、実際にそうした装備を備えることが具体的状況の下で期待可能であったか否かが考慮されることとなると予想される（前掲・名古屋地判昭62・7・27も参照）。

●三星化学工業事件・福井地判令3・5・11判時2506・2507号86頁

〈事案の概要〉

本件は、染料・顔料の中間体を製造していたY社福井工場において勤務し、乾燥工程中の洗浄作業及び乾燥機の清掃作業に従事していたXらが相次いで膀胱がんを発症したことから、Y社に対し、安全配慮義務違反に基づく損害賠償を請求した事案である。製品の原料には、オルト－トルイジンが用いられていたが、XらがY社の責任が生じたとする2001（平成13）年当時、厚生労働省ががんを引き起こすおそれのある化学物質について指針を示した「化学物質による健康障害を防止するための指針一覧」における対象物質に指定されておらず、また、本件薬品ばく露を原因とする膀胱がんは、労災認定における職業病リスト（労働基準法施行規則別表第1の2）にも掲げられていなかった。ただし、Y社の福井工場副工場長は、福井工場に送られてきたSDS（安全データシート）には全て目を通しており、本件薬品の発がん性も認識していた。

〈判旨〉

福井地判は、「化学物質による健康被害が発症し得る環境下において従業員を稼働させる使用者」の予見可能性としては、「安全性に疑念を抱かせる程度の抽象的な危惧であれば足り、必ずしも生命・健康に対する障害の性質、程度や発症頻度まで具体的に認識する必要はない」とした。その上で、Y社が入手していたSDSに本件薬品の経皮的ばく露による健康障害及びヒトへの発がん可能性（高濃度ばく露の場合死亡の可能性もあること等）について記載があったこと、Y社の福井工場副工場長において同工場に送られてきたSDSには目を通しており、本件薬品の発がん性も認識していたこと、同年以前から、Xらを含む被告従業員の尿中代謝物において本件薬品が含有されている有機溶剤が高濃度で検出されており、このことをY社も認識していたことを踏まえ、Y社は、本件薬品の経皮的ばく露により健康障害が生じ得ることを認識し得たと判断した。

また、Y社には、「安全配慮義務の具体的内容として、従業員が本件薬品に経皮的に曝露しないよう、不浸透性作業服等の着用や、身体に本件薬品が付着した場合の措置についての周知を徹底し、これを従業員に遵守させるべき義務があった」が、福井工場においては、夏場などに従業員が半袖Tシャツで作業することがあったこと、本件薬品が作業服ないし身体に付着することがあったことや、その場合でも直ちに着替えたり、洗い流すという運用が徹底されていなかったこと、これらのことをY社において認識していた、あるいはし得たこと、また、本件薬品が付着した場合の対応については注意喚起はなされていたものの、業務繁忙時などに徹底されていなかったことから、結果回避義務違反は免れないと判断した。

〈同判決から導かれる示唆〉

同判決は、特別規則の規制対象となっていないだけでなく、「化学物質による健康障害を防止するための指針一覧」の対象となっていないオルト－トルイジンによる膀胱がんの発症について、SDSの記載内容を手がかりとして、使用者の予見可能性を認め、最終的には損害賠償責任を認めた点に特徴がある。「化学物質による健康障害を防止するための指針」は職業がんのおそれのある物質をいち早く把握し、これに対する適切な管理を促す機能を果たすものといえるが、このことは、指針対象外物質の発がん性を否定するものではないし、予見可能性の範囲を限定するものではないことが窺われる。事業者としては、本条に基づく指針だけでなく、SDS等を通じて適切な情報収集を行い、その内容を踏まえて、必要ならばばく露防止対策等をとる必要があるといえる。

●損害賠償請求事件・神戸地判平31・4・16 LEX/DB 25563012

〈事案の概要〉

本件は、本件建物の周辺に居住していたXらが、Y1社が石綿（アスベスト）の事前調査を怠り、飛散対

策を講じないまま本件建物の解体工事を行い，相当量の石綿をその周辺に飛散させた結果，これにばく露した原告らの平穏生活権又は健康を侵害したとして損害賠償（慰謝料）を請求した事案である。また，Xらは，Y1社に解体作業を発注したY2社に対しても，事前調査を実施することのできる事業者に本件解体工事を発注するという注意義務等に違反したとして，損害賠償を請求している。

なお，石綿則第3条第1項においては，建築物の解体を行う場合において，事前に当該建築物について石綿等の使用の有無を調査しなければならない旨規定している。また，厚生労働省は，平成24年5月9日付けの「建築物等の解体等の作業での労働者の石綿ばく露防止に関する技術上の指針」は，石綿規則第3条第1項に規定する事前調査は，①石綿に関し一定の知見を有し，的確な判断ができる者が行うこと，②建築物等では，部位又は使用目的により，一様な建材等が使われていない可能性があるため，建築物に使用されている建材等の使用箇所，種類等を網羅的に把握できるよう行うことなどと定めていること，また，厚生労働省労働基準局安全衛生部化学物質対策課長が，社団法人日本建設業連合会等の団体に宛てた「建築物等の解体等の作業における石綿ばく露防止対策の徹底について」と題する通知（平成24年10月25日）は，図面等が存在する場合には図面等を必ず確認するとともに，目視であっても外部から見えない部分等にも石綿が吹き付けられている場合があることに留意すること，同じく「建築物等の解体等の作業における石綿ばく露防止対策の徹底について」と題する通知（平成25年1月7日）は，調査範囲を安易に絞り込むことなく，網羅的かつ下地等目視では確認できない部分まで確実に調査を行うことを定めている。

〈判旨〉

I　Y1社の責任

同判決は石綿則第3条や上記指針及び通知を参照しつつ「石綿の使用の有無に関する調査は，設計図書等の資料を確認するとともに，現地を網羅的に目視し，これらにより判断がつかない場合には専門家による分析を行う必要がある」ところ，本件建物が大規模で設計図も多量であったこと，しかるにY1社の従業員は4名であったことから，解体工事の請負契約を締結した6月上旬から，工事に着手した7月末頃までの間で「上記のような調査を完了したとはにわかには認め難い」とする。さらに，Y1社が環境保護条例に基づく届け出に際して提出した調査票が，事前調査を行わずに当初解体工事を請け負ったA社の提出した調査票とほぼ同一内容であったことから，「本件解体工事を開始した平成25年7月末頃の時点において，本件建物に係る石綿の使用の有無に関する調査を完了していたと認めることはできない」と結論づける。

その上で，こうした調査を通じて石綿含有建材が残っていないことの確認を怠った結果，本件建物に存在していた石綿含有建材を見落とし，一部を除き，大気汚染防止法上義務づけられる作業基準を遵守することなく本件解体工事を施工したことにより，本件土地の周辺に一定量の石綿を飛散させたことについて注意義務違反を認める。

ただし，結論においては，本件解体工事により飛散した石綿のうち本件土地の周辺地域にまで到達したものの量は，客観的にみたときに，人体の健康に有意な影響を及ぼすものであったとはいえないことなどを考慮し，平穏生活権の侵害や健康を損なうことがない利益の侵害は認められないとして，請求は棄却されている。

II　Y2社の責任

Y2社の注文に際しての過失については，建物の解体に係る請負契約を締結するに当たっては，解体業者において，当該建物に石綿含有建材が使用されているか否かの調査を行うことが，当然の前提とされていたものと考えられること，Y1社は解体工業等を目的とし，建設業法に基づき特定建設業の許可を受けていたこと等から，Y1社が石綿に係る調査を行う十分な能力を欠いていると認識することは，著しく困難であったといわざるを得ないことから，Y2社の注意義務違反については否定されている。

〈同判決から導かれる示唆〉

同判決は，建築物等の解体に伴う粉じんの排出等を規制し，大気の汚染に関し，国民の健康を保護するとともに生活環境を保全することなどを目的とする大気汚染防止法第18条の17（現第18条の20）において，特定粉じん排出等作業について，作業基準を遵守しなければならない旨規定されている点に言及し，作業基準を遵守することなく本件解体工事を施工したことにより，本件土地の周辺に一定量の石綿を飛散させたことについてY1社の注意義務違反を導く。もっとも，作業基準を遵守することなく工事を施工した原因は，事前調査において石綿含有建材が残っていないことの確認を怠り，本件建物に存在していた石綿含有建材を見落としたことにあるとも認定されており，確認を怠ったか否かの判断に際しては，上記指針や通達において，現地を網羅的に目視し，判断がつかない場合にも調査を行うべきとされていることも踏まえられている。同判決は周辺住民が提起したもので労働事件ではないが，本条に基づく技術上の指針の内容が事業者の注意義務違反を認定するにあたり参酌されているようにも読める。

Y2社の注意義務違反に係る判断部分においては，Y1社の調査能力を認識していたか否かが問題となっており，この点，上記指針において，石綿に関し一定の知見を有し，的確な判断ができる者が調査を行うことが求められていることを踏まえた判断と読む余地もある。ただし，結論において義務違反が否定されているほか，Xらの主張に応答したにすぎない可能性も否定しきれないため，この点に関して，指針が参酌されているか否かは必ずしも明らかではない。

> （事業者の行うべき調査等）
> 第28条の2　事業者は，厚生労働省令で定めるところにより，建設物，設備〔*法第20条第1号関係〕，原材料，ガス，蒸気，粉じん等〔*法第22条関係〕による，又は作業行動その他業務に起因する〔*法第24条関係〕危険性又は有害性等（第57条第1項の政令で定める物〔*表示対象物〕及び第57条の2第1項に規定する通知対象物による危険性又は有害性等を除く。）を調査し，その結果に基づいて，この法律又はこれに基づく命令の規定による措置を講ずるほか，労働者の危険又は健康障害を防止するため必要な措置を講ずるように努めなければならない。ただし，当該調査のうち，化学物質，化学物質を含有する製剤その他の物で労働者の危険又は健康障害を生ずるおそれのあるものに係るもの以外のものについては，製造業その他厚生労働省令で定める業種に属する事業者に限る。
> 2　厚生労働大臣は，前条第1項及び第3項に定めるもの〔*技術上の指針，健康障害防止指針（がん原性指針）の公表〕のほか，前項の措置に関して，その適切かつ有効な実施を図るため必要な指針を公表するものとする。
> 3　厚生労働大臣は，前項の指針に従い，事業者又はその団体に対し，必要な指導，援助等を行うことができる。

1 趣旨

　爆発・火災等の重大災害発生の要因の一つとして，事業場内における設備や作業の危険性・有害性の調査とそれに基づく対策の不十分さがあること，また，生産工程の多様化，複雑化が進展するとともに，新たな機械設備・化学物質が導入されており，事業場内の危険・有害要因が多様化し，その把握が困難になっている状況の下，事業者は労働安全衛生法令の危害防止基準を遵守するだけでなく，自主的に安全衛生水準の向上させるための取り組みが求められているといえる[23]。

こうしたなかで，本条は，事業者に危険性又は有害性等の調査とその結果に基づく措置（リスクアセスメント等）を実施する努力義務を課したものである（平成18年2月24日基発第0224003号）。すなわち，事業者は，自ら建設物，設備や作業等の危険性又は有害性（ハザード，危険源，危険有害要因）を特定し，それによる発生のおそれのある災害（健康障害を含む）の「リスク」を見積もり，これに基づいてリスクの除去又は低減措置を検討・実施することが求められる。なお，化学物質等のうち一定の物質に係るリスクアセスメントについては，安衛法第57条の3に基づき，その実施が義務づけられているため，本条の対象からは外れることになる。

　また，事業場における安全衛生水準の向上を図ることを目的とする労働安全衛生マネジメントシステムでは，本条に基づく指針に従って，危険性又は有害性の調査を行い，その結果に基づいて，労働者の危険又は健康障害を防止するために，事業者が目標の設定，計画の作成，実施，評価及び改善の一連の過程（PDCA）を定めて行うことが予定されている。その意味で，リスクアセスメントの実施は，労働安全衛生マネジメントの中核をなすものといえる。

　本条は事業者に努力義務を課す規定であり，違反に対する罰則の適用はない。また，違反により私法上の請求権を発生させるものではないが，本条で求められるリスクアセスメントを怠った結果，災害ないし健康障害が発生した場合には，安全配慮義務違反（注意義務違反）を理由とする損害賠償請求が認められうる。

2 内容

1 概要

　リスクアセスメント等が各事業場において適切，かつ，有効に実施されるよう，その基本的な考え方及び実施事項については，本条第2項に基づき「危険性又は有害性等の調査等に関する指針（以下，RA指針）」（平成18年3月10日危険性又は有害性等の調査等に関する指針公示第1号）として制定されている（平成18年3月10日基発第0310001号）。この指針は，「労働安全衛生マネジメントシステムに関する指針」（平成11年4月30日労働省告示第53号，最終改正：令和元年7月1日厚生労働省告示第54号）に定める危険性又は有害性等の調査及び実施事項の特定の具体的実施事項としても位置づけられるものである。

　また，特定の特定の危険性又は有害性に関するリスクアセスメントについてより詳細に定めるものとして，「化学物質等による危険性又は有害性等の調査等に関する指針（以下，化学物質RA指針）」（平成27年9月18日危険性又は有害性等の調査等に関する指針公示第3号，

最終改正：令和5年4月27日危険性又は有害性等の調査等に関する指針公示第4号）及び「機械の包括的な安全基準に関する指針」（平成19年7月31日基発第0731001号）がある。「機械の包括的な安全基準に関する指針」は，「機械安全に関して厚生労働省労働基準局長の定めるもの」（RA指針）であり，機械の製造等を行う者が実施に努めるべき事項のほか，機械を労働者に使用させる事業者において本条に基づく調査等が適切かつ有効に実施されるよう定められたものである。上記両指針のいずれにおいても，①危険性又は有害性の特定，②リスクの見積もり，③見積もりに基づくリスク低減措置の検討（以上がリスクアセスメント），④リスク低減措置の実施というプロセスを経る点は同様である。以下は，各指針における規定内容を確認する。

2 労働者の就業に係る危険性又は有害性等の調査

(1) 実施主体・対象

化学物質等のリスクアセスメントについては，全業種の事業者がその対象となるが（本条第1項但書），それ以外のリスクアセスメントを実施する対象事業者の業種は限定されており，製造業（物の加工業を含む）のほか，林業，鉱業，建設業，運送業，清掃業，電気業，ガス業，熱供給業，水道業，通信業，各種商品卸売業，家具・建具・じゅう器等卸売業，各種商品小売業，家具・建具・じゅう器小売業，燃料小売業，旅館業，ゴルフ場業，自動車整備業及び機械修理業である（本条第1項但書，安衛則第24条の11第2項，安衛法施行令2条第1号，同第2号）。リスクアセスメントの対象となるのは，建設物，設備，原材料，ガス，蒸気，粉じん等による，又は作業行動その他業務に起因する危険性又は有害性であって，労働者の就業に係る全てのものである（RA指針2）。

(2) 実施体制

事業者は，リスクアセスメントを実施するに際し，①総括安全衛生管理者等，事業の実施を統括管理する者（事業場トップ）に調査等の実施を統括管理させること（安衛法第10条第1項，安衛則第3条の2第2号），②事業場の安全管理者，衛生管理者等に調査等の実施を管理させること（安衛法第11条第1項，第12条第1項），③安全衛生委員会等（安全衛生委員会，安全委員会又は衛生委員会をいう）の活用等（安衛則第21条第2号，同第22条第2号）を通じ，労働者を参画させることが求められる。また，④調査等の実施に当たっては，作業内容を詳しく把握している職長等に危険性又は有害性の特定，リスクの見積もり，リスク低減措置の検討を行わせるように努めること，⑤機械設備等に係る調査等の実施に当たっては，当該機械設備等に専門的な知識を有する者を参画させるように努めることとされる。また，事業者は上記①乃至⑤の者に対し，リスクアセスメントを実施するために必要な教育を実施することが求められる（RA指針4）。以上のように，リスクアセスメントは，トップによる管理の下，現場を知る労働者及び専門知識を有する者の参画を得て実施することが求められているといえる。

(3) 実施時期

リスクアセスメントは，①建設物を設置し，移転し，変更し，又は解体するとき，②設備，原材料等を新規に採用し，又は変更するとき，③作業方法又は作業手順を新規に採用し，又は変更するとき，④上記①乃至③のほか，建設物，設備，原材料，ガス，蒸気，粉じん等による，又は作業行動その他業務に起因する危険性又は有害性等について変化が生じ，又は生ずるおそれがあるときに実施することが求められる（安衛則24条の11第1項）。④の具体例として，RA指針5(1)では，(ｱ)労働災害が発生した場合であって，過去の調査等の内容に問題がある場合，(ｲ)前回の調査等から一定の期間が経過し，機械設備等の経年による劣化，労働者の入れ替わり等に伴う労働者の安全衛生に係る知識経験の変化，新たな安全衛生に係る知見の集積等があった場合が挙げられている。ここでいう「一定の期間」については，事業者が設備や作業等の状況を踏まえ決定し，それに基づき計画的に調査等を実施することが求められる。また，「新たな安全衛生に係る知見」には，例えば，社外における類似作業で発生した災害や，化学物質に係る新たな危険有害情報など，従前は想定していなかったリスクを明らかにする情報が含まれる（平成18年3月10日基発第0310001号）。

なお，事業者は上記①乃至③に掲げる作業を開始する前にリスク低減措置を実施することが必要であり，また，上記①乃至③に係る計画を策定するときにおいても調査等を実施することが望ましいとされている（RA指針5(2)(3)）。

(4) 危険性・有害性の特定等

事業者は，リスクアセスメントの実施に先立ち，①実施対象の選定，②必要な情報の入手，③危険性・有害性の特定等を行う。このプロセスは，発生しうる災害（＝防止しようとする災害）を予見する段階ということができる[24]。

まず，リスクアセスメント等の実施対象の選定を行う。対象となるのは，過去に労働災害が発生した作業，危険な事象が発生した作業等，労働者の就業に係る危険性又は有害性による負傷又は疾病の発生が合理的に予見可能（reasonably foreseeable）であるものである。ただし，平坦な通路における歩行等，明らかに軽微な負傷又は疾病しかもたらさないと予想されるものについては，調査等の対象から除外して差し支えないとされる（RA指針6）。ここでいう「危険な事象が発

生した作業等」の「等」には，労働災害を伴わなかった危険な事象（ヒヤリハット事例）のあった作業，労働者が日常不安を感じている作業，過去に事故のあった設備等を使用する作業，又は操作が複雑な機械設備等の操作が含まれる（平成18年3月10日基発第0310001号）。

次に，事業者は次に掲げる資料等を入手し活用する。その際，現場の実態を踏まえ，非定常作業に係る資料等も含めることが求められる（RA指針7(1)，平成18年3月10日基発第0310001号）。

> ア 作業標準，作業手順書等（操作説明書，マニュアル）
> イ 仕様書，取扱説明書，安全データシート等，使用する機械設備，材料等に係る危険性又は有害性に関する情報
> ウ 機械設備等のレイアウト等，作業の周辺の環境（土質，勾配等）に関する情報
> エ 作業環境測定結果等（特殊健康診断結果，生物学的モニタリング結果）
> オ 混在作業による危険性等，複数の事業者が同一の場所で作業を実施する状況に関する情報（上下同時作業の実施予定，車両の乗り入れ予定）
> カ 災害事例，災害統計等（事業場内の災害事例，災害の統計・発生傾向分析，ヒヤリハット，トラブルの記録，労働者が日常不安を感じている作業等の情報）
> キ その他，調査等の実施に当たり参考となる資料等（作業を行うために必要な資格・教育の要件，セーフティ・アセスメント指針に基づく調査等の結果，危険予知活動（KYT）の実施結果，職場巡視の実施結果）

なお，①新たな機械設備等を外部から導入しようとする場合には，当該機械設備等のメーカーに対し，当該設備等の設計・製造段階において調査等を実施することを求め，その結果を入手することが，②機械設備等の使用又は改造等を行おうとする場合に，自らが当該機械設備等の管理権原を有しないときは，管理権原を有する者等が実施した当該機械設備等に対する調査等の結果を入手することが，③複数の事業者が同一の場所あるいは危険な場所で作業する場合には，元方事業者が実施した調査等の結果を入手することが求められる。すなわち，事業者は既に保有している情報だけでなく，製造業者や元方事業者等の情報の保有者（保有すべき者）から情報を収集することも求められているといえる（RA指針7(2)）。

以上のプロセスを経て，事業者は，作業標準等に基づき，危険性又は有害性を特定するために必要な単位で作業を洗い出した上で，各事業場における機械設備，作業等に応じて予め定めた危険性又は有害性の分類に則して，各作業における危険性又は有害性を特定するものとする（RA指針8(1)）。これは，危険性又は有害性の特定のための作業の洗い出しが理論的には膨大な量になる可能性があるため，危険性又は有害性を特定するのに必要な単位で実施すれば足りることを明示する必要から定められたものである[25]。危険性又は有害性の分類は下記の例がある。

> 1 危険性
> (1) 機械等による危険性
> (2) 爆発性の物，発火性の物，引火性の物，腐食性の物等による危険性
>   「引火性の物」には，可燃性のガス，粉じん等が含まれ，「等」には，酸化性の物，硫酸等が含まれること。
> (3) 電気，熱その他のエネルギーによる危険性
>   「その他のエネルギー」には，アーク等の光のエネルギー等が含まれること。
> (4) 作業方法から生ずる危険性
>   「作業」には，掘削の業務における作業，採石の業務における作業，荷役の業務における作業，伐木の業務における作業，鉄骨の組立ての作業等が含まれること。
> (5) 作業場所に係る危険性
>   「場所」には，墜落するおそれのある場所，土砂等が崩壊するおそれのある場所，足を滑らすおそれのある場所，つまずくおそれのある場所，採光や照明の影響による危険性のある場所，物体の落下するおそれのある場所等が含まれること。
> (6) 作業行動等から生ずる危険性
> (7) その他の危険性
>   「その他の危険性」には，他人の暴力，もらい事故による交通事故等の労働者以外の者の影響による危険性が含まれること。
> 2 有害性
> (1) 原材料，ガス，蒸気，粉じん等による有害性
>   「等」には，酸素欠乏空気，病原体，排気，排液，残さい物が含まれること。
> (2) 放射線，高温，低温，超音波，騒音，振動，異常気圧等による有害性
>   「等」には，赤外線，紫外線，レーザー光等の有害光線が含まれること。
> (3) 作業行動等から生ずる有害性
>   「作業行動等」には，計器監視，精密工作，重量物取扱い等の重筋作業，作業姿勢，作業態様によって発生する腰痛，頸肩腕症候群等が含まれること。
> (4) その他の有害性

また，労働者の疲労等（単調作業の連続による集中力の欠如や，深夜労働による居眠り等を含む）により負傷又

は疾病が発生する可能性やその重篤度が高まるため，危険性又は有害性の特定に際しては，労働者の疲労等がもたらす付加的影響を考慮するものとする（RA指針8(2)，平成18年3月10日基発第0310001号）。なお，ここで，RA指針には明記されていないが，特に危険性による災害や有害性のうち急性毒性に関わるリスクアセスメントにおいては，どのような災害が発生するおそれがあるかを予見するシナリオ抽出が必要となることが指摘されている[26]。

(5) リスクの見積もり

事業者は，リスク低減の優先度を決定するため，①危険性又は有害性により発生するおそれのある「負傷又は疾病の重篤度」及び②それらの「発生の可能性の度合」をそれぞれ考慮して，リスクを見積もるものとされる。ただし，化学物質等による疾病については，化学物質等の有害性の度合及びばく露の量をそれぞれ考慮して見積もることができる。

「負傷又は疾病の重篤度」は，負傷や疾病等の種類にかかわらず，共通の尺度を使うことが望ましいことから，基本的に，負傷又は疾病による休業日数等（死亡又は障害等級）を尺度として使用することが求められているのに対し，「発生する可能性の度合」は，①危険性へのばく露の頻度，②危険事象の発生確率，③危険回避の可能性，④化学物質へのばく露量，ばく露時間等，様々な要素を含む概念であるため，統一的な尺度化にはなじまないため規定されていない[27]。行政通達（平成18年3月10日基発第0310001号）は，「負傷又は疾病の重篤度」や「発生する可能性の度合」の区分例及びリスクを見積もる際の具体的な方法の例を示している（資料4-71）。

> ア　負傷又は疾病の重篤度とそれらが発生する可能性の度合を相対的に尺度化し，それらを縦軸と横軸とし，あらかじめ重篤度及び可能性の度合に応じてリスクが割り付けられた表を使用してリスクを見積もる方法（マトリクスを用いた方法）
> イ　負傷又は疾病の発生する可能性とその重篤度を一定の尺度によりそれぞれ数値化し，それらを加算又は乗算等してリスクを見積もる方法（数値化による方法）
> ウ　負傷又は疾病の重篤度及びそれらが発生する可能性等を段階的に分岐していくことによりリスクを見積もる方法（枝分かれ図を用いた方法）

事業者は，リスクの見積もりに当たり，①予想される負傷又は疾病の対象者及び内容を明確に予測すること，②過去に実際に発生した負傷又は疾病の重篤度ではなく，最悪の状況を想定した最も重篤な負傷又は疾病の重篤度を見積もることに留意するものとされる

（RA指針9(2)）。その際，極力，どのような負傷や疾病がどの作業者に発生するのかを具体的に予測した上で，その重篤度を見積もること，また，直接作業を行う者のみならず，作業の工程上その作業場所の周辺にいる作業者等も検討の対象に含むことが求められる（平成18年3月10日基発第0310001号）。また，③有害性が立証されていない場合でも，一定の根拠がある場合は，その根拠に基づき，有害性が存在すると仮定して見積もるよう努めることとされる（RA指針9(2)）。

リスクの見積もりは，事業場の機械設備，作業等の特性に応じ，次に掲げる負傷又は疾病の類型ごとに行われる（平成18年3月10日基発第0310001号）。

> ア　はさまれ，墜落等の物理的な作用によるもの
> 　(ｱ)　加害物の高さ，重さ，速度，電圧等
> 　(ｲ)　危険性へのばく露の頻度等（危険区域への接近の必要性，頻度，作業内容等）
> 　(ｳ)　機械設備等で発生する事故，土砂崩れ等の危険事象の発生確率
> 　(ｴ)　危険回避の可能性（加害物のスピード，異常事態の認識しやすさ，労働者の技量等）
> 　(ｵ)　環境要因（天候や路面状態等）
> イ　爆発，火災等の化学物質の物理的効果によるもの
> 　(ｱ)　反応，分解，発火，爆発，火災等の起こしやすさに関する化学物質の特性（感度）
> 　(ｲ)　爆発を起こした場合のエネルギーの発生挙動に関する化学物質の特性（威力）
> 　(ｳ)　タンク等に保管されている化学物質の保管量等
> ウ　中毒等の化学物質等の有害性によるもの
> 　(ｱ)　有害物質等（化学物質，石綿等粉じん含む）の取扱量，濃度，接触の頻度等
> 　(ｲ)　有害物質等への労働者のばく露量とばく露限度等との比較
> 　(ｳ)　侵入経路等
> エ　振動障害等の物理因子の有害性によるもの
> 　(ｱ)　物理因子の有害性等（電離放射線の線源等，振動の振動加速度等，騒音の騒音レベル等，紫外線等の有害光線の波長等，気圧，水圧，高温，低温等）
> 　(ｲ)　物理因子のばく露量及びばく露限度等との比較

また，リスクの見積もりにあたっては，①安全装置の設置，立入禁止措置その他の労働災害防止のための機能又は方策（安全機能等）の信頼性及び維持能力（例えば，安全装置等の機能の故障頻度・故障対策，メンテナンス状況，使用者の訓練状況，立入禁止措置等の管理的方策の周知状況，柵等のメンテナンス状況），②安全機能等を無効化する又は無視する可能性（生産性の低下等，無効化の動機となるものやスイッチの誤作動防止のための保護錠の有無等），③作業手順の逸脱，操作ミスその他の予見

可能な意図的・非意図的な誤使用又は危険行動の可能性（作業手順の周知状況，監視の有無，近道行動〔最小抵抗経路行動〕，ボタンの配置，作業者の資格や教育等）を考慮することが求められる（RA指針9(3)，平成18年3月10日基発第0310001号）。

(6) リスク低減措置

事業者は，法令に定められた事項がある場合にはそれを必ず実施するとともに，以下のア乃至エに掲げる優先順位でリスク低減措置の内容を検討の上，実施することが求められる（RA指針10）。ここでは，本質安全化を図ることができる場合にはその実施がまず求められ，それが難しい場合や残存リスクに対しては，設備や物に対する工学的対策が，次いで，人の教育等に関わる管理的対策が求められる（資料4-72）。それで

資料4-71 リスクの見積もり方法の例

「負傷又は疾病の重篤度」
　①致命的：死亡災害や身体の一部に永久損傷を伴うもの
　②重　大：休業災害（1ヶ月以上のもの），一度に多数の被災者を伴うもの
　③中程度：休業災害（1ヶ月未満のもの），一度に複数の被災者を伴うもの
　④軽　度：不休災害やかすり傷程度のもの
「負傷又は疾病の可能性の度合」
　①可能性が極めて高い：日常的に長時間行われる作業に伴うもので回避困難なもの
　②可能性が比較的高い：日常的に行われる作業に伴うもので回避可能なもの
　③可能性がある：非定常的な作業に伴うもので回避可能なもの
　④可能性がほとんどない：稀にしか行われない作業に伴うもので回避可能なもの

例1：マトリクスを用いた方法

重篤度「②重大」，可能性の度合「②比較的高い」の場合の見積もり例

		負傷又は疾病の重篤度			
		致命的	重大	中程度	軽度
負傷又は疾病の発生可能性の度合	極めて高い	5	5	4	3
	比較的高い	5	4	3	2
	可能性あり	4	3	2	1
	ほとんどない	4	3	1	1

リスク	優先度	
4～5	高	直ちにリスク低減措置を講ずる必要がある。措置を講ずるまで作業停止する必要がある。十分な経営資源を投入する必要がある。
2～3	中	速やかにリスク低減措置を講ずる必要がある。措置を講ずるまで使用しないことが望ましい。優先的に経営資源を投入する必要がある。
1	低	必要に応じてリスク低減措置を実施する。

例2：数値化による方法

重篤度「②重大」，可能性の度合「②比較的高い」の場合の見積もり例

(1)負傷又は疾病の重篤度

致命的	重大	中程度	軽度
30点	20点	7点	2点

(2)負傷又は疾病の発生可能性の度合

極めて高い	比較的高い	可能性あり	ほとんどない
20点	15点	7点	2点

20点（重篤度「重大」）+15点（可能性の度合「比較的高い」）=35点（リスク）

リスク	優先度	
30点以上	高	直ちにリスク低減措置を講ずる必要がある。措置を講ずるまで作業停止する必要がある。十分な経営資源を投入する必要がある。
10～29点	中	速やかにリスク低減措置を講ずる必要がある。措置を講ずるまで使用しないことが望ましい。優先的に経営資源を投入する必要がある。
10点未満	低	必要に応じてリスク低減措置を実施する。

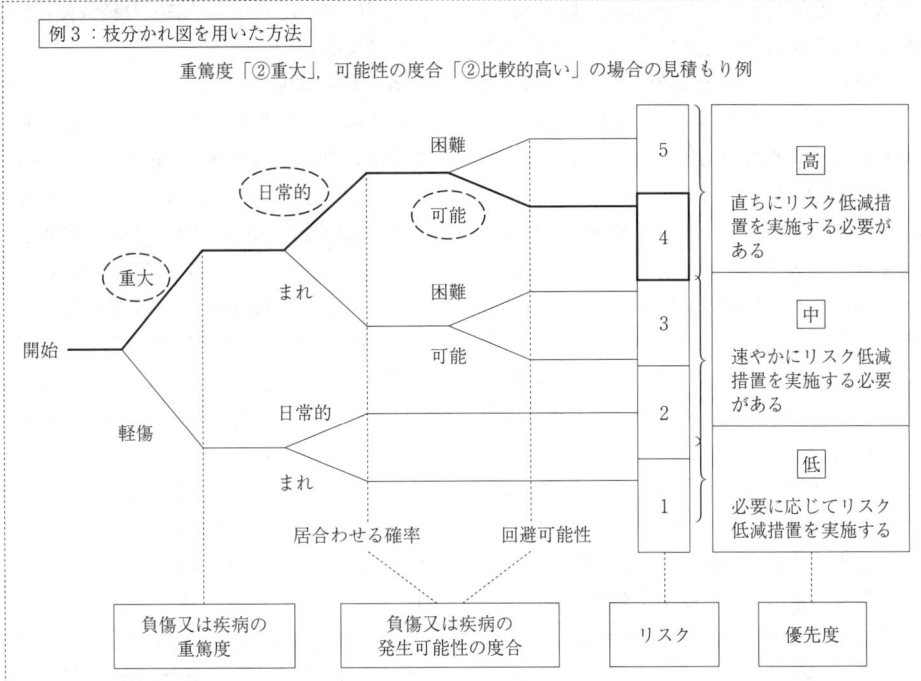

（平成18年3月10日基発第0310001号別添4「リスク見積り及びそれに基づく優先度の設定方法の例」より抜粋）

資料4-72　リスク低減措置の考え方

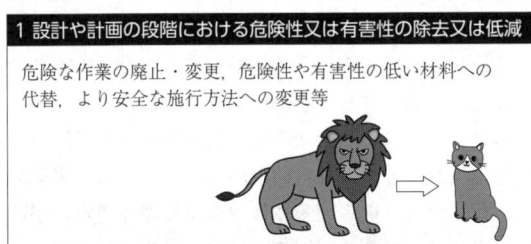

もなおリスクが残る場合には，保護具を使用させることが求められる。行政通達（平成18年3月10日基発第0310001号）では，保護具の使用により，それより優先する措置の代替を図ってはならないことが確認されている。

　ア　危険な作業の廃止・変更等，原材料の代替，より安全な反応過程・施工方法への変更等，設計や計画の段階から労働者の就業に係る危険性又は有害性を除去又は低減する措置

　イ　ガード，インターロック，安全装置，局所排気装置等の設置等の工学的対策
　ウ　マニュアルの整備，立入禁止措置，ばく露管理，警報の運用，2人組制の採用，教育訓練，健康管理等の管理的対策
　エ　個人用保護具の使用

　リスク低減に要する負担がリスク低減による労働災害防止効果と比較して大幅に大きく，両者に著しい不均衡が発生する場合であって，措置を講ずることを求

第28条の2　673

めることが著しく合理性を欠く場合には，より下位の措置を実施することも可能となる。しかし，それ以外の場合は，可能な限り高い優先順位のリスク低減措置を実施する必要があるものとされる。このことは，より高い優先順位のリスク低減措置を実施することにより，「合理的に実現可能な程度に低い」（as low as reasonably practicable（ALARP））レベルまで適切にリスクを低減させるという考え方を規定するものである。なお，リスク低減のための対策を決定する際には，既存の行政指針，ガイドライン等に定められている対策と同等以上とすることが望ましいこと。また，高齢者，日本語が通じない労働者，経験の浅い労働者等，安全衛生対策上の弱者に対しても有効なレベルまでリスクが低減されるべきものであるとされている（平成18年3月10日基発第0310001号）。また，死亡，後遺障害又は重篤な疾病をもたらすおそれのあるリスクに対して，適切なリスク低減措置の実施に時間を要する場合は，暫定的な措置を直ちに講ずるものとされる（RA指針10(3)）。

(7) 結果の記録

事業者は，リスクアセスメントを実施した場合，(1)洗い出した作業，(2)特定した危険性又は有害性，(3)見積もったリスク，(4)設定したリスク低減措置の優先度，(5)実施したリスク低減措置の内容次に掲げる事項を記録するものとする（RA指針11）。

3　化学物質等に係るリスクアセスメント

(1) 実施主体・対象

化学物質等のリスクアセスメントについては，全業種の事業者がその対象となる（本条第1項但書）。化学物質等のうち安衛法施行令第18条各号に掲げられるもの及び安衛法第57条の2第1項に規定される通知対象物に係るリスクアセスメントについては，安衛法第57条の3第3項に基づき，その実施が義務づけられているが（以下，リスクアセスメントの実施が義務づけられている化学物質を「リスクアセスメント対象物」という），化学物質RA指針は，リスクアセスメントからリスク低減措置の実施までの一連の措置の基本的な考え方及び具体的な手順の例を示すとともに，これらの措置の実施上の留意事項を定めたものである。化学物質RA指針は，リスクアセスメント対象物に係るリスクアセスメントに適用し，労働者の就業に係る全てのものを対象とするが，リスクアセスメント対象物以外のものであって，化学物質，化学物質を含有する製剤その他の物で労働者に危険又は健康障害を生ずるおそれのあるものについては，安衛法第28条の2及び安衛則第577条の3に基づき，化学物質RA指針に準じて取り組むよう努めることが，同指針において求められている。本条及び安衛則第577条の2との関係では，以下の記載内容に準じた取り扱いが努力義務として求められることになる。

(2) 実施体制

事業者はリスクアセスメントを実施するにあたり，①総括安全衛生管理者（選任されていない場合には，事業の実施を統括管理する者）にリスクアセスメント等の実施を統括管理させること，②安全管理者又は衛生管理者にリスクアセスメント等の実施を管理させること，③化学物質管理者（安衛則第12条の5第1項に基づき選任が義務づけられる化学物質管理者をいう。以下同じ）を選任し，安全管理者又は衛生管理者が選任されている場合にはその管理の下，化学物質管理者にリスクアセスメント等に関する技術的事項を管理させること，④安全衛生委員会，安全委員会又は衛生委員会等において，リスクアセスメント等に関することを調査審議させること（安衛則第21条第2号，第22条第2号），また，リスクアセスメント等の対象業務に従事する労働者に化学物質の管理の実施状況を共有し，当該管理の実施状況について，これらの労働者の意見を聴取する機会を設け（第577条の2第10項），リスクアセスメント等の実施を決定する段階において労働者を参画させること，⑤必要に応じ，事業場内の化学物質管理専門家[28]や作業環境管理専門家[29]のほか，リスクアセスメント対象物に係る危険性及び有害性や機械設備，化学設備，生産技術等についての専門的知識を有する者を参画させることが求められる。また，事業者は，⑥より詳細なリスクアセスメント手法の導入又はリスク低減措置の実施に当たっての，技術的な助言を得るため，事業場内に化学物質管理専門家や作業環境管理専門家等がいない場合は，外部の専門家の活用を図ることが望ましいとされる。また，事業者は，リスクアセスメント等の実施を管理する者等（外部の専門家を除く）に対し，化学物質管理者の管理の下で，リスクアセスメント等を実施するのに必要な教育を実施するものとする（化学物質RA指針4）。すなわち，リスクアセスメントは，トップによる管理の下，現場を知る労働者及び企業内外の専門家の参画を得て実施することが求められているといえる。

(3) 実施時期

リスクアセスメントは，①リスクアセスメント対象物を原材料として新規に採用し，又は変更するとき，②リスクアセスメント対象物を製造し，又は取り扱う業務に係る作業の方法又は手順を新規に採用し，又は変更するとき，③上記①・②のほか，リスクアセスメント対象物による危険性又は有害性等について変化が生じ，又は生じるおそれがあるときに実施することが求められる（安衛則第34条の2の7第1項）。

化学物質RA指針では，③の具体例として，(ア)過去

に提供された安全データシート（以下「SDS」という）の危険性又は有害性に係る情報が変更され，その内容が事業者に提供された場合，(イ)濃度基準値（安衛則第577条の2第2項）が新たに設定された場合又は当該値が変更された場合が挙げられている。また，上記③には，日本産業衛生学会の許容濃度又は米国産業衛生専門家会議（ACGIH）が勧告するTLV-TWA（＊1日8時間，週40時間繰り返しばく露されても，有害な影響を与えることはないと考えられる有害物質の平均濃度）等によりリスクアセスメント対象物のばく露限界が新規に設定され，又は変更された場合が含まれること，また，上記③(ア)には，国連勧告の化学品の分類及び表示に関する世界調和システム（以下「GHS」という）又は日本産業規格Z7252（以下「JIS Z7252」という）に基づき分類されたリスクアセスメント対象物の危険性又は有害性の区分が変更された場合であって，当該リスクアセスメント対象物を譲渡し，又は提供した者が当該リスクアセスメント対象物に係るSDSの危険性又は有害性に係る情報を変更し，安衛法第57条の2第2項及び安衛則第34条の2の5第3項の規定に基づき，その変更内容が事業者に提供されたときが含まれる（平成27年9月18日基発0918第3号，最終改正：令和5年4月27日基発0427第3号）。

なお，事業者は上記①・②に掲げる作業を開始する前にリスク低減措置を実施することが必要であるとされ，また，上記①・②に係る設備改修等の計画を策定するときは，その計画策定段階においてもリスクアセスメント等を実施することが望ましいとされている（化学物質RA指針5(3)(4)）。

また，化学物質RA指針5(2)では，下記の場合にも事業者はリスクアセスメントを行うよう努めるものと規定する。

> ア リスクアセスメント対象物に係る労働災害が発生した場合であって，過去のリスクアセスメント等の内容に問題があることが確認された場合
> イ 前回のリスクアセスメント等から一定の期間が経過し，リスクアセスメント対象物に係る機械設備等の経年による劣化，労働者の入れ替わり等に伴う労働者の安全衛生に係る知識経験の変化，新たな安全衛生に係る知見の集積等があった場合
> ウ 既に製造し，又は取り扱っていた物質がリスクアセスメント対象物として新たに追加された場合など，当該リスクアセスメント対象物を製造し，又は取り扱う業務について過去にリスクアセスメント等を実施したことがない場合

(4) 危険性・有害性の特定等

事業者は，リスクアセスメントの実施に先立ち，①実施対象の選定，②必要な情報の入手，③危険性・有害性の特定等を行う。このプロセスは，発生しうる災害（＝防止しようとする災害）を予見する段階ということができる[30]。

まず，リスクアセスメント等の実施対象の選定を行う。対象となるのは，「事業場において製造又は取り扱う全てのリスクアセスメント対象物」である。リスクアセスメント等は，対象のリスクアセスメント対象物を製造し，又は取り扱う業務ごとに行うことが求められる。ただし，例えば，当該業務に複数の作業工程がある場合に，当該工程を1つの単位とする，当該業務のうち同一場所において行われる複数の作業を1つの単位とするなど，事業場の実情に応じ適切な単位で行うことは可能である。また，元方事業者にあっては，その労働者及び関係請負人の労働者が同一の場所で作業を行うこと（混在作業）によって生ずる労働災害を防止するため，当該混在作業についても，リスクアセスメント等の対象とすることが求められる（化学物質RA指針6）。

次に，事業者は，①リスクアセスメント等の対象となるリスクアセスメント対象物に係る危険性又は有害性に関する情報（SDS等），②リスクアセスメント等の対象となる作業を実施する状況に関する情報（作業標準，作業手順書等，機械設備等に関する情報を含む）を入手し活用するものとされる。その際，現場の実態を踏まえ，非定常作業に係る資料等も含めることが求められる（化学物質RA指針7(1)）。また，事業者は必要に応じ，下記の資料等も入手するものとされる（化学物質RA指針7(2)，平成27年9月18日基発0918第3号〔最終改正：令和5年4月27日基発0427第3号〕）。

> ア リスクアセスメント対象物に係る機械設備等のレイアウト等，作業の周辺の環境に関する情報
> イ 作業環境測定結果等（個人ばく露測定結果，ばく露の推定値，特殊健康診断結果，生物学的モニタリング結果等含む）
> ウ 災害事例，災害統計等
> エ その他，リスクアセスメント等の実施に当たり参考となる資料等（リスクアセスメント対象物による危険性又は有害性に係る文献，作業を行うために必要な資格・教育の要件，「化学プラントにかかるセーフティ・アセスメントに関する指針」（平成12・3・21基発第149号）等に基づく調査等の結果，危険予知活動（KYT）の実施結果，職場巡視の実施結果，デジタル技術を活用した調査，巡視等の結果等）

なお，①新たにリスクアセスメント対象物を外部から取得等しようとする場合には，当該リスクアセスメ

ント対象物を譲渡し，又は提供する者から，当該リスクアセスメント対象物に係るSDSを確実に入手することが，②リスクアセスメント対象物に係る新たな機械設備等を外部から導入しようとする場合には，当該機械設備等の製造者に対し，当該設備等の設計・製造段階においてリスクアセスメントを実施することを求め，その結果を入手することが，③リスクアセスメント対象物に係る機械設備等の使用又は改造等を行おうとする場合に，自らが当該機械設備等の管理権原を有しないときは，管理権原を有する者等が実施した当該機械設備等に対する調査等の結果を入手することが求められる（化学物質RA指針7(3)）。元方事業者は，複数の事業者が同一の場所で作業する場合やリスクアセスメント対象物による危険性又は有害性がある場所等において複数事業者が作業を行う場合，自ら実施したリスクアセスメント等の結果を当該業務に係る関係請負人に提供することが求められる（RA指針7(4)）。

以上のプロセスを経て，事業者は，リスクアセスメント対象物について，リスクアセスメント等の対象となる業務を洗い出した上で，下記㈦乃至㈬に則して，危険性又は有害性を特定することが求められる（化学物質RA指針8）。

㈦　国際連合から勧告として公表された「化学品の分類及び表示に関する世界調和システム（GHS）」（以下「GHS」という。）又は日本産業規格Z7252に基づき分類されたリスクアセスメント対象物の危険性又は有害性（SDSを入手した場合には，当該SDSに記載されているGHS分類結果）

㈨　リスクアセスメント対象物の管理濃度及び濃度基準値。これらの値が設定されていない場合であって，日本産業衛生学会の許容濃度又は米国産業衛生専門家会議（ACGIH）のTLV-TWA等のリスクアセスメント対象物のばく露限界（以下「ばく露限界」という。）が設定されている場合にはその値（SDSを入手した場合には，当該SDSに記載されているばく露限界）

㈬　皮膚等障害化学物質等（安衛則第594条の2で定める皮膚若しくは眼に障害を与えるおそれ又は皮膚から吸収され，若しくは皮膚に侵入して，健康障害を生ずるおそれがあることが明らかな化学物質又は化学物質を含有する製剤）への該当性

※　該当する場合には，安衛則第594条の2の規定により，皮膚等障害化学物質等を製造し，又は取り扱う業務に労働者を従事させる場合にあっては，不浸透性の保護衣，保護手袋，履物又は保護眼鏡等適切な保護具を使用させることが事業者に義務づけられていることを踏まえ，リスク低減措置の検討に当たっては，保護具の着用を含めて検討する必要がある

もっとも，GHS分類において危険性又は有害性が認められていないからといって，危険性ないし有害性がないことを意味するものではない。そのため，必要に応じて，上記以外の危険性又は有害性についても特定が求められることとなる。この場合，過去にリスクアセスメント対象物による労働災害が発生した作業，リスクアセスメント対象物による危険又は健康障害のおそれがある事象が発生した作業等により事業者が把握している情報があるときには，当該情報に基づく危険性又は有害性が必ず含まれるよう留意することが求められる（化学物質RA指針8）。なお，リスクアセスメント対象物の「危険性又は有害性」は，個々のリスクアセスメント対象物に関するものであるが，これらのリスクアセスメント対象物の相互間の化学反応による危険性（発熱等の事象）又は有害性（有毒ガスの発生等）が予測される場合には，事象に即してその危険性又は有害性にも留意する必要があるとされる（平成27年9月18日基発0918第3号，最終改正：令和5年4月27日基発0427第3号）。

(5)　リスクの見積もり

事業者は，リスクアセスメント対象物による危険性又は有害性並びに当該リスクアセスメント対象物を取り扱う作業方法，設備等により業務に従事する労働者に危険を及ぼし，又は当該労働者の健康障害を生ずるおそれの程度及び当該危険又は健康障害の程度（以下「リスク」という。）の見積もりを行う（化学物質RA指針3(2)）。なお，濃度基準値が定められている物質については，屋内事業場における労働者のばく露の程度が濃度基準値を超えるおそれの把握もこれに含まれるが，こうしたおそれが確認された場合には，ばく露される程度が濃度基準値以下であることを確認するための測定（確認測定）を実施することが，「化学物質による健康障害防止のための濃度の基準の適用等に関する技術上の指針（以下，濃度基準指針）」（令和5年4月27日技術上の指針公示第24号）に基づき求められる。また，濃度基準値を超えるおそれの把握に際しては，濃度基準指針において示された方法によるものとされる（平成27年9月18日基発0918第3号，最終改正：令和5年4月27日基発0427第3号）。濃度基準値が設定されていない物質について，リスクの見積もりの結果，一定以上のリスクがある場合等，労働者のばく露状況を正確に評価する必要がある場合には，当該物質の濃度の測定を実施することが求められ，工学的対策を実施しうる場合にあっては，個人サンプリング法等の労働者の呼吸域における物質の濃度の測定のみならず，よくデザインされた場の測定（化学物質の発散源の特定，局所排気装置

等の有効性の確認等のために固定点で行う測定，作業環境測定におけるA測定，B測定を含む）も必要になる場合がある（濃度基準指針2-1）。なお，特別規則の適用のある物質については，特別規則による規制との二重規制を避けるため，また，ヒトに対する発がん性が明確な物質については，長期的な健康影響が発生しない安全な閾値である濃度基準値を設定することは困難であることから，濃度基準値は設定されていない（濃度基準指針6-1）。

　リスクの見積もりは，①当該リスクアセスメント対象物が当該業務に従事する労働者に危険を及ぼし，又は当該リスクアセスメント対象物により当該労働者の健康障害を生ずるおそれの程度及び当該危険又は健康障害の程度を考慮する方法か，②当該業務に従事する労働者が当該リスクアセスメント対象物にさらされる程度及び当該リスクアセスメント対象物の有害性の程度を考慮する方法，③上記①・②に準ずる方法により実施される（安衛則第34条の2の7第2項）。

　化学物質RA指針ではリスクの見積もり方法として，下記ア乃至ウを挙げる（化学物質RA指針9⑴，平成27年9月18日基発0918第3号〔最終改正：令和5年4月27日基発0427第3号〕）。下記のうち，アの方法による場合に事業者が留意すべき事項は，RA指針における場合と同様であり，重篤度の評価にあたっては，最も重篤な負傷・疾病の程度を見積もること，休業日数等を尺度とすること，労働者の疲労等の影響を考慮することが求められる（化学物質RA指針9⑶）。また，事業者は必要に応じて，安全装置，立入禁止装置，排気・換気装置の設置等の安全衛生機能等の信頼性及び維持能力，これを無効化する又は無視する可能性，意図的・非意図的な誤使用又は危険行動の可能性や，有害性が立証されていないが一定の根拠がある場合における根拠に基づく有害性を考慮する点もRA指針と同様である（化学物質RA指針9⑷）。

ア　リスクアセスメント対象物が当該業務に従事する労働者に危険を及ぼし，又はリスクアセスメント対象物により当該労働者の健康障害を生ずるおそれの程度（発生可能性）及び当該危険又は健康障害の程度（重篤度）を考慮する方法

(ア)　発生可能性及び重篤度を相対的に尺度化し，それらを縦軸と横軸とし，あらかじめ発生可能性及び重篤度に応じてリスクが割り付けられた表を使用してリスクを見積もる方法（資料4-73）

※　「労働者の危険又は健康障害の程度（重篤度）」については，基本的に休業日数等を尺度として使用するものであり，例えば，①死亡，②後遺障害，③休業，④軽症のように区分する例がある。また，「労働者に危険又は健康障害を生ずるおそれの程度（発生可能性）」は，危険性又は有害性への接近の頻度や時間，回避の可能性等を考慮して見積もるものであり，以下のように区分する例がある。

① （可能性が）極めて高い：日常的に長時間行われる作業に伴うもので回避困難なもの
② （可能性が）比較的高い：日常的に行われる作業に伴うもので回避可能なもの
③ （可能性が）ある：非定常的な作業に伴うもので回避可能なもの
④ （可能性が）ほとんどない：まれにしか行われない作業に伴うもので回避可能なもの

(イ)　発生可能性及び重篤度を一定の尺度によりそれぞれ数値化し，それらを加算又は乗算等してリスクを見積もる方法（資料4-74）

(ウ)　発生可能性及び重篤度を段階的に分岐していくことによりリスクを見積もる方法

(エ)　ILOの化学物質リスク簡易評価法（コントロール・バンディング）等を用いてリスクを見積もる方法（資料4-75）

※　「コントロール・バンディング」は，ILOが開発途上国の中小企業を対象に有害性のある化学物質から労働者の健康を保護するため開発した簡易なリスクアセスメント手法である。厚生労働省では「職場のあんぜんサイト」において，ILOが公表しているコントロール・バンディングのツールを翻訳，修正追加したものを「厚生労働省版コントロール・バンディング」として提供している。必要な情報（作業内容（選択），GHS区分（選択），固液の別，取扱量（選択），取扱温度，沸点等）を入力することによって，リスクレベルと参考となる対策管理シートが得られる。

(オ)　化学プラント等の化学反応のプロセス等による災害のシナリオを仮定して，その事象の発生可能性と重篤度を考慮する方法

※　「化学プラントにかかるセーフティ・アセスメントに関する指針」（平成12年3月21日付け基発第149号）による方法等が参照される。なお，同指針では，①関係資料の収集・形成，②定性的評価，③定量的評価（及びそれに基づく危険度ランク付け），④プロセス固有の特性を踏まえたプロセス安全性評価，⑤安全対策の確認等の5段階で安全性の事前評価を行うことが推奨されている。

イ　当該業務に従事する労働者がリスクアセスメント対象物にさらされる程度（ばく露の程度）及び当該リスクアセスメント対象物の有害性の程度を考慮する方法

(ア)　管理濃度が定められている物質については，作業環境測定により測定した当該物質の第一評価値を当該物質の管理濃度と比較する方法

資料4-73　マトリクスを用いて化学物質のリスクを見積もる方法

[例1：マトリクスを用いた方法]
※重篤度「②後遺障害」，発生可能性「②比較的高い」の場合の見積り例

		危険又は健康障害の程度（重篤度）			
		死亡	後遺障害	休業	軽傷
危険又は健康障害を生ずるおそれの程度（発生可能性）	極めて高い	5	5	4	3
	比較的高い	5	④	3	2
	可能性あり	4	3	2	1
	ほとんどない	4	3	1	1

リスク		優先度
4～5	高	直ちにリスク低減措置を講ずる必要がある。措置を講ずるまで作業停止する必要がある。
2～3	中	速やかにリスク低減措置を講ずる必要がある。措置を講ずるまで使用しないことが望ましい。
1	低	低必要に応じてリスク低減措置を実施する。

（平成27年9月18日基発0918第3号〔最終改正：令和5年4月27日基発0427第3号〕の別紙2）

資料4-74　数値化により化学物質のリスクを見積もる方法

[例2：数値化による方法]
※重篤度「②後遺障害」，発生可能性「②比較的高い」の場合の見積り例
(1) 危険又は健康障害の程度（重篤度）

死亡	後遺障害	休業	軽傷
30点	20点	7点	2点

(2) 危険又は健康障害を生ずるおそれの程度（発生可能性）

極めて高い	比較的高い	可能性あり	ほとんどない
20点	15点	7点	2点

20点（重篤度「後遺障害」）＋15点（発生可能性「比較的高い」）＝35点（リスク）

リスク		優先度
30点以上	高	直ちにリスク低減措置を講ずる必要がある。措置を講ずるまで作業停止する必要がある。
10～29点	中	速やかにリスク低減措置を講ずる必要がある。措置を講ずるまで使用しないことが望ましい。
10点未満	低	低必要に応じてリスク低減措置を実施する。

（資料4-73に同じ）

資料4-75　コントロール・バンディング

＊厚生労働省ではWEBサイト「職場のあんぜんサイト」（https://anzeninfo.mhlw.go.jp/#, https://anzeninfo.mhlw.go.jp/user/anzen/kag/ankgc07.htm，最終閲覧日：2022年8月25日）において，ILOが公表しているコントロール・バンディングのツールを翻訳，修正追加したものを「リスクアセスメント実施支援システム」として提供している（「厚生労働省版コントロール・バンディング」https://anzeninfo.mhlw.go.jp/user/anzen/kag/ankgc07_1.htm，最終閲覧日：2022年8月25日）。

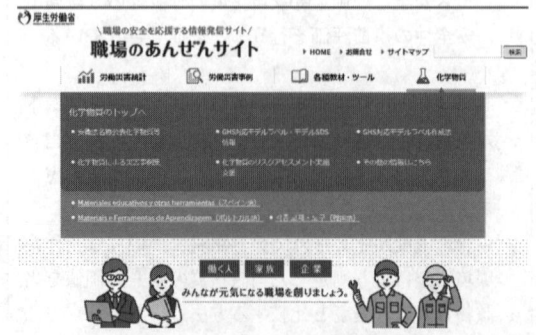
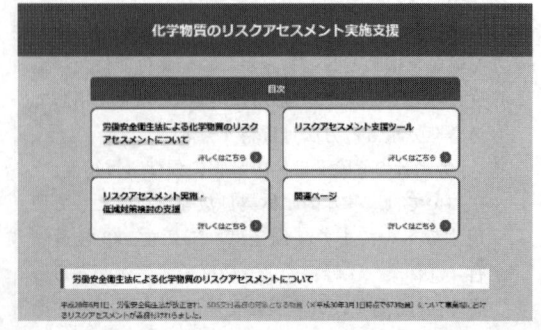

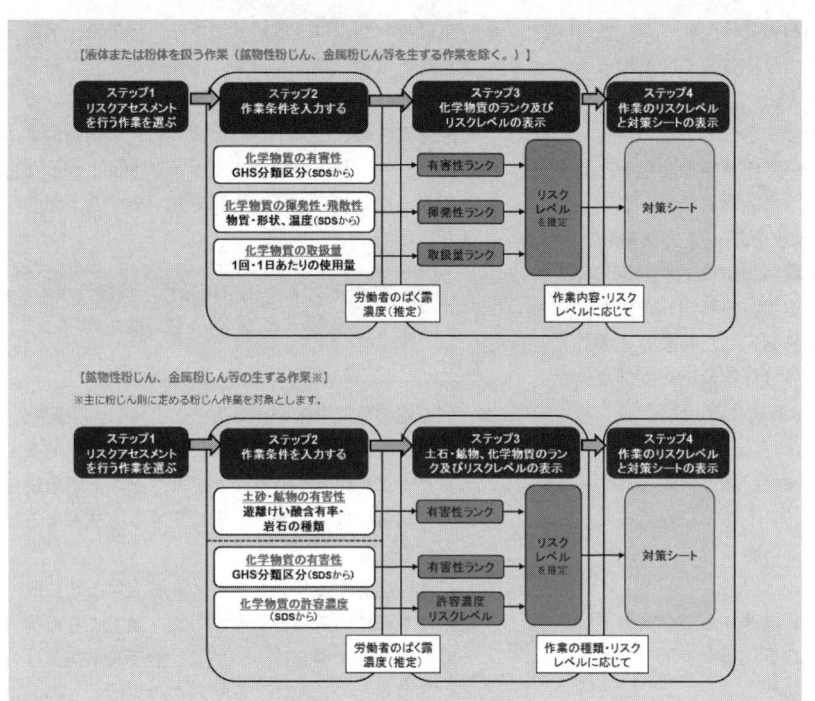

＊厚労省版コントロール・バンディングには，【液体または粉体を扱う作業（鉱物性粉じん，金属粉じん等を生ずる作業を除く。）】と【鉱物性粉じん，金属粉じん等の生ずる作業】の2つのシステムがあり，化学物質の有害性情報があれば，労働者のばく露濃度等測定値や許容濃度等のばく露限界値がなくても利用できる点に特徴がある。

＊作業条件等（有害性，揮発性，取扱量）の必要な情報を入力することで，化学物質の有害性とばく露情報の組み合わせに基づいてリスクを評価し，必要な管理対策の区分（バンド）が示される。

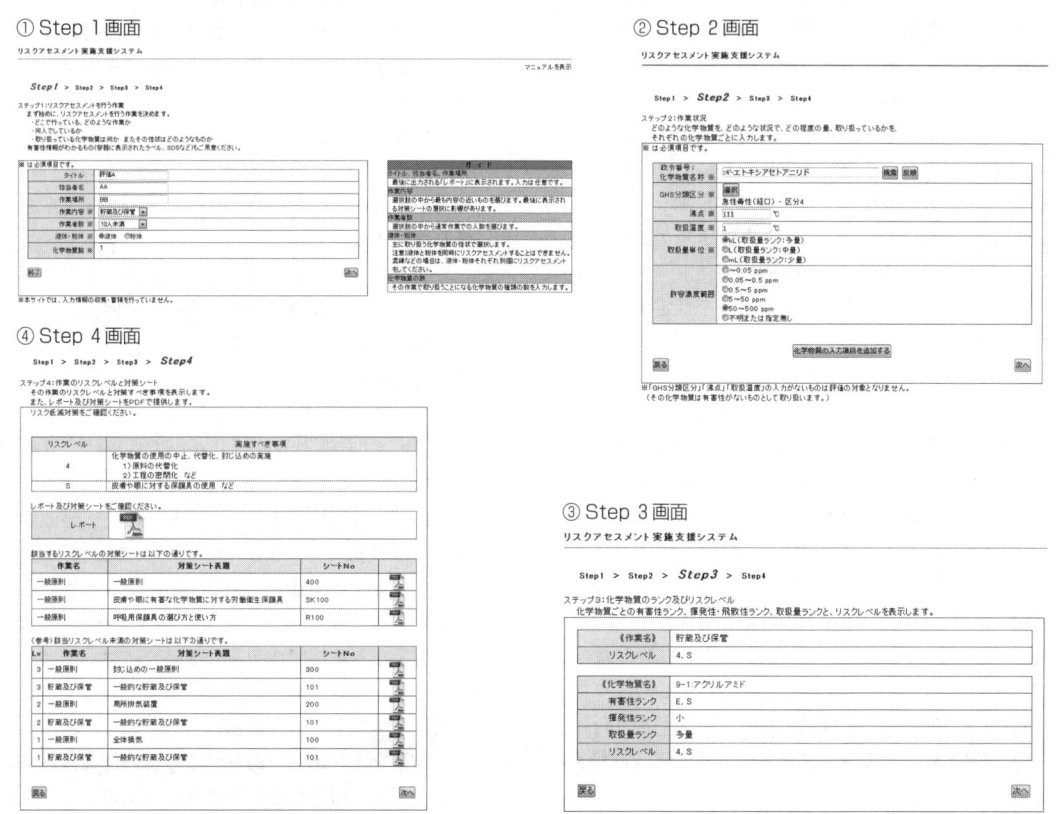

（厚生労働省「リスクアセスメント実施支援操作マニュアル（改良 CB）」〔2019年3月〕〔https://anzeninfo.mhlw.go.jp/ras/user/anzen/kag/cb_manual_201903.pdf，最終閲覧日：2022年8月27日〕。上記は，液体・粉体作業に係るもの）

(イ) 濃度基準値が設定されている物質については，個人ばく露測定により測定した当該物質の濃度を当該物質の濃度基準値と比較する方法
(ウ) 管理濃度又は濃度基準値が設定されていない物質については，対象の業務について作業環境測定等により測定した作業場所における当該物質の気中濃度等（作業環境測定結果の評価値を用いる方法のほか，対象の業務について作業環境測定により測定した気中濃度や個人サンプラーを用いて測定した個人ばく露濃度，検知管により簡易測定した結果等を含む）を，当該物質のばく露限界（日本産業衛生学会の許容濃度，ACGIH〔米国産業衛生専門家会議〕のTLV-TWA）と比較する方法
(エ) 数理モデルを用いて対象の業務に係る作業を行う労働者の周辺のリスクアセスメント対象物の気中濃度を推定し，当該物質の濃度基準値又はばく露限界と比較する方法
　※ (イ)の数理モデルによる場合には，適切な安全率を考慮する必要があるとされる。また，気中濃度の推定方法としては下記の通り。
　a 調査対象の作業場所以外の作業場所において，調査対象のリスクアセスメント対象物について調査対象の業務と同様の業務が行われており，かつ，作業場所の形状や換気条件が同程度である場合に，当該業務に係る作業環境測定の結果から平均的な濃度を推定する方法
　b 調査対象の作業場所における単位時間当たりのリスクアセスメント対象物の消費量及び当該作業場所の気積から推定する方法並びにこれに加えて物質の拡散又は換気を考慮して推定する方法
　c 厚生労働省が提供している簡易リスクアセスメントツールであるCREATE-SIMPLE（クリエイト・シンプル）を用いて気中濃度を推定する方法（資料4-76）
　d 欧州化学物質生態毒性・毒性センターが提供しているリスクアセスメントツール（ECETOC-TRA ※欧州REACH規則に基づく化学物質の登録を支援するために開発された，定量的なリスクアセスメントが可能な支援ツール）を用いてリスクを見積もる方法（資料4-77）
(オ) リスクアセスメント対象物への労働者のばく露の程度及び当該物質による有害性の程度を相対的に尺度化し（例えばそれぞれを5段階にレベル分けする），それらを縦軸と横軸とし，あらかじめばく露の程度及び有害性の程度に応じてリスクが割り付けられた表を使用してリスクを見積もる方法（資料4-78）
　※ (オ)における有害性のレベル分けは，SDSデータを用いて，GHS等を参考に行う。また，ばく露レベル（EL）の推定は作業環境（ML）レベルと作業時間・作業頻度（FL）のレベルから導く。作業環境レベルは，取扱量が多く，揮発性・飛散性が高いほど，高くなるが，①換気がされている場合には，ポイントがその分下がっていく。また，労働者の衣服，手足，保護具に化学物質による汚れがみられるかにより，ポイントは上がったり下がったりする。これを算定式で表すと下記の通り。

> A（取扱量ポイント）＋B（揮発性・飛散性ポイント）－C（換気ポイント）＋D（修正ポイント）

　※ ばく露の程度を推定する方法としては，上記(ア)乃至(オ)までの他，対象の業務について生物学的モニタリングにより当該リスクアセスメント対象物への労働者のばく露レベルを推定する方法もあるとされる。
　※ 感作性を有するリスクアセスメント対象物に既に感作されている場合や妊娠中等，通常よりも高い感受性を示す場合については，濃度基準値又はばく露限界との比較によるリスクの見積もりのみでは不十分な場合があることに注意が必要であるとされる。

ウ ア又はイに掲げる方法に準ずる方法
(ア) リスクアセスメント対象物に係る危険又は健康障害を防止するための具体的な措置が労働安全衛生法関係法令（主に有機則，鉛則，四アルキル鉛則，特化則の規定並びに危険物に係る安衛則の規定）の各条項に規定されている場合に，当該規定の履行状況を確認することによって，リスクアセスメントを実施したとみなす方法
(イ) リスクアセスメント対象物に係る危険を防止するための具体的な規定が労働安全衛生法関係法令に規定されていない場合（すなわち，「危険物」（安衛法施行令別表第1）ではない場合）において，当該物質のSDSに記載されている危険性の種類（例えば「爆発物」，「有機過酸化物」，「可燃性固体」，「酸化性ガス」，「酸化性液体」，「酸化性固体」，「引火性液体」又は「可燃性ガス」など）を確認し，当該危険性と同種の危険性を有し，かつ，具体的措置が規定されている「危険物」に係る安衛則第4章等の条項を確認する方法
(ウ) 毎回異なる環境で作業を行う場合においては，作業の都度，リスクアセスメント及びその結果に基づく措置を実施することが困難であることから，典型的な作業を洗い出し，あらかじめ当該作業において労働者がばく露される物質の濃度を測定し，その測定結果に基づくリスク低減措置を定めたマニュアル等を作成するとともに，当該マニュアル等に定められた措置が適切に実施されていることを確認する方法

資料4-76 クリエイトシンプルの流れ及び入力シート

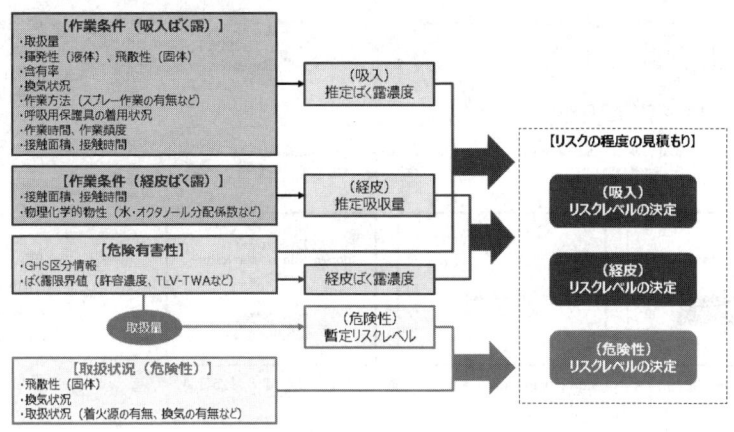

(厚生労働省「職場のあんぜんサイト」〔https://anzeninfo.mhlw.go.jp/user/anzen/kag/ankgc07_3.htm、最終閲覧日：2023年8月17日〕)

資料4-77　ECETOC-TRA

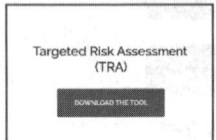

＊厚生労働省は TRA の日本語版マニュアルとして，一般財団法人化学物質評価研究機構安全性評価技術研究所＝厚生労働省労働基準局安全衛生部化学物質対策課「ECETOC TRA を用いる（推定ばく露濃度の算出を含む）労働者リスクアセスメントマニュアル」（2016年6月）（https://anzeninfo.mhlw.go.jp/user/anzen/kag/pdf/ECETOC-TRA_manual.pdf，最終閲覧日：2022年8月25日）を公表している。

（TRA のダウンロードサイト〔https://www.ecetoc.org/tools/tra-main/，最終閲覧日：2022年8月25日〕）

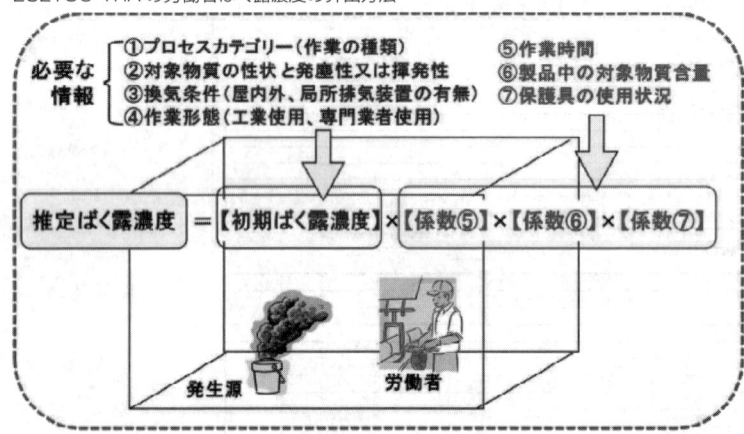

＊推定ばく露濃度は，①作業の種類を特定するプロセスカテゴリー，②対象物質の性状と発生の程度（発塵性の程度，又は揮発性の程度），③換気条件（屋内外，局所排気装置の有無），④作業形態（工業的，又は専門業者使用）の組合せにより決定する「初期ばく露濃度」に，⑤作業時間，⑥取扱製品中の対象物質含有量，⑦保護具の使用状況に基づく係数を考慮して算出される。

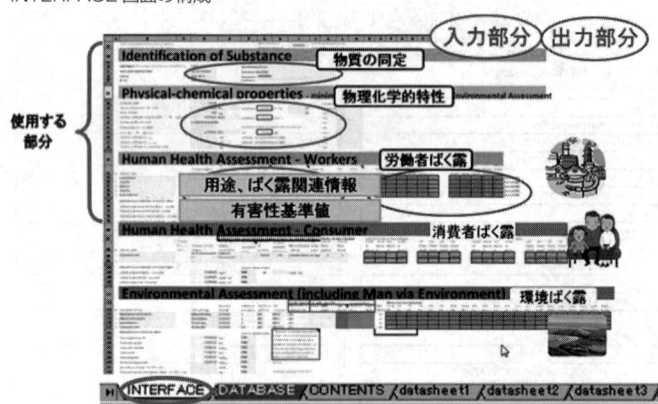

※　(ウ)に示すマニュアル等には，独立行政法人労働者健康安全機構労働安全衛生総合研究所化学物質情報管理研究センターや労働災害防止団体等が公表するマニュアル等がある。

ア　当該リスクアセスメント対象物の性状
イ　当該リスクアセスメント対象物の製造量又は取扱量
ウ　当該リスクアセスメント対象物の製造又は取扱い（以下「製造等」という。）に係る作業の内容
エ　当該リスクアセスメント対象物の製造等に係る作業の条件及び関連設備の状況
オ　当該リスクアセスメント対象物の製造等に係る作

事業者は，上記ア又はイの方法により見積もりを行うに際しては，用いるリスクの見積もり方法に応じて，次に掲げる事項等必要な情報を使用することが求められる（化学物質 RA 指針 9 (2)）。

資料4-78　化学物質等による有害性に係るリスクの定性評価法の例

1　有害性のレベル分け
　リスクアセスメント対象物について，SDSのデータを用いて，GHS等を参考に有害性のレベルを付す。例えば，有害性をAからEまでの5段階に分けて行う。

2　ばく露レベルの推定
　作業環境レベルを推定し，それに作業時間等作業の状況を組み合わせばく露レベルを推定する。

(1)　作業環境レベル（ML）の推定

$$A（取扱量ポイント）+B（揮発性・飛散性ポイント）-C（換気ポイント）+D（修正ポイント）$$

A：製造等の量のポイント
　3　大量（トン，kl 単位で計る程度の量）
　2　中量（kg，l 単位で計る程度の量）
　1　少量（g，ml 単位で計る程度の量）

B：揮発性・飛散性のポイント
　3　高揮発性（沸点50℃未満），高飛散性（微細で軽い粉じんの発生する物）
　2　中揮発性（沸点50-150℃），中飛散性（結晶質，粒状，すぐに沈降する物）
　1　低揮発性（沸点150℃超過），低飛散性（小球状，薄片状，小塊状）

C：換気のポイント
　4　遠隔操作・完全密閉
　3　局所排気
　2　全体換気・屋外作業
　1　換気なし

D：修正ポイント
　1　労働者の衣服，手足，保護具が，調査対象となっている化学物質等による汚れが見られる場合
　0　労働者の衣服，手足，保護具が，調査対象となっている化学物質等による汚れが見られない場合

表1　作業環境レベルの区分（例）

作業環境レベル（ML）	a	b	c	d	e
A+B-C+D	6，5	4	3	2	1～(-2)

(2)　作業時間・作業頻度のレベル（FL）の推定

表2　作業時間・作業頻度レベルの区分（例）

作業時間・作業頻度レベル（FL）	ⅰ	ⅱ	ⅲ	ⅳ	ⅴ
年間作業時間	400時間超過	100～400時間	25～100時間	10～25時間	10時間未満

(3)　ばく露レベル（EL）の推定

表3　ばく露レベル（EL）の区分の決定（例）

(FL)＼(ML)	a	b	c	d	e
ⅰ	Ⅴ	Ⅴ	Ⅳ	Ⅳ	Ⅲ
ⅱ	Ⅴ	Ⅳ	Ⅳ	Ⅲ	Ⅱ
ⅲ	Ⅳ	Ⅳ	Ⅲ	Ⅲ	Ⅱ
ⅳ	Ⅳ	Ⅲ	Ⅲ	Ⅱ	Ⅱ
ⅴ	Ⅲ	Ⅱ	Ⅱ	Ⅱ	Ⅰ

3　リスクの見積り
　1で分類した有害性のレベル及び2で推定したばく露レベルを組み合わせ，リスクを見積もる。下記例では，数字の値が大きいほどリスク低減措置の優先度が高いことが示される。

表4　リスクの見積り（例）

HL＼EL	Ⅴ（高）	Ⅳ	Ⅲ	Ⅱ	Ⅰ
E	5	5	4	4	3
D	5	4	4	3	2
C	4	4	3	3	2
B	4	3	3	2	2
A	3	2	2	2	1（低）

リスク低減の優先順位

（平成27年9月18日基発0918第3号〔最終改正：令和5年4月27日基発0427第3号〕の別紙3）

業への人員配置の状況
　カ　作業時間及び作業の頻度
　キ　換気設備の設置状況
　ク　有効な保護具の選択及び使用状況
　ケ　当該リスクアセスメント対象物に係る既存の作業環境中の濃度若しくはばく露濃度の測定結果又は生物学的モニタリング結果

(6)　リスク低減措置

　事業者には，リスクの見積もりに基づき，リスクアセスメント対象物への労働者のばく露の程度を最小限度とすること及び濃度基準値が定められている物質については屋内事業場における労働者のばく露の程度を濃度基準値以下とすることを含めたリスク低減措置の内容の検討が求められる（化学物質RA指針3(3)）。事業者は，法令に定められた措置がある場合にはそれを必ず実施するとともに，法令に定められた措置がない場合には，下記ア乃至エに掲げる優先順位でリスク低減措置内容を検討の上，実施することが求められる（化学物質RA指針10，平成27年9月18日基発0918第3号〔最終改正：令和5年4月27日基発0427第3号〕）。ここでも，本質安全化を図ることができる場合にはその実施がまず求められるといえる。また，作業環境管理に係る措置がまず優先され，その後に作業管理に係る措置が予定されているといえる。

　ア　危険性又は有害性のより低い物質（濃度基準値又はばく露限界がより高い物質，GHS又はJIS Z7252に基づく危険性又は有害性の区分がより低い物質）への代替，化学反応のプロセス等の運転条件の変更，取り扱うリスクアセスメント対象物の形状の変更等又はこれらの併用（※）によるリスクの低減
　　※より有害性又は危険性の低い物質に代替した場合でも，当該代替に伴い使用量が増加したり，代替物質の揮発性が高く気中濃度が高くなったり，あるいは，爆発限界との関係で引火・爆発の可能性が高くなったりする場合があることから，必要に応じ物質の代替と化学反応のプロセス等の運転条件の変更等とを併用しリスクの低減を図るべきとされる。
　イ　リスクアセスメント対象物に係る機械設備等の防爆構造化，安全装置の二重化等の工学的対策（※）又はリスクアセスメント対象物に係る機械設備等の密閉化，局所排気装置の設置等の衛生工学的対策（※）
　　※「工学的対策」とは，上記アの措置を講ずることができず抜本的には低減できなかった労働者に危険を生ずるおそれの程度に対し，防爆構造化，安全装置の多重化等の措置を実施し，当該リスクアセスメント対象物による危険性による負傷の発生可能性の低減を図る措置をいう。
　　※「衛生工学的対策」とは，上記アの措置を講ずることができず抜本的には低減できなかった労働者の健康障害を生ずるおそれの程度に対し，機械設備等の密閉化，局所排気装置等の設置等の措置を実施し，当該リスクアセスメント対象物の有害性による疾病の発生可能性の低減を図る措置をいう。
　ウ　作業手順の改善，立入禁止等の管理的対策（※）
　　※「管理的対策」には，作業手順の改善，立入禁止措置のほか，作業時間の短縮，マニュアルの整備，ばく露管理，警報の運用，複数人数制の採用，教育訓練，健康管理等の作業者等を管理することによる対策が含まれる。
　エ　リスクアセスメント対象物の有害性に応じた有効な保護具（※）の選択及び使用
　　※有効な保護具かどうかの判断に際しては，保護具の対象物質及び性能を製造業者に確認すること等が必要とされる。

　上記措置については，化学物質RA指針9(1)イの方法を用いたリスクの見積もり結果として，労働者がばく露される程度が濃度基準値又はばく露限界を十分に下回ることが確認できる場合は，当該リスクは許容範囲内であり，追加のリスク低減措置を検討する必要がないものとして差し支えないとされる（化学物質RA指針10(1)）。また，リスク低減に要する負担がリスク低減による労働災害防止効果と比較して大幅に大きく，両者に著しい不均衡が発生する場合であって，措置を講ずることを求めることが著しく合理性を欠く場合には，より下位の措置を実施することも可能となる。しかし，それ以外の場合は，可能な限り高い優先順位のリスク低減措置を実施する必要があるものとされる（化学物質RA指針10(2)）。合理的に実現可能な限り，より高い優先順位のリスク低減措置を実施することにより，「合理的に実現可能な程度に低い」（ALARP: As Low As Reasonably Practicable）レベルにまで適切にリスクを低減するという考え方を定めたものであるといえる（平成27年9月18日基発0918第3号，最終改正：令和5年4月27日基発0427第3号）。他方，死亡，後遺障害又は重篤な疾病をもたらすおそれのあるリスクに対して，適切なリスク低減措置の実施に時間を要する場合は，暫定的な措置を直ちに講ずるほか，上記のリスク低減措置の内容を速やかに実施するよう努めることが求められる（化学物質RA指針10(3)）。また，リスク低減措置を講じた場合には，当該措置を実施した後に見込まれるリスクを見積もることが望ましいとされている（化学物質RA指針10(4)）。濃度基準値が規定されて

資料4-79

労働者が関わる作業	危険性又は有害性
ア　機械の意図する使用が行われる作業 イ　運搬，設置，試運転等の機械の使用の開始に関する作業 ウ　解体，廃棄等の機械の使用の停止に関する作業 エ　機械に故障，異常等が発生している状況における作業 オ　機械の合理的に予見可能な誤使用が行われる作業 カ　機械を使用する労働者以外の者（合理的に予見可能な場合に限る。）が機械の危険性又は有害性に接近すること	1　機械的な危険性又は有害性 2　電気的な危険性又は有害性 3　熱的な危険性又は有害性 4　騒音による危険性又は有害性 5　振動による危険性又は有害性 6　放射による危険性又は有害性 7　材料及び物質による危険性又は有害性 8　機械の設計時における人間工学原則の無視による危険性又は有害性 9　滑り，つまずき及び墜落の危険性又は有害性 10　危険性又は有害性の組合せ 11　機械が使用される環境に関連する危険性又は有害性

（石﨑由希子作成）

いる物質については，安衛則第577条の2第2項の規定を満たしているか確認するため，ばく露の程度が濃度基準値以下であることを見積もる必要がある（平成27年9月18日基発0918第3号，最終改正：令和5年4月27日基発0427第3号）。

(7)　結果の記録・保存・周知

事業者は，化学物質等を製造又は取り扱う業務に従事する労働者に対し，①作業場への常時掲示又は備え付け，②労働者への書面交付，③磁気テープ等への記録と各作業場における記録内容を常時確認できる機器設置等により，(1)対象のリスクアセスメント対象物の名称，(2)当該業務の内容，(3)当該調査の結果（特定した危険性・有害性，見積もったリスク），(4)当該調査の結果に基づき事業者の講ずる危険又は健康障害防止措置の内容を周知させなければならない（安衛則第34条の2の8）。また，事業者は周知の対象となる事項について記録を作成し，次にリスクアセスメントを行うまでの期間（リスクアセスメントを行った日から起算して3年以内に当該リスクアセスメント対象物についてリスクアセスメントを行ったときは，3年間）記録を保存しなければならないとされる（化学物質RA指針11）。

4　機械に係るリスクアセスメント

(1)　概要

リスクアセスメント指針では，「特定の危険性又は有害性の種類等に関する詳細な指針が別途策定される」こと，「機械安全に関しては，厚生労働省労働基準局長の定めるものが含まれる」ことが規定されていた（RA指針1）。「機械の包括的な安全基準に関する指針（以下，機械包括安全指針という）」（平成19年7月31日基発第0731001号）のうち，事業者の実施事項としてリスクアセスメント等について定める部分がこれに当たる。なお，機械包括安全指針は，機械の製造等（設計，輸入を含む）を行う者による，機械の設計・製造段階におけるリスクアセスメントや機械を譲渡又は貸与される者に対する情報提供等についても規定するが，これは，機械の製造者等に機械が使用されること による労働災害の発生の防止に資するよう努めなければならないとする安衛法第3条第2項に基づくものである。以下では，機械を労働者に使用させる事業者の実施事項について取り上げるが，実施内容，実施体制等，実施時期，対象の選定，情報の入手，リスクの見積もり，記録等については，リスクアセスメント指針と大きく異なるところはないため一部省略する。

(2)　危険性又は有害性の同定

機械を労働者に使用させる事業者は，使用上の情報を確認し，機械に労働者が関わる作業等ごとに，**資料4-79**を参照する等して同定するものとされる（機械包括安全指針6）。

(3)　リスクの見積もり等

機械を労働者に使用させる事業者は，同定されたそれぞれの危険性又は有害性ごとに，リスクを見積もり，適切なリスクの低減が達成されているかどうか及びリスクの低減の優先度を検討するものとする（機械包括安全指針7，RA指針9(1)ア乃至ウ参照）。その際，それぞれの危険性又は有害性により最も発生するおそれのある負傷又は疾病の重篤度によってリスクを見積もるものとするが，発生の可能性が低くても，予見される最も重篤な負傷又は疾病も配慮するよう留意するものとする。

(4)　保護方策の検討及び実施

事業者は，法令に定められた事項がある場合はそれを必ず実施するとともに，適切なリスクの低減が達成されていないと判断した危険性又は有害性について，機械に係る保護方策を検討し実施するものとする。保護方策には優先順位があり，まず，①本質的安全設計方策（ガード又は保護装置を使用しないで，機械の設計又は運転特性を変更することによる保護方策）をとることが，次いで，②安全防護（ガード又は保護装置の使用による保護方策）の方法及び付加保護方策（労働災害に至る緊急事態からの回避等のために行う保護方策）の方法をとることが，さらに，③上記①・②を実施した後に残留するリスクを労働者に伝えるための作業手順の整

備，労働者教育の実施等の管理的対策をとることが，必要な場合には④個人用保護具を使用させることが検討される（機械包括安全指針8(1)）。保護方策を行う際は，新たな危険性又は有害性の発生及びリスクの増加が生じないよう留意し，保護方策を行った結果これらが生じたときは，当該リスクの低減を行うことが求められる（機械包括安全指針8(2)）。

(5) 注文時の条件

事業者は，本質的安全設計方策，安全防護の方法及び付加保護方策の方法，使用上の情報の内容及び提供方法に配慮した機械を採用することが求められる。また，必要に応じ，注文時の条件にこれら事項を含めるものとする。さらに，使用開始後に明らかになった当該機械の安全に関する知見等を製造等を行う者に伝達することが求められる（機械包括安全指針10）。

3 沿革

1 制度史

(1) 本条制定前

本条は，2005（平成17）年の安衛法改正により導入された規定であるが，本条の前身となる規定は安衛法制定当時から存在していた。すなわち，当時の安衛法第58条は，「事業者は，化学薬品，化学薬品を含有する製剤その他の物で，労働者の健康障害を生ずるおそれのあるものについては，あらかじめ，これらの物の有害性等を調査し，その結果に基づいて，この法律又はこれに基づく命令の規定による措置を講ずるほか，これらの物による労働者の健康障害を防止するため必要な措置を講ずるように努めなければならない。」と規定していた。なお，同規定は，1977（昭和52）年の安衛法改正（昭和52年7月1日法律第76号）において，新規化学物質の有害性調査が義務づけられたことに伴い，その標題が「有害性の調査等」から「事業者の行うべき調査等」に改められ，また，条文中「化学薬品」とされていた部分が「化学物質」に改められている。さらに，1999（平成11）年の安衛法改正（法律第45号平成11年5月21日）において，労働大臣が安衛法第28条に基づく技術上の指針や健康障害防止指針のほかに，安衛法第58条に基づく健康障害防止措置に関して，その適切かつ有効な実施を図るため必要な指針を公表するものとする旨，労働大臣は，前項の指針に従い，事業者に対し，必要な指導，援助等を行うことができる旨の規定が追加されている。

また，2000（平成12）年3月31日には，これらの規定に基づき，事業者による化学物質等の自主的管理を促進し，もって，労働者の健康障害の予防に資することを目的として，「化学物質等による労働者の健康障害を防止するため必要な措置に関する指針」（労働安全衛生法第58条第2項の規定に基づく化学物質等による労働者の健康障害を防止するため必要な措置に関する指針に関する公示第1号）が公表されている。同指針においては，リスクアセスメントが「化学物質等の有害性に関する情報を入手して，当該化学物質等の有害性の種類及び程度（以下「有害性等」という），労働者の当該化学物質等へのばく露の程度等に応じて労働者に生ずるおそれのある健康障害の可能性及びその程度を評価し，かつ，当該化学物質等へのばく露を防止し，又は低減するための措置を検討すること」と定義され，化学物質管理計画の策定等，有害性の特定及びリスクアセスメントのほか，健康障害防止措置の原則的な実施事項について規定されていた。

ところで，1973（昭和48）年の石油コンビナートにおける相次ぐ爆発・火災等の大規模災害を背景に，1976（昭和51）年には，安全性の事前評価の具体的手法について示した「化学プラントにかかるセーフティ・アセスメントに関する指針」（昭和51年12月24日基発第905号）が策定されている。同指針は，立地条件や設備といった診断項目について評価（定性的評価）を行い，さらに，物質の爆発，火災に対する潜在的危険性，容量，温度，圧力等の操作条件の危険性を多角的に組み合わせて，製造，貯蔵等の各ブロックのもつ危険性の総合的，定量的な評価を行い，そこで得られた危険度のランクに応じた対策を講じることを目的とするものであり，日本のリスクアセスメントの先駆けともいうべきものである。この指針は，化学プラントにかかる技術も進歩し，また，様々な安全性評価手法が開発されてきたことを受けて，2000（平成12）年には改正されている（平成12年3月21日基発第149号）。

引き続き2001（平成13）年には，リスクアセスメントは，機械の安全化を進めるためには必ず行う必要があるものとして「機械の包括的な安全基準に関する指針」（平成13年6月1日基発第501号）が示されており，リスクアセスメントについて，「利用可能な情報を用いて危険源及び危険状態を特定し，当該危険源及び危険状態のリスクを見積もり，かつ，その評価をすることによって，当該リスクが許容可能か否かを判断すること」と定義した上で，①製造者等は機械の設計，製造段階においてリスクアセスメントを行い，リスクが許容可能な程度に低減されていないときは必要な安全方策を行うべきこと，②事業者は，機械を労働者に使用させるにあたり，製造者等から提供された使用上の情報の内容を確認し，必要に応じて，リスクアセスメントを行うこと，結果に基づき必要な安全方策を行うことについて定めている。

なお，上記指針策定の背景にはリスクアセスメントに関する諸外国の動向もあった[31]。すなわち，1998（平

成10）年，英国安全衛生庁（HSE）において「リスクアセスメントのための5ステップ：Five steps to risk assessment」が発行され，1999（平成11）年には，労働安全衛生管理規則（management of Health and Safety at Work Regulations 1999）において，リスクアセスメントが規定されている。労働安全衛生管理規則は行動準則（code of practice）であり，それ自体は義務ではないが，それと同等なレベルの対策が実施されていないと法令違反を構成するものである。また，米国においては，米国安全衛生庁（OSHA）が1990（平成2）年に労働安全衛生マネジメントシステムに関するガイドラインである「安全衛生プログラム管理ガイドライン：Safety and Health Program Management Guidelines」を発表し，その一環であるリスクアセスメントの手法として，「職場のハザードの分析：Job Hazard Analysis（JHA）」というリーフレットが発行されていた。ISO においては，1999（平成11）年に，主として機械類を製造する事業者向けに，「機械類の安全性―設計のための基本概念，一般原則：ISO 12100-1, JIS B 9700-1」，「機械類の安全性―リスクアセスメントの原則：ISO14121, JIS B 9702」等を策定し，機械の設計段階におけるリスクアセスメントについて規定していた。また，ISO においても，2003（平成15）年に機械の設計者が危険源を同定し，リスクの評価を行って，許容できないリスクについてはリスク低減措置をとり，除去できなかったリスクについては使用上の情報をユーザーに提供するという機械の包括的安全基準が規格化されている（ISO12100）。

（2）本条の制定

2005（平成17）年の安衛法改正（平成17年11月2日法律第108号）においては，本条が規定されるようになるに伴い，旧第58条は削除された。同条制定に先立ちまとめられた「今後の労働安全衛生対策の在り方に関する検討会報告書」（2004〔平成16〕年8月）や「今後の労働安全衛生対策について（建議）」（2004〔平成16〕年12月27日）では，重大災害発生の要因として，事業場内における危険・有害性の調査とそれに基づく実践が十分でなかったこと，製品工程の多様化・複雑化の進展に伴い，新たな有害化学物質が導入され，事業場内の危険・有害要因が多様化し，その把握が困難になっていることが挙げられており，リスクアセスメントを実施することが災害防止に効果的であることが示唆されている。また，「第10次労働災害防止計画」においても，リスクを低減させる安全衛生管理手法の展開が基本方針として示されている。こうしたなかで，安全管理者を選任しなければならない業種等の事業者が，設備を新設するとき等に労働災害発生のおそれのある危険性・有害性を調査し，その結果に基づいて，これを除去・低減するような措置を講ずるよう努めなければならないことを内容とする本条が規定されたといえる。なお，建議においては，「中小企業における危険性・有害性の調査等が円滑に実施されるよう，実施事例に基づく手順の明確化，担当者の資質の向上等の配慮を行うこと」も提言されている。

なお，第15回労働政策審議会安全衛生分科会（2004〔平成16〕年11月29日）では，リスクアセスメントを義務化することはできないかとの問題提起が労働者代表の芳野委員からなされ，安全課長から，リスクアセスメントを実施する対象については限定せず，業種も多岐にわたっていること，多くが中小企業であることを考え，「現実的な話としては努力義務で規定するのが妥当」であるとの回答がなされている。

（3）指針の策定・改正

2006（平成18）年3月10日，本条に基づく「危険性又は有害性等の調査等に関する指針」（危険性又は有害性等の調査等に関する指針公示第1号），「化学物質等による危険性又は有害性等の調査等に関する指針」（危険性又は有害性等の調査等に関する指針公示第2号）が，「労働安全衛生分野のリスクアセスメントに関する専門家検討会報告書」（2005〔平成17〕年12月）を踏まえ，策定・公表されている。両指針は共に，リスクアセスメントが各事業場において適切かつ有効に実施されるよう，その基本的な考え方及び実施事項について定め，事業者による自主的な安全衛生活動への取り組みを促進することを目的とするものである。また，同指針は，「労働安全衛生マネジメントシステムに関する指針」（平成11年4月30日労働省告示第53号）に定める危険性又は有害性等の調査及び実施事項の特定の具体的実施事項としても位置づけられている。なお，「化学物質等による危険性又は有害性等の調査等に関する指針」の制定により，「化学物質等による労働者の健康障害を防止するための必要な措置に関する指針」は廃止されている。

他方，2001（平成13）年の行政通達（平成13年6月1日基発第501号）において公表されていた「機械の包括的な安全基準に関する指針」は，本条が設けられたことや ISO 規格が制定されたことに伴い，機械の製造段階から使用段階にわたる一層の安全確保を図るため，2007（平成19）年に改正されている（平成19年7月31日基発第0731001号）。

（4）リスクアセスメントの義務化に伴う改正

2014（平成26）年の安衛法改正（平成26年6月25日法律第82号）により，本条において実施が求められる危険性又は有害性の調査（リスクアセスメント）から，安衛法第57条第1項の政令で定める物及び第57条の2第1項に規定する通知対象物による危険性又は有害性等

は除かれた。これは、同改正により、通知対象物等に係る危険性又は有害性の調査はその実施が別途義務づけられたためである（安衛法第57条の3）。また、同改正に伴い、2015（平成27）年9月18日には、安衛法第57条の3第3項に基づき、「化学物質等による危険性又は有害性等の調査等に関する指針」（危険性又は有害性等の調査等に関する指針公示第3号）が公表されているが、これに伴い、2006（平成18）年の「化学物質等による危険性又は有害性等の調査等に関する指針」は廃止されている。なお、同指針は、リスクアセスメントからリスク低減措置の実施までの一連の措置の基本的な考え方及び具体的な手順の例、これら措置の実施上の留意事項について、安衛法第57条の3に基づき定めるものであるが、「表示対象物又は通知対象物以外のものであって、化学物質、化学物質を含有する製剤その他の物で労働者に危険又は健康障害を生ずるおそれのあるものについては、法第28条の2に基づき、この指針に準じて取り組むよう努めること」と規定されている。

　（5）自律的管理型規制への移行

　2021（令和3）年7月19日の「職場における化学物質等の管理のあり方に関する検討会報告書」では、講ずべき措置を個別具体的に法令で定めるというこれまでの仕組みから、危険有害性が認められる全ての物質について、事業者がリスクアセスメントを行い、必要な措置を自ら選択して実行することを原則とする自律的管理を基軸とする規制への移行が謳われている。こうした中で、リスクアセスメントの義務対象となる物質は674物質から約2900物質まで段階的に拡大されることとなり、事業者には、2023（令和5）年4月以降、リスクアセスメントの結果に基づき、必要な措置を講ずることにより、リスクアセスメントの義務対象物に労働者がばく露される程度を最小限度とする義務が課されることとされた（安衛則第577条の2、2023〔令和5〕年4月施行）。その一方で、危険有害性が明らかとなっておらず、国によるGHS分類がなされていない化学物質（リスクアセスメント義務対象物質以外の化学物質）についても、危険性又は有害性等の調査を行い、その結果に基づき、必要な措置を講ずることにより、労働者がこれにばく露される程度を最小限度とするよう努める義務が課されることとされている（安衛則第577条の3、2023〔令和5〕年4月施行）。こうした省令等改正に伴い、「化学物質等による危険性又は有害性等の調査に関する指針」は、2023（令和5）年4月27日に改正されている（危険性又は有害性等の調査等に関する指針公示第4号）。

2　背景になった災害等

　（1）重大災害の発生等

「今後の労働安全衛生対策の在り方に関する検討会報告書」（2004〔平成16〕年8月）によれば、2005（平成17）年改正の背景には、製鉄所における溶鋼の流出災害、ガスタンクの爆発災害、油槽所におけるガソリンタンクの火災災害、タイヤ製造工場における火災事故等、重大災害が頻発したことがあるといえる[32]。関連する3省庁共同で設置した「産業事故災害防止対策推進関係省庁連絡会議」では、火災・爆発災害等が多発する原因及び今後取り組むべき事項が検討され、厚生労働省においては、安全管理活動の充実を図る観点から大規模製造事業場に対する自主点検が行われた。その結果、災害発生率が高い事業場では、事業場のトップ自らによる率先した安全管理活動の実施が不十分であることや安全委員会の活動が低調であること、現場労働者への定期的な再教育が不十分であることなどに加え、「設備・作業の危険性の大きさを評価し、災害を防ぐための措置を実施することが低調であること」が明らかとされている。重大災害を通じて、その発生を防止する上でリスク評価の重要性が認識されたことが本条導入の背景にあるといえる。

　また、上記報告書の添付資料14では、「機械の包括的安全基準の活用で防止できる典型的災害事例」として、6件の災害発生状況と原因、対策及びコメントが挙げられているが、このうち、安衛則第147条違反に係る1件を除くといずれも設備に係る法違反はないとされている。また、このうちの1件は、「帯状のゴムを巻き取る全自動の巻き取り用ロール機で、作業者がトラブル処理のためにロール機に立ち入ったところ、ロール機が停止せず、全身を巻き込まれた」という災害事例であったが、同事例については、「作業者の進入を検知するセンサーが設けられていたが、関連する全ての設備を停止できないものであり、また切換スイッチのモードによっては停止しない場合もあるなど、停止条件が複雑であった。このような災害を防止するには、包括基準に従って十分なリスクアセスメントを行い、安全条件を明確にする必要がある」と記載されている。

　（2）化学物質による健康障害

「労働安全衛生法第58条第2項の規定に基づく化学物質等による労働者の健康障害を防止するため必要な措置に関する指針に関する公示第1号」においては、産業界で使用されている化学物質は、5万種類を超え、さらに毎年500から600種類の化学物質が新たに導入されていること、これらの化学物質の中には労働者がばく露することにより健康障害を生ずるものがあり、化学物質による労働者の健康障害も毎年相当数発生していること、この中には、事業場における化学物質の保管、貯蔵、運搬等の過程における漏えい、不適

切な取扱い等による労働者の健康障害の事例が含まれること，内分泌かく乱化学物質による健康影響の懸念，フロン代替物による健康障害が問題となる等化学物質をめぐる新たな問題も生じていることなどが挙げられている。なお，ここで言及されているフロン代替物による健康障害は，「第9次労働災害防止計画」(1998〔平成10〕～2003〔平成15〕年)で言及されている2-ブロモプロパンによる健康障害のことではないかと思われる。2-ブロモプロパンによる健康障害は，1995(平成7)年秋，韓国の電子部品工場において，洗浄用溶剤の切り替え後に女性労働者に月経停止と汎血球減少が，男性労働者に乏精子症または無精子症が集中して発生していることにより明らかになった。[33] 洗浄用洗剤は日本から輸入されたものであったが，その主成分は2-ブロモプロパンであり，オゾン層破壊物質を規制するモントリオール議定書の締結を受けて，洗浄用溶剤として使用されていた1,1,2-トリフルオロトリクロロエタン（フロン113）の代替洗浄剤として導入されたものであった。2-ブロモプロパンは，医薬，農薬，感光剤の中間原料として使われていたが，当時，精巣・卵巣・造血器への毒性については文献情報がなく，毒性はないものと信じられていた。工場労働者は呼吸用保護具を着用せずにしばしば頭を洗浄槽のフード内につっこんだり，保護具の着用なしに素手を洗浄液内に入れたりして，2交替12時間の勤務をしていたことから，高濃度ばく露を受けたと推定されている。なお，日本では，未知の毒性を解明するためラットを用いた吸入ばく露実験が行われ，雄ラットで精祖細胞を傷害すること，雌では，卵胞閉鎖を来して性周期が停止すること，また，造血系については骨髄が低形成となって脂肪細胞に置換されることが明らかになった。韓国でも同様の結果が得られ，国際協力の下に情報の伝達・共有が図られている。

なお，明らかにされた情報をもとに，日本産業衛生学会は2-ブロモプロパンの許容濃度を1ppmに設定したが，これにより，揮発性の高い同物質の使用は事実上困難になったため，変異原性がより低い1-ブロモプロパンが代替品として利用されることとなった。しかし，動物実験では予想に反して強い神経毒性を有することが明らかになり，実際にばく露労働者の神経障害患者が国内外で報告されることとなった。

4 適用の実際

1 リスクアセスメントの実施状況

「2017（平成29）年労働安全衛生調査」（事業所調査）の結果によると，リスクアセスメントを実施している事業所の割合は45.9％［46.5％（括弧内は2016〔平成28〕年調査の結果。以下同じ。)］となっている。リスク

資料4-80

作業に用いる機械の危険性に関する事項	62.5% [63.2%]
交通事故に関する事項	60.9% [56.5%]
熱中症予防に着目した暑い場所での作業に関する事項	58.8% [52.5%]
腰痛のおそれのある作業に関する事項	44.5% [43.9%]
高所からの墜落・転落に関する事項	38% [34.3%]
作業に用いる化学物質の危険性・有害性に関する事項	37% [31.3%]
上記以外の事項	19.4% [15.8%]
不明	0.3% [0.1%]

（石崎由希子作成）

アセスメントの実施内容（複数回答）をみると，**資料4-80**の通りである。

交通事故に関する事項を除くと，大企業において実施割合が高く，中小企業において低い傾向が見受けられるが，特に，化学物質の危険性・有害性に関する事項においてその差が大きい（資料4-81）。

また，リスクアセスメントを実施していない事業所について，実施していない理由（複数回答）をみると，「危険な機械や有害な化学物質等を使用していないため」が63.3％［同57.3％］と最も多く，次いで「十分な知識を持った人材がいないため」が27.4％［同26.2％］，「実施方法が判らないため」が20.4％［同21.6％］，「労働災害が発生していないため」が14.2％［17.0％］，「法令を守っていれば十分なため」が11.4％［11.5％］である（資料4-81）。

2017（平成29）年以降の労働安全衛生調査（事業所調査）においては，化学物質を使用している事業所においてリスクアセスメントを実施している事業所の割合が調査されている（資料4-82）。なお，2018（平成30）年においては，「該当する化学物質を使用（製造，譲渡・提供を含む）しているかわからない」及び「不明」を含む「化学物質を取り扱っている（製造，譲渡・提供，使用）事業所」を分母として実施割合が算出されているため，数値が低くなっている。この点を措くと，リスクアセスメントの実施割合は上昇傾向にあるといえる。

もっとも，2021（令和3）年調査において，化学物質を取り扱っている事業所のうち，安衛法第57条の2に該当する化学物質を使用していると回答する事業所は78％，使用していないと回答する事業所は9.5％であり，不明等の割合は12.5％であるが，安衛法第57条の2に該当しないが危険有害性がある化学物質（すな

資料4-81 リスクアセスメントの実施状況

第2表 リスクアセスメントの実施の有無及び実施内容別事業所割合

(単位：%)

区分	事業所計	リスクアセスメントを実施している	リスクアセスメントの実施内容（複数回答）			
			作業に用いる機械の危険性に関する事項	作業に用いる化学物質の危険性・有害性に関する事項	腰痛のおそれのある作業に関する事項	熱中症予防に着目した暑い場所での作業に関する事項
平成29年	100.0	45.9	(100.0)	(62.5)	(37.0)	(44.5)	(58.8)
（事業所規模）							
1,000人以上	100.0	77.5	(100.0)	(70.3)	(78.9)	(55.7)	(51.7)
500～999人	100.0	71.4	(100.0)	(77.5)	(73.7)	(54.7)	(52.9)
300～499人	100.0	72.3	(100.0)	(67.8)	(63.3)	(55.9)	(51.2)
100～299人	100.0	69.1	(100.0)	(65.2)	(49.0)	(54.5)	(58.6)
50～99人	100.0	56.9	(100.0)	(64.6)	(38.5)	(55.5)	(62.6)
30～49人	100.0	50.4	(100.0)	(65.5)	(41.6)	(44.4)	(61.2)
10～29人	100.0	41.5	(100.0)	(60.9)	(33.3)	(41.1)	(57.7)
平成28年	100.0	46.5	(100.0)	(63.2)	(31.3)	(43.9)	(52.5)

区分	リスクアセスメントの実施内容（複数回答）				リスクアセスメントを実施していない	不明
	高所からの墜落・転落に関する事項	交通事故に関する事項	左記以外の事項	不明		
平成29年	(38.0)	(60.9)	(19.4)	(0.3)	50.4	3.7
（事業所規模）						
1,000人以上	(56.6)	(44.2)	(25.3)	(0.1)	21.5	1.0
500～999人	(50.7)	(46.4)	(27.1)	(0.1)	27.3	1.3
300～499人	(49.3)	(46.6)	(32.2)	(-)	27.4	0.2
100～299人	(39.1)	(54.9)	(27.9)	(0.1)	28.0	2.9
50～99人	(43.4)	(59.7)	(22.0)	(0.4)	39.4	3.7
30～49人	(40.2)	(67.5)	(24.6)	(0.4)	48.4	1.2
10～29人	(36.0)	(60.6)	(16.5)	(0.2)	54.1	4.4
平成28年	(34.3)	(56.5)	(15.8)	(0.1)	51.2	2.3

第3表 リスクアセスメントを実施していない理由別事業所割合

(単位：%)

区分	リスクアセスメントを実施していない事業所計 1)		実施していない理由（複数回答）						
			十分な知識を持った人材がいないため	実施方法が判らないため	労働災害が発生していないため	法令を守っていれば十分なため	危険な機械や有害な化学物質等を使用していないため	その他	不明
平成29年	[50.4]	100.0	27.4	20.4	14.2	11.4	63.3	9.0	4.6
（事業所規模）									
1,000人以上	[21.5]	100.0	8.1	3.3	2.3	-	78.6	13.8	3.2
500～999人	[27.3]	100.0	14.7	11.7	0.2	2.6	75.1	5.1	3.6
300～499人	[27.4]	100.0	21.6	9.4	6.1	3.6	67.9	7.6	5.6
100～299人	[28.0]	100.0	23.4	16.1	2.8	1.1	66.4	9.9	5.2
50～99人	[39.4]	100.0	19.5	13.9	4.3	5.0	62.1	10.7	8.1
30～49人	[48.4]	100.0	28.1	19.0	11.7	8.7	62.2	7.8	4.3
10～29人	[54.1]	100.0	28.3	21.5	16.1	12.9	63.5	9.1	4.4
平成28年	[51.2]	100.0	26.2	21.6	17.0	11.5	57.3	12.6	4.4

注：1) [ ] は，全事業所のうち，「リスクアセスメントを実施していない事業所」の割合である。
（厚生労働省「平成29年 労働安全衛生調査（実態調査）結果の概況」事業所調査）

資料4-82

		平成29年	平成30年	令和2年	令和3年
該当する化学物質	すべて実施	52.8%	29.2%	68.5%	71.8%
	一部実施	26.4%	13.7%	24.1%	22.4%
該当しない化学物質	すべて実施	41.5%	21.6%	57.1%	66.2%
	一部実施	31.2%	15.5%	32.9%	25.9%

（労働安全衛生調査〔事業所調査〕結果に基づき石﨑由希子作成）

わち，安衛法第28条の２に該当する化学物質）を使用していると回答する事業所は49.8％，使用していないと回答する事業所は8.9％，不明等の割合は41.3％である。不明と回答した事業所の中に，危険有害性がある化学物質を使用している事業所が含まれる可能性は否定できないことに留意が必要である。

2　監督の状況

(1)　監督の実態

監督官経験者からの情報提供によれば[34]，リスクアセスメントを実施しようとしているが，KY（危険予知訓練）の点数付けに終わっている事業場も多数みられるとのことである。なお，KYは基本的に作業前に作業者が各作業場で行うものであり，管理的対策や保護具の着用を予定するものである点で事業者が事業場を対象として，本質的対策や工学的対策を含めて検討するリスクアセスメントとは異なる[35]。

また，化学物質のリスクアセスメントにおいては，安衛法施行令別表９に掲げられているリスクアセスメント対象物質が多いことや，複数の名称を有する化学物質があり，安全衛生関係法令において用いられている名称と慣用名が異なっていたりすることなどから，リスクアセスメント実施義務の対象物質に当たるか否かの判断自体，事業者にとって困難な場合があるとのことである。こうした事業者に対する指導は個々の監督官の資質頼みとなっている状況であり，監督指導の質の向上に向けて，こうした現状を変えるためには，アメリカの国立労働安全衛生研究所（NIOSH）が刊行している「NIOSH POCKETGUIDE to CHEMICAL HAZARD（国立労働安全衛生研究所の化学物質の危険性に対するポケットガイド）」のように化学物質別の詳細な資料を監督官に配布すべきとのことであった。なお，同ポケットガイドは労働者，使用者，労働衛生の専門家らへの情報提供を目的とするものであり，オンライン上で公開されている[36]。

(2)　判決からみる監督実例

日本総合住生活ほか事件・東京地判平28・9・12労判1206号65頁及び同事件・東京高判平30・4・26労判1206号46頁は，2013（平成25）年１月10日は，XがY社代表者から指示された枝を剪定する作業をするために，安全帯を外して当該枝の付近に移動し，枝を落とす作業をしようとした際に，本件樹木から落下したことにより受傷し，四肢体幹機能障害等の後遺障害が生じた事案である。同月11日，所轄労働基準監督署の調査官により，本件事故の調査が行われ，被告Y社代表者は，調査官に対し，本件工事の概要や，本件事故状況等について説明したこと，同年１月31日，所轄労働基準監督署が下記の事項を指導したことが認定されている。

> ①立木の剪定等高所作業を行う場合は，高所作業車の導入等，より安全に作業が行える方法を採用すること。
> ②上記①の方法が採用できない場合は，作業時，移動時に係わらず，安全帯を取り付けることが可能な措置を講じること。
> ③高所作業等の危険有害業務については，作業ごとに作業標準を作成し，作成した作業標準により労働者に安全教育を行うこと。
> ④高所作業等の危険有害業務について，工事開始前にリスクアセスメントを実施し，必要なリスク低減措置を反映させた作業計画を策定し，当該作業計画に基づき作業を行うこと。

ここで挙げられている指導事項のうち，①は工学的対策，②・③は管理的対策をとることを指導するものといえるが，結局のところ，④のリスクアセスメントが適切に実施されていたとすれば，①乃至③のような対策がとられ，本件事故は防げた可能性があることが窺われる。

3　リスクアセスメントの支援ツール

厚生労働省「職場のあんぜんサイト」では，「リスクアセスメントの実施支援システム」として，小規模事業場を対象として，建設業，製造業，サービス業，運輸業の業種・作業別にリスクアセスメントのツールを提供している。ここでは，全業種について，マトリクスを用いた方法のツールが，鋳物製造業・食品加工作業・ビルメンテナンス業・産業廃棄物処理業・自動車整備業では，数値化による方法も併せて提供されている（資料4-83）。また，同じく「職場のあんぜんサイト」の「化学物質のリスクアセスメント実施支援」では，厚生労働省が作成した様々な支援ツールのほか，国内外の研究機関が開発した様々なリスクアセスメント支援ツールをWEBサイト上で紹介している。これらは，主に「リスクの見積もり」に対する支援を内容とするものであり，リスク低減措置の検討は別途行う必要がある。支援ツールの中には，行政通達（平成27年９月18日基発0918第３号，最終改正：令和５年４月27日基発0427第３号）の中でも記載されているコントロールバンディングやECETOC TRA，第13次労働災害防止計画の下で開発された簡易なリスクアセスメントツールであるクリエイトシンプルのほか，リアルタイムモニターを用いたリスクアセスメントガイドブックなども含まれる（資料4-84）。

上記のほか，厚生労働省WEBサイト[37]では，厚生労働省，中央労働災害防止協会，（社）日本労働安全衛生コンサルタント会が作成したリスクアセスメント等関連資料・教材一覧を公表している。

資料4-83　リスクアセスメントの実施支援システム

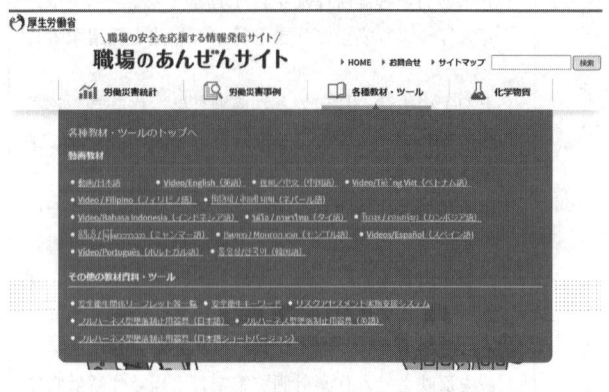

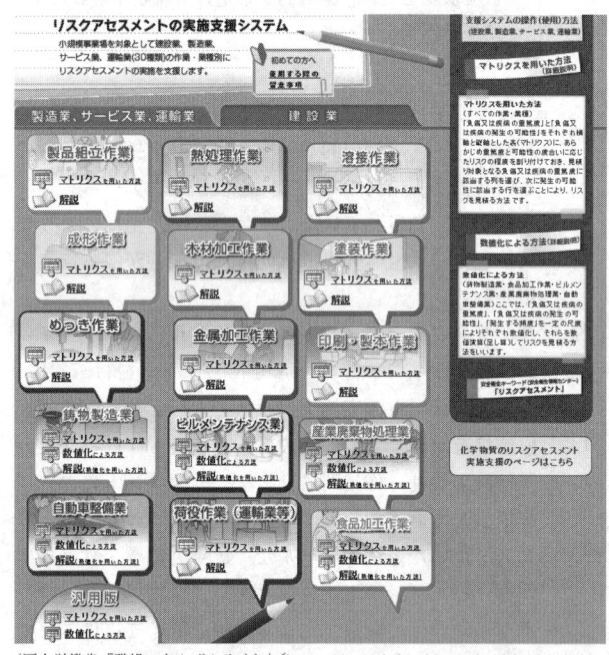

（厚生労働省「職場のあんぜんサイト」〔https://anzeninfo.mhlw.go.jp/risk/risk_index.html，最終閲覧日：2022年8月25日〕）

なお，労働省に入省し，化学物質管理（リスクアセスメント）に係る法令改正等にも携わられた柳川行雄氏は，簡易なリスクアセスメントツールのメリットとデメリットとして以下の点をそのWEBサイト上で指摘する[38]。メリットとしては，①実施にコストがかからず，②専門家がいない中小企業においても実施が可能であること，③評価結果についてどこまで信頼して良いか（どこまでは信頼してはならないか）が明らかになっていること，④GHS分類を利用することなどにより，測定方法が確立していなかったり，ばく露限界値や許容濃度等が設定されていない化学物質についてもリスクアセスメントが可能であることが挙げられる。他方，デメリットとしては，①簡易なリスクアセスメントツールにおいては，安全率を高くとる傾向にあるため，過大な対策が求められる傾向にあること，②このことが，結果として，対策をせず放置したり，次善の策をとることに繋がり，かえって職場の危険性を増大

させることになるおそれがあること，③実際の職場の状況は複雑であるため，どのように入力するべきか，一定の知識・ノウハウがないと分からない場合があること，④化学物質を特殊な使用条件で用いる場合，リスクが正しく評価されないこと，⑤GHS分類・区分がされていない物質について，リスクが低く評価されてしまう傾向にあること，⑥メリットの②とはコインの表裏の関係となるが，ツールはブラックボックスなので，実施者や管理者が，リスクの意味や危険性を現実のものとして理解しにくく，また，実施者の知識・ノウハウの向上が期待しにくいこと，また，⑦デメリットの③とも関わるが，異なる条件下にあるものが同じものとして扱われる結果，リスクを低減させようとする努力が評価されず，意味のない対策がとられるおそれがあることが挙げられる。簡易なリスクアセスメントツールについては，こうした特性を踏まえた上で，結果を無条件に信頼することなく使用することが重要といえる。また，必要に応じて，より詳細なリスクアセスメントを実施すること，その際，専門知識を有する専門家等を関与させることなども重要である。

4　リスクアセスメントの実施例

厚生労働省委託事業に基づき株式会社インターリスク総研がまとめた「平成23年度中小零細規模事業場集団リスクアセスメント研修事業リスクアセスメント実施事例集」（厚生労働省WEBサイト〔https://www.mhlw.go.jp/bunya/roudoukijun/anzeneisei14/index.html〕において入手可能。最終閲覧日：2022年8月24日）においては，食料品製造業，金属製品製造業，木材・木製品製造業，一般機械器具製造業，その他のそれぞれについて実施例が写真と共に紹介されている[39]。以下では，その中から，複数の作業についてリスクの見積もりがなされ，工学的対策・管理的対策がとられた1例をとりあげる（資料4-85）。なお，ここでの「リスクの見積もり」については，研修参加者が実施した事業場における実施事例であり，事業場の実態により発生可能性の度合い，重篤度の見積もりは異なりうる。そこで，事例集では，このことについて注意喚起がなされている。

金属製品製造業のタップ加工が行われる職場において行われたリスクアセスメントとその結果は下記の通りである。同職場では，①機械の付帯設備にトラブルが発生し，機械側の非常停止用ボタンを押し付帯設備の処置を行う際，機械側と付帯側の非常停止が同期してないため，付帯側の非常停止用ボタンを押さない

資料4－84　化学物質のリスクアセスメント支援

〈厚生労働省が作成したツール〉

名　称	対　象	特　色
厚生労働省版コントロールバンディング	有害性	ILO（国際労働機関）が中小企業向けに作成した作業者の安全管理のための簡易リスクアセスメントツールをわが国で簡易的に利用できるように厚生労働省がWebシステムとして改良，開発したもの。 【初級】
爆発・火災等のリスクアセスメントのためのスクリーニング支援ツール	危険性	化学物質や作業に潜む代表的な危険性やリスクを簡便に「知る」ことに着目した支援ツール。ガイドブックでは，化学物質の危険性に関する基本的な内容に加え，代表的なリスク低減対策についても整理されているため，教科書として危険性に関する基礎を学ぶことが可能。 【初級】
作業別モデル対策シート	有害性	主に中小規模事業者など，リスクアセスメントを十分に実施することが難しい事業者を対象に，専門性よりも分かりやすさや簡潔さを優先させ，チェックリスト，危険やその対策を記載したシート。リスクレベルは考慮せずに作業ごとに代表的な対策を記載。 【初級】
CREATE-SIMPLE（クリエイト・シンプル）	有害性・危険性	主にサービス業や試験・研究機関などの化学物質取扱事業者に向けた簡易なリスクアセスメントツール。取扱い条件（取扱量，含有率，換気条件，作業時間・頻度，保護具の有無等）から推定したばく露濃度とばく露限界値（またはGHS区分情報）を比較する方法。 【初級】
検知管を用いた化学物質のリスクアセスメントガイドブック	有害性	簡易な化学物質の気中濃度測定法のひとつである検知管を用いたリスクアセスメント手法のガイドブック。Microsoft Excelを活用した評価ツールに測定結果を入力することで，簡便にリスクの見積もりが可能。 【中級】
リアルタイムモニターを用いた化学物質のリスクアセスメントガイドブック	有害性	簡易な化学物質の気中濃度測定法のひとつであるリアルタイムモニターを用いたリスクアセスメント手法のガイドブック。Microsoft Excelを活用した評価ツールに測定結果を入力することで，簡便にリスクの見積もりが可能。 【中級】
業種別のリスクアセスメントシート	有害性	①工業塗装，②オフセット印刷・グラビア印刷，③めっきという化学物質を取り扱う3業種の具体的な作業と代表的取扱い物質を反映したリスクアセスメント支援シート（中小規模事業場での使用を前提）。 【中級】

〈厚生労働省以外の研究機関で開発された支援ツール〉

名　称	対　象	特　色
安衛研　リスクアセスメント等実施支援ツール	危険性	主に化学プラント・設備における火災や爆発，漏えい，破裂などのプロセス災害を防止することを目的としたリスクアセスメント等の進め方を厚生労働省の指針に沿ってまとめたツール。 スクリーニング支援ツールよりも精緻なリスクアセスメントを実施することが可能（一定の専門知識を要する）。 【中～上級】
ECETOC TRA	有害性	欧州REACHに基づく化学物質の登録を支援するために欧州化学物質生態毒性及び毒性センター（ECETOC）が開発した，定量的なリスクアセスメントが可能なリスクアセスメント支援ツール。 【上級】
独EMKG定量式リスクアセスメントツール	有害性	ドイツ労働安全衛生研究所（BAuA）が提供するリスクアセスメントツール。 【中級】
	有害性（ばく露のみ）	上記EMKG 2.2から吸入ばく露評価パートを抽出した，簡易な吸入ばく露評価が可能なリスクアセスメント支援ツール。 ※有害性については別途考慮の必要あり。 ※発がん性，変異原性及び生殖毒性があるとされる物質の使用には適さない。 【初級】

＊【初級】【中級】【上級】は専門的な知識や詳細物質情報・作業情報の要否に関する目安とされる。
（厚生労働省「職場のあんぜんサイト」〔https://anzeninfo.mhlw.go.jp/user/anzen/kag/ankgc07.htm#h2_3，最終閲覧日：2022年8月25日〕をもとに石崎由希子作成）

と，付帯設備処置中に動き出し挟まれるおそれ，②材料供給用スライドコンベアが上昇する際，スライド部とカバーの隙間に手を入れ挟まれるおそれ等が予想された。①については，リスクの見積もりにおいて，重篤度は致命的・重大，発生可能性は高く，優先度は高い（直ちに解決すべき，又は重大なリスクがある）と評価され，リスクの低減対策として，機械側と付帯側の非常停止ボタンを同期させる工学的対策がとられた。対策後のリスクの見積もりにおいては，重篤度は中程度，発生可能性はありと評価され，優先度も中程度（速やかにリスク低減措置を講ずる必要のあるリスクがある）と評価された。そこで，トラブル発生時にはどちらか

資料4-85　リスクアセスメントの実施例

③作業名 (機械・設備)	④危険性又は有害性と発生のおそれのある災害	⑤既存の災害防止対策	⑥リスクの見積り			⑦リスクの低減対策	⑧措置実施後のリスクの見積り			⑨今後の検討課題
			重篤度	発生可能性	優先度(リスク)		重篤度	発生可能性	優先度(リスク)	
(1)タップ作業	材料ホッパー内トラブル発生時の処置や、段取時の残品確認する際、加工油タンクの上に乗り不安定な姿勢で作業するため、墜落し負傷する。		×	×	Ⅲ	踏み台を設置する。	△	△	Ⅱ	確認を行う場合は、踏み台を使用するよう指導する。
(2)同上	材料供給用スライドコンベアーが上昇する際、スライド部とカバーの隙間に手を入れ挟まれる。		△	△	Ⅱ	手が入らないようカバーをする。	○	○	Ⅰ	
(3)同上	材料供給用シュートと材料供給バケット間に隙間があるため、バケットが動く際、手を入れ挟まれる。		△	△	Ⅱ	手が入らないようカバーをする。	○	○	Ⅰ	
(4)同上	材料供給用シュート飛び出し防止板及び、材料供給用シュート取付け金具の角がとがっているため、作業中に手・腕等が鉄板の角に当り切傷する。	飛び出し防止板及び、取付け金具の側面は、面取りしてある。	△	△	Ⅱ	①飛び出し防止板の角部に丸みをつける。 ②取付け金具の角部に丸みをつける。				
(5)同上	付帯設備にトラブルが発生し、機械側の非常停止ボタンを押し付帯側の処置を行う際、機械側と付帯側の非常停止が同期してないため、付帯設備処置中に動き出し挟まれる。	機械・付帯設備それぞれに、非常停止用ボタンは設置している。	×	×	Ⅲ	機械側と付帯側の非常停止用ボタンを同期させ、どちらかを押しても設備停止できるようにする。	△	△	Ⅱ	トラブルが発生した場合、必ずどちらかの非常停止用ボタンを押してから処置をするよう教育する。

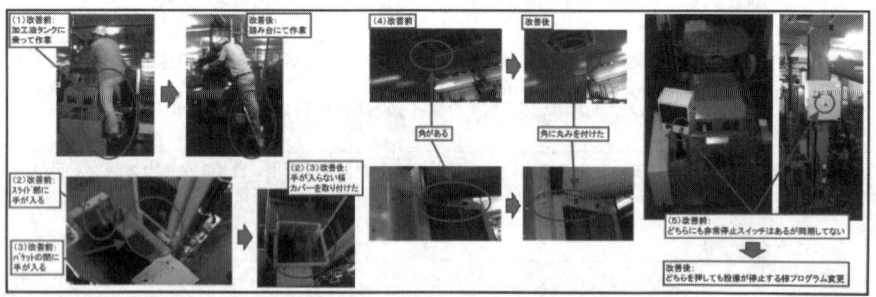

(注)⑥、⑧の「リスクの見積り」については、研修参加者が実施した事業場における実施事例であり、事業場の実態により発生可能性の度合、重篤度の見積りは異なります。

(インターリスク総研「平成23年度中小零細規模事業場集団リスクアセスメント研修事業　リスクアセスメント実施事例集」〔厚生労働省WEBサイト(https://www.mhlw.go.jp/bunya/roudoukijun/anzeneisei14/index.html)において入手可能。最終閲覧日：2022年8月24日〕)

のボタンを押してから作業をするとの教育を行う対策がとられることとなった。他方、②については、重篤度は中程度、発生可能性はありと評価され、優先度は中程度とされた。対策としては、手が入らないようカバーをすることとなり、その後の見積もりにおいては、重篤度は軽度、発生可能性はほとんどなく、優先度は低い(必要に応じてリスク低減措置を実施すべきリスクがある)と評価されている。

5 関係判例

● 日本化学工業事件・東京地判昭56・9・28判時1017号34頁

〈事案の概要〉

クロム化合物製造に従事する労働者が作業中のクロム粉じんの大量ばく露により鼻中隔穿孔、肺がん等の疾病にり患したことを理由として、不法行為に基づく損害賠償請求がなされた事案である。

〈判旨〉

同判決は、「およそ、化学企業が労働者を使用して有害な化学物質の製造及び取扱いを開始し、これを継続する場合には、まず当該化学物質の人体への影響等その有害性について、内外の文献等によって調査・研究を行い、その毒性に対応して職場環境の整備改善等、労働者の生命・健康の保持に努めるべき義務を負うことはいうまでもない。また予見すべき毒性の内容は、肺がん等の発生という重篤な健康被害の発生が指摘されている事実で十分であり、個々の具体的症状の内容や発症機序、原因物質の特定、統計的なエクセス・リスクの確認等まで要するものではない」との一般論を述べた上で、昭和13年頃には、クロムと肺がん発症の因果関係が明らかとなり、労災補償の対象疾病にするなどの立法措置がとられたドイツの状況が日本にも伝えられていたところ、Y社の幹部や工場医がこの情報を入手し認識することは容易であったと認定し、クロム化合物の製造に従事する労働者に肺がん等の重篤な疾病が発症する可能性があることを予見することは容易であったと判断する。また、当時のY社社長で創業者は応用化学者で重クロム酸ソーダ等について深い学識を有していたこと、六価クロムが鼻中隔穿孔等の障害を発生させることについて熟知していたこと、Y社労働者が昭和10年に鼻のがんで死亡したことなどから、クロムによる被害が呼吸器系のがん等に至る可能性があることについて調査研究することは至極当然であったとする。その上で、こうした調査義務を尽くしていれば、当時ドイツでとられていた予防措置(工場を完全密閉化し吸じん装置を設置、鼻中隔穿孔が生じる職場において3年置きに配置転換を実施、毎年胸部エックス線撮影)をとることにより、肺がんの発生を防止することは可能であったとして、肺がん等の発生にかかる損害賠償責任を肯定する。また、「十分な予

防措置が完了するまでは，労働時間の短縮，早期の配置転換，労働者の健康管理，予防措置の励行，発がんの危険があるものに対しては退職の機会を与えることなどにより肺がん等の発生を未然に防止する義務があった」とする。

〈同判決から導かれる示唆〉

同判決は，本条が制定されるはるか前の戦前において，国内外の知見を収集した上で肺がんの発生の可能性について情報を収集するなどして調査を行い，これを踏まえて，一定の予防措置をとるべきであったと判示するが，いわゆるリスクアセスメントとこれに基づくリスク低減措置の実施を求めるものといえる。また，リスク低減措置（予防措置）のうち，設備的対策により作業環境自体を改善するには一定の時間を要するところ，それが完了する前に労働時間の短縮や配置転換等の暫定的措置をとるべきとした点は，適切なリスク低減措置の実施に時間を要する場合は，暫定的な措置を直ちに講ずるものとする現行のリスクアセスメント指針の内容と繋がるものである。

なお，引用は省略したが，同判決は，Y社の故意責任を否定する判示の中で，「Y社が労働基準法等取締法規に違反して有害業務を行わせたからといって，直ちに民事上の故意責任を構成するものではない。逆に，Y社が労働省の規則，通達に定める作業環境基準（クロム濃度），その他の法令に定める規制（労働時間等）を遵守していたからといって，民事上違法性がないとはいえない」としている点は重要である。法令に定める規制だけを遵守していたのでは不十分な場合があり，具体的な状況に照らしてリスクアセスメントを行い，これに基づきリスク低減措置等をとる必要があるといえよう。

●大成建設他事件・東京地判昭61・12・26判タ644号161頁

〈事案の概要〉

本件は，工事現場において，地固めをするため，これに用いる転圧機（＊正方形の板状になった鉄製底部を上下に震動させることによって地盤を固める重さ80kgの機械，**資料4－86**）を誘導するため，ロープで引っ張る補助作業に従事していた日雇い派遣労働者Zが，後ずさりした際に足を滑らせて転倒し，近くにあった増設建物の基礎として撃ち込まれた鉄筋入りパイルから突出していた鉄筋の1本の先端に右顔面頬部を突き刺し，その衝撃も加わって手で身体を支えることができないまま，全体重が頸部に掛かったことにより頸髄を骨折損傷し，その結果死亡するに至ったため，遺族らが派遣先のY1社及びその元請企業であり，工事現場を統括していたY2社に対して安全配慮義務違反ないし使用者責任（民法715条）に基づく損害賠償を請求したと

資料4－86 転圧機

＊なお写真は77kg程度の製品。
（三笠産業株式会社WEBサイト〔https://www.mikasas.jp/products/plate_compactor/mvc-e60/，最終覧日：2024年7月4日〕）

いう事案である。

本件事故現場はパイルを打ち込むため，地表から2mの深さに掘り下げられた，4.5m×5.5mの長方形の穴底であり，その底に，直径約45cmのパイルが12本が打ち込まれていた。パイルは建設土台部と連結するため，全体が地中に打ち込まれているのではなく，地表から約60cmほど飛び出した状態となっており，そのうち，上部約50cmはパイルのコンクリート部分は破砕され，中の直径9mmの鉄筋がパイル1本につき7本ずつ剥き出しのまま林立していた。鉄筋の中には，粉砕作業の技術的制約からパイルの外側に大きく折れ曲がってしまったもの，その先端が鋭利なものも相当数あり，キャップなどの覆いは装着されていなかった。建築技術上は曲がった鉄筋をまっすぐに矯正すると本来の強度を失うこと，曲がった状態でも建物の基礎としての機能には何ら支障がないことから，このような鉄筋の状態は建設工事現場において一般的であった。Y社の元請会社であるY2社は工事現場に高所の足場を設ける次段階の作業工程に移ると，足場からの転落事故の際，鉄筋の先端が転落者の身体を刺通するなどの危険が予測できるとし，社内の規則で鉄筋の先端にプラスチックキャップを装着することとしていたが，かかる工程に達していない本件転圧作業の段階では，特段の危険はないものとして，キャップの装着は命じていなかった。

本件補助作業はパイルが密集して打ち込まれた現場において，鉄筋との身体の接触を回避することに留意しつつ，転圧機の進路をこまめに変更しながら作業を進めなければならないというもので，平易なものではなかった。Zは，過去に転圧作業に従事したことはあるが，本件補助作業形態含めて転圧作業に習熟していたというわけではなかった。

Y社らは本件事故現場の状況を掌握していたが，補助作業を行わせるに際して，補助作業の危険性を全

く認識しておらず，回避のために作業工程について具体的指導を与えたことはなかった。安全管理推進員であり，本件事故時に転圧機を操作していた者もまた，かかる危険性を意識しておらず，作業に伴う危険を前提として作業手順の打ち合わせをすることなく，また，作業開始後も，自らの本件転圧機の操作に気を取られ，同人の動向を全く注視しておらず，前記方向転換を終えるまで本件事故が発生したことにさえ気づかなかった。

〈判旨〉

「Y社らは，右法律関係に付随する義務として，Zに対し，本件転圧作業ないし本件補助作業を行わせるに当たり，その生命，身体及び健康に対する安全を配慮すべき義務を負っていたものと解すべきであるところ，右安全配慮義務の具体的内容は，作業現場の状況，作業員の作業内容等の具体的状況に応じて個別的に措定されるべきものであつて，必ずしも実定法上使用者の配慮すべき義務として規定されているか否かによつて左右されるものではないから，その作業現場の状況，作業内容等に照らしてZの生命，身体，健康に対する危険の発生が客観的に予見される以上，右危険を防止ないし除去するための人的，物的措置を講ずべき安全配慮義務を負っているものと解すべきである。」

「(狭い本件工事現場でパイルの間を頻繁に移動しながら重量のある転圧機を誘導しなければならないという作業態様や本件工事現場における鉄筋の状況から) 右補助作業に従事するZが各パイル間を移動中にパイルの鉄筋に足を引っかけたり，あるいはロープに体重をかけすぎ体勢を崩して転倒し，本件のような事故の発生する危険が客観的に存在し，かつ，右危険は本件転圧作業を命ずる者において容易にこれを予見しえたものというべきである。したがつて，Zに対し，前記安全配慮義務を負っていたY社らは，前記認定のパイルの鉄筋の突出状況が建築技術上やむをえないものであつたとしても，本件補助作業のような作業を命ずるに当たつては，右危険の存在を十分掌握し，……具体的に作業場及び作業員に対する安全管理を担当する立場にある者を介して，転圧作業の経験に乏しいZに対し，ロープに体重をかけ後ずさりしながら左右に転圧機を牽引するという不安定で危険な作業をしないよう指示するとか，鉄筋の先端にキャップを装着したうえ転圧作業を行わせるなどZの生命，身体，健康の安全確保のため適宜の措置を採らせるとともに，Zら現場作業員に対してもかかる危険ないしこれを回避する適宜の措置を周知徹底させ，同人らがかかる危険を回避しあるいは右危険に対し適切な対応が行えるよう安全教育を施すべき具体的な注意義務を負っていたものというべ

きである。なお，Y社らは，実定法に規定がないことを理由に右義務のうち鉄筋のキャップ装着義務がない旨主張するが，これが採用できないものであることは前記説示したところから明らかである。

しかるに，Y社らは，前記認定のとおり，定期的な安全大会の開催などを通して，一応作業員の安全に対する配慮を払つていたことはうかがわれるものの，本件補助作業に伴う前記危険に対しては，全くこれに意を払うことなく，漫然と従来の慣行に従つて作業を行わせ，前記の具体的な安全配慮義務を懈怠したため，本件事故の発生を防止しえなかつたものというべきであるから，Y社らは，本件事故によつて生じた損害を賠償すべき責任があるものといわざるをえない。」

〈同判決から導かれる示唆〉

同判決は，本件事故現場の状況や作業態様，作業者の経験からすれば，転倒に伴う事故発生は容易に予見できたとし，鉄筋のキャップを装着した上で作業を行わせる，あるいは，不安定な姿勢で作業しないよう指示するなど，「危険を回避しあるいは危険に対し適切な対応が行えるよう」安全教育を実施すべき具体的な注意義務を負っていたとする。そこで求められる内容はまさにリスクアセスメントを実施し，これに基づくリスク低減措置を採ることであり，同判決は，これらを怠ったことをもって安全配慮義務違反を肯定する。同判決は本条が安衛法に規定されるようになる前の判決ではあるが，法律の規定の有無にかかわらず，リスクアセスメントとこれに基づくリスク低減措置の実施が本件具体的事案の下，安全配慮義務の内容となることを示唆するものといえる。なお，同判決の事実認定において，本件事故以降は，転圧作業時においてもキャップを装着するようになったとされている。

●東洋精箔事件・千葉地判平11・1・18労判765号77頁

〈事案の概要〉

本件は，金属箔を製造する千葉の工場で竪型焼鈍炉(資料4-87)における焼鈍作業中，同所に設置されたピット内で作業員が酸欠死した事故について，その母親が右事故はY社の安全配慮義務違反によるものであるなどとして，債務不履行ないし不法行為に基づく損害賠償を求めた事案である。

焼鈍炉ではアルゴンガスが用いられており，油槽のオイル量が少なくなるほど，エッジ部分からのガス漏れが生じやすくなる状況にあった。また，本件ピットは建物床面から下に3mの深さで設けられた閉鎖的な構造で，格別の排気装置もないため，空気より比重の重いアルゴンガスが漏出した場合には，ピット内に滞留しやすく，酸欠状態になるおそれが高い状況に

あった。

千葉工場の責任者は，空気より重いというアルゴンガスの一般的な性質については認識していたものの，酸欠の可能性についての認識は不十分であり，次長や現場責任者は，アルゴンガスによる酸欠の危険性についての認識は一応あったものの，具体的な酸欠の危険性についての認識，予測に欠けていた。そのため，経験の浅い現場作業員に対しても，ガス漏れ及び酸欠状態発生の原理や具体的なおそれに関する指導，教育はされておらず，アルゴンガスの危険性及び酸欠の危険性は周知徹底されていなかった。本件事故当時，千葉工場では，ガス漏れ事故防止対策として，ガス圧の調整（圧力計，流量計の確認とマノメーター〔資料4-88〕による炉内圧の管理），オイルレベルの管理と，携帯式酸素測定器での本件ピット内の酸素濃度の測定等の安全管理対策を採っていたが，このうち，ある程度技術が必要なガス圧の調整は，経験の浅い作業者が1人で担当することもあり，マノメーターや圧力計，流量計等の計器類の確認がピットに入る前になされていない状況にあった。さらに，酸素測定は週に1，2回程度行われる程度で酸素測定器の存在すら知らない作業員もいた上，酸素欠乏状態になったときの対処（被害者救出，連絡，対応）や酸素吸入器の使い方についても十分に教育されていなかった。加えて，2人1組体制も実際には守られておらず，会社が注意をすることもなかった。

なお，過去に秋田工場において密閉式ピット内でアルゴンガスによる酸欠死亡事故が起きており，同工場ではそれ以降，酸欠事故対策として，オイルレベルゲイジ（油面・液面の位置を測るサイトグラス）の取り付け，ピット内の強制排気装置の取り付け，チェックシートによる点検管理の実施（安全確認システムの確立），酸素濃度測定器の設置とピット立入りの際の酸素濃度の測定等の安全対策が講じられるようになっており，かつ，事故当時，秋田工場長を務めていた者が千葉工場の責任者を務めていたが，千葉工場ではこうした対策はとられていなかった。

〈判旨〉

「Y社としては，アルゴンガスによる酸欠事故を防止し，従業員の生命・身体を守るべき注意義務があり，そのためには，千葉工場で使用されるガスの性質，危険性，酸欠事故の発生の可能性と酸欠状態発生のメカニズムについて従業員に周知徹底させ，本件ピットにおける炉内ガス圧の調整，油槽のオイル量の確認，調整を適切に行うと共に，マノメーター，酸素濃度計等の計器類の事前確認，2名作業体制等の安全管理体制の確立，酸欠事故が発生した場合の救助システムの確立を図り，また，本件焼鈍炉においてガス漏

資料4-87　竪型焼鈍炉

（中外炉工業株式会社WEBサイト〔https://chugai.co.jp/pro_02_battery_04/，最終閲覧日：2024年6月24日〕）

資料4-88　マノメーター

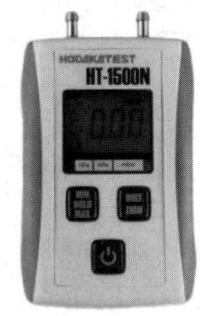

＊マノメーターは，正圧，負圧，差圧を測る測定器であり，測定対象は清浄な空気，非腐食性ガス，不活性ガス等である。
（ホダカ株式会社WEBサイト〔http://www.hodaka-inc.co.jp/product_measuring/341/，最終閲覧日：2024年7月8日〕）

れが発生する場合に備えて，常設の酸素濃度計及び酸素濃度が低下し過ぎたり，油槽のオイル量が減少し過ぎた場合の警報装置，強制排気装置ないし外気導入装置等を設置して酸欠事故を防ぐべき雇用契約上の注意義務（安全配慮義務）があるといえる。」

「本件事故は，Y社のアルゴンガスの危険性及びアルゴンガス漏れによる酸欠事故の危険性に対する認識が不十分であったため，現場の作業員にかかる危険性の周知がされておらず，しかも酸欠事故防止のための教育指導，安全管理体制や安全装置の設置，酸欠事故発生の場合の対応措置等がいずれも不十分であったために生じたものと認められ，Y社が，従業員を酸欠事故の発生するおそれのある場所で作業させていることや実際に秋田工場のピット内で酸欠事故が発生していることを考慮して，ガス圧の調整・管理に十分注意するとともに，計器類の確認や酸素濃度の測定，二人作業体制等の教育指導，安全管理を徹底し，本件ピット内に排気装置や警報装置などの安全装置等を設置していれば，本件事故は発生しなかったものと考えられるのであって，Y社には，従業員の生命，身体に対する安全配慮義務を怠った過失が認められ，Y社は，本件事故により亡Zが死亡したことについて，債務不履行ないし不法行為上の責任を負うというべきであ

資料4-89 一丁掛けと二丁掛けの安全帯

フルハーネス一丁掛け　フルハーネス二丁掛け
（藤井電工株式会社WEBサイト〔https://www.fujii-denko.co.jp/product/harness/type2/，最終閲覧日：2024年7月11日〕）

る。
　Y社は、本件ピットが労働安全衛生法、同法施行令、酸素欠乏症等防止規則において酸素欠乏危険場所とされておらず、また、従前監督官署からの指導、勧告を受けたこともないと主張するが、酸素欠乏症等防止規則22条の2によれば、酸素欠乏危険場所の指定の有無にかかわらず、タンク、反応塔等の安全弁等から排出される不活性気体が導入するおそれがあり、かつ、通風又は換気が不十分な場所で労働者を作業させる場合には、不活性気体が当該場所に滞留することを防止するための対策を講じる必要があるとされており……、また、前述のとおりの本件ピットの構造や、アルゴンガスを使用していることから、本件ピット内にアルゴンガス漏れが生じて滞留するおそれのあることは容易に予測しうると考えられることからすれば、本件ピットが酸素欠乏危険場所に指定されていないことなどをもって、Y社の責任が回避されるということは到底できない。」
　なお、亡Zが1人で作業を行っていることや事前に計器類を確認しなかったことについては、Y社側の教育指導状況や亡Zが入社後6カ月しか経過していないことに照らし、これを過失相殺において考慮することは相当ではないと判断されている。

〈同判決から導かれる示唆〉
　本件酸欠事故は、従業員を指導すべき立場にある責任者らが具体的な酸欠の危険性に関する認識を欠いており、結果として、酸欠事故防止に必要となる指導や周知が不十分であったり、あるいは必要な安全対策がとられてこなかったことなどから発生したものといえる。別地域の工場で類似事故が発生していることに照らせば、本件ピットにおいて酸欠事故が発生するおそれがあるというシナリオは特別な調査をせずとも抽出可能とも思われるが、責任者らは、アルゴンガスに係る抽象的な知識を本件ピットの具体的状況にあてはめて考えようとしなかったといえる。結果として、ま

た、危険性をより詳細に把握するための調査等や必要な管理対策もとられなかったということであり、リスクアセスメントやこれに基づくリスク低減措置がとられていなかったといえる。同判決が、本件ピットが酸欠則の適用対象となる酸素欠乏危険場所には指定されていないことが安全配慮義務違反の成否に影響しないと判断した点は重要であり、リスクアセスメントやこれに基づく措置が特別規則が直接適用されるか否かにかかわらず、広く適用されうることを示唆するものといえる。

●日本総合住生活ほか事件・東京地判平28・9・12労判1206号65頁及び同事件・東京高判平30・4・26労判1206号46頁
〈事案の概要及び判旨〉
　本件は、植物管理工事の第2次下請企業であるY3社に勤務するXが、Y3社の代表者から指示された枝を剪定する作業をするために、安全帯を外して当該枝の付近に移動し、枝を落とす作業をしようとした際に、本件樹木から落下したことにより受傷し、四肢体幹機能障害等の後遺障害が生じたというものである。Xは、元請企業であるY1社と第1次下請企業であるY2社、Y3社及び同代表者に対し、安全配慮義務違反等に基づく損害賠償請求をした。1審判決は、Xが剪定作業に従事した経験がないことや造園業界の一般的認識に照らせば、一丁掛けの安全帯（資料4-89）を使用する場合、作業場所の移動時においては、両手及び片足の3点支持の方法等によることなど安全確保の方法を具体的に指導すべきであったのにこれを怠ったとして、Y3社及び同社代表者の安全配慮義務違反を認めたが、2審判決は、二丁掛けの安全帯（資料4-89）を提供し、その使用方法を指導し、これを使用させる義務があったのにこれを怠ったという理由に安全配慮義務違反を認めた。2審判決は、その際、「街路樹剪定ハンドブック」の改訂版には、安全帯を掛け替えるときに事故が発生していることを受けて安全帯の二丁掛けが考案され、近年注目され始めている旨が記載されていたことや本件事故後、Y1社が植物管理工事に従事する作業者らに二丁掛けの安全帯を交付してその使用を指示したことなどを考慮している。また、本件事故当時、二丁掛けの安全帯が造園業界で一般的でないとしても、一丁掛けの安全帯では安衛則第518条第2項が予定している「労働者の危険を防止するための措置」が何ら講ぜられていない状態が発生するとして、二丁掛けの安全帯を使用させる義務があったとする。
　なお、1審判決は、Y1社は作業について具体的に指示をしていないこと、Y2社は安全衛生に関する事項をY3社に指示するなどしていたが一般的にとどま

るとして，Y1社及びY2社は安全配慮義務を負うとはいえないと判断したが，2審判決は，Y2社は安全衛生事項をY3社に指示し，その指示がY3社の労働者への指示となっていたこと，Y1社はY2社に対して安全指示書のやり取り等を行っており，これがひいてはY3社及び同社の労働者への指示になっていたことから，Y1/Y2社はいずれも安全配慮義務を負うと判断し，また，本件事案の下，安全帯は一丁掛けのものでも安全確保は十分であるとの誤った認識の下で指示を行っていたとして，安全配慮義務違反を認めている点に特徴がある。[40]

〈判旨から導かれる示唆〉

同判決は，安全配慮義務違反の認定に際し，改訂された「街路樹剪定ハンドブック」に記載された，二丁掛けの安全帯の利用というより安全な危険防止措置をとることを求め，これを怠ったことについて，元請企業，第1次下請企業，第2次下請企業の安全配慮義務違反を認める。かかる判断は，二丁掛けの安全帯が，元請企業の指示の下，本件事故後に使用されていることをも踏まえたものではあるが，この措置が，本件事故当時における造園業界の一般的な状況と比べて，先進的な内容であったことを踏まえると，事業者らにとってやや厳しい判断であるようにもみえる。ただし，リスクアセスメントの実施が，「新たな安全衛生に係る知見」等により，従前想定されていた危険性に変化が生じたときに求められることなどを踏まえると，この点をより明確にしたものとみることもできる。

考察と結語：第28条・第28条の2

安衛法第28条及び第28条の2はいずれも，労働安全衛生関係法令をただ遵守していただけでは防ぎきれない労働災害や健康障害をいち早く防止するために設けられた規定であるといえる。上記規定に基づく指針，通達は，科学技術の進歩や新たな知見の確立，また，背景となる災害の発生により発展してきているといえる。

安衛法第28条は危害防止基準をより具体化・詳細化した指針の公表について定める規定である。健康障害防止指針は，特化則や有機則等の特別規則によってその時点においては規制されていない化学物質について，適切な作業環境管理や作業管理に係る措置をとるべきことを行政が指導する根拠を与えるものとなっており，こうした行政による指導等を通じて事業者の自主的な取り組みを促す機能がある。安衛法第28条に基づく指針に規定されている内容を遵守していなかった場合に，それが直ちに使用者の安全配慮義務等の違反を導くかについては慎重な検討が必要とはなるが，具体的状況によっては，義務違反が肯定されたり，あるいは，技術上の指針に則していないことをもって，製造物責任法第3条にいう「瑕疵」が認められやすくなるなど，民事責任の成否に影響を与える可能性もある。

安衛法第28条の2は，事業者はリスクアセスメントを実施し，これに基づきリスク低減措置等を実施する努力義務を課す規定である。リスクアセスメント等の実施については，所定の物質との関係では，安衛法第57条の3に基づき，事業者に義務づけがされているが，安衛法第28条の2は，安衛法第57条の3がカバーしない範囲の化学物質や機械・設備等についてリスクアセスメント等の実施を促すものである。ところで，本条制定以前の安全配慮義務違反や注意義務違反が問題となった裁判例では，法令上の規制の有無にかかわらず，具体的状況に応じて事業者に安全配慮義務の履行を求める傾向が窺われる。そうしたことからすると，安衛法第28条の2は努力義務ではあるものの，これを怠った結果として労災事故や健康障害が生じた場合には，事業者に民事損害賠償責任が生じうる可能性がある。その意味では，むしろ安衛法第28条の2は労働災害防止のために事業者が従うべき基本的な行為規範を示すものとも理解しうる。化学物質管理との関係では，自律的管理型規制への移行に向けて行われた2022（令和4）年5月の省令改正により，全ての危険有害な化学物質について，SDSやラベル表示による情報伝達とリスクアセスメント等の実施について事業者の（努力）義務とされたが，このことはリスクを評価し，それを踏まえてリスク低減措置を選択し実行するという事業者の基本的な行為規範をより明確化しようとするものといえる。[41]

もっとも，リスクアセスメントとこれに基づく事後措置の実施については実効性の確保が今後の課題として残る。国による支援ツールやマニュアル・パンフレットの提供，好事例の紹介は有効な一手段といえるが，そもそもリスクアセスメントを実施する必要を感じなければ，その支援ツールへのアクセスには至らない。[42] また，簡易ツール等を用いて形式的にリスクアセスメントを実施したとしても，リスクの内容を的確に評価し，[43] それを踏まえた相応の対応をしなければ労働災害防止という観点から無意味なものとなってしまう。ときとして，適切な対応を行うためには，専門家の関与も必要となるが，その必要性自体認識されない可能性もある。[44]

事業者が，自らの職場における危険性・有害性について具体的に認識していないケースでは，特にリスクアセスメントが形骸化するおそれが生じうる。各職場

における安全意識の醸成のほか[45][46]，リスクアセスメントの前提となる知識や情報の流通・伝達もまた必要となる[47]。また，リスクアセスメントが適切になされていない事業者に対する行政監督権限の行使や専門家による助言も重要であるが，適切な監督・助言を行うためには，行政・民間双方における人材育成もまた重要となる[48]。

【注】
1) 労務行政研究所編『労働安全衛生法〔改訂第2版〕』(労務行政研究所，2021年) 297頁。
2) 同上297頁。
3) 同上298頁。
4) 吉田一彦「労働安全衛生法及びじん肺法の一部を改正する法律（上）職業病疾病対策の充実強化」時の法令1003号 (1978年) 18頁-19頁。
5) 第6回化学物質による労働者の健康障害防止措置に係る検討会 (2013〔平成25〕年9月18日) 議事録〔大淵有害性調査機関査察官〕。
6) 本条に基づく指針ではないが，喜楽鉱業 (有機溶剤中毒死) 事件・大阪地判平16・3・22労判883号58頁では，「危険又は有害な業務に現に就いている者に対する安全衛生教育に関する指針」の内容をも踏まえた上で安全配慮義務の内容を特定している。
7) 中災防・安全衛生情報センター「告示・指針一覧」WEBサイト (http://www.jaish.gr.jp/user/anzen/hor/kokuji.html，最終閲覧日：2022年7月6日)。
8) 平成14年1月21日基発第0121001号 (平成28年3月31日基発0331第26号により廃止)。
9) 2019 (平成31) 年度第1回化学物質による労働者の健康障害防止措置に係る検討会参考資料2-2 (労働安全衛生法第28条第3項第2号の規定に基づく指針〔がん原性指針〕の概要)。
10) 過去に「発がん性あり」と評価されたものの，がん原性指針の策定を要さず，リスク評価の対象とのみとすべきとされた物質としては，酢酸イソプロピル，ジフェニルアミンが挙げられる。
11) 哺乳類を用いた動物実験の結果は基本的に人間に及ぼす影響と対応しているとの理解があったとされる。2022 (令和4) 年10月26日における唐沢正義氏からの情報提供に基づく。
12) 厚生労働省「職場のあんぜんサイト」(https://anzeninfo.mhlw.go.jp/user/anzen/kag/carcino_test.htm，最終閲覧日：2022年10月31日)。
13) 平成25年度第6回化学物質による労働者の健康障害防止措置に係る検討会 (2013〔平成25〕年9月18日) 議事録。
14) 平成24年度第3回化学物質のリスク評価に係る企画検討会 (2013〔平成25〕年2月27日) 資料1参照。
15) 2019年度第1回化学物質による労働者の健康障害防止措置に係る検討会 (2019〔令和元〕年8月5日) 議事録。
16) 浜田直樹「中小企業の安全衛生管理体制の整備と労働者の健康の保持増進対策の充実等」時の法令1341号 (1988年) 36頁，47頁。
17) 安衛法第7章の2が新たに設けられた背景には，技術革新の進展に伴う労働環境や作業態様の変化により疲労やストレスを感じる者が高い割合に達していること，勤労者が経済的豊かさよりも生活を重視するようになってきており，職場に関しても働きやすい環境が求められていること，労働力人口の高齢化や女性の職場進出が進んだことにより，これまでの壮年男子中心の職場観からの転換が必要とされていることなどがある。土田浩史「建設業における労災防止対策の充実と快適な職場環境の形成のために」時の法令1439号 (1992年) 27頁。
18) 以下の記述については，古積博・小林光夫・田村昌三「ヒドロキシルアミン爆発火災【2000年6月10日 群馬県尾島町】」特定非営利活動法人失敗学会運営「失敗知識データベース」(http://www.shippai.org/fkd/cf/CC0000050.html，最終閲覧日：2022年10月22日)。
19) 2019年度第1回化学物質による労働者の健康障害防止措置に係る検討会議事録 (2019〔令和元〕年8月5日) 〔阿部中央労働衛生専門官〕。
20) 2022 (令和4) 年8月25日における大久保克己氏からの情報提供に基づく。
21) NIOSH WEBサイト (https://www.cdc.gov/niosh/npg/default.html#:~:text=The%20NIOSH%20Pocket%20Guide%20to,for%20hundreds%20of%20chemicals%2Fclasses，最終閲覧日：2022年8月27日)。
22) なお，日本産業衛生学会は，当時，オルト-トルイジンの発がん性について第2群A (人間に対しておそらく発がん性がある物質，証拠がより十分である) に分類していたが，2016〔平成28〕年に第1群 (人に対して発がん性がある) に分類することを提案している。日本産業衛生学会許容濃度等に関する委員会「発がん性分類暫定物質 (2016) の提案理由」産業衛生学雑誌58巻5号 (2016年) 232頁。
23) 労務行政研究所編・前掲注1) 302頁。
24) 1985年に労働省に入省し，化学物質管理 (リスクアセスメント) に係る法令改正等にも携わられた柳川行雄作成WEBサイト「実務家のための労働安全衛生のサイト」(https://osh-management.com/document/information/RA/，最終閲覧日：2022年8月23日) の記述に基づく。
25) 厚生労働省厚生労働省安全衛生部安全課「危険性又は有害性等の調査等に関する指針・同解説」(2006年3月) 14頁。
26) 柳川行雄作成WEBサイト『実務家のための労働安全衛生のサイト』のうち「化学物質のRAとシナリオ抽出」(https://osh-management.com/document/information/RA-scenario/index.html#gsc.tab=0) 及び「化学物質のRAの具体的な進め方」(https://osh-management.com/document/information/RA/，いずれも最終閲覧日：2022年8月23日) の記述及び櫻井治彦「化学物質のリスクアセスメントにおけるシナリオ設定」労働安全衛生研究1巻2号 (2008年) 94頁。
27) 厚生労働省安全衛生部安全課「危険性又は有害性等の調査等に関する指針・同解説」(2006年3月) 20頁。
28) 「化学物質管理専門家」とは，5年以上の実務経験を有する労働衛生コンサルタント (試験区分：労働衛生工学)，8年以上の経験を有する衛生工学衛生管理者，6年以上の経験を有する作業環境測定士で講習を受けた者のほか，「同等以上の能力を有すると認められる者」として，5年以上の経験を有する労働安全コンサルタント (試験区分：化学)，日本労働安全衛生コンサルタント会が運用している「生涯研修制度」によるCIH (Certificated Industrial Hygiene Consultant) 労働衛生コンサルタントの称号の使用を許可されている者，日本作業環境測定協会の認定オキュペイショナルハイジニスト (日本作業環境測定協会が5年以上の経験を有する労働衛生コンサルタント，作業環境測定士等で化学・物理・生物・人間工学に係る93単位の専門研修を修了し，その後の評価試験に合格した者に対して付与する認定)，国際オキュペイショナルハイジニスト協会 (IOHA) の国別認証を受けている海外のオキュペイショナルハイジニスト若しくはインダストリアルハイジニストの資格保持者，日本作業環境測定協会の作業環境測定インストラクターに認定されている者，中央労働災害防止協会に置かれる衛生管理士 (労働災害防止団体法第12条) で5年以上の経験を有する者，産業医科大学産業保健学部産業衛生科学科を卒業し，

産業医大認定ハイジニスト制度において資格を保持する者等を指す（令和4年9月7日厚労省告示274号，令和4年9月7日厚労省告示第275号，令和4年9月7日基発0907第1号〔最終改正：令和5年7月14日基発0714第8号〕）。

29）「作業環境管理専門家」とは，①「化学物質管理専門家」の他，②3年以上の実務経験を有する労働衛生コンサルタント（試験区分：労働衛生工学又は／化学），③6年以上の経験を有する衛生工学衛生管理者，④中央労働災害防止協会で3年以上の経験を有する衛生管理士（労働衛生コンサルタント試験〔試験区分：労働衛生工学〕に合格していること），⑤6年以上の経験を有する作業環境測定士，⑥4年以上の経験を有する作業環境測定士で公益社団法人日本作業環境測定協会が実施する研修又は講習のうち，同協会が化学物質管理専門家の業務実施に当たり，受講することが適当と定めたものを全て修了した者，⑦又は作業環境測定士（後者は4年＋講習も可），オキュペイショナルハイジニスト資格又はそれと同等の外国の資格を有する者等である（令和4年5月31日基発0531第9号，最終改正：令和6年5月8日基発0508第3号）。

30）1985年に労働省に入省し，化学物質管理（リスクアセスメント）に係る法令改正等にも携わられた柳川行雄作成WEBサイト「実務家のための労働安全衛生のサイト」（https://osh-management.com/document/information/RA/，最終閲覧日：2022年8月23日）の記述に基づく。

31）厚生労働省安全衛生部安全課「危険性又は有害性等の調査等に関する指針・同解説」（2006年3月）2頁。

32）同報告書の添付資料2では2003（平成15）年7月から2004（平成16）年6月にかけて全国各地で発生した主な爆発・火災災害等の概要が16件示されている。

33）以下の記述は，上島通浩・柴田英治「職場における未知の中毒発生事例から今後の環境リスク対応を考える」保健医療科学67巻3号（2018年）285頁，上島通浩「少子化対策としての生殖毒性研究」日衛誌73巻3号（2018年）332-333頁に基づく。

34）2022（令和4）年8月25日における大久保克己氏からの情報提供に基づく。また，大久保克己「化学物質取扱事業場の指導の立場から」産業保健法学会誌1巻1号（2022年）69頁参照。

35）労働安全コンサルタントの角田淳のブログ「今日も無事にただいま」（http://itetama.jp/blog-entry-781.html，http://itetama.jp/blog-entry-349.html，最終閲覧日：2022年8月27日）。

36）NIOSH WEBサイト（https://www.cdc.gov/niosh/npg/default.html#:~:text=The%20NIOSH%20Pocket%20Guide%20to,for%20hundreds%20of%20chemicals%2Fclasses，最終閲覧日：2022年8月27日）。

37）厚生労働省WEBサイト（https://www.mhlw.go.jp/bunya/roudoukijun/anzeneisei14/，最終閲覧日：2022年8月25日）。

38）柳川行雄「実務家のための労働安全衛生のサイト」（https://osh-management.com/document/information/advantages-and-disadvantages-of-simple-RA-tool/index.html，最終閲覧日：2022年8月23日）。

39）平成24年度の厚生労働省委託事業「中小零細規模事業場集団リスクアセスメント研修事業」に基づく類似の事例集として，一般社団法人日本労働安全衛生コンサルタント会の「リスクアセスメント実施事例集」もある。

40）Y1/Y2社について，安全配慮義務の主体となりうるかという問題と，当該事案における安全配慮義務の内容は区別されるべきとする見解として，土岐将仁「判批」季労271号（2020年）220頁。本件において，安全帯は一丁掛けのものでも安全確保は十分であるとの認識が誤っていることについて，実際に予見可能であったかは具体的状況に照らして判断されるべきであったといえよう。

41）厚生労働省厚生労働科学研究費補助金労働安全衛生総合研究事業「リスクアセスメントを核とした諸外国の労働安全衛生制度の背景・特徴・効果とわが国への適応可能性に関する調査研究」〔研究代表者：三柴丈典〕（2014〔平成26〕年度～2016〔平成28〕年度）総括研究報告書72頁及び淀川亮・三柴丈典「リスクアセスメントを核とした諸外国の労働安全衛生法制度の背景・特徴・効果とわが国への適応可能性に関する調査研究の紹介」労働安全衛生研究13巻2号（2020年）179-180頁では，リスク最小化原則（排除できるリスクは排除し，それが困難なリスクは最小化すべきとする原則）やリスク創出者責任負担原則（リスクを創出したり，それに影響を与えうる者こそが，その管理責任を負う原則）等，重要な基本原則を法律本法においてできる限り明確に示し，詳細部分の具体化は従前以上に省令等に委任するなどの方策が求められると提言していた。2022（令和4）年5月の省令等改正は，こうした方向性を志向するものといえる。

42）三柴丈典「安全衛生業務関係者向け社会調査結果の整理と分析」厚生労働省厚生労働科学研究費補助金（労働安全衛生総合研究事業）「リスクアセスメントを核とした諸外国の労働安全衛生制度の背景・特徴・効果とわが国への適応可能性に関する調査研究」〔研究代表者：三柴丈典〕（2014〔平成26〕年度～2016〔平成28〕年度）分担研究報告書8頁によれば，安全衛生業務に携わっている者を対象に政策の方向性について尋ねたWEB調査（実施委託先：ネオ・マーケティング社）では，中小企業によるリスクアセスメントの支援を目的としたWEB上のツールの提供と人的支援体制の整備について賛成が半数を超えたが，「どちらともいえない」も多く，所属先の規模が小さい回答者に賛成しない傾向がみられたとある。このことはリスクアセスメントの必要性自体認識されていない可能性を示すものといえる。

43）もっとも，そもそも「リスクとは何か」ということも問題となりうる。リスク概念は災害が発生する確率×発生した被害の大きさとして定義されるが，いずれも抽象的であり，その中身の特定のされ方が国の法政策や文化によって異なること，特に日本においては，行政主導で定義されるが，産業の現場では，企業規模，業種，経営者の安全衛生への姿勢などにより，様々に解釈され，対応できないリスクが低く見積もられることについて，Takenori Mishiba, Risk Assessment from a Legislative Perspective: The Relationship between Characteristics of Laws and Policies and the Concept of Risk in Various Countries, Kinkidaigaku-hougaku（近畿大学法学），65(1), p.103参照。

44）同様に三柴・前掲注42）分担研究報告書8頁に紹介されているWEB調査の結果によれば，中小企業者と安全衛生の専門家を繋ぐWEB上の検索サイトの設置について，賛成がほぼ半数，「どちらともいえない」が約4割であり，所属先の規模が小さいほど賛成しない傾向があったとされる。

45）この点は，2022（令和4）年9月28日以降，労働政策審議会安全衛生分科会において検討されている「第14次労働災害防止計画」（2023〔令和5〕年～2028〔令和10〕年）策定に向けた議論の中で「労働者の協力を得て企業が自発的に安全衛生対策に取り組むための意識啓発について」が主要な論点として挙げられており，この点に関する今後の検討が注目される。

46）三柴・前掲注42）分担研究報告書9頁に紹介されているWEB調査の結果によれば，安全衛生文化醸成策のうち，選択割合が高いもの（複数回答）としては「安全衛生法の体系や内容を分かりやすくすること」（62.6％）が最も多く，「リスクアセスメントよりもゼロ災運動やKYTなどの日本的な安全衛生活動の推進を図ること」（29.4％），「安全衛生法の強制力を高め，違反を厳重に取り締まること」（28.8％），「職場の全てのリスクについて，リスクアセスメントを義務付けること」（26.6％）が続く。

47）三柴・前掲注41）総括報告書77頁においては，化学物質対策

として，現場でのばく露実態等の調査分析のほか，サプライチェーンの上流から下流に至るリスク情報の共有やリスク低減策の実施，GHSなどの国際的なハザードないしリスクに関する情報の共有の3方向での展開を図る必要があるとする。

48）三柴・前掲注41）総括研究報告書75頁。

〔石﨑由希子〕

第29条から第32条まで

（元方事業者の講ずべき措置等）
第29条　元方事業者は，関係請負人及び関係請負人の労働者が，当該仕事に関し，この法律又はこれに基づく命令の規定に違反しないよう必要な指導を行なわなければならない。
2　元方事業者は，関係請負人又は関係請負人の労働者が，当該仕事に関し，この法律又はこれに基づく命令の規定に違反していると認めるときは，是正のため必要な指示を行なわなければならない。
3　前項の指示を受けた関係請負人又はその労働者は，当該指示に従わなければならない。
第29条の2　建設業に属する事業の元方事業者は，土砂等が崩壊するおそれのある場所，機械等が転倒するおそれのある場所その他の厚生労働省令で定める場所において関係請負人の労働者が当該事業の仕事の作業を行うときは，当該関係請負人が講ずべき当該場所に係る危険を防止するための措置が適正に講ぜられるように，技術上の指導その他の必要な措置を講じなければならない。

1　趣旨と内容

1　第29条

(1)　趣旨

第29条は，全ての業種において，元方事業者（業種を問わず，一の場所で行う仕事の一部を関係請負人に行わせている事業者〔労働者を使用して事業を営む者〕で，重層的請負構造下では，最先次の注文者〔法第15条第1項〕。畠中元教授は，請負契約〔及びその当事者である請負人，注文者〕に着目して定義された概念であり，安衛法上の請負規制〔≒混在作業規制〕のキーワードだという。元請との違いは，発注者も含む点と，一部の仕事は自ら行っている必要がある点である〔したがって，建設事業者等であり，純粋なお客様（client）は含まない〕。元請とは，一般的には発注者から直接仕事を請け負った者を意味する。よって，建設会社による自社ビル施工等では，元方事業者から一部の仕事を請け負った1次下請が元請となることもある）に対し，当該注文者の構内（注文者の事業場を含め，親企業の仕事を行っていて，その管理下にある場所を指す）で業務を行う請負人や，その労働者に対して，この法令に反しないよう指導し，違反を認めた時は，是正のための指示を行うよう義務づけたものである。

(2)　内容

請負業務を親企業（元方事業者）の構内（注文者の事業場を含め，親企業の仕事を行っていて，その管理下にある場所を指す）で行うことを構内下請作業といい，造船業，鉄鋼業，化学工業等では一般的である。同条は，この構内下請作業を行う請負人やその労働者の災害率がかなり高いこと，その要因として，同人らは，親企業（元方事業者）内での設備の修理，原材料や製品の運搬，梱包等，親企業に所属する者より危険性（主に身体損傷をもたらす引火性，爆発性，転落危険など）や有害性（主に健康障害をもたらす毒性など）が高い作業を分担することが多い一方，作業の性質上，自主的な努力のみでは災害防止効果をあげ難いことから，その構内という場所の管理と，その場所における事業の遂行全般に権限と責任を持つ元方事業者を名宛人として，関係請負人（重層的な請負関係において元方事業者から仕事を請け負っている請負人全て）らへの本法令遵守の指導や指示を義務づけると共に，関係請負人らを名宛人として，その指示の遵守を義務づけたものである（昭和47年9月18日発基第91号）。こうした観点は，旧労働基準法時代には，不十分だった。

解説書の中には，構内下請企業が有害物質を取り扱う場合，局所排気装置の設置，保護具の使用，健康診断の実施等を常時指導し，関係下請企業の違反に際しては元方事業者が是正の指示をすべき旨を例示したものがある。

労災防止効果を優先して，あえて下請企業の労働者と労働契約関係にない元方事業者を名宛人とした規制なので，本条の誠実な履行によって，却って，当該元方事業者が，労働者派遣法上の派遣先と推認されることのないよう図った公文書がある。この理は，労働契約関係を含むその他の法律関係の成立や，それに伴う責任にも当てはまる（∵元方に責任を負わせる規定の遵守が，労働契約等の成立を推認させることはない）と解される。

鉱山保安法も同類の規制を設けている。すなわち，同法は，鉱物の採掘等の鉱業を行う権利を持つ者を鉱業権者（第2条第1項）として名宛人とし，下請の労働者を含め，鉱山で鉱業に従事する者一般を鉱山労働者（第2条第3項）として，主な保護対象とし，その安全を確保する義務を課している。

ただし，本条には罰則の定めがない。

2　第29条の2

(1) 趣旨

第29条の2は，第29条の建設業の元方事業者に関する特則（第29条の適用範囲の一部を特に規制するもの）といえる。すなわち，第29条が規制する，親企業の構内のうち，建設工事現場であって，本条が規定するような条件の場所で関係請負人の労働者に生じる労災が多かったため，作業場単位の規制として，平成4年の法改正（平成4年5月22日号外法律第55号）で設けられたものである。

なお，ほぼ建設業のみの請負関係に着目した規制には，本条のほか，第30条の3（大規模ずい道工事等における救護体制の整備），第31条の3（建設機械作業にかかる自ら仕事の一部を行う発注者等の労災防止措置），第31条の4（注文者による請負人への違法な行為の指示の禁止）があり，第30条の3を除き，罰則は設けられていない。

(2) 内容

もとより，本条が定める建設工事現場において，関係請負人は，その労働者の雇い主として，安衛法第21条に基づき，安衛則第361条等が定める措置（概ね，本質的安全対策，追加的防護措置，残留リスクに対する人的措置から成る3ステップ・アプローチ）を自ら講じる義務を負うが，元方事業者の方が，工事現場のリスクについて知識や情報を持っていたり，工事現場全体にわたる措置を講じ易いことなどから，本条は，建設業の元方事業者に，関係請負人による危険防止措置が講じられるよう，必要な援助等の措置を講じるよう義務づけた。

すなわち，先ず，本条が定める場所については，安衛則第634条の2が，以下の5カ所を列挙している（ただし，いずれも，関係請負人がその場所で作業を行い，その労働者がその危険に晒されるおそれがある場所である必要がある）。

①土砂等が崩壊するおそれのある場所（第1号）
②河川内にあって，土石流が発生するおそれのある場所（第1号の2）
③機械等（基礎工事用の車両系建設機械や移動式クレーン）が転倒するおそれのある場所（第2号）
④架空電線（地上高く架設された電線）の充電電路（通常は電圧を生じており，裸線であるか否かを問わず，触れれば感電する状態の回路）に近接する場所（第3号）（資料4-90参照）
⑤明かり掘削（トンネル等と異なり，明るい露天下で行われる掘削〔例：道路建設のための山の切取りなど〕。資料4-91参照）を行うことで，埋設物等，れんが壁，コンクリートブロック塀，擁壁等の建設物が損壊する

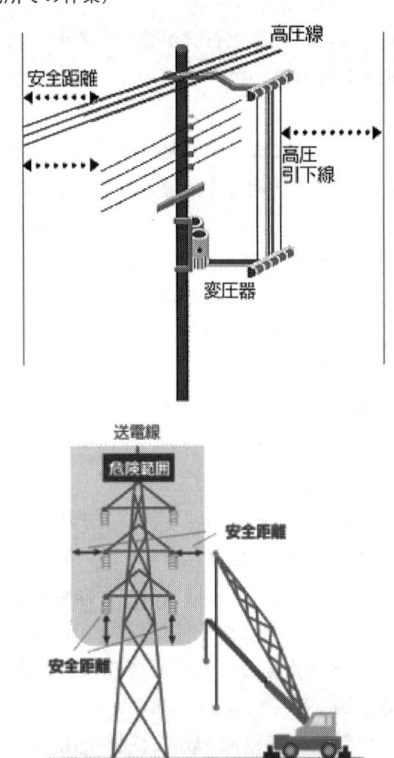

資料4-90　架空電線の充電回路（とそれに近接した場所での作業）

（山本誠一氏が運営するcrane club WEBサイト〔http://www.crane-club.com/study/mobile/shock.html，最終閲覧日：2019年8月20日〕）

等のおそれのある場所（第4号）

これらの場所では，関係請負人が，規則によって，以下のような措置を講じることを義務づけられている。

①において：予め，土止め支保工（資料4-92参照）を設け，防護網（資料4-93参照）を張り，労働者の立入りを禁止する等当該危険を防止するための措置を講じること（安衛則第361条）。

地山を安全なこう配とし，落下のおそれのある土石を取り除くことや，擁壁（資料4-94参照），土止め支保工等を設けること（安衛則第534条第1号），

地山（人工的な盛土等が行われていない自然の地盤）の崩壊や土石の落下の原因となる雨水，地下水等を排除すること（同条第2号）。

②において：②のうち，土石流が発生するおそれのある河川（「土石流危険河川」）で建設工事を行う場合には，予め河川の上流や周辺状況を調査すること（安衛則第575条の9），

同じく，調査から判明した現場状況に応じ，土石流による労災を防止するための規程を定め，土石流の前兆を把握した場合，土石流が発生した場合に講じるべき措置，警報や避難の方法等を盛り込むこと（第575条の10），

同じく、一定時間ごとに雨量計等で降雨量を把握すること（第575条の11）、

　同じく、降雨により土石流が発生するおそれのある際、監視人の配置等の措置を講じるか、労働者を退避させること（第575条の12）、

　同じく、土石流による労災発生の急迫した危険がある際には、直ちに労働者を退避させること（第575条の13）、

　同じく、土石流が発生した場合に備えて、サイレン、非常ベル等の警報用の設備を設け、メンテナンスを行うこと等（第575条の14）、

　同じく、労働者を退避させるための登り桟橋（主に建設労働者が歩いて上り下りするための仮設通路）、はしご等の避難用設備を設置し、場所や使用方法を周知し、メンテナンスを行うこと（第575条の15）、

　同じく、定期的に避難訓練を行い、その内容や受けた者等の記録を作成して保存すること（第575条の16）。

　③において：車両系建設機械の運行経路の路肩の崩壊を防止すること、地盤の不同沈下（上物の重みによる地盤の沈下）を防止すること、必要な幅員の保持等の措置を講じること（第157条第1項）、[17]

　路肩、傾斜地等で車両系建設機械を用いる場合には、その転倒や転落による災害防止のため、誘導者を配置すること（第157条第2項）、

　動力を用いるくい打機（資料4-95参照）やくい抜機（資料4-96参照）、ボーリングマシン（ピットの落下の刺激やドリル等で地中に穴を掘るための機械。資料4-97参照）（「くい打機等」という）については、脚部や架台の沈下の防止のため、敷板、敷角（敷板につき、資料4-98参照）等を使用すること（第173条第1号）、[18]

　同じく、施設・仮設物等に据え付ける場合、その耐力を確保すること（同第2号）、

　脚部や架台が滑り動くおそれがあれば、くい等で固定すること（同第3号）、

　軌道やころで移動するくい打機等については、歯止め等で固定すること（同第4号）、

　くい打機等について、控え（主に横方向の力から倒壊を防ぐため斜めにかけられることが多い補強具）のみで頂部を安定させる場合、3つ以上で支えると共に、末端をしっかり固定すること（同第5号）、

　同じく、控線（金属等でできたロープ様の控え）のみで頂部を安定させるときは、控線の等間隔配置、数を増す等によって、いずれに方向にも安定させること（同第6号）、

　バランスウェイト（バランスの安定のために取り付けられる錘（おもり））を用いて安定を図る場合、移動しないよう架台に確実に取り付けること（同第7号）、

　移動式クレーンを用いて作業すると、地盤が軟弱、

資料4-91　明かり掘削

（イラスト：辻井タカヒロ氏）

資料4-92　土止め支保工

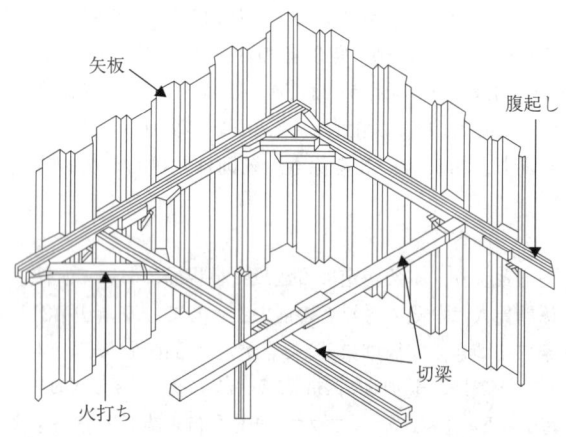

資料4-93　防護網

（日鉄神鋼建材株式会社WEBサイト〔http://www.shinkokenzai.co.jp/product/slope/stone_protect/fukusiki/、最終閲覧日：2024年6月21日〕）

資料4-94　擁壁

（郡家コンクリート工業株式会社WEBサイト〔https://kooge.co/、最終閲覧日：2024年7月16日〕）

資料4-95 くい打機

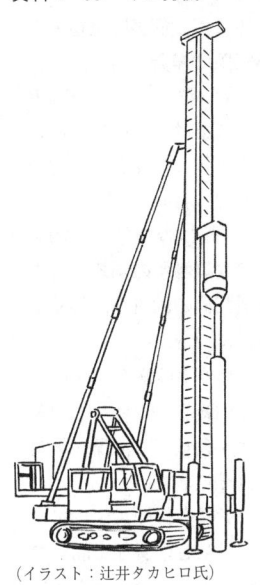

（イラスト：辻井タカヒロ氏）

資料4-96 くい抜機

（厚生労働省「職場のあんぜんサイト」〔https://anzeninfo.mhlw.go.jp/anzen_pg/sai_det.aspx?joho_no=940, 最終閲覧日：2024年10月22日〕）

資料4-98 敷板

©iStock

資料4-97 ボーリングマシン（ドリル型）

地下の工作物の損壊等で同クレーンが転倒するおそれがあるような場所では，原則として，当該作業を行わないこと（クレーン則第70条の3），

④において：架空電線（地上高く架設された電線）や電気機械器具（発電機，燃料電池，変圧器など，電気エネルギーの発生，貯蔵，送電，変電や利用を行う機械器具）に近接する場所で，労働者が作業や通行に際して感電の危険が生じるおそれがある場合，当該充電電路（通常は電圧を生じており，裸線であるか否かを問わず，触れれば感電する状態の回路）の移設，囲いの設置，電路への絶縁用防護具の装着か監視人の設置を行うこと（安衛則第349条）。

⑤において：損壊等により労働災害を生じるおそれのある埋設物等，れんが壁，コンクリートブロック塀，擁壁等の建設物の補強，移設等の必要な措置，及び，それを講じない条件下で作業を行わないこと（安衛則362条第1項），明り掘削で露出したガス導管（資料4-99）の損壊による労災発生のおそれがある場合，ガス導管についての防護や移設等の措置（同第2項），その措置に際して，作業指揮者を指名して，その指揮のもとで作業を行わせること（同第3項）。

また，以上のうち，③における第157条第2項の措置については，車両系建設機械の運転者にも，誘導者の誘導に従うことが義務づけられている（第157条第3項）。

本条は，建設業の元方事業者が，こうした場所に関する知識や管理権限を有していることを踏まえ，関係請負人がこれらの措置を適正に講じるように，必要な援助を講じることを義務づけている。解釈例規によれば，その具体的内容は一律には決まらず，同人と関係請負人との請負契約上の責任分担，関係請負人に求め

資料4-99 ガス導管

（東京ガスWEBサイト〔https://www.tokyo-gas.co.jp/anzen/precaution.html, 最終閲覧日：2024年7月18日〕）

られる危険防止措置の内容，程度等，事情に応じて異なるが，技術上の指導，資材の提供，元方事業者自身による危険防止措置などを例とする（平成4年8月24日基発第480号）。もっとも，実際の運用では，概ね関係請負人の関係規定違反を前提とし，元方事業者にできることがあったのにしていなかったと評価できる場合に，関係請負人と共に違反とされることが多いようだ。

第29条と同様に，本条にも罰則の定めはない。

2 関連規定：法条

(1) 法第15条第1項：一定規模以上の特定元方事業者（建設業と造船業に属する元方事業者）に対し、混在作業（一の場所で元方事業者と関係請負人の労働者が混在して働くこと）に起因する労災を防ぐため、統括安全衛生責任者を指名し、元方安全衛生管理者（統括安全衛生責任者の職務が適正に実施されるようその職務を実践面で補佐するために選任される者で、理科系の大学を卒業して、一定年数、安全衛生管理の実務経験を持つ者など〔法第15条の2を参照されたい〕）を指揮させ、第30条第1項に定められた特定元方事業者が負う統括管理義務（協議組織の設置運営[20]、作業間の連絡調整、作業場所の巡視、関係請負人が行う安全衛生教育に関する指導・援助等。特定元方事業者が労働契約等に伴う指揮命令権を持たないことを前提にした概念で、法第32条による被統括管理者側の対応義務をセットで機能させることを予定している）を課した規定（違反には50万円以下の罰金〔第120条〕）。

(2) 建設業法第3条第1項第2号、第17条、第24条の6：特定建設業者（比較的規模の大きな元請）に対し、下請負人が建設業法や建設労働者の使用に関する法令の規定のうち政令で定めるもの（建築基準法、宅地造成等規制法等の一部の規定のほか、労働基準法上の強制労働の禁止や中間搾取の禁止の処罰規定、職業安定法上の労務供給禁止の処罰規定など〔まさに労働者の使用そのものにかかる人権擁護的な規定であり、安衛法の規定などの技術的な規制は含まれない〕）に反しないよう指導する努力義務を課した規定（罰則なし）。

3 沿革

1 制度史

下掲の整理が示す通り、旧労災防止団体法の制定以前は、元方事業者を対象とする規制自体がなかった。

○工場法（明治44年3月29日法律第46号）第13条「行政官庁ハ命令ノ定ムル所ニ依リ工場及附属建設物並設備カ危害ヲ生シ又ハ衛生，風紀其ノ他公益ヲ害スル虞アリト認ムルトキハ予防又ハ除害ノ為必要ナル事項ヲ工業主ニ命シ必要ト認ムルトキハ其ノ全部又ハ一部ノ使用ヲ停止スルコトヲ得」
○工場危害予防及衛生規則（昭和4年6月20日内務省令第24号）

元方事業者宛の規制はなく、基本的に工業主（事業者）が雇用する被用者保護を想定し、主に事業場に設置された機械、設備等の安全性確保や危険・有害性対策を図る、限られた名宛人に対して限られたリスク対策を求める内容だった。

すなわち、第2条から第14条は、概ね原動機や動力伝導装置等の機械安全関係、第15条は墜落防止、第16条は可搬式（移動可能）はしごからの落下や転倒防止、第17条は機械と隣接する通路の確保、第18条は危険箇所の標示、第19条は職工側による危害防止措置の無効化の禁止、第20条から第25条は爆発、発火、引火等の危険物対策、火災による危険防止、第26条はガス、粉じん等の有害物対策、第27条は、危険性、有害性のある場所への立ち入り禁止措置、第28条は、物の飛散、高熱物や毒劇薬、有害光線、粉じん、ガス等にばく露する作業で使用させる保護具の準備、第29条は、有害な作業をする工場での食事場所の隔離、有害物等にばく露する工場での洗面装置の設置等、第30条は、今では殆どみられない織機につき、杼（シャットル）（資料4-100参照）を通すためその端を引き出す道具の設置、第31条は、建物の採光、換気、第32条は、救急用具の設置、第33条は、食堂等の清潔、第34条は、更衣所等の男女別の設置を定めていた。

よって、その当時、こうした労働条件の設定に影響力（権限や情報等）を持つ元方事業者の責任を問うには、元方事業者を工業主と解釈するしかなかったと察せられる（旧労基法時代の裁判例だが、刑事事件で現行法上の元方事業者を旧労基法第10条が定める「使用者」と解釈した後掲の河村産業所事件〔鍋田農協倉庫倒壊事件〕名古屋高判が参考になる）。

○労働基準法（昭和22年4月7日法律第49号）は制定当初、第5章に「安全及び衛生」を設け、第42条に「使用者は、機械、器具その他の設備、原料若しくは材料又はガス、蒸気、粉じん等による危害を防止するために、必要な措置を講じなければならない。」との一般規定をおいていた。これは、現行法の第20条、第22条等の一般規定のもとになった規定である。第5章には、その他を含め14箇条が設けられ、その下に、旧労働安全衛生規則（昭和22年10月31日労働省令第9号）が策定された。

○旧労働安全衛生規則（昭和22年10月31日労働省令第9号）

旧労働基準法の紐付け省令なので、基本的には同法第10条が定める使用者を名宛人としており、元方事業者宛の規制はなかった（ただし、機械器具の譲渡提供者等にかかる規制は設けられていた〔第34条等〕。また、物品設備を主語として、名宛人を設けない規定も多かった）。

しかし、上述の通り、後掲の河村産業所事件（鍋田農協倉庫倒壊事件）名古屋高判が、刑事事件において、たとえ文言上、名宛人が労基法第10条にいう使用者とされていても、安全衛生に関する限り、元方事業者等も含むと解し得る旨を述べた。よって、安全衛生規制では、名宛人を設けない規定はもとより、使用者を名宛人とする規定も、事情によっては元方事業者に適用可能だったと解される。

○旧労働災害防止団体法（昭和39年6月29日法律第118号）

労基法の体系では、建設業等における混在作業にか

かる安全衛生の確保は図り難いとの問題意識から，同法第4章が，元方事業主等を主な名宛人とする新たな安全衛生管理体制を設定した。

その第57条は，現行法の第15条及び第30条に相当する内容を定めた。すなわち，建設業等の特定事業の元方事業主を名宛人として，混在作業が行われている場合，それに伴う労災を防ぐため，統括管理者を選任すべきことのほか，協議組織の設置，作業間の連絡調整，作業場所の巡視等必要な措置を講ずべきことを定めた[21]。

重層的請負関係下では，混乱を避けるためにも，最上位の元方事業主のみがその義務を履行すべきことが定められた（第2項）。分割発注の場合にかかる現行法第30条第2・3項に相当する定めも設けられ（第3・5・6項），そうして指名された第3項による指名を受けた者は，当該一の場所で就労する全ての関係請負人の労働者について第1項の義務を履行すべき旨の，現行法第30条第4項に相当する規定も設けられた（第4項）。

他方，その第58条は，現行法第31条とほぼ同趣旨，同文言を定めた。すなわち，建設業等の特定事業で自身も仕事を行う最先次の注文者を名宛人として，作業場の建設物等を関係請負人の労働者に使用させる場合，その管理権限とリスク関係情報の取得のし易さゆえに，法定の安全基準に適合する設備の提供等の労災防止措置を講ずべきことを定めた。作業場ごとに一元的な措置を講じさせるため，最先次の注文者のみに履行義務を課したことも，現行法に引き継がれている。

その第59条は，現行法では第32条に含まれる内容を定めた。すなわち，第57条が定める元方事業主の統括管理義務，第58条が定める作業場の注文者が管理する建設物等にかかる労災防止措置義務に，これら義務者以外の関係請負人やその労働者の対応義務を定めた。

このように，同法は，現行法でいう特定元方事業者等による統括管理義務と個々の事業者が安衛法上負っている義務の双方からのアプローチにより，「一の場所」における効果的な労災防止を図った。

○労働基準法研究会報告書による現行安衛法の骨子の提言（昭和46年7月13日）

要約，以下のように提言した。すなわち，

建設業，造船業，鉄鋼業のほか，化学工業，自動車製造業などでも，構内下請の形態が増えてきていること，建設業などで人手不足や工期短縮の要請等を背景に重建設機械のリース業が進出してきていること，ジョイントベンチャー[22]などの新たな経営方式が登場したこと等の変化が生じている。

他方，労災防止団体法は，既に，一定条件下で元方事業主に統括管理責任を課し，自ら仕事を行う注文者（発注者であり建設業者。ただし，仕事内容について，情報と管理権限を持つ者を指す）にも，種々の労災防止措置を求めている。請負人にも，必要な措置を求

資料4-100

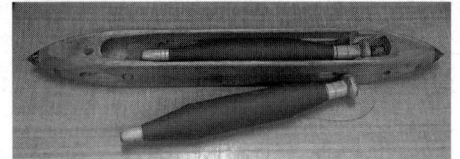

(株式会社テキスタイル・ツリーWEBサイト〔http://textile-tree.com/tex/sanchi/shuttle-loom1/，最終閲覧日：2024年7月2日〕)

め，その自助努力と統括管理の双方向からのアプローチにより，下請混在作業の労災防止が図られている。

しかし，以下のような問題が残されている。

・親企業の統括管理責任が未だ弱い。統括管理者の資格，職務，権限等が法定されておらず，他の労使への指揮監督が困難。

・下請企業の責任意識が未だ弱い。親企業の統括管理責任の設定により，依存を生んだ面もある。

・ジョイントベンチャーでは，指揮命令系統が複雑になり，労災防止の主体が不明確で，そのための連携も困難になりがち。

・重建設機械等のリースでは，賃借側に保守点検等の知識や体制がないことが多い。機械の構造要件の遵守義務の主体など，責任関係も不明確になり易い。

・化学コンビナート等工場密集地における爆発火災等は，大規模災害に発展しかねないが，事業場間の連携を促す枠組みが整備されていない。

そこで，建設業，造船業等重層下請関係にある職場について，元方事業主の責任で総合安全衛生管理体制の確立を図るとともに，ジョイントベンチャー，リース業者等の労災防止責任を明確にする。また，危険事業場密集地における労災防止のための協力体制について配慮する，と。

以上の経過につき，補足すべき点は以下の通り。

工場法制定以前は，製造所取締規則，汽罐，汽罐に関する取締規則，煙火，燐寸及び魚獣化製造に関する取締規則等により，各地方庁ごとに取り締まられて来た。主な名宛人は危険有害物の製造者，設置者等であり，むしろ労働者保護の視点が欠けていた。爆発物貯庫規定，電気事業法，瓦斯事業法などの安全法もあったが，労働者保護がメインではなかった。

明治44年に制定された工場法は，工業主を主な名宛人として，主に女性と年少者から成る保護職工の危険有害業務への就業制限を図りつつ，第13条で，一般職工を含む職工一般を保護対象として，設備の改善等の措置を規定した。ただし，具体的な措置は行政官庁の命令に委任し，同条のみで工業主に直接的な義務が生じるわけではなかった[23]。

なお，工場法では，種々の感染症の感染者や癩（原因不明の疼痛を伴う内臓疾患）のほか，精神病者，4週

間以内に出産を控えた者等の就業を禁止していた。[24] 就業禁止対象の多くは、旧労基法時代の労働安全衛生規則にも引き継がれた。

工場危害予防規則など工場法に紐づく規則も工業主を主な名宛人としていたが、現在の安衛法のように、事業者という概念を設定し、両罰規定を設けて（ただし、両罰規定が設けられたのは、労基法制定時点〔第121条〕だった）、半無過失責任を負わせてはおらず、労使関係においてすら、工場災害の責任所在の画定は困難と解されていた。[25]

2　背景になった災害等

特定の例は挙げがたいが、第29条は、造船業、鉄鋼業、化学工業等では一般的な構内下請作業を行う請負人やその労働者の災害率がかなり高く、その要因として、同人らは、親企業（元方事業者）内での設備の修理、原材料や製品の運搬、梱包等、<u>親企業に所属する者より危険性（主に身体損傷をもたらす引火性、爆発性、転落危険など）や有害性（主に健康障害をもたらす毒性など）作業を分担することが多い</u>一方、作業の性質上、自主的な努力のみでは災害防止効果をあげ難い事情を背景としている。

第29条の2は、親企業の構内のうち、建設工事現場であって、本条が規定するような条件の場所で関係請負人の労働者に生じる労災が多かったため、作業場単位の規制として、平成4年の法改正（平成4年5月22日号外法律第55号）で設けられたものである。

4　運用

1　適用の実際

法第29条は、罰則がなく、また公表基準に係る条文に含まれないため、違反による送検件数を記した令和2年公表「労働基準関係法令違反に係る公表事案」（https://www.mhlw.go.jp/content/000534084.pdf、最終閲覧日：2020年7月9日）で違反件数等を窺うことはできない。是正勧告を典型とする違反の指摘件数を記した「令和2年労働基準監督年報」の定期監督等実施状況・法違反状況（令和2年）でも法第29条違反の件数は集計表上から省略されており、その実態は不明である。

他の主要条文違反に関するものも含めた平成11年以後の経年データについては、後掲する資料4-128・4-129を参照されたい。

しかし、監督官に聴取したところによれば、法第29条は是正勧告では非常によく使われている。建設現場等において下請負人らに1件でも安衛法規違反があって、元方事業者に統括管理上の責任がある場合には、当該下請負人に所要の指導を行うほか、元方事業者にも本条違反の是正勧告を行わなければならないので、結果として、建設現場の監督指導では高い確率で本条違反で是正勧告することになる。

行政官・元行政官向けの調査から得られた適用の具体例は以下の通り（令和2年度厚生労働科学研究費補助金〔労働安全衛生総合研究事業〕「労働安全衛生法の改正に向けた法学的視点からの調査研究」〔研究代表者：三柴丈典〕による行政官・元行政官向け法令運用実態調査〔三柴丈典担当〕）。

木造2階建住宅新築工事で、1次下請人の労働者（被災者）が、建材を持ったまま窓に近づいたところ、ユニットバス設置用ピットから3m下の1階床に墜落した。被災者は、墜落制止用器具を着用していたが、その取付設備はなく、ピット周囲に囲い、手すり、覆い等が設けられておらず、それが困難な事情も認められなかったため、当該下請業者には、安衛法第21条第2項（安衛則第519条第1項）違反で是正勧告し、その元請には、第29条第1項違反で是正勧告した例がある。

土木建設用鋼材（資料4-101）リース事業者の構内で、その洗浄や整備の請負会社の作業員がアーク溶接を行っていたが、当該作業員に対しアーク溶接特別教育を受講させていなかった件で、当該請負会社に安衛法第59条第3項違反を指摘したうえで、元請のリース会社に安衛法第29条第1項違反を指摘した例がある。

関係請負人が小型車両系建設機械を使ってフレコンバッグの吊り上げ作業中、荷掛け作業中の労働者が荷と建設機械に手を挟まれて負傷した事案で、当該請負人に車両系建設機械の用途外使用、当該機械の運転にかかる特別教育を修了しない者の就業という違法が認められため、元方事業者に第29条違反の指摘をした例がある（資料4-102）。

建設業に限らず適用可能であり、元方事業者から請け負った仕事を行う請負人やその労働者に安衛法令違反が認められた場合、本条違反を考え、元方事業者による指導がなかったことや、違反を認識しながら放置したことが確認されれば、それを指摘するようにしている。下請の法令違反があれば、殆ど本条違反の是正勧告をするが、元方が下請に何らかの指導を行っていることも多いので、「必要な指導を"十分"行っていないこと」など、表現を和らげることもあるとの情報もあった。

特定元方事業者に統括管理義務を課した第30条や、発注者に建設物等にかかる労災防止措置を義務づけた第31条など、罰則付きの条規（特に第31条）の適用を先に考え、それが困難な場合に本条を適用するとの情報もあった。

これら罰則付きの規定には紐づく安衛則（労働者と労働契約関係にない元方等の負う義務の内容を具体化する第4編の規定）があり、下請に違反があった場合にも、

元方に当該規則違反を指摘し，必要に応じて刑事罰を含む厳しい処分を下せるが，これらの規定は主に土木建設業，製造業を対象としており，下請の違反が化学物質に関する特化則，有機則等である場合，たとえ本来的に元請の支援が必要でも，罰則のない安衛法第29条しか適用できなかったとの情報もあった。

すなわち，メンテナンス工事の現場での有機溶剤等を用いたタッチアップ作業（傷や塗料の剥がれ落ちの補修等）に従事する下請業者に，知識不足から有害性認識が欠け，呼吸用保護具を装着させる等の法令上の措置が実施されておらず，当該業者には該当する特別規則違反を指摘したが，元請には指摘できなかった例があったという。

第29条や第29条の2には罰則が付いていないこともあり，実質的に同法違反に当たるか，それにも該当し得るが，脱法的な偽装請負に当たるようなケースには，労働者派遣法第45条の適用で対応することがあるとの情報もあった。すなわち，建設業での重層的請負関係の末端労働者は，実質的に労働者供給であって，実質的な使用者は元方事業者ら請負関係上位者であることも多い。そうしたケースでの法第20条の措置義務違反につき，派遣法第45条のみなし規定（派遣先を安衛法上の事業者とみなす規定）を適用して，彼らを立件することがあるとの情報もあった。

監督指導の立場では，特に第29条に罰則が付いていないことをもどかしく感じるとの意見が多かった。

2 関係判例

● 現行安衛法の制定前に，刑事上，広義の安全衛生法上の「使用者」には元請やその現場監督主任者等も含まれることを示した例〔河村産業所事件〔鍋田農協倉庫倒壊事件〕・名古屋高判昭47・2・28判時666号94頁〔1審：名古屋地判昭46・3・23注解労働安全衛生関係法令解釈例規集9-2巻第7編第1章3181頁。上告後，最2小判昭48・3・9注解労働安全衛生関係法令解釈例規集同上3170頁で棄却された〕〔確定〕〕

〈事実の概要〉

被告人Bは，土木建設業者であるA産業の建築工事主任として，同社が請け負った平屋の米穀倉庫（屋根高8.5m，床面積742.5m²）の新築工事（以下，「本件建築工事」という）につき，下請業者等を指揮監督し，施行一切を総括していた。

すなわち，A産業は，本件建築工事につき，型わくとその支保工の組立工事を親方だったGに請け負わせたほか，土工工事，コンクリートパイル（様々な構造物を支えるための基礎杭。資料4-103参照）打込工事など，各工事ごとに，L，M，O，P，Q，S等の親方に下請させ，Bの指揮監督のもとに施工していた。

主に建築物の骨組みや下部の構築（基礎土工，鉄筋・

資料4-101 土木建設用鋼材

資料4-102 建設機械によるフレコンバッグの吊り上げ

鉄骨の組立，側壁下部のコンクリート打設等）の終了後，GがCに下請させ，Cが一部をVに下請させて，コンクリートで形成する屋根スラブ（板）と梁（水平方向の部材）の型わく（液状の素材を固める際に一定の形状になるよう誘導する枠組み）と，それが不安定な状態にある間，下から支える支保工（以下，「本件型わく支保工」という）を施工した。本件型わく支保工については，被告人と配下の現場係員H，GとCが協議して，Hが作成した組立図に基づき，A産業が貸与したパイプサポート（長さ調節ができる鋼管の支柱。資料4-104参照。安衛則第107条で規制されている）を3本継ぎ足し，継ぎ目に敷板等を挟んで組み立てることとした。施工は，CとVが担当した。その後，被告人が直接に，または，その配下のH，I，D等に指示して間接的に，別の会社Xから購入した生コンクリートを，また別の会社Yから提供されたポンプ車を用い，更に別の会社Y1とLから供給された左官業Eの職人や鳶，土工人夫を指揮して，かなり強く雨が降る条件下，側壁，梁と屋根スラブのコンクリート打設作業（型わくにコンクリートを流し込む作業）を行わせていた。この際，雨で流動性が高まった打設中のコンクリート約187tが屋根の一部に流動したため，荷重の偏りが生じて支保工が崩壊し，屋根の上で打設作業に従事していたEの作業員Fが床上に落下し，コンクリートに埋没して窒息死したほか，やはり屋根上で作業をしていたA産業のDほか12名が落下して重軽傷を負った。

そこで，第1に，下請業者等を指揮して安定的な支

資料4-103　コンクリートパイル（基礎杭）

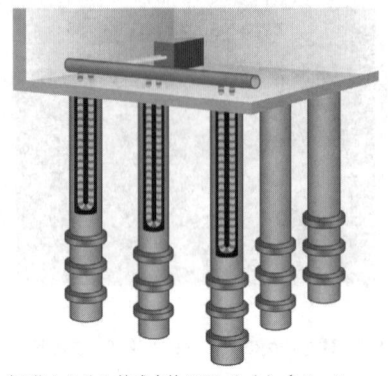

（三谷セキサン株式会社WEBサイト〔http://www.m-sekisan.co.jp/recruit/recruit/about/index.html，最終閲覧日：2024年6月20日〕）

資料4-104　パイプサポート（支保工）

©iStock

保工を構築し，それが本件のような条件下でも安定を保つよう点検する等して事故の発生を未然に防ぐ注意義務を怠った点が業務上過失致死傷罪（刑法第211条前段）（以下，「第1罪」という）に当たり，第2に，その注意義務のうち，特に下請業者等をして敷板等を2段挟んで型わく支保工を組み立てることを許容した点が当時の安衛則第107条の7第1号（使用者に対して型わく支保工の安定性確保のため，原則として敷板・敷角等を2段以上挟まないことを定めた規定），労基法第42条（使用者に対して機械器具，有害物等様々なリスクにかかる一般的な危害防止措置を義務づけた規定）に抵触し，労基法違反罪（同法第119条第1号）（以下，「第2罪」という）に当たるとして，被告人が起訴された。

1審は，第1罪につき，本件のような場合，（当時の）安衛則第107条の7に徴しても，パイプサポートを支柱として支保工を組み立てる際に，敷板等を2段以上挟まないよう，予め下請業者等を指揮監督し，やむを得ず，そうした方法をとる場合にも，安定的な構造，水平つなぎ（縦のパイプサポートを横方向〔水平〕に90度の角度で繋いで安定させる棒型の器具。資料4-106参

照），筋かい等の補強措置を講じる等してその安定を確保し，点検する等の危険防止措置を講じる注意義務があるのに，敷板等を2段に挟んでパイプサポートを3段積みとし，なおかつ，パイプサポートの中心のゆがみ，パイプサポートの端板が敷板等に固定されていない状態，折損して溶接しただけのパイプサポート等の問題を放置する等，その安定性の確保や点検を行わなかったことを以て同罪に当たるとした。他方，第2罪については，労基法上の適用法条がいずれも「使用者」を名宛人としており，同法第10条は，その使用者につき，「事業主又は事業の経営担当者その他その事業の労働者に関する事項について，事業主のために行為をするすべての者」と定めて範囲を限定し，第87条（重層的請負構造では元請を使用者とみなす旨の規定）以外に例外規定はないので，当該適用法条にいう使用者は，取締対象事項にかかる労働者（保護対象である労働者）の直接の使用者のみを指し，元請等は含まれず，被告人は，単なる元請の現場監督者に過ぎず，使用関係を生ずるいわれはないとして，同罪に当たらないとし，罰金5000円とした

そこで，検察側が控訴した。

〈判旨：原判決破棄，検察側控訴認容〉

〈事実の概要〉に記した本件の事実関係に加え，被

資料4-105　事件のイメージ図

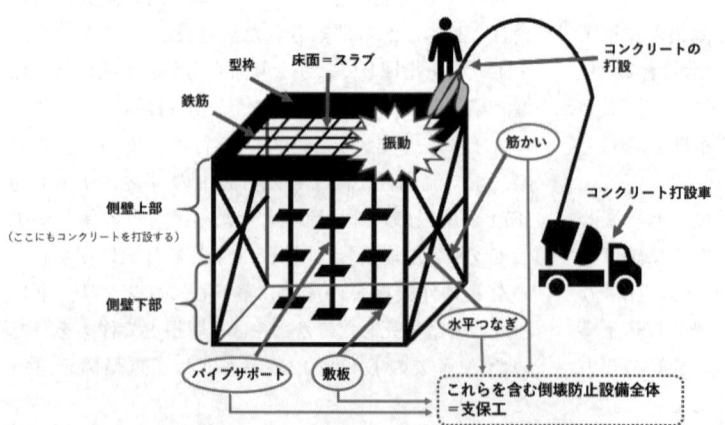

（原案：三柴丈典，イラスト：小菅佳江子）

資料4-106　水平つなぎ

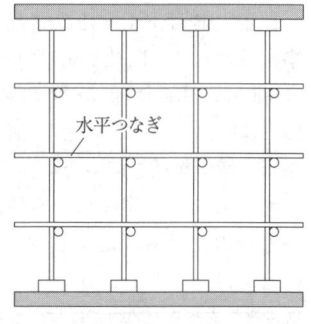

告人が指揮監督して本件型わく支保工を施工させた「前記下請業者は，M株式会社を除いて，いずれも弱小の業者であり」，C，VはもとよりGも，「型わく大工の頭領に過ぎず，建築工学の専門的な知識など有」せず，「名目は請負いといっても，材料の一部と労働者を提供したにひとしい」ことを踏まえると，被告人は，本件建築工事の元請人であるA産業の建築主任技術者（一級建築士の資格を有する）として，本件「型わく支保工の組立工事に関し，……実際に施工した下請人ならびにその雇傭する労働者に対する関係において，実質上，現場における作業上の指揮監督をし，かつ，現場におけるその安全措置を講ずべき権能と義務とを有していた」だけでなく，その型枠支保工を利用して，「コンクリート打設作業等に従事したA産業の現場係員はもとより，A産業と直接雇傭関係のない鳶，土工，左官等各労働者に対する関係」でも，「現場における……作業上，総括的に，実質的な指揮監督をし，かつ，現場における安全措置を講ずべき権能と義務とを有していた」。

A産業とGやL，S等との間の請負契約書中には，「労働基準法……等，使用者としての法律に規定された一切の義務は，乙（＝G）に於いて負担する」等の約定がなされているが，「例文的なものとみられ，少くとも，本件建築現場のスラブ型わくならびにその支保工についての，労働基準法の規定による危害防止の義務に関する限り，その効力を有しない……と解すべきである」。

ところで，労基法第10条は，使用者につき，「事業主又は事業の経営担当者その他その事業の労働者に関する事項について，事業主のために行為をするすべての者」と定めているが，同法は，労働者の労働条件の保護と向上を目的として制定されたもので，規制の対象事項も，労働契約，賃金，労働時間，安全衛生等多岐にわたっているから，同条にいう「『使用者』の概念は，……画一的にこれを定めることはできない」のであって，例えば，賃金支払い面での使用者と安全衛生面が一致する必要はない。「そうでなければ，現今におけるごとく，複雑多様な労働関係において，労働者の労働条件の保護と向上を図ることは困難となるからである」。

本件におけるように，重層的請負関係の場合，例えば型わく支保工という1つの設備等を関係請負人が次々に使用することになるから，元請の労働者のみならず，これら下請の労働者も，その安全性について重大な利害関係を有するので，施工を担当する下請人に労基法上の安全義務を尽くせる能力がない場合，工事を総括する元請人がその義務を負担しなければ，極めて不合理，不都合な結果を生じる。また，下請関係に

資料4-107　スラブ型枠

（株式会社日向興発のX（エックス）〔https://twitter.com/hyuga2333/status/935317249258266624，最終閲覧日：2024年7月10日〕）

も様々あり，使用する労働者の安全面の法的義務を負担する能力のない下請人に，その法的義務を負担させ，その負担能力を有する元請人にその責任を免れさせることは，極めて不合理，不都合である。

よって，このような場合，元請人において，一般的な労務管理面では関係を有しない労働者との関係でも，当該労働者の保護と安全を確保すべき施設の施工ならびにその利用に関し，実質的な指揮監督の権限を有する以上，労基法第10条及び第42条にいう「使用者」に該当すると解すべきであり（同法第87条の存在をもって，この解釈は妨げられない），したがって，被告人は，同法第10条が定める「使用者」に該当し，同法第42条が定める使用者としての義務を負担する。

〈判決から汲み取り得る示唆〉

労基法や安衛法上の使用者概念は，刑事事件でも法の趣旨目的に照らして柔軟に解釈し得る。現場での実質的な指揮監督権限を持ち，安全措置の権能と義務を有する者は，安全衛生面につき，それらの法律上の「使用者」と解し得るため，それらの法規の保護対象と直接雇傭関係にない，工事の発注者，元請業者や，その現場監督主任者等もそれに該当し得る。

のみならず，安衛法上の用語，特に不確定法概念は，全般に，その趣旨目的に照らして照らして解釈され得ることも窺われる。

●元請らは，下請やその労働者らに対して民事上の安全配慮義務（本件では安全保証義務）を負い得ることを示した例（大石塗装・鹿島建設事件・最1小判昭55・12・18民集34巻7号888頁〔1審：福岡地小倉支判昭49・3・14民集34巻7号895頁，原審：福岡高判昭51・7・14民集34巻7号906頁〕〔確定〕）

〈事実の概要〉

亡Aは，被災当時，Y1（被告・被控訴人・被上告人）に塗装工として雇用されていた。Y1は，訴外B（原発注者）から転炉工場建設工事を請け負うY2（被告・被控訴人・被上告人）の下請業者であった。1968（昭和43）年1月，亡Aは，当該転炉工場の鉄骨塗装工事

現場で塗装作業中に墜落し，即死した（以下，「本件災害」という）。工事現場には，鉄骨からチェーンで吊り下げ，直角に組まれた鉄製パイプの上に足場板が置かれ，その上に養生網と呼ばれる金網が敷かれていたほか，各人に命綱の着装使用が促されていたことから，塗装工の墜落は二重に防止される仕組みとなっていたが，亡Aが命綱を外し，かつ，養生網の継ぎ目部分に流口部が存したことが，本件災害の直接的な原因となった。そこで，亡Aの両親（X1，X2〔原告，控訴人，上告人〕）及び兄弟姉妹（X3〜7〔原告，控訴人〕）が，Y1，Y2を相手方として，労働契約に基づく安全保証義務違反及び不法行為を根拠に損害賠償を請求した。本件の主な争点は，①Yらの帰責事由ないし過失の有無，②直接的な契約関係のないY2が安全保証義務を負担するか，の2点であった。

1審（福岡地小倉支判昭49・3・14民集34巻7号895頁ほか）は，②につき，事実上，注文者から，作業について，場所設備，機材等の提供，指揮監督を受ける以上，「注文者において請負人の被用者たる労働者に対し，被用者たる第三者のためにする契約或は請負人の雇傭契約上の安全保証義務の重畳的引受として，直接，その提供する設備等についての安全保証義務を負担する趣旨の約定を包含する」とし，Y1には雇傭契約の内容として，Y2にはY1との下請契約の内容として，亡Aに対し，(a)命綱の慎重な使用について安全教育を施すべき義務，(b)破れや開口部その他の瑕疵がない完全な養生網を設置すべき義務があったとしたが，Yらはこれらの義務を履行しており，本件災害は専ら禁止行為を無視し，おそらくは塗料の上げ下ろしのため自ら開披して生じた養生網の流口部から墜落した亡Aの過失に起因し，Yらにはなんら帰責事由はない，と結論づけた。

対する原審（福岡高判昭51・7・14民集34巻7号906頁）は，②につき，確たる法律構成は示さずに，(イ)Y1・Y2間の下請契約を媒体として，(ロ)場所，設備，器具類の提供，(ハ)直接的な指揮監督，(ニ)Y1が組織的，外形的にY2の一部門の如き密接な関係にあること，(ホ)Y1の労働者の安全確保にとってY2の協力が不可欠であること，等の事情から，「実質上請負人の被用者たる労働者と注文者との間に，使用者，被使用者の関係と同視できるような経済的，社会的関係が認められる場合には注文者は請負人の被用者たる労働者に対しても請負人の雇傭契約上の安全保証義務と同一内容の義務を負担する」との一般論を述べたうえ，Y2は，ある程度その条件に当てはまるので，1審同様，本件ではYらに(a)(b)の具体的安全保証義務があるとする一方で，補助事実や間接事実の評価から，災害原因事実に関する1審の推定を（その可能性を残しつつ）覆

し，本件災害は監視の強化により防止し得たとして義務違反を認め，亡Aの不注意にかかる5割の過失相殺分，労災保険金既払分を差し引いた逸失利益の相続分につき，X1，X2への支払を命じた。

〈判旨：一部破棄自判〉

（ｉ）「亡Aには本件損害の発生につき少なくとも5割の割合をもって過失があると認められる旨の原審の判断は，正当として是認することができないものではなく，原判決に所論の違法はない」。

（ⅱ）「原審が認容した請求は不法行為に基づく損害賠償請求ではなくこれと択一的に提起されたYらが亡Aに対して負担すべき同人とY1との間の雇傭契約上の安全保証義務違背を理由とする債務不履行に基づく損害賠償請求であることが原判決の判文に照らして明らかであるから，所論中前者の請求であることを前提として原判決の判断を非難する部分は理由がない」。

〈判決から汲み取り得る示唆〉

本条（第29条，第29条の2）に直接言及してはいないが，関連する民事上の代表的判例である。注文者といわゆる社外工の間に，使用関係と同視できるような経済的，社会的関係が認められる場合，注文者は社外工に対してその直接の雇用者と同じ安全配慮義務を負うことが示唆される。

●元請の安衛法第29条，第30条違反が下請の労働者に対する債務不履行に当たるとされた例（尼崎港運・黒崎産業事件・神戸地尼崎支判昭54・2・16判時941号84頁）

〈事実の概要〉

本件災害の2日前に，土木工事業者であるY2（被告。Y1の下請。Xを雇用した代表者個人から本件災害後に営業譲渡された法人だが，ここでは両者を同一と取り扱う）の被用者となったX（原告）は，Y2所有の大型トラックの荷台上で，運河上の曳舟（タグボート）からの金属スクラップの陸揚げに関わる作業を行っていたところ，そのスクラップの破片が左眼に突き刺さる災害（本件災害）に見舞われた。

すなわち，Xが，同僚2名と共に，前記タグボートから，Y1所有の移動式クレーンにより積み込まれた金属スクラップをならしていたところ，クレーンに付けられたマグネットで荷台から1m強まで引き上げて落とされたスクラップ破片が飛び散り，Xの左眼に突き刺さった。激痛のため，運転室で休もうとして，荷台前方から直接運転席へ体を移そうと，ドアの把手に左手をかけて，その下の狭い出っ張りに足をかけたところ，足を滑らせて，把手に左手を残したままぶら下がって体をねじるように滑り落ちると同時に，車体で首，肩，腰部を強打し，左眼球内異物，頸椎・腰椎捻挫の傷害を負った。Xは，然るべき治療を受

けたが，結局左眼は失明し，本件災害から4カ月ほど就労不能，その後，就労可能となったが，12級に該当する障害，左眼の失明（8級）と合わせて7級の障害（労働能力喪失率56％）を残した。

〈判旨：X請求認容，一部棄却〉

本件作業現場は，スクラップの破片等が飛来して労働者に危険を及ぼすおそれがあったから，保護眼鏡等の保護具を使用させるべきだったのにしていなかったので，保護具等により，飛来物による危険防止措置を求める安衛則第538条に反していた。

また，曳船からスクラップをクレーンで卸すのに，作業主任者を選任していなかったから，一定規模の船舶への一定の方法による荷の積み卸しに際して作業主任者を選任して，労働者を指揮させること等を定める安衛法第14条，同法施行令第6条第13号に反していたし，1回に300kg以上のスクラップをクレーンで運んでいたのに，作業指揮者を選任していなかったから，貨車への一定以上の重量の荷の積み卸しに際して作業指揮者を選任すべきこと，作業の手順を決定させること等を定める安衛則第420条にも反していた。

すると，Y2の代表者個人は，事業者として，前掲のような安全保護義務の不完全履行があり，Y2は，その債務不履行責任を重畳的に負う。Y1は，事業者には当たらないが（＊Xを雇用していなかったことを指していると思われる〔三柴〕），その作業場構内で，Y2に下請させている関係にあって，同一作業場での元請としての作業の分担，実施の状況からすれば，元方事業者として，前記認定の安衛法規違反につき関係請負人の労働者に必要な指導，指示を行うべきなのに（安衛法第29条）しなかったこと，また，特定元方事業者としても，労災防止のために定期的な協議組織の設置，開催等の措置を講ずべきなのに（安衛法第30条）行わなかったことが認められるから，安全保護義務の不完全履行があった。

したがって，Yらは各自，右債務不履行によりXに生じた損害を賠償する義務がある。

〈判決から汲み取り得る示唆〉

元請であるY1に，下請の（安衛法令違反による）民事上の安全保護義務について，重畳的に債務不履行責任を負わせるのではなく，法第29条違反と第30条違反を根拠に，安全保護義務違反と判断している。すなわち，元請とも重なる元方事業者を名宛人とする安衛法違反をそのまま安全保護義務違反と解している。

法第29条違反の認定に際しては，構内（親企業の支配下にあって親企業の仕事を行う場所）での混在作業から生じる労災を防止するため，自身も仕事を分担する（：仕事を丸投げしていない）ため，仕事にかかるリスクの情報と管理権限の双方を持ち得る元方事業者を名宛人とすることで，その実効を図った同条の趣旨を汲み，構内での請負関係と，作業の分担や実施状況を前提に，その適用を認めたことが特筆される。

●下請の労働者が化学物質（ノルマルヘキサン）へのばく露で多発性神経炎にり患した事案において，元請―下請での指示関係があったことを前提として，当該有害化学物質を提供していたこと，過去に取扱い経験があったこと等を理由として，ばく露防止のための下請への指示，指導を怠ったことをもって，元請の過失責任を認めた例（みくに工業事件・長野地諏訪支判平3・3・7労判588号64頁〔帰趨不明〕）

〈事実の概要〉

X1～X3（原告ら）の3名は，K製作所（光学機械器具部品加工等を業とする資本金200万円，従業員数二十数名の会社）の従業員であった。同製作所は，Y（被告：みくに工業。工作機械類の製造等を業とする資本金3000万円の会社）から腕時計針の印刷加工（本件業務）の発注を受け，Xらを従事させていた。Yは，訴外S社から，当該業務を受注した経緯がある。これは，腕時計の針の中心線をインク印刷する業務で，インク汚れ落とし等の目的で，有機則所定の第2種有機溶剤であるノルマルヘキサンを主成分とする有機溶剤（A-ベンジン）を使用するものだった。Yは，K製作所に，本件業務に必要な機械器具，備品，治工具を無償で貸与したほか，A-ベンジンとインクを支給した。

Xらは，この業務に約4カ月～2年弱従事したところで，ノルマルヘキサン吸引による多発神経炎にり患し（本件疾病），両上肢末梢の筋力低下，両下肢の筋力低下等の症状となり（本件災害），X1，X2は，稼働は困難な状態，X3は，時折手のしびれを感じるものの，労働に支障ない状態まで回復した。

なお，K製作所は，Yから本件業務を受注するまで腕時計針の印刷業務や第2種有機溶剤を使用する業務を行ったことはなかった。また，本件災害が主な誘因となり，Xらのり患の数カ月後に事実上倒産した。

ノルマルヘキサンのような第2種有機溶剤については，事業者に対し，発散源の密閉設備又は局所排気装置の設置（有機則第5条），屋内作業場の気積を原則として$10m^3$／人以上すべきこと（安衛則第600条），6カ月に1回以上の特殊検診（安衛法第66条第2項，安衛令第22条第1項第6号），作業環境測定の実施（法第65条第1項，安衛令第21条第10号，有機則第28条第2項）有機溶剤作業主任者の選任等（法第14条，有機則第19条第2項，第19条の2）の定めがあった。

Xらの疾病は，り患の半年ほど後に業務上と認定された。

〈判旨：X請求一部認容〉

Yは，K製作所に本件業務を請け負わせる前後に，

本件業務の作業手順について研修指導したが、ノルマルヘキサンの有毒性にかかる対策の必要性を十分に認識していなかったため、その人体への影響や取扱い上の注意事項等を指導しなかった。

K製作所は、本件業務を請け負った当初は旧工場で作業を行い、その後、同じ市内の新工場で行ったが、先ず、Yは、旧工場での業務に際して、作業環境整備を助言、指示したことはなく、ノルマルヘキサンによる中毒防止のための局所排気装置の設置や気積の確保の必要性等について指導したこともなかった。そのため、K製作所は、天井に換気扇2台を取り付けただけだった。新工場は、旧工場より若干狭く、天井も低かったが、Yは、新工場での業務に際しても、作業環境整備の助言、指示は行わなかった。

K製作所は、本件業務に使用する有機溶剤が、第2種有機溶剤に指定されているノルマルヘキサンを主成分とすることも、認定事実に記載した事業者として講ずべき法定の義務も全く認識していなかった。

そのため、新旧両工場において、局所排気装置を全く設置せず、気積は、新工場では5.94m³/人しか確保せず（旧工場でも10m³未満）、6カ月に一度は行うべきノルマルヘキサン濃度の測定もせず、費用がかかるため、Xらに特殊健診も受けさせなかった。また、有機溶剤作業主任者の資格取得者はいたが、実際にその業務には従事させなかった。

Xらの<u>本件疾病は、K製作所が局所排気装置を設置せず、気積を十分に確保しなかったこと</u>等により発生したものである（下線は筆者が添付した）。

YとK製作所は元請・下請の関係にあり、Yは、自身の工場内で、K製作所の従業員に作業手順を研修指導したこと、本件業務に必要な機械器具、備品等を無償で貸与し、A-ベンジンとインクを支給したこと、Yは長年ノルマルヘキサンを使用する腕時計針の印刷業務を行って来たのに対し、K製作所は、本件業務を下請するまで、その業務経験はなく、第2種有機溶剤を使用する業務経験もないこと等の事実を総合すると、YとK製作所は、本件業務については実質的に使用関係と同視し得る関係にあった。そして、A-ベンジンに含有されているノルマルヘキサンは、第2種有機溶剤であり、その取扱いについては法規則等で厳格に規制されているのだから、Yは、その有害性及び対策の必要性を十分認識し、本件業務に従事するK製作所の従業員がYの支給するA-ベンジンによって中毒症状を起こさないよう、同製作所に認定事実所掲の法定諸措置を講じるよう指示・指導する注意義務があった。

しかるにYは、その強い毒性や対策の必要性に気づかないままA-ベンジンをK製作所に支給し、前記指示・指導をしなかったのであり、当該過失により、K製作所は、本件業務で使用していた溶剤の有毒性や対策の必要性の認識を欠き、局所排気装置を設置せず、十分な気積を確保しなかったこと等のため、XらがノルマルヘキサンLN吸引による多発性神経炎にり患したのだから、Yは、民法第709条により、その損害の賠償義務がある。

Yは、旧工場を本件業務の作業場とする取り決めを行ったのに、K製作所はYに無断で作業場を新工場に移転したと主張し、確かに、Xらは、新工場における稼働中にり患したものと推認されるが、そのような合意があったとは認められないし、右移転はYに伝えられており、Yは、新工場においても前記指示・指導をなすべきだったので、右主張には理由がない。

〈判決から汲み取り得る示唆〉

本件災害の直接的な加害者は、言うまでもなく、K製作所だが、事実上倒産していたため、Xは、元請であるYを相手方として賠償を求め、裁判所も、その責任を論理づけようとしたケースと言える。

直接の言及はないが、法第29条が求めるような措置を不法行為法上の注意義務とした例と解される。とはいえ、Yは、訴外S社から受注した業務を、そのままK製作所に丸投げしたようなので、法第29条が名宛人とする元方事業者（仕事の一部を自ら行う者）には当たらない。そこで、①Y-K製作所が元請・下請関係にあること、②K製作所の従業員に作業手順を教育指導したこと、③労働手段である機械器具、備品等を無償貸与したこと、④本件災害の原因であり、作業上の原料でもあるノルマルヘキサンを含有するA-ベンジン等を支給したこと、⑤Yには、当該物質の取扱い経験があり、K製作所にはなかったこと等を根拠に、元請であるYには、法第29条が定めるような、K製作所による法定諸措置にかかる指示・指導の注意義務があるとした。

このうち④からは、法第57条の2が定める、化学物の危険有害性情報（化学物質のハザードやリスク、対応策等に関する情報）の提供義務を民事事件に反映したものとの評価も可能だろう。

本件では、発注者である訴外S社は、元より被告とされていない。これは、②③④の関係がなかったことに加え、自ら仕事の一部を行う者でなく、安衛法第29条が名宛人とする元方事業者にも元請にも当たらないこと、おそらく、ノルマルヘキサンの取扱い経験もなく、ほぼ純粋な発注者であったことによると思われる。

（特定元方事業者等の講ずべき措置）
第30条　特定元方事業者は，その労働者及び関係請負人の労働者の作業が同一の場所において行われることによつて生ずる労働災害を防止するため，次の事項に関する必要な措置を講じなければならない。
一　協議組織の設置及び運営を行うこと。
二　作業間の連絡及び調整を行うこと。
三　作業場所を巡視すること。
四　関係請負人が行う労働者の安全又は衛生のための教育に対する指導及び援助を行うこと。
五　仕事を行う場所が仕事ごとに異なることを常態とする業種で，厚生労働省令で定めるものに属する事業を行う特定元方事業者にあつては，仕事の工程に関する計画及び作業場所における機械，設備等の配置に関する計画を作成するとともに，当該機械，設備等を使用する作業に関し関係請負人がこの法律又はこれに基づく命令の規定に基づき講ずべき措置についての指導を行うこと。
六　前各号に掲げるもののほか，当該労働災害を防止するため必要な事項
2　特定事業の仕事の発注者（注文者のうち，その仕事を他の者から請け負わないで注文している者をいう。以下同じ。）で，特定元方事業者以外のものは，一の場所において行なわれる特定事業の仕事を二以上の請負人に請け負わせている場合において，当該場所において当該仕事に係る二以上の請負人の労働者が作業を行なうときは，厚生労働省令で定めるところにより，請負人で当該仕事を自ら行なう事業者であるもののうちから，前項に規定する措置を講ずべき者として1人を指名しなければならない。一の場所において行なわれる特定事業の仕事の全部を請け負つた者で，特定元方事業者以外のもの〔＊自ら仕事の一部を行う者を除くという趣旨〕のうち，当該仕事を二以上の請負人に請け負わせている者についても，同様とする。
3　前項の規定による指名がされないときは，同項の指名は，労働基準監督署長がする。
4　第2項又は前項の規定による指名がされたときは，当該指名された事業者は，当該場所において当該仕事の作業に従事するすべての労働者に関し，第1項に規定する措置を講じなければならない。この場合においては，当該指名された事業者及び当該指名された事業者以外の事業者については，第1項の規定は，適用しない。

第30条の2　製造業その他政令で定める業種に属する事業（特定事業を除く。）の元方事業者は，その労働者及び関係請負人の労働者の作業が同一の場所において行われることによつて生ずる労働災害を防止するため，作業間の連絡及び調整を行うことに関する措置その他必要な措置を講じなければならない。
2　前条第2項の規定は，前項に規定する事業の仕事の発注者について準用する。この場合において，同条第2項中「特定元方事業者」とあるのは「元方事業者」と，「特定事業の仕事を二以上」とあるのは「仕事を二以上」と，「前項」とあるのは「次条第1項」と，「特定事業の仕事の全部」とあるのは「仕事の全部」と読み替えるものとする。
3　前項において準用する前条第2項の規定による指名がされないときは，同項の指名は，労働基準監督署長がする。
4　第2項において準用する前条第2項又は前項の規定による指名がされたときは，当該指名された事業者は，当該場所において当該仕事の作業に従事するすべての労働者に関し，第1項に規定する措置を講じなければならない。この場合においては，当該指名された事業者及び当該指名された事業者以外の事業者については，同項の規定は，適用しない。

第30条の3　第25条の2第1項に規定する仕事〔＊建設業その他政令で定める業種に属する事業の仕事で，政令で定めるもの〕が数次の請負契約によつて行われる場合（〔＊本条〕第4項の場合を除く。）においては，元方事業者は，当該場所において当該仕事の作業に従事するすべての労働者に関し，同条第1項各号の措置〔＊救護による二次被害を防ぐための措置〕を講じなければならない。この場合においては，当該元方事業者及び当該元方事業者以外の事業者については，同項の規定は，適用しない。
2　第30条第2項の規定〔＊分割発注された複数の元方等のうちの統括管理義務者の指名義務〕は，第25条の2第1項に規定する仕事〔＊建設業その他政令で定める業種に属する事業の仕事で，政令で定めるもの〕の発注者について準用する。この場合において，第30条第2項中「特定元方事業者」とあるのは「元方事業者」と，「特定事業の仕事を二以上」とあるのは「仕事を二以上」と，「前項に規定する措置」とあるのは「第25

条の2第1項各号の措置」と,「特定事業の仕事の全部」とあるのは「仕事の全部」と読み替えるものとする。
3 前項において準用する第30条第2項の規定による指名がされないときは,同項の指名は,労働基準監督署長がする。
4 第2項において準用する第30条第2項又は前項の規定による指名がされたときは,当該指名された事業者は,当該場所において当該仕事の作業に従事するすべての労働者に関し,第25条の2第1項各号の措置を講じなければならない。この場合においては,当該指名された事業者及び当該指名された事業者以外の事業者については,同項の規定は,適用しない。
5 第25条の2第2項の規定〔*救護の際の二次被害防止措置の実施のための技術的事項の管理者の選任〕は,第1項に規定する元方事業者及び前項の指名された事業者について準用する。この場合においては,当該元方事業者及び当該指名された事業者並びに当該元方事業者及び当該指名された事業者以外の事業者については,同条第2項の規定は,適用しない。

1 趣旨と内容

1 第30条

(1) 趣旨

主に,重層的請負関係で様々な所属先の労働者が混在して工事が行われる建設現場で,自身が仕事の一部を担っていることからも,現場差配の権限とリスク関連情報を持ち得る元方事業者を統括者として,その作業場の特徴を踏まえつつ,特に建設機械がもたらす接触等のリスクについて,物的,人的両面での統一的かつ計画的な安全管理の仕組みを構築すると共に,リスク関連情報が末端まで共有されるようにすることを図った規定である。建設業のほか,同様の条件がよく生じる造船業を特定事業として(法第15条第1項,施行令第7条第1項),両者の元方事業者を名宛人としている。本質的には,作業場単位での統一的な(：秩序立った)安全管理体制と方針づくり,リスク関連情報と安全意識・知識の共有が主目的と思われる。特に,クレーン,ショベルカーなどの車輌系建設機械,足場,支保工,仮設電気設備等にかかるリスク対策が想定されている。

第2項は,法第5条が定めるジョイントベンチャーにおける安全衛生管理体制の仕組みを,分割発注の場合に応用して,前項の履行を図らせようとした規定である。

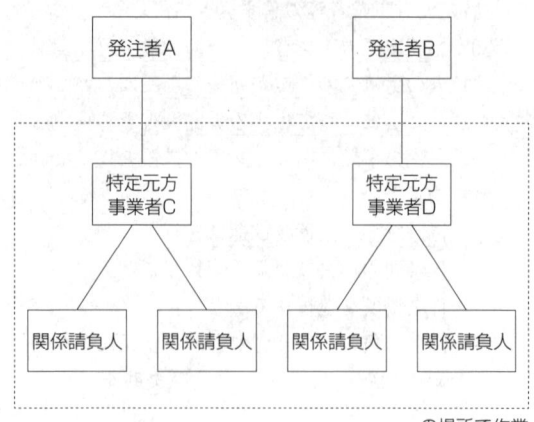

資料4-108

ジョイントベンチャーは,本来,大規模／専門的な工事を請け負えるようにし,工事のリスクの負担を分散する等の目的から,建設業者側のイニシアチブで,複数の業者が共同し,自主的に代表者を決定して工事を請け負う形式であり,本条所定の分割発注は,一部の発注先に廉価で工事を発注できる等の事情から,発注者がイニチアチブを取り,工事を分割して複数の業者に発注する形式である(資料4-108)。

畠中元教授は,本条は,特定元方事業者等の統括管理義務[29]と個々の事業者が安衛法上負っている義務の双方向からのアプローチにより,「一の場所」における効果的な労災防止を図ったものと評している[30]。

もっとも,森山誠也監督官は,発注者が異なる工事が一の場所でされている場合,本条第2項は適用できない点に課題があるとする。

(2) 内容

第1項は,上述の趣旨から,建設業と造船業の元方事業者を名宛人として,混在作業による危険防止のため,以下の措置を講じるべき旨を定めている。くどいようだが,これは,所属の異なる労働者らを,統一的な安全衛生管理の方針,体制のもとに組み込むと共に,リスク関連情報を遍く共有するための措置である。保護対象は,基本的に,特定元方事業者自身の労働者と関係請負人の労働者だが,分割発注の場合,当該場所で当該仕事の作業に従事する全労働者となる(本条第4項)。

なお,これらの措置は,その作業場における労働者の総計が50人以上(一定の場所で行われるトンネル建設工事や圧気工事等の場合,30人以上)の場合,統括安全衛生責任者に統括管理させる必要がある(法第15条。安衛法施行令第7条第2項)。

特定元方事業者は,当該作業(特定事業の元方事業者と関係請負人の労働者が同一の場所で行う混在作業)の開始後,遅滞なく,事業場の名称,所在地,統括安全衛

生責任者を選任すべきときはその氏名など所定の事項を所轄労基署長に報告せねばならない（法第100条第1項，安衛則第664条）。

  (a) 協議組織の設置・運営

　特定元方事業者に，同事業者及び全関係請負人が参加する協議組織を設置し，定期的に協議を開催すること，関係請負人には，それに参加することを求めている（法第36条に基づき本条等を具体化した安衛則第635条。以下，本項に記す安衛則の規定は全て同じ）。

  (b) 作業間の連絡・調整

　同じく，随時，同事業者—関係請負人間，関係請負人同士の連絡調整を行うことを求めている（安衛則第636条）。

  (c) 作業場所の巡視

　同じく，作業日ごとに最低1回，作業場所の巡視を行うこと，関係請負人には，特定元方事業者による巡視を拒む等しないことを求めている（安衛則第637条）。

  (d) 教育への指導・援助

　同じく，関係請負人が行う労働安全衛生教育のため，場所の提供，教材の提供等の支援措置を講じることを求めている（安衛則第638条）。

  (e) 仕事の工程等に関する計画の作成

　昭和55年改正（昭和55年6月2日法律第78号）で追加された内容である。

　現段階で，本号（法第30条第1項第5号）が対象とする「仕事を行う場所が仕事ごとに異なることを常態とする業種」には，建設業が指定されている（安衛則第638条の2）。建設業の現場は，常に新しく，仮設の設備が多く，まさに，区々異なる作業（場）の特徴を持ちつつも，そこから生じるリスク情報が関係請負人やその労働者に共有されない，安全衛生管理の方針や体制が請負人ごとにバラバラとなり易い等の問題が生じるので，元方事業者に，機械の搬入・搬出を含め，現場全体の工程に関する計画（工程表等），クレーン，ショベルカー，支保工，仮設電気設備など主要な機械・設備，寄宿舎等の仮設建設物の配置に関する計画（安衛則第636条の3）を作成するよう義務づけたものである。

  (f) 建設機械等の作業計画等に関する指導

　平成4年改正（平成4年5月22日号外法律第55号）で追加された内容である。

　建設業元方事業者には，(e)の計画の作成が義務づけられる一方，個々の関係請負人にも，建設機械等に係る作業計画の作成等が義務づけられているので，これらの計画の間の調整のためにも，元方事業者に指導を行わせるという規制方式を採用したものである[31]。具体的には，車両系建設機械については諸種の作業計画，移動式クレーンについては作業方法等について，機械の種類や能力，運行経路，作業方法，設置位置等について指導を行うべきとされている（安衛則第638条の4，平成4年8月24日基発第480号）。要するに，元方事業者の統括管理責任の強化を図った規定である。

  (g) 建設現場の状況等の周知

　本来，現場の状況，現場の危険箇所，作業相互の関係等，リスク関連情報の労働者への周知は，彼／彼女らを雇用する関係請負人が行うべきだが，それらの情報は，元方事業者の方が得やすい。また，場所の提供，そうした情報を掲載する資料の提供等，周知のための条件を整備する必要もある。

　そこで，本条第1項第6号が，そうした条件の整備を元方事業者に求めていることを，規則で明らかにした（安衛則第642条の3）。ただし，元方事業者自らが関係請負人の労働者にそうした情報を周知する場合には，この限りではない[32]。

  (h) その他

　石綿等が使用されている保温剤，耐火被覆材等の除去作業が，建設業元方事業者及び関係請負人の労働者の混在作業場所で行われる場合，当該元方事業者は，除去作業開始前に関係請負人に通知し，作業時間帯の調整等必要な措置が求められる（石綿則第7条第2項）。

　また，

　①クレーン則の適用を受けるクレーン等の運転についての合図の統一と関係請負人への周知等（安衛則第639条）

　②事故現場等の標識の統一と関係請負人への周知等（安衛則第640条）

　一定の特別規則（有機則，電離則，酸欠則，高圧則）が労働者の立入を禁じる事故現場等の危険区域を表示する標識を統一的に定めると共に，関係請負人へ周知するよう求めている。

　③有機溶剤等の容器の集積箇所の統一と関係請負人への周知等（安衛則第641条）

　特定元方事業者は，有機溶剤等を入れている容器や，それらを入れていた空容器で，その蒸気が発散するおそれがあるものを集積する場合，集積箇所を統一的に定め，関係請負人に周知すべきこと，特定元方事業者，関係請負人共に，その統一集積箇所にそれらを集積すべきことを定めている。

　④エックス線装置の稼働，発破，火災，土砂崩壊等にかかる警報の統一と関係請負人への周知等（安衛則第642条）

　⑤トンネル建設作業，土石流危険河川での建設作業等にかかる避難訓練等の実施方法の統一と関係請負人への周知等（安衛則第642条の2及び第642条の2の2）

　第2項及び第4項は，発注者から，一の場所で行わ

資料4-109 製造業における混在作業による作業間の連絡調整不足の災害例

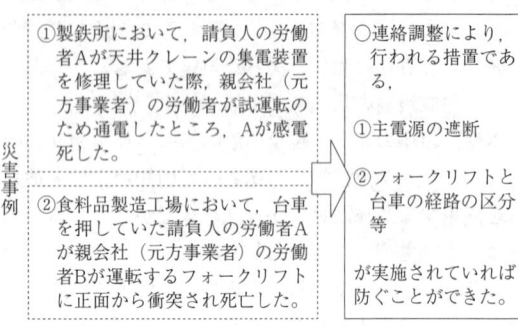

(畠中信夫『労働安全衛生法のはなし』〔中央労働災害防止協会，2019年〕225頁)

れる1つの仕事が複数の請負人に分割して発注される場合の第1項の措置義務履行者について定めている。前述した通り，法第5条が定めるジョイントベンチャーにおける安全衛生管理体制の仕組みを，分割発注の場合に応用して，第1項の確実な履行を図らせようとした規定である。すなわち，発注者は，元請人のうち第1項の措置義務履行者を1名指名すべきこととしている。また，第2項後段は，工事の全てを請け負い，特定元方事業者に該当しない＝自らは仕事を行わない元請人が分割発注等を行う場合にも同様の考え方を採ることを示している。

安衛則第664条は，本条が定める混在作業を行う場合，特定元方事業者や，その役を引き受ける第2項による被指名者は，①事業種別，事業場，関係請負人，統括安全衛生責任者，元方安全衛生管理者，店社安全衛生管理者（法第15条の3）[33]等に関する情報を，所轄労働基準監督署長に届け出ることを義務づけている。実質的には，行政による実際のチェックより，報告用書類の作成を契機として，元方事業者らに自発的に管理体制をチェックするよう促す趣旨と思われる。

なお，これらの指名は，一の場所で行われる建設工事等のうち躯体工事等主要な部分を請け負って自らも行う者や，この者が複数いて互選された者については，予めその同意を得て行わねばならない（安衛則第643条）。工事上重要な役割を果たす者の意見が反映されるようにしたものと解される。

本条第2項は行政取締規定であり，罰則は付されていない。その違反に際しては，第3項により監督署長が指名することが定められており，その権限の発動を促すため，安衛則上，発注者又は請負人が，第2項による指名ができない旨を監督署長に届け出るべき旨定められているが（安衛則第643条第2項），その指名がなされない間は，各特定元方事業者が，各関係請負人の労働者に対してその義務を負うことになる（昭和42年4月4日基収第1231号）。

本条第1項と第4項には，法第120条（50万円以下の罰金）の適用がある。

2 第30条の2

(1) 趣旨

本条は，製造業でも，混在作業による危険が拡大してきたことを踏まえ[34]（資料4-109），第30条が対象とする造船業を除く製造業の混在作業に，同条のうち主立った規制を展開することを狙って，平成17年の法改正（平成17年11月2日号外法律第108号）で新設された規定であり，主に化学工業の製造工場，施設設備の用役（プラントの運転に必要な電気，水，空気や燃料など），鉄鋼業の製鉄，熱延，冷延の工程，自動車製造業のプレス，溶接，塗装，組立などの作業を想定している。対象業種を指定する政令が定められていないので，当面，製造業のみが対象となると解されている[35]。

第30条中の分割発注等の場合にかかる規定（第2項）も第2項で準用したうえで，第30条第3項，第4項に相当する定め（本条第3項，第4項）を置いている。

(2) 内容

第30条が定める特定（建設業，造船業〔法第15条第1項，施行令第7条第1項〕を営む）元方事業者の講ずべき措置との主な違いは，協議組織の設置・運営，作業場所の巡視，関係請負人が行う安全衛生教育への指導援助，建設業における仕事の工程や機械等の配置に関する計画等の作成などが省かれている点にある。これらは，作業場が散在し，多岐にわたる建設業と造船業において必要な措置との考えによると思われる。

逆に，本条において，以下の措置は製造業一般での混在作業にも必要と解されており，その詳細は，法第36条に基づき，安衛則第643条の2から第643条の7と平成18年に発出された厚生労働省の通達（平成18年2月24日基発第0224003号）に定められている。

(a) 作業間の連絡・調整（安衛則第643条の2）
①各関係請負人が行う作業の段取りの把握
②段取りの調整
③調整した段取りの各関係請負人への指示

(b) クレーン等の運転についての合図の統一と周知等（安衛則第643条の3）

クレーン則の適用を受けるクレーン等の運転についての合図の統一と関係請負人への周知等を定めた安衛則第639条を準用している。

(c) 事故現場の標識の統一と周知等（安衛則第643条の4）

特定元方事業者にかかる安衛則第640条と同様に，一定の特別規則が労働者の立入を禁じる事故現場等の危険区域を表示する標識を統一的に定めると共に，関係請負人へ周知するよう求めている。ただし，対象となる事故現場等は，有機則，電離則，酸欠則が定める

資料4-110　高気圧下の作業室（ケーソン工法）の例

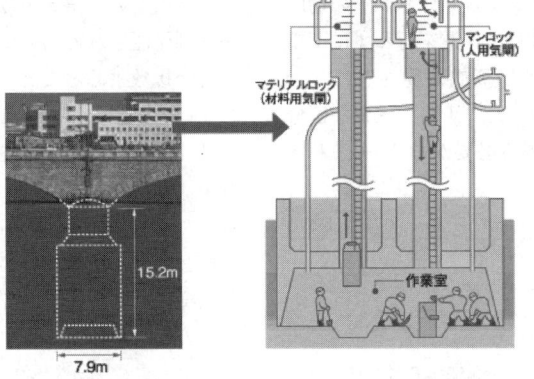

水面下15m余りの基礎地盤に達する巨大なケーソン基礎は、橋の6つのアーチをしっかり支えている

空気潜函工法の概念図
※マテリアルロック：材料用気閘（きこう）
※マンロック：人間気閘。作業室では高圧のもとでの作業となることから、高圧室に出入りする作業員の減圧症予防のために、加圧または減圧を行う出入専用の室
※作業室：水の侵入を防いで水中部の作業を乾燥状態で行うため、圧縮空気を送って高圧に保たれた室

（国土交通省北陸地方整備局WEBサイト〔http://www.hrr.mlit.go.jp/nyusho/big_bandai.html、最終閲覧日：2020年12月28日〕）

＊　この図が示す、ニューマチックケーソン法は、「あらかじめ地上で下部に作業室を設けた鉄筋コンクリート製の函（ケーソン）を築造するとともに、作業室に地下水圧に見合う圧縮空気を送り込むことにより地下水を排除し、常にドライな環境で掘削・沈下を行って所定の位置に構築物を設置する工法」である。

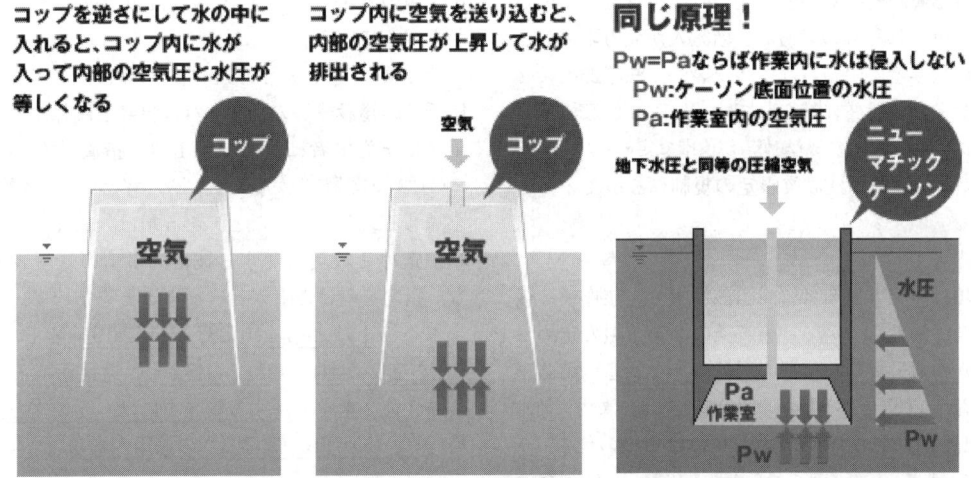

＊　ニューマチックケーソン工法は、コップを逆さまにして平らに水中に押し込むと、空気の圧力により水の浸入を防ぐことができるという原理を応用したものである。実際には、ケーソン下部に気密作業室を設け、そこに圧縮空気を送り込んで地下水の浸入を防ぎ、ドライな状態で掘削できるようになっている。コップの中がケーソン作業室、コップの先端がケーソンの刃先に当たる。

（大豊建設株式会社WEBサイト〔https://www.daiho.co.jp/tech/civil_eng/nk/、最終閲覧日：2024年6月25日〕）

ものに限られており、圧気工法による建設現場等を想定した、高圧則が定める作業室（資料4-110参照）や気こう室（気閘室：人や物が自由に出入りできるよう、エアロックで仕切られた圧気空間のこと）等での作業は対象から除かれている。

　　(d)　有機溶剤等の容器の集積箇所の統一と周知等
　　　　（安衛則第643条の5）

　特定元方事業者にかかる安衛則第641条を準用し、有機溶剤等を入れている容器や、それらを入れていた空容器で、その蒸気が発散するおそれがあるものを集積する場合、集積箇所を統一的に定め、関係請負人に周知すべきこと、製造業元方事業者、関係請負人共に、その統一集積箇所にそれらを集積すべきことを定めている。

　　(e)　警報の統一と周知等（安衛則第643条の6）

特定元方事業者にかかる安衛則第642条と同旨の定めであり、エックス線装置への電力供給、電離則が定める放射線物質を装備する機器の照射、火災の発生の際の警報の統一的な定めと関係請負人への周知等を義務づけている点は共通だが、建設業において一般的な発破、土砂崩壊、出水、なだれ等は対象から除外されている。

この規則規定も、元方事業者と関係請負人の間で統一された警報を行うべきこと（第2項）、警報が行われた場合には、危険区域にいる労働者のうち必要な者以外を退避させるべきこと（第3項）を定めている。

本条（法第30条の2）第2項ないし第4項は、第30条第2項ないし第4項と同様に、混在作業となる仕事が複数の請負人に分割発注され、なおかつ発注者自身はその仕事を行わない場合の第1項の義務履行者につ

いて定めている。基本的には，発注者（指名義務者）が指名した者が義務履行者となるが，元請が一の場所の全ての工事を請け負い，自身は作業を行わずに下請に分割発注する場合には，当該元請が発注者に代わり，義務履行者を指名する。また，工事の主要な部分の担当者には，予め同意を得る必要がある（安衛則第643条の7）。

本条第1項と第4項には，法第120条（50万円以下の罰金）の適用がある。

3　第30条の3

(1)　趣旨

本条は，昭和55年の法改正（昭和55年6月2日法律第78号）により設けられた第25条の2第1項（建設業等における爆発や火災等に際しての救護にかかる2次的な労災防止のための物的，人的措置義務）の履行確保を，一の場所における重層的請負関係に基づく混在作業下で図る目的で設けられたものである。名宛人が元方事業者とされ，建設業者に限定されていないが，法第25条の2の規制対象が建設業に絞られている（同条では建設業以外を政令で定めるとしているが，現段階で定められていない）ので，結果的に建設業限定の規制になっていると解される。

(2)　内容

第1項は，元方事業者に，当該場所で当該作業に従事する全労働者について，第25条の2第1項の定める救護にかかる労災防止措置の履行義務を課し，第2項ないし第5項は，一の場所（統括管理によって労災防止効果が見込まれる一定範囲の領域）における一の仕事（一の場所で行われ，統括管理の対象となる仕事）が分割発注される場合に，法第30条第2項を準用して，自らは仕事を行わない発注者（第30条第2項前段）や，自らは仕事を行わない元請（第30条第2項後段）が，第1項が定める措置の履行義務を負う者を請負人から指名すべきこと，その指名がなされない場合には，労基署長が指名を行うこと（第30条第3項に同旨の規定があるが，準用されてはいない），指名された者は，第25条の2第1項が定める労災防止措置と共に，第2項が定める技術的事項の管理者を選任すべきこと，指名された者が自身と全関係請負人が使用する全労働者について第1項の措置を講じるべきこと，その限りにおいて，指名された者以外の者に同項の履行義務は課されないこと等を定めている。

法第25条の2第1項は，建設業等の仕事が重層的請負関係下の混在作業で行われる場合，各事業者に，爆発や火災等に際しての救護にかかる労災防止のための物的，人的措置義務を課しているが，本条第1項は，その履行を，各関係請負人に行わせるのは，非効率かつ有効でもないので，元方事業者に一元的に行わせることにしたものである[36]。

第2項ないし第5項は，一の場所における一の仕事が分割発注される場合には，第1項の義務を履行すべき者が複数生じることとなって，却って混乱を招きかねないので，法第30条第2項を準用するなどして，自らは仕事を行わない発注者等が，その履行義務を負う者を請負人から指名すべきこと等を定めたものである。

第2項は，法第30条第2項を準用しており，同規定と同様に，省令において，一の場所で行われる建設工事等のうち躯体工事等主要な部分を請け負い自らも行う者や，この者が複数いて互選された者については，予めその同意を得て行わねばならないとされている（法第30条第2項に紐づく安衛則第643条を同第643条の8が準用している）。第3項は，法第30条第3項と同様に，第2項の方法で指名されない場合の労基署長による指名を定めている。

第4項は，第2項，第3項による被指名者は，当該場所での建設業等の仕事を行う自身と関係請負人が使用する全労働者に対して第1項の措置（爆発や火災等に際しての救護にかかる労災防止のための物的，人的措置）を講じる義務を負うこと，第5項は，第25条の2第2項が定める救護に関する技術的事項の管理者の選任も，指名を受けた者が行うべきことを定めている。

本条第1項と第4項には，法第119条第1項（6月以下の懲役又は50万円以下の罰金）の適用がある。第25条の2第2項を準用する第5項には，元条文と同様に第120条（50万円以下の罰金）の適用がある。

2　関連規定：法条

特になし。

3　沿革

1　制度史

本書第29条・第29条の2　3　1を参照されたい。

ただし，第30条第1項第5号は，昭和55年改正（昭和55年6月2日法律第78号）で新設され，平成4年改正（平成4年5月22日号外法律第55号）で後段が追加されたものである。

昭和55年改正は，主に建設業での混在作業による労災が後を絶たず，起因物が建設機械・設備等であることが多かったことを踏まえ，それらの配置，それらを含む工程計画の作成を特定元方事業者に義務づけることとした。平成4年改正は，昭和55年改正と同様の背景を踏まえ，例えば第30条第1項第5号に，特定元方事業者が「当該機械，設備等を使用する作業に関し関係請負人がこの法律又はこれに基づく命令の規定に基づき講ずべき措置についての指導を行う」べきことが

盛り込まれたように，元方事業者による関係請負人への指導を義務づけることとしたものである[37]。

第30条の2は，製造業でも，混在作業による危険が拡大してきたことを踏まえ[38]，第30条が対象とする造船業を除く製造業の混在作業に，同条のうち主立った規制を展開することを狙って，平成17年の法改正（平成17年11月2日号外法律第108号）で新設された規定であり，主に化学工業の製造工場，施設設備の用役（プラントの運転に必要な電気，水，空気や燃料など），鉄鋼業の製鉄，熱延，冷延の工程，自動車製造業のプレス，溶接，塗装，組立などの作業を想定している。対象業種につき，業種指定の政令が定められていないので，当面，製造業のみが対象となると解されている[39]。

第30条の3は，昭和55年の法改正（昭和55年6月2日法律第78号）により設けられた第25条の2第1項（建設業等における爆発や火災等に際しての救護にかかる労災防止のための物的，人的措置義務）の履行確保を，一の場所における重層的請負関係に基づく混在作業下で図る目的で，平成17年の法改正（平成17年11月2日号外法律第108号）で設けられたものである。

2 背景になった災害等

第30条については，建設業や造船業において一般的な重層的請負関係下で，区々異なる作業（場）の特徴や，そこから生じるリスク情報が関係請負人やその労働者に共有されないこと，安全衛生管理の方針や体制が請負人ごとにバラバラであること等から，車輛系建設機械，移動式クレーンへの接触等による労働災害が発生していた[40]。

第30条の2については，①製鉄所で，関係請負人の労働者が天井クレーンの集電装置を修理していた際，元方事業者の労働者が試運転のため通電して感電した例，②食料品製造工場で，関係請負人の労働者が台車を押していたところ，元方事業者の労働者が運転するフォークリフトに正面から激突されて死亡した例など。これらは，いずれも，元方事業者のリードにより，関係請負人とリスクコミュニケーション（連絡調整）が図られていれば，防止できたと解される[41]。

4 運用

1 適用の実際

法第30条は，土木・建設業ではそれなりに違反が指摘されている条規であり，違反による送検件数を記した令和2年公表「労働基準関係法令違反に係る公表事案」（https://www.mhlw.go.jp/content/000534084.pdf，最終閲覧日：2020年7月9日）によれば，令和元年6月1日から1年間で，違反による送検件数は1件にとどまっていたが，違反の指摘件数を記した「令和2年労働基準監督年報」の定期監督等実施状況・法違反状況（令和2年）では，合計734件（違反の指摘件数）に達していた。

他の主要条文違反に関するものも含めた平成11年以後の経年データについては，後掲する**資料4-128・4-129**を参照されたい。

①大手建設会社Aが元請となった下水道工事現場で，Aの監督員2名のもと，下請土木業者Bの事業主（土止め支保工作業主任者及び地山掘削等作業主任者資格あり）が作業指揮し，おそらくB雇用のドラグ・ショベルのオペレータがドラグ・ショベルを操作し，同じく運搬作業員2人がトラックで残土の運搬をし，同じくXと同僚が掘削溝に入り，下水管敷設工事を行っていたところ，本来，先に土止めをしてから掘削すべきところ，（周辺の住宅への騒音・振動等を避けるため）行わなかったこと，前2日に台風が来て土が緩んでいたこと等から，側壁が崩壊し，Xが生き埋めとなり，重傷を負った。

災害原因は土止めをせずに掘削溝に入った作業手順の不備にあり，AからBに殆ど丸投げ発注され，監視も十分に行われていなかったこと等を踏まえ，Aは，作業計画書の不備，下請人への指導の欠如等による法第30条第1項第5号（安衛則第638条の3）違反の疑いで，書類送検された。当然ながら，Xらの雇用主であるBも，法第21条第1項（安衛則第361条）違反の疑いで書類送検された（労働調査会編著『建設業編 安衛法違反による送検事例集 第1集』〔労働調査会，2001年〕78-79頁）。

②雇用主である事業者を名宛人とする規制の適用可能性と共に，それが困難な場合に備え，本条の適用が検討された例がある。すなわち，元方事業者Yが，Aを現場責任者として，O市から請け負った河川改良工事を実施する際に，Y設置の車両系建設機械をその労働者Mに運転させていたが，接触危険個所に立入禁止，誘導者の配置等の危害防止措置を講じなかったため，下請労働者が立入り，被災した事案につき，河村産業所事件（鍋田農協倉庫倒壊事件）・名古屋高判昭47・2・28判時666号94頁を参考に，Yの法第21条（安衛則第158条）違反が検討されると共に，混在作業が同一の場所で行われていたことを前提に，Yの法第30条所定の統括管理義務違反が検討された（ただし，帰趨は不明）（法務省刑事局・労働省労働基準局『労働基準法等違反事件捜査処理に関する協議会資料』〔昭和50年〕）。

2 関係判例

●関係請負人の労働者のみが作業を行っていたタンカー建造中の作業場で生じた足場にかかる災害につき，第30条第1項が定める「同一の場所」を広く船殻作業場と解することで，特定元方事業者や，その担当部門の統括安全衛生責任者（課長）の補佐役の

刑事責任を認めた例（幸陽船渠事件・広島高判昭53・4・18判時918号135頁〔1審：尾道簡判昭52・6・23注解労働安全衛生関係法令解釈例規集9-2巻第7編第2章5114頁，上告審：最1小判昭55・2・21注解労働安全衛生関係法令解釈例規集同上5112頁〕）

〈事実の概要〉

詳細は不明だが，おそらく，建造中のタンカー内の船殻作業場のうち，特定元方事業者の管理が行き届かない場所で複数の関係請負人の労働者が足場変更工事（以下，「本件工事」という）を行っていたところ，別の関係請負人の労働者が作業中であることを知らずにその作業場に立ち入り，何らかの危険行為により，足場にかかる物か人が落下／墜落する等して死亡したもの（以下，「本件災害」という）と察せられる。

これを受け，その作業を伴う仕事の特定元方事業者（被告人会社）の担当部門（船殻工作部外業課）の統括安全衛生責任者だった課長を補佐する立場にあって，本件作業現場を指揮していた被告人Mが，本件工事を下請事業者O工業の労働者Tらに指示する際に，当該工事区域内への関係労働者以外の立入りを禁止して，その旨を分かり易く掲示したり，看視人を置いて関係者への周知徹底を図る等しなかった点で，安衛法第30条第1項第2号及び，同規定を具体化して，特定元方事業者―関係請負人間及び関係請負人相互間の連絡及び調整義務を定めた安衛則第636条に違反したとして，法第120条に基づき，罰金1万円の支払いを命じられた。他方，被告人会社は，安衛法上の両罰規定（第122条）に基づき，金3万円の支払いを命じられた。

これに対して，被告人Mが，安衛法第30条第1項が定める「同一の場所」について，複数の関係請負人のみによって本件工事が行われていた建造中の船舶の右舷のウィングタンクに限られるべきで，本件災害に同条の適用はなく，本件災害の刑事責任を負うべきは，足場作業主任者であった被告人会社の別の従業員や関係請負人の従業員であるなどと主張して争った。

〈判旨：Mによる控訴棄却〉

1）安衛法第30条第1項の適用の是非について

Mは，安衛法第30条第1項にいう「同一の場所」とは，当該作業により何らかの安全上の影響を受ける可能性のある範囲内の場所を言い，本件ではO工業により足場変更工事が行われていた右舷ウィングタンク内に限られるべきなのに，船殻作業場全域を「同一の場所」とした原判決は，法令の解釈適用を誤っているとする。

よって検討するに，安衛法第30条及びこれを受けて制定された安衛則（特に第636条）の趣旨は，同一場所で特定元方事業者や関係請負人の労働者が混在作業をしている場合には，これら労働者間の連絡調整の不十分さ等から数多の労災が発生しているため，特定元方事業者に安全管理の交通整理ともいうべき役割を積極的に行わせることにより，そうした労災から下請労働者をできる限り広範囲にかつ適切に保護しようとしたものと解すべきであって，同法条にいう「同一の場所」の範囲も，仕事の関連性，労働者の作業の混在性及び統括安全衛生責任者の選任を定めた同法第15条の趣旨をも併せ考慮して目的論的見地から決定されるべきものであり，本件においては，その範囲は，前記船殻作業場全域を指すものと解するのが相当であって，これを所論のように本件災害発生現場である右舷ウィングタンク内に限定すべきとは考えられない。

2）刑事責任を負うべきはMではなく，被告人会社や下請事業者の足場作業主任者らであるか否かについて

足場作業主任者でもあった被告人会社従業員Nは，混在作業間の連絡調整義務及び足場作業にかかる危険防止のための連絡調整等の義務を負い，下請のO工業の従業員Hも，足場作業主任者として，足場作業にかかる同様の義務を負う一方，被告人会社は，その従業員，下請の責任者，足場作業主任者等に，足場作業の際の危険防止措置について十分指導教育しているので，MからN，NからHに本件作業を指示した際，暗黙に労災防止措置の実施が伝達されていたにもかかわらず，Mが必要な措置を講じずに本件作業をさせたと認定した原審は事実誤認を犯したとする。

しかし，原審の認定事実に誤りは認められない。

確かに，Nの立場と負う義務，Hの立場と負う義務，被告人会社が行った教育内容は，Mの主張の通りだが，Mは被告人会社船殻工作部の係長として，同課の安全管理者である課長を補佐する立場にあって，作業の実態を認識したうえ，作業間の連絡調整を行うにつき必要な措置を講じる義務を負っていた。しかし，MがNに本件足場作業を指示した際，関係請負人に同作業の実施につき連絡しておらず，Nにも本件足場作業場周辺の立入禁止等の安全確保措置を具体的に指示していなかった。

たとえ，N，Hに上述のような措置を講じる義務があり，被告人会社から足場作業にかかる危険防止措置につき指導教育を受けていたとしても，足場作業における墜落事故が発生し易い状況にかんがみ，M自身も，災害防止の徹底のため，関係請負人に本件作業の実施を連絡し，Nに周辺への立入禁止措置を講ずるよう明確に指示するなどの措置を講じなければならなかった。

〈判決から汲み取り得る示唆〉

・法第30条は，混在作業に伴う関係請負人の労働者間の連携ミス等による労災の発生を防止するため，元

方事業者による統括管理（交通整理）を図っており，同条にいう「同一の場所」も，その目的に沿うように，広めに解釈され得る。その結果，元方事業者（の法履行担当者）が現場から離れた場所にいても，それに該当する場合が生じ得る。

・法第30条第1項違反により，現場監督者本人は第120条に基づいて処罰され，その雇用主は，第122条（両罰規定）に基づいて処罰され得る。

●特定元方事業者である建設業の元請が，孫請に派遣されて就労していた未成年労働者の足場からの転落災害につき，安全帯装着の指導，安全帯・親綱の支給，下請・孫請等での作業工程協議，作業手順の決定，頻回の巡視など法第29条，第30条が定める措置を一定程度履行しており，刑事事件としては不起訴処分となったが，安全配慮義務違反に基づく民事損害賠償請求事件では，所属する巡視者が安全帯を装着しつつも親綱に固定していなかった被災者を認めながら，その固定を確認せずにその場を立ち去ったこと等が安全配慮義務違反に当たるとした例（エム・テックほか事件・高松地判平20・9・22労判993号41頁〔控訴審：高松高判平21・9・15労判993号36頁でも1審判決が支持され，1審原告と1審被告のうちエム・テックが上告したが，上告棄却，上告不受理となった］）

〈事実の概要〉

X（1審原告，控訴人兼被控訴人，上告人兼被上告人）は，昭和59年に生まれ，平成14年10月に17歳でY5（1審被告，被控訴人，被上告人。第1派遣元。戌村）に雇用された。

Y1（1審被告，控訴人兼被控訴人，上告人兼被上告人。元請。エム・テック）は，発注者である日本道路公団から四国横断自動車道中間高架線工事（「本件工事」）を受注し，Y2（1審被告，被控訴人，被上告人。下請。丙川工業）は，Y1から本件工事（1億3000万円強の規模）を受注し，Y3（1審被告，被控訴人，被上告人。孫請。花押）は，Y2から本件工事を受注した。ただし，Y2は，当該地域の建設業者に工事の受注実績を与えること等を目的としたトンネル会社だったため，本件工事の実質的な受注者はY3であって，Y2は道路付け替え工事のみを行い，現場作業員への指揮命令は行わなかった。また，Y2は，当初は訴外G工業に工事を発注したが，G工業の代表が失踪したため，Y3がその立場を受け継いだ経緯がある。Y4（1審被告，被控訴人，被上告人。第2派遣元。丁原）は，訴外J工匠の口利きで（仕事の斡旋によりJのY4への債務を履行する趣旨で）Y3との間で労働者派遣契約を結び，Y3から数十人の人工集めを指示された。Y5は，Y4の要請を受けて，Y4と人工契約（派遣契約）を結び，Xが17歳であることを認識しつつ，Xと雇用契約を結び，Y3の

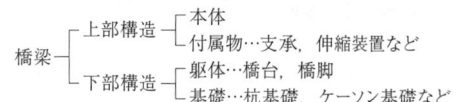

資料4-111

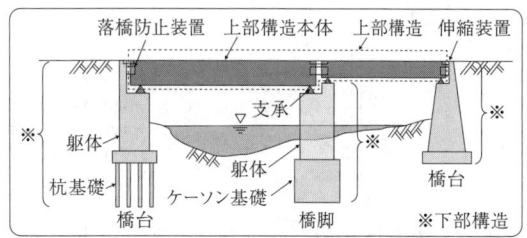

（国土交通省「橋梁の基礎知識と点検のポイント」をもとに作成）

指揮命令下で就労させた。Xは，本件現場作業への立入のために作成された雇入れ時面接簿には，18歳との虚偽記載をした。面接簿には，雇入れ会社名としてY3が記載され，面接官として，Y1の印も押印されていた。

本件災害は，橋脚（2径間以上の橋梁の中間部で上部構造を支えるもの。資料4-111）の間で，高さ8.24mに設置されていたステージ上で起きた。

Y1は，本件現場近くに現場監督事務所を設置し，その所長としてLを配置した上で，安全推進室を置き，室長M，安全推進員のNとOが1回/時間程度，現場を巡視していた。本件災害当日は，Nの代理の代理のEが現場を巡視していた。

本件災害当時，Y4らは，型枠支保工の解体作業を行っていた。その組立・解体には，作業主任者資格を有するY4から派遣されたBが常駐し，職長を務めていた。本件災害当日，Bを職長とする8名の班が4名ずつ2つの作業を担当した。彼らは，Y4が支給したヘルメットを着用し，Y3代表の指揮命令を受けて就業していた。Y1の現場担当社員であるCは，現場監督事務所長Lに，支保工支柱式の解体作業についての作業手順書を手交した。これには，作業手順等として，足場板を撤去する前に，①引出し部のサポートの緩和，②合板，角材の撤去，③張出し部（資料4-112参照）のサポート解体，④Pコンの穴埋め，⑤底版部ジャッキの緩和，⑥底版型枠，角材の撤去，⑦大引き材の撤去，⑧建枠の解体，という行程を辿ることとされていた。また，Y1の現場担当社員であるCによる手書きで，作業主任者の選任，手すりの撤去は最後に，安全帯の安全使用等の記載がなされ，Y3代表によるサインが付されていた。

本件災害の前日，Y3代表とY4から派遣された職長のBは，Y1に対して本件作業の進捗状況を報告すると共に，上記作業手順書に基づいて翌日の荷下ろし作業について打ち合わせ，手すりの解体は荷下ろし作業完了後に行う旨が報告された。

資料4-112　足場の張出し部

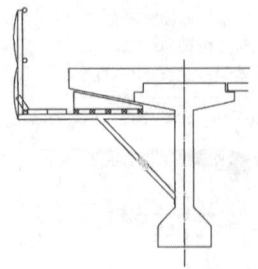

張出床版部足場標準

（一般社団法人プレストレスト・コンクリート建設業協会WEBサイトに登載されたPCコンポ橋に関する説明文書【https://www.pcken.or.jp/pdf/pdf/poconbosekisan.pdf, 最終閲覧日：2024年7月30日】）

本件災害当日，Y1は，朝礼後，ツールボックスミーティングと呼ばれる作業の打ち合わせと危険予知活動を行い，いずれにもY1のEやCが参加した。朝礼の際，Y1担当者からXに，危険箇所で作業する際の安全帯の装着について指示された。

本件災害現場では，作業手順書に従い，Xが解体された材料を集め，班員2名が玉掛けをし，残る1名が下で受け取る作業を行っていたが，Xは，安全帯は装着していたものの，親綱に固定していなかった。

Xらは，当初は，手すりを残したままで，資材（足場上で解体された枠組支保工等）の荷下ろしを行っていたが，奥までクレーンを差し入れて，奥に置かれた資材を効率的に手前に移動させるため，Y3代表にB（Y4から派遣された職長）が許可をとり，当該手すりを撤去した。この際，同代表は，撤去の部位と順番，安全帯を設置する親綱を張る場所等に関する指示はしなかった。

その後，C（Y1の現場担当社員）が，巡視で本件現場の下を通りかかったところ，安全帯を繋ぐ親綱を張るべき手すりが外され，安全帯を使用せずに高所作業をしている作業員を発見したため，親綱を設置して安全帯を使用するよう口頭で注意した。Cは，作業手順を見直させるため，Y3代表に電話したが，出なかったため，橋面に出て，同人を探していたところ，本件災害が発生した。Xは，この際，足場の上の資材を荷下ろしするために，手すりが撤去された付近に移動させる作業をしていた。足場は，鉄骨を組んだ上に板が敷かれ，その上にビニールシートを被せた構造だったが，鉄骨の間の板のない部分にもビニールシートの一部が広がっていたため，その部分のシートを踏み抜き，そのまま8.24m下の地上に転落した。

その結果，64日間の入院，26日の実通院，併合すると12級相当，労働能力の14％を喪失する後遺障害（左手関節痛，仙骨骨折による腰痛）をもたらす傷害を負った。Xは，本件訴訟の当時には，塗装業に従事し，時給1300円で8～10時間／日，6日間／週稼働するまでに快復したが，苦痛は残っている。

なお，Xとその両親は，本件災害の50日ほど後に，Y3，Y4との間で，同人らが見舞金100万円を支払うことを以て，その余は労働保険に委ねる趣旨の覚書を作成し，現に支払われていた（最終的にはY1が負担した）。

以上の経過を踏まえ，Xは，Yらを相手方として，安全配慮義務違反（債務不履行・不法行為）に基づき損害賠償を請求した。なお，Y3，Y3代表，Y5は，本件災害につき，おそらく年少者の危険業務就業制限にかかる労基法第62条違反として罰金刑に処せられた。Y1の代表は，労基署及び検察庁で事情聴取を受けたが，不起訴処分となった。

〈判旨：X請求認容，一部棄却〉

1）Y1の責任

Y1のような特定元方事業者は，混在作業による労災の防止のため，作業場所の巡視，仕事の工程に関する計画の作成など必要な措置を講じなければならない（安衛法第29条，第30条）。

Y1は，本件現場に監督事務所を設置して所長Lを常駐させた上，作業工程ごとにY2，Y3，Y4らと打ち合わせし，協議の上，本件現場の作業手順を決めており，安全推進室を設置して，Nら安全推進員らにより，1回／時間の巡視をするなどの安全管理をしてきた。

しかし，C（Y1の現場担当社員）は，本件災害当日の巡視の際，作業手順とは異なって本件現場の手すりが外されていること，安全帯を使用しないまま高所作業をしている作業員がいることに気づいたのに，口頭で注意するにとどめ，彼らが親綱を張り安全帯を使用できるようにするのを確認せずにその場を離れている。口頭での注意も，その現場の責任者や職長に対して個別に明確な指示をするなど，対象と事柄を明確にして指示すべきだった。その後のCの行動からは，Y3代表への連絡を優先しようとしていたと推認されるが，同人に連絡がとれるまでは，転落の危険のある付近での作業を全面的に中断させるべきであり，その場の作業員全員に個別に指示が行き渡るようにすべきだった。

Y1は，Xらと直接の契約関係にないから，直接，指示する権限はないなどと主張するが，特定元方事業者にかかる上記の定めから，その主張は失当である。

よって，Y1には，安全配慮義務違反がある。

2）Y2の責任

Y2は，Y1の下請事業者だが，本件工事には殆ど関与せず，Xら作業員を直接指揮命令するなどの関係もなかったから，本件作業につき，Xに安全配慮義務を負う立場にはなかった。

Y2の従業員が安全推進員として本件現場に常駐してY1の安全推進員らと共に巡視していたので，これ

に関連する安全配慮義務を観念できるが、同人が、本件災害当日、本件現場の手すりが外されていて、本件災害を予見できたとは認められない。

3）Y3の責任

Y4が本件作業のためにY3に派遣した職長のBをはじめとする作業員らは、Y3代表から作業内容等の具体的指示を受けていた。よって、Y3とXの間に直接的な雇用関係はないが、本件作業についてXを指揮命令する関係にあったから、本件現場において、Xへの安全配慮義務を負う。

Y3代表は、手すりを外して作業を進めることを許可した以上、その際に、撤去の範囲や順序、手すり下部の作業板の処置、安全帯にかかる親綱を張る位置等の安全上の措置について、本件現場で具体的指示をすべきだった。それを怠った以上、現場監督者としての安全配慮義務を尽くしたとはいえない。

4）Y4の責任

Y4は、Xとの間に直接的な雇用関係はなく、Y5からXの派遣を受けてY3にXを派遣したから、本件現場でXを指揮命令する立場にない。

通常、派遣元は、労働者に直接指揮命令しないので、当然に安全配慮義務を負うわけではない。しかし、派遣先の事業場の危険性を知りながら派遣した場合など個別事情によっては同義務違反の責任を負うことがある。建設業務における労働者派遣は危険性が高いことから、派遣事業は禁止されている（労働者派遣法第4条第1項第2号）ことからすると、当該労働者の安全に問題がないことを実地で確認した等の特段の事情のない限り、同義務を尽くしたと評価できない。

Y4は、自ら本件現場に赴いて、安全性の確認をする等はしていないし、Y4が派遣した職長のBは、Y3代表の許諾を得て手すりの除去をしながら、Xら作業員に対して親綱を張って安全帯を使用するための具体的な指示をしなかった。

以上から、Y4には安全配慮義務違反がある。

5）Y5の責任

Y5は、Xを直接雇用していたから、雇用契約の附随義務として、Xへの安全配慮義務を負っていた。

Y5は、本件現場でXを指揮命令する立場になかったから、同義務を負う立場になかったと主張する。これは、具体的な義務違反がない趣旨の主張と解する。

派遣元であるY5は、Xに指揮命令はしないが、派遣元だから、Y4について示したのと同様に、Xの作業現場の安全性を実地で確認した等の特段の事情がない限り、本件現場での安全配慮義務を尽くしたとは言えない。

Y5は、Xを17歳と知りつつ雇用し、18歳未満の者について禁止されている高所作業等（労基法第62条、年少者労働基準規則第8条第24号、第25号）に就労させ、なおかつ本件現場で安全性の確認をしなかった以上、安全配慮義務違反がある。Y5は、以前にも18歳未満の労働者を高所作業に従事させて死亡させた前歴があることから、その違法性は顕著である。

6）過失相殺

本件災害当日の朝に、ミーティング及び危険予知活動が行われてXも参加し、Y1の担当者から安全帯の使用が指示され、安全帯及び親綱が支給されていたこと、年齢を虚偽申告して稼働したことから、1割の過失相殺をする。

Y1は、X-Y1の間の過失割合を認定する際には、他の被告や作業員ら、中間者の過失を除外（＊他者の過失の災害への貢献分を除外）すべきと主張するが、被害者保護の趣旨に照らし採用できない。

7）本件覚書について

本件覚書は、Yらが、労働基準監督署及び検察庁に、早期の示談成立を情状面で考慮してもらおうと目論んで、Xやその両親に働きかけて作成したものと推認され、Xの全損害について確定的な示談をする趣旨だったとは解されないから、和解契約に当たるとは言えない。

〈判決から汲み取り得る示唆〉

・本判決は、要するに、

Y1（の現場担当者）は、巡視の際に、Xらが安全帯を適正に使用していなかったのを発見したのだから、

現場の責任者や職長に対して個別に明確な指示をすべきだったのに怠ったこと、

現場監督者に連絡がとれるまで、<u>作業を中止させる</u>など、安全優先の措置を講ずべきだったのに怠ったこと、

Y3は、Y4から派遣されたBを通じてXらを指揮命令し、<u>その代表が手すりを外すことを許可した</u>以上、

<u>外す手順</u>、親綱の設置箇所を明示する等の墜落防止措置を講ずべきだったのに怠ったこと、

Y4とY5は、<u>Xの派遣元ないし雇用主として</u>、Xの就業先に危険性が窺われる以上、

<u>自ら現地に赴いて安全性を確認すべきだった</u>のに怠ったこと、

特にY4の場合、<u>自ら派遣した職長のBが手すりを外すことをY3代表に求めた経過からも、安全帯を繋ぐ親綱の固定を確保すべきだった</u>のに怠ったこと、

を以て安全配慮義務違反と評価している。

・<u>民事損害賠償訴訟では、安衛法上の元方事業者向けの規制が、元方事業者の安全配慮義務違反を認める上で有効に働く</u>（本件では、安衛法第29条、第30条違反＝元方事業者の安全配慮義務違反と判示されている）が、刑

事事件では，関与の強さ，悪質性や結果の重大性などがなければ起訴には至らない（本件では，元方事業者については，第29条第2項〔関係請負人及びその労働者の法令違反に際しての是正指示〕，第30条第1項第6号〔混在作業下での特定元方事業者の統括管理義務の一環としての一般的な労災防止措置〕，個々の事業者については，第21条第2項〔墜落危険場所での危害防止措置等〕，第25条〔急迫危険時の作業中止・労働者退避措置等〕等の適用が検討されただろうが，本件でY3とY5が刑事処分を受けたのは労基法違反だから，年少労働者に高所作業を行わせたことによると思われ，安衛法違反によるわけではない）。直接の指揮命令関係や契約関係にない元方事業者であって，なおかつ，本件におけるように，その元方事業者が，ミーティングや危険予知活動の実施など，法第29条，第30条の定めを一定程度遵守している例では尚更といえる。

・派遣元は，派遣労働者に指揮命令しないので，当然に安全配慮義務を負うわけではないが，派遣先での就労の危険性を認識すべき場合には，自らその就労の安全性を確かめる，自身が現場に設置した担当者が不安全な状況を創出した場合には，適切な安全対策を講じる等の義務を負う。

●船舶の機関室内での冷蔵庫の冷媒（アンモニア）による関係請負人の従業員の中毒等による死亡等をもたらした仕事の発注者（船舶保有者）に安衛法第30条第2項が定める第1項の特定元方事業者による統括管理の履行担当者の選任義務違反は認められるが，それと本件災害の間に相当因果関係は認められず，その過失責任はないとした例（山形県水産公社事件・最1小判平5・1・21判時1456号92頁〔1審：新潟地判昭61・10・31労判488号54頁，原審：東京高判平1・2・23労判652号11頁〕〔破棄差戻後帰趨不明〕）

〈事実の概要〉

Y1（山形県水産公社：1審被告，控訴人，上告人）は，保有する漁業用船舶栄久丸（約360t）について，船舶安全法施行規則第24条が定める定期検査を受けるための準備作業のうち，機関に関する準備を除く事項，艤装（船に原動機等の部品を取り付ける作業），錨のチェーンの点検等船舶の安全に関する基本的設備に関する事項をY2（株式会社山形造船所：1審被告），同じく機関に関する事項等をY3（酒田船用機器整備センター：1審被告），同じく冷凍装置の整備点検作業等をY4（株式会社テイオン：1審被告）に分割発注した。このため，栄久丸内で，複数の請負人の労働者が縦横に混在して作業することとなった。なお，Y3は，Y6（新協鉄工所：1審被告）から派遣されてきたHとS，Y7（岩浪工業：1審被告）から派遣されてきたKとTを指揮し，栄久丸の機関室内で就業させていた。H・K・T・Sは，いずれもY6，Y7との雇用関係を維持していた。

栄久丸の冷凍装置は，アンモニアを冷媒としており，装置内で液体をガスに変化させる際に周囲の熱を奪う性質を利用して冷凍機能をもたらしていたが，圧縮機（コンプレッサー。ガス化した冷媒を液化できる程度まで圧縮し，圧送する機械）のピストン用の潤滑油がアンモニアガスと混じることがあるため，装置内の複数の部品（オイルセパレーター〔オイルの分離器〕，レシーバー〔液化したアンモニアから不純物を除く機器〕等）に，潤滑油を排出するためのドレン抜き弁が付設されていた。

アンモニアは，人体に接触すると炎症を起こし，吸入した場合には呼吸困難や中毒等の危害を及ぼす特定化学物質であり，安衛法上の第3類物質の一つとされている。また，同法の実施を図る特定化学物質等障害予防規則第22条は，特定化学物質等にばく露する危険のある作業を行う際に必要な措置を10項目にわたり規定している。そこで，Y1のM機関長とY3のA取締役・工場長の間で，Y4が圧縮機のオーバーホール等，アンモニアガスが発生する作業を行う際には，Y3の作業を中断して作業員を船外に出すこととされていた。

Y4は，受注した業務の一環で，従業員のY5（1審被告）に，栄久丸の機関室で，当該冷凍装置のコンデンサーのチューブの清掃等を行う準備作業（当該チューブからの水抜き，防蝕亜鉛板の数，形状の調査等）を命じた。この作業自体，アンモニアガスに関わるものではなかったが，Y5は，M機関長から，圧縮機の潤滑油が冷凍装置内に溜まっている旨の話をきいたことを受け，この機会にコンデンサー（＊高温の液体〔冷媒という〕がガスに戻る過程で周囲の熱を奪う〔：冷気を生む〕ことを目的に冷媒を液化させる機器）から油抜きをしようと考えた。その時点で，機関室内にはY3関係の作業員10名が作業していたが，事前にM機関長や機関室の他の作業員には知らせず，油受け用の空缶を置いて，コンデンサー下部のドレン抜き弁を開けて油抜き作業を始めた。Y5は，アンモニアガスの有毒性や，その漏出防止には，その水溶性を利用して，ホースで相当量の水の中に導く方法が有効であることは知っていたが，過去の経験から，油の排出後にガスが流出し始めた瞬間にドレン弁を閉めれば良いと考えていた。

しかし，Y5がドレン抜き弁の開閉を数回繰り返したところで突然アンモニアガスが噴出し，短時間内に機関室内に充満して，同室内で作業をしていた前記の作業員Hは中毒，KとTは呼吸不全，Sは腐敗性肺炎で死亡した。

そこで，彼らの遺族が，Y1からY7を相手方とし

て，不法行為に基づく損害賠償を請求した。1審には，原告及び被告の違いから，3事件別個に提訴されたが，審理は併合されて別個に判決が言い渡された。

1審は，要約，以下のように述べ，Y5を主な過失責任者としたうえ，Y4の使用者責任，Y1の過失責任を認めた。

すなわち，先ず，直接的な加害者であるY5につき，法令が危害防止措置の名宛人としている事業者や，危険作業の安全管理等を託している作業主任者と並び，または独自にアンモニアの漏出防止措置をとるか，他の作業員に漏出の危険性を知らせて作業場所から退避させる等の注意義務があった（＊本来，その仕事を請け負った事業者や作業主任者が負う注意義務を，自ら引き受けたということ）が，怠った過失があった。

Y5の油抜き作業は，Y4の請け負った冷凍装置の整備点検業務に関連して行われたので，Y4はY5の不法行為につき使用者責任を負う。

Y3については，そもそもY1から請け負った業務は，アンモニアガスとは直接関わりなく，Y6，Y7から派遣され，機関室で働くH・K・T・Sを指揮していたA取締役・工場長が，アンモニアガスを発生させるようなY5の油抜き作業を知らず，そのことに帰責事由もなかったため，不法行為は犯しておらず，よって，使用者責任を負う理由もない。確かに，Y3が請け負った作業の場所（機関室）にアンモニアを冷媒とする冷凍装置の配管等があったから，アンモニアガスの危険性や漏出防止の指導，漏出した際の避難方法の確保等の措置を講じる義務があったが，A取締役・工場長は，作業開始前に作業内容や注意事項を確認して冷凍装置への接触をしないよう注意していたこと，Y1のM機関長とY3のA取締役・工場長の間で，Y4が圧縮機のオーバーホール等を行う際には，Y3の作業を中断して作業員を船外に出すこととされていたこと，船外退避のための通路が確保されていたこと等から，過失は認められない。

Y2は，栄久丸の整備点検の元請ではなく，Y4やH・K・T・Sとの使用従属関係も認められないので，責任はない。

Y1は，栄久丸の整備点検をY2，Y3，Y4に分割発注し，その結果，その従業員が同一場所で作業を行うことになったから，安衛法第30条第2項前段の特定事業の仕事の発注者に該当する。しかし，同条規に基づき，請負作業間の連絡調整，作業場所の巡視を行う請負人の指名（「本件指名」）を怠り，専ら請負人に作業方法を一任していた。また，それが行われていれば，Y5の行うべき作業が明確化し，思い付きによる作業も防げたはずなので，過失があり，不法行為責任を負う。

Y6，Y7については，H・K・T・Sに対して労働契約上の安全配慮義務を負うが，彼らの指揮命令はY3が行っていたし，（Y3が同義務を履行すればY6，Y7の同義務も履行されたことになるところ，）Y3には同義務違反が認められない。また，Y5の油抜き作業を認識していた証拠もないので，過失はない，と。

これに対して，Y1のみが控訴したところ，1審と同様に，本件災害の主因は，Y5が余計な油抜き作業を行いながら，漏出防止措置も他の作業員への作業の告知も行わなかった過失にあるが，Y1は，安衛法第30条第2項に基づき，請負作業間の連絡調整，作業場所の巡視を行う請負人を指名する義務があるのに怠り，専ら請負人に作業方法を一任していた。また，それが行われていれば，Y5の行うべき作業が明確化し，思い付きによる作業も防げたはずなので，過失があり，不法行為責任を負うと判断した。

そこで，Y1が上告した。
〈判旨：原判決破棄差戻〉

本件では，確かに，災害発生当時，栄久丸の機関室で，Y3とY4の作業が並行して行われていたが，もともとY4がアンモニアガスを取り扱う作業をするときはY3の作業を中止してその作業員を船外に出すこととされており，本件災害の原因となった油抜きは，Y5の行う予定だった作業内容には含まれていなかった。

してみれば，仮に安衛法第30条第2項前段に基づき本件指名がなされていても，Y5の思い付きによる予定外の危険作業まで予測できないし，被指名者が予め請負作業間の連絡調整をすることで，Y3とY4の作業の並行を避けられたとも言えない（下線は筆者が添付した）。このことは，Y5の行った油抜き作業がY4の請け負った作業と関連性があったとしても同様である。また，被指名者により同条所定の作業場所の巡視がされたとしても，右巡視の頻度は作業日ごとに1回以上でよい（安衛則第637条第1項）ので，Y5の行為の現認は殆ど期待できない（下線は筆者が添付した）。

よって，Y1による本件指名の懈怠と本件災害間には相当因果関係がない。
〈判決から汲み取り得る示唆〉

・民事法と刑事・行政法上の責任論は異なる。安衛法の刑事・行政法的側面は，予防目的なので，理論的には，法違反さえ認められればよく，損害の発生や，損害との相当因果関係は不要である。

逆に言えば，安衛法上，元方事業者に求められた統括管理義務や，危険性の高い特定事業の発注者に課された統括管理義務の履行担当者の選任義務は，それを怠ったからといって，必ずしも損害（労災）に結びつくとは限らないが，安全行動を誘うための秩序づくり

のため，予防的に定められたものといえる。

> (注文者の講ずべき措置)
> 第31条 特定事業の仕事を自ら行う注文者は，建設物，設備又は原材料（以下「建設物等」という。）を，当該仕事を行う場所においてその請負人（当該仕事が数次の請負契約によつて行われるときは，当該請負人の請負契約の後次のすべての請負契約の当事者である請負人を含む。第31条の4において同じ。）の労働者に使用させるときは，当該建設物等について，当該労働者の労働災害を防止するため必要な措置を講じなければならない。
> 2 前項の規定は，当該事業の仕事が数次の請負契約によつて行なわれることにより同一の建設物等について同項の措置を講ずべき注文者が二以上あることとなるときは，後次の請負契約の当事者である注文者については，適用しない。
> 第31条の2 化学物質，化学物質を含有する製剤その他の物を製造し，又は取り扱う設備で政令で定めるものの改造その他の厚生労働省令で定める作業に係る仕事の注文者は，当該物について，当該仕事に係る請負人の労働者の労働災害を防止するため必要な措置を講じなければならない。
> 第31条の3 建設業に属する事業の仕事を行う二以上の事業者の労働者が一の場所において機械で厚生労働省令で定めるものに係る作業（以下この条において「特定作業」という。）を行う場合において，特定作業に係る仕事を自ら行う発注者又は当該仕事の全部を請け負つた者で，当該場所において当該仕事の一部を請け負わせているものは，厚生労働省令で定めるところにより，当該場所において特定作業に従事するすべての労働者の労働災害を防止するため必要な措置を講じなければならない。
> 2 前項の場合において，同項の規定により同項に規定する措置を講ずべき者がいないときは，当該場所において行われる特定作業に係る仕事の全部を請負人に請け負わせている建設業に属する事業の元方事業者又は第30条第2項若しくは第3項の規定により指名された事業者で建設業に属する事業を行うものは，前項に規定する措置を講ずる者を指名する等当該場所において特定作業に従事するすべての労働者の労働災害を防止するため必要な配慮をしなければならない。

> (違法な指示の禁止)
> 第31条の4 注文者は，その請負人に対し，当該仕事に関し，その指示に従つて当該請負人の労働者を労働させたならば，この法律又はこれに基づく命令の規定に違反することとなる指示をしてはならない。

1 趣旨と内容

1 第31条

(1) 趣旨

建設業等の事業では，請負関係，特に重層的請負関係のもとで，発注者をはじめとする上位の注文者が，自身が管理する建設物等を関係請負人の労働者に使用させることが多いが，同人らがその管理権やリスク関連情報を持たないため，労災防止対策を講じにくい面があるため，設けられた規定である。本法としては珍しく，一定の条件を充たす「注文者」を対象として，[42]「建設物等」にかかる危険に特化して比較的直接的な防止措置を講じることを求めた規制であり，特定元方事業者を名宛人として一般的な危険防止を図るために統括安全衛生管理を義務づけた第30条（及び第15条）等とは，一の場所での混在作業を前提としていないこと，建設業・造船業のみを前提としていること，自ら直接的な措置を講じることも想定している点等で趣旨を異にする。端的にいえば，法第30条は，場の統括管理を目的とし，本条は，場ではなく物の管理を目的としている。したがって，物を取り扱う者を名宛人としている（畠中信夫氏のご教示による）。

第2項は，重層的請負関係下では，1つの建設物等について，複数の注文者が本条の義務を負うことになり，却って混乱を招きかねないため，最先次の注文者（数次の請負契約により，「仕事を自ら行う注文者」が複数ある場合における最先次の者）のみに第1項の労災防止措置を義務づけたものである。最先次の注文者でありながら発注者と表現しなかった理由は，建設物等の危険を伴う特定作業を自ら実施する者でなければならないため，発注者以外が措置義務者となる可能性がある（∵自ら仕事を行わない発注者が上位にいる場合，発注者以外が措置義務者となる）ことによると解される。

(2) 内容

建設業等の事業では，注文者は，同人が管理権やリスク情報を持っている建設物等（足場，型枠支保工，交流アーク溶接機等）を関係請負人の労働者に使用させる際，必要な労災防止措置を講じるべきとされている。その具体的内容は，法第36条に基づき，安衛則第644条から第662条に定められている。

なお，本条によって，同一の建設物等にかかる個々

の事業者の労災防止措置義務（法第20条～第25条等）が免除されるわけではなく、両者は重畳的に存在して、対象物等にかかる労災防止に貢献することが期待されている。[43]

①安衛則第644条：注文者は、関係請負人の労働者にくい打ち機やくい抜機を使用させる場合、それを法定基準に適合させるべきこと

②安衛則第645条：同じく軌道装置を使用させる場合、それを法定基準に適合させるべきこと

③安衛則第646条：同じく型わく支保工を使用させる場合、それを法定基準に適当させるべきこと

④安衛則第647条：同じくアセチレン溶接装置を使用させる場合、それを法定基準に適合する発生器室内に設けること（第1号）、一定の力量を持つ溶接装置の場合、それ用の法定基準に適合させるべきこと（第2号）、前号のもの以外の溶接装置については、清浄器、導管等、アセチレンが接触するおそれのある部分に銅を使用しないこと（第3号）[44]、発生器（アセトンに水を加えてアセチレンを発生させる機器）と安全器を、厚生労働大臣が定める規格に適合させるべきこと（第4号）、安全器の設置につき、法定基準に適合させるべきこと（第5号）

⑤安衛則第648条：同じく交流アーク溶接機（自動溶接機を除く）（アーク〔電弧：電極間の電位差を利用した空気中の放電現象〕の高熱を利用して、同じ金属同士を溶接する方法。溶接電流に直流と交流があり、一般に交流の方が値段は安いが、安定性は劣る）（**資料4-113参照**）を使用させる場合、原則として、厚生労働大臣が定める規格に適合する自動電撃防止装置を備えるべきこと

⑦安衛則第649条：同じく電動機械器具を、対地電圧が150Ｖを超え、移動式か可搬式、又は導電性の高い場所で使用させる場合には、それが接続される電路に、定格に適合し、感度良好で確実に作動する、感電防止用の装置を接続すべきこと（第1項）、それが難しい場合、電動機械器具の金属性外枠等の金属部分を接地できるものとすべきこと（第2項）[45]

⑧安衛則第650条：同じく潜函（地下水の多い地中や水中に設置された作業空間。ケーソン）等を使用させ、当該労働者が内部で明り掘削作業を行う場合、掘下げ深さが20ｍを超える時は送気設備を設けるべきこと（第1号）、その他法定基準に適合させるべきこと（第2号）

⑨安衛則第651条：同じくずい道等を使用させる場合で、当該労働者がその建設作業を行うときは、ずい道支保工を設ける等落盤や肌落ち防止措置を講じるべきこと（第1項）、ずい道支保工を法定基準に適合させるべきこと（第2項）

⑩安衛則第652条：同じくずい道型枠支保工を使用

資料4-113　交流アーク溶接機

（パナソニックコネクト株式会社 WEB サイト〔https://connect.panasonic.com/jp-ja/products-services_welding_products_arc-welding_shielded-metal-gouging, 最終閲覧日：2024年7月4日〕）

させる場合、当該支保工を法定基準に適合させるべきこと

⑪安衛則第653条：同じく作業床（一定の高さ以上で墜落防止のために確保される床。足場のほか、屋根等も該当する）、物品揚卸口、ピット（穴、竪坑）、坑、船舶のハッチ（船から人や物品を出し入れするための口）を使用させる場合、高さ2ｍ以上で墜落の危険のある箇所に、原則として、囲い、手すり等を設けるべきこと（第1項）、作業床で高さ／深さが1.5ｍを超える箇所には、昇降設備等を設けるべきこと（第2項）

⑫安衛則第654条：同じく架設通路（**資料4-114参照**）を使用させる場合、その通路を法定基準に適合させるべきこと

⑬安衛則第655条：同じく足場を使用させる場合、その足場について、作業床の最大積載荷重を決めて表示すべきこと（第1号）、悪天候や地震、足場の組立・解体等の後には、作業開始前に、所定の事項を点検し、必要に応じて修理すべきこと（第2号）、その他、厚生労働大臣が定める規格及び法規が定める基準に適合させるべきこと（第3号）（第1項）、第1項第2号の点検を行った場合、その結果と、講じた修理等の内容を記録して足場作業の終了まで保存すべきこと（第2項）

⑭安衛則第655条の2：同じく作業構台（**資料4-115参照**）を使用させる場合、その作業構台について、作業床の最大積載荷重を決めて表示すべきこと（第1号）、悪天候や地震、足場の組立・解体等の後には、作業開始前に、所定の事項を点検し、必要に応じて修理すべきこと（第2号）、その他、厚生労働大臣が定める規格及び法規が定める基準に適合させるべきこと（第3号）（第1項）、第1項第2号の点検を行った場合、その結果と、講じた修理等の内容を記録して作業構台を使用する作業の終了まで保存すべきこと（第2項）

⑮安衛則第656条：同じくクレーン等を使用させる場合、それを厚生労働大臣が定める基準や規格に適合させるべきこと

⑯安衛則第657条：同じくゴンドラ（**資料4-116参照**）を使用させる場合、それを厚生労働大臣が定める基準に適合させるべきこと

資料4−114　架設通路

（厚生労働省「職場のあんぜんサイト」〔https://anzeninfo.mhlw.go.jp/anzen_pg/sai_det.aspx?joho_no=100303，最終閲覧日：2020年12月13日〕）

⑰安衛則第658条：同じく局所排気装置（機械や設備など，粉じんの発生源にフードを取り付け，そこから空気を吸引することで，粉じんを外部に排出する装置）[46]（資料4−117参照）を使用させる場合であって，一定の特別規則で設置が義務づけられている場合，その性能を，特別規則のうち一定の規定が定める基準に適合させるべきこと

⑱安衛則第658条の2：同じくプッシュプル型換気装置を使用させる場合であって，一定の特別規則で設置が義務づけられている場合，その性能について，一定の特別規則が定める基準に適合させるべきこと

⑲安衛則第659条：同じく全体換気装置（作業場外から清浄な空気を取り込み，作業場内で発散している有害物質と混合・希釈しながら作業場外に排出し，作業場内の有害物質の濃度が有害な程度にならないように引き下げて，作業者のばく露を少なくする換気方法であり，密閉や局所排気の措置が困難な場合であって，粉じんの有害性があまり高くない場合に採用される）[47]（資料4−118参照）を使用させる場合であって，一定の特別規則で設置が義務づけられている場合，その性能を，特別規則のうち一定の規定が定める基準に適合させるべきこと

⑳安衛則第660条：同じく潜函工法（地下水の多い地中や水中に設置された作業空間。ケーソン）等の圧気工法に用いる設備であって，作業室内部の圧力が大気圧を超えるものを使用させる場合，その設備を高圧則の該当規定が定める基準に適合させるべきこと

㉑安衛則第661条：同じく施行令が定めるエックス線装置を使用させる場合，その装置を厚生労働大臣が定める規格に適合させるべきこと

㉒安衛則第662条：同じく安衛法施行令が定めるガンマ線照射装置[48]を使用させる場合，その装置を厚生労働大臣が定める規格に適合させるべきこと

本条第1項には法第119条（6月以下の懲役又は50万円以下の罰金）の適用がある。

2　第31条の2

(1) 趣旨

業務の外注化の進展に応じて，危険有害な化学物質を製造し，又は取り扱う設備等の改造，修理，清掃等の作業が外注されることも増え，外注先がその設備等にある化学物質の危険有害性や対応策等の情報を知悉しなかったことで生じる労災が生じていたため，平成17年の安衛法改正（平成17年11月2日号外法律第108号）により，注文者と関係請負人間のリスクコミュニケーションを図るため，設けられた規定である。

発注者を含め，注文者に罰則付きの義務を課した珍しい条規であり，畠中元教授は，「理念的にも，また

資料4−115　作業構台

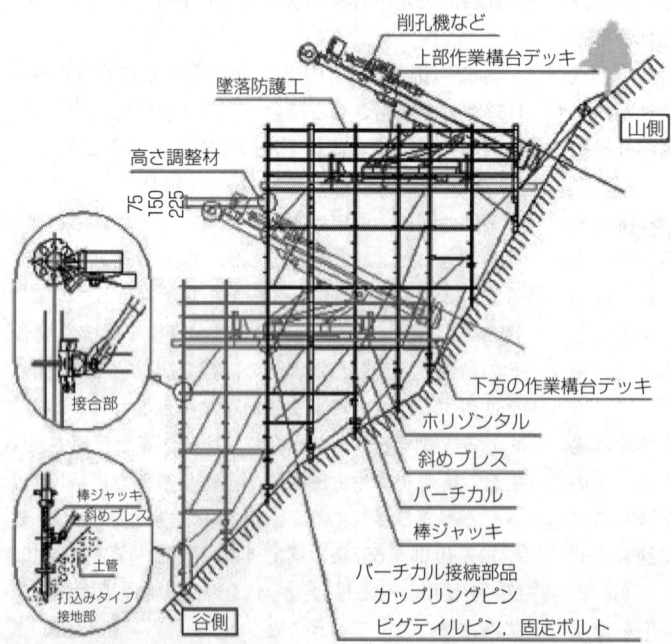

（日綜産業株式会社WEBサイト〔https://www.nisso-sangyo.co.jp/products/series/bank-8，最終閲覧日：2024年6月28日〕）

資料4-116　ゴンドラ

(写真提供：日本ビソー株式会社)

資料4-118　全体換気装置

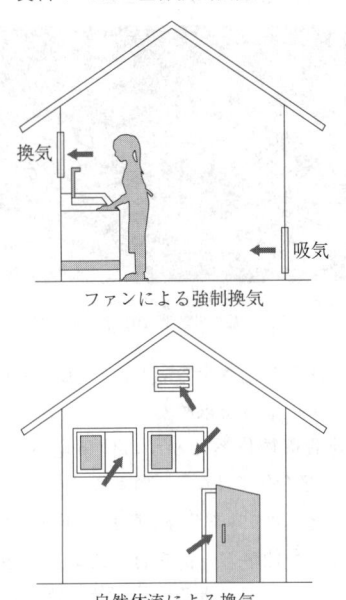

ファンによる強制換気

自然体流による換気

(資料4-117をもとに作成)

資料4-117　局所排気装置

囲い式フード

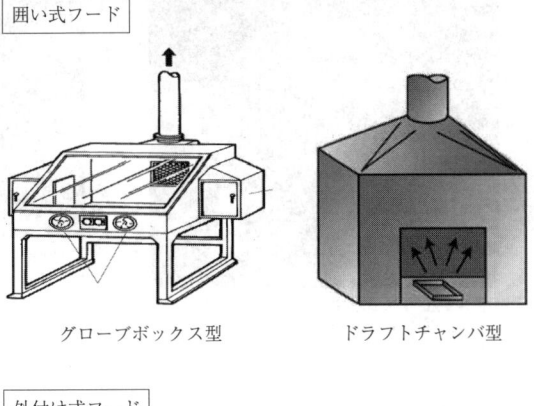

グローブボックス型　　ドラフトチャンバ型

外付け式フード

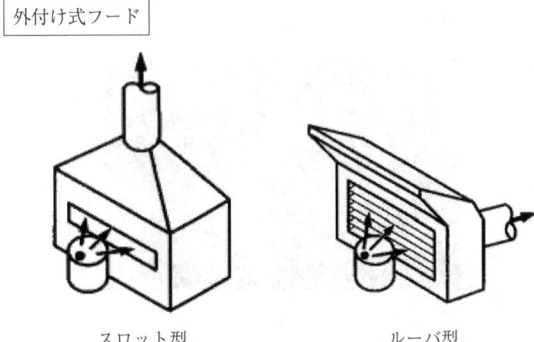

スロット型　　　　ルーバ型

(厚生労働省「職場のあんぜんサイト」〔https://anzeninfo.mhlw.go.jp/user/anzen/kag/pdf/taisaku/common_Ventilating.pdf，最終閲覧日：2024年7月30日〕)

実際の上でも極めて重要な規定」と評している[49]。

(2) 内容

本条は，特定の爆発性，引火性の物質，大量漏洩により急性障害を招く物質を製造し，又は取り扱う設備の改造，修理，清掃等の仕事であって，設備の分解，内部への立ち入り等，物質にばく露する作業を伴うもの(安衛則第662条の3)の注文者に，それらの物質に起因する労災の防止措置を講じること，具体的には，そうした化学物質の危険有害性，作業上の留意点等を文書で関係請負人に提供することを求めている。

本条の名宛人は注文者であり，先ずは当該仕事の発注者が履行の義務を負うが，本条が定める条件を充たす者(対象設備にかかる特定の作業を伴う仕事の注文者)は，全て該当する。これは，当該作業に関わるか否かを問わず，それに関するリスク関連情報を知る立場にある者に，一定の危害防止責任を負わせようとする趣旨に発しており，例えば，重層的請負構造下で，3次下請によって当該仕事が行われる場合，1次，2次下請も連鎖的に義務主体となる[50]。

対象となる設備は，以下の2つである(安衛法施行令第9条の3)[51]。

①化学設備及びその附属設備

安衛法施行令別表第1に定められた爆発性の物質のうち火薬類取締法第2条第1項が定める火薬類を除くものの製造や取扱いを行う設備，引火点が65度以上の物の引火点以上での製造，取扱いを行う設備(加熱炉〔金属などを加熱して加工などを行う炉。資料4-119参照〕，反応器〔化学物質の製造過程で化学反応を生じさせる機器。資料4-120参照〕，蒸留器〔液体を熱して蒸気としたものを冷却することで純度の高い液体をつくる機器。資料4-121参照〕など)で，移動式でないものとその附属設備を意味する。

②特定化学設備及びその附属設備

特定化学物質障害予防規則第2条第3号が定める特定第2類物質(がん等の慢性・遅発性障害を引き起こす物質のうち，第1類物質に該当しない〔≒第1類物質ほど有害性が強くない〕が，特に漏洩に留意すべき物質)や安衛法施行令別表第3第3号が定める第3類物質(第1類，第2類物質ほど有害性は強くないが，大量漏洩があれば，急性中毒を生じるおそれのある物質)の製造，取扱いを行う設備で，移動式ではないものとその附属設備(資料4-122参照)を意味する。

①②の附属設備とは，化学設備に附設された化学

資料4-119　加熱炉

（中外炉工業株式会社WEBサイト〔https://chugai.co.jp/pro_05_steel_01/，最終閲覧日：2024年7月24日〕）

資料4-120　反応器

©iStock

資料4-121　蒸留器（ポットスチル）

資料4-122　特定化学設備（イメージ）

資料4-123　化学設備の動力機、圧縮機など

（株式会社神戸製鋼所WEBサイト〔https://www.kobelco-machinery-energy.com/compressor/product/，最終閲覧日：2024年11月12日〕）

設備以外の設備をいい、動力装置、圧縮装置、給水装置、計測装置、安全装置など（**資料4-123参照**）が該当する。

　注文者が講ずべき具体的措置は、法第36条に基づき、安衛則第662条の4第1項に定められている。注文者の種類により以下のように分かれる。[52]

①発注者（他者から請け負っていない原注文者）の場合
　ア　化学物質等安全データシート（MSDS）や書籍、学術論文等から抜粋した物質の危険有害性情報、
　イ　各作業ごとに安全衛生面に配慮した作業方法、作業場所の周囲の設備の稼働状況などの安全衛生に関する連絡事項、
　ウ　動力源の遮断、バルブ・コックの閉止、設備内部の化学物質等の排出等、発注者により実施済みの安全衛生措置に関する情報、
　エ　当該物質の流出等の事故が発生した場合に講じるべき応急措置。

②発注者以外の注文者の場合
　①により交付された文書の写しを、請負人の作業開始前に、その請負人に交付すること。

　本条には、法第119条（6月以下の懲役又は50万円以下の罰金）の適用がある。

3　第31条の3

（1）趣旨

建設現場での建設機械による共同作業で、異なる事業者の労働者間の連携・連絡不足等から生じる建設機械への接触等による労災が生じていたことから、当該共同作業全体の統括者を指名し、それに従事する全労働者の災害防止措置を求めたものである。

　この、建設機械作業にかかる仕事全体（ここで仕事とは、建設工事全体ではなく、例えば、そのうちパワー・ショベルを使う基礎工事部分等を指す）の安全確保の必要性から、自らも仕事の一部を行うため、仕事にかかる事情を認識し、管理できる発注者等（特定発注者等〔安衛則第662条の6等〕）に統括を託す趣旨で、平成4年の法改正（平成4年5月22日号外法律第55号）で新設され、平成17年の法改正（平成17年11月2日号外法律第108号）でナンバリング改正（旧第31条の2から第31条の3へ改定）された。

　イメージとしては、2以上の協力会社が、建設機械を用いて荷のつり上げ等の作業を行う場合に、その作業全体を管理している1次請負人が、作業内容、立入禁止区域の情報共有、統一的な作業マニュアルの策定のような調整を行うことを想定している。

（2）内容

本条は、表現が難解なうえ、特に法第29条や第30条との区別がつきにくいが、そもそも異なる事業者（縦関係とは限らず、分割注文による横関係も想定していると解される）の労働者間の連携・連絡不足等による建設機械への接触等による労災を防止するため、自らも仕事の一部を行うため、リスク関連情報（と場合によっては管理権限）を持つ発注者、1次下請等に統括安全管理を託す趣旨で、平成4年法改正で新設されたものである。

　名宛人は、重量の重いパワー・ショベルなどの建設

機械等を用いる特定の危険作業を「共同して」行う複数の事業者のうち，仕事の一部を行う（作業の案内や示唆をするだけの者は該当しない）発注者や1次請負人である。一見すると，建設業・造船業の元方事業者の統括安全管理義務を定めた法第30条等と類似するが，本条第1項は，**資料4-124**のように，パワー・ショベル等特定の建設機械等を用いた共同作業を行う点線内の事業者のうち，その特定の仕事の一部を行う1次請負人を主な措置義務者としたものである（本体工事が特定作業を要する場合，資料の1次請負人が発注者になり，措置義務者となり得る）。

名宛人が講ずべき労災防止措置は，特定作業を行う関係請負人に対する，作業内容，作業にかかる指示系統及び立入禁止区域にかかる連絡と調整であり，名宛人が，関係請負人の労働者を含めて，これらを体系的に作業計画化し，関係請負人に周知すれば，本条の義務を果たしたことになる（平成4年8月24日基発第480号）。

他方，第2項は，第1項の名宛人該当者がいない場合（例えば，発注者が自らその仕事の一部を行っていない，「特定建設機械作業を伴う仕事」の全部を請け負った者がいない等の場合）には，当該仕事を自身は行わない本体工事の元方事業者が，本条の措置義務者を指名する等の配慮を行うよう義務づけている（**資料4-125**）。被指名者は，本条履行の法的義務は負わないが，本条の趣旨に即して請負人に適切な措置を講じるよう指導すべきとされている（平成4年8月24日基発第480号）。

4 第31条の4

(1) 趣旨

建設工事等では，注文者と請負人が同じ場所で仕事をすること等から，注文者が請負人に仕事にかかる指示をすることが多いこと，その内容に従うと安衛法令違反となるような不適切な指示が行われる例がみられたため，平成4年の法改正（平成4年5月22日法律第55号）で設けられた規定である。

(2) 内容

本条は，注文者を名宛人として，請負人に仕事の指示をする場合に，例えば，クレーンのつり上げ能力を超える荷のつり上げを指示すること，建設機械の目的外の作業を同機械で行うよう指示すること等，請負人の安衛法令（他の法令への言及はない）違反に直接つながるような指示を行うことを禁じている。

第29条は，元方事業者に関係請負人やその労働者が主体となった法令違反の是正を図らせる規定だが，本条は，注文者に同人が主体となって関係請負人らに法令違反をさせないよう図った規定である。

本条にいう請負人は，第31条の定義の同条による援用により，重層的請負関係において，名宛人より後次

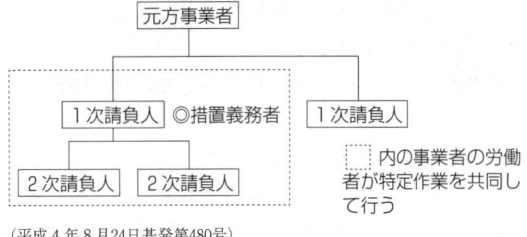

（平成4年8月24日基発第480号）

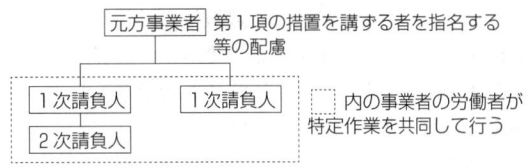

（資料4-124に同じ）

の請負人は全て含まれるが，第31条第2項の援用規定はないので，本条の名宛人が最先次の注文者である必要はない（∴最後次を除き，各次請負人が名宛人となり得る）と解される。

本条の適用は，指示者の安衛法令違反の発生の認識を前提にしているので，指示内容が一般的で，請負人が安衛法令に違反せずに指示を遵守できる場合には適用されない（平成4年8月24日基発480号）。

2 関連規定：法条

法第31条の2の趣旨を石綿障害予防に展開した規定として，石綿障害予防規則第8条が挙げられる。同条は，「解体等の作業を行う仕事の発注者（……）は，当該仕事の請負人に対し，当該仕事に係る解体等対象建築物等における石綿等の使用状況等を通知するよう努めなければならない」と定めている。

3 沿革

1 制度史

省略。

2 背景になった災害等

第31条については，建設業等の事業では，特に重層的請負関係下で，発注者をはじめとする上位の注文者が，自身が管理する建設物等（建設物，設備，原材料）を関係請負人の労働者に使用させることが多いが，同人らがその管理権やリスク関連情報を持たないため，労災防止対策を講じにくいことに起因する労災が生じていたこと，

第31条の2については，業務の外注化の進展に応じて，危険有害な化学物質の製造等を行う設備等の改造，修理，清掃等，請負人の作業者にばく露危険をもたらす作業の外注も増え，外注先がその設備等にある

化学物質の危険有害性や対応策等の情報を知悉しなかったことで生じる，一酸化炭素中毒，爆発，火災等の労災が生じていたこと，

第31条の3については，建設現場での建設機械による仕事で，異なる事業者の労働者での連携・連絡不足等から生じる接触等の労災が生じていたこと，

第31条の4については，建設工事等では，注文者と請負人が同じ場所で仕事をすること等から，注文者が請負人に仕事にかかる指示をすることが多いことを前提に，例えば，クレーンのつり上げ能力を超える荷のつり上げを指示すること，建設機械の目的外の作業を同機械で行うよう指示すること等，その内容に従うと安衛法令違反となるような不適切な指示が行われる例がみられたこと，

等の事情がこれらの条規の制定を促した。

4 運用

1 適用の実際

法第31条は，比較的多く違反が指摘される条規であり，違反による送検件数を記した令和2年公表「労働基準関係法令違反に係る公表事案」（https://www.mhlw.go.jp/content/000534084.pdf，最終閲覧日：2020年7月9日）によれば，令和元年6月1日から1年間で，送検の件数が多い順に，第21条（107件），第20条（102件），第100条（49件），第31条（22件），第61条（19件），第14条（9件），第22条（9件）などとなっていた。是正勧告を典型とする違反の指摘件数を記した「令和2年労働基準監督年報」の定期監督等実施状況・法違反状況（令和2年）では，合計4130件に達していた。

他の主要条文違反に関するものも含めた平成11年以後の経年データについては，後掲する資料4-128・129を参照されたい。

建設現場での足場や開口部からの墜落防止対策が不十分な場合に，事業者に法第21条違反を指摘するのに合わせ，注文者に法第31条違反を指摘することが多い（令和2年度厚生労働科学研究費補助金〔労働安全衛生総合研究事業〕「労働安全衛生法の改正に向けた法学的視点からの調査研究」〔研究代表者：三柴丈典〕による行政官・元行政官向け法令運用実態調査〔三柴丈典担当〕）。玉泉孝次氏（元労働基準監督署長）も，下請の違反で元請も同時に送検できる便利な条規であり，送検の実績づくりにもなるため，そうした運用がよくなされるとする。

ある監督官によれば，例えば，下請が使用する足場に安衛則第563条（高さ2m以上の足場に所定の作業床を設置すべきこと等）や第570条（敷板・敷角，筋かい等の足場の補強関係）違反があれば，原則として注文者にも安衛則第655条（注文者による足場の安全のための材質・構造の確保，点検や修理等）違反で是正勧告又は命令を行うといったパターンが半ば手順化されており，それは建設現場等の監督指導を企業単位ではなく常に「場」という単位で実施しているからだという。こうした対応関係は多々あるという。

また，「労働基準監督年報」に掲載される監督件数は，1つの建設現場であっても，複数の業者（元請，下請，孫請等）に是正勧告等を行えば複数件の監督とカウントされるため，こうした法運用が結果として監督機関としての数字上の実績になる面もあり，注文者に対する指導を抑制させるような要因はないとの意見もあった。

違反指摘の具体例には以下のようなものがある。

木造半地下2階建ての住宅工事現場で，ツーバイフォー工法（一定の規格の木材を使用して工場で作成した部材を現地で組み立て，基本的に柱を設けず完成させる工法）による建築工事を請け負っていた2次下請Aの現場責任者X（Aの専務であり，現場責任者として同社作業員の監督指導業務に従事）が，現場で建築中の建物の1階床上から地上に降りようと，鋼製足場板（長さ4m，幅32cm）を途中までわたり，山積みされていた木片（「ころび止め」。足場板との間に約80cmの段差があった）を階段代わりにして地上に降りようとして足を乗せたところ，崩れてバランスを失い，開口部から3mほど下の地下まで墜落し，脳挫傷で死亡した（資料4-126）。

原因として，開口部に手すりや覆い，囲い等の墜落防止措置が講じられていなかったこと，本人が仮置きの木片を階段代わりにしたこと，保護帽を着用していなかったこと，元請が下請に安全指示を出していなかったこと等が考えられたことから，元請は，安衛法第31条第1項（安衛則第653条第1項）違反，Aとその社長は法第21条第2項（安衛則第519条第1項）違反で送検された（労働調査会編著『送検事例と労働災害　平成12年版』〔労働調査会，2000年〕34-35頁）。

その他，匿名ながら，第31条の4関係で，マンションの管理組合から受注した建物の外壁改修工事の施工中に石綿含有塗材がみつかったにもかかわらず，当該組合が施工業者に対し，それが含有されていないものとして工事をするよう求めたケースがあったとの情報もあった（某監督官）。

2 関係判例

【民事事件】

● 自身も仕事の一部を行う注文者（1次請負人）が管理する造船所内で作業をしていた下請労働者が，造船中の船舶上（甲板）の開口部から墜落死した事案につき，当該注文者は，現行法第30条の前身である旧労災防止団体法第57条の名宛人（旧法上の元方事業主：統括安全衛生管理義務者）に当たるが，統括管理

資料4-126　災害発生状況図

（労働調査会編著『送検事例と労働災害　平成12年版』〔労働調査会，2000年〕35頁）

資料4-127　事件関係者

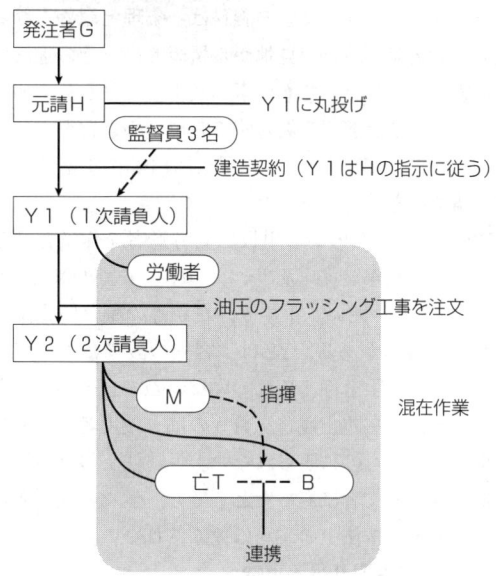

（三柴丈典作成）

義務の一環として墜落防止措置の義務があったとは言えないし，その紐付き省令が建設業等の注文者の墜落防止措置を定めていた旧労災防止団体法第58条（現行法第31条の前身）についても，名宛人には当たるものの，当該下請（労働者）に当該開口部を使用させたと認められないので，適用されないが，当該規定の趣旨に照らし，条理上，墜落防止措置を講じる民事上の注意義務があったとした例（常石造船事件・神戸地判昭48・4・10判時739号103頁〔確定〕）

〈事実の概要〉

元請H社から約2000tの船体建設工事を請け負った造船業者であるY1から油圧パイプのフラッシング工事（配管システムの接続完了後の配管の清掃処理）を請け負ったY2の従業員であった亡Tは，同僚Bと共にY2のMの指揮監督下に入り，建設中の船体の船上（甲板）で当該工事にかかる作業中，開口部から深さ約6mの船底に墜落し，頭蓋底骨折により死亡した。すなわち，甲板中央付近に置いた複数のドラム缶（フラッシングオイル）とそこから約20m離れたところに仮置きした貯蔵用タンクの間を送油するためのビニールパイプを敷いた後，ポンプを始動したが，送油が不調なため，亡TがB先導でBと共に，貯蔵タンクからドラム缶へ向けて，パイプの異常の有無を点検しながら移動中，開口部から船底に墜落し，頭蓋底骨折により死亡した。

開口部には手すり，囲い，覆い，防網はなく，看視人も設置されていなかった。

元請Hと発注者Gは，船舶建設工事中に随時監督検査等を行い，Y1は元請Hの指示に従う旨の建造契約を締結しており，現に元請Hから監督員3名が常駐派遣されていた（**資料4-127**）。

そこで，亡Tの遺族（Xら）が，Yらを相手方として，不法行為に基づく損害賠償請求をした。

〈判旨：Xら請求認容〉

Y1は，元請Hから船体建造等を請け負い，自己の造船所内で当該工事を自ら行うと共に注文者としてY2に一部を請け負わせ，その労働者に自身の建設物等を使用させているので，Y1は，災防法第57条第1項（＊現行法第30条第1項に相当）の元方事業主（前述の通り，旧災防法では，これは統括安全衛生管理義務者を意味した。以下，発注者らによる分割発注によって，現行法第30条第1項，旧災防法第57条第1項所定の統括管理義務を負う者が複数生じる場合に，指名を受けてその履行責任を負う者を「統括安全衛生管理義務者」という）に当たるが，元請Hは，（＊純粋な丸投げ業者なので，）これに該当しない。

また，Y1は，災防法第58条第1項（＊現行法第31条第1項に相当）の注文者にも当たる。同条第1項所定の「注文者」が元請Hに限らないことは，同条第2項の「注文者」が元請に限らないことから明らかである。(59)

よって，Y1には同法第57条第1項（現行法第30条第1項に相当）に基づく統括管理義務があるが，同義務から本件甲板上の開口部に墜落防止措置を講ずべき義務が生じるとは解しがたい。同法第58条第1項（これを具体化した同法施行規則第30条第1項第1号が，同法条所定の注文者が関係請負人の労働者に使用させる建築物等が作業床，物品揚卸口，ピット，坑又は船舶のハッチであって，高さが2m以上で墜落危険がある場所には，囲い，手すり，覆い等を設けるべきことを規定していた）はあるが，Y1がY2に本件甲板開口部を使用させた証拠はないから，本件でその義務があったとは言えない。(60)

しかし，災防法の元方事業主，建設物等を使用させる自ら仕事を行う注文者の義務は，条理上認められる義務を労災発生防止の見地から積極的に，その違反には災害が発生しなくても刑事制裁することとして明文化したものに過ぎず，災防法の右規定の趣旨からしても，Y1には，条理上，本件甲板開口部に墜落防止措置を講ずべき義務があった。

Y2は，開口部のある甲板上で労働者を作業させる以上，労基法第42条（及びそれに紐づく安衛則第519条第1項）により，囲い，手すり，覆い等の墜落防止措置を講じる義務がある。Y2は，客先の設備については危害防止の権限を与えられていないので当該義務はないというが，右防止義務を負うのは，使用者が所有・管理しているものに限られない。災防法上の墜落防止措置義務が注文者にあったとしても，個々の使用者が本来有する労基法上の義務は免除されない。

〈判決から汲み取り得る示唆〉

旧災防法第57条第1項（現行法第30条第1項に相当。場所の管理目的）が設定しているのは一の場所における元方事業者の統括管理義務であるため，元方事業者自らが墜落防止措置を講じる等の義務は導かれ難い。

他方，旧災防法第58条第1項（現行法第31条第1項に相当。物の管理目的）の定めは，おそらく仕事を丸投げしていた元請Hよりむしろ，仕事の一部を担う注文者であって危険物を関係請負人の労働者に使用させていたY1に適用されることとなる。そして，同条は，同人に旧災防法第57条（現行法第30条に相当）より直接的な措置を義務づけている。しかし，関係請負人の「労働者に使用させる建設物等」の安全確保を目的とした規定であり，紐づく規則もその前提をとっているため，そもそも関係請負人（の労働者）に使用させたといえない場合，同条は適用され得ない。ただし，その条規の趣旨，すなわち自ら仕事の一部を行うため，仕事をめぐる種々の事情を承知し，したがってリスクに関する情報や権限を持つ上位の注文者に，所要の労災防止措置を講じさせようとした趣旨は，条理として，民事上の注意義務に反映される。

（請負人の講ずべき措置等）

第32条　第30条第1項又は第4項の場合において，同条第1項に規定する措置を講ずべき事業者以外の請負人で，当該仕事を自ら行うものは，これらの規定により講ぜられる措置に応じて，必要な措置を講じなければならない。

2　第30条の2第1項又は第4項の場合において，同条第1項に規定する措置を講ずべき事業者以外の請負人で，当該仕事を自ら行うものは，これらの規定により講ぜられる措置に応じて，必要な措置を講じなければならない。

3　第30条の3第1項又は第4項の場合において，第25条の2第1項各号の措置を講ずべき事業者以外の請負人で，当該仕事を自ら行うものは，第30条の3第1項又は第4項の規定により講ぜられる措置に応じて，必要な措置を講じなければならない。

4　第31条第1項の場合において，当該建設物等を使用する労働者に係る事業者である請負人は，同項の規定により講ぜられる措置に応じて，必要な措置を講じなければならない。

5　第31条の2の場合において，同条に規定する仕事に係る請負人は，同条の規定により講ぜられる措置に応じて，必要な措置を講じなければならない。

6　第30条第1項若しくは第4項，第30条の2第1項若しくは第4項，第30条の3第1項若しくは第4項，第31条第1項又は第31条の2の場合において，労働者は，これらの規定又は前各項の規定により講ぜられる措置に応じて，必要な事項を守らなければならない。

7　第1項から第5項までの請負人及び前項の労働者は，第30条第1項の特定元方事業者等，第30条の2第1項若しくは第30条の3第1項の元方事業者等，第31条第1項若しくは第31条の2の注文者又は第1項から第5項までの請負人が第30条第1項若しくは第4項，第30条の2第1項若しくは第4項，第30条の3第1項若しくは第4項，第31条第1項，第31条の2又は第1項から第5項までの規定に基づく措置の実施を確保するためにする指示に従わなければならない。

1　趣旨

本条は，法第30条及び第31条と両条の枝番号条規（以下，本項において「法第30条等」という）が定める特定元方事業者や注文者（以下，本項において「特定元方事業者等」という）の義務に対応する，その他の請負人及びその労働者（以下，本項において「請負人等」という）の義務を規定している。

特定元方事業者等は，請負人等に対して指揮命令権を持たないため，法30条等の実効性確保のため，本条が必要となった経緯がある。

旧労災防止団体法第59条にも概ね同趣旨の規定があった。

2 内容

本条所定の措置は，法第36条に基づき，安衛則で例示的ではなく限定的に以下のように具体化されている。

1）第1項により請負人が講じるべき措置（法第30条第1項により，特定元方事業者が講じるべき統括管理に対応する義務）

　①協議組織への参加（安衛則第635条第2項）
　②巡視の受入れ（同第637条第2項）
　③クレーン等の運転に関する合図を特定元方事業者が定めた統一基準に合わせること（同第639条第2項）
　④統一標識による事故現場等の明示と原則立入禁止措置（同第640条第2項・第3項）
　⑤有機溶剤等の容器の統一箇所への集積（同第641条第2項）
　⑥エックス線装置への電力供給の際の統一基準による警報及び危険区域からの原則退避措置（同第642条第2項・第3項）
　⑦避難訓練を行う場合の統一基準への準拠（同第642条の2第2項・第3項，第642条の2の2）

2）第2項により請負人が講じるべき措置（法第30条の2により製造業等の元方事業者が講じるべき部分的な統括管理に対応する義務）

　①クレーン等の運転に関する合図を元方事業者が定めた統一基準に合わせること（同第643条の3第2項）
　②統一標識による事故現場等の明示と原則立入禁止措置（同第643条の4第2項・第3項）
　③有機溶剤等の容器の統一箇所への集積（同第643条の5第2項）
　④エックス線装置への電力供給の際の統一基準による警報及び危険区域からの原則退避措置（同第643条の6第2項・第3項）

3）第3項により請負人が講じるべき措置（法第30条の3により建設業等の元方事業者や被指名事業者が講じるべき爆発・火災等での救護措置に対応する義務）

　元方事業者らが行う労働者の救護に必要な訓練への協力（安衛則第662条の9）

4）第4項により請負人が講じるべき措置（法第31条により最先次の注文者が建設物等について講じるべき措置（安衛則第644条から第662条まで）に対応する義務）

　①当該措置の不履行を認識次第注文者に申し出ること（同第663条）
　②当該措置のために注文者が行う点検補修等の措置の受入れ（同前）

5）第5項により請負人が講じるべき措置（法第31条の2により化学物質等の製造等を行う設備の改造，清掃等，当該物質へのばく露危険のある作業を伴う仕事の注文者によるリスク関連情報の提供等の労災防止措置に対応する義務）

　最先次の注文者を注文者に読み替えるほか，第4項に同じ（安衛則第663条の2）

6）第6項により労働者が講じるべき措置（法第30条（特定元方事業者による統括管理），第30条の2（製造業等元方事業者による部分的統括管理），第30条の3（建設業等元方事業者による爆発・火災等の際の救護），第31条（最先次の注文者による建設物等にかかる労災防止措置），第31条の2（化学物質等へのばく露危険作業にかかるリスク関連情報の提供）により元方事業者らが講じるべき措置や，本条第1項から第6項に基づき，これらに対応して請負人らが講じる措置に対応する義務）

　現段階で，具体的規定なし（そもそも第36条による省令委任の対象外）

7）第7項により請負人及び労働者が講じるべき措置（法第30条以下の諸規定により特定元方事業者，元方事業者，最先次の注文者，請負人が講じる措置の実効性確保のために発する指示に従う義務）

　現段階で，具体的規定なし（そもそも第36条による省令委任の対象外）

<u>元方事業者ら所定の上位者に課された義務の履行への対応措置を関係請負人に義務づけた本条第1項から第5項，その労働者を対象として同様の義務を課した第6項には，法第120条が金50万円以下の罰金を定めているが，元方事業者ら所定の上位者が課された義務の履行のために関係請負人やその労働者に行う指示に従う義務を課した第7項に罰則はない。</u>

本条第7項に引き継がれた旧労災防止団体法第59条第4項にも罰則はなかったが，元行政官の解説書では，その理由は，その定めの性質によると説明されていた。[61]

3 運用

1 適用の実際

法第32条は，違反指摘は少ない条規であり，違反による送検件数を記した令和2年公表「労働基準関係法令違反に係る公表事案」（https://www.mhlw.go.jp/content/000534084.pdf，最終閲覧日：2020年7月9日）によれば，令和元年6月1日から1年間で，違反による送検件数は0件だった。是正勧告を典型とする違反の指摘件数を記した「令和2年労働基準監督年報」の定期監督等実施状況・法違反状況（令和2年）でも，合計12件にとどまっていた。

他の主要条文違反に関するものも含めた平成11年以後の経年データについては，**資料4-128・4-129**を参照されたい。

資料4-128 労働基準監督年報の経年データ①(送検件数)(資料3-54再掲)

	合計	10	11	12	13	14	16	17	18	20	21	22	23	25	25の2	26	30	30の2	31	31の2	31の4	32
平成11年	784					37		1		269	237	17	7				17		24			
平成23年	542					19				163	140	8	1				9		22	1	2	
平成24年	614		1			28				151	168	8	8			1	9	1	23	1		
平成25年	560	2	1	1	1	24				179	156	11	7				6		26	1		
平成26年	628				2	12			1	199	173	9	1				10		26			
平成27年	550		1	1		24				180	140	9	1	1			9		12			
平成28年	497					17		1		135	135	11	6				11		26			
平成29年	474					9				159	125	10	3				8		23			
平成30年	529					15	1			169	148	13	4				15		13			
平成31年	469			1		19				149	130	19	4				8		20			
令和2年	505					14				164	153	15				1	10		21			1

＊上の番号は、安衛法の条文を指す。
＊数値は、労働安全衛生法違反の送検人員数ではなく、事件数を指す。1事件で複数の被疑条文がある場合には、その主たる被疑条文により件数を計上し
(森山誠也作成)

資料4-129 労働基準監督年報の経年データ②(違反指摘件数)(資料3-55再掲)

	定期監督等実施事業場数	同違反事業場数	10	11	12	13	14	15	17-19	2025		30	31	32	33・34
平成11年	146160	87285	71	855	4540		7238	14	2723	29865	3939	1221	5417	43	37
平成23年			40	819	4914		4230	7	3569	23116	3092	820	4175	57	17
平成24年			36	851	5696		5132	3	3395	25878	4647	918	4768	56	14
平成25年			64	766	5361		5425	1	3369	25074	5115	1038	4687	23	19
平成26年			46	684	5541		6099	7	2923	25645	6571	1025	4775	27	19
平成27年			44	731	5743		6966	7	3109	25474	7540	926	4635	29	15
平成28年			39	693	5563		6572	9	2991	23664	7034	865	4333	34	17
平成29年	135785	92695	38	608	5155		5791	3	2703	23816	6080	796	4476	37	16
平成30年	136281	93008	41	575	5232		5139	1	2834	24165	5134	809	4215	48	9
平成31年	134981	95764	36	646	5075	888	4480	1	2604	23604	4591	870	4171	27	24
令和2年	116317	80335	25	427	3584	590	4025		1795	22432	4148	734	4130	12	11

＊上の番号は、安衛法の条文を指す。本表の条文表記については、枝番号を特記している場合を除き、全ての枝番号を含む。
(森山誠也氏作成)

匿名ながら、労働者を対象とする是正勧告は殆どなされないとの意見もあった。

玉泉孝次氏(元労働基準監督署長)によれば、少ないながら存在する適用例の典型は、特定元方事業者が設置運営する協議組織(法第30条第1項第1号、安衛則635条第1項第1号)に関係請負人が参加しない場合(安衛則第635条第2項)であり、同氏自身にも送検の経験があるとのことであった。この場合には、当然のように、特定元方事業者自身も安衛則第63条第1項(全ての請負人が参加する協議組織を設置運営すること)違反で送検することになる。また、協議組織に参加しない下請業者が複数あれば、送検件数が増えるため、監督署として実績になるとのことであった。

2 関係判例

見当たらなかった。

考察と結語:第29条～第32条

現行安衛法では、事業場内外での(事業場外では、特に請負契約を媒体とする混在作業にかかる)安全衛生管理体制の構築が、その特徴の一つであり、実際に労災防止効果を生んだ要素の一つと解される(このことは、令和元年-3年度厚生労働科学研究費補助金〔労働安全衛生総合研究事業〕「労働安全衛生法の改正に向けた法学的視点からの調査研究」〔研究代表者:三柴丈典〕で実施した社会調査の結果〔国立保健医療科学院 WEB サイト(https://mhlw-grants.niph.go.jp/project/149040、最終閲覧日:2023年7月14日)掲載の別添資料〕からも窺われる)。監督指導実績からは、特に作業主任者選任が重視されてきたことが窺われるが、本来、その本質は、対策における専門性の確保と共に、組織的、集団的な安全行動の秩序

33	35	37	38	40	42	43	44	44の2	45	55	59	61	65	66	88	91	94	98	100	103	108の2④	120
3		1	1	1	2				4		11	75	2	1	74							
		1		3	1				7		9	42		1			1		111			
1			1	3		1			4	1	14	40	1	10	3	3			131	1		1
4		1		1		1			1		6	31	1	3	2			1	89			2
1		3		3					4		11	40		1	4				127			1
		1							2	4	16	31	1	2					114			1
									6	1	16	35		7	1				86			2
		2							3		10	30	2	3		2			83	1		1
		2		1					2	3	10	34		1	2	3	1		90			1
		1		1					2		4	20	1	1	2				86			
1		2		1					2	1	12	22	1	1	3			1	79			

ている。

37	38・40	42・43	44・44の2	45	55・56	57	59・60	61	65	66	66~66の6	66の8・66の8の2・66の8の4	66の8の3	66の10	88
4	57	227	6	8037	0	10	2095	3010	1818	8206					989
2	57	52	4	6348	10	6	1880	1850	1561	16459					421
4	56	59	3	7355	11	4	2159	2127	2051	17475					441
5	73	44	3	6642	3	10	1963	1959	2404	18839					529
1	53	42	5	7325	7	31	1981	1817	3544	18747					599
2	48	35	2	7667	7	15	2106	1820	4014	20190					604
3	48	29	2	7020	1	63	1982	1490	3881	19716					537
3	46	27	10	6455	5	165	1868	1434	3305	20586					580
4	46	34	1	6511	2	186	1760	1376	2855	22359					527
3	41	22	3	6047	2	216	1678	1224	2176		27618	379	4120	173	605
1	51	25	2	5433	4	216	1477	1104	1899		20153	618	5607	95	477

資料4-130　請負契約に関連する安衛法上の用語

> ①　注文者
> 　　仕事を他の者に注文している者（安衛法上は定義なし）
> ②　発注者
> 　　注文者のうち，その仕事を他の者から請け負わないで注文している者（安衛法第30条）
> ③　元方事業者，特定元方事業者
> 　　元方事業者とは，一の場所において行う事業の仕事の一部を請負人に請け負わせている事業者のうち最先次の請負契約の注文者（安衛法第15条）
> 　　なお，元方事業者のうち，建設業，造船業に属する事業を行う者は特定元方事業者（安衛法第15条）
> ④　元請負人
> 　　請負人のうち最先次のもの。建設業の場合，元方事業者と同一になる場合が多い。（安衛法上は定義なし）
> ⑤　関係請負人
> 　　元方事業者から仕事を請け負った請負人及び当該請負人の請負契約の後次のすべての請負契約の当事者である請負人（安衛法第15条）

（厚生労働省・船井雄一郎氏作成）

資料4-131　一般的な建設工事現場における施行体系図と安衛法上の位置づけ

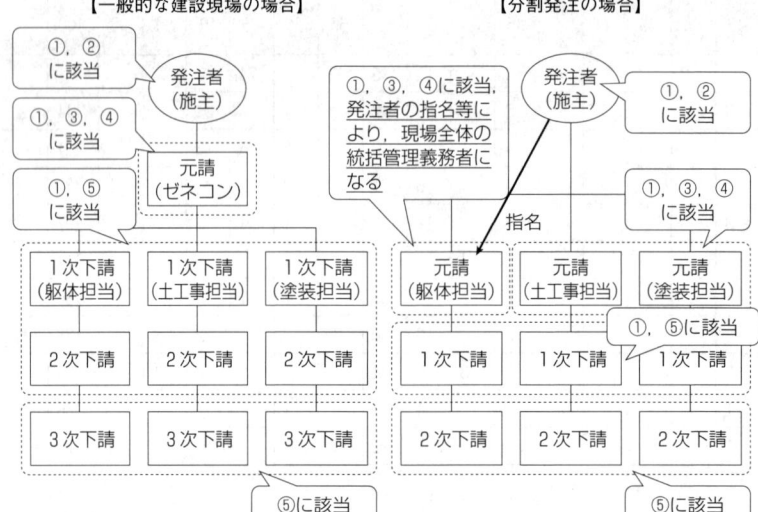

（厚生労働省・船井雄一郎氏作成）

作りへの働きかけという面が強いため，一定程度は，心身両面にわたる積極的な健康の保持増進策にも応用できるし，現にそのような方向性を辿ってきた。したがって，今後の個人事業主等も保護対象に含め，心身両面の健康を図ろうとする安衛法の改正に際しても，時代状況の変化に応じつつ，労災防止に大きな影響を持つ者を広く取り込む管理体制の構築を図る必要があると解される。

ただし，従前のように，危険有害性が判明した物質，場所，作業方法等にのみ資格者や管理責任者を配置する手法の妥当性は疑わしい。特に化学物質管理では，全ての化学物質は危ないかもしれないとの前提に立って，専門家に安全性が立証されない限り，専門家の配置ないし支援を含む一定の対策を求める制度の構築が望まれる。

【注】
1）　現行安衛法の施行通達には，「請負契約関係にある数個の事業によつて仕事が相関連して混在的に行なわれる各作業現場」を意味し，「具体的には，労働者の作業の混在性等を考慮して，この法律の趣旨に即し，目的論的見地から定められるもの」である（昭和47年9月18日基発第602号）。法第15条を通じて元方事業者を確定する概念とも言える（畠中信夫『労働安全衛生法のはなし』〔中央労働災害防止協会，2019年〕76-77頁）。

要するに，混在作業（元方事業者の労働者と関係請負人の労働者が同じ場所で相関連する作業を行うこと）に伴う関係請負人の労働者同士の連携ミスによる労災リスクを元方事業者による場の統括管理によって防止するという法30条の趣旨を果たす一環で用いられた文言なので，実際には元方の目が行き届き難い場所で生じた災害でも，この文言を広く解釈することで，元方事業者に責任を負わせるマジックワードとして用いられたりする（後掲の幸陽船渠事件・広島高判昭53・4・18判時918号135頁など）。

繰り返しになるが，請負契約を結んだ事業者が行う仕事が相関連し，混在して行われている場所，すなわち，元方事業者と関係請負人の労働者が1つの目的に向けて共に就業している（：混在作業を行っている）場所を意味する。元方事業者による統括管理が必要なため，基本的には元方事業者も常駐している必要があるが，実際の判断は，労災防止という安衛法の趣旨に照らし，目的論的に行われる（昭和47年9月18日基発第602号）。

例えば，ビル建設工事では，当該工事の作業場の全域，道路建設工事では，当該工事の工区（施工者や場所などによる施工単位）ごと，造船業では，船殻（船体の外殻の形成）作業，艤装（船殻を除く航行に必要な装備の設置）作業，修理作業，造機（機械や機関の製造）作業の各作業場の全域か造船所全域，化学工業では，製造施設作業，用役（プラントの運転に必要な電気，水，空気や燃料など）施設作業，入出荷施設作業の各作業場の全域か化学工業事業場の全域，鉄鋼業では，製鋼（銑鉄を脱炭して鋼鉄をつくる工程）作業，熱延作業，冷延作業の各作業場の全域か製鉄所の全域，自動車製造業では，プレス・溶接作業，塗装作業，組み立て作業の各作業場の全域か自動車製造事業場の全域がそれに当たる（前記昭和47年基発第602号，平成18年2月24日基発第0224003号，中央労働災害防止協会『自動車製造業における元方事業者・関係請負人の安全衛生管理マニュアル』〔2011年〕33-35頁）。よって，事業場に該当する場合も，作業場に該当する場合もある（畠中・前掲書207-210頁）。

2）　仕事が数次の請負契約によって行われる場合には，その請負系列における全ての注文者を指す（畠中・前掲注1）228頁）。

3）　畠中・前掲注1）208頁。

4）　建設業法は元請による下請への丸投げを原則禁止しつつ，共同住宅工事以外の工事については，発注者による書面の承諾を前提に許容している（建設業法第22条第3項，同法施行令第6条の3）。もとより，商社等，建設業者でない者による丸投げは許容されている。自ら仕事の一部を行っているか否かは，当該業者が施工管理したか否かで判断され，設計監理のみの関与の場合には該当しない（昭和47年9月18日基発第602号，昭和47年11月15日基発第725号）。

5）　ここで法令とは，法律（ここでは安衛法）と命令を指し，このうち命令には，政省令（ここでは安衛法施行令と安衛則等）のほか，告示（例えばフォークリフト構造規格等）が含まれるとの見解がある（畠中・前掲注1）21-22頁）。告示とは，本

来，政府が国民に広く情報を伝達する手段にすぎず，法令とは異なり，法的拘束力を持つとは限らないが，行政手続法第2条第1号は，法令について，「法律，法律に基づく命令（告示を含む。），条例及び地方公共団体の執行機関の規則（規程を含む。以下「規則」という。）をいう」と定めているから，少なくとも行政法上は法令の一環と解される（労使関係等では別途議論が可能だろう）。安衛法の行政法的性格もあって，立案者側も事業者側も，行政による法解釈と理解することが多かったということと思われる。

6) 労務行政研究所編『労働安全衛生法』（労務行政，2017年）342頁。
7) 同上。
8) 昭和47年9月18日発基第91号，佐藤勝美編『労働安全衛生法の詳解』（労働基準調査会，1992年）29頁。
9) 労働調査会出版局編『労働安全衛生法の詳解─労働安全衛生法の逐条解説〔改訂5版〕』（労働調査会，2020年）492頁，昭和47年9月18日発基第91号。
10) 井上浩『労働安全衛生法』（北樹出版，1978年）73頁。
11) 畠中・前掲注1）220-221頁，労務行政研究所編・前掲注6）343頁。
12) 平成22年4月13日内閣衆質174第347号。
13) 畠中・前掲注1）222頁。
14) なお，一の場所で行う仕事を複数の建設業の事業者が共同連帯して請け負った場合（いわゆるジョイントベンチャーの場合），出資割合等に応じて主たる側が代表者となり，当該代表者のみを元方事業者として，各事業者に連なる関係請負人やその労働者に対する安衛法上の義務を同人が負うことになる（安衛法第5条）。また，発注者（注文者のうち，その仕事を他の者から請け負わないで注文している者〔法第30条第2項〕。法第31条の3からも明らかなように，自ら仕事の一部を行うか否かは問われないが，請負業者でないこと〔いわばお客様〕を前提にしているので，自身で仕事を行わないことが多い。自ら仕事を行う場合，元方事業者に該当し得る）が，複数の元方事業者に発注した場合，原則として，その発注者が，仕事の主要部分を請け負った者を，その同意を得て指名し，そうした義務を負わせることになる（安衛法第30条第2項，安衛則第643条第1項第1号）（井上・前掲注10）76-77頁を参照した）。
15) 労働調査会出版局編・前掲注9）493頁。
16) 畠中・前掲注1）232頁。
17) 道路の幅が狭かったり，路肩が脆かったりして，車両用建設機械が倒壊する事故・災害が多かったということである。
18) 敷板の例は資料4-98の通り。他方，敷角は，建築用語では，支柱や支保工が地中にめり込むのを防ぐ「角材」を意味し（https://www.architectjiten.net/ag20/ag20_1604.html，最終閲覧日：2020年1月4日）。安衛法上も，四角い敷板とは異なり，水平材として用いられる角材と解されている（昭和34年2月18日基発第101号は，「敷板，敷角とは，数本の建地又は枠組みの脚部にわたり，ベース金具と地盤等との間に敷く長い板，角材等をいい，根がらみと皿板との効果を兼ねたものをいう」としている）。なお，現行安衛則第242条第5の2号が示唆するように，大型工事の増加と共に，H型鋼等が敷角等として用いられる場合も生じている。
19) 労務行政研究所編・前掲注6）345頁，労働調査会出版局編・前掲注9）495頁。
20) 畠中元教授は，法第30条に基づく混在作業にかかる協議組織（の設置運営）は，安全衛生管理組織の一環としている（畠中・前掲注1）214頁）。
21) 現行法第30条と旧災防法第57条の実質的な違いは，分割発注（1つの建築物の躯体工事をA社，内装工事をB社に発注するような形式）の場合に特定元方事業者（現行法第15条・30条）／（特定：法文ではそう呼んでいないが，実質的にその趣旨と

思われるので，カッコ付きで記す。以下同じ）元方事業主（旧災防法第59条）が複数生じるか（前者），1人しか生じないか（後者）である（畠山信夫氏のご教示による）。

すなわち，旧災防法第59条は，（特定）元方事業主を一の場所を統括管理する者と定義していたので，同法第57条の名宛人である（特定）元方事業主は，まさに同条第3項等の指名制度により，分割発注の場合にも，1人しか生じないことになる。他方，現行法第30条の場合，同条の名宛人である特定元方事業者の定義は第15条にあり，あくまで自らも仕事の一部を行う最先次の注文者（であって特定事業〔建設業と造船業〕の事業者である者）とされている。現行法は，特定元方事業者と法第30条第1項が定める統括安全衛生管理義務者（現行法第30条第1項，旧災防法第57条第1項所定の統括管理義務の履行責任者）を考え分けており，分割発注の場合，同条第2項等により，統括安全衛生管理義務者は1社に絞られるが，同義務者とならない者も，第15条の定義を満たす限り特定元方事業者ではあり続ける。よって，特定元方事業者は複数生じ得ることになる（こうした理解を前提にすると，森山誠也監督官が指摘するように，現行安衛則第643条のタイトルは，「特定元方事業者の指名」ではなく，「統括安全衛生管理義務者の指名」等とすべきであろう）。

畠中氏は，法第30条の名宛人の定め方について，このような定め方によって初めて現行法第29条を規定できたという。すなわち，関係請負人らの安衛法令のコンプライアンスを図る法第29条の名宛人を旧災防法上の元方事業主としたままでは，統括安全衛生管理義務者に限定されることになる。いかに発注者の指名を受けたとはいえ，分割発注下で横の関係に立つ別系統（別の仕事）の分割受注者に対し，同じ分割受注者がコンプライアンスの指導・指示を行うことは難しい，という趣旨と解される。

22) 報告書の中で，発注者側と受注者側の双方が，仕事を複数の受注者に平均的に発注することを望んだ結果と指摘されている。
23) 鈴木隆治『危害予防規則の施行解説』（紡績雑誌社，1931年）70頁。
24) 同上47頁。
25) 同上59-60頁。
26) ここでいう「同一の場所」は，法第15条や本条第2項がいう「一の場所」と同旨と考えて差し支えない。この条文は，旧労働災害防止団体法第57条から引き継がれたものである（畠中信夫氏のご教示による）。
27) 法第31条の3からも明らかなように，自ら仕事の一部を行うか否かは問われないが，請負業者でないこと（いわばお客様）を前提にしているので，自身で仕事を行わないことが多い。自身で仕事を行う場合，元方事業者に該当し得る（畠中信夫氏のご教示による）。
28) この文言（「当該指名された事業者及び」）が盛り込まれたのは，指名を受けた者による第1項の措置義務は，法形式的には第4項（実質的には第2・3項）により新たに創設されたため，前者を排除する必要があると解されたことによる。別の条規における同様の文言についても同じである（畠中信夫氏のご教示による）。
29) 特定元方事業者が労働契約等に伴う指揮命令権を持たないことを前提にした概念で，法第32条による被統括管理者側の対応義務をセットで機能させることを予定している。
30) 畠中・前掲注1）224頁。
31) 労働調査会出版局編・前掲注9）500頁。
32) 同上501頁。
33) 特定元方事業者は，混在作業について統括管理義務を負うところ，一の場所で働く労働者数が所定人数（原則50人）に達しないため，法第15条に基づく統括安全衛生責任者の選任義務を

負わないものの，原則として労働者数20名以上の規模の一定の危険な作業（ずい道工事等）について，統括管理担当者の指導・支援のため，選任が義務づけられる者。選任の主な基準は，仕事の請負契約を締結している事業場であって，場所より契約を基準とするため，概ね，元方事業者（概ねゼネコン）の支店の担当者等が宛てられる。

34) 畠中・前掲注１）225頁。
35) 同上226頁。
36) 労働調査会出版局編・前掲注９）510頁。
37) 同上498頁。
38) 畠中・前掲注１）225頁。
39) 同上226頁。
40) 労働調査会出版局編・前掲注９）497頁。
41) 畠中・前掲注１）225頁。
42) 玉泉孝次氏（元労働基準監督署長）によれば，個人住宅の修理を一人親方Ａが請け負い，下請Ｂに請け負わせた場合で，Ｂがその労働者に当該建設物等を使用させる場合，一人親方Ａに本条が適用される。森山誠也監督官によれば，法第30条第２項や第31条の４における発注者は，いわゆる「お客さん」的存在が主に該当し，法第31条での注文者には，建設業者・造船業者が該当する。
43) 畠中・前掲注１）227頁。
44) アセチレンは，銅と容易に反応して爆発性化合物であるアセチライド（アセチレン銅）を生成することによる（労働省労働基準局安全衛生部編『実務に役立つ労働安全衛生規則の逐条解説 第２巻 安全基準編①〕〔中央労働災害防止協会，1993年〕287頁）。
45) 電路を構成する機械器具をいう（電気設備に関する技術基準を定める省令〔平成９年通商産業省令第52号〕第１条）。例えば，回転機（発電機，電動機など），整流器，燃料電池，太陽電池，変圧器及び開閉器，遮断器，誘導電圧調整器，計器用変成器などの器具が該当する（株式会社クイックが運営するE&M JOBS の WEB サイト〔https://em.ten-navi.com/dictionary/3149/，最終閲覧日：2020年12月13日〕より）。主に感電リスクを伴う機器である。
46) 株式会社アピステWEBサイト（https://www.apiste.co.jp/gde/technical/detail/id=4074，最終閲覧日：2020年11月9日）。
47) 愛媛産業保健総合支援センターWEBサイトに掲載された臼井繁幸氏の解説（https://ehimes.johas.go.jp/wp/topics/357/，最終閲覧日：2020年11月9日）。
48) 放射線とは，高いエネルギーをもち高速で飛ぶ粒子（粒子線）と，高いエネルギーをもつ短い波長の電磁波の総称である。この中でアルファ線（α線），ベータ線（β線），ガンマ線（γ線），Ｘ線，中性子線が主な放射線である。α線，β線，中性子線は粒子，γ線とＸ線は電磁波である。このうちγ線は不安定な状態にある原子核が，より安定な状態に移る時に発生する電磁波であり，Ｘ線はγ線と発生源が異なり，原子から発生する電磁波である。どちらも鉛でさえぎることができる（電気事業連合会WEBサイト〔https://www.fepc.or.jp/nuclear/houshasen/houshanou/shurui/index.html，最終閲覧日：2020年11月10日〕より）。
49) 畠中・前掲注１）230頁。
50) 同上。

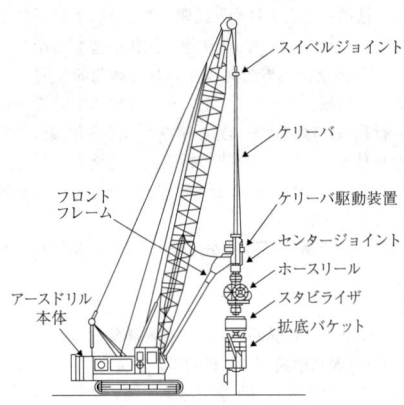

資料４-132 アースドリル

51) 施行令第９条の３にかかる労働調査会出版局編・前掲注９）516-517頁の整理に倣った。
52) 安衛則第662条の４第１項にかかる労働調査会出版局編・前掲注９）517-518頁の整理に倣った。
53) 重量の重いパワー・ショベルのほか，ドラグ・ショベル，くい打機，くい抜機，アースドリル（資料４-132），一定以上のつり上げ能力を持つ移動式クレーン等に関わる作業（安衛則第662条の５）。
54) 例えば，移動式クレーンを用いる作業において，荷卸しの箇所の案内など，作業の案内，示唆をするだけの者は該当しない（平成４年８月24日基発第480号）。
55) 法第15条によれば，仕事を自らは行わない者は「元方事業者」には当たらないが，本項にいう事業者は，特定作業を伴う仕事に限って，その全部を請け負わせている者であり，その他の仕事を自ら行っている限り，元方事業者の定義からは外れない。
56) 労働調査会出版局編・前掲注９）522-523頁。
57) 畠中元教授は，本規定は法第31条の２と同様に義務規定とされるべきとしている（畠中・前掲注１）231頁）。私見も同じである。
58) 畠中・前掲注１）229頁。
59) この判示の趣旨はよく分からない。旧災防法第58条も，それを引き継いだ現行法第31条も，自ら仕事を行う最上位の注文者のみを義務主体としているため，元請Ｈが丸投げ事業者なら，それに該当しないはずだからである。
60) たしかに，当時の労災防止団体法第58条第１項（現行安衛法第31条第１項に相当）では，既に，建設物等を関係請負人の労働者に使用させる場合の労災防止措置を義務づけていた。もっとも，当時から関係請負人「の労働者」に使用させる場合としていたので，この判決の表現はやや不正確であろう。もっとも，関係請負人に使用させなかったこと＝関係請負人の労働者に使用させなかったこと，という理解はできる。
61) 村上茂利『労働災害防止団体法解説』（日刊労働通信社，1964年）151頁。

〔三柴丈典〕

第33条・第34条

現行の日本の労働安全衛生法制度は、基軸となる法典の制定から約50年を経て、危害防止基準の充実、安全衛生管理体制の整備など、多くの長所を持っている[1]。

安衛法では、使用従属関係に着目して、事業者を中心的な義務主体としているが、注文者、機械等貸与者、建築物貸与者にも、それぞれ講ずべき措置（安衛法第31条～第35条）を義務づけ、部分的だが、保護対象者と直接契約関係にない者による危害防止措置の必要性も示している[2]。これらは先行研究で示唆された「規制対象の多様性・多層性に象徴される合目的性」、「危害防止基準の充実化」[3]といった安衛法の特徴を表している。これらの特徴は、日本の安衛法も、第3条に顕著なように、リスク創出者管理責任負担原則（リスクの管理責任は、事業者のみならず、製造者、設計者、発注者等のリスク創出者が負担すべきとする原則）[4]を基底においていることの証左と解される。

そのうち機械等貸与者等の講ずべき措置を定めた安衛法第33条及び建築物貸与者の講ずべき措置を定めた同法第34条について解説する。

（機械等貸与者等の講ずべき措置等）
第33条 機械等で、政令で定めるものを他の事業者に貸与する者で、厚生労働省令で定めるもの（以下「機械等貸与者」という。）は、当該機械等の貸与を受けた事業者の事業場における当該機械等による労働災害を防止するため必要な措置を講じなければならない。
2 機械等貸与者から機械等の貸与を受けた者は、当該機械等を操作する者がその使用する労働者でないときは、当該機械等の操作による労働災害を防止するため必要な措置を講じなければならない。
3 前項の機械等を操作する者は、機械等の貸与を受けた者が同項の規定により講ずる措置に応じて、必要な事項を守らなければならない。

---

1 趣旨

移動式クレーンや車両系建設機械等貸与された機械等から生ずる労働災害を防止する責任は、当然その機械を借りて作業を進める側にあるわけであるが、所有権がリース業者にあるため、その管理の権利をもたない機械等について、補修、改造等による労働災害を防止するための措置を十分には講じ難い立場にある。

また、機械等貸与者が運転手付きで機械等を貸与する場合、その運転手について、貸与を受けた者が所定の労働災害の防止のための措置を講ずることが必要となり、さらには、その運転手が所定の事項を守ることも必要となる。

そこで機械等貸与者、機械等の貸与を受けた者並びに機械等を操作する者が労働災害防止のために必要な措置を講ずべきことを定めたものである[5][6]。

2 内容

1 概要

稼働日数の少ない大型機械等を購入することは、経済的に採算が合わないなどの事情のもとに、建設機械をはじめとする種々の機械設備の賃貸業が広く存在している[7]。

建設機械について、これらのリース業者が貸し出す態様には、大きく分けて、機械等のみを貸す場合と、オペレーター付きで貸す場合とがある。

機械等を借りた場合、当該機械等から生ずる労働災害を防止する責任は、当然、第一次的にはその機械等を借りて作業を進める側にあるが、貸与を受けた者は、当該機械等について完全な管理権原を持たないところから、補修、改造等労働災害を防止するための措置を充分には講じ難い立場にあるのが一般である。

そのような現状に着目して、労働安全衛生法では、つり上げ荷重が0.5t以上の移動式クレーン（資料4-133）や一定の車両系建設機械など政令で定める機械等を業として他人に貸与する者に対して、予め当該機械等を十分点検・整備するなど、当該機械等による労働災害を防止するため必要な、一定の措置を講ずべきことを義務づけている（法第33条第1項、第36条、令第10条、安衛則第666条）。これには当然に、労災防止上必要な使用上の情報の提供も含まれる[8]。

また、機械等の貸与を受けた者は、当該機械等を操作する者が自らの使用する労働者でないときは、機械等を操作する者が必要な資格を有することを確認すること、機械等を操作する者に対して、作業の内容、指揮の系統、連絡、合図等の方法など当該機械等の操作による労働災害を防止するために必要な事項[9]を通知することなどの措置を講じなければならないこととされている（法第33条第2項、第36条、安衛則第667条）。なお、法第33条第1項は「機械等の貸与を受けた事業者」と規定されており、第2項は「機械等の貸与を受けた者」と規定されており、規定の仕方に違いが生じている。この区別は、事業者として労働者を使用して

資料4-133　移動式クレーン

（株式会社加藤製作所WEBサイト〔http://www.kato-works.co.jp/products/roughter/mr130rf2.html, 最終閲覧日：2024年7月1日〕）

（撮影者：玉泉孝次氏）

いるか否かを重視する趣旨（後者の場合，他人を使用しない被用者や個人事業主を含む趣旨）と解する見解がある[10]。

機械等を操作する者についても，通知を受けた事項を守るべき義務が課されている（法第33条第3項，第36条，安衛則第668条）[11]。

2　対象となる機械[12][13]

本条の規制の対象となる機械等は，次の通りである（令第10条）。

①つり上げ荷重が0.5t以上の移動式クレーン
②次の建設機械で，動力を用い，かつ，不特定の場所を自走できるもの
　イ　整地・運搬・積込み用機械
　ロ　掘削用機械
　ハ　基礎工事用機械
　ニ　締固め用機械
　ホ　コンクリート打設用機械
　ヘ　解体用機械
③不整地運搬車
④作業床の高さが2m以上の高所作業車

3　機械等貸与者の措置[14]

「機械等貸与者」とは，前記の機械等を，相当の対価を得て業として他の事業者に貸与する者（いわゆるリース業者）である（則第665条）[15]。機械等貸与者がその機械等を他の事業者に貸与するときに講ずべき措置は，次の通りである（則第666条第1項）。

①機械等を予め点検し，異常を認めたときは，補修その他必要な整備を行うこと
②機械等の貸与を受ける事業者に対し，次の事項を記載した書面を交付すること
　イ　その機械等の能力
　ロ　その機械等の特性その他その使用上注意すべき事項

4　機械等の貸与を受けた者の措置[16]

機械等貸与者から機械等の貸与を受けた者は，その機械等を操作する者がその使用する労働者でないときは，次の措置を講じなければならない（則第667条）。

①機械等を操作する者が，当該機械等の操作について法令に基づき必要とされる資格又は技能を有する者であることを確認すること
②機械等を操作する者に対し，次の事項を通知すること
　イ　作業の内容
　ロ　指揮の系統
　ハ　連絡，合図等の方法
　ニ　運行の経路，制限速度その他その機械等の運行に関する事項[17]
　ホ　その他その機械等の操作による労働災害を防止するため必要な事項[18]

なお，機械等を操作する者は，機械等貸与者から②の通知を受けたときは，その事項を守らなければならない（則第668条）。

5　罰則

①機械等貸与者が，本条第1項の規定に違反して，必要な措置を講じない場合又は，②機械等の貸与を受けた者が，本条第2項の規定に違反して，必要な措置を講じない場合には，6カ月以下の懲役又は50万円以下の罰金に処せられる（法第119条第1号）。

また，機械等を操作する者が，本条第3項の規定に違反して，必要な事項を守らない場合には，50万円以下の罰金に処せられる（法第120条第1号）[19]。

6　解釈例規

昭和48年3月19日基発第145号は，機械等貸与業者から借りた機械を下請に貸与する場合の措置について次のように示している。すなわち，建設業において，機械等貸与者（甲）から，移動式クレーンの貸与を受けた元方事業者（乙）が，これをさらに下請業者（丙）に貸与して使用させる場合において，①「甲は，乙，丙のいずれに対して，安衛則第666条第1項第2号〔＊機械の能力特性等〕の書面を交付すべきか。」という問いに対して乙であること，②「当該移動式クレーンを操作する者が甲の使用する労働者であるとき，安衛則第667条の措置義務〔＊機械の運転経路等その事業場特有の事情の通知義務〕は，乙，丙のいずれにあるか。」という問いに対して乙であること，を示している。

昭和47年9月18日基発第601号の1は，労働安全衛生規則第666条第1項第1号の「あらかじめ」とは，

必ずしも貸与の都度全部について点検を行う趣旨ではなく，使用の状況に応じて必要部分に限ることは差しつかえないものであること，を示している。また，同項第2号イの「当該機械等の能力」とは，移動式クレーンについては明細書記載事項のうちの主要部分，車両系建設機械については，使用上特に必要な能力，例えば，安定度，バケット容量等主要な事項でよいものであること，を示している。さらに，同号ロの「その他その使用上注意すべき事項」とは，使用燃料，調整の方法等当該機械の使用上注意すべき事項をいうものであること，を示している。また，同条第2項の趣旨は，金融上の手段としてリース形式をとっているもの（＊実質的には受リース者に管理権が移動するもの）については，本条の趣旨から適用しないこととしたものであること，を示している。

昭和47年9月18日基発第601号の1は，労働安全衛生規則第667条第1号（＊機械等の貸与を受けた者が，自身の労働者以外に操作させる場合に講ずべき措置）の「資格又は技能の確認」は，免許証，技能講習修了証によって行えば足りるものであること，を示している。また，同条第2号に掲げる事項（機械等の操作に関わる当該事業場特有の事情の通知）は，機械等の操作者及び当該機械等と関連して作業を行う労働者の労働災害防止に必要な範囲で足りるものであること，を示している。

昭和46年9月7日基発第621号は，労働安全衛生法施行令第10条の「つり上げ荷重」は，ジブクレーン（＊突き出した腕：アームを持つクレーン）にあってはジブ（＊突き出した腕：アーム）を最大限の傾斜角にしたとき，ジブを最も短くしたとき及びジブの支点にトロリ（＊荷を引っかける器具）の位置を最も近づけたとき，ブームを有するデリックにあっては，ブームを最大の傾斜角にしたとき（＊いずれも最ももつり上げ力を出しにくい状態）のそれぞれについて算定すること，を示している。また，「負荷させることができる」とは，許容応力（＊使用の際にかけられる応力の最大値），安定度等構造規格に定める条件の範囲内において負荷させることができることをいうこと，を示している（資料4-134）。

昭和47年9月18日基発第602号は，「デリック」とは，荷を動力を用いてつり上げることを目的とする機械装置であって，マストまたはブームを有し，原動機を別置し，ワイヤロープにより操作されるものをいうこと，デリックには揚貨装置は含まれないこと，を示している。また，「自走」とは，機械自らの動力により走行することをいい，したがって，他の車両によりけん引されて走行するもの，船舶にとう載されて移動するもの等は含まない趣旨であること，を示している

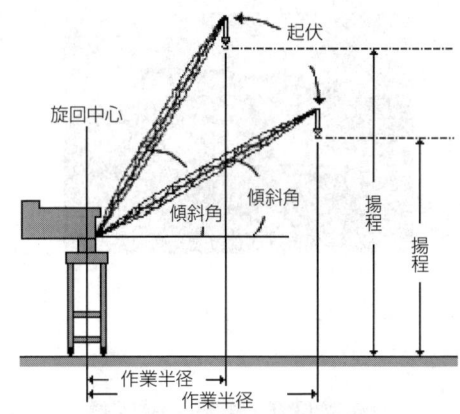

資料4-134　ジブクレーン

（山本誠一氏が運営する crane club WEB サイト〔http://www.crane-club.com/study/crane/wording.html，最終閲覧日：2023年7月15日〕）

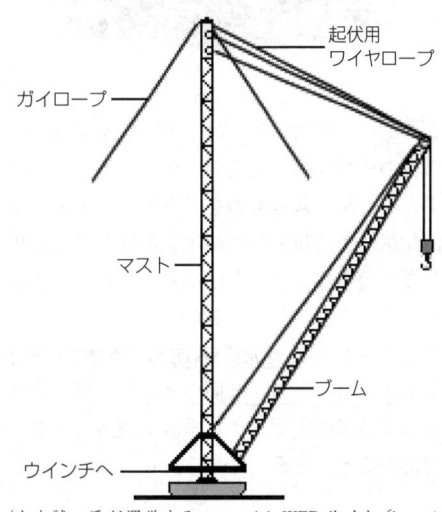

資料4-135　デリック（ガイデリック）

（山本誠一氏が運営する crane club WEB サイト〔http://www.crane-club.com/study/derrick/definition.html，最終閲覧日：2023年7月15日〕）

（資料4-135）。

平成2年9月26日基発第583号は，労働安全衛生法施行令第10条第3号の「不整地運搬車」（資料4-136）とは，「不整地走行用に設計した専ら荷を運搬する構造の自動車で，クローラ式又はホイール式のもの（ホイール式のものにあっては，全輪駆動で，かつ，左右の車輪を独立に駆動させることができるものに限る。）をいい，ハンドガイド式のものは含まないものであること。なお，林内作業車（林業の現場における集材を目的として製造された自走用機械をいう。）は，不整地運搬車に該当しないものであること」を示している。

また，同条第4号の「高所作業車」（資料4-137）とは，「高所における工事，点検，補修等の作業に使用される機械であって作業床（各種の作業を行うために設けられた人が乗ることを予定した「床」をいう。）及び昇降装置その他の装置により構成され，当該作業床が昇降

資料4-136　不整地運搬車

資料4-137　高所作業車

装置その他の装置により上昇，下降等をする設備を有する機械のうち，動力を用い，かつ，不特定の場所に自走することができるものをいうものであること。なお，消防機関が消防活動に使用するはしご自動車，屈折はしご自動車等の消防車は高所作業車に含まないものであること」を示している。

平成2年9月26日基発第583号は，労働安全衛生法施行令第10条第4号の「床面の高さ」とは，車体の接地面から作業床の床面までを垂直に測った高さをいうものであること，を示している。

3 関連規定

本条の適用可能性がある条件に適用され易い条規には，以下のようなものがある。なお，構造規格の整備面では，法第33条第1項（規則第666条第1項第1号）と法第42条とで二重規制になっている部分があるとの見解がある（森山誠也監督官による）。

(1) 法第31条第1項：本条は，「特定事業の仕事を自ら行う注文者は，建設物，設備又は原材料（以下「建設物等」という。）を，当該仕事を行う場所においてその請負人（当該仕事が数次の請負契約によって行われるときは，当該請負人の請負契約の後次のすべての請負契約の当事者である請負人を含む。第31条の4において同じ。）の労働者に使用させるときは，当該建設物等について，当該労働者の労働災害を防止するため必要な措置を講じなければならない。」と定めている。

建設業・造船業の受リース者がリース業者に仕事を注文した場合，そのオペレーターに事業場の設備等に関するリスク情報を提供する義務を課した本条（法第

33条）第2項とでいずれの適用が適当かが問われる場合があり得よう。

(2) 法第34条：本条の対象となる建築物の種類は，事務所又は工場の用に供される建築物であり，これらの建築物を複数の事業場に貸し付ける場合（例：雑居ビル，工場，アパート）を規定している。ただし，その建築物の全部を一の事業者に貸与する場合を除く。これらの建築物貸与者の講ずべき措置としては，共有の避難用出入口等，共用の警報設備等，貸与建築物の有効維持，貸与建築物の給水，排水設備，清掃等，便宜の供与，貸与建築物の便所，警報及び標識の統一等（安衛則第670条〜第678条）を行うことが定められている。違反には，6月以下の懲役又は50万円以下の罰金（両罰規定）が定められている[20]。

本条（法第33条）と適用場面が被ることは考えにくいが，本条と同様の趣旨（リスク創出者管理責任負担原則）に基づく規定である。

(3) 法第35条：荷の発送者（最初に運送ルートにのせる者）は，見やすく，かつ，容易に消滅しない方法で，当該貨物にその重量を表示（包装されていない貨物で，その重量が一見して明らかであるものを除く）しなければならないことを規定している。違反には，6月以下の懲役又は50万円以下の罰金（両罰規定）が定められている[21]。

これも本条と同様の趣旨（リスク創出者管理責任負担原則）に基づく規定である。

(4) 法第42条：本条は，「特定機械等以外の機械等で，別表第2に掲げるものその他危険若しくは有害な作業を必要とするもの，危険な場所において使用するもの又は危険若しくは健康障害を防止するため使用するもののうち，政令で定めるものは，厚生労働大臣が定める規格又は安全装置を具備しなければ，譲渡し，貸与し，又は設置してはならない。」と定めている[22]。

要件を充たさない場合のリースも禁じているので，本条とは実質的に二重規制になっており（森山誠也監督官による），特にリース物件に物的瑕疵が認められる場合，本条（法第33条）との競合が生じ得る（ただし，法第42条は，機械の本質的安全を図る趣旨である）[23]。

(5) 法45条第1項：本条は，「事業者は，ボイラーその他の機械等で，政令で定めるものについて，厚生労働省令で定めるところにより，定期に自主検査を行ない，及びその結果を記録しておかなければならない。」と定めている。自主検査の対象となる機械等は，特定機械等をはじめ38種類のものが政令で定められている（令第15条第1項）[24]。

本条第1項が定めるリース業者がなすべき物的措置と競合する面がある。

(6) 法第98条：本条は，法第33条第1項の規定によ

り機械等貸与者に，当該機械等の貸与を受けた事業者の事業場における当該機械等による労働災害を防止するため講ずべき必要な措置が講じられていない事実がある場合に都道府県労働局長又は労働基準監督署長が，関係者に対して，作業の全部又は一部の停止，建築物等の全部又は一部の使用の停止又は変更その他，労働災害を防止するため必要な事項を命じることができることを規定したものである。[25]

本条等の履行確保を行政措置により図る規定といえる。

(7) 法第100条：本条は，労働基準監督機関が本法を施行するため必要があるときに，厚生労働省令で定めるところにより，関係者に対し，必要な事項を報告させ，又は出頭を命じることができることを定めている。[26] 関係者には，機械等貸与者も含まれる。

やはり，本条等の履行確保を行政措置により図る規定といえる。

(8) 法第102条：工作物の所在する場所又はその附近で工事その他の仕事を行う事業者から，その工作物による労働災害の発生を防止するためにとるべき措置についての教示を求められた場合には，ガス工作物，電気工作物，熱供給施設，石油パイプラインの工作物を設けている者は，その工作物による労働災害の発生を防止するためにとるべき措置を教示しなければならないことを規定している。違反に対する罰則はない。[27]

本条（法第33条）との関係で直接競合は生じ難いだろうが，リース業者が受リース者の事業場にオペレーター付きで機械等を設置する際に，受リース者から労災防止上必要な情報の提供を受ける場面では活用できるかもしれない。いずれにせよ，本条と同様の趣旨（リスク創出者管理責任負担原則）を体現する規定である。

4 沿革

1971（昭和46）年7月13日に労働基準法研究会の報告書が労働省に提出された。[28]

同報告書では，特殊な労働関係の規制について，「建設業，造船業，鉄鋼業などのほか，最近では，化学工業，自動車製造業などでも構内下請に依存する傾向が目立っている。また，このような増加とならんで，最近建設業などでは重建設機械のリース業などが目立って進出してきており，また，ジョイントベンチャーなど新しい型の経営方式が生み出されている。現在，労働基準法では，使用関係を前提として危害防止の措置は原則として使用者が講ずべきものとされている」，と示されている。

その上で，同報告書は，リース業等に関する現状及び問題点を，次の通り整理している。

「建設業においては，雇用事情の変化に伴う労働力の不足に起因する省力化，工期の短縮にともなう大型機械化などの要請があり，これに重建設機械の開発が応えたのであるが，企業経営合理化の観点からみれば稼働日数の少ない大型機械を購入することは，経済的に採算が合わない。このような事情のもとに建設機械をはじめとする種々の機械設備の賃貸業が発達し，現在は，全国では，多数の業者がある。これら賃貸業者が，機械を貸し出す場合の条件にはいろいろあるが，大別すると機械のみ貸す場合と機械とオペレーターをともども貸す場合とがある。機械のみ貸す場合は，安全衛生上，構造要件保持義務を負担するのは形式的にはその機械を借りて作業をすすめる側にあるわけであるが，当該機械について補修改造することはもとより，日常の点検さえできる体制にあるか否かは疑問である。

また，機械に操作する人間をつけて貸す場合，その人間に対する安全衛生を確保する責任は誰にあるのか，貸出された機械の構造要件を保持するのは借り受け側か，それとも，それを操作する人間の雇用主である賃貸し業者か，操作する人間と賃貸し業者との関係についても疑問が残る」と示されている。

これらの問題点について，衆議院社会労働委員会において，政府委員である労働省労働基準局長は，次の通り述べている。すなわち，「労働基準法が労働憲章といわれるものであるという点につきましては，われわれも十分に配慮をいたしておるところでございまして，今回単独法の形をとりましたけれども，基本法の精神はいささかもそこなわれないようにするという配慮につとめたつもりでございます。しかるに，基本法の一部改正という形をとらず，なぜ単独法としたかという点につきましては，最近の労働災害の傾向により見ますときに，基準法のように直接の雇用関係のみを前提とする規制のしかたでもって災害を的確に防止することができないいろいろな状況が出てまいっておるということ，すなわち機械や材料などにつきましても，製造，流通の段階における規制が必要になってきておる，あるいは直接の雇用関係だけではなしに，重層下請関係だとか建設のジョイントベンチャー等，特殊な雇用関係下における規制も強めていかなければ災害が防止できない状況になっておるということ，あるいは特定の有害業務に従事した者につきましては，雇用関係にある間だけの健康管理ではなしに，離職後にわたってまで健康管理を確保する必要があるという……こと等々の事情は，直接の雇用関係を前提とします基準法のワクよりはみ出しておる部面があるわけでございます。こういう点が基準法と別個に単独立法といたしました第一の点でございます」等と述べてい[29]

第33条 747

る。

また，参議院社会労働委員会において，政府委員である労働省労働基準局安全衛生部長は，労働安全衛生法第33条について，次の通り，言及している。すなわち，「基準法は御存知のように直接の雇用関係にある者の間に立って，使用者に対して労働者が災害あるいは職業病にかからないようにという規制を直接の使用者にしておるわけであります。最近，先生が御指摘のように，重層下請関係，あるいはジョイントベンチャー，リースというように，単純な雇用関係でない，いわゆる働く関係というものが出てまいりました。そういう関係から，基準法から離して，新法では，元方事業者あるいはリース業者，ジョイントベンチャー業者，そういうやはり働かせるものの実質的な指揮権あるいは指示権，そういうところの力を持っているところを押さえようというのが新法のそれぞれの規定，たとえば29条，30条あるいは33条のリース規定というようなものがそれでございますけれども」[30]等と述べている。

5 運用

1 適用の実際

(1) 監督指導の実例については，令和2年度厚生労働科学研究による行政官・元行政官向け法令運用実態調査（三柴丈典担当）[31]において，いわゆるオペレーター付きリースにより，多くの建築工事現場で移動式クレーン作業等が行われているが，受リース者がリース業者に対して移動式クレーン作業計画を示すなどにより，法定事項を通知していないため（本条第2項違反），災害や事故が発生している状況もみられる，との情報が得られた。

ただし，被災者がオペレーターではなく受リース者の被用者である場合，受リース者を法第20条違反で処罰することになる。

(2) 法違反による送検件数を示す，厚生労働省労働基準局監督課「労働基準関係法令違反に係る公表事案」（令和元年9月1日～令和2年8月31日公表分 ＊各都道府県労働局が公表した際の内容を集約したもの）によると，対象条文違反は1件であった。

(3) 厚生労働省労働基準局「平成31年・令和元年労働基準監督年報」によれば，労働安全衛生法第33条・第34条違反件数（是正勧告等の行政指導の件数）は24件（一般機械器具製造業1件，土木工事業7件，建築工事業13件，卸売業1件，小売業1件，派遣業1件，その他の事業1件）であった。

(4) 同「平成30年労働基準監督年報」によれば，労働安全衛生法第33条・第34条違反件数（是正勧告等の行政指導の件数）は9件（土木工事業2件，建築工事業5件，その他の建設業1件，その他の商業1件）であった。

(5) 同「平成29年労働基準監督年報」によれば，労働安全衛生法第33条・第34条違反件数（是正勧告等の行政指導の件数）は16件（建築工事業12件，その他の建設業1件，卸売業1件，その他の商業2件）であった。

(6) 同「平成28年労働基準監督年報」によれば，労働安全衛生法第33条・第34条違反件数（是正勧告等の行政指導の件数）は17件（土木工事業2件，建築工事業8件，その他の建設業4件，小売業1件，その他の商業1件，その他の事業1件）であった。

(7) 同「平成27年労働基準監督年報」によれば，労働安全衛生法第33条・第34条違反件数（是正勧告等の行政指導の件数）は15件（一般機械器具製造業1件，土石採取業1件，土木工事業3件，建築工事業9件，小売業1件）であった。

(8) 同「平成26年労働基準監督年報」によれば，労働安全衛生法第33条・第34条違反件数（是正勧告等の行政指導の件数）は19件（金属製品製造業1件，土木工事業2件，建築工事業8件，その他の建設業6件，その他の商業1件，その他の事業1件）であった。

(9) 同「平成25年労働基準監督年報」によれば，労働安全衛生法第33条・第34条違反件数（是正勧告等の行政指導の件数）は19件（土木工事業2件，建築工事業13件，その他の建設業1件，道路貨物運送業1件，その他の商業2件）であった。

2 関係判例

●労働安全衛生法第33条2項にいう「機械等の貸与を受けた者」が労働災害を防止するために必要な措置を講じなかったものとされた例（福岡高判昭52・8・3判時896号110頁〔原審：長崎地判昭52・1・11未登載。上告後，最2小判昭53・9・20裁判所WEBサイトで棄却された〕〔確定〕）

〈事実の概要〉

本件は，宅地造成及び不動産売買業を営む被告会社が重機業者らから運転手付きで，ブルドーザーの提供を受け，カントリークラブ造成工事の整地作業をしていた際，労働災害を防止するため必要な措置を講じなかったため，被告会社及び同社代表取締役が労働安全衛生法違反の罪に問われたものである。

第1審は，労働安全衛生法第33条第2項及び労働安全衛生規則第667条第1号，第2号違反の罪が成立するとして，被告会社及び被告人をそれぞれ罰金3万円に処した[32]。

そこで，被告人らが控訴した。

〈判旨：控訴棄却〉

本判決は，以下の通り，①被告会社が労働安全衛生法第33条2項にいう「機械等の貸与を受けた者」に該当するか否か，②被告人らが機械操作者の法定資格又

は技能を特に確認しなかったことが可罰的違法性を有するか否か及び、③被告人らが労働災害の防止のため必要な連絡、合図等の方法を通知すべきであったか否かという点に判断を加え、結局、控訴を棄却したものである。

① 被告会社が、労働安全衛生法第33条2項にいう「機械等の貸与を受けた者」に該当するか否か

〈事実の概要〉に記した本件の事実関係に加え、被告会社が本件当時実施中のカントリークラブ造成工事の整地作業では、「ブルドーザー約13台が使用され、そのうち半数は三和重機を含む他の重機業者らから運転手付きで提供を受けていたものであるが、被告会社が右提供者らに支払う使用料は、各ブルドーザーに備付けられたタスクメーター（タコメーターともいう）により測定された稼働時間の割合で1時間いくらという約束で、そのなかには運転手の労働賃金を含んでおり、月末締切り、翌月10日払で、チャーター料として支払われ、またその作業内容は被告会社が決定した日々の作業計画に基き、被告会社代表者である被告人小原または会社従業員によって個々的に指示され、右三和重機ら提供者らにおいて予めその完成すべき工事内容につきなんらの取極めはなされず、また工事見積り、工期決定などなされてはいなかった」として、「被告会社は有限会社三和重機の本件ブルドーザーにつき、法33条2項にいう『機械等の貸与を受けた者』に該当すると認めるのが相当」であると判示した。

② 被告人らが機械操作者の法定資格又は技能を特に確認しなかったことが可罰的違法性を有するか否か

「被告人小原の本件ブルドーザー運転手らに対する毎日の作業状況の視察および実際の技能の確認は、前掲証拠によれば、右運転手らの労働安全のためというのではなく、むしろ専らその作業能率に重きをおいてなされていたものであることが認められ、また右運転手らがすべて法定の有資格者であったことは認められるが、このことは量刑上有利な事情とはなっても、その故に確認義務の懈怠につき可罰的違法性がないとすることは、労働災害発生防止の見地から受貸与者にも法定資格の確認を義務づけた規則667条1号の法意を無視するものであって、結局は確認義務の否定につながるもの」であると判示した。

③ 被告人らが労働災害の防止のため必要な連絡、合図等の方法を通知すべきであったか否か

まず、規則667条2号について、「規則667条2号は、機械等の貸与を受けた者が、当該機械等を操作する運転手らとの関係で直接的な使用関係にないため、労働災害発生防止の見地から抽象的に必要と認められる事項をその運転手らに対し通知すべき旨を規定したものであって、その主体が事業者であると否とを問わないものと解されるから、原判決が、被告会社は機械等の受貸与者であると同時に事業者であることを前提とし、事業者につき規定した規則157条2項、159条により、本件現場において『誘導者の配置が義務づけられて』おり、『誘導者と運転手らとの間の合図の方法等を通知しなかった』と判示した点は相当でないと解される。」と判示した。

そして、〈事実の概要〉に記した本件の事実関係に加え、「本件ブルドーザーの作業現場の状況は昭和49年9月3日当時において、東西に伸びる谷地形の北側山腹部分を切り崩し、その土砂を南側谷方面に落してこれを埋め立てていたもので、谷側に面した傾斜部分は高さ約20メートル、傾斜角度約40度ないし95度の断崖をなし、右傾斜面に近い埋立部分すなわち法際は地盤が軟弱であるため、重量のあるブルドーザーが崖近くに寄りすぎると転落等の危険が十分予想される状況にあったところ、被告会社としては誘導者とか見張人を配置することもなく、運転手が誘導者を希望する場合等の連絡、合図等の方法についても具体的な定めはなく、ただ日々の作業内容の指示のみであって、被告人小原としては、ブルドーザーの運転手である以上、その操作方法に誤りがなければ事故発生はありえないと考え、労働災害防止のため特段の措置は講じてはいなかったこと、ところが同月3日三和重機の本件ブルドーザーの運転手らの一人である金海竜は南側谷部分においてブルドーザー運転中転落して死亡したため、翌日労働基準監督官橋口利雄において現場を実況見分したところ、右ブルドーザーは南側谷部分の法面に対しほぼ45度の角度で進入し、法際に寄りすぎた結果、法際約50センチメートルの地盤が崩壊し転落したものであることが判明したことが認められる」と述べ、「被告人らは本件現場において労働災害防止の見地からして、受貸与者としては誘導者を配置することを義務づけられていたとはいえないまでも、法際の地盤軟弱の個所などブルドーザーの転落等危険の生ずるおそれある部分については見張人をおくとか、また赤旗をもって表示するとか、なんらかの明示方法を講じて本件運転手らに周知させるなど、労働災害の防止のため必要な『連絡、合図等の方法』を通知することを要したのに、かかる措置を怠った点において被告人らには規則667条2号の違反があったものと解するのが相当である」と判示した。

〈判決から汲み取り得る示唆〉

「機械等の貸与を受けた者」（安衛法第33条第2項）の解釈について、形式的な解釈ではなく、労働災害発生防止という目的に照らした柔軟な解釈がなされていることが窺える。

規則第667条第1号の確認義務については、労働災

資料4-138 事故の様子（イメージ）

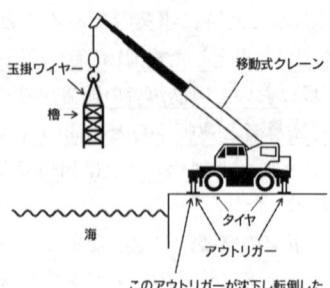
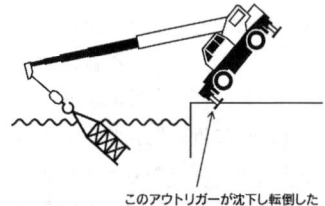
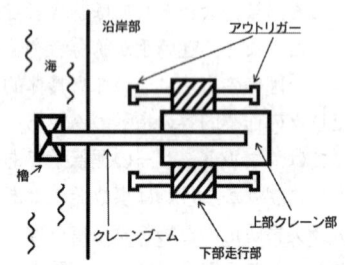

（いずれも宮澤政裕氏のスケッチを踏まえ池崎万優氏が作図）

害発生防止の見地から受貸与者に法定資格の確認を義務づけた同号の法意を重視し、結果的に法定の有資格者であったとしても、確認義務の懈怠については可罰的違法性があるとの判断を示している。これは、労働災害防止において、危害防止基準の遵守が最も重要であることを踏まえた解釈と考えられる。

規則第667条第2号については、労働災害発生防止という目的に照らして、「連絡，合図等の方法」を具体的に検討していることが窺える。

● 町からけい船（船を一時的に係留すること）杭新設工事を行うための地質調査を依頼され、その地質調査用のボーリング櫓のクレーン車による据付作業を原告会社に依頼した被告会社に対する原告の損害賠償請求につき、オペレーター付建設機械のリースを受けた場合に求められる安全管理義務を被告会社は尽くしているとして、原告の請求が認められなかった事例（高松地判平3・5・23判自91号71頁〔確定〕）

〈事実の概要〉

事故が起こった香川県香川郡直島宮ノ浦港は、島民交通の重要拠点となっていた。そのため、改良工事の必要に迫られ、過去4度改良工事を、当該港の港湾施設の設置、管理者である被告直島町（以下「Y1」という）が行っていた。今回も、宮ノ浦港の改修（局改）事業としてY1は、けい船杭（マイナス3m）の新設工事を行うことになった。そこで同工事に先立ち、新設箇所付近の海底の地質調査等をするため、地質調査等を業務内容とする被告会社（以下「Y2」という）に同調査を依頼した。さらに、Y2は、地質調査用の櫓を、宮ノ浦港一号物揚場（以下「本件物揚場」という）先の海中に、クレーン車で据付ける作業を、重量物運搬及び据付等を業務内容とする原告会社（以下「X」という）に依頼した。Xの従業員Aは、昭和58年7月2日午前10時頃、X所有のクレーン車（以下「本件クレーン車」という）を運転し、地質調査用の櫓を、本件クレーン車で吊り上げ、海中に降ろし、据付ける作業を行っていたところ、本件クレーン車の土台となっている地盤が突然陥没、崩壊した。そのため、本件クレーン車は、安定性を失い、櫓と一緒に海中に転落、水没した（以下「本件事故」という）（資料4-138参照）。

そこで、XはY2に対して次のように主張した。すなわち、XとY2はオペレーター付クレーン車のリース契約を締結したが、Y2は本件物揚場上でのクレーン車使用について、その安全性につき本件物揚場の設置、管理者であるY1に十分に質し、又は、作業に際し、地盤に鉄板を敷設する等の指示もしくは手配し、また、少なくとも右安全性についての疑念をXに告知し、Xをして適切な措置をとらしめる義務があるのに、Y2は何らの措置もとらず、かえって、右作業の安全性を保証してXをして作業を開始させたため、本件事故が発生したのであるから、Y2は、債務不履行により、Xの被った損害を賠償する責任があると主張した。

これに対し、Y2は、次のように主張した。すなわち、Xと締結したのは請負契約なので、クレーン車使用の安全性確保の注意義務は、請負人であるXが全面的に負うべきである。また、仮にXの主張通り締結した契約がリース契約だとしても、Xが地盤養生を怠る等の過失によって本件事故は発生しているのであるから、Y2には過失責任はないと主張した。

〈判旨：一部認容・一部棄却〉

「Xは、Y2に対し、……クレーン車をオペレーター付で1日当り8万円の料金でリースしたものと認めるのが相当である。……そこで、建設機械の（オペレーター付）リースの場合における安全管理責任に関する法令の規制についてみると、まずリース業者側については、『機械等で、政令で定めるもの（移動式クレーンはこれに当る）を他の事業者に貸与する者で労働省令で定めるものは、当該機械等の貸与を受けた事業者の事業場における当該機械等による労働災害を防止するため必要な措置を講じなければならない』（労安衛法33条、同施行令10条）と定めている。

一方，リースを受けた側の義務については，『機械等貸与者から機械等の貸与を受けた者は，当該機械等を操作する者がその使用する労働者でないときは，当該機械等の操作による労働災害を防止するため必要な措置を講じなければならない』（労安衛法33条2項）と定め，『オペレーター付で機械等を借受けた事業者は，(1)当該オペレーターが，その機械等の操作について法令に基づき必要とされる資格又は技能を有する者であることを確認すること，(2)オペレーターについて，作業の内容，指揮の系統，連絡・合図等の方法，運行の経路，制限速度その他機械等の運行に関する事項，その他当該機械等の操作による労働災害を防止するために必要な事項を通知すること，について措置を講じなければならない』（労安衛規則667条）と定めている。そして，オペレーターについては，『機械等を操作する者は，機械等の貸与を受けた者が同項（労安衛法33条2項）の規定により講ずる措置に応じて，必要な事項を守らなければならない』（同条3項），『機械等を操作する者は，機械等の貸与を受けた者から同条（労安衛規則667条）2号に掲げる事項について通知を受けたときは，当該事項を守らなければならない』（同規則668条）と定めている。更に，オペレーターの資格については，『移動式クレーン運転士免許は，移動式クレーン運転士免許試験に合格した者等に対し，都道府県労働基準局長が与えるものとする』（クレーン等安全規則229条）とし，『移動式クレーン運転士免許試験は，学科試験及び実技試験によつて行なう。学科試験は，次の科目について行なう。(1)移動式クレーンに関する知識，(2)原動機及び電気に関する知識，(3)移動式クレーンの運転のために必要な力学に関する知識，(4)関係法令。実技試験は，次の科目について行なう。(1)移動式クレーンの運転，(2)移動式クレーンの運転のための合図』（同規則232条）と定めている（なお，移動式クレーン運転免許試験の実施についての細則につき，クレーン運転士免許試験，移動式クレーン運転士免許試験及びデリック運転士免許試験規程3条，4条参照）。右法令の趣旨，内容からすれば，移動式クレーンのオペレーター付リースの場合，リースを受けた者は，オペレーターに対し，作業内容，指揮の系統，連絡・合図等の方法，その他移動式クレーンの操作による労働災害を防止するために必要な事項を通知する義務を負うが，右義務以上に安全管理義務を負うものではないというべきである。このことは，移動式クレーンの運転については，専門的かつ技術的知識，経験を必要とし，リースを受けた者がオペレーターを指揮監督できる能力を必ずしも有しないことによるものと考えられる。そうすると，移動式クレーンの運転操作に付随する安全確保に関する注意義務は，原則としてリース業者から派遣された資格

資料4-139 建設用クレーンの標準合図法

を有するオペレーター，最終的にはリース業者側がこれを負担すべきものと考えられる。

これを本件についてみるに，前記1（五）に認定したとおり，Y2の従業員であるRらは，本件クレーン車のオペレーターであるAに対し，本件櫓の構造や重量及び据付場所等を指示説明し，作業内容を通知すべき義務を果たしている。そして，クレーン車をどの場所に据え付けるか，据付場所の地盤の地耐力は十分か，十分でない場合，地盤養生のためにどのような措置を講ずべきか等の問題については，Y2側で特別な知識を有しておれば格別であるが，そのような事実は認められないので，右の問題についての判断は，資格を有するオペレーターであるA又は本件事故現場で本件クレーン車の据付作業を指揮したX代表取締役であるE（同人も移動式クレーン運転士免許を有する）においてなすべきものである。

よつて，Y2としては，その尽すべき義務を果しているというべきであり，過失があるとは認められない。

従つて，請求原因3（一）（被告田村ボーリングの責任）の事実を認めるに足りない。」と判示した。

〈判決から汲み取り得る示唆〉

リース業者，リースを受けた者，オペレーターの義務について，法令上の根拠を挙げながら具体的な検討がなされている。オペレーターについては，移動式クレーン運転士免許試験の試験内容及び科目等にも言及され，その能力が明らかにされている。

その上で，それぞれの能力に照らして，移動式クレーンの運転操作に付随する安全確保に係る注意義務の負担者を定めている。

このように，裁判所においても，労働災害発生防止の目的に照らして，個々の注意義務の負担者を個々人の能力に照らして具体的に検討していることが窺える。[36]

> （建築物貸与者の講ずべき措置等）
> 第34条 建築物で，政令で定めるものを他の事業者に貸与する者（以下「建築物貸与者」という。）は，当該建築物の貸与を受けた事業者の事業に係る当該建築物による労働災害を防止するため必要な措置を講じなければならない。ただし，当該建築物の全部を一の事業者に貸与するときは，この限りでない。

1 趣旨

1つの建築物を貸工場又は貸事務所として二以上の事業場に貸し付ける者は，その貸工場等による労働災害を防止するために必要な措置を講じなければならないことを定めたものである[37]。

2 内容

1 概要

事務所または工場の用に供する建築物を他の事業者に貸与する者は，当該建築物により，貸与を受けた事業者の労働者が労働災害を受けることのないよう，その防止のために必要な措置を講じなければならない（法第34条，第36条，令第11条）。

すなわち，一の建築物を数事業者に貸与する，いわゆる雑居ビル，工場アパートについては，そのような建物の一室を借りた者は，事業者として当然所定の労働災害防止義務を負うわけであるが，当該建築物について完全な管理権原を有しないところから，その内容によっては，その実効を期し得ないような場合がある。

そこで，本条は，事務所または工場の用に供される建築物の管理について権原を有する者（建築物貸与者）に避難用出入口の表示，警報設備の備付け及び有効保持，所定の数の便所の設置など一定の措置を講ずべきことを義務づけて，当該建築物による労働災害を防止しようとするものである（安衛則第670条から第678条まで，及び石綿障害予防規則第10条第5項）。

ただし，一の事業者に当該建築物の全部を貸す場合には，その貸与を受けた者が，当該建築物の全部を有効に管理することができるので，そのような場合には，建築物の貸与者には本条の義務は課されない（法第34条但書[38]）。

2 規制の対象

本条の規制の対象となるのは，事務所又は工場の用に供される建築物であり（令第11条），貸与は有償・無償を問わない（昭和48年3月19日基発第145号）。また，本条の対象とされる工場又は事務所には，仮設のものも含まれ，元請事業者が二以上の下請事業者に仮設の建設事務所を貸与する場合にも本条は適用される（同前[39]）。

3 講ずべき措置の具体的内容[40]

建築物貸与者が講ずべき具体的な措置の内容については，次の通り定められている。

①建築物の避難用の出入口，通路，すべり台，避難用はしご等の避難用の器具で，その建築物の貸与を受けた二以上の事業者が共用するものについては，避難用である旨の表示をし，かつ，容易に利用することができるように保持するとともに，その出入口又は通路に設ける戸を引戸（溝やレールで開閉する戸）又は外開戸とすること（＊逆に言えば，内開戸ではいけないということ）（則第670条）

②建築物の貸与を受けた事業者が危険物等を扱うとき，又は就業する労働者が50人以上のときには，非常の場合の警報設備等を備え，かつ，有効に作動するように保持すること（則第671条）

③工場の用に供される建築物で，㋑局所排気装置，㋺プッシュプル型換気装置，㋩全体換気装置，㊁排気処理装置，㋭排液処理装置のいずれかの装置を設けたものを貸与する場合において，建築物の貸与を受けた二以上の事業者がその装置の全部又は一部を共用することとなるときは，その共用部分の機能を有効に保持するため，点検，補修等の必要な措置を講ずること（則第672条）

④工場の用に供される建築物で飲用又は食器洗浄用の水を供給する設備を設けたものを貸与するときは，その給水設備を，水道法第3条第9項に規定する給水装置又は同法第4条の水質基準に適合する水を供給することができる設備とすること（則第673条）

⑤工場の用に供される建築物で排水に関する設備を設けたものを貸与するときは，設備の正常な機能が阻害されることにより汚水の漏水等が生じないよう，補修その他必要な措置を講ずること（則第674条）

⑥工場の用に供される建築物を貸与するときは，建築物の清潔を保持するため，建築物の貸与を受けた事業者との協議等により，清掃及びねずみ，昆虫等の防除に係る措置として，次の各号に掲げる措置を講ずること（則第675条）

イ 日常行う清掃のほか，大掃除を，6カ月以内ごとに1回，定期に，統一的に行うこと

ロ ねずみ，昆虫等の発生場所，生息場所及び侵入経路並びにねずみ，昆虫等による被害の状況について，6カ月以内ごとに1回，定期に，統一的に調査を実施し，調査の結果に基づき，ねずみ，昆虫等の発生を防止するため必要な措置を講ずること

ハ ねずみ，昆虫等の防除のため殺そ剤又は殺虫剤

を使用する場合は，医薬品，医療機器等の品質，有効性及び安全性の確保等に関する法律第14条又は第19条の2の規定による承認を受けた医薬品又は医薬部外品を用いること

⑦建築物の貸与を受けた事業者から，局所排気装置，騒音防止のための障壁その他労働災害を防止するため必要な設備の設置について，設備の設置に伴う建築物の変更の承認，設備の設置の工事に必要な施設の利用等の便宜の供与を求められたときは，これを供与するようにすること（則第676条）

⑧貸与する建築物に設ける便所で二以上の事業者が共用するものについては，則第628条第1項各号及び第628条の2に定める基準（男女別，男女の労働者数に応じた便所や便房の数等）に適合するように講ずるとともに，労働者数に応じて設けるべき便房等については，共用する事業者の労働者数を合算した数に基づいて設けるものとすること（則第677条）

⑨建築物内で火災の発生，特に有害な化学物質の漏洩等の非常の事態が発生したときに用いる警報を，予め統一的に定め，これを建築物の貸与を受けた事業者に周知させるとともに，建築物の内部に則第640条第1項第1号，第3号又は第4号に掲げる事故現場等があるときは，事故現場等を表示する標識を統一的に定め，これを建築物の貸与を受けた事業者に周知させる措置を講ずること（則第678条）

⑩建築物の貸与を受けた二以上の事業者が共用する廊下の壁等に吹き付けられた石綿等又は張り付けられた石綿含有保温材，耐火被覆材等が損傷，劣化等により石綿等の粉じんを発散させ，及び労働者がその粉じんにばく露するおそれがあるときは，当該吹き付けられた石綿等又は石綿含有保温材等の除去，封じ込め，囲い込み等の措置を講ずること（石綿障害予防規則第10条第5項）

4 罰則

建築物貸与者が，本条の規定に違反して，必要な措置を講じない場合には，6カ月以下の懲役又は50万円以下の罰金に処せられる（法第119条第1号）。

5 解釈例規

昭和47年9月18日基発第602号は，令第11条で定める建築物の全部の貸与を受けた者が，それを他の事業者に転貸する場合には，その転貸者を本条の「建築物貸与者」とすること，を示している。

昭和47年9月18日基発第601号の1は，労働安全衛生規則第671条（受貸与事業者が危険物等を扱うとき又は貸与された建設物内で就業する労働者数が50人以上のとき，非常用の警報用設備器具を備え，メンテナンスすべき旨の定め）の「警報用の設備」または「警報用の器具」は，第548条において定めるもの（自動警報器，非常ベル等の

資料4-140　建築物等（労働安全衛生法第34条）の例

（角田淳氏のブログ〔安全教育センターWEBサイト　https://www.anzen-pro.com/blog/column/postid_1305/，最終閲覧日：2024年6月14日〕）

設備又は携帯用拡声器，手動式サイレン等）と同様であること，を示している。

昭和47年9月18日基発第601号の1は，労働安全衛生規則第672条（局所排気装置，プッシュプル型換気装置等の装置を設けた共用の工場用建築物をリースする場合，その共用部分の機能を有効に保持するため，点検，補修等の必要な措置を講ずべき旨の定め）の「必要な措置」には，建築物の貸与を受ける事業者間に協議組織を設置させ，相互に点検等を励行させることを含むこと，を示している。また，「点検，補修等」の「等」には，これらの装置の内部のそうじ及びこれら装置の機能を有効に保持するための使用基準の設定が含まれること，を示している。

昭和47年9月18日基発第601号の1は，労働安全衛生規則第673条（飲用／食器洗浄用の給水設備が設けられた工場用建築物を貸与する場合，給水装置や水質につき法定基準を満たすものとすべき旨の定め）に関し，水道法第3条第8項〔現行＝第9項〕の給水装置以外の設備を設けているときは，第627条第2項（水道法第3条第9項に規定する給水装置を使用しない場合に，地方公共団体等による水質検査で法定水質基準への適合を確認すること等を求めた定め）に規定する水を供給しなければならないこと，を示している。

昭和47年9月18日基発第601号の1は，労働安全衛生規則第674条（排水に関する設備が設けられた工場用建築物を貸与する場合，設備の故障で汚水の漏水等が生じないよう，補修その他必要な措置を講ずべき旨の定め）の「排水に関する設備」には，排水処理のための配管，溝，槽，ピット，ポンプがあること，を示している。また，「漏水等」の「等」には，滞留及び溢流があること，を示している。さらに，「その他の必要な措置」は，第672条関係の「必要な措置」の解釈と同様（これらの装置の内部のそうじ及びこれら装置の機能を有効に保持するための使用基準の設定が含まれる）であること，を

示している。

平成16年6月21日基発第0621004号は，労働安全衛生規則第675条（工場用建築物を貸与する場合，建築物の清潔を保持するため，受貸与事業者との協議等により，所定の清掃及びねずみ，昆虫等の防除に係る措置を講ずべき旨，具体的には日常の掃除と半年ごとの大掃除のほか，半年後の統一的調査の結果に基づき，ねずみ，昆虫等の発生を防止するため必要な措置を講ずべき旨等の定め）に関し，今回の安衛則改正（平成16年3月30日厚生労働省令第70号）は，ねずみ，昆虫等の生息の有無にかかわらず防除を行うのではなく，その生息状況等を調査した上で，その結果に基づき，適切な防除を実施する等合理的な防除を行うことができることを明確にしたものであり，従来の考え方を変更したものではないこと，を示している。また，防除のため，殺そ剤又は殺虫剤を使用する場合には，薬事法（昭和35年8月10日法律第145号）上の承認を受けた医薬品又は医薬部外品を用いなければならないことについても併せて明確にしたものであること，を示している。

昭和47年9月18日基発第601号の1は，労働安全衛生規則第676条（受貸与事業者から，局所排気装置，騒音防止のための障壁等の労災防止に必要な設備の設置について，建築物の変更の承認，設置工事に必要な施設の利用等の便宜の供与を求められた場合には応諾すべき旨の定め）の「建築物の変更」には，局所排気装置のダクトを取り付けるための壁，天井，床等を改造すること，採光のため窓を設けることがあること，を示している。また，「工事に必要な施設」には，建築物貸与者の管理に係る電気，ガスまたは水道の施設があること，を示している。

昭和47年9月18日基発第601号の1は，労働安全衛生規則第677条（貸与建築物に設ける共用便所については，安衛則第628条第1項各号に定める基準（男女別，男女の労働者数に応じた便所や便房の数等）に適合するように講ずるとともに，便房等については，共用する事業者の労働者数に合算した数に基づいて設けるべき旨の定め）の「労働者数を合算した数」には，貸与された事業者の労働者のみならず，その建築物内で作業する貸与者の労働者数が含まれるものであること，を示している。

昭和47年11月15日基発第725号は，労働安全衛生法施行令第11条の「事務所の用に供される建築物」に関し，当該建築物が主として事務所（事務所衛生基準規則第1条第1項の事務所をいう）の用に供されるものをいう，と示している。

3 関連規定

(1) 法第33条：本条の対象となる機械等の種類は，移動式クレーン，車両系建設機械や不整地運搬車，高所作業車（令第10条）である。これらの機械等を貸与する場合，機械等貸与者の義務としては機械等の事前の点検や補修等の実施及び機械等の能力，特性等に関する書面の交付（則第666条）をすること，機械等の貸与（操作者付きの場合）を受けた者の義務としては必要な資格を有する者であることの確認及び作業内容，指揮系統，合図の方法等の通知（則第667条）をすること，機械等のその操作者の義務としては機械等の貸与を受けた者からの通知事項を守る（則第668条）ことが定められている。法第33条第1項又は同条第2項違反には，6月以下の懲役又は50万円以下の罰金（両罰規定）が定められている。同条第3項違反には，50万円以下の罰金（両罰規定）が定められている。[41]

(2) 法第35条：荷の発送者（最初に運送ルートにのせる者）は，見やすく，かつ，容易に消滅しない方法で，当該貨物にその重量を表示（包装されていない貨物で，その重量が一見して明らかであるものを除く）しなければならないことを規定している。違反には，6月以下の懲役又は50万円以下の罰金（両罰規定）が定められている。[42]

(3) 法第98条：本条は，法第34条の規定により建築物貸与者に，当該建築物の貸与を受けた事業者の事業に係る当該建築物による労働災害を防止するため講ずべき必要な措置が講じられていない事実がある場合に都道府県労働局長又は労働基準監督署長が，関係者に対して，作業の全部又は一部の停止，建築物等の全部又は一部の使用の停止又は変更その他，労働災害を防止するため必要な事項を命じることができることを規定したものである。[43]

(4) 法第100条：本条は，労働基準監督機関が本法を施行するため必要があるときに，厚生労働省令で定めるところにより，関係者に対し，必要な事項を報告させ，又は出頭を命じることができることを定めている。[44] 関係者には，建築物貸与者も含まれる。

(5) 法第102条：工作物の所在する場所又はその附近で工事その他の仕事を行う事業者から，その工作物による労働災害の発生を防止するためにとるべき措置についての教示を求められた場合には，ガス工作物，電気工作物，熱供給施設，石油パイプラインの工作物を設けている者は，その工作物による労働災害の発生を防止するためにとるべき措置を教示しなければならないことを規定している。違反に対する罰則はない。[45]

4 沿革

現行安衛法制定当時において，1つの建築物を複数の事業者に貸与する，いわゆる雑居ビルや工場アパートが増加していたが，そのような建築物の一部を借りた者に対して労働災害の防止を義務づけても，その内

容によっては実効を期し得ないような場合が少なくない[46]。このような観点から同条が制定されたものと考えられる。

5 運用
1 適用の実際[47][48]
（1）厚生労働省労働基準局監督課が令和2年9月30日に公表した「労働基準関係法令違反に係る公表事案」（令和元年9月1日～令和2年8月31日公表分 ＊各都道府県労働局が公表した際の内容を集約したもの）によると，対象条文違反はなかった。

（2）厚生労働省労働基準局「労働基準監督年報」（平成31年・令和元年，平成30年，平成29年，平成28年）には，労働安全衛生法第33条・第34条の違反件数が挙げられているが適用条文の内訳は明らかにされていない。詳細は，本書第33条 5 1を参照されたい。

2 関係判例
関連する公刊裁判例は，特に掲記するものがない。

結語：第33条・第34条

安衛法は，労働災害発生防止という目的に照らした柔軟な解釈がなされてきていたが，現行法の制定により，労働者を直接雇用する使用者以外の者に，どのような場面でどのような措置を義務づけるかが，かなりの程度明らかにされた。

第33条と第34条は，工場法，労働基準法等に直接的な定めがなく，「場所」や「物」の管理権原に着目した規制として，現行法の制定にて新たに導入された規定である。

このように，安全衛生に影響を及ぼす者を広く取り込む管理体制の構築が，現行法の特徴の一つであり，実際に労災防止効果を生んだ要素の一つと解される（このことは，令和元年-3年度厚生労働科学研究費補助金〔労働安全衛生総合研究事業〕「労働安全衛生法の改正に向けた法学的視点からの調査研究」〔研究代表者：三柴丈典〕で実施した社会調査の結果〔国立保健医療科学院のWEBサイト（https://mhlw-grants.niph.go.jp/project/149040，最終閲覧日：2023年7月14日）掲載の別添資料〕からも窺える）。

したがって，今後の安衛法の改正に際しても，時代状況の変化に応じつつ，労災防止に大きな影響を持つ者を広く取り込む管理体制の構築を図る必要があると解される。

【注】
1）淀川亮・三柴丈典「リスクアセスメントを核とした諸外国の労働安全衛生法制度の背景・特徴・効果とわが国への適応可能性に関する調査研究の紹介」労働安全衛生研究13巻2号（2020年）173頁。
2）三柴丈典「日本の安衛法の特徴と示唆される予防政策のエッセンス」厚生労働科学研究費補助金（労働安全衛生総合研究事業）「リスクアセスメントを核とした諸外国の労働安全衛生制度の背景・特徴・効果とわが国への適応可能性に関する調査研究」〔研究代表者：三柴丈典〕（2017年）〈第1分冊〉分担研究報告書89頁。
3）同上85頁。
4）三柴丈典「イギリスのリスクアセスメントと法」同上・分担研究報告書127-357頁を参照した。
5）労務行政研究所編『労働安全衛生法』（労務行政，2017年）373頁。
6）法第33条は，貸与の場合の規制であり，規制の範囲も狭く，対象となる機械等も限定されており，実際には限られた機械等の有償リース業者のみに関する規制となっている。また，本条の適用可能性のある条件では，労働安全衛生法第42条（譲渡等の制限等）や同法第45条（定期自主検査）が適用される場面も多い（森山誠也監督官による）。
7）リースのメリットとしては，業者の重機は，定期自主検査（法第45条）がほぼ必ず実施されているという点ある。工事現場において，自社所有の重機は検査・整備していないがリース品は定期自主検査がなされている等というケースもある（森山誠也氏のご教示による）。
8）厚生労働省労働基準局通達平成19年7月31日基発第0731001号「機械の包括的な安全基準に関する指針」が参考になる。同指針では「使用上の情報」について「安全で，かつ正しい機械の使用を確実にするために，製造等を行う者が，標識，警告表示の貼付，信号装置又は警報装置等の設置，取扱説明書等の交付等により提供する指示事項等の情報をいう」としている。また，JIS B 9700：2013（機械類の安全性-設計のための一般原則-リスクアセスメント及びリスク低減）6.4も参考になる。このような使用上の情報の伝達が適切になされなければ安全衛生教育等も適切に実施できないことになる（森山誠也氏のご教示による）。
9）ここには機械自体の性能や危険性が含まれていないことに留意すべきである。義務の主体が貸与された側であることによると解される。
10）森山誠也監督官による。
11）畠中信夫『労働安全衛生法のはなし』（中央労働災害防止協会，2019年）232-233頁。
12）労務行政研究所編・前掲注5）373-374頁を参照した。
13）法第33条では，移動式クレーンのほかにも車両系建設機械や高所作業車などが対象になっているが，オペレーター付きリースの殆どが移動式クレーンである。移動式クレーンに限っては，数十トンの能力のものもあり，相当の技術を要するため，専属のものでなければ運転ができないからである（玉泉孝次氏のご教示による）。
14）労務行政研究所編・前掲注5）374頁を参照した。
15）無償で借りた場合，1度限りで借りた場合，又は代金にリース代が含まれているのか人工代だけなのか判別ができない場合等は，文言上，則第666条・第667条の適用ができないように思われる（森山誠也氏のご教示による）。
16）労務行政研究所編・前掲注5）374-375頁を参照した。
17）本規定は，抽象的な規定であるため，実際に事故が発生した場合に適用される範囲が広いものと思われる。例えば，クレーン等安全規則第66条の2，第66条の3，第69条～第75条の内容に関する説明が不十分であった場合等が挙げられる（玉泉孝次氏のご教示による）。
18）畠中・前掲注11）。
19）労務行政研究所編・前掲注5）375-376頁。
20）木村嘉勝『よくわかる労働安全衛生法〔改訂7版〕』（労働調

査会, 2021年) 58頁。
21) 同上59頁。
22) 前掲注17)。
23) 三柴丈典氏による。
24) 現場においては, リース品については自主検査が尽くされており, リース品以外については自主検査が尽くされていないような場面も見受けられる (森山誠也氏のご教示による)。
25) 労働調査会出版局編『労働安全衛生法の詳解—労働安全衛生法の逐条解説〔改訂5版〕』(労働調査会, 2020年) 995-996頁。
26) 同上1008頁。
27) 木村・前掲注20) 143頁。
28) 石井照久 (労働基準法研究会会長) 「労働大臣宛労働基準法研究会第3小委員会報告書 (昭和46年7月13日)」『産業安全年鑑 昭和46年版』(中央労働災害防止協会, 1971年) 27-43頁。
29) 昭和47年3月21日衆議院社会労働委員会〔渡邊健二委員発言〕。
30) 昭和47年5月18日参議院社会労働委員会〔北川俊夫委員発言〕。
31) 厚生労働省安全衛生部のご助力を頂き, 三柴丈典氏が全国の都道府県労働局の健康・安全関係課, 監督課, 主要労基署の現役行政官, 安全衛生行政関係団体等の行政官OBに向けて, 安衛法の条文ごとの監督指導実例, 法改正提案等につき, アンケート調査を行ったもの。
　監督官49, 技官15, 元監督官12, 元技官2の回答があった。
32) 福岡高判昭52・8・3判時896号110-111頁。
33) 労務行政研究所編・前掲注5) 307頁。
34) 岩嵜勝成「クレーン車海中転落損害賠償請求事件 (香川県直島町)」判例地方自治105号 (増刊) (1993年) 113頁。
35) 同上113-114頁。
36) 移動式クレーンを操作して行う作業は日々の中で時々刻々変わるものであるため, リース業者がその安全措置を講ずることは現実的に極めて困難な状況にある。また, 現実の労働基準監督署の臨検監督においても, クレーン等安全規則第70条の3などの法違反は貸与を受けた者に対して行われている (玉泉孝次氏のご教示による)。
37) 労務行政研究所編・前掲注5) 376-377頁。
38) 畠中・前掲注11) 233-234頁。
39) 労務行政研究所編・前掲注5) 377頁。
40) 同上377-379頁。
41) 木村・前掲注20) 58頁。
42) 同上59頁。
43) 労働調査会出版局編・前掲注25) 995-996頁。
44) 同上1008頁。
45) 木村・前掲注20) 143頁。
46) 佐藤勝美編『労働安全衛生法の詳解』(労働基準調査会, 1992年) 415頁。
47) 本条に係る送検事例や指導例につき労働基準監督官としての経験上確認をしたことがない状況にある。法第33条と法第34条の区別の難しさが関係している可能性もある (森山誠也氏のご教示による)。「事務所又は工場」の判断の難しさも適用が少ない原因の可能性がある。また, 別条文にて適用されている可能性もある。例えば, 労働安全衛生規則第619条以下 (事業者を名宛人とした, 清掃等の実施〔第619条〕, 汚染床等の洗浄〔第622条〕, 床の構造〔第623条〕, 汚物の処理〔第624条〕, 洗浄設備等〔第625条〕など) 等の適用が考えられる (近藤龍志氏のご教示による)。
48) 他人の所有する建築物やそれに附属する設備の欠陥で, 労働者が労働災害に遭う場合は多くある。他人の所有する建築物内で労働者が作業するケースとしては, 通販会社の倉庫内で, 複数の会社が仕分け作業を受託してそこで多くの労働者が作業をしている場合, 冷蔵倉庫内に複数のピッキング・梱包業者が賃貸で入居し, そこで労働者に要冷蔵食品の仕分け等を行わせている場合, 運送業者において荷主事業場や中継倉庫の構内で荷の積卸などの作業をする場合等がある。また, 労働災害としては, あらゆるものがあるが, 例えば, 通路のコンクリートに劣化で穴が空き転倒災害が発生する場合, 自動ドアに挟まれる場合, 冷蔵庫に閉じ込められる場合等がある (森山誠也氏のご教示による)。

〔淀川亮〕

第35条・第36条

(重量表示)
第35条 一の貨物で, 重量が1トン以上のものを発送しようとする者は, 見やすく, かつ, 容易に消滅しない方法で, 当該貨物にその重量を表示しなければならない。ただし, 包装されていない貨物で, その重量が一見して明らかであるものを発送しようとするときは, この限りでない。

1 趣旨と内容

本条 (第35条のことをいう。以下同条の逐条解説部分において同じ) は, 包装されていない貨物でその重量が一見して明らかであるものを除き, 1個の貨物で, 重量が1t以上のものを発送しようとする者は, 見やすく, かつ, 容易に消滅しない方法で, 当該貨物にその重量を表示しなければならないことを規定したものである。

本条は, 1931年3月16日に批准した船舶ニ依リ運送セラルル重包装貨物ノ重量標示ニ關スル條約 (以下「ILO第27号条約」ないし「本条約」という) を本邦において実施するための国内担保法でもあるが[1], 本条の規定により重量表示をしなければならない貨物は船舶により運送されるものに限られない[2]。

本条の趣旨及び解釈については, 本法の施行通達において次のような説明がなされている[3]。

発基第91号
昭和47年9月18日
都道府県労働基準局長　殿

　　　　　　　　　　　　　　　労働事務次官

　労働安全衛生法の施行について

記
第三 概要
　四 労働者の危険または健康障害を防止するための措置（第4章関係）
　　㈡ その他の規制
　　　ニ 重量表示
　　　　昭和5年にわが国が批准したILO第27号条約との関係で，従来，労働安全衛生規則において，1トン以上の貨物についての重量表示に関する規制がなされていたが，ILO条約の裏付けのある規定であることにかんがみ，今回，法律の中に明記したものであること。

基発第602号
昭和47年9月18日
都道府県労働基準局長　殿
　　　　　　　　労働省労働基準局長
労働安全衛生法および同法施行令の施行について
記
Ⅰ 法律関係
　9 労働者の危険又は健康障害を防止するための措置
　　⑻ 第35条関係
　　　イ 本条は，貨物を取り扱う者が，その重量について誤つた認識をもつて当該貨物を取り扱うことから生ずる労働災害を防止することを目的として定められたものであること。
　　　ロ 本条の「発送」には，事業場構内における荷の移動は含まないものであること。
　　　ハ 本条の「発送しようとする者」とは，最初に当該貨物を運送のルートにのせようとする者をいい，その途中における運送取扱者等は含まない趣旨であること。
　　　　なお，数個の貨物をまとめて，重量が1トン以上の1個の貨物とした者は，ここでいう「最初に当該貨物を運送のルートにのせようとする者」に該当すること。
　　　ニ 本条の「その重量が一見して明らかなもの」とは，丸太，石材，鉄骨材等のように外観より重量の推定が可能であるものをいうこと。
　　　ホ コンテナ貨物についての本条の重量表示は，当該コンテナにその最大積載重量を表示されておれば足りるものであること。

なお，本条の規定は本条だけで完結しており，命令への委任はない。

[2] **罰則**

本条の規定に違反した者は，第119条の規定により，6カ月以下の懲役又は50万円以下の罰金に処せられる。

本条違反の罪については，第122条の両罰規定が適用される。

[3] **条文解釈**
1 「一の貨物……発送しようとする者」
　施行通達（[1]で引用）に示された解釈から考えると，本条の「一の貨物で，重量が1トン以上のもの」には，数個の貨物をまとめて，重量が1t以上の1個の貨物としたものも含まれると解される。その典型例として，複数の荷をコンテナに入れて発送する場合があるだろう。

　本条の「発送」には，事業場構内における荷の移動は含まれない。

　本条の「発送しようとする者」は，最初に当該貨物を運送のルートにのせようとする者をいい，その途中における運送取扱者等は含まれない。

　また，本条の規定は，貨物の行き先を限定しておらず，またILO第27号条約の趣旨（[5]参照）からしても，本邦の外へ貨物を発送する場合にも適用されることは明らかであろう。

　ところで，「貨物を発送しようとする者」が指すものは，必ずしも明確でないと思われる。船舶安全関係法令において国際海上コンテナの重量確定義務（[8] 1参照）を負うのは荷送人（実際には，商社など）であり，これは実際にコンテナに貨物を収納してこれを総重量1t以上のコンテナとする作業を行う者とは異なる可能性があるが，では「貨物を発送しようとする者」はこのうちどちらになるのかというと，後者は該当すると思われるが，前者も該当するのかという解釈問題があると思われる。

2 「その重量を表示」
　重貨物ノ重量標示ニ關スル件（昭和5年5月6日内務省令第16號）及び旧労働安全衛生規則（昭和22年10月31日労働省令第9号）第123条では「標示」の語が使用され，労働安全衛生法で「表示」が使用されているが，同じ意味だろう。

　なお，ILO第27号条約の英語の正文ではmarking (of weight)であり，外務省による同条約の定訳では「標示」が使用されている。

(1) 単位

　本条では，単位ないし単位系が指定されていないため，メートル法以外の単位系を使用した場合には本条違反にはならないが，本条の規定に基づく重量の表示は計量法（平成4年5月20日法律第51号）第2条第2項の「証明」に該当し，同法第8条第1項の規定によりメートル法のキログラム，グラム又はトンにより表示

しなければならないものと考えられる。

(2) 精度

本条では重量表示の精度ないし正確性について規定されていないが、計量法では第10条で正確な計量（努力義務）、第16条で使用してはならない計量器等について規定し、証明等のための計量の正確性を図っている。

ところで、施行通達[10]は、コンテナ貨物についての本条の重量表示は、当該コンテナにその最大積載重量が表示されていれば足りるとしているが、文理上、本条をそのように解すことはできないのではないだろうか。

特に、船舶により輸送される貨物で1t以上のものの重量表示については、本条約第1条第2項の特例規定（ 5 1参照）でも近似的重量（英語正文ではan approximate weight）による表示を許容しているだけであるから、本条が本条約の国内担保法である限り、少なくとも海上コンテナの場合には最大積載荷重で足りると解すことは困難である。実際の運用面でも、船舶に積載する場合には、船体に偏荷重がかからないよう荷重のバランスを考慮して貨物を配置する必要があることから[11]、コンテナの最大積載重量しか表示されず実際の重量が不明となると、本条約の目的を達成することはできない。

また、1974年のSOLAS条約及び船舶安全関係法令においては、船舶により本邦外に一定の大きさ以上のコンテナ貨物を輸送する場合等においては、コンテナの荷送人は船長及びコンテナヤード代表者に対してコンテナの質量等を記載した資料を提出しなければならないが、当該資料に記載する重量は、コンテナに貨物を入れた状態でその重量を計量するか、コンテナそのものとその内容物の各重量を個別に計量して合計するという、いずれも実際に計量する方法により確定しなければならない（ 8 1参照）。

したがって、国際海上コンテナ輸送分野におけるこのような改正も踏まえ、本条の解釈通達もまた再検討することが望ましい。

なお、本条と直接の関係はないが、コンテナ内部の偏荷重や危険物の輸送等の諸問題については 5 4、 8 1、 9 で触れる。

(3) 虚偽の表示

虚偽の重量を記載した場合は、実質的に重量を表示したことにならない上、「その重量」という要件を満たさないことから、本条違反となると考えられる。

3 「包装されていない貨物で、その重量が一見して明らかであるもの」

「その重量が一見して明らかなもの」とは、丸太、石材、鉄骨材等のように外観より重量の推定が可能で

あるものをいう。[12]

4 適用範囲

本法では、第115条に、鉱山における保安及び船員に対する（一部）適用除外規定が置かれている。

（適用除外）
第115条　この法律（第2章の規定を除く。）は、鉱山保安法第2条第2項及び第4項の規定による鉱山における保安については、適用しない。
2　この法律は、船員法（昭和22年法律第100号）の適用を受ける船員については、適用しない。

その代わり、鉱山における保安に対しては鉱山保安法（昭和24年5月16日法律第70号）、船員に対しては船員法（昭和22年9月1日法律第100号）が適用される。

1 鉱山に対する適用

この「保安」には、安全に係る事項は原則として含まれるが、衛生に係る事項は、通気を除き、一般には含まれていないものと解されている。即ち、鉱山に対しては、本法は原則として通気を除く衛生に係る事項についてのみ適用されることとなる。[13]

本条が鉱山に関して適用されるかが問題となるが、思うに、鉱山とは場の概念であるから、本法中保安に係る事項のうち場に対して適用されるものや、鉱山の内部で完結するような事項に対して本法の規定を適用しないという趣旨と解される。「場」とは、本法の基本的な適用単位である「事業場」と同様に「工場、鉱山、事務所、店舗等のごとく一定の場所において相関連する組織のもとに継続的に行なわれる作業の一体[14]」と定義できるだろう。したがって、保安に関する事項であっても、本条のように場を超えて荷役や輸送の安全を確保するための規定は鉱山における行為にも適用されるものと思われ、例えば鉱山から貨物を発送する場合においても、本条は適用されると解すべきだろう（「発送」に事業場構内における荷の移動は含まれないことは 3 1で述べた通り）。また、本条約（ 5 1参照）に鉱山等についての特例等を認める規定が含まれていないこと、鉱山保安法に本条のような重量表示規定がないこと等も、鉱山において貨物を発送する行為に本条を適用することを要請していると思われる。

2 船員に対する適用

本条が船員に関して適用されるかということについては、思うに、本法を船員に対して適用しないというのは、本法の適用において船員を労働者とみなさないということであるから、事業者と労働者との使用従属関係を軸とする第20条から第27条までをはじめとする規定は船員に適用されないが（事業場内に船員以外の労働者がいる場合はその限りで当然適用される）、本条のよ

うに不特定多数の労働者を保護するために設けられた規定については，船員に対する適用除外は問題とはならないだろう。

5 船舶ニ依リ運送セラルル重包装貨物ノ重量標示ニ關スル條約（ILO第27号条約）

本条は，船舶ニ依リ運送セラルル重包装貨物ノ重量標示ニ關スル條約（第27号，Convention concerning the Marking of the Weight on Heavy Packages Transported by Vessels, 1929）の国内担保法である。

なお，国際労働基準の適用監視の概要と関係資料へのアクセス方法は，後掲の 付録 を必要に応じて参照されたい。

本節は西暦表記とする。

1 概要

本条約は，ジュネーヴで行われた第12回国際労働会議（International Labour Conference. 以下「総会」という）で審議され，1929年6月21日午前の総会第25次会議の最終評決において98対24で賛成が上回り採択されたものである。[16]

本条約は，1932年3月9日に効力発生，日本では1931年2月20日に批准，同年3月16日に批准登録，同年3月25日に公布され，1932年3月9日に国内効力発生となっている。[17]

本条約の英語正文は次の通りである。[18] 日本語訳は，ILO駐日事務所WEBサイト[19]及び外務省の定訳[20]を参照されたい。

Convention concerning the Marking of the Weight on Heavy Packages Transported by Vessels, 1929 (No. 27)

Preamble

The General Conference of the International Labour Organisation,

Having been convened at Geneva by the Governing Body of the International Labour Office, and having met in its Twelfth Session on 30 May 1929, and

Having decided upon the adoption of certain proposals with regard to the marking of the weight on heavy packages transported by vessels, which is included in the first item of the agenda of the Session, and

Having determined that these proposals shall take the form of an international Convention,

adopts this twenty-first day of June of the year one thousand nine hundred and twenty-nine the following Convention, which may be cited as the Marking of Weight (Packages Transported by Vessels) Convention, 1929, for ratification by the Members of the International Labour Organisation in accordance with the provisions of the Constitution of the International Labour Organisation:

Article 1

1. Any package or object of one thousand kilograms (one metric ton) or more gross weight consigned within the territory of any Member which ratifies this Convention for transport by sea or inland waterway shall have its gross weight plainly and durably marked upon it on the outside before it is loaded on a ship or vessel.

2. In exceptional cases where it is difficult to determine the exact weight, national laws or regulations may allow an approximate weight to be marked.

3. The obligation to see that this requirement is observed shall rest solely upon the Government of the country from which the package or object is consigned and not on the Government of a country through which it passes on the way to its destination.

4. It shall be left to national laws or regulations to determine whether the obligation for having the weight marked as aforesaid shall fall on the consignor or on some other person or body.

Article 2

The formal ratifications of this Convention under the conditions set forth in the Constitution of the International Labour Organisation shall be communicated to the Director-General of the International Labour Office for Registration.

Article 3

1. This Convention shall be binding only upon those Members whose ratifications have been registered with the International Labour Office.

2. It shall come into force twelve months after the date on which the ratifications of two Members of the International Labour Organisation have been registered with the Director-General.

3. Thereafter, this Convention shall come into force for any Member twelve months after the date on which its ratification has been registered.

Article 4

As soon as the ratifications of two Members of the International Labour Organisation have been registered with the International Labour Office, the Director-General of the International Labour Office shall so notify all the Members of the International Labour Organisation. He shall likewise notify them of the registration of ratifications which may be communicated subsequently by other Members of the Organisation.

Article 5

1. A Member which has ratified this Convention may denounce it after the expiration of ten years from the date on which the Convention first comes into force, by an act communicated to the Director-General of the International Labour Office for registration. Such denunciation shall not take effect until one year after the date on which it is registered with the International Labour Office.

2. Each Member which has ratified this Convention and which does not, within the year following the expiration of the period of ten years mentioned in the preceding paragraph, exercise the right of de-

nunciation provided for in this Article, will be bound for another period of ten years and, thereafter, may denounce this Convention at the expiration of each period of ten years under the terms provided for in this Article.

Article 6

At such times as it may consider necessary the Governing Body of the International Labour Office shall present to the General Conference a report on the working of this Convention and shall examine the desirability of placing on the agenda of the Conference the question of its revision in whole or in part.

Article 7

1. Should the Conference adopt a new Convention revising this Convention in whole or in part, the ratification by a Member of the new revising Convention shall ipso jure involve denunciation of this Convention without any requirement of delay, notwithstanding the provisions of Article 5 above, if and when the new revising Convention shall have come into force.

2. As from the date of the coming into force of the new revising Convention, the present Convention shall cease to be open to ratification by the Members.

3. Nevertheless, this Convention shall remain in force in its actual form and content for those Members which have ratified it but have not ratified the revising convention.

Article 8

The French and English texts of this Convention shall both be authentic.

このように，本条約第1条第1項では，1t以上の貨物が船舶に積載される前に重量が表示されていなければならないと定められているだけであり，第4項では「重量標示の義務が発送者又はその他の個人若しくは団体のいずれに属すべきかは各国の法令においてこれを決定することができる」とされている。したがって，本条約に基づく重量表示の措置義務者は条約で規定されるわけではなく，それをいかにするかは批准した各国の国内法令に委ねられている。

しかし，これは各国が措置義務者を恣意的に決められるということではなく，各国が，本条約の目的を確実に達成できるよう，国内事情に鑑み，措置義務者（名宛人）を適確に設定する責任を負っているものと解すべきだろう。

2　採択までの審議経過

この項（5 2）は，内務省社會局『1930年第12回國際労働總會報告書』に基づくものであるが，5 2(2)以降は，同書の記述の一部を抜き出して概ね時系列に整理し，わかりやすさのため原則として現代語化し，また若干の字句の意訳等を行ったものである。

殆ど転載した部分も多いが，同書がほぼ議事録の体裁をとり，句読点のない旧字旧仮名遣で書かれ，要所を容易に参照しにくいような章立てがなされているため，ここに改めて必要な箇所を抜き出して紹介するため，敢えてこのような方法をとることとした。

(1) 国際労働事務局からの質問書及び各国政府の回答書

国際労働機関第11回総会においては産業災害予防問題が大きく討議されたが，この問題については，第12回総会において引き続き討議して最終決定を行うため，第11回総会の後，国際労働事務局から各国政府に質問書が送付された。この質問書の中には「船舶により輸送される重包装貨物にその重量を記載することを荷送人に対し強制する条約又は勧告に賛成するか」及び「賛成の場合は一定限度以上は貨物に重量を記載することとするがその限度はどうするか」という旨の質問が含まれていた。

これに対する各国政府の回答の概要は概ね**資料4-141**の通りであった。

(2) 国際労働事務局の条約案草案

国際労働事務局は，これらの回答を基礎として，次の条約案の草案を作成し，第12回総会に提出した。

資料4-141

船舶により輸送される重包装貨物にその重量を記載することを荷送人に対し強制する条約又は勧告に賛成するか	
賛成	多数
反対	カナダ・ケベック州
効果を疑問視	オーストリア，スウェーデン
貨物に重量を記載すべき対象貨物の重量	
2000 kg 以上	アイルランド
1500 kg 以上	チェコスロヴァキア，ドイツ
1000 kg 以上	ベルギー，デンマーク，フィンランド，フランス，イギリス，インド，ラトヴィア，ノルウェー，スウェーデン
500 kg 以上	オランダ
150 kg 以上	エストニア
100 kg 以上	ポルトガル
なお，ドイツ及びチェコスロヴァキアは，内水港において取り扱われる包装貨物については海港よりも通常使用されている起重機の能力が小さいことを挙げて重量を記載すべき限度を低下させるべきと主張した。	

船舶ニ依リ輸送セラルル重包装貨物ノ重量ノ表示ニ關スル條約案草案

千「キログラム」（一「メートル」噸）以上ノ全重量ヲ有スル包装貨物又ハ物品ニシテ本條約ヲ批准スル締盟國ノ領土内ニ於テ發送セラレ海上，河川又ハ其ノ他ノ内地水路ニ依リ輸送セラルヘキモノニ對シテハ船舶ニ積込ム前ニ其ノ全重量ヲ其ノ外部ニ明瞭ニ讀ミ易ク且耐久的ニ表示スヘシ

> 右ノ重量表示責任カ荷送主其ノ他ノ個人又ハ團體ノ何レニ屬スヘキヤニ付テハ各國ノ法令又ハ規則ニ於テ之ヲ定ムモノトス

(3) 災害予防委員会における審議

1929年5月31日午前の第12回総会第3次会議において，船舶により輸送される重包装貨物の重量の表示に関する条約案の件を含む産業災害予防問題を審議するため災害予防委員会の設置を決定し，同日午後の同第4次会議において同委員会の委員数を政府側34名，使用者側及び労働者側を各17名，合計68名と決定し，翌6月1日午前の同第5次会議において各委員を選任した。

同委員会は1929年6月1日から同月17日まで13回の会議を重ねたが，船舶により輸送される重包装貨物の重量の表示に関する条約案については，1929年6月15日午前の同委員会第12次会議で審議が開始された。

ここでベルギーの使用者代表ジェラールが本件について「各国政府から勧告とすべきという回答が多い」「条約案を批准しない国があるときは荷役労働者が重量の記載なき包装貨物を条約案により表示すべき重量以下と誤解して災害を惹起するだろう」との旨を主張して条約ではなく勧告とすべきと提案し，加えて，アメリカ合衆国がILOに加盟していないことによる困難に注意を喚起した。これに対し，ドイツの政府側顧問ファイグが「実際上の困難はそれほど大きいとは思われず，本条約案のような規定は他の措置と同様に港湾規則中に含めることができるだろう。」との旨述べた。

次に，ドイツの使用者側顧問クレディッツが「包装貨物に重量を表示することが安全を促進することは認めるが，実際上には幾多の困難があり，例えば本案中の『物品』（object）という語は木材貨物に適用すべきが如く思われるが，これは実行困難であることから，条約案とするよりも寧ろ勧告とするべきと思惟する」との旨述べ，オランダ使用者側代表レグートが「条約案として採択された場合は既に採択されている他の条約案と同様に多数の国の批准は他国の批准に依存することとなるべく多くの国は貿易がその国の港より奪われる場合には条約案を批准することを躊躇するであろうから，本案は勧告とするべきだ」と述べた。

イギリス使用者側顧問ベイレイが「本問題については条約案も勧告も採択することはできないと思惟する。提案の目的は荷役労働者に対し一層大なる安全を確保することにあるがその効果は彼らの作業を一層危険にさせるだろう。また，実際上実施することができない幾多の理由があることから委員会は本問題を放棄すべきと思惟する」との旨を述べ，ベルギー政府側顧問ヴァンデワイヤーが「条約案はこれを批准した国の領土内において積み込まれた包装貨物に適用すべきことはわかるが，この領土内において卸された包装貨物にもまた適用するものとすれば，殆ど打開しがたい実際上の困難があるだろうと思料する」との旨を述べ，フランス労働者側顧問キーヤンは「労働者側は条約案に賛成である。これを実施するに当たっては困難があるだろうがそれは一切の条約案についても同様でありおそらく若干の国が実施し始めるときは他国もまた実施するようになるだろう」として条約案とすべきことを主張した。

次に，ドイツ政府側顧問ファイグが「今までに挙げられた実際上の困難は他の条約が直面するところよりも少ないだろうと思惟する」との旨を述べたところ，ベルギー使用者側代表ジェラールはファイグの意見に反対し，本案を勧告とすることに賛成である旨を述べた。

委員長は「事務局案によれば条約案を批准しかつ海上又は内地水路により包装貨物を発送する国の政府のみが重量表示に対し責任を有するものであり，他の国の政府はそうではない。換言すれば，通過国は責任がない」と説明したところ，ドイツ政府側顧問ファイグはこの意見に賛成せず「重量が表示されるか否かを検査する責任を有するべきなのは包装貨物が積み込まれた港湾の当局者であると思惟する。これは，保護されるべきなのは荷役労働者であることの当然の帰結である」と論じ，オランダ政府側顧問ショルテは委員長の解釈に賛成し，ベルギー使用者側代表ジェラールは「これら2種の解釈はともに異なれる理由のため実行不可能である。ともかく本問題は条約案とするには余りに複雑であることは明らかである」と述べ，委員長は自己の解釈を固執し「本提案にして採択されるならば起草委員会は誤解の余地のないようにこれを作成することを要す」と述べた。

このような議論を経て，条約案の代わりに勧告を採択すべきとするジェラールの提案が表決に付されたが，45対40により否決された。

次に，ベルギー使用者側代表ジェラールは「又ハ物品」という語は昨年採択された質問書中に見られないこと及びこれは樹幹又はその他の木材貨物に適用されることを以て実際上著しい困難を生ずることを理由としてこれを削除することを提案したところ，委員長は「『包装貨物』（package）という語は包装された貨物に適用するのに対して『物品』（object）という語は包装されていない貨物に関係するものであるが，これには木材のようにバラ（loose articles）の貨物は含まれるものではないと思惟する」と述べ，「又ハ物品」の語を削除するという提案は，39対39で不成立となった。

次に，日本政府側顧問木村清司が条約案第1項に「重量ヲ定ムルコト困難ナル特別ノ場合ニ於テハ當該國ノ法律ハ本規則ニ對スル例外ヲ認ムルコトヲ得」という字句を附加することを提案した。委員長はドイツ政府側顧問スティラーの質問に答え，「本案は全重量を明瞭に表示すべきことを提案するものにして概算重量の問題は存在しえない」と述べ，木村清司の修正案は41対39で否決された。

次に，ベルギー使用者側代表ジェラールが「其ノ他ノ個人又ハ團體」という字句を削除することを提案し，オランダ使用者側代表レグートは原荷送主以外の者の一切の責任を明瞭に排除する必要を力説したが，この提案は43対39で否決された。

次に，スウェーデン使用者側代表ラルソンが「本條約ハ之ヲ批准セサル國ヨリ發送セル通過貨物ニ適用セス」の1項を附加することを提案した。委員長は「この修正案は実際上贅物でありかつ一般に起草委員会がこの点を明瞭にすることを希望している」と述べたところ，ベルギー労働者側顧問ボンダスが「この修正案は原文を制限するものであると思惟するが，起草委員会に期待するところは何なのか知りたい」と述べ，これに対して委員長は「この修正案は何ら原案を変更するものではないが故に起草委員会においてはこの趣旨を明らかにするべきである」と答えた。

次に，日本政府側顧問木村清司は議事録中に「日本政府は各国が本案の目的上その自国語を使用する自由を有するべきものと思惟する」旨を記載することを希望した。

委員長はもはや修正案がないことを以て本条約案は事務局原案通り採択されたるものと認める旨を述べた。

(4) 災害予防委員会が決定した条約案[28]

> 船舶ニ依リ輸送セラルル重包装貨物ノ重量ノ表示ニ關スル條約案草案
>
> 千「キログラム」（一「メートル」噸）以上ノ全重量ヲ有スル包装貨物又ハ物品ニシテ本條約ヲ批准スル締盟國ノ領土内ニ於テ發送セラレ海上又ハ内地水路ニ依リ輸送セラルヘキモノニ對シテハ船舶ニ積込ム前ニ其ノ全重量ヲ其ノ外部ニ明瞭且耐久的ニ表示スヘシ
>
> 右ノ要件カ遵守セラルルカヲ遵守スルノ義務ハ専ラ重包装貨物又ハ物品ノ發送セラレタル國ノ政府ニ存シ右ノモノカ其ノ目的地ニ達スル迄ニ通過スル國ノ政府ニ存セサルモノトス
>
> 右ノ重量表示責任カ荷送主其ノ他ノ個人又ハ團體ノ何レニ屬スヘキヤニ付テハ當該國ノ法令又ハ規則ニ於テ之ヲ定ムモノトス

(5) 総会における審議・採択[29]

総会は，1929年6月19日午前の第21次会議において本条約案に関する審議を行った。[30),31)]

まず，委員会委員長兼報告委員であるイギリス政府側代表サー・マルコルム・デレヴィンニュが「条約案の趣旨につき何も言う必要はないと思うが，条約案は多数の国家が批准しなければその価値がないことから，条約案が総会で採択されるに至った場合には，可能な限り関係国が同時に批准するよう最善の努力をすべきものであると思惟する」旨を述べ，次に議長が本条約案について，日本政府から第1項に「精確ナル重量ヲ定ムルコト困難ナル例外的ノ場合ニ於テハ當該國ノ法令又ハ規則ハ概算重量ヲ表示スルコトヲ認ムルコトヲ得」の1項を加えるという修正案があったことを述べ，日本国政府側代表吉阪俊藏はこの修正案の提出理由を次の通り述べた。

> 本修正案ノ目的トスル處ハ精確ナル重量ヲ定ムルニ由ナキ場合ニハ重包装貨物ニ概算重量ヲ表示スルコトヲ認ムル例外ヲ規定セントスルニ在リ製造業者及廻送業者ヲシテ其ノ製造シ又ハ取扱フ重貨物ノ精確ナル重量ヲ確ムル爲何等ノ設備ヲ有セサル場合——極メテ稀ナルコトニシテモ——アリ得ヘシ
>
> 右ノ例外ノ實際的適用ハ斯ル重貨物ヲ取扱フコト極メテ稀ニシテ從テ捲揚用機械ノ存在セサル河川又ハ湖水ニ於テ重貨物ヲ一地點ヨリ他ノ地點ヘ輸送スル場合ニ限ルヘシ例ヘハ記念碑，庭園等ニ使用スル爲遠隔ノ山腹ヨリ採取セル石ヲ手近ニ計量機ナキ場所ニ於テ運搬スル場合ノ如キ其ノ一例ナリ
>
> 吾人ハ斯ル例外ヲ明瞭ニ認ムルニ非サレハ多數ノ國ノ批准ヲ得ルニ付困難ナルヘシト信ス條約案ノ條文ヲ嚴守スルコトハ現在ノ儘ニテハ明カニ不可能ナリ吾人カ本修正案ヲ提出スルノ意向ハ根本ノ原則ヲ損フコトナクシテ能フ限リ條約案ノ條文ヲ遵守セシメントスルニ在リ本項ノ挿入ニ依リテ安全ノ程度カ低減セラレサルヤヲ慮ルル要ナシ右ハ却テ批准ノ可能性ヲ増加シ斯クテ條約案ノ終極目的タル安全原則ノ實際的適用ヲ促進ス
>
> 右ノ事情ニ基キ余ハ總會ニ對シ本修正案ノ重要性ヲ考慮シ且之ヲ條約案ノ本文中ニ挿入スヘヒトスル吾人ノ提案ヲ支持センコトヲ要求ス

ドイツ政府側顧問ファイグは「本条約案はドイツ政府の発案によるものであり，実際上の結果を得るためには勧告では不十分であり条約案の必要がある」とし更に「これに関し重要な問題はこれらの措置の実行について責任ある国がどこになるかという問題であるが，委員会は重包装貨物又は物品が初めて発送される国が責任を有すべきことを提案したが，私としては，重包装貨物又は物品が船舶に積み込まれかつこれらの措置により労働者が保護されるべき国に責任を課すこ

資料 4－142　船舶ニ依リ運送セラルル重包装貨物ノ重量標示ニ關スル條約（ILO 第27号条約）の批准状況（2022年）

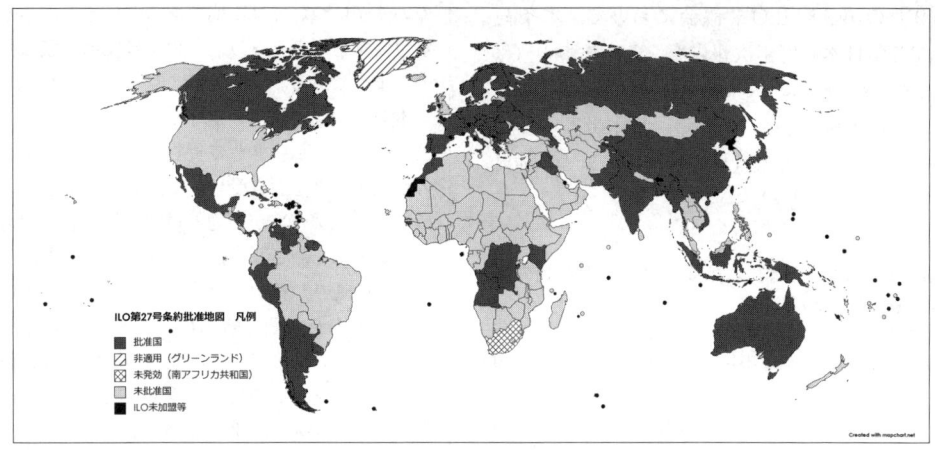

（ILO WEB サイト〔https://normlex.ilo.org/dyn/normlex/en/f?p=NORMLEXPUB: 11300 : 0 :: NO :: P11300_INSTRUMENT_ID: 312172〕より森山誠也作成）

とが一層理論的であると思惟する」旨を述べ、ベルギー使用者側代表ジェラールは「使用者団を代表して本条約案のような条約案の成功は多数の国の同時的批准を得ることに依存するが、これはアメリカ合衆国のような極めて重要な国が批准しないだろうことからして極めて困難になるだろう」として更に「多くの国は自国の諸港に利害関係があることを以て本条約案を批准することを躊躇するだろうし、他方、非海運国は提案の保護措置について自国労働者に直接の関係がないことを以てこれを批准しないだろう」として本条約案を否決すべきと主張した。

フランス政府側代表フォンテーヌは「私は修正案については賛否いずれの投票をもしない。思うに、この修正案が採択されてもされなくても実際上には変化がないだろうからである。原案は決して精確な重量を表示することを要求するものではなく、一切の事情を考えると精確なる重量を表示することを期待することは合理的でも可能でもない。従って修正案が採択されても実際上には変化はない。」と述べ、イギリス使用者側顧問ジェンキン・ジョーンスはジェラールの意見に附言して「原案によれば重量表示の責任は荷送主にあるが、荷送主はどの国のどの市町村にもあちらこちらに散在しているから、このような規定は全く実施しがたいものであると思惟する。他方で、ある場合には重包装貨物に精確な重量を表示することは不可能であり日本政府の修正案は原案がいかに実行しがたいかを示すものであり、なお精確な重量を表示することができない場合に概算重量を表示することは表示がないよりも却って危険である。」として条約案に反対し、オランダ政府側代表ノーレンスは、ジェラールが非海運国は提案のような保護措置について自国労働者に直接関係が無いから本条約案を批准しないだろうと述べたことに対して、「各国間の連帯に訴えなければならない」

とし、更に「本条約案については他の条約案よりも一層一般的に批准される必要があることから、本条約案の標準規定中には条約が効力を発生するのに必要な批准数を多くし、又は本条約案を実施するためには各締盟国間に特恵条約を締結することを要することとするべきである」とし、最後に「本条約案は決して科学的に精確な重量を表示することを要求するものではなく、近似重量を要求するに過ぎないものであるが、なおこの点についての懸念を除去し条約案を批准、そしてその実際上の適用を一層容易にするため日本政府の修正案を受け入れることを望まんと思惟する」旨述べた。ここで日本政府の修正案を表決に付したところ、80対3で可決された。

次に、その修正された条約案全体について採決したところ、82対24で可決され、一旦起草委員会に附議した後、総会に上程した。

本案は、その後1929年6月21日午前の総会第25次会議において最終表決に付され、その結果98対24を以て採択された。

3　批准国

国際労働機関の公式 WEB サイト（2022年11月3日閲覧[32]）によれば、66カ国が本条約を批准しているが、このうち南アフリカ共和国では未発効であり[33]、デンマークのうちグリーンランドには適用されていない[34]。

資料 4－142 に、本条約の批准状況を世界地図で表した。

4　日本に対する適用監視

本条約の年次報告等で使用されている指定様式の質問事項の概要は資料 4－143 の通りである。[35]

日本は、最近では2007年[36]、2008年、2009年[37]及び2012年[38]に本条約の適用状況に関する年次報告書を提出しているので、以下簡単に、これらの内容についての日本国内での検討状況及び CEACR の審査状況を見てい

第35条　763

く。

　2007年9月の第9回ILO懇談会において，本条約に関する2007年日本政府年次報告案（資料4-144）（報告書の正式提出版は筆者による拙い調査では不見当であった）について検討されたが，その際，日本労働組合総連合会（略称：連合）による意見書[39]が提出された（使用者側〔経団連〕からは意見なし）。

日本労働組合総連合会「日本における〔ILO〕27号条約の適用に関する意見」（2007年9月）

日本における27号条約の適用に関する意見

2007年9月
日本労働組合総連合会

　1966年のコンテナ船就航以来，世界の物流は個品輸送からコンテナ輸送に切り替わった。1931年に27号条約が批准された当時と比べて荷役作業形態がコンテナ化により大幅に変化したものの，港湾労働の中で重量貨物（1トン以上）の取扱作業は依然として残っている。

　27号条約並びに関連する国内法規が，港湾運送事業者，港湾労働者，港湾労働組合に周知徹底されているかどうかは，極めて疑問である。

　実際の港湾作業の中で，法律がどのように遵守されているかについては不明であるが，港湾作業の中で，重包装貨物（1トン以上）の重量表示は概ね行われているようである。

　本条約や国内法規の遵守は，貨物の所有者（荷主），又は荷主から依頼されて貨物の梱包をする業者，貨物の輸送手続きを引き受ける海運貨物取扱業者（あるいはフォワーダー）が条約，規則を熟知し，貨物に対して重量表示を施さない限り困難であると考える。

　前述の通り，輸出入貨物の多くがコンテナ化されていることから，個品貨物の重量チェックは不可能となっている。従って，この条約の主旨に合致させるためには，コンテナの外壁に重量（純トン，総トン）を表示すべきである。ISO基準（30.48トン）を超える重量の貨物が積み込まれていたため，コンテナの底板が抜ける事故が発生したこともある。

　また，海上コンテナに重量表示がないことから，コンテナトラックの運転手は，積荷の中身や重さを知らされないまま運送していることが多い。このため，海上コンテナの陸送時に，トラックの運転手が過積載で摘発される事例も数多く見られる上，事故が起きた場合の責任は海上コンテナ運送業者と運転手に全面的に負わされる。

資料4-143　ILO条約第27号に関する報告のための指定様式の各設問内容の概要等

問	各設問内容の概要
I	本条約実施のための国内法令のリスト，条約批准のための国内法令の整備状況
II	本条約第1条各項の実施のための国内法令の整備その他の措置の具体的な内容，国内効力発生のための憲法上の根拠，本条約の適用範囲及び適用に関する特例措置，関係者への周知並びに実効性確保のための措置（監督，罰則など）に関する状況，CEACR又はCASから指示を受けた事項に関する報告事項及び対応状況
III	本条約の国内実施法令を所管する監督組織と監督実施方法
IV	本条約の関係事項に関する裁判所等の判決の有無（ある場合はその判決文）
V	監督実施状況に関する一般的評価
VI	この報告の写しの労使団体への送付状況，本条約の実施に関する労使の意見

＊条約の批准後初めての報告では詳細な報告が必要である。その後の報告では通常，従前との異同のほか，統計，監督実施状況，司法・行政上の決定，労使団体への写しの送付状況及び労使団体の意見への回答CEACRやCASから指示を受けた事項への回答等を記載することになっている（本様式中にこの旨記載）。
（ILO WEBサイト〔https://www.ilo.org/dyn/normlex/en/f:p=NORMLEXPUB: 51:0:: NO: 51: P51_CONTENT_REPOSITORY_ID: 2542988: NO〕より森山誠也作成）

資料4-144　2007年日本政府年次報告案（ILO第27号条約，1998年6月1日～2007年5月31日）の内容（設問別）

問	内容
I	前回報告に追加すべき事項なし。
II	前回報告に追加すべき事項なし。
III	監督組織については，2007年5月31日現在，労働基準監督署の数が323署，他に支署が4署，労働基準監督官の数が3,832人，産業安全専門官の数が390人となっている。
IV	前回報告に追加すべき事項なし。
V	前回報告に追加すべき事項なし。
VI	写し送付先： （使用者団体）日本経済団体連合会 （労働者団体）日本労働組合総連合会

資料4-145 2008年日本政府年次報告案（ILO第27号条約，2007年6月1日～2008年5月31日）37の概要（設問別）

問	内容（概略）
I	前回報告に追加すべき事項なし。
II	（2007年のCEACRからの直接要請への回答として）安衛法第35条のコンテナへの適用については，最大積載重量の表示で足りる旨通達しており，これは実際の重量が表示より重いことによる労働災害を防止するにはこれで十分だからである。しかし，国際海上コンテナの陸上輸送については，コンテナ総重量等の正確な情報がトラック運転者に伝達されない等による危険を防止するため，関係省庁と「国際海上コンテナの陸上における安全輸送ガイドライン」を策定して普及に努めている。
III	〈略〉
IV	前回報告に追加すべき事項なし。
V	前回報告に追加すべき事項なし。
VI	写し送付先： （使用者団体）日本経済団体連合会 （労働者団体）日本労働組合総連合会

海上コンテナ貨物の安全輸送を確保するためには，個々の内蔵貨物の重量表示だけでは十分でない。輸送実態に合致した条約及び国内法規の整備が必要である。

以上

日本政府が連合のこの意見を2007年の年次報告に掲載して報告を行ったところ，CEACRは2008年のCEACR報告書において，日本政府に対し，コンテナ荷役等の現代的な荷役方法に対する本条約の実施のあり方及びそれに関する諸問題について，2008年のCEACRの第79回会議に報告するよう要請した。

日本側は2008年8月の第11回ILO懇談会でこれを検討した。この時の2008年日本政府年次報告案（本条約，2007年6月1日～2008年5月31日）の概要は資料4-145の通りである。

「国際海上コンテナの陸上における安全輸送ガイドライン」は，国土交通省に事務局に置く7省庁の調整会議が，2005年に策定した「安全かつ効率的な国際物流の実現のための施策パッケージ」に基づき，ワーキンググループを設置して策定したもので，国際海上コンテナの陸上安全輸送対策の強化のため，荷主，外航船舶運航事業者，ターミナルオペレーター，取次事業者（自己の名で有償で運送の仲介を行う事業者）等，海運貨物取扱事業者及び利用運送事業者（自ら運送手段を持たず，他者の運送手段を利用して有償で運送を行う事業者），トラック事業者，運転者がそれぞれ取り組むことが望ましい措置が記載されている。

第11回ILO懇談会では，この年次報告案に対して，労働者側（連合）は「国際海上コンテナの陸上における安全輸送ガイドラインが出た後も，事故が発生しており，対応として不十分。ガイドラインに強制力をもたせるべき。」と主張し，この会議で意見書が配布された（使用者側からは意見なし）。

日本労働組合総連合会「第27号条約の適用に関する意見」（2008年8月）

第27号条約の適用に関する意見
船舶に依り運送せらるる重包装貨物の重量表示に関する条約（1929年）

2008年8月29日
日本労働組合総連合会

質問IIについて

政府指摘のように，2005年12月，「国際海上コンテナの陸上における安全輸送ガイドライン」が発出され，関係団体および関係事業者等がガイドラインの普及に努めているが，ガイドライン発出後においても国際海上コンテナ輸送中のトレーラー横転による死亡事故等が発生し，ガイドラインに基づく確実な取組がなされていない事例が多く見受けられる。

このため，国土交通省による説明会の開催等，関係事業者に対するガイドラインの周知徹底を図ることになっているが，ガイドラインには拘束力も罰則規定もなく，国際海上コンテナ輸送中の事故防止対策としては不十分である。国際海上コンテナにおける発荷主の過積載や積み付け不具合（片荷），品名（貨種）詐取などを防止し，荷主による情報開示を義務付け，貨物情報を関係者が共有するためには，強制力を持たせた法制化が不可欠である。

さらに，海外における貨物の積み付け不良や危険物表示の不備は国内法の適用外であるため，国際的な安全対策や基準作りが欠かせない。ITF（国際運輸労連）は日本の港湾労組の強い要望を受け，2008年6月の国際会議において，コンテナ貨物の安全輸送に関する問題を協議する場を設置するよう，ILOに要請することを決議した。

世界の物流がコンテナ輸送に切り替わって以来，ILO27号条約は荷役作業形態に十分，適応しているとは言い難く，早急にコンテナ輸送に対応した新条約作りに取り掛かるべきである。

以上

2009年のCEACR報告書[49]には日本における本条約の適用に関する意見は不見当であるが、2009年も本条約に関する日本政府年次報告（2008年6月1日〜2009年5月31日）[50]がなされた。政府は同報告案で、設問Ⅱへの回答を「2009年8月28日に公表した『国際海上コンテナの陸上における安全輸送ガイドラインの取組状況等に関する実態調査』[51]によれば、トラック事業者がコンテナ輸送時に経験した安全上の問題は、ガイドライン発出後は発出前と比較して、減少している。」としたため、第13回ILO懇談会で労働者側（連合）は「政府は『国際海上コンテナの陸上における安全輸送ガイドラインの取り組み状況等に関する実態調査』にて、安全上の問題は減っていると述べているが、重大事故は頻発している。ガイドラインに基づく確実な取り組みが重要であり、この点ガイドラインに強制力がないのが問題である。また、世界の物流がコンテナ輸送に切り替わっている中、27号条約が実態に十分に対応しているとは言い難い。ILOは、早急にコンテナ輸送に対応した新条約作りに取り掛かるべきであると考える。」と批判した。この時連合は2008年の意見書に加筆した意見書を提出したので[52]、2009年日本政府年次報告にこれが掲載された。これについてCEACRは2010年のCEACR報告書で再びこの問題についての意見を掲載し[53]、その中で日本政府に対し、引き続きコンテナ等の現代的荷役方法に関する本条約実施上の困難と事故防止のため講じる措置の報告を求めた。

その後、2012年に再び日本政府は本条約についての年次報告（2009年6月1日〜2012年5月31日）を行った。同報告案[54]について議論された第19回ILO懇談会では、連合から「コンテナ貨物への重量標示記載を義務付けることや、海上コンテナ貨物の安全輸送確保に向けた、条約など国際基準の強化と拘束性ある国内法整備を早期に実現してもらいたい。」との意見があり、政府側は「労働安全衛生法第35条において、コンテナの最大積載重量の表示が義務付けられており、これは条約基準に適合したものと理解している。また、コンテナ情報の伝達やトラック事業者の遵守事項を定めた『国際海陸一貫運送コンテナの自動車運送の安全確保に関する法律案』が3月6日に閣議決定され、今国会に提出されている。」と回答した（使用者側からは意見なし）[55]。この時も連合が意見書を提出している[56]。この連合意見が掲載された2012年日本政府年次報告に対し、CEACRは直接要請により、日本政府に対し、本条約に関係する国内法令により重量表示の義務者を明示するとともに、連合が提起した懸念に関連し、条約の実施及び労働災害防止のため講じた措置に関するあらゆる情報を報告するよう求めた。日本政府は、次回は2025年に本条約に関する年次報告を行うこととなっている[58]。

国際海陸一貫運送コンテナの自動車運送の安全確保に関する法律案は、第174回国会（2010年）、第180回国会（2012年）に国会に提出されたがいずれも審議未了で廃案となった。同法案については、全日本トラック協会など事業者団体からも政府に対して成立の要望がなされていたものである[59]。

その後、国際海上コンテナの荷役安全の問題については、日本が批准しているSOLAS条約の改正及びその国内実施法である船舶安全関係省令の改正という形で一定の対処がなされた[60]。即ち、2016年7月1日発効の改正SOLAS条約で一定の大きさ以上のコンテナ総重量の正確な証明等を義務づける国際海上輸出コンテナ総重量確定制度[61]が導入されたことにより、法令の整備としては一定の改善がなされたものと思われる（8 1参照）。なおSOLAS条約改正におけるILOの貢献状況については本稿では未調査である。

5 改正の必要性の決定

本条約は、国際労働基準の見直しのため開催されたいわゆるカルティエ委員会（1995〜2002年）[62]において、改正の必要があるとされ、理事会でもこれが決定されているが、未だ改正に向けた詳細な議論には至っていない[63][64]。

この時の議論[65]では、本条約採択後における輸送方法の変化に伴う条約改正、特に1980年代以降に増加したコンテナ輸送への適合、正確な重量の測定義務化と概算の廃止、貨物の重量を特別な文書で通知すること、重量以外の事項についても表示すること、IMO（International Maritime Organization：海上の安全、船舶からの汚染の防止等の海事問題を取り扱う）条約との互換等が提案され、改正の形態としては一部改正や議定書採択などが提案された。一部の国々は改正は不要とし、また、港湾労働における職業上の安全及び衛生に関する条約（第152号、1979年）の採択により本条約が冗長なものとなっていること、本条約を他の商船関係条約に含めることを提案する国もあったが、全体としては、条約の改正を支持する意見が大勢を占めたため、作業部会は理事会に対し、本条約の改正等を勧告するに至った。

6 沿革

1 国際労働基準の設定

ジュネーヴで行われた第12回国際労働会議において、昭和4（1929）年6月21日、船舶ニ依リ運送セラルル重包装貨物ノ重量標示ニ関スル条約（ILO第27号条約）が採択され、その後昭和7年3月9日に効力を発生した。日本は昭和6年2月20日これを批准し、同年3月16日に批准登録、3月25日に公布し、昭和7年

3月9日に国内で効力発生した。[66] 本条約の詳しい沿革については，5 2 及び 5 5で述べる。

2 重貨物ノ重量標示ニ関スル件等の制定及び本条約の批准

日本では，この条約の批准に先立つ昭和5年5月6日，独立命令（警察命令）として重貨物ノ重量標示ニ関スル件（昭和5年5月6日内務省令第16号[67]）が公布され，昭和5年7月1日に施行された。

（昭和5年5月6日付官報第1002號）
◎内務省令第16號
重貨物ノ重量標示ニ關スル件左ノ通定ム
　　昭和5年5月6日
　　　　　　　　　　　内務大臣　安達　謙藏
重貨物ノ重量標示ニ關スル件
第1條　一貨物ニシテ重量千瓩以上ノモノ（包装セラレザル木材，石材，鐵材其ノ他之ニ類スルモノヲ除ク）ヲ發送セントスル者ハ發送前見易ク且容易ニ消磨セザル方法ヲ以テ其ノ重量ヲ表記スベシ但シ當該貨物ノ重量ヲ計量シ難キ場合ニ於テ其ノ重量千瓩以上ナリト推定セラルルトキハ推定重量ヲ表記スベシ
第2條　貨物發送者前條ノ規定ニ違反シタルトキハ科料ニ處ス
第3條　貨物發送者未成年者若ハ禁治產者ナルトキ又ハ法人ナルトキハ之ニ適用スベキ罰則ハ其ノ法定代理人又ハ法人ヲ代表スル者ニ之ヲ適用ス但シ營業ニ關シ成年者ト同一ノ能力ヲ有スル未成年者ニ付テハ此ノ限ニ在ラズ
第4条　貨物發送者ハ其ノ代理人，戸主，家族，同居者，雇人其ノ他ノ從業者ニシテ本令ニ違反スル所爲ヲ爲シタルトキハ自己ノ指揮ニ出デザルノ故ヲ以テ其ノ處罰ヲ免ルルコトヲ得ズ
　　　附　則
本令ハ昭和5年7月1日ヨリ之ヲ施行ス

同令第1条には，本条約第1条第2項の規定に基づき「但シ當該貨物ノ重量ヲ計量シ難キ場合ニ於テ其ノ重量千瓩以上ナリト推定セラルルトキハ推定重量ヲ表記スベシ」との特例が設けられたが，本条約の当該規定は，ILOにおける条約案の採択にあたり日本政府が提案したものである（5 2(5)参照）。

また，本令において既に，対象貨物を船舶により運送されるものに限定していなかったことに注意を要する。

また，ヴェルサイユ条約第421条の規定（植民地等への適用に関する条項）に基づき，外地である日本委任統治領南洋群島（昭和5年6月30日南洋庁令第2号，昭和5年9月1日施行[68]），樺太（昭和5年7月16日樺太庁令第30号，昭和5年8月1日施行[69]），朝鮮（昭和5年9月19日朝鮮総督府令第80号，昭和5年11月1日施行[70]），関東州（昭和5年11月1日関東庁令第69号，昭和5年11月15日施行[71]，ただし昭和5年内務省令第16号第3条に該当する規定無し）及び台湾（昭和5年11月12日台湾総督府令第40号，発布日施行[72]）においてもそれぞれ同様の規制が行われた。[73]

なお，1940年，日本はILOを脱退し，それ以後1951年11月に再加盟するまで非加盟国であったが，本条約を含め，脱退時に批准済であった14条約についてはその間も批准したままであった。[74]

戦後，日本国憲法の施行と同時に，本令を含む独立命令（警察命令）については原則として効力が失われることとなったが，日本国憲法施行の際現に効力を有する命令の規定の効力等に関する法律（昭和22年4月18日法律第72号）第1条の規定により，日本国憲法施行後も昭和22年12月31日までに限り効力を有したものと考えられる。

3 労働基準法制定

労働基準法（昭和22年4月7日法律第49号）は昭和22年9月1日と11月1日の2回に分けて施行されたが[75]，労働者の安全及び衛生に関する事項を定める同法第5章は，工場法，労働者災害扶助法等のうち安全衛生等に係る事項を廃止する規定とともに，昭和22年11月1日に施行された。

ILO第27号条約の国内担保法は旧労働安全衛生規則（昭和22年10月31日労働省令第9号，以下「旧安衛則」という）第123条に引き継がれることとなり[76]，同規則は労働基準法旧第5章とともに昭和22年11月1日に施行された。

労働安全衛生規則（昭和22年10月31日労働省令第9号）
　　第2編　安全基準
　　　第6章　崩壊，落下の予防
第123條　1 貨物で，1トン以上の重量物を発送し，又は運搬しようとするときは，見易く，且つ容易に消滅しない方法で，その重量を標示しなければならない。但し，貨物の重量を計測し難い場合で，その重量が1トン以上であると推定されるときは，推定重量を標示しなければならない。

同条については，労働省労働基準局編『労働基準法下〔改訂新版〕（労働法コンメンタール3）』（労務行政研究所，1969年[77]）で次の通り解説がなされている。

第四十五条　略
【解　説】
〔2〕安全基準
　(8) 崩壊，落下の予防
　　(g) 貨物の重量標示
　　　重い重量の品物を運搬し，取り扱う場合に，そ

の品物の正確な重量が明らかであれば各種の便宜がえられ，また災害防止上にも有効である。第一三回国際労働総会において「船舶に依り運送される重包装貨物の重量標示に関する条約」（第二七号）が採択されており，諸外国においてもこの重量標示に関し法令をもって規定している例が多い。安全衛生規則第一二三条では，船舶運送に限らず一般の貨物に対しても重量が一トン以上の一貨物を発送し，又は運搬しようとするときは，見易く，容易に消滅しない方法で，その重量を標示することを規定し，貨物の重量が計測し難い場合で，その重量が一トン以上あると推定されるときはその規定重量〔＊推計重量（筆者注）〕を標示しなければならないことを規定している。なお，この規定は，包装，結束の有無にかかわらず適用があり，また一貨物とは運送荷役において取扱の対象となる一単位重量物をいうものと解されている（昭和三三・二・一三基発第九〇号）。

同条は，同書の労働基準法第45条の逐条解説中で解説されていることから考えると，労働基準法第45条の命令委任規定に基づいて使用者が講ずべき危害防止基準を定めたものと思われる。

しかし，旧安衛則第123条は名宛人を特定しておらず何人にも適用されるような規定振りとなっているから，この点が問題となる。即ち，同条の規定を使用者を義務主体として適用する場合には，労働基準法第45条の規定による同法第42条の委任命令と解することができるが，使用者以外を義務主体とする場合については，根無し規定となる。

4 沖縄法令

戦後，アメリカ合衆国の統治下にあった沖縄では，昭和28年9月1日に労働基準法（1953年9月1日立法第44号[78]）が公布され，同年10月1日から施行され，本土と同様，安全及び衛生に関する具体的事項については労働安全衛生規則（1954年1月30日規則第5号）に委任されたが，その中に重量標示規定がおかれた[79]。

労働安全衛生規則（1954年1月30日規則第5号）
　第2編　安全基準
　　第6章　崩落，落下の予防
　第128条　1貨物で，1トン以上の重量物を発送し，又は運搬しようとするときは，見易く，且つ容易に消滅しない方法で，その重量を標示しなければならない。但し，貨物の重量を計測し難い場合で，その重量が1トン以上であると推定されるときは，推定重量を標示しなければならない。

沖縄は，本法公布目前の昭和47年5月15日に本土に復帰し，以後本土の法令が適用されている。

5 労働安全衛生法制定

本条約の国内担保法は，本法の施行とともに労働基準法から本条の規定にとって変わった。ただし，貨物の重量が計測し難い場合の推定重量の表示に関する特例は本条には受け継がれなかった。また，包装されていない貨物で，その重量が一見して明らかであるものに係る除外が明記されることとなった。

7 適用の実際

重貨物に対して本条の規定に基づく重量表示がなされていない場合は，貨物荷役作業において重量を実際より少なく見積もってしまうこと等により，クレーンが転倒したり，過荷重によりクレーン等のワイヤーロープが切断したりする事故が生じ，あるいは貨物を船舶内に配置する際に重量のバランスが崩れて船舶が傾く等の問題が生じることが考えられる。

本条の規定の適用を受ける貨物としては，例えばコンテナ，包装された機械設備，フレコンバッグ（資料4-146）に入れられた土石等が考えられる。

平成23年から令和2年までの「労働基準監督年報」の統計表「定期監督等実施状況・法違反状況」には，本条に係る項がないため，定期監督等における違反件数は不明である。申告監督及び再監督については，そもそも条文ごとの違反件数が集計されていないため件数は不明である。

また，人事委員会等が労働基準監督を行う非現業等の地方公務員に関する状況など，労働基準監督官が監督を行わない領域における状況については時間の制約上，調査が及ばなかった。

「労働基準監督年報」の統計表「送検事件状況」は，労働基準監督官が送検した労働基準関係法令違反事件の主条文を全て計上したものであるが，これによると，本条を主条文とした送検事件は，いずれの年もなかった。

通常司法警察員，検察官等が独自に立件した事件については，条文別の統計がないため不明である。

資料4-146　フレコンバッグ

（ふくろ屋ふくなが WEB サイト〔https://www.softbag.jp/info/quality/what.html，最終閲覧日：2024年6月20日〕）

しかし，複数の関係者に聴取したところ，本条違反で行政措置（是正勧告）を行った例が複数確認された。

8 関係分野の状況
1 SOLAS条約及び船舶安全関係法令

国際海上コンテナの質量確定義務等については，現在，1974年の海上における人命の安全のための国際条約（昭和55〔1980〕年5月15日加入書寄託，同月24日公布・告示，同月25日国内効力発生，略称 SOLAS条約[80]）の枠組みで規定されている。

同条約では，1986年の改正により，附属書第7章で火薬類その他の危険物の運送に係る安全について例えば同第4規則で「危険物を入れた容器には，正しい専門的名称（取引上の名称は，使用してはならない。）によつてその内容を表示するものとし，明確な標識を付してその危険性を明らかにする。[81]」と規定されるなど，貨物の輸送における安全に関する事項も規定されていた。

その後，同条約の附属書が改正され，新第6章第2規則により，荷送人は船長等に対し貨物又は貨物ユニット（一定規模以上のコンテナなど）の総質量等を記載した貨物資料を提供しなければならないこと等が規定され，1994年1月1日に発効した。[82]

しかし，その後も，さらなる改正により，次の通り，当該総重量の計量方法が定められ，2016年7月1日に発効した。[83]

○外務省告示第127号（抄）
　昭和49年11月1日にロンドンで作成された「1974年の海上における人命の安全のための国際条約」の附属書の一部は，同条約第八条の規定に従い，次のように改正され，その改正は，同条の規定に従い，平成28年7月1日に効力を生じた。
（平成28年2月18日付け国際海事機関事務局長書簡）
　　　令和元年8月28日
　　　　　　　　　　　　外務大臣　河野　太郎
　第6章A部第2規則3の次に次の4から6までを加える。
　　4　コンテナによつて運送される貨物については，この第2規則2.1に規定する総質量は，荷送人により次のいずれかの方法によつて確認される。ただし，車台又はトレーラーに積載されているコンテナが，第3章第3規則に定義する短国際航海に従事するロールオン・ロールオフ船に当該車台又はトレーラーごと積み込まれ，又は積み卸される場合は，この限りでない。
　　　.1　較正され，及び証明された設備を用いて，こん包されているコンテナを計量すること。
　　　.2　コンテナのこん包が完了した国の権限のある当局が承認した証明された方法により，パレット，荷敷きその他コンテナにこん包される固定用の材料の質量を含めて全てのこん包及び貨物を計量し，及びその質量にコンテナの自重を加えること。
　　5　コンテナの荷送人は，確認された総質量が船積書類に記載されていることを確保する。船積書類は，次の要件を満たすものとする。
　　　.1　荷送人から正当に委任を受けた者によつて署名されること。
　　　.2　船舶の積付け計画の準備に用いるため，船長又はその代理人の要求するところにより，船長又はその代理人及び係留施設の代表者に対して十分な余裕をもつて事前に提出されること。
　　6　こん包されたコンテナに関する船積書類に確認された総質量についての記載がなく，かつ，船長又はその代理人及び係留施設の代表者が当該こん包されたコンテナの確認された総質量に係る情報を入手していない場合には，当該こん包されたコンテナは，船舶に積み込んではならない。

同条約の国内担保法は，危険物船舶運送及び貯蔵規則（昭和32年8月20日運輸省令第30号）及び特殊貨物船舶運送規則（昭和39年9月2日運輸省令第62号）である。[84][85]

特殊貨物船舶運送規則第1条の2の2及び第1条の2の3並びに危険物船舶運送及び貯蔵規則第13条第2項及び第31条の2の規定により，船舶により本邦外に貨物を輸送する場合で船舶航行上の危険を防止するため特別な注意を必要とする貨物の運送を行うとき（コンテナによる貨物の輸送等を含む）等においては，荷送人は，船積み前に，荷送人及び荷受人の名称・住所，貨物の特性，貨物の質量（コンテナ等の場合はその総質量）等を記載した資料を船長に提出しなければならず，一定規模以上のコンテナの質量については，コンテナに貨物を入れた状態でその総質量を計量するか，コンテナとその内容物の各質量を個々に計量して合計するという，いずれも実際に質量する方法により質量を確定し，コンテナヤード（港頭地区で海上コンテナを一時保管しておく場所）代表者にその確定した重量を記載した資料を提出しなければならない。

コンテナ総重量の確定の責任を有するのは原則として「荷送人」とされているが，これは「船社との間で海上運送契約を締結した荷送人（発荷主）として，船荷証券（B/L: Bill of Lading）若しくは海上貨物運送状（Waybill）又はこれに相当する複合運送書類の荷送人（Shipper）の欄に名前のある者（Master B/Lに荷送人として記される者等）とする。……」（実際には，例えば商社など）などと定義されており，実際にコンテナに貨物を収納する作業を行う者（梱包業者など）とは異な[86]

資料4-147 トレーラー

資料4-148 ロールオン・ロールオフ船

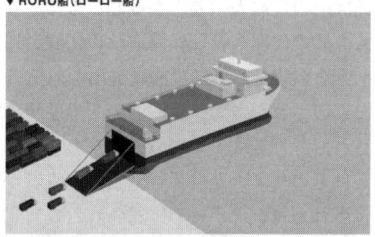

（PASONAのみんなの仕事Lab「シゴ・ラボ」WEBサイト〔https://lab.pasona.co.jp/trade/word/342/，最終閲覧日：2024年6月28日〕）

資料4-149 ロールボックスパレット（転倒災害例）

（独立行政法人労働安全衛生総合研究所「労働安全衛生総合研究所技術資料 ロールボックスパレット起因災害防止に関する手引き」JNIOSH-TD-NO. 4〔2015〕〔https://www.jniosh.johas.go.jp/publication/doc/td/TD-No4.pdf〕図2-5）

ることが多いと思われる。また，荷送人は，第三者に重量確定業務を委託することができる。さらに，荷送人自ら重量確定を行う場合は国土交通大臣への届出，第三者として重量確定を行う者は国土交通大臣による登録が必要である。

なお，これらの規定違反の罰則は20万円以下の罰金であるため，本条違反罪が6カ月以下の懲役か50万円以下の罰金であるのに比べると刑量が軽い。

2　計量法

計量の基準を定め，適正な計量の実施を確保し，もって経済の発展及び文化の向上に寄与することを目的とする計量法（平成4年5月20日法律第51号）については，本条の実施に寄与するものであるが，同法中本条に関わる規定について 3 2で簡単に述べるにとどめた。

9　検討課題

1　荷役・運送災害防止のための措置義務者

本条のように，荷造りを行う，あるいは荷を発送する者に対する義務を課すという方式は，荷役ないし運送における安全にとって非常に重要な位置を占める。その重要性が船舶安全ないし陸上コンテナ輸送の分野において認識されてきていることは 8 1で述べた通りであるが，陸上貨物運送においても，荷の内部における偏荷重や高重心，荷役用具の最大積載荷重違反などは，荷造りをする者等に義務を課さなければ，防止できないものと思われる。

また，本条は，荷役や貨物運送に焦点をあてて使用従属関係の外にある者に義務を課している点で本法中唯一の条文である。荷役や貨物運送は，運送事業者のみならず荷主や梱包事業者といった様々な者が関わり，運送事業者だけでは十分に危害を防止できないことも多い。したがって，運送業務あるいは荷役業務における労働災害を防止するための措置義務者（名宛人）の定め方やその措置内容については，技術的・法律的見地から十分研究し，運送事業者など社会の一部分にしわ寄せのかからない，より合理的な労働災害防止の法制度を構築していく必要がある。

2　荷役用具

死亡災害を含む労働災害の原因となる荷役用具として，ロールボックスパレット[87]（一例として，資料4-149）がある。[88]

ロールボックスパレットは，カゴ車とも呼ばれ，その利便性のため，運送業，商業，倉庫業，こん包業等で多用されており，商品と共に移動し，色々な業種の労働者によってバトンタッチされていく荷役用具の一つである。

流通しているロールボックスパレットは，沢山の荷を積載したいがために縦長に製造されており，その殆どが，JIS Z 0610の転倒防止試験をクリアできない[89]，つまり製造時において既に転倒防止性能に問題のある製品である。しかし，転倒以外にも，車輪にストッパが設けられていないもの（JIS Z 0610等でも必須とされていない）や各部に不良のあるものなどがあるほか，改良型の開発が行われていることから[90]，改良型への更新の促進も必要である。

しかし，ロールボックスパレットは荷主等運送事業者以外が所有していることも多く[91]，運送事業者が自由に修理，交換等をしにくい状況にあり，令和3年暮れから令和4年にかけて行われた陸上貨物運送事業労働災害防止協会の「陸上貨物運送業における荷役作業の安全対策に関する検討会」でも，多種多様な問題や対策が話し合われたが，議事録から荷主等に対する運送[92]

事業者の困難な立場が窺われ，ロールボックスパレットについても最終的には「……陸運事業者が不具合のあるロールボックスパレットを発見した際に，そのまま使用して荷役作業を行うことは危険なため，所有者又は荷主に対して当該ロールボックスパレットの不具合を直ちに報告するとともに，その後の対応を協議すること。」[93]という提言に止まった。

荷役用具については，荷そのものと異なることから，1と同様の観点をもちつつ，異なる検討が必要であると思われる。

なお，荷役用具の構造基準規制については，名宛人を荷主等に指定せず構造規格化し，製造，譲渡，貸与等の規制をすべきという考え方もあるが，これは別稿に譲ることとしたい。

> **（厚生労働省令への委任）**
> **第36条** 第30条第1項若しくは第4項，第30条の2第1項若しくは第4項，第30条の3第1項若しくは第4項，第31条第1項，第31条の2，第32条第1項から第5項まで，第33条第1項若しくは第2項又は第34条の規定によりこれらの規定に定める者が講ずべき措置及び第32条第6項又は第33条第3項の規定によりこれらの規定に定める者が守らなければならない事項は，厚生労働省令で定める。

1 趣旨と概要

本条（第36条のことをいう。以下同条の逐条解説部分において同じ）は，本法第4章（労働者の危険又は健康障害を防止するための措置）のうち特別規制に係る部分に関し，厚生労働省令に包括的に委任する事項を一括して規定したものである。

同章は，前半（第20条～第28条の2）において直接的な雇用関係に基づいた事業者及び労働者の義務を定めているが，それだけでは労働災害を防止するのに不十分であるため，後半（第29条～第35条）において請負関係により雇用主が異なる労働者が一の場所で混在作業を行う場合等を想定し，その元方事業者及び注文者の義務並びにこれらに応じた関係請負人及び関係労働者の義務を定めているほか，発注者による違法な指示の禁止，機械等貸与者等及び建築物貸与者の義務並びに重量1t以上の貨物の荷送人の重量表示義務を定めている。

そして，これらの規定について厚生労働省令へ包括的に委任する事項について，前半は第27条で，後半は本条で規定している。

ただし，第4章後半のうち，第29条（元方事業者による関係請負人・関係労働者への法令遵守指導，違反の際の是正指示，関係請負人・関係労働者による指示の遵守：罰則なし），第29条の2（建設業元方事業者による土砂崩壊，機械転倒等の危険場所で関係労働者が仕事を行う場合の技術上の指導等：罰則なし），第31条の4（注文者による請負人・請負人の労働者への違反となる指示の禁止：罰則なし），第32条第7項（関係請負人・関係労働者による法第30条第1項以下に基づく〔特定〕元方事業者・注文者・関係請負人からの指示の遵守：罰則なし）及び第35条（発送者による重量物の重量表示義務：罰則あり）については，命令委任がないか，個別の命令委任しかなく本条とは関わりがない。

また，第31条の3（複数事業者の労働者が混在作業を行っている場合に，建設業で特定作業〔省令所定の危険性が高い作業〕を下請けさせる建設業者に，当該場所の複数事業者の労働者の労災防止措置を義務づけた規定〔第1項〕，第1項の義務主体該当者がいない場合に元方事業者等が指名する等の配慮をするよう定めた規定〔第2項〕）でも，厚生労働省令への包括的委任がなされているが，その委任規定を同条中に置いており本条とは関わりがない。

なお，第32条第6項（特定元方事業者による統括管理等に対応する〔≠指示を受けた〕関係労働者の義務）については，現在，本条の規定により委任された厚生労働省令の規定が存在せず[94]，死文となっている。

本条について，包括的な命令委任の是非，省令制定権限の行使の適切性等の論点があるが，第27条と共通する論点については，第27条の解説を参照されたい。

2 被引用規定の概要

本条で引用されている規定の概要は資料4-150の通りである。

3 労働者派遣の場合の読替え

派遣労働者に係る本条及びその周辺の規定の適用については，労働者派遣法第45条の規定により次の通り読替えがなされる。

> 労働者派遣事業の適正な運営の確保及び派遣労働者の保護等に関する法律（昭和60年7月5日法律第88号）
> （労働安全衛生法の適用に関する特例等）
> 第45条第3項 労働者がその事業における派遣就業のために派遣されている派遣先の事業に関しては，当該派遣先の事業を行う者を当該派遣中の労働者を使用する事業者と，当該派遣中の労働者を当該派遣先の事業を行う者に使用される労働者とみなして，労働安全衛生法（略）第28条の2から第30条の3まで，第31条の3，第36条（同法第30条第1項及び第4項，第30条の2第1項及び第4項並びに第30条の3第1項及び第4項の規定に係る部分に限る。）

〈略〉の規定並びに当該規定に基づく命令の規定（これらの規定に係る罰則を含む。）を適用する。この場合において〈略〉とする。
5　その事業に使用する労働者が派遣先の事業における派遣就業のために派遣されている派遣元の事業に関する第3項前段に掲げる規定〈略〉の適用については，当該派遣元の事業の事業者は当該派遣中の労働者を使用しないものと，当該派遣中の労働者は当該派遣元の事業の事業者に使用されないものとみなす。

15　前各項の規定による労働安全衛生法の特例については，〈略〉第32条第1項から第4項まで，第33条第1項，第34条〈略〉中「事業者」とあるのは「事業者（派遣先の事業者を含む。）」と，同法第31条第1項中「の労働者」とあるのは「の労働者（労働者派遣法第44条第1項に規定する派遣中の労働者（以下単に「派遣中の労働者」という。）を含む。）」と，同法第31条の2，第31条の4並びに第32条第4項，第6項及び第7項中「労働者」とあるのは「労働者（派遣中の労働者を含む。）」と，同法第31条の4

資料4-150

条項	規定内容の概要
第30条第1項	特定元方事業者は，その労働者及び関係請負人の労働者の作業が同一の場所において行われることによって生ずる労働災害を防止するため，協議組織の設置等労働災害を防止するための必要な事項に関する必要な措置を講じなければならないこと。
第30条第4項	統括安全衛生管理義務者として指名を受けた事業者は，当該場所において当該仕事の作業に従事するすべての労働者に関し，第1項に規定する措置を講じなければならないこと。また，この場合においては，当該指名された事業者及び当該指名された事業者以外の事業者については，第1項の規定は，適用しないこと。
第30条の2第1項	製造業その他政令で定める業種に属する事業（特定事業を除く。）の元方事業者は，その労働者及び関係請負人の労働者の作業が同一の場所において行われることによって生ずる労働災害を防止するため，作業間の連絡及び調整を行うことに関する措置その他必要な措置を講じなければならないこと。
第30条の2第4項	第30条の2第1項の元方事業者に関しても第30条第4項と同様の規定を定めるものである。
第30条の3第1項	第25条の2第1項に規定する仕事が数次の請負契約によつて行われる場合（第4項の場合を除く。）においては，元方事業者は，当該場所において当該仕事の作業に従事するすべての労働者に関し，同条第1項各号の措置を講じなければならないこと。また，この場合においては，当該元方事業者及び当該元方事業者以外の事業者については，同項の規定は，適用しないこと。
第30条の3第4項	第30条の3第1項の元方事業者に関しても第30条第4項と同様の規定を定めるものである。
第31条第1項	特定事業の仕事を自ら行う注文者（※該当する注文者が複数存在する場合は最先次のもの）は，建設物，設備又は原材料を，当該仕事を行う場所においてその請負人の労働者に使用させるときは，当該建設物等について，当該労働者の労働災害を防止するため必要な措置を講じなければならないこと。
第31条の2	化学物質，化学物質を含有する製剤その他の物を製造し，又は取り扱う設備で政令で定めるものの改造その他の厚生労働省令で定める作業に係る仕事の注文者は，当該物について，当該仕事に係る請負人の労働者の労働災害を防止するため必要な措置を講じなければならないこと。
第32条第1項	第30条により特定元方事業者（特定元方事業者が複数存在する場合は統括安全衛生管理義務者として指名を受けた特定元方事業者）により講ぜられる措置に応じて，当該事業者以外の請負人も必要な措置を講じなければならないこと。
第32条第2項	第30条の2により元方事業者（元方事業者が複数存在する場合は統括安全衛生管理義務者として指名を受けた元方事業者）により講ぜられる措置に応じて，当該事業者以外の請負人も必要な措置を講じなければならないこと。
第32条第3項	第30条の3により元方事業者（元方事業者が複数存在する場合は統括安全衛生管理義務者として指名を受けた元方事業者）により講ぜられる措置に応じて，当該事業者以外の請負人も必要な措置を講じなければならないこと。
第32条第4項	第31条第1項の場合において，当該建設物等を使用する労働者に係る事業者である請負人は，同項の規定により講ぜられる措置に応じて，必要な措置を講じなければならないこと。
第32条第5項	第31条の2の場合において，同条に規定する仕事に係る請負人は，同条の規定により講ぜられる措置に応じて，必要な措置を講じなければならないこと。
第33条第1項	機械等貸与者は，当該機械等の貸与を受けた事業者の事業場における当該機械等による労働災害を防止するため必要な措置を講じなければならないこと。
第33条第2項	機械等貸与者から機械等の貸与を受けた者は，当該機械等を操作する者がその使用する労働者でないときは，当該機械等の操作による労働災害を防止するため必要な措置を講じなければならないこと。
第34条	建築物貸与者は，当該建築物の貸与を受けた事業者の事業に係る当該建築物による労働災害を防止するため必要な措置を講じなければならないこと。ただし，当該建築物の全部を一の事業者に貸与するときは，この限りでないこと。
第32条第6項	第30条第1項若しくは第4項，第30条の2第1項若しくは第4項，第30条の3第1項若しくは第4項，第31条第1項又は第31条の2の場合において，労働者は，これらの規定又は前各項の規定により講ぜられる措置に応じて，必要な事項を守らなければならないこと。
第33条第3項	第33条第2項の機械等を操作する者は，機械等の貸与を受けた者が同項の規定により講ずる措置に応じて，必要な事項を守らなければならないこと。

〈略〉中「この法律又はこれに基づく命令の規定」とあるのは「この法律若しくはこれに基づく命令の規定（労働者派遣法第45条の規定により適用される場合を含む。）又は同条第6項、第10項若しくは第11項の規定若しくはこれらの規定に基づく命令の規定」と、〈略〉同法第92条中「この法律の規定に違反する罪」とあるのは「この法律の規定（労働者派遣法第45条の規定により適用される場合を含む。）に違反する罪（同条第7項の規定による第119条及び第122条の罪を含む。）並びに労働者派遣法第45条第12項及び第13項の罪」〈略〉として、これらの規定（これらの規定に係る罰則の規定を含む。）を適用する。
17　この条の規定により労働安全衛生法及び同法に基づく命令の規定を適用する場合における技術的読替えその他必要な事項は、命令で定める。

　このように、労働者派遣法第45条は、派遣先＝事業者、派遣労働者＝事業者の労働者とみなし、派遣元は当該労働者を使用しない（＝安衛法上の事業者責任を負わない）ものとみなし、これらの条規を適用する旨を定めている。

　労働者派遣法第45条は、統括安全衛生責任者や元方安全衛生責任者らの選任義務を派遣先に課しており、（特定）元方事業者の講ずべき措置も派遣先に課しているので、結局、特別規制の履行責任は派遣先の中で、適用条件を満たすところということになる（三柴丈典注記）。

4　本法中の他の包括的委任規定

　本法の命令委任の方法には色々あるが、寺西輝泰[95]は、本法違反罪の検討に際し、構成要件中の命令委任の有無及び程度に応じてこれを3つに分類した。**資料4-151**は、筆者がこの分類をまとめたものである。

　寺西の文献[96]でも述べられているように、包括委任型本条の委任を担う条文としては、本条のほか第27条がある（**資料4-152**）。

　本条と第27条の委任の対象となる**資料4-152**中欄に列記した規定群では、名宛人（本条では事業者及び労働者、第36条では元方事業者、注文者等）は明確であるが、危害防止のための措置基準の内容は、包括的な委任事項となっている。危害防止基準には、健康診断、作業環境測定など、本法中の独立条文となっているものもあるが、それ以外の事項は本条又は第27条に一括されている。

　このほか、第31条の3第1項にある「厚生労働省令で定めるところにより、当該場所において特定作業に従事するすべての労働者の労働災害を防止するため必要な措置を講じなければならない。」との規定も包括的な委任と考えられるが、その委任を受けた省令において委任元条項が第31条の3第1項であることが明示されているという点で、第27条及び本条の委任規定とは異なる。

5　沿革
1　特別規制の沿革

　工場という「場」を規制していた工場法において、保護対象である職工は工業主との直接の雇用関係がない下請労働者も含む概念であり、その点では特別規制は必要としていなかった。しかし、戦後、労働基準法では義務主体が工場法の「工業主」から「使用者」に、保護客体が「職工」から「労働者」に変わったことにより、保護の範囲が使用従属関係を前提としたものとなったことから[97]、請負関係における規制は一度後退したといえる。他方で、鉱山については戦後も鉱山保安法が「場」の規制を維持しており、同法の保護客体である「鉱山労働者」は鉱山において鉱業に従事する者をいい、基本的に鉱業権者及び鉱業代理人はこれに含まれないが、いわゆる請負鉱山労働者はこれに含

資料4-151　労働安全衛生法違反罪の構成要件中の命令委任の有無及び程度に係る3類型

区　分	説　明
完結型本条	第35条のように、委任がなく各本条中で規定内容が完結しているもの
個別委任型本条	第13条のように、構成要件の一部を各条項の中で「厚生労働省令で定める」等と定める方式で命令に委任しているもの
包括委任型本条	第27条を介して規定の内容の一部を包括的に命令に委任している第20条のような規定

（寺西輝泰『改訂版　労働安全衛生法違反の刑事責任　総論』〔日労研、2004年〕216-221頁の分類をもとに森山誠也作成）

資料4-152　労働安全衛生法における包括的な省令委任規定

章　別	省令委任の対象となる条項等	省令委任規定
第4章　労働者の危険又は健康障害を防止するための措置	第20条～第25条、第25条の2第1項、第26条	第27条第1項
	第30条第1項及び第4項、第30条の2第1項及び第4項、第30条の3第1項及び第4項、第31条第1項、第31条の2、第32条第1項～第5項、第33条第1項及び第2項、第34条、第32条第6項、第33条第3項	第36条

まれるとされる。[98]

労働基準法の枠組においても，河村産業所事件[99]のように，元請負人が下請負人の労働者に対する実質的な指導監督の権限を有する場合に元請負人に使用者性が認められた例もあったが，一般に元請負人の指導監督の程度は個々の工事によって様々であり，元請負人の責任が常に問われるという一般化がなされたとまでは言えないだろう。同判決では元請負人による指揮監督が使用者性の根拠とされたが，筆者の実務経験上，安全衛生経費の采配は元請負人がしていても，2次下請以下の労働者に対する指揮監督は1次下請に丸投げされているというケースもあり，そのような場合にも工事全体を支配する元請負人（ないし元方事業者等）に責任を負わせるためには何らかの立法措置が必要であったと思われる。

その後，産業の進展による労働災害の増加への対策として，労働災害防止団体等に関する法律（昭和39年6月29日法律第118号，現＝労働災害防止団体法）が制定され，同法第4章では，特別規制として，元方事業主及び注文者の義務並びにこれに対応する請負人及び労働者の義務等について規定された。

この立法趣旨については，制定当時，労働福祉事業団の雑誌『労働福祉』（昭和39年8月号）において「建設業等では使用者を異にする労働者が混在し，使用者間の連絡不十分による災害の発生がみられるが，使用者とその使用する労働者の関係を規制する労働基準法では，この事態を規制することはできない。そこで，元請事業主等に直接使用従属関係にない下請業者に使用される労働者の統一的安全管理義務等を課することとしている。」と説明されている。[100]

昭和47年の本法制定に際し，労働災害防止団体等に関する法律第4章の規定群は若干の変形を経て本法第4章後半に移された。

その後，労働者派遣事業の適正な運営の確保及び派遣労働者の就業条件の整備等に関する法律（昭和60年7月5日法律第88号，現＝労働者派遣事業の適正な運営の確保及び派遣労働者の保護等に関する法律）が制定され，労働者派遣が法定化されるにあたり，同法第45条で本法の規定の一部が読み替えられ，労働者派遣の場合における派遣元事業者と派遣先事業者との間での本法の事業者責任等の分担ないし共有のあり方が整理され，明確化された。

2 本条の改正経過

本法制定時の本条の規定は次の通りであった。

> （労働省令への委任）
> 第36条　第30条第1項若しくは第4項，第31条第1項，第32条第1項若しくは第2項，第33条第1項若しくは第2項又は第34条の規定によりこれらの規定に定める者が講ずべき措置及び第32条第3項又は第33条第3項の規定によりこれらの規定に定める者が守らなければならない事項は，労働省令で定める。

その後，労働安全衛生法の一部を改正する法律（昭和55年6月2日法律第78号）により，次の通り改正され，同法附則第1条第1号及び労働安全衛生法の一部を改正する法律の一部の施行期日を定める政令（昭和55年11月14日政令第296号）の規定に基づき昭和56年6月1日から施行された。

> （労働省令への委任）
> 第36条　第30条第1項若しくは第4項，第30条の2第1項若しくは第4項，第31条第1項，第32条第1項から第3項まで，第33条第1項若しくは第2項又は第34条の規定によりこれらの規定に定める者が講ずべき措置及び第32条第4項又は第33条第3項の規定によりこれらの規定に定める者が守らなければならない事項は，労働省令で定める。

また，中央省庁等改革関係法施行法（平成11年12月22日法律第160号）第705条の規定により次の通り改正され，平成13年1月6日から施行された。

> （厚生労働省令への委任）
> 第36条　第30条第1項若しくは第4項，第30条の2第1項若しくは第4項，第31条第1項，第32条第1項から第3項まで，第33条第1項若しくは第2項又は第34条の規定によりこれらの規定に定める者が講ずべき措置及び第32条第4項又は第33条第3項の規定によりこれらの規定に定める者が守らなければならない事項は，厚生労働省令で定める。

さらに，労働安全衛生法等の一部を改正する法律（平成17年11月2日法律第108号）により次のように改正され，平成18年4月1日から施行され，現在に至る。この改正では，第31条の2〔化学物質等取扱設備の改造等の仕事の注文者の講ずべき措置〕が新たに追加された。なお，この改正により，既に労働安全衛生法及び労働災害防止団体法の一部を改正する法律（平成4年5月22日法律第55号）により追加されていた旧第31条の2〔特定発注者等の講ずべき措置〕が第31条3に，旧第31条の3〔違法な指示の禁止〕が第31条の4に移動した。

> （厚生労働省令への委任）
> 第36条　第30条第1項若しくは第4項，第30条の2第1項若しくは第4項，第30条の3第1項若しくは第4項，第31条第1項，第31条の2，第32条第1項から第5項まで，第33条第1項若しくは第2項又は第

> 34条の規定によりこれらの規定に定める者が講ずべき措置及び第32条第6項又は第33条第3項の規定によりこれらの規定に定める者が守らなければならない事項は，厚生労働省令で定める。

6 運用

本条の規定に基づく省令の運用については，各本条の逐条解説に委ねることとし，本節では各本条違反に関する統計資料を掲載するとともに，特別規制に関する省令の改廃状況について簡単に触れる。

1 定期監督等実施状況・法違反状況及び送検事件状況（統計）

平成23年から令和2年までの「労働基準監督年報」をもとにまとめた本条関係の違反件数を**資料4－153**（集計単位の関係上，第31条の3又は第31条の4の違反件数が除外されていないことに注意されたい）及び**資料4－154**（第34条違反については平成23年から令和2年まで0件）に示した。なお，通常司法警察員が送検したものや検察官認知・直受等の事件については，検察統計において本法違反事件全体の集計はなされているが，条文ごとの情報は不見当であった。

申告監督及び再監督については，条文ごとの違反件数が集計されていないため件数は不明である。

また，人事委員会等が労働基準監督を行う非現業等の地方公務員に関する状況など，労働基準監督官が監督を行わない領域における状況については時間の制約上，調査が及ばなかった。

通常司法警察員が送検したものや検察官認知・直受等の事件については，検察統計において本法違反事件全体の集計はなされているが，条文ごとの情報は不見当であった。

2 特別規制に関する省令の改廃状況といくつかの問題

平成16年に厚生労働省労働基準局で有識者による「今後の労働安全衛生対策の在り方に係る検討会」が開かれ，その報告書において，各種提言とともに元方等を通じた安全衛生管理体制の実現等についても提言が行われた。これを受けて，労働安全衛生法等の一部を改正する法律（平成17年11月2日法律第108号）により第30条の2〔製造業等の元方事業者の講ずべき措置〕，第31条の2〔化学物質等取扱設備の改造等の仕事の注文者の講ずべき措置〕等が追加され，安衛則等についても特別規制に関する条項が大幅に拡充された。

ところで，事業者が事故又は労働災害の発生態様を報告する事故報告書及び労働者死傷病報告は重要な参考資料となるが，これらの様式には，現行安衛則制定当初から既に「構内下請事業の場合は親事業場の名称，建設業の場合は元方事業場の名称」欄があり，これらの記載された各報告及びそれらの統計は特別規制の改正のための重要な参考資料になっているものと思われる。

現在，産業構造の多様化により，災害統計における既存の業種分類ではうまく把握できない業種が生まれてきている。例えば，倉庫において商品を必要な商品を必要なだけ集めて梱包し（ピッキング），発送するが実運送は行わないという事業形態（日本標準産業分類では，4841こん包業〔組立こん包業を除く〕に該当する）が増えており，そこでの災害が少なくないが（筆者の経

資料4－153　定期監督等において労働安全衛生法第30条から第34条までの規定違反が確認された事業場数

	定期監督等実施事業場数	同違反事業場数（労基法等含む）				
			安衛法第30条〜第30条の3	安衛法第31条〜第31条の4	安衛法第32条	安衛法第33条・第34条
平成23年	132829	89586	820	4175	57	17
平成24年	134295	91796	918	4768	56	14
平成25年	140499	95550	1038	4687	23	19
平成26年	129881	90151	1025	4775	27	19
平成27年	133116	92034	926	4635	29	15
平成28年	134617	89972	865	4333	34	17
平成29年	135785	92695	796	4476	37	16
平成30年	136281	93008	809	4215	48	9
平成31年令和元年	134981	95764	870	4171	27	24
令和2年	116317	80335	734	4130	12	11

*　「労働基準監督年報」（平成23年から令和2年まで）の統計表「定期監督等実施状況・法違反状況」による。なお，参考のために各年の定期監督等実施事業場数及び同違反事業場数を記載したが，全ての定期監督等で安全衛生についての調査を行っているわけではないため，この表は，定期監督等実施事業場のうちこれらの条文違反が存在する事業場の割合を示すものではなく，あくまで定期監督等で覚知・指導することとなった件数を表しているにすぎない。
　　なお，ここでは，元データである同統計表の集計単位の関係上，第31条の3又は第31条の4の違反件数を除外していない。

資料4-154 労働基準監督官による労働安全衛生法違反及びうち第36条関係条文違反の送検事件件数（主条文）

	労働安全衛生法違反全体						
		うち（条番号）					
		第30条	第30条の2	第31条	第31条の2	第32条	第33条
平成23年	542	9	1	22	1	0	0
平成24年	614	9	1	23	1	0	1
平成25年	560	6	1	26	1	0	4
平成26年	628	10	0	26	0	0	1
平成27年	550	9	0	12	0	0	0
平成28年	497	11	0	26	0	0	0
平成29年	474	8	0	23	0	0	0
平成30年	529	15	0	13	0	0	0
平成31年 令和元年	469	8	0	20	0	0	0
令和2年	505	10	0	21	0	1	1

＊ 「労働基準監督年報」（平成23年から令和2年まで）による。同年報の統計では1事件で複数の被疑条文がある場合には，その主たる被疑条文により件数を計上している。したがって，これらの条文が被疑条文に含まれている場合であってもそれが主たる被疑条文でない場合は計上されていないことに注意されたい。また，これは労働基準監督官が送検した事件のみを集計したものである。第34条は該当なし。

験上，死亡又は休業4日以上の災害のうち約1〜3％を占める），労働災害統計の業種分類（労働基準局報告例規基準業種分類表）では「その他の製造業」に分類・吸収され，上記の事業形態単独での分析が困難になっている。また，このような事情により陸上貨物運送事業等と異なり，特定業種向けの注意喚起の対象にもなっていないと思われる。

また，1つの労働現場に複数の企業が入り交じることが増加傾向にあり，労働安全衛生に関係する設備やサービスの管理権や責任の所在が複雑化している。例えば，大規模商業施設では，建物を所有する者，建物を借り受けて各テナントに転貸する者，プロパティマネジメント（所有者からビルを預かり，テナントと契約を結び，賃料を回収する事業）を行う者，テナントとして入居する事業者，ビルメンテナンスを行う者等様々な企業が1つの職場に関わっている。この場合，誰が通路，空調設備，エレベーター，ボイラー等の設備を管理し，保全するのが最も合理的で効率的かということを考えて法制度を維持・改正していく必要があり，そのための災害分析や再発予防対策の検討も，このようなものを考慮したものでなければならないだろう。その場合は，リスク創出者管理責任負担原則の概念が有用である。

付録 国際労働基準の適用監視と関係資料等（参考）

1 日本のILO加盟状況

日本は，1919年から国際労働機関（ILO）の原加盟国であったが，1938年11月2日，ILOに協力終止を通告し，2年後の1940年にこれが発効して脱退した が，1951年11月26日に再加盟した。脱退前に批准していた14条約については，脱退していた期間についても有効であり，ILOからの指示により，再加盟時の翌々年1953年の第86回国際労働会議に先だって当該14条約全ての国内実施状況を報告し，条約勧告適用専門家委員会（CEACR）の検討を受けた。

2 適用監視システムの概要

ILOでは，各国における国際労働基準の適用監視を行っているが，その根幹を担うのが，条約勧告適用専門家委員会（Committee of Experts on the Application of Conventions and Recommendations，略称 CEACR）及び基準適用委員会（Conference Committee on the Application of Standards，略称 CAS，また，総会委員会とも）を通じた適用監視システムである。

ILOの各加盟国は，国際労働事務局に対していくつかの批准条約についての実施状況をまとめた年次報告書（国際労働機関憲章第22条，締切9月1日）などにより，条約や勧告の実施状況を国際労働事務局に報告しなければならない。

CEACRは各加盟国から集まったこれらの報告書その他の内容を検討し，CEACR報告書にまとめ，翌年の総会の検討資料とするため通例翌年3月にこれを公表している。CEACR報告書は，総合報告（General report）と特定の国々に関する意見（observation）からなる1A部と，理事会が毎回選定するいくつかの国際労働基準に関する総合調査報告である1B部からなる。加盟国に対してより技術的な問題に関する事項や詳しい情報提供を求める場合は，CEACR報告書が大部になるのを避けるため，これを直接要請（direct request，直接請求，ダイレクトリクエストとも）として，報

告書に掲載せず，当該国政府に直接通知する。[123]直接要請は，CEACR報告書に記載された意見とともに，公式WEBサイトで過去三十数年分[124]のものを検索することができる。

CAS[125]は，CEACR報告書に記載された数百の案件から二十数件を選び，個別審査として，当該国政労使からの状況，見解の陳述も含め討議を行い，勧告的意見を含む議長総括を行い，CAS報告書としてまとめる。

3　関係資料

国際労働基準（ILO）に関する文献は，公式WEBサイトのページ「International Labour Standards」（https://www.ilo.org/international-labour-standards）から他の各ページへリンクをたどることにより見つけることができる。

同サイト内のNORMLEX（https://webapps.ilo.org/dyn/normlex/en/f?p=NORMLEXPUB:1：0::NO:::）では国際労働憲章及び国際労働基準の本文，条約の批准状況等を検索することができる。上述の通りCEACRによる直接要請もここで検索可能である。また，各条約に関する各国の今後の報告スケジュールも公表されている。ただし，少なくともILO側においては，各国から提出を受けた年次報告書は機密扱いのため公開されていない。

CEACRやCASによる適用監視関係の文献も上記ページから閲覧できるが基本的にはPDFであり，古いものはスキャンされたものである。

日本に係る最近の動向は，日本に関するプロフィールページ（https://www.ilo.org/dyn/normlex/en/f?p=1000:11110:0::NO:11110:P11110_COUNTRY_ID:102729）から容易にアクセスすることができる。

また，「国際労働基準」のページの「条約一覧」「勧告一覧」から和訳を閲覧することができる。

日本政府側資料としては，国際労働会議の報告書として『国際労働総会報告書』ないし『ILO総会報告書』として第69回総会までに係るものが国立国会図書館デジタルコレクション（https://dl.ndl.go.jp/）に掲載されている。このうち古いものはインターネット公開されており，一部のものは図書館・個人送信資料[126]となっている。

日本側のILO対応については，政労使によるILO懇談会で議論されており，厚生労働省の「ILO懇談会」の一覧ページ（https://www.mhlw.go.jp/stf/shingi/other-kokusai_128277.html）のリンク先（議事要旨や資料）から，CEACRによる意見や直接要請への対応状況，年次報告書案（日本語），連合の意見書等を含む情報を入手することができる。

考察と結語：第35条・第36条

第35条は，何人も，一の貨物で重量1t以上のものを発送する場合はその重量を表示しなければならないという規定であり，1929年に採択されたILO第27号条約の国内担保法であるが，同条約が船舶で運送される貨物に限定したものであるのに対して，本条はそれ以外の貨物にも適用される。

本条約は時代遅れのものとして国際労働機関（ILO）において改正の必要性が決定されたものであるが，それは荷の重量表示等の必要性が失われたからではなく，時代に合わせた改正が求められたからであり，事実，船舶安全分野においては，1974年SOLAS条約の改正により国際海上コンテナの重量確定制度が強化・精緻化される流れとなっている。

本条約の適用監視システムにおいては，上記のSOLAS条約改正前，日本政府の年次報告において日本労働組合総連合会（連合）から国際海上コンテナの陸上輸送時の事故とその対策についての問題提起があったことを発端として，ILOの条約勧告適用専門家委員会（CEACR）と日本側の間で何度かやりとりがなされたが，日本政府側（厚生労働省）は特に積極的な姿勢を見せず，CEACRとのやりとりも特に成果を上げることなく，運輸分野においてSOLAS条約の改正や国内法令の整備がなされることにより改善が図られている。

翻って国内の荷役・貨物運送の状況を見ると，運送事業者だけでは十分に危害を防止できないことも多く，貨物を発送しようとする者に焦点をあてた本条の意義は大きい。したがって，運送業務あるいは荷役業務における労働災害を防止するための措置義務者（名宛人）の定め方やその措置内容については，技術的・法律的見地から十分研究し，使用従属性にとらわれず，運送事業者など社会の一部分にしわ寄せのかからない，より合理的な労働災害防止の法制度を構築していく必要がある。

第36条は，特別規制中「必要な措置」と抽象的に規定している部分（第31条の3を除く）の具体的内容を包括的に厚生労働省令に委任することを定めるものであるが，実際に定められている特別規制に係る厚生労働省令（労働安全衛生規則第4編で規定されている）は依然として少なく，またサービスの多様化により，現行の本法第4章の適用に困難を生じるケースが生まれてきている。

産業安全衛生が旧工場法の「場」の規制方式から離れ（ただし，鉱山保安分野では今も場の規制方式を採用している），使用従属関係を軸とした労働基準法を基礎としたものに代わり，その後家内労働法の成立を経つ

つ，河村産業所事件のように個別的であるが柔軟な使用従属の解釈の時代を経て，本法（及び本法による改正前の労働災害防止団体等に関する法律）は，直接の使用従属性の範囲外にあるものの規制を当然とせず，これを特別規制という形で明示的に規制する方式を採った。したがって，それに伴い，本法——引いては労働基準関係法令が，依然としてある程度の適用上の柔軟性を有しているとしても，その都度法律や命令を改正する等しなければ，産業構造の変化に十分対応できない仕組みになっている。

今後，（狭義の）使用従属性を基本する本法の枠組みを維持しつつ産業構造の変化に応じた迅速な特別規制の拡充を行っていくのか，あるいは特別規制によらずともその変化に対して柔軟に解釈適用できる新しい本法のあり方を指向するかは別稿に譲るとするが，いずれにせよ，今後，使用従属性の範囲内だけでは十分に防止できない類型の労働災害を把握し，適確な施策立案に役立てるためには，労働災害統計や災害分析手法を再検討する必要があると思われる。

なお，本条に関連する包括的な命令委任の是非，省令制定権限の行使の適切性等第27条と共通する論点については，第27条の逐条解説を参照されたい。

【注】
1）昭和47年9月18日発基第91号「労働安全衛生法の施行について」（https://www.mhlw.go.jp/web/t_doc?dataId=00tb2042&dataType=1&pageNo=1）記の第三の四の㈡のニに同趣旨（本稿の本文にて引用）。
2）労働省労働基準局編『労働基準法 下〔改訂新版〕（労働法コンメンタール3）』（労務行政研究所，1968年〔昭和43年10月15日再訂新版，昭和44年6月10日再訂3版〕）555頁に「安全衛生規則第一二三条では，船舶運送に限らず一般の貨物に対しても重量が一トン以上の一貨物を発送し，又は運搬しようとするときは，見易く，容易に消滅しない方法で，その重量を表示することを規定し……」との記述がある。
3）昭和47年9月18日基発第602号「労働安全衛生法および同法施行令の施行について」（https://www.mhlw.go.jp/web/t_doc?dataId=00tb2043&dataType=1&pageNo=1）記のIの9。
4）同上。
5）同上。
6）同上。
7）労務行政研究所編『労働安全衛生法（労働法コンメンタール10）』（労務行政，2017年）185頁の最終段落に「例えば，本法の第三五条は，ILO第二七号条約（船舶ニ依リ輸送セラルル重包装貨物ノ重量ノ表示ニ関スル条約・一九二九年）実施のための国内法的性格をもつものであるが，この規定は，純粋に輸出用の貨物を船舶所有者が船内で一トン以上の貨物に包装して輸出するような場合であっても適用されると解されている。」との同趣旨の記述あり。
8）外務省条約データ検索—（定訳）船舶ニ依リ運送セラルル重包装貨物ノ重量標示ニ關スル條約（https://www.mofa.go.jp/mofaj/gaiko/treaty/pdfs/B-S38-C2-1665.pdf，最終閲覧日：2021年12月29日）。
9）経済産業省WEBサイト—政策について▷政策一覧▷経済産業▷計量行政▷計量制度の概要▷計量法における単位規制の概要▷2．取引又は証明における規制（https://www.meti.go.jp/policy/economy/hyojun/techno_infra/11_gaiyou_tani2.html，最終閲覧日：2021年12月29日）に次のような解釈が示されている。
　　2．証明における計量
　　　計量法第2条第2項の「公に」，「業務上」，「一定の事実」，「真実である旨を表明すること」の解釈は以下のとおり。
・「公に」とは，公機関が，又は公機関に対しであること。
・「業務上」とは，継続的，反復的であること。
・「一定の事実」とは，一定のものが一定の物象の状態の量を有すること。特定の数値で表されるのが一般的であるが，ある一定の水準に達したか，達していないかという事実も含まれる。
・「真実である旨を表明すること」とは，真実であることについて一定の法的責任等を伴って表明すること。参考値を示すなど，単なる事実の表明は該当しない。
10）前掲注3）参照。
11）国土交通省（平成17年3月30日）「政策群『安全かつ効率的な国際物流の実現』に関する関係省庁調整会議が安全かつ効率的な国際物流の実現のための施策パッケージを策定しました」（https://www.mlit.go.jp/kisha/kisha05/15/150330_.html）の別紙2「安全かつ効率的な国際物流の実現のための施策パッケージ」においても，「国際海上コンテナは開封せずに輸送することから，コンテナ内の貨物の積付け・固縛の不良を陸上輸送時に把握することは極めて困難な状況である。積付け・固縛の不良は，積荷のコンテナ内の移動による破損等やコンテナドア開放時の貨物の荷崩れ事故につながるとともに，偏過重や積載バランスの不良（片荷や高重心）による操縦安定性の低下をもたらし，横転事故等につながる危険性が高い。」との記載あり。
12）前掲注3）参照。
13）労働調査会出版局編『労働安全衛生法の詳解—労働安全衛生法の逐条解説〔改訂5版〕』（労働調査会，2020年）1046頁。
14）昭和47年9月18日発基第91号「労働安全衛生法の施行について」（https://www.mhlw.go.jp/web/t_doc?dataId=00tb2042&dataType=1）記の第二の三。
15）ただし，建設アスベスト訴訟（神奈川第1陣）事件（最1小判令3・5・17民集75巻5号1359頁。アスベストばく露による被災者への保護具の「装着させ」やアスベストのリスクの掲示や表示による伝達にかかる国の規制権限不行使について判断する中で，職場環境整備や物の安全確保を目的とした規定は建設業一人親方も保護対象とする旨を述べた）を受けて，法第22条と関係する11の省令改正（建設業事業者に対し，同じ建設現場で働くか，そこに出入りするが，雇用関係にない一人親方等を保護対象として，指揮命令関係がなくても講ずべき措置を段階的に規定する等）を予定している（三柴丈典注記）。
16）内務省社會局『1930年第12回國際勞働總會報告書』197頁。
17）前掲注8）参照。
18）International Labour Organization—NORMLEX—C027 - Marking of Weight (Packages Transported by Vessels) Convention, 1929 (No. 27)（https://www.ilo.org/dyn/normlex/en/f?p=1000:12100:0::NO::P12100_ILO_CODE:C027，最終閲覧日：2022年11月3日）。
19）国際労働機関WEBサイト—1929年の重量標示（船舶運送の包装貨物）条約（第27号）（https://www.ilo.org/tokyo/standards/list-of-conventions/WCMS_239152/lang-ja/index.htm，最終閲覧日：2022年11月3日）。
20）前掲注8）参照。
21）内務省社會局『1930年第12回國際勞働總會報告書』73-74頁。

22) 同上79-80頁。
23) 同上100-102頁。
24) 同上110頁。
25) 同上165-169頁。
26) 同上30-32頁。
27) 同上112頁。
28) 同上182頁。
29) 同上193-197頁。
30) 同上183-184頁。
31) 同上113頁。
32) International Labour Organization — NORMLEX — Ratifications of C027 - Marking of Weight (Packages Transported by Vessels) Convention, 1929 (No. 27) (https://www.ilo.org/dyn/normlex/en/f?p=1000:11300:0::NO:11300:P11300_INSTRUMENT_ID:312172, 最終閲覧日：2022年11月3日)。
33) International Labour Organization — NORMLEX — Ratifications for South Africa (https://www.ilo.org/dyn/normlex/en/f?p=NORMLEXPUB:11200:0::NO::P11200_COUNTRY_ID:102888, 最終閲覧日：2021年12月29日)。
34) International Labour Organization — NORMLEX — Ratifications for Greenland — Declarations for Greenland (https://www.ilo.org/dyn/normlex/en/f?p=1000:11200:0::NO:11200:P11200_COUNTRY_ID:103695, 最終閲覧日：2021年12月29日)。
35) International Labour Organization — NORMLEX — Report Form for the marking of weight convention, 1929 (No. 27) (https://www.ilo.org/dyn/normlex/en/f?p=NORMLEXPUB:51:0::NO:51:P51_CONTENT_REPOSITORY_ID:2542988:NO)。
36) 「2007年日本政府年次報告」(ILO 第27号条約，1998年6月1日～2007年5月31日) (https://www.mhlw.go.jp/shingi/2007/09/dl/0912-12d.pdf)，リンク元は，厚生労働省—国際課—第9回 ILO 懇談会議事次第 (https://www.mhlw.go.jp/shingi/2007/09/0912-12.html，最終閲覧日：2024年10月30日)。
37) International Labour Organization — NORMLEX — Observation (CEACR) - adopted 2009, published 99th ILC session (2010) (https://www.ilo.org/dyn/normlex/en/f?p=1000:13100:0::NO:13100:P13100_COMMENT_ID,P13100_COUNTRY_ID:2308677,102729, 最終閲覧日：2022年11月3日)。
38) International Labour Organization — NORMLEX — Direct Request (CEACR) - adopted 2013, published 103rd ILC session (2014) (https://www.ilo.org/dyn/normlex/en/f?p=1000:13100:0::NO:13100:P13100_COMMENT_ID,P13100_COUNTRY_ID:3150397,102729, 最終閲覧日：2022年11月3日)。
39) 日本労働組合総連合会「日本における27号条約の適用に関する意見」(2007年9月) (https://www.mhlw.go.jp/shingi/2007/09/dl/0912-12n.pdf)，リンク元は，厚生労働省—国際課—第9回 ILO 懇談会議事次第 (https://www.mhlw.go.jp/shingi/2007/09/0912-12.html)。
40) International Labour Organization — Report of the Committee of Experts on the Application of Conventions and Recommendations, 2008— Part 1A (総合報告及び特定の国々に対する意見 (observation)) (https://www.ilo.org/public/libdoc/ilo/P/09661/09661 (2008-97-1A).pdf)，日本の ILO 第27号条約の適用状況に関する意見は690頁，リンク元：Information and reports on the application of Conventions and Recommendations (https://www.ilo.org/public/libdoc/ilo/P/09661/)。
41) International Labour Organization — NORMLEX — Observation (CEACR) - adopted 2007, published 97th ILC session (2008) (https://www.ilo.org/dyn/normlex/en/f?p=1000:13100:0::NO::P13100_COMMENT_ID,P13100_LANG_CODE:2279049,en:NO, 最終閲覧日：2022年11月3日)。
42) 厚生労働省— ILO 懇談会 (https://www.mhlw.go.jp/stf/shingi/other-kokusai_128277.html，最終閲覧日：2022年11月3日)—第11回 (2008年8月29日) 議事要旨及び資料参照。
43) 「2008年日本政府年次報告案」(ILO 第27号条約，2007年6月1日～2008年5月31日) (https://www.mhlw.go.jp/shingi/2008/08/dl/s0829-14b.pdf)，リンク元は，厚生労働省—国際課—第11回 ILO 懇談会議事次第 (https://www.mhlw.go.jp/shingi/2008/08/s0829-14.html)。
44) 国際海上コンテナの陸上運送に係る安全対策会議「国際海上コンテナの陸上における安全輸送ガイドライン」(平成25年6月，平成28年6月一部改訂) (https://www.mlit.go.jp/jidosha/anzen/03container/data/guideline2016_06.pdf)。
45) 国土交通省 (平成17年3月30日)「政策群「安全かつ効率的な国際物流の実現」に関する関係省庁調整会議が安全かつ効率的な国際物流の実現のための施策パッケージを策定しました」(https://www.mlit.go.jp/kisha/kisha05/15/150330_.html，最終閲覧日：2022年11月3日)。
46) 厚生労働省—国際課—第11回 ILO 懇談会議事要旨 (https://www.mhlw.go.jp/shingi/2008/08/s0829-15.html，最終閲覧日：2022年11月3日)。
47) 日本労働組合総連合会「第27号条約の適用に関する意見」(2008年8月29日) (https://www.mhlw.go.jp/shingi/2008/08/dl/s0829-14k.pdf)。
48) 同上。
49) International Labour Organization — Report of the Committee of Experts on the Application of Conventions and Recommendations, 2009— Part 1A (総合報告及び特定の国々に対する意見 (observation)) (https://www.ilo.org/public/libdoc/ilo/P/09661/09661(2009-98-1A).pdf)。
50) 「2009年日本政府年次報告案」(ILO 第27号条約，2008年6月1日～2009年5月31日) (https://www.mhlw.go.jp/shingi/2009/10/dl/s1002-10b.pdf)。
51) 国土交通省自動車交通局 (平成21年8月)「国際海上コンテナの陸上における安全輸送ガイドラインの取組状況等に関する実態調査 報告書」(https://www.mlit.go.jp/common/000047992.pdf)。
52) 日本労働組合総連合会「第27号条約の適用に関する意見」(2009年10月2日) (https://www.mhlw.go.jp/shingi/2009/10/dl/s1002-10j.pdf)，リンク元は，厚生労働省—国際課—第13回 ILO 懇談会議事次第 (https://www.mhlw.go.jp/shingi/2009/10/s1002-10.html)。
53) International Labour Organization — Report of the Committee of Experts on the Application of Conventions and Recommendations, 2010— Part 1A (総合報告及び特定の国々に対する意見 (observation)) (https://www.ilo.org/public/libdoc/ilo/P/09661/09661(2010-99-1A).pdf)，日本の ILO 第27号条約の適用状況に関する意見は751頁，リンク元：Information and reports on the application of Conventions and Recommendations (https://www.ilo.org/public/libdoc/ilo/P/09661/)。
54) 「2012年日本政府年次報告案」(ILO 第27号条約，2009年6月1日～2012年5月31日) (https://www.mhlw.go.jp/stf/shingi/2r9852000002yy2i-att/2r9852000002z0cs.pdf)。
55) 厚生労働省—国際課—2012年9月4日第19回 ILO 懇談会議事要旨 (https://www.mhlw.go.jp/stf/shingi/2r9852000002yxyy.html，最終閲覧日：2022年11月3日)。
56) 日本労働組合総連合会「日本政府年次報告『ILO 第27号条約 (船舶により運送される重包装貨物の重量標示に関する条約)』(1932年) の適用に関する日本労働組合総連合会からの意見」

57) 前掲注38) 参照。

58) International Labour Organization — NORMLEX — Reports requested and replies to CEACR comments: C027 - Marking of Weight (Packages Transported by Vessels) Convention, 1929 (No. 27) (https://www.ilo.org/dyn/normlex/en/f?p=NORMLEXPUB:14001:0::NO:14001:P14001_INSTRUMENT_ID:312172:NO, 最終閲覧日：2022年1月8日)。

59) 公益社団法人全日本トラック協会「『国際海陸一貫運送コンテナの自動車運送の安全確保に関する法律案』の廃案に伴う要望書を提出」(https://jta.or.jp/ippan/onegai/kaikon2011.html, 最終閲覧日：2022年11月3日)。

60) これらの動きについては物流Weekly (2011年12月9日)「『SOLAS条約』改正の動き　船積み前の重量計測義務化へ」(https://weekly-net.co.jp/news/13869/, 最終閲覧日：2022年11月3日)、GOTSUニュース(2012年03月13日)「【物流】国交省『国際海陸一貫運送コンテナの安全確保法案』閣議決定」(http://www.gotsu.co.jp/gotsu-news/entry/53934.html, 最終閲覧日：2022年11月3日) 等参照。

61) 国土交通省—国際海上輸出コンテナ総重量確定制度（改正SOLAS条約関連）(https://www.mlit.go.jp/maritime/maritime_mn8_000008.html, 最終閲覧日：2022年11月3日)。

62) International Labour Organization — Cartier Working Party - Working Party on Policy regarding the Revision of Standards (1995-2002) — Cartier Working Party conclusions (https://www.ilo.org/global/standards/international-labour-standards-policy/WCMS_449912/lang--en/index.htm, 最終閲覧日：2021年12月29日)。

63) International Labour Organization — NORMLEX — Standards Reviews: Decisions on Status (https://www.ilo.org/dyn/normlex/en/f?p=NORMLEXPUB:12040:0::NO:::, 最終閲覧日：2021年12月29日)。

64) ILO第27号条約が改正の必要性があると決定された件につき、筆者がILO駐日事務所にeメールで問い合わせたところ、2021年10月13日に回答があり、カルティエ委員会の決定に従い、理事会で改正が決定されたが、現在進行中の作業部会ではまだ取り上げられていないとのことであった。

65) Committee on Legal Issues and International Labour Standards — 271st Session SECOND ITEM ON THE AGENDA Follow-up on consultations concerning the need for revision and obstacles to the ratification of 13 Conventions (https://www.ilo.org/public/english/standards/relm/gb/docs/gb271/prs-2.htm, 最終閲覧日：2022年11月9日)。

66) 前掲注8) 参照。

67) International Labour Organization — International Labour Conference 17th Session (Geneva, 1933) Summary of Annual Reports under Article 408 (https://www.ilo.org/public/libdoc/ilo/P/09661/09661(1933-17).pdf) 440頁に「Japan. Ordinance No. 16 of 6 May 1930, of the Department of the Interior, respecting the marking of the weight on heavy packages (L. S. 1930, Jap. 1).」とあり、この勅令が本条約の国内担保法であったことがわかる。リンク元：Information and reports on the application of Conventions and Recommendations (https://www.ilo.org/public/libdoc/ilo/P/09661/)。

68) 昭和5年8月28日官報第1100号 (https://dl.ndl.go.jp/info:ndljp/pid/2957567/1)。

69) 昭和5年8月21日官報第1094号 (https://dl.ndl.go.jp/info:ndljp/pid/2957561/1)。

70) 昭和5年10月20日官報第1143号 (https://dl.ndl.go.jp/info:ndljp/pid/2957610/2)。

71) 昭和5年12月3日官報第1180号 (https://dl.ndl.go.jp/info:ndljp/pid/2957647/1)。

72) 昭和5年12月12日官報第1188号 (https://dl.ndl.go.jp/info:ndljp/pid/2957655/1)。

73) International Labour Organization — International Labour Conference 17th Session (Geneva, 1933) Summary of Annual Reports under Article 408 (https://www.ilo.org/public/libdoc/ilo/P/09661/09661(1933-17).pdf) 442頁に、大日本帝国の外地における適用状況について記載されており、該当する外地法令が列挙されている。リンク元：Information and reports on the application of Conventions and Recommendations (https://www.ilo.org/public/libdoc/ilo/P/09661/)。

74) 後掲注110) 参照。

75) 労働基準法の一部の施行期日を定める政令（昭和22年8月31日政令第170号）及び労働基準法の一部の施行期日を定める政令（昭和22年10月31日政令第227号）。

76) International Labour Organization — International Labour Conference 36th Session (Geneva, 1953) Summary of Reports on Ratified Conventions (http://www.ilo.org/public/libdoc/ilo/P/09661/09661(1953-36).pdf) 82頁 (PDF 86頁) に「Labor Standards Law No. 49 of 5 April 1947 (L. S. 1947-Jap. 3). Ministry of Labor Ordinance No. 9 of 1947 (Regulations of Labor Safety and Sanitation). Section 123 of the Ordinance of 1947, to provide for the plain and durable marking of cargoes weighing one ton or more, indicating the estimated weight, if necessary.」とあり、旧安衛則第123条が本条約の国内担保法であったことがわかる。リンク元：Information and reports on the application of Conventions and Recommendations (https://www.ilo.org/public/libdoc/ilo/P/09661/)。

77) 労働省労働基準局編・前掲注2）では、同条（旧労働安全衛生規則第123条）の解説が、労働基準法旧第45条の解説の部分（555頁）に記載されている。

78) 琉球政府1953年9月1日（火曜日）公報（号外）第28号 (https://www3.archives.pref.okinawa.jp/GRI/searchs/img/kouhou//R-1953-09-01-G.pdf) 8-19頁。

79) 1954年1月30日（土曜日）公報（號外）第1號 (https://www3.archives.pref.okinawa.jp/GRI/searchs/img/kouhou//R-1954-01-30-G.pdf) 12頁。

80) 国土交通省「1974年の海上における人命の安全のための国際条約（SOLAS条約）」(https://www.mlit.go.jp/kaiji/imo/imo0001_.html, 最終閲覧日：2022年11月4日)。

81) 外務省条約データ検索—千九百七十四年の海上における人命の安全のための国際条約 (https://www.mofa.go.jp/mofaj/gaiko/treaty/pdfs/B-S55-1116_2.pdf, 最終閲覧日：2021年12月29日) 1155-1157頁。

82) 平成5年12月27日外務省告示第632号（平成5年12月27日〔月曜日〕官報号外224号）。

83) 令和元年8月28日外務省告示第127号（令和元年8月28日〔水曜日〕官報号外101号）。

84) 前掲注61) 参照。

85) 船舶安全法第27条では「船舶ノ堪航性及人命ノ安全ニ関シ条約ニ別段ノ規定アルトキハ其ノ規定ニ従フ」とされ、同法第28条で「危険物其ノ他ノ特殊貨物ノ運送及貯蔵ニ関スル事項並ニ危険及気象ノ通報其ノ他船舶航行上ノ危険防止ニ関スル事項ニシテ左ニ掲グルモノハ国土交通省令ヲ以テ之ヲ定ム」〈各号列記略〉とされるとともに、また当該国土交通省令には多額30万円以下の罰金刑を規定することができるとされている。同第28条はある種の省令委任とも考えられるが、いずれにせよ2016年

7月1日発効の改正SOLAS条約は当該国土交通省令により担保されている。

86) 国土交通省―国際海上輸出コンテナ総重量確定制度（改正SOLAS条約関連）―国際海上輸出コンテナ総重量の確定方法ガイドライン（https://www.mlit.go.jp/maritime/content/001517541.pdf）5-6頁。

87) JIS Z 0106：1997（パレット用語）において、「パレット」は「ユニットロードシステムを推進するために用いられ、物品を荷役、輸送、保管するために単位数量にとりまとめて載せる面をもつ台。上部構造物をもつものを含む。」と定義され、「ボックスパレット」は「上部構造物として少なくとも3面の垂直側板（網目、格子状などを含む。）をもつパレット。その構造物には固定式、取外し式、折りたたみ式、側面開閉式があり、ふた付きのものもある。」と定義され、「ロールボックスパレット」は「車輪付きボックスパレット」と定義されている。

88) 大西明宏「ロールボックスパレット起因による労働災害の実態と特徴」人間工学49巻4号（2013年）（https://www.jstage.jst.go.jp/article/jje/49/4/49_175/_pdf）。

89) 独立行政法人労働安全衛生総合研究所「労働安全衛生総合研究所技術資料 ロールボックスパレット起因災害防止に関する手引き」JNIOSH-TD-NO. 4（2015年）（https://www.jniosh.johas.go.jp/publication/doc/td/TD-No4.pdf）32-36頁。

90) 大西明宏「安全に配慮した改良型ロールボックスパレットの開発」労働安全衛生研究15巻2号（2022年）（https://www.jstage.jst.go.jp/article/josh/15/2/15_JOSH-2022-0008-KE/_article/-char/ja/）、大西明宏「改良型ロールボックスパレット（カゴ車）のご紹介」陸運と安全衛生626号（2021年）（https://rikusai.or.jp/wp-content/uploads/2021/09/rollboxpallet_kairyou.pdf）。

91) 荷役用具の利用と所有・共有については、公益社団法人日本ロジスティクスシステム協会「2013年度経済産業省 省エネ型ロジスティクス等推進事業費補助金 物流機材の一貫利用による物流効率化のための調査研究報告書」（2014年3月）（https://www.logistics.or.jp/jils_news/2013fy_survey6_unitload.pdf）に詳しい。

92) 陸上貨物運送事業労働災害防止協会―荷役労働災害防止対策―陸上貨物運送業における荷役作業の安全対策に関する検討会（2021年〜2022年）（https://rikusai.or.jp/measures/niyakuboushi/）から議事録等にアクセスすることができる。

93) 「陸上貨物運送業における荷役作業の安全対策に関する検討会報告書」（令和4年8月）（https://rikusai.or.jp/wp-content/uploads/2022/09/kentoukai_houkoku.pdf）より。第9回検討会の検討会報告書案では、「異常があった場合は、直ちに補修その他の必要な措置を講ずること。また陸運事業者が異常のある機材を発見した際に、そのまま使用するのは危険なため、所有者又は荷主に対して当該機材を使った荷役作業を拒むことができるよう配慮すること。」となっていた。

94) 労働安全衛生規則第663条の2（法第32条第5項の請負人の義務）の次条が第664条（報告）〔＊特定元方事業者事業開始報告に係る規定〕となっている。

95) 寺西輝泰『労働安全衛生法違反の刑事責任（総論）―労働災害の防止をめざして〔改訂版〕』（日労研、2004年）216-221頁：第2編第1章第2節の第1。

96) 同上。

97) 畠中信夫「労働安全衛生法の形成とその効果」日本労働研究雑誌42巻1号（2000年）のⅣの2に同趣旨。

98) 経済産業省「鉱山保安法等逐条解説」21頁（https://www.safety-hokkaido.meti.go.jp/kozan_hoan/about/explanation02-1.pdf、最終閲覧日：2024年8月6日）

99) 高等裁判所判例集―裁判例結果詳細―名古屋高裁判決昭和46年（う）第262号昭和47年2月28日（https://www.courts.go.jp/app/hanrei_jp/detail3?id=22974）（河村産業所事件、又は鍋田農協倉庫倒壊事件）参照。裁判要旨「建設会社が請け負つた建築工事につき、各工程を分け、それぞれ下請け業者に請け負わせて、施工する場合において、右の下請け業者が材料の全部または一部と労働者を供給するに過ぎないものであり、その使用する労働者の安全に関する法的義務を負担する能力がなく、元請人である建設会社の建築技術者が現場主任として、実質上、各下請け業者等を指揮、監督し、施工一切を総括、管理するときは、右の現場主任は、各下請け業者等、その使用する労働者に対する関係においても、労働基準法10条に定める『事業の労働者に関する事項について、事業主のために行為をする者』として、同法42条に定める『使用者』に該当すると解すべきである。」

100) 「労働災害防止団体等に関する法律の制定について」労働福祉15巻8号（1964年8月）14頁。

101) 複数事業者の労働者が混在作業を行っている場合に、建設業で特定作業（省令所定の危険性が高い作業）を下請けさせる建設業者に、当該場所の複数事業者の労働者の労災防止措置を義務づけた規定（第1項）、第1項の義務主体該当者がいない場合に元方事業者等が指名する等の配慮をするよう定めた規定（第2項）。罰則なし。

102) 注文者による請負人・請負人の労働者への違反となる指示の禁止。罰則なし。

103) 厚生労働省―労働基準局が実施する検討会等―今後の労働安全衛生対策の在り方に係る検討会（https://www.mhlw.go.jp/stf/shingi/other-roudou_128892.html）。

104) 平成18年2月24日基発第0224003号「労働安全衛生法等の一部を改正する法律（労働安全衛生法関係）等の施行について」（https://www.mhlw.go.jp/web/t_doc?dataId=00tb3028&dataType=1）。

105) 労働基準局報告例規基準業種分類表については、全国労働安全衛生センター連絡会議情報公開推進局が開示請求した平成20年3月31日基発第0331017号「労働基準局報告例規の一部改正について」（http://www.joshrc.org/files2007/20080331-018.pdf）（最新版ではない）等を参照。

106) 厚生労働省厚生労働科学研究費補助金（労働安全衛生総合研究事業）「リスクアセスメントを核とした諸外国の労働安全衛生制度の背景・特徴・効果とわが国への適応可能性に関する調査研究」〔研究代表者：三柴丈典〕（H26-労働－一般-001, 2016〔平成28〕年度）（https://mhlw-grants.niph.go.jp/project/26210、文献番号201621001B）総括研究報告書［三柴丈典］―リスク創出者管理責任負担原則の意義については、総括研究報告書27頁【示唆される予防政策のエッセンス】①、同30頁【特徴】①ほか。英国労働安全衛生法への反映状況については、三柴丈典「日本の安衛法の特徴と示唆される予防政策のエッセンス」分担研究報告書87頁。

107) 国際労働機関WEBサイト―ILOと日本」（https://www.ilo.org/tokyo/ilo-japan/lang-ja/index.htm、最終閲覧日：2022年11月8日）に「日本は、国際労働機関（ILO）が誕生した1919年からの原加盟国です（1940年から1951年の間は脱退）。」との記述あり。

108) 労働省「工業及び商業における労働監督に関する條約（第81号）、（第88号）、（第98号）に関する国会答弁資料」（昭和28年2月）の問2（わが国が加盟国であった当時批准した条約は何か）の答（1頁）に「1938年（昭和13年）11月2日にILOとの協力終止を通告するまで批准した条約は、左の14件であります。……」との記述がある。

109) International Labour Organization — NORMLEX — Country profiles — Japan（https://www.ilo.org/dyn/normlex/en/f?p=1000:11110:0::NO:11110:P11110_COUNTRY_ID:102729、最終閲覧日：2022年11月18日）に、「Member from 1919 to

1940 and since 26.11.1951」との記載がある。

110) 国際労働機関 WEB サイト―ILO 駐日事務所―ILO と日本―「小史」(https://www.ilo.org/tokyo/ilo-japan/history/lang--ja/index.htm，最終閲覧日：2022年11月18日).

111) International Labour Organization―International Labour Conference 35th Session (Geneva, 1952) Report of the Committee of Experts on the Application of Conventions and Recommendations (http://www.ilo.org/public/libdoc/ilo/P/09661/09661(1952-35).pdf) 4頁（pdf 366頁）の22～24の項参照。23の項に「The Committee was informed that it would have before it at its next session reports from Japan on the 14 Conventions which it had ratified before its withdrawal from membership in 1940 and by which it continues to be bound.」との記述がある。リンク元：Information and reports on the application of Conventions and Recommendations (https://www.ilo.org/public/libdoc/ilo/P/09661/).

112) International Labour Organization―International Labour Conference 36th Session (Geneva, 1953) Report of the Committee of Experts on the Application of Conventions and Recommendations (http://www.ilo.org/public/libdoc/ilo/P/09661/09661(1953-36).pdf) Appendix I. D. (41頁〔PDF 325頁〕以降）に，日本がILO再加盟後に批准済14条約に係る国内実施状況について提出した報告書に対するCEACRの検討結果が掲載されている。リンク元：Information and reports on the application of Conventions and Recommendations (https://www.ilo.org/public/libdoc/ilo/P/09661/).

113) International Labour Organization―Labour standards―Applying and promoting International Labour Standards―Committee of Experts on the Application of Conventions and Recommendations (https://www.ilo.org/global/standards/applying-and-promoting-international-labour-standards/committee-of-experts-on-the-application-of-conventions-and-recommendations/lang--en/index.htm，最終閲覧日：2021年1月6日).

114) 国際労働機関 WEB サイト―メールマガジン・トピック解説（2006年12月28日付第55号）「ILO 条約勧告適用専門家委員会」(https://www.ilo.org/wcmsp5/groups/public/---asia/---ro-bangkok/---ilo-tokyo/documents/article/wcms_249621.pdf，最終閲覧日：2022年11月3日）において同専門家委員会の成立ち，任務，活動等について解説されている。

115) International Labour Organization ― Labour standards ― Applying and promoting ― Conference Committee on the Application of Standards (https://www.ilo.org/global/standards/applying-and-promoting-international-labour-standards/conference-committee-on-the-application-of-standards/lang--en/index.htm，最終閲覧日：2022年11月3日).

116) 国際労働機関 WEB サイト―監視機構 (https://www.ilo.org/tokyo/standards/supervisory-bodies/lang--ja/index.htm，最終閲覧日：2022年11月3日).

117) 林雅彦「ILOにおける国際労働基準の形成と適用監視」日本労働研究雑誌55巻11号（2013年）(https://www.jil.go.jp/institute/zassi/backnumber/2013/11/pdf/045-054.pdf) 参照。

118) 国際労働機関 WEB サイト―国際労働機関憲章（日本語訳）(https://www.ilo.org/tokyo/standards/list-of-conventions/WCMS_240186/lang--ja/index.htm，最終閲覧日：2022年11月3日).

119) 林・前掲注117）参照。

120) 前掲注43）の日本政府の文献では「直接要請」という訳語が使用されている。

121) 前掲注114）の文献では「直接請求」と訳されている。

122) 第35回 ILO 懇談会の厚生労働省配付資料の参考3-2 (https://www.mhlw.go.jp/content/10501000/000897744.pdf) では「ダイレクトリクエスト」と訳されている。

123) 前掲注114）参照。

124) 国際労働機関 WEB サイト―「条約勧告適用専門家委員会」(https://www.ilo.org/tokyo/events-and-meetings/WCMS_423760/lang--ja/index.htm，最終閲覧日：2022年11月3日）は数年前の記事と思われるが，「検索機能のついた国際労働基準データベースNORMLEXには過去約30年分の情報が収録されています。」と記載されているため。

125) International Labour Organization ― Labour standards ― Applying and promoting ― Conference Committee on the Application of Standards (https://www.ilo.org/global/standards/applying-and-promoting-international-labour-standards/conference-committee-on-the-application-of-standards/lang--en/index.htm，最終閲覧日：2022年11月3日).

126) 個人送信（個人向けデジタル化資料送信サービス）とは，国立国会図書館のデジタル化資料のうち，絶版等の理由で入手が困難なものを，インターネットを通じて個人の端末等で閲覧できるサービスであり，無料登録制である（国立国会図書館―個人向けデジタル化資料送信サービス https://www.ndl.go.jp/jp/use/digital_transmission/individuals_index.html 参照)。

〔森山誠也〕

第五章　機械等並びに危険物及び有害物に関する規制

第一節　機械等に関する規制

第37条から第41条まで

（製造の許可）
第37条　特に危険な作業を必要とする機械等として別表第1に掲げるもので、政令で定めるもの（以下「特定機械等」という。）を製造しようとする者は、厚生労働省令で定めるところにより、あらかじめ、都道府県労働局長の許可を受けなければならない。
2　都道府県労働局長は、前項の許可の申請があつた場合には、その申請を審査し、申請に係る特定機械等の構造等が厚生労働大臣の定める基準に適合していると認めるときでなければ、同項の許可をしてはならない。

別表第1（第37条関係）
一　ボイラー
二　第1種圧力容器（圧力容器であつて政令で定めるものをいう。以下同じ。）
三　クレーン
四　移動式クレーン
五　デリック
六　エレベーター
七　建設用リフト
八　ゴンドラ

1　関連政省令

現行法制上、本条により製造許可が必要となる特定機械等については、安衛法施行令第1条に定義が置かれているが、同条にて言及されているのはボイラー、第1種圧力容器、移動式クレーン、建設用リフト、ゴンドラのみであり、ボイラーの種別（蒸気ボイラー、温水ボイラー）、クレーン、デリック、エレベーターについては、安衛法施行時に出された通達（「労働安全衛生法および同法施行令の施行について」昭和47年9月18日基発第602号）の中に定義が置かれている。このように、特定機械等に関する定義規定が分散している背景として、施行令の中で特定機械等の定義をきめ細かく記載することは政令のレベルとしてなじまないという安衛法制定時の内閣法制局の方針に基づいたものである。[1]
これにより、本条にいう特定機械等は、安衛法の別表第1を大枠として、その中で特定機械等の細かな種別が施行令第1条と通達に分散して定義されている状態となっている。

1　施行令

第1条　この政令において、次の各号に掲げる用語の意義は、当該各号に定めるところによる。
（中略）
三　ボイラー　蒸気ボイラー及び温水ボイラーのうち、次に掲げるボイラー以外のものをいう。
イ　ゲージ圧力0.1メガパスカル以下で使用する蒸気ボイラーで、厚生労働省令で定めるところにより算定した伝熱面積（以下「伝熱面積」という。）が0.5平方メートル以下のもの又は胴の内径が200ミリメートル以下で、かつ、その長さが400ミリメートル以下のもの
ロ　ゲージ圧力0.3メガパスカル以下で使用する蒸気ボイラーで、内容積が0.0003立方メートル以下のもの
ハ　伝熱面積が2平方メートル以下の蒸気ボイラーで、大気に開放した内径が25ミリメートル以上の蒸気管を取り付けたもの又はゲージ圧力0.05メガパスカル以下で、かつ、内径が25ミリメートル以上のU形立管を蒸気部に取り付けたもの
ニ　ゲージ圧力0.1メガパスカル以下の温水ボイラーで、伝熱面積が4平方メートル以下（木質バイオマス温水ボイラー（動植物に由来する有機物でエネルギー源として利用することができるもの（原油、石油ガス、可燃性天然ガス及び石炭並びにこれらから製造される製品を除く。）

のうち木竹に由来するものを燃料とする温水ボイラーをいう。ホにおいて同じ。）にあつては，16平方メートル以下）のもの
- ホ　ゲージ圧力0.6メガパスカル以下で，かつ，摂氏100度以下で使用する木質バイオマス温水ボイラーで，伝熱面積が32平方メートル以下のもの
- ヘ　ゲージ圧力1メガパスカル以下で使用する貫流ボイラー（管寄せの内径が150ミリメートルを超える多管式のものを除く。）で，伝熱面積が5平方メートル以下のもの（気水分離器を有するものにあつては，当該気水分離器の内径が200ミリメートル以下で，かつ，その内容積が0.02立方メートル以下のものに限る。）
- ト　内容積が0.004立方メートル以下の貫流ボイラー（管寄せ及び気水分離器のいずれをも有しないものに限る。）で，その使用する最高のゲージ圧力をメガパスカルで表した数値と内容積を立方メートルで表した数値との積が0.02以下のもの

（中略）

- 五　第1種圧力容器　次に掲げる容器（ゲージ圧力0.1メガパスカル以下で使用する容器で，内容積が0.04立方メートル以下のもの又は胴の内径が200ミリメートル以下で，かつ，その長さが1000ミリメートル以下のもの及びその使用する最高のゲージ圧力をメガパスカルで表した数値と内容積を立方メートルで表した数値との積が0.004以下の容器を除く。）をいう。
  - イ　蒸気その他の熱媒を受け入れ，又は蒸気を発生させて固体又は液体を加熱する容器で，容器内の圧力が大気圧を超えるもの（ロ又はハに掲げる容器を除く。）
  - ロ　容器内における化学反応，原子核反応その他の反応によつて蒸気が発生する容器で，容器内の圧力が大気圧を超えるもの
  - ハ　容器内の液体の成分を分離するため，当該液体を加熱し，その蒸気を発生させる容器で，容器内の圧力が大気圧を超えるもの
  - ニ　イからハまでに掲げる容器のほか，大気圧における沸点を超える温度の液体をその内部に保有する容器

（中略）

- 八　移動式クレーン　原動機を内蔵し，かつ，不特定の場所に移動させることができるクレーンをいう。
- 九　簡易リフト　エレベーター（労働基準法（昭和22年法律第49号）別表第1第1号から第5号までに掲げる事業の事業場に設置されるものに限るものとし，せり上げ装置，船舶安全法（昭和8年法律第11号）の適用を受ける船舶に用いられるもの及び主として一般公衆の用に供されるものを除く。以下同じ。）のうち，荷のみを運搬することを目的とするエレベーターで，搬器の床面積が1平方メートル以下又はその天井の高さが1.2メートル以下のもの（次号の建設用リフトを除く。）をいう。
- 十　建設用リフト　荷のみを運搬することを目的とするエレベーターで，土木，建築等の工事の作業に使用されるもの（ガイドレールと水平面との角度が80度未満のスキップホイストを除く。）をいう。
- 十一　ゴンドラ　つり足場及び昇降装置その他の装置並びにこれらに附属する物により構成され，当該つり足場の作業床が専用の昇降装置により上昇し，又は下降する設備をいう。

第12条　法第37条第1項の政令で定める機械等は，次に掲げる機械等（本邦の地域内で使用されないことが明らかな場合を除く。）とする。
- 一　ボイラー（小型ボイラー並びに船舶安全法の適用を受ける船舶に用いられるもの及び電気事業法（昭和39年法律第170号）の適用を受けるものを除く。）
- 二　第1種圧力容器（小型圧力容器並びに船舶安全法の適用を受ける船舶に用いられるもの，自動車用燃料装置（圧縮水素，圧縮天然ガス又は液化天然ガスを燃料とする自動車（道路運送車両法（昭和26年法律第185号）に規定する普通自動車，小型自動車又は軽自動車（同法第58条第1項に規定する検査対象外軽自動車を除く。）であつて，同法第2条第5項に規定する運行の用に供するものに限る。）の燃料装置のうち同法第41条第1項の技術基準に適合するものをいう。以下同じ。）に用いられるもの及び電気事業法，高圧ガス保安法（昭和26年法律第204号），ガス事業法（昭和29年法律第51号），液化石油ガスの保安の確保及び取引の適正化に関する法律（昭和42年法律第149号）又は二酸化炭素の貯留事業に関する法律（令和6年法律第38号）の適用を受けるものを除く。）
- 三　つり上げ荷重が3トン以上（スタッカー式クレーンにあつては，1トン以上）のクレーン
- 四　つり上げ荷重が3トン以上の移動式クレーン
- 五　つり上げ荷重が2トン以上のデリック
- 六　積載荷重（エレベーター（簡易リフト及び建設用リフトを除く。以下同じ。），簡易リフト又は建設用リフトの構造及び材料に応じて，これらの搬器に人又は荷をのせて上昇させることができる最大の荷重をいう。以下同じ。）が1トン以上のエレベーター
- 七　ガイドレール（昇降路を有するものにあつては，昇降路。次条第3項第18号において同じ。）の高さが18メートル以上の建設用リフト（積載荷

資料5-1　ボイラー及び第1種圧力容器製造許可申請書（様式1号）

様式第1号（第3条，第49条関係）

（　　　　　　）製造許可申請書

事業場の名称	電話（　　　）
事業場の所在地	
※製造予定のボイラー又は第一種圧力容器の種類及び最高使用圧力	
ボイラー又は圧力容器の製造に関する経歴の概要	

令和　年　月　日

収入印紙

労働局長殿　　　　申請者氏名

備考
1　表題の（　）内には，ボイラー又は第一種圧力容器のうち該当する文字を記入すること。
2　第一種圧力容器にあっては，※の欄にその型式（円筒形，ジャケット付，角形等）を併記すること。
3　収入印紙は，申請者において消印しないこと。
4　氏名を記載し，押印することに代えて，署名することができる。

重が0.25トン未満のものを除く。同号において同じ。）
　八　ゴンドラ
2　法別表第1第2号の政令で定める圧力容器は，第1種圧力容器とする。

2　関連規則

本条の適用対象となる特定機械等については，省令レベルで各特定機械等に関する安全規則が定められており，その中で製造許可に関する詳細が定められている。いずれの特定機械等についても，製造許可は所轄の都道府県労働局長への申請によって行われるが，申請時に提出すべき書類については，当該特定機械等の性質（溶接の有無，組み立ての要否）などに即して，若干の違いがある点に留意する必要がある。

(1)　ボイラー及び圧力容器安全規則（昭和47年9月30日労働省令第33号）

第3条[2]　ボイラーを製造しようとする者は，製造しようとするボイラーについて，あらかじめ，その事業場の所在地を管轄する都道府県労働局長（以下「所轄都道府県労働局長」という。）の許可を受けなければならない。ただし，既に当該許可を受けているボイラーと型式が同一であるボイラー（以下「許可型式ボイラー」という。）については，この限りでない。
2　前項の許可を受けようとする者は，ボイラー製造許可申請書（様式第1号）にボイラーの構造を示す図面及び次の事項を記載した書面を添えて，所轄都道府県労働局長に提出しなければならない。
　一　強度計算

　二　ボイラーの製造及び検査のための設備の種類，能力及び数
　三　工作責任者の経歴の概要
　四　工作者の資格及び数
　五　溶接によつて製造するときは，溶接施行法試験結果

(2)　クレーン等安全規則（昭和47年9月30日労働省令第34号）

第3条[3]　クレーン（令第12条第1項第3号のクレーンに限る。以下本条から第10条まで，第16条及び第17条並びにこの章第4節及び第5節において同じ。）を製造しようとする者は，その製造しようとするクレーンについて，あらかじめ，その事業場の所在地を管轄する都道府県労働局長（以下「所轄都道府県労働局長」という。）の許可を受けなければならない。ただし，既に当該許可を受けているクレーンと型式が同一であるクレーン（以下この章において「許可型式クレーン」という。）については，この限りでない。
2　前項の許可を受けようとする者は，クレーン製造許可申請書（様式第1号）にクレーンの組立図及び次の事項を記載した書面を添えて，所轄都道府県労働局長に提出しなければならない。
　一　強度計算の基準
　二　製造の過程において行なう検査のための設備の概要
　三　主任設計者及び工作責任者の氏名及び経歴の概要

資料5-2　ボイラー及び第1種圧力容器製造許可書の例

```
大労安許第000-0号              大阪府○○市○○
令和○年○月○日       申請者  ××××株式会社
                           代表取締役  ○○○○

              本件申請のとおり許可する
但し
  1  種　類    ボイラー及び第一種圧力容器に    5  溶接棒又は心線   ①②共にY-8
              使用する電気ヒーター
  2  形　式    ─────────          6  板　厚        ①②共に管の板厚範囲
                                                          1.5～4.6mm
  3  鋼　材    ①P-8A+P-8A                  7  溶接施行方法   ①②共に、予熱なし、手溶接
              ②P-8A+P-1                                    溶接後熱処理なし
  4  溶接方法  ①②共にＴ：ティグ溶接         8  最高使用圧力   1.4MPa
              Ar：アルゴン（被覆ガス）

                            大 阪 労 働 局 長
```

(3)　ゴンドラ安全規則（昭和47年9月30日労働省令第35号）

> 第2条　ゴンドラを製造しようとする者は，その製造しようとするゴンドラについて，あらかじめ，その事業場の所在地を管轄する都道府県労働局長（以下「所轄都道府県労働局長」という。）の許可を受けなければならない。ただし，既に許可を受けているゴンドラと型式が同一であるゴンドラ（以下次条において「許可型式ゴンドラ」という。）については，この限りでない。
> 2　前項の許可を受けようとする者は，ゴンドラ製造許可申請書（様式第1号）にゴンドラの組立図及び次の事項を記載した書面を添えて，所轄都道府県労働局長に提出しなければならない。
> 一　強度計算の基準
> 二　製造の過程において行なう検査のための設備の概要
> 三　主任設計者及び工作責任者の氏名及び経歴の概要

2　趣旨と内容

1　趣旨

安衛法は，危険な作業を必要とする機械等や有害物について，利用に供されるようになってから安全衛生上の対策を講じるよりも，製造・流通の段階で必要な措置をとっておく方がより効果的であるとの観点から，第5章においてそのような機械（特定機械等），危険物および有害物について所要の規制を加えることとしている[4]。すなわち，特定機械等については，型式や製造設備等に係る製造許可，製造段階から使用段階等に至るまでの国又は登録機関による検査，検査証の交付及び廃止時の返還，有効な検査証のないものの使用の禁止，有効な検査証とともにしない譲渡及び貸与の禁止など，綿密な規制がなされており，全ての特定機械等の情報が国に登録され，管理されている（資料5-3を参照）。

第37条は，このうち特に危険な作業を必要とする機械等の製造をしようとする者に対して，都道府県労働局長の許可を受けることを義務づけ（第1項），また労働局長が許可を行うにあたっては，当該機械等の構造等が厚生労働大臣の定める基準に適合していることを要すると定めている（第2項）。第37条の規制の対象となるのは，機械等を使用する事業者ではなく，当該機械等の製造者である。

同条にいう特に危険な作業を必要とする機械等については，法の別表第1にボイラー，クレーン，エレベーター，ゴンドラなど8種の機械が指定され，さらに安衛法施行令第12条第1項でその対象となる機械が明示される（以下では特定機械等と略す）。これら特定機械等については，省令で安全規則が，また告示で構造規格[5]がそれぞれ制定されている。これらの機械については，欧米諸国においても古くから構造上の要件が定められており，また製造から設置・使用について検査制度が設けられていることから，わが国でも同様に規制の対象となったものと考えられる[6]。

また，本条については，安衛法制定後に地方分権推進法（平成11年7月16日法律第87号）により，製造許可申請書の提出先機関が都道府県労働基準局長から都道府県労働局長へと変更された。これ以外にも2度の改正を経ているが[7]，いずれも軽微な改正にとどまっており，法の構造を大きく変更するような改正は行われていない。

2　内容

本条による製造許可が要求される特定機械等については，そのいずれについても安衛法制定以前に安全規則の策定が行われており，その中で構造規格に基づく製造許可の仕組が確立されていた。第37条は，安衛法制定当時に特に危険と認識されていた特定機械等への規制がほぼそのまま立法化されたものであるといえよう（各機械に対する規制の沿革については後述する）。この点を踏まえつつ，第37条の内容について解説していく。

(1)　「特に危険な作業を必要とする機械」

第37条については，法制定時から現在に至るまで法改正による新たな機械の追加は行われていない。そうすると，第37条にいう「特に危険な作業を必要とする

機械」とは，現状の8種類の特定機械等を指すものと解すれば十分なように見える。しかし，これら特定機械等について，安衛法が「特に危険な作業を必要とする機械」と一般的な文言を持って定義している以上，法の適用対象となる機械が他に存在する可能性は否定できない。そこで，この条文上の文言に基づく第37条の適用対象となる機械の判断基準について若干の検討を行うことにする。

　第37条の「特に危険な作業を必要とする機械」との文言は，そのまま解釈すれば労働者による「危険な作業」に重点が置かれているようであり，機械それ自体の問題ではないようにも読める。しかし，そのような作業を必要とする機械を規制の対象としている以上，機械自体の危険性も当然に含むものと解すべきであろう。

　また，後述するように特定機械等による災害については，①ボイラー破裂事故に典型的であるが，当該機械における災害の発生が労働者の身体・生命の危険に直結している，②クレーン倒壊やゴンドラ墜落など，その作業場所との関連で，当該機械による災害の発生が当該作業に従事している労働者のみならず，一般人を巻き込む可能性がある，③災害の発生原因が，機械の構造的な欠陥あるいは不十分な理解に基づく機械の使用によることが多い，といった点にその特徴を見ることができる。

　これらの点を考え合わせると，「特に危険な作業を必要とする機械」とは，当該機械による災害の発生が労働者・一般人の生命への危険をもたらす蓋然性が高い機械のうち，その災害の発生原因が機械の構造上の欠陥または機械の作業方法の不備のいずれか若しくはその両方によることが経験則上明らかな機械と解釈することができよう。そうすると，本条は，機械の構造上の欠陥の根絶を製造の許可制を通じて行い，それに加えて第61条及びその関連規定により講習受講または資格取得をしていない者の就業を制限することにより，当該機械の使用にかかる安全を確保しようとするものと解することができよう。

　(2)　「製造しようとする者」

　本条の規定に基づく製造許可を受けるべき者は，個々の特定機械等を実際に製造しようとする者であるが，関連規則にて明らかなように，すでに許可を受けている特定機械等と同一の型式のものを製造する場合には，個々の機械の製造ごとに許可を得る必要はない（ボイラー則第3条第1項但書，クレーン則第3条第1項但書，ゴンドラ則第2条第1項但書）。この場合の「同一の型式」については，特定機械等の種類により求められる要件が異なっており，ボイラー及び圧力容器に関し

資料5-3　法第38条に基づく特定機械等の検査一覧

	構造検査	溶接検査	製造検査	使用検査	落成検査	性能検査	変更検査	使用再開検査
ボイラー	○	○		○	○	○	○	○
第1種圧力容器	○	○		○	○	○	○	○
クレーン					○	○	○	○
移動式クレーン			○			○	○	○
エレベーター					○	○	○	○
建設用リフト					○		○	
ゴンドラ			○		○	○	○	○

＊原則として構造検査及び溶接検査は登録製造時等検査機関，製造検査及び使用検査は都道府県労働局長，落成検査，変更検査及び使用再開検査は労働基準監督署長，性能検査は登録性能検査機関が実施する。

ては，種類，主要材料，工作方法について同一性が求められるのに対し（昭和47年9月18日基発第597号），クレーン及びゴンドラは，種類，構造部分の材料及び形状，能力（つり上げ荷重，積載荷重），工作方法について同一性が必要である（昭和47年9月18日基発第598号〔クレーン等〕，昭和47年9月18日基発第599号〔ゴンドラ〕）。

　また，ボイラーに関しては，廃止されたボイラーを改修する場合にも「製造しようとする者」に含まれる。この場合における改修とは，ボイラーの胴若しくは管寄せの3分の1以上，鏡板若しくは管板の全部，または炉筒若しくは火室の全部を改修する場合が該当する（昭和34年2月19日基発第102号）。

　このほか，複数の製造事業者が共同で特定機械等を製造する場合には，各々が「製造しようとする者」に該当することになるため，それぞれの製造分担を明らかにし，主たる部分を製造する者を所轄する都道府県労働局庁に共同申請しなければならない（昭和34年2月19日基発第102号）。

　クレーンのように部品を運んで現地で組み立てて使用する機械については，主要な構成部分を製造する者が本条にいう「製造しようとする者」に該当する。

　なお，本条に関連して，安衛法違反として刑事罰を科す場合，「製造しようとする」というとはどの時期を指すのかが，犯行着手時期との関係で問題となることがある。この点につき，ボイラーや第1種圧力容器のような据置型の特定機械等や，移動式クレーンのように完成品が単体で利用される特定機械等については，設計を完了し，当該機械の製造に着手した時点が「製造しようとする」に該当するものと解される。また，クレーンやゴンドラなど，工場で製造された部品を設置現場へ搬入して設置する定置型の特定機械等については，部品の製造開始時点，または設置現場における組み立てに着手した時点のいずれかが「製造しようとする」に該当すると考えられるが，本条の趣旨は，安全な特定機械等の製造を担保する規制であっ

資料5-4　ボイラーの構造図

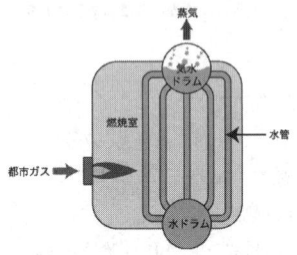

①真空式温水ボイラー（温水ボイラー）　②炉筒煙管ボイラー（蒸気ボイラー）

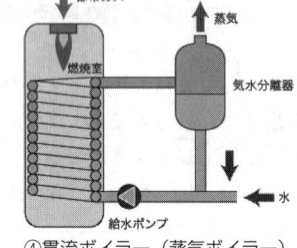

③水管ボイラー（蒸気ボイラー）　④貫流ボイラー（蒸気ボイラー）

（仙台市ガス局〔https://www.gas.city.sendai.jp/biz/boilers/index.php〕、最終閲覧日：2024年7月8日）

資料5-6　クレーンの種類

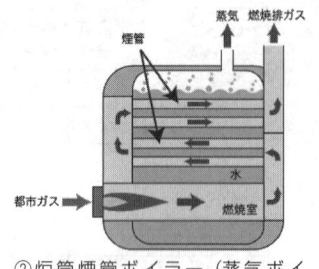

| 天井クレーン |
| ジブクレーン |
| 橋形クレーン |
| アンローダ |
| ケーブルクレーン |
| テルハ |
| スタッカー式クレーン |
| その他 |

て、製造者に対する規制であることを踏まえるならば、前者の部品の製造開始時点が「製造しようとする」に該当すると解すべきであろう。[8]

3　特定機械等の定義

第37条の適用に当たっては、製造許可の対象となる特定機械等がどのようなものであるかが問題となるが、この点に関しては、安衛法施行令に具体的な定義が置かれている。この規定を踏まえつつ、それぞれの機械の定義を確認しておく。[9]

(1)　ボイラー

一般にボイラーとは、燃料を使用して水を熱することによって温水や蒸気を発生させる装置をいう。現行の安衛則上、ボイラーは、発生させる物質及び製造の原料によって分類されている。

(a)　発生物質による分類

蒸気ボイラーは、燃焼ガスまたは電気により、水又は熱媒を加熱して、大気圧を超える圧力の蒸気を発生させてこれを他に供給するものである。旧ボイラー則によれば、ボイラー本体のほか付設された過熱器及び節炭器（ボイラーの廃熱を利用して給水を加熱する装置。エコノマイザともいう）も含むものとされている。

また、温水ボイラーは、燃焼ガス等また電気により、圧力を有する水または熱媒（熱を移動させるために用いられる流体）を加熱してこれを他に供給する装置をいう。

(b)　製造原料・構造による分類

ボイラーは、その製造原料により鋼製ボイラー（鋼鉄により製造されたもの）と鋳鉄製ボイラー（鋳鉄製のセクションと呼ばれる部品を組み合わせて製造されたもの）に区分される。鋼鉄ボイラーは、さらにその構造によって丸ボイラー（水を満たした缶を主体としたボイラー）、水管ボイラー（伝熱部が水管になっているボイラー）に大分することができる。安衛法施行令第1条第3号ホにある貫流ボイラーとは、水管ボイラーの一種で、缶体内に長い水管を設置し、その一端から注入された水を循環させずに熱して気水分離器によって水と蒸気に分離させるものである（ボイラーの構造図については、資料5-4を参照）。

第37条の製造許可を要するボイラー（小規模ボイラー）は、安衛法施行令第1条第3号により、一定以上の伝熱面積、最高使用圧力、胴の内径及び内容積をもつものとされている（安衛法上のボイラーの区分については資料5-5①～⑤を参照）。

(2)　第1種圧力容器

第1種圧力容器は、その中に入っているものが大気圧の沸点を超える温度の液体（飽和液）と定義されており、気体（ガス）である第2種圧力容器と区別されている。この理由は、破裂した場合における被害の相違であり、第1種圧力容器の場合、圧をかけて液体になっているものが一気に蒸発して気体に変化し膨張するために被害が大きいことからより厳しい規制が必要とされており、第37条の製造許可の対象となるのも第1種圧力容器のみである。第1種圧力容器の定義は施行令第1条第5号に定められており、一定以上の最高使用圧力、胴の内径、内容積をもち、容器内の圧力が大気圧を超える容器のうち、①蒸気により固体や液体を加熱する容器、②化学反応、原子核反応その他の反応によって蒸気が発生する容器、③液体の成分を分離するために当該液体を加熱し、その蒸気を発生させる容器が製造許可の対象となっている（安衛法上の圧力容器の区分については資料5-5⑥⑦を参照）。

(3)　クレーン

クレーンは、荷を動力を用いてつり上げ、これを水

資料5-5

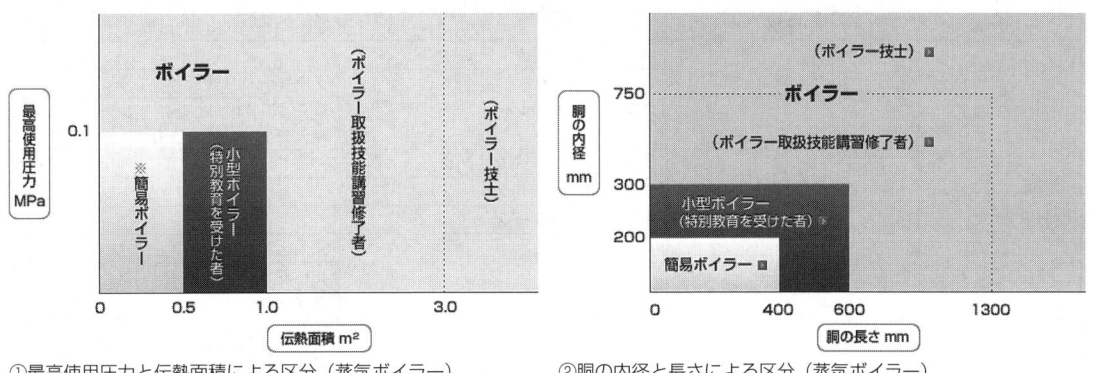

①最高使用圧力と伝熱面積による区分（蒸気ボイラー）　②胴の内径と長さによる区分（蒸気ボイラー）

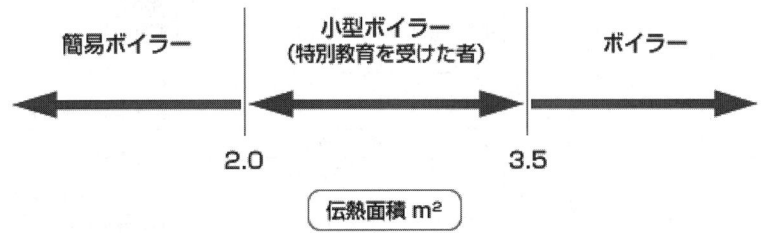

③開放管又はゲージ圧力0.05MPa以下のU形立管を蒸気部に取り付けたものによる区分
（いずれも内径25mm以上）

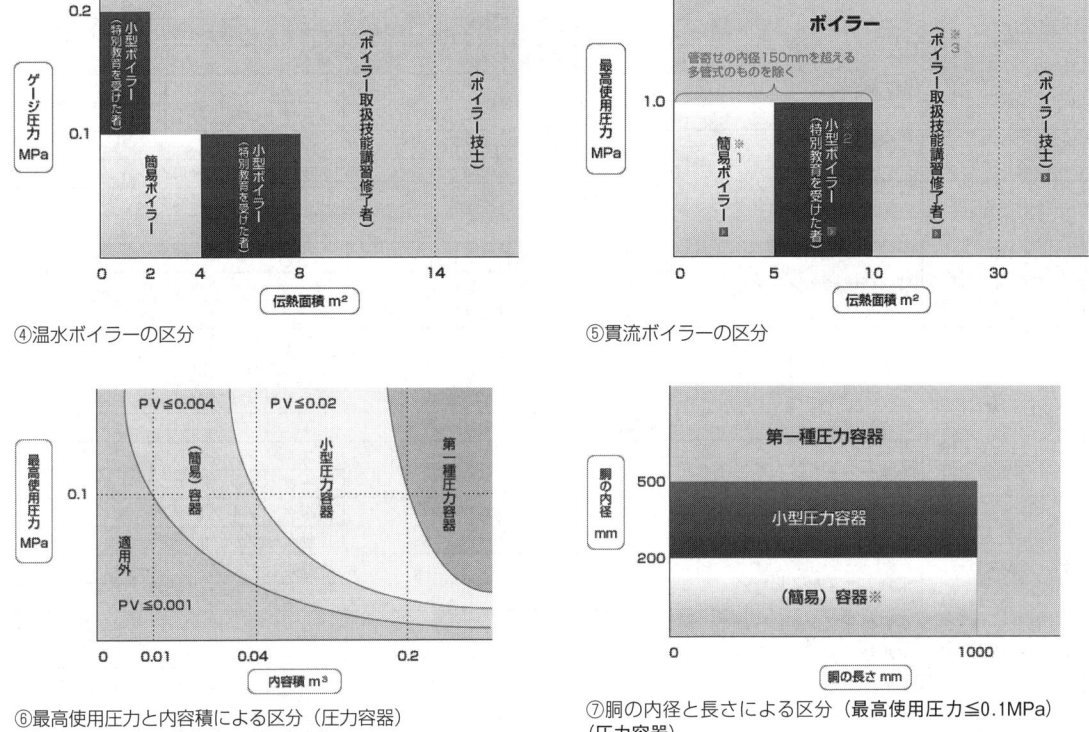

④温水ボイラーの区分　⑤貫流ボイラーの区分

⑥最高使用圧力と内容積による区分（圧力容器）　⑦胴の内径と長さによる区分（最高使用圧力≦0.1MPa）（圧力容器）

（一般社団法人日本ボイラ協会WEBサイト〔①〜⑤ https://www.jbanet.or.jp/license/division/boiler/、⑥⑦ https://www.jbanet.or.jp/examination/classification/vessel-1/、最終閲覧日：2024年7月10日〕）

平に運搬することを目的とする機械装置のうち，移動式クレーン及びデリック以外のものをいう。機械としてのクレーンは，荷のつり上げに動力を使用することが要件となっており，水平移動については動力を使用していなくてもよい。

クレーンには，様々な構造，形状のものがあり，クレーン則において分類表が作成されているが，本条の製造許可を要するクレーンは，つり上げ荷重（クレー

資料5-7　クレーン分類表

大分類	中分類	小分類	細分類
天井クレーン	普通型天井クレーン	ホイスト式天井クレーン	
		トロリ式天井クレーン	クラブトロリ式天井クレーン
			ロープトロリ式天井クレーン（セミロープトロリ式を含む）
	特殊型天井クレーン	旋回マントロリ式天井クレーン	
		すべり出し式天井クレーン	
		旋回式天井クレーン	
		製鉄用天井クレーン	装入クレーン
			レードルクレーン
			鋼塊クレーン
			焼入れクレーン
			原料クレーン
			鍛造クレーン
ジブクレーン	ジブクレーン	塔形・門形ジブクレーン	塔形ジブクレーン
			高脚ジブクレーン
			片脚ジブクレーン
		低床ジブクレーン	低床ジブクレーン
			ポスト型ジブクレーン
		クライミング式ジブクレーン	
	つち形クレーン	ホイスト式つち形クレーン	
		トロリ式つち形クレーン	クラブトロリ式つち形クレーン
			ロープトロリ式つち形クレーン
		クライミング式つち形クレーン	
	引込みクレーン		ダブルリンク式引込みクレーン
			スイングレバー式引込みクレーン
			ロープバランス式引込みクレーン
			テンションロープ式引込みクレーン
	壁クレーン	ホイスト式壁クレーン	
		トロリ式壁クレーン	クラブトロリ式壁クレーン
			ロープトロリ式壁クレーン
橋形クレーン	普通型橋形クレーン	ホイスト式橋形クレーン	
		トロリ式橋形クレーン	クラブトロリ式橋形クレーン
			ロープトロリ式橋形クレーン
			マントロリ式橋形クレーン
	特殊型橋形クレーン	旋回マントロリ式橋形クレーン	
		ジブクレーン式橋形クレーン	
		引込みクレーン式橋形クレーン	
アンローダ	橋形クレーン式アンローダ		クラブトロリ式アンローダ
			ロープトロリ式アンローダ
			マントロリ式アンローダ
	特殊型アンローダ	旋回マントロリ式アンローダ	
	引込みクレーン式アンローダ		ダブルリンク式アンローダ
			ロープバランス式アンローダ
ケーブルクレーン	固定ケーブルクレーン		固定ケーブルクレーン
			揺動ケーブルクレーン
	走行ケーブルクレーン		片側走行ケーブルクレーン
			両側走行ケーブルクレーン
	橋形ケーブルクレーン		
テルハ	テルハ		
スタッカークレーン	普通型スタッカー式クレーン		天井クレーン型スタッカー式クレーン
			床上型スタッカー式クレーン
			懸垂型スタッカー式クレーン
	荷昇降式スタッカークレーン		天井クレーン型スタッカークレーン
			床上型スタッカークレーン
			懸垂型スタッカークレーン

（「クレーン製造許可の取扱いについて」平成8年3月21日基発第134号別紙2）

資料5-8 クレーンの分類図

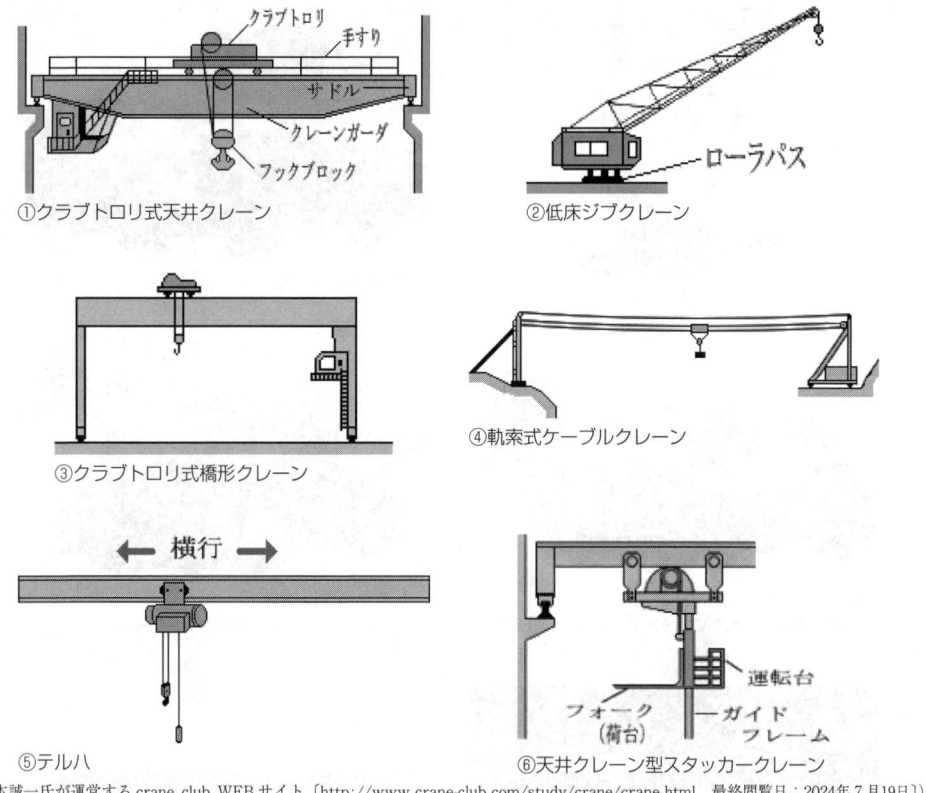

（山本誠一氏が運営するcrane club WEBサイト〔http://www.crane-club.com/study/crane/crane.html，最終閲覧日：2024年7月19日〕）

ンにおいて構造・材質に応じて負荷させることのできる最大の荷重）が3t以上（スタッカークレーンについては1t以上）のものとされている（安衛法施行令第12条第1項第3号）。以下では，**資料5-6**に基づいて主なクレーンの種類について記述する（より具体的種類については**資料5-7**を，分類図については**資料5-8**を参照）。

(a) 天井クレーン

天井クレーンは，建物の両側の壁に沿って設けられたランウェイ（走行軌道）にガーダ（桁）を渡し，そこに巻上装置を置いたものである。巻上装置の相違によりホイスト式（原動機，減速装置，ドラム等を一体にまとめた巻上装置をガーダの下に設置する），トロリ式（ガーダの上にトロリ〔台車〕を設置し，そこに巻上機を設置する）などに分類される。

(b) ジブクレーン

ジブクレーンは，ジブ（クレーンの竿の部分）を有し，その先端の滑車に巻上用のワイヤロープを通して荷をつり上げるものである。

その形状により，つち型クレーン（塔状の構造物の上に水平のジブを乗せた形状のもの），引き込みクレーン（ジブを起伏させても吊り荷が上下に移動せずに水平に移動する形状のもの），壁クレーン（ジブを壁に設置したもの）に分類される。

(c) 橋形クレーン

橋形クレーンは，天井クレーンの両端にに脚を設置し，地上または床上に設けたレールの上を走行する形状のものである。天井クレーンと同様に，ホイスト式，トロリ式などにさらに分類される。

(d) アンローダ

アンローダは，船やはしけから，ばら物（穀物，砂，石炭等）を専門に陸揚げするものであり，つり具にグラブバケット（開閉動作によって荷をつかむ装置）が取り付けられ，陸揚げしたばら物を移動するためのホッパー（陸揚げしたばら物の一時的な貯蔵装置）とコンベヤーが組み込まれている。

(e) ケーブルクレーン

2つの塔の間にメインロープを張り，その上をトロリが横行する形式のクレーンである。塔の形状により，固定ケーブルクレーン（両側の塔が固定されているもの），走行ケーブルクレーン（塔が走行するもの），橋形ケーブルクレーン（橋形の構造物にケーブルを張ったもの）に分類される。

(f) テルハ

テルハは，巻上げとレールに沿った移動（横行）のみを行うクレーンである。通常は，工場や倉庫塔の天井にI形鋼の梁を設置し，そこに電気ホイストや電気チェーンブロックを吊り下げたものである。

(g) スタッカークレーン

資料5-9　移動式クレーンの分類

①クローラクレーン

②ホイールクレーン

③ラフテレーンクレーン

④トラッククレーン

（①～④株式会社タダノWEBサイト〔https://www.tadano.co.jp/products/index.html，最終閲覧日：2024年6月20日〕）

⑤鉄道クレーン

⑥浮きクレーン

（⑤三笠鉄道村WEBサイト〔https://mikasa-railway.com/exhibition/，最終閲覧日：2024年7月27日〕）

　スタッカークレーンは，直立したガイドフレームに沿って上下動するフォーク（荷台）を設置し，フォーキング（フォークの出し入れ）により棚にある荷の出し入れを行うクレーンであり，倉庫などに設置されることが多い。

　スタッカークレーンには，普通型スタッカークレーン（運転台または運転室が荷の昇降と共に昇降する）と，荷昇降式スタッカークレーン（運転台は昇降せずに荷のみが昇降する）とに分類される。

　(4)　移動式クレーン

　移動式クレーンとは，安衛法施行令第1条第8号によれば，「原動機を内蔵し，かつ，不特定の場所に移動させることができるもの」と定義されている。

　移動式クレーンは，クレーン装置である上部旋回体と移動するための下部走行体で構成されており，下部走行体の形態によりいくつかの種類に分類されている（各移動式クレーンの分類については，資料5-9を参照）。

　これらの移動式クレーンのうち，法第37条の製造許可を要するのは，つり上げ荷重が3t以上のものである（安衛法施行令第12条第4号）。

　(a)　トラッククレーン等

　トラッククレーンは，通常のトラックのシャシーにクレーン装置を架装した移動式クレーンである。このように下部走行体が車輪または鉄軌道により構成されている形式の移動式クレーンとしては，トラッククレーンのほかに，クローラークレーン（下部走行体がクローラー〔キャタピラー〕となっているもの），ホイールクレーン（タイヤ付の車軸に支えられた台車の上にクレーン装置を架装し，1つの運転室で走行とクレーン作業を行うもの），ラフテレーンクレーン（四輪駆動・四輪操舵により悪路や隘路での走行とクレーン作業を可能とするもの），鉄道クレーン（いわゆる操重車であり，クレーンを架装した鉄道車両である）などがある。

　(b)　浮きクレーン

資料5-10 デリックの構造図

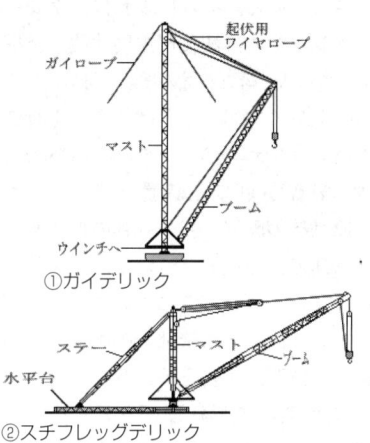

① ガイデリック

② スチフレッグデリック

（山本誠一氏が運営するcrane club WEBサイト〔http://www.crane-club.com/study/derrick/definition.html、最終閲覧日：2024年7月19日〕）

資料5-11 法第37条による製造許可を要するエレベーター・簡易リフト・建設用リフトの分類

	エレベーター	簡易リフト	建設用リフト
運搬するもの	人及び荷	荷のみ	荷のみ
設置区分	規制なし（せり上げ装置、船舶に設置されたもの、主として一般公衆の用に供するものを除く）	労基法別表第1の第1号～第5号の事業場に設置されるもの	土木、建設等の工事の作業用として設置されるもの
積載重量	1 t 以上	1 t 以上	0.25 t 以上
ガイドレールの高さ	規制なし	規制なし	18 m 以上
搬器の大きさ	規制なし	床面積が1 m^{2}以下または天井の高さが1.2 m以下	規制なし

浮きクレーン（起重機船）は、浮力のある箱形の台船にクレーン装置を架装した移動式クレーンであり、主に港湾における揚貨装置として利用されている。

(5) デリック

デリックは、「荷を動力を用いてつり上げることを目的とする設備であつて、主柱又はブーム並びにつり上機構及びこれらに附属する物により構成されるもの」をいう（昭和47年9月18日基発第602号）。クレーンとは違い、つり荷の水平移動は要件に含まれていないため、水平移動が可能なデリックとそうではないデリックとが混在している（各デリックの構造図は、資料5-10を参照）。

(a) ガイデリック

ガイデリックは、直立したマストの根元にブームを結合し、マストの上部に6本以上のロープ（ガイロープ）を張ってその先端をアンカーに固定して設置する。巻上げ等の動作は、本体から離れた位置に設置されたウインチで行われる。

(b) スチフレッグデリック

スチフレッグデリックは、直立したマストの先端をロープではなく2本のステー（スチフレッグ）と呼ばれる脚で後方から支え、マストの根元にマストよりも長いブームを結合している。巻上げ等の動作はガイデリックと同様に離れたところに設置されたウインチによって行われる。

(6) エレベーター

エレベーターとは、「人及び荷（人または荷のみの場合を含む。）をガイドレールに沿って昇降する搬器にのせて、動力を用いて運搬することを目的とする機械装置」のことをいう（昭和47年9月18日基発第602号）。安衛法上は、このようなエレベーターのうち、荷のみを運搬するものを簡易リフトと建設用リフトとに分類し、搬器（人や荷などを積載して運搬する容器）の積載重量、設置区分及びガイドレールの高さに応じて法規制を行っている（エレベーター、簡易リフト、建設リフトの相違については、資料5-11を参照）。

簡易リフトは、安衛法施行令第1条第9号により、労基法別表第1の第1号から第5号に掲げる事業（製造業、鉱業、土木建築業、貨物運送業、港湾貨物事業）において使用される荷のみを運搬することを目的としたエレベーターのうち、搬器の床面積が1 m^{2}以下かその天井の高さが1.2 m以下のものである。

本条に基づく製造許可を要するのは、これらのエレベーター及び簡易リフトのうち、積載荷重が1 t以上のものである。

(7) 建設用リフト

建設用リフトは、安衛法施行令第1条第10号により、荷のみを運搬するエレベーターで、土木、建築等の工事の作業のために設置・使用されるものである。搬器の大きさについては特に定めはないため、搬器の大きさが上記の簡易リフトに相当するものであっても、土木、建築等の工事の作業のために設置されたものであれば、安衛法上は建設用リフトに該当する。なお、当該工事の作業のために設置されるリフトのうち、ガイドレールと水平面との角度が80度未満のスキップホイスト（巻上機で上昇させた容器を上端で反転させて運搬物を排出する装置）についてはコンベアに相当するため建設用リフトには該当しない。

これらの建設用リフトのうち、法第37条に基づく製造許可を要するのは、積載重量が0.25 t以上で、ガイドレールの高さが18 m以上のものである。

(8) ゴンドラ

ゴンドラとは、「つり足場及び昇降装置その他の装置並びにこれらに附属する物により構成され、当該つり足場の作業床が専用の昇降装置により上昇し、又は下降する設備」をいう（安衛法施行令第1条第11号）。

ゴンドラについては、人が乗ることが前提となっているため、労働者の安全の観点から、全てのゴンドラが積載荷重に関わりなく、本条の製造許可の適用を受けるものと解される。

また、ゴンドラについては、ゴンドラ則上、特に構造上の分類等はなされていないが、ゴンドラの作業床をつる形式により、アーム固定型、アーム俯仰型、懸垂型などに分けることができ、また昇降装置の走行の有無やその形式などによっても様々な種類のゴンドラが存在している。

4 製造許可の基準

機械の製造者が法第37条に基づく機械の製造許可を受けるにあたっては、機械ごとに定められた安全規則の規定に従って書面による申請が必要となるが、製造許可の申請にあたっては、ボイラー及び第1種圧力容器の製造許可基準（昭和47年9月30日労働省告示第75号。以下ではボイラー製造許可基準とする）及びクレーン等製造許可基準（昭和47年9月30日労働省告示第76号。以下ではクレーン製造許可基準とする）の規定にしたがって行わなければならない。安全規則及び製造許可基準の具体的内容は、ボイラー及び圧力容器とその他の機械とでは若干の相違があるため、その異同に留意しつつ見ていくことにする。

ボイラー則第3条第2項の規定によれば、ボイラーの製造許可に関する規定は、申請書に、構造を示す図面のほか、①強度計算、②ボイラーの製造及び検査のための設備の種類、能力及び数、③工作責任者の経歴の概要、④工作者の資格及び数、⑤溶接によって製造するときは、溶接施行法試験結果を示す書類をそれぞれ添付する事が義務づけられている。旧ボイラー則では、条文上は製造認可申請書の提出のみが義務づけられていたが、その申請書の様式では、備考欄において現行ボイラー則とほぼ同様の書類を添付することが求められており、新旧規則における申請内容の違いは、溶接施行法試験結果の記載の有無ということになろう。

また、クレーン則、ゴンドラ則に基づく申請については、①クレーン・ゴンドラの組立図、②強度計算の基準、③製造検査の設備概要、④主任設計者及び工作責任者の経歴の概要を添付しなければならないと規定されており、いくつかの点についてボイラー則とは異なった書類の提出が必要となっている。

(1) 構造を示す図面・組立図

特定機械等の製造許可申請に際して、ボイラー・圧力容器については、構造を示す図面を、クレーン等及びゴンドラについては組立図を添付することが必要である。このうち、組立図については、行政通達（クレーン等：昭和46年9月7日基発第621号、ゴンドラ：昭和44年10月23日職発第7065号）により、具体的に記載すべき事項が明らかにされている。それによれば、クレーンに関しては、①クレーンの外観及び主要寸法、②構造部分の概要（全体の形状、構成部材の種類、材質、継手の方式控えの形状等の寸法等）、③つり上げ装置、走行装置、旋回装置等の概要（ドラム・シーブの形状及び寸法、動力伝導装置の主要寸法等）、④安全装置及びブレーキの形式・配置、⑤原動機の配置、⑥つり具の形状及び寸法、⑦運転室又は運転台の位置について記載すればよいとされている。また、ゴンドラについては、①ゴンドラの外観及び主要寸法、②構造部分の概要、③昇降装置、走行装置等の概要、④安全装置及びブレーキの形式及び配置、⑤作業床の形状及び主要寸法のほか、ワイヤロープ、チェーン等の緊結方法を図示する必要がある。

これらに対して、ボイラー及び圧力容器に関しては、構造を示す図面について特段の行政通達は示されていないが、圧力容器の構造規格に基づき作成された図面を添付すれば良いものと考えられる[10]。なお、構造図面については、基本的に現尺または縮尺寸法により作成されるが、マンホールや管台等の各機械に共通して使用される部品については、いわゆる標準図面を用いて形式に対応した寸法を併記すれば良いとされている（昭和56年6月13日基収第205号）。

(2) 強度計算

強度計算とは、製造する機械が作用する際の荷重に対して、主要な構造部材が構造的な健全性を有していることを確認するために行われるものである。したがって、ボイラー及び圧力容器の場合であれば、高圧下で蒸気や温水を発生させるものであるから、一定以上の圧力や温度による荷重に対して装置に使用された材料が十分に耐えうる強度を有するかどうかが問題となり、クレーンやゴンドラの場合であれば、荷物・人の吊り上げ・吊り下げによる荷重に対して、ワイヤーやマストが材料的・構造的に十分な強度を有するかどうかが問題となる。強度計算は、このような目的のために材料の強度とその装置の許容応力（物体が外部から力を受けたときに物体の内部に発生する力の許容範囲であり、実際に機械にかかる荷重がその範囲内であることが必要となる）から安全率を算定し、機械が破損することのないように設計されているかを確認するものである。

クレーン等においては、強度計算の「基準」が提出書類となっているが、これは旧クレーン則にかかる通達によれば、「構造部分の強度計算を行う場合によるべき数式および仮定」であって、具体的な数値の記入は必要ないとされている[11]。もっとも実務上は、技術水準の確認を要するために強度計算の結果である強度計算書の添付が求められている[12]。

資料5-12　ボイラー及び第1種圧力容器の製造または検査のための設備（ボイラー製造許可基準　別表第1）

ボイラー	第1種圧力容器
次の設備を有すること。 一　板曲げローラ 二　プレス 三　溶接機 四　焼鈍炉 五　水圧試験設備 六　万能試験設備 七　放射線検査設備	次の設備を有すること。 一　板曲げローラ 二　プレス 三　溶接機 四　焼鈍炉（圧力容器構造規格の規定により溶接後熱処理を行うことが必要とされるもの以外のもののみを製造する場合を除く。） 五　水圧試験設備 六　万能試験設備 七　衝撃試験設備（第5条第2項の表備考3の規定により，衝撃試験を行うことが必要とされるものを製造する場合に限る。） 八　非破壊試験設備（放射線検査，超音波探傷試験，浸透探傷試験又は磁粉探傷試験に用いる設備のうち必要なもの）

ボイラー・圧力容器の場合は，条文上「強度計算」とのみ記載されていることから，強度計算の結果の記載が必要となるものと考えられる。また，圧力容器については，風荷重・地震荷重，配管からの外力に対する管台の溶接継手，トレイ，つり上げ荷重に関する強度計算が必要とされている。[13]

(3)　製造・検査のための設備

特定機械等の製造許可のために一定の設備を有していることを確認するものである。ボイラーの場合とクレーン等の場合とで求められる設備は異なっている。

(a)　ボイラー及び圧力容器

ボイラー則においては，製造しようとするボイラー及び圧力容器の種類に応じて，製造及び検査のための設備が明示されている。このうち，最も条件が厳格なのは，①鋼製ボイラー及び鋼製圧力容器で溶接により製造するもの，②貫流ボイラーのうち内径300mm以上で気水分離器を有するもの，③ボイラーまたは第1種圧力容器の胴用大径鋼管については，ボイラー製造許可基準の別表第1に定める設備を有していなければならない（具体的な設備については**資料5-12**を参照）[14]。もっとも，同表欄外の但書によれば，これらの設備については，他の者が所有する設備を随時利用できる場合や，他の者と共同で所有している場合も設備を有しているものとみなすこととされており，必ずしも自己所有である必要はない。

(b)　クレーン・ゴンドラ

クレーン及びゴンドラについてはいずれも検査に関する設備のみの記載が求められており，クレーン製造許可基準第3条によれば，①万能試験機，②放射線試験装置の設備を有していればよいとされている。

(4)　工作責任者，主任設計者

製造許可にあたっては，設計，製造の担当者に関する記載も義務づけられている。この点につき，ボイラー則は工作責任者及び工作者を，クレーン則・ゴンドラ則は主任設計者及び工作責任者の記載が求められている（各担当者の具体的な資格基準については**資料5-13**を参照）。

ボイラー及び圧力容器は機械の製造上の欠陥が破裂などの重大な事故を引き起こす可能性に鑑みて，工作者については，有資格者（ボイラー溶接士）の数の記載が求められるなど製造に関する規制を強化しているのに対して，クレーン・ゴンドラに関しては，様々な種類の機械が存在していることから，主任設計者の記載を義務づけることにより，設計段階における適正な構造を担保することを重視しているものと考えられる。

(5)　溶接施行法試験結果

上述したように，ボイラー及び圧力容器については，機械の製造上の欠陥が重大な事故を引き起こす可能性があるため，これら機械の製造許可を受けるためには，その申請の際に，溶接施工法試験結果を提出することが求められている。一般に，溶接を必要とする機械を製造する場合，製作者は溶接施工要領書（Welding Procedure Specification, WPS）と呼ばれる書類を作成し，実際に施工する溶接方法，継手（溶接によって接合する2つの構造部分）の種類，母材（溶接される材料）や溶接材料（溶接の際に添加される材料），溶接条件，熱処理等の溶接施工条件の詳細を明らかにする必要がある。このWPSの裏付けとなる性能試験として溶接施行法の試験を実施し，その結果を記録したものが溶接施行法試験結果（Procedure Qualification Record, PQR）である。PQRには，溶接継手の強度試験や非破壊検査等の性能試験の記録により，製作者が所定の品質の溶接施工が可能であることを確認するものである。

したがって，法第37条の製造許可を得るための溶接施行法試験結果は，PQRに相当するものを作成すればよいものと解される。これを作成するにあたっては，ボイラー製造許可基準に定める溶接条件において実施される試験に合格したものでなければならない。同許可基準第4条は，溶接条件について，JIS規格（JIS B 8285：2010　圧力容器の溶接施工方法の確認試験）に準拠した上で，溶接施工法試験の方法としては，機械試験（引張試験，表曲げ試験，裏曲げ試験，衝撃試験〔圧力容器のみ〕）を試験板の厚さに応じて複数回実施

資料5-13　主任設計者・工作責任者・工作者の基準

	ボイラー及び第1種圧力容器	クレーン・ゴンドラ
工作責任者	（ボイラー製造許可基準別表第1）次の各号のいずれかに該当する者であること。 一　学校教育法による大学又は高等専門学校を卒業した者で，溶接によるボイラー又は圧力容器の設計，工作又は検査について2年以上の経験があるもの（圧力容器は1年以上） 二　学校教育法による高等学校又は中等教育学校を卒業した者で，溶接によるボイラー又は圧力容器の設計，工作又は検査について5年以上の経験があるもの（同2年以上） 三　溶接によるボイラー又は圧力容器の設計，工作又は検査について8年以上の経験がある者（同5年以上）	（クレーン等製造許可基準第5条）次の各号のいずれかに該当する者であること。 一　学校教育法による大学又は高等専門学校において，機械工学に関する学科を専攻して卒業した者で，その後3年以上クレーン等の設計又は工作の実務に従事した経験を有するもの 二　学校教育法による高等学校又は中等教育学校において，機械工学に関する学科を専攻して卒業した者で，その後6年以上クレーン等の設計又は工作の実務に従事した経験を有するもの 三　10年以上クレーン等の設計又は工作の実務に従事した経験を有する者
主任設計者		（クレーン等製造許可基準第4条）次の各号のいずれかに該当する者であること。 一　大学又は高等専門学校において，機械工学に関する学科を専攻して卒業した者で，その後5年以上クレーン等の設計又は工作の実務に従事した経験を有するもの 二　高等学校又は中等教育学校において，機械工学に関する学科を専攻して卒業した者で，その後8年以上クレーン等の設計又は工作の実務に従事した経験を有するもの 三　12年以上クレーン等の設計又は工作の実務に従事した経験を有する者
工作者	（ボイラー製造許可基準別表第1） ボイラー溶接士であること	

することが求められている（同許可基準第5条）[15]。同許可基準及びボイラー構造規格ならびに圧力容器構造規格所定の基準を満たしたものが製造許可基準に合致した溶接施行法試験結果となる。

5　手数料

本条に基づき製造許可の申請を受けようとする者は，安衛法第112条第1項第3号の規定に基づき，国に手数料を納付しなければならない。手数料の額は，労働安全衛生法関係手数料令（昭和47年9月28日政令第345号）第1条2号により現在は8万2500円となっている。

6　罰則

本条の規定に基づく製造許可を受けずに特定機械等を製造した者に対して，法第117条により1年以下の懲役または100万円以下の罰金に処せられる。

③関連規定

1　ボイラー及び圧力容器

本条に基づく安衛法施行令第12条では，ボイラー及び第1種圧力容器に関して，別法による規制を受けるものについては安衛法上の特定機械等の範囲には含まれないことを明言している。

このほか，安衛法施行令第12条第1項第1号には，簡易ボイラー[16]，小型ボイラー[17]のほか，船舶安全法に基づき船舶に設置されるボイラーや，電気事業法に基づく発電ボイラーが安衛法第37条の製造許可の適用が除外されるボイラーの類型として挙げられている[18]。

また，ボイラーの場合と同様に，（簡易）容器[19]，小型圧力容器[20]，船舶安全法及び電気事業法に基づく圧力容器のほか，高圧ガス保安法に基づく特定設備，ガス事業法に基づく容器や配管，導管，液化石油ガスの保安の確保及び取引の適正化に関する法律（液石法）に基づく容器については製造許可の対象から除外されている[21]。

2　エレベーター

エレベーターに関しては，労基法別表第1第1号から第5号以外の事業場や主に一般公衆の用に供されるエレベーター，または船舶安全法に基づく船舶に設置されたエレベーターについては本条の製造許可を要しないが，前二者のエレベーターについては，建築物に附属する設備として建築基準法により構造や防火等に関する規制が行われている。

なお，建築基準法は，建築基準法施行令第129条の3以下に定める構造上の基準を満たしているものについて，国交相による型式適合認定（建築基準法第68条の10）及び型式部材等製造者認証（同法第68条の11）を受けることができるとされているが，これは標準設計仕様が構造上の基準を満たしていることの認定であり，安衛法に基づく製造許可とは異なるものと解される。

④沿革

1　法制史

第37条による規制対象となる特定機械等については，上記の通り古くから構造上の要件が定められてい

た。以下では，機械ごとに，安衛法制定以前の法規制状況について概観する。

(1) ボイラー及び圧力容器

汽罐汽機取締規則
○汽罐汽機取締規則（明治27年4月26日警視庁令第24号）第1条「汽罐並汽機ヲ設置セントスル者ハ其定著（定着）ニ係ルモノハ据付前其可搬（移動可能なこと）ニ係モノハ使用前願書ニ左ノ事項ヲ添付シ所轄警察署又ハ警察分署ヲ経テ警視庁ニ願出免許ヲ受クヘシ其増設変更ヲ為サントスルトキ亦同シ但此場合ニ於テハ其増設変更ニ関スル事項ノ他添附スルヲ要セス」

工場法
○工場法（明治44年3月29日法律第46号）第13条「行政官廳（官庁）ハ命令ノ定ムル所ニ依リ工場及附属建設物竝設備カ危害ヲ生シ又ハ衛生，風紀其ノ他公益ヲ害スル虞アリト認ムルトキハ豫防（予防）又ハ除害ノ爲必要ナル事項ヲ工業主ニ命シ必要ト認ムルトキハ其ノ全部又ハ一部ノ使用ヲ停止スルコトヲ得」

汽罐取締令
○汽罐取締令（昭和10年4月9日内務省令第20号）第6条「汽罐ハ罐體（缶体：ボイラーのボディーのこと）検査ニ合格シタルモノニ非ザレバ之ヲ設置スルコトヲ得ズ」

労働基準法
○労働基準法（昭和22年4月7日法律49号）第46条第2項「特に危険な作業を必要とする機械及び器具は，予め行政官廳の認可を受けなければ，製造し，変更し，又は設置してはならない。」
○労働安全衛生規則（昭和22年10月31日労働省令第9号）第37条第1項「溶接による汽罐又は特殊汽罐は，法第46條第2項の規定により，予め労働省労働基準局長の認可を受けなければ，これを製造してはならない。」
第38条「左に掲げる機械及び器具は，法第46條第2項の規定により，所轄労働基準監督署の認可を受けなければ，これを設置してはならない。
　一　汽罐又は特殊汽罐
　二　揚重機
　三　アセチレン溶接装置
　四　前各号の外，中央労働基準委員会の議を経て労働大臣の指定するもの」
○ボイラ及び圧力容器安全規則（昭和34年2月24日労働省令第3号）第3条第1項「ボイラ（小型ボイラを除く。以下この章において同じ。）を製造しようとする者は，あらかじめ，その事業場の所在地を管轄する都道府県労働基準局長（以下「所轄都道府県労働基準局長」という。）の許可を受けなければならない。」

　明治期の工場関係の規制は，各府県において警察を中心とする行政官庁による取締により行われており，ボイラーに関する規制については，東京では1877（明治10）年の警視庁布達（明治10年11月21日甲60号布達）を端緒とし，1889（明治22）年には警視庁令による汽罐及汽機取締規則（明治22年5月29日警察令第21号）が制定された。その後，同規則を全面改正した汽罐汽機取締規則（明治27年4月26日警視庁令第24号）の制定後，原動機（ボイラー，石油機関，ガス機関）に対する規制として原動機取締規則（大正14年11月26日警視庁令第51号）となり，最終的には昭和7年の汽罐取締規則（昭和7年6月16日警視庁令第16号）による規制へと移行した。いずれの規則においても，汽罐汽機の摘要書と図面を添えて設置の許可を受けること，落成時の構造検査に合格したものでなければ使用できないことが定められており，警視庁では検査技師を置いて汽罐の検査を担わせていた。

　また，1911（明治44）年に制定された工場法は，第13条において，適用対象となる工場に対して，危険予防の見地から行政官庁による取締の権限を認めていた。もっとも，工場法施行令第40条によれば，各府県において制定された各取締規則は，工場法に抵触しない限りにおいて有効とされていたため，取締規則は工場法施行後も引き続き効力を有していたものと考えられる。

　1935（昭和10）年に制定された汽罐取締令は，各府県による取締規則に基づいて実施されるボイラーの取締及び機械の検査は，統一的な基準がないがゆえに形式的なものとならざるを得ないとの批判を受けて，業界団体からの要望等も踏まえて内務省令として制定されたものである。本取締令は，規制対象となるボイラーの定義（第1章），構造規格（第2章），設置基準（第3章），取扱責任者（汽罐士，汽罐取扱主任者）（第4章）等について規制を設け，ボイラーの缶体検査を設置手続と切り離し，缶体検査に合格していないボイラーの設置を禁止した。その上で，取締令第25条において，ボイラーの製造に関し，「汽罐ハ告示ヲ以テ別ニ定ムル構造上ノ要件具備シタルモノナルコトヲ要ス」と定め，汽罐構造規格（昭和10年4月9日内務省告示第204号）に適合するように製造することを義務づけていた。もっとも，構造規格に関する規定が設けられたとはいえ，本取締令は，製造者に対して設計段階における規制を行うことを目的としたものではなく，あくまで設置されるボイラーを対象とするものであったこと，他方，缶体検査の受検義務者を規定していない

ことから製造者以外の設置者や販売者が受けることも可能であったため，現代の製造許可とは異なる規制の仕組みとなっていた。

　1947（昭和22）年に制定された労働基準法は，その制定当初，第5章に「安全及び衛生」を設け，第46条第2項にて「特に危険な作業を必要とする機械及び器具」に関する製造・変更・設置の認可制を定めていた。これを受けて，同年10月に制定された安全衛生規則（以下では旧安衛則とする）は，労働基準局長による製造の許可制を設けたが，これはボイラーの高圧化の要請に伴い，溶接を必要とするボイラーの製造を認可することを目的とするものであった[22]。これに対して，圧力容器については，旧安衛則は，$2kgf/m^2$（0.2MPa）以上の気体の圧力を蓄積する容器を内圧容器と定義し，労基法第54条第1項に基づいて，設置，移動，変更について行政官庁（労基署）への届出を要するとし，設置届出にあたっては耐圧証明書の添付を求められていたものの，ボイラーとは異なり労基法第46条第2項の「特に危険な作業を必要とする機械及び器具」の対象には含まれなかったため，製造の許可制については特段の規制が行われていなかった。

　その後，ボイラー及び圧力容器の利用範囲が拡大し，高温，高圧のボイラーの需要が増加するなど，ボイラーの構造，使用材料，製造技術が著しく進歩してきたことから，1959（昭和34）年に旧安衛則から独立してボイラ及び圧力容器安全規則（以下では旧ボイラー則とする）が制定され，全てのボイラー及び圧力容器に対して製造の許可制が定められるようになり，旧安衛則の汽罐及び内圧容器に関する規定は削除された[23]。現行のボイラー及び圧力容器安全規則は，1972（昭和47）年の安衛法制定に伴い，旧ボイラー則を全面的に改定したものである。

　（2）クレーン・デリック・エレベーター・リフト

土木建築工事場安全及び衛生規則
○土木建築工事場安全及び衛生規則（昭和12年9月30日内務省令第41号）第20条「事業主ハ捲揚装置（斜面軌道捲揚装置及昇降機，起重機〔クレーンやデリックのこと〕其ノ他ノ揚重機〔クレーン，エレベーター等重量物を持ち上げる機械のこと〕ヲ含ム　以下之ニ同ジ）ニシテ材料ノ捲揚運搬ニ専用スルモノニ付テハ第18條第1號及第4號乃至第6號並ニ左ノ各號ノ規定ヲ遵守スベシ」

労働基準法
○労働基準法（昭和22年4月7日法律第49号）第46条第2項「特に危険な作業を必要とする機械及び器具は，予め行政官廳の認可を受けなければ，製造し，変更し，又は設置してはならない。」

○労働安全衛生規則（昭和22年10月31日労働省令第9号）第38条「左に掲げる機械及び器具は，法第46條第2項の規定により，所轄労働基準監督署長の認可を受けなければ，これを設置してはならない。
　一　汽罐又は特殊汽罐
　二　揚重機
　三　アセチレン溶接装置
　四　前各号の外，中央労働基準委員会の議を経て労働大臣の指定するもの」

○クレーン等安全規則（昭和37年7月31日労働省令第16号）第3条第1項「クレーン（つり上荷重が3トン未満のものを除く。以下この条から第八条まで，第13条並びにこの章第4節及び第5節において同じ。）を製造しようとする者は，その製造しようとするクレーンについて，あらかじめ，その事業場の所在地を管轄する都道府県労働基準局長（以下「所轄都道府県労働基準局長」という。）の認可を受けなければならない。ただし，すでに当該認可を受けているクレーンと型式が同一であるクレーン（以下この章において「認可型式クレーン」という。）については，この限りでない。」

　クレーン（起重機）に関する規制は，昭和初期の新聞記事によれば，建設現場における倒壊事故などへの対応として市街地建築物法（現在の建築基準法の前身）あるいは警察等の取締規則による規制が試みられていたようであるが，具体的な規制内容については明らかではない[24]。その後，1931（昭和6）年に工場鉱山以外の危険な事業に従事する労働者への業務上の災害に対する扶助を目的として，労働者災害扶助法（昭和6年4月1日法律第54号）が制定された。同法第1条第1項第2号では，その適用対象となる事業の一つに「土木工事又ハ工作用ノ建設，保存，修理，變更若ハ破壊ノ工事」が挙げられており，それを根拠として労働者の安全の確保のために危険予防の見地から1937（昭和12）年に土木建築工事場安全及び衛生規則が制定され，起重機及び労働者が搭乗可能な昇降機（エレベーター）に関する規制（巻上装置については，安全荷重をワイヤーの切断荷重の6分の1以下とすること等，一定のガイデリックについては，6本以上の支鋼索を設けること等，昇降機については，支持金具が切断しても落下が防止される安全装置を設置すること等，基本的な安全構造や性能などの定め）が設けられた。その当時の起重機として利用されていた機械の多くはデリックであり，上記規則による起重機規制も，つり上げ重量が2t以上のガイデリックを対象とするものであった（同規則第20条第3号）。

　また，旧安衛則第327条においては，巻上能力3t以上の起重機（第1号），つかみ能力0.5t以上のグラブバケット付起重機（第2号），主柱又はブームの長さ

10 m 以上の起重機（第 3 号），巻上能力 2 t 以上のガイデリック又は足付デリック（第 4 号），高さ 15 m 以上のコンクリート用エレベーター（第 5 号），積載能力 2 t 以上の人荷共用又は荷物用のエレベーター（第 6 号）を揚重機と定義した上で，これらの設置認可に関する規制を行っていた。

その後，1950 年代以降の高層ビル建築にてデリックに代わりタワークレーンの利用が一般化するなど，高度成長期における技術革新の進展，工事の大規模化などに伴って，クレーンや建設用リフト等の果たす役割が非常に大きくなったのに比例して，デリック，建設用リフト等の倒壊，物体の落下等による労働災害が増加したことを受けて[25]，それへの対策として旧安衛則の規程を全面改正して単独の規則として 1962（昭和 37）年にクレーン等安全規則（旧クレーン則）が制定され，その中で初めて製造に関する許可制が定められるようになった。クレーンの製造が認可制となるべき根拠としては，「近時クレーンの応用範囲の拡大にともない，特殊な構造及び用途を有するクレーンが続出し，しかも一部にはある程度見込生産化する傾向にあるが，クレーン等の安全を保持するためには，設計及び工作の過程において一定の基準によらしめる必要がある」と説明されている[26]。

(3) ゴンドラ

> 労働基準法
> ○労働基準法（昭和 22 年 4 月 7 日法律第 49 号）第 46 条 2 項「特に危険な作業を必要とする機械及び器具は，予め行政官廳の認可を受けなければ，製造し，変更し，又は設置してはならない。」
> ○ゴンドラ安全規則（昭和 44 年 10 月 1 日労働省令第 23 号）第 2 条第 1 項「ゴンドラを製造しようとする者は，その製造しようとするゴンドラについて，あらかじめ，その事業場の所在地を管轄する都道府県労働基準局長（以下「所轄都道府県労働基準局長」という。）の認可を受けなければならない。ただし，すでに当該認可を受けているゴンドラと型式が同一であるゴンドラ（以下この章において「認可型式ゴンドラ」という。）については，この限りでない。」

ゴンドラに関しては，戦前は特段の規制は行われていなかったようである。前記土木建築工事場安全及衛生規則は，いわゆるつり足場に関して安全荷重や作業床等に関する規制は行っているものの，昇降機付のゴンドラに関する規制は行われていなかった。

1947（昭和 22）年に制定された旧安衛則では，前記土木建築工事場安全及衛生規則と同様の規制が行われていたにすぎず（旧安衛則第 110 条），ゴンドラは対象となっていなかったが，1963（昭和 38）年の改正により[27]，第 4 章「足場」の中に第 5 節「つり足場」が独立した項目として新たに設けられた。この改正においては，「昇降のために用いる巻上機は，自動的に，かつ，確実に作動する制御装置を有するものであること（旧安衛則第 109 条の 6 第 6 号）」がつり足場の設置要件として定められたが，ゴンドラ自体の製造許可あるいは性能検査等に関する規制は定められなかった。

高度成長期における高層ビルの建築ラッシュにより，1960 年代後半からつり足場やゴンドラを使用した窓拭きや外壁タイル工事などの需要が高まっていったが，それに比例してゴンドラの落下事故も増加し，その危険性や製造上の欠陥や点検制度の不備などが指摘されるようになってきた。特に，1969（昭和 44）年に発生した西武百貨店ゴンドラ墜落事故やその 5 日後に発生した兜町ビルにおけるゴンドラ落下事故などを契機として，労働省が同年 5 月 1 日から 10 日まで，全国のゴンドラ 303 台に対し一斉監督指導を実施したところ，違反が全体の 3 割に達し，また欠陥のあったゴンドラが 1 割弱との監督結果となった。また，過去のゴンドラ関係災害の原因が，構造上の不備や使用・点検・修理などの管理体制の欠陥によるものであることから，同年 10 月にゴンドラ安全規則が制定され，そこで製造の許可制が定められたものである[28]。

2 背景となった災害等

以下では，特定機械等に関連する災害例を挙げるが，実際の規制の契機となった具体的事例というよりは，規制制定前後の時期における特定機械等の典型的な災害例につき，特に被害が大きかったものを中心にリストアップしたものである。ただし，ゴンドラに関してはまさしく当該災害が規制策定の契機となっている。

(1) ボイラー及び圧力容器

(a) 金沢市ボイラー破裂事故

1889（明治 22）年 3 月 8 日，石川県金沢市の大鋸谷製紙所において，ボイラー破裂事故が発生し，死者 9 名，負傷者 8 名という惨事となった。これを受けて，農商務省が技師を現地へ派遣して調査視察を行った。官報に掲載された報告書には，ボイラー破裂の原因として，当該ボイラーは船舶用の物を改造したものであり，構造にしても製作にしても十分な圧力に耐えうるものではなかったこと，また数日前から破裂の兆候があったにもかかわらずボイラー担当者が気づかなかったことなどを挙げていた。

この報告書の最後には，「該罐購入前専門技術科ニ就キ能ク其原料及構造法ノ検定ヲ受ケ其取扱方ニ至リテモ熟練ナル火夫ヲシテ日常之ニ従事セシメタランイハ斯ノ如キ惨害ヲ被ラサルヘキニ然ルコトナカリシ」との記載があり，ボイラーの構造規格や取扱技術の熟

練の必要性が問題点として指摘されていた。[29]

(b) 横浜市ボイラー爆発事故

1955（昭和30）年5月13日，神奈川県横浜市鶴見区の製菓工場でボイラーが爆発し，作業員2名が即死，負傷者8名（うち6名が重傷）となった。

労基署監督官の調べによれば，当該菓子工場に設置されていたボイラーには安全弁（ボイラー内の圧力が一定以上になった場合に，自動的に弁を開いて蒸気を放出し，圧力を規定以下に保つようにするための装置）がなく，バルブ（流体が通る配管の開閉や流れの制御を行う機能を持つ装置）が取り付けられていたが，圧力が上がった際にこのバルブが閉まったために爆発したものであるとされた。

(2) クレーン・デリック・エレベーター・リフト

(a) 松坂屋起重機倒壊事故

1927（昭和2）年10月26日午後7時40分頃，上野広小路の松坂屋の工事現場において，重量16t近い鉄材2本を約30mの高さの起重機で釣り上げようとした際に，突然起重機が道路側の夜店の上に横倒しとなり，4名死亡，重軽傷者十数名を出す惨事となった。

調査によれば，当該起重機は最近購入したものであり，起重機を支えるワイヤーは直径1インチのものが8本設置されていたが，16tの鉄材を1m弱引き上げた際に，鉄材の位置を変更しようと作業していたところ，突然1本のワイヤーが切断され，これがきっかけとなり合計3本のワイヤーが最終的に切断したために倒壊したものである。ワイヤー切断の原因が，起重機を垂直に設置していなかったために過度の負担がかかったものであるとして，最終的に工事責任者ら4名が業務上過失致死罪により起訴された。

(b) 京成電車上野線エレベーター落下事故

1932（昭和7）年12月28日，東京上野の地下鉄工事現場に設置された土砂運搬用エレベーターに，作業員4名と土砂約400kgを積み込んで上昇したところ，突然ワイヤーが切断して高さ約6mの所から地上に墜落し，4名が重軽傷を負った。

当該エレベーターは，約1tの重量に耐えうるものとされており，3カ月ほど使用可能とされるワイヤーも2週間前に交換したばかりであったため，ワイヤーの品質が問題とされた。

(c) 川鉄千葉製鉄所クレーン倒壊事故

1957（昭和32）年7月1日午後4時すぎ，千葉市にある川鉄千葉製鉄所の第二溶鉱炉建設現場で作業員二十数名がクレーンの組み立て中に，主柱（高さ60m，重量35t）が突然地上15m付近から折れ，これに続くワイヤロープも切れたため，アーム（長さ55m，重量30t）も一緒に崩れ落ち，作業員5名が死亡，11名が重軽傷を負った。

当該クレーンは，同製鉄所で作成したものであり，先月29日にマスト部の設置が終わり労基署の認可を受けたばかりであった。この日は，ウインチでアームの部分をつり上げようとし，その先端が5mほど地上を離れたところ，異様な音とともにマストが折れたものである。その後の調べによると，事故の原因は，クレーンの主柱を補強するための溶接が不完全だったためと特定された。

(3) ゴンドラ：西武百貨店ゴンドラ墜落事故

1969（昭和44）年4月24日午前10時10分頃，東京渋谷の西武百貨店にて窓清掃作業中のゴンドラ（鉄製・重量約1t）が突然落下して，近くの歩道を縦列で歩いていた小学生を直撃し，ゴンドラに搭乗していた作業員1名と小学生2名が死亡した。

調査によれば，事故の原因は，ゴンドラをつっているクレーン部分のギア（8mmピッチ）が規定では7.2mmのかみ合わせが必要なところ，わずか2mmであったためにギアが外れたためであると断定された。これはメーカーによる保守点検で簡単に調整可能であったが，西武百貨店が保守契約を締結しておらず，点検が行われていなかったため管理上の不備があったものと認定された。

5 運用

1 適用の実際

本条に基づく送検事例は，厚生労働省労働基準局が発行する「労働基準監督年報」によれば，年に2件程度である。どの特定機械等が対象となっているかについては不明であるものの，ボイラー・圧力容器に関しては，溶接施設等の設備投資が必要であり，災害を発生された場合の損害の重大さからすれば，違法に製造する動機に乏しいと考えられるため，後述する事案のように，クレーン等の現場で設置して使用する特定機械等について，製造許可を得ないまま利用されていた事案が多くなっているものと推察される。

本条の実際の適用にあたっては，審査過程において都道府県労働局安全課の担当技官（産業安全専門官）[30]による添付書類の不備や強度計算が正確か等についてのチェックが行われ，必要に応じて申請事業者に対して追加の書類を提出されるなどの対応が行われている。本条に基づく製造許可は，基本的には各特定機械等の構造規格に即したものであることが確認できれば，局長決裁により許可書が発出される。[31]

製造許可は製造する特定機械等ごとに受ける必要があるため，すでに許可を受けた特定機械等であっても，型式が異なるものを製造する時は，新たに許可を受ける必要がある。また，初めて許可申請を行った事業場に対しては，必要に応じて現地調査を行い，製造

設備や試験設備（例えば溶接検査の実施が必要な特定機械等を製造する場合であれば引っ張り試験のための設備など）が設置されているかなどを確認する。

また，すでに別の型式で許可を受けている場合など，製造設備や試験設備を確認済みで現地調査が不要な場合，書類審査のみで許可審査が行われる[32]。

製造許可にかかる審査においては，法令のみならず，各特定機械等の安全規則，構造規格の解釈等が通達や過去の問答集で示されている部分への理解の深さが非常に大きな意味を持つ。このため，担当者である安全専門官の長年の知識と経験が必要とされるが，近年はこれら技官の採用数が減少しており，現状でも各都道府県労働局に技官が一桁しかいないような状況のところも多く，少人数で膨大な量の許可事務を処理するにあたって，見落としなどの重大な事例が発生する可能性が懸念されている[33]。

実際に，現場での体験談として，製造許可申請書における強度計算が誤っていることに気づかずに許可を発出した事例等が報告されている。

また，令和2年度厚生労働科学研究による行政官・元行政官向け法令運用実態調査（三柴丈典担当）（以下，「行政官アンケート」とも言う[34]）の中で本条に関する解釈問題が指摘された事例として，次のような事案がある。

ある事業者が工場にテルハ（つり上げ荷重7t）を設置する場合において，当該設備の設置工事全体の請負業者（元請），クレーンの設置を請け負った1次下請，2次下請のいずれもが当該クレーンの製造許可を受けないまま，監督指導時にすでに当該テルハがほとんど完成という状態であり，本条及びクレーン則第3条第1項の規定に基づけば，安衛法違反として刑事事件も視野に入れるべき状態であった[35]。

2　関係判例

● 富士ブロイラー事件

〈事実の概要〉

原告Xは，鶏肉製造，販売等を業とするものであるが，昭和50年5月，静岡県内の工場内に分離前相被告A会社の製造にかかるへい獣処理用攪拌乾燥機（以下「本件乾燥機」という）を設置し，ブロイラーの食肉加工に伴い発生する残滓を高圧分解し配合飼料の原料を製造する化成工場を新設し，運転を開始していたところ，同年7月11日の午前中に運転中の本件乾燥機の原料投入口鉄蓋支持部分のボルトが切断して右鉄蓋が吹き飛び，本件乾燥機内で蒸煮中の鶏の不可食物等が化成工場の屋根を突き破って，周囲の住宅や畑等に飛散した（以下「本件事故」という）。本件事故による地域住民の抗議に対して，原告は化成工場の無期限操業停止を約束させられ，最終的には同工場は廃業を余儀なくされた。

本件乾燥機は，最高使用圧力1cm^{2}あたり7kg以上の圧力に耐え得るように設計されていたが，実際に製作された本件乾燥機は，いくつかの点において設計に従っていなかったため，設計通りの強度を有さず，そのため本件乾燥機内の圧力が許容限度内あったにもかかわらず，本件事故に至ったものである。

本件乾燥機は労働安全衛生法関係法令上の第1種圧力容器に該当することから，労働基準局長による製造許可及び構造検査，また労働基準監督署長による落成検査が実施され，第1種圧力容器検査証の交付を受けていた。Xは，労働基準局長が，①A会社による本件乾燥機の製造について許可手続を行わなかったこと，②本件事故により破損した原料投入口部分に関する記載のない構造図に基づく本件乾燥機缶体部分について構造検査を行ったことがボイラー則第49条に違反し，また労働基準監督署長が落成検査を構造検査合格前に実施したことが同則59条第2項に違反すると主張した。

〈第1審判決（静岡地判昭58・4・7訟月29巻11号2031頁）〉

裁判所は，安衛法における第1種圧力容器の製造及び設置に関する諸規則は，「国が，労働安全衛生行政の立場から，その構造等に一定の規格を定め，製造から設置に至る段階において製造許可，構造検査，落成検査等の審査手続を行ない，製造者が製造，搬出し事業者が設置する第1種圧力容器について右規格が確保されるよう監督し，その構造上の安全性を確保することにより労働者の生命，身体，健康を労働災害から保護することを目的とするものであり，国が事業者に対し右安全性を保証する制度ではなく，国が事業者に対し右規制を実施すべき義務を負うものではない」から，これらの規制の結果，特定機械等の「安全性が一般的に確保されることによつて事業者が利益を享受することがあつたとしても，それは事実上の利益にすぎず」，「審査手続上の過誤により規格適合性の審査が十分に行なわれないまま前記規格に適合しない第1種圧力容器が設置されるに至つたとしても，事業者との関係においては，その違法性を論ずる余地はない」として，本件乾燥機を使用する事業者である原告に対しては，違法性を有しないと判示した。

〈控訴審判決（東京高判昭60・7・17判時1170号88頁）〉

製造許可について，ボイラー則の「規則上，既に製造許可を受けている第1種圧力容器と同型式のものを製造するについては，製造及び検査に関する設備その他の製造条件が許可時に比して低下するなどの特段の事情のない限り，改めて製造許可を受ける必要はな」く，A社は昭和38年2月20日，第1種圧力容器につ

いて製造認可を受けていることから，「本件乾燥機も……第1種圧力容器であり，前記特段の事情も認められないところから，これを製造するについては改めて製造許可手続を行う必要はなかつたことを認めることができ」るから，「製造許可上の過失をいう控訴人の主張は既にこの点において採用することができない」。

〈検討〉

　本件は，圧力容器の爆発事故に際して，当該圧力容器の設置事業者が，その設計上・製造上の瑕疵を製造者に対してではなく，法第37条に基づき製造許可を出した国に対して責任を追及した事例である。裁判所は，第37条の規制は，もっぱら特定機械等を製造する者に対して許可制を定めることにより，当該機械等を使用する労働者を労働災害から保護することが目的であり，設置事業者に対して国が機械等の安全を保証するものではないとして，請求を棄却した。

　第37条に基づく製造許可が裁判で争われることを想定した場合，製造許可を出したことの瑕疵が問題となるが，同条に基づいて国（都道府県労働局長）が製造許可を出したことを争いうるのは，法第37条の構造からすれば，許可の申請を行う当該機械等を製造しようとする者が該当するのは異論がない。この場合において，当該機械の瑕疵が設計段階における問題なのか製造過程における問題なのかを分けて考える必要がある（本件においては，この点に関しては裁判所は特段の事実認定を行っていない）。

　前者の場合，製造者側が提出した申請書類に設計上・構造上の問題があるにもかかわらず労働局長が製造許可を認めたといいうるか否かが争われることになるが，この場合における設計上・構造上の問題には，単なる数値上の誤りにすぎないものもあれば，重大な構造上の欠陥を含むものまで非常に幅広いものが考えられうる。製造許可の申請において，当該機械に対する全ての情報は申請事業者が有していることを考慮するならば，行政側としては，申請事業者の専門的知識を信頼して製造許可を出すものと考えられるから，ある程度までは形式的なものとならざるをえず，明らかな機械の設計上・構造上の問題があるにもかかわらず製造許可を出したというような特別な事情が認められない限り，当該機械の瑕疵を原因とする労働災害発生の責任は，製造許可を出した国に対してではなく，当該機械の製造者に向けられるべきであろう。[36]

　また，後者の場合は，法第38条の検査についての行政側の瑕疵が問題となり得るが，この点については，同条の項目にて改めて検討を行う。

　本件のように，特定機械等の製造者から当該機械を購入・設置した者については，通常であれば，製造者に対して，瑕疵のある特定機械等を引き渡したことに対して，債務の不完全履行または不法行為の責任を追及すべきであり，国に対して製造許可を出した責任を追及することはできないとした裁判所の判断は妥当である。ただし，本件第1審判決が指摘するように，特定機械等の製造許可を定める目的は，当該機械の安全を確保することを通じて，労働者の生命・安全を保証するという点にあることからすれば，設置事業者が，当該機械の瑕疵による労働災害発生によって何らかの被害を被った労働者を代理して，国に対して製造許可の瑕疵の責任を追及することは理論上は検討の余地があるものと考えられる。

●法第37条に係る受託収賄事件

　本件は，法第37条が直接問題となった事例ではなく，製造許可を担当する労働局職員の受託収賄事件であるが，製造許可申請における労働局内での審査の流れが詳述されているため，ここで紹介する。

〈事実の概要〉

　被告人Xは，M労働局労働基準部健康課の地方労働衛生専門官であるが，産業安全専門官の経験も有しており，M労働局の職員の中では最も特定機械等の製造許可審査等に関する知識が豊富であって，同審査に関する技術関係の業務について他の職員からの相談を受けた際には，助言をするなどしてその業務の手伝いをしていた。

　船舶の建造及び修理を業とするA有限会社は，平成26年6月頃，つり上げ荷重400ｔの旋回式浮きクレーンの製造許可をM労働局に対して申請していた（以下本件申請とする）。A社は，つり上げ荷重80ｔの移動式クレーンの製造許可を得ていたものの，つり上げ荷重400ｔもの大型クレーンを製造するための工場やドック（建造のための設備。流線型をした船舶建造用ドックが好例），機器設備等はなく，専門的知識を持った技術者もいなかったが，A社の取締役Bは，実際に製造するつもりはなく，修理や改造等を行うときに備えて製造許可を得ておこうとの考えであった。

　A社の申請は，M労働局内では安全課の産業安全専門官であるCが担当することとなっていたが，Cは，本件申請書類や，A社の過去のデータを参照した上で，A社が単独で本件申請にかかるクレーンの製造する能力があるか疑問を抱き，その旨伝えた上で，本件申請を受理せず，他社との共同申請を勧めていた。

　Bは，A社に有利な取り計らいをしてもらいたいとの趣旨で，同年6月21日，車内でXに対し，本件申請が担当者に受理されないため，単独申請で許可を取らせて欲しい旨を依頼した。

　同年7月2日にA社が，本件申請の受理を求めてM労働局安全課のCを訪れた際，Xがやってきて，

本件申請を受理するようCに助言した。Cが前記の理由で単独申請での受理は難しいと伝えたところ、Xは、他の事業場の設備を借りればA社単独での申請が可能であり、またA社はすでに移動式クレーンの製造許可を得ていることから事業所等の実地調査については必要ないといい、最終的にCは、実地調査を断念し、A社に対して製造能力を確認するための敷地や設備に関する書面や、他の事業者の設備を利用できることを証明する書面の追完を依頼した上で、本件申請を受理した。

Bは、F株式会社に、本件申請の許可を得るために、実際には使用しないけれどもF社のドックや機器設備を貸すことを承諾して欲しい旨、同社取締役のGに頼み込み、G社の社印が押印された工場使用承諾書を完成させてCに提出した。この承諾書は、A4版1枚のものであり、F社のドックや設備を使用することを承諾するとは書かれていたものの、具体的な利用場所、期間、損害発生の際の補償等については一切記載されていなかった。

同年7月18日、M労働局長は、A社に対し、本件クレーンの製造を許可した。

同年7月20日、BはXに対し、額面30万円の商品券の入った紙袋を渡した。Xは、額面の多さに驚きつつもこれを受け取ったため、受託収賄罪に問われたものである。

本件における争点は、①Xの職務権限の有無、②Bによる請託の有無、③Xの賄賂性の認識の有無、である。

〈判旨（福岡地小倉支判平30・10・4 LEX/DB 25449830）〉

懲役1年6月（執行猶予3年）及び追徴金30万円。

裁判所は、争点①について、「M労働局労働基準部内における安全課と健康課との業務内容の共通性や、労働基準部内の実際の事務処理状況、地方産業安全専門官及び地方労働衛生専門官の地位等に鑑みると、特定機械の製造許可審査等に関する業務については、事務分掌上の担当事務ではなくとも、被告人の一般的な職務権限に属する」とし、法令上は、両者は明確に区別されているものの、「一定の職務経験を積んだ後は、人員配置の都合によって、安全課に配属されれば地方産業安全専門官に、健康課に配属されれば地方労働衛生専門官に任命され得ることに鑑みると、健康課に所属する地方労働衛生専門官であったとしても、同じ労働基準部内の安全課が所管し地方産業安全専門官が従事する特定機械等の製造許可審査に係る職務についても、一般的職務権限を有している」とし、本件申請に関して、XがCに働きかけをすることは、「特定機械の製造を許可するか否かという判断に影響を与え得るものであり、少なくとも職務と密接な関係にある行為であると認められるから、『職務に関し』て行われたもの」であるとした。

また、争点②については、Xに申請受理の働きかけを依頼したこと、Xから工場使用承諾書の提出を提案されたこと、同承諾書は内容虚偽のものであるから早期に許可してもらえるよう頼んだことなどのBの供述について信用性があること、また、Cの公判供述では、Xからの説明や助言がなければ、本件申請を受理することはなかったこと、工場使用承諾書は不十分な内容と思ったものの、Xが大丈夫と言ったこと、Xから決裁を早めるよう言われ、未提出書類が提出された頃に決裁を回したことなど、Xの働き掛けによって本件申請の受理や決裁に影響を受けた旨供述していることから、「被告人は、Bから、早急に本件申請を受理されるよう、また、早急に本件申請の許可決裁を受け、速やかに許可を受けられるよう働きかけるなどのA社に有利な取り計らいをしてもらいたい旨の請託を受けたと認められる」。

その上で、争点③については、本券商品券の受け取りが非常に高額なものであったにもかかわらず、受け取ったままにし、かつ何も返礼していないことからすれば、「Xは、本件商品券を賄賂として受け取ったと認められる」。

〈検討〉

本件は、クレーンの製造許可申請をめぐる受託収賄罪の成立の可否が問題となった事例であるが、本稿では、本件判決中に明らかにされた製造許可申請における手続面での実態とその問題点について検討する。

産業安全専門官及び労働衛生専門官は、安衛法第93条においてその職務分掌は明確に区分されており、産業安全専門官は特定機械等の製造許可に関する権限、労働衛生専門官は危険有害物等の製造許可権限をそれぞれ有することとなっている。しかし、本稿にて詳述し、[37]また本判決でも指摘されている通り、実際の労働局内における両者の配置は、各人の専門的な経験に基づくものではなく、単なる人員配置上の都合にすぎないものである。こうした事情を踏まえて、裁判所は、労働衛生専門官として配置された者であっても、産業安全専門官の職務に関連して一般的職務権限を有するとしたが、現状に即した妥当な判断であるといえよう。前記適用の実際の項目で指摘されているように、専門技官の採用数が減少しており、少人数で許可申請業務を担当しているという実態からすると、安衛法第93条にいう各専門官の職務分掌は形式的なものにすぎなくなっており、法の本来の趣旨からすれば、専門技官の職務分掌について、抜本的な改革が必要なのではないかと考えられる。

また、本判決において直接の争点とはなっていない

が，本稿の趣旨から，A社による本件申請，すなわち申請者の製造能力からすれば過大な性能を有する特定機械等の製造許可申請を認可したことの妥当性について若干の検討を加えておく。

本判決において，M労働局内における製造許可申請の取扱いは，原則として，申請者の工場・機器設備等が不十分であれば共同申請にすべきであるとして，申請自体を受理しないというものであった。前述のように，クレーンの製造許可基準では，設備機器として必要なのは万能試験機及び放射線試験装置の2点であるが，ボイラーの製造許可基準のように，工場設備に関連して，自社所有でなければ他社の設備を利用できることまでは求められていない。本件の経過からは，A社は過去にクレーンの製造許可を受けており，クレーン製造許可基準に定める設備に関する要件は満たしていたものと考えられる。とすれば，後は巨大なクレーンを製造するための場所等について実地調査による確認を経て許可を出すという流れとなろう。Xの助言の意義は，おそらくはボイラーの製造許可基準を援用する形で，他社の工場・機器設備を借用できるのであれば単独での申請を認めうるという点にあり，これは製造許可基準にはない現場での運用の一例というべきであろう。当該特定機械等の製造工場等について自社所有が要件となっていないことからすれば，Xの助言に違法性があるとはいえず，これに基づくM労働局長の製造許可決裁についても違法とまではいえないのではないかと思われる。

もっとも，本件申請における工場借用申請書は虚偽のものであり，申請者が実際には製造に着手するつもりがない特定機械等の許可を出したという問題は残るものの，製造されない以上は，特定機械等の安全性の問題も生じ得ないから，許可の無効を論じる意義は，本件については必要ないであろう。

6 改正提案

本条の条文構造そのものについては，特段問題となるような論点はないものの，上記で明らかにしたように，本条で規制される特定機械等は，これら機械に対する規制の歴史的経緯から安衛法上において特に危険な機械と位置づけられているものと考えられる。

安衛法制定から50年近くを経て，様々な技術開発が進展していく中で，労働者の生命や身体に危険を及ぼすような機械にはどのようなものがあるか，またそれに対して製造許可という法律に基づく規制が必要であるか否かについて，今後検討していく必要があるのではないかと思われる。

（製造時等検査等）
第38条 特定機械等を製造し，若しくは輸入した者，特定機械等で厚生労働省令で定める期間設置されなかつたものを設置しようとする者又は特定機械等で使用を廃止したものを再び設置し，若しくは使用しようとする者は，厚生労働省令で定めるところにより，当該特定機械等及びこれに係る厚生労働省令で定める事項について，当該特定機械等が，特別特定機械等（特定機械等のうち厚生労働省令で定めるものをいう。以下同じ。）以外のものであるときは都道府県労働局長の，特別特定機械等であるときは厚生労働大臣の登録を受けた者（以下「登録製造時等検査機関」という。）の検査を受けなければならない。ただし，輸入された特定機械等及びこれに係る厚生労働省令で定める事項（次項において「輸入時等検査対象機械等」という。）について当該特定機械等を外国において製造した者が次項の規定による検査を受けた場合は，この限りでない。
2 前項に定めるもののほか，次に掲げる場合には，外国において特定機械等を製造した者は，厚生労働省令で定めるところにより，輸入時等検査対象機械等について，自ら，当該特定機械等が，特別特定機械等以外のものであるときは都道府県労働局長の，特別特定機械等であるときは登録製造時等検査機関の検査を受けることができる。
一 当該特定機械等を本邦に輸出しようとするとき。
二 当該特定機械等を輸入した者が当該特定機械等を外国において製造した者以外の者（以下この号において単に「他の者」という。）である場合において，当該製造した者が当該他の者について前項の検査が行われることを希望しないとき。
3 特定機械等（移動式のものを除く。）を設置した者，特定機械等の厚生労働省令で定める部分に変更を加えた者又は特定機械等で使用を休止したものを再び使用しようとする者は，厚生労働省令で定めるところにより，当該特定機械等及びこれに係る厚生労働省令で定める事項について，労働基準監督署長の検査を受けなければならない。

1 関連政省令

1 第38条第1項及び第2項関連

本条第1項及び第2項に関連する安全規則は，特定機械等に関する具体的な検査の内容について規定している。

ボイラー及び第1種圧力容器については，本項の規定に基づき構造検査，溶接検査及び使用検査が行われる。下記のボイラー則の規定はボイラーに関連するものであるが，第1種圧力容器についても，構造検査につきボイラー則第51条，溶接検査につき同第53条，使用検査につき同第57条にボイラーの場合と同様の規定がそれぞれ置かれている。

クレーン則では，規制対象となる特定機械等のうち，移動式クレーンについて製造検査及び使用検査が行われ，クレーン，デリック，エレベーター，建設用リフト，簡易リフトについては，これら特定機械等の安全確保の見地からは，製造時の検査ではなく，設置し，落成した後の検査が妥当であると考えられることから，対象とはなっていない。また，移動式クレーンと同様に，ゴンドラに関しても，ゴンドラ則には製造検査及び使用検査について規定している。

(1) ボイラー及び圧力容器安全規則

> 第5条　ボイラーを製造した者は，法第38条第1項の規定により，同項の登録製造時等検査機関（以下「登録製造時等検査機関」という。）の検査を受けなければならない。
> 2　溶接によるボイラーについては，第7条第1項の規定による検査に合格した後でなければ，前項の規定により登録製造時等検査機関が行う検査（以下この章において「構造検査」という。）を受けることができない。
> 3　構造検査を受けようとする者は，ボイラー構造検査申請書（様式第2号）にボイラー明細書（様式第3号）を添えて，登録製造時等検査機関に提出しなければならない。
> （以下省略）

> 第12条　次の者は，法第38条第1項の規定により，登録製造時等検査機関の検査を受けなければならない。
> 一　ボイラーを輸入した者
> 二　構造検査又はこの項の検査を受けた後1年以上（設置しない期間の保管状況が良好であると都道府県労働局長が認めたボイラーについては2年以上）設置されなかつたボイラーを設置しようとする者
> 三　使用を廃止したボイラーを再び設置し，又は使用しようとする者

> 2　外国においてボイラーを製造した者は，法第38条第2項の規定により，登録製造時等検査機関の検査を受けることができる。当該検査が行われた場合においては，当該ボイラーを輸入した者については，前項の規定は，適用しない。
> 3　前2項の規定により登録製造時等検査機関が行う検査（以下この章において「使用検査」という。）を受けようとする者は，ボイラー使用検査申請書（様式第13号）にボイラー明細書（様式第3号）を添えて，登録製造時等検査機関に提出しなければならない。
> 4　ボイラーを輸入し，又は外国において製造した者が使用検査を受けようとするときは，前項の申請書に当該申請に係るボイラーの構造が法第37条第2項の厚生労働大臣の定める基準（ボイラーの構造に係る部分に限る。）に適合していることを厚生労働大臣が指定する者（外国に住所を有するものに限る。）が明らかにする書面を添付することができる。
> （以下省略）

(2) クレーン等安全規則

> 第55条　移動式クレーンを製造した者は，法第38条第1項の規定により，当該移動式クレーンについて，所轄都道府県労働局長の検査を受けなければならない。
> 2　前項の規定による検査（以下この節において「製造検査」という。）においては，移動式クレーンの各部分の構造及び機能について点検を行なうほか，荷重試験及び安定度試験を行なうものとする。
> 3　前項の荷重試験は，移動式クレーンに定格荷重の1.25倍に相当する荷重（定格荷重が200トンをこえる場合は，定格荷重に50トンを加えた荷重）の荷をつつて，つり上げ，旋回，走行等の作動を行なうものとする。
> 4　第2項の安定度試験は，移動式クレーンに定格荷重の1.27倍に相当する荷重の荷をつつて，当該移動式クレーンの安定に関し最も不利な条件で地切りすることにより行なうものとする。
> 5　製造検査を受けようとする者は，移動式クレーン製造検査申請書（様式第15号）に移動式クレーン明細書（様式第16号），移動式クレーンの組立図及び別表の上欄に掲げる移動式クレーンの種類に応じてそれぞれ同表の下欄に掲げる構造部分の強度計算書を添えて，所轄都道府県労働局長に提出しなければならない。この場合において，当該検査を受けようとする移動式クレーンが既に製造検査に合格している移動式クレーンと寸法及びつり上げ荷重が同一であるときは，当該組立図及び強度計算書の添付を省略することができる。
> 6　所轄都道府県労働局長は，製造検査に合格した移

動式クレーンに様式第17号による刻印を押し，かつ，その移動式クレーン明細書に様式第18号による製造検査済の印を押して前項の規定により申請書を提出した者に交付するものとする。

第57条　次の者は，法第38条第１項の規定により，当該移動式クレーンについて，都道府県労働局長の検査を受けなければならない。
一　移動式クレーンを輸入した者
二　製造検査又はこの項若しくは次項の検査（以下この節において「使用検査」という。）を受けた後設置しないで２年以上（設置しない期間の保管状況が良好であると都道府県労働局長が認めた移動式クレーンについては３年以上）経過した移動式クレーンを設置しようとする者
三　使用を廃止した移動式クレーンを再び設置し，又は使用しようとする者
２　外国において移動式クレーンを製造した者は，法第38条第２項の規定により，当該移動式クレーンについて都道府県労働局長の検査を受けることができる。当該検査が行われた場合においては，当該移動式クレーンを輸入した者については，前項の規定は，適用しない。
３　第55条第２項から第４項までの規定は，使用検査について準用する。
４　使用検査を受けようとする者は，移動式クレーン使用検査申請書（様式第19号）に移動式クレーン明細書，移動式クレーンの組立図及び第55条第５項の強度計算書を添えて，都道府県労働局長に提出しなければならない。
５　移動式クレーンを輸入し，又は外国において製造した者が使用検査を受けようとするときは，前項の申請書に当該申請に係る移動式クレーンの構造が法第37条第２項の厚生労働大臣の定める基準（移動式クレーンの構造に係る部分に限る。）に適合していることを厚生労働大臣が指定する者（外国に住所を有するものに限る。）が明らかにする書面を添付することができる。
６　都道府県労働局長は，使用検査に合格した移動式クレーンに様式第17号による刻印を押し，かつ，その移動式クレーン明細書に様式第20号による使用検査済の印を押して第四項の規定により申請書を提出した者に交付するものとする。

（3）ゴンドラ安全規則

第４条　ゴンドラを製造した者は，労働安全衛生法（以下「法」という。）第38条第１項の規定により，当該ゴンドラについて，所轄都道府県労働局長の検査を受けなければならない。
２　前項の規定による検査（以下「製造検査」という。）においては，ゴンドラの各部分の構造及び機能について点検を行なうほか，荷重試験を行なうものとする。
３　前項の荷重試験は，次の各号のいずれかに定めるところによるものとする。
一　下降のみに使用されるゴンドラ以外のゴンドラにあつては，作業床に積載荷重に相当する荷重の荷をのせて上昇及び下降の作動を定格速度及び許容下降速度により行なうこと。
二　下降のみに使用されるゴンドラにあつては，作業床に積載荷重に相当する荷重の荷をのせて下降の作動を許容下降速度により行なうこと。
４　製造検査を受けようとする者は，ゴンドラ製造検査申請書（様式第２号）にゴンドラ明細書（様式第３号），ゴンドラの組立図及びアームその他の構造部分の強度計算書を添えて，所轄都道府県労働局長に提出しなければならない。この場合において，当該検査を受けようとするゴンドラが既に製造検査に合格しているゴンドラと寸法及び積載荷重が同一であるときは，当該組立図及び強度計算書の添付を省略することができる。
５　所轄都道府県労働局長は，製造検査に合格したゴンドラに様式第四号による刻印を押し，かつ，そのゴンドラ明細書に様式第五号による製造検査済の印を押して前項の規定により申請書を提出した者に交付するものとする。

２　第38条第３項関連

以下に掲げるのは，本条第３項に関連して，各安全規則に置かれている規定である。各安全規則に共通する検査として，変更検査及び使用再開検査がある。また，ボイラー及び第１種圧力容器，クレーン，デリック，エレベーター，建設用リフトに関しては，これら特定機械等を設置した後に実施される落成検査に関する規定が設けられている。

なお，複数の特定機械等を対象としている安全規則においては，当該特定機械等それぞれに同趣旨の規定が置かれているため，ここでは代表的な特定機械等に関する規制にとどめておく[38]。

（1）ボイラー及び圧力容器安全規則

第14条　ボイラー（移動式ボイラーを除く。）を設置した者は，法第38条第３項の規定により，当該ボイラー及び当該ボイラーに係る次の事項について，所轄労働基準監督署長の検査を受けなければならない。ただし，所轄労働基準監督署長が当該検査の必要がないと認めたボイラーについては，この限りでない。
一　第18条のボイラー室
二　ボイラー及びその配管の配置状況

三　ボイラーの据付基礎並びに燃焼室及び煙道の構造
2　前項の規定による検査（以下この章において「落成検査」という。）は，構造検査又は使用検査に合格した後でなければ，受けることができない。
3　落成検査を受けようとする者は，ボイラー落成検査申請書（様式第15号）を所轄労働基準監督署長に提出しなければならない。この場合において，認定を受けたことにより第10条の届出をしていないときは，同条のボイラー明細書及び書面その他落成検査に必要な書面を添付するものとする。

第42条　ボイラーについて前条各号のいずれかに掲げる部分又は設備に変更を加えた者は，法第38条第3項の規定により，当該ボイラーについて所轄労働基準監督署長の検査を受けなければならない。ただし，所轄労働基準監督署長が当該検査の必要がないと認めたボイラーについては，この限りでない。
2　前項の規定による検査（以下この章において「変更検査」という。）を受けようとする者は，ボイラー変更検査申請書（様式第21号）を所轄労働基準監督署長に提出しなければならない。この場合において，認定を受けたことにより前条の届出をしていないときは，ボイラー検査証及び同条の書面その他変更検査に必要な書面を添付するものとする。
3　第6条第2項及び第3項の規定は，変更検査について準用する。この場合において，同条第2項中「都道府県労働局長」とあるのは，「労働基準監督署長」と読み替えるものとする。

第46条　使用を休止したボイラーを再び使用しようとする者は，法第38条第3項の規定により，当該ボイラーについて所轄労働基準監督署長の検査を受けなければならない。
2　前項の規定による検査（以下この章において「使用再開検査」という。）を受けようとする者は，ボイラー使用再開検査申請書（様式第22号）を所轄労働基準監督署長に提出しなければならない。
3　第6条第2項及び第3項の規定は，使用再開検査について準用する。この場合において，同条第2項中「都道府県労働局長」とあるのは，「労働基準監督署長」と読み替えるものとする。

(2)　クレーン等安全規則

第6条　クレーンを設置した者は，法第38条第3項の規定により，当該クレーンについて，所轄労働基準監督署長の検査を受けなければならない。ただし，所轄労働基準監督署長が当該検査の必要がないと認めたクレーンについては，この限りでない。
2　前項の規定による検査（以下この節において「落成検査」という。）においては，クレーンの各部分の構造及び機能について点検を行なうほか，荷重試験及び安定度試験を行なうものとする。ただし，天井クレーン，橋形クレーン等転倒するおそれのないクレーンの落成検査においては，荷重試験に限るものとする。
3　前項の荷重試験は，クレーンに定格荷重の1.25倍に相当する荷重（定格荷重が200トンをこえる場合は，定格荷重に50トンを加えた荷重）の荷をつつて，つり上げ，走行，旋回，トロリの横行等の作動を行なうものとする。
4　第2項の安定度試験は，クレーンに定格荷重の1.27倍に相当する荷重の荷をつつて，当該クレーンの安定に関し最も不利な条件で地切りすることにより行なうものとする。この場合において，逸走防止装置，レールクランプ等の装置は，作用させないものとする。
5　所轄労働基準監督署長は，落成検査を行なう前1年以内に第8条第1項の仮荷重試験が行なわれたクレーンについては，落成検査の一部を省略することができる。
6　落成検査を受けようとする者は，クレーン落成検査申請書（様式第4号）を所轄労働基準監督署長に提出しなければならない。この場合において，法第88条第1項ただし書の規定による認定（以下「認定」という。）を受けたことにより前条の届出をしていないときは，同条の明細書，組立図，強度計算書及び書面その他落成検査に必要な書面を添付するものとする。

第45条　前条第1号に該当する部分に変更を加えた者は，法第38条第3項の規定により，当該クレーンについて，所轄労働基準監督署長の検査を受けなければならない。ただし，所轄労働基準監督署長が当該検査の必要がないと認めたクレーンについては，この限りでない。
2　第6条第2項から第4項までの規定は，前項の規定による検査（以下この節において「変更検査」という。）について準用する。
3　変更検査を受けようとする者は，クレーン変更検査申請書（様式第13号）を所轄労働基準監督署長に提出しなければならない。この場合において，認定を受けたことにより前条の届出をしていないときは，同条の検査証及び図面その他変更検査に必要な書面を添付するものとする。

第49条　使用を休止したクレーンを再び使用しようとする者は，法第38条第3項の規定により，当該クレーンについて，所轄労働基準監督署長の検査を受けなければならない。
2　第6条第2項から第4項までの規定は，前項の規

> 定による検査（以下この節において「使用再開検査」という。）について準用する。
> 3　使用再開検査を受けようとする者は、クレーン使用再開検査申請書（様式第14号）を所轄労働基準監督署長に提出しなければならない。

(3)　ゴンドラ安全規則

> 第29条　前条各号に該当する部分に変更を加えた者は、法第38条第3項の規定により、当該ゴンドラについて、所轄労働基準監督署長の検査を受けなければならない。ただし、所轄労働基準監督署長が当該検査の必要がないと認めたゴンドラについては、この限りでない。
> 2　前項の規定による検査（以下「変更検査」という。）においては、ゴンドラの変更部分の状態を点検するほか、荷重試験を行なうものとする。
> 3　第4条第3項の規定は、前項の荷重試験について準用する。
> 4　変更検査を受けようとする者は、ゴンドラ変更検査申請書（様式第13号）を所轄労働基準監督署長に提出しなければならない。この場合において、法第88条第1項ただし書の規定による認定（以下「認定」という。）を受けたことにより前条の届出をしていないときは、同条の検査証及び図面その他変更検査に必要な書面を添付するものとする。

> 第33条　使用を休止したゴンドラを再び使用しようとする者は、法第38条第3項の規定により、当該ゴンドラについて、所轄労働基準監督署長の検査を受けなければならない。
> 2　第4条第2項及び第3項の規定は、前項の規定による検査（以下「使用再開検査」という。）について準用する。
> 3　使用再開検査を受けようとする者は、ゴンドラ使用再開検査申請書（様式第14号）を所轄労働基準監督署長に提出しなければならない。

2　趣旨と内容

1　趣旨

機械の安全の確保のためには、法第37条に定める単なる特定機械等の製造の許可のみでは足りず、当該特定機械等が申請した構造の通りに製造されているかを確認する必要がある。また第37条の製造許可は、国内で製造される特定機械等が対象となるため、外国から輸入した特定機械等についてもその構造上の安全を確認する必要がある。さらに、クレーンやエレベーターなどの定置型の特定機械等については、工場で製造された部品を利用場所で組み立てた上で設置するという形を取るため、構造上の安全を確認するためには、当該機械が適切に設置されているかどうかについても確認しなければならない。

本条は、上記のような趣旨に基づき、前条の規定に基づき製造許可を受けた特定機械等について、その製造、設置、使用等における検査（製造時等検査）について規定したものである（各特定機械等と製造時等検査の関係は資料5-3を参照）。

また、本条は、安衛法制定後、行政改革や規制緩和との関連で数次にわたる改正が行われている。まず、昭和58年に、欧米諸国との貿易摩擦のうち、基準認証制度（検査・検定制度）がいわゆる非関税障壁となっているとされ、その解消のために制定された法律において、本条第2項が追加され、外国法人により製造された特定機械等の検査に関する規定が設けられた[39]。この規定に関しては、平成6年改正において、規制緩和等推進の目的から、これら検査を国内のみならず、外国事業者が当該特定機械等を本邦に輸出する前に自国にて検査を行うことが可能となっている[40]。また、平成4年改正では、第三者検査機関（製造時等検査代行機関〔現：登録製造時等検査機関〕）による製造時等検査について新たな規定が設けられている（平成4年5月22日法律第55号）。このほか、前条と同様に地方分権推進法による改正や中央省庁改革に関連した改正も行われている[41]。

また、本条に関連する政省令の改正として、平成22年6月に開催された厚生労働省省内事業仕分けにおいて、検査業務を民間に委託することによって、行政の効率化を図り、民間活力を活用することができるとの観点から、登録製造時等検査機関による製造時等検査（構造検査、溶接検査及び使用検査）の対象となる特別特定機械等について、これまでの特定廃熱ボイラー（労働安全衛生法及び高圧ガス保安法の適用を受ける火気以外の高温ガスを加熱に利用するボイラー）からボイラー及び第1種圧力容器に拡大することとされ、それに伴うボイラー則の改正が平成24年4月1日より施行されている（平成24年1月20日厚生労働省令第6号）。

このほか、省庁関係の申請手続における押印の見直しに係る省令（押印を求める手続の見直し等のための厚生労働省関係省令の一部を改正する省令〔令和2年12月25日厚生労働省令第208号〕）第58条以下に基づく各安全規則の改正により、検査申請者の押印や検査機関による検査済証の押印について様式の変更が行われている。

2　内容

本条に基づく検査は、第1項及び第2項が特定機械等の製造時等（製造時、輸入時、再設置時）に実施される検査、第3項が特定機械等の設置時・主要構造の変更時に実施される検査となっている。

(1)　製造時等の検査（第1項及び第2項）

本条第1項に基づき特定機械等の検査を受けなければならない者は、特定機械等を「製造し、若しくは輸入した者、特定機械等で厚生労働省令で定める期間設置されなかつたものを設置しようとする者又は特定機械等で使用を廃止したものを再び設置し、若しくは使用しようとする者」である。「製造した者」には当該特定機械等につき第37条の製造許可を得るべき者が該当する。また、「輸入した者」は、外国において製造された特定機械等を輸入した者を指し、外国において当該特定機械等を製造した者（外国製造者）、または国内の輸入業者等が該当し、本条第1項に基づく検査を受けなければならない。もっとも、外国において製造された特定機械等については、第1項但書により、第2項に定める検査が行われた場合には第1項に基づく検査を受ける必要はない。また、特定機械等の設置に関して、本条第1項にいう「廃止」と第3項にいう「休止」については、いずれも当該特定機械等を使用しなくなるという点で共通しているが、この両者には検査証の交付の有無という点で相違がある。すなわち、特定機械等の使用を廃止する場合、各安全規則の規定により、当該特定機械等の設置に係る検査証を所轄の労働基準監督署長に返還しなければならないのに対して、（ボイラー則第48条、第83条、クレーン則第52条、第93条、第137条、第171条、第201条、ゴンドラ則第36条）、休止の場合は、休止期間が検査証の有効期間を超える場合に所轄の労働基準監督署長への報告が義務づけられるものの、検査証の返還までは求められていない（ボイラー則第45条、第80条、クレーン則第48条、第89条、第133条、第167条、ゴンドラ則第32条）。したがって、第1項及び第2項に基づく検査は、その時点で検査証のない特定機械等を対象とするものであるのに対して、第3項は、その時点で検査証のある特定機械等の使用再開及び変更を対象としているということができる。このため、廃止した特定機械等について廃止期間中に変更検査の対象となる変更を実施した場合であっても、第3項に基づく検査ではなく、第1項に基づく検査を受検しなければならない。

　第1項の製造時等の検査は、当該特定機械等を製造後、設置前に行われる検査であり、ボイラー、第1種圧力容器、移動式クレーン、ゴンドラを対象とし、ボイラー及び第1種圧力容器については構造検査及び溶接検査（溶接されたものが対象）が、移動式クレーン及びゴンドラについては製造検査がそれぞれ行われる。移動式以外のクレーン、デリック、エレベーター、建設用リフトについては、工場で製造された部品を使用する現場で組み立てて設置・使用するというこれらの特定機械等の性質上、設置された後でなければ検査の意義がないため、本項に基づく検査は行われない。

　また、本項にいう厚生労働省で定める特別特定機械等には、ボイラー則第2条の2によりボイラー及び第1種圧力容器が指定されている。上述したように、特別特定機械等の範囲については、平成24年のボイラー則改正により、特定廃熱ボイラーから拡大されたものである。

　このほか、第1項にいう設置されなかった特定機械等に関する「厚生労働省令の定める期間」については、各安全規則により、ボイラー、第1種圧力容器、ゴンドラについては、1年以上（ボイラー：ボイラー則第12条第1項第2号、第1種圧力容器：同則第57条第1項第2号、ゴンドラ：ゴンドラ則第6条第1項第2号）、移動式クレーンについては2年以上（クレーン則第57条第1項第2号）と定められている。この期間については、未使用期間の保管状況が良好であると都道府県労働局長が認めた場合には、それぞれ1年延長される。

　第2項に基づく検査は、外国製造者がその製造する特定機械等をわが国に輸出しようとするときに外国にて検査を受けることを希望する場合、または外国製造者が国内の輸入業者等によって検査が行われることを希望しない場合に行われる。第2項に基づいて行われる使用検査については、第1項と同様にボイラー、第1種圧力容器、移動式クレーン、ゴンドラをその対象としており、クレーン、デリック、エレベーター、建設用リフトについては含まれていない。

　(2)　設置時及び主要構造分の変更時の検査（第3項）

　本条第3項は、特定機械等の設置、変更、使用再開の際に必要な検査について定めたものである。

　設置に際しては、落成検査が実施される。落成検査は、前2項に定める構造検査及び使用検査に合格した特定機械等を設置する際に行われる検査である。特定機械等を設置しようとする者は、安衛法第88条第1項の規定に基づき設置届を所轄の労働基準監督署長に提出した上で、実際の設置にあたっては、落成検査の申請を行わなければならない。また、本条第1項に基づく製造時等検査に合格していない特定機械等については、落成検査の申請を行うことができない。落成検査は定置式の特定機械等を対象としているため、移動式のボイラー、クレーン、ゴンドラについては、その性質上義務づけられていない。

　また、特定機械等の主要部分についての変更とは、各特定機械等の安全規則に規定された構造上の主要部分についての変更であり、当該変更を行った事業者は、法第88条第1項の規定に基づき変更届に検査証と変更しようとする部分の図面を添えて、所轄の労働基準監督署長に提出した上で、本項に基づく変更検査の申請をしなければならない。

　使用再開検査は、使用を休止していたために検査証

の有効期間を経過した特定機械等を再び使用する場合に，当該機械の安全性を確保するために実施される検査である。

(3) 検査実施機関

第38条は，第1項及び第2項が都道府県労働局長または登録製造時等検査機関による検査を定め，第3項が労働基準監督署長による検査を定めている。

このように検査実施機関が分けられている理由としては，特定機械等が労働の現場において実際に稼働する際に問題となり得る安全性に関わる検査については，労働基準監督署長に行わせることとし，より川上での特定機械等の製造における構造や品質・性能に関する検査については，その構造・規格に関する専門的知識を要することから，都道府県労働局長（登録製造時等検査機関）に行わせようとするものであると考えられる。

また，第1項に基づく検査は，特別特定機械等については，登録製造時等検査機関，それ以外の特定機械等については都道府県労働局長となっている。登録製造時等検査機関は，法第46条の規定に基づき，製造時等検査にかかる所定の設備・検査員の要件に適合しているとして厚生労働大臣により登録された機関をいい，特別特定機械等の検査を担当する第三者機関である（現在登録されている事業者は**資料5-14**を参照）。登録製造時等検査機関については第46条の逐条解説にて詳述する。

3 本条に基づき実施される検査

本条に基づいて行われる検査は，製造時の検査としては，ボイラー，第1種圧力容器については溶接検査（溶接により製造されたものに限る）及び構造検査が，移動式クレーン，ゴンドラについては製造検査がそれぞれ行われる。また，全ての特定機械等について，輸入，再設置，再使用の際には使用検査が行われる。ここでいう「設置」とは定置式の特定機械等の据付を，「使用」とは移動式の特定機械等の利用を指す趣旨である。

各検査における受検の流れは，概ね以下の通りである。受検者（通常はこれら特別特定機械等を製造した者）は，各検査に即した検査申請書に当該特別特定機械等の明細書を添えて，登録製造時等検査機関または都道府県労働局長に検査の申請を行う。申請先は，構造検査，溶接検査，使用検査については，登録製造時等検査機関，製造検査については都道府県労働局長，落成検査，変更検査，使用再開検査については所轄の労働基準監督署長である。

以下の記述にある所定の検査に合格したものについては，当該特定機械等に各安全規則に定める刻印を押し，明細書に検査済の印を押して申請者に交付する。刻印については，安全規則に様式が規定されており，検査番号に加えて，検査が登録製造時等検査機関によって実施された場合には当該機関を示すロゴマークを，都道府県労働局長が行った場合には当該都道府県の頭文字をそれぞれ一定の大きさの文字で打刻しなければならない（ボイラー則に基づく様式として，**資料5-15**を参照）。

(1) 構造検査

構造検査は，ボイラー及び第1種圧力容器に対して行われる検査である。構造検査は，これら特定機械等を製造した後に実施され，前条に基づく許可を受けた図面の通りに製造されているかどうかを確認するものである。

検査の実施にあたって，申請者は，ボイラー及び圧力容器を検査しやすい場所へ配置し，水圧試験の準備，安全弁及び水面測定装置を取りそろえておく必要がある（ボイラー則第6条，第51条の2）。

ボイラーと第1種圧力容器の構造検査の方法については，行政通達として「登録製造時等検査機関が行う製造時等検査，登録個別検定機関が行う個別検定及び登録型式検定機関が行う型式検定の適正な実施について」（平成17年4月1日基発第0401035号，最終改正：令和3年8月12日基発第0812005号）の別紙に「製造時等検査にかかる検査の方法等」が定められている。

以下では，この別紙に基づいて構造検査について詳述する。なお，構造検査に先立って，登録製造時等検査機関は，当該検査の対象となる特別特定機械等が前条に基づく製造許可を得ていることを確認しておかなければならない。

(a) 設計審査

設計審査は，ボイラーの設計について，申請書，明細書及び構造図に記載されている構造，工作方法等が，ボイラー構造規格に適合したものであるか確認するものである。

(b) 材料検査

ボイラーの材料について，構造規格に定める要件に適合しているかについて，ミルシート（鋼材メーカーが発行する鋼材の材質を証明する添付書類であり，鋼材検査証明書ともいう）と照合すること等により確認するものである。次項に詳述する溶接検査を実施しているボイラーについては，この検査を省略することができる。

(c) 外観検査

外観検査は，ボイラーの外観について，以下のような検査を行う。①胴の長さ，板の厚さその他の寸法をノギス，スケール，超音波厚さ計（超音波が物質の境界面で反射すること及び物質は固有の音速を持つことを利用して，反射にかかった時間と測定対象物の音速から厚さを測定

資料 5－14　検査検定実施機関一覧（2024年6月17日現在）

○登録製造時等検査機関

名　称	対象機械	有効期間
一般社団法人日本ボイラ協会	ボイラー （※中部，京滋，近畿，香川及び愛媛検査事務所） 第一種圧力容器 （※北海道，関東，長野，静岡，中部，京滋，近畿，岡山，中四国，香川，愛媛及び九州検査事務所）	令和11年3月30日
公益社団法人ボイラ・クレーン安全協会	第一種圧力容器 （※宮城，山形，埼玉，千葉，東京，神奈川及び山口事務所）	令和10年12月24日
伊藤一夫	ボイラー 第一種圧力容器	令和10年4月9日

○登録性能検査機関

名　称	対象機械	有効期間
損害保険ジャパン株式会社	ボイラー 第一種圧力容器	令和11年3月30日
一般社団法人日本ボイラ協会	ボイラー 第一種圧力容器	令和11年3月30日
公益社団法人ボイラ・クレーン安全協会	ボイラー 第一種圧力容器クレーン 移動式クレーンエレベーター ゴンドラ	令和11年3月30日
一般社団法人日本クレーン協会	クレーン 移動式クレーンデリック エレベーター ゴンドラ	令和11年3月30日
セイフティエンジニアリング株式会社	ゴンドラ エレベーター	令和7年3月23日
株式会社クレーン検査センター	クレーン 移動式クレーンデリック エレベーター ゴンドラ	令和10年8月5日
シマブンクレーン検査株式会社	クレーン 移動式クレーンデリック エレベーター ゴンドラ	令和6年9月30日

○登録個別検定機関

名　称	対象機械	有効期間
公益社団法人産業安全技術協会	ゴム，ゴム化合物又は合成樹脂を練るロール機の急停止装置のうち電気的制動方式のもの	令和11年3月30日
一般社団法人日本ボイラ協会	第二種圧力容器小型ボイラー 小型圧力容器	令和11年3月30日
公益社団法人ボイラ・クレーン安全協会	第二種圧力容器小型ボイラー 小型圧力容器	令和11年3月30日
エイチエスビージャパン株式会社	第二種圧力容器	令和7年2月16日

○登録型式検定機関

名　称	対象機械	有効期間
公益社団法人産業安全技術協会	ゴム，ゴム化合物又は合成樹脂を練るロール機の急停止装置のうち電気的制動方式以外の制動方式のもの プレス機械又はシャーの安全装置防爆構造電気機械器具 木材加工用丸のこ盤の歯の接触予防装置のうち可動式のもの 動力により駆動されるプレス機械のうちスライドによる危険を防止するための機構を有するもの 交流アーク溶接機用自動電撃防止装置 絶縁用保護具絶縁用防具保護帽 防じんマスク 防毒マスク	令和11年3月30日
	電動ファン付き呼吸用保護具	令和6年11月30日
	防毒機能を有する電動ファン付き 呼吸用保護具	令和10年9月30日
一般社団法人日本クレーン協会	クレーン又は移動式クレーンの過負荷防止装置	令和11年3月30日
エヌ・シー・エス株式会社	防爆構造電気機械器具	令和11年6月27日
Eurofins E&E CML Limited	防爆構造電気機械器具 Electrical Apparatus for explosive atmospheres	令和9年2月6日 February 6, 2027

CSA GROUP TESTING UK LIMITED	防爆構造電気機械器具 Electrical Apparatus for explosive atmospheres	令和9年10月10日 October 10, 2027
DEKRA Certification B. V.	防爆構造電気機械器具 Electrical Apparatus for explosive atmospheres	令和10年1月22日 January 22, 2028
TÜV Rheinland Industrie Service GmbH	防爆構造電気機械器具 Electrical Apparatus for explosive atmospheres	令和9年11月30日 November 30, 2027

○指定外国検査機関（List of Designated Foreign Testing Agencies）

名　称 Name	対象機械 Type of machines	有効期間 Valid
The Hartford Steam Boiler Inspection and Insurance Company	ボイラー　Boiler 第一種圧力容器　Class-1 Pressure Vessel 第二種圧力容器　Class-2 Pressure Vessel 小型ボイラー　Small-sized Boiler 小型圧力容器　Small-sized Pressure Vessel	令和5年4月1日 April 1, 2023 〜 令和8年3月31日 March 31, 2026
LRQA Verification Limited	ボイラー　Boiler 第一種圧力容器　Class-1 Pressure Vessel 第二種圧力容器　Class-2 Pressure Vessel 小型ボイラー　Small-sized Boiler 小型圧力容器　Small-sized Pressure Vessel	令和5年4月1日 April 1, 2023 〜 令和8年3月31日 March 31, 2026
DEKRA Certification B. V.	防爆構造電気機械器具 Electrical Apparatus for explosive atmospheres	令和5年4月6日 April 6, 2023 〜 令和8年4月5日 April 5, 2026
TÜV Rheinland Industrie Service GmbH	ボイラー　Boiler 第一種圧力容器　Class1-1 Pressure Vessel 第二種圧力容器　Class1-2 Pressure Vessel 小型ボイラー　Small1-sized Boiler 小型圧力容器　Small1-sized Pressure Vessel 移動式クレーン　Mobile Crane	令和5年4月1日 April 1, 2023 〜 令和8年3月31日 March 31, 2026
SGS SA	ボイラー　Boiler 第一種圧力容器　Class1-1 Pressure Vessel 第二種圧力容器　Class1-2 Pressure Vessel 小型ボイラー　Small1-sized Boiler 小型圧力容器　Small-sized Pressure Vessel	令和6年6月8日 June 8, 2024 〜 令和9年6月7日 June 7, 2027
APAVE INTERNATIONAL	ボイラー　Boiler 第一種圧力容器　Class-1 Pressure Vessel 第二種圧力容器　Class-2 Pressure Vessel 小型ボイラー　Small-sized Boiler 小型圧力容器　Small-sized Pressure Vessel	令和5年5月1日 May 1, 2023 〜 令和8年4月30日 April 30, 2026

（厚生労働省「検査検定実施機関一覧」〔https://www.mhlw.go.jp/content/001041838.pdf，最終閲覧日：2024年7月31日〕）

資料5-15　特定機械等への打刻様式（ボイラー則様式第4号）

様式第4号（第5条、第12条、第51条、第57条関係）

①	②	番	号

備考
1. ①　② は、構造検査実施者又は使用検査実施者を表す文字を入れるものとすること。この場合において、構造検査実施者又は使用検査実施者が都道府県労働局長であるときは、都道府県の頭文字とすること。ただし次の件の各県については、それぞれに掲げる文字とする。
　福井県は福井、山梨県は山梨、山口県は山口、愛媛県は愛媛、福岡県は福岡、長崎県は長崎、大分県は大分、宮崎県は宮崎
2. 番号は、構造検査又は使用検査の番号とすること。
3. 文字及び数字の大きさは縦9mm、横7mmとし、文字及び数字の太さは0.5mmとすること。

する機器）等を用いて測定し，設計審査で確認した明細書及び構造図と照合する。②工作上の欠陥，腐食等の有無，胴の真円度，鏡板の公差等が構造規格の規定に適合しているか目視，ファイバースコープ，超音波探傷器（探触子〔プローブ，トランスデューサー〕と呼ばれるセンサーから発信した超音波が，内部の傷や反対面に反射戻ってくる時間と強さを測定し，材料の内部の様子を計測する）等により確認する。③安全弁，圧力計，水面測定装置等の附属品の取付穴が正しい位置に設けられているかについて，目視等により確認する。

(d) 水圧試験

水圧試験は，配管の接合部における漏水性や耐久性を調べ，ボイラーの安全性を確認することを目的として実施される。具体的な手法としては，配管を密閉した上で缶体内に水を注入し，水圧テストポンプにより当該ボイラーの最高使用圧力の1.5倍の圧力まで徐々に上昇させ，そのままの状態で所定の時間（30分以上）保持し，圧力の降下や変形，水漏れの有無等を目視，ひずみ測定器（材料に加わる外力による材料の伸縮の変形量〔ひずみ〕を電気抵抗の変化により測定するための機器）等により確認するものである。

(e) 付属品検査

ボイラーに付属する各種の部品（安全弁，ガラス水面計等）について，その構造が構造規格の規定に適合しているか目視等により確認するものである。

(2) 溶接検査

溶接検査は，本項に基づき，ボイラー及び第1種圧力容器を溶接により製造しようとする者が，構造検査の前に受検しなければならない（ボイラー則第7条第1項，第53条第1項）。ただし，溶接検査は圧縮応力（圧縮方向に力を受けたときに，部材内部に発生する圧縮に抵抗する力を断面積で割ったもの）以外の応力がかかる部分のみが溶接によって製造されるボイラー及び第1種圧力容器については溶接検査を受ける必要はない（ボイラー則第7条第1項但書，第53条第1項但書）。溶接検査の方法についても，構造検査と同様に「製造時等検査にかかる検査の方法等」に詳細に規定されている。

(a) 事前準備

受検に際して，機械的試験の試験片を作成するとともに，放射線検査の準備をしなければならない（ボイラー則第8条第1項，第53条第1項）。

機械的試験の試験片は，胴の長手継手（ボイラーの胴の軸方向の継ぎ目）に溶接を行う場合には，胴の母材と同一の材料により作成された試験板を胴端の溶接線と同一直線上になるように溶接し，胴全体について1個の試験片を作成する形で準備し，胴の周継手（ボイラーの円周方向の継ぎ目）やドーム（胴の上部に設置される胴内で発生した蒸気を集めるための装置）等の取付部の溶接を行う場合には，胴やドームとは別に試験板を準備し，これらの溶接と同一条件で溶接したものを作成しなければならない（ボイラー構造規格第48条）。

また，放射線検査の準備とは，当該検査のために必要な放射線透過装置（エックス線装置）や感光材料（工業用エックス線フィルム），透過度計等を取りそろえておくことをいう。

このほか，検査を受けようとする者は，検査に立ち会う必要がある（ボイラー則第8条第2項，第54条）。

(b) 材料検査

溶接検査における材料検査は，構造検査における検査と同様に，ボイラー製造に使用される材料が，構造規格に定める要件に適合しているかについて，ミルシート（鋼材の材質を証明する書類）と照合すること等により確認するものである。

(c) 開先検査

開先検査は，開先（溶接の前に溶接継手に設けられる溝状の窪み）について，その形状（I型，V型，レ型，J型，U型，X型，K型，両面J型など）や突合せ溶接（完全溶け込み溶接ともいい，接合しようとする母材の端部に開先を作り，その溝に溶接金属を母材及び接合剤と一体化して埋め込む方法）における継手面の食い違いや，厚さの異なる板の突合せ溶接が構造規格の規定に適合しているかについて，目視，ゲージ等により確認するものである。

(d) 外観検査

外観検査は，①溶接部分の外観にひび割れ，アンダーカット（溶接箇所に埋まりきらない部分が発生して溝が生じていること），オーバーラップ（溶接金属が母材に重なっていること），クレーター（溶接ビード〔溶接により盛り上がっている部分〕の終端部分に生じる窪み）等の有無の確認，②余盛（よもり：母材の表面から盛り上がった部分）の状態の確認，③溶接後熱処理（焼きなましともいい，溶接した構造物を昇温して溶接部にクリープ変形〔一定の温度条件下において一定の荷重をかけることで物質を変形させること〕を生じさせ，固有ひずみ〔物質内において応力の発生源となっているひずみ〕を低減し，それによって溶接残留応力〔溶接後に溶接部分の内部に残る応力〕を低減させることで構造物の硬度を高めるために行う処理）が必要な場合には，溶接後熱処理の温度—時間曲線（物質の相変化を表すグラフで冷却曲線ともいう。温度によって物質がどのように変化していくかを示すもの）等との照合により確認しなければならない。[46]

(e) 機械試験

機械試験は，溶接部分の強度を確認するために実施されるいわゆる破壊検査であり，ボイラー構造規格においては，試験板の厚さに応じて，引張試験，表曲げ試験，裏曲げ試験，側曲げ試験が規定されている（ボ

イラー構造規格第51条～第54条)。いずれの試験の実施についても，JIS規格に準拠する方法によって実施されなければならず，合格基準もJIS規格に即して判断される。なお，機械試験については，一定の要件を満たした場合には，不合格となった場合でも再試験を行うことができる（ボイラー構造規格第55条～第56条)。

(f) 放射線検査

放射線検査は，放射線透過試験（RT）とも呼ばれ，エックス線やガンマ線などの放射線が，物質を透過する性質と写真フィルムを感光させる性質を持つことを利用して，試験体に放射線を透過し，内部の状態をフィルムに記録することで，試験体の内部の傷の状態や構造を調査する非破壊検査である。

ボイラー構造規格においては，やはりJIS規格に準拠する方法によって実施され，透過写真の傷の像がJIS規格と同等と認められる結果であれば合格と判断される（ボイラー構造規格第57条～第59条)。放射線検査に不合格となった場合には，傷を完全に除去してから再溶接を行ったうえで，再試験を受けることができる（ボイラー構造規格第60条)。

(3) 製造検査

製造検査は，移動式クレーン（クレーン則第55条）及びゴンドラ（ゴンドラ則第5条）に対して，都道府県労働局長により実施される検査である。

製造検査の具体的内容は，移動式クレーンの場合，製造された機械それぞれについて，①移動式クレーンの各部分の構造及び機能についての点検，②荷重試験，③安定試験を行うこととされている。このうち，②の荷重試験は，移動式クレーンに定格荷重の1.25倍に相当する荷重（定格荷重が200tを超える移動式クレーンにおいては，定格荷重に50tを加えた荷重）の荷をつり上げ，旋回，走行等の試験を行うものである。また，③の安定度試験は，移動式クレーンに定格荷重の1.27倍に相当する荷重の荷をつって，当該移動式クレーンの安定に関し最も不利な条件で地切り（吊り荷を地面から離すこと）により行うこととされている。

ゴンドラの場合は，①各部の構造及び機能についての点検，②荷重試験が行われる。ゴンドラの荷重試験は，ゴンドラの種類によって異なっており，作業床に積載荷重に相当する荷重の荷を乗せた上で，上昇及び下降に使用されるゴンドラについては，上昇につき定格速度（ゴンドラを上昇させる場合の最高速度)，下降つき許容下降速度（ゴンドラを下降させる場合に許容される最高速度）にて作動させることにより行われる。下降のみのゴンドラの場合は，下降のみの試験となる。

(4) 使用検査

使用検査は，ボイラー及び第1種圧力容器，移動式クレーン，ゴンドラについて，都道府県労働局長または登録製造時等検査機関により実施される検査であり，①これら特定機械等を輸入した者，②構造検査または使用検査を受けた後に一定期間以上（ボイラー，第1種圧力容器，ゴンドラについては1年以上，移動式クレーンについては2年以上。ただし，保管状況が良好であると都道府県労働局長が認めた特定機械等については1年延長される）設置されていない特定機械等を設置しようとする者，③使用を廃止した特定機械等を再び設置し，使用しようとする者が，登録製造時等検査機関に対して検査を申請するものである（ボイラー則第12条，第57条，クレーン則第57条，ゴンドラ則第6条)。

使用検査において実際に行われる検査は，ボイラー及び第1種圧力容器については，構造検査，移動式クレーン及びゴンドラについては製造検査に準ずることとなっている。

(5) 落成検査

落成検査は，特定機械等のうち，ボイラー及び第1種圧力容器，クレーン，デリック，エレベーター，建設用リフトのように当該特定機械等を特定の場所に据置きで設置して使用されるものに対して，労働基準監督署長により実施される検査である。

落成検査は，ボイラーについては，①ボイラー室（ボイラーを設置するための専用の建物または建物の中で障壁で区画された場所)，②ボイラー及び配管の設置状況，③ボイラーの据付基礎の状態と燃焼室及び煙道の構造について行われるが（ボイラー則第14条)，第1種圧力容器については，ボイラーとは異なりその設置と配管の状況についてのみ検査される（ボイラー則第59条)。

クレーン，デリック，エレベーター，建設用リフトの落成検査は，各特定機械等の構造及び機能についての点検のほか，移動式クレーン及びゴンドラと同様に，荷重試験，安定度試験（クレーンのみ。なお，天井クレーンや橋形クレーン等転倒のおそれのないクレーンについては荷重試験のみ）が行われる。荷重試験については，クレーン及びデリックは，定格荷重の1.25倍に相当する荷重（定格荷重が200tを超える移動式クレーンにおいては，定格荷重に50tを加えた荷重）の荷をつり上げ，旋回，走行，トロリの横行（クレーン)，ブームの起伏（デリック）等の試験を行い，エレベーター及び建設用リフトの荷重試験は，積載荷重の1.2倍に相当する荷重の荷を乗せて昇降の作動を行うものである。

クレーンの安定度試験は，移動式クレーンの製造検査と同様に，クレーンに定格荷重の1.27倍に相当する荷重の荷をつって，当該移動式クレーンの安定に関し最も不利な条件で地切りすることにより行うこととされている。

(6) 変更検査

特定機械等の一部について変更を加える場合，それ

によって製造許可を得た時点における特定機械等とは異なる機械とみなされるため，所轄の労働基準監督署長に届け出た上で，変更検査を申請・受検しなければならない．

変更検査が必要となる「厚生労働省令で定める部分」については，以下の通り，各安全規則に具体的な部分が特定されている．

(a) ボイラー

ボイラーについて，本条第3項に基づく主要な部分の変更となるのは，①胴，ドーム，炉筒，火室，鏡板，天井板，管板，管寄せ又はステー，②附属設備，③燃焼装置，④ボイラーの据付基礎である（ボイラー則第41条）．

(b) 第1種圧力容器

第1種圧力容器については，胴，鏡板，底板，管板，蓋板またはステーの変更が主要部分の変更として変更検査の対象となる（ボイラー則第76条）．

(c) クレーン

クレーンについて変更検査を必要とするのは，①クレーンガーダ，ジブ，脚，塔その他の構造部分，②原動機，③ブレーキ，④つり上げ機構，⑤ワイヤロープまたはつりチェーン，⑥フック，グラブバケット等のつり具，について変更を加えた場合である（クレーン則第44条）．

(d) 移動式クレーン

移動式クレーンについて変更検査を必要とするのは，①ジブその他の構造部分，②原動機，③ブレーキ，④つり上げ機構，⑤ワイヤロープまたはつりチェーン，⑥フック，グラブバケット等のつり具，⑦台車，となっている（クレーン則第86条）．

(e) デリック

デリックについて変更検査を必要とする主要部分の変更は，①マスト，ブーム，控えその他の構造部分，②原動機，③ブレーキ，④つり上げ機構，⑤ワイヤロープまたはつりチェーン，⑥フック，グラブバケット等のつり具，⑦デリックを設置する際の基礎，となっている（クレーン則第129条）．

(f) エレベーター

エレベーターについて変更検査を必要とする主要部分の変更は，①搬器またはカウンターウェイト，②巻上げ機または原動機，③ブレーキ，④ワイヤロープ，⑤屋外に設置されているエレベーターの場合，昇降路塔，ガイドレール支持塔，控え，となっている（クレーン則第163条）．

(g) 建設用リフト

建設用リフトについて変更検査を必要とする主要部分の変更は，①ガイドレールまたは昇降路，②搬器，③原動機，④ブレーキ，⑤ウインチ，⑤ワイヤロープ，について変更を加えた場合である（クレーン則第197条）．

(h) ゴンドラ

ゴンドラについては，①作業床，②アームその他の構造部分，③昇降装置，④ブレーキまたは制御装置，⑤ワイヤロープ，⑥固定方法，を変更する場合に変更検査を受検しなければならない（ゴンドラ則第29条）．

(7) 使用再開検査

使用再開検査は，使用検査と同様に，ボイラー及び第1種圧力容器については構造検査，クレーン，デリック，エレベーターについては落成検査に準じた検査，移動式クレーン及びゴンドラについては製造検査に準じた検査がそれぞれ実施される．

4 手数料

第38条に基づき特定機械等の構造検査，溶接検査，使用検査，使用再開検査，性能検査を受けようとする者は，安衛法第112条第1項第4号及び第4号の2の規定に基づき，国に手数料を納付しなければならない．手数料の額は，労働安全衛生法関係手数料令第3条及び別表第1に，当該特定機械等の種類及びその規模に応じて定められている（具体的な手数料額については，資料5-16を参照）．

手数料に関しては，その算定根拠となる人件費，物件費等の変動に伴って手数料額の見直しが行われるが，2004年の検疫法施行令等の一部を改正する政令（平成16年3月19日政令第46号）により，電子情報処理組織を使用する場合（いわゆるオンライン申請）の手数料額については，通常の申請よりも低額へと改訂された．また，オンライン申請の場合には，収入印紙ではなく，現金での手数料納付も認められている（労働安全衛生法関係手数料令第7条第1項但書）．

5 罰則

本条第1項の規定に基づく構造検査，溶接検査，製造検査，使用検査を受けなかった者については，法第119条第1号により6カ月以下の懲役または50万円以下の罰金に処せられる．

3 関連規定

1 ボイラー・圧力容器

ボイラーについて本条に関連する規定として，電気事業法では，ボイラー・圧力容器を含む特定重要電気工作物について，0 kPa以上で使用するものについては，主務大臣（経済産業相）による定期検査を（電気事業法第54条），溶接によるボイラー・圧力容器については，溶接事業者検査（同法第52条）を受けなければならない．また，これらの電気工作物の設置に伴う検査としては，使用前安全管理審査の仕組みがあり，事業者による使用前自主検査に基づき経済産業相による登

資料 5-16 法第38条の検査にかかる手数料
（労働安全衛生法関係手数料令 別表第1）

区分	金額	電子情報処理組織を使用する場合の金額
	1基につき 円	1基につき 円
一 ボイラー		
(1)構造検査，使用検査，使用再開検査及び性能検査		
伝熱面積が5平方メートル未満のもの	17,600	17,200
伝熱面積が5平方メートル以上10平方メートル未満のもの	21,500	21,000
伝熱面積が10平方メートル以上40平方メートル未満のもの	30,400	30,000
伝熱面積が40平方メートル以上100平方メートル未満のもの	35,500	35,000
伝熱面積が100平方メートル以上200平方メートル未満のもの	43,200	42,800
伝熱面積が200平方メートル以上300平方メートル未満のもの	50,600	50,100
伝熱面積が300平方メートル以上500平方メートル未満のもの	58,400	57,900
伝熱面積が500平方メートル以上700平方メートル未満のもの	73,900	73,400
伝熱面積が700平方メートル以上のもの	81,700	81,200
(2)溶接検査		
(一) 胴又は管寄せを溶接する場合		
イ 胴又は管寄せの長手方向における溶接部分の長さの合計（以下この（一）において単に「長さ」という。）が5メートル未満のもの		
胴又は管寄せの最大内径のうち最大のもの（以下この(1)において単に「最大内径」という。）が0.5メートル未満のもの	21,300	20,800
最大内径が0.5メートル以上1メートル未満のもの	33,400	33,000
最大内径が1メートル以上のもの	45,600	45,200
ロ 長さが5メートル以上10メートル未満のもの		
最大内径が0.5メートル未満のもの	29,400	28,900
最大内径が0.5メートル以上1メートル未満のもの	37,500	37,000
最大内径が1メートル以上のもの	49,700	49,200
ハ 長さが10メートル以上のもの		
最大内径が0.5メートル未満のもの	33,400	33,000
最大内径が0.5メートル以上1メートル未満のもの	41,600	41,100
最大内径が1メートル以上のもの	61,900	61,400
(二) 鏡板，管板，天井板，炉筒又は火室のみを溶接する場合		
鏡板，管板，天井板，炉筒又は火室の最大内径のうち最大のもの（以下この（二）において単に「最大内径」という。）が0.5メートル未満のもの	21,300	20,800
最大内径が0.5メートル以上1メートル未満のもの	33,400	33,000
最大内径が1メートル以上のもの	61,900	61,400
(3)落成検査		
(一) 水管ボイラー		
伝熱面積が100平方メートル未満のもの	13,100	12,600
伝熱面積が100平方メートル以上300平方メートル未満のもの	24,100	23,700
伝熱面積が300平方メートル以上500平方メートル未満のもの	31,500	31,000
伝熱面積が500平方メートル以上のもの	42,500	42,000
(二) 水管ボイラー以外のボイラー		
伝熱面積が40平方メートル未満のもの	9,500	9,000
伝熱面積が40平方メートル以上100平方メートル未満のもの	11,300	10,800
伝熱面積が100平方メートル以上のもの	16,800	16,300
(4)変更検査		
(一) 溶接によりボイラーの一部に変更を加えた場合		
イ 水管ボイラー		
伝熱面積が100平方メートル未満のもの	12,700	12,300
伝熱面積が100平方メートル以上のもの	20,100	19,600
ロ 水管ボイラー以外のボイラー		
伝熱面積が40平方メートル未満のもの	12,700	12,200
伝熱面積が40平方メートル以上のもの	16,400	15,900
(二) 溶接によらないでボイラーの一部に変更を加えた場合		
イ 水管ボイラー		
伝熱面積が100平方メートル未満のもの	12,700	12,300

区分	金額	電子情報処理組織を使用する場合の金額
伝熱面積が100平方メートル以上のもの	16,400	15,900
ロ　水管ボイラー以外のボイラー		
伝熱面積が40平方メートル未満のもの	9,100	8,600
伝熱面積が40平方メートル以上のもの	12,700	12,300
二　第一種圧力容器		
(1)構造検査，使用検査，使用再開検査及び性能検査		
内容積が0.5立方メートル未満のもの	9,900	9,400
内容積が0.5立方メートル以上1立方メートル未満のもの	13,800	13,300
内容積が1立方メートル以上2立方メートル未満のもの	17,600	17,200
内容積が2立方メートル以上5立方メートル未満のもの	21,500	21,000
内容積が5立方メートル以上10立方メートル未満のもの	25,800	25,300
内容積が10立方メートル以上30立方メートル未満のもの	33,500	33,100
内容積が30立方メートル以上60立方メートル未満のもの	37,800	37,300
内容積が60立方メートル以上のもの	41,700	41,200
(2)溶接検査		
(一)　胴を溶接する場合		
イ　胴の長手方向における溶接部分の長さ（以下この(一)において「長さ」という。）が5メートル未満のもの		
胴の最大内径（以下この(一)において「最大内径」という。）が0.5メートル未満のもの	21,300	20,800
最大内径が0.5メートル以上1メートル未満のもの	33,400	33,000
最大内径が1メートル以上のもの	45,600	45,200
ロ　長さが5メートル以上10メートル未満のもの		
最大内径が0.5メートル未満のもの	29,400	28,900
最大内径が0.5メートル以上1メートル未満のもの	37,500	37,000
最大内径が1メートル以上のもの	49,700	49,200
ハ　長さが10メートル以上のもの		
最大内径が0.5メートル未満のもの	33,400	33,000
最大内径が0.5メートル以上1メートル未満のもの	41,600	41,100
最大内径が1メートル以上のもの	53,800	53,300
(二)　鏡板，底板，管板又はふた板のみを溶接する場合		
鏡板，底板，管板又はふた板の最大内径のうち最大のもの（以下この(2)において単に「最大内径」という。）が0.5メートル未満のもの	21,300	20,800
最大内径が0.5メートル以上1メートル未満のもの	33,400	33,000
最大内径が1メートル以上のもの	53,800	53,300
(3)落成検査		
内容積が5立方メートル未満のもの	5,400	4,900
内容積が5立方メートル以上のもの	9,100	8,600
(4)変更検査		
(一)　溶接により第一種圧力容器の一部に変更を加えた場合		
内容積が5立方メートル未満のもの	9,100	8,600
内容積が5立方メートル以上のもの	12,700	12,300
(2)溶接によらないで第一種圧力容器の一部に変更を加えた場合		
内容積が5立方メートル未満のもの	5,400	4,900
内容積が5立方メートル以上のもの	9,100	8,600
三　クレーン（移動式クレーンを除く。以下同じ。），移動式クレーン及びデリック		
(1)製造検査，使用検査，落成検査，使用再開検査及び性能検査		
(一)　ジブクレーン（壁クレーンを除く。），橋型クレーン，ケーブルクレーン及びアンローダ，移動式クレーン（浮きクレーンに限る。）並びにガイデリック及びスチフレグデリック		
つり上げ荷重が5トン未満のもの	28,900	28,400
つり上げ荷重が5トン以上10トン未満のもの	38,100	37,600
つり上げ荷重が10トン以上20トン未満のもの	47,800	47,300
つり上げ荷重が20トン以上50トン未満のもの	59,900	59,500
つり上げ荷重が50トン以上100トン未満のもの	79,300	78,900
つり上げ荷重が100トン以上200トン未満のもの	93,900	93,400
つり上げ荷重が200トン以上500トン未満のもの	113,300	112,800
つり上げ荷重が500トン以上1,000トン未満のもの	132,700	132,200

区分	金額	電子情報処理組織を使用する場合の金額
つり上げ荷重が1,000トン以上のもの	152,100	151,600
(二) 天井クレーン		
つり上げ荷重が5トン未満のもの	16,300	15,800
つり上げ荷重が5トン以上10トン未満のもの	22,100	21,600
つり上げ荷重が10トン以上20トン未満のもの	29,800	29,400
つり上げ荷重が20トン以上50トン未満のもの	40,500	40,100
つり上げ荷重が50トン以上100トン未満のもの	55,100	54,600
つり上げ荷重が100トン以上200トン未満のもの	71,600	71,100
つり上げ荷重が200トン以上500トン未満のもの	93,900	93,400
つり上げ荷重が500トン以上のもの	125,000	124,500
(三) 移動式クレーン (浮きクレーンを除く。)		
つり上げ荷重が5トン未満のもの	15,300	14,800
つり上げ荷重が5トン以上10トン未満のもの	21,100	20,700
つり上げ荷重が10トン以上20トン未満のもの	28,900	28,400
つり上げ荷重が20トン以上50トン未満のもの	38,800	38,300
つり上げ荷重が50トン以上100トン未満のもの	55,100	54,600
つり上げ荷重が100トン以上200トン未満のもの	71,600	71,100
つり上げ荷重が200トン以上のもの	93,900	93,400
(四) (一) 及び (二) に掲げるクレーン並びに (一) に掲げるデリック以外のクレーン及びデリック		
つり上げ荷重が5トン未満のもの	13,400	12,900
つり上げ荷重が5トン以上10トン未満のもの	19,200	18,700
つり上げ荷重が10トン以上20トン未満のもの	23,600	23,100
つり上げ荷重が20トン以上50トン未満のもの	32,300	31,800
つり上げ荷重が50トン以上100トン未満のもの	45,400	44,900
つり上げ荷重が100トン以上200トン未満のもの	55,100	54,600
つり上げ荷重が200トン以上のもの	76,000	75,500
(2)変更検査		
(一) (1)の (一) に掲げるクレーン，移動式クレーン及デリック		
つり上げ荷重が5トン未満のもの	10,900	10,400
つり上げ荷重が5トン以上10トン未満のもの	15,500	15,000
つり上げ荷重が10トン以上20トン未満のもの	20,100	19,600
つり上げ荷重が20トン以上50トン未満のもの	29,300	28,800
つり上げ荷重が50トン以上100トン未満のもの	38,400	38,000
つり上げ荷重が100トン以上200トン未満のもの	47,600	47,100
つり上げ荷重が200トン以上500トン未満のもの	61,400	60,900
つり上げ荷重が500トン以上1,000トン未満のもの	75,100	74,700
つり上げ荷重が1,000トン以上のもの	88,900	88,400
(二) (1)の (二) に掲げるクレーン		
つり上げ荷重が5トン未満のもの	7,200	6,800
つり上げ荷重が5トン以上10トン未満のもの	10,900	10,400
つり上げ荷重が10トン以上20トン未満のもの	15,500	15,000
つり上げ荷重が20トン以上50トン未満のもの	23,900	23,400
つり上げ荷重が50トン以上100トン未満のもの	31,100	30,600
つり上げ荷重が100トン以上200トン未満のもの	42,100	41,600
つり上げ荷重が200トン以上500トン未満のもの	49,400	49,000
つり上げ荷重が500トン以上のもの	57,700	57,200
(三) (1)の (三) に掲げる移動式クレーン		
つり上げ荷重が5トン未満のもの	6,300	5,800
つり上げ荷重が5トン以上10トン未満のもの	9,100	8,600
つり上げ荷重が10トン以上20トン未満のもの	14,600	14,100
つり上げ荷重が20トン以上50トン未満のもの	21,900	21,400
つり上げ荷重が50トン以上100トン未満のもの	29,300	28,800
つり上げ荷重が100トン以上200トン未満のもの	38,400	38,000
つり上げ荷重が200トン以上のもの	49,200	48,800
(四) (1)の (一) 及び (二) に掲げるクレーン並びに(1)の (二) に掲げるデリック以外のクレーン及びデリック		

区分	金額	電子情報処理組織を使用する場合の金額
つり上げ荷重が5トン未満のもの	5,500	5,000
つり上げ荷重が5トン以上10トン未満のもの	9,100	8,600
つり上げ荷重が10トン以上20トン未満のもの	12,700	12,300
つり上げ荷重が20トン以上50トン未満のもの	20,100	19,600
つり上げ荷重が50トン以上100トン未満のもの	27,400	26,900
つり上げ荷重が100トン以上200トン未満のもの	34,800	34,300
つり上げ荷重が200トン以上のもの	42,100	41,600
四　エレベーター（建設用リフトを除く。）		
(1)落成検査，使用再開検査及び性能検査		
積載荷重が2トン未満のもの	19,800	19,300
積載荷重が2トン以上のもの	28,000	27,600
(2)変更検査		
積載荷重が2トン未満のもの	10,900	10,400
積載荷重が2トン以上のもの	16,400	15,900
五　建設用リフト		
(1)落成検査		
ガイドレール（昇降路を有するものにあつては，昇降路）の高さ（以下この号において「高さ」という。）が30メートル未満のもの	14,300	13,800
高さが30メートル以上50メートル未満のもの	21,600	21,100
高さが50メートル以上のもの	29,000	28,500
(2)変更検査		
高さが30メートル未満のもの	10,900	10,400
高さが30メートル以上50メートル未満のもの	15,500	15,000
高さが50メートル以上のもの	20,100	19,600
六　ゴンドラ		
製造検査，使用検査，変更検査，使用再開検査及び性能検査		
(1)人力により昇降させるもの	12,200	11,700
(2)動力により昇降させるもの		
積載荷重が0.25トン未満のもの	18,000	17,500
積載荷重が0.25トン以上のもの	23,800	23,400

備考
一　「構造検査」とは，法第38条第1項の検査のうち，ボイラー又は第1種圧力容器を製造した者が受ける検査（溶接検査を除く。）をいう。
二　「使用検査」とは，法第38条第1項の検査のうち特定機械等を製造した者以外の者が受ける検査及び同条第2項の検査（同項第2号に掲げる場合に受けるものに限る。）をいう。
三　「使用再開検査」とは，法第38条第3項の検査のうち，特定機械等で使用を休止したものを再び使用しようとする者が受ける検査をいう。
四　「溶接検査」とは，法第38条第1項の検査のうち，ボイラー又は第1種圧力容器を溶接により製造した者が当該溶接について受ける検査をいう。
五　「落成検査」とは，法第38条第3項の検査のうち，特定機械等（移動式のものを除く。）を設置した者が受ける検査をいう。
六　「変更検査」とは，法第38条第3項の検査のうち，特定機械等の一部に変更を加えた者が受ける検査をいう。
七　「製造検査」とは，法第38条第1項の検査のうち，クレーン，移動式クレーン，デリック又はゴンドラを製造した者が受ける検査をいう。
八　「つり上げ荷重」とは，クレーン，移動式クレーン又はデリックの構造及び材料に応じて負荷させることができる最大の荷重をいう。
九　「積載荷重」とは，エレベーター（建設用リフトを除く。）又はゴンドラの構造及び材料に応じて，搬器又は作業床に人又は荷をのせて上昇させることができる最大の荷重をいう。

録安全管理審査機関の審査を受けなければならないと規定されている（同法第51条）。この仕組みは，使用開始後の定期安全管理検査においても同様であり，事業者による検査（定期事業者検査）結果に基づき，登録安全管理審査期間の審査を受けるべきことが定められている。

また，圧力容器については，高圧ガス保安法において，高圧ガスを貯蔵する容器の製造者に対して容器検査の受検を義務づけている（高圧ガス保安法第44条）。また，同法に紐付く特定設備検査規則では，圧力容器の設計圧力と内容積の積が0.004を超えるものを特定設備とし，かかる設備の製造者に対して，経産省により設立された高圧ガス保安協会による特定設備検査として，材料検査，加工検査，溶接検査，構造検査を受検することが義務づけられている（高圧ガス保安法第56条の3）。また，高圧ガス製造事業者は，特定設備を含む製造施設全体について，都道府県知事または指定完成検査機関による完成検査を受けるべきことが規定されている（同法第20条）。圧力容器に関しては，高圧ガス保安法と安衛法のいずれかの規制が適用されることになるが，高圧ガス保安法の規制下にある高圧ガスを貯蔵する容器については，同法が適用され，それ以外の圧力容器については安衛法が適用されるという仕組みを原則とし，それぞれの法律の改正に併せて適用対象となる圧力容器の調整が行われている[49]。

2　クレーン

港湾法は，第56条の2の2第1項において，港湾施設内の技術基準対象施設について，他の法令の規定の

資料5-17 エレベーター等の労働安全衛生法と建築基準法による区分

項目	労働安全衛生法	建築基準法
適用対象	一般公衆の用に供されるものを除き，工場等に設置される積載荷重が0.25トン以上のエレベーター	用途，積載荷重を問わず，人または荷物を運搬する昇降機
区分	●エレベーター かごの床面積が1m²を超え，かつ天井の高さが1.2mを超えるもの ●簡易リフト かごの床面積が1m²以下，または天井の高さが1.2m以下 ③簡易リフト ④エレベーター ①簡易リフト ②簡易リフト （高さ1.2m、面積1.0m²で区分）	●エレベーター かごの床面積が1m²を超え，または天井の高さが1.2mを超えるもの ●小荷物専用昇降機 かごの床面積が1m²以下，かつ天井の高さが1.2m以下 ③エレベーター ④エレベーター ①小荷物専用昇降機 ②エレベーター （高さ1.2m、面積1.0m²で区分） 図の②及び③は，労働安全衛生法では簡易リフトとなるが，建築基準法ではエレベーターとなるため，安衛法の規定に加えて，建築基準法に基づくエレベーターの構造規格が適用される。

適用がある場合においては当該法令の規定によるほか，対象施設について国交省令で定める技術上の基準に適合するように建設・改良・維持することを定め，同条第3項において，対象施設が当該技術基準に該当することの確認を受けなければならない旨を規定している。この技術基準対象施設には荷役機械としてクレーンが該当するため，港湾に設置されるクレーン（コンテナクレーン，ガントリークレーン等）については，安衛法に定める仕様基準に基づく検査を受検するとともに，国交省令の定める技術基準を満たしていることの確認を受けなければならない。[50]

3 エレベーター・簡易リフト

エレベーターについては，安衛法上のエレベーター・簡易リフトと建築基準法上のエレベーター・小荷物専用昇降機とでは定義が異なっており（資料5-17を参照），安衛法の適用対象たるエレベーターについて，人または荷物を運搬する昇降機でもある場合には，建築基準法に基づく確認申請等を経た上で検査の申請をする必要がある。すなわち，当該エレベーターの設置届の提出にあたっては，建築基準法に基づく確認申請を実施し，交付を受けた確認済証の写しを添付しなければならず（クレーン則第140条第2項），また，落成検査の際には，建築基準法第7条第5項の規定により交付された検査済証の写しを添付しなければならない（同則第141条第5項）。この場合，安衛法に基づく落成検査にあたっては，荷重試験については免除されることとなっている（同則第146条）。

4 沿革

1 法制史

(1) ボイラー・圧力容器

汽罐取締令

○汽罐取締令（昭和10年4月9日内務省令第20号）

第6条第1項「汽罐ハ罐体検査ニ合格シタルモノニ非ザレバ之ヲ設置スルコトヲ得ズ」

第8条第1項「汽罐設置工事竣功シタルトキハ汽罐毎ニ別記第6号様式ニ依ル願書ヲ提出シ設置地方長官ノ竣功検査ヲ受クベシ」

第10条「汽罐設置者汽罐又ハ其ノ設備ニ付左ノ各号ノ一ニ該当スル部分ヲ修繕又ハ変更セントスルトキハ別記第8号様式ニ依ル願書正副2通ニ汽罐検査証ヲ添ヘ設置地地方長官ノ許可ヲ受クベシ汽罐ノ制限圧力又ハ水頭圧ヲ変更セントスルトキ亦同ジ

一 汽罐ノ罐胴，炉筒，火室，鏡板，冠板，管板及控
二 焚焼装置
三 汽罐ノ据付基礎」

第11条「前条第1号ノ部分ノ修繕又ハ変更工事竣功シタルトキハ別記第9号様式ニ依ル願書ヲ提出シ設置地地方長官ノ修繕又ハ変更検査ヲ受クベシ」

第13条「汽罐検査ノ有効期間満了後引続キ汽罐ヲ使用セントスルトキハ有効期間満了前別記第10号様式ニ依ル願書ヲ提出シ設置地地方長官ノ更新検査ヲ受クベシ

2 地方長官必要アリト認ムルトキハ臨時ニ汽罐ノ検査ヲ行フコトヲ得」

第19条第4項「前項ノ場合ニ於テ汽罐検査ノ有効期間満了後ナルトキハ再使用検査ヲ受クルニ非ザレバ之ヲ使用スルコトヲ得ズ」

労働基準法

○労働基準法（昭和22年4月7日法律49号）

第47条第1項「前條第2項の機械及び器具は，認可を

受けた後，命令で定める期間を経過した場合においては，行政官廳の行う性能検査に合格したものでなければ使用してはならない。」

○労働安全衛生規則（昭和22年10月31日労働省令第9号）

第39条第1項「法第47條第1項の規定により，前條第1項第1号乃至第3号に掲げる機械及び器具について，性能検査の有効期間が満了した後，引続き使用しようとするときは，様式第10号による申請書を，所轄労働基準監督署長に提出しなければならない。」

第230条第1項「汽罐又は特殊汽罐について，罐体検査を受けようとする者は，様式第21号による申請書に様式第22号甲，乙，丙による汽罐又は特殊汽罐明細書を添え，所轄都道府縣労働基準局長に提出しなければならない。（以下省略）」

第231条「水管式汽罐，鋳鉄製汽罐等の組立式の汽罐にあつては，第237條による設置の認可を受けた後，罐体検査を受けることができる。」

第234条「汽罐又は特殊汽罐の溶接については，溶接検査を受けなければならない。

2　溶接検査を受けようとする者は，様式第25号による申請書，様式第26号による汽罐，特殊汽罐又は附属装置明細書を添え，所轄都道府縣労働基準局長に提出しなければならない。（以下省略）」

第236条「溶接による汽罐，特殊汽罐又は附属装置は，溶接検査に合格したものでなければ罐体検査を受けることができない。」

第237条「汽罐又は特殊汽罐を設置しようとする者は，様式第27号による認可申請書に，汽罐又は特殊汽罐明細書を添え，所轄（移動式汽罐にあつては，その主たる作業事務所所在地）労働基準監督署長に提出しなければならない。」

第238条「罐体検査を受けた後1年以上経過した汽罐又は特殊汽罐を設置しようとするときは，所轄労働基準監督署長の性能検査を受けなければならない。」

○ボイラ及び圧力容器安全規則（昭和34年2月24日労働省令第3号）

第9条（設置認可）「ボイラを設置しようとする者は，あらかじめ，その事業場の所在地を管轄する労働基準監督署長（以下「所轄労働基準監督署長」という。）の認可を受けなければならない。

2　前項の認可は，第4条の構造検査（次条第1項各号に掲げるボイラについては，同項の再使用検査）に合格しないボイラについては，与えないものとする。ただし，水管ボイラ，鋳鉄製ボイラ等の組立式ボイラについては，この限りでない。

3　第1項の認可を受けようとする者は，ボイラ設置認可申請書（様式第10号）にボイラ明細書（様式第3号）を添えて，これを所轄労働基準監督署長に提出しなければならない。」

第10条（再使用検査）「都道府県労働基準局長は，申請により，次の各号に掲げるボイラについて，再使用検査を行うものとする。」

一　使用を廃止したボイラ

二　輸入したボイラその他第3条第1項の認可を要しなかったボイラ

三　構造検査を受けた後未設置のまま1年以上経過したボイラ

2　再使用検査を受けようとする者は，ボイラ再使用検査申請書（様式第11号）にボイラ明細書（様式第12号）を添えて，これを都道府県労働基準局長に提出しなければならない。

3　都道府県労働基準局長は，再使用検査に合格したボイラに様式第4号による刻印を押し，かつ，そのボイラ明細書に様式第12号による再使用検査済の印を押して交付する。

（再使用検査を受けるときの措置）

第11条　第5条の規定は，再使用検査について準用する。

（落成検査）

第12条　第9条第1項の認可を受けた者は，当該認可に係るボイラについて，所轄労働基準監督署長の行う落成検査を受けなければならない。ただし，移動式ボイラ又は所轄労働基準監督署長が設置認可を行うにあたって落成検査の必要がないと認めたボイラについては，この限りでない。

2　水管ボイラ，鋳鉄製ボイラ等の組立式ボイラについては，第4条の構造検査又は第10条の再使用検査に合格した後でなければ，落成検査を受けることができない。

3　落成検査を受けようとする者は，ボイラ落成検査申請書（様式第13号）を所轄労働基準監督署長に提出しなければならない。

第30条　使用者は，落成検査に合格した後（落成検査を省略されたボイラについては第9条第1項の認可を受けた後とする。以下第38条において同じ。）1年を経過したボイラについて，あらかじめ，所轄労働基準監督署長又は労働基準法（昭和22年法律第49号。以下「法」という。）第47条第2項の規定により労働大臣が指定した者（以下「性能検査代行者」という。）の行う性能検査に合格しなければ，これを使用してはならない。性能検査の有効期間を経過したボイラについても，同様とする。

（性能検査の申請等）

第32条　所轄労働基準監督署長の行う性能検査を受けようとする者は，ボイラ性能検査申請書（様式第17号）を提出しなければならない。

2　性能検査代行者の行う性能検査を受けようとする者は，あらかじめ，ボイラ代行検査受検報告（様式第18号）を所轄労働基準監督署長に提出しなければならない。

（性能検査を受けるときの措置）

第33条　性能検査を受ける者は，ボイラ（燃焼室を含む。）及び煙道を冷却し，掃除しその他性能検査に必要な準備をしなければならない。

2　第5条第2項及び第3項の規定は，性能検査について準用する。この場合において，同条第2項中「都道府県労働基準局長」とあるのは，「所轄労働基準監督署長」と読み替えるものとする。

（性能検査代行者）

第34条　法第47条第2項の規定による労働大臣の指定を受けようとする者は，申請書に，性能検査に従事する者，検査の基準及び検査手数料に関する定を添えてこれを労働大臣に提出しなければならない。

2　性能検査代行者は，性能検査に従事する者，検査の基準又は検査手数料に関する定を変更したときは，遅滞なく，その旨を労働大臣に報告しなければならない。

3　性能検査代行者は，その月中に行つた性能検査の結果について，翌月末日までに，ボイラ代行検査結果報告，（様式第19号）により，当該ボイラの設置地を管轄する労働基準監督署長に報告しなければならない。

第6節　変更，休止及び廃止

（変更認可）

第35条　ボイラについて，次の各号の一に該当する部分を変更しようとする者は，あらかじめ，所轄労働基準監督署長の認可を受けなければならない。

一　胴，ドーム，炉筒，火室，鏡板，天井板，管板，管寄せ又はステー
二　附属設備
三　燃焼装置の主要部分
四　すえ付け基礎

2　前項の認可を受けようとする者は，ボイラ変更認可申請書（様式第20号）にボイラ検査証を添えて，これを所轄労働基準監督署長に提出しなければならない。

（変更検査）

第36条　前条第1項の認可を受けた者は，当該認可に係るボイラについて所轄労働基準監督署長の行う変更検査を受けなければならない。ただし，所轄労働基準監督署長が変更認可を行うにあたって変更検査の必要がないと認めたボイラについては，この限りでない。

2　変更検査を受けようとする者は，ボイラ変更検査申請書（様式第21号）を所轄労働基準監督署長に提出しなければならない。

法第37条の法制史でも詳述した通り，ボイラに関しては，事故が発生した場合の損害の大きさに鑑みて，ボイラーの缶体に関する検査，及び設置に関する検査について古くから規制が設けられてきた。

1935年に制定された汽鑵取締令においては，それ以前の各府県による取締令における検査の内容がそれぞれ異なっており，ボイラーの製造者にも設置者にも極めて不利不便であって，ボイラーの技術的進歩に対して十分な対応ができていなかったことを踏まえて，全国的に統一された取締法規を定めることを目的としていた[51]。

この取締令では，ボイラーに関する製造上の検査である缶体検査と並び，設置上の検査として，竣功検査，修繕変更検査，更新検査，臨時検査，再使用検査についてそれぞれ定めていた。このうち，缶体検査については，ボイラーの種類によって検査も異なるため，最低限の検査として水圧試験を実施すべきとされていた（汽鑵取締令第6条第2項）。

この汽鑵取締令による検査の仕組みは，1947年の労基法制定を受けて制定された旧安衛則においても，特定機械等に関する製造認可の後に缶体検査，溶接検査を実施しなければならないという形で受け継がれた。また，旧安衛則では，認可されてから一定期間を経過した場合，あるいは有効期間満了後に引き続き使用しようとする場合に性能検査を受けるべきことが規定されていた。また，第1種圧力容器については，旧安衛則上は内圧容器として一般危害防止基準による規制が行われており，その設置にあたっては耐圧証明書の添付が義務づけられていた（旧安衛則第166条）。この証明にあたっては，水圧試験及び容器検査に合格することが必要とされていた（同第169条）。

1959（昭和34）年に制定されたの旧ボイラー則では，変更検査について，所轄の労基署長の認可を経た上で検査を受けることとなっている点を除けば，概ね現行のボイラー則と同様となっていた。

(2)　クレーン・デリック・エレベーター・リフト

労働基準法

○労働基準法（昭和22年4月7日法律49号）

第47条第1項「前條第2項の機械及び器具は，認可を受けた後，命令で定める期間を経過した場合においては，行政官廳の行う性能検査に合格したものでなければ使用してはならない。」

同条第2項「前項の性能検査は，同項の行政官廳の外，労働に関する主務大臣が指定する他の者に行わせることができる。」

○労働安全衛生規則（昭和22年10月31日労働省令第9号）

第39条第1項「法第47條第1項の規定により，前條第1項第1号乃至第3号に掲げる機械及び器具について，性能検査の有効期間が満了した後，引続き使用しようとするときは，様式第10号による申請書を，所轄労働基準監督署長に提出しなければならない。」

○クレーン等安全規則（昭和37年7月31日労働省令第

16号)
(落成検査)
第6条　前条第1項の認可を受けた者は，当該認可に係るクレーンについて，所轄労働基準監督署長が行なう落成検査を受けなければならない。ただし，所轄労働基準監督署長が当該認可を行なうにあたつて落成検査の必要がないと認めたクレーンについては，この限りでない。
2　落成検査においては，クレーンの各部分の構造及び機能について点検を行なうほか，定荷重試験，過荷重試験及び安定度試験（天井クレーン，橋形クレーン等転倒するおそれがないクレーンの落成検査においては，定荷重試験及び過荷重試験）を行なうものとする。
(性能検査)
第38条　使用者は，クレーン検査証の有効期間を経過したクレーンについては，所轄労働基準監督署長又は性能検査代行者が行なう性能検査に合格したものでなければ使用してはならない。
(変更認可)
第41条　設置されているクレーンについて，次の各号の一に該当する部分を変更しようとする者は，あらかじめ，所轄労働基準監督署長の認可を受けなければならない。
　一　クレーンガーダ，ジブ，脚，塔その他の構造部分
　二　原動機
　三　ブレーキ
　四　つり上機構
　五　ワイヤロープ又はつりチエーン
　六　フック，グラブバケット等のつり具
(変更検査)
第42条　前条第1項第1号に該当する部分について同項の認可を受けた者は，当該認可に係るクレーンについて，所轄労働基準監督署長が行なう変更検査を受けなければならない。ただし，所轄労働基準監督署長が当該認可を行なうにあたつて，変更検査の必要がないと認めたクレーンについては，この限りでない。

クレーン等については，労基法制定以前は，検査に関する規定は存在していなかったようである。労基法制定後の旧安衛則第39条第1項にて，設置認可後，一定期間を経過したクレーン等の使用を再開する場合に性能検査を受検しなければならないと規定されていた。
その後，1962（昭和37）年に制定された旧クレーン則では，性能検査について旧安衛則の規定を承継した上で，落成検査，変更検査について規定していた。変更検査については，旧ボイラー則と同様に，所轄労基署長の認可を受けた上で受検すべきこととされていた。また，移動式クレーンについては，製造検査及び使用検査についての規定が設けられていたほか，設置に関して認可制となっていた（旧クレーン則第46条〜第50条）。
　（3）　ゴンドラ
　第37条の解説で詳述した通り，ゴンドラについては，規制の対象となったのは比較的最近であり，沿革として参照しうるのは，1969（昭和44）年に制定された旧ゴンドラ則のみである。旧ゴンドラ則では，製造検査，使用検査，性能検査，変更検査について規定されていた。変更検査については，他の各安全規則と同様に労基署長の認可が前置されていた。
　2　背景となった災害等
　本条は，検査のための規定であるが，その規制の必要性は，特定機械等の製造・設置上の瑕疵が問題となった災害から生じており，その意味では，前条で掲示した特定機械等に関する災害は，そのまま当該機械等の検査の必要性をも示すものでもある。そのため，本条における背景となった災害については，第37条の項目を参照されたい。

5　運用

1　適用の実際

本条の対象のうち特別特定機械等（ボイラー，第1種圧力容器）に対する製造時等検査ついては，従来は都道府県労働局の安全課の技官（産業安全専門官）が担当していたが，現在は法改正により登録製造時等検査機関（**資料5-14**を参照。主なところでは日本ボイラ協会，ボイラー・クレーン安全協会がある）が実施することとなっている。なお，登録製造時等検査機関による実施体制が整うまでは都道府県労働局も製造時等検査を行うこととされており，例えば，大阪労働局の場合は，日本ボイラ協会に全面移行されたのは2017年4月1日からである。[52]

本条に基づく検査はあくまでも法の名宛人による申請に基づいて実施されるものであり，労働基準監督官の臨検時には，第39条以下の規定に基づき検査証の提示を求めることはあるが，本条に基づく検査申請や検査自体について監督指導が実施されることは稀である。[53]

また，本条第1項に基づく製造時等検査のうち，溶接によるボイラー，第1種圧力容器に関する構造検査，溶接検査は，溶接検査が先に実施され，構造検査はその後に実施される。[54]

2　関連判例

前条にて取り上げた富士ブロイラー事件の高裁判決は，本条に基づく検査の趣旨について，「製造者又は設置者が安全性を有するとして製造，設置した第1種

圧力容器について，実際に安全性を有するか否かを基準（規則及び構造規格）に従って確認するものであり，それ以上に包括的かつ綿密な検査をするわけではなく，積極的に危険を防止する措置を自らとるものでもな」いとして，検査の趣旨はあくまでも当該特定機械等の使用される場所にて労働に従事するものの生命，身体，健康を災害から保護することを目的とするものであるから，「検査ずみの安全性の確保された圧力容器を使用して営業を継続することができるという利益，あるいは正しい検査が行われていれば申請が不合格となり，その結果使用に起因する損害を免れるという利益」を製造者や設置者が享受しうるとしても，「それは，労働者の安全確保を目的とする法及び規則を適用した結果生じた事実上の利益にすぎない」と判示している。

本件では，当該特定機械等の検査を申請したのは製造者であり，設置した訴訟当事者ではないが，裁判所は，いずれの者であっても結論は変わらないとしている。

結局，法第37条の製造許可も含めて，これら行政上の手続に関して訴訟当事者となり得るのは，当該手続により直接的な利益を享受する者でなければならず，安衛法の目的からすれば，それは当該特定機械等の危険により，生命，身体，健康が損なわれる可能性がある労働者のみということになろう。

6 改正提案

法第38条は，製造時及び設置・使用時に各種の検査を義務づけることにより，特定機械等の安全性の確保を目的とする規定である。具体的な検査の内容は，各安全規則において定められているが，各特定機械等の特質に応じて若干の違いはあるとはいえ，各安全規則には特定機械等ごとに検査に関するほぼ同様の条文が繰り返し出現する仕組みとなっている。

安衛法に規定された総則を踏まえて，特定機械等ごとに安全規則を別に規定し，かつ機械としての類似性から複数の特定機械等を1つの安全規則にまとめているというその構造上やむを得ないものであるとはいえ，こうした複雑な規制構造により，必要な検査の全体像が把握しづらくなっていることは否定できない。

機械の安全性確保という観点から，これら検査自体の意義については今後とも変わらないものであることに鑑みれば，これら特定機械等に関する各種検査について，検査内容を包括的に規定する別規則の制定を検討することも視野に入れるべきではないかと思われる。

なお，ボイラー則に関しては，規制改革推進に伴う押印手続の見直しに伴い，検査済印の押印は廃止され，その旨の条文改正が行われたが，クレーン則及びゴンドラ則に関しては，申請者に押印を求める部分についての様式の改定は実施されたものの，条文自体の改正は行われていないため，検査済印の押印も廃止されていない。この点，ボイラー則では，検査の大部分を民間の事業者である登録製造時等検査機関が担っているために見直しの対象となったのに対して，クレーン則及びゴンドラ則における検査は，都道府県労働局長及び所轄労働基準監督署長が担っているため，見直し対象とはならなかったものと考えられる。しかし，登録製造時等検査機関は，本来，安衛法に基づき行政機関が担うべき検査を代行する民間の事業者であり，明細書に押印される検査済印は，第三者に対して特定機械等の安全性の確認を担保するものであって，民間事業者に対する過剰な手続とは性質を異にするものというべきであるから，その廃止までは必要なかったのではないかと思われる。

> **（検査証の交付等）**
> **第39条** 都道府県労働局長又は登録製造時等検査機関は，前条第1項又は第2項の検査（以下「製造時等検査」という。）に合格した移動式の特定機械等について，厚生労働省令で定めるところにより，検査証を交付する。
> 2 労働基準監督署長は，前条第3項の検査で，特定機械等の設置に係るものに合格した特定機械等について，厚生労働省令で定めるところにより，検査証を交付する。
> 3 労働基準監督署長は，前条第3項の検査で，特定機械等の部分の変更又は再使用に係るものに合格した特定機械等について，厚生労働省令で定めるところにより，当該特定機械等の検査証に，裏書を行う。

1 関連政省令

本条に関連する政省令としては，各特定機械等に関する安全規則の中で，特定機械等への刻印，検査証の交付について規定されている。なお，これらの検査証の交付・裏書に関する規定も，特定機械等ごとに安全規則内に条文が設けられている。

1 ボイラー及び圧力容器安全規則

> 第5条
> （中略）
> 5 登録製造時等検査機関は，構造検査に合格した移動式ボイラーについて，申請者に対しボイラー検査証（様式第6号）を交付する。

> 第12条
> （中略）
> 6　登録製造時等検査機関は，使用検査に合格した移動式ボイラーについて，申請者に対しボイラー検査証（様式第6号）を交付する。
> 第15条　所轄労働基準監督署長は，落成検査に合格したボイラー又は前条第1項ただし書のボイラーについて，ボイラー検査証（様式第6号）を交付する。
> 第43条　労働基準監督署長は，変更検査に合格したボイラー（前条第1項ただし書のボイラーを含む。）について，そのボイラー検査証に検査期日，変更部分及び検査結果について裏書を行なうものとする。

2　クレーン等安全規則

> 第9条　所轄労働基準監督署長は，落成検査に合格したクレーン又は第6条第1項ただし書のクレーンについて，同条第6項の規定により申請書を提出した者に対し，クレーン検査証（様式第7号）を交付するものとする。
> 第47条　所轄労働基準監督署長は，変更検査に合格したクレーン又は第45条第1項ただし書のクレーンについて，当該クレーン検査証に検査期日，変更部分及び検査結果について裏書を行なうものとする。

3　ゴンドラ安全規則

> 第8条　所轄都道府県労働局長又は都道府県労働局長は，それぞれ製造検査又は使用検査に合格したゴンドラについて，それぞれ第4条第4項又は第6条第4項の規定により申請書を提出した者に対し，ゴンドラ検査証（様式第8号）を交付するものとする。
> 第31条　所轄労働基準監督署長は，変更検査に合格したゴンドラ又は第29条第1項ただし書のゴンドラについて，当該ゴンドラ検査証に検査期日，変更部分及び検査結果について裏書を行なうものとする。

2　趣旨と内容

1　趣旨

法第40条に基づき，特定機械等については第38条所定の各種の検査（構造検査，溶接検査，使用検査，製造検査，変更検査，使用再開検査）が行われ，これら検査に合格して初めて特定機械等を使用することが可能となる。第39条は，当該特定機械等がこれらの検査に合格した旨を確認できるようにするために，検査証（資料5-18・5-19）の交付及び裏書について規定したものである。

検査証の交付は，安衛法及び各安全規則に定める検査に合格した証となり，検査証の交付を受けていない特定機械等の流通・使用を排除することによって，特定機械等の安全を確保する趣旨である。

本条は，検査証の発行や裏書きを，検査実施機関である都道府県労働局長，登録製造時等検査機関，労基署長の3者に委ねている。労働局から他2者への分散の背景には，安全行政を担う専門技官の不足と民間活力の活用双方の狙いがあるとの指摘がある。[55]

2　内容

本条第1項は，第38条第1項及び第2項に基づく製造時若しくは輸入時の検査，または設置されなかった若しくは廃止された特定機械等の使用を再開する際の検査（構造検査または使用検査）に合格した移動式の特定機械等（移動式ボイラー，移動式クレーン，ゴンドラ）について，検査証を交付する旨を定めている。これに対して，本条第2項は，前条第3項に基づいて実施される設置に係る検査（落成検査）に合格した定置式の特定機械等に対して検査証を交付するものである。第1項と第2項の規定上の相違は，特定機械等が移動式か定置式かによって，当該特定機械等の製造・設置にあたって必要とされる製造時等検査が異なることがその理由となっている。

また，本条第3項は，使用中または休止中の特定機械等の主要な構造部分の変更について各安全規則に規定する変更検査に合格したものに対して，交付済の検査証に変更検査に合格した旨を裏書することにより，ボイラーの変更履歴を確認することを可能とするための規定である。

3　関連規定

高圧ガス保安法第20条は，高圧ガス製造事業者に対して，高圧ガス製造施設全体について完成検査を受けることを義務づけているが，石油コンビナート等災害防止法上の特別防災区域内において，高圧ガス保安法及び労働安全衛生法の適用を受ける廃熱ボイラーについて，本条の規定に基づくボイラー検査証（裏書をしたものを含む）の写しを提出した場合には，経産省の内規により，高圧法に基づく特定設備検査を受検せずに製造施設完成検査証の交付を行って差し支えないものとされている。[56]

また，安衛法の特定機械等と定義されるエレベーター，簡易リフトのうち，建築基準法の適用を受けるものについては，設置にあたって，同法第6条第4項に基づく確認済証の写しを提出する必要がある（クレーン則第140条第2項），この場合，建築基準法第7条第5項に基づく検査済証の写しの提出があれば（同則第141条第5項），当該エレベーターについては，安衛法に基づく落成検査を経ることなくエレベーター検査証が交付される（同則第143条第1項）。もっとも，建築基準法上の検査済証の写しを提出せずに，落成検査の申請を行うことも可能である（同則第141条第4項）。

3 沿革
1 法制史
(1) ボイラー・圧力容器

> 汽罐取締令
> ○汽罐取締令（昭和10年4月9日内務省令第20号）
> 第7条第2項「罐体検査ニ合格シタルトキハ汽罐ニ別記第4号様式ニ依ル刻印ヲ押刻シ汽罐明細書一通ニ別記第5号様式ニ依ル罐体検査済ノ印ヲ押捺シ之ヲ交付ス」
> 第8条第2項「竣功検査ニ合格シタルトキハ別記第7号様式ノ汽罐検査証ヲ交付ス」

> 労働基準法
> ○労働安全衛生規則（昭和22年10月31日労働省令第9号）
> 第230条第2項「都道府縣労働基準局長は、罐体検査に合格した汽罐又は特殊汽罐に様式第23号による刻印を押し、且つ汽罐又は特殊汽罐明細書に様式第24号による罐体検査済の印を押して、これを交付する。」
> 第234条第2項「都道府縣労働基準局長は、溶接検査に合格した汽罐、特殊汽罐又は附属装置に、様式第23号による刻印を押し、溶接明細書に、様式第24号による溶接検査済の印を押して、これを交付する。」

すでに見てきたように、ボイラーに関しては、早い時期から現行法制とそれほど変わらない形での規制が行われてきており、この点は本条に関わる検査証の交付に関しても同様である。汽罐取締令は、缶体検査に合格したボイラー本体への刻印の打刻と検査済印を押印した明細書の交付、竣功検査（現行法制上の落成検査に相当する）に合格したボイラーに汽罐合格証の交付を定めていた。

安衛法制定前の旧安衛則においても、この規定はそのまま受け継がれており、汽罐取締令に規定された検査のほか、溶接検査についても新たに規定が設けられ、その後に制定された旧ボイラー則においては、構造検査、落成検査等、現行のボイラー則とほぼ同様の仕組みとなっていた。[57]

(2) クレーン・デリック・エレベーター・簡易リフト・ゴンドラ

ボイラー・第1種圧力容器以外の特定機械等については、前条の解説にて明らかにした通り、安衛法制定以前の旧安全規則の中で検査に関する規定が設けられたものであり、検査証の交付に関する法規制についても同様である。

旧安全規則に定められた検査証交付に関する規定についても、現行制度とほぼ同様であるのはボイラー・第1種圧力容器の項目で述べた通りである。

2 背景となった災害等

本条は、第38条に基づく検査に合格した特定機械等に対して検査証の交付について定める規定である。前条と同様に、その規制の必要性は、特定機械等の製造・設置上の瑕疵が問題となった災害から生じており、第37条で掲示した特定機械等に関する災害は、そのまま当該機械等の検査の必要性をも示すものでもあるため、本条における背景となった災害については、第37条の項目を参照されたい。

4 運用：関係判例

本条は、検査証の交付・裏書について規定するものであり、その法解釈をめぐって問題となるような事例はほとんどないと考えられ、実際に今回の調査でも裁判例等は発見できなかった。想定しうる論点としては、第38条の検査に関連して、行政機関または製造時等検査機関による不適切な検査、あるいは検査の未実施にもかかわらず本条に基づいて検査証の交付がなされた場合の検査証の効力があるが、当該特定機械等に対する検査が適切に実施されていなかった以上、その検査証については効力を有しないと解するのが適切であろう。また、特定機械等の設置者・使用者が、有効期間の満了後も検査証を更新せずに使用していた場合は、次の第40条が適用されることになるため、本条の問題とはならないと考えられる。

> （使用等の制限）
> 第40条　前条第1項又は第2項の検査証（以下「検査証」という。）を受けていない特定機械等（第38条第3項の規定により部分の変更又は再使用に係る検査を受けなければならない特定機械等で、前条第3項の裏書を受けていないものを含む。）は、使用してはならない。
> 2　検査証を受けた特定機械等は、検査証とともにするのでなければ、譲渡し、又は貸与してはならない。

1 趣旨と内容
1 趣旨

本条は、欠陥のある特定機械等が使用されることを排除するために、第39条の規定に基づく検査証の交付を受けていない特定機械等について、当該特定機械等の使用を禁止し、また当該特定機械等を譲渡・貸与する場合においては、検査証と共に行わなければならない旨を定めたものである。

2 内容

本条第1項に基づいて使用が禁止される特定機械等

は，前条の規定に基づく検査証の交付を受けていないものである。検査証は，法第38条の検査に合格した特定機械等に対して交付されるものであるから，本条により，検査に合格していない特定機械等の使用が禁止されることになる。この場合，検査証は，法第41条第1項に定める有効期間内のものでなければならず，有効期間の満了後，同条第2項に基づく性能検査を受けないまま引き続き使用していた場合には，本条違反が成立する。

また，本条第2項は，特定機械等の譲渡及び貸与を行う場合に，検査証とともに行うべきことを定めたものである。もっとも，本条により検査証を伴わない譲渡・貸与が禁止されるのは「検査証を受けた特定機械等」であるから，検査証を受けていない特定機械等の譲渡・貸与自体は禁止されているわけではないと解される。もっとも，この場合には検査証の交付を受けていない状態であるから本条第1項により当該特定機械等の使用は禁止され，使用するためには譲渡・貸与した側かされた側において，法第38条に基づく検査を受検し，法第39条に基づく検査証（資料5-18・5-19）の交付を受ける必要があるものと解される。

3　罰則

第40条第1項の規定に違反した者については，第119条の規定により，6カ月以下の懲役または50万円以下の罰金に処せられる。また，同条第2項に違反した事業者については，法第120条の規定により，50万円以下の罰金に処せられる。

4　関連規定

本条第2項は検査に合格した特定機械等の譲渡や貸与に際して検査証と共に行うことを定めているが，おそらくはこれとほぼ同様の趣旨ながら異なる規制形式を採り，検査に合格したもの以外の譲渡を禁じた立法として，高圧ガス保安法第44条第1項の規定がある。同条は，高圧ガスの貯蔵容器について，経産省令で定める容器検査を受け，これに合格したものとして刻印及び標章の掲示がなされたものでなければ，容器の譲渡及び引渡しを禁止している。同規定は，刻印及び標章の掲示のない容器の使用禁止については規定していないが，これは同法に基づく容器の規制は，容器の製造者を対象とするものであり，高圧ガスの製造事業者（容器の使用者）を対象とする規制ではないためである。高圧ガス製造事業者の製造設備に関しては，法第38条の関連規定の項目で詳述した通り，高圧法第20条に基づき，容器を含む製造設備全体について完成検査を受けなければ製造設備を使用することができない。

また，建築基準法の適用を受けるエレベーター・簡易リフト（同法における「昇降機」）については，昇降機を含む建築物の工事を完了したときには，完了検査

資料5-18　ボイラー検査証（表面）

（ボイラー則様式第6号）

資料5-19　ボイラー検査証（裏面）

（ボイラー則様式第6号）

を受検し，当該工事にかかる建築物が建築基準関係規定に適合していることを示す検査済証の交付を受けなければならない（建築基準法第7条）。この時，検査済証の交付を受けるまで，当該建築物は使用できないと規定されている（建築基準法第7条の6第1項）。

これらの規制は，いずれも特定機械等をその中に含む施設・建築物の全体に対して，準拠法への適合性を検査するという点で，特定機械等そのものの法への適

合性を検査する安衛法とは異なっている。

2 沿革
1 法制史
本条に関連する沿革についても，概ね前3条で述べたところと同様に，ボイラーについては，汽罐取締令第9条において「汽罐ハ汽罐検査証ノ交付ヲ受クルニ非ザレバ之ヲ使用スルコトヲ得ズ」と定め，検査証の交付を受けていないボイラーの使用を禁止していた。同条第2項には，「汽罐設置者ニ変更アリタルトキハ承継者ハ10日以内ニ設置地方長官ニ届出デ汽罐検査証ノ書換ヲ受クベシ」と定め，設置した者が検査証の交付を受けていなければ当該ボイラーの使用が禁止されていたことから，現行の安衛法第40条第2項のように，譲渡・貸与に際して検査証も承継されればよいという規制（*検査証は申請者という人ではなく特定機械等という物に交付するものとの方針）より厳しかったものの，検査証がなければ当該ボイラーの使用が禁止されるという点で，現行法と同様の仕組みを有していたものということができよう。

その後，旧安衛則でも，汽罐取締令と同様に，第241条第2項において落成検査に合格したボイラーに対して汽罐検査証を交付することとし，同条第4項において，検査証の交付を受けた後でなければボイラーの使用が禁じられていた。旧ボイラー則でもこれらの規定はそのまま引き継がれており（旧ボイラー則第13条・第14条ほか），旧クレーン則，旧ゴンドラ則にも同様の規定が設けられていた。

2 背景となった災害等
本条は，第38条に基づく検査に関連して，検査証の交付を受けていない特定機械等の使用を禁止し，また，これら特定機械等の譲渡・貸与について検査証の添付を義務づける規定である。前条と同様に，その規制の必要性は，特定機械等の製造・設置上の瑕疵が問題となった災害から生じており，第37条で掲示した特定機械等に関する災害は，そのまま当該機械等の検査の必要性をも示すものでもあるため，本条における背景となった災害については，第37条の項目を参照されたい。

3 運用
1 適用の実際
本条に定める検査証の交付に関する適用の実際としては，令和2年度厚生労働科学研究による行政官・元行政官向け法令運用実態調査（三柴丈典担当）(58)によれば，以下のような事例がある。

①町工場で，落成検査を受けずにつり上げ荷重が10tのクレーンを設置し，クレーンのフックに2.8tの表示をして，あたかも検査証が必要ないクレーンと偽装して使用していたものについて，検査証を受けていない特定機械等を使用していたとして書類送検した事例(59)。

②製造業の工場において，建設リフト（積載荷重3.0t）につき，その検査証の有効期間を更新せず（性能検査を受検せず）に使用を継続していたことが判明し適用した事例(60)。

検査証に関しては，数はさほど多くはないものの，上記のような事例は継続して発生しており，最近でも，つり上げ荷重が25tの移動式クレーンを検査証の有効期間が切れたまま使用させていた事業者が2022年3月23日に送検された事例が厚生労働省により公表されている(61)。

2 関係判例
●クレーン車引渡請求事件
〈事実の概要〉

被告Y（控訴人）は，昭和58年10月20日，訴外A社から架装台車部分と移動式クレーン本体からなるトラッククレーン（以下本件クレーン車とする）を1100万円にて買い受け，引き渡しを受けた（以下本件売買とする）。本件クレーンは，A社が訴外B社から昭和58年10月15日に800万円で買い受けたものであった。

原告X（被控訴人）は，本件クレーン車を完成させた事業者であり，本件クレーン車の所有権を取得していた。Xは，昭和56年4月20日に，本件クレーンを所有権は代金を全額支払うまで売主に留保するとの約定で訴外C社に売却した。C社が昭和58年5月31日に倒産したため，本件クレーン車を引揚げようとしたところ，すでにC社の手許にはなかったためにその所在を探索していたところ，同年11月末頃にYが使用していることを知り，同年12月6日に裁判所の仮処分命令に基づき，Xは，所有権に基づき本件クレーン車の引渡しを求めて訴えを提起した。これに対して，Yは，A社から移動式クレーン検査証とともに譲渡を受けていることから，本件売買によって，本件クレーン車を即時取得したと主張していた。

第1審判決（東京地判昭59・8・31判例集未登載）は，Xの請求を認容したため，Yが控訴したのが本件判決である。

〈判旨〉（東京高判昭60・9・17判時1182号80頁）
・控訴棄却

裁判所は，本件クレーン車の所有権の得喪について，「本件車両は，道路運送車両法にいう自動車であり，クレーン車として自動車登録ファイル（登録原簿）に登録されていることが認められる。そうすると，同法5条1項によりその所有権の得喪は右登録をもって対抗要件とするところ，右のように登録された自動車

については，その占有ないし引渡しを公示方法とする一般の動産とは異なり，民法192条の即時取得の規定は適用されないものと解するのが相当である」とした上で，移動式クレーン検査証の取得によって対抗しうるとのXの主張に対して，「これらの規制はいずれも労働災害の防止の見地から定められたものであるところ……，労働安全衛生法がクレーン車の所有権の得喪についての対抗要件が登録であることを修正したわけのものでもない」し，「検査証には所有者の記載のないことが明らかであり，右証書から所有者を確知することはでき」ないから，本件車両の所有権が「右検査証に表象されているものとは到底解することができない」とした。

また，本件クレーン車の移動式クレーン部分のみの所有権の即時取得の主張についても，「本件車両は外形上1台のクレーン車であり，登録上もその長さ，幅，重量などから明らかなとおり本件台車と本件クレーンとが，一体化したものとして扱われ」るものであることからすれば，本件クレーン車には移動式クレーンの部分も「即時取得の成立する余地はない」とし，これは台車とクレーン部分とが分離可能であっても変わらないと判示した。

〈検討〉

本件は，移動式クレーンの所有権移転に関し，移動式クレーンの検査証とともに譲渡を受けたことが，民法第192条に基づく動産の即時取得の成立要件として認められるかが争点となった事例である。

裁判所は，本件クレーン車は，道路運送車両法上にいう自動車である以上，所有権移転には自動車登録の移転が必要であって，公然かつ平穏な動産の占有という民法第192条に基づく即時取得の規定は適用されないとした。その上で，安衛法における検査証の趣旨は，あくまでも労働災害の防止の見地からのものであり，譲渡の際に検査証の添付が義務づけられているとしても，それは所有権得喪の対抗要件として規定されたものではないと判示した。安衛法第40条は，法第37条以下に定める特定機械等にかかる規定を遵守していることの証左として検査証の有無を問題にし，譲渡・貸与にあたって検査証の交付を受けていない特定機械等の使用を禁止するものであって，これは当該特定機械等の安全性確保の観点からの規定であり，所有権移転を左右する趣旨のものであるとはいえないから，かかる裁判所の判断は妥当なものであると思われる。

（検査証の有効期間等）
第41条 検査証の有効期間（次項の規定により検査証の有効期間が更新されたときにあつては，当該更新された検査証の有効期間）は，特定機械等の種類に応じて，厚生労働省令で定める期間とする。
2 検査証の有効期間の更新を受けようとする者は，厚生労働省令で定めるところにより，当該特定機械等及びこれに係る厚生労働省令で定める事項について，厚生労働大臣の登録を受けた者（以下「登録性能検査機関」という。）が行う性能検査を受けなければならない。

1 趣旨と内容

1 趣旨

特定機械等については，機械である以上，一定期間を経過すると腐食・摩耗等により性能が劣化していくことは避けられないため，これら特定機械等を継続して使用するためには，定期的に検査を行い，安全性能の低下の有無についてチェックする必要がある。本条は，このような観点から，特定機械等の種類に応じて，検査証の有効期間を定め，更新にあたっては，期間満了前に性能検査を受けることを義務づけるものである。

2 内容

（1）有効期間

本条第1項は，検査証の有効期間について定めるものである。具体的な期間は，特定機械等ごとに定められており，ボイラー，第1種圧力容器，エレベーター，ゴンドラについては1年（ボイラー則第37条第1項，第72条，クレーン則第144条，ゴンドラ則第9条），クレーン，移動式クレーン，デリックについては2年（クレーン則第10条，第60条第1項，第100条），建設用リフトについては，設置から廃止までの間（クレーン則第178条）となっている。なお，クレーン，移動式クレーン，デリックについて，製造時等検査を担当する都道府県労働局長は，各特定機械等の検査の結果（クレーン，デリックについては落成検査，移動式クレーンについては製造検査または使用検査）により，有効期間を2年未満とすることがある（クレーン則第10条但書，第60条第1項但書，第100条但書）。

（2）性能検査

また，本条第2項は，有効期間の更新を受ける場合の性能検査について定めたものである。性能検査の内容は，特定機械等ごとに異なっており，ボイラー，第1種圧力容器については，当該特定機械等本体に加えて，ボイラー室や配管の配置状況など落成検査の対象となる事項についても検査されるのに対して（ボイラー則第38条第1項，第73条），クレーン，移動式クレーン，デリック，エレベーター，ゴンドラについては，

当該特定機械等各部分の構造及び機能について点検及び荷重試験を実施する旨規定されている（クレーン則第40条第1項，第81条第1項，第125条第1項，第159条第1項）。簡易リフトについては，有効期間が設置から廃止までであり，更新の必要がないため本項に基づく性能検査の対象とはならない。

(3) 検査実施機関

本条第2項に基づく性能検査の実施機関は，登録性能検査機関となっている。登録性能検査機関は，法第53条の3により，登録製造時等検査機関について定める法第46条以下を準用し，性能検査にかかる所定の設備・検査員の要件に適合しているとして厚生労働大臣により登録された第三者機関である（現在登録されている事業者は，**資料5-14**を参照）。登録性能検査機関については，第53条の3の逐条解説にて詳述する。

なお，当該地域に登録性能検査機関がない場合には，所轄の労働基準監督署長が性能検査を実施することとなっている（法第53条の3により準用された法第53条の2第1項）。この場合には，各安全規則の定める様式による性能検査申請書を所轄労働基準監督署長に提出しなければならない（ボイラー則第39条ほか）。

また，登録性能検査機関は，性能検査の結果に応じて，更新された検査証の有効期間を短縮または延長することができることとされている。この場合，当該特定機械等の有効期間が1年のものについては，ゴンドラを除いて1年未満または1年を超え2年以内の期間に，2年のものについては2年未満または2年を超え3年以内の期間に有効期間を更新することができる（ボイラー則第38条第2項，第73条第2項，クレーン則第43条，第84条，第128条，第162条）。ゴンドラに関しては，1年未満に短縮することのみが定められ，延長については認められていない（ゴンドラ則第27条）[62]。

なお，性能検査に合格した特定機械等の検査証の有効期間の更新については，特定機械等の設置者から延長の要望が出ており，一部については通達で延長が認められているものの[63]，現状では，全ての特定機械等の保守管理状態が良好とはいえないこと，設置者の業種，企業の規模による格差もあること等から全面的に実施されるまでには至っていない[64]。このほか，大規模な災害等により検査証の有効期間内に性能検査の受検が困難な場合においては，特例的に有効期間の延長が認められることがある[65]。

3 関連規定

高圧ガス保安法は，ガスの貯蔵容器を含む製造施設について，定期的に都道府県知事が実施する保安検査の受検が義務づけられている（高圧法第35条第1項）。実施主体は，原則として都道府県知事であるが，指定保安検査機関や認定保安検査実施者（自らが特定施設にかかる保安検査を行うことができるものとして都道府県知事の認定を受けた者）によって実施した後に都道府県知事に報告するという形も可能となっている（同条第1項第1号及び第2号）。保安検査は，1年に1回実施すべきとされ（一般ガス保安規則第79条第2項），対象施設が，法の定める技術上の基準に適合していると認められた場合，保安検査証が交付される（同条第7項）。このとき，保安検査終了後から即時運転再開しても差し支えないとされているが，検査の結果，技術上の基準に適合していないことが明らかになった場合には，都道府県知事等からの指示があった場合には運転できないこととされている[66]。

建築基準法の適用を受けるエレベーター・簡易リフトについては，建築物の所有者は，建築基準法第12条第3項にいう特定建築設備等として，定期に検査を実施し，特定行政庁（建築主事を置く市町村については，市町村長，それ以外については都道府県知事）に報告することが義務づけられている（同法第12条第3項）。この定期検査は，1級建築士，2級建築士，または建築設備等検査員によって実施される（建築基準法施行規則第6条第3項，建築基準法第12条第3項）。定期検査の期間は，半年から1年までの間隔をおいて特定行政庁が定める期間となっている（建築基準法施行規則第6条第1項）。また，国交省は，定期検査及びに関連する指針を公開している[67]。建築基準法上は，定期検査とその報告が義務づけられ，違反した者に対する罰則も設けられているが，定期検査を受けていない昇降機の使用を禁じるような規定は存在していない。

2 沿革

1 法制史

本条の沿革として，ボイラーに関しては，汽罐取締令において，汽罐検査証の有効期間を1年とし（汽罐取締令第12条），有効期間満了後も引き続きボイラーを使用する場合には，地方長官による更新検査を受けるべきことが定められていた（同令第13条）。また，当該ボイラーに内務大臣の指定する保険業者の保険が付されている場合には，更新検査を省略することができるとされていた（同令第14条第1項）。

また，旧安衛則は，第39条において，性能検査について定め，検査証の有効期間をボイラー・圧力容器については1年，クレーンについては2年としていた（第40条）。これらの規定は，各安全規則にそのまま受け継がれている。

2 背景となった災害等

本条は，法第38条に基づく検査に関連して検査証の有効期間について定める規定である。前条と同様に，その規制の必要性は，特定機械等の製造・設置上の瑕

疵が問題となった災害から生じており，法第37条で掲示した特定機械等に関する災害は，そのまま当該機械等の検査の必要性をも示すものでもあるため，本条における背景となった災害については，法第37条の項目を参照されたい。

3 運用

1 適用の実際

本条については，検査証の有効期間について定めた規定であるが，適用の実際として，労働基準監督官の臨検時には，特定機械等について，必ず検査証の提示を求め，検査を受けているかどうか，有効期限を超えていないかを確認するようになっているとされ，本条に基づく特定機械等の有効期間を把握しておくことは非常に重要である。

現場の元行政官からの情報提供として，臨検の際に一番見る機械は移動式クレーンで，これについてはほぼ全数の確認を行っているほか，有効期間の確認に併せて，オペレーターの免許，定期点検の記録等についても確認を行っている。[68]

2 関係判例

●公益社団法人ボイラ・クレーン安全協会事件
〈事実の概要〉

原告X協会は，安衛法第41条第2項が定める登録性能検査機関であり，ボイラー，クレーン等について検査・検定等の事業を行うことを目的とする公益社団法人である。

X協会A地方事務所の検査員は，A県内のB工場に設置された特定機械等である天井クレーン（本件クレーン）について，安衛法第41条第2項に基づいて，平成23年，平成25年，平成29年に性能検査を実施し，検査証の有効期間を更新した。しかし，本件クレーンは，これら性能検査に基づき有効期間が更新された当時において，本件クレーンに設置された歩道は，工場の天井の梁から手すりまでの間隔が0.08m，歩道の底面までの間隔が1.18mしかなく，クレーン則第13条の離隔基準（歩道の手すりまで0.4m，歩道の底面まで1.8m）に適合していない状態であった。

平成28年10月7日に，B工場において本件クレーンの整備を担当する労働者が，当該クレーン上の歩道の手すりと工場の梁との間に挟まれて死亡するという事故が発生した。厚生労働大臣は，X協会B事務所の検査員が，本件クレーンに不備があったにもかかわらず性能検査に合格させ，検査証を更新したことに対して，平成29年4月1日から同年5月31日までの2カ月間，X協会B事務所によるクレーンにかかる性能検査業務を停止するとともに（本件業務停止命令），今後の天井クレーンにかかる性能検査において，離隔基準の適合性を含めて合否判定を行うべきことを命じた（本件業務改善命令）。

X協会は，本件業務停止命令及び本件業務改善命令の取消を求めて訴を提起した。本件における主な争点は，①クレーンにかかる性能検査を行う際に，離隔基準との適合性も検査すべきか，②本件クレーンに離隔基準が適用されるか否かである。なお，原告による本件業務停止命令及び本件業務改善命令の取消請求については，裁判所は，X協会がその実施状況について報告したことによりその目的が達成され，処分の効果はすでに消滅しているとして訴えの利益がないとして却下したため，以下では，上記の2つの争点についての裁判所の判断を検討する。

〈1審判旨（東京地判平30・11・9 LEX/DB 25558845）
・請求棄却

裁判所は，安衛法に基づく特定機械等の検査の構造について，法第37条以下の規定，及び法の委任を受けたクレーン則の規定の趣旨からすれば，「安衛法及びクレーン則は，検査証の有効性を落成検査又は性能検査のいずれかにかからしめ……，落成検査において点検すべき事項と性能検査において点検すべき事項を同様のものとしていること……が認められるほか，クレーン則13条は，クレーンがその構造及び機能として有すべき内容を定めたものであって……，落成検査においても性能検査においてもこれに適合していることが求められるものとして定められていると認められる」とする。そして，登録性能検査機関は，法53条の3が，法47条3項の規定を登録性能検査機関について準用し，「登録性能検査機関は，公正に，かつ，安衛法37条2項の基準のうち特定機械等の構造に係るものに適合する方法により性能検査を行わなければならない旨を規定しているものである」から，「性能検査において，クレーンの各部分の構造及び機能について点検を行う必要があ」り，それは当該クレーンが「クレーン則13条の規定に適合していることについてもこれを検査しなければならないものと解するのが相当である」にもかかわらず，本件においては，Xは，「本件クレーンがクレーン則13条の規定に適合していないものであることを看過して本件クレーンについて交付された検査証の有効期間を更新させたものであると認められる」。

性能検査について，離隔基準との適合性を検査すべきとはいえないとのX協会の主張については，「安衛法37条2項の基準のうち特定機械等の構造に係るものに適合する方法により性能検査を行わなければならない」から，「構造規格に離隔基準について触れるものがないことについて論ずるまでもなく，安衛法53条の3において読み替えて準用される安衛法47条3項の規

定は，上記のような内容の性能検査を行うべきことを登録性能検査機関に義務付けていると解するのが相当である」とした。

このほか，性能検査の趣旨は経年劣化や経年変化のようなクレーンそれ自体の摩耗の度合を調べるものである，性能検査と落成検査は実施主体が異なるから，落成検査で離隔基準が検査されるべきであるとしても，それは直ちに性能検査にも当てはまるものではない，クレーン則第40条第1項にいう「クレーンの各部分の構造及び機能」には，クレーンに設置された歩道の安全性は含まれない等のX協会の主張は，いずれも裁判所により否定された。

また，本件クレーンについては，高所作業車を使用してクレーンの点検をすることが可能であるから，クレーン則第13条の適用が除外されるとのX協会の主張についても，「クレーン則及び構造規格は，上記のような場合に当該クレーンに歩道を設置する必要がない旨を定めているにとどまり，点検台その他当該クレーンを点検するための設備が設けられている場合には，当該クレーンが現に有する歩道について，当該歩道が存在していないものとみなす旨やクレーン則及び構造規格の定めを適用しない旨を定めているものではないと解するのが相当である」として，その主張を棄却した。

〈2審判旨（東京高判平31・4・17 2019WLJPCA04176007）〉

判決は，以下のように述べて，控訴を棄却した。

すなわち，安衛法第53条の3の規定により登録性能検査機関に読み替えて準用される登録製造時等検査機関に関する安衛法第47条第3項は，登録性能検査機関は公正かつ「第37条第2項（都道府県労働局長が行う特定機械等の製造許可）の基準のうち特定機械等の構造に係るものに適合する方法」により性能検査を行わなければならないと定めており，安衛法37条2項は「特定機械等の構造等が厚生労働大臣の定める基準に適合していると認めるときでなければ」製造の許可をしてはならない旨を定め，同条項に基づいてクレーン構造規格が定められている。

加えて，その「第37条第2項の基準のうち特定機械等の構造に係るものに適合する方法」については，厚生労働省労働基準局長通達平成16年3月31日付け通達「登録性能検査機関が行う性能検査の適正な実施について」（基発第0331008号）において，検査項目，検査の方法，判定基準を定めたとして別紙「性能検査に係る検査の方法等」が定められており，離隔基準への適合性もその対象とされ，Xも，その業務規程において，前記の通達に反する内容を定めるものとは解されないのであるから，性能検査に離隔基準への適合性は含まれないと解することは困難である。

また，Xは，安衛法53条の3の規定により性能検査機関に読み替えて準用される登録製造時等検査機関に関する安衛法47条3項の規定では「特定機械等の構造に係るものに適合する方法」と規定されていることから，建設物等と歩道との距離は「構造」には該当しないと主張するようであるが，前記の通達における検査項目，検査内容及び判定基準等に照らすと，「クレーンの各部分」に該当する「歩道」と建設物等との距離も，当該検査対象が「歩道」として機能するために有すべき構造に係るものと解される」。

〈検討〉

本件は，法第41条第2項に定める性能検査の範囲について，法令上の規定の解釈が問題となった事例である。裁判所は，Xの主張を全面的に棄却したが，その論拠となっているのは，クレーンを含む特定機械等の安全性は，落成検査または性能検査への適合していることを検査証により担保するという形で確立されているものであるから，両検査における検査内容は同様のものであることが求められるというものである。

事実，本判決において直接の言及はなかったものの，クレーン則第40条以下に定める性能検査に関する規定は，同則第42条において性能検査を受ける際の措置として落成検査を受ける場合の措置を定めるクレーン則第7条を準用するとしており，その判断を裏付けるものである。

さらに，2審が指摘したように，性能検査に関して厚労省労働基準局長が登録性能検査機関の代表者宛に発出した通達（登録性能検査機関が行う性能検査の適正な実施について〔平成16年3月31日基発0331008号〕）では，その別紙において性能検査の方法として，クレーンの外観検査として「クレーンの設置場所等について，目視，距離測定装置，水準器等により，建設物等との間隔，基礎部分の傾斜等を確認すること」とし，クレーン則第13条から第15条に適合していることを求めていることも，性能検査に求められる検査内容の範囲を確定するに当たって重要な意義を持っており，これらを踏まえて検討するならば，性能検査には落成検査と同様の検査をすべきということになろう。

しかし，安衛法が第38条において製造時等検査にかかる各種検査とは別に第41条第2項において性能検査を定めたことを踏まえれば，特定機械等の製造時及び設置時に求められる検査と，現に使用されている特定機械等の検査とは別なものであるとのX協会の主張にも一定の理があると思われる。特に，落成検査が労働基準監督署長が実施担当者となっているのに対し，性能検査は，民間事業者である登録性能検査機関に委ねることとしているのは，特定機械等の検査を専門的知識を有する者に行わせる趣旨であり，そこでは特定

機械等の構造規格への適合に関する見識こそが性能検査に求められているというべきではないだろうか。本判決にいう性能検査と落成検査とで同様の検査が実施されるというのであれば、落成検査自体を登録性能検査機関に実施させることも理論上は可能であるが、条文上は異なる検査として扱われている以上、性能検査の基準については、通達等ではなく、より上位の規定である法令または省令において明確にする必要があるのではないかと思われる。[69]

4 改正提案

第38条の改正提案の項目で述べたように、特定機械等に関する検査の規定は、複雑な構造となっており、その全体像を把握しづらいことが上記公益財団法人日本ボイラ・クレーン安全協会事件の背景にあることは否定できない。したがって、第38条の製造時等検査及び本条第2項の性能検査について、これを特定機械等に共通の別規則の策定を検討すべきであろう。また、その際には、構造規格に代表される詳細な仕様基準に基づく検査ではなく、当該特定機械の安全性確保の見地から必要な検査を実施するという性能要件に基づく仕組みについて検討することも、その当否は別として、一考に値するのではないだろうか。

結語：第37条～第41条

労働安全衛生法は、労働災害の防止の危険防止基準の確立の一環として、第5章において、機械並びに危険物及び有害物に関する規制を行っている。本稿は、この第5章のうち、機械等に関する規制を行う第37条から第41条の逐条解説を目的とするものである。

法第37条の趣旨・沿革から明らかになったこととして、本条の適用対象とする特定機械等については、古いものでは明治初期から当該機械に関する災害の事例が存在しており、また、かかる災害に対する法的な規制も様々な形で行われてきていた。そうして、1972年の安衛法制定時には、これら特定機械等に対する製造許可制の仕組はすでに確立されており、本条はかかる現状を追認したものということができる。ただし、このことは、これら特定機械等以外の機械について本条に基づく製造許可制を導入することを排除するものではないから、先ずは、本条における「特に危険な作業を必要とする機械」について判断基準を確立し、必要に応じて新たな特定機械等の追加について検討することが解釈上の課題になるものと思われる。

また、法第38条については、特定機械等が安全に設置されていることを確認するための各種検査が規定されている。それぞれの検査については、各特定機械等の製造及び設置における安全性を確保するためには必要不可欠であるといえよう。これら検査の具体的内容は、特定機械等に関する規制の構造上、各安全規則に委ねられており、その安全規則の中でさらに各特定機械ごとに検査に関する規制がほぼ同じ条文によって定められている。このような条文の重複は、安衛法及び各規則の全体的な視認性を著しく阻害するものであるといえ、検査に関しては、第41条第2項の性能検査も含めて、各安全規則とは別に統一的な別規則を定めることも検討すべきなのではないかと思われる。

第39条以下は、特定機械等の安全性を確認するための検査証に関連する規定であるが、その趣旨・内容について、法解釈上特段の問題となるところはないものの、上述したように、第41条第2項の性能検査については、その趣旨・検査の範囲等については、通達ではなく法令または省令などより上位の規範において明確にする必要があるのではないかと思われる。

【注】

1） 以上は、旧労働省労働基準局安全衛生部安全課にて係長として安衛法制定に携わった唐沢正義氏（労働衛生コンサルタント）からのご教示による。

2） 圧力容器については、ボイラー則第49条に同様の文言による規定が置かれている。

3） 以下、クレーン則には、移動式クレーン（第53条）、デリック（第94条）、エレベーター（第138条）、建設用リフト（第172条）にそれぞれ同趣旨の規定が置かれている。

4） 労務行政研究所編『労働安全衛生法（労働法コンメンタール10）』（労務行政、2017年）383頁。

5） 構造規格は、特定機械等ごとに定められており、具体的には、ボイラー構造規格（平成15年4月30日労働省告示第197号）、圧力容器構造規格（平成15年4月30日労働省告示196号）、クレーン構造規格（平成7年12月26日労働省告示第134号）、移動式クレーン構造規格（平成7年12月26日労働省告示第135号）、デリック構造規格（昭和37年10月31日労働省告示第55号）、簡易リフト構造規格（昭和37年10月31日労働省告示第57号）、建設用リフト構造規格（昭和37年10月31日労働省告示第58号）、エレベーター構造規格（平成5年8月2日労働省告示第91号）、ゴンドラ構造規格（平成6年3月28日労働省告示第26号）が制定されている。

6） 労働調査会出版局編『労働安全衛生法の詳解―労働安全衛生法の逐条解説〔改訂4版〕』（労働調査会、2015年）526-527頁を参照。

7） 2度の改正は、中央省庁等改革関係法施行法（平成11年12月22日法律第160号）及び公益法人に係る改革を推進するための厚生労働省関係法律の整備に関する法律（平成15年7月2日法律第102号）である。後者の改正では、1項の「ボイラーその他の特に危険な作業を必要とする機械等で」の部分が現行のものへと改正された。

8） 監督官アンケート結果の（00071監督官）を参照。

9） なお、蒸気ボイラー、温水ボイラー、クレーン、エレベーターについては、安衛法制定前の各安全規則の中に定義規定が置かれていたが、安衛法施行令等の政令に特定機械等の詳細な定義を置くのはなじまないとの当時の内閣法制局の判断から機械の大枠のみが規定され、旧規則にて規定されていた定義規定は、安衛法制定時の通達（昭和47年9月18日基発602号）に移

行している。以下は，この通達を基礎として各特定機械等の解説を行う。なお，上記の経緯は，旧労働省にて労働基準局安全衛生部安全課係長として安衛法制定に携わった唐沢正義氏からのご教授による。

10) なお，日本産業規格（JIS）に則した圧力容器の構造と設計についての解説によれば，一般に圧力容器の設計にあたっては，①組立図（全体の構造と基本寸法，溶接継手，管台，マンホールの位置，圧力容器を溶接する非耐圧部材，内部品と外部品の形状・寸法・位置），②展開図，③内部品と外部品の詳細図，溶接の詳細（溶接施工法）を作成する必要があるとされている。小林英夫編『新版 圧力容器の構造と設計 JIS B 8265 及び JIS B 8267』（日本規格協会，2018年）76頁以下を参照。

11) クレーン等安全規則の一部を改正する省令の施行等について（昭和46年9月7日基発第621号）。安衛法施行に伴う通達（クレーン等安全規則の施行について〔昭和47年9月18日基発第598号〕）によれば，「旧規則に関する通達は，新規則の相当条文に関する通達として取扱う」とされており，上記通達も一部を除き引き続き効力を有することとされている。

12) 兵庫労働局労働基準部安全課「クレーン製造許可申請のための手引き」（2017年2月）16頁（https://jsite.mhlw.go.jp/hyogo-roudoukyoku/library/seizoukyokatebiki.pdf，最終閲覧日：2020年2月10日）。

13) 小林編・前掲注10）75頁。

14) ボイラー製造許可基準によれば，上記のほか，①胴の内径が300mm以下または気水分離器を備えていない貫流ボイラー，②くり抜きによる第1種圧力容器，③胴の内径が300mm以下のボイラーまたは第1種圧力容器で溶接部がないもの，④鋳鉄製ボイラーまたは鋳鉄製第1種圧力容器，⑤波形炉筒または伸縮継手について，それぞれ別表第2から第6まで定められている。

15) 各試験の具体的な方法については，試験方法については，JIS Z 3121（突合せ溶接継手の引張試験方法）及び JIS Z 3122（突合せ溶接継手の曲げ試験方法）による規格またはこれと同等と認められる規格に定めるところによるものとされている。同等な規格としては，国際標準化機構（ISO）やアメリカ溶接協会（American Welding Society，AWS）によるものがある。

16) 簡易ボイラーは，安衛法施行令第13条第3項第25号に定められ，簡易ボイラー等構造規格（昭和50年9月8日労働省告示第65号）の遵守のみが義務づけられている。

17) 小型ボイラーは，安衛法施行令第1条第4号に定められ，小型ボイラー及び小型圧力容器構造規格（昭和50年10月18日労働省告示84号）に基づく製造，製造・輸入時の個別検定受検，設置報告，1年に1回の定期自主検査などが義務づけられている。

18) 船舶安全法は国土交通省の管轄であり，安全な運航のために船舶に関する設備要件や定期検査について定めたものである。また電気事業法は通商産業省の管轄であり，「電気工作物の工事，維持及び運用を規制することによって，公共の安全を確保し，及び環境の保全を図ること」が目的の一つとなっている。いずれの法律においても，製造自体の許可制ではなく，一定規格に沿ったボイラーの設置，定期的な検査の実施等が義務づけられている。

19) （簡易）容器は，安衛法施行令第13条第3項第26号に定められ，簡易ボイラー等構造規格の遵守のみが義務づけられているが，製造許可や性能検査等については義務づけられていない。なお，条文上は単なる「容器」とされており，（簡易）容器とは法律用語上定義づけられた用語ではない。

20) 安衛法施行令第1条第5号に定められ，小型ボイラー及び小型圧力容器構造規格に基づく製造，製造・輸入時の個別検定受検，設置報告，1年に1回の定期自主検査が義務づけられている

21) 高圧ガス保安法は，高圧ガスによる災害防止を目的として，ガスの容器の製造について規制するものであり，ガス事業法はガス事業者への規制として，ガスの容器や配管，導管等のガス工作物に関して，技術基準への適合や自主的な保安検査等を事業者に義務づけるものである。また，液石法は，液化石油ガスの販売・製造等に関する規制を通じて液化石油ガスによる災害の防止という目的のために，その貯蔵施設が技術基準に適合することを要求するとともに，完成検査や保安検査を義務づけるものである。上記の法律は，そのいずれについても通商産業省の管轄となっている。

22) 寺本憲宗「ボイラー技術の系統化調査」国立科学博物館産業技術史資料情報センター編『国立科学博物館 技術の系統化調査報告 第7集』（国立科学博物館，2007年）9頁以下を参照。

23) 中川一郎編『詳解ボイラ及び圧力容器安全規則』（三晃社，1959年）1頁以下を参照。

24) 読売新聞1927（昭和2）年10月28日朝刊には，同月26日に発生した松坂屋建築現場における起重機倒壊事故現場を視察した内務省都市計画課と復興局建築部の担当者の話として，市街地建築物法には工事用仮設工作物に対する規定がないために改正の必要があるとの記事があり，また，同日の朝日新聞夕刊には，警視庁の保安課及び建築課の課長が視察を行い，起重機による危険が予想される場合には，保安課・建築課の協議の上で新たに取締規則を設けることになると報じられている。ただし，その後の法改正あるいは取締規則の制定などにつながったか否かは不明である。

25) 労働法令通信15巻26号（1962年）1頁以下にある解説によれば，旧クレーン則制定直前のクレーン設置数は，1960（昭和35）年が総計3万3136台であったのに対し，翌年1961（昭和36）年には4万3528台と約32％の増加となっていた。また，クレーン等を原因とする休業8日以上の災害件数は，1958（昭和33）年が3406件（うち死亡災害件数118件），1959（昭和34）年が4519件（同167件），1960年が5029件（242件）となっていた。

26) 労働法令通信14巻15号（1961年）2頁。

27) 昭和38年5月16日労働省令第10号。

28) これらの記述は，労働法令通信22巻26号（1969年）44頁を参照した。

29) 官報1725号（明治22年4月4日）31-32頁。

30) 都道府県労働局に産業安全専門官が配置されていない場合には，同じく専門技官である労働衛生専門官が担当する。安衛法第93条第1項は，厚生労働省，都道府県労働局，労働基準監督署に産業安全専門官及び労働衛生専門官を置くこととしているものの，処遇（賃金等級）や格付けの関係から人数が少ない課の場合には，いずれか一方しか配置されていないことがある。

31) 以上の記述は，玉泉孝次氏（元労働基準監督官，近畿労務安全衛生研究所所長）のご教示によるものである。

32) 以上の記述は，篠原耕一氏（元労働基準監督官，合資会社京都労務トラスト代表）のご教示によるものである。

33) 以上の記述は，玉泉孝次・篠原耕一両氏のご教示によるものである。

34) 厚生労働省安全衛生部のご助力を頂き，三栄主典氏が全国の都道府県労働局の健康・安全関係課，監督課，主要労基署の現役行政官，安全衛生行政関係団体等の行政官OBに向けて，安衛法の条文ごとの監督指導実例，法改正提案等につき，アンケート調査を行ったもの。
　監督官49，技官15，元監督官12，元技官2の回答があった。

35) 監督官アンケート結果の（00071監督官）を参照。前掲注8）における「製造しようとする」時期について解釈上の論点を示した事案である。

36) 労働災害には至らなかった移動式クレーンの転倒事故に関して，事業者が当該移動式クレーン製造事業者に対して製造物責任法に基づいて訴えを提起した事例として，大阪地判平20・6・25自保1827号160頁がある。本件では，移動式クレーンの旋回台と台車とを結合している旋回ベアリング取付ボルトが全

て折損し，クレーン旋回台が台車より落下するという事故について，原告事業者の使用形態上の問題であり，設計上の欠陥や指示・警告上の欠陥はなかったとして請求は棄却された。

37) 注30）における記載内容を参照。
38) 各特定機械等の安全規則中の該当条項は以下の通りである。第1種圧力容器（変更検査：ボイラー則第77条，使用再開検査：同則第81条），移動用クレーン（変更検査：クレーン則第86条，使用再開検査：同則第90条），デリック（落成検査：同則第97条，変更検査：同則第130条，使用再開検査：同則第134条），エレベーター（落成検査：同則第141条，変更検査：第164条，使用再開検査：同則第168条），建設用リフト（落成検査：同則第175条，変更検査：同則第198条）。
39) 外国事業者による型式承認等の取得の円滑化のための関係法律の一部を改正する法律（昭和58年5月25日法律第57号）。
40) 許可，認可等の整理及び合理化に関する法律（平成6年11月11日法律第97号）により，本条第1項に但書が追加された。
41) 地方分権推進法による改正では，検査担当者を都道府県労働基準局長から都道府県労働局長へ変更と変更された。また，中央省庁等改革関係法施行法（平成11年12月22日法律第160号）により，労働省から厚生労働省へと名称が変更された。
42) 資料5-14については，厚生労働省のWEBサイトを参照した（https://www.mhlw.go.jp/content/001041838.pdf）。
43) 申請先の管轄内に登録製造時等検査機関による業務が実施されていないときには，都道府県労働局長が検査を実施する（安衛法第53条の2第1項）。
44) この通達については，平成24年2月13日に全部改正が行われており，規制緩和の観点から従前都道府県労働局長により実施されてきた製造時等検査について，登録製造時等検査機関に実施主体が移行されたものである。
45) なお，この別紙上は，ボイラーと第1種圧力容器について別個に検査手法が定められているが，検査手法そのものはいずれも同じであり，依拠すべき構造規格の条文が異なることから別立ての記載となっているため，以下ではボイラーに関して実施される各種検査について詳述し，第1種圧力容器については，相違点がある場合にのみ言及することとする。
46) 溶接後熱処理は，JIS Z 3700（溶接後熱処理方法）またはこれと同等と認められる規格により行われる。熱処理を行う際には，保持温度，保持時間，加熱速度，冷却速度について自動的に記録を取らなければならず，これらの温度・時間については母材ごとに一定の範囲内にあることが定められている。
47) 引張試験については，JIS Z 3121（突合せ溶接継手の引張試験試験方法），表曲げ，裏曲げ，側曲げの各曲げ試験については，JIS Z 3122（突合せ溶接継手の曲げ試験方法）に準ずるとされている。
48) 放射線検査の方法に関するJIS規格は，通常の鋼材については，JIS Z 3104（鋼溶接継手の放射線透過試験方法），ステンレス鋼材については，JIS Z 3106（ステンレス鋼溶接継手の放射線透過試験方法）に準ずるとされている。
49) 労働安全衛生法に基づく第1種圧力容器と高圧ガス取締法に基づく特定設備との関連について（昭和51年5月6日基発第359号），高圧ガス保安法及び関係政省令の運用及び解釈（内規）の一部改正に伴う第一種圧力容器の取扱について（平成28年11月28日基安発1128第1号）。
50) 港湾の施設の技術上の基準を定める省令（平成19年3月26日国交省令第15号）。同省令は，技術基準を性能要件としており，第42条に定める荷役機械に関する要件としては，貨物の安全かつ円滑な荷役を行えること，船舶の係留及び離着岸の支障とならないように建設されることである。この点につき，特に強風による逸走防止に関しては，国交省によるマニュアルが策定されている。国土交通省「港湾の施設の技術上の基準に関するマニュアル一覧」（https://www.mlit.go.jp/kowan/kowan_tk5_000018.html，最終閲覧日：2022年10月15日）にある「コンテナクレーンの逸走防止のためのモデル運用規定（一部改定）【平成28年3月】」を参照。
51) 厚生省編『汽罐取締令解説』（大日本産業報國會，1936年）2頁以下を参照。
52) これらの記述は，玉泉孝次・篠原耕一両氏からのご教示によるものである。
53) これらの記述は，玉泉孝次氏のご教示によるものである。
54) これらの記述は，篠原耕一氏のご教示による
55) 玉泉孝次氏による。
56) 高圧ガス保安法及び関係政省令等の運用及び解釈について（内規）（令和3年10月20日20211020保局第1号，最終改正：令和6年4月26日20240423保局第1号）。
57) 若干の相違点を挙げるならば，現行ボイラー則第12条における「使用検査」は，旧ボイラー則においては，「再使用検査」となっている。
58) 前掲注34）参照。
59) 行政官アンケート（000157監督官または元監督官）を参照。
60) 行政官アンケート（00130監督官・技官）を参照。
61) この事例は，厚労省WEBサイトに公表されていたものであるが，厚労省の方針として，公表日から概ね1年以内に削除することとされているため，現在では典拠を確認することができない。厚労省の方針については，「労働基準関係法令違反に係る公表事案のホームページ掲載について」（平成31年1月31日基発0131第1号）を参照。
62) この点につき，ボイラー及び第1種圧力容器については，性能検査の結果に基づく有効期間の短縮・延長にかかる基準が明らかにされている。「ボイラー等の性能検査の結果に応じた検査証の有効期間の短縮・延長について」（平成12年3月31日基発第209号）を参照。
63) 「ボイラー及び第1種圧力容器の検査証の有効期間の取扱いについて」（昭和60年12月18日基発第700号）は，長期に連続して運転されている設備のうち石油精製及び石油化学のプラントを選定して，有効期間の2年の延長を認めることとしている。
64) 以上の記述は，上記通達の発出趣旨として指摘されていたものである。
65) これまでの事例としては，東日本大震災の際に，特定非常災害の被害者の権利利益の保全等を図るための特別措置に関する法律（平成8年6月14日法律第85号）第3条第1項第2号の規定に基づき，性能検査の有効期間の満了時期について延長した例，新型コロナウイルスまん延の影響を受け，2020年7月31日までに有効期間が満了する特定機械等の検査証について，都道府県労働局長の認可により4カ月を限度として延長を認めた例がある（ボイラー及び圧力容器安全規則等の一部を改正する省令〔令和2年4月20日厚生労働省令第87号〕）。
66) 前掲注56）通達を参照。
67) 国土交通省「昇降機の適切な維持管理に関する指針」https://www.mlit.go.jp/common/001280367.pdf（最終閲覧日：2022年10月1日）。
68) これらの記述は，玉泉孝次氏のご教示によるものである。
69) 本件の訴訟当事者である公益社団法人ボイラ・クレーン安全協会は，平成23年10月26日に開催された労働政策審議会安全衛生分科会指定・登録制度改革検討専門委員会の第3回会議にて実施されたヒアリングにおいて，「検査基準等については労働安全衛生法に基づく省令等として定めていただきたい」との要望を出している。本会議の議事録は，https://www.mhlw.go.jp/stf/shingi/2r9852000001wj06.html を参照できる（最終閲覧日：2022年10月15日）。

〔井村真己〕

第42条から第44条の2まで

（譲渡等の制限等）
第42条　特定機械等以外の機械等で，別表第2に掲げるものその他危険若しくは有害な作業を必要とするもの，危険な場所において使用するもの又は危険若しくは健康障害を防止するため使用するもののうち，政令で定めるものは，厚生労働大臣が定める規格又は安全装置を具備しなければ，譲渡し，貸与し，又は設置してはならない。

第43条　動力により駆動される機械等で，作動部分上の突起物又は動力伝導部分若しくは調速部分に厚生労働省令で定める防護のための措置が施されていないものは，譲渡し，貸与し，又は譲渡若しくは貸与の目的で展示してはならない。

第43条の2　厚生労働大臣又は都道府県労働局長は，第42条の機械等を製造し，又は輸入した者が，当該機械等で，次の各号のいずれかに該当するものを譲渡し，又は貸与した場合には，その者に対し，当該機械等の回収又は改善を図ること，当該機械等を使用している者へ厚生労働省令で定める事項を通知することその他当該機械等が使用されることによる労働災害を防止するため必要な措置を講ずることを命ずることができる。

一　次条第5項の規定に違反して，同条第4項の表示が付され，又はこれと紛らわしい表示が付された機械等

二　第44条の2第3項に規定する型式検定に合格した型式の機械等で，第42条の厚生労働大臣が定める規格又は安全装置（第四号において「規格等」という。）を具備していないもの

三　第44条の2第6項の規定に違反して，同条第5項の表示が付され，又はこれと紛らわしい表示が付された機械等

四　第44条の2第1項の機械等以外の機械等で，規格等を具備していないもの

見出しは第42条から第43条の2までの共通見出しである。

第43条の2中「次条」とは，第44条を指す。

1 趣旨と内容

第42条は，何人も，特定機械等以外の機械等で，本法又は政令で定めるものについては，厚生労働大臣が定める規格又は安全装置を具備しなければ，譲渡し，貸与し，又は設置してはならないことを定めたものである。

第43条は，動力により駆動される機械等で，作動部分上の突起物又は動力伝導部分若しくは調速部分に厚生労働省令で定める防護のための措置が施されていないものは，譲渡し，貸与し，又は譲渡若しくは貸与の目的で展示してはならないことを定めたもので，機械の防護に関する条約（ILO第119号条約，本稿において「本条約」という。6 でとりあげる）第2部の国内担保法である。

第43条の2は，第42条の規定による譲渡等の制限の対象機械等であるもので規格を具備していない等の問題がある場合には国が製造者又は輸入者に対して回収，改善等を命令することができることを定めたものであり，昭和63年に追加された条文である。

第42条及び第43条の規定を含む，本法施行時における本法第5章第1節の趣旨は，施行通達で次のように簡潔に説明されている（第37条などの説明を含むことに注意）。

発基第91号
昭和47年9月18日
都道府県労働基準局長　殿
　　　　　　　　　　　　労働事務次官
　　労働安全衛生法の施行について
　　　　　　　　記
第二　この法律の基本的事項
　二　この法律の適用範囲
　　また，機械等または有害物に対する流通規制については，労働基準法の適用範囲より拡大され，政令で定める一定の機械等または有害物の製造等を行なう者は，何人も，この法律による規制を受けることとなつた。
第三　概要
　五　機械等および有害物に関する規制（第5章関係）
　　㈠　機械等に関する規制
　　　機械等の使用段階における安全を確保するためには，製造，流通段階において一定の基準によらしめることが重要であることにかんがみ，この法律では，製造，流通過程における規制を一段と強化したものであること。

すなわち，機械等に関する規制については，
- イ 特に危険な作業を必要とする機械等の製造の許可，検査についての規制
- ロ 危険な作業を必要とする機械等の譲渡等の規制
- ハ 機械の危険部分の防護に関する規制
- ニ 機械等の検定
- ホ 機械等の定期自主検査に関する規制

について定められた。

このうち，特に危険な作業を必要とする機械等について，従来，労働基準法第46条第2項において規定されていた設置認可および変更認可の制度は，設置届および変更届にそれぞれ改められることとなつた。

製造認可は，製造許可と文言を改めたが，その実質的性格に変更はなく，検査制度も従前のとおりであること。

機械等の検定は，従来の性能認定，検定および耐圧証明の制度を統合して一本化したものであること。

また，ILO119号条約の趣旨に則り，作動部分上の突起物その他の危険部分が防護されていない機械の譲渡，貸与および譲渡，貸与のための展示が一切禁止されることとなつたものであること。

基発第602号
昭和47年9月18日
都道府県労働基準局長　殿
　　　　　　　　　　　　労働省労働基準局長
労働安全衛生法および同法施行令の施行について
　　　　　　　　　記
I　法律関係
10　機械等に関する規制
　(1)　第38条関係
　　イ　第1項の「特定機械等で使用を廃止したものを再び設置し，若しくは使用しようとする者」とは，所定の手続により使用を廃止した特定機械等を再び設置しようとする者のほかに，第41条の性能検査を受けないで6月以上の期間を経過した特定機械等（移動式のものを除く。）または当該性能検査を受けなかつた移動式の特定機械等を再び使用しようとする者をいうものであること。
　　　なお，本条第1項は，使用を廃止した特定機械等について，これを譲渡し，または貸与しようとする者が譲渡または貸与に先立つて検査を受けることを妨げるものではないこと。
　　ロ　本条第2項の「特定機械等（移動式のものを除く。）を設置した者」には，法第41条の性能検査を受けないで，6月未満の期間を経過した移動式以外の特定機械等を再び使用しようとす

る者が含まれるものであること。
　(2)　第40条関係
　　本条の「検査証」とは，有効期間内の検査証をいうものであること。
　(3)　第43条関係
　　イ　本条の「作動部分上の突起物」とは，セットスクリユー，ボルト，キーのごとく作動部分に取り付けられた止め具等をいうものであること。
　　ロ　本条の「譲渡若しくは貸与の目的での展示」には，店頭における陳列のほか，機械展における展示等も含まれるものであること。
　(4)　第44条関係
　　従来，性能認定および耐圧証明の対象とされていた機械等のうち，性能認定対象機械等にあつては法施行前に譲渡または設置されたもの，耐圧証明対象機械にあつては法施行前に当該耐圧証明を受けたものについては，第2項から第4項までの規定は，適用されないものであること。
　　また，令第13条第3号の防爆構造電気機械器具のうち，昭和46年4月1日前に製造または輸入され，防爆構造電気機械器具検定規則（昭和44年労働省令第2号）による検定に合格する前に譲渡または設置されたものについても同様とすること。
　　なお，令附則第6条ならびに機械等検定規則（昭和47年労働省令第45号）附則第3条および第4条の規定による経過措置に係る機械等で，法第44条の検定に合格する前，当該経過措置期間中に，譲渡または設置されたものについても同様とすること。

　第43条の2の趣旨は，施行通達[3][4]により次の通り説明されている。

発基第84号
昭和63年9月16日
都道府県労働基準局長　殿
　　　　　　　　　　　　労働事務次官
労働安全衛生法の一部を改正する法律の施行について

労働安全衛生法の一部を改正する法律は，昭和63年5月17日，法律第37号として公布され，同年10月1日（安全衛生推進者等に係る部分及び建設工事等の計画作成時における有資格者の参画に係る部分は，昭和64年4月1日）から施行されることとなつた。

ついては，左記の事項について十分留意の上，その運用に万全を期されるよう，命により通達する。
　　　　　　　　　記
第一　労働安全衛生法の改正の経緯及び趣旨
　最近における労働災害の発生状況をみると，逐年減少を示してきているものの，その一方で，死傷者数は

年間80万人にものぼり，死亡者数も年間約2,300人と依然として高い水準にある。しかも，最近は，労働災害の減少傾向に鈍化がみられ，重大災害も多発している。また，労働災害の多くは中小規模事業場で発生しており，中小規模事業場の労働災害発生率は依然として高い水準で推移している。さらに，建設業における労働災害発生率が高いほか，機械設備に起因する労働災害も多く，職業性疾病も跡を絶たない状況にある。

他方，高齢化の進展に伴う高年齢労働者の労働災害の多発，技術革新及びサービス経済化の進展に伴う労働環境，作業態様等の急速な変化がもたらすストレスによる労働者の心身両面での健康問題等新たな問題が生じている。

このような情勢にかんがみ，労働省としては，昭和63年1月に行われた中央労働基準審議会の「労働安全衛生法令の整備について」の建議を踏まえ，中小規模事業場等の安全衛生管理体制の整備，労働者の健康の保持増進のための措置の充実等を図ることとし，同審議会に「労働安全衛生法の一部を改正する法律案要綱」を諮問し，その答申を受け国会の審議を経て，今回の改正となつたものである。

記
第二　労働安全衛生法の改正の主な内容
二　機械等及び化学物質に関する規制の充実
　(一)　機械等に係る命令制度（第43条の2関係）
　　　　一定の危険を有する機械等については，これによる危険を防止するため，労働大臣の定める規格又は安全装置を具備させる等により，製造，譲渡等に制限を加えているところである。しかしながら，実際には規格等を具備しない機械等が流通，使用され，これによる労働災害が少なからず生じている。

　　　　このような状況にかんがみ，現行法規制の徹底を図ることに加えて，使用する者が規格等を具備していないことを確認することができないような機械等について，労働大臣又は都道府県労働基準局長は，当該機械等を製造し，又は輸入した者に対し，当該機械等の回収又は改善を図ることその他当該機械等が使用されることによる労働災害を防止するため必要な措置を講ずることを命ずることができることとしたこと。

基発第601号の1
昭和63年9月16日
都道府県労働基準局長　殿
　　　　　　　　　　　　労働省労働基準局長
　　　労働安全衛生法の一部を改正する法律の施行について

　労働安全衛生法の一部を改正する法律（昭和63年法律第37号）の施行については，昭和63年9月16日付け労働省発基第84号により労働事務次官から通達された

ところであるが，その細部の取扱いについて左記のとおり定めたので，これが円滑な実施を図るよう配慮されたい。
記
四　機械等に係る命令制度（第43条の2関係）
　「その他当該機械等が使用されることによる労働災害を防止するため必要な措置」には，当該機械等が本条各号のいずれかに該当する旨の広報を行うこと等があること。

[2] **罰則**

第42条及び第43条の規定に違反した者並びに第43条の2の規定による命令に違反した者は，第119条の規定により，6カ月以下の懲役又は50万円以下の罰金に処せられる。

また，これらの違反の罪については，第122条の両罰規定が適用される。

刑事訴訟法第250条の規定によりこれらの罪の公訴時効は3年であるが，安衛法第42条の機械等が同条に違反していたことが譲渡後3年経過後になって初めて，事故等により明らかとなる場合も少なくなく，刑罰法規としてはいささか有効性に欠ける面もある。なお，第43条の2による命令は譲渡後何年経っていても関係無いが，命令をしようとした時に製造又は輸入した企業が廃業している場合もあるだろう。

[3] **条文解釈**

条文解釈にあたり，分かりやすさのため，第42条の前半部を**資料5-20**にチャート図で示した。

なお，「のうち，政令で定めるもの」が安衛令第13条の規定振りからして，**資料5-20**のように「その他……」の部分のみに係ると解される。

1　共通語句
(1)　「機械」

本法及びこれに基づく命令では，「機械」の定義が与えられていない。

しばしば問題となるのは「機械」に人力機械（自転車など）が含まれるかどうかであるが，「機械」の語に一般に人力機械が含まれること，本法で人力機械を除外していないこと等からして，本法の「機械」には人力機械が含まれると解される。このため，第43条でも「動力により駆動される機械等」とわざわざ表現していると考えられる。

労働省労働基準局安全衛生部編『実務に役立つ労働安全衛生規則の逐条詳解』（全7巻，中央労働災害防止協会，1993年）でも，安衛則第25条の逐条解説には人力機械に関する記述はないが，機械の一般基準を定める安衛則第2編第1章第1節の解説において「本節で

は，機械による危険を防止するための一般基準を定めたものである。ここでいう機械は，あらゆる機械を指しており，主として動力機械を対象としているが，人力等の機械を対象外としているわけではない。」と解説されている[7]。

ただし，安衛則中の「機械」の意義については，労働安全衛生規則の一部を改正する省令（平成24年1月27日厚生労働省令第9号，同年4月1日施行）により追加された安衛則第24条の13（機械に関する危険性等の通知）において「労働者に危険を及ぼし，又は労働者の健康障害をその使用により生ずるおそれのある機械（以下単に「機械」という。）」とされ，要するに「機械」の語の意味が危険性又は有害性を有するものに限定された。この略称規定により，安衛則における同条以降の全ての「機械」が「労働者に危険を及ぼし，又は労働者の健康障害をその使用により生ずるおそれのある機械」の略称となったと解される[8]。

(2) 「機械等」

「機械等」は，第20条第1号及び安衛則第24条の3で「機械，器具その他の設備（以下「機械等」という。）」と定義されている。ここには当然，人力のものも含まれるだろう。

危険源となるような「器具」に該当するようなものとしては，ハンマー，包丁，ロールボックスパレット，ドーリー（資料5-21）等々枚挙に暇がない。

なお，本法では，危険源のみならず，安全装置や保護具も「機械等」に含めていることに注意が必要である。したがって，第42条の規制の対象となるもので例を挙げれば，プレス機械の光線式安全装置等は機械，防じんマスク，防毒マスク，絶縁用防護具，保護帽等は器具といえるだろう。もちろん，これらの機械等そのものもまた危険源となるから（例えば，防毒マスクが着用による皮膚障害を引き起こす等），このように全て「機械等」とまとめることには合理性がある。

ところで，(1)で触れたように安衛則第24条の13において，同条以降の「機械」を危険源としての機械に限定してしまっている。したがってプレス機械の安全装置であってもそれ自体に危険性がなければ安衛則第24条の13以降の「機械」には含まれない。しかし，安衛則第27条では「機械等」の語を，危険源としての機械というだけでなく，他の危険源としての機械に取り付けるべき安全装置の機能に着目して使用している。もちろん，「機械等」と「機械」は別の語で，安衛則第24条の3における「機械等」の定義中の「機械」は安衛則第24条の13よりも前にあるから問題は無いが，本法全体で「機械等」を危険源に限ってはいないので，安衛則第24条の13以降の全ての「機械」の意義を危険源に限定するのは，いささか統一感に欠けるのではな

資料5-20　労働安全衛生法第42条が対象とする機械等に係るチャート図

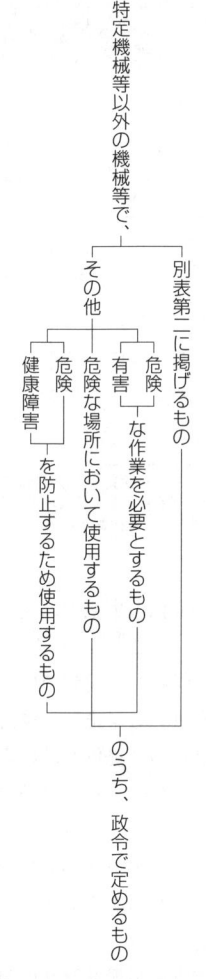

特定機械等以外の機械等で，別表第二に掲げるもの／その他　危険／有害／危険な場所において使用を必要とするもの／危険な作業を必要とするもの／健康障害を防止するため使用するもの　のうち，政令で定めるもの

資料5-21　ドーリーの例

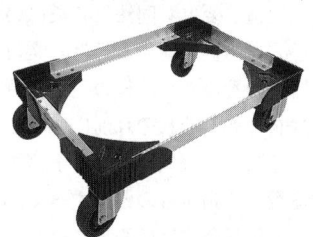

ドーリーとは，荷台本体の下に車輪を取り付けた，手押し部分が無い台車をいうことが多い。産業現場で広く使われている。
（株式会社ワコーパレット提供）

いかと疑問が生じる。

機械等として具体的にどのようなものがあるかということについては，厚生労働省の労働災害統計に係る起因物分類コード表なども参考となる[9][10]。

(3) 「譲渡」「貸与」

「譲渡」「貸与」は，有償か無償かを問わない[11]。なお，第33条（機械等貸与者）でも「貸与」という語が使用されているが，これは安衛則第665条で「相当の

資料5-22 特定機械等の検査

特定機械等の種類		検査の種類							
略称等	名称	構造	溶接	製造	使用	落成	性能	変更	使用再開
ボイラー	ボイラー（移動式ボイラーを除く。）	○	○		○	○	○	○	○
	移動式ボイラー	○	○				○	○	○
	第1種圧力容器	○	○		○	○	○	○	○
クレーン等	クレーン（移動式クレーンを除く。）					○	○	○	○
	移動式クレーン			○			○	○	○
	デリック					○	○	○	○
	エレベーター					○		○	○
	建設用リフト					○			
ゴンドラ				○		○	○	○	○

＊原則として構造検査及び溶接検査は登録製造時等検査機関、製造検査及び使用検査は都道府県労働局長、落成検査、変更検査及び使用再開検査は労働基準監督署長、性能検査は登録性能検査機関が実施する。
（森山誠也作成）

対価を得て業として他の事業者に貸与する者」に限定されていることに注意されたい。

有害物ないし化学物質の規制では、法第55条で製造等禁止物質の「提供」も禁止し、第57条及び第57条の2では対象化学物質の「提供」時の表示ないし通知を義務づけており、機械等規制と対照的である。

(4) 「設置」

機械等の設置とは、定置式のものを作業場等に据え付けたり、移動式のもの等を備え付けたりすることをいうと思われる。

第42条の前身である労働基準法旧第46条に関する法務省の見解[12]によれば、「設置なる文言は、同条にいう譲渡、貸与、製造、変更、同法第47条にいう使用、第42条にいう必要な措置を講ずる行為の文言と対比し、かつ機械、器具のそなえつけ後の現状変更、使用方法等については右の如くそれぞれ別に処罰法規の存するところにより考察し、機械、器具を事務所に物理的にそなえつける行為を指すものと解すべく、右そなえつけ行為によって第46条違反は既遂に達し、それ以後は設置違反に関する限り犯罪成立後の違法状態が継続するに過ぎず、刑法講学上いわゆる状態犯に属するものであって、公訴時効は、機械器具のそなえつけと同時に進行を開始するものである」とのことであるが、この議論の射程には第42条の「設置」も含まれるだろう。

状態犯とは、一時の行為によって犯罪が既遂となり、公訴時効もそれを起点として進行するが、その行為によって、それ以後も法益侵害状態が継続するような犯罪をいう[13]。上記の法務省の見解によれば、第42条の設置罪は、設置した後そのままにしつづけているこ

と自体は処罰の対象としていないため、状態犯と解される訳である。

状態犯と異なる概念として、継続犯がある。継続犯とは、構成要件的結果の発生とともに、法益侵害も発生し、犯罪は既遂となるが、その後も犯罪行為を継続している間ずっと、法益侵害の状態も継続して、犯罪の継続が認められるものをいう[14]。例えば、所有、所持等の罪は継続犯だろう。

事業者が第42条の規格等に違反する機械等を使用すると、当該事業者について別途第20条違反（安衛則第27条など）すなわち使用罪が成立するが、これが継続犯になる場合もあると思われる。しかし、設置後3年（公訴時効）を超えて、使用できる状態のまま放置している場合は設置罪にも使用罪にも問えないが、危険は継続することから、使用できる状態のまま所持することを禁ずる規定が必要ではないだろうか。

事業者が第42条の規格又は安全装置を具備しない機械等を設置し、かつ使用した場合に設置罪と使用罪との関係が問題となる。これについて、金谷暁判事は[15]「設置は使用の予備的行為であって、設置後使用に至れば、設置の罪は使用の罪に吸収されると解してよいかどうかである。しかし、法四二条は、事業者に限らず、一定の規格等を具備しない機械等を設置等することは、それ自体労働災害を惹起する危険のある行為であり、単なる使用の予備的行為としてではなく、独自の当罰性を有する行為であるとして、何人に対しても右行為を禁じたもので、事業者の機械等の使用に際しての規制である法二〇条一号、労安則二七条とは観点を異にして」いるとし、このような場合にも両罪が成立し、両者は併合罪の関係に立つと解されるとしている。

「設置」の意義については、特に第88条や労働基準法第96条の2の規定による計画の届出中にある「設置」（この場合の名宛人は事業者又は使用者であるが）に関し、工場、店舗等に既に設置されている設備（例えばエレベーター、第1種圧力容器、動力プレス、局所排気装置等）を新しく移転してきた事業者が使用する場合にこれが「設置」に該当するか否かが問題になる。「設置」が物理的概念なのか、経営上の概念なのかということであるが、これは条項の趣旨によって適用の有無を検討するほかないのではないかと思われる[16]。

2 第42条関係

(1) 「特定機械等」

「特定機械等」とは、第37条で「特に危険な作業を必要とする機械等として別表第1に掲げるもので、政令で定めるもの（以下「特定機械等」という。）」と定義され、安衛令第12条で定められている機械等をいう。

特定機械等については、型式や製造設備等に係る製

造許可，製造段階から使用段階等に至るまでの国又は登録機関による検査（資料5－22），検査証の交付及び廃止時の返還，有効な検査証のないものの使用の禁止，有効な検査証とともにしない譲渡及び貸与の禁止など，綿密な規制がなされており，全ての特定機械等の情報が国に登録され，管理されている。

(2)　「別表第2に掲げるもの」

別表第2で定められているのは，次に引用する16の機械等である。これらは，第42条の規制の対象となるとともに，安衛令第14条又は同令第14条の2の規定により，その殆ど全てが個別検定又は型式検定の対象となっている（例外として，木材加工用丸のこ盤の安全装置については，歯の接触予防装置のうち可動式のもののみ，動力により駆動されるプレス機械についてはスライドによる危険を防止するための機構を有するもののみが検定の対象となっている）。また，第31条の規定により特定事業の仕事を自ら行う注文者が請負人の労働者に使用させるときに構造規格等に適合させるようにしなければならない建設物等や，第88条第1項の規定により事業者が労働基準監督署長に対して行う機械等設置・移転・変更届の対象となっているものもある（資料5－23参照）。

別表第2の規定の一部は安衛令第13条に委任されている。また，同条では，別表第2各号の機械等のうち本邦の地域内で使用されないことが明らかな機械等に対する適用除外のほか，小型ボイラーについては船舶安全法及び電気事業法，防爆電気機械器具については船舶安全法との調整が行われ，マスク，絶縁用保護具等の保護具については第42条の規制を受けるものの用途が限定されている。

また，防毒マスクの用途の範囲に関する規定の一部は安衛則第26条に委任されている。

(3)　「その他危険若しくは有害な作業を必要とするもの，危険な場所において使用するもの又は危険若しくは健康障害を防止するため使用するもののうち，政令で定めるもの」

現在，安衛令第13条第3項では34の機械等が指定されている。

「危険若しくは有害な作業を必要とするもの」には手押しかんな盤，エックス線装置，チェーンソー等が含まれるだろう。なお，特定機械等は第37条第1項で「特に危険な作業を必要とする機械等」と表現されている。

「危険な場所において使用するもの」は，法別表第2の防爆電気機械器具のように，危険な場所で使用するため安全性能に厳しい要件を必要とするものをいう。

「危険若しくは健康障害を防止するため使用するもの」には手押しかんな盤の刃の接触予防装置，墜落制止用器具等が含まれるだろう。

これらの機械等は個別検定又は型式検定の対象とされていないが，第31条の規定により特定事業の仕事を自ら行う注文者が請負人の労働者に使用させるときに構造規格等に適合させるようにしなければならない建設物等，第33条の規定により機械等貸与者等に係る規制の対象となるもの，第88条第1項の規定により事業者が労働基準監督署長に対して行う機械等設置・移転・変更届の対象となっているものもある（資料5－24参照）。

なお，機械等設置・移転・変更届について定める第88条第1項では，事業者が「機械等で，危険若しくは有害な作業を必要とするもの，危険な場所において使用するもの又は危険若しくは健康障害を防止するため使用するもののうち，厚生労働省令で定めるもの」というように，第42条と同一の表現が用いられている。しかし，第42条が譲渡等の規制を行うものであるのに対し，機械等設置・移転・変更届は個々の機械等について労働基準監督署長による事前の審査を受けさせるものであり，趣旨が異なるため，命令の規定によりその対象となっている機械等は，両者に共通するものもあるが，共通していないものの方が多い。

(4)　「厚生労働大臣が定める規格又は安全装置」

第42条により，労働安全衛生法第42条の規定に基づく厚生労働大臣が定める規格又は安全装置（昭和47年9月30日労働省告示第77号）が制定されている。

労働安全衛生法第42条の規定に基づく厚生労働大臣が定める規格又は安全装置（昭和47年9月30日労働省告示第77号）

労働安全衛生法（昭和47年法律第57号）第42条の規定に基づき，厚生労働大臣が定める規格又は安全装置を次のように定め，昭和47年10月1日から適用する。

労働安全衛生法第42条の規定に基づく厚生労働大臣が定める規格又は安全装置

労働安全衛生法第42条の厚生労働大臣が定める規格又は安全装置は，次の表の上欄に掲げる機械等の種類に応じ，それぞれ同表の下欄に掲げる厚生労働省告示の定めるところによるものとする。

法別表第2第6号に掲げる防爆構造電気機械器具	電気機械器具防爆構造規格（昭和44年労働省告示第16号）
令第13条第3項第2号に掲げる研削盤，研削といし及び研削といしの覆い	研削盤等構造規格（昭和46年労働省告示第8号）
令第13条第3項第16号に掲げるデリック	デリック構造規格（昭和37年労働省告示第55号）
令第13条第3項第18号に掲げる建設用リフト	建設用リフト構造規格（昭和37年労働省告示第58号）
令第13条第3項第19号に掲げる簡易リフト	簡易リフト構造規格（昭和37年労働省告示第57号）

〈附則略〉

資料5-23 労働安全衛生法第42条の譲渡等規制を受ける機械等のうち,同法別表第2で定められているもの(令和4年2月1日現在)

安衛法第42条の譲渡等規制を受ける機械等		関連規制の対象となる機械等(※この表の機械等は機械等貸与者に係る規制の対象とはなっていない。)			
安衛法別表第2		適用除外(安衛令第13条)	特定事業の仕事を自ら行う注文者の規制の対象となる建設物等(安衛法第31条)	個別検定又は型式検定の対象機械等(安衛法第44条,第44条の2,別表第3及び別表第4)	機械等設置・移転・変更届の対象となる機械等(安衛則第85条,同別表第7)
号番号	各号の機械等				
1	ゴム,ゴム化合物又は合成樹脂を練るロール機及びその急停止装置			個別 ゴム,ゴム化合物又は合成樹脂を練るロール機及びその急停止装置のうち電気的制動方式のもの	
				型式 ゴム,ゴム化合物又は合成樹脂を練るロール機及びその急停止装置のうち電気的制動方式以外の制動方式のもの	
2	第2種圧力容器	船舶安全法の適用を受ける船舶に用いられるもの及び電気事業法,高圧ガス保安法又はガス事業法の適用を受けるもの(安衛令第13条第1項)		個別 第2種圧力容器(船舶安全法の適用を受ける船舶に用いられるもの及び電気事業法,高圧ガス保安法又はガス事業法の適用を受けるものを除く。)	
3	小型ボイラー	船舶安全法の適用を受ける船舶に用いられる小型ボイラー及び電気事業法の適用を受ける小型ボイラー(安衛令第13条第5項)		個別 小型ボイラー(船舶安全法の適用を受ける船舶に用いられるもの及び電気事業法の適用を受けるものを除く。)	
4	小型圧力容器	船舶安全法の適用を受ける船舶に用いられるもの及び電気事業法,高圧ガス保安法又はガス事業法の適用を受けるもの(安衛令第13条第2項)		個別 小型圧力容器(船舶安全法の適用を受ける船舶に用いられるもの及び電気事業法,高圧ガス保安法又はガス事業法の適用を受けるものを除く。)	
5	プレス機械又はシャーの安全装置			型式 プレス機械又はシャーの安全装置	動力プレス(機械プレスでクランク軸等の偏心機構を有するもの及び液圧プレスに限り,6か月未満の期間で廃止するものを除く。)
6	防爆構造電気機械器具	船舶安全法の適用を受ける船舶に用いられる防爆構造電気機械器具(安衛令第13条第5項)		型式 防爆構造電気機械器具(船舶安全法の適用を受ける船舶に用いられるものを除く。)	
7	クレーン又は移動式クレーンの過負荷防止装置			型式 クレーン又は移動式クレーンの過負荷防止装置	
8	防じんマスク	ろ過材又は面体を有していない防じんマスク(安衛令第13条第5項)		型式 防じんマスク(ろ過材及び面体を有するものに限る。)	
9	防毒マスク	ハロゲンガス用,有機ガス用,一酸化炭素用,アンモニア用及び亜硫酸ガス用以外の防毒マスク(安衛令第13条第5項,安衛則第26条)		型式 ハロゲンガス用,有機ガス用,一酸化炭素用,アンモニア用及び亜硫酸ガス用(安衛則第29条の2)	
10	木材加工用丸のこ盤及びその反発予防装置又は歯の接触予防装置			型式 木材加工用丸のこ盤の歯の接触予防装置のうち可動式のもの	
11	動力により駆動されるプレス機械			型式 動力により駆動されるプレス機械のうちスライドによる危険を防止するための機構を有するもの	動力プレス(機械プレスでクランク軸等の偏心機構を有するもの及び液圧プレスに限り,6か月未満の期間で廃止するものを除く。)

安衛法第42条の譲渡等規制を受ける機械等			関連規制の対象となる機械等（※この表の機械等は機械等貸与者に係る規制の対象とはなっていない。）		
安衛法別表第2		適用除外（安衛令第13条）	特定事業の仕事を自ら行う注文者の規制の対象となる建設物等（安衛法第31条）	個別検定又は型式検定の対象機械等（安衛法第44条，第44条の2，別表第3及び別表第4）	機械等設置・移転・変更届の対象となる機械等（安衛則第85条，同別表第7）
号番号	各号の機械等				
12	交流アーク溶接機用自動電撃防止装置		交流アーク溶接装置（自動溶接機を除く。）を使用させるときの交流アーク溶接機用自動電撃防止装置の備付け（安衛則第648条）	型式 交流アーク溶接機用自動電撃防止装置	
13	絶縁用保護具	その電圧が，直流にあっては750V，交流にあっては300V以下の充電電路について用いられる絶縁用保護具（施行令第13条第5項）		型式 絶縁用保護具（その電圧が，直流にあっては750Vを，交流にあっては300Vを超える充電電路について用いられるものに限る。）	
14	絶縁用防具	その電圧が，直流にあっては750V，交流にあっては300V以下の充電電路に用いられる絶縁用防具（施行令第13条第5項）		型式 絶縁用防具（その電圧が，直流にあっては750Vを，交流にあっては300Vを超える充電電路に用いられるものに限る。）	
15	保護帽	物体の飛来若しくは落下又は墜落による危険を防止するためのもの以外の保護帽（施行令第13条第5項）		型式 保護帽（物体の飛来若しくは落下又は墜落による危険を防止するためのものに限る。）	
16	電動ファン付き呼吸用保護具			型式 電動ファン付き呼吸用保護具	

＊安衛法別表第2に掲げる機械等には，本邦の地域内で使用されないことが明らかな機械等を含まないものとされている（安衛令第13条第4項）。
　また，個別検定の対象機械等からは，本邦の地域内で使用されないことが明らかな場合の機械等が除かれ（安衛令第14条），型式検定についても同様である（安衛令第15条）。
　なお，保護帽には飛来落下物用や墜落時保護用に加えて電気用帽子の機能を併せ持つ製品があるが，電気用帽子は絶縁用保護具の一種として譲渡等制限の対象機械等となっているものであって保護帽として対象機械等になっているわけではない。

　この告示では，第42条の対象となる機械等（(2)(3)参照）のうち，5つの機械等について，それが具備すべき規格との対応関係が示されている。これらの規格は，全て本法制定前に労働基準法旧第5章の枠組において制定されたものであるが，この告示で引用されることにより現在も法規としての効力が与えられている。例として電気機械器具防爆構造規格の冒頭を次に引用するが，この制定文から旧安衛則に基づく命令であることが明らかである。

　電気機械器具防爆構造規格（昭和44年4月1日労働省告示第16号）
　　労働安全衛生規則（昭和22年労働省令第9号）第140条の7第2項の規定に基づき，電気機械器具防爆構造規格（昭和36年労働省告示第42号）の全部を次のように改正する。
　　　電気機械器具防爆構造規格
　　第1章　総則
　　第1条　〈略〉
　　第2条　規則第280条第1項に規定する電気機械器具の構造は，次の各号の区分に応じ，それぞれ当該各号に定める防爆構造でなければならない。〈略〉

　第42条の対象となる機械等のうち，昭和47年労働省告示第77号に掲げられていない機械等については，全て本法制定後に規格が制定されるか労働基準法時代の規格が本法制定後に新しく置き換わったものである。これらの機械等については，規格そのものの中で，機械等と規格との対応関係が明らかになっている。次に引用するのはその例である。

　防じんマスクの規格（昭和63年3月30日労働省告示第19号）
　　労働安全衛生法（昭和47年法律第57号）第42条の規定に基づき，防じんマスクの規格を次のように定める。
　　　防じんマスクの規格
　　（防じんマスク等の種類）
　　第1条　労働安全衛生法別表第2第8号に掲げる防じんマスク（以下「防じんマスク」という。）は，次の表の下欄に掲げる形状により，それぞれ同表の上欄に掲げる種類に区分するものとする。〈略〉

　エレベーター構造規格（平成5年8月2日労働省告示第91号）
　　労働安全衛生法（昭和47年法律第57号）第37条第2項及び第42条の規定に基づき，エレベーター構造規格を次のように定める。
　　　エレベーター構造規格
　　〈目次等略〉

資料5-24 労働安全衛生法第42条の譲渡等規制を受ける機械等のうち，同法施行令第13条第3項で定められているもの（令和4年2月1日現在）

安衛法第42条の譲渡等規制を受ける機械等		関連規制の対象となる機械等（※この表の機械等は個別検定又は型式検定の対象とはなっていない。）		
安衛令第13条第3項		特定事業の仕事を自ら行う注文者の規制の対象となる建設物等（安衛法第31条）	機械等貸与者等に係る規制の対象となる機械等（安衛法第33条，安衛令第10条）	機械等設置・移転・変更届の対象となる機械等（安衛則第85条，同別表第7）
号番号	各号の機械等			
1	アセチレン溶接装置のアセチレン発生器	アセチレン溶接装置（安衛則第647条）		アセチレン溶接装置（移動式のもの及び6か月未満の期間で廃止するものを除く。）
2	研削盤，研削といし及び研削といしの覆い			
3	手押しかんな盤及びその刃の接触予防装置			
4	アセチレン溶接装置又はガス集合溶接装置の安全器	アセチレン溶接装置（安衛則第647条）		アセチレン溶接装置（移動式のもの及び6か月未満の期間で廃止するものを除く。），ガス集合溶接装置（移動式のもの及び6か月未満の期間で廃止するものを除く。）
5	活線作業用装置（その電圧が，直流にあっては750Vを，交流にあっては600Vを超える充電電路について用いられるものに限る。）			
6	活線作業用器具（その電圧が，直流にあっては750Vを，交流にあっては300Vを超える充電電路について用いられるものに限る。）			
7	絶縁用防護具（対地電圧が50Vを超える充電電路に用いられるものに限る。）			
8	フォークリフト			
9	次の各号に掲げる建設機械で，動力を用い，かつ，不特定の場所に自走することができるもの 一　整地・運搬・積込み用機械 　1　ブル・ドーザー 　2　モーター・グレーダー 　3　トラクター・ショベル 　4　ずり積機 　5　スクレーパー 　6　スクレープ・ドーザー 　7　1から6までに掲げる機械に類するものとして厚生労働省令で定める機械 二　掘削用機械 　1　パワー・ショベル 　2　ドラグ・ショベル 　3　ドラグライン 　4　クラムシェル 　5　バケット掘削機 　6　トレンチャー 　7　1から6までに掲げる機械に類するものとして厚生労働省令で定める機械 三　基礎工事用機械 　1　くい打機 　2　くい抜機 　3　アース・ドリル 　4　リバース・サーキュレーション・ドリル 　5　せん孔機（チュービングマシンを有するものに限る。） 　6　アース・オーガー 　7　ペーパー・ドレーン・マシン 　8　1から7までに掲げる機械に類するものとして厚生労働省令で定める機械 四　締固め用機械 　1　ローラー 　2　1に掲げる機械に類するものとして厚生労働省令で定める機械 五　コンクリート打設用機械 　1　コンクリートポンプ車 　2　1に掲げる機械に類するものとして厚生労働省令で定める機械 六　解体用機械 　1　ブレーカ	くい打機，くい抜機（安衛則第644条）	左の建設機械で，動力を用い，かつ，不特定の場所に自走することができるもの	

安衛法第42条の譲渡等規制を受ける機械等		関連規制の対象となる機械等（※この表の機械等は個別検定又は型式検定の対象とはなっていない。）		
安衛令第13条第3項		特定事業の仕事を自ら行う注文者の規制の対象となる建設物等（安衛法第31条）	機械等貸与者等に係る規制の対象となる機械等（安衛法第33条，安衛令第10条）	機械等設置・移転・変更届の対象となる機械等（安衛則第85条，同別表第7）
号番号	各号の機械等			
	2　1に掲げる機械に類するものとして厚生労働省令で定める機械（＝鉄骨切断機，コンクリート圧砕機，解体用つかみ機）（安衛令別表第7，安衛則第151条の175）			
10	型わく支保工用のパイプサポート，補助サポート及びウイングサポート	型わく支保工（安衛則第646条）		型枠支保工（支柱の高さが3.5m以上のものに限る。）
11	次の各号に掲げる鋼管足場用の部材及び附属金具 一　わく組足場用の部材 　1　建わく（簡易わくを含む。） 　2　交さ筋かい 　3　布わく 　4　床付き布わく 　5　持送りわく 二　布板一側足場用の布板及びその支持金具 三　移動式足場用の建わく（第一号の1に該当するものを除く。）及び脚輪 四　壁つなぎ用金具 五　継手金具 　1　わく組足場用の建わくの脚柱ジョイント 　2　わく組足場用の建わくのアームロック 　3　単管足場用の単管ジョイント 六　緊結金具 　1　直交型クランプ 　2　自在型クランプ 七　ベース金具 　1　固定型ベース金具 　2　ジャッキ型ベース金具 （安衛令別表第8）	架設通路，足場，作業構台（安衛則第654条から第655条の2まで）		架設通路（高さ及び長さがそれぞれ10m以上のものに限り，組立てから解体までの期間が60日未満のものを除く。），足場（つり足場，張出し足場以外の足場にあっては，高さが10m以上の構造のものに限り，組立てから解体までの期間が60日未満のものを除く。）
12	つり足場用のつりチェーン及びつりわく			
13	合板足場板（アピトン又はカポールをフェノール樹脂等により接着したものに限る。）			
14	つり上げ荷重が0.5t以上3t未満（スタッカー式クレーンにあっては，0.5t以上1t未満）のクレーン	クレーン，移動式クレーン，デリック，簡易リフト又は建設用リフトで，クレーン則の適用を受けるもの（安衛則第656条。特定機械等を含む。）		
15	つり上げ荷重が0.5t以上3t未満の移動式クレーン		つり上げ荷重が0.5t以上の移動式クレーン	
16	つり上げ荷重が0.5t以上2t未満のデリック			
17	積載荷重が0.25t以上1t未満のエレベーター			
18	ガイドレールの高さが10m以上18m未満の建設用リフト			
19	積載荷重が0.25t以上の簡易リフト			
20	再圧室			
21	潜水器			
22	波高値による定格管電圧が10kV以上のエックス線装置（エックス線又はエックス線装置の研究又は教育のため，使用のつど組み立てるもの及び医薬品，医療機器等の品質，有効性及び安全性の確保等に関する法律（昭和35年法律第145号）第2条第4項に規定する医療機器で，厚生労働大臣が定めるものを除く。）	左欄のエックス線装置（安衛則第661条）		電離則第15条第1項の放射線装置（放射性同位元素等の規制に関する法律（昭和32年法律第167号）第12条の5第2項に規定する表示付認証機器又は同条第3項に規定する表示付特定認証機器を除き，さらに6か月未満の期間で廃止するものを除く。）
23	ガンマ線照射装置（医薬品，医療機器等の品質，有効性及び安全性の確保等に関する法律第2条第4項に規定する医療機器で，厚生労働大臣が定めるものを除く。）	左欄のガンマ線照射装置（安衛則第662条）		
24	紡績機械及び製綿機械で，ビーター，シリンダー等の回転体を有するもの			

安衛法第42条の譲渡等規制を受ける機械等		関連規制の対象となる機械等（※この表の機械等は個別検定又は型式検定の対象とはなっていない。）		
安衛令第13条第3項		特定事業の仕事を自ら行う注文者の規制の対象となる建設物等（安衛法第31条）	機械等貸与者等に係る規制の対象となる機械等（安衛法第33条，安衛令第10条）	機械等設置・移転・変更届の対象となる機械等（安衛則第85条，同別表第7）
号番号	各号の機械等			
25	蒸気ボイラー及び温水ボイラーのうち，次に掲げるもの（船舶安全法の適用を受ける船舶に用いられるもの及び電気事業法の適用を受けるものを除く。） イ ゲージ圧力0.1 MPa以下で使用する蒸気ボイラーで，伝熱面積が0.5 m²以下のもの又は胴の内径が200 mm以下で，かつ，その長さが400 mm以下のもの ロ ゲージ圧力0.3 MPa以下で使用する蒸気ボイラーで，内容積が0.0003 m³以下のもの ハ 伝熱面積が2 m²以下の蒸気ボイラーで，大気に開放した内径が25 mm以上の蒸気管を取り付けたもの又はゲージ圧力0.05 MPa以下で，かつ，内径が25 mm以上のU形立管を蒸気部に取り付けたもの ニ ゲージ圧力0.1 MPa以下の温水ボイラーで，伝熱面積が4 m²以下（木質バイオマス温水ボイラー（動植物に由来する有機物でエネルギー源として利用することができるもの（原油，石油ガス，可燃性天然ガス及び石炭並びにこれらから製造される製品を除く。）のうち木竹に由来するものを燃料とする温水ボイラーをいう。ホにおいて同じ。）にあっては，16 m²以下）のもの ホ ゲージ圧力0.6 MPa以下で，かつ，摂氏100度以下で使用する木質バイオマス温水ボイラーで，伝熱面積が32 m²以下のもの ヘ ゲージ圧力1 MPa以下で使用する貫流ボイラー（管寄せの内径が150 mmを超える多管式のものを除く。）で，伝熱面積が5 m²以下のもの（気水分離器を有するものにあっては，当該気水分離器の内径が200 mm以下で，かつ，その内容積が0.02 m³以下のものに限る。） （安衛令第1条第3号イからヘまで。伝熱面積の算定方法については，ボイラー則第2条参照）			
26	次に掲げる容器のうち，第1種圧力容器以外のもの（ゲージ圧力0.1 MPa以下で使用する容器で内容積が0.01 m³以下のもの及びその使用する最高のゲージ圧力をMPaで表した数値と内容積をm³で表した数値との積が0.001以下の容器並びに船舶安全法の適用を受ける船舶に用いられるもの及び電気事業法，高圧ガス保安法，ガス事業法又は液化石油ガスの保安の確保及び取引の適正化に関する法律の適用を受けるものを除く。） イ 蒸気その他の熱媒を受け入れ，又は蒸気を発生させて固体又は液体を加熱する容器で，容器内の圧力が大気圧を超えるもの（ロ又はハに掲げる容器を除く。） ロ 容器内における化学反応，原子核反応その他の反応によって蒸気が発生する容器で，容器内の圧力が大気圧を超えるもの ハ 容器内の液体の成分を分離するため，当該液体を加熱し，その蒸気を発生させる容器で，容器内の圧力が大気圧を超えるもの ニ イからハまでに掲げる容器のほか，大気圧における沸点を超える温度の液体をその内部に保有する容器 （安衛令第1条第5号イからニまで）			
27	大気圧を超える圧力を有する気体をその内部に保有する容器（この表の26の項のイからニまでに掲げる容器，第2種圧力容器及び1の項のアセチレン発生器*¹を除く。）で，内容積が0.1 m³を超えるもの（船舶安全法の適用を受ける船舶に用いられるもの及び電気事業法，高圧ガス保安法又はガス事業法の適用を受けるものを除く。） （安衛令第1条第5号イからニまで）			
28	墜落制止用器具			
29	チェーンソー（内燃機関を内蔵するものであって，排気量が40 cm³以上のものに限る。）			
30	ショベルローダー			
31	フォークローダー			
32	ストラドルキャリヤー			
33	不整地運搬車		不整地運搬車	
34	作業床の高さ（作業床を最も高く上昇させた場合におけるその床面の高さをいう。）が2 m以上の高所作業車		作業床の高さが2 m以上の高所作業車	

安衛法第42条の譲渡等規制を受ける機械等		関連規制の対象となる機械等（※この表の機械等は個別検定又は型式検定の対象とはなっていない。）		
安衛令第13条第3項		特定事業の仕事を自ら行う注文者の規制の対象となる建設物等（安衛法第31条）	機械等貸与者等に係る規制の対象となる機械等（安衛法第33条、安衛令第10条）	機械等設置・移転・変更届の対象となる機械等（安衛則第85条、同別表第7）
号番号	各号の機械等			
以下は注文者規制の対象となるその他の機械等		軌道装置（安衛則第645条）		軌道装置
		電動機械器具を使用させるときの漏電遮断機の接続等（安衛則第649条）		
		潜函等（安衛則第650条）		
		ずい道等の建設の作業におけるずい道支保工（安衛則第651条）、ずい道型わく支保工（安衛則第652条）		
		物品揚卸口等で高さ2メートルの箇所等（安衛則第653条）		
		ゴンドラ（安衛則第657条）		特定機械等としての規制あり。
		有機則（特別有機溶剤に係る準用を含む）又は粉じん則による局所排気装置（安衛則第658条）、全体換気装置（安衛則第659条）		有機則、鉛則、四アルキル鉛則、特化則又は粉じん則に係る局所排気装置又は全体換気装置等
		圧気工法に用いる設備（安衛則第660条）		
				その他の対象機械等については省略する。

*1 労働安全衛生法施行令（https://elaws.e-gov.go.jp/document?lawid=347CO0000000318）第13条第3項第27号中「第7号に掲げるアセチレン発生器」とあるのは、「第1号に掲げるアセチレン発生器」の誤りであると思われる。第27号は、労働安全衛生法施行令の一部を改正する政令（昭和50年1月14日政令第4号）により同条第38号として加えられたものであるが、当時は、現在の法別表第2に掲げる機械等も同条で規定していた関係で、第7号でアセチレン溶接装置のアセチレン発生器を規定していた。しかし、公益法人に係る改革を推進するための厚生労働省関係法律の整備に関する法律の施行に伴う関係政令の整備に関する政令（平成15年12月19日政令第533号）第3条の規定により第1号から第6号までが削られ（法別表第2に移動した）、アセチレン溶接装置のアセチレン発生器が第1号に繰り上がった際、これを受けていた第27号の改正を忘れたためと考えられる。

（材料）
第1条　エレベーター（労働安全衛生法施行令（昭和47年政令第318号）第12条第1項第6号に掲げるエレベーター及び同令第13条第3項第17号に掲げるエレベーターをいう。以下同じ。）の構造部分〈略〉の材料は、次に掲げる日本産業規格に適合した鋼材又はこれらと同等以上の化学成分及び機械的性質を有する鋼材でなければならない。〈略〉

ところで、現行告示では、各機械等に対して規格のみを対応させ、安全装置を対応させることはしていないが、安全装置を対応させるときは、例えば安衛則第101条第1項の防護措置を例に取ると、「原動機又は回転軸、歯車、プーリー若しくはベルトのある機械」という機械等に対して「作業者が危害をうけるおそれのある部分に覆い、囲い又はスリーブを取り付けること」などという安全防護を対応させる方法があるだろう。家内労働法では現にこのような規制が行われている（10参照）。

ところで、より広い意味で「規格」という概念を捉えたとき、本法における規格には大きく分けて2種類ある。すなわち、特定機械等又は第42条の譲渡等制限の各対象機械等の種類別に1つの告示という法形式で定められ、題名に「規格」とあるものと、第20条等に基づいて事業者に直接命じられる安衛則第2編第1章や有機則第3章（換気装置の性能等）等に代表されるよ

資料5-25　セットスクリュー

資料5-26　プーリー及びベルト

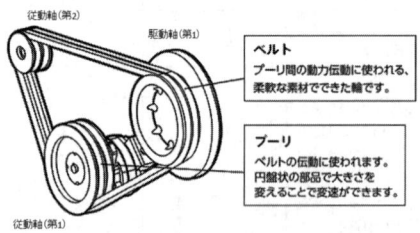

（株式会社ミスミグループWEBサイト〔https://jp.misumi-ec.com/tech-info/categories/technical_data/td06/x0134.html，最終閲覧日：2024年7月8日〕）

資料5-27　スプロケット及びチェーン

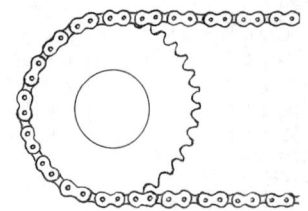

（森山誠也作成）

スプロケットは，チェーン伝導装置について，軸に取り付け，チェーンと噛み合って回転する鎖車の総称である（JIS B 1812）。

うな機械等の構造等の基準の2つである。行政関係者は，前者を便宜的に（防じんマスクの規格等題名に「構造規格」を含まないものも含めて）「構造規格」と呼ぶことがある。なお，本法制定前の旧安衛則では，使用者に義務づけられた旧安衛則本文の機械等の構造基準を譲渡等の制限規定で引用することも行われていた（[7]2参照）。

（5）「具備」

具備とは，小学館『デジタル大辞林』[18]によると「必要な物や事柄を十分に備えていること」をいい，日本法令外国語訳データベースシステムによる第42条の訳ではfulfillの語が充てられている。[19]

「規格を具備する」というのは，安衛則等の「規格に適合する」と同じ意味だと思われる。

一般的には「適合」（confirm）ということの方が多く，JIS Q 17000：2005（適合性評価―用語及び一般原則）（ISO/IEC 17000：2004）でも適合性評価（conformity assessment）という用語が使用されている。

3　第43条関係

（1）「動力により駆動される機械等」

これは，「動力により駆動される機械」に「等」が付されているわけではないだろう。なぜなら，ILO第119号条約第1条では第1項で全ての動力駆動機械（"power-driven machinery"）について防護措置を講じる義務，第2項で人力機械への防護措置義務の適用の有無等を各国において決定する義務を課しているのであるから，この「動力により駆動される機械」に「等」が付されていると解した場合，これが人力機械に適用があるか否かが曖昧となり本条約第1条第2項の要求を満たさず，そもそも「動力により駆動される」という修飾語の存在意義もなくなるからである。加えて，本法では第20条で「機械等」の語が定義されていることから言っても，「動力により駆動される」は「機械等」を修飾する語であると解すべきであろう。

「動力」の語に人力が含まれないことは上記の議論から明らかであるが，本条約が採択された昭和38年の第47回国際労働会議で本条約案の細部の検討を行った機械防護委員会において，本条約案中の「動力」の語（"power-driven"）が動物の力によって駆動される機械にも適用されるものと了解されていることから，[20]その本条約の国内担保法である第43条中の「動力」も動物の力を含むものと解される。

（2）「作動部分上の突起物又は動力伝導部分若しくは調速部分」

「作動部分上の突起物」とは，セットスクリュー（資料5-25），ボルト，キーのごとく作動部分に取り付けられた止め具等をいう。[21]

「動力伝導部分若しくは調速部分」には，回転軸，歯車，プーリー，ベルト（資料5-26），チェーン，スプロケット（資料5-27）等が含まれる。

いずれも，動力駆動機械が殆ど普遍的に有するような，巻き込まれ等に係る非常に一般的な危険部分である。

ただし，これらには，例えばプレス機械（資料5-28）のスライド（押しつぶされ），剪断機の刃先（切れ），プレーナー（資料5-29）のテーブル等のストローク端（激突され），機械の充電電路（感電），圧力容器（破裂）等の危険部分は含まれないため，本条は機械的安全性を包括的に担保するものではない。

（3）「厚生労働省令で定める防護のための措置」

この措置は，安衛則第25条に規定されている。

労働安全衛生規則（昭和47年9月30日労働省令第32号）
　第3章　機械等並びに危険物及び有害物に関する規制

資料5-28　プレス機械の例

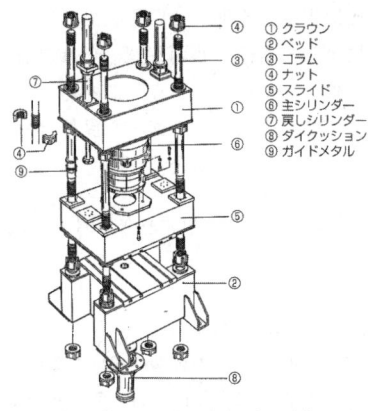

（中央労働災害防止協会『プレス作業と安全』〔2019年〕41頁の図3.2(c)油圧プレス例〔コラム型〕より）

　この図の例では、製品を金型の一方をベッドの上面に設置してその上に材料を乗せ、スライドの下面に金型のもう一方を設置した上で、スライドを下降させる。スライドが一番下に到達することで金型が噛み合ってその中の材料が大きな力を受けることとなる。

資料5-29　プレーナーのテーブル（ストローク端）に対する防護

（厚生労働省配布のリーフレット〔https://www.mhlw.go.jp/bunya/roudoukijun/dl/pamphlet_0415.pdf、最終閲覧日：2023年9月13日〕の図を加工）

　材料を取り付けたテーブルがこの図のように左右に運動することにより、テーブルに激突される等の危険が生ずるため、これを防止するため柵等を設ける必要がある。

プレーナーによる加工動画を有限会社埼玉プレーナー工業所のWEBサイトで閲覧することができる（https://blog.planers.co.jp/metal_cutting/planer、写真は動画のスクリーンショット、最終閲覧日：2024年7月4日）。

資料5-30　埋頭型とそうでないボルトの例

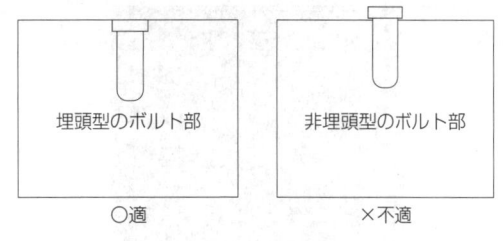

　第1節　機械等に関する規制
（作動部分上の突起物等の防護措置）
第25条　法第43条の厚生労働省令で定める防護のための措置は、次のとおりとする。
　一　作動部分上の突起物については、埋頭型とし、又は覆いを設けること。
　二　動力伝導部分又は調速部分については、覆い又は囲いを設けること。

　なお、事業者に対する規制としては、安衛則第101条に類似の防護措置が定められている。

　埋頭型とはボルトを例に取ると資料5-30のようなものをいう。止め具等が突き出たままでは、そこに労働者の衣服等が巻き込まれて重大な災害につながるおそれがある。

　これらの防護措置は、工場危害予防及衛生規則（昭和4年6月20日内務省令第24号）第1条から第3条までにおいて工業主に対して同様の措置を命じていたほど長い歴史を有するものである。このことは、この種の防護措置がない機械等による災害がいかに典型的な類型であるかを物語っている。

(4)　「譲渡若しくは貸与の目的で展示」

　「譲渡若しくは貸与の目的での展示」には、店頭における陳列のほか、機械展における展示等も含まれる。また、これには店頭等で現に譲渡又は貸与しようとする目的をもって展示されている場合のほか、見本市等で見本として展示されている機械等は単なる見本品として作られたものであり実際に譲渡又は貸与されるのは同一の型式に属する他の機械等であるというような場合も含まれると解されている。[23]

　展示に際しては、参観者等にガードに隠された内部の機構を見せるために防護措置を一時的に取り外す場合にも、仮設の覆い（透明なものでもよいだろう）、囲い等を設けなければならない。[24]

　第43条は何人にも適用され、製造者のみならず例えば問屋、小売店、中古品販売店等にも適用されることにも注意が必要である。

4　第43条の2関係

(1)　「製造」

　機械の製造に際しては、複数の製造業者が関わるこ

資料5-31　銘板の例

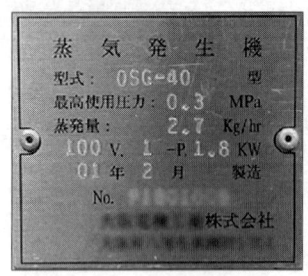

とが多いが，例えば，小型のエレベーターの構成部分を分割発注した場合において第42条の規制の対象となる者は最終的に組立を行いエレベーターとして完成させる者となるという行政解釈がある[25]。

(2)　「当該機械等の回収又は改善」

小型ボイラー等に例えれば，使用されている材料に問題があり修繕の余地がないような場合は回収命令が必要となり，銘板（資料5-31）の記載漏れ等であってこれを適正なものに取り替えれば良い等の場合については改善命令で足りることが多いだろう。

ところで，第43条の2第2号や第4号に掲げられているもの（いわゆる不良品）に関し，同じ型式ないし同じロットの製品群全てについて不良品である場合や，不良品であることが外観上確認しやすい場合もあるが，ある製品群に対してある割合で不良品が生じていても製品1個1個が不良品かどうかは外観上分からないような場合もある。そこで，この「当該機械等」が，いわゆる不良品のみを指すのか，不良品を含めた製品群全てを指すのかということが問題となるが，文理上，「当該機械等」が，その者が製造し，又は輸入した第42条の機械等を指すと考えられるので，後者であろう。

なお，仮に，製品1個1個につき不良品かどうかが外観上分からないような場合には，不良品の回収等を行う命令を発出しても，結局全て回収されない限り，その命令が履行されたかどうかの確認が事実上不可能な場合がある。なぜなら，回収されずに残ったものが不良品かどうか分からないからである。また，防毒マスクの吸収缶や墜落制止用器具のベルトなどのように，個別試験をして初めて適合性が明らかになるが個別試験（破壊試験，衝撃試験）を実施するともはや使用できないようなものもある。したがって，これらについては，現実的には型式，ロット等を単位として回収せざるをえないことが多いのではないだろうか。

消費生活用製品安全法（昭和48年6月6日法律第31号）でも，一定の違反行為や基準不適合品の販売等の行為を前提としつつも，命令発出要件を「一般消費者の生命又は身体について危害が発生するおそれがあると認める場合において，当該危害の発生及び拡大を防止するため特に必要があると認めるとき」としていることから，例えば市中に流通している製品を抽出して試験をした結果として所定の問題が認められた製品については，個々の製品に実際に不良品であるか否かにかかわらず不良品であるおそれのある製品群は全て回収するよう命ずることのできる余地が残されている。

> 消費生活用製品安全法（昭和48年6月6日法律第31号）
> 　第2章　特定製品
> 　　第6節　危害防止命令
> 第32条　主務大臣は，次の各号に掲げる事由により一般消費者の生命又は身体について危害が発生するおそれがあると認める場合において，当該危害の発生及び拡大を防止するため特に必要があると認めるときは，当該各号に規定する者に対し，販売した当該特定製品の回収を図ることその他当該特定製品による一般消費者の生命又は身体に対する危害の発生及び拡大を防止するために必要な措置をとるべきことを命ずることができる。
> 一　特定製品の製造，輸入又は販売の事業を行う者が第4条第1項の規定に違反して特定製品を販売したこと。
> 二　届出事業者がその届出に係る型式の特定製品で技術基準に適合しないものを製造し，輸入し，又は販売したこと（第11条第1項ただし書の規定の適用を受けて製造し，又は輸入した場合を除く。）。

ただ，回収又は改善すべき製品群が不特定多数の者へ流通している場合には，回収及び改善を命じても事実上それを完了することが困難な場合もあるものと思われる。

(3)　「厚生労働省令で定める事項」

当該機械等を使用している者へ通知すべき事項として命令することができるものの内容は，安衛則第27条の2に規定されている。もちろん，(4)によりこれら以外の事項の通知も命ずることができる。

> 労働安全衛生規則（昭和47年9月30日労働省令第32号）
> （通知すべき事項）
> 第27条の2　法第43条の2の厚生労働省令で定める事項は，次のとおりとする。
> 一　通知の対象である機械等であることを識別できる事項
> 二　機械等が法第43条の2各号のいずれかに該当することを示す事実

(4)　「その他……必要な措置」

「その他当該機械等が使用されることによる労働災

害を防止するため必要な措置」には、当該機械等が本条各号のいずれかに該当する旨の広報を行うこと等が含まれる[26]。

 (5) 第1号：「次条第5項の規定に違反して、同条第4項の表示が付され、又はこれと紛らわしい表示が付された機械等」

この「次条」は第44条を指す。

これは、個別検定で不合格となったかそもそも受検していない、あるいは受検しているがまだ合否が判定されていない機械等など、個別検定に合格していない機械等であるのに個別検定合格標章が付され、又は個別検定合格標章と紛らわしい表示が付された機械等をいう。

他方で、個別検定に合格した機械等で所定の規格又は安全装置を具備しないもの（検定における錯誤や、検定実施後に性能の劣化等により具備しなくなる等が考えられる）については第43条の2第4号を適用するものと思われる。

 (6) 第2号：「第44条の2第3項に規定する型式検定に合格した型式の機械等で、第42条の厚生労働大臣が定める規格又は安全装置（第4号において「規格等」という。）を具備していないもの」

これは、型式検定に合格した型式として製造され、又は輸入されたものであっても、実際には所定の規格又は安全装置を具備していないものをいう。

型式検定に合格しても、不適正な検定が行われた場合や、製造工程上の問題で不良品が発生した場合等で規格等を具備しないものが流通し、あるいは製造後にその性能が想定より早く失われること等を想定したものであろう。

 (7) 第3号：「第44条の2第6項の規定に違反して、同条第5項の表示が付され、又はこれと紛らわしい表示が付された機械等」

これは、第43条の2第1号と同様で、型式検定で不合格となったかそもそも受検していない型式、あるいは受検しているがまだ合否が判定されていない型式など、型式検定に合格していない型式の機械等であるのに型式検定合格標章が付され、又は型式検定合格標章と紛らわしい表示が付された機械等をいう。

 (8) 第4号：「第44条の2第1項の機械等以外の機械等で、規格等を具備していないもの」

この「規格等」とは「第42条の厚生労働大臣が定める規格又は安全装置」をいう（(6)参照）。

「第44条の2第1項の機械等以外の機械等」には型式検定制度の対象となっていないあらゆる機械等が入りそうであるが、「規格等を具備していないもの」という修飾句があるので、ここでの「機械等」は、第42条の規定により所定の規格等を具備すべきことが定められている機械等（個別検定の対象となる機械等を含む）に限られるだろう。

なお、登録個別検定機関が実施した個別検定において第54条において準用する第47条第3項の規定等によることなく不適正な検定が行われた場合、構造規格を具備していない機械等が流通するおそれがあるため、個別検定対象機械等であって構造規格を満たさないものについては、本条の機械等に係る回収等命令の対象に含めるとする通達がある[27]。

以上から明らかなように、第43条の2は、第42条の対象機械等のみを対象としたものである。それ以外の機械等については、特定機械等であっても回収等の命令制度はない。特定機械等について回収等の命令制度がないのは偏頗の感が否めない。なぜなら、落成検査を実施した特定機械等（移動式のものについては設置報告書が提出されたもの）は労働基準監督機関において検査証番号、設置地、有効期間等を把握しており、労働基準監督機関が直接その回収、改善、廃止等を監督することができるが、もしそうでないものがあれば製造者自身に流通経路を調査させ、回収等を行わせるような手法が適していると思われるからである。また、譲渡等の制限の対象とならない機械等であっても、回収等の命令制度があることが望ましいと思われるが、そのような制度はない。ただし、機械等貸与者による貸与については、第98条第1項の規定により、機械等貸与者に対して必要な事項を命令することができる。

この点、昭和46年から労働行政が運用している欠陥機械等通報制度（⑧2参照）では、第42条の機械等に限らず、特定機械等、第43条の機械等のほか、これら以外の機械等で製造者に責任のある欠陥により労働災害を発生させたものも対象としている。

4 適用範囲の検討

本法は第1条でその目的を職場における労働者の安全と健康の確保及び快適な職場環境の形成の促進としており、それらと関係のない場合における本法の適用が問題となる。

また、本法第115条には、鉱山における保安に関する一部適用除外及び船員に対する適用除外規定が置かれ、その代わり、鉱山における保安に対しては鉱山保安法（昭和24年5月16日法律第70号）、船員に対しては船員法（昭和22年9月1日法律第100号）が適用される。

（目的）

第1条 この法律は、労働基準法（昭和22年法律第49号）と相まつて、労働災害の防止のための危害防止基準の確立、責任体制の明確化及び自主的活動の促進の措置を講ずる等その防止に関する総合的計画的

> な対策を推進することにより職場における労働者の安全と健康を確保するとともに，快適な職場環境の形成を促進することを目的とする。
> （適用除外）
> 第115条　この法律（第2章の規定を除く。）は，鉱山保安法第2条第2項及び第4項の規定による鉱山における保安については，適用しない。
> 2　この法律は，船員法（昭和22年法律第100号）の適用を受ける船員については，適用しない。

本節では，産業労働の場以外の場，鉱山及び船員における第42条から第44条の2までの規定の適用について検討する。

1　産業労働の場以外の場への適用

本法において名宛人を事業者等に限定しない条項としては，第5章第1節の規定群（一部を除く）以外にも，例えば，特定の業務に対する無資格者の就業を禁ずる第61条第2項がある。同項の名宛人の範囲については，昭和49年6月25日基収第1367号において，新潟労働基準局長からの「労働者のみではなく，個人事業主や一人親方等も含まれると解されるが如何」との疑義照会に対し，労働省労働基準局長は「貴見のとおり。なお，労働安全衛生法第61条第2項の規定が，産業労働の場以外の場における同条第1項の業務についても適用されるものではないことはもち論であるので，念のため申し添える。」と回答している。

この回答は，本法第1条の目的規定の趣旨と整合的であるが，建設アスベスト訴訟神奈川1陣訴訟に係る令和3年5月17日の最高裁判決[28]の前後では，その具体的な解釈が若干異なるものと考えられる。

即ち，本法制定以降同判決が出される前までは，労働省及び厚生労働省は本法第1条に規定される本法の目的を，労働者の安全及び健康の確保並びに労働者の快適な職場環境（平成4年法律第55号による本法改正まで「作業環境」）の形成の促進であると解釈していた。本法制定のもととなった昭和46年7月13日付け労働基準法研究会第3小委員会報告では，労働災害防止のための危害防止基準の上乗せというニュアンスで，民間の自主的活動の推進及び労働者の健康対策の一環としての労働環境の快適化が謳われており，平成4年法律第55号のもととなった平成4年1月10日付け中央労働基準審議会建議[29]でも，快適職場の概念を飽くまで労働者に係るものとの旨明記していた。

しかし，実際に成立した法律案においては「労働者の快適な作業環境」や「労働者の快適な職場環境」とは明記されず，単に「快適な作業環境」「快適な職場環境」となっているため，同判決では，第1条が「快適な職場環境（平成4年法律第55号による改正前は「作業環境」）の形成を促進することをも目的に掲げているのであるから，労働者に該当しない者が，労働者と同じ場所で働き，健康障害を生ずるおそれのある物を取り扱う場合に，安衛法57条が労働者に該当しない者を当然に保護の対象外としているとは解し難い。」とされた。

したがって，前掲通達は，発出当初は，「労働者の保護のための規定であるから産業労働の場以外の場に適用はない」との趣旨と解されるが，現在では，「労働者及び労働者と同じ職場で働く者のための規定であるから産業労働の場以外の場に適用はない」というふうにその解釈を改める必要があろう。そうすれば，この通達は依然として同判決と整合させることができる。

第42条から第44条の2までの規定についても同様に考えると，第1条の目的規定との関係で言えば，労働者及び労働者と同じ場所で働く者に危害を及ぼさない場合に適用がないという主張もありうる。同判決において，本法の適用範囲が第1条を取り上げて議論されたことから，第1条が本法の適用範囲と一定の関係にあることは否定できないからである。

これについては昭和47年9月18日発基第91号「労働安全衛生法の施行について」で「労働基準法の適用範囲より拡大され，政令で定める一定の機械等または有害物の製造等を行なう者は，何人も，この法律による規制を受けることとなつた。」とされているが，例えば自営業者で労働者を使用していないものが，木材加工用丸のこ盤の歯の接触予防装置を自作し，（型式検定を受けず）構造規格も具備していないものを設置した場合に第42条違反となるか，第1条の趣旨との関係で疑問が残る[30]。

思うに，本法の適用範囲の問題は，他の法令との関係における本法（やその目的規定）の位置づけや，日本における安全衛生政策のあり方全体に関係することであるため，本書では性急な結論を出さず今後の検討課題としたい。

2　鉱山に対する適用

「保安」には，安全に係る事項は原則として含まれるが，衛生に係る事項は，通気を除き，一般には含まれていないものと解されている。即ち，鉱山に対しては，本法は原則として通気を除く衛生に係る事項についてのみ適用されることとなる[31]。

そこで，第42条から第44条の2までの規定が鉱山に関して適用されるかが問題となるが，思うに，鉱山とは場の概念であるから，本法中保安に係る事項のうち場に対して適用されるものや，鉱山の内部で完結するような事項に対して本法の規定を適用しないという趣旨と解される。「場」とは，本法の基本的な適用単位

である「事業場」と同様に「工場，鉱山，事務所，店舗等のごとく一定の場所において相関連する組織のもとに継続的に行なわれる作業の一体」と定義できるだろう。したがって，鉱山のみで使用することが明らかな機械等の譲渡若しくは貸与及び鉱山に機械等を設置する行為については第42条から第44条の２までの規定の適用はないが，そうでなく例えば鉱山で使用されていたものを鉱山の外部に譲渡，貸与又は設置する行為は，保安に関する事項であっても，第42条から第44条の２までの規定の適用を受けると解すべきだろう。

なお，第43条に関して言えば，ILO第119号条約の承認について審議された第71回国会衆議院外務委員会の政府答弁（資料１-235）では，「わが国の場合，この条約について適用範囲の限定をいたす考えはございません。したがいまして，１項にございますように，経済活動のすべての部門について適用いたします。」としていることから，本来，鉱山保安法でも同様の規制をなされてしかるべきと考えられるが，管見の範囲では鉱山保安法及びそれに基づく命令中に第43条に相当するような規定は認められなかった。いずれにせよ日本では条約の一般的受容方式を採用していると解されるため，鉱山における保安に対しても同条約の適用は排除されないだろう。

3　船員に対する適用

第42条から第44条の２までの規定が船員に関して適用されるかということについては，思うに，船員に対して本法を適用しないというのは，「本法の適用において船員を労働者とみなさない」といいかえることができ，事業者と労働者との使用従属関係を軸とする第20条から第27条までをはじめとする規定は船員に適用されないが（事業場内に船員以外の労働者がいる場合はその限りで当然適用される），第42条から第44条の２までのように不特定多数の労働者を保護するために設けられた規定については，船員に対する適用除外は問題とはならないだろう。

5　動力に依り運転せらるる機械の保護に付ての責任に関する勧告（ILO第32号勧告）

第12回国際労働会議で1929年６月21日に採択された動力に依り運転せらるる機械の保護に付いての責任に関する勧告（ILO第32号勧告）では，各国における動力駆動機械に係る安全を一層有効に確保するため，使用者に存すべき責任を害することなく，各国は，その領域内で使用されることを目的とする機械で法定の安全装置（機械の一部を構成する電気装置に係るものを含む）がないものを供給し（supply），又は据え付ける（install）ことを法令により禁止するよう勧告された。

この勧告は，その後内容が時代遅れとなったとして2004年の第92回国際労働会議において撤回された。

原文は次の通りである。

RECOMMENDATION CONCERNING RESPONSIBILITY FOR THE PROTECTION OF POWER-DRIVEN MACHINERY.

The General Conference of the International Labour Organisation,

Having been convened at Geneva by the Governing Body of the International Labour Office, and having met in its Twelfth Session on 30 May 1929, and

Having decided upon the adoption of certain proposals with regard to responsibility for the protection of power-driven machinery, which is included in the first item on the agenda of the Session, and

Having determined that these proposals should take the form of a Recommendation,

adopts this twenty-first day of June of the year one thousand nine hundred twenty-nine, the following Recommendation, which may be cited as the Power-driven Machinery Recommendation, 1929, to be submitted to the Members of the International Labour Organisation for consideration with a view to effect being given to it by national legislation or otherwise, in accordance with the provisions of the Constitution of the International Labour Organisation:

I

In order more effectively to ensure, in the interest of the safety of the workers, that the requirements prescribed by national laws or regulations for the protection of power-driven machinery used in the country concerned are properly complied with, and without prejudice to the responsibility which should in any case rest and remain on the employer for seeing that any machinery used in his undertaking is protected in accordance with national laws or regulations,

The Conference recommends that each Member adopt and apply to as great an extent as possible the principle that it should be prohibited by law to supply or install any machine intended to be driven by mechanical power and to be used within its territory, unless it is furnished with the safety appliances required by law for the operation of machines of that type.

The previous paragraph applies to any electrical equipment forming part of such a machine.

II

Each Member should keep the International Labour Office informed of the measures taken by it to apply the above-mentioned principle and of the results of its application.

The foregoing is the authentic text of the Recommendation duly adopted by the General Conference of the International Labour Organisation during its Twelfth Session which was held at Geneva and declared closed the 21st day of June 1929.

IN FAITH WHEREOF we have appended our signature this fifteenth day of August 1929.
The President of the Conference.
Dr. BRAUNS.
The Director of the International Labour Office.
ALBERT THOMAS

6　機械の防護に関する条約（ILO 第119号条約）

本法第43条は，機械の防護に関する条約[36]（ILO 第119号条約，本稿では「本条約」という）第2部（販売，賃貸及び他の方法による移転並びに展示）の国内担保法である。

本条約は，第47回国際労働会議において1963年6月25日に採択され，1965年4月21日に発効したものである。

日本では本法第43条等によって国内実施の準備が整ったことから，1973年6月27日国会承認，1973年7月31日批准書寄託，1973年8月10日公布・告示を経て，1974年7月31日から効力が発生した[37]。

しかし，欧州連合などにおいて機械安全規格が発達する中で時代にそぐわない面があること等により，改正の必要性が決定されている（ 6 5参照）。

本条約の国内担保法としては本法第43条のほか，第20条，第26条等があるが，第43条に絡めて話題にされることが多いことから，本稿で取り上げることとした。

なお，本条約は，同時に採択された機械の防護に関する勧告（ILO 第118号勧告，1963年6月25日採択，改正の必要性が決定済）によって補足されているが，本稿では同勧告についての検討は省略する。

1　概要

本条約の英語正文は次の通りである[38]。日本語訳には，官報で公布された外務省訳[39]と ILO 駐日事務所のものがある[40]。

Convention concerning the Guarding of Machinery (No. 119)

Preamble

The General Conference of the International Labour Organisation,

Having been convened at Geneva by the Governing Body of the International Labour Office, and having met in its Forty-seventh Session on 5 June 1963, and

Having decided upon the adoption of certain proposals with regard to the prohibition of the sale, hire and use of inadequately guarded machinery, which is the fourth item on the agenda of the session, and

Having determined that these proposals shall take the form of an international Convention,

adopts this twenty-fifth day of June of the year one thousand nine hundred and sixty-three the following Convention, which may be cited as the Guarding of Machinery Convention, 1963:

PART I. GENERAL PROVISIONS
Article 1

1. All power-driven machinery, new or second-hand, shall be considered as machinery for the purpose of the application of this Convention.

2. The competent authority in each country shall determine whether and how far machinery, new or second-hand, operated by manual power presents a risk of injury to the worker and shall be considered as machinery for the purpose of the application of this Convention. Such decisions shall be taken after consultation with the most representative organisations of employers and workers concerned. The initiative for such consultation can be taken by any such organisation.

3. The provisions of this Convention ―

(a) apply to road and rail vehicles during locomotion only in relation to the safety of the operator or operators;

(b) apply to mobile agricultural machinery only in relation to the safety of workers employed in connection with such machinery.

PART II. SALE, HIRE, TRANSFER IN ANY OTHER MANNER AND EXHIBITION
Article 2

1. The sale and hire of machinery of which the dangerous parts specified in paragraphs 3 and 4 of this Article are without appropriate guards shall be prohibited by national laws or regulations or prevented by other equally effective measures.

2. The transfer in any other manner and exhibition of machinery of which the dangerous parts specified in paragraphs 3 and 4 of this Article are without appropriate guards shall, to such extent as the competent authority may determine, be prohibited by national laws or regulations or prevented by other equally effective measures: Provided that during the exhibition of machinery the temporary removal of the guards in order to demonstrate the machinery shall not be deemed to be an infringement of this provision as long as appropriate precautions to prevent danger to persons are taken.

3. All set-screws, bolts and keys, and, to the extent prescribed by the competent authority, other projecting parts of any moving part of machinery also liable to present danger to any person coming into contact with them when they are in motion, shall be so designed, sunk or protected as to prevent such danger.

4. All flywheels, gearing, cone and cylinder friction drives, cams, pulleys, belts, chains, pinions, worm gears, crank arms and slide blocks, and, to the extent prescribed by the competent authority, shafting (including the journal ends) and other transmission machinery also liable to present danger to any person coming into contact with them when they are in motion, shall be so designed or

protected as to prevent such danger. Controls also shall be so designed or protected as to prevent danger.

Article 3

1. The provisions of Article 2 do not apply to machinery or dangerous parts thereof specified in that Article which--

(a) are, by virtue of their construction, as safe as if they were guarded by appropriate safety devices; or

(b) are intended to be so installed or placed that, by virtue of their installation or position, they are as safe as if they were guarded by appropriate safety devices.

2. The prohibition of the sale, hire, transfer in any other manner or exhibition of machinery provided for in paragraphs 1 and 2 of Article 2 does not apply to machinery by reason only of the machinery being so designed that the requirements of paragraphs 3 and 4 of that Article are not fully complied with during maintenance, lubrication, setting-up and adjustment, if such operations can be carried out in conformity with accepted standards of safety.

3. The provisions of Article 2 do not prohibit the sale or transfer in any other manner of machinery for storage, scrapping or reconditioning, but such machinery shall not be sold, hired, transferred in any other manner or exhibited after storage or reconditioning unless protected in conformity with the said provisions.

Article 4

The obligation to ensure compliance with the provisions of Article 2 shall rest on the vendor, the person letting out on hire or transferring the machinery in any other manner, or the exhibitor and, where appropriate under national laws or regulations, on their respective agents. This obligation shall rest on the manufacturer when he sells machinery, lets it out on hire, transfers it in any other manner or exhibits it.

Article 5

1. Any Member may provide for a temporary exemption from the provisions of Article 2.

2. The duration of such temporary exemption, which shall in no case exceed three years from the coming into force of the Convention for the Member concerned, and any other conditions relating thereto, shall be prescribed by national laws or regulations or determined by other equally effective measures.

3. In the application of this Article the competent authority shall consult the most representative organisations of employers and workers concerned and, as appropriate, manufacturers' organisations.

PART III. USE

Article 6

1. The use of machinery any dangerous part of which, including the point of operation, is without appropriate guards shall be prohibited by national laws or regulations or prevented by other equally effective measures: Provided that where this prohibition cannot fully apply without preventing the use of the machinery it shall apply to the extent that the use of the machinery permits.

2. Machinery shall be so guarded as to ensure that national regulations and standards of occupational safety and hygiene are not infringed.

Article 7

The obligation to ensure compliance with the provisions of Article 6 shall rest on the employer.

Article 8

1. The provisions of Article 6 do not apply to machinery or parts thereof which, by virtue of their construction, installation or position, are as safe as if they were guarded by appropriate safety devices.

2. The provisions of Article 6 and Article 11 do not prevent the maintenance, lubrication, setting-up or adjustment of machinery or parts thereof carried out in conformity with accepted standards of safety.

Article 9

1. Any Member may provide for a temporary exemption from the provisions of Article 6.

2. The duration of such temporary exemption, which shall in no case exceed three years from the coming into force of the Convention for the Member concerned, and any other conditions relating thereto, shall be prescribed by national laws or regulations or determined by other equally effective measures.

3. In the application of this Article the competent authority shall consult the most representative organisations of employers and workers concerned.

Article 10

1. The employer shall take steps to bring national laws or regulations relating to the guarding of machinery to the notice of workers and shall instruct them, as and where appropriate, regarding the dangers arising and the precautions to be observed in the use of machinery.

2. The employer shall establish and maintain such environmental conditions as not to endanger workers employed on machinery covered by this Convention.

Article 11

1. No worker shall use any machinery without the guards provided being in position, nor shall any worker be required to use any machinery without the guards provided being in position.

2. No worker using machinery shall make inoperative the guards provided, nor shall such guards be made inoperative on any machinery to be used by any worker.

Article 12

The ratification of this Convention shall not affect the rights of workers under national social security or social insurance legislation.

Article 13

The provisions of this Part of this Convention relating to the obligations of employers and workers shall, if and in so far as the competent authority so determines, apply to self-employed workers.

Article 14

The term employer for the purpose of this Part of this Convention includes, where appropriate under national laws or regulations, a prescribed agent of the employer.

PART IV. MEASURES OF APPLICATION

Article 15

1. All necessary measures, including the provision of appropriate penalties, shall be taken to ensure the effective enforcement of the provisions of this Convention.

2. Each Member which ratifies this Convention undertakes to provide appropriate inspection services for the purpose of supervising the application of the provisions of the Convention, or to satisfy itself that appropriate inspection is carried out.

Article 16

Any national laws or regulations giving effect to the provisions of this Convention shall be made by the competent authority after consultation with the most representative organisations of employers and workers concerned and, as appropriate, manufacturers' organisations.

PART V. SCOPE

Article 17

1. The provisions of this Convention apply to all branches of economic activity unless the Member ratifying the Convention specifies a more limited application by a declaration appended to its ratification.

2. In cases where a declaration specifying a more limited application is made —

(a) the provisions of the Convention shall be applicable as a minimum to undertakings or branches of economic activity in respect of which the competent authority, after consultation with the labour inspection services and with the most representative organisations of employers and workers concerned, determines that machinery is extensively used; the initiative for such consultation can be taken by any such organisation;

(b) the Member shall indicate in its reports under Article 22 of the Constitution of the International Labour Organisation any progress which may have been made with a view towards wider application of the provisions of this Convention.

3. Any Member which has made a declaration in pursuance of paragraph 1 of this Article may at any time cancel that declaration in whole or in part by a subsequent declaration.

PART VI. FINAL PROVISIONS

Article 18

The formal ratifications of this Convention shall be communicated to the Director-General of the International Labour Office for registration.

Article 19

1. This Convention shall be binding only upon those Members of the International Labour Organisation whose ratifications have been registered with the Director-General.

2. It shall come into force twelve months after the date on which the ratifications of two Members have been registered with the Director-General.

3. Thereafter, this Convention shall come into force for any Member twelve months after the date on which its ratifications has been registered.

Article 20

1. A Member which has ratified this Convention may denounce it after the expiration of ten years from the date on which the Convention first comes into force, by an act communicated to the Director-General of the International Labour Office for registration. Such denunciation shall not take effect until one year after the date on which it is registered.

2. Each Member which has ratified this Convention and which does not, within the year following the expiration of the period of ten years mentioned in the preceding paragraph, exercise the right of denunciation provided for in this Article, will be bound for another period of ten years and, thereafter, may denounce this Convention at the expiration of each period of ten years under the terms provided for in this Article.

Article 21

1. The Director-General of the International Labour Office shall notify all Members of the International Labour Organisation of the registration of all ratifications and denunciations communicated to him by the Members of the Organisation.

2. When notifying the Members of the Organisation of the registration of the second ratification communicated to him, the Director-General shall draw the attention of the Members of the Organisation to the date upon which the Convention will come into force.

Article 22

The Director-General of the International Labour Office shall communicate to the Secretary-General of the United Nations for registration in accordance with Article 102 of the Charter of the United Nations full particulars of all ratifications and acts of denunciation registered by him in accordance with the provisions of the preceding Articles.

Article 23

At such times as it may consider necessary the Governing Body of the International Labour Office shall present to the General Conference a report on the working of this Convention and shall examine the desirability of placing on the agenda of the Conference the question of its revision in whole or in part.

Article 24

1. Should the Conference adopt a new Conven-

tion revising this Convention in whole or in part, then, unless the new Convention otherwise provides:

(a) the ratification by a Member of the new revising Convention shall ipso jure involve the immediate denunciation of this Convention, notwithstanding the provisions of Article 20 above, if and when the new revising Convention shall have come into force;

(b) as from the date when the new revising Convention comes into force this Convention shall cease to be open to ratification by the Members.

2. This Convention shall in any case remain in force in its actual form and content for those Members which have ratified it but have not ratified the revising Convention.

Article 25

The English and French versions of the text of this Convention are equally authoritative.

2 批准国

ILOのWEBサイト[41]によれば，いまのところ，52カ国が本条約を批准しているが，このうちノルウェーは本条約第17条第1項の規定に基づき特定の事業及び船舶等を適用除外の対象に指定している。

世界各国における本条約の批准状況を，資料5-32に表した。

3 日本における批准

本条約の批准に際しては，その国内実施に関し，1973年6月1日，衆議院外務委員会において岡田春夫委員（日本社会党議員）と政府委員との間で逐条的な質疑応答が行われたので，資料5-33にまとめた。

4 日本に係る国内実施及び適用監視

日本の国内実施状況の概要に関するCEACRの1977年の報告書の記載を引用し，資料5-34とした。資料5-34には記載されていないが鉱山保安法も国内担保法の一つである。

日本政府は，本条約について近年では2005年[42][43]，2010年[44]，2015年[45]にILOに年次報告を行っている。日本労働組合総連合会（略称＝連合）は，政府の年次報告案に対し，ILO懇談会において2005年[46]には労働基準監督官合格者の削減等に対する危惧と機械の包括的な安全基準に関する指針[47][48]の法規制への格上げすべきとの考えを意見書として提出し，2015年には機械の譲渡者または貸与者から機械の使用事業者への危険情報提供を努力義務から義務化すること等の意見を出している[49]。2015年の年次報告ではこの連合の意見が年次報告に添付されたため，2016年，CEACRはこの意見等に留意し，日本政府に対し，直接要請により，日本が本条約の効果を発揮するためにとった措置について，社会的パートナーとの間で行った議論に関する情報を引き続き提供するよう要請し[50]，2012年に改正された労働安全衛生規則の写しを提供するよう求めた。

日本が本条約について行う次回の年次報告は2024年とされている[51]。

5 改正の必要性の決定

本条約は，国際労働基準の見直しのため開催されたいわゆるカルティエ委員会（1995〜2002年[52]）において，改正の必要があるとされ，理事会でも改正が決定されたが[53]，まだ改正には至っていない。

改定の必要性に関する議論においては[54]，改正の必要がないという国々もあった中，フィンランドとドイツからは，改正する場合は欧州連合（EU）のガイドラインに沿った包括的なアプローチを採るべきという意見，ガーナからは，中古機械を輸入することが多い低開発国の問題を挙げ，この状況を考慮した本条約の部分改正が提案された。また，オランダからは，本条約にEC指令との互換性がないという見解が示された。

資料5-32　機械の防護に関する条約（ILO第119号条約）の批准状況（2022年）

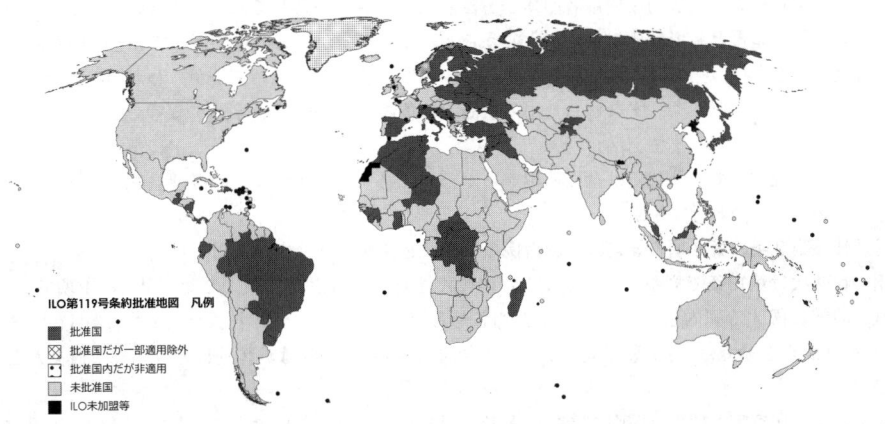

(ILO WEBサイト〔https://normlex.ilo.org/dyn/normlex/en/f?p=NORMLEXPUB:11300:0::NO:11300:P11300_INSTRUMENT_ID:312264:NO〕より森山誠也作成)

資料5-33　第71回国会衆議院外務委員会第19号昭和48年6月1日（https://kokkai.ndl.go.jp/#/detail?minId=107103968X0 1919730601）における機械の防護に関する条約（ILO第119号条約）に係る岡田春夫委員（日本社会党議員）と北川俊夫労働省労働基準局安全衛生部長との間の質疑（引用中太字は筆者による）

222 岡田委員「……あとは機械の防護条約に関する点を若干逐条的に御質問をいたします。この条約の中で一番問題なのは第6条だと思います。**第6条の第1項**……後段の部分において『もつとも、その禁止は、これを完全に適用することにより機械の使用を妨げることとなる場合には、その機械の使用が可能な限度で適用する。』こういう規定をことさら設けてあるのですが、私から見ると……ここでこういう規定を設けることによって、この条約はざる法のようなものになってしまうんじゃないか。……『もつとも、』以下……はどういうわけで……つけたのか。それから、これをつけることについてILOの総会でこれを採択する場合に……どういうような議論で、どの国から議論が出されているか。それから第3点としては、この条約を採択するにあたって、この部分についてはわが国の政府の代表はどういう態度をおとりになったのか。こういう点をまず伺いたいと思います。それから、……**6条の第2項**『機械は、産業安全及び労働衛生に関する国内の規則及び基準に違反しないように防護する。』これはおそらく国内においては、もっぱら機械メーカーにこういう措置をとらせなければならないんだと思うのですが、実際に今日メーカーの段階においては、こういう点についてどういうような形で機械の製造が行なわれているのか……」

223 北川部長「**第6条の1項の『もつとも、』以下の条項**につきまして、この条約が採択される場合に各国代表あるいは日本代表がどういう発言をしたかにつきましては、現在手元に資料がございませんので、調べまして後刻御連絡をいたしたいと思います。なお、6条の1項の趣旨は、前にございますように、この条約の2条の3項、4項で、いわゆる作動部分に突起物があるもの、それはメーカーの段階、製造者の段階で規制をする。6条は使用の規制をいたしておるわけでございます。したがいまして『もつとも、』以下につきましては、作業点を含んでおりますので、作業点を全くおおってしまった場合にその機械が使えないというような可能性があるということを予測しての規定かと思います。ただ、これに従いまして私の関係では、労働安全衛生法及び安全衛生規則で、この突起部分その他危険部分の防護についての規制をいたしておりますが、『もつとも、』以下のただし書のような条項につきましては、わが国の現行法では認めておりません。したがいまして、すべて危険部分、作業点を含みまして、接触予防のための措置をとることを要求いたしております。それから**第6条の2項**の『機械は、』云々というところは、6条そのものの規定が使用の規定でございますので、メーカーの規定ではございませんが、御指摘のようにメーカー段階で配慮をすればさらによくなるということは当然考えられるわけでございます。これにつきましては、例で申しますと、グラインダーにカバーをつけます場合に、金属の粉等が作業者の目の中に入るようなことのないように、そういう配慮をおそらく予想しての規定だと思います。この点は先ほど申しました労働安全衛生法でユーザーの段階では規制をいたしておりますし、メーカーの段階につきましても、この条約の批准及び労働安全衛生法施行に伴います打ち合わせの段階でメーカーに対する機械の有害性の除去、安全性の確保についていろいろ接触し、協議をいたします段階で要望いたしておるところでございます。」

224 岡田委員「もう一つは、この条約の中で問題としてあるとすれば**第9条**だと思うのです。いわゆる適用除外の問題ですね。この適用除外は『3年をこえないもの』としてという条件はついておりますけれども、この点については、日本側としてはどういう措置をおとりになるおつもりなのか。それから国内法令の措置が必要であるし、また関係のある代表的な使用者団体と労働者団体の協議が必要である、こういうことになっておりますので、国内的な措置としては、これはどういうことになりますか、この点を伺っておきたいと思います。」

225 北村部長「**第9条**は、第6条の適用除外をする場合の取りきめでございますが、わが国の場合はこの条約を批准いたしましても、第6条、すなわち使用の段階での危険部分の防護を除外する考えはございません。全面適用をいたす考えでございます。」

226 岡田委員「したがって、それでは全面適用ならばそれに必要な関係団体との協議並びにそれに必要な法律ということも必要がないわけですか。」

227 北村部長「**第9条の第3項の規定**は、御指摘のように必要がございません。」

228 岡田委員「次は**第10条**ですが、これはまたたいへん注目すべき点だと思うのですが、**第1項**で、『使用者は、機械の防護に関する国内法令を労働者に周知させるための措置をとり、』云々として、『適宜労働者を指導する。』それから2項では、『作業環境を形成しかつ維持する。』これは具体的にどういう措置をおとりになりますか。」

229 北川部長「**第10条第1項の『国内法令を労働者に周知させるための措置』**につきましては、労働安全衛生法に従いまして、機械防護に関するいろいろの規定がございますけれども、労働安全衛生法そのものの中に労働安

全衛生法及びそれに基づく法令につきましては，労働者に周知させるために事業場内に掲示その他必要な措置を講ずる，こういう規定がございます。したがいまして，この条約の条文とは適合をしておる。なお1項の後段のほうの『適宜労働者を指導する。』といいますのは，安全のための教育，こういう危険な機械を使う場合には，措置としてはどういう作業動作をすべきか，保護具はこういうものを使うべきである，そういうことを作業場に採用した場合，あるいは作業転換をした場合，これも労働安全衛生法で定めておりますので，この点も満たしておると思います。2項の作業環境の形成は，この作業機械につきまして，危険部分につきまして，たとえ防護措置，カバー等をつけましても，機械の間隔が不十分である，あるいは作業をいたします場合に照明が十分でないというようなことでは災害が起こりやすうございますので，機械の防護にあわせまして，そういう機械の適正な配置あるいは十分な照明の確保，そういう作業環境の形成，そういうことを使用者に要望をしておるわけでございまして，この点につきましても，わが国の関係法令では十分な規制をいたしております。」

230 岡田委員「十分な規制はしているというけれども，事実，**事故が再三起こっているわけですからね。そうすると，その事故については一体どういうように見たらいいのですか。**」

231 北川部長「御指摘のように，労働災害そのものの発生状況は漸次減少をいたしておりますけれども，まだ十分その防護が整っておるという段階ではございません。それにはいろいろの理由がございますけれども，やはり新しい機械あるいは新しい工法，そういうものが採用されるにあたりまして，**防護措置が不十分である。機械設備についての安全化**がまだまだ足りない。そういう点があろうかと思いますので，その点につきましてよりよき行政指導をいたしたいと思います。なお災害そのものが，**物の欠陥と人の不注意**，いわゆる不安全行動，そういうものがございますので，物の整備につきまして，法律で定めた趣旨を十分業界に徹底するとともに，働く人の側にそういう十分な安全作業，そういうことが行なわれるような安全教育の徹底をもあわせて行ないたいと思っております。」

232 岡田委員「機械の問題とそれを使う労働者の問題，こういう御答弁ですが，もう一つ重大な問題があるのじゃないか。それは最近のように**労働強化**がどんどん行なわれている。そういうことによって機械による故障というのが起きている。この条約の適用は，特に使用者団体のほうに強くこれを守ってもらうための措置が必要だと思う。こういう点について労働省としては特別な措置をおとりになっているのかどうか，こういう点を伺っておきたい。」

233 北川部長「労働災害の防止に，機械の面，人の作業行動の面だけでなくて，**労働条件**，たとえば労働時間の短縮，そういうことが重要でないかという御指摘は，全くそのとおりでございます。実は従来は，労働基準法の中で職場の安全衛生というものを規制をいたしておりまして，その意味では法体系の面でも実施の面でも労働条件と災害防止を一体的にやってきた。今回は労働安全衛生法を基準法から分離しまして施行するにあたりまして，関係の労働組合あるいは経営者の一部からも労働基準法，すなわち労働条件の確保とあわせてやるということの強い御指摘がございました。新しい法律の第1条の中にも，労働基準法と相まって労働安全衛生法の施行をやるということを規定いたしておりますのは，先生の御指摘の趣旨に基づくものでございます。」

234 岡田委員「それから，時間が若干こえてしまっておりますが，**16条**ですね。『この条約を実施するための国内法令』，これは関係団体と協議をして作成する。この国内法というものはどういう法律ですか。そしてその目的とか概要を簡単でいいですから御説明をいただきたい。それからもう一つ**17条**ですね。この条約の批准に際して適用範囲を限定することの宣言が必要である。これについては日本の場合どういうことになりますか。この2つの点を伺っておきたい。」

235 北川部長「まず**16条**の国内法令でございますが，関係国内法令としましては，民間の労働者の関係の安全衛生を対象にいたします労働安全衛生法及びそれに基づくところの政省令，これが該当いたします。この法律は……目的とするところは，職場の労働者の健康と安全を守るために，従来の労働基準法でやっております危害防止基準にプラス快適な職場環境の形成あるいは119号条約の趣旨にございますように，単に事業場内の安全衛生でなくて，それを徹底するための製造，流通段階での危険機械というものの禁止，制約，こういうものを含んでおります。それから**17条**の適用範囲につきましては，わが国の場合，この条約について適用範囲の限定をいたす考えはございません。したがいまして，1項にございますように，経済活動のすべての部門について適用いたします。」

236 岡田委員「これで質問は終わりますが，**17条1項**の『経済活動のすべての部門』という規定がございますね。これはたとえば製造，販売，賃貸，修理，展示，こういうのは当然なんですが，それ以外何かありますか。……」

237 北川部長「経済部門は先生が御指摘のところで大体尽きておるのではないかと思います。」

資料5-34　1977年の第63回国際労働会議に提出された条約勧告適用専門家委員会（CEACR）のReport III（Part I）Summary of Reports on Ratified Conventions に記載された日本における機械防護条約の実施状況（〔　〕内は筆者訳）

Convention No. 119: Guarding of Machinery, 1963
JAPAN

Industrial Safety and Health Law (Law No. 57 of 1972).〔労働安全衛生法（1977年法律第57号）〕
Enforcement Order of the Industrial Safety and Health Law (Cabinet Order No. 318 of 1972).〔労働安全衛生法施行令（1972年政令第318号）〕
Ordinance on Industrial Safety and Health (Ministry of Labour Ordinance No. 32 of 1972).〔労働安全衛生規則（1972年労働省令第32号）〕
Industrial Home Work Law (Law No. 60 of 1970) (LS 1970— Jap. 1).〔家内労働法（1970年法律第60号）〕
Enforcement Ordinance of the Industrial Home Work Law (Ministry of Labour Ordinance No. 23 of 1970).〔家内労働法施行規則（1970年労働省令第23号）〕
Mariners Law (Law No. 100 of 1947) (LS 1947— Jap. 5).〔船員法（1947年法律第100号）〕
Ordinance on Industrial Safety and Health of Mariners (Ministry of Transport Ordinance No. 53 of 1964).〔船員労働安全衛生規則（1964年運輸省令第53号）〕

　Articles 1 and 16 of the Convention. Any revision or repeal of the relevant legislation is subject to deliberations in the competent councils including workers' and employers' members.〔第1条及び第16条関係：いかなる関係立法の改正や廃止も労働者と使用者の構成員を含む審議会の審議に付される。〕
　Article 2. This Article is applied by the provisions of section 43 of the Industrial Safety and Health Law and the Ordinance on Industrial Safety and Health enacted thereunder as well as by the Ordinance on Industrial Safety and Health of Mariners.〔第2条関係：この条は、労働安全衛生法第43条及びこれに基づく労働安全衛生規則並びに船員労働安全衛生規則により適用（実施）される。〕
　Articles 5 and 9. No exceptions are granted.〔例外（特例又は適用除外）は認められていない。〕
　Article 6. The use of unguarded machinery is prohibited by section 20 of the Industrial Safety and Health Law and by numerous provisions of the Ordinance on Industrial Safety and Health enacted thereunder.〔防護のない機械類の使用は、労働安全衛生法第20条及びそれに基づく労働安全衛生規則の多数の条項で禁止される。〕
　Similar protection is afforded to mariners under the Mariners Law and the Ordinance on Industrial Safety and Health of Mariners.〔船員については、船員法及び船員労働安全衛生規則により、同様の保護を受ける。〕
　Article 10. Under section 59 of the Industrial Safety and Health Law the employer must give instructions on safety measures to new workers or when new or hazardous operations are involved. Shipowners are under a similar obligation under section 81 of the Mariners Law and section 11 of the Ordinance on Industrial Safety and Health of Mariners.〔労働安全衛生法第59条の規定により、employersは新しい労働者、または新しい作業や危険な作業について、安全対策について指導を行わなければならない。船舶所有者は、船員法第81条及び船員労働安全衛生規則第11条により、同様の義務を負う。〕
　Article 13. Provisions regarding industrial homeworkers require the protection of dangerous parts of machinery.〔industrial homeworkersに関する規制（家内労働法）は、機械類の危険な部分への防護を義務付ける。〕
　Article 15. Machines and other power-driven equipment not provided with protective appliances on dangerous parts may not, according to section 43 of the Industrial Safety and Health Law, be transferred, leased or exhibited. Infringements of the relevant provisions are penalised by fines or imprisonment. Inspection services of the Labour Standards Bureau – and the District Maritime Bureaux in the case of mariners – are entrusted with the enforcement of the laws.〔労働安全衛生法第43条の規定により、危険な部分に防護措置がなされていない機械その他の動力駆動装置の譲渡、貸与、展示は禁止される。関係規定に違反した場合は、罰金又は懲役が科せられる。労働基準局（船員については地方海運局）による監督により関係法令の履行確保を行う。〕

(International Labour Organization — Information and reports on the application of Conventions and Recommendations〔https://www.ilo.org/public/libdoc/ilo/P/09661/〕の1977年のReport III（Part I）〔https://webapps.ilo.org/public/libdoc/ilo/P/09661/09661(1977-63).pdf〕の67-68頁)

7　沿革

　第42条は、労働基準法旧第46条第1項の譲渡等規制に、同法旧第45条の規定による省令又は当該省令から再委任を受けた告示で定められていた規格を取り込んで発展させたものである（同法旧第46条第2項は現在の特定機械等の規制のもととなった）。

　第43条については、筆者の若干の調査では、本法制定前において同条に相当するような規定は不見当であった。

　本節では、機械等の譲渡等規制と、説明の便宜上、本法制定前の検定制度についても併せて述べるので、本書第44条・第44条の2　4　では本法制定以降の沿革のみを扱うこととする。

1　汽缶取締令

　国の法令としての機械等の流通規制の嚆矢は汽缶取締令（昭和10年4月9日内務省令第20号）であると思われる。

　同令では、缶体検査に合格していない汽缶の設置の禁止その他全体として現在の特別特定機械等の規制に類似の規制を敷いていたほか、その構造要件を同令第25条で告示に委任するという方法が採られていた。

汽罐取締令（昭和10年4月9日內務省令第20號）
第6條　汽罐ハ罐體檢查ニ合格シタルモノニ非ザレバ之ヲ設置スルコトヲ得ズ
〈第2項略〉
第25條　汽罐ハ告示ヲ以テ別ニ定ムル構造上ノ要件ヲ

具備シタルモノナルコトヲ要ス
應張力又ハ應曲力ヲ生ズル部分ニ付熔接ヲ行ヒタル汽罐ハ熔接ノ設備、設計、施行方法及熔接者ニ付熔接着手前汽罐熔接地地方長官ノ承認ヲ受ケタルモノナルコトヲ要ス
地方長官支障ナシト認ムルトキハ前2項ノ規定ニ依ラザルコトヲ得

また、同令第25条第1項では、汽缶の構造上の要件を告示に委任することとされており、同日公布された昭和10年4月9日内務省告示第204号（通称＝汽缶構造規格）がそれに該当する。

同告示では、各種の日本標準規格（JES）が随所に引用されている。その一例を次に示す。

◎昭和10年4月9日内務省告示第204號
汽罐取締令第25條ノ規定ニ依ル汽罐ノ構造上ノ要件制限壓力35瓩平方糎以下ノモノニ付左ノ通定ム
昭和10年4月9日
内務大臣　後藤　文夫
第1章　汽罐ノ材料
第1條　汽罐ノ材料ハ左表ニ掲グルモノヲ使用スルコトヲ要ス但シ之ト同等以上ノ材料ヲ使用スル場合又ハ制限壓力十瓩平方糎以下ノ汽罐ニ付地方長官支障ナシト認ムル場合ハ此ノ限ニ在ラズ

種別		材料		註
		材質	寸法	
鋼板	罐胴	日本標準規格第22號罐用壓延鋼材	鋼板第1種 鋼板第2種 鋼板第4種	
		〈略〉	〈略〉	

〈以下略〉

2　労働基準法

労働基準法の立案作業において、機械等の譲渡等の制限規定（労働基準法時代の見出しは、「安全装置」であった）は、労働保護法案要綱（昭和21年4月21日）（第2次案）第28条として現れたのが最初であり、その後、公聴会（この条については重要な意見はなかった）[55]等を経て、第2次案から大きな変更のないまま、労働基準法草案（昭和21年11月20日）（第8次案）[56]では次のような規定振りであった。

労働基準法草案（第8次案）
（安全装置）
第42條　危険な作業を必要とする機械器具は安全装置を具備しなければ譲渡又は貸與若しくは設置をしてはならない
特に危険な作業を必要とする機械器具は予め行政官庁の許可を受けなければ製造、變更若しくは設置をしてはならない
前2項の機械器具の種類及び具備すべき安全装置は命令で定める

それが、労働基準法草案（昭和21年12月13日）（第8次案修正案）[57]では次の通り、「安全装置を具備しなければならない」の前に「必要な規格又は」の句が挿入された[58]。

労働基準法草案（第8次修正案）
（安全装置）
第42條　危険な作業を必要とする機械器具は必要な規格又は安全装置を具備しなければ譲渡又は貸與若しくは設置をしてはならない
特に危険な作業を必要とする機械器具は予め行政官庁の許可を受けなければ製造、變更若しくは設置をしてはならない
前2項の機械器具の種類及び必要な規格並びに具備すべき安全装置は命令で定める

この案にはその後大きな変更が加えられず、次の通り、労働基準法第46条として公布、昭和22年11月1日に施行された。

労働基準法（昭和22年4月7日法律第49号）
（安全装置）
第46條　危険な作業を必要とする機械及び器具は、必要な規格又は安全装置を具備しなければ、譲渡し、貸與し、又は設置してはならない。
特に危険な作業を必要とする機械及び器具は、予め行政官廳の認可を受けなければ、製造し、變更し、又は設置してはならない。
前2項の機械及び器具の種類、必要な規格及び具備すべき安全装置は、命令で定める。

これ以後、安衛法制定まで、機械等の譲渡等の制限規制は同条により行われた。

同条について、寺本廣作は著書で次のように解説している[59]。

【解説】第十二回國際勞働會議では、危険を伴ふ種類の機械は法令によつて要求される安全装置を備へるものでなければこれを供給し又は据え付けることが出来ないという原則を、法令で確立することを勧告してゐる。英國工場法第十七條は同様の趣旨の規定を設けてゐる。我が國では汽罐取締令第五條で汽罐の設置について行政官廳の許可を要することゝされてゐたものゝほか、國の法令で定めたものはなかつたが勞働災害の實績よりすれば汽罐に限らず他の危険を伴ふ機械器具についても同様の規定を設ける必要が認められ、中には地方廳令で特別の取締規則を定めてゐた事例もあつたので本條で安全装置に關する一般原則を定める

ことゝした。取締りの程度については必ずしも具體的なひとつびとつの場合に行政官廳が關與しなくても豫め一定の安全裝置の基準を定めて置けば足るものも多いので，本條第一項ではかゝる程度の機械器具については一定の基準による規格及安全裝置を具備しなければ讓渡し，貸與し，又は設置し得ないことを定めるに止めた。勞働安全衞生規則第三十四條は研磨盤，丸のこ盤以下數種の機械器具についてこの趣旨の規定を設けたものである。汽罐の安全裝置，調帶の繼金具等の如く，取締上必ずしも個々の取引行爲について行政官廳の關與が必要でなくても，たゞ一定の基準を示すに止めるだけでは不十分なものについては同規則第三十六條で同一種類のものゝ性能について勞働省勞働基準局長の認定を必要とすることゝした。危險性の特に高い機械器具については製造，變更又は設置について，本條第二項で豫め行政官廳の認可が必要とされ，この規定に基づき勞働安全衞生規則第三十七條は熔接による汽罐又は特殊汽罐の製造について勞働省勞働基準局長，同第三十七條は汽罐又は特殊汽罐，揚重機等の設置について所轄勞働基準監督署長の認可を必要とすることを規定した。製造について行政官廳の認可を必要としたのは元の汽罐取締令第六條の如く製造後に於て罐體檢査を行ふのでは，不合格になる場合，經濟的損害が多いので之を防止することに主眼を置いたためである。

　この引用文の冒頭の「勸告」とは，動力に依り運轉せらるゝ機械の保護に付ての責任に關する勸告（ILO第32号勸告）（ 5 参照）のことである。
　勞働基準法に基づく命令として旧安衞則（昭和22年10月31日勞働省令第9号）が公布され，昭和22年11月1日に施行されたが，同法第46條第1項に關しては次の通り規定された。

労働安全衛生規則（昭和22年10月31日労働省令第9号）
　第1編　総則
　　第3章　安全装置
第34條　左に掲げる機械及び器具は，法第46條第1項の規定により讓渡し，貸與し，又は設置してはならない。
一　第77條の覆を具備しない研ま盤
二　第79條の割刃を具備しない丸のこ盤
三　第82條の急停止装置を具備しないゴム又はエボナイトの練りロール機
四　第83條の緊錠装置を具備しない機械
五　第230條の罐体検査に合格しない汽罐又は特殊汽罐
六　第391條の規格を具備しないアセチレン発生器
七　耐圧証明書のない内圧容器
八　前各号の外，中央労働基準委員会の議を経て労働大臣の指定するもの

第35條　前條第7号の耐圧証明書は，労働省労働基準局長が指定した者又は都道府県労働基準局長が様式第5号によつて，発行したものでなければならない。
〈第2項略〉
第36條　第38條第1項第1号乃至第3号に掲げる機械及び器具に具備する安全装置並びに左に掲げる器具又は安全装置であつて，その性能について，労働省労働基準局長の認定のないものは，法第46條第1項の規定により，讓渡し，又は貸與してはならない。
一　調帯の継金具
二　動力伝導軸の急停止装置
三　圧機又は切断機の安全装置
四　木工用丸のこ盤の反ぱつ又は接触予防装置〔＊資料5-35・5-36〕
五　ゴム又はエボナイトの練りロール機の急停止装置
六　前各号の外，中央労働基準委員会の議を経て労働大臣の指定するもの
〈第2項略〉
　労働省労働基準局長は，第1項の器具又は安全装置が労働者の危害防止に有効なものであると認めたときは，その認定書を交付する。
第38條　左に掲げる機械及び器具は，法第46條第2項の規定により，所轄労働基準監督署長の認可を受けなければ，これを設置してはならない。
一　汽罐又は特殊汽罐
二　揚重機
三　アセチレン溶接装置
四　前各号の外，中央労働基準委員会の議を経て労働大臣の指定するもの
　前各号の機械及び器具の範囲，必要な規格，具備すべき安全装置，その他認可の基準については，第4編に規定するところによる。
　第2編　安全基準
　　第2章　機械装置
第77條　回転中破壊のおそれのある研ま盤のと石車には，堅固な覆を設けなければならない。
〈第2項略〉
第78條　動力によつて運転する圧機又は切断機には，金型又は刃物による危害を防止するため，安全装置を設けなければならない。但し，金型又は刃物の作動する部分に手を入れる必要のない場合には，この限りでない。
第79條　木工用丸のこ盤には，割刃その他反ぱつ予防装置を取り付けなければならない。但し，横びき用又はこれに準ずる丸のこ盤で，反ぱつの危険がないものは，この限りでない。
　第4編　特別安全基準
　　第1章　汽罐及び特殊汽罐

第1節　総則

第230條　汽罐又は特殊汽罐について，罐体検査を受けようとする者は，様式第21号による申請書に様式第22号甲，乙，丙による汽罐又は特殊汽罐明細書を添え，所轄都道府縣労働基準局長に提出しなければならない。

都道府縣労働基準局長は，罐体検査に合格した汽罐又は特殊汽罐に様式第23号による刻印を押し，且つ汽罐又は特殊汽罐明細書に様式第24号による罐体検査済の印を押して，これを交付する。

前項の汽罐又は特殊汽罐明細書を失い，又は損じたときは，その再交付を検査を受けた都道府縣労働基準局長に申請することができる。

ここで，旧安衛則第2編（安全基準）及び第3編（衛生基準）等では，名宛人が殆ど明示されていなかったことを知っておく必要がある。これは，本法第27条では危害防止基準の命令委任が「……事業者が講ずべき措置……は，厚生労働省令で定める」と規定されているのに対し，労働基準法旧第45条では「使用者が……講ずべき措置の基準……は，命令で定める。」と規定され，旧安衛則等の命令の規定は単なる措置基準に過ぎず，具体的な義務づけは，労働基準法旧第42条又は旧第43条から直接なされるという形をとっていたからであろう(60)。したがって，旧安衛則第2編や第3編で名宛人が明記されないものは，（例外はあれど）基本的には労働基準法旧第42条又は旧第43条に基づく使用者の危害防止義務を具体化する際の基準であったと考えられる。本法では，このような機械等の技術的基準を，厚生労働省告示による規格として整理し，これを法律（例えば第37条や第42条）又は命令（例えば安衛則第27条）中に引用する際に名宛人その他規制方式を明らかにするという形をとっている（ただし，今でも，例えば有機則第16条から第17条までの規定のように，設備〔ここでは具体的には発散防止抑制設備〕の性能についての技術基準だけを定め，名宛人を明記しないものがある。これは有機則第5条，第6条等に規定されている設備に係る解釈規定ともとれるし，上述のように労働基準法旧第45条に基づく命令で措置基準を定めていた時代の名残りともとれるだろう）。

このような背景もあってか，例えば研ま盤については，使用者に対する構造基準である旧安衛則第2編第77条を同第1編第34条の譲渡等規制に引用してくるというような方法が見られた。

また，旧安衛則第35条では，様式第5号で缶体検査に合格していない汽缶（ボイラー）の譲渡制限等も規定するなど，現在の特定機械等の譲渡等の規制の一部もここに組み込まれていた（即ち，安衛法第40条第2項〔有効な検査証とともにしなければ譲渡してはならない規定〕に類似している）。旧安衛則第36条では，圧機（プレス

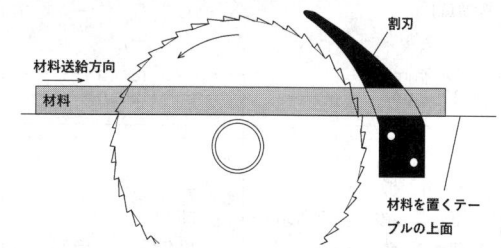

資料5-35　丸のこ盤の割刃の例

図の黒色の部分が割刃。左から木材を挿入する。木材は丸のこによって切断されるが，木材の状態によっては切断部が開かず，内側に曲がり，丸のこの右側に引っかかってしまい，丸のこの回転方向に木材が吹っ飛ぶことがある。割刃は単なる金属製の板であるが，丸のこの厚さより少し厚くして木材の切断部を開くことにより，木材が丸のこの右側に引っかからないようにする機能がある。

（森山誠也作成）

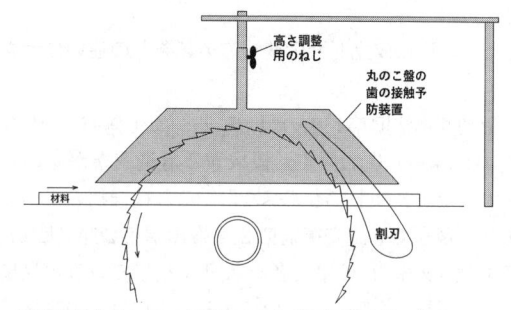

資料5-36　丸のこ盤の歯の接触予防装置（固定式）の例

円盤の部分が丸のこを示す。これが回転する際，切るのに不要な上の部分を覆う安全装置である。

（森山誠也作成）

機械）等の安全装置で労働省労働基準局長の認定のないものを譲渡又は貸与してはならないと定められているが，これは現在の検定制度に相当するものだろう。

ところで，ここで気づくのは，労働基準法草案第8次案第42条の趣旨だった「危険な作業を必要とする機械器具は安全装置を具備しなければ譲渡又は貸与若しくは設置をしてはならない」と，実際に成立した労働基準法第46条との違いである。

思うに，第8次案第42条は，危険な作業を必要とする機械が安全装置を具備しないまま流通することを防止するための条文案であったと思われる。実際，旧安衛則第34条第1号から第4号までが，機械器具に対して安全装置を具備せよと規定しているのはその趣旨を反映したものであろう。しかし，旧安衛則第36条第1項は，安全装置を単独で譲渡等規制の対象としており，例えば同項第3号の圧機でいえば，譲渡してはならないのは労働省労働基準局長の認定を受けていない圧機の安全装置であって，安全装置を具備しない圧機の譲渡は禁じていないことになる。もちろん，安全装置は必要であるが，その取り付け義務は全面的に使用者に課されることとなった。このように，第8次案

資料5-37　労働衛生保護具検定規則様式第5号（検定合格標章）

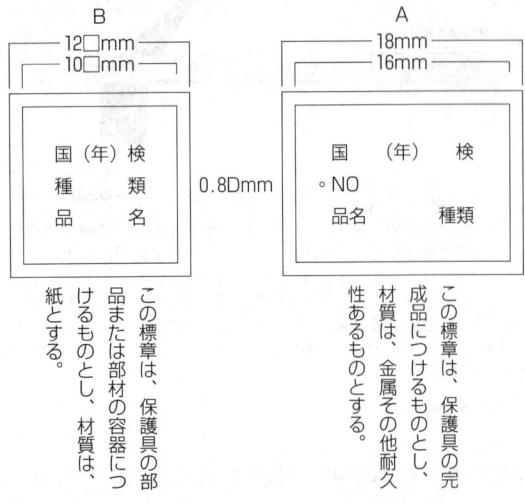

42条と実際に成立した労基法の第46条との違いは大きい。

　労働基準法旧第45条の規定に基づく労働省令（旧安衛則第2編等）において、機械等の構造基準が定められていたことは上でも述べたが、これは一種の規格であり、現在でも、安衛則第2編第10章第2節（足場）第1款（材料等）は事業者を名宛人としているが足場の構造規格とも呼べるものである。中には、旧高気圧障害防止規則（昭和36年3月22日労働省令第5号）第45条（規格）が後に再圧室構造規格（昭和47年12月4日労働省告示第147号）となったように、省令で定められていた規格が告示として独立したものもある。

　規格の制定は、労働基準法旧第45条に基づく命令によっても行われた。

　昭和24年11月16日労働省令第30号による旧安衛則改正で、旧安衛則第183条の2が追加され、公布と同時に施行された。

労働安全衛生規則（昭和22年10月31日労働省令第9号）
　第3編　衛生基準
　　第2章　保護具その他
第181條　著しく暑熱又は寒冷の場所における業務、多量の高熱物体、低温物体又は有害物を取り扱う業務、有害放射線にさらされる業務、ガス、蒸氣又は粉じんを発散し、衛生上有害な場所における業務、病原休によつて汚染のおそれの著しい業務その他衛生上有害な業務においては、その作業に従事する労働者に使用させるために、防護衣、保護眼鏡、呼吸用保護具等適当な保護具を備えなければならない。
第182條　皮膚に障害を與えるものを取り扱う業務、皮膚から吸収され又は侵入して、中毒又は感染を起すおそれのある業務においては、その作業に従事する労働者に使用させるために、塗布剤、不浸透性の作業衣、手袋、履き物等適当な保護具を備えなければならない。
第183條　強烈な騒音を発する場所における業務においては、その作業に従事する労働者に使用させるために、耳せんその他の保護具を備えなければならない。
第183條の2　前3條により備えつけるべき保護具の中、労働大臣が規格を定めるものについては、その規格につき検定をうけたものでなければならない。

　旧安衛則第183条の2の規定に関連し、労働基準法旧第45条の規定に基づき、労働衛生保護具検定規則（昭和25年12月26日労働省令第32号）が制定され、これによりまず労働衛生保護具のうち防じんマスクの規格（昭和25年12月26日労働省告示第19号）、その後防毒マスクの規格（昭和37年5月30日労働省告示第27号）が定められた。

　労働衛生保護具検定規則第9条においては、検定に合格した保護具に検定合格標章（資料5-37）をつけなければならないことや、検定合格標章は検定に合格した製造者の申請に基づき労働省労働基準局長が交付すること等が規定された。これは、労働基準法旧第46条の規定とは無関係になされたので、譲渡等を直接規制していたわけではないが、粉じん作業等において防じんマスク等についてはこれ以外のものは使用できないため、これは流通規制に準ずるものであったといえるだろう。これが労基法旧第46条の譲渡等規制に組み込まれなかったのは、防じんマスクを同条の「危険な作業を必要とする機械及び器具」で読むことができなかったためであろう。

　この時の検定合格標章のデザインは、本法制定以降も、労働衛生保護具用型式検定合格標章に受け継がれている。

　また、安全分野では、労働安全衛生規則の一部を改正する省令（昭和35年11月25日労働省令第25号）により電気災害の防止規定が拡充され、第140条の7などをはじめとする電気機械器具の防爆構造等に関する規定が昭和36年10月1日に施行され、併せて電気機械器具防爆構造規格（昭和36年9月30日労働省告示第42号）が制定された。

労働安全衛生規則（昭和22年10月31日労働省令第9号）
　第2編　安全基準
　　第7章　電気災害の防止
　　　第6節　雑則
第140条の7　第140条の3、第140条の4及び第140条

の5の電気機械器具の構造は，労働大臣が告示で定める防爆構造の規格に適合するものでなければならない。

その後，労働安全衛生規則の一部を改正する省令（昭和44年1月29日労働省令第1号）により旧安衛則第140条の7が次のように改正されるとともに防爆構造電気機械器具検定規則（昭和44年1月29日労働省令第2号）が制定され，両省令が昭和44年4月1日に施行され，防爆構造電気機械器具についても検定が行われることとなった。

> 労働安全衛生規則（昭和22年10月31日労働省令第9号）
> 第140条の7　第140条の3からその第140条の5までの電気機械器具は，その防爆構造の規格について，防爆構造電気機械器具検定規則（昭和44年労働省令第2号）による検定を受けたものでなければならない。
> 　　前項の防爆構造の規格は，労働大臣が告示で定める。

このほか，絶縁用保護具及び絶縁用防具の要求性能につき，絶縁用保護具等の性能に関する規程（昭和36年3月27日労働省告示第8号）が制定されるなど，検定や譲渡等の規制を伴わずもっぱら使用者が守るべき規格として告示が定められることもあった。現在も，同様の告示として有機溶剤中毒予防規則第16条の2の規定に基づく厚生労働大臣が定める構造及び性能（平成9年3月25日労働省告示第21号）がある。

なお，本法第43条に関していえば，旧安衛則第69条には，動力伝導装置の止め具類を埋頭型にする等の措置が定められていたが，これは基本的に労働基準法旧第45条の委任を受けて使用者に義務づけていた規定であり，譲渡等の制限という観点からは本法第43条の前身となるものとはいえない。

> 労働安全衛生規則（昭和22年10月31日労働省令第9号）
> 　第2編　安全基準
> 　　第1章　原動機及び動力傳導装置
> 第69條　動力傳導装置又は動力によつて運轉する車軸に附属する止め金具類は，埋頭型のものを使用し，又は適当な覆を設けなければならない。

3　労働安全衛生法制定以降

昭和44年9月30日に発足した労働基準法研究会は，発足以来，労働安全衛生の問題を主として調査研究を行っていたが，この問題をより専門的に調査研究するため第3小委員会を設置し，昭和46年7月13日，その結果を「第3小委員会報告」として会長に報告した。本法は，同報告に基づいて立案されたものである。

以下，同報告中機械等の譲渡等の制限規制に関する部分を抜き出して引用する（特定機械等及び検定に関する事項も併せて記述されていることに注意）。

> 　　　　　　　　　　　　　　　　昭和46年7月13日
> 労働基準法研究会
> 　会長　石井照久　殿
> 　　　　　　　　　　　　　　　　　第3小委員会
> 　　　　　　　　　　　　　　　　　委員長　石井照久
> 　　　　　第3小委員会報告
> 第3小委員会は〈略〉別紙のとおり報告する。
> 　　　　　　　　　　　　　　　　　　　　　別紙
> 3．安全衛生対策の現状と問題点
> ㈣　危険な作業を必要とする機械器具の製造，流通等の規制
> 　⑴　法制
> 　　危険な作業を必要とする機械や器具は，工場事業場において利用に供されてから安全衛生上の対策を講ずるよりも，製造，販売の段階で安全上，衛生上必要な措置を講じておく方がきわめて効果的であり，また，使用の段階では，十分な安全衛生対策を講ずることが困難な場合もある。
> 　　労働基準法第46条は，危険な作業を必要とする機械および器具については，必要な規格または安全装置を具備しなければ譲渡，貸与または設置してはならないとしており，さらに，とくに危険な作業を必要とする機械および器具については，製造，変更または設置を行政官庁の認可にかからしめている。そして，これらの製造，譲渡，設置などについて規制を受ける機械および器具の種類，必要とされる規格ならびに具備すべき安全装置は命令で定めている。
> 　　また，労働基準法第47条により認可を必要とする機械，器具は，認可後一定期間の経過後に改めて国または代行機関の行なう性能検査をうけ，これに合格しなければならないこととされている。
> 　⑵　現状および問題点
> 　　イ　規制の対象となる機械などの範囲
> 　　　現在，危険な作業を必要とする機械等で労働安全衛生規則，ボイラ及び圧力容器安全規則などで製造流通規制の対象となっているのは，
> 　　①　製造，設置，変更にあたって認可を要件とするものは，ボイラ，第1種圧力容器，クレーン，移動クレーンおよびゴンドラの5種
> 　　②　設置，変更にあたって認可を要件とするものは，デリック，エレベータ，簡易リフト，建設用リフトおよびアセチレン溶接装置の5種
> 　　③　譲渡，貸与，設置にあたって構造規格の具備を要件とするものは，小型ボイラ，第2種圧力容器，小型圧力容器，つり上げ荷重3トン未満

のクレーンおよび移動式クレーン，小型デリック，つり上げ荷重1トン未満のエレベータおよび簡易リフト，プレス機械ならびにグラインダの10種

④ 譲渡，貸与，設置にあたって安全装置の具備等を要するものは，木材加工用丸のこ盤，手押しかんな盤，ゴム練りロール機，繊維機械，ホークリフトの5種

と総計25種となっている。

規制対象の範囲に関連して次のような問題がある。

第1に，機械の動力伝導部分については適当な防護措置を講ずべきことは，使用者の義務とされているが，この防護措置の不備による災害が依然として跡をたたない。このような直接災害と結びつく動力伝導部分についても機械の製造段階で防護措置を講ずることが必要である。

第2に，現在，衛生上有害な機械，器具については，危険な作業を必要とする機械，器具とは異なり，製造，流通規制の対象とすることに法律の規定上無理があり，また，譲渡，貸与，設置にあたっての構造条件具備について法律上同じような難点がある。

第3に，安全のための装置や保護具の機能が不良であると死亡その他の災害につながることが多く，足場，型わく支保工等に用いる部材についても同様である。これらのものについても，製造段階において構造要件を具備させる必要がある。

第4に，危険な作業を必要とする機械，器具等については，所定の規格を具備することが要件とされていても，それを標示ないし証明する制度が設けられておらず，このためユーザーとしてはいかなる機械が規格要件を具備しているのか判定に苦しむことがあり，製造段階から機械，器具の安全化をはかろうとする法の趣旨が不徹底に終っているきらいがある。

第5に危険な作業を必要とする機械器具は，技術革新の進展の中で大きく変化しているが，そのなかで他により安全なものができたため，使用に供されなくなってきたもののある反面，新しく，危険な作業を必要とする機械，たとえばゴンドラなどが出現し，これに適宜対処する規制の改正が必要である。しかしながら，現実には，規制範囲の拡大は，一たん重大災害が起きてから手をつけるといった後手の対策になり易く，実用化される前にその安全性を慎重に検討する体制に欠けている。

ロ　認可対象物件の急激な増加と検査機構の不備

製造認可，設置認可の対象物件は，アセチレン溶接装置等一部のものを除き，急激に増大している。たとえば，ボイラは，昭和44年の設置数は10年前の昭和35年のほぼ2倍，クレーン等はあわせて10年前の3倍弱の増加となっている。他方製造認可にともなう構造検査，溶接検査，設置認可にともなう落成検査の業務に従事する検査人員はほとんど増加していないため，検査業務以外の業務にしわよせがきており，早晩検査体制の整備について抜本的対策を講じなければ検査制度を維持することは困難となるとともに，他の業務に重大な支障をきたすこととなる。

㈩　むすび

わが国社会は，〈略〉

このような労働災害の発生状況は，わが国の労働災害防止対策に次のような問題を提起している。

まず，第1に労働基準法を中心とする現行法制に基づく労働災害防止対策は，総合的予防的施策の面で不十分であり，産業社会の急激な進展ないし変化に即応することができない。

〈略〉

第4に，労働災害が多発している中小企業，構内下請企業に対する対策は必ずしも十分とはいえず，大企業等に比し依然高い災害の発生率を示している。

このような状況のもとに，今後の労働安全衛生対策の基本的方向を示せば，次のとおりである。

まず，第1に産業社会の進展に即応するため，積極的，科学的対策を講ずる必要がある。新工法，新原材料の採用にともなう事前審査の制度，発注，設計段階における安全性の配慮，機械設備の本質的安全の確保，職場環境の抜本的改善による公害源の解消，労働者の体力増強といった積極的施策を講ずる必要がある。

〈略〉

以上明らかなように現行の労働基準法を中心とする労働安全衛生対策は急激に変化する産業社会の実態に必ずしも，即応したものとはいえず，新たに労働者の安全と衛生を確保する観点から総合的立法を行なう必要がある。

以上の基本的方向のもとに，今後の安全衛生対策について具体的方向を示せば次のとおりである。

(4) 危険な機械，有害物の製造，流通規制

イ　設計，製造にあたっての安全上の配慮

危険な機械等の設計，製造にあたっては，その使用の際における関係労働者の安全を確保するためあらかじめ安全上の配慮をすること。

ロ　防護措置がない機械等の譲渡，貸与についての規制

製造業者に対しては，その製造する機械について動力伝導部分など危険箇所の防護措置を講じさせるほか，動力伝導部分などの危険箇所の防護措置がない場合には当該機械等の譲渡および貸与について規制すること。

ハ　危険な作業を必要とする機械等の譲渡，貸

与，設置の規制および検定
　　　プレス機械等危険な作業を必要とする機械，器具および安全装置の安全性を製造時において確認するための体制を整備すること。
　ニ　特に危険な作業を必要とする機械等の製造，設置認可
　　　ボイラ，クレーンのみならず危険を伴う化学設備の製造等にあたっては，行政官庁の認可を受けなければならないこととすること。
　ホ　検査体制の整備
　　　機械設備等の安全性を確保するための検査等については，行政の簡素化の見地から検査体制の整備充実をはかるとともに，検査等を行なう機関に対する監督指導の体制を整備すること。
〈以下略〉

(1)　第42条関係

　本法公布・施行時の第42条の規定は次の通りであり，当初は，対象とする機械等の指定は全て政令に委任していた。

（譲渡等の制限）
第42条　特定機械等以外の機械等で，危険若しくは有害な作業を必要とするもの，危険な場所において使用するもの又は危険若しくは健康障害を防止するため使用するもののうち，政令で定めるものは，労働大臣が定める規格又は安全装置を具備しなければ，譲渡し，貸与し，又は設置してはならない。

　第42条では，労働基準法旧第46条にもあった「危険な作業を必要とする機械及び器具」に，「有害な作業を必要とするもの」，「危険な場所において使用するもの」，そして「危険若しくは健康障害を防止するため使用するもの」の3つ機械等が追加されている。これは，ガンマ線照射装置などの衛生上有害な機械等を流通規制に載せるために「有害な作業」を追加し，従来労働基準法旧第45条（使用者の危害防止措置義務規定の命令への包括委任規定）を根拠として検定を実施し，流通規制に準ずる規制を行っていた防爆構造電気機械器具を本法第42条で読み，使用従属関係を超えた流通規制に載せるために「危険な場所において使用するもの」という文言を追加し，同様に，労働衛生保護具を第42条で読み，かつ新たに保護帽等についてもこれに含めるために「危険若しくは健康障害を防止するため使用するもの」という文言を追加したということであろう。

　第42条は，労働安全衛生法の一部を改正する法律（昭和63年5月17日法律第37号）により見出しが「（譲渡等の制限等）」に改正され，昭和63年10月1日施行された。この見出しの改正は第43条の2が追加されたためであろう。

　また，中央省庁等改革関係法施行法（平成11年12月22日法律第160号）により，中央省庁再編に伴う字句の整理が行われ，「労働大臣」が「厚生労働大臣」に改められ，平成13年1月6日に施行された。

　その後，公益法人に係る改革を推進するための厚生労働省関係法律の整備に関する法律（平成15年7月2日法律第102号）により次の通り対象とする機械等の一部を法律本体で指定するよう改正され，現在に至っている。

（譲渡等の制限等）
第42条　特定機械等以外の機械等で，<u>別表第2に掲げるものその他</u>危険若しくは有害な作業を必要とするもの，危険な場所において使用するもの又は危険若しくは健康障害を防止するため使用するもののうち，政令で定めるものは，厚生労働大臣が定める規格又は安全装置を具備しなければ，譲渡し，貸与し，又は設置してはならない。

　以上の通り，第42条は，現在に至るまで3回改正されている。

(2)　第43条関係

　本法制定以降，第43条は，中央省庁等改革関係法施行法（平成11年12月22日法律第160号）により従来「労働省令」だった箇所が「厚生労働省令」と改められ，平成13年1月6日から施行されたほかは，改正されていない。

　第43条の委任を受けている安衛則第25条も，中央省庁等改革のための関係労働省令の整備等に関する省令（平成12年10月31日労働省令第41号）第34条の規定により「労働省令」だった箇所が「厚生労働省令」と改められ，平成13年1月6日から施行されたほかは，改正されていない。

(3)　第43条の2関係

　設計・製造段階における問題（欠陥）により，機械等の労働災害が発生することは従来からあり，昭和46年から，労働省は欠陥機械等通報制度（⑧2参照）を運用していた。

　労働災害防止計画では，第1次以降毎回のように設計・製造段階又は流通段階における機械設備の安全化について謳われていたが，機械設備による労働災害は依然として多く，機械等の欠陥により死亡災害が発生しても，欠陥機械等通報制度が行政指導に過ぎないとしてその補修等に従わない製造業者もあった。[61]第7次労働災害防止計画（昭和63年度から平成4年度まで）[62]では，次のように大きく取り上げられた。

労働災害防止計画に関する公示
　労働災害防止計画を次のとおり定めたので，公示す

> 　　　　　　　　　　　　昭和63年3月18日
> 　　　　　　　　　　労働大臣　中村　太郎
> 　　労働災害防止計画
> 「心身ともに健康で安全な勤労者生活をめざして」
> 　5　主要な労働災害防止対策の推進
> (4)　機械設備に係る労働災害防止対策の推進
> 　イ　機械設備の設計段階における安全衛生の確保
> 　　機械設備の設計段階における安全衛生の確保を図るため，設計，製造時における安全衛生に係る事前評価を促進するとともに，設計者等に対する安全衛生教育を推進する。
> 　ロ　流通段階における安全衛生の確保
> 　　安全衛生上欠陥のある機械設備の流通等を防止するため，当該機械設備に関する規制の徹底を図るとともに当該機械設備の製造者等による改善等の措置を徹底する。また，機械設備について労働災害防止団体等が自主的に推奨する安全衛生基準の設定及び当該基準に適合する機械設備の推奨を促進する。
> 　ハ　機械設備の安全化の促進
> 　　ボイラー，クレーン，荷役運搬機械，建設機械等に関する安全基準の整備を図るとともに，これらの機械設備の点検整備と適正な使用を徹底する。また，機械設備の安全化のための研究開発を促進する。

　中央労働基準審議会は，この第7次労働災害防止計画を効果的に実施する観点から，同計画の実施に先だつ昭和62年10月から労働災害防止部会において総合的な安全衛生対策について検討を重ね，昭和63年1月23日，同部会が作成した報告書の趣旨に沿って本法を改正すること等を労働大臣に建議した[63]。

　第43条の2は，その報告書において，次の通り機械設備の改善命令制度の創設が必要とされたことにより，労働安全衛生法の一部を改正する法律（昭和63年5月17日法律第37号）により追加され，昭和63年10月1日から施行されたものである。

> 　　　　　　　　　　　　昭和63年1月23日
> 中央労働基準審議会会長
> 　白井泰四郎　殿
> 　　　　　中央労働基準審議会
> 　　　　　労働災害防止部会部会長
> 　　　　　　　　　　　　　　和田勝美
> 　労働災害防止計画（案）及び総合的な安全衛生対策に関する報告
> 　労働災害防止計画（案）及びこれを効果的に実施するための方策については，昨年10月当部会に対し，その検討がゆだねられた。以来，当部会において鋭意検討を進めた結果，労働災害防止計画（案）については，別添案どおりとすることが適当であり，また，これを効果的に実施するためには，別紙のとおり，労働安全衛生法令の改正等総合的な対策を図ることが必要であるとの部会委員全員の合意に達したので報告する。
> （別紙）
> 　総合的な安全衛生対策の推進について
> Ⅰ　労働安全衛生をめぐる現状と課題
> (3)　その他の課題
> 　①　機械設備による労働災害の現状と課題
> 　　労働災害のうち，機械設備に起因するものは，全体の約半数にのぼっており，しかもその割合は増加する傾向にある。これら機械設備に起因する労働災害の原因としては，機械設備そのものの欠陥の占める割合が高い。このような機械設備による労働災害を防止するため，構造規格等が定められているにもかかわらず，これら法定の要件に適合しない機械設備が労働の場において現に使用され，労働災害を引き起こしていることは極めて問題である。このため，現行法規制の徹底を図り，機械設備の安全性を担保するとともに，法定要件に適合しない機械設備については，その製造者又は輸入者に対して，その改善又は回収等の措置を講じさせることが必要である。
> Ⅱ　労働安全衛生法令を改正すべき事項
> 　3　その他の安全衛生対策の充実
> (1)　機械設備による労働災害の防止対策の充実
> 　①　機械設備の改善命令制度の創設
> 　　イ　労働大臣又は都道府県労働基準局長は，構造規格等の法令の構造上の要件に適合しない機械設備の製造者又は輸入者に対し，当該機開設備の改善，回収その他労働災害の防止のために必要な措置を講ずべきことを命ずることができること。
> 　　ロ　労働大臣又は都道府県労働基準局長は，製造者又は輸入者が，イの命令に従わないときは，その旨を公表することができること。
> Ⅲ　行政施策の上で配慮すべき事項
> 　④　現行構造規格の適用を受けないこととされている当該規格の適用日前に製造・輸入された機械設備について，労働災害を防止するため必要な場合には，当該機械設備を当該規格に適合したものとなるよう，事業者に対し指導を行うこと。

　本法制定時の第43条の2の規定は次の通りであった。

> 　第43条の2　労働大臣又は都道府県労働基準局長は，第42条の機械等を製造し，又は輸入した者が，当該機械等で，次の各号のいずれかに該当するものを譲渡し，又は貸与した場合には，その者に対し，当該機械等の回収又は改善を図ること，当該機械等を使

用している者へ労働省令で定める事項を通知することその他当該機械等が使用されることによる労働災害を防止するため必要な措置を講ずることを命ずることができる。

一　次条第5項の規定に違反して，同条第4項の表示が付され，又はこれと紛らわしい表示が付された機械等

二　第44条の2第3項に規定する型式検定に合格した型式の機械等で，第42条の労働大臣が定める規格又は安全装置（第4号において「規格等」という。）を具備していないもの

三　第44条の2第6項の規定に違反して，同条第5項の表示が付され，又はこれと紛らわしい表示が付された機械等

四　次条第1項の機械等及び第44条の2第1項の機械等以外の機械等で，規格等を具備していないもの

その後，地方分権の推進を図るための関係法律の整備等に関する法律（平成11年7月16日法律第87号）第390条の規定により，第43条の2の規定中「都道府県労働基準局長」を「都道府県労働局長」に改められ，平成12年4月1日に施行された。

また，中央省庁等改革関係法施行法（平成11年12月22日法律第160号）第705条の規定により，第43条の2中「労働省令」が「厚生労働省令」に，「労働大臣」が「厚生労働大臣」に改められ，平成13年1月6日に施行された。

また，公益法人に係る改革を推進するための厚生労働省関係法律の整備に関する法律（平成15年7月2日法律第102号）第4条の規定により，第43条の2第4号中「次条第1項の機械等及び」が削られ，公益法人に係る改革を推進するための厚生労働省関係法律の整備に関する法律の施行期日を定める政令（平成15年12月19日政令第532号）により平成16年3月31日に施行された。

8　適用の実際

本節では，第42条から第43条の2までの規定に関する取締り，違反又は実効性確保等の状況について述べる。

欠陥機械等通報制度（⑧2）は第42条の機械等に限らず，特定機械等，第43条の機械等のほか，これら以外の機械等で製造者に責任のある欠陥により労働災害を発生させたものも対象としている制度であるが，便宜上本節に含めた。

1　定期監督等実施状況・法違反状況（統計）

平成23年から令和2年までの労働基準監督機関による定期監督等（申告監督及び再監督は含まれない）において，第42条から第43条の2までの規定違反が確認され

資料5-38　労働基準監督機関による定期監督等における労働安全衛生法第42条，第43条又は第43条の2違反が確認された事業場数

監督実施年	定期監督等実施事業場数	同違反事業場数（労基法等を含む）	42～43の2
平成23年	132,829	89,586	52
平成24年	134,295	91,796	59
平成25年	140,499	95,550	44
平成26年	129,881	90,151	42
平成27年	133,116	92,034	35
平成28年	134,617	89,972	29
平成29年	135,785	92,695	27
平成30年	136,281	93,008	34
平成31年令和元年	134,981	95,764	22
令和2年	116,317	80,335	25

＊「労働基準監督年報」（平成23年から令和2年まで）の統計表「定期監督等実施状況・法違反状況」による。同表の当該欄には条文番号が「42・43」と表示されているが，同表の※書きにあるように，枝番号を特記している場合を除き，全ての枝番号を含むので，「43」には第43条の2（命令違反）が含まれるものと思われる。なお，参考のために各年の定期監督等実施事業場数及び同違反事業場数を記載したが，全ての定期監督等で安全衛生についての調査を行っているわけではないため，この表は，定期監督等実施事業場のうち第42条，第43条又は第43条の2違反が存在する事業場の割合を示すものではなく，あくまで定期監督等で覚知・指導することとなったものを集計したものにすぎない。

た事業場の数は資料5-38の通りである。なお，この表を作成する際に使用した「労働基準監督年報」では同3カ条の違反の合計しか記載されていないためそれぞれの条文に係る違反の有無及び事業場数は不明である。

申告監督及び再監督については，条文ごとの違反件数が集計されていないため件数は不明である。

また，人事委員会等が労働基準監督を行う非現業等の地方公務員に関する状況など，労働基準監督官が監督を行わない領域における状況については時間の制約上，調査が及ばなかった。

2　欠陥機械等通報制度

昭和46年から，労働省（のち厚生労働省）により欠陥機械等通報制度が運用されている（この制度の直接的な法的根拠はない）。

これは，都道府県労働局又は労働基準監督署が監督指導その他の機会において欠陥等のある機械等を認知した場合に，その製造者（メーカー）の所在地を管轄する都道府県労働局にその旨通報し，通報を受けた都道府県労働局が当該製造者に立入調査を行い，販売先も確認し，その結果をもとに，当該製造者に対して将来に亘る設計変更のほか，流通段階又は使用段階にあるものについて原則として回収又は補修する改善措置を行わせるものである。その対象となる機械等には，特定機械等や第42条の譲渡等の制限の対象となる機械等のほか，製造者に責任のある欠陥により労働災害を

資料5-39 欠陥機械等通報制度による機械等の種類別の改善件数（昭和46年～昭和60年末）

機械等の種類		件数
ボイラー等	ボイラー	18
	圧力容器	7
クレーン等	クレーン	3
	移動式クレーン	7
	エレベーター	7
	簡易リフト	1
木材加工用機械	クロスカットソー	9
	帯のこ盤	7
	角のみ盤	2
	ほぞ取り盤	1
	自動急速横切機	1
	ベニヤクリッパー	1
	チッパ	1
	木工用フラッシュプレス	4
	塗装機（リバースコーター）	1
	手押しかんな盤	2
	テンダーライザー	1
	ベルトサンダー	2
	挽材自動仕分け装置	1
	ラジアルソー	1
	ランニングソー	1
	テーブル式丸のこ盤	5
	チェーンソー	1
	その他の木材加工用機械	2
プレス等	プレス機械	26
	シャー	1
成型機等	自動成型機	5
	こん包機	2
	裁断機	6
	型打機	3
	プラスチック成型機	8
	その他の成型機等	6
研削盤等	研削盤	19
	研削といし	7
	カッター	4
建設機械等	ダンプトラック	2
	ショベルローダー	2
	トラックミキサー	2
	コンクリートポンプ車	1
	試錐機（ボーリングマシン）	1
	パワーショベル	1
	くい打機	1
	アスファルト・フィニソシヤ	1
	モルタル搬送吹付機	2
ロール機等	練りロール機	1
	その他のロール機	4
乾燥設備		3
繊維機械		31
食品製造機械		20
農業機械		11
その他	脱水機	1
	混綿機	1
	巻線機	1
合計		356

（労働省労働基準局安全衛生部安全課「欠陥機械通報制度について」安全37巻11号〔1986年〕）

発生させたもの等も含まれる。[64][65] 資料5-39に、昭和46年から昭和60年末までにこの制度により改善された機械等の件数を示した。

この制度により改造等がなされた機械等としては、例えば、油圧プレスで一工程一停止機構がなく、非常停止用の押しボタンが赤色でなくかつ突頭型のものでない等の欠陥を有しており第88条の計画の届出の審査において発覚したもの、車両系建設機械（振動ローラー）で車体が傾斜したり衝撃を受けたりすると座席が容易に外れるため死亡災害に繋がったものなどがあったとのことである。[66]

3 買取試験

厚生労働省は、市場に流通している第42条の対象機械等について抜打ちの買取試験を実施している。

令和3年度の社会復帰促進等事業の実施状況に係る資料[67]によれば、令和3年度においては、じん肺等対策事業の一環として呼吸用保護具等の買取試験が、機械等に起因する災害防止対策費の一環として防爆構造電気機械器具の買取試験が行われた。

また、墜落制止用器具の性能の確認のための買取試験も行われている。[68]

4 回収等命令状況

平成25年に開催された労働安全衛生法における機械等の回収・改善命令制度のあり方等に関する検討会の報告書[69]によると、平成15年から平成24年6月までの間に第43条の2の規定により回収・改善命令が発令された件数は、検定対象機械等で3件、それ以外の機械等で15件であった。[70]

具体的な事例については、8 6(1)(2)で述べる。

5 送検事件状況（統計）

平成23年から令和2年までに労働基準監督官が本法第42条又は第43条を主条文として送検した事件数は資料5-40の通りである。

第43条の2の規定による命令違反による送検状況に関する情報は不見当であった。

通常司法警察員が送検したものや検察官認知・直受等の事件については、検察統計において本法違反事件全体の集計はなされているが、条文ごとの情報は不見当であった。

6 規格を具備しない機械等の事例等

本節では、事故、買取試験、製造業者からの報告等を端緒として規格を具備しない機械等に関して労働基準監督機関が命令、指導等の行政措置を講じた事例を紹介する。検定上の問題があったものもここで併せて紹介する。

本節の事例のうち、(1)(2)の事例は第43条の2の規定による命令事案であるが、その他の回収等の事案の公表資料には「命令」ではなく「指示」又は「要請」

資料5-40 労働基準監督官による労働安全衛生法違反及びうち第42条又は第43条違反の送検事件件数（主条文）

送検年	労働安全衛生法違反全体	うち（条番号）	
		42	43
平成23年	542	1	0
平成24年	614	0	1
平成25年	560	0	1
平成26年	628	0	0
平成27年	550	0	0
平成28年	497	0	0
平成29年	474	0	0
平成30年	529	0	0
平成31年令和元年	469	0	0
令和2年	505	0	0

＊「労働基準監督年報[71]」（平成23年から令和2年まで）の統計表「送検事件状況」による。同表では1事件で複数の被疑条文がある場合には、その主たる被疑条文により件数を計上している。したがって、第42条又は第43条が被疑条文に含まれている場合であっても、それが主たる被疑条文でない場合は計上されていないことに注意されたい。また、これは労働基準監督官が送検した事件のみを集計したものである。

と記載されており行政指導であると考えられる。

(1) 個別検定不受検の欠陥小型ボイラー等の回収命令等の事例

平成22年12月21日、福岡県糟屋郡志免町のスーパー銭湯に設置されていた湯沸かし用の円柱型ボイラーが破裂して吹き飛び、約100m離れた焼鳥屋の店舗の屋根に突き刺さったほか、銭湯隣の中古車販売店に停めてあった乗用車2台に当該ボイラーの破片などが当たり、フロントガラスが割れる等といった事故が発生した（負傷者なし）。福岡労働局の調査により、このボイラーが、株式会社オオツカ・ガスエンジニアリング（福岡県福岡市）が製造した小型ボイラーであることが明らかになったが、当該小型ボイラーについては個別検定を受けておらず、また構造規格に適合しない材料が使用され、著しい曲げ応力の生じる部分に溶接がなされるという欠陥（小型ボイラー及び小型圧力容器構造規格第1条及び同第21条第1項違反と思われる）があった上、同社はユーザー側[72]に対してこの小型ボイラーが小型ボイラーであること、安全装置のこと、取り扱うための資格などについて明示していなかった。同社は同じ型式の小型ボイラーを平成15年から平成16年にかけて10基製造し、九州北部地域に販売していたほか、平成15年、平成16年及び平成21年に製造した簡易ボイラー8基についても、製造者名、製造年月、最高使用圧力等を表示した銘板を取り付けていなかった（簡易ボイラー等構造規格第6条違反と思われる）。福岡労働局長は同社に対し、問題が認められた小型ボイラー10基の回収及び簡易ボイラー8基の改善を命じた[73][74]。

なお、この事故を端緒とし、平成23年3月18日、福岡労働局は、株式会社オオツカ・ガスエンジニアリング及び同社社長を本法第42条違反（構造規格に適合しない機械等を販売したもの）、スーパー銭湯の代表者をその使用の罪（本法第20条〔安衛則第27条〕を適用したものと思われる）で書類送検した[75]。

(2) 型式検定不受検でかつ規格を具備しない防爆構造電気機械器具の回収等命令等の事例

横河電機株式会社（東京都武蔵野市）は、平成16年から平成23年までの間、プラント内の流体（気体、液体など）の密度測定等に使用する振動式密度計検出器で、防爆電気機械器具構造規格を具備していないもの（型式：VD6DF-N1、VD6DF-S3）を188台販売した。同社は、型式検定に合格した型式の製品について設計を変更して製造したことにより、器具のボディーと端子箱を接合するボルト接合部分について、同規格に定める隙間を満たさないこととなったのに型式検定合格標章を付して販売していた[76]。このことは、設計変更に伴い型式検定を受けず、また更新検定時も設計変更の事実が隠されたため長期間発覚しなかった。

これを受けて、次の通り、厚生労働大臣が同社に対して命令書[77]を交付して回収等の措置を命じるとともに、厚生労働省労働基準局安全衛生部長が再発の防止を指導[78]した。

発基安0407第1号
平成23年4月7日

横河電機株式会社
　代表取締役社長　〈氏名略〉　殿

　　　　　　　厚生労働大臣　細川　律夫
　　　　　機械等措置命令書

　貴殿の製造に係る下記1.の機械等については、下記2.の事実により、労働安全衛生法第43条の2第3号に該当するので、同条の規定に基づき下記3.の措置を講ずることを命令します。
　　　　　　　　　記
1. 対象機械等
　振動式密度計検出器
　平成16年2月27日以降に譲渡された振動式密度計検出器（型式の名称 VD6DF―N1 又は VD6DF―S3）で、型式検定合格番号 T21726号又は T21727号の合格標章が付されているもの
2. 事実の概要
① 当該対象機械は、上記1.の型式検定に合格した型式の機械が平成16年2月以降に設計変更されたことにより、電気機械器具防爆構造規格を満たさないものとなったこと。
② 当該対象機械は、型式検定に合格した型式以外の機械であること。

③ 当該対象機械には，上記1．の合格標章が付されていたこと。
④ 上記1．の型式検定に合格した型式の機械は，設計変更された後も更新検定申請時にその事実が隠され，虚偽内容の申請がなされていたこと。

3．措置

措置内容	完了期限
当該対象機械を使用する者に対して上記1．及び2．の事実並びに当該機器の使用を停止しなければならない旨を通知すること。	即日
当該対象機械の設計図面を変更前のものに戻すこと。	即日
当該対象機械の構造規格を具備していない部分（端子箱）の回収又は改善を行うこと。	平成23年4月22日

（備考）この処分に不服がある場合には，この処分があったことを知った日の翌日から起算して60日以内に厚生労働大臣に対して異議申立てをすることができます（処分があった日の翌日から起算して1年を経過した場合を除きます。）。

基安発0407第2号
平成23年4月7日

横河電機株式会社
　代表取締役社長　〈氏名略〉　殿
　　　　　　　　厚生労働省労働基準局安全衛生部長

構造規格を具備していない防爆構造電気機械器具の譲渡に対する再発防止対策の徹底について

今般，貴社から報告のあった電気機械器具防爆構造規格（昭和44年4月1日労働省告示第16号，以下「構造規格」という。）を具備していない防爆構造電気機械器具（以下「不適合機器」という。）の譲渡の問題については，労働安全衛生法第42条の規定に違反したことにより，4月7日付け発基安0407第1号をもって厚生労働大臣から貴職に対して機械等措置命令書が発出されたところであるが，昨年2月1日に本職より通知した「防爆構造電気機械器具に係る型式検定の適切な手続の徹底等」の問題に引き続く不祥事であり，労働安全衛生関係法令に関する遵法意識が低いと言わざるを得ず極めて遺憾である。

今般の不適合機器の譲渡をはじめとした構造規格に関する問題が続発していることは，不適合機器が使用されることによる労働災害発生の危険性に対する認識が低いことが大きな原因と考えられる。

ついては，下記に留意の上，上記の命令を的確に履行するとともに，本件事案が発生した原因を踏まえた実効ある再発防止対策を検討し，それらの結果を4月28日（木）までに本職に報告するとともに，対策を確実に実施することで，その徹底について万全を期されたい。

記
1．機械措置等命令書に基づく履行状況のフォローについて
　命令を履行するための計画を作成し，その履行状況を確認するとともに，改善状況を報告すること。
2．再発防止対策の徹底について
(1) 構造規格の重要性の意識付けの徹底について
　今般の問題は，設計部門及び製造部門ともに具備すべき構造規格の要件について低い認識しか持っていなかったことにより発生したと考えられるため，防爆構造電気機械器具の設計及び製造に携わる者に対して，労働安全衛生法及び構造規格に関する教育訓練を充実することにより，構造規格の重要性の意識付けを徹底すること。また，設計部門において，構造規格の要件に係るチェック体制を充実強化させること。
(2) 部門間の連絡調整の徹底について
　検定申請を担当する部門が，更新検定を申請するに際して，機器が設計変更されたことの認識が無かったことについては，検定申請担当部門が十分なチェック機能を果たしていなかったこと及び当該機器の設計部門が検定申請担当部門に設計変更に係る情報を提供していなかったが原因と考えられるため，検定申請部門におけるチェック体制を確立するとともに部門間の連絡調整体制を見直し，円滑に情報伝達がなされるような体制を整備すること。
(3) 検査組織体制の適切な整備について
　貴社が製造する防爆構造電気機器について，構造規格を具備しない設計により製造された不適合機器の譲渡を防ぐとともに，製造された防爆構造電気機器が構造規格に適合することを確実に担保するため，抜き取り検査などの検査の手法，頻度等について明確な基準を確立すること等により万全の検査組織体制を整備すること。
(4) 他の防爆構造電気機械器具に対する総点検の実施について
　今般の事案は，貴社における調査で判明したところであるが，貴社において製造，譲渡されている他の防爆構造電気機器についても，今般と同様の問題が発生していないかどうか早急に総点検を実施すること。

また，厚生労働省労働基準局長から登録型式検定機関である社団法人産業安全技術協会会長あてにもその旨通知し[79]，適切な審査に関する要請を行っている[80]。

同社は，この前年にも型式検定関係の不備により，防爆製品の回収・交換を行っている[81]。

(3) 型式検定不受検の防じんマスクの流通事例
プロモート株式会社（大阪府大阪市）は，平成21年までに外国からマスクを63万5000枚輸入し，型式検定を受検せず，包装に「鉱物性粉じん・花粉等の粒子状物質が発生している場所で使用する防じんマスク」と表示して一般の小売店やインターネットを通じて約10万6000枚を販売した（資料5-41）。防じんマスクの規格によれば粒子捕集効率は少なくとも常に80％以上でなければならないところ，試験試料8個に係る買取試験

の結果，粒子捕集効率は最低値で4.8%程度であった。厚生労働省は，同社に対して回収を指示するとともに，この事実を公表し，粉じん作業場所等有害な作業環境において使用しないよう呼びかけている。[82)83)]

セーブ・インダストリー株式会社（新潟県三条市）は，SV-1550「防塵マスク」（資料5-42）を6144枚，SV-1181「弁付き活性炭防塵マスク」（資料5-43）を4万枚輸入したが，型式検定を受けず，平成20年10月から平成21年9月までに，少なくとも小売店49社にこれらを販売し，自社ホームページで販売したものと併せて最終的に約1万5000枚が消費者へ販売された。これを受けて，厚生労働省は同社にこれらのマスクの回収を指示するとともに，この事実を公表し，粉じん作業場所等有害な作業環境において使用しないよう呼びかけている。[84)]

(4) 偽造型式検定合格標章を表示した防爆構造電気機械器具の流通事例

シーエル計測工業株式会社（大阪府豊中市）は，昭和61年12月から平成3年9月までにかけて，型式検定に受検していないのに型式検定合格標章を表示して防爆構造電気機械器具である静電容量式レベル計約70台を全国の食品・化学会社などに販売し，大阪労働基準局に書類送検された。当該静電容量式レベル計は，大阪労働基準局の指導により全て回収された（本書第44条・第44条の2 ⑤ 3参照）。

(5) 型式検定に合格した型式の防爆構造電気機械器具で規格を具備しない製品の流通事例

山武コントロールプロダクト株式会社（神奈川県秦野市）は，検査体制の不備により，防爆構造電気機械器具の型式検定に合格した型式のものとして平成20年4月から平成22年7月までに販売した防爆リミットスイッチVCX-7000シリーズ（資料5-44）1万1963個の中に，リミットスイッチ内部に組み込まれている耐圧防爆構造容器（内蔵スイッチ部分）の固着接合部の奥行きについて，内容積$10cm^3$以下のものは3mm以上なければならないのに，接合部周辺に部分的に隙間が生じ，奥行きの基準を満たしていないものがあることを厚生労働省に報告した。これを受けて厚生労働省は，同社に対し，同機器と同一型式機器の早期の点検及び規格を満たさない機器の回収・交換並びに再発防止対策の徹底を指導し，この事実を公表した。[85)]

(6) 型式検定に合格した型式の防じんマスクで規格を具備しない製品の流通事例

防じんマスクの型式検定に合格した製品でも，流通後，製造上の不良等により回収が行われることがある。

スリーエムヘルスケア株式会社（東京都品川区）は，平成26年に輸入し，型式検定に合格した防じんマスク

資料5-41 BM750防塵マスク

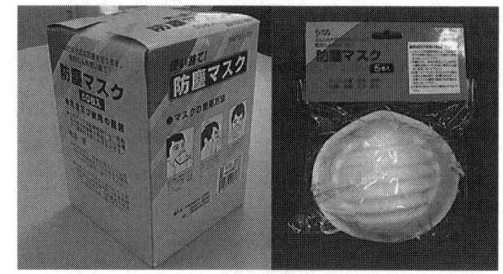

（型式検定不受検，サンプル試験において防じんマスク規格不適合。写真は厚生労働省「型式検定を受けていない防じんマスクの流通について」2009年9月30日）

資料5-42 SV-1550「防塵マスク」

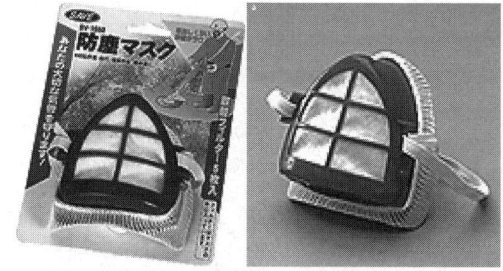

（型式検定不受検。写真は厚生労働省「型式検定を受けていない防じんマスクの流通について」2009年11月10日）

資料5-43 SV-1181「弁付き活性炭防塵マスク」

（型式検定不受検。写真は資料5-42に同じ）

資料5-44 VCX-7000シリーズ

（リミットスイッチ。写真は厚生労働省「山武コントロールプロダクト（株）製防爆電気機械器具の回収・交換及び再発防止の徹底を指導」2010年10月1日）

のうち8805-DS2（第TM438号），8511-DS2（第TM28号）及び9322J-DS2（第TM554号）の一部について，排気弁の作動気密が防じんマスクの規格に達しないとして，厚生労働省に報告し，自主回収・交換を行った

資料5-45　パイプサポートの概略図

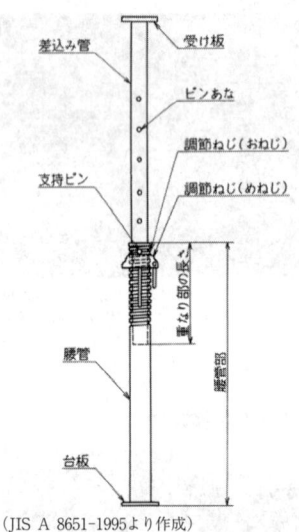

（JIS A 8651-1995より作成）

（ただし，社内試験及び厚生労働省による抽出試験の結果，粉じん捕集効率が規格値を満たしていることなどから，健康被害のおそれはないとされた）[86][87]。

クラレクラフレックス株式会社（東京都千代田区）は，型式検定に合格して販売していた防じんマスク（区分：DS2，製品名：クラトミック®マスク，型式：第TM741号）につき，自主検査により経時的に捕集効率に低下がみられ，防じんマスクの規格に適合しないものがあったとして，その旨厚生労働省に報告し，回収と使用中止を呼びかけている[88]。

同様の事案は，他の大手マスクメーカーを含め他にも例がある。

(7) 型式検定に合格した型式の防毒マスクで規格を具備しない製品の流通事例

株式会社重松製作所は，新規に防毒マスクの型式検定申請を行った隔離式防毒マスクのうち，隔離式防毒マスク用吸収缶について，当該検定を実施した公益社団法人産業安全技術協会から吸収缶が漏気するとの指摘を受けた。これを受けて，同社が，既に型式検定に合格して販売をしていた同形状の吸収缶について自社において在庫品のサンプル検査を行った結果，一部の製品――CA-501/OV（第TN205号，有機ガス用），CA-501/HG（第T229号，ハロゲンガス用），CA-502/CO（第T230号，一酸化炭素用），CA-5011/AM（第T231号，アンモニア用），CA-51/SO（第T232号，亜硫酸ガス用）――について防毒マスクの規格のうち気密性に関する事項を具備していないものがあること（ただし，除毒能力が規格値を満たしていることなどから，通常の使用においては健康被害のおそれはないものと考えられる）が明らかとなったため，その旨厚生労働省に報告した。これを受け，厚生労働省は，同社に対してこれらの製品の回収・交換を要請するとともに，これを公表して注意喚起を行った[89]。

(8) 規格を具備しないパイプサポートの流通事例

平成27年12月25日，厚生労働省が，一般社団法人仮設工業会からの情報提供により，型わく支保工用のパイプサポート（資料5-45）等の規格（昭和56年12月23日労働省告示第101号）を具備しないパイプサポートが流通していることが明らかになったと発表し，譲渡等の禁止等を呼びかけた[90]。このパイプサポートの特徴は，受け板及び台板に切り欠きがあることであるが，構造規格違反に該当する事項としては，製造者名等の表示がないこと，パイプサポートの腰管，差込み管の肉厚が規格で定める値に満たないこと等が確認された[91]。

製品に表示がないため製造者，製造年等は不明である。

(9) 規格を具備しない単管足場用の単管ジョイントとしてのボンジョイントの使用事例

平成19年12月3日，ボンジョイントを単管足場用の単管ジョイントとして使用したことによる死亡災害を契機として，ボンジョイントの単管足場用の単管ジョイントとしての使用禁止等の徹底が，厚生労働省から一般社団法人仮設工業会等に通達された[92]。

「ボンジョイント」とは，接ぎ手金具の一種で，カラーに取り付けられているねじを回すに従ってほぞ部が広がり，鋼管の内側にほぞ部が圧着することにより抜け止め機能が働く構造のものであって，その他の抜け止め機構のないものをいう（資料5-46）。ボンジョイントは，抜け止め機構が圧着方式のため，引張試験の強度が極めて低いこと，抜け止め機能がねじの締付けの程度で圧着の度合が異なるため，当該機能が確実に働いていることの確認ができないことなどから，単管ジョイントとしての規格を具備していない。したがって，ボンジョイントを単管ジョイントとして譲渡又は貸与した場合には第42条違反となる[93]。

通達では，単管ジョイントにボンジョイントを使用したことによる死亡災害例が，資料5-47の通り紹介されている[94]。

ボンジョイントが単管足場用の単管ジョイントとして使用される例は，これ以前からも知られており，昭和62年にも同様の通達が行われていた[95]。

(10) 規格を具備しない墜落制止用器具の流通事例等

墜落制止用器具の規格の制定（正確には，安全帯の規格の全部改正）後，厚生労働省がアマゾンジャパン合同会社（Amazon.co.jp）などで販売されている墜落制止用器具の買取試験を実施したところ，墜落制止用器具の規格に適合しない製品（海外製が多い）が多数発見され，そのリストが公表されている[96][97]。

墜落制止用器具については型式検定等の制度がないため，一般には規格への適合性の有無の判断が難し

資料5-46 ボンジョイント

① ボンジョイントの構造

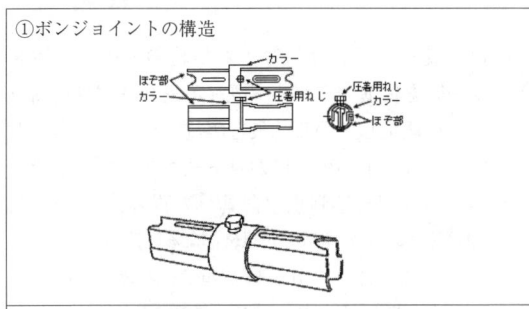

② 単体としてのボンジョイント

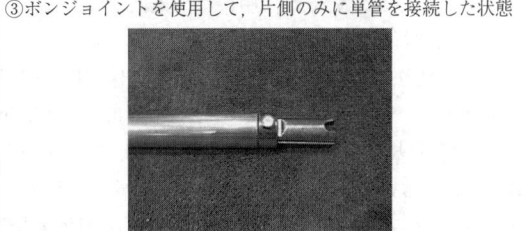

③ ボンジョイントを使用して，片側のみに単管を接続した状態

④ ボンジョイントを使用して，両端に単管を接続したもの

(図・写真は平成19年12月3日基安安発第1203001号)

資料5-47 単管ジョイントにボンジョイントを使用して発生した災害の事例

　高さ約9.7mの3階建てビルの側面モルタル塗装，焼き付け塗装，屋上防水塗装工事に伴い，ビルの周囲に単管足場を組み立てる作業時に災害は発生した。
　足場の建地は，2m，4m，4mの合計3本の単管をつなぎ合わせた，延長10mのものを，1.8m間隔で設置するものであった。建地の組み立て方法は，①地上において労働者2名が4mの単管を支えて建て，②屋上部分からは労働者1名が2mと4mの単管をつなぎ合わせたものを下ろし，③建物の中間の高さにおいて労働者1名が上から下ろしてきた単管と下で支えられている単管をつなぎ合わせるというものであった。
　各単管をつなぎ合わせるジョイントは，切り欠き式によって抜け止め機能を有するものもあったが，大半は摩擦接合式の「ボンジョイント」が使用されていた。
　14本の建地を建て終わり，15本目を建てるために，屋上の労働者が2mと4mの単管をつなぎ合わせたものを順次下ろす作業中に，上側の2mの単管を持った時，ボンジョイントで接合されていた下側の4mの単管が外れて鉛直方向に落下し，直下にいた労働者に激突し死亡した。

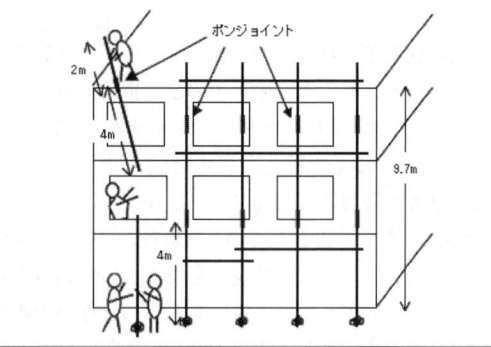

品についての連絡先所在地や電話番号は外国（中華人民共和国のものが多いように見受けられる）のものになっているものも多く，真偽を確認したり何らかの責任を追及したりするのは容易でない。現実には，信頼できるメーカーのものを購入せざるをえない状況にあるといえるのではないだろうか。

7 規格を具備しない中古品の譲渡等

　中古品店，オークションサイトでは，第42条に違反する製品の譲渡等が行われていることが珍しくない。特に，オークションは匿名取引で行われることがあるため，規格を具備しない機械等のいわば「売り逃げ」が行われる場合もあると思われる。

　規格を具備しない中古品の取引の典型例としては，「ジャンク品」と称して，覆いの無いグラインダーが売られる例や，建築確認を受けていない欠陥エレベーター（自作エレベーターを含む。多くは，簡易リフトに該当する）のある倉庫等を他社に譲渡又は貸与する例が挙げられる。欠陥エレベーターなどには，銘板がなく製造者や積載荷重が不明のものもある。

　プレス機械等長持ちする機械等については，50年以上前に製造されたものが中古品市場に出回ることもあるが，銘板がなかったり，取扱説明書が失われていたり，取付けられている光線式安全装置の長さが足りなかったりする状況で譲渡されることもある。

く，また最近，Amazon.co.jpにおいて，商品説明文で「【新規格適合】弊社が取り扱っているフルハーネスセットは2022年5月に検査を行い，厚生労働省認定の日本産業安全技術協会（TIIS）のJIS T-8165による新規格の適合判定を受けた商品であり，快適，安全で，動きやすい，軽量で経済的なフルハーネス安全帯です。」等と謳っている商品がみられる。「日本産業安全技術協会（TIIS）」は公益社団法人産業安全技術協会（TIIS）を指すと思われるが，同協会は令和4年12月28日現在までにおいて，墜落制止用器具のサンプルの性能試験（破壊試験）は実施しているが，これは飽くまでサンプルについてだけ試験をするというだけのものであり，製造設備や検査体制などの適否を含む型式全体についての評価はしていないため（⑧9参照），「フルハーネスセットは……適合判定を受けた商品」との記載は誤りだろう。このような記載のある商

資料5-48 覆いが外されてなくなっているディスクグラインダー（マキタ製、9533B）が売りに出されている某オークションサイトのページのスクリーンショット

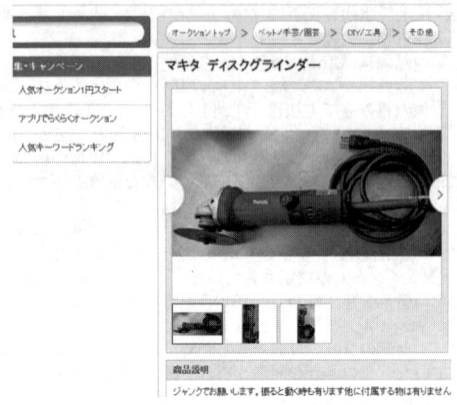

例えば2022年12月20日時点で、某オークションサイトで「グラインダー」で検索すると、覆いが外されているディスクグラインダー（マキタ製、9533B）が「ジャンクでお願いします。振ると動く時も有ります他に付属する物は有りません。」とのコメントを添えて2000円で売りに出されている（資料5-48）。付属するものがないということは覆いもなくなっていると推測されるが、いずれにせよ覆いをとりつけないで販売（譲渡）すれば本条違反となるおそれがある。

8 既存不適合機械等

構造規格の制定や改正に際しては、既に製造された機械等については新規格等を適用しない、又は適用を猶予するという経過措置がとられる場合があり、そのような経過措置の対象となる機械等は「既存不適合機械等」などと呼ばれている。この場合、新規格等が適用されない古い機械等が合法的に使用され、流通することがあるが、もちろんそれによる労働災害のリスクが存在する。

2018年12月4日から2019年2月8日までにかけて、一般社団法人日本機械工業連合会が全国の製造業者を対象に生産設備の保有期間等に関するアンケート調査を実施した[99]。これは同連合会に加盟する各工業会や日本商工会議所から調査票を配布し、任意に回答を得たものであるので標本抽出に偏りがある可能性があるが、その結果によると、遊休機及びリース・レンタル機を含むが、1989年以前（調査時点で30年以上前）に取得したものが金属工作機械（NC工作機械など）で22％、第2次金属加工機械（プレス機械など）で31％、鋳造機械で23％であった。

このような古い機械等の使用は、インターネット上を通じた中古品取引からも窺うことができる。例えば、中古機械情報百貨店という中古品情報集約サイトで検索すると、1960～1970年代に製造されたプレス機械も売りに出されていることがわかる（2022年12月20日時点）[101]。

国は、既存不適合機械等の新規格のものへの買替え、改修等を促進するため、既存不適合機械等更新支援補助金[102]を運用している。最近実施されていた当該助成金事業では、中小企業における胴ベルト型安全帯のフルハーネス型墜落制止用器具への買替え（正確に言えば、旧規格による安全帯を新規格による墜落制止用器具に買い替えること）及びつり上げ荷重3t未満の移動式クレーンで過負荷防止装置（荷重計でないもの）の装備の促進を行うため、その費用の一部を補助するものであった。

9 民間における認証

規格等が定められていても本法の検査又は検定の対象となっていない機械等は、製造者又は輸入者が自ら規格を具備している旨のいわゆる自己適合宣言を行うことが想定されているが、中には、民間団体が任意の認証活動を行っているものもある。

一般社団法人仮設工業会は、型わく支保工用のパイプサポート等の規格（昭和56年12月23日労働省告示第101号）、鋼管足場用の部材及び附属金具の規格（昭和56年12月25日労働省告示第103号）及びつり足場用のつりチェーン及びつりわくの規格（昭和56年12月26日労働省告示第104号）に係る独自の型式認証（「認定」と称している。）を行っている[103]。また、同会は、これら以外の仮設機材（安全ネット、鋼製脚立、メッシュシートなど厚生労働大臣の定める規格のないもの）について独自の仮設機材認定基準を設定し、これへの適合性を認定する制度も設けている。これらの認定品には、刻印（資料5-49）又はラベルが付される[104]。同会は、これ以外にも、部材だけでなく組立方法、使用方法等を含めた仮設構造物等のシステム全体の安全性について認証する「承認制度」（システム式つり足場など複雑・特殊な仮設構造物が承認されている）や、仮設機材認定基準等のような何らかの基準が存在しない上記認定制度の対象外の仮設機材が一定の設置箇所、用途等において十分な安全性を有することを認証する「単品承認制度」（例えばある種の作業台などが承認されている）を設けている。また、同会は、仮設機材メーカーの依頼を受けて性能試験も行い証明書を発行している。

しかしながら、本法ないし安衛則等では、事業者に対し、これらの認定等のないものを使用してはならない等といった規定を置いていないため、これらに法的な強制力はない。

公益社団法人産業安全技術協会は、本法に基づく検定（本書第44条・第44条の2 ③ 7参照）のほか各種の試験、認証業務等を行っているが、墜落制止用器具についても、依頼に応じ、サンプルに対する性能試験

資料5-49 一般社団法人仮設工業会が認定した仮設機材に付される刻印の例

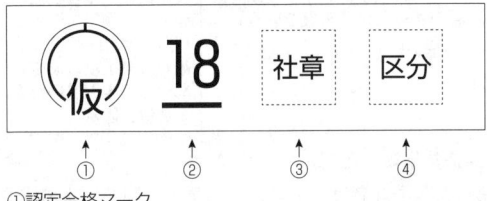

①認定合格マーク
②製造年並びに上期（上に¯）・下期（下に＿）の別
③製造者マーク
④用途区分の略号（例：枠，足，単 他）

（JIS T8165の試験）を行っている。ただし，いうまでもないが，この試験は，型式検定とは異なり，依頼者から提出されたサンプルについてのみ破壊試験を行いJIS T8165への適合性を評価するものであって，サンプルの属する型式の製品全体について何らかの評価を行うものではないことに注意が必要である。

9 関係規定（流通関係）

第42条から第43条の2までの規定は，「譲渡等の制限」「流通規制」等と呼ばれ，機械等がその使用段階に至る前にその安全性や信頼性を確保するためのものである。

本法においてこれに類似する規定としては，特定機械等に関するもの（ 3 2(1)参照）のほか，資料5-50のようなものが挙げられる（第31条，第33条及び第88条第1項の規制の対象となるもので第42条の機械等と共通するものについては資料5-23・5-24に掲げた）。なお，家内労働法に関しては 10 で述べる。

第31条は，関係請負人の労働者に「使用させる」場合を規制するものであるが，これは貸与，提供（ここでは，所有権等を留保したまま利用させ〔て回収す〕こと等）を含む広い行為を指す。逆に，第42条でも提供等を規制してもよいのではないだろうか。

第33条は，機械等貸与者に対して，規格等を具備しない機械等の貸与を禁じていないが，そのような貸与は第42条で禁じられているので十分ということであろう。第33条による規制の画期的な点の一つに，機械等の使用上の情報の提供（安衛則第666条関係）を罰則付きで強制していることが挙げられる。

労働安全衛生規則（昭和47年9月30日労働省令第32号）
（機械等貸与者の講ずべき措置）
第666条　前条に規定する者（以下「機械等貸与者」という。）は，当該機械等を他の事業者に貸与するときは，次の措置を講じなければならない。
一　当該機械等をあらかじめ点検し，異常を認めたときは，補修その他必要な整備を行なうこと。
二　当該機械等の貸与を受ける事業者に対し，次の事項を記載した書面を交付すること。
イ　当該機械等の能力
ロ　当該機械等の特性その他その使用上注意すべき事項
2　〈略＝金融上の支援等としての重機のリース等の場合の適用除外規定〉

これは本来，第42条あるいは全ての機械等の譲渡等に際して義務づけられてしかるべき事項であろう。

資料5-50　労働安全衛生法中譲渡等の制限規制と類似点のある規定（特定機械等に係るものを除く）

条文	規定の概要	備考
第31条	特定事業の仕事を自ら行う注文者は，特定の建設物，設備又は原材料（「建設物等」という。）を，当該仕事を行う場所において関係請負人の労働者に使用させるときは，当該建設物等について，当該労働者の労働災害を防止するため必要な措置を講じなければならない。	現行安衛則では，関係請負人の労働者に使用させる建設物等が，第42条による規格等へ適合していること，あるいはそれ以外の建設物等が安衛則等で定められた基準へ適合していることを義務づけている。
第33条第1項	機械等貸与者は，貸与先の事業者の事業場における当該機械等による労働災害を防止するため必要な措置を講じなければならない。	現行安衛則では，移動式クレーン，移動式建設機械等のリース業者がその機械等の貸与に際して整備，貸与先事業者への危険性等の通知等を行うことを義務づけている。
第33条第2項	機械等貸与者から機械等の貸与を受けた者は，当該機械等を操作する者がその使用する労働者でないときは，当該機械等の操作による労働災害を防止するため必要な措置を講じなければならない。	現行安衛則では，当該機械等を操作する者の操作資格等を確認すること，同者に作業内容等を通知すること等を義務づけている。
第34条	建築物貸与者は，当該建築物の貸与を受けた事業者の事業に係る当該建築物による労働災害を防止するため必要な措置を講じなければならない。ただし，当該建築物の全部を一の事業者に貸与するときは，この限りでない。	現行安衛則では，入居する複数の事業者が共用で使用する避難用出口，局所排気装置等や，給排水設備の整備等について義務づけている。
第88条第1項	厚生労働省令で定める機械等を設置し，若しくは移転し，又はこれらの主要構造部分を変更しようとするときは，その計画を当該工事の開始の日の30日前までに，厚生労働省令で定めるところにより，労働基準監督署長に届け出なければならない。	現行安衛則で定められている届出の対象機械等には，第42条の対象機械等のうちいくつかも含まれるが，それよりも安衛則，有機則等で事業者に向けて構造等の要件を定めている機械等の方が多い。

現行法令においては，安衛則第24条の13において，機械等譲渡者は相手方事業者に対し，使用上の情報等を文書により通知するよう努めなければならないこととされているにすぎない。

なお，使用段階については，第20条（安衛則第27条）において，事業者は，第42条の譲渡等の制限の対象となる機械等については，同条の規格又は安全装置を具備したものでなければ使用してはならないこととされている。

10 家内労働法における機械等の譲渡等の制限規制

家内労働法（昭和45年5月16日法律第60号）第17条では，家内労働者等の安全及び衛生を確保するため委託者等が講ずべき措置が定められている。

> 家内労働法（昭和45年5月16日法律第60号）
> 　第4章　安全及び衛生
> （安全及び衛生に関する措置）
> 第17条　委託者は，委託に係る業務に関し，機械，器具その他の設備又は原材料その他の物品を家内労働者に譲渡し，貸与し，又は提供するときは，これらによる危害を防止するため，厚生労働省令で定めるところにより，必要な措置を講じなければならない。
> 2　家内労働者は，機械，器具その他の設備若しくは原材料その他の物品又はガス，蒸気，粉じん等による危害を防止するため，厚生労働省令で定めるところにより，必要な措置を講じなければならない。
> 3　補助者は，前項に規定する危害を防止するため，厚生労働省令で定める事項を守らなければならない。

このうち機械等の譲渡等に関する具体的内容は，家内労働法施行規則（昭和45年9月30日労働省令第23号，同年10月1日施行）第10条から第14条までに規定されている。

> 家内労働法施行規則（昭和45年9月30日労働省令第23号）
> 　第3章　安全及び衛生
> （安全装置の取付け）
> 第10条　委託者は，委託に係る業務に関し，次の表の上欄に掲げる機械を家内労働者に譲渡し，貸与し，又は提供する場合には，それぞれ同表の下欄に掲げる安全装置を取り付けなければならない。

機械		安全装置
木材加工用丸のこ盤	反ぱつにより作業者が危害をうけるおそれのあるもの	割刃その他の反ぱつ予防装置
	接触により作業者が危害をうけるおそれのあるもの	歯の接触予防装置
手押しかんな盤		刃の接触予防装置
プレス機械及びシヤー〔筆者註＝シヤーとは剪断機をいう〕		安全装置（その性能について労働安全衛生法（昭和47年法律第57号）第44条第1項の規定に基づく検定を受けた安全装置に限る。）

> （規格具備等の確認）
> 第11条　委託者は，委託に係る業務に関し，次の安全装置，機械又は器具を家内労働者に譲渡し，貸与し，又は提供する場合には，当該安全装置，機械又は器具が労働安全衛生法第42条の厚生労働大臣が定める規格を具備していることを確認しなければならない。
> 一　木材加工用丸のこ盤の反ぱつ予防装置又は歯の接触予防装置
> 二　手押しかんな盤の刃の接触予防装置
> 三　研削盤，研削といし又は研削といしの覆い
> 四　動力により駆動されるプレス機械
> 第12条　委託者は，委託に係る業務に関し，手押しかんな盤を家内労働者に譲渡し，貸与し，又は提供する場合には，刃物取付け部が丸胴であることを確認しなければならない。
> （防護措置）
> 第13条　委託者は，委託に係る業務に関し，次の表の上欄に掲げる機械又は器具を家内労働者に譲渡し，貸与し，又は提供する場合には，それぞれ同表の下欄に掲げる措置を講じなければならない。

機械又は器具	措置
原動機又は回転軸，歯車，プーリ若しくはベルトのある機械	作業者が危害をうけるおそれのある部分に覆い，囲い又はスリーブを取り付けること。
回転軸，歯車，プーリ又はフライホイールに附属する止め具のある機械（埋頭型の止め具を使用している機械を除く。）	止め具に覆いを取り付けること。
バフ盤（布バフ，コルクバフ等を使用するバフ盤を除く。）〔資料5-51〕	バフの研まに必要な部分以外の部分に覆いを取り付けること。
面取り盤〔資料5-52〕	刃の接触予防装置を取り付けること。ただし，作業の性質上接触予防装置を取り付けることが困難な場合には，工具を譲渡し，貸与し，又は提供すること。
紙，布，金属箔等を通すロール機（送給が自動的に行なわれる構造のロール機を除く。）	囲い又はガイドロール〔資料5-53〕を取り付けること。
電気機械器具	充電部分のうち作業者が作業中又は通行の際に，接触し，又は接近することにより感電の危害を生ずるおそれのある部分に囲い又は絶縁覆いを取り付けるこ

| | と。ただし，電熱器の発熱体の部分，抵抗溶接機の電極の部分等電気機械器具の使用の目的により露出することがやむを得ない充電部分については，この限りでない。 |

（危害防止のための書面の交付等）
第14条　委託者は，委託に係る業務に関し，別表第1の上欄に掲げる機械，器具又は原材料その他の物品を家内労働者に譲渡し，貸与し，又は提供する場合には，それぞれ同表の下欄に掲げる事項を書面に記載し，家内労働者に交付しなければならない。

2　家内労働者は，前項の書面を作業場の見やすい箇所に掲示しておかなければならない。

3　家内労働者又補助者は，第1項の書面に記載された注意事項を守るように努めなければならない。

別表第1

機械，器具又は原材料その他の物品	事項
機械	一　刃部を除く機械の掃除，給油，検査，修理又は調整の作業を行う場合であつて，作業者が危害を受けるおそれのあるときは，機械の運転を停止すること。ただし，機械の運転中に作業を行わなければならない場合であつて危険な箇所に覆いを設ける等の措置を講じたときは，この限りでないこと。 二　機械の刃部の掃除，検査，修理，取替え又は調整の作業を行う場合には，機械の運転を停止すること。ただし，機械の構造上作業者が危害を受けるおそれのない場合は，この限りでない

	こと。 三　機械の運転を停止した場合には，他人が当該機械を運転することを防止するため，当該機械の起動装置に錠を掛けること。
研削と石	一　その日の作業を開始する前には1分間以上，研削と石を取り替えた場合には3分間以上試運転をすること。 二　最高使用周速度を超えて使用しないこと。 三　側面を使用することを目的とする研削と石以外の研削と石の側面を使用しないこと。
プレス機械又はシヤー	一　安全装置を常に有効な状態に保持すること。 二　クラッチ，ブレーキその他制御のために必要な部分の機能を常に有効な状態に保持すること。 三　1年を超えない一定の期間ごとに，次の事項について点検を行うこと。 　イ　クラッチ及びブレーキの異常の有無 　ロ　クランクシヤフト，フライホイール，スライド，コネクチングロッド及びコネクチングスクリユの異常の有無 　ハ　ノンリピート装置及び急停止装置の異常の有無 　ニ　電磁弁，減圧弁及び圧力計の異常の有無 　ホ　配線及び開閉器の異常の有無 四　その日の作業を開始する前に次の事項について点検を行うこと。 　イ　クラッチ及びブレーキの機能 　ロ　クランクシヤフト，フライホイール，スライド，コネクチングロッド及びコネクチングスクリユのボルトの緩みの有無 　ハ　ノンリピート装置及び急停止装置の機能 五　プレス機械を用いて作業を行う場合には，作業点の照度を百ルクス以上に保持すること。

資料5-51　バフ盤の例

資料5-52　面取り盤の例

（家具工房ひょうたん蔵WEBサイト〔https://www.hyo-tan.com/2016/11/19/%E8%B6%85%E4%BB%95%E4%B8%8A%E3%81%92%E9%9D%A2%E5%8F%96%E3%82%8A%E7%9B%A4/，最終閲覧日：2024年6月23日〕）

資料5-53　ガイドロール

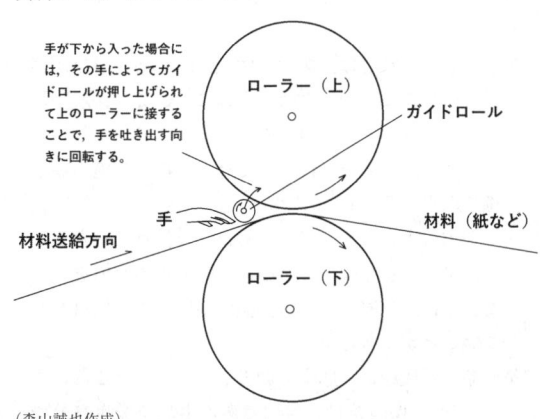

（森山誠也作成）

ボール盤，フライス盤等手袋を巻き込むことにより作業者に危害を与えるおそれのある機械	手袋をしないこと。
危険物	〈略〉
有機溶剤等	〈略〉
土石，岩石，鉱物，金属又は炭素の粉じんを発散する原因となる物品	〈略〉
鉛等	〈略〉

　家内労働法及び同法施行規則における委託者から家内労働者に対する譲渡等の制限規制は，同法施行以来のものであり，譲渡等の制限規制としては本法に先駆けているとともに，同法施行規則第10条及び第13条では機械等に安全装置を具備させるという，本法より一歩進んだ規制となっている。また，同法施行規則第14条も，同法施行当初から機械等の危険性に係る書面の交付，すなわち残留リスクに係る使用上の情報提供を先駆けて規定しており，興味深い。また，同条の有害物に関する書面交付は，SDS の交付に類似している。

11 第三者行為災害に対する保険支給運用

　業務災害は，通常は事業主との関係において生じた災害といえるが，必ずしもそれのみが発生原因であるとは限らず，第三者の加害行為によって生じたものであることも少なくない。
　このような事情から，労働者災害補償保険法では，次の通り，業務災害又は通勤災害が保険関係の外にある者，すなわち保険者である政府，保険加入者である事業主並びに当該受給権者である労働者及び遺族以外の者（第三者）の加害行為によって生じた事故について政府が保険給付をした場合に取得する損害賠償請求権（いわゆる求償権）等について規定されている。[105]

> 労働者災害補償保険法（昭和22年4月7日法律第50号）
> 第12条の4　政府は，保険給付の原因である事故が第三者の行為によつて生じた場合において，保険給付をしたときは，その給付の価額の限度で，保険給付を受けた者が第三者に対して有する損害賠償の請求権を取得する。
> 　前項の場合において，保険給付を受けるべき者が当該第三者から同一の事由について損害賠償を受けたときは，政府は，その価額の限度で保険給付をしないことができる。
> 第47条　行政庁は，厚生労働省令で定めるところにより，〈略〉保険給付の原因である事故を発生させた第三者（派遣先の事業主及び船員派遣の役務の提供を受ける者を除く。第53条において「第三者」という。）に対して，報告等を命ずることができる。

> 労働者災害補償保険法施行規則（昭和30年9月1日労働省令第22号）
> （第三者の行為による災害についての届出）
> 第22条　保険給付の原因である事故が第三者の行為によつて生じたときは，保険給付を受けるべき者は，その事実，第三者の氏名及び住所（第三者の氏名及び住所がわからないときは，その旨）並びに被害の状況を，遅滞なく，所轄労働基準監督署長に届け出なければならない。

　第三者行為災害の典型例としては，相手方に過失がある交通事故が挙げられるが，機械等の瑕疵に起因する災害もその一つである。
　しかし，労働者災害補償保険事業年報[106]では，自動車事故とそれ以外（暴力事件等が多いのではないかと思われる）に分かれて集計されているだけで，機械等の欠陥による災害に係る数字については不明である。

> （個別検定）
> 第44条　第42条の機械等（次条第1項に規定する機械等を除く。）のうち，別表第3に掲げる機械等で政令で定めるものを製造し，又は輸入した者は，厚生労働省令で定めるところにより，厚生労働大臣の登録を受けた者（以下「登録個別検定機関」という。）が個々に行う当該機械等についての検定を受けなければならない。
> 2　前項の規定にかかわらず，同項の機械等を輸入した者が当該機械等を外国において製造した者（以下この項において「外国製造者」という。）以外の者（以下この項において単に「他の者」という。）である場合において，当該外国製造者が当該他の者について前項の検定が行われることを希望しないときは，当該外国製造者は，厚生労働省令で定めるところにより，自ら登録個別検定機関が個々に行う当該機械等についての検定を受けることができる。当該検定が行われた場合においては，当該機械等を輸入した者については，同項の規定は，適用しない。
> 3　登録個別検定機関は，前2項の検定（以下「個別検定」という。）を受けようとする者から申請があつた場合には，当該申請に係る機械等が厚生労働省令で定める基準に適合していると認めるときでなければ，当該機械等を個別検定

に合格させてはならない。
4　個別検定を受けた者は，当該個別検定に合格した機械等に，厚生労働省令で定めるところにより，当該個別検定に合格した旨の表示を付さなければならない。
5　個別検定に合格した機械等以外の機械等には，前項の表示を付し，又はこれと紛らわしい表示を付してはならない。
6　第1項の機械等で，第4項の表示が付されていないものは，使用してはならない。
　（型式検定）
第44条の2　第42条の機械等のうち，別表第4に掲げる機械等で政令で定めるものを製造し，又は輸入した者は，厚生労働省令で定めるところにより，厚生労働大臣の登録を受けた者（以下「登録型式検定機関」という。）が行う当該機械等の型式についての検定を受けなければならない。ただし，当該機械等のうち輸入された機械等で，その型式について次項の検定が行われた機械等に該当するものは，この限りでない。
2　前項に定めるもののほか，次に掲げる場合には，外国において同項本文の機械等を製造した者（以下この項及び第44条の4において「外国製造者」という。）は，厚生労働省令で定めるところにより，当該機械等の型式について，自ら登録型式検定機関が行う検定を受けることができる。
一　当該機械等を本邦に輸出しようとするとき。
二　当該機械等を輸入した者が外国製造者以外の者（以下この号において単に「他の者」という。）である場合において，当該外国製造者が当該他の者について前項の検定が行われることを希望しないとき。
3　登録型式検定機関は，前2項の検定（以下「型式検定」という。）を受けようとする者から申請があつた場合には，当該申請に係る型式の機械等の構造並びに当該機械等を製造し，及び検査する設備等が厚生労働省令で定める基準に適合していると認めるときでなければ，当該型式を型式検定に合格させてはならない。
4　登録型式検定機関は，型式検定に合格した型式について，型式検定合格証を申請者に交付する。
5　型式検定を受けた者は，当該型式検定に合格した型式の機械等を本邦において製造し，又は本邦に輸入したときは，当該機械等に，厚生労働省令で定めるところにより，型式検定に合格した型式の機械等である旨の表示を付さなければならない。型式検定に合格した型式の機械等を本邦に輸入した者（当該型式検定を受けた者以外の者に限る。）についても，同様とする。
6　型式検定に合格した型式の機械等以外の機械等には，前項の表示を付し，又はこれと紛らわしい表示を付してはならない。
7　第1項本文の機械等で，第5項の表示が付されていないものは，使用してはならない。

1 罰則

　第44条第1項又は第44条の2第1項の規定（いずれも検定の受検義務）に違反した者は，第117条の規定により，1年以下の懲役又は100万円以下の罰金に処せられる。

　第44条第6項又は第44条の2第7項の規定（いずれも表示の付されていない機械等の使用禁止）に違反した者は，第119条の規定により，6カ月以下の懲役又は50万円以下の罰金に処せられる。

　第44条第5項若しくは第44条の2第6項の規定（いずれも検定合格の虚偽表示の禁止）に違反した者又は第44条第4項若しくは第44条の2第5項の規定（いずれも検定合格の表示義務）による表示をせず，若しくは虚偽の表示をした者は，第120条の規定により，50万円以下の罰金に処せられる。

　また，第44条又は第44条の2違反の罪については，第122条の両罰規定が適用される。

　なお，検定を受け，不合格となったものを譲渡，貸与又は設置する行為については，禁止規定も罰則も設けられていない。同様の行為は基本的に第42条違反になると思われるが，検定制度の厳格な運用を期すためには，不合格品の譲渡等の行為も罰則等において処罰の対象とすることも検討すべきではないだろうか。

2 趣旨

　第44条及び第44条の2は，第42条の規定により譲渡等の制限の対象機械等のうち別表第3又は別表第4に掲げられるもので政令で定められるものを製造又は輸入した者は，機械等の種類に応じて個別検定又は型式検定を受け，所定の表示を付さなければならないこと等を定めている。

3 条文解釈

1 「第42条の機械等(次条第1項に規定する機械等を除く。)のうち、別表第3に掲げる機械等で政令で定めるもの」及び「第42条の機械等のうち、別表第4に掲げる機械等で政令で定めるもの」

これは個別検定及び型式検定の対象となる機械等の範囲を定めた部分である。

「(次条第1項に規定する機械等を除く。)」という除外規定がおかれているため、個別検定と型式検定の両方の対象となるものはありえないことになる。

現行安衛令によれば、個別検定及び型式検定の対象となるのは、第42条による規制の対象となるもののうち本法別表第2に掲げられているものだけである。

具体的には、資料5-23・5-24を参照されたい。

どのような機械等が個別検定の対象とされ、型式検定の対象とされるかということは、それぞれの検定の趣旨に応じて決められているものと思われる。その趣旨については検定(３ 5)、個別検定及び型式検定(３ 6)の各節を参照されたい。

かつては、検定対象機械等は全て政令で定められていたため、法律本文において、個別検定対象機械等については「第42条の機械等(次条第1項に規定する機械等を除く。)のうち、その構造、性能等を考慮して政令で定めるもの」と、型式検定対象機械等については「第42条の機械等のうち、個別検定によることが適当でない機械等で政令で定めるもの」と規定されていた。この「構造、性能等」には工作方法及び形状が含まれるとされていた(４ 2の引用通達参照)[107]。

検査や検定の対象とならない機械等で構造規格が定められているものは、製造者、輸入者等が自己適合宣言を行うことが想定されるが、民間機関がその認証を行うこともある。これについては本書第42条〜第43条の2 ８ 9で述べる。

2 「製造し、又は輸入した者」

第44条第1項(個別検定)の「製造し」た者には、当該機械等の構成部分の一部を他の者から購入し、これを加工し、又は組み合わせて完成品とした者、当該機械等の主要構造部分を変更した者及び当該機械等で使用を廃止した者(個別検定合格済の印を押した明細書を有するものを除く)を再び使用するために整備した者が含まれる(４ 2の引用通達参照)[108]。

第44条の2第1項(型式検定)の「製造し」た者には、当該機械等の構成部分の一部を他の者から購入し、これを加工し又は組み合わせて完成品とする者が含まれる(４ 2の引用通達参照)[109]。

3 「厚生労働省令で定めるところにより」

個別検定及び型式検定の実施については、機械等検定規則(昭和47年9月30日労働省令第45号)[110]に定めるところによる。

本稿では、その詳細は割愛する。

4 「厚生労働大臣の登録」

登録個別検定機関及び登録型式検定機関の登録は、厚生労働大臣が行うこととされている。

JIS Q 17000[111]では、登録個別検定機関及び登録型式検定機関のように規格への適合性を評価する機関を適合性評価機関(conformity assessment body)という。当該機関が適合性評価業務を行う能力を有する旨、第三者が公式に実証したことを伝えることを認定(accreditation)といい、特定の機関に当該適合性評価業務を行う権限を付与することを指定(designation)という。本法第5章第1節ではこの認定と指定とをあわせて「登録」と称しているものと思われる。また、認定を行う機関を認定機関(accreditation body)、当該指定やその取消し、一時停止等を行う機関を指定当局(designating authority)というが、ここでは、国(厚生労働大臣)が認定機関兼指定当局になっている。

5 「検定」

第42条による譲渡等制限の対象機械等のうち、当該厚生労働大臣が定める規格又は安全装置を具備しているかの判定が技術的に必ずしも容易ではないものや、当該規格又は安全装置を完全に具備しない場合には災害を生じやすく、一旦災害が生じると重大な結果を招くおそれが強いもの等については、これらが流通する前に、第三者により当該機械等が所定の規格又は安全装置を具備しているかどうかを確認させ、具備していることが確認されたもののみを流通させる必要があるといえる。このため、第44条及び第44条の2では、当該機械等を製造又は輸入した者に対し、国が登録する外部専門機関である登録個別検定機関及び登録型式検定機関による検定を受けさせることとされている[112]。

この検定は、特定機械等の検査等と並び、JIS Q 17000[113]で定義されている第三者適合性評価活動(third-party conformity assessment activity)の一種であると考えられる。

6 「個別検定」及び「型式検定」

検定の対象となる機械等のうち、小型ボイラーのごとくその溶接など工作上の適否がその安全性に重大な影響を及ぼすため、製品1個1個についての検定を行わなければならないものがあり、このような検定を個別検定という[114]。

個別検定は、第2種圧力容器、小型ボイラー及び小型圧力容器を例に取ると、設計仕様書、図面、強度計算書等の書類の審査及び水圧試験等からなる[115]。

他方、プレス機械の安全装置のように大量に生産され、サンプルについて検定を行えば安全性が確認できるものや、保護帽のように検定することにより検定現

資料5-54　登録個別検定機関一覧（令和6年6月17日現在）

名　称	対象機械	有効期間
公益社団法人産業安全技術協会	ゴム，ゴム化合物又は合成樹脂を練るロール機の急停止装置のうち電気的制動方式のもの	令和11年3月30日
一般社団法人日本ボイラ協会	第二種圧力容器 小型ボイラー 小型圧力容器	令和11年3月30日
公益社団法人ボイラ・クレーン安全協会	第二種圧力容器 小型ボイラー 小型圧力容器	令和11年3月30日
エイチエスビージャパン株式会社	第二種圧力容器	令和7年2月16日

（厚生労働省「検査検定実施機関一覧」〔https://www.mhlw.go.jp/content/001041838.pdf，最終閲覧日：2024年7月31日〕）

品が破損し，又はその性能が劣化する等個別に安全性を確認できないものについては，個々の製品を検定するのではなく，その製品の型式に係るサンプル試験や製造・検査設備や工作責任者等の適否についての判断を行うこととなっており，このような検定を型式検定という。その性質上，型式検定における合格には一定の有効期間が付される。ここで「型式」とは，機械等の種類，形状，性能等の組み合わせにおいて共通の安全性能を持つ1つのグループに分けられるものをいう（4 2の引用通達参照）。

型式検定の対象とされている機械等は，大量生産をするつもりのない単品の物であっても型式検定を受検しなければならないが，単品の場合は機械等検定規則第8条第4項の規定により製造設備，検査設備等の検査は省略され，個別検定に近い形での検定が行われる。これに該当するケースとしては，例えば，事業者が特殊な木材加工用丸のこ盤を保有していて，これに取り付ける可動式の歯の接触予防装置として適当な既製品が無いので特別に自社で製作する場合などが考えられる。

英訳語については，日本法令外国語訳データベースシステムによる本法の英訳では，個別検定は individual examination，型式検定は type examination，登録個別検定機関は registered agency for individual examinations，登録型式検定機関は registered agency for type examinations と訳されている。他方，廣見和夫監修・労働大臣官房国際労働課編『改訂　和英労働用語辞典』（日刊労働通信社，1997年）では個別検定は individual examination，型式検定は model examination とされている。また，世界貿易機関（WTO）が平成25年に作成した対日審査の資料によると，登録個別検定機関は registered bodies for individual inspection before circulation，登録型式検定機関は registered bodies for conformity inspection by production types と表現されている。このように英訳は一定していないことに注意を要する。

因みに，国による型式検定制度は安全衛生分野以外にもあり，例えば風俗営業等の規制及び業務の適正化等に関する法律（昭和23年7月10日法律第122号）では，ぱちんこ遊技機等が著しく客の射幸心をそそるおそれがあるものに該当しない旨の認定及び型式検定の制度があり，遊技機の認定及び型式の検定等に関する規則（昭和60年2月12日国家公安委員会規則第4号）において，ぱちんこ遊技機等の規格や都道府県公安委員会又は指定試験機関による検定等の手続が定められている。

7 「登録個別検定機関」及び「登録型式検定機関」

令和6年6月17日現在登録されている登録個別検定機関は資料5-54の通り4機関である。

令和6年6月17日現在登録されている登録型式検定機関は資料5-55の通り7機関である。

この登録状況をみて明らかなように，登録機関は多くなく，中には1つの登録機関しかない機械等もあることから，何らかの理由（撤退，倒産，登録取消し等）で登録機関が無い状態のときや，全ての登録機関が業務の休止（業務停止命令によるものを含む），天災等で登録機関が業務を行うことが困難な場合などは，個別検定については厚生労働大臣又は都道府県労働局長，型式検定については厚生労働大臣が代わって検定を自ら行うことができることとされており，その場合は検定を受けようとする者は第112条（労働安全衛生法関係手数料令第4条及び第5条）に基づく手数料を納付することとなる。なお，令和4年12月1日現在，個別検定ではゴム，ゴム化合物又は合成樹脂を練るロール機の急停止装置のうち電気的制動方式のものの1基13万1100円が最も高額で，型式検定では動力により駆動されるプレス機械の新規検定1件48万4100円が最も高額である。

この登録は，外国に立地する機関であっても受けることができるが，これについては4 6を参照されたい。

8 「……検定を受けなければならない」

第44条第1項及び第44条の2第1項では，検定を受検すべき時期が明示されていない。この問題について金谷暁判事は，犯罪成立時期との関係で，第42条の譲

資料5-55　登録型式検定機関一覧（令和6年6月17日現在）

名　称	対象機械	有効期間
公益社団法人産業安全技術協会	ゴム，ゴム化合物又は合成樹脂を練るロール機の急停止装置のうち電気的制動方式以外の制動方式のもの プレス機械又はシャーの安全装置防爆構造電気機械器具 木材加工用丸のこ盤の歯の接触予防装置のうち可動式のもの 動力により駆動されるプレス機械のうちスライドによる危険を防止するための機構を有するもの 交流アーク溶接機用自動電撃防止装置 絶縁用保護具絶縁用防具保護帽 防じんマスク 防毒マスク	令和11年3月30日
	電動ファン付き呼吸用保護具	令和6年11月30日
	防毒機能を有する電動ファン付き呼吸用保護具	令和10年9月30日
一般社団法人日本クレーン協会	クレーン又は移動式クレーンの過負荷防止装置	令和11年3月30日
エヌ・シー・エス株式会社	防爆構造電気機械器具	令和11年6月27日
Eurofins E&E CML Limited	防爆構造電気機械器具	令和9年2月6日
CSA GROUP TESTING UK LIMITED	防爆構造電気機械器具	令和9年10月10日
DEKRA Certification B. V.	防爆構造電気機械器具	令和10年1月22日
TÜV Rheinland Industrie Service GmbH	防爆構造電気機械器具	令和9年11月30日

（資料5-54に同じ）

渡，貸与又は設置するまでの間に所定の検定を受けるべきであって，当該機械等についての所定の検定を受けないで譲渡，貸与又は設置したときに第44条第1項又は第44条の2第1項違反罪が成立し，かつその犯罪行為が終了すると解されるとしている。しかしながら，当該機械等を製造し又は輸入した者が，検定を受けることのないままこれを放置しつづけた場合には，これが何らかの理由で散佚し，流通するおそれがあることから，たとえ譲渡等をしなくても，相当の注意をしないで相当期間受検しないまま放置した場合には違反罪が成立すると解すべきではないだろうか。

9　「外国製造者」

第44条第2項及び第44条の2第2項は，外国で製造された機械等につき，国産品と同等な取扱いを目指して，外国事業者による型式承認等の取得の円滑化のための関係法律の一部を改正する法律（昭和58年5月25日法律第57号）により追加されたものであり，その趣旨は 4 3を参照されたい。

本稿では，その詳細は割愛する。

10　「当該申請に係る型式の機械等の構造並びに当該機械等を製造し，及び検査する設備等」

第44条の2第2項の「構造」には，材料及び性能が含まれ，「製造し，及び検査する設備等」の「等」には，工作責任者，検査組織，検査のための規程が含まれる（ 4 2の引用通達参照）[124]。

11　「……表示が付されていないものは，使用してはならない」

第44条第6項及び第44条の2第7項においては，検定が必要な機械等であって検定に合格した旨の表示が付されていないものの使用を禁じている。

JIS Q 17000[125]では，「表明された目的又は条件の下で製品又はプロセスを市場に出し又は使用することの許可」を認可（approval）と定義しているが，検定の合格及びその旨の表示が，実質的にこの認可に相当するものと思われる。

もし事業者が，これらの表示がなく，かつ第42条の規格又は安全装置を具備していない機械等を使用した場合には，第44条第6項又は第44条の2第7項違反と第20条違反（安衛則第27条関係）との関係が問題となるが，金谷暁判事は，これを観念的競合と解している[126]。

4 沿革

第44条及び第44条の2の規定は，労働基準法旧第46条の規定による認定制度及び同法旧第45条の規定による労働衛生保護具及び防爆構造電気機械器具の検定制度にその起源を有するが，これについては本書第42条〜第43条の2 7 で述べることとし，本節では本法制定以降のことについて述べる。

経過措置については，割愛する。

1　本法の制定

本法制定時において，第44条及び第44条の2の検定制度は，第44条だけで規定されており，その趣旨が施行通達で解説されている。施行通達（抄）[127]及び当時の条文は次の通りである。

基発第602号

昭和47年9月18日
都道府県労働基準局長　殿
　　　　　　　　　　　労働省労働基準局長
　　労働安全衛生法および同法施行令の施行について
記
Ⅰ　法律関係
10　機械等に関する規制
(4)　第44条関係
　従来，性能認定および耐圧証明の対象とされていた機械等のうち，性能認定対象機械等にあつては法施行前に譲渡または設置されたもの，耐圧証明対象機械にあつては法施行前に当該耐圧証明を受けたものについては，第2項から第4項までの規定は，適用されないものであること。
　また，令第13条第3号の防爆構造電気機械器具のうち，昭和46年4月1日前に製造または輸入され，防爆構造電気機械器具検定規則（昭和44年労働省令第2号）による検定に合格する前に譲渡または設置されたものについても同様とすること。
　なお，令附則第6条ならびに機械等検定規則（昭和47年労働省令第45号）附則第3条および第4条の規定による経過措置に係る機械等で，法第44条の検定に合格する前，当該経過措置期間中に，譲渡または設置されたものについても同様とすること。

（検定）
第44条　第42条の機械等のうち，政令で定めるものを製造し，又は輸入した者は，労働省令で定めるところにより，当該機械等について，労働大臣，都道府県労働基準局長又は労働大臣の指定する者（以下「検定代行機関」という。）が行なう検定を受けなければならない。
2　前項の検定（以下「検定」という。）を受けた者は，当該検定に合格した機械等に，労働省令で定めるところにより，当該検定に合格した旨の表示を附さなければならない。
3　検定に合格した機械等以外の機械等には，前項の表示を附し，又はこれと紛らわしい表示を附してはならない。
4　第1項の機械等で，第2項の表示が附されていないものは，使用してはならない。

なお，施行令によるこの当時の検定対象機械等は，次の通りであった。

（労働大臣が定める規格又は安全装置を具備すべき機械等）
第13条　法第42条の政令で定める機械等は，次に掲げる機械等（本邦の地域内で使用されないことが明らかな場合を除く。）とする。
　一　プレス機械又はシヤーの安全装置
　二　ゴム，ゴム化合物又は合成樹脂を練るロール機及びその急停止装置
　三　防爆構造電気機械器具（船舶安全法の適用を受ける船舶に用いられるものを除く。）
　四　クレーン又は移動式クレーンの過負荷防止装置
　五　防じんマスク（ろ過材，面体及び排気弁を有するものに限る。）
　六　防毒マスク（ハロゲンガス用又は有機ガス用のものその他労働省令で定めるものに限る。）
　七　アセチレン溶接装置のアセチレン発生器
　八　第2種圧力容器（船舶安全法の適用を受ける船舶に用いられるもの及び電気事業法，高圧ガス取締法又はガス事業法の適用を受けるものを除く。）
　九～三十五　〈略〉
（検定を受けるべき機械等）
第14条　法第44条第1項の政令で定める機械等は，前条第1号から第8号までに掲げる機械等（同条第2号に掲げる機械等にあつては，同号に掲げる急停止装置に限る。）とする。

2　個別検定と型式検定との規定の分離等（昭和52年改正）
　昭和51年12月23日にまとめられた中央労働基準審議会労働災害防止部会報告[128][129]の中で，大量生産によって製造される等個別の検定になじまないものについては，その型式について，労働大臣等の承認を受けなければならないものとする型式承認制度の新設が提言されたことを受け，労働安全衛生法及びじん肺法の一部を改正する法律（昭和52年7月1日法律第76号）により旧第44条が新第44条（個別検定）と第44条の2（型式検定）に分けて規定される等の改正が行われ，昭和53年1月1日から施行された。ただし，従来から型式による検定は行われており，この改正はこれを法律上明確化したものにすぎない。
　その時の施行通達[130][131]（抄）及び改正後の条文は次の通りである（削られた箇所を取消線「——」で，加え，又は改められた箇所を下線で示した〔以下同じ〕）。

発基第9号
昭和53年2月10日
都道府県労働基準局長　殿
　　　　　　　　　　　労働事務次官
　　労働安全衛生法及びじん肺法の一部を改正する法律の施行について（労働安全衛生法関係）
　労働安定衛生法及びじん肺法の一部を改正する法律は，昭和52年7月1日，法律第76号として公布され，そのうち労働安全衛生法の改正規定は昭和53年1月1日（第45条第2項，第57条の2から第57条の4まで及び第93条第3項に係る部分については，公布の日から起算して2年を超えない範囲内において，それぞれ政

資料5-56　移動式クレーンの過負荷による転倒

　移動式クレーンの過負荷防止装置とは，この図のように移動式クレーンに過負荷が掛かって転倒するようなことを防止するため，過負荷がかかる前に，自動的にジブの危険な動きを停止したりする装置である。

（厚生労働省リーフレット〔https://www.mhlw.go.jp/file/06-Seisakujouhou-11200000-Roudoukijunkyoku/0000197452.pdf，最終閲覧日：2023年9月13日〕の図）

令で定める日）から施行されることとなつた。
　ついては，下記の事項について十分留意の上，その運用に万全を期されるよう，命により通達する。
　なお，じん肺法の改正規定は，公布の日から起算して9月を超えない範囲内において政令で定める日から施行されることとなつており，その施行については，おつて通達する。

記

第二　労働安全衛生法の改正の内容
一　検定制度の整備（第44条から第44条の3まで関係）検定は，従来から危険又は有害な作業を必要とする等の機械等について行われていたが，その対象となる機械等の中には，溶接工作等の適否が当該機械等の安全性に重大な影響を及ぼすため，その工作等の適否を個々に調べなければならないものと，一定数量生産される機械等について，その型式ごとに現品とその製造，検査設備等を調べることにより，安全性が確認できるものとがある。
　後者の機械等については，従来から型式による検定方法を採用していたが，最近これらの機械等が増えている現状にかんがみ，検定を個別検定と型式検定とに明確に区分して，その整備を図つたこと。

基発第77号
昭和53年2月10日
都道府県労働基準局長　殿
　　　　　　　　　　　　労働省労働基準局長
　労働安全衛生法及びじん肺法の一部を改正する法律及び労働安全衛生法施行令の一部を改正する政令の施行について
　労働安全衛生法及びじん肺法の一部を改正する法律（昭和52年法律第76号）の労働安全衛生法関係の施行については，昭和53年2月10日付け労働省発基第9号により労働事務次官から通達されたところであるが，その細部の取扱いについて下記のとおり定めたので，これが円滑な実施を図るよう配意されたい。

　また，労働安全衛生法施行令の一部を改正する政令は，昭和52年11月15日政令第307号として公布され，一部の規定を除き，昭和53年1月1日から施行されたが，下記の事項に留意して，その運用に遺憾のないようにされたい。
　なお，労働安全衛生法及びじん肺法の一部を改正する法律中の他の規定に係る部分の施行については，施行の都度追つて通達する。

Ⅰ　法律関係
三　個別検定（第44条関係）
　㈠　第1項の「構造，性能等」の「等」には，工作方法，形状が含まれるものであること。
　㈡　第1項の「製造し」た者には，次の者が含まれるものとして取り扱うこと。
　　イ　当該機械等の構成部分の一部を他の者から購入し，これを加工し，又は組み合わせて完成品とした者
　　ロ　当該機械等の主要構造部分を変更した者
　　ハ　当該機械等で使用を廃止したもの（個別検定合格済の印を押した明細書を有するものを除く。）を再び使用するために整備した者
四　型式検定
　㈠　第44条の2関係
　　イ　第1項の「製造し」た者には，当該機械等の構成部分の一部を他の者から購入し，これを加工し又は組み合わせて完成品とする者が含まれるものであること。
　　ロ　第1項の「型式」とは，機械等の種類，形状，性能等の組み合わせにおいて共通の安全性能を持つ1つのグループに分けられるものをいうこと。
　　ハ　第2項の「構造」には，材料及び性能が含まれること。
　　ニ　第2項の「製造し，及び検査する設備等」の「等」には，工作責任者，検査組織，検査のための規程が含まれるものであること。
　㈡　第44条の3関係
　　「型式検定合格証の有効期間」とは，製造し，又は輸入する機械等に係る型式についての有効期間をいうもので，型式検定に合格した型式の機械等であつて現に使用しているものについて使用の有効期間をいうものではないこと。
Ⅱ　施行令関係
三　第14条及び第14条の2関係
　個別検定及び型式検定の区分は，従来と同一であること。
　なお，改正前の労働安全衛生法施行令第14条に係る通達のうち，改正後の同令に相当する規定に係る部分については，当該規定に関し有効なものとして取り扱うこと。

（個別検定）
第44条　第42条の機械等（次条第1項に規定する機械等を除く。）のうち，その構造，性能等を考慮して政令で定めるものを製造し，又は輸入した者は，労働省令で定めるところにより，当該機械等について，労働大臣，都道府県労働基準局長又は労働大臣の指定する者（以下「個別検定代行機関」という。）が個々に行う当該機械等についての検定を受けなければならない。

2　労働大臣，都道府県労働基準局長又は個別検定代行機関は，前項の規定による検定（以下「個別検定」という。）を受けようとする者から申請があつた場合には，当該申請に係る機械等が労働省令で定める基準に適合していると認めるときでなければ，当該機械等を個別検定に合格させてはならない。

3　個別検定を受けた者は，当該検定に合格した機械等に，労働省令で定めるところにより，当該個別検定に合格した旨の表示を付さなければならない。

4　個別検定に合格した機械等以外の機械等には，前項の表示を付し，又はこれと紛らわしい表示を付してはならない。

5　第1項の機械等で，第3項の表示が付されていないものは，使用してはならない。

（型式検定）
第44条の2　第42条の機械等のうち，個別検定によることが適当でない機械等で政令で定めるものを製造し，又は輸入した者は，労働省令で定めるところにより，労働大臣又は労働大臣の指定する者（以下「型式検定代行機関」という。）が行う当該機械等の型式についての検定を受けなければならない。

2　労働大臣又は型式検定代行機関は，前項の規定による検定（以下「型式検定」という。）を受けようとする者から申請があつた場合には，当該申請に係る型式の機械等の構造並びに当該機械等を製造し，及び検査する設備等が労働省令で定める基準に適合していると認めるときでなければ，当該型式を型式検定に合格させてはならない。

3　労働大臣又は型式検定代行機関は，型式検定に合格した型式について，型式検定合格証を申請書に交付する。

4　型式検定を受けた者は，当該型式検定に合格した型式の機械等を製造し，又は輸入したときは，当該機械等に，労働省令で定めるところにより，型式検定に合格した型式の機械等である旨の表示を付さなければならない。

5　型式検定に合格した型式の機械等以外の機械等には，前項の表示を付し，又はこれと紛らわしい表示を付してはならない。

6　第1項の機械等で，第4項の表示が付されていないものは，使用してはならない。

3　外国事業者の型式承認等の取得の円滑化のための改正

その後，外国事業者による型式承認等の取得の円滑化のための関係法律の一部を改正する法律（昭和58年5月25日法律第57号）により改正され，外国事業者による型式承認等の取得の円滑化のための関係法律の一部を改正する法律の施行期日を定める政令（昭和58年7月22日政令第166号）により昭和58年8月1日から施行された。

その施行通達[132]及び改正後の条文は次の通りである。

基発第419号
昭和58年8月1日
各都道府県労働基準局長　殿
　　　　　　　　　　　　労働省労働基準局長
外国事業者による型式承認等の取得の円滑化のための関係法律の一部を改正する法律（労働安全衛生法関係）及び関係政省令等の施行について

外国事業者による型式承認等の取得の円滑化のための関係法律の一部を改正する法律が，昭和58年5月25日法律第57号として公布され，そのうち労働安全衛生法（昭和47年法律第57号）の改正規定は，外国事業者による型式承認等の取得の円滑化のための関係法律の一部を改正する法律の施行期日を定める政令（昭和58年政令第166号，7月22日公布）により，他の140関係法律の改正規定とともに，昭和58年8月1日から施行されることとなつた。

また，労働安全衛生法の一部改正に伴い，労働安全衛生法関係手数料令の一部を改正する政令（昭和58年政令第169号）が昭和58年7月22日に，外国事業者による型式承認等の取得の円滑化のための関係法律の一部を改正する法律の施行に伴う関係労働省令の整備に関する省令（昭和58年労働省令第24号），労働安全衛生法関係型式検定手数料の加算額の計算に関する省令（昭和58年労働省令第25号）及び労働安全衛生法関係手数料令第5条の2第1項の審査のため職員を出張させる場合を定める告示（昭和58年労働省告示第62号）が同年7月30日に，それぞれ公布され，いずれも同年8月1日から施行されることとなつた。

ついては，下記の事項について留意の上，その運用に遺憾のないようにされたい。

記
第一　労働安全衛生法の改正の経緯及び趣旨
近年，我が国と欧米諸国との間の貿易摩擦問題の一つとして，いわゆる金属バット問題に代表されるように，我が国の規格，基準，検査手続等が非関税障壁として外国産品の日本への輸入の障害となつているとの論議がみられるところである。

この問題に処するため，昭和58年1月14日の閣議において，内閣に労働省を含めた関係10省庁からなる

「基準・認証制度等連絡調整本部」を設置することが決定され、同本部において我が国の基準・認証制度の見直しが精力的に行われた結果、昭和58年3月26日「基準・認証制度の改善について」の政府方針が決定された。本決定の中で、認証手続における内外平等取扱いを法制度的に確保するため、労働安全衛生法の一部改正を含む16法律の一括改正を行うこととされ、これを受けて外国事業者による型式承認等の取得の円滑化のための関係法律の一部を改正する法律が制定されたものである。

本一括法制定の目的は、外国製造者が我が国の認証制度において定められた各種認証を取得するための手続に、国内の者と実質的に同等の条件で直接参加できる途を法制度的に確保することであり、これにより労働安全衛生法の検査・検定制度についても外国製造者が直接参加できる途が確保されたものである。

第二　労働安全衛生法の改正の内容
一　検査制度の整備（第38条関係）

外国において製造された特定機械等を当該特定機械等を製造した者（以下第二の一において「外国製造者」という。）以外の者が輸入した場合において、外国製造者がこれらの者について検査の行われることを希望しないときは、外国製造者が自ら検査を受けることができることとしたこと（第2項本文関係）。

この検査が行われた場合には、当該特定機械等を国内に輸入した者には検査を受ける義務は課さないこととしたこと（第2項後段関係）。

なお、外国製造者が自ら特定機械等を輸入した場合には、第1項の規定により検査を受ける義務があることは、従来と変わるものではないこと。

二　個別検定制度の整備（第44条関係）

外国において製造された個別検定対象機械等を当該個別検定対象機械等を製造した者（以下第二の二において「外国製造者」という。）以外の者が輸入した場合において、外国製造者がこれらの者について個別検定が行われることを希望しないときは、外国製造者が自ら個別検定を受けることができることとしたこと（第2項本文関係）。

この個別検定が行われた場合には、当該個別検定対象機械等を国内に輸入した者には、個別検定を受ける義務は課さないこととしたこと（第2項後段関係）。

なお、外国製造者が自ら個別検定対象機械等を輸入した場合には、第1項の規定により個別検定を受ける義務があることは従来と変わるものではないこと。

三　型式検定制度の整備（第44条の2、44条の4、第96条、第105条及び第112条の2関係）

　(一)　外国において型式検定対象機械等を製造した者（以下第二の三において「外国製造者」という。）は、①当該型式検定対象機械等を本邦へ輸出しようとするとき又は②当該型式検定対象機械等を外国製造者以外の者が輸入した場合において、これらの者について型式検定が行われることを希望しないときは、自ら型式検定を受けることができることとしたこと。（第44条の2第2項関係）。

この型式検定が行われた場合には、当該型式検定に合格した型式の機械等を国内に輸入した者には、型式検定を受ける義務は課さないこととしたこと（第44条の2第1項ただし書関係）。

なお、外国製造者が第44条の2第2項の規定により型式検定を受けていない場合において、自ら型式検定対象機械等を輸入したときは、同条第1項の規定により型式検定を受ける義務があることは従来と変わるものでないこと。

また、外国製造業が受けた型式検定に合格した型式の機械等に係る表示は、輸入した時点において行えば足りるものとし、この場合において、当該機械等を外国製造者以外の者が輸入したときは、当該輸入した者に上記の表示を付すべき義務があることとしたこと（第44条の2第5項関係）。

　(二)　労働大臣は、型式検定に合格した型式の機械等の構造等が一定の基準に適合していないと認められるときその他一定の事由に該当するときは、型式検定合格証の効力を失わせることができることとしたこと（第44条の4関係）。

なお、この規定は、従来、機械等検定規則（昭和47年労働省令第45号）第16条に規定があつたものを、今回の改正に伴い外国製造者に係る規定を整備するとともに、労働安全衛生法（以下「法」という。）に規定することとしたものであること。

イ　第1号は、型式検定合格証の交付を受けた者が国内製造者、輸入者又は外国製造者のいずれであるかを問わず適用されるものであること。

ロ　第2号及び第3号は、型式検定合格証の交付を受けた者が外国製造者である場合に限つて適用されるものであること。これは、型式検定合格証の交付を受けた者が国内製造者又は輸入者である場合にその者について第2号又は第3号の事由に相当する事由が発生したときは、第119条第1号（第44条の2第6項違反）又は第120条第4号（第96条第1項違反）の罰則が適用されるが、外国製造者の国外における違反行為については、刑罰を科すことが困難であること等を考慮して、型式検定合格証を失効させることにより型式検定制度の適正な運用を図ることとしたものであること。

　(三)　労働大臣が型式検定合格証の効力を失わせる処分をしようとするときは、当該処分の公正適切を期するためにあらかじめ聴聞を実施すべきこととしたこと（第105条関係）。

　(四)　労働大臣が型式検定合格証の効力を失わせたときは、関係者に周知せしめるため、その旨を官報で告示することとしたこと（第112条の2関係）。

　(五)　労働大臣は、労働者の安全と健康を確保するた

め必要があると認めるときは，その職員をして型式検定に合格した型式の機械等に関する事業場の立入り，物件の検査等ができる旨を規定することとしたこと（第96条関係）。
　イ　この規定による強制立入り，検査等は国内に存する事業場，物件等についてのみ認められるものであり，これを拒んだ者等に対しては，罰則の適用があること。
　　　なお，外国事業者の事業場等の検査等については，第44条の4第3号に規定されており，これを拒んだ者等に対しては，労働大臣は，型式検定合格証を失効させることができること。
　ロ　この規定は，今回の改正に伴い，従来，機械等検定規則第15条に同趣旨の規定があつたものを，法に規定することとしたものであること。
第三　外国事業者による型式承認等の取得の円滑化のための関係法律の一部を改正する法律の施行に伴う関係労働省令の整備に関する省令の内容
　一　労働安全衛生規則の一部改正
　　　法第96条の改正に伴い，立入検査をする職員の証票の様式を整備したこと（様式第21号の2関係）。
　二　ボイラー及び圧力容器安全規則，クレーン等安全規則及びゴンドラ安全規則の一部改正
　　　外国においてボイラー，第1種圧力容器，移動式クレーン又はゴンドラを製造した者（以下第三の二において「外国製造者」という。）は，法第38条第2項の規定により，都道府県労働基準局長の検査を受けることができることとし，当該検査は，輸入者の場合と同様，使用検査としたこと（ボイラー及び圧力容器安全規則第12条第2項及び第57条第2項，クレーン等安全規則第57条第2項並びにゴンドラ安全規則第6条第2項関係）。
　　　したがつて，外国製造者が都道府県労働基準局長の検査を直接受けようとする場合は，法第38条第1項の規定により自ら「輸入した者」として受けるときがあるか，同条第2項の規定により外国製造者として受けるときであるかにかかわらず，使用検査の手続によることとなること。
　三　機械等検定規則の一部改正
　　㈠　個別検定に関しては，形式整備を行つたものであること。
　　㈡　型式検定に係る現品検査を型式検定申請者の希望する場所において実施する場合，当該場所は，外国において型式検定対象機械等を製造した者（以下第三の三において「外国製造者」という。）が申請者である場合であつても，本邦の地域内の場所に限るものとしたこと（第7条関係）。
　　㈢　型式検定を受けようとする外国製造者が，機械等検定規則第8条第1項第2号に定める設備等に相当する設備等を有する場合には，同号の設備等に関する規定は適用しないものとしたこと（第8条第3項関係）。
　　㈣　労働大臣は，型式検定合格証の効力を失わせたときは，当該型式検定合格証の交付を受けた者に所定の通知をするものとするとともに，法第112条の2の規定により，品名，型式の名称，型式検定合格番号その他一定の事項を官報で告示するものとしたこと（第15条関係）。
　　㈤　型式検定合格証の交付を受けた者は，労働大臣により当該型式検定合格証が失効させられたときは，これの交付者たる型式検定実施者に返還するものとしたこと（第16条関係）。
　　㈥　検査の規定（改正前の第15条）及び型式検定合格証の失効（改正前の第16条）の規定は，今回の改正により法に規定されたこと（第96条第1項及び第44条の4）に伴い，削除することとしたこと。
第四　労働安全衛生法関係手数料令の一部を改正する政令
　労働安全衛生法関係型式検定手数料の加算額の計算に関する省令及び労働安全衛生法関係手数料令第5条の2第1項の審査のため職員を出張させる場合を定める告示の内容
　一　労働安全衛生法関係手数料令の一部改正
　　㈠　特定機械等の検査及び個別検定については，外国において特定機械等又は個別検定対象機械等を製造した者が直接申請する場合であつても，使用検査又は個別検定に係る従前の手続と何ら変わるところはないので，使用検査又は個別検定に係る手数料の額をそのまま適用することとしたこと。
　　㈡　型式検定制度については，現品検査に関しては従前の手続と変わるところはないので，原則として現行の手数料の額に変更はないが，防じんマスク及び防毒マスクの型式検定に際しては，原則として当該型式検定に係る機械等の検査設備を現地において確認する必要があることから，当該型式検定に係る手数料の額についての規定を整備することとしたこと（第5条の2関係）。すなわち，労働大臣が防じんマスク又は防毒マスクを製造・検査する設備等を審査するためその職員をして当該設備等の所在地に出張させる必要があると認めるときは，当該型式検定に係る手数料の額は，当該出張期間に係る人件費に相当する額及び国家公務員等の旅費に関する法律（昭和25年法律第114号。以下「旅費法」という。）の規定等により算出される旅費の額に相当する額を加算して算定するものとしたこと。
　　　なお，防じんマスク又は防毒マスクの型式検定に係るこの取扱いは，当該型式検定に係る審査の対象となる設備等が国内にある場合にも適用されるものであること。
　二　労働安全衛生法関係型式検定手数料の加算額の計

算に関する省令

労働大臣が防じんマスク又は防毒マスクの型式について検定を行う場合で，当該マスクを製造・検査する設備等を審査するためその職員をして当該設備等の所在地に出張させる必要があると認めるときの当該検定に係る手数料の額の算定において加算されるものとされた当該出張期間に係る旅費の額に相当する額は，次に定めるところにより，旅費法の規定を用いて算定することとしたこと。

(一) 在勤官署の所在地は，東京都千代田区大手町1丁目3番1号とすること（第1条関係）。
(二) 支度料は算入しないこと（第2条関係）。
(三) 審査日数は，1日（外国における審査にあつては，3日）とすること（第3条関係）。
(四) 旅行雑費は，1万円とすること（第4条関係）。
(五) 旅費法の規定により実費を超えることとなる部分等の旅費を支給しないこととなるときは，当該超える部分等は旅費の額に相当する額に算入しないこと（第5条関係）。
(六) 当該審査のため出張をする職員の数は，原則として2人とすること（第6条関係）。

三　労働安全衛生法関係手数料令第5条の2第1項の審査のため職員を出張させる場合を定める告示

労働大臣は，防じんマスク又は防毒マスクの型式についての検定の申請があつた場合において，当該申請が次のいずれかの事由に該当するときは，原則として，当該マスクを製造・検査する設備等を審査するためその職員をして当該設備等の所在地に出張させることとしたこと。

(一) 当該申請に係る防じんマスク又は防毒マスクの検査設備が，かつて現地確認を受けたことがない型式のものであること（第1号関係）。
(二) 当該申請に係る申請者に交付されたことのある防じんマスク又は防毒マスクに係る型式検定合格証が労働大臣により効力を失わせられたことがあること（第2号関係）。
(三) 当該申請に係る申請者が，防じんマスク又は防毒マスクに係る業務について法又は関係政省令等の規定に違反して処罰されたことがあること（第3号関係）。
(四) (二)又は(三)に準ずる事由があること（第4号関係）。

(個別検定)
第44条　第42条の機械等（次条第1項に規定する機械等を除く。）のうち，その構造，性能等を考慮して政令で定めるものを製造し，又は輸入した者は，労働省令で定めるところにより労働大臣，都道府県労働基準局長又は労働大臣の指定する者（以下「個別検定代行機関」という。）が個々に行う当該機械等についての検定を受けなければならない。

2　前項の規定にかかわらず，同項の機械等を輸入した者が当該機械等を外国において製造した者（以下この項において「外国製造者」という。）以外の者（以下この項において単に「他の者」という。）である場合において，当該外国製造者が当該他の者について前項の検定が行われることを希望しないときは，当該外国製造者は，労働省令で定めるところにより，自ら労働大臣，都道府県労働基準局長又は個別検定代行機関が個々に行う当該機械等についての検定を受けることができる。当該検定が行われた場合においては，当該機械等を輸入した者については，同項の規定は，適用しない。

3　労働大臣，都道府県労働基準局長又は個別検定代行機関は，前2項の検定（以下「個別検定」という。）を受けようとする者から申請があつた場合には，当該申請に係る機械等が労働省令で定める基準に適合していると認めるときでなければ，当該機械等を個別検定に合格させてはならない。

4　個別検定を受けた者は，当該検定に合格した機械等に，労働省令で定めるところにより，当該個別検定に合格した旨の表示を付さなければならない。

5　個別検定に合格した機械等以外の機械等には，前項の表示を付し，又はこれと紛らわしい表示を付してはならない。

6　第1項の機械等で，第4項の表示が付されていないものは，使用してはならない。

(型式検定)
第44条の2　第42条の機械等のうち，個別検定によることが適当でない機械等で政令で定めるものを製造し，又は輸入した者は，労働省令で定めるところにより，労働大臣又は労働大臣の指定する者（以下「型式検定代行機関」という。）が行う当該機械等の型式についての検定を受けなければならない。ただし，当該機械等のうち輸入された機械等で，その型式について次項の検定が行われた機械等に該当するものは，この限りでない。

2　前項に定めるもののほか，次に掲げる場合には，外国において同項本文の機械等を製造した者（以下この項及び第44条の4において「外国製造者」という。）は，労働省令で定めるところにより，当該機械等の型式について，自ら労働大臣又は型式検定代行機関が行う検定を受けることができる。
一　当該機械等を本邦に輸出しようとするとき。
二　当該機械等を輸入した者が外国製造者以外の者（以下この号において単に「他の者」という。）である場合において，当該外国製造者が当該他の者について前項の検定が行われることを希望しないとき。

3　労働大臣又は型式検定代行機関は，前2項の検定（以下「型式検定」という。）を受けようとする者から申請があつた場合には，当該申請に係る型式の機

械等の構造並びに当該機械等を製造し，及び検査する設備等が労働省令で定める基準に適合していると認めるときでなければ，当該型式を型式検定に合格させてはならない。

4　労働大臣又は型式検定代行機関は，型式検定に合格した型式について，型式検定合格証を申請書に交付する。

5　型式検定を受けた者は，当該型式検定に合格した型式の機械等を本邦において製造し，又は本邦に輸入したときは，当該機械等に，労働省令で定めるところにより，型式検定に合格した型式の機械等である旨の表示を付さなければならない。型式検定に合格した型式の機械等を本邦に輸入した者（当該型式検定を受けた者以外の者に限る。）についても，同様とする。

6　型式検定に合格した型式の機械等以外の機械等には，前項の表示を付し，又はこれと紛らわしい表示を付してはならない。

7　第1項本文の機械等で，第5項の表示が付されていないものは，使用してはならない。

4　地方分権推進及び中央省庁改革の時期

その後，地方分権の推進を図るための関係法律の整備等に関する法律（平成11年7月16日法律第87号）第390条の規定により，第44条中「都道府県労働基準局長」が「都道府県労働局長」に改められ，平成12年4月1日から施行された。

また，中央省庁等改革関係法施行法（平成11年12月22日法律第160号）第705条の規定により「労働省令」が「厚生労働省令」に，「労働大臣」が「厚生労働大臣」に改められ，平成13年1月6日に施行された。

5　公益法人改革

その後，平成14年3月29日付け閣議決定「公益法人に対する行政の関与の在り方の改革実施計画」[133]を踏まえ，公益法人に係る改革を推進するための厚生労働省関係法律の整備に関する法律（平成15年7月2日法律第102号）[134]により所要の改正が行われ，公益法人に係る改革を推進するための厚生労働省関係法律の整備に関する法律の施行期日を定める政令（平成15年12月19日政令第532号）により平成16年3月31日から施行された。

施行通達（抄）[135]と改正後の条文は次の通りである。[136]

基発第0702003号
平成15年7月2日

都道府県労働局長　殿

厚生労働省労働基準局長
（公印省略）

公益法人に係る改革を推進するための厚生労働省関係法律の整備に関する法律（労働安全衛生法及び作業環境測定法関係）について〔労働安全衛生法〕

〈略〉

記

第1　改正の趣旨

平成14年3月に閣議決定された「公益法人に対する行政の関与の在り方の改革実施計画」を踏まえ，国から公益法人等が委託等を受けて行っている検査，検定，資格付与等の事務及び事業について，官民の役割分担及び規制改革の観点からの見直しを行うため，厚生労働大臣がこれらの事務及び事業を行わせる者を指定する制度から，法律で定める一定の要件に適合し，かつ，行政の裁量の余地のない形で登録を受けた者がこれを行う制度へと改める等の措置を講じることを目的としている。

第2　改正の内容

1　登録制度への移行に係る規定の整備

(1)　登録機関による実施（労働安全衛生法第14条等関係）

労働安全衛生法に基づく製造時等検査，性能検査，個別検定，型式検定，技能講習及び教習並びに作業環境測定法に基づく作業環境測定士に係る講習及び研修（以下「検査，検定等」という。）について，指定機関による実施から登録機関による実施に改めたこと。

(2)　登録基準の明確化等（労働安全衛生法第46条等関係）

登録製造時等検査機関，登録性能検査機関，登録個別検定機関，登録型式検定機関，登録教習機関及び登録講習機関（以下「各登録機関」という。）の登録基準を法律上明確化するとともに，登録を申請した者が登録基準に適合しているときには，厚生労働大臣又は都道府県労働局長は，当該申請者を登録しなければならないこととしたこと。

また，登録は，登録簿に登録年月日，登録番号等を記載してするとともに，5年以上10年以内において政令で定める期間ごとに更新を受けなければ，その効力を失うこととしたこと。

(3)　登録機関の義務（労働安全衛生法第47条第3項等関係）

登録製造時等検査機関，登録性能検査機関，登録個別検定機関及び登録型式検定機関（以下「登録検査・検定機関」という。）は，公正に，かつ，一定の基準に適合する方法により検査・検定を行わなければならないこととするとともに，当該検査・検定の方法から生ずる危険を防止するために必要な措置を講じなければならないこととしたこと。

また，登録教習機関及び登録講習機関は，正当な理由がある場合を除き，毎事業年度，講習等の

実施に関する計画を作成し，これに基づいて講習等を実施するとともに，公正に，かつ，法令の規定に従って講習等を行わなければならないこととしたこと。
(4) 登録簿の記載事項に係る変更の届出等（労働安全衛生法第47条の2等関係）
〈略〉
(5) 財務諸表等の備付け，閲覧等（労働安全衛生法第50条等関係）
〈略〉
(6) 適合命令・改善命令（労働安全衛生法第52条等関係）

　　厚生労働大臣又は都道府県労働局長は，各登録機関が登録基準に適合しなくなったと認めるときは，当該登録機関に対し，登録基準に適合するために必要な措置をとるべきことを命ずることができることとするとともに，厚生労働大臣又は都道府県労働局長は，各登録機関が当該登録機関に課された義務に違反していると認めるときは，当該登録機関に対し，業務の方法の改善に関し必要な措置をとるべきことを命ずることができることとしたこと。

(7) 登録の取消し等（労働安全衛生法第53条等関係）

　　厚生労働大臣又は都道府県労働局長は，各登録機関が欠格事由に該当するに至ったとき等には，その登録を取り消し，又は6月を超えない範囲内で期間を定めて業務の全部若しくは一部の停止を命ずることができることとしたこと。

(8) 厚生労働大臣等による検査，検定等の実施（労働安全衛生法第53条の2等関係）

　　厚生労働大臣，都道府県労働局長又は労働基準監督署長は，登録を受ける者がいないとき等必要があると認めるときは，検査，検定等の業務の全部又は一部を自ら行うことができることとしたこと。

2　その他
(1) 登録等に伴う手数料（労働安全衛生法第112条等関係）

　　各登録機関に係る登録又はその更新を受けようとする者は，手数料を国に納付しなければならないこととしたこと。

(2) 厚生労働大臣等による公示（労働安全衛生法第112条の2等関係）

　　厚生労働大臣は，登録検査・検定機関に係る登録をしたとき等は，その旨を官報で告示しなければならないこととするとともに，都道府県労働局長は，登録教習機関に係る登録をしたとき等は，その旨を公示しなければならないこととしたこと。

　　また，厚生労働大臣又は都道府県労働局長は，登録講習機関に係る登録をしたとき等は，その旨を公示しなければならないこととしたこと。

(3) 罰則その他所要の規定の整備を行ったこと。

3　施行期日等
(1) 施行期日（附則第1条関係）

　　この法律は，一部を除き，平成16年3月31日までの間において政令で定める日から施行することとしたこと。

(2) 経過措置等（附則第5条から第10条まで関係）
① この法律の施行の際現にこの法律による改正前の労働安全衛生法及び作業環境測定法に基づき指定を受けている者は，改正後の労働安全衛生法及び作業環境測定法に基づき登録を受けている者とみなすこととしたこと。
② その他この法律の施行に関し必要な経過措置を定めるとともに，関係法律の規定の整備を行うこととしたこと。

（個別検定）
第44条　第42条の機械等（次条第1項に規定する機械等を除く。）のうち，別表第3に掲げる機械等で政令で定めるものを製造し，又は輸入した者は，厚生労働省令で定めるところにより厚生労働大臣，都道府県労働局長又は厚生労働大臣の指定する登録を受けた厚生労働大臣の指定する者（以下「登録個別検定機関」という。）が個々に行う当該機械等についての検定を受けなければならない。

2　前項の規定にかかわらず，同項の機械等を輸入した者が当該機械等を外国において製造した者（以下この項において「外国製造者」という。）以外の者（以下この項において単に「他の者」という。）である場合において，当該外国製造者が当該他の者について前項の検定が行われることを希望しないときは，当該外国製造者は，厚生労働省令で定めるところにより，自ら登録個別検定機関が個々に行う当該機械等についての検定を受けることができる。当該検定が行われた場合においては，当該機械等を輸入した者については，同項の規定は，適用しない。

3　登録個別検定機関は，前2項の検定（以下「個別検定」という。）を受けようとする者から申請があつた場合には，当該申請に係る機械等が厚生労働省令で定める基準に適合していると認めるときでなければ，当該機械等を個別検定に合格させてはならない。

4　個別検定を受けた者は，当該検定に合格した機械等に，厚生労働省令で定めるところにより，当該個別検定に合格した旨の表示を付さなければならない。

5　個別検定に合格した機械等以外の機械等には，前項の表示を付し，又はこれと紛らわしい表示を付してはならない。

6　第1項の機械等で，第4項の表示が付されていないものは，使用してはならない。

(型式検定)

第44条の2　第42条の機械等のうち，個別検定によることが適当でない別表第4に掲げる機械等で政令で定めるものを製造し，又は輸入した者は，厚生労働省令で定めるところにより，厚生労働大臣又は厚生労働大臣の登録を受けた者(以下「登録型式検定機関」という。)が行う当該機械等の型式についての検定を受けなければならない。ただし，当該機械等のうち輸入された機械等で，その型式について次項の検定が行われた機械等に該当するものは，この限りでない。

2　前項に定めるもののほか，次に掲げる場合には，外国において同項本文の機械等を製造した者(以下この項及び第44条の4において「外国製造者」という。)は，厚生労働省令で定めるところにより，当該機械等の型式について，自ら登録型式検定機関が行う検定を受けることができる。
一　当該機械等を本邦に輸出しようとするとき。
二　当該機械等を輸入した者が外国製造者以外の者(以下この号において単に「他の者」という。)である場合において，当該外国製造者が当該他の者について前項の検定が行われることを希望しないとき。

3　登録型式検定機関は，前2項の検定(以下「型式検定」という。)を受けようとする者から申請があつた場合には，当該申請に係る型式の機械等の構造並びに当該機械等を製造し，及び検査する設備等が厚生労働省令で定める基準に適合していると認めるときでなければ，当該型式を型式検定に合格させてはならない。

4　登録型式検定機関は，型式検定に合格した型式について，型式検定合格証を申請書に交付する。

5　型式検定を受けた者は，当該型式検定に合格した型式の機械等を本邦において製造し，又は本邦に輸入したときは，当該機械等に，厚生労働省令で定めるところにより，型式検定に合格した型式の機械等である旨の表示を付さなければならない。型式検定に合格した型式の機械等を本邦に輸入した者(当該型式検定を受けた者以外の者に限る。)についても，同様とする。

6　型式検定に合格した型式の機械等以外の機械等には，前項の表示を付し，又はこれと紛らわしい表示を付してはならない。

7　第1項本文の機械等で，第5項の表示が付されていないものは，使用してはならない。

6　外国に立地する機関の登録制度

労働安全衛生法の一部を改正する法律(平成26年6月25日法律第82号)の規定により，外国にある事務所において検査・検定の業務を行う機関も，外国登録製造時等検査機関，外国登録性能検査機関，外国登録個別検定機関又は外国登録型式検定機関として厚生労働大臣の登録を受けられることとなり，労働安全衛生法の一部を改正する法律の施行期日を定める政令(平成26年10月1日政令第325号)の規定により平成27年6月1日に施行された。

同改正法律は第44条又は第44条の2を改正するものではないが，従前は登録個別検定機関及び登録型式検定機関には国内機関しか含まれなかったが，改正後はそれぞれ外国登録個別検定機関，外国登録型式検定機関が含まれることとなった。

貿易の技術的障害に関する協定(TBT協定)[137][138] 6.4では，各加盟国が自国の適合性評価機関と比して不利でない条件で，他の加盟国に立地する適合性評価機関に対しても，自国の適合性評価手続に参加することを認めることが奨励されている。同改正法律案の審議過程における政府答弁[139]では，平成25年2月に実施された世界貿易機関(WTO)の貿易政策検討機関の対日審査[140]において，本登録制度についてTBT協定との関係で指摘を受けたことが，この法律改正の理由であるとされている。

5　適用の実際

本節では，第44条又は第44条の2違反に係る定期監督等における法違反状況，刑事事件例及び検定合格品に関することを取り上げることとし，検定不受検品，不良品等の流通事例については本書第42条〜第43条の2 8 6でまとめて取り上げた。

また，検定の対象となっていない機械等でも民間機関が認証を行っているものがあるが，それについては本書第42条〜第43条の2 8 9でとりあげた。

1　定期監督等実施状況・法違反状況(統計)

平成23年以降の「労働基準監督年報」について調査したところ，各年の定期監督，災害調査及び災害時監督における指導の状況は，資料5-57の通りである。

2　送検事件状況(統計)

平成23年から令和2年までの「労働基準監督年報」の統計表「送検事件状況」(この表では1事件で複数の被疑条文がある場合には，その主たる被疑条文により件数を計上している。したがって，本条が被疑条文に含まれている場合であってもそれが主たる被疑条文でない場合は計上されていない)を確認したところ，第44条又は第44条の2を主たる被疑条文とする違反事件の送検事件は無かった。

ただし，同表は労働基準監督官による送検事件に限った統計である。

通常司法警察員が送検したものや検察官認知・直受

資料5-57　定期監督等において労働安全衛生法第44条又は第44条の2違反が確認された事業場数

	定期監督等実施事業場数	同違反事業場数（労基法等を含む）	44・44の2
平成23年	132,829	89,586	4
平成24年	134,295	91,796	3
平成25年	140,499	95,550	3
平成26年	129,881	90,151	5
平成27年	133,116	92,034	2
平成28年	134,617	89,972	2
平成29年	135,785	92,695	10
平成30年	136,281	93,008	1
平成31年 令和元年	134,981	95,764	3
令和2年	116,317	80,335	2

＊「労働基準監督年報」（平成23年から令和2年まで）の統計表「定期監督等実施状況・法違反状況」による。なお，参考のために各年の定期監督等実施事業場数及び同違反事業場数を記載したが，全ての定期監督等で安全衛生についての調査を行っているわけではないため，この表は，定期監督等実施事業場のうち第44条又は第44条の2違反が存在する事業場の割合を示すものではなく，あくまで定期監督等で覚知・指導することとなったものを集計したということにすぎない。

等の事件については，検察統計において本法違反事件全体の集計はなされているが，条文ごとの情報は不見当であり，不明である。

3　刑事事件例（起訴の有無不明）

平成5年3月29日，大阪労働基準局が，シーエル計測工業株式会社（大阪府豊中市）及び代表取締役らを第44条の2違反で書類送検した。同社は，タンク内の薬品の容量などを量る静電容量式レベル計を，それを防爆構造電気機械器具であったのに型式検定を受検せず，かつ型式検定合格標章を付し，昭和61年12月から平成3年9月までに約70台を全国の食品・化学会社などに約25万円で販売していた。当該静電容量式レベル計は，大阪労働基準局の指導により全て回収された(本書第42条～第43条の2 [8] 6(4)にも記述した)。

4　検定合格情報の公表

法令では義務づけられていないが，検定合格情報を誰でも確認できる状態に置くことは，検定合格標章の偽造の有無のチェックなどに役立つ。

公益社団法人産業安全技術協会は，個別検定及び型式検定に合格したものをWEBサイトで公表している。

また，型式検定合格証のPDFファイル等をウェブサイトでダウンロードできるようにしている製造業者もある。

他分野では，所管官庁が検定合格品情報を公表している場合もあり，総務省は無線機器型式検定に合格した機器情報の検索サイトを運用している。

[6] 検定制度に関する国会での議論とその検討

国会で本法の検査・検定制度について言及されることは稀であるが，公益法人に係る改革を推進するための厚生労働省関係法律の整備に関する法律案（[4] 5参照）について，第156回衆議院厚生労働委員会の平成15年6月13日の審議において民主党大島敦議員から現行の検査・検定制度に対する一般的な質問が行われた。この時の議論は，検査制度と検定制度をあまり区別せず行われた抽象的なものであり，かつ主として検査制度を対象にしたものである可能性もあるが，いずれにせよ検定制度にも関係するものであるので，本稿でも紹介し，検討したい。なお，これに対する政府答弁は検査・検定制度の趣旨を改めて説明するものであり，これは本稿で既に詳述したことの繰り返しになるので，ここではその内容の紹介は省くこととする。

1　大島敦議員の主張

大島敦議員は，船舶検査の場合は船主が検査のコストを負うこと等を例として紹介し，現行の検査（場合により検定も含む趣旨と思われる。以下同じ）制度では製造者がそのコストを負担していることについて，指定制度が登録制度になり小さい企業やこれまで実績の無い企業も登録を受けて検査機関として参入して価格競争が生じた場合に，製造者は製品価格に影響するコストを抑えるためできるだけ安価に受検できる機関を選択することとなり，それでは安全性を担保するのは難しいのではないかと主張し，その代わり，製品を購入して実際に使用し，リスクを負うユーザー（エンドユーザー）に検査の受検義務を課せば，ユーザーは価格でなく検査の質で検査機関を選択するからより好ましいとして，製造者に課せられている検査の受検義務をユーザーに移すことを提案した。

これは即ち，製品の欠陥から生ずる事故の直接の被害を受けるのは製造者ではなくユーザーであるから，寧ろユーザーに検査や検定の受検義務を課し，ユーザーが検査・検定機関を選択する制度にした方が合理的であり，検査・検定機関のよりよい競争にも資するという趣旨だろう。

大島敦議員によるこの議論の射程に，型式検定（以下述べるようにユーザーによる適合性評価にはなじまないと思われる）が含まれているのか不明であるが，本節では型式検定についても検討する。

2　型式検定特有の論点

型式検定は，製品の現品個々に試験等を行って認証するものではなく，製品の型式ごとに製造者の有する製造設備等の審査とサンプル試験を行うものであるが，型式検定対象機械等の中には，[3] 6でも述べたように，保護帽や防毒マスクの吸収缶のように試験をすると性能を失い使用不能となってしまうものがあ

る。このような場合は型式検定では一定数のサンプル検査のほか製造設備，検査設備等も審査して製品の品質管理の適否を評価するが，これをユーザー側による適合性評価の仕組みに作り替えることは事実上難しく，非効率に過ぎると思われる。ユーザー側で無理にやるとしても，例えば同型式の製品を大量に購入して試験機関に依頼して不良品の割合を調べることはできるが，品質管理の状況が不明であるため不良品の割合が今後も同じとは限らない。また，試験結果が不良であれば，同様のことを別の型式で繰り返さなければならない。いずれにせよ相当の期間と費用を要する。ところで，現に，性能試験を行うと使用不能になる墜落制止用器具については，型式検定制度がないため，ユーザーに適合性評価が委ねられた状況にあると言えるが，本書第42条～第43条の2 ８ ６⑽で紹介した通り，不適合品が大量に流通して対処できない状況にある上，流通品に型式検定合格標章のような適否の目印となるものが無いため，その結果として，信頼のある老舗メーカーのものを買うしかない状況にあるといっても過言ではない。

他方，型式検定対象機械等であっても，プレス機械又はシャーの安全装置などのように，試験をしても性能に劣化のおそれがないと思われるものは，購入後に個別検定を受けるという風にできるかも知れないが，大量生産品であるのに，型式検定のように製造者又は輸入者において一括して適合性評価をしないで，購入したユーザーがバラバラに検定を受けるというのは，型式検定制度に比べて相当の費用を要し，費用対効果からしても疑問が残る。

なお，機械等の輸入者が型式検定を受検する場合にも同様の問題が生じそうであるが，流通の責任を負う輸入者に義務を課すのは合理的でユーザーが個々に行うのと比べれば遥かに効率的である上，昭和58年8月1日からは外国製造者が直接型式検定を受検することができるようになっている ４ 3参照）。

3　ユーザーによる適合性評価制度の妥当性

個別検定についても，これをユーザー側に移した場合の種々の思考実験が可能だろうが，これについては時間の関係上，詳細は本稿では割愛する。

大島敦議員の主張の核心は，エンドユーザーが自らコストを負担して検査・検定機関を選ぶべきという考え方にあると思われる。しかしながら，製品の規格適合性評価を製品が流通した後にユーザー側が行うことは，「リスク創出者こそが最善の安全管理者たりえる」というリスク創出者管理責任負担原則[145)146)]と整合せず，また機械の使用段階での妥当性確認の必要性を論じる研究においても適合性評価までユーザー側に課すという主張はなされていない。[147)]実際，本来的に製品や規格についての知識を有しないユーザー側による適合性評価機関の選定が適合性評価機関の従来以上の品質上の競争に資する効果には疑問があるし，既に数多くの危険源に対する対策を課されているユーザー側にとっても，導入上相当の時間的・金銭的コストと製品知識を要求する適合性評価手続の義務まで負うのは酷であるし，一般に製品流通後の規格適合性確保は困難であると思われる。

未検討課題等：第42条～第44条の2

日本において機械等の安全については厚生労働省，経済産業省，消費者庁等が各所管法令により規制を行っているが，依然として危険な機械等が大量に流通し，使用されている。

労働者保護の観点で機械安全を担う本法における製造・流通規制は，一見充実しているように見えて実は極めて限定的であり，機械等の安全性を確保する責任の大部分は，事業者に負わせられている。しかし，事業者が機械のリスクアセスメントや保護方策に取り組むことは容易ではないし，本来，製造段階でリスクアセスメントがなされていないものを使用段階で改善することは困難である。

厚生労働省は，機械の包括的な安全基準に関する指針等を定めているが[148)149)]，事業者や機械製造業者の大半は依然としてその存在を知らないものと思われる。

本稿では，機械等の安全についても包括的に論じることを当初の目的としていたが，時間の制約上，第42条から第44条の2までの規定及びそれに関係する制度の沿革を確認するに終始せざるを得ず，その「確認」さえ十分に行えたとはいえない。

しかし，本書は本法及び労働安全衛生に関する法制度の総棚卸し的な使命を負っていることから，ここでは，本稿で検討することのできなかった事項についても，次の通り箇条書きで残し，今後の議論の発展を待つこととしたい。

① 安衛則等で規制している機械等の類型及びその危険性の類型の確認並びに規制漏れ，曖昧な規定等の確認
② 機械等の安全に関する制度，施策，それら運用等の状況（製造物責任法等の民事分野を含む）
③ 機械等でその安全化の技術がまだ確立していないものについて，その技術開発や標準化に資するような事項
④ 製造・流通段階における機械等の安全性の確保のための規制，施策等
⑤ 欠陥のある機械等（既存不適合に係るものも含む）で既に流通・使用段階にあるものの流通の阻止，使

用の廃止又は改修のための規制，施策等（返品，交換，改修，買替え等の費用負担の問題及び時効の問題を含む）
⑥　その他欠陥のある機械等の排除のための規制，施策等
⑦　JIS B9700（ISO 12100）その他の機械安全規格等を参考にした，製造者による機械等のリスクアセスメント，譲渡先等に対する使用上の情報の提供等の法制化

結語：第42条～第44条の2

本稿では，第42条から第44条の2までの規定及びそれに関係する過去及び現在の制度の確認を行った。

第42条から第44条の2までの規定は，本法中の機械等規制としては特定機械等に次いで厳しいもので，対象となる機械等は大きく第42条の機械等と第43条の機械等に分けられる。

前者は，機械等の種類別に告示という法形式で定められ，各告示の題名に「規格」という語句を含む製品規格が設定され，後者は，ILO 第119号条約の国内担保法である第43条により，全ての動力駆動機械等を対象としてその作動部分等に省令で定める安全防護等を施すことが義務づけられるものである。

前者の規制には，機械等そのものの安全性を確保するためのものだけでなく，プレス機械の安全装置や防じんマスクのように，危険若しくは健康障害を防止するため使用する機械等の信頼性等を確保するためのものも含まれている。

第42条の対象機械等の一部は，第44条及び第44条の2の検定制度の対象となっており，その流通において規格適合性がある程度担保されているが，検定制度の対象となっていないものについては，製造者等において自己適合宣言を行うだけであるため，客観的に規格適合性の有無を確認することが困難となっている。ただし，仮設機材など，民間機関による認証が行われているものもある。

機械等の安全についてみれば，厚生労働省は通達で機械の包括的な安全基準に関する指針を定め，安衛則第24条の13で機械等譲渡者に対して使用上の情報等の通知に関する努力義務を課すなど，僅かながら規制が行われているが，JIS 等の機械安全規格の体系からみると相当遅れているため，さらなる研究及び対策が急務だと考える。

【注】

1）　昭和47年9月18日発基第91号「労働安全衛生法の施行について」（https://www.mhlw.go.jp/web/t_doc?dataId=00tb2042&dataType=1）。

2）　昭和47年9月18日基発第602号「労働安全衛生法および同法施行令の施行について」（https://www.mhlw.go.jp/web/t_doc?dataId=00tb2043&dataType=1）。

3）　昭和63年9月16日発基第84号「労働安全衛生法の一部を改正する法律の施行について」（https://www.mhlw.go.jp/web/t_doc?dataId=00tb2049&dataType=1）。

4）　昭和63年9月16日基発第601号の1「労働安全衛生法の一部を改正する法律の施行について」（https://www.mhlw.go.jp/web/t_doc?dataId=00tb2050&dataType=1）。

5）　労働省労働基準局安全衛生部編『実務に役立つ労働安全衛生規則の逐条詳解　第1巻　通則編』（中央労働災害防止協会，1993年）130-132頁。

6）　労働省労働基準局安全衛生部編『実務に役立つ労働安全衛生規則の逐条詳解　第2巻　安全基準編①』（中央労働災害防止協会，1993年）3頁。

7）　ただし，「2013年9月3日第2回労働安全衛生法における機械等の回収・改善命令制度のあり方等に関する検討会　議事録」（https://www.mhlw.go.jp/stf/shingi/0000025592.html）において，事務局（厚生労働省労働基準局安全衛生部安全課）から「安衛則における『機械』の定義については，『機械包括安全指針』における機械の定義によることとしている。」との説明が行われている。同指針（https://www.jaish.gr.jp/horei/hor1-4.html）第1の3の(1)では，「機械」を「連結された構成品又は部品の組合せで，そのうちの少なくとも1つは機械的な作動機構，制御部及び動力部を備えて動くものであって，特に材料の加工，処理，移動，梱包等の特定の用途に合うように統合されたもの」と定義し，「動力部」は同指針の解説通達「『機械の包括的な安全基準に関する指針』の解説等について」平成19年7月31日基安発第0731004号，（https://www.jaish.gr.jp/anzen/hor/hombun/hor1-48/hor1-48-37-1-0.htm）で「『動力部』に用いられる動力源としては，電力，内燃機関，油圧，空気圧等があり，人力のみによって動かされるものは『機械』には該当しないこと。」としており，前掲注6）の見解と矛盾している。これは，この検討会の前年，労働安全衛生規則の一部を改正する省令（平成24年1月27日厚生労働省令第9号，平成24年4月1日施行）により，機械に関する危険性等の通知を機械譲渡者等の努力義務とするとともに，その通知を促進するために厚生労働大臣は必要な指針を公表できることとする規定（安衛則第24条の13）が追加されたのに伴い，機械の定義が再整理され，「機械」の行政解釈が変更されたと考えることもできるが，筆者の調査では明確な情報は不見当であった。しかしながら，「機械」という語には本来辞書的意味として人力のものが含まれ，労働安全衛生法においてこれを明示的に除外していない以上，「機械」には人力機械が含まれると解すほかない。

8）　場合によっては，この略称規定が危険性等の通知に関する規定にしか適用されないという解釈もありうるかもしれないが，一般に，「以下『……』という。」という規定は，それ以降（本則だけでなく附則及び別表も含む）全てに及ぶとされる（田島信威『最新法令用語の基礎知識〔三訂版〕』〔ぎょうせい，2005年〕138頁）。

9）　厚生労働省「職場のあんぜんサイト」安全衛生キーワード：起因物（https://anzeninfo.mhlw.go.jp/yougo/yougo13_1.html, 最終閲覧日：2022年10月28日）。

10）　独立行政法人労働者健康安全機構―労働安全衛生総合研究所―「労働災害データベースCSVデータの公開について」（https://www.jniosh.johas.go.jp/publication/houkoku/houkoku_2022_01.html，最終閲覧日：2022年11月20日）から，起因物分類コード表，事故の型分類コード表等がダウンロードできる（https://www.jniosh.johas.go.jp/publication/houkoku/ROUSAIDB/code.xlsx）。

11) 労働安全衛生法第43条の「譲渡」「貸与」については，労働省労働基準局安全衛生部編・前掲注5）131頁で，有償と無償とを問わないとされている。
12) 労働省労働基準局編『労働基準法 下〔改訂新版〕（労働法コンメンタール3）』（労務行政研究所，1969年）651頁に，昭和31年8月2日法務省刑事第17646号として引用されている。
13) 「状態犯」の一般的な意味について，裁判所職員総合研修所監修『刑法総論講義案〔三訂補訂版〕』（司法協会，2014年）52頁。
14) 同上53頁。
15) 金谷暁「労働安全衛生法（7・完）」研修414号（1982年）97-98頁。なおこの文献が書かれた当時の労働安全衛生法第44条第5項は現在の同条第6項，第44条の2第6項は現在の同条第7項に相当することに注意されたい。
16) 労働省労働基準局編・前掲注12）731頁では，労働基準法旧第55条〔計画の届出〕について「届出を要する『設置』，『移転』又は『変更』の意義について問題となるのは，ここでいう『設置』等は物理的概念なのか，それとも経営上の概念なのかということである。具体的に問題となるのは，既存の建物を補修することなく，そこに事業場を移す場合において，既存の建設物に入っていた者と同じ事業を行うとき，本条にいう届出を要するかどうかということであるが，本条の趣旨及び本条に基づく行政措置として工事差止めないし計画の変更を規定していることよりみて，かかる場合は本条による届出は要しないものと解すべきではなかろうか。」としている。これに加えて，より細かく検討しているものとして，厚生労働省労働基準局編『労働基準法 下 令和3年版（労働法コンメンタール3）』（労務行政，2022年）1071-1072頁では，労働基準法第96条の2について，「既に事業の附属寄宿舎として設置届がなされていたものを，事業の継承に伴い，労働関係の実態に変更なく引き続き寄宿舎として使用する場合には，設置に係る計画の届出は要しない（昭二三・三・一 基収第八四三号参照）が，一般に，既存の建物を新たに寄宿舎として使用する場合には，既存の所有者及びその補修の有無の如何にかかわらず，設置に係る計画の届出を要する。」としている。
17) 一般には，「規格」の語は，JIS Z 8002：2006（ISO/IEC Guide 2：2004）（標準化及び関連活動――一般的な用語）で定義されている。
18) コトバンク「具備」（https://kotobank.jp/word/%E5%85%B7%E5%82%99-484732，最終閲覧日：2022年11月18日）。
19) 法務省―日本法令外国語訳データベースシステム―労働安全衛生法（昭和四十七年法律第五十七号）／Industrial Safety and Health Act（Act No. 57 of 1972）（https://www.japaneselawtranslation.go.jp/ja/laws/view/3440，最終閲覧日：2022年12月16日）。
20) 労働省大臣官房国際労働課『第47回1963年 ILO 総会報告書』（1964年）62-63頁。
21) 昭和47年9月18日基発第602号「労働安全衛生法および同法施行令の施行について」（https://www.mhlw.go.jp/web/t_doc?dataId=00tb2043&dataType=1）。
22) 同上。
23) 昭和48年7月12日基収第3号及び第13号。労働省労働基準局安全衛生部編『実務に役立つ労働安全衛生法』（中央労働災害防止協会，1993年）250頁に引用されている。
24) 同上。
25) 昭和47年12月8日基発第780号。
26) 前掲注4）参照。
27) 平成16年3月19日基発第0319009号「公益法人に係る改革を推進するための厚生労働省関係法律の整備に関する法律の施行並びにこれに伴う関係政令，省令及び告示の改正等について」（https://www.mhlw.go.jp/web/t_doc?dataId=00tb2607&dataType=1）の記のⅠの1の(2)。
28) 最1小判令3・5・17・平成30年（受）第1447号，第1448号，第1449号，第1451号，第1452号各損害賠償請求事件（建設アスベスト訴訟〔神奈川第1陣〕事件）判決文（https://www.courts.go.jp/app/hanrei_jp/detail2?id=90298）において，「安衛法は，その1条において，職場における労働者の安全と健康を確保すること等を目的として規定しており，安衛法の主たる目的が労働者の保護にあることは明らかであるが，同条は，快適な職場環境（平成4年法律第55号による改正前は「作業環境」）の形成を促進することをも目的に掲げているのであるから，労働者に該当しない者が，労働者と同じ場所で働き，健康障害を生ずるおそれのある物を取り扱う場合に，安衛法57条が労働者に該当しない者を当然に保護の対象外としているとは解し難い。」と判示した。
29) 「資料 平成4年1月10日労働省発表 労働者の安全と健康の確保のための対策の推進について」安全センター情報164号（1992年）。
30) 本書第4章における筆者の「第26条・第27条」の文末注においても同様の検討を行った。
31) 労働調査会出版局編『労働安全衛生法の詳解―労働安全衛生法の逐条解説〔改訂5版〕』（労働調査会，2020年）1046頁。
32) 昭和47年9月18日発基第91号「労働安全衛生法の施行について」（https://www.mhlw.go.jp/web/t_doc?dataId=00tb2042&dataType=1）記の第二の三。
33) 国際労働機関 WEB サイト―1929年の動力運転機械勧告（第32号）（https://www.ilo.org/tokyo/standards/list-of-recommendations/WCMS_239329/lang-ja/index.htm，最終閲覧日：2022年11月20日）。
34) International Labour Organization — Provisional Record 4-2A Withdrawal of 16 International Labour Recommendations（https://www.ilo.org/public/english/standards/relm/ilc/ilc92/pdf/pr-4-2a.pdf，最終閲覧日：2022年11月20日）14頁。
35) 内務省社會局『1930年第12回國際勞働總會報告書』巻末収録の英仏対訳文による。
36) 国際労働機関 WEB サイト―1963年の機械防護条約（第119号）（https://www.ilo.org/tokyo/standards/list-of-conventions/WCMS_239060/lang-ja/index.htm，最終閲覧日：2022年11月18日）。
37) 外務省―条約検索―◎機械の防護に関する条約（第百十九号）（https://www.mofa.go.jp/mofaj/gaiko/treaty/pdfs/B-S49-0139.pdf）。
38) International Labour Organization — NORMLEX — C119 - Guarding of Machinery Convention, 1963 (No. 119)（https://www.ilo.org/dyn/normlex/en/f?p=1000:12100:0::NO::P12100_ILO_CODE:C119，最終閲覧日：2022年11月20日）。
39) 前掲注37）参照。
40) 前掲注36）参照。
41) International Labour Organization — NORMLEX — Ratifications of C119 — Guarding of Machinery Convention, 1963 (No. 119)（https://www.ilo.org/dyn/normlex/en/f?p=NORMLEXPUB:11300:0::NO::P11300_INSTRUMENT_ID:312264，最終閲覧日：2022年11月20日）。
42) 厚生労働省―機械の防護に関する条約（第119号）に関する2005年日本政府年次報告案（2002年6月1日～2005年5月31日）（https://www.mhlw.go.jp/shingi/2005/09/s0921-13b07.html，最終閲覧日：2022年11月18日）。
43) 厚生労働省―2005年日本政府年次報告に対する日本労働組合総連合会の意見（https://www.mhlw.go.jp/shingi/2005/09/dl/s0921-13c.pdf）。機械の防護に関する条約（第119号）に係る年次報告案については意見なし。
44) 厚生労働省―機械の防護に関する条約（第119号）に関する

2010年日本政府年次報告（2005年6月1日～2010年5月31日）（https://www.mhlw.go.jp/stf/shingi/2r98520000012vrw-att/2r98520000012w7r.pdf）。

45）厚生労働省—機械の防護に関する条約（第119号）に関する2015年日本政府年次報告（2010年6月1日～2015年5月31日）（https://www.mhlw.go.jp/file/05-Shingikai-10501000-Daijinkanboukokusaika-Kokusaika/0000118173.pdf）。

46）厚生労働省—2010年日本政府年次報告に対する日本労働組合総連合会の意見（https://www.mhlw.go.jp/stf/shingi/2r98520000012vrw-att/2r98520000012w82.pdf）。機械の防護に関する条約（第119号）に係る年次報告案について意見あり。

47）平成19年7月31日基発第0731001号「『機械の包括的な安全基準に関する指針』の改正について」（https://www.jaish.gr.jp/anzen/hor/hombun/hor1-48/hor1-48-36-1-0.htm）。

48）平成19年7月31日基安安発第0731004号「『機械の包括的な安全基準に関する指針』の解説等について」（https://www.jaish.gr.jp/anzen/hor/hombun/hor1-48/hor1-48-37-1-0.htm）。

49）厚生労働省—2015年9月10日第25回ILO懇談会議事要旨（https://www.mhlw.go.jp/stf/shingi2/0000116660.html，最終閲覧日：2022年11月18日）。

50）International Labour Organization — NORMLEX — Japan — Direct Request (CEACR) - adopted 2015, published 105th ILC session (2016)（https://www.ilo.org/dyn/normlex/de/f?p=NORMLEXPUB:13100:0::NO::P13100_COMMENT_ID,P13100_COUNTRY_ID:3256054,102729，最終閲覧日：2022年11月18日）。

51）International Labour Organization — NORMLEX — Requested reports and replies to CEACR comments: Japan（https://www.ilo.org/dyn/normlex/de/f?p=1000:14000:0::NO:14000:P14000_COUNTRY_ID:102729，最終閲覧日：2022年11月18日）。

52）International Labour Organization — Cartier Working Party - Working Party on Policy regarding the Revision of Standards (1995-2002) — Cartier Working Party conclusions（https://www.ilo.org/resource/cartier-working-party-conclusions，最終閲覧日：2024年10月31日）。

53）International Labour Organization — NORMLEX — Standards Reviews: Decisions on Status（https://www.ilo.org/dyn/normlex/en/f?p=NORMLEXPUB:12040:0::NO::：，最終閲覧日：2021年12月29日）。

54）International Labour Organization — Committee on Legal Issues and International Labour Standards (LILS/WP/PRS) — 271st Session, Geneva, March 1998（https://www.ilo.org/public/english/standards/relm/gb/docs/gb271/prs-2.htm，最終閲覧日：2022年11月18日）。

55）寺本廣作『労働基準法解説』（時事通信社，1948年）114-115頁。

56）渡辺章編集代表『日本立法資料全集51 労働基準法〔昭和22年〕(1)』（信山社，1996年）376頁。

57）同上401頁。

58）同上133頁。

59）寺本・前掲注55）264-265頁。

60）労働省労働基準局安全衛生部編・前掲注23）176-177頁において，従来，労働基準法旧第45条の規定についてこのように解釈する向きがあったことが示唆されている。

61）松尾幸夫主筆／片岡輝男・木村嘉勝編『政策担当者が語る労働衛生施策の歩み』（労働調査会，2012年）95頁。

62）昭和63年3月18日官報号外第29号に掲載。

63）この中央労働基準審議会建議及び労働災害防止部会報告書については，「労働安全衛生法令の整備についての中央労働基準審議会の建議について」日労研資料41巻4号通巻（1988年），「資料 労働安全衛生法改訂関連（中基審の建議等）」月刊いのち：労働災害・職業病22巻4号（1988年）に全文掲載されている。

64）昭和48年3月22日基発第118号の3「メーカー段階における機械等の安全衛生の確保について」（https://www.jaish.gr.jp/anzen/hor/hombun/hor1-27/hor1-27-13-1-0.htm）。欠陥機械等通報制度については，別紙の記の6にその概要が記載されている。

65）労働省労働基準局安全衛生部安全課「欠陥機械通報制度について」安全37巻11号（1986年）。

66）同上。

67）厚生労働省—令和4年度第2回社会復帰促進等事業に関する検討会資料（https://www.mhlw.go.jp/stf/newpage_28970.html，最終閲覧日：2022年11月20日）の参考4（https://www.mhlw.go.jp/content/11601000/001009110.pdf）を参照。

68）公益社団法人産業安全技術協会「令和3年度事業報告」（https://www.tiis.or.jp/dl/?fl=%2Fjpn%2F%E5%8D%94%E4%BC%9A%E3%81%AB%E3%81%A4%E3%81%84%E3%81%A6%2F2021%2Fr03_jigyouhoukoku.pdf，最終閲覧日：2022年11月20日）にその旨記載あり。

69）厚生労働省—労働安全衛生法における機械等の回収・改善命令制度のあり方等に関する検討会（議事録，資料等）（https://www.mhlw.go.jp/stf/shingi/other-roudou_148239.html）。

70）厚生労働省—労働安全衛生法における機械等の回収・改善命令制度のあり方等に関する検討会報告書（https://www.mhlw.go.jp/stf/shingi/0000026886.html）。

71）「労働基準監督年報」は，ILO第81号条約第20条の規定により作成・公表される年次報告書であり，直近数か年分については厚生労働省のWEBサイト（https://www.mhlw.go.jp/bunya/roudoukijun/kantoku01/）で閲覧することができる。定期監督等実施状況や送検事件状況の件数は統計期間は暦年（1月1日～12月31日）である。定期監督等実施状況・法違反状況については一部の条文についてしか違反件数が集計されていないが，送検事件状況については全ての事件の主条文について集計されている旨統計表に記載されている（主条文でないものは集計されていない）。

72）製品を使用する者は「使用者」ということもあるが，労働基準法の使用者（労働者を使用する者）と紛らわしいので，敢えて英語で「ユーザー」ということが多い。

73）ヨミダス—読売新聞2011年3月1日西部朝刊「志免町の爆発事故 ボイラ回収命令 福岡労働局＝福岡」。

74）労働新聞社—ニュース（2011年4月15日）「違反ボイラ回収命じる 福岡労働局」（https://www.rodo.co.jp/news/107502/，最終閲覧日：2022年11月17日）。

75）魚田慎二（労働安全コンサルタント）ブログ「産業安全と事故防止＆環境問題についても考える」—「2010年12月21日 福岡のスーパー銭湯でボイラー爆発（修正3）」（http://anzendaiichi.blog.shinobi.jp/%E4%BA%8B%E4%BE%8B%EF%BC%88%E7%88%86%E7%99%BA%EF%BC%9B%E8%92%B8%E6%B0%97%E7%88%86%E7%99%BA%EF%BC%89/2010%E5%B9%B412%E6%9C%8821%E6%97%A5%E3%80%80%E7%A6%8F%E5%B2%A1%E3%81%AE%E3%82%B9%E3%83%BC%E3%83%91%E3%83%BC%E9%8A%AD%E6%B9%AF%E3%81%A7%E3%83%9C%E3%82%A4%E3%83%A9%E3%83%BC，最終閲覧日：2022年11月17日）。

76）厚生労働省—報道発表資料—（平成23年4月8日）労働基準局安全衛生部安全課「横河電機（株）製の規格を具備しない防爆電気機械器具について厚生労働大臣が回収・改善を命令」（https://www.mhlw.go.jp/stf/houdou/2r98520000018hsv.html，最終閲覧日：2022年12月19日）。

77) 平成23年4月7日発基安0407第1号横河電機株式会社代表取締役社長あて「機械等措置命令書」（https://www.mhlw.go.jp/web/t_doc?dataId=00tb7302&dataType=1，https://www.mhlw.go.jp/stf/houdou/2r98520000018hsv-img/2r98520000018huc.pdf）．

78) 平成23年4月7日基安発0407第2号横河電機株式会社代表取締役社長あて「構造規格を具備していない防爆構造電気機械器具の譲渡に対する再発防止対策の徹底について」（https://www.mhlw.go.jp/web/t_doc?dataId=00tb7301&dataType=1，https://www.mhlw.go.jp/stf/houdou/2r98520000018hsv-img/2r98520000018iy6.pdf）．

79) 平成23年4月7日基発0407第11号「防爆構造機械器具に係る機械等命令の発令について」（https://www.mhlw.go.jp/web/t_doc?dataId=00tb7303&dataType=1）．

80) 平成23年4月11日基安安発0411第1号社団法人産業安全技術協会会長あて「防爆構造電気機械器具に係る型式検定の検査関係書面の適切な審査について」（https://www.mhlw.go.jp/web/t_doc?dataId=00tb7300&dataType=1）．

81) 横河電機株式会社―ニュース＆イベント（2010年3月5日発表）「弊社流量計（防爆仕様製品）の型式検定申請不備のお詫びとお知らせ」（https://www.yokogawa.co.jp/news/briefs/2010/2010-03-05-ja/，最終閲覧日：2022年12月19日）．

82) 厚生労働省―報道発表資料―（平成21年9月30日）厚生労働省労働基準局安全衛生部労働衛生課環境改善室「型式検定を受けていない防じんマスクの流通について」（https://www.mhlw.go.jp/houdou/2009/09/h0930-4.html，最終閲覧日：2022年11月18日）．

83) Recall Plus―（2009年9月30日発表）プロモート「防じんマスク」回収（https://www.recall-plus.jp/info/10623，最終閲覧日：2022年11月18日）．

84) 厚生労働省―報道発表資料―（平成21年11月10日）厚生労働省労働基準局安全衛生部労働衛生課環境改善室「型式検定を受けていない防じんマスクの流通について」（https://www.mhlw.go.jp/houdou/2009/11/h1110-1.html，最終閲覧日：2022年11月17日）．

85) 厚生労働省―報道発表資料―（平成22年10月1日）厚生労働省労働基準局安全衛生部安全課「山武コントロールプロダクト（株）製防爆電気機械器具の回収・交換及び再発防止の徹底を指導」（https://www.mhlw.go.jp/stf/houdou/2r98520000000syhj.html，最終閲覧日：2022年11月20日）．

86) 厚生労働省―報道発表資料―（平成26年11月14日）厚生労働省労働基準局安全衛生部化学物質対策課環境改善室「規格不適合の業務用防じんマスクの流通が判明～輸入者が防じんマスクの回収・交換を行っています～」（https://www.mhlw.go.jp/stf/houdou/0000065308.html，最終閲覧日：2022年11月18日）．

87) 消費者―リコール情報サイト「スリーエムヘルスケア『防じんマスク』―交換／回収」（https://www.recall.caa.go.jp/result/detail.php?rcl=00000011022，最終閲覧日：2022年11月18日）．

88) 厚生労働省―報道発表資料―（令和4年1月24日）厚生労働省労働基準局安全衛生部化学物質対策課環境改善室「工場等での粉じん作業で使用する防じんマスクの回収について～販売者が回収・交換を行っています～」（https://www.mhlw.go.jp/stf/newpage_23531.html，最終閲覧日：2022年11月18日）．

89) 厚生労働省―報道発表資料―（平成27年7月13日）厚生労働省労働基準局安全衛生部化学物質対策課環境改善室「規格不適合の業務用防毒マスク用吸収缶の流通が判明～製造者が防毒マスク用吸収缶の回収・交換を行っています～」（https://www.mhlw.go.jp/stf/houdou/0000091346.html，最終閲覧日：2022年11月20日）．

90) 厚生労働省―報道発表資料―（平成27年12月25日）厚生労働省労働基準局安全衛生部安全課建設安全対策室長事務連絡「労働安全衛生法に基づく規格を具備しないパイプサポートについて」（https://www.jaish.gr.jp/anzen/hor/hombun/hor1-56/hor1-56-59-1-0.htm，最終閲覧日：2022年11月18日）．

91) 厚生労働省―報道発表資料―（平成27年12月25日）厚生労働省労働基準局安全衛生部安全課「労働安全衛生法に基づく規格を満たさないパイプサポートの流通が判明しました～建設業界団体や，都道府県労働局に通知～」（https://www.mhlw.go.jp/stf/houdou/0000108196.html，最終閲覧日：2022年11月18日）．

92) 平成19年12月3日基安安発第1203001号「『鋼管足場用の部材及び附属金具の規格』を具備しない単管ジョイントの使用禁止等の徹底について」（https://www.mhlw.go.jp/web/t_doc?dataId=00tb3925&dataType=1）．

93) 厚生労働省―「単管足場に『ボンジョイント』を使用しないで下さい‼」（https://www.mhlw.go.jp/bunya/roudoukijun/anzeneisei18/，最終閲覧日：2022年11月20日）．

94) 前掲注92) 参照．

95) 社団法人仮設工業会会長あて昭和62年9月18日基発第549号の2「『鋼管足場用の部材及び附属金具の規格』を具備しない単管ジョイントの使用禁止等の徹底について」（http://www.kasetsu.or.jp/education/publication/docs/%E4%BB%AE%E8%A8%AD%E3%83%9E%E3%83%B3%E3%82%B9%E3%83%AA%E3%83%BC08%E5%B9%B401%E6%9C%88_%E6%9C%AC%E6%96%87_280.pdf に抜粋掲載）．

96) 厚生労働省―報道発表資料―（令和4年2月25日）厚生労働省労働基準局安全衛生部安全課「規格不適合の墜落制止用器具の使用中止と回収について～皆さまの安全を守るため適正な墜落制止用器具を使用してください～」（https://www.mhlw.go.jp/stf/newpage_24070.html，最終閲覧日：2022年11月19日）．

97) 令和4年2月25日基安安発0225第1号公益社団法人産業安全技術協会代表者あて「規格不適合の墜落制止用器具に関する注意喚起について」（https://www.tiis.or.jp/service/machine-tools-mask/machine-tools/5812/）．

98) 「同協会は令和4年12月28日現在までにおいて，墜落制止用器具のサンプルの性能試験（破壊試験）は実施しているが，これは飽くまでサンプルについてだけ試験をするというだけのものであり，製造設備その他の条件の適否を含む型式全体についての評価はしていない」の部分は，筆者が公益社団法人産業安全技術協会に問い合わせ，令和4年12月28日にメールにより得た回答に基づくもの．

99) 一般社団法人日本機械工業連合会―2019年6月28日付け生産設備保有期間実態調査（調査期間：2018年12月4日～2019年2月8日）の結果概要（http://www.jmf.or.jp/teigen/teigen-692/，最終閲覧日：2024年11月10日）．

100) 中古機械情報百貨店―NKエンジニアリング株式会社が運営・管理し，日本全国，及び海外からの中古機械販売業者の在庫情報を集結したマーケットプレイス（https://www.jp.usedmachinery.bz/，最終閲覧日：2022年12月20日）．

101) 中古機械情報百貨店―検索結果：電動C型プレス（https://www.jp.usedmachinery.bz/machines/list/30，最終閲覧日：2022年12月20日），2022年12月20日4：07時点で，534件ヒットし，そのうち年式が1960年代のものが1台（1965年），1970年代のものが17台あった（年式の記載のないものもある）．

102) 厚生労働省―既存不適合機械等更新支援補助金（https://www.mhlw.go.jp/stf/newpage_03667.html，最終閲覧日：2021年10月31日）．

103) 一般社団法人仮設工業会『50年のあゆみ』（2018年）26-27頁．

104) 一般社団法人仮設工業会WEBサイト―「認定制度について」（http://www.kasetsu.or.jp/education/publication/

105) 厚生労働省労働基準局労災補償部労災管理課編『労働法コンメンタール5労働者災害補償保険法〔六訂新版〕』(労務行政, 2005年) 295頁。

106) e-Stat 政府統計の総合窓口―労働者災害補償保険事業年報 (https://www.e-stat.go.jp/stat-search?page=1&toukei=00450582)。

107) 後掲注134) 参照。

108) 同上。

109) 同上。

110) 機械等検定規則 (昭和47年9月30日労働省令第45号) (https://www.mhlw.go.jp/web/t_doc?dataId=74072000&dataType=0)。

111) JIS Q 17000：2005 (ISO/IEC 17000：2004) 適合性評価―用語及び一般原則。

112) 労働省労働基準局安全衛生部計画課「安衛法を読むポイント8　個別検定と型式検定」安全衛生のひろば28巻8号 (1987年)。

113) 前掲注111) 参照。

114) 前掲注112) 参照。

115) 一般社団法人日本ボイラ協会―個別検定の受検 (https://www.jbanet.or.jp/examination/individual/exams/，最終閲覧日：2022年11月19日)。

116) 他の例として, 防毒マスクの吸収缶は, 防毒マスクの規格 (平成2年9月26日労働省告示第68号) (https://www.mhlw.go.jp/web/t_doc?dataId=74042100&dataType=0) 第7条第2項の除毒能力試験をすれば当然性能を失い使用できなくなる。

117) 前掲注112) 参照。

118) 後掲注134) 参照。

119) 前掲注19) 参照。

120) World Trade Organization (WTO) Trade Policy Review Body ― Trade Policy Review Reported by Secretariat JAPAN (2013年1月15日) (https://www.mofa.go.jp/mofaj/gaiko/wto/hogo/tpr1302/pdfs/report_sec_1302.pdf) 55頁。リンク元は, 後掲注140) のWEBページである。

121) 厚生労働省「検査検定実施機関一覧」令和6年6月17日現在 (https://www.mhlw.go.jp/content/001041838.pdf，最終閲覧日：2024年7月31日)。

122) 同上。

123) 金谷・前掲注15) 98-99頁。

124) 後掲注134) 参照。

125) 前掲注111) 参照。

126) 前掲注15) 参照。

127) 前掲注21) 参照。

128) 「安衛法の改正案, 今国会へ――中基審・労働災害防止部会が報告まとめる」労働衛生18巻2号 (1977年)。

129) 労働省労働基準局安全衛生部「労働安全衛生法の改正に関する中央労働基準審議会の答申について」日労研資料30巻3号 (1977年)。

130) 昭和53年2月10日発基第9号「労働安全衛生法及びじん肺法の一部を改正する法律の施行について (労働安全衛生法関係)」(https://www.mhlw.go.jp/web/t_doc?dataId=00tb2044&dataType=1)。

131) 昭和53年2月10日基発第77号「労働安全衛生法及びじん肺法の一部を改正する法律及び労働安全衛生法施行令の一部を改正する政令の施行について」(https://www.mhlw.go.jp/web/t_doc?dataId=00tb2045&dataType=1)。

132) 昭和58年8月1日基発第419号「外国事業者による型式承認等の取得の円滑化のための関係法律の一部を改正する法律 (労働安全衛生法関係) 及び関係政省令等の施行について」(https://www.mhlw.go.jp/web/t_doc?dataId=00tb2048&dataType=1)。

133) 政府の行政改革―平成14年3月29日内閣官房行政改革推進事務局行政委託型公益法人等改革推進室「公益法人に対する行政の関与の在り方の改革実施計画」(https://www.gyoukaku.go.jp/jimukyoku/koueki/gyousei_kanyo/，最終閲覧日：2022年12月19日)。

134) この法律については, 衆参両院の厚生労働委員会において附帯決議がなされている。その内容は, 第156回国会参議院厚生労働委員会第12号平成15年5月13日 (https://kokkai.ndl.go.jp/txt/115614260X01220030513/236) 及び第156回国会衆議院厚生労働委員会第24号平成15年6月13日 (https://kokkai.ndl.go.jp/txt/115604260X02420030613/290) を参照されたい。

135) 平成15年7月2日基発第0702003号「公益法人に係る改革を推進するための厚生労働省関係法律の整備に関する法律 (労働安全衛生法及び作業環境測定法関係) について〔労働安全衛生法〕」(https://www.mhlw.go.jp/web/t_doc?dataId=00tb4505&dataType=1)。

136) この改正に係る施行通達としては平成16年3月19日基発第0319009号「公益法人に係る改革を推進するための厚生労働省関係法律の整備に関する法律の施行並びにこれに伴う関係政令, 省令及び告示の改正等について」(https://www.mhlw.go.jp/web/t_doc?dataId=00tb2607&dataType=1) もあるが, これは主として登録手続等に関する事項に関するものなので本稿では省略する。

137) 外務省―貿易の技術的障害に関する協定 (https://www.mofa.go.jp/mofaj/ecm/it/page25_000410.html，最終閲覧日：2023年2月17日)。

138) World Trade Organization ― Uruguay Round Agreement ― Agreement on Technical Barriers to Trade (https://www.wto.org/english/docs_e/legal_e/17-tbt_e.htm，最終閲覧日：2023年1月30日)。

139) 第186回国会参議院厚生労働委員会第7号平成26年4月8日 (https://kokkai.ndl.go.jp/txt/118614260X00720140408/169) で, 政府参考人である半田有通厚生労働省労働基準局安全衛生部長は「今回の改正法案では, 外国に立地する検査・検定機関についても安全衛生法上の検査・検定機関としての登録を受けることができるよう所要の整備を行う内容を盛り込んでいるところでございますが, ……TBT協定……において国内の機関のみ登録が認められている検査・検定制度につきましては, 同じ条件で外国に立地する機関の登録も認めるよう求められてございます。この点につきまして, 昨年二月に行われました世界貿易機関の貿易政策検討機関の日本に対する審査, 対日審査でございますが, その際に指摘があったことを受けて今回の改正内容に盛り込んだものでございます。」と答弁している。

140) 外務省―2013年対日貿易政策検討会合 (https://www.mofa.go.jp/mofaj/gaiko/wto/hogo/tpr1302/gh.html，最終閲覧日：2023年2月17日)。ただし, 筆者が調べたところ, このWEBページ及びここからリンクされている関係資料からは, 労働安全衛生法の検査・検定制度についてTBT協定上の改善を求めるような記述は確認されなかった。

141) ヨミダス―読売新聞1993年3月30日大阪朝刊「計測器の検定章偽造　大阪労基局摘発, 70台回収」。

142) 公益社団法人産業安全技術協会―検定合格品情報 (https://www.tiis.or.jp/02_06_subcategory/，最終閲覧日：2022年12月21日)。

143) 総務省―電波利用ホームページ―型式検定合格機器情報検索 (https://www.tele.soumu.go.jp/kataken/SearchServlet?pageID=ks01)。

144) 第156回国会衆議院厚生労働委員会第24号平成15年6月13日 (https://kokkai.ndl.go.jp/#/detail?minId=115604260X024200

30613）90〜100番。
145）厚生労働省厚生労働科学研究費補助金（労働安全衛生総合研究事業）「リスクアセスメントを核とした諸外国の労働安全衛生制度の背景・特徴・効果とわが国への適応可能性に関する調査研究」〔研究代表者：三柴丈典〕（H26-労働－一般-001，2016〔平成28〕年度）（https://mhlw-grants.niph.go.jp/project/26210，文献番号201621001B）総括研究報告書［三柴丈典］—リスク創出者管理責任負担原則の意義については，総括研究報告書27頁【示唆される予防政策のエッセンス】①，同30頁【特徴】①ほか。英国労働安全衛生法への反映状況については，三柴丈典「日本の安衛法の特徴と示唆される予防政策のエッセンス」分担研究報告書87頁。
146）三柴丈典「使用者の健康・安全配慮義務」日本労働法学会編『講座労働法の再生　第3巻　労働条件論の課題』（日本評論社，2017年）279頁。
147）濱島京子「機械安全制度の導入に伴う機械の使用段階での妥当性確認の考察—労働安全分野におけるマクロ労働安全の提案」労働安全衛生研究 9巻2号（2016年）（https://www.jstage.jst.go.jp/article/josh/9/2/9_JOSH-2015-0018-CHO/_article/-char/ja）。
148）前掲注47）参照。
149）前掲注48）参照。

〔森山誠也〕

第44条の3から第54条の6まで

（型式検定合格証の有効期間等）
第44条の3　型式検定合格証の有効期間（次項の規定により型式検定合格証の有効期間が更新されたときにあつては，当該更新された型式検定合格証の有効期間）は，前条第1項本文の機械等の種類に応じて，厚生労働省令で定める期間とする。
2　型式検定合格証の有効期間の更新を受けようとする者は，厚生労働省令で定めるところにより，型式検定を受けなければならない。

1 趣旨

型式検定は，一定の安全性能を確保するため，サンプルや製造・検査設備等でチェックするものであるが，年月の経過によって，その製造・検査の設備，体制等に変化が生じることも考えられるため，一定の有効期間を設けることとしたものである。また，更新検定を受けることによって，型式検定合格証の有効期間は更新されることとされている（検定則第11条）。

型式検定の対象となる機械等は，主に量産型の機械等である。また，機械等の強度や性能などを確認するために破壊試験を行う必要があり，個別に安全性を確認することが合理的でないものもある。こうした機械等の性能や機能を確保するには，材料の搬入から完成品の出荷に至る様々な段階で，計画された抜取検査を行いながら目標品質を達成する必要がある。そこで，①一定期間ごとに製造者の品質管理の状態を確認してその水準を維持させることが，有効期間を設けている主な目的であると考えられる。また，②関係規格が改正された場合に迅速に型式検定対象機械等に反映させること（改正規格適用日前に申請のあった型式検定の基準としては，従前の規格が適用される。関係〔構造〕規格の付則で規定されている），すなわち，旧規格による機械等の市場流通を早期に終了させる狙いもあると思われる。

EUの呼吸用保護具の型式認証（EU type examination certificate FFP2）の有効期間は，5年とされている。なお，FFP2は，日本のDS2や米国のN95とほぼ同等の防じんマスクである。また，同じくEUの機械指令に基づく型式検定の有効期間についても5年とされている。

一方，米国NIOSH（国立労働安全衛生研究所）によるN95などの呼吸用保護具の認証には有効期間はないが，認証維持の条件として，一定期間（概ね2年に1回）ごとにNIOSH検査官が製造工場に立入り，品質管理の状況を監査する仕組みが組み込まれている。この監査に合格しなければ認証は取り消されることになる。なお，労働安全衛生法による型式検定の制度には，登録検定機関が，検定合格証の有効期間中に製造工場に立入監査を行う仕組みは組み込まれていない。ただし，必要な場合の国の立入り権限は担保されている（法第96条第1項）。

2 内容

1 概要

型式検定合格証の有効期間は，次の通りである（検定則第10条）。

〔3年〕
①ゴム，ゴム化合物又は合成樹脂を練るロール機の急停止装置のうち電気的制動方式以外の制動方式のもの
②プレス機械又はシャーの安全装置
③防爆構造電気機械器具（船舶安全法の適用を受ける船舶に用いられるものを除く）
④クレーン又は移動式クレーンの過負荷防止装置
⑤木材加工用丸のこ盤の歯の接触予防装置のうち可動式のもの

⑥動力により駆動されるプレス機械のうちスライドによる危険を防止するための機構を有するもの
⑦交流アーク溶接機用自動電撃防止装置（資料5-58）
⑧絶縁用保護具（その電圧が，直流にあっては750Vを，交流にあっては300Vを超える充電電路について用いられるものに限る）（資料5-59・5-60）
⑨絶縁用防具（その電圧が，直流にあっては750Vを，交流にあっては300Vを超える充電電路に用いられるものに限る）（資料5-61）
⑩保護帽（物体の飛来若しくは落下又は墜落による危険を防止するためのものに限る）

〔5年〕
①防じんマスク（ろ過材及び面体を有するものに限る）
②防毒マスク（ハロゲンガス用又は有機ガス用のものその他厚生労働省令で定めるものに限る）
③防じん機能又は防毒機能を有する電動ファン付き呼吸用保護具

2　解釈例規

「型式検定合格証の有効期間」とは，製造し，又は輸入する機械等に係る型式についての有効期間をいうもので，型式検定に合格した型式の機械等であって現に使用しているものについて使用の有効期間をいうものではないこと（昭和53年2月10日基発第77号）をいう。そして，これはあくまで，型式検定に合格した機械等の製造又は輸入についての有効期間をいうものであって，型式検定合格証の有効期間内に製造された機械等の販売についての有効期間，汎用部分の交換等による一部の補修の有効期間をいうものではない（平成7年12月27日基発第417号）とされている。

3　沿革

本条は，昭和52年7月1日法律第76号にて，検定が個別検定と型式検定に区分された際に追加された規定である。

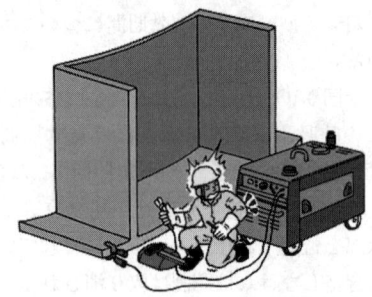

資料5-58　交流アーク溶接機使用中の感電

（厚生労働省「職場のあんぜんサイト」〔https://anzeninfo.mhlw.go.jp/anzen_pg/SAI_DET.aspx?joho_no=101283，最終閲覧日：2023年9月8日〕）

資料5-60　充電部接触感電

（厚生労働省WEBサイト〔https://anzeninfo.mhlw.go.jp/hiyari/hiy_0453.html，最終閲覧日：2024年7月18日〕）

資料5-59　絶縁用保護具

絶縁衣

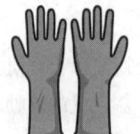

電気用ゴム手袋

電気用ゴム長靴

資料5-61　絶縁用防具

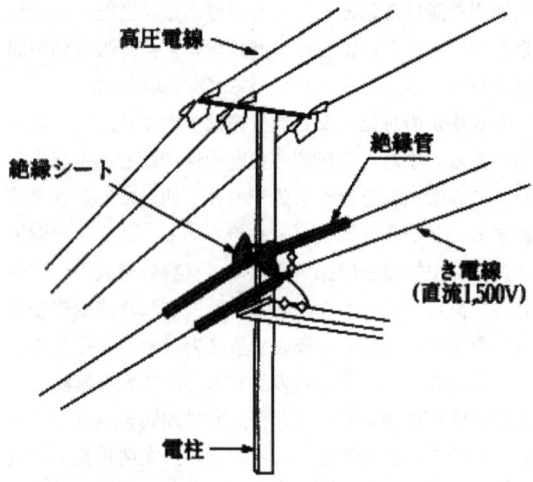

＊ゴム絶縁管：腹割り構造になっており，活線作業の際，電線等に押し込み挿入して絶縁する。
＊低圧絶縁シート：活線作業で接続部分や突起部など充電部の保護，または二重防護の為ゴム絶縁管の上から重ねたりして使用する。

（厚生労働省「職場のあんぜんサイト」〔https://anzeninfo.mhlw.go.jp/anzen_pg/sai_det.aspx?joho_no=562，最終閲覧日：2024年10月21日〕）

そもそも，1972（昭和47）年の労働安全衛生法制定時における検定関係の法条文には型式検定の有効期間に関する規定はなかった。もっとも，労働安全衛生法制定時に定められた機械等検定規則（昭和47年9月30日労働省令第45号）第7条には，型式検定の有効期間（防じんマスク及び防毒マスクについては5年，その他の機械等については3年）が定められていた。[3]

4 元行政官へのインタビューから得られた運用にかかる情報と制度改善案

型式検定の対象となる機械等については，本条に基づく措置ということではないが，厚生労働省が市場買取り試験を継続的に実施しており，市場に流通している型式検定合格品（墜落制止用器具など型式検定の対象ではないが規格具備義務のある機械等の一部も対象としている）の関係規格への適合を確認している。

なお，今後議論が望まれる点として，登録型式検定機関の間での検定実施結果に関する情報の引継ぎがある。

すなわち，型式検定の場合，市場に送られる製品の性能や機能を確実に確保する上で，品質管理が適切に行われることが肝であり，型式検定合格証の更新検定に際しては，更新検定申請内容と過去の検定申請内容・検定結果報告とを比較評価できることが重要となる。国が型式検定を行わざるを得なくなったときには，登録型式検定機関から厚労大臣への引継ぎの規定（法第54条の2で準用する第53条第2項の規定）が存在する（引き継ぐべき内容は不明確ではあるが）。一方，現状，同一種類の型式検定対象機械等に複数の登録検定機関が存在している例があり，法令上，新規検定（あるいは前回更新検定）と次の更新検定で検定実施者が異なる場合もあることから，こうした場合に，従前の検定実施結果の情報が新しい検定機関に引き継がれる仕組みを法令上担保する必要があると考えられる。仕組みの例としては，旧機関から新機関への直接の引継ぎ，あるいは検定実施結果情報を国のサーバーに集積し，新機関がそこから情報を入手できる仕組みの構築などが考えられる。

法の規定内容は同じでも，そのもたらす効果は現在と1978（昭和53）年当時とでは大きく異なっており，それにふさわしい仕組みを考察することが望まれる。

（型式検定合格証の失効）
第44条の4 厚生労働大臣は，次の各号のいずれかに該当する場合には，当該各号の機械等に係る型式検定合格証（第二号にあつては，当該外国製造者が受けた型式検定合格証）の効力を失わせることができる。

一　型式検定に合格した型式の機械等の構造又は当該機械等を製造し，若しくは検査する設備等が第44条の2第3項の厚生労働省令で定める基準に適合していないと認められるとき。

二　型式検定を受けた外国製造者が，当該型式検定に合格した型式の機械等以外の機械等で本邦に輸入されたものに，第44条の2第5項の表示を付し，又はこれと紛らわしい表示を付しているとき。

三　厚生労働大臣が型式検定に合格した型式の機械等の構造並びに当該機械等を製造し，及び検査する設備等に関し労働者の安全と健康を確保するため必要があると認めてその職員をして当該型式検定を受けた外国製造者の事業場又は当該型式検定に係る機械等若しくは設備等の所在すると認める場所において，関係者に質問をさせ，又は当該機械等若しくは設備等その他の物件についての検査をさせようとした場合において，その質問に対して陳述がされず，若しくは虚偽の陳述がされ，又はその検査が拒まれ，妨げられ，若しくは忌避されたとき。

1 趣旨

型式検定に合格したとしても，その後製造された機械等の構造等が一定の基準に適合していないと認められるとき等（＊合格した型式自体の不備ではなく，当該型式を前提に製造された機械等の不備を基準としている）一定の事由が発生した場合には，型式検定制度の適正な運用が期待できない。

本条は，このような場合に，厚生労働大臣が型式検定合格証の効力を失わせることができることとしたものである。[4]

2 内容

本条第1号は，型式検定を受けた者が国内製造者，輸入業者，外国製造者であるかどうかを問わず適用されるものである。

本条第2号及び第3号は，型式検定を受けた者が外国製造者である場合に限って適用されるものである。これは，型式検定を受けた者が国内製造者又は輸入業者である場合に，その者について本条第2号又は第3号の事由に相当する事由が発生したときは，法第119条第1号（法第44条の2第7項違反）又は法第120条第4号（法第96条第1項違反）の罰則の規定が適用される

が，外国製造者の国外における行為については国外犯を処罰する明文の規定がないため刑罰を科しえないこと（刑法第1条から第4条及び第8条）を考慮して，型式検定合格証の効力を失わせることをもって型式検定制度の適正な運用を図ることとしたものである。[5]

3 沿革

1980年代初頭のわが国と欧米諸国との間の貿易摩擦問題の一つとして，日本の規格，基準，検査手続等が非関税障壁として外国産品の日本への輸入の障害となっているとの強い批判があった。この問題に対処するため，1983（昭和58）年3月26日「基準・認証制度の改善について」の政府方針が決定され，その中で，認証手続における内外平等取扱いを法制度的に確保するため，16法律の一括改正が行われた。

その目的は，外国製造者がわが国の認証制度において定められた各種認証を取得するための手続に，国内の者と実質的に同等の条件で直接参加できる途を法制度的に確保することであり，この一括法（昭和58年5月25日法律第57号）で，労働安全衛生法の検査・検定制度についても外国製造者が直接参加できる途が確保されたものと思われる。

また，本条第2号，第3号とも関連するが，一連の検査・検定機関制度の変遷は，わが国における市場へのアクセスの改善，市場開放を求める欧米諸国からの要求に応えるための基準・認証制度の改革，その後の政治主導による規制緩和や行政改革との関係で生じたと解される。[6]

（定期自主検査）

第45条 事業者は，ボイラーその他の機械等で，政令で定めるものについて，厚生労働省令で定めるところにより，定期に自主検査を行ない，及びその結果を記録しておかなければならない。

2 事業者は，前項の機械等で政令で定めるものについて同項の規定による自主検査のうち厚生労働省令で定める自主検査（以下「特定自主検査」という。）を行うときは，その使用する労働者で厚生労働省令で定める資格を有するもの又は第54条の3第1項に規定する登録を受け，他人の求めに応じて当該機械等について特定自主検査を行う者（以下「検査業者」という。）に実施させなければならない。

3 厚生労働大臣は，第1項の規定による自主検査の適切かつ有効な実施を図るため必要な自主検査指針を公表するものとする。

4 厚生労働大臣は，前項の自主検査指針を公表した場合において必要があると認めるときは，事業者若しくは検査業者又はこれらの団体に対し，当該自主検査指針に関し必要な指導等を行うことができる。

---

1 趣旨

本法は，ボイラー等の特定機械等については，製造時，輸入時，設置時，変更時における検査を義務づける（法第38条〔及び法第39条，第40条等〕）ほか，使用過程においても，基本的には事業者が，一定期間ごとに行政機関又は登録製造時等検査機関による検査を受けることにより，その安全性能の保持について確認することとしており（法第41条〔有効期間を更新するための性能検査〕等），その他の危険又は有害な作業を必要とする機械等についても，一定の規格又は安全装置を具備しなければ譲渡，設置等をしてはならないこととする（法第42条，第43条，第43条の2，第44条，第44条の2，第44条の3等）など，これらの使用に伴って生ずる労働災害を防止するための規制を行っている。

本条は，以上の規制のほかに，これらを使用する事業者自らが，使用過程の一定期間ごとに主要構造や機能の安全性について検査するならば（＊ただし，特定自主検査では，所定要件を充たす者や検査機関による検査を受けねばならない），より細密な安全・衛生チェックを期待することができるので，事業者に定期自主検査の実施及びその結果の記録を義務づけたものである。[7]

2 内容

1 定期自主検査の対象機械等[8]

事業者に定期自主検査が義務づけられている機械は，以下の通りである（令第15条第1項）。

①ボイラー（小型ボイラー並びに船舶安全法の適用を受ける船舶に用いられるもの及び電気事業法の適用を受けるものを除く）

②第1種圧力容器[9]（小型圧力容器並びに船舶安全法の適用を受ける船舶に用いられるもの，自動車用燃料装置（…中略。以下同じ。）に用いられるもの及び電気事業法，高圧ガス保安法，ガス事業法又は液化石油ガスの保安の確保及び取引の適正化に関する法律の適用を受けるものを除く）

③つり上げ荷重が3t以上（スタッカー式クレーンにあっては，1t以上）のクレーン

④つり上げ荷重が3t以上の移動式クレーン

⑤つり上げ荷重が2t以上のデリック

⑥積載荷重（エレベーター（簡易リフト及び建設用リフトを除く），簡易リフト又は建設用リフトの構造及び材料に応じて，これらの搬器に人又は荷をのせて上昇させること

ができる最大の荷重をいう）が1t以上のエレベーター
⑦ガイドレール（昇降路を有するものにあっては，昇降路）の高さが18m以上の建設用リフト（積載荷重が0.25t未満のものを除く）
⑧ゴンドラ
⑨活線作業用装置（その電圧が，直流にあっては750Vを，交流にあっては600Vを超える充電電路について用いられるものに限る）
⑩活線作業用器具（その電圧が，直流にあっては750Vを，交流にあっては300Vを超える充電電路について用いられるものに限る）
⑪フォークリフト
⑫令別表第7に掲げる建設機械で，動力を用い，かつ，不特定の場所に自走することができるもの
⑬つり上げ荷重が0.5t以上3t未満（スタッカー式クレーンにあっては，0.5t以上1t未満）のクレーン
⑭つり上げ荷重が0.5t以上3t未満の移動式クレーン
⑮つり上げ荷重が0.5t以上2t未満のデリック
⑯積載荷重が0.25t以上1t未満のエレベーター
⑰ガイドレールの高さが10m以上18m未満の建設用リフト
⑱積載荷重が0.25t以上の簡易リフト
⑲ショベルローダー
⑳フォークローダー
㉑ストラドルキャリヤー
㉒不整地運搬車
㉓作業床の高さが2m以上の高所作業車
㉔第2種圧力容器（船舶安全法の適用を受ける船舶に用いられるもの，自動車用燃料装置に用いられるもの及び電気事業法，高圧ガス保安法又はガス事業法の適用を受けるものを除く）
㉕小型ボイラー（船舶安全法の適用を受ける船舶に用いられるもの及び電気事業法の適用を受けるものを除く）
㉖小型圧力容器（船舶安全法の適用を受ける船舶に用いられるもの，自動車用燃料装置に用いられるもの及び電気事業法，高圧ガス保安法又はガス事業法の適用を受けるものを除く）
㉗絶縁用保護具（その電圧が，直流にあっては750Vを，交流にあっては300ボルトを超える充電電路について用いられるものに限る）
㉘絶縁用防具（その電圧が，直流にあっては750Vを，交流にあっては300Vを超える充電電路に用いられるものに限る）
㉙動力により駆動されるプレス機械
㉚動力により駆動されるシャー
㉛動力により駆動される遠心機械
㉜化学設備（配管を除く）及びその附属設備

資料5-62　⑨活線作業用装置

（株式会社タダノWEBサイト〔https://www.tadano.co.jp/products/skyboy/at-147ce/index.html，最終閲覧日：2024年7月24日〕）

資料5-63　⑩活線作業用器具

資料5-64　⑱簡易リフト

（厚生労働省「職場のあんぜんサイト」〔https://anzeninfo.mhlw.go.jp/hiyari/hiy_0302.html，最終閲覧日：2024年10月22日〕）

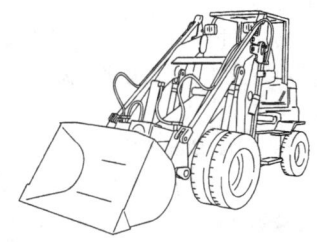

資料5-65　⑲ショベルローダー

（厚生労働省「ショベルローダー等運転技能講習補助テキスト」〔https://www.mhlw.go.jp/content/11300000/001006480.pdf，最終閲覧日：2024年7月17日〕）

㉝アセチレン溶接装置及びガス集合溶接装置（これらの装置の配管のうち，地下に埋設された部分を除く）
㉞乾燥設備及びその附属設備
㉟動力車及び動力により駆動される巻上げ装置で，軌条により人又は荷を運搬する用に供されるもの（鉄

資料5-66 ⑳フォークローダー
（資料5-65に同じ）

資料5-67 ㉑ストラドルキャリヤー

資料5-68 ㉒不整地運搬車

資料5-70 ㉛遠心機械

資料5-69 ㉓高所作業車

資料5-71 ㉟巻上機

（株式会社トミー精工のWEBサイト〔https://bio.tomys.co.jp/products/centrifuges/low-speed_benchtop_centrifuge/，最終閲覧日：2024年7月8日〕）

（日本ホイスト株式会社WEBサイト〔https://www.nipponhoist.co.jp/product/hoist/，最終閲覧日：2024年7月2日〕）

資料5-72 ㊲特定化学設備（イメージ）

資料5-73 ㊳透過写真撮影用ガンマ線照射装置

（厚生労働省「職場のあんぜんサイト」〔https://anzeninfo.mhlw.go.jp/anzen_pg/sai_det.aspx?joho_no=100440，最終閲覧日：2024年9月12日〕）

道営業法〔明治33年3月16日法律第65号〕，鉄道事業法〔昭和61年12月4日法律第92号〕又は軌道法〔大正10年4月14日法律第76号〕の適用を受けるものを除く）

㊱局所排気装置，プッシュプル型換気装置，除じん装置，排ガス処理装置及び排液処理装置で，厚生労働省令で定めるもの

㊲特定化学設備（…中略…）及びその附属設備

㊳ガンマ線照射装置で，透過写真の撮影に用いられるもの

2　特定自主検査の対象機械等[10)11)]

本条第2項により事業者に特定自主検査が義務づけられている機械等（＊第1項による定期自主検査の対象機械等の中でもより危険性ないし検査に要する専門性が高く，所要の資格や専門検査業者による特殊な検査を要するもの）は，次の通りである（令第15条第2項）。

①フォークリフト
②令別表第7に掲げる建設機械で，動力を用い，かつ，不特定の場所に自走することができるもの
③不整地運搬車
④作業床の高さが2m以上の高所作業車
⑤動力により駆動されるプレス機械

3　特定自主検査の対象となる自主検査

定期自主検査も特定自主検査も，1年以内に1回の実施を基本としているが（不整地運搬車については2年以内に1回），そのうち，上記5種の機械を対象とし，事業者が使用する一定の資格者か一定要件を充たす検査業者に実施させねばならないものが，特定自主検査である（則第135条の3第1項ほか。不整地運搬車の場合2年以内に1回で構わない）。

4　特定自主検査を実施する者の資格

上記の通り，特定自主検査は，事業者の使用する労働者で一定の資格を有するもの又は検査業者に実施させなければならない。検査業者については，法第54条の3から第54条の5までに規定されている。

なお，特定自主検査を実施する者の資格として，例えば，動力プレス機械については，次のように示されている（則第135条の3第2項）。

①次のいずれかに該当する者で，厚生労働大臣が定め

る研修を修了したもの

　イ　学校教育法による大学又は高等専門学校において工学に関する学科を専攻して卒業した者（独立行政法人大学改革支援・学位授与機構により学士の学位を授与された者〔工学に関する学科を専攻した者に限る〕若しくはこれと同等以上の学力を有すると認められる者又は当該学科を専攻して専門職大学前期課程を修了した者を含む）で，動力プレスの点検若しくは整備の業務に2年以上従事し，又は動力プレスの設計若しくは工作の業務に5年以上従事した経験を有するもの

　ロ　学校教育法による高等学校又は中等教育学校において工学に関する学科を専攻して卒業した者で，動力プレスの点検若しくは整備の業務に4年以上従事し，又は動力プレスの設計若しくは工作の業務に7年以上従事した経験を有するもの

　ハ　動力プレスの点検若しくは整備の業務に7年以上従事し，又は動力プレスの設計若しくは工作の業務に10年以上従事した経験を有する者

　ニ　法別表第18第2号に掲げるプレス機械作業主任者技能講習を修了した者で，動力プレスによる作業に10年以上従事した経験を有するもの

②その他厚生労働大臣が定める者

　①の厚生労働大臣が定める研修については，昭和52年12月28日労働省告示第124号の第1条で，②の厚生労働大臣が定める者については，同告示第2条に規定されている。

5　特定自主検査の検査標章

　特定自主検査を行った事業者は，機械の見やすい箇所に，特定自主検査を行った年月を明らかにすることができる検査標章をはり付けなければならない（則第135条の3第4項ほか）。

6　定期自主検査指針

　本条第3項の規定に基づき，次の自主検査指針が公表されている。

①移動式クレーンの定期自主検査指針（昭和56年12月28日自主検査指針公示第1号）

②化学設備等定期自主検査指針（昭和59年9月17日自主検査指針公示第7号）

③天井クレーンの定期自主検査指針（昭和60年12月18日自主検査指針公示第8号）

④ショベルローダー等の定期自主検査指針（昭和60年12月18日自主検査指針公示第9号）

⑤ゴンドラの定期自主検査指針（昭和61年5月26日自主検査指針公示第10号）

⑥不整地運搬車の定期自主検査指針（平成3年7月26日自主検査指針公示第12号）

⑦高所作業車の定期自主検査指針（平成3年7月26日自主検査指針公示第13号）

⑧フォークリフトの定期自主検査指針（平成5年12月20日自主検査指針公示第15号）

⑨フォークリフトの定期自主検査指針（労働安全衛生規則第151条の22の定期自主検査に係るもの）（平成8年9月25日自主検査指針公示第17号）

⑩ボイラーの定期自主検査指針（平成10年3月31日自主検査指針公示第1号）

⑪天井クレーンの定期自主検査指針（クレーン等安全規則第35条の自主検査に係るもの）（平成10年3月31日自主検査指針公示第2号）

⑫エレベーターの定期自主検査指針（クレーン等安全規則第155条の自主検査に係るもの）（平成10年3月31日自主検査指針公示第3号）

⑬局所排気装置の定期自主検査指針（平成20年3月27日自主検査指針公示第1号）

⑭プッシュプル型換気装置の定期自主検査指針（平成20年3月27日自主検査指針公示第2号）

⑮除じん装置の定期自主検査指針（平成20年3月27日自主検査指針公示第3号）

⑯動力プレスの定期自主検査指針（平成24年3月30日自主検査指針公示第1号）

⑰車両系建設機械の定期自主検査指針（労働安全衛生規則第167条の自主検査に係るもの）（平成27年11月6日自主検査指針公示第20号）

7　他の規制との関係

（1）　製造許可

　以下の「特定機械等」（令第12条）を製造する際には許可が必要となる（法第37条第1項）。

・ボイラー（小型ボイラー並びに船舶安全法の適用を受ける船舶に用いられるもの及び電気事業法の適用を受けるものを除く）

・第1種圧力容器（小型圧力容器並びに船舶安全法の適用を受ける船舶に用いられるもの，自動車用燃料装置（…中略。以下同じ。）に用いられるもの及び電気事業法，高圧ガス保安法，ガス事業法又は液化石油ガスの保安の確保及び取引の適正化に関する法律の適用を受けるものを除く）

・つり上げ荷重が3t以上（スタッカー式クレーンにあっては，1t以上）のクレーン

・つり上げ荷重が3t以上の移動式クレーン

・つり上げ荷重が2t以上のデリック

・積載荷重（エレベーター〔簡易リフト及び建設用リフトを除く〕，簡易リフト又は建設用リフトの構造及び材料に応じて，これらの搬器に人又は荷をのせて上昇させることができる最大の荷重をいう）が1t以上のエレベーター

・ガイドレール（昇降路を有するものにあっては，昇降路）の高さが18m以上の建設用リフト（積載荷重が

0.25t未満のものを除く)
・ゴンドラ
　(2)　製造検査
　つり上げ荷重が3t以上の移動式クレーン及びゴンドラについてはそれぞれ製造検査が必要となる(クレーン則第55条,第56条,ゴンドラ則第4条,第5条)。
　(3)　構造検査,溶接検査及び使用検査
　ボイラー(小型ボイラー並びに船舶安全法の適用を受ける船舶に用いられるもの及び電気事業法の適用を受けるものを除く)及び第1種圧力容器(小型圧力容器並びに船舶安全法の適用を受ける船舶に用いられるもの及び電気事業法,高圧ガス保安法,ガス事業法又は液化石油ガスの保安の確保及び取引の適正化に関する法律の適用を受けるものを除く)については構造検査(ボイラー則第5条,第6条,第51条,第52条),溶接検査(ボイラー則第7条,第8条,第53条,第54条)及び使用検査(ボイラー則第12条,第13条,第57条,第58条)が必要となる。
　つり上げ荷重が3t以上の移動式クレーン及びゴンドラについては使用検査(クレーン則第57条,第58条,ゴンドラ規則第6条,第7条)が必要となる。
　(4)　落成検査
　以下の機械等については,落成検査が必要となる。
・ボイラー(移動式ボイラーを除く)(ボイラー則第14条)
・第1種圧力容器(移動式第1種圧力容器を除く。)(ボイラー則第59条)
・つり上げ荷重が3t以上(スタッカー式クレーンにあっては,1t以上)のクレーン(クレーン則第6条,第7条)
・つり上げ荷重が2t以上のデリック(クレーン則第97条,第98条)
・積載荷重(エレベーター〔簡易リフト及び建設用リフトを除く〕,簡易リフト又は建設用リフトの構造及び材料に応じて,これらの搬器に人又は荷を載せて上昇させることができる最大の荷重をいう)が1t以上のエレベーター(クレーン則第141条,第142条)
・ガイドレール(昇降路を有するものにあっては,昇降路)の高さが18m以上の建設用リフト(積載荷重が0.25t未満のものを除く)(クレーン則第175条,第176条)
　(5)　性能検査
　以下の機械等については,性能検査が必要となる。
・ボイラー(小型ボイラー並びに船舶安全法の適用を受ける船舶に用いられるもの及び電気事業法の適用を受けるものを除く)(ボイラー則第38条～第40条)
・第1種圧力容器(小型圧力容器並びに船舶安全法の適用を受ける船舶に用いられるもの及び電気事業法,高圧ガス保安法,ガス事業法又は液化石油ガスの保安の確保及び取引の適正化に関する法律の適用を受けるものを除く)(ボイラー則第73条～第75条)

・つり上げ荷重が3t以上(スタッカー式クレーンにあっては,1t以上)のクレーン(クレーン則第40条～第42条)
・つり上げ荷重が3t以上の移動式クレーン(クレーン則第81条～第83条)
・つり上げ荷重が2t以上のデリック(クレーン則第125条～第127条)
・積載荷重(エレベーター〔簡易リフト及び建設用リフトを除く〕,簡易リフト又は建設用リフトの構造及び材料に応じて,これらの搬器に人又は荷を載せて上昇させることができる最大の荷重をいう)が1t以上のエレベーター(クレーン則第159条～第161条)
・ゴンドラ(ゴンドラ則第24条～第26条)
　(6)　変更検査
　以下の機械等については,変更検査が必要となる。
・ボイラー(小型ボイラー並びに船舶安全法の適用を受ける船舶に用いられるもの及び電気事業法の適用を受けるものを除く)(ボイラー則第42条)
・第1種圧力容器(小型圧力容器並びに船舶安全法の適用を受ける船舶に用いられるもの及び電気事業法,高圧ガス保安法,ガス事業法又は液化石油ガスの保安の確保及び取引の適正化に関する法律の適用を受けるものを除く)(ボイラー則第77条)
・つり上げ荷重が3t以上(スタッカー式クレーンにあっては,1t以上)のクレーン(クレーン則第45条,第46条)
・つり上げ荷重が3t以上の移動式クレーン(クレーン則第86条,第87条)
・つり上げ荷重が2t以上のデリック(クレーン則第130条,第131条)
・積載荷重(エレベーター〔簡易リフト及び建設用リフトを除く〕,簡易リフト又は建設用リフトの構造及び材料に応じて,これらの搬器に人又は荷を載せて上昇させることができる最大の荷重をいう)が1t以上のエレベーター(クレーン則第164条,第165条)
・ガイドレール(昇降路を有するものにあっては,昇降路)の高さが18m以上の建設用リフト(積載荷重が0.25t未満のものを除く)(クレーン則第198条,第199条)
・ゴンドラ(ゴンドラ則第29条,第30条)
　(7)　使用再開検査
　以下の機械等については,使用再開検査が必要となる。
・ボイラー(小型ボイラー並びに船舶安全法の適用を受ける船舶に用いられるもの及び電気事業法の適用を受けるものを除く)(ボイラー則第46条)
・第1種圧力容器(小型圧力容器並びに船舶安全法の適用を受ける船舶に用いられるもの及び電気事業法,高圧ガス保安法,ガス事業法又は液化石油ガスの保安の確保及び取

引の適正化に関する法律の適用を受けるものを除く）（ボイラー則第81条）
- つり上げ荷重が3t以上（スタッカー式クレーンにあっては，1t以上）のクレーン（クレーン則第49条，第50条）
- つり上げ荷重が3t以上の移動式クレーン（クレーン則第90条，第91条）
- つり上げ荷重が2t以上のデリック（クレーン則第134条，第135条）
- 積載荷重（エレベーター〔簡易リフト及び建設用リフトを除く〕，簡易リフト又は建設用リフトの構造及び材料に応じて，これらの搬器に人又は荷を載せて上昇させることができる最大の荷重をいう）が1t以上のエレベーター（クレーン則第168条，第169条）
- ゴンドラ（ゴンドラ則第33条，第34条）

(8) 個別検定

以下の機械等については，個別検定が必要となる。
- 第2種圧力容器（船舶安全法の適用を受ける船舶に用いられるもの及び電気事業法，高圧ガス保安法又はガス事業法の適用を受けるものを除く）（令第14条第2号）
- 小型ボイラー（船舶安全法の適用を受ける船舶に用いられるもの及び電気事業法の適用を受けるものを除く）（令第14条第3号）
- 小型圧力容器（船舶安全法の適用を受ける船舶に用いられるもの及び電気事業法，高圧ガス保安法又はガス事業法の適用を受けるものを除く）（令第14条第4号）

(9) 型式検定
- 絶縁用保護具（その電圧が，直流にあっては750Vを，交流にあっては300Vを超える充電電路について用いられるものに限る）（令第14条の2第10号）
- 絶縁用防具（その電圧が，直流にあっては750Vを，交流にあっては300Vを超える充電電路に用いられるものに限る）（令第14条の2第11号）

8 罰則

事業者が，本条に違反して，①定期に自主検査を行わない場合，②定期に自主検査を行ったとしても，その結果を記録しておかない場合，③特定自主検査を，一定の資格を有する者又は検査業者に実施させない場合には，50万円以下の罰金に処せられる（法第120条第1号）。

3 沿革

(1) 定期自主検査と同様の目的の検査等は，安衛法制定前では，旧「労働安全衛生規則」（昭和22年10月31日労働省令第9号）等に見出すことができる。
例えば，次のような規定がある。
- 乾燥室作業主任者の職務として，毎月1回以上乾燥室の電気設備を点検すること（第164条第10号）
- 作業主任者の職務としてではなく，名宛人を設けず，内圧容器（現行，第2種圧力容器）について，毎年1回以上，点検及び内外の掃除を行うべきこと（第168条）
- 同じく揚重機（現行，クレーン）は，1年以内に期日を定めて定期検査を行うべきこと，毎月1回期日を定めて月例検査を行うべきこと（第359条及び第360条）
- 軌道装置の一定の部分について，3年を超えない期間，1年を超えない期間，毎月少なくとも1回を超えない期間ごとに検査すべきこと（第430条及び第431条）

さらに，1959（昭和34）年に定められた「ボイラ及び圧力容器安全規則」（昭和34年労働省令第3号）において，第2種圧力容器の年次点検（第73条）と小型ボイラについての年次点検（第79条）が規定された。また，揚重機関係の定期検査等については，「クレーン等安全規則」（昭和37年労働省令第16号）制定に伴い，安衛則から同規則に引き継がれたようだ。

(2) 本条は，労働安全衛生法制定後，2度の改正が行われている。労働安全衛生法制定時は，現行の第1項のみが存在していた。その後，昭和52年7月1日法律第76号での改正において，第2項から第4項が追加され，「特定自主検査」と「検査業者」の制度が盛り込まれた（前者は第2項，後者は第54条の3～第54条の6）。平成11年12月22日法律第160号の改正は，大臣名と省令名を厚生労働大臣，厚生労働省令に改める形式的な改正であった。平成2年の政令改正により，定期自主検査と特定自主検査を実施すべき機械等が追加され，現行と同じ機械等の種類となった[12]。

4 適用の実際

1 統計資料

厚生労働省労働基準局監督課が令和4年7月29日に公表した「労働基準関係法令違反に係る公表事案」（令和3年8月1日～令和4年7月29日公表分 ＊各都道府県労働局が公表した際の内容を集約したもの）によると，本条（法第45条）違反による送検事件は0件であった。

厚生労働省労働基準局監督課が令和3年5月31日に公表した「労働基準関係法令違反に係る公表事案」（令和2年5月1日～令和3年4月30日公表分 ＊各都道府県労働局が公表した際の内容を集約したもの）によると，送検事件は1件であった。なお，事案概要は，化学設備について，2年以内ごとに1回，法定の事項について定期自主検査を行っていなかったというものである。

厚生労働省労働基準局「令和2年労働基準監督年報」によれば，労働安全衛生法第45条違反件数は5433

件であった。そして，送検事件は，2件（化学工業1件，金属製品製造業1件）であった。

同「平成31年・令和元年労働基準監督年報」によれば，労働安全衛生法第45条違反件数は6047件であった。そして，送検事件は，2件（その他の製造業1件，道路貨物運送業1件）であった。

同「平成30年労働基準監督年報」によれば，労働安全衛生法第45条違反件数は6511件であった。そして，送検事件は，2件（建築工事業1件，その他の建設業1件）であった。

同「平成29年労働基準監督年報」によれば，労働安全衛生法第45条違反件数は6455件であった。そして，送検事件は，3件（金属製品製造業1件，土木工事業1件，清掃・と畜業1件）であった。

同「平成28年労働基準監督年報」によれば，労働安全衛生法第45条違反件数は7020件であった。そして，送検事件は，6件（化学工業1件，金属製品製造業2件，建築工事業1件，商業2件）であった。

同「平成27年労働基準監督年報」によれば，労働安全衛生法第45条違反件数は7667件であった。そして，送検事件は，2件（金属製品製造業2件）であった。

同「平成26年労働基準監督年報」によれば，労働安全衛生法第45条違反件数は7325件であった。そして，送検事件は，4件（化学工業1件，窯業土石製品製造業1件，金属製品製造業1件，その他の製造業1件）であった。

同「平成25年労働基準監督年報」によれば，労働安全衛生法第45条違反件数は6642件であった。そして，送検事件は，1件（鉄鋼業1件）であった。

2 アンケート結果

令和2年度厚生労働科学研究費補助金（労働安全衛生総合研究事業）「労働安全衛生法の改正に向けた法学的視点からの調査研究」（研究代表者：三柴丈典）による行政官・元行政官向け法令運用実態調査（三柴丈典担当）[13]では，以下の回答が寄せられている。

(1) プレス機械等災害の発生した機械について，特定自主検査（以下「特自検」という）を実施していない機械が認められるが，特自検が実施されていないほとんどの機械は定期自主検査（以下「自主検査」という）も実施されていない。プレス機械等の特自検が必要な機械については本来自主検査を実施したうえで特自検を行っていない場合に特自検の違反が成立しうるものと考えられる。行政的には特自検違反を措置することで両方の違反を回避できるため，労働安全衛生法第45条第1項，同条第2項の条文を併記して指摘を行うか，特自検のみの違反にて指摘し，是正を求めている（00170不明）。

(2) フォークリフトの年次点検（特定自主検査）が未実施であったため，本条文を適用した（00130監督官・技官）。

(3) 主に労働安全衛生法第45条に紐づく労働安全衛生規則第151条の21第1項の適用例として，フォークリフトの年次検査（特自検）の未実施等がある（00167監督官）。

(4) 主に労働安全衛生法第45条に紐づく労働安全衛生規則第151条の24の適用例がある。事業者Aは特定自主検査事業者であるBに依頼して，自主検査を行っていたが，所要の資格者や専門性を持つ検査業者による特定自主検査を実施する必要があるのに，実施していなかった。労働安全衛生規則第151条の21はフォークリフトの定期自主検査を事業者に義務づけ，労働安全衛生規則第151条の24は，事業者に特定自主検査を義務づけている。

事業者が特定自主検査を行っていなかった場合には，労働安全衛生規則第151条の21と同条の24両者の違反となり，これが通例である。本例のように労働安全衛生規則第151条の24だけの違反となるのは，労働安全衛生規則第151条の21に基づく定期自主検査を行っていたものの，特定自主検査を行う資格がないものが実施した場合に限られている（00206監督官）[14]。

(5) 主に安衛法45条1項に紐づく特化則第31条第1項の適用例がある。具体的には，特定化学設備又はその附属設備の定期自主検査違反等に対するものである（00057監督官）。

(6) 主に労働安全衛生法第45条に紐付くクレーン等安全規則第34条の適用例がある。クレーン設置後年1回の自主検査について，定期自主検査指針に基づいて検査を実施していなかったため当該条文に抵触をしたものである（00089監督官）。

(7) 主に労働安全衛生法第45条に紐づく労働安全衛生規則第151条の21の適用例がある。フォークリフトについて，1年を超えない期間ごとに1回，定期自主検査を実施していないことによるものである。

(8) 安衛法45条に基づく各種の定期自主検査は，よく適用する項目となる。大企業ではほとんど違反はないが，町工場などでは忘れられていることもよくある（00027監督官）。

(9) 主に労働安全衛生法第45条に紐づく安全衛生規則第151条の21の適用例がある。フォークリフトについて，1年以内ごとに1回，定期に特定自主検査を行っていないことによるものである（00054監督官）。

3 送検事例等

以下は，労働新聞又は安全スタッフ（労働新聞社）にて掲載されていた内容を一部加工の上で引用したものである。

なお，下線は筆者が添付した。

(1) 定期自主検査

(a) 2017（平成29）年11月16日，熊本・八代労働基準監督署は，労働者にトラクター・ショベルを運転させる前に特別教育を実施していなかったなどとして，倉庫業者（兵庫県神戸市）及び同社八代支店（熊本県八代市）管理部長課長を労働安全衛生法第59条（安全衛生教育）違反の容疑で熊本地検八代支部に書類送検した。2017（平成29）年7月，同社八代支店第2工場内で働いていた委託事業場の労働者が死亡する労働災害が発生している。死亡した労働者は，同社労働者が運転していたトラクター・ショベルに挟まれている。労災後の調査で，特別教育を実施していないことが明らかになった。さらに，同社と八代支店管理部副部長がトラクター・ショベルの定期自主検査を行っていなかったことも判明し，同法第45条（定期自主検査）違反の容疑で処分されている。なお，同社は2017（平成29）年10月にも，労災かくしの容疑で送検されていた。[15]

(b) 2019（平成31）年3月14日，愛知・豊橋労働基準監督署は，フォークリフトの定期自主検査を怠っていたなどとして，製造業の会社と同社営業部長補佐を労働安全衛生法第45条（定期自主検査）違反などの疑いで名古屋地検豊橋支部に書類送検した。本件では，2018（平成30）年11月，同社関連会社所属の労働者が死亡する労働災害が発生している。被災した労働者は，フォークリフトを運転して同社資材置き場前に置かれていたコンテナを運搬しようとしていたところ，県道にはみ出てトラックと衝突。車外に投げ出されて頭部を打ち付けている。同労基署が災害調査を行ったところ，フォークリフトは同社が所有するものと判明した。さらに，2013（平成25）年4月3日以降，1年を超えない期間ごとに1回の実施が義務づけられている定期自主検査が行われていない，フォークリフトに前照灯・後照灯が備え付けられていないといった違反が発覚した。同労基署は，「定期自主検査をしていれば，前照灯が備え付けられていなかったことは分かったはず」という。[16]

(c) 2019（令和元）年8月6日，北海道・小樽労働基準監督署は，移動式クレーンの法定検査を実施しなかったとして，建設業の会社と同社代表取締役を労働安全衛生法第45条（定期自主検査）違反の容疑で札幌地検小樽支部に書類送検した。2019（平成31）年2月，別法人に雇用される労働者が死亡する労働災害が発生していた。労災は，移動式クレーンで吊られていた鉄板が落下し，労働者に直撃するものだった。同社は，1カ月以上使用していなかった移動式クレーンを再度使用する際，法定の自主検査を実施していなかった疑いがあった。[17]

(2) 特定自主検査

(a) 福岡東労働基準監督署は，年に1度義務づけられているドラグ・ショベルの特定自主検査を行わなかったとして，神奈川県横浜市の機械リース業を営む会社と，同社前福岡支店長を労働安全衛生法第45条（定期自主検査）違反の疑いで福岡地検に書類送検した。同社は2010（平成22）年4月から2014（平成26）年7月まで，無資格者にドラグ・ショベルの特定自主検査を行わせた。他支店の2人の有資格者の氏名を無断で使い，検査を適法に実施したように偽装した疑いがあった。2012（平成24）年11月に発生した労災の調査中，「自分の名前が無断で使われたようだ」という労働者の情報提供により発覚した。[18]

(b) 2015（平成27）年6月19日，大阪・淀川労働基準監督署は，動力プレスの特定自主検査を実施していなかったとしてプレス加工製造会社と同社代表取締役を安衛法違反の疑いで大阪地検に書類送検した。動力プレスの光線式安全装置が検査項目となっていたが，検査が実施されていなかった。安全距離が不足したまま作業を行った結果，安全装置が作動せず，労働者が金型に指を挟まれ，3指を切断する災害が発生した。[19]

(c) 厚生労働省は，労働安全衛生法に基づく特定自主検査を行う際に検査者資格のない者に検査を行わせたとして，特定自主検査の検査業者である会社に対し，6カ月間の特定自主検査業務の停止を命じた。大臣登録の検査業者に対する業務停止命令は2年ぶり。同社は2016（平成28）年10月，愛媛県内の東予工場で，他社の求めに応じてフォークリフトの検査を実施する際，無資格者に行わせた。その後の厚労省の立入り調査で明らかになっている。[20]

(d) 2020（令和2）年9月29日，秋田労働基準監督署は，運転中のローラー（資料5-74）との接触防止措置を講じなかったとして，会社と同社取締役を労働安全衛生法第20条（事業者の講ずべき措置等）違反の容疑で秋田地検に書類送検した。2020（令和2）年3月，労働者が両下肢全廃の後遺症が残る重症のケガを負う労働災害が発生している。同社は，舗装工事や土木工事に関する事業活動を行っている。労災は，駐車場舗装工事現場内で発生した。アスファルト合材の敷きならし作業及び敷きならした合材の転圧作業を行っていた際，労働者がバックしてきたローラーと接触している。同社は労災発生時，作業場所に立入禁止措置を講じたり，誘導員を配置するなどの措置を行っていなかった疑い。また同社は，ローラーに関して1年に1回実施すべき特定自主検査を実施していなかったとして，同法第45条（定期自主検査を実施すべき機械等）違反の容疑でも送検されている（このように，労災発生時，芋づる式に本条違反による刑事手続きが踏まれることが多い）。[21]

資料5-74 ローラー

資料5-75 合成樹脂パレット

資料5-76 動力プレス

(e) 2021（令和3）年11月4日，山梨・甲府労働基準監督署は，非鉄金属鋳物業の会社と同社製造部長について，<u>特定自主検査を実施していない動力プレスを労働者に使用させたとして，安衛法違反の疑いで甲府地検に書類送検した</u>。同社の工場内で労働者に試作品の製造を行わせていたところ，合成樹脂パレット（資料5-75）に載せていた動力プレスが倒れた。労働者は動力プレス（資料5-76）の下敷きになって死亡した[22]。

(f) 2022（令和4）年3月28日，神奈川労働局は，<u>動力プレスの特定自主検査を無資格者に行わせ，当日不在だった有資格者が行ったように台帳を偽るとともに，虚偽の陳述をしたとして，登録検査業者の会社役員3人を労働安全衛生法第103条（書類の保存等）・第96条（厚生労働大臣等の権限）違反などの疑いで横浜地検相模原支部に書類送検した。併せて同社に対して半年間の検査業務停止処分を行っている</u>。同労働局によると，虚偽陳述で検査業者を送検するのは全国初。被疑者は，同社の常務取締役兼営業部部長，専務取締役兼工事部部長，取締役兼業務部部長の3人。3人は昨年11〜12月，顧客の動力プレス機械の特定自主検査を行う際，無資格者に検査を行わせるとともに，台帳に有資格者が行ったと虚偽記載した疑い，ならびに虚偽記載について調査した同労働局の担当者に虚偽の陳述をした疑いが持たれている。同労働局によると，同社には，有資格者が2人在籍しており，平常時には有資格者を含む5〜6人で班を組み，製造業者などの客先で検査を行っていた。ところが，<u>年末繁忙期である昨年11〜12月は，無資格者のみで現場に出向く日が発生。有資格者証の提示を拒んだことについて顧客から抗議を受けた同社が，同労働局に対して「本当にこのやり方ではいけないのか」と問い合わせたことから違反が発覚した</u>。同労働局の調べに対して被疑者らは当初，「複数班で客先を回った。有資格者は同じ現場の別の班にいた」と主張していたが，後に虚偽の陳述であったと認めたという。

有資格者に特定自主検査を行わせなかったことを受けて同労働局は，同社を3月28日から半年間の同検査業務停止処分とした。<u>同労働局によると，検査業者に対して行政処分と司法処分を同時に行うことは珍しく，とくに虚偽の陳述での送検は全国初</u>。行政や顧客との信頼関係を揺るがす悪質性の高い事案とみており，管内の登録検査業者160社に「厳正な検査を求める」といった注意喚起の文書を発出する方針だ。同社が無資格者に検査させたのは，顧客3社が所有する12台の動力プレス機械。いずれもすでに有資格者による再検査が完了している。<u>無資格者による検査は無効で，労働災害が起これば，検査済みでない機械を使わせた使用者の責任が問われる</u>。同労働局は「労働者の安全のため，自社の機械を検査させる際は資格証の提示を求めるなど，自己防衛に努めてもらいたい」と話した[23]。

5 関係判例

●プレス機械作業中に生じた災害で，会社は，安全保証義務の債務不履行責任を負うとされた例（京都地判昭61・6・10労判479号78頁）

〈事実の概要〉

X（原告）は，被災当時，Y1（被告）に板金部門に溶接工として，雇用されていた。Y2（被告）は，Xの直接の上司であり，取締役工場長の立場にあった。Y3（被告）は，プレス機の修理業者であった。Y1は，訴外Aより本件プレス機を購入した。

本件災害は，ブレーキシューを固定する支点ピンがはずれかかって，ブレーキが効かなくなり，プレス上型板が急に落下したために生じた（資料5-77・5-78）。本来，右の支点ピンがはずれることのないようにするため，支点ピンの端部付近にあけた直径約6mmの穴に，太さ約5.5mmの割ピン（資料5-79）

が装着されており，割ピンが装置されている限り支点ピンがはずれかかるといった事態は生じない。そして，割ピンの材質は軟鋼線で，これが装着の際には文字通り先端部分を2つに割り，それぞれ60度ないし90度前後に折り曲げるのであるが，材質の関係上一旦折り曲げると，もとに戻ることはなく，しかも本体と割ピンとの間に座金を入れて割ピンが本体に接触して傷むことのないように保護する仕組になっており，このようにしてある限り割ピンが脱落することもない。

もっとも，割ピンが装着されていないとか，脱落しても，支点ピンにかかる力の均衡により，同支点ピンが必ずしも直ぐにはずれかかるという訳ではなく，そのままで運転操作も可能であり，支点ピンがはずれかかって同ピンにかかる力の均衡が崩れないと，その異常が摩擦音となって現れて来ない。

割ピンがどのような状態で装着されているかの点は，Y3（本件プレス機の修理を担当した業者）が用意した特定自主検査記録表の点検箇所及びプレスの毎日点検表の点検項目に挙げられていないけれども，前者の点検箇所としてブレーキが挙げられており，その点検内容として，締付ボルト，ナットの緩み，脱落など細部に亘る項目が示されているのであるから，これらの点検がなされれば，外部からの観察が可能な位置にある問題の割ピンの状態も，容易に把握することができる。

本件プレス機は，昭和50年7月頃にY1が訴外Aから購入したもので，Y2が取締役工場長として専ら管理責任者の立場にあり，作業開始前にY2が作動させて，空気の圧縮や試し打をして機能点検などをした後，X（昭和38年5月6日生）らに命じて運転操作をさせていたほか，毎月1日と15日頃に，ブレーキ，クラッチ，給油の状態など全般に亘って点検していたのであるが，問題の割ピンの状況の確認は看過した。更に，本件プレス機については，労働安全衛生法第45条，同法施行令第15条，第13条及び同施行規則第135条，第135条の3所定の年1回の定期自主検査を実施していなかった。

本件災害当日もY2が本件プレス機による試し打などをして格別異常のないことを確認したうえ，Xに命じて鉄板の打ち抜き作業をさせた。ところが，Xが約1時間位作業をし，300枚前後の製品を作った段階で本件災害が発生した。

本件災害発生のすぐ後に，関係者が調査したところ，本件プレス機用の座金と折り曲げられたことのない割ピン各1点が床面に落ちていた。

以上の経緯より，Xは，Xの直接の上司であるY2に対し，故障しがちでくせのある機械であることを知りながら，何ら抜本的修理をすることもなく，又一切

資料5-77 プレス機のブレーキ

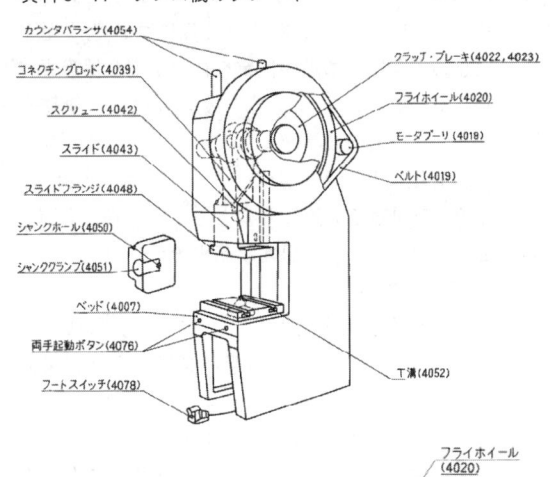

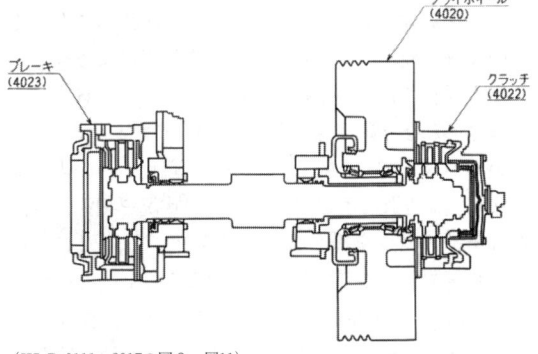

（JIS B 0111：2017の図3・図11）

資料5-78 ブレーキシュー（自動車の例）

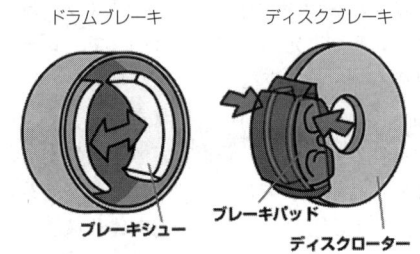

（一般社団法人日本自動車連盟（JAF）WEBサイトより引用）

資料5-79 割りピンの使用例

の安全教育や注意等することなく，雇入れ間なしで経験不足のXに対し，敢えて危険極まりない本件プレス機操作を単独で為すことを命じた過失があるとして，民法第709条に基づく損害賠償請求をした。

また，Xは，使用者であるY1に対し，民法第715

条1項に基づく損害賠償請求，及び，Y1 と X 間の雇用契約上，Y1 において X を働かせるにつき危険が X に及ばないように日頃点検作業を行い，安全保護すべき義務（安全保証義務）があることを理由に，債務不履行に基づく損害賠償請求をした。また，本件プレス機の修理を担当した Y3 についても，（その修理担当者が）割ピンの問題を見過ごしたとして，不法行為（ないし使用者責任）による損害賠償請求を行った。

〈判旨：X 請求認容〉

「Y2 は，取締役工場長として，本件プレス機を含む板金部門の万般につき専ら管理責任を負う立場にあったところ，毎日始業点検（労働安全衛生規則136条）を実施していたうえ，毎月1日と15日頃にも全般に亘り点検を実施していたのであるが，1年以内ごとに1回の実施が義務づけられている検査業者による検査が一度も履行されていなかったのであるから，日常の右点検はそれなりに入念になされなければならなかったというべきである。そして，かかる観点からの入念な点検が実施されておれば，割ピンの状況を把握でき，本件事故の発生を未然に防止できたのに，Y2 においてこれを懈怠したといわなければならない。したがって，Y2 は，本件事故により生じた損害を賠償すべき責任がある。……Y1 は，本件プレス機を所有する事業者として，プレスのブレーキその他制御のために必要な部分の機能を常に有効な状態に保持しなければならず（労働安全衛生規則132条），また前叙のとおり1年以内ごとに1回，定期に検査業者をしてブレーキ系統の異常の有無を検査させなければならないのに，これを実施していないのである。いうまでもなく，かかる検査は本件の如き事故を防止し，労働者の安全と健康を確保するため，事業者に課せられた義務であり，これが懈怠は労働者に対する安全配慮義務違反というべく，Y1 は，債務不履行責任を負わなければならないし，民法715条1項の規定による不法行為責任も負うというべきである。」

〈汲み取り得る示唆〉

本判決は，特定自主検査に関し，災害「を防止し，労働者の安全と健康を確保するため，事業者に課せられた義務」と解した。その上で，当該義務違反につき，「労働者に対する安全配慮義務違反」を構成し，使用者は債務不履行責任や使用者責任を負う旨を述べた。

本件において，使用者は，上記義務違反だけでなく（＊あるいは，当該義務違反の結果），プレスのブレーキその他制御のために必要な部分の機能を常に有効な状態に保持しなければならなかった（労働安全衛生規則第132条）にもかかわらず，これについても懈怠していた。

このような事案の性格に鑑み，裁判所は，安全配慮義務の具体的内容を検討するに当たり，労働安全衛生規則が定める安全衛生の基準についても十分に参酌したものと思われる。

なお，上司（取締役工場長）に対しても，特定自主検査が実施されていないことを踏まえ，不法行為責任を認めている。

● 2階建て倉庫に設置された荷物運搬用の昇降機による荷降ろし作業中リフトに挟まれて死亡した災害につき，昇降機の据付・納入業者に指示・警告義務を怠つた過失があるとして不法行為責任が認められた例（山口地判平3・2・27判タ757号208頁）

〈事実の概要〉

亡 A は，被災当時，訴外 B に雇用されていた。Y1（被告）は，訴外 B から Z（被告ら補助参加人）が製造する荷物用リフト（資料5-80）の設置を含む鉄骨2階建倉庫新築工事を請け負い，当該工事を完成させ，引き渡した。Y2（被告）は，Z の唯一の総代理店であり，Y1 に本件荷物用リフトを納入するとともに，Y1 から依頼されてその据付工事を担当したものである。なお，X1～X3（原告ら）は，亡 A の相続人である。

亡 A は，訴外 B に昭和62年4月入社し，現場作業員として主として製品の出荷・搬出等の業務に従事していたところ，同年9月10日午後4時55分頃訴外 B 倉庫1階において，本件クマリフトを使用して2階から降ろされてくる製品の搬出作業に従事していた際，本件クマリフトに上半身を挟まれ，胸部・頸部圧迫により同日午後5時頃同所において死亡した。本件クマリフトは扉を閉めないとリフトが昇降しないという構造にはなっておらず，安全装置であるドアスイッチに触れると扉が閉まっていない状態であってもリフトが作動する危険があった。災害当時本件クマリフトが作動してリフトが上昇したのは，亡 A がドアスイッチを指で押さえるか，あるいは体の一部が何らかの事情でドアスイッチに触れた瞬間，2階にいた訴外会社従業員がたまたま移動ボタンを押して操作したことによるものである。

以上の経緯より，亡 A の遺族である X らは，本件クマリフトの納入業者でその据付工事を担当した Y2 及び亡 A の勤務会社である訴外 B から本件クマリフトの設置を含む倉庫新築工事を請け負った Y1 にそれぞれ過失があると主張して，不法行為に基づく損害賠償請求をした。

〈判旨：Y2 に対する請求につき一部認容〉

「まず Y2 の責任について検討するに，本件クマリフトのようにその製品自体が危険物でなくても，一般に製造業者や販売業者などがその専門知識・経験に基づく合理的な判断によって製品の購入者などの利用者

資料5-80　荷物用リフト

〔厚生労働省「職場のあんぜんサイト」〔https://anzeninfo.mhlw.go.jp/hiyari/hiy_0302.html，最終閲覧日：2024年9月13日〕〕

による不相当な使用や誤用等により生命・身体等に対する重大な侵害が惹起される危険性を予見できる場合には，利用者の知識・経験からしてその危険性が明白であるなど，当該製品の利用者がその危険性を具体的に認識していることが明らかでない限り，製造業者らには，製品の販売・納入等に際し，その利用者に対し，製品の安全な使用方法を充分に指示・説明することは勿論のこと，右のような危険性を喚起し，不相当な使用や誤用等が行われないよう指示・警告して事故の発生を未然に防止すべき注意義務があるといえるところ，その設置場所からしてドアスイッチが本件クマリフトを使用する者にとって発見し易い箇所にあったうえ，繰り返し流れるアナウンスがうるさいことから，……荷物の上げ降ろし作業に従事する者が，……意図的にアナウンスの声を消すために，ドアスイッチに触れたり，これに改造を施すおそれがないわけではない」のに，Y2は，本件クマリフトの納入業者でありながら，その「安全な使用方法についての充分な説明やドアスイッチの誤用等についての指示・警告もしなかったのであって，少なくともY2がドアスイッチの誤用や改造について，そのようなことは危険であるから絶対行わないよう指示・警告するなどの適切な措置を講じてさえいたならば，亡Aが不用意にドアスイッチの機能を失わせるようなことを防止することができ，したがって，本件事故の発生を未然に回避することができたものと解されるから，この点において，Y2に不法行為上の注意義務違反があることは明らかである」。

「……なおXらは，Y1に本件クマリフトに関し労働安全衛生法，クレーン等安全規則により定期自主検査が義務づけられていることを訴外Bに教示しなかった過失があると主張するけれども，〈証拠〉によれば，本件クマリフトは労働安全衛生法施行令1条九号の簡易リフトに該当し，クレーン等安全規則により年1回，月1回の定期自主検査義務が事業者に課されているところ，Y2は，Y1に対し，本件クマリフトに関し定期自主検査の説明をしていないことが認められ，本件クマリフトの設置を含む倉庫新築工事を請け負ったY1において，訴外Bに対し本件クマリフトに関し右のような定期自主検査を教示すべき義務があるとまでは認め難いから，Xらの右主張は採用できない。」

〈汲み取り得る示唆〉

Xらは，本件クマリフトの設置を含む倉庫新築工事を請け負ったY1に対し，本件クマリフトに関し労働安全衛生法，クレーン等安全規則により定期自主検査が義務づけられていることを訴外Bに教示しなかった過失を主張したが，排斥されている。

判決理由では，そもそも，Y2が，Y1に対し，本件クマリフトに関し定期自主検査の説明をしていないことを挙げている。それゆえ，仮にY2がY1に対し上記説明を尽くしていた場合は，結論が変わり得た可能性も否定できない。

Xらは，そもそも被災者の直接の雇い主（事業者）である訴外Bを被告としていないが，判決も指摘するように，定期自主検査の義務主体は事業者なので，仮に被告としていれば，過失責任を認められた可能性はあると解される。

●建設機械を目的物とする所有権留保約款付き割賦売買契約において，建設機械の「瑕疵」の判断において，売主側の特定自主検査の実施が考慮された例
（東京地判平24・10・30 LEX/DB 25498287）

〈事実の概要〉

X（原告）とY1（被告）との間において，建設機械の所有権留保約款付き割賦売買契約が締結され，Xは，Y1に対して，建設機械を引き渡した。しかしながら，Y1は割賦金を支払わず，期限の利益を喪失し，建設機械に関するX及びY1間の使用貸借契約も失効した。これに伴い，Xは，Y1及び連帯保証人であるY2（被告）に対し，売買契約に基づく残金の支払い等を求めた。これに対して，Yらは，売買契約当時，建設機械に瑕疵があった旨を主張した。具体的には，自主検査を行っていたとしても，真実の検査は行われていない等と述べ，瑕疵のある売買契約の詐欺取消しを主張した。

〈判旨：Xの請求認容〉

「Yらは，本件各売買契約締結当時，本件各物件に瑕疵があったと主張する。しかし，証拠（甲6，10，乙4，5）及び弁論の全趣旨によれば，訴外C（Xの元請）は，本件各物件の引渡し前に本件各物件の検査を行っており，その結果，本物件1は，検査結果に問題はなく……Y1は，本件各物件の引渡しを受けた後，本件各物件を検収し，異議を述べることなく，物件受領証を交付したことが認められ，以上の事実によれ

ば，本件各売買契約締結当時，本件各物件に瑕疵があったと認めることは困難である」（下線は筆者による）と述べ，Yらの主張を排斥した。

なお，上記証拠乙4，5については，検査結果を記載した特定自主検査記録簿である。

〈汲み取り得る示唆〉

本判決は，建設機械に対する特定自主検査の実施の事実を考慮し，「中古機械として通常有すべき品質・性能を欠いていたとまで認めるに足りない」と述べ，建設機械には，「瑕疵」がないと判断した。特定自主検査については，定期自主検査とは異なり，一定の資格を有する者に検査を実施させる等といった側面があるため，このような特定自主検査の性格が考慮され，上記のような結論になったように思われる。労働安全衛生法上の機械等に関する規制内容が民法上の「瑕疵」の判断において考慮されたことが特筆される。

6 元行政官へのインタビューで示された今後の検討課題

元行政官（本省任用で安全衛生部での勤務経験を持つ技官）へのインタビューにより，今後の検討課題として，以下の意見が得られた。

「(1)定期自主検査の対象機械等や検査の頻度について，現在は一律に定められているが，国が労働安全衛生について個別規制から事業者の自律的管理への移行を進める時代にあっては，リスクアセスメントの結果に基づき，事業者が必要に応じて，検査頻度，検査項目，検査者などを定めることができるようにすべきではないか。このため，機械等のメーカーも製品のリスクアセスメントを実施し，当該機械等の設置使用に当たっての残留リスクを使用者側に伝えることが重要となる」（15年以上前から「機械等の包括的な安全基準に関する指針」〔平成19年7月31日基発0731001号〕により行政指導がなされ，残留リスクの通知については大臣の指針〔平成24年3月16日厚生労働省告示第132号〕がある）。

(2)「本条3項の定期自主検査指針や法28条の技術上の指針及び健康障害防止指針，法28条の2のリスクアセスメント指針など数多くの指針が大臣告示として公布されている。現在，化学物質管理が先行し，事業者の自律的管理を基本とする法体系に移行されようとしているが，労働災害や職業性疾病の発生を予防するために事業者が行う措置と，こうした指針との関係を法律的に整理する必要がある。自律的管理の世界では，適切な措置を講じていたことの説明責任は事業者にあるが，仮に，国の指針（告示，公示，通達）に従った措置を講じていて業務上の災害などが発生した場合は免責されるのか。他方，新しい技術が開発され，また新たな知見が蓄積されていく中で，こうした国の指針の維持管理をどうするのかという問題もある。」（＊行政当局は，指針ならば直接的な法的拘束力はないため，望ましい措置を書き易いとの考えで発出してきたが，指針でもカバーできないリスクが多いとの指摘とも解される[24]）。

7 その他

公益社団法人建設荷役車両安全技術協会においては，2022（令和4）年11月1日から30日までの1ヵ月間「令和4年度建設荷役車両特定自主検査強調月間」と銘打って，フォークリフト・不整地運搬車・車両系建設機械・高所作業車の特定自主検査の一層の普及・促進を図るキャンペーンを全国一斉に行っている[25]。

> **（登録製造時等検査機関[26]の登録）**
> 第46条 第38条第1項の規定〔＊特定機械等の製造輸入者，長期放置，使用廃止された特定機械等の再設置，使用希望者は，機械等の種別に応じ，都道府県労働局長か登録製造時等検査機関の検査を受けるべきこと等の定め〕による登録（以下この条，次条，第53条第1項及び第2項並びに第53条の2第1項において「登録」という。）は，厚生労働省令で定めるところにより，厚生労働省令で定める区分ごとに，製造時等検査を行おうとする者の申請により行う。
> 2 次の各号のいずれかに該当する者は，登録を受けることができない。
>   一 この法律又はこれに基づく命令の規定に違反して，罰金以上の刑に処せられ，その執行を終わり，又は執行を受けることがなくなつた日から起算して2年を経過しない者
>   二 第53条第1項又は第2項の規定により登録を取り消され，その取消しの日から起算して2年を経過しない者
>   三 法人で，その業務を行う役員のうちに前2号のいずれかに該当する者があるもの
> 3 厚生労働大臣は，第1項の規定により登録を申請した者（以下この項において「登録申請者」という。）が次に掲げる要件の全てに適合しているときは，登録をしなければならない。
>   一 別表第5に掲げる機械器具その他の設備を用いて製造時等検査を行うものであること。
>   二 製造時等検査を実施する者（別表第6第1号に掲げる条件のいずれかに適合する知識経験を有する者に限る。以下「検査員」という。）が同表第2号に掲げる数以上であること。
>   三 検査員であつて別表第7に掲げる条件のい

ずれかに適合する知識経験を有する者が検査員を指揮するとともに製造時等検査の業務を管理するものであること。
　　四　登録申請者が、特別特定機械等を製造し、又は輸入する者（以下この号において「製造者等」という。）に支配されているものとして次のいずれかに該当するものでないこと。
　　　イ　登録申請者が株式会社である場合にあつては、製造者等がその親法人（会社法（平成17年法律第86号）第879条第1項に規定する親法人をいい、当該登録申請者が外国にある事務所において製造時等検査の業務を行おうとする者である場合にあつては、外国における同法の親法人に相当するものを含む。）であること。
　　　ロ　登録申請者の役員（持分会社（会社法第575条第1項に規定する持分会社をいう。）にあつては、業務を執行する社員）に占める製造者等の役員又は職員（過去2年間に当該製造者等の役員又は職員であつた者を含む。）の割合が2分の1を超えていること。
　　　ハ　登録申請者（法人にあつては、その代表権を有する役員）が、製造者等の役員又は職員（過去2年間に当該製造者等の役員又は職員であつた者を含む。）であること。
　4　登録は、登録製造時等検査機関登録簿に次に掲げる事項を記載してするものとする。
　　一　登録年月日及び登録番号
　　二　氏名又は名称及び住所並びに法人にあつては、その代表者の氏名
　　三　事務所の名称及び所在地
　　四　第1項の区分

1　趣旨

　特定機械等について行われる製造時等検査は、当該特定機械等が構造規格に適合しているか等について技術的に判断し、その結果に基づいて検査証の交付の可否を決定するものであるから、このような判断をなし得る設備や人的能力が備わった機関にふさわしい社会的信頼性、技術能力等が備わってなければならない。
　本条は、登録製造時等検査機関の登録区分、登録基準等について定めたものである。登録基準については第3項が、第1号で検査設備、第2号で人的資源（検査員）、第3号で検査員及び業務の統括者、第4号でCOIを要件としている。
　なお、平成26年6月25日法律第82号により、日本国内に事務所を有しない外国の機関も本条による登録ができることとされた。[27]
　所定要件を充たした申請につき大臣による登録を義務づけた本条第3項は、規制改革の中、行政の恣意で登録の可否が運用されることがないよう、国会のチェックが働く法律で定めること（従前は大臣告示で定められていた事項が法の別表となった）が求められたものといえる。検査代行機関制度は、他省に先駆けて整備・実施されていたことがあり、安衛法制定から暫くの時期は、他省のモデルと言われていた。1980年代からの検査制度と検査機関制度の変遷は、わが国市場の対外開放の圧力の高まり、その後のわが国経済の停滞の中で、外国製造者の日本市場へアクセスの改善、さらには規制緩和、行政改革という観点から政治主導で行われてきた。登録製造時等検査機関が製造時等検査を行うのは、現状、ボイラーと第1種圧力容器のみであり、製造時等検査の対象となる特定機械等のうち、移動式クレーンとゴンドラについては、現在も国が検査を行っている。[28]
　本条が、もともと性能検査を規制対象としていたところ、製造時等検査（法第38条）の実施機関を規制対象とするようになったのは、法改正の中で、検査代行機関に役割が託されるようになった結果、性能検査より基軸的な検査に当たる検査を託されるようになったことによると解される。現に、登録性能検査機関に関する法第53条の3、登録個別検定機関に関する法第54条、登録型式検定機関に関する法第54条の2は、製造時等検査機関に関する本条を準用しているので、本条の定めは、これらの検査機関のデフォルトにもなっていることが窺われる。落成検査や変更検査等は、製造時等検査を定めた法第38条第3項で定められているが、未だ国による検査とされている。

2　内容

1　登録の区分及び検査の対象

　本条第1項の厚生労働省令で定める区分は、次の通りであり（登録省令第1条の2の45）、これらがそのまま検査の対象機械等となっている。
①令第12条第1項第1号のボイラー
②令第12条第1項第2号の第1種圧力容器

2　登録の申請

　本条第1項の登録の申請をしようとする者は、登録製造時等検査機関登録申請書（様式第4号の2）に、次の書類を添えて、厚生労働大臣に提出しなければならない（登録省令第1条の3）。
①定款又は寄附行為及び登記事項証明書（個人の場合は、住民票の写し）
②申請者が本条第2項各号及び第3項第4号のイから

ハまでの規定に該当しないことを説明した書面
③役員の氏名，略歴及び社員，株主等の構成員の氏名
④製造時等検査に用いる機械器具その他の設備の種類，数及び性能
⑤本条第3項第3号に規定する者（＊所定の知識経験を有し，検査員を指揮し，検査業務を管理する者）及び検査員の経歴及び数
⑥製造時等検査の業務以外の業務を行っているときは，その業務の種類及び概要

なお，⑤の「検査員の経歴」については，最終学歴，実務経験及び必要な研修の履歴がある（平成16年3月19日基発第0319009号）。

また，本条第1項で，「製造時等検査を行おうとする者」とは，法人又は個人であること（同前）。

3 登録の基準等

厚生労働大臣は，本条第1項の登録の申請があった場合，その内容が次の登録の基準の要件に全て適合しているときに，登録を行うものとする（本条第3項，掲示した法別表のほか，平成16年3月19日基発第0319009号）。

①法別表第5の機械器具その他の設備（超音波厚さ計，超音波探傷器，ファイバースコープ，ひずみ測定機，フィルム観察器，写真濃度計）を用いて製造時等検査を行うものであること
②製造時等検査を実施する検査員が法別表第6第1号の次の条件のいずれかに適合する知識経験者であり，検査員の数が年間の製造時等検査の件数を800で除して得た数（法別表第6第2号）以上であること（＊検査員は1人で年間800件以上を担当すべきでないとの示唆）
　イ　大学又は高等専門学校において工学に関する学科を修めて卒業した者で，特別特定機械等の構造，材料及び試験方法，工作及び試験方法，附属装置及び附属品，関係法令，強度計算方法及び検査基準の学科研修の時間が160時間以上であり，登録製造時等検査機関が行う検査実習を10件以上修了したもの
　ロ　高等学校又は中等教育学校において工学に関する学科を修めて卒業した者で，イの学科研修を210時間以上，イの検査実習を15件以上修了したもの
　ハ　イ又はロに掲げる者と同等以上の知識経験を有する者
③次に掲げる法別表第7の条件のいずれかに適合する知識経験を有する「検査長・主任検査員」が他の検査・検定員を指揮するとともに製造時等検査の業務を管理するものであること
　イ　②のイの工学関係大学等卒業者で，特別特定機械等の研究，設計，製作若しくは検査又は特別特定機械等に係る製造時等検査の業務に10年以上従事した経験を有するもの
　ロ　②のロの工学関係高等学校等卒業者で，③のイの業務に15年以上従事した経験を有するもの
　ハ　③のイ又はロに掲げる者と同等以上の知識経験を有する者

なお，この「検査長・主任検査員」は，②の検査・検定員とは別に，③の規定する知識経験を有し，検査・検定の業務に関し，次の業務を統括管理する（平成16年3月19日基発第0319009号）。
　イ　関係法令及び業務規程に規定された検査・検定の基準等に基づき，適正な検査・検定が行われるよう検査・検定員の指揮を行うこと
　ロ　検査・検定業務に関する監査指導を行うこと
　ハ　検査・検定員の研修を行うこと
④登録申請者が，特別特定機械等を製造又は輸入する者に支配されているものとして，次のいずれかに該当しないこと
　イ　登録申請者が株式会社である場合，支配するものが親法人であること
　ロ　登録申請者の役員に占める製造又は輸入業者の役員又は職員（過去2年間の該当者を含める）の割合が2分の1を超えていること
　ハ　登録申請者（法人にあっては，その代表権を有する役員）が製造業者等の役員又は職員（過去2年間の該当者を含める）であること

4 登録の記載事項

登録は，登録製造時等検査機関登録簿に，①登録年月日及び登録番号，②氏名又は名称及び住所並びに法人の場合は代表者の氏名，③事務所の名称及び所在地，④本条第1項の区分を記載して行われる（本条第4項）。

なお，③の「事務所」とは，検査・検定員が配置され，検査・検定を実施することができる体制にある事務所をいう（平成16年3月19日基発第0319009号）。

3 沿革

［安衛法制定時の条文］
（検査代行機関の指定）
第46条　第41条第2項の規定〔＊検査証の有効期間の更新を希望する者は，労基署長か労働大臣が指定する検査代行機関による性能検査を受けるべき旨の定め〕による指定（以下この条において「指定」という。）は，労働省令で定める区分ごとに，同項の性能検査（以下「性能検査」という。）を行なおうとする者の申請により行なう。

2 次の各号のいずれかに該当する者は，指定を受けることができない。
一 この法律又はこれに基づく命令の規定に違反して，罰金以上の刑に処せられ，その執行を終わり，又は執行を受けることがなくなつた日から起算して2年を経過しない者
二 第53条第2項の規定により指定を取り消され，その取消しの日から起算して2年を経過しない者
三 法人で，その業務を行なう役員のうちに第1号に該当する者があるもの
3 労働大臣は，第1項の申請が労働省令で定める基準に適合していると認めるときでなければ，指定をしてはならない。

＊この時点では，製造時等検査ではなく，有効期間の更新時の性能検査を前提としており，登録申請者が所定要件を充たしていれば登録すべき旨の規定（現行第3項）も，登録簿の必要的記載事項の定め（現行第4項）もなかった。COIに関する第3項第4号の定めもなかった。

現行安衛法制定当時は，性能検査のみが，検査代行機関の指定対象とされていた。製造検査，構造検査，溶接検査，使用検査，落成検査，変更検査，使用再開検査は国が検査をしていた。

その後，徐々に官から民への流れが生じ，検査制度もその例外ではなくなった。例えば，平成4年法改正（同年5月22日法律第55号）を審議した第123回国会参議院労働委員会第7号（平成4年5月14日）では，北山宏幸政府委員が以下のように述べていた。

「いわゆる保安4法に関連しまして，労働安全衛生法，消防法，それから高圧ガス取締法に基づきまして，労働省，消防庁及び通産省がそれぞれの立場からボイラー，圧力容器等に関しまして所定の検査を行っているわけでございますけれども，そういうものにつきまして，一定の機関が複数の法律に基づく検査もあわせて行うことがより合理的であるというようなことから，指定検査機関等による相互乗り入れができるように，今回製造時等検査について指定機関が行うことができるようにしたいというふうに考えているところでございます」。

「労働安全衛生法及び労働災害防止団体法の一部を改正する法律の施行について」（平成4年5月22日基発第43号）にも，同様の記述がある。

性能検査は，一度検査した機械の「検査証の更新を受けようとする場合の検査」であって，既に国による審査（製造許可の審査，製造時等検査）を受けているため，検査の重要度が劣る。そこで，現行安衛法制定当時も，検査代行機関に託されていたが，その後，製造時等検査のような基軸的な検査も検査代行機関に託されるようになったということであろう。

その結果，製造時等検査に関する法第46条は総則的な役割を果たす中核規定となり，性能検査等に関する規定は，それを準用する形式が採られたものと思われる。

その後，平成14年3月に「公益法人に対する行政の関与の在り方の改革実施計画」が閣議決定され，国から公益法人等が委託等を受けて行っている検査，検定，資格付与等の事務及び事業についても，官民の役割分担及び規制改革の観点からの見直しを行うこととされた。厚生労働大臣も，これらの事務及び事業を行わせる者を指定する制度から，法定要件に適合する者については，行政の裁量の余地のない形で登録を受け，これを行う制度へと改める等の措置を講じることが求められた（平成15年7月2日基発0702003号）。

これを受け，平成15年7月2日法律第102号には，登録基準の明確化等がなされると共に，本条第3項各号の要件（受検者とのCOIも含まれる）を充足する場合の登録が行政の裁量ではなく，き束行為とされた。

その後，会社法の施行に伴う関係法律の整備等に関する法律（平成17年7月26日法律第87号）により，本条第4項の規定が整理された。

また，平成26年6月25日法律第82号により，貿易障壁の解消を目的として，日本国内に製造時等検査等の業務を行う事務所を有しない外国に立地する製造時等検査機関についても，外国登録製造時等検査機関として登録を受けられるものとされた。これに伴い，本条においても，外国登録製造時等検査機関に関する言及が加わった（本条第3項第4号イ）。

4 元行政官への聞き取り調査から得られた運用実態に関する情報と制度改正への意見

本条の運用に際しては，国の検査官の充足と，検査機関側の検査員の養成・確保の両面で時間を要しているのが実態である。

特定機械等に係る検査のうち，現在国（労働基準監督署）が行っている落成検査，変更検査及び使用再開検査（休止届を提出して使用を休止し，有効期間を徒過した機械等を再び使用しようとする場合に行う検査）は，必要とされる技術能力から考えると登録検査機関の民間の専門検査機関に移行可能だし，早期に移行すべきであろう。構造規格への適合を専門技術的に点検しなければならない検査を検査経験の少ない労働基準監督官が行っている状況も見られる。近い将来，検査全般を登録機関に移行することになると思われるが，そうなると，関連する設置届や変更届，製造許可，各種報告など，検査に関わる仕組み全体の再整理が必要になろう[30]。

（登録の更新）
第46条の2　登録は，5年以上10年以内において政令で定める期間ごとにその更新を受けなければ，その期間の経過によつて，その効力を失う。
2　前条第2項から第4項までの規定は，前項の登録の更新について準用する。

1 趣旨と内容[31]

　登録製造時等検査機関が一定の期間ごとに更新を受けなければ登録の効力を失うことを定めたものである。

　なお，政令で定める期間は，5年である（令第15条の2）。

　また，法第46条第2項から第4項までに規定する登録に関する要件は，更新の際にも準用される。

　個人の登録も可能であり，登録に更新制度を設けることにより，検査実績がないまま登録が維持される等のいわゆる幽霊登録を回避できることになる[32]。

（製造時等検査の義務等）
第47条　登録製造時等検査機関は，製造時等検査を行うべきことを求められたときは，正当な理由がある場合を除き，遅滞なく，製造時等検査を行わなければならない。
2　登録製造時等検査機関は，製造時等検査を行うときは，検査員にこれを実施させなければならない。
3　登録製造時等検査機関は，公正に，かつ，第37条第2項の基準のうち特別特定機械等の構造に係るものに適合する方法により製造時等検査を行わなければならない。
4　登録製造時等検査機関は，製造時等検査を行うときは，製造時等検査の検査方法から生ずる危険を防止するために必要な措置として厚生労働省令で定める措置を講じなければならない。

1 趣旨

　登録製造時等検査機関は，検査の代行については公的な性格をもつものであるから，平素から検査実施体制を整備し，製造時等検査の申請があった場合には，遅滞なくこれを実施するようにしなければならない。

　この趣旨を徹底するため，本条は製造時等検査を行うことを求められた場合の応諾義務について定めるとともに，検査の適正な実施を図る見地から，検査員の資格を持つ者に検査を行わせるよう規定したものである[33]。

2 内容

1　「公正」

　特定の者を不当に差別的に取り扱わないことである。公正でない行為の具体例として，①登録製造時等検査機関，登録性能検査機関，登録個別検定機関及び登録型式検定機関が特定の取引関係のある者に対して検査料に差を設けること，②受検者によって検査・検定の結果に異なる判定基準を適用することなどがある（平成16年3月19日基発第0319009号）。

2　「厚生労働省令で定める措置」

　次の通りである（登録省令第1条の5）。

①ボイラー等の圧力を受ける部分に著しい損傷等が認められ，その水圧試験又は気圧試験の実施について危険が予想されるときは，試験を行わないこと

②ボイラー等の水圧試験又は気圧試験の実施に当たり，ボイラー等の破裂による鏡板等の飛散，水の流出等による災害を防止するための措置を行うこと

③ボイラー等の同試験の実施に当たり，試験を続行することによる危険が予想されるときは，試験を中止すること

3　検査の対象

①令第12条第1項第1号のボイラー（小型ボイラー等を除く）

②令第12条第1項第2号の第1種圧力容器（小型圧力容器等を除く）

　なお，これらについては，定期に自主検査を行うべき機械等（法第45条第1項，令第15条第1項1号）には該当するが，特定自主検査を行うべき機械等（法第45条第2項，令第15条第2項）には該当しない。

3 沿革

［安衛法制定時の条文］
（性能検査の義務等）
第47条　検査代行機関は，性能検査を行なうべきことを求められたときは，正当な理由がある場合を除き，遅滞なく，性能検査を行なわなければならない。
2　検査代行機関は，性能検査を行うときは，労働省令で定める資格を有する者にこれを実施させなければならない。

＊当時は，対象が製造時等検査ではなく，性能検査とされていた。検査の応諾と検査員に検査させるべき定めは現行と同じだが，構造基準に適合した方法で検査すべきことや，検査方法から生じる危険防止措置を講ずべきことなど，広義には検査方法に関する定めがその後に追加された[34]。

4 運用

1 元行政官へのインタビューから得られた情報

元行政官（本省任用で安全衛生部での勤務経験を持つ技官）へのインタビューにより、以下の情報が得られた。

「検査機関の健全な経営上、検査に要する時間の効率化（特に、検査場所までの往復の時間）や検査基数の年間を通した平準化、検査員数の合理化を図ることが重要であるが、検査業務の公益性の観点から、遠隔地での検査や有効期間切れ直前での検査の依頼に遅滞なく対応することとの両立に苦慮する場面が多い。」

2 業務停止命令の例

厚生労働大臣による命令の例（厚生労働省平成21〔2009〕年8月31日公表）（ただし、本条を準用する第53条の3違反による例）

社団法人ボイラ・クレーン安全協会いわき事務所が平成19年11月21日及び平成20年8月7日に実施したクレーンの性能検査において荷重試験を行わなかったものがあったこと、同協会茨城事務所が平成19年1月17日から平成20年5月21日までの間に実施したクレーンの性能検査において定格荷重未満の荷を用いて荷重試験を行ったものがあったこと、同協会福岡事務所が平成19年6月25日に実施したクレーンの性能検査において定格荷重未満の荷を用いて荷重試験を行ったものがあったことが明らかとなり、同協会いわき事務所の業務について業務停止6月、茨城事務所の業務について業務停止3月及び福岡事務所の業務について業務停止2月が命じられた。

3 関係判例

以下では、対象条文である安衛法47条3項を準用する同法53条の3との関係において、公益社団法人ボイラ・クレーン安全協会事件・東京地判平30・11・9及び同判決の控訴審である東京高判平31・4・17を挙げる。なお、事案の概要等については、労働安全衛生法第41条の逐条解説を参照されたい。

〈1審：東京地判平30・11・9 LEX/DB 25558845〉

労働安全衛生法第41条第2項が規定する性能検査を行う際に隔離基準との適性を検査すべきものであるか否かにつき、原告は、「クレーンの性能検査について、安衛法53条の3において読み替えて準用する安衛法47条3項の規定に違反したというのは、構造規格に適合する方法によりクレーンの性能検査を行わなかったことを意味するところ、<u>構造規格には離隔基準について触れるものは全くないから、性能検査を行う際に離隔基準との適合性を検査すべきものとはいえない旨や、安衛法53条の3において読み替えて準用される安衛法47条3項の規定が特定機械等の設置時における検査を前提としておらず、同項にいう『基準のうち特定機械等の構造に係るものに適合する方法』に特定機械等の設置を前提とする離隔基準が含まれると解する余地もない旨」</u>の主張をした。

これに対して、裁判所は、「性能検査に関する安衛法及びクレーン則の定めを始めとする安衛法及びクレーン則の構造、内容等を前提とすると、登録性能検査機関は、性能検査において、クレーンの各部分の構造及び機能について点検を行う必要があり、その際、検査の対象となるクレーンがクレーン則13条の規定に適合していることについてもこれを検査しなければならないから、<u>安衛法53条の3において読み替えて準用される安衛法47条3項の規定が、登録性能検査機関は、安衛法37条2項の基準のうち特定機械等の構造に係るものに適合する方法により性能検査を行わなければならない旨を規定している以上、構造規格に離隔基準について触れるものがないことについて論ずるまでもなく、安衛法53条の3において読み替えて準用される安衛法47条3項の規定は、上記のような内容の性能検査を行うべきことを登録性能検査機関に義務付けていると解するのが相当である</u>」と判断し、原告の主張を排斥した。なお、下線部は筆者による。

〈控訴審：東京高判平31・4・17 2019WLJPCA04176007〉

判決は、以下のように述べて、控訴を棄却した。

すなわち、安衛法第53条の3の規定により登録性能検査機関に読み替えて準用される登録製造時等検査機関に関する安衛法第47条3項は、登録性能検査機関は公正かつ「第37条第2項（都道府県労働局長が行う特定機械等の製造許可）の基準のうち特定機械等の構造に係るものに適合する方法」により性能検査を行わなければならないと定めており、安衛法第37条2項は「特定機械等の構造等が厚生労働大臣の定める基準に適合していると認めるときでなければ」製造の許可をしてはならない旨を定め、同条項に基づいてクレーン構造規格が定められている。

加えて、その「<u>第37条第2項の基準のうち特定機械等の構造に係るものに適合する方法</u>」については、<u>厚生労働省労働基準局長通達平成16年3月31日付け通達「登録性能検査機関が行う性能検査の適正な実施について」</u>（基発第0331008号）において、検査項目、検査の方法、判定基準を定めたとして別紙「性能検査に係る検査の方法等」が定められており、離隔基準への適合性もその対象とされ、Xも、その業務規程において、前記の通達に反する内容を定めるものとは解されないのであるから、性能検査に離隔基準への適合性は含まれないと解することは困難である。

また、Xは、安衛法53条の3の規定により性能検査機関に読み替えて準用される登録製造時等検査機関に関する安衛法47条3項の規定では「特定機械等の構

造に係るものに適合する方法」と規定されていることから、建設物等と歩道との距離は「構造」には該当しないと主張するようであるが、<u>前記の通達における検査項目、検査内容及び判定基準等に照らすと、「クレーンの各部分」に該当する「歩道」と建設物等との距離も、当該検査対象が「歩道」として機能するために有すべき構造に係るものと解される</u>（＊下線は筆者が添付した）。

〈汲み取り得る示唆〉[35]

法第41条等に紐付く検査機関に関する省令の規定が、当該機関の処分の根拠として用いられ得ること、その際、合目的的に、若干広い解釈が取られ得ることが示唆される。

判決は言及しなかったが、確かに、クレーン則第42条は、性能検査を受ける際の措置として、落成検査を受ける場合の措置を定めるクレーン則第7条を準用するとしている。また、2審が示唆したように、厚労省が登録性能検査機関の代表者宛に発出した通達（平成16年3月31日基発0331008号）では、性能検査の方法について、「クレーンの設置場所等について、……建設物との間隔、基礎部分の傾斜等を確認すること」とし、クレーン則第13条から第15条への適合を求めていることからも、性能検査には落成検査と同様の検査が求められよう。

> （変更の届出）
> 第47条の2　登録製造時等検査機関は、第46条第4項第2号〔＊登録簿に記載する氏名又は名称及び住所、法人の場合代表者氏名〕又は第3号（事務所の名称及び所在地）の事項を変更しようとするときは、変更しようとする日の2週間前までに、厚生労働大臣に届け出なければならない。

1 趣旨と内容

登録製造時等検査機関が登記簿に記載する氏名又は名称及び住所（法人の場合は代表者の氏名）、事務所の名称及び所在地を変更する場合、変更しようとする日の2週間前までに厚生労働大臣への届出義務があることを規定したものである。なお、変更の届出をするにあたっては、登録製造時等検査機関登録事項変更届出書（様式第1号の5）を厚生労働大臣に提出しなければならない（登録省令第1条の5の2）。

> （業務規程）
> 第48条　登録製造時等検査機関は、製造時等検査の業務に関する規程（以下「業務規程」とい
> う。）を定め、製造時等検査の業務の開始の日の2週間前までに、厚生労働大臣に届け出なければならない。これを変更しようとするときも、同様とする。
> 2　業務規程には、製造時等検査の実施方法、製造時等検査に関する料金その他の厚生労働省令で定める事項を定めておかなければならない。

1 趣旨と内容

登録製造時等検査機関は、製造時等検査業務を公正、かつ、円滑に実施するため、業務運営のよりどころとなる業務規程を定め[36]、製造時等検査の業務の開始の日の2週間前までに、業務規程届出書（様式第2号）に添えて、厚生労働大臣に提出しなければならない（登録省令第1条の6第1項）。登録製造時等検査機関の業務規程で定めるべき事項は、次の①から⑨とされている（登録省令第1条の6第2項各号）。

①製造時等検査の実施方法
②製造時等検査に関する料金
③②の料金の収納の方法に関する事項
④製造時等検査の業務を行う時間及び休日に関する事項
⑤製造時等検査に合格した登録省令第1条の3の申請に係る特定機械等についての刻印に関する事項
⑥検査員の選任及び解任並びにその配置に関する事項
⑦製造時等検査に関する書類及び帳簿の保存に関する事項
⑧法第50条第2項第2号及び第4号並びに同条第3項第2号及び第4号の請求に係る費用に関する事項
⑨①から⑧までに掲げるもののほか、製造時等検査の業務に関し必要な事項

なお、業務規程を変更しようとするときは、業務規程変更届出書（様式第3号）を厚生労働大臣に提出しなければならない（登録省令第1条の6第3項）。

2 沿革

元行政官（本省任用で安全衛生部での勤務経験を持つ技官）へのインタビューにより、以下の情報が得られた。

「従前の性能検査代行機関時代は、検査基準や検査料金を含む業務規程の制改訂は大臣の事前認可事項であり、検査機関にはその遵守義務が課せられていた。登録機関制度では、こうした事前規制を止め、登録後の業務監査を厳格に行い、事後的に厳正な制度運営を確保することとされた。平成15年の法改正で削除された第3項は、現行第52条の2が同じ機能を果たしている。」

[安衛法制定時の条文]
(業務規程)
第48条　検査代行機関は、性能検査の業務に関する規程(以下「業務規程」という。)を定め、労働大臣の認可を受けなければならない。これを変更しようとするときも、同様とする。
2　業務規程で定めるべき事項は、労働省令で定める。
3　労働大臣は、第1項の認可をした業務規程が性能検査の公正な実施上不適当となつたと認めるときは、これを変更すべきことを命ずることができる。

＊当時は、性能検査を行う検査代行機関向けの規定であったほか、何より、業務規程につき大臣の認可を必要とした。また、変更命令を定める第3項があったが、上記の通り、平成15年法改正で削除され、現行法では第52条の2が同じ機能を果たしている。

[平成4年法律第55号による改正後]
(業務規程)
第48条　製造時等検査代行機関は、製造時等検査の業務に関する規程(以下「業務規程」という。)を定め、労働大臣の認可を受けなければならない。これを変更しようとするときも、同様とする。
2　業務規程で定めるべき事項は、労働省令で定める。
3　労働大臣は、第1項の認可をした業務規程が製造時等検査の公正な実施上不適当となつたと認めるときは、これを変更すべきことを命ずることができる。

[平成11年法律第160号及び平成15年法律第102号による改正後](現行)
(業務規程)
第48条　登録製造時等検査機関は、製造時等検査の業務に関する規程(以下「業務規程」という。)を定め、製造時等検査の業務の開始の日の2週間前までに、厚生労働大臣に届け出なければならない。これを変更しようとするときも、同様とする。
2　業務規程には、製造時等検査の実施方法、製造時等検査に関する料金その他の厚生労働省令で定める事項を定めておかなければならない。
3　(削除)

(業務の休廃止)
第49条　登録製造時等検査機関は、製造時等検査の業務の全部又は一部を休止し、又は廃止しようとするときは、厚生労働省令で定めるところにより、あらかじめ、その旨を厚生労働大臣に届け出なければならない。

1　趣旨と内容

　登録製造時等検査機関が気ままに検査業務の全部又は一部を休止したり、廃止したりしては、製造時等検査制度全般を適正に運営することが困難となり、公益上問題が生ずる。

　このため、本条は、登録製造時等検査機関が、製造時等検査の業務の休止又は廃止をしようとするときは、予め、製造時等検査業務休廃止届出書(様式第4号)を厚生労働大臣に提出しなければならないことを規定したものである(登録省令第1条の7第1項)[37]。

　この届出が製造時等検査の業務の廃止の届出である場合は、製造時等検査を行った製造時等検査対象機械等について記載した帳簿(同令第1条の9)の写しを添付しなければならない(同令第1条の7第2項)。

　登録製造時等検査機関が、その登録を取り消されたとき又はその登録が効力を失ったときにも、上記帳簿(同令第1条の9)の写しを厚生労働大臣に提出しなければならない(同令第1条の7第3項)。

　登録製造時等検査機関の役員又は職員が、本条の規定に違反して、届出をせず、又は虚偽の届出をした場合には、50万円以下の罰金に処せられる(法第121条第1号)。

　検査機関が登録取消し等になった後も適用する必要があることもあって、役員等個人の刑事責任を追及することになったものと察せられる。

　本条は、検査機関の指定制度から登録制度への移行に際し、休廃止の事前認可から事前届出に変更された経緯がある。もっとも、仮に休廃止する場合には、受検者に迷惑がかからないよう、他の検査機関や国との事前調整が必要となるので、変更に実質的な意味があったかは定かでない[38]。

(財務諸表等の備付け及び閲覧等)
第50条　登録製造時等検査機関は、毎事業年度経過後3月以内に、その事業年度の財産目録、貸借対照表〔＊特定の日(決算日)の企業の資産・負債・純資産の金額と内訳を示す表。企業の資金調達方法や財政状況がわかる[39]〕及び損益計算書〔＊一定期間(決算期)の企業の利益と支出を示す表。該当の期の利益の生み出し方や額がわかる[40]〕又は収支決算書〔＊一定期間(決算期)の収支をまとめた書類の通称。「貸借対照表」「損益計算書」「キャッシュ・フロー計算書」などの3点以上の書類を指す[41]〕並びに事業報告書(その作成に代えて電磁的記録(電子的方式、磁気的方式その他の人の知覚によつては認識することができない方式で作られる記録であつて、電子計算機による情報処理

第50条

の用に供されるものをいう。以下同じ。）の作成がされている場合における当該電磁的記録を含む。次項及び第123条第1号において「財務諸表等」という。）を作成し、5年間事務所に備えて置かなければならない。
2　製造時等検査を受けようとする者その他の利害関係人は、登録製造時等検査機関の業務時間内は、いつでも、次に掲げる請求をすることができる。ただし、第2号及び第4号の請求をするには、登録製造時等検査機関の定めた費用を支払わなければならない。
　一　財務諸表等が書面をもつて作成されているときは、当該書面の閲覧又は謄写の請求
　二　前号の書面の謄本又は抄本の請求
　三　財務諸表等が電磁的記録をもつて作成されているときは、当該電磁的記録に記録された事項を厚生労働省令で定める方法により表示したものの閲覧又は謄写の請求
　四　前号の電磁的記録に記録された事項を電磁的方法であつて厚生労働省令で定めるものにより提供することの請求又は当該事項を記載した書面の交付の請求
3　製造時等検査を受けようとする者その他の利害関係人は、登録製造時等検査機関が製造時等検査に関し生じた損害を賠償するために必要な金額を担保することができる保険契約（以下この項において「損害保険契約」という。）を締結しているときは、登録製造時等検査機関の業務時間内は、いつでも、次に掲げる請求をすることができる。ただし、第2号及び第4号の請求をするには、登録製造時等検査機関の定めた費用を支払わなければならない。
　一　損害保険契約の契約内容を記載した書類が書面をもつて作成されているときは、当該書面の閲覧又は謄写の請求
　二　前号の書面の謄本又は抄本の請求
　三　第1号の書類が電磁的記録をもつて作成されているときは、当該電磁的記録に記録された事項を厚生労働省令で定める方法により表示したものの閲覧又は謄写の請求
　四　前号の電磁的記録に記録された事項を電磁的方法であつて厚生労働省令で定めるものにより提供することの請求又は当該事項を記載した書面の交付の請求
4　登録製造時等検査機関は、毎事業年度経過後3月以内に、第1項の規定により作成した損益計算書又は収支決算書及び事業報告書を厚生労働大臣に提出しなければならない。

1　趣旨

登録製造時等検査機関は、毎事業年度、財務諸表等を作成し、5年間、事務所に備えるとともに、毎事業年度、作成した財務諸表等のうち、損益計算書又は収支決算書及び事業報告書を厚生労働大臣に提出しなければならないこと等を規定したものである[42]。

本条第4項所定の財務状況に関する所管大臣への届け出については、本法制定時から存在したが（当時はそれに相当する定めのみ）、平成15年の安衛法改正（平成15年7月2日法律第102号[43]）で現在の定めになったものである。

これは、平成12年の機関則（登録製造時等検査機関等に関する規則〔昭和47年9月30日労働省令第44号〕。現在の労働安全衛生法及びこれに基づく命令に係る登録及び指定に関する省令）の改正により、公益法人要件が指定基準から除外され、さらに登録制度に移行し、検査・検定機関の数が増えると予想されたことから、受検者の検査・検定機関選択のための情報入手を保障することが目的で設けられたと思われる。例えば、新しい検査・検定機関から他機関に比べて相当程度低額の料金が提示されたであった場合などに、その経営の安定度から信頼性を探るために活用できる仕組みと思料される[44]。

2　内容

1　財務目録、貸借対照表及び損益計算書又は収支決算書

本条の財産目録、貸借対照表及び損益計算書又は収支決算書は、登録製造時等検査機関（以下「登録機関」という）が検査、検定、技能講習又は教習（以下「検査等」という）以外の事業を行っている場合には、登録機関が法人であるときは、その事業も含めた法人全体の財務の状況を、登録機関が個人であるときは、その事業も含めた個人全体の財務の状況を明らかにしたものでなければならない。

また、検査等の業務に係る会計は、他の業務に係る会計とは区分されていることが必要である（平成16年3月19日基発第0319009号）。

2　検査・検定

検査・検定については、本条の営業報告書又は事業報告書は、登録を受けた事業の内容が明らかになっているもので足り、登録を受けた検査・検定の区分ごとに次の事項が記載されていなければならない（平成16年3月19日基発第0319009号）。
①検査・検定事務所ごとの検査・検査員の数
②検査・検定事務所ごとの検査・検定件数

③検査・検定事務所ごとの検査・検定の合格件数
④検査・検定事務所ごとの検査・検定による検査・検定料金の収入

3 財務諸表等の備付け

本条第2項は，受検者，受講者その他の利害関係人（以下「受検者等」という）が登録機関を選択する際には，その経理状況及び事業の状況を自らの責任で判断する必要があることから，その判断に不可欠な財務諸表等の備付けを登録機関に義務づけ，受検者等がその閲覧等を請求できることとしたものである。

また，検査・検定については，本条第3項の損害保険契約の契約内容を記載した書類についても同様の趣旨である（平成16年3月19日基発0319009号）。

4 その他の利害関係人

本条第2項の「その他の利害関係人」とは，検査・検定においては受検希望者の代理人等が含まれる（平成16年3月19日基発第0319009号）。

5 財務諸表等の作成・閲覧

本条の財務諸表等については，登録後の毎事業年度において作成し，閲覧等に供するものであり，登録初年度の財務諸表等の備付け等は義務づけられていないが，3の趣旨からも，登録初年度においても財務諸表等のうち財産目録，貸借対照表及び損益計算書又は収支決算書を作成し，本条の規定を措置できるようにすることが望ましい（平成16年3月19日基発0319009号）。

6 電磁的記録に記録された事項を表示する方法

本条第2項第3号及び第3項第3号に規定する「厚生労働省令で定める方法」とは，その電磁的記録に記録された事項を紙面又は出力装置の映像面に表示する方法である（登録省令第1条の7の2）。

7 電磁的記録に記録された事項を提供するための電磁的方法

本条第2項第4号及び第3項第4号に規定する厚生労働省令で定める電磁的方法とは，次に掲げる方法のうち，いずれかの方法である（登録省令第1条の7の3）。

①送信者の使用に係る電子計算機と受信者の使用に係る電子計算機とを電気通信回線で接続した電子情報処理組織を使用する方法であって，当該電気通信回路を通じて情報が送信され，受信者の使用に係る電子計算機に備えられたファイルに当該情報が記録されるもの（eメールによるデータ送信，クラウド保存したデータへのアクセス方法の伝達等）

②磁気ディスクその他これに準ずる方法により一定の情報を確実に記録しておくことができる物（USB等）をもって作成するファイルに情報を記録したものを交付する方法

8 罰則

登録製造時等検査機関が，本条第1項の規定に違反して財務諸表等を備え置かず，財務諸表等に記載すべき事項を記載せず，若しくは虚偽の記載をし，又は正当な理由がないのに本条第2項の規定による請求（利害関係者からの財務諸表等の閲覧等の請求）を拒んだ者は，20万円以下の過料に処せられる（法第123条第1号）。

> （検査員の選任等の届出）
> 第51条　登録製造時等検査機関は，検査員を選任し，又は解任したときは，厚生労働省令で定めるところにより，遅滞なく，その旨を厚生労働大臣に届け出なければならない。

1 趣旨と内容

登録製造時等検査機関は，検査員を選任又は解任したときは，遅滞なく，厚生労働大臣に，選任の場合は検査員選任届出書（様式第5号）を，解任の場合は検査員解任届出書（様式第6号）を提出しなければならないことを定めたものである（登録省令第1条の8）。

本条は，当初は，検査員（当初は法第47条第2項所定の性能検査の実施者）の有効な選任には所管大臣の認可を要すること，及び，所管大臣による不適切な検査員の解任につき定めていたが，検査機関の純民間委託を図った平成15年7月2日法律第102号による全面改正により，現在の定めとなった。

> （適合命令）
> 第52条　厚生労働大臣は，登録製造時等検査機関（外国にある事務所において製造時等検査の業務を行う登録製造時等検査機関（以下「外国登録製造時等検査機関」という。）を除く。）が第46条第3項各号のいずれかに適合しなくなつたと認めるときは，その登録製造時等検査機関に対し，これらの規定に適合するため必要な措置をとるべきことを命ずることができる。

1 趣旨と内容

厚生労働大臣において，登録製造時等検査機関（外国登録製造時等検査機関を除く）が登録申請者の要件（第1号：検査設備，第2号：人的資源〔検査員〕，第3号：検査員及び業務の統括者，第4号：COI）のいずれかに適合しなくなったと認めたときは，その検査機関に対し，要件に適合するための必要な措置をとるべきことを命ずることができるとしたものである。

本条において，適合命令の具体的内容は定められておらず，また，次条の改善命令と異なり，平成16年3月19日基発第0319009号においても，その言及がない。それゆえ，適合命令の具体的内容については厚生労働大臣の裁量に委ねられているものと思われる。

なお，本条に，「外国登録製造時等検査機関」の定義が設けられているが，その内容については，準用規定である安衛法第52条の3にて言及するものとする。

> （改善命令）
> 第52条の2　厚生労働大臣は，登録製造時等検査機関（外国登録製造時等検査機関を除く。）が第47条の規定に違反していると認めるときは，その登録製造時等検査機関に対し，製造時等検査を行うべきこと又は製造時等検査の方法その他の業務の方法の改善に関し必要な措置をとるべきことを命ずることができる。

1 趣旨

厚生労働大臣において，登録製造時等検査機関（外国登録製造時等検査機関を除く）が法第47条の規定（第1項：検査の応諾，第2項：検査員による実施，第3項：公正及び所定の構造基準に適合した方法による検査の実施，第4項：検査方法に由来する危険の防止措置の実施）に違反していると認めた場合，その機関に対し，改善を命じることができることを定めたものである。

2 内容

登録機関が公正な検査等を実施しなかった場合に当該登録機関に命ずる「業務の方法の改善に関し必要な措置」には，受検者又は受講者に対し，たとえ一旦は合格とされた検査等の結果がその要件を充たさないとして無効であることを通知させること，再検査，再検定，再講習又は再教習を命ずることを含む（平成16年3月19日基発第0319009号）。

本条は，法第50条の改正（検査機関による財務諸表等の作成・備付けと，受検者等利害関係者による閲覧等の請求に関する第1項ないし第3項の追加）や法第51条の改正（所管大臣による選任の認可や解任命令の届出制への変更）等と同様に，検査機関にかかる行政の管理を緩和して民間委託を強化する趣旨，すなわち，検査業務等の事前規制型から事後監視型への移行を図ったものである。

ただし，外国登録製造時等検査機関の外国にある事務所に対して行政命令を発することは困難なので，前条（法第52条）と本条では，一旦当該機関を適用対象から除外し，法第52条の3において，命令ではなく，請求することとしている。

法第47条の側からみれば，同条違反の際には，本条所定の大臣の改善命令のほか，法第53条の大臣による登録取消しや業務停止命令を受ける可能性が生じることとなる。

元行政官（本省任用で安全衛生部での勤務経験を持つ技官）によれば，ここで罪刑法定主義にかかる問題が生じ得る。すなわち，このうち法第47条違反にかかる本条（法第52条の2）による大臣の改善命令（従わない場合には罰則あり）発出の判断基準が，上掲の局長通達（平成16年3月19日基発第0319009号）で定められたと解されており，これにより，局長通達違反を理由に大臣命令が出され，それに従わなければ刑事罰が科されることとなることによる。

> （準用）
> 第52条の3　前2条の規定は，外国登録製造時等検査機関について準用する。この場合において，前2条中「命ずる」とあるのは，「請求する」と読み替えるものとする。

1 趣旨

2014（平成26）年6月25日改正法律第82号により，法第52条の3として，新たに追加されたものである。この改正は，世界的に貿易の障壁の撤廃に向けた国際的な動きに対応する観点から規制を見直す必要を踏まえ，ボイラーなど特に危険性が高い機械を製造する際に受検すべき登録検査・検定機関のうち，日本国内に事務所のない外国に立地する機関も，その登録を受けられることとしたものである。

登録を受けた外国立地機関の検査・検定を受けた機械等は，日本国内で改めて検査・検定を受ける必要はない。

ただし，労働基準監督署が実施する落成検査は，引き続き受ける必要がある[45]。

2 内容

1 外国登録製造時等検査機関等

「外国登録製造時等検査機関」については，安衛法第52条において，「外国にある事務所において製造時等検査の業務を行う登録製造時等検査機関」であると定義づけられている。

外国登録製造時等検査機関等の登録の申請をしようとする者が提出すべき添付書類について，申請者が，外国法令に基づいて設立された法人である場合には，定款又は寄附行為及び登記事項証明書に準ずるもの，外国に居住する外国人である場合には，住民票の写し

に準ずるものとされている（登録省令第1条の3，第3条，第12条及び第19条の4）。

2 適用関係

以下の規定は，「登録製造時等検査機関」（法第38条第1項）に適用される規定である。そして，前2条のように「登録製造時等検査機関（外国登録製造時等検査機関を除く。）」（下線筆者）と規定されていないこともあり，「外国登録製造時等検査機関」においても，以下の規定は適用される。

第46条：登録手続き〔申請主義〕，欠格事由，登録基準〔検査設備，人材〈検査員〉，検査員及び業務の統括者，受検者らとのCOI〕，登録年月日，代表者，所在地等の登録簿への記載。

第46条の2：所定期間ごとの登録更新と更新時における登録基準の準用。

第47条：検査機関の検査申請への応諾，検査員による実施，公正かつ所定の構造基準に適合した方法による検査，検査方法に由来する危険防止措置の義務。

第47条の2：登録簿記載事項〔代表者，所在地等〕の変更時の大臣への届出。

第48条：業務規程の策定（検査の実施方法，検査料金等の規定）と大臣への届出。

第49条：業務の休廃止に際しての大臣への届出。

第50条：事業年度ごとの財務諸表等の作成と事務所への備付け，利害関係人による財務諸表，損害保険契約書等の閲覧等の請求，所定の財務諸表等の大臣への提出。

第51条：検査員の選任・解任時の大臣への届出。

第103条第2項：検査検定機関，試験教習機関，指定登録機関による検査検定，試験教習，登録等の法定業務に関する帳簿の作成と保存。

第112条：受検者，受講者，登録者らによる手数料の納付義務等。

第112条の2：検査検定業者等の登録，登録取消等の変動があった場合の官報による告示。

なお，法第53条第2項第5号（大臣が必要ありと認めて外国登録製造時等検査機関に対して「必要な報告」を求めたにもかかわらず，報告されないか，虚偽報告がされた場合に，登録を取消し得る旨の定め）により，外国登録製造時等検査機関等に求められる「必要な報告」の内容は，行政解釈により，法第100条第2項の規定により登録製造時等検査機関等に報告が義務づけられている事項と同様と解されている（平成27年5月15日基発0515第1号）。

（登録の取消し等）

第53条 厚生労働大臣は，登録製造時等検査機関（外国登録製造時等検査機関を除く。）が次の各号のいずれかに該当するに至つたときは，その登録を取り消し，又は6月を超えない範囲内で期間を定めて製造時等検査の業務の全部若しくは一部の停止を命ずることができる。

一 第46条第2項第1号〔＊登録申請者が罰金以上の安衛法令違反を犯して2年未満〕又は第3号〔＊法人であって，その役員が罰金以上の安衛法令違反を犯して2年未満の場合〕に該当するに至つたとき。

二 第47条から第49条まで〔＊第47条：検査の応諾，検査員による検査，公正かつ所定の構造基準に適合した方法による検査，検査方法に由来する危険の防止措置。第47条の2：登録簿記載事項（代表者，所在地等）の変更時の大臣への届出。第48条：業務規程の策定（検査の実施方法，検査料金等の規定）と大臣への届出。第49条：業務の休廃止に際しての大臣への届出〕，第50条第1項若しくは第4項〔＊第50条：事業年度ごとの財務諸表等の作成と事務所への備付け，所定の財務諸表等の大臣への提出〕又は第103条第2項〔＊検査検定機関による検査検定業務に関する帳簿の作成と保存〕の規定に違反したとき。

三 正当な理由がないのに第50条第2項各号〔＊利害関係人による検査機関への財務諸表等の閲覧等の請求〕又は第3項各号〔＊利害関係人による検査機関への損害保険契約書の閲覧等の請求〕の規定による請求を拒んだとき。

四 第51条〔＊検査員の選任・解任の届出義務〕の規定による届出をせず，又は虚偽の届出をしたとき。

五 第52条（検査機関が法第46条第3項各号の登録基準〔設備，検査員，検査員及び業務の統括者，受検者とのCOI〕に適合しなくなった場合の大臣による適合命令）及び第52条の2（検査機関が第47条の義務〔検査の応諾，検査員による検査の実施，公正で所定の構造基準に適合した方法による検査，検査方法に由来する危険の防止措置〕に反した場合の大臣による改善命令）の規定による命令に違反したとき。

六 不正の手段により登録を受けたとき。

2 厚生労働大臣は，外国登録製造時等検査機関が次の各号のいずれかに該当するに至つたときは，その登録を取り消すことができる。

一 前項第1号から第4号まで又は第6号のいずれかに該当するとき〔＊第5号は，適合命

令・改善命令を定めており，外国登録機関には適応しない〕。
二　前条において読み替えて準用する第52条又は第52条の2の規定による請求〔＊適合命令・改善命令に代わる請求〕に応じなかつたとき。
三　厚生労働大臣が，外国登録製造時等検査機関が前2号のいずれかに該当すると認めて，6月を超えない範囲内で期間を定めて製造時等検査の業務の全部又は一部の停止を請求した場合において，その請求に応じなかつたとき。
四　厚生労働大臣が，外国登録製造時等検査機関の業務の適正な運営を確保するため必要があると認めて，その職員をして外国登録製造時等検査機関の事務所に立ち入らせ，関係者に質問させ，又はその業務に関係のある帳簿，書類その他の物件を検査させようとした場合において，その立入り若しくは検査が拒まれ，妨げられ，若しくは忌避され，又は質問に対して陳述がされず，若しくは虚偽の陳述がされたとき。
五　厚生労働大臣が，この法律を施行するため必要があると認めて，外国登録製造時等検査機関に対し，必要な事項の報告を求めた場合において，その報告がされず，又は虚偽の報告がされたとき。
六　次項の規定による費用の負担をしないとき。
3　前項第4号の検査に要する費用（政令で定めるものに限る。）は，当該検査を受ける外国登録製造時等検査機関の負担とする。

1　趣旨と内容
1　登録の取消し等[46]
　本条第1項は，登録の要件を後発的に欠いた場合等における登録製造時等検査機関の登録の取消し等，本条第2項は，同じく外国登録製造時等検査機関の登録の取消しを定めている。
　本条第1項が登録の取消しと業務停止命令を規定しているのに対し，本条第2項は登録の取消しのみを規定しているが，これは，外国に事務所を構える外国機関に業務停止「命令」を発しても実効性がないことによると解される。
　第1項と第2項では，取消し等の根拠となる事由にズレがあるが，これも，外国機関には命令の代わりに請求を発したり報告を求めたりせざるを得ないことに

基づくもので，その内容自体にさしたる違いはない。
　第2項第4号には，外国機関への立入調査を拒んだ場合等の定めがあるが，国内の機関への立入調査については，法第96条に定めがあるので，実質的な違いはない。
　なお，第1項は，登録取消しにつき，「その登録を取り消し，」と定めているが，これは，業務停止命令と共に，文尾の「ことができる」に連結しており，厚労大臣の裁量行為と解される。そもそも，登録取消しと業務停止命令が選択的に定められているので，その趣旨（両者共に大臣の裁量行為であること）は明らかと思われる。

2　外国登録製造時等検査機関等への立入検査に係る旅費の額等
　本条第3項の政令で定める費用とは，検査のため職員がその検査に係る事務所の所在地に出張するのに要する旅費の額に相当するものとされている（令第15条の3第1項）。
　この令第15条の3第1項の旅費の額に相当する額（以下「旅費相当額」という）は，国家公務員等の旅費に関する法律（昭和25年4月30日法律第114号。以下「旅費法」という）の規定により支給すべきこととなる旅費の額である。この場合において，その検査のためその地に出張する職員は，一般職の職員の給与に関する法律（昭和25年4月3日法律第95号）第6条第1項第1号イに規定する行政職俸給表（一）による職務の級が4級である者（本省の係長（困難職），出先機関の課長補佐クラス）であるものとしてその旅費の額が計算される（登録省令第1条の8の2）。

3　在勤官署の所在地
　旅費相当額を計算する場合において，その検査のため，その地に出張する職員の旅費法第2条第1項第6号の在勤官署（旅費計算の基準となる常時勤務先等）の所在地は，東京都千代田区霞が関1丁目2番2号とされている（登録省令第1条の8の3）。

4　旅費の額の計算に係る細目
　旅費の額の計算に係る細目は，以下の通りである（登録省令第1条の8の4）。
①旅費法第6条第1項の支度料は，旅費相当額に算入しない
②検査を実施する日数は，その検査に係る事務所ごとに3日として旅費相当額を計算する
③旅費法第6条第1項の旅行雑費は，1万円として旅費相当額を計算する
④厚生労働大臣が，旅費法第46条第1項の規定により，実費を超えることとなる部分又は必要としない部分の旅費を支給しないときは，その部分に相当する額は，旅費相当額に算入しない（公用車での移動，

公務員用宿舎の利用，何らかの法規に基づく手当の支給等で，定額を支給すると「もらい過ぎ」になる場合の調整）

5 罰則

登録製造時等検査機関の役員又は職員が，本条の規定による業務の停止の命令に違反した場合には，1年以下の懲役又は100万円以下の罰金に処せられる（法第118条）。

本条は，諸規定の違反に際して，当該機関の登録取消し等を予定しているので，機関等に対してそれ以上の制裁を講じようがないため，一部規定につき，役職員個人の処罰を規定したものと察せられる[47]。

（都道府県労働局長による製造時等検査の実施）
第53条の2 都道府県労働局長は，登録を受ける者がいないとき，第49条の規定による製造時等検査の業務の全部又は一部の休止又は廃止の届出があつたとき，前条第1項若しくは第2項の規定により登録を取り消し，又は登録製造時等検査機関に対し製造時等検査の業務の全部若しくは一部の停止を命じたとき，登録製造時等検査機関が天災その他の事由により製造時等検査の業務の全部又は一部を実施することが困難となつたときその他必要があると認めるときは，当該製造時等検査の業務の全部又は一部を自ら行うことができる。
2 都道府県労働局長が前項の規定により製造時等検査の業務の全部又は一部を自ら行う場合における製造時等検査の業務の引継ぎその他の必要な事項については，厚生労働省令で定める。

---

1 趣旨と内容[48]

1 登録製造時等検査機関の業務の引継ぎ等

法第53条の2第1項に規定する場合における，登録製造時等検査機関の業務の引継ぎ等に関し，次の事項を行わなければならない（同条第2項，登録省令第1条の10第1項）。

①製造時等検査の業務を行った事務所ごとに，その事務所の所在地を管轄する都道府県労働局長に製造時等検査の業務並びに製造時等検査の業務に関する帳簿及び書類を引き継ぐこと
②製造時等検査の業務を行った事務所の所在地を管轄する都道府県労働局長が必要と認める事項

2 外国登録製造時等検査機関の業務の引継ぎ等

法第53条の2第1項に規定する場合における，外国登録製造時等検査機関の業務の引継ぎ等に関し，次の事項を行わなければならない（同条第2項，登録省令第1条の10第2項）。

①法第53条の2第1項の規定により製造時等検査の業務の全部又は一部を自ら行うこととなる都道府県労働局長に製造時等検査の業務並びに製造時等検査の業務に関する帳簿及び書類を引き継ぐこと
②①のほか，①の都道府県労働局長が必要と認める事項

（登録性能検査機関）[49]
第53条の3 第46条〔＊登録製造時等検査機関の登録の申請主義，欠格事由，適合要件（検査設備，検査員，検査員の指揮・業務管理者の存在，受験者とのCOIにかからないこと）とそれを充たす場合の必要的登録等〕及び第46条の2〔＊登録の更新（5～10年範囲内で政令で規定）〕の規定は第41条第2項の登録〔＊検査証の更新に際しての登録性能検査機関による性能検査の受検と合格の必要性〕について，第47条から前条までの規定〔＊第47条：検査の応諾，検査員による検査の実施，公正かつ所定の構造基準に適合した方法による検査，検査方法に由来する危険の防止措置。第47条の2：登録簿記載事項（代表者，所在地等）の変更時の大臣への届出。第48条：業務規程の策定（検査の実施方法，検査料金等の規定）と大臣への届出。第49条：業務の休廃止に際しての大臣への届出。第50条：事業年度ごとの財務諸表等の作成と事務所への備付け，利害関係人による検査機関への財務諸表等の閲覧等の請求，利害関係人による検査機関への損害保険契約書の閲覧等の請求，所定の財務諸表等の大臣への提出。第51条：検査員の選任・解任の届出義務。第52条：検査機関が法第46条第3項各号の登録基準（設備，検査員，検査員及び業務の統括者，受検者とのCOI）に適合しなくなった場合の大臣による適合命令。第52条の2：検査機関が第47条の義務（検査の応諾，検査員による実施，公正で所定の構造基準に適合した方法による検査，検査方法に由来する危険の防止措置）に反した場合の大臣による改善命令。第52条の3：適合命令と改善命令に関する規定の外国製造時等検査機関への準用（ただし，命令を請求に代える）。第53条：所定の要件を充たした場合の登録の取消し等。第53条の2：登録を受ける業者がいない場合等における都道府県労働局長による製造時等検査の実施〕は登録性能検査機関について準用する。この場合において，次の表の上欄〔＊ここでは左欄〕に掲げる規定中同表の中欄に掲げる字句は，それぞれ同表の下欄〔＊ここでは右欄〕に掲げる字句と読み替えるものとする。

第46条第1項	第38条第1項	第41条第2項
	製造時等検査	第41条第2項の性能検査（以下「性能検査」という。）
第46条第3項第1号	別表第5	別表第8の上欄に掲げる機械等に応じ、それぞれ同表の下欄
	製造時等検査	性能検査
第46条第3項第2号	製造時等検査	別表第9の上欄に掲げる機械等に応じ、性能検査
	別表第6第1号	同表の中欄
	同表第2号	同表の下欄
第46条第3項第3号	別表第7	別表第10
	製造時等検査	性能検査
第46条第3項第4号	特別特定機械等を製造し、又は輸入する者	特定機械等を製造し、若しくは輸入する者又は特定機械等の整備を業とする者
	製造時等検査	性能検査
第46条第4項	登録製造時等検査機関登録簿	登録性能検査機関登録簿
第47条第1項及び第2項	製造時等検査	性能検査
第47条第3項	特別特定機械等	特定機械等
	製造時等検査	性能検査
第47条第4項及び第48条	製造時等検査	性能検査
第49条	製造時等検査	性能検査
	あらかじめ	休止又は廃止の日の30日前までに
第50条第2項及び第3項	製造時等検査	性能検査
第52条及び第52条の2	製造時等検査	性能検査
	外国登録製造時等検査機関	外国登録性能検査機関
第52条の3	外国登録製造時等検査機関	外国登録性能検査機関
第53条第1項及び第2項	外国登録製造時等検査機関	外国登録性能検査機関
	製造時等検査	性能検査
第53条第3項	外国登録製造時等検査機関	外国登録性能検査機関
前条	都道府県労働局長	労働基準監督署長
	製造時等検査	性能検査

資料5-81 性能検査（イメージ）

（一般社団法人日本ボイラ協会WEBサイト〔https://www.jbanet.or.jp/examination/performance/, 最終閲覧日：2024年7月11日〕）

管理者の存在、受験者とのCOIにかからないこと〕及びそれを充たす場合の必要的登録等に関する規定）及び法第46条の2（登録の更新〔5～10年範囲内で政令で規定〕に関する規定）は、法第41条第2項（検査証の更新に際しての登録性能検査機関による性能検査の受検と合格の必要性に関する規定）にいう登録性能検査機関の登録に準用し、

法第47条から第53条の2までの規定は、登録性能検査機関に準用することを定めたうえ、語句の読み替えを示している。

ここで、法第47条から第53条の2の定めの概要は以下の通りである。

第47条：検査の応諾、検査員による検査の実施、公正かつ所定の構造基準に適合した方法による検査、検査方法に由来する危険の防止措置。

第47条の2：登録簿記載事項（代表者、所在地等）の変更時の大臣への届出。

第48条：業務規程の策定（検査の実施方法、検査料金等の規定）と大臣への届出。

第49条：業務の休廃止に際しての大臣への届出。

第50条：事業年度ごとの財務諸表等の作成と事務所への備付け、利害関係人による検査機関への財務諸表等の閲覧等の請求、利害関係人による検査機関への損害保険契約書の閲覧等の請求、所定の財務諸表等の大臣への提出。

第51条：検査員の選任・解任の大臣への届出義務。

第52条：検査機関が法第46条第3項各号の登録基準（設備、検査員、検査員及び業務の統括者、受検者とのCOI）に適合しなくなった場合の大臣による適合命令。

第52条の2：検査機関が第47条の義務（検査の応諾、検査員による実施、公正で所定の構造基準に適合した方法による検査、検査方法に由来する危険の防止措置）に反した場合の大臣による改善命令。

第52条の3：適合命令と改善命令に関する規定の外国製造時等検査機関への準用（ただし、命令を請求に代える）。

第53条：所定の要件を充たした場合の登録の取消し

1 趣旨[50]

法第53条の3は、法第41条所定の性能検査（資料5-81）に当たる登録性能検査機関の登録、業務運営、検査員の選任と解任、役職員の地位、登録取消し等につき、登録製造時等検査機関にかかる定めの準用を図った規定である。

2 内容

本条は、

法第46条（登録製造時等検査機関の登録の申請主義、欠格事由、適合要件〔検査設備、検査員、検査員の指揮・業

等。

第53条の2：登録を受ける業者がいない場合等における都道府県労働局長による製造時等検査の実施。

本条（法第53条の3）は，法第41条所定の性能検査（特定機械等の損耗や機能低下等の度合いを技術的に判断して，使用許可の有効期間の更新の可否を決定するもの）を担当する機関についても，その技術水準や業務体制等を担保するため，登録製造時等検査機関と同様の規制を行うことを図ったものである。

1　登録の区分及び検査の対象

登録の区分は，登録製造時等検査機関の場合，登録省令（労働安全衛生法及びこれに基づく命令に係る登録及び指定に関する省令〔昭和47年9月30日労働省令第44号〕）第1条の2の45の定め通り，安衛法施行令第12条第1項第1号のボイラーと同第2号の第1種圧力容器の2種類に限られるが，登録性能検査機関の場合，以下の7種が認められており，これらがそのまま検査の対象機械等となっている。

(1)ボイラー（小型等除く）（施行令第12条第1項第1号）
(2)第1種圧力容器（小型等除く）（施行令第12条第1項第2号）
(3)クレーン（つり上げ荷重3t以上）（施行令第12条第1項第3号）
(4)移動式クレーン（つり上げ荷重3t以上）（施行令第12条第1項第4号）
(5)デリック（つり上げ荷重2t以上）（施行令第12条第1項第5号）
(6)エレベーター（積載荷重1t以上）（施行令第12条第1項第6号）
(7)ゴンドラ（施行令第12条第1項第8号）

2　登録申請手続

登録申請希望者は法人・個人のいずれでもよく（平成16年3月19日基発第0319009号），同人が大臣に提出すべき書類は，登録申請書（様式第4号の2）のほか，定款や登記事項証明書等，申請者が本条（法第53条の3）で準用されている法第46条第2項各号（法人やその役員の安衛法令違反歴等の欠格事由）及び第3項第4号イからハまで（受検者とのCOI）に該当しないことを証する書面，申請者が法人である場合，役員の氏名・略歴，株主等の構成員等，検査器具，検査員や業務の統括者や検査員の経歴や数，検査業務以外を行っている場合はその種類や概要等である（登録省令第3条）。この点は，登録製造時等検査機関に関する登録省令第1条の3と同様である。また，本条（法第53条の3）が準用する法第46条の2第1項所定の登録更新にも準用される（登録省令第4条）。

3　検査方法から生じる危険の防止措置

本条（法第53条の3）が準用する法第47条第4項所定の検査方法から生じる危険の防止措置は，概ね以下の通りである（登録省令第5条）。登録省令第1条の5の定め通り，登録製造時等検査機関の対象機械がボイラーと第1種圧力容器（本節において「ボイラー等」という）に限られているのに比べ，広範囲の対象及び措置が定められている。

①ボイラー等の性能検査に際して
　(1)機械の圧力を受ける部分に著しい損傷等が認められ，水圧／気圧試験での危険が予想される場合に当該試験を行わないこと，
　(2)それらの試験で，ボイラー等の破裂による鏡板の飛散や水の流出等の危険が予想される場合に災害防止措置を講じること，
　(3)それらの試験の続行による危険が予想される場合に当該試験を中止すること等。
②クレーン等の性能検査に際して
　(1)悪天候で実施上危険が予想される場合に検査を行わないこと，
　(2)不意の起動による墜落，挟まれ等の防止のため運転を禁じること，
　(3)構造部材等に著しい損傷等がある場合に試験を行わないこと，
　(4)ジブ等が家屋，公道等に危険を及ぼすおそれがある場合に，荷重試験等を行わないこと，
　(5)荷重試験等の続行による危険が予想される場合に当該試験を中止すること等。
③移動式クレーンの性能検査に際して
　地盤軟弱等により転倒の危険がある場所では検査を行わないこと等。

法第46条は本条（法第53条の3）で登録性能検査機関（法第41条第2項）に準用されているので，上で示した法第46条第3項所定の登録基準（別表第5や第6，通達〔平成16年3月19日基発第0319009号〕に示されたもの）も，登録性能検査機関に準用される。

4　その他の準用

その他，
①登録簿の記載事項（氏名，名称，住所。事務所住所等〔法第47条の2を本条で準用〕）を変更の際に，変更届出書（様式第1号の5）を所管大臣に提出せねばならないこと（登録製造時等検査機関につき登録省令第1条の5の2，登録性能検査機関につき登録省令第5条の2），
②業務規程を作成して所定の届出書（様式第2号）に添付して所管大臣に届け出なければならないこと（届出義務は，法第48条第1項前段を本条で準用。届出方法は，製造時等検査機関につき登録省令第1条の6第1項，性能検査機関につき登録省令第6条第1項），変更する場合にも同様であること（届出義務は，法第48条第1項後段を本条で準用。届出方法は，製造時等検査機関につき登録省令

第1条の6第3項，性能検査機関につき登録省令第6条第3項），

③業務の休廃止に際して所定の届出書（様式第4号）を用いて所管大臣に届け出なければならないこと（届出義務は，法第49条を本条で準用。届出方法は，製造時等検査機関につき登録省令第1条の7第1項，性能検査機関につき登録省令第7条第1項），

④検査員の選任・解任に際して所定の届出書（様式第5号，第6号）を用いて所管大臣に届け出なければならないこと（届出義務は，法第51条を本条で準用。届出方法は，製造時等検査機関につき登録省令第1条の8，性能検査機関につき登録省令第8条），

⑤検査実施可能な者の欠如等により都道府県労働局長が検査業務を引き継ぐ場合にかかる手続き（労働局長の引継ぎ権限は，法第53条の2を本条で準用。引継ぎの方法は，製造時等検査機関につき登録省令第1条の10，性能検査機関につき登録省令第10条の2），

⑥利害関係人に権利が付与される，財務諸表等や損害賠償保険契約書のデータの閲覧や提供等の請求の方法（請求権は，法第50条第2項第3号・第3項第3号，法第50条第2項第4号・第3項第4号を本条で準用。請求の方法は，製造時等検査機関につき登録省令第1条の7の2・第1条の7の3，性能検査機関につき登録省令第7条の2・第7条の3），

は，登録製造時等検査機関と変わらない。

業務規程の必要的記載事項（製造時等検査機関につき登録省令第1条の6，性能検査機関につき登録省令第6条第2項）も，検査種別を性能検査に置き換えれば，殆ど変わらない。わずかに，製造時等検査機関の業務規程では合格した機械等への刻印に関する定めが求められるが，性能検査機関の業務規程では求められないこと，逆に，性能検査機関の業務規程では有効期間の更新に関する定めが求められるが，製造時等検査機関の業務規程では求められないことが異なるにとどまる。

5 罰則

本条及び本条が準用する条規違反は，機関の場合，その登録取消しを導くため，制裁という意味では一定の効果を見込めるし，何より取り消されてしまえば，処罰の対象が存在しなくなるので，本法は，特に遵守が求められ，当該個人の罪を観念できる定めについて，機関の役員や職員個人に刑事罰を科す方法を採用している。

すなわち，本条が準用する法第49条（検査業務の休廃止の大臣への届出）につき，無届け又は虚偽の届出につき，50万円以下の罰金としている（法第121条第1号）。また，本条が準用する法第53条第1項（安衛法令違反の欠格事由に該当する場合，利害関係人からの財務諸表等の閲覧請求を拒否した場合等の登録取消しや業務停止命令）に違反して命令に従わない場合，1年以下の懲役又は100万円以下の罰金に処せられる（法第118条）。

他方，法第50条第1項（検査機関による財務諸表等の作成及び備付けの義務）やこれを準用した本条又は同条第2項（利害関係人による財務諸表等の閲覧等の請求の権利）やこれを準用した本条に反した場合，当該機関に対し，20万円以下の過料（行政罰）が科せられる（法第123条第1号）。

6 運用実態

令和2年度厚生労働科学研究による行政官・元行政官向け法令運用実態調査（三柴丈典担当）[51]では，監督官より，本条について，準用に次ぐ準用で内容理解が非常に難しくなっているとの問題が指摘された。例えば，本条（法第53条の3）は，法第46条を準用し，同条は法第38条に基づく登録につき，厚生労働省令で詳細を定める旨規定しているので，非常に分かり難い。

（登録個別検定機関）[52]

第54条　第46条〔＊登録製造時等検査機関として登録しようとする者の登録手続き，欠格事由，登録基準（検査設備，人材〈検査員〉，検査員及び業務の統括者，受検者とのCOI），登録年月日，代表者，所在地等の登録簿への記載〕及び第46条の2〔＊所定期間ごとの登録更新と更新時における登録基準の準用〕の規定は第44条第1項〔＊（特定機械等以外の機械等のうち危険有害な作業を要するもののうち所定のものを対象とする）登録を受けた機関による個別検定を受けるべきこと〕の登録について，第47条から第53条の2まで〔＊第47条：検査機関の検査申請への応諾，検査員による実施，公正かつ所定の構造基準に適合した方法による検査，検査方法に由来する危険防止措置の義務。第47条の2：登録簿記載事項（代表者，所在地等）の変更時の大臣への届出。第48条：業務規程の策定（検査の実施方法，検査料金等の規定）と大臣への届出。第49条：業務の休廃止に際しての大臣への届出。第50条：事業年度ごとの財務諸表等の作成と事務所への備付け，利害関係人による財務諸表等，損害保険契約書等の閲覧等の請求，所定の財務諸表等の大臣への提出。第51条：検査員の選任・解任時の大臣への届出。第52条：検査機関が法第46条第3項各号の登録基準（設備，検査員，検査員及び業務の統括者，受検者とのCOI）に適合しなくなった場合の大臣による適合命令。第52条の2：検査機関が第47条の義務（検査の応諾，検査員による実施，公正で所定の構造基準に適合した方法による検査，検査方法に由来する危険の防止措置）に反した場合の大臣による改善命令。

第52条の3：適合命令と改善命令に関する規定の外国製造時等検査機関への準用（ただし，命令を請求に代える）。第53条：所定の要件を充たした場合の登録の取消し等。第53条の2：登録を受ける業者がいない場合等における都道府県労働局長による製造時等検査の実施〕の規定は登録個別検定機関について準用する。この場合において，次の表の上欄〔＊ここでは左欄〕に掲げる規定中同表の中欄に掲げる字句は，それぞれ同表の下欄〔＊ここでは右欄〕に掲げる字句と読み替えるものとする。

第46条第1項	第38条第1項	第44条第1項
	製造時等検査	個別検定
第46条第3項第1号	別表第5	別表第11の上欄に掲げる機械等に応じ，それぞれ同表の下欄
	製造時等検査	個別検定
第46条第3項第2号	製造時等検査	別表第12の上欄に掲げる機械等に応じ，個別検定
	別表第6第1号	同表の中欄
	検査員	検定員
	同表第2号	同表の下欄
第46条第3項第3号	検査員	検定員
	別表第7	別表第13
	製造時等検査	個別検定
第46条第3項第4号	特別特定機械等	第44条第1項の政令で定める機械等
	製造時等検査	個別検定
第46条第4項	登録製造時等検査機関登録簿	登録個別検定機関登録簿
第47条第1項	製造時等検査	個別検定
第47条第2項	製造時等検査	個別検定
	検査員	検定員
第47条第3項	第37条第2項の基準のうち特別特定機械等の構造に係るもの	第44条第3項の基準
	製造時等検査	個別検定
第47条第4項	製造時等検査	個別検定
	検査方法	検定方法
第48条，第49条並びに第50条第2項及び第3項	製造時等検査	個別検定
第51条	検査員	検定員
第52条及び第52条の2	製造時等検査	個別検定
	外国登録製造時等検査機関	外国登録個別検定機関
第52条の3	外国登録製造時等検査機関	外国登録個別検定機関
第53条第1項及び第2項	外国登録製造時等検査機関	外国登録個別検定機関
	製造時等検査	個別検定
第53条第3項	外国登録製造時等検査機関	外国登録個別検定機関
第53条の2	都道府県労働局長	厚生労働大臣又は都道府県労働局長
	製造時等検査	個別検定

1 趣旨[53]

法第54条は，法第44条所定の個別検定[54]（資料5-82）に当たる登録個別検定機関の登録，業務運営，検定員の選任と解任，役職員の地位，登録取消し等につき，登録製造時等検査機関にかかる定めの準用を図った規定である。

2 内容

本条は，

法第46条（登録製造時等検査機関の登録の申請主義，欠格事由，適合要件〔検査設備，検査員，検査員の指揮・業務管理者の存在，受験者とのCOIにかからないこと〕及びそれを充たす場合の必要的登録等に関する規定）及び法第46条の2（登録の更新〔5～10年範囲内で政令で規定〕に関する規定）は，法第44条第1項（〔特定機械等以外の機械等のうち危険有害な作業を要するもののうち所定のものを対象とする〕登録を受けた機関による個別検定を受けるべきこと）にいう登録個別検定機関の登録に準用し，

法第47条から第53条の2までの規定は，登録個別検定機関に準用することを定めたうえ，語句の読み替えを示している。

ここで，法第47条から第53条の2の定めの概要は以下の通り。

第47条：検査の応諾，検査員による検査の実施，公正かつ所定の構造基準に適合した方法による検査，検査方法に由来する危険の防止措置。

第47条の2：登録簿記載事項（代表者，所在地等）の変更時の大臣への届出。

第48条：業務規程の策定（検査の実施方法，検査料金等の規定）と大臣への届出。

資料5-82　個別検定（イメージ）

（一般社団法人日本ボイラ協会WEBサイト〔https://www.jbanet.or.jp/examination/individual/，最終閲覧日：2024年7月11日〕）

第49条：業務の休廃止に際しての大臣への届出。

第50条：事業年度ごとの財務諸表等の作成と事務所への備付け，利害関係人による検査機関への財務諸表等の閲覧等の請求，利害関係人による検査機関への損害保険契約書の閲覧等の請求，所定の財務諸表等の大臣への提出。

第51条：検査員の選任・解任の大臣への届出義務。

第52条：検査機関が法第46条第3項各号の登録基準（設備，検査員，検査員及び業務の統括者，受検者とのCOI）に適合しなくなった場合の大臣による適合命令。

第52条の2：検査機関が第47条の義務（検査の応諾，検査員による実施，公正で所定の構造基準に適合した方法による検査，検査方法に由来する危険の防止措置）に反した場合の大臣による改善命令。

第52条の3：適合命令と改善命令に関する規定の外国製造時等検査機関への準用（ただし，命令を請求に代える）。

第53条：所定の要件を充たした場合の登録の取消し等。

第53条の2：登録を受ける業者がいない場合等における都道府県労働局長による製造時等検査の実施。

本条は，法第44条所定の個別検定（機械等の1台ごとに個別に行われる検定であり，同じ型式のものでも1台ごとに検定を受ける必要がある。検定合格証に代わり，その機械等の「明細書」に合格印を押したものが交付される[55]。内部に高い圧力の気体，流体等を保有する第2種圧力容器，小型ボイラー及び小型圧力容器につき，労働安全衛生法に基づき定められた構造，使用材料等の構造要件適合性を確認するため，製造時又は輸入時に個々に行われる[56]）を担当する機関についても，その技術水準や業務体制等を担保するため，登録製造時等検査機関と同様の規制を行うことを図ったものである。

1　登録の区分及び検査の対象

登録の区分は，登録製造時等検査機関の場合，登録省令第1条の2の45の定め通り，安衛法施行令第12条第1項第1号のボイラーと同第2号の第1種圧力容器の2種類に限られるが，登録個別検定機関の場合，以下の4種が認められている（登録省令第11条）。これがそのまま検定の対象機械等にもなっている。

(1)ゴム，ゴム化合物等を練るロール機の急停止装置のうち電気的制動方式のもの（施行令第14条第1号）

(2)第2種圧力容器（電気事業法等の適用を受けるものを除く）（施行令第14条第2号）

(3)小型ボイラー（電気事業法等の適用を受けるものを除く）（施行令第14条第3号）

(4)小型圧力容器（電気事業法等の適用を受けるものを除く）（施行令第14条第4号）

2　登録申請手続き

登録申請希望者は法人・個人のいずれでもよく（平成16年3月19日基発第0319009号），同人が大臣に提出すべき書類は，登録申請書（様式第4号の2）のほか，定款や登記事項証明書等，申請者が本条（法第54条）で準用されている法第46条第2項各号（法人やその役員の安衛法令違反歴等の欠格事由）及び第3項第4号イからハまで（受検者とのCOI）に該当しないことを証する書面，申請者が法人である場合，役員の氏名・略歴，株主等の構成員等，検定器具，検定員や業務の統括者や検定員の経歴や数，検定業務以外を行っている場合はその種類や概要等である（登録省令12条）。

この内容は，登録製造時等検査機関に関する登録省令第1条の3と同様である。また，本条（法第54条）が準用する法第46条の2第1項所定の登録更新にも準用される（登録省令第13条）。

3　検査方法から生じる危険の防止措置

本条（法第54条）が準用する法第47条第4項所定の検査（ここでは検定）方法から生じる危険の防止措置は，概ね以下の通りである（登録省令第14条）。登録省令第1条の5の定める登録製造時等検査機関の対象機械（ボイラーと第1種圧力容器〔本節において「ボイラー等」という〕）より小型の機械等を対象としており，検定方法に由来する危険防止措置もそれに準じている。

(1)機械の圧力を受ける部分に著しい損傷等が認められ，水圧／気圧試験での危険が予想される場合に当該試験を行わないこと，

(2)それらの試験で，ボイラー等の破裂による鏡板の飛散や水の流出等の危険が予想される場合に災害防止措置を講じること，

(3)それらの試験の続行による危険が予想される場合に当該試験を中止すること等。

法第46条は本条（法第54条）で登録個別検定機関（法第44条）に準用されているので，上で示した法第46条第3項所定の登録基準（別表第5や第6，通達〔平成16年3月19日基発第0319009号〕に示されたもの）も，登録個別検定機関に準用される。

4　その他の準用

その他，

①登録簿の記載事項（氏名，名称，住所。事務所住所等〔法第47条の2を本条で準用〕）を変更する際に，変更届出書（様式第1号の5）を所管大臣に提出せねばならないこと（登録製造時等検査機関につき登録省令第1条の5の2，個別検定機関につき登録省令第14条の2），

②業務規程を作成して所定の届出書（様式第2号）に添付して所管大臣に届け出なければならないこと（届出義務は，法第48条第1項前段を本条で準用。届出方法は，製造時等検査機関につき登録省令第1条の6第1項，個

別検定機関につき登録省令第15条第1項），変更する場合にも同様であること（届出義務は，法第48条第1項後段を本条で準用。届出方法は，製造時等検査機関につき登録省令第1条の6第3項，個別検定機関につき登録省令第15条第3項），業務規程の必要的記載事項（製造時等検査機関につき登録省令第1条の6，個別検定機関につき登録省令第15条第2項），

③業務の休廃止に際して所定の届出書（様式第4号）を用いて所管大臣に届け出なければならないこと（届出義務は，法第49条を本条で準用。届出方法は，製造時等検査機関につき登録省令第1条の7第1項，個別検定機関につき登録省令第16条第1項），

④検定員の選任・解任に際して所定の届出書（様式第5号，第6号）を用いて所管大臣に届け出なければならないこと（届出義務は，法第51条を本条で準用。届出方法は，製造時等検査機関につき登録省令第1条の8，個別検定機関につき登録省令第17条），

⑤検定実施可能な者の欠如等により都道府県労働局長が検定業務を引き継ぐ場合にかかる手続き（労働局長の引継ぎ権限は，法第53条の2を本条で準用。引継ぎの方法は，製造時等検査機関につき登録省令第1条の10，個別検定機関につき登録省令第19条），

⑥利害関係人に権限が付与される，財務諸表等や損害賠償保険契約書のデータの閲覧や提供等の請求の方法（請求権は，法第50条第2項第3号・第3項第3号，法第50条第2項第4号・第3項第4号を本条で準用。請求の方法は，製造時等検査機関につき登録省令第1条の7の2・第1条の7の3，個別検定機関につき登録省令第16条の2・第16条の3），

は，登録製造時等検査機関と変わらない。

5 罰則

本条及び本条が準用する条規違反は，機関の場合，その登録取消しを導くため，制裁という意味では一定の効果を見込めるし，何より取り消されてしまえば，処罰の対象が存在しなくなるので，本法は，特に遵守が求められ，当該個人の罪を観念できる定めについて，機関の役員や職員個人に刑事罰を科す方法を採用している。

すなわち，本条が準用する法第49条（検査業務の休廃止の大臣への届出）につき，無届け又は虚偽の届出につき，50万円以下の罰金としている（法第121条第1号）。また，本条が準用する法第53条第1項（安衛法令違反の欠格事由に該当する場合，利害関係人からの財務諸表等の閲覧請求を拒否した場合等の業務停止命令）に違反して命令に従わない場合，1年以下の懲役又は100万円以下の罰金に処せられる（法第118条）。

他方，法第50条第1項（検査機関が財務諸表等の作成及び備付けの義務）やこれを準用した本条又は同条第2項（利害関係人による財務諸表等の閲覧等の請求の権利）やこれを準用した本条に反した場合，当該機関に対し，20万円以下の過料（行政罰）が科せられる（法第123条第1号）。

> **（登録型式検定機関）**
> **第54条の2** 第46条〔＊登録製造時等検査機関として登録しようとする者の登録手続き，欠格事由，登録基準（検査設備，人材〈検査員〉，検査員及び業務の統括者，受検者とのCOI），登録年月日，代表者，所在地等の登録簿への記載〕及び第46条の2〔＊所定期間ごとの登録更新と更新時における登録基準の準用〕の規定は第44条の2第1項〔＊特定機械等以外の機械等のうち危険有害な作業を要するもののうち所定のものの型式検定〕の登録について，第47条から第53条の2まで〔＊第47条：検査機関の検査申請への応諾，検査員による実施，公正かつ所定の構造基準に適合した方法による検査，検査方法に由来する危険防止措置の義務。第47条の2：登録簿記載事項（代表者，所在地等）の変更時の大臣への届出。第48条：業務規程の策定（検査の実施方法，検査料金等の規定）と大臣への届出。第49条：業務の休廃止に際しての大臣への届出。第50条：事業年度ごとの財務諸表等の作成と事務所への備付け，利害関係人による財務諸表等，損害保険契約書等の閲覧等の請求，所定の財務諸表等の大臣への提出。第51条：検査員の選任・解任時の大臣への届出。第52条：検査機関が法第46条第3項各号の登録基準（設備，検査員，検査員及び業務の統括者，受検者とのCOI）に適合しなくなった場合の大臣による適合命令。第52条の2：検査機関が第47条の義務（検査の応諾，検査員による実施，公正で所定の構造基準に適合した方法による検査，検査方法に由来する危険の防止措置）に反した場合の大臣による改善命令。第52条の3：適合命令と改善命令に関する規定の外国製造時等検査機関への準用（ただし，命令を請求に代える）。第53条：所定の要件を充たした場合の登録の取消し等。第53条の2：登録を受ける業者がいない場合等における都道府県労働局長による製造時等検査の実施〕の規定は登録型式検定機関について準用する。この場合において，次の表の上欄〔＊ここでは左欄〕に掲げる規定中同表の中欄に掲げる字句は，それぞれ同表の下欄〔＊ここでは右欄〕に掲げる字句と読み替えるものとする。
>
> | 第46条第1項 | 第38条第1項 | 第44条の2第1項 |
> |---|---|---|
> | | 製造時等検査 | 型式検定 |

第46条第3項第1号	別表第5	別表第14の上欄に掲げる機械等に応じ、それぞれ同表の下欄
	製造時等検査	型式検定
第46条第3項第2号	製造時等検査	型式検定
	別表第6第1号	別表第15第1号
	検査員	検定員
第46条第3項第3号	検査員	検定員
	別表第7	別表第16
	製造時等検査	型式検定
第46条第3項第4号	特別特定機械等	第44条の2第1項の政令で定める機械等
	製造時等検査	型式検定
第46条第4項	登録製造時等検査機関登録簿	登録型式検定機関登録簿
第47条第1項	製造時等検査	型式検定
第47条第2項	製造時等検査	型式検定
	検査員	検定員
第47条第3項	第37条第2項の基準のうち特別特定機械等の構造に係るもの	第44条の2第3項の基準
	製造時等検査	型式検定
第47条第4項	製造時等検査	型式検定
	検査方法	検定方法
第48条、第49条並びに第50条第2項及び第3項	製造時等検査	型式検定
第51条	検査員	検定員
第52条及び第52条の2	製造時等検査	型式検定
	外国登録製造時等検査機関	外国登録型式検定機関
第52条の3	外国登録製造時等検査機関	外国登録型式検定機関
第53条第1項及び第2項	外国登録製造時等検査機関	外国登録型式検定機関
	製造時等検査	型式検定
第53条第3項	外国登録製造時等検査機関	外国登録型式検定機関
第53条の2	都道府県労働局長	厚生労働大臣
	製造時等検査	型式検定

1 趣旨と内容[58]

法第54条の2は、法第44条の2所定の型式検定に当たる登録型式検定機関の登録、業務運営、検定員の選任と解任、役職員の地位、登録取消し等につき、登録製造時等検査機関にかかる定めの準用を図った規定である。

すなわち、

法第46条（登録製造時等検査機関の登録の申請主義、欠格事由、適合要件〔検査設備、検査員、検査員の指揮・業務管理者の存在、受験者とのCOIにかからないこと〕及びそれを充たす場合の必要的登録等に関する規定）及び法第46条の2（登録の更新〔5～10年範囲内で政令で規定〕に関する規定）は、法第44条の2第1項〔（特定機械等以外の機械等のうち危険有害な作業を要するもののうち所定のものを対象とする）登録を受けた機関による型式検定を受けるべきこと〕にいう登録型式検査機関の登録に準用し、

法第47条から第53条の2までの規定は、登録型式検定機関に準用することを定めたうえ、語句の読み替えを示している。

ここで、法第47条から第53条の2の定めの概要は以下の通り。

第47条：検査の応諾、検査員による検査の実施、公正かつ所定の構造基準に適合した方法による検査、検査方法に由来する危険の防止措置。

第47条の2：登録簿記載事項（代表者、所在地等）の変更時の大臣への届出。

第48条：業務規程の策定（検査の実施方法、検査料金等の規定）と大臣への届出。

第49条：業務の休廃止に際しての大臣への届出。

第50条：事業年度ごとの財務諸表等の作成と事務所への備付け、利害関係人による検査機関への財務諸表等の閲覧等の請求、利害関係人による検査機関への損害保険契約書の閲覧等の請求、所定の財務諸表等の大臣への提出。

第51条：検査員の選任・解任の大臣への届出義務。

第52条：検査機関が法第46条第3項各号の登録基準（設備、検査員、検査員及び業務の統括者、受検者とのCOI）に適合しなくなった場合の大臣による適合命令。

第52条の2：検査機関が第47条の義務（検査の応諾、検査員による実施、公正で所定の構造基準に適合した方法による検査、検査方法に由来する危険の防止措置）に反した場合の大臣による改善命令。

第52条の3：適合命令と改善命令に関する規定の外国製造時等検査機関への準用（ただし、命令を請求に代える）。

第53条：所定の要件を充たした場合の登録の取消し等。

第53条の2：登録を受ける業者がいない場合等における都道府県労働局長による製造時等検査の実施。

本条は、法第44条所定の型式検定（機械等の型式ごとに行われる検定であり、検定に合格すれば、その型式に対して「型式検定合格証」が交付され、合格証に記載された有効期間中は、その型式の機械等を〔数に制限なく〕製造又は輸入することができる)[59]を担当する機関についても、その技術水準や業務体制等を担保するため、登録製造時等検査機関と同様の規制を行うことを図ったものであ

る。

1 登録の区分と検定の対象

登録の区分は，登録製造時等検査機関の場合，登録省令第1条の2の45の定め通り，安衛法施行令第12条第1項第1号のボイラーと同第2号の第1種圧力容器の2種類に限られるが，登録型式検定機関の場合，以下の14種が認められている（登録省令第19条の3）。これがそのまま検定の対象機械等にもなっている。

(1) ゴム，ゴム化合物等を練るロール機の急停止装置のうち電気的制動方式のもの（施行令第14条の2第1号）
(2) プレス機械（資料5-83）又はシャーの安全装置（施行令第14条の2第2号）
(3) 防爆構造電気機械器具（施行令第14条の2第3号）
(4) クレーン又は移動式クレーンの過負荷防止装置（施行令第14条の2第4号）
(5) 防じんマスク（施行令第14条の2第5号）
(6) 防毒マスク（施行令第14条の2第6号）
(7) 木材加工用丸のこ盤の歯の接触予防装置のうち可動式のもの（施行令第14条の2第7号）
(8) 動力駆動型プレス機械のうちスライドによる危険の防止機構を有するもの（施行令第14条の2第8号）
(9) 交流アーク溶接機用自動電撃防止装置（施行令第14条の2第9号）
(10) 絶縁用保護具（施行令第14条の2第10号）
(11) 絶縁用防具（施行令第14条の2第11号）
(12) 保護帽（施行令第14条の2第12号）
(13) 防じん機能を有する電動ファン付き呼吸用保護具（施行令第14条の2第13号）
(14) 防毒機能を有する電動ファン付き呼吸用保護具（施行令第14条の2第14号）

2 登録申請手続き

登録申請希望者は法人・個人のいずれでもよく（平成16年3月19日基発第0319009号），同人が大臣に提出すべき書類は，登録申請書（様式第4号の2）のほか，定款や登記事項証明書等，申請者が本条（法第54条の2）で準用されている法第46条第2項各号（法人やその役員の安衛法令違反歴等の欠格事由）及び第3項第4号イからハまで（受検者らとのCOI）に該当しないことを証する書面，申請者が法人である場合，役員の氏名・略歴，株主等の構成員等，検定器具，検定員や業務の統括者や検定員の経歴や数，検定業務以外を行っている場合はその種類や概要等である（登録省令第19条の4）。

この内容は，登録製造時等検査機関に関する登録省令第1条の3と同様である。また，本条（法第54条の2）が準用する法第46条の2第1項所定の登録更新にも準用される（登録省令第19条の5）。

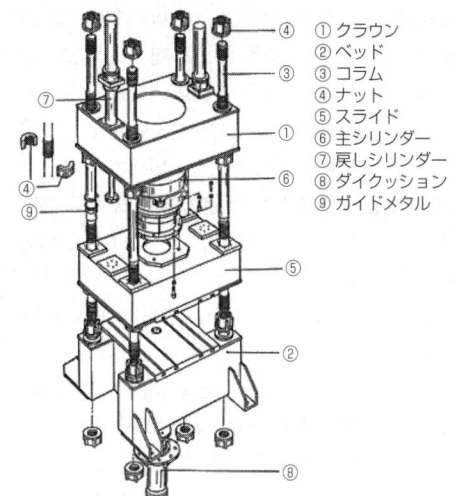

資料5-83　プレス機械の例

① クラウン
② ベッド
③ コラム
④ ナット
⑤ スライド
⑥ 主シリンダー
⑦ 戻しシリンダー
⑧ ダイクッション
⑨ ガイドメタル

(中央労働災害防止協会『プレス作業と安全』〔2019年〕41頁の図3.2 ⓒ油圧プレス例〔コラム形〕より)

3 検査方法から生じる危険の防止措置

本条（法第54条の2）が準用する法第47条第4項所定の検査（ここでは検定）方法から生じる危険の防止措置は，概ね以下の通りである（登録省令第19条の6）。登録省令第1条の5の定める登録製造時等検査機関の対象機械（ボイラーと第1種圧力容器〔本節において「ボイラー等」という〕）とは異なる対象につき，やや広めに取っている分，それに応じた措置が示されている。

(1) クレーン又は移動式クレーンの過負荷防止措置の作動試験につき悪天候で実施上危険が予想される場合に試験を行わないこと，
(2) クレーン又は移動式クレーンの過負荷防止装置の各部分につき点検を行うにつき，不意な起動による墜落，挟まれ等の防止のため，当該クレーン等の運転を禁じること，
(3) クレーン等の構造部材等に著しい損傷等がある場合に試験を行わないこと，
(4) 作動試験に際して，ジブ等が家屋，公道等に危険を及ぼすおそれがある場合に，当該試験を行わないこと，
(5) 作動試験の続行による危険が予想される場合に当該試験を中止すること等。
(6) 移動式クレーンの過負荷防止措置の型式検定に際して，地盤軟弱等により転倒の危険がある場所では検査を行わないこと等。

法第46条は本条（法第54条の2）で登録型式検定機関（法第44条の2）に準用されているので，上で示した法第46条第3項所定の登録基準（別表第5や第6，通達〔平成16年3月19日基発第0319009号〕に示されたもの）も，登録型式検定機関に準用される。

4 その他の準用

①登録簿の記載事項(氏名,名称,住所。事務所住所等〔法第47条の2を本条で準用〕)を変更の際に,変更届出書(様式第1号の5)を所管大臣に提出せねばならないこと(登録製造時等検査機関につき登録省令第1条の5の2,型式検定機関につき登録省令第19条の6の2),

②業務規程を作成して所定の届出書(様式第2号)に添付して所管大臣に届け出なければならないこと(届出義務は,法第48条第1項前段を本条で準用。届出方法は,製造時等検査機関につき登録省令第1条の6第1項,型式検定機関につき登録省令第19条の7第1項),変更する場合にも同様であること(届出義務は,法第48条第1項後段を本条で準用。届出方法は,製造時等検査機関につき登録省令第1条の6第3項,型式検定機関につき登録省令第19条の7第3項),業務規程の必要的記載事項(製造時等検査機関につき登録省令第1条の6,型式検定機関につき登録省令第19条の7第2項),

③業務の休廃止に際して所定の届出書(様式第4号)を用いて所管大臣に届け出なければならないこと(届出義務は,法第49条を本条で準用。届出方法は,製造時等検査機関につき登録省令第1条の7第1項,型式検定機関につき登録省令第19条の8第1項),

④検定員の選任・解任に際して所定の届出書(様式第5号,第6号)を用いて所管大臣に届け出なければならないこと(届出義務は,法第51条を本条で準用。届出方法は,製造時等検査機関につき登録省令第1条の8,型式検定機関につき登録省令第19条の9),

⑤検定実施可能な者の欠如等により都道府県労働局長が検定業務を引き継ぐ場合にかかる手続き(労働局長の引継ぎ権限は,法第53条の2を本条で準用。引継ぎの方法は,製造時等検査機関につき登録省令第1条の10,型式検定機関につき登録省令第19条の11の2),

⑥利害関係人に権限が付与される,財務諸表等や損害賠償保険契約書のデータの閲覧や提供等の請求の方法(請求権は,法第50条第2項第3号・第3項第3号,法第50条第2項第4号・第3項第4号を本条で準用。請求の方法は,製造時等検査機関につき登録省令第1条の7の2・第1条の7の3,型式検定機関につき登録省令第19条の8の2・第19条の8の3),

は,登録製造時等検査機関と変わらない。

5 罰則

本条及び本条が準用する条規違反は,機関の場合,その登録取消しを導くため,制裁という意味では一定の効果を見込めるし,何より取り消されてしまえば,処罰の対象が存在しなくなるので,本法は,特に遵守が求められ,当該個人の罪を観念できる定めについて,機関の役員や職員個人に刑事罰を科す方法を採用している。

すなわち,本条が準用する法第49条(検査業務の休廃止の大臣への届出)につき,無届け又は虚偽の届出につき,50万円以下の罰金としている(法第121条第1号)。また,本条が準用する法第53条第1項(安衛法令違反の欠格事由に該当する場合,利害関係人からの財務諸表等の閲覧請求を拒否した場合等の業務停止命令)に違反して命令に従わない場合,1年以下の懲役又は100万円以下の罰金に処せられる(法第118条)。

他方,法第50条第1項(検査機関〔本条では検定機関〕が財務諸表等の作成及び備付けの義務)やこれを準用した本条又は同条第2項(利害関係人による財務諸表等の閲覧等の請求の権利)やこれを準用した本条に反した場合,当該機関に対し,20万円以下の過料(行政罰)が科せられる(法第123条第1号)。

(検査業者)
第54条の3 検査業者になろうとする者は,厚生労働省令で定めるところにより,厚生労働省又は都道府県労働局に備える検査業者名簿に,氏名又は名称,住所その他厚生労働省令で定める事項の登録を受けなければならない。
2 次の各号のいずれかに該当する者は,前項の登録を受けることができない。
一 第45条第1項若しくは第2項の規定〔＊ボイラー等の機械等のうち特定のものの定期自主検査と結果の記録義務〕若しくはこれらの規定に基づく命令に違反し,又は第54条の6第2項〔＊所定の事由該当時(省令による検査業者の登録基準〈法第54条の3第4項〉への後発的非該当,検査業者は資格者に検査を行わせるべき旨の規定〈第54条の4〉違反,登録に際して付された条件〈法第110条第1項〉違反)の大臣又は労働局長による裁量的な登録取消し若しくは業務停止命令〕の規定による命令に違反して,罰金以上の刑に処せられ,その執行を終わり,又は執行を受けることがなくなつた日から起算して2年を経過しない者
二 第54条の6第2項〔＊同前〕の規定により登録を取り消され,その取消しの日から起算して2年を経過しない者
三 法人で,その業務を行う役員のうちに第1号に該当する者があるもの
3 第1項の登録は,検査業者になろうとする者の申請により行う。
4 厚生労働大臣又は都道府県労働局長は,前項の申請が厚生労働省令で定める基準に適合していると認めるときでなければ,第1項の登録を

> してはならない。
> 5　事業者その他の関係者は，検査業者名簿の閲覧を求めることができる。(60)

1　趣旨

　動力により駆動されるプレス機械，フォークリフト，車両系建設機械，不整地運搬車等といった法第45条第2項が定める機械等については，検査が技術的に難しく，また，一度事故が発生すると重篤な災害をもたらすおそれのある機械等であるため，一定の資格を有する労働者による検査を義務づけ，的確な検査を行わせるとともに，人材を得難い中小企業等の便に供するため，検査業者の制度が設けられた（昭和53年2月10日発基第9号）（資料5-84～5-86）。

　本条が，主に中小零細事業における機械等の検査をサポートする趣旨を持つことは，本条の追加について審議された第80回国会衆議院社会労働委員会第12号（1977〔昭和52〕年4月19日）における，桑原敬一政府委員の以下の発言によく示されている。

　中小企業における安全衛生対策の確保のため，「たとえば一つは，安全衛生委員会というものを，少し小さな企業まで置くべきではないかという御提案がございまして，いろいろ検討した結果，いま100人以上でございますが，50人までこれをおろしてつくらせるということも考えておるわけでございますし，また非常に危険な機械等の検査というもの――これは定期的に自主検査をやるたてまえになっておりますけれども，中小企業はなかなかそういった適確な方がおられないということで，今回の改正に当たりまして検査業者というしっかりした制度をつくって，そういった制度の中において，危険な機械について中小企業が安心して検査をしてもらえるような体制づくりをするとか，それから予算措置といたしまして，今回の改正に絡めまして特に中小企業の健康診断についてそういう新しい制度をつくって，一定のそういう健診費用の助成をしながら中小企業の健診率を上げるように努力をしていくということ，そういった中小企業に視点を置いた幾つかの観点を持って，今度の法改正を契機としてさらに中小企業の安全衛生対策を進めてまいりたいと考えておるわけでございます」（下線は筆者が添付した）。

　本条が定める検査業者制度（自主検査代行業者の登録等）は，登録検査・検定機関制度の一環ではあるが，本条は，他の登録機関に関する定め（製造時等検査等及び同検査機関につき，法第38条・第39条・第46条～第53条の2等，性能検査及び同検査機関につき，法第41条・第53条の3，個別検定及び同検定機関につき，法第44条・第54条

資料5-84　特定自主検査の資格

事業内検査
・厚生労働大臣が定める研修を修了した者
・国家検定取得者等一定の資格のある者
検査業者検査（特定自主検査機関）
・厚生労働大臣に登録した検査業者
・都道府県労働局に登録した検査業者

（厚生労働省「特定自主検査を実施しましょう」をもとに作成）

資料5-85　動力により駆動されるプレス機械　特定自主検査（イメージ）

資料5-86　フォークリフト　特定自主検査（イメージ）

等・型式検定及び同検定機関につき，法第44条の2・第44条の3・第44条の4・第54条の2）とは異なる。例えば，本条所定の検査業者の場合，製造時等検査機関等の登録では求められる裏付け資料の多くが不要である，業務規程の必要的記載事項もある程度絞り込まれている，登録基準でもCOIの項目が存在しない，登録につき，製造時等検査機関等では一定要件を満たした場合，登録がき束行為とされているが，本条所定の検査業者ではされていない等の相違がある。

　これは，本条所定の検査業者制度は，導入当初から公益法人ではなく民間企業を受け皿とすることを予定していたためと解される。

　検査業者というと，安衛法上のものに限らず，いわゆる車検を担う自動車の整備会社，建設機械の整備会社など全国各地に数多くの業者が存在し，特定自主検査済であることを示すステッカーが機体に貼られている例も散見される。本条が対象とする制度も，これらと同様に，社会に定着した制度となっている。(61)

2 内容

1 概要

　法第45条第2項の規定により，事業者は，動力により駆動されるプレス機械，フォークリフト，車両系建設機械，不整地運搬車及び高所作業車について1年以内ごとに1回（不整地運搬車については2年以内ごとに1回），定期に行われる自主検査を，その使用する労働者で一定の資格を有するもの又は法第54条の3第1項の登録を受けた検査業者に実施させなければならない。

2 登録の申請

　検査業者になろうとする者は，検査業者名簿に登録を受けるため検査業者登録申請書（様式第7号の2）に氏名又は名称，住所並びに法人にあっては，その代表者の氏名及び検査業者になろうとする者が特定自主検査を行うことができる機械等の種類を証する書面を添えて，その事務所の所在地を管轄する都道府県労働局長に提出しなければならない。ただし，事務所が2つ以上の都道府県労働局の管轄区域にわたる場合は，厚生労働大臣に提出しなければならない（登録省令第19条の14）。

　上記登録申請書に記載すべき事項は，登録製造時等検査機関等の登録申請書とは異なっている。

　検査業者の場合は，「氏名又は名称，住所並びに法人であっては，その代表者の氏名」といった形式面しか求められない。

　製造時等検査機関の場合，定款（又は寄付行為）及び登記事項証明書（個人の場合は住民票の写し）といった裏付け資料の提出が求められる（登録省令第1条の3第1号及び第2号）。役員の氏名・略歴，社員・株主等の構成員の氏名，検査員等の経歴などを証明する資料の提出も求められる（同条第4号イ，ハ）。さらに，申請者自身が登録基準を満たしていることを説明する書面（同条第3号），製造時等検査に用いる機械器具その他の設備の種類，数及び性能を記載した書面（同条第4号ロ），製造時等検査の業務以外の業務を行っているときは，その業務の種類及び概要（同条第4号ニ）を記載した書面の提出も求められるが，検査業者の登録に際して，これらを求める旨の定めはない。

　このように，検査業者の登録にかかる申請手続は緩やかであることが窺える。

3 登録の基準

　検査業者の登録の基準は，次の通りである（登録省令第19条の15）。

①法第54条の4（省令所定の資格者に特定自主検査を行わせるべきこと）の厚生労働省令で定める資格を有する者の数が申請に係る特定自主検査の業務を適正に行うために必要な数以上であること
②検査機器の数が申請に係る特定自主検査の業務を適正に行うために必要な数以上であること
③次の事項を記載した特定自主検査の業務に関する規程を定めていること
　イ　特定自主検査を行うことができる機械等の種類
　ロ　検査料の額及びその収納方法に関する事項
　ハ　特定自主検査の検査結果についての証明書の発行に関する事項
　ニ　特定自主検査の業務に関する帳簿の保存に関する事項
　ホ　その他特定自主検査の業務に関し必要な事項
④特定自主検査の業務を行うために必要な事務所を有すること

　上記①については，登録製造時等検査機関の登録基準である法第46条第3項第2号に類似の規定が存する。すなわち，「製造時等検査を実施する者が同表第2号に掲げる数以上であること」という内容であり，上記①と同様に，資格者の数を登録のための基準としている。

　上記②については，登録製造時等検査機関の登録基準である法第46条第3項第1号に類似の規定が存する。すなわち，「別表第5に掲げる機械器具その他の設備を用いて製造時等検査を行うものであること」という内容であり，「機械器具」に着目がされている。なお，「設備」についても着目されており，これは，上記④の「事務所」に類似するものと思われる。

　上記③については，登録製造時等検査機関の業務規程（法第48条第2項）と共通点と相違点がある。

　例えば，上記③ロ，ハ，ニ，ホについては法第48条第2項が委任する登録省令第1条の6第2項にも同様の規定がある。他方，登録製造時等検査機関の業務規程には，上述の内容に加えて，製造時等検査の業務を行う時間及び休日に関する事項（同項第4号），検査員の選任及び解任並びに配置に関する事項（同項第6号），財務諸表等の謄本又は抄本の請求や損害保険契約の契約内容を記載した書面の閲覧又は謄写の請求等にかかる費用に関する事項（同項第8号）も必要的記載事項とされているが，検査業者の業務規程では異なる。

　登録製造時等検査機関の登録基準である法第46条第3項第4号のようなCOIに係る規定も，検査業者の登録基準には掲げられていない。

4 登録

　法第54条の3第1項（検査業者になろうとする者は，省令所定の手続，基準等により検査業者名簿に登録されねばならない旨の定め）の登録の申請がこれらの「<u>基準に適合していると認めるときでなければ，第1項の登録をしてはならない</u>」（本条第4項）（下線は筆者が添付）。

また，これらの基準に適合していても，法第54条の3第2項に該当する者（検査に関連する法令〔事業者による特定自主検査の実施と結果の記録義務，当該検査を有資格者か専門業者に行わせるべきこと等を定めた法第45条等〕違反者等，法令違反〔省令所定の登録基準に後発的に非該当となった場合等〕による登録取消しを受けた者等）は，登録を受けることができない。

これは，登録製造時等検査機関の登録に関する法第46条第3項が，「厚生労働大臣は，第1項の規定により登録を申請した者が次に掲げる要件の全てに適合しているときは，<u>登録をしなければならない</u>」（下線は筆者が添付）としているのと対照的であり，その規定ぶりから，登録製造時検査機関の登録とは異なり，検査業者の登録においては，厚生労働大臣又は都道府県労働局長に一定の裁量があるように思われる。

これらの違いについては，既述の通り，検査業者制度については，公益法人改革のための登録制度への移行の経過がなかったことが寄与しているように思われる。

5　定期報告

検査業者は，4月1日から翌年の3月31日までの間に行った特定自主検査の状況について，その年の4月30までに，特定自主検査実施状況報告書（様式第7号の6）を所轄都道府県労働局長等に提出しなければならない（登録省令第19条の21）。なお，上記報告書は，「特定自主検査実施状況報告書」というものであり，特定自主検査を実施する者の数や特定自主検査を行った機械等の数について報告することが求められている。

製造時等検査機関では，製造時等検査ごとに検査結果報告の所轄労働局長宛てに提出が求められているほか，事業報告書の大臣への提出が求められている（法第50条第4項）のに対し，より簡便な手続きを許容しようとしたものと解される。[68]

6　能力向上教育

労働安全衛生法第19条の2第1項は，労働災害の防止のための業務に従事する者に対し，従事する業務に関する能力の向上を図るための教育等の機会を与えるよう，事業者に努力義務を課している。その対象には事業内検査に当たる者も含まれる。

行政は，特定自主検査の担当者向けに以下のような通達を発しており，これは検査業者検査を担う外部の検査業者も想定している。

・平成5年7月23日基発第480号（車両系建設機械〔基礎工事用〕特定自主検査者能力向上教育について）
・平成6年9月29日基発第600号（フォークリフトの特定自主検査者能力向上教育について）

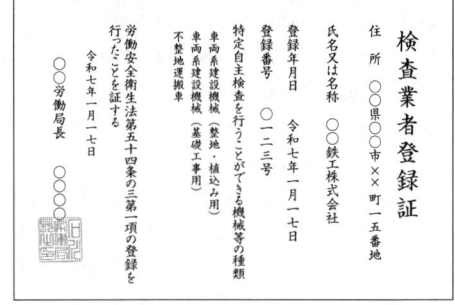

資料5-87　検査業者登録証の例

7　その他

第196回国会衆議院予算委員会第5分科会第1号（2018〔平成30〕年2月23日）において，加藤勝信国務大臣は，「特定自主検査の料金は，厚生労働省の登録を受けた検査業者が自主的に定め[69]，その検査料額を届ける仕組みになって」おり，これは，行政に「届けられた料金から不透明な値引き等が生じないよう」にして，検査の質を担保する趣旨だと述べている。

他方，菊田真紀子分科員（当時無所属の会）は，中小企業等における検査費用負担に言及した。同委員いわく，特定自主検査制度が導入された昭和54年当時，高度経済成長に伴って，建設荷役車両の稼働が急速に増大し，建設荷役車両による労働災害が増加したことが，当該制度導入のドライブになった。労災防止はもちろん重要だが，事業者に検査の負担を強いるのであれば，できる限り負担やコストを少なくするべきと述べ，具体的には，特定自主検査の料金について，種類や大きさによるものの，1台の検査費用が10万円を超えるケースもあり，仮に10台所有していたら，毎年100万円かかることになり，小規模事業者にとっては大変な負担だと述べた。

> 第54条の4　検査業者は，他人の求めに応じて特定自主検査を行うときは，厚生労働省令で定める資格を有する者にこれを実施させなければならない。

1　趣旨と内容

検査業者が他人の求めに応じて特定自主検査を行うときは，厚生労働省令で定める資格を有する者に実施させなければならないことを定めたものである。

この厚生労働省令で定める資格としては，特定自主検査対象機械等ごとに定められている。

例えば，同条第1項が規定する動力プレスの場合は，以下の(1)又は(2)のいずれかとされている（登録省令第19条の22第1項）。

> (1)次のいずれかに該当する者で，厚生労働大臣の登録を受けた者が行う研修を修了したもの
>   イ　学校教育法による大学又は高等専門学校において工学に関する学科を専攻して卒業した者（大学改革支援・学位授与機構により学士の学位を授与された者（当該学科を専攻した者に限る。）若しくはこれと同等以上の学力を有すると認められる者又は当該学科を専攻して専門職大学前期課程を修了した者を含む。以下同じ。）で，動力プレスの点検若しくは整備の業務に2年以上従事し，又は動力プレスの設計若しくは工作の業務に5年以上従事した経験を有するもの
>   ロ　学校教育法による高等学校（旧中等学校令（昭和18年勅令第36号）による実業学校を含む。以下同じ。）又は中等教育学校において工学に関する学科を専攻して卒業した者で，動力プレスの点検若しくは整備の業務に4年以上従事し，又は動力プレスの設計若しくは工作の業務に7年以上従事した経験を有するもの
>   ハ　動力プレスの点検若しくは整備の業務に7年以上従事し，又は動力プレスの設計若しくは工作の業務に10年以上従事した経験を有する者
> (2)その他厚生労働大臣が定める者

　(1)イ，ロでは，学校教育等と実務経験を考慮要素としており，その内容に応じて，実務経験の長短に変更を加えている。(1)ハでは，端的に，実務経験のみを基準としており，学校教育等を前提とする(1)イ，ロに比べ，長期の実務経験を求めている。

　登録製造時等検査機関の製造時等検査を実施する検査員との比較では，同者の場合，学科研修の「時間」や検査実習の「件数」等が問われている（法別表第6第1号）ほか，「その他厚生労働大臣が定める者」といった包括的規定も存在せず，本条（法第54条の4）所定の資格の方がゆるめの基準設定となっていることが窺える。

2　運用

　労働新聞社が公表した本条の運用例として，以下のようなものがある。

　2022（令和4）年9月21日，東京労働局は，約8年間にわたってフォークリフトの特定自主検査を無資格で行っていた検査業者に対し，6カ月間の業務停止処分を下した。本条（法第54条の4〔有資格者による検査業務の実施〕）違反により，2022（令和4）年9月22日～2023（令和5）年3月21日の間，特定自主検査業務の停止を命じている。

　同社では，従業員4人が運搬・掘削用などの車両系建設機械に関する特定自主検査業務を担当していた。うち1人がフォークリフトについての資格を持っていないにもかかわらず，検査を行っていた。

　2013（平成25）年8月～2021（令和3）年9月までの約8年間，検査の依頼があった2社に対し，延べ10台のフォークリフトを検査している。同労働局が同社の監査に入った際，違反の事実を確認した。同労働局は，「大型の建設機械の検査資格を持っていれば，フォークリフトも検査できると考えていたようだ」などと話している。

　無資格者によるフォークリフトの検査は無効であり，再度検査が必要となる[70]。

　なお，第54条の6に係る「運用」も参照されたい。

> **第54条の5**　検査業者がその事業の全部を譲り渡し，又は検査業者について相続，合併若しくは分割（その事業の全部を承継させるものに限る。）があつたときは，その事業の全部を譲り受けた者又は相続人（相続人が2人以上ある場合において，その全員の同意により事業を承継すべき相続人を選定したときは，その者。以下この項において同じ。），合併後存続する法人若しくは合併により設立された法人若しくは分割によりその事業の全部を承継した法人は，その検査業者の地位を承継する。ただし，当該事業の全部を譲り受けた者又は相続人，合併後存続する法人若しくは合併により設立された法人若しくは分割により当該事業の全部を承継した法人が第54条の3第2項各号〔＊検査業者の欠格事由（概ね検査に関する規定違反）〕のいずれかに該当するときは，この限りでない。
> 2　前項の規定により検査業者の地位を承継した者は，厚生労働省令で定めるところにより，遅滞なく，その旨を厚生労働大臣又は都道府県労働局長に届け出なければならない。

1　趣旨と内容

　本条は，1999（平成11）年の改正（平成11年5月21日法律第45号）により追加された。さらにその後2000（平成12）年の商法改正に伴う改正（平成12年5月31日法律第91号）により，事業の分割による場合が追加された。

　平成11年法改正による本条の新設以前，検査業者については，事業の全部譲渡，相続又は合併があった場合には，改めて登録をし直さなければ検査業者になることができなかった。合併等の場合，検査業者として必要な実質的な条件は，引き続き満たしていると考えられていた（平成11年5月21日発基第54号）。

しかし，事業の全部を譲り渡し，又はこれらについて相続，合併若しくは分割があったときも，検査事業についての実質的同一性は失われず，したがって検査業者としての実質的条件は維持されると解されるため[71]，その事業の全部を譲り受けた者又は相続人（相続人が2人以上ある場合において，その全員の同意により事業を承継すべき相続人を選定したときは，その者），合併後存続する法人，合併により設立された法人若しくは分割によりその事業の全部を承継した法人は，欠格事由に該当する場合を除き，検査業者の地位を承継することとしたものである。

この時期，いわゆるコーポレートガバナンスの見直しの動き，それらに伴う平成12年の商法改正等により，企業変動の動きが拡大しており，本条の新設も，それに対応する面が強かったように察せられる[72]。

安衛法自体に本条と同趣旨の規定や本条の準用規定はない（登録製造時等検査機関に関する規定にも同様のものは見当たらない）が，作業環境測定法第34条第1項は，作業環境測定機関に本条を準用している。

本条第2項に基づく届出をしようとする場合は，検査業者承継届出及び登録事項変更等申請書（様式第7号の7）に，承継の理由，特定自主検査の業務を行うための事務所の所在地，特定自主検査を行うことができる機械等の種類等を記載し，承継の理由を証する書面を添えて，所轄都道府県労働局長等[73]に提出しなければならない（登録省令第19条の23第1項）。

また，検査業者の地位を承継した者は，当該承継により登録証に記載された事項について変更が生じたときは，検査業者承継届出及び登録事項変更等申請書に登録証を添えて，所轄都道府県労働局長等に提出し，登録証の書換えを受けなければならない（同条第2項）。

なお，作業環境測定法による本条の準用を踏まえ，作業環境測定機関にも同様の規定が設けられている（作業環境測定法施行規則第56条の2）。

> 第54条の6　厚生労働大臣又は都道府県労働局長は，検査業者が第54条の3第2項第1号又は第3号〔＊本法上の検査関係規定（事業者による特定自主検査の実施と結果の記録義務，当該検査を有資格者か専門業者に行わせるべきこと等を定めた法第45条等）違反者である場合，法人であって役員に第1号該当者がいる場合〕に該当するに至つたときは，その登録を取り消さなければならない。
> 2　厚生労働大臣又は都道府県労働局長は，検査業者が次の各号のいずれかに該当するに至つたときは，その登録を取り消し，又は6月を超えない範囲内で期間を定めて特定自主検査の業務の全部若しくは一部の停止を命ずることができる。
> 一　第54条の3第4項〔＊省令による検査業者の登録基準〕の基準に適合しなくなつたと認められるとき。
> 二　第54条の4〔＊検査業者は資格者に検査を行わせるべき旨の規定〕の規定に違反したとき。
> 三　第110条第1項〔＊登録に際して付された条件〕の条件に違反したとき。

1 趣旨と内容[74]

検査業者として登録を受けた後において，登録の基準に適合しなくなったり，資格のない者に特定自主検査を実施させたりした場合には，厚生労働大臣又は都道府県労働局長が，その検査業者の登録を取り消し，又は一定の期間，その業務の停止を命ずることとしたものである。

検査業者としての登録を受けた後において，法第45条第1項若しくは第2項〔＊事業者による特定自主検査の実施と結果の記録義務，当該検査を有資格者か専門業者に行わせるべきこと等〕に違反し，又は本条第2項の規定による命令（登録取消し，業務停止命令）に違反して，罰金以上の刑に処せられた場合（法人でその業務を行う役員が同様の刑に処せられた場合を含む）には，厚生労働大臣又は都道府県労働局長は，必ずその検査業者の登録を取り消さなければならない。

登録製造時等検査機関における登録の取消し等に関する規定（法第53条第1項）では，「……できる」という形で，厚生労働大臣に一定の裁量が委ねられているのと対照的である。

法第45条第1項もしくは第2項違反は，主に，検査業者としてではなく1事業者としての犯罪だが，検査業者として相応しくないとの趣旨であろう[75]。

一方で，次の場合には，厚生労働大臣又は都道府県労働局長の裁量により，検査業者の登録の取消し，又は6カ月を超えない範囲内で期間を定めて特定自主検査の業務の全部又は一部の停止を命ずることができることとされている（本条第2項）。
①登録の基準に適合しなくなったとき
②資格者以外の者に特定自主検査を実施させたとき
③登録の際，厚生労働大臣又は都道府県労働局長により条件が付された場合において，その条件に違反したとき

検査業者の役員又は職員が，本条第2項の規定による業務の停止の命令に違反した場合は，1年以下の懲役又は100万円以下の罰金に処せられる（法第118条）。

法人自体を対象とした罰則がないのは，登録取消し等を予定した規定であって，処罰の対象を欠くことになるためと解される。本条第1項は，厚生労働大臣又は都道府県労働局長を名宛人とした定めなので，罰則の定めはない。

2 適用の実際

1 業務停止命令の例

法第54条の4に関する適用の実際例（特定自主検査業務に無資格者をあたらせ，業務停止等が命じられた例）が該当するが，そこで挙示した例のほか，以下のような例が公表されており，この類いの適用例が多いことが窺われる。

（1）厚生労働大臣による命令の例（厚生労働省2007〔平成19〕年9月20日公表〔筆者により一部加工〕）

動力プレスの特定自主検査を実施する登録検査業者において，2006（平成18）年2月25日から2006（平成18）年11月5日までの間，同社の小牧検査事務所に所属する社員が，検査者資格を有することなく特定自主検査を実施したことが明らかとなったため，厚生労働大臣は，法第54条の6に基づき，某社に対して，同社が行う特定自主検査の業務のうち，同社小牧検査事務所が担当する地域における検査業務について，2007（平成19）年9月21日から2008（平成20）年3月20日までの6カ月間の業務停止を命令した。

（2）北海道労働局長による命令の例（2015〔平成27〕年6月24日発令，25日公表）

登録検査業者が，顧客の検査対象機械（車両系建設機械〔整地・運搬・積込み用，掘削用及び解体用〕，フォークリフト）147台の特定自主検査について，資格を有しない者に行わせたため，6カ月間の業務停止命令が下された。特定自主検査は無効となり，当該検査業者が，各所有者に対して直接訪問して経過について文書で説明するよう指導がなされた。

（3）大阪労働局長による命令の例（2023〔令和5〕年8月1日発令，3日発表）

登録検査業者が，法第54条の4，第54条の6第2項に違反し，2021（令和3）年11月12日及び2022（令和4）年9月28日に特定自主検査をした2台の車両系建設機械（整地・運搬・積込み用及び掘削用）について，検査を行う資格を有しない者にこれを行わせていたことを理由に，6カ月の特定自主検査業務の停止が命じられた。

2 登録の取消し処分の例

2011（平成23）年12月26日，岡山労働局は，登録検査業者が他人から車両系建設機械の特定自主検査を求められたのに，計22台につき，実施しないまま検査結果証明書を発行したとして，同検査業者の登録取消処分を下した。

上記「業務停止命令の例」とは異なり，検査を求められていたにもかかわらず検査自体を実施しないという悪質性等により，登録の取消し処分という最も重たい処分がなされたように思われる。

考察と結語：第44条の3〜第54条の6

本解説では，対象条文に係る解説書等のレビューを行うとともに，統計資料，（現・元）監督官・地方任用技官へのアンケート調査や元本省任用の行政官（安全衛生部での勤務経験者）へのインタビュー等を通じて対象条文の運用実態を確認した。また，元本省任用行政官へのインタビューでは，条文の趣旨も確認した。

現行の日本の労働安全衛生法制度は，基軸となる法典の制定から約50年を経て，危害防止基準の充実，安全衛生管理体制の整備など，多くの長所を持っている。

安衛法第5章では，職場に高いリスクをもたらす機械等と有害物を特定し，機械等については，リスクの程度や性質に応じて，製造の許可，諸種の検査，使用制限，譲渡制限などを定めている。

そして，同章には，本解説の対象である安衛法第46条〜第54条の6において検査機関（及びその業務）の適格性確保を図る条文も定められている。これらは，先行研究で示唆された「重点傾斜的規制（高リスクの作業や要因に重点を置いた規制）」の一環であり，それらの本質的安全を図ったものである。

もっとも，（現・元）監督官・地方任用技官向けのアンケート結果や元行政官（本省任用で安全衛生部での勤務経験を持つ技官）へのインタビュー等を通じて，幾つかの課題も明らかになった。

まず，第46条第1項（製造時等検査機関となろうとする者の登録手続き〔申請主義〕）等は，一見してその要件や内容が明らかでないだけでなく，引用される条項の解釈に困難を伴うこと等から，その具体的内容の把握が難しくなっていることが明らかになった。

次に，法第45条（事業者による特定自主検査の実施と結果の記録義務，当該検査を有資格者や専門業者に行わせるべきこと等の定め）については，中小企業等で遵守されていない場合が多い規定であることが明らかになった。また，今後，危険な機械等の安全確保についても自律的管理に移行すれば，定期自主検査指針等の取扱いや法的効果（その不遵守が，どのような条件でどのような法的責任を事業者や検査業者らにもたらすか等）について整理する必要が生じることも明らかになった。

以上の課題は，先行研究でも指摘されていた「規定

の複雑化・膨大化や形式的コンプライアンス，中小企業における違法困難など」の一環でもある。

このような課題に対しては，先行研究においても指摘があった「法律を具体化する政省令に抽象的な文言を盛り込み，違法立証責任を事業者に課し，専門官が判定する等の手続により事業者の実態に合った要件を特定する」といった方策や，「ガイドラインの整備・充実化を図り，基本的には違法ではなく違法の判断基準として事業者らに活用させる」等といった立法技術上の方策が考えられる。ただ，これは基本的に実体基準に関する示唆なので，検査検定等の手続的・技術的な基準にも，こうしたリスクに応じた可変的な立法技術の応用を図りつつ，JIS を援用するなどして，基準の具体化の努力が求められよう。

【注】
1) 労務行政研究所編『労働安全衛生法〔改訂2版〕（労働法コンメンタール10）』（労務行政，2021年）385頁。
2) 元行政官（本省任用で安全衛生部での勤務経験を持つ技官）への聞き取り調査による。
3) 元行政官（本省任用で安全衛生部勤務経験を有する技官）への聞き取り調査による。
4) 労務行政研究所編・前掲注1) 387頁。
5) 同上387頁以下。
6) 元行政官（本省任用で安全衛生部での勤務経験を持つ技官）による。
7) 労務行政研究所編・前掲注1) 389頁。
8) 〔他の規制との関係〕
　製造許可は，①〜⑧に限り必要となる。
　製造検査は，①及び②に限り必要となる。
　溶接検査は，①及び②に限り必要となる。
　使用検査は，①，②及び④に限り必要となる。
　落成検査は，①〜③，⑤〜⑦に限り必要となる。ただし，①のうち移動式ボイラーは除かれている。
　性能検査は，①〜⑥，⑧に限り必要となる。
　変更検査は，①〜⑧に限り必要になる。
　使用再開検査は，①〜⑥，⑧に限り必要となる。
　個別検定は，㉔〜㉖に限り必要となる。
　型式検定は，㉗及び㉘に限り必要となる。
　根拠条文等の詳細は，[2]7を参照されたい。
9) 第1種圧力容器については，以下のような判例がある。
　有限会社ラボプレクス事件・東京地判令3・8・10 LEX/DB 25601459は，理化学機器のメーカーであるY（被告会社）に発注した産業廃棄物処理に使用する高温高圧機器（本件機器）につき，要求仕様や法定基準を満たさないとして，注文者であるX（原告，事業協同組合）が，Yの債務不履行責任等を訴求した際，その一環で，本件機器が安衛法令上の第1種圧力容器（施行令第1条第5号）に該当するのに，行政の製造許可や各種の法定検査等の手続きを経ていないことを主張したという事案につき，以下のように述べて，Xのこの点に関する主張を斥け，また，本件請求自体も棄却した。
　すなわち，「労働安全衛生法施行令1条5号所定の第1種圧力容器に当たるかどうかについては，当該機器の耐久性（上限値）ではなく，具体的な使用条件に即して認定される」。本件機器は，「高温の水蒸気を送り込んで，専ら本件機器内の温度を上げることにより，分解対象内の水分を気化させた上で細胞の中から外に出し，液化することを促進することを意図したもので，高温の水蒸気を本件機器内に継続的に送り込んで，本件容器内の温度を一定以上に保つために，逃し弁や配管等から温度が下がった空気を本件機器の外に出すことが可能な構造になっていると認められる」。「圧力の滞留を生じさせない点で，容器を密閉することによりその内部に圧力をかけていく圧力容器とは構造及び原理が異なるものというべきである」，と。

10) 公益社団法人建設荷役車両安全技術協会は，「対象機械に似た構造，機能を持つ機械の場合，その機械が対象機械となるのか判断が難しい場合があります。そういった場合は最寄の労働局へご確認下さい」と述べている（公益社団法人建設荷役車両安全技術協会 WEB サイト「特定自主検査」〔https://www.sacl.or.jp/inspection/，最終閲覧日：2023年9月30日〕）。
11) 〔他の規制との関係〕
　製造許可，製造検査，構造検査，溶接検査，使用検査，落成検査，性能検査，変更検査，使用再開検査，個別検定，型式検定のいずれも不要である。なお，根拠条文等の詳細については，[2]7を参照されたい。
12) 元行政官（本省任用で安全衛生部での勤務経験を持つ技官）への聞き取りによる。
13) 厚生労働省安全衛生部のご助力を頂き，三柴丈典氏が全国の都道府県労働局の健康・安全関係課，監督課，主要労基署の現役行政官，安全衛生行政関係団体等の行政官 OB に向けて，安衛法の条文ごとの監督指導実例，法改正提案等につき，アンケート調査を行ったもの。監督官49，技官15，元監督官12，元技官2の回答があった。
14) ただし，前掲の通り，実際の運用上，特定自主検査，自主検査共に行われていない場合にも，特定検査義務違反のみで対処する例があるようだ。
15) 労働新聞社（2017〔平成29〕年12月19日）「トラクター・ショベルの特別教育と定期自主検査を実施せず倉庫業者を送検　八代労基署」（https://www.rodo.co.jp/column/32806/，最終閲覧日：2023年9月30日）。
16) 労働新聞社（2019〔平成31〕年4月19日）「フォークリフト定期自主検査せず書類送検　豊川市の製造業者を　豊橋労基署」（https://www.rodo.co.jp/column/67919/，最終閲覧日：2023年9月30日）。
17) 労働新聞社（2019〔令和元〕年9月11日）「クレーンの法定検査怠って書類送検　鉄板墜落災害から発覚　小樽労基署」（https://www.rodo.co.jp/column/79504/，最終閲覧日：2023年9月30日）。
18) 労働新聞社（2014〔平成26〕年7月21日）「検査を実施せずリース会社送検　福岡東労基署」（https://www.rodo.co.jp/news/25176/，最終閲覧日：2023年9月30日）。
19) 労働新聞社（2015〔平成27〕年8月1日）「〔送検事例〕動力プレスの特定自主検査怠る」（https://www.rodo.co.jp/series/37362/，最終閲覧日：2023年9月30日）。
20) 労働新聞社（2018〔平成30〕年3月1日）「特定自主検査の業務停止を命令　厚労省」（https://www.rodo.co.jp/news/39095/，最終閲覧日：2023年9月30日）。
21) 労働新聞社（2020〔令和2〕年10月5日）「労働者が両下肢全廃　接触防止措置講じず労災　土木工事業者を送検　秋田労基署」（https://www.rodo.co.jp/column/95863/，最終閲覧日：2023年9月30日）。
22) 労働新聞社（2021〔令和3〕年11月26日）「〔送検事例〕動力プレスの特定自主検査怠る」（https://www.rodo.co.jp/series/116834，最終閲覧日：2023年9月30日）。
23) 労働新聞社（2022〔令和4〕年4月7日）「特定自主検査業者『有資格者いた』と主張　虚偽陳述で初送検　神奈川労働局」（https://www.rodo.co.jp/news/124634/，最終閲覧日：2023年9月30日）。

24) 三柴丈典氏による。
25) 公益社団法人建設荷役車両安全技術協会WEBサイト「強調月間　スローガン『安全を　明日につなぐ　特自検』」(http://www.sacl.or.jp/inspection/monthly/，最終閲覧日：2023年9月27日)。
26) 令和5〔2023〕年6月8日時点において，一般社団法人日本ボイラ協会，公益社団法人ボイラ・クレーン安全協会，伊藤一夫氏の3者が挙げられている（厚生労働省WEBサイト〔https://www.mhlw.go.jp/content/001041838.pdf，最終閲覧日：2023年10月2日〕）。
27) 労働調査会出版局編『労働安全衛生法の詳解―労働安全衛生法の逐条解説〔改訂5版〕』(労働調査会，2020年) 606-607頁。
28) 元行政官（本省任用で安全衛生部での勤務経験を持つ技官）への聞き取り調査による。
29) 労務行政研究所編・前掲注1) 401-403頁。
30) 元行政官（本省任用で安全衛生部での勤務経験を持つ技官）への聞き取り調査による。
31) 労務行政研究所編・前掲注1) 404頁。
32) 元行政官（本省任用で安全衛生部での勤務経験を持つ技官）への聞き取り調査による。
33) 労務行政研究所編・前掲注1) 405頁。
34) 本書第46条 3 も併せて確認されたい。
35) この項目の執筆は三柴丈典氏による。
36) 労務行政研究所編・前掲注1) 407頁。
37) 同上409-410頁。
38) 元行政官（本省任用で安全衛生部での勤務経験を持つ技官）からの聞き取りによる。
39) 株式会社オービックビジネスコンサルタントWEBサイト（監修：石割由紀人氏 https://www.obc.co.jp/360/list/post213，最終閲覧日：2023年9月23日）。
40) 同上。
41) freee株式会社WEBサイト（https://www.freee.co.jp/kb/kb-accounting/about-settlement-of-accounts/，最終閲覧日：2023年9月23日）。
42) 労務行政研究所編・前掲注1) 412頁。
43) 後掲の通り，この法改正では，2002（平成14）年3月に閣議決定された「公益法人に対する行政の関与の在り方の改革実施計画」を踏まえ，国から公益法人等が委託等を受けて行っている検査，検定，資格付与等の事務及び事業について，官民の役割分担及び規制改革の観点からの見直しを行った。
44) 元行政官（本省任用で安全衛生部での勤務経験を持つ技官）による。
45) 労務行政研究所編・前掲注1) 419頁。
46) 本項目の記載は三柴丈典氏による。
47) 三柴丈典氏の見解。
48) 本条は，現に主要な対象機械で運用されてきた。すなわち，平成24年の安衛則改正（平成24年厚生労働省令第6号）に伴い，ボイラー及び第1種圧力容器の製造時等検査については，原則として登録製造時等検査機関が行うこととされたが，実際にその実施体制が整うまで時間がかかるため，都道府県労働局長も製造時等検査を行ってきた（一般社団法人日本ボイラ協会WEBサイト〔https://www.jbanet.or.jp/examination/waste-heat-boiler/，最終閲覧日：2023年9月30日〕）。
49) 2023〔令和5〕年6月8日時点において，損害保険ジャパン日本興亜株式会社，一般社団法人日本ボイラ協会，公益社団法人ボイラ・クレーン安全協会，一般社団法人日本クレーン協会，セイフティエンジニアリング株式会社，株式会社クレーン検査センター，シマブンクレーン検査株式会社が挙げられている（厚生労働省WEBサイト〔https://www.mhlw.go.jp/content/001041838.pdf，最終閲覧日：2023年10月2日〕）。
50) 本条 1 2 の記載は三柴丈典氏による。
51) 厚生労働省安全衛生部のご助力を頂き，三柴丈典氏が全国の都道府県労働局の健康・安全関係課，監督課，主要労基署の現役行政官，安全衛生行政関係団体等の行政官OBに向けて，安衛法の条文ごとの監督指導実例，法改正提案等につき，アンケート調査を行ったもの。
　監督官49，技官15，元監督官12，元技官2の回答があった。
52) 2023〔令和5〕年6月8日時点において，公益社団法人産業安全技術協会，一般社団法人日本ボイラ協会，公益社団法人ボイラ・クレーン安全協会，エイチエスビージャパン株式会社が挙げられている（厚生労働省WEBサイト〔https://www.mhlw.go.jp/content/001041838.pdf，最終閲覧日：2023年10月2日〕）。
53) 本条 1 2 の記載は，三柴丈典氏による。
54) 検査と検定には，厳密な用語定義がなく，両者の区分も判然としない。現行安衛法の立法に携わられた畠中信夫氏は以下のように述べている。
　「検査も検定も，公権力が関与し，対象機械等の規格適合性を測る点は共通しており，両者の違いは，歴史的な沿革による。
　すなわち，検査については，旧労基法本体で，特に危険な作業を伴う機械につき認可制度を採用し（第46条），それをフォローするものとして，性能検査を定めていた（第47条）。これが現行法にも引き継がれている。
　他方，検定については，旧労基法本体に定めはなかったが，同法第45条に紐付く旧安衛則に定めが置かれた。すなわち，その第181条から183条に保護具の備付け義務が定められていたが，昭和24年の改正により設けられた183条の2で，保護具のうち労働大臣が規格を定めるものについては，検定を受けたものでなければ使用できない旨が定められ，防じん・防毒マスクが対象とされ，その実施のための手続き規則として，労働衛生保護具検定規則（昭和25年労働省令第32号）が制定された。更に，防爆構造電気機械器具についても，昭和44年の旧安衛則改正（同140条の3～140条の7）と防爆構造電気機械器具検定規則（昭和44年労働省令第2号）の制定により，検定制度の対象とされた。しかし，検定の法的性格については，法律に根拠を置くものではなく，製造者（メーカー）に対する製造流通規制というものではなく，同法第45条に基づく使用者（ユーザー）の義務として，間接的に強制力を持つというものであった。それが，現行安衛法本法に盛り込まれたことにより，製造流通規制の一環であるという，その法的拘束力が明確となった」。
　また，元労働行政官の浅田和哉氏は，以下のように述べている（一部，森山誠也氏，松田裕氏の見解を加えた）。
　「検査対象は高い災害リスクを伴う機械等であり，検定対象はそれに次ぐリスクを伴う機械等であることから，前者は多数回の規格適合確認を要するのに対して，後者は1回で済むという違いがある。
　すなわち，検査の場合，出荷時，設置時（定置式の機械），主要構造部の変更時，有効期間の更新時等のリスクの変動等を伴う節目ごとに多数回の規格適合確認が行われるのに対して，検定は通常，出荷時（個別検定は単体ごと，型式検定は型式ごと）の1回のみである（個別検定対象機械の主要構造部の変更時等には，改めて個別検定を受ける必要がある）。
　その他，検査対象機械等の場合，型式ごとに事前の製造許可を要するという違いもある」。
55) 公益社団法人産業安全技術協会WEBサイト「労働安全衛生法のもとでの『検定制度』のあらまし」（https://www.tiis.or.jp/02_01_subcategory/，最終閲覧日2023年10月9日）。
56) 一般社団法人日本ボイラ協会WEBサイト「個別検定とは」（https://www.jbanet.or.jp/examination/individual，最終閲覧日：2023年10月9日）。
57) 労働安全衛生法及びこれに基づく命令に係る登録及び指定に

58) 本条 1 2 の記載は三柴丈典氏による。
59) 公益社団法人産業安全技術協会WEBサイト「機械等の検定制度の概要」(https://www.tiis.or.jp/02_01_subcategory/, 最終閲覧日：2023年10月9日)。
60) 検査業者の登録番号，検査業者名，住所，電話，機械等の種類については，都道府県の労働局のWEBサイトで確認できる場合がある。例えば，東京労働局のWEBサイト（https://jsite.mhlw.go.jp/tokyo-roudoukyoku/content/contents/001772879.pdf，最終閲覧日：2024年10月31日），大阪労働局のWEBサイト（https://jsite.mhlw.go.jp/osaka-roudoukyoku/content/contents/001935547.pdf，最終閲覧日：2024年10月31日）を参照されたい。
61) 元行政官（本省任用で安全衛生部での勤務経験を持つ技官）への聞き取り調査による。
62) 2018〔平成30〕年2月23日国会の質疑（第196回国会衆議院予算委員会第5分科会第1号）において加藤勝信国務大臣は，平成28年度に登録検査業者が行った検査数を139万あまりと述べている。
63) 「特定自主検査を行うことができる機械等の種類」とは，動力プレス，フォークリフト，車両系建設機械（整地・運搬・積込み用，掘削用及び解体用），車両系建設機械（基礎工事用），車両系建設機械（締固め用），車両系建設機械（コンクリート打設用），不整地運搬車及び高所作業車の種類をいう（平成2年9月26日基発第584号）。
64) 登録した検査業者が，その事務所の所在地を管轄する都道府県労働基準局長〈現・労働局長〉の管轄区域を超える区域で，特定自主検査を行うことを禁止するものではないこととされている（昭和53年2月10日基発第79号）。
65) 「特定自主検査の業務を適正に行うために必要な数」は，次に掲げる機械等について，2名とする（平成10年3月26日基発第131号）。具体的には，動力プレス，フォークリフト，車両系建設機械（整地・運搬・積込み用，掘削用及び解体用），車両系建設機械（基礎工事用），車両系建設機械（締固め用），車両系建設機械（コンクリート打設用），不整地運搬車，高所作業車である（以上は，結局，検査業者が特定自主検査を行える機械等の種類〔登録省令第19条の13第3号，平成2年9月26日基発第584号〕と一致している）。
66) 「特定自主検査の業務を適正に行うために必要な数」（検査機器の数）とは，次の検査機器の種類ごとに1以上あることをいう（平成2年9月26日基発第584号別紙）。
・安衛法施行令第13条第12号の動力により駆動されるプレス機械にかかる検査機器：回転計，停止性能測定装置，電圧計，電流計，絶縁抵抗計，探傷器，硬さ試験機。
・施行令第13条第20号のフォークリフト，施行令第21条の令別表第7に掲げる建設機械（ショベルカー，ブルドーザー等）で，動力を用い，かつ，不特定の場所に自走できるもの，不整地運搬車，高所作業車にかかる検査機器：シリンダー内の圧縮気体の圧力を測定する圧力計，回転計，シックネスゲージ，ノズルテスター，油圧装置の圧力を測定する圧力計，電圧計，電流計，探傷器，摩擦ゲージ。
67) 「特定自主検査の業務に関し必要な事項」とは，休日，営業時間，出張検査の要領等をいう（昭和53年2月10日基発第79号）。
68) 三柴丈典氏による。
69) 登録省令第19条の15第3号ロでは，「検査料」を定めなければならないとされている。
70) 労働新聞社（2022〔令和4〕年10月11日）「無資格で特定検査 6カ月の業務停止に 東京労働局」(https://www.rodo.co.jp/news/137690/, 最終閲覧日：2023年9月30日)。
71) 三柴丈典氏による。
72) 三柴丈典氏による。
73) 「所轄都道府県労働局長等」とは，事務所の所在地を管轄する都道府県労働局長である。ただし，事務所が2以上の都道府県労働局の管轄区域にわたる場合にあっては，厚生労働大臣である（同令第19条の14）。
74) 労務行政研究所編・前掲注1）462-463頁。
75) 三柴丈典氏による。
76) 三柴丈典氏による。
77) 厚生労働省2007〔平成19〕年9月20日発表「株式会社〇〇に対する行政処分について」(https://www.mhlw.go.jp/houdou/2007/09/h0920-2.html, 最終閲覧日：2022年10月30日)。
78) 厚生労働省北海道労働局2015〔平成27〕年6月25日発表「特定自主検査業者に対する業務停止命令の行政処分について」(https://jsite.mhlw.go.jp/hokkaido-roudoukyoku/var/rev0/0129/1188/2015625151615.pdf, 最終閲覧日：2023年9月24日)。
79) 厚生労働省大阪労働局発表2023〔令和5〕年8月3日「特定自主検査業者に対する業務停止命令の行政処分について」(https://jsite.mhlw.go.jp/osaka-roudoukyoku/content/contents/202308091050.pdf, 最終閲覧日：2023年10月9日)。
80) 厚生労働省岡山労働局平成23年12月26日付「特定自主検査業者にかかる登録の取消し処分について」(https://jsite.mhlw.go.jp/okayama-roudoukyoku/news_topics/topics/2011/_92311.html, 最終閲覧日：2023年9月24日)。
81) 淀川亮・三柴丈典「リスクアセスメントを核とした諸外国の労働安全衛生法制度の背景・特徴・効果とわが国への適応可能性に関する調査研究の紹介」労働安全衛生研究13巻2号（2020年）173頁。
82) 三柴丈典「日本の安衛法の特徴と示唆される予防政策のエッセンス」厚生労働科学研究費補助金（労働安全衛生総合研究事業）「リスクアセスメントを核とした諸外国の労働安全衛生制度の背景・特徴・効果とわが国への適応可能性に関する調査研究」〔研究代表者：三柴丈典〕（2017年）〈第1分冊〉分担研究報告書89頁。
83) 淀川・三柴・前掲注81）173頁。
84) 同上180頁。

〔淀川亮〕

第二節　危険物及び有害物に関する規制

第55条から第58条まで

1　化学物質規制の背景と本節の位置づけ

　化学物質は，業務の作業過程や製品の製造工程など様々な場面で活用され，社会や生活を成り立たせるために不可欠な要素の一つになっている。新たな製品を開発したり，より効率的な生産を可能にしたり，安全な作業を実現したりするために世界的に日々新たな化学物質が開発されている。アメリカのケミカルアブストラクツサービス（Chemical Abstracts Service: CAS）[1]が管理する世界最大の化学物質に関するデータベース（CAS Registry）に登録されている化学物質の総数は，2015年に1億件を超え，今日なお増え続けている。

　化学物質は，こうした利便性を有する反面，人体や環境に悪影響を及ぼすこともある。この悪影響は当該化学物質の開発過程で明らかになる場合もあるが，当該化学物質やこれを用いた製品を利用する段階で労災事故が発生することを通じて初めて明らかになることもある。この悪影響の有無を発見するための検証を開発者に義務づければこの課題が解決される場合もあるが，開発時の技術水準では悪影響の発見が困難である場合もあるうえ，この化学物質が経済的に必要とされている時期に検証が間に合わないなどの理由で検証そのものが十分に実施されない場合もある。しかもこの悪影響が及ぶ範囲は人体に止まらず，自然環境に及ぶことも希ではない。化学物質に対する規制を構築する際には，こうした社会的必要性とリスクをいかに均衡させるかが問われる。本法第5章第2節「危険物及び有害物に関する規制」で扱う法第55条から法第58条は，雇用の場を軸にそのバランスを考慮した規制を具体化したものである。

2　本法における危険物及び有害物に対する規制

　本法の危険物及び有害物に対する規制は，本法の各所に散在している。法第3条第2項は，原材料を製造し，若しくは輸入する者は，その製造や輸入に際して，その物が使用されることによる労働災害の発生の防止に資するように努めなければならないことを定め，化学物質が利用される前段階から事業者の安全及び健康の確保に関する包括的な責務を定める。また，法第20条は化学物質との関係では主に爆発性の物，発火性の物，引火性の物等による危険（同条第2号）を防止するために必要な措置を講じることを事業者に義務づけ，法第22条は化学物質のとの関係では主に原材料，ガス，蒸気，粉じん等による健康障害（同条第1号）を防止するため必要な措置を講じることを事業者に義務づけている。これらの規定の体系のうち，以下で扱う法第5章第2節の規定は，化学物質の使用段階ではなく，製造・流通規制を主体として化学物質に関するリスクを低減することに着目したものとなっている。換言すれば，設備や原材料，建設物の使用について広く労災防止を図る責務が設定される中で，危険物及び有害物を使用する段階に至る前に，災害発生を抑止するための様々な予防線を張る役割を担っている。

3　化学物質規制の体系の転換

（1）　これまでの化学物質管理

　本法に基づく化学物質規制の体系を示したのが**資料5-88**である。これまでの化学物質管理は，有害性（特に発がん性）の高い物質について国がリスク評価を行い，特定化学物質障害予防規則等の対象物質に追加し，ばく露防止のために講ずべき措置を国が個別具体的に法令で定めるという仕組みに基づいて行われてきた[2]。いわば「法令準拠型」の化学物質管理が行われてきた。

　しかし工場等で日常的に使用されている物質は数万種類に上り，その用途も様々である。前述の「法令準拠型」の仕組みでは，数万に及ぶ日常的に利用される化学物質が様々な用途で用いられる実態を網羅的に規律することが難しい。実際，労災の多くは具体的かつ強制的に規制されていない化学物質から発生している。さらに小規模事業場での災害発生が多く，物質の危険性・有害性に関する情報伝達制度が不十分であるという問題も存在した。

　そこで，2019（令和元）年9月から2021（令和3）年7月にかけて「職場における化学物質等の管理のあり方に関する検討会」が開催され，2021（令和3）年に「職場における化学物質等の管理のあり方に関する検討会報告書～化学物質への理解を高め自律的な管理を基本とする仕組みへ～」（以下「3」の項において「報告書」という）が示された。この報告書は，「自律管理型」の化学物質管理への転換など，これまでの化学物

資料 5-88 労働安全衛生法に基づく化学物質に対する規制の体系

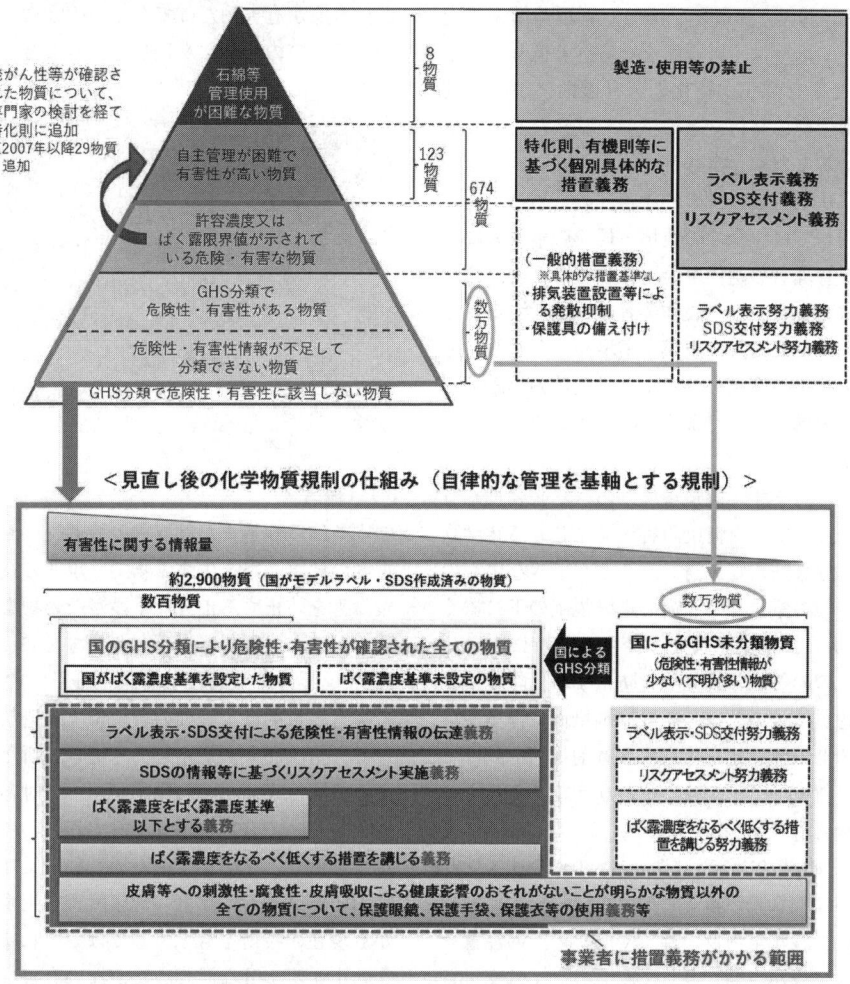

（厚生労働省「労働安全衛生法の新たな化学物質規制　労働安全衛生法施行令の一部を改正する政令等の概要」〔2022年〕）

質管理のあり方を大きく転換することを提言している。これを受けた法改正が2022年に行われ、化学物質規制は新たな時代に向かいつつある。ここでは、この報告書の概要を確認しておこう。

(2) 職場における化学物質等の管理のあり方に関する検討会報告書の概要

報告書にいう「自律管理型」とは、事業者が自ら化学物質の危険性・有害性を調べて、作業者がケガをしたり病気にならないようにその対策も自ら選択できる枠組みを意味する。つまり、事業者自らがリスクアセスメントを行い、そこで発見された危険性・有害性に対して、例えば、ある企業は局所排気装置で対応し、ある会社は防毒マスクとそのマスクと吸収缶の徹底管理で対応するなど、対応の仕方を選ぶことができる規制の仕方である。この自律管理型の化学物質管理への転換を進めるにあたり、報告書は、①化学物質の危険性・有害性に関する情報伝達の強化、②国が定めた管理基準に基づいたリスクアセスメントの実施と対策を基本とする、③化学物質の自律的な管理のための実施体制の確立、④幅広い小規模事業場支援、を提言する。

この観点から、化学物質管理は、特定の化学物質に対する個別具体的な規制から、基本的には、国によるGHS分類で危険性・有害性が確認された全ての物質に対して、国が定める管理基準の達成を求め、達成のための手段は指定しない方式へと転換すべきとされた。

具体的には、譲渡・提供時のラベル表示・SDS交付や、製造・使用時のリスクアセスメントを、国によるGHS分類された物質のうち、モデルラベルやモデルSDSが作成された物質（現行の700物質弱から2900物質程度に増やす予定）について行うよう変更されることになる（努力義務としては、危険有害性が疑われる限り、GHS分類されていない物質全てを対象にリスクアセスメントが法的根拠〔安衛則第577条の3〕をもって求められる）。そのうち国が管理基準を設定した物質については、ば

く露濃度を「管理基準」以下とする義務を課し（と同時に，一律ではなくリスクアセスメントの結果を踏まえ〔管理基準と照合した上で〕健診を行わせ），管理基準未設定の物質については，ばく露濃度をなるべく低くする措置を講じる義務を課す。特化則，有機則による規制も，自律的な管理に移行できる環境を整えた上で，これに一本化することが想定されている。

報告書は，化学物質の自律的な管理のための実施体制の確立に関しては，全ての業種・規模の事業者について化学物質管理者の選任を義務化することや，化学物質管理の教育を職長や一般作業者にも拡大することも示唆している。また，小規模事業場からの相談に応じる専門家を確保・育成し，中小企業向けの相談・支援態勢の整備を進めていくよう示唆している。

4　本節の構成

本節の規定は，まず，製造現場における必要性や有用性を考慮の上，重度な健康障害が発生しうる化学物質であって十分な防止策を講じることができないものについて製造等の禁止という最も重い規制の下に置く（法第55条）。次に，健康障害を多発させる特に高いリスクはあるもののこれの具体化を防止する仕組みが存在する化学物質については，発散抑制措置や作業環境測定等のリスクの顕在化を防止する特別規則を設けて許可制の下に置く（法第56条）。そのうえで，これよりも危険性（爆発や火災のおそれなど，安全性に関わるもの）・有害性（健康障害等衛生に関わるもの）のリスクが低い，あるいはこれらが判明していない一定の化学物質とともに，当該化学物質の性質や取扱い上の注意を当該化学物質に表示させたり（法第57条），文書交付させたり（法第57条の2）することによって流通過程を通じて使用の現場まで周知する。さらに事業者に一定の化学物質についてリスクアセスメントを実施することを義務づけて職場の実態に即した対応を講じることを求め（法第57条の3），製造・輸入者を含めた事業者に化学物質の有害性について調査する義務を課し（法第57条の4，法第57条の5），新規化学物質の有害性や性質をいち早く確認させることによって次々と生み出される化学物質に即応する体制を整える。こうした取り組みは，国によって後押しされている（法第58条）。

本節の名称は，当初は「有害物に関する規制」であったが，2005年（平成17年）の本法の改正[4]において現在の「危険物及び有害物に関する規制」に改正された。2005年（平成17年）改正では，事業場内における危険・有害性の調査とそれに基づく対策が十分でなかったことによって発生したと考えられる，大規模製造業での爆発火災，一酸化炭素ガスの漏出等の重大災害の発生を受けて[5]，危険・有害要因の双方を対象に，これらを特定してリスクアセスメントを行い，その結果をふまえたリスクの低減措置を講じる努力義務を事業者に課す（法第28条の2の追加）等の改正が行われた。本節が有害物だけでなく，危険物を対象としていたことが節の名称にも反映されることとなった。

> **（製造等の禁止）**
> **第55条**　黄りんマッチ，ベンジジン，ベンジジンを含有する製剤その他の労働者に重度の健康障害を生ずる物で，政令で定めるものは，製造し，輸入し，譲渡し，提供し，又は使用してはならない。ただし，試験研究のため製造し，輸入し，又は使用する場合で，政令で定める要件に該当するときは，この限りでない。

1　趣旨

本条は，製造または取扱いの過程において労働者に重度の健康障害を生ずる物で，現在の技術ではこの健康障害を防止する十分な手段がない物を製造し，輸入し，譲渡し，提供し，又は使用すること（以下，「製造等」という）を原則として禁止したものである。本条の趣旨・目的は，戦前の黄燐燐寸製造禁止法を吸収した旧労基法48条の規定を引き継ぎ，新たな化学物質による職業性疾病，特に職業がんへの対応を図り，作業過程において有害物にばく露することにより健康障害が生じることを防止するため，製造又は取扱いの過程において労働者に重度の健康障害を生ずる物質で，しかも現在の技術をもってしては，それによる健康障害を防止する十分な防護方法がない有害物について製造等を禁止することにある[6]。この趣旨・目的からは，本条に規定される製造禁止物質には，新規の有害な化学物質の発見や既存の化学物質の有害性の発見等により新たな化学物質が追加される可能性があるとともに，有害性を除去する技術革新により本条に規定される化学物質が削除される可能性も残されていることが分かる。安全衛生立法の規制権限は，その目的に即して，できる限り速やかに，技術の進歩や最新の医学的知見等に適合したものに改正すべく，適時にかつ適切に行使されるべきことが最高裁によって数度にわたり確認されている[7]。これらは省令の改正の要否を論じる文脈で判示されたものであるが，法律についても，省令ほど迅速な対応は制度的に困難とはいえ，同様に適時にかつ適切にその内容の見直しをすることが求められていることはいうまでもない。

本条が製造以外の行為も禁止の対象としているのは，製造の禁止のみでは労働者の健康障害の防止という本条の趣旨を達成することができないと解されたことによる[8]。

本条が規制する化学物質はいずれも有害性が高いものであるが，こうした化学物質の中にも製品の製造工程に深く関わり，今後も試験研究のために製造，使用されることが見込まれるものもある。そこで，こうした有害な化学物質については，試験研究という目的からの限定と，製造，輸入，使用という場面の限定を付したうえで，一定の要件の下にこれらの行為を例外的に認めることとしている。

2　内容

1　製造等が禁止される物（製造等禁止物質）

　本条が製造等を禁止する物（以下，「製造等禁止物質」という）は，施行令第16条第1項に次のように列挙されている。これらの中には，国際条約に基づいて製造，使用等が禁止されているものもある。[9]

> 一　黄りんマッチ
> 二　ベンジジン及びその塩
> 三　4-アミノジフエニル及びその塩
> 四　石綿（次に掲げる物で厚生労働省令で定めるものを除く。）
> 　イ　石綿の分析のための試料の用に供される石綿
> 　ロ　石綿の使用状況の調査に関する知識又は技能の習得のための教育の用に供される石綿
> 　ハ　イ又はロに掲げる物の原料又は材料として使用される石綿
> 五　4-ニトロジフエニル及びその塩
> 六　ビス（クロロメチル）エーテル
> 七　ベータ-ナフチルアミン及びその塩
> 八　ベンゼンを含有するゴムのりで，その含有するベンゼンの容量が当該ゴムのりの溶剤（希釈剤を含む。）の5パーセントを超えるもの
> 九　第2号，第3号若しくは第5号から第7号までに掲げる物をその重量の1パーセントを超えて含有し，又は第4号に掲げる物をその重量の0.1パーセントを超えて含有する製剤その他の物

　「黄りんマッチ」（第1号）は，黄りんを用いたマッチであり1922年に世界的に生産禁止となっている。黄りんは，白〜黄色の透明な結晶性個体であり，液状では空気に触れると自然発火し，有害なヒューム（物質の加熱等による粉じんや揮発性の粒子等のこと。ここではリン酸化物）を生じることがある。皮膚接触により熱傷を起こし，眼に触れることにより眼瞼痙攣等を生じさせるほか，[10]製造段階における顎の壊疽などが問題となった。

　「ベンジジン」（第2号）は，従来染料の中間体（ほかの化学物質を合成するために製造され，その合成プロセス中に消費・使用される物質のこと）[11]，例えば留袖などの「黒染め」に染料として用いられたり，合成ゴム硬化剤などに使用されたりする物質である。人血に反応することから，警察の科学捜査研究所や病院で所有された。赤灰色又は白色固体であり，皮膚吸収性がある。皮膚炎を起こすおそれや膀胱がんを発症するおそれ，吸入又は嚥下により急性膀胱炎を起こすおそれがある。[12]

　「4-アミノジフエニル」（4-アミノビフェニル，第3号）は，特徴的な臭気のある，無色の様々な形状の固体であり，空気にばく露すると紫色になる物質である。発がん性を有しており，長期又は反覆ばく露により炎症が生じることがある。[13]

　「石綿」（アスベスト，第4号）は，白色，灰色，緑色または帯黄色の繊維性固体であり，吸入を通じて体内に取り込まれる。反復または長期の吸入によりアスベスト症（肺線維症），胸膜プラーク（壁側胸膜の外側に生じた膠原繊維（コラーゲン）が増生した良性疾患），肥厚（皮膚や組織が肥えたり厚くなったりすること）[14]，胸水を引き起こすことがあり[15]，がん，中皮腫の発症が問題となった。石綿は，耐火性や保温性に優れる物質として建材等に広く活用されてきたが，1995（平成7）年に製造等禁止物質として追加された。

　「4-ニトロジフエニル」（4-ニトロビフェニル，第5号）は，特徴的な臭気のある，白色〜黄色の結晶であり，吸入，経皮及び経口摂取により人体に摂取され，発がん性を有する。[16]

　「ビス（クロロメチル）エーテル」（クロロメトキシメタン，第6号）は，刺激臭のある無色の液体であり，蒸気の吸入，経皮及び経口摂取により人体に摂取される。発がん性を有しており，吸入により肺水腫の原因となる。[17][18]1973（昭和48）年に染料及び顔料を製造する企業において，製造業務従事者から肺がんその他の呼吸器疾患による死亡者が発生し，これを受けて実施された調査結果や外国において強い発がん性が指摘されていたことを受けて本条の禁止物質に指定された。[19]

　「ベータ-ナフチルアミン」（第7号）は，特徴的な臭気のある，白色〜帯赤色の薄片であり，空気にばく露すると赤色になる。吸入，経皮及び経口摂取により体内に入り，発がん性（膀胱がん）を有する。[20]

　「ベンゼン」（第8号）は，特徴的な臭気を有し，広く有機合成や溶剤として使われる，高い揮発性，引火性，燃焼性を有する液体である。麻酔作用があり，慢性中毒では疲労，頭痛，めまい，興奮，酩酊，意識喪失，けいれんなどが起こる。皮膚吸収もあり，急性毒性，慢性毒性に加えて発がん性を有する。[21]

2　製剤

　本条にいう「製剤」とは，その物の有用性を利用できるように物理的に加工された物を意味し，利用済み

でその有用性を失ったものはこれに含まれない（昭和47年9月18日基発第602号）。

3 譲渡・提供

本条にいう「譲渡」とは，有償・無償を問わず所有権の移転を伴う行為を意味する[22]。

本条にいう「提供」とは，所有権等を留保したまま相手に渡して利用させるというような場合の「渡す」という事実行為を意味する（昭和47年9月18日基発第602号）。「提供」の例としては，物品の塗装修理の場合に，その物品の所有者が修理工場に対して塗料を引き渡し，その塗料を修理に使用することを要請する場合の引渡し等がある[23]。

4 試験研究のため製造し，輸入し，又は使用する場合で，政令で定める要件に該当するとき

本条の製造等の禁止は，「試験研究のため製造し，輸入し，又は使用する場合で，政令で定める要件に該当するとき」には例外的に適用されない（本条但書）。この「政令で定める要件に該当するとき」は，以下の2つの場合を意味する（施行令第16条第2項）。

> 一 製造，輸入又は使用について，厚生労働省令で定めるところにより，あらかじめ，都道府県労働局長の許可を受けること。この場合において，輸入貿易管理令（昭和24年政令第414号）第9条第1項の規定による輸入割当てを受けるべき物の輸入については，同項の輸入割当てを受けたことを証する書面を提出しなければならない。
> 二 厚生労働大臣が定める基準に従つて製造し，又は使用すること。

以下，第1号と第2号に分けて概説する。

(1) 都道府県労働局長の許可（第1号）

本条第1号の許可を申請する際には，製造等禁止物質を①製造又は使用しようとする場合と，②輸入しようとする場合とで提出先となる労働基準監督署が異なる。①製造又は使用しようとする場合は，製造し又は使用する場所を管轄する労働基準監督署長を経由して所管の都道府県労働局長に提出し，②輸入しようとする場合は，輸入して使用する場所を管轄する労働基準監督署長を経由して所管の都道府県労働局長に提出するものとされている（特化則第46条第1項，石綿則第47条第1項）。

(2) 厚生労働大臣が定める基準に従うこと（第2号）

施行令第16条第2項第2号が定める「厚生労働大臣が定める基準」は，特化則第47条及び石綿則第48条に規定されている。両者は，規制対象の特徴に応じて詳細は異なるものの，基本的に同じ規制の枠組みを用いている。

【特化則第47条】
一 製造等禁止物質を製造する設備は，密閉式の構造のものとすること。ただし，密閉式の構造とすることが作業の性質上著しく困難である場合において，ドラフトチェンバー内部に当該設備を設けるときは，この限りでない。
二 製造等禁止物質を製造する設備を設置する場所の床は，水洗によつて容易にそうじできる構造のものとすること。
三 製造等禁止物質を製造し，又は使用する者は，当該物質による健康障害の予防について，必要な知識を有する者であること。
四 製造等禁止物質を入れる容器については，当該物質が漏れ，こぼれる等のおそれがないように堅固なものとし，かつ，当該容器の見やすい箇所に，当該物質の成分を表示すること。
五 製造等禁止物質の保管については，一定の場所を定め，かつ，その旨を見やすい箇所に表示すること。
六 製造等禁止物質を製造し，又は使用する者は，不浸透性の保護前掛及び保護手袋を使用すること。
七 製造等禁止物質を製造する設備を設置する場所には，当該物質の製造作業中関係者以外の者が立ち入ることを禁止し，かつ，その旨を見やすい箇所に表示すること。

【石綿則第48条】
一 石綿等を製造する設備は，密閉式の構造のものとすること。ただし，密閉式の構造とすることが作業の性質上著しく困難である場合において，ドラフトチェンバー内部に当該設備を設けるときは，この限りでない。
二 石綿等を製造する設備を設置する場所の床は，水洗によって容易に掃除できる構造のものとすること。
三 石綿等を製造し，又は使用する者は，当該石綿等による健康障害の予防について，必要な知識を有する者であること。
四 石綿等を入れる容器については，当該石綿等の粉じんが発散するおそれがないように堅固なものとし，かつ，当該容器の見やすい箇所に，当該石綿等が入っている旨を表示すること。
五 石綿等の保管については，一定の場所を定め，かつ，その旨を見やすい箇所に表示すること。
六 石綿等を製造し，又は使用する者は，保護前掛及び保護手袋を使用すること。
七 石綿等を製造する設備を設置する場所には，当該石綿等の製造作業中関係者以外の者が立ち入ることを禁止し，かつ，その旨を見やすい箇所に表示すること。

資料5-89　ドラフトチェンバーの例

(厚生労働省「職場のあんぜんサイト」〔https://anzeninfo.mhlw.go.jp/user/anzen/kag/pdf/taisaku/common_Ventilating.pdf，最終閲覧日：2024年7月30日〕)

特化則第47条第1号及び石綿則第48条第1号に規定される「ドラフトチェンバー」(ドラフトチャンバー，ヒュームフードともいう(**資料5-89**))とは、試験室内で発生する有害ガス・蒸気・臭気や粉じんを、室内に分散しないように発生源で捕捉する、囲い式の局所排気装置である。

この特例(本条但書)が適用されるのは、試験研究者がみずから製造等を行う場合に限られる。ただし、輸入について、輸入割当てを受ける事務等輸入に係る事務を輸入業者に代行させることについては、輸入業者が輸入行為それ自体を行うものではないと考えられることを理由に許容されている(昭和47年9月18日基発第602号)。しかし商社等が予め禁止物質を輸入しておき、試験研究者の要請によって提供することは認められず、輸入する場合も試験研究に必要な最小限度の量であることが必要である(昭和47年9月18日基発第591号)。

3 関連規定：法条

本条は、化学物質の取扱いとして最も厳しい製造等禁止を定める。本条以下に、健康障害を多発させる特に高いリスクはあるもののこれの具体化を防止する仕組みが存在する化学物質について許可制の下に置く仕組み(法第56条)、これよりも危険性・有害性のリスクが低い一定の化学物質について、当該化学物質の性質や取扱い上の注意を当該化学物質に表示させたり(法第57条)、文書交付させたり(法第57条の2)する仕組みが続いている。

4 沿革

1 制度史

○黄燐燐寸製造禁止法（大正10年4月11日法律第61号）
化学物質の製造禁止に関する法制度は、1921(大正10)年に制定された黄燐燐寸製造禁止法に遡ることができる。

黄燐燐寸製造禁止法は、「燐寸製造ニ於ケル黄燐使用ノ禁止ニ関スル条約」(1906〔明治39〕年。一般に「ベルヌ条約」〔Berne Convention〕と呼ばれる)の批准公布に先立って制定された法律である。同法は、マッチ製造における黄りん使用の禁止や工場への官吏の臨検権限等を規定していた(附則を除き，全7条)。すなわち、第1条において「燐寸製造業者ハ燐寸ノ製造ニ黄燐ヲ使用スルコトヲ得ス」と定め、第2条において「黄燐ヲ使用シテ製造シタル燐寸ヲ販賣シ、輸入若ハ移入シ又ハ販賣ノ目的ヲ以テ所持スルコトヲ得ス」と定める。これらに違反した場合については、第4条において「第1條又ハ第2條ノ規定ニ違反シタル者ハ1年以下ノ懲役又ハ千圓以下ノ罰金ニ處ス　前項ノ未遂罪ハ之ヲ罰ス」と定める。

○労働基準法（昭和22年4月7日法律第49号）
第2次世界大戦後制定された労基法は、有害物の製造禁止について第48条において「黄りんマッチその他命令で定める有害物は、これを製造し、販売し、輸入し、又は販売の目的で所持してはならない」と規定していた。この規定は、黄燐燐寸製造禁止法第2条を踏襲したものである。この禁止の人的適用対象には、使用者及び労働者ばかりではなく、これら以外の者も含む。禁止の対象が製造以外にも及んでいるのは、製造以外のプロセスにも禁止が及ばないと禁止の実効性が確保されないためである。[24]

○昭和30年代以降にベンジジンの製造作業者から膀胱腫瘍患者が発生したことから、1958(昭和33)年3月にベンジジンの抑制濃度を0.015mg/m3とする作業環境改善の推進が通達された。また、ベンゼンのり(ベンゼンを含有するゴムのり)によるベンゼン中毒が社会的な問題になったことを受けて、製造等の禁止の対象にベンゼンのりが追加された(労働基準法第48条の有害物に指定する省令〔昭和34年労働省令第25号。現在は廃止〕)。

○昭和40年代に入ってベンジジン、ベータ-ナフチルアミンなどによる尿路障害が多発したことを受けて、1965(昭和40)年4月30日に尿路障害予防対策要綱が定められ、1971(昭和46)年に特化則の第1類物質として規制し、設備等の密閉化等を規制した。[25]

○労働安全衛生法
黄りんマッチ及びベンゼンを含有するゴムのりについては、労基法に基づいて製造等が禁止されていたが、安衛法が制定されるにあたり、本条において、これらに加えて、ベンジジン、ベータ-ナフチルアミン、4-アミノジフェニル、4-ニトロジフェニル等の発がん性物質の製造、使用等が禁止された。

石綿については、1995(平成7)年に特に有害性の高いアモサイト及びクロシドライトの製造、輸入、譲

渡，提供又は使用が禁止され，2004（平成16）年に石綿を含有する建材，ブレーキ材等の摩擦材及び接着剤の製造等が禁止されるなどした後に，その後，2006（平成18）年に，施行令16条が改正され（平成18年8月2日政令第257号），石綿及び石綿をその重量の0.1％を超えて含有する物の製造・使用等が原則禁止されることとなった。

2 背景になった災害等

(1) ベンゼン（ベンゾール）中毒事件（ヘップサンダル事件）

「労働基準法第48条の有害物に指定する省令」（昭和34年労働省令第25号）を通じてベンゼンのりを本条の製造等禁止物質に追加する契機となったのが，1950年代頃から明らかになったベンゼンによるベンゼン中毒事件の多発である。当時，ベンゼン等による中毒症状の実態は専門家による小規模染料工場の実態調査（1952〔昭和27〕年8月）や東京都墨田区のポリエチレンビニル印刷加工工場における貧血症状患者の調査（1957〔昭和32〕年3月）等によって明らかになりつつあり，予防対策の必要性は認識されてきたが，中でも「ヘップサンダル事件」は前述の動きを強く後押しする影響力を有した[26]。

ヘップサンダル（ミュール）は，映画『ローマの休日』でオードリー・ヘップバーンが履いたサンダルに似せたビニール製のサンダルで，当時，非常に広く人気を博していた。ベンゼンは，このヘップサンダルの底を貼るための接着剤（ゴムのり）の溶剤として広く用いられており，製作過程で揮発したベンゼンを吸い込んだ作業者に再生不良性貧血や白血病を発生させる原因となった。1958（昭和33）年に大阪でベンゼン中毒による死者が発生したうえ，翌年には東京においてもベンゼン中毒患者が確認されるなど全国的な問題となり，作業に従事していた者に労基法の保護を受けない家内労働者が多くいたことも受けて社会問題化した。これを受けて前述の省令が制定され，非労働者を含む全ての者に旧労基法48条が適用されるとする内閣法制局見解が示されたほか，有機溶剤中毒防止規則の制定（1960〔昭和35〕年），特化則による規制へと展開した。

(2) 建設アスベスト訴訟

建設アスベスト訴訟については「関連判例」参照。

5 運用

1 監督状況

「令和4年労働基準監督年報」によると，2022（令和4）年の法第55条及び同第56条を合わせた違反状況は3件である。また，法第55条に関する送検事例は0件であり，製造等の特例許可の申請件数は0件である。

2 適用の実際

本条が製造を禁止する化学物質は，今日それほど有用ではないため，秘密裏にこれらの化学物質を製造して指導の対象となるような例や，本条違反の有無を特に意識して監督を行う例は今日ほとんど見られない[27]。製造禁止物質の取扱いに関する今日の主な問題は，なおこれを用いた建築物や製造物が数多く残る石綿の取扱いである。送検事例も比較的多い。

石綿は，建築材料の中に混入させたり，鉄骨の耐火被覆のために吹付けたりするなどして広く利用されてきた。令和3年の「労働安全衛生調査（実態調査）の概況」によれば，事業所にむき出しの状態の吹付材等がある事業所の割合は2.9％であり，このうち石綿が使用されている吹付材等がある事業所の割合は19.5％となっている。割合は少ないものの，石綿へのばく露可能性がある事業所がなお残ることが分かる。

石綿をこのような状態にしている理由については，「除去等の工事を行う予定」が32.4％で最も多い。これは適切に除去工事が行われれば大きな問題にはならないが，次いで「損傷，劣化はしておらず，危険はないと考えているため」が31.0％，「通常の使用に支障はなく，特に対応が必要と考えていないため」が29.9％となっており，石綿の全廃に向けてはなお課題が残る。

石綿の有害性は前述のように比較的早くから認識され，1971（昭和46）年には特化則で規制の対象となった。しかし，その規制・監督は必ずしも当初から厳格に行われてきたわけではなかった。

その一つの要因は，石綿の化学物質としての有用性にある。石綿は，耐火性や防音性，断熱性，耐久性に優れ，しかも軽くて安価である。禁止対象とする際も一度に完全禁止にせず，石綿製品と評価される石綿含有率を段階的に引き下げる方法で禁止措置が進められ（製造物における石綿含有量の規制は，重量の5％超〔1975年〕から1％超〔1995年〕，0.1％超〔2006年〕という流れで行われた），その含有率に到達するまでは建材に石綿を混入させる取扱いがしばらく行われた。

また，規制を行うこと自体が困難な事情も存在した。建設現場では，石綿が含まれる建築材料を切断したり，穴をあけたり，加工したりすることによって労働者・就業者は常に石綿にばく露される危険にさらされる。しかし，重層的で複雑な請負・下請関係を形成する建設業界において，何百万人にもなる建設業従事者の健康を守ることができるよう，特定化学物質等作業主任者の選任，特殊健康診断の実施，局所排気装置の設置，防じんマスクの使用といった規制を遵守させ

ることは現実には非常に困難であった。

加えて，建設現場で用いられる多くの材料に石綿が含まれており，これを逐一指摘するとなると，数百万人に及ぶ建設業従事者に対して特殊健康診断の実施，作業主任者の選任，居所排気装置等の設置など特化則を全面適用しなければならなくなることと相まって，指摘に及び腰になりがちな事情もあった。臨検監督は，建材の製造業者等が中心になり，建設業にはチェックがあまり及ばなかった実態があった[28]。

現在石綿を含む建築物の解体工事をするにあたっては，所轄労働基準監督署長に届出を行うことが事業者に義務づけられている（石綿則第5条）。もっとも全ての届出が行われた場合，約200万件に及ぶといわれており，これらの全てを臨検することは現状の監督体制において困難といわざるを得ない。石綿を含む建築物の解体を業とする事業者に許可制度を設けるなどの対応が求められる。解体等現場を担うのは小さな建設事業者であることも多く，作業実態の把握，健康診断の実施，事後措置，記録の保存，退職後の健康管理手帳の交付といった諸対応・諸手続を確実に実施する仕組み作りが求められている[29]。

また，石綿を含む製品もなお流通しており，これをいかに回収するかも問題となっている。現在，個別のメーカー等による自主回収に委ねられている[30]。

3　関連判例

●建設アスベスト訴訟

〈概要〉

アスベスト（石綿）は，防火や防音，断熱性能に優れる点から，建築物や船舶など多くの場面で従来から活用されてきた。しかしその有害性が徐々に認識されるようになり，2005（平成17）年には機械メーカー・クボタの旧神崎工場の労働者がアスベスト関連疾患で多数死亡し，中皮腫を発症した同工場の周辺の住民に対して見舞金の支払いを検討している事実（「クボタ・ショック」と呼ばれる）が明らかになるなどしてその問題性は社会的に無視できない状態になった。こうした動きを受けて，前述のように本条を基礎とする施行令（第16条第1項第4号）に基づいて製造禁止の対象とされるに至った（平成18年9月1日施行）[31]。

このように禁止規定の整備以前からアスベストの有害性が認知可能であったことから，これに対する対策を国や建材メーカーが講じる余地があったことを手がかりに，アスベスト含有建材を使った建設作業に従事して中皮腫や肺がん等の疾患を発症した労働者・非労働者を含む建設作業従事者が，国とアスベストを含む建材を製作していたメーカーに対して損害賠償を請求する訴訟が日本各地で提起された[32]。特に2008（平成20）年の東京地裁への提訴以降，全国10の地方裁判所（札幌・仙台・埼玉・東京・横浜・京都・大阪・岡山・高松・福岡）で提起された集団訴訟は，総称して「建設アスベスト訴訟」と呼ばれる。

〈訴訟経過〉

建設アスベスト訴訟の本稿執筆時点での審級・判決年月日等の基本情報は以下の通りである。

○神奈川第1陣訴訟
・横浜地判平24・5・25訟月59巻5号1157頁
・東京高判平29・10・27判タ1444号137頁
・最1小判令3・5・17民集75巻5号1359頁
・東京高判令5・5・31判例集未登載

○東京第1陣訴訟
・東京地判平24・12・5判時2183号194頁
・東京高判平30・3・14裁判所WEBサイト
・最1小判令3・5・17判タ1487号136頁

○九州第1陣訴訟
・福岡地判平26・11・7 LEX/DB 25505227
・福岡高判令元・11・11裁判所WEBサイト

○大阪第1陣訴訟
・大阪地判平28・1・22判タ1426号49頁
・大阪高判平30・9・20判時2404号240頁
・最1小判令3・5・17判タ1487号143頁

○京都第1陣訴訟
・京都地判平28・1・29判時2305号22頁
・大阪高判平30・8・31判時2404号4頁
・最1小判令3・5・17判タ1487号149頁

○北海道第1陣訴訟
・札幌地判平29・2・14判時2347号18頁
・札幌高判令4・5・30 LEX/DB25593072

○神奈川第2陣訴訟
・横浜地判平29・10・24 LEX/DB25549052
・東京高判令2・8・28判時2468・2469号15頁
・最2小判令4・6・3裁時1793号1頁

○東京第2陣訴訟
・東京地判令2・9・4 LEX/DB25586308

○北海道第2陣訴訟
・札幌地判令4・4・28判例集未登載

○京都第2陣訴訟
・京都地判令5・3・23 LEX/DB25595087

○大阪第2陣訴訟

・大阪地判令5・6・30 LEX/DB25573005

〈当事者・請求内容〉
　各事件の事実関係の詳細は異なるものの，当事者の属性及び請求内容は類似する。ここでは神奈川第1陣訴訟を例に整理を行う。
　本訴訟を提起した原告当事者は，建築物の建設，解体作業時にアスベストの粉じんにばく露したことによって中皮腫や肺がん，石綿肺等の石綿関連疾患にり患した者，及びその家族（相続人）である。アスベスト関連疾患にり患した者には，左官や解体工等労基法上の労働者である者が含まれる一方で，労基法上の労働者ではない一人親方や零細事業者も含まれている点に事案としての特徴がある。
　本訴訟を提起された被告当事者は国とアスベストを含む製品の製造に関わったメーカーである。
　国に対しては，国家賠償法に基づく損害賠償が請求された（国賠法第1条第1項）。その理由は，国が適切に規制権限を行使しなかったこと，すなわち本法第55条及び本法第57条に関しては，国がアスベストによる労働者等の健康被害を防止・軽減するためにアスベストに対するばく露を防止したり，警告表示を事業者に義務づけたりするよう適切な措置を講じなかったというものである。本訴訟の争点は，建築基準法に関する規制権限の不行使や一人親方等非労働者への賠償責任の有無等多岐にわたるが，ここでは最高裁判決が示した，本法第55条，第57条に関連する前記部分に限定して整理する。

〈判旨〉
　結論として，最高裁は国の規制権限不行使について国賠法上の違法性を認めた。

○規制権限不行使の違法性について
　「国又は公共団体の公務員による規制権限の不行使は，その権限を定めた法令の趣旨，目的や，その権限の性質等に照らし，具体的事情の下において，その不行使が許容される限度を逸脱して著しく合理性を欠くと認められるときは，その不行使により被害を受けた者との関係において，国家賠償法1条1項の適用上違法となる」（最3小判平16・4・27労判872号5頁・筑豊じん肺（国賠関係）訴訟等）。
　「安衛法は，職場における労働者の安全と健康の確保等を目的として（1条），事業者は，労働者の健康障害の防止等のために必要な措置を講じなければならないものとしているのであって（22条等），事業者が講ずべき具体的措置を労働省令（平成11年法律第160号による改正後は厚生労働省令）に委任している（27条1項）。このように安衛法が上記の具体的措置を省令に包括的に委任した趣旨は，事業者が講ずべき措置の内容が多岐にわたる専門的，技術的事項であること，また，その内容をできる限り速やかに技術の進歩や最新の医学的知見等に適合したものに改正していくためには，これを主務大臣に委ねるのが適当であるとされたことによる」。
　「以上の安衛法の目的及び上記各規定の趣旨に鑑みると，主務大臣の安衛法に基づく規制権限は，労働者の労働環境を整備し，その生命，身体に対する危害を防止し，その健康を確保することをその主要な目的として，できる限り速やかに，技術の進歩や最新の医学的知見等に適合したものに改正すべく，適時にかつ適切に行使されるべきものである」（前掲最判等参照）。
　法第57条の「表示の記載方法についても，上記と同様に，できる限り速やかに，技術の進歩や最新の医学的知見等に適合したものとなるように指導監督すべきである。このことは，本件掲示義務規定に基づく掲示の記載方法に関する指導監督についても同様である」（最1小判令3・5・17判タ1487号136頁・東京第1陣最判）。

○非労働者に対する国賠法上の責任について
　法第57条は，「健康障害を生ずるおそれのある物についてこれらを表示することを義務付けることによって，その物を取り扱う者に健康障害が生ずることを防止しようとする趣旨のものと解されるのであって，上記の物を取り扱う者に健康障害を生ずるおそれがあることは，当該者が安衛法2条2号において定義された労働者に該当するか否かによって変わるものではない。また，安衛法57条は，これを取り扱う者に健康障害を生ずるおそれがあるという物の危険性に着目した規制であり，その物を取り扱うことにより危険にさらされる者が労働者に限られないこと等を考慮すると，所定事項の表示を義務付けることにより，その物を取り扱う者であって労働者に該当しない者も保護する趣旨のものと解するのが相当である。なお，安衛法は，その1条において，職場における労働者の安全と健康を確保すること等を目的として規定しており，安衛法の主たる目的が労働者の保護にあることは明らかであるが，同条は，快適な職場環境……の形成を促進することをも目的に掲げているのであるから，労働者に該当しない者が，労働者と同じ場所で働き，健康障害を生ずるおそれのある物を取り扱う場合に，安衛法57条が労働者に該当しない者を当然に保護の対象外としているとは解し難い」。労働大臣の前記の「規制権限は，労働者を保護するためのみならず，労働者に該当しない建設作業従事者を保護するためにも行使されるべきものであった」（最1小判令3・5・17判タ1487号136頁・東京第1陣最判）。

〈コメント〉
　主務大臣の本法に基づく規制権限が本法の目的を達

成できるように適時にかつ適切に行使されるべきことは過去の最判で確認されていたが，その趣旨が本法第57条との関係にも該当することを明示した点は，同条の不断の見直しを改めて国に迫るものである。この要請は，種類や管理方法等，化学物質に関する情報が日々更新される実態に合致する。

また，法第57条の保護範囲が非労働者に及ぶと判断した点は，本法だけでなく，安衛法と同じく労働者を対象として整備された労基法等他の労働立法のあり方に問題提起をした点で注目すべきである。重要な価値である身体生命の要保護性は非労働者にも当然認められること，本法が雇用の場だけでなく流通過程も規制の場とする法に展開していること等からすれば，少なくとも国が規制権限の不行使を理由とする国家賠償を支払うべきか否かを判定するときに，違法な取扱いを受けた者が労働者か非労働者かで区別する必要は無い。

本判決を受けて「労働安全衛生規則等の一部を改正する省令」（令和4年4月15日厚生労働省令第82号）が示され，作業を請け負わせる一人親方等や，同じ場所で作業を行う労働者以外の人に対しても，労働者と同等の保護が図られるよう，新たに一定の措置を実施することが事業者に義務づけられた。

6 その他

1 罰則

本条に違反して，黄りんマッチ，ベンジジン，ベンジジンを含有する製剤その他の労働者に重度の健康障害を生ずる物で，政令で定めるものを，製造し，輸入し，譲渡し，提供し，又は使用した者は，3年以下の懲役（近く拘禁に改定予定）又は300万円以下の罰金に処せられる（法第116条）。

この罰則については両罰規定の適用がある。法人の代表者又は法人若しくは人の代理人，使用人その他の従業者が，その法人又は人の業務に関して，これらの違反行為をしたときは，行為者を罰するほか，その法人又は人に対しても，各本条の罰金刑を科する（法第122条）。

2 民事上の効果

本条に規定された製造等禁止物質はその有害性が明確に認識されている化学物質である。したがって，本条違反の事実は，本条に違反した者がこの違反によって損害を被った者から民事責任を追及された場合，この責任を根拠づける有力な事実として評価される。

例えば，本条が使用を禁止するベンジジンを労働者に使用させて健康被害を発生させた場合，ベンジジンの有毒性は本条によって十分予見可能であるから，試験研究のための使用の際に用いられるような適切な防護措置を講じていない限り，安全配慮義務（労働契約法第5条）違反を構成する有力な事実になろう。これは当該化学物質が試験研究のために製造，使用等を許可されていた場合でも，当該化学物質の有害性は変わらないから，基本的に当てはまる。また，本条が製造等を禁じる化学物質を用いる業務命令は，一種の危険行為を命じるものとして，原則としてこれを拒否しても債務不履行や企業秩序侵害の責任を負わないと解すべきであろう。

3 関連資料

なし。

（製造の許可）

第56条 ジクロルベンジジン，ジクロルベンジジンを含有する製剤その他の労働者に重度の健康障害を生ずるおそれのある物で，政令で定めるものを製造しようとする者は，厚生労働省令で定めるところにより，あらかじめ，厚生労働大臣の許可を受けなければならない。

2　厚生労働大臣は，前項の許可の申請があつた場合には，その申請を審査し，製造設備，作業方法等が厚生労働大臣の定める基準に適合していると認めるときでなければ，同項の許可をしてはならない。

3　第1項の許可を受けた者（以下「製造者」という。）は，その製造設備を，前項の基準に適合するように維持しなければならない。

4　製造者は，第2項の基準に適合する作業方法に従つて第1項の物を製造しなければならない。

5　厚生労働大臣は，製造者の製造設備又は作業方法が第2項の基準に適合していないと認めるときは，当該基準に適合するように製造設備を修理し，改造し，若しくは移転し，又は当該基準に適合する作業方法に従つて第1項の物を製造すべきことを命ずることができる。

6　厚生労働大臣は，製造者がこの法律若しくはこれに基づく命令の規定又はこれらの規定に基づく処分に違反したときは，第1項の許可を取り消すことができる。

---

1 趣旨

労働者に重度の健康障害を生ずるおそれのある有害物ではあるものの，ある製品の製造や研究開発に不可欠・重要である等の理由で，その製造や利用を認める必要のある有害物もある。このような有害物については，法第22条に基づく健康障害防止措置によって健康

障害の発生の予防が目指され、そのための製造設備の仕組みや有害物の管理方法について特化則の中で具体化が図られている。本法は、その遵守の徹底を図るため、製造者に製造設備の構造や作業方法の決定等、有害物の利用に至る前段階で事前に達成すべき基準を設けて厚生労働大臣の審査による許可制とし、製造設備を許可基準に適合するよう維持することを義務づけたものである。

2 内容

1 製造許可制の対象物質

本条第1項が許可制の対象とする物質は、施行令別表第3第1号に掲げる特定化学物質の第1類物質及び石綿分析用試料等である（施行令第17条）。同別表は、特定化学物質を第1類物質、第2類物質、第3類物質の3種類に分けて規定している。第1類物質及び第2類物質は微量でも有害な作用をする点で共通する。第1類物質は、がん等の慢性障害を引き起こす物質のうち、特に有害性が高く、製造工程で特に厳重な管理（製造許可）を必要とするものである。第2類物質はがん等の慢性障害を引き起こす物質のうち、第1類物質に該当しないものが分類されており、さらに特定第2類物質、特別有機溶剤等、オーラミン等、管理第2類物質等に細分類されている。第3類物質には、大量漏洩した場合に有害作用のある物質が分類されている。

同別表第3第1号に掲げる第1類物質は以下の通りである。

1　ジクロルベンジジン及びその塩
2　アルファーナフチルアミン及びその塩
3　塩素化ビフエニル（別名PCB）
4　オルトートリジン及びその塩
5　ジアニシジン及びその塩
6　ベリリウム及びその化合物
7　ベンゾトリクロリド
8　1から6までに掲げる物をその重量の1パーセントを超えて含有し、又は7に掲げる物をその重量の0.5パーセントを超えて含有する製剤その他の物（合金にあつては、ベリリウムをその重量の3パーセントを超えて含有するものに限る。）

「ジクロルベンジジン」（ジクロロベンジジン、第1号）は、灰色〜紫色の結晶、褐色針状結晶の形状をとり、加熱すると分解し、有毒で腐食性のヒュームを生じる。エアロゾルの吸入、経皮及び経口摂取により体内に入り、反復または長期の皮膚への接触により、皮膚炎を引き起こしたり、肝臓に影響を与えたりすることがあるほか、発がん性を有する。

「アルファーナフチルアミン」（α-ナフチルアミン、第

2号）は、特徴的な臭気のある白色の結晶で、空気、光及び水分にばく露すると赤色になる特徴を持つ。体内への吸収経路は、吸入、経皮及び経口摂取であり、眼及び皮膚を軽度に刺激するほか、血管に影響を与えることがある。

「塩素化ビフエニル」（ポリ塩化ビフェニル、PCB、第3号）は、淡い黄色の粘稠液体であり、エアロゾルの吸入、経皮及び経口によって体内に摂取される。塩素座瘡（にきび）の発症可能性、肝臓への影響のほか、反復または長期の皮膚への接触により、皮膚炎を引き起こすおそれがある。絶縁性に優れることから、トランス（変圧器）やコンデンサーに使用された。「ポリ塩化ビフェニル廃棄物の適正な処理の推進に関する特別措置法」に基づき、事業者に所定の時期までに処分することが義務づけられている。

「オルトートリジン」（O-トリジン、第4号）は、無色の結晶、または赤色〜茶色の薄片といった外観を有し、燃焼すると分解し、窒素酸化物などの有毒なヒュームを生じる。経皮・経口で摂取され、発がん性を有する。

「ジアニシジン」（第5号）は、無色の結晶であり、燃焼すると分解し、窒素酸化物などの有毒なヒュームを生じるほか、蒸気は空気より重く、地面に沿って移動して、遠距離発火の可能性もある。吸入、経皮及び経口によって身体に取り込まれ、発がん性を有する。

「ベリリウム」（第6号）は、合金材料や、電子管の製造などに使われる銀白色、灰色の様々な形状の固体であり、強酸及び強塩基（酸と反応して塩を発生させる化合物）と反応し、引火性／爆発性ガスを生じるほか、燃焼すると、有毒なヒューム（酸化ベリリウムなど）を生成する。エアロゾルの吸入及び経口摂取により体内に吸収され、皮膚炎や結膜炎、肺や気管支炎を引き起こすおそれがある。反復または長期の吸入や皮膚接触による本物質からの繰り返しの刺激により、重度の肉芽腫性肺疾患（慢性ベリリウム疾患）を生じることがある。発がん性を有する。

「ベンゾトリクロリド」（第7号）は、刺激臭のある、無色〜黄色、発煙性、油状液体の物理的特徴を有する。加熱や酸及び水との接触により、分解し、塩化水素を含む、有毒で腐食性のヒュームを生じる。吸入、経皮及び経口により身体に影響を与え、短期ばく露により皮膚及び気道、眼を刺激し、長期又は反覆ばく露により肺、肝臓、腎臓及び甲状腺に影響を与え、発がん性を有する。ベンゾトリクロリドは、1975（昭和50）年に東京の化学工場従事者から肺がん患者が発生していることを受けて実施された実態調査、疫学調査の結果、ベンゾトリクロリドと肺がん発症との関係が認め

られたことから，本条の製造許可対象の特定化学物質等に追加された経緯がある[42]。

2 製造しようとする者

本条の規制が及ぶ人的範囲は，「製造しようとする者」である。この文言は文字通り製造許可制の対象物質の製造者になる予定の者を意味し，この物質の販売者は規制の対象とならない。同様に，製造許可制の対象物質で容器に入れられたもの，又は大型包装されたものを他の製造業者から購入し，又は輸入し，これを小型の容器に詰め替え，当該容器に新たにその業者の証紙を貼付し荷姿を整えるいわゆる小分けを行っても，本条の製造には該当しない[43]。

3 許可の単位

本条第１項が「厚生労働省令」の定めにより製造許可を受けるべきとする「厚生労働省令」には特化則第48条が該当する。特化則第48条は，本項の許可は，施行令別表第３第１号に掲げる製造許可制の対象物質ごとに，かつ，当該物質を製造するプラントごとに行うものとする旨定めている。具体的には，事業場において，２種類の許可制対象物質を製造する場合には，それぞれについて許可が必要になり，さらにこれらがそれぞれ２系列で製造される場合は，それぞれの系列ごとに許可を受けなければならない（昭和47年９月18日基発第591号）。

4 許可の申請手続と基準

本条第１項が定める厚生労働大臣に対する製造許可の申請は，この許可を受けようとする者が，特化則様式第５号による申請書（特定化学物質製造許可申請書）に生産計画等や事業場の概要，製造施設等について記載した特化則様式第６号による摘要書を添えて，当該許可に係る物を製造する場所を管轄する労働基準監督署長を経由して厚生労働大臣に提出する方法で行われる（特化則第49条第１項）。監督署や労働局で行われるのは，申請書類が揃っているか否かの点検程度である[44]。この申請を受け取った厚生労働大臣は，この申請を審査し，製造設備，作業方法等が本条第２項に規定される「厚生労働大臣の定める基準」に適合したと判断したときは，許可を与える。厚生労働大臣は，この許可をしたときは，申請者に対し，特化則様式第７号による許可証（特定化学物質製造許可証）を交付する（特化則第49条第２項）。この許可証の交付を受けた者は，これを滅失し，又は損傷したときは，特化則様式第８号による申請書（特定化学物質製造許可証再交付・書替申請書）を本条第１項の労働基準監督署長を経由して厚生労働大臣に提出し，許可証の再交付を受けなければならず（特化則第49条第３項），氏名（法人にあっては，その名称）を変更したときは，特化則様式第８号による申請書を第１項の労働基準監督署長を経由して厚生労働大臣に提出し，許可証の書替えを受けなければならない（特化則第49条第４項）。

法第56条第１項の製造の許可を受けた者がその工程について，設備等の一部を変更しようとする場合（主要構造部分について変更しようとする場合を除く）又は作業方法を変更しようとする場合には，予め，(イ)変更の目的，(ロ)変更しようとする機械等又は作業方法，(ハ)変更後の構造又は作業方法，を記載した書面を許可申請書を提出した労働基準監督署長に提出しなければならない。また，前述の許可を受けた者が，製造工程を変更しようとする場合，許可物質の生産量を増加しようとする場合等においては再び同項の許可を受けなければならない。前述の許可を受けた者が，設備等の主要構造部分を変更しようとする場合には，法第88条第１項の規定（厚生労働省令で定める危険有害作業等を伴う機械等の設置，移転，主要構造部分の変更につき監督署長に届け出るべき旨の定め）に基づく特化則第52条の特定化学設備等設置届を提出しなければならないとされていた（昭和47年９月18日基発第591号）。しかし，平成６年の省令改正（平成６年３月30日労働省令第20号）で，特化則第52条が廃止された。法第88条第１項が，対象，方法共に省令の定めに基づき届け出るよう定めているので，特定化学設備等の設置届の提出の必要自体がなくなったものと解される[45]。

厚生労働大臣が，製造許可申請を審査するときに用いる本条第２項に規定される「厚生労働大臣の定める基準」は，特化則において規制対象とする物質と製造目的に着目して区別して規定されている。

(1) ジクロルベンジジン等の製造

まず，特化則第50条第１項は，施行令別表第３第１号１から５まで及び７に掲げる物並びに同号８に掲げる物で同号１から５まで及び７に係るもの（以下，「ジクロルベンジジン等」という。すなわち，ベリリウム及びその化合物以外のものを意味する）の製造（試験研究のためのジクロルベンジジン等の製造を除く）に関する基準について次のように規定する。なお，本項は工場でジクロルベンジジン等を製造する際に関する定めであり，試験研究機関で製造しようとする場合については別に定めが置かれている（(3)参照）。

【特化則第50条第１項】
一　ジクロルベンジジン等を製造する設備を設置し，又はその製造するジクロルベンジジン等を取り扱う作業場所は，それ以外の作業場所と隔離し，かつ，その場所の床及び壁は，不浸透性の材料で造ること。
二　ジクロルベンジジン等を製造する設備は，密閉式の構造のものとし，原材料その他の物の送給，移送

又は運搬は、当該作業を行う労働者の身体に当該物が直接接触しない方法により行うこと。
三 反応槽については、発熱反応又は加熱を伴う反応により、撹拌機等のグランド部からガス又は蒸気が漏えいしないようガスケット等により接合部を密接させ、かつ、異常反応により原材料、反応物等が溢出しないようコンデンサーに十分な冷却水を通しておくこと。
四 ふるい分け機又は真空ろ過機で、その稼動中その内部を点検する必要があるものについては、その覆いは、密閉の状態で内部を観察できる構造のものとし、必要がある場合以外は当該覆いが開放できないようにするための施錠等を設けること。[46]
五 ジクロルベンジジン等を労働者に取り扱わせるときは、隔離室での遠隔操作によること。ただし、粉状のジクロルベンジジン等を湿潤な状態にして取り扱わせるときは、この限りでない。
六 ジクロルベンジジン等を計量し、容器に入れ、又は袋詰めする作業を行う場合において、前号に定めるところによることが著しく困難であるときは、当該作業を作業中の労働者の身体に当該物が直接接触しない方法により行い、かつ、当該作業を行う場所に囲い式フードの局所排気装置又はプッシュプル型換気装置を設けること。[47]
七 前号の局所排気装置については、次に定めるところによること。
　イ フードは、ジクロルベンジジン等のガス、蒸気又は粉じんの発散源ごとに設けること。
　ロ ダクトは、長さができるだけ短く、ベンドの数ができるだけ少なく、かつ、適当な箇所に掃除口が設けられている等掃除しやすい構造とすること。
　ハ ジクロルベンジジン等の粉じんを含有する気体を排出する局所排気装置にあつては、第9条第1項の表の上欄に掲げる粉じんの粒径に応じ、同表の下欄に掲げるいずれかの除じん方式による除じん装置又はこれらと同等以上の性能を有する除じん装置を設けること。この場合において、当該除じん装置には、必要に応じ、粒径の大きい粉じんを除去するための前置き除じん装置を設けること。
　ニ ハの除じん装置を付設する局所排気装置のファンは、除じんをした後の空気が通る位置に設けること。ただし、吸引された粉じんによる爆発のおそれがなく、かつ、ハの除じん装置を付設する局所排気装置のファンの腐食のおそれがないときは、この限りでない。
　ホ 排気口は、屋外に設けること。
　ヘ 厚生労働大臣が定める性能を有するものとすること。
八 第6号のプッシュプル型換気装置については、次に定めるところによること。
　イ ダクトは、長さができるだけ短く、ベンドの数ができるだけ少なく、かつ、適当な箇所に掃除口が設けられている等掃除しやすい構造とすること。
　ロ ジクロルベンジジン等の粉じんを含有する気体を排出するプッシュプル型換気装置にあっては、第9条第1項の表の上欄に掲げる粉じんの粒径に応じ、同表の下欄に掲げるいずれかの除じん方式による除じん装置又はこれらと同等以上の性能を有する除じん装置を設けること。この場合において、当該除じん装置には、必要に応じ、粒径の大きい粉じんを除去するための前置き除じん装置を設けること。
　ハ ロの除じん装置を付設するプッシュプル型換気装置のファンは、除じんをした後の空気が通る位置に設けること。ただし、吸引された粉じんによる爆発のおそれがなく、かつ、ロの除じん装置を付設するプッシュプル型換気装置のファンの腐食のおそれがないときは、この限りでない。
　ニ 排気口は、屋外に設けること。
　ホ 厚生労働大臣が定める要件を具備するものとすること。
九 ジクロルベンジジン等の粉じんを含有する気体を排出する製造設備の排気筒には、第7号ハ又は前号ロの除じん装置を設けること。
十 第6号の局所排気装置及びプッシュプル型換気装置は、ジクロルベンジジン等に係る作業が行われている間、厚生労働大臣が定める要件を満たすように稼動させること。
十一 第7号ハ、第8号ロ及び第9号の除じん装置は、ジクロルベンジジン等に係る作業が行われている間、有効に稼動させること。
十二 ジクロルベンジジン等を製造する設備からの排液で、第11条第1項の表の上欄に掲げる物を含有するものについては、同表の下欄に掲げるいずれかの処理方式による排液処理装置又はこれらと同等以上の性能を有する排液処理装置を設け、当該装置を有効に稼動させること。[48]
十三 ジクロルベンジジン等を製造し、又は取り扱う作業に関する次の事項について、ジクロルベンジジン等の漏えい及び労働者の汚染を防止するため必要な作業規程を定め、これにより作業を行うこと。
　イ バルブ、コック等（ジクロルベンジジン等を製造し、又は取り扱う設備に原材料を送給するとき、及び当該設備から製品等を取り出すときに使用されるものに限る。）の操作
　ロ 冷却装置、加熱装置、撹拌装置及び圧縮装置の操作
　ハ 計測装置及び制御装置の監視及び調整
　ニ 安全弁、緊急しや断装置その他の安全装置及び

自動警報装置の調整
ホ　ふた板，フランジ，バルブ，コック等の接合部におけるジクロルベンジジン等の漏えいの有無の点検
ヘ　試料の採取及びそれに用いる器具の処理
ト　異常な事態が発生した場合における応急の措置
チ　保護具の装着，点検，保管及び手入れ
リ　その他ジクロルベンジジン等の漏えいを防止するため必要な措置
十四　ジクロルベンジジン等を製造する設備から試料を採取するときは，次に定めるところによること。
イ　試料の採取に用いる容器等は，専用のものとすること。
ロ　試料の採取は，あらかじめ指定された箇所において，試料が飛散しないように行うこと。
ハ　試料の採取に用いた容器等は，温水で十分洗浄した後，定められた場所に保管しておくこと。
十五　ジクロルベンジジン等を取り扱う作業に労働者を従事させるときは，当該労働者に作業衣並びに不浸透性の保護手袋及び保護長靴を着用させること。

第1号で求められている作業場所からの隔離は，許可物質の製造に係る作業が行われている作業場所とそれ以外の作業場所との建屋が別棟であるか，又は隔壁をもって区画されていることを意味する（昭和47年9月18日基発第591号）。

第2号で要請される「原材料その他の物の送給，移送又は運搬」については，これらの作業を各装置間の落差又はポンプ等により配管で行うなど，スクリューフィダー又はバケットコンベヤ等を用いて機械的に行わなければならない（昭和47年9月18日基発第591号）。原材料の投入や反応生成物を取り出す作業が人力で行われる場合はそのばく露が避けられないので，こうしたプロセスは機械化されるべきである。[49]

上記通達に規定されている「スクリューフィダー」（スクリューフィーダー）とは，粉粒体原料をパイプ内に装着された螺旋型のスクリューを回転させることで送り出す原料搬送の仕組みである（資料5-90）。

同じく上記通達に規定されている「バケットコンベヤ」は，バケツ（バケット）をチェーンやベルトに取り付け，そのバケツの中に運搬物を投入し，チェーンやベルトを動作させることで運搬するコンベアである（資料5-91）。

第3号に規定されている「反応槽」とは，化学物質の製造過程において，微生物による有機物の分解等様々な方法を用いて，化学反応を生じさせるタンクを意味する（資料5-92）。下水処理施設で用いられるものがよく知られる。

「撹拌機」は，2種類以上の物質をかき混ぜ，混合

資料5-90　スクリューフィダーの例

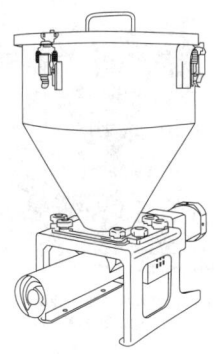

資料5-91　バケットコンベヤの例

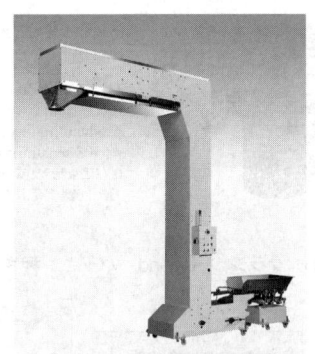

（株式会社イシダWEBサイト〔https://www.ishida.co.jp/ww/jp/products/conveying/bucket-conveyor.cfm，最終閲覧日：2024年6月25日〕）

資料5-92　反応槽の例

（厚生労働省「職場のあんぜんサイト」〔https://anzeninfo.mhlw.go.jp/anzen_pg/sai_det.aspx?joho_no=101079，最終閲覧日：2024年10月21日〕）

状態にする機械である（資料5-93）。

「グランド」は，バルブやポンプなどの回転・往復する軸の周りにグランドパッキン等を詰め込んでこれを締め付けるものを意味する（資料5-94・5-95）。

「ガスケット」とは，部品や配管など，静止している場所の接続部分の密閉に使用されるシールの一種である。ガスケットを接続部の間に挟んでボルト等で固定し，接続部の隙間を塞ぐことで内部を通る流体の漏出や異物混入を防止する役割を担う。例えば，資料5-96の左図のようなフランジ用ガスケットを，右図のように接続部の間に挟んで固定して利用する。

「コンデンサー」とは，凝縮器や冷却器とも呼ばれ，

資料5-93　攪拌機の例

（厚生労働省「職場のあんぜんサイト」〔https://anzeninfo.mhlw.go.jp/anzen_pg/sai_det.aspx?joho_no=100600，最終閲覧日：2024年10月21日〕）

資料5-94　グランドパッキンの例

（株式会社PILLAR WEBサイト〔https://www3.pillar.co.jp/product/materials_technical.php?t=0&scolumn=&s=&pcid=10010000&scid=&fword=，最終閲覧日：2024年7月9日〕）

資料5-95　グランド（Gland，パッキン押さえ）の例

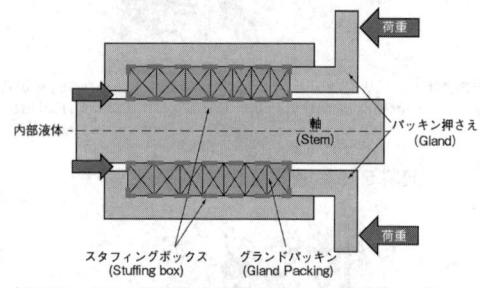

（下関パッキング株式会社WEBサイト〔http://www.shimopa.co.jp/product/gland/000.html，最終閲覧日：2024年6月25日〕）

資料5-96　ガスケットの例

（MONOVATE株式会社WEBサイト〔https://www.nitto-kinzoku.jp/archives/glossary/gasket/，最終閲覧日：2024年7月1日〕）

蒸気や凝縮したガスを冷却して液化する装置を意味する。エアコンの室外機などにも用いられる（資料5-97）。

第4号の「ふるい分け機」とは，固体の粒子をサイズに応じて分類する機械を意味する。スクリーン，ふるい機ともいい，振動によりふるい分けるもの，回転によりふるい分けるものがある（資料5-98）。

「真空ろ過機」は，ろ材の排出側を減圧して上流側からの大気圧で加圧ろ過を行う方法を用いてろ過を行う機械をいう（資料5-99）。

第6号「囲い式フードの局所排気装置」は，有害物の発生源の近くに空気の吸込み口を設けて常に吸引する気流を作り，有害物がまわりに拡散しないようにして作業者が汚染された気流にばく露されないようにする装置（局所排気装置）のうち，作業に必要な前面のみに開口がありその他の部分は囲まれている形状のものをいう（資料5-100）。

第6号等に規定される「プッシュプル型換気装置」とは，一様な捕捉気流（ヒュームの発散源またはその付近を通り吸込み側フードに向かう気流であって，捕捉面での気流の方向及び風速が一様であるもの）を形成させ，当該気流によって発散源から発散するヒュームを捕捉し，吸込み側フードに取り込んで排出する装置である。天井，壁及び床が密閉されているブースを有する密閉式プッシュプル型換気装置と，それ以外の開放式プッシュプル型換気装置がある[50]。（資料5-101）

第7号に規定されている「ベンド」（継手）とは，管軸の方向を曲げて接続する部品を意味する（資料5-102）。

本条の基準は，製造設備及び作業方法について規定したものであり，本条の基準に適合していないと認められるときは，法第56条第5項の適合命令がなされ，これを受けて基準に適合させる必要がある（昭和47年9月18日基発第591号）。

(2)　ベリリウム等の製造

ベリリウム等の製造（試験研究のためのベリリウム等の製造を除く）については，特化則第50条の2第1項において次のように規定されている。

> 一　ベリリウム等を焼結し，又は煆焼する設備（水酸化ベリリウムから高純度酸化ベリリウムを製造する工程における設備を除く。次号において同じ。）は他の作業場所と隔離された屋内の場所に設置し，かつ，当該設備を設置した場所に局所排気装置又はプッシュプル型換気装置を設けること。
> 二　ベリリウム等を製造する設備（ベリリウム等を焼結し，又は煆焼する設備，アーク炉等により溶融したベリリウム等からベリリウム合金を製造する工程における設備及び水酸化ベリリウムから高純度酸化ベリリウムを製造する工程における設備を除く。）は，密閉式の構造のものとし，又は上方，下方及び側方に覆い等を設けたものとすること。
> 三　前号の規定により密閉式の構造とし，又は上方，下方及び側方に覆い等を設けたベリリウム等を製造する設備で，その稼動中内部を点検する必要があるものについては，その設備又は覆い等は，密閉の状態又は上方，下方及び側方が覆われた状態で内部を

資料5-97 コンデンサーの例(プレートフィン式)

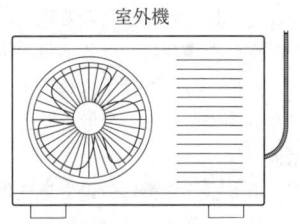

資料5-99 真空ろ過器の例

(月島機械株式会社WEBサイト〔https://premium.ipros.jp/tstm-g/product/detail/265399008/,最終閲覧日:2024年7月10日〕)

資料5-102 ベンドの例

©iStock

資料5-100 局所排気装置の例

囲い式フード

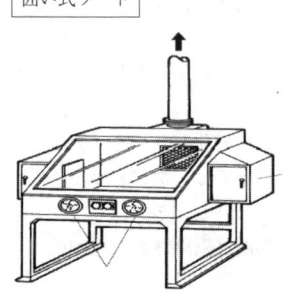

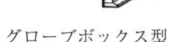

グローブボックス型　　ドラフトチャンバ型

資料5-98 振動式ふるい分け機(左),回転式ふるい分け機(右)の例

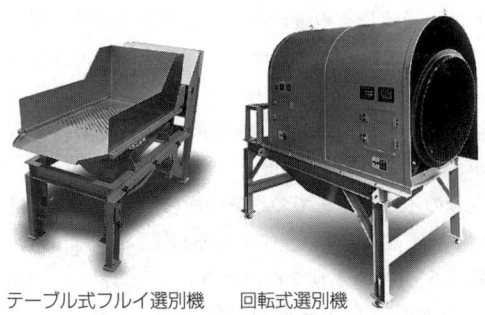

テーブル式フルイ選別機　　回転式選別機

(日本シーム株式会社WEBサイト〔左:https://www.nihon-cim.co.jp/product/sorting-machine/screening.html, 右:https://www.nihon-cim.co.jp/product/sorting-machine/trommel.html, 最終閲覧日:2024年7月5日〕)

外付け式フード

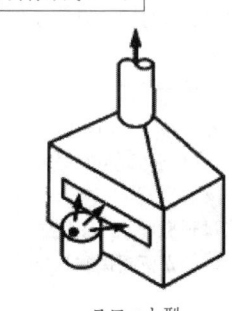

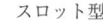

スロット型

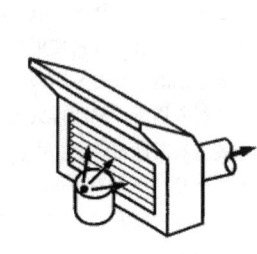

ルーバ型

(厚生労働省「職場のあんぜんサイト」〔https://anzeninfo.mhlw.go.jp/user/anzen/kag/pdf/taisaku/common_Ventilating.pdf, 最終閲覧日:2024年7月30日〕)

資料5-101 プッシュプル型換気装置の例

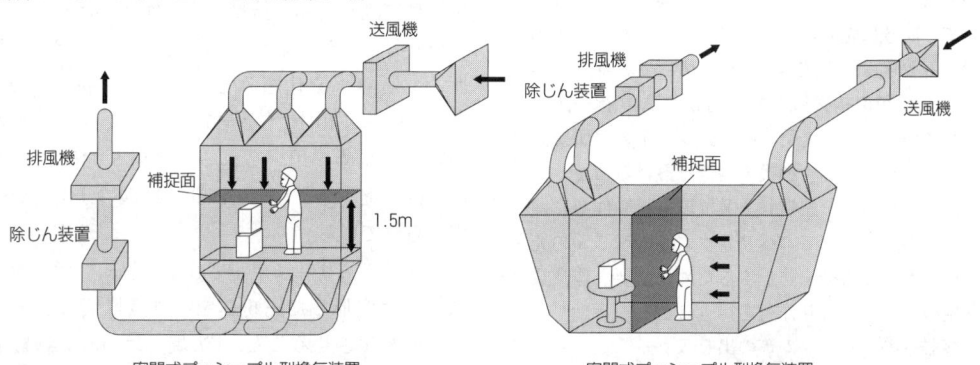

密閉式プッシュプル型換気装置　　　密閉式プッシュプル型換気装置
(下降流・送風機あり)　　　　　　　(水平流・送風機あり)

(厚生労働省WEBサイト〔https://www.mhlw.go.jp/new-info/kobetu/roudou/gyousei/anzen/dl/0602-1_006.pdf, 最終閲覧日:2022年10月10日〕)

観察できるようにすること。その設備の外板等又は覆い等には必要がある場合以外は開放できないようにするための施錠等を設けること。
四　ベリリウム等を製造し，又は取り扱う作業場の床及び壁は，不浸透性の材料で造ること。
五　アーク炉等により溶融したベリリウム等からベリリウム合金を製造する工程において次の作業を行う場所に，局所排気装置又はプッシュプル型換気装置を設けること。
　　イ　アーク炉上等において行う作業
　　ロ　アーク炉等からの湯出しの作業
　　ハ　溶融したベリリウム等のガス抜きの作業
　　ニ　溶融したベリリウム等から浮渣を除去する作業
　　ホ　溶融したベリリウム等の鋳込の作業
六　アーク炉については，電極を挿入する部分の間隙を小さくするため，サンドシール等を使用すること。
七　水酸化ベリリウムから高純度酸化ベリリウムを製造する工程における設備については，次に定めるところによること。
　　イ　熱分解炉は，他の作業場所と隔離された屋内の場所に設置すること。
　　ロ　その他の設備は，密閉式の構造のものとし，上方，下方及び側方に覆い等を設けたものとし，又はふたをすることができる形のものとすること。
八　焼結，煆焼等を行つたベリリウム等は，吸引することにより匣鉢から取り出すこと。
九　焼結，煆焼等に使用した匣鉢の破砕は他の作業場所と隔離された屋内の場所で行い，かつ，当該破砕を行う場所に局所排気装置又はプッシュプル型換気装置を設けること。
十　ベリリウム等の送給，移送又は運搬は，当該作業を行う労働者の身体にベリリウム等が直接接触しない方法により行うこと。
十一　粉状のベリリウム等を労働者に取り扱わせるとき（送給し，移送し，又は運搬するときを除く。）は，隔離室での遠隔操作によること。
十二　粉状のベリリウム等を計量し，容器に入れ，容器から取り出し，又は袋詰めする作業を行う場合において，前号に定めるところによることが著しく困難であるときは，当該作業を行う労働者の身体にベリリウム等が直接接触しない方法により行い，かつ，当該作業を行う場所に囲い式フードの局所排気装置又はプッシュプル型換気装置を設けること。
十三　ベリリウム等を製造し，又は取り扱う作業に関する次の事項について，ベリリウム等の粉じんの発散及び労働者の汚染を防止するために必要な作業規程を定め，これにより作業を行うこと。
　　イ　容器へのベリリウム等の出し入れ
　　ロ　ベリリウム等を入れてある容器の運搬
　　ハ　ベリリウム等の空気輸送装置の点検
　　ニ　ろ過集じん方式の集じん装置（ろ過除じん方式の除じん装置を含む。）のろ材の取替え
　　ホ　試料の採取及びそれに用いる器具の処理
　　ヘ　異常な事態が発生した場合における応急の措置
　　ト　保護具の装着，点検，保管及び手入れ
　　チ　その他ベリリウム等の粉じんの発散を防止するために必要な措置
十四　ベリリウム等を取り扱う作業に労働者を従事させるときは，当該労働者に作業衣及び保護手袋（湿潤な状態のベリリウム等を取り扱う作業に従事する労働者に着用させる保護手袋にあつては，不浸透性のもの）を着用させること。

　第2号の「アーク炉」とは，電気炉の一種で，電極の間や，電極と加熱対象の物質との間に電気アークを発生させて，そこから発生する熱を用いて加熱対象の物質を加熱する仕組みをもつ炉を意味する（**資料5-103**）。「アーク」とは，2つの電極間での放電によって生じたプラズマの一種で，電気コードがショート（アーク放電）したときに発生する光もその一種である。
　また，「覆い等」は，本号のベリリウム等を製造する設備を包み込めるような天幕等を意味する（昭和50年10月1日基発573号）。第3号の「内部を観察できる」状態とは，当該装置の覆いの一部をガラス又は透明なプラスチックで造り当該場所から内部を観察できることを意味する（昭和50年10月1日基発573号）。同号の「施錠等」の「等」には，当該装置の覆いを緊結することが含まれる（昭和50年10月1日基発573号）。
　第5号のイからホまでの作業場所に設ける「局所排気装置」として行政解釈（昭和50年10月1日基発573号）では**資料5-104**のような例が示されている。
　また第5号ニに規定される「浮渣」とは，「スカム」，「浮上泥」とも呼ばれ，水中の細かい粒子が気泡によって浮上したものをいう。沈殿池などの水面で見られる泡のような泥のようなものがその一例である。
　第5号ホに規定される「鋳込」とは，溶かした金属を鋳型に流し込んで鋳物を作る作業をいう。
　第6号の「サンドシール」とは，砂を用いて隙間を埋め，断熱する仕組みを意味する。例えば**資料5-105**（昭和50年10月1日基発573号）のように電極の周囲の隙間に詰めて用いられる。**資料5-106**にある電気炉では，釜本体と台車の隙間に珪砂のサンドシールが用いられている。
　第8号，第9号に規定される「焼結」は，粉末や粉末を圧縮成形した圧粉体を，融点以下の温度で加熱し，緻密化させること，「煆焼」は，ある物質を強く熱して脱水・分解などを起こさせ，揮発成分を除くことを意味する。

資料5-103 アーク炉の例

©iStock

資料5-104

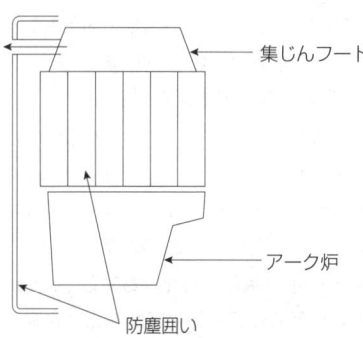

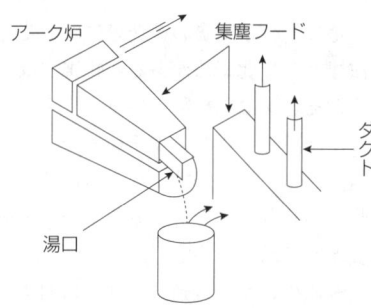

(昭和50年10月1日基発573号)

資料5-105 サンドシールの例

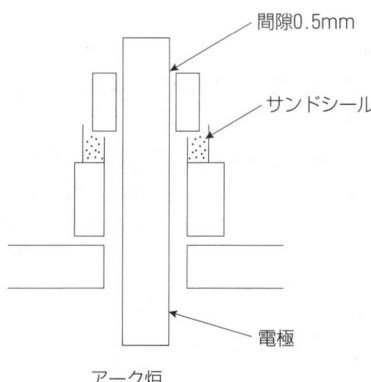

アーク炉
(昭和50年10月1日基発573号)

資料5-106 サンドシールを用いた電気炉の例

(東京陶芸器材株式会社WEBサイト〔https://www.tokyotougei.co.jp/ty-s, 最終閲覧日：2024年6月28日〕)

資料5-107 匣鉢の例

資料5-108

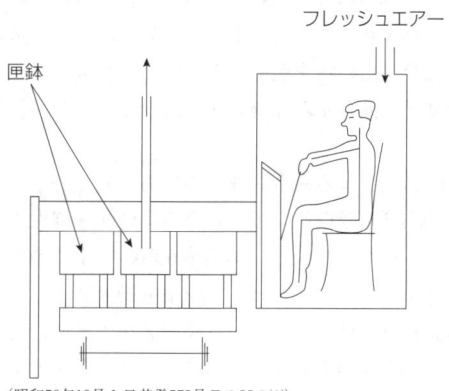

(昭和50年10月1日基発573号Ⅱの33の(8))

「匣鉢」は、陶磁器を焼くとき、保護のために素地を入れる耐火粘土製の容器である[53]（**資料5-107**）。

また、第8号の「吸引することにより匣鉢から取り出す」例としては**資料5-108**のようなものがある（昭和50年10月1日基発573号）。

また、ジクロルベンジジン等に関する前掲の特化則第50条第1項第7号から第12号まで及び第14号の規定は、本条第1項のベリリウム等の製造に関する法第56条第2項の厚生労働大臣の定める基準について準用する（特化則第50条の2第2項）。

(3) 試験研究のための製造許可

試験研究を目的としてジクロルベンジジン等、ベリリウム等を製造する場合については、次の基準を満たさなければならない（特化則第50条第2項、第50条の2第3項）。一般的な製造等の審査基準より緩和された基

準となっている。

【特化則第50条第2項】
一　ジクロルベンジジン等を製造する設備は，密閉式の構造のものとすること。ただし，密閉式の構造とすることが作業の性質上著しく困難である場合において，ドラフトチェンバー内部に当該設備を設けるときは，この限りでない。
二　ジクロルベンジジン等を製造する装置を設置する場所の床は，水洗によつて容易に掃除できる構造のものとすること。
三　ジクロルベンジジン等を製造する者は，ジクロルベンジジン等による健康障害の予防について，必要な知識を有する者であること。
四　ジクロルベンジジン等を製造する者は，不浸透性の保護前掛及び保護手袋を使用すること。

(4)　製造設備・作業方法を基準に適合するよう維持する義務

許可基準を満たして許可を受けたとしても，その許可基準を満たしている状態が実現され，維持されなければ本条の趣旨を実現することができない。そこで本条第3項は，本条第1項の許可を受けた者（製造者。前述の通り，譲渡者等は含まれない）に対して，その製造設備を，本条第2項の許可基準に適合するように維持する義務を課している。また本条第4項は，製造者が実際に第1項の物を製造するにあたっても，本条第2項の基準に適合する作業方法を用いることを義務づける。

(5)　行政による命令・許可の取消

本条第3項及び第4項の義務の実効性を確保する役割を担う制度の一つが，本条第5項の厚生労働大臣による命令である。すなわち，厚生労働大臣は，製造者の製造設備又は作業方法が本条第2項の基準に適合していないと認めるときは，当該基準に適合するように製造設備を修理し，改造し，若しくは移転し，又は当該基準に適合する作業方法に従って本条第1項の物を製造すべきことを命ずることができる。この命令に従わない場合については，後述する罰則の適用がある（法第119条第2号）。

また，厚生労働大臣は，製造者がこの法律若しくはこれに基づく命令の規定又はこれらの規定に基づく処分に違反したときは，本条第1項の許可を取り消すことを認められている（本条第6項）。

5　手数料

本条第1項の許可を得ようとする場合は，政令に定めるところにより国に対して手数料を支払わなければならない（法第112条第1項第8号）。この政令である労働安全衛生法関係手数料令第1条第4号は，この許可の申請1件につき19万7600円，電子情報処理組織（申請者のコンピュータと被申請者のコンピュータを回線で接続したもの）を使用する場合にあっては19万7000円を支払うものとする。

3　関連規定：法条

本条が規律する製造許可物質は，安衛法内では，ラベル表示義務（法第57条）やSDS交付義務（法第57条の2）の対象とされるほか，その製造や取扱いについて作業主任者の選任を要し（法第14条），その危険性について雇入時の安全衛生教育において教育されるべきことになっている（法第59条，安衛則第35条第1号）。

本条の適用の詳細は，特化則に規定されている。製造の許可の単位（特化則第48条。物ごとに，当該物を製造するプラントごとに行われる）や許可を受けるための手続（特化則第49条。様式第5号による申請書に摘要書（様式第6号）を添えて，当該許可に係る物を製造する場所を管轄する労働基準監督署長を経由して厚生労働大臣に提出すること等），製造許可の基準（特化則第50条，特化則第50条の2。化学物質に係る作業場所の隔離や化学物質の漏洩防止等）等である。

本条と同様に，化学物質の製造等に関する許可制度を定める法律として化審法がある。化審法は，人の健康を損なうおそれ又は動植物の生息・生育に支障を及ぼすおそれがある化学物質による環境の汚染を防止するという観点から，難分解性，高蓄積性及び人又は高次捕食動物への長期毒性を有する化学物質を第1種特定化学物質として政令で指定し，使用制限や政令指定製品の輸入制限のほか，製造又は輸入に関する許可制度を定めている。

4　沿革

1　制度史

○労働安全衛生法
労基法及び旧安衛則において，本条に相当する規定は存在しなかった。
本条は，本法制定時に規定され，その後大きな改正を受けていない（平成11年12月22日法律第160号により労働大臣，労働省令の名称を現行のものに修正）。

2　背景になった災害等

特になし。

5　運用

1　監督状況・適用の実際

本条が適用される場面は限定されており，本条違反が争点となる例は今日あまり見られない。また，本条違反に絞って監督を行うこともほとんどない[54]。「令和

4年労働基準監督年報」によると，2022（令和4）年の法第55条及び同第56条を合わせた違反状況は3件である。

2 関連判例
なし。

6 その他

1 罰則
本条第1項の規定に違反して厚生労働大臣の許可を得ずに有害物を製造した者は，1年以下の懲役（近く拘禁に改定予定。以下同じ）又は100万円以下の罰金に処せられる（法第117条）。

厚生労働大臣の許可を得て有害物を製造する者が，本条第3項，第4項の規定に違反した場合には，6カ月以下の懲役又は50万円以下の罰金に処せられる（法第119条第1号）。

厚生労働大臣の許可を受けて有害物を製造する者が，本条第5項に基づいて厚生労働大臣により発出される命令に従わない場合には，6カ月以下の懲役又は50万円以下の罰金に処せられる（法第119条第2号）。

これらの罰則については両罰規定の適用がある。法人の代表者又は法人若しくは人の代理人，使用人その他の従業者が，その法人又は人の業務に関して，これらの違反行為をしたときは，行為者を罰するほか，その法人又は人に対しても，各本条の罰金刑を科する（法第122条）。

2 民事上の効力
本条は，本条に違反した者がこの違反によって他人に損害を発生させた場合，その損害について民事責任を負うことを明示してはいない。しかし，本条が製造許可制の対象とする化学物質はそもそも「労働者に重度の健康障害を生ずるおそれのある物」であり，このような危険性を有するにもかかわらず，厚生労働大臣の許可を受け（本条第2項），この許可基準を満たした製造設備を維持すること（本条第3項）を条件に，初めてその製造が認められるという仕組みになっている。この構造をふまえれば，本条が製造許可制の対象とする化学物質を事業者が製造する過程で労働者に健康被害等の損害を与えた場合，この製造について厚生労働大臣の許可を受けていない事実や，許可は得たものの製造設備が許可基準に適合するよう維持されていなかった事実がある場合には，これらの事実は，右労働者の損害の発生について事業者に故意又は過失があったことを根拠づける事実として評価されると考えられる。また，本条第2項や本条第3項の条件を満たさずに，本条の製造許可対象物質の製造を命じられた労働者は，危険行為を命じられたものとして，この就労を拒否することができると解される。

3 資料
特になし。

（表示等）
第57条 爆発性の物，発火性の物，引火性の物その他の労働者に危険を生ずるおそれのある物若しくはベンゼン，ベンゼンを含有する製剤その他の労働者に健康障害を生ずるおそれのある物で政令で定めるもの又は前条第1項の物を容器に入れ，又は包装して，譲渡し，又は提供する者は，厚生労働省令で定めるところにより，その容器又は包装（容器に入れ，かつ，包装して，譲渡し，又は提供するときにあつては，その容器）に次に掲げるものを表示しなければならない。ただし，その容器又は包装のうち，主として一般消費者の生活の用に供するためのものについては，この限りでない。
一　次に掲げる事項
　イ　名称
　ロ　人体に及ぼす作用
　ハ　貯蔵又は取扱い上の注意
　ニ　イからハまでに掲げるもののほか，厚生労働省令で定める事項
二　当該物を取り扱う労働者に注意を喚起するための標章で厚生労働大臣が定めるもの
2　前項の政令で定める物又は前条第1項の物を前項に規定する方法以外の方法により譲渡し，又は提供する者は，厚生労働省令で定めるところにより，同項各号の事項を記載した文書を，譲渡し，又は提供する相手方に交付しなければならない。

1 趣旨
労働者が健康被害を受けることなく適切に化学物質を取り扱うためには，当該労働者が当該化学物質に関する情報を正しく認識する必要がある。機械についてはその危険性が外観から明らかであることも少なくない。しかし，化学物質については一見してその有害性や身体への具体的作用が明らかでないことも少なくなく，さらに容器や包装により包まれていると匂いや刺激によって有害性の有無を感知することも難しくなる。

他方，化学物質を譲渡又は提供する者は当該化学物質の有害性，取扱い方法を認識していることが多く，これらの者に当該化学物質の製造・流通段階においてその知りうる情報を表示させることが労働者の健康障害の回避に有効である。このような化学物質に関する

情報を表示，周知し，労働者が認識することの重要性は，「職場における化学物質の使用の安全に関する条約（Chemicals Convention）」（ILO170号条約，1990年採択。日本未批准）や「職場における化学物質の使用の安全に関する勧告（Chemicals Recommendation）」（ILO177号勧告，1990年採択）といった形で国際的にも広く認知されるところとなっている。

そこで健康障害を生ずるおそれのある物についてこれらの情報を表示することを義務づけることによって，その物を取り扱う者に健康障害が生ずることを防止するために本条が規定された。もう少し具体的に表現すれば，本条は，労働者が取り扱う物質の成分，その有害性，取扱い上注意すべき点等を事前に承知していなかったために生ずる職業性中毒を防止すること，有害物へのばく露に対する手当が，有害物の人体に及ぼす影響や初期の症状が不明のために手遅れになることを防ぐこと等を目的として，爆発性の物，発火性の物，引火性の物その他の労働者に危険を生ずるおそれのある物若しくはベンゼン，ベンゼンを含有する製剤等労働者に健康障害を生ずるおそれのあるものについて，容器や包装にその有害性を示す方法による表示制度を定めたものである。

なお，本条は，これを取り扱う者に健康障害を生ずるおそれがあるという化学物質の危険性に着目した規制であり，その物を取り扱うことにより危険にさらされる者が労働者に限られないこと等から，その者を取り扱う者であって労働者に該当しない者も保護する趣旨と最高裁により解されている。労働契約とは異なる契約関係にある個人事業主等が扱う化学物質についても本条の表示等が求められうることに留意する必要がある。

2 内容

1 表示対象とする物

(1) 原則的規定

本条が，譲渡又は提供の際に容器又は包装に名称等の表示を義務づける物（以下「表示対象物」という）は，法第56条第1項に定める製造許可対象物のほか，次の物である（施行令第18条）。

> 一 別表第9に掲げる物（アルミニウム，イットリウム，インジウム，カドミウム，銀，クロム，コバルト，すず，タリウム，タングステン，タンタル，銅，鉛，ニッケル，白金，ハフニウム，フェロバナジウム，マンガン，モリブデン又はロジウムにあつては，粉状のものに限る。）
> 二 別表第9に掲げる物を含有する製剤その他の物で，安衛則第30条で定めるもの
> 三 別表第3第1号1から7までに掲げる物を含有する製剤その他の物（同号8に掲げる物を除く。）で，安衛則第31条で定めるもの

なお，上記の施行令第18条の対象物一覧は，2025（令和7）年4月1日以降，以下のように改正される（「労働安全衛生法施行令の一部を改正する政令」〔令和5年8月30日政令第265号〕）。改正部分には下線を付してある。この改正は，表示の対象を，国のGHS分類により危険性・有害性が確認された全ての物質に拡大することを主な目的としたものである。

> 一 別表第9に掲げる物（アルミニウム，イットリウム，インジウム，カドミウム，銀，クロム，コバルト，すず，タリウム，タングステン，タンタル，銅，鉛，ニッケル，ハフニウム，マンガン又はロジウムにあつては，粉状のものに限る。）
> 二 国が行う化学品の分類（産業標準化法（昭和24年法律第185号）に基づく日本産業規格Z7252（GHSに基づく化学品の分類方法）に定める方法による化学物質の危険性及び有害性の分類をいう。）の結果，危険性又は有害性があるものと令和3年3月31日までに区分された物（次条第2号において「特定危険性有害性区分物質」という。）のうち，次に掲げる物以外のもので厚生労働省令で定めるもの
> 　イ 別表第3第1号1から7までに掲げる物
> 　ロ 前号に掲げる物
> 　ハ 危険性があるものと区分されていない物であつて，粉じんの吸入によりじん肺その他の呼吸器の健康障害を生ずる有害性のみがあるものと区分されたもの
> 三 前2号に掲げる物を含有する製剤その他の物（前2号に掲げる物の含有量が厚生労働大臣の定める基準未満であるものを除く。）
> 四 別表第3第1号1から7までに掲げる物を含有する製剤その他の物（同号8に掲げる物を除く。）で，厚生労働省令で定めるもの

前記施行令第18条第2号に関わる安衛則第30条が規定する物は，安衛則別表第2の上欄に掲げる物を含有する製剤その他の物（同欄に掲げる物の含有量が同表の中欄に定める値である物並びに四アルキル鉛を含有する製剤その他の物〔加鉛ガソリンに限る〕及びニトログリセリンを含有する製剤その他の物〔98％以上の不揮発性で水に溶けない鈍感剤で鈍性化した物であって，ニトログリセリンの含有量が1％未満のものに限る〕を除く）とされる。ただし，運搬中及び貯蔵中において固体以外の状態にならず，かつ，粉状にならない物（①危険物〔施行令別表第1に掲げる危険物をいう。以下同じ。安衛則第30条但書第1号〕，②危険物以外の可燃性の物等爆発又は火災の原因となるおそ

れのある物〔安衛則第30条但書第2号〕，③酸化カルシウム，水酸化ナトリウム等を含有する製剤その他の物であって皮膚に対して腐食の危険を生ずるもの〔安衛則第30条但書第3号〕のいずれかに該当するものを除く）は除かれる。この但書部分については，後述する。

前記施行令第18条第3号に関わる安衛則第31条が規定する物は，前記安衛則第30条但書に記載されるものを除き，次のような物である。

一　ジクロルベンジジン及びその塩を含有する製剤その他の物で，ジクロルベンジジン及びその塩の含有量が重量の0.1パーセント以上1パーセント以下であるもの

二　アルファ－ナフチルアミン及びその塩を含有する製剤その他の物で，アルファ－ナフチルアミン及びその塩の含有量が重量の1パーセントであるもの

三　塩素化ビフエニル（別名PCB）を含有する製剤その他の物で，塩素化ビフエニルの含有量が重量の0.1パーセント以上1パーセント以下であるもの

四　オルト－トリジン及びその塩を含有する製剤その他の物で，オルト－トリジン及びその塩の含有量が重量の1パーセントであるもの

五　ジアニシジン及びその塩を含有する製剤その他の物で，ジアニシジン及びその塩の含有量が重量の1パーセントであるもの

六　ベリリウム及びその化合物を含有する製剤その他の物で，ベリリウム及びその化合物の含有量が重量の0.1パーセント以上1パーセント以下（合金にあつては，0.1パーセント以上3パーセント以下）であるもの

七　ベンゾトリクロリドを含有する製剤その他の物で，ベンゾトリクロリドの含有量が重量の0.1パーセント以上0.5パーセント以下であるもの

以上に該当する表示対象物については，**章末資料5-1**を参照してほしい。これに該当する物の一覧は「職場のあんぜんサイト」で公開されている[58]。なお，本条のラベル表示義務の対象となる物の裾切値（製剤〔混合物〕中の対象物質の含有量〔重量％〕がその値未満の場合，ラベル表示又はSDSの交付の対象とならない値[59]）と，法第57条の2に基づく文書交付制度（SDS）の義務的な対象となる物の裾切値とが異なって設定されていることがある。

(2)　固形物に関する適用除外

(a)　概要と趣旨

安衛則第30条及び同則第31条に規定される表示対象とする物については，安衛則第30条但書に基づいて，「運搬中及び貯蔵中において固体以外の状態にならず，かつ，粉状にならない物」に関する例外が設けられている。ただし，①危険物（施行令別表第1に掲げる危険物をいう。安衛則第30条但書第1号），②危険物以外の可燃性の物等爆発又は火災の原因となるおそれのある物（安衛則第30条但書第2号），③酸化カルシウム，水酸化ナトリウム等を含有する製剤その他の物であって皮膚に対して腐食の危険を生ずるもの（安衛則第30条但書第3号）のいずれかに該当するものについては除かれる。

この定めは，施行令別表第9に掲げる物（純物質：1種類の物質〔単体や化合物〕だけでできているもの）及び施行令別表第9又は別表第3第1号1から7までに掲げる物を含有する製剤その他の物（混合物：2種類以上の純物質の混合物）のうち，運搬中及び貯蔵中において，固体以外の状態にならず，かつ，粉状にならない物について，表示義務の適用を除外することとしたものである。この趣旨は，表示対象物を譲渡し，又は提供する時点において固体の物については，粉状でなければ吸入ばく露等のおそれがなく，健康障害の原因とならないものと考えられること，また，国際的にも，欧州の化学品規制であるCLP（Contract Laboratory Program，委託試験機関プログラム）規則において，文書交付により情報伝達がなされている場合には，塊状の金属，合金，ポリマー（重合体）を含む混合物，エラストマー（ゴムのような弾性を有する材料）を含む混合物について表示が適用除外とされていることを踏まえたことによる（平成27年8月3日基発0803第2号）。ただし，爆発性，引火性等の危険性や，皮膚腐食性を有する物については，譲渡・提供時において固形であっても当該危険性等が発現するおそれがあるため，適用除外の対象とはせず，引き続き，表示義務の対象としたものである。

(b)　純物質の取扱い

施行令第18条において適用除外とされる物は，純物質であって，譲渡・提供の過程において粉状にならず，危険性又は皮膚腐食性がないという上記要件を満たすことが明らかである，イットリウム，インジウム，カドミウム，銀，クロム，コバルト，すず，タリウム，タングステン，タンタル，銅，鉛，ニッケル，白金，ハフニウム，フェロバナジウム，マンガン，モリブデン及びロジウムである。なお，イットリウム化合物，インジウム化合物，カドミウム化合物，水溶性銀化合物，クロム化合物，コバルト化合物，スズ化合物，水溶性タリウム化合物，水溶性タングステン化合物，タンタル酸化物，銅化合物，無機鉛化合物，ニッケル化合物，白金水溶性塩，ハフニウム化合物，無機マンガン化合物，モリブデン化合物及びロジウム化合物の純物質については，適用除外の対象とはされていないことに留意することとされる（平成27年8月3日基

発0803第2号）。

(c) 混合物の取扱い

施行令別表第9又は別表第3第1号1から7までに掲げる物を含有する製剤その他の物（混合物）については，その性質が様々であることから，運搬中及び貯蔵中において固体以外の状態にならず，かつ，粉状にならないもののうち，以下の①から③までに掲げる危険性のある物又は皮膚腐食性のおそれのある物に該当しないものは適用除外とされている（安衛則第30条但書）。

① 危険物（施行令別表第1に掲げる危険物をいう。）
② 危険物以外の可燃性の物等爆発又は火災の原因となるおそれのある物
③ 酸化カルシウム，水酸化ナトリウム等を含有する製剤その他の物であって皮膚に対して腐食の危険を生ずるもの

「運搬中及び貯蔵中において固体以外の状態にならず，かつ，粉状にならないもの」は，当該物の譲渡・提供の過程において液体や気体になったり，粉状に変化したりしないものであって，当該物を取り扱う労働者が，当該物を吸入する等により当該物にばく露するおそれのないものを意味する。例えば，温度や気圧の変化により状態変化が生じないこと，水と反応しないこと，物理的な衝撃により粉状に変化しないこと，昇華しないこと等を満たすものである必要があり，具体的には，鋼材，ワイヤ，プラスチックのペレット等は，原則として表示の対象外となる。「粉状」とはインハラブル（吸入性）粒子を有するものをいい，流体力学的粒子径が0.1mm以下の粒子を含むものであるとされ，顆粒状のものは，外力によって粉状になりやすいため，「粉状にならない」ものとはいえないとされる（以上について，平成27年8月3日基発0803第2号）。

また，上記②又は③に掲げる物は，国連勧告の化学品の分類及び表示に関する世界調和システム（以下「GHS」という。）に準拠した日本工業規格Z7253の附属書Aの定めにより，物理化学的危険性及び皮膚腐食性／刺激性の危険有害性区分が定められているものを意味する（平成27年8月3日基発0803第2号）。

(3) 裾切り値の見直し

新たに表示対象物となる物，既存の表示対象物及び通知対象物の裾切り値については，原則として，以下の考え方により設定されている（平成27年8月3日基発0803第2号）。

ア GHSに基づき，濃度限界（検出されうる最低濃度）とされている値とする。ただし，それが1％を超える場合は1％とする。これにより，裾切り値は**資料5-109**の通りとなる。

資料5-109

HSの有害性クラス	区分	裾切り値（重量パーセント）	
		表示（ラベル）	通知（SDS）
急性毒性	1～5	1.0	1.0
皮膚腐食性／刺激性	1～3		
眼に対する重篤な損傷性／眼刺激性	1～2		
呼吸器感作性（固体／液体）	1	1.0	0.1
呼吸器感作性（気体）	1	0.2	
皮膚感作性	1	1.0	0.1
生殖細胞変異原性	1	0.1	0.1
	2	1.0	1.0
発がん性	1	0.1	0.1
	2	1.0	
生殖毒性	1	0.3	0.1
	2	1.0	
標的臓器毒性（単回ばく露）	1～2	1.0	1.0
標的臓器毒性（反復ばく露）	1～2		
吸引性呼吸器有害性	1～2		

（平成27年8月3日基発0803第2号）

イ 複数の有害性区分を有する物質については，アにより得られる数値のうち，最も低い数値を採用する。

ウ リスク評価結果など特別な事情がある場合は，上記によらず，専門家の意見を聴いて定める。

以上に基づき，施行令別表第9に掲げる表示対象物及び通知対象物の裾切り値とCAS番号は**章末資料5-2**の通りとされる。施行令別表第9に記載される化学物質には，2022（令和4）年に，国によるGHS分類の結果，発がん性，生殖細胞変異原性，生殖毒性，急性毒性のカテゴリーで比較的強い有害性が確認された234物質が追加された（**章末資料5-3**参照。2024年4月1日施行）。今後も追加が予定されている。

混合物については，裾切り値以上含有されている場合には，仮にGHS分類による危険有害性分類がなされていない場合であっても，取扱い方法によっては危険有害性が生じるおそれがあることから，人体に及ぼす作用や取扱い上の注意に留意が必要であるため，表示義務の対象とされる。

2 表示義務者

本条第1項は，「容器に入れ，又は包装して，譲渡し，又は提供する者」に本条が定める表示を行う義務を課す。このような立場にあることが客観的に認められれば表示義務者となり，製造者か，販売業者かなど，流通過程における立場等は条文上表示義務者該当性を判断するときの考慮の対象とされていない。

この定めによれば，同一の有害物の容器又は包装が流通するにあたり，2以上の者が表示義務者となることがある。この場合は先次の表示義務者が所定の表示を行っているときは，後次の表示義務者が重ねて表示を行う必要が実質的になくなるため，第一次的には有害物質の製造業者が表示義務者となる[61]。もっともこの場合も後次の表示義務者は依然として表示義務者であり，先次の表示義務者が存在することにより表示義務を免責されない。

本条にいう「譲渡」及び「提供」は法第55条のそれと同じと解されている[62]。すなわち「譲渡」は有償・無償を問わず所有権の移転を伴う行為，「提供」は所有権等を留保したまま相手に渡して利用させるというような場合の「渡す」という事実行為を意味する（昭和47年9月18日基発第602号）。

3 表示事項

本条第1項第1号は，表示を必要とする事柄として4つの事項を挙げ，続く同項第2号は，注意喚起のための標章の表示を求めている。再掲すると下記の通りである。

- イ　名称
- ロ　人体に及ぼす作用
- ハ　貯蔵又は取扱い上の注意
- ニ　イからハまでに掲げるもののほか，厚生労働省令で定める事項
- 二　当該物を取り扱う労働者に注意を喚起するための標章で厚生労働大臣が定めるもの

これらの記載方法について，国は，できるだけ速やかに技術の進歩や最新の医学的知見等に適合したものとなるように指導監督すべきものとされている[63]。

以下，各表示事項について概説する。

(1) 名称（第1項第1号イ）

第1号イに規定される「名称」は，化学物質等の名称の表示を求めるものである。ただし，製品名により含有する化学物質等が特定できる場合においては，当該製品名を記載することで足りる。また，化学物質等について表示される名称と，法第57条の2に基づく文書交付により通知される名称は一致させなければならない（以上について，平成18年10月20日基安化発第1020001号，最終改正：令和5年4月24日。以下3内で「通達」と表記する）。

なおラベルに記載すべき情報については，JISZ7253にも規定されている。

(2) 人体に及ぼす作用（第1項第1号ロ）

第1号ロに規定される「人体に及ぼす作用」とは，化学物質等の有害性を意味する（通達）。ここでは，「化学品の分類および表示に関する世界調和システム」（以下「GHS[64]」という）に従った分類に基づき決定された危険有害性クラス（可燃性固体等の物理化学的危険性，発がん性，急性毒性等の健康有害性及び水生環境有害性等の環境有害性の種類）及び危険有害性区分（危険有害性の強度）に対してGHS附属書3又は日本産業規格Z7253（GHSに基づく化学品の危険有害性情報の伝達方法—ラベル，作業場内の表示及び安全データシート〔SDS〕）（以下「JISZ7253」という）附属書Aにより割り当てられた「危険有害性情報」の欄に示されている文言を記載しなければならない（通達）。このJISZ7253は一般に「合併JIS」と呼ばれ，国連GHS文書改訂4版（2011年）を基礎に作成されている。GHS国連勧告と本法の記載項目との関係については，**章末資料5-4**を参照。

なお，GHSに従った分類については，日本産業規格Z7252（GHSに基づく化学品の分類方法）（以下「JISZ7252」という）及び事業者向けGHS分類ガイダンスを参考にすることが求められている。また，GHSに従った分類結果については，独立行政法人製品評価技術基盤機構が公開している「NITE 化学物質総合情報提供システム（NITE-CHRIP）[65]」，厚生労働省が作成し「職場のあんぜんサイト」で公開している「GHS対応モデルラベル・モデルSDS情報[66]」等を参考にすることとされる（通達）。

混合物に関しては，混合物全体として有害性の分類がなされていない場合には，含有する表示対象物質の純物質としての有害性を，物質ごとに記載することで差し支えない（通達）。

また，GHSに従い分類した結果，危険有害性クラス及び危険有害性区分が決定されない場合は，記載を要しない（通達）。

「人体に及ぼす作用」は，その物の危険性が正確に伝わり，必要な手当てや治療が速やかに判明するように，症状や障害を可能な限り具体的に特定して記載すべきであり，抽象的に健康障害を生ずるおそれがある旨を記載するのでは足りないことが最高裁により指摘されている[67]。国は省令や通達の内容はこの要請に合致させることを求められているが，一般企業が本条を遵守する際も，この要請を意識して表示を行うことが法的責任を回避するために有効である。

(3) 貯蔵又は取扱い上の注意（第1項第1号ハ）

第1号ハに規定される「貯蔵又は取扱い上の注意」は，化学物質等のばく露又はその不適切な貯蔵若しくは取扱いから生じる被害を防止するために取るべき措置を記載することを求めるものである（通達）。これの記載にあたっては，健康障害の発生を防止するために必要な注意事項を的確に記載すべきとされる[68]。「人体に及ぶ作用」の取扱いと同様，国は省令や通達の内

容をこの要請に合致させることを求められており，一般企業が本条を遵守する際も，この要請を意識して表示を行うことが法的責任を回避するために有効である。

(4) 厚生労働省令で定める事項（第1項第1号ニ）

本条第1項第1号ニにおける「厚生労働省令で定める事項」は以下の通りである（安衛則第33条）。

一　表示をする者の氏名（法人にあつては，その名称），住所及び電話番号

化学物質等を譲渡し又は提供する者の情報を記載することが求められる。また，当該化学品の国内製造・輸入業者の情報を，当該事業者の了解を得た上で追記することも認められている。緊急連絡電話番号等についても記載することが望ましい（通達）。

二　注意喚起語

ここでの「注意喚起語」としては，GHSに従った分類に基づき，決定された危険有害性クラス及び危険有害性区分に対してGHS附属書3又はJISZ7253附属書Aに割り当てられた「注意喚起語」の欄に示されている文言を記載することとされている（通達）。

なお，GHSに従った分類については，JISZ7252及び事業者向けGHS分類ガイダンスを参考にすること，GHSに従った分類結果については，独立行政法人製品評価技術基盤機構が公開している「NITE 化学物質総合情報提供システム（NITE-CHRIP）」や厚生労働省が作成し「職場のあんぜんサイト」で公開している「GHS対応モデルラベル・モデルSDS情報」等を参考にすることが求められている（通達）。

混合物において，混合物全体として危険性又は有害性の分類がなされていない場合には，含有する表示対象物質の純物質としての危険性又は有害性を表す注意喚起語を，物質ごとに記載することで差し支えない（通達）。

GHSに基づき分類した結果，危険有害性クラス及び危険有害性区分が決定されない場合，記載を要しない（通達）。

三　安定性及び反応性

「安定性及び反応性」は，化学物質等の危険性を意味する。ここで記載すべき事柄は，「注意喚起語」において記載すべき事柄と類似する。すなわち，GHSに従った分類に基づき，決定された危険有害性クラス及び危険有害性区分に対してGHS附属書3又はJISZ7253附属書Aに割り当てられた「危険有害性情報」の欄に示されている文言の記載が求められる。「GHSに従った分類結果」については，独立行政法人製品評価技術基盤機構が公開している「NITE 化学物質総合情報提供システム（NITE-CHRIP）」，厚生労働省が作成し「職場のあんぜんサイト」で公開してい

る「GHS対応モデルラベル・モデルSDS情報」等を参考にすることとされている（通達）。

混合物において，混合物全体として危険性の分類がなされていない場合には，含有する全ての表示対象物質の純物質としての危険性を，物質ごとに記載することで差し支えない。また，GHSに従い分類した結果，危険有害性クラス及び危険有害性区分が決定されない場合，記載を要しない（通達）。

(5) 当該物を取り扱う労働者に注意を喚起するための標章（第1項第2号）

本号における「当該物を取り扱う労働者に注意を喚起するための標章で厚生労働大臣が定めるもの」とは，日本産業規格Z7253（GHSに基づく化学品の危険有害性情報の伝達方法—ラベル，作業場内の表示及び安全データシート〔SDS〕）に定める絵表示を意味する（平成18年10月20日厚生労働省告示619号。以下の説明も同厚労告による）。右「絵表示」については，**章末資料5-5**参照。ただし，本条第1項の容器又は包装に次に掲げる標札若しくは標識又はラベルが付されている場合にあっては，当該標札若しくは標識又はラベルに示される記号とする。

一　船舶による危険物の運送基準等を定める告示（昭和54年運輸省告示第549号）第1号様式に掲げる標札又は標識
二　航空機による爆発物等の輸送基準等を定める告示（昭和58年運輸省告示第572号）第2号様式に掲げるラベル

混合物において，混合物全体として危険性又は有害性の分類がなされていない場合には，含有する表示対象物質の純物質としての危険性又は有害性を表す標章を，物質ごとに記載することで差し支えない。また，GHSに従い分類した結果，危険有害性クラス及び危険有害性区分が決定されない場合は，記載を要しない（通達）。

なお，JISZ7253に準拠した記載を行えば，安衛法関係法令において規定する容器・包装等に表示しなければならない事項を満たすこととされる。JISZ7253については日本産業標準調査会ホームページにおいて検索及び閲覧が可能である（通達）。

4　表示方法

(1) 容器又は包装を用いる場合

前述した表示事項は，当該容器又は包装に表示事項を印刷する方法，又は表示事項等を印刷した票箋を貼り付けて表示される（安衛則第32条本文）。ただし，当該容器又は包装の形状，材質等により，当該容器又は包装に表示事項等の全てを印刷し，又は表示事項等の全てを印刷した票箋を貼り付けることが困難なとき

は，表示事項等のうち，人体に及ぼす作用，貯蔵又は取扱い上の注意，表示をする者の氏名，住所及び電話番号，注意喚起語，安定性及び反応性（以上，法第57条第1項第1号ロからニまで）及び，当該物を取り扱う労働者に注意を喚起するための標章で厚生労働大臣が定めるもの（法第57条第1項第2号）に掲げるものについては，これらを印刷した票箋を容器又は包装に結びつけることにより表示することができる（安衛則第32条但書）。

また，2023年4月1日以降は，譲渡・提供する場合ではない，小分けして保管するような場合であっても，当該物の名称及び人体に及ぼす作用について，当該物の保管に用いる容器又は包装への表示，文書の交付その他の方法により，当該物を取り扱う者に，明示しなければならない（安衛則第33条の2）。この規定は，対象物を保管することを目的として容器に入れ，又は包装し，保管する場合に適用されるものであり，保管を行う者と保管された対象物を取り扱う者が異なる場合の危険有害性の情報伝達が主たる目的であるため，対象物の取扱い作業中に一時的に小分けした際の容器や，作業場所に運ぶために移し替えた容器にまで適用されるものではない。また，譲渡提供者がラベル表示を行っている物について，既にラベル表示がされた容器等で保管する場合には，改めて表示を求める趣旨でもない（以上，令和4年5月31日基発0531第9号）。

明示の際の「その他の方法」としては，使用場所への掲示，必要事項を記載した一覧表の備え付け，磁気ディスク，光ディスク等の記録媒体に記録しその内容を常時確認できる機器を設置すること等のほか，日本産業規格Z7253（GHSに基づく化学品の危険有害性情報の伝達方法―ラベル，作業場内の表示及び安全データシート〔SDS〕）の「5.3.3作業場内の表示の代替手段」に示された方法として，作業手順書又は作業指示書によって伝達する方法等によることも可能である（令和4年5月31日基発0531第9号）。

法第57条第1項第2号に規定される標章については，「3(5)当該物を取り扱う労働者に注意を喚起するための標章」に記載のそれと同内容である。

(2) 容器又は包装を用いない場合

本条第1項の政令で定める物又は法第56条第1項の物を本条第1項に規定する方法（容器に入れ，又は包装してする方法）以外の方法により譲渡し，又は提供する者は，厚生労働省令で定めるところにより，名称や人体に及ぼす影響等，本条第1項各号の事項を記載した文書を，譲渡し，又は提供する相手方に交付しなければならない（本条第2項）。例えば，タンクローリーやパイプラインで輸送される場合がこのケースに該当する。この交付は，容器又は包装以外の方法により譲渡し，又は提供する際に行われなければならないが，継続的に又は反復して譲渡し，又は提供する場合において，既に当該文書の交付がなされているときはこの限りでない（安衛則第34条）。もっとも通達（昭和53年2月10日基発第78号）は，このような場合でも，譲渡し，又は提供する相手方に文書の内容が的確に伝わるよう重ねて文書を交付することが望ましいとする。

5　主として一般消費者の生活の用に供するためのもの

本条第1項に規定される「主として一般消費者の生活の用に供するためのもの」は，以下の通りである（平成27年8月3日基発0803第2号）。

ア　医薬品，医療機器等の品質，有効性及び安全性の確保等に関する法律（昭和35年法律第145号）に定められている医薬品，医薬部外品及び化粧品
イ　農薬取締法（昭和23年法律第125号）に定められている農薬
ウ　労働者による取扱いの過程において固体以外の状態にならず，かつ，粉状又は粒状にならない製品
エ　表示対象物又は通知対象物が密閉された状態で取り扱われる製品
オ　一般消費者のもとに提供される段階の食品。ただし，水酸化ナトリウム，硫酸，酸化チタン等が含まれた食品添加物，エタノール等が含まれた酒類など，表示対象物が含まれているものであって，譲渡・提供先において，労働者がこれらの食品添加物を添加し，又は酒類を希釈するなど，労働者が表示対象物又は通知対象物にばく露するおそれのある作業が予定されるものについては，「主として一般消費者の生活の用に供するためのもの」，「主として一般消費者の用に供される製品」には該当しないこと。
カ　家庭用品品質表示法（昭和37年法律第104号）に基づく表示がなされている製品，その他一般消費者が家庭等において私的に使用することを目的として製造又は輸入された製品。いわゆる業務用洗剤等の業務に使用することが想定されている製品は，一般消費者も入手可能な方法で譲渡又は提供されているものであっても，「主として一般消費者の生活の用に供するためのもの」，「主として一般消費者の用に供される製品」には該当しないこと。

3　関連規定：法条

1　本条と関連する本法の他の条文

本条と同様に化学物質等の情報の提供に関わる法制度として，化学物質等の譲渡・提供時に譲渡者・提供者に対してSDS（Safety Data Sheet: 安全データシート）の交付を義務づける法第57条の2がある。容器に貼付可能なラベル等を用いて表示を行う本条の表示には，

どうしても表示領域に制約が生じるが、法第57条の2のSDSを用いた表示にはこうした制約が少ないため、表示内容をより詳細なものにすることができる。反面、本条は容器等に付随してより簡易・簡略に利用者に当該化学物質等の有害性を伝える役割を担っている。

2 化管法

本条と同様に、化学物質の有害性や取扱い方法の表示を事業者に求める法として化管法（特定化学物質の環境への排出量の把握等及び管理の改善の促進に関する法律、化学物質排出把握管理促進法）がある。化管法は、事業者による化学物質の自主的な管理の改善を促進し、公害に代表される環境の保全上の支障を未然に防止することを目的とする点で、労働者の身体健康の保護を主目的とする本法と異なる。

化管法のラベル表示義務者は、原則として、国内の他の事業者に指定化学物質又は指定化学物質を規定含有率以上含有する製品を譲渡又は提供する全ての事業者である。この指定化学物質は、化管法政令で定める第1種指定化学物質及び第2種指定化学物質である。適用事業者は、国内の他の事業者に右譲渡又は提供する時までに、ラベルによる表示を行う努力義務を負う。ラベルに記載する事項は、①指定化学物質等の物理化学的性状、安定性、反応性、有害性又は環境影響に対応する絵表示、②注意喚起語、③指定化学物質等の物理化学的性状、安定性、反応性、有害性及び環境影響、④指定化学物質等の貯蔵又は取扱い上の注意、⑤第1種指定化学物質又は第2種指定化学物質の名称・第1種指定化学物質又は第2種指定化学物質を含有する製品の名称、⑥表示をする者の氏名（法人にあっては、その名称）、住所及び電話番号である。

3 毒劇法

本条と同様に、化学物質の有害性や取扱い方法の表示を事業者に求める法として、ほかに毒劇法（毒物及び劇物取締法）がある。毒劇法は、日常流通する有用な化学物質のうち、主として急性毒性による健康被害が発生するおそれが高い物質を毒物又は劇物に指定し、保健衛生上の見地から必要な規制を行うことを目的とする法であり、労働者の保護を主目的とする本法とは異なる。

容器等への表示義務を負うのは、毒物劇物の製造業者や輸入業者、販売業者、業務上取扱者である。表示義務が生じる毒物・劇物とは、それぞれ毒劇法別表第1、毒物及び劇物指定令第1条に記載されている物質、毒劇法別表第2、毒物及び劇物指定令第2条に記載されている物質である。ラベルに記載しなければならないのは、①毒物又は劇物の名称、②毒物又は劇物の成分、③情報を提供する毒物劇物営業者の氏名及び住所（法人にあっては、その名称及び主たる事務所の所在地）、④「医薬用外毒物」「医薬用外劇物」の表示、⑤毒物又は劇物の含量、⑥厚生労働省令で定める毒物及び劇物について、その解毒剤の名称などである。

4 沿革

1 制度史

> ○労働安全衛生法
> 　本条に類する規定は、労基法や旧安衛則には存在しなかった。
> 　労働安全衛生法制定時（1972〔昭和47〕年）に本条が明文化された際、本条は、ベンゼン等特定の有害物の譲渡提供者に、容器や包装に有害性等の情報を表示することを義務づける規定として明文化された。原文は以下の通りである。
> 　「第57条　ベンゼン、ベンゼンを含有する製剤その他の労働者に健康障害を生ずるおそれのある物で政令で定めるもの又は前条第1項の物を譲渡し、又は提供する者は、労働省令で定めるところにより、その容器（容器に入れないで譲渡し、又は提供するときにあつては、その包装。以下同じ。）に次の事項を表示しなければならない。ただし、その容器のうち、主として一般消費者の生活の用に供するためのものについては、この限りでない。
> 　一　名称
> 　二　成分及びその含有量
> 　三　労働省令で定める物にあつては、人体に及ぼす作用
> 　四　労働省令で定める物にあつては、貯蔵又は取扱い上の注意
> 　五　前各号に掲げるもののほか、労働省令で定める事項」
> ○「労働安全衛生法及びじん肺法の一部を改正する法律」（昭和52年7月1日法律第76号）による改正
> 　右法律に基づいて、容器又は包装を用いないで表示対象有害物を譲渡し、又は提供する者は、その相手方に表示事項を記載した文章を交付しなければならないものとする改正がなされた（本条第1項の修正と、第2項の追加）。
> ○「労働安全衛生法の一部を改正する法律」（平成17年11月2日法律第108号）による改正
> 　右法律に基づいて、①危険を生ずるおそれのある物で政令で定めるもの（化学物質等の危険性）を、その譲渡又は提供に際して容器又は包装に名称等を表示しなければならない物に追加するとともに、②容器又は包装に表示しなければならないものとして、当該物を取り扱う労働者に注意を喚起するための標章で厚生労働大臣が定めるものを追加等の改正（「労働安全衛生法等の一部を改正する法律案要綱」）が行われた。

①は，本条が規制対象とする事柄を，労働者に健康障害を生ずるおそれのある物から，危険を生ずる物に広げたことを意味する。②は，国連が2005年に取りまとめた「化学品の分類および表示に関する世界調和システム（GHS）」に対応して行われたものである（2(2)参照）。

○「労働安全衛生法の一部を改正する法律」（平成26年6月25日法律第82号）による改正

　右法律に基づいて，労働者に危険又は健康障害を生ずるおそれのある物を譲渡し，又は提供する際にその容器又は包装に表示しなければならないこととされているもののうち，成分を削除する改正が行われた。また，同時に行われた施行令第18条の改正により，表示対象物の範囲が法第57条の2の通知対象物全般に拡大された。

2　背景になった災害等

(1)　日本化学工業六価クロム事件（1975〔昭和50〕年）

　1977（昭和52）年の「労働安全衛生法及びじん肺法の一部を改正する法律」（昭和52年7月1日法律第76号）による改正にあたっては，化学物質等により職業がん等の新しい型の疾病の発生が社会的に問題となったこと，ILOにおいて1974（昭和49）年に職業がん条約（第139号条約，1977〔昭和52〕年日本批准），1977（昭和52）年に作業環境条約（第148号条約）が採択されるなど，職業性疾病の問題が国際的にも重要視されてきていたことといった背景があった。この時期に問題となった化学物質による職業性疾病の問題としては，日本化学工業の小松川工場の調査において労働者に鼻中隔穿孔や肺がんが多数発症していることが明らかになり，公害問題にもなった事件（日本化学工業六価クロム事件，1975〔昭和50〕年）などがある。こうした問題状況下において中央労働基準審議会の労働災害防止部会において検討がなされ，「労働安全衛生法の改正等に関する報告」が取りまとめられ，本改正の基礎となった。本改正にあたっては本法第57条の4，本法第57条の5（いずれも現行法の条文数）の追加等の改正が行われた。

(2)　化学品の分類および表示に関する世界調和システム（GHS）（2003〔平成15〕年）

　「化学品の分類および表示に関する世界調和システム（The Globally Harmonized System of Classification and Labelling of Chemicals: GHS）」は，国連において2003（平成15）年に策定された，各国間の化学物質の分類及び表示方法を調和させることを目的とするルールである。本稿執筆現在，改訂9版（2021年）が策定されている。

　当初危険有害物質に対する規制は各国において個別に講じられ，その結果，同一の化学品に対するラベルやSDSが国ごとに異なる，危険有害性の定義も国ごとに異なる，ラベルやSDSにより情報提供を行う段階や方法も国ごとに異なるという状況が生じた。こうした状況を改善し，国際的に調和された分類及び表示方法を構築することが，化学品の国際貿易が広く行われる中で，その安全な使用や輸送，廃棄を確実に行うための国内計画を策定すること，化学品へのばく露を管理し，人々と環境を保護するための基盤を包括的に確立するために重要と考えられたことから本システムが策定された。本システムの策定と実施により，危険有害性の情報伝達に関する国際的に理解されやすいシステムの導入によって，人の健康と環境の保護が強化されること，既存のシステムを持たない国々に対し国際的に承認された枠組みが提供されること，化学品の試験及び評価の必要性が減少すること，危険有害性が国際的に適正に評価され確認された化学品の国際取引が促進されることが期待されている（GHS1.1.1.1-1.1.1.4）。

　本システムでは，化学品の危険性・有害性を物理化学的危険性，健康に対する有害性，環境に対する有害性という観点から整理・分類し，その危険性・有害性が明らかになるような標章の表示や注意事項等を記載した文書（化学物質等安全データシート）の作成，交付等を求めている。GHSは，成形品を除く全ての危険有害な化学品を対象とする。危険性・有害性に関する情報提供の対象者は，化学物質を取り扱う全ての者であり，労働者，消費者等その立場を問わない。

5　運用

1　適用の実際

(1)　適用の動向

　令和3年の「労働安全衛生調査（実態調査）」の「概況」によれば，法第57条の対象物質を製造又は譲渡・提供している事業所のうち，全ての製品の容器・包装にGHSラベルを表示している事業所の割合は66.3％であり，前年調査（62.4％）よりも増加している。法57条の事業所には該当しないが，危険有害性がある化学物質（安衛則第24条の14で譲渡・提供者に危険有害性の表示が努力義務とされている化学物質）を製造又は譲渡・提供している事業所のうち，全ての製品の容器・包装にGHSラベルを表示している事業所の割合は69.9％となっている。前年の調査（53.6％）と比較すると15pt以上の増加となっている。本条の完全な遵守が浸透するにはもう少し時間を要する現状にある。令和2年度厚生労働科学研究による行政官・元行政官向け法令運用実態調査（三柴丈典担当）では，本条が遵守されていない要因として，事業者の法律の不知のほ

資料5-110

名称	
成分	ジクロルベンジジン
含有量	％
注意事項	皮膚に付着したり又は吸入すると薬害の恐れがありますから下記の注意事項を守って下さい。 1　容器が破損しないように丁寧に取扱って下さい。 2　万一漏えいした場合には，必ず保護具（ゴム又はビニール手袋及び呼吸用保護具）を使用して処置して下さい。 3　もし，皮膚，衣服に付着した場合，皮膚は直ちに石けん水でよく洗い流して衣服は取替えて下さい。
表示者の氏名又は名称及び住所	

(昭和47年9月29日基発第634号)

か，提供者から事業場に対して同通知文書が交付されていないことが指摘されている。

ラベルの作成と貼付は一般的にこれを製造するメーカー等によって一括して行われるため，本条の履行の有無が争点となることは比較的少ない。[71]特に法第57条の2のSDS制度ができてからは，ラベルで示される危険有害性情報等は，より詳しくSDSで伝えられるため，相対的にその重要度を低下させている。

また，ラベル表示の義務づけ（努力義務を含む）は，本法だけでなく化管法や毒劇法によっても行われており，異なる機関がそれぞれ類似の事項についてチェックを入れることでそれぞれの実効性の確保の程度が高められている可能性がある。本条の適用対象となる化学物質は限定されている上，そもそも内容物の表示を行うことは，化学物質に限らず，食料品その他の製品も含めて社会一般において行われる取扱いとなっており，この意味でもラベル表示が問題となる場面は少なくなっている。

他方で，ラベル表示は，労働者が内容物に何が含まれているかを簡単に確認する手段になることに加え，臨検監督時に有機則，特化則，鉛則などの適用の要否を判断するときの資料にもなる。この点で的確なラベル表示は，臨検監督の効率性を高める意義を有している。[72]

(2)　ラベル表示例の提供

本条により義務づけられる表示をより容易に行うために，いくつかの行政文書がラベル表示の具体例を概説し，実務の用に供されている。

例えば，「労働安全衛生法第57条に基づく表示の具体的記載方法について」（昭和47年9月29日基発第634号）において表示の具体例が示されている。例えば，「ジクロルベンジジン及びその塩若しくはこれを含有する製剤その他の物」については，資料5-110のような例が示されている。

また，「化学物質の表示・文書交付制度のあらまし」（厚労省，都道府県労働局，労働基準監督署）は，「ラベル表示の例」及び「混合物のラベル表示方法」として，章末資料5-6にあるような図説を用意している。

また，厚労省による「職場のあんぜんサイト」では，GHSに対応したモデルラベルに関する情報を提供している。

(3)　適用事例

「職場における化学物質等の管理のあり方に関する検討会」（座長・城内博日本大学理工学部特任教授）では，事業場内で小分けした容器の表示がないことによる災害事例として，次のような事例が紹介されている。

・硝酸，有機カルボン酸等を含有する洗剤の入った含有物の表示のない容器に，洗剤を追加していたところ，塩素ガス中毒となったもの。誤って，次亜塩素酸ナトリウム，水酸化ナトリウム等を含有する洗剤を移し入れたため，塩素ガスが発生したことが原因（平成29年7月発生，休業1日〔1名〕）。

・清掃に使用する洗剤を持ち運ぶため，小分けの容器に移し替える作業を行っていたところ，表示のない次亜塩素酸ナトリウムの入った容器に，酸性の洗剤を誤って移し入れたため，塩素ガスが発生し，当該作業を行っていた労働者が急性呼吸不全となったもの（平成29年11月発生，休業12日〔1名〕）。

(4)　論点

本条に関しては，表示を義務づける範囲が論点となっている。例えば，現場では，表示のされた容器に入っている化学物質を，別の容器に小分けして利用することがあり，この小分け先の容器には表示が行われていないことがある。この非表示は本条違反には該当せず，小分け先の容器に表示を逐一行うことには手間が発生するが，化学物質に労働者がばく露するリスクは，まさに現場で発生することが多いことをふまえると，表示を義務づける必要性は高い。こうした必要性に鑑み，本条の運用レベルでは，小分け先の容器にも表示を行うよう，指導が行われることがある。[73]

こうした表示を義務づける容器等の範囲のほか，表示を義務づける化学物質の範囲も論点である。本条に基づいて表示を義務づけられる化学物質の範囲は，危険性や有害性が認められた一定の化学物質に限定されているが，危険性や有害性が不明であることは当該化学物質が安全又は無害であることを意味しない。労働者等に対する健康被害の発生を予防するという本条の趣旨やあらゆる化学物質を対象とするGHSの趣旨からは，あらゆる化学物質が危険性や有害性を有する可能性があることを意識した表示義務範囲の設定が必要とされている。

また，本条は一般消費者向けの製品を本条の対象外とするが，業務用製品と一般消費者向け製品が混在して流通している実態がある中で，こうした区分けを維持すべきかが論点となっている。

限られたスペースでも多くの情報を提供することができるQRコード等の活用や，これを用いたSDSとの連携など，本条が担いうる新たな役割についても検討を進める必要がある。

2　関連判例

建設アスベスト訴訟において，アスベストの危険性の表示を事業者等に義務づけなかったことが国家賠償の対象となる適切な規制権限の不行使に該当するかが争われた。この点については，本書第55条 5 3関連判例の項を参照。

6 その他

1　罰則

特定の危険有害物を容器に入れるか包装して譲渡し，又は提供する者が，本条第1項の規定に違反して，その容器等に所定の表示をせず，若しくは虚偽の表示をし，又は本条第2項の文書を交付せず，若しくは虚偽の文書を交付した場合には，6カ月以下の懲役（近く拘禁に改定予定）又は50万円以下の罰金に処せられる（法第119条第3号）。

法人の代表者又は法人若しくは人の代理人，使用人その他の従業者が，その法人又は人の業務に関して，右の違反行為をしたときは，行為者を罰するほか，その法人又は人に対しても，各本条の罰金刑を科する（法第122条）。

2　民事上の効力

製品を製造・販売して流通に置く者は，これによって他人の生命・身体・財産を不当に侵害することのないように，製品が通常備えるべき安全性を確保する義務を負う。この義務を基礎に，有害物・危険物を製造・販売する者は，製品の安全性確保義務の一態様として，製品に内在する危険の内容及び回避手段について，利用者に警告する義務がある（建設アスベスト訴訟〔神奈川第1陣〕事件・東京高判平29・10・27判タ1444号137頁）。

本条の表示義務を果たしていることは，この民事的な義務を果たしていることを根拠づける事実の一つになる。ラベルによる表示は労働者が自身の業務の危険性を理解するとともに，必要に応じたリスク回避行動を行うための基盤になり得る情報である。

しかし本条の義務を通達等に即して履行していたとしても，本条に基づく記載方法が不十分・不合理と判断された場合には，製造者等は前述の警告義務違反を免れない（前掲建設アスベスト神奈川第1陣訴訟東京高裁判決）。

3　資料

資料は，いずれも本稿（危険物及び有害物に関する規制）の最後に掲載する。

・章末資料5-1　表示・通知義務対象物質（経済産業省・厚生労働省「-GHS対応-化管法・安衛法・毒劇法におけるラベル表示・SDS提供制度」〔2022年〕）
・章末資料5-2　令別表第9に定める表示義務及び通知義務の対象となる化学物質等とその裾切り値一覧（https://anzeninfo.mhlw.go.jp/anzen/gmsds/gmsds640.html，最終閲覧日：2022年10月19日）
・章末資料5-3　労働安全衛生法施行令別表第9に追加する234物質及びその裾切値一覧（2024年より追加）
・章末資料5-4　「GHS国連勧告と改正労働安全衛生法の記載項目の関係」（厚生労働省・都道府県労働局・労働基準監督署「化学物質の表示・文書交付制度のあらまし」）
・章末資料5-5　絵表示について（経済産業省・厚生労働省「-GHS対応-化管法・安衛法・毒劇法におけるラベル表示・SDS提供制度」〔2022年〕）
・章末資料5-6　「ラベル表示の例」及び「混合物のラベル表示方法」（厚生労働省・都道府県労働局・労働基準監督署「化学物質の表示・文書交付制度のあらまし」）

（文書の交付等）

第57条の2　労働者に危険若しくは健康障害を生ずるおそれのある物で政令で定めるもの又は第56条第1項の物（以下この条及び次条第1項において「通知対象物」という。）を譲渡し，又は提供する者は，文書の交付その他厚生労働省令で定める方法により通知対象物に関する次の事項（前条第2項に規定する者にあつては，同項に規定する事項を除く。）を，譲渡し，又は提供する相手方に通知しなければならない。ただし，主として一般消費者の生活の用に供される製品として通知対象物を譲渡し，又は提供する場合については，この限りでない。

一　名称
二　成分及びその含有量
三　物理的及び化学的性質
四　人体に及ぼす作用
五　貯蔵又は取扱い上の注意
六　流出その他の事故が発生した場合において講ずべき応急の措置
七　前各号に掲げるもののほか，厚生労働省令で定める事項

> 2　通知対象物を譲渡し，又は提供する者は，前項の規定により通知した事項に変更を行う必要が生じたときは，文書の交付その他厚生労働省令で定める方法により，変更後の同項各号の事項を，速やかに，譲渡し，又は提供した相手方に通知するよう努めなければならない。
> 3　前2項に定めるもののほか，前2項の通知に関し必要な事項は，厚生労働省令で定める。

1 趣旨

　化学物質による健康障害リスクへの対策を講じるには，当該化学物質の有害性の質や内容とこれの利用過程におけるばく露の程度を正確に認識し，健康障害へのリスクを的確に把握することが必要になる。このプロセスで必要となる化学物質の有害性に関する情報はその製造者やそれに近い流通業者が保有していることが多いが，これが実際に当該化学物質を利用するユーザーに正しく伝わる仕組みを作ることが不可欠になる。化学物質の流通や利用手段のさらなる複雑化，多様化が進む今日，この仕組みを整備する必要性はより高まっている。

　本条は，こうした要請に応え，化学物質等による労働者の健康障害リスクの低減に資するよう，化学物質等を譲渡し，又は提供するときに，その有害性等に関する情報を，譲渡し，又は提供する相手方に通知する義務を当該物質の譲渡者・提供者に課したものである（平成12年3月24日基発第162号）。この仕組みは，一般にSDS（Safety Data Sheet: 安全データシート）制度（旧，化学物質等安全データシート。Material Safety Data Sheet: MSDS）と呼ばれる。

　化学物質に関する情報の提供を義務づける本条は，化学物質の譲渡又は提供の際に容器又は包装に名称等の表示をすることを譲渡者・提供者に義務づける法第57条と趣旨を共通する部分がある。しかし法57条の適用される場面が容器に入れ，又は包装して譲渡し，又は提供する場面に限定されるのに対し，本条はこれよりも対象が包括的で，情報を掲載することができるスペースについても相対的に制約が少ないという特徴を有する。この点で，本条は簡易で一覧的な表示を行う第57条に対して，より詳細に当該化学物質に関する情報を伝え，関連する情報を補完する役割を担っている。

　本条がSDSの交付を義務づける化学物質（通知対象物）の範囲は，「労働者に危険若しくは健康障害を生ずるおそれのある物で政令で定めるもの」及び製造許可物質に限定されているが，この範囲の適切さは常に検討課題となる。新たな化学物質が日々生まれるうえ，化学物質による健康障害が，特別規則に基づいて規制される化学物質やこれ以外のSDS交付義務のある化学物質に該当しない化学物質からも数多く生じている実態があるためである。[74] 化学物質を利用する労働者には自身の身体健康を不当に侵襲されない権利があり，事業者はこうした権利を守るための安全衛生に係る措置を講じる義務があるが，これらを実現するには問題の化学物質の有害性に関する正確な情報が不可欠である。

　また，化学物質の危険性が一定期間流通・利用された後に初めて明らかになる場合もある。本条第2項は，SDSの修正を要するような事態が生じた場合には，速やかに，譲渡先・提供先にその旨を通知することを譲渡者・提供者の努力義務としているが，この取扱いの適切さも課題となる。修正内容の通知が努力義務とされている理由の一つは譲渡・提供後に再通知することの困難にあると考えられるが，当該化学物質の有害性とこれがもたらす危険性という点では本来かならず伝えられなければならない情報である。SDSに関する情報の一括的な管理やICTの活用等を通じた化学物質に関するSDSを最新のものに更新，共有する仕組み作りが課題となっている。現在，「GHS対応モデルラベル・モデルSDS情報」が「職場のあんぜんサイト」[75]で公開され，GHSに基づくSDS作成の際の参考情報として提供されて，有害性に関する情報提供とともに，SDS作成に係る負担を一部軽減することが試みられている。

2 内容

1 通知対象物

　通知の対象とする物は，法第56条第1項の製造許可物質，及び「労働者に危険若しくは健康障害を生ずるおそれのある物で政令で定めるもの」すなわち，施行令18条の2に規定される以下の物である。

> 一　別表第9に掲げる物
> 二　別表第9に掲げる物を含有する製剤その他の物で，厚生労働省令で定めるもの
> 三　別表第3第1号1から7までに掲げる物を含有する製剤その他の物（同号8に掲げる物を除く。）で，厚生労働省令で定めるもの

　なお，上記の施行令第18条の2の対象物一覧は，2025（令和7）年4月1日以降，以下のように改正される（「労働安全衛生法施行令の一部を改正する政令」〔令和5年8月30日政令第265号〕）。改正部分には下線を付してある。この改正は，表示の対象を，国のGHS分類により危険性・有害性が確認された全ての物質に拡大することを主な目的としたものである。

```
一　別表第9に掲げる物
二　特定危険性有害性区分物質のうち，次に掲げる物
　　以外のもので厚生労働省令で定めるもの
　イ　別表第3第1号1から7までに掲げる物
　ロ　前号に掲げる物
　ハ　危険性があるものと区分されていない物であつ
　　て，粉じんの吸入によりじん肺その他の呼吸器の
　　健康障害を生ずる有害性のみがあるものと区分さ
　　れたもの
三　前2号に掲げる物を含有する製剤その他の物（前
　　2号に掲げる物の含有量が厚生労働大臣の定める基
　　準未満であるものを除く。）
四　別表第3第1号1から7までに掲げる物を含有す
　　る製剤その他の物（同号8に掲げる物を除く。）で，
　　厚生労働省令で定めるもの
```

これらの物に加えて，安衛則第24条の15に基づいて，厚生労働大臣が指定した特定危険有害化学物質等に関しても同様の通知をする努力義務が設定されている。

2　通知義務者

後述する通知対象者に対して通知義務を負う者は，通知対象物を「譲渡し，又は提供する者」である。通知対象物質が流通の過程で所定の表示がされた容器から他の容器に分割して譲渡又は提供される場合，この他の容器に分割して譲渡又は提供する者が通知義務者となる[76]。

3　通知すべき事項

通知すべき事項は，本条第1項に列挙された事項である。再掲すると下記のようになる。

```
一　名称
二　成分及びその含有量
三　物理的及び化学的性質
四　人体に及ぼす作用
五　貯蔵又は取扱い上の注意
六　流出その他の事故が発生した場合において講ずべ
　　き応急の措置
七　前各号に掲げるもののほか，厚生労働省令で定め
　　る事項
```

この点の詳細は通達（平成18年10月20日基安化発第1020001号，平成22年12月16日基安化発1216第1号改正，令和元年7月25日基安化発0531第1号改正，令和4年5月31日基安化発0531第1号改正。以下，3において「通達」という）に規定されている。この通達を軸に，以下，各号の概要を整理する。

なお，GHS国連勧告と本条の記載項目との関係については，**章末資料5-4参照**。

(1)　名称（第1号）

「名称」は，化学物質等の名称を記載することを意味する。ただし，製品名により含有する化学物質等が特定できる場合においては，当該製品名を記載することで足りる（通達）。

(2)　成分及びその含有量（第2号）

「成分及びその含有量」については，通知対象物質が裾切値以上含有される場合，当該通知対象物質の名称を列記するとともに，その含有量についても記載する。また，ケミカルアブストラクツサービス登録番号（CAS番号）及び別名や，通知対象物質以外の化学物質の成分の名称及びその含有量についても，本項目に記載することが望ましい（通達）。

成分の含有量については，施行令別表第3第1号1から7までに掲げる物及び令別表第9に掲げる物ごとに重量パーセントを通知しなければならない。本報告書執筆時点においては，この場合における重量パーセントの通知は，10％未満の端数を切り捨てた数値と当該端数を切り上げた数値との範囲をもつて行うことができる（すなわち，1〜9％を10％とする処理と0％とする処理の双方が可能ということ）（安衛則第34条の2の6）。重量パーセント（ベンゼンにあっては，容量パーセント）以外の表記による含有量の表記がなされているものについては，重量パーセント（ベンゼンにあっては，容量パーセント）への換算方法を明記していれば重量パーセント（ベンゼンにあっては，容量パーセント）による表記を行ったものとみなされる（平成12年3月24日基発第162号）。

なお，2024年4月1日以降については，この10％刻みでの記載方法は廃止され，正確な重量パーセントを記載しなければならない。ただし，通知対象物であって製品の特性上含有量に幅が生じるもの等については，濃度範囲による記載も可能である。重量パーセント以外の表記による含有量の表記がなされているものについては，前述した従来通りの換算方法を明記していれば，重量パーセントによる表記を行ったものとみなされる。「成分及びその含有量」が営業上の秘密に該当する場合については，SDS等にはその旨を記載の上，成分及びその含有量の記載を省略し，秘密保持契約その他事業者間で合意した情報伝達の方法により別途通知することも可能である（平成18年10月20日基安化発第1020001号，令和4年5月31日基発0531第9号）。

(3)　物理的及び化学的性質（第3号）

「物理的及び化学的性質」については，通達において，記載しなければならない情報と，記載することが望ましい情報に分けて規定されている。

記載しなければならない情報は以下の通りである（通達）。

ア	化学物質等の外観（物理的状態，形状，色等）
イ	臭い
ウ	pH[77]
エ	融点[78]及び凝固点[79]
オ	沸点，初留点[80]及び沸点範囲
カ	引火点
キ	燃焼又は爆発範囲の上限及び下限
ク	蒸気圧[81]
ケ	蒸気密度
コ	比重（相対密度）
サ	溶解度[82]
シ	n-オクタノール／水分配係数[83]
ス	自然発火温度
セ	分解温度

次に，記載することが望ましい情報は以下の通りである。

ア	臭いのしきい（閾）値
イ	蒸発速度
ウ	燃焼性（固体又はガスのみ）
	・放射性等，当該化学物質等の安全な使用に関係するその他のデータ
	・測定方法

なお，混合物において，混合物全体として危険性の試験がなされていない場合には，含有する通知対象物質の純物質としての情報を，物質ごとに記載することで差し支えないこととされる（通達）。

(4) 人体に及ぼす作用（第4号）

「人体に及ぼす作用」は，化学物質等の有害性を示すことを意味する。ここでは，取扱者が化学物質等に接触した場合に生じる健康への影響について，簡明かつ包括的な説明を記載することが求められる。

ここで記載する必要のある情報は，以下の通りである（通達）。

ア	急性毒性
イ	皮膚腐食性・刺激性
ウ	眼に対する重篤な損傷・眼刺激性
エ	呼吸器感作性又は皮膚感作性
オ	生殖細胞変異原性
カ	発がん性
キ	生殖毒性
ク	特定標的臓器毒性—単回ばく露
ケ	特定標的臓器毒性—反復ばく露
コ	誤えん有害性

また，ばく露直後の影響と遅発性の影響とをばく露経路ごとに区別し，毒性の数値的尺度を含めることが望ましい。混合物において，混合物全体として有害性の試験がなされていない場合には，含有する通知対象物質の純物質としての有害性を，物質ごとに記載することで差し支えない（通達）。

GHS に従い分類した結果，分類の判断を行うのに十分な情報が得られなかった場合（以下「分類できない」という），GHS で規定する危険有害性クラスから外れている物理化学的危険性及び健康有害性のため当該クラスでの分類の対象となっていない場合（以下「分類対象外」という。例えば，「〇〇性固体」という危険有害性クラスは，常態が液体や気体のものについては分類の対象とならない）及び分類を行うのに十分な情報が得られているものの，分類を行った結果，GHS で規定する危険有害性クラスにおいて最も低い危険有害性区分とする十分な証拠が認められなかった場合（以下「区分外」という）のいずれかに該当することにより，危険有害性クラス及び危険有害性区分が決定されない場合は，GHS では当該危険有害性クラスの情報は，必ずしも記載は要しないとされているが，「分類できない」，「分類対象外」，「区分外」の旨を記載することが望ましい（通達）。

また，発がん性の分類にあたっては，発がん性が否定されること，又は発がん性が極めて低いことが明確な場合を除き，「区分外」の判定は慎重に行い，疑義があれば，「分類できない」とする（通達）。

なお，記載にあたっては，事業者向け GHS 分類ガイダンスを参考にすることが求められる（通達）。

(5) 貯蔵又は取扱い上の注意（第5号）

「貯蔵又は取扱い上の注意」として，次の事項について記載する必要がある（通達）。

(1)	適切な保管条件，避けるべき保管条件等
(2)	混合接触させてはならない化学物質等（混触禁止物質）との分離を含めた取扱い上の注意
(3)	管理濃度，厚生労働大臣が定める濃度の基準，許容濃度等
(4)	密閉装置，局所排気装置等の設備対策
(5)	保護具の使用
(6)	廃棄上の注意及び輸送上の注意

(6) 流出その他の事故が発生した場合において講ずべき応急の措置（第6号）

「流出その他の事故が発生した場合において講ずべき応急の措置」として，次の事項について記載する必要がある（通達）。

(1)	吸入した場合，皮膚に付着した場合，眼に入った場合又は飲み込んだ場合に取るべき措置等
(2)	火災の際に使用するのに適切な消火剤又は使用し

> (3) 事故が発生した際の退避措置，立ち入り禁止措置，保護具の使用等
> (4) 漏出した化学物質等に係る回収，中和，封じ込め及び浄化の方法並びに使用する機材

(7) 厚生労働省令で定める事項（第7号）

「厚生労働省令で定める事項」は，以下の通りであり（安衛則第34条の2の4），それぞれ記載する必要がある。

　一　法第57条の2第1項の規定による通知を行う者の氏名（法人にあつては，その名称），住所及び電話番号

化学物質等を譲渡し又は提供する者の情報を記載するものであり，当該化学品の国内製造・輸入業者の情報を，当該事業者の了解を得た上で追記しても良いとされる。また，緊急連絡電話番号，ファックス番号及び電子メールアドレスも記載することが望ましい（通達）。

　二　危険性又は有害性の要約

GHSに従った分類に基づき決定された危険有害性クラス，危険有害性区分，絵表示，注意喚起語，危険有害性情報及び注意書きに対してGHS附属書3又はJISZ7253附属書Aにより割り当てられた絵表示と文言を記載する。なお，GHSに従った分類については，JISZ7252及び事業者向けGHS分類ガイダンスを参考にすること，また，GHSに従った分類結果については，独立行政法人製品評価技術基盤機構が公開している「NITE 化学物質総合情報提供システム（NITE-CHRIP）」，厚生労働省が作成し「職場のあんぜんサイト」で公開している「GHS対応モデルラベル・モデルSDS情報」等を参考にすることとされる（通達）。

混合物において，混合物全体として危険性又は有害性の分類がなされていない場合には，含有する通知対象物質の純物質としての危険性又は有害性を，物質ごとに記載することで差し支えない（通達）。

GHSに従い分類した結果，「分類できない」又は「区分に該当しない」のいずれかに該当することにより，危険有害性クラス及び危険有害性区分が決定されない場合は，GHSでは当該危険有害性クラスの情報は，必ずしも記載を要しないとされているが，「分類できない」，「区分に該当しない」の旨を記載することが望ましい。なお，記載にあたっては，事業者向けGHS分類ガイダンスを参考にすることとされる（通達）。

標章は白黒の図で記載しても差し支えない。また，標章を構成する画像要素（シンボル）の名称（「炎」，「どくろ」等）をもって当該標章に代えても差し支えない（通達）。

粉じん爆発危険性等の危険性又は有害性についても記載することが望ましいこと（通達）。

　三　安定性及び反応性

この点については，下記の事項を記載することが求められている。

(1) 避けるべき条件（静電放電，衝撃，振動等）
(2) 混触危険物質
(3) 通常発生する一酸化炭素，二酸化炭素及び水以外の予想される危険有害な分解生成物

　四　適用される法令

化学物質等に適用される法令の名称を記載するとともに，当該法令に基づく規制に関する情報を記載することとされる（通達）。

　五　その他参考となる事項

安全データシート（SDS）等を作成する際に参考とした出典を記載することが望ましい。また，環境影響情報については，本項目に記載することが望ましい（通達）。

なお，近年の化学物質管理制度の改編を図る安衛則改正（令和4年5月31日厚生労働省令第91号）により，令和6（2024）年4月1日以後は，安衛則第34条の2の4の第4号に「想定される用途及び当該用途における使用上の注意」が挿入され，現在の第4号及び第5号が1つずつ繰り下がり，第5号及び第6号となる。

この「想定される用途及び当該用途における使用上の注意」は，譲渡提供者が譲渡又は提供を行う時点で想定される内容を記載することとされる。具体的には，JISZ7253：2019 附属書D「D.2項目1―化学品及び会社情報」の項目において記載が望ましいとされている化学品の推奨用途及び使用上の制限に相当する内容を記載することとされる（平成18年10月20日基安化発第1020001号，令和4年5月31日基発0531第9号）。

譲渡提供を受けた相手方は，当該譲渡提供を受けた物を想定される用途で使用する場合には，当該用途における使用上の注意を踏まえてリスクアセスメントを実施することとなるが，想定される用途以外の用途で使用する場合には，使用上の注意に関する情報がないことを踏まえ，当該物の有害性等をより慎重に検討した上でリスクアセスメントを実施し，その結果に基づく措置を講ずる必要がある（令和4年5月31日基発0531第9号）。

4　通知の方法・時期

(1) 通知の方法

本条の通知は，文書（本条第1項，第2項）のほか，磁気ディスク，光ディスクその他の記録媒体の交付，ファクシミリ装置を用いた送信若しくは電子メールの送信又は当該事項が記載されたホームページのアドレ

ス（2次元コードその他のこれに代わるものを含む）及び当該アドレスに係るホームページの閲覧を求める旨の伝達という方法で行われなければならない（安衛則第34条の2の3）。過去には，相手方が承諾した通知方法を用いる必要があったが，2022年（同年5月31日施行）に，化学物質の危険性・有害性に係る情報伝達がより円滑に行われるようにするため改正された。電子メールの送信により通知する場合は，送信先の電子メールアドレスを事前に確認する等により確実に相手方に通知できるよう配慮すべきである（令和4年5月31日基発0531第9号）。

　譲渡し，又は提供する者は，文書の交付以外の方法により情報の通知を行った場合は，相手方が情報を受け取ったことを確認することが望ましい（平成12年3月24日基発第162号）。

　通知は，譲渡し，又は提供する物ごとに行わなければならない。ただし，譲渡し，又は提供する物が混合物の場合，その中に成分として1％を超えて含まれている全ての通知対象物個々について法第57条の2第1項第3号から第6号までの事項（第3号：物理的及び化学的性質，第4号：人体に及ぼす作用，第5号：貯蔵又は取扱い上の注意，第6号：流出その他の事故が発生した場合において講ずべき応急の措置）を通知し，全体について同項第1号，第2号及び第7号の事項（第1号：名称，第2号：成分及びその含有量，第7号：厚生労働省令で定める事項）を通知することにより，当該物に係る通知が行われたものとして取り扱ってよい（平成12年3月24日基発第162号）。

（2）通知の時期

　本条第1項の通知については，同項の通知対象物を譲渡し，又は提供する時までに行わなければならない。通知対象物を譲渡され，提供される者が，その時点までに当該通知対象物を受領するために必要な措置を講じる時間的猶予を確保する趣旨である。したがって，継続的に又は反復して譲渡し，又は提供する場合において，既に当該通知が行われているときは，この限りでない（安衛則第34条の2の5第1項）。

（3）人体に及ぼす作用の定期確認（2023年4月1日以降）

　また，化学物質管理制度の改編を図った安衛則改正（令和4年5月31日厚生労働省令第91号）により，令和4（2023）年4月1日以降は，法第57条の2第1項第4号の「人体に及ぼす作用」について，直近の確認を行った日から起算して5年以内ごとに1回，最新の科学的知見に基づき記載内容の変更の要否を確認し，変更を行う必要があると認めるときは，当該確認をした日から1年以内に変更を行わなければならない（安衛則第34条の2の5第2項）。これは，「人体に及ぼす作用」については，当該物質の有害性情報であり，リスクアセスメントの実施に当たって最も重要な情報であることから，定期的な確認及び更新が必要と解されたことによる（令和4年5月31日基発0531第9号）。定期確認及び更新の対象となるSDS等は，現に譲渡又は提供を行っている通知対象物又は特定危険有害化学物質等に係るものに限られ，既に譲渡提供を中止したものに係るSDS等まで含む趣旨ではない（同前）。

　また，この変更を行ったときは，変更後の同号の事項を，適切な時期に，譲渡し，又は提供した相手方の事業者に通知し，文書若しくは磁気ディスク，光ディスクその他の記録媒体の交付，ファクシミリ装置を用いた送信若しくは電子メールの送信又は当該事項が記載されたホームページのアドレス（2次元コードその他のこれに代わるものを含む）及び当該アドレスに係るホームページの閲覧を求める旨の伝達により，変更後の当該事項を，当該相手方の事業者が閲覧できるようにしなければならない（同条第3項）。この再通知の対象とする，過去に当該物を譲渡提供した相手方の範囲については，各事業者における譲渡提供先に関する情報の保存期間，当該物の使用期限等を踏まえて合理的な期間とすれば足りる。再通知の方法としては，各事業者で譲渡提供先に関する情報を保存している場合に当該情報をもとに譲渡提供先に再通知する方法のほか，譲渡提供者のホームページにおいてSDS等を更新した旨を分かりやすく周知し，当該ホームページにおいて該当物質のSDS等を容易に閲覧できるようにする方法等がある。確認の結果，SDS等の更新の必要がない場合には，更新及び相手方への再通知の必要はないが，各事業者においてSDS等の改訂情報を管理する上で，更新の必要がないことを確認した日を記録しておくことが望ましい（以上，令和4年5月31日基発0531第9号）。

　本規定の施行日において現に存するSDS等については，施行日から起算して5年以内（令和10年3月31日まで）に初回の確認を行う必要がある。また，確認の頻度である「5年以内ごとに1回」には，5年より短い期間で確認することも含まれる（以上，令和4年5月31日基発0531第9号）。

5　主として一般消費者の生活の用に供される製品

　本条の通知義務は，但書の「主として一般消費者の生活の用に供される製品として通知対象物を譲渡し，又は提供する場合」には生じない。「主として一般消費者の生活の用に供される製品」は，以下の通りである（平成12年3月24日基発第162号）。

イ　薬事法（昭和35年法律第145号）に定められている医薬品，医薬部外品及び化粧品

ロ 農薬取締法（昭和23年法律第125号）に定められている農薬
ハ 労働者による取扱いの過程において固体以外の状態にならず，かつ，粉状又は粒状にならない製品
ニ 通知対象物が密封された状態で取り扱われる製品

③ 関連規定：法条

1 厚生労働大臣が指定した特定危険有害化学物質等

本条の通知対象物以外の物であっても，厚生労働大臣が指定した特定危険有害化学物質等[84]については，本条と同様の通知をする努力義務が譲渡者・提供者に課されている。

> 安衛則第24条の15　特定危険有害化学物質等（化学物質，化学物質を含有する製剤その他の労働者に対する危険又は健康障害を生ずるおそれのある物で厚生労働大臣が定めるもの（法第57条の2第1項に規定する通知対象物を除く。）をいう。以下この条及び次条において同じ。）を譲渡し，又は提供する者は，文書の交付又は相手方の事業者が承諾した方法により特定危険有害化学物質等に関する次に掲げる事項（前条第2項に規定する者にあつては，同条第1項に規定する事項を除く。）を，譲渡し，又は提供する相手方の事業者に通知するよう努めなければならない。
> 一　名称
> 二　成分及びその含有量
> 三　物理的及び化学的性質
> 四　人体に及ぼす作用
> 五　貯蔵又は取扱い上の注意
> 六　流出その他の事故が発生した場合において講ずべき応急の措置
> 七　通知を行う者の氏名（法人にあつては，その名称），住所及び電話番号
> 八　危険性又は有害性の要約
> 九　安定性及び反応性
> 十　適用される法令
> 十一　その他参考となる事項
> 2　特定危険有害化学物質等を譲渡し，又は提供する者は，前項の規定により通知した事項に変更を行う必要が生じたときは，文書の交付又は相手方の事業者が承諾した方法により，変更後の同項各号の事項を，速やかに，譲渡し，又は提供した相手方の事業者に通知するよう努めなければならない。

2 化管法

本条が導入された後，SDSの交付を事業者に求める法として化管法（特定化学物質の環境への排出量の把握等及び管理の改善の促進に関する法律，化学物質排出把握管理促進法）が制定された。化管法は，環境の保全上の支障を未然に防止することを目的とする点で，労働者の保護を主目的とする本法と異なる。

化管法のSDS交付義務者は，指定化学物質等取扱事業者であって他の事業者にそれを譲渡提供する者である。指定化学物質等取扱事業者とは，指定化学物質（第1種指定化学物質と第2種指定化学物質）の製造事業者や当該物質や特定の含有製品の取扱い事業者等（輸入業者，販売業者，業務上取扱者も含むと解される）を指す（化管法第2条第5項，第6項）。適用事業者は，国内の他の事業者に右譲渡又は提供する時までに，SDSを事前に提供することを義務づけられる。SDSに記載する事項は，①指定化学物質又は製品の名称，指定化学物質等取扱事業者の氏名又は名称，住所及び連絡先，②危険有害性の要約，③製品が含有する第1種指定化学物質又は第2種指定化学物質の名称及びその含有率（有効数字2桁），④指定化学物質等により被害を受けた者に対する応急措置，⑤指定化学物質等を取り扱う事業所において火災が発生した場合に必要な措置，⑥指定化学物質等が漏出した際に必要な措置，⑦指定化学物質等の取扱い上及び保管上の注意，⑧指定化学物質等を取り扱う事業所において人が当該指定化学物質等にばく露されることの防止に関する措置，⑨指定化学物質等の物理的化学的性状，⑩指定化学物質等の安定性及び反応性項目，⑪指定化学物質等の有害性，⑫指定化学物質等の環境影響項目，⑬指定化学物質等の廃棄上の注意項目，⑭指定化学物質等の輸送上の注意，⑮指定化学物質等について適用される法令，⑯指定化学物質等取扱い事業者が必要と認める事項，である。

3 毒劇法

事業者にSDSの提供を義務づける法として，ほかに毒劇法（毒物及び劇物取締法）がある。毒劇法は，日常流通する有用な化学物質のうち，主として急性毒性による健康被害が発生するおそれが高い物質を毒物又は劇物に指定し，保健衛生上の見地から必要な規制を行うことを目的とする法であり，労働者の保護を主目的とする本法とは異なる。

SDSを提供する義務を負うのは，毒物劇物の製造業者や輸入業者，販売業者，業務上取扱者である。SDS提供義務が生じる毒物・劇物とは，それぞれ毒劇法別表第1，毒物及び劇物指定令第1条に記載されている物質，毒劇法別表第2，毒物及び劇物指定令第2条に記載されている物質である。こうした毒物又は劇物を販売又は授与する場合に，SDS提供義務が生じる。ただし，1回につき200mg以下の劇物を販売し，又は授与する場合や，毒物及び劇物取締法施行令別表第1の上欄に掲げる物を主として生活の用に供す

る一般消費者に対して販売し、又は授与する場合にはSDS提供義務は生じない。

SDSに記載しなければならないのは、①情報を提供する毒物劇物営業者の氏名（名称）及び住所（所在地）、②名称並びに成分及びその含量、③応急措置、④火災時の措置、⑤漏出時の措置、⑥取扱い及び保管上の注意、⑦ばく露の防止及び保護のための措置、⑧物理的及び化学的性質、⑨安定性及び反応性、⑩毒性に関する情報、⑪廃棄上の注意、⑫輸送上の注意、⑬毒物又は劇物の別、である。

4 沿革

1 制度史

○労働安全衛生法
　本条に相当する定めは、労基法や旧安衛則には存在しなかった。本条が制定されたのは、本法が明文化（昭和47〔1972〕年）された後、「労働安全衛生法及び作業環境測定法の一部を改正する法律」（平成11年5月21日法律第45号）によってである。
○「労働安全衛生法の一部を改正する法律」（平成17年11月2日法律第108号）による改正
　その後本条は、上記法律に基づいて改正された。その内容は、危険を生ずるおそれのある物で、政令で定めるものを、その譲渡又は提供に際して相手方にその名称等を文書の交付等の方法により通知しなければならない物に追加する、というものである。この改正は、「化学品の分類及び表示に関する世界調和システム（The Globally Harmonized System of Classification and Labelling of Chemicals: GHS）」に関する国連勧告を受けて行われたものである。
○「労働安全衛生法の一部を改正する法律」（平成26年6月25日法律第82号）による改正
　その後、上記法律に基づき、「この条」の次に「及び次条第1項」を加える改正が行われた。この改正では、本条の次に現行の法第57条の3を追加する改正が行われており、同条第1項は通知対象物を有害性等の調査の対象とするものであった。前述した本条の改正は、両者の間での重複的な記述を避けるとともに、両者の規制対象の異同を分かりやすくした意味を持つものといえる。

2 背景になった災害等

「労働安全衛生法及び作業環境測定法の一部を改正する法律」（平成11年5月21日法律第45号）に基づく本条の制定にあたっては、化学物質による労働災害が依然として多く発生している実態の中で、化学物質の有害性の情報が伝達されていないことや化学物質管理の方法が確立していないことが主原因となって発生した労働災害があわせて半数以上を占めており、こうした労働災害を防止するためには、労働現場における化学物質の有害性の情報を確実に伝達し、この情報をもとに労働現場において、化学物質を適正に管理することが重要であることが指摘されていた。

このように化学物質の供給者等が必要な情報をユーザーに提供することの重要性は、国際的には「職場における化学物質の使用の安全に関する条約」（1990〔平成2〕年、ILO第170号条約。日本は未批准）等の形で広く認識され、当時MSDS制度の法制化が国際的に要請されつつある段階にあった。また、国内においては、1998（平成10）年10月に、和歌山県において夏祭りで作られたカレーに亜ヒ酸を入れることで4人の死者を発生させた和歌山毒物カレー事件が発生し、毒物管理の重要性が社会的に強く認識される事態が生じていた。

「労働安全衛生法の一部を改正する法律」（平成17年11月2日法律第108号）による改正は、「化学品の分類及び表示に関する世界調和システム」に関する国連勧告を受けて行われた。この点については本書第57条 4 2(2)参照。

5 運用

1 適用の実際

令和3年の「労働安全衛生調査（実態調査）」の「概況」によれば、法第57条の2の対象物質を製造又は譲渡・提供している事業所のうち、全ての製品にSDSを交付している事業所の割合は74.5％であり、前年調査（71.5％）と比較すると微増している。同条の事業所には該当しないが、危険有害性がある化学物質（安衛則第24条の15で譲渡・提供者に危険有害性の通知が努力義務とされている化学物質）を製造又は譲渡・提供している事業所のうち、全ての製品にSDSを交付している事業所の割合は77.9％となっている。前年調査（62.2％）と比較すると15pt以上の増加が見られる。本条の完全な遵守には到達していないが、遵守状況は改善傾向にある。

SDSは、事業者や労働者が当該化学物質の性質を理解することに役立つほか、ラベル表示と同様、臨検監督時に当該化学物質に関する情報を得て、有機則、特化則、鉛則などの適用や、化学物質に関するリスクアセスメントの実施の有無について確認するための資料としても活用される。この点で、的確なSDSの交付は、臨検監督の効率性を高める意義を有している。

SDSをWEBで公開、交付することが認められるようになるなど、本条は徐々に社会に浸透し、本条を遵守するコストも小さくなりつつある。他方で、事業者が法律を知らない、提供者から事業者に対してSDSが交付されないなど、SDSが備え付けられていない

事業者がなお存在する実態を引き続き改善していくことが求められている。[88]

また，SDSを確実にユーザーに届け，活用する仕組みの構築も課題となっている。メーカー等，供給事業者が当該化学物質を利用する事業者にSDSを提供することが担保されたとしても，その事業者がSDSをファイリングするだけの状態になり，現場労働者が容易にこれらを閲覧することができない状態になり，SDSの情報が現場で活用されない状態になることも少なくない。化学物質を取り扱う労働者に当該化学物質のSDSを周知することは法第101条第4項により事業者に義務づけられていることから，まずこの義務の的確な履行を図ると共に，周知にとどまらないSDSよる衛生教育を確実に実施することが求められている。[89]

2 関連判例
なし。

6 その他

1 罰則
なし。

2 民事上の効力
本条は，通知対象物の譲渡者・提供者に行政上の義務を課したものであり，本条に違反してSDSを提供しなかったことが直ちに譲渡者・提供者に民事上の責任を生じさせるものではない。しかし，譲渡者・提供者が化学物質の有害性等必要な情報を譲渡先・提供先に適切に伝えなかったことと関連して譲渡先・提供先に損害が発生した場合，この損害に関する譲渡者・提供者の過失を根拠づける事実の一つとしてSDSの不提供が考慮される余地はある。

3 資料
資料は，本稿（危険物及び有害物に関する規制）の最後に掲載する。
・章末資料5-4　「GHS国連勧告と改正労働安全衛生法の記載項目の関係（厚労省・都道府県労働局・労働基準監督署「化学物質の表示・文書交付制度のあらまし」）

（第57条第1項の政令で定める物及び通知対象物について事業者が行うべき調査等）
第57条の3　事業者は，厚生労働省令で定めるところにより，第57条第1項の政令で定める物及び通知対象物による危険性又は有害性等を調査しなければならない。
2　事業者は，前項の調査の結果に基づいて，この法律又はこれに基づく命令の規定による措置を講ずるほか，労働者の危険又は健康障害を防止するため必要な措置を講ずるように努めなければならない。
3　厚生労働大臣は，第28条第1項及び第3項に定めるもののほか，前2項の措置に関して，その適切かつ有効な実施を図るため必要な指針を公表するものとする。
4　厚生労働大臣は，前項の指針に従い，事業者又はその団体に対し，必要な指導，援助等を行うことができる。

---

1 趣旨

化学物質には極めて多様な種類があり，危険・有害な物質に対する個別規制対象外の物質であっても，使用量や使用法によっては労働者の安全や健康に害を及ぼすおそれがある。日々増え続ける化学物質に対する具体的な対応のあり方をその利用実態を踏まえながら国全体で事業者に指示していく方法には，どうしてもその指示の漏れや遅れが生じざるを得ない。こうした化学物質による不確実性が高いリスクには，事業場ごとに適任者を選任し，専門家の支援を受けつつ，自主的に対応のあり方を検討させることが有効である。[90] 本条は，こうした問題状況に対処するために，事業者に化学物質に関するリスクアセスメントの実施を義務づけたものである。[91]

本法のほかにリスクアセスメントの実施に言及する規定として，法第28条の2がある。同条は，事業者に対し，危険有害性を有する全ての化学物質についてリスクアセスメントを実施する努力義務を課す。これに対し本条は，「第57条第1項の政令で定める物及び通知対象物」に該当する特定の化学物質について，事業者にリスクアセスメントの実施を義務づける。法第57条に基づく表示等や法第57条の2に基づく文書交付等による事前対応をふまえて，危険物・有害物の利用段階において個別利用状況に即したアセスメントを義務づけ，利用する化学物質等の危険性や有害性を予め把握した上でその取扱を確定していくことが期待されている。使用者が安全配慮義務を負うことは，職場に安全健康に対するリスクが存在しないかを確認すること——リスクアセスメント——を含んでいるといえる。近年，化学物質管理の仕組みは，個別具体的な規制から，事業者による自律的な管理へと舵を切りつつあり，リスクアセスメントへの注目度は高まりつつある。

2 内容

1 調査対象物

本条に基づくリスクアセスメントの対象は、「第57条第1項の政令で定める物及び通知対象物」である。これは、具体的には、表示対象物及び通知対象物である物質を意味する（平成27年8月3日基発0803第2号。以下本項目の記述は同じ通達を基礎とする）。

これらの物質以外の物や表示対象物の裾切り値未満の物又は通知対象物の裾切り値未満の物については、本条第1項に規定するリスクアセスメントの義務の対象とはならない。しかし、これらの物は、法第28条の2第1項のリスクアセスメントの努力義務の対象となるものであるため、これらの物に係るリスクアセスメントについても引き続き実施するよう努める必要がある。

主として一般消費者の生活の用に供される製品については、法第57条第1項の表示義務及び法第57条の2第1項の文書交付義務の対象から除かれていることから、法第57条の3第1項に基づくリスクアセスメントの対象からも除くこととされた。なお、安衛則第34条の2の7第1項（本条所定のリスクアセスメントを実施する時期に関する定め）に適用除外として規定される「主として一般消費者の生活の用に供される製品」には、法第57条第1項但書及び法第57条の2第1項但書と同様のものが含まれる。

2 調査の実施時期

本条に基づくリスクアセスメントは、「厚生労働省令で定めるところにより」行われる必要がある。これを受けて安衛則第34条の2の7が規定されている。

まず、リスクアセスメントは、以下に掲げる時期に行うものとされる（安衛則第34条の2の7第1項）。

一　令第18条各号に掲げる物（表示対象物）及び法第57条の2第1項に規定する通知対象物（以下「調査対象物」という。）を原材料等として新規に採用し、又は変更するとき。

二　調査対象物を製造し、又は取り扱う業務に係る作業の方法又は手順を新規に採用し、又は変更するとき。

三　前2号に掲げるもののほか、調査対象物による危険又は有害性等について変化が生じ、又は生ずるおそれがあるとき。

この規定（安衛則第34条の2の7第1項）によれば、従来から取り扱っている物を、作業手順や使用する設備機器等を変更することなく、従来通りの方法で取り扱う作業については、施行時点において本条第1項に規定するリスクアセスメントの義務の対象とはならない。しかし、過去にリスクアセスメントを行ったことがない場合等には、事業者は計画的にリスクアセスメントを行うことが望ましい（平成27年8月3日基発0803第2号）。職場環境が随時変化することをふまえれば、定期的にリスクアセスメントを実施することが望ましい。

3 調査の実施方法

本条第1項のリスクアセスメントは、調査対象物を製造し、又は取り扱う業務ごとに、次に掲げるいずれかの方法により、又はこれらの方法の併用により行わなければならない。ただし、リスクアセスメントのうち危険性に係るものについては、第1号又は第3号（第1号に係る部分に限る）に掲げる方法に限られる（安衛則第34条の2の7第2項）。

一　当該調査対象物が当該業務に従事する労働者に危険を及ぼし、又は当該調査対象物により当該労働者の健康障害を生ずるおそれの程度及び当該危険又は健康障害の程度を考慮する方法

二　当該業務に従事する労働者が当該調査対象物にさらされる程度及び当該調査対象物の有害性の程度を考慮する方法

三　前2号に掲げる方法に準ずる方法

第1号の方法は、危険性又は有害性に応じて負傷又は疾病の生じる可能性の度合いと重篤度を見積もるもの、第2号の方法は、有害性に着目して実際のばく露量又は推定値とばく露限界（管理濃度や許容濃度、ばく露限界値等）とを比較してリスクを見積もるもの、第3号は、リスクアセスメントの対象物質に特別規則によりすでに個別の措置が義務づけられている物質が含まれていることを考慮し、特別規則の規定の履行状況を確認することなどをもってリスクアセスメントを実施したこととするものである（平成27年8月3日基発0803第2号）。

本条に基づくリスクアセスメントは、条文上は「危険性又は有害性等の調査」とされているが、危険性又は有害性のいずれかについてのみリスクアセスメントを行うという趣旨ではなく、調査対象物の有する危険性又は有害性のクラス及び区分（日本工業規格Z7253〔GHSに基づく化学品の危険有害性情報の伝達方法―ラベル、作業場内の表示及び安全データシート（SDS）（以下「JISZ7253」という）〕の附属書A〔A.4を除く〕が定める危険有害性クラス〔引火性液体のような物理化学的危険及び発がん性、急性毒性のような健康有害性の種類をいう〕、危険有害性区分〔危険有害性の強度〕をいう）に応じて、必要なリスクアセスメントを行うべきものであり、調査対象物によっては危険性と有害性の両方についてリスクアセスメントが必要な場合もあり得る（平成27年8月3日基発0803第2号）。

また，例えば，当該作業工程が密閉化，自動化等されていることにより，労働者が調査対象物にばく露するおそれがない場合であっても，調査対象物が存在する以上は，リスクアセスメントを行う必要がある。その場合には，当該作業工程が，密閉化，自動化等されていることにより労働者が調査対象物にばく露するおそれがないことを確認すること自体が，リスクアセスメントに該当する（平成27年8月3日基発0803第2号）。

4　調査結果の周知

事業者は，調査を行ったときは，次に掲げる事項を，調査対象物を製造し，又は取り扱う業務に従事する労働者に周知させなければならない（安衛則第34条の2の8第1項）。

一　当該調査対象物の名称
二　当該業務の内容
三　当該調査の結果
四　当該調査の結果に基づき事業者が講ずる労働者の危険又は健康障害を防止するため必要な措置の内容

なお，安衛則改正（令和4年厚生労働省令第91号）により，2023年4月1日以降は，これらの事柄について記録を作成し，次にリスクアセスメントを行うまでの期間保存することが必要になる。この期間は，リスクアセスメントを行った日から起算して3年以内に当該リスクアセスメント対象物についてリスクアセスメントを行ったときは3年間である。これは，実質的に，リスクアセスメントの実施状況自体（≠実施の結果）についての記録の作成保存義務を設定したものといえ，これによりリスクアセスメントの結果を活用・検証する基盤が充実するとともに，リスクアセスメントの実施状況を行政が確認するときの手がかりも充実することになる（令和4年5月31日基発0531第9号，一部改正・令和4年9月7日基発0907第1号）。さらに表現上の改正であるが，「調査」の文言が「リスクアセスメント」に置き換わる。[92]

また，この周知は，次に掲げるいずれかの方法により行うものとする（安衛則第34条の2の8第2項）。

一　当該調査対象物を製造し，又は取り扱う各作業場の見やすい場所に常時掲示し，又は備え付けること。
二　書面を，当該調査対象物を製造し，又は取り扱う業務に従事する労働者に交付すること。
三　磁気テープ，磁気ディスクその他これらに準ずる物に記録し，かつ，当該調査対象物を製造し，又は取り扱う各作業場に，当該調査対象物を製造し，又は取り扱う業務に従事する労働者が当該記録の内容を常時確認できる機器を設置すること。

こちらについても，2023年4月1日以降は，「調査」が「リスクアセスメント」に，「磁気テープ，磁気ディスクその他これらに準ずる物」が「磁気ディスク，光ディスクその他の記録媒体」に置き換わる改正が行われる。

5　化学物質管理者及び保護具着用管理責任者の選任（2024〔令和6〕年4月1日以降）

(1)　化学物質管理者の選任

(a)　選任義務

事業者は，本条に基づくリスクアセスメントをしなければならない施行令第18条各号に掲げる物（表示対象物）及び法第57条の2第1項に規定する通知対象物（施行令第18条の2各号所掲のものであり，第18条各号所掲の物と殆ど変わらない。両者合わせて以下「リスクアセスメント対象物」という）を製造し，又は取り扱う事業場ごとに，化学物質管理者を選任し，その者に当該事業場における後述の化学物質の管理に係る技術的事項を管理させなければならない（安衛則第12条の5第1項）。

なお，衛生管理者の職務は，事業場の衛生全般に関する技術的事項を管理することであり，また有機溶剤作業主任者といった作業主任者の職務は，個別の化学物質に関わる作業に従事する労働者の指揮等を行うことであり，それぞれ選任の趣旨が異なる。一般的に，化学物質管理の専門性の高さは評価されつつも，衛生管理者は化学物質管理者より上位か同格に置かれ，作業主任者は下位に置かれると思われるが，[93]化学物質管理者が，化学物質管理者の職務の遂行に影響のない範囲で，これらの他の法令等に基づく職務等と兼務することは差し支えない（令和4年5月31日基発0531第9号，一部改正・令和4年9月7日基発0907第1号）。

(b)　管理対象事項

化学物質管理者の管理対象事項は以下の通りである（安衛則第12条の5第1項）。

一　法第57条第1項の規定による表示，同条第2項の規定による文書及び法第57条の2第1項の規定による通知に関すること。
二　リスクアセスメントの実施に関すること。
三　第577条の2第1項〔＊リスクアセスメント対象物にかかるリスクアセスメントの結果等に基づくばく露程度の最小化の義務〕及び第2項〔＊ばく露濃度基準が設定されたリスクアセスメント対象物へのばく露レベルを基準以下とすべきこと〕の措置その他法第57条の3第2項〔＊リスクアセスメント対象物にかかるリスクアセスメント結果に基づく法定措置及び危険・健康障害防止の努力義務〕の措置の内容及びその実施に関すること。
四　リスクアセスメント対象物を原因とする労働災害が発生した場合の対応に関すること。[94]
五　第34条の2の8第1項各号の規定〔＊リスクアセ

スメントの実施状況（結果や対応を含む）の記録の作成・保存・周知）によるリスクアセスメントの結果の記録の作成及び保存並びにその周知に関すること。
六　第577条の2第11項の規定〔＊リスクアセスメント対象物にかかるリスクアセスメント結果等に基づくばく露程度の最小化の措置の状況、労働者の実際のばく露状況等につき定期的に記録を作成し、保存し、関係労働者に周知すべきこと〕による記録の作成及び保存並びにその周知に関すること。
七　第1号から第4号までの事項の管理を実施するに当たつての労働者に対する必要な教育に関すること。

本規定の「リスクアセスメント対象物を製造し、又は取り扱う」には、例えば、リスクアセスメント対象物を取り扱う作業工程が密閉化、自動化等されていることにより、労働者が当該物にばく露するおそれがない場合であっても、リスクアセスメント対象物を取り扱う作業が存在する以上、含まれる。ただし、一般消費者の生活の用に供される製品はリスクアセスメントの対象から除かれているため、それらの製品のみを取り扱う事業場は含まれない。また、密閉された状態の製品を保管するだけで容器の開閉等を行わない場合や、火災や震災後の復旧、事故等が生じた場合の対応等、応急対策のためにのみ臨時的にリスクアセスメント対象物を取り扱うような場合は、「リスクアセスメント対象物を製造し、又は取り扱う」には含まれない（令和4年5月31日基発0531第9号）。

ただし、法第57条第1項の規定による表示（表示する事項及び標章に関することに限る）、同条第2項の規定による文書の交付及び法第57条の2第1項の規定による通知（通知する事項に関することに限る）（以下この項において「表示等」）並びに上記の化学物質管理者の管理事項を定めた安衛則第12条の5第1項第7号に掲げる事項（表示等に係るものに限る。以下この項において「教育管理」）を、当該事業場以外の事業場（以下この項目において「他の事業場」）において行っている場合においては、表示等及び教育管理に係る技術的事項については、他の事業場において選任した化学物質管理者に管理させなければならない（安衛則第12条の5第1項但書）。「他の事業場において行っている場合」とは、例えば、ある工場でリスクアセスメント対象物を製造し、当該工場とは別の事業場でラベル表示の作成を行う場合等のことをいい、その場合、当該工場と当該事業場それぞれで化学物質管理者の選任が必要となる。これは、工場、店社等の事業場単位で選任することを義務づけたものであり、したがって、例えば、建設工事現場における塗装等の作業を行う請負人の場合、一般的に、建設現場での作業は出張先での作業に位置づけられるが、そのような出張作業先の建設現場にまで化学物質管理者の選任を求める趣旨ではない（以上、令和4年5月31日基発0531第9号）。

また、リスクアセスメント対象物の譲渡又は提供を行う事業場についても、前述のリスクアセスメント対象物を製造し、又は取り扱う事業場を除くその者に当該事業場における表示等及び教育管理に係る技術的事項を管理させなければならない。ただし、表示等及び教育管理を、当該事業場以外の事業場（以下この項において「他の事業場」という）において行っている場合においては、表示等及び教育管理に係る技術的事項については、他の事業場において選任した化学物質管理者に管理させなければならない（安衛則第12条の5第2項）。

(c)　選任要件・資格

化学物質管理者の選任は、化学物質管理者を選任すべき事由が発生した日から14日以内に（安衛則第12条の5第3項第1号）、次に掲げる事業場の区分に応じ、それぞれに掲げる者のうちから行わなければならない。

すなわち、リスクアセスメント対象物を製造している事業場については、厚生労働大臣が定める化学物質の管理に関する講習を修了した者又はこれと同等以上の能力を有すると認められる者（同項第2号イ）、イに掲げる事業場以外の事業場については、イに定める者のほか、第1項各号の事項（上掲の管理対象事項）を担当するために必要な能力を有すると認められる者（同項第2号ロ）、という条件を満たす者をもって行われなければならない。

本項第2号イの「厚生労働大臣が定める化学物質の管理に関する講習」は、厚生労働大臣が定める科目について、事業者が自ら講習を行えば足りるが、他の事業者の実施する講習を受講させることも差し支えない。また、「これと同等以上の能力を有すると認められる者」については、本項第2号イの厚生労働大臣が定める化学物質の管理に関する講習に係る告示と併せて、おって示すものとされる。本項第2号ロの「必要な能力を有すると認められる者」とは、安衛則第12条の5第1項各号の事項に定める業務の経験がある者が含まれる。また、適切に業務を行うために、別途示す講習等を受講することが望ましい（令和4年5月31日基発0531第9号、一部改正・令和4年9月7日基発0907第1号）。

化学物質管理者については、その職務を適切に遂行するために必要な権限が付与される必要があるため、事業場内の労働者で、相応するそれらの権限を有する役職に就いている者から選任されるべきである。ま

た，同じ事業場で化学物質管理者を複数人選任し，業務を分担することも差し支えないが，その場合，業務に抜け落ちが発生しないよう，業務を分担する化学物質管理者や実務を担う者との間で十分な連携を図る必要がある。なお，化学物質管理者の管理の下，具体的な実務の一部を化学物質管理に詳しい専門家等に請け負わせることは可能である（以上，令和4年5月31日基発0531第9号）。

また，事業者は，化学物質管理者を選任したときは，当該化学物質管理者に対し，前掲の囲みに記載の各事項（安衛則第12条の5第1項各号）をなし得る権限を与え（安衛則第12条の5第4項），当該化学物質管理者の氏名を事業場の見やすい箇所に掲示すること等により関係労働者に周知させなければならない（同条第5項）。「事業場の見やすい箇所に掲示すること等」の「等」には，化学物質管理者に腕章を付けさせる，特別の帽子を着用させる，事業場内部のイントラネットワーク環境を通じて関係労働者に周知する方法等が含まれる（令和4年5月31日基発0531第9号）。

(2) 保護具着用管理責任者の選任
(a) 選任義務・管理対象事項

前項目に従って化学物質管理者を選任した事業者は，リスクアセスメントの結果に基づく措置として，労働者に保護具を使用させるときは，保護具着用管理責任者を選任し，次に掲げる事項を管理させなければならない（安衛則第12条の6第1項）。

― 一 保護具の適正な選択に関すること。
― 二 労働者の保護具の適正な使用に関すること。
― 三 保護具の保守管理に関すること。

これらの職務を行うに当たっては，平成17年2月7日基発第0207006号「防じんマスクの選択，使用等について」，平成17年2月7月基発第0207007号「防毒マスクの選択，使用等について」及び平成29年1月12日基発0112第6号「化学防護手袋の選択，使用等について」に基づき対応する必要があることに留意する必要がある（令和4年5月31日基発0531第9号）。

(b) 選任要件・資格

保護具着用管理責任者は，保護具着用管理責任者を選任すべき事由が発生した日から14日以内に，保護具に関する知識及び経験を有すると認められる者のうちから選任されなければならない（安衛則第12条の6第2項）。「保護具に関する知識及び経験を有すると認められる者」には，次に掲げる者が含まれる。なお，次に掲げる者に該当する場合であっても，別途示す保護具の管理に関する教育を受講することが望ましく，また，次に掲げる者に該当する者を選任することができ

ない場合は，上記の保護具の管理に関する教育を受講した者を選任することとされる（令和4年5月31日基発0531第9号）。

① 別に定める化学物質管理専門家の要件に該当する者
② 9(1)ウに定める作業環境管理専門家の要件に該当する者
③ 法第83条第1項の労働衛生コンサルタント試験に合格した者
④ 安衛則別表第4に規定する第1種衛生管理者免許又は衛生工学衛生管理者免許を受けた者
⑤ 安衛則別表第1の上欄に掲げる，令第6条第18号から第20号までの作業及び令第6条第22号の作業に応じ，同表の中欄に掲げる資格を有する者（作業主任者）
⑥ 安衛則第12条の3第1項の都道府県労働局長の登録を受けた者が行う講習を終了した者その他安全衛生推進者等の選任に関する基準（昭和63年労働省告示第80号）の各号に示す者（安全衛生推進者に係るものに限る。）

保護具着用管理責任者を選任したときは，上掲の安衛則第12条の6第1項に掲げる業務をなし得る権限を与えなければならない（同条第3項）。そのため，事業場において相応するそれらの権限を有する役職に就いている者を選任することが望ましい。選任に当たっては，事業場ごとに選任することが求められるが，大規模な事業場の場合，保護具着用管理責任者の職務が適切に実施できるよう，複数人を選任することも差し支えない。職務の実施に支障がない範囲内で，作業主任者が保護具着用管理責任者を兼任しても原則として差し支えない（令和4年5月31日基発0531第9号）。これは，立案者が両者の組織内での位置づけを概ね同格とみたものとも解される。[96]

当該保護具着用管理責任者の氏名を事業場の見やすい箇所に掲示すること等により関係労働者に周知させなければならない（同条第4項）。ここでいう「事業場の見やすい箇所に掲示すること等」の「等」には，保護具着用管理責任者に腕章を付けさせる，特別の帽子を着用させる，事業場内部のイントラネットワーク環境を通じて関係労働者に周知する方法等が含まれる（令和4年5月31日基発0531第9号）。

6 指針の策定

本条に基づくリスクアセスメントの具体的な実施方法については，本条第3項に基づいて策定された「化学物質等による危険性又は有害性等の調査等に関する指針」（平成27年9月18日基発0918公示第3号）に規定されている。この指針は，同名の旧指針（平成18年3月30日公示第2号。平成28年6月1日廃止）が対象としてい

た全ての化学物質について準用される。

この指針は、リスクアセスメントからリスク低減措置の実施までの一連の措置の基本的な考え方及び具体的な手順の例を示すとともに、これらの措置の実施上の留意事項を定めたものであり、「労働安全衛生マネジメントシステムに関する指針」(平成11年4月30日労働省告示第53号[97])に定める危険性又は有害性等の調査及び実施事項の特定の具体的実施事項としても位置づけられるものでもある。

7 リスクアセスメント実施支援ツール

化学物質のリスクアセスメント支援のためのツールが厚生労働省ほかの機関によって作成され、活用されている。具体的には、ILO（国際労働機関）が中小企業向けに作成した作業者の安全管理のための簡易リスクアセスメントツールを日本で簡易的に利用できるように厚生労働省がWEBシステムとして改良、開発した「厚生労働省版コントロール・バンディング」、主に中小規模事業者など、リスクアセスメントを十分に実施することが難しい事業者を対象に、専門性よりも分かりやすさや簡潔さを優先させ、チェックリスト、危険やその対策を記載した「作業別モデル対策シート」等がある。厚生労働省がみずほ情報総研と共同で開発した、CREATE-SIMPLEというツールもある。その他の支援ツールに関する情報が「職場のあんぜんサイト[98]」(化学物質のリスクアセスメント実施支援)に整理されている。

また、厚生労働省によりラベル・SDSを活用したリスクアセスメントのセミナーが開かれたり、中小企業を対象として専門家を派遣してラベル・SDSを活用したリスクアセスメントの実施を支援したりする取り組みが行われている。

8 化学物質による労災が発生した事業場等における化学物質管理の改善措置（2024年4月1日以降）

(1) 趣旨

化学物質による労働災害が発生した又はそのおそれがある事業場では、管理が適切に行われていない可能性がある。そこで、そうした事業場のうち労働基準監督署長が認めるものについて、自主的な改善を促すため、化学物質管理専門家による当該事業場における化学物質の管理の状況についての確認・助言を受け、その内容を踏まえた改善計画の作成を指示することができるよう、2024年4月1日以降、下記のような化学物質管理の改善措置が実施されることとなった。

(2) 対象事業者

労働基準監督署長は、化学物質による労働災害が発生した、又はそのおそれがある事業場の事業者に対し、当該事業場において化学物質の管理が適切に行われていない疑いがあると認めるときは、当該事業場における化学物質の管理の状況について改善すべき旨を指示することができる（安衛則第34条の2の10第1項）。「化学物質による労働災害発生が発生した、又はそのおそれがある事業場」とは、過去1年間程度で、①化学物質等による重篤な労働災害が発生、又は休業4日以上の労働災害が複数発生していること、②作業環境測定の結果、第3管理区分が継続しており、改善が見込まれないこと、③特殊健康診断の結果、同業種の平均と比較して有所見率の割合が相当程度高いこと、④化学物質等に係る法令違反があり、改善が見込まれないこと等の状況について、労働基準監督署長が総合的に判断して決定される。「化学物質による労働災害」には、一酸化炭素、硫化水素等による酸素欠乏症、化学物質（石綿を含む）による急性又は慢性中毒、がん等の疾病を含むが、物質による切創等のけがは含まない。また、粉じん状の化学物質による中毒等は化学物質による労働災害に含まれるが、粉じんの物理的性質による疾病であるじん肺は含まない（令和4年5月31日基発0531第9号）。

(3) 化学物質管理専門家による確認・助言

この指示を受けた事業者は、遅滞なく、事業場における化学物質の管理について必要な知識及び技能を有する者として厚生労働大臣が定めるもの（以下この条において「化学物質管理専門家」という）から、当該事業場における化学物質の管理の状況についての確認及び当該事業場が実施し得る望ましい改善措置に関する助言を受けなければならない（同条第2項）。確認を受けるべき事項には、以下のものが含まれる（令和4年5月31日基発0531第9号）。

---
①リスクアセスメントの実施状況
②リスクアセスメントの結果に基づく必要な措置の実施状況
③作業環境測定又は個人ばく露測定の実施状況
④特別則に規定するばく露防止措置の実施状況
⑤事業場内の化学物質の管理、容器への表示、労働者への周知の状況
⑥化学物質等に係る教育の実施状況

この確認及び助言を求められた化学物質管理専門家は、同項の事業者に対し、当該事業場における化学物質の管理の状況についての確認結果及び当該事業場が実施し得る望ましい改善措置に関する助言について、速やかに、書面により通知しなければならない（同条第3項）。化学物質管理専門家は、同条第2項の確認を踏まえて、事業場の状況に応じた実施可能で具体的な改善の助言を行う必要がある（令和4年5月31日基発0531第9号）。

化学物質管理専門家は客観的な判断を行う必要があ

るため，当該事業場に属さない者であることが望ましいが，同一法人の別事業場に属する者であっても差し支えない。また，事業者が複数の化学物質管理専門家からの助言を求めることを妨げるものではないが，それぞれの専門家から異なる助言が示された場合，自らに都合良い助言のみを選択することのないよう，全ての専門家からの助言等を踏まえた上で必要な措置を実施するとともに，労働基準監督署への改善計画の報告に当たっては，全ての専門家からの助言等を添付する必要がある（令和4年5月31日基発0531第9号）。

(4) 改善計画の作成

事業者は，この通知を受けた後，1カ月以内に，当該通知の内容を踏まえた改善措置を実施するための計画を作成するとともに，当該計画作成後，速やかに，当該計画に従い必要な改善措置を実施しなければならない（安衛則第34条の2の10第4項）。本規定の改善計画には，改善措置の趣旨，実施時期，実施事項（化学物質管理専門家が立ち会って実施するものを含む）を記載するとともに，改善措置の実施に当たっての事業場内の体制，責任者も記載する必要がある。また，作成にあたっては，化学物質管理専門家の支援を受けることが望ましく，当該計画作成後，労働基準監督署長への報告を待たず，速やかに，当該計画に従い必要な措置を実施しなければならない（令和4年5月31日基発0531第9号）。

(5) 報告・周知・保存

また，事業者は，この計画の作成後遅滞なく，前述の本条第3項の通知及びこの計画の写しを添えて，改善計画報告書（様式第4号）により，所轄労働基準監督署長に報告しなければならない（本条第5項）。報告にあたっては，化学物質管理専門家の助言内容及び改善計画に加え，改善計画報告書（安衛則様式第4号等）の備考欄に定める書面を添付しなければならない（令和4年5月31日基発0531第9号）。実施した改善措置については改善措置の実施状況を事後的に確認できるようこれを記録し，当該記録について右の通知と計画とともに3年間保存しなければならない（本条第6項）。

3 関連規定：法条

5 1(1)で指摘するように，リスクアセスメントは，①化学物質などによる危険性又は有害性の特定（法第57条の3第1項），②この特定された危険性又は有害性によるリスクの見積もり（安衛則第34条の2の7第2項），③このリスクの見積もりに基づくリスク低減措置の内容の検討（法第57条の3第1項）というプロセスを経て行われ，これを経て，④検討されたリスク軽減措置の実施（法第57条の3第2項等）(99)，⑤リスクアセスメント結果の労働者への周知（安衛則第34条の2の8）という形で現場に還元される。リスクアセスメントのプロセスのうち，②リスクの見積もりは，(ア)対象物が労働者に危険を及ぼし，又は健康障害を生ずるおそれの程度（発生可能性）と，危険又は健康障害の程度（重篤度）を考慮する方法や，(イ)労働者が対象物にさらされる程度（ばく露濃度など）とこの対象物の有害性の程度を考慮する方法のほか，(ウ)これらに準じる方法を用いて行われる。この「これらに準じる方法」として，リスクアセスメントの対象の化学物質等に係る危険又は健康障害を防止するための具体的な措置が安全衛生法関係法令の各条項に規定されている場合に，当該規定を確認する方法の利用が認められている。この方法を用いると，各条項の履行状況を確認することをもって，リスクアセスメントを実施したものとみなされる。

ここでいう「安全衛生法関連法令」とはいわゆる特別則（労働安全衛生法に基づく化学物質等に関する個別の規則）であり，具体的には，有機溶剤中毒予防規則，鉛中毒予防規則，四アルキル鉛中毒予防規則及び特定化学物質障害予防規則が該当する。これらの規則における局所排気装置の設置や作業環境測定，特殊健康診断の実施状況等を確認することになる。

4 沿革

1 制度史

○労働安全衛生法

本条に相当する規定は，労基法及び旧安衛則には存在しなかった。

労働安全衛生法（1972〔昭和47〕年）制定時，有害性の調査は既に制度化されていた（当時の法第58条）。ただし，その義務の程度は努力義務にとどめられ，現行法の法第57条の3第3項，同第4項に対応する厚労大臣による実効性確保に関する規定は存在しなかった。この法律の内容は，以下の通りである。

「第58条　事業者は，化学薬品，化学薬品を含有する製剤その他の物で，労働者の健康障害を生ずるおそれのあるものについては，あらかじめ，これらの物の有害性等を調査し，その結果に基づいて，この法律又はこれに基づく命令の規定による措置を講ずるほか，これらの物による労働者の健康障害を防止するため必要な措置を講ずるように努めなければならない。」

○「労働安全衛生法の一部を改正する法律」（平成26年6月25日法律第82号）による明文化

右法律に基づき，本条が新たに明文化された。これに伴い，前述した法第58条が削除された。

この改正に関連して，参議院厚生労働委員会において，政府は「リスクアセスメントの義務化については，化学物質のリスクに対する事業者の認識を高める

よう制度の周知を図るとともに，事業者の取組状況を把握し，適宜，化学物質管理対策に活かすこと」との附帯決議がなされている。

特別規則対象外の物質による胆管がんの発症等の例を受け，厚生労働省の安全衛生行政としては，特に化学物質については，法第28条の2に定めるリスクアセスメントの努力義務規定を全て義務規定に改めたい意向だったが，内閣法制局等との調整の過程で，罪刑法定主義の要請からも，物質を特定しないままでの義務化は困難との事情から，先ずは表示・通知対象物質から義務化を図った経緯がある。

2 背景になった災害等

本条の追加にあたっては，事業場で使用される化学物質の数が年々増加する中，その危険性又は有害性の調査等，事業者の化学物質管理が適切に行われていないことを原因とする労働災害が依然として多く発生しているとの問題認識があった。

中でも本条を整備する直接的な契機となったのが印刷事業場において洗浄作業等に従事する労働者が集団で胆管がんを発症した事案であった。この事案は，大阪労働局管内での印刷事業場で勤務する労働者等から，2012（平成24）年3月30日以降，使用した有機溶剤等の化学物質が原因で胆管がんを発症したとして労災請求がなされたものであり，2012（平成24）年12月末日時点で胆管がんを発症した者は16名，うち7名が死亡したというものである。

業務上疾病である「がん」については，労基法施行規則別表第1の2第7号及び同表第10号に基づく告示に列挙されているが，胆管がんはこれらの列挙疾病には当時は掲げられておらず，過去にも胆管がんを業務上疾病として認定した事例がなかったため，労働者が従事した業務と胆管がん発症との間の因果関係は明らかになっていなかった。そこで，「印刷事業場で発生した胆管がんの業務上外に関する検討会」（座長：櫻井治彦・公益財団法人産業医学振興財団理事長）が同年に立ち上げられ，翌年2013（平成25）年に提出された「『印刷事業場で発生した胆管がんの業務上外に関する検討会』報告書（化学物質ばく露と胆管がん発症との因果関係について―大阪の印刷事業場の症例からの検討）」において，胆管がんは，ジクロロメタン又は1,2-ジクロロプロパンに長期間，高濃度ばく露することにより発症し得ると医学的に推定でき，本件事業場で発生した胆管がんは，1,2-ジクロロプロパンに長期間，高濃度ばく露したことが原因で発症した蓋然性が極めて高いことが報告された。

当時既に，特別規則（有機溶剤中毒予防規則，鉛中毒予防規則，四アルキル鉛中毒予防規則，特定化学物質障害予防規則及び石綿障害予防規則）による個別的な規制が講じられ，この特別規則の対象となる化学物質について法第57条に基づく危険性・有害性等を記載したラベル表示が譲渡者・提供者に義務づけられていたうえ，法第28条の2に基づき，全ての化学物質について新たに採用する場合などにリスクアセスメントを実施することが事業者の努力義務とされていた。しかし，本事案において胆管がんの発症要因となった1,2-ジクロロプロパンは，特別規則の規制対象となっておらず，本事案の事業場において，この化学物質を採用した際にリスクアセスメントが適切に実施されていなかった。

そこで労働政策審議会から2013（平成15）年12月に「今後の労働安全衛生対策について」が建議され，「人に対する一定の危険性・有害性が明らかになっている化学物質については，起こりうる労働災害を未然に防ぐために，事業者及び労働者がその危険性や有害性を認識し，事業者がリスクに基づく必要な措置を検討・実施するような仕組みを設ける必要」が指摘された。この対策の方向性として，「日本産業衛生学会等が許容濃度等を勧告するなど人に対する一定の危険性・有害性が明らかになっている化学物質（例えば，労働安全衛生法第57条の2に基づき安全データシート〔SDS〕の交付が譲渡者又は提供者に義務づけられている化学物質）を事業者が新規に採用する場合等において，事業者にリスクアセスメントを実施させることが適当である」とされ，本条の成立に至った。

5 運用

1 適用の実際

(1) リスクアセスメントの実施の流れ

リスクアセスメントは，一般的には，①化学物質などによる危険性又は有害性の特定（法第57条の3第1項），②この特定された危険性又は有害性によるリスクの見積もり（安衛則第34条の2の7第2項），③このリスクの見積もりに基づくリスク低減措置の内容の検討（法第57条の3第1項）というプロセスを経て行われ，これを経て，④検討されたリスク軽減措置の実施（法第57条の3第2項），⑤リスクアセスメント結果の労働者への周知（安衛則第34条の2の8）という形で現場に還元される（資料5-111参照）。

一定の化学物質（ラベル表示・SDS交付義務対象物質）のリスクアセスメントは義務とされているため，リスクアセスメントに関する規定類とともに，どのような方法で実施しているか，確認を受けることになる。

有機溶剤や特定化学物質は，有機溶剤中毒予防規則等特別則にて，局所排気装置の設置や作業環境測定，特殊健康診断の実施等義務づけられていることから，特別則に定める具体的な措置の状況を確認する方法によりリスクアセスメントを実施することが可能である

(資料5-112参照)。それ以外は、コントロール・バンディング（測定しない定性法）を行うことができる。コントロール・バンディング[103]は、厚生労働省のWEBサイトで簡単に実施することができることから、これが活用されることが多い[104]。

リスクアセスメント実施後は、安衛則第34条の2の8により、製造・取り扱う各作業場の見やすい場所に常時掲示し、又は備え付ける等による方法により、当該物を製造・取り扱う労働者に周知させなければならない。大手ゼネコンの現場では、下請（塗装など）が使用する化学物質のリスクアセスメントの紙を掲示する取り組みが見られる[105]。

(2) リスクアセスメント実施の実効性確保

法第28条の2によるものも含めたリスクアセスメントの実施は、全体としてみれば徐々に現場に浸透している。令和3年の「労働安全衛生調査（実態調査）」の概況によれば、法第57条の2に該当する化学物質（本書第57条の2 [2] 1参照）を使用している事業所のうち、リスクアセスメントを全て実施している事業所の割合は71.8％となっており、前年の調査（68.5％）から微増となっている。同条の事業所には該当しないが、危険有害性がある化学物質（法第28条の

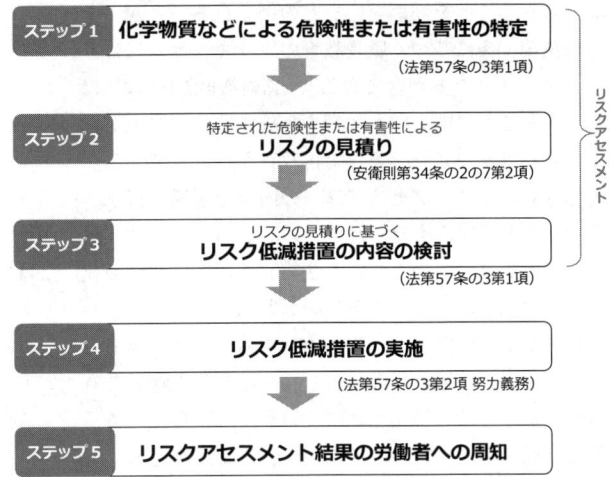

資料5-111　リスクアセスメントの一般的な流れ

（厚生労働省ほか「労働災害を防止するためリスクアセスメントを実施しましょう」リーフレット〔2015年9月〕）。

2第1項の規定に基づいてリスクアセスメントを行うことが努力義務とされている化学物質）を使用している事業所のうち、リスクアセスメントを全て実施している事業所の割合は66.2％である。こちらも前年の調査（57.1％）と比較すると微増となっている。

具体的な取り組みとしては、例えば、建設現場などでは、毎朝下請業者にリスクアセスメント（法第28条

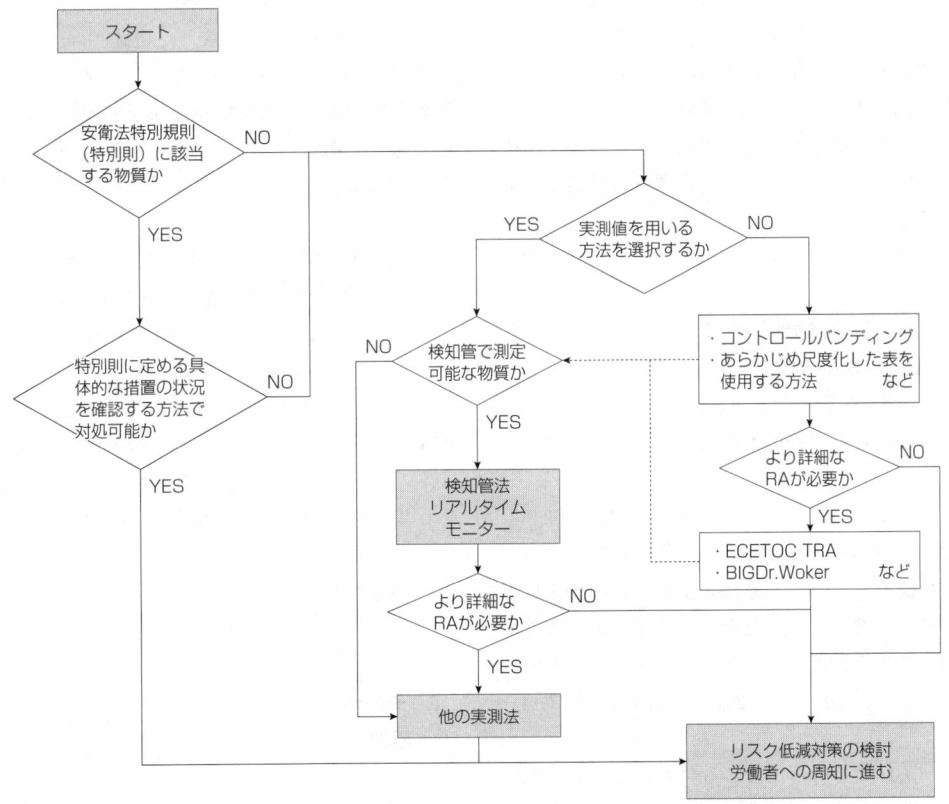

資料5-112　リスクアセスメントのチャート

（厚生労働省「リアルタイムモニターを用いた化学物質のリスクアセスメントガイドブック〔改訂第2版〕」〔2021年〕）

の2）を実施させ，これの結果を提出しないと作業に取りかかることを認めないなどの例を見ることができる。法第60条に基づく職長教育のカリキュラムにはリスクアセスメントが含まれる（安衛則第40条第2項）ほか，5年ごとに能力向上教育も実施するよう厚生労働省から指導がなされ，そこで再教育が行われている。実施されたリスクアセスメントの内容を現場に掲示するなどの取り組みも行われている。[106]

もっとも本項で扱っている法第57条の3に基づく化学物質に関するリスクアセスメントは，実施が義務づけられる場面は限定されるため日常的に意識に上るものとはいえず，機械設備などと比べると化学物質の有害性や危険性は可視化されにくいうえ，限られた職長教育時間の中でこれの教育に割かれる時間は必ずしも長くない。リスクアセスメントの実施の義務づけが実効的に機能するためには，これを適切に実施することができる人材とともに，ここで発見されたリスクを分析して順序立てて実際の労務管理に反映させることができる人材が必要である。しかし，こうした人材の手当を十分に行えない企業も中小企業を中心に少なくなく，そもそもこうした人材の数自体が必ずしも十分でない実態がある。これらの人材の育成を公的に支援する仕組み作りが求められている。

さらには，リスクアセスメントを通じてリスクの存在が明らかになっても，これをふまえた対策が実際に行われるかが課題となる。有機則，特化則等が適用されない場合は，対策を積極的に講じるところまではなかなか到達していない現状がある。その要因として，衛生管理者はいても，能力向上教育が実施されていないこと，日々の仕事が忙しくその職務を十分果たす構造になっていないことなど，衛生管理者の職務が形骸化していることを挙げることができる。[107]

(3) リスクアセスメント未実施によるトラブルの具体例

「職場における化学物質等の管理のあり方に関する検討会」（座長・城内博日本大学理工学部特任教授）では，ラベル表示・SDS交付対象物質のリスクアセスメントが未実施であること等による災害事例として次のような事例が紹介されている。

・1-ブロモプロパンを含む溶剤で治具（物の加工に際して物を固定する器具等）や製品の洗浄作業をしていたところ，体調不良を訴え，急性薬物中毒と診断されたもの。少量生産部門であったため，防毒マスクの着用や局所排気装置の設置，リスクアセスメントが実施されていなかった（2017〔平成29〕年5月発生，休業14日〔1名〕）。

・飼料の燻蒸作業を行ったところ発生したリン化水素によって気分が悪くなったもの。リスクアセスメント

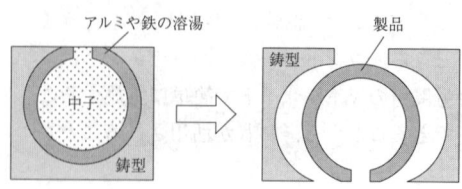

資料5-113　中子の例

は実施されていなかった。また，作業員は防毒マスクをしておらず，換気も不十分であった（2017〔平成29〕年8月発生，休業10日〔1名〕）。

・住宅新築工事現場において，床断熱材の隙間を埋めるため，ポリメチレンポリフェニルポリイソシアネート，メチレンビス（4,1-フェニレン）＝ジイソシアネートを含有する断熱材をスプレーにて吹き付ける作業を行っていたところ，中毒を起こしたもの。リスクアセスメントは未実施であり，特段のばく露防止対策は講じていなかった（2018〔平成30〕年8月発生，休業1日〔1名〕）。

なお，リスクアセスメント後の措置が不十分であること等による災害事例として，次のような例が紹介されている。

・鋳物製造工程において，中子（ほぼ密閉された中空の鋳物を作るために使用されるもの〔資料5-113〕）を作る際に中子から木型が剥がれやすくするため，ノルマルヘプタンを主成分とする薬剤を木型の内部に入って塗布する作業を行っていたところ，急性中毒・意識消失となったもの。本作業について，リスクアセスメントは実施していたが，有機溶剤中毒予防規則等の特別規則の対象外であるとして，特段のばく露防止対策を実施していなかった（2017〔平成29〕年11月発生，休業1日〔1名〕）。

令和2年度厚生労働科学研究による行政官・元行政官向け法令運用実態調査（三柴丈典担当）[108]では，リスクアセスメントが十分に行われていない事業場では，リスクアセスメントの実施方法について理解が不足しており，その運用方法に悩みを持つこともあるため，安全データシートの周知促進に合わせて，コントロール・バンディング等簡易に化学物質リスクアセスメントが実施可能な方法の周知も行う必要がある，との指摘があった。

2　関連判例

なし。

6　その他

1　罰則

なし。

2 民事上の効力

リスクアセスメントの義務は，事業者に化学物質の危険性を積極的に発見することを義務づけるものであり，これの未実施自体が直ちに事業者に民事上の責任を生じさせるものではない。もっとも，本法に基づいて実施が義務化されているリスクアセスメントを実施しないことは，予見・回避可能だった損害を見過ごすおそれを高める点で事業者に過失があることを根拠づける事実の一つとなる。安全配慮義務を正しく履行するためには，安全衛生に関するリスクの調査を実施することが必要だが，本条は化学物質の使用・管理において必要とされるこの調査のモデルを示すものと位置づけることができよう。[109]

3 資料

なし。

（化学物質の有害性の調査）

第57条の4　化学物質による労働者の健康障害を防止するため，既存の化学物質として政令で定める化学物質（第3項の規定によりその名称が公表された化学物質を含む。）以外の化学物質（以下この条において「新規化学物質」という。）を製造し，又は輸入しようとする事業者は，あらかじめ，厚生労働省令で定めるところにより，厚生労働大臣の定める基準に従つて有害性の調査（当該新規化学物質が労働者の健康に与える影響についての調査をいう。以下この条において同じ。）を行い，当該新規化学物質の名称，有害性の調査の結果その他の事項を厚生労働大臣に届け出なければならない。ただし，次の各号のいずれかに該当するときその他政令で定める場合は，この限りでない。

一　当該新規化学物質に関し，厚生労働省令で定めるところにより，当該新規化学物質について予定されている製造又は取扱いの方法等からみて労働者が当該新規化学物質にさらされるおそれがない旨の厚生労働大臣の確認を受けたとき。

二　当該新規化学物質に関し，厚生労働省令で定めるところにより，既に得られている知見等に基づき厚生労働省令で定める有害性がない旨の厚生労働大臣の確認を受けたとき。

三　当該新規化学物質を試験研究のため製造し，又は輸入しようとするとき。

四　当該新規化学物質が主として一般消費者の生活の用に供される製品（当該新規化学物質を含有する製品を含む。）として輸入される場合で，厚生労働省令で定めるとき。

2　有害性の調査を行つた事業者は，その結果に基づいて，当該新規化学物質による労働者の健康障害を防止するため必要な措置を速やかに講じなければならない。

3　厚生労働大臣は，第1項の規定による届出があつた場合（同項第2号の規定による確認をした場合を含む。）には，厚生労働省令で定めるところにより，当該新規化学物質の名称を公表するものとする。

4　厚生労働大臣は，第1項の規定による届出があつた場合には，厚生労働省令で定めるところにより，有害性の調査の結果について学識経験者の意見を聴き，当該届出に係る化学物質による労働者の健康障害を防止するため必要があると認めるときは，届出をした事業者に対し，施設又は設備の設置又は整備，保護具の備付けその他の措置を講ずべきことを勧告することができる。

5　前項の規定により有害性の調査の結果について意見を求められた学識経験者は，当該有害性の調査の結果に関して知り得た秘密を漏らしてはならない。ただし，労働者の健康障害を防止するためやむを得ないときは，この限りでない。

---

1 趣旨

化学物質は日々新たに作り出されるため，機動的に法令を改正することによってその危険性・有害性に対応する仕組みを整える必要があるが，実際に法令が改正されるまでには一定の時間を必要とせざるを得ない。そのため本条は，健康障害の中でも特に重大な結果をもたらす「がん」に着目し，新規化学物質を製造・輸入しようとする者は，がん原性試験のスクリーニング（ふるいわけ）テストとしての意味を持つ変異原性試験，又は化学物質のがん原性に関し変異原性試験と同等以上の知見を得ることができる試験を行い（昭和54年3月23日基発第132号），その結果を厚生労働大臣に届け出ることとしたものである。[110] これにより，化学物質が職場に導入される以前に，一定の範囲に限られるもののその有害性を発見し，その有害性に対応した措置を予め講じることを可能にすることで，より早期の対応を可能にすることが目指されている。

2 内容

1 新規化学物質

本条第1項が有害性の調査を必要とする新規化学物

質は，以下に記載する化学物質（施行令第18条の3）と本条第3項の規定によりその名称が公表された化学物質以外の化学物質である。本条の化学物質には，製造中間体（製品の製造工程中において生成し，同一事業場内で他の化学物質に変化する化学物質）や副生成物（製造工程において意図せず生成してしまった化学物質），廃棄物も含まれる。これらが含まれるのは，製造中間体等であっても，労働者が当該製造中間体等にさらされるおそれがあるからである（昭和54年3月23日基発第132号）。

一 元素[111]
二 天然に産出される化学物質
三 放射性物質
四 昭和54年6月29日までに製造され，又は輸入された化学物質（附則第9条の2）で，厚生労働大臣がその名称等を公表した化学物質

「元素」（第1号）は，一種類の原子（同位体の区別は問わない）からなる物質の全ての状態（励起状態[112]，ラジカル[113]等を含む）をいい，単体[114]を含む（昭和53年2月10日基発第77号）。

「天然に産出される化学物質」（第2号）は，鉱石，原油，天然ガスその他天然に存在するそのままの状態を有する化学物質及び米，麦，牛肉その他動植物から得られる1次産品又はこの1次産品を利用して発酵等の方法により製造される化学物質であって分離精製が行われていないものを意味する（昭和54年3月23日基発第132号）。

「放射性物質」（第3号）は，電離放射線障害防止規則（昭和47年9月30日労働省令第41号）第2条第2項の放射性物質を意味する（昭和54年3月23日基発第132号）。

次のイからホまでに掲げる化学物質のように2以上の化学物質が集合し単一の化学構造を有する化学物質を形成しているとみなされる場合であって，その集合した個々の化学物質が全て既存の化学物質であるときには，当該単一の化学構造を有する化学物質は，既存の化学物質とみなされる（昭和54年3月23日基発第132号）。

イ 分子間化合物[115]（水和物[116]を含む。）
ロ 包接化合物[117]
ハ 有機酸又は有機塩基の塩（金属塩を除く。）
ニ オニウム塩[118]（正，負両イオンが既存の化学物質から生成されるものである場合に限る。）
ホ 複塩[119]

ブロック重合物（2種類以上のモノマー〔高分子を構成する低分子の単位分子。単量体ともいう〕[120]を用いて行う重合[121]により生じた物[122]）及びグラフト重合物（ある高分子鎖に別の高分子鎖を結合することにより生じた物）であってその構成単位となる重合物が全て既存の化学物質である場合は，当該ブロック重合物及びグラフト重合物は，既存の化学物質とみなされる（昭和54年3月23日基発第132号）。また，既存の化学物質である単量体等から構成される高分子化合物であって，数平均分子量が2000以上のものは，次のいずれかに該当するものを除き，既存の化学物質として取り扱う（昭和61年8月27日基発第504号）。

---
(1) 正電荷を有する高分子化合物
(2) 総重量中の炭素の重量の比率が32パーセント未満の高分子化合物
(3) 硫黄，ケイ素，酸素，水素，炭素又は窒素以外の元素が共有結合している高分子化合物
(4) アルミニウム，カリウム，カルシウム，ナトリウム又はマグネシウム以外の金属イオン（錯体金属イオンを含む。）がイオン結合している高分子化合物
(5) 生物体から抽出し，分離した高分子化合物及び当該高分子化合物から化学反応により生成される高分子化合物並びにこれらの高分子化合物と類似した化学構造を有する高分子化合物
(6) ハロゲン基又はシアノ基を有する化合物から生成される高分子化合物
(7) 反応性官能基を有する高分子化合物であって，当該高分子化合物の数平均分子量を当該数平均分子量に対応する分子構造における反応性官能基の数で除した値が10,000以下のもの
(8) 常温，常圧で分解又は解重合するおそれのある高分子化合物
---

2 調査実施義務者

新規化学物質の有害性の調査を実施する義務を負うのは，新規化学物質を製造し，又は輸入しようとする者である。この「輸入」については，①新規化学物質を密封した部品が含まれる機械等を輸入しようとする場合であって，本邦の地域内において当該新規化学物質が密封された状態のまま，当該機械等が使用される予定であるときは，当該機械等に密封された新規化学物質の輸入は，第1項の輸入には該当しない，②新規化学物質をサンプル（輸入貿易管理令〔昭和24年12月29日政令第414号〕の別表第1第3号の無償の商品見本又は宣伝用物品であって，通商産業大臣が告示で定めるものをいう）として輸入しようとする場合は第一項の輸入として取り扱わないものとされている（昭和54年3月23日基発第132号）。

新規化学物質を使用又は販売しようとする事業者が，新規化学物質の輸入に係る事務を他の事業者に委託した場合には，その委託を行った事業者が本条第1項の「輸入しようとする事業者」に該当する。また，

新規化学物質の輸入に伴う輸送の業務のみを行う事業者は、第1項の「輸入しようとする事業者」に該当しない（昭和54年3月23日基発第132号）。

3　調査の内容・実施施設・試験の基準

新規化学物質の有害性の調査は、変異原性試験、化学物質のがん原性に関し変異原性試験と同等以上の知見を得ることができる試験又はがん原性試験のうちいずれかの試験を用いて行うこととされている（安衛則第34条の3第1項第1号）。この調査は、原則として微生物を用いる変異原性試験によって行われる（昭和54年3月23日基発第133号）。

この試験は、組織、設備等に関し有害性の調査を適正に行うため必要な技術的基礎を有すると認められる試験施設等において行うこととされる（安衛則第34条の3第1項第2号）。この試験施設等が具備すべき組織、設備等に関する基準は、厚生労働大臣が定める（同条第2項）。この点について、「労働安全衛生規則第34条の3第2項の規定に基づき試験施設等が具備すべき基準」（昭和63年9月1日労働省告示第76号）が整備されている。

試験を実施する基準については、「労働安全衛生法第57条の4第1項の規定に基づき厚生労働大臣の定める基準」（昭和63年9月1日労働省告示第77号）が整備されている。

また、新規化学物質の有害性調査の具体的な方法についてQ&Aが作成され、実務の用に供されている（「『新規化学物質の有害性の調査の具体的な方法等に関するQ&A』について」〔令和2年4月6日基安化発0406第5号〕）。

4　調査の届出

新規化学物質の有害性の調査を実施した事業者は、当該新規化学物質の名称、有害性の調査の結果その他の事項を厚生労働大臣に届け出なければならない。この届出は、新規化学物質製造（輸入）届書（様式第4号の3）を用いて、次の書面を添付して行われなければならない（安衛則第34条の4）。

> - 新規化学物質について行った有害性の調査の結果を示す書面
> - 当該有害性の調査が安衛則第34条の3条第2項の厚生労働大臣が定める基準（GLP）を具備している試験施設等において行われたことを証する書面
> - 当該新規化学物質について予定されている製造又は取扱いの方法を記載した書面

この調査の届出を行った事業者は、第3項の規定に基づく名称の公表前であっても、当該新規化学物質を製造し、又は輸入することができる（昭和54年3月23日基発第132号）。

上記のように本条の届出は、厚生労働大臣宛てにな

され、本省の担当課で直接審査する仕組みが採用されている。この仕組みは、内容の専門性に加えて新規開発の化学物質の構造式、物性等のノウハウの保全という観点で産業界側からの強い要望があったことを受けて導入されたものである。[123]

5　調査を必要としない場合

新規化学物質を製造し、又は輸入しようとする事業者であっても、例外的に新規化学物質の有害性の調査を必要としない場合として、本条1項但書は次のような4つのケース（第1号～第4号）を規定する。

> 一　当該新規化学物質に関し、厚生労働省令で定めるところにより、当該新規化学物質について予定されている製造又は取扱いの方法等からみて労働者が当該新規化学物質にさらされるおそれがない旨の厚生労働大臣の確認を受けたとき。
> 二　当該新規化学物質に関し、厚生労働省令で定めるところにより、既に得られている知見等に基づき厚生労働省令で定める有害性がない旨の厚生労働大臣の確認を受けたとき。
> 三　当該新規化学物質を試験研究のため製造し、又は輸入しようとするとき。
> 四　当該新規化学物質が主として一般消費者の生活の用に供される製品（当該新規化学物質を含有する製品を含む。）として輸入される場合で、厚生労働省令で定めるとき。

第1号の「新規化学物質にさらされるおそれがない」とは、当該新規物質が製造中間体等であって、その製造又は取扱いを行う場合において、次のイからハまでの条件を全て満たすときを意味する（昭和54年3月23日基発第132号）。

> イ　新規化学物質を製造し、又は取り扱う作業（定常作業（サンプリング作業等の断続的な作業を含む。）のほか、製造又は取扱い設備等の清掃、改修等の非定常作業が含まれること。）において、労働者が当該化学物質を開放して取り扱うことがないこと。
> ロ　新規化学物質を製造し、又は取扱う設備等は、原料等の供給口、生成物等の取り出し口、フランジ〔資料5-114参照〕の部分等から当該新規化学物質が漏れないように十分な気密性を持った密閉式の構造のものであること。
> ハ　設備等の気密性の低下による当該新規化学物質の漏えいを防止する措置が講じられているものであること。

第2号の「既に得られている知見」は、新規化学物質の有害性の調査に関して学会誌等に公表されている報告であって信頼できる調査結果のほか、未公開であっても信頼できる調査結果を意味する（昭和54年3

資料5-114 フランジの例

月23日基発第132号）。「厚生労働省令で定める有害性」は，がん原性を意味する（安衛則第34条の9）。

第3号の「試験研究のため製造し，又は輸入しようとするとき」は，新規化学物質の開発研究等を行う場合であって次のイからハまでに掲げる基準の全てに適合しているとき，又は当該新規化学物質の全量を試薬として製造し，若しくは輸入しようとするときを意味する（昭和54年3月23日基発第132号）。

　イ　実験室的な規模で行われること。
　ロ　新規化学物質にさらされるおそれのある作業に従事する者が，当該試験研究の担当者に限られること。
　ハ　新規化学物質が当該試験研究を行う場所以外の場所に持ち出されることのないものであること。

第4号の「その他政令で定める場合」として，施行令第18条の4において，一の事業場における1年間の製造量又は輸入量（当該新規化学物質を製造し，及び輸入しようとする事業者にあっては，これらを合計した量）が100kg以下である旨の厚生労働大臣の確認を受けた場合が規定されている。

6 厚生労働大臣による新規化学物質の名称の公表

本条第3項は，厚生労働大臣は，第1項の規定による届出があった場合（同項第2号の規定による確認をした場合を含む）には，厚生労働省令で定めるところにより，当該新規化学物質の名称を公表するものとする。この公表は，本条第1項の規定による届出の受理又は同項第2号の確認をした後1年以内に（当該新規化学物質に関して特許法第36条第1項の規定による特許出願がなされている場合には，同法第64条第1項の規定による出願公開又は同法第66条第3項の規定による特許公報への掲載がなされた後速やかに），3月以内ごとに1回，定期に，官報に掲載することにより行われる（安衛則第34条の14）。

ここで名称を公表された新規化学物質は，既存の化学物質になり，事後，この化学物質を製造し，又は輸入する事業者は，有害性調査の実施義務を負わないことになる。

なお，新規化学物質の命名はIUPAC命名法（国際純正及び応用化学連合〔International Union of Pure and Applied Chemistry〕が制定した命名法）に基づいて行われている。過去には，IUPAC命名法において同一構造について複数の名称の付け方が存在する場合があることや，IUPAC命名法で命名した名称を日本語表記にする方法が複数あることによって本法と化審法との間に命名法の一部差異があったが，「『労働安全衛生法』及び『化学物質の審査及び製造等の規制に関する法律』に基づく新規化学物質の名称の公示における命名法の共通化について」（平成24年12月28日，厚生労働省労働基準局安全衛生部化学物質対策課化学物質評価室，厚生労働省医薬食品局審査管理課化学物質安全対策室，経済産業省製造産業局化学物質管理課化学物質安全室，環境省総合環境政策局環境保健部企画課化学物質審査室）によって今日では両者の命名法は統一されている。IUPACは，度々新たな命名規則を勧告している。現在，2013年の勧告（Nomenclature of Organic Chemistry, IUPAC Recommendations and Preferred Names 2013）を基礎とした命名法が用いられている（「『労働安全衛生法』及び『化学物質の審査及び製造等の規制に関する法律』に基づく新規化学物質の名称の公示における命名法の変更について」〔平成29年7月11日，厚生労働省労働基準局安全衛生部化学物質対策課化学物質評価室，厚生労働省医薬・生活衛生局医薬品審査管理課化学物質安全対策室，経済産業省製造産業局化学物質管理課化学物質安全室，環境省総合環境政策局環境保健部環境保健企画管理課化学物質審査室〕）。

7 調査の事後措置

本条第2項は，有害性の調査を行った事業者に対し，その結果に基づいて，当該新規化学物質による労働者の健康障害を防止するため必要な措置を速やかに講じることを義務づける。

また，本条第4項に基づき，有害性の調査の結果について学識経験者の意見聴取がなされる。厚生労働大臣は，この意見聴取の内容を，本条第3項の規定による当該新規化学物質の名称の公表後1年以内に，労働政策審議会に報告するものとする（安衛則第34条の17）。

有害性の調査の結果について意見を求められた学識経験者は，労働者の健康障害を防止するためやむを得ない場合を除き，当該有害性の調査の結果に関して知り得た秘密を漏らすことを禁止されている（本条第5項）。これは，知り得た秘密の中には企業のノウハウにかかわるものもあり，これが学識経験者から外部に漏れることとなると，有害性の有無を的確に評価するのに必要な資料を事業者から提出させることが不可能となり，この制度を維持することが困難となるためである。[124]

なお，勧告対象となった事業者に雇用される労働者

以外の労働者の中にも，化学物質を取り扱う労働者が当然存在する。こうした労働者の健康障害も未然に防止するため，厚生労働大臣は，労働者の健康障害を防止するための指針を公表している[125]。これは，勧告同様の効果を期待したものである[126]。

本条に基づいて届け出られた化学物質のうち，強い変異原性が認められた化学物質は，既存の化学物質の中で国による試験等において強い変異原性が認められた化学物質とあわせて，「変異原性が認められた化学物質による健康障害を防止するための指針」（平成5年5月17日基発第312号の3）に沿って，ばく露を低減する措置，作業環境の測定，労働衛生教育，危険有害性等を表示するラベルの貼付・SDSの交付，変異原化学物質等の製造等に従事する労働者に関する記録の保存等の措置を講ずることとされている。

3 関連規定：法条

1 安衛法関連

本条は，がんに着目して化学物質の有害性を事前に調査する規定だが，これによっても化学物質の有害性が十分に明らかにされず製造過程等を通じてがんを発症する労働者が現れる可能性もある。このような場合も可能な限り被災者を防ぐ観点から，2023年4月1日以降，事業者は，化学物質又は化学物質を含有する製剤を製造し，又は取り扱う業務を行う事業場において，1年以内に2人以上の労働者が同種のがんにり患したことを把握したときは，当該り患が業務に起因するかどうかについて，遅滞なく，医師の意見を聴かなければならないこととし，当該医師が，当該がんへのり患が業務に起因するものと疑われると判断したときは，遅滞なく，当該がんにり患した労働者が取り扱った化学物質の名称等の事項について，所轄都道府県労働局長に報告しなければならないこととされている（安衛則第97条の2）。

2 化審法

新規化学物質の製造や輸入を規制する法条としては，本条のほかに化審法（化学物質の審査及び製造等の規制に関する法律）がある。化審法は，人の健康を損なうおそれ又は動植物の生息若しくは生育に支障を及ぼすおそれがある化学物質による環境の汚染を防止するため，新規の化学物質の製造又は輸入に際し事前にその化学物質の性状に関して行政が審査する制度を設けるとともに，その有する性状等に応じ，化学物質の製造，輸入，使用等について必要な規制を行うことを目的とする法律（化審法第1条）である。

化審法は，大きく分けて，①新規化学物質の行政による事前審査，②上市後の化学物質の継続的な管理措置[127]，③化学物質の性状等（分解性，蓄積性，毒性，環境中での残留状況）に応じた規制及び措置の3つの部分から構成されている[128][129]。これらのうち，①が本条の機能と類似する。

化審法は，新規化学物質を製造し，又は輸入しようとする者に対し，予め，厚生労働省令，経済産業省令，環境省令で定めるところにより，その新規化学物質の名称その他の厚生労働省令，経済産業省令，環境省令で定める事項を厚生労働大臣，経済産業大臣及び環境大臣に届け出ることを義務づける（化審法第3条）。分解性・蓄積性・ヒトへの長期毒性・動植物への毒性等について審査判定され，届出日から3カ月以内に厚生労働大臣，経済産業大臣及び環境大臣の3大臣名で同法規定の化学物質分類が通知され，当該区分（第1種特定化学物質，監視化学物質等）に応じた規制がかけられる。新規化学物質の審査に関する情報は，独立行政法人製品評価技術基盤機構による，化審法データベース（J-CHECK: Japan CHEmicals Collaborative Knowledge database）において公開されている[130]。

4 沿革

1 制度史

○労働安全衛生法
　労基法や旧安衛則において本条に相当する規定は存在しなかった。本法制定時にも，本法の中に本条と直接対応する規定は存在しなかった。しかし有害性の調査が無視されていたわけではなく，今日のリスクアセスメント規定（法第57条の3）に対応する規定は存在した（当時の法第58条。内容については，本書第57条の3 ④1参照）。

○「労働安全衛生法及びじん肺法の一部を改正する法律」（昭和52年7月1日法律第76号）による明文化
　右法律に基づいて，本法に本条が新規に追加された（当時の本法第57条の2）。

○「労働安全衛生法の一部を改正する法律案」（昭和63年5月17日法律第37号）による改正
　右法律に基づいて，本条が定める化学物質の有害性の調査については，一定の技術的な基礎を有すると認められる機関において，労働大臣の定める基準に従って行わなければならないものとされた。この改正は，OECDが加盟各国にOECDテストガイドライン（The OECD Guidelines for the Testing of Chemicals）及びOECD優良試験所基準（Good laboratory Practice: GLP）の採用を勧告し，右優良試験所基準に合致した施設においてテストガイドラインに従って得られた化学物質の安全性に関するデータを各国間で相互に受容すべきことを決定したことを背景に行われたものである[131]。

○「労働安全衛生法及び作業環境測定法の一部を改正する法律」（平成11年5月21日法律第45号）による

改正

右法律に基づいて法第57条の2が新規に追加されたことに伴い，本条が法第57条の3に繰り下げられた。

○「労働安全衛生法の一部を改正する法律」（平成26年6月25日法律第82号）による改正

右法律に基づいて法第57条の3が新規に追加されたことに伴い，本条が法第57条の4（現行法）に繰り下げられた。

2 背景となった災害等

○「労働安全衛生法及びじん肺法の一部を改正する法律」（昭和52年7月1日法律第76号）に基づく本条制定の背景については，本書の法第57条「背景となった災害等」参照。

本条の制定に影響を与えた「化学物質の審査及び製造等の規制に関する法律」（昭和48年10月16日法律第117号。化審法）は，カネミ油症事件（PCB事件）を契機として制定された。1968（昭和43）年10月に北九州市で発生したこの事件は，食用油（米ぬか油）を生産する過程で熱媒体として利用されていたPCB（ポリ塩化ビフエニル）が，製造過程で食用油に混入し，これを食べた人々に難治性の皮膚障害，脳性麻痺，知的障害等を発症させた事件である。発症者は1万4320人，死亡者は50人以上とされる[132]。

○「労働安全衛生法の一部を改正する法律」（昭和63年5月17日法律第37号）による改正においては，当時労働災害による死傷者数が長期的には減少していたものの，減少幅が鈍化する傾向が見られ，①中小規模事業場における労働災害の発生が多いこと，②高年齢労働者の労働災害が多いこと，③機械等による労働災害が多いこと，④労働者の健康保持増進への取り組みが重要な課題となっていたことが背景にあった[133]。本条の改正は，このうち主に③の文脈において行われた。

5 運用

1 適用の実際：有害性調査制度の仕組みと流れ

新規化学物質の有害性調査制度は，概ね**資料5-115**のような仕組みから成り立っている[134]。また，本法に基づく新規化学物質関連手続きは，**資料5-116**のような流れで行われる。

なお，新規化学物質に関連する手続については，これを簡素化する通達が示されている。①労働安全衛

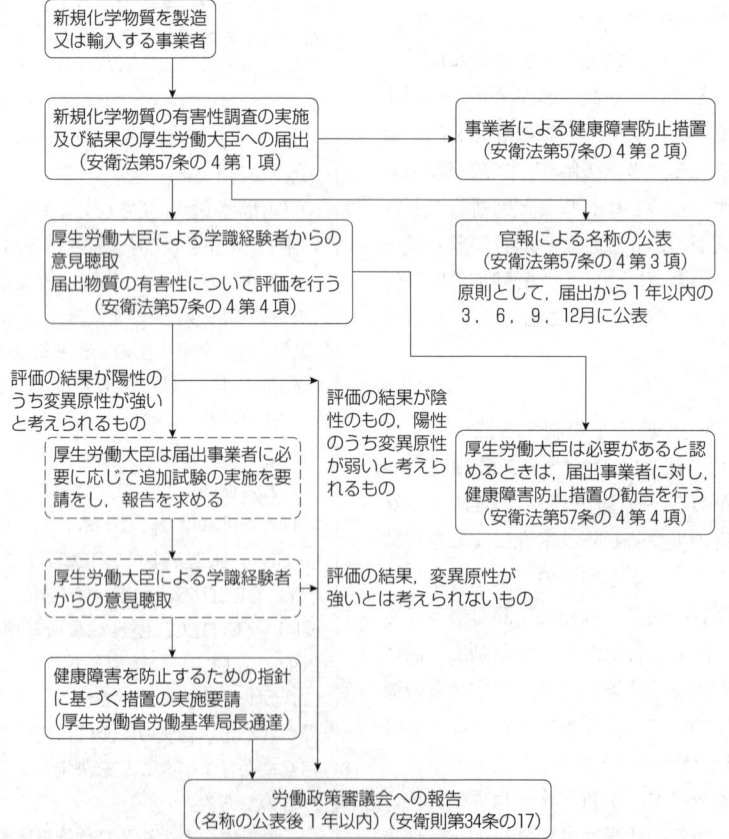

資料5-115　新規化学物質の有害性調査制度の仕組み

（厚生労働省 WEBサイト〔https://www.mhlw.go.jp/stf/seisakunitsuite/bunya/roudoukijun/anzeneisei06/04.html，最終閲覧日：2022年10月9日〕）

法に基づく新規化学物質の届出等の手続の一部変更について（平成23年12月28日基安化発1228第3号），②労働安全衛生法に基づく新規化学物質の届出等の手続の簡素化について（平成24年11月12日基安化発1112第2号），③バイオテクノロジー応用医薬品に係る有害性調査について（令和2年4月6日基安化発0406第3号）である。①は，新規化学物質製造・輸入届において従来，法定の届出書類と別に必要事項を記載して提出していたカード形式の調査票（定型的な質問内容が列挙された用紙）を廃止するとともに，少量新規化学物質確認申請においても一部申請を簡略化したもの，②は，化審法に基づく新規化学物質の届出書等の写しを添付することにより，安衛法の新規化学物質製造・輸入届等の記載事項の一部を要しないこと等を内容とする手続の簡素化に対応するもの，③は，バイオ医薬品に係る有害性調査においては，「『バイオテクノロジー応用医薬品の非臨床における安全性評価』について」（平成24年3月23日薬食審査発0323第1号）（「バイオ医薬品安全性評価通知」）の第2部の「6．がん原性」によるがん原性評価（以下「バイオ医薬品がん原性評価」という）の内容を参考にすることとし，対象のバイオ医薬品のがん原性に関し変異原性試験と同等以上の知見を得ることができる試験が実施されている場合には，当該試験の結果が確認できる書類を提出することにより，別途変異原性試験又はがん原性試験を実施せずともよいこととするものである。

2　関連判例
特になし。

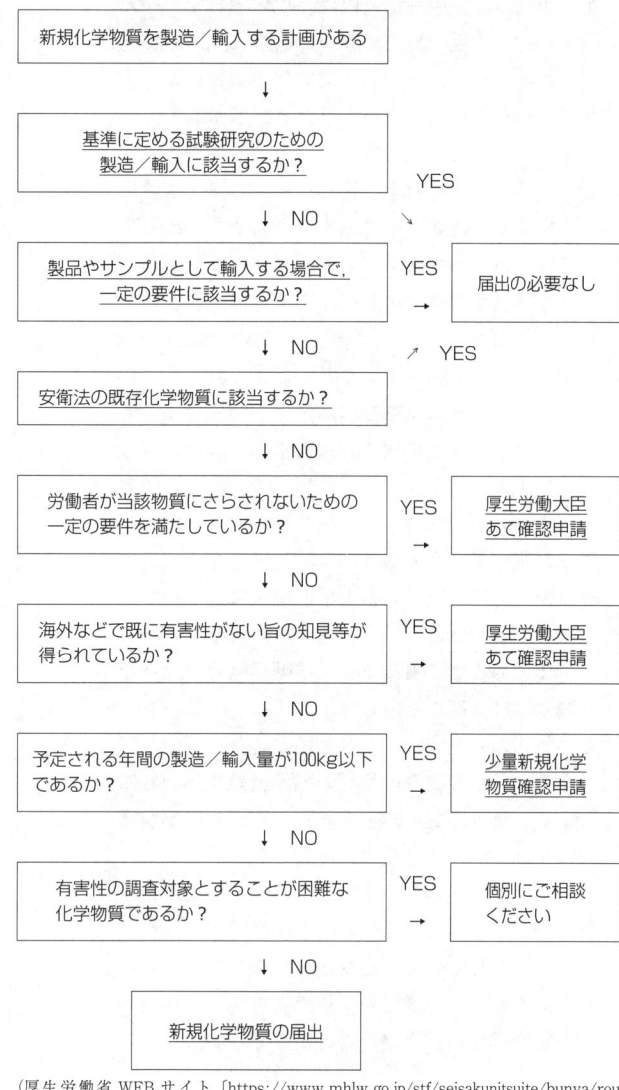

資料5-116　新規化学物質関連手続のフローチャート

（厚生労働省WEBサイト〔https://www.mhlw.go.jp/stf/seisakunitsuite/bunya/roudoukijun/anzeneisei06/01.html，最終閲覧日：2022年10月12日〕）

6　その他

1　罰則
新規化学物質を製造し，又は輸入しようとする事業者が，本条1項の規定に反する場合には，50万円以下の罰金に処せられる（法第120条第1号）。

有害性の調査の結果について意見を求められた学識経験者が，本条第5項に違反して，当該有害性の調査の結果に関して知り得た秘密を漏らした場合，6カ月以下の懲役（近く拘禁に改定予定），又は50万円以下の罰金に処せられる（法第119条第1号）。

これらについては両罰規定の適用がある（法第122条）。

2　民事上の効力
本条は，一定の化学物質の製造・輸入に関わる事業者に当該化学物質の有害性を調査する行政上の義務を課すこと等を目的とするものであり，本条に違反したことが，直ちに当該事業者等に民事上の責任を生じさせるものではない。しかし，本条第1項の有害性の調査は対象となる事業者に一般的に義務づけられて実施されることが期待されているもので，これを実施しないことがこれと関連する労災の発生に対する使用者の過失の存在を示す証拠の一つになる。

また，有害性の調査結果に基づいて，当該新規化学物質による労働者の健康障害を防止するため必要な措置を速やかに講じることを求める本条第2項の定めは，事業者が労働者に対して負う安全配慮義務の内容と実質的に重複する部分がある。このことから，同項違反の事実は，安全配慮義務違反を根拠づける事実の一つとなりうる。

第57条の5　厚生労働大臣は，化学物質で，がんその他の重度の健康障害を労働者に生ずるおそれのあるものについて，当該化学物質による労働者の健康障害を防止するため必要があると認めるときは，厚生労働省令で定めるところにより，当該化学物質を製造し，輸入し，又は使用している事業者その他厚生労働省令で定める事業者に対し，政令で定める有害性の調査（当該化学物質が労働者の健康障害に及ぼす影響についての調査をいう。）を行い，その結果を報告すべきことを指示することができる。
2　前項の規定による指示は，化学物質についての有害性の調査に関する技術水準，調査を実施する機関の整備状況，当該事業者の調査の能力等を総合的に考慮し，厚生労働大臣の定める基準に従つて行うものとする。
3　厚生労働大臣は，第1項の規定による指示を行おうとするときは，あらかじめ，厚生労働省令で定めるところにより，学識経験者の意見を聴かなければならない。
4　第1項の規定による有害性の調査を行つた事業者は，その結果に基づいて，当該化学物質による労働者の健康障害を防止するため必要な措置を速やかに講じなければならない。
5　第3項の規定により第1項の規定による指示について意見を求められた学識経験者は，当該指示に関して知り得た秘密を漏らしてはならない。ただし，労働者の健康障害を防止するためやむを得ないときは，この限りでない。

1　趣旨

本条は，がん原性が疑われているが，がん原性物質と確定するにはいまだデータ不足である化学物質について，これを製造し，輸入し，又は使用している事業者に対して，厚生労働大臣が，一定の基準を満たした有害性の調査を行い，その結果の報告を指示することができることを趣旨とする（昭和54年3月23日基発第132号）。

2　内容

1　その他の重度の健康障害

本条第1項に規定される「その他の重度の健康障害」は，がん同様の重篤な障害をいい，多くの場合，死亡するか又は不治の病で労働能力を永久に喪失させる程度の疾病をいう。[135]

2　輸入に係る取扱い

化学物質を密封した部品が含まれる機械等を輸入する場合であって，本邦の地域内において当該化学物質が密封された状態のまま，当該機械等が使用されるときは，当該機械等に密封された化学物質の輸入は，第1項の輸入には該当しない。また，化学物質を使用又は販売する事業者が，当該化学物質の輸入に係る事務を他の事業者に委託した場合には，当該委託を行った事業者が第1項の「輸入している事業者」に該当し，化学物質の輸入に伴う輸送の業務のみを行う事業者は，第1項の「輸入している事業者」に該当しない（昭和54年3月23日基発第132号）。

3　有害性の調査

本条第1項に規定される「有害性の調査」は，実験動物を用いて吸入投与，経口投与等の方法により行うがん原性の調査を意味する（施行令第18条の5）。この「吸入投与，経口投与等」の「等」には，実験動物の皮膚に塗付することによる投与が含まれる（昭和54年3月23日基発第132号）。

4　厚生労働大臣の指示

本条第1項に規定される調査の指示は，変異原性があると判断された化学物質のうちばく露される労働者が多く，かつ，ばく露量も多いこと，外国から入手した情報等からみてがん原性の疑いがあると思われること等の要件に該当するものについて行われる。[136]

本条第2項に規定される「厚生労働大臣が定める指示の基準」とは，化学物質による疾病の死生の態様，化学物質の取扱量，関係労働者数等からみて，調査を指示することが社会的に最も妥当である事業者を確定するための基準である。[137]

本条第5項の指示について意見を求められた学識経験者に課される守秘義務は，知り得た秘密の中には企業のノウハウや個人のプライバシーにかかわるものもあり，これが学識経験者から外部に漏れることとなると，調査を的確に実施するために必要な資料を事業者から提出させることが不可能となり，この制度を維持することが困難となるために設けられたものである。[138] この趣旨は，法第57条の4第5項と類似する。

3　関連規定：法条

本条のように，化学物質の有害性の調査を事業者等に命じる仕組みを有する法律として化審法がある。化審法では，スクリーニング評価やリスク評価を通じてリスクの存在が懸念される化学物質に対して，その製造・輸入業者に対して有害性調査の指示が行われる。

4　沿革

1　制度史

○労働安全衛生法

労基法及び旧安衛則において、本条に相当する規定は存在しなかった

本法制定時にも、本法の中に本条と直接対応する規定は存在しなかった。もっとも有害性の調査が無視されていたわけではなく、今日のリスクアセスメント規定（法第57条の3）に対応する規定は存在した（当時の法第58条。内容については、本書第57条の3 [4] 1参照）。

○「労働安全衛生法及びじん肺法の一部を改正する法律」（昭和52年7月1日法律第76号）による明文化

右法律によって、本条が本法に新規に追加された（当時の本法第57条の3）。

○「労働安全衛生法及び作業環境測定法の一部を改正する法律」（平成11年5月21日法律第45号）による改正。

右法律に基づいて法第57条の2が新規に挿入されたことに伴い、本条が法第57条の4に繰り下げられた。

○「労働安全衛生法の一部を改正する法律」（平成26年6月25日法律第82号）に基づく改正

右法律に基づいて法第57条の3が新規に追加されたことに伴い、本条が法第57条の5（現行法）に繰り下げられた。

2 背景となった災害等

「労働安全衛生法及びじん肺法の一部を改正する法律」（昭和52年7月1日法律第76号）に基づく本条制定の背景については、本書の第57条 [4] 2背景になった災害等参照。

[5] 運用

1 適用の実際

なし。

2 関連判例

なし。

[6] その他

1 罰則

化学物質を製造し、輸入し、又は使用している事業者等が、本条第1項の規定に違反して厚生労働大臣が指示した有害性の調査を行わない場合や、その結果を報告しない場合は、50万円以下の罰金に処せられる（法第120条第2項）。

厚生労働大臣による指示について意見を求められた学識経験者が、本条第5項の規定に違反して、当該指示に関して知り得た秘密を漏らした場合は、6カ月以下の懲役（近く拘禁に改定予定）又は50万円以下の罰金に処せられる（法第119条第1号）。

これらの違反については両罰規定の適用がある（法第122条）。

2 民事上の効力

本条第1項の厚生労働大臣による指示は、がん原性の疑いがある等、一定の有害性があると予想される化学物質について行われるものであり[139]、その意味で事業者等が積極的に有害性の調査を行うべきものである。さらに本条第4項は、この調査を実施した事業者に対し、この結果に基づいて、当該化学物質による労働者の健康障害を防止するため必要な措置を速やかに講じることを義務づける。本条は、直接的には行政に対する公法上の義務を事業者に課すものである。しかし、上記のような本条の趣旨に鑑みれば、本条の義務に反して適切な調査を行わない、あるいは調査は実施したがその結果に基づいた適切な健康障害防止措置を速やかに講じなかったことと関連して、労働者が健康障害を被る等の損害を被った場合、これらの義務違反は、右損害に関する事業者の安全配慮義務違反等の責任を根拠づける事実となると解される。

3 資料

なし。

（国の援助等）

第58条 国は、前2条の規定による有害性の調査の適切な実施に資するため、化学物質について、有害性の調査を実施する施設の整備、資料の提供その他必要な援助に努めるほか、自ら有害性の調査を実施するよう努めるものとする。

[1] 趣旨

本条は、有害性の調査を実施する施設が必ずしも十分でない現状に鑑み、国が施設整備を行う努力義務を負うことを明らかにしたものである[140]。

[2] 内容

国は、法第57条の4及び法第57条の5に基づく有害性調査の適切な実施を支援するために、化学物質について必要な援助をする努力義務、及び自ら有害性の調査を行う努力義務を負う。具体的な援助の例は、[5] 1参照。

[3] 関連規定：法条

国の援助に関する本法の規定として、

法第19条の3（事業場の労働者の健康の確保に資するための、労働者の健康管理等に関する相談、情報の提供その他の必要な援助）、

第63条（事業者が行なう安全又は衛生のための教育の効果的実施を図るための、指導員の養成及び資質の向上のための措置、教育指導方法の整備及び普及、教育資料の提供その

他必要な施策の充実），

第71条（労働者の健康の保持増進に関する措置の適切かつ有効な実施を図るための，必要な資料の提供，作業環境測定及び健康診断の実施の促進，受動喫煙の防止のための設備の設置の促進，事業場における健康教育等に関する指導員の確保及び資質の向上の促進その他の必要な援助），

第71条の4（事業者が講ずる快適な職場環境を形成するための措置の適切かつ有効な実施に資するための，金融上の措置，技術上の助言，資料の提供その他の必要な援助），

第106条（労働災害の防止に資するための，事業者が行う安全衛生施設の整備，特別安全衛生改善計画又は安全衛生改善計画の実施その他の活動について，金融上の措置，技術上の助言その他必要な援助）がある。

4 沿革

1 制度史

○労働安全衛生法
　本条は，前2条（法第57条の4，同57条の5）による化学物質の有害性の調査の適切な実施を支援するための定めであることから，この有害性の調査に関する定めがなかった本法制定時には，本条に相当する条文は存在しなかった。
　もっとも，国が事業者の安全衛生確保に関する取り組みを支援する仕組みは存在した。例えば，法第106条は，労働災害の防止に資するため，事業者が行なう安全衛生施設の整備，安全衛生改善計画の実施その他の活動について，金融上の措置，技術上の助言その他必要な援助を行なうように努めることを国に求めるものであった。

○「労働安全衛生法及びじん肺法の一部を改正する法律」（昭和52年7月1日法律第76号）による改正
　右法律により，本条が本法に新規に追加された（当時の本法第57条の4）。

○「労働安全衛生法及び作業環境測定法の一部を改正する法律」（平成11年5月21日法律第45号）による改正
　右法律に基づいて法第57条の2が新規に挿入されたことに伴い，本条が法第57条の5に繰り下げられた。

○「労働安全衛生法の一部を改正する法律」（平成26年6月25日法律第82号）による改正
　右法律に基づいて法第57条の3が新規に追加されたことに伴い，本条が法第58条（現行法）に繰り下げられた。

2 背景となった災害等

なし。

5 運用

1 適用の実際

　本条において努力義務とされている，国が有害性の調査を実施することに対応する施設として，1982（昭和57）年に国によって日本バイオアッセイ研究センターが設立されている。同センターは中央労働災害防止協会の附属機関であり，現在独立行政法人労働者健康安全機構に統合されている。同センターには，呼吸器を介した吸入ばく露を模した吸入試験を行うことができる毒性試験施設が設置され，長期吸入がん原性試験や遺伝子改変動物（外部から特定の遺伝子を導入するなど，人為的に遺伝子に操作を加えた動物。遺伝子の機能を調べたり，遺伝に関わる疾患を確認したりする等の目的で作出する）を用いた発がん性試験等が実施されている。[141]

　また，既存の化学物質で多数の事業者が製造しているもの等，法第57条の5の指示をすることが困難なものについては，国自体で計画的に有害性の調査を実施することとしている。[142]

2 関連判例

なし。

6 その他

1 罰則

なし。

2 民事上の効力

なし。

3 資料

なし。

考察と結語：第55条〜第58条

　化学物質に関する規制は，徐々にその内容を充実させつつある。シンプルな製造，使用制限から始まった規制は流通過程も対象とした包括的な規制に展開し，日々新規の化学物質が生まれるという課題の特徴に対しては新規化学物質について有害性の調査を製造輸入業者等に義務づける等の動的な対応を講じる仕組みが設けられた。一定範囲の化学物質に対してはリスクアセスメントの実施が義務化され，その職場に即した危険防止措置を講じることが期待されている。化学物質に関する規制は，徐々に充実の程度を高めてきたと評価することができる。

　こうした動きの原動力には，化学物質に起因する国内の事故のほか，労働者や環境の保護，化学物質の効率的な取引等の実現を目指す国際的な動きが存在した。化学物質を原因とする重大事故の発生は，当該化学物質の有害性や危険性を認識する契機になるとともに，立法措置を講じるための有力な政治的原動力にな

る。しかしこれにより健康や命が奪われる労働者等がいることには変わりはなく，リスクアセスメントや新規化学物質の調査義務が創設された今日においては，このような方法によって法制度の展開が促される場面は極小化すべきである。他方，国際的要請を受けて化学物質に関する法規制を修正，展開する場面は，今後一層増加する。流通規制の共通化は，これに付随する諸規制を新たに検討するにあたり，比較法的分析の有用性を示唆している。

　また，徐々に充実しつつある現在の制度になお課題が残ることも確かである。開発の速度がますます上がり，種類が多様化する化学物質について限定列挙方式で有害性・危険性の表示やSDSの交付を義務づける仕組みには限界が見え始めている。個別事業者にリスクアセスメントの実施を義務づけて当該職場に応じた個別的な健康・安全管理を実現する制度の趣旨は望ましい一方で，リスクアセスメントを正しく実施し，雇用管理に反映するために必要な，SDSの整備と適切な伝達，リスクアセスメントを実施するための専門家を育成するための仕組みの整備，中小企業を中心としたリスクアセスメントを実施するための経済的基盤の整備等はなお十分とはいえない。これらが保護しようとする労働者の心身の健康・生命は，最も高い価値を与えられるべき基本的価値の一つであり，課題の早急な解決が求められている。

　最後に，若干今後の展望を述べる。

　自律的なリスク管理の実施における鍵となるリスクアセスメントとその結果に基づく適切な対応の実現を果たすためには，①組織の責任者による真摯で具体的な関与，②構造的で計画的な取り組み，③適切な人的・物的資源が利用できる条件の整備，④全ての管理者による安全衛生の重視，⑤直面課題に応じた柔軟な対応，⑥安全衛生と組織の生産性や競争力との一体視，という6つの要素をふまえた多面的で専門的かつ柔軟な安全衛生行政の推進が求められる。これらは，性能要件型の規制にも対応可能な組織的な安全衛生の学習と取り組みを促進していくものであり，その先の目標に社会全体における安全衛生文化の醸成が存在する。行政による高権的な介入だけでなく，事業者による自発的な関与を必要とする時代に既に入っている[143]。

　リスクアセスメント制度の具体化にあたっては，その制度・運用の基本原則を法律自体や大綱に定めておくことも一貫性のある制度展開・運用を実現するために不可欠である。例えば，イギリス等で採用されているリスク最小化原則[144]や，リスク創出者管理責任負担原則[145]はその候補に挙がるが[146]，リスクアセスメント手法では，専門家頼みの上からの取り組みになり易いので，

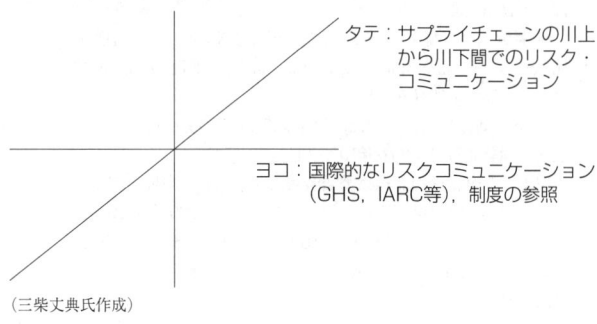

（三柴丈典氏作成）

日本的な現場意見を取り込み，組織全体を巻き込む手法も組み入れる必要がある[147]。

　そしてハザードやリスクの評価に不安定性や相対性を伴い，未知の物質（新規物質）や混合物も次々に登場し，事業体の企業秘密に関わり，産業としての有効活用が避けられないという化学物質の特徴をふまえれば，その対策は総合的なもの，多チャンネル的なものでなければならない。これは，対策の幅，メニューを拡大して，少なくともそのいずれかが効果を発揮するような仕組み作りが求められるということである。具体的には，タテ（サプライチェーンの上流から下流に至るリスク情報の共有やリスク低減策の実施）・ヨコ（GHSなどの国際的なハザード〔ないしリスク〕に関する情報の共有）・タカサ（現場でのばく露実体等の調査・分析）の3方向での展開を法政策的に図ることが求められよう[148]。

【注】

1）「ケミカルアブストラクツサービス」は，1907年にアメリカ化学会（American Chemical Society）の一部門に設立された組織である。世界中の化学文献を収集し，書誌事項，抄録，索引などを作成して「ケミカル・アブストラクツ（Chemical Abstracts: CA）」を刊行している。この組織が管理する化学物質に関する登録システム，CAS Registryは，世界最大の化学物質データベースである。

2）以下の「3」の項の問題状況の整理は，後掲する「職場における化学物質等の管理のあり方に関する検討会報告書」に準拠している。

3）労働安全衛生規則等の一部を改正する省令（令和4年厚生労働省令第91号）等。前述の現状認識と改正の方向性の整理は，同報告書による。

4）労働安全衛生法等の一部を改正する法律（平成17年11月2日法律第108号）。

5）「今後の労働安全衛生対策の在り方に係る検討会報告書」（厚生労働省，2004年）。

6）東京高判平29・10・27判タ1444号137頁。

7）最3小判平16・4・27民集75巻5号1359頁，最1小判平26・10・9民集68巻8号799頁，最1小判令3・5・17民集75巻5号1359頁等。

8）労働調査会出版局編『労働安全衛生法の詳解──労働安全衛生法の逐条解説〔改訂5版〕』（労働調査会，2020年）654頁。

9）黄りんマッチについて，「燐寸製造ニ於ケル黄燐使用ノ禁止

ニ関スル千九百六年ベルヌ国際条約（1906年制定，1926〔昭和元〕年日本批准），クロシドライト（青石綿）について，石綿の使用における安全に関する条約（1986年制定，2005〔平成17〕年日本批准）。

10) 厚生労働省「職場のあんぜんサイト」化学物質：黄りん（https://anzeninfo.mhlw.go.jp/anzen/gmsds/0571.html，最終閲覧日：2022年10月9日）。

11) J-Net21WEBサイト（https://j-net21.smrj.go.jp/help/index.html，最終閲覧日：2022年10月9日）。

12) 環境・安全管理用語編集委員会編『化学物質　環境・安全管理用語事典〔改訂第3版〕』（化学工業日報社，2005年）288頁。

13) ILO「ICSCデータベース」（https://www.ilo.org/dyn/icsc/showcard.display?p_card_id=0759&p_version=1&p_lang=ja，最終閲覧日：2022年10月9日）。

14) 肺の外側を覆う胸膜に含まれる胸壁側（壁側胸膜）と肺を覆っている胸膜（臓側胸膜）の間にたまる液体を意味する（一般社団法人日本呼吸器学会WEBサイト「呼吸器Q&A　胸水がたまっているとは？」〔https://www.jrs.or.jp/citizen/faq/q22.html，最終閲覧日：2022年10月9日〕）。ここではこの胸水が増加して肺を圧迫などすること。

15) ILO「ICSCデータベース」（https://www.ilo.org/dyn/icsc/showcard.display?p_lang=ja&p_card_id=0014&p_version=2，最終閲覧日：2022年10月9日）。

16) ILO「ICSCデータベース」（https://www.ilo.org/dyn/icsc/showcard.display?p_lang=ja&p_card_id=1395&p_version=2，最終閲覧日：2022年10月9日）。

17) 肺胞の周りにある網目状の毛細血管から血液の液体成分が肺胞内にしみ出した状態。肺胞内に液体成分が貯まることにより，肺での酸素の取り込みが阻害され，重症化すると呼吸不全に陥ることがある（一般社団法人日本呼吸器学会WEBサイト「呼吸器の病気　肺水腫」〔https://www.jrs.or.jp/citizen/disease/f/f-03.html，最終閲覧日：2022年10月9日〕）。

18) ILO「ICSCデータベース」（https://www.ilo.org/dyn/icsc/showcard.display?p_lang=ja&p_card_id=0237&p_version=2，最終閲覧日：2022年10月9日）。

19) 松尾幸夫主筆／片岡輝男・木村嘉勝編『政策担当者が語る労働衛生施策の歩み』（労働調査会，2012年）160頁。

20) ILO「ICSCデータベース」（https://www.ilo.org/dyn/icsc/showcard.display?p_lang=ja&p_card_id=0610&p_version=2，最終閲覧日：2022年10月9日）。

21) 環境・安全管理用語編集委員会編・前掲注12) 288頁。

22) 労務行政研究所編『労働安全衛生法（労働法コンメンタール10)』（労務行政，2017年）502頁。

23) 同上。

24) 松岡三郎『条解労働基準法　下〔新版〕』（弘文堂，1959年）647頁。

25) 松尾主筆・前掲注19) 29頁。

26) 以下のベンゼン中毒事件の展開について，同上37頁。

27) 玉泉孝次氏による。

28) 玉泉孝次氏による。

29) 篠原耕一氏による。

30) 厚生労働省が発表した情報を，各自治体が取りまとめ，住民に発表する取り組みが行われている。横浜市の例として，横浜市WEBサイト「石綿（アスベスト）を含有する珪藻土製品について」（https://www.city.yokohama.lg.jp/kurashi/sumai-kurashi/gomi-recycle/gomi/shushufuka/asubesuto.html，最終閲覧日：2022年10月10日）。

31) こうしたアスベストをめぐる当事者や労働組合の動き，環境影響に対する対応策等については，例えば『労働の科学』70巻9号（2015年）収録の特集「アスベスト問題は終わっていない」参照。

32) 大阪・泉南アスベスト訴訟（第1陣訴訟：第1小判平26・10・9判時2241号13頁，第2陣訴訟：第1小判平26・10・9民集68巻8号799頁）はその代表例の一つである。これらの最高裁判決は，労働大臣の省令制定権限の不行使を違法として，局所排気装置設置の義務づけを労働大臣に求めるものであるが，使用者に対して労働者に防じんマスクの着用の義務づけを求めることまでは指摘していない。

33) 加熱等により固体が蒸発して粒子化したもので，酸化している場合が多く，粉じん，煙霧，蒸気，揮発性粒子であって，球状か結晶である場合が多い。ここでは窒素酸化物，塩化水素。

34) 気体中に浮遊する微小な液体または固体の粒子と周囲の気体の混合体を意味する（日本エアロゾル学会WEBサイト「エアロゾルとは」（https://www.jaast.jp/new/about_aerosol.html，最終閲覧日：2022年10月10日）。

35) ILO「ICSCデータベース」（https://www.ilo.org/dyn/icsc/showcard.display?p_lang=ja&p_card_id=0481&p_version=2，最終閲覧日：2022年10月10日）。

36) ILO「ICSCデータベース」（https://www.ilo.org/dyn/icsc/showcard.display?p_lang=ja&p_card_id=0518&p_version=2，最終閲覧日：2022年10月10日）。

37) ILO「ICSCデータベース」（https://www.ilo.org/dyn/icsc/showcard.display?p_lang=ja&p_card_id=0939&p_version=2，最終閲覧日：2022年10月10日）。

38) ILO「ICSCデータベース」（https://www.ilo.org/dyn/icsc/showcard.display?p_lang=ja&p_card_id=0960&p_version=2，最終閲覧日：2022年10月10日）。

39) ILO「ICSCデータベース」（https://www.ilo.org/dyn/icsc/showcard.display?p_lang=ja&p_card_id=1582&p_version=2，最終閲覧日：2022年10月10日）。

40) ILO「ICSCデータベース」（https://www.ilo.org/dyn/icsc/showcard.display?p_lang=ja&p_card_id=0226&p_version=2，最終閲覧日：2022年10月10日）。環境・安全管理用語編集委員会編・前掲注12) 286頁。

41) ILO「ICSCデータベース」（https://www.ilo.org/dyn/icsc/showcard.display?p_lang=ja&p_card_id=0105&p_version=2，最終閲覧日：2022年10月15日）。

42) 松尾主筆・前掲注19) 160-161頁。

43) 労働調査会編・前掲注8) 659頁。

44) 玉泉孝次氏による。

45) 三柴丈典氏による。

46) この定めは，許可物質の製造工程において，許可物質の発散が多いふるい分け機又は真空ろ過機について設ける覆いの構造について規定したものであり，同号の「内部を観察できる構造」とは，当該装置の覆いの一部をガラス又は透明なプラスチックをもって造り，当該箇所から内部を観察できるような構造をいうこと。また，同号の施錠等の「等」には，当該装置の覆いを緊結すること等をいう（昭和47年9月18日基発第591号）。

47) この定めは，許可物質を製造する事業場において，製品を容器詰めする作業等，許可物質を取り扱う場合で，湿潤な状態のものとし又は隔離室での遠隔操作によることが著しく困難である場合の措置について規定したものである。「湿潤な状態」とは，当該物質をスラリー（液体中に鉱物，汚泥などの固体粒子が混ざっている流動体のこと。泥漿（でいしょう）ともいう）化年度などのしたもの又は溶媒に溶解させたものを意味し，「粉状のもの」とは，当該物質をスラリー化したもの又は溶媒に溶解させたもの以外のものを意味する（昭和47年9月18日基発第591号）。

48) この定めは，製造設備からサンプリングする場合の措置について規定したものである。サンプリングは，所定位置において，できるだけ風上に位置し，予め定められた量以上は採取してはならない（昭和47年9月18日基発第591号）。

49) 労働調査会出版局編・前掲注8）660頁。
50) 厚生労働省「(2)プッシュプル型換気装置」（https://www.mhlw.go.jp/new-info/kobetu/roudou/gyousei/anzen/dl/0602-1_006.pdf，最終閲覧日：2022年10月10日）。
51) ベリリウム等を焼結し，又は煆焼する設備を設置する作業場所とそれ以外の作業場所とが別の建屋であるか，又は隔壁をもって全面的に区画することを意味する（昭和50年10月1日基発573号）。
52) この設備については，当該設備にふたをすることができる形のものでもよいとされる（昭和50年10月1日基発573号）。
53) 松村明・三省堂編修所編『大辞林〔第3版〕』（三省堂，2006年）。
54) 玉泉孝次氏による。
55) 最1小判令3・5・17民集75巻5号1359頁。
56) 労務行政研究所編・前掲注22）515頁。
57) 最1小判令3・5・17民集75巻5号1359頁。
58) 厚生労働省「職場のあんぜんサイト」―「表示・通知対象物質（ラベル表示・SDS 交付義務対象物質）の一覧・検索」（https://anzeninfo.mhlw.go.jp/anzen/gmsds/gmsds640.html，最終閲覧日：2022年10月10日）。
59) 厚生労働省「化学物質対策に関するQ&A（ラベル・SDS関係）」（https://www.mhlw.go.jp/stf/newpage_11237.html，最終閲覧日：2022年10月10日）。
60) ただし，2024（令和6）年4月1日時点で現存するものには，2025（令和7）年3月31日までの間，安衛法第57条第1項のラベル表示義務の規定は適用されない。
61) 労務行政研究所編・前掲注22）517頁。
62) 同上，労働調査会出版局編・前掲注8）666頁。
63) 最1小判令3・5・17民集75巻5号1359頁。
64) 物質及び混合物を，健康，環境，及び物理化学的危険有害性に応じて分類するために調和された判定基準や，表示及び安全データシート（SDS）の要求事項を含む，調和された危険有害性に関する情報の伝達に関する事項を定めた文書（独立行政法人製品評価技術基盤機構（NITE）化学物質管理センター「GHSって何？ルールなの？〔日本におけるGHS〕」〔https://www.nite.go.jp/chem/ghs/pdf/ghs_training_content1.pdf，最終閲覧日：2022年10月10日〕）。
65) NITE 化学物質総合情報提供システム（NITE-CHRIP）WEBサイト（https://www.chem-info.nite.go.jp/chem/chrip/chrip_search/systemTop，最終閲覧日：2024年10月10日）。
66) 厚生労働省「職場のあんぜんサイト」―「GHS 対応モデルラベル・モデル SDS 情報」（http://anzeninfo.mhlw.go.jp/anzen_pg/GHS_MSD_FND.aspx，最終閲覧日：2022年10月10日）。
67) 最1小判令3・5・17民集75巻5号1359頁。
68) 同上。
69) 労務行政研究所編・前掲注22）58頁。
70) 厚生労働省安全衛生部のご助力を頂き，担当者が全国の都道府県労働局の健康・安全関係課，監督課，主要労基署の現役行政官，安全衛生行政関係団体等の行政官OBに向けて，安衛法の条文ごとの監督指導実例，法改正提案等につき，アンケート調査を行ったもの。
　　監督官49，技官15，元監督官12，元技官2の回答があった。
71) 篠原耕一氏による。ただし，大手製造会社が下請に塗装等の作業を発注する際に，自社でブレンドしたものを指定して使用させる場合があり，その際に，下請に含有物質を知られたくない等の理由で表示がされていないケースもある（玉泉孝次氏による）。
72) 玉泉孝次氏による。
73) 篠原耕一氏による。
74) 例えば「職場における化学物質等の管理のあり方に関する検討会」（座長・城内博日本大学理工学部特任教授）では，注文者から請負人への情報提供等が不十分であること等による災害事例として，次の例が紹介され，一定の危険性や有害性が認められた化学物質にSDS交付義務の範囲を限定する現行制度の課題が示されている。

・GHS 分類では自己発熱性の危険性があるがSDS交付等の規制のない硫化鉄を含むスラッジが堆積したタンクの清掃を請負い，作業を行っていたが，当該清掃中に硫化鉄が空気に触れ酸化，発熱・発火したもの。注文者と請負業者の作業要領には，スラッジを湿潤に保つとの記載はあったが，請負業者は硫化鉄の危険性，湿潤化の目的等を認識していなかった（2017〔平成29〕年1月発生，休業なし）。

75) 厚生労働省「職場のあんぜんサイト」（https://anzeninfo.mhlw.go.jp/，最終閲覧日：2022年10月10日）。
76) 労務行政研究所編・前掲注22）527頁。
77) 酸性・アルカリ性の程度。
78) 固体が液体になる温度。
79) 液体が固体になる温度。
80) 液体を蒸留させた際，凝縮管の下端から留出液の最初の1滴が落下した時の温度（化学物質評価研究機構WEBサイト「沸点（初留点）測定」〔https://www.cerij.or.jp/service/14_JIS_certification/boiling_point.html，最終閲覧日：2022年10月10日〕）。沸点に等しい。
81) 蒸気が示す圧力のこと。通常は飽和蒸気圧（ある物体の液体や固体がその気体と平衡状態にある場合のその気体の圧力）を指す。
82) 一定温度下で100gの水に溶ける硝酸カリウムの質量限界（g）のように，ある溶質が一定量の溶媒に溶ける限界量。
83) オクタノール（無色透明の物質）と水の混合物に物質を溶解させたときのオクタノール中の物質濃度と水中の物質濃度の比をオクタノール/水分配係数といい，Kowで表す。この値が大きいほど油脂に溶けやすく，水に溶けにくい。すなわち生物体内に蓄積しやすいことを示す（環境省WEBサイト「用語解説」項目：「Log Kow」〔https://www.env.go.jp/chemi/pops/pamph/pdf/p10.pdf，最終閲覧日：2022年10月10日〕参照）。
84) GHS（JIS Z 7253）に従った化学物質の分類上，危険有害性を有するもののうちSDS交付対象物質（政令指定物質と製造許可対象物質）を除いたもので，特化則の規制対象となる特化物などとは異なる。
85) 一般的には，医薬品等であって毒性が強いものが毒物，医薬品等以外であって毒性が若干弱いものを劇物と呼んでいる。
86) 労務行政研究所編・前掲注22）87頁。
87) 玉泉孝次氏による。
88) 篠原耕一氏による。
89) 篠原耕一氏による。
90) 三柴丈典「日本の安衛法の特徴と示唆される予防政策のエッセンス」厚生労働科学研究費補助金（労働安全衛生総合研究事業）「リスクアセスメントを核とした諸外国の労働安全衛生制度の背景・特徴・効果とわが国への適応可能性に関する調査研究〈第1分冊〉」（2017年）分担研究報告書，95頁。
91) 労務行政研究所編・前掲注22）532頁。
92) 三柴丈典氏による。
93) 三柴丈典氏による。
94) 実際に労働災害が発生した場合の対応のみならず，労働災害が発生した場合を想定した応急措置等の訓練の内容やその計画を定めること等も含まれる（令和4年5月31日基発0531第9号）。
95) 必要な教育の実施における計画の策定等の管理を求めるもので，必ずしも化学物質管理者自らが教育を実施することを求めるものではなく，労働者に対して外部の教育機関等で実施している必要な教育を受けさせること等を妨げるものではない。ま

た，本規定の施行の前に既に雇い入れ教育等で労働者に対する必要な教育を実施している場合には，施行後に改めて教育の実施を求める趣旨ではない（令和4年5月31日基発0531第9号）。

96) 三柴丈典氏による。
97) 法第28条の2の制定前の1999（平成11）年に公表され（平成11年労働省告示第53号），自主的な安全衛生管理システムの構築を促していたが，同条が制定され，あわせて「危険性又は有害性等の調査等に関する指針」（平成18年3月10日危険性又は有害性等の調査等に関する指針公示第1号）が公示されたため，これと整合性をとるために改正された（平成18年3月10日厚生労働省告示第113号）。
98) 厚生労働省「職場のあんぜんサイト」（https://anzeninfo.mhlw.go.jp/user/anzen/kag/ankgc07_3.htm，最終閲覧日：2022年10月10日）。
99) リスクアセスメントから明らかになった事実は，雇用管理を行う際の貴重な情報源であり，活用の場が広げられつつある。例えば，2023年4月1日以降事業者に義務づけられる労働者が化学物質にばく露される程度を最小限度にするために講ずる措置（安衛則第577条の2第1項），2024年4月1日以降事業者に義務づけられる労働者がばく露される程度を一定の濃度の基準以下としなければならない物質に係るばく露濃度の抑制措置の実施（同条第2項）などである。
100) 三柴丈典氏による。
101) 労務行政研究所編・前掲注22）104頁。
102) 篠原耕一氏による。
103) 厚生労働省「職場のあんぜんサイト」―「厚生労働省版コントロール・バンディング」https://anzeninfo.mhlw.go.jp/user/anzen/kag/ankgc07_1.htm，最終閲覧日：2022年10月10日。
104) 篠原耕一氏による。
105) 玉泉孝次氏による。
106) 篠原耕一氏による。
107) 玉泉孝次氏による。
108) 厚生労働省安全衛生部のご助力を頂き，担当者が全国の都道府県労働局の健康・安全関係課，監督課，主要労基署の現役行政官，安全衛生行政関係団体等の行政官OBに向けて，安衛法の条文ごとの監督指導実例，法改正提案等につき，アンケート調査を行ったもの。
   監督官49，技官15，元監督官12，元技官2の回答があった。
109) 三柴丈典「使用者の健康・安全配慮義務」日本労働法学会編『講座労働法の再生 第3巻 労働条件論の課題』（日本評論社，2017年）273頁，287-290頁。
110) 畠中信夫『労働安全衛生法のはなし〔第3版〕』（中央労働災害防止協会，2016年）287頁。
111) 物質を構成している基本的な成分（NHK高校講座「化学基礎」テレビ学習メモ：永島裕「単体と化合物」〔https://www.nhk.or.jp/kokokoza/kagakukiso/assets/memo/memo_0000002010.pdf?lib=on，最終閲覧日：2024年10月10日〕）。
112) 英語では excited state。量子力学的な系の状態のうち，エネルギー的に最も安定な状態（基底状態）以外のよりエネルギーの高い状態（日本光合成学会WEBサイト「光合成事典」項目：「励起状態」〔https://photosyn.jp/pwiki/?励起状態，最終閲覧日：2022年10月10日〕）。
113) 不対電子を持つ化学種。一般に電子は2個で対をなしている状態で原子軌道あるいは分子軌道に安定的に収容されているが，ラジカルでは軌道に1つの電子（不対電子）しかなく，極めて反応性が高い（公益社団法人日本薬学会WEBサイト「薬学用語解説」項目：「ラジカル」〔https://www.pharm.or.jp/words/word00510.html，最終閲覧日：2024年10月10日〕）。
114) 純物質を構成している元素の種類が1種類の物質を単体という。例えば，水素 H_2，酸素 O_2，アルゴン Ar，また金属のアルミニウム Al，銀 Ag，金 Au などがある。純物質を構成して

いる元素の種類が2種類以上の物質を化合物といい，例えば水 H_2O，二酸化炭素 CO_2，塩化ナトリウム NaCl，炭酸水素ナトリウム $NaHCO_3$ などがある（NHK高校講座「化学基礎」テレビ学習メモ：永島裕「単体と化合物」・前掲注111）参照）。
115) 一般に2種類以上の安定な分子が直接結合してできる化合物で比較的容易にもとの成分に分解できるようなものをいい，分子化合物ともいう（厚生労働省WEBサイト「既存化学物質」〔https://www.mhlw.go.jp/stf/seisakunitsuite/bunya/roudoukijun/anzeneisei06/01c.html，最終閲覧日：2022年10月11日〕）。
116) 分子間化合物のうち，水と他の分子が直接結合してできる化合物（厚生労働省WEBサイト・同上）。水和物ともいう。
117) 2種類の分子のうち，一方の分子がトンネル形，層状又は立体網状構造の結晶を作り，その結晶の隙間に他の分子が入り込んで結晶を作ったような構造を有する化合物（厚生労働省WEBサイト・同上）。
118) 化学結合に関与しない電子対を有する化合物が，当該電子対によって，他の陽イオン形の化合物と配位結合して生ずる化合物（厚生労働省WEBサイト・同上）。
119) 2種以上の塩が結合してできる化合物であって，それぞれの塩を構成するイオンがそのまま存在しているもの（厚生労働省WEBサイト・同上）。
120) 一般に数千個以上の原子でできている分子。ポリマーともいう。
121) 一般に数個から100個程度の原子でできている分子。
122) 複数の分子が結合して，何倍かの分子量の新たな化合物となる反応。
123) 松尾主筆・前掲注19）177頁。
124) 労務行政研究所編・前掲注22）543頁。
125) 労働安全衛生法第28条第3項の規定に基づき厚生労働大臣が定める化学物質による健康障害を防止するための指針（平成24年10月10日健康障害を防止するための指針公示第23号，最終改正：令和2年2月7日付け健康障害を防止するための指針公示第27号）は，表示・通知対象物の製造・輸入業者の労働者に対象物を取り扱わせる場合にはSDSの交付，それ以外の労働者に対象物を取り扱わせる場合にもラベルの表示を求めるなどしている。
126) 労務行政研究所編・前掲注22）542頁。
127) 上市後の届出による製造・輸入数量の把握，有害情報の報告等（一定の化学物質につき，製造・輸入業者による調査の結果，環境毒性等一定の性状が判明した場合に行政に対して行う報告等）に基づくリスク評価を行う。
128) 製造・輸入数量の把握，有害性調査の指示，製造・輸入許可，使用制限等。
129) 経済産業省WEBサイト「化審法とは」（https://www.meti.go.jp/policy/chemical_management/kasinhou/about/about_index.html，最終閲覧日：2022年10月11日）。
130) 独立行政法人製品評価技術基盤機構「化審法データベース」https://www.nite.go.jp/chem/jcheck/top.action?request_locale=ja，（最終閲覧日：2022年10月11日）。
131) 労働調査会出版局編・前掲注8）685-686頁。
132) 山本健治『戦後70年労働災害と職業病の年表』（第三書館，2015年）109-110頁。
133) 労務行政研究所編・前掲注22）71頁。
134) 厚生労働省「労働安全衛生法に基づく新規化学物質関連手続きについて」（https://www.mhlw.go.jp/stf/seisakunitsuite/bunya/koyou_roudou/roudoukijun/anzen/anzeneisei06/index.html，最終閲覧日：2022年10月11日）。
135) 労務行政研究所編・前掲注22）545頁。
136) 同上。
137) 同上，労働調査会出版局編・前掲注8）697頁。
138) 労務行政研究所編・前掲注22）545頁。

139) 同上。
140) 同上547頁。
141) 独立行政法人労働者健康安全機構「化学物質等の有害性調査」https://www.johas.go.jp/jbrc/about/tabid/1041/Default.aspx, (最終閲覧日：2022年10月12日)。
142) 労働調査会出版局編・前掲注8) 698頁。
143) 以上について，厚生労働省厚生労働科学研究費補助金（労働安全衛生総合研究事業)「リスクアセスメントを核とした諸外国の労働安全衛生制度の背景・特徴・効果とわが国への適応可能性に関する調査研究」〔研究代表者：三柴丈典〕〈第1分冊〉(2020年) 総括研究報告書71頁。
144) 排除できるリスクは排除し，それが困難なリスクは最小化すべきとする原則。まず，リスク調査をして集団的措置を中心に本質的な排除・低減策を講じ，それが叶わない場合に個別的，人的措置等を実施する方策である3ステップ・アプローチに代表される。
145) リスクの管理責任は，製造者，設計者，発注者等のリスク創出者が負担すべきとする原則。
146) 三柴・前掲注143) 75頁。
147) 三柴丈典氏による。
148) 三柴・前掲注143) 77頁。

〔長谷川聡〕

章末資料5-1　表示・通知義務対象物質

物質名の欄に記載された化学物質及びその物質を右欄の範囲で含有する製剤その他の物が表示及び文書交付義務対象となります。
・その物質名で総称される異性体がある場合にはすべての異性体を含みます。
・ラベル裾切値、SDS裾切値は、当該物質の含有量（重量％）がその値未満の場合、ラベル・SDSの義務の対象とならない値です。

（令和4年1月1日現在）

番号	物質名	CAS番号	ラベル裾切値	SDS裾切値
労働安全衛生法施行令別表第3第1号（製造許可物質、特定化学物質第一類物質）				
1	ジクロルベンジジン及びその塩	91-94-1他	0.1%	0.1%
2	アルファーナフチルアミン及びその塩	134-32-7他	1%	1%
3	塩素化ビフェニル（別名PCB）	*	0.1%	0.1%
4	オルトートリジン及びその塩	119-93-7他	1%	0.1%
5	ジアニシジン及びその塩	119-90-4他	1%	0.1%
6	ベリリウム及びその化合物	*	0.1%	0.1%
7	ベンゾトリクロリド	98-07-7	0.1%	0.1%
労働安全衛生法施行令別表第9				
1	アクリルアミド	79-06-1	0.1%	0.1%
2	アクリル酸	79-10-7	1%	1%
3	アクリル酸エチル	140-88-5	1%	0.1%
4	アクリル酸ノルマルーブチル	141-32-2	1%	0.1%
5	アクリル酸2ーヒドロキシプロピル	999-61-1	1%	0.1%
6	アクリル酸メチル	96-33-3	1%	0.1%
7	アクリロニトリル	107-13-1	1%	0.1%
8	アクロレイン	107-02-8	1%	1%
9	アジ化ナトリウム	26628-22-8	1%	1%
10	アジピン酸	124-04-9	1%	1%
11	アジポニトリル	111-69-3	1%	1%
11-2	亜硝酸イソブチル	542-56-3	1%	0.1%
11-3	アスファルト	8052-42-4	1%	0.1%
11-4	アセチアセトン	123-54-6	1%	1%
12	アセチルサリチル酸（別名アスピリン）	50-78-2	0.3%	0.1%
13	アセトアミド	60-35-5	1%	0.1%
14	アセトアルデヒド	75-07-0	1%	0.1%
15	アセトニトリル	75-05-8	1%	1%
16	アセトフェノン	98-86-2	1%	1%
17	アセトン	67-64-1	1%	0.1%
18	アセトンシアノヒドリン	75-86-5	1%	1%
19	アニリン	62-53-3	1%	0.1%
20	アミド硫酸アンモニウム	7773-06-0	1%	1%
21	2ーアミノエタノール	141-43-5	1%	1%
22	4ーアミノー6ーターシャリーブチルー3ーメチルチオー1,2,4ートリアジンー5(4H)ーオン（別名メトリブジン）	21087-64-9	1%	1%
23	3ーアミノー1Hー1,2,4ートリアゾール（別名アミトロール）	61-82-5	1%	1%
24	4ーアミノー3,5,6ートリクロロピリジンー2ーカルボン酸（別名ピクロラム）	1918-02-1	1%	1%
25	2ーアミノピリジン	504-29-0	1%	1%
26	亜硫酸水素ナトリウム	7631-90-5	1%	1%
27	アリルアルコール	107-18-6	1%	1%
28	1ーアリルオキシー2,3ーエポキシプロパン	106-92-3	1%	0.1%
29	アリル水銀化合物	*	1%	0.1%
30	アリルーノルマループロピルジスルフィド	2179-59-1	1%	0.1%
31	亜りん酸トリメチル	121-45-9	1%	0.1%
32	アルキルアルミニウム化合物	*	1%	1%
33	アルキル水銀化合物	*	0.3%	0.1%
34	3ー（アルファーアセトニルベンジル）ー4ーヒドロキシクマリン（別名ワルファリン）	81-81-2	0.3%	0.1%
35	アルファ,アルファージクロロトルエン	98-87-3	0.1%	0.1%
36	アルファーメチルスチレン	98-83-9	1%	1%
37	アルミニウム	7429-90-5	1%	1%
	アルミニウム水溶性塩	*	1%	0.1%
38	アンチモン及びその化合物（三酸化二アンチモンを除く。）	*	1%	0.1%
	三酸化二アンチモン	1309-64-4	0.1%	0.1%
39	アンモニア	7664-41-7	0.2%	0.1%
39-2	石綿分析用試料等 ※1	*	0.1%	0.1%
40	3ーイソシアナトメチルー3,5,5ートリメチルシクロヘキシル＝イソシアネート	4098-71-9	1%	0.1%
41	イソシアン酸メチル	624-83-9	0.3%	0.1%
42	イソプレン	78-79-5	1%	0.1%
43	Nーイソプロピルアニリン	768-52-5	1%	1%
44	Nーイソプロピルアミノホスホン酸Oーエチルー Oー（3ーメチルー4ーメチルチオフェニル）（別名フェナミホス）	22224-92-6	1%	1%
45	イソプロピルアミン	75-31-0	1%	1%
46	イソプロピルエーテル	108-20-3	1%	1%
47	3'ーイソプロポキシー2ートリフルオロメチルベンズアニリド（別名フルトラニル）	66332-96-5	1%	1%
48	イソペンチルアルコール（別名イソアミルアルコール）	123-51-3	1%	1%
49	イソホロン	78-59-1	1%	1%
50	一塩化硫黄	10025-67-9	1%	1%
51	一酸化炭素	630-08-0	0.3%	0.1%
52	一酸化窒素	10102-43-9	1%	1%
53	一酸化二窒素	10024-97-2	0.3%	0.1%
54	イットリウム及びその化合物	*	1%	1%
55	イプシロンーカプロラクタム	105-60-2	1%	1%
56	2ーイミダゾリジンチオン	96-45-7	0.3%	0.1%
57	4,4'ー（4ー（イミノシクロヘキサー2,5ージエニリデンメチル）ジアニリン塩酸塩（別名Cベイシックレッド9）	569-61-9	1%	1%
58	インジウム	7440-74-6	1%	1%
	インジウム化合物	*	0.1%	0.1%
59	インデン	95-13-6	1%	1%
60	ウレタン	51-79-6	0.1%	0.1%
61	エタノール	64-17-5	0.1%	0.1%
62	エタンチオール	75-08-1	1%	1%
63	エチリデンノルボルネン	16219-75-3	1%	0.1%
64	エチルアミン	75-04-7	1%	1%
65	エチルエーテル	60-29-7	1%	0.1%
66	エチルーセカンダリーペンチルケトン	541-85-5	1%	1%
67	エチルーパラーニトロフェニルチオノベンゼンホスホネイト（別名EPN）	2104-64-5	1%	0.1%
68	Oーエチルー Sーフェニル＝エチルホスホノチオロチオナート（別名ホノホス）	944-22-9	1%	0.1%
69	2ーエチルヘキサン酸	149-57-5	0.3%	0.1%
70	エチルベンゼン	100-41-4	0.1%	0.1%
71	エチルメチルケトンペルオキシド	1338-23-4	1%	1%
72	Nーエチルモルホリン	100-74-3	1%	1%
72-2	エチレン	74-85-1	1%	1%
73	エチレンイミン	151-56-4	1%	1%
74	エチレンオキシド	75-21-8	0.1%	0.1%
75	エチレングリコール	107-21-1	1%	1%
76	エチレングリコールモノイソプロピルエーテル	109-59-1	1%	1%
77	エチレングリコールモノエチルエーテル（別名セロソルブ）	110-80-5	0.3%	0.1%
78	エチレングリコールモノエチルエーテルアセテート（別名セロソルブアセテート）	111-15-9	0.3%	0.1%
79	エチレングリコールモノーノルマループチルエーテル（別名ブチルセロソルブ）	111-76-2	1%	1%
79-2	エチレングリコールモノブチルエーテルアセタート	112-07-2	1%	0.1%
80	エチレングリコールモノメチルエーテル（別名メチルセロソルブ）	109-86-4	0.3%	0.1%
81	エチレングリコールモノメチルエーテルアセテート	110-49-6	0.3%	0.1%
82	エチレンクロロヒドリン	107-07-3	0.1%	0.1%

番号	物質名	CAS番号	ラベル裾切値	SDS裾切値
83	エチレンジアミン	107-15-3	1%	0.1%
84	1,1'―エチレン―2,2'―ビピリジニウム=ジブロミド（別名ジクアット）	85-00-7	1%	0.1%
85	2―エトキシ―2,2―ジメチルエタン	637-92-3	1%	1%
86	2―(4―エトキシフェニル)―2―メチルプロピル=3―フェノキシベンジルエーテル(別名エトフェンプロックス)	80844-07-1	1%	1%
87	エピクロロヒドリン	106-89-8	0.1%	0.1%
88	1,2―エポキシ―3―イソプロポキシプロパン	4016-14-2	1%	1%
89	2,3―エポキシ―1―プロパナール	765-34-4	1%	0.1%
90	2,3―エポキシ―1―プロパノール	556-52-5	0.1%	0.1%
91	2,3―エポキシプロピル=フェニルエーテル	122-60-1	1%	1%
92	エメリー	1302-74-5	1%	1%
93	エリオナイト	12510-42-8	0.1%	0.1%
94	塩化亜鉛	7646-85-7	1%	0.1%
95	塩化アリル	107-05-1	1%	0.1%
96	塩化アンモニウム	12125-02-9	1%	1%
97	塩化シアン	506-77-4	1%	1%
98	塩化水素	7647-01-0	0.2%	0.1%
99	塩化チオニル	7719-09-7	1%	1%
100	塩化ビニル	75-01-4	0.1%	0.1%
101	塩化ベンジル	100-44-7	1%	0.1%
102	塩化ベンゾイル	98-88-4	1%	1%
103	塩化ホスホリル	10025-87-3	1%	1%
104	塩素	7782-50-5	1%	1%
105	塩素化カンフェン(別名トキサフェン)	8001-35-2	1%	0.1%
106	塩素化ジフェニルオキシド	31242-93-0	1%	1%
107	黄りん	12185-10-3	1%	0.1%
108	4,4'―オキシビス(2―クロロアニリン)	28434-86-8	1%	0.1%
109	オキシビス(チオホスホン酸)O,O,O',O'―テトラエチル(別名スルホテップ)	3689-24-5	1%	1%
110	4,4'―オキシビスベンゼンスルホニルヒドラジド	80-51-3	1%	1%
111	オキシビスホスホン酸四ナトリウム	7722-88-5	1%	1%
112	オクタクロロナフタレン	2234-13-1	1%	1%
113	1,2,4,5,6,7,8,8―オクタクロロ―2,3,3a,4,7,7a―ヘキサヒドロ―4,7―メタノ―1H―インデン(別名クロルデン)	57-74-9	1%	0.1%
114	2―オクタノール	123-96-6	1%	1%
115	オクタン	111-65-9他	1%	1%
116	オゾン	10028-15-6	1%	0.1%
117	オメガ―クロロアセトフェノン	532-27-4	1%	1%
118	オーラミン	492-80-8	1%	1%
119	オルト―アニシジン	90-04-0	1%	1%
120	オルト―クロロスチレン	2039-87-4	1%	1%
121	オルト―クロロトルエン	95-49-8	1%	1%
122	オルト―ジクロロベンゼン	95-50-1	1%	1%
123	オルト―セカンダリ―ブチルフェノール	89-72-5	1%	1%
124	オルト―ニトロアニソール	91-23-6	1%	1%
125	オルト―フタロジニトリル	91-15-6	1%	1%
126	過酸化水素	7722-84-1	1%	0.1%
127	ガソリン	8006-61-9	1%	0.1%
128	カテコール	120-80-9	1%	0.1%
129	カドミウム及びその化合物	*	0.1%	0.1%
130	カーボンブラック	1333-86-4	1%	1%
131	カルシウムシアナミド	156-62-7	1%	1%
132	ぎ酸	64-18-6	1%	1%
133	ぎ酸エチル	109-94-4	1%	1%
134	ぎ酸メチル	107-31-3	1%	1%
135	キシリジン / 2,3―キシリジン / 2,4―キシリジン / 2,5―キシリジン / 2,6―キシリジン / 3,4―キシリジン / 3,5―キシリジン	1300-73-8 / 87-59-2 / 95-68-1 / 95-78-3 / 87-62-7 / 95-64-7 / 108-69-0	1%	0.1%
136	キシレン / o―キシレン / m―キシレン / p―キシレン	1330-20-7 / 95-47-6 / 108-38-3 / 106-42-3	0.3%	0.1%
137	銀及びその水溶性化合物	*	1%	0.1%
138	クメン	98-82-8	1%	1%
139	グルタルアルデヒド	111-30-8	1%	0.1%
140	クレオソート油	61789-28-4	0.1%	0.1%
141	クレゾール / o―クレゾール / m―クレゾール / p―クレゾール	1319-77-3 / 95-48-7 / 108-39-4 / 106-44-5	1%	0.1%
142	クロム及びその化合物(クロム酸及びクロム酸塩並びに重クロム酸及び重クロム酸塩を除く。) / クロム酸及びクロム酸塩 / 重クロム酸及び重クロム酸塩	* / * / *	1% / 0.1% / 0.1%	0.1% / 0.1% / 0.1%
143	クロロアセチル=クロリド	79-04-9	1%	1%
144	クロロアセトアルデヒド	107-20-0	1%	0.1%
145	クロロアセトン	78-95-5	1%	1%
146	クロロエタン(別名塩化エチル)	75-00-3	1%	1%
147	2―クロロ―4―エチルアミノ―6―イソプロピルアミノ―1,3,5―トリアジン(別名アトラジン)	1912-24-9	1%	0.1%
148	4―クロロ―オルト―フェニレンジアミン	95-83-0	1%	1%
148-2	クロロ酢酸	79-11-8	1%	1%
149	クロロジフルオロメタン(別名HCFC―22)	75-45-6	1%	1%
150	2―クロロ―6―トリクロロメチルピリジン(別名ニトラピリン)	1929-82-4	1%	1%
151	2―クロロ―1,1,2―トリフルオロエチルジフルオロメチルエーテル(別名エンフルラン)	13838-16-9	1%	0.1%
152	1―クロロ―1―ニトロプロパン	600-25-9	1%	1%
153	クロロピクリン	76-06-2	1%	1%
154	クロロフェノール / o―クロロフェノール / m―クロロフェノール / p―クロロフェノール	25167-80-0 / 95-57-8 / 108-43-0 / 106-48-9	1%	0.1%
155	2―クロロ―1,3―ブタジエン	126-99-8	1%	0.1%
155-2	1―クロロ―2プロパノール	127-00-4	1%	1%
155-3	2―クロロ―1プロパノール	78-89-7	1%	1%
156	2―クロロプロピオン酸	598-78-7	1%	1%
157	2―クロロベンジリデンマロノニトリル	2698-41-1	1%	1%
158	クロロベンゼン	108-90-7	1%	1%
159	クロロペンタフルオロエタン(別名CFC―115)	76-15-3	1%	1%
160	クロロホルム	67-66-3	1%	1%
161	クロロメタン(別名塩化メチル)	74-87-3	0.3%	0.1%
162	4―クロロ―2―メチルアニリン及びその塩酸塩	95-69-2 / 3165-93-3	0.1%	0.1%
162-2	O―3―クロロ―4―メチル―2―オキソ―2H―クロメン―7―イル=O'O'―ジエチル=ホスホロチオアート	56-72-4	1%	1%
163	クロロメチルメチルエーテル	107-30-2	0.1%	0.1%
164	軽油	64741-44-2	1%	0.1%
165	けつ岩油	68308-34-9	1%	0.1%
165-2	結晶質シリカ	14808-60-7他	0.1%	0.1%
166	ケテン	463-51-4	1%	1%
167	ゲルマン	7782-65-2	1%	1%
168	鉱油	*	1%	0.1%
169	五塩化りん	10026-13-8	1%	1%
170	固形パラフィン	8002-74-2	1%	1%
171	五酸化バナジウム	1314-62-1	0.1%	0.1%
172	コバルト及びその化合物	*	1%	0.1%
173	五弗化臭素	7789-30-2	1%	1%
174	コールタール	*	0.1%	0.1%
175	コールタールナフサ	*	1%	1%
176	酢酸	64-19-7	1%	1%

番号	物質名	CAS番号	ラベル裾切値	SDS裾切値
177	酢酸エチル	141-78-6	1%	1%
178	酢酸1,3-ジメチルブチル	108-84-9	1%	1%
179	酢酸鉛	301-04-2	0.3%	0.1%
180	酢酸ビニル	108-05-4	1%	0.1%
181	酢酸ブチル	下記	1%	1%
	酢酸n-ブチル	123-86-4		
	酢酸イソブチル	110-19-0		
	酢酸tert-ブチル	540-88-5		
	酢酸sec-ブチル	105-46-4		
182	酢酸プロピル	下記	1%	1%
	酢酸n-プロピル	109-60-4		
	酢酸イソプロピル	108-21-4		
183	酢酸ベンジル	140-11-4	1%	1%
184	酢酸ペンチル(別名酢酸アミル)	628-63-7他	1%	0.1%
	酢酸n-ペンチル(別名酢酸n-アミル)	628-63-7		
	酢酸イソペンチル(別名酢酸イソアミル)	123-92-2		
185	酢酸メチル	79-20-9	1%	1%
186	サチライシン	9014-01-1	1%	0.1%
187	三塩化りん	7719-12-2	1%	1%
188	酸化亜鉛	1314-13-2	1%	0.1%
189	酸化アルミニウム	1344-28-1	1%	1%
190	酸化カルシウム	1305-78-8	1%	1%
191	酸化チタン(Ⅳ)	13463-67-7	1%	1%
192	酸化鉄	1309-37-1	1%	1%
193	1,2-酸化ブチレン	106-88-7	1%	0.1%
194	酸化プロピレン	75-56-9	0.1%	0.1%
195	酸化メシチル	141-79-7	1%	0.1%
196	三酸化二ほう素	1303-86-2	1%	1%
197	三臭化ほう素	10294-33-4	1%	1%
197-2	三弗化アルミニウム	7784-18-1	1%	0.1%
198	三弗化塩素	7790-91-2	1%	1%
199	三弗化ほう素	7637-07-2	1%	1%
200	次亜塩素酸カルシウム	7778-54-3	1%	0.1%
201	N,N'-ジアセチルベンジジン	613-35-4	1%	1%
202	ジアセトンアルコール	123-42-2	1%	1%
203	ジアゾメタン	334-88-3	0.2%	0.1%
204	シアナミド	420-04-2	1%	0.1%
205	2-シアノアクリル酸エチル	7085-85-0	1%	1%
206	2-シアノアクリル酸メチル	137-05-3	1%	1%
207	2,2'-ジアニシジン	615-05-4	1%	1%
208	4,4'-ジアミノジフェニルエーテル	101-80-4	1%	1%
209	4,4'-ジアミノジフェニルスルフィド	139-65-1	1%	1%
210	4,4'-ジアミノ-3,3'-ジメチルジフェニルメタン	838-88-0	1%	1%
211	2,4-ジアミノトルエン	95-80-7	1%	1%
212	四アルキル鉛	*	—	0.1%
213	シアン化カリウム	151-50-8	1%	1%
214	シアン化カルシウム	592-01-8	1%	1%
215	シアン化水素	74-90-8	1%	1%
216	シアン化ナトリウム	143-33-9	1%	1%
217	ジイソブチルケトン	108-83-8	1%	1%
218	ジイソプロピルアミン	108-18-9	1%	1%
219	ジエタノールアミン	111-42-2	1%	0.1%
220	2-(ジエチルアミノ)エタノール	100-37-8	1%	1%
221	ジエチルアミン	109-89-7	1%	1%
222	ジエチルケトン	96-22-0	1%	1%
223	ジエチル-パラ-ニトロフェニルチオホスフェイト(別名パラチオン)	56-38-2	1%	0.1%
224	1,2-ジエチルヒドラジン	1615-80-1	1%	1%
224-2	N,N-ジエチルヒドロキシルアミン	3710-84-7	1%	1%
224-3	ジエチレングリコールモノブチルエーテル	112-34-5	1%	1%
225	ジエチレントリアミン	111-40-0	0.3%	0.1%
226	四塩化炭素	56-23-5	1%	0.1%
227	1,4-ジオキサン	123-91-1	1%	0.1%
228	1,4-ジオキサン-2,3-ジイルジチオビス(チオホスホン酸)O,O,O',O'-テトラエチル(別名ジオキサチオン)	78-34-2	1%	1%
229	1,3-ジオキソラン	646-06-0	1%	0.1%
230	シクロヘキサノール	108-93-0	1%	0.1%
231	シクロヘキサノン	108-94-1	1%	0.1%
232	シクロヘキサン	110-82-7	1%	1%
233	シクロヘキシルアミン	108-91-8	0.1%	0.1%
234	2-シクロヘキシルビフェニル	10470-01-6	1%	0.1%
235	シクロヘキセン	110-83-8	1%	1%
236	シクロペンタジエニルトリカルボニルマンガン	12079-65-1	1%	1%
237	シクロペンタジエン	542-92-7	1%	1%
238	シクロペンタン	287-92-3	1%	1%
239	ジクロロアセチレン	7572-29-4	1%	1%
240	ジクロロエタン	下記	1%	0.1%
	1,1-ジクロロエタン	75-34-3		
	1,2-ジクロロエタン	107-06-2		
241	ジクロロエチレン	下記	1%	0.1%
	1,1-ジクロロエチレン	75-35-4		
	1,2-ジクロロエチレン	540-59-0		
241-2	ジクロロ酢酸	79-43-6	1%	0.1%
242	3,3'-ジクロロ-4,4'-ジアミノジフェニルメタン	101-14-4	0.1%	0.1%
243	ジクロロジフルオロメタン(別名CFC-12)	75-71-8	1%	1%
244	1,3-ジクロロ-5,5-ジメチルイミダゾリジン-2,4-ジオン	118-52-5	1%	1%
245	3,5-ジクロロ-2,6-ジメチル-4-ピリジノール(別名クロピドール)	2971-90-6	1%	1%
246	ジクロロテトラフルオロエタン(別名CFC-114)	76-14-2	1%	1%
247	2,2-ジクロロ-1,1,1-トリフルオロエタン(別名HCFC-123)	306-83-2	1%	1%
248	1,1-ジクロロ-1-ニトロエタン	594-72-9	1%	1%
249	3-(3,4-ジクロロフェニル)-1,1-ジメチル尿素(別名ジウロン)	330-54-1	1%	1%
250	2,4-ジクロロフェノキシエチル硫酸ナトリウム	136-78-7	1%	1%
251	2,4-ジクロロフェノキシ酢酸	94-75-7	1%	1%
252	1,4-ジクロロ-2-ブテン	764-41-0	0.1%	0.1%
253	ジクロロフルオロメタン(別名HCFC-21)	75-43-4	1%	1%
254	1,2-ジクロロプロパン	78-87-5	0.1%	0.1%
255	2,2-ジクロロプロピオン酸	75-99-0	1%	1%
256	1,3-ジクロロプロペン	542-75-6	1%	0.1%
257	ジクロロメタン(別名二塩化メチレン)	75-09-2	1%	1%
258	四酸化オスミウム	20816-12-0	1%	1%
259	ジシアン	460-19-5	1%	1%
260	ジシクロペンタジエニル鉄	102-54-5	1%	1%
261	ジシクロペンタジエン	77-73-6	1%	1%
262	2,6-ジ-ターシャリ-ブチル-4-クレゾール	128-37-0	1%	1%
263	1,3-ジチオラン-2-イリデンマロン酸ジイソプロピル(別名イソプロチオラン)	50512-35-1	1%	1%
264	ジチオりん酸O-エチル-O-(4-メチルチオフェニル)-S-ノルマループロピル(別名スルプロホス)	35400-43-2	1%	1%
265	ジチオりん酸O,O-ジエチル-S-(2-エチルチオエチル)(別名ジスルホトン)	298-04-4	1%	0.1%
266	ジチオりん酸O,O-ジエチル-S-エチルチオメチル(別名ホレート)	298-02-2	1%	0.1%
266-2	ジチオりん酸O,O-ジエチル-S-(ターシャリーブチルチオメチル)(別名テルブホス)	13071-79-9	1%	0.1%
267	ジチオりん酸O,O-ジメチル-S-[(4-オキソ-1,2,3-ベンゾトリアジン-3(4H)-イル)メチル](別名アジンホスメチル)	86-50-0	1%	1%
268	ジチオりん酸O,O-ジメチル-S-1,2-ビス(エトキシカルボニル)エチル(別名マラチオン)	121-75-5	1%	0.1%
269	ジナトリウム=4-[(2,4-ジメチルフェニル)アゾ]-3-ヒドロキシ-2,7-ナフタレンジスルホナート	3761-53-3	1%	0.1%
270	ジナトリウム=8-[[3,3'-ジメチル-4'-[[4-[[(4-メチルフェニル)スルホニル]オキシ]フェニル]アゾ][1,1'-ビフェニル]-4-イル]アゾ]-7-ヒドロキシ-1,3-ナフタレンジスルホナート(別名C.I.アシッドレッド114)	6459-94-5	1%	0.1%
271	ジナトリウム=3-ヒドロキシ-4-[(2,4,5-トリメチルフェニル)アゾ]-2,7-ナフタレンジスルホナート(別名ポンソー3R)	3564-09-8	1%	0.1%
272	2,4-ジニトロトルエン	121-14-2	1%	0.1%

番号	物質名	CAS番号	ラベル裾切値	SDS裾切値
273	ジニトロベンゼン	25154-54-5	1%	0.1%
274	2―(ジーノルマル―ブチルアミノ)エタノール	102-81-8	1%	1%
275	ジーノルマル―プロピルケトン	123-19-3	1%	1%
276	ジビニルベンゼン	1321-74-0	1%	0.1%
277	ジフェニルアミン	122-39-4	1%	0.1%
278	ジフェニルエーテル	101-84-8	1%	1%
279	1,2―ジブロモエタン(別名EDB)	106-93-4	0.1%	0.1%
280	1,2―ジブロモ―3―クロロプロパン	96-12-8	0.1%	0.1%
281	ジブロモジフルオロメタン	75-61-6	1%	1%
282	ジベンゾイルペルオキシド	94-36-0	1%	1%
283	ジボラン	19287-45-7	1%	1%
284	N,N―ジメチルアセトアミド	127-19-5	1%	0.1%
285	N,N―ジメチルアニリン	121-69-7	1%	1%
286	[4―[[4―(ジメチルアミノ)フェニル][4―[エチル(3―スルホベンジル)アミノ]フェニル]メチリデン]シクロヘキサ―2,5―ジエン―1―イリデン](エチル)(3―スルホナトベンジル)アンモニウムナトリウム塩(別名ベンジルバイオレット4B)	1694-09-3	1%	0.1%
287	ジメチルアミン	124-40-3	1%	0.1%
288	ジメチルエチルメルカプトエチルチオホスフェイト(別名メチルジメトン)	8022-00-2	1%	0.1%
289	ジメチルエトキシシラン	14857-34-2	1%	0.1%
290	ジメチルカルバモイル=クロリド	79-44-7	0.1%	0.1%
291	ジメチル―2,2―ジクロロビニルホスフェイト(別名DDVP)	62-73-7	1%	1%
292	ジメチルジスルフィド	624-92-0	1%	1%
292-2	ジメチル=2,2,2―トリクロロ―1―ヒドロキシエチルホスホナート(別名DEP)	52-68-6	1%	0.1%
293	N,N―ジメチルニトロソアミン	62-75-9	0.1%	0.1%
294	ジメチル―パラ―ニトロフェニルチオホスフェイト(別名メチルパラチオン)	298-00-0	1%	0.1%
295	ジメチルヒドラジン	下記		
	1,1―ジメチルヒドラジン	57-14-7	0.1%	0.1%
	1,2―ジメチルヒドラジン	540-73-8		
296	1,1′―ジメチル―4,4′―ビピリジニウム=ジクロリド(別名パラコート)	1910-42-5	1%	1%
297	1,1′―ジメチル―4,4′―ビピリジニウム2メタンスルホン酸塩	2074-50-2	1%	1%
298	2―(4,6―ジメチル―2―ピリミジニルアミノカルボニルアミノスルフォニル)安息香酸メチル(別名スルホメチュロンメチル)	74222-97-2	1%	0.1%
299	N,N―ジメチルホルムアミド	68-12-2	0.3%	0.1%
300	1―[(2,5―ジメトキシフェニル)アゾ]―2―ナフトール(別名シトラスレッドナンバー2)	6358-53-8	1%	0.1%
301	臭化エチル	74-96-4	1%	0.1%
302	臭化水素	10035-10-6	1%	1%
303	臭化メチル	74-83-9	1%	1%
304	しゅう酸	144-62-7	1%	1%
305	臭素	7726-95-6	1%	1%
306	臭素化ビフェニル	*	1%	0.1%
307	硝酸	7697-37-2	1%	1%
308	硝酸アンモニウム	6484-52-2	―	―
309	硝酸ノルマル―プロピル	627-13-4	1%	1%
310	しょう脳	76-22-2	1%	1%
311	シラン	7803-62-5	1%	1%
313	ジルコニウム化合物	*	1%	1%
314	人造鉱物繊維(リフラクトリーセラミックファイバーを除く。)	*	1%	1%
	リフラクトリーセラミックファイバー	142844-00-6	1%	0.1%
315	水銀及びその無機化合物		0.3%	0.1%
316	水酸化カリウム	1310-58-3	1%	1%
317	水酸化カルシウム	1305-62-0	1%	1%
318	水酸化セシウム	21351-79-1	1%	1%
319	水酸化ナトリウム	1310-73-2	1%	1%
320	水酸化リチウム	1310-65-2	0.3%	0.1%
320-2	水素化ビス(2―メトキシエトキシ)アルミニウムナトリウム	22722-98-1	1%	1%
321	水素化リチウム	7580-67-8	0.3%	0.1%
322	すず及びその化合物	*	1%	1%
323	スチレン	100-42-5	0.3%	0.1%
324	ステアリン酸亜鉛	557-05-1	1%	1%
325	ステアリン酸ナトリウム	822-16-2	1%	1%
326	ステアリン酸鉛	1072-35-1	0.1%	0.1%
327	ステアリン酸マグネシウム	557-04-0	1%	1%
328	ストリキニーネ	57-24-9	1%	1%
329	石油エーテル	*	1%	1%
330	石油ナフサ	*	1%	1%
331	石油ベンジン	*	1%	1%
332	セスキ炭酸ナトリウム	533-96-0	1%	1%
333	セレン及びその化合物	*	1%	0.1%
334	2―ターシャリ―ブチルイミノ―3―イソプロピル―5―フェニルテトラヒドロ―4H―1,3,5―チアジアジン―4―オン(別名ブプロフェジン)	69327-76-0	1%	1%
335	タリウム及びその水溶性化合物	*	0.1%	1%
336	炭化けい素	409-21-2	0.1%	0.1%
337	タングステン及びその水溶性化合物	*	1%	1%
338	タンタル及びその酸化物	*	1%	1%
339	チオジ(パラ―フェニレン)―ジオキシ―ビス(チオホスホン酸)O,O,O′,O′―テトラメチル(別名テメホス)	3383-96-8	1%	1%
340	チオ尿素	62-56-6	1%	0.1%
341	4,4′―チオビス(6―ターシャリ―ブチル―3―メチルフェノール)	96-69-5	1%	1%
342	チオフェノール	108-98-5	1%	1%
343	チオりん酸O,O―ジエチル―O―(2―イソプロピル―6―メチル―4―ピリミジニル)(別名ダイアジノン)	333-41-5	1%	1%
344	チオりん酸O,O―ジエチル―エチルチオエチル(別名ジメトン)	8065-48-3	1%	1%
345	チオりん酸O,O―ジエチル―O―(6―オキソ―1―フェニル―1,6―ジヒドロ―3―ピリダジニル)(別名ピリダフェンチオン)	119-12-0	1%	1%
346	チオりん酸O,O―ジエチル―O―(3,5,6―トリクロロ―2―ピリジル)(別名クロルピリホス)	2921-88-2	1%	1%
347	チオりん酸O,O―ジエチル―O―[4―(メチルスルフィニル)フェニル](別名フェンスルホチオン)	115-90-2	1%	1%
348	チオりん酸O,O―ジエチル―O―(2,4,5―トリクロロフェニル)(別名ロンネル)	299-84-3	1%	1%
349	チオりん酸O,O―ジエチル―O―(3―メチル―4―ニトロフェニル)(別名フェニトロチオン)	122-14-5	1%	1%
350	チオりん酸O,O―ジエチル―O―(3―メチル―4―メチルチオフェニル)(別名フェンチオン)	55-38-9	1%	0.1%
351	デカボラン	17702-41-9	1%	1%
352	鉄水溶性塩	*	1%	1%
353	1,4,7,8―テトラアミノアントラキノン(別名ジスパースブルー1)	2475-45-8	1%	1%
354	テトラエチルチウラムジスルフィド(別名ジスルフィラム)	97-77-8	1%	0.1%
355	テトラエチルピロホスフェイト(別名TEPP)	107-49-3	1%	1%
356	テトラエトキシシラン	78-10-4	1%	1%
357	1,1,2,2―テトラクロロエタン(別名四塩化アセチレン)	79-34-5	1%	1%
358	N―(1,1,2,2―テトラクロロエチルチオ)―1,2,3,6―テトラヒドロフタルイミド(別名キャプタホル)	2425-06-1	0.1%	0.1%
359	テトラクロロエチレン(別名パークロルエチレン)	127-18-4	0.1%	0.1%
360	4,5,6,7―テトラクロロ―1,3―ジヒドロベンゾ[c]フラン―2―オン(別名フサライド)	27355-22-2	1%	1%
361	テトラクロロジフルオロエタン(別名CFC―112)	76-12-0	1%	1%
362	2,3,7,8―テトラクロロジベンゾ―1,4―ジオキシン	1746-01-6	0.1%	0.1%
363	テトラクロロナフタレン	1335-88-2	1%	1%
364	テトラナトリウム=3,3′―[(3,3′―ジメチル―4,4′―ビフェニリレン)ビス(アゾ)]ビス[5―アミノ―4―ヒドロキシ―2,7―ナフタレンジスルホナート](別名トリパンブルー)	72-57-1	1%	1%
365	テトラナトリウム=3,3′―[(3,3′―ジメトキシ―4,4′―ビフェニリレン)ビス(アゾ)]ビス[5―アミノ―4―ヒドロキシ―2,7―ナフタレンジスルホナート](別名CIダイレクトブルー15)	2429-74-5	1%	0.1%
366	テトラニトロメタン	509-14-8	1%	1%
367	テトラヒドロフラン	109-99-9	1%	1%
367-2	テトラヒドロメチル無水フタル酸	11070-44-3	1%	0.1%
368	テトラフルオロエチレン	116-14-3	1%	0.1%

番号	物質名	CAS番号	ラベル裾切値	SDS裾切値	番号	物質名	CAS番号	ラベル裾切値	SDS裾切値
369	1,1,2,2—テトラブロモエタン	79-27-6	1%	1%	420	5—ニトロアセナフテン	602-87-9	1%	0.1%
370	テトラブロモメタン	558-13-4	1%	1%	421	ニトロエタン	79-24-3	1%	1%
371	テトラメチルこはく酸ニトリル	3333-52-6	1%	1%	422	ニトログリコール	628-96-6	1%	1%
372	テトラメチルチウラムジスルフィド(別名チウラム)	137-26-8	0.1%	0.1%	423	ニトログリセリン	55-63-0	—	—
373	テトラメトキシシラン	681-84-5	1%	1%	424	ニトロセルローズ	9004-70-0	—	—
374	テトリル	479-45-8	1%	0.1%	425	N—ニトロソモルホリン	59-89-2	1%	0.1%
375	テルフェニル	26140-60-3	1%	1%	426	ニトロトルエン	1321-12-6	0.1%	0.1%
376	テルル及びその化合物	*	1%	0.1%		o—ニトロトルエン	88-72-2		
377	テレピン油	8006-64-2	1%	0.1%		m—ニトロトルエン	99-08-1		
378	テレフタル酸	100-21-0	1%	1%		p—ニトロトルエン	99-99-0		
379	銅及びその化合物	*	1%	0.1%	427	ニトロプロパン	下記	1%	0.1%
380	灯油	8008-20-6	1%	0.1%		1—ニトロプロパン	108-03-2		
381	トリエタノールアミン	102-71-6	1%	0.1%		2—ニトロプロパン	79-46-9		
382	トリエチルアミン	121-44-8	1%	1%	428	ニトロベンゼン	98-95-3	1%	0.1%
383	トリクロロエタン	下記	1%	0.1%	429	ニトロメタン	75-52-5	1%	0.1%
	1,1,1—トリクロロエタン	71-55-6			430	乳酸ノルマル—ブチル	138-22-7	1%	1%
	1,1,2—トリクロロエタン	79-00-5			431	二硫化炭素	75-15-0	0.3%	0.1%
384	トリクロロエチレン	79-01-6	0.1%	0.1%	432	ノナン	111-84-2他	1%	1%
385	トリクロロ酢酸	76-03-9	1%	1%	433	ノルマル—ブチルアミン	109-73-9	1%	1%
386	1,1,2—トリクロロ—1,2,2—トリフルオロエタン	76-13-1	1%	1%	434	ノルマル—ブチルエチルケトン	106-35-4	1%	1%
387	トリクロロナフタレン	1321-65-9	1%	1%	435	ノルマル—ブチル—2,3—エポキシプロピルエーテル	2426-08-6	1%	0.1%
388	1,1,1—トリクロロ—2,2—ビス(4—クロロフェニル)エタン(別名DDT)	50-29-3	0.1%	0.1%	436	N—[1—(N—ノルマル—ブチルカルバモイル)—1H—2—ベンゾイミダゾリル]カルバミン酸メチル(別名ベノミル)	17804-35-2	0.1%	0.1%
389	1,1,1—トリクロロ—2,2—ビス(4—メトキシフェニル)エタン(別名メトキシクロル)	72-43-5	1%	0.1%	437	白金及びその水溶性塩	*	1%	0.1%
390	2,4,5—トリクロロフェノキシ酢酸	93-76-5	0.3%	0.1%	438	ハフニウム及びその化合物	*	1%	1%
391	トリクロロフルオロメタン(別名CFC—11)	75-69-4	1%	0.1%	439	パラ—アニシジン	104-94-9	1%	1%
392	1,2,3—トリクロロプロパン	96-18-4	0.1%	0.1%	440	パラ—クロロアニリン	106-47-8	1%	1%
393	1,2,4—トリクロロベンゼン	120-82-1	1%	1%	441	パラ—ジクロロベンゼン	106-46-7	0.3%	0.1%
394	トリクロロメチルスルフェニル=クロリド	594-42-3	1%	1%	442	パラ—ジメチルアミノアゾベンゼン	60-11-7	1%	0.1%
395	N—(トリクロロメチルチオ)—1,2,3,6—テトラヒドロフタルイミド(別名キャプタン)	133-06-2	1%	1%	443	パラ—ターシャリ—ブチルトルエン	98-51-1	0.3%	0.1%
396	トリシクロヘキシルすず=ヒドロキシド	13121-70-5	1%	1%	444	パラ—ニトロアニリン	100-01-6	1%	0.1%
397	1,3,5—トリス(2,3—エポキシプロピル)—1,3,5—トリアジン—2,4,6(1H,3H,5H)—トリオン	2451-62-9	0.1%	0.1%	445	パラ—ニトロクロロベンゼン	100-00-5	1%	0.1%
					446	パラ—フェニルアゾアニリン	60-09-3	1%	0.1%
398	トリス(N,N—ジメチルジチオカルバメート)鉄(別名ファーバム)	14484-64-1	1%	1%	447	パラ—ベンゾキノン	106-51-4	1%	1%
399	トリニトロトルエン	118-96-7	1%	0.1%	448	パラ—メトキシフェノール	150-76-5	1%	1%
400	トリフェニルアミン	603-34-9	1%	1%	449	バリウム及びその水溶性化合物	*	1%	1%
401	トリブロモメタン	75-25-2	1%	1%	450	ピクリン酸	88-89-1	—	—
402	2—トリクロロアセチル—1,3—インダンジオン	83-26-1	1%	1%	451	ビス(2,3—エポキシプロピル)エーテル	2238-07-5	1%	1%
403	トリメチルアミン	75-50-3	1%	1%	452	1,3—ビス[(2,3—エポキシプロピル)オキシ]ベンゼン	101-90-6	1%	0.1%
404	トリメチルベンゼン	25551-13-7	1%	1%	453	ビス(2—クロロエチル)エーテル	111-44-4	1%	1%
405	トリレンジイソシアネート	26471-62-5他	1%	0.1%	454	ビス(2—クロロエチル)スルフィド(別名マスタードガス)	505-60-2	0.1%	0.1%
406	トルイジン	26915-12-8	0.1%	0.1%	455	N,N—ビス(2—クロロエチル)メチルアミン—N—オキシド	126-85-2	0.1%	0.1%
	o—トルイジン	95-53-4			456	ビス(ジチオりん酸)S,S'—メチレン—O,O,O',O'—テトラエチル(別名エチオン)	563-12-2	1%	1%
	m—トルイジン	108-44-1			457	ビス(2—ジメチルアミノエチル)エーテル	3033-62-3	1%	1%
	p—トルイジン	106-49-0			458	砒素及びその化合物	*	0.1%	0.1%
407	トルエン	108-88-3	0.3%	0.1%	459	ヒドラジン	302-01-2	1%	0.1%
408	ナフタレン	91-20-3	1%	1%	460	ヒドラジン一水和物	7803-57-8	1%	0.1%
409	1—ナフチルチオ尿素	86-88-4	1%	1%	461	ヒドロキノン	123-31-9	0.1%	0.1%
410	1—ナフチル—N—メチルカルバメート(別名カルバリル)	63-25-2	1%	0.1%	462	4—ビニル—1—シクロヘキセン	100-40-3	1%	0.1%
411	鉛及びその無機化合物	*	0.1%	0.1%	463	4—ビニルシクロヘキセンジオキシド	106-87-6	1%	0.1%
412	二亜硫酸ナトリウム	7681-57-4	1%	1%	464	ビニルトルエン	25013-15-4	1%	1%
413	ニコチン	54-11-5	1%	1%	464-2	N—ビニル—2—ピロリドン	88-12-0	1%	0.1%
414	二酸化硫黄	7446-09-5	1%	1%	465	ビフェニル	92-52-4	1%	1%
415	二酸化塩素	10049-04-4	1%	1%	466	ピペラジン二塩酸塩	142-64-3	1%	1%
416	二酸化窒素	10102-44-0	1%	0.1%	467	ピリジン	110-86-1	1%	1%
417	二硝酸プロピレン	6423-43-4	1%	1%	468	ピレトラム	8003-34-7	1%	0.1%
418	ニッケル	7440-02-0	1%	0.1%	468-2	フェニルイソシアネート	103-71-9	1%	0.1%
	ニッケル化合物	*	0.1%	0.1%	469	フェニルオキシラン	96-09-3	0.1%	0.1%
	ニッケルカルボニル	13463-39-3			470	フェニルヒドラジン	100-63-0	1%	0.1%
419	ニトリロ三酢酸	139-13-9	1%	0.1%	471	フェニルホスフィン	638-21-1	1%	0.1%

番号	物質名	CAS番号	ラベル裾切値	SDS裾切値
472	フェニレンジアミン	25265-76-3	1%	0.1%
	o-フェニレンジアミン	95-54-5		
	m-フェニレンジアミン	108-45-2		
	p-フェニレンジアミン	106-50-3		
473	フェノチアジン	92-84-2	1%	1%
474	フェノール	108-95-2	0.1%	0.1%
475	フェロバナジウム	12604-58-9	1%	1%
476	1,3-ブタジエン	106-99-0	0.1%	0.1%
477	ブタノール	下記	1%	0.1%
	1-ブタノール	71-36-3		
	2-ブタノール	78-92-2		
	イソブタノール(イソブチルアルコール)	78-83-1		
	tert-ブタノール	75-65-0		
478	フタル酸ジエチル	84-66-2	1%	0.1%
479	フタル酸ジ-ノルマル-ブチル	84-74-2	0.3%	0.1%
480	フタル酸ジメチル	131-11-3	1%	1%
481	フタル酸ビス(2-エチルヘキシル)(別名DEHP)	117-81-7	0.3%	0.1%
482	ブタン	106-97-8他	1%	1%
482-2	2,3-ブタンジオン(別名ジアセチル)	431-03-8	1%	0.1%
483	1-ブタンチオール	109-79-5	1%	1%
484	弗化カルボニル	353-50-4	1%	1%
485	弗化ビニリデン	75-38-7	1%	1%
486	弗化ビニル	75-02-5	0.1%	0.1%
487	弗素及びその水溶性無機化合物	*	1%	0.1%
	弗化水素	7664-39-3		
488	2-ブテナール	123-73-9	0.1%	0.1%
488-2	ブテン	25167-67-3	1%	1%
	1-ブテン	106-98-9		
	2-ブテン	107-01-7		
	イソブテン	115-11-7		
489	フルオロ酢酸ナトリウム	62-74-8	1%	1%
490	フルフラール	98-01-1	1%	1%
491	フルフリルアルコール	98-00-0	1%	1%
492	1,3-プロパンスルトン	1120-71-4	0.1%	0.1%
492-2	プロピオンアルデヒド	123-38-6	1%	1%
493	プロピオン酸	79-09-4	1%	1%
494	プロピルアルコール	下記	1%	0.1%
	n-プロピルアルコール	71-23-8		
	イソプロピルアルコール	67-63-0		
495	プロピレンイミン	75-55-8	1%	0.1%
496	プロピレングリコールモノメチルエーテル	107-98-2	1%	1%
497	2-プロピン-1-オール	107-19-7	1%	1%
497-2	プロペン	115-07-1	1%	1%
498	ブロモエチレン	593-60-2	0.1%	0.1%
499	2-ブロモ-2-クロロ-1,1,1-トリフルオロエタン(別名ハロタン)	151-67-7	1%	0.1%
500	ブロモクロロメタン	74-97-5	1%	1%
501	ブロモジクロロメタン	75-27-4	1%	1%
502	5-ブロモ-3-セカンダリ-ブチル-6-メチル-1,2,3,4-テトラヒドロピリミジン-2,4-ジオン(別名ブロマシル)	314-40-9	1%	1%
503	ブロモトリフルオロメタン	75-63-8	1%	1%
503-2	1-ブロモプロパン	106-94-5	1%	0.1%
504	ブロモプロパン	75-26-3	0.3%	1%
504-2	3-ブロモ-1-プロペン(別名臭化アリル)	106-95-6	1%	1%
505	ヘキサクロロエタン	67-72-1	1%	1%
506	1,2,3,4,10,10-ヘキサクロロ-6,7-エポキシ-1,4,4a,5,6,7,8,8a-オクタヒドロ-エキソ-1,4-エンド-5,8-ジメタノナフタレン(別名ディルドリン)	60-57-1	0.3%	1%
507	1,2,3,4,10,10-ヘキサクロロ-6,7-エポキシ-1,4,4a,5,6,7,8,8a-オクタヒドロ-エンド-1,4-エンド-5,8-ジメタノナフタレン(別名エンドリン)	72-20-8	1%	1%

番号	物質名	CAS番号	ラベル裾切値	SDS裾切値
508	1,2,3,4,5,6-ヘキサクロロシクロヘキサン(別名リンデン)	608-73-1 / 58-89-9	1%	0.1%
509	ヘキサクロロシクロペンタジエン	77-47-4	1%	0.1%
510	ヘキサクロロナフタレン	1335-87-1	1%	1%
511	1,4,5,6,7,7-ヘキサクロロビシクロ[2,2,1]-5-ヘプテン-2,3-ジカルボン酸(別名クロレンド酸)	115-28-6	1%	0.1%
512	1,2,3,4,10,10-ヘキサクロロ-1,4,4a,5,8,8a-ヘキサヒドロ-エキソ-1,4-エンド-5,8-ジメタノナフタレン(別名アルドリン)	309-00-2	1%	0.1%
513	ヘキサクロロヘキサヒドロメタノベンゾジオキサチエピンオキサイド(別名ベンゾエピン)	115-29-7	1%	0.1%
514	ヘキサクロロベンゼン	118-74-1	0.3%	0.1%
515	ヘキサヒドロ-1,3,5-トリニトロ-1,3,5-トリアジン(別名シクロナイト)	121-82-4	1%	1%
516	ヘキサフルオロアセトン	684-16-2	1%	1%
516-2	ヘキサフルオロアルミン酸三ナトリウム	13775-53-6	1%	1%
516-3	ヘキサフルオロプロペン	116-15-4	1%	1%
517	ヘキサメチルホスホリックトリアミド	680-31-9	0.1%	0.1%
518	ヘキサメチレンジアミン	124-09-4	1%	1%
519	ヘキサメチレン=ジイソシアネート	822-06-0	1%	1%
520	ヘキサン	110-54-3他	1%	0.1%
	n-ヘキサン	110-54-3		
521	1-ヘキセン	592-41-6	1%	1%
522	ベータ-ブチロラクトン	3068-88-0 / 36536-46-6	1%	1%
523	ベータ-プロピオラクトン	57-57-8	0.1%	0.1%
524	1,4,5,6,7,8,8-ヘプタクロロ-2,3-エポキシ-3a,4,7,7a-テトラヒドロ-4,7-メタノ-1H-インデン(別名ヘプタクロルエポキシド)	1024-57-3	0.3%	0.1%
525	1,4,5,6,7,8,8-ヘプタクロロ-3a,4,7,7a-テトラヒドロ-4,7-メタノ-1H-インデン(別名ヘプタクロル)	76-44-8	0.3%	0.1%
526	ヘプタン	142-82-5他	1%	1%
527	ペルオキソ二硫酸アンモニウム	7727-54-0	1%	1%
528	ペルオキソ二硫酸カリウム	7727-21-1	1%	1%
529	ペルオキソ二硫酸ナトリウム	7775-27-1	1%	1%
530	ペルフルオロオクタン酸	335-67-1	0.3%	0.1%
	ペルフルオロオクタン酸アンモニウム塩	3825-26-1	1%	0.1%
530-2	ベンジルアルコール	100-51-6	1%	1%
531	ベンゼン	71-43-2	0.1%	0.1%
532	1,2,4-ベンゼントリカルボン酸1,2-無水物	552-30-7	1%	1%
533	ベンゾ[a]アントラセン	56-55-3	1%	1%
534	ベンゾ[a]ピレン	50-32-8	0.1%	0.1%
535	ベンゾフラン	271-89-6	1%	1%
536	ベンゾ[e]フルオラセン	205-99-2	0.1%	0.1%
537	ペンタクロロナフタレン	1321-64-8	1%	1%
538	ペンタクロロニトロベンゼン	82-68-8	1%	1%
539	ペンタクロロフェノール(別名PCP)及びそのナトリウム塩	87-86-5 / 131-52-2	0.3%	0.1%
540	1-ペンタナール	110-62-3	1%	1%
541	1,1,3,3,3-ペンタフルオロ-2-(トリフルオロメチル)-1-プロペン(別名PFIB)	382-21-8	1%	1%
542	ペンタボラン	19624-22-7	1%	1%
543	ペンタン	109-66-0他	1%	1%
544	ほう酸	10043-35-3	0.3%	0.1%
	ほう酸ナトリウム	1303-96-4	1%	0.1%
545	ホスゲン	75-44-5	1%	1%
545-2	ポルトランドセメント	65997-15-1	1%	1%
546	(2-ホルミルヒドラジノ)-4-(5-ニトロ-2-フリル)チアゾール	3570-75-0	1%	1%
547	ホルムアミド	75-12-7	0.3%	0.1%
548	ホルムアルデヒド	50-00-0	0.1%	0.1%
549	マゼンタ	632-99-5	1%	1%
550	マンガン	7439-96-5	0.3%	1%
	無機マンガン化合物	*	1%	0.1%
551	ミネラルスピリット(ミネラルシンナー、ペトロリウムスピリット、ホワイトスピリット及びミネラルターペンを含む。)	64742-47-8	1%	1%

番号	物質名	CAS番号	ラベル裾切値	SDS裾切値
552	無水酢酸	108-24-7	1%	1%
553	無水フタル酸	85-44-9	1%	0.1%
554	無水マレイン酸	108-31-6	1%	0.1%
555	メターキシリレンジアミン	1477-55-0	1%	0.1%
556	メタクリル酸	79-41-4	1%	1%
557	メタクリル酸メチル	80-62-6	1%	0.1%
558	メタクリロニトリル	126-98-7	0.3%	0.1%
559	メタージシアノベンゼン	626-17-5	1%	1%
560	メタノール	67-56-1	0.3%	1%
561	メタンスルホン酸エチル	62-50-0	0.1%	0.1%
562	メタンスルホン酸メチル	66-27-3	0.1%	0.1%
563	メチラール	109-87-5	1%	1%
564	メチルアセチレン	74-99-7	1%	1%
565	N—メチルアニリン	100-61-8	1%	1%
566	2,2′—[[4—(メチルアミノ)—3—ニトロフェニル]アミノ]ジエタノール(別名HCブルーナンバー1)	2784-94-3	1%	1%
567	N—メチルアミノホスホン酸O—(4—ターシャリーブチル—2—クロロフェニル)—O—メチル(別名クルホメート)	299-86-5	1%	1%
568	メチルアミン	74-89-5	0.1%	1%
569	メチルイソブチルケトン	108-10-1	1%	1%
570	メチルエチルケトン	78-93-3	1%	1%
571	N—メチルカルバミン酸2—イソプロピルオキシフェニル(別名プロポキスル)	114-26-1	0.1%	1%
572	N—メチルカルバミン酸2,3—ジヒドロ—2,2—ジメチル—7—ベンゾ[b]フラニル(別名カルボフラン)	1563-66-2	1%	1%
573	N—メチルカルバミン酸2—セカンダリーブチルフェニル(別名フェブカルブ)	3766-81-2	1%	1%
574	メチルシクロヘキサノール	25639-42-3他	1%	1%
575	メチルシクロヘキサノン	1331-22-2他	1%	1%
576	メチルシクロヘキサン	108-87-2	1%	1%
577	2—メチルシクロペンタジエニルトリカルボニルマンガン	12108-13-3	1%	1%
578	2—メチル—4,6—ジニトロフェノール	534-52-1	0.1%	0.1%
579	2—メチル—3,5—ジニトロベンズアミド(別名ジニトルミド)	148-01-6	1%	1%
580	メチル—ターシャリーブチルエーテル(別名MTBE)	1634-04-4	1%	0.1%
581	5—メチル—1,2,4—トリアゾロ[3,4—b]ベンゾチアゾール(別名トリシクラゾール)	41814-78-2	1%	1%
582	2—メチル—4—(2—トリルアゾ)アニリン	97-56-3	0.1%	1%
582-2	メチルナフタレン 下記			
	1—メチルナフタレン	90-12-0	1%	1%
	2—メチルナフタレン	91-57-6		
582-3	2—メチル—5—ニトロアニリン	99-55-8	1%	0.1%
583	2—メチル—1—ニトロアントラキノン	129-15-7	1%	1%
584	N—メチル—N—ニトロソカルバミン酸エチル	615-53-2	1%	1%
585	メチル—ノルマル—ブチルケトン	591-78-6	1%	1%
586	メチル—ノルマル—ペンチルケトン	110-43-0	1%	1%
587	メチルヒドラジン	60-34-4	1%	1%
588	メチルビニルケトン	78-94-4	1%	1%
588-2	N—メチル—2—ピロリドン	872-50-4	1%	0.1%
589	1—[(2—メチルフェニル)アゾ]—2—ナフトール(別名オイルオレンジSS)	2646-17-5	1%	1%
590	メチルプロピルケトン	107-87-9	1%	1%
591	5—メチル—2—ヘキサノン	110-12-3	1%	1%
592	4—メチル—2—ペンタノール	108-11-2	1%	1%
593	2—メチル—2,4—ペンタンジオール	107-41-5	1%	1%
594	2—メチル—N—[3—(1—メチルエトキシ)フェニル]ベンズアミド(別名メプロニル)	55814-41-0	1%	1%
595	S—メチル—N—(メチルカルバモイルオキシ)チオアセチミデート(別名メソミル)	16752-77-5	1%	1%
596	メチルメルカプタン	74-93-1	1%	1%
597	4,4′—メチレンジアニリン	101-77-9	1%	0.1%
598	メチレンビス(4,1—シクロヘキシレン)=ジイソシアネート	5124-30-1	1%	1%
599	メチレンビス(4,1—フェニレン)=ジイソシアネート(別名MDI) ※2	101-68-8	1%	0.1%
600	2—メトキシ—5—メチルアニリン	120-71-8	1%	0.1%
601	1—(2—メトキシ—2—メチルエトキシ)—2—プロパノール	34590-94-8	1%	1%
601-2	2—メトキシ—2—メチルブタン(別名ターシャリーアミルメチルエーテル)	994-05-8	1%	0.1%
602	メルカプト酢酸	68-11-1	1%	0.1%
603	モリブデン及びその化合物	*	1%	0.1%
	酸化モリブデン(VI)(別名 三酸化モリブデン)	1313-27-5	1%	0.1%
604	モルホリン	110-91-8	1%	1%
606	沃素	7553-56-2	1%	0.1%
	沃素化合物(沃化物)	*	1%	1%
607	ヨードホルム	75-47-8	1%	1%
607-2	硫化カルボニル	463-58-1	1%	1%
608	硫化ジメチル	75-18-3	1%	1%
609	硫化水素	7783-06-4	1%	1%
610	硫化水素ナトリウム	16721-80-5	1%	1%
611	硫化ナトリウム	1313-82-2	1%	1%
612	硫化りん	1314-80-3 / 1314-85-8	1%	1%
613	硫酸	7664-93-9	1%	1%
614	硫酸ジイソプロピル	2973-10-6	1%	0.1%
615	硫酸ジエチル	64-67-5	1%	0.1%
616	硫酸ジメチル	77-78-1	0.1%	0.1%
617	りん化水素	7803-51-2	1%	1%
618	りん酸	7664-38-2	1%	1%
619	りん酸ジーノルマルーブチル	107-66-4	1%	1%
620	りん酸ジーノルマルーブチル=フェニル	2528-36-1	1%	1%
621	りん酸1,2—ジブロモ—2,2—ジクロロエチル=ジメチル(別名ナレド)	300-76-5	1%	0.1%
622	りん酸ジメチル=(E)—1—(N,N—ジメチルカルバモイル)—1—プロペン—2—イル(別名ジクロトホス)	141-66-2	1%	1%
623	りん酸ジメチル=(E)—1—(N—メチルカルバモイル)—1—プロペン—2—イル(別名モノクロトホス)	6923-22-4	1%	1%
624	りん酸ジメチル=1—メトキシカルボニル—1—プロペン—2—イル(別名メビンホス)	7786-34-7	1%	1%
625	りん酸トリ(オルトートリル)	78-30-8	1%	1%
626	りん酸トリス(2,3—ジブロモプロピル)	126-72-7	0.1%	0.1%
627	りん酸トリーノルマルーブチル	126-73-8	1%	1%
628	りん酸トリフェニル	115-86-6	1%	1%
629	レソルシノール	108-46-3	1%	1%
630	六塩化ブタジエン	87-68-3	1%	1%
631	ロジウム及びその化合物	*	1%	1%
632	ロジン	8050-09-7	1%	0.1%
633	ロテノン	83-79-4	1%	1%

※1 番号39-2の「石綿分析用試料等」とは、石綿のうち労働安全衛生法施行令第16条第1項第4号イからハまでに掲げる物で同号の厚生労働省令で定めるものに限ります。
※2 番号599の「MDI」は「4,4′-MDI」のみを指します。
※ 番号312、605は欠番です。
※ 「—」は裾切値の設定がないことを示します。
　なお、ニトログリセリンを含有する製剤その他の物については、98%以上の不揮発性で水に溶けない鈍感剤で鈍性化したもので、かつ、ニトログリセリンの含有量が0.1%未満のものは除きます。
※ CAS番号は参考として示したものです。構造異性体等が存在する場合に異なるCAS番号が割り振られることがありますが、対象物質の当否の判断は物質名で行うものとします。
※ CAS番号欄の「＊」は、該当物質が多数あるなどにより特定できないことを示します。

● 職場のあんぜんサイトもご利用ください。

職場のあんぜんサイト　SDS　検索

表示・通知義務対象物質（経済産業省・厚生労働省「GHS対応—化管法・安衛法・毒劇法におけるラベル表示・SDS提供制度」〔2022年〕）

章末資料5-2 令別表第9に定める表示義務及び通知義務の対象となる化学物質等とその裾切り値一覧

労働安全衛生法に基づくラベル表示及びSDS交付義務対象物質 （令和3年1月1日現在 674物質(群)）
労働安全衛生法施行令

番号	表示・通知義務対象物質	CAS番号	表示裾切	通知裾切
1	アクリルアミド	79-06-1	0.1%未満	0.1%未満
2	アクリル酸	79-10-7	1%未満	1%未満
3	アクリル酸エチル	140-88-5	1%未満	0.1%未満
4	アクリル酸ノルマル―ブチル	141-32-2	1%未満	0.1%未満
5	アクリル酸2―ヒドロキシプロピル	999-61-1	1%未満	0.1%未満
6	アクリル酸メチル	96-33-3	1%未満	0.1%未満
7	アクリロニトリル	107-13-1	1%未満	0.1%未満
8	アクロレイン	107-02-8	1%未満	1%未満
9	アジ化ナトリウム	26628-22-8	1%未満	0.1%未満
10	アジピン酸	124-04-9	1%未満	1%未満
11	アジポニトリル	111-69-3	1%未満	1%未満
11-2	亜硝酸イソブチル	542-56-3	1%未満	0.1%未満
11-3	アスファルト	8052-42-4	1%未満	0.1%未満
11-4	アセチルアセトン	123-54-6	1%未満	1%未満
12	アセチルサリチル酸（別名アスピリン）	50-78-2	0.3%未満	0.1%未満
13	アセトアミド	60-35-5	1%未満	0.1%未満
14	アセトアルデヒド	75-07-0	1%未満	0.1%未満
15	アセトニトリル	75-05-8	1%未満	1%未満
16	アセトフェノン	98-86-2	1%未満	1%未満
17	アセトン	67-64-1	1%未満	1%未満
18	アセトンシアノヒドリン	75-86-5	1%未満	0.1%未満
19	アニリン	62-53-3	1%未満	0.1%未満
20	アミド硫酸アンモニウム	7773-06-0	1%未満	1%未満
21	2―アミノエタノール	141-43-5	1%未満	0.1%未満
22	4―アミノ―6―ターシャリーブチル―3―メチルチオ―1,2,4―トリアジン―5(4H)―オン（別名メトリブジン）	21087-64-9	1%未満	1%未満
23	3―アミノ―1H―1,2,4―トリアゾール（別名アミトロール）	61-82-5	1%未満	0.1%未満
24	4―アミノ―3,5,6―トリクロロピリジン―2―カルボン酸（別名ピクロラム）	1918-02-1	1%未満	1%未満
25	2―アミノピリジン	504-29-0	1%未満	1%未満
26	亜硫酸水素ナトリウム	7631-90-5	1%未満	1%未満
27	アリルアルコール	107-18-6	1%未満	0.1%未満
28	1―アリルオキシ―2,3―エポキシプロパン	106-92-3	1%未満	0.1%未満
29	アリル水銀化合物	*	1%未満	0.1%未満
30	アリル―ノルマル―プロピルジスルフィド	2179-59-1	1%未満	1%未満
31	亜りん酸トリメチル	121-45-9	1%未満	0.1%未満
32	アルキルアルミニウム化合物	*	1%未満	1%未満
33	アルキル水銀化合物	*	0.3%未満	0.1%未満
34	3―(アルファ―アセトニルベンジル)―4―ヒドロキシクマリン（別名ワルファリン）	81-81-2	0.3%未満	0.1%未満
35	アルファ,アルファ―ジクロロトルエン	98-87-3	0.1%未満	0.1%未満
36	アルファ―メチルスチレン	98-83-9	1%未満	0.1%未満
37	アルミニウム	7429-90-5	1%未満	1%未満
37	アルミニウム水溶性塩	*	1%未満	1%未満
38	アンチモン及びその化合物（三酸化二アンチモンを除く。）	*	1%未満	1%未満
38	三酸化二アンチモン	1309-64-4	0.1%未満	0.1%未満
39	アンモニア	7664-41-7	0.2%未満	0.1%未満
39-2	石綿（労働安全衛生法施行令第16条第1項第4号イからハまでに掲げる物で同号の厚生労働省令で定めるものに限る。）	*	0.1%未満	0.1%未満
40	3―イソシアナトメチル―3,5,5―トリメチルシクロヘキシル＝イソシアネート	4098-71-9	1%未満	0.1%未満
41	イソシアン酸メチル	624-83-9	0.3%未満	0.1%未満
42	イソプレン	78-79-5	1%未満	0.1%未満
43	N―イソプロピルアニリン	768-52-5	1%未満	0.1%未満
44	N―イソプロピルアミノホスホン酸O―エチル―O―(3―メチル―4―メチルオフェニル)（別名フェナミホス）	22224-92-6	1%未満	0.1%未満
45	イソプロピルアミン	75-31-0	1%未満	1%未満
46	イソプロピルエーテル	108-20-3	1%未満	0.1%未満
47	3'―イソプロポキシ―2―トリフルオロメチルベンズアニリド（別名フルトラニル）	66332-96-5	1%未満	1%未満
48	イソペンチルアルコール（別名イソアミルアルコール）	123-51-3	1%未満	1%未満
49	イソホロン	78-59-1	1%未満	0.1%未満
50	一塩化硫黄	10025-67-9	1%未満	1%未満
51	一酸化炭素	630-08-0	0.3%未満	0.1%未満
52	一酸化窒素	10102-43-9	1%未満	1%未満

53	一酸化二窒素	10024-97-2	0.3%未満	0.1%未満
54	イットリウム及びその化合物	*	1%未満	1%未満
55	イプシロン―カプロラクタム	105-60-2	1%未満	1%未満
56	2―イミダゾリジンチオン	96-45-7	0.3%未満	0.1%未満
57	4, 4'―(4―イミノシクロヘキサ―2, 5―ジエニリデンメチル)ジアニリン塩酸塩(別名CIベイシックレッド9)	569-61-9	1%未満	0.1%未満
58	インジウム	7440-74-6	1%未満	1%未満
58	インジウム化合物	*	0.1%未満	0.1%未満
59	インデン	95-13-6	1%未満	1%未満
60	ウレタン	51-79-6	0.1%未満	0.1%未満
61	エタノール	64-17-5	0.1%未満	0.1%未満
62	エタンチオール	75-08-1	1%未満	1%未満
63	エチリデンノルボルネン	16219-75-3	1%未満	0.1%未満
64	エチルアミン	75-04-7	1%未満	1%未満
65	エチルエーテル	60-29-7	1%未満	1%未満
66	エチル―セカンダリ―ペンチルケトン	541-85-5	1%未満	1%未満
67	エチル―パラ―ニトロフェニルチオノベンゼンホスホネイト(別名EPN)	2104-64-5	1%未満	0.1%未満
68	O―エチル―S―フェニル=エチルホスホノチオロチオナート(別名ホノホス)	944-22-9	1%未満	0.1%未満
69	2―エチルヘキサン酸	149-57-5	0.3%未満	0.1%未満
70	エチルベンゼン	100-41-4	0.1%未満	0.1%未満
71	エチルメチルケトンペルオキシド	1338-23-4	1%未満	1%未満
72	N―エチルモルホリン	100-74-3	1%未満	1%未満
72-2	エチレン	74-85-1	1%未満	1%未満
73	エチレンイミン	151-56-4	0.1%未満	0.1%未満
74	エチレンオキシド	75-21-8	0.1%未満	0.1%未満
75	エチレングリコール	107-21-1	1%未満	1%未満
76	エチレングリコールモノイソプロピルエーテル	109-59-1	1%未満	1%未満
77	エチレングリコールモノエチルエーテル(別名セロソルブ)	110-80-5	0.3%未満	0.1%未満
78	エチレングリコールモノエチルエーテルアセテート(別名セロソルブアセテート)	111-15-9	0.3%未満	0.1%未満
79	エチレングリコールモノ―ノルマル―ブチルエーテル(別名ブチルセロソルブ)	111-76-2	1%未満	1%未満
79-2	エチレングリコールモノブチルエーテルアセタート	112-07-2	1%未満	1%未満
80	エチレングリコールモノメチルエーテル(別名メチルセロソルブ)	109-86-4	0.3%未満	0.1%未満
81	エチレングリコールモノメチルエーテルアセテート	110-49-6	0.3%未満	0.1%未満
82	エチレンクロロヒドリン	107-07-3	0.1%未満	0.1%未満
83	エチレンジアミン	107-15-3	1%未満	1%未満
84	1, 1'―エチレン―2, 2'―ビピリジニウム=ジブロミド(別名ジクアット)	85-00-7	1%未満	0.1%未満
85	2―エトキシ―2, 2―ジメチルエタン	637-92-3	1%未満	1%未満
86	2―(4―エトキシフェニル)―2―メチルプロピル=3―フェノキシベンジルエーテル(別名エトフェンプロックス)	80844-07-1	1%未満	1%未満
87	エピクロロヒドリン	106-89-8	0.1%未満	0.1%未満
88	1, 2―エポキシ―3―イソプロポキシプロパン	4016-14-2	1%未満	1%未満
89	2, 3―エポキシ―1―プロパナール	765-34-4	1%未満	1%未満
90	2, 3―エポキシ―1―プロパノール	556-52-5	0.1%未満	0.1%未満
91	2, 3―エポキシプロピル=フェニルエーテル	122-60-1	1%未満	1%未満
92	エメリー	1302-74-5	1%未満	1%未満
93	エリオナイト	12510-42-8	0.1%未満	0.1%未満
94	塩化亜鉛	7646-85-7	1%未満	1%未満
95	塩化アリル	107-05-1	1%未満	0.1%未満
96	塩化アンモニウム	12125-02-9	1%未満	1%未満
97	塩化シアン	506-77-4	1%未満	1%未満
98	塩化水素	7647-01-0	0.2%未満	0.1%未満
99	塩化チオニル	7719-09-7	1%未満	1%未満
100	塩化ビニル	75-01-4	0.1%未満	0.1%未満
101	塩化ベンジル	100-44-7	1%未満	0.1%未満
102	塩化ベンゾイル	98-88-4	1%未満	1%未満
103	塩化ホスホリル	10025-87-3	1%未満	1%未満
104	塩素	7782-50-5	1%未満	1%未満
105	塩素化カンフェン(別名トキサフェン)	8001-35-2	1%未満	0.1%未満
106	塩素化ジフェニルオキシド	31242-93-0	1%未満	1%未満
107	黄りん	12185-10-3	1%未満	0.1%未満
108	4, 4'―オキシビス(2―クロロアニリン)	28434-86-8	1%未満	0.1%未満
109	オキシビス(チオホスホン酸)O, O, O', O'―テトラエチル(別名スルホテップ)	3689-24-5	1%未満	0.1%未満
110	4, 4'―オキシビスベンゼンスルホニルヒドラジド	80-51-3	1%未満	1%未満
111	オキシビスホスホン酸四ナトリウム	7722-88-5	1%未満	1%未満

112	オクタクロロナフタレン	2234-13-1	1%未満	1%未満
113	1,2,4,5,6,7,8,8—オクタクロロ—2,3,3a,4,7,7a—ヘキサヒドロ—4,7—メタノ—1H—インデン（別名クロルデン）	57-74-9	1%未満	0.1%未満
114	2—オクタノール	123-96-6	1%未満	1%未満
115	オクタン	111-65-9他	1%未満	1%未満
116	オゾン	10028-15-6	1%未満	0.1%未満
117	オメガ—クロロアセトフェノン	532-27-4	1%未満	0.1%未満
118	オーラミン	492-80-8	1%未満	0.1%未満
119	オルト—アニシジン	90-04-0	1%未満	0.1%未満
120	オルト—クロロスチレン	2039-87-4	1%未満	1%未満
121	オルト—クロロトルエン	95-49-8	1%未満	1%未満
122	オルト—ジクロロベンゼン	95-50-1	1%未満	1%未満
123	オルト—セカンダリ—ブチルフェノール	89-72-5	1%未満	1%未満
124	オルト—ニトロアニソール	91-23-6	1%未満	0.1%未満
125	オルト—フタロジニトリル	91-15-6	1%未満	1%未満
126	過酸化水素	7722-84-1	1%未満	0.1%未満
127	ガソリン	8006-61-9	1%未満	1%未満
128	カテコール	120-80-9	1%未満	1%未満
129	カドミウム及びその化合物	＊	0.1%未満	0.1%未満
130	カーボンブラック	1333-86-4	1%未満	0.1%未満
131	カルシウムシアナミド	156-62-7	1%未満	1%未満
132	ぎ酸	64-18-6	1%未満	1%未満
133	ぎ酸エチル	109-94-4	1%未満	1%未満
134	ぎ酸メチル	107-31-3	1%未満	1%未満
135	キシリジン	1300-73-8	1%未満	0.1%未満
135	2,3—キシリジン	87-59-2	1%未満	0.1%未満
135	2,4—キシリジン	95-68-1	1%未満	0.1%未満
135	2,5—キシリジン	95-78-3	1%未満	0.1%未満
135	2,6—キシリジン	87-62-7	1%未満	0.1%未満
135	3,4—キシリジン	95-64-7	1%未満	0.1%未満
135	3,5—キシリジン	108-69-0	1%未満	0.1%未満
136	キシレン	1330-20-7	0.3%未満	0.1%未満
136	o—キシレン	95-47-6	0.3%未満	0.1%未満
136	m—キシレン	108-38-3	0.3%未満	0.1%未満
136	p—キシレン	106-42-3	0.3%未満	0.1%未満
137	銀及びその水溶性化合物	＊	1%未満	0.1%未満
138	クメン	98-82-8	1%未満	0.1%未満
139	グルタルアルデヒド	111-30-8	1%未満	0.1%未満
140	クレオソート油	61789-28-4	0.1%未満	0.1%未満
141	クレゾール	1319-77-3	1%未満	0.1%未満
141	o—クレゾール	95-48-7	1%未満	0.1%未満
141	m—クレゾール	108-39-4	1%未満	0.1%未満
141	p—クレゾール	106-44-5	1%未満	0.1%未満
142	クロム及びその化合物（クロム酸及びクロム酸塩並びに重クロム酸及び重クロム酸塩を除く。）	＊	1%未満	0.1%未満
142	クロム酸及びクロム酸塩	＊	0.1%未満	0.1%未満
142	重クロム酸及び重クロム酸塩	＊	0.1%未満	0.1%未満
143	クロロアセチル＝クロリド	79-04-9	1%未満	1%未満
144	クロロアセトアルデヒド	107-20-0	1%未満	0.1%未満
145	クロロアセトン	78-95-5	1%未満	1%未満
146	クロロエタン（別名塩化エチル）	75-00-3	1%未満	0.1%未満
147	2—クロロ—4—エチルアミノ—6—イソプロピルアミノ—1,3,5—トリアジン（別名アトラジン）	1912-24-9	1%未満	0.1%未満
148	4—クロロ—オルト—フェニレンジアミン	95-83-0	1%未満	0.1%未満
148-2	クロロ酢酸	79-11-8	1%未満	0.1%未満
149	クロロジフルオロメタン（別名HCFC—22）	75-45-6	1%未満	0.1%未満
150	2—クロロ—6—トリクロロメチルピリジン（別名ニトラピリン）	1929-82-4	1%未満	1%未満
151	2—クロロ—1,1,2—トリフルオロエチルジフルオロメチルエーテル（別名エンフルラン）	13838-16-9	1%未満	0.1%未満
152	1—クロロ—1—ニトロプロパン	600-25-9	1%未満	1%未満
153	クロロピクリン	76-06-2	1%未満	1%未満
154	クロロフェノール	25167-80-0	1%未満	0.1%未満
154	o—クロロフェノール	95-57-8	1%未満	0.1%未満
154	m—クロロフェノール	108-43-0	1%未満	0.1%未満
154	p—クロロフェノール	106-48-9	1%未満	0.1%未満
155	2—クロロ—1,3—ブタジエン	126-99-8	1%未満	0.1%未満
155-2	1—クロロ—2プロパノール	127-00-4	1%未満	1%未満
155-3	2—クロロ—1プロパノール	78-89-7	1%未満	1%未満
156	2—クロロプロピオン酸	598-78-7	1%未満	1%未満

157	2―クロロベンジリデンマロノニトリル	2698-41-1	1%未満	1%未満
158	クロロベンゼン	108-90-7	1%未満	0.1%未満
159	クロロペンタフルオロエタン(別名CFC―115)	76-15-3	1%未満	0.1%未満
160	クロロホルム	67-66-3	1%未満	0.1%未満
161	クロロメタン(別名塩化メチル)	74-87-3	0.3%未満	0.1%未満
162	4―クロロ―2―メチルアニリン	95-69-2	0.1%未満	0.1%未満
162	4―クロロ―2―メチルアニリン塩酸塩	3165-93-3	0.1%未満	0.1%未満
162-2	O―3―クロロ―4―メチル―2―オキソ―2H―クロメン―7―イル=O',O'' ―ジエチル=ホスホロチオアート	56-72-4	1%未満	1%未満
163	クロロメチルメチルエーテル	107-30-2	0.1%未満	0.1%未満
164	軽油	64741-44-2	1%未満	1%未満
165	けつ岩油	68308-34-9	0.1%未満	0.1%未満
165-2	結晶質シリカ	14808-60-7他	0.1%未満	0.1%未満
166	ケテン	463-51-4	1%未満	1%未満
167	ゲルマン	7782-65-2	1%未満	1%未満
168	鉱油	*	1%未満	0.1%未満
169	五塩化りん	10026-13-8	1%未満	1%未満
170	固形パラフィン	8002-74-2	1%未満	1%未満
171	五酸化バナジウム	1314-62-1	0.1%未満	0.1%未満
172	コバルト及びその化合物	*	0.1%未満	0.1%未満
173	五弗化臭素	7789-30-2	1%未満	1%未満
174	コールタール	*	0.1%未満	0.1%未満
175	コールタールナフサ	*	1%未満	1%未満
176	酢酸	64-19-7	1%未満	1%未満
177	酢酸エチル	141-78-6	1%未満	1%未満
178	酢酸1,3―ジメチルブチル	108-84-9	1%未満	1%未満
179	酢酸鉛	301-04-2	0.3%未満	0.1%未満
180	酢酸ビニル	108-05-4	1%未満	1%未満
181	酢酸ブチル	下記	1%未満	1%未満
181	酢酸n―ブチル	123-86-4	1%未満	1%未満
181	酢酸イソブチル	110-19-0	1%未満	1%未満
181	酢酸tert―ブチル	540-88-5	1%未満	1%未満
181	酢酸sec―ブチル	105-46-4	1%未満	1%未満
182	酢酸プロピル	下記	1%未満	1%未満
182	酢酸n―プロピル	109-60-4	1%未満	1%未満
182	酢酸イソプロピル	108-21-4	1%未満	1%未満
183	酢酸ベンジル	140-11-4	1%未満	1%未満
184	酢酸ペンチル(別名酢酸アミル)	628-63-7他	1%未満	0.1%未満
184	酢酸n―ペンチル(別名酢酸n―アミル)	628-63-7	1%未満	0.1%未満
184	酢酸イソペンチル(別名酢酸イソアミル)	123-92-2	1%未満	0.1%未満
185	酢酸メチル	79-20-9	1%未満	1%未満
186	サチライシン	9014-01-1	1%未満	0.1%未満
187	三塩化りん	7719-12-2	1%未満	1%未満
188	酸化亜鉛	1314-13-2	1%未満	0.1%未満
189	酸化アルミニウム	1344-28-1	1%未満	1%未満
190	酸化カルシウム	1305-78-8	1%未満	1%未満
191	酸化チタン(Ⅳ)	13463-67-7	1%未満	0.1%未満
192	酸化鉄	1309-37-1	1%未満	1%未満
193	1,2―酸化ブチレン	106-88-7	1%未満	0.1%未満
194	酸化プロピレン	75-56-9	0.1%未満	0.1%未満
195	酸化メシチル	141-79-7	1%未満	1%未満
196	三酸化二ほう素	1303-86-2	1%未満	1%未満
197	三臭化ほう素	10294-33-4	1%未満	1%未満
197-2	三弗化アルミニウム	7784-18-1	1%未満	0.1%未満
198	三弗化塩素	7790-91-2	1%未満	1%未満
199	三弗化ほう素	7637-07-2	1%未満	1%未満
200	次亜塩素酸カルシウム	7778-54-3	1%未満	0.1%未満
201	N,N'―ジアセチルベンジジン	613-35-4	1%未満	0.1%未満
202	ジアセトンアルコール	123-42-2	1%未満	1%未満
203	ジアゾメタン	334-88-3	0.2%未満	0.1%未満
204	シアナミド	420-04-2	1%未満	1%未満
205	2―シアノアクリル酸エチル	7085-85-0	1%未満	1%未満
206	2―シアノアクリル酸メチル	137-05-3	1%未満	1%未満
207	2,4―ジアミノアニソール	615-05-4	1%未満	0.1%未満
208	4,4'―ジアミノジフェニルエーテル	101-80-4	1%未満	0.1%未満
209	4,4'―ジアミノジフェニルスルフィド	139-65-1	1%未満	0.1%未満
210	4,4'―ジアミノ―3,3'―ジメチルジフェニルメタン	838-88-0	1%未満	0.1%未満
211	2,4―ジアミノトルエン	95-80-7	1%未満	0.1%未満

212	四アルキル鉛	＊	－	0.1％未満
213	シアン化カリウム	151-50-8	1％未満	1％未満
214	シアン化カルシウム	592-01-8	1％未満	1％未満
215	シアン化水素	74-90-8	1％未満	1％未満
216	シアン化ナトリウム	143-33-9	1％未満	0.1％未満
217	ジイソブチルケトン	108-83-8	1％未満	1％未満
218	ジイソプロピルアミン	108-18-9	1％未満	1％未満
219	ジエタノールアミン	111-42-2	1％未満	0.1％未満
220	2―(ジエチルアミノ)エタノール	100-37-8	1％未満	1％未満
221	ジエチルアミン	109-89-7	1％未満	1％未満
222	ジエチルケトン	96-22-0	1％未満	1％未満
223	ジエチル―パラ―ニトロフェニルチオホスフェイト(別名パラチオ	56-38-2	1％未満	0.1％未満
224	1,2―ジエチルヒドラジン	1615-80-1	1％未満	0.1％未満
224-2	N,N―ジエチルヒドロキシルアミン	3710-84-7	1％未満	1％未満
224-3	ジエチレングリコールモノブチルエーテル	112-34-5	1％未満	1％未満
225	ジエチレントリアミン	111-40-0	0.3％未満	0.1％未満
226	四塩化炭素	56-23-5	1％未満	0.1％未満
227	1,4―ジオキサン	123-91-1	1％未満	0.1％未満
228	1,4―ジオキサン―2,3―ジイルジチオビス(チオホスホン酸)O,O,O′,O′―テトラエチル(別名ジオキサチオン)	78-34-2	1％未満	1％未満
229	1,3―ジオキソラン	646-06-0	1％未満	0.1％未満
230	シクロヘキサノール	108-93-0	1％未満	1％未満
231	シクロヘキサノン	108-94-1	1％未満	0.1％未満
232	シクロヘキサン	110-82-7	1％未満	1％未満
233	シクロヘキシルアミン	108-91-8	0.1％未満	1％未満
234	2―シクロヘキシルビフェニル	10470-01-6	1％未満	0.1％未満
235	シクロヘキセン	110-83-8	1％未満	1％未満
236	シクロペンタジエニルトリカルボニルマンガン	12079-65-1	1％未満	1％未満
237	シクロペンタジエン	542-92-7	1％未満	1％未満
238	シクロペンタン	287-92-3	1％未満	1％未満
239	ジクロロアセチレン	7572-29-4	1％未満	1％未満
240	ジクロロエタン	下記	1％未満	0.1％未満
240	1,1―ジクロロエタン	75-34-3	1％未満	1％未満
240	1,2―ジクロロエタン	107-06-2	1％未満	0.1％未満
241	ジクロロエチレン	下記	1％未満	1％未満
241	1,1―ジクロロエチレン	75-35-4	1％未満	0.1％未満
241	1,2―ジクロロエチレン	540-59-0	1％未満	0.1％未満
241-2	ジクロロ酢酸	79-43-6	1％未満	0.1％未満
242	3,3′―ジクロロ―4,4′―ジアミノジフェニルメタン	101-14-4	0.1％未満	0.1％未満
243	ジクロロジフルオロメタン(別名CFC―12)	75-71-8	1％未満	1％未満
244	1,3―ジクロロ―5,5―ジメチルイミダゾリジン―2,4―ジオン	118-52-5	1％未満	1％未満
245	3,5―ジクロロ―2,6―ジメチル―4―ピリジノール(別名クロピドール)	2971-90-6	1％未満	1％未満
246	ジクロロテトラフルオロエタン(別名CFC―114)	76-14-2	1％未満	1％未満
247	2,2―ジクロロ―1,1,1―トリフルオロエタン(別名HCFC―123)	306-83-2	1％未満	1％未満
248	1,1―ジクロロ―1―ニトロエタン	594-72-9	1％未満	1％未満
249	3―(3,4―ジクロロフェニル)―1,1―ジメチル尿素(別名ジウロン)	330-54-1	1％未満	1％未満
250	2,4―ジクロロフェノキシエチル硫酸ナトリウム	136-78-5	1％未満	1％未満
251	2,4―ジクロロフェノキシ酢酸	94-75-7	1％未満	0.1％未満
252	1,4―ジクロロ―2―ブテン	764-41-0	0.1％未満	0.1％未満
253	ジクロロフルオロメタン(別名HCFC―21)	75-43-4	1％未満	1％未満
254	1,2―ジクロロプロパン	78-87-5	0.1％未満	0.1％未満
255	2,2―ジクロロプロピオン酸	75-99-0	1％未満	1％未満
256	1,3―ジクロロプロペン	542-75-6	1％未満	1％未満
257	ジクロロメタン(別名二塩化メチレン)	75-09-2	1％未満	0.1％未満
258	四酸化オスミウム	20816-12-0	1％未満	1％未満
259	ジシアン	460-19-5	1％未満	1％未満
260	ジシクロペンタジエニル鉄	102-54-5	1％未満	1％未満
261	ジシクロペンタジエン	77-73-6	1％未満	1％未満
262	2,6―ジ―ターシャリ―ブチル―4―クレゾール	128-37-0	1％未満	0.1％未満
263	1,3―ジチオラン―2―イリデンマロン酸ジイソプロピル(別名イソプロチオラン)	50512-35-1	1％未満	1％未満
264	ジチオりん酸O―エチル―O―(4―メチルチオフェニル)―S―ノルマル―プロピル(別名スルプロホス)	35400-43-2	1％未満	1％未満
265	ジチオりん酸O,O―ジエチル―S―(2―エチルチオエチル)(別名ジスルホトン)	298-04-4	1％未満	0.1％未満
266	ジチオりん酸O,O―ジエチル―S―エチルチオメチル(別名ホレート)	298-02-2	1％未満	0.1％未満

266-2	ジチオりん酸O，O—ジエチル—S—(ターシャリーブチルチオメチル)(別名テルブホス)	13071-79-9	1%未満	0.1%未満
267	ジチオりん酸O，O—ジメチル—S—[(4—オキソ—1，2，3—ベンゾトリアジン—3(4H)—イル)メチル](別名アジンホスメチル)	86-50-0	1%未満	0.1%未満
268	ジチオりん酸O，O—ジメチル—S—1，2—ビス(エトキシカルボニル)エチル(別名マラチオン)	121-75-5	1%未満	1%未満
269	ジナトリウム＝4—[(2，4—ジメチルフェニル)アゾ]—3—ヒドロキシ—2，7—ナフタレンジスルホナート(別名ポンソーMX)	3761-53-3	1%未満	0.1%未満
270	ジナトリウム＝8—[[3，3'—ジメチル—4'—[[4—[[(4—メチルフェニル)スルホニル]オキシ]フェニル]アゾ][1，1'—ビフェニル]—4—イル]アゾ]—7—ヒドロキシ—1，3—ナフタレンジスルホナート(別名CIアシッドレッド114)	6459-94-5	1%未満	0.1%未満
271	ジナトリウム＝3—ヒドロキシ—4—[(2，4，5—トリメチルフェニル)アゾ]—2，7—ナフタレンジスルホナート(別名ポンソー3R)	3564-09-8	1%未満	0.1%未満
272	2，4—ジニトロトルエン	121-14-2	1%未満	0.1%未満
273	ジニトロベンゼン	25154-54-5	1%未満	0.1%未満
274	2—(ジ—ノルマル—ブチルアミノ)エタノール	102-81-8	1%未満	1%未満
275	ジ—ノルマル—プロピルケトン	123-19-3	1%未満	1%未満
276	ジビニルベンゼン	1321-74-0	1%未満	0.1%未満
277	ジフェニルアミン	122-39-4	1%未満	1%未満
278	ジフェニルエーテル	101-84-8	1%未満	1%未満
279	1，2—ジブロモエタン(別名EDB)	106-93-4	0.1%未満	0.1%未満
280	1，2—ジブロモ—3—クロロプロパン	96-12-8	0.1%未満	0.1%未満
281	ジブロモジフルオロメタン	75-61-6	1%未満	1%未満
282	ジベンゾイルペルオキシド	94-36-0	1%未満	0.1%未満
283	ジボラン	19287-45-7	1%未満	1%未満
284	N，N—ジメチルアセトアミド	127-19-5	1%未満	1%未満
285	N，N—ジメチルアニリン	121-69-7	1%未満	1%未満
286	[4—[[4—(ジメチルアミノ)フェニル][4—[エチル(3—スルホベンジル)アミノ]フェニル]メチリデン]シクロヘキサン—2，5—ジエン—1—イリデン](エチル)(3—スルホナトベンジル)アンモニウムナトリウム塩(別名ベンジルバイオレット4B)	1694-09-3	1%未満	0.1%未満
287	ジメチルアミン	124-40-3	1%未満	0.1%未満
288	ジメチルエチルメルカプトエチルチオホスフェイト(別名メチルジメトン)	8022-00-2	1%未満	1%未満
289	ジメチルエトキシシラン	14857-34-2	1%未満	1%未満
290	ジメチルカルバモイル＝クロリド	79-44-7	0.1%未満	0.1%未満
291	ジメチル—2，2—ジクロロビニルホスフェイト(別名DDVP)	62-73-7	1%未満	0.1%未満
292	ジメチルジスルフィド	624-92-0	1%未満	1%未満
292-2	ジメチル＝2，2，2—トリクロロ—1—ヒドロキシエチルホスホナート(別名DEP)	52-68-6	1%未満	1%未満
293	N，N—ジメチルニトロソアミン	62-75-9	0.1%未満	0.1%未満
294	ジメチル—パラ—ニトロフェニルチオホスフェイト(別名メチルパラチオン)	298-00-0	1%未満	0.1%未満
295	ジメチルヒドラジン	下記	0.1%未満	
295	1，1—ジメチルヒドラジン	57-14-7	0.1%未満	0.1%未満
295	1，2—ジメチルヒドラジン	540-73-8	0.1%未満	0.1%未満
296	1，1'—ジメチル—4，4'—ビピリジニウム＝ジクロリド(別名パラコート)	1910-42-5	1%未満	1%未満
297	1，1'—ジメチル—4，4'—ビピリジニウム2メタンスルホン酸塩	2074-50-2	1%未満	1%未満
298	2—(4，6—ジメチル—2—ピリミジニルアミノカルボニルアミノスルホニル)安息香酸メチル(別名スルホメチュロンメチル)	74222-97-2	1%未満	0.1%未満
299	N，N—ジメチルホルムアミド	68-12-2	0.3%未満	
300	1—[(2，5—ジメトキシフェニル)アゾ]—2—ナフトール(別名シトラスレッドナンバー2)	6358-53-8	1%未満	0.1%未満
301	臭化エチル	74-96-4	1%未満	0.1%未満
302	臭化水素	10035-10-6	1%未満	1%未満
303	臭化メチル	74-83-9	1%未満	0.1%未満
304	しゅう酸	144-62-7	1%未満	0.1%未満
305	臭素	7726-95-6	1%未満	1%未満
306	臭素化ビフェニル	＊	1%未満	0.1%未満
307	硝酸	7697-37-2	1%未満	1%未満
308	硝酸アンモニウム	6484-52-2	—	—
309	硝酸ノルマル—プロピル	627-13-4	1%未満	1%未満
310	しょう脳	76-22-2	1%未満	1%未満
311	シラン	7803-62-5	1%未満	1%未満
313	ジルコニウム化合物	＊	1%未満	1%未満
314	人造鉱物繊維(リフラクトリーセラミックファイバーを除く。)	＊	1%未満	1%未満

番号	名称	CAS番号		
314	リフラクトリーセラミックファイバー	142844-00-6	1％未満	0.1％未満
315	水銀及びその無機化合物	＊	0.3％未満	0.1％未満
316	水酸化カリウム	1310-58-3	1％未満	1％未満
317	水酸化カルシウム	1305-62-0	1％未満	1％未満
318	水酸化セシウム	21351-79-1	1％未満	1％未満
319	水酸化ナトリウム	1310-73-2	1％未満	1％未満
320	水酸化リチウム	1310-65-2	0.3％未満	0.1％未満
320-2	水素化ビス（2－メトキシエトキシ）アルミニウムナトリウム	22722-98-1	1％未満	1％未満
321	水素化リチウム	7580-67-8	0.3％未満	0.1％未満
322	すず及びその化合物	＊	1％未満	0.1％未満
323	スチレン	100-42-5	0.3％未満	0.1％未満
324	ステアリン酸亜鉛	557-05-1	1％未満	1％未満
325	ステアリン酸ナトリウム	822-16-2	1％未満	1％未満
326	ステアリン酸鉛	1072-35-1	0.1％未満	0.1％未満
327	ステアリン酸マグネシウム	557-04-0	1％未満	1％未満
328	ストリキニーネ	57-24-9	1％未満	1％未満
329	石油エーテル	＊	1％未満	1％未満
330	石油ナフサ	＊	1％未満	1％未満
331	石油ベンジン	＊	1％未満	1％未満
332	セスキ炭酸ナトリウム	533-96-0	1％未満	1％未満
333	セレン及びその化合物	＊	1％未満	0.1％未満
334	2－ターシャリ－ブチルイミノ－3－イソプロピル－5－フェニルテトラヒドロ－4H－1，3，5－チアジアジン－4－オン（別名ブプロフェジン）	69327-76-0	1％未満	1％未満
335	タリウム及びその水溶性化合物	＊	0.1％未満	0.1％未満
336	炭化けい素	409-21-2	0.1％未満	0.1％未満
337	タングステン及びその水溶性化合物	＊	1％未満	1％未満
338	タンタル及びその酸化物	＊	1％未満	1％未満
339	チオジ（パラ－フェニレン）－ジオキシ－ビス（チオホスホン酸）O，O，O′，O′－テトラメチル（別名テメホス）	3383-96-8	1％未満	1％未満
340	チオ尿素	62-56-6	1％未満	1％未満
341	4，4′－チオビス（6－ターシャリ－ブチル－3－メチルフェノール）	96-69-5	1％未満	1％未満
342	チオフェノール	108-98-5	1％未満	0.1％未満
343	チオりん酸O，O－ジエチル－O－（2－イソプロピル－6－メチル－4－ピリミジニル）（別名ダイアジノン）	333-41-5	1％未満	0.1％未満
344	チオりん酸O，O－ジエチル－エチルチオエチル（別名ジメトン）	8065-48-3	1％未満	0.1％未満
345	チオりん酸O，O－ジエチル－O－（6－オキソ－1－フェニル－1，6－ジヒドロ－3－ピリダジニル）（別名ピリダフェンチオン）	119-12-0	1％未満	1％未満
346	チオりん酸O，O－ジエチル－O－（3，5，6－トリクロロ－2－ピリジル）（別名クロルピリホス）	2921-88-2	1％未満	0.1％未満
347	チオりん酸O，O－ジエチル－O－［4－（メチルスルフィニル）フェニル］（別名フェンスルホチオン）	115-90-2	1％未満	1％未満
348	チオりん酸O，O－ジメチル－O－（2，4，5－トリクロロフェニル）（別名ロンネル）	299-84-3	1％未満	0.1％未満
349	チオりん酸O，O－ジメチル－O－（3－メチル－4－ニトロフェニル）（別名フェニトロチオン）	122-14-5	1％未満	1％未満
350	チオりん酸O，O－ジメチル－O－（3－メチル－4－メチルチオフェニル）（別名フェンチオン）	55-38-9	1％未満	0.1％未満
351	デカボラン	17702-41-9	1％未満	1％未満
352	鉄水溶性塩	＊	1％未満	1％未満
353	1，4，7，8－テトラアミノアントラキノン（別名ジスパースブルー1）	2475-45-8	1％未満	0.1％未満
354	テトラエチルチウラムジスルフィド（別名ジスルフィラム）	97-77-8	1％未満	0.1％未満
355	テトラエチルピロホスフェイト（別名TEPP）	107-49-3	1％未満	1％未満
356	テトラエトキシシラン	78-10-4	1％未満	1％未満
357	1，1，2，2－テトラクロロエタン（別名四塩化アセチレン）	79-34-5	1％未満	0.1％未満
358	N－（1，1，2，2－テトラクロロエチルチオ）－1，2，3，6－テトラヒドロフタルイミド（別名キャプタフォル）	2425-06-1	0.1％未満	0.1％未満
359	テトラクロロエチレン（別名パークロルエチレン）	127-18-4	0.1％未満	0.1％未満
360	4，5，6，7－テトラクロロ－1，3－ジヒドロベンゾ[c]フラン－2－オン（別名フサライド）	27355-22-2	1％未満	1％未満
361	テトラクロロジフルオロエタン（別名CFC－112）	76-12-0	1％未満	1％未満
362	2，3，7，8－テトラクロロジベンゾ－1，4－ジオキシン	1746-01-6	0.1％未満	0.1％未満
363	テトラクロロナフタレン	1335-88-2	1％未満	1％未満
364	テトラナトリウム＝3，3′－[（3，3′－ジメチル－4，4′－ビフェニリレン）ビス（アゾ）]ビス[5－アミノ－4－ヒドロキシ－2，7－ナフタレンジスルホナート]（別名トリパンブルー）	72-57-1	1％未満	0.1％未満

365	テトラナトリウム＝3,3'―[(3,3'―ジメトキシ―4,4'―ビフェニリレン)ビス(アゾ)]ビス[5―アミノ―4―ヒドロキシ―2,7―ナフタレンジスルホナート](別名CIダイレクトブルー15)	2429-74-5	1％未満	0.1％未満
366	テトラニトロメタン	509-14-8	1％未満	0.1％未満
367	テトラヒドロフラン	109-99-9	1％未満	0.1％未満
367-2	テトラヒドロメチル無水フタル酸	11070-44-3	1％未満	0.1％未満
368	テトラフルオロエチレン	116-14-3	1％未満	0.1％未満
369	1,1,2,2―テトラブロモエタン	79-27-6	1％未満	1％未満
370	テトラブロモメタン	558-13-4	1％未満	1％未満
371	テトラメチルこはく酸ニトリル	3333-52-6	1％未満	1％未満
372	テトラメチルチウラムジスルフィド(別名チウラム)	137-26-8	0.1％未満	0.1％未満
373	テトラメトキシシラン	681-84-5	1％未満	1％未満
374	テトリル	479-45-8	1％未満	0.1％未満
375	テルフェニル	26140-60-3	1％未満	1％未満
376	テルル及びその化合物	＊	1％未満	0.1％未満
377	テレビン油	8006-64-2	1％未満	1％未満
378	テレフタル酸	100-21-0	1％未満	1％未満
379	銅及びその化合物	＊	1％未満	0.1％未満
380	灯油	8008-20-6	1％未満	1％未満
381	トリエタノールアミン	102-71-6	1％未満	1％未満
382	トリエチルアミン	121-44-8	1％未満	1％未満
383	トリクロロエタン	下記	1％未満	0.1％未満
383	1,1,1―トリクロロエタン	71-55-6	1％未満	0.1％未満
383	1,1,2―トリクロロエタン	79-00-5	1％未満	0.1％未満
384	トリクロロエチレン	79-01-6	0.1％未満	0.1％未満
385	トリクロロ酢酸	76-03-9	1％未満	1％未満
386	1,1,2―トリクロロ―1,2,2―トリフルオロエタン	76-13-1	1％未満	1％未満
387	トリクロロナフタレン	1321-65-9	1％未満	1％未満
388	1,1,1―トリクロロ―2,2―ビス(4―クロロフェニル)エタン(別名DDT)	50-29-3	0.1％未満	0.1％未満
389	1,1,1―トリクロロ―2,2―ビス(4―メトキシフェニル)エタン(別名メトキシクロル)	72-43-5	1％未満	0.1％未満
390	2,4,5―トリクロロフェノキシ酢酸	93-76-5	0.3％未満	0.1％未満
391	トリクロロフルオロメタン(別名CFC―11)	75-69-4	1％未満	0.1％未満
392	1,2,3―トリクロロプロパン	96-18-4	0.1％未満	0.1％未満
393	1,2,4―トリクロロベンゼン	120-82-1	1％未満	1％未満
394	トリクロロメチルスルフェニル＝クロリド	594-42-3	1％未満	1％未満
395	N―(トリクロロメチルチオ)―1,2,3,6―テトラヒドロフタルイミド(別名キャプタン)	133-06-2	1％未満	0.1％未満
396	トリシクロヘキシルすず＝ヒドロキシド	13121-70-5	1％未満	1％未満
397	1,3,5―トリス(2,3―エポキシプロピル)―1,3,5―トリアジン―2,4,6(1H,3H,5H)―トリオン	2451-62-9	0.1％未満	0.1％未満
398	トリス(N,N―ジメチルジチオカルバメート)鉄(別名ファーバム)	14484-64-1	1％未満	0.1％未満
399	トリニトロトルエン	118-96-7	1％未満	1％未満
400	トリフェニルアミン	603-34-9	1％未満	1％未満
401	トリブロモメタン	75-25-2	1％未満	1％未満
402	2―トリメチルアセチル―1,3―インダンジオン	83-26-1	1％未満	1％未満
403	トリメチルアミン	75-50-3	1％未満	1％未満
404	トリメチルベンゼン	25551-13-7	1％未満	1％未満
405	トリレンジイソシアネート	26471-62-5他	1％未満	0.1％未満
406	トルイジン	26915-12-8	0.1％未満	0.1％未満
406	o―トルイジン	95-53-4	0.1％未満	0.1％未満
406	m―トルイジン	108-44-1	0.1％未満	0.1％未満
406	p―トルイジン	106-49-0	0.1％未満	0.1％未満
407	トルエン	108-88-3	0.3％未満	0.1％未満
408	ナフタレン	91-20-3	1％未満	0.1％未満
409	1―ナフチルチオ尿素	86-88-4	1％未満	1％未満
410	1―ナフチル―N―メチルカルバメート(別名カルバリル)	63-25-2	1％未満	1％未満
411	鉛及びその無機化合物	＊	0.1％未満	0.1％未満
412	二亜硫酸ナトリウム	7681-57-4	1％未満	1％未満
413	ニコチン	54-11-5	1％未満	0.1％未満
414	二酸化硫黄	7446-09-5	1％未満	1％未満
415	二酸化塩素	10049-04-4	1％未満	1％未満
416	二酸化窒素	10102-44-0	1％未満	1％未満
417	二硝酸プロピレン	6423-43-4	1％未満	1％未満
418	ニッケル	7440-02-0	1％未満	0.1％未満
418	ニッケル化合物	＊	0.1％未満	0.1％未満
418	ニッケルカルボニル	13463-39-3	0.1％未満	0.1％未満
419	ニトリロ三酢酸	139-13-9	1％未満	0.1％未満
420	5―ニトロアセナフテン	602-87-9	1％未満	0.1％未満

421	ニトロエタン	79-24-3	1%未満	1%未満
422	ニトログリコール	628-96-6	1%未満	1%未満
423	ニトログリセリン	55-63-0	—	—
424	ニトロセルローズ	9004-70-0	—	—
425	N—ニトロソモルホリン	59-89-2	1%未満	0.1%未満
426	ニトロトルエン	1321-12-6	0.1%未満	0.1%未満
426	o—ニトロトルエン	88-72-2	0.1%未満	0.1%未満
426	m—ニトロトルエン	99-08-1	0.1%未満	0.1%未満
426	p—ニトロトルエン	99-99-0	0.1%未満	0.1%未満
427	ニトロプロパン	下記	1%未満	0.1%未満
427	1—ニトロプロパン	108-03-2	1%未満	0.1%未満
427	2—ニトロプロパン	79-46-9	1%未満	0.1%未満
428	ニトロベンゼン	98-95-3	1%未満	0.1%未満
429	ニトロメタン	75-52-5	1%未満	0.1%未満
430	乳酸ノルマル—ブチル	138-22-7	1%未満	1%未満
431	二硫化炭素	75-15-0	0.3%未満	1%未満
432	ノナン	111-84-2他	1%未満	1%未満
433	ノルマル—ブチルアミン	109-73-9	1%未満	1%未満
434	ノルマル—ブチルエチルケトン	106-35-4	1%未満	1%未満
435	ノルマル—ブチル—2,3—エポキシプロピルエーテル	2426-08-6	1%未満	0.1%未満
436	N—[1—(N—ノルマル—ブチルカルバモイル)—1H—2—ベンゾイミダゾリル]カルバミン酸メチル(別名ベノミル)	17804-35-2	0.1%未満	0.1%未満
437	白金及びその水溶性塩	*	1%未満	0.1%未満
438	ハフニウム及びその化合物	*	1%未満	1%未満
439	パラ—アニシジン	104-94-9	1%未満	1%未満
440	パラ—クロロアニリン	106-47-8	1%未満	1%未満
441	パラ—ジクロロベンゼン	106-46-7	0.3%未満	1%未満
442	パラ—ジメチルアミノアゾベンゼン	60-11-7	1%未満	1%未満
443	パラ—ターシャリ—ブチルトルエン	98-51-1	0.3%未満	1%未満
444	パラ—ニトロアニリン	100-01-6	1%未満	1%未満
445	パラ—ニトロクロロベンゼン	100-00-5	1%未満	1%未満
446	パラ—フェニルアゾアニリン	60-09-3	1%未満	1%未満
447	パラ—ベンゾキノン	106-51-4	1%未満	1%未満
448	パラ—メトキシフェノール	150-76-5	1%未満	1%未満
449	バリウム及びその水溶性化合物	*	1%未満	1%未満
450	ピクリン酸	88-89-1	—	—
451	ビス(2,3—エポキシプロピル)エーテル	2238-07-5	1%未満	0.1%未満
452	1,3—ビス[(2,3—エポキシプロピル)オキシ]ベンゼン	101-90-6	1%未満	0.1%未満
453	ビス(2—クロロエチル)エーテル	111-44-4	1%未満	1%未満
454	ビス(2—クロロエチル)スルフィド(別名マスタードガス)	505-60-2	0.1%未満	0.1%未満
455	N,N—ビス(2—クロロエチル)メチルアミン—N—オキシド	126-85-2	0.1%未満	0.1%未満
456	ビス(ジチオりん酸)S,S'—メチレン—O,O,O',O'—テトラエチル(別名エチオン)	563-12-2	1%未満	1%未満
457	ビス(2—ジメチルアミノエチル)エーテル	3033-62-3	1%未満	1%未満
458	砒素及びその化合物	*	0.1%未満	0.1%未満
459	ヒドラジン	302-01-2	1%未満	1%未満
460	ヒドラジン一水和物	7803-57-8	1%未満	1%未満
461	ヒドロキノン	123-31-9	0.1%未満	1%未満
462	4—ビニル—1—シクロヘキセン	100-40-3	1%未満	1%未満
463	4—ビニルシクロヘキセンジオキシド	106-87-6	1%未満	0.1%未満
464	ビニルトルエン	25013-15-4	1%未満	1%未満
464-2	N—ビニル—2—ピロリドン	88-12-0	1%未満	1%未満
465	ビフェニル	92-52-4	1%未満	1%未満
466	ピペラジン二塩酸塩	142-64-3	1%未満	1%未満
467	ピリジン	110-86-1	1%未満	1%未満
468	ピレトラム	8003-34-7	1%未満	0.1%未満
468-2	フェニルイソシアネート	103-71-9	1%未満	0.1%未満
469	フェニルオキシラン	96-09-3	0.1%未満	0.1%未満
470	フェニルヒドラジン	100-63-0	1%未満	1%未満
471	フェニルホスフィン	638-21-1	1%未満	1%未満
472	フェニレンジアミン	25265-76-3	1%未満	1%未満
472	o—フェニレンジアミン	95-54-5	1%未満	0.1%未満
472	m—フェニレンジアミン	108-45-2	1%未満	1%未満
472	p—フェニレンジアミン	106-50-3	1%未満	1%未満
473	フェノチアジン	92-84-2	1%未満	1%未満
474	フェノール	108-95-2	0.1%未満	1%未満
475	フェロバナジウム	12604-58-9	1%未満	1%未満
476	1,3—ブタジエン	106-99-0	0.1%未満	0.1%未満
477	ブタノール	下記	1%未満	0.1%未満

477	1-ブタノール	71-36-3	1%未満	0.1%未満
477	2-ブタノール	78-92-2	1%未満	0.1%未満
477	イソブタノール(イソブチルアルコール)	78-83-1	1%未満	0.1%未満
477	tert-ブタノール	75-65-0	1%未満	0.1%未満
478	フタル酸ジエチル	84-66-2	1%未満	0.1%未満
479	フタル酸ジ-ノルマル-ブチル	84-74-2	0.3%未満	0.1%未満
480	フタル酸ジメチル	131-11-3	1%未満	1%未満
481	フタル酸ビス(2-エチルヘキシル)(別名DEHP)	117-81-7	0.3%未満	0.1%未満
482	ブタン	106-97-8他	1%未満	1%未満
482-2	2,3-ブタンジオン(別名ジアセチル)	431-03-8	1%未満	1%未満
483	1-ブタンチオール	109-79-5	1%未満	1%未満
484	弗化カルボニル	353-50-4	1%未満	1%未満
485	弗化ビニリデン	75-38-7	1%未満	1%未満
486	弗化ビニル	75-02-5	0.1%未満	0.1%未満
487	弗素及びその水溶性無機化合物	*	1%未満	0.1%未満
487	弗化水素	7664-39-3	1%未満	0.1%未満
488	2-ブテナール	123-73-9	0.1%未満	0.1%未満
488-2	ブテン	25167-67-3	1%未満	1%未満
488-2	1-ブテン	106-98-9	1%未満	1%未満
488-2	2-ブテン	107-01-7他	1%未満	1%未満
488-2	イソブテン	115-11-7	1%未満	1%未満
489	フルオロ酢酸ナトリウム	62-74-8	1%未満	1%未満
490	フルフラール	98-01-1	1%未満	0.1%未満
491	フルフリルアルコール	98-00-0	1%未満	1%未満
492	1,3-プロパンスルトン	1120-71-4	0.1%未満	0.1%未満
492-2	プロピオンアルデヒド	123-38-6	1%未満	1%未満
493	プロピオン酸	79-09-4	1%未満	1%未満
494	プロピルアルコール	下記	1%未満	0.1%未満
494	n-プロピルアルコール	71-23-8	1%未満	0.1%未満
494	イソプロピルアルコール	67-63-0	1%未満	0.1%未満
495	プロピレンイミン	75-55-8	0.1%未満	0.1%未満
496	プロピレングリコールモノメチルエーテル	107-98-2	1%未満	1%未満
497	2-プロピン-1-オール	107-19-7	1%未満	1%未満
497-2	プロペン	115-07-1	1%未満	1%未満
498	ブロモエチレン	593-60-2	0.1%未満	0.1%未満
499	2-ブロモ-2-クロロ-1,1,1-トリフルオロエタン(別名ハロタン)	151-67-7	1%未満	0.1%未満
500	ブロモクロロメタン	74-97-5	1%未満	1%未満
501	ブロモジクロロメタン	75-27-4	1%未満	0.1%未満
502	5-ブロモ-3-セカンダリ-ブチル-6-メチル-1,2,3,4-テトラヒドロピリミジン-2,4-ジオン(別名ブロマシル)	314-40-9	1%未満	0.1%未満
503	ブロモトリフルオロメタン	75-63-8	1%未満	1%未満
503-2	1-ブロモプロパン	106-94-5	1%未満	1%未満
504	2-ブロモプロパン	75-26-3	0.3%未満	0.1%未満
504-2	3-ブロモ-1-プロペン(別名臭化アリル)	106-95-6	1%未満	1%未満
505	ヘキサクロロエタン	67-72-1	1%未満	0.1%未満
506	1,2,3,4,10,10-ヘキサクロロ-6,7-エポキシ-1,4,4a,5,6,7,8,8a-オクタヒドロ-エキソ-1,4-エンド-5,8-ジメタノナフタレン(別名ディルドリン)	60-57-1	0.3%未満	0.1%未満
507	1,2,3,4,10,10-ヘキサクロロ-6,7-エポキシ-1,4,4a,5,6,7,8,8a-オクタヒドロ-エンド-1,4-エンド-5,8-ジメタノナフタレン(別名エンドリン)	72-20-8	1%未満	1%未満
508	1,2,3,4,5,6-ヘキサクロロシクロヘキサン(別名リンデン)	608-73-1	1%未満	0.1%未満
509	ヘキサクロロシクロペンタジエン	77-47-4	1%未満	1%未満
510	ヘキサクロロナフタレン	1335-87-1	1%未満	1%未満
511	1,4,5,6,7,7-ヘキサクロロビシクロ[2,2,1]-5-ヘプテン-2,3-ジカルボン酸(別名クロレンド酸)	115-28-6	1%未満	0.1%未満
512	1,2,3,4,10,10-ヘキサクロロ-1,4,4a,5,8,8a-ヘキサヒドロ-エキソ-1,4-エンド-5,8-ジメタノナフタレン(別名アルドリン)	309-00-2	1%未満	0.1%未満
513	ヘキサクロロヘキサヒドロメタノベンゾジオキサチエピンオキサイド(別名ベンゾエピン)	115-29-7	1%未満	1%未満
514	ヘキサクロロベンゼン	118-74-1	0.3%未満	0.1%未満
515	ヘキサヒドロ-1,3,5-トリニトロ-1,3,5-トリアジン(別名シクロナイト)	121-82-4	1%未満	1%未満
516	ヘキサフルオロアセトン	684-16-2	1%未満	0.1%未満
516-2	ヘキサフルオロアルミン酸三ナトリウム	13775-53-6	1%未満	1%未満

516-3	ヘキサフルオロプロペン	116-15-4	1%未満	1%未満
517	ヘキサメチルホスホリックトリアミド	680-31-9	0.1%未満	0.1%未満
518	ヘキサメチレンジアミン	124-09-4	1%未満	0.1%未満
519	ヘキサメチレン＝ジイソシアネート	822-06-0	1%未満	0.1%未満
520	ヘキサン	110-54-3他	1%未満	0.1%未満
520	n―ヘキサン	110-54-3	1%未満	0.1%未満
521	1―ヘキセン	592-41-6	1%未満	1%未満
522	ベータ―ブチロラクトン	3068-88-0他	1%未満	0.1%未満
523	ベータ―プロピオラクトン	57-57-8	0.1%未満	0.1%未満
524	1,4,5,6,7,8,8―ヘプタクロロ―2,3―エポキシ―3a,4,7,7a―テトラヒドロ―4,7―メタノ―1H―インデン（別名ヘプタクロルエポキシド）	1024-57-3	0.3%未満	0.1%未満
525	1,4,5,6,7,8,8―ヘプタクロロ―3a,4,7,7a―テトラヒドロ―4,7―メタノ―1H―インデン（別名ヘプタクロル）	76-44-8	0.3%未満	0.1%未満
526	ヘプタン	142-82-5他	1%未満	1%未満
527	ペルオキソ二硫酸アンモニウム	7727-54-0	1%未満	1%未満
528	ペルオキソ二硫酸カリウム	7727-21-1	1%未満	1%未満
529	ペルオキソ二硫酸ナトリウム	7775-27-1	1%未満	1%未満
530	ペルフルオロオクタン酸	335-67-1	0.3%未満	0.1%未満
530	ペルフルオロオクタン酸アンモニウム塩	3825-26-1	1%未満	0.1%未満
530-2	ベンジルアルコール	100-51-6	1%未満	1%未満
531	ベンゼン	71-43-2	0.1%未満	0.1%未満
532	1,2,4―ベンゼントリカルボン酸1,2―無水物	552-30-7	1%未満	1%未満
533	ベンゾ[a]アントラセン	56-55-3	1%未満	1%未満
534	ベンゾ[a]ピレン	50-32-8	0.1%未満	0.1%未満
535	ベンゾフラン	271-89-6	1%未満	1%未満
536	ベンゾ[e]フルオラセン	205-99-2	0.1%未満	0.1%未満
537	ペンタクロロナフタレン	1321-64-8	1%未満	1%未満
538	ペンタクロロニトロベンゼン	82-68-8	1%未満	1%未満
539	ペンタクロロフェノール（別名PCP）	87-86-5	0.3%未満	0.1%未満
539	ペンタクロロフェノール（別名PCP）ナトリウム塩	131-52-2	0.3%未満	0.1%未満
540	1―ペンタナール	110-62-3	1%未満	1%未満
541	1,1,3,3,3―ペンタフルオロ―2―（トリフルオロメチル）―1―プロペン（別名PFIB）	382-21-8	1%未満	1%未満
542	ペンタボラン	19624-22-7	1%未満	1%未満
543	ペンタン	109-66-0他	1%未満	1%未満
544	ほう酸	10043-35-3	0.3%未満	0.1%未満
544	ほう酸ナトリウム	1330-43-4	0.3%未満	0.1%未満
545	ホスゲン	75-44-5	1%未満	1%未満
545-2	ポルトランドセメント	65997-15-1	1%未満	1%未満
546	（2―ホルミルヒドラジノ）―4―（5―ニトロ―2―フリル）チアゾール	3570-75-0	1%未満	0.1%未満
547	ホルムアミド	75-12-7	0.3%未満	0.1%未満
548	ホルムアルデヒド	50-00-0	0.1%未満	0.1%未満
549	マゼンタ	632-99-5	1%未満	1%未満
550	マンガン	7439-96-5	0.3%未満	0.1%未満
550	無機マンガン化合物	＊	1%未満	0.1%未満
551	ミネラルスピリット（ミネラルシンナー、ペトロリウムスピリット、ホワイトスピリット及びミネラルターペンを含む。）	64742-47-8	1%未満	1%未満
552	無水酢酸	108-24-7	1%未満	1%未満
553	無水フタル酸	85-44-9	1%未満	1%未満
554	無水マレイン酸	108-31-6	1%未満	1%未満
555	メタ―キシリレンジアミン	1477-55-0	1%未満	0.1%未満
556	メタクリル酸	79-41-4	1%未満	1%未満
557	メタクリル酸メチル	80-62-6	1%未満	1%未満
558	メタクリロニトリル	126-98-7	0.3%未満	0.1%未満
559	メタ―ジシアノベンゼン	626-17-5	1%未満	1%未満
560	メタノール	67-56-1	0.3%未満	0.1%未満
561	メタンスルホン酸エチル	62-50-0	0.1%未満	0.1%未満
562	メタンスルホン酸メチル	66-27-3	0.1%未満	0.1%未満
563	メチラール	109-87-5	1%未満	1%未満
564	メチルアセチレン	74-99-7	1%未満	1%未満
565	N―メチルアニリン	100-61-8	1%未満	1%未満
566	2,2'―[[4―（メチルアミノ）―3―ニトロフェニル]アミノ]ジエタノール（別名HCブルーナンバー1）	2784-94-3	1%未満	0.1%未満
567	N―メチルアミノホスホン酸O―（4―ターシャリ―ブチル―2―クロロフェニル）―O―メチル（別名クルホメート）	299-86-5	1%未満	1%未満
568	メチルアミン	74-89-5	0.1%未満	0.1%未満
569	メチルイソブチルケトン	108-10-1	1%未満	0.1%未満
570	メチルエチルケトン	78-93-3	1%未満	1%未満

571	N—メチルカルバミン酸2—イソプロピルオキシフェニル（別名プロポキスル）	114-26-1	0.1%未満	0.1%未満
572	N—メチルカルバミン酸2，3—ジヒドロ—2，2—ジメチル—7—ベンゾ[b]フラニル（別名カルボフラン）	1563-66-2	1%未満	1%未満
573	N—メチルカルバミン酸2—セカンダリーブチルフェニル（別名フェノブカルブ）	3766-81-2	1%未満	1%未満
574	メチルシクロヘキサノール	25639-42-3他	1%未満	1%未満
575	メチルシクロヘキサノン	1331-22-2他	1%未満	1%未満
576	メチルシクロヘキサン	108-87-2	1%未満	1%未満
577	2—メチルシクロペンタジエニルトリカルボニルマンガン	12108-13-3	1%未満	1%未満
578	2—メチル—4，6—ジニトロフェノール	534-52-1	0.1%未満	0.1%未満
579	2—メチル—3，5—ジニトロベンズアミド（別名ジニトルミド）	148-01-6	1%未満	1%未満
580	メチル—ターシャリ—ブチルエーテル（別名MTBE）	1634-04-4	1%未満	0.1%未満
581	5—メチル—1，2，4—トリアゾロ[3，4—b]ベンゾチアゾール（別名トリシクラゾール）	41814-78-2	1%未満	1%未満
582	2—メチル—4—（2—トリルアゾ）アニリン	97-56-3	0.1%未満	0.1%未満
582-2	メチルナフタレン	下記	1%未満	1%未満
582-2	1—メチルナフタレン	90-12-0	1%未満	1%未満
582-2	2—メチルナフタレン	91-57-6	1%未満	1%未満
582-3	2—メチル—5—ニトロアニリン	99-55-8	0.1%未満	0.1%未満
583	2—メチル—1—ニトロアントラキノン	129-15-7	1%未満	0.1%未満
584	N—メチル—N—ニトロソカルバミン酸エチル	615-53-2	1%未満	0.1%未満
585	メチル—ノルマル—ブチルケトン	591-78-6	1%未満	1%未満
586	メチル—ノルマル—ペンチルケトン	110-43-0	1%未満	1%未満
587	メチルヒドラジン	60-34-4	1%未満	1%未満
588	メチルビニルケトン	78-94-4	1%未満	0.1%未満
588-2	N—メチル—2—ピロリドン	872-50-4	1%未満	0.1%未満
589	1—[（2—メチルフェニル）アゾ]—2—ナフトール（別名オイルオレンジSS）	2646-17-5	1%未満	1%未満
590	メチルプロピルケトン	107-87-9	1%未満	1%未満
591	5—メチル—2—ヘキサノン	110-12-3	1%未満	1%未満
592	4—メチル—2—ペンタノール	108-11-2	1%未満	1%未満
593	2—メチル—2，4—ペンタンジオール	107-41-5	1%未満	1%未満
594	2—メチル—N—[3—（1—メチルエトキシ）フェニル]ベンズアミド（別名メプロニル）	55814-41-0	1%未満	1%未満
595	S—メチル—N—（メチルカルバモイルオキシ）チオアセチミデート（別名メソミル）	16752-77-5	1%未満	1%未満
596	メチルメルカプタン	74-93-1	1%未満	1%未満
597	4，4'—メチレンジアニリン	101-77-9	1%未満	0.1%未満
598	メチレンビス（4，1—シクロヘキシレン）＝ジイソシアネート	5124-30-1	1%未満	0.1%未満
599	メチレンビス（4，1—フェニレン）＝ジイソシアネート（別名MDI）	101-68-8	1%未満	0.1%未満
600	2—メトキシ—5—メチルアニリン	120-71-8	1%未満	0.1%未満
601	1—（2—メトキシ—2—メチルエトキシ）—2—プロパノール	34590-94-8	1%未満	1%未満
601-2	2—メトキシ—2—メチルブタン（別名ターシャリ—アミルメチルエーテル）	994-05-8	1%未満	0.1%未満
602	メルカプト酢酸	68-11-1	1%未満	0.1%未満
603	モリブデン及びその化合物	＊	1%未満	0.1%未満
604	モルホリン	110-91-8	1%未満	1%未満
606	沃素	7553-56-2	1%未満	0.1%未満
606	沃素化合物（沃化物）	＊	1%未満	1%未満
606	沃化メチル	74-88-4	1%未満	1%未満
607	ヨードホルム	75-47-8	1%未満	1%未満
607-2	硫化カルボニル	463-58-1	1%未満	1%未満
608	硫化ジメチル	75-18-3	1%未満	1%未満
609	硫化水素	7783-06-4	1%未満	1%未満
610	硫化水素ナトリウム	16721-80-5	1%未満	1%未満
611	硫化ナトリウム	1313-82-2	1%未満	1%未満
612	硫化りん	1314-80-3他	1%未満	1%未満
613	硫酸	7664-93-9	1%未満	1%未満
614	硫酸ジイソプロピル	2973-10-6	1%未満	0.1%未満
615	硫酸ジエチル	64-67-5	0.1%未満	0.1%未満
616	硫酸ジメチル	77-78-1	0.1%未満	0.1%未満
617	りん化水素	7803-51-2	1%未満	1%未満
618	りん酸	7664-38-2	1%未満	1%未満
619	りん酸ジ—ノルマル—ブチル	107-66-4	1%未満	1%未満
620	りん酸ジ—ノルマル—ブチル＝フェニル	2528-36-1	1%未満	1%未満
621	りん酸1，2—ジブロモ—2，2—ジクロロエチル＝ジメチル（別名ナレド）	300-76-5	1%未満	0.1%未満

622	りん酸ジメチル＝(E)―1―(N, N―ジメチルカルバモイル)―1―プロペン―2―イル（別名ジクロトホス）	141-66-2	1%未満	1%未満
623	りん酸ジメチル＝(E)―1―(N―メチルカルバモイル)―1―プロペン―2―イル（別名モノクロトホス）	6923-22-4	1%未満	1%未満
624	りん酸ジメチル＝1―メトキシカルボニル―1―プロペン―2―イル（別名メビンホス）	7786-34-7	1%未満	1%未満
625	りん酸トリ(オルト―トリル)	78-30-8	1%未満	1%未満
626	りん酸トリス(2，3―ジブロモプロピル)	126-72-7	0.1%未満	0.1%未満
627	りん酸トリ―ノルマル―ブチル	126-73-8	1%未満	1%未満
628	りん酸トリフェニル	115-86-6	1%未満	1%未満
629	レソルシノール	108-46-3	1%未満	0.1%未満
630	六塩化ブタジエン	87-68-3	1%未満	0.1%未満
631	ロジウム及びその化合物	＊	1%未満	0.1%未満
632	ロジン	8050-09-7	1%未満	0.1%未満
633	ロテノン	83-79-4	1%未満	1%未満

> ※ 物質により裾切値が異なる号、特化則等の特別則の適用が分かれる構造異性体を含む号、o,m,p-の構造異性体を含む号については、号を分割して記載した。

> ※ 「－」は裾切値の設定がないことを示す
> ※ CAS番号は参考として示したものであり、構造異性体等が存在する場合に異なるCAS番号が割り振られることがあるが、対象物質の当否の判断は物質名で行うものとする。

> ※ 表示の適用除外：四アルキル鉛を含有する製剤その他の物（加鉛ガソリンに限る。）及びニトログリセリンを含有する製剤その他の物（98%以上の不揮発性で水に溶けない鈍感剤で鈍性化した物であつて、ニトログリセリンの含有量が1%未満のものに限る。）
> ※ 通知の適用除外：ニトログリセリンを含有する製剤その他の物（98%以上の不揮発性で水に溶けない鈍感剤で鈍性化した物であつて、ニトログリセリンの含有量が0.1%未満のものに限る。）

（令別表第9に定める表示義務及び通知義務の対象となる化学物質等とその裾切り値一覧〔https://anzeninfo.mhlw.go.jp/anzen/gmsds/gmsds640.html，最終閲覧日：2022年10月19日〕）

章末資料5-3　労働安全衛生法施行令別表第9に追加する234物質及びその裾切値一覧（2024年より追加）

※　裾切値は、含有量がその値未満の場合に労働安全衛生法第57条の表示・第57条の2の通知の義務対象とならない値である。

※　CAS登録番号（CAS RN）は参考として示したものである。構造異性体等が存在する場合には異なるCAS登録番号が割り振られることがあるが、対象物質の当否の判断は物質名で行う。

名称	CAS RN	表示裾切値（重量%）	通知裾切値（重量%）	備考
アクリル酸2―（ジメチルアミノ）エチル	2439-35-2	1	0.1	
アザチオプリン	446-86-6	0.1	0.1	
アセタゾラミド（別名アセタゾールアミド）	59-66-5	0.3	0.1	
アセトンチオセミカルバゾン	1752-30-3	1	1	
アニリンとホルムアルデヒドの重縮合物	25214-70-4	0.1	0.1	
アフラトキシン	1402-68-2	0.1	0.1	
2―アミノエタンチオール（別名システアミン）	60-23-1	0.3	0.1	
N―（2―アミノエチル）―2―アミノエタノール	111-41-1	0.2	0.1	
3―アミノ―N―エチルカルバゾール	132-32-1	0.1	0.1	
（S）―2―アミノ―3―［4―［ビス（2―クロロエチル）アミノ］フェニル］プロパン酸（別名メルファラン）	148-82-3	0.1	0.1	
2―アミノ―4―［ヒドロキシ（メチル）ホスホリル］ブタン酸及びそのアンモニウム塩	51276-47-2、77182-82-2（アンモニウム塩）	0.3	0.1	
3―アミノ―1―プロペン	107-11-9	1	1	
4―アミノ―1―ベーター D―リボフラノシル―1，3，5―トリアジン―2（1H）―オン	320-67-2	0.1	0.1	
4―アリル―1，2―ジメトキシベンゼン	93-15-2	0.1	0.1	
17アルファ―アセチルオキシ―6―クロロ―プレグナ―4，6―ジエン―3，20―ジオン	302-22-7	0.3	0.1	
アントラセン	120-12-7	0.1	0.1	
イソシアン酸3，4―ジクロロフェニル	102-36-3	1	1	
4，4'―イソプロピリデンジフェノール（別名ビスフェノールA）	80-05-7	0.3	0.1	
イブプロフェン	15687-27-1	0.3	0.1	
ウラン	7440-61-1	0.1	0.1	
O―エチル―O―（2―イソプロポキシカルボニルフェニル）―N―イソプロピルチオホスホルアミド（別名イソフェンホス）	25311-71-1	1	0.1	
O―エチル＝S，S―ジプロピル＝ホスホロジチオアート（別名エトプロホス）	13194-48-4	0.1	0.1	
N―エチル―N―ニトロソ尿素	759-73-9	0.1	0.1	
1―エチルピロリジン―2―オン	2687-91-4	0.3	0.1	
5―エチル―5―フェニルバルビツル酸（別名フェノバルビタール）	50-06-6	0.1	0.1	
S―エチル＝ヘキサヒドロ―1H―アゼピン―1―カルボチオアート（別名モリネート）	2212-67-1	0.3	0.1	
（3S，4R）―3―エチル―4―［（1―メチル―1H―イミダゾール―5―イル）メチル］オキソラン―2―オン（別名ピロカルピン）	92-13-7	1	1	
O―エチル＝S―1―メチルプロピル＝（2―オキソ―3―チアゾリジニル）ホスホノチオアート（別名ホスチアゼート）	98886-44-3	0.3	0.1	
エチレングリコールジエチルエーテル（別名1，2―ジエトキシエタン）	629-14-1	0.3	0.1	
N，N'―エチレンビス（ジチオカルバミン酸）マンガン（別名マンネブ）	12427-38-2	0.3	0.1	
エフェドリン	299-42-3	0.3	0.1	
塩化アクリロイル	814-68-6	1	1	
塩基性フタル酸鉛	57142-78-6	0.1	0.1	
1，1'―オキシビス（2，3，4，5，6―ペンタブロモベンゼン）（別名デカブロモジフェニルエーテル）	1163-19-5	0.3	0.1	
オキシラン―2―カルボキサミド	5694-00-8	0.1	0.1	
オクタクロルテトラヒドロメタノフタラン	297-78-9	1	0.1	
オクタブロモジフェニルエーテル	32536-52-0	0.3	0.1	異性体あり

オクタメチルピロホスホルアミド（別名シュラーダン）	152-16-9	1	1
オクチルアミン（別名モノオクチルアミン）	111-86-4	1	1
過酢酸	79-21-0	1	1
キノリン及びその塩酸塩	91-22-5, 530-64-3（塩酸塩）	0.1	0.1
2―クロロエタンスルホニル＝クロリド	1622-32-8	1	1
N―（2―クロロエチル）―N'―シクロヘキシル―N―ニトロソ尿素	13010-47-4	0.1	0.1
N―（2―クロロエチル）―N―ニトロソ―N'―[（2R，3R，4S，5R）―3，4，5，6―テトラヒドロキシ―1―オキソヘキサン―2―イル] 尿素	54749-90-5	0.1	0.1
N―（2―クロロエチル）―N'―（4―メチルシクロヘキシル）―N―ニトロソ尿素	13909-09-6	0.1	0.1
2―クロロ―N―（エトキシメチル）―N―（2―エチル―6―メチルフェニル）アセトアミド	34256-82-1	0.1	0.1
クロロぎ酸エチル（別名クロロ炭酸エチル）	541-41-3	1	1
3―クロロ―N―（3―クロロ―5―トリフルオロメチル―2―ピリジル）―アルファ，アルファ，アルファ―トリフルオロ―2，6―ジニトロ―パラ―トルイジン（別名フルアジナム）	79622-59-6	0.3	0.1
クロロ炭酸フェニルエステル	1885-14-9	1	1
1―クロロ―4―（トリクロロメチル）ベンゼン	5216-25-1	0.1	0.1
クロロトリフルオロエタン（別名HCFC―133）	75-88-7	0.3	0.1
2―クロロニトロベンゼン	88-73-3	0.1	0.1
3―（6―クロロピリジン―3―イルメチル）―1，3―チアゾリジン―2―イリデンシアナミド（別名チアクロプリド）	111988-49-9	0.3	0.1
4―[4―（4―クロロフェニル）―4―ヒドロキシピペリジン―1―イル]―1―（4―フルオロフェニル）ブタン―1―オン（別名ハロペリドール）	52-86-8	0.3	0.1
3―クロロ―1，2―プロパンジオール	96-24-2	0.3	0.1
1―クロロ―2―メチル―1―プロペン（別名1―クロロイソブチレン）	513-37-1	1	0.1
コレカルシフェロール（別名ビタミンD3）	67-97-0	0.3	0.1
酢酸マンガン（Ⅱ）	638-38-0	0.3	0.1
三塩化ほう素	10294-34-5	0.3	0.1
ジアセトキシプロペン	869-29-4	1	1
（SP―4―2）―ジアンミンジクロリド白金（別名シスプラチン）	15663-27-1	0.1	0.1
ジイソブチルアミン	110-96-3	1	1
2，3：4，5―ジ―O―イソプロピリデン―1―O―スルファモイル―ベータ―D―フルクトピラノース	97240-79-4	0.3	0.1
ジイソプロピル―S―（エチルスルフィニルメチル）―ジチオホスフェイト	5827-05-4	1	1
N，N―ジエチル亜硝酸アミド	55-18-5	0.1	0.1
ジエチル―4―クロルフェニルメルカプトメチルジチオホスフェイト	786-19-6	1	0.1
ジエチル―1―（2'，4'―ジクロルフェニル）―2―クロルビニルホスフェイト	470-90-6	1	1
ジエチル―（1，3―ジチオシクロペンチリデン）―チオホスホルアミド	333-29-9	1	1
ジエチルスチルベストロール（別名スチルベストロール）	56-53-1	0.1	0.1
ジエチルホスホロクロリドチオネート	2524-04-1	1	1
ジエチレングリコールモノメチルエーテル（別名メチルカルビトール）	111-77-3	0.3	0.1
2―（1，3―ジオキソラン―2―イル）―フェニル―N―メチルカルバメート	6988-21-2	0.3	0.1
シクロスポリン	79217-60-0	0.1	0.1
シクロヘキシミド	66-81-9	0.3	0.1
シクロホスファミド及びその一水和物	50-18-0, 6055-19-2（一水和物）	0.1	0.1
2，4―ジクロルフェニル4'―ニトロフェニルエーテル（別名NIP）	1836-75-5	0.3	0.1
4，4'―（2，2―ジクロロエタン―1，1―ジイル）ジ（クロロベンゼン）	72-54-8	0.1	0.1

ジクロロエチルホルマール	111-91-1	1	1	
4,4'―(2,2―ジクロロエテン―1,1―ジイル)ジ(クロロベンゼン)	72-55-9	0.1	0.1	
1,4―ジクロロ―2―ニトロベンゼン	89-61-2	0.1	0.1	
2,4―ジクロロ―1―ニトロベンゼン	611-06-3	0.1	0.1	
2,2―ジクロロ―N―[2―ヒドロキシ―1―(ヒドロキシメチル)―2―(4―ニトロフェニル)エチル]アセトアミド(別名クロラムフェニコール)	56-75-7	0.1	0.1	
(RS)―3―(3,5―ジクロロフェニル)―5―メチル―5―ビニル―1,3―オキサゾリジン―2,4―ジオン(別名ビンクロゾリン)	50471-44-8	0.3	0.1	
3―(3,4―ジクロロフェニル)―1―メトキシ―1―メチル尿素(別名リニュロン)	330-55-2	0.3	0.1	
(RS)―2―(2,4―ジクロロフェノキシ)プロピオン酸(別名ジクロルプロップ)	120-36-5	0.3	0.1	
ジシアノメタン(別名マロノニトリル)	109-77-3	1	1	
ジナトリウム=4―アミノ―3―[4'―(2,4―ジアミノフェニルアゾ)―1,1'―ビフェニル―4―イルアゾ]―5―ヒドロキシ―6―フェニルアゾ―2,7―ナフタレンジスルホナート(別名CIダイレクトブラック38)	1937-37-7	0.1	0.1	
2,6―ジニトロトルエン	606-20-2	0.1	0.1	
2,4―ジニトロフェノール	51-28-5	1	0.1	
2,4―ジニトロ―6―(1―メチルプロピル)―フェノール	88-85-7	1	0.1	
ジビニルスルホン(別名ビニルスルホン)	77-77-0	1	1	
2―ジフェニルアセチル―1,3―インダンジオン	82-66-6	1	1	
5,5―ジフェニル―2,4―イミダゾリジンジオン	57-41-0	0.1	0.1	
ジプロピル―4―メチルチオフェニルホスフェイト	7292-16-2	1	1	
ジベンゾ[a,j]アクリジン	224-42-0	0.1	0.1	
ジベンゾ[a,h]アントラセン(別名1,2:5,6―ジベンゾアントラセン)	53-70-3	0.1	0.1	
(4―[[4―(ジメチルアミノ)フェニル](フェニル)メチリデン]シクロヘキサ―2,5―ジエン―1―イリデン)(ジメチル)アンモニウム=クロリド(別名マラカイトグリーン塩酸塩)	569-64-2	0.1	0.1	
N,N―ジメチルエチルアミン	598-56-1	1	1	
3,7―ジメチルキサンチン(別名テオブロミン)	83-67-0	0.3	0.1	
N,N―ジメチルチオカルバミン酸S―4―フェノキシブチル(別名フェノチオカルブ)	62850-32-2	0.3	0.1	
O,O―ジメチル―チオホスホリル=クロリド	2524-03-0	1	1	
1,1'―ジメチル―4,4'―ビピリジニウム塩	4685-14-7	1	0.1	*1
(1R,3R)―2,2―ジメチル―3―(2―メチル―1―プロペニル)シクロプロパンカルボン酸(5―フェニルメチル―3―フラニル)メチル	28434-01-7	0.3	0.1	
1,2―ジメトキシエタン	110-71-4	0.3	0.1	
十三酸化八ほう素二ナトリウム四水和物	12280-03-4	0.3	0.1	
硝酸リチウム	7790-69-4	0.3	0.1	
L―セリル―L―バリル―L―セリル―L―グルタミル―L―イソロイシル―L―グルタミニル―L―ロイシル―L―メチオニル―L―ヒスチジル―L―アスパラギニル―L―ロイシルグリシル―L―リシル―L―ヒスチジル―L―ロイシル―L―アスパラギニル―L―セリル―L―メチオニル―L―グルタミル―L―アルギニル―L―バリル―L―グルタミル―L―トリプトフィル―L―ロイシル―L―アルギニル―L―リシル―L―リシル―L―ロイシル―L―グルタミニル―L―アスパルチル―L―バリル―L―ヒスチジル―L―アスパラギニル―L―フェニルアラニン(別名テリパラチド)	52232-67-4	0.1	0.1	
ダイオキシン類(塩素化ビフェニル(別名PCB)に該当するものを除く。)		0.3	0.1	*2
3―(4―ターシャリーブチルフェニル)―2―メチルプロパナール	80-54-6	0.3	0.1	
炭酸リチウム	554-13-2	0.3	0.1	
2―(1,3―チアゾール―4―イル)―1H―ベンゾイミダゾール	148-79-8	0.3	0.1	

物質名	CAS番号			
2—チオキソ—3，5—ジメチルテトラヒドロ—2H—1，3，5—チアジアジン（別名ダゾメット）	533-74-4	0.3	0.1	
チオりん酸O，O—ジエチル—O—（2—ピラジニル）（別名チオナジン）	297-97-2	1	1	
デキストラン鉄	9004-66-4	0.1	0.1	
1，2，3，4—テトラクロロベンゼン	634-66-2	0.3	0.1	
2，3，5，6—テトラフルオロ—4—メチルベンジル＝（Z）—3—（2—クロロ—3，3，3—トリフルオロ—1—プロペニル）—2，2—ジメチルシクロプロパンカルボキシラート（別名テフルトリン）	79538-32-2	1	1	
テトラメチル尿素	632-22-4	0.3	0.1	
（1'S—トランス）—7—クロロ—2'，4，6—トリメトキシ—6'—メチルスピロ［ベンゾフラン—2（3H），1'—シクロヘキサ—2'—エン］—3，4'—ジオン（別名グリセオフルビン）	126-07-8	0.1	0.1	
トリウム＝ビス（エタンジオアート）	2040-52-0	0.1	0.1	
トリエチレンチオホスホルアミド（別名チオテパ）	52-24-4	0.1	0.1	
トリクロロアセトアルデヒド（別名クロラール）	75-87-6	0.1	0.1	
2，2，2—トリクロロ—1，1—エタンジオール（別名抱水クロラール）	302-17-0	0.1	0.1	
トリクロロ（フェニル）シラン	98-13-5	1	1	
トリニトロレゾルシン鉛	15245-44-0	0.1	0.1	
トリブチルアミン	102-82-9	1	1	異性体あり
2，4，6—トリメチルアニリン（別名メシジン）	88-05-1	1	1	
1，3，7—トリメチルキサンチン（別名カフェイン）	58-08-2	0.3	0.1	
1，1，1—トリメチロールプロパントリアクリル酸エステル	15625-89-5	0.3	0.1	
5—［（3，4，5—トリメトキシフェニル）メチル］ピリミジン—2，4—ジアミン	738-70-5	0.3	0.1	
ナトリウム＝2—プロピルペンタノアート	1069-66-5	0.3	0.1	
ナフタレン—1，4—ジオン	130-15-4	1	1	
二酢酸ジオキシドウラン（VI）及びその二水和物	541-09-3，6159-44-0（二水和物）	0.1	0.1	
二硝酸ジオキシドウラン（VI）六水和物	13520-83-7	0.1	0.1	
6—ニトロクリセン	7496-02-8	0.1	0.1	
N—ニトロソフェニルヒドロキシルアミンアンモニウム塩	135-20-6	0.1	0.1	
1—ニトロピレン	5522-43-0	0.1	0.1	
1—（4—ニトロフェニル）—3—（3—ピリジルメチル）ウレア	53558-25-1	1	1	
ニナトリウム＝エタン—1，2—ジイルジカルバモジチオアート	142-59-6	0.3	0.1	
発煙硫酸	8014-95-7	0.1	0.1	
パラ—エトキシアセトアニリド（別名フェナセチン）	62-44-2	0.1	0.1	
パラ—クロロ—アルファ，アルファ，アルファ—トリフルオロトルエン	98-56-6	0.1	0.1	
パラ—クロロトルエン	106-43-4	0.3	0.1	
パラ—ターシャリ—ブチル安息香酸	98-73-7	0.3	0.1	
パラ—ニトロ安息香酸	62-23-7	0.3	0.1	
パラ—メトキシニトロベンゼン	100-17-4	0.1	0.1	
2，2'—ビオキシラン	1464-53-5	0.1	0.1	
4—［4—［ビス（2—クロロエチル）アミノ］フェニル］ブタン酸	305-03-3	0.1	0.1	
N，N—ビス（2—クロロエチル）—2—ナフチルアミン	494-03-1	0.1	0.1	
N，N'—ビス（2—クロロエチル）—N—ニトロソ尿素	154-93-8	0.1	0.1	
ビス（2—クロロエチル）メチルアミン（別名HN2）	51-75-2	0.1	0.1	
ビス（3，4—ジクロロフェニル）ジアゼン	14047-09-7	0.1	0.1	
2，2—ビス（4'—ハイドロキシ—3'，5'—ジブロモフェニル）プロパン	79-94-7	0.1	0.1	
5，8—ビス［2—（2—ヒドロキシエチルアミノ）エチルアミノ］—1，4—アントラキノンジオール＝二塩酸塩	70476-82-3	0.3	0.1	
3，3—ビス（4—ヒドロキシフェニル）—1，3—ジヒドロイソベンゾフラン—1—オン（別名フェノールフタレイン）	77-09-8	0.3	0.1	
S，S—ビス（1—メチルプロピル）＝O—エチル＝ホスホロジチオアート（別名カズサホス）	95465-99-9	1	0.1	
ヒドラジンチオカルボヒドラジド	2231-57-4	1	1	

物質名	CAS番号			
2―ヒドロキシアセトニトリル	107-16-4	1	1	
3―ヒドロキシ―1,3,5（10）―エストラトリエン―17―オン（別名エストロン）	53-16-7	0.1	0.1	
8―ヒドロキシキノリン（別名8―キノリノール）	148-24-3	0.3	0.1	
（5S,5aR,8aR,9R）―9―（4―ヒドロキシ―3,5―ジメトキシフェニル）―8―オキソ―5,5a,6,8,8a,9―ヘキサヒドロフロ［3',4':6,7］ナフト［2,3―d］［1,3］ジオキソール―5―イル=4,6―O―［(R)―エチリデン］―ベータ―D―グルコピラノシド（別名エトポシド）	33419-42-0	0.1	0.1	
（5S,5aR,8aR,9R）―9―（4―ヒドロキシ―3,5―ジメトキシフェニル）―8―オキソ―5,5a,6,8,8a,9―ヘキサヒドロフロ［3',4':6,7］ナフト［2,3―d］［1,3］ジオキソール―5―イル=4,6―O―［(R)―2―チエニルメチリデン］―ベータ―D―グルコピラノシド（別名テニポシド）	29767-20-2	0.1	0.1	
N―（ヒドロキシメチル）アクリルアミド	924-42-5	0.3	0.1	
4―ビニルピリジン	100-43-6	1	0.1	
フィゾスチグミン（別名エセリン）	57-47-6	1	1	
フェニルアセトニトリル（別名シアン化ベンジル）	140-29-4	1	1	
2―（フェニルパラクロルフェニルアセチル）―1,3―インダンジオン	3691-35-8	0.3	0.1	
フタル酸ジイソブチル	84-69-5	0.3	0.1	
フタル酸ジシクロヘキシル	84-61-7	0.3	0.1	
フタル酸ジヘキシル	84-75-3（フタル酸ジヘキシル）,71850-09-4（フタル酸ジイソヘキシル）,68515-50-4（直鎖及び分枝）	0.3	0.1	異性体あり
フタル酸ジペンチル	131-18-0	0.3	0.1	異性体あり
フタル酸ノルマル―ブチル=ベンジル	85-68-7	0.3	0.1	
ブタン―1,4―ジイル=ジメタンスルホナート	55-98-1	0.1	0.1	
ブチルイソシアネート	111-36-4	1	0.1	異性体あり
ブチルリチウム	109-72-8	0.3	0.1	異性体あり
弗素エデン閃石	-	0.1	0.1	
5―フルオロウラシル	51-21-8	0.3	0.1	
プロパンニトリル（別名プロピオノニトリル）	107-12-0	0.3	0.1	
2―プロピル吉草酸	99-66-1	0.3	0.1	
N,N'―プロピレンビス（ジチオカルバミン酸）と亜鉛の重合物（別名プロピネブ）	12071-83-9	0.1	0.1	
ブロムアセトン	598-31-2	1	1	
ブロモジクロロ酢酸	71133-14-7	0.1	0.1	
ヘキサブロモシクロドデカン	25637-99-4	0.3	0.1	異性体あり
ヘキサメチルパラローズアニリンクロリド（別名クリスタルバイオレット）	548-62-9	0.1	0.1	
ペルフルオロ（オクタン―1―スルホン酸）（別名PFOS）	1763-23-1	0.3	0.1	
ペルフルオロノナン酸	375-95-1	0.3	0.1	異性体あり
ペンタカルボニル鉄	13463-40-6	1	1	
ほう酸アンモニウム	12007-89-5	0.3	0.1	
ポリ［グアニジン―N,N'―ジイルヘキサン―1,6―ジイルイミノ（イミノメチレン）］塩酸塩	27083-27-8	1	0.1	
メタクリル酸2―イソシアナトエチル	30674-80-7	1	1	
メタクリル酸2,3―エポキシプロピル	106-91-2	0.1	0.1	
メタクリル酸クロリド	920-46-7	1	1	
メタクリル酸2―（ジエチルアミノ）エチル	105-16-8	0.3	0.1	
メタバナジン酸アンモニウム	7803-55-6	0.1	0.1	
メタンスルホニル=クロリド	124-63-0	1	1	
メタンスルホニル=フルオリド	558-25-8	1	1	
メチル=イソチオシアネート	556-61-6	1	1	
メチルイソプロペニルケトン	814-78-8	1	1	

物質名	CAS番号			
メチル＝カルボノクロリダート	79-22-1	1	1	
メチル＝3－クロロ－5－（4,6－ジメトキシ－2－ピリミジニルカルバモイルスルファモイル）－1－メチルピラゾール－4－カルボキシラート（別名ハロスルフロンメチル）	100784-20-1	0.3	0.1	
N－メチルジチオカルバミン酸（別名カーバム）	144-54-7	0.3	0.1	
メチル－N',N'－ジメチル－N－［（メチルカルバモイル）オキシ］－1－チオオキサムイミデート（別名オキサミル）	23135-22-0	1	0.1	
N－メチル－N－ニトロソ尿素	684-93-5	0.1	0.1	
N－メチル－N'－ニトロ－N－ニトロソグアニジン	70-25-7	0.1	0.1	
3－（1－メチル－2－ピロリジニル）ピリジン硫酸塩（別名ニコチン硫酸塩）	65-30-5	1	0.1	
3－メチル－1－（プロパン－2－イル）－1H－ピラゾール－5－イル＝ジメチルカルバマート	119-38-0	1	1	
メチル－（4－ブロム－2,5－ジクロルフェニル）－チオノベンゼンホスホネイト	21609-90-5	0.3	0.1	
メチル＝ベンゾイミダゾール－2－イルカルバマート（別名カルベンダジム）	10605-21-7	0.1	0.1	
メチルホスホン酸ジクロリド	676-97-1	1	1	
メチルホスホン酸ジメチル	756-79-6	0.1	0.1	
N－メチルホルムアミド	123-39-7	0.3	0.1	
2－メチル－1－［4－（メチルチオ）フェニル］－2－モルホリノ－1－プロパノン	71868-10-5	0.3	0.1	
7－メチル－3－メチレン－1,6－オクタジエン	123-35-3	0.3	0.1	
4,4'－メチレンビス（N,N－ジメチルアニリン）	101-61-1	0.1	0.1	
メチレンビスチオシアネート	6317-18-6	1	0.1	
4,4'－メチレンビス（2－メチルシクロヘキサンアミン）	6864-37-5	1	1	
メトキシ酢酸	625-45-6	0.3	0.1	
4－メトキシ－7H－フロ［3,2-g］［1］ベンゾピラン－7－オン	484-20-8	0.1	0.1	
9－メトキシ－7H－フロ［3,2-g］［1］ベンゾピラン－7－オン	298-81-7	0.1	0.1	
4－メトキシベンゼン－1,3－ジアミン硫酸塩	39156-41-7	0.1	0.1	
6－メルカプトプリン	50-44-2	0.1	0.1	
2－メルカプトベンゾチアゾール	149-30-4	0.1	0.1	
モノフルオール酢酸	144-49-0	1	1	
モノフルオール酢酸アミド	640-19-7	1	1	
モノフルオール酢酸パラブロムアニリド	351-05-3	1	1	
四ナトリウム＝6,6'－［（3,3'－ジメトキシ［1,1'－ビフェニル］－4,4'－ジイル）ビス（ジアゼニル）］ビス（4－アミノ－5－ヒドロキシナフタレン－1,3－ジスルホナート）	2610-05-1	0.1	0.1	
四ナトリウム＝6,6'－［（［1,1'－ビフェニル］－4,4'－ジイル）ビス（ジアゼニル）］ビス（4－アミノ－5－ヒドロキシナフタレン－2,7－ジスルホナート）	2602-46-2	0.1	0.1	
ラクトニトリル（別名アセトアルデヒドシアンヒドリン）	78-97-7	1	1	
ラサロシド	11054-70-9	0.3	0.1	
リチウム＝ビス（トリフルオロメタンスルホン）イミド	90076-65-6	0.3	0.1	
硫化カリウム	1312-73-8	1	1	
りん酸トリス（2－クロロエチル）	115-96-8	0.3	0.1	
りん酸トリス（ジメチルフェニル）	25155-23-1	0.3	0.1	
りん酸トリトリル	1330-78-5	0.3	0.1	＊3
りん酸トリメチル	512-56-1	0.1	0.1	

＊1　1,1'－ジメチル－4,4'－ビピリジニウム塩のうち、1,1'－ジメチル－4,4'－ビピリジニウム＝ジクロリド（別名パラコート）及び1,1'－ジメチル－4,4'－ビピリジニウムニメタンスルホン酸塩の裾切値は、現行規定どおり表示1％、通知1％

＊2　ダイオキシン類のうち、労働安全衛生法施行令別表第3第1号第一類物質の「塩素化ビフェニル（別名PCB）」に該当する「コプラナーポリ塩化ビフェニル」を除いたもの。ダイオキシン類（塩素化ビフェニル（別名PCB）に該当するものを除く。）のうち、2,3,7,8－テトラクロロジベンゾ－1,4－ジオキシンの裾切値は、現行規定どおり表示0.1％、通知0.1％

＊3　りん酸トリトリルのうち、りん酸トリ（オルト－トリル）の裾切値は、現行規定どおり表示1％、通知1％

（令和4年2月24日基発0224第1号別紙）

章末資料 5-4　GHS国連勧告と改正労働安全衛生法の記載項目の関係

1　表示

	GHS国連勧告	改正労働安全衛生法第57条	改正労働安全衛生規則第33条・告示
1	注意喚起語		第2号「注意喚起語」
2	危険有害性情報（危険性情報）		第3号「安定性及び反応性」
2	危険有害性情報（有害性情報）	第1号ハ「人体に及ぼす作用」	
3	注意書き	第1号ニ「貯蔵又は取扱い上の注意」	
4	絵表示	第2号「当該物を取り扱う労働者に注意を喚起するための標章で厚生労働大臣が定めるもの」	【法第五十七条第一項第二号の規定に基づき厚生労働大臣が定める標章を定める告示】
5	製品特定名（製品の特定名）	第1号イ「名称」	
5	製品特定名（物質の化学的特定名）	第1号ロ「成分」	
6	供給者の特定		第1号「法第五十七条第一項の規定による表示をする者の氏名（法人にあつては、その名称）、住所及び電話番号」

2　文書交付

	GHS国連勧告	改正労働安全衛生法第57条の2	改正労働安全衛生規則第34条の2の4
1	化学物質等及び会社情報（GHSの製品特定手段）	第1号「名称」	
1	化学物質等及び会社情報（供給者名の氏名、住所及び電話番号）		第1号「法第五十七条の二第一項の規定による通知を行う者の氏名（法人にあつては、その名称）、住所及び電話番号」
2	危険有害性の要約（GHS分類、注意書きを含むGHSラベル要素、分類に関係しない他の危険有害性）		第2号「危険性又は有害性の要約」
3	組成、成分情報	第2号「成分及びその含有量」	
4	応急措置	第6号「流出その他の事故が発生した場合において講ずべき応急の措置」	
5	火災時の措置	第6号「流出その他の事故が発生した場合において講ずべき応急の措置」	
6	漏出時の措置	第6号「流出その他の事故が発生した場合において講ずべき応急の措置」	
7	取扱い及び保管上の注意	第5号「貯蔵又は取扱い上の注意」	
8	ばく露防止及び人に対する保護措置	第5号「貯蔵又は取扱い上の注意」	
9	物理的及び化学的性質	第3号「物理的及び化学的性質」	
10	安定性及び反応性		第3号「安定性及び反応性」
11	有害性情報	第4号「人体に及ぼす作用」	
12	環境影響情報		第5号「その他参考となる事項」
13	廃棄上の注意	第5号「貯蔵又は取扱い上の注意」	
14	輸送上の注意	第5号「貯蔵又は取扱い上の注意」	
15	適用法令		第4号「適用される法令」
16	SDSの作成と改訂に関する情報を含むその他の情報		第5号「その他参考となる事項」

（「GHS国連勧告と改正労働安全衛生法の記載項目の関係」〔厚生労働省・都道府県労働局・労働基準監督署「化学物質の表示・文書交付制度のあらまし」〕）

絵表示について

GHSでは、9種類の絵表示（Pictograms）が決められており、危険有害性区分に応じ表示することとなっています。

【爆弾の爆発】

爆発物(不安定爆発物、等級1.1～1.4)
自己反応性化学品（タイプA、B）
有機過酸化物（タイプA、B）

【炎】

可燃性（区分1）
自然発火性ガス
エアゾール（区分1、区分2）
引火性液体（区分1～3）
可燃性固体
自己反応性化学品（タイプB～F）
自然発火性液体
自然発火性固体
自己発熱性化学品
水反応可燃性化学品
有機過酸化物（タイプB～F）
鈍性化爆発物

【円上の炎】

酸化性ガス
酸化性液体
酸化性固体

【ガスボンベ】

高圧ガス

【腐食性】

金属腐食性化学品
皮膚腐食性
眼に対する重篤な損傷性

【どくろ】

急性毒性
　（区分1～区分3）

【感嘆符】

急性毒性（区分4）
皮膚刺激性（区分2）
眼刺激性（区分2/2A）
皮膚感作性
特定標的臓器毒性（単回ばく露）（区分3）
オゾン層への有害性

【健康有害性】

呼吸器感作性
生殖細胞変異原性
発がん性
生殖毒性（区分1、区分2）
特定標的臓器毒性（単回ばく露）（区分1、区分2）
特定標的臓器毒性（反復ばく露）（区分1、区分2）
誤えん有害性

【環境】

水生環境有害性
　（短期（急性）区分1、
　長期（慢性）区分1、
　長期（慢性）区分2）

絵表示の優先順位

複数の危険有害性を持つ化学品の場合、複数の絵表示を表示することが原則ですが、健康有害性の絵表示には優先順位があります。

の絵表示は全ての　より優先
＝　の絵表示が付いた場合、　は付かない

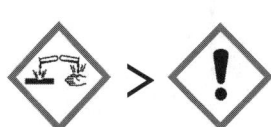

の絵表示は　より優先
＝　の絵表示が付いた場合、
　皮膚・眼刺激性に関する　は付かない

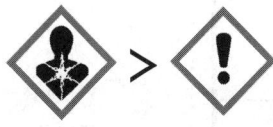

の絵表示は　より優先
＝呼吸器感作性に関する　の絵表示が付いた場合、
　皮膚感作性と皮膚・眼刺激性に関する　は付かない

（経済産業省・厚生労働省「GHS対応―化管法・安衛法・毒劇法におけるラベル表示・SDS提供制度」〔2022年〕）

章末資料 5-6　ラベル表示の例

③ ラベル表示の例

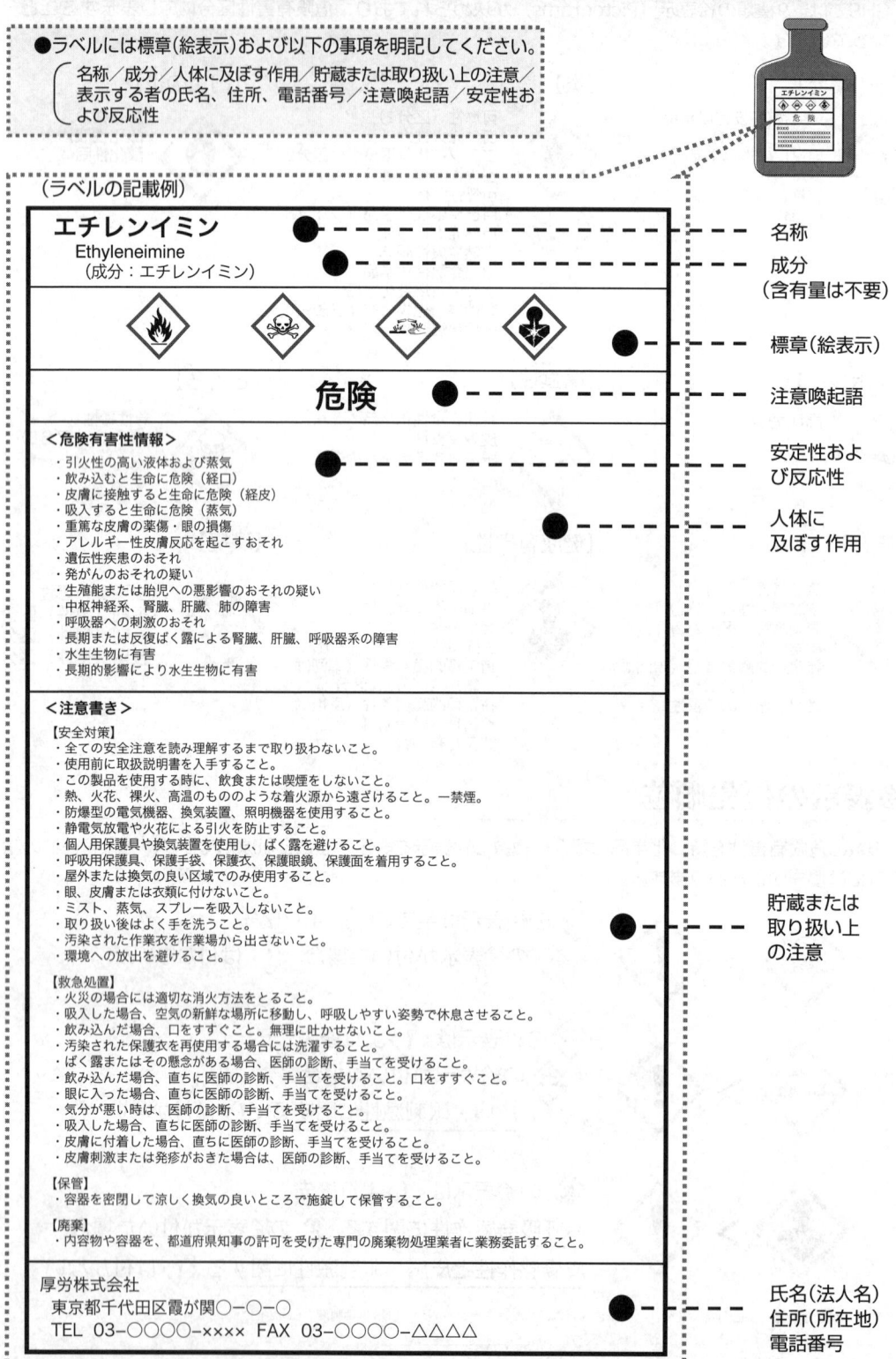

❹ 混合物のラベル表示方法

　表示義務対象物質である原料A、Bと表示義務対象でない原料Cを混合して、製品Dを製造する場合の製品Dのラベル表示方法を示します。

<名　称>　　製品名などを記載してください。

<成　分>　　含有する表示義務対象物質の名称を記載してください。なお、表示義務対象物質以外の成分についても、できる限り記載してください。

<注意喚起語>、<人体に及ぼす作用>、<安定性および反応性>
　原則として、以下の①のように、製品DについてGHS分類に従って表示しますが、製品DとしてGHS分類がなされていない場合には、②のように、含有する表示義務対象物質の純物質としての情報を物質ごとに記載してください。

<貯蔵または取り扱い上の注意>
　化学物質へのばく露またはその不適切な貯蔵もしくは取り扱いから生じる被害を防止するために取るべき措置を記述した文言を記載してください。

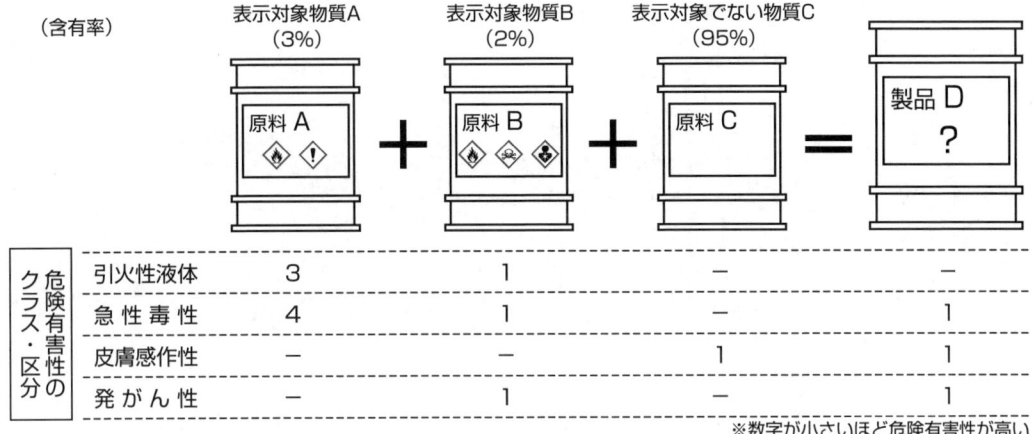

		表示対象物質A (3%)	表示対象物質B (2%)	表示対象でない物質C (95%)	製品D
危険有害性のクラス・区分	引火性液体	3	1	—	—
	急性毒性	4	1	—	1
	皮膚感作性	—	—	1	1
	発がん性	—	1	—	1

※数字が小さいほど危険有害性が高い

①製品Dの分類で表示する場合

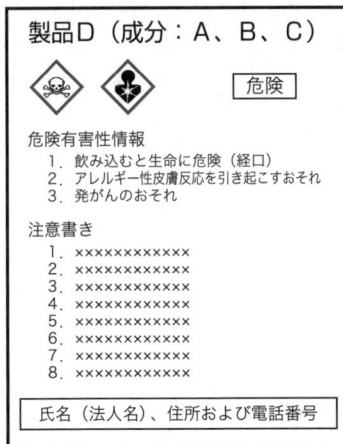

②成分ごとに表示する場合

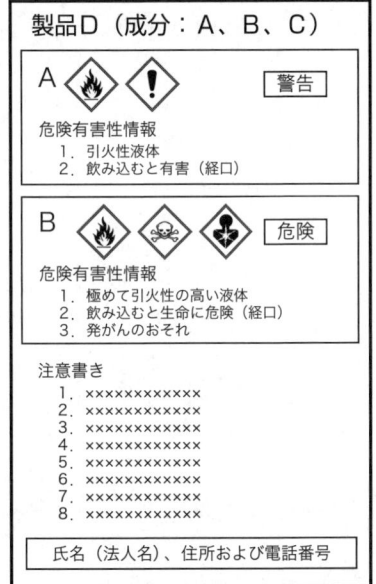

(「ラベル表示の例」及び「混合物のラベル表示方法」〔厚生労働省・都道府県労働局・労働基準監督署「化学物質の表示・文書交付制度のあらまし」〕)

第六章　労働者の就業に当たつての措置

第59条から第63条まで

　労働災害を防止するためには，危険有害な機械や物質に対して規制をかけるだけでなく，また，それらが瑕疵・欠陥のない状態にあることだけでなく，それらを用いて実際に労務に従事する労働者自身が適切に安全に取り扱う必要がある。そこで，第6章は，労働者の就業に当たっての措置として，安全のための教育，就業制限，適正配置について定めている。

　具体的には，事業者に対し，雇入れ時や作業内容変更時など，労働者が新たな業務に従事する局面を特に重視し，必要な教育を実施することを義務づけるとともに，職長などの立場に就く者には，監督としての職務を遂行するに必要な教育を求めるなど，階層的な教育を予定している点が特徴的である。

　また，危険有害な機械等を取り扱う労働者に対しては，扱う機械等に応じて，特別教育を求めたり，危険性がより高いものについては，免許を持たない者に対して，その就業を制限するなどしている。

　さらに，教育は一度行えば十分とはいえないから，定期的に教育を行うこと，また，新たな機械を導入した場合には，必要な教育を行うよう努めるべきとされる。しかし，行政官へのヒアリングでは，教育の重要性は誰もが否定しえないものではあるが，事業規模によっては，労働者の安全衛生教育にまで及ばないのが実態であること，国の方針として積極的なバックアップが不足していること等もあり，行政による現場での指導も困難であること等が指摘された。

　本章には，労災防止のための労働者への教育以外の就業措置として，個々の労働者が抱える特性に応じた適正配置がある。ここで主に念頭に置かれているのは，高年齢者である。労働力不足に伴い高年齢者の雇用促進が労働政策上の課題となっているわが国において，他の年齢層以上に労働災害リスクへの配慮が求められる中高年齢者等の安全衛生上の適正配置は，労働安全衛生行政上の具体的戦略として，今後さらに重要性を増していくものと思われる。関連するのは法63条であるが，同条は努力義務規定であることもあり，監督実務上，是正勧告等の違反指摘すらほとんどされていないようである。しかし，裁判例では，直接の言及はないものの，同条の趣旨が汲まれていると推測されるものがある。

　今後の安衛法改正の展望としては，労働者の地位と局面に応じた段階的な教育体制の中に，中高年齢等の労働者の特性に対応した教育や適正配置を取り込むことを検討する余地はあるのではないだろうか。また，就業上の配慮が必要な労働者は，中高年齢者にとどまらない。中高年齢者「等」に該当するものとして，通達では身体障害者及び出かせぎ労働者が挙げられているが，その範囲には検討の余地があると思われる。また，安全衛生教育が必要だとしても，その実効性をいかにして高めていくべきかは，今後も検討すべき課題である。

（安全衛生教育）
第59条　事業者は，労働者を雇い入れたときは，当該労働者に対し，厚生労働省令で定めるところにより，その従事する業務に関する安全又は衛生のための教育を行なわなければならない。
2　前項の規定は，労働者の作業内容を変更したときについて準用する。
3　事業者は，危険又は有害な業務で，厚生労働省令で定めるものに労働者をつかせるときは，厚生労働省令で定めるところにより，当該業務に関する安全又は衛生のための特別の教育を行なわなければならない。

1　趣旨

　安全衛生教育及び研修は，労働者の就業に当たって必要な安全衛生に関する知識等を付与するために実施されるものであり，教育機会を提供することにより，

わが国の安全衛生水準の向上に大きく寄与することが期待されている[1]。

このうち、安衛法第59条は、事業者に対し、労働者を新たに雇い入れたとき、または作業内容を変更したときには安全衛生教育の実施を、そして、労働者を一定の危険または有害な業務に従事させるときには特別教育の実施を義務づけている。その趣旨は、事業場で取り扱われる機械・設備や原材料、作業環境の危険及び有害性を労働者自身が認識したうえで、適切に作業を行えるために必要な安全衛生教育を施すことにより、労働災害の人的な要因を除去することである。

2 内容

1 雇入れ時・作業内容変更時の安全衛生教育の内容

労働者を新たに雇い入れた場合に事業者が行うべき安全衛生教育は、安衛則第35条に定められている。すなわち、①機械等、原材料等の危険性又は有害性及びこれらの取扱い方法に関すること、②安全装置、有害物抑制装置又は保護具の性能及びこれらの取扱い方法に関すること、③作業手順に関すること、④作業開始時の点検に関すること、⑤当該業務に関して発生するおそれのある疾病の原因及び予防に関すること、⑥整理、整頓及び清潔の保持に関すること、⑦事故時等における応急措置及び退避に関すること、⑧その他、当該業務に関する安全又は衛生のために必要な事項に関することである。ただし、安衛令第2条第3号に掲げる業種の事業場の労働者については、①〜④を省略することができる（安衛則第35条第2項）。もっとも、一部の項目について省略ができる場合であっても、⑧で「当該業務に関する安全又は衛生のために必要な事項」については実施しなければならないため、教育対象から必要事項が漏れることはないとされる[2]。また、③作業手順に関することについては、現場に配属された後、作業見習の過程において教えることが原則とされる[3]。

安衛則に列挙する事項については、作業内容を変更するときも同様に実施しなければならないところ、「作業内容を変更したとき」とは、異なる作業に転換したときや作業設備、作業方法等について大きな変更があったときなど、労働者の安全を確保するために教育が必要と考えられる場合をいう[4]。作業内容変更時の安全衛生教育義務が追加されたのは、安全衛生教育の必要性の観点からは、雇入れ時の状況と実質的に異ならないからである。そのため、軽易な変更については含まれない[5]。

安全衛生教育は、教育にあてるべき時間数については法令上の規定はないが、当該業務に伴う労働災害防止のために行われるものであり、事業者の責任において実施されなければならないものであるから、所定労働時間内に行われるのが原則である[6]。法定労働時間外に実施する場合は、労基法第37条に定める割増賃金の支払義務が発生する。

現行法上、安衛法第59条に基づく安全衛生教育について、安全衛生教育計画を策定する義務があるのは、指定事業場または都道府県労働局長が労働災害の発生率を考慮して指定する事業場等であり、それ以外の事業場では義務づけがない。もっとも、安全衛生教育計画の策定義務がない事業場であっても、「安全教育に関する計画」及び「衛生教育に関する計画」は、安全・衛生委員会の調査審議事項になっているため（安衛則第21条第4号、第22条第4号）、同委員会の設置義務がある事業場では、教育内容の実施計画が作成されていると考えられることが指摘されている[7]。

2 実施対象者（研修受講者）

安衛法第66条に基づく雇入れ時及び定期健康診断の対象労働者の場合、安衛則第43条及び第44条が、「常時使用する」労働者と定めているのに対し、安衛法第59条関連規定の場合、「常時」の限定がないため、事業者は、短時間労働者や臨時に雇い入れた労働者についても、安全衛生教育を実施しなければならず、雇用期間が1日であっても本条に基づく安全衛生教育を省略することはできないとされる[8][9]。

また、派遣労働者については、雇入れ時の安全衛生教育の実施責任は、雇用関係のある派遣元事業者が負う。もっとも、特殊な機械・設備を使用する場合など派遣元事業者による安全衛生教育の実施に限界がある場合がある。そのため、派遣先事業主は、派遣元事業主が派遣労働者に対する雇入れ時及び作業内容変更時の安全衛生教育を適切に行えるよう、当該派遣労働者が従事する業務に係る情報を派遣元事業主に対して積極的に提供するとともに、派遣元事業主から雇入れ時及び作業内容変更時の安全衛生教育の委託の申入れがあった場合には可能な限りこれに応じるよう努めることとされている[10]。

また、派遣労働者に対する作業内容変更時の安全衛生教育については、派遣元事業者及び派遣先事業者が実施責任を負う（労働者派遣法第45条）。したがって、同一の派遣先事業者のもとで派遣労働者の作業内容が変更された場合の安全衛生教育は派遣先事業主が、従前の作業内容が異なる派遣先に労働者を派遣する場合は、派遣元事業者が作業内容変更時の安全衛生教育を実施することとなる。

派遣労働者が被災した場合で、雇入れ時または作業内容変更時の安全衛生教育について派遣元事業者と派遣先事業者との間で委託契約が締結されていた等の事情があった場合、安全衛生教育の実施主体である派遣

先事業者は，当該委託契約に基づき労働災害にかかる民事責任を負う可能性がある。

3 危険有害な業務に対する特別教育

特別教育を実施すべき「危険または有害な業務」については，安衛則第36条において，研削といしの取替の業務，小型ボイラーの取扱いの業務，動力プレス機械の金型の調整など60業務が定められている。

特別教育の実施に必要な事項や教育時間は，それぞれ以下の関係規則や告示等で示されている

①安衛則第39条，安全衛生特別教育規程（昭和47年9月30日労働省告示第92号）

②クレーン等安全規則第21条（クレーン運転），第67条（移動式クレーン運転），第107条（デリック運転），第183条（建設用リフト運転），第222条（玉掛業務），クレーン取扱い業務等特別教育規程（昭和47年9月30日労働省告示第118号）

③ボイラー及び圧力容器安全規則第92条
④ゴンドラ安全規則第12条
⑤四アルキル鉛中毒予防規則第21条
⑥高気圧作業安全衛生規則第11条
⑦電離放射線障害防止規則第52条の5から第52条の9
⑧酸素欠乏症等防止規則第12条
⑨粉じん障害防止規則第22条
⑩石綿障害予防規則第27条
⑪除染電離則（東日本大震災により生じた放射性物質により汚染された土壌等を除染するための業務等に係る電離放射線障害防止規則）第19条

安衛法第59条第3項の特別教育の一部は，旧労基法の就業制限に沿革があり，危険度に応じて，就業要件を免許取得者，技能講習修了者，特別教育修了者と段階的に置いている。11) そのため，安衛法第59条第3項及び安衛則第36条に定める業務について，より上位の知識技能を裏付ける資格（免許取得または技能講習修了〔この2者は資格だが，特別教育修了は資格ではない〕）を有する者については，特別教育の科目の全部または一部について十分な知識及び技能を有していると認められるため，当該科目にかかる特別教育を省略することができるとされる（安衛則第37条）。

特別教育科目を省略することのできる者としては，より上位の知識技能を裏付ける資格の取得者のほかに，他の事業場あるいは外部の機関において当該業務に関してすでに特別教育を受けた者等も該当する。特別教育を行った事業者は，当該特別教育の受講者，科目等の記録を作成して，3年間保存しておかなければならない（安衛則第38条）。

なお，安衛法第59条第3項違反については，6カ月以下の懲役または50万円以下の罰金に処せられる（安衛法第119条第1号）。

資料6-1 研削といし

派遣労働者に対する特別教育については，派遣中は派遣先事業者に使用されているとみなされ，派遣先事業者が特別教育を実施しなければならず，特別教育にかかる記録・保存も派遣先事業者が行わなければならない（労働者派遣法第45条第3項）。

4 特別教育の内容及び教育時間等

安衛法第59条第3項に定める「厚生労働省令で定める危険又は有害な業務」には，59業務（令和6年7月30日現在60業務）が該当する（安衛則第36条）。以下に，個々の業務と共に，特別教育の科目と時間数を記す。

(1) 研削といしの取替え又は取替え時の試運転の業務（第1号）（資料6-1）

研削「といし」部分は誤った取扱いをすると破壊することがあり，重大な災害につながる恐れがある。そこで，研削といしを取替えたり，その際に試運転を行う業務に従事する労働者には研削といしの危険性及び安全な取扱いについて必要な知識・技術を身に着けさせることを事業者に求めたものである。

・機械研削用といしの取替え又は取替え時の試運転の業務 12)

【教育科目と時間】

学科教育		
科目	範囲	教育時間
機械研削用研削盤，機械研削用といし，取付け具等に関する知識	機械研削用研削盤の種類及び構造並びにその取扱い方法 機械研削用といしの種類，構成，表示及び安全度並びにその取扱い方法 取付け具 覆い 保護具 研削液	4時間
機械研削用といしの取付け方法及び試運転の方法に関する知識	機械研削用研削盤と機械研削用といしとの適合確認 機械研削用といしの外観検査及び打音検査 取付け具の締付け方法及び締付け力 バランスの取り方 試運転の方法	2時間
関係法令	法，施行令及び安衛則中の関係条項	1時間
実技教育		
機械研削用といしの取付け方法及び試運転の方法		3時間

・自由研削用といしの取替え又は取替え時の試運転の業務 13)

【教育科目と時間】

学科教育		
科目	範囲	教育時間
自由研削用研削盤，自由研削用といし，取付け具等に関する知識	自由研削用研削盤の種類及び構造並びにその取扱い方法 自由研削用といしの種類，構成，表	2時間

資料6-2

```
┌─────────────────────────────────────┐
│ 動力により駆動されるプレス機械（以下  │
│ 「動力プレス」という。）の金型       │
│ ┌─────────┐                          │
│ │ シヤーの刃部 │                      │   取付け，取外し又は調整
│ └─────────┘                          │の  の業務
│ ┌─────┐    ┌─────┐                  │
│ │プレス機械│    │安全装置│            │
│ │若しくは │ の │若しくは │            │
│ │シヤー  │    │安全囲い │            │
│ └─────┘    └─────┘                  │
└─────────────────────────────────────┘
```

資料6-3　プレス機

（コマツ産機株式会社 WEB サイト〔https://sanki.komatsu/product_index.html，最終閲覧日：2024年7月23日〕）

資料6-4　シヤー（一般には「シヤーリング」又は「シヤーリングマシン」と呼ばれることが多い）

（株式会社アマダ提供）

科目	範囲	教育時間
自由研削用といしの取付け方法及び試運転の方法に関する知識	示及び安全度並びにその取扱い方法　取付け具　覆い　保護具 自由研削用研削盤と自由研削用といしとの適合確認　自由研削用といしの外観検査及び打音検査　取付け具の締付け方法及び締付け力　バランスの取り方　試運転の方法	1時間
関係法令	法，施行令及び安衛則中の関係条項	1時間
実技教育		
自由研削用といしの取付け方法及び試運転の方法		2時間

（2）動力により駆動されるプレス機械（以下「動力プレス」という。）の金型，シヤーの刃部又はプレス機械若しくはシヤーの安全装置若しくは安全囲いの取付け，取外し又は調整の業務（第2号）（資料6-2～6-4）

本業務の特別教育は，学科教育及び実技教育によって行われる。学科教育において必要な科目及び範囲・教育時間は，以下の表の通りである。また，実技教育は，プレス機械の金型，シヤーの刃部又はプレス機械若しくはシヤーの安全装置若しくは安全囲いの点検，取付け，取外し及び調整について，2時間以上行うものとされる。

【教育科目と時間】

科目	範囲	教育時間
プレス機械又はシヤー及びこれらの安全装置又は安全囲いに関する知識	プレス機械又はシヤー及びこれらの安全装置又は安全囲いの種類，構造及び点検	2時間
プレス機械又はシヤーによる作業に関する知識	材料の送給及び製品の取出し　プレス機械の金型，シヤーの刃部又はプレス機械若しくはシヤーの安全装置若しくは安全	2時間
プレス機械の金型，シヤーの刃部又はプレス機械若しくはシヤーの安全装置若しくは安全囲いの点検，取付け，調整等に関する知識	囲いの異常及びその処理　プレス機械の金型，シヤーの刃部又はプレス機械若しくはシヤーの安全装置若しくは安全囲いの点検，取付け，取外し及び調整	3時間
関係法令	法，施行令及び安衛則中の関係条項	1時間

（3）アーク溶接機を用いて行う金属の溶接，溶断等（以下「アーク溶接等」という。）の業務（第3号）（資料6-5）

アークとは，高温で強い光を発する気体放電現象の一種である。炭素やタングステンなどの電極を接触させ，電流を流している状態で電極を引き離すと電極間にアークが発生する（資料6-6）。身近なアークの例として，通電中のプラグをコンセントから引き抜いたときに発生するスパークが挙げられる。

アーク溶接は，金属の電極と溶接する対象物（母材：これも金属）の間で火花を起こし，溶接を施す作業をいう。溶接で使用するアークは，一般的に電極から母材に向かって広がり，ベル型状に発生する（資料6-6）。アーク放電は不安定な現象で維持・安定が困難であるところ，アーク溶接機はアークを安定化させることにより溶接を可能にしている。

アーク溶接装置に不備等があったり，不適切な方法で溶接作業がなされると，作業者の感電あるいは高所からの転落につながりうる。また，溶接中のアークによる火災・爆発等の重大災害も発生しうる。[14]

そこで，こうした事故を防止するため，学科教育及び実技教育により特別教育を行うものとした。教育内容は以下の表の通りである。また，実技教育は，アーク溶接装置の取扱い及びアーク溶接等の作業の方法について，10時間以上行うものとする。

【教育科目と時間】

科目	範囲	教育時間
アーク溶接等に関する知識	アーク溶接等の基礎理論　電気に関する基礎知識	1時間
アーク溶接装置に関する基礎知識	直流アーク溶接機　交流アーク溶接機　交流アーク溶接機用自動電撃防止装置　溶接棒等及び溶接棒等のホルダー　配線	3時間

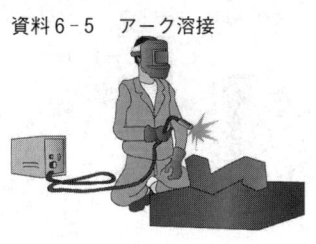

資料6-5 アーク溶接

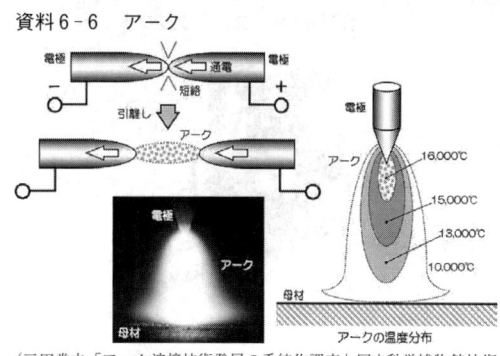

資料6-6 アーク

(三田常夫「アーク溶接技術発展の系統化調査」国立科学博物館技術の系統化調査報告 Vol. 23〔2016年〕396頁)

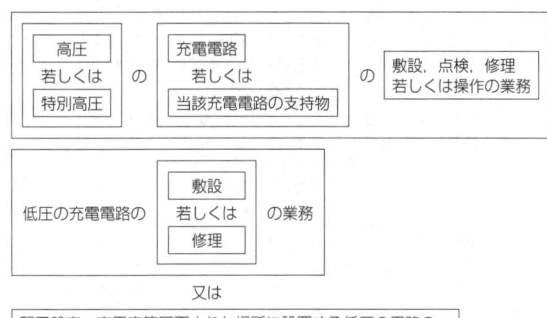

資料6-7

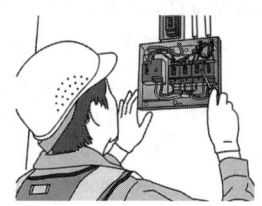

資料6-8 充電電路の修理の例

アーク溶接等の作業の方法に関する知識	作業前の点検整備 溶接,溶断等の方法 溶接部の点検 作業後の処置 災害防止	6時間
関係法令	法,施行令及び安衛則中の関係条項	1時間

(4) 高圧(直流にあっては750ボルトを,交流にあっては600ボルトを超え,7000ボルト以下である電圧をいう。以下同じ。)若しくは特別高圧(7000ボルトを超える電圧をいう。以下同じ。)の充電電路若しくは当該充電電路の支持物の敷設,点検,修理若しくは操作の業務,低圧(直流にあっては750ボルト以下,交流にあっては600ボルト以下である電圧をいう。以下同じ。)の充電電路(対地電圧が50ボルト以下であるもの及び電信用のもの,電話用のもの等で感電による危害を生ずるおそれのないものを除く。)の敷設若しくは修理の業務(次号に掲げる業務を除く。)又は配電盤室,変電室等区画された場所に設置する低圧の電路(対地電圧が50ボルト以下であるもの及び電信用のもの,電話用のもの等で感電による危害の生ずるおそれのないものを除く。)のうち充電部分が露出している開閉器の操作の業務(第4号)(資料6-7・6-8)

充電電路とは,裸線(露出部分等)に触れれば感電する通電の状態をいう。「充電電路の敷設若しくは修理の業務」には,充電電路の状態で,電動工具のコードが破損している場合に絶縁テープを巻いて修理することなどが含まれる。[15]

事業者は,充電電路等の敷設または修理等の業務,あるいは,充電部分が露出している開閉器の操作の業務を行う場合,労働者が感電することのないよう,電気取扱業務に係る特別教育の実施が義務づけられている。

特別教育に必要な学科教育は,以下の表の通りである。また,実技教育は,高圧又は特別高圧の活線作業及び活線近接作業の方法について,15時間以上(充電電路の操作の業務のみを行う者については,1時間以上)行うものとする。

【教育科目と時間】

科目	範囲	教育時間
低圧の電気に関する基礎知識	低圧の電気の危険性 短絡 漏電 接地 電気絶縁	1時間
低圧の電気設備に関する基礎知識	配電設備 変電設備 配線 電気使用設備 保守及び点検	2時間
低圧用の安全作業用具に関する基礎知識	絶縁用保護具 絶縁用防具 活線作業用器具 検電器 その他の安全作業用具 管理	1時間
低圧の活線作業及び活線近接作業の方法	充電電路の防護 作業者の絶縁保護 停電電路に対する措置 作業管理 救急処置 災害防止	2時間
関係法令	法,施行令及び安衛則中の関係条項	1時間

(5) 対地電圧が50ボルトを超える蓄電池を内蔵する自動車の整備の業務(第4号の2)

本業務は,いわゆる電気自動車またはハイブリッド自動車等の整備業務を内容とするものであり,低圧電気取扱業務の特別教育から分離する形で,令和元年に新たに追加されたものである(令和元年8月8日厚生労働省告示第83号)。学科教育の科目及び内容・時間は,それぞれ以下の表の通りである。実技教育は,安衛則第36条第4号の2の自動車の整備作業の方法について,1時間以上行うものとする。もっとも,改正前に低圧電気取扱業務の特別教育を修了された労働者については,電気自動車整備の業務等に係る特別教育を新たに修了する必要は必ずしもない。[16]

資料6-9 フォークリフト

資料6-10 ショベルローダー・フォークローダー

（厚生労働省「ショベルローダー等運転技能講習補助テキスト」〔https://www.mhlw.go.jp/content/11300000/001006480.pdf，最終閲覧日：2024年7月17日〕）

なお，対地電圧とは，接地式電路においては電線と大地との間の電圧，非接地式電路においては電線間の電圧のことである[17]。対地電圧が50Vを超える低圧の蓄電池を内蔵する自動車としては，ハイブリッド自動車，プラグインハイブリッド自動車，電気自動車（内燃機関を有さないもの），燃料電池自動車，バッテリー式のフォークリフト等の車両系荷役運搬機械及びバッテリー式のドラグ・ショベル等の車両系建設機械が含まれる[18]。

【教育科目と時間】

科目	範囲	教育時間
低圧の電気に関する基礎知識	低圧の電気の危険性　短絡　漏電　接地　電気絶縁	1時間
低圧の電気装置に関する基礎知識	安衛則第36条第4号の2の自動車の仕組みと種類　コンバータ及びインバータ　配線　駆動用蓄電池及び充電器　駆動用原動機及び発電機　電気使用機器　保守及び点検	2.5時間
低圧用の安全作業用具に関する基礎知識	絶縁用保護具，絶縁工具及び絶縁テープ　検電器　その他の安全作業用具　管理	0.5時間
自動車の整備作業の方法	充電電路の防護　作業者の絶縁保護　サービスプラグの取扱いの方法　停電電路に対する措置　作業管理　救急処置　災害防止	1時間
関係法令	法，施行令及び安衛則中の関係条項	1時間

（6）最大荷重1トン未満のフォークリフトの運転（道路交通法（昭和35年6月25日法律第105号）第2条第1項第1号の道路（以下「道路」という。）上を走行させる運転を除く。）の業務（第5号）（資料6-9）

フォークリフトと次項のフォークローダーの違いは，フォークの上げ下げ動作の違いにある。フォークローダーがフォークを上下させるためにはアームの動作を行う（そのため，荷を前方にも伸ばせる）のに対し，フォークリフトはマストによってフォークを上下させる[19]。

特別教育に必要な学科教育及び実技教育の科目及び範囲・時間は，それぞれ以下の表の通りである。

【教育科目と時間】

学科教育		
科目	範囲	教育時間
フォークリフトの走行に関する装置の構造及び取扱いの方法に関する知識	フォークリフトの原動機，動力伝達装置，走行装置，かじ取り装置，制動装置及び走行に関する附属装置の構造並びにこれらの取扱い方法	2時間
フォークリフトの荷役に関する装置の構造及び取扱いの方法に関する知識	フォークリフトの荷役装置，油圧装置（安全弁を含む[20]），ヘッドガード，バックレスト及び荷役に関する附属装置の構造並びにこれらの取扱い方法	2時間
フォークリフトの運転に必要な力学に関する知識	力（合成，分解，つり合い及びモーメント）　重量　重心及び物の安定　速度及び加速度　荷重　応力　材料の強さ	1時間
関係法令	法，施行令及び安衛則中の関係条項	1時間
実技教育		
科目	範囲	教育時間
フォークリフトの走行の操作	基本走行及び応用走行	4時間
フォークリフトの荷役の操作	基本操作　フォークの抜き差し　荷の配列及び積重ね	2時間

（7）最大荷重1トン未満のショベルローダー又はフォークローダーの運転（道路上を走行させる運転を除く。）の業務（第5号の2）（資料6-10）

ショベルローダーは，原則として車体前方のショベル（バケット）をリフトアームで上下させて主にバラ物の荷役を行う車両を指し，フォークローダーは，原則として車体前方のフォークをリフトアームで上下させて材木などの荷役を行う車両をいう[21]。

特別教育に必要な学科教育及び実技教育の科目及び範囲・時間は，それぞれ以下の表の通りである。

【教育科目と時間】

学科教育		
科目	範囲	教育時間
ショベルローダー等の走行に関する装置の構造及び取扱いの方法に関する知識	ショベルローダー等（安衛則第36条第5号の2の機械をいう。以下同じ。）の原動機，動力伝達装置，走行装置，操縦装置，制動装置，電気装置，警報装置及び走行に関する附属装置の構造及び取扱い方法	2時間
ショベルローダー等の荷役に関する装置の構造及び取扱いの方法に関する知識	ショベルローダー等の荷役装置，油圧装置，ヘッドガード及び荷役に関する附属装置の構造及び取扱い方法	2時間
ショベルローダー等の運転に必要な力学に関する知識	力（合成，分解，つり合い及びモーメント）　重量　重心及び物の安定　速度及び加速度　荷重　応力　材料の強さ	1時間
関係法令	法，施行令及び安衛則中の関係条項	1時間

資料6-11 不整地運搬車

資料6-12 伐木等機械

(静岡労働局WEBサイト〔https://jsite.mhlw.go.jp/shizuoka-roudoukyoku/hourei_seido_tetsuzuki/anzen_eisei/hourei_seido/_119834.html, 最終閲覧日：2023年11月11日〕)

実技教育		
科目	範囲	教育時間
ショベルローダー等の走行の操作	基本操作　定められたコースによる基本走行及び応用走行	4時間
ショベルローダー等の荷役の操作	基本操作　定められた方法による荷の移動及び積重ね	2時間

(8) 最大積載量が1トン未満の不整地運搬車の運転（道路上を走行させる運転を除く。）の業務（第5号の3）（資料6-11）

特別教育に必要な学科教育及び実技教育の科目及び範囲・時間は，それぞれ以下の表の通りである。

【教育科目と時間】

学科教育		
科目	範囲	教育時間
不整地運搬車の走行に関する装置の構造及び取扱いの方法に関する知識	不整地運搬車（安衛則第36条第5号の3の機械をいう。以下同じ。）の原動機，動力伝達装置，走行装置，操縦装置，制動装置，電気装置，警報装置及び走行に関する附属装置の構造及び取扱いの方法	2時間
不整地運搬車の荷の運搬に関する知識	不整地運搬車の荷役装置及び油圧装置の構造及び取扱いの方法並びに荷の積卸し及び運搬の方法	2時間
不整地運搬車の運転に必要な力学に関する知識	力（合成，分解，つり合い及びモーメント）　重量　重心及び物の安定　速度及び加速度　荷重	1時間
関係法令	法，施行令及び安衛則中の関係条項	1時間

実技教育		
科目	範囲	教育時間
不整地運搬車の走行の操作	基本操作　定められたコースによる基本走行及び応用走行	4時間
不整地運搬車の荷の運搬	基本操作　定められた方法による荷の運搬	2時間

(9) 制限荷重5トン未満の揚貨装置（船舶に取り付けられたデリックやクレーン装置）の運転の業務（第6号）

特別教育に必要な学科教育及び実技教育の科目及び範囲・時間は，それぞれ以下の表の通りである。

【教育科目と時間】

学科教育		
科目	範囲	教育時間
揚貨装置に関する知識	デリックブーム，デリックポスト，ガイその他の主要構造部分	4時間
原動機及び電気に関する知識	巻上げ装置　制動装置　揚貨装置の機能及び取扱い方法　蒸気機関　内燃機関　電動機　電流　電圧及び抵抗　電力及び電力量　電力計　制御装置その他の揚貨装置に関する電気機械器具　感電による危険性	2時間
揚貨装置の運転のために必要な力学に関する知識	力（合成，分解，つり合い及びモーメント）　重心　重量　速度　荷重（静荷重及び動荷重）　応力　材料の強さ　ワイヤロープ　フック及びスリングの強さ　ワイヤロープの掛け方と荷重との関係	4時間
関係法令	法，施行令及び安衛則中の関係条項	1時間

実技教育		
科目	範囲	教育時間
揚貨装置の運転	重量の確認　荷の巻上げ　定められた経路による荷の運搬　定められた位置への荷卸し	3時間
揚貨装置の運転のための合図	手，小旗等を用いて行なう合図	1時間

(10) 伐木等機械（伐木，造材又は原木若しくは薪炭材の集積を行うための機械であって，動力を用い，かつ，不特定の場所に自走できるものをいう。以下同じ。）の運転（道路上を走行させる運転を除く。）の業務（第6号の2）（資料6-12）

(平成25年11月29日厚生労働省告示第363号・追加)

特別教育に必要な学科教育及び実技教育の科目及び範囲・時間は，それぞれ以下の表の通りである。

【教育科目と時間】

学科教育		
科目	範囲	教育時間
伐木等機械に関する知識	伐木等機械の種類及び用途	1時間
伐木等機械の走行及び作業に関する装置の構造及び取扱いの方法に関する知識	伐木等機械の原動機，動力伝達装置，走行装置，操縦装置，制動装置，作業装置，油圧装置，電気装置及び附属装置の構造及び取扱いの方法	1時間
伐木等機械の作業に関する知識	伐木等機械による一般的な作業方法	2時間
伐木等機械の運転に必要な一般的事項に関する知識	伐木等機械の運転に必要な力学電気に関する基礎知識	1時間
関係法令	法，施行令及び安衛則中の関係条項	1時間

実技教育		
科目	範囲	教育時間
伐木等機械の走行の操作	基本操作　定められたコースに	2時間

資料6-13 走行集材機械　資料6-14 簡易架線集材装置

（資料6-12に同じ）

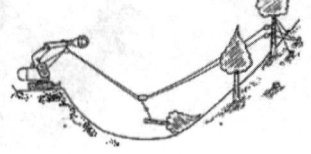
（資料6-12に同じ）

	よる基本走行及び応用走行	
伐木等機械の作業のための装置の操作	基本操作　定められた方法による伐木，造材及び原木の集積	4時間

(11) 走行集材機械（車両の走行により集材を行うための機械であって，動力を用い，かつ，不特定の場所に自走できるものをいう。以下同じ。）の運転（道路上を走行させる運転を除く。）の業務（第6号の3）（資料6-13）

（平成25年11月29日厚生労働省告示第363号・追加）

特別教育に必要な学科教育及び実技教育の科目及び範囲・時間は，それぞれ以下の表の通りである。

【教育科目と時間】

学科教育		
科目	範囲	教育時間
走行集材機械に関する知識	走行集材機械の種類及び用途	1時間
走行集材機械の走行及び作業に関する装置の構造及び取扱いの方法に関する知識	走行集材機械の原動機，動力伝達装置，走行装置，操縦装置，制動装置，作業装置，油圧装置，電気装置及び附属装置の構造及び取扱いの方法	1時間
走行集材機械の作業に関する知識	走行集材機械による一般的作業方法	2時間
走行集材機械の運転に必要な一般的事項に関する知識	走行集材機械の運転に必要な力学　電気に関する基礎知識　ワイヤロープの種類及び取扱いの方法	1時間
関係法令	法，施行令及び安衛則中の関係条項	1時間
実技教育		
科目	範囲	教育時間
走行集材機械の走行の操作	基本操作　定められたコースによる基本走行及び応用走行	3時間
走行集材機械の作業のための装置の操作	基本操作　定められた方法による原木の運搬	3時間

(12) 機械集材装置（集材機，架線，搬器，支柱及びこれらに附属する物により構成され，動力を用いて，原木又は薪炭材〔以下「原木等」という。〕を巻き上げ，かつ，空中において運搬する設備をいう。以下同じ。）の運転の業務（第7号）

特別教育に必要な学科教育及び実技教育の科目及び範囲・時間は，それぞれ以下の表の通りである。

【教育科目と時間】

学科教育		
科目	範囲	教育時間
機械集材装置に関する知識	機械集材装置の集材機の種類，構造及び取扱いの方法　機械集材装置の索張り方式　集材方法	3時間
ワイヤロープに関する知識	ワイヤロープの種類　ワイヤロープの止め方及び継ぎ方の種類	2時間
関係法令	法，施行令及び安衛則中の関係条項	1時間
実技教育		
科目	範囲	教育時間
機械集材装置の集材機の運転	基本操作　応用運転	4時間
ワイヤロープの取扱い	ワイヤロープの止め方，継ぎ方及び点検方法	4時間

(13) 簡易架線集材装置（集材機，架線，搬器，支柱及びこれらに附属する物により構成され，動力を用いて，原木等を巻き上げ，かつ，原木等の一部が地面に接した状態で運搬する設備をいう。以下同じ。）の運転又は架線集材機械（動力を用いて原木等を巻き上げることにより当該原木等を運搬するための機械であって，動力を用い，かつ，不特定の場所に自走できるものをいう。以下同じ。）の運転（道路上を走行させる運転を除く。）の業務（第7号の2）（資料6-14・6-15）

（平成25年11月29日厚生労働省告示第363号・追加）

特別教育に必要な学科教育及び実技教育の科目及び範囲・時間は，それぞれ以下の表の通りである。

【教育科目と時間】

学科教育		
科目	範囲	教育時間
簡易架線集材装置の集材機及び架線集材機械に関する知識	簡易架線集材装置の集材機の種類及び用途　架線集材機械の種類及び用途	1時間
架線集材機械の走行及び作業に関する装置の構造及び取扱いの方法に関する知識	架線集材機械の原動機，動力伝達装置，走行装置，操縦装置，制動装置，作業装置，油圧装置，電気装置及び附属装置の構造及び取扱いの方法	1時間
簡易架線集材装置及び架線集材機械の作業に関する知識	簡易架線集材装置及び架線集材機械による集材の方法　簡易架線集材装置の索張りの方法	2時間
簡易架線集材装置及び架線集材機械の運転に必要な一般的事項に関する知識	簡易架線集材装置及び架線集材機械の運転に必要な力学　電気に関する基礎知識　ワイヤロープの種類　ワイヤロープの止め方及び継ぎ方の種類	1時間
関係法令	法，施行令及び安衛則中の関係条項	1時間
実技教育		
科目	範囲	教育時間
架線集材機械の走行の操作	基本操作　定められたコースによる基本走行及び応用走行	1時間
簡易架線集材装置の集材機の運転及び架線集材機械の作業のための装置の操作	基本操作　定められた方法による原木の運搬	3時間
ワイヤロープの取扱い	ワイヤロープの止め方，継ぎ方及び点検方法	4時間

(14) チェーンソーを用いて行う立木の伐木，かかり木の処理又は造材の業務（第8号）

（昭和52年10月27日労働省告示第100号・平成31年2月12日厚生労働省告示第32号・一部改正）

資料6-15　架線集材機械

(資料6-12に同じ)

特別教育に必要な学科教育及び実技教育の科目及び範囲・時間は，それぞれ以下の表の通りである。

【教育科目と時間】

学科教育		
科目	範囲	教育時間
伐木等作業に関する知識	伐倒の方法　伐倒の合図　退避の方法　かかり木の種類及びその処理　造材の方法　下肢の切創防止用保護衣等の着用	4時間
チェーンソーに関する知識	チェーンソーの種類，構造及び取扱い方法　チェーンソーの点検及び整備の方法　ソーチェーンの目立ての方法	2時間
振動障害及びその予防に関する知識	振動障害の原因及び症状　振動障害の予防措置	2時間
関係法令	法，施行令及び安衛則中の関係条項	1時間
実技教育		
科目	範囲	教育時間
伐木等の方法	伐木の方法　かかり木の処理方法　造材の方法　下肢の切創防止用保護衣等の着用	5時間
チェーンソーの操作	基本操作　応用操作	2時間
チェーンソーの点検及び整備	チェーンソーの点検及び整備の方法　ソーチェーンの目立ての方法	2時間

⒂　機体重量が3トン未満の令別表第7第1号，第2号，第3号又は第6号に掲げる機械で，動力を用い，かつ，不特定の場所に自走できるものの運転（道路上を走行させる運転を除く。）の業務（第9号）

小型車両系建設機械（整地・運搬・積込み用及び掘削用）の運転の業務に係る特別教育（昭和52年12月27日労働省告示第117号・一部改正）。

特別教育に必要な学科教育及び実技教育の科目及び範囲・時間は，それぞれ以下の表の通りである。

(a)　令別表第7第1号または第2号（小型車両系建設機械（整地・運搬・積込み用及び掘削用））に定める以下の機械の運転業務に必要な学科教育及び実技教育は以下の通りである（資料6-16）。

第1号（整地・運搬・積込み用機械）
1．ブル・ドーザー
2．モーター・グレーダー
3．トラクター・ショベル
4．ずり積機
5．スクレーパー
6．スクレープ・ドーザー
7．1から6までに掲げる機械に類するものとして厚生労働省令で定める機械

第2号（掘削用機械）
1．パワー・ショベル
2．ドラグ・ショベル（油圧ショベル）
3．ドラグライン
4．クラムシエル
5．バケット掘削機
6．トレンチャー
7．1から6までに掲げる機械に類するものとして厚生労働省令で定める機械

【教育科目と時間】

学科教育		
科目	範囲	教育時間
小型車両系建設機械（整地・運搬・積込み用及び掘削用）の走行に関する装置の構造及び取扱いの方法に関する知識	小型車両系建設機械（整地・運搬・積込み用及び掘削用）（安衛則第36条第9号の機械のうち令別表第7第1号又は第2号に掲げる機械をいう。以下同じ。）の原動機，動力伝達装置，走行装置，操縦装置，ブレーキ，電気装置，警報装置及び走行に関する附属装置の構造及び取扱い方法	3時間
小型車両系建設機械（整地・運搬・積込み用及び掘削用）の作業に関する装置の構造，取扱い及び作業方法に関する知識	小型車両系建設機械（整地・運搬・積込み用及び掘削用）の種類及び用途　小型車両系建設機械（整地・運搬・積込み用及び掘削用）の作業装置の構造及び作業に関する附属装置の構造及び取扱い方法　小型車両系建設機械（整地・運搬・積込み用及び掘削用）による一般的作業方法	2時間
小型車両系建設機械（整地・運搬・積込み用及び掘削用）の運転に必要な一般的事項に関する知識	小型車両系建設機械（整地・運搬・積込み用及び掘削用）の運転に必要な力学及び土質工学　土木施工の方法	1時間
関係法令	法，施行令及び安衛則中の関係条項	1時間
実技教育		
科目	範囲	教育時間
小型車両系建設機械（整地・運搬・積込み用及び掘削用）の走行の操作	基本操作　定められたコースによる基本走行及び応用走行	4時間
小型車両系建設機械（整地・運搬・積込み用及び掘削用）の作業のための装置の操作	基本操作　定められた方法による基本施工及び応用施工	2時間

(b)　令別表第7第3号（基礎工事用機械）に定める以下の1〜8の運転業務に必要な学科教育及び実技教育は以下の通りである（資料6-17）。

1．くい打機
2．くい抜機
3．アース・ドリル
4．リバース・サーキュレーション・ドリル
5．せん孔機（チュービングマシンを有するものに限る）
6．アース・オーガー
7．ペーパー・ドレーン・マシン

資料6-16

第1号

ブル・ドーザー

モーター・グレーダー

トラクター・ショベル*1

ずり積機*2

スクレーパー*4

スクレープ・ドーザー*5

トンネル掘削において，掘り出されたずりを運搬用車両等に積み込む目的で作られた機械*3

第2号

パワー・ショベル／ドラグ・ショベル（油圧ショベル）*6

バケット掘削機

ⓒiStock

クラムシェル*8

クラムシェルとは，ブームの先端にワイヤロープで吊られたクラムシェルバケットから，二枚貝のように土砂をつかんで掘削する掘削機をいう*9。

ドラグライン

ⓒiStock

土工事用掘削機の一種で，機体から伸ばしたブームの先に吊るしたバケットを振り子のように前方に投げ，引き寄せながら土砂をすくう仕組みとなっており，機械を移動させずに広範囲の掘削ができる*7。

ホイールトレンチャー

ⓒiStock

チェーントレンチャー

ⓒiStock

* 1 厚生労働省「職場のあんぜんサイト」（https://anzeninfo.mhlw.go.jp/anzen_pg/SAI_DET.aspx?joho_no=101286，最終閲覧日：2022年10月9日）。
* 2 株式会社フジタ WEB サイト（https://www.fujita.co.jp/solution-technology/11773/，最終閲覧日：2024年7月22日）。
* 3 電設資材・電線・ケーブル ネット通販 Watanabe WEB サイト（https://www.fuku-watanabe.com/ec/glossary/tunnel/006zurishori/038.htm，最終閲覧日：2022年10月9日）。
* 4 JIS D 0004-1：1998の図8。
* 5 モデルトラックファクトリー WEB サイト（https://www.mt-factory.jp/nzg/models/398.htm，最終閲覧日：2024年7月5日）。
* 6 パワー・ショベルと変わらないが，ショベルが外向きの場合にパワー・ショベルと呼ばれることが多いようだ（昭和建設興業株式会社 WEB サイト〔https://shouwa-k-k.co.jp/topic/daily/353#，最終閲覧日：2023年11月1日〕）。
* 7 アールアイ株式会社 WEB サイト（https://r-i.jp/glossary/kana_ta/to/002231.html，最終閲覧日：2022年10月9日）。
* 8 日立建機日本株式会社 WEB サイト（https://japan.hitachi-kenki.co.jp/products/industry/general/telescopic-clamshell/，最終閲覧日：2024年7月1日）。
* 9 工事現場標識サイト（https://safety-signboard.com/clamshell/，最終閲覧日：2023年11月1日）。

資料6-17
第3号

くい打機[*1]　　くい抜機[*2]

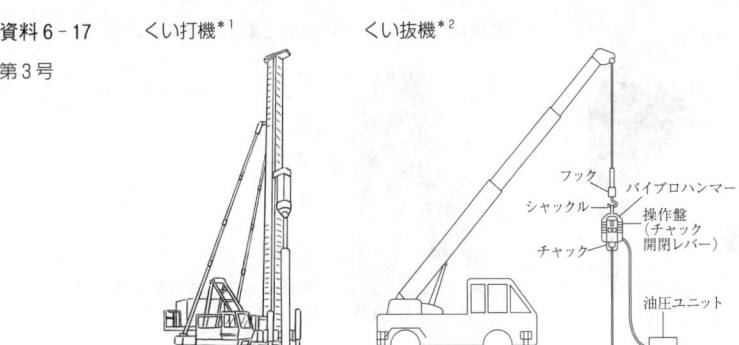

リバース・サーキュレーション・ドリル工法[*3]

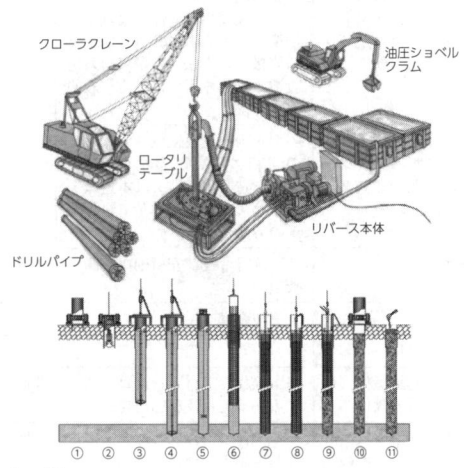

施工手順
アース・ドリル工法，リバース・サーキュレーション・ドリル工法は、いずれも場所打ち杭による基礎工事の工法を指し、地盤によって用いる工法が異なる。リバース・サーキュレーション・ドリル工法は、掘り進めたときに穴壁が崩れ落ちる場合に用いられるもので、掘り進める際に泥水を入れたり（これにより穴壁を固める）、泥水を排することを繰り返して行う。

アースドリル工法[*3]

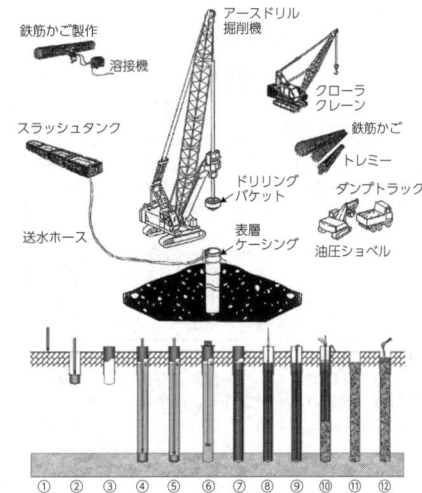

ドリリングバケットを回転させて地盤を掘削し、バケット内部に収納された土砂を地上に排土する工法。

プレファブリケイティドバーチカルドレーン（従来のペーパードレーン）[*4]

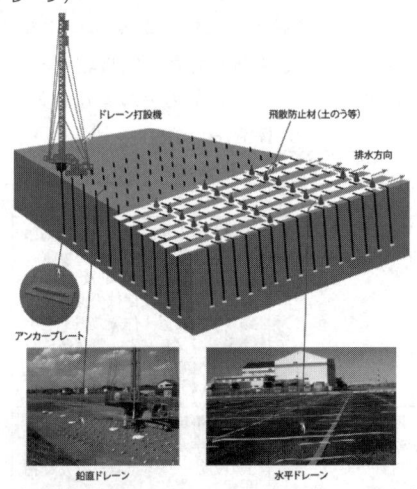

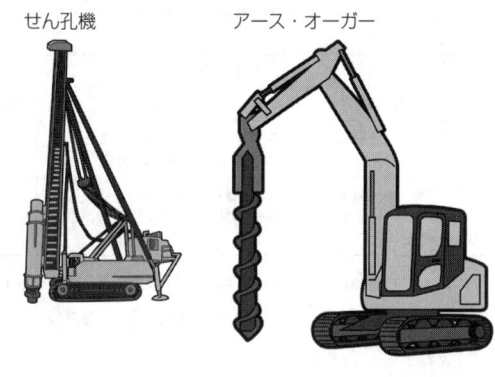

ドレーンとは排水を意味し、プレファブリケイティドバーチカルドレーン打設機とは、埋立地等の軟弱地盤改良を目的としたプレファブリケイティドバーチカルドレーン工法（PVD工法）用の機械。PVD工法とはプラスチック製のドレーン材を埋立地等の軟弱地盤に打設し、ドレーン材を介して地中の水を排水し軟弱地盤を改良する工法。プラスチック製ドレーン材の代わりに砂を用いる場合は、サンドドレーン工法という。

* 1　イラスト：辻井タカヒロ氏。
* 2　厚生労働省「職場のあんぜんサイト」（https://anzeninfo.mhlw.go.jp/anzen_pg/sai_det.aspx?joho_no=940，最終閲覧日：2024年10月22日）。
* 3　一般社団法人日本基礎建設協会WEBサイト（https://www.kisokyo.or.jp/activity/index/3，最終閲覧日：2024年7月16日）。
* 4　ジオドレーン協会WEBサイト（https://www.geo-drain.com/method.html，最終閲覧日：2024年10月29日）。

資料6-18　ブレーカ

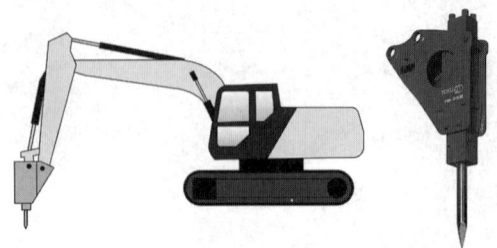

（右：東空販売株式会社 WEB サイト〔https://www.toku-net.co.jp/product/breaker-small.html，最終閲覧日：2024年7月17日〕）

資料6-19　非自走式基礎工事用建設機械の例

（鉱研工業株式会社 WEB サイト〔https://www.koken-boring.co.jp/products/593/，最終閲覧日：2024年7月17日〕）

8．1から7までに掲げる機械に類するものとして厚生労働省令で定める機械

【教育科目と時間】

学科教育		
科目	範囲	教育時間
小型車両系建設機械（基礎工事用）の走行に関する装置の構造及び取扱いの方法に関する知識	小型車両系建設機械（基礎工事用）（安衛則第36条第9号の機械のうち令別表第7第3号に掲げる建設機械をいう。以下同じ。）の原動機，動力伝達装置，走行装置，操縦装置，ブレーキ，電気装置，警報装置及び走行に関する附属装置の構造及び取扱い方法	2時間
小型車両系建設機械（基礎工事用）の作業に関する装置の構造，取扱い及び作業方法に関する知識	小型車両系建設機械（基礎工事用）の種類及び用途　作業装置及び作業に関する附属装置の構造及び取扱い方法　小型車両系建設機械（基礎工事用）による一般的作業方法	3時間
小型車両系建設機械（基礎工事用）の運転に必要な一般的事項に関する知識	小型車両系建設機械（基礎工事用）の運転に必要な力学及び土質工学　土木施工の方法　ワイヤロープ及び補助具	1時間
関係法令	法，施行令及び安衛則中の関係条項	1時間

実技教育		
科目	範囲	教育時間
小型車両系建設機械（基礎工事用）の走行の操作	基本操作　定められたコースによる基本走行及び応用走行	3時間
小型車両系建設機械（基礎工事用）の作業のための装置の操作及び合図	基本操作　定められた方法による基本施工及び応用施工　手，小旗等を用いて行う合図	3時間

(c)　令別表第7第6号（解体用機械）に定める以下の1，2の運転業務に必要な学科教育及び実技教育は以下の通りである。

1．ブレーカ（資料6-18）

2．1に掲げる機械に類するものとして厚生労働省令で定める機械

【教育科目と時間】

学科教育		
科目	範囲	教育時間
小型車両系建設機械（解体用）の走行に関する装置の構造及び取扱いの方法に関する知識	小型車両系建設機械（解体用）（安衛則第36条第9号の機械のうち令別表第7第6号に掲げる機械をいう。以下同じ。）の原動機，動力伝達装置，走行装置，かじ取り装置，ブレーキ，電気装置，警報装置及び走行に	2時間
小型車両系建設機械（解体用）の作業に関する装置の構造，取扱い及び作業方法に関する知識	小型車両系建設機械（解体用）の種類及び用途　作業装置及び作業に関する附属装置の構造及び取扱いの方法　小型車両系建設機械（解体用）による一般的作業方法	2.5時間
小型車両系建設機械（解体用）の運転に必要な一般的事項に関する知識	小型車両系建設機械（解体用）の運転に必要な力学　コンクリート造，鉄骨造又は木造の工作物等の種類及び構造　建設施工の方法	1.5時間
関係法令	法，施行令及び安衛則中の関係条項	1時間

実技教育		
科目	範囲	教育時間
小型車両系建設機械（解体用）の走行の操作	基本操作　定められたコースによる基本走行及び応用走行	4時間
小型車両系建設機械（解体用）の作業のための装置の操作	基本操作　定められた方法による基本施工及び応用施工	3時間

(16)　令別表第7第3号に掲げる機械（基礎工事用機械）で，動力を用い，かつ，不特定の場所に自走できるもの以外のものの運転の業務（第9号の2）

（資料6-19）

（昭和52年12月27日労働省告示第117号・追加，平成2年9月26日労働省告示第54号・旧第11条の3繰下）

特別教育に必要な学科教育及び実技教育の科目及び範囲・時間は，それぞれ以下の表の通りである。

【教育科目と時間】

学科教育		
科目	範囲	教育時間
基礎工事用建設機械に関する知識	基礎工事用建設機械（安衛則第36条第9号の2の機械をいう。以下同じ。）の種類及び用途　基礎工事用建設機械の原動機，動力伝達装置，作業装置，巻上げ装置，ブレーキ，電気装置，警報装置及び附属装置の構造及び取扱い方法	4時間
基礎工事用建設機械の運転に必要な一般的事項に関する知識	基礎工事用建設機械の運転に必要な力学及び土質工学　土木施工の方法　ワイヤロープ及び補助具	2時間
関係法令	法，施行令及び安衛則中の関係条項	1時間

実技教育		
科目	範囲	教育時間
基礎工事用建設機械の運	基本操作　定められた方法によ	4時間

資料6-20　自走式基礎工事用機械の操作の例　　資料6-21　ローラー　　　資料6-22　コンクリートポンプ車

（中部労働技能教習センター〔https://www.ginosenta.or.jp/course/361/，最終閲覧日：2024年7月19日〕）

（画像提供：極東開発工業株式会社）

転	る基本施工及び応用施工	
基礎工事用建設機械の運転のための合図	手，小旗等を用いて行う合図	1時間

⒄　令別表第7第3号に掲げる機械で，動力を用い，かつ，不特定の場所に自走できるものの作業装置の操作（車体上の運転者席における操作を除く。）の業務（第9号の3）（**資料6-20**）

（昭和52年12月27日労働省告示第117号・追加，平成2年9月26日労働省告示第54号4・旧第11条の4繰下）

特別教育に必要な学科教育及び実技教育の科目及び範囲・時間は，それぞれ以下の表の通りである。

【教育科目と時間】

学科教育		
科目	範囲	教育時間
車両系建設機械（基礎工事用）の作業装置に関する知識	車両系建設機械（基礎工事用）（安衛則第36条第9号の3の機械をいう。以下同じ。）の作業装置の種類及び用途　作業装置の構造及び取扱い方法	3時間
車両系建設機械（基礎工事用）の作業装置の操作のために必要な一般的事項に関する知識	車両系建設機械（基礎工事用）の作業装置の操作のために必要な力学及び土質工学　土木施工の方法　ワイヤロープ及び補助具	1時間
関係法令	法，施行令及び安衛則中の関係条項	1時間

実技教育		
科目	範囲	教育時間
車両系建設機械（基礎工事用）の作業装置の操作	基本操作　定められた方法による基本施工及び応用施工	3時間
車両系建設機械（基礎工事用）の運転のための合図	手，小旗等を用いて行う合図	1時間

⒅　令別表第7第4号に掲げる機械で，動力を用い，かつ，不特定の場所に自走できるものの運転（道路上を走行させる運転を除く。）の業務（第10号）

令別表第7第4号（締固め用機械）に定める以下の1，2の運転業務に必要な学科教育及び実技教育は以下の通りである。

1．ローラー（**資料6-21**）

2．1に掲げる機械に類するものとして厚生労働省令で定める機械

特別教育に必要な学科教育の科目及び範囲・時間は，それぞれ以下の表の通りである。また，実技教育は，ローラーの運転方法について4時間以上行うものとする。

【教育科目と時間】

学科教育		
科目	範囲	教育時間
ローラー（安衛則第36条第10号の機械をいう。以下同じ。）に関する知識	ローラーの種類及び用途　ローラーの動力伝達装置，作業装置，かじ取り装置，ブレーキ，電気装置，警報装置及び附属装置の構造及び取扱いの方法	4時間
ローラーの運転に必要な一般的事項に関する知識	運転に必要な力学　ローラーによる施工方法	1時間
関係法令	法，施行令及び安衛則中の関係条項	1時間

⒆　施行令別表第7第5号に掲げる機械の作業装置の操作の業務（第10号の2）

（平成2年9月26日労働省告示第54号）

令別表第7第5号（コンクリート打設用機械）に定める以下の1，2の運転業務に必要な学科教育及び実技教育は以下の通りである。

1．コンクリートポンプ車（**資料6-22**）

2．1に掲げる機械に類するものとして厚生労働省令で定める機械

特別教育に必要な学科教育及び実技教育の科目及び範囲・時間は，それぞれ以下の表の通りである。

【教育科目と時間】

学科教育		
科目	範囲	教育時間
車両系建設機械（コンクリート打設用）の作業装置に関する知識	車両系建設機械（コンクリート打設用）（安衛則第36条第10号の2の機械をいう。以下同じ。）の作業装置の種類及び用途　作業装置の構造及び取扱いの方法	4時間
車両系建設機械（コンクリート打設用）の作業装置の操作のために必要な一般的事項に関する知識	車両系建設機械（コンクリート打設用）の作業装置の操作のために必要な力学　コンクリートの種類及び性質　コンクリート打設の方法	2時間
関係法令	法，施行令及び安衛則中の関係条項	1時間

実技教育		
科目	範囲	教育時間
車両系建設機械（コンク	基本操作　応用操作	4時間

資料6－23　ボーリングマシン（ドリル型）

資料6－24　ジャッキ式つり上げ機械のイメージ

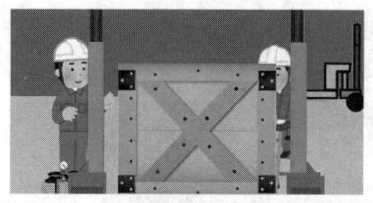

（「失業後はじめてのハローワーク」WEBサイト〔https://shi-tsu-gyo.com/jyakkishiki/，最終閲覧日：2023年11月1日〕を編集した）

資料6－25　高所作業車

学科教育		
リート打設用）の作業装置の操作		
車両系建設機械（コンクリート打設用）の運転のための合図	手，小旗等を用いて行う合図	1時間

⑳　ボーリングマシンの運転の業務（第10号の3）

（資料6－23）

（平成2年9月26日労働省告示第54号・追加）

特別教育に必要な学科教育及び実技教育の科目及び範囲・時間は，それぞれ以下の表の通りである。

【教育科目と時間】

学科教育		
科目	範囲	教育時間
ボーリングマシンに関する知識	ボーリングマシンの種類及び用途　ボーリングマシンの原動機，動力伝達装置，作業装置，巻上げ装置及び附属装置の構造及び取扱いの方法	4時間
ボーリングマシンの運転に必要な一般的事項に関する知識	ボーリングマシンの運転に必要な力学及び土質工学　土木施工の方法　ワイヤロープ及び補助具	2時間
関係法令	法，施行令及び安衛則中の関係条項	1時間
実技教育		
科目	範囲	教育時間
ボーリングマシンの運転	基本操作　定められた方法による基本施工及び応用施工	4時間
ボーリングマシンの運転のための合図	手，小旗等を用いて行う合図	1時間

㉑　建設工事の作業を行う場合における，ジャッキ式つり上げ機械（複数の保持機構〔ワイヤロープ等を締め付けること等によって保持する機構をいう。以下同じ。〕を有し，当該保持機構を交互に開閉し，保持機構間を動力を用いて伸縮させることにより荷のつり上げ，つり下げ等の作業をワイヤロープ等を介して行う機械をいう。以下同じ。）の調整又は運転の業務（第10号の4）（資料6－24）

（平成11年11月15日労働省告示136号・追加）

特別教育に必要な学科教育の科目及び範囲・時間は，それぞれ以下の表の通りである。また，実技教育は，ジャッキ式つり上げ機械の調整及び運転の方法について4時間以上行うものとする。

【教育科目と時間】

学科教育		
科目	範囲	教育時間
ジャッキ式つり上げ機械に関する知識	ジャッキ式つり上げ機械（安衛則第36条第10号の4の機械をいう。以下同じ。）の種類及び用途　保持機構，ワイヤロープ等，作動装置，制御装置，同時開放防止機構等の安全装置の構造及び取扱いの方法　ジャッキ式つり上げ機械の据付け方法	3時間
ジャッキ式つり上げ機械の調整又は運転に必要な一般的事項に関する知識	ジャッキ式つり上げ機械の調整又は運転に必要な力学　調整方法　合図方法	2時間
関係法令	法，施行令及び安衛則中の関係条項	1時間

㉒　作業床の高さ（施行令第10条第4号の作業床の高さをいう。）が10メートル未満の高所作業車（令第10条第4号の高所作業車をいう。以下同じ。）の運転（道路上を走行させる運転を除く。）の業務（第10号の5）

（資料6－25）

（平成2年9月26日労働省告示第54号・全改，平成11年11月15日労働省告示第136号・一部改正）

特別教育に必要な学科教育及び実技教育の科目及び範囲・時間は，それぞれ以下の表の通りである。

【教育科目と時間】

学科教育		
科目	範囲	教育時間
高所作業車の作業に関する装置の構造及び取扱いの方法に関する知識	高所作業車（安衛則第36条第10号の5の機械をいう。以下同じ。）の種類及び用途　作業装置及び作業に関する附属装置の構造及び取扱いの方法	3時間
原動機に関する知識	内燃機関の構造及び取扱いの方法　動力伝達装置及び走行装置の種類	1時間
高所作業車の運転に必要	高所作業車の運転に必要な力学	1時間

資料6-26 巻上げ機（ウィンチ）の例

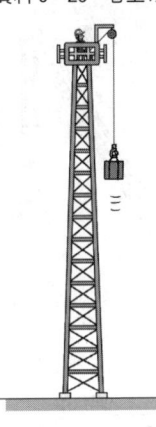

（厚生労働省WEBサイト〔https://www.mhlw.go.jp/content/11200000/02telecommunication5_tools_jp.pdf，最終閲覧日：2024年7月8日〕）

資料6-27 荷揚げ用リフトの例

資料6-28 小型ボイラーの例

（株式会社サムソンWEBサイト〔https://www.samson.co.jp/product/boiler/，最終閲覧日：2024年7月8日〕）

な一般的事項に関する知識	感電による危険性	
関係法令	法，施行令及び安衛則中の関係条項	1時間
実技教育		
科目	範囲	教育時間
高所作業車の作業のための装置の操作	基本操作　定められた方法による作業床の昇降等	3時間

(23) 動力により駆動される巻上げ機（電気ホイスト，エヤーホイスト及びこれら以外の巻上げ機でゴンドラに係るものを除く。）の運転の業務（第11号）（**資料6-26**）

（平成2年9月26日労働省告示第54号・全改）

特別教育に必要な学科教育及び実技教育の科目及び範囲・時間は，それぞれ以下の表の通りである。

【教育科目と時間】

学科教育		
科目	範囲	教育時間
巻上げ機に関する知識	巻上げ機（安衛則第36条第11号の機械をいう。以下同じ。）の原動機，ブレーキ，クラッチ，巻胴，逆転防止装置，動力伝達装置，電気装置，信号装置，連結器材，安全装置，各種計器及び巻上用ワイヤロープの構造及び取扱いの方法　巻上げ機の据付方法	3時間
巻上げ機の運転に必要な一般的事項に関する知識	合図方法，荷掛方法，連結方法，点検方法	2時間
関係法令	法，施行令及び安衛則中の関係条項	1時間
実技教育		
科目	範囲	教育時間
巻上げ機の運転	荷の巻上げ及び巻卸し	3時間
荷掛け及び合図	荷の種類に応じた荷掛け　手，小旗等を用いて行う合図	1時間

(24) 削除（第12号）

(25) 令第15条第1項第8号（動力車及び動力により駆動される巻上げ装置で，軌条により人又は荷を運搬する用に供されるもの）に掲げる機械等（巻上げ装置を除く。）の運転の業務（第13号）（**資料6-27**）

特別教育に必要な学科教育及び実技教育の科目及び範囲・時間は，それぞれ以下の表の通りである。

【教育科目と時間】

学科教育		
科目	範囲	教育時間
動力車（安衛則第36条第13号の機械等をいう。以下同じ。）の構造に関する知識	動力車の種類及び用途　動力車の原動機，動力伝達装置，制御装置，ブレーキ，台車，連結装置，電気装置，逸走防止装置，安全装置及び計器の構造及び取扱いの方法	3時間
軌道に関する知識	軌条　まくら木　道床　分岐及びてっさ　逸走防止装置	1時間
動力車の運転に関する知識	信号装置　合図及び誘導の方法　車両の連結の方法	1時間
関係法令	法，施行令及び安衛則中の関係条項	1時間
実技教育		
科目	範囲	教育時間
動力車の運転	定められたコースにおける走行	3時間
車両の連結及び合図	動力車と車両との連結　合図の方法	1時間

(26) 小型ボイラー（令第1条第4号の小型ボイラーをいう。以下同じ。）の取扱いの業務（第14号）（**資料6-28**）

特別教育に必要な学科教育及び実技教育の科目及び範囲・時間は，それぞれ以下の表の通りである。

【教育科目と時間】

学科教育		
科目	範囲	教育時間
ボイラーの構造に関する知識	熱及び蒸気　小型ボイラーの種類　主要部分の構造	2時間
ボイラーの附属品に関する知識	安全装置　圧力計　水面測定装置　給水装置　吹出装置　自動制御装置	2時間
燃料及び燃焼に関する知識	燃料の種類　燃焼方法及び燃焼装置　通風装置	2時間
関係法令	法，施行令，安衛則，ボイラー及び圧力容器安全規則中の関係条項	1時間
実技教育		

資料6-29 天井クレーン

資料6-31 移動式クレーン

（厚生労働省WEBサイト）

資料6-32 デリック

*ガイデリックの例

資料6-30 跨線テルハの例

跨線テルハは，鉄道の線路を跨いで荷を運ぶテルハである。
（株式会社アドバンスのブログ〔http://advanceltd.cocolog-nifty.com/blog/2014/09/n-d069.html，最終閲覧日：2024年4月25日〕）

資料6-33 建設用リフトの例

科目	範囲	教育時間
小型ボイラーの運転及び保守	点火及び燃焼の調整　運転中の留意事項　吹出し　運転の停止及び停止後の処置	3時間
小型ボイラーの点検	運転開始前の点検　使用中における異常状態及びこれに対する処置の方法　清掃の方法	1時間

(27) 次に掲げるクレーン（移動式クレーン〔令第1条第8号の移動式クレーンをいう。以下同じ。〕を除く。以下同じ。）の運転の業務（第15号）（資料6-29・6-30）

イ　つり上げ荷重が5トン未満のクレーン
ロ　つり上げ荷重が5トン以上の跨線テルハ

特別教育に必要な学科教育の科目及び範囲・時間は，それぞれ以下の表の通りである。

【教育科目と時間】

学科教育		
科目	範囲	教育時間
移動式クレーンに関する知識	種類及び型式　主要構造部分　作動装置　安全装置　ブレーキ機能　取扱い方法	3時間
原動機及び電気に関する知識	内燃機関　蒸気機関　油圧駆動装置　感電による危険性	3時間
移動式クレーンの運転のために必要な力学に関する知識	力（合成，分解，つり合い及びモーメント）重心　荷重　ワイヤロープ，フック及びつり具の強さ　ワイヤロープの掛け方と荷重との関係	2時間
関係法令	法，施行令，安衛則及びクレーン則中の関係条項	1時間
実技教育		
科目	範囲	教育時間
クレーンの運転	重量の確認　荷のつり上げ　定	3時間

	められた経路による運搬　荷の卸し	
クレーンの運転のための合図	合図の方法	1時間

(28) つり上げ荷重が1トン未満の移動式クレーンの運転（道路上を走行させる運転を除く。）の業務（第16号）（資料6-31）

(29) つり上げ荷重が5トン未満のデリックの運転の業務（第17号）（資料6-32）

(30) 建設用リフトの運転の業務（第18号）（資料6-33）

(31) つり上げ荷重が1トン未満のクレーン，移動式クレーン又はデリックの玉掛けの業務（第19号）（資料6-34）

(32) ゴンドラの操作の業務（第20号）（資料6-35）

(33) 作業室及び気こう室へ送気するための空気圧縮機を運転する業務（第20号の2）

作業室や気こう室及びそこへの送気については，**資料6-37**及び**資料6-40**を参照されたい。

(34) 高圧室内作業に係る作業室への送気の調節を行うためのバルブ又はコックを操作する業務（第21号）（資料6-36）

高圧室内作業室及びそこへの送気については，資料

資料6-34 クレーンの玉掛け業務

資料6-35 ゴンドラ

(写真提供:日本ビソー株式会社)

資料6-36 バルブ及びコックの例

資料6-37 気こう室(ケーソン)への送気

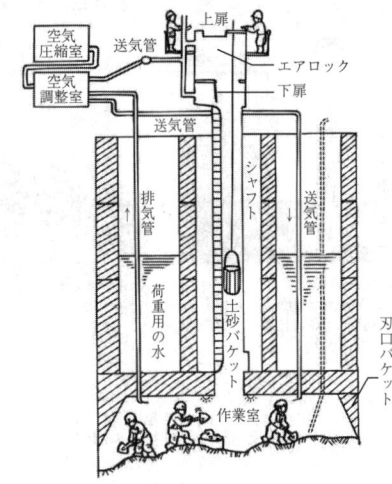

(農林水産省「土木工事等施工技術安全指針」〔https://www.maff.go.jp/j/nousin/seko/anzen_sisin/index.html, 最終閲覧日:2024年7月31日〕第24章378頁の図24-10をもとに作成)

資料6-38 潜水作業者への送気装置

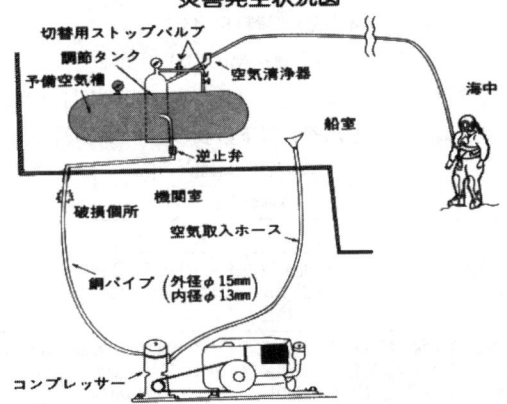

(厚生労働省「職場のあんぜんサイト」〔https://anzeninfo.mhlw.go.jp/anzen_pg/sai_det.aspx?joho_no=624, 最終閲覧日:2023年11月1日〕)
*図は,送気管の破損切断による送気停止による死亡災害の概要を示したものである。

資料6-39 再圧室

(株式会社中村鐵工所 WEBサイト〔https://www.k-nakatetu.co.jp/technology/42, 最終閲覧日:2024年7月22日〕)

6-37及び資料6-40を参照されたい。

㉟ 気こう室への送気又は気こう室からの排気の調整を行うためのバルブ又はコックを操作する業務(第22号)(資料6-37)

バルブやコックについては,資料6-36を参照されたい。

㊱ 潜水作業者への送気の調節を行うためのバルブ又はコックを操作する業務(第23号)(資料6-38)

㊲ 再圧室を操作する業務(第24号)(資料6-39)

㊳ 高圧室内作業に係る業務(第24号の2)(資料6-40)

㊴ 令別表第5に掲げる四アルキル鉛等業務(第25号)(資料6-41)

【教育科目と時間】

学科教育		
科目	範囲	教育時間
四アルキル鉛の毒性	四アルキル鉛の性状 四アルキル鉛中毒の病理及び症状	1時間
作業の方法	四アルキル鉛等業務に係るドラムかん及び設備の取扱い方法	1時間
保護具の使用方法	四アルキル鉛等業務に係る保護具の種類,性能及び使用方法	1時間
洗身等清潔の保持の方法	洗身,保護具の洗浄及び身体等の清潔の保持の方法	1時間
事故の場合の退避及び救急処置の方法	合図又は警報の内容及び退避の場所 除毒済,拡散防止剤及び補修剤の使用方法	1時間

資料6-40 高圧室内作業条件のイメージ

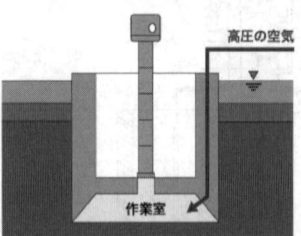

（株式会社吉光組WEBサイト〔https://www.yoshimitsugumi.co.jp/service/pneumatic-caisson/，最終閲覧日：2024年7月1日〕）

資料6-41 特定化学物質や四アルキル鉛等を用いた業務のイメージ

厚生労働省「職場のあんぜんサイト」

資料6-42 酸素欠乏危険場所のイメージ

（厚生労働省WEBサイト）

その他四アルキル鉛中毒の防止に関し必要な事項	法，施行令，規則及び四アルキル鉛中毒予防規則中の関係条項 四アルキル鉛中毒を防止するため当該業務について必要な事項	1時間

(40) 令別表第6に掲げる酸素欠乏危険場所における作業に係る業務（第26号）（資料6-42）

(41) 特殊化学設備の取扱い，整備及び修理の業務（令第20条第5号に規定する第1種圧力容器の整備の業務を除く。）（第27号）（資料6-43）

（昭和49年5月21日労働省告示第37号・追加）

特別教育に必要な学科教育及び実技教育の科目及び範囲・時間は，それぞれ以下の表の通りである。

資料6-43 特殊化学設備のイメージ

©iStock

【教育科目と時間】

学科教育		
科目	範囲	教育時間
危険物及び化学反応に関する知識	危険物の種類，性状及び危険性 化学反応の概要 発熱反応等の危険性	3時間
特殊化学設備，特殊化学設備の配管及び特殊化学設備の附属設備（以下「特殊化学設備等」という。）の構造に関する知識	特殊化学設備の種類及び構造 計測装置，制御装置，安全装置等の構造 特殊化学設備用材料	3時間
特殊化学設備等の取扱いの方法に関する知識	使用開始時の取扱い方法 使用中の取扱い方法 使用休止時の取扱い方法 点検及び検査の方法 停電等の異常時における応急の処置	3時間
特殊化学設備等の整備及び修理の方法に関する知識	整備及び修理の手順 通風及び換気 保護具の着用 ガス検知	3時間
関係法令	法，施行令，安衛則及びボイラー及び圧力容器安全規則（昭和47年労働省令第33号）中の関係条項	1時間
実技教育		
科目	備考	教育時間
特殊化学設備等の取扱い	特殊化学設備の整備又は修理の業務のみを行う者は本科目の教育を行わなくてもよい。	10時間
特殊化学設備等の整備及び修理		5時間

(42) エックス線装置又はガンマ線照射装置を用いて行う透過写真の撮影の業務（第28号）（資料6-44）

資料6-44 ガンマ線装置を用いた透過写真撮影業務のイメージ

（厚生労働省「職場のあんぜんサイト」〔https://anzeninfo.mhlw.go.jp/anzen_pg/sai_det.aspx?joho_no=100440，最終閲覧日：2024年9月12日〕）

【教育科目と時間】

学科教育		
科目	範囲	教育時間
透過写真の撮影の作業の方法	作業の手順 電離放射線の測定 被ばく防止の方法 事故時の措置	1.5時間
エックス線装置又はガンマ線照射装置の構造及び取扱いの方法	エックス線装置を用いて透過写真の撮影の業務を行う者にあっては，次に掲げるもの エックス線装置の原理 エックス線装置のエックス線管，高電圧発生器及び制御器の構造及び機能 エックス線装置の操作及び点検	1.5時間
	ガンマ線照射装置を用いて透過写真の撮影の業務を行う者にあっては，次に掲げるもの ガンマ線照射装置の種類及び形式 線源容器の構造及び機能 放射線源送出し装置又は放射線源の位置を調整する遠隔操作装置の構造及び機能 放射線源の構造及び放射性物質の性質 ガンマ線照射装置の操作及び点検	1.5時間
電離放射線の生体に与え	電離放射線の種類及び性質 電	

資料6-45 原子炉建屋内での核燃料物質に関連する作業の例

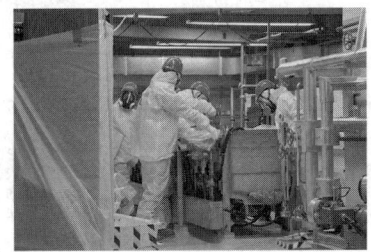

＊正確には，東京電力の福島原子力発電所の爆発事故の後，同第2原子力発電所の原子炉建屋内で，燃料の核分裂反応を抑えていた制御棒を出し入れする駆動機構（CRD）の補修室にある，CRDの分解装置などを高圧洗浄機を使って水を吹き付け放射性物質を除染する作業の様子をとらえたもの。（毎日新聞社提供）

資料6-46 事故由来廃棄物等の中間貯蔵施設とそこでの中間処理（分別，減量化等）の概要（この後，最終処分施設に埋め立てられる）

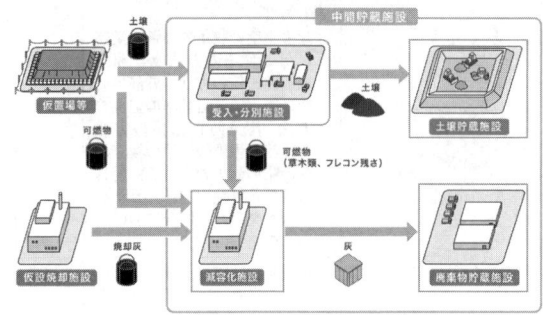

（環境省WEBサイトに掲載された中間貯蔵施設の概要図式〔https://josen.env.go.jp/chukanchozou/about/, 最終閲覧日：2024年12月27日〕）

る影響	離放射線が生体の細胞，組織，器官及び全身に与える影響	0.5時間
関係法令	法，施行令，規則及び電離放射線障害防止規則中の関係条項	1時間

(43) 加工施設（核原料物質，核燃料物質及び原子炉の規制に関する法律〔昭和32年6月10日法律第166号〕第13条第2項第2号に規定する加工施設をいう。），再処理施設（同法第44条第2項第2号に規定する再処理施設をいう。）又は使用施設等（同法第52条第2項第10号に規定する使用施設等〔核原料物質，核燃料物質及び原子炉の規制に関する法律施行令（昭和32年11月21日政令第324号）第41条に規定する核燃料物質の使用施設等に限る。〕をいう。）の管理区域（電離放射線障害防止規則〔昭和47年9月30日労働省令第41号。以下「電離則」という。〕第3条第1項に規定する管理区域をいう。次号において同じ。）内において核燃料物質（原子力基本法〔昭和30年12月19日法律第186号〕第3条第2号に規定する核燃料物質をいう。次号において同じ。）若しくは使用済燃料（核原料物質，核燃料物質及び原子炉の規制に関する法律第2条第10項に規定する使用済燃料をいう。次号において同じ。）又はこれらによって汚染された物（原子核分裂生成物を含む。次号において同じ。）を取り扱う業務（第28号の2）

(44) 原子炉施設（核原料物質，核燃料物質及び原子炉の規制に関する法律第23条第2項第5号に規定する試験研究用等原子炉施設及び同法第43条の3の5第2項第5号に規定する発電用原子炉施設をいう。）の管理区域内において，核燃料物質若しくは使用済燃料又はこれらによって汚染された物を取り扱う業務（第28号の3）（資料6-45）

(45) 東日本大震災により生じた放射性物質により汚染された土壌等を除染するための業務等に係る電離放射線障害防止規則（平成23年12月22日厚生労働省令第152号。以下「除染電離則」という。）第2条第7項第2号イ又はロに掲げる物その他の事故由来

放射性物質（平成23年3月11日に発生した東北地方太平洋沖地震に伴う原子力発電所の事故により当該原子力発電所から放出された放射性物質をいう。）により汚染された物であって，電離則第2条第2項に規定するものの処分の業務（第28号の4）（資料6-46）

特別教育に必要な学科教育及び実技教育の科目及び範囲・時間は，それぞれ以下の表の通りである。

【教育科目と時間】

学科教育		
科目	範囲	教育時間
電離放射線の生体に与える影響及び被ばく線量の管理の方法に関する知識	除染等業務を行う者（除染則〔除染電離則〕第2条第8項に規定する平均空間線量率が2.5マイクロシーベルト毎時以下の場所においてのみ同条第7項第3号に規定する特定汚染土壌等取扱業務（以下単に「特定汚染土壌等取扱業務」という。）を行う者（以下「線量管理外特定汚染土壌等取扱事業者」という。）を除く。）にあっては，次に掲げるもの　電離放射線の種類及び性質　電離放射線が生体の細胞，組織，器官及び全身に与える影響　被ばく限度および被ばく線量測定の方法　被ばく線量測定の結果の確認及び記録等の方法	1時間
	線量管理外特定汚染土壌等取扱事業者にあっては，次に掲げるもの　電離放射線の種類及び性質　電離放射線が生体の細胞，組織，器官及び全身に与える影響　被ばく限度	1時間
除染等作業の方法に関する知識	土壌等の除染等の業務を行う者にあっては，次に掲げるもの　土壌等の除染等の業務に係る作業の方法及び順序　放射線測定の方法　外部放射線による線量当量率の監視の方法　汚染防止措置の方法　身体等の汚染の状態の検査及び汚染の除去の方法　保護具の性能及び使用方法　異常な事態が発生した場合における応急の措置の方法	1時間

	除去土壌の収集，運搬又は保管に係る業務（以下「除去土壌の収集等に係る業務」という。）を行う者にあっては，次に掲げるもの　除去土壌の収集等に係る業務に係る作業の方法及び順序　放射線測定の方法　外部放射線による線量当量率の監視の方法　汚染防止措置の方法　身体等の汚染の状態の検査及び汚染の除去の方法　保護具の性能及び使用方法　異常な事態が発生した場合における応急の措置の方法		1時間
	汚染廃棄物の収集，運搬又は保管に係る業務（以下「汚染廃棄物の収集等に係る業務」という。）を行う者にあっては，次に掲げるもの　汚染廃棄物の収集等に係る業務に係る作業の方法及び順序　放射線測定の方法　外部放射線による線量当量率の監視の方法　汚染防止措置の方法　身体等の汚染の状態の検査及び汚染の除去の方法　保護具の性能及び使用方法　異常な事態が発生した場合における応急の措置の方法		1時間
	特定汚染土壌等取扱業務を行う者（線量管理外特定汚染土壌等取扱事業者を除く。）にあっては，次に掲げるもの　特定汚染土壌等取扱業務に係る作業の方法及び順序　放射線測定の方法　外部放射線による線量当量率の監視の方法　汚染防止措置の方法　身体等の汚染の状態の検査及び汚染の除去の方法　保護具の性能及び使用方法　異常な事態が発生した場合における応急の措置の方法		1時間
	線量管理外特定汚染土壌等取扱事業者にあっては，次に掲げるもの　特定汚染土壌等取扱業務に係る作業の方法及び順序　放射線測定の方法　汚染防止措置の方法　身体等の汚染の状態の検査及び汚染の除去の方法　保護具の性能及び使用方法　異常な事態が発生した場合における応急の措置の方法		1時間
除染等作業に使用する機械等の構造及び取扱いの方法に関する知識（特定汚染土壌等取扱業務に労働者を就かせるときは，特定汚染土壌等取扱作業に使用する機械等の名称及び用途に関する知識に限る。）	土壌等の除染等の業務を行う者にあっては，次に掲げるもの　土壌等の除染等の業務に係る作業に使用する機械等の構造及び取扱いの方法		1時間
	除去土壌の収集等に係る業務を行う者にあっては，次に掲げるもの　除去土壌の収集等に係る業務に係る作業に使用する機械等の構造及び取扱いの方法		1時間
	汚染廃棄物の収集等に係る業務を行う者にあっては，次に掲げるもの　汚染廃棄物の収集等に係る業務に係る作業に使用する機械等の構造及び取扱いの方法		1時間
	特定汚染土壌等取扱業務を行う者にあっては，当該業務に係る作業に使用する機械等の名称及び用途		0.5時間
関係法令	法，施行令，安衛則及び除染則中の関係条項		1時間

実技教育		
科目	備考	教育時間
除染等作業の方法及び使用する機械等の取扱い（特定汚染土壌等取扱業務に労働者を就かせるときは，特定汚染土壌等取扱作業の方法に限る。）	土壌等の除染等の業務を行う者にあっては，次に掲げるもの　土壌等の除染等の業務に係る作業　放射線測定器の取扱い　外部放射線による線量当量率の監視　汚染防止措置　身体等の汚染の状態の検査及び汚染の除去　保護具の取扱い　土壌等の除染等の業務に係る作業に使用する機械等の取扱い	1.5時間
	除去土壌の収集等に係る業務を行う者にあっては，次に掲げるもの　除去土壌の収集等に係る業務に係る作業　放射線測定器の取扱い　外部放射線による線量当量率の監視　汚染防止措置　身体等の汚染の状態の検査及び汚染の除去　保護具の取扱い　除去土壌の収集等に係る業務に係る作業に使用する機械等の取扱い	1.5時間
	汚染廃棄物の収集等に係る業務を行う者にあっては，次に掲げるもの　汚染廃棄物の収集等に係る業務に係る作業　放射線測定器の取扱い　外部放射線による線量当量率の監視　汚染防止措置　身体等の汚染の状態の検査及び汚染の除去　保護具の取扱い　汚染廃棄物の収集等に係る業務に係る作業に使用する機械等の取扱い	1.5時間
	特定汚染土壌等取扱業務を行う者（線量管理外特定汚染土壌等取扱事業者を除く。）にあっては，次に掲げるもの　特定汚染土壌等取扱業務に係る作業　放射線測定器の取扱い　外部放射線による線量当量率の監視　汚染防止措置　身体等の汚染の状態の検査及び汚染の除去　保護具の取扱い	1時間
	線量管理外特定汚染土壌等取扱事業者にあっては，次に掲げるもの　特定汚染土壌等取扱業務に係る作業　放射線測定器の取扱い　汚染防止措置　身体等の汚染の状態の検査及び汚染の除去　保護具の取扱い	1時間

(46) 電離則第7条の2第3項の特例緊急作業に係る業務（第28号の5）

特例緊急作業とは，電離則第7条の2第3項に定める実効線量の限度値が特例的に250 mmSv まで認められる緊急作業（原子炉の炉心の著しい損傷その他の重大事故等に対応するための緊急作業）を意味する。

(47) 粉じん障害防止規則（昭和54年4月25日労働省令第18号。以下「粉じん則」という。）第2条第1項第3号の特定粉じん作業（設備による注水又は注油を

しながら行う粉じん則第3条各号に掲げる作業に該当するものを除く。）に係る業務（第29号）（資料6-47）

⒅　ずい道等の掘削の作業又はこれに伴うずり，資材等の運搬，覆工のコンクリートの打設等の作業（当該ずい道等の内部において行われるものに限る。）に係る業務（第30号）（資料6-48・6-49）

（昭和56年4月10日労働省告示第36号・追加）

特別教育に必要な学科教育の科目及び範囲・時間は，それぞれ以下の表の通りである。なお，本業務は学科教育のみで実技教育はない。

【教育科目と時間】

学科教育		
科目	範囲	教育時間
掘削，覆工等に関する知識	掘削工法の概要　坑内における作業の種類　地質の種類及び性質	1.5時間
工事用設備に関する知識	掘削設備　ずり積み設備　運搬設備　覆工設備	1.5時間
労働災害の防止に関する知識	落盤又は肌落ちの防止のための措置　爆発又は火災の防止のための措置　工事用設備による労働災害の防止のための措置　作業環境改善の方法　事故発生時の措置　保護具の使用方法	3時間
関係法令	法，施行令及び安衛則中の関係条項	1時間

⒆　マニプレータ及び記憶装置（可変シーケンス制御装置及び固定シーケンス制御装置を含む。以下この号において同じ。）を有し，記憶装置の情報に基づきマニプレータの伸縮，屈伸，上下移動，左右移動若しくは旋回の動作又はこれらの複合動作を自動的に行うことができる機械（研究開発中のものその他厚生労働大臣が定めるものを除く。以下「産業用ロボット」という。）の可動範囲（記憶装置の情報に基づきマニプレータその他の産業用ロボットの各部の動くことができる最大の範囲をいう。以下同じ。）内において当該産業用ロボットについて行うマニプレータの動作の順序，位置若しくは速度の設定，変更若しくは確認（以下「教示等」という。）（産業用ロボットの駆動源を遮断して行うものを除く。以下この号において同じ。）又は産業用ロボットの可動範囲内において当該産業用ロボットについて教示等を行う労働者と共同して当該産業用ロボットの可動範囲外において行う当該教示等に係る機器の操作の業務（第31号）（資料6-50）

（昭和58年6月25日労働省告示第49号・追加）

特別教育に必要な学科教育及び実技教育の科目及び範囲・時間は，それぞれ以下の表の通りである。

【教育科目と時間】

学科教育		
科目	範囲	教育時間
産業用ロボットに関する知識	産業用ロボットの種類，各部の機能及び取扱いの方法	2時間

資料6-47　粉じん作業のイメージ

資料6-48　ずい道等の掘削作業のイメージ

資料6-49　ずい道等の掘削作業に伴う覆行コンクリート打設作業のイメージ

（国土交通省北陸地方整備局WEBサイト「日本沿岸北陸自動車道国道7号朝日温海道路」〔https://www.hrr.mlit.go.jp/niikoku/now/nichiendou/tunel.html，最終閲覧日：2024年7月19日〕）

資料6-50　産業用ロボットのマニプレータの例

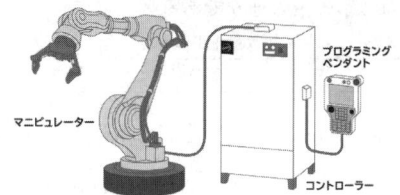

（キーエンスWEBサイト〔https://www.keyence.co.jp/ss/products/vision/fa-robot/industrial_robot/mechanism.jsp，最終閲覧日：2024年6月27日〕）

産業用ロボットの教示等の作業に関する知識	教示等の作業の方法　教示等の作業の危険性　関連する機械等との連動の方法	4時間
関係法令	法，施行令及び安衛則中の関係条項	1時間
実技教育		
科目		教育時間
産業用ロボットの操作の方法		1時間
産業用ロボットの教示等の作業の方法		2時間

⒇　産業用ロボットの可動範囲内において行う当該産業用ロボットの検査，修理若しくは調整（教示等に該当するものを除く。）若しくはこれらの結果の確認（以下この号において「検査等」という。）（産

資料6－51　産業用ロボットの可動範囲内での点検作業の例

資料6－53　ダイオキシン類を含む廃棄物の焼却施設の業務のイメージ

（厚生労働省「職場のあんぜんサイト」〔https://anzeninfo.mhlw.go.jp/anzen_pg/SAI_DET.aspx?joho_no=101123，最終閲覧日：2024年9月9日〕）

資料6－52　空気圧縮機を用いたタイヤへの空気充塡作業

業用ロボットの運転中に行うものに限る。以下この号において同じ。）又は産業用ロボットの可動範囲内において当該産業用ロボットの検査等を行う労働者と共同して当該産業用ロボットの可動範囲外において行う当該検査等に係る機器の操作の業務（第32号）（資料6－51）

（昭和58年6月25日労働省告示第49号・追加）

産業用ロボットの検査等の業務に係る特別教育に必要な学科教育及び実技教育の科目及び範囲・時間は，それぞれ以下の表の通りである。

【教育科目と時間】

学科教育		
科目	範囲	教育時間
産業用ロボットに関する知識	産業用ロボットの種類，制御方式，駆動方式，各部の構造及び機能並びに取扱いの方法　制御部品の種類及び特性	4時間
産業用ロボットの検査等の作業に関する知識	検査等の作業の方法　検査等の作業の危険性　関連する機械等との連動の方法	4時間
関係法令	法，施行令及び安衛則中の関係条項	1時間
実技教育		
科目		教育時間
産業用ロボットの操作の方法		1時間
産業用ロボットの検査等の作業の方法		3時間

(51)　自動車（二輪自動車を除く。）用タイヤの組立てに係る業務のうち，空気圧縮機を用いて当該タイヤに空気を充てんする業務（第33号）（資料6－52）

（平成2年9月26日労働省告示第54号・追加）

特別教育に必要な学科教育及び実技教育の科目及び範囲・時間は，それぞれ以下の表の通りである。

【教育科目と時間】

学科教育		
科目	範囲	教育時間
タイヤ及びその組込みに関する知識	自動車（二輪自動車を除く。）用タイヤ（以下「タイヤ」という。）の種類及び構造　タイヤのリムへの組込み及びその状況の点検の方法	2時間
タイヤの空気充てん作業に関する知識	圧力調節装置の種類，構造及び取扱いの方法　空気圧縮機を用いてタイヤに空気を充てんする方法　安全囲い等の使用方法	2時間
関係法令	法，施行令及び安衛則中の関係条項	1時間
実技教育		
科目	範囲	教育時間
タイヤの組込み	タイヤのリムへの組込み及びその状況の点検	2時間
タイヤの空気充てん	圧力調節装置の操作　空気圧縮機を用いたタイヤへの空気の充てん	2時間

(52)　ダイオキシン類対策特別措置法施行令（平成11年12月27日政令第433号）別表第1第5号に掲げる廃棄物焼却炉を有する廃棄物の焼却施設（第90条第5号の4を除き，以下「廃棄物の焼却施設」という。）においてばいじん及び焼却灰その他の燃え殻を取り扱う業務（第36号に掲げる業務を除く。）（第34号）（資料6－53）

(53)　廃棄物の焼却施設に設置された廃棄物焼却炉，集じん機等の設備の保守点検等の業務（第35号）（資料6－54）

(54)　廃棄物の焼却施設に設置された廃棄物焼却炉，集じん機等の設備の解体等の業務及びこれに伴うばいじん及び焼却灰その他の燃え殻を取り扱う業務（第36号）（資料6－55）

（平成13年4月25日厚生労働省告示第188号・追加）

(52)～(54)（第34～第36号）の業務に必要な特別教育は学科教育により実施され，当該教育の科目及び範囲・時間は，以下の表の通りである。

資料6-54 廃棄物焼却炉の保守点検のイメージ

（厚生労働省「職場のあんぜんサイト」〔https://anzeninfo.mhlw.go.jp/anzen_pg/SAI_DET.aspx?joho_no=101098, 最終閲覧日：2024年9月9日〕）

資料6-55 廃棄物焼却炉の解体作業の例

（梶谷工業株式会社 WEBサイト〔https://kajitani-kogyo.co.jp/incinerator/, 最終閲覧日：2024年6月25日〕）

資料6-58 足場の組立て

（（株）英〔福岡市早良区〕提供）

資料6-56 石綿使用建物解体作業の例

（株式会社ウラシコのWEBサイト〔https://urashico2.com/blog/asbestos-dismantling-work-process/, 最終閲覧日：2024年6月25日〕）

資料6-57 除染業務のイメージ

【教育科目と時間】

学科教育		
科目	範囲	教育時間
ダイオキシン類の有害性	ダイオキシン類の性状	0.5時間
作業の方法及び事故の場合の措置	作業の手順 ダイオキシン類のばく露を低減させるための措置 作業環境改善の方法 洗身及び身体等の清潔の保持の方法 事故時の措置	1.5時間
作業開始時の設備の点検	ダイオキシン類のばく露を低減させるための設備についての作業開始時の点検	0.5時間
保護具の使用方法	保護具の種類，性能，洗浄方法，使用方法及び保守点検の方法	1時間
その他ダイオキシン類のばく露の防止に関し必要な事項	法，施行令及び安衛則中の関係条項 ダイオキシン類のばく露を防止するため当該業務について必要な事項	0.5時間

㊺ 石綿障害予防規則（平成17年2月24日厚生労働省令第21号。以下「石綿則」という。）第4条第1項に掲げる作業に係る業務（第37号）（資料6-56）

石綿等が使用されている建築物，工作物又は船舶の解体等の作業（石綿則第4条第1項），〔石綿則第10条第1項規定による〕石綿等の封じ込め又は囲い込みの作業（同項）に係る業務に労働者を就かせるときは，以下の特別教育を行わなければならない（石綿則第27条）。

【教育科目と時間】

学科教育		
科目	範囲	教育時間
石綿の有害性	石綿の性状 石綿による疾病の病理及び症状 喫煙の影響	0.5時間
石綿等の使用状況	石綿を含有する製品の種類及び用途 事前調査の方法	1時間
石綿等の粉じんの発散を抑制するための措置	建築物，工作物又は船舶（鋼製の船舶に限る。）の解体等の作業の方法 湿潤化の方法 作業場所の隔離の方法 その他石綿等の粉じんの発散を抑制するための措置	1時間
保護具の使用方法	保護具の種類，性能，使用方法及び管理	1時間
その他石綿等のばく露の防止に関し必要な事項	法，安衛令，安衛則及び石綿障害予防規則中の関係条項 石綿等による健康障害を防止するため当該業務について必要な事項	1時間

㊻ 除染電離則第2条第7項の除染等業務及び同条第8項の特定線量下業務（第38号）（資料6-57）

㊼ 足場の組立て，解体又は変更の作業に係る業務（地上又は堅固な床上における補助作業の業務を除く。）（第39号）（資料6-58）

（平成27年3月25日厚生労働省告示第114号・追加）

特別教育に必要な学科教育及び実技教育の科目及び範囲・時間は，それぞれ以下の表の通りである。

【教育科目と時間】

学科教育		
科目	範囲	教育時間
足場及び作業の方法に関する知識	足場の種類，材料，構造及び組立図 足場の組立て，解体及び変更の作業の方法 点検及び補修 登り桟橋，朝顔等の構造並びにこれらの組立て，解体及び変更の作業の方法	3時間
工事用設備，機械，器	工事用設備及び機械の取扱い	0.5時間

資料6-59　ロープ高所作業のイメージ

（岡山労働局WEBサイト〔https://jsite.mhlw.go.jp/okayama-roudoukyoku/hourei_seido_tetsuzuki/anzen_eisei/hourei_seido/ro-pusagyou.html, 最終閲覧日：2023年11月1日〕）

資料6-60　フルハーネス型安全帯

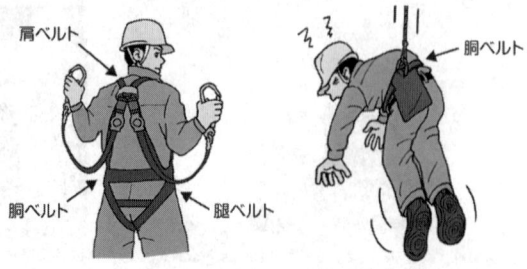

（厚生労働省「正しく使おうフルハーネス」〔https://www.mhlw.go.jp/new-info/kobetu/roudou/gyousei/anzen/dl/170131-1.pdf, 最終閲覧日：2024年7月9日〕）

科目	範囲	教育時間
具，作業環境等に関する知識	器具及び工具　悪天候時における作業の方法	
労働災害の防止に関する知識	墜落防止のための設備　落下物による危険防止のための措置　保護具の使用方法及び保守点検の方法　感電防止のための措置　その他作業に伴う災害及びその防止方法	1.5時間
関係法令	法，施行令及び安衛則中の関係条項	1時間

(58)　高さが2メートル以上の箇所であって作業床を設けることが困難なところにおいて，昇降器具（労働者自らの操作により上昇し，又は下降するための器具であって，作業箇所の上方にある支持物にロープを緊結してつり下げ，当該ロープに労働者の身体を保持するための器具〔第539条の2及び第539条の3において「身体保持器具」という。〕を取り付けたものをいう。）を用いて，労働者が当該昇降器具により身体を保持しつつ行う作業（40度未満の斜面における作業を除く。以下「ロープ高所作業」という。）に係る業務（第40号）（資料6-59）

（平成27年8月5日厚生労働省告示第342号・追加，平成30年6月19日厚生労働省告示第249号・一部改正）

特別教育に必要な学科教育及び実技教育の科目及び範囲・時間は，それぞれ以下の表の通りである。

【教育科目と時間】

学科教育		
科目	範囲	教育時間
ロープ高所作業に関する知識	ロープ高所作業（安衛則第36条第40号に規定するロープ高所作業をいう。以下同じ。）の方法	1時間
メインロープ等に関する知識	メインロープ等（安衛則第539条の3第1項に規定するメインロープ等をいう。以下同じ。）の種類，構造，強度及び取扱い方法　メインロープ等の点検及び整備の方法	1時間
労働災害の防止に関する知識	墜落による労働災害の防止のための措置　墜落制止用器具及び	1時間

科目	範囲	教育時間
	保護帽の使用方法並びに保守点検の方法	
関係法令	法，施行令及び安衛則中の関係条項	1時間

実技教育		
科目	範囲	教育時間
ロープ高所作業の方法，墜落による労働災害の防止のための措置並びに墜落制止用器具及び保護帽の取扱い	ロープ高所作業の方法　墜落による労働災害の防止のための措置　墜落制止用器具及び保護帽の取扱い	2時間
メインロープ等の点検	メインロープ等の点検及び整備の方法	1時間

(59)　高さが2メートル以上の箇所であって作業床を設けることが困難なところにおいて，墜落制止用器具（令第13条第3項第28号の墜落制止用器具をいう。第130条の5第1項において同じ。）のうちフルハーネス型のものを用いて行う作業に係る業務（前号に掲げる業務を除く。）（第41号）（資料6-60）

特別教育に必要な学科教育及び実技教育の科目及び範囲・時間は，それぞれ以下の表の通りである。

【教育科目と時間】

学科教育		
科目	範囲	教育時間
作業に関する知識	作業に用いる設備の種類，構造及び取扱い方法　作業に用いる設備の点検及び整備の方法　作業の方法	1時間
墜落制止用器具（フルハーネス型のものに限る。以下この条において同じ。）に関する知識	墜落制止用器具のフルハーネス及びランヤードの種類及び構造　墜落制止用器具のフルハーネスの装着の方法　墜落制止用器具のランヤードの取付け設備等への取付け方法及び選定方法　墜落制止用器具の点検及び整備の方法　墜落制止用器具の関連器具の使用方法	2時間
労働災害の防止に関する知識	墜落による労働災害の防止のための措置　落下物による危険防止のための措置　感電防止のための措置　保護帽の使用方法及び保守点検の方法　事故発生時の措置　その他作業に伴う災害及びその防止方法	1時間

関係法令	法, 施行令及び安衛則中の関係条項	0.5時間

実技教育		
科目	範囲	教育時間
墜落制止用器具の使用方法等	墜落制止用器具のフルハーネスの装着の方法 墜落制止用器具のランヤードの取付け設備等への取付け方法 墜落による労働災害防止のための措置 墜落制止用器具の点検及び整備の方法	1.5時間

3 関連規定

関連規定として, 法第17条・第18条・第19条, 法第61条, 法第78条・第79条などが挙げられる。

法第17条・第18条・第19条は, 安全・衛生委員会の設置義務, 構成等について定めており, その付議事項である安全・衛生教育の実施計画(安全委員会の付議事項につき安衛則第21条第3号, 衛生委員会の付議事項につき第22条第3号)には特別教育も含まれている(昭和47年9月18日基発第601号の1)。

法第61条は, クレーンの運転他所定の危険有害業務につき, 所定の資格の保有者のみに就業を制限する定め(事業者と就業者の双方が対象)であり, ここで所定の資格には, 免許や技能講習修了等が該当し, 本条所定の特別教育の修了は含まれない。

法第78条・第79条は, 重大災害の発生や労災発生率を考慮して特定の事業場を指定し, (特別)安全衛生改善計画を策定, 実施させる趣旨の規定であり, その改善計画には, 通例, 特別教育を含む安全衛生教育が含まれる[23]。

4 沿革

1 制度史

工場法
○工場法(明治44年3月29日法律第46号)には, 安全(衛生)教育等の規制はない。

労働基準法
○労働基準法(昭和22年4月7日法律第49号)は, 制定当初, 第5章に「安全及び衛生」を設け, 第50条に「使用者は, 労働者を雇い入れた場合においては, その労働者に対して, 当該業務に関し必要な安全及び衛生のための教育を施さなければならない。」と規定していた。
　これは, 労働災害における人的要因の排除を目的に, 使用者を名宛人として, 労働安全衛生教育の実施を義務づけた規定である。
○旧労働安全衛生規則(昭和22年10月31日労働省令第9号)は, 第5条において,「使用者は, 安全管理者に対し, 安全に関する措置をなし得る権限を與えなければならない。」と定めたうえ, 安全管理者が行うべき業務を定める第6条第3号に「安全作業に關する教育及び訓練」が列挙されていた。
　安全教育の具体的内容は, 実際に当該事業場で使用される機械・設備の安全な使用法等が中心となることから, 使用者の実施責任のもと, 安全管理者に安全教育及び訓練の権限を付与したものと思われる。

労働基準法研究会第3小委員会報告書
労働基準法研究会内の第3小委員会が, 昭和46年7月13日に労働省に提出した報告書には, 今後の労働安全衛生対策の具体的方向性として,「(2)安全衛生教育の充実強化」が挙げられており, その具体的内容として, 次の3点が列挙されていた。
イ　新技術導入時, 職種転換時などにおける教育の実施
ロ　教育内容の明確化
ハ　職長教育などの明確化

労働者を雇入れたときの事業者の安全衛生教育義務については, 旧労働基準法第50条に定めがあったが, 雇い入れ時以外の場合については規定がなく[24], 安全衛生規則にも事業者が行うべき具体的な教育内容について詳細は定められていなかった。

わが国の安全衛生規制は, 明治以後, 労働者一般を対象に体系化されたものにはなっておらず, 工場法制定後も, 鉱業法や商店法など職域別に成立した制定法の中に保護規定がばらばらに存在している状況であった[25]。

戦後になって, 各法の労働者保護規定が労働基準法の中に取り込まれたが, 第5章「安全及び衛生」に整理・統合された後も, 安全衛生教育について定めた第50条は, 上記の通り簡素な規定にとどまっていた。これは, 労働者の心身の安全を確保するための労働災害防止措置は, 業界・業種で異なり, 教育内容も個別性の高いものにならざるを得ないためと考えられる。そのため, 労働者一般については, 雇い入れ時の安全衛生教育が必要であるとの包括的な規定のみが置かれ, それを受けての詳細な規則は定められなかったのではないかとも推測される。事実, 例えば, 鉱山保安法第6条(現第10条第2項)に基づく保安教育には, 石炭鉱山保安規則等において, 教育内容及び教育にあてるべき時間等が詳細に定められている(鉱山保安法施行規則第30条)。

これに対して, 旧労基法第50条の規定は, すでに述べたように, 雇い入れ時教育を事業者に義務づけるのみであったから, 安全衛生教育の規定として不十分さが残っていた。

そこで, 安衛法制定にあたって安全衛生教育を行う

べき場面として、雇入れ時と実質的に状況が異ならない程度に作業内容が変更される場合にも安全衛生教育（安衛法第59条第2項）を行うこととし、また危険有害業務の新規従事者に対する特別教育（同第3項）を追加し、さらに安衛則等に教育内容や教育時間等に関する詳細な規定を設けることでその強化が図られたのである。

安全衛生教育が法体系化されることになった背景には、昭和45年当時、高度経済成長期を背景に日本各地で頻発していた労働災害がある。厚生労働省の調べによると、昭和35年～45年の期間における労働災害の死亡者数は、毎年6000人を超える高い水準で推移していた[26]。

とりわけ、1963（昭和38）年11月9日に起きた国鉄東海道線の鶴見駅での衝突事故では161名の死亡者を出し、同日、福岡県の三井三池炭鉱では、炭じん爆発事故により458名の死者を出しており、これら2つの大規模災害が、安衛法制定の決定的な役割を果たしたとされる。

まず、1969（昭和44）年9月30日に労働基準法研究会が発足し、さらに、1970（昭和45）年7月3日に同研究会内に安全衛生小委員会（第3小委員会）が発足した。

第3小委員会が1971（昭和46）年7月13日に労働省に提出した報告書には、今後の労働安全衛生対策の具体的方向性として、「(2)安全衛生教育の充実強化」が挙げられており、その具体的内容として、次の3点が列挙されていた。

イ 新技術導入時、職種転換時などにおける教育の実施
ロ 教育内容の明確化
ハ 職長教育などの明確化

安衛法第59条、60条は、上記の報告書の内容を反映したものである。

以上の通り、旧労基法時代から法定されていた雇入れ時教育に加えて、作業内容変更時の安全衛生教育の実施が義務づけられたことにより、全業種・全規模の事業場で就労する全ての労働者が、必要な安全衛生教育を受けられるための法的基盤が整えられたといえる。

その後、平成11年の安衛則改正（同年11月30日労働省令第46号）では、第59条第3項に基づく特別教育の対象に、核燃料物質の加工施設、使用済燃料の再処理施設若しくは一定規模以上の核燃料物質の使用施設等（以下「加工施設等」という）又は原子炉施設の管理区域内における、核燃料物質若しくは使用済燃料又はこれらによって汚染された物を取り扱う業務が追加された（安衛則第36条第28号の2、同条第28号の3関係）。

2 背景となった災害等

安全衛生教育の重要性は言うまでもなく、先に述べたように、雇い入れ時の安全衛生教育義務は、早い段階から法令上の義務として事業者に課せられていた。しかし、実際の労働現場では、人員不足や予算の都合により十分な教育が行われず、かつ安全性が確保されないまま就労させる等の取扱いが常態化したことにより、重大な労働災害が発生していた。とりわけ、旧労基法時代は、事業者が労働者に対して実施すべき安全教育の具体的内容に関する規定が不十分であったため、何をもって安全教育を実施したといえるかが裁判で争われることとなった。材木運搬に伴う事故で被災した年少労働者に対する安全教育の義務履行が問題となった事案では、当該年少者に対して災害予防上必要な具体的指示を与えていなかったことを認定しながら、「事業の大小、労働者側の事情、業務の種類等の諸般の事情に応じて、その教育方法と共に適当に決められるものと解するのが相当」（良工社女子年少者就業制限等違反被告事件・名古屋地判昭26・9・19判例集未登載）であるとし、作業人員が4名の小規模事業場であること、30瓩（kg）以上の材木を運搬させないような雰囲気が一応醸成されていたこと等を考慮し、安全教育の内容として一応相当であると判断されている[27]。

また、高炉建設事件[28]では、下請労働者に対して十分な教育をせず、かつ命綱を使用させずに就労させた結果、1年2カ月の間に死亡者数35人、失明等の重傷を含む休業災害515件という甚大な労働災害を引き起こしたとされる[29]。

安全教育義務の懈怠は時として労働者以外の第三者にも被害が及ぼしうる。1973（昭和48）年11月に起きた熊本市のデパート火災では、従業員に対する緊急時の避難、誘導などの安全教育を実施していなかったこと、そして、避難時の安全保持のための階段通路の幅においても義務の懈怠があり、従業員50名、客54名の計104名が死亡している[30]。上記2つの事案は、いずれも高度経済成長期の生産性優位の企業体制が労働災害発生に影響を及ぼしていたと解され、労働災害による死亡者数が高止まりしていた時期と重なる。

なお、平成11年改正の背景となった災害は、同年9月30日に発生した茨城県東海村の核燃料加工施設の臨界事故である。同事故は、労働者が臨界に関する知識を有していなかったこと、適切な作業方法により作業を行わなかったことが発生原因と指摘されたことから、同種災害の再発防止を図るため、労働者の知識の不足又は不適切な方法により労働者が相当程度の放射線に被ばくするおそれのある原子力施設における核燃料物質等の取扱い業務について規定の整備が図られたものである[31]。

5 元行政官の安全衛生教育者が語る本条

以下では、元監督官（元鳥取労働局長）で、長く東京安全衛生教育センター（法第63条に基づき設置された、厚生労働省の関係機関である中央労働災害防止協会が擁する教育機関）で安全衛生教育を行ってきた藤森和幸氏による本条（法第59条）の解説を記す。

氏曰く、

事業者による安全衛生教育の体系整備と実施は、事業場の安全衛生管理体制を実質的に機能させるための必須要件である。

とりわけ、事業場で行われる安全衛生教育には、全社員に共通して実施されるべきものと、その組織における役割に応じて職階別（階層別）に実施されるべきものの2種類がある点で、一般の学校教育と異なっている（資料6−61）。

安全衛生教育のうち、特別教育では、聞き取り当時51業務（令和6年7月30日現在60業務）が対象となっており（安衛則第36条）、事業者による実施が罰則付きで義務づけられている。安衛則の制定以後、過去の災害事例に照らして相対的に危険・有害と考えられるものが選定されて来ており、新しい機械、設備、化学物質等の開発や使用に伴い、対象業務は増加傾向にある。

労働現場で行われる業務の全てが一定の危険有害性を伴うが、特別教育の対象は、過去の災害事例の数や重さ等にかんがみて、罰則付きで実施を強制するに相応しい業務に絞り込んだものである。

同じく第6章に規定される就業制限（法第61条）との関係について言えば、教育義務を定める法第59条は、事業者のみを名宛人として、当該業務に就かせる時には、当該「教育を行なわなければならない」と定めているのに対し、就業制限では、よりリスクの高い業務を対象として、事業者を名宛人として、所定の資格を持つ者でなければ、当該「業務に就かせてはならない」と定めると共に、当該資格保有「者以外の者は、当該業務を行なってはならない」と定めており、所定の資格には、基本的に免許と技能講習の修了が該当し、特別教育の修了は該当しない。これらは、危険有害性（リスク）の度合いによって分けられており、高い順に、免許→技能講習→特別教育に区分されている。

例えば、最大荷重1t未満のフォークリフトであれば、第59条第3項の特別教育の実施で足りるが、最大荷重が1t以上となる場合は、同じフォークリフトの運転業務でも、それだけ災害が生じた場合の結果はより重大となるため、技能講習修了者等でなければ就業制限がかかる（事業者が就業させることも、就業者が就業することも、法第61条違反として処罰され得る）。

特別教育の科目、範囲及び時間については、安衛則第39条に基づき告示レベルでその細目が規定されている。

安全関係のうち、安衛則所定の機械等に係る業務の特別教育については一括して「安全衛生特別教育規程」（昭和47年9月30日労働省告示第92号）に、安衛則以外の規則所定の機械等（ボイラー、クレーン、ゴンドラ）については、それぞれ独立した教育規程に定められている。これは、それらは個別に重大なリスクを伴うことによる（ボイラーについては破裂、クレーンについては転倒・崩壊、ゴンドラ等の場合は転落等）。

有害物に係る衛生関係の業務については、個々の独立した規程に、科目、範囲、時間について定められている（例えば、粉じん則については「粉じん作業特別教育規程」〔昭和54年7月23日労働省告示第68号〕など）。規範レベルは同じ告示である。

なお、家内労働に特別教育制度はないが、委託者と家内労働者の関係は指揮命令関係に準じ、委託者から家内労働者に危険有害業務が委託されることがあるため、委託者は、委託業務に関し、機械器具等や原材料等を家内労働者に譲渡・貸与・提供するときは、これらによる危害の防止措置を講じなければならず（家内労働法第17条第1項）、家内労働者も同様に危害防止措置を義務づけられている（同条第2項）。

また、都道府県労働局長または労働基準監督署長は、委託者又は家内労働者が、危害防止のための必要な措置を講じない場合には、委託または受託を禁止し、または機械器具等の設備や原材料等の使用停止等を命ずることができるとの定めもある（同条第18条）。

実際に、接着剤を使用して品物を加工する委託業務中、（おそらく接着剤が）石油ストーブに引火して、同じ部屋で遊んでいた子供が被災した災害が生じたりしており、現に監督官が是正勧告等の行政指導を行うこ

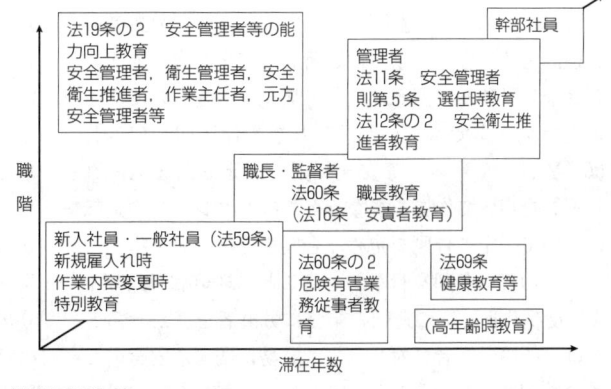

資料6−61　階層別教育

（藤森和幸氏作成）

とがある。

6 関係判例

●山崎工業事件（静岡地沼津支判令2・2・25労判1244号94頁）

〈事実の概要〉

原告Xは、平成18年12月1日、金属熱処理及び鋳物製造並びにその加工等を業とする被告Yと雇用契約を締結し、Yが運営する鋳造工場で鋳物仕上げ等の業務に従事していた。

Xは、平成25年1月8日、エアブロー作業（空気で製品表面をきれいに仕上げる作業）をしていたところ、その後方から走行してきたクレーンのフックがXの左肩背部に当たり、その衝撃によってXは右足第4指骨折及び右足関節捻挫の傷害を負った。本件事故を発生させたクレーン運転手は、Yに雇用される以前はG社からYに派遣されており、G社作成の「クレーン運転安全マニュアル」に基づく安全教育を一応受けたことが窺われるが、Yの「安全重点職場　ハツリ場　安全巡察」と題するY代表者らが巡回中に気づいたことを記載する書面には、当該運転手がクレーン運転業務について安全意識や能力に著しく欠ける者であったと認められる記載が複数あった。

沼津労働基準監督署長は、本件事故によるXの負傷を業務災害と認定し、Xは労災保険法に基づき、治療費及び一時金を受給した。

また、その数年後、Xがグラインダーにより研削作業をしていたY従業員に身体接触するという致死的な危険行動をとったことを理由にYがXを解雇した。

そこでXがYを相手取り、安全配慮義務違反に基づく損害賠償と共に、解雇の違法無効確認及び当該解雇を不法行為とする損害賠償を求め、訴訟を提起した。

以下では、安全配慮義務違反による損害賠償請求に関する判示のみを記す。

〈判旨〉

「使用者の安全配慮義務の具体的内容は、労働者の職種、労務内容、労務提供場所等の安全配慮義務が問題となる具体的状況等によって異なるべきものであることはいうまでもないが、これを本件に即してみれば、Yは、クレーン等安全規則の規定を踏まえ、クレーンを用いて作業を行なうときは、クレーンの運転について一定の合図を定め、合図を行なう者を指名して、その者に合図を行なわせること（同規則25条1項本文）及びクレーンの運転の業務に労働者を就かせるときは、その労働者に対し、当該業務に関する安全のための特別教育を行うこと（同規則21条1項）などが求められているものと解される」。クレーン運転手の技能が著しく劣ることは、「遅くとも平成22年11月30日頃から明らかであったにもかかわらず、Yは、……〔本件事故〕発生までの2年余りにわたり、同運転手をクレーン運転手として稼働させ、クレーンの運転業務の安全に関する特別の教育を行ったり、その成果が得られない場合に同運転手を配置換えするなどクレーン運転手として適任の人員を配置したりといった方策を検討した形跡は見当たらない。そうすると、Yは安全配慮義務に違反するというべきであり、Yがかかる義務を尽くしていれば、Xが〔本件事故〕により負傷することはなかったものというべきであるから、Yは、Xに生じた損害を賠償すべき義務を負う」。「これに対して、Yは、〔本件事故〕の発生前から、これを生じさせたクレーン運転手に対し、安全な作業をするよう注意していた」と主張するが、「これらの注意、指導はいずれもその場限りのものにとどまっており、クレーンの運転業務の安全に関する体系的な教育を実施したものではないし、同運転手がその後も複数回の注意、指導を受け続けていることに鑑みれば、〔本件事故〕までの間にこれらの注意、指導が奏功していないことは明らかであった」。

〈判決から汲み取り得る示唆〉

判旨は、Yが本件でなすべき安全配慮義務の具体的内容として、クレーン等安全規則に基づく特別教育の実施を挙げる。

クレーンを用いた作業は、その危険有害性に鑑み、特別教育を行うことが事業者に義務づけられているところ（安衛法第59条第3項、安衛則第36条、クレーン則第21条第1項）、本件事故を起こしたクレーン運転手は、かつてはYに派遣されていた者であり、派遣元企業が作成した「クレーン運転安全マニュアル」に基づき、派遣元企業で安全のための教育を受けていることが認定されているものの、Yに直接雇用されて以降については、特別教育を実施した事実は窺われない。

法第59条所定の特別教育の実施義務（クレーン則で具体化されたもの）は、労働者派遣法第45条第3項により、派遣先に課される。むろん、派遣元で既に特別教育を受けていれば派遣先が重ねて実施する必要はない。また、安衛則第37条には、他の事業場や外部機関で既に特別教育を受けていれば省略できる旨の定めもある。しかし本件では、おそらく派遣元でもXが従事したクレーン業務に関する特別教育が行われていなかった。判決は、Yの特別教育義務違反を直接的に指摘してはいないが、安全配慮義務は安衛法の定めより広範にわたることを前提に、現にY代表者らがAの意識・能力不足を認識し、記録していたことから、同義務違反を認めたものと解される。

7 民事上の効果

　安衛法第59条第1項及び第2項は，罰則付きで事業者に義務づけられたものである。労働者は，雇い入れられたとき又は作業内容がこれと同視しうる程度に変更されたときは，事業者から安全衛生教育を受けることが労働条件（労働契約内容）として法定されており，直接的な私法効果を有すると考えられる。事業者が，雇入れ時教育及び作業内容変更時に必要な教育を十分に行わなかった場合，労働者は使用者に対して教育義務の履行を請求することができると考えられる。

　行われた安全衛生教育が内容・時間数ともに（不）適切だったことの立証責任は労働者が負うと考えられるが，不十分な安全衛生教育に起因して損害が発生した場合は，労働者は事業者に対し損害賠償を請求しうる。

8 改正提案

　すでに述べたように，雇入れ時及び作業内容変更時に実施される安全衛生教育は，2 で述べた通り，教育にかけるべき具体的時間数が法定されていない。[32]これは，本条第1項，2項所定の安全衛生教育の対象が，事業者が使用する全ての労働者であり，全業種が適用対象となっているがために，対象労働者の業務内容及び範囲が区々とならざるを得ず，当該教育に要すべき時間を一律に規定することが困難なためである。[33]

　また，安全衛生教育の実施・講師についても，職長教育及び特別教育は，教育機関が開講するセミナー等を対象労働者が受講することが可能であるのに対して，雇入れ時及び作業内容変更時の安全衛生教育は，各事業場または個別の業務に即した内容で実施することが求められることから，教育内容を一律に設定しづらく，外部機関に委託するのが困難であるとの事情がある。[34]

　本来的には，事業者は，当該労働者が従事する業務に関する安全または衛生を確保するために必要な内容及び時間をもって安全衛生教育を実施することが必要である。[35]また，安全衛生教育の実施方法も一方的かつ形式的に行うだけでは不十分であり，実施後にその理解度を確認したり，定期的に教育を繰り返し実施したりする等の安全に係る知識を定着させることが求められる。そのため，安全衛生教育の実効性を高めるためには，具体的な教育内容や教育時間等を含めて事業場ごとに実施計画を体系的に策定することが望ましい。[36]

　しかしながら，教育時間や教育を担う講師，安全衛生教育の実施計画にかかる定めがないために，入社後のオリエンテーションの一環として1～2時間程度の講義で終えるなど，十分な質・量を満たす雇い入れ時の安全衛生教育が実施できていないケースがあることが指摘されている。[37]本条が罰則付きで全ての労働者に安全衛生教育実施を求めている趣旨に照らすと，最低時間の設定について改正に向けた検討をすべきものと思われる。

> **第60条**　事業者は，その事業場の業種が政令で定めるものに該当するときは，新たに職務につくこととなった職長その他の作業中の労働者を直接指導又は監督する者（作業主任者を除く。）に対し，次の事項について，厚生労働省令で定めるところにより，安全又は衛生のための教育を行なわなければならない。
> 一　作業方法の決定及び労働者の配置に関すること。
> 二　労働者に対する指導又は監督の方法に関すること。
> 三　前2号に掲げるもののほか，労働災害を防止するため必要な事項で，厚生労働省令で定めるもの

1 趣旨

　労働災害を防止するためには，労働者個々人が当該業務やそれに関わる安全について知るだけでなく，これらの者を指導・監督する立場にある者が「適切な監督の仕方」を熟知している必要がある。とりわけ，現場の仕事は，作業者（MAN），設備・材料・環境（MACHINE），作業方法・手順（MEDIA），管理（MANAGEMENT）の4要素で構成され（4M），いわゆる「3現主義」すなわち現場・現物・現状をよく知ることは，職場の安全衛生を確保するうえで基本であり，職長が果たす役割は非常に重要なものである（資料6-62）。その意味で，職長等への教育は，労働者の安全・衛生を確保する「扇の要」と位置づけることができる。[38]そこで，安衛法第60条は，新たに職務につくこととなった職長その他の作業中の労働者を直接指導又は監督す

資料6-62

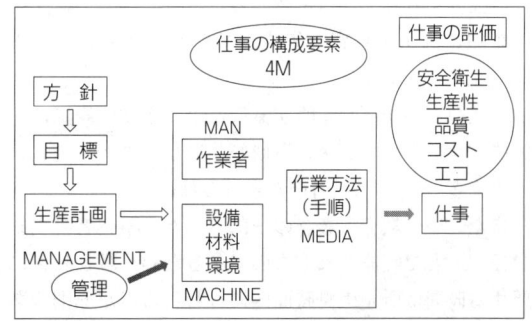

（藤森和幸氏作成）

る者（作業主任者を除く）に対して，指導・監督のための教育を実施すべきことを定めている。

2 内容
1 対象となる業種
職長等に対し教育を実施しなければならない対象業種は，以下の6業種である（安衛令第19条）。
①建設業（第1号）
②製造業（第2号）
　ただし，次に掲げるものを除く。
　イ）たばこ製造業，ロ）繊維工業（紡績業及び染色整理業を除く），ハ）衣服その他の繊維製品製造業，ニ）紙加工品製造業（セロファン製造業を除く）
③電気業（第3号）
④ガス業（第4号）
⑤自動車整備業（第5号）
⑥機械修理業（第6号）

2 教育内容
事業者は，新たに職長としての職務に就くことになった者や，労働者を直接指導または監督する者に対して，①作業方法の決定及び労働者の配置に関すること，②労働者に対する指導または監督の方法に関すること，③その他，労働災害を防止するために必要な事項について，教育を行わなければならない。③の事項には，以下の3つが定められている（安衛則第40条）。
(1)安衛法第28条の2第1項または安衛法第57条の3第1項及び第2項の危険性又は有害性等の調査及びその結果に基づき講ずる措置に関すること
(2)異常時等における措置に関すること
(3)その他現場監督者として行うべき労働災害防止活動に関すること

3 教育時間
職長教育にあてるべき時間数は法定されている。事業者は，作業方法の決定及び労働者の配置に関すること（第1号）は2時間以上，労働者に対する指導又は監督の方法に関すること（第2号）は2.5時間以上の教育時間を確保しなければならない（同条第2項）。もっとも，これらの全部または一部について，十分な知識及び技能を有していると認められる者については，その事項に関する教育を省略してもよいとされている（安衛則第40条第3項）。

職長教育の一部を省略することができる研修には，労働安全衛生マネジメント研修及びリスクアセスメント担当者（製造業等）研修[40]が挙げられる[41]。

また，職長教育も業務の一部であり，事業者の実施責任のもとで実施されるものであるため，職長教育に要する時間は所定労働時間内に行われるのが原則である。法定労働時間外に実施する場合は労基法第37条に基づく割増賃金の支払い義務が生じる[42]。そして，職長教育を企業外で行う場合は，講習会費，講習旅費等は，事業者が負担する[43]。

職長教育については，雇入れ時・作業内容変更時の安全衛生教育及び特別教育とは異なり，罰則は付されていない。

「職長その他の作業中の労働者を直接指導又は監督する者」について法律上の定義はないが，いわゆる現場監督者や，班長，組長等が該当する場合が多いと理解されている[44]。なお，作業主任者が本条から除かれているのは，作業主任者が，安衛法第14条に定める資格要件（免許または技能講習の修了）を満たす者と認められているためである。

3 関連規定
法第16条：建設業や造船業等では，安全衛生責任者が，元方事業者及び下請事業者間の連絡調整を行い，労働災害発生を防止する責任を負う[45]。そのため，建設業や造船業では，職長が「安全衛生責任者」を兼ねることも多い[46]。

4 沿革
1 制度史

工場法
○工場法（明治44年3月29日法律第46号）に，職長教育等の規制はない。

労働基準法
○労働基準法（昭和22年4月7日法律第49号）及び旧労働安全衛生規則（昭和22年10月31日労働省令第9号）に，職長教育等の規制はない。

労働基準法研究会第3小委員会報告書
労働基準法研究会内の第3小委員会が，昭和46年7月13日に労働省に提出した報告書には，今後の労働安全衛生対策の具体的方向性として，「(2)安全衛生教育の充実強化」が挙げられており，その具体的内容として，次の3点が列挙されていた。 イ　新技術導入時，職種転換時などにおける教育の実施 ロ　教育内容の明確化 ハ　職長教育などの明確化

改正労働安全衛生法施行令（令和4年2月24日）
施行令第19条に定める職長教育の対象業種に，「食料品製造業」及び「新聞業，出版業，製本業及び印刷物加工業」が追加された（施行は令和5年4月1日より）。

同規定は，工場法及び旧労基法の時代にはなく，安衛法の成立の際に新たに導入されたものである。職長教育について初めて国会で言及されたのは，職業安定法の一部を改正する法律案について審議された，昭和24年4月27日の第5回国会衆議院 労働委員会第10号においてである。齋藤邦吉（職業安定局長）は，次のように発言している。

「この職場補導は日本には今まであまりなかつたものでございまして，これは一種の職長教育であるのでございます，すなわち工場事業者の職長が，ふだん労働者を使いまするときの労働者の使い方，あるいは作業の仕方，そういうものについて職長を教育する。その職長の教え方を教育しようというのでございます。すなわち政府はこの補導員を養成いたしまして，その補導員が工場事業場の職長を集めまして，その職長が労働者を教えるときのいろいろな注意，これを教えるわけでございます。すなわち職長が労働者を使いまするときに，やはり労働者をどういうふうに使つた方が一番能率を上げ得るだろうか，あるいは教える仕方にいたしましても，たとえば右から教えるよりも，左の方から教えた方がいいのじやないかというような，いろいろな教え方があるのであります。そういう職長が労働者を使つて，その労働力を十分有効に発揮させる。そのために指導をひとつやろう，そういうわけでございますが，これはイギリス，あるいはアメリカ等におきましてもトレーニング・イン・インダストリーといわれまして，非常に成績を収めておるものでありますので，日本におきましても，労働力を最も有効に発揮させるための一つの職長の教育，これをやろうというのが，この30條の規定でありまして，これは普通の補導所のいわゆる補導というものとは違うわけでございます。」

これ以降，職長教育について言及されるのは，昭和46年以降になってである。この段階では，職長教育を法定の制度として労働安全衛生法に盛り込む目的を労働災害防止と明確に位置づけている。これは，昭和30年代以降，技術革新が進み，新たな製造方法や工法，化学物質が使用されるようになり，従来では想定されなかった大規模災害や職業病が問題視されるようになったためである。労働災害防止対策として，労働基準法研究会第3小委員会が昭和46年7月13日に労働省に提出した報告書には「安全衛生教育の充実強化」の具体化の一つとして職長教育が挙げられており，これが本条に規定された。

2　背景となった災害等

前述の通り，職長教育制度自体の背景には労働基準法研究会報告での示唆があり，その背景には，旧安衛則時代における毎年6000人超の労災による死亡者が生じており，教育の懈怠が社外工や顧客にまで被害が及ぶ重大な労災の重要な原因となったと思われる例が生じていたこと（昭和38年の国鉄東海道線鶴見駅衝突事故〔死亡者数161名〕や三井三池炭鉱事故〔志望者数458名〕のような，安衛法そのものの制定を促したと思われる例のほか，昭和48年11月に発生した熊本市のデパート火災〔従業員と客合わせ死亡者数94名〕，高炉建設事件〔1年2カ月間に死者35人，休業災害515件〕のように，安全衛生教育の懈怠〔前者では避難誘導等，後者では命綱装着等〕が重要な被災原因となった例）が挙げられる。

その上で，ここでは，令和4年の労働安全衛生法施行令の一部改正により，それまで職長教育の対象から除外されていた「新聞業，出版業，製本業及び印刷物加工業」が追加されることになった背景について述べる。

某元行政官からは，直接の背景かは不明ながら，印刷業が加えられることとなった背景には，平成24年以降，大阪において印刷事業において多数の労働者が胆管がんを発症した例がある可能性が指摘された。

胆管癌とは，胆汁の通り道である胆管に生じる悪性腫瘍であり，内腔を覆う胆管上皮細胞が悪性化したものが大部分であるという[47]。大阪の印刷工場での被災事例を受けてなされた検討で，ジクロロメタンまたは1,2-ジクロロプロパンに長期間，高濃度にばく露することにより，発症し得るとの医学的に推定され[48]，被災者の労災補償に繋がった。

以前は，比較的小規模事業場が多い印刷事業は，職長教育の対象になじまないと考えられていたが，生じ得る災害の重大さに鑑みて，追加されるに至ったと推測されるという。

5　元行政官の安全衛生教育者が語る本条

以下では，元監督官（元鳥取労働局長）で，長く東京安全衛生教育センター（法第63条に基づき設置された，厚生労働省の関係機関である中央労働災害防止協会が擁する教育機関）で安全衛生教育を行ってきた藤森和幸氏による本条（法第60条）の解説を記す。

氏曰く，

職長教育について受講者等の関係者からよく示される疑問は，①対象業種と②職長の法的位置づけであった。各質問と回答は以下の通り。

①職長教育には罰則が付されていないのに，対象業種が安衛法施行令第19条で6業種（建設業，一部を除く製造業，電気業，ガス業，自動車整備業，機械修理業）に絞られているのはなぜか。

【回答例】

罰則の有無にかかわらず，労働災害の発生率・件数や重大性の程度，実施の実行可能性等を勘案して，相

対的に職長を選任すべき業種が決定された。立法当初，対象業種から除外するのが望ましいと考えられたのが，食品製造業（うまみを除く）と印刷業だった。食品製造業は，かつては家内労働的側面が強く，また，印刷業は事業規模が小さい場合が一般的だったことによる。

②職長は，安衛法第3章「安全衛生管理体制」に直接規定されていないが，その位置づけ，法的責任，両罰規定（法第122条）との関係はいかなるものか。

【回答例】

職長教育の実施義務者は事業者だが，対象業種で労働災害が発生した場合，一義的には自然人である職長の行為が問題となってその責任が問われ，送検されるのが実態である。職長は，事業者の立場を代理代行して現場を指揮しているため，職長の責任が問われ易い。また，両罰規定により事業者も罰せられる。

なお，職長教育は事業者に課せられているが（ただし罰則なし），たとえ事業者により職長教育が実施されていなくても，発生した労働災害にかかる職長の責任が免責されるわけではない。

6 関係判例

●綿半ソリューションズ（綿半鋼機訴訟承継人）事件

（長野地松本支判平30・3・28 LEX/DB 25560025）

〈事実の概要〉

原告Xは内装工事Aを営む個人事業主であり，被告Yは，建築工事等の設計，請負及び施工等を営む会社である。Y1はYの支店長，Y2はYの従業員で本件工事の現場管理担当，Y3は内装工事業を営む訴外会社Bの代表兼作業員である。

Xは，2階建て託児所の新築工事において，天井及び内壁の完成後に，床工事（本件工事）にコルクタイル裏面に接着剤（有機溶剤含有）を塗布する作業の応援をY2から依頼され，引き受けた。Y3も床作業の応援を依頼されており，平成21年3月4日の午後から作業に入ることとなっていた。Y2は，C（おそらくA（X），Bとは別の独立した個人事業者）を床工事の職長に指名し，X（A）とY3は，Cの下請として現場に入った。XとXの息子Dは，本件事故当日の午前中，本件工事現場の2階でコルクタイル裏面に接着剤を塗布する作業を行い，午後1時頃から1階保育室で同じ作業を始めた。

本件事故当日の午後5時頃に，Y3が本件現場に到着し，Cと共に北側トイレの床に長尺シート（資料6-63）を張る作業を始めた。午後6時頃，Y3は，立ち上げ作業（この場合，床面から壁面へ90度曲げてシートを張り上げることと思われる）をしており，長尺シートを温めて曲げやすくする目的でガストーチ（資料6-64）

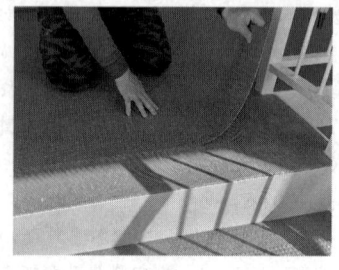

資料6-63 長尺シート

資料6-64 ガストーチ

を使用した。一方，午後6時過ぎ頃，Xが保育室で1人で作業をしていたところ，気化した有機溶剤に何らかの火気が引火し，保育室の床に火が走った（本件事故）。Xは，一旦，保育室の西側出入口から出たが，すぐに消火器を持って保育室に戻り，同室内に消火剤を噴霧した。

Xは，同年8月3日，本件事故が原因で外傷性ストレス障害（PTSD）を発症したと診断され，同月9日，労働者災害補償保険に基づく障害補償給付等の支給請求を行い，同月24日に業務起因性が認定されている（もっとも，症状固定がないとして，障害補償給付は不支給決定となり，療養補償給付及び休業補償給付が支給されることとなった）。

Xは，本件事故の原因は，Y3のガストーチによるものであるとして，Yらが安全配慮義務を怠ったとして，不法行為に基づき，連帯して，損害賠償等を求めた。争点は，Y3の注意義務違反の有無，Y2の注意義務違反の有無，Y1の注意義務違反の有無，Yの責任（使用者責任及び安全配慮義務違反の有無）である。

〈判旨：一部認容・一部棄却（確定）〉

Y2の注意義務違反の有無（争点2）について「Y2は，本件工事の具体的な安全管理は職長に任せていた旨供述するが，Cに安全管理に関する指示をしておらず，……Y3やXらに本件工事の応援を依頼して増員を手配したのはY2であり，Xらに対して，事前に又は本件事故当日に具体的な作業内容の説明や作業場所の打合わせを行ったのもY2であることからすれば，Y2には，本件工事の各作業の安全を管理監督すべき義務があったと認められる」。「Y2は，本件工事には北側トイレで長尺シートを張る作業とコルクタイ

ルを張る作業等が含まれ，両作業は『引火性の高い液体および蒸気』である有機溶剤を使用し，長尺シート張りには着火源となるガストーチの使用工程が含まれること，……本件工事の進ちょく状況を認識していたと認められる」。「本件事故の火元はY3のガストーチであったが，夕方に南側突き出し窓の開口幅を狭めたことや北側トイレのドアを閉めたことにより，気化した有機溶剤が滞留したことも本件事故発生の一因であったといえる。……Y2の認識に照らせば，各作業の進ちょく状況によっては，長尺シート張りとコルクタイル張りの準備作業（本件塗布作業）が，間仕切りのない隣り合った空間で異なる作業員によってそれぞれ同時に進められ，そのような場合には，換気の状況等によっては，引火性の高い液体又は気体が生じる空間の隣で着火源を使用したことにより，気化した有機溶剤に引火する事故が発生する可能性があることも予見可能であったといえる」。「そうであるとすれば，Y2としては，そもそも火元となり得るガストーチを使用する作業と有機溶剤を使用する作業を間仕切りのない隣り合った空間で同時に進めないか，これらを同時に進める場合には，換気装置を準備したり，自然換気の状況を作業員と確認するなどして，ガストーチを使用しても引火しないよう作業環境を整えるべき義務があったといえる」。「本件では，Y2は，本件事故当日午後1時頃にXらが保育室で本件塗布作業をしていることや，本件工事の進ちょく状況を確認した以上，北側トイレでガストーチが使われる可能性を認識し得たはずであるのに，換気装置を手配したり，CやX，……に対して，ガストーチを使用する予定を踏まえ換気をするよう具体的に注意しなかったのであるから，……ガストーチを使用しても引火しないよう作業環境を整えるべき義務に違反したと認められる。」

〈判決から汲み取り得る示唆〉

　本件は，作業中の事故につき監督責任を負う者として，形式的に指名されていた「職長」ではなく，実質的に監督・指導を行っていた者の（職長としての）注意義務違反を認めた事案である。とりわけ，本件では，「職長」に指名されたCは，本条に定める職長教育を受けておらず，Xは，職長教育を受けていない者を職長に選任したことに対するYの安全配慮義務違反を主張していた。判旨はこの点について判断をしていないが，実態に照らして職長としての義務を果たすべき者を認定し，責任を認めている点が本判決の特徴といえる。「職長」という用語については，法律上の定義がないため，名称にかかわらず，作業主任者を除く「作業中の労働者を直接指導又は監督する者」がその義務を負うことを本判決は確認したといえるだろう。

7　職長等の民刑事上の責任

　労働災害が発生した場合，自然人の行為に着目するため，当該労働災害の民事上の責任は，事業者と一体の立場で当該現場で指導監督の職務にあたっていた職長等が負い，事業者には事業者責任が問われうる（刑事上，事業者は，自身の規定違反に基づく責任のほか，法第122条の両罰規定による責任を負う）。職長教育を実施する義務は事業者にあるが（ただし，刑事上の罰則は付されていない），事業者がこれを怠っていた場合であっても，労働災害発生における職長等の民刑事上の責任は免れない。職長等の責任は，組織内での実質的な指導監督の役割ないし権限とその実際の行為（作為・不作為）に伴うものだからである。

　本条は，罰則付きで教育の実施を事業者に求めてはいないが，安衛法が，現場の要である職長等に職階に即した教育を特に規定している趣旨に照らせば，職長等教育の不実施という事情が，職長等の民刑事上の責任を縮減する考慮要素にはなりうると解される。

8　改正提案

　職長教育を実施すべき対象業種は，現行法では，2に記載した通り，建設業や製造業が中心となっている。

　しかし，実際の労働現場では，安衛法第60条に基づく職長教育を受ける者のほかに，作業従事者を管理監督する事務系・技術系の課長または部長などの管理職が存在する。事業者は，これらの者に対して，本条所定の職長教育を実施すべき法的義務はないが，これらの者の中には，雇入れ時に安衛法第59条所定の安全衛生教育を受けたきり，その後は一度も安全衛生教育を受けないまま管理職になる者がいることが指摘されている[49]。

　現行法上，管理職の安全衛生教育は，法定外教育の一つとして実施が求められているが[50]，事務系の管理職に就く者も，求められる職責に照らせば，安衛則第40条第2項に定める教育事項（法第60条に基づく教育〔職長等教育〕で伝達されるべき事柄）を熟知しておくべきといえ，職長教育を実施すべき範囲については，改正の方向性として検討の余地があるのではないかと考えられる。

> 第60条の2　事業者は，前2条に定めるもののほか，その事業場における安全衛生の水準の向上を図るため，危険又は有害な業務に現に就いている者に対し，その従事する業務に関する安全又は衛生のための教育を行うように努めなければならない。

> 2　厚生労働大臣は，前項の教育の適切かつ有効な実施を図るため必要な指針を公表するものとする。
> 3　厚生労働大臣は，前項の指針に従い，事業者又はその団体に対し，必要な指導等を行うことができる。

1 趣旨

　第60条の2は，第59条及び第60条に基づく安全衛生教育に加えて，現に危険有害な業務に就いている労働者に対し，その従事する業務に関して，安全衛生水準のさらなる向上を図るための安全衛生教育を行うよう努めることを求めている。すなわち，安衛法第59条は第1項・第2項では，雇入れ時及び作業内容変更時の安全衛生教育，第3項では特別教育の実施を義務づけ，第60条は新たに職長の職務に就くこととなった者に対する教育の実施を義務づけている。これらは，いずれも各職務に従事する際に入口として行う教育である。また，第61条に定める就労制限業務は，所定の資格を有していれば，法定の義務違反に問われることはない。しかし，これらの教育効果を持続させるためには，新しい機械または技術の導入等に応じた継続的な・一定期間ごとの教育が必要不可欠である。そこで，本条では，技術革新の進展に伴う新規の機械等の導入や作業態様の変化等に対応して，危険又は有害な業務に現に就いている者が，特別教育に限らず新たな知識・技能を取得できるために必要な教育を行うことを求めている。[51]

　危険有害業務に関する安全衛生教育については，その適切かつ有効な実施を図るため，厚生労働大臣が必要な指針を公表する（第2項）。また，厚生労働大臣は，当該指針に従い，事業者又はその団体に対し，必要な指導等を行うとされる（第3項）。

2 内容

　本条第2項及び第3項に基づき，「危険又は有害な業務に現に就いている者に対する安全衛生教育に関する指針」（定時教育及び随時教育指針。平成元年5月22日安全衛生教育指針公示第1号，最終改正：令和3年3月17日安全衛生教育指針公示第6号）が公表され，以下の通り，教育の対象者，教育事項，教育時間等が示されている。

1 対象

　教育を受けるべき対象者は，①就業制限に係る業務に従事する者，②特別教育を必要とする業務に従事する者，③①又は②に準ずる危険有害な業務に従事する者とされている。したがって，本条にいう危険有害業務の対象となる労働者の範囲は，③の分だけ，安衛法第59条第3項及び第61条の範囲よりも広範に及ぶ。

2 教育内容及び時間

　教育内容は，労働災害の動向や技術革新の進展等に対応した事項，時間は原則として1日程度と示されているが，具体的には別表で示された安全衛生教育カリキュラムによって実施されることが示されている。同カリキュラムに示された教育内容は，以下の15種類であり，それぞれ必要な教育時間が示されている。これらは，就業制限を解除する資格（免許，技能講習修了等）と特別教育の対象業務の双方を含んでおり，それらの中でも特に知識技能の更新が必要なものを選定したものと解される。

　事業者は，事業場の実態を踏まえたうえで，本条及び指針に基づいた安全衛生教育を原則として就業時間内に実施するよう努めなければならない。

①揚貨装置運転士安全衛生教育
②ボイラー取扱業務従事者安全衛生教育
③ボイラー溶接業務従事者安全衛生教育
④ボイラー整備士安全衛生教育
⑤クレーン運転士安全衛生教育
⑥移動式クレーン運転士安全衛生教育
⑦ガス溶接業務従事者安全衛生教育
⑧フォークリフト運転業務従事者安全衛生教育（就業制限に係るもの及び特別教育に係るもの）
⑨車両系建設機械（整地・運搬・積込み用及び掘削用）運転業務従事者安全衛生教育
⑩車両系建設機械（基礎工事用）運転業務従事者安全衛生教育
⑪機械集材装置運転業務従事者安全衛生教育
⑫ローラー運転業務従事者安全衛生教育
⑬有機溶剤業務従事者安全衛生教育
⑭チェーンソーを用いて伐木等の業務従事者安全衛生教育
⑮玉掛け業務従事者安全衛生教育
⑯特例緊急作業従事者安全衛生教育

　定時教育及び随時教育指針（危険又は有害な業務に現に就いている者に対する安全衛生教育に関する指針）によると，本条に基づいて実施される教育には，定期教育及び随時教育の2つが予定されている。定期教育は，教育対象者が当該業務に従事することになった後，一定期間ごとに実施されるもので，随時教育は，取り扱う機械設備等が新たなものに変わる場合等に実施すされるものである。随時教育で実施される教育事項には，運転操作方法のほか点検整備等の実技に関する事項を加えたものがある。

3 関連規定：法条

(1) 法第19条の2：事業者は、安全・衛生管理者、安全衛生推進者、衛生推進者その他労災防止業務に従事する者に対して、安全衛生水準の向上のため、所定の教育の他に能力向上教育を自ら実施するか、受ける機会を提供する努力義務を負う。

(2) 法第59条第3項：事業者に対し、安衛則36条に定める「危険または有害な業務」（研削といしの取替の業務、小型ボイラーの取扱いの業務、動力プレス機械の金型の調整など60業務〔令和6年7月30日現在〕）にかかる特別教育を実施することを義務づける規定（違反には6カ月以下の懲役または50万円以下の罰金が科され得る〔法第119条1号〕）。

(3) 法第61条：法第59条第3項の特別教育を要するものよりリスクの程度の大きい一定業務について、免許等の資格（免許、技能講習修了等）を有する者以外の就業を制限する規定。

第1項は、事業者に対し、就業が制限される者に禁止業務を就かせることを禁止する（違反には、6カ月以下の懲役または50万円以下の罰金が科され得る〔法第119条第1号〕）。

第2項は、資格を有さずに禁止業務を行うことを禁止する（違反には、50万円以下の罰金〔法第120条第1号〕）。

いずれも、免許等の資格を受ければ法違反を問われることはないが、労働災害防止の実効性を高めるためには継続的な教育が必要であり、本条（第60条の2）は、罰則付きで定めた危険有害業務に対する教育等のアフターフォロー教育としての性格を有する。

4 沿革

1 制度史

> 改正労働安全衛生法
> ○改正労働安全衛生法（昭和63年5月17日法律第37号）は、第60条の2を新設し、技術革新の進展に伴う作業態様に対応すべく、事業者に対し、現に危険有害業務に従事する労働者に対する安全衛生教育を行うよう努力義務を定めた。

2 背景となった災害等

本条は、昭和63年の法改正の際に追加された規定である。

国会での法案審議では、産業構造の変化や技術革新の進展による様々な労働安全衛生上の問題が生じてきており、それへの対応の必要性が指摘されていた。

野党議員からの、「自動化、OA化、ME機器の導入ということに伴っていろんな特徴、単純、看視、反復労働の増加というものが身体的肉体的な疾病と同時に精神的神経的ないろんな疲労、疾病を醸し出している。これは今社会問題になってきております。この対策が今の労働省の最大の問題の一つだろうと私は思うんですね」、との発言（第112回国会 参議院 社会労働委員会 第8号 昭和63年4月14日、237 内藤功）にあるように、VDT作業による健康障害やメンタルヘルスの問題が出てきており、それへの対応の一環として本条が導入されたものである。

5 運用

1 適用の実際

某元行政官より、以下のような所見が得られた。

すなわち、安全のための教育は、一度行えば十分という性質のものではなく、本条が定めるように、技術の進展や新しい機械・設備に対応できるよう、定期的に教育を実施するようは重要だが、監督指導上、同規定が活用される場面は極めて少ない。

その要因として、本条が努力義務にとどまることがあるが、教育の範囲が明確でないこともあると考えられる。

本条の定めに従えば、再教育（定期教育・随時教育）すべきものとして、法第59条第3項の特別教育、法第61条の就業制限にかかる業務のための教育に加え、それらに準じるものが対象となる。しかし、極論をいえば、危険を伴わない業務などなく、そうすると、本条の適用対象は無制限に拡がりうる。だからこそ、本条を努力義務にとどめざるを得なかったとも言える。

また、本条のような努力義務規定の場合であっても、かつてであれば、指導票に監督官が自由記入することで、指導する機会は確保されていたようだが、現在は、指導票に予め記載された項目にチェックする形式になっていて、本条にかかる項目はなく、監督官も、指導が難しくなっている。

事業者が再教育・定期教育の重要性を認識している場合であっても、とりわけ中小企業では、そこまで目が届かない（手が回らない）実情もある。それを解消・改善には、国や行政による支援の充実化が求められる。

2 関係判例

本条を直接の根拠とする関係判例は見当たらない。これは、本条の適用対象となる者が、上記の通り、特別教育を必要とする業務及び就業制限にかかる業務に従事する者であり、必要な資格等を得てこれら危険有害業務に従事することとなった者の「その後の」教育という位置づけであり、法的拘束力のない努力義務規定であるためと思われる。したがって、本条に違反すると推察される事案においても、結局のところ、問題となるのは安衛法第59条第3項または第61条に対する

違反の有無が中心となるのではないだろうか。

もっとも，本条は特別教育及び就労制限業務よりも対象範囲が広く，これらに該当しないが，少なくとも準ずる危険有害業務については本条が根拠となり得る。

6 その他：民事上の効果

本条は，努力義務規定にとどまるものであり，労働者が本条に基づく教育の実施を事業者に対して請求したり，不実施を理由とする民事上の責任を追及したりすることについて，直ちに認められるとはいいがたい。

もっとも，本条は，安衛法第59条第3項の特別教育の対象となる業務に従事する者及び第61条の就労制限にかかる業務に従事する者が対象となっている。そして，本条がこれらの規定を設けた趣旨がより効果的に・継続的に確保されることを目的としていることに照らせば，労働者が本条に基づく教育を求めていたにもかかわらず，それを実施しなかった等の事情がある場合は，それが考慮要素として労働災害にかかる使用者の民事過失責任の判断に影響を与える可能性はあると思われる。

（就業制限）

第61条 事業者は，クレーンの運転その他の業務で，政令で定めるものについては，都道府県労働局長の当該業務に係る免許を受けた者又は都道府県労働局長の登録を受けた者が行う当該業務に係る技能講習を修了した者その他厚生労働省令で定める資格を有する者でなければ，当該業務に就かせてはならない。

2　前項の規定により当該業務につくことができる者以外の者は，当該業務を行なつてはならない。

3　第1項の規定により当該業務につくことができる者は，当該業務に従事するときは，これに係る免許証その他その資格を証する書面を携帯していなければならない。

4　職業能力開発促進法（昭和44年法律第64号）第24条第1項（同法第27条の2第2項において準用する場合を含む。）の認定に係る職業訓練を受ける労働者について必要がある場合においては，その必要の限度で，前3項の規定について，厚生労働省令で別段の定めをすることができる。

---

1 趣旨

労働者が従事する業務の中には重大な事故を引き起こす危険性の高いものがある。そこで，本条では，一定の危険有害業務について，当該業務に従事できるためには，免許等の資格を要することを求め，就業を制限する旨を定めている。

2 内容

1 対象業務

本条所定の就業制限の対象となる危険有害業務には，クレーンやフォークリフトの運転業務，ボイラーを取り扱う業務など，以下16の業務がある（安衛令第20条）。

事業者は，都道府県労働局長の免許を受けた者あるいは技能講習を修了した者などの資格を有する者に対してのみ，当該業務に従事させることができる（安衛則第41条別表第3）。なお，これらの資格を有する者は，当該業務に従事する際は，免許証その他その資格を証する書面を携帯していなければならない（安衛法第61条第3項）。

①発破の場合におけるせん孔，装てん，結線，点火並びに不発の装薬又は残薬の点検及び処理の業務

②制限荷重が5t以上の揚貨装置（船舶に取り付けられたデリックやクレーンの設備）の運転の業務

③ボイラー（小型ボイラーを除く）の取扱いの業務

④前号のボイラー又は第1種圧力容器（小型圧力容器を除く）の溶接（自動溶接機による溶接，管〔ボイラーにあっては，主蒸気管及び給水管を除く〕の周継手〔ボイラーの主要部分の胴またはドラムは，通常，円筒形になっており，円筒状に巻かれた鋼板の両端を鏡板でふさいだ接続部分（＝継手）の周方向を溶接したもの〕の溶接及び圧縮応力以外の応力を生じない部分の溶接を除く）の業務

⑤ボイラー（小型ボイラー及び次に掲げるボイラーを除く）又は第6条第17号の第1種圧力容器の整備の業務

イ）胴の内径が750mm以下で，かつ，その長さが1300mm以下の蒸気ボイラー

ロ）伝熱面積が3m²以下の蒸気ボイラー

ハ）伝熱面積が14m²以下の温水ボイラー

ニ）伝熱面積が30m²以下の貫流ボイラー（気水分離器を有するものにあっては，当該気水分離器の内径が400mm以下で，かつ，その内容積が0.4m³以下のものに限る）

＊胴の内径の大きさは内圧の強さ，伝熱面積の大きさは内部の熱量の強さに比例し，いずれも爆発の可能性や爆発時の被害の大きさに影響するための指定と察せられる。[52]

⑥つり上げ荷重が5t以上のクレーン（跨線テルハを除

資料6-65　①発破装薬の例

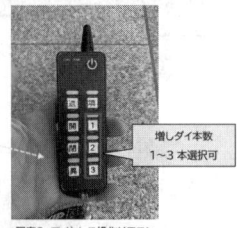

（株式会社アクティオWEBサイト〔ニュースリリース2023年4月5日 https://www.aktio.co.jp/news/2023/file/NewsRelease_20230405.pdf，最終閲覧日：2024年7月8日〕）

資料6-67　③ボイラーの例

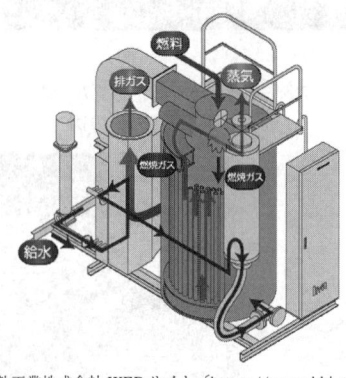

（川重冷熱工業株式会社WEBサイト〔https://www.khi.co.jp/corp/kte/product/boiler/principle/，最終閲覧日：2024年6月24日〕）

資料6-66　②揚貨装置の例

資料6-68　④ボイラーの継ぎ手のイメージ

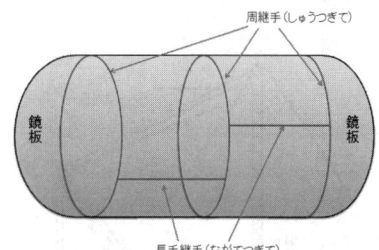

（「製造業に役立つ資格」WEBサイト〔https://hibari01.com/entry18.html，最終閲覧日：2024年6月21日〕）

資料6-69　⑥跨線テルハの例

跨線テルハは，鉄道の線路を線路を跨いで荷を運ぶテルハである。
（株式会社アドバンスのブログ〔http://advanceltd.cocolog-nifty.com/blog/2014/09/n-d069.html，最終閲覧日：2024年4月25日〕）

資料6-70　⑦移動式クレーン

く）の運転の業務

⑦つり上げ荷重が1t以上の移動式クレーンの運転（道路交通法〔昭和35年6月25日法律第105号〕第2条第1項第1号に規定する道路〔以下この条において「道路」という〕上を走行させる運転を除く）の業務

⑧つり上げ荷重が5t以上のデリックの運転の業務

⑨潜水器を用い，かつ，空気圧縮機若しくは手押しポンプによる送気又はボンベからの給気を受けて，水中において行う業務（潜水業務）

⑩可燃性ガス及び酸素を用いて行う金属の溶接，溶断又は加熱の業務

⑪最大荷重（フォークリフトの構造及び材料に応じて基準荷重中心に負荷させることができる最大の荷重をいう）が1t以上のフォークリフトの運転（道路上を走行させる運転を除く）の業務

⑫機体重量が3t以上の別表第7第1号，第2号，第3号又は第6号に掲げる建設機械で，動力を用い，かつ，不特定の場所に自走することができるものの運転（道路上を走行させる運転を除く）の業務

⑬最大荷重（ショベルローダー又はフォークローダーの構造及び材料に応じて負荷させることができる最大の荷重をいう）が1t以上のショベルローダー又はフォークローダーの運転（道路上を走行させる運転を除く）の業務

⑭最大積載量が1t以上の不整地運搬車の運転（道路上を走行させる運転を除く）の業務

資料6-71　⑧デリック

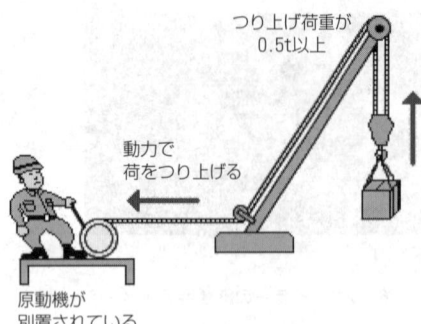

＊ガイデリックの例

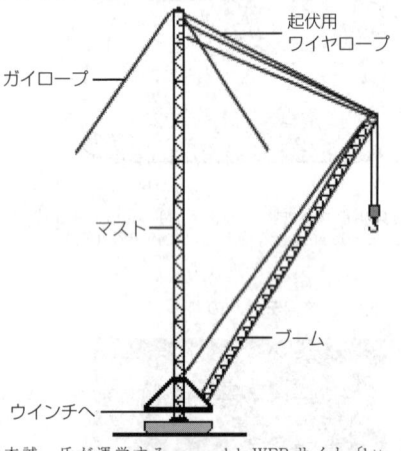

（山本誠一氏が運営するcrane club WEBサイト〔http://www.crane-club.com/study/derrick/definition.html，最終閲覧日：2020年8月23日〕）

資料6-77　⑭不整地運搬車

資料6-78　⑮高所作業車

資料6-72　⑨潜水業務の例

（厚生労働省「職場のあんぜんサイト」〔https://anzeninfo.mhlw.go.jp/anzen_pg/SAI_DET.aspx?joho_no=101585，最終閲覧日：2024年9月9日〕）

資料6-73　⑩金属溶断の例

資料6-74　⑪フォークリフト　　資料6-75　⑫ブル・ドーザー（別表第7第1号）の例

資料6-76　⑬ショベルローダー・フォークローダー

ショベルローダー　　　　フォークローダー

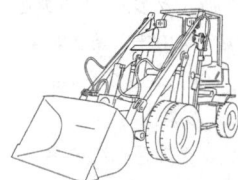 

（厚生労働省「ショベルローダー等運転技能講習補助テキスト」〔https://www.mhlw.go.jp/content/11300000/001006480.pdf，最終閲覧日：2024年7月17日〕）

資料6-79　⑯クレーンの玉掛け業務

⑮作業床の高さが10m以上の高所作業車の運転（道路上を走行させる運転を除く）の業務
⑯制限荷重が1t以上の揚貨装置又はつり上げ荷重が1t以上のクレーン，移動式クレーン若しくはデ

リック（貨物を吊り上げることを目的とするクレーン）の玉掛け（デリックやクレーンのフックに貨物等を掛けること）の業務

2 罰則

事業者は，本条第1項に違反して政令で定める業務に所定の資格を有しない者を本条で禁止される業務に就かせた場合，6カ月以下の懲役または50万円以下の罰金に処せられる（安衛法第119条第1号）。

また，所定の資格を有さない者が，同第2項に違反して政令で定める禁止業務を行った場合は，当該業務を行った者が50万円以下の罰金に処せられることとなる（安衛法第120条第1号）。

さらに，事業者は，同第4項（職業能力開発促進法上の職業訓練を受ける者にかかる省令所定条件を充たした場合の特例措置〔就業制限の解除〕の定め）の厚生労働省令に違反した場合，6カ月以下の懲役または50万円以下の罰金に処せられる（安衛法第119条第4号）。

3 特別教育と就業制限

安衛法第59条第3項が定める特別教育は，その名宛人が事業者になっており，第59条第3項に違反する事業者は，6カ月以下の懲役または50万円以下の罰金に処せられる（安衛法第119条第1号）。現段階では，特別教育の実施は事業者の義務であるから，現段階で，これを受けずに当該業務に就いた労働者らが罰せられることはない。[53]

これに対して，法第61条第1項は，事業者が，所定の資格を有さない者に対して，安衛令第20条に定める16業務に就かせることを禁じている。「資格を有する者でなければ」とは，事業主，法人の役員等であっても当該業務を行うためには資格を要することを意味する。

また，同条第2項は「前項の規定により当該業務につくことができる者以外の者は，当該業務を行なってはならない」と定めており，制限業務に労働者を就労させた事業者のみならず，制限業務に従事した当人も処罰の対象となることを定めている。すなわち，本条の適用対象となる者の範囲は，法第59条第3項より広範なものとなっている。これは，安衛則36条で定める特別教育を要する業務よりも，安衛令第20条に定める就業制限にかかる業務の危険・有害性がより高いことを示している。

3 沿革

> 労働基準法
> ○労働基準法（昭和22年4月7日法律第49号）は，制定当初，第5章に「安全及衛生」を設け，第49条に「*使用者は，経験のない労働者に，運転中の機械又は動力傳導装置の危険な部分の掃除，注油，險査又は修繕をさせ，運轉中の機械又は動力傳導装置に調帶又は調索の取付又は取外をさせ，動力による起重機の運轉をさせその他危険な業務に就かせてはならない。*
> *使用者は，必要な技能を有しない者を特に危険な業務に就かせてはならない。*
> *前2項の業務の範囲，經驗及び技能は，命令で定める。*」と規定する。
> ○旧労働安全衛生規則（昭和22年10月31日労働省令第9号）は，第44条において「使用者は，第49条第2項の規定により，都道府縣勞働基準局長の行う技能試驗に合格し免許を受けた者でなければ，左の各號の一に該當する業務に就かせてはならない。
> 一 汽缶のふん火その他取扱の業務
> 二 溶接による汽缶の製造若しくは改造又は修繕の業務
> 三 巻上能力5トン以上の起重機運轉の業務
> 四 アセチレン溶接装置の作業主任の業務
> 五 映寫機による上映操作の業務
> 前項の規定による免許を受けた者でなければ，當該業務についてはならない。
> 第1項の試驗及び免許に關する規定は，第4編各章に定めるところによる。」

> 労働安全衛生法
> ○現行労働安全衛生法（昭和47年6月8日法律第57号）第61条（本条）
> 　第1項及び第2項が，クレーン運転その他政令所定の危険有害業務につき，事業者と就業者の双方を対象として，所定の資格保有者以外の就業を禁じ，
> 　第3項が，資格者が就業する際の資格証の携帯の原則を定め，
> 　第4項が，職業能力開発促進法所定の職業訓練を受ける労働者について省令所定条件を充たす場合の就業制限にかかる特例を定めた。
> ○安衛法施行令（昭和47年8月19日政令第318号）第20条が，法第61条第1項所定の政令が指定する就業制限業務16種を定めた。
> ○労働安全衛生規則（昭和47年9月30日労働省令第32号）は，第41条が，就業制限を解除される資格者を別表第3所定のものと定めた。
> 　また，第42条が，法第61条第4項を具体化する趣旨で，職業訓練の場合の特例の適用条件等を定めた。
> 　援用する法律名の変更（職業訓練法から職業能力開発促進法へ）に伴う修正等の微修正はあったが，法第61条及びそれに紐付く規定の骨格に変更はない。

4 運用

1 適用の実際

(1) 指導・送検事例

危険・有害業務については，安全衛生教育（法第59条第1項及び第2項），特別教育（法第59条第3項）または本条の就業制限が，危険・有害の程度に応じて段階的に求められる（危険・有害のレベルが高いほど，後ろの措置が求められる）。

例えば，フォークリフトの運転業務の場合，最大荷重1t未満であれば特別教育を修了することで行うことができるが，最大荷重（基準荷重中心に負荷させることのできる最大の荷重）1t以上のフォークリフトの運転（道路上を走行させる運転を除く）の業務は，フォークリフト運転技能講習修了者または職業能力開発法に定める揚重運搬機械運転系港湾荷科の訓練（通信の方法によるものは除く）を修了した者でフォークリフトについての訓練を受けた者等でなければ実施できない。

令和2年度厚生労働科学研究による行政官・元行政官向け法令運用実態調査（三柴丈典担当）[54]では，本条の実際の適用例として，フォークリフト運転技能講習を修了していない労働者に最大荷重が1t以上のフォークリフトの運転業務を行わせていたことから，有資格者に当該業務を行わせるよう指導された例やその類例が示された。

本条違反で送検されるケースも，無資格の労働者にフォークリフトの運転業務や移動式クレーンの玉掛け業務などを行わせるものが多いようだ。

(2) 適用対象者

本条の適用対象につき，匿名の元監督官から，以下の情報が得られた。

資格を有さない者が就業制限にかかる業務を行った場合，実務上は，無資格者を就労させた事業者に対して法第61条第1項が適用され，監督行政が指導・処分を行うケースが圧倒的に多い。

しかし，法第61条は，無資格者に就労させた事業者のみならず，無資格のまま就労した当人についても処分の対象としている（同条第2項）。ここでは，当該事業者との雇用関係または指揮命令関係，当人の労働法上の地位等は問題とならず，事業の代表者や法人の役員，個人事業主（一人親方）等も含まれる。実務上は，事業者の指揮監督権が及ばない状況下，すなわち，労働者が無資格のまま就労しており，当該事実を事業者が関知していない場合などがある。

(3) （個人）事業者自身が無資格就業した場合の適用法条（法第61条第1項か第2項か）

法第61条第1項は，「事業者は，……当該業務に就かせてはならない」と規定し，第2項は，就業者にも有資格者「以外の者は，当該業務を行なってはならない」と規定しており，他者を雇用する事業者が自身の判断で無資格で自ら制限業務を行った場合に，いずれの適用になるのか，必ずしも明らかではない。

事実，前掲の令和2年度厚生労働科学研究による行政官・元行政官向け法令運用実態調査（三柴丈典担当）[55]では，略式ではあるが，起訴例においても，その根拠を第1項あるいは第2項に拠るべきかの判断が分かれているとの回答がみられる。

仮に，そのような場合に第1項は及ばないとする場合，第1項違反に比べて法定刑の軽い第2項を根拠に処分されることになる。事業者が無資格者である自身を制限業務に就かせたとして第1項が及ぶとも解し得る。

しかし，本条は，誰を使用するかを問わず，危険な機械等により関係者にリスクをもたらすことを防ぐことを目的としつつ，他者を使用する立場にあって事業上の判断が可能な事業者により重い罰則付きで禁じる趣旨と考えると，事業者本人が無資格のまま就労した場合に，第1項を適用するのが妥当であろう。他方，当該事業者が注文者等との関係で，実質的に指揮命令関係にあるような場合，第1項より法定刑の軽い第2項が適用されることもあり得よう[56]。

2 関係判例

●旧労基法第49条第2項による就労制限規制は，無資格者を有資格者の補助者として就労制限業務に就かせる場合にも及びうることを示した例（岡部組事件・人吉簡判昭45・2・20判時602号105頁）

〈事実の概要〉

被告人Y1は，土木建築工事を営む有限会社岡部組の代表取締役であり，熊本県知事から火薬類消費の許可を受け，建設省から請負った球磨郡五木村上荒地の五木ダムサイド試掘横坑工事（以下，「本件ダム工事」という）において火薬類を消費し，かつ労働者を使用していた。

Y1は，昭和44年2月1日頃から同年5月6日までの間，本件ダム工事の現場において，火薬類を消費する場所に，火薬庫とは別に日々の消費分だけ別置して，爆発に際しての被害を最小限にとどめるため火薬類取締法に定められた火薬類取扱所を設けていなかった。

また，導火線発破の業務を，本件ダム工事の現場代理人であるY2に行わせていたが，Y2は導火線発破の業務に就く資格を有していなかった。

その結果，具体的に労災が生じたか否かは明らかでないが，Y1及びY2が，火薬類取締法違反及び当時の旧労働基準法違反で起訴された。

〈判旨〉

弁護人は，「Y2は有資格者であるHの補助者として判示業務に従事したのであり，Y1もY2にその旨命じたにすぎないから，Y1の行為は労働基準法49条2項〔＊使用者は必要な技能を持たない者を特に危険な業

務に就かせてはならない旨の規定〕，119条１号（第49条違反の罰則規定），労働安全衛生規則44条の２の２の１項には該当しないと主張するけれども，右法令は労働者の安全を保障するため使用者が必要な技能者を有しない者を特に危険な業務に就かせることを禁止しているのであり，他方その唯一の例外として同法70条〔＊技能者養成が必要な場合の教習方法等に関する命令での規定等〕，71条〔＊第70条による命令に従い労働者を使用しようとする場合に行政官庁の認可を受けるべきこと〕は必要な技能を有しない者であつても技能者養成の場合にはその必要の限度で危険業務の就業制限に関する規定について命令で別段の定をすることができる旨規定しているのであるから，右例外事由に該当しない本件においては，労働者を独立して右業務に就かせると，或いは有資格者の指揮命令に従い手足のように使用される補助者として右業務に就かせるとにかかわりなく，必要な技能を有しない労働者を特に危険な業務に就かせることによつて労働基準法119条１号（49条２項）は充足されるものといわなければならないばかりでなく，……Y2は独立して判示業務に従事し，かつY1はこれを認容したものであることが認められる」。

〈判決から汲み取り得る示唆〉

労基法や安衛法において，一部の業務に就業制限が課されている趣旨は，災害が生じたときに労働者が被り得る危険が大きいと考えられるものについて，特に労働者の安全を保障することにある。

旧労基法でも，例外的に無資格者に対して「長期の教習を必要とする技能者を労働の過程において養成するために必要がある場合」は，当該業務に就くことが認められていたが（旧労基法第70条，第71条），そのためには，予め，対象となる人数，教習方法，契約期間，労働時間，賃金の基準及び支払い等を定めたうえで「行政官廳の認可を受けなければならない」（旧労基法第71条）とされていた。

そのため，有資格者以外の従事が禁止される業務には，「有資格者の指揮命令に従い手足のように使用される補助者」としてであっても，従事させてはならないことが示唆される。

5 その他：民事上の効果

無資格の労働者を制限業務に就かせた結果，労働災害が発生した場合，事業者は債務不履行または不法行為に基づく安全配慮義務違反に問われ，損害賠償を請求されうる。

また，本条は労働者が制限業務を行うことも罰則付きで禁止しており，労働者がその制約に反して無資格就業していた場合，たとえ前提として事業者に対する安全配慮義務違反が認められる場合であっても，過失相殺の対象となりうる（福岡高判平13・7・31判時1806号50頁）。

> （中高年齢者等についての配慮）
> 第62条　事業者は，中高年齢者その他労働災害の防止上その就業に当たつて特に配慮を必要とする者については，これらの者の心身の条件に応じて適正な配置を行なうように努めなければならない。

1 趣旨

年齢が高くなると，一般に身体的機能等が低下し，それにより労働災害発生のリスクが高まることがある。また，法案審議においても，中高年齢層は，急激に変化する生産方式や工法等について若年層に比して適応力が乏しいために労働災害を被る比率が高いとの認識が持たれていた[57]。そこで，安衛法第62条は，事業者が中高年齢者その他労働災害の防止のために，とくに就業上の配慮が必要な者について，心身の条件に応じた適正配置をするよう努めるべきことを定め，労働災害発生のリスクが特に高く配慮が必要な労働者の保護を図っている。なお，本条に法的拘束力はない。

2 内容

1 中高年齢者

労働災害による休業4日以上の死傷者数のうち，60歳以上の労働者が占める割合は，2018年は26.1％であり，若年層に比べて高年齢層で労働災害発生率が高いことが統計上示されている[58]。しかし，他方で，中高年齢の労働者には，若年労働者にはない，長年の経験・研鑽で培われた技能や精神的な安定がある。したがって，年齢を理由に危険を伴う業務から画一的に中高年齢者を排除するのは労使双方にとって望ましいとはいえず，各労働者の心身の機能・状態に応じた適正配置をし，必要があれば就業上の配慮をすることが求められる。

心身の条件に応じた適正配置の具体例として，例えば，ハンマーやシャベル作業等の重激な筋労働，脚力や反応の敏捷さが求められる高所作業等が挙げられる。事業者は，作業の性格と従事させようとする労働者の心身の条件が作業の安全な遂行上，問題がないかを個別具体的に考慮することになる[59]。

なお，安衛法上，「中高年齢」等の定義・範囲に関する定めはない。

2 その他労働災害の防止上その就業に当たって特に配慮を必要とする者

本条の「その他労働災害の防止上その就業に当たっ

て特に配慮を必要とする者」に含まれる者としては，通達では高年齢者のほかに身体障害者及び出稼労働者が例示されている[60]。

身体障害者が含まれているのは，当時の雇用情勢において就職が困難な年齢階層としてその雇用促進を目的に，昭和46年9月17日に成立した中高年齢者等の雇用の促進に関する特別措置法と身障者雇用促進法の両法が深い関係にあることがある[61]。

3 沿革

本条は，旧労基法にはなく労働安全衛生法制定時に規定されたものである。労働力人口の高齢化や人手不足を背景とする高年齢者の雇用促進等の労働政策上の要請にも合致する。

4 運用

1 適用の実際

匿名元監督官によれば，近年，監督指導の場面においては，特に中高年齢者の転倒災害について重点が置かれ，それ以外については踏み込んだ指導を行っていないのが実態のようである。また，エイジフレンドリーガイドライン[62]等を用いたソフトな指導を行っているという。

2 関係判例

本条が直接の根拠とされていないが，社会通念上，高齢労働者にとって危険性が高いと認められるプレスブレーキの作業を提供した結果生じた事故に対し，高齢者事業団の信義則上の保護義務違反を認めた例として，綾瀬市シルバー人材センター（I工業所）事件（横浜地判平15・5・13労判850号12頁）がある。

〈事実の概要〉

高齢者事業団（現在のシルバー人材センター）は，健康で働く意欲のある高齢者（60歳以上）の希望に応じた，臨時的かつ短期的な就業の機会の提供（法的には，事業団と就業先との契約に基づく職業紹介や労働者派遣等によるものと解される）等により，高年齢者の社会参加等の確保を目的とした団体である。

事業団の会員となれば，臨時的かつ短期的な雇用以外の就業機会の提供も受けられる。

事業団の会員であった原告Xは，事業団から就業機会の提供を受け，平成7年10月8日から，I工業所の工場内の作業に従事していた。

Xは，同年11月29日，同工場内に設置されたプレスブレーキ（薄い金属板に曲げ加工をするためのプレス機械。資料6-80）を操作して鉄板の曲げ加工の作業に従事中，テーブル奥のストッパーの下側に入った鉄板の左側部分を正しい位置に引き戻そうとして左手をテーブル奥に入れたところ，左手をテーブル奥に差し込ん

資料6-80　プレスブレーキ

（株式会社モノトが運営する「はじめの工作機械」WEBサイト〔https://monoto.co.jp/pressbrake/，最終閲覧日：2024年6月29日〕）

だ状態のまま，誤ってフットスイッチを踏み込んだため，ラム（下降して鉄板に圧力を加えて作用する鋭利な刃物状の金属部分）がテーブルに下降し，これによって左手の示指，中指，環指及び小指の四指をその基節骨基部から切断する傷害を負った。

Xは，同日K大学病院形成外科に入院し，本件事故による負傷部分の再接着手術を受けたところ，平成9年4月15日，身体障害者福祉法別表4に該当する障害を残して症状固定となった。

被告Yは，神奈川県知事から民法第34条所定の設立許可を受けるとともに，高年齢者等の雇用の安定等に関する法律（ただし，平成11年12月22日法律第160号による改正前のもの。以下「高年齢者雇用安定法」という）第46条第1項所定のシルバー人材センターの指定を受けて設立された社団法人であるが，事業団の解散に伴いその事業の移行及びその残余財産の移管を受けた。

Xは，Yが事業団の地位を承継したと主張して，Yに対し，主位的に債務不履行，予備的に不法行為に基づき，損害賠償を求めて訴えを提起した。

〈判旨：一部認容，一部棄却〉

事業団が会員に就業の機会を提供するに当たって負う義務及びその内容については，「高齢者事業団，シルバー人材センター，ひいては事業団の設立の経緯，高年齢者雇用安定法の成立及び関係規定の内容，労働省の行政指導の内容，事業団設立前後の綾瀬市ないし事業団の広報活動の内容，事業団における就業の機会の確保及び提供の仕組み，一般に指摘されている加齢によって人が持つに至る身体的心理的特性などの認定事実に，『事業団は，健康で働く意欲を持つ高齢者……の希望に応じた臨時的かつ短期的な就業の機会を確保し，及びこれらの者に対して組織的に提供することにより，高齢者の生きがいの充実と社会参加の促進を図るとともに，その経験と能力を生かした活力ある地域社会づくりに寄与することを目的とする。』（規約3条）との事業団の目的を合わせ考えれば，事業団は，規約4条1号に基づいて高齢者である会員に対して就業の機会を提供するに当たっては，社会通念上当該高齢者の健康（生命身体の安全）を害する危険性が高

いと認められる作業を内容とする仕事の提供を避止し、もって当該高齢者の健康を保護すべき信義則上の保護義務（健康保護義務）を負っているものと解するのが相当である。そして、ある作業が社会通念上当該高齢者の健康を害する危険性が高いと認められる作業に当たるかどうかは、作業内容等の客観的事情と当該高齢者の年齢、職歴等の主観的事情とを対比検討することによって、通常は比較的容易に判断することができるものと考えられる。」

本件についてみると、「Xは、大学卒業後、約8年間製薬会社等に勤務した後、約32年間株式会社N総合研究所（以下「N総研」という。）に勤務して化学に関連する情報や企業の分析及びそれらの情報提供等のデスクワークに従事し、平成5年12月5日同研究所を定年退職したが、それまで、一度も機械作業に従事したことがなかった。」

「本件プレスブレーキによる作業は、作業員が手で鉄板をテーブルの上に乗せ、ストッパーに合うように設置した後、手を離してフットスイッチを踏み込んでラムを下降させることにより鉄板を折り曲げる仕組みとなっているが、作業の過程において何かの都合でテーブルとラムとの間に手を挿入する必要が起こらないとは言い切れず、その際一瞬の不注意によってフットスイッチを踏み込んでしまうと、安全装置が装着されていない本件プレスブレーキの場合、ラムが自動的に下降してしまい、テーブルとラムとの間に挿入した手を切断するという重大な結果を引き起こすに至ることは、上記……認定の事実から容易に推測することができるものである。

本件事故は、まさに上記のような経緯によって発生したもので、通常の工場労働者であっても、わずかな気のゆるみによってこのような結果を発生させる事態があり得ないではないと考えられるのに、Xは、身体的対応が遅れがちで、危険を避けるとっさの行動をとることが困難になるなどの身体的心理的特性を持つことが指摘される高齢者であり、加えて、大学卒業後の大部分の期間を定年退職時までデスクワークに従事し、この間一度も機械作業に従事したことがなかったというのである。

このように見てくると、本件プレスブレーキによる作業は、作業内容等の客観的事情とXの年齢、職歴等の主観的事情とを対比検討した場合、社会通念上高齢者であるXの健康を害する危険性が高いと認められる作業に当たるということができる。にもかかわらず、事業団は、本件プレスブレーキによる作業も含まれるものとしてXに対して上記工場内作業の仕事を提供し、Xがこれに応じて本件プレスブレーキによる作業に従事した結果、本件事故に至ったのであるから、事業団は、Xに対する健康保護義務の違背があったものとして、債務不履行に基づき、本件事故によってXが被った損害を賠償すべき義務があるというべきである。なお、Yは、事業団の義務違反と本件事故との間の相当因果関係の存在を否定するが、Xが本件プレスブレーキによる作業が重大な結果を引き起こすことがあり得る作業であることについて全く予備知識を欠いた状態で本件プレスブレーキによる作業を含む仕事の提供に応じたのであるから、会員に事業団からの仕事の提供に対する諾否の自由があるという点を考慮しても、相当因果関係の存在を否定することは当を得ないというべきである。また、I工業所の関係者による本件プレスブレーキの操作方法の指示の存在は、過失相殺事由として考慮すれば足りる事柄というべきである。

そして、Yが平成10年9月11日開催の設立総会において、事業団を発展的に解散しYに移行すること及び事業団の残余財産をYに移管することを議決したことからすれば、Yは、事業団の法的地位を引き継いだものとして、Xに対する上記損害賠償義務を承継したものということができる。」

〈判決から汲み取り得る示唆〉

判決では、法第62条についての直接の言及はないが、高年齢者の場合、「身体的対応が遅れがちで、危険を避けるとっさの行動をとることが困難になるなどの身体的心理的特性を持つことが指摘される」ため、「健康を害する危険性が高いと認められる作業」に配置した結果、事故が生じた場合は、「健康保護義務の違背があったものとして」、債務不履行に基づく損害賠償責任を負うことになると判示した。本判決は、法第63条への直接の言及はないが、労働者が高年齢であるなど、心身の条件に応じた適正配置が行われるべきとする本条の趣旨が読み取れる。

⑤ その他：民事上の効果

本条は、事業者に労働者の心身の条件に応じた適正配置を求めており、雇用継続支援の性格を有するといえる。本条については、事業者が本条の趣旨に適う適正配置を行わず、当該労働者に対し解雇その他不利益取り扱いを行った場合にどのような法的効果が生じるかが問題となりうる。なお、事業者が必要な配慮措置を講じなかった結果、労働災害が発生した場合には、民事上の損害賠償責任が問われうる。もっとも、本条は努力義務規定であり、法的拘束力を有さない。そのため、直接的な私法上の効果は生じないが、考慮要素の一つにはなりうると思われる。

6 改正提案：要配慮者の範囲

　本条は中高年齢労働者のほか身体障害者，出稼ぎ労働者が適用の対象となっている。しかし，労働災害防止の観点から配慮を要する者は，上記に限定されるものではない。制定当初において，身体障害者のみに範囲が限定されていたのは，当時，事業者に雇用義務が課せられていたのが身体障害者であったことに起因すると思われる。障害者雇用促進法の改正により，雇用義務の対象となる障害者に知的障害者が加えられたのは1998年，精神障害者が加えられたのは2018年である（ただし，義務的な割当雇用の対象に組み入れられたという趣旨であり，他の障害類型による充足も可能）[63]。しかしながら，配慮を要する障害者を身体障害者に限定することは，今日においては理由がなく，知的障害者，精神障害者，発達障害者等も含まれるとすべきである。

　また，外国人労働者[64]についても，熟練度や言語能力に応じた適正配置につき配慮を要する場合があると考えられることから，本条の適用範囲に含めることを検討する余地があると思われる。もっとも，外国人労働者に射程を拡げる場合，外国人労働者は労働災害発生のリスクが高い属性であるとの差別的メッセージを発することにもなりかねない。そのため，改正の方向性として外国人労働者を適用範囲とすべきかを検討するに際しては，この点を慎重に議論する必要がある。もとより，安全衛生教育推進要綱（平成3年1月21日基発第39号。最終改正：平成28年10月12日基発1012第1号）では，「5．教育等の推進に当たって留意すべき事項」として，とくに高年齢労働者及び外国人労働者が挙げられていることに照らすと，労働災害防止上の今日的課題として，高年齢労働者及び外国人労働者への配慮が認識されているとみることができる。その具体化する一つの手段として，これらの者に対する法定外の安全衛生教育の実施を通達で求める趣旨と考えられるため，本条適用の要配慮者としても外国人労働者を含める方向で議論されるべきものと思われる。

　なお，日本にルーツを持たない外国人労働者は，母国に家族または親戚等がいる中で，日本に就労に来ているともいえるため，出かせぎ労働者に準ずる者として解することも可能と思われる。

> （国の援助）
> 第63条　国は，事業者が行なう安全又は衛生のための教育の効果的実施を図るため，指導員の養成及び資質の向上のための措置，教育指導方法の整備及び普及，教育資料の提供その他必要な施策の充実に努めるものとする。

1 趣旨

　安全衛生教育が，業種・事業規模にかかわらず効果的に実施されるためには，教育を行う指導員を養成したり，教育のための教材資料の提供その他，安全衛生教育全般の整備普及について国の支援が必要である。

　本条は，この旨を明記するものである。

2 内容

　本条に基づき設置されたものとして，安全衛生教育センターがある。同教育センターは，事業者による安全衛生教育等の水準の向上を図ることを目的としている[65]。同センターは，本条に基づく国の援助措置の一環として設けられたものであり，ここで実施される安全衛生教育は，その全体系のなかの中核的推進者となる指導者の養育を目的としている。昭和48年9月12日基発第525号通達（「安全衛生教育センターの開設について」）では，「名実ともにわが国における安全衛生教育のメッカとすべきもの」とされており，国が支援する労災防止措置において安全衛生教育がいかに重視されていたかが窺われる。

　同教育センターは，中央労働災害防止協会及び建設業労働災害防止協会に運営を委託しており，教育等の講師となる人材養成の講座を開設している[66]。

3 背景となった災害等

　安全衛生教育は，工場法時代より，労働災害を防止するために重要な役割を果たすものと位置づけられ，労働基準法では，雇入れ時の安全衛生教育が義務づけられていた。その後，労働安全衛生法の制定により，それまで行政指導として進められていた，作業内容変更時の安全衛生教育，危険有害業務に対する特別教育，職長教育の実施が事業者に義務づけられ，旧労基法・旧安衛則時代から存在した特に危険有害な業務にかかる就労制限は，より整備充実化され，特別教育よりリスクの高い業務を対象とするものと位置づけられることとなった。

　本条は，第6章で事業者に義務づけられた各種の安全衛生教育を効果的なものにするために国が施策の充実を図ることが必要との認識から設けられたものである。そのため，特定の災害がきっかけとなって，本条の制定につながったわけではない。

4 運用

1 適用の実際

　本条に基づき設置された安全衛生教育センターは，現在，以下の3施設と思われるが，事業場での教育・指導者を養成する教育は，中央労働災害防止協会や各労働災害防止団体の本部や支部，労働基準団体等をは

じめとする行政関係の各種安全衛生関係団体[67]のほか，行政から技能講習等の登録講習機関として指定を受けた民間団体でも実施されている。
①東京安全衛生教育センター（東京都清瀬市梅園1－4－6。昭和48年10月設立，大教室1，小教室4，討議室2，実習室2。局所排気装置，動力プレス，産業用ロボット，研削盤，研修用AED，振動工具等保有）
②大阪安全衛生教育センター（大阪府河内長野市河合寺423－6。昭和53年11月設立，大教室1，小教室4，実習室4。局所排気装置，動力プレス，産業用ロボット等保有）
③建設業安全衛生教育センター（千葉県佐倉市飯野852）

2 関係判例

見当たらなかった。

考察：第59条～第63条

1 安全衛生教育の対象者

すでに述べた通り，安衛法第59条第1項・第2項の安全衛生教育の対象者には「使用する」全ての者が含まれる。すなわち，短時間労働者や有期契約労働者，日日雇入れられる者も安全衛生教育の対象となる。

これに対して，雇入れ時の健康診断，定期健康診断は「常時」使用する労働者に対して実施するようことが求められている。これは，「点」で発生する事故とは異なり，健康状態の悪化が時間的経過（＝「線」）により段階的に進行するものであるからであろう（第3項の特別教育の対象も，所定の業務に就く限り，全ての労働者になると思われる〔三柴丈典氏による〕）。

また，派遣労働者の場合は，雇用関係のある派遣元事業者が実施責任を負うが，就労形態の特性に照らし，安衛法の適用について特例が設けられている。すなわち，派遣労働者は，派遣先事業者の指揮命令下で派遣先事業者の機械または設備を使用して作業に従事するため，派遣先事業者は，派遣元事業者に対して積極的に情報を提供することが求められるほか，派遣元事業者から安全衛生教育の委託の申入れがあった場合は，可能な限り応じるよう努めなければならない。しかし，安全衛生教育を実施すべき法令上の義務を負うのは，派遣労働者の特例を除けば，雇用関係のある者に限られている。現行法上，一人親方は，労働安全衛生法上の労働者ではなく，安衛法第59条の安全衛生教育を受けられる対象とはなっていない。もっとも，実際の労働現場では，一人親方も他の労働者と変わらない作業に従事しており，業務災害も多数発生している。そこで，平成28年に成立した建設工事従事者の安全及び健康の確保の推進に関する法律に基づき，平成29年に「建設工事従事者の安全及び健康の確保に関する基本的な計画」が策定された。これにより，一人親方労働者も，業務の特性や作業実態に応じた安全衛生に関する知識習得のための支援を受けられることになった[68][69]。安全衛生教育の対象者として残る課題としては，一人親方のように，雇用関係はないが労働実態は安衛法上の労働者と変わらないプラットフォーム労働に従事する者が考えられる。想定されうる安全衛生上のリスクとしては，長時間労働や過大なノルマ等による心理的負荷（ストレス），生活習慣の乱れ，VDT作業による視力の低下，就労場所・設備の安全衛生上の問題などが考えられる。

2 就業上の要配慮者の範囲

安衛法第62条は，中高年齢者その他労働災害の防止のために，事業者が，就業上の配慮が必要な者に対して，心身の条件に応じた適正配置をするよう求めている。中高年齢者は，個人差はあるものの，加齢に伴い，脚力や反応の敏しょう性などの機能低下がみられるため，高所作業や重大事故つながりうる機械等を使用する作業など，その「配置」に留意しなければならないとの趣旨である。

中高年齢者以外で本条に該当し得るものとして，通達では，身体障害者及び出かせぎ労働者が挙げられているが，以下の者についても，本条の射程に入りうる。

第1に，障害を抱える者全般である。通達では，身体障害者のみに限定しているが，それ以外の障害を有する者を排除する理由はない。どの労働者をどの作業に従事させるのかという「配置」だけを問題とするならば，身体的な機能に問題のある者は，事務系の職場などに配置すれば足りることとなる。しかし，中高年齢者の労働力を活用する背景には，労働力不足や高齢社会に伴う社会保障制度における財政上の問題の解消といった消極的な政策的側面だけでなく，知識と経験の豊富な中高年齢者の活用が企業活動に資すると考えられるからであろう。そうすると，本条の適用範囲を考える場合，「適正な配置」とは何か，その具体的内容としていかなる措置がありうるかは解釈上問題になるとしても，就業上の措置を講じたうえで配置することが本条の趣旨に適う「適正な配置」といえるのではないだろうか。

例えば，平成28年改正障害者雇用促進法に基づいて策定された合理的配慮指針別表によると，知的障害者については，「図等を活用した業務マニュアルを作成」し，「業務指示は内容を明確にし，一つずつ行う等作業手順を分かりやすく示す」ことが必要であるという。また，精神障害者に対しては，「できるだけ静かな場所で休憩できるように」し，「本人の状況を見ながら業務量等を調整すること」が求められるとする。そして，発達障害者に対しては「感覚過敏を緩和する

ため,サングラスの着用や耳栓の使用を認める等の対応を行う」こと等が合理的配慮に該当するとされる。[70]

もっとも,上記の配慮内容は,障害者雇用促進法第36条の5第1項の規定に基づき,同法第36条の2から4までの規定に基づき事業主が講じるべき措置(合理的配慮)に関する指針として例示されたものであり,安衛法第60条との関係で直接の根拠となるものではないことに留意する必要がある。

また,障害者雇用促進法第36条の2から4が,雇用の分野における障害者の機会・待遇の確保または能力の発揮を目的としているのに対し,安衛法第62条は,特別の配慮がなければ労働災害発生のリスクが上がると考えられる者に対して,事業者に就業上の配慮を求めるものであるから,規定の趣旨・目的も異なる。しかし,労働者が能力を発揮できるためには,労働災害の発生を防止し,安全な作業環境を維持することが前提であるから,事業者に求められる措置としては共通するものが多いと考えられる。そのため,就業上の事業者の措置または配置について定める諸規定の関係については,今後,検討の余地があると考えられる。

第2に,外国人労働者である。本条に出かせぎ労働者が含まれることになった背景として,農村等からの出かせぎ労働者が製造業や建設業等に従事し,労働災害に巻き込まれる事件が多発していたことにあると思われる。当時,出かせぎ労働者の賃金その他の労働条件は相当に低く,法的地位及び権利保障は不十分であった。これは,出かせぎ労働者に農村出身が多く,主管官庁が農林省及び労働省のいずれであるかが曖昧であったことにも起因していたようである。[71] そして,出かせぎ労働者のような労働者が不慣れな業務を行う場合,労働災害の発生リスクは高まる。そのため,出かせぎ労働者の全体的な地位改善の一環としてこれを保護するために本条の適用対象に含まれたと考えられる。

出かせぎ労働者が直面する状況は外国人労働者についても同様のことがいえる。当時の議論でも,出かせぎ労働者の定義について,「ある一定の期間,現在住んでおるところを離れて就労する,こんなのが出かせぎの定義などと言ったら,これは船に乗っているいわゆる船員は出かせぎか。あるいは外国官庁,公館につとめておる外国勤務の人たちは出かせぎか。それは出かせぎという広義の解釈も成り立つ」との発言もある。[72] 出かせぎ労働者に含みうるものとしてどこまで射程を拡げられるかは検討の余地があるが,外国人労働者をこれに準ずる者として,理解する余地はあるのではないだろうか。

なお,事業者が外国人労働者に対して講じうる措置(配置)としては,日本語能力が労働災害を防止する観点から不十分であると考えられる者に対し,母国語で書かれた安全マニュアルの配布や作業上の注意事項を母国語で掲示するなどの措置を講じたうえで配置すること等が考えられる。

結語:第59条~第63条

本解説では,安衛法上の安全衛生教育に関する条規について逐条ごとに文献及びインタビュー調査の結果を示すと共に若干ながら法解釈論と法政策論的検討を加えた。

平成26年度~平成28年度に実施された「リスクアセスメントを核とした諸外国の労働安全衛生制度の背景・特徴・効果とわが国への適応可能性に関する調査研究(研究代表者:三柴丈典)」によると,有効な安全衛生政策には,(a)組織の責任者による真摯で具体的な関与,(b)構造的で計画的な取り組み,(c)適切な人的・物的資源が利用できる条件の整備,(d)全ての管理者による安全衛生の重視,(e)直面課題に応じた柔軟な対応,(f)安全衛生と組織の生産性や競争力との一体視,の6要素を各事業場で展開させることが必要であるとされ,そのために,多面的で専門的かつ柔軟な労働安全衛生行政の推進が求められるとしている。[73]

筆者が解説を分担した安衛法第6章は,労働現場における安全衛生教育の徹底を目的としており,上記の6要素全てが複合的に関連しうるが,なかでも(a)組織の責任者による真摯で具体的な関与が重要であると考えられる。労働災害が発生する背景には,生産性や利益を重視する経営側の姿勢があり,これが安全衛生上の教育その他の措置の不実施や長時間労働などの労働条件悪化につながっているといえるからである。

しかし,現行法上,安全衛生教育が法制度化されているのは,安衛法第6章所定の上記に列挙した法定の各種教育のほかに,作業主任者への技能講習があるのみである。そこで,上記報告書では,これらのさらなる充実とともに,依然として法制度化にいたっていない経営のトップ層(総括安全衛生管理者等),一般従業員層への一般的な安全衛生教育の実施ないし充実化を図るべきことが提案されている。[74]

経営のトップ層による関与については,教育の法制度化のみならず,安衛法違反に対する刑事制裁も論点になる。この点,報告書では,事業体の役員の業務が労働安全衛生に及ぼす影響の大きさや,現にそれゆえに企業の取締役個人の民事責任を認める判例が複数登場して来ていること,イギリスでは既にそうした法制度(*対策を怠ったトップ層個人に刑事制裁を科す法制度)が採用され,実際に運用されていること,何より事業体ごとの安全衛生文化の醸成には,トップ層による安

全衛生への責任的関与を図る必要があること等に基づき，現行法上の直接的な違反者（＊概ね職長クラスになり易い）への刑事制裁規定とは別に，安全衛生の運営を担う事業体の役員が，内部統制システムの管理を怠ったことにより重大な労働災害を発生させた場合，それゆえに刑事制裁を科す旨の規定の新設に関する検討可能性が指摘されている。[75]

労働安全衛生法の制定によって，旧労基法時代には不十分であった法定の安全衛生教育制度は強化され，体系化された。しかし，安全衛生教育を実施すべき条件・対象者・内容は広範にわたるため，多様な要請に的確に応じた実施が必要である。とりわけ，雇用関係はないが，雇用されている労働者と実態が異ならない者に対する労安衛法上の対応が，今後の検討課題として求められると考えられる。

また，安衛法第62条にいう「特に配慮を必要とする者」の範囲については，通達では，身体障害者及び出かせぎ労働者等が列挙されるが，身体障害者以外の障害者や外国人労働者についても含めるべきと考えられる。また，「適正な配置」の具体的内容についても検討すべきと考えられる。「適正な配置」を就業上の措置を講じたうえで配置することを含むものと解せば，本条の射程は拡がりうるし，そのように解した方が，本条の目的にも合致する。

例えば，安衛法第59条所定の安全衛生教育を実施する場合，外国人労働者や知的障害者や発達障害者などでは，必要な配慮や支援が異なるため，これらの者の心身の条件に応じた教育を実施することが求められるし，それを行うことは，本条が「適正な」配置と定めた趣旨に適う配慮義務の履行となろう。本条は努力規定であるため法的拘束力はなく，また，本条を受けて具体的な規則が置かれているわけではないが，より広がりのある規定として位置づけていく必要があるのではないだろうか。

【注】

1） 「安全衛生教育及び研修の推進について」平成3年1月21日基発第39号，改正平成28年10月12日基発1012第1号。
2） 畠中信夫『労働安全衛生法のはなし』（中央労働災害防止協会，2019年）270-271頁。
3） 「労働安全衛生規則の施行について」昭和47年9月18日基発第601号の1。
4） 労働調査会出版局編『労働安全衛生法の詳解─労働安全衛生法の逐条解説〔改訂4版〕』（労働調査会，2015年）692頁。
5） 「労働安全衛生法および同法施行令の施行について」昭和47年9月18日基発第602号。
6） 同上。
7） 畠中・前掲注2）268頁。
8） 山本和義「働く人の安全と健康の確保は企業の礎 安全管理者・衛生管理者・安全衛生推進者等の実務必携（第22回）安全衛生業務をどのように進めるか（安全衛生教育と資格①）」労働安全衛生広報51巻（2019年）32頁。
9） 山本和義「特集 新入社員の暗然衛生教育の進め方 事業場の実態に即した効果的な安全衛生教育の実施を！」労働安全衛生広報1077号46巻（2014年）9頁。
10） 「派遣先が講ずべき措置に関する指針」（平成11年11月17日労働省告示第138号，最終改正：「派遣元事業主が講ずべき措置に関する指針等の一部を改正する告示」令和2年10月19日厚生労働省告示第346号）。
11） 畠中・前掲注2）275-276頁。
12） 工作機械等を用いる。
13） 携帯用グラインダー等を用いる。
14） SAT 株式会社 WEB サイト（https://www.sat-co.info/blog/arcwelding200001/#i-2，最終閲覧日：2022年10月9日）。
15） キャタピラー教習所 WEB サイト（https://cot.jpncat.com/know/?no=25，最終閲覧日：2023年11月1日）。
16） コベルコ教習所新潟センター WEB サイト（https://www.kobelco-kyoshu.com/niigata/licenses/，最終閲覧日：2022年10月9日）。
17） E&M JOBS WEB サイト（https://em.ten-navi.com/dictionary/3155/，最終閲覧日：2022年10月9日）。
18） コベルコ教習所新潟センター WEB サイト・前掲注16）。
19） JUKIDORI WEB サイト（https://jukidori.com/carry/forkloader/，最終閲覧日：2023年10月30日）。
20） パスカルの原理を応用し，油圧でアームの上下動などの強い力を生み出す装置。
21） コベルコ教習所 WEB サイト（https://www.kobelco-kyoshu.com/licenses/，最終閲覧日：2022年10月9日）。
22） 化学設備（安衛法施行令第15条第1項第5号所掲の化学設備）のうち，発熱反応が行われる反応器等，異常化学反応等により爆発，火災等を生じるおそれがある設備（反応器，蒸留器等）を指す（https://shi-tsu-gyo.com/tokusyukagaku/，最終閲覧日：2023年11月1日）。
23） 三柴丈典氏による。
24） 井上浩『労働安全衛生法』（北樹出版，1978年）147頁。
25） 寺西輝泰『労働安全衛生法違反の刑事責任（総論）─労働災害の防止をめざして〔改訂版〕』（日労研，2004年）23頁。
26） 厚生労働省「平成18年における死亡災害・重大災害発生状況の概要」（2007年5月11日）3頁（https://www.mhlw.go.jp/houdou/2007/05/dl/h0511-2a.pdf，最終閲覧日：2023年10月30日）。
27） 井上・前掲注24）145-146頁。
28） 判例集未登載。松岡三郎「安全衛生教育の法体系と現下の課題」季労94号（1974年）4-16頁中で紹介されている。
29） 同上4頁。
30） 同上5頁。
31） 厚生労働省・法令改正一覧（https://anzeninfo.mhlw.go.jp/information/horei_h11.html，最終閲覧日：2020年2月13日）。
32） 前掲5）。
33） 山本・前掲注8）32頁。
34） 同上35頁。
35） 「労働安全衛生規則の施行について」昭和47年9月18日基発第601号の1。
36） 「安全衛生教育及び研修の推進について」平成3年1月21日基発第39号，改正：平成28年10月12日基発1012第1号。
37） 「特集 新入社員の安全衛生教育」労働安全衛生広報42巻（2010年）8頁。
38） 畠中・前掲注2）276頁。
39） 「労働安全衛生マネジメントシステム普及促進事業について」平成11年6月11日基発第372号。
40） 「労働安全衛生マネジメントシステム普及促進事業について」平成12年9月14日基発第577号。

41) 「職長教育における教育事項の省略について」平成25年6月14日基安安発0614第1号。
42) 前掲注5)。
43) 同上。
44) 井上・前掲注24) 150頁。
45) デイリー法学選書編修委員会編『労働安全衛生法のしくみ――事業リスク解消！』(三省堂, 2019年) 52頁。
46) 中央労働災害防止協会『職長の安全衛生テキスト〔第4版〕』(中央労働災害防止協会, 2020年) 13頁。
47) 厚生労働省 WEB サイト「『印刷事業場で発生した胆管がんの業務上外に関する検討会』の報告書及び今後の対応について」資料2（化学物質ばく露と胆管がん発症との因果関係について～大阪の印刷事業場の症例からの検討）(平成25年3月) 1頁 (https://www.mhlw.go.jp/stf/houdou/2r9852000002x6at-att/2r9852000002x6zy.pdf, 最終閲覧日：2024年9月30日)。
48) 同上16頁。
49) 小出勲夫「安全衛生のカギは『階層別教育』にあり！（これからの安全衛生教育のあり方を考える〔其の一〕総論〔インタビュー〕)」労働安全衛生広報44巻 (2012年) 13頁。
50) 「安全衛生教育及び研修の推進について」平成28年10月12日基発1012第1号。
51) 「労働安全衛生法の一部を改正する法律の施行について」昭和63年9月16日発基第84号。
52) 三柴丈典氏による。
53) ただし、厚生労働省「個人事業者等に対する安全衛生対策のあり方に関する検討会報告書」(令和5年10月) において、不適任者による就業は周囲にリスクをもたらすため、個人事業者等にも特別教育の修了を義務づける方針が示された。事業者には実施（外部機関での受講機会提供を含む）、労働者には修了の義務づけが図られるものと思われる（三柴丈典氏による）。
54) 厚生労働省安全衛生部のご助力を頂き、担当者が全国の都道府県労働局の健康・安全関係課、監督課、主要労基署の現役行政官、安全衛生行政関係団体等の行政官 OB に向けて、安衛法の条文ごとの監督指導実例、法改正提案等につき、アンケート調査を行ったもの。
監督官49、技官15、元監督官12、元技官2の回答があった。
55) 同上。
56) 三柴丈典氏による。
57) 第68回国会衆議院社会労働委員会第5号（昭和47年3月10日）〔渡邊（健）発言〕。
58) 厚生労働省「人生100年時代に向けた高年齢労働者の安全と健康に関する有識者会議報告書～エイジフレンドリーな職場の実現に向けて～」(令和2年1月17日) 4頁。
59) 労務行政研究所編『労働安全衛生法（労働法コンメンタール10)』(労務行政, 2017年) 574頁。
60) 前掲注5)。
61) 第65回国会衆議院社会労働委員会第5号（昭和46年2月23日）〔田畑発言〕。
62) 厚生労働省「高年齢労働者の安全と健康確保のためのガイドライン（エイジフレンドリーガイドライン)」(令和2年3月)。
63) 三柴丈典氏による。
64) 畠中・前掲注2) 281頁。
65) 前掲注36)。
66) 同上。
67) 詳しくは、中央労働災害防止協会安全衛生情報センター WEB サイト (https://www.jaish.gr.jp/information/dantai.html, 最終閲覧日：2023年11月13日) を参照されたい。
68) 厚生労働省「建設工事従事者の安全及び健康の確保に関する基本的な計画」(平成29年6月) 5頁。
69) 上述したように、厚生労働省「個人事業者等に対する安全衛生対策のあり方に関する検討会報告書」(令和5年10月) において、不適任者による就業は周囲にリスクをもたらすため、個人事業者等にも特別教育の修了を義務づける方針が示された。現在、特別教育については、事業者への実施（外部機関での受講機会提供を含む）の義務づけしかされていないが、これに伴い、事業者には実施（同前）、個人事業者と共に労働者にも修了の義務づけが図られるものと思われる（三柴丈典氏による）。
70) 「合理的配慮指針」はインターネットから入手可能である（厚生労働省 WEB サイト〔https://www.mhlw.go.jp/stf/houdou/0000078980.html, 最終閲覧日：2020年2月14日〕)。
71) 第63回国会衆議院社会労働委員会第7号（昭和45年3月31日）発言012〔小林進発言〕。
72) 同上発言008〔小林進発言〕。
73) 厚生労働省厚生労働科学研究費補助金（労働安全衛生総合研究事業）「リスクアセスメントを核とした諸外国の労働安全衛生制度の背景・特徴・効果とわが国への適応可能性に関する調査研究」〔研究代表者：三柴丈典〕(2016〔平成28〕年度)〈総括研究報告書1頁。
74) 同上9頁。
75) 同上 (2014〔平成26〕年度～2016〔平成28〕年度) 5頁。

〔阿部理香〕

章末資料6-1　就業制限業務及び特別教育対象業務（令和6年7月現在）

（この資料では特記がなくとも「クレーン」には移動式クレーンを含まないこととする。）
(1)　労働安全衛生法第61条の各就業制限業務及びそれに関連する特別教育の対象業務一覧

就業制限業務（労働安全衛生法施行令第20条参照。〇番号は同条の号数）	左欄の就業制限業務に就くことができる者（労働安全衛生規則別表第3参照）	左欄の就業制限業務に関連する特別教育対象業務（労働安全衛生規則第36条参照。〇番号は同条の号数）【特別教育の種別】
①発破の場合におけるせん孔，装てん，結線，点火並びに不発の装薬又は残薬の点検及び処理の業務	①発破技士免許を受けた者 ②火薬類取扱保安責任者免状を有する者 ③保安技術職員国家試験規則（昭和25年通商産業省令第72号）による上級保安技術職員試験（甲種，乙種，丁種），発破係員試験（甲種，乙種），坑外保安係員試験（甲種，丁種），坑内保安係員試験（甲種，乙種，丁種）に合格した者	
②制限荷重が5t以上の揚貨装置の運転の業務	揚貨装置運転士免許を受けた者	⑥制限荷重5t未満の揚貨装置の運転の業務【制限荷重5t未満の揚貨装置運転業務特別教育】
③小型ボイラー以外のボイラーの取扱いの業務	特級ボイラー技士免許，一級ボイラー技士免許又は二級ボイラー技士免許を受けた者（ただし，いわゆる小規模ボイラーについては，ボイラー取扱技能講習を修了した者も就くことができる）	⑭小型ボイラーの取扱いの業務【小型ボイラー取扱業務特別教育】＊1)
④ボイラー（小型ボイラーを除く）又は第一種圧力容器（小型圧力容器を除く）の溶接（自動溶接機による溶接，管（ボイラーにあっては，主蒸気管及び給水管を除く）の周継手の溶接及び圧縮応力以外の応力を生じない部分の溶接を除く）の業務	特別ボイラー溶接士免許（ただし，溶接部の厚さが25mm以下の場合又は管台，フランジ等を取り付ける場合における溶接の業務については，普通ボイラー溶接士免許を受けた者も就くことができる）	
⑤ボイラー（小型ボイラー及び小規模ボイラーを除く）又は第一種圧力容器（小型圧力容器及び内容積が$1m^3$以下（加熱器にあっては，$5m^3$以下）のものを除く）の整備の業務	ボイラー整備士免許を受けた者	
⑥つり上げ荷重が5t以上のクレーン（移動式クレーン及び跨線テルハを除く）の運転の業務	クレーン・デリック運転士免許（クレーン・デリック運転士免許（クレーン限定）を含む。）を受けた者（ただし，床上運転式クレーンについては，クレーン・デリック運転士免許（床上運転式クレーンに限定）を受けた者も就くことができ，床上で運転し，かつ，当該運転をする者が荷の移動とともに移動する方式のクレーンの運転の業務については，床上操作式クレーン運転技能講習を修了した者も就くことができる）	⑮つり上げ荷重が5t未満のクレーン（移動式クレーンを除く）又は5t以上の跨線テルハの運転の業務【クレーンの運転業務特別教育】＊1)〔床上操作式クレーン運転技能講習修了者はこの特別教育を省略することができる〕
⑦つり上げ荷重が1t以上の移動式クレーンの運転（道路上を走行させる運転を除く）の業務	移動式クレーン運転士免許を受けた者（ただし，つり上げ荷重が5t未満の移動式クレーンの運転の業務については，小型移動式クレーン運転技能講習を修了した者も就くことができる）	⑯つり上げ荷重が1t未満の移動式クレーンの運転（道路上を走行させる運転を除く）の業務【移動式クレーン運転業務特別教育】＊1)〔小型移動式クレーン運転技能講習修了者はこの特別教育を省略することができる〕
⑧つり上げ荷重が5t以上のデリックの運転の業務	クレーン・デリック運転士免許を受けた者	⑰つり上げ荷重が5t未満のデリックの運転の業務【デリックの運転業務特別の教育】＊1)
⑨潜水器を用い，かつ，空気圧縮機若しくは手押しポンプによる送気又はボンベからの給気を受けて，水中において行う業務	潜水士免許を受けた者	

⑩可燃性ガス及び酸素を用いて行なう金属の溶接，溶断又は加熱の業務	①ガス溶接作業主任者免許を受けた者 ②ガス溶接技能講習を修了した者 ③職業能力開発促進法施行規則の塑性加工科，構造物鉄工科又は配管科の職種に係る職業訓練指導員免許を受けた者 ④旧保安技術職員国家試験規則（昭和25年通商産業省令第72号）第5条の溶接係員試験に合格した者 ⑤歯科医師免許を受けた者 ⑥歯科技工士免許を与えられた者	③アーク溶接機を用いて行う金属の溶接，溶断等の業務 【アーク溶接等業務特別教育】＊1）
⑪最大荷重1t以上のフォークリフトの運転（道路上を走行させる運転を除く）の業務	①フォークリフト運転技能講習を修了した者 ②職業能力開発促進法第27条第1項の準則訓練である普通職業訓練のうち揚重運搬機械運転系港湾荷役科の訓練（通信の方法によって行うものを除く）を修了した者で，フォークリフトについての訓練を受けたもの ③＊）	⑤最大荷重1t未満のフォークリフトの運転（道路上を走行させる運転を除く）の業務 【フォークリフト運転業務特別教育】＊1）
⑫機体重量3t以上の車両系建設機械（整地・運搬・積込み用）又は車両系建設機械（掘削用）の運転（道路上を走行させる運転を除く）の業務	①車両系建設機械（整地・運搬・積込み用及び掘削用）運転技能講習を修了した者 ②建設機械施工管理技術検定に合格した者（ただし，一級建設機械施工管理技術検定に合格した者については第2次検定においてトラクター系建設機械操作施工法又はショベル系建設機械操作施工法を選択しなかったものを除き，二級建設機械施工管理技術検定については締め固め建設機械，舗装用建設機械又は基礎工事用建設機械の検定種別に合格した者を除く） ③職業能力開発促進法第27条第1項の準則訓練である普通職業訓練のうち建設機械運転科の訓練（通信の方法によって行うものを除く）を修了した者 ④＊3）	⑨機体重量が3t未満の車両系建設機械（整地・運搬・積込み用）又は車両系建設機械（掘削用）の運転（道路上を走行させる運転を除く）の業務 【小型車両系建設機械（整地・運搬・積込み用及び掘削用）運転業務特別教育】＊1）
⑫機体重量3t以上の車両系建設機械（基礎工事用）の運転（道路上を走行させる運転を除く）の業務	①車両系建設機械（基礎工事用）運転技能講習を修了した者 ②建設機械施工管理技術検定に合格した者（ただし，一級建設機械施工管理技術検定に合格した者については第2次検定において基礎工事用建設機械操作施工法を選択しなかったものを除き，二級建設機械施工管理技術検定で，トラクター系建設機械，ショベル系建設機械，モーター・グレーダー，締め固め建設機械又は舗装用建設機械の検定種別に合格した者を除く）	⑨機体重量が3t未満の車両系建設機械（基礎工事用）の運転（道路上を走行させる運転を除く）の業務 【小型車両系建設機械（基礎工事用）運転業務特別教育】＊1）
⑫機体重量3t以上の車両系建設機械（解体用）に掲げる建設機械の運転（道路上を走行させる運転を除く）の業務	①車両系建設機械（解体用）運転技能講習（鉄骨切断機，コンクリート圧砕機及び解体用つかみ機にあっては，平成25年7月1日以後に開始されたものに限る）を修了した者 ②ブレーカについては，建設業法施行令第34条に規定する建設機械施工管理技術検定に合格した者（ただし，一級建設機械施工管理技術検定に合格した者については第2次検定において基礎工事用建設機械操作施工法を選択しなかったものを除き，二級建設機械施工管理技術検定についてはトラクター系建設機械，ショベル系建設機械，モーター・グレーダー，締め固め建設機械又は舗装用建設機械の検定種別に合格した者を除く）も就くことができる。 ③＊3）	⑨機体重量が3t未満の車両系建設機械（解体用）の運転（道路上を走行させる運転を除く）の業務 【小型車両系建設機械（解体用）運転業務特別教育】＊1）
⑬最大荷重が1t以上のショベルローダー又はフォークローダーの運転（道路上を走行させる運転を除く）の業務	①ショベルローダー等運転技能講習を修了した者 ②職業能力開発促進法第27条第1項の準則訓練である普通職業訓練のうち職業能力開発促進法施行規則別表第2の訓練科の欄に定める揚重運搬機械運転系港湾荷役科の訓練（通信の方法によって行うものを除く）を修了した者で，ショベルローダー等についての訓練を受けたもの ③＊3）	⑤の②最大荷重1t未満のショベルローダー又はフォークローダーの運転（道路上を走行させる運転を除く）の業務 【ショベルローダー等運転業務特別教育】＊1）
⑭最大積載量が1t以上の不整地運搬車の運転（道路上を走行させる運転を除く）の業務	①不整地運搬車運転技能講習を修了した者 ②建設機械施工管理技術検定に合格した者（ただし，一級建設機械施工管理技術検定に合格した者については第2次検定においてトラクター系建設機械操作施工法を選択しなかったものを除き，二級建設機械施工管理技術検定についてはショベル系建設機械，モーター・グレーダー，締め固め建設機械，舗装用建設機械又は基礎工事用建設機械の検定種別に合格した者を除く） ③＊3）	⑤の③最大積載量が1t未満の不整地運搬車の運転（道路上を走行させる運転を除く）の業務 【不整地運搬車運転業務特別教育】
⑮作業床の高さが10m以上の高所作業車の運転（道路上を走行させる運転を除く）の業務	高所作業車運転技能講習を修了した者	⑩の⑤作業床の高さが2m以上10m未満の高所作業車の運転（道路上を走行させる運転を除く）の業務 【高所作業車運転業務特別教育】
⑯制限荷重が1t以上の揚貨装置又はつり上げ荷重が1t以上のクレーン，移動式クレーン若しくはデリックの玉掛けの業務	①玉掛け技能講習を修了した者 ②職業能力開発促進法第27条第1項の準則訓練である普通職業訓練のうち玉掛け科の訓練（通信の方法によつて行うものを除く）を修了した者 ③＊2）	⑲つり上げ荷重が1t未満のクレーン，移動式クレーン又はデリックの玉掛けの業務 【玉掛け業務特別教育】

(2) 上記(1)以外の特別教育対象業務一覧

①機械研削用といしの取替え又は取替え時の試運転の業務	【機械研削といしの取替え等業務特別教育】
①自由研削用といしの取替え又は取替え時の試運転の業務	【自由研削といしの取替え等業務特別教育】

②動力プレスの金型，シャーの刃部又はプレス機械若しくはシャーの安全装置若しくは安全囲いの取付け，取外し又は調整の業務
【動力プレスの金型等の取付け等業務特別教育】

④高圧（直流にあっては750Vを，交流にあっては600Vを超え，7000V以下である電圧をいう）若しくは特別高圧（7000Vを超える電圧をいう）の充電電路若しくは当該充電電路の支持物の敷設，点検，修理若しくは操作の業務
【高圧・特別高圧電気取扱業務特別教育】＊1）

④低圧（直流にあつては750V以下，交流にあつては600V以下である電圧をいう）の充電電路（対地電圧が50V以下であるもの及び電信用のもの，電話用のもの等で感電による危害を生ずるおそれのないものを除く）の敷設若しくは修理の業務（④の②の業務を除く）	【低圧電気取扱業務特別教育】＊1）

④配電盤室，変電室等で区画された場所に設置する低圧の電路（対地電圧が50V以下であるもの及び電信用のもの，電話用のもの等で感電による危害の生ずるおそれのないものを除く）のうち充電部分が露出している開閉器の操作の業務

④の②対地電圧が50Vを超える低圧の蓄電池を内蔵する自動車の整備の業務 【電気自動車等整備業務特別教育】

⑤の④テールゲートリフターの操作の業務（当該貨物自動車の荷の積み卸し作業を伴うものに限る）
【テールゲートリフターの操作の業務に係る特別教育】
〔科目の省略要件については令和5年3月28日付け基発0328第5号「貨物自動車における荷役作業時の墜落・転落防止対策の充実に係る労働安全衛生規則の一部を改正する省令及び安全衛生特別教育規程の一部を改正する件の施行について」を参照〕

⑥の②伐木等機械の運転（道路上を走行させる運転を除く）の業務 【伐木等機械運転業務特別教育】

⑥の③走行集材機械の運転（道路上を走行させる運転を除く）の業務 【走行集材機械運転業務特別教育】

⑦機械集材装置の運転の業務 【機械集材装置運転業務特別教育】

⑦の②簡易架線集材装置の運転又は架線集材機械の運転（道路上を走行させる運転を除く）の業務
【簡易架線集材装置等運転業務特別教育】

⑧チェーンソーを用いて行う立木の伐木，かかり木の処理又は造材の業務 【伐木等業務特別教育】
〔地方営林局において実施する「振動障害の予防のための研修に関する専門委員会確認」による伐木造材作業研修の修了者については，この特別教育を省略することができる。その他の科目の省略要件については，昭和52年11月25日付け基発第635号「労働安全衛生規則の一部を改正する省等の施行について」及び平成31年2月14日付け基発0214第9号「労働安全衛生規則の一部を改正する省令等の施行について」を参照。かつては伐木の直径等で特別教育が2分されていたが，令和2年8月1日に1つに統合され，同日以降この業務に就く労働者は，いずれの旧特別教育修了者であっても追加教育を受けなければならないこととなった。〕

⑨の②非車両系の基礎工事用建設機械の運転の業務 【基礎工事用建設機械運転業務特別教育】

⑨の③車両系建設機械（基礎工事用）の作業装置の操作（車体上の運転者席における操作を除く）の業務
【車両系建設機械（基礎工事用）の作業装置操作業務特別教育】＊1）

⑩車両系建設機械（締固め用）の運転（道路上を走行させる運転を除く）の業務 【ローラー運転業務特別教育】＊4）

⑩の②コンクリート打設用機械の作業装置の操作の業務 【車両系建設機械（コンクリート打設用）の作業装置操作業務特別教育】＊5）

⑩の③ボーリングマシンの運転の業務 【ボーリングマシンの運転業務特別教育】

⑩の④建設工事の作業を行う場合における，ジャッキ式つり上げ機械の調整又は運転の業務 【ジャッキ式つり上げ機械調整・運転業務特別教育】

⑪動力により駆動される巻上げ機（電気ホイスト，エヤーホイスト及びこれら以外の巻上げ機でゴンドラに係るものを除く）の運転の業務 【巻上げ機運転業務特別教育】

⑬動力車で，軌条により人又は荷を運搬する用に供されるもの（鉄道営業法，鉄道事業法又は軌道法の適用を受けるものを除く。）の運転の業務 【軌道装置の動力車運転業務特別教育】＊1）

⑱建設用リフトの運転の業務 【建設用リフト運転業務特別教育】

⑳ゴンドラの操作の業務 【ゴンドラ取扱業務特別教育】

⑳の②作業室及び気こう室へ送気するための空気圧縮機を運転する業務 【空気圧縮機運転業務特別教育】

㉑高圧室内作業に係る作業室への送気の調節を行うためのバルブ又はコックを操作する業務 【作業室への送気の調整のためのバルブ等操作業務特別教育】

㉒気こう室への送気又は気こう室からの排気の調整を行うためのバルブ又はコックを操作する業務 【気閘室に係る送排気のためのバルブ等操作業務特別教育】

㉓潜水作業者への送気の調節を行うためのバルブ又はコックを操作する業務 【潜水作業者への送気の調整のためのバルブ等操作業務特別教育】

㉔再圧室を操作する業務 【再圧室操作業務特別教育】

㉔の②高圧室内作業に係る業務 【高圧室内業務特別教育】

㉕四アルキル鉛等業務 【四アルキル鉛等業務特別教育】

㉖第一種酸素欠乏危険作業（酸素欠乏危険作業のうち，第二種酸素欠乏危険作業（㉖参照）以外の作業）に係る業務 【第一種酸素欠乏危険作業特別教育】

㉖第二種酸素欠乏危険作業（酸素欠乏危険場所のうち，熱交換器，管，暗きょ，マンホール，溝若しくはピットであって海水が滞留しており，若しくは滞留したことがあるか，海水を相当期間入れてあり，若しくは入れたことのあるものの内部又はタンク，船倉，槽，管，暗きょ，マンホール，溝又はピットであってし尿，腐泥，汚水，パルプ液その他腐敗し，若しくは分解しやすい物質を入れてあり，若しくは入れたことのあるものの内部における作業＊6））に係る業務 【第二種酸素欠乏危険作業特別教育】

㉗特殊化学設備の取扱い，整備及び修理の業務（第一種圧力容器（小型圧力容器及び内容積が1m³以下（加熱器にあっては，5m³以下）のものを除く）の整備の業務を除く）【特殊化学設備の取扱い，整備及び修理の業務】

㉘エックス線装置又はガンマ線照射装置を用いて行う透過写真の撮影の業務　【透過写真撮影業務特別教育】
〔放射性同位元素等による放射線障害の防止に関する法律の教育訓練を受けた者についての科目の省略要件については，平成20年１月29日付け基安労発第0129003号「透過写真撮影業務特別教育に係る科目の省略の取扱いに係る周知について」を参照〕
㉘の②核燃料物質の加工施設，再処理施設又は使用施設等（原子炉等規制法施行令第41条に規定する核燃料物質の使用施設等に限る）の管理区域内において核燃料物質若しくは使用済燃料又はこれらによって汚染された物（原子核分裂生成物を含む）を取り扱う業務　【加工施設等における核燃料物質等取扱業務特別教育】
㉘の③原子炉施設の管理区域内において，核燃料物質若しくは使用済燃料又はこれらによって汚染された物（原子核分裂生成物を含む）を取り扱う業務　【原子炉施設における核燃料物質等取扱業務特別教育】
㉘の④事故由来放射性物質により汚染された物であって，電離則第２条第２項に規定するものの処分の業務　【事故由来廃棄物等処分業務特別教育】
㉘の⑤特例緊急作業に係る業務　【特例緊急作業特別教育】
㉙特定粉じん作業（設備による注水又は注油をしながら行う粉じん障害防止規則第３条各号に掲げる作業に該当するものを除く）に係る業務　【粉じん作業特別教育】
㉚ずい道等の掘削の作業又はこれに伴うずり，資材等の運搬，覆工のコンクリートの打設等の作業（当該ずい道等の内部において行われるものに限る）に係る業務　【ずい道等の掘削，覆工等業務特別教育】
〔昭和55年５月22日付け基発第265号「ずい道等の掘削・覆工等の業務に従事する労働者に対する安全衛生教育の実施について」に基づく安全衛生教育を修了した者については，この特別教育を省略することができる（昭和55年11月25日付け基発第648号）。〕
㉛産業用ロボットの可動範囲内において当該産業用ロボットについて行う教示等（マニピュレータの動作の順序，位置若しくは速度の設定，変更若しくは確認をいう）（産業用ロボットの駆動源を遮断して行うものを除く）又は当該教示等を行う労働者と共同して当該産業用ロボットの可動範囲外において行う当該教示等に係る機器の操作の業務　【産業用ロボット教示等業務特別教育】
㉜産業用ロボットの可動範囲内において行う当該産業用ロボットの検査等（検査，修理若しくは調整（教示等を除く）若しくはこれらの結果の確認）（産業用ロボットの運転中に行うものに限る。）又は当該検査等を行う労働者と共同して当該産業用ロボットの可動範囲外において行う当該検査等に係る機器の操作の業務　【産業用ロボット検査等業務特別教育】
㉝自動車（２輪自動車を除く）用タイヤの組立てに係る業務のうち，空気圧縮機を用いて当該タイヤに空気を充てんする業務　【タイヤの空気充てん業務特別教育】
〔昭和59年４月20日付け基発第195号「タイヤ空気充填業務の作業者に対する安全教育について」に基づく安全教育を修了した者又は自動車整備士技能検定規則に基づく一級四輪自動車整備士，二級ガソリン自動車整備士，二級ジーゼル自動車整備士，三級自動車ガソリン・エンジン整備士，三級自動車ジーゼル・エンジン整備士，三級自動車シャーシ整備士若しくは自動車タイヤ整備士の技能検定に合格した者については「関係法令」以外を省略することができる（平成２年９月26日付け事務連絡，平成９年８月22日付け事務連絡）。〕

㉞廃棄物の焼却施設（廃棄物焼却炉であって，火床面積（廃棄物の焼却施設に２以上の廃棄物焼却炉が設置されている場合にあっては，それらの火床面積の合計）が0.5m²以上又は焼却能力（廃棄物の焼却施設に２以上の廃棄物焼却炉が設置されている場合にあっては，それらの焼却能力の合計）が１時間当たり50kg以上のものを有する廃棄物の焼却施設をいい，㉟と㊱において同じ。）においてばいじん及び焼却灰その他の燃え殻を取り扱う業務（㊱の業務を除く）	【廃棄物焼却施設業務特別教育】
㉟廃棄物の焼却施設に設置された廃棄物焼却炉，集じん機等の設備の保守点検等の業務	
㊱廃棄物の焼却施設に設置された廃棄物焼却炉，集じん機等の設備の解体等の業務及びこれに伴うばいじん及び焼却灰その他の燃え殻を取り扱う業務	

㊲石綿等が使用されている解体等対象建築物等（石綿等が使用されているものとみなされるものを含む。）の解体等の作業に係る業務　【石綿使用建築物等解体等業務特別教育】
㊳除染等業務（土壌等の除染等の業務，廃棄物収集等業務又は特定汚染土壌等取扱業務）　【除染等業務特別教育】
㊳特定線量下業務　【特定線量下業務特別教育】
㊴足場の組立て，解体又は変更の作業に係る業務（地上又は堅固な床上における補助作業の業務を除く）　【足場の組立て等業務特別教育】
㊵高さが2m以上の箇所で作業床を設けることが困難なところにおけるロープ高所作業に係る業務　【ロープ高所作業業務特別教育】
㊶高さが2m以上の箇所で作業床を設けることが困難なところにおいて，フルハーネス型墜落制止用器具を用いて行う作業に係る業務（㊵の業務を除く）　【フルハーネス型墜落制止用器具使用作業業務特別教育】
〔科目の省略要件については，平成30年６月22日付け基発0622第１号「労働安全衛生法施行令の一部を改正する政令等の施行等について」を参照〕

＊１）鉱山保安法に基づく資格を有する者に対する「関係法令」以外の省略要件については，平成９年４月１日付け基発第248号「鉱山保安法に基づく各種資格の取得者に対する特別教育の科目の省略について」を参照。
＊２）職業能力開発促進法，船員法等によるその他の有資格者は労働安全衛生規則別表第三下欄の規定に基づき厚生労働大臣が定める者（昭和47年労働省告示第113号）を参照。
＊３）職業能力開発促進法によるその他の有資格者は労働安全衛生規則別表第三下欄の規定に基づき厚生労働大臣が定める者（昭和47年労働省告示第113号）を参照。
＊４）令和６年現在，安衛令別表第７第４号の締固め用機械としてはローラーだけが定められている。
＊５）令和６年現在，安衛令別表第７第５号のコンクリート打設用機械としてはコンクリートポンプ車だけが定められている。
＊６）このほか安衛令別表第６第12号により酸素欠乏症及び硫化水素中毒にかかるおそれのある場所として厚生労働大臣が定める場所における作業も含まれるが，令和６年現在，まだ厚生労働大臣によりそのような定めはなされていない。

備考　各特別教育の対象業務に関連し上級の資格（技能免許または技能講習修了）を有する者，他の事業場において当該業務に関し，すでに特別教育を受けた者，当該業務に関し，職業訓練を受けた者等については安衛則第37条により特別教育の科目の省略が認められる（昭和48年３月19日付け基発第145号）。その他，特別教育の科目の省略要件については，昭和47年９月18日付け基発第601号の２，昭和47年11月15日付け基発第725号，昭和47年11月15日付け基発第725号を参照されたい。
　この資料は，労働安全衛生法第59条第３項及び第61条に関する資格に関するものであり，安全衛生管理体制に関する選任資格，作業主任者に係る免許，技能講習等の資格などについては対象としていないことに注意されたい。

（森山誠也作成）

第七章　健康の保持増進のための措置

第64条から第68条の2まで

　いわゆる「労働衛生の3管理」とは，①作業環境管理，②作業管理，③健康管理を内容とする。①「作業環境管理」は，労働者の健康に影響を与える有害因子（有害物質・物理的条件）を工学的対策により除去・減少させることによって，その場所で働く労働者が有害因子にばく露する機会を減少させるなど，作業環境を良好な状態に維持管理し，これを目的として作業環境の実態を把握することを指す。また，②「作業管理」は，作業のやり方を適切に管理し，作業環境の悪化や作業者への有害要因へのばく露の防止を図ること，あるいは，作業環境が良好であっても，個々の労働者には作業に伴う疲労やストレスが生ずるおそれがあるので，これらが過度にならないよう作業を適切に管理すること，③「健康管理」は，個々の労働者の健康状態を把握し，必要な措置を実施したり，さらには日常の生活指導を行ったりするなど労働者の健康確保を行うことを内容とする[1]。なお，化学物質を対象とする労働衛生3管理の管理状況を把握するためには，測定や検査が必要となるが，それぞれの評価手法や管理の内容等は**資料7-1・7-2**の通りである[2]。

　労働者の健康影響の予防という観点からは，作業環境管理が特に重要である。平成26年度〜平成28年度に実施された「リスクアセスメントを核とした諸外国の労働安全衛生制度の背景・特徴・効果とわが国への適応可能性に関する調査研究」におい

ても，現行安衛法から示唆される予防政策のエッセンスとして，予防政策は1次予防から3次予防まで包括的に形成されるべきことを前提としつつも，このうち，作業環境管理などの1次予防を優先すべきことが指摘されていた[3]。以下で検討する作業環境測定・作業環境評価はその管理の状況を把握するための重要な手段となるものである[4]。

　もっとも，作業環境管理を適切に行ったとしても，作業環境が十分に良好な環境にならないことや作業自体から健康への悪影響を労働者が受けることはありう

資料7-1

	評価手法（項目）	評価基準	評価内容
作業環境管理	作業環境測定（個人サンプリング法によるものを含む）	管理濃度	作業場への飛散の程度
作業管理	作業方法の適切な管理 個人サンプリング法によるばく露濃度測定	ばく露限界値	作業者のばく露の程度
健康管理	健康診断	生理値等の正常値	作業者の健康影響の程度

＊上記表のうち，個人サンプリング法によるばく露濃度測定は，作業方法等によって高濃度ばく露のおそれがある場合やばく露限界値が極めて低い有害な物質によるばく露を低減させる等のためのものである。

資料7-2　有害物質に対する管理の対象と健康障害防止措置の関係

	管理の対象	管理の内容	管理の目的	管理の指標	判断基準
作業環境管理	有害物質使用量 ↓ 有害物質発散量 ↓ **環境気中濃度**	物質の代替 使用形態、使用条件 生産工程の変更 生産設備の負荷低減 遠隔操作、自動化、設備の密閉 局所排気、全体換気、建物の構造改善	発散の抑制 作業者と有害物の隔離 除去・希釈	**環境気中濃度**	**管理濃度**
作業管理	呼吸域濃度 ↓ **ばく露濃度** ↓ 体内侵入量	作業位置、作業方法、作業姿勢の管理 時間制限 呼吸用保護具の使用	ばく露制限 体内侵入の抑制	ばく露濃度 （ばく露量）	ばく露限度 （許容濃度）
健康管理	↓ 生体反応 ↓ 健康影響	配置転換、保健指導 休養、療養	障害予防	生物学的モニタリング 健康診断結果	生物学的ばく露指標 正常値

（公益社団法人日本作業環境測定協会編『作業環境測定のための労働衛生の知識〔第4版〕』〔2019年〕94頁図表参照のうえ石﨑由希子作成。なお，当該図表は輿重治「職場の環境評価―環境測定結果の評価基準をめぐって」日本医師会雑誌86巻12号〔1981年〕1524頁掲載の図をもとに沼野雄志が作成したものである）

る。そのため，作業管理が重要となる。

さらに，作業管理がなされているとしても，なお生じることになる健康障害を早期に把握し，必要な措置をとるためには健康管理も重要となる。また，場合によっては，健康障害の発生状況を踏まえて，作業環境管理・作業管理を見直すことも必要になる。

以上のように，労働衛生の3管理はそれぞれが独立したものではなく，相互に関連しあうことで，労働者の健康確保という目的を達成するものといえる。

第64条（削除）

1 沿革

1972（昭和47）年の安衛法制定当時，本条は，「事業者は，事業場における衛生の水準の向上を図るため，作業環境を快適な状態に維持管理するように努めなければならない」と規定しており，施行通達（昭和47年9月18日基発第602号）において，「作業環境を快適な状態に維持管理する」とは，「作業環境における温度，湿度，気流，照明，音響その他の条件が，健康障害防止上の最低の基準にとどまらず，より快適な状態に保持されることをいうものであること」と説明されていた。もっとも，本条は，「第7章の2　快適な職場環境の形成のための措置」（第71条の2～第71条の4）が新設された1992（平成4）年の安衛法改正により削除された。同改正は，快適な作業環境の管理だけでなく，より広い職場環境を快適にすることが事業者に求められるようになったことを示すものといえる。

（作業環境測定）
第65条　事業者は，有害な業務を行う屋内作業場その他の作業場で，政令で定めるものについて，厚生労働省令で定めるところにより，必要な作業環境測定を行い，及びその結果を記録しておかなければならない。
2　前項の規定による作業環境測定は，厚生労働大臣の定める作業環境測定基準に従つて行わなければならない。
3　厚生労働大臣は，第1項の規定による作業環境測定の適切かつ有効な実施を図るため必要な作業環境測定指針を公表するものとする。
4　厚生労働大臣は，前項の作業環境測定指針を公表した場合において必要があると認めるときは，事業者若しくは作業環境測定機関又はこれらの団体に対し，当該作業環境測定指針に関し必要な指導等を行うことができる。
5　都道府県労働局長は，作業環境の改善により労働者の健康を保持する必要があると認めるときは，労働衛生指導医の意見に基づき，厚生労働省令で定めるところにより，事業者に対し，作業環境測定の実施その他必要な事項を指示することができる。

---

1 趣旨

作業環境の実態を正確に把握することは，「良好な作業環境の維持」，「作業管理」や「健康管理」を有効に行うための基礎となるものである。本条は，こうした観点から，作業環境管理を実施する必要性が高い有害な業務を行う屋内作業場等一定の作業場について，作業環境測定の実施並びにその結果の記録について義務づけたものである[5]。なお，この規定は，労働者の健康診断等，労働者の健康管理に関する規定よりも前に置かれているが，このことも，作業環境の客観的把握が労働者の健康確保の第一歩として欠かせないものであることを示すものといえる[6]。なお，安衛法において，作業環境測定とは，「作業環境の実態をは握するため空気環境その他の作業環境について行うデザイン，サンプリング及び分析（解析を含む。）」と広く定義されており（安衛法第2条第4号），本条に基づく作業環境測定に留まらない。

本条第1項違反に対しては，6月以下の懲役（2025〔令和7〕年6月以降は拘禁）又は50万円以下の罰金が（安衛法第119条第1号），本条第5項における都道府県労働局長の指示への違反に対しては，50万円以下の罰金が科されうる（安衛法120条第2号）。

本条は作業環境測定実施の履行請求権を労働者に認めるものではないが，本条違反の結果，労働者が職業病にり患した場合には安全配慮義務（注意義務）違反に基づく損害賠償請求が認められる場合がある（4参照）。

2 内容

1　作業環境測定を行うべき作業場

本条に基づく作業環境測定を行うべき作業場は労働安全衛生法施行令第21条において列挙されている。

---

①土石，岩石，鉱物，金属又は炭素の粉じんを著しく発散する所定の屋内作業場（同条第1号）
②暑熱，寒冷又は多湿の所定の屋内作業場（同条第2号）
③著しい騒音を発する所定の屋内作業場（同条第3号）
④所定の坑内作業場（同条第4号）

⑤中央管理方式の空気調和設備（空気を浄化し，その温度，湿度及び流量を調節して供給することができる設備をいう。）を設けている建築物の一室が事務所とされている場合（同条第5号）
⑥別表第2掲載の放射線業務を行う所定の作業場（同条第6号）
⑦別表第3第1号又は第2号掲載の特定化学物質を製造・取り扱う屋内作業場（同条第7号）
⑧石綿等を取り扱い，若しくは試験研究のため製造する屋内作業場若しくは石綿分析用試料等を製造する屋内作業場又はコークス炉上において若しくはコークス炉に接してコークス製造の作業を行う場合の当該作業場（同条第7号）
⑨別表第4第1号から第8号まで，第10号又は第16号の鉛業務（遠隔操作によつて行う隔離室におけるものを除く。）を行う屋内作業場（同条第8号）
⑩別表第6掲載の酸素欠乏危険場所において作業を行う場合の当該作業場（同条第9号）
⑪別表第6の2掲載の有機溶剤を製造し，又は取り扱う業務で所定の屋内作業場（同条第10号）

作業場の中には，空気中にばく露を控えるべき有害物質が存在又はこれを取り扱う，酸素が欠乏している等，化学的に有害な環境の作業場と作業環境自体に物理的因子による危険が内在している作業場がある。
なお，それぞれの作業場における有害要因と障害の形態，対象作業等は**資料7-3**の通りである。

(1) 粉じんを著しく発散する屋内作業場

上記作業場のうち，「土石，岩石，鉱物，金属又は炭素の粉じん（鉱物性粉じん，無機粉じん）を著しく発散する所定の屋内作業場」（安衛法施行令第21条第1号）は，粉じん則において「常時特定粉じん作業が行われる屋内作業場」と定義されている（粉じん則第25条）。粉じん作業には，①ふるい分け，混合，袋詰め等，粉末を原材料として取り扱う作業の他，②坑内又はずい道内における掘削，鉱物等の破砕，粉砕，鉱物又は金属等の裁断，研磨，陶磁器，耐火物，炭素製品等の仕上げ等の作業，③製品もしくは半製品又は設備に付着した物質を取り除く作業，④粉体の運搬，積卸しの作業等，原材料，製品若しくは半製品又は設備を取り扱うことに伴い，これらに付着した粉じんが飛散する作業，⑤金属又は非金属の精錬，溶解，湯出し，又は鋳込み，あるいは，金属の溶接，溶断，熱処理又は溶射の作業，⑥金属をアーク溶接する作業等多様な形態が含まれるが（**資料7-4**），粉じん作業のうち粉じん発生源が「特定粉じん発生源」であるもの，言い換えれば，粉じんを著しく発散する場所で行われる作業が，以下のように，特定粉じん作業に当たり，作業環境測定の対象となる（粉じん則第2条第1項第2号，同第3号，別表第2）。

①坑内作業又はずい道（トンネル）内の建設作業における鉱物等の掘削作業や坑内又は屋内の破砕，粉砕，ふるい分け作業のうち，動力によりこれを行う箇所（別表第2第1号，同第2号，同第8号）
②坑内作業やトンネル建設作業において，鉱物等をずり積機（**資料7-5**）等車両系建設機械により，あるいは，コンベヤーに積み込み，又は積み卸す箇所（同第3号，同第4号）
③岩石又は鉱物を動力により裁断，彫り，仕上げたり，岩石，鉱物，若しくは金属を研磨材の吹き付けにより又は動力により研磨したりする作業（同第5号乃至第7号）
④セメント，フライアッシュ（※石炭火力発電所で微粉炭を燃焼した際に発生する石炭灰のうち集塵機で採取された肺）又は粉状の鉱石，炭素原料，炭素製品，粉状のアルミニウム若しくは酸化チタンを袋詰めする作業（同第9号）
⑤粉状の鉱石，炭素原料又はこれらを含む物を混合し，混入し，又は散布する作業やガラス，ほうろう，陶磁器，耐火物，炭素製品等を生産する過程で

資料7-3　作業環境因子と健康障害

	環境条件	有害要因	障害の形態等	対象作業等
化学的要因	空気汚染 粒子状物質 ガス・蒸気	鉱物性粉じん 化学物質 各種有害ガス，蒸気	じん肺 産業中毒 産業中毒	鉱業，窯業，鋳物業等 諸鉱工業 諸鉱工業
	接触		皮膚疾患	浸漬，塗装等
	酸素欠乏		酸素欠乏症	マンホール，タンク内作業
物理的要因	異常温湿度		熱中症，凍傷等	炉前作業等，冷凍
	異常気圧		潜水病	潜かん作業等
	音波	可聴域 超音波域	聴力損失 耳鳴，嘔気等	諸鉱工業 超音波機器の取り扱い作業
	振動	局所振動 全身振動	白ろう病，頸肩腕症候群 胃腸障害等	キーパンチング，振動工具等 フォークリフト，トラクター等の運転
	放射線	X線 γ線，β線，α線 中性子線	X線障害 放射線障害	放射性物質の取扱い，非破壊検査等

（公益社団法人日本作業環境測定協会編『作業環境測定のための労働衛生の知識〔第4版〕』〔2019年〕18頁図表〔原典は，奥・労働安全衛生部労働衛生課編『労働衛生管理とデザイン・サンプリングの実務〔改訂版〕』（日本作業環境測定協会，1983年）〕4頁をもとに石崎由希子作成）

資料7-4　多様な粉じん作業の例

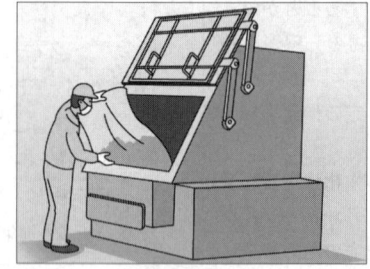

資料7-5　ずり積機

(株式会社フジタ WEB サイト〔https://www.fujita.co.jp/solution-technology/11773/、最終閲覧日：2024年7月22日〕)

溶断作業

袋詰め作業

資料7-7　じん肺

左は正常な肺，右はじん肺（粉じんの吸入により黒くなった肺）

(筑西労働基準監督署「第8次粉じん障害防止総合対策」〔リーフレット〕茨城労働局 WEB サイト〔https://jsite.mhlw.go.jp/ibaraki-roudoukyoku/library/ibaraki-roudoukyoku/corner_kantoku/chikusei/h2607_funjin.pdf、最終閲覧日：2022年10月25日〕)

資料7-6　手持式動力工具（グラインダー）

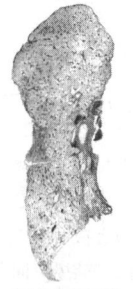

対象外
グラインダでの研磨

※手持式または可搬式動力工具による作業は作業環境測定の対象外となります。

原料を混合する作業（同第10号，同第11号）
⑥耐火レンガ又はタイルの製造工程で原料を動力により成形する作業や炭素製品等の半製品又は製品を動力により仕上げる作業（同第12号，同第13号）

資料7-8

原因物質	疾患名	職種・職場
石炭	炭坑夫じん肺	炭鉱
遊離珪酸	珪肺	鉱山，隧道工事，窯業
炭素	炭素肺	炭素製造工場
	黒鉛肺	黒鉛，電極工場
珪酸化合物	石綿肺	建設業，石綿鉱山，自動車工場
	滑石肺	採石，ゴム工場
	珪藻土肺	珪藻土工場
酸化鉄	セメント肺	建設業
アルミニウム	溶接工肺	建設業，造船業
ベリリウム	アルミニウム肺	金箔製造工場
	ベリリウム肺	ベリリウム精錬

(独立行政法人労働者健康安全機構・労災疾病等医学研究普及サイト「職業性呼吸器疾患」〔https://www.research.johas.go.jp/jinpai/02.html、最終閲覧日：2020年3月1日〕より作成)

上記のうち，鉱物等の破砕，裁断，研磨，仕上げについては，手持式動力工具（**資料7-6**）ではない固定的な設備（動力）による作業が「常時」行われている場合にのみ作業環境測定の対象となる。こうした作業では，作業者のばく露量が多くなりやすく，ひいては，じん肺（**資料7-7**，合併症として，肺結核，結核性胸膜炎，続発性気胸，続発性気管支炎，続発性気管支拡張症，原発性肺がん）を発生させるおそれが高くなるため，特に作業環境測定の対象とされているといえる（じん肺の原因別疾患名については**資料7-8**参照）。反対に，手持式動力工具である手持式グラインダーを使用して行う金属研磨作業では，粉じんが発生する場所が特定の場所とは限らないため，特定粉じん作業に当たらず，作業環境測定の対象とはされていない。金属アークを溶接する作業（**資料7-9**）が特定粉じん作業とされていないのも同様の理由からである。

(2) 暑熱・多湿の屋内作業場

熱中症の発症のおそれのある暑熱の屋内作業場（安衛法施行令第21条第2号）としては，以下の通り，主に製鉄・製鋼業や金属・ガラス加工業，窯業関係の作業場が挙げられている（労働安全衛生規則第587条）。

資料7－9　アーク溶接

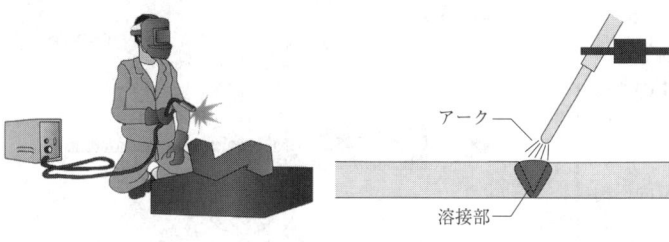

資料7－11　転炉・電気炉

（一般社団法人日本鉄鋼連盟 WEB サイト〔https://www.jisf.or.jp/photo/index.html, 最終閲覧日：2024年7月19日〕）

資料7－10　鉄のつくり方

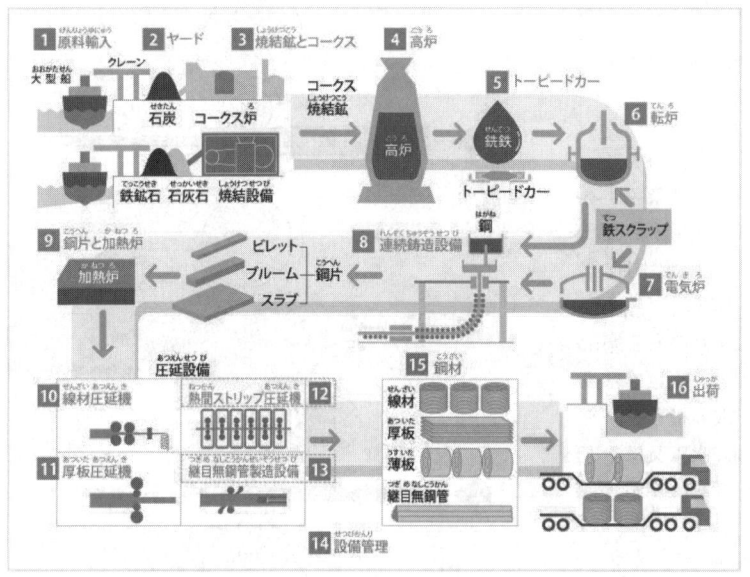

（一般社団法人日本鉄鋼連盟 WEB サイト「みんなの鉄学」〔https://www.jisf.or.jp/kids/shiraberu/index.html, 最終閲覧日：2024年8月1日〕）

①溶鉱炉，平炉（※長方形の平たい炉床をもつ製鋼用炉），転炉（※銑鉄を鋼に転換するつぼ型の炉）又は電気炉により鉱物又は金属を製錬し，又は精錬する業務を行なう屋内作業場（※製鋼方法については，資料7－10。転炉・電気炉については，資料7－11参照。なお，製鋼には，(a)鉄スクラップ〔鉄くず〕を電気炉に投入し，溶解・精錬する方法と(b)高炉に鉄鉱石とコークスを投入し，鉄鉱石から溶けだした銑鉄を転炉もしくは平炉〔現在は転炉が一般的〕で精錬する方法の2種類がある。[7]）

②キュポラ（※鉄を溶かして鋳物の溶湯を得るための直立する溶解炉，資料7－12），るつぼ等により鉱物，金属又はガラスを溶解する業務を行なう屋内作業場

③焼鈍炉（※組織を軟化させ，加工しやすくするために鋼を適当な温度に加熱し，その温度に一定時間保持した後に徐冷していく処理〔焼きなまし〕を行う炉），均熱炉（※鋼塊内外部が同じ温度になる処理をする炉），焼入炉，加熱炉等により鉱物，金属又はガラスを加熱する業務を行なう屋内作業場

資料7－12　キュポラ

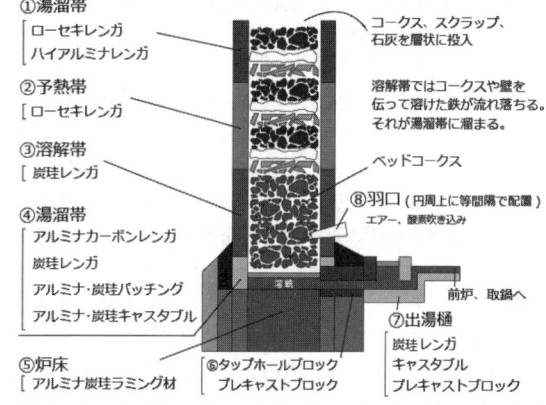

（株式会社三石ハイセラム WEB サイト〔https://mitsuishi-hc.jp/product/cupola/, 最終閲覧日：2024年7月12日〕）

④陶磁器，レンガ等を焼成する業務を行なう屋内作業場

⑤鉱物の焙焼（※金属製錬の予備処理として，製錬本工程に適する化学組成にするため，鉱石が溶融しない程度の温度に上げ，化学変化をおこさせる処理）又は焼結（※金型などで個体粉末を所定の形状に成

形し，融点よりも低い温度まで加熱して焼き固める技術）の業務を行なう屋内作業場
⑥加熱された金属の運搬又は圧延（※対になる２本のローラー間に金属等の板や棒を通して，所定の厚みに成形すること，**資料7-13**），鍛造，焼入，伸線等の加工の業務を行なう屋内作業場
⑦溶融金属の運搬又は鋳込みの業務を行なう屋内作業場
⑧溶融ガラスからガラス製品を成型する業務を行なう屋内作業場
⑨加硫がまによりゴムを加硫する業務を行なう屋内作業場
⑩熱源を用いる乾燥室により物を乾燥する業務を行なう屋内作業場

同様に熱中症のおそれのある多湿の屋内作業場としては，①多量の蒸気を使用する染色槽により染色する業務を行う屋内作業場，②多量の蒸気を使用する金属又は非金属の洗浄又はめっきの業務を行う屋内作業場，③紡績又は織布の業務を行う屋内作業場で，給湿を行うものが，他方，凍傷の発症のおそれのある寒冷の屋内作業場（安衛法施行令第21条第２号）としては，①多量の液体空気，ドライアイス等を取り扱う業務を行う屋内作業場，②冷蔵庫，製氷庫，貯氷庫又は冷凍庫等で，労働者がその内部で作業を行うものが挙げられている（労働安全衛生規則第587条）。

（3）著しい騒音を発する屋内作業場

難聴等を発症するおそれのある著しい騒音を発する屋内作業場（安衛法施行令第21条第３号）としては，鋳物・金属加工業や林業，製糸業等における一定の作業場が挙げられている（労働安全衛生規則第588条）。

①鋲打ち機，はつり機（※電動ハンマー），鋳物の型込機等圧縮空気により駆動される機械又は器具を取り扱う業務を行なう屋内作業場
②ロール機，圧延機等による金属の圧延（**資料7-13**），伸線，ひずみ取り又は板曲げの業務（液体プレスによるひずみ取り及び板曲げ並びにダイスによる線引きの業務を除く。）を行なう屋内作業場
③動力により駆動されるハンマーを用いる金属の鍛造又は成型の業務を行なう屋内作業場
④タンブラー（※鋳造品を中に入れて多角形の鉄片と一緒に回転させることにより砂落としやさび取りを行う機械で通称ガラ箱と呼ばれる）による金属製品の研ま又は砂落しの業務を行なう屋内作業場
⑤動力によりチェーン等を用いてドラムかんを洗浄する業務を行なう屋内作業場
⑥ドラムバーカー（※ドラム上の管体の回転により内側についた刃で樹皮を削ぐ機械）により，木材を削皮する業務を行なう屋内作業場（**資料7-14**）

資料7-13　ロール機，圧延機等による金属の圧延
二段圧延機

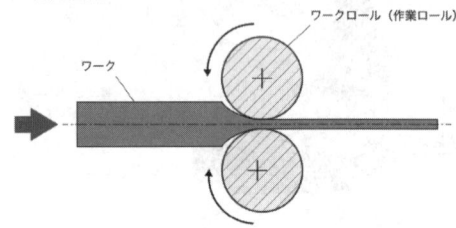

四段圧延機

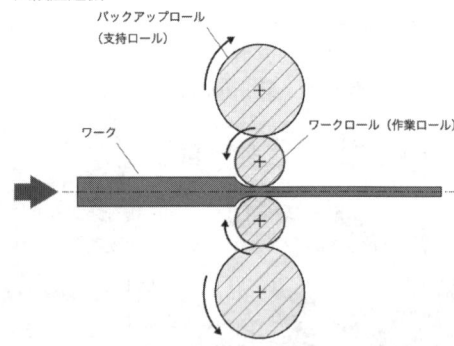

多段圧延機

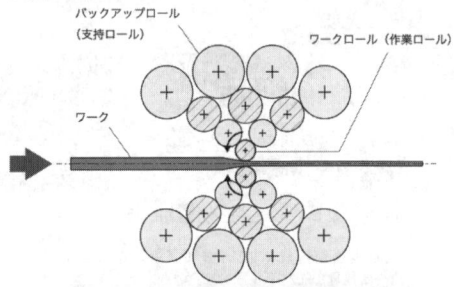

（株式会社モノトが運営する「はじめの工作機械」WEBサイト〔https://monoto.co.jp/rolling/，最終閲覧日：2024年6月29日〕）

⑦チッパー（※丸太をチップ状にカットする機械）によりチップする業務を行なう屋内作業場（**資料7-15**）
⑧多筒抄紙機により紙を抄く業務を行なう屋内作業場（※多筒式抄紙機においては，抄紙の脱水・圧搾〔搾水〕・乾燥という過程のうち，乾燥過程において，数十本のドライヤー〔直径1.2～1.8ｍの鋳鉄製シリンダー〕表面に接触させる仕組みがとられている。[8]）

（4）坑内の作業場

資料7-14 ドラムバーカー

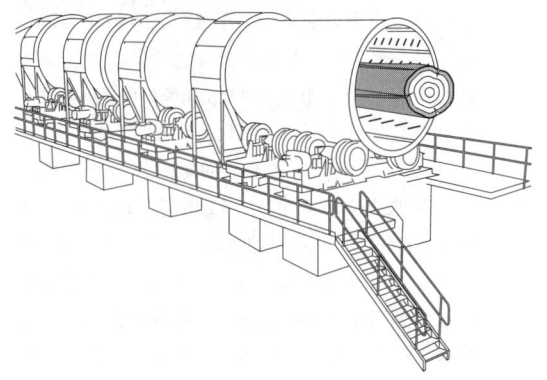

資料7-15 チッパー

©iStock

坑内の作業場（安衛法施行令第21条第4号）としては、①炭酸ガスが停滞し、又は停滞するおそれのある坑内の作業場、②気温が28度をこえ、又はこえるおそれのある坑内の作業場、③通気設備が設けられている坑内の作業場が挙げられている（労働安全衛生規則第589条）。

なお、①坑内作業場における炭酸ガスの濃度は1.5％以下としなければならないこと（安衛則第583条）、②坑内の気温は37度以下としなければならないこと（安衛則第611条）、③坑内において衛生上必要な分量の空気を坑内に送給するための通気設備を設けなければならないこと（安衛則第602条）が定められている（安衛法第22条）。それぞれ、炭酸ガス中毒、熱中症、酸欠のリスクを踏まえたものといえる。

(5) 中央管理方式の空気調和設備を設けている建築物の室

中央管理方式の空気調和設備（空気を浄化し、その温度、湿度及び流量を調節して供給することができる設備をいう）を設けている建築物の室で、事務所の用に供されるものについても、作業環境測定の対象とされている（安衛法施行令第21条第5号）。なお、事務所衛生基準規則においては、安衛法第22条を根拠として、室における一酸化炭素濃度を50ppm以下、二酸化炭素濃度を5000ppm以下としなければならないこと（事務所衛生基準規則第3条第2項）、安衛法第23条を根拠として、室の温度が10度以下の場合は暖房するなど適当な温度調節の措置を講じなければならないこと（事務所衛生基準規則第4条第1項）、また、室の気温が18度以上28度以下になるよう努めなければならないことが規定されている（同第5条第3項）。

(6) 放射線業務を行う作業場

作業環境測定の対象となるのは、放射線業務を行う作業場で厚生労働省令で定めるものである（安衛法施行令第21条第6号）。

放射線とは、通常電離放射線を指し、粒子線（アルファ線、ベータ線、重陽子線、陽子線、中性子線）と電磁波（ガンマ線、エックス線）に分類される（資料7-16）。

このうち、アルファ線とは原子核から飛び出る原子核であり、空気中でも数センチしか到達できない。ベータ線は原子核から飛び出る電子であるが、アクリル板により遮蔽できる。他方、原子核から放出されるガンマ線や原子核の外で発生するエックス線は透過力が大きく、遮蔽にはコンクリート・鉄・鉛など高密度の物質が必要となる。

電離放射線による生体影響は放射線の種類、エネルギー、内部照射か外部照射かにより異なるが、早期障害として全身被ばくでは、造血器障害が主として現れ、局所被ばくでは、皮膚、粘膜、生殖腺、眼に障害がおこる。晩発性障害（長期の潜伏期間を経て発症する障害）としては悪性腫瘍（白血病など）の誘発や遺伝的影響が起きる。

作業環境測定の対象となる放射線業務には、医療現場等における診断・治療、産業現場における非破壊検査等、エックス線装置の使用又はエックス線の発生を伴う当該装置の検査に係る業務や、研究開発、がん治療等に用いられる加速器（荷電粒子という電荷を帯びた粒子を加速する装置）の使用又は電離放射線の発生を伴う当該装置の検査業務、放射性物質を装備している機器の取扱いの業務や原子炉の運転業務、坑内における核燃料物質の掘採の業務等が含まれる（安衛法施行令別表第2、電離則第2条第3項）。

また、作業環境測定を行うべき作業場は、①放射線業務を行う作業場のうち管理区域に該当する部分、②放射性物質取扱作業室、③事故由来廃棄物等取扱施設といった屋内作業場のほか、④坑内における核原料物質の掘採の業務を行う作業場が挙げられている（電離則第53条）。

ここでいう管理区域とは、①外部放射線による実効線量と空気中の放射性物質による実効線量との合計が3カ月間につき1.3mSv（ミリシーベルト）を超えるおそれのある区域及び放射性物質の表面密度が所定の表面汚染限度の10分の1を超えるおそれのある区域を指し、標識等（資料7-17）による明示や注意事項の掲示、必要がある者以外の立入禁止が求められる区域で

資料7-16 放射線の種類

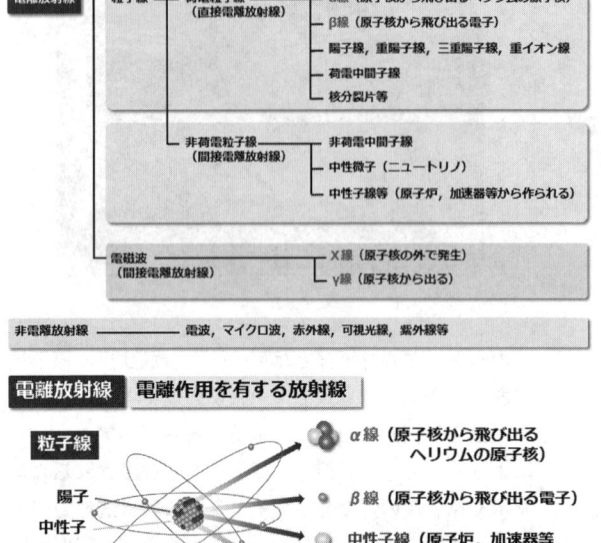

（環境省WEBサイト〔https://www.env.go.jp/chemi/rhm/h28kisoshiryo/h28kiso-01-03-02.html, https://www.env.go.jp/chemi/rhm/h28kisoshiryo/h28kiso-01-03-03.html, 最終閲覧：2021年3月17日〕）

資料7-17 管理区域

ある（電離則第3条第1項）。「実効線量」（単位はSv）とは、人体の臓器や組織が放射線被ばくにより受けたそれぞれの影響を総合して、全身への影響を示すものであり、個々の臓器や組織ごとに受けた「等価線量」（単位はSv）に、臓器ごとにおける放射線の感受性の違いを踏まえた重みづけを考慮した「組織過重係数」を乗じたものを合計して算出する。「等価線量」は、直接計測された「吸収線量」（単位はGy）、すなわち、物質1kg当たりに吸収されるエネルギーに放射線の種類に応じた重みづけを「放射線過重係数」として乗じることにより算出されたものである。[13]

また、事故由来廃棄物等取扱施設とは、2011（平成23）年3月11日に発生した東北地方太平洋沖地震に伴う原子力発電所の事故により放出された放射性物質（事故由来放射性物質）により汚染された廃棄物及び土壌（事故由来廃棄物等）を取り扱う作業室をいう（電離則第41条の3、第41条の4）。この規定は、電離放射線障害防止規則の一部を改正する省令（平成25年4月12日厚生労働省令第57号）により追加され、2013（平成25）年7月1日に施行されたものである。[14] 事故由来放射性物質により汚染された土壌等の除染等の業務などに従事する労働者の放射線障害防止については、放射線源が点在している上に、主として労働者が屋外で作業を行うことから、「東日本大震災により生じた放射性物質により汚染された土壌等を除染するための業務等に係る電離放射線障害防止規則」（平成23年12月22日厚生労働省令第152号）により規定されているが、事故由来廃棄物等の処分の業務については、放射線源が一定の場所に管理可能な状態で存在し、かつ、主として屋内で作業が行われることから、電離則が適用されている（平成25年4月12日基発第0412第1号）。

(7) 特定化学物質を製造し、若しくは取り扱う屋内作業場

作業環境測定が義務づけられる特定化学物質を製造し、若しくは取り扱う屋内作業場（安衛法施行令第21条第7号）とは、所定の特定化学物質を扱う作業場である（特化則第36条、施行令別表第3第1号、同第2号）。

特定化学物質は、第1類、第2類と第3類に分類される。まず、第1類物質は、がん等の慢性障害を引き起こす物質のうち、特に有害性が高く、製造工程で特に厳重な管理（安衛法第56条に基づく製造許可）を必要とするもの、第2類物質は、がん等の慢性障害を引き起こす物質のうち、第1類物質に該当しないもの、第3類物質は、大量漏えいにより急性中毒を引き起こすものである。なお、規制対象物質には、純物質の他、これを含有する製剤その他の物も含まれるが、重量に占める純物質の含有率が裾切値（原則1％）以下のものは除かれる（特化則第2条第2項、第3項、別表第1、別表第2）。裾切値以下のものが除外されているのは、事業者が意図しない化学物質の微量な混入（天然の原料にごく微量当該物質が含まれる場合、過去に取り扱った物質が取扱容器・配管等にごく微量残留する場合など）であって、通常その物質の含有により期待される効果の発現が想定されないようなものを除くためである。[15]

第1類物質及び第2類物質との関係では、作業環境測定の実施のほか、発散抑制措置、健康診断の実施等

資料7-18　特別有機溶剤等の範囲と特化則と有機則の適用関係

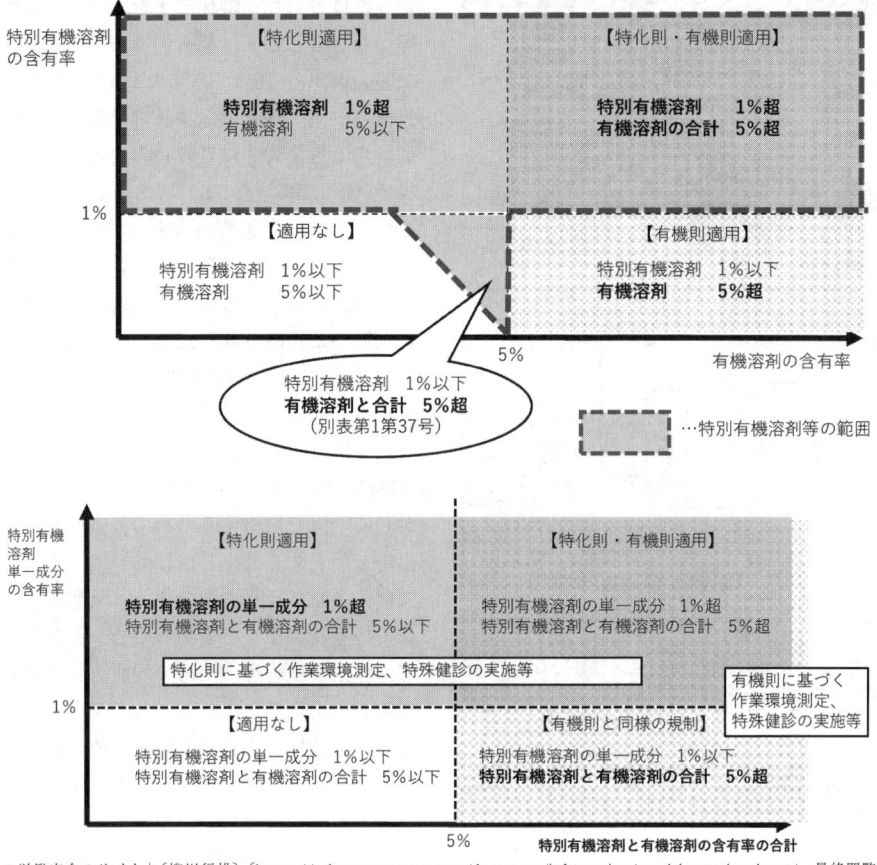

(「実務家のための労働安全のサイト」〔柳川行雄〕〔https://osh-management.com/document/information/special-organic-solvent/, 最終閲覧日：2022年10月21日〕，厚生労働省「特定化学物質障害予防規則等の改正（ジメチル-2,2-ジクロロビニルホスフェイトとクロロホルムほか9物質の追加）に係るパンフレット」厚生労働省WEBサイト〔https://www.mhlw.go.jp/stf/seisakunitsuite/bunya/0000057700.html, 最終閲覧日：2022年10月21日〕，三協化学株式会社WEBサイト〔https://www.sankyo-chem.com/regulation/tokkasoku/?lang=ja, 最終閲覧日：2022年10月21日〕における図表をもとに石崎由希子作成)

が基本的に求められる。このうち第2類物質には，以下のものが含まれる（特化則第2条[16]）。

・特定第2類物質（急性中毒のおそれなどがあり，特に漏えいに留意すべき物質）
・特別有機溶剤等（発がん性があり，有機溶剤と同様に作用し，蒸気による中毒を発生させるおそれのあるもの。クロロホルム等が含まれ，有機則が準用される）
・オーラミン等（尿路系器官にがん等の腫瘍を発生させるおそれのあるオーラミンとマゼンタ）
・管理第2類物質（上記以外）

このうち，「特別有機溶剤等」には，①エチルベンゼン，1,2-ジクロロプロパン，クロロホルムほか9の純物質（四塩化炭素，1,4-ジオキサン，1,2-ジクロロエタン〔別名：二塩化エチレン〕，ジクロロメタン，スチレン，1,1,2,2-テトラクロロエタン〔別名：四塩化アセチレン〕，テトラクロロエチレン〔別名：パークロエチレン〕，トリクロロエチレン，メチルイソブチルケトン）のほか，②①に挙げた「特別有機溶剤」を単独で重量濃度1％を超え

て含有する製剤その他の物（混合物），③「特別有機溶剤」単独では1％以下であるが，有機溶剤（第1種，第2種及び第3種）と合計すると5％超えて含有する製剤その他の物（混合物）が「等」に含まれる。③で5％とされているのは，有機則の規制を準用するにあたり，有機則の「裾切値」にかかる規制と平仄を揃えるためである。なお，③には，特別有機溶剤をおよそ含まない有機溶剤含有物は含まれない（「特別有機溶剤等」の範囲や特化則や有機則との適用関係については，資料7-18）。

こうした「特別有機溶剤等」は，有機則においてばく露低減措置等が定められている有機溶剤等のうち，発がん性があることを踏まえ，記録の保存期間の延長等の措置について検討する必要があることから，特定化学物質として特化則の規制対象とされたものである（平成26年9月24日基発0924第6号）。

なお，第1類物質，第2類物質のうち，がん原性物質またはその疑いのある物質については「特別管理物質」に指定されており，名称・注意事項などの掲示（特化則第38条の3）や，作業環境測定や健康診断の記

資料7-19 三酸化二アンチモンの製造工程

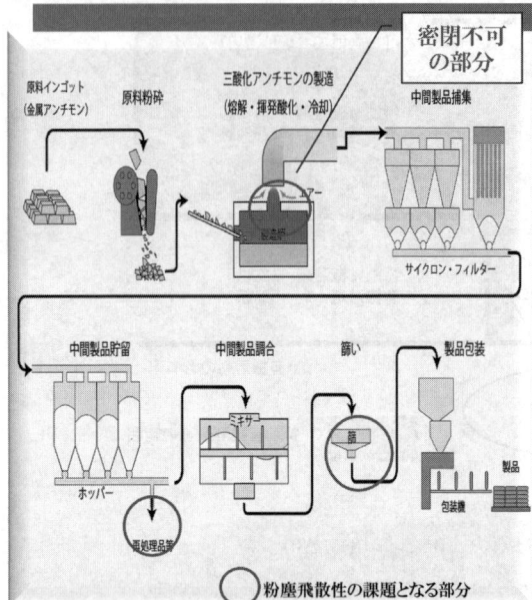

＊製造炉に原料となるアンチモンメタルは連続的に投入され、炉内に酸素や空気を送り込むことで1,000℃程度に熔解されたアンチモンメタルを酸化させる。製造炉は生産性維持の為に、操業中に作業員による熔湯面の滓類除去や酸化アンチモンガス冷却部の固着物除去等のメンテナンス作業が必須となるとされる。

(日本鉱業協会資料「厚生労働省ヒアリング資料 三酸化二アンチモン」〔2015年10月7日〕厚生労働省WEBサイト〔https://www.mhlw.go.jp/file/05-Shingikai-11201000-Roudoukijunkyoku-Soumuka/sochi27_3_shiryou2-3-2.pdf, 最終閲覧日：2022年10月21日〕)

録を30年間保存することが求められている。

以上が、特化則の規制対象物質であるが、このうち作業環境測定の対象となるのは、第1類物質（純物質）と所定の第2類物質（純物質）の濃度及び「特定有機溶剤混合物」（特別有機溶剤又は有機溶剤を含有する製剤その他の物でその含有量ないしその合計が5％を超えるもの）に含有される「特別有機溶剤」又は第1種、第2種有機溶剤の濃度である（特化則第36条、第36条の5）。

第2類物質に係る業務のうち、下記の業務については、作業環境測定の実施の適用除外とされる（同第36条第4項、安衛法施行令第21条第7号）。すなわち、第1に、特別有機溶剤等やコバルト等、酸化プロピレン等、ジメチル-2,2-ジクロロビニルホスフェイト（DDVP）等に係る作業のうち、リスク評価の結果、労働者のばく露による健康障害のおそれが低いと判断され、特化則の適用自体が除外される場合（特化則第2条の2参照）、第2に、特別有機溶剤業務（①クロロホルム等有機溶剤業務、②エチルベンゼン塗装業務、③1,2-ジクロロプロパン洗浄・払拭業務）において、扱われる製剤等における特別有機溶剤の含有率が1％以下であり、作業に際して消費する有機溶剤等の量が所定の許容消費量を常態として超えておらず、所轄労働基準監督署長の認定を経て、有機則の適用が除外される場合

（特化則第38条の8、有機則第3条第1項）、第3に、製造炉等に付着した三酸化二アンチモン（管理第2類物質）等のかき落とし又は製造炉等からの三酸化二アンチモン等の湯出し（溶かして除去する）の作業で、全体換気装置の設置、呼吸用保護具の使用及びこれらの作業に従事する労働者等以外の者の立入禁止の措置を講じた場合（特化則第38条の8）である。三酸化二アンチモンの製造、取扱い業務のうち、「樹脂等により固形化された物を取り扱う業務」については、労働者へのばく露の程度が低く、労働者の健康障害を生じさせるおそれが低いと判断されたため、特化則が適用除外とされているが（特化則第2条の2第5号）、湿潤な状態で取り扱うときも、労働者へのばく露の程度が低いこと、また、製造炉等におけるかき落とし及び湯出しの作業（資料7-19）は、それぞれ、高温の気体状態のものに対して空気を供給するための吸気口及び炉等内部の析出物を除去する湯出し口において、手工具を炉内部等に侵入させて行う作業であり、気体状態のものを開放系で扱う特殊なものであるため、これらの作業については作業環境管理のための局所排気装置の設置に係る規定が適用除外となり、併せて、所定の措置がとられることを前提に作業環境測定に係る規定も適用が除外されている（平成29年5月19日基発0519第6号）。

（8）石綿等を取扱い、製造する屋内作業場

安衛法施行令第21条第7号は、石綿等を取り扱い、若しくは試験研究のため製造する屋内作業場若しくは石綿分析用試料等を製造する屋内作業場も作業環境測定の対象となる作業場に当たるとする。元々、石綿は、特定化学物質の一つとして特化則の規制対象とされていたが、石綿による発がん性リスクの重要性を踏まえ、「石綿障害予防規則」（平成17年2月24日厚生労働省令第21号）が「特定化学物質障害予防規則」から分離し、単独規則として制定されている。

施行令第21条第7号の後半では、コークス炉（資料7-20）に接してコークス製造の作業を行う場合の当該作業場も作業環境測定の対象とされている[17]。コークス炉においては、石炭を蒸し焼きにして不純物を取り除き、高純度の炭素の塊であるコークスを製造するが、その過程で石炭燃焼時に発生したコールタールを含む蒸気（タール蒸気）が発生し、この蒸気が肺がんの原因となりうることが知られている[18]。

なお、特殊健診の対象は、石綿等の取扱い若しくは試験研究のための製造若しくは石綿分析用試料等の製造に伴い石綿の粉じんを発散する場所における業務（安衛法施行令第22条第1項第3号）とされており、屋内作業場に限られていない。

（9）鉛業務を行う屋内作業場

鉛業務を行う屋内作業場も作業環境測定の対象とな

資料7-20 コークス炉

①コークス炉炭化室　⑦コークワーフ
②コークス炉蓄熱室　⑧コンベア
③押　出　機　⑨石　炭　塔
④装　炭　車　⑩消　火　塔
⑤ガ　イ　ド　車　⑪ガイド車集塵装置
⑥消　火　車　⑫装炭車集塵装置

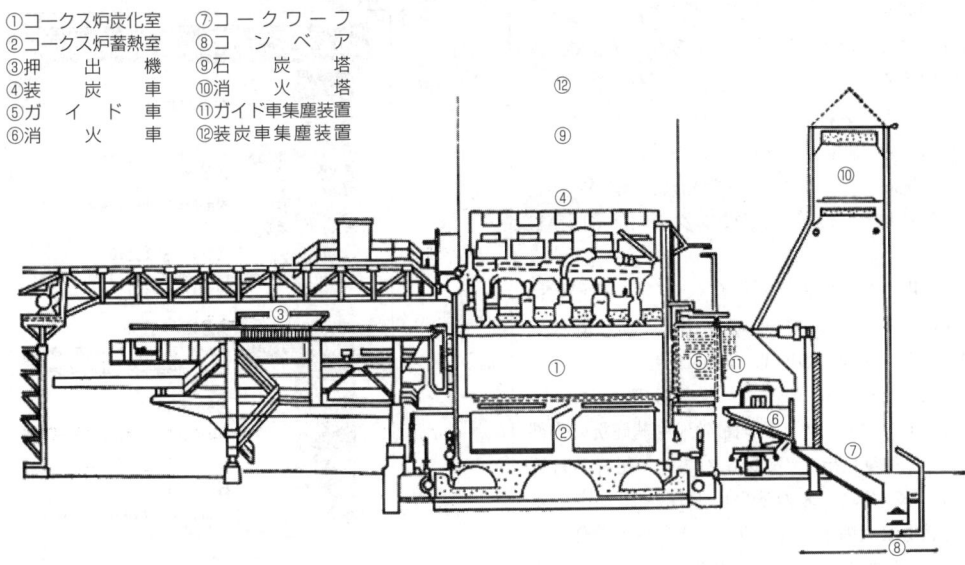

（昭和50年10月1日基発第573号）

るが，遠隔操作によって行う隔離室におけるものは除かれる（安衛法施行令第21条第8号）。また，ここで対象となる鉛業務としては，①鉛・銅又は亜鉛の製錬又は精錬を行う工程における溶鉱等の取扱い業務，②鉛蓄電池，電線・ケーブル，鉛合金や鉛化合物の製造過程における溶融，加工，溶接，溶断，運搬，ふるい分け等の業務，③鉛ライニング（※耐食性を高め，腐食を避けるため，物体の表面を鉛の被膜で覆うこと）の業務，④含鉛塗料を塗布した物や鉛装置の破砕，溶接，溶断又は切断の業務，⑤溶融した鉛を用いて行う金属の焼入れ若しくは焼戻し等が含まれる（安衛法施行令別表第4第1号乃至第8号，同第10号，同第16号）。これに対し，鉛装置の内部における業務（同第9号）や自然換気が不十分な場所におけるはんだ付けの業務（同第13号），鉛化合物を含有する絵具・釉薬（うわぐすり：素焼き段階の陶器などに塗ると，焼成によりガラス質となる）を用いて行う絵付け・施釉業務やその焼成業務（同第14号，同第15号），ゴム若しくは合成樹脂の製品，含鉛塗料又は鉛化合物を含有する絵具，釉薬，農薬，ガラス，接着剤等を製造する工程における鉛等の溶融，鋳込，粉砕，混合若しくはふるい分け又は被鉛若しくは剝鉛の業務（同第12号）は含まれない。これらの業務については，鉛の飛散が多くないと考えられることから作業環境測定の対象外とされたと考えられる[19]。ただし，これらの業務に従事する者についても，特殊健康診断の対象となっている。なお，鉛中毒症は，全身症状として諸症状が現れ，慢性症状のときは，それが長期にわたって継続すること，また，鉛中毒症に特有の症状を有していないという特徴がある[20]。

(10) 酸素欠乏危険場所

資料7-21 酸素欠乏場所の例（地下ピット）

（厚生労働省「職場のあんぜんサイト」〔https://anzeninfo.mhlw.go.jp/anzen_pg/SAI_DET.aspx?joho_no=100727，最終閲覧日：2022年10月27日〕）

酸素欠乏危険場所において作業を行う場合の作業場（安衛法施行令第21条第9号）の酸素欠乏の原因に応じて，様々な作業場が列挙されている[21]（資料7-21）。

①物の酸化（サビ）に対応するものとして，相当期間密閉されていた鋼製のボイラー，タンク（安衛法施行令別表第6第4号），くず鉄等酸素を吸収する物質を入れてあるタンク，貯蔵施設等（同第5号），乾性油を含む塗料で塗装され，その塗料が乾燥する前の通風が不十分な施設の内部（同第6号），土中の鉄分がさびることが想定される長期間使用されていない井戸等（同第2号）

②穀物，果菜，木材等の呼吸に対応するものとして，穀物，飼料や原木，チップが入れてある貯蔵庫・貯蔵施設内部，果実の熟成・きのこの栽培場所（同第5号，同第7号）

③有機物の腐敗・発酵等，微生物の呼吸による酸素消費に対応するものとして，し尿，汚水などのタンク（同第9号），雨水や海水等が滞留している暗きょ，マンホール，ピット等（同第3号の2，第3号の

3），醤油，酒など発酵物質を入れたことのあるタンク（同第8号）
④人の呼吸による酸素消費に対応するものとして，内部から開けることのできない冷蔵庫，タンク
⑤不活性ガスの流入に対応するものとして，爆発・酸化防止のために封入された窒素等が封入されたタンクや貯蔵施設，アルゴンガス等の滞留に繋がる溶接作業の行われているピットやタンクの内部（同第11号）
⑥冷媒に使用されるガス（ドライアイス等）の滞留に対応するものとして，冷凍機室，冷凍倉庫，冷凍食品輸送トラックなどの内部（同第10号）
⑦酸素欠乏空気などの噴出に対応するものとして，(a)埋立地，トンネル，ガス田地帯の建物基礎坑の内部（メタンガスの噴出），(b)地下プロパン配管の付近（配管かえの際のガスの噴出），(c)船室，地下駐車場，可燃物取扱場所（炭酸ガス消火装置の誤作動，故障），(d)石油タンカーの油槽内，精油所のタンク内（石油ガスの遊離，低沸点溶剤の気化）（同第1号，同第3号）

なお，③のうち，特に汚水等，微生物が発生する場所（施行令別表第6第3号の2，第3号の3，同第9号）においては硫化水素が発生するおそれがある。酸素欠乏症（**資料7-22**）及び硫化水素中毒はいずれも死に至るおそれのある危険な疾病であり，酸素欠乏症等防止規則第5条においては，酸素濃度を18％以上に保つよう換気しなければならないこと（安衛法第22条），硫化水素濃度については，10ppm 以下に保つようにしなければならないことを定めている。

(11) 有機溶剤を製造し，又は取り扱う業務を行う屋内作業場

作業環境測定の対象となるのは，有機溶剤を製造し，又は取り扱う業務で「厚生労働省令で定めるもの」を行う屋内作業場である（安衛法施行令第21条第10号）。ここでいう厚生労働省令に当たるのは有機則である。

有機溶剤は第1種，第2種，第3種に分かれており，数字が小さくなるほど有害性の程度が高い。第1種には，蒸気圧（空気中に飛び出す分子の運動量）が高いため，時間的に早く作業環境中の空気を汚染するおそれがあり，かつ，単一物質で有害性が高いものが選ばれている。また，第2種には，第1種物質以外の単一物質で有害性が高いものが選ばれている。第3種には，多くの炭化水素（炭素と水素から成る有機化合物であり，水に溶けにくく，有機溶剤に溶けるものが多い）が混合状態となっているガソリン等の石油系溶剤及び植物系溶剤であり，可燃性が高いものが選ばれている。測定対象となるのは，このうち，第1種・第2種有機溶

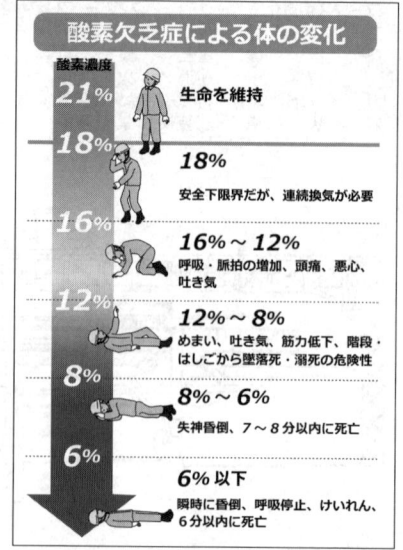

資料7-22 酸素欠乏症

（厚生労働省パンフレット〔https://www.mhlw.go.jp/content/11200000/000628946.pdf，最終閲覧日：2022年10月25日〕）

剤である（有機則第1条，同第28条第1項，安衛法施行令別表第6の2第1号乃至第47号）。

作業環境測定が義務づけられるのは，上記の有機溶剤に係る「有機溶剤業務」である（安衛令第21条第10号，有機則第28条第1項）。「有機溶剤業務」については，有機則第1条第1項第6号において規定されており，①有機溶剤等や染料・医薬品・農薬・化学繊維等を製造する工程における有機溶剤等のろ過，混合，撹拌，加熱又は容器若しくは設備への注入の業務，②有機溶剤含有物を用いて行う印刷，描画，③有機溶剤を用いて行うつや出し・防水等の加工，洗浄，塗装，④接着のための有機溶剤等の塗布や付着している物の乾燥，⑤有機溶剤等を用いて行う試験・研究，⑥有機溶剤等を入れたことのあるタンク内部での業務などが挙げられている。

このうち，②乃至⑥の業務に，タンク等の内部において労働者を従事させる場合で，1日に消費する有機溶剤等の量が有機溶剤等の許容消費量を常に超えないときやタンク以外の屋内作業場等で労働者を従事させる場合で，作業時間1時間に消費する有機溶剤等の量が許容消費量を常態として超えないときは，所轄労働基準監督署長の認定を受けた上で，有機則の適用が除外されるため，この場合には，作業環境測定もまた義務づけられないことになる（有機則第28条第1項，同第3条第1項）。

なお，「有機溶剤等」には，第1種・第2種有機溶剤の他，これらを単体であるいは第1種ないし第2種有機溶剤を合計して5％超になる混合物も含まれる。ここで5％が裾切値とされたのは，有機溶剤の含有量が痕跡程度のものを規制対象とするのは現実から遊離

しているためである。また，混合有機溶剤の場合には合計値によって算定されているのは，当時の医学研究水準を前提とした場合に個々の有機溶剤ごとに含有率の下限を定めることは困難であったことや仮にそのような数値が得られても，事業場において個々の有機溶剤ごとに含有率を把握することは期待し難い面があることから，一律に設定されたものである。[22]

(12) 屋外作業場

作業環境測定が義務づけられていない屋外作業場についても，屋内作業場等と同様に有害物質等へのばく露による健康障害の発生は認められているため，作業環境測定及びそれに基づく作業環境管理のニーズはあるといえる。しかし，屋外作業場等については，自然環境の影響を受けやすいため作業環境が時々刻々変化することが多く，また，作業に移動を伴うことや，作業が比較的短時間であることも多いことから，屋内作業場等で行われている定点測定を前提とした作業環境測定を用いることは困難であるとされてきた。こうしたなかで，「屋外作業場等における測定手法に関する調査研究委員会報告書」の提言に基づき，個人サンプラー（個人に装着することができる試料採取機器）を用いて作業環境の測定を行い，その結果を管理濃度の値を用いて評価する手法による作業環境測定及び作業環境管理の実施を望ましいとする「屋外作業場等における作業環境管理に関するガイドライン」がまとめられている（平成17年3月31日基発第0331017号，最終改正：令和2年2月7日基発0207第2号）。また，その他にも，特定の作業場における作業環境測定として，廃棄物焼却施設におけるダイオキシン類濃度の測定（「廃棄物焼却施設内作業におけるダイオキシン類ばく露防止対策要綱」〔平成13年4月25日基安発第20号〕），ずい道等建設工事における粉じん濃度の測定（「ずい道等建設工事における粉じん対策に関するガイドライン」〔平成12年12月26日基発第768号の2，最終改正：令和2年7月20日基発0720第2号〕）等がある。

2 作業環境測定の頻度・対象

作業環境測定は，作業場ごとにその測定の対象及び頻度が定められている（資料7-23参照）。なお，資料7-23のうち，粉じん作業を行う坑内作業場は，本条に基づき作業環境測定の実施が義務づけられている作業場ではなく，粉じん則第6条の3に基づいて特別に測定が求められている作業場である（3(2)(i)参照）。

作業環境測定が義務づけられている作業場のうち，①特定粉じんを著しく発散する屋内作業場，②放射線物質取扱作業室及び事故由来廃棄物等取扱施設，③特定化学物質等を製造又は取り扱う屋内作業場，④鉛業務を行う屋内作業場，⑤有機溶剤を製造又は取り扱う屋内作業場については指定作業場として（作業環境測定法第2条第3号，作業環境測定法施行令第1条），作業環境測定士又は作業環境測定機関等に委託してこれを実施することとされている（作業環境測定法第3条第1項，第2項）。これらの作業場においては，作業環境の測定について相当高度の知識，技術を要するほか，これらの作業場において従事する労働者には重篤な健康障害を生ずるおそれが非常に強いため，作業環境測定士等による測定が求められている。[23]

指定作業場のうち，①特定粉じんを著しく発散する屋内作業場，③特定化学物質等を製造し，又は取り扱う作業場，④鉛業務を行う屋内作業場，⑤有機溶剤を製造し，又は取り扱う屋内作業場については，次条（第65条の2）に規定される作業環境評価基準に基づき，作業環境測定結果の評価を行わなければならない。

なお，著しい騒音を発する屋内作業場は，指定作業場ではないが，1992（平成4）年9月2日以降，指定作業場と同様の作業環境測定方法（A測定及びB測定）が採用されている（作業環境測定基準第4条）。測定対象となる等価騒音とは，作業場内の騒音は時間とともに変動することを前提に，変動する騒音レベルを一定時間の中で測定しその時間平均値を算出したものである。「騒音障害防止のためのガイドライン」（平成4年10月1日基発第546号，改訂：令和5年4月20日基発0420第2号）においては，こうした測定方法の他，作業環境評価基準が示されている。

また，酸素欠乏危険場所は「見えざるハンマーの一撃」と言われるように一呼吸で生命の危険が生じるため（資料7-22），毎日作業開始前（酸欠則第3条第1項）に，法定の技能講習を修了した作業主任者による作業環境測定を実施することが義務づけられている（酸欠則第3条第1項，第11条第2項第2号）。また，日々現場で測定するため，測定機器が備えられ，容易に利用できるようになっている必要がある（同条第4条）。

3 作業環境測定基準・作業環境測定指針

作業環境測定は，厚生労働大臣が定める作業環境測定基準（昭和51年4月22日労働省告示第46号，最終改正：令和5年4月17日厚生労働省告示第174号）に従って行わなければならない。作業環境測定基準は，作業環境測定の客観性と正確性を担保するために，測定物質ごとにサンプリング及び分析方法等の基本事項について定めたものである（昭和47年9月18日基発第602号，昭和50年8月1日基発第448号）。すなわち，作業環境測定基準は，粉じん濃度，気温・湿度等，騒音，坑内作業場における炭酸ガス濃度及び気温，建築物の室について一酸化炭素及び炭酸ガスの含有率等，外部放射線による線量等量率等，特定化学物質の濃度，石綿の濃度，鉛の濃度，酸素欠乏場所における酸素及び硫化水素の濃

資料7-23 作業環境測定の頻度及び測定対象

頻度	作業場		測定対象	根拠
その日の作業開始前	酸素欠乏危険場所		当該作業場における空気中の酸素（第2種酸素欠乏危険作業に係る作業場にあっては，酸素及び硫化水素）の濃度	酸欠則第3条第1項
半月以内に1回	粉じん作業を行う坑内作業場		空気中の粉じんの濃度 ※測定困難な場合を除く	粉じん則第6条の3
	暑熱，寒冷又は多湿の屋内作業場		屋内作業場における気温，湿度及びふく射熱	安衛則第607条
	通気設備がある坑内作業場		通気量	安衛則第589条，第603条
	28℃を超える又はおそれのある坑内作業場		気温	安衛則第589条，第612条
1カ月以内に1回	炭酸ガスが停滞又はおそれのある坑内作業場		炭酸ガス濃度	安衛則第589条，第591条第1項
	放射線業務	放射線業務を行う管理区域（実効線量が1.3mSv/3カ月を超える区域）	外部放射線による線量当量率又は線量当量 ※放射線装置が固定されており，使用の方法及び遮へい物の位置が一定しているとき等は6カ月に1回で足りる	電離則第54条第1項
		非密封の放射性物質取扱作業室	空気中の放射性物質の濃度	電離則第55条
		事故由来廃棄物等取扱施設		
		坑内の核燃料物質の採掘の業務を行う作業場		
2カ月以内に1回	中央管理方式の空気調和設備がある建築物の室		一酸化炭素及び炭酸ガスの含有率，室温及び外気温，相対湿度	事務所則第7条第1項
6カ月以内に1回	**粉じんを著しく発散する屋内作業場（常時特定粉じん作業が行われる屋内作業場）**※		空気中の粉じんの濃度（土石，岩石又は鉱物に係る特定粉じん作業を行う屋内作業場については，当該粉じん中の遊離けい酸の含有率）	粉じん則第26条第2項，同第3項
	著しい騒音を発する屋内作業場		等価騒音のレベル	安衛則第590条第1項
	特定化学物質を製造又は取扱う屋内作業場※		第1類物質又は第2類物質（※がんなどの慢性疾病を発生させるおそれのある物質。第一類はそのリスクがより大きい）の空気中における濃度	特化則第36条第1項
	有機溶剤業務※		有機溶剤濃度の測定	有機則第28条第2項
	石綿を取扱い又は製造する屋内作業場※		石綿の空気中における濃度	石綿則第36条
1年以内に1回	**鉛業務**※		空気中の鉛の濃度	鉛則第52条第1項

* 太字：作業環境測定士又は作業環境測定機関による測定が義務づけられる指定作業場。
* ※印：作業環境評価基準が適用される。
（石崎由希子作成）

度，有機溶剤等の濃度について，その測定方法や測定機器について規定する。作業環境測定がこの基準に従わずに実施された場合には，本条にいう作業環境測定を行ったことにはならない[24]。ただし，作業環境測定基準において規定される測定方法には，①粉じん濃度の測定や石綿の濃度の測定のように，測定方法（測定機器や分析方法）が一意的に指定されるものと，②特定化学物質，鉛，有機溶剤の測定のように，測定方法が条文中又は別表に示されてはいるが，同時に「これと同等以上の性能を有しているもの」の利用が許容されるものの2種類ある。「同等以上」の測定方法については，通達において示される場合もあるが，基本的には関連学会などにおいて検出限界や精度など，同等性が認められていれば足りると解される。ただし，「同等以上」の測定方法を作業環境測定士が用いるには，「同等以上」であることの論拠を示せるようにする必要がある[25]。公益社団法人日本作業環境測定協会により発刊されている『作業環境測定ガイドブック』は，作業環境測定基準に則した測定手法の1例を示すことにより，作業環境測定の技術水準の向上及び測定結果の正確性の確保を図るものである。なお，本条第3項に基づく作業環境測定指針は公表されていない。したがって，本条第4項に基づく指導も行われていない。さらに，本条第5項は，特殊健診に関する規定（第66条第4項）に合わせる形で規定されたものであるが，実際には運用されていない[26]。

(1) デザインについて

作業環境測定における「デザイン」とは，測定対象作業場の作業環境の実態を明らかにするために，当該作業場の諸条件に即した測定計画を立てることをいう

（昭和47年9月18日基発第602号）。すなわち，デザインでは生産工程，作業方法，発散する有害物質の性状，その他作業環境を左右する諸因子を検討して，①測定対象物質，②測定及び作業環境管理の対象となる範囲，③測定点，④サンプリング時間，⑤測定の実施方法，⑥測定日，⑦測定時間帯，⑦サンプリング及び分析方法などについて決定する。

作業環境測定士による作業環境測定が求められる指定作業場のうち，粉じん，特定化学物質（石綿），鉛，有機溶剤の4つの指定作業場においては，「定常的な作業を行っているとき」の環境空気中の有害物質濃度を把握することが求められる（作業環境測定基準第2条第1項第2号）。環境空気中の濃度測定はばく露濃度の測定とは異なるが，「定常的な作業を行っているとき」の環境状態を把握すれば，健康への影響を推測できると考えられるためである。また，上記指定作業場での測定については「単位作業場所」という概念が用いられている。

「単位作業場所」とは，有害物質が関与する作業が行われる作業場の区域のうち，労働者の作業中の行動範囲，有害物の分布等の状況等を考慮して定められる作業環境測定のために必要な区域をいう（作業環境測定基準第2条第1項第1号）。作業場の中に，他の場所として比較して，常に有害物質濃度の高い場所（有害物質の発生源付近や風下にあたる場所）がある場合や1日の作業のうち有害物質の発散が特定の時間に限られているような作業場については，他の場所・他の時間帯とは区別（層別化）して，すなわち，特定の場所・時間帯については，別の単位作業場所として測定する必要がある。

作業環境測定には，①単位作業場所内の平均的な有害物質の濃度の分布を調べるための測定を行うA測定，②発散源の近くで作業する作業者が高い濃度にばく露する危険があるかないかを調べるためのB測定という測定方法がある（作業環境評価基準第2条，昭和59年2月13日基発第69号）。

A測定は，作為的な測定を避けるため原則として6m以下の等間隔で無作為に選んだ5点以上の測定点で行われる（資料7-24）。B測定は，A測定を補完するための測定であり，作業方法，作業姿勢，有害物質等の発散状況等から判断して，濃度が最大になると考えられる位置で行われる。B測定は，①発散源と共に労働者が移動しながら行う作業（移動作業），②原材料等の投入，設備の点検等，間けつ的に有害物の発散を伴う作業（間けつ作業），③有害物を発散するおそれのある装置，設備等の近くで行う作業（近接作業）の3作業のうち，いずれかの作業が行われる単位作業場所で行われる（昭和59年4月13日基発第182号）。

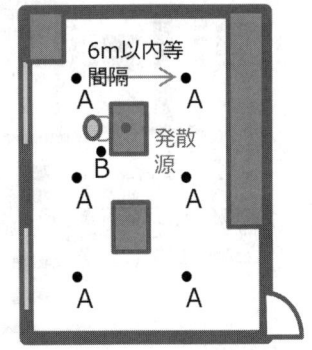

資料7-24 A測定・B測定

（厚生労働省「第1回 職場における化学物質等の管理のあり方に関する検討会」資料2-3〔https://www.mhlw.go.jp/content/11303000/000541391.pdf，最終閲覧日：2024年9月12日〕）

測定点の高さは，作業中の労働者の呼吸域における環境空気中濃度を把握することを考慮して，床上50cm以上1.5m以下である。また，測定は，定常的な作業が行われている時間帯に実施されることが求められる。測定は，単位作業場ごとに1作業日中に測定点を全て測定し，測定日の違いによる環境空気中の有害物質濃度の変動を加味した結果を得るために，連続する2作業日に同じ測定を繰り返して行うことが望ましい（昭和59年2月13日基発第69号）。また，測定時間帯は，定常的な作業を行っている時間帯に実施する必要があり，始業後1時間の時間帯や休憩時間等を含めるべきでない。また，有害物質の発散が特定の作業に付随することが明らかな場合，その作業の行われる時間を測定時間帯に含めるものとされる。その際，サンプリング時間は，有害物質の気中濃度の時間的変動や空間変動を考慮すると，短すぎるのも長すぎるのも問題があり，原則として10分間以上である（作業環境測定基準第2条第1項第3号）。

2021（令和3）年4月1日以降は，一定の作業を対象として，単位作業場所において作業に従事する労働者の身体に装着する試料採取機器等を用いる方法（個人サンプリング方法）による測定（C測定・D測定）を事業者が任意に選択することが認められている（令和2年1月27日厚生労働省告示第18号による改正，資料7-25）。

C測定とは，単位作業場所において，労働者にばく露される低管理濃度特定化学物質（主に発がん性を理由に特化則の対象とされ，第1類から第3類に分類して規制されている物質のうち，健康障害のリスクが高いため低い管理濃度〔$0.05mg/m^2$（相当）〕を設定されているもの）の量がほぼ均一であると見込まれる作業ごとに，それぞれ，原則5人以上の適切な数の労働者に対して行う測定をいい，D測定とは，低管理濃度特定化学物質の発散源に近接する場所において作業が行われる単位作業場所において，当該作業が行われる時間のうち，空気中

資料7-25　個人サンプラーによる測定

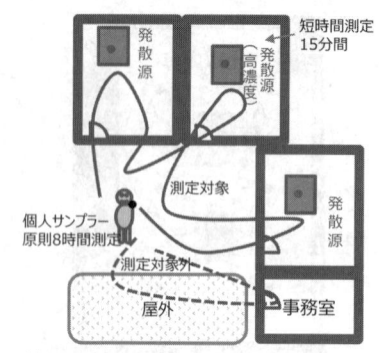

（資料7-24に同じ）

（厚生労働省「平成29年度　第1回　個人サンプラーを活用した作業環境管理のための専門家検討会」資料1-2〔https://www.mhlw.go.jp/file/05-Shingikai-11201000-Roudoukijunkyoku-Soumuka/0000183600.pdf、最終閲覧日：2022年11月4日〕）

の低管理濃度特定化学物質の濃度が最も高くなると思われる時間に、試料空気の採取等を行うもので、C測定に加えて実施するものである。C測定における試料空気の採取時間は、1の作業日のうち単位作業場所において作業に従事する全時間であるが、同一作業を反復する等、労働者がばく露する有害物質の濃度がほぼ均一であることが明らかな場合は時間を短縮することができるが、2時間を下回ることはできない。また、作業に従事する労働者の数が5人を下回る場合、1人の労働者が作業に従事する時間を分割し、5以上の試料空気を採取することも認められる。他方、D測定に際し必要とされる試料採取時間は15分間である（作業環境測定基準第10条第5項参照。第11条第3項、第13条第5項において準用、作業環境評価基準第4条）。

C測定・D測定の対象となるのは、当初、①管理濃度（本書第65条の2 [2] 参照）が低い（0.05mg/m³）特定化学物質及び鉛の測定のほか、②有機溶剤業務のうち、塗装作業等有機溶剤等の発散源の場所が一定しない作業が行われる単位作業場所であった（作業環境測定基準第10条第5項参照。第11条第3項、第13条第5項）。①については、有害性が高く管理濃度が低い物質を取り扱う作業であって、作業者の動きにより呼吸域付近の評価結果がその他の作業に比べて相対的に大きく変動すると考えられるものであり、②については、発散源が作業者とともに移動し、発散源と作業者との間に定置式の試料採取器等を置くことが困難な作業が含まれる（個人サンプリング法による作業環境測定及びその結果の評価に関するガイドライン〔令和2年2月17日基発0217第1号、最終改正：令和6年4月10日基発0410第2号〕及び資料7-23参照）。これらについては、A測定・B測定では、適切な作業環境の評価とならない場合があることから、個人サンプリングによる測定方法が先行的に導入されたものである（資料7-26[32]）。その後、2023（令和5）年4月17日の作業環境測定基準の改正（令和5年4月17日厚生労働省告示第174号）により、同年10月以降、C測定・D測定の対象として、特定化学物質のうち、アクリロニトリル等15物質や粉じん（遊離けい酸の含有率が極めて高いものを除く）が追加された他、有機溶剤等については、発散源の場所が一定しない作業が行われる単位作業場所において行われるものに限定する取扱いを廃止し、全ての作業に対象が拡大されている。なお、粉じんについて、遊離けい酸の含有率が極めて高いものを除く趣旨は、遊離けい酸含有率が極めて高いために管理濃度が極めて低くなり、各作業環境測定機関等で保有する天秤等の測定精度等によっては、適切に濃度を測定できない場合が想定されるためである。そのため、「遊離けい酸の含有率が極めて高いもの」については、各作業環境測定機関等において、当該機関等で使用する天秤等の測定精度等を踏まえて、判断する必要があるとされる（令和5年4月17日基発0417第4号）。

(2)　サンプリング及び分析

「サンプリング」とは、測定しようとする物の捕集等に適したサンプリング機器をその用法に従って適正に使用し、デザインにおいて定められたところにより試料を採取し、必要に応じて分析を行うための前処理、例えば、凍結処理、酸処理等を行うことをいい、「分析」とは、サンプリングした試料に種々の理化学的操作を加えて、測定しようとする物を分離

資料7-26　先行導入作業

①発散源とともに作業者が移動（溶接、吹付け塗装等）

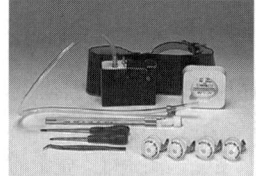

②作業者の動きにより呼吸域付近の評価結果がその他の作業に比べて相対的に大きく変動すると考えられる作業

（資料7-24に同じ）

資料7-27 捕集方法

直接捕集方法

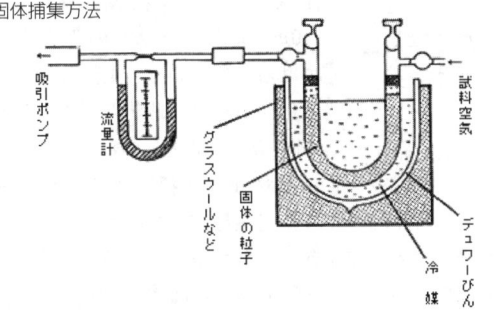

固体捕集方法

液体捕集方法

冷却凝縮捕集方法

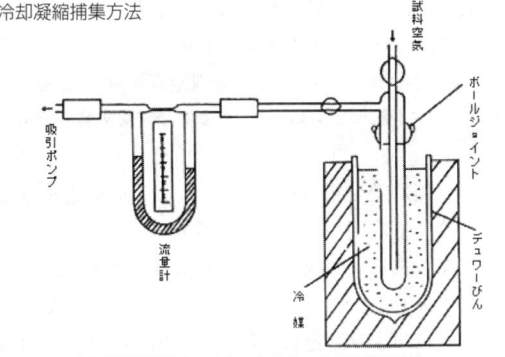

(作業環境測定基準施行通達・昭和51年6月14日基発第454号)

資料7-28 粉じんの測定方法と様々な分粒装置

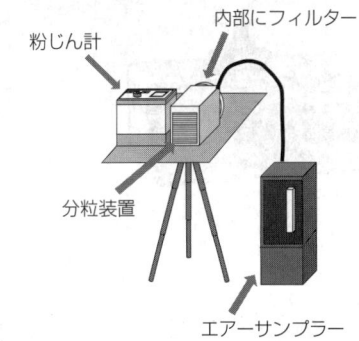

資料提供：日本カノマックス株式会社

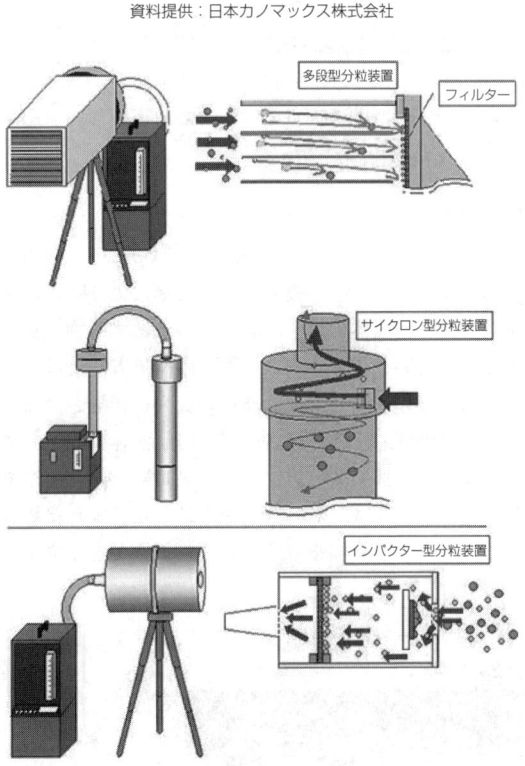

資料提供：日本カノマックス株式会社

＊分粒装置には，多段型，サイクロン型，インパクター型等あるが，国内では，多段式分粒装置が多く使われている。

(厚生労働省「平成28年度第1回トンネル建設工事の切羽付近における作業環境等の改善のための技術的事項に関する検討会」〔平成28年11月30日〕資料1-1「作業環境測定基準（昭和51年労働省告示第46号）の概要」〔https://www.mhlw.go.jp/stf/shingi2/0000145103.html，最終閲覧日：2020年2月29日〕及び日本カノマックス株式会社WEBサイト〔http://www.kanomax.co.jp/technical/detail_0039.html，最終閲覧日：2024年11月8日〕)

し，定量し，又は解析することをいう（昭和47年9月18日基発第602号）。

 有害物質の濃度は，補集した有害物質の量を補集した空気の体積で除すことにより求められる。このうち，有害物質の捕集量は分析により求められるが，空気の体積は，サンプリング流量とサンプリング時間を乗じることで求められる。そのため，正確な測定値を得るためには，サンプリングの精度が重要となる。[33] サンプリングの基本は，環境中の空気を所定量，正確に捕修することであるが，捕集方法としては，①ろ過捕集方法，②直接捕集方法，③固体捕集方法，④液体捕集方法，⑤冷却凝縮捕集方法がある（資料7-27）。また，一定の場合には，検知管や粉じん計等の簡易測定機器による測定が認められている。

 ①のろ過捕集方法とは，試料空気をフィルター等のろ過材（0.3μmの粒子を95％以上捕集する性能を有するものに限る）を通して吸引することにより当該ろ過材に測定しようとする物を捕集する方法をいう（作業環境測定基準第1条第5号）。②直接捕集方法とは，試料空気を溶解，反応，吸着等をさせないで，直接，捕集袋，捕集びん等に捕集する方法をいう（同第3号）。③

第65条　1109

資料7-29 光散乱式粉じん計（左）とピエゾバランス式粉じん計（右）

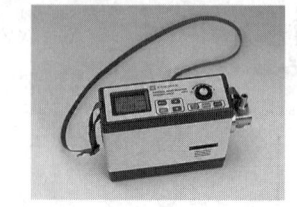
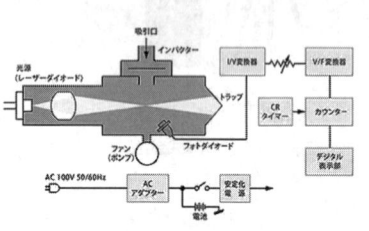
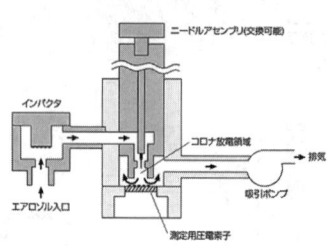

（日本カノマックス株式会社 WEB サイト〔左図は https://www.kanomax.co.jp/product/detail1015/, https://www.kanomax.co.jp/technical/detail2029/, 右図は https://www.kanomax.co.jp/technical/detail2030/, 最終閲覧日：2024年11月8日〕）

固体捕集方法とは、試料空気をシリカゲルや活性炭、ポーラスポリマービーズ（多孔性プラスチック）等の固体の粒子の層を通して吸引すること等により吸着等をさせて、当該固体の粒子に測定しようとする物を捕集する方法をいう（同第2号）。④液体捕集方法とは、試料空気を液体に通し、又は液体の表面と接触させることにより溶解、反応等をさせて、当該液体に測定しようとする物を捕集する方法をいう（同第1号）。⑤冷却凝縮捕集方法とは、試料空気を冷却した管等と接触させることにより凝縮をさせて測定しようとする物を捕

資料7-30 エックス線回折
装置の外観

エックス線回折装置での分析例（クリソタイル）

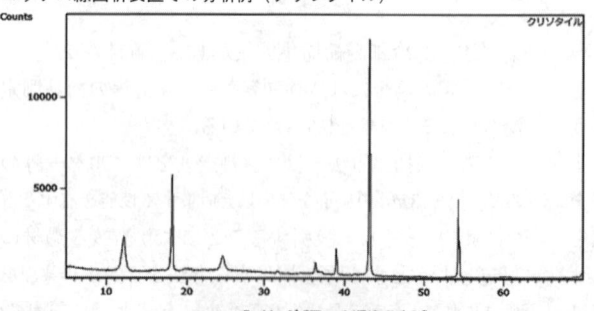

クリソタイル標準サンプルのX線回折データ

（環境リサーチ株式会社 WEB サイト〔https://www.kankyo-research.co.jp/equipment/xrd.php, 最終閲覧日：2024年7月2日〕）

集する方法をいう（同第4号）。

(a) 粉じん濃度の測定

粉じん濃度の測定は分粒装置を用いるろ過捕集方法及び重量分析方法によって測定される（作業環境測定基準第2条第1項第4号イ）。分粒装置とは、捕集装置の上流側に設置する装置であり、肺胞のガス交換部に沈着した場合に有害作用を発揮する粒径の粉じん（10μm以下の粉じん）のみを通過させる装置をいう[34]。重量分析方法とは、ろ過材に捕集された粉じん（分粒装置を通過したもの）の重量を天秤などで秤量する方法であり、当該粉じんを捕集するのに要した吸引試料空気量から、環境空気中の粉じん濃度の質量濃度（mg/m^3）が求められる（資料7-28）。この方法による場合、吸引時間が数時間にわたることが多く、測定に熟練を要するという難点がある。

そのため、単位作業場のうち1以上の測定点で上記の方法による併行測定を行うことを条件として、より簡易な相対濃度指示方法による測定を行うことも認められている（同第2条第1項第4号ロ）。さらに、作業環境評価において、2年間、第1管理区分、すなわち、適切な作業環境管理がされているとの評価がされた場合、労働基準監督署長の許可により、相対濃度指示方法のみによる測定が可能となる（粉じん則第26条第3項、作業環境測定基準第2条第3項）。

相対濃度計（粉じん計）には、光散乱式のもの、圧電天秤方式（ピエゾバランス方式）のもの等がある。光散乱式粉じん計は、空気中に浮遊する粒子に光を照射することにより生じる散乱光の強さを測定し、粉じんの相対濃度を求めるもの、圧電天秤方式の粉じん計は、振動している圧電結晶板に静電気で粉じんを集め、粉じんの付着に伴う周波数の変動を測定することにより、粉じんの相対濃度を求めるものである（資料7-29）。この相対濃度は、粉じんの絶対濃度（質量濃度や個数濃度）と比例し、1分間あたりのカウント数（cpm）として求められる。そこで、この相対濃度（cpm）に質量濃度変換係数（K値）を乗じることにより、粉じんの質量濃度を求めることができることになる。質量濃度変換係数は併行測定を行う場合には、ろ過捕集方法及び重量分析方法から得られた質量濃度（mg/m^3）を相対濃度（cpm）で徐すことにより

求められる。他方，併行測定を必要としない場合については，直近の測定からさかのぼる連続した測定において求めた4つの質量濃度変換係数からもとめた数値から導かれる。なお，粉じん計は，長期間使用することにより，正確な測定ができない可能性があることから，一定期間使用したものにつき，分解・クリーニング等較正を行うことで，機器の精度を確保することが求められる（粉じん則第26条第3項）。[35]

なお，粉じん中の遊離けい酸の含有率の測定は，エックス線回折分析方法又は重量分析方法によらなければならない（作業環境測定基準第2条の2）。遊離けい酸とは，石英，クリストバライト，トリジマイトなど，けい肺の原因となりうるものである。エックス線回折は，原子が規則的に並んでいる状態（結晶構造）を持つ物質にエックス線を照射するとエックス線が反射され，それぞれが干渉し合い回折線を発生させる作用を利用し，この回折線を検出することにより，粉じんにどのような遊離けい酸が含まれているかを明らかにするものである（資料7-30）。[36] 重量分析では，所定の物質を他の成分から分離，その重さを図ることにより定量分析を行う。

(b) 石綿の測定方法

石綿はろ過捕集方法及び計数方法によらなければならない（同第10条の2第1項）。具体的には，試料を採取し，分析標本を作製した後，位相差顕微鏡（※無色透明な標本を可視化できる顕微鏡，**資料7-31**）により石綿繊維の数を数えることにより測定を行う。

(c) 鉛の測定方法

鉛はろ過捕集方法又はこれと同等以上の性能を有する試料採取方法によって捕集され，吸光光度分析方法又は原子吸光分析方法若しくは誘導結合プラズマ質量分析方法又はこれらと同等以上の性能を有する分析方法により分析される（同第11条第1項）。吸光光度分析方法とは，特定の波長の光を試料液に当てた際，透過率から試料が吸収した光の度合い（吸光度）を算出することにより，濃度を分析するものである。[37] 多量の光が吸収されるほど，試料中に対象物質が多い（濃度が高い）ということになる（資料7-32）。原子吸光光度分析方法も，吸光度を測定する点では同様であるが，被測定物質をバーナーなどで燃焼させることにより原子化し，この原子による光の吸収を利用する点で異なる（資料7-33）。[38]

(d) 特定化学物質・有機溶剤の測定方法

特定化学物質のうち，(a)オーラミン，マゼンタ等，常温（25℃），常圧（1気圧＝1013hPa）で固体である物質は，ろ過捕集又は液体捕集方法が使用される場合が多

資料7-31　位相差顕微鏡

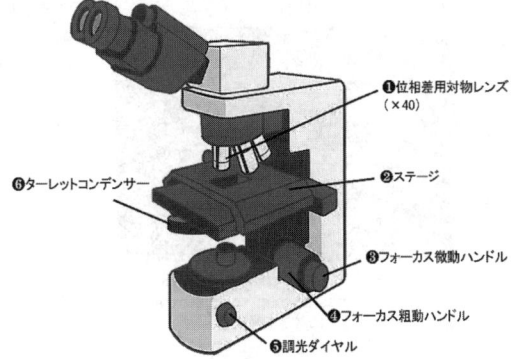

（環境省「アスベストモニタリングマニュアル〔第4.2版〕」14頁）

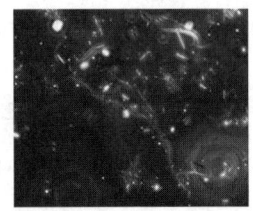

クリソタイル標準サンプルの位相差顕微鏡写真
（資料7-30に同じ）

資料7-33　原子吸光光度計の原理

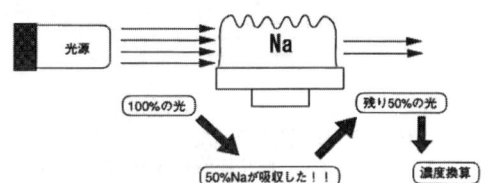

（株式会社日立ハイテクWEBサイト〔https://www.hitachi-hightech.com/jp/ja/knowledge/analytical-systems/aas/aas-basics/course3.html，最終閲覧日：2024年7月8日〕）

い。液体捕集の対象となるのは，常温，常圧で固体であるが，昇華性が高く（固体が液体を経ることなく気体となる），広く産業現場においてペースト状あるいは溶液として使用される場合が多い物質のうち，ミスト等の比較的大きい粒子として発散するような物質（シアン化カリウム，シアン化ナトリウム）である。[39] (b)常温，常圧で液体である特定化学物質は，蒸気として発生する場合が多いため，その多くについては液体捕集方法

資料7-32　分光光度計と測光原理

分光光度計

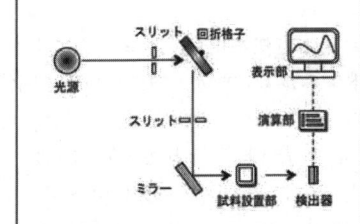

図1　分光光度計の装置概観とその測光原理

（一般社団法人日本分析機器工業会の許可を得て転載〔2024年7月3日〕）

資料7-34　クロマトグラフ

クロマトグラフの外観

(環境リサーチ株式会社WEBサイト〔https://www.kankyo-research.co.jp/equipment/gc-ms.php, 最終閲覧日：2024年7月2日〕)

クロマトグラムの例

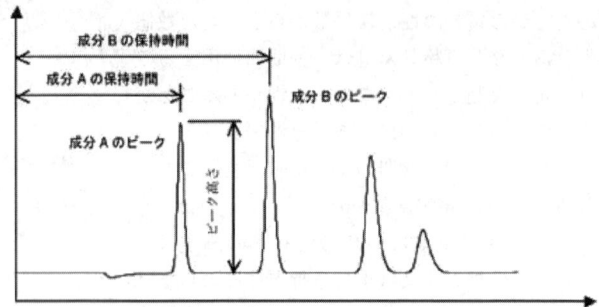

(一般社団法人日本分析機器工業会の許可を得て転載〔2024年7月3日〕〔小森亨一（株）島津製作所）執筆〕)

資料7-35　高速液体クロマトグラフの装置構成と原理

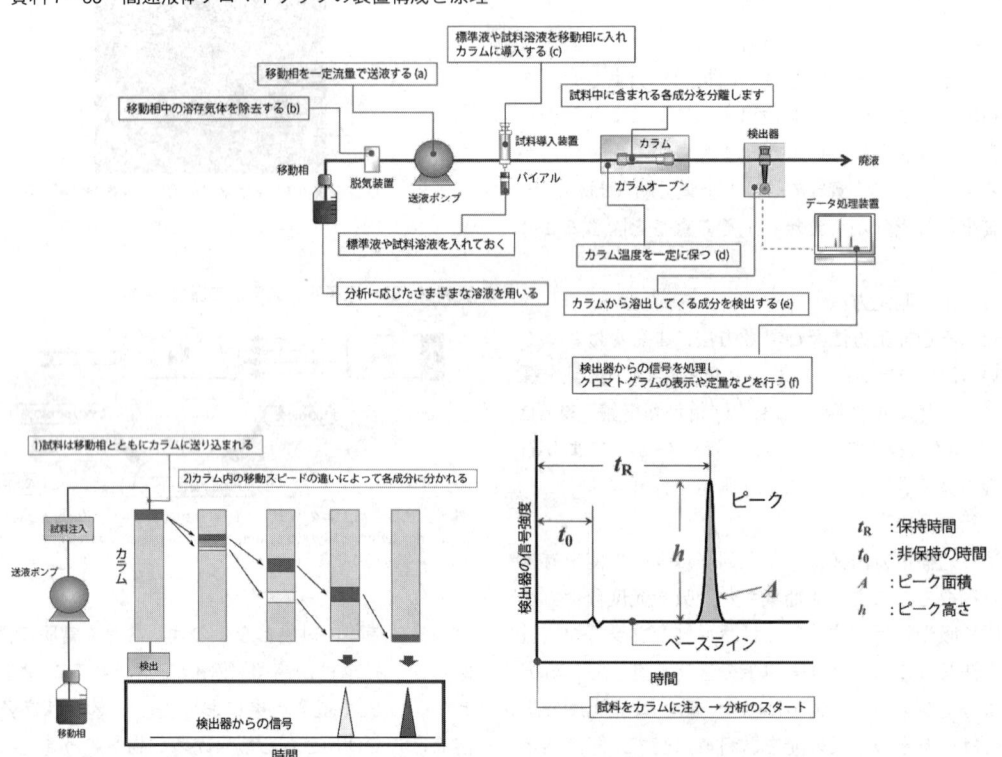

(株式会社島津製作所WEBサイト〔https://www.an.shimadzu.co.jp/hplc/support/whatis_hplc.htm, 最終閲覧日：2024年7月1日〕)

が利用されるが、直接捕集方法、固体捕集方法が利用される物質もある。また、粉じんに吸着して存在するコールタールについてはろ過捕集方法が用いられる。[40] (c)常温、常圧で気体である特定化学物質（塩素、塩化ビニル、シアン化水素、弗化水素）は、液体捕集又は直接捕集方法が用いられる。[41] ただし、エチレンオキシド、ホルムアルデヒドについては固体捕集方法が用いられる。また、分析方法としては、物質ごとに異なるが、吸光光度分析方法（資料7-32）、原子吸光分析方法（資料7-33）、ガスクロマトグラフ分析方法、高速液体クロマトグラフ分析方法等が用いられる（同第10条第1項）。

クロマトグラフ分析方法（クロマトグラフィー）とは、試料成分をカラムと呼ばれる管に注入し、その中を通過する過程で、カラムの中に保持された固定相と物質の相互作用（引き合う力のこと。吸着力、電荷、親水性／疎水性等）によりそれぞれの成分を分離して検出する分析方法であり、クロマトグラフはそのための装置である。管の中で試料を運ぶのは、移動相と呼ばれるキャリヤーガス又は高圧の液体であるが、移動相にガスを用いる装置をガスクロマトグラフ、液体を用いる装置を液体クロマトグラフと呼ぶ。高速液体クロマトグラフは、液体の移動相をポンプなどによって加圧することにより、より高性能な分離を可能とする装置

である。クロマトグラフのカラムの中で，成分と移動相との相互作用が強ければ，その成分は移動相の流れに乗ってカラムの中を速く移動し，早く分離・溶出されるのに対し，固定相との相互作用が強ければ，カラムの中をゆっくり移動するため，遅く分離・溶出される。こうした溶出時間の違い（試料導入点からの距離の違い）を示したグラフ（クロマトグラム）をみることにより，試料成分の定性及び定量分析が可能となる（資料 7－34・7－35）。[42]

有機溶剤の常温，常圧における状態は液体であり，作業環境中にはガス状物質として存在している。有期溶剤の捕集方法としては，液体捕集方法，固体捕集方法，直接捕集方法があり，分析方法としては，吸光光度分析方法，ガスクロマトグラフ分析方法が用いられる。[43]

(e) 検知管方式

所定の特定化学物質又は有機溶剤については，より簡易な検知管方式等（資料 7－36）による測定が可能である（同第10条第2項，同第13条第2項）。さらに，第1管理区分が2年間継続した単位作業場については，所定の特定化学物質又は有機溶剤につき，一定の条件下で検知管方式による測定が可能である（同第10条第3項，同第13条第3項）。検知管は，内径 2～6mm のガラス管で出来ており，その管内に測定ガスに反応する検知材を充てんしてある。そのため，吸引された資料空気との化学反応によって変色した層の長さから濃度を測定できるようになっている。[44]

(f) 管理区域における測定

事業者は，管理区域においては，1カ月以内（放射線装置を固定して使用する場合において使用の方法及び遮へい物の位置が一定しているとき，又は放射能の強さが3.7GBq〔ギガベクレル〕以下の放射性物質を装備している機器を使用するときは，6カ月以内）ごとに1回，外部放射線による線量当量率又は線量当量を放射線測定器を用いて測定，記録，保存をすることが求められる（電離則第54条第1項）。た

資料 7－36　北川式検知管とガステック式検知管

①北川式検知管　　②ガステック式検知管

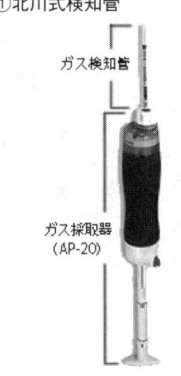
（光明理化学工業株式会社 WEB サイト〔https://www.komyokk.co.jp/product/001/kensikumi.html，最終閲覧日：2024年6月19日〕）

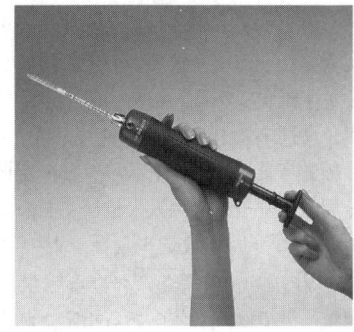
（株式会社ガステックの許可を受けて掲載）

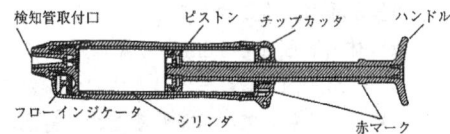
図Ⅲ.38　北川式真空法ガス採取器

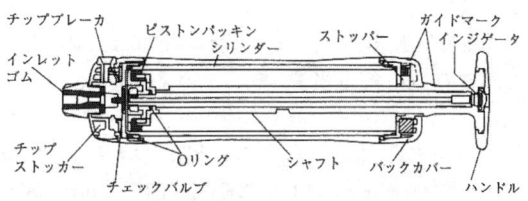
図Ⅲ.39　ガステック式真空法ガス採取器

（公益社団法人日本作業環境測定協会編『作業環境測定ガイドブック 0 総論編』〔日本作業環境測定協会，2019年，絶版〕122頁）

資料 7－38　電離作用と励起作用

線量測定と計算　放射線測定の原理

放射線と物質との相互作用を利用して測定する。

（気体との）電離作用
- 検出器には不活性ガスや空気などの気体が充填。
- 放射線が気体中を通過すると分子が電離して陽イオンと電子を生成。
- 陽イオンと電子が電極に引き寄せられ電気信号に変換して測定する。
- GM計数管式サーベイメータ、電離箱など

励起作用
- 放射線がシンチレータを通過すると、分子が励起されるが再び元の状態（基底状態）に戻る。
- その過程で光を放出し、放出された光を増幅・電流に変換して測定する。
- NaI（Tl）シンチレーション式サーベイメータなど

（環境省 WEB サイト〔https://www.env.go.jp/chemi/rhm/h28kisoshiryo/h28kiso-02-04-02.html，最終閲覧日：2022年10月24日〕）

だし，線量当量率又は線量当量は，放射線測定器を用いて測定することが著しく困難なときは，計算により算出することができる（同条第2項）。

線量当量（単位はSv）は，人の臓器や組織が個々に

受けた影響を示す等価線量や全身への影響を示す実効線量が直接測定することはできないため、実効線量とほぼ同じ値を示すものとして、人体への影響を表すために定義され、被ばく管理において用いられる「実用量」を示す概念である。線量当量率は、その場所における単位時間あたりの線量当量（sV/h）を示すものである。線量当量には、作業環境などの空間の線量を評価する周辺線量当量、個人の被ばくを評価する個人線量当量があり[45]、周辺線量当量は、人の身体を模した30cmの球の1cmの深さにおける線量当量として、個人線量当量では、人体のある指定された点における深さ1cmの線量当量として表され、いずれも1cm線量当量と呼ばれることがある。これは、人の臓器の多くは人体の表面から1cmより深い場所にあるためである。なお、個人線量当量は人体の体幹部に小型の個人線量計を装着して測定されるため、背面からの被ばくがある場合、周辺線量当量よりも低い数値が出ることになる[46]。

作業環境測定ないしこれに代わる計算は、原則として、この1cm線量当量（率）について行うものとされる。ただし、ベータ線やエネルギーの小さいガンマ線による被ばくなど、末端での影響が最大となる場合（70μm線量当量〔率〕が1cm線量当量〔率〕の10倍を超えるおそれがある場所）については、皮膚への影響を及ぼすことが考えられるため、70μm線量当量[47]を算出することが求められている（電離則第54条第3項）。

管理区域における外部放射線による線量当量率又は線量当量の測定に際しては、様々な放射線測定器が用いられている（資料7-37）[48]。放射線測定器は、放射線検出器と計測器を組み合わせ、放射線の量を測定できるようにしたものであるが、このうち持ち運びができ空間線量を測定できるものをサーベイメーターという。

検出器の中には、①放射線が物質中の原子核の電子を外に弾き飛ばす「電離作用」や②放射線が原子核の電子にエネルギーを与え、その電子を外側の軌道に飛び移らせることで、分子を不安定な状態（励起状態）に置く「励起作用」（これが安定状態〔基底状態〕に戻る際に生じる発光作用）を利用するものがある（資料7-38）。

電離作用による測定は、放射線が検出器の中を通過すると、検出器内の気体（ないし固体）の分子が電離して、陽イオンと電子が生成され、それぞれが検出器内にある電極（陽極・陰極）に引き寄せられる際に流れる電流を検出して、電気信号に変換して放射線量を測定するものである。電離作用を利用する測定機器のうち、電離箱、比例計数管、GM計数管は気体を電離することで放射線を検出するのに対し、半導体検出器

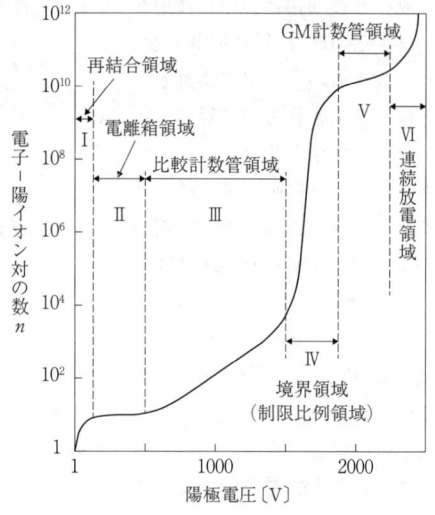

資料7-39　電離箱、比例計数管、GM計数管の違い

は固体内での電離を利用して放射線を検出する。電離箱、比例係数管、GM係数管は、検出器内の電極間の電圧の設定が異なっており、後者にいくほど電圧が高く、電離が促され、出力信号も大きくなるため、より高感度の測定が可能となっている（資料7-39）。また、励起作用による測定は、放射線が蛍光体（シンチレーターと呼ばれる）の中を通過する際、分子が励起され、これが再び元の状態に戻る際に放出された光を増幅させるため、これを電流に変換して、放射線量を測定するものである。励起作用を利用した検出は、シンチレーション検出器により行われている。なお、個人被ばく管理に用いられる個人線量計（資料7-40）の中にも、長時間、ある一定のところで固定することにより積算線量を測定可能であることから、作業環境測定に利用されるものがある[49]。

作業環境測定基準第8条では、従前、測定対象となる放射線について、例えば、ガンマ線やエックス線の線量当量率計であれば、電離箱式照射線量率計、ガイガ・ミュラー計数管式線量率計、シンチレーション式線量率計、中性子線の線量当量率計であれば、計数管式中性子測定器、シンチレーション式中性子測定器などというように、使用すべき測定機器が定められていた。

しかし、ガンマ線又はエックス線測定用の測定機器として規定されていた電離箱式照射線量計もすでに使用されていないと見込まれること、JISにおいて、電離箱式、GM計数管式、シンチレーション式、半導体式といった測定器の種類別の規定が2014（平成26）年以降削除されていることなどから令和2年1月27日厚生労働省告示第18号（2021〔令和3〕年4月1日施行）により、資料7-41のように規定されるに至っている

資料7-37　サーベイメーターの原理と例

電離箱	一定容積の空気箱（電離箱）の中に電極を入れ，放射線によって電離された容器内の電子を電極に集めることで出力された電流を測定するもの

①電離箱の原理　　　　　　　　　　　　　②電離箱式サーベイメーターの例

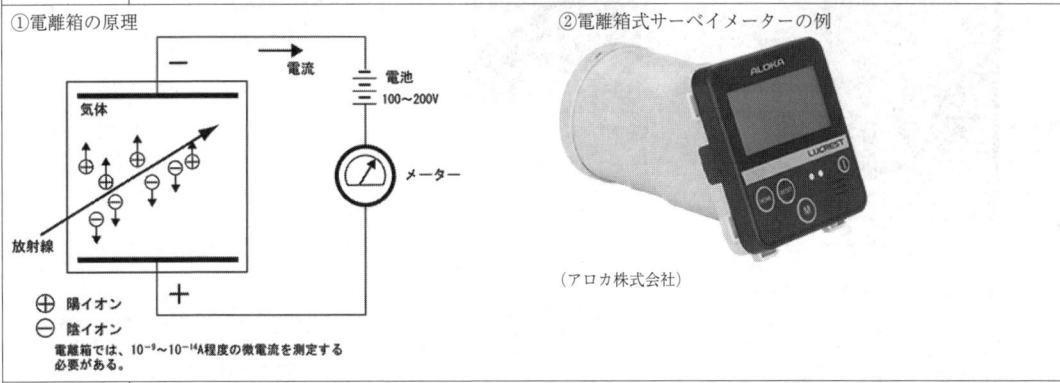

（アロカ株式会社）

比例計数管	検出器内の電極間の電圧を高めることにより，加速された電子が検出器内の気体を新たに電離（2次的電離）し，新たに生じた電子が更に次の電離を引き起こす（電子なだれ状態になる）ことにより，通常の電離箱よりも出力信号を高めたもの

③比例計数管式サーベイメーター

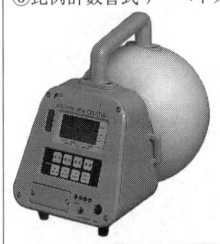

GM（ガイガー・ミュラー）計数管	検出器内の電極間の電圧を更に高めることにより，大量の電子なだれを生じさせ，これにより励起した多数のガス分子が発した紫外線が光電子を放出させ，この電子が次の電子なだれへと発展した状態（ガイガー放電）を起こすことで，出力信号を高めたもの

④GM計数管の原理

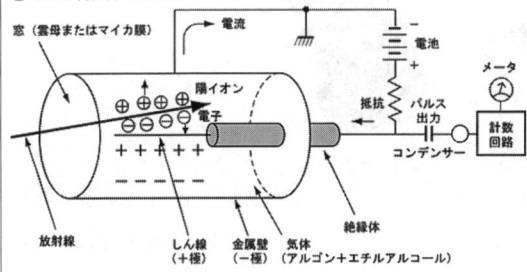

⑤GMサーベイメーターの例

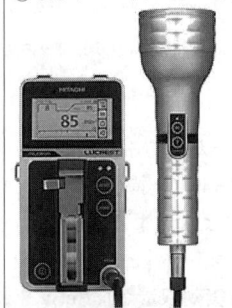

半導体検出器	固体内での電離を利用した検出器。P型半導体とN型半導体を接合し，それぞれに電圧を加え，接合部に放射線を入射すると，半導体物質が電離され，電子と正孔（ホール）が生成され，電子はP層側に，正孔（ホール）はN層側に移動する。この時両層の電極側に発生したパルスを測定することで，放射線を測定するもの。出力信号は気体を用いる検出器よりも大きくなる。

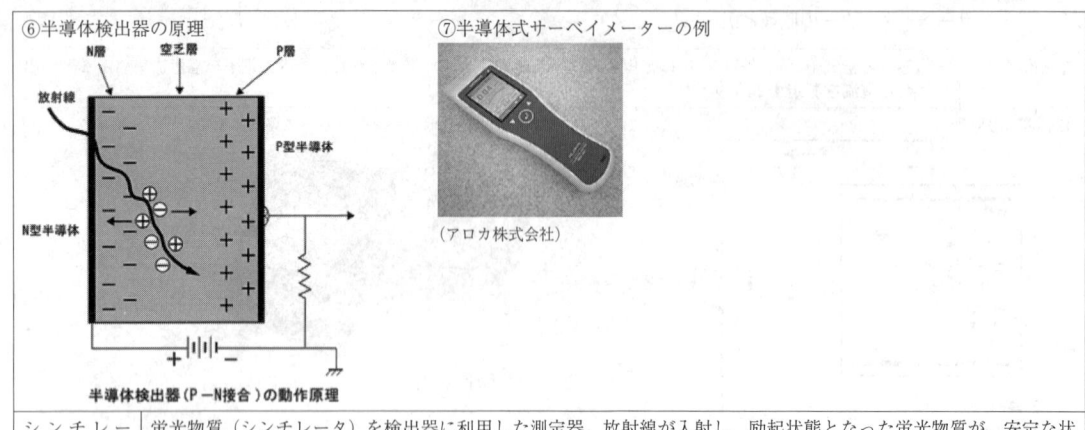

シンチレーション検出器	蛍光物質（シンチレータ）を検出器に利用した測定器。放射線が入射し、励起状態となった蛍光物質が、安定な状態に戻るときに放出する発光量を測定することで、放射線量を測定するもの

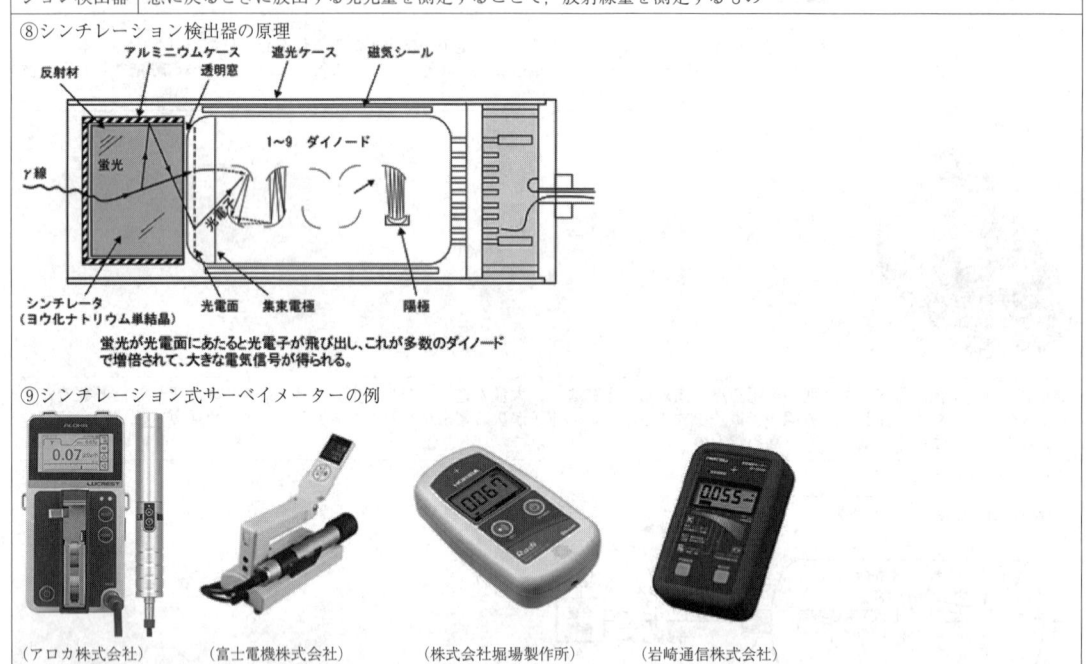

- サーベイメーターの原理を示す図については、①④⑧は日本原子力研究所 国際原子力総合技術センター『原子力基礎用語集』（1977年）67頁・10頁・54頁、⑥は江藤秀雄ほか『放射線の防護〔第3版〕』（丸善、1978年）86頁。
- ②電離箱式、⑦半導体式、⑨シンチレーション式サーベイメーターの写真については、日本電気計測器工業会WEBサイト（https://www.jemima.or.jp/tech/6-03-02-09.html、最終閲覧日：2022年10月24日）。
- 各検出器の説明については上記サイト参照。
- ③比例計数管式サーベイメーターの写真については、富士電機株式会社WEBサイト（https://www.fujielectric.co.jp/products/radiation/servy/nsn.html、最終閲覧日：2024年7月5日）。
- ⑤GMサーベイメーターの写真については、アロカ株式会社WEBサイト（https://www.aloka.co.jp/usersupport/catalog/pdf/AR-021.pdf、最終閲覧日：2024年6月24日）。

（表全体については石崎由希子作成）

（改正後の作業環境測定基準第8条及び令和2年1月27日基発0127第12号[50]）。

ところで、事業者には、管理区域内において放射線業務に従事する労働者（以下「放射線業務従事者」という）、緊急作業に従事する労働者、管理区域に一時的に立ち入る労働者については、管理区域内において受ける外部被ばくないし内部被ばくによる線量及び内部被ばくによる線量を測定することが求められる。外部被ばくによる線量の測定は、男性及び妊娠可能性がない女性であれば胸部、妊娠可能性がある女性であれば腹部、場合によっては、これに加えて、左記以外の最も多く放射線にさらされるおそれのある部位にも放射線測定器（個人線量計、資料7-40）を装着してこれを行う（電離則第8条）。内部被ばくによる線量の測定は、原則として、3カ月に1回、例外として、妊娠中の女性や、1カ月間に受ける実効線量が1.7mSvを超えるおそれのある女性、緊急作業に従事した男性については、1カ月に1回、放射性物質ごとに、吸入摂取又は経口摂取した量（Bq）に所定の係数を乗じ、実効線量を計算する方法により行われ（令和2年4月1日厚生労働省告示第169号第2条）、資料7-42に定められる被ばく限度を踏まえた被ばく管理が求められる（電離

資料7-40　個人線量計

フィルムバッジ	放射線によるフィルムの感光作用（写真フィルムの乳剤が，放射線によって黒化する作用）を利用した検出器であり，乳剤の黒化濃度（写真濃度）に応じて放射線量を測定する。1950年代に利用が開始されたが，2011年以降，日本国内での取扱いがなくなっている。 ① 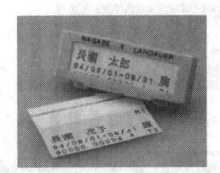 
熱ルミネセンス線量計	放射線を受け，そのエネルギーを蓄積する素子を加熱することで，吸収した放射線量に比例して発光することを利用した線量計。読み取り装置が必要となる。建物内や建物外に固定することにより空間線量測定にも用いられる。 ②原理 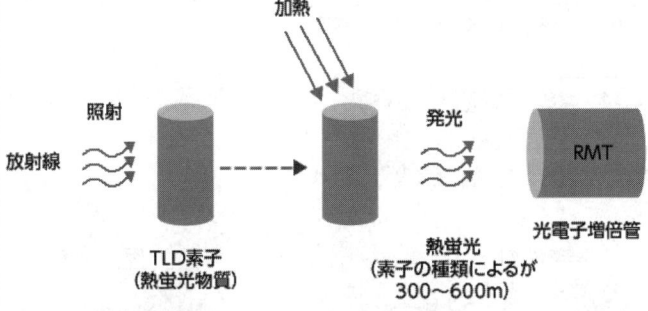 ③熱蛍光線量計 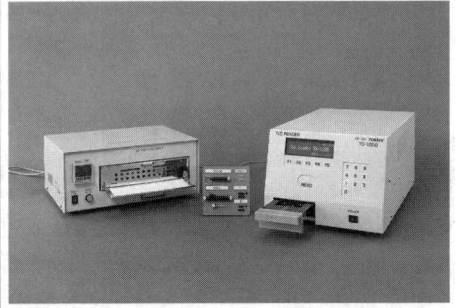
蛍光ガラス線量計	放射線を受けた蛍光ガラス素子に紫外線を照射すると，放射線の照射量に比例して蛍光を発することを利用した線量計（ガラスバッジ）。読み取り装置が必要となる。 ④個人装着    　［胸部］　　　　　　［腹部］　　　　　　［頭頸部］ ⑤原発周辺における測定    蛍光ガラス線量計設置地点　蛍光ガラス線量計素子　蛍光ガラス線量計読み取り装置

光刺激ルミネセンス線量計	放射線を当てると短時間発光する素子に，光が減衰した後，再びレーザー光を当てると，放射線照射量に比例して強く発光する性質を利用した線量計。読み取り装置が必要となる。 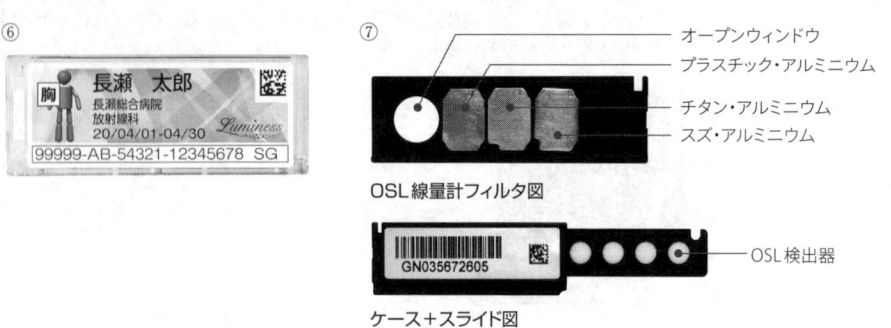 ＊⑦はルミネスバッジ本体に内蔵された構造。スライドとケースからなり，スライドには4つのOSL検出器が，ケースにはX・γ線，β線を分離測定し，エネルギーを判定するための4種類のフィルタが組み込まれている。	
固体飛跡検出器を使った中性子線量計	入射荷電粒子の飛跡に沿って物質中に発生する分子損傷を記録できる性質を持つ絶縁性固体を素子として利用して，入射した放射線量を測定するもの。中性子線量計に用いられる。 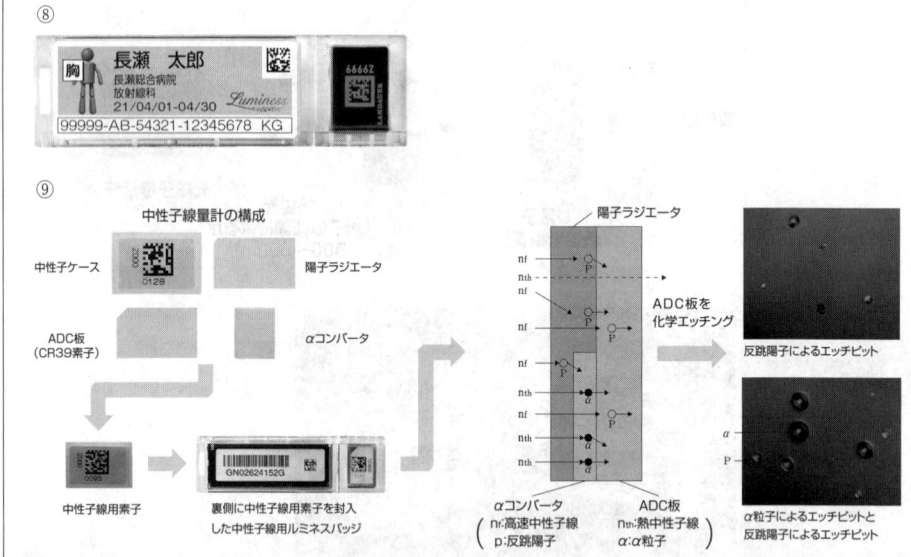 ＊化学薬品で飛跡を化学薬品の腐食作用を利用して加工（エッチング）することにより，飛跡が光学顕微鏡で確認可能な程度に拡大され，放射線の入射経路に沿って穴が開いたようになる。拡大された飛跡をエッチピットと呼び，その密度を測定することにより，中性子線量を算出可能になる。	

- ①フィルムバッジについては，厚生労働省WEBサイト「第6回　眼の水晶体の被ばく限度の見直し等に関する検討会」（2019年8月1日）資料2（https://www.mhlw.go.jp/content/11201000/000534348.pdf）参照。
- ②③熱ルミネセンス線量計とその原理の写真は，トーレック株式会社WEBサイト（https://toreck.co.jp/medical/td-1000.html，最終閲覧日：2024年7月2日）。
- ④蛍光ガラス線量計（ガラスバッジ）（個人装着）の写真は，千代田テクノル株式会社WEBサイト（https://www.c-technol.co.jp/glassbadgesite/glassbadge/，最終閲覧日：2024年6月24日），⑤原発周辺の測定に係る写真は，福島県原子力センター（現在は閉鎖）WEBサイト（http://www.atom-moc.pref.fukushima.jp/old/keikouglass.html，最終閲覧日：2024年7月30日）。
- ⑥⑦光刺激ルミネセンス線量計（OSL線量計）（ルミネスバッジ）の写真及び⑧⑨固体飛跡検出器を使った中性子線量計については，長瀬ランダウア株式会社WEBサイト（https://www.nagase-landauer.co.jp/luminess/index.html，https://www.nagase-landauer.co.jp/luminess/neutron-badge.html，最終閲覧日：2024年7月5日）。
- 説明文については，上記WEBサイトのほか，日本電気計測器工業会WEBサイト（https://www.jemima.or.jp/tech/6-02-02-01.html，https://www.jemima.or.jp/tech/6-03-02-06.html，最終閲覧日：2022年10月24日），日本獣医師会WEBサイト「放射線診療技術支援システム」（http://www.020329.com/x-ray/bougo/contents/chapter3/3-3-ref02-page3.html，http://www.020329.com/x-ray/bougo/contents/chapter3/3-3-ref02-page4.html，http://www.020329.com/x-ray/bougo/contents/chapter3/3-3-ref02-page5.html，最終閲覧日：2022年10月24日）も参照のうえ石﨑由希子作成。

則第4条乃至第7条）。

(g) 放射性物質取扱作業室における測定

放射性物質取扱作業室，事故由来廃棄物等取扱施設においては，その空気中の放射性物質の濃度を作業環境測定士により測定させることが求められる（電離則第55条）。

放射性物質の濃度の測定とは，放射能測定のことであり，放射性物質が放射性を放出する能力及びその量を示すものである（単位はベクレル〔Bq〕）。放射性物質のサンプリングに際しては放射性物質の状態が粒子状

資料7-41

β線	70μm線量当量（率）を適切に測定できるもの	
	JIS Z4333に適合するサーベイメータ又はJIS Z4345に適合する受動形放射線測定器線量計（※線量当量計）であって，70μm線量当量（率）（方向性線量当量（率））を測定できるもの	
中性子線	1cm線量当量（率）を適切に測定できるもの	
	JIS Z4341に適合するサーベイメータ，JIS Z4416に適合する受動形放射線測定器又はJIS Z4416の応答特性に適合することが認められた受動型放射線測定器であって，1cm線量当量（率）（周辺線量当量（率））を測定できるものが含まれること。	
γ線 X線	1cm線量当量（率）又は70μm線量当量（率）を適切に測定できるもの	
	JIS Z4333に適合するサーベイメータ又はJIS Z4345に適合する受動形放射線測定器であって，1cm線量当量（率）（周辺線量当量（率））又は70μm線量当量（率）（方向性線量当量（率））を測定できるものが含まれること。	

＊「受動形」（パッシブ型）は，常時装着し，測定後，定期的に読取装置を用いて指示値の読み取りを行うものを指し，検出器，測定回路，表示回路が一体となり，電源に接続して指示値の直読が可能な「アクティブ型」と区別される[51]。

（石﨑由希子作成）

である場合はろ過捕集方法又は液体捕集方法，ガス状である場合には，液体捕集方法，固体捕集方法，直接捕集方法又は冷却凝縮捕集方法が用いられる。

放射性物質の分析方法は[52]，①全アルファ，全ベータ，全ガンマ放射能計測方法（※試料から放出される特定の種類の放射線を，そのエネルギーで区別することなく全体として計測する方法）又はアルファ・ベータ・ガンマ線スペクトル分析方法（※いずれかの放射線について，そのエネルギー分布を計測する方法）[53]，②放射化学分析方法（※化学的手法を用いて測定対象核種を濃縮，分離し，全放射能計測方法又はスペクトル分析方法と組み合わせて定量する方法），③ウラン濃度を測定する場合は，蛍光光度分析方法（※採取試料を化学処理した後に紫外線を照射して得られるけい光を蛍光光度計などにより測定することによって，試料中の対象物質を定量する方法）による（作業環境測定基準第9条第1項）。ただし，空気中のガス状の放射性物質の濃度の測定は，直接濃度指示方法によることができる（同条第2項）。

なお，作業環境測定基準第7条においては，外部放射線による線量当量率，線量当量及び空気中の放射性物質の濃度の測定について，単位作業場所について行わなければならないことが規定されているが，A測定のように等間隔で無作為に抽出した複数の測定点の平均的濃度を算出することは求められていない。

目的に応じて資料7-43のようなサンプリング方法がとられている[54]。

なお，②のセントラルサンプリングで測定した測定値から有意の汚染が認められた場合には，当該室について改めて試料を採取し，測定を実施しなければならないとされる（昭和51年6月14日基発第454号）。

なお，算出された値については，「電離放射線障害防止規則第3条第3項並びに第8条第5項及び第9条第2項の規定に基づく厚生労働大臣が定める限度及び方法」（昭和63年10月1日労働省告示第93号，最終改正：令和4年11月17日厚生労働省告示第335号）に定めのある濃度限度（作業室内の1日の平均濃度〔8時間〕が超えてはならない空気中の放射性物質の濃度）の10分の1を超えていないかを確認し，超えている場合には，原因を調査

資料7-42

		通常時	緊急時
実効線量	男性等	100mSv/5年間 50mSv/1年間	100mSv
	女性	5mSv/3カ月間	同左
	妊娠中の女性	妊娠中に1mSv（内部被ばく）	―
等価線量	眼の水晶体	100mSv/5年間 50mSv/1年間	300mSv
	皮膚	500mSv/1年間	1000mSv（1Sv）
	妊娠中女性	妊娠中に2mSv（腹部表面）	―

（石﨑由希子作成）

資料7-43

	目的	試料採取箇所
①ゼネラルサンプリング	作業室全体の空気汚染の検出	空気汚染の発生を確実に検出できる位置（換気用排気口付近・作業場所の風下）
②セントラルサンプリング	取扱室が複数あるときに，各取扱室に空気汚染がないことを確認	同上
③ローカルサンプリング	局所的に発生する空気汚染の検出及び室内の空気中放射性物質の濃度の分布の把握	空気汚染の発生する可能性のある複数個所
④スポットサンプリング	空気汚染の発生するおそれのある特定の作業（空気汚染の発生源）における空気汚染の状況把握	作業方法や作業場の風向きを考慮
⑤パーソナルサンプリング	濃度限度異常の空気汚染を伴う作業など作業者が吸入する空気中の放射性物質濃度の把握	携帯用個人サンプラーによって，作業者の呼吸域から採取

（石﨑由希子作成）

し、作業環境の改善を行うことになる。[55] 放射線濃度の測定については、以上のような形で行われるため、安衛法第65条の2で規定される作業環境評価基準に基づく評価は行われない。

なお、原子力規制委員会の許可を受けて、あるいは、同委員会に届出をして、放射性同位元素を使用する者、放射線発生装置を使用する者、放射性同位元素又は放射性汚染物を業として廃棄しようとする者は、放射線障害のおそれのある場所（使用施設、廃棄施設、管理区域の境界、事業所等内において人が居住する区域、事業所等の境界等）において、原則毎月1回、1cm線量当量（率）の測定をすることを放射線障害防止法（放射性同位元素等の規制に関する法律〔昭和32年6月10日法律第167号〕）において義務づけられている（放射線障害防止法第20条、同法施行規則第20条第1項）。

(h) 指定作業場以外の作業場の測定

指定作業場以外の作業場については**資料7-44**の測定点や測定機器等が定められている。

(i) 補論：坑内作業場の切羽付近における粉じん濃度の測定

粉じん作業を行う坑内作業場については、粉じん則の改正（平成19年12月4日厚生労働省令第143号）により、半月以内に1回、空気中の粉じん濃度の測定が義務づけられている（粉じん則第6条の3）。同改正は、技術進歩や作業方法の変化により、粉じんの発生量が増加し、従来の粉じん発生源対策では十分な対応ができなくなってきたことを背景とするものである。

もっとも、坑内作業場における粉じん濃度の測定は必ずしも容易ではない。粉じん作業を行う坑内作業場の代表例としては、トンネル建設工事現場等が挙げられるが、こうした作業場においては、掘り進むにつれて作業場所が移動していくという特徴（特殊性）があるため、作業環境測定の枠組みをそのままあてはめることが困難となっている。具体的には、トンネル工事は、削孔・装薬→発破・退避→ずりだし・支保工建込→コンクリート吹付→削孔・装薬というサイクルを4～6時間程度で繰り返すが、作業ごとに粉じん濃度は大きく異なる。このため、粉じん濃度が時間的に対数正規分布しているという作業環境測定の評価値の算定の前提が成り立たない。また、切刃の土質が前日とは異なる可能性が高い上、仮に同じ土質であったとしても、土中の水分量の変動により、測定日の単位作業場と測定日の翌日の単位作業場の粉じんの発生しやすさには、連続性があるとはいえない。さらに、「土石、岩石、鉱物、金属又は炭素の粉じん」の管理濃度（※作業環境の評価指標）に関する式を前提に導かれる管理濃度は、現状のトンネル建設工事で実現困難とされる。[56] こうしたことから、粉じん則第6条の3に基づく

粉じん濃度の測定は、安衛法第2条第4号にいう作業環境測定に該当するものであるが、安衛法第65条に基づくものではないと位置づけられている。

もっとも、トンネル建設工事における新たな工法の普及、機械の大型化などにより、粉じんの発生の態様が多様化し、状況に応じた的確な対策の推進が引き続き求められていた。また、粉じん濃度測定技術においても、装置の小型化や精度の向上などにより、採用し得る技術的な選択肢が拡大するなどした。[57] そこで、厚生労働省労働基準局安全衛生部化学物質対策課環境改善室内に設置された「トンネル建設工事の切羽付近における作業環境等の改善のための技術的事項に関する検討会」においては、トンネル建設工事の作業環境を将来にわたってよりよいものとする観点から、最新の技術的な知見等に基づき、簡便かつ負担の少ない正確なトンネル切羽付近の空気中の粉じんの濃度の測定とそれに基づく対策が検討された。[58] その上で、同検討会報告書（2020（令和2）年1月30日）の提言に基づき、粉じん則の改正（令和2年6月15日厚生労働省令第128号、令和2年6月15日基発0615第6号）や「粉じん作業を行う坑内作業場に係る粉じん濃度の測定及び評価の方法等」（令和2年7月20日厚生労働省告示第265号）の制定（令和2年7月20日基発0720第1号）がなされ、2021（令和3）年4月から施行されている。また、「ずい道等建設工事における粉じん対策に関するガイドライン」も改正されている（令和2年7月20日基発0720第2号）。

上記改正により、事業者は原則として、坑内作業場の切羽に近接する場所の空気中の粉じん濃度を測定し、これを評価する義務を負うこととされた。また、併せて、当該坑内作業場における粉じん中の遊離けい酸の含有率も測定しなければならないこととされた（粉じん則第6条の3）。また、測定結果の記録・保存（7年間）、労働者への周知も求められることとなった（同第6条の4第3項、同第4項）。

試料採取の方法としては、①定置式の試料採取機器を用いて定点測定する方法（切羽から10～50mの範囲（発破、機械掘削、ずり出し中は20～50m）の範囲の両端と中間におけるトンネルの両側に計6点）、②作業に従事する2人以上の労働者の身体に装着する試料採取機器（個人サンプラー）を用いる方法、③車両系機械（動力を用い、かつ、不特定の場所に自走できる機械）に装着されている試料採取機器を用いる方法が告示及びガイドラインにおいて示された（**資料7-48**）。また、試料空気等の採取時間は、作業工程の1サイクルの全時間とされた。

次に、粉じん濃度の測定は、質量濃度測定法（分粒装置を用いるろ過捕集方法及び重量分析方法）又は相対濃度指示方法（分粒装置を備えた相対濃度計及び質量濃度変

資料7-44

暑熱，寒冷または多湿の屋内作業場	【測定点】 単位作業場所について，当該単位作業場所の中央部の床上50cm以上150cm以下の位置に，1以上 ふく射熱の測定のための測定点は，熱源ごとに，作業場所で熱源に最も近い位置 【測定機器】（資料7-45） 気温及び湿度：5度目盛りのアスマン通風乾湿計（※モーターもしくはゼンマイによって通風させながら乾湿計の測定ができる測定器） ふく射熱：5度目盛りの黒球寒暖計 （作業環境測定基準3条）
著しい騒音を発する屋内作業場	【測定点】 単位作業場所の床面上に6m以下の等間隔で引いた縦の線と横の線との交点の床上120cm以上150cm以下の位置に原則5以上 単位作業場所における騒音レベルがほぼ均一であることが明らかな場合，当該作業単位場所の床面上に6mを超える等間隔で引いた縦線と横線の交点 音源に近接する場所において作業が行われる単位作業場所では，騒音レベルが最大となると思われる時間に当該作業位置も追加 【測定機器】 等価騒音レベルを測定できる騒音計（資料7-46） 【測定時間】 1の測定点における測定時間は10分間以上の継続した時間 （作業環境測定基準第4条）
坑内作業場	【測定点】 坑内における切羽（※掘削作業が行われている箇所）と坑口（切羽と坑口との間に坑の分岐点がある場合には，当該切羽に最も近い坑の分岐点）との中間の位置及び切羽に，それぞれ1以上 【測定機器】 炭酸ガス濃度：検知管方式による炭酸ガス検定器 気温：0.5度目盛の温度計 （作業環境測定基準第5条）
空気調和設備のある建築物の室	【測定点】 建築物の室の中央部の床上75cm以上120cm以下の位置に，1以上 【測定機器】 一酸化炭素の含有率：検知管方式による一酸化炭素検定器 炭酸ガスの含有率：検知管方式による炭酸ガス検定機 室温・外気温：0.5度目盛りの温度計 相対湿度：0.5度目盛りの乾湿球の温度計 【測定時間】 建築物の通常の使用時間中 （作業環境測定基準第6条）
酸素欠乏場所	【測定点】 当該作業における空気中の酸素及び硫化水素の濃度の分布の状況を知るために適当な位置に，5以上 【測定機器】 酸素の濃度：酸素計又は検知管方式による酸素検定器（資料7-47） 硫化水素の濃度：検知管方式による硫化水素検定器

（石﨑由希子作成）

資料7-45 アスマン通風乾湿計，黒球寒暖計

①アスマン通風乾湿計

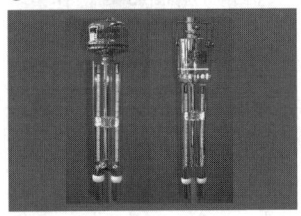

②黒球寒暖計

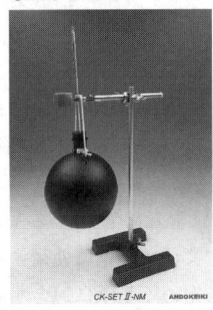

（①クリマテック株式会社〔メーカー：株式会社吉野計則〕WEBサイト〔https://www.weather.jp/products/temp_humi/cys-sy8/，最終閲覧日：2024年6月27日〕）
（②株式会社安藤計器製工所〔https://www.andokeiki.co.jp/kankyou/1kokukyuu.html，最終閲覧日：2024年6月30日〕）

資料7-46 騒音計

（株式会社佐藤商事WEBサイト〔https://ureruzo.com/kankyo00/SLCENTER392.html，最終閲覧日：2024年6月19日〕）

資料7-47 酸素欠乏危険場所における測定

（高千穂産業株式会社WEBサイト〔https://www.takachiho-sc.co.jp/wordpress/tpd-1000/，最終閲覧日：2024年5月6日〕）

資料7-48　定点測定・個人サンプリング・車両系機械を用いた測定（左から）

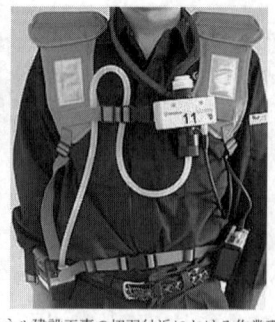

（厚生労働省WEBサイト「トンネル建設工事の切羽付近における作業環境等の改善のための技術的事項に関する検討会報告書（概要）」〔https://www.mhlw.go.jp/content/11302000/000590283.pdf，最終閲覧日：2024年7月11日〕）

換係数（K値）を用いた方法）のいずれかとすべきこととした。その際，質量濃度変換係数（K値）の設定に際しては，質量濃度測定法を併行測定する方法だけでなく，文献等から統計的に決定した標準K値を使用することも認められている。評価に際しては，測定値の算術平均値を評価値とし，評価値を「粉じん濃度目標レベル」である$2mg/m^3$と比較することとされた。粉じん濃度目標レベルは現時点におけるトンネル工事での粉じん濃度の状況や換気装置や低粉じん吹付剤等の取り入れ状況に関するアンケート調査結果を踏まえて設定されたものであり，10年前後で見直しが予定されているものである。なお，相対濃度指示方法以外の方法による場合には，測定の精度を確保するため，第1種作業環境測定士，作業環境測定機関等，当該測定について十分な知識及び経験を有する者により実施されるべきであるとガイドラインにおいて規定されている。

また，遊離けい酸含有率の測定はエックス線回折分析方法（試料にエックス線をあて，入射角に応じた反射の強度によって物質を特定する方法）や重量分析方法だけでなく，工事前のボーリング調査等による工事区間の主たる岩石の種類に応じ，岩石の種類別に定められた標準的な遊離けい酸含有率により決定することも認められるべきとされた。遊離けい酸濃度は遊離けい酸含有率と粉じん測定の評価値を乗じることにより求められることになる。

4　作業環境測定士・作業環境測定機関

作業環境測定士は，第1種作業環境測定士及び第2種作業環境測定士に分けられる（作業環境測定法第2条第4号）。いずれも厚生労働大臣の登録を受けて，指定作業場及びその他の事業場における作業環境測定の業務を行う。デザイン及びサンプリングは，第1種・第2種作業環境測定士のいずれも行えるが，第2種作業環境測定士が行える分析（解析を含む）業務は，検知管方式によりガス若しくは蒸気の濃度を測定する機器や所定の浮遊粉じんの重量を測定する機器など，簡易測定機器を用いて行うものに限られる。第1種作業環境測定士が行える分析業務はこれに限られないが，鉱物性粉じん，放射性物質，特定化学物質，金属類，有機溶剤の5種類の登録区分に応じた分析（解析）業務が行える（作業環境測定法第2条第5号，同第6号，同施行規則第2条，同第3条）。また，作業環境測定としての個人サンプリング法による測定（C測定，D測定）を実施できるのは，個人サンプリング法に係る講習を修了し，個人サンプリング法ができることを登録した第1種・第2種作業環境測定士に限られる（令和2年1月27日厚生労働省令第8号による改正）。

指定作業場における作業環境測定は作業環境測定士の独占業務であり（作業環境測定法第3条），作業環境測定士でない者は，その名称中に作業環境測定士という文字を用いてはならない（作業環境測定法第18条）。業務独占と名称独占の双方が規定されている資格は，労働安全衛生関係法令で定められている50種以上の資格のうち，作業環境測定士のみである。

作業環境測定機関とは，厚生労働大臣又は都道府県労働局長の登録を受け，他人の求めに応じて，事業場における作業環境測定を行うことを業とする者をいう（作業環境測定法第2条第7号）。作業環境測定士を自社内で養成することが困難である中小企業等など，事業者自らが作業環境測定士に指定作業場における作業環境測定を実施させることができない場合にはこれを委託して実施させることが義務づけられており（作業環境測定法第3条，作業環境測定法施行規則第3条），作業環境測定機関はその委託先となるものである。[59] 作業環境測定機関が登録を受けるためには，①作業環境測定機関が作業環境測定できる作業場の種類について登録を受けている第1種作業環境測定士が置かれること（個人サンプリング法を実施しようとする場合には，これについて登録を受けている作業環境測定士が置かれること），②作業環境測定に使用する機器及び設備が厚生労働大臣の定める基準に適合するものであること，③作業環境測定の業務を行うために必要な事務所を有することが求められる（作業環境測定法施行規則第54条）。作業環境測定機関もまた，名称を独占している（作業環境測定法第37条）。

作業環境測定法は，全国の作業環境測定士の品位の保持並びに作業環境測定士及び作業環境測定機関の業務の進歩改善に資するため，社員の指導及び連絡に関する事務を全国的に行うことを目的とするものとし

て，作業環境測定士及び作業環境測定機関を社員とする日本作業環境測定協会という一般社団法人を設立することができる旨を定めると共に，その名称の独占を認めている（作業環境測定法第36条，第37条第2項）。作業環境測定については新たな対象物質の登場や新たな技術の開発が予想される中で，作業環境測定士が測定技術を研鑽し合うことを効率的に行うことを企図して設けられたものである[60]。なお，一般社団法人日本作業環境測定協会は，1979（昭和54）年に設立され，2013（平成25）年4月以降，公益社団法人に移行している[61]。

作業環境測定士としての資格を得るためには，国家試験に合格し，登録講習を修了する必要がある（作業環境測定法第5条）。すなわち，指定試験機関である公益財団法人安全衛生技術試験協会によって実施される作業環境測定士試験（筆記試験）に合格し（作業環境測定法施行規則第14条），登録講習機関（公益社団法人日本作業環境測定協会ほか）が実施する登録講習を受講し，筆記試験と実技試験からなる修了試験に合格することが必要である。ただし，空気環境その他環境の測定に関する科目を担当する教授・准教授やこれに関する研究業務を研究機関において行う者のうち，作業環境測定に関し高度の知識及び技能を有すると厚生労働大臣が認定したものについても資格が認められる（作業環境測定法第5条，同施行規則第5条第2号）。

試験の受験資格は，①大学又は高等専門学校において理科系統の正規の課程を修めて卒業した者については，その後1年以上労働衛生実務に従事した経験を有するもの，それ以外の課程を修めて卒業した者については，その後3年以上の実務経験を有するもの，②高等学校又は中等教育学校において理科系統の正規の学科を修めて卒業した者については，その後3年以上の実務経験を有するもの，それ以外の学科を修めて卒業した者については，その後5年以上の実務経験を有するもの，あるいは，上記のような学歴がない場合であっても，③8年以上労働衛生の実務に従事した経験を有するもの，④技術士法の第2次試験に合格した者，⑤産業安全専門官，労働衛生専門官，労働基準監督官及びその経験者等に認められる（作業環境測定法第15条，同施行規則第15条，作業環境測定士規程〔昭和51年2月28日労働省告示第16号〕第1条）。

第1種・第2種に共通の試験科目は，労働衛生一般，労働衛生関係法令，作業環境について行うデザイン及びサンプリング，作業環境について行う分析に関する概論である。第1種についてのみ，①石綿等を含む鉱物性粉じん，②放射性物質，③所定の特定化学物質（金属である物を除く），④鉛及び金属である特定化学物質，⑤有機溶剤の分析の技術に関する選択科目がある（作業環境測定法施行規則第16条）。選択科目は，1

資料7-49

講習	講習科目
第1種作業環境測定士講習	①労働衛生管理の実務（6時間），②作業環境について行うデザイン及びサンプリングの実務（12時間），③指定作業場の作業環境について行う分析（解析を含む）の実務（12時間）
第2種作業環境測定士講習	①労働衛生管理の実務（6時間），②作業環境について行うデザイン及びサンプリングの実務（12時間）

（石﨑由希子作成）

～5科目を選択することができ，当該種別について，作業環境測定士として登録を受けることになる（作業環境測定法第7条，同施行規則第6条）。

ただし，一定の資格又は実務経験を有する場合には上記のうち，全部または一部の科目が免除となる（作業環境測定法施行規則第17条）。医師・歯科医師・薬剤師については全科目が，環境計量士（濃度関係）で免除講習を受けた者は，選択科目②以外の全科目が，核燃料取扱主任者・原子炉主任技術者・第1種放射線取扱主任者として選任されている者又は過去3年以上の経験のある者や診療放射線技師については，共通科目及び選択科目②が，臨床検査技師で3年以上空気環境測定の実務経験等を有する者は共通科目が，技術士（化学・金属・応用理学・衛生工学），衛生検査技師，公害防止管理者・公害防止主任管理者，その他の環境計量士，その他の臨床検査技師，職業訓練指導員（化学分析科），高度職業訓練（科学システム系環境科学科）修了後，技能照査に合格した者，技能検定合格者（化学分析1・2級）は一部の科目が免除となる。また，労働衛生コンサルタントや労働衛生専門官や労働基準監督官として3年以上の実務経験を有する者，第1種衛生管理者免許又は衛生工学衛生管理者免許を受けた者で前者につき5年，後者につき3年以上労働衛生における実務経験を有し，免除講習を受けた者については，労働衛生一般，労働衛生関係法令の試験科目が免除となる。

登録講習機関における講習科目及び講習時間は，**資料7-49**の通りである。また，講習においては修了試験が行われる（作業環境測定法別表第1，作業環境測定士規程第3条）。なお，個人サンプリング法の先行導入に伴い，作業環境について行うデザイン及びサンプリングの実務のうち個人サンプリングに係るものとして，8時間（告示の際に既に試験に合格しており，試験科目である労働衛生関係法令に個人サンプリング法が入っていなかった者については9時間）の講習が追加されている（令和2年1月27日厚生労働省告示第18号による）。

講習は，試料採取器，分粒装置，相対濃度測定器及び検知管式ガス測定器等の機械器具（**資料7-50**）を用いて行うこと，第1種作業環境測定士講習では，さら

資料7-50 試料採取器と相対濃度計（粉じん計）

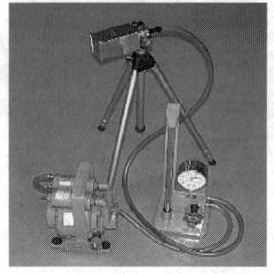
試料採取器（サンプラー及びポンプ）
（資料7-49に同じ）

相対濃度計〔デジタル粉じん計〕

に、①エックス線回折装置（資料7-30），位相差顕微鏡（資料7-31）及び重量分析法による結晶質シリカ（※けい肺の原因物質）含有率測定器，②放射能測定器及び放射線スペクトロメータ，③分光光度計（資料7-32），ガスクロマトグラフ及び原子吸光光度計（資料7-33）を利用してこれを行うことが予定されている（作業環境測定法別表第2）。

上記のほか，都道府県労働局長は，作業環境測定の適正な実施を確保するため必要があると認めるときは，作業環境測定士に対し，期間を定めて，厚生労働大臣又は都道府県労働局長の登録を受けた者が行う研修を受けるよう指示することができる（作業環境測定法第44条第1項）。具体的には，測定に関する新たな技術が開発された場合等に，作業環境測定全体を対象としてこうした指示を出すことが想定されており，ごく例外的に資質に問題のある個々の測定士に指示を出すこともありうるとされる。なお，前者について，立法制定当初は，まず，一定期間内に指定講習機関において研修を受講すべきことを官報で公示し，その後，測定機関又は測定士に指示書を送付することが想定されていたが，行政簡素化の一環として，作業環境測定士の住所は作業環境測定士名簿における登録事項（同第7条）から削除されており，指示書を現住所に送付することは困難となっている。

作業環境測定士が作業環境測定基準に従って作業環境測定を実施しない場合，上記研修の指示に従わない場合，虚偽の測定結果を表示したとき，作業環境測定の業務に関し不正の行為があった場合には，登録取消や業務停止，名称使用停止処分の対象となる（作業環境測定法第12条第2項第2号，同第3号，同第5号）。

5　測定結果等の記録とその保存

作業環境測定を行ったときは，測定結果のほか，誰が（測定実施者の氏名），いつ（測定日時），どのように（測定方法），どこを（測定箇所），いかなる条件下で測定したか（測定条件）と，測定結果に基づく予防改善措置の内容を記録し，記録を3年間保存しなければならない（有機則第28条第3項，鉛則第52条第2項，特化則第36条第2項，酸欠則第3条第2項，事務所衛生基準規則第7条第2項，安衛則第590条第2項，第592条第2項）。

このうち，放射線作業における測定については，測定器の種類，型式及び性能も記録の対象となるほか，記録の保存期間は5年間となる（電離則第54条第1項）。また，土石等の粉じんの測定については7年間（粉じん則第26条第8項），ベンジジン，塩化ビニル，クロム酸等のがん原性物質（特別管理物質）を取り扱う作業場について行った測定記録は30年間（特化則第36条第3項），石綿の測定については40年間（石綿則第36条第2項）と長期の保存が求められている。これらは，ばく露によって生じうる遅発性疾病に対応するものである（法第67条〔健康管理手帳〕参照）。

なお，作業環境測定の結果及びその結果の評価に基づく対策の樹立に関することは，「労働者の健康障害の防止に関する重要事項」（安衛法第18条第1項第4号）の一つとして，衛生委員会の付議事項とされている（安衛則第22条第6号）。

3　沿革

1　制度史

本条が規定されたのは，1972（昭和47）年に制定された安衛法においてである。ただし，それ以前の時期においても，作業環境測定に向けた試行錯誤がなされていた。

(1) 前史

昭和20年代の労働衛生行政において，作業環境管理の拠り所とされたのは，いわゆる1178通達，「労働基準法施行規則18条，女子年少者労働基準規則第13条及び労働安全衛生規則第48条の衛生上有害な業務の取り扱い基準について」（昭和23年8月12日基発第1178号）である。同通達は，2時間以上の法定時間外労働の制限（労基法第36条），女子年少者の就業禁止（労基法第63条），雇入れ時健診（特殊健診）の対象となる有害業務の基準を明らかにするものである。このうち，時間外労働の制限対象となる有害業務との関係では，著しく暑熱又は寒冷な場所における業務，有害放射線にさらされる業務，じん埃又は粉末を著しく飛散する場所における業務，異常気圧下における業務，著しい振動を与える業務，重量物を取り扱う業務，強烈な騒音を発する場所における業務，有害物の粉じん，蒸気又はガスを発散する場所における業務についての基準が示されたが，女子年少者の就業が禁止される危険有害業務といわゆる特殊健診の対象業務については，さしあたり，有害物の粉じん，蒸気又はガスを発散する場所における業務についてのみ基準が示された。例えば，有害物の粉じん，蒸気又はガスを発散する場所における

業務としては，作業場の空気がこれらの物質のガス，蒸気又は粉じんを一定の限度以上に含有される場所とされ，鉛（0.5mg/m³），水銀（0.1mg/m³），クローム（0.5mg/m³），砒素（1），硫黄（2），弗素（3），塩素（1），塩酸（10），硝酸（40），亜硫酸（10），硫酸（5mg/m³），一酸化炭素（100），二酸化炭素（20），青酸（20），ベンゼン（100），アニリン（7）（単位の特記しないものについては，100万分の1単位とする）とそれぞれの限度が定められている。こうした基準は，労働衛生を推進する上で，当面妥当と考えられる基準値（恕限度[66]）とされるものであったが，昭和20年代においては，1178通達で示す濃度基準に適合しているか否かを判断するための作業環境測定技術が確立していなかったため，この通達で示す有害な業務の法令適用の判定は困難であった。加えて，1178通達で示す基準は，1951（昭和26）年以降に，アメリカの労働衛生専門官会議（ACGIH）が示した有害な化学物質についてのThreshold Limit Values（恕限度：抑制限度値）と乖離していることも多かった。なお，アメリカにおける恕限度は，成年男子による週6日，1日8時間労働（現在では1日8時間，週40時間労働）において中毒が発生するおそれが少ない濃度とされていた。なお，時間外労働制限の対象となる有害業務については，「有害業務の範囲について」（昭和43年7月24日基発第472号）により，作業列挙方式に改められている。

労働省では，1951（昭和26）年から労働衛生試験研究費補助金交付規程を公布し，職業病の発生予防や健康診断の方法，作業環境改善のための労働衛生工学的（作業環境管理）技術，医学的又は工学技術的研究に対する助成を開始していた。1952（昭和27）年度には「有害ガスについての作業環境測定方法に関する研究」等がテーマとして取り上げられた。また，1954（昭和29）年度には，「局所排気装置の設計基準研究委員会」，「有害物の空気中の濃度の測定研究委員会」が設置された。

昭和20年代の労働衛生行政における大きな課題は，じん肺患者の救済であった。昭和21年6月8日に栃木県足尾町の鉱山復興町民大会において，けい肺撲滅のための全国的運動を展開することが決議されたことを契機として，けい肺が社会問題となっていた。労働省はじん肺巡回健診を全国的に行い，その結果は，1955（昭和30）年のけい肺等特別保護法制定に繋がっている。もっとも，当時の粉じん予防対策は，専ら保護具（粉じんマスク）の着用に頼っており，予防の基準となるべき濃度についても学問的検討を要する段階であった。そこで，けい肺等特別保護法では，健康管理と補償をその内容とし，粉じん予防対策は専ら安衛則の一般規制に委ねられることになった。このとき，健康管理（特殊健診）の対象については，1178通達における恕限度方式ではなく，作業列挙方式で規定された。作業の列挙に際しては，けい肺等健診を通じてけい肺に罹患のおそれがあると思われる作業場所における粉じん発散量の調査結果と健診結果が参照された[67]。作業列挙方式をとることにより，専門家でなくとも適用対象が認識できるようになるほか，粉じんの測定方法が確立されていないなかで，濃度にかかわりなく行政による監督指導ができることとなった。その後1960（昭和35）年に制定されたじん肺法では，けい肺等特別保護法の下で対象とされる「遊離けい酸じん又は遊離けい酸を含む粉じん」に限らず広く「鉱物性粉じん」に起因するじん肺等を対象とした。また，その目的規定において，「じん肺の適正な予防」を挙げ，労使の努力義務として，粉じんの発散の抑制，保護具の使用その他について適切な措置を講ずること（じん肺法第5条），政府の努力義務として，粉じんの測定，粉じんの発散の抑制等に関し技術的援助を行うことを規定した（同法第32条）。なお，作業環境測定の実施を義務づける粉じん則が制定されるのは1979（昭和54）年のことであるが，後述する他の有害物質と比べて制定時期が遅れているのは，粉じんの発生形態は産業ごとに異なりその防止対策が複雑であること，粉じんの種類及び発生原因が多様で作業環境改善対策の検討が困難であったためである[68]。

(2) 通達行政

じん肺に対する取り組みと前後して，労働省は，過去の試験研究及び実態調査の資料を収集し，これを踏まえて「特殊健康診断指導指針について」（昭和31年5月18日基発第308号）を発出し，衛生管理者を選任する事業場に対して特殊健康診断の自主的実施を勧奨した。同通達では，1178通達で示す基準に頼ることなく，さしあたり有害な又は有害のおそれのある主要23業務の範囲が定められた。特殊健康診断の推進により，有害業務従事者の中にかなりの異常所見者がいることが明らかとなり，労働環境改善の重要性が強く認識されるに至った。

こうした中で発出された「労働環境における有害なガス，蒸気又は粉じんの測定方法について」（昭和33年4月17日基発第238号）においては，当時問題となっていた鉛，四エチル鉛，クロム等およそ20種類の気中有害物質を検知管[69]を使用して測定する方法を示し，作業環境改善の前後においてこの測定を実施すべきとした。ただし，この通達では，空気中からのサンプリング方法や評価については触れられていなかった。

上記通達に引き続いて発出された「職業病予防のための労働環境改善の促進について」（昭和33年5月26日基発第38号）では，別紙として「労働環境における職

業病予防に関する技術指針」が添付されており，そこでは，有害物質ごとにとられるべき措置として，局所排気等の工学的対策，個人保護具の着用等の措置が挙げられたほか，「発散有害物の抑制目標限度」が示された。このとき示された抑制目標濃度は，有害物を完全になくすことは技術上，経済上困難であるとの前提の下，有害物の発生源に対する改善措置による効果について当面定められた目標であり，恕限度や昭和36年に日本産業衛生学会が示した許容濃度[70]（労働者が有害物に連続ばく露する場合に，有害物の空気中濃度が当該値以下であれば，ほとんど全ての労働者に悪影響がみられない濃度）の考えとは異なっていた。なお，基準とされる数値は，鉛については$0.5 mg/m^3$と1178通達と一致しているが，クロムについては，1178通達では$0.5 mg/m^3$であるのに対し，上記指針の抑制目標限度は$0.1 mg/m^3$と異なっている。また，1178通達では，粉じん1000個/1cc 又は$15 mg/m^3$（珪石を50%以上含む場合は700個/cc 又は$10 mg/m^3$）という基準が示されていたのに対し，指針の抑制目標限度は1000個/1cc 又は$20 mg/m^3$（遊離ケイ酸を50%以上含む場合は700個/cc 又は$14 mg/m^3$）とされている。こうした相違が生じている理由は必ずしも明らかではないとされる。[71]

作業環境測定について初めての法令上の根拠となるのは，1960（昭和35）年制定の有機則（昭和35年10月13日労働省令第24号）である。有機則の施行通達（昭和35年10月31日基発第929号）では，こうした規則制定の背景には，有機溶剤中毒，特に，ベンゼンを含有するゴムのりによる中毒が社会的問題化したことがある（2参照）。有機則においては，作業環境測定の他，じん肺法施行規則には盛り込まれなかった局所排出装置や全体換気装置の設置義務も盛り込まれた。また，規制対象については，作業列挙方式がとられた。

(3) 特別規則と安衛法の制定

昭和40年代になると，労働衛生管理とも密接に関連を持つ公害問題が顕在化し，職業がん等，有害物質による職業性疾病の認定をめぐる争いも社会問題となるなかで（2参照），科学的基準策定の必要性が緊急の課題となった。1967（昭和42）年に鉛則（昭和42年3月6日労働省令第2号），1971（昭和46）年に特化則（昭和46年4月28日労働省令第11号）が制定され，また，1963（昭和38）年には電離則の全面改正（昭和38年12月28日労働省令第21号）がなされたが，これらの特別規則においては，工場換気，作業環境測定，特殊健康診断等の新しい知見を導入し，「労働衛生の3管理」について規定が設けられた。このように，作業環境測定については，各特別則（省令）において根拠規定を有することとなったが，明確な法律上の根拠に基づくものではなく，強いて言えば使用者の危害防止措置について定める労基法第42条（現安衛法第22条に相当）がこれに該当するという程度であった。

こうしたなかで，1972（昭和47）年の安衛法において本条が規定されることとなり，作業環境測定に法律上の根拠が与えられた。制定当時の本条では，現行法の下での本条第1項に該当する内容のみが規定されており，「有害な業務を行なう屋内作業場その他の作業場で，政令で定めるもの」について，「労働省令で定めるところにより」，「空気環境その他の作業環境について必要な測定をし，及びその結果を記録」することを事業者に義務づけていた。

このことにより，従来は，測定結果が基準値を充たしていない場合，理論的には労基法第42条違反に該当しうる反面，測定を行わなければ，違反はあり得ないという構造となっていたのに対し，本条制定により，測定自体が義務づけられるようになる一方，測定の結果得られる数値は法違反の対象とはならないこととなった[72]。言い換えれば，測定結果が悪かったとしても，そのこと自体を取締の対象としないことにより，測定結果を操作したり，測定をしないことにより悪い労働環境から目を逸らそうという事業主の意欲を抑えつつ，作業環境測定自体は罰則付きで履行を確保することにより，測定結果を前提とした労働環境改善に向けた行政指導を行うことを可能にしようとしたものといえる。

ところで，特化則においては規制対象となる化学物質（特定化学物質）が多種多様であり，規制対象の作業を列挙することが困難であったことから，対象となる化学物質を列挙する方式が採用されている。その背景には，1970年代にカリフォルニア大学のブルース・N・エイムス（Bruce N. Ames）教授（当時）により比較的簡易な変異原性試験が開発されたことがある。変異原性は，細胞に突然変異を与えたり，DNAや染色体に異常を生じさせる性質を意味するが，多くの発がん性物質は変異原性を有することから[73]，この試験により，発がん性物質を特定することが容易になったといえる。また，これに加えて，職業病が発症してから規制対象とする後追い行政のあり方を改めたいとの行政担当者の思いもあったとされる。なお，有害物質を包括的に規制するとの考え方からは，有機則や鉛則を特化則に統合することも考えられるところであるが，全てを新たな規制方法によるとすると，現場においてかえって混乱が生じることから，既存の規制についてはそのまま生かすこととされた[74]。このようにして，特化則は，対象物質を列挙し，当該物質の気中濃度による規制を導入することとなった。このことは正確な作業環境測定の実施に対する要請を増すこととなり，後述のように，昭和50年代における作業環境測定法制定へ

と結びついていく。

　また，特定化学物質の作業環境測定は従前のような検知管のみで実施できるものは少なく，空気中の微量な測定対象物質をサンプリングし，化学分析しなければならないものが多くなった。そこで，規制対象物質の作業環境測定手法を検討するため，1970（昭和45）年に「作業環境における有害物の測定方法に関する研究会」が設置された。研究会では，特化則の測定対象物質の作業環境測定指針について検討がなされ，1972（昭和47）年7月に「特定化学物質に係る作業環境測定指針」が公表された。1973（昭和48）年，同研究会は「作業環境測定制度専門検討委員会」に改組され，同委員会では各種の作業環境測定指針の作成を行い，これらの成果を作業環境測定を実施する際の技術的な参考書の性格を持つ作業環境測定ガイドブックとして再編，公表した。これは，これらの指針が安衛法第65条第3項にいう労働大臣が公表する指針と混同されないようにとの考えに基づくものである。なお，このときの作業環境測定ガイドブックは，公益社団法人日本作業環境測定協会が現在も発刊している『作業環境測定ガイドブック』の元となっている[75]。

　さらに，濃度規制方式では規制濃度の値についても課題となったため，労働省は，「特定化学物質等障害予防規則の規定に基づき労働大臣が定める値を定める件」（昭和46年4月28日労働省告示第27号）を特化則と同時に施行した（その後，「特定化学物質等障害予防規則の規定に基づく厚生労働大臣が定める性能」〔昭和50年9月30日労働省告示第75号〕に改定された）。告示で示された濃度は，局所排出装置周辺の空気を測定することによって，局所排気装置の性能評価を行おうとするものであり，一般の作業環境濃度に対応するものではなかった[76]。しかし，その後，便宜的に「抑制濃度」と呼ばれるようになり，気中濃度に対する規制値であるような誤った受け取られ方をした面もあった[77]。

(4)　作業環境測定法の制定

　特化則制定にあたり1970（昭和45）年に設けられた「労働環境技術基準委員会」においては，特化則の規制にあたり，測定が必須条件となることから，作業環境測定の適正かつ円滑な実施を担保する測定技士（仮称）制度の創設についての提案がなされていた。またこの頃，通商産業省において，公害問題を背景として，計量法を改正し，濃度の計量証明をする環境計量士制度を創設する動きが開始された。しかし，公害測定と作業環境測定とでは，デザイン，サンプリングの手法が大きく異なっており，作業環境測定におけるデザイン，サンプリングの手法を熟知していなければ，分析の際にも適切な値を求めることは困難であることから，環境計量士とは別にデザイン，サンプリング，分析を一貫して実施できる資格の創設が求められることとなった。こうしたなかで，1973（昭和48）年に，「作業環境測定制度専門検討委員会」が設置され，同委員会の報告書「作業環境測定士制度のあり方について」（1973〔昭和48〕年12月28日）では，作業環境測定士制度や作業環境測定機関の導入，作業環境測定方法の統一化の必要性，作業環境評価やこれに基づく環境改善の必要性が示された。その後，労働省と通商産業省の折衝を経て[78]，1974（昭和49）年4月2日，第72回通常国会に作業環境測定法案が提出され，衆議院では全会一致で可決されたが，同時期に提出された雇用保険法の制定をめぐる議論等もあり，参議院では審議未了で廃案となった。1975（昭和50）年2月13日に同法案は再提出され，同年4月18日全会一致で可決され，同年5月1日に公布されている。

　なお，国会審議においては，主に，単独立法とすることや既存の制度との関係，作業環境測定の適正性の担保についての質問がなされた[79]。単独立法とすることについては，作業環境測定法の内容が技術的，手続的事項を含んでいること，また，これに関する条文が多数にわたっており，作業環境測定というまとまった分野を含んでいること，さらに，作業環境測定の重要性に対する社会の認識を喚起するという点でメリットがあること等が政府委員により説明されている。また，衛生管理者や労働衛生コンサルタント等既存の制度との関係性については，これらの者が併せて作業環境測定士の資格を取得することは推奨されるべきとしつつ，作業環境測定士は，作業環境測定に伴う特別な測定機器の操作技術やこれに関する知識，経験を要するものである点で他とは異なることが確認されている。このほか，作業環境測定の適正性の担保に関しては，作業環境測定結果は事業場において保存され，労働基準監督官による臨検監督の際には測定結果もチェックされうること，仮に作業環境測定士又は作業環境測定機関が虚偽の測定結果を表示したことが明らかになった場合には，登録を取り消されること等により担保されるとしている[80]。

　作業環境測定士による測定を義務づける規定の施行は，1977（昭和52）年4月30日とされたため，このときまでに作業環境測定士と作業環境測定機関が十分な数存在している必要があった[81]。ところで，作業環境測定法制定当時，労働安全衛生法に基づく免許試験は，都道府県労働基準局（当時）が行っていたが，ただでさえ前年に制定された労働安全衛生法の定着のために苦労しているなかで，地方局に新たに作業環境測定士試験の事務を付加していくのは困難であった。そこで，作業環境測定法においては，試験の実施事務を厚生労働大臣が指定する者に行わせることとした（作業

環境測定法第20条第1項[82]）。当時，国家試験の事務を民間の外部機関に委託する例は，旅行業法や船舶職員法に基づき運輸大臣が行うことになっている旅行業務取扱主任者試験や小型船舶操縦士の資格試験などにおいてみられるに留まっていたが，これらを参考としつつ，制度が作られた。労働省関係の団体には国に代わってこのような作業環境測定士試験の事務を代行できるようなところはなかったため，1976（昭和51）年4月，新たに財団法人作業環境測定士試験協会（1978〔昭和53〕年4月に財団法人安全衛生技術試験協会に改称）が設立された[83]。

作業環境測定法の制定に併せて，同法の附則により安衛法についても改正がなされ，作業環境測定の結果が労働衛生管理に反映されるようにするために，本条第2項乃至第5項の定めが設けられている。また，このときの改正により，「作業環境測定」とは，「作業環境の実態をは握するため空気環境その他の作業環境について行うデザイン，サンプリング及び分析（解析を含む。）」と定義されることが明らかにされた（安衛法第2条第4号）。定義規定において，作業環境測定の中に，サンプリングと分析だけでなく，作業環境についてのデザインが含まれることが明確化されている。さらに，本条第1項について，「空気環境その他の作業環境について必要な測定をし」との文言が「必要な作業環境測定を行い」に改められている。

(5) 作業環境評価

上記の通り，1973（昭和48）年の「作業環境測定制度専門検討委員会」報告書では，作業環境測定結果の評価についても提言がなされていた。また，この時期，国際労働機関（ILO）においても，1974（昭和49）年6月には「がん原性物質及びがん原性因子による職業性障害の防止及び管理に関する条約（職業がん条約）」（第139号）が採択されている（1976〔昭和51〕年発効）。さらに，国内では，六価クロム，塩化ビニル等の新たな化学物質の採用により，職業がん等の新たな疾病の発生がみられたことがある[84]。こうしたなかで，1977（昭和52）年7月1日公布の安衛法改正により，「事業者は，第1項又は前項の規定による作業環境測定の結果，労働者の健康を保持するため必要があると認めるときは，施設又は設備の設置又は整備，健康診断の実施その他の適切な措置を講じなければならない」とする規定（安衛法第65条の2第1項の前身，当時は安衛法第65条第6項に規定）が設けられることとなった[85]。その直後にあたる1977（昭和52）年7月26日に，日本は職業がん条約を批准している。なお，ILOでは，同年6月20日に「空気汚染，騒音及び振動に起因する作業環境における職業性の危害からの労働者の保護に関する条約（作業環境条約）」（第148号）も採択されているが，日本は未批准である。

ところで，本条第1項は，「労働者の健康を保持するため必要があると認めるとき」に事業者に適切な措置を講じることを義務づけている。ここでいう「必要があると認めるとき」に関し，行政上の判断基準が必要になった。そこで，労働省は1977（昭和52）年，「作業場の気中有害物質の濃度管理基準に関する専門家会議」を設置，諮問し，専門家会議は，作業環境測定から得られた測定値の取扱いについて，1980（昭和55）年「作業場における気中有害物質の規制のあり方に関する検討結果第一次報告書」をまとめ答申した。

安全衛生の分野では，量—影響，量—反応（：同じ有害物質の濃度であれば，同じ身体の反応が生じる）の概念に基づくばく露限界の考え方が一般的であり，ばく露限界の数値もばく露濃度との対比を前提としている。アメリカ産業衛生専門官会議（ACGIH）は，1950（昭和25）年，ほとんど全ての労働者が毎日繰り返しばく露されても，有害な影響を受けることはないと信じられる条件を示すものとして有害物質の濃度のTLV（Threshold Limit Value）を示しており，1970（昭和45）年には，TLV勧告値がアメリカの全ての作業場に適用されるようになっていた。日本産業衛生学会においても，ACGIHの考えを取り入れ，1960（昭和35）年，労働者が連続ばく露する場合でも，空気中濃度が当該濃度以下であれば，ほとんど全ての労働者に悪影響が見られない濃度としての許容濃度を勧告していた。1977（昭和52）年に，ILOは各国で使用されてきた「許容濃度」，「最大許容濃度」，「閾値」等の概念を包括して「ばく露限界」という呼び方に統一しており，TLVも許容濃度もばく露限界のうちの一つと位置づけられる[86]。

他方，安衛法第65条第1項で義務づけられているのは，「作業環境管理の一環としての場の測定」であって「個々の労働者のばく露濃度」ではない。そのため，ばく露限界をそのまま使用することはできない。そこで，第一次報告書では，「行政的規制のための濃度」として，ばく露限界と区別される「管理濃度」という概念を示すこととした。その際，作業環境空気中の有害物質の濃度は時間的にも空間的にも変動するほか，大部分の測定の義務づけは年2回だけであることから，測定濃度と管理濃度とを直接比較する方法では，安定した判断を得ることは困難であるとし，管理区分の評価に際しては統計的な考え方を取り入れることとした（本書第65条の2 2 2参照）。他方，管理濃度の具体的な数値は挙げられなかったが，一部を除きばく露限界の数値を利用することが妥当であるとした。作業場の気中有害濃度を示す平均作業環境濃度と1日8時間又は週40時間労働における労働者のばく露

量を反映した時間加重平均ばく露濃度は一致する場合もそうでない場合もあるが，広い範囲にわたって得られた平均作業環境濃度とばく露濃度はよく対応しているためである。また，A測定に加え，B測定を実施すべきことも提言された。

なお，ばく露限界には，時間加重平均で示されているもの，瞬間といえども超えてはならない天井値で示されているもの，その双方で示されているものがあるが，天井値を時間加重平均で除した値はほぼ1.5になることから，一方のみが示されているものについては，上記算式により他方を算出し，A測定には時間加重平均を，B測定には天井値を考察の基礎に置くことが提案されている。

上記に挙げた第一次報告書の評価方法は，その後作業環境測定機関等で試行され，労働省安全衛生部環境改善室が作業環境測定機関を対象に行ったアンケート調査では，第一次報告書の基本的な考え方についてはおよそ95％の支持が得られた。第一次報告書の全文は日本作業環境測定協会の機関誌「作業環境」別冊として公表され，作業環境測定士等に周知され，浸透していった。もっとも，第一次報告では，管理区分の決定に必要な対象物質ごとの管理濃度の値が与えられていなかった。労働省は，第一次報告の考え方に従った評価方法に加え，対象物質の管理濃度の値やそれぞれの管理区分に応じて採るべき措置について示し，「作業環境の評価に基づく作業環境管理の推進について」（昭和59年2月13日基発第69号）を通達した。なお，同通達において，「管理濃度」は，学会等のばく露限界及び各国のばく露の規制のための基準の動向を踏まえつつ，作業環境管理技術の実用可能性その他作業環境管理に関する国際的動向等をもとに，作業環境管理の目的に沿うよう行政的な見地から設定したものと説明されている。また，「管理濃度」は，作業環境管理の良否を判断する際の管理区分を決定するための指標で，測定値を統計的に処理したものと対比すべきものであるから，個々の労働者のばく露濃度との対比を予定する日本産業衛生学会の「許容濃度」やACGIHの「TLV」等とは異なるとされる。なお，こうした「管理濃度」という考え方の原点は，「塩化ビニル障害の予防について」（昭和50年6月20日基発第348号）においてみられる（本書第65条の2 3 2参照）。

1988（昭和63）年に告示された作業環境評価基準は，上記通達の内容を踏襲したものである。なお，第一次報告では，従来のA測定だけでなく，B測定を追加すべきことも提案されており，これを受けて，同年7月，作業環境測定基準（告示）の改正が行われている。

1988（昭和63）年を初年度とする「第7次労働災害防止計画」においては，作業環境の測定，評価から作業環境の改善に至る一貫した作業環境管理を推進することとされていた。1988（昭和63）年の安衛法改正により，作業環境測定に基づく作業環境改善にかかる規定は，現在の条文番号（法第65条の2）になるとともに，「作業環境測定の結果の評価に基づいて」，労働者の健康を保持するために必要があると認められるときに，「労働省令（なお，平成11年改正以降は厚生労働省令）で定めるところにより」適切な措置を講じなければならないとされた。また，労働大臣（1999〔平成11〕年改正以降は厚生労働大臣）が客観的な測定結果の評価基準を定めることとし，事業者は当該基準に従って測定結果を適正に評価し，適切な措置を講じなければならないこととされ，「作業環境評価基準」が同時に告示された。改正内容自体は上記の通達で普及されているものであり，国会審議等でも特に異論はなかった。同改正時まで，第7章の標題は「健康管理」であり，作業環境測定が作業環境管理の一環としてのものであるとの位置づけは必ずしも明文上明らかではなかったが，標題が現行のものに改められ，本条が規定されることで，作業環境管理が健康管理より先次に実施されるべき措置であることとともに作業環境測定が作業環境管理のためのものであることが明らかになったといえる[87]。

(6) 記録のモデル様式の改正

作業環境測定士や作業環境測定機関が作業環境測定を実施した場合にはその結果を事業者に報告することとなるが，当初その報告様式は作業環境測定機関等に委ねられていた。しかし，それでは作業環境測定とその評価の品質確保が図れないことから，労働省では，「作業環境測定の記録のモデル様式について」（昭和57年2月4日基発第85号）を通達した。もっとも，このモデル様式は，作業環境測定値の数字や評価のための計算式をそのまま記載することになっていたため，事業者が一読してもその職場が良好であるか否かが分かりにくいものとなっていた。そこで，労働省は，事業場の担当者が良く理解でき，作業環境の改善に結びつけられるものにするべくモデル様式を改正した（平成8年2月20日基発第72号）。このときの改正では，測定条件の相違を踏まえて，過去4年分の測定結果を記載することとしたほか，衛生委員会又は安全衛生委員会又はこれに準ずる組織の意見，産業医又は労働衛生コンサルタントの意見，作業環境改善措置の内容等も記録することとし，作業環境測定結果とその評価が作業環境改善に有効活用されるようにした。その後，モデル様式は，ホルムアルデヒドに係る測定基準の改正に伴って一部改正されている（平成20年2月29日基発第0229003号）。

(7) 個人サンプリング法の先行導入

1992（平成4）年に国連環境開発会議（UNCED）で採択された「アジェンダ21」には、国際的なリスクアセスメントの強化が盛り込まれ、2002（平成14）年には、持続可能な開発に関する世界首脳会議（WSSD）において、「科学的根拠に基づくリスク評価・管理を用いて、化学物質が健康と環境にもたらす著しい悪影響を最小化する」ことが目標として掲げられ、この目標を達成するためのロードマップとして、国際的な化学物質管理に関する戦略的なアプローチ（SAICM）が取りまとめられた。上記のような国際的な流れや国内においては、特別規則による規制対象外物質による業務上疾病が化学物質による業務上疾病の4分の1を占めるといった状況の中で、リスクに基づく合理的な化学物質管理が求められるようになっていった。こうした中で、2010（平成22）年7月にまとめられた「職場における化学物質管理の今後のあり方に関する検討会報告書」においては、「リスクアセスメントの結果に応じた合理的な化学物質管理の実施を促進するため、リスクに応じた管理が可能なものから規制の柔軟化及び性能要件化を推進する必要がある」とし、個人サンプラーによる測定の導入に向けた検討や作業環境測定の評価結果の労働者への周知が必要であることを提案した。個人サンプラーによる測定の導入提案については、有害物の発散が1日に数回しかなく、それ以外は無視できるほどの低濃度となる工程が行われている作業場や、有害物が発散する区域に労働者は1日数回しか立ち入らず、その外部には有害物が漏洩しない作業場などについては、本条に基づくA測定及びB測定では過度に有害な作業場に評価されるおそれがある一方、有害物の発散源に近接して行うような作業等の場合については、そうした測定では作業環境中の濃度が過小に評価されるおそれがあることなどが背景にある。こうした中で、化学物質に係るリスクアセスメント等の実施手法について定めた「化学物質等による危険性又は有害性等の調査等に関する指針」（平成27年9月18日指針公示第3号）においては、作業管理の一手法として、個人サンプラーを用いた個人ばく露測定が示された。2017（平成29）年10月末には、「個人サンプラーを活用した作業環境管理のための専門家検討会」が設置され、2018（平成30）年11月6日には報告書が公表されている。なお、2018（平成30）年2月に策定された第13次労働災害防止計画においても、「リスクアセスメントの結果を踏まえた作業等の改善」の一つとして、「作業環境測定の実施方法に個人サンプラーによる測定方法を追加し、作業態様に応じた測定・評価方法を選択できるようにする」と明記されていた。

上記専門家検討会報告書では、個人サンプラーによる測定方法を導入することは、事業者において、リスクアセスメント及び作業環境測定を、一括して実施することを促進するものであり、将来的には広範な作業場において個人サンプラーによる測定を導入できるようにすることが望ましいとしつつ、個人サンプラーによる測定を実施できる作業環境測定士の数は十分でないため、追加的講習の実施等により、かかる作業環境測定士の養成を図る期間、個人サンプラーによる測定がその特性を特に発揮できる作業において先行して部分的に導入することを提案した。すなわち、①発散源が作業者とともに移動し、発散源と作業者との間に測定点を置くことが困難な作業（溶接、吹付け塗装など）や②有害性が高く管理濃度が低い物質を取り扱うことにより、作業者の動きにより呼吸域付近の評価結果がその他の作業に比べて相対的に大きく変動すると考えられる作業については、A・B測定の代わりに、個人サンプラーによる測定を選択できるものとする。また、選択に当たっては、作業環境測定士、産業医等を含む安全衛生委員会又は衛生委員会での作業環境測定結果の評価などに関する意見を踏まえるものとされた。なお、個人サンプラーは、呼吸域における作業場の空気を測定する機器であるが、その際、測定の目的が、①労働者の作業する環境中の気中濃度の把握であれば「作業環境測定」であり、②個人ばく露濃度の把握であれば「個人ばく露測定」であると整理された。したがって、同じデータを利用しつつ、評価を異にすることで、作業環境測定と個人ばく露測定を同時に行うことも可能とされている。以上のような専門家検討会報告書の内容については、省令改正（令和2年1月27日厚生労働省令第8号、令和2年1月27日厚生労働省告示第18号）等により対応され、2021（令和3）年4月から施行されている。

(8) 自律的管理型規制への移行

本条及び安衛法第65条の2に基づく作業環境測定及び作業環境評価の対象となる物質や管理濃度の設定は、科学的知見の進展や新たな災害の発生により見直しがなされてきた（資料7-51）。もっとも、本条及び安衛法第65条の2の適用対象となる物質はもちろん、化学物質管理の具体的内容について定める特別規則の対象物質も職場において用いられる7万種類の化学物質の中で限定的な範囲を規制するものにすぎないといえる。事実、化学物質による労働災害のうち、特別規則の規制対象物質以外の物質（規制外物質）による災害が8割を占めるとされる。こうした中で、厚生労働省に設置された「職場における化学物質等の管理のあり方に関する検討会」が2021（令和3）年7月19日に公表した報告書において、国が具体的措置を法令で定めることを基本とする法令順守型の仕組みから、全て

資料7-51 管理濃度の変遷

管理濃度の変遷

物質名	1988	2003	2018	比
土石、岩石、鉱物、金属又は炭素の粉じん mg/m³	次の式により算定される値 $E=(2.9)/(0.22Q+1)$ この式において、E及びQは、それぞれ次の値を表すものとする。E 管理濃度（単位 mg/m³） Q 当該粉じんの遊離けい酸含有率（単位 パーセント）	次の式により算定される値 $E=(2.9)/(0.22Q+1)$ この式において、E及びQは、それぞれ次の値を表すものとする。E 管理濃度（単位 mg/m³） Q 当該粉じんの遊離けい酸含有率（単位 パーセント）	次の式により算定される値 $E=(3.0)/(1.19Q+1)$ この式において、E及びQは、それぞれ次の値を表すものとする。E 管理濃度（単位 mg/m³） Q 当該粉じんの遊離けい酸含有率（単位 パーセント）	1/5
アクリルアミド mg/m³	0.3	0.3	0.1	1/3
アクリロニトリル ppm	20	2	2	1/10
アルキル水銀化合物（アルキル基がメチル基又はエチル基である物に限る。）（水銀として）mg/m³	0.01	0.01	0.01	—
エチルベンゼン ppm	—	—	20	—

物質名	1988	2003	2018	比
エチレンイミン ppm	—	0.5	0.05	1/10
エチレンオキシド ppm	—	1	1	—
塩化ビニル ppm	—	2	2	—
塩素 ppm	1	0.5	0.5	1/2
塩素化ビフェニル（別名PCB）mg/m³	—	0.1	0.01	1/10
オルトートルイジン	—	—	1	—
オルトーフタロジニトリル mg/m³	—	—	0.01	—
カドミウム及びその化合物（カドミウムとして）mg/m³	0.05	0.05	0.05	—
クロム酸及びその塩（クロムとして）mg/m³	0.05	0.05	0.05	—
クロロホルム ppm	50	10	3	1/17
五酸化バナジウム（バナジウムとして）	0.03	0.03	0.03	—
コバルト及びその無機化合物（コバルトとして）mg/m³	—	—	0.02	—

物質名	1988	2003	2018	比
コールタール（ベンゼン可溶分として）mg/m³	—	0.2	0.2	—
酸化プロピレン ppm	—	—	2	—
三酸化二アンチモン（アンチモンとして）	—	—	0.1	—
シアン化カリウム（シアンとして）mg/m³	5	5	3	1/1.7
シアン化水素 ppm	10	5	3	1/3.3
シアン化ナトリウム（シアンとして）	5	5	3	1/1.7
四塩化炭素	10	5	5	1/2
1,4－ジオキサン ppm	10	10	10	—
1,2－ジクロロエタン（別名二塩化エチレン）ppm	10	10	10	—
3,3－ジクロロ－4,4－ジアミノジフェニルメタン mg/m³	—	0.005	0.005	—
1,2－ジクロロプロパン ppm	—	—	1	—

物質名	1988	2003	2018	比
ジクロロメタン（別名二塩化メチレン）ppm	100	100	50	1/2
ジメチルー2,2－ジクロロビニルホスフェイト（別名DDVP）mg/m³	—	—	0.1	—
1,1－ジメチルヒドラジン	—	—	0.01	—
臭化メチル ppm	5	5	1	1/5
重クロム酸及びその塩（クロムとして）mg/m³	0.05	0.05	0.05	—
水銀及びその無機化合物（硫化水銀を除く。）（水銀として）mg/m³	0.05	0.05	0.025	1/2
スチレン	50	50	20	1/2.5
1,1,2,2－テトラクロロエタン（別名四塩化アセチレン）ppm	1	1	1	—
テトラクロロエチレン（別名パークロルエチレン）ppm	50	50	25	1/2
トリクロロエチレン ppm	50	50	10	1/5

物質名	1988	2003	2018	比
トリレンジイソシアネート ppm	—	0.005	0.005	—
ナフタレン ppm	—	—	10	—
ニッケル化合物（ニッケルカルボニルを除き、粉状の物に限る。）（ニッケルとして）mg/m³	—	—	0.1	—
ニッケルカルボニル ppm	—	0.001	0.001	—
ニトログリコール ppm	0.05	0.05	0.05	—
パラーニトロクロルベンゼン mg/m³	1	1	0.6	1/1.7
砒素及びその化合物（アルシン及び砒化ガリウムを除く。）（砒素として）mg/m³	—	—	0.003	—
弗化水素	3	3	0.5	1/6
ベーターープロピオラクトン ppm	—	0.5	0.5	—
ベリリウム及びその化合物（ベリリウムとして）mg/m³	0.002	0.002	0.001	1/2

物質名	1988	2003	2018	比
ベンゼン ppm	10	10	1	1/10
ベンゾトリクロリド ppm	—	—	0.05	—
ペンタクロルフェノール（別名PCP）及びそのナトリウム塩（ペンタクロルフェノールとして）mg/m³	0.5	0.5	0.5	—
ホルムアルデヒド ppm	—	—	0.1	—
マンガン及びその化合物（塩基性酸化マンガンを除く。）（マンガンとして）mg/m³	1	1	0.2	1/5
メチルイソブチルケトン ppm	50	50	20	1/2.5
沃化メチル ppm	2	2	2	—
リフラクトリーセラミックファイバー（五マイクロメートル以上の繊維として 本毎立方センチメートル）	—	—	0.3	—
硫化水素 ppm	10	10	1	1/10

物質名	1988	2003	2018	比
硫酸ジメチル ppm	—	0.1	0.1	—
石綿（五マイクロメートル以上の繊維として 本毎立方センチメートル）	2	2	0.15	1/13
鉛及びその化合物（鉛として）mg/m³	0.1	0.1	0.05	1/2
アセトン	750	750	500	1/1.5
イソブチルアルコール ppm	50	50	50	—
イソプロピルアルコール ppm	400	400	200	1/2
イソペンチルアルコール（別名イソアミルアルコール）ppm	100	100	100	—
エチルエーテル ppm	400	400	400	—
エチレングリコールモノエチルエーテル（別名セロソルブ）ppm	5	5	5	—
エチレングリコールモノエチルエーテルアセテート（別名セロソルブアセテート）ppm	5	5	5	—

物質名	1988	2003	2018	比
エチレングリコールモノーノルマルーブチルエーテル（別名ブチルセロソルブ）ppm	25	25	25	—
エチレングリコールモノメチルエーテル（別名メチルセロソルブ）ppm	5	5	0.1	1/50
オルトージクロルベンゼン ppm	25	25	25	—
キシレン ppm	100	100	50	1/2
クレゾール ppm	5	5	5	—
酢酸イソブチル ppm	150	150	150	—
酢酸イソプロピル ppm	250	250	100	1/2.5
酢酸イソペンチル（別名酢酸イソアミル）ppm	100	100	50	1/2
酢酸エチル ppm	400	400	200	1/2
酢酸ノルマルーブチル ppm	150	150	150	—
酢酸ノルマループロピル ppm	200	200	200	—

物質名	1988	2003	2018	比
クロルベンゼン ppm	75	10	10	1/7.5
酢酸ノルマル-ペンチル（別名酢酸ノルマル-アミル）ppm	100	100	50	1/2
酢酸メチル ppm	200	200	200	—
シクロヘキサノール ppm	25	25	25	—
シクロヘキサノン ppm	25	25	20	1/1.3
1,2-ジクロルエチレン（別名二塩化アセチレン）ppm	150	150	150	—
N,N-ジメチルホルムアミド ppm	10	10	10	—
テトラヒドロフラン ppm	200	200	50	1/4
1,1,1-トリクロルエタン ppm	200	200	200	—
トルエン ppm	100	50	20	1/5
二硫化炭素 ppm	10	10	1	1/10
ノルマルヘキサン ppm	50	50	40	1/1.3

物質名	1988	2003	2018	比
1-ブタノール ppm	25	25	25	—
2-ブタノール ppm	100	100	100	—
メタノール ppm	200	200	200	—
メチルエチルケトン ppm	200	200	200	—
メチルシクロヘキサノール ppm	50	50	50	—
メチルシクロヘキサノン ppm	50	50	50	—
メチル-ノルマル-ブチルケトン ppm	5	5	5	—

（厚生労働省「第1回　職場における化学物質等の管理のあり方に関する検討会」資料2-3〔https://www.mhlw.go.jp/content/11303000/000541391.pdf，最終閲覧日：2022年10月25日〕）

の危険有害性がある化学物質について，リスクアセスメントを行うことを事業者の義務とし，事業者自らが選択した措置を行うことで労働者の健康障害防止を図る自律的管理型の仕組みへの移行を目指すとしている[88]。また，同報告書では，特別規則について「自律的な管理の中に残すべき規定を除き，5年後に廃止することを想定し，その時点で十分に自律的な管理が定着していないと判断される場合は，特化則等の規制の廃止を見送り，さらにその5年後に改めて評価を行うことが適当である」との見解を示している。仮に同報告書の想定するような自律的管理が定着するとすれば，本条及び安衛法第65条の2に基づく作業環境管理の法的枠組みも大きく変容し，作業環境測定・評価もまた，自律的管理の一手段として位置づけられることも考えられる。もっとも，その見極めについては，慎重に行うことが求められよう。

こうした自律的管理を促す観点から，適切な化学物質管理を行ってきた事業場に対する規制の柔軟化が提案されている。第1に，過去3年間にわたり第1管理区分と認められ，化学物質による労働災害が発生しておらず，特殊健康診断において新たな異常所見も出ていないというケースにおいて，専属の化学物質管理専門家が配置されていることなどを要件に特別規則の適用を除外することとしている。第2に，直近3回の作業環境測定結果において第1管理区分と認められ，特殊健康診断において新たな異常所見がなく，直近の健康診断実施日から，ばく露の程度に大きな影響を与えるような作業内容の変更がない場合には，特殊健診の実施頻度を6カ月に1回ではなく，1年以内に1回とすることが許容されることとしている。

他方，前掲報告書ではまた，化学物質管理について直ちに改善を要する第3管理区分と評価された事業場に対する規制の強化を提案している。背景には，特化則や有機則等により作業環境測定の実施が義務づけられている事業場のうち，第3管理区分と評価された事業場の割合が増加傾向にあること，他方で，管理濃度が引き下げられるなどする中で（資料7-52[89]），従来の設備のままで作業環境の改善をし，管理濃度の遵守をすることが現実に困難な場合があることなどがある。第3管理区分と評価された事業場のうち，作業環境管理の専門家により改善が困難と判断された場合について，個人サンプラーによる測定とばく露濃度を一定基準以下とするために呼吸用保護具を選択・使用させるなどの措置を新たに事業者に義務づけることを提案した。以上の点については，省令改正（令和4年5月31日厚生労働省令第91号）等により対応がなされており，順次施行されている。検討会報告書が示した特別規則の廃止の方向性は今後の状況を踏まえながら判断されるものといえよう。

2　背景になった災害等

1972（昭和47）年安衛法制定に向けて開催された1971（昭和46）年7月13日の「労働基準法研究会第3小委員会報告」（座長：石井照久）においては，業務上疾病のうち，化学的障害によるものが目立ってきていること，特に有機溶剤による中毒の増加が注目されること，また，新たな機械や化学物質の採用により，新たな疾病が増加していることが指摘されている。本条は，上述の通り，広範な有害業務を対象として，その作業環境の改善を図る過程を経て設けられたものであるが，以下では，同報告書において指摘されており，かつ，有機則制定の背景にも存在していた有機溶剤中毒をまず取り上げる[90]。その上で，公害問題と労働衛生管理の関連性を示す六価クロム中毒[91]，四エチル鉛中毒[92]を取り上げる。

(1) 有機溶剤中毒

1957（昭和32）年，ポリエチレンビニル印刷物加工（ニスびき）工場で作業者が貧血症状を起こした。印刷物インキの中にベンゼンが含まれていることが明らかとなり，作業環境改善の行政指導を受けたが，加工過程で発生するベンゼン蒸気を局所排出装置で吸引する

資料7-52 管理区分3の事業場割合

有害作業の種類	作業環境測定の結果 管理区分Ⅲだった事業場の割合			
	H8年	H13年	H18年	H26年
粉じん作業が行われている事業場	5.7%	5.6%	7.4%	7.7%
有機溶剤業務が行われている事業場	3.8%	3.3%	4.3%	5.0%
特定化学物質の製造・取扱い業務が行われている事業場	1.2%	1.2%	2.9%	5.7%

資料出所：平成8年「労働環境調査」、平成13年「労働環境調査」、平成18年「労働環境調査」、平成26年「労働環境調査」
(厚生労働省「第1回職場における化学物質等の管理のあり方に関する検討会」資料2-4〔https://www.mhlw.go.jp/content/11303000/000541392.pdf, 最終閲覧日：2022年10月25日〕)

と製品に皺が寄るなどの事情により、十分な予防対策はなされなかった。

1958（昭和33）年、オードリー・ヘップバーン主演の映画がきっかけとなり流行したヘップサンダルを製造していた家内労働者にベンゼン中毒による再生不良性貧血が多発し、翌年には死亡者が発生した。サンダルの裏底を接着するゴムのりに有害性の高いベンゼン（ベンゾール）が含有されており、家内労働者は、締め切った狭い部屋の中で高濃度のベンゼン蒸気を毎日吸い続けていた。なお、1958（昭和33）年11月にはベンゼンの中毒予防のための抑制目標を25ppm以下（1178通達では100ppm）とする予防対策及び実態把握のための監督指導がされていたが、室内の濃度は400～500ppmにまで達していた。

労働省はこの事態を重くみて、労災認定基準として、「労働基準法施行規則第35条第27号に掲げる疾病のうち『ニトロベンゼン』、『クロールニトロベンゼン』及び『アニリン』に因る中毒の認定について」（昭和34年8月20日基発第576号）を発出したほか、1959（昭和34）年11月にベンゼンを含有するゴムのりを労基法第48条の有害物に指定し、これの製造、販売、輸入、使用を禁止する省令を公布した。他方、労働省は、代替溶剤としてトルエンへの切り替えを誘導したが、その後、トルエンによる中毒症状が新たに問題となった[93]。このことは、ベンゼン等51種類を規制対象とする有機則制定の背景にもなっている[94]。

1960年代に入ると、石油へのエネルギー転換に伴い、石油精製過程でノルマルヘキサンが大量生産されるようになり、ベンゼンに代わって用いられるようになったが、多発神経症や末しょう神経障害を発症するケースがみられるようになっていた[95]。例えば、1963（昭和38）年には、名古屋などのポリエチレン印刷加工（ラミネート加工）職場や製薬会社などでノルマルヘキサン中毒が発生し始めた[96]。さらに、1964（昭和39）年には、三重県桑名市のビニールサンダル製造業者においてノルマルヘキサン大量中毒が発生している。

このほか、ノルマルヘキサンの吸引による多発神経炎への罹患が問題となった例としては、みくに工業事件・長野地判平3・3・7労判588号64頁がある。このケースでは、原告を含む従業員が多発神経炎に罹患したことが主たる誘因となって、下請企業は事実上倒産しているため、元請企業に対する請求がなされている。元請企業は、ノルマルヘキサンを使用する腕時計針の印刷業務を発注するに際し、これまで同業務を受注してこなかった下請企業に対して、業務の作業手順を研修指導したが、ノルマルヘキサンの有毒性について認識しておらず、使用有機溶剤の取扱上の注意事項や人体に対する影響については指導してこなかった。そのため、下請企業も印刷作業台ごとに設けるべき局所排気装置を全く設置せず、気積は、1人につき5.94m³しか確保しないなど本来必要とされる10m³を充たさず、特殊健診を受診させることや作業環境測定も行わなかった。

裁判所は、ノルマルヘキサンの有害性及びその対策の必要性について十分認識し、本件印刷業務に従事する下請企業の従業員が中毒症状を起こすことのないよう、下請企業に対し、作業環境測定の実施とその結果の記録の他、局所排気装置の設置や十分な気積の確保、特殊健診の実施、有機溶剤作業主任者の選任等の措置を講ずるように指示ないし指導をなすべき注意義務を負っていたとして、元請企業の不法行為責任（民法第709条）を肯定している。同事案は、いわゆる構内下請の事案ではないが、元請企業が、自社工場内で下請企業従業員に対し、業務の作業手順を研修指導していること、元請企業の担当者は、発注後約1か月は毎日、その後は週1～2日程度、日程管理・品質管理の指導のために、下請企業に赴いていること、元請企業が下請企業に対し、印刷業務に必要な機械器具等を無償貸与し、ノルマルヘキサンを含む有機溶剤を支給したこと、元請企業が18年間にわたり腕時計針の印刷業務を遂行してきたのに対し、下請企業はそのときまで当該業務は勿論、第2種有機溶剤を使用する業務を行った経験がないこと等を踏まえ、元請企業と下請企業が、委託業務につき、「実質的な使用関係にあるも

のと同視し得る関係」にあったとして，元請企業の責任を肯定している。

(2) 六価クロム

金属防錆処理剤として使用される六価クロムには，自己修復機能やコストの面でのメリットがあるものの0.5～1gで致死量となり，皮膚や粘膜に付着すると皮膚炎や腫瘍になるほか，粉じんを吸い込むと鼻中隔穿孔を引き起こすという特徴を持つ。また，発がん性物質であり，肺がんや消化器系がんの原因ともなりうるものである。

昭和40年代後半から50年代前半にかけて，日本化学工業株式会社小松川工場から排出された大量の六価クロム鉱さい（スラグともいい，高炉，電炉などで鉱石から金属を製錬する際などに発生する不純物で，鉱石母岩の鉱物成分などを含む）による土壌汚染が江東区大島地区等や江戸川区内で確認されて大きな社会問題となった。江東区は，1971（昭和46）年に日本化学工業グランド跡地に野積みされていたクロム鉱さいから六価クロムが検出されたことを受け，同社や東京都に対して対策を要請した。なお，1971（昭和46）年における小松川工場の調査では，従業員461人のうち62人に鼻中隔穿孔が認められたほか，肺がんなどで50人以上の犠牲者が出ていた。これに先立つ1957（昭和32）年には，国立公衆衛生院が小松川南工場を調査し，環境改善措置の勧告をしたにもかかわらず，現実には，一向に作業環境が改善されなかったために，障害の発症に至ったものである。戦前からクロム職場の労働者は，「鼻に穴があかなければ一人前の工員といえない」などと上司から言われ，右障害の発生を当然視していた。

地域住民からは六価クロムの処理に公費が支出されたことを理由として，会社に対し処理費返還請求がなされたが，時効の問題もあり和解となっている。他方，職業病を理由とする損害賠償請求訴訟（日本化学工業事件・東京地判昭56・9・28判時1017号34頁）においては，労働者102人に対し合計10億5000万円の賠償金の支払いが命じられた。同事件において，被告会社は1178通達においてクロムについては，$1m^3$あたり0.5mgという基準が定められていたことを主張したが，裁判所は，ACGIHが示した許容濃度は0.1mgであったこと，昭和32年当時，既に労働衛生学会及びクロム取扱企業においては，英米各国で$0.1mg/m^3$の環境基準を採択していることは周知の事実であったことなどを踏まえ，被告会社において，当時の行政上の取扱い基準を遵守しておればよい，と考えていたとすれば，認識不足も甚だしいと判示するとともに，こうした主張自体，被告会社が劣悪な作業環境を放置していたことを窺わせるものであるとした。この判決からは，技術の進歩や研究の進展により更新される安全衛生領域の知見が広く共有されている場合には，後手に回らざるを得ない行政上の基準よりも優先することが窺われる。

なお，東京都では，1975（昭和50）年9月に設置した「六価クロムによる土壌汚染対策専門委員会」が1977（昭和52）年10月にした報告を受けて基本方針を決定し，日本化学工業に対し恒久処理の実施を要請している。また，東京都は日本化学工業と協議を重ね，1979（昭和54）年3月に「鉱さい土壌の処理等に関する協定」を締結し，1980（昭和55）年から都の指導のもとに，日本化学工業の費用と責任において恒久処理事業が進められ，2000（平成12）年5月に処理は完了している。ただし，東京都はその後も毎年，江東区と江戸川区内の処理地で，定期的に大気（9地点）と水質（5地点）について六価クロム等のモニタリング調査を行っているほか，区民からの健康相談に応じている。[97]

(3) 四エチル鉛

四エチル鉛とは，ガソリンエンジンのノッキング（異常燃焼）を防止するために，ガソリンに添加される化合物をいう。わが国初の四エチル鉛中毒例は，1937（昭和12）年，日本石油精製横浜製油所において，石油会社の工員（32歳）が，大ドラム缶から小ドラム缶に小分け作業をする際に，忙しさと暑さを理由に防毒マスクを着けず，四エチル鉛を手や衣類に着けたまま帰宅したため，幻視・幻聴を起こしたというものである。[98]

第2次世界大戦後，GHQは石油精製事業場の再開許可の前提として，猛毒性のある四エチル鉛対策を求めたことから，1951（昭和26）年5月に四エチル鉛則が制定され，四エチル鉛をガソリンに混入する作業従事者の疾病予防が行われていた。

1958（昭和33）年7月に横浜市小柴にある航空機用石油貯蔵タンクの清掃作業をしていた者29名が四エチル鉛中毒様の症状を呈し，うち8名が死亡した。タンク内に堆積していたスラッジ（汚泥）に含有されていた四エチル鉛によるものであった。

1960（昭和35）年3月の四エチル鉛危害予防規則改正では，これを受けて，石油タンク内における健康障害予防措置について規定した。その後，四エチル鉛危害予防規則は，同年5月1日に四メチル鉛を規制対象に含めることとし，四エチル鉛等危害予防規則に改称された。

1967（昭和42）年9月21日，サンフランシスコから横浜に向かう途中の日本郵船ぼすとん丸（9214t）において，高いうねりによりラッシング（貨物を固縛するベルト）が切られ，甲板上に積まれていた38本の四エチル鉛入りドラム缶がころげ回り，船体と衝突してエア

パイプを破損した。ドラム缶内の四エチル鉛は甲板に広がるほか，パイプから燃料タンク，船倉へと流れこみ，10月16日から19日にかけて船倉と燃料タンクを清掃した労働者の中から，死者8名及び中毒者20名を出した。なお，事件2週間後の兵庫労基局調べでは，タンク内の鉛量は15〜20mg/m³で許容量の200倍以上となっていたとされる。[99]

1968（昭和43）年3月28日の改正では，四エチル鉛，四メチル鉛のほか，一メチル・三エチル鉛，二メチル・二エチル鉛，三メチル・一エチル鉛を含むアンチノック材を四アルキル鉛と呼び，規制対象とする形で四アルキル鉛中毒予防規則に改称されたが，その際，四エチル鉛を入れたドラム缶取扱い業務の規制や加鉛ガソリンを内燃機関以外の用途に使用する場合の中毒予防措置について規制された。その後，1970（昭和45）年頃，新宿区柳町交差点付近で排気ガス中の鉛による大気汚染が社会問題化したことから，ガソリンは無鉛化されるに至っている。ただし，無鉛化対策の結果，別の方法によりノッキングを起こりにくくする（オクタン値を高める）必要が生じ，芳香族化合物の混入量を増加させたため，これにより新たな問題が発生することとなった。[100]

また，1974（昭和49）年12月9日，厚木航空基地で航空燃料タンクの清掃作業をしていた日本人従業員2名が四エチル鉛中毒にり患し内1名が幻覚，興奮状態の末に，意識朦朧状態となり18日後に死亡，他の1名は入院2カ月後に退院するという事件が発生している。[101]

4 関係判例

内外ゴム事件・神戸地判平2・12・27労判596号69頁は，業務中の有機溶剤ばく露により有機溶剤中毒症状にり患したとして使用者の安全配慮義務違反に基づく損害賠償責任が問われた事案の下，労働安全衛生法・同規則・有機溶剤中毒予防規則に定める使用者の国に対する公法上の義務は，使用者の被用者に対する私法上の安全配慮義務の内容ともなり得ると解するのが相当であるとし，有機則第28条に基づく必要な作業環境測定を行うこと及びその結果を記録することについてもこの義務に含まれると判示している。

有機溶剤を取り扱う業務については，6カ月以内ごとに1回，定期的に有機溶剤の濃度を測定し，測定に基づく結果の評価を行い，それに基づいて，作業方法の改善，その他作業環境を改善するための必要な措置を講ずる必要があり（安衛法第65条，同法施行令第21条，有機規則第28条），同測定は，作業場所について垂直方向及び水平方向にそれぞれ3点以上の測定地点で行わなければならないとされている。

しかし，本件において，被告会社は，環境測定を行っており，その結果はいずれも，単一の有機溶剤に限ってみる限り許容濃度の範囲内の数値を示しているものの，環境測定に際して，①定点測定であるにもかかわらず，測定点の位置や作業場の大きさを明らかにしていないこと，また，②有機溶剤の発生場所において作業をしている者のばく露濃度を正確に調べるためには，個人サンプラーを用い，単位作業ごとに作業位置の気中濃度を測定して，ばく露時間との関係から平均ばく露濃度を測定する必要があるところ，被告会社はこれを怠っていること，③相加作用を有するいくつかの有機溶剤が混在する場合のばく露評価がなされていないことの認定がされており，こうした点を踏まえた上で安全配慮義務違反が認定されている。同判決からは，適切に作業環境測定を実施したことを客観性に担保する必要があることのほか，形式的に作業環境測定基準に即した測定を行うだけでは安全配慮義務を果たしたことにならないこと，また，安全配慮義務の具体的内容としては，本条において求められる作業環境測定基準に則した作業環境測定の実施だけでなく，具体的事情の下で広い意味での作業環境測定（本件では個人サンプラーによる平均ばく露濃度の測定）の実施が求められていることが示唆される。すなわち，本条及び本条が要請する作業環境測定基準に基づく作業環境測定の実施は安全配慮義務違反の一内容として参酌されうるが，安全配慮義務の内容はこれに留まるものではないといえる。[102]

5 適用の実際

1 定期監督における法違反状況・送検件数

「労働基準監督年報」によれば，定期監督における本条に基づく作業環境測定実施義務違反の状況は資料7-53の通りである。年によってかなり異なるが，ここ10年は2000件前後〜4000件程度で推移していることが窺われる。

なお，「令和2年労働基準監督年報」によれば，本条に紐づく特別規則等省令違反の状況は資料7-54の通りであり，有機則違反の割合が著しく高く，次いで特化則違反の割合が高いことが窺われる。

他方，測定義務違反が直ちに労働者の生命・身体に対して影響を及ぼさないためか，送検事件件数は少ない（資料7-55。なお，1つの事件で複数の被疑条文がある場合，主たる被疑条文のみ集計されている）。

2 労働基準関係法令違反に係る公表事案

厚生労働省労働基準局監督課が各都道府県労働局が公表した際の内容を集約した「労働基準関係法令違反に係る公表事案」（令和2年1月1日〜同年12月31日公表分）（2021〔令和3〕年1月29日掲載）によれば，本条違

資料7-53

	定期監督等実施事業場数	同違反事業場数	65条違反
1999（平成11）	146,160	87,285	1,818
2002（平成14）	131,878	82,744	1,452
2011（平成23）	132,829	89,586	1,561
2012（平成24）	134,295	91,796	2,051
2013（平成25）	140,499	95,550	2,404
2014（平成26）	129,881	90,151	3,544
2015（平成27）	133,116	92,034	4,014
2016（平成28）	134,617	89,972	3,881
2017（平成29）	135,785	92,695	3,305
2018（平成30）	136,281	93,008	2,855
2019（平成31）	134,981	95,764	2,176
2020（令和2）	116,317	80,335	1,899

＊本表のうち65条違反とあるのは，枝番号の条文違反を含む。
（森山誠也氏が集計した資料をもとに作成）

資料7-54

安衛則	53
有機則	1,241
鉛則	2
特化則	829
石綿則	
電離則	1
酸欠則	98
事務所則	1
粉じん則	314

（石崎由希子作成）

資料7-55

	総計	65条違反
1999（平成11）	784	2
2002（平成14）	667	2
2011（平成23）	542	
2012（平成24）	614	1
2013（平成25）	560	1
2014（平成26）	628	
2015（平成27）	550	
2016（平成28）	497	
2017（平成29）	474	2
2018（平成30）	529	
2019（平成31）	469	1
2020（令和2）	505	1

＊本表のうち65条違反とあるのは，枝番号の条文違反を含む。
（森山誠也氏が集計した資料をもとに作成）

反による送検事例は1件であり，「建設現場の地下ピット内で作業を開始する前に，ピット内の酸素濃度を測定しなかった」事案が本条及び酸欠則第3条違反で送検されたことが明らかとなっている（和歌山労働局）。酸素濃度の測定を怠ることは，労働者の命の危険に直結するものであり，その重大性から送検に至ったと解される（なお，本条に関する適用の実際については，本書第65条の2 [4] も参照）。

3　監督の実際

監督実務の経験者によれば，作業環境測定の実施それ自体の有無の確認を目的として監督が行われることは稀であり，通常は，各監督署が定めた年間の監督計画に基づき実施される定期監督や労働災害が発生した事業場において，災害原因調査・再発防止の目的で行われる臨検監督の際に，局所排気装置の設置状況，作業主任者の選任，表示・掲示の有無・状況，健康診断の実施等，労働衛生管理の状況全般にわたって調査・確認がなされる中で，作業環境測定の実施状況についても確認がなされる。なお，死亡災害の場合，災害調査と呼ばれる緊急の臨検監督が行われるが，重大な法違反が認められる場合には，労働安全衛生法違反被疑事件として，刑事訴訟法に基づく捜査手続に移行することになる。

作業環境測定の実施の有無の確認という点で，監督機関側が特に注目しているのは，指定作業場における作業環境測定である。作業環境測定が作業環境測定機関により実施されているケースでは，作業環境測定結果については信頼の置けるものとみられている。

酸素欠乏危険場所における測定の有無の確認は，測定が適切に行われなければ，労働者の命に直結することもあり，重要視されている。具体的には，測定結果が記載された記録表の確認の他，酸欠作業主任者が測定しているか，当日その酸欠作業主任者が現場に居るか，測定器具が備えられ利用できるようになっているか等が確認される。

指定作業場・酸素欠乏危険場所以外の作業環境測定については，それほど重視されておらず，測定基準に従って定期的に測定しているところは少数であるものの，是正勧告はあまりされていない。これは，状況の変化があまり想定されにくいことや健康障害に直ちに繋がるものではないとの考えからくるものといえる。

（作業環境測定の結果の評価等）
第65条の2　事業者は，前条第1項又は第5項の規定による作業環境測定の結果の評価に基づいて，労働者の健康を保持するため必要があると認められるときは，厚生労働省令で定めるところにより，施設又は設備の設置又は整備，健康診断の実施その他の適切な措置を講じなければならない。
2　事業者は，前項の評価を行うに当たつては，厚生労働省令で定めるところにより，厚生労働大臣の定める作業環境評価基準に従つて行わな

> ければならない。
> 3　事業者は，前項の規定による作業環境測定の結果の評価を行つたときは，厚生労働省令で定めるところにより，その結果を記録しておかなければならない。

1　趣旨

作業環境測定は，良好な作業環境を実施するために実現するものであることから，単に作業環境測定を実施するだけでは意味はなく，作業環境の結果，当該作業場において十分な作業環境管理が行われていないと判断される場合には，原因を究明した上で，設備，作業方法の改善等の必要な措置が講じられることが必要である。こうしたことから，本条は，前条による作業環境測定の結果の評価及びその評価に基づく適切な事後措置の実施について定めたものである。また，適切な作業環境管理を行うためには，測定結果を客観的な基準に基づいて適正に評価する必要があることから，事業者は，厚生労働大臣の定める作業環境評価基準（昭和63年9月1日労働省告示第79号）に従って作業環境測定の結果の評価を行わなければならず，評価日時，評価箇所，評価結果，評価を実施した者の氏名を記録し，保存しなければならない（本条第2項，第3項，第103条第1項）。なお，本条第1項の「労働者の健康を保持するため必要があると認められるとき」に該当するか否かは，作業環境評価基準に従った作業環境測定結果の評価により定まるものである（昭和63年9月16日基発第601号の1）。本条違反に対する罰則の規定はない。

2　内容

1　対象作業場

評価対象となる作業場は**資料7-24**の通りである（作業環境評価基準第1条）。非密封の放射性物質取扱作業室，事故由来廃棄物等取扱施設については，作業環境測定士による放射線の濃度の測定が義務づけられているが，等間隔で無作為に抽出した複数の測定点の平均的濃度を算出するA測定の考え方はとられておらず，以下で述べる作業環境評価基準に基づく評価は義務づけられていない（この点につき，本書第65条 2　3 (2)(g)参照）。

① 土石，岩石，鉱物，金属又は炭素の粉じんを著しく発散する屋内作業場で，厚生労働省令で定めるもの（安衛法施行令第21条第1号）
② 一定の特定化学物質を製造し，若しくは取り扱う屋内作業場（安衛法施行令第21条第7号）
③ 鉛業務のうち一定のものを行う屋内作業場（安衛法施行令第21条第8号）
④ 有機溶剤のうち，一定のものを製造し，又は取り扱う屋内作業場（安衛法施行令第21条第10号）

なお，②に関して，作業環境測定の対象となっている特定化学物質のうち一定の物質については作業環境評価基準に基づく作業環境評価の対象外となる。対象外となっているのは，①第1類物質（7種類）のうち，ジクロルベンジン及びその塩，アルファ－ナフチルアミン及びその塩，オルト－トリジン及びその塩，ジアニシジン及びその塩（反対に，塩素化ビフエニル・ベリリウム及びその化合物・ベンゾトリクロリドの3種類は評価の対象となる），②特定第2類物質のうち，クロロメチルメチルエーテル・パラ－メチルアミノアゾベンゼン，③オーラミン等，④管理第2類物質のうち，インジウム化合物である（特化則第36条の2第1項）。これらの物質については，管理濃度の検討会等での検討の結果，管理濃度の設定が困難であることから，作業環境評価の対象外とされているものである。また，インジウム化合物については，わずかな濃度で発がんのおそれがある一方，作業環境管理対策のみでは環境中濃度の低減が困難であり，保護具使用を前提とした規制としているため管理濃度が設定されていないということもある。

2　作業環境評価基準

作業環境測定の結果の評価方法は作業環境評価基準（昭和63年9月1日労働省告示第79号）において定められる。作業環境測定結果の評価は，単位作業場所について，測定値を統計処理して評価値を算出し，これと測定対象物質ごとに定められている管理濃度とを比較して行う。

(1)　管理濃度

作業環境測定の空気中における有害物質の濃度は一般に低濃度であるため，測定値は，空気100万体積中に有害物質がどれだけの体積を占めるかを示すppm（parts per million）または単位体積空気中に存在する有害物質の質量（mg/m^3）で示される。「気体の種類によらず，同じ温度・同じ圧力において，同じ体積の気体の中には同じ数の分子が含まれる（＝同じ数の分子の気体は同じ体積である）」（アボガドロの法則）が，ここでいう「同じ数」は1モル（$6.0×10^{23}$個）と定義されており，ガス又は蒸気の1モルの体積は，常温（25℃）・常圧（1気圧1013hPa）において通常24.47ℓとなる。そこで，ある気体の物質量（mol）が分かれば，常温・常圧下における気体の体積が算出できることになる。すなわち，サンプリングした有害物質の物質量（mol）が分かれば，これに24.47ℓを乗じたものを吸引試料空気量の体積（一定時間あたりの吸引量×時間数）で割ることで，気中有害物質の体積（ppm）を算出す

ることができる。また，物質量(mol)に物質ごとに異なる分子量M(g/mol)を乗じれば，質量(g)を算出することができるが，反対に，質量(g)を分子量M(g/mol)で徐せば，物質量が明らかになるため，これに24.47ℓを乗じ，これを吸引試料空気量の体積で徐せば，同様に気中有害物質の体積を算出することができる（ppmとmg/m³の換算式は，ppm＝mg/m³×24.47/Mとなる）[107]。

管理濃度とは，作業環境評価のために用いられる行政的規制のための濃度であり，ばく露限界とは異なる。例えば，ばく露限界は1日8時間の平均濃度に対する値として設定されるのに対し，管理濃度には時間の概念は入っていない。作業環境管理においては，短い時間であっても，濃度が高い状態があれば対策が必要であるという考え方がとられているためである。[108] 管理濃度の数値の設定に際しては，学会等の示すばく露限界及び各国のばく露の規制のための基準の動向は参照されているが，その時点における作業環境管理技術による測定や作業環境改善の可能性，国際的な動向なども踏まえて設定されている（昭和63年9月16日基発第605号，本書第65条 3 1⑴参照）。なお，有害物質の作用が迅速で，瞬間といえども超えてはならない濃度（天井値）が設定されている物質については，測定日以外のときも天井値を超える確率を小さくするため，測定値の平均値と同時に変動の大きさを併せて考慮した基準となっている。[109]

(2) 作業環境評価の方法

作業環境測定の評価結果は，第1評価値と第2評価値という2つの値を管理濃度と比較して，作業環境管理が適切であると判断される第1管理区分，作業環境管理になお改善の余地がある場合である第2管理区分，作業環境管理が適切でないと判断される状態である第3管理区分という3つの管理区分で表される（作業環境評価基準第2条，昭和63年9月16日基発第605号）。

A測定のみ実施する場合，考えられる全ての測定点の作業時間における気中有害物質の濃度の実現値（実際に測定された値）のうち，高濃度側から5％に相当する濃度（第1評価値）が管理濃度にみたない場合が第1管理区分，第1評価値は管理濃度以上であるが，気中有害物質の平均濃度（第2評価値）は管理濃度以下である場合が第2管理区分，平均濃度（第2評価値）が管理濃度を超える場合が第3管理区分である。また，A測定及びB測定を行う場合には，**資料7-56**により管理区分が決定される。

それぞれの意味するところは次の通りとなる。[110]

第1評価値とは，単位作業場所において考えうる全ての測定点の作業時間における環境空気中有害物質の濃度実現値のうち，高濃度側から5％に相当する濃度

資料7-56

管理区分	評価値又はB測定の測定値と管理濃度との比較結果
第1管理区分	第1評価値及びB測定の測定値が管理濃度に満たない場合
第2管理区分	第2評価値が管理濃度以下であり，かつ，B測定の測定値が管理濃度の1.5倍以下である場合
第3管理区分	第2評価値が管理濃度を超える場合又はB測定の測定値が管理濃度の1.5倍を超える場合

(作業環境評価基準第2条)

の推定値である。したがって，第1評価値が管理濃度より低いという場合（第1管理水準を上回る場合），当該単位作業場所の中の環境空気中の有害物質の濃度の95％が管理濃度を下回る状態と推定されることになる。言い換えれば，第1管理区分にあたる作業場で働く労働者のうち，管理濃度を上回るばく露を受ける労働者が5％以下になるであろうことを意味する。第2評価値は，単位作業場所における環境空気中の有害物質の算術平均値の推定値である。したがって，第2評価値と管理濃度が一致する場合（第2管理水準），その単位作業場所の中に考えられる全ての測定点の濃度の平均値が管理濃度と等しいということになり，半数程度の労働者のばく露は管理濃度を下回るが，半数程度の労働者は管理濃度を超えるばく露を受けるであろうことを意味する。第2評価値が管理濃度を超える場合（第2管理水準を下回る場合），半数以上の労働者が管理濃度を超えるばく露を受けることになるであろうことを意味するものである。

第1評価値であるEA1の対数（logEA1）は $\log M + 1.645 \log\sigma$ で表され，第2評価値であるEA2の対数（logEA2）は $\log M + 1.151 \log^2\sigma$ で表される[111]。ここで，Mは幾何平均，σは幾何標準偏差を意味する。

連続する2作業日に測定が行われた場合，評価値は，下記の算定式により計算される（作業環境評価基準第3条第2項）。

$$\log EA_1 = \frac{1}{2}(\log M_1 + \log M_2)$$
$$+ 1.645\sqrt{\frac{1}{2}(\log^2\sigma_1 + \log^2\sigma_2) + \frac{1}{2}(\log M_1 - \log M_2)^2}$$

$$\log EA_2 = \frac{1}{2}(\log M_1 + \log M_2)$$
$$+ 1.151\left\{\frac{1}{2}(\log^2\sigma_1 + \log^2\sigma_2) + \frac{1}{2}(\log M_1 - \log M_2)^2\right\}$$

1作業日のみ測定が行われた場合は，下記の算定式による（作業環境評価基準第3条第1項）。

$$\log EA_1 = \log M_1 + 1.645\sqrt{\log^2\sigma_1 + 0.084}$$
$$\log EA_2 = \log M_1 + 1.151(\log^2\sigma_1 + 0.084)$$

測定値を単純平均するのではなく，平均・標準偏差をそれぞれ対数化した幾何平均・幾何標準偏差が用いられる理由としては以下の点が指摘されている。[112]

まず，標準偏差（ばらつき）も考慮する背景には，気中有害物質の濃度の分布が場所的にも時間的にも変動しているという事情がある（**資料7-57**）。こうした中で単純平均した測定値のみに着目すると，平均濃度は低いが，変動が大きく，著しく濃度が高い場所・時間の存在を見過ごすことになる。そのため，作業環境評価に際して，平均濃度だけでなく，標準偏差（ばらつき）も考慮する必要があるといえる。

次に，標準偏差を対数化し，幾何標準偏差を用いる理由について述べる。上述の通り，有害物質の濃度は時間的・空間的に変動するが，これにより，濃度の分布は正規分布（平均値と最頻値と中央値が一致する，左右対称の釣鐘型のグラフ）ではなく，正規分布よりも左側（低濃度側）に偏った形になることが多いことが知られている。

こうしたなかでは，測定値自体が大きくなるとばらつきも大きくなることになるが，測定値の大きさは物質ごとに様々であり，例えば，管理濃度が高く設定されており，こうした高濃度の測定が通常となる物質の方が必要以上に標準偏差が大きく出る可能性があり，同一の基準で評価を行うことが困難となる。そこで，測定値の大きさにかかわらず，比によってばらつきを表す尺度として幾何標準偏差が用いられているといえる。

これに加えて，平均値及び標準偏差を対数化した場合には，対数の分布が正規分布の形になるため，変動のある状態に対して，平均値と標準偏差から母集団の特性を推定するという統計的な評価が容易となるという利点もある（**資料7-58**）。

B測定においては，平均濃度や標準偏差を求めるのではなく，1つの測定値，複数個所で測定を行う場合はその最大値と基準値を比較することになる。すなわち，B測定も併せて実施する場合，第1評価値及びB測定の測定値（2ヵ所以上で実施した場合は最大値）が管理濃度に満たない場合（第1管理水準を上回る場合）が第1管理区分，第2評価値が管理濃度以下であり，B測定の測定値が管理濃度の1.5倍以下である場合（第2管理水準を上回る場合）が第2管理区分，第2評価値が管理濃度を超える場合又はB測定の測定値が管理濃度の1.5倍を超える場合が第3管理区分である[113]。以上をまとめると**資料7-59**の通りとなる。

なお，個人サンプリング方法による測定がなされた場合，C測定はA測定として，D測定はB測定に読み替えて評価が行われる（令和2年1月27日厚生労働省告示第18号による改正）。

(3) 評価結果に基づく措置

第2管理区分及び第3管理区分については，評価結果に基づく措置が特別則に定められており，それぞれ

資料7-57 気中粉じん濃度の空間変動と場所変動

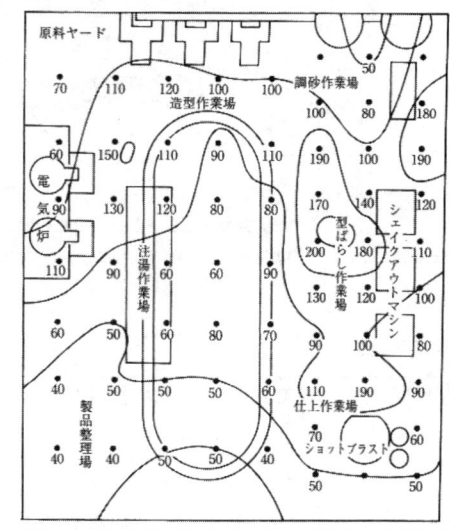

図3.4 鋳物工場における気中粉じん濃度の空間変動の例（沼野）

（単位：cpm，$M=85$，$\sigma=1.56$）

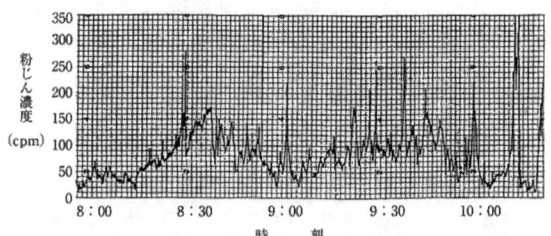

図3.6 鋳物工場における気中粉じん濃度の時間変動の例（沼野）

（公益社団法人日本作業環境測定協会『作業環境測定のための労働衛生の知識〔第4版〕』〔2019年，絶版〕78頁・80頁〔沼野雄志作成〕）

資料7-60の通りである（有機則第28条の3，第28条の4，鉛則第52条の3，第52条の4，特化則第36条の3，第36条の4，粉じん則第26条3，第26条の4，石綿則第38条，第39条）。

第3管理区分において講ずべき措置①にある「直ちに」とは，施設，設備，作業工程または作業方法の点検及び点検結果に基づく改善措置を直ちに行うとの趣旨であるが，改善措置については，これに要する合理的な期間は認められる。また，講ずべき措置②は，①の措置を講ずるまでの応急的なものであり，②により①の措置を実施したことにはならない（昭和63年基発第602号）。

第3管理区分になったからといって，罰則の適用は原則としてないが，改正女性労働基準規則（平成26年8月25日厚生労働省令第101号）により，2012（平成24）年10月1日以降，妊娠や出産・授乳機能に影響のある26の化学物質を取り扱う作業場が第3管理区分となった場合には，妊娠の有無や年齢にかかわらず，女性労働者の就業が禁止され，違反に対しては罰則の適用が予定されている（労基法第64条の3第2項，同法第119条

資料7-58 対数正規分布と正規分布の関係

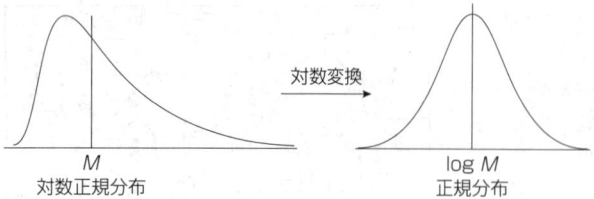

図4.6 対数正規分布と正規分布の関係
(公益社団法人日本作業環境測定協会『作業環境測定のための労働衛生の知識〔第4版〕』〔2019年, 絶版〕132頁〔沼野雄志作成〕)

資料7-59

管理区分	A 測定（平均的環境状態）	B 測定（高濃度ばく露の危険）
第1管理区分	管理濃度を超える危険率が5％より小さい	（かつ）発散源に近い作業位置の最高濃度が管理濃度より低い
第2管理区分	平均濃度が管理濃度以下	（かつ）発散源に近い作業位置の最大濃度が管理濃度の1.5倍以下
第3管理区分	平均濃度が管理濃度を超える	（又は）発散源に近い作業位置の最大濃度が管理濃度の1.5倍を超える

(石﨑由希子作成)

資料7-60

管理区分	講ずべき措置
第1管理区分	現状の管理状態の継続的維持に努める
第2管理区分	施設, 設備, 作業工程または作業方法の点検を行い, その結果に基づき, 作業環境を改善するために必要な措置を講ずるよう努める
第3管理区分	①直ちに, 施設, 設備, 作業工程または作業方法の点検を行い, その結果に基づき, 作業環境を改善するために必要な措置を講ずる ②作業者に有効な呼吸用保護具を使用させる ③産業医が必要と認めた場合には, 健康診断の実施その他労働者の健康の保持を図るために必要な措置を講ずる ④環境改善の措置を講じた後, 再度作業環境測定を行い, 第1または第2管理区分になったことを確認する

(石﨑由希子作成)

第1号, 女性則第2条第1項第18号, 第3条）。

また, 2024 (令和6) 年4月以降, 第3管理区分に区分され, ①環境改善の措置を講じて再度作業環境測定・評価を行ったところ, なお第3管理区分に区分された場合や②環境改善の措置を講じていない場合や③再度の作業環境測評価を実施していない場合に, 事業者は作業環境の改善の可否やその方策について, 当該事業場に属さない「作業環境管理専門家」の意見を聴き, これに基づいて改善措置を講じ, 効果を確認するための作業環境測定・評価を行うことが義務づけられるようになった。ここでいう「作業環境管理専門家」とは, ①「化学物質管理専門家」のほか, ②3年以上の実務経験を有する労働衛生コンサルタント（試験区分：労働衛生工学又は化学）, ③6年以上の経験を有する衛生工学衛生管理者, ④中央労働災害防止協会で3年以上の経験を有する衛生管理士（労働衛生コンサルタント試験〔試験区分：労働衛生工学〕に合格していること）, ⑤6年以上の経験を有する作業環境測定士, ⑥4年以上の経験を有する作業環境測定士で公益社団法人日本作業環境測定協会が実施する研修又は講習のうち, 同協会が化学物質管理専門家の業務実施に当たり, 受講することが適当と定めたものを全て修了した者, ⑦オキュペイショナルハイジニスト資格又はそれと同等の外国の資格を有する者等である（令和4年5月31日基発0531第9号, 最終改正：令和5年4月24日基発0424第2号）。作業環境管理専門家が作業環境改善が可能と判断し, 必要な措置を示した場合, 事業者は直ちに当該措置を講じ, その効果を確認するため, 第3管理区分に区分された場所について, 作業環境測定・評価を行わなければならない。他方, この再度の作業環境測定・評価の結果, なお第3管理区分に留まる場合や作業環境管理専門家が改善困難と判断した場合, 事業者は, 直ちに, ①個人サンプリング法による測定（労働者の身体に装着する試料採取器等を用いて行う測定）等を行い, その結果に応じて, 労働者に有効な呼吸用保護具を使用させること（作業の一部を請負人に請け負わせる場合には, 有効な呼吸用保護具使用の必要があることを周知すること）, ②呼吸用保護具が適切に装着されていることを確認し, その結果について記録・保存（3年間）すること, ③新たに選任が義務づけられる保護具着用管理責任者に上記①・②について管理・指導等を担当させること, ④作業環境管理専門家の意見の概要や改善措置, 評価の結果について労働者に周知すること, ⑤当該措置の内容について, 所轄労働基準監督署に届け出ることが義務づけられる。事業者はまた, 上記措置が義務づけられる場所について, 第1管理区分又は第2管理区分と評価されるまでの期間においても, ①6カ月以内ごとに1回, 個人サンプリング測定等と測定・評価結果についての記録・保存（原則3年間, 粉じんは7年間, クロム酸等は30年間）, ②①の結果に応じた有効な呼吸用保護具の使用, ③1年以内ごとに1回, 呼吸用保護具が適切に装着されていることの確認とその結果の記録・保存（3年間）, ④作業の一部を請負人に請け負わせる場合には有効な呼吸用保護具使用の必要があることの周知が求められる。上記措置を実施する第3管理区分場所においては, 作業環境測定を実施することは不要とされる（特化則第36条の3の2乃至同3の3, 有機則第28

条の3の2乃至同3の3，鉛則第52条の3の2乃至同3の3，粉じん則第26条の3の2乃至同3の3〔2024（令和6）年4月施行〕）。作業環境測定が不要とされるのは，個人サンプリング測定等により濃度の測定を行い，呼吸用保護具の有効性を担保していることから，作業環境測定を義務づけなくとも，有効なばく露防止対策は可能であるとの考えに基づくものである（令和5年4月24日基発0424第2号）。

「第3管理区分に区分された場所に係る有機溶剤等の濃度の測定の方法等」（令和4年11月30日厚生労働省告示第341号，最終改正：令和5年4月17日厚生労働省告示第174号）では，第3管理区分に区分された場所に係る有機溶剤等の測定の方法や「有効な呼吸用保護具」と認められるための要件，当該呼吸用保護具が適切に使用されていることの確認方法について規定がなされている。まず，測定方法については，有効な呼吸用保護具を選定するための測定であることから，個人サンプリング法を実施することができない物質を除き，作業環境測定基準に基づく個人サンプリング法による測定を義務づける一方，同様の趣旨から「個人ばく露測定」についても認めることとしている。また，「有効な呼吸用保護具」は，当該呼吸用保護具に係る要求防護係数（※その作業環境で必要とされる防護性能。測定値を管理濃度等の基準値で除すことで導かれる）を上回る指定防護係数（※労働安全衛生局〔OSHA〕や日本産業規格によって規定された値であり，期待される防護性能を示す）を有するものではならないことを規定するほか，当該呼吸用保護具を使用する労働者の顔面と当該呼吸用保護具の面体との密着の程度を示す係数（フィットファクタ）が呼吸用保護具の種類に応じた所定の値を上回っていることを確認すべきことが規定され，それぞれ必要な計算方法や値を規定している（令和4年11月30日基発1130第1号）。

(4) 規制の柔軟化

所定の有機溶剤，特定化学物質について，作業環境測定が2年以上行われ，その間，当該評価の結果，第1管理区分に区分されることが継続した単位作業場所については，当該単位作業場所に係る所轄の労働基準監督署長の許可を受けた場合には，当該特定化学物質の濃度の測定は，検知管方式による測定機器又はこれと同等以上の性能を有する測定機器を用いる方法によることができる（作業環境測定基準第10条第3項，同条第4項，第13条第3項，同条第4項）。粉じんについても，2年間，第1管理区分に区分された単位作業場については，労働基準監督署長の許可により，相対濃度指示方法による測定が可能となる（粉じん則第26条第3項，作業環境測定基準第2条第3項）。ただし，①許可を受けた単位作業場所で使用される測定対象物が他の物質に変わったり（特定化学物質），物質の基準値が変わったとき（有機溶剤），②許可を受けた単位作業場所で行われる作業が，別の区分の作業に変わったり（粉じん），作業や業務の種類が変わったとき（特定化学物質・有機溶剤），③許可を受けた単位作業場所について，許可申請に係る2年間に行われた測定のうち直近の測定の際に設定した単位作業場所と比較して，その共通部分の面積が双方の単位作業場所から見ていずれも2分の1未満となったときについては，許可の効力は及ばない（「作業環境測定特例許可及び当該許可の後における測定の具体的方法について」平成26年10月23日基安労発1023第1号，基安化発1023第1号別添3「作業環境測定の特例許可に係る留意事項（粉じん）」）。

上記に加え，2023（令和4）年4月以降は，過去3年間にわたり第1管理区分と認められ，化学物質による死亡又は休業4日以上の労働災害が発生しておらず，特殊健康診断において新たな異常所見があると認められる労働者がいなかったというケースにおいて，専属の「化学物質管理専門家」を配置し，かつ，過去3年間に1回以上，リスクアセスメントの結果やこれに基づく健康障害防止措置について，当該事業場に属さない「化学物質管理専門家」による評価を受け，当該評価の結果，当該事業場において必要な措置が適切に講じられている場合には，上記について所轄都道府県労働局長の認定を受けることにより，所定の特別規則の適用を除外することが可能となっている（特化則第2条の3，有機則第4条の2，鉛則第3条の2，粉じん則第3条の2〔2023（令和4）年4月施行〕）。ここでいう「化学物質管理専門家」とは，5年以上の実務経験を有する労働衛生コンサルタント（試験区分：労働衛生工学），8年以上の経験を有する衛生工学衛生管理者，6年以上の経験を有する作業環境測定士で講習を受けた者のほか，「同等以上の能力を有すると認められる者」として，5年以上の経験を有する労働安全コンサルタント（試験区分：化学），日本労働安全衛生コンサルタント会が運用している「生涯研修制度」によるCIH（Certificated Industrial Hygiene Consultant）労働衛生コンサルタントの称号の使用を許可されている者，日本作業環境測定協会の認定オキュペイショナルハイジニスト（日本作業環境測定協会が5年以上の経験を有する労働衛生コンサルタント，作業環境測定士等で化学・物理・生物・人間工学に係る93単位の専門研修を修了し，その後の評価試験に合格した者に対して付与する認定），国際オキュペイショナルハイジニスト協会（IOHA）の国別認証を受けている海外のオキュペイショナルハイジニスト若しくはインダストリアルハイジニストの資格保持者，日本作業環境測定協会の作業環境測定インストラクターに認定されている者，中央労働災害防止協会

に置かれる衛生管理士（労働災害防止団体法12条）で5年以上の経験を有する者，産業医科大学産業保健学部産業衛生科学科を卒業し，産業医大認定ハイジニスト制度において資格を保持する者を指す（令和4年9月7日厚生労働省告示第274号，令和4年9月7日厚生労働省告示第275号，令和4年9月7日基発0907第1号〔最終改正：令和5年7月14日基発0714第8号〕）。

なお，直近3回の作業環境測定の結果，第1管理区分に区分された他，所定の要件を充たした場合には，特殊健康診断の実施頻度が緩和される（詳細は，本書第66条 2 2）。

（5）評価の記録・保存，労働者への周知等

作業環境測定結果の評価を行った場合には，評価結果の他，いつ（評価日時），どこで（評価箇所），誰が（評価を実施した者）評価をしたかを記録しなければならない。保存期間は原則3年（有機則第28条の2第2項，鉛則第52条の2第2項，特化則第36条の2第2項）であるが，粉じんについては7年（粉じん則第26条の2第2項），特定化学物質のうちベリリウム及びその化合物や塩化ビニル，クロム酸等については，30年間（特化則第36条の2第3項），石綿については40年間（石綿則第37条第2項）の保存が求められる。

作業環境測定の結果及びその結果の評価に基づく対策の樹立に関することは，「労働者の健康障害の防止及び健康の保持増進に関する重要事項」（安衛法第18条第1項第4号）の一つとして，衛生委員会の付議事項とされている（安衛則第22条第6号）。また，有機則・鉛則・特化則においては，評価結果・改善措置・改善後の評価結果について，①常時各作業場の見やすい場所に掲示し又は備え付けること，②書面を労働者に交付すること，③磁器テープ，磁器ディスクその他これらに準ずる物に記録し，かつ，各作業場に労働者が当該記録の内容を常時確認できる機器を設置することのいずれかの方法により，労働者に周知しなければならないことが定められている。また，周知に際しては，可能な限り作業環境の評価結果の周知と同じ時期に労働者に作業環境を改善するための必要な措置について説明を行うことが望ましいとされている（平成24年5月17日基発0517第2号）。

3 沿革

1 制度史

本条の制度史については，本書第65条 3 1参照。

2 背景になった災害等

塩化ビニルよる健康障害については，麻酔作用（めまい，悪心，意識喪失等の症状），肝機能変化，皮膚障害，レイノー様症状（※手指などの皮膚の色調変化を指し，典型的には蒼白，紫色，発赤の順に3相性の色調変化を伴う）及び骨端溶解等が知られていた。日本における塩化ビニルの生産は昭和25年に開始されていたが，昭和27年，山形県酒田市において，塩化ビニル工場の労働者が指端骨溶解症を発症したことが同工場の嘱託医によって確認され，労働科学研究所に報告されている。昭和44年9月に開催された国際労働衛生会議でこのことが報告されると，労働省は，1974（昭和45）年11月11日，「塩化ビニル障害の予防について」を通達した。

しかし，その後，塩化ビニルが肝血管肉腫を引き起こす可能性があることが明らかになった。1974（昭和45）年1月米国ケンタッキー州，ルイスビルのグッドリッチ社化学工場の塩ビ重合工程で働いていた3名の労働者が，一般人口では極めて稀な肝血管肉腫で死亡し，業務起因性が疑われることとなった。当時，ACGIHは，1971（昭和42）年時点において，塩化ビニルモノマーのTLVを200ppmに設定しており（それ以前は500ppm），塩化ビニルは比較的高い濃度のときに有害性を示す物質であると考えられていたが，必ずしもそうではないことを示すものといえた。このことは，昭和49年4月にアメリカで開催された「塩化ビニルの毒性に関する会合」において報告されたが，その事実を知った労働省は，「塩化ビニル障害予防についての緊急措置について」（昭和49年6月24日基発第325号）を通達し，作業場の気中濃度を50ppmを大幅に下回る濃度に維持するよう指示し，職業がん専門家会議に行政対応を諮問した。また，イタリアのマルトーニらは，1974（昭和49）年10月，吸入実験により50ppmの濃度で肝肉血管腫の発生を確認した。こうしたなかで，ACGIHはじめ各国における塩化ビニルのばく露限界として提案されていた数値は，事実の重大性から全て消去されるか，あるいは検討中とされ，専門家会議は討議の拠り所を失うこととなった。

そこで，専門家会議は，1974（昭和49）年から1975（昭和50）年にかけて，塩化ビニルモノマーの重合作業を行っている事業場の全てを対象とし，工学的な対策により塩化ビニルをどこまで低下させられるかを調査した。その結果を踏まえて出された1975（昭和50）年6月2日の報告においては，可能な限りの工学的対策を実施することにより，気中濃度の幾何平均を2ppmまで低下させることが可能である，ただし，作業場内における濃度の変動が大きいと一時的にせよ高濃度ばく露の危険がありうるため，濃度の幾何標準偏差の対数を0.4以下にする必要がある（幾何標準偏差が0.4を超えている大部分の作業場の環気中塩ビ濃度は，5〜10ppmを超える測定値を有している）との結論が示された。これを踏まえて，労働省は「塩化ビニル障害の予防について」（昭和50年6月20日基発第348号）を通達したが，

ここには「管理濃度」の原点となる考え方がみられる。

なお、日本においては、1975（昭和50）年10月、三井東圧化学名古屋工業所の下請従業員がわが国で初めての肝血管肉腫で死亡した。死亡した者は、長年にわたり重合缶の清掃に従事してきた者であり、1974（昭和49）年の上記調査の過程で、肝血管肉腫の前段階である門脈圧亢進症にり患していることが判明していた[117]。

その後、「塩化ビニルによる障害の防止及び労災補償の取扱いについて」（昭和50年9月11日基発第534号）を改正する形で「塩化ビニルばく露作業従事労働者に生じた疾病の業務上外の認定について」（昭和51年7月29日基発第556号）が示され、肝血管肉腫については、労働基準法施行規則別表第1の2第7号9、肝血管肉腫以外の疾病については同別表第4号の規定に基づく労働省告示第36号表中に掲げる塩化ビニルによる疾病に該当するものとして取り扱われることとなっている。

4 適用の実際

1 管理区分

厚生労働省が事業所を対象に実施している労働環境調査の結果によれば（資料7-61）[118]、作業環境測定を行うべき作業場がある事業所における作業環境測定の実施率は約8割であり、実施した事業所のうち、第1管理区分と評価された作業場のあるところが9割近い。他方、第2管理区分・第3管理区分と評価された作業場がある事業所も合計で2割弱になる。多くの事業所が第1管理区分であるという点については、監督実務経験者の認識と一致する点といえる[119]。

2 作業環境改善の状況

作業環境測定を行うべき作業場がある事業所で、過去1年間に作業場の環境改善を実施した割合は4割程度に上っており、第1管理区分と評価されても環境改善を実施した例があることが窺われる。環境改善方法としては、局所排気装置の能力アップや作業方法の変更の割合が比較的高く、3～4割程度となっている。なお、監督実務経験者によれば、窓を開放し自然換気により管理区分を変えようとした例があったとのことであり、その際は、通常作業している環境下で、局所排気装置のフードの改善や風量の増強（フィルターの目詰まりを解消することにより改善する場合もある）といった工学的対策によることを指導したとのことである[120]。

本プロジェクトで労働基準監督官・技官の現役及び経験者を対象として、2020年に行ったアンケート調査の結果（以下、「令和2年度本研究プロジェクトによる行政官・元行政官向け法令運用実態調査（三柴丈典担当）」という）によれば、大手ガラス製造業系列企業の事業場において、特定の特別有機溶剤及び特定粉じん作業について、作業環境測定評価結果第1管理区分（かつ、特殊健康診断・じん肺健康診断結果有所見者なし、呼吸用保護具着用等衛生管理に問題なし）であるが、取扱量が多く移動の多い作業形態であることや、がん・じん肺等の長期的な健康障害のリスクを下げる観点から、個人ばく露測定を行い、「産衛学科のガイドライン」（※日本産業衛生学会産業衛生技術部会「化学物質の個人ばく露測定のガイドライン」を指していると思われる）に基づき、一定の評価を行い、良評価（6段階評価中3番目）[121]等であったものについても、具体的な改善措置を取っているとの情報が寄せられている。

3 作業環境評価と健康影響

厚生労働省からの受託で中央労働災害防止協会労働衛生調査分析センターが実施した「作業環境における個人ばく露測定に関する実証的検証事業」（2010〔平成22〕年度～2013〔平成25年〕度）では、作業環境測定結果と個人ばく露測定結果が基本的にはよく相関しているとしつつも、一定の場合にはずれが生じる可能性があること（本書第65条3 1(5)参照）[122]、公益社団法人日本作業環境測定協会が実施した「平成28年度健康診断・作業環境測定結果相関調査業務報告書」では、作業環境評価の結果が良好であったとしても、特殊健康診断結果や生物学的モニタリング結果に有所見者が発現するケースがあることが指摘されている（5参照）[123]。

4 作業環境測定の特例許可

第1管理区分に区分されることが2年以上継続した事業場においては、より簡易な測定方法によることが認められているが（作業環境測定基準第2条第3項、第10

資料7-62

	申請	許可
1999（平成11）	17	16
2002（平成14）	13	10
2011（平成23）	6	4
2012（平成24）	27	25
2013（平成25）	16	5
2014（平成26）	1	2
2015（平成27）	4	4
2016（平成28）	0	0
2017（平成29）	6	6
2018（平成30）	12	11
2019（平成31）	1	1
2020（令和2）	3	3

（森山誠也氏が集計した資料をもとに石﨑由希子作成）

資料7-61 作業環境測定実施状況

業務の種類	年	対象事業所	実施事業所	作業環境測定実施結果		
				第1管理区分	第2管理区分	第3管理区分
鉛	1996（平成8）	[38.6]	100	79.5	94.7	7.3	2
	2001（平成13）	[48.8]	100	65.1	97.4	4.9	1.6
	2006（平成18）	[37.6]	100	85.4	97.7	7.5	1.6
	2014（平成26）	—	—	—	—	—	—
粉じん	1996（平成8）	[55.2]	100	75.3	85.1	20.6	5.7
	2001（平成13）	[61.8]	100	68	93.3	15.7	5.6
	2006（平成18）	[49.1]	100	81.3	89.1	16	7.4
	2014（平成26）	[51.6]	100	80.5	89.2	13.2	7.7
有機溶剤	1996（平成8）	[70.8]	100	73.8	89.4	15.1	3.8
	2001（平成13）	[74.6]	100	73.1	94.7	13.6	3.3
	2006（平成18）	[65.4]	100	80.3	93.8	12.4	4.3
	2014（平成26）	[65.2]	100	82.3	88.6	12.7	5
特定化学物質	1996（平成8）	[63.9]	100	81.2	94.9	6.2	1.2
	2001（平成13）	[68.3]	100	76.4	98.5	4.3	1.2
	2006（平成18）	[55.8]	100	86.4	90.4	11.3	2.9
	2014（平成26）	[64.8]	100	90.2	88.6	11.1	5.7

1) 平成13年調査では、平成18年において調査している産業のうち、建設業並びにサービス業の洗濯・理容・美容・浴場業、廃棄物処理業及び物品賃貸業については調査していない。
2) 平成18年調査では、全事業所のうち、サービス業の洗濯・理容・美容・浴場業及び物品賃貸業のものを除いて集計したものである。
3) 平成18年調査における「特定化学物質を製造し又は取り扱う業務」には、「石綿を製造し又は取り扱う業務」が含まれない。
4) [　]内は当該業務がある事業所に対する作業環境測定を行うべき作業場がある事業所の割合である。

（厚生労働省「労働環境調査」（事業者調査）をもとに石崎由希子作成）

年	対象事業所	実施作業所	環境改善の内容					
			局排装置の設置	局排装置の能力アップ	設備の密閉化	作業方法の変更	その他	不明
1996（平成8）	[65.6]	100	39.9	34	46.7	11.7	38.7	18	—
2001（平成13）	[69.8]	100	44.7	30.1	43.8	9.8	35.2	19.7	—
2006（平成18）	[58.7]	100	45.3	27.9	43.3	8.8	42.5	20.6	—
2014（平成26）	[60.6]	100	38.6	21.6	37.9	18.6	35.6	26.8	0.5

1) 平成26年調査の[　]内の数字は、「粉じん作業」「有機溶剤業務」及び「特定化学物質を製造し又は取り扱う業務」のいずれかがある事業所のうち作業環境測定を行うべき作業場のある事業所の割合である。
2) 平成18年調査の[　]内の数字は、「鉛業務」「粉じん作業」「有機溶剤業務」「特定化学物質を製造し又は取り扱う業務」及び「石綿を製造し又は取り扱う業務」のいずれかがある事業所のうち作業環境測定を行うべき作業場のある事業所の割合である。
3) 平成18年調査は、全事業所のうち、「サービス業」の洗濯・理容・美容・浴場業及び物品賃貸業を除いて集計したものである。

（厚生労働省「労働環境調査」（事業者調査）をもとに石崎由希子作成）

条第3項，第13条第3項），2012（平成24）年を除くと，申請・許可件数は1桁から十数件であり，同制度はあまり活用されていない（資料7-62）。

5　法制度上の課題

「平成28年度健康診断・作業環境測定結果相関調査業務報告書」においては，作業環境測定結果と特殊健診結果の紐づけがされていないことが指摘されている。作業環境管理の内容となる作業環境測定と健康管理の内容となる特殊健診はそれぞれ労働者の健康障害防止を目的とするものであること，また，作業環境測定に関する安衛法第65条及び第65条の2の沿革を踏ま

えると，特殊健診の結果を踏まえた，作業環境測定の見直しは必須のものと思われる。こうしたことからすると，両者の関連性の把握を容易にするための法的仕組みを構築することが必要と思われる。この点に関しては，従来から，作業環境測定結果に労働基準監督署に対する報告義務を付すことや[124]それが難しいとしても，特殊健康診断個票において，対象労働者のばく露を受けていた物質や単位作業場所の作業環境測定結果の管理区分を入れておくことが提案されていた[125]。また，後者については，更にこれを労働者にフィードバックし，安全衛生委員会における意見申出等に繋げることで作業環境管理と健康管理の関連性が深まるとの指摘もある[126]。こうした指摘を踏まえた改正を具体的に検討することが望まれる。

（作業の管理）
第65条の3　事業者は，労働者の健康に配慮して，労働者の従事する作業を適切に管理するように努めなければならない。

1 趣旨

作業環境管理を十分に行ったとしても，作業の種類によっては十分に良好な環境とならなかったり，部分的に良好でない環境が残存する場合がある（本書第65条の2 [4] 参照）[127]。また，労働者が従事する作業のなかには，身体の一部又は全身に大きな負担がかかるもの，相当の筋力を要するものなど，作業に伴う疲労やストレスが生じるおそれがあるものがある（[3] 2参照）。そこで，労働者が作業環境や作業そのものから過度の悪影響を受けないように，作業を適切に管理することが必要である[128]。本条は，労働者の健康の保持増進を図るという観点から，労働者の従事する作業を適切に管理する努力義務を課したものである。こうした作業管理は，作業環境管理及び健康管理と並んで労働衛生に関する3管理の一つをなすものである。

なお，本条は事業者に努力義務を課すもので，本条違反に対する罰則の規定はない。また，本条違反から直ちに私法上の請求権が導かれる訳ではない。もっとも，本条を根拠として労働者の心身の健康に配慮する注意義務を導く判例もある（[4] 参照）。したがって，作業管理を怠ったことにより，健康障害が発生した場合には，こうした心身の健康に配慮する義務や安全配慮義務（労契法第5条）への違反を理由とする損害賠償請求権が成立しうる。

2 内容

本条に基づく「作業の管理」とは，一連続作業時間と休憩時間の適正化，作業量の適正化，作業姿勢の改善等労働者の健康の保持増進を図るという観点から労働者の従事する作業を適切に管理することであるとされる（昭和63年9月16日基発第601号の1）。

個々の措置については，通達，指針やガイドライン等において具体化されている。例えば，「VDT作業における労働衛生管理のためのガイドラインについて」（平成14年4月5日基発第0405001号）を改定した「情報機器作業における労働衛生管理のためのガイドラインについて」（令和元年7月12日基発0712第3号，令和3年12月1日基発1201第7号により一部改正）においては，作業管理の内容として，①1日の作業時間のうち，情報機器作業が過度に長時間にわたらないよう指導すること，②一連続作業時間が1時間を超えないようにし，次の連続作業までの間に10分～15分の作業休止時間を設け，かつ，一連続作業時間内において1回～2回程度の小休止を設けるよう指導すること，③作業者の疲労の蓄積を防止するため，個々の作業者の特性を十分に配慮した無理のない適度な業務量となるよう配慮すること，④作業者に自然で無理のない姿勢で情報機器作業を行わせるため，椅子の座面の高さ，机又は作業台の作業面の高さ，キーボード，マウス，ディスプレイの位置等を総合的に調整させること等が規定されている。

また，「職場における腰痛予防対策の推進について」（平成25年6月18日基発0618第1号）に添付された「職場における腰痛予防対策指針」では，①作業の全部又は一部を自動化すること，②不自然な姿勢や長時間同一の姿勢とならないようにすること，作業台や椅子を調節すること，③作業の実施体制や人員配置を検討するに際し，作業時間や作業内容，労働者の健康状態や特性等を考慮すること，④腰痛の発生要因を排除又は低減できるよう，作業動作，作業姿勢，作業手順，作業時間等について，作業標準を策定し，定期的に見直すこと，⑤適宜，休憩時間を設け，他の作業と組み合わせることにより，不自然な姿勢を取らざるを得ない作業等が連続しないようにすること，⑥足に適合した靴，適切な姿勢の保持を妨げない作業服を着用すること等が定められている。同指針は，福祉・医療分野における介護・看護作業，長時間の車両運転や建設機械の運転の作業等を対象に，広く職場における腰痛の予防を推進することを目的とするものである。

3 沿革

1 制度史

本条は，労働者の健康保持増進対策の充実等を内容とする1988（昭和63）年改正により追加されたものである（1988〔昭和63〕年改正の背景については，第69条の

解説も参照されたい)。同法改正に先立ち策定された「第7次労働災害防止計画」(1988〔昭和63〕〜1992〔平成4〕年)においては、職業性疾病予防対策の推進策として、作業管理指針の作成が挙げられている。すなわち、同計画においては、「有害な因子の人体へのばく露の低減を図るため、機械設備、作業方法等の改善、呼吸用保護具等の使用及び保守管理の適正化を積極的に推進するほか、各種の有害作業についての作業管理に関する指針を作成、周知する」とある。

「第7次労働災害防止計画」ではまた、「情報処理機器等の導入、情報のネットワーク化の進行等によるVDT作業に伴う『目の疲れ』、『肩のこり』等健康影響の広がり、人とME機器との関わりが深くなること等によるいわゆるテクノストレスの発生」が懸念されていた。VDT作業における労働衛生管理については、1984(昭和59)年2月、当面の措置として、指標(ガイドライン)としての「VDT作業における労働衛生管理のあり方」が公表され、事業場における自主的対策の推進が勧奨されてきた。その後、産業医学総合研究所(当時)及び産業医科大学において行われた、OAに伴う作業環境や労働態様の変化が労働者の健康に及ぼす影響についての調査研究(1983〔昭和58〕〜1985〔昭和60〕年度)や中央労働災害防止協会に設置されたOA化等に伴う労働衛生対策研究委員会における文献評価・事例研究の結果を踏まえて、「VDT作業のための労働衛生上の指針」が策定され、これについて通達(昭和60年12月20日基発第705号)が発出された。同指針では、VDT(Visual or Video Display Terminals)作業における作業環境管理、作業管理及び健康管理の3管理が重要であることが指摘されており、この点はその後のガイドラインにおいても引き継がれている。上記指針は、情報技術の進展と共に改定され、2003(平成14)年には「VDT作業における労働衛生管理のためのガイドラインについて」(平成14年4月5日基発第0405001号)が、その後、現行の「情報機器作業における労働衛生管理のためのガイドラインについて」(令和元年7月12日基発0712第3号)が策定されている。

また、昭和43年には、「重量物を取り扱う業務、腰部に過度の負担を与える不自然な作業姿勢により行う業務その他腰部に過度の負担のかかる業務による腰痛」は業務上の疾病として労災補償の対象とされ、「腰痛の業務上外の取扱い等について」(昭和43年2月21日基発第73号)において、その認定基準が示されていたが、職場における腰痛予防対策としては、昭和40〜50年代にかけて、「重量物取扱い作業における腰痛の予防について」(昭和45年7月10日基発第503号)及び「重症心身障害児施設における腰痛の予防について」(昭和50年2月12日基発第71号)が発出されていた。1994(平成6)年の「職場における腰痛予防対策の推進について」(平成6年9月6日基発第547号)はこれらを統合する形で策定された「職場における腰痛予防対策指針」を添付しており、同指針においては、作業管理、作業環境管理、健康管理の3管理及び労働衛生教育を適切に行うことの重要性とそれぞれの事項の具体的内容が示されている。また、同指針を改定する形で策定された「職場における腰痛予防対策の推進について」(平成25年6月18日基発0618第1号)においては、新たにリスクアセスメントや労働安全衛生マネジメントシステムの考え方を導入している。

2 背景となった災害等

本条の趣旨において述べた「身体の一部」に大きな負担がかかるものの例としては、キーパンチャー(※パンチカード会計システムで帳簿に記帳する事項をカードに穴をあけてコンピューターへの入力を行う作業を行う人)の頚肩腕症候群発症が挙げられる。頚肩腕症候群とは、種々の機序により、後頭部、頚部、肩甲帯、上腕、前腕、手及び指のいずれか、あるいは全体にわたり「こり」、「しびれ」、「いたみ」などの不快感をおぼえ、他覚的には当該部諸筋の病的な圧痛及び緊張もしくは硬結を認め、時には神経、血管系を介しての頭部、頚部、背部、上肢における異常感、脱力、血行不全などの症状をも伴うことのある症状群に対して与えられた名称である。[130] 昭和36年頃から発症が認められ、その後、頚肩腕症候群を苦にしたキーパンチャーの自殺が社会問題化した。[131] 昭和37年2月26日には、機械計算課に所属し、電気計算機のキーパンチャーをしていた女性労働者(22歳)が野村證券本社ビル5階から飛び降り自殺をした。また、同年10月には安田火災海上ビル6階からキーパンチャーの女性が飛び降り自殺をしている。

昭和36年11月に関係業界が「キーパンチャーの作業基準(自主調整基準)」を作成し、労働省も実態調査結果を踏まえ「キーパンチャーの作業管理について」(昭和38年2月8日基発第112号)を発出した。その後もキーパンチャーの健康障害者が多発したことから、労働省は、中央労働基準審議会労働衛生部会への諮問を経て、「キーパンチャーの作業管理について」(昭和39年9月22日基発第1106号)を通達し、①穿孔作業(工作物に穴をあける穿孔機の操作及びこれに付帯する作業)管理、②作業環境管理、③健康管理について具体的指導を行った。[132]

また、頚肩腕症候群の業務上外認定は困難であるため、労働省は「キーパンチャー等上肢作業にもとづく疾病の業務上外の認定基準について」(昭和50年2月5日基発第59号)、「キーパンチャー等上肢作業にもとづ

く疾病の業務上外の認定基準の運用上の留意点について」（昭和50年2月5日事務連絡第7号）を示している。

なお，頸肩腕症候群は，タイピスト[133]や電話交換手[134]などその他の職業においてもみられ，業務起因性が争われている。

4 関係判例

電通事件・最2小判平12・3・24民集54巻3号1155頁では，「使用者は，その雇用する労働者に従事させる業務を定めてこれを管理するに際し，業務の遂行に伴う疲労や心理的負荷等が過度に蓄積して労働者の心身の健康を損なうことがないよう注意する義務を負う」との判示を導くにあたり，労働基準法が労働時間に関する制限を定めていることのほか，本条が「作業の内容等を特に限定することなく，同法所定の事業者は労働者の健康に配慮して労働者の従事する作業を適切に管理するように努めるべき旨」規定していること，これらの規定が長時間労働により心理的負荷が過度に蓄積され，労働者の心身を損なう危険の発生を防止することを目的としていることを指摘している。

本条や本条に基づく指針や通達の内容を安全配慮義務の内容に取り込む判断は下級審裁判例においてもみられる。

佐川急便事件・大阪地判平10・4・30労判741号26頁は，運送業務に従事し，連日長時間にわたって荷物の配達，運搬，集荷，仕分け，積込み，積卸し等といった腰に負担のかかる業務を継続した結果，腰痛を発症し，その後も適切な治療を受けることができないまま業務を続けたために腰痛が悪化し，休業に至り，約1年余りにわたって治療を受けたものの，症状に改善は見られたが完治するには至らず，そのまま再び荷物の取扱いを中心とした構内業務に従事する等した結果，約45kgの荷物を持ち運んだ際に再度腰痛が悪化し，再び休業治療に至ったという事案である。

同判決は，「重量物取扱い作業における腰痛の予防について」（昭和45年7月10日基発第503号）の内容を引用した上で，これが安全配慮義務の内容を定める基準になるとし，被告会社の安全配慮義務違反を認定している。すなわち，同通達においては，人力を用いて重量物を直接取り扱う作業における腰痛予防のため，使用者は，(a)満18歳以上の男子労働者が人力のみにより取り扱う重量は55kg以下になるよう務（ママ）め，また，55kgをこえる重量物を取り扱う場合には2人以上で行うよう務め（ママ），そしてこの場合各々の労働者に重量が均一にかかるようにすること，(b)取り扱う物の重量，取扱いの頻度，運搬距離，運搬速度等作業の実態に応じ，休息または他の軽作業と組み合せる等して，重量物取扱い時間を適正にするとともに，単位時間内における取扱い量を労働者の過度の負担とならないよう適切に定めること，(c)常時，重量物取扱い作業に従事する労働者については，当該作業に配置する前及び6カ月ごとに1回，(1)問診（腰痛に関する病歴，経過），(2)姿勢異常，代償性の変形，骨損傷に伴う変形，圧痛点等の有無の検査，(3)体重，握力，背筋力及び肺活量の測定，(4)運動機能検査，(5)腰椎エックス線検査について，健康診断を行い（ただし，(5)の検査については当該作業に配置する前及びその後3年以内ごとに1回実施すれば足りる），この結果，医師が適当でないと認める者については，重量物取扱い作業に就かせないか，当該作業の時間を短縮する等，健康保持のための適切な措置を講じること，とされていることを同判決は指摘する。その上で，本件事案の下，被告会社は，55kg以上の重量物，ときには約80kgに及ぶ重量物を1人の従業員に取り扱わせていた上，社会問題にまで発展するほどの長時間労働を従業員に強いていたことや，腰痛予防を目的とした健康診断も実施していなかったことを理由として，安全配慮義務違反があったことは明らかであると結論づけられた。

> **（作業時間の制限）**
> **第65条の4** 事業者は，潜水業務その他の健康障害を生ずるおそれのある業務で，厚生労働省令で定めるものに従事させる労働者については，厚生労働省令で定める作業時間についての基準に違反して，当該業務に従事させてはならない。

1 趣旨

本条は，物理的要因による職業性疾病の中には，その業務に従事する作業時間を規制することにより，有効にその発生を防止できるものがあるとの観点から規定されたものである[135]。従来，高圧下での業務や潜水業務については，直接業務に従事する時間を制限することにより，減圧症の発症を防止できると考えられ，高圧下の時間や潜水時間について高圧則において規制が設けられていた。こうした規制は，2015（平成27）年4月から施行された高圧則改正（平成26年12月1日厚生労働省令第132号）により廃止されている。他方，本条にいう「作業時間」には，「業務に従事したことに伴い健康障害を防止するために必要とされる時間」も含まれており，高圧則において一定の規制が置かれている。なお，潜水業務に従事する者の中には，インストラクターダイバーや素潜り漁師などの一人親方も含まれるが，これらの者は本条の対象とはならない。

事業者が本条に規定する業務に作業時間の基準に違

反して従事させた場合には，6カ月以下の懲役（2025〔令和7〕年6月以降は拘禁）又は50万円以下の罰金に処せられる（安衛法第119条第1号）。また，本条における作業時間の基準に違反して業務に従事させた結果，健康障害が生じた場合には，心身の健康に配慮する義務や安全配慮義務（労契法第5条）への違反を理由とする損害賠償請求権が成立しうる。

2 内容
1 対象業務等

本条の対象となる業務は，高圧則において規定される潜水業務及び高圧室内業務である。高圧則は，潜水業務及び高圧室内業務に係る酸素中毒，減圧症等の防止のため，事業者が講ずべき措置について規定を設けている。なお，減圧症とは，高気圧下で体内に溶存していた窒素又はヘリウムが，急激に環境気圧が減少することで血液中等で気泡化することで発症するものである[136]。減圧症の発症は，軽症であれば，皮膚のかゆみに留まるが，最も多く見られるのは，四肢の関節（特に，肩や肘）や筋肉の疼痛である。重症になると呼吸器障害や下肢麻痺，膀胱直腸障害など脊髄に影響が生じる場合もある[137]。

潜水業務とは，潜水器を用い，かつ，空気圧縮機若しくは手押しポンプによる送気又はボンベからの給気を受けて，水中において行う業務をいう（高圧則第1条の2第3号，安衛法施行令第20条第9号）。例えば，港湾整備工事，ダム・水道設備のメンテナンス，海域環境調査，海難救助等がこれに当たる[138]。

高圧室内業務とは，高圧室内作業（潜函（かん）工法その他の圧気工法により，大気圧を超える気圧下の作業室又はシャフトの内部において行う作業に限る）に係る業務をいう（高圧則第1条の2第2号，安衛法施行令第6条第1号）。潜函工法（ケーソン工法）とは，地下構造物の構築方法で，予め地上で函（箱）状の構造物（ケーソン caisson）を製作し，その重量を利用して地下に沈めていく施工法を指す[139]。すなわち，コップを逆さまにして，水の中に押し込んだ状態のように，空気の圧力によって水の侵入を防ぐ原理を応用し，底のない構造物（ケーソン）に高気圧の圧縮空気を送り込み，地下水を排除しながら，内側の地盤を掘削・排土して，構造物を地中に潜らせていくという施工法である（資料7-63）。この工法は，橋梁や構造物の基礎・シールド立坑・地下鉄や道路トンネルの本体構造物などに幅広く用いられており，特に，軟弱地盤や地下水を有する地盤の掘削工事等において用いられる[140]。

2 作業時間
(1) 概要

本条にいう「作業時間」とは，労働時間のうち，「直接業務に従事している時間」及び「業務に従事したことに伴い健康障害を防止するために必要とされる時間」をいうと解される[141]。したがって，労基法上の労働時間の制限に対する特例を設けるものではない[142]。

(2) 高圧下の時間・潜水時間

高圧室内業務については，高圧室内作業者に加圧を開始した時から減圧を開始するまでの時間（高圧下の時間），潜水業務については，潜水作業者が潜降を開始したときから浮上を開始するまでの時間（潜水時間）が「直接業務に従事している時間」に当たりうる。もっとも，作業時間のうち，高圧下の時間及び潜水時間に係る規制は，呼吸用ガスとして酸素と呼吸用不活性ガスを混合した混合ガスが実用化されるなど，健康障害リスクを低下させる技術の進展がみられることから，2014（平成26）年12月1日に公布され，2015（平成27）年4月1日から施行された高圧則改正（平成26年厚生労働省令第132号）により廃止されている（平成27年1月9日基発0109第2号）。

(3) 減圧停止時間・浮上停止時間

他方，高圧則においては，「業務に従事したことに伴い健康障害を防止するために必要とされる時間」として，減圧を停止する時間や浮上を停止させる時間についても規定を置く（高圧則第18条第1項，第27条）。すなわち，減圧症を防ぐためには，高圧下・潜水下で多く取り込まれた窒素等をなだらかに体外に排出する必要があるところ，高圧則においては，減圧や浮上の速度について直接規制するだけでなく，高圧作業者の減圧を一定圧力で停止する時間や潜水作業者を一定の深度で留まらせ，浮上を停止させる時間等を設定することにより，体内のガス圧係数（※浮上した際に体内に残っている窒素ガス圧と普段地上で生活している際に飽和して溶け込んでいる窒素ガス圧の比）を徐々に低下させようとしているといえる。

なお，事故等により，事故のために高圧室内作業者を退避させ，又は健康に異常を生じた高圧室内作業者を救出するときは，必要な限度において，減圧，浮上の速度を速めたり，減圧／浮上停止時間を短縮したりすることができるが，この場合は，退避ないし救出後，速やかに当該高圧室内作業者を再圧室（資料7-64）又は気こう室（高圧室内作業者が，作業室への出入りに際し加圧又は減圧を受ける室）に入れ，加圧すること，あるいは，潜水作業者を再圧室に入れ加圧するか，又は当該潜水業務の最高の水深まで再び潜水させることが求められる（高圧則第19条，第32条）。

どの圧力ないし深度で減圧ないし浮上をどの程度の時間停止するかについて，2014（平成26）年の高圧則改正以前は，高圧則別表（減圧表）において，直接規制されてきたが（資料7-65），この減圧表の理論的根

資料7-63 潜函工法

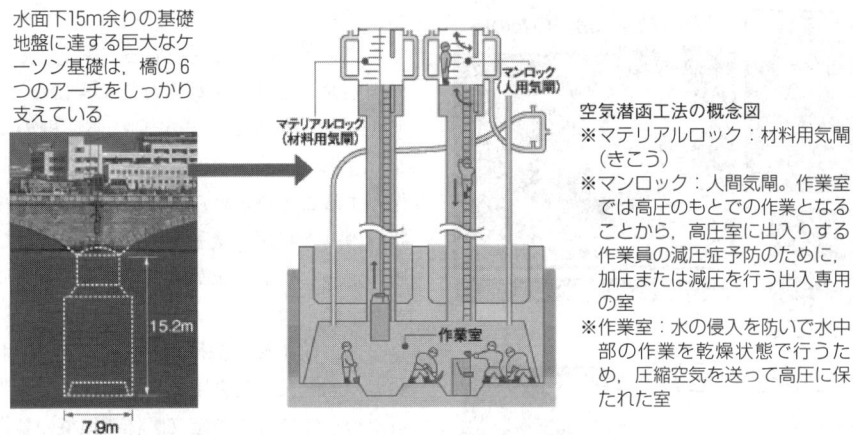

（国土交通省北陸地方整備局WEBサイト〔http://www.hrr.mlit.go.jp/nyusho/big_bandai.html，最終閲覧日：2020年12月28日〕）

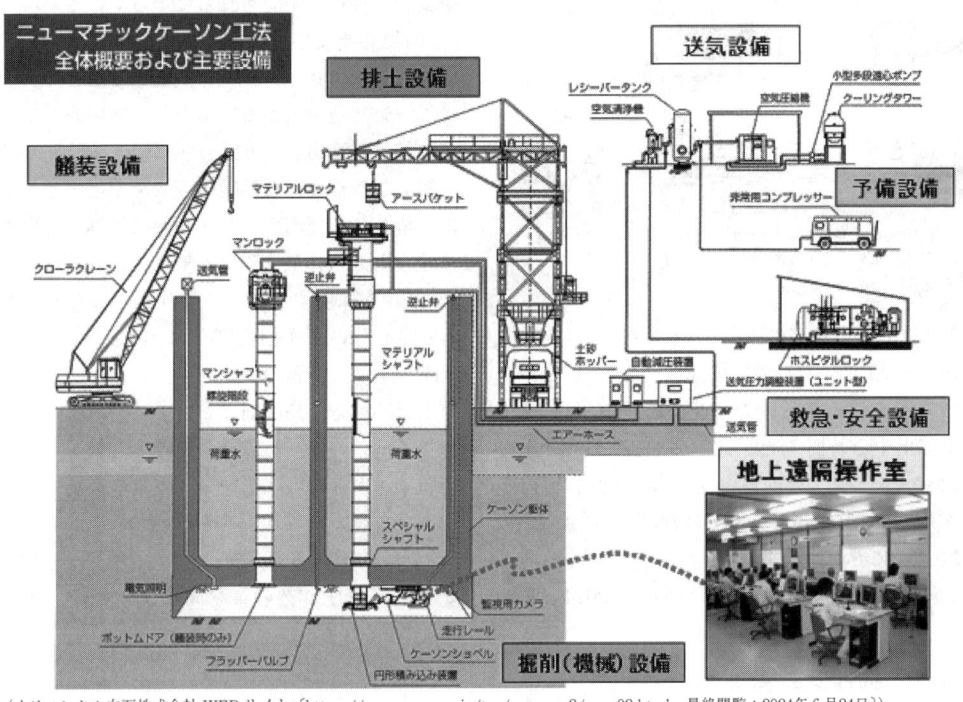

（オリエンタル白石株式会社WEBサイト〔https://www.orsc.co.jp/tec/newm_v2/ncon02.html，最終閲覧：2024年6月24日〕）

拠については明確ではなく，減圧時間が短い傾向にあるといった課題も指摘されていた[143]。2014（平成26）年改正により，減圧表は廃止され，事業者は予め，体の各組織（※ガスの移動の速さに応じて分類された理論上の概念であり，「半飽和組織」と呼ばれる。高圧則では16の半飽和組織を想定している）に取り込まれている不活性ガス（窒素とヘリウムの気体）の圧力（※多成分から成る混合気体においてある気体が混合気体と同じ体積を単独で占めたときの圧力〔分圧〕）を計算式によって求め，その値が人体が許容できる最大値の分圧であるM値を超えないように，減圧／浮上停止時間等を設定することが求められるようになった（資料7-66）[144]。最大値を超えないように減圧／浮上停止時間を設定するための計算式は，ビュールマンのZH-L16モデルに基づくものとされ，告示により示されている（平成26年12月1日厚生労働省告示第457号，施行通達・平成27年1月9日基発0109第2号）。この計算式により算出される時間は最低基準であり，これに違反する場合は本条違反の責任を問われうるが，海外で利用されている減圧表を用いるなどし，より安全な値を用いること自体は妨げられていない[145]。

事業者は，上記計算を行った上で，①作業室又は気こう室へ送気する気体の成分組成（潜水作業者に送気し，又はボンベに充填する気体の成分組成），②加圧を開始する時から減圧を開始する時までの時間（潜降を開始させる時から浮上を開始させるまでの時間），③当該高

資料7-64　再圧室

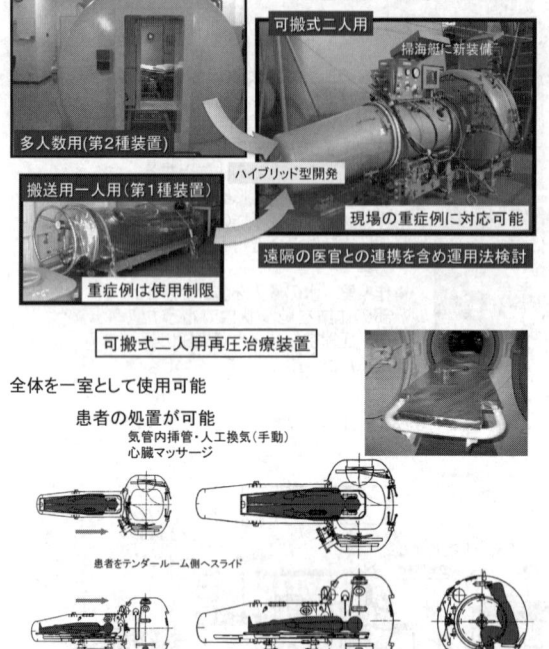

(第4回　高気圧作業安全衛生規則改正検討会〔2012年7月31日〕資料・鈴木信哉〔自衛隊中央病院〕「高圧則改正において検討すべき課題について論点整理のための資料」)

圧室内業務における最高の圧力（潜水業務における最高の水深の圧力），④加圧及び減圧の速度（潜降及び浮上の速度），⑤減圧を停止する圧力及び当該圧力下において減圧を停止する時間（浮上を停止させる圧力及び当該浮上を停止させる時間）を内容とする作業計画を作成し，当該計画により業務を行わなければならないとされる（高圧則第12条の2）。

また，減圧／浮上停止時間等について，2014（平成26）年改正以前には，労働者自身が減圧表に基づきこれを把握することが想定されていたが，同改正により，事業者自身が責任をもって設定し，これを労働者に周知することが求められるようになっている（高圧則第12条の2第3項）。改正前の高圧則の下では，減圧を行う都度，減圧状況の記録を作成し，記録を5年間保存することが求められてきたが，改正後は，減圧の状況のみならず，減圧を停止する圧力及び時間等の計画に定めた事項の記録についても，5年間保存することが求められている（高圧則第20条の2）。

なお，改正後の高圧則第1条では，「事業者は，労働者の危険又は高気圧障害その他の健康障害を防止するため，作業方法の確立，作業環境の整備その他必要な措置を講ずるよう努めなければならない」として，事業者の責務が明記されるに至っている。ここでいう「その他必要な措置」としては，例えば，①工期の早い段階からエレベーターを設置するなどの工程の改善や②作業計画を定めるに当たり，高い安全率を採用して計算式を算出したり，減圧に要する時間ができるだけ短くて済むような呼吸用ガスを使用すること，体内に蓄積された窒素ガスを速やかに対外へ排出するために呼吸用ガスの酸素濃度を高めて減圧を行う方法（酸素減圧）を採用することを盛り込むこと等が考えられるとされている（施行通達第3の1(1)ウ）。

(4)　重激な業務の制限

上記に加え，高圧則においては，減圧，浮上を終了した者について，当該減圧や浮上を終了した時から14時間は，重量物の取扱い等「重激な業務」に従事させてはならないとされる（高圧則第18条第2項，同第27条，安衛則第13条第1項第3号ト，平成27年1月9日基発0109第2号）。高気圧作業の業務間及び業務終了後の労働者

資料7-66　高圧則改正の概要

3. 改正の概要 ※いずれも，高圧室内業務及び潜水業務に共通

(1) 高圧下の作業の時間の制限の廃止等

<現行>
減圧症を防止するため，以下の事項を**高圧則別表に規定**している。
① 業務を行うことができる圧力の上限
② 加圧を開始した時から減圧を開始するまでの時間
③ 業務間・業務終了後の**一定の時間**は重激な業務への従事を禁止
④ 減圧を停止する圧力及び時間

<改正後>
減圧停止時間を適切に設定することで，高圧下の時間を制限しなくても減圧症を防止することが可能であるという最新の知見を踏まえ，**高圧則別表を廃止し，③及び④については別途規定する**。
① 削除
② 削除
③ 業務間・業務終了後の**14時間**は重激な業務への従事を禁止
④ **減圧を停止する圧力は事業者が自由に設定可とし，減圧を停止する時間は，計算式により求めるものとする。**

※ 体内に蓄積された不活性ガスの分圧と，人体が許容することができる最大の不活性ガスの分圧をそれぞれ計算により求め，前者が後者を超えない範囲内で各圧力下における必要な減圧停止時間を設定する方法（ビュールマンZH-L16モデル）によるものとする。

④ 新たに規定される，減圧停止時間を求める計算式

$$P_n = (P_{n-1}+RNt)+\left\{\left(P_a+P_c-\frac{R}{k}\right)N-P_{n-1}\right\}(1-e^{-kt})$$

（厚生労働省WEBサイト〔https://www.mhlw.go.jp/file/05-Shingikai-12602000-Seisakutoukatsukan-Sanjikanshitsu_Roudouseisakutantou/0000041650.pdf，最終閲覧：2022年10月20日〕）

資料7-65 廃止された高圧則別表（抜粋）

別表第1

圧力 (MPa)	高圧下の時間	減圧(分)					体内ガス圧係数	業務間ガス圧減少時間 (分)	業務終了後ガス圧減少時間 (分)	第2回の高圧下の時間 (分)
		0.15MPa	0.12MPa	0.09MPa	0.06MPa	0.03MPa				
0.10を超え0.12以下	30分以下					1	1.2	30	30	335
	30分を超え60分以下					1	1.4	30	30	305
	60分を超え90分以下					1	1.5	30	30	285
	90分を超え120分以下					1	1.6	30	30	265
	120分を超え150分以下					2	1.7	60	30	270
	150分を超え180分以下					3	1.8	60	30	250
	180分を超え210分以下					4	1.9	60	30	230
	210分を超え240分以下					5	1.9	60	30	230
	240分を超え270分以下					5	2	150	45	135
	270分を超え300分以下					6	2	150	45	105
	300分を超え330分以下					6	2	150	45	75
	330分を超え360分以下					7	2.1	150	45	45
0.12を超え0.14以下	30分以下					1	1.3	30	30	295
	30分を超え60分以下					1	1.5	30	30	270
	60分を超え90分以下					1	1.6	30	30	255
	90分を超え120分以下					3	1.7	60	30	255
	120分を超え150分以下					5	1.8	60	30	240
	150分を超え180分以下					6	1.9	60	30	215
	180分を超え210分以下					8	2	60	30	210
	210分を超え240分以下					10	2	60	30	210
	240分を超え270分以下					10	2.1	150	45	130
	270分を超え300分以下					10	2.1	150	45	100
	300分を超え330分以下					12	2.2	150	45	70
0.14を超え0.16以下	30分以下					1	1.3	30	30	270
	30分を超え60分以下					1	1.5	30	30	250
	60分を超え90分以下					3	1.7	60	30	235
	90分を超え120分以下					5	1.8	60	30	225

別表第3

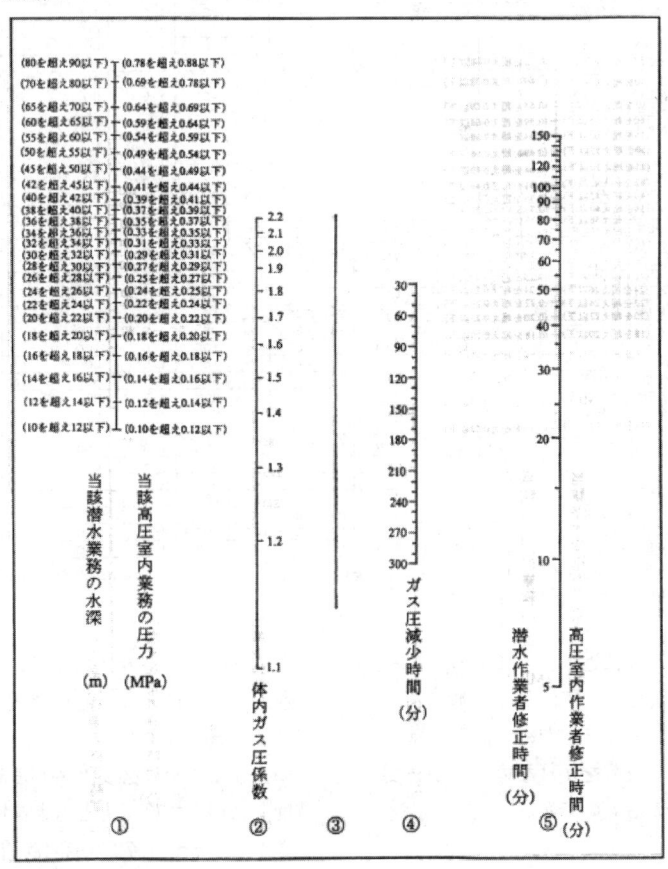

別表第2

圧力(MPa)	潜水深度(m)	高圧下の時間	減圧(分)							体内ガス圧係数	業務間ガス圧減少時間(分)	業務終了後ガス圧減少時間(分)	1日についての高圧下の時間(分)
			0.24 MPa	0.21 MPa	0.18 MPa	0.15 MPa	0.12 MPa	0.09 MPa	0.06 MPa	0.03 MPa			
		潜水時間	浮上(分)										一日についての潜水時間(分)
			24m	21m	18m	15m	12m	9m	6m	3m			
0.10を超え0.12以下	10を超え12以下	10分以下									1.1	30	30	480
		10分を超え30分以下									1.2	30	30	
		30分を超え60分以下									1.4	30	30	
		60分を超え90分以下									1.5	30	30	
		90分を超え120分以下									1.6	30	30	
		120分を超え180分以下									3	1.8	60	30	
		180分を超え240分以下								5	1.9	60	30	
		240分を超え360分以下								7	2.1	150	60	
0.12を超え0.14以下	12を超え14以下	10分以下									1.1	30	30	420
		10分を超え30分以下									1.3	30	30	
		30分を超え60分以下									1.5	30	30	
		60分を超え90分以下									1.6	30	30	
		90分を超え120分以下								4	1.7	60	30	
		120分を超え150分以下								6	1.8	60	30	
		150分を超え180分以下								7	1.9	60	30	
		180分を超え210分以下								9	2.0	60	30	
		210分を超え240分以下								10	2.0	150	60	
		240分を超え300分以下								12	2.1	150	60	
0.14を超え0.16以下	14を超え16以下	10分以下									1.1	30	30	360
		10分を超え30分以下									1.3	30	30	
		30分を超え50分以下									1.4	30	30	
		50分を超え70分以下									1.6	30	30	
		70分を超え90分以下								3	1.7	60	30	
		90分を超え120分以下								6	1.8	60	30	
		120分を超え150分以下								9	1.9	60	30	
		150分を超え180分以下								12	2.0	60	30	
		180分を超え210分以下								13	2.1	150	60	
		210分を超え270分以下								17	2.2	150	60	
0.16を超え	16を超え	10分以下									1.1	30	30	300
		17分を超え21分以下							14	36	1.7	90	45	
		21分を超え27分以下							27	36	1.8	90	45	
		27分を超え37分以下						18	27	44	1.9	90	45	
		37分を超え55分以下				6	20	24	28	65	65	1.9	150	60	
		55分を超え75分以下			8	18	20	24	49	90	73	1.9	150	60	
0.54を超え0.59以下	55を超え60以下	5分以下								2.0	1.3	60	30	70
		5分を超え10分以下								16	1.5	60	30	
		10分を超え15分以下								36	1.5	60	30	
		15分を超え24分以下							23	36	1.8	90	45	
		24分を超え33分以下						16	27	42	1.9	90	45	
		33分を超え50分以下				9	20	24	27	65	70	1.9	150	60	
		50分を超え70分以下		14	18	20	24	50	100	73	1.9	150	60	
0.59を超え0.64以下	60を超え65以下	5分以下								5	1.3	60	30	65
		5分を超え12分以下								32	1.5	60	30	
		12分を超え21分以下							23	36	1.8	90	45	
		21分を超え30分以下					2	24	28	35	1.9	90	45	
		30分を超え45分以下				6	20	24	28	56	73	1.9	150	60	
		45分を超え65分以下	4	16	18	20	26	53	92	73	1.9	150	60	
0.64を超え0.69以下	65を超え70以下	5分以下								10	1.4	60	30	60
		5分を超え11分以下								34	1.5	60	30	
		11分を超え18分以下							25	36	1.7	90	45	
		18分を超え27分以下					4	24	28	35	45	1.9	90	45	
		27分を超え40分以下				12	20	24	28	65	95	1.8	150	60	
		40分を超え60分以下	8	16	17	20	27	52	95	105	1.8	150	60	
0.69を超え0.78以下	70を超え80以下	5分以下								16	1.5	60	30	50
		5分を超え10分以下							8	35	1.6	60	30	
		10分を超え15分以下							28	35	1.7	90	45	
		15分を超え22分以下					7	24	28	37	51	1.8	90	45	
		22分を超え35分以下				18	20	24	30	65	100	1.8	150	60	
		35分を超え50分以下		12	16	18	20	28	52	95	105	1.8	150	60	
0.78を超え0.88以下	80を超え90以下	5分以下								30	1.5	60	30	40
		5分を超え10分以下							20	35	1.7	90	45	
		10分を超え15分以下						14	28	35	1.8	90	45	
		15分を超え20分以下					13	24	28	44	51	1.9	90	45	
		20分を超え30分以下			6	18	20	24	29	65	100	1.8	150	60	
		30分を超え40分以下	12	16	18	20	24	49	65	105	1.8	150	60	

(第1回高気圧作業安全衛生規則改正検討会〔2012年5月30日〕参考資料・厚生労働省WEBサイト〔https://www.mhlw.go.jp/stf/shingi/2r9852000002bqum-att/2r9852000002br5j.pdf, 最終閲覧：2022年10月20日〕)

は，過飽和，もしくはそれに近い状態にあるところ，衝撃等の物理要因で溶解ガスの気泡化が促進されるという知見があるからである。そのため，減圧完了後は極力安静にして，大きな負荷をかけないことが必要であるとして規律されているものである。[146]

3 沿革

1 制度史

本条は，1972（昭和47）年の安衛法制定当時，第69条に規定が置かれていたが，1988（昭和63）年改正により現在の条文番号となっている。

なお，本条にいう「直接業務に従事する時間」に該当する「高圧下の時間」，「潜水時間」や，「健康障害を防止するために必要とされる時間」に当たる「減圧時間」については，もともと高圧則の別表において規制されてきた。1972（昭和47）年制定の高圧則は，その前身となる1961（昭和36）年施行の高気圧障害防止規則における減圧表の基準を基本的に引き継いでおり，この間，単位換算による改正を除けば，抜本的な改正はなされてこなかった。1961（昭和36）年当時は，

人体が長時間高圧環境下に置かれた場合の健康影響について十分な知見がなく、健康影響を及ぼす可能性が否定できなかった状態だったことから、「減圧時間」に加えて「直接業務に従事する時間」についても一定の基準が設けられたと推測されている[147]。しかし、その後、海上自衛隊や海外の事例などから、健康影響を及ぼすのは高圧下の時間そのものではなく、圧力の変化とそれに応じた減圧時間であることが明らかとなってきた[148]。また、技術の進展により、高気圧作業の呼吸ガスに、窒素混合ガス、ヘリウム混合ガス、三種混合ガスといった、酸素と呼気用不活性ガス（窒素及びヘリウム）を混合した混合ガスが実用化され、これを用いれば健康障害を起こすリスクを下げることが可能となった。そのため、2014（平成26）年高圧則改正により、高圧下の時間及び潜水時間に関する規制は廃止されることとなり、減圧停止時間については、上記の通り、事業者が作成する作業計画において定められることとなった。

2 背景となった災害等

潜函病、潜水病等の減圧症については、高気圧障害防止規則が制定されるのと同時に「高気圧作業による疾病（潜函病、潜水病等）の認定について」（昭和36年5月8日基発第415号）において労災認定基準が示されている[149]。

減圧症の急性期の症状としては、皮膚のかゆみや関節痛又は筋肉痛、脊髄麻痺、中枢神経の麻痺症状、死に至るおそれのある呼吸困難、循環障害などが挙げられており、これらは職業病としても認められている。慢性期の症状としては、骨壊死（骨の無腐性壊死）の症状があることが知られている。骨壊死については、九州労災病院が有明海沿岸の佐賀県藤津郡太良町、大浦、竹崎両地区において潜水夫を対象に行った調査等によって明らかとなっていった[150]。この地区では、大正時代中期から、タイラギと呼ばれる平貝採取を目的として潜水漁法が行われており、具体的には、船上から空気を送るヘルメット式潜水器を着用したダイバーが、海底に立っている貝を棒の先に鋭い金属を付けた手カギで引っかけ、スカリという袋に集めるやり方で行われていた[151]。なお、潜水夫は身体に痛みや痺れを感じると、再び海に身体を沈める「ふかし」という民間療法によりこれを治そうとすることが広く行われており、これにより、再圧タンクに入るという治療機会を逸する結果となっていた[152]。

なお、慢性減圧症の発症は急性減圧症をそのまま放置することで生じやすくなる可能性があるとの指摘があるが[153]、日本潜水協会が民間の潜水請負業者（253）等を対象に、平成18年7月〜19年3月末にかけて行った「潜水安全に関するアンケート調査」によると、民間の潜水請負業者のうち、減圧症、あるいは減圧症類似の疾患にかかったことがあるとの回答が32.4%（82件）であり、このうち、46.7%（42件）が医療機関を受診した、34.4%（31件）が会社の再圧タンクで自分たちで治療したと回答するものの、16.7%（15件）はだまって我慢したと回答している（複数回答者あり）[154]。

4 適用の実際

改正高圧則により、事業者自ら減圧表を作成する必要が生じたことについては、複雑かつ煩雑な計算を求められるため、減圧表の作成は容易ではなく、定まった減圧表があった方が良いとの現場の意見があることが医学関係者により指摘されている[155]。

5 関係判例

日本電信電話事件・松山地判昭60・10・3判時1180号116頁は、海底電線ケーブル埋設工事現場の潜水作業に従事していた潜水夫（原告）が埋設機からケーブルを取り外す作業の終了時に、酸素ボンベの空気がほとんどなくなっていたため、急いで浮上したところ、意識を失い、潜水病に陥ったこと（以下、本件事故）について損害賠償請求がなされた事案である。

被告Y1社は、本件工事の潜水作業のため、被告Y2社に対し潜水夫の派遣方を依頼していた。被告Y2社は、原告及び訴外A（以下、原告ら）の雇用主から原告らの貸借を受け、契約上は、潜水作業の監督をすることが予定されていた。しかし、本件事故当時、Y2社は工事現場に人員を派遣しておらず、原告らの作業について、直接の指揮監督をしていたのは、Y1社の従業員であった。

同判決は、Y1社について、「自己の支配管理する場所において自己の指揮監督で働かせていること」を根拠として、安全配慮義務を負うとした上で、ボンベの給気能力について知らせず、潜水作業者に異常がないかを監視するための者を置かずに作業にあたらせたことや（高圧則第29条参照）、再圧室を設置しなかったため、救急措置を適切に行うことができなかったこと（高圧則第32条参照）などについて安全配慮義務違反を認めた。Y1社は、本件事故の原因は原告の急浮上にあるとして、その責任を否定する主張をしたが、本件事故日の午前中に原告は3回潜水しており、本件事故や第4回目の潜水において生じたこと、第3回目までの潜水により原告の体内ガス圧が高くなっていたことも本件事故の原因であるとして、かかる主張は認められなかった。

同判決はまた、Y2社については、Y1社に潜水の知識を有するものはいないからY2社が原告の安全を保護しなければ、他にこれを行うものがいないにもか

かわらず，安全管理及び指揮監督のための人員を派遣していなかったことについて安全配慮義務違反を認めた。

他方，同判決では，原告が潜水の知識を十分有し，潜水時間の安全基準や浮上時間の計算，空気ボンベの給気能力も十分計算し得たにもかかわらず，それをしなかったことや安全管理者を配置するよう要求したり，安全管理者が配置されるまで潜水作業をしないで待つなどの対応をとらなかったことについて過失相殺が認められている。ただし，原告の雇用主は小会社であり，原告から種々の要求をするということは極めて困難であったことや第4回目の潜水は48mの深海であり，深海では窒素酔いにかかり判断力が鈍り，空気ボンベの残圧に気を配ることが困難になること等を踏まえ，その過失割合は2割とされた。

同判決の意義は，以下の3点にある。第1に，Y1社・Y2社はいずれも原告と直接の雇用関係に立つものではないが，Y1社については，作業場所への支配や作業に対する直接の指揮監督を行っていたとの実態を根拠として，Y2社については，Y1社は原告の雇用主との契約上，潜水作業について監督することが予定されていたこと等を根拠として，それぞれに安全配慮義務が認められている。第2に，同判決は，安全配慮義務内容の特定にあたり，高圧則の各規定を参酌している。第3に，原告が潜水の知識を十分に有することを前提に一定の過失相殺を認めている点である。このうち，第3の点については，2014（平成26）年の高圧則改正以降，健康障害を防止するために必要な体制を整えることについて事業者が第一義的な責任を負うことが明らかとされ，減圧・浮上停止時間が事業者の責任の下，作業計画において定められることなどから，同判決のような労働者の過失認定がされにくくなる可能性があると解される。

6 視点・論点

「振動」という物理的要因から生じる振動障害の予防についても，作業時間の制限というアプローチが有効となる。振動障害は，末梢循環障害（白指，しびれ，冷え），末梢神経障害（指の痛み，しびれ，知覚障害等），それに運動器（骨・関節系）障害（骨・関節の痛み，変形等）から構成されるが，このうち，特徴的な症状として，レイノー現象（白指発作）があり，そのため，白ろう病とも呼ばれる。1965（昭和40）年3月には，NHKの全国番組「現代の映像」の「白ろうの指」の中において，チェンソー使用労働者の手指にチェンソー使用による白指発作が発現していることが放映され，社会問題化した（資料7-67）。同年11月，日本産業衛生協会内に設置された局所振動障害研究会が開催

資料7-67 白ろう病

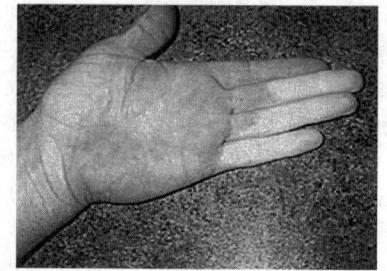

（厚生労働省「振動障害の予防のために」〔https://www.mhlw.go.jp/new-info/kobetu/roudou/gyousei/anzen/dl/090820-2a.pdf，最終閲覧日：2024年8月1日〕）

され，その際には，局所振動障害が発生している職種として，チェンソーの外に研磨工，石切工，木の皮むき工，アルミ鋳造工，バイク運転手などにもみられることが報告され，1969（昭和44）年12月の同研究会では，チェンソー以外の振動工具による障害についても注意を喚起する必要があると強調された。こうしたなかで，労働省は，「チェンソー使用に伴う振動障害の予防について」（昭和45年2月28日基発第134号），「チェンソー取扱い業務に係る健康管理の推進について」（昭和50年10月20日基発第610号），「チェンソー以外の振動工具の取扱い業務に係る振動障害の予防について」（昭和50年10月20日基発第608号）等を発出した。昭和50年通達の中に含まれる「チェンソー取扱い作業指針」や「チェンソー以外の振動工具の取扱い業務に係る振動障害予防対策指針」においては，振動業務とこれ以外の業務を組み合わせて，振動業務に従事しない日を設けるようにし，1日における振動業務の作業時間は休止時間を除き2時間以内とすることなどが規定されていた。もっとも，こうした規制方法には，工具の振動値が考慮されておらず，労働者の障害リスク低減が不十分である等の課題があった。

現行の「チェンソー取扱い作業指針について」（平成21年7月10日基発0710第1号）や「チェンソー以外の振動工具の取扱い業務に係る振動障害予防対策指針について」（平成21年7月10日基発0710第2号）においては，国際標準化機構（ISO）等が取り入れている考え方を採用し，振動工具の振動加速度のレベルに応じて，振動にばく露される時間を抑制する規制手法がとられている。すなわち，「周波数補正振動加速度実効値の3軸合成値」を振動工具の表示，取扱説明書，製造者等のホームページ等により把握し，所定の計算式により，これと1日の振動ばく露時間から日振動ばく露量を求める。その際，「日振動ばく露限界値」である5.0m/s2を超えるようであれば，振動ばく露時間の抑制，低振動の振動工具の選定等を行うことが求められることになる。なお，日振動ばく露限界値に応じた1日の振動ばく露時間が2時間を超える場合は，当

面2時間以下とすることが求められている。ただし、振動工具の点検・整備を、製造者又は輸入者が取扱説明書等で示した時期及び方法により実施するとともに、使用する個々の振動工具の「周波数補正振動加速度実効値の3軸合成値」を、点検・整備の前後を含めて測定・算出している場合において、振動ばく露時間が当該測定・算出値の最大値に対応したものとなるときは、この限りではないとされる。ただし、この場合でも、1日の振動ばく露時間を4時間以下とするのが望ましいとされている。

> **（健康診断）**
> **第66条** 事業者は、労働者に対し、厚生労働省令で定めるところにより、医師による健康診断（第66条の10第1項に規定する検査を除く。以下この条及び次条において同じ。）を行わなければならない。
> 2 事業者は、有害な業務で、政令で定めるものに従事する労働者に対し、厚生労働省令で定めるところにより、医師による特別の項目についての健康診断を行なわなければならない。有害な業務で、政令で定めるものに従事させたことのある労働者で、現に使用しているものについても、同様とする。
> 3 事業者は、有害な業務で、政令で定めるものに従事する労働者に対し、厚生労働省令で定めるところにより、歯科医師による健康診断を行なわなければならない。
> 4 都道府県労働局長は、労働者の健康を保持するため必要があると認めるときは、労働衛生指導医の意見に基づき、厚生労働省令で定めるところにより、事業者に対し、臨時の健康診断の実施その他必要な事項を指示することができる。
> 5 労働者は、前各項の規定により事業者が行なう健康診断を受けなければならない。ただし、事業者の指定した医師又は歯科医師が行なう健康診断を受けることを希望しない場合において、他の医師又は歯科医師の行なうこれらの規定による健康診断に相当する健康診断を受け、その結果を証明する書面を事業者に提出したときは、この限りでない。

1 趣旨

安衛法第66条では事業者に各種の健康診断の実施を義務づけている。一般に健康診断は、個々の労働者について健康状態を把握し、適切な健康管理を行っていくために必要であるとともに、労働者の健康状況から作業環境管理または作業管理の問題点を発見し、その改善を図っていくためにも重要である。健康診断の結果、異常所見が認められる場合、事業者には、医師の意見を踏まえた上で、就業制限、労働時間短縮等の労働者個人を対象とする就業上の措置だけでなく、作業環境測定の実施、施設又は設備の設置又は整備、医師等の意見の衛生委員会等への報告等、労働環境改善に向けた措置をとることが義務づけられるほか（安衛法第66条の5第1項）、保健指導を実施する努力義務が課されている（安衛法第66条の7、資料7-68）。

本条に基づく健康診断には大きく分けて2種類がある。第1に職場に特有の有害要因がある場合に、当該要因に起因する健康障害発生リスクの評価と健康障害の早期発見を目的として行う特殊健康診断であり、本条第2項乃至第4項において規定される。第2に、職場に特有の有害要因があるか否かにかかわらず、労働者の健康状態を把握し、職務適性を評価することにより、就業上の措置としての、就業制限や適正配置や努力義務とされる保健指導を行い、脳・心臓疾患の発症の防止、生活習慣病等の増悪防止を図ることを目的とする一般健康診断であり、本条第1項において規定される。

本条第1項から第3項違反に対しては、安衛法第120条第1号により、本条第4項における都道府県労働局長の指示に対する違反については、安衛法第120条第2号により50万円以下の罰金が科されうる。本条第5項の労働者の受診義務違反については罰則はない。また、就業上の措置等の事後措置の実施義務違反についても、罰則はない。

本条に基づく健康診断の実施義務違反については、安全配慮義務違反や注意義務違反の内容として斟酌されることとなる（ 5 関係判例参照）。本条所定の健康診断実施の履行請求権については、本条が労働者のために事業者に作為義務を課した規定であることから、これを肯定する見解もある。確かに、本条は、労働者の個人的利益に還元しうる規定で規定内容も一義的に明確といえる。しかし、健康診断が労働衛生3管理の一つである健康管理の手段として実施されて、初めて実効あるものとなりうることを考えると強制執行手続には馴染まず、また、個々の労働者との関係で権利義務を画するよりも、公法上の履行確保措置の下で労働者集団に対する実施を指導することの方が適切であると思われる。そのため、私見では、個々の労働者の履行請求権は否定されるべきと考える。

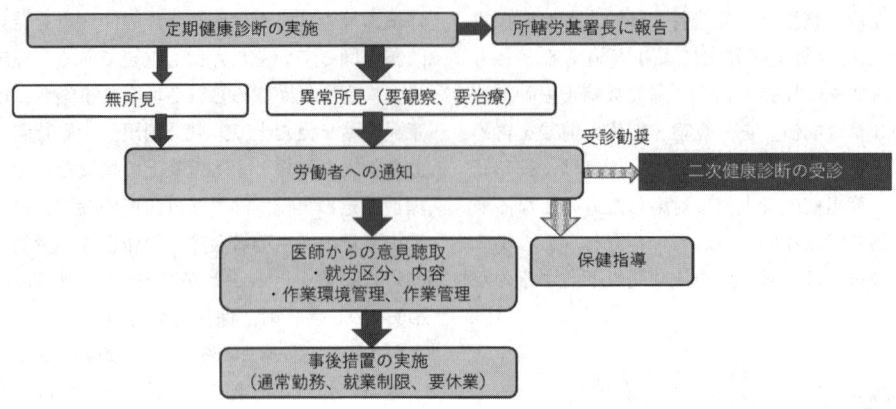

資料7-68 健康診断の流れ

（石﨑由希子作成）

2 内容

1 一般健康診断

一般健康診断としては，まず，「常時使用する労働者」を対象とする①雇入れ時の健康診断（安衛則第43条）及び②定期健康診断（同第44条）が挙げられる。「常時使用する労働者」と認められるためには，(ｱ)無期又は1年以上雇用が継続されている（か雇用継続が予定される）こと，及び(ｲ)その者の1週間の労働時間数が当該事業場において同種の業務に従事する通常の労働者の1週間の所定労働時間数の4分の3以上であることが原則として求められる（平成31年1月30日基発0131第1号第3の11(4)ト）。なお，上記通達では，(ｱ)の要件を充たし，かつ，1週間の労働時間数が，当該事業場において同種の業務に従事する通常の労働者の1週間の所定労働時間数の概ね2分の1以上である者に対しても一般健康診断を実施することが望ましいとされている。

上記のほか，③特定の有害業務に常時従事する労働者（特定業務従事者）に対する配置換えの際等の健康診断（同第45条），④6カ月以上の海外派遣労働者の健康診断（同第45条の2），⑤給食従事者の検便（同第47条）もある。③の対象者について，「常時従事する」といえるか否かの判断に際しては，基本的には，上述の「常時使用される労働者」の判断基準が用いられるが，要件(ｱ)のうち，有期雇用労働者の雇用継続期間は1年以上ではなく，6カ月以上とされている。以下，それぞれの健診項目等につき，順に説明する。

(1) 雇入れ時の健康診断

雇入れ時の健康診断（雇入れ時健診）は，常時使用する労働者を雇い入れる際に，下記の項目について医師の健康診断を行わなければならない。

ただし，医師による健康診断を受けた後，3カ月を経過しない者を雇い入れる場合において，その者が当該健康診断の結果を証明する書面を提出したときは，当該健康診断の項目に相当する項目については，この限りでない（安衛則第43条）。また，満15歳以下の者で，当該年度において学校保健安全法に基づく健康診断を受診した者については，雇入れ時健診及び定期健康診断を行わないことができ，また，医師が必要でないと認めるときは，その項目の全部又は一部を省略できる（同第44条の2）。

健診項目及び当該項目につき健診を行う目的は資料7-69の通りである。なお，以下のうち，メタボリックシンドローム，糖尿病，高脂血症等は，脳・心臓疾患の早期把握という意味合いもある。

資料7-69のうち，「自覚症状」に関するものについては，最近において受診者本人が自覚する事項を中心に聴取することとし，「他覚症状」に関するものについては，受診者本人の訴え及び問視診に基づき異常の疑いのある事項を中心として医師の判断により検査項目を選定して行うことが求められる。また，この際，医師が本人の業務に関連が強いと判断した事項をあわせ行うことも想定される。特に，特定の有害業務に従事する受診者については，その者の業務の種類，性別，年齢等に応じ必要な内容にわたる検査を加えることも求められている（昭和47年9月18日基発第601号の1）。

雇入れ時健診（安衛則第43条）は，「常時使用する労働者を雇入れた際における適正配置，入職後の健康管理の基礎資料に資するための健康診断の実施を規定したもの」であり（施行通達・昭和47年9月18日基発第601号の1），採用選考時に応募者の採否を決定するために実施する採用選考時の健康診断とは異なる（この点に関し，1993〔平成5〕年4月26日付の労働省労働衛生課長名の事務連絡「雇入時の健康診断の趣旨の徹底について」）。採用選考時の健康診断は，法定外健診ということになるが，応募者の適性と能力を判断する上で真に必要かどうか慎重に検討することが求められる。このこと

資料7-69

号	項目	目的
①	既往歴の調査 業務歴の調査	就業の可否，労働の適性の判断 有害業務への関与，影響の有無 作業態様・労働負荷の変化の把握
②	自覚症状及び他覚症状の有無の検査	業務に応じて必要とされる身体特性を把握
③	身長 体重 体重・腹囲 視力・聴力検査	作業適性の判定 健康状態（体力・体格・栄養）の評価 メタボリックシンドロームの把握 視機能・聴力機能評価 視機能変化や聴力障害の早期発見
④	胸部エックス線検査	結核等の呼吸器疾患等の一般的なスクリーニング検査
⑤	血圧の測定	高血圧の発症リスク把握（血圧を就業上の措置に活用する例あり）
⑥	貧血検査（血色素量及び赤血球数の検査）	貧血や食行動の偏りによる貧血の把握
⑦	肝機能検査（血清グルタミックオキサロアセチックトランスアミナーゼ（GOT），血清グルタミックピルビックトランスアミナーゼ（GPT）及びガンマーグルタミルトランスペプチダーゼ（γ−GTP）の検査）	肝機能障害の早期把握 （GPT，γ-GTPは，虚血性心疾患や脳血管疾患等の発症予測能もあり）
⑧	血中脂質検査（低比重リポ蛋白コレステロール（LDLコレステロール），高比重リポ蛋白コレステロール（HDLコレステロール）及び血清トリグリセライドの量の検査）	高脂血症の把握
⑨	血糖検査	糖尿病発症リスクの把握 （糖尿病の罹患者について，その後の状況を把握し就業上の措置において活用する場合もあり）
⑩	尿検査（尿中の糖及び蛋白の有無の検査）	糖尿病発症リスクの把握（血糖値が腎の排泄閾値を超えて上昇したか） 腎機能障害の発症リスクの把握等
⑪	心電図検査	不整脈，虚血性心疾患，高血圧に伴う心臓の異常等の把握

＊目的の記載については，厚生労働省「労働安全衛生法に基づく定期健康診断等のあり方に関する検討会 報告書」（2016年12月28日），労働省労働衛生課編『一般健康診断ハンドブック』（中央労働災害防止協会，2000年）を参照した。
（石﨑由希子作成）

は，1993（平成5）年5月10日付の労働省職業安定局業務調査課長補佐・雇用促進室長補佐名の事務連絡「採用選考時の健康診断について」及び2001（平成13）年4月24日付の厚生労働省職業安定局雇用開発課長補佐名での事務連絡「採用選考時の健康診断に係る留意事項について」において規定されているが，その背景には，安衛則において雇入れ時の健康診断が義務づけられていることを理由として，採用選考時に一律に「血液検査」等の健康診断を実施する事例やウイルス性肝炎に感染していることを理由に，就業には問題なく，又，業務中に同僚に感染させるリスクは低いにもかかわらず，就職差別を受けた事例が認められたということがある。以上の点は，厚生労働省が公表しているパンフレット「公正な採用選考を目指して」においても踏まえられているほか，募集業種・職種への適性を判断するため，健康状態の把握が必要となる場合でも，就職希望者本人に必要性を説明し，同意を得た上で健康状態を確認することが必要である旨記載されている。

(2) 定期健康診断

事業者は，1年以内ごとに1回，定期健康診断を行わなければならない（安衛則第44条）。健診項目は雇入れ時健診とほぼ同様である（雇入れ時健診における胸部エックス線検査が胸部エックス線検査及び喀痰検査となっている）。もっとも，既往歴及び業務歴の調査，自覚症状及び他覚症状の有無の検査，血圧の測定，尿検査，心電図検査以外の項目については，厚生労働大臣が定める基準（平成10年6月24日労働省告示第88号）により，医師が必要でないと認めるときは省略が可能である（同条第2項）。省略できる場合と各項目については，資料7-70の通りである。

資料7-70について，年齢別に整理したものについては，資料7-71の通りである。

また，雇入れ時健診や海外派遣労働者の健康診断や特殊健康診断を受けた者については，健康診断受診日から1年以内は当該健康診断の項目に相当する項目を省略して行うことができる（同条第3項）。

(3) 特定業務従事者の健康診断

特定業務従事者健康診断は，衛生上有害な業務に従事する労働者に対して，当該業務への配置換えの際及び6カ月以内ごとに1回，一般定期健康診断と同じ項目について（ただし，エックス線検査及び喀痰検査については，1年に1回）医師により実施される（安衛則第45条第1項）。定期健康診断同様に健診項目の省略が認め

資料7-70

項目	省略することのできる者
身長	20歳以上の者
腹囲	40歳未満の者（35歳の者を除く） 妊娠中の女性その他の者であって，その腹囲が内臓脂肪の蓄積を反映していないと診断されたもの BMI（体重（kg）／身長（m）2）が20未満である者 自ら腹囲を測定し，その値を申告した者（BMIが22未満である者に限る）
胸部エックス線検査	40歳未満の者（20歳，25歳，30歳及び35歳の者を除く）で，次のいずれにも該当しないもの 一　学校（専修学校及び各種学校を含み，幼稚園を除く。），病院，診療所，助産所，介護老人保健施設又は特定の社会福祉施設において業務に従事する者 二　常時粉じん作業に従事する労働者で，じん肺管理区分が管理1のもの又は常時粉じん作業に従事させたことのある労働者で，現に粉じん作業以外の作業に常時従事しているもののうち，じん肺管理区分が管理2である労働者
喀痰検査	胸部エックス線検査によって病変の発見されない者 胸部エックス線検査によって結核発病のおそれがないと診断された者 胸部エックス線検査の項の下欄に掲げる者
貧血検査 肝機能検査 血中脂質検査 血糖検査 心電図検査	40歳未満の者（35歳の者を除く）

（石﨑由希子作成）

資料7-71　年齢別の定期健康診断等の項目

○必須、△医師が必要でないと認めるときは省略可

	雇入時健康診断	定期健康診断								
		20歳未満	20歳		25歳		30歳		35歳		40歳以上
既往歴及び業務歴の調査	○	○	○	○	○	○	○	○	○	○	○
自覚症状・他覚症状の有無の検査											
体重、視力、聴力の検査											
血圧の測定											
身長の検査	○	○	△	△	△	△	△	△	△	△	△
腹囲の検査（注1）	○	△	△	△	△	△	△	△	○	△	○
胸部エックス線検査（注2）	○	△	○	△	○	△	○	△	○	△	○
喀痰検査（注3）											
尿検査（尿糖、尿蛋白）	○	○	○	○	○	○	○	○	○	○	○
肝機能検査	○	△	△	△	△	△	△	△	○	△	○
血中脂質検査											
血糖検査											
貧血検査											
心電図検査											

（厚生労働省「労働安全衛生法に基づく定期健康診断等のあり方に関する検討会　報告書（資料編）」〔2016年12月28日〕）

られる。これに加え，貧血検査，肝機能検査，血中脂質検査，血糖検査，心電図検査については，前回その項目の健康診断を受けた者については，定期の健康診断において，医師が必要と認めるときは全部又は一部省略することができる（同条第2項，同第3項）。

なお，本条の健康診断の対象となる衛生上有害な業務は，下記の通り指定されている（安衛則第43条，同第13条第1項第3号）。

イ　多量の高熱物体を取り扱う業務及び著しく暑熱な場所における業務
ロ　多量の低温物体を取り扱う業務及び著しく寒冷な場所における業務
ハ　ラジウム放射線，エックス線その他の有害放射線にさらされる業務
ニ　土石，獣毛等のじんあい（ちりほこり）又は粉末を著しく飛散する場所における業務
ホ　異常気圧下における業務
ヘ　さく岩機，鋲打機等の使用によつて，身体に著しい振動を与える業務
ト　重量物の取扱い等重激な業務
チ　ボイラー製造等強烈な騒音を発する場所における業務
リ　坑内における業務
ヌ　深夜業を含む業務
ル　水銀，砒素，黄りん，弗化水素酸，塩酸，硝酸，硫酸，青酸，か性アルカリ，石炭酸その他これらに準ずる有害物を取り扱う業務
ヲ　鉛，水銀，クロム，砒素，黄りん，弗化水素，塩素，塩酸，硝酸，亜硫酸，硫酸，一酸化炭素，二硫化炭素，青酸，ベンゼン，アニリンその他これらに準ずる有害物のガス，蒸気又は粉じんを発散する場所における業務

ワ　病原体によつて汚染のおそれが著しい業務
カ　その他厚生労働大臣が定める業務

　上記業務のうち，イ，ロ，ニ，ホ，ヘ，ト，チ，ヲについては，昭和23年8月12日基発第1178号において数値基準も定められている。もっとも，1178通達は，労基法時代に，さしあたり特別な衛生管理をしなければならない有害物を取り扱う業務として指定されたものであり，約70年間にわたり大きな改正がなされていない。こうした中で，1178通達で示された基準値の多くは，現在の許容濃度を超えているなど，数値としての適切性が保たれていない状況にある。また，現に，日本産業衛生学会の産業医部会の医師を対象に行われたアンケート調査結果（有効回答数：269名）によれば，多くの産業医は上記通達の基準を利用していないことが明らかになっている。

　他方，ヌの「深夜業を含む業務」について，通達（昭和23年10月1日基発第1456号）において，「業務の常態」として，深夜業を「1週1回以上」または「1か月に4回以上」行う業務をいうとされている。「1週1回以上」または「1か月に4回以上」は事実上ほぼ重なるが，監督官経験者によれば，臨検時等，法の厳密な適用の場面においては「1か月に4回以上」に関しては，安衛則第50条の2の「6か月平均」を援用して「1か月に4回以上」となっておれば該当するという判断になると考えられるとのことである。

　なお，監督官経験者によれば，安衛法施行前に発出された同通達の存在自体は監督官の間でほとんど知られていなかったが，自発的健康診断（第66条の2）の条文が新設され「1か月に4回以上」（安衛則第50条の2）という基準が示された際に，これを一種の判断の「目安」として特定業務の深夜業についても「1か月に4回以上」という指導が各所でされたようである。近時，上記通達の存在はインターネット上で紹介されるに至っているが，医師を対象とする上記アンケート調査結果によれば，「深夜業（昭和23年10月1日基発1456号：深夜業を週に1回以上，又は1月に4回以上）のみ利用している」との回答（30.1％）が最多であったとのことであり，通達の周知が厚労省により適切になされているかについての検証は必要となるものの，少なくとも，この基準自体は実務上も参酌されているといえる。

　以上のことなどから，深夜業務については，年2回の特定業務従事者健診が引き続き行われる必要があるとしても，特定業務従事者健診の対象業務の一部を含む職場特有の有害要因が問題となる業務については，一般定期健康診断と同じ項目を健診することの意義が乏しく，有害要因のばく露業務については，特殊健

資料7-72

	健診項目
派遣する場合	一　腹部画像検査（＊腹部の実質臓器の状態の確認等） 二　血液中の尿酸の量の検査（＊痛風の有無の確認等） 三　B型肝炎ウイルス抗体検査（＊海外で感染する場合に備えた初期状態の確認等） 四　ABO式及びRh式の血液型検査（＊輸血の必要への対応等）
帰国する場合	一　腹部画像検査 二　血液中の尿酸の量の検査 三　B型肝炎ウイルス抗体検査 四　糞便塗抹検査（＊感染症の有無の確認等）

（石崎由希子作成）

と一本化することが望ましいとの指摘がなされている。

　ところで，上記のうち，ヲの「これらに準ずる有害物」としては，エチレンオキシド（平成13年4月27日基発第413号）とホルムアルデヒド（平成20年2月29日基発0229001号）が追加されている。これらを製造し取り扱う業務を行う事業者は，特殊健康診断の対象としないこととする一方で，特定業務従事者健康診断の対象とされている。これらの物質については，動物実験等で発がん性は認められているものの，発がんする部位を十分に特定できるには至っておらず，標的臓器の特異性がないことから，特定の臓器に焦点を当てた特殊健康診断の対象とせず，特定業務従事者健康診断として実施されることとされたものである。

(4) 海外派遣労働者の健康診断

　事業者は，海外に6カ月以上派遣される労働者及び6カ月以上の海外勤務を終了し，国内業務に従事させるときに医師による健康診断を行わなければならない（安衛則第45条の2第1項，同第2項）。海外において疾病の発症や増悪があると，職場環境，日常生活環境，医療事情等が国内と異なる面も多いため，医療をはじめとして様々な負担を労働者に強いることとなる。出国前の健康診断は，こうしたことから，海外に派遣する労働者の健康状態の適切な判断及び派遣中の労働者の健康管理に資するために設けられたものである。また，帰国後の健康診断は，海外勤務を終了した労働者を国内勤務に就かせる場合の就業上の配慮を行うとともに，その後の健康管理にも資するために設けられたものである（施行通達・平成元年8月22日基発第462号）。

　健診項目は，定期健康診断における項目及び**資料7-72**の項目のうち医師が必要であると認める項目である（平成元年6月30日労働省告示第47号）。

(5) 給食従事者の検便

　事業者は，事業に附属する食堂又は炊事場における給食の業務に従事する労働者に対し，その雇入れの際又は当該業務への配置替えの際，検便による健康診断

を行わなければならない（安衛則第47条）。

(6) 補論：2次健康診断等給付

以上で述べた一般健康診断の基本的性格は1次健康診断であり、これらに基づく要再検査（要精密検査）とされたとしても、再検査又は精密検査は診断の確定や症状の程度を明らかにするものであり、一律に事業者に実施が義務づけられるものではない（健康診断結果に基づき事業者が講ずべき措置に関する指針〔以下、健診事後措置指針〕2(5)ハ。なお、この指針は、一般健診、特殊健診、臨時健診、深夜業務者健診、2次健診など法第66条、第66条の2、労災保険法第3章第4節が定める全ての健診を対象としている）。しかし、業務上の事由による脳血管疾患及び心臓疾患（いわゆる過労死）の発生にかかわるものについては、その発生の防止という観点から、2次健康診断及び特定保健指導が労災保険給付としてなされている。すなわち、一般健康診断又は当該健康診断に関して労働者が自ら選択して受診した他の医師の健康診断のうち直近のもの（1次健康診断）において、血圧測定、血中脂質検査、血糖検査、BMIの項目においても異常所見があると診断されたときは、労働者は労災保険法による保険給付の一環として、無料で2次健康診断及びその結果に基づく特定保健指導をその請求により受けることができる（労災保険法第26条第1項、同第2項、労災保険法施行規則第18条の16第1項）。2次健康診断は、脳血管及び心臓の状態を把握するために必要な検査が行われる。また、特定保健指導は、医師又は保健師により、面接により実施される。

事業者は、2次健康診断の対象となる労働者を把握し、当該労働者に対して、2次健康診断の受診を勧奨するとともに、診断区分に関する医師の判定を受けた当該2次健康診断の結果を事業者に提出するよう働きかけることが適当であるとされている（健診事後措置指針2(2)）。

2次健康診断を受けた労働者から3カ月以内に当該2次健康診断の結果を証明する書面の提出を受けた事業者に対しては、一般健康診断と同様に、健康診断の結果についての医師等からの意見聴取が義務づけられる（労災保険法第27条、安衛法第66条の4）。このようにして、労災保険給付である2次健康診断が、最終的には、健康診断実施後の措置（安衛法第66条の5）に繋がっていくこととなる。

2 特殊健康診断

(1) 有害業務に従事する労働者に対する特別の項目についての健康診断

一定の有害業務に従事する労働者に対しては、その有害因子による健康状態への影響を把握するため、特殊健康診断が行われる。すなわち、事業者は、雇入れ時、当該業務に配置換えした際のほか、原則6カ月以内（四アルキル鉛健康診断は3カ月以内）ごとに定期に、医師による特別の項目についての健康診断が義務づけられている（安衛法第66条第2項前段）。

事業者は、資料7-73の業務に従事する労働者に対し健康診断を行うべき義務を負う（安衛法施行令第22条第1項）。なお、右欄は作業環境測定の対象となっているか否かを示したものである。

特殊健康診断の実施項目は、具体的には、厚生労働省令である有機則、四アルキル則、鉛則、電離則、高圧則、特化則において規定される。健診項目については、資料7-74の通りであり、業務の経歴や作業条件の調査のほか、特定の有害要因が作用する標的臓器または健康影響の評価が行われることになる。

なお、2023（令和5）年4月以降、有機溶剤、特定化学物質（製造禁止物質、特別管理物質を除く）、鉛、四アルキル鉛に関する特殊健康診断の実施頻度については、①当該労働者が作業する単位作業場所における直近3回の作業環境測定結果が第1管理区分であること（四アルキル鉛については不要）、②直近3回の健康診断において、当該労働者に新たな異常所見がないこと、③直近の健康診断実施日からばく露の程度に大きな影響を与えるような作業内容の変更がないことが認められることを条件に、6カ月以内に1回ではなく、1年以内に1回とすることが許容される（特化則第39条第4項、有機則第29条第6項、鉛則第53条第4項、四アルキル鉛則第22条第4項）。

上記のほか、緊急作業に係る業務に従事する放射線業務従事者に対しては、配置替え時や1カ月に1回、定期的に健康診断を実施することが事業者に求められる（電離則第56条の2）。また、特定化学物質が漏洩し、汚染又は吸入したときには、その都度、遅滞なく健康診断を行うことが求められる（特化則第42条）。

また、有機則・鉛則・特化則・高圧則・石綿則においては、1次健康診断において異常所見が認められた場合には、再検査又は精密検査の実施が義務づけられている。

なお、上記のほか、行政通達等に基づき、一定の有害業務について特殊健康診断の実施が勧奨されている（資料7-75）。

(2) 有害業務に従事した後、配置転換した労働者に対する特別の項目についての健康診断

有害業務に従事した後、配置転換がなされ、現在は有害業務に従事していない者についても、一定の範囲で特別の項目についての健康診断が義務づけられている（安衛法第66条第2項後段、安衛法施行令第22条第2項）。有害業務のなかには、その業務に従事することにより生じる健康障害の発現までの潜伏期間が長く、その有害業務の職務を離れてから発現するものがあるとこ

資料7-73

号数	業務内容	測定
①	高圧室内作業	—
②	放射線業務	○*1
③	特定化学物質を製造し、若しくは取り扱う業務	○*2
	ベンジジン等、製造等が禁止される有害物等を試験研究のため製造し、若しくは使用する業務	—
	石綿等の取扱い若しくは試験研究のための製造若しくは石綿分析用試料等の製造に伴い石綿の粉じんを発散する場所における業務	○*3
④	鉛業務（遠隔操作によって行う隔離室におけるものを除く。）	○*4
⑤	四アルキル鉛等業務（遠隔操作によって行う隔離室におけるものを除く。）	—
⑥	屋内作業場等、一定の場所で所定の有機溶剤を製造し、又は取り扱う業務	○

*1 特殊健康診断の対象となるのは、「放射線業務に常時従事する労働者で管理区域に立ち入るもの」（電離則第56条第1項）及び「除染等業務に常時従事する除染等業務従事者」である（除染電離則第20条）。
*2 オーラミン、マゼンタ又はこれらの物を含有する製剤その他の物を、製造する事業場以外の事業場において取り扱う業務は除かれる。また、エチレンオキシド、ホルムアルデヒドについては、標的臓器が明確でないことから特殊健診の対象とされておらず、特定業務従事者の健康診断の対象とされている。
*3 作業環境測定が求められているコークス炉上において若しくはコークス炉に接してコークス製造の作業を行う業務については、特殊健診の対象として明示されていない。これは、当該業務において肺がん等を誘発する原因物質はコールタールであるところ、当該物質は特化則の規制対象物質として特殊健康診断の対象となっているため、実務上支障はないものと考えられてきたと解される（2022〔令和4〕年10月26日における唐沢正義氏からの情報提供に基づく）。
*4 鉛業務のうち一部は作業環境測定の対象とならないことにつき本書第65条 ② 1(9)参照。
（石崎由希子作成）

資料7-74 特殊健康診断の健診項目

対象業務	対象者及び健診項目	根拠規定
高圧室内業務	（高圧室内業務又は潜水業務に常時従事する労働者） 一　既往歴及び高気圧業務歴の調査 二　関節、腰若しくは下肢の痛み、耳鳴り等の自覚症状又は他覚症状の有無の検査 三　四肢の運動機能の検査 四　鼓膜及び聴力の検査 五　血圧の測定並びに尿中の糖及び蛋白の有無の検査 六　肺活量の測定	高圧則第38条第1項
	（上記健康診断の結果、医師が必要と認めた者） 一　作業条件調査 二　肺換気機能検査 三　心電図検査 四　関節部のエックス線直接撮影による検査	高圧則第38条第2項
放射線業務	（放射線業務に常時従事する労働者で管理区域に立ち入るもの管理区域に立ち入る者） 一　被ばく歴の有無（被ばく歴を有する者については、作業の場所、内容及び期間、放射線障害の有無、自覚症状の有無その他放射線による被ばくに関する事項）の調査及びその評価 二　白血球数及び白血球百分率の検査 三　赤血球数の検査及び血色素量又はヘマトクリット値の検査 四　白内障に関する眼の検査 五　皮膚の検査	電離則第56条
特定化学物質を製造し、取り扱う業務（抄）	（ベンジジン及びその塩を製造し、又は取り扱う業務に常時従事する労働者） 一　業務の経歴の調査（当該業務に常時従事する労働者に対して行う健康診断におけるものに限る。） 二　作業条件の簡易な調査（当該業務に常時従事する労働者に対して行う健康診断におけるものに限る。） 三　血尿、頻尿、排尿痛等の他覚症状又は自覚症状の既往歴の有無の検査 四　血尿、頻尿、排尿痛等の他覚症状又は自覚症状の有無の検査 五　皮膚炎等の皮膚所見の有無の検査（当該業務に常時従事する労働者に対して行う健康診断におけるものに限る。） 六　尿中の潜血検査 七　医師が必要と認める場合は、尿沈渣検鏡の検査又は尿沈渣のパパニコラ法による細胞診の検査 （塩化ビニルを製造し、又は取り扱う業務に常時従事する労働者） 一　業務の経歴の調査（当該業務に常時従事する労働者に対して行う健康診断におけるものに限る。） 二　作業条件の簡易な調査（当該業務に常時従事する労働者に対して行う健康診断におけるものに限る。） 三　塩化ビニルによる全身倦怠感、易疲労感、食欲不振、不定の上腹部症状、黄疸、黒色便、手指の蒼白、疼痛又は知覚異常等の他覚症状又は自覚症状の既往歴及び肝疾患の既往歴の有無の検査	特化則第39条第1項別表第3

対象業務	対象者及び健診項目	根拠規定
	四　頭痛，めまい，耳鳴り，全身倦怠感，易疲労感，不定の上腹部症状，黄疸，黒色便，手指の疼痛又は知覚異常等の他覚症状又は自覚症状の有無の検査 五　肝又は脾の腫大の有無の検査 六　血清ビリルビン，血清グルタミックオキサロアセチックトランスアミナーゼ（GOT），血清グルタミックピルビックトランスアミナーゼ（GPT），アルカリホスフアターゼ等の肝機能検査 七　当該業務に十年以上従事した経験を有する場合は，胸部のエックス線直接撮影による検査	
石綿等の取扱い又は試験研究のための製造に伴い石綿の粉じんを発散する場所における業務	（左記業務に常時従事する労働者） 一　業務の経歴の調査 二　石綿によるせき，たん，息切れ，胸痛等の他覚症状又は自覚症状の既往歴の有無の検査 三　せき，たん，息切れ，胸痛等の他覚症状又は自覚症状の有無の検査 四　胸部のエックス線直接撮影による検査	石綿則第40条第1項
	（健康診断の結果，他覚症状が認められる者，自覚症状を訴える者その他異常の疑いがある者で，医師が必要と認めるもの） 一　作業条件の調査 二　胸部のエックス線直接撮影による検査の結果，異常な陰影（石綿肺による線維増殖性の変化によるものを除く。）がある場合で，医師が必要と認めるときは，特殊なエックス線撮影による検査，喀痰の細胞診又は気管支鏡検査）	石綿則第40条第3項
鉛業務（安衛法施行令第22条第1項第4号）	（鉛業務に常時従事する労働者） 一　業務の経歴の調査 二　作業条件の簡易な調査 三　鉛による自覚症状及び他覚症状の既往歴の有無の検査並びに第五号及び第六号に掲げる項目についての既往の検査結果の調査 四　鉛による自覚症状又は他覚症状と通常認められる症状の有無の検査 五　血液中の鉛の量の検査 六　尿中のデルタアミノレブリン酸の量の検査	鉛則第53条第1項
	（常時従事する労働者で医師が必要と認めるもの） 一　作業条件の調査 二　貧血検査 三　赤血球中のプロトポルフィリンの量の検査 四　神経学的検査	鉛則第53条第3項
四アルキル鉛業務（安衛法施行令第22条第1項第5号）	（左記業務に常時従事する労働者） 一　業務の経歴の調査 二　作業条件の簡易な調査 三　四アルキル鉛による自覚症状及び他覚症状の既往歴の有無の検査並びに第五号及び第六号に掲げる項目についての既往の検査結果の調査 四　いらいら，不眠，悪夢，食欲不振，顔面蒼白，倦怠感，盗汗，頭痛，振顫，四肢の腱反射亢進，悪心，嘔吐，腹痛，不安，興奮，記憶障害その他の神経症状又は精神症状の自覚症状又は他覚症状の有無の検査 五　血液中の鉛の量の検査 六　尿中のデルタアミノレブリン酸の量の検査	四アルキル鉛則第22条第1項
	（常時従事する労働者で医師が必要と認めるもの） 一　作業条件の調査 二　貧血検査 三　赤血球中のプロトポルフィリンの量の検査 四　神経学的検査	四アルキル鉛則第22条第3項
有機溶剤を製造し，取り扱う業務	（屋内作業場等（第三種有機溶剤等にあっては，タンク等の内部に限る）における有機溶剤業務（①タンク以外の屋内作業場で作業1時間に消費する有機溶剤等の量が有機溶剤等の許容消費量を常態として超えない場合，②タンク等の内部において1日に消費する有機溶剤等の量が有機溶剤等の許容消費量を常にこえない場合は除く）に常時従事する労働者） 一　業務の経歴の調査 二　作業条件の簡易な調査 三　有機溶剤による健康障害の既往歴並びに自覚症状及び他覚症状の既往歴の有無の検査，別表の下欄に掲げる項目（尿中の有機溶剤の代謝物の量の検査に限る。）についての既往の検査結果の調査並びに別表の下欄（尿中の有機溶剤の代謝物の量の検査を除く。）及び第五項第二号から第五号までに掲げる項目についての既往の異常所見の有無の調査 四　有機溶剤による自覚症状又は他覚症状と通常認められる症状の有無の検査	有機則第29条第2項
	（常時従事する労働者で医師が必要と認めるもの） 一　作業条件の調査 二　貧血検査 三　肝機能検査 四　腎機能検査 五　神経学的検査	有機則第29条第5項

（石崎由希子作成）

ろ，その健康障害の早期発見，適切な事後措置などの健康管理をすすめる必要があるからである[174]。

配置転換した労働者に対する健康診断が必要な業務としては，①製造禁止の対象とされる発がん性物質，②製造許可の対象としている発がん性物質を製造し，又は，取り扱う業務が挙げられている（安衛法施行令第22条第2項，石綿則第40条第2項，特化則第39条第2項，同第4項）。

(3) 補論：じん肺健康診断

特殊の項目について健診を行う特殊健康診断のうち，じん肺を予防し，適正な健康管理を行うためのじん肺健康診断についてはじん肺法に根拠規定がある（じん肺法第1条，同第7条以下）。事業者がじん肺健康診断を行った場合においては，その限度において，本条第1項又は第2項の健康診断は行わなくても良いとされる（同第10条）。

じん肺健康診断の対象となるのは，「常時粉じん作業に従事する労働者（過去に常時粉じん作業に従事したが，現在は非粉じん作業に従事する労働者を含む）」であり，じん肺健康診断には，就業時・離職時健康診断の他，定期・定期外健康診断があり，それぞれ**資料7-76**の通り，じん肺管理区分等に応じて実施頻度が決められている（じん肺法第7条乃至第9条の2）[175]。

じん肺管理区分は，「管理1」，「管理2」，「管理3イ」，「管理3ロ」及び「管理4」の5段階に分かれており，管理2以上は「じん肺の所見がある」ということを示しており，数字が大きくなるほどじん肺が進行していることを意味する（じん肺法第4条第2項）。じん肺管理区分は，労働者の住所地を管轄する都道府県労働局長がじん肺健康診断の結果等を踏まえた地方じん肺診査医の意見を参考に決定する。決定手続きは，じん肺健康診断を実施した事業者からのエックス線写真の提出あるいは労働者・事業者からの随時申請により開始される（同第12条，第13条，第15条，第16条）。

じん肺管理区分のそれぞれの意味とこれに対応する就業上の措置は**資料7-77**の通りである（同第20条の2乃至第23条）。

なお，事業者は，じん肺健康診断の結果，労働者の健康を保持するため必要があると認めるときは，当該労働者の実情を考慮して，就業上適切な措置を講ずるように努めるとともに，適切な保健指導を受けることができるための配慮をするように努めなければならないとされる（同第20条の2）。

資料7-76

種類	対象者		実施頻度
就業時	新たに常時粉じん作業に従事することになった労働者		就業時
定期	現在常時粉じん作業に従事する労働者	管理2又は管理3の労働者	1年1回
		上記以外	3年1回
	過去に常時粉じん作業に従事したが，現在は非粉じん作業に従事する労働者	管理3の労働者	1年1回
		管理2の労働者	3年1回
定期外	常時粉じん作業に従事する労働者（管理2乃至4の労働者を除く）が，安衛法に基づく健康診断において，「じん肺所見あり」または「じん肺の疑いあり」と診断されたとき		遅滞なく
離職時	現在，常時粉じん作業に従事する労働者が希望する場合	管理2又は管理3の労働者であって，前回のじん肺健診から6カ月以上経過	離職時
		上記以外で前回のじん肺健診から1年6カ月以上経過	
	過去に常時粉じん作業に従事したが，現在は非粉じん作業に従事する労働者が希望する場合	管理2又は管理3の労働者であって，前回のじん肺健診から6カ月以上経過	

（石﨑由希子作成）

じん肺健康診断の検査項目は下記の通りである。③はじん肺の所見がある者（は除く），⑤はじん肺の所見があると診断された者のうち肺結核ないし合併症の疑いがあると診断された者について行われる。ただし，いずれも，一側の肺の大陰影の大きさが3分の1以上のものは行われない。

①粉じん作業の職歴の調査
②胸部エックス線写真
　第1型：両肺野にじん肺による粒状影または不整形陰影が「少数あり」，かつ，「大陰影がない」と認められるもの
　第2型：両肺野にじん肺による粒状影または不整形陰影が「多数あり」，かつ，「大陰影がない」と認められるもの
　第3型：両肺野にじん肺による粒状影または不整形陰影が「極めて多数あり」，かつ，「大陰影がない」と認められるもの
　第4型：「大陰影がある」と認められるもの
③胸部臨床検査
④肺機能検査
　F（−）：じん肺による肺機能障害が認められない
　F（＋）：じん肺による肺機能障害はあるが，F（＋＋）には達しないと認められる
　F（＋＋）：じん肺による著しい肺機能障害があると認められる
⑤結核精密検査その他合併症に関する調査

(4) 特定業務従事者に対する歯科医師による健康診断

塩酸，硝酸，硫酸，亜硫酸，弗化水素，黄りんその

資料7-75　指導勧奨の対象となる健康診断

業務の内容	通達の名称	健康診断項目
①紫外線・赤外線にさらされる業務	昭和31・5・18日基発第308号「特殊健康診断指導指針について」	1. 眼の障害
②著しい騒音を発生する屋内作業場などにおける騒音作業	平成4・10・1基発第546号「騒音障害防止のためのガイドラインの策定について」	配置換えの際及び定期（6月ごと）に以下の項目を実施 1. 既往歴の調査 2. 業務歴の調査 3. 自覚症状及び他覚症状の有無の検査 4. オージオメータによる250, 500, 1,000, 2,000, 4,000, 8,000Hzにおける聴力の検査（定期については，1,000Hz及び4,000Hz以外は医師が必要と認める場合のみ実施） 5. その他医師が必要と認める検査
③マンガン化合物（塩基性酸化マンガンに限る。）を取り扱う業務，又はそのガス，蒸気若しくは粉じんを発散する場所における業務	昭和31・5・18基発第308号「特殊健康診断指導指針について」	1. 四肢特に指の振顫，小書症，突進症等 2. 握力，背筋力の障害
④黄りんを取り扱う業務，又はりんの化合物のガス，蒸気若しくは粉じんを発散する場所における業務	昭和31・5・18基発第308号「特殊健康診断指導指針について」	1. 顎骨の変化
⑤有機りん剤を取り扱う業務又は，そのガス，蒸気若しくは粉じんを発散する場所における業務	昭和31・5・18基発第308号「特殊健康診断指導指針について」	1. 血清コリンエステラーゼ活性値 2. 多汗，縮瞳，眼瞼，顔面の筋せん維性弯縮
⑥亜硫酸ガスを発散する場所における業務	昭和31・5・18基発第308号「特殊健康診断指導指針について」	1. 歯牙の変化 2. 消化器系の障害
⑦二硫化炭素を取り扱う業務又は，そのガスを発散する場所における業務（有機溶剤業務に係るものを除く。）	昭和31・5・18基発第308号「特殊健康診断指導指針について」	1. 頭痛，下肢倦怠，焦燥感等 2. 網状赤血球数
⑧ベンゼンのニトロアミド化合物を取り扱う業務又はそれらのガス，蒸気若しくは粉じんを発散する場所における業務	昭和31・5・18基発第308号「特殊健康診断指導指針について」	1. 血液比重 2. 尿検査（ウロビリノーゲン，コプロポルフイリン及び糖） 3. チアノーゼ
⑨脂肪族の塩化又は臭化化合物（有機溶剤として法規に規定されているものを除く。）を取り扱う業務又はそれらのガス，蒸気若しくは粉じんを発散する場所における業務	昭和31・5・18基発第308号「特殊健康診断指導指針について」	1. 血圧 2. 白血球数 3. 血液比重 4. ウロビリノゲン及び蛋白 5. 複視 6. 問診（疲労感，めまい，吐き気）
⑩砒素化合物（アルシン又は砒化ガリウムに限る。）を取り扱う業務又はそのガス，蒸気若しくは粉じんを発散する場所における業務	平成20・11・26基発第1126001号「労働安全衛生法施行令等の一部を改正する政令及び労働安全衛生規則等の一部を改正する省令の施行について」	1. 鼻炎，潰瘍，鼻中隔穿孔等 2. 皮膚の障害 3. 血液比重 4. 尿中のウロビリノーゲン
⑪フェニル水銀化合物を取り扱う業務又はそのガス，蒸気若しくは粉じんを発散する場所における業務	昭和40・5・12基発第518号「特殊健康診断及び健康管理指針について」	1. 口内炎，手指振せん，不眠，頭重，精神不安定感 2. 皮ふの変化 3. 体重測定 4. 尿中蛋白
⑫アルキル水銀化合物（アルキル基がメチル基又はエチル基であるものを除く。）を取り扱う業務又はそのガス，蒸気若しくは粉じんを発散する場所における業務	昭和40・5・12基発第518号「特殊健康診断及び健康管理指針について」	1. 口唇，四肢部の知覚異常，頭重，頭痛，関節痛，睡眠異常，よくうつ感，不安感，歩行失調 2. 皮ふの変化 3. 体重測定
⑬クロロナフタリンを取り扱う業務又はそのガス，蒸気若しくは粉じんを発散する場所における業務	昭和40・5・12基発第518号「特殊健康診断及び健康管理指針について」	1. 顔面，耳朶，項部，胸部，背部等のクロルアクネの有無 2. 尿中ウロビリノーゲン
⑭沃素を取り扱う業務又はそのガス，蒸気若しくは粉じんを発散する場所における業務	昭和40・5・12基発第518号「特殊健康診断及び健康管理指針について」	1. 流涙，眼痛，結膜充血，咳嗽，鼻汁過多，咽頭痛，鼻炎，頭痛，めまい 2. 皮ふの変化 3. 心悸亢進，甲状腺腫大，眼球突出，手指震顫，発汗，体重減少，神経系の一時的興奮等バセドウ病様所見の有無

業務の内容	通達の名称	健康診断項目
⑮米杉，ネズコ，リョウブ又はラワンの粉じん等を発散する場所における業務	昭和45・1・7基発第2号「米杉等による気管支ぜん息等の予防について」	1. 咽頭痛，咽頭部違和感，咳嗽，喀痰，喘鳴，息切れ，夜間における呼吸困難等の自覚症状についての問視診 2. 前回の健康診断以後における気管支ぜん息様発作の発生状況についての問視診 3. 眼，鼻，咽喉の粘膜のアレルギー性炎症等についての問視診 4. 胸部の聴打診 5. 接触性皮ふ炎，湿疹による皮ふの変化についての問視診
⑯超音波溶着機を取り扱う業務	昭和46・4・17基発第326号「超音波溶着機による障害の防止について」	配置換えの際及びその後6月以内ごとに以下の項目を実施。 1. 不快感，頭痛，耳鳴，耳内痛，吐気，めまい等の自覚症状の有無 2. 思考障害，自律神経症状等の精神神経症状の有無 3. 手指等の皮膚の障害の有無 4. 聴力
⑰メチレンジフェニルイソシアネート（M.D.I）を取り扱う業務又はこのガス若しくは蒸気を発散する場所における業務	昭和40・5・12基発第518号「特殊健康診断及び健康管理指針について」	1. 頭重，頭痛，眼痛，鼻痛，咽頭部違和，咳嗽，喀痰，胸部圧迫感，息切れ，胸痛，呼吸困難，全身倦怠，体重減少，眼・鼻・咽喉の粘膜の炎症 2. 皮ふの変化 3. 胸部理学的検査
⑱フェザーミル等飼肥料製造工程における業務	昭和45・5・8基発第360号「フェザーミール等飼肥料製造工程における災害の防止について」	作業中又は作業終了後，激しい頭痛，眼痛及び咳並びに皮膚の炎症等の症状を呈した場合には，直ちに医師の診断及び処置を受けさせること。
⑲クロルプロマジン等フェノチアジン系薬剤を取り扱う業務	昭和45・12・12基発第889号「クロルプロマジン等フエノチアジン系薬剤による皮ふ障害の予防について」	皮ふ障害がみられた場合には，すみやかに医師の診断および処置を受ける。
⑳キーパンチャーの業務	昭和39・9・22基発第1106号「キーパンチャーの作業管理について」	配置前の健康診断は下記項目を，定期の健康診断は配置前の健康診断の結果の推移を観察する。 1. 性向検査 2. 上肢，せき柱の形態及び機能検査 3. 指機能検査 4. 視機能検査 5. 聴力検査
㉑都市ガス配管工事業務（一酸化炭素）	昭和40年12月8日付け基発第1598号通達「都市ガス配管工事における一酸化炭素中毒の予防について」	配置換えの際及び定期に以下の項目を実施 1. 物忘れ 2. 不眠 3. 疲労 4. 頭痛 5. めまい 6. 視野の狭さく 7. その他の神経症状等一酸化炭素中毒を疑わしめる症状の有無及び程度
㉒地下駐車場における業務（排気ガス）	昭和46・3・18基発第223号「地下駐車場における排気ガスによる障害の予防について」	1. 頭痛，頭重，めまい，不眠，倦怠，眼痛，はき気等についての問診
㉓チェーンソー使用による身体に著しい振動を与える業務	昭和48・10・18基発第597号「チェンソー等の取扱い業務に係る特殊健康診断について」	配置換えの際及びその後6月以内ごとに以下の項目を実施。 1. 職歴調査 2. 自覚症状調査 3. 視診，触診 4. 筋力，筋運動検査 5. 血圧検査 6. 末梢循環機能検査 7. 末梢神経機能検査
㉔チェーンソー以外の振動工具（さく岩機，チッピングハンマー，スインググラインダー等）の取り扱いの業務	昭和49・1・28基発第45号「振動工具（チエンソー等を除く。）の取扱い等の業務に係る特殊健康診断について」	1. 職歴等の調査（使用工具の種類等，作業方法の具体的内容，経験年数及び取扱い時間，保護具の使用状況，職場の温熱環境等） 2. 問診 3. 視診，触診 4. 握力検査 5. 血圧検査 6. 末梢循環機能検査 7. 末梢神経機能検査 8. 手関節及び肘関節のエックス線検査（雇入れの際又は当該業務への配置替えの際に限る。）

業務の内容	通達の名称	健康診断項目
㉕重量物取扱い作業，介護作業等腰部に著しい負担のかかる作業	平成25・6・18基発0618第1号「職場における腰痛予防対策の推進について」	配置換えの際及びその後6月以内ごとに以下の項目を実施。 1. 既往歴（腰痛に関する病歴及びその経過）及び業務歴の調査 2. 自覚症状（腰痛，下肢痛，下肢筋力減退，知覚障害等）の有無の検査 3. 脊柱の検査（定期健康診断時は，医師が必要と認める者のみ） 4. 神経学的検査（定期健康診断時は，医師が必要と認める者のみ） 5. 脊柱機能検査（配置換えの際のみ） 6. 画像診断と運動機能テスト等（医師が必要と認める者のみ）
㉖金銭登録の業務	昭和48・12・22基発第717号「金銭登録作業に従事する労働者に係る特殊健康診断について」	1. 業務歴，既往歴等の調査 2. 問診 3. 視診，触診 4. 握力の測定 5. 視機能検査
㉗引金付工具を取り扱う作業	昭和50・2・19基発第94号「引金付工具による手指障害の予防について」	1. 業務歴，既往歴等の調査 2. 問診 3. 視診，触診 4. 握力の測定 5. 視機能調査
㉘情報機器作業	令和元・7・12基発0712第3号「情報機器作業における労働衛生管理のためのガイドラインについて」	1. 業務歴の調査 2. 既往歴の調査 3. 自覚症状の有無の調査（問診） 4. 眼科学的検査（①遠見視力検査②近見視力検査（50 cm 視力又は30 cm 視力）③眼位検査④調節機能検査⑤医師が必要と認める検査6屈折検査（配置前のみ）（①・②は矯正視力のみ，③・④は医師の判断により省略可） 5. 筋骨格系に関する検査（上肢の運動機能，圧痛点等の検査（医師の判断により省略可）その他医師が必要と認める検査）
㉙レーザー機器を取扱う業務又はレーザー光線にさらされるおそれのある業務	平成17・3・25基発第0325002号「レーザー光線による障害の防止対策について」	1. 視力検査に併せて前眼部（角膜，水晶体）検査及び眼底検査（雇い入れ又は配置替えの際）

（東京産業保健総合支援センター『令和2年度版労働衛生ハンドブック』〔2020年9月〕69頁・70頁をもとに石﨑由希子作成）

資料7-77

区分	健診結果	措置
管理1	じん肺の所見がないと認められるもの	―
管理2	エックス線写真の像が第1型で，じん肺による著しい肺機能の障害がない（F（－）またはF（＋））と認められるもの	粉じんばく露提言措置の努力義務
管理3イ	エックス線写真の像が第2型で，じん肺による著しい肺機能の障害がない（F（－）またはF（＋））と認められるもの	粉じんばく露提言措置の努力義務 都道府県労働局長からの勧奨による作業の転換の努力義務（転換手当：30日分）
管理3ロ	エックス線写真の像が第3型または第4型（大陰影の大きさが一側の肺野の3分の1以下のものに限る）で，じん肺による著しい肺機能の障害がない（F（－）またはF（＋））と認められるもの	作業の転換の努力義務 （転換手当：30日分） （必要なと認められるときは都道府県労働局長により作業転換指示。この場合の転換手当：60日分）
管理4	1　エックス線写真の像が第4型（大陰影の大きさが一側の肺野の3分の1を超えるものに限る）と認められるもの 2　エックス線写真の像が第1型，第2型，第3型または第4型（大陰影の大きさが一側の肺野の3分の1以下のものに限る）で，じん肺による著しい肺機能の障害がある（F＋＋）と認められるもの	療養

（石﨑由希子作成）

他歯又はその支持組織に有害な物のガス，蒸気又は粉じんを発散する場所における業務に常時従事する労働者については，その雇入れの際，当該業務への配置替えの際及び当該業務についた後6カ月以内ごとに1回，定期に，歯科医師による健康診断を行わなければならない（安衛法第66条第3項，安衛法施行令第22条第3項，安衛則第48条）。

(5) 都道府県労働局長が指示する臨時の健康診断

都道府県労働局長は，労働者の健康を保持するため必要があると認めるときは，労働衛生指導医の意見に基づき，事業者に対し，臨時の健康診断の実施その他必要な事項を指示することができる（安衛法第66条第4項）。指示は，実施すべき健康診断の項目，健康診断を受けるべき労働者の範囲その他必要な事項を記載した文書により行われる（安衛則第49条）。ここでいう必要な事項としては，健康診断の検査法，健康診断を実施した場合の結果の報告に関すること，労働者の健康保持の観点からみて必要な作業環境条件の測定及び改善，作業方法，救護体制等の検討に関することが含まれる（安衛則施行通達・昭和47年9月18日基発第601号の1）。また，指示すべき場合としては，①特別の健康診断（趣旨は明らかではないが，法定外健診を指すと推測される）の結果または作業中の労働者の訴え等からみて，特に注目すべき疾病がみられた場合，②有害物の大量漏えいがあり健康診断を要すると認められる場合，③その他原因不明の健康障害，特異な疾病等が発生した場合，④作業環境または作業条件の改善を必要と認める場合が挙げられている（前掲の安衛則施行通達）。また，長時間労働を行う労働者に対して，過重労働による健康障害の防止対策が講じられていない場合で，必要があると認めるときは，長時間労働者全員への医師による臨時の健康診断として問診（緊急の面接）を実施するよう指示すべきとされている（「『過労死等ゼロ』緊急対策を踏まえたメンタルヘルス対策の推進について」〔平成29年3月31日基発0331第78号，最終改正：令和4年3月31日基発0331第33号・雇均発0331第5号〕）。なお，東日本大震災に伴う東京電力福島第一原子力発電所事故に際しては，複数回にわたり本条に基づく指示が出されている（資料7-78）。

3 健康診断の受診

(1) 労働者の受診義務と医師選択の自由

労働者は，本条に基づく健康診断を受けなければならない（安衛法第66条第5項柱書）。本条は事業者に健康診断の実施を罰則付きで義務づけているが，労働者が受診に応じなければ，事業者としては実施のしようがないことから，労働者の実施義務に対応する形で労働者の受診義務を規定したものである[176]。

もっとも，健康診断とはいえども医療行為である以上，医師と患者との間の信頼関係には十分に配慮される必要がある[177]。そのため，事業者の指定した医師又は歯科医師が行う健康診断を受けることを希望しない場合において，他の医師又は歯科医師の行うこれらの規定による健康診断に相当する健康診断を受け，その結果について健康診断の項目ごとに証明する書面を事業者に提出したときは，この限りでないとされている（安衛法第66条第5項但書，安衛則第50条の3，同条の4）。いわゆる労働者の医師選択の自由が保障されているものといえる[178]。

(2) 費用

本条第1項から第4項までの規定により実施される健康診断の費用については，法で事業者に健康診断の実施の義務を課している以上，当然，事業者が負担すべきものであるとされている（昭和47年9月18日基発第602号）。他方，労働者が医師選択の自由に基づき自ら健康診断を受診した場合には，当該健康診断の費用は，労働者が負担すべきこととなる。

(3) 時間

特定の有害な業務に従事する労働者について行われる健康診断，いわゆる特殊健康診断は，事業の遂行にからんで当然実施されなければならない性格のものであるため，所定労働時間内の実施が原則とされ，これにかかる時間は「労働時間」に当たると解される。また，時間外に実施された場合には割増賃金の支払いが求められる。

他方，労働者一般に対する一般健康診断は，一般的な健康の確保をはかることを目的として実施義務を課したものであり，業務遂行との関連において行われるものではないので，その受診のために要した時間については，当然には事業者の負担すべきものではなく労使協議して定めるべきものとしつつ，「労働者の健康の確保は，事業の円滑な運営の不可決な条件であることを考えると，その受診に要した時間の賃金を事業者が支払うことが望ましい」とされている（以上につき，昭和47年9月18日基発第602号）。なお，一般健康診断に分類されるもののうち，特定業務従事者の健康診断，海外派遣労働者の健康診断，給食従事者の検便については，「業務遂行との関連」において実施されるものであり，そうであるとすれば，特殊健康診断と同様，それにかかる時間は「労働時間」と解すべきであり，また，賃金が支払われるべきと解される（私見）。

(4) 派遣労働者に対する健康診断の実施

派遣労働者に対する一般健康診断の実施義務は労働契約上の使用者である派遣元事業者が負うこととなる。他方，特殊健康診断の実施義務は派遣先事業者に課されている（労働者派遣法第45条第1項，同第3項）。派遣労働者に対し危険有害業務に従事することを指揮

資料7-78　東京電力等に対する労働安全衛生法第66条第4項に基づく臨時健康診断の指示内容

	H23年3月16日	H23年4月10日	H23年4月25日ほか	H23年7月26日	H23年8月5日	H23年12月16日	H24年5月1日
	福島労発基第2005号	福島労発基第2013号	福島労発基第2040号	福島労働局 事務連絡	福島労発基第2197号ほか	福島労発基第2340号	福島労発基第2125号
対象者	・緊急作業に従事した者のうち実効線量が100mSvを超えた者（退所後を前提）	・緊急作業に従事した者のうち実効線量が100mSvを超えた者（退所後を前提）	ア）緊急作業に従事し退所前の者のうち実効線量が100mSvを超えている者 イ）緊急作業に従事し退所前の者のうち従事期間が1月を超えている者	1月を超えて作業に従事している者は実稼働20日以上の勤務者を対象とする	ア）緊急作業に従事し実効線量が100mSvを超えている者であり、退所後3ヶ月までの間、臨時健康診断を終了していない者 イ）H24年4月30日までの間、緊急作業に従事する者	ア）緊急作業に従事し実効線量が100mSvを超えている者であり、退所後3ヶ月までの間、臨時健康診断を終了していない者 イ）H24年4月30日までの間、緊急作業に従事する者	緊急作業に従事中、線量上限が250mSvとされており、かつ実効線量が100mSvを超えている者
検査項目	・被ばく歴調査（1日目のみ）・自覚症状他覚症状（外傷・消化器症状等）・白血球及び白血球百分率・赤血球及び血色素量・皮膚の検査（紅斑等）	・被ばく歴調査・自覚症状他覚症状（外傷・消化器症状等）・白血球及び白血球百分率・赤血球及び血色素量・皮膚の検査（紅斑等）・体重測定	・被ばく歴調査・自覚症状他覚症状（外傷・消化器症状等）・白血球及び白血球百分率・赤血球及び血色素量・皮膚の検査（紅斑等）・体重測定 ※自覚症状・他覚症状については睡眠、食欲の変化等、心身両面の状態に留意 ※白血球、赤血球の検査についてイ）の対象者に対しては2回目以降、医師の判断で省略可	同左	・被ばく歴調査・自覚症状他覚症状（外傷・消化器症状等）・白血球及び白血球百分率・赤血球及び血色素量・皮膚の検査（紅斑等）・体重測定 ※自覚症状・他覚症状については睡眠、食欲の変化等、心身両面の状態に留意 ※白血球、赤血球の検査についてイ）の対象者に対しては2回目以降、医師の判断で省略可	・被ばく歴調査・自覚症状他覚症状（外傷・消化器症状等）・白血球及び白血球百分率・赤血球及び血色素量・皮膚の検査（紅斑等）・体重測定 ※自覚症状・他覚症状については睡眠、食欲の変化等、心身両面の状態に留意 ※白血球、赤血球の検査についてイ）の対象者に対しては2回目以降、医師の判断で省略可	・被ばく歴調査・自覚症状他覚症状（外傷・消化器症状等）・白血球及び白血球百分率・赤血球及び血色素量・皮膚の検査（紅斑等）・体重測定 ※自覚症状・他覚症状については睡眠、食欲の変化等、心身両面の状態に留意 ※白血球、赤血球の検査についてイ）の対象者に対しては2回目以降、医師の判断で省略可
検査日程	退所後、1、2、3、5、7、14、21、28日目（3ヶ月間まで延ばす事を考慮）	退所後、1、2、3、5、7、14、21、28日目、2ヶ月、3ヶ月後 ※2、3、5日目については医師の判断で省略可	ア）速やかに1回実施しその後従事期間中は1月以内に1回 イ）従事期間中は原則として1月以内に1回	同左	ア）緊急作業中は1月以内に1回、退所後3ヶ月までの間、1月以内ごとに1回 イ）従事期間中は原則として1月以内に1回	ア）退所後3ヶ月までの間、1月以内ごとに1回 イ）H24年4月30日までの間、1月以内に1回	3ヶ月までの間1月以内ごとに1回実施
変更点・備考	注1：JCO事故時の通達を元に作成（平成11年10月1日付 茨基発第701号）検査項目のベースは電離健診（1F作業終了日を1日目）	注2）全身状態の指標として、体重測定の追加 検査日程の一部省略可 注3）検査項目・日程の変更 東電は4月17日に発出 平成23年7月26日に福島労発基第2174号として、同内容を下請同組合4社に発	作業の長期化に伴い、対象者の拡大 勤務日数の記載 全身状態の指標として、体重測定を追加している記載有り	対象者の修正 検査日程の修正 退所後の健診継続 関係請負人への臨時健診の実施を指示	ステップ2終了	100mSv越のみ継続		

注1）事故当初は作業終了後の緊急作業員に対して臨時健診を行っていた。
注2）当時は食事を満足に摂取できずに作業を続けるような劣悪な作業環境も想定され、全身状態の指標として追加した経緯あり。
注3）長期にわたる健康管理の可能性も有り、心理的ストレスの状態把握に努めた。

（厚生労働省WEBサイト〔https://www.mhlw.go.jp/file/05-Shingikai-11201000-Roudoukijunkyoku-Soumuka/0000070380.pdf, 最終閲覧：2021年2月24日〕）

命令するのは派遣先であり、業務の有害性から生じる健康障害リスクについては派遣先が管理すべきと考えられるためであろう。

ただし、派遣労働者が派遣先事業者で有害業務に従事し、その後、別の派遣先事業者で有害業務ではない業務に就いている場合の特殊健康診断については、派遣元事業者が実施する。なお、一般健康診断に関する健康情報については、派遣元事業者の責任において取り扱うものとし、派遣元事業者が、派遣労働者の同意を得ずに、これを派遣先事業者に提供することは禁止される（健診事後措置指針3(6)）。

派遣先事業者は一般健康診断の実施に関して、以下で述べるような配慮義務及び協力義務を負う。まず、派遣労働者に対する一般健康診断の実施に当たって、派遣先事業者は、当該派遣労働者が派遣元事業者が実施する一般健康診断を受診することができるよう必要な配慮をすることが適当であるとされる（健診事後措置指針3(1)）。派遣先事業者はまた、1カ月ごとに1回以上及び派遣元事業者から請求があった際に、派遣就業をした日、その日ごとの始業・終業時刻、休憩時間、従事した業務の種類について、派遣元事業者に対して書面の交付等により通知しなければならないとされているが（労働者派遣法第42条第3項、労働者派遣法施行規則第38条）、派遣元事業者が医師から適切な意見を聴取するため、その他の勤務の状況又は職場環境に関する情報についても提供するよう依頼があった場合には、これに応じて情報を提供することが求められる。また、派遣元事業者が就業上の措置を講じるにあたり、協力を要請された場合にはこれに協力するものとされる。なお、派遣元事業者は、派遣先事業者に対する情報提供の依頼及び就業上の措置に関する協力要請をするに先立ち、労働者の同意を得るものとされる（以上につき、健診事後措置指針3(2)・(3)）。

他方、派遣先事業者が特殊健康診断を実施し、これに基づく就業上の措置を講ずるに当たっては、派遣元事業者と連絡調整を行った上でこれを実施することとし、就業上の措置を実施したときは、派遣元事業者に対し、当該措置の内容に関する情報を提供するものとされる（健診事後措置指針3(3)）。

特殊健康診断の結果の記録の保存は、派遣先事業者が行わなければならないが、派遣労働者については、派遣先が変更になった場合にも、当該派遣労働者の健康管理が継続的に行われるよう、派遣先事業者は、特殊健康診断の結果の記録の写しを派遣元事業者に送付しなければならず（労働者派遣法第45条第10項）、派遣元事業者は、派遣先事業者から送付を受けた当該記録の写しを保存しなければならない（同条第11項）。派遣先事業者による記録の送付義務及び派遣元事業者の保存

義務は罰則により履行確保がされており，違反した場合には，30万円以下の罰金に処されうる（同条第12項）。また，派遣元事業者は，当該記録の写しに基づき，派遣労働者に対して特殊健康診断の結果を通知しなければならない（健診事後措置指針3(5)）。

3 沿革

1 制度史

(1) 戦前の規制内容

職域における健康診断に関する規定の創設には，戦時下における労働力強化の要請とこれに反する実態としての結核の蔓延及び健康状態の低下が大きく関わっている。1937（昭和12）年7月7日盧溝橋事件に端を発した「北支事変」は漸次拡大して「支那事変」となったが，事変の拡大とともに，軍需産業においては相当長時間の残業が継続的に行われ，労働者の健康状態の低下，災害の増加は免れがたい状態となった。こうしたなかで，これを放任するときは生産の増加及び生産力の持久について憂慮すべきものがあるとして，健康の維持等に関しても事業主の注意事項をかかげてその実行を勧奨するため，内務省社会局は，1937（昭和12）年10月8日，「軍需品工場に対する指導方針」（発労第96号）として，地方庁に通牒を発した。そこでは，「随時健康診断を実施し疾病の早期発見とその予防に努むること，有害なる業務に従事する職工に対しては一層之を厳重に行ふこと」，「食堂又は寄宿舎の炊事係に対しては厳重なる健康診断を為すこと」が要請されている。

なお，社会局長官から日本産業衛生協会総会に対しては，「労働者ノ肺結核ノ予防上適当ナル施設如何」について諮問がなされ，1933（昭和8）年11月には，「発病防止ニ関スルモノ」として，採用時の体格検査や健康診断により，肺結核の素因者を職場から排除することのほか，定期的なツベルクリン反応検査，喀痰検査，隔日検温・月例体重の測定の励行などを内容とする答申がなされていた。この間，定期健康診断の励行，過労防止，患者の早期発見等についての行政指導が行われていた。もっとも，生産増強に対する要請が強まる中で，結核患者は増加の一途をたどっていた。

1938（昭和13）年1月11日には，体力局，衛生局，予防局，社会局，労働局の5局と臨時軍事援護部，外局としての保険院から構成される厚生省が設置され，同年4月16日には，工場法に基づく省令であった「工場危害予防及衛生規則」が改正された（厚生省令第4号）。なお，1936（昭和11）年から1937（昭和12）年にかけて，陸軍省が国民の体力向上のための強力な衛生行政の主務官庁としての衛生省を設立することを構想し，一度は撤回されたが，第1次近衛文麿内閣設立に際し，陸軍省が国民体力向上のための新省設立を条件としたことを受けて，1937（昭和12）年7月9日に，国民体力の向上のほか，国民福祉の増進を図ることを目的とする保健社会省（仮称）設置要綱が閣議決定されていた。もっとも，枢密院で「社会」という文字は時局がら不適当との意見が出され，省名を書経・左伝にある「正徳利用厚生」から「厚生」を取って「厚生省」とすることを勧告したため，同年12月29日に枢密院本会議において「厚生省」設置が正式に決定された。以上が同省設立の経緯である。同省設立に伴い，内務省社会局，衛生局は廃止されている。

工場危害予防及衛生規則規則の改正により，新たに，常時500人以上の職工を使用する工場の工業主は，工業主及び安全管理者の指揮を受け，工場及び其の附属建設物に於ける衛生に関する事項を掌る工場医を選任すべきこと，ただし，作業の状況により「衛生上有害のところ」が少ない場合には，地方長官の許可を受け，選任しないことも可能であることが定められた（工場危害予防及衛生規則第34条の3第2項，同第5項）。また，地方長官は500人未満の職工を使用する工業主に対しても，必要があると認めるときは，工場医の選任を命じることができるとされた（同第3項）。工業主は，工場医をして，毎年少なくとも1回職工の健康診断を実施させること（同第7項），健康診断に関する記録を3年間保存すること（同第8項）が義務づけられた。以上のように，定期の健康診断は，衛生上有害のところが少なくない一定規模以上の工場において，年1回実施されるべきとされた。

工場危害予防及衛生規則の規定は，1940（昭和15）年10月7日厚生省令第37号〔1941（昭和16）年1月1日より施行〕により改正され，工場医要選任工場の規模500人以上が100人以上に拡張されたほか，従来からある年1回の健康診断に加えて，ガス，蒸気又は粉じんを発散し，その他衛生上有害なる業務に従事する者に対しての健康診断を，毎年2回行うべきとした（工場危害予防及衛生規則第34条の3第7項，同第8項）。この衛生上有害な業務に従事する者に対する健康診断が現行の特定業務従事者に対する健康診断の始まりとなるものといえる。なお，結核予防と青年の体力向上とを目的とする国民体力法が1940（昭和15）年4月8日に成立し，未成年者に対する体力検査を義務づけるなどしていたが，同法に基づき体力検査を受けた者については，健診実施をしなくても良い旨規定された（同第9項）。

1942（昭和17）年2月10日には，工場法施行規則（昭和17年2月10日厚生省令第7号）が改正されると，同施行規則において，健康診断に関する規定が置かれるようになった。また，これに伴い，従来，工場医の任

務として健康診断の実施が位置づけられていたのに対し，正面から工業主が職工に対して実施すべき義務として位置づけられるようになり，工場法が適用される職工10人以上の工業主を対象とするとともに，詳細な規定を加えることで，工場衛生の改善強化を図ろうとした。その背景には，戦時中の生産力拡充と労働力不足による労働強化があり，労働者の体位が低下し，労働力維持培養の見地から憂慮すべき問題が生じたことがある。[186] 具体的な規定内容としては，工業主は職工を雇入れ後30日以内に健康診断を行うべきとし（工場法施行規則第8条），その後も毎年1回の健康診断を実施すべきこと，また，衛生上有害な業務に従事する職工に対しては毎年2回の健康診断を実施すべきことを工業主に義務づけた（同第8条の2）。さらに，健康診断の結果の記録及びその保存義務（3年間）のほか（同第8条の4），注意を要すると認められる者に対しては，医師の意見を徴した上で，療養の指示，就業場所・作業の転換，就業時間の短縮，休憩時間の増加，健康状態の監視，その他健康保護上必要な措置を講じることが工業主に義務づけられた（同第8条の5）。また，「工場法施行規則中改正省令施行に関する件（昭和17年2月24日付け厚生次官より各地方長官宛）」では，毎年2回定期健康診断を実施すべき衛生上有害な30業務を指定したほか，その別添「労働者健康診断施行標準」においては，健康診断の具体的な方法の他，健康診断の結果，A 健常者，B 微症罹患者，C 赤沈値促進者，D 要注意罹患者，E 陽性転化者，F 疑活動性結核罹患者，G 活動性結核罹患者，H 要療養結核罹患者に判定区分し，それぞれに対してその後の健康診断の実施頻度等のほか，E・F・G・Hに判定された者に対する作業転換，深夜業禁止・休養療養等の措置を工業主がとるべき措置として定めた。

健康診断の実施項目としては，身長，体重，胸囲等の体格検査，視力，色神，聴力等の機能検査，感覚器，呼吸器，循環器，消化器，神経系その他一般臨床医学的検査の他，「ツベルクリン」皮内反応検査を全員に実施することとし，陽性反応者に対しては，エックス線間接撮影又は透視を実施し，更に結核性病変の疑いがあるものに対しては，エックス線直接撮影，赤血球沈降速度検査及び喀痰検査を実施するものとした（同第8条の3）。こうして，職域における一般健康診断が結核健診網の一翼を担うことが期待された。

なお，工場法施行規則の改正に伴い，工場危害予防及衛生規則も改正され（昭和17年2月10厚生省令第8号），工場医選任に係る規定や健康診断の実施に係る規定は工場法施行規則に移行したことにより削除されたが，工場医の所掌や巡視等の権限に関する規定は工場危害予防及衛生規則に残された。また，新たに，工場医の選任がなされている工場の工業主が工場法施行規則に基づく健康診断を実施するときは工場医に実施させるべきことを内容とする規定が設けられた。

(2) 労基法制定時の規制内容

1947（昭和22）年に制定された労基法においては，従前，工場法施行規則において規定されていた雇入れ時の健康診断及び定期健康診断及び健康診断の結果に基づく事後措置（就業の場所又は業務の転換，労働時間の短縮その他労働者の健康の保持に必要な措置）について，法律に格上げして規定した（旧労基法第52条第1項，同第3項）。

義務づけの対象となるのは，「一定の事業」であり，具体的には，①常時50人以上の労働者を使用する事業において，常時使用する労働者を雇い入れる場合と②有害業務において，常時使用する労働者を雇い入れる場合であり，雇入れ時の健康診断のほか，①については年1回，②については，年2回の定期健康診断が義務づけられる。（旧安衛則第48条，同第49条第1項，第2項）。①の常時50人以上の労働者を使用する事業においては，衛生管理者の選任を義務づけられており（同第11条），この衛生管理者には，健康診断を行わなければならない「医師である衛生管理者」（後の産業医）も含まれる（同第12条第2項）。ここでは「工場」ではなく「事業」が対象となっているのであり，一般の会社，銀行，官公署，農林畜産業，学校等にも及ぶ。[187] ②の有害業務として，旧安衛則において13業務が掲げられたが（旧安衛則第48条第1項第2号），これは現行の特定業務従事者の健康診断が予定される業務と一致する（安衛則第13条第1項第3号）。なお，対象業務に当たるかどうかの具体的基準については，いわゆる1178通達，「労働基準法施行規則第18条，女子年少者労働基準規則第13条及び労働安全衛生規則第48条の衛生上有害な業務の取扱い基準について」（昭和23年8月12日基発第1178号）でその数値基準が示されており，「強烈な騒音を発する屋内作業場」が，等価騒音レベル90デシベル以上の屋内作業場に変更されたこと（平成4年8月24日基発第480号）を除けば，現在に至るまで大きな変更はなされていない。[188]

上記に加え，③旧労基法第8条（現行労基法では別表第1として規定）に規定される一定の事業（以下）に常時従事する労働者については，その規模（常時使用労働者数）にかかわらず，年1回の定期健康診断が義務づけられることとされた。

> 一 物の製造，改造，加工，修理，洗浄，選別，包装，装飾，仕上げ，販売のためにする仕立て，破壊若しくは解体又は材料の変造の事業（電気，ガス又は各種動力の発生，変更若しくは伝導の事業及び水

道の事業を含む。)
二　鉱業，石切り業その他土石又は鉱物採取の事業
三　土木，建築その他工作物の建設，改造，保存，修理，変更，破壊，解体又はその準備の事業
四　道路，鉄道，軌道，索道，船舶又は航空機による旅客又は貨物の運送の事業
五　ドック，船舶，岸壁，波止場，停車場又は倉庫における貨物の取扱いの事業
八　物品の販売，配給，保管若しくは賃貸又は理容の事業
十　映画の製作又は映写，演劇その他興行の事業
十一　郵便又は電気通信の事業
十二　教育，研究又は調査の事業
十三　病者又は虚弱者の治療，看護その他保健衛生の事業
十四　旅館，料理店，飲食店，接客業又は娯楽場の事業
十五　焼却，清掃又はと畜場の事業

ここから除外されている事業は，農林畜産・養蚕又は水産事業と金融，保険，広告等の事業であり，これらの事業において，50人未満の労働者を使用している場合には健康診断実施義務はない。

以上まとめると，雇入れ時健診が義務づけられるのは，①常時50人以上の労働者を使用する事業において，常用労働者を雇い入れる場合と②有害業務において，常用労働者を雇い入れる場合である。②の場合は，年2回の定期健康診断も義務づけられる。年1回の定期健康診断は，上記①の場合のほか，旧労基法第8条に規定される広範な事業において，常用労働者を雇い入れる場合も義務づけられる。

雇入れ時健診及び定期健診の項目としては，①感覚器，循環器，呼吸器，消化器。神経系その他の臨床医学的検査，②身長，体重，視力，色神及び聴力の検査，③ツベルクリン皮内反応検査，エックス線検査，赤血球沈降速度検査及び喀痰検査，④前各号のほか，業務の種類又は作業の状態によって，労働大臣の指定する検査である。このうち，臨床医学的検査以外の検査については，医師が必要と認めない場合やその実施が困難な場合は省略することができる（旧安衛則第50条）。

また，旧労基法第52条第2項では，「使用者の指定した医師の診断を受けることを希望しない労働者は，他の医師の健康診断を求めて，その結果を証明する書面を使用者に提出しなければならない」とし，現行の医師選択自由に関する規定も設けられた。なお，同規定については，労働者に医師選択の自由を与える必要があるのか，また，労働者が選択した医師の診断書が信用できない場合に混乱が生じないかとの指摘が立法過程においてなされている。これに対し，政府委員から，「どうしても嫌だと云ふ醫者に矢張り健康診斷を強ふると云ふことは少し無理であらう，矢張りさう云ふ時には他の醫者に健康診斷を求めるの自由は與へても宜からう」ということから認められたものであること，使用者側が信用のある良い医師を指定するとは限らないこと，労基法における健康診断の規定は，健康保険法上の休業手当の請求の前提となる健康診断とは異なり，結核り患率や職業病発生状況を調査する趣旨のもので，医師選択の自由を認めることは，必ずしも，休業手当等の請求を自由になしうることを意味するものではないこと等について回答がなされている。

なお，労働者が提出した診断書の内容に疑義がある場合について，医師の診断書については，一定の信憑力があるものとせざるを得ないとした上で，更に争いがあるときは，「医師である労働基準監督官」の検診を求めるよりほかないとの指摘もある。医師である労働基準監督官については，就業の禁止をなすべき疾病にり患した疑いのある労働者の検診をする権限が認められている（旧労基法第101条第2項，現行安衛法第91条第2項）。

(3) 特別則等における特殊健康診断の規制

1951（昭和26）年に GHQ が石油精製事業を再開する条件として制定するよう指示した四エチル鉛危害防止規則（昭和26年5月1日労働省令12号）においては，四エチル鉛取扱者に対する雇入れ時及び年4回の健康診断実施が使用者に義務づけられた。健診項目は，①体重測定，②坐位における心臓の収縮時・拡張時の血圧測定，③血色素量（ヘモグロビン）の測定，④塩基性斑点を有する赤血球の検査である。

また，1954（昭和29）年の労基法改正により，特定業務従事者に対する歯科医師による健康診断の規定が設けられた。

さらに，1955（昭和30）年のけい肺等特別保護法においては，一定の粉じん作業に常時従事する労働者を対象に，①就業の際，②3年以内に1回（一定の管理区分に該当する場合は1年以内に1回），健康診断を実施すること，③都道府県労働基準局長の勧告に基づく作業転換により，粉じん作業以外の作業に従事している者に対しては，3年以内に1回，けい肺健康診断を実施すべき旨を規定した。同法は制定に先立ち行われた労働省のじん肺巡回健診の結果を踏まえたものである。また，1960（昭和35）年からはけい肺だけでなく石綿肺やアルミニウム肺等の鉱物性粉じんの吸入によるじん肺も対象とするじん肺法が公布された。

1956（昭和31）年には「特殊健康診断指導指針について」（昭和31年5月18日基発第308号）が有害な又は有害なおそれのある主要業務23業務について，業務ごと

に特別な項目を検査する特殊健康診断の仕組みを示し，これに基づき指導勧奨がなされた（この点に関しては，本書第65条 ③ 1(2)も参照）。1963（昭和38）年には，「健康診断結果にもとづく健康管理指針について」（昭和38年8月19日基発第939号）がその事後措置（健康管理区分等）の仕組みを示した。[193]

その後，1959（昭和34）年に電離則，1960（昭和35）年に有機則，1961（昭和36）年に高気圧障害防止規則（現行の高圧則の前身となる規則），1967（昭和42）年に鉛則，1971（昭和46）年には特化則が制定され，それぞれの特別則の中で，特殊健康診断について規定された。

(4) 安衛法制定後の規制内容

1972（昭和47）年に安衛法が制定されると，本条が設けられ，後述の改正点を除けば，このときの規定が基本的には現行法まで引き継がれている。また，安衛法の下での新たな安衛則については，1972（昭和47）年9月30日に公布され，同年10月1日から施行された。これにより，健康診断の実施は，事業の規模や業務の如何にかかわらず，義務づけられることとされた（施行通達・昭和47年9月18日基発第601号の1）。

その後，安衛法は1977（昭和52）年に改正され（昭和52年7月1日法律第76号），健康診断の結果の記録義務が新たに規定されたほか（安衛法第66条第6項〔当時〕），健康診断の結果に基づく事後措置として，従前から記載されていた「就業場所の変更，作業の転換，労働時間の短縮」等の措置に加え，「その他の適切な措置」として，「作業環境測定の実施，施設又は設備の設置又は整備」を新たに規定した。このときの改正では，作業環境評価に関する規定が新たに導入されているが，作業環境測定の結果，有害物の濃度が高いような場合には，必要に応じて施設の設置，健康診断の実施等の措置を講ずべきこととする一方，健康診断の結果，有所見者が多く見られるような場合には，その作業場における作業環境を見直し，必要に応じて作業環境測定の実施，施設の設置等労働者の健康障害を防止するための措置を講ずべきこととしたものといえる（施行通達・昭和53年2月10日発基第9号）。また，健康管理においても，評価の前提としての記録が求められたと解される。

その後，1996（平成8）年の改正（平成8年6月19日法律第89号）では，医師からの意見聴取に係る規定（安衛法第66条の4），事後措置指針に関する規定（同第

66条の5），労働者に対する一般健康診断結果の通知の規定（同第66条の6），保健指導に関する規定（同第66条の7）が，1999（平成11）年の改正（平成11年5月21日法律第45号）では，深夜業に従事する労働者の自発的健康診断提出に係る規定が導入されている。

(5) 定期健康診断項目の変遷等

定期健康診断の健診項目は資料7-79の通り変遷しているが，その経緯について以下論じる。

1972（昭和47）年時点での雇入時健康診断及び定期健康診断の項目としては，従前から健康診断項目とされていた，身長，体重，視力及び聴力の検査（雇入時健康診断については，色覚の検査），エックス線検査（及び喀痰検査）に加えて，既往歴及び業務歴の調査，自覚症状及び他覚症状の有無の検査，血圧の測定，尿検査が追加されている。このうち「自覚症状及び他覚症状の有無の検査」が追加されることに伴い，「感覚器，循環器……その他の臨床医学的検査」の表現は削除された。これは，労働者の訴え及び問診に基づいて，検査すべき項目を医師の判断に委ねるとの趣旨である。[194]

また，定期健康診断や雇入時の健康診断の際に結核の発病のおそれがあると診断された労働者については，その後概ね6カ月後に，①エックス線直接撮影による検査及び喀痰検査，②聴診，打診その他必要な検査について医師による健康診断（結核健康診断）を行うことが定められている（旧安衛則第67条）。

このうち，業務歴の調査については，他の健診項目で得られた情報と当該労働者が従事する業務との関連が考察対象とされているものであり，この項目が追加されたことにより，定期健康診断が全国民を対象とする結核健診網の一翼を担うという機能だけでなく，労働者健診としての機能を果たすことを示すものといえる。[195]

資料7-79　労働安全衛生法に基づく定期健康診断項目の変遷

昭和47年(1972)年労働省令	平成元(1989)年労働省令	平成10年(1998)年労働省令	平成19(2007)年厚生労働省令
既往歴及び業務歴の調査	既往歴及び業務歴の調査	既往歴及び業務歴の調査	既往歴及び業務歴の調査
自覚症状及び他覚症状の有無の検査	自覚症状及び他覚症状の有無の検査	自覚症状及び他覚症状の有無の検査	自覚症状及び他覚症状の有無の検査
身長、体重、視力及び聴力の検査	身長、体重、視力及び聴力の検査	身長、体重、視力及び聴力の検査	身長、体重、腹囲、視力及び聴力の検査
胸部エックス線検査及び喀痰検査	胸部エックス線検査及び喀痰検査	胸部エックス線検査及び喀痰検査	胸部エックス線検査及び喀痰検査
血圧の測定	血圧の測定	血圧の測定	血圧の測定
	貧血検査(Hb、RBC)	貧血検査(Hb、RBC)	貧血検査(Hb、RBC)
	肝機能検査(GOT、GPT、γ-GTP)	肝機能検査(GOT、GPT、γ-GTP)	肝機能検査(GOT、GPT、γ-GTP)
	血中脂質検査(TC、TG)	血中脂質検査(TC、HDL、TG)	血中脂質検査(LDL、HDL、TG)
		血糖検査	血糖検査
尿中の糖及び蛋白の有無の検査	尿検査(糖、蛋白の有無)	尿検査(糖、蛋白の有無)	尿検査(糖、蛋白の有無)
	心電図検査	心電図検査	心電図検査

（厚生労働省「労働安全衛生法に基づく定期健康診断のあり方に関する検討会　報告書（資料編）」〔2016年12月28日〕）

1989（平成元）年における安衛則の改正においては，貧血検査，肝機能検査，血中脂質検査，心電図検査が追加されている。これは，高齢化社会の著しい進展等により，脳血管疾患，高血圧症，虚血性心疾患等のいわゆる成人病を有する労働者が増加していること，成人病を有する労働者に対し，職務上の適正な配慮がなされない場合にはこれらの疾病が増悪するリスクがあること，成人病は，いったん発症すると適切な健康管理をしない限り進行することが多いことを踏まえたものである（平成元年8月22日基発第462号）。

また，1989（平成元）年の改正により，企業活動の国際化とともに，海外で働く労働者の数も年々増加していることを踏まえ，海外派遣労働者の健康診断も新設されている。

1998（平成10）年における安衛則の改正では，HDLコレステロールの量の把握，血糖検査の追加とともに，尿中の糖の検査が追加された。HDLコレステロール量の把握は，高齢化の進展等により脳・心臓疾患等につながる所見を有する労働者が増加しており，「過労死」が社会的に問題となっている状況を踏まえて追加されたものである（平成10年6月24日基発第396号）。また，血糖検査の追加は，尿糖の検査だけでは見逃しがちな糖尿病の早期把握を可能とするために追加されたものである。また，このときの改正により，肥満度を判定するBMI（体重（kg）/（身長（m））^{2}で算出される）について，肥満の予防や改善のための指導を適切に行うのに有効な指数であるとして，健康診断個人票に記載しなければならないこととされた。このように，同改正を契機として，労働安全衛生法上の一般健康診断が生活習慣病に係る健康管理に大きな役割を果たすようになった。[196]

なお，上記通達（平成10年6月24日基発第396号）においては，健康診断実施に際しての留意事項として，「問診の充実について」も触れられており，「脳・心臓疾患についてはストレスや生活習慣が重要な発症・増悪要因であることから，喫煙，飲酒を含む生活習慣に関する事項についても問診を行うことが望ましいこと。ただし，問診の実施に当たっては，労働者のプライバシーに十分配慮する必要があること」と規定している。

2001（平成13）年における安衛則の改正では，色覚検査が健康診断項目から廃止された。色覚異常についての知見の蓄積により，色覚検査において異常と判別される者であっても，大半は支障なく業務を行うことが可能であることが明らかになってきていること，さらに色覚検査において異常と判別される者について，業務に特別の支障がないにもかかわらず，事業者において採用を制限する事例も見られること等の事情に基づくものである（平成13年7月16日基発第634号）。

2007（平成19）年における安衛則の改正では，健診項目として腹囲が追加されたほか，血中脂質検査のうち，総コレステロールに代えて，LDLコレステロールが導入された。腹囲の追加は，BMIよりも腹囲（内臓脂肪）が脳・心疾患の発症と関連するとの報告が数多くなされ，日本内科学会等8学会よりなるメタボリックシンドローム診断基準検討委員会や国際糖尿病学会でも基準の必須項目に取り入れられるなど，腹囲（内臓脂肪）が肥満のリスク指標として優れていることが明らかとなったことに基づくものである。また，LDLコレステロールの導入は，日本動脈硬化学会が示す動脈硬化性疾患診療ガイドラインにおいて，単独で脳・心臓疾患の原因となる動脈硬化の強い危険因子になると指摘されているものであり，治療目標値はLDLコレステロールを主体とし，血清総コレステロール値を参考値とするとされているところを踏まえたものである。また，尿糖検査については，血糖検査を健診項目に追加した1998（平成10）年改正時に医師が必要でないと認めるときは省略できるとされていたが，血糖検査では，健診受診者の状況によっては，必ずしも正確な値を得られない場合もあること，血糖検査だけで把握できない糖尿病の疑いがある者を，より正確に把握することが可能であることから，2007（平成19）年改正では，尿糖検査は血糖検査を補完する検査として，省略できないものとされた（平成20年1月21日基発第0121001号）。

2009（平成21）年改正では，結核健康診断（雇入れ時，定期健診等において，結核の発病のおそれがあると診断された労働者に対し，その後概ね6月後に行われるエックス線直接撮影による検査及び喀痰検査等の健康診断）が廃止された。これは，広く国民を対象とする定期健康診断の実施について定める結核予防法の2004（平成16）年改正（平成16年法律第133号）において，「一律的・集団的な定期の健康診断（以下「定期健診」という。）の患者発見率は極端に低下しており，政策的必要性及び精度管理面から不都合となっているため，定期健診の対象者，定期及び回数について，効率化・重点化を図る観点」から見直しがなされたことを踏まえたものである（平成16年10月18日健発第1018001号）。すなわち，結核予防法においては，従前，19歳以上の事業所の従事者については，定期の健康診断として年1回，定期の健康診断で結核発病のおそれありと認められた場合には，半年後に再度健康診断の実施が義務づけられていたが，同改正により，結核菌にばく露される機会が多い職種又は必ずしも結核に感染する危険は高くないものの，発症すれば2次感染を起こす危険性が高い職種である学校，病院，社会福祉施設に限定して年1回の定

資料7-80　結核死亡者数と死亡率の推移及び年次別に見た死亡順位

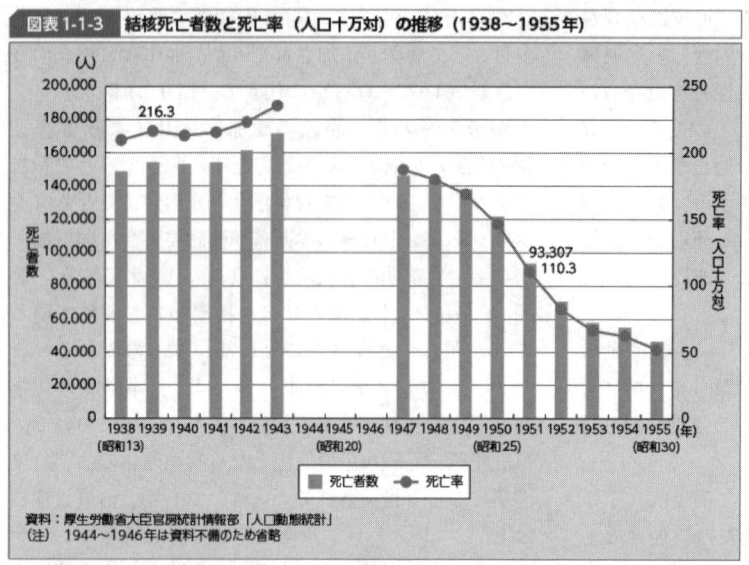

(厚生労働省WEBサイト「平成26年版厚生労働白書」〔https://www.mhlw.go.jp/wp/hakusyo/kousei/14/backdata/index.html、最終閲覧日：2021年2月26日〕)

期健康診断の実施を義務づけることとなった。ただし、通達（平成21年3月11日基発第0311001号）においては、結核発病のおそれがあると診断された労働者に対し、事業者は、健康診断結果に基づき事業者が講ずべき措置に関する指針（平成8年健康診断結果措置指針公示第1号）に基づき、再検査又は精密検査受診を勧奨する必要があること、また、健康診断結果にかかわらず、長引く咳等の結核を疑う症状が認められる労働者に対して、事業者が、速やかに医療機関への受診を勧奨するよう留意することとされている。

なお、結核予防法は2006（平成18）年に廃止され、感染症法に統合されている。

(6) 特殊健康診断に係る規制の柔軟化

2021（令和3）年7月19日に公表された「職場にお

ける化学物質等の管理のあり方に関する検討会」報告書においては、化学物質管理について自律的管理型の規制への移行が目指され、これに基づき省令改正（令和4年5月31日厚生労働省令第91号）等がなされたが、その中では、作業環境管理やばく露防止対策が適切に実施されていることを条件に特殊健康診断の実施頻度を緩和できるとする規制の導入が図られている（この点については、本書第65条 3 1(8)も参照）。

2　背景となった災害等

特殊健康診断に関する規定の背景となる疾病（職業病）については、安衛法第65条や第65条の2において述べたところと重なるため、以下では定期健康診断の規定の変遷に係る疾病構造の変化について示すこととする。

3 1で述べたように、定期健康診断の実施勧奨が求められるに至った昭和初期のり患率については以下の記録がある。1927（昭和2）年以降の健康保険事業報告によれば、結核り患率は大規模工場の健康保険組合においても増加傾向にあり、政府管掌の小規模工場も加えるとその傾向は一層顕著であったとされる。1930（昭和5）年のり患率については、男子8.2％、女子17.2％との数値が示されている。

また、死因別にみた場合に、1938（昭和13）年から1943（昭和18）年にかけて、結核による死亡者数が15万人程度から、17万人程度まで増加傾向が認められるのに対し、1950（昭和35）年頃から死亡者数は著しく減少し、1951（昭和36）年には、10万人を下回った。また、脳血管疾患、がん（悪性新生物）、心疾患の死因順位は、年々上昇し、1951（昭和36）年には、結核に代わって脳血管疾患が第1位になった。更に1953（昭和38）年にはがんが第2位、1958（昭和43）年には心疾患が第3位となり、いわゆる成人病（生活習慣病）が死因順位の上位を占めるようになった（資料7-80）。なお、1955（昭和40）年頃にがんが脳卒中を上回り、死因別にみた死亡率の1位となり、その後も死亡率は急激に上昇している。定期健康診断項目に貧血検

資料7-81 主な死因別にみた死亡率の年次推移

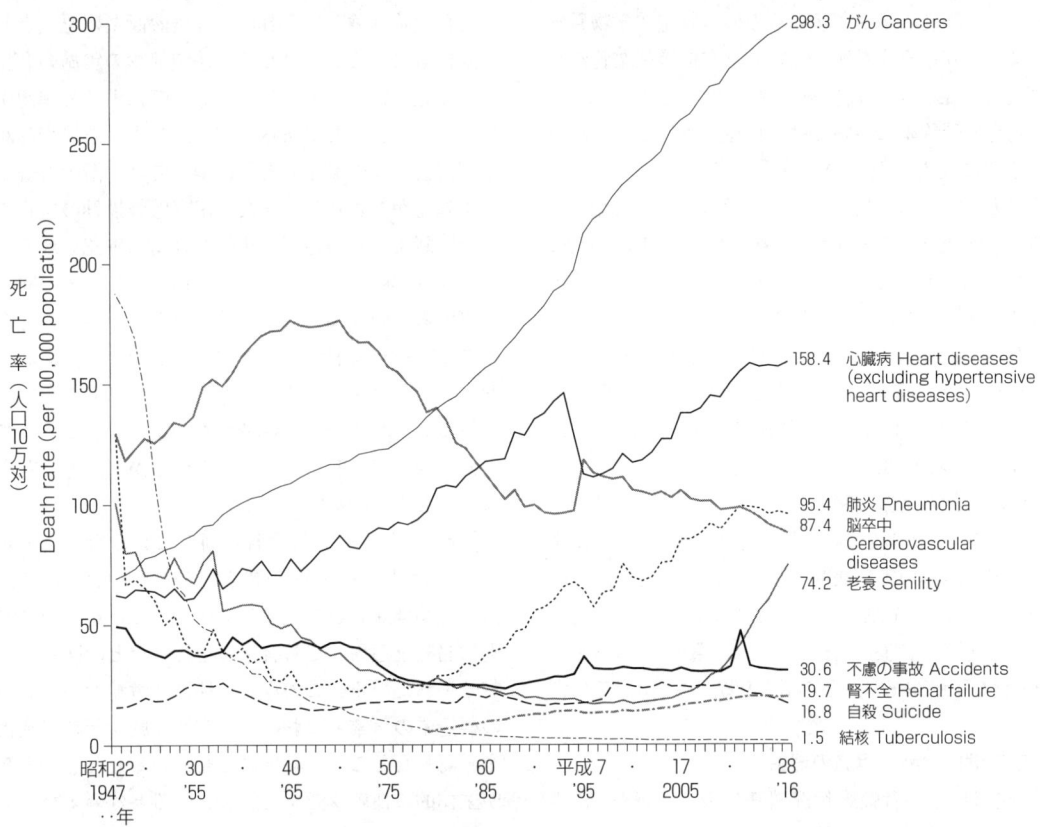

(厚生労働省政策統括官（統計・情報政策担当）『平成30年我が国の人口動態（平成28年までの動向）』〔2018年3月〕18頁〔https://www.mhlw.go.jp/toukei/list/dl/81-1a2.pdf より入手可能。最終閲覧日：2021年2月26日〕)

査，肝機能検査，血中脂質検査，心電図検査等が追加された1989（平成元）年頃の死因順位は，がんが第1位，心臓病が第2位，脳卒中が第3位となっている（資料7-81）。

4 適用の実際

1 一般健康診断

2020（令和2）年の「労働安全衛生調査（実態調査）」のうち事業所調査によると，正社員に対して一般健康診断を実施した事業所の割合は95.7％，契約社員に対して実施した割合は92.7％，正社員の週所定労働時間の4分の3以上働くパートタイム労働者に対して実施した割合は90.1％であるが，正社員の週所定労働時間の2分の1以上4分の3未満働くパートタイム労働者では65.0％，2分の1未満働くパートタイム労働者では44.6％である。

また，2020（令和2）年の「労働安全衛生調査（実態調査）」のうち個人調査によると，「一般健康診断を受けた」と回答する者が86.8％である。就業形態別にみると，「一般健康診断を受けた」と回答する正社員が93.2％，契約社員が96.5％であるのに対し，パートタイム労働者は58.8％，派遣労働者は73.5％である。

一般健康診断を受けていない理由としては，「健康診断が実施されなかった」（33.8％），「他のところで受けた」（30.7％）がいずれも3割と多く，その他，「多忙であった」（7.6％），「面倒だった」（6.7％）との回答が選択されている。

また，労働者全体のうち一般健康診断を受けて「所見あり」と通知された者が37.9％，「なし」と通知された者が46.0％，「通知を受けていない」と回答する者が2.9％である。「所見あり」と通知された者の中で要再検査・再治療の指摘を受け，再検査・治療を受けた者が50.8％，指摘を受けたのに受けなかった者が24.7％，指摘を受けていない者が24.4％である。

「令和3年定期健康診断結果報告」によると，定期健康診断による有所見率は，2021（令和3）年において58.7％であり，1994（平成6）年からの推移をみると増加傾向にあることが窺われる。また，診断項目別にみると，特に，血中脂質（33.0％）において顕著な増加傾向がみられるほか，血圧（17.8％），血糖検査（12.5％）においても増加傾向が認められる（資料7-82）。

2 特殊健康診断

2018（平成30）年の「労働安全衛生調査（実態調査）」

のうち事業所調査によると，特殊健康診断実施率は概ね8〜9割程度の業務が多いものの，特定化学物質を製造又は取り扱う事業所（64.5%），有機溶剤業務を行う事業所（53.7%）の実施率がやや低い（資料7-83）。同じ調査の受診率については，現在又は過去に石綿取扱い業務に従事した者の健診受診率（49.9%）や現在又は過去に粉じん作業に従事した者の就業時・離職時等のじん肺健康診断の受診率（46.5%），1年に1回のじん肺健康診断の受診率（67.5%）がやや低く，その他は8〜9割である（資料7-84）。

また，事業所調査によれば，延受診者数を分母とした場合の有所見率は，石綿取扱い業務がある事業所（19.2%），1年に1回のじん肺健康診断（29.1%）において高い（資料7-83）。

3　健康診断の実施機関

「平成24年労働者健康状況調査」（事業所調査）によると，健康診断の実施機関として，自社病院・診療所等が5.3%，健診を主たる業務とする健康診断機関が53.0%，病院・診療所（健診を従たる業務とする病院・診療所含む）が38.6%，その他2.9%，不明0.2%である。

4　定期健康診断不実施の理由

「平成24年労働者健康状況調査」（事業所調査）によると，定期健康診断を実施しなかった事業所のうち，不実施の理由（複数回答）として，「健康診断施する日程や時間がとれない（とりにくい）」が43.4%，「健康診断を実施する費用がない（費用が高額である）」が34.6%，「健康診断を実施する適当な健診機関や医療機関がない（見つからない）」が14.3%，「健康診断を実施する必要性を感じない」が11.2%，「健康診断に関する事務が負担である」が7.6%，「その他」が46.6%である。

5　監督の状況

（1）定期監督における法違反状況・送検件数

「労働基準監督年報」によれば，定期監督における本条に基づく健康診断実施義務違反の状況は**資料7-85**の通りである。概ね2万件程度の違反があることが窺われる。

「令和2年労働基準監督年報」によれば，本条に紐づく特別規則等省令違反の状況は**資料7-86**の通りであり，専ら定期健康診断に係る義務違反が監督の対象となっていることが窺われる。特殊健康診断実施義務に係る違反では，有機則関連，特化則関連の違反割合が高い。

他方，健康診断実施義務違反が直ちに労働者の生命・身体に対して影響を及ぼさないためか，送検事件件数は少ない（資料7-87。なお，1つの事件で複数の被疑条文がある場合，主たる被疑条文のみ集計されている）。

（2）監督の実際

監督実務経験者によれば，健康診断だけを重点として臨検監督することはなく，法定健診の実施の有無について定期監督，災害時監督等の際に併せて確認するのが通常とのことである。特に，雇入れ時健康診断，定期健康診断の実施の有無については，衛生監督では必ず確認がなされる。また，衛生監督以外の監督でも健康診断実施義務違反は比較的容易に確認される。近時は受診率向上により，職場全体での受診率の向上を指導するというよりも，受診しなかった個々の労働者のフォローを指導することが多いとのことである。なお，レントゲンによる被ばくをおそれて健診を拒否した労働者（妊娠中の労働者を含む）への対応について企業側が悩んでいるケースもみられるが，法違反とまではいえないとの扱いをしている。

「令和2年度厚生労働科学研究による行政官・元行政官向け法令運用実態調査（三柴丈典担当）」によれば，定期健康診断を実施していないことを理由に安衛則第44条を適用して監督指導を行ったとの回答が4件寄せられている。このうち1件は，労働者が30名規模の製造業の事業場において，定期健康診断の実施状況を確認したところ「各自に任せている」とし，事業場が主体的に健康診断を実施しているとはいえないケースであったとされる。また，安衛則の適用にあたり，「常時使用する労働者」に当たるか否かの判断に悩みを抱えているとみられる回答がみられる。この点に関しては，監督実務の経験者からの情報提供においても，常時性の解釈が各局，各監督官でそれぞれ異なっているとの指摘がなされている。「臨時でなければ常時である」との理解に立ち，この旨説明して法違反を指摘したこともあるが，事業者と押し問答になるケースもあったとのことであり，基準としての不明瞭性が実務上の課題になっているといえる。

さらに，上記アンケートにおいては，健康診断結果の通知（安衛法第66条の6，安衛則第51条の4）や監督署への健康診断結果報告（安衛法第100条，安衛則第52条）についても違反があれば併せて適用するとの回答が寄せられている。それらの違反が重ならない初めて適用するとの趣旨ではないだろうが，実際には違反が重なると適用しやすいとの趣旨を含むと察せられる。

特殊健康診断に関する監督指導の例としては，ドラフトチャンバー内で，発煙硝酸を使用し，電子部品の検査業務を行っている労働者に対し，年1回の一般健康診断のみ実施し，6月以内ごとに1回，定期に歯科医師による健康診断（安衛則第48条）を行っていなかったことによるものとイソプロピルアルコール含有の洗浄剤を使用して金属製品の洗浄を行っていた労働者について，有機溶剤に係る特殊健康診断を行ってい

資料7-82 定期健康診断の有所見率

	聴力(1000Hz)	聴力(4000Hz)	胸部X線検査	喀痰検査	血圧	貧血検査	肝機能検査	血中脂質	血糖検査	尿検査(糖)	尿検査(蛋白)	心電図	有所見率
平成6年	4.9	9.9	2.3	0.8	8.5	5.8	11.8	18.3	—	3.2	2.7	8.0	34.6
7	4.7	9.9	2.4	0.7	8.8	5.8	12.7	20.0	—	3.5	2.7	8.1	36.4
8	4.5	9.8	2.6	0.9	9.2	5.8	12.6	20.9	—	3.4	2.8	8.3	38.0
9	4.4	9.7	2.7	1.1	9.3	6.0	13.1	22.0	—	3.4	3.0	8.3	39.5
10	4.4	9.4	2.9	1.9	9.7	6.2	13.7	23.0	—	3.5	3.3	8.5	41.2
11	4.2	9.3	3.1	1.4	9.9	6.2	13.8	24.7	7.9	3.3	3.2	8.7	42.9
12	4.1	9.1	3.2	1.5	10.4	6.3	14.4	26.5	8.1	3.3	3.4	8.8	44.5
13	4.1	9.1	3.3	1.3	11.1	6.6	15.3	28.2	8.3	3.3	3.4	8.8	46.2
14	3.9	8.7	3.3	1.4	11.5	6.6	15.5	28.4	8.3	3.2	3.5	8.8	46.7
15	3.8	8.5	3.4	1.6	11.9	6.5	15.4	29.1	8.3	5.1	3.2	8.9	47.3
16	3.7	8.4	3.6	1.5	12.0	6.6	15.3	28.7	8.3	3.1	3.5	8.9	47.6
17	3.7	8.2	3.7	1.5	12.3	6.7	15.6	29.4	8.3	3.1	3.5	9.1	48.4
18	3.6	8.2	3.9	1.8	12.5	6.9	15.1	30.1	8.4	2.9	3.7	9.1	49.1
19	3.6	8.1	4.0	2.0	12.7	7.0	15.1	30.8	8.4	2.8	4.0	9.2	49.9
20	3.6	7.9	4.1	2.0	13.8	7.4	15.3	31.7	9.5	2.7	4.1	9.3	51.3
21	3.6	7.9	4.2	1.8	14.2	7.6	15.5	32.6	10.0	2.7	4.2	9.7	52.3
22	3.6	7.6	4.4	2.0	14.3	7.6	15.4	32.1	10.3	2.6	4.4	9.7	52.5
23	3.6	7.7	4.3	1.7	14.5	7.6	15.6	32.2	10.4	2.7	4.2	9.7	52.7
24	3.6	7.7	4.3	2.2	14.5	7.4	15.1	32.4	10.2	2.5	4.2	9.6	52.7
25	3.6	7.6	4.2	1.9	14.7	7.5	14.8	32.6	10.2	2.5	4.2	9.7	53.0
26	3.6	7.5	4.2	1.9	15.1	7.4	14.6	32.7	10.4	2.5	4.2	9.7	53.2
27	3.5	7.4	4.2	1.8	15.2	7.6	14.7	32.6	10.9	2.5	4.3	9.8	53.6
28	3.4※	7.0※	4.3※	1.6※	15.2※	7.8	15.2※	32.1※	11.1※	2.6※	4.4※	9.9	54.1※
29	3.5※	6.9※	4.3※	1.7※	15.4※	7.8	15.3※	31.8※	11.4	2.8	4.6※	9.9	54.4※
30	3.5※	6.9※	4.5※	1.8※	15.7※	7.7	15.7※	31.7※	11.7	2.8	4.4※	9.9	55.8※
令和元年	3.5	6.9	4.6	1.6	16.2	7.7	15.9	32.0	11.9	2.9	4.4	10.0	57.0
2	3.9	7.4	4.5	2.1	17.9	7.7	17.0	33.3	12.1	3.2	4.0	10.3	58.5
3	3.9	7.3	4.5	2.1	17.8	8.0	16.6	33.0	12.5	3.4	3.8	10.5	58.7

(「令和3年定期健康診断結果報告」政府統計ポータルサイト「e-Stat 統計で見る日本」〔https://www.e-stat.go.jp/stat-search/files?page=1&layout=datalist&toukei=00450211&tstat=000001018638&cycle=7&year=20210&month=0&result_back=1&tclass1val=0,最終閲覧日:2022年11月2日〕)

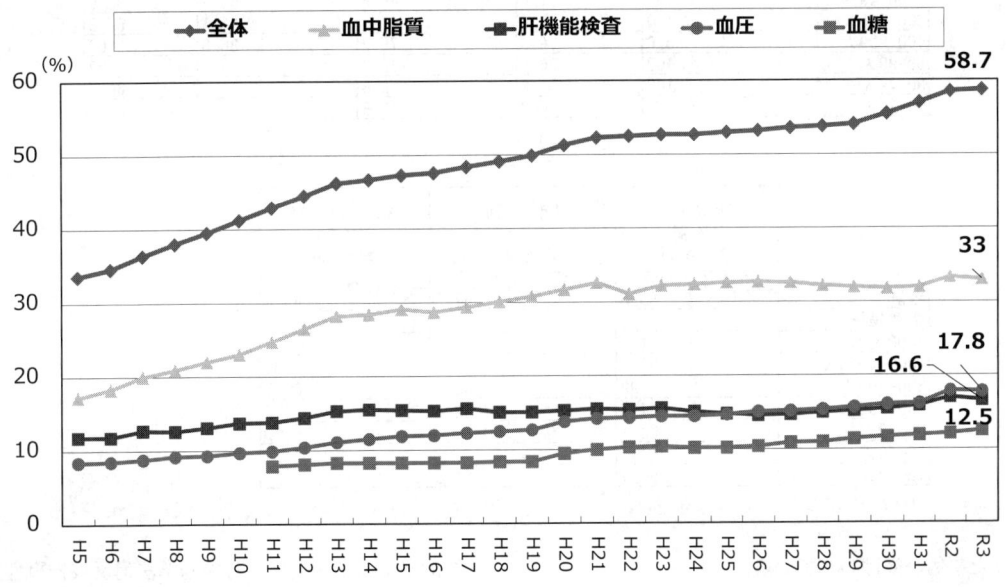

出典:定期健康診断結果調

(厚生労働省「第1回 産業保健のあり方に関する検討会」資料1〔https://www.mhlw.go.jp/content/11201250/001001488.pdf,最終閲覧日:2022年11月1日〕)

資料 7 - 83　特殊健康診断の実施率と有所見率

	鉛業務		有機溶剤業務		特化物製造等業務		石綿取扱い業務		放射線業務	
	特殊健診実施率	有所見率	特殊健診実施率	有所見率	特殊健診実施率	有所見率	特殊健診実施率	有所見率	特殊健診実施率	有所見率
合計	86.9	7.7	53.7	9.5	64.5	9.6	87.1	19.2	81.9	11.9
企業規模										
5000人以上	100.0	3.2	62.5	4.2	84.8	11.3	93.9	25.7	99.6	8.8
1000-4999人	92.1	5.1	37.0	8.6	68.4	6.7	92.8	12.3	71.5	11.9
300-999人	100.0	4.0	49.6	15.8	75.7	9.2	51.7	-	99.8	16.0
100-299人	94.2	20.0	63.5	8.7	67.8	7.5	92.6	16.7	100.0	18.8
50-99人	79.0	-	65.5	17.7	71.5	16.0	100.0	-	82.6	-
30-49人	95.1	38.5	52.1	21.6	41.3	14.3	100.0	-	100.0	-
10-29人	70.2	-	52.2	19.7	52.2	-	84.9	-	66.4	-

	3年に1回のじん肺健康診断		1年に1回のじん肺健康診断		就業時、定期外、離職時のじん肺健康診断	
	特殊健診実施率	有所見率	特殊健診実施率	有所見率	特殊健診実施率	有所見率
合計	95.9	2.6	92.3	29.1	78.1	1.8
企業規模						
5000人以上	99.2	0.7	98.7	3.2	99.4	1.2
1000-4999人	96.2	1.3	100.0	100.0	100.0	5.0
300-999人	99.4	2.4	94.4	84.7	100.0	7.7
100-299人	94.1	3.8	91.4	18.8	47.8	-
50-99人	96.4	19.6	98.2	100.0	100.0	-
30-49人	94.3	7.1	97.8	100.0	100.0	-
10-29人	95.8	10.8	86.3	55.5	59.0	-

(平成30年労働安全衛生調査（実態調査）の事業所調査をもとに石﨑由希子作成。政府統計ポータルサイト「e-Stat 統計で見る日本」〔https://www.e-stat.go.jp/stat-search/files?page=1&layout=datalist&toukei=00450110&tstat=000001069310&cycle=0&tclass1=000001137666&tclass2=000001137670&tclass3val=0, 最終閲覧日：2022年11月2日〕)

資料 7 - 84　特殊健康診断の受診率と有所見率

	鉛業務（過去1年従事）	有機溶剤業務（過去1年）	特化物製造等業務（現在又は過去）	石綿取扱い業務（現在又は過去）	放射線業務（過去1年）
合計	86.5	88.5	86.2	49.9	83.2
企業規模					
5000人以上	100	98.7	99.9	81.2	100
1000-4999人	100	91.6	84.5	95.4	89.9
300-999人	100	95.6	91.5	21.1	66.8
100-299人	65.6	76.3	75.2	86.6	100
50-99人	100	86.5	74.9	-	99
30-49人	100	95.8	8.5	-	66.7
10-29人	-	52	81.8	-	85.7

	3年に1回じん肺健康診断（現在又は過去）	1年に1回じん肺健康診断（現在又は過去）	就業・離職時じん肺健康診断（現在又は過去）
合計	88.6	67.5	46.5
企業規模			
5000人以上	100	100	62.3
1000-4999人	97.3	100	100
300-999人	99	63.1	60.5
100-299人	84.5	42.5	27.2
50-99人	98.1	-	-
30-49人	51.5	-	-
10-29人	56.1	11.5	-

(資料 7 - 83に同じ)

なかった事例が挙げられている。

6　刑事事件判決

LEX/DB において、「労働安全衛生法」、「健康診断」で刑事事件を検索すると2件の事件がヒットする。

労働安全衛生法違反，労働基準法違反被告事件・大阪地判平12・8・9判時1732号152頁では，1996（平成8）年から10年にかけて，雇入れ時健康診断及び定期健康診断を行わなかったこと，計158時間程度の違法な時間外労働を行わせていたこと，また，割増賃金

資料7-85

	定期監督等実施事業場数	同違反事業場数	66条違反
1999（平成11）	146,160	87,285	8,206
2002（平成14）	131,878	82,744	10,028
2011（平成23）	132,829	89,586	16,459
2012（平成24）	134,295	91,796	17,475
2013（平成25）	140,499	95,550	18,839
2014（平成26）	129,881	90,151	18,747
2015（平成27）	133,116	92,034	20,190
2016（平成28）	134,617	89,972	19,716
2017（平成29）	135,785	92,695	20,586
2018（平成30）	136,281	93,008	22,359
2019（平成31）	134,981	95,764	2,7618[*1]
2020（令和2）	116,317	80,335	2,0153[*1]

[*1] 2019（平成31）年以降は、安衛法第66条乃至66条の6違反を集計したもの。
（森山誠也氏が集計した資料をもとに石﨑由希子作成）

資料7-86

安衛則	19,171
有機則	816
鉛則	12
四アルキル鉛則	0
特化則	560
石綿則	14
高圧則	1
電離則	24
除染則	1

（石﨑由希子作成）

資料7-87

	総計	66条違反
1999（平成11）	784	1
2002（平成14）	667	0
2011（平成23）	542	1
2012（平成24）	614	10
2013（平成25）	560	3
2014（平成26）	628	1
2015（平成27）	550	2
2016（平成28）	497	7
2017（平成29）	474	3
2018（平成30）	529	1
2019（平成31）	469	1
2020（令和2）	505	1

（森山誠也氏が集計した資料をもとに石﨑由希子作成）

を支払わなかったことにより、被告法人及び代表取締役社長に対し、それぞれ罰金40万円を科す判決が示されている。量刑に際しては、会社設立後継続して健康診断を怠ってきたというものではなく、時期は固定していないもののほぼ毎年いずれかの時期に健康診断はしてきたこと、1996（平成8）年4月に実施した定期健康診断の結果に不合理な点があり、病院を代えようとしたが適切な医療機関が見つからないまま日時を経過させてしまったこと等が考慮されている。

労働安全衛生法違反、有印私文書偽造、同行使被告事件・長崎地判平18・10・3労判923号93頁では、会社内で人材派遣業務全般を統括管理していた被告人が、新規の派遣労働者2名を雇用する際、雇入時の健康診断を行っていたら派遣締切に間に合わないとして、これを行わず、会社従業員を利用するなどして、医師名義の健康診断個人票を偽造し、派遣先に提出して行使した事案である。同判決では、会社の利益を優先するあまり、労働者の健康管理をないがしろにした点で悪質である点、医師名義の健康診断個人票に対する社会的信用を損ねてでも会社の利益を守ろうとした点においても悪質である点、罪となるべき犯行以外にも、平成15年以降、50人程度の労働者を雇用するに際し健康診断を実施しておらず、20人程度の労働者については、健康診断は実施したが、その結果を書き換えたりしていることが考慮され、懲役1年6月、罰金30万円、執行猶予3年が言渡された。

7　歯科健康診断

「令和2年労働安全衛生調査（実態調査）」の事業所調査の結果によれば、歯科健診を実施した事業所は全事業所のうち4.0％であり、本条に基づく歯科健診を実施したのは0.2％、それ以外の歯科健診を実施したのが3.8％である。

監督実務経験者からの情報提供によれば、鉛蓄電池の製造工場で製品に充電する際に硫酸ミストが発生する箇所、メッキ工場で酸洗いに塩酸を使用していた事業場、研究で弗酸を使用している事業場などで歯科健診の実施を是正勧告したことがあるとのことである。もっとも、「発散する場所」とある以上、単に塩酸や硫酸があるというだけでは法違反とは断定できず、実際に歯牙酸蝕症での症例が少ないこと等の事情により、違反の指摘に消極的な監督官もいるとのことである。[202]

⑤　関係判例

1　健康診断実施義務と損害賠償請求

(1)　定期健康診断の不実施

富士保安警備事件・東京地判平8・3・28労判694号34頁は、警備会社従業員Aが、勤務時間中に脳梗塞で死亡したため、遺族である原告が被告らに対して、安全配慮義務違反に基づき、損害賠償請求をした事案である。

同判決は、「被告会社は、……雇用契約上の信義則に基づき、使用者として労働者の生命、身体、健康を

危険から保護するよう配慮すべき義務（安全配慮義務）を負い，その具体的内容として，労働時間，休憩時間，休日，休憩場所等について適正な労働条件を確保し，さらに，健康診断を実施したうえ，労働者の健康に配慮し，年齢，健康状態等に応じて，労働者の従事する作業内容の軽減，就業場所の変更等適切な措置をとるべき義務を負う」とした上で，「被告会社は，労働基準法及び就業規則に定める労働時間，休日の保障を全く行わず，恒常的な過重業務を行わせながら，Ａを採用して以降，健康診断を実施せず，健康状態の把握を怠ったうえ，Ａが就職当初から高血圧症の基礎疾患を有することを認識できたにもかかわらず，その後の勤務内容等について，年齢，健康状態等に応じた作業内容の軽減等適切な措置を全くとらなかった結果，前記のとおり，Ａの基礎疾患と相まって，Ａの脳梗塞を発症させたものである」として損害賠償請求を一部認容した。なお，被告は，行政機関の健康診断を受診するように促していたこと，Ａの勤務先は，病院であることから，本人が希望すれば，いつでも健康診断等を受けることができたことを理由に義務違反はないことを主張していたが，実質的に有給休暇が保障されていなかったこと，「事業主が実施すべき健康診断を従業員が自らの負担により受診しなかったからといって，その責任を従業員に転嫁することは許されない」ことを理由に，かかる主張は排斥されている。

同判決は，健康診断の実施が安全配慮義務の内容となることを認めたものである。本条第５項但書においては，労働者の医師選択の自由を保障する観点から，労働者が自らの負担により医療機関を選択し，健康診断を受けることも認められているが，同判決は，こうした可能性があることは，事業主の健康診断をおよそ実施していない場合に，健康診断実施義務違反の責任を免れさせるものではないことを明らかにしたものといえる。なお，同判決は，有給休暇の保障が実質的になされていないことについても免責を認めないことを基礎づける事情として言及する。そのこと自体は適切であるが，本条に基づく健康診断が実施されたといえるためには，健康診断の受診を目的とする有給休暇がとれる状態になっていることに加えて，健診にかかる費用が事業者により負担されていたり，受診を勧奨するなどの対応がとられていることが必要になると思われる。

労働者の傷病の発症・増悪や死亡といった結果が生じていない中で，あるいは，こうした結果と法定の健康診断の不実施や不適切な実施との間の因果関係が基礎づけられない中で，健康診断の不実施それ自体から損害賠償請求権が基礎づけられないかも問題となりうる。酔心開発事件・東京地判令４・４・12労判1276号54頁は，パーキンソン症候群レビー小体型認知症を発症した原告労働者が，①使用者が月80時間以上の法定外残業を強いたことや②割増賃金を支払わなかったこと，③定期健康診断の実施を怠るなど，健康に対する配慮を欠いていたことなど一連の不法行為により，身体的・精神的負担が生じ，レビー小体型認知症の症状が増悪したなどとして，不法行為に基づく損害賠償を請求した事案である。同判決は，割増賃金請求は一部認容し，被告会社が定期健康診断を実施していないことにつき，本条第１項違反は認めたものの，長時間の時間外労働の事実は認められず，また，定期健康診断の不実施により損害が発生したとは認められず，レビー小体型認知症発症との間の因果関係も認められないとして請求を棄却した。定期健康診断不実施それ自体からは直ちに損害賠償請求権が基礎づけられるものではないことを示したものといえる。

(2) 不十分な健診項目

真備学園事件・岡山地判平６・12・20労判672号42頁は，脳内出血により死亡した高校教師の遺族が原告らとなり，学校法人である被告に対し安全配慮義務違反を理由として損害賠償請求がされた事案である。被告は，毎年１回民間医療機関に対し，胸部エックス線間接撮影並びに尿中の糖及び蛋白の有無の検査を委託するにとどまり，血圧については，学校の保健室に血圧計を常時２基設備して職員が自由に血圧を測定することができるようにしていたが，法定の健康診断の一項目として血圧検査が実施されたことはなかった。また，健康診断個人票が作成されることはなく，校医が健康管理を行うこともなかった。

同判決は，事業者に責務（安衛法第３条第１項），健康診断実施義務及び事後措置を講じる義務（旧安衛法第66条第１項，同７項〔現：第66条の５〕，安衛則第44条），産業医の選任義務（安衛法第13条，同施行令第５条，安衛則第13条）を課す諸規定，さらには，学校保健安全法に基づく健康診断実施及び事後措置の義務（同第11～14条，同法施行規則第10条，同規則第12条，同規則第13条），学校医の選任義務の規定（学校保健安全法第23条第１項，同第４項）の趣旨に照らし，「事業者である被告は，学校の設置者として，学校に勤務する職員らのために前記労働安全衛生法乃至学校保健法等の規定する内容の公的責務を負担すると同時に，右規定の存在を前提に，被告と雇用契約関係にある職員らに対しても，直接，右雇用契約関係の付帯義務として，信義則上，健康診断やその結果に基づく事後措置等により，その健康状態を把握し，その健康保持のために適切な措置をとるなどして，その健康管理に関する安全配慮義務を負うものというべきである」とした。

その上で，定期の健康診断の項目に血圧検査があれ

ば（判決文のママだが，「血圧検査が規定されているので」の趣旨だろう〔三柴〕），亡教師の悪性の高血圧症は容易に判明したものということができたこと，亡教師に尿検査の受検を促し，結果の報告を義務づけ，健康診断個人票を作成していれば，悪性の高血圧症の原因ともいうべき腎疾患の存在と程度を含む総合的な健康状況を容易に把握し得た筈であり，そうであれば，抜本的対策（教頭代行の交替等職務負担の大幅軽減，場合によっては一時入院等の措置）をとることが期待できたはずであるのにこれを怠ったとして，「これらの健康管理に関する措置や体制の整備を漫然と怠っていた当時の学校の態度は，前記諸法規の要求する労働安全衛生保持のための公的な責務を果たさない不十分なものであったと同時に，職員らに対する雇用契約関係上の付帯義務として信義則上要求される健康管理に関する安全配慮義務にも反していたものと認めるのが相当である。」とした。被告は，亡高校教師が既に専門医を受診しているとしたことをもって，安全配慮義務違反はないとの主張をしたが，同判決は，「被告において職員らの健康を自ら主体的に把握し，その健康状態に応じた職務上の措置を採るべきことに変わりはな」いとして，この主張を排斥した。

同判決は，健康診断実施義務が安全配慮義務の内容となること，本条に基づく健康診断が実施されたと認められるためには，安衛則に規定される全ての項目について健康診断が実施される必要があること，労働者が専門医を受診し，そこで健康管理を受けていることをもって，事業者が健康診断実施義務を免れる訳ではないことを明らかにしているといえる。

(3) 健康診断において求められる医療水準

東京海上火災保険・海上ビル診療所事件・東京高判平10・2・26労判732号14頁は，レントゲン写真の異常陰影が見過ごされるなどしたことにより，肺癌に対する処置が手遅れとなったと主張して，死亡した労働者の遺族が，勤務先及び医師らに対し，安全配慮義務違反又は不法行為に基づく損害賠償請求を請求した事案である。

同判決は，「一般の企業において，その従業員に対する定期健康診断の実施は，労働契約ないし雇用契約関係の付随義務である安全配慮義務の履行の一環として位置づけられるものであるとしても，信義則上，一般医療水準に照らし相当と認められる程度の健康診断を実施し，あるいはこれを行いうる医療機関に委嘱すれば足りるのであって，右診断が明白に右水準を下回り，かつ，企業側がそれを知り又は知り得たというような事情がない限り，安全配慮義務の違反は認められない」とする1審判決を維持し請求を棄却した。同判決はまた，仮に医師や医療機関の過失について勤務先の責任を認めるとすれば，それは，定期健康診断を実施する医師ないし医療機関の具体的な個々の医療行為につき指揮監督すべき義務を負わせることになって妥当でないとする。

同判決からは，安全配慮義務の内容に含まれる定期健康診断の実施とは，具体的には，一般医療水準に照らし相当と認められる程度の健康診断を実施し，あるいはこれを行い得る医療機関に委嘱することであり，かつ，それをもって足りるということが確認できる。

(4) 健康診断の事後措置

システムコンサルタント事件・東京高判平11・7・28労判770号58頁は，コンピューターソフトウェア開発業務に従事していた亡Aが入社から約10年後に脳幹部出血により死亡したのは，Y社において過重な業務に従事したことが原因の過労死であるとして，安全配慮義務違反を理由として損害賠償を請求した事案である。亡Aの死亡前1年間の総労働時間は合計2859.5時間（入社以後10年間の平均は約2939時間）であり，結婚により休暇を取った月を除くと，月の労働時間は概ね200〜300時間であった。また，プロジェクトの実質的責任者としてスケジュール遵守を求める発注会社と，増員や負担軽減を求める協力会社の板挟みにあっていた。亡Aは入社当時から，高血圧（140/92）であったが，約10年間で心拡張も伴い高血圧が相当増悪したことが認められており，行政では労災認定されなかったが，同判決では，長時間労働に伴う精神的ストレスにより脳出血発症に至ったと認められている。

同判決は，Y社が高血圧が相当程度増悪していたことを認識していたとすれば，「Y社は，具体的な法規の有無にかかわらず，使用者として，太郎の高血圧をさらに増悪させ，脳出血等の致命的な合併症に至らせる可能性のある精神的緊張を伴う過重な業務に就かせないようにするとか，業務を軽減するなどの配慮をする義務」を負うべきところ，特段の負担軽減措置をとることなく，同義務を怠ったとしてY社の損害賠償責任を認めた。

定期健康診断に基づく事後措置の規定は1999（平成11）年の法改正により導入されたものであり，事件当時はなかったが，同判決は，こうした具体的規定がないとしても，労働者の高血圧症を認識した使用者は業務軽減の配慮をする義務を負うと判断している。同判決からは，定期健康診断の結果が，配慮が必要であることについての使用者の認識可能性（予見可能性）を導きうること，事後措置の不実施が安全配慮義務違反を基礎づけることが示唆される。

(5) 特殊健康診断の不実施・不適切な実施

特殊健康診断が（適切に）実施されなかったことについて，安全配慮義務違反等に基づく損害賠償責任を

認めた裁判例は多数ある[203]。

植田満俺製錬所事件・大阪地判昭57・9・30労判396号51頁は、原告労働者らのマンガン中毒等について、マンガン鉱の製錬を行っていた個人事業主の安全配慮義務違反による債務不履行責任が認められた事例であるが、安全配慮義務違反を認めるにあたり、発じん防止設備が不十分であったことや防じんマスク装着が徹底されていなかったことのほか、①特殊健康診断も受診させてこなかったこと、②既にマンガン中毒り患者が2名発生していたにもかかわらず、精密検査を受診させて、早期発見に努めるべきであったのにこれを講じなかったこと、これにより、マンガン中毒にり患・増悪させたことが考慮されている。東北機械製作所事件・秋田地判昭57・10・18労判401号52頁においても同様に、「被告が特殊健康診断を所定のとおり実施していれば、原告の体の何らかの異常を早期に発見し、適切な措置をとることによって、発病又は重症化を防ぎ得たかもしれない」などとして、トルエンの蒸気にさらされ、これを吸引して有機溶剤中毒にり患した労働者に対する損害賠償責任が肯定されている。

また、ソニー有機溶剤中毒訴訟事件・仙台地判昭52・3・14判時847号3頁は、有機溶剤取扱者を対象とした特殊健康診断について、6カ月に1回実施する必要があったところ（有機則29条2項）、6カ月を超える期間を空けて実施されたという事案の下、「特殊健康診断を所定のとおり実施し、労働者の身体の異常を適確に把握すべき」義務について、違反が認められている。被告会社は、所定の時期に実施すべく医療機関に依頼していたが、医療機関側の都合によって遅れたもので、被告会社に責任はないと主張したが、同事案では11月に実施されるべき特殊健康診断の依頼が10月になされており、5月の特殊健康診断実施を依頼する際に、それ以降の分も依頼しておくか、少なくとも、5月の特殊健康診断を実施した際、次回の実施を依頼する等すべきであったとして、主張が排斥されている。その上で、被告会社が特殊健康診断を11月に実施していれば、異常を発見し得た可能性も否定できないとして、被告会社の責任が肯定されている。

内外ゴム事件・神戸地判平2・12・27労判596号69頁では、特殊健康診断は約4年間に計8回実施されているものの、7回分の健康診断個人票中の「主として取扱った有機溶剤の名称」欄は空白である上、個人票中の「自他覚症状」欄もしくは「神経系または消化器系障害」欄は、原告が同人を直接健康診断した医師に当時の症状を訴えたにもかかわらず、その右欄には斜線がひかれ、原告がこれを問い質した際、それは別にチェックしていると回答されたことが認められている

同判決は、「個人票の記載がずさんであるとのそしりを免れず、ひいては、右各実施された右各健康診断の実施方法その内容に対しても疑問を抱かざるを得ない」として、個人票に記載のある「健康」の記載は信用できないとし、上記事実認定を前提に、適切な特殊健康診断を実施すること（有機則29条、30条）が安全配慮義務の内容となること、被告会社の実施した特殊健康診断の方法・内容に照らして、その違反が認められることを判示している。同判決は、特殊健康診断の不適切な実施が安全配慮義務違反を基礎づけることを明らかにしているが、このほかに「有機溶剤中毒の診断に当って自覚症状が重要な指標となっていること、それ故に右診察に当っては必要十分な問診を行うことを要すること、しかも、右問診においては訴えられた自覚症状を詳細に質問する必要があり、その際、使用された有機溶剤の種類、右溶剤使用開始時期、曝露状況等が重要な参考資料となること」のほか、「健康診断のように多数の作業者を相手に長時間かけて問診するのは不可能なので、先ず問診票を用いてアンケート調査を行い、健康診断時には、これを参考にしながら補足的に直接問診するのも一つの方法であること、右問診票には平易な言葉で質問を記載し、その質問数も必要にして十分なだけ用意し、回答も肯否いずれかを簡単に選択できるようにするのが望ましいこと、右作業者を直接健康診断をするに当っては、右問診票において肯定の回答のあった自覚症状についてさらにその内容や現れ方を詳細に問いただすことが極めて重要であること、そして、右事項について詳しく質問した後に、それらの症状を総合して神経障害の有無、もし障害があると考えるならばその部位程度についておおよその見当をつけておく必要があること」も判示しており、特殊健康診断の個人票に記載される「自他覚症状」欄や「有機溶剤の名称」欄が持つ意義や望ましいとされる問診の方法も確認しているといえる。

2 健康診断費用償還請求

労働者自らが健診費用を負担して健康診断を受診した場合に、その費用償還請求をなしうるかも問題となりうる[204]。

社会福祉法人セヴァ福祉会事件・京都地判令4・5・11労判1268号22頁では、事業者が安衛法第66条第1項に基づき健康診断実施義務を負っていることや定期健康診断の実施にかかる費用は使用者負担であると通達（昭和47年9月18日基発第602号）において定められていることを踏まえた上で、原告労働者が2016（平成28）年から2019（令和元）年まで4回分の健康診断を自ら選んだ医療機関で受けた際の費用（各回2万円超）について、法律上の原因なく原告労働者が負担させられたものであり、その支払いを免れた分の利得が被告会社に発生しているとして、費用相当額を不当利得と

して返還する義務を負うと判断された（民法第703条）。被告会社は指定医である医療機関ではなく，原告が自ら医療機関を選択した場合にまで健康診断費用を全て被告会社の負担とすることは，健康診断費用の予測がつかず，高額化するリスクがあるため相当でない旨主張していたが，同判決は，そもそも被告会社が主張する医療機関が指定医であるとの事実は認められないとし，また，安衛法第66条第5項の規定からすれば，労働者の負担した費用につき，必要性・合理性を超えない範囲において，その償還を拒むことができないと判断された。同判決では定期健康診断の実施状況に関して詳細な事実認定が行われていないため，判示内容がどこまで一般化できるか必ずしも明らかではないが，少なくとも，使用者の費用負担で定期健康診断が実施されていない中で，労働者側がこれに代わる健康診断を受診したような場合には，一定の範囲でその費用の償還請求が認められる余地があることが示唆されているといえる。

3 労働者の受診義務

(1) 過失相殺における考慮

1(2)で取り上げた真備学園事件・岡山地判平6・12・20労判672号42頁は，脳内出血により死亡した教師が，被告が民間機関に委託して実施していた尿検査を全く受検しておらず，主治医から入院治療を勧告され，入院しない場合は仕事量を6割方に減らすよう勧告を受けるまでに至ったにもかかわらず，これを申告しなかったこと，申告したとすれば配慮を受けられた可能性があることなどから，自己の健康管理に対する落ち度があるとして，4分の3の過失相殺が認められている。その際，本条第5項が労働者に受検義務を課していることに言及するほか，「本来他人には即座に計り知れ難い領域を含む健康管理は第一義的には労働者本人においてなすべき筋合いのものである」との判示がなされている。

他方，1(4)で取り上げたシステムコンサルタント事件・東京高判平11・7・28労判770号58頁は，Y社による「自己責任の原則」の主張に対しては，「確かに，労働者が自身の健康を自分で管理し，必要であれば自ら医師の診断治療を受けるなどすべきことは当然であるが，使用者としては，右のように労働者の健康管理をすべて労働者自身に任せ切りにするのではなく，雇用契約上の信義則に基づいて，労働者の健康管理のため前記のような義務を負う」とし，損害賠償責任を否定することはしなかったが，Y社からの指示にもかかわらず，亡労働者が精密検査を受診するなどしなかったことや入社当時から高血圧であったことを考慮して，5割の過失相殺が認められている。

上記2判決を踏まえると，労働者の健康管理については労働者と使用者がそれぞれ責任を負うところ，労働者側もまた健診（法定外健診を含む）の未受診など健康管理のために必要な行為をしない場合には，そのことが過失相殺において考慮されうることが示唆される。

(2) 受診拒否を理由とする懲戒処分

愛知県教育委員会（減給処分）事件・最1小判平13・4・26判時1751号173頁は，地方公務員である中学校教諭が，病気治療のためのエックス線検査による過去のエックス線ばく露が多くこれ以上のばく露を避けたいとして，エックス線検査の受診命令に従わなかったことについて，地方公務員法に基づく懲戒処分（減給処分）がなされ，その有効性が争われた事案である。エックス線検査は，本条のみならず，学校保健法や結核予防法においてもその実施が学校ないし市町村に義務づけられるものである。最高裁は次のように述べて，エックス線検査の受診命令を適法と認め，懲戒処分の有効性を肯定した。

まず，同事案の下，エックス線検査によるばく露は，健康被害については考慮するまでもないこと，中学校教諭は別途保健所で喀痰検査及び血沈検査を受け，異常なしとの結果について学校に提出しているが，これらの検査は信頼性がそれほど高くなく，エックス線検査に代替できるものではないことについて判断された。その上で，最高裁は，安衛法第66条第5項及び結核予防法第7条第1項に基づく労働者（職員）の受診義務について触れた上で「学校保健法による教職員に対する定期の健康診断，中でも結核の有無に関する検査は，教職員の保健及び能率増進のためはもとより，教職員の健康が，保健上及び教育上，児童，生徒等に対し大きな影響を与えることにかんがみて実施すべきものとされている。また，結核予防法は，結核が個人的にも社会的にも害を及ぼすことを防止し，もって公共の福祉を増進することを目的とするものであり，同法による教職員に対する定期の健康診断も，教職員個人の保護に加えて，結核が社会的にも害を及ぼすものであるため，学校における集団を防衛する見地から，これを行うべきものとされているものである」とし，「市町村立中学校の教諭その他の職員は，その職務を遂行するに当たって，労働安全衛生法66条5項，結核予防法7条1項の規定に従うべきであり，職務上の上司である当該中学校の校長は，当該中学校に所属する教諭その他の職員に対し，職務上の命令として，結核の有無に関するエックス線検査を受診することを命ずることができるものと解すべきである」と判示した。

同判決をストレートに理解すれば，本条に基づく受診命令が適法であり，受診義務違反に対する懲戒処分

も有効と解されうることが示唆される。もっとも，同判決において，結核の有無に関する検査が教職員本人の健康保持というだけでなく，児童，生徒等への影響など手段防衛の見地から行われるべきものであることも考慮されていることからすると，労働者の健康保持や適正配置のみを目的とする検査項目との関係で，労働者が受診を拒否した場合に懲戒処分の有効性が認められうるかについては，当該検査項目と職務との関連性やその必要性を踏まえた上で慎重な検討が必要である[205]。労働者が受診を拒否する場合，使用者は安全配慮義務に基づく対応や復職可能性の判断が困難となる可能性があるが，前者については使用者の配慮義務が一部ないし全部免責されると解することにより[206]，後者については，復職可能性を基礎づける客観的資料がないとしてなされた復職不可の判定を正当とすることにより[207]解決可能であり，懲戒処分をもって受診を強制する必要のあるケースは限られると思われる。

なお，電電公社帯広電報電話局事件・最1小判昭61・3・13労判470号6頁は，頸肩腕症候群の精密検査（法定外健診）を指定病院で受診すべき旨の業務命令を拒否したことを理由としてなされた懲戒処分（戒告処分）に関し，原告労働者には，就業規則及び健康管理規程に基づき，精密検査を受診することにより，その健康回復に努める義務があったとして，その有効性を認めているが，同事案においては，公社から当該労働者に対し災害補償がなされている事案であったこと（すなわち，回復しているとすれば，補償の必要がなくなること）も踏まえられるべきであり，過度の一般化は避けるべきであるべきように思われる。

4 健康情報収集の必要性

富士電機E&C事件・名古屋地判平18・1・18労判918号65頁は，本条及び安衛法第66条の2及び第66条の3，安衛則第44条第1項の規定を踏まえ，健康診断の検査項目について異常所見が認められた労働者に対する関係では，当該労働者の健康を保持するために必要な措置について，医師又は歯科医師の意見を聴くべき義務や事後措置を行う義務を負うが，これを超えて，精神的疾患に関する事項についてまで医師の意見を聴くべき義務やこれに基づき負担軽減のための事後措置を行う義務はないと判断し，職場復帰後にうつ病を再発し，自殺した労働者の遺族からの損害賠償請求を棄却した。同判決は精神的疾患という社会的偏見等によりプライバシーに対する慎重な配慮が必要な疾患に関わるものであるが，判示をそのまま読めば，本条の規定（特に，定期健康診断の検査項目について定める安衛則第44条第1項）が配慮義務の範囲を限定する機能を果たしているようにも読める。もっとも，同判決は，使用者は主治医等への意見聴取等こそしなかったものの，職場復帰にあたり軽易な業務となるよう配慮しており，実際に亡労働者にとって業務は過重ではなかったという事案の下で示されたものであり，過重な業務の中で精神的不調が窺われる事案に一般化できるものではないし[208]，裁判例の中には，健康診断において精神面の不調を訴えておらず，うつ病に罹患しているとの診断書等の提出がなかったとしても，不調の具体的内容や程度等について把握し，産業医などの診察を受けさせるなどの必要があったとするものもある[209]。

また，警察官として採用された者の同意を得ることなく行われたHIV検査がプライバシーを侵害するものとして違法であるとして，検査実施機関に対して損害賠償が請求された東京都（警察学校・警察病院HIV検査）事件・東京地判平15・5・28労判852号11頁は，「個人がHIVに感染しているという事実は，一般人の感受性を基準として，他者に知られたくない私的事柄に属するものといえ，人権保護の見地から，本人の意思に反してその情報を取得することは，原則として，個人のプライバシーを侵害する違法な行為というべきである」としつつ，本条に触れ，「健康診断の結果を労働者の適正配置及び健康管理の基礎資料とし，もって，使用者をして雇入れ後の労働者の健康維持に留意させる趣旨」のものとした上で，雇用契約上の労務を実現し得る一定の身体的条件を具備することを確認する目的で，健康診断を行うことも，その職種及び労働者が従事する具体的業務の内容如何によっては許容され得るとする。この部分の判示の趣旨は明確ではないものの，本条の趣旨から，使用者による健康情報収集の必要性を基礎づけようとするものといえる（なお，被告である検査実施機関は，安衛則に基づく定期健診の検査項目は，最低限の項目を法定するもので，職種の内容，必要性等に応じ，健康診断の項目を追加することが許されるのは当然である，と主張していた）。

もっとも，同事案では，対象者の承諾がない上，「警視庁が労働安全衛生法の意図する労働者（警察官）の適正配置や健康管理の基礎資料収集という目的のために上記検査を実施していることを窺わせる証拠」はなく，警察官の職務遂行にHIV感染は関わらないとして，結論において違法と判断されている。そのため，本条に基づき，健康情報収集の要請がどの程度導かれるかは必ずしも明らかになっているとは言い難い。

このように，健康情報収集の要請と労働者のプライバシー保護は相反するが，学説においては，特に，メンタルヘルス情報との関係で「安心して情報を伝えられる条件」（本人同意獲得に向けた努力，メンタルヘルス対策や産業保健体制整備，教育の実施，不利益取扱いを行わない方針の徹底，情報安全管理措置，産業保健スタッフとの面

接機会提供, 衛生委員会等における情報取扱い方法についてのルール化) を整備した使用者は, 仮に労働者が情報提供を拒むなどした場合, それに基因して発生した災害について免責・減責されるほか, プライバシーや情報保護規制との関係でも, 情報収集についての正当理由や本人の個別同意の擬制を認めたりすべきであるとの解釈論が提示されている[210]。ただし, 特に後者の点については, 健康情報の取扱いが専ら労働者の利益の保護の観点から基礎づけられるような場合には, 健康情報を秘匿することにより不利益を受けるか, 健康情報を提供し利益を受けるかの選択を個々の労働者に選択させるべき場面もあるとの見解も示されている[211]。

6 関連規定

1 感染症法に基づく健康診断

結核の感染防止のための健康診断については, 感染症の予防及び感染症の患者に対する医療に関する法律 (以下「感染症法」という) においても規定される。すなわち感染症法第53条の2第1項は, 学校長又は矯正施設の長の他, 安衛法上の事業者を名宛人として, 当該事業の業務に従事する者等を対象に, 期日又は期間を指定して, 結核に係る定期健康診断を行うことを義務づける。ただし, 事業者が労働安全衛生法に基づく健康診断を実施し, その健康診断において, 喀痰検査, 胸部エックス線検査, 聴診, 打診その他必要な検査が行われている場合には, 感染症法の規定による定期健康診断を行ったものとみなされる (感染症法第53条の2第4項, 同第53条の9, 同法施行規則第27条の2)。また, 同条に基づく健康診断の対象者には健康診断の受診義務が課される (同第53条の3第1項)。

感染症法は, 上記のほか, 1類感染症, 2類感染症若しくは新型インフルエンザ等感染症の患者, 疑似症患者若しくは無症状病原体保有者又は当該感染症や新感染症にかかっていると疑うに足りる正当な理由のある者に対し, 医師の健康診断を受けることについて, 都道府県知事の勧告権について規定する。都道府県知事は, 勧告に従わない者について, 衛生検査所の職員に健康診断を行わせることもできるとされる (感染症法17条, 同第45条)。

2 特定健康診査と特定保健指導

高齢者の医療の確保に関する法律においては, 40歳以上の健康保険加入者 (被保険者) を対象として, 保険者 (健康保険組合, 国民健康保険の場合は市町村) が, 特定健康診査 (糖尿病その他の政令で定める生活習慣病に関する健康診査) 及び特定健康診査の結果により健康の保持に努める必要がある者に対し, 特定保健指導を実施することを定めている (高齢者医療確保法第20条, 第24条)。「健康の保持に努める必要がある者」とは, 特定健康診査の結果, 腹囲が85cm以上である男性若しくは腹囲が90cm以上である女性又は腹囲が85cm未満である男性若しくは腹囲が90cm未満である女性であってBMIが25以上の者のうち, ①血圧の測定, ②中性脂肪・HDLコレステロール, ③血糖検査のいずれかが一定の基準を満たしている者であり, いわゆるメタボリックシンドロームの者を指す (特定健康診査及び特定保健指導の実施に関する基準〔平成19年12月28日厚生労働省令第157号〕第4条)。

もっとも, 加入者が, 本条における一般健康診断のように, 特定健康診査に相当する健康診断を受けた場合には, この特定健康診査の全部又は一部を行ったものとされる (同第21条第1項)。また, 安衛法上の事業者は, 費用を支払って, 当該健康診断の実施を保険者に対し委託することができる (同第2項)。保険者は, 加入者を使用している事業者・使用していた事業者に対し, 健康診断に関する記録の写しを提供するよう求めることができ, 事業者は提供する義務を負う (同第27条第2項, 同第3項)。他方, 特定保健指導については, 保険者が定めた特定健康診査等実施計画に基づき, 安衛法第66条の7第1項に基づく保健指導とは別に実施される。特定保健指導を受けた労働者については, 安衛法に基づく保健指導を行う医師又は保健師にこれらの特定保健指導の内容を伝えるよう働きかけることが適当であるとされている (健診事後措置指針2(5)ロ)。

> **(自発的健康診断の結果の提出)**
> **第66条の2** 午後10時から午前5時まで (厚生労働大臣が必要であると認める場合においては, その定める地域又は期間については午後11時から午前6時まで) の間における業務 (以下「深夜業」という。) に従事する労働者であつて, その深夜業の回数その他の事項が深夜業に従事する労働者の健康の保持を考慮して厚生労働省令で定める要件に該当するものは, 厚生労働省令で定めるところにより, 自ら受けた健康診断 (前条第5項ただし書の規定による健康診断を除く。) の結果を証明する書面を事業者に提出することができる。

1 趣旨と内容

深夜業については, 「人間の有する1日単位のリズムに反して働く」というその特性から, 健康影響を及ぼす可能性があると指摘されている。そのため, 深夜業に従事する労働者の健康管理を充実させる必要があるとして導入された規定である (平成11年5月21日発基

第54号)。

常時使用される労働者であって自発的健康診断を受けた日前6カ月間を平均して1カ月あたり4回以上深夜業に従事した深夜業従事者が、自己の健康に不安を感じ、事業者の実施する次回の特定業務従事者の健康診断の実施を待てないような場合に、自ら健康診断を受診し、受診した健康診断の結果を健診受診後3カ月以内に提出することができる(安衛則第50条の2、第50条の3)。労働者が健康診断の結果を3カ月以内に事業者に提出した場合には、事業者が、特定業務従事者健康診断の場合と同様、健康診断結果についての医師からの意見聴取、健康診断実施後の措置、健康指導などの事後措置などを講ずることになる。

この自発的健康診断の結果を証明する書面は労働者の受けた健康診断を項目ごとに、その結果を記載したものでなければならない(安衛則第50条の4)。

本条は、労働者を名宛人とする「できる」規定であり、罰則の適用は予定されない。なお、労働者が健康診断を受診しなかった場合や受診したにもかかわらず、これを提出しなかったことにより、使用者が適切な措置をとることができず、結果として、健康障害が発症・増悪してしまった場合、使用者が安全配慮義務違反を免れたり、あるいは、過失相殺の理由とされたりする可能性がある。

2 沿革

1 制度史

1999(平成11)年5月14日に成立した労働安全衛生法及び作業環境測定法の一部を改正する法律(法律第45号)により、追加された条文である(2000〔平成12〕年4月1日施行)。改正の背景として、労働者の健康状況については何らかの所見を有するものが4割程度を占めるなど、労働者の健康に対する不安が高まっている中、深夜業については、公益上・生産技術上の必要性に加え、国民のニーズの多様化や国際化への対応から広く行われていることなどが挙げられている(平成11年5月21日発基第54号[212])。もっとも、本条導入の直接の契機となったのは、1998(平成10)年の労働基準法改正(時間外労働に関して、労働大臣〔当時〕は労使協定で定める労働時間の延長の限度等について基準〔限度基準告示〕を定め、関係労使は労使協定を定めるに当たり、これに適合したものとなるようにしなければならないこと等としたもの。限度基準に法的拘束力はなかった)時の附帯決議である[213]。労働基準法改正時に、連合は対案として、深夜業については4週間につき8回・53時間までとし、かつ、深夜業従事者については最長1日10時間労働とする規制を要求していた。改正法附則第12条では、「深夜業に関する自主的な努力の促進」として、「国は、深夜業に従事する労働者の就業環境の改善、健康管理の推進等当該労働者の就業に関する条件の整備のための事業主、労働者その他の関係者の自主的な努力を促進するものとする」という規定が設けられ、また、衆議院及び参議院の附帯決議では、「深夜業に従事する労働者の健康確保を図るため、労働者が自発的に受診する健康診断の費用を助成すること及びこれら自発的に受診した健康診断についてもその結果に基づく医師の意見を勘案して深夜業の回数の減少や作業の転換等の措置を講じなければならないこととするよう労働安全衛生法の改正を行」うことが求められた。

1999(平成11)年の安衛法改正時には、健診実施後にとるべき措置の例示として「深夜業の回数の減少」が追加されたほか、本条に基づく自発的健診についても、その結果を踏まえて、医師の意見聴取がなされるべきこと(安衛法第66条の4)や保健指導を行うべきこと(安衛法第66条の7)が確認されている。

2 背景となった災害等

裁判例においては、深夜業に従事する労働者の過労死について労災不支給決定の取消が求められている事例がある。

例えば、浦和労基署長事件(夜勤従業員心臓病死事件控訴審判決)・東京高判昭54・7・9労判323号26頁は、パン工場において、オール夜勤(拘束9時間・実働8時間、週休1日制)で、熟練を要し、精神的緊張を伴う製品仕分け作業等に従事していた40代の労働者が、急性心臓死した事案の下で、死亡につき業務起因性が認められた事例である。同判決は、その判示の中で、深夜業務が労働者の健康に与える影響について、次のように述べる。

「オール夜勤は、昼夜逆転の生活を余儀なくするが、かような生活形態は、人間固有の生理的リズムに逆行し、これに慣れて順応するということが生理学的には認められないのである。そのため、夜勤従事者は夜勤そのものによつて、大きな心身の疲労を覚えるのみでなく、昼間睡眠が一般に浅く、短くならざるをえないので、勢い疲労回復が不完全となる。しかも、週休1日制では、前夜からの夜勤があり、それに続いて週休があり、翌日には夜勤が控えているので、夜勤者は精神的な余裕をもてない。したがつて、このような夜勤の連続は疲労の蓄積を招くのが通常であり、その回復には週休2日以上の十分な休養と夜眠をとる必要があるのみならず、このような措置がとられている場合でも、健康管理に特別な配慮が望ましいのである。また、夜勤従事者の年令区分と疲労との関係をみると、20歳台、30歳台では、疲労の回復が良好であるが、40歳台では、疲労の影響が長く残ることが実証されている。したがつて、40歳台の労働者が週労働6日、週休

1日制のオール夜勤を一両年も怠りなく続けていれば，慢性疲労からなんらかの健康障害をもたらす公算が大きいといえる。」

なお，同判決では，労働者の基礎疾患であるところの高血圧症については，健康診断により明らかになっていたにもかかわらず，使用者は適切な健康管理を行わなかったとして業務起因性を認めている。この点に関しては，業務起因性判断と過失の判断を混同しているようにもみえる。

また，大日本印刷・新宿労働基準監督署長事件・東京高判平3・5・27労判595号67頁は，24時間隔日交替制勤務（年末年始を除き，休日なし）のロッカー室管理の業務に従事する高血圧症の労働者が脳出血により死亡した事案の下，深夜業による疲労の蓄積や精神的緊張を伴う業務の性質を踏まえ，業務起因性を肯定している。同判決は，「一般に，深夜勤ないしこれを含む交替制勤務は，人間固有の生理的リズムに反するものであって，長期間その勤務を継続しても慣れが生じにくいとともに，短時間の休息ではその疲労が十分に回復せず，このような勤務を長期間継続すると，回復しきれない疲労がそのまま蓄積して過労状態が進行し，これに従事する労働者の健康状態を害する蓋然性が高いこと」を指摘するとともに，高血圧症り患者はこのような勤務に就けることを避けるか，就ける場合には十分休息時間を与えなければならないとされていること，日本産業衛生学会の交替勤務委員会が1978（昭和53）年5月29日に労働省に対し提出した「夜勤・交替制勤務に関する意見書[214]」において，高血圧症等の循環器疾患で治療中の者や，その再発のおそれのある者については，このような勤務に従事することを不適とする措置をとるべき旨の意見を述べていることを認定している。

3 適用の実際

2001（平成13）年の労働安全衛生調査（労働環境調査）の事業所調査によると，「深夜業に従事する労働者がいる」とする事業所は21.9%であり，勤務形態別にみると，「深夜交替勤務」が53.8%，「常夜勤務」が38.4%，「所定外深夜勤務」が19.0%となっている。事業所規模別にみると，規模が大きいほど割合が高く，500人以上の各規模では8割以上の事業所で「深夜業に従事する労働者がいる」としている。また，労働者調査でも，深夜業務に従事する労働者の割合は20.7%であり，事業所規模が大きいほど深夜業務に従事する割合が高く，500人以上の規模では，4割以上，1000人以上の規模では6割以上となっている。深夜業務に従事する労働者の中で，深夜業務につく前と比較して体調の変化があったとする労働者の割合は36.1%であり，割合が最も高いのは深夜業務に従事している期間が3年以上6年未満の層の39.7%で，そこまでは期間が長いほど体調の変化ありとする労働者の割合が増える傾向にある。深夜業務に従事する労働者の中で，深夜業務についてから医師から診断されたものがあるとする労働者の割合は17.3%であり，このなかでは，胃腸病（51.0%），高血圧症疾患（22.6%），睡眠障害（18.8%）と診断された労働者の割合が高い。

厚生労働省が2010（平成22）年に実施した「労働安全衛生基本調査」によると，深夜業に従事した労働者の割合は16.3%［前回調査（2005（平成17）年調査）：13.6%］となっており，また，深夜業に従事する労働者が事業者が行う健康診断のほかに受けることができる自発的健康診断制度を知っている労働者の割合は26.7%［前回調査：19.5%］となっている。また，深夜業に従事している労働者のうち，自発的健康診断制度を知っている労働者の割合は38.6%［前回調査：32.4%］となっており，そのうち，自発的健康診断を受けた労働者の割合は54.7%［前回調査：64.5%］となっている[215]。本条に基づく制度の周知が課題となる。

> （健康診断の結果の記録）
> 第66条の3　事業者は，厚生労働省令で定めるところにより，第66条第1項から第4項まで及び第5項ただし書並びに前条の規定による健康診断の結果を記録しておかなければならない。

1 趣旨と内容

経年的な健康診断結果の把握により労働者の健康管理を適正に行うため，事業者は健康診断の結果を健康診断個人票（様式第5号）に記録し保存しておく必要がある。本条の対象となる健康診断には，一般健康診断・特殊健康診断の他，一般健康診断に関して労働者が他の医師を受診して受けた健康診断，深夜業従事労働者の自発的健康診断が含まれる。

保存期間は，原則として5年間（安衛則第51条，鉛則第54条，電離則第57条，高圧則第39条，四アルキル鉛則第23条，有機則第30条）であるが，がん等遅発性の疾病との関係から，特化則の下での特別管理物質（特定化学物質の一部。第1類物質及び第2類物質のうち特定の物質で，人体に対する発癌性が疫学調査の結果明らかになった物質等〔特化則第38条の4〕）に係る業務に従事する者に対する特殊健康診断の結果については30年間（特化則第40条第2項），石綿業務に従事する者に対する特殊健康診断結果については40年間（石綿則第41条）の保存期間が定められている。

保存方法としては，様式第5号に定める項目を盛り

こんだ同号と異式の個人票によるほか，例えばコンピューターによる処理等であって，受診者ごとの所定項目の結果が容易には握できる方法によっても差しつかえないとされる（昭和47年9月18日基発第601号の1）。

本条違反に対しては，罰金50万円が科されうる（安衛法第120条第1号）。また，本条違反から直ちに履行請求権は導かれないと解されるものの，本条に基づく健康診断の結果の記録がなされていないことは，それ独自で，又はそれに基づく医師への意見聴取や就業上の措置の懈怠と相まって，健康管理が適切になされていないことを推認させる間接事実に当たる可能性があり，その結果として，疾病が増悪あるいは治療機会を奪われたような場合には，安全配慮義務違反・注意義務違反に基づく損害賠償請求権が認められる可能性がある。

2 沿革

健康診断結果の記録に関する規制は，1938（昭和13）年に改正された「工場危害予防及衛生規則」及び1942（昭和17）年に改正された工場法施行規則において認められる（本書第66条 3 1(1)参照）。この当時の保存期間は3年間であり，その後，労基法時代の安衛則においても保存期間は3年と定められていた。安衛法が制定される際に，健康管理上の必要性からみて保存期間は5年間に延長された（昭和47年9月18日基発601号の1）。また，1977（昭和52）年の安衛法改正に際しては，健康診断結果の記録義務が法律上規制されることとなった。

1974（昭和49）年に採択されたILOの職業がん条約（139号）においては，「職業性障害との関係においてがん原性物質又はがん原性因子に労働者がさらされた程度を評価し及びその健康状態を監視するために必要な健康診断，生物学的検査その他の検査又は調査を，雇用期間中及び雇用期間の後において，労働者が受けられることを確保するための措置をとる」ことが求められるようになり，本条が規定され，長期間の保存が義務づけられるようになった（なお，同時期の改正により作業環境評価及びこれに基づく事後措置が導入されたことについては，本書第65条 3 1参照）。なお，本条は，1999（平成11）年の改正（法律第45号）により，現在の条文番号となっている（本書第66条 3 1(4)参照）。

> （健康診断の結果についての医師等からの意見聴取）
> 第66条の4　事業者は，第66条第1項から第4項まで若しくは第5項ただし書又は第66条の2の規定による健康診断の結果（当該健康診断の項目に異常の所見があると診断された労働者に係るものに限る。）に基づき，当該労働者の健康を保持するために必要な措置について，厚生労働省令で定めるところにより，医師又は歯科医師の意見を聴かなければならない。

1 趣旨

本条は，健康診断の結果について，事業者に医師・歯科医師の意見聴取を業務づけたものである。健康診断の結果，事業者は労働者の健康を保持する必要があると認めるときは，一定の就業上の措置をとることを義務づけられているが（安衛法第66条の5），この措置を的確に実施し，適切な健康管理を行うためには医学的見地を踏まえて実施される必要があることから，この規定が設けられたものである。[216]

意見聴取の義務は，産業医の選任義務の有無，すなわち，事業場の規模にかかわりなく課されている。

本条違反に対する罰則はない。なお，本条違反については，安全配慮義務違反を判断するに際して，使用者の不利に斟酌される可能性がある。

2 内容

本条に基づく義務は産業医の選任義務の有無にかかわりなく課されているが，産業医の選任義務のある事業場においては，産業医の意見を聴くことが適当であるとされる（健診事後措置指針）。また，産業医の選任義務のない事業場においては，「労働者の健康管理等を行うのに必要な医学に関する知識を有する医師」から意見を聴くことが適当であるとされる（法第13条の2）。ここでいう「労働者の健康管理等を行うのに必要な医学に関する知識を有する医師」には，第13条第2項の労働者の健康管理等を行うのに必要な医学に関する知識について労働省令で定める要件を備える者のほか，産業医学振興財団が都道府県医師会に委託して実施している産業医基本研修の修了者，産業医として選任された経験を有する者等が含まれる（平成8年9月13日基発第566号）。また，産業医の選任義務のない事業場は，労働者の健康管理等に関する相談等に応じる医師が配置されている地域産業保健センターの活用を図ること等が適当であるとされており（健診事後措置指針2(3)イ），実際にも地域産業保健センターが活用されているが，健康診断を実施した健診センターの医師に意見聴取するケースも多い。[217] なお，地域産業保健センターを利用する場合，事業者は無料で医師からの意見聴取が可能となる。[218]

医師等の意見聴取は，健康診断が行われた日（あるいは，労働者が他の医師の下で受診した健康診断の結果を証

明する書面を提出した日）から3カ月以内（深夜業務従事者による自発的健康診断結果の提出については，提出から2カ月以内）に行うことが求められる。また，聴取した医師等の意見は健康診断個人票に記載される（安衛則第51条の2第1項，同第2項）。事業者は，医師又は歯科医師から，前2項の意見聴取を行う上で必要となる労働者の業務に関する情報を求められたときは，速やかに，これを提供しなければならない（同第3項）。

なお，健康診断後の再検査又は精密検査について，医師等の意見聴取義務は規定されていないが，再検査又は精密検査の受診は，疾病の早期発見，その後の健康管理等に資することから，事業場でのその取扱いについて，再検査又は精密検査の結果に基づく医師等の意見の聴取を含め，労使が協議して定めることが望ましいとされる（平成8年9月13日基発第566号）。

3 沿革

1 制度史

健康診断実施後の就業上の措置を決定するに先立ち医師の意見を聴取すべきことは，1942（昭和17）年に改正された工場法施行規則においても規定されていた（本書第66条 3 1(1)参照）。他方，旧労基法は，事後措置に関する規定を設けていたが，そこでは医師の意見聴取に関する文言はなかった。安衛法の下で安衛則が改正された際の施行通達（昭和47年9月18日基発第601号の1）においては，「健康診断の結果については，……事後措置を講ずる必要がある場合以外の場合においても，その結果が判明次第，医師と十分協議の上つとめてその内容をそれぞれの受診者に知らせることにより健康の保持増進に役立たせるよう指導すること」が留意事項とされるにとどまっていた。工場法時代においては，工場医の選任義務のある工業主に健康診断実施義務が課されており，工場医の意見を聴取することが想定されていたところ，労基法の下では，「医師である衛生管理者」の選任義務がない使用者にも健康診断実施義務が課されたこと（本書第66条 3 1(2)参照）との関係で抜け落ちたものと推測される。現行法の下でも，産業医の選任義務のない事業者にも意見聴取義務が課されているが，本条を導入した1996（平成8）年の安衛法改正（平成8年6月19日法律第89号）に際しては，「労働者の健康管理等を行うのに必要な医学に関する知識を有する医師」がこれを担うべきとして，対象となる医師が明らかにされている。逆にいえば，産業医の選任義務のない事業場における労働者の健康管理のあり方が明らかになることによって，事後措置に先立つ医師の意見聴取が安衛法上の義務として規定できるようになったといえる。

1996（平成8）年改正の背景には，高齢化及び定期健康診断における有所見者率の上昇，産業構造の変化や技術革新の進展による労働態様の変化に伴うストレスを感じる労働者の増加や「過労死」の社会問題化があり，1995（平成7）年4月には，「これからの産業保健のあり方に関する検討委員会報告書」がまとめられていた。同報告書は，「過労死」の「予防のための労働者の健康確保対策や長時間労働の排除等の総合的な対策が必要」であると指摘しており，健康診断結果に基づく効果的な健康管理や適切な事後措置の実施を求めていた。また，1996（平成8）年1月の中央労働基準審議会建議「労働者の健康確保対策の充実強化について」においては，全ての労働者が職業生活の全期間を通じて健康で安心して働くことができるよう，労働者の健康の確保のための施策の充実を図ることとされていた。

なお，1996（平成8）年改正においては，就業上の措置について医師等の意見を聴取すること（安衛法第66条の4）のほか，一般健康診断の結果を通知すること（安衛法第66条の6），特に必要な者に保健指導を行うよう努めること（安衛法第66条の7）も規定されている。

2 背景となった災害

1996（平成8）年改正の背景に，「過労死」の問題があることは上記の通りであるが，このうち，脳・心臓疾患の労災認定基準が緩和されたこと，勤務問題を理由とする自殺が増加したこと，過労自殺について業務起因性や使用者の賠償責任を認める下級審裁判例が出てくるようになったことなどが影響を与えていると思われる。

(1) 過労死

「過労死」は，脳・心臓疾患など循環器疾患の業務上認定運動の中で使用されるようになった社会医学上の用語である。この語を提唱した上畑鉄之丞医師は，過労死を「過重労働が誘因となって高血圧や動脈硬化が悪化し，脳出血，くも膜下出血，脳梗塞などの脳血管疾患や心筋梗塞などの虚血性心疾患，急性心臓死などを発症し，永久的労働不能や死亡に至った状態」と定義する。

上畑医師は，1978（昭和53）年の日本産業衛生学会総会で17例の循環器疾患の発症事例について「過労死」として報告を行い，1980年代には，「過労」は職場の有害因子の一つであること，働きすぎを契機に労働者の不健康な生活習慣が形成され，高血圧や動脈硬化などの基礎疾患が進展・悪化すること，このような健康障害のうち，死に直面するような重篤な疾病状態が「過労死」となること等を明らかにした。1988（昭和63）年6月には弁護士による「過労死110番」活動が開始され，過労死に対する社会的認知の高まりに伴

い，業務上傷病と認定され，労災保険給付がなされる範囲も徐々に広がりをみせていった[224]。

1961（昭和36）年通達（昭和36年2月13日基発第116号）においては，非事故性疾病についても，発病直前又は当日において，業務に関連する突発的な出来事，もしくは特定の労働時間内にとくに（質的又は量的に）過激な業務に従事したことによる精神的又は肉体的負担（災害）があり，これが医学上疾病の原因となっていると評価できる程度の強度があることが求められていた。すなわち，この基準の下では，異常な出来事又は災害があることが労災認定の前提であり，長期疲労の蓄積からくる過労を原因とする脳・心臓疾患は労災とは認められていなかった。その後，1987（昭和62）年通達（昭和62年10月26日基発第620号）は，発症前又は発症前1週間以内に，時間的，場所的に明確にしうる業務に関連する異常な出来事又は日常業務に比較して特に過重な業務に就労したことによる過重負荷があり，過重負荷を受けてから症状の出現までの時間的経過が，医学上妥当なものであると認められる場合には，業務起因性があるとされたが，この基準の下でも労災認定を受けるのはなお困難であった。もっとも，この基準に依拠せずに判断をする裁判例もみられた[225]。

こうしたなかで，1995（平成7）年通達（平成7年2月1日基発第38号）では，従前の通達の基本的枠組みを維持しつつも，一定の範囲で基準の緩和を図った。まず，過重業務の判断に際して基準となる「同僚労働者又は同種労働者」については，「当該労働者と同程度の年齢，経験等を有し，日常業務を支障なく遂行できる健康状態にある者」として，労働者の経験や年齢を考慮に入れることとした。また，「発症前1週間より前の業務については，この業務だけで血管病変等の急激で著しい増悪に関連したとは判断し難いが，発症前1週間以内の業務が日常業務を相当程度超える場合には，発症前1週間より前の業務を含めて総合的に判断すること」として，1週間前の業務をも考慮対象にするとともに，発症前1週間以内に休日があったとしても，このことをもって，直ちに業務外とするものではないことを明らかにした。このほか，所定労働時間内であっても，日常業務と質的に著しく異なる業務に従事した場合における業務の過重性の評価に当たっては，専門医による評価を特に重視し，判断することなども留意事項として示されている。また，1996（平成8）年通達（平成8年1月22日基発第30号）では，対象疾病となる虚血性心疾患に不整脈による突然死等が追加されている。こうした認定基準の改正に伴い過労死の労災認定件数は一定程度の上昇が認められる[226]（なお，労災認定基準の2001〔平成13〕年改正については，本書第66条の8 3 1参照）。また，1987（昭和62）年通達より

緩やかな基準を用いて業務起因性を判断し，労災不支給決定を取り消す裁判例もこの頃散見される[227]。

(2) 過労自殺

厚生労働省「令和4年版過労死等防止対策白書」（2022年10月）では，警察庁の自殺統計データに基づき，自殺者総数の推移と勤務問題を原因・動機の一つとする自殺者数が示されている（**資料7-88**）[228]。同データに基づくと，本条が制定された1995（平成7）～1997（平成9）年頃の勤務問題を原因・動機の一つとする自殺者数は1200人超であったが，1998（平成10）年には，1900人弱となり，その後，2000人前後で推移している（なお，2021〔令和3〕年は1935人）。ここでいう「勤務問題」には，仕事の失敗や人間関係の問題なども含まれており，全てが過重労働を原因とするとはいいがたい反面，自殺原因の多くを占める健康問題（特に精神障害等）や生活・経済問題（特に失業等）が過重労働の結果，引き起こされている可能性がある。

なお，安衛法改正に係る国会審議においては，同改正法の目的でもある過労死防止との関係で，電通事件・1審判決（東京地判平8・3・28労判692号13頁）について触れられている。同判決は，電通の入社2年目の社員が長時間労働の末に1991（平成3）年8月に自殺したという事案の下で，会社の使用者責任（民法第715条）を認め，1億2000万円の損害賠償支払いを命じた。発言した議員は，判決の内容を踏まえて，過労死を個人の問題としてとらえるのみならず，事業場全体あるいは職場，部，課単位の問題として取り組む必要性があること，そのために，管理者が社員の労働時間管理を徹底するとともに，産業医や衛生スタッフなどの的確な助言を得ることにより健康管理を行うなど，組織的な対応を図る必要があることを指摘している[229]。

4 適用の実際

1 実施割合

平成24年労働者健康状況調査（事業所調査）によると，定期健康診断を実施した事業所のうち，異常所見労働者がいたとする事業所が77.3%であり，「健康管理等について医師又は歯科医師から意見を聴いた」とする回答が20.7%（26.8%），「地域産業保健センターの医師又は歯科医師から意見を聴いた」とする回答が3.0%（3.8%）である（括弧内は有所見労働者のいる事業所を100とした場合の割合）。

2 監督指導

「令和2年度厚生労働科学研究による行政官・元行政官向け法令運用実態調査（三柴丈典担当）」によれば，有所見者について，医師からの意見聴取を行っていなかったことについて監督指導を行った例があると

資料7-88　勤務問題を理由とする自殺者数の推移

第1-3-1図　自殺者数の推移（総数、勤務問題を原因・動機の1つとするもの）

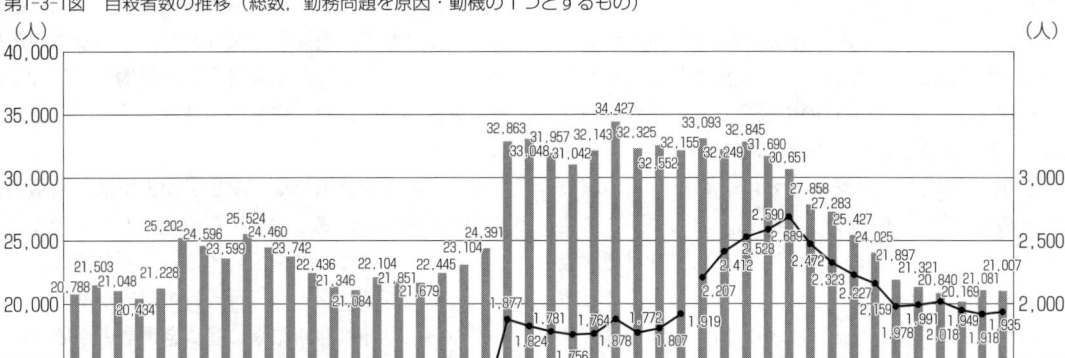

（資料出所）警察庁の自殺統計原票データに基づき厚生労働省作成
（注）平成19年の自殺統計から、原因・動機を最大3つまで計上することとしたため、平成18（2006）年以前との単純比較はできない。
（厚生労働省「令和4年版過労死等防止対策白書」（2022年10月）50頁・厚生労働省WEBサイト〔https://www.mhlw.go.jp/stf/wp/hakusyo/karoushi/22/index.html、最終閲覧日：2022年10月31日〕）

の回答が2件寄せられている。

5　関係判例

　南大阪マイホームサービス（急性心臓死損害賠償）事件・大阪地堺支判平15・4・4労判854号64頁は、亡Aが勤務中に発作を起こして急性心臓死したのは、被告ら（被告会社及び代表取締役）が安全配慮義務ないし注意義務に違反したためであるとして、遺族である原告らが、不法行為あるいは債務不履行等に基づき損害賠償等を請求した事案である。亡Aは、定期健康診断において、朝に胸苦しさがあるとの自覚症状を訴え、心電図につき要医療と診断されたことが健康診断個人票記載されているが、就労に対して医師の意見は付されていない。また、被告会社において、従業員に対して、産業医による保健指導が行われているが、これに先立ち、産業医や健康診断を実施した医師から、亡Aの健康状態について意見聴取はなされていないことが認定されている（また、保健指導にAが参加したとまでは認められていない）。

　同判決は、その一般論において「（安衛）法の目的（同法1条）や、同法65条の3が事業者に労働者の健康に配慮してその従事する作業の適切な管理に努めるべき旨をも定めていることにも鑑みれば、前記の健康診断実施義務、意見聴取義務及び措置義務は、心身に何らかの基礎疾患をもつ労働者について、前記の危険性〔筆者注：労働者が長時間労働を継続するなどして精神的、肉体的に疲労や負荷が過度に蓄積すると、労働者の心身の健康を損なう危険〕が生じるのを防止する目的をも有すると解することができる」とした上で、電通事件・最2小判平12・3・24民集54巻3号1155頁を参照しながら、使用者は「業務の遂行に伴う疲労や心理的負荷等が過度に蓄積して当該労働者の基礎疾患を増悪させ、心身の健康を損なうことがないよう注意する義務」を負うとの一般論を述べる。

　その上で、同判決は、被告らは、タイムカードの記載の確認や亡Aに対する直接の事情聴取などを行うほか、亡Aの健康を保持するために必要な措置につき医師から個別に意見を聴取するなどして必要な情報を収集し、業務の内容や量の低減の必要性やその程度につき直ちに検討を開始した上、亡Aの就労を適宜軽減すべきであったのに、これを怠ったことは被告の注意義務違反に当たるとして、損害賠償請求を一部認容している。なお、亡Aに基礎疾患があること及び疲労の蓄積を認識していたのに、会社に対して自己の身体の状況や業務軽減の要望を出さなかったことに基づいて、素因減額・過失相殺が行われている。

　同事件は、健康診断や保健指導は広くなされている一方で、医師への意見聴取がなされていなかったという点に特徴があるケースであるが、医師への意見聴取等がなされなかった結果、業務軽減という就業上の措置がとられなかったことが認定されており、医師の意見聴取及びこれに基づく情報収集が適切な就業上の措

置を決定する上で極めて重要であることを示すものといえる。

なお、被告らは、亡Ａの任意の協力を得られなければ、意見聴取ができないことを理由として、意見聴取義務違反は成立しない旨の主張をしていたが、同判決は、「その前提として、被告会社の側から亡Ａに対して亡Ａの健康を保持するために必要な情報の収集のための積極的な働きかけを要する」として、この主張を排斥している。このことからすれば、意見聴取義務は、事業者側のイニシアチブにより実施することが求められるといえる。上記のほか、同判決からは、健康診断実施義務、意見聴取義務、措置義務が、基礎疾患をもつ労働者について、心身の健康を損なう危険が生じるのを防止するという共通の目的の下で相互に関連性を持つことも示唆される。

（健康診断実施後の措置）
第66条の5　事業者は、前条の規定による医師又は歯科医師の意見を勘案し、その必要があると認めるときは、当該労働者の実情を考慮して、就業場所の変更、作業の転換、労働時間の短縮、深夜業の回数の減少等の措置を講ずるほか、作業環境測定の実施、施設又は設備の設置又は整備、当該医師又は歯科医師の意見の衛生委員会若しくは安全衛生委員会又は労働時間等設定改善委員会（労働時間等の設定の改善に関する特別措置法（平成4年法律第90号）第7条に規定する労働時間等設定改善委員会をいう。以下同じ。）への報告その他の適切な措置を講じなければならない。
2　厚生労働大臣は、前項の規定により事業者が講ずべき措置の適切かつ有効な実施を図るため必要な指針を公表するものとする。
3　厚生労働大臣は、前項の指針を公表した場合において必要があると認めるときは、事業者又はその団体に対し、当該指針に関し必要な指導等を行うことができる。

1 趣旨

健康診断は実施することが目的ではなく、その結果に基づき、必要な措置が講じられてはじめて労働者の健康保持にとって意味のあるものとなる。こうしたことから、事業者は、医師などからの意見を勘案し、その必要があると認めるときは、労働者の作業の内容、労働時間その他の事情を考慮して、適切な措置（就業上の措置）を講じることが義務づけられている。適切な措置の中には、就業場所の変更、作業の転換、労働

時間の短縮、深夜業の回数の減少等、労働者個人に対する措置のほか、作業環境測定の実施、施設又は設備の設置又は整備、当該医師又は歯科医師の意見の衛生委員会若しくは安全衛生委員会又は労働時間等設定改善委員会への報告等、作業場の環境改善を図る措置も挙げられている。

また、本条第2項では、厚生労働大臣は、前項の規定により事業者が講ずべき措置の適切かつ有効な実施を図るため必要な指針を公表する旨、本条第3項ではこれに基づき必要な指導を行う旨の規定があるが、これについては健康診断結果に基づき事業者が講ずべき措置に関する指針（以下、健診事後措置指針）（平成8年10月1日健康診断結果措置指針公示第1号、最終改正：平成29年4月14日健康診断結果措置指針公示第9号）が定められている。

なお、本条違反に対する罰則はない。また、本条に基づく措置を怠ったことにより、直ちに履行請求権や損害賠償請求権が生じるものではないが、これにより、健康障害が発生した場合には、安全配慮義務違反の一内容として本条違反が捉えられることになると考えられる。

2 内容

1 医師等の意見の勘案

事業者は就業上の措置を決定するにあたり、前条に基づく医師等の意見を踏まえる必要がある。ここで勘案の対象となる意見の内容としては、①就業区分及びその内容についての意見と②作業環境管理及び作業管理についての意見とがあり、それぞれ次の通りである（健診事後措置指針2(3)ハ）。

まず、就業区分及びその内容についての意見については、当該労働者に係る就業区分及びその内容に関する医師等の判断を**資料7-89の区分（例）**によって求めるものとする。

次に、健康診断の結果、作業環境管理及び作業管理を見直す必要がある場合には、作業環境測定の実施、施設又は設備の設置又は整備、作業方法の改善その他の適切な措置の必要性について意見を求めるものとする。

こうした意見の聴取は、速やかに行うことが望ましく、特に自発的健診及び2次健康診断に係る意見の聴取はできる限り迅速に行うことが適当とされる。

2 就業上の措置の決定

就業上の措置の決定に際しては、予め当該労働者の意見を聴き、十分な話合いを通じてその労働者の了解が得られるよう努めることが適当とされる。なお、産業医の選任義務のある事業場においては、必要に応じて、産業医の同席の下に労働者の意見を聴く。

資料7-89

就業区分		就業上の措置の内容
区分	内容	
通常勤務	通常の勤務で良いもの	
就業制限	勤務に制限を加える必要のあるもの	勤務による負荷を軽減するため、労働時間の短縮、出張の制限、時間外労働の制限、労働負荷の制限、作業の転換、就業場所の変更、深夜業の回数の減少、昼間勤務への転換等の措置を講じる。
要休業	勤務を休む必要のあるもの	療養のため、休暇、休職等により一定期間勤務させない措置を講じる。

(石﨑由希子作成)

また、衛生委員会等の設置義務のある事業場又は労働時間等設定改善委員会を設置している事業場においては、必要に応じ、健康診断の結果に係る医師等の意見をこれらの委員会に報告することが適当とされる。労働者の健康状況を把握した上で、衛生委員会・労働時間設定改善委員会で調査審議することはより適切な措置の決定等に有効だと考えられるからである（健診事後措置指針2(4)イ・ロ）。

3　就業上の措置の実施等

事業者は、就業上の措置を実施し、又は当該措置の変更若しくは解除をしようとするに当たっては、医師等と他の産業保健スタッフとの連携はもちろんのこと、当該事業場の健康管理部門と人事労務管理部門との連携にも十分留意する必要がある。また、就業上の措置の実施に当たっては、特に労働者の勤務する職場の管理監督者の理解を得ることが不可欠であることから、プライバシーに配慮しつつ事業者は、当該管理監督者に対し、就業上の措置の目的、内容等について理解が得られるよう必要な説明を行うことが適当とされる。なお、就業上の措置を講じた後、健康状態の改善が見られた場合には、医師等の意見を聴いた上で、通常の勤務に戻す等適切な措置を講ずる必要がある（健診事後措置指針2(4)ハ（イ））。

4　不利益取扱いの禁止

健康診断の結果に基づく就業上の措置は、労働者の健康の確保を目的とするものであるため、事業者が、健康診断において把握した労働者の健康情報等に基づき、当該労働者の健康の確保に必要な範囲を超えて、当該労働者に対して不利益な取扱いを行うことは禁止される（健診事後措置指針2(4)ハ（ロ））。実際には、かかる不利益取扱いが既存の差別禁止規制（障害者雇用促進法第35条）や公序（民法第90条）、各種の濫用法理（労契法第15条、第16条等）に違反・抵触しないかが問題となる中で、必要に応じて同指針に定められる内容も併せ斟酌されることになると解される。

指針においては、一般的に合理的と考えられない不利益な取り扱いとして、以下のものが挙げられる。

> ①就業上の措置の実施に当たり、健康診断の結果に基づく必要な措置について医師の意見を聴取すること等の法令上求められる手順に従わず、不利益な取扱いを行うこと。
> ②就業上の措置の実施に当たり、医師の意見とはその内容・程度が著しく異なる等医師の意見を勘案し必要と認められる範囲内となっていないもの又は労働者の実情が考慮されていないもの等の法令上求められる要件を満たさない内容の不利益な取扱いを行うこと。
> ③健康診断の結果を理由として、以下の措置を行うこと。
> (a)解雇すること。
> (b)期間を定めて雇用される者について契約の更新をしないこと。
> (c)退職勧奨を行うこと。
> (d)不当な動機・目的をもってなされたと判断されるような配置転換又は職位（役職）の変更を命じること。
> (e)その他の労働契約法等の労働関係法令に違反する措置を講じること。

3　沿革

1942（昭和17）年に改正された工場法施行規則（昭和17年2月10日厚生省令第7号）では、工業主は、職工の健康診断の結果、注意を要すると認められた者については、医師の意見を聴取し、療養の指示、就業の場所又は業務の転換、就業時間の短縮、休憩時間の増加、健康状態の監視その他健康保護上必要となる措置をとる必要があるとしていた（工場法施行規則第8条の5）。

1947（昭和22）年制定当時の労基法第52条第3項は、健康診断の結果に基いて、就業の場所又は業務の転換、労働時間の短縮その他労働者の健康の保持に必要な措置を講じなければならない旨を規定していた。なお、この規定は訓示的な規定であるため、罰則は設けなかったと説明されている[230]。この規定は1972（昭和47）年制定時の安衛法第66条第6項に引き継がれている。

1977（昭和52）年改正では、就業上の措置として、「作業環境測定の実施、施設又は設備の設置又は整備」が追加された（安衛法第66条第7項）。これまでの健康診断の事後措置は労働者個人に着目したものであったところ、健康診断の結果、有所見者が多数みられるような場合には、その作業場における環境を見直し、的確な改善を行う必要があるためである[231]。

1996（平成8）年改正時には，前条において，意見聴取義務が課されたことに伴い，就業上の措置の必要性を判断するに際し，医師又は歯科医師の意見を勘案する旨が追加されると共に（安衛法第66条の3），就業上の措置について適切かつ有効な実施を図るためには国として一定の指針を示す必要があることから，労働大臣が事業主が講ずべき措置に係る指針を公表し，必要に応じて指導を行うことができる旨（同条第2項，第3項）が規定された。

深夜労働者の健康確保を目的としてなされた，1999（平成11）年5月改正時には，「深夜業の回数の減少」が就業上の措置として追加され，現在の条文番号となった。

さらに，2005（平成17）年改正時には，「当該医師又は歯科医師の意見の衛生委員会若しくは安全衛生委員会又は労働時間等設定改善委員会（労働時間等の設定の改善に関する特別措置法（平成4年7月2日法律第90号）第7条第1項に規定する労働時間等設定改善委員会をいう。以下同じ。）への報告」が加えられている。長時間労働による健康障害の防止対策やメンタルヘルス対策等については，衛生委員会等において必要に応じて労働者の健康状況を把握し，これを踏まえて調査審議することが有効と考えられることから，また，労働時間等設定改善委員会に対して健康診断結果に基づく医師の意見を報告することは，労働者の健康に配慮した労働時間等の設定の改善に有効と考えられることから，追加されたものである（平成18年2月24日基発第0224003号）。

4 適用の実際

平成24年労働者健康状況調査（事業所調査）によると，定期健康診断を実施した事業所のうち，異常所見労働者がいたとする事業所が77.3％であり，「再検査・精密検査の指示等の保健指導を行った」とする事業所が52.6％（68.1％），「就業場所の変更や作業転換の措置をとった」とする事業所が4.0％（5.1％），「労働時間の短縮や時間外労働の制限の措置をとった」とする事業所が3.7％（4.8％），「作業環境管理・作業管理の見直しのため，作業環境測定を実施した」が1.8％（2.4％），「作業環境管理・作業管理の見直しのため，施設又は設備の整備・改善を実施した」が2.0％（2.5％），「その他の措置をとった」が4.9％（6.4％），「特に措置を講じなかった」が16.2％（21.0％）である（括弧内は有所見者のいた事業所を100とした場合の割合）。

上記統計結果からも明らかなように，健康診断の結果を踏まえた作業環境管理がなされることは実務上多くないようである。その背景には，作業環境管理について助言できる産業医が少ないことがある。

なお，行政監督実務の経験者によれば，労働基準監督署は健診後の事後措置に対する指導に力を入れており，指導票の交付を積極的に行っているとのことである。

5 関係判例

1 就業上の措置の不実施

榎並工務店（脳梗塞死損害賠償）事件・大阪地判平14・4・15労判858号105頁，同事件控訴審・大阪高判平15・5・29労判858号98頁は，脳塞栓により死亡した労働者の遺族である原告が被告らに対して，安全配慮義務違反に基づき，損害賠償請求をした事案である。労働者は深夜業に従事していたが，被告は定期健康診断を1回しか実施せず，産業医を選任せず，医師の意見聴取も行っていなかった。安全衛生委員会や安全・衛生管理者は健康管理という点で機能していないばかりか，直属の上司に当該労働者の健康情報は伝えられておらず，要治療や要2次検査の所見が出た場合の再検査のために作業日程を調整することもなかったとされる。

判決は，一般論として，「労働者との間の雇用契約上の信義則に基づいて，業務の遂行に伴う疲労が過度に蓄積して労働者の健康を損なうことがないよう，労働時間，休憩時間，休日，休憩場所等について適正な労働条件を確保し，さらに，健康診断を実施して労働者の健康状態を的確に把握し，その結果に基づき，医学的知見をふまえて，労働者の健康管理を適切に実施した上で，労働者の年齢，健康状態等に応じて従事する作業時間及び内容の軽減，就労場所の変更等の業務内容調整のための適切な措置をとるべき義務を負う」とし，本件事案の下，死亡した労働者が，心電図上又は肝機能検査や脂質において異常があったことについて，使用者である被告はこれらを健康診断の結果を通じて把握していた（あるいは極めて容易に把握し得た）のであるから，脳梗塞等の脳・心臓疾患などの致命的な合併症を発症させる危険性のある過重な業務に就かせないようにし，作業時間及び内容の軽減等の業務内容調整のための適切な措置をとるべき注意義務があったとしている。しかしながら，「被告は，上記労働者の健康管理を適切に講じるための適切な措置をとることができるような体制を整えていなかった」として義務違反に当たるとした。

上記判決は，健康管理の適切な実施が安全配慮義務の内容になることを認め，義務違反を認定したものである。健康診断を実施したのであれば，その後の措置を適切に行う必要があったこと，また，そのための体制を整える必要があったことが指摘されており，健康管理が健康診断の実施のみで終わるのではなく，適切な事後措置を伴ってはじめて意味を持つことが明らか

2　履行請求の可否

　高島工作所事件・大阪地判平 2・11・28 労経速 1413 号 3 頁は，右眼偽黄斑円孔を原因として視力が低下した原告労働者が，本条を根拠として，業務内容の変更，配置転換等の具体的措置を提示し，協議を開始することを求め，間接強制として，協議を開始するまでの間，一定の金員（1 日 6000 円）の支払を求めた事案である。原告労働者は，被告会社との間の面談の席で，被告会社が適当と思う業務を提示することを希望していたが，被告会社は，「原告が適当と思われる業務を書面にして提出して欲しい」，「会社の方から業務内容の変更や配置の転換について具体的提示はしない」としてこれを拒否していた。

　同判決は，使用者が具体的な労務指揮又は機械，器具の提供にあたって，右指示又は提供に内在する危険に因って労働者の生命及び健康に被害が発生することのないよう配慮する義務を負うことは前提とした上で，「右配慮義務は，労務の提供義務又は賃金の支払義務等労働契約における本来的履行義務とは異なり，あくまで労働契約に付随する義務であり，予めその内容を具体的に確定することが困難な義務であるから，労使間の合意その他の特段の事情のなき限り，労働者は，裁判上，使用者に対し，直接その義務の履行を請求することはできず，労働者に疾病の発生又はその増悪等の具体的結果が惹起した場合において始めて事後的にその義務の具体的内容及びその違反の有無が問題になるにすぎない」とした。

　また，本条の存在が特段の事情に当たり，「使用者の業務内容の変更，配置の転換等の具体的措置を提示し，協議を開始すべき義務」を本来的履行義務にまで高めているかについて検討し，これを否定した。すなわち，「労働安全衛生法の規定一般についてはともかく，同法 66 条 7 項〔現安衛法第 66 条の 5〕は，その規定の仕方自体が，『事業主は，……労働者の健康を保持するため必要と認めるときは……』あるいは『労働者の実情を考慮して』等抽象的，概括的であるうえ，同条 1 項ないし 3 項あるいは 6 項と異なり，右規定に違反する事業主に罰則を課すことは予定されていないことからすると，右規定が存在することのみから，直ちに，その規定が使用者に命じた行為内容が，使用者の労働契約における本来的履行義務になったとまで認めるのは困難である」と判示した。

　同判決は，本条の規定に基づく協議の履行請求についてこれを否定したものである。その理由としては，本条に罰則がないことや規定が抽象的・概括的であることを指摘している。同判決を反対解釈すれば，規定の仕方が一義的に明確であれば，履行請求をなしうるとの帰結が導かれうるが，そもそも，こうした反対解釈が妥当かについては，安衛法の各規定の趣旨に照らして，慎重に検討する必要があるといえよう。

> （健康診断の結果の通知）
> 第66条の6　事業者は，第66条第1項から第4項までの規定により行う健康診断を受けた労働者に対し，厚生労働省令で定めるところにより，当該健康診断の結果を通知しなければならない。

1　趣旨

　事業者は第 66 条第 1 項から第 4 項までの規定により行う健康診断を受けた労働者に対し，厚生労働省令で定める所により，該当健康診断の結果を通知しなければならない。脳・心臓疾患等の疾病及びその悪化を予防するためには，事業者が適切な措置を講ずるだけでなく，労働者自らが自主的に健康管理に取り組んでいくことが重要である。そのためには労働者が自らの健康状態を把握しておく必要があるため設けられた規定である。なお，一般健康診断の当初の目的は，結核患者を早期に発見し当該労働者を職場から排除することで事業を継続することに，特殊健康診断の当初の目的は，作業環境測定技術が不十分で作業環境の状況を知ることができないなかで，有所見者が出ることで作業環境に問題があることを知ることにあるとされており，いずれも使用者のために実施するもので，結果について労働者に知らせる必要はないとの発想が取られていたといえるが（本書第 66 条 ③ 参照），健康診断が個々の労働者の健康管理のためであるとの位置づけが明確になる中で当然のこととして通知が求められるようになっていったといえる。

　本条違反に対しては，罰金 50 万円が科されうる（安衛法第 120 条第 1 号）。本条に違反したことにより，疾病が発症・増悪したと認められる場合には，安全配慮義務・注意義務違反の内容として斟酌されうる（本書第 66 条の 5 ⑤）。

2　内容

　①一般健康診断，②特殊健康診断のいずれについても通知義務が課されている（安衛則第 51 条の 4，有機則第 30 条の 2 の 2，鉛則第 54 条の 3，四アルキル則第 23 条の 3，特化則第 40 条の 3，石綿則第 42 条の 2，高圧則第 39 条の 3，電離則第 57 条の 3，じん肺則第 22 条の 2）。また，通知は，異常所見の有無にかかわらず，「遅滞なく」，すなわち，事業者が，健康診断を実施した医師，健康診断機関等から結果を受け取った後，速やかにしなけれ

資料7-90

	通知している		していない
	全員	有所見者	
一般健診	97.7	2.1	0.2
特殊健診	71.9	24.3	2.7

(石﨑由希子作成)

ばならない（安衛則第51条の4，平成8年9月13日基発第566号，健診事後措置指針2(5)イ）。

通知は，総合判定結果だけでなく，各健康診断の項目ごとになされる必要がある。通知の方法としては，健康診断を実施した医師，健康診断機関等から報告された個人用の結果通知書を各労働者に配付する方法，健康診断個人票のうち必要な部分の写しを各労働者に示す方法等がある。また，通知した旨の事実は，記録しておくことが望ましいとされる（平成8年9月13日基発第566号，平成18年2月24日基発第0224003号）。

3 沿革

1996（平成8）年安衛法改正により追加され（第66条の4），1999（平成11）年5月改正により今の条文番号となった（1996〔平成8〕年の沿革や背景については本書第66条の4 3 参照）。また，2005（平成17）年改正では，一般健康診断の結果だけでなく，特殊健康診断の結果もここでの通知の対象とされた。なお，その背景には，資料7-90のように，一般健康診断と比べて，法定の特殊健康診断の結果について通知がなされていないとの実態がある（愛知産業保健センターによるアンケート調査結果）。

4 適用の実際

平成24年労働者健康状況調査（個人調査）によると，定期健康診断を受診した労働者のうち，「検査結果の通知を受けた」との回答が99.0％（このうち，所見ありとの通知が41.3％）である。なお，通知を受けた者の割合は，企業規模の相違によって大きな差はなく，98〜99％台となっている。

なお，行政監督実務の経験者によれば，法改正により本条が追加される以前も，企業において健康診断結果の通知は行われており，監督官も法文上規定がないにもかかわらず指導を行っていたとのことである。

5 関係判例

京和タクシー事件・京都地判昭57・10・7判タ485号159頁は，原告労働者が，被告会社に雇用されるに先立ち，被告会社指定の医療機関で一般健康診断を受診したところ，原告の左上肺野に異常陰影があり，さらに精密検査を必要とする旨の判断がなされ，同医療機関から被告会社に対し，「左肺浸潤の疑，要精査」と通知されたにもかかわらず，被告会社は原告を健康者と同様にタクシー運転業務に従事させていたとして損害賠償が請求された事案である。その後，同医療機関により，定期健康診断が実施されその結果によって，原告は被告会社から要精密検査である旨通知され，原告が精密検査を受診したところ，この間（約8カ月間）に原告の左上肺野の異常陰影が増大悪化しており要休養直ちに入院加療を要する肺結核と診断されたこと，そのため，原告は入院及びその後の自宅療養及び治療の継続を余儀無くされ，最終的には被告会社によって解雇されたこと，被告会社において原告を雇用した時点で精密検査をして病状を明確にさせていたなら軽作業をしながら治療することが可能であったこと，病状悪化に影響したのは主として被告会社における労務であり，これに寄与した他の事情はないことが認められている。

同判決は，「原告を雇用したことに伴って労働者である同人の健康を保持し健康に異常の疑いがある場合には早期にその状態を確認して就労可能性の有無，程度を見極め異常が発見されたときは医師の指示に従つて就労を禁止するか適当な軽作業に就かせもつて健康状態の悪化することがないよう注意すべき義務があつたのにもかかわらずこれを怠つたものといえる」として損害賠償請求を認めている。

また，かかる損害賠償責任を導くにあたり，使用者が雇入時に胸部エックス線検査及び喀痰検査等の健康診断を実施する義務を負うこと（安衛法第66条，安衛則第43条，第44条），事後措置として，結核にかかった労働者に就業を禁止し，又右に至らない場合でも結核の発病のおそれがあると診断された労働者に対して概ね喀痰検査，聴診，打診その他必要な精密検査を行う義務を負うこと（安衛法第68条，安衛則第46条〔雇入時健診，定期健診，特定業務従事者健診，海外派遣者健診で疑いが生じた者に対する結核健診に関する定め。その後削除された〕）を前提とした上で，「健康診断の結果は，事業者が労働者を採用するかどうかを判断するうえの資料となるばかりでなく，採用後は労働者の健康を管理するための指針となり労働者自身もまた自己の健康管理を行なううえで重要な資料となるものであり，同法，同規則が専ら労働者の職場での健康維持を立法趣旨としていることからも，殊に労働者の健康状態が不良かまたはその疑がある場合は採用後遅滞なく労働者に健康診断の結果を告知すべき義務があるものというべきである」とし，本件において，被告会社はかかる通知を怠ったと認定している。

同判決は，本条が制定される前に出された判決であるが，就業禁止等の事後措置がとられなかったことに

加えて，労働者に健康診断結果の通知を怠ったことをも注意義務の重要な一内容と位置づけている点に特徴がある。その際，健康診断結果が「労働者自身……の健康管理を行ううえで重要な資料」となることを踏まえているが，このことは本条の立法趣旨とも通じるものである。他方，同判決において，通知義務違反のみならず，事後措置の不実施も注意義務違反の内容となり，損害賠償責任を肯定する根拠となっている点にも注意が必要である。事案としては想定しにくいが，健康診断結果に基づく事後措置が適切になされている事案において，単に，通知のみが懈怠された場合に，同様に損害賠償責任が肯定されるか否かは同判決からは明らかではないが，本条違反に罰則の適用があることも踏まえれば，結果（疾病の発症・増悪）との因果関係がある限りにおいて，損害賠償責任は認められうる。

> **（保健指導等）**
> **第66条の7** 事業者は，第66条第1項の規定による健康診断若しくは当該健康診断に係る同条第5項ただし書の規定による健康診断又は第66条の2の規定による健康診断の結果，特に健康の保持に努める必要があると認める労働者に対し，医師又は保健師による保健指導を行うように努めなければならない。
> 2 労働者は，前条の規定により通知された健康診断の結果及び前項の規定による保健指導を利用して，その健康の保持に努めるものとする。

1 趣旨

疾病を予防するためには，事業者が適切な措置を講ずるだけでなく，労働者自らが自主的に健康管理に取り組んでいくことが重要であるが，労働者の自主的な健康管理の取り組みを一層推進するためには，健康診断の結果，特に健康の保持に努める必要があると認められる労働者に対し，保健指導を実施すると共に，労働者の健康管理に対する自主的な努力を促す必要がある。こうした自主的な健康管理の体制をバックアップする体制を確保するため，医師又は保健師による保健指導が事業者の努力義務とされている[239]。

本条第1項違反に対する罰則はない。また，違反に対して直ちに損害賠償請求権が発生するものではないが，保健指導のうち，とりわけ再検査又は精密検査の受診の勧奨，医療機関での治療の勧奨や上記検査・治療を受けるための日程調整等が適切に行われなかったことで疾病が発症・増悪したと認められる場合には，安全配慮義務・注意義務違反の内容として斟酌される可能性があると解される[240]。

本条第2項では，健康診断の結果や保健指導に基づく健康保持について，労働者の努力義務が規定されている。なお，労働者が健康保持に努めなかったことにより，疾病が発症・増悪した場合，使用者が安全配慮義務違反を免れたり，あるいは，過失相殺において考慮されたりする可能性がある[241]。

2 内容

保健指導の方法としては，面談による個別指導，文書による指導等の方法があり，内容としては，日常生活面での指導，健康管理に関する情報の提供，再検査又は精密検査の受診の勧奨，医療機関での治療の勧奨等がある（平成8年9月13日基発第566号）。

また，その円滑な実施に向けて，健康保険組合その他の健康増進事業実施者（健康増進法〔平成14年8月2日法律第103号〕第6条に規定する健康増進事業実施者をいう）等との連携を図ること，産業医の選任義務のある事業場においては，個々の労働者ごとの健康状態や作業内容，作業環境等についてより詳細に把握し得る立場にある産業医が中心となり実施されることが推奨される（健診事後措置指針2(5)ロ）。

なお，深夜業に従事する労働者については，昼間業務に従事する者とは異なる生活様式を求められていることに配慮し，睡眠指導や食生活指導等を一層重視した保健指導を行うよう努めること，また，労災保険法第26条第2項第2号の規定に基づく特定保健指導及び高齢者の医療の確保に関する法律（昭和57年8月17日法律第80号）第24条の規定に基づく特定保健指導を受けた労働者については，労働安全衛生法第66条の7第1項の規定に基づく保健指導を行う医師又は保健師にこれらの特定保健指導の内容を伝えるよう働きかけることが適当とされる（健診事後措置指針2(5)ロ）。

3 沿革

1996（平成8）年安衛法改正により追加された（第66条の5）（1996〔平成8〕年改正の背景については本書第66条の4 3 参照）。同改正に先立ち策定された「第8次労働災害防止計画」（1993〔平成5〕～1997〔平成9〕年）においては，「労働者の心身両面にわたる健康づくりを推進するため，健康測定とその結果に基づく健康指導の促進を図る」ことが予定されていた。

1999（平成11）年改正に伴い，第66条の2の規定による健康診断の結果も勘案されるべきことが加えられると共に，条文番号が第66条の7に繰り下げられた。2001（平成13）年には，「保健婦又は保健士」を「保健師」に改める改正がなされている。

（面接指導等）

第66条の8　事業者は、その労働時間の状況その他の事項が労働者の健康の保持を考慮して厚生労働省令で定める要件に該当する労働者（次条第1項に規定する者及び第66条の8の4第1項に規定する者を除く。以下この条において同じ。）に対し、厚生労働省令で定めるところにより、医師による面接指導（問診その他の方法により心身の状況を把握し、これに応じて面接により必要な指導を行うことをいう。以下同じ。）を行わなければならない。

2　労働者は、前項の規定により事業者が行う面接指導を受けなければならない。ただし、事業者の指定した医師が行う面接指導を受けることを希望しない場合において、他の医師の行う同項の規定による面接指導に相当する面接指導を受け、その結果を証明する書面を事業者に提出したときは、この限りでない。

3　事業者は、厚生労働省令で定めるところにより、第1項及び前項ただし書の規定による面接指導の結果を記録しておかなければならない。

4　事業者は、第1項又は第2項ただし書の規定による面接指導の結果に基づき、当該労働者の健康を保持するために必要な措置について、厚生労働省令で定めるところにより、医師の意見を聴かなければならない。

5　事業者は、前項の規定による医師の意見を勘案し、その必要があると認めるときは、当該労働者の実情を考慮して、就業場所の変更、作業の転換、労働時間の短縮、深夜業の回数の減少等の措置を講ずるほか、当該医師の意見の衛生委員会若しくは安全衛生委員会又は労働時間等設定改善委員会への報告その他の適切な措置を講じなければならない。

1　趣旨

過重労働による健康障害を防止するためには、適正な労働時間管理と健康管理に加え、長時間労働による負荷がかかった労働者についてその健康の状況を把握し、適切な措置を講じる必要がある。そこで、本条は、長時間労働により、脳血管疾患及び虚血性心疾患（脳・心臓疾患）発症のリスクが高まるとの医学的知見に基づき、長時間労働者に対し、医師による面接指導を行わなければならないことを事業者に義務づけている。なお、労災認定された自殺事案においては、長時間労働であった者が多いことから、面接指導の実施の際には、うつ病等のストレスが関係する精神疾患等の発症を予防するためにメンタルヘルス面にも配慮することも求められている（平成18年2月24日基発第0224003号）。

第66条の8違反に対する罰則はないが、第66条の8の2第1項、第66条の8の4第1項によって義務づけられる研究開発業務に従事する者や高度プロフェッショナルに対する長時間労働の面接指導を実施しなかった場合には、罰金50万円が科されうる（安衛法第120条第1号）。

本条に基づく措置を怠ったことから直ちに損害賠償請求権や履行請求権が生じるとまではいえないものの、労働者の心身に健康障害が生じているケースでは、本条に違反して面接指導を実施しなかったことやそのために必要な体制を整えていなかったことが、安全配慮義務・心身の健康に配慮する義務に対する違反を基礎づける事情として考慮されうる。

2　内容

1　面接指導の実施

1週間当たり40時間を超えて労働させた場合のその超えた時間（時間外労働の時間）が1カ月当たり80時間を超えた者で、かつ、疲労の蓄積が認められる者から申出があった場合、事業者は医師による面接指導を実施しなければならない（資料7-91）。ただし、1カ月以内に面接指導を受けた労働者あるいは「これに類する労働者」として、医師による診察の結果、健康診断の結果、過去の面接指導の結果、疲労蓄積度のチェックリストの結果等に基づき、医師が健康上問題がないと認めた労働者で医師がその必要がないと認めた者については除かれる（安衛則第52条の2第1項、平成18年2月24日基発第0224003号）。

なお、ここでいう面接指導とは、「問診その他の方法により心身の状況を把握し、これに応じて面接により必要な指導を行うこと」であり（安衛法第66条の8第1項）、医師が労働者と面接し、労働者とのやりとりやその様子（表情、しぐさ、話し方、声色等）から労働者の疲労の状況やストレスの状況その他の心身の状況を把握することが想定されるものである。もっとも、近年のデジタル技術の進展や労働者のニーズを踏まえ、産業医や過去1年以内に当該労働者に指導を実施した医師等による面接指導については、労働者の表情を確認でき、情報セキュリティが確保されているなどの一定の条件を充たすことにより、情報通信機器を用いて遠隔での面接指導も可能とされている（平成27年9月15日基発0915第5号、最終改正：令和2年11月19日基発1119第2号）。

面接指導の実施にあたり、労働者の申出が必要とされているのは、疲労の蓄積は体調不良や気力減退など

資料7-91　面接指導の流れ

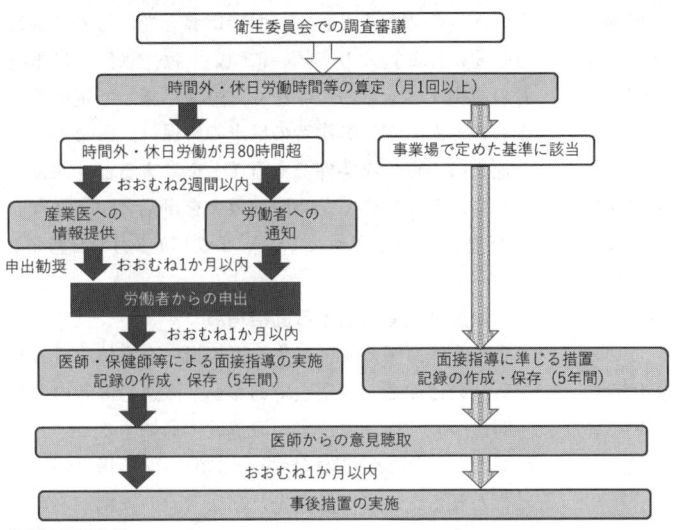

（石崎由希子作成）

他の人には認知されにくい自覚症状として現れるため，一義的な判断は難しく労働者に委ねざるを得ないと考えられるためである（平成18年2月24日基発第0224003号[242]）。もっとも，労働者が申出を躊躇することも考えられることから，産業医は，面接指導の対象者に対して，申出を行うよう勧奨することができる（安衛則第52条の3第4項）。なお，時間外労働が月80時間を超えた労働者の氏名及びその超えた時間に関する情報は事業者から産業医に提供することが義務づけられており（安衛法第13条第4項，安衛則第14条の2第1項第2号），産業医はこの情報をもとに勧奨を行うことが考えられる。また，事業者には，併せて，事業者は「労働者の業務に関する情報であつて産業医が労働者の健康管理等を適切に行うために必要と認めるもの」の提供も求められる（安衛則第14条の2第1項第3号）。ここには，①労働者の作業環境，②労働時間，③作業態様，④作業負荷の状況，⑤深夜業等の回数・時間数などのうち，産業医が労働者の健康管理等を適切に行うために必要と認めるものが含まれる。また，必要と認めるものについては，事業場ごとに，予め，事業者と産業医とで相談しておくことが望ましいとされる（平成30年12月28日基発1228第16号〔平成31年3月29日基発0329第2号改正〕）。

勧奨の方法としては，①産業医が，健康診断の結果等から脳・心臓疾患の発症リスクが長時間労働により高まると判断される労働者に対して，面接指導の対象者に該当する場合には，申出を行うことを予め勧奨しておくことや，②家族や周囲の者からの相談・情報をもとに産業医が当該労働者に対して申出の勧奨を行うことも考えられる（平成18年2月24日基発第0224003号）。

事業者はまた，労働者の申出がしやすい環境を整えることが求められる（平成18年2月24日基発第0224003号）。特に，面接指導対象者がいるか，あるいは，いる可能性のある事業場等においては，衛生委員会等において調査審議の上で，労働者が自己の労働時間数を確認できる仕組みや申出様式の作成，申出窓口の設定など申出手続を行うための体制を整備するほか，こうした体制を周知すること，申出を行うことによる不利益な取扱いが行われることがないようにすることなど，申出がしやすい環境となるよう配慮することなどが求められる。また，家族や職場の周囲の者が労働者の不調に気付くことも少なくないことから，プライバシーの保護に留意しつつ，事業者は，家族や周囲の者から相談・情報を受けた場合に，必要に応じて当該労働者に面接指導を受けるように働きかけるなどの仕組みを整備することが望ましいとされている。

月80時間を超えた時間外労働の時間の算定は，毎月1回以上，一定の期日（例えば，事業場における賃金締切日）を定めて行わなければならない（安衛則第52条の2第2項）。月80時間を超えた時間外労働の時間は，1カ月の総労働時間数（労働時間数＋延長時間数＋休日労働時間数）から（計算期間（1カ月間）の総暦日数／7）×40時間を除すことにより，算出される。なお，時間外・休日労働時間の時間数について，事業者の把握している時間数と申出を行った労働者の把握している時間数との間に差異があり，かつ，その確定に時間を要する場合においては，健康確保の観点から，まずは面接指導を実施することが望ましいとされる（平成18年2月24日基発第0224003号）。

ある労働者の時間外労働が月80時間を超えた場合，事業者は当該労働者にその旨の情報を通知しなければならない（安衛則第52条の2第3項）。申出は，時間の算定がされた期日後，遅滞なく，すなわち，1カ月程度で行うものとされ（同条52条の3第2項），事業者は申出があったときは遅滞なく，1カ月程度で面接指導を行わなければならない（同第3項）。労働者は，事業者が行う面接指導を受けなければならないが，事業者の指定した医師が行う面接指導を受けることを希望しない場合において，他の医師の行う面接指導に相当する面接指導を受け，その結果を証明する書面を事業者に提出することもできる（本条第2項）。労働者の医師選択の自由に配慮したものといえる。なお，面接指導を実施する医師としては，産業医，産業医の要件を備えた医師等労働者の健康管理等を行うのに必要な医学に関する知識を有する医師が望ましいとされている

（平成18年2月24日基発第0224003号）。

面接指導を実施した医師は、①当該労働者の勤務の状況、②当該労働者の疲労の蓄積の状況、③そのほか当該労働者の心身の状況について確認する（同第52条の4）。事業者は、面接指導が実施された後、遅滞なく、すなわち、遅くとも1カ月以内に、面接指導の結果に基づき、当該労働者の健康を保持するために必要な措置について、医師の意見を聴かなければならない（本条第4項、安衛則第52条の7、平成18年2月24日基発第0224003号）。面接指導を実施した医師が、当該面接指導を受けた労働者の所属する事業場で選任されている産業医でない場合には、面接指導を実施した医師からの意見聴取と併せて、当該事業場で選任されている産業医の意見を聴取することも考えられるとされる（平成18年2月24日基発第0224003号）。

2 就業上の措置の実施

事業者が医師の意見を勘案し、その必要があると認めるときは、当該労働者の実情を考慮して、就業場所の変更、作業の転換、労働時間の短縮、深夜業の回数の減少等の措置を講ずるほか、当該医師の意見の衛生委員会若しくは安全衛生委員会又は労働時間等設定改善委員会への報告その他の適切な措置（就業上の措置）を講じなければならない（本条第5項）。衛生委員会等・労働時間等設定改善委員会への報告が求められるのは、衛生委員会等は長時間労働者の健康障害防止を図るための対策やメンタルヘルス対策等について、労働時間等設定改善委員会は、労働時間等の設定の改善に関する事項について調査審議するにあたり、労働者の健康の状況を把握しておくことが有効と考えられるためである。また、衛生委員会等又は労働時間等設定改善委員会への医師の意見の報告に当たっては、医師からの意見は個人が特定できないように集約・加工するなど労働者のプライバシーに適正な配慮を行うことが必要である（平成18年2月24日基発第0224003号）。なお、事業者には、就業上の措置を実施した場合にはその内容、しなかった場合にはその旨とその理由を産業医に情報提供することが求められる（安衛法第13条第4項、安衛則第14条の2第1項第1号）。

3 記録の作成・保存

事業者は面接指導の結果について記録し、5年間保存しておかなければならない（本条第3項、安衛則第52条の6）。記録には、①実施年月日、②当該労働者の氏名、③面接指導を行った医師の氏名、④当該労働者の疲労の蓄積の状況、⑤当該労働者の心身の状況のほか、医師の意見についても記載するものとされる（安衛則第52条の5）。

4 費用と時間

面接指導の費用については、法で事業者に面接指導の実施の義務を課している以上、当然、事業者が負担すべきものであるとされ、面接指導を受けるのに要した時間に係る賃金の支払いについては、当然には事業者の負担すべきものではなく、労使協議して定めるべきものであるが、労働者の健康の確保は、事業の円滑な運営の不可欠な条件であることを考えると、面接指導を受けるのに要した時間の賃金を事業者が支払うことが望ましいとされている（平成18年2月24日基発第0224003号）。

5 派遣労働者に対する面接指導

また、派遣労働者に対する面接指導を実施する義務を負うのは派遣元事業主であるが、派遣労働者の労働時間については、派遣先が派遣元に通知することとされており（労働者派遣法第42条第3項）、面接指導が適正に行われるためには派遣先及び派遣元の連携が不可欠であるとされている（平成18年2月24日基発第0224003号）。

3 沿革

1 制度史

（1）制定

本条は、2005（平成17）年改正で追加された規定である。過労死が社会問題化する中で、2001（平成13）年11月16日に示された「脳・心臓疾患の認定基準に関する専門検討会報告書」では、1日5時間以下の睡眠は、脳・心臓疾患発症との関連において有意性があるところ、1日5時間程度の睡眠が確保できない状態は、労働者の場合、1日の労働時間が法定労働時間である8時間を超え、5時間程度の時間外労働を行った場合に相当し、これが1カ月継続した状態は、概ね100時間を超える時間外労働が想定されることを明らかにした。他方、1日7.5時間程度の睡眠が確保できる状態、すなわち、1日の時間外労働が2時間程度で月45時間の時間外労働が想定される場合には、疲労の蓄積は生じないものと考えられるとした（資料7-92）。

2002（平成14）年には「過重労働による健康障害防止のための総合対策」（平成14年2月12日基発第0212001号）が示され、その中では、時間外・休日労働時間が月45時間を超えているおそれがある事業場に対しては、面接指導及びその事後措置の実施を指導すること、指導に従わない場合には、安衛法第66条第4項に基づき、当該面接指導等の対象となる労働者に関する作業環境、労働時間、深夜業の回数及び時間数、過去の健康診断及び面接指導の結果等を踏まえた労働衛生指導医の意見を聴き、臨時の健康診断の実施を指示するとともに、厳正な指導を行うことなどが示された。なお、同通達に対しては、産業界から厚生労働省に対して、過重労働による健康障害を労働時間のみを物差しとし

資料7-92　労働者の1日の生活時間

(時間)

睡眠 7.4	食事等 5.3	仕事(拘束時間) 9	余暇 2.3

(注)　1　食事等は，食事，身の回りの用事，通勤等の時間である。
　　　2　拘束時間は，法定労働時間（8時間）に休憩時間（1時間）を加えた時間である。
　　　3　余暇は，24時間から睡眠，食事等，仕事の各時間を差引いた趣味，娯楽等の時間である。

(総務庁「平成8年社会生活基本調査報告」)
(㈶日本放送協会「2000年国民生活時間調査報告書」)

(厚生労働省「脳・心臓疾患の認定基準に関する専門検討会報告書」〔2001年11月16日〕より抜粋)

て決めるということには納得できない旨の申入れがなされている[243]。

　2004（平成16）年8月23日の「過重労働・メンタルヘルス対策の在り方に係る検討会報告書」においては，医師が直接労働者に面接すること及び健康確保上の指導を行うことを制度化すべきこと，事業者は，医師による面接指導の結果に基づき，必要に応じて健康診断，労働時間の制限や休養・療養等の適切な措置を実施するようにすること，面接指導が必要な場合としては脳・心臓疾患発症との関連性が強いとされる月100時間を超える時間外労働又は2ないし6カ月間に月平均80時間を超える時間外労働をやむなく行った場合が考えられること，時間外労働時間が短い場合であっても，予防的な意味を含め健康上問題が認められる場合には面接指導を行うことが必要と考えられることが示され，本条及び安衛法第66条の9に基づく現行制度の骨格となる提案がなされた。

　労働政策審議会安全衛生分科会では，同制度の導入をめぐって激しい議論が交わされている。使用者側委員からはまず，2002（平成14）年の通達が出されたわずか2年後に法的義務を課す必要性について疑義が示されるとともに[244]，これまで月45時間を超えているおそれがある事業場に対して面接指導の実施を促してきたにもかかわらず，月80ないし100時間という基準を示すことでかえって事態を後退させることになる可能性について指摘がなされている[245]。また，面接指導の対象者を画するにあたり，労働時間のみを基準とすることについても消極の意見が示されている[246]。

　これに対し，労働衛生課長からは，2002年の総合対策に基づき面接指導を導入したところは産業医が選任されている大手の事業場でも6割程度にとどまる一方，過労死の認定件数が労働災害死亡件数の1割近くになっており，高止まりの状態であることなどから，より実効的な対策が必要であること[247]，長時間労働と脳・心臓疾患との間の関連性に医学的根拠があることなどが繰り返し説明されている[248]。特に，衛生学を専門とする公益委員からは，時間外労働と健康リスクに関わる8の調査報告の全てにおいて，時間外労働が月100時間以上となった場合，すなわち，睡眠時間はほぼ5時間以下となった場合の脳・心臓疾患リスクは高いという研究成果が出ていることが説明されている。なお，睡眠時間が6時間未満という調査では，ほとんどがリスクが高いという結果が出るのに対し，6時間以下となると半分程度がリスクが高いという結果になるというところがあり，睡眠時間が概算すると6時間になる月80時間の時間外労働については努力義務としても良いのではないかとの見解が述べられている[249]。

　また，使用者側委員から，労働時間管理を受けない管理監督者も含めて労働時間の把握をすること，とりわけ複数月平均の上で労働時間を算出することについて負担が重いとの意見や対象者をよりリスクの高いものに絞り込むべきではないかとの意見が出され[250]，これを受けて，面接指導の対象者確定にあたり，時間外・休日労働が複数月平均80時間超との基準は削除されたほか，面接指導の対象者を「申出」のあった者のみとする修正がなされている[251]。なお，公益委員からは，産業医が必要と認めたときは面接指導を実施するようにすべきであるとの意見も出されていたが，面接指導自体が本人の申出をベースにしていることを踏まえ，産業医は労働者に勧奨・助言を行うとの立て付けにされている[252]。

　以上のほか，面接指導の実施にあたって，産業医や中小企業への支援が必要であるとの意見を踏まえ[253]，産業医に対する支援については，実施体制が不十分な面接指導マニュアルの作成，面接指導の実施方法等に関する研修の実施，専門医による産業医を支援するための相談体制の整備等が，中小企業に対する支援については，地域産業保健センターにおける登録産業医による面接指導の実施が予定されるに至っている[254]。なお，産業医の選任義務のない常時50人未満の労働者を使用する事業場は2008（平成20）年3月31日までの間，本条及び安衛法第66条の9に基づく面接指導の実施義務は猶予された。もっとも，猶予期間においても，地域産業保健センターの活用による面接指導及びこれに基づく事後措置の実施が推奨されている（平成18年2月24日基発第0224003号）。

(2)　2018（平成30）年改正

　2018（平成30）年の働き方改革関連法により，時間

資料7-93 脳・心臓疾患及び精神障害等に係る労災補償状況

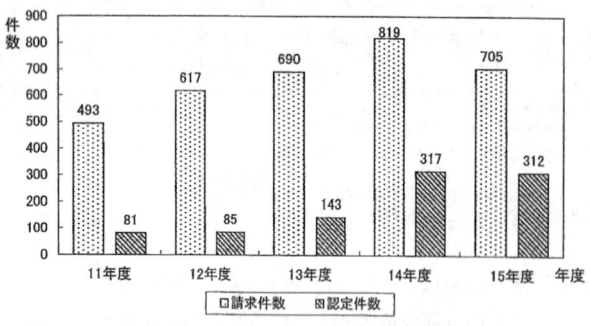

脳・心臓疾患に係る労災請求・認定件数の推移

資料出所：「脳・心臓疾患及び精神障害等に係る労災補償状況について」

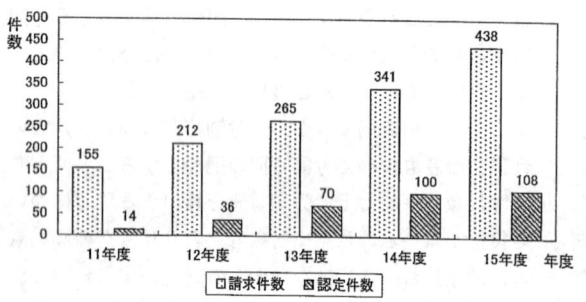

精神障害等に係る労災請求・認定件数の推移

資料出所：「脳・心臓疾患及び精神障害等に係る労災補償状況について」

（厚生労働省「過重労働・メンタルヘルス対策の在り方に係る検討会報告書」〔2004年8月〕資料3及び4〔https://www.mhlw.go.jp/shingi/2004/08/s0823-3.html，最終閲覧日：2022年9月20日〕）

る労働者を見逃さないため，産業医による面接指導や健康相談等が確実に実施されるように」することが目指され，そうした中で，事業者から産業医への情報提供の仕組みも強化されている。すなわち，長時間労働者等への就業上の措置に関して産業医がより適確に関与するために，産業医等からの意見を勘案して，就業上の措置を行った場合にはその内容を，行わなかった場合はその旨及びその理由を産業医に情報提供しなければならないとされたほか，産業医がより効果的に活動するために，時間外労働が月80時間を超える労働者の氏名や時間に関する情報や労働者の業務に関する情報が提供されるべきとされた。こうした情報提供の重要性については，平成18年2月24日基発第0224003号において既に規定されていたが，安衛則改正により新たに法令上の根拠を持つこととされた。

2　背景となった災害等

2004（平成16）年の「過重労働・メンタルヘルス対策の在り方に係る検討会報告書」においては，国際化・情報化等に伴う企業間競争の激化，企業における能力主義，成果主義的な賃金・処遇制度の導入など人事労務管理の個別化の中で，労働時間は長短両極へ二分化する傾向にあるとともに，仕事に関して強い不安やストレスを感じている労働者は6割を超えるなど労働者への負荷は拡大する傾向にあること，一般健康診断結果をみると，有所見率は年々増加の一途をたどり，2003（平成15）年では何らかの所見を有する者の割合は47.3％にも達しており，その中でも高脂血症，高血圧症等に関連する所見を有する者の割合が高くなっていること，こうした中で脳血管疾患及び虚血性心疾患等を発症したとして2003（平成15）年度に労災認定された件数は310件を超えていることなどが示されている。また，業務による心理的負荷を原因として精神障害を発病し，あるいは当該精神障害により自殺に至る事案が増加し，2003（平成15）年度の労災認定件数は100件を超えていることが指摘されている（資料7-93）。

4　適用の実際

1　面接指導の実施状況

2020（令和2）年度労働安全衛生調査（実態調査）の事業所調査結果（資料7-94）によれば，1カ月間の時間外・休日労働時間数が45時間超80時間以下の労働者がいた事業所の割合は16.3％〔平成30年調査25.0％〕，80時間超の労働者がいた事業所の割合は2.5％〔同7.0％〕と前回調査よりも減少傾向にある。事業所規模が

外労働に対する上限規制が導入され，特別条項（臨時的に生じた特別な事情により時間外労働の原則である月45時間・年間360時間を超えて労働することを可能とする条項）が締結されているか否かにかかわらず，時間外労働と休日労働の合計は，月100時間未満であり，「かつ」，複数月平均80時間以内であることが罰則付きで求められることとなった（労基法第36条第6項，同法第119条第1号）。すなわち，時間外労働と休日労働の合計が100時間以上となることは勿論，100時間を切る場合でも複数月平均80時間を超える場合には，労基法上違法とされることになった。そのため，2018（平成30）年改正では，面接指導の対象となる労働者の時間外労働・休日労働の時間を月100時間から月80時間に引き下げる改正がされている。過重労働により脳・心臓疾患等の発症のリスクが高い状況にある労働者を見逃さないよう，労働者の健康管理等を強化するための改正といえる（平成30年9月7日基発0907第2号）。なお，労働政策審議会安全衛生分科会の議事録をみる限り，この改正案に対し，異論はみられない。

また，2017（平成29）年3月28日の「働き方改革実行計画」において「過労死等のリスクが高い状況にあ

資料7-94　面接指導適用の実際

第9表　長時間労働者及び面接指導の申し出があった労働者がいる事業所並びに医師による面接指導の実施状況別事業所割合

(単位：％)

区分	事業所計	45時間超80時間以下の時間外・休日労働をした労働者がいた [1) 2)]	面接指導の申し出があった労働者がいた [3) 4)]	医師による面接指導の実施状況		
				実施した	一部実施した	実施しなかった
〈45時間超80時間以下〉						
令和2年	100.0	16.3	(100.0)　(2.4)	〈100.0〉〈 78.9〉	〈 7.8〉	〈 12.2〉
(事業所規模)						
1,000人以上	100.0	86.0	(100.0)　(21.3)	〈100.0〉〈 95.7〉	〈 4.0〉	〈 0.3〉
500～999人	100.0	69.7	(100.0)　(15.6)	〈100.0〉〈 90.5〉	〈 4.7〉	〈 4.8〉
300～499人	100.0	53.9	(100.0)　(9.2)	〈100.0〉〈 87.5〉	〈 10.2〉	〈 2.3〉
100～299人	100.0	41.1	(100.0)　(6.4)	〈100.0〉〈 65.6〉	〈 20.6〉	〈 10.3〉
50～99人	100.0	27.2	(100.0)　(2.8)	〈100.0〉〈 97.0〉	〈 -〉	〈 3.0〉
30～49人	100.0	16.1	(100.0)　(1.0)	〈100.0〉〈100.0〉	〈 -〉	〈 -〉
10～29人	100.0	12.7	(100.0)　(0.9)	〈100.0〉〈 63.2〉	〈 -〉	〈 36.8〉
平成30年	100.0	25.0	(100.0)　(9.3)	〈 …〉	〈 …〉	〈 …〉

区分	事業所計	80時間超の時間外・休日労働をした労働者がいた [1) 2)]	面接指導の申し出があった労働者がいた [3) 4)]	医師による面接指導の実施状況		
				実施した	一部実施した	実施しなかった
〈80時間超〉						
令和2年	100.0	2.5	(100.0)　(12.1)	〈100.0〉〈 95.4〉	〈 3.8〉	〈 0.7〉
(事業所規模)						
1,000人以上	100.0	41.0	(100.0)　(54.5)	〈100.0〉〈 94.7〉	〈 3.9〉	〈 0.4〉
500～999人	100.0	20.9	(100.0)　(39.9)	〈100.0〉〈 98.6〉	〈 -〉	〈 1.4〉
300～499人	100.0	14.8	(100.0)　(46.7)	〈100.0〉〈 94.5〉	〈 5.5〉	〈 -〉
100～299人	100.0	7.4	(100.0)　(28.4)	〈100.0〉〈 91.8〉	〈 8.2〉	〈 -〉
50～99人	100.0	4.1	(100.0)　(8.3)	〈100.0〉〈 95.2〉	〈 -〉	〈 4.8〉
30～49人	100.0	1.7	(100.0)　(6.9)	〈100.0〉〈100.0〉	〈 -〉	〈 -〉
10～29人	100.0	1.9	(100.0)　(3.9)	〈100.0〉〈100.0〉	〈 -〉	〈 -〉
平成30年	100.0	7.0	(100.0)　(17.6)	〈 …〉	〈 …〉	〈 …〉

注：1）長時間労働者には，受け入れている派遣労働者は含まない。
　　2）（　）は，時間外・休日労働をした労働者がいた事業所のうち，面接指導の申し出があった労働者がいた事業所の割合である。
　　3）「面接指導の申し出があった労働者がいた」には，「医師による面接指導の実施状況不明」を含む。
　　4）〈　〉は，面接指導の申し出があった労働者がいた事業所のうち，医師による面接指導の実施状況別にみた割合である。
（令和2〔2020〕年労働安全衛生調査〔実態調査〕の事業所調査「結果の概要」〔https://www.mhlw.go.jp/toukei/list/dl/r02-46-50_kekka-gaiyo01.pdf，最終閲覧日：2022年9月20日〕）

大きくなるほどその割合は高くなる傾向にあり，1000人以上の事業所において，80時間超の時間外・休日労働をした労働者の割合は41.0％である。

また，これらの長時間労働者がいた事業所のうち，面接指導の申し出があった労働者がいたとする事業所の割合は，45時間超80時間以下の労働者がいた事業所で2.4％〔9.3％〕，80時間超の労働者がいた事業所で12.1％〔17.6％〕に留まる。申し出があった労働者がいた事業所を100として，長時間労働者に対する医師による面接指導の実施状況をみると，面接を実施した事業所の割合は，45時間超80時間以下の労働者がいた事業所は78.9％，80時間超の労働者がいた事業所は95.4％となっている。

2 定期監督における法違反状況

「平成31年・令和元年労働基準監督年報」によれば定期監督における面接指導実施等義務違反（本条のほか，安衛法第66条の8の2，第66条の8の4）の件数は379件であるのに対し，「令和2年労働基準監督年報」では618件である。

5 関係判例

1 面接指導実施のための体制整備

公立八鹿病院組合ほか事件・広島高松江支判平27・3・18労判1118号25頁は，パワハラや過重労働を背景として，I病院から派遣された新人医師Bが，精神疾患発症の末，過労自殺したことについて，派遣先病院側（Y組合）の安全配慮義務違反に基づく責任が問われた事案である。

判旨は，新人医師らの労働環境整備に努めておくべきであったこと，また，亡Bの勤務時間や人間関係を含めた勤務状況を把握した上で，パワハラ加害者に対してはその是正を求めるとともに，ひとまず仕事を完全に休ませたり，大幅な事務負担の軽減を図るなどの方法により亡Bの心理的負荷や疲労を軽減させる

べきであったとし，仮にそうした対応がなされていたとすれば，亡Bの本件疾病及びそれによる本件自殺を防止し得る蓋然性があったとする。なお，ここで求められる労働環境整備の具体的内容としては，亡Bの自殺後に開催された労働安全衛生委員会で提言されている諸方法が挙げられており，①医師赴任時の各部署紹介，新人紹介，歓迎会の復活，②3～5年目の医師の診療科を超えた横の繋がりを持つ機会の提供，③長時間労働者に対する医師による面接指導を確実に実施するため，対象者を労働安全衛生委員会へ報告し，労働者が自己の労働時間数を確認できるシステムの構築，④事業場内産業保健スタッフによる面接指導や相談を受ける体制・方法の整備，⑤労働安全衛生法に則った指針等の作成，⑥職員に対する啓蒙活動，⑦産業医や健康センター保健師らによるメンタルヘルス専門部会を作り，カウンセラーからの相談，休職者，復職リハビリ対象者などの検討がこれに含まれる。

Y組合は，本件病院において，病診連携等のシステムを導入し，可能な限りの医師不足の解消や個々の勤務医の負担軽減を図り，一定の成果を上げるなどしていたことから適正管理義務違反はないと主張しており，主張されている事実それ自体については裁判所も認めたが，Y組合による時間外勤務時間の把握自体が不十分であり，亡Bの前任者らも半年で病院を去っているにもかかわらず，何ら対策がなされた形跡がないことから，安全配慮義務違反が肯定された。

以上のように，同判決は，過労自殺に対する使用者の安全配慮義務違反を肯定する際に，使用者側が講ずべきとされた労働環境整備の一内容として，長時間労働者に対する医師による面接指導を確実に実施するための対応策をとること（具体的には，対象者を労働安全衛生委員会へ報告し，労働者自身も自己の労働時間数を確認できるシステムを構築すること）が考慮された事案といえる。同判決においては，そもそも労働時間の把握それ自体が適切になされていない上，パワハラに係る問題について何らの対策がとられていなかったという点が安全配慮義務違反を認めた結論との関係では重視されており，長時間労働者に対する面接指導を確実に実施するための対応策が行われていなかったことの一事をもって安全配慮義務違反を認めたものではない。また，この対応策は本件病院の労働安全衛生委員会において，亡Bの過労自殺後に提言された内容をそのまま認定したものであり，直ちに他の事案に一般化できるものではない。しかし，こうした対応策をとることは，使用者側が労働環境整備を行っていたことを示す一事情として，安全配慮義務違反を否定する方向で考慮されうることは示唆されているといえる。なお，同判決はまた，労働時間の把握が健康管理の前提となるものであることを示すものといえる（本書第66条の8の3 5 ）。

2 面接指導に基づく対応

横河電機（SE・うつ病り患）事件・東京高判平25・11・27労判1091号42頁は，システムエンジニアであるXが，長時間労働による肉体的・精神的疲労の蓄積と，上司Y2の業務上の指示・指導による精神的ストレスの蓄積が重なって，うつ病を発症した上，PICS（プラント操作監視装置）の開発業務の納期が次々と到来する状況で過重な業務を継続する中，その業務の成果が認められないという出来事も発生し，更に症状が悪化したことについて，Y1社の安全配慮義務違反やY2の不法行為に基づく損害賠償責任が問われた事案である。このうちY2による指示・指導については社会通念上相当性を逸脱するものではないとして，責任が否定されている。

Y1社の安全配慮義務違反との関係では，精神障害発症についての予見可能性の有無が争われたが，Xがうつ病発症前後の月の時間外労働が90時間を超える程度に及んでいることについてY1社が把握していたこと，Y2をはじめとする上司らはXの業務量，進捗状況，納期等を把握していたこと，他の上司Aや同僚等はXの体調不良について認識しており，Y2も業務遂行過程において認識可能であったことなどから，精神障害発症についての予見可能性が肯定されている。

Xのうつ病発症時期は平成17年11月頃と認定判断されているが，発症後である同年12月にグループ長Bから，同年10月からの時間外労働が158時間に達しているところ，175時間を超える場合には，時間外労働の許可を得るにあたり産業医の健診を受ける必要があるとして，その予約について指示を受けている。産業医の診察に際して作成した問診票には，最近1カ月の自覚症状として，「イライラする」，「不安だ」，「落ち着かない」，「憂鬱だ」，「体の調子が悪い」，「作業に間違いが多い」，「以前と比べて疲れやすい」の各項目に「よくある」と回答し，「物事に集中できない」，「へとへとだ（運動後を除く）」，「朝，起きた時，ぐったりした疲れを感じる」の各項目に「時々ある」と回答が，また，最近1カ月の勤務状況として，「1カ月の時間外労働」，「仕事についての精神的負担」の各項目に「非常に大きい」と回答し，「仕事についての身体的負担」の項目に「大きい」との回答がなされている。産業医は，同月27日の再面談まで残業を禁止したが，Xは納期が迫っていることから，午前8時に出社し，休憩時間中も業務を行うなどして対応した他，プログラムのバグ等により開発業務が予定通り進行しなくなったことを受けて，体調不良を押して業務に従事するな

どしていた。こうした中で，Xは，業務に関して不明な点をインターネット上の公開掲示板で質問するという作業を自宅で行い，そこで得た回答を上司Y2に報告したところ，その成果を認めてもらえなかったため，Xが行っている業務を全て否定されたように感じ，相当な精神的打撃を受け，その後，実家に帰らされた後，休職に入っている。また，上司Aは，開発業務の関係者に対し，あまりにもタイトなスケジュールであり，内容も難しいものであったことから，Xの体調が崩れてしまったことについて報告し，作業工程は明らかに不適切であるとして，即時に停止し，新たな業務態勢を構築することとしている。

同事件の原審（東京地判平24・3・15労判1091号60頁）では，Y2の不法行為が否定されているが，Y1社の安全配慮義務違反について，従業員が長時間の時間外労働をする場合に産業医による診察及びその許可を条件とするなど，従業員の過重な勤務を予防する態勢を採っていることを理由に否定されていた。しかし，2審は，安全配慮義務違反を肯定する結論を採っている。同判決は予見可能性の有無については具体的に判示するものの，結果回避のためにいかなる措置をとるべきだったかについて明確に判示していない。しかし，その事実認定から推察すると，使用者としては，長時間労働者の面接指導において医師から指示された「残業禁止」を形式的に行うだけでは，安全配慮義務に基づく対応として不十分であり，時間的制約と業務量に照らしたタイトなスケジュールが精神的健康に与える影響を踏まえて，業務軽減等の措置を具体的にとる必要があることが示唆されているといえる。

3　就業上の措置に関する医師の意見

東芝（うつ病・解雇）事件・最2小判平26・3・24労判1094号22頁は，液晶ディスプレイ製造プロジェクトのリーダーとして月60〜85時間程度の時間外労働をしていたXがうつ病を発症・増悪したことについて，Y社の安全配慮義務違反に基づく損害賠償責任が問われた事案である。原審（東京高判平23・2・23労判1022号5頁）は，損害賠償責任を認めた上で，賠償額の算定にあたり，Xが神経症と診断を受け，デパス錠の処方を受けていたことについて産業医や上司に申告しなかったことが，うつ病の発病を回避したり，発病後の増悪防止する措置をとる機会を失わせる一因になったとして，損害の公平な分担という見地から過失相殺を認めた。これに対し，最高裁は，以下のように述べて，過失相殺を否定した。

「XがY社に申告しなかった自らの精神的健康（いわゆるメンタルヘルス）に関する情報は，神経科の医院への通院，その診断に係る病名，神経症に適応のある薬剤の処方等を内容とするもので，労働者にとって，自己のプライバシーに属する情報であり，人事考課等に影響し得る事柄として通常は職場において知られることなく就労を継続しようとすることが想定される性質の情報であったといえる。使用者は，必ずしも労働者からの申告がなくても，その健康に関わる労働環境等に十分な注意を払うべき安全配慮義務を負っているところ，……労働者にとって過重な業務が続く中でその体調の悪化が看取される場合には，上記のような情報については労働者本人からの積極的な申告が期待し難いことを前提とした上で，必要に応じてその業務を軽減するなど労働者の心身の健康への配慮に努める必要があるものというべきである。」

ただし，本件は，心身の不良を窺わせる事情がおよそ申告されていなかったという事案ではなく，Xが過重な業務が続く中で，体調不良であることをY社に伝え，相当の日数の欠勤を繰り返し，業務の軽減の申出をするなどしていた事案であった。最高裁は，そうした事情も踏まえた上で，「Y社としては，そのような状態が過重な業務によって生じていることを認識し得る状況にあり，その状態の悪化を防ぐためにXの業務の軽減をするなどの措置を執ることは可能であった」としている。なお，Xは，上司に対して体調不良の申告や業務軽減の申出をしていた他，3月及び4月の時間外超過者健康診断において，産業医に対して頭痛，めまい，不眠等の自覚症状が時々ある旨申告したが，産業医は特段の就労制限は要しないと判断したこと，6月の時間外超過者健康診断では，頭痛，めまいはいつもあり，不眠等は時々ある旨，7月の時間外超過者健康診断では，頭痛，めまい，不眠等がいつもある旨の申告をしたこと，このうち，6月の時間外超過者健康診断では，5月に体調を崩して1週間欠勤したが，課長からもう大丈夫だろうと言われて仕事を増やされた旨の申告もなされたが，産業医は「まあ，1週間休んだということで。」と述べ，それ以上の対応をしていないこと，このほか，Xは定期健康診断の問診に係る自覚症状について，いつも頭が痛く重い，心配事があってよく眠れない，いつもより気が重くて憂鬱になるなど13項目の欄に印を付けて申告したことが認められている。

同判決は，メンタルヘルス不調に関する情報について労働者から申告がなくとも，「労働者にとって過重な業務が続く中でその体調の悪化が看取される場合」には，上記情報について労働者本人からの積極的な申告が期待し難いことを前提とした上で，必要に応じて業務軽減等の配慮をする必要があるとして，過失相殺を否定している。本件において，労働者の「体調の悪化」について看取する機会としては，通常の業務遂行過程のほか，Y社において実施されていた時間外超

過者健康診断（本条に基づく面接指導よりも対象が広い）の機会があった。そのため、いずれの点からみても「（体調の悪化が）看取される場合」であるところ、Y社として、この点を軽視し、適切な対応をしなかったために、うつ病の発症・増悪が防止できなかった事案といえる。なお、同判決の差戻審である東京高判平28・8・31労判1147号62頁においては比較的高額の慰謝料（400万円。なお、差戻前控訴審では過失相殺により320万円）が認められているが、その際、業務軽減の申出が聞き入れてもらえなかったことや「産業医の対応にも問題があった」ことが考慮されている。こうしたことからすると、本条に基づく長時間労働者の面接指導を担当する医師は、メンタルヘルス不調の可能性に留意しつつ、必要と認める場合には就業上の措置を指示する必要があり、これを怠った場合、後に、使用者に安全配慮義務違反の責任が生じる可能性があるといえる。

> 第66条の8の2　事業者は、その労働時間が労働者の健康の保持を考慮して厚生労働省令で定める時間を超える労働者（労働基準法第36条第11項に規定する業務に従事する者（同法第41条各号に掲げる者及び第66条の8の4第1項に規定する者を除く。）に限る。）に対し、厚生労働省令で定めるところにより、医師による面接指導を行わなければならない。
> 2　前条第2項から第5項までの規定は、前項の事業者及び労働者について準用する。この場合において、同条第5項中「作業の転換」とあるのは、「職務内容の変更、有給休暇（労働基準法第39条の規定による有給休暇を除く。）の付与」と読み替えるものとする。

1 趣旨

本条は、労基法において36協定の締結により許容される時間外労働に対する上限規制の適用が除外される研究・開発業務従事者（労基法第36条第11項）が、月100時間を超える時間外労働をした場合に、医師による面接指導の実施を事業者に義務づけたものである。労働時間に係る上限規制の適用が除外されるとしても、健康確保の観点からの規制がなお必要であることを踏まえたものといえる。

本条違反に対しては罰則があり、50万円以下の罰金に処せられる可能性がある（安衛法第120条第1号）。私法上の効力については、本書第66条の8を参照。

2 内容

新たな技術、商品又は役務の研究開発に係る業務（労基法第36条第11項）とは、専門的、科学的な知識、技術を有する者が従事する新技術、新商品等の研究開発の業務をいう（施行通達・平成30年9月7日基発0907第1号）。かかる業務に従事する労働者については、労働時間が週40時間を超えた場合に、その超えた時間が1カ月当たり100時間を超えた場合には、本条に基づき医師による面接指導を行うことが義務づけられる（安衛則第52条の7の2）。超えた時間の算定は、毎月1回以上、一定の期日を定めて行わなければならず、面接指導は同期日後遅滞なく行われなければならない（同第52条の7の2第2項、第52条の2第2項）。本条に基づく面接指導について、労働者の申出によらずに実施が求められる点は、高度プロフェッショナル制の適用を受けない通常の労働者の面接指導（安衛法第66条の8）とは異なる。他方、労働者は面接指導を受けなければならないとされている点、事業者は面接指導結果に基づき、対象労働者の健康保持に必要な措置について医師の意見を聴かなければならない点、記録の保存が求められる点は同様である。なお、事後措置の必要があると認められるときは、職務内容の変更、有給休暇の付与の措置、就業場所の変更、労働時間の短縮、深夜業の回数の減少等のほか、当該医師の意見の衛生委員会等への報告その他の適切な措置を講じなければならないとされている。

なお、週40時間を超えて労働させた場合におけるその超えた時間が月100時間を超えない研究開発業務に従事する労働者であっても、当該超えた時間が80時間を超え、かつ、疲労の蓄積が認められる者については、安衛法66条の8第1項に基づく面接指導の対象となる（安衛法施行通達・平成30年9月7日基発0907第2号）。

また、本条に基づく面接指導に係る費用については、事業者に当該面接指導の実施の義務を課している以上、当然、事業者が負担する必要がある。また、事業者がその事業の遂行に当たり、当然実施されなければならない性格のものであり、所定労働時間内に行われる必要があり、時間外に行われた場合には、当然、割増賃金を支払う必要があるとされる（改正解釈通達・平成31年3月29日基発0329第2号Q&A8）。

3 沿革

2018（平成30）年の働き方改革関連法により時間外労働に対する罰則付上限規制が導入される以前においても、「労働基準法第36条第1項の協定で定める労働時間の延長の限度等に関する基準」（平成10年12月28日労働省告示第154号。以下「限度基準告示」という）が存

し，労使協定を締結することにより許容される時間外労働の限度時間について定めを置いていた。同基準は私法上の効力を持つものではなかったが，行政指導の根拠とされていた。限度基準告示において，「新技術，新商品等の研究開発の業務」に係る労使協定については，限度時間の制限が適用されないものとされていた。

2017（平成29）年6月5日の労働政策審議会建議「時間外労働の上限規制等について」では，新技術，新商品等の研究開発の業務については，専門的，科学的な知識，技術を有する者が従事する業務の特殊性から，現行制度で対象となっている範囲を超えた職種に拡大することのないよう，その対象を明確化した上で上限規制の適用除外とすること，その際，本条に基づく面接指導を義務づけることが適当であるとされた。

4 適用の実際

「令和2年労働安全衛生調査（実態調査）」の事業所調査によれば，労働時間の状況を把握している研究開発業務従事者がいる事業所のうち，100時間超の時間外・休日労働をした労働者がいたと回答した事業所の割合が0.9％（労働者数階級別にみると，2人が0.3％，4人が0.1％，6～9人が0.1％，10人以上が0.1％，不明が0.3％），いないとの回答が93.2％，不明が5.9％である。また，100時間超の時間外・休日労働をした労働者がいたと回答した事業所のうち，面接指導を申し出た者がいたと回答した事業所が0.9％であるが，このうち，面接指導を実施したと回答したのは32.3％，不明が67.7％である。

> 第66条の8の3　事業者は，第66条の8第1項又は前条第1項の規定による面接指導を実施するため，厚生労働省令で定める方法により，労働者（次条第1項に規定する者を除く。）の労働時間の状況を把握しなければならない。

1 趣旨

本条は，長時間労働者に対する面接指導を適切に実施するために，労働時間の状況の客観的把握を事業者に義務づけるものである。労働時間の把握は，従来，割増賃金を含む賃金の適正支払の観点から求められてきたものであるが，長時間労働及びこれによる健康障害防止が重要な政策課題となるなかで，労働者の健康確保という観点から，これを求めるものといえる。

本条違反に対する罰則の規定はない。また，本条違反の事実のみから直ちに損害賠償請求権や履行請求権が基礎づけられるとまでは言い切れないとしても，杜撰な労働時間把握がなされている中で長時間労働となり，健康障害が生じた事案では，労働時間把握義務違反が安全配慮義務違反ないし注意義務違反の一内容として考慮されうる。

2 内容

1 概要

事業者は，面接指導（安衛法第66条の8第1項又は第66条の8の2第1項〔研究開発業務従事者〕）を実施するため，タイムカードによる記録，パーソナルコンピュータ等の電子計算機の使用時間の記録等の客観的な方法その他の適切な方法により，「労働時間の状況」を把握しなければならないとされる（安衛法第66条の8の3，安衛則第52条の7の3第1項）。本条に基づく義務の内容については，「働き方改革を推進するための関係法律の整備に関する法律による改正後の労働安全衛生法及びじん肺法関係の解釈等について」（平成30年12月28日基発1228第16号）に付されたQ&Aにおいてより明らかにされており，「労働時間の状況の把握」とは，労働者の健康確保措置を適切に実施する観点から，労働者がいかなる時間帯にどの程度の時間，労務を提供し得る状態にあったかを把握することを指す（Q&A8）。

労働時間を把握の対象となる労働者は，高度プロフェッショナル制度（労基法第41条の2）の適用者を除く全ての労働者である。高度プロフェッショナル制度の適用対象者には，健康管理時間の把握が労基法に基づいて義務づけられていることとの関係から除かれている（Q&A10）。把握の対象となる労働者には，労働時間・休憩・休日規制の適用が除外されている農業・水産業従事者，管理監督者，監視・断続的労働従事者（労基法第41条）や労使協定等により実労働時間にかかわらず，一定の労働時間働いたものとみなされる事業場外みなし労働時間制（労基法第38条の2）や裁量労働制（労基法第38条の3，第38条の4）の対象となる労働者も含まれる。本条が割増賃金規制とは切り離された健康確保を目的として規制として設計されていることはここからも確認できる[257]。

2 労働時間の把握方法

労働時間把握の具体的な方法としては，原則として現認，タイムカードやパソコン等の使用時間の記録等の客観的方法によることが求められるが，「やむを得ず客観的な方法により把握し難い場合」には「その他適切な方法」としての「自己申告」が所定の条件の下で許容されることになる（Q&A11）。

ここでいう「やむを得ず客観的な方法により把握し難い場合」としては，例えば，労働者が事業場外において行う業務に直行又は直帰する場合（かつ，事業場

外から社内システムにアクセスすることが可能である等の事情がない場合）が考えられる。反対に，タイムカードによる出退勤時刻や入退室時刻の記録やパソコンの使用時間の記録などのデータを有する場合や事業者の現認により当該労働者の労働時間を把握できる場合には自己申告は利用できないとされる（Q&A12）。なお，労働時間の状況を自己申告により把握する場合には，宿泊を伴う出張のケースを別とすれば，その日の労働時間の状況を翌労働日までに自己申告させる方法が適当であるとされ，日々の労働時間の把握が求められている（Q&A13）。

自己申告が許容される所定の条件とは，以下㈦乃至㈹の全ての措置が講じられていることである。すなわち，㈦対象労働者に対する適正な自己申告についての十分な説明，㈩労働時間の管理者に対する自己申告の適正な運用や講ずべき措置について十分な説明，㈧申告された労働時間が実態と合致しているか否かについての実態調査の実施と必要な補正，㈨申告された労働時間を超えて事業場内にいる時間又は事業場外において労務を提供し得る状態であった時間について，その理由を報告させる場合には，適正に行われているか否かについての確認，㈹労働時間の状況の適正な申告を阻害する措置を講じてはならないこと，時間外労働削減のための措置が適正申告阻害要因となっていないか確認し，なっている場合は改善措置を講ずること，法定労働時間や時間外労働の延長時間を記録上守っているようにすることが，慣習的に行われていないかについても確認することである（Q&A11）。これらの条件は，「労働時間の適正な把握のために使用者が講ずべき措置に関するガイドライン」（平成29年1月20日基発0120第3号。以下，「適正把握ガイドライン」という）において示されていた自己申告が許容される条件を基本的に踏まえたものといえる。

3 労働者への通知

面接指導の対象となる月80時間超の時間外労働がされたか否かは，毎月1回以上，一定の期日を定めて算定され，超えたことが確認された場合には，速やかに（概ね2週間以内に）当該労働者に対し，「超えた時間に関する情報」を通知しなければならない（安衛則第52条の2第2項，同第3項，Q&A5）。その際の方法としては，当該超えた時間を書面や電子メール等により通知する方法が適当であるとされるが，給与明細に時間外・休日労働時間数が記載されている場合には，これをもって労働時間に関する情報の通知としても差し支えないとある（Q&A4）。他方，労働者が自らの労働時間に関する情報を把握し，健康管理を行う動機付けとする観点から，時間外・休日労働時間が1月当たり80時間を超えない労働者から，労働時間に関する情報について開示を求められた場合には，「これに応じることが望ましい」とされるに留まる（Q&A6）。

4 補論：在宅勤務者の労働時間把握

2021（令和3）年3月に策定された「テレワークの適切な導入及び実施の推進のためのガイドライン」（令和3年3月25日基発0325第2号・雇均発0325第3号。以下「テレワークガイドライン」という）は，テレワーク時，特に，在宅勤務時の労働時間把握の方法として，客観的記録による方法（情報通信機器の使用時間）のほか，「情報通信機器を使用していたとしても，その使用時間の記録が労働者の始業及び終業の時刻を反映できないような場合」の労働時間把握方法として，労働者の自己申告による把握による方法があることを示す。また，労働者の自己申告により労働時間を簡便に把握する方法として，「例えば1日の終業時に，始業時刻及び終業時刻をメール等にて報告させるといった方法を用いることが考えられる」とする。ただし，「労働時間の適正な把握のために使用者が講ずべき措置に関するガイドライン」（平成29年1月20日基発0120第3号。以下「適正把握ガイドライン」という）も踏まえた対応として，自己申告による場合には，①適正に自己申告を行い，適正な運用を行うこと等について労働者や管理者に対する十分な説明を行うこと，②自己申告により把握した労働時間が実際の労働時間と合致しているか否かについて，パソコンの使用状況など客観的な事実と，自己申告された始業・終業時刻との間に「著しい乖離」があることを把握した場合（申告された時間以外の時間にメールが送信されている，申告された始業・終業時刻の外で長時間パソコンが起動していた記録がある等の場合）には，所要の労働時間の補正を行うこと，③自己申告できる時間外労働の時間数に制限を設けるなど，適正な申告を阻害する措置を講じてはならないことなどが求められるとする。なお，テレワークガイドラインは，「申告された労働時間が実際の労働時間と異なることを……使用者が認識していない場合には，当該申告された労働時間に基づき時間外労働の上限規制を遵守し，かつ，同労働時間を基に賃金の支払等を行っていれば足りる」とするが，認識していないとしても，認識可能性があるような場合に，罰則の適用や行政監督自体は免れうるとしても，割増賃金請求訴訟や安全配慮義務違反に基づく損害賠償請求においてどこまで免責が認められるかは明らかではない。また，テレワークガイドラインは，中抜け時間について，「労働基準法上，使用者は把握することとしても，把握せずに始業及び終業の時刻のみを把握することとしても，いずれでもよい」とする。この点，中抜け等について厳格な把握を行わないことは，事実上，柔軟な働き方を可能にすることとなり，労働者にとってメ

リットとなる面もある。他方，家事・育児・介護等を理由とする中抜けにより，終業時刻が遅くなる場合は，睡眠時間を圧縮し，健康障害のおそれを導く可能性もある。プライバシー保護の関係もあるが，健康障害防止の観点からは，労働時間把握に際して，時間帯も含めた検討が必要といえる。

なお，テレワークガイドラインは，在宅勤務において，①労働者が使用者と離れた場所で勤務をするため相対的に使用者の管理の程度が弱くなることや②業務に関する指示や報告が時間帯にかかわらず行われやすくなり，労働者の仕事と生活の時間の区別が曖昧となり，労働者の生活時間帯の確保に支障が生ずるおそれがあるなどの性格があることを指摘した上で，長時間労働による健康障害防止やワーク・ライフ・バランスの確保への配慮のため，①時間外・休日・深夜（以下「時間外等」という）におけるメール送付に関するルール設定や，②時間外等におけるシステムへのアクセスについて許可制とすること，③時間外・休日・所定外深夜労働について手続を設けること（時間外等労働が可能な時間数や時間帯を設定すること），④長時間労働等を行う労働者への注意喚起を行うことなどを挙げている。これらは，時間外等における就労についてルール設定を促すものであり，時間外等労働を直接に制限するものではないが，事業場外での時間外等における就労状況の把握を促し，必要な健康障害防止等の対策に繋げる契機となりうるものといえる。

5　補論：副業・兼業労働者の労働時間把握

長時間労働の抑制と副業・兼業の促進という２つの相反する政府方針の下で，2020（令和２）年９月に改定された「副業・兼業の促進に関するガイドライン」（令和２年９月１日基発0901第４号，以下，「副業・兼業ガイドライン」という）は，時間外労働の上限規制や割増賃金規制との関係では，複数の異なる事業主の下での兼業について，労働時間の通算を認める従前の行政解釈（昭和23年５月14日基発第769号）の立場を維持しつつ，労働時間管理にあたっては，自己申告制によらざるを得ないことを認めている。なお，労働時間通算の対象となるのは労働時間規制の対象となる労働者であり，管理監督者や高度プロフェッショナル制度の適用者，非雇用型副業・兼業に従事する時間の把握は不要とされる。

副業・兼業ガイドラインでは，副業・兼業の届出に際して，他の使用者の事業場での所定労働時間，始業・終業時刻や所定外労働の見込み時間数等を労働者から申告させること，副業・兼業開始後は所定外労働時間について申告させることなどが規定されている。なお，その際，日々申告ではなく，一定の日数分をまとめて申告等させることや時間外労働の上限規制の水準に近づいてきた場合に申告等させることも可能とされ，労働時間管理における労使双方の手続上の負担を軽減する「簡便な労働時間管理の方法」（管理モデル）として，本業先使用者が，副業・兼業開始前に，上限規制の範囲内で各使用者の事業場での労働時間の上限を設定し，労働者及び（労働者を通じて）副業先から了承を得た場合には，本業先使用者は実労働時間の把握は不要とする仕組みも示されている。[260]

副業・兼業ガイドラインでは，長時間労働者の面接指導のために，副業・兼業先の労働時間を通算しての労働時間把握までは基本的に求められないとされている。ただし，使用者の指示により当該副業・兼業を開始した場合は，当該使用者は，原則として，副業・兼業先の使用者との情報交換により，それが難しい場合は，労働者からの申告により把握し，自らの事業場における労働時間と通算した労働時間に基づき，健康確保措置を実施することが適当であるとされる。他方，使用者が副業・兼業を認めている場合には自己管理の指示や相談受付，健康確保措置を実施すること等についての労使の話し合いが推奨されている。[261]

なお，「第14次労働災害防止計画」（2023〔令和５〕年３月）では，副業・兼業を行う労働者が，自身の健康管理を適切に行えるツール（労働時間，健康診断結果，ストレスチェック結果を管理するアプリ）の活用促進を図るとある。

3　沿革

1　制度史

(1)　賃金台帳作成義務

労働時間把握に係る規制は，当初賃金の適正支払いの確保という観点から導入されていた。[262] 1947（昭和22）年に制定された労基法は，賃金台帳の作成義務及び３年間の保管義務について規定するが（労基法第108条，同第109条），各事業場ごとに作成される賃金台帳には，賃金計算の基礎となる事項及び賃金の額の他，賃金計算期間や労働日数，労働時間数，時間外・休日・深夜労働の時間数等について記載しなければならないとされる（労基法第108条，労基則第54条第１項）。この規制は，一定規模以上の事業者に賃金台帳を作成することを義務づけていた1940（昭和15）年10月19日の第２次賃金統制令に労働条件を明確にし，労務管理の改善に寄与する点があったことを踏まえ，これを踏襲したものである。[263]

(2)　通達・ガイドラインに基づく要請

2001（平成13）年には「労働時間の適正な把握のために使用者が講ずべき措置に関する基準」（平成13年４月16日基発第339号，以下，「適正把握基準」という）が発出されている。同基準では，「労働時間の把握に係る

自己申告制……の不適正な運用に伴い，割増賃金の未払いや過重な長時間労働といった問題が生じているなど，使用者が労働時間を適切に管理していない状況もみられるところである」との現状認識が示されており，①労基法第37条違反の臨検監督事案が増加傾向にあること，また，②電通事件・最2小判平12・3・24民集54巻3号1155頁をはじめとする過労死事案にみられるように不適切な労働時間把握がなされていることを背景に出されたものであると説明される[264]。もっとも，同基準発出の直接の契機となった2000（平成12）年11月30日の中央労働基準審議会建議「労働時間の短縮のための対策について」では，「時間外・休日・深夜労働の割増賃金を含めた賃金を全額支払うなど労働基準法の規定に違反しないようにするため，使用者が始業，終業時刻を把握し，労働時間を管理することを同法が当然の前提としていることから，この前提を改めて明確にし，始業，終業時刻の把握に関して，事業主が講ずべき措置を明らかにした上で適切な指導を行うなど，現行法の履行を確保する観点から所要の措置を講ずることが適当である」とされており，割増賃金規制（労基法第37条）の履行確保がその中心的課題と位置づけられているようにも読める[265]。事実，適正把握基準の対象となる労働者は，管理監督者及びみなし労働時間制が適用される労働者を「除く」全ての者とされており，割増賃金発生が想定しにくい労働者はその対象外とされている。ただし，対象から外れる労働者についても，健康確保を図る必要があることから，使用者において適正な労働時間管理を行う「責務」があるとされる。

適正把握基準の内容を基本的には承継しつつ，発展させる形で発出されたのが2017（平成29）年の「労働時間の適正な把握のために使用者が講ずべき措置に関するガイドライン」（平成29年1月20日基発0120第3号，以下，「適正把握ガイドライン」という）である。同ガイドライン策定の背景には，議員立法として，過労死等について調査研究を行う国の責任について定めた「過労死等防止対策推進法」が2014（平成26）年6月27日に公布されたことや同月24日の閣議決定「日本再興戦略」改訂2014において，「働き過ぎ防止のための取組強化」が盛り込まれたことなどがある。2016（平成28）年12月26日の長時間労働削減推進本部「『過労死等ゼロ』緊急対策」では，①違法な長時間労働を許さない取り組みの強化，②メンタルヘルス・パワハラ防止対策のための取り組みの強化，③社会全体で過労死等ゼロを目指す取り組みの強化という三本柱と，第一の柱との関係で新ガイドラインによる労働時間の適正把握の徹底を行うと示されている[266]。

(3) 義務規定の創設

上記のように，長時間労働及びこれによる健康障害防止が重要な政策課題となるなかで，2015（平成27）年2月13日の労働政策審議会建議「今後の労働時間法制等の在り方について」では，「管理監督者を含む，全ての労働者を対象として，労働時間の把握について，客観的な方法その他適切な方法によらなければならない旨を省令に規定することが適当である」とされ，同年3月2日の労働基準法の一部を改正する法律案要綱においては省令改正案が盛り込まれた。なお，高度プロフェッショナル制度等の導入を内容とする労働基準法の一部を改正する法律案（閣法第69号）は2015（平成27）年1月からの第189回国会に提出され，2017（平成29）年1月からの第193回国会までは，閉会中審査とされていたが，第194回国会会期中の同年9月28日に衆議院が解散し，廃案となった。なお，2016（平成28）年1月からの第190回国会及び同年9月末からの第192回国会には，労働時間管理簿の作成を罰則付きで使用者に義務づける労働基準法の一部を改正する法律案も提出されていたが（衆法第27号を撤回の上，衆法第4号を提出），同様に，廃案となった[267]。なお，第192回国会においては，電通の新入社員女性が長時間労働を苦にして過労自殺した事件が取り上げられ，労働時間の自己申告に伴う労働時間管理の問題状況からすれば，労働時間の虚偽記載について罰則による対応が必要ではないかとの追及がなされ，これに対し，厚生労働大臣から，政府も省令により労働時間把握義務を規定する方針を有しており，同省令の下で適正な監督指導を進めるつもりでいること，賃金台帳への労働時間の虚偽記載に対しては罰則の適用があり，労働基準監督機関が労働基準法第108条違反として指導を行った件数は9527件，そのうち書類送検を行った件数は2件であることについて答弁がなされている[268]。

2017（平成29）年6月5日の労働政策審議会建議「時間外労働の上限規制等について」では，「働き方改革実行計画」（2017〔平成29〕年3月28日働き方改革実現会議決定）に基づき，時間外労働の上限規制の導入のほか，労働時間把握義務については，改めて省令に規定すべきことが提案され，同年9月15日に答申された「働き方改革を推進する関係法律の整備に関する法律案要綱」に盛り込まれた。

「働き方改革を推進する関係法律の整備に関する法律案」が提出された2018（平成30）年1月からの第196回国会では，野党側議員から，労働時間把握義務について法定化すべきではないかとの追及がなされている[269]。その際，全労働省労働組合が労働基準監督官を対象として行ったアンケートでは，労働時間規制で最も有効な対策は，実労働時間の把握義務の法定化であるとの回答が最も多いことなども指摘されている。これ

に対し，厚生労働大臣からは，裁量労働制含めて労働時間の実態を把握することは重要であること，省令改正ではあるが労働時間把握を義務化することについて答弁がなされている[270]。

なお，「働き方改革を推進する関係法律の整備に関する法律案」は企画業務型裁量労働制の拡大を内容に含むものであったが，企画業務型裁量労働制の適用労働者の労働時間については，一般の労働者よりも短いということが，平成25年の労働時間実態調査に基づき内閣総理大臣及び厚生労働大臣から説明がされていた[271]。しかし，後に，一般労働者と裁量労働制適用者との間で調査対象者の選定方法に差があるなど，そのデータの信ぴょう性に疑義があることが明らかになった[272]。裁量労働制が長時間労働を助長するのではないかとの野党側の追及を受けて，企画業務型裁量労働制の適用対象者拡大を内容とする改正案は撤回された。

こうした中で，労働時間把握義務についても省令ではなく労働安全衛生法において規定される方針転換がされ，本条の創設に至った。なお，本条が罰則付きでないことについては，国会審議において野党議員から批判がなされている[273]。

2 背景となった災害等

(1) 電通における過労自殺事件

労働時間把握にかかる規定が整備された背景には，電通における2つの過労自殺事件がある。いずれの事件においても，同社における苛烈な長時間労働と杜撰な労働時間管理が社会の注目を集めた。

第1の事件は，1990（平成2）年に入社した男性社員（当時24歳）が長時間労働の末，1991（平成3）年8月27日，職場に体調が悪いので会社を休むと電話連絡した後，過労自殺した事件である。同事件は，遺族が会社に対して損害賠償を請求し，最高裁（電通事件・最2小判平12・3・24民集54巻3号1155頁）が会社の責任を認めている。最高裁判決において判示された事実によれば，残業時間は各従業員が勤務状況報告表と題する文書によって申告することとされており，残業を行う場合には従業員は原則として予め所属長の許可を得るべきものとされていたが，実際には，従業員は事後に所属長の承認を得るという状況となっていたこと，36協定上の上限を超える残業時間を申告する者も相当数存在していたこと，残業時間につき従業員が現に行ったところよりも少なく申告することも常態化していたことなどが認められる。自殺した社員の上司は，遅くとも1991（平成3）年3月ころには，同社員の申告残業時間（月50～80時間）が実情より相当少ないことや業務のために徹夜をする状況にあること（なお，1991〔平成3〕年以降の徹夜の回数は申告ベースで毎月1～8回，午前2時以降に退勤することが月5～10回以上）は，上司も認識していたとされ，同年7月には健康状態が悪化していることに気が付いていたとあり，それにもかかわらず，業務は所定の期限までに遂行すべきことを前提として，帰宅してきちんと睡眠を取り，それで業務が終わらないのであれば翌朝早く出勤して行うようになどと指導したのみで，業務量等を適切に調整するための措置を採ることはなかったとして，上司らの注意義務違反を認め，会社の使用者責任を肯定した（民法第715条）。同最高裁判決が「労働時間の適正な把握のために使用者が講ずべき措置に関する基準」（平成13年4月16日基発339号）発出の背景にあることは既に述べた通りである（3 1(2)）。

第2の事件は，新入女性社員（当時24歳）が，本採用となった2015（平成27）年10月以降，月100時間を超える時間外労働に従事するなどし，2015（平成27）年12月25日に自殺したというものである[274]。この件は，2016（平成28）年9月30日，過労自殺について労災認定がなされたことを契機として，社会の注目を集めた。働き方改革関連法案について国会審議がなされる中で，この問題は取り上げられており，労働時間把握の重要性や自己申告による把握の不適正な運用についての指摘がなされている[275]。

この事件の顛末は以下の通りである。2016（平成28）年10月14日には，東京労働局の過重労働撲滅特別対策班（過重労働が疑われる企業を集中的に調査するチーム。通称かとく）と三田労働基準監督署が電通本社と支社に一斉に立入調査に入り，同年11月7日には強制捜査に切り替えられた。その背景には，電通の管理する労働時間の記録と実際の出退勤記録に不整合があり，36協定で許容される時間外労働の上限（月50時間）を超えて働かせることが全社的に常態化している疑いが強まったこと，2014（平成26）～2015（平成27）年にかけて，違法な長時間労働を理由として，東京・大阪の労働基準監督署から是正勧告を受けていたにもかかわらず，改善措置をとらなかったことなどがあるとされる[276]。労働局は，同年12月28日には電通を一部の容疑に絞って書類送検し，社長は引責辞任に追い込まれた。同様の事件では立入調査から立件まで1年以上かかることもありうるところ，2カ月余りで書類送検に踏み切ったのは異例のことであったとされる[277]。また，同事件はその後も異例の経過をたどり，翌2017（平成29）年7月5日に検察が法人を略式起訴（100万円以下の罰金か科料が予定される事件で被疑者の同意が得られた場合に，書面で審理を行う手続）したのに対し，東京簡裁が「略式起訴不相当」として公開の法廷で正式裁判が行われることとされた。なお，電通本社の部長3人は悪質性がないとして起訴猶予とされている[278]。刑事裁判においては，2017（平成29）年10月6日，求刑通り，法

人に対し罰金50万円を課す判決が出され，確定している[279]。他方，2017（平成29）年1月には遺族との間で，慰謝料の支払いのほか，長時間労働の改革や健康管理体制の強化，遺族が参加する研修教育を含む18項目の再発防止措置の実施と実施状況の遺族への報告を内容とする合意書がまとめられている[280]。もっとも，電通は，2019（令和元）年12月には労基法と安衛法に違反したとして，三田労働基準監督署（東京）から同年9月4日付で是正勧告を受けていたことが報道されている[281]。

（2） 裁量労働制の下にある労働者の過労自殺

働き方改革関連法案が国会において審議されている最中に，野村不動産に対する特別指導の公表についても問題とされている。野村不動産では，マンションの個人向け営業担当者600人に裁量労働制を不適切に適用し，違法な長時間労働が生じているとして，本社及び関西支社など全国4拠点に対し，各地の労働基準監督署から是正勧告がなされたほか，東京労働局による特別指導が2017（平成29）年12月25日付でなされている。

特別指導は電通の新入社員女性の過労自殺を契機とするものに引き続き2例目であったが，電通のときは特別指導がなされたことは公表されなかったのに対し，野村不動産に対するそれは労働局による記者会見により明らかとされた[282]。是正勧告等の個別の企業に対する指導が公表されたことは従来なく，異例のことであった。また，翌2018（平成30）年2月20日の衆議院予算委員会では，裁量労働制の適用拡大に反対する野党の追及に対し，加藤厚生労働大臣が野村不動産に対する特別指導を例に挙げて，不適切な運用に対する監督指導を行っていくことを答弁した。

もっとも，こうした特別指導の背景には，2016（平成28）年9月に同社に勤務する男性社員が，長時間労働により体調を崩し，休職から復帰した後，長時間労働（自殺前5カ月間は月180時間超の時間外労働）の末に過労自殺しており，2017（平成29）年12月26日に労災認定を受けていたこと，労災認定については過去の例と同様非公表とされたことが明らかとなった。また，特別指導をするに先立ち，労災認定がなされる方針が固まっていたことなどが明らかとなり，厚労省や厚生労働大臣は過労自殺や労災認定の事実を知っていたにもかかわらず，これについて触れなかったとして，野党側からその政治的責任について厳しい追及がなされるなどした[283]。なお，野村不動産において，裁量労働制は2018（平成30）年に廃止されている。

また，同様に，三菱電機においても，2018（平成30）年3月，「労働時間をより厳格に把握する」として社員の3分の1にあたる約1万人に適用していた裁量労働制を全社的に廃止している[284]。背景には，システム開発の技術者や研究職の5人の男性社員が，2012（平成24）年から2016（平成28）年にかけて，精神障害や脳疾患を発症したり自殺したりし，2014（平成26）年から2017（平成29）年にかけて労災認定を受けているが，うち3人は専門業務型裁量労働制の適用を受けていたこと，2017（平成29）年には，同社の電子機器の消費電力を制御して省エネにつなげる「パワー半導体」の生産を担う子会社の40代の男性社員（技術者）が過労自殺したこと（2019〔令和元〕年10月4日に労災認定）などもあるとみられる。技術者は兵庫県にある別の子会社に副課長（管理監督者）として出向し，月100時間を超える時間外労働等に従事する中で精神障害を発症した。その後，出向先から福岡県にある元の子会社に復帰し，裁量労働制の適用を受けて勤務する中で自殺している。三菱電機は，2016（平成28）年度から「働き方改革」を掲げて長時間労働を抑制する方針を打ち出し，子会社への指導も進めていたが，2017（平成29）年度には，長時間労働を理由として三菱電機と精神疾患を発症した男性の上司が書類送検されるなどしており（いずれも不起訴処分），再発を防げなかったとされている[285]。

（3） 過労自殺者の遺児の詩

過労自殺は遺族に深い悲しみを残すものである。その一端を示すものとして，父親を過労自殺で亡くした当時小学1年生の「マーくん」が書いた「ぼくの夢」という詩がある。以下はその抜粋である。

```
大きくなったら
ぼくは博士になりたい
そしてドラえもんに出てくるような
タイムマシンをつくる
ぼくはタイムマシーンにのって
お父さんの死んでしまう
まえの日に行く
そして『仕事に行ったらあかん』て
いうんや
```

「マーくん」の父親は和歌山県内の自治体職員として，条例を改正する仕事等に従事していた。午前1時過ぎまで持ち帰った仕事をするなどし，亡くなる1カ月前の残業は110時間を超え，家での仕事を含めると200時間近くに上っていたとされる。胃潰瘍を患い，不眠にも悩む中で，条文にミスが見つかり，やり直す時間も体力もない中で，「もう疲れて，修正案を考える気力がなくなった。もはや死んでおわびするしかない」と遺書を書き自殺に至ったとされる[286]。

この詩は，「全国過労死を考える家族の会」WEBサイトで紹介されているほか[287]，国会審議においても

度々取り上げられている[28]。2012（平成24）年3月には遺族たちの団体「全国過労死を考える家族の会」が求める「過労死防止法」作りのために国会で朗読され，2013年には超党派の国会議員連盟が結成された。また，法制定を求める「家族の会」の署名用紙にもこの詩が印刷されていたとされる。こうした中で2014（平成26）年6月20日に過労死等防止対策推進法が全会一致で成立した。同法は，2017（平成29）年の「労働時間の適正な把握のために使用者が講ずべき措置に関するガイドライン」策定の後押しとなっている。

4 適用の実際

1 労働時間把握方法

都内の常用従業者規模30人以上の3000事業所を対象に行われた東京都産業労働局「労働時間管理に関する実態調査」（2017〔平成29〕年3月）によれば，労働時間の管理方法は，一般労働者については，「タイムカード・ICカード等」（62.2％）が最も多く，次いで，「自己申告」（19.9％），「上司が確認・記録」（10.6％）となっている。管理職についても「タイムカード・ICカード等」（55.3％）が最も多く，「自己申告」（23.4％）がこれに続いている（資料7-95）。

上記で調査協力した事業所に勤務する2000人の従業員を対象に行われた従業員調査の結果によれば，労働時間の把握状況については，「正確に把握されている」（74.1％）が最も多く，「会社の把握している労働時間は，実際よりも短い」は16.9％，「会社の把握している労働時間は，実際よりも長い」は5.9％となっている。もっとも，「時間管理されていない」（32.1％），「自己申告」で管理されている（59.6％）と回答するところでは，「正確に把握されている」との回答割合が低くなっており，「会社の把握している労働時間は，実際よりも短い」との回答が共に25％以上を占めている。

2021（令和3）年12月に刊行された連合総研「第42回勤労者短観」によれば，残業手当の支給対象で2021（令和3）年9月に所定外労働を行った人の27.2％〔2020年調査29.3％，2019年調査21.6％〕が残業手当の未申告があると回答している。また，申告しなかった理由として，「申告する際に，自分自身で調整したから」が79.5％であるのに対し，「申告する際に，上司から調整するように言われたから」も14.8％にのぼる。自分で調整した者のうち，その理由として「働いた時間どおり申告しづらい雰囲気だから」が36.1％，「残業手当に限度があるから」が23.7％，「なんとなく申告しなかった」が19.6％となっている（資料7-96）。

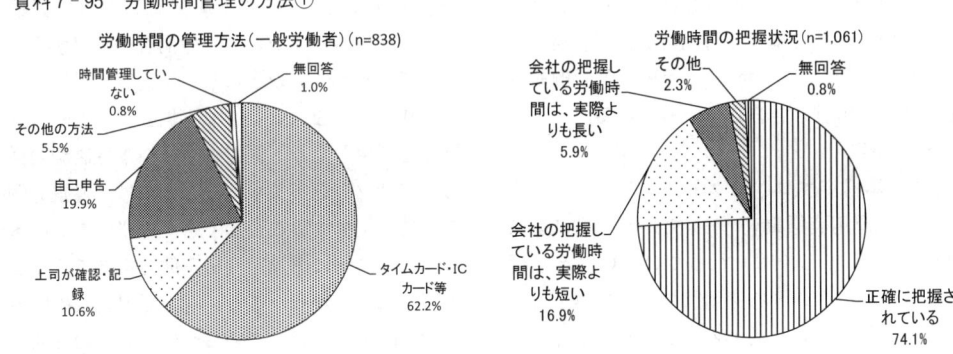

資料7-95　労働時間管理の方法①

（東京都産業労働局「労働時間管理に関する実態調査（概要版）」〔平成29年3月〕〔https://www.sangyo-rodo.metro.tokyo.lg.jp/toukei/koyou/jiccho28_gaiyo.pdf，最終閲覧日：2022年9月21日〕）

資料7-96　労働時間管理の方法②

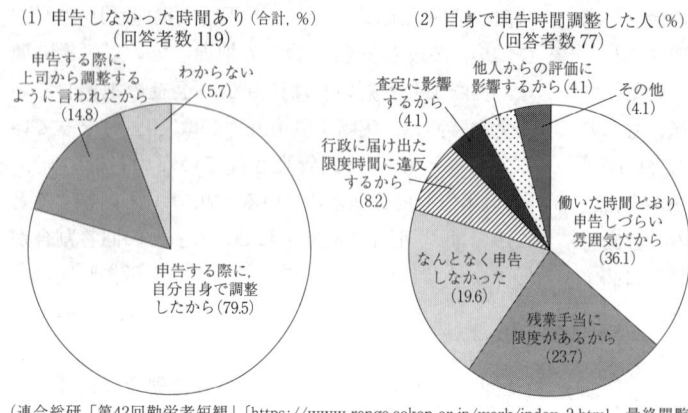

(連合総研「第42回勤労者短観」〔https://www.rengo-soken.or.jp/work/index_2.html, 最終閲覧日：2022年9月21日〕図表Ⅲ-11をもとに作成)

また，1週間の平均実労働時間が50時間を超える者の5～6割が上司による労働時間や仕事の管理状況について，「労働時間が過重にならないように業務量を調整していると思わない」，「仕事の進め方について明確な指示をしていると思わない」，「有給休暇取得に積極的な働きかけていると思わない」と回答し，4～5割が「実際の労働時間を把握しているとは思わない」，「健康を気遣っていると思わない」と回答している。

2　監督の状況

(1)　定期監督における法違反状況

「平成31年・令和元年労働基準監督年報」によれば定期監督において本条に基づく労働時間把握義務違反の件数は4120件であるのに対し，「令和2年労働基準監督年報」では5607件と相当数に上っている。

(2)　監督の実際

「令和2年度本研究プロジェクトによる行政官・元行政官向け法令運用実態調査（三柴丈典担当）」によれば，労働時間把握を（適切に）行っていないことを理由に安衛則第52条の7の3を適用して監督指導を行ったとの回答が3件寄せられている。このうち1件は，労働時間を把握していないことによるものであり，2件は，タイムカードやパソコンの使用時間の記録等の客観的な方法その他の適切な方法により客観的な方法で把握していないことによるものである。後者のうち1件は，労働者の出勤（欠勤）状況を出勤簿に押印させることによって把握しているのみで，始業時刻，終業時刻，各日の時間外労働時間数などを把握していない事例であったとの説明がある。

また，法定労働時間について定める労働基準法第32条とともに適用される「（本条は）本来は労働基準法に設けられる（べき）規制だと思うが，健康管理という面から安衛法に設けられた規制となっている」との意見も寄せられている。

5　関係判例

1　過労死・過労自殺事案における適正な労働時間把握の懈怠

本条に基づく労働時間把握義務が規定される以前においても，特に，過労死・過労自殺の事案において，労働時間把握の懈怠は，安全配慮義務又は心身の健康に注意する義務違反を基礎づける事情として考慮されてきた。

グルメ杵屋事件・大阪地判平21・12・21労判1003号16頁は，Y社及びその系列子会社が設営する飲食店の店長として業務に従事していた従業員が，月100時間を超える時間外労働に半年以上従事した末，急性心筋梗塞により死亡したことについて，遺族であるXによりY社の安全配慮義務違反等を理由として損害賠償請求がなされた事案である。判決は，Y社は，安全配慮義務の具体的内容として，「労働時間を適切に管理し，労働時間，休憩時間，休日，休憩場所等について適正な労働条件を確保し，健康診断を実施した上，労働者の年齢，健康状態等に応じて従事する作業時間及び作業内容の軽減等適切な措置を採るべき義務」を負うとした上でその義務違反を認め，遺族に対し合計約5500万円の損害賠償請求を認めた。その際，①Y社において労働時間把握は自己申告，すなわち，労働者が提出する出勤表によって行われていたところ，出勤表の労働時間は実態を反映していないこと，②警備会社のセキュリティ装置等を利用したり，同警備会社や本件店舗の従業員からヒアリングを実施するなどすれば，過重労働の実態を容易に把握することができたはずであるにもかかわらず，客観的に労働時間の実態を把握できるこれらの方策を採らなかったこと，③上記出勤表の内容が実際の労働時間と合致しているかについての実態調査等を行った形跡は認められないことなどが認定されている。

また，九電工事件・福岡地判平21・12・2労判999号14頁は，空調衛生施設工事等の現場監督業務に従事していた労働者が1年間にわたり月100時間超の時間外労働（発症前7カ月間は月150時間超）に従事していたことなどを原因としてうつ病を発症し，自殺した事案の下，安全配慮義務違反等を理由とする損害賠償請求が認められた事案である（認容額の合計は約1億円）。判決は，「労働者が労働日に長時間にわたり業務に従事する状況が継続するなどして，疲労や心理的負荷等が過度に蓄積すると，心身の健康を損なう危険があることは広く知られているところである」とし，使用者は「その雇用する労働者に従事させる業務を定めてこ

れを管理するに際し，労働者の労働時間，勤務状況等を把握して労働者にとって長時間又は過酷な労働とならないように配慮するのみならず，業務の遂行に伴う疲労や心理的負荷等が過度に蓄積して労働者の心身の健康を損なうことがないよう注意する義務を負う」とした。また，亡労働者の時間外労働時間数が長期間にわたって極めて長時間に及んでいたことに加え，Y社において自己申告制が採られていたことを前提に，厚生労働省の「労働時間の適正な把握のために使用者が講ずべき措置に関する基準」（2001〔平成13〕年4月6日）に照らして，「労働時間の実態を正しく記録し，適正に自己申告を行うことなどについて十分に説明するとともに，必要に応じて自己申告によって把握した労働時間が実際の労働時間と合致しているか否かについて実態調査を実施するなどし，一郎が過剰な時間外労働をすることを余儀なくされ，その健康状態を悪化することがないように注意すべき義務」を負うとし，Y社の義務違反を肯定した。その際，労働者が時間外・休日労働の正規の手続を採っておらず，かつ，勤務表における自己申告による時間外・休日労働の時間数の記載と実際の時間数を一致していないことをY社が認識していながら，労働者に対して口頭でできる限り残業を行わないことや土曜日は交替で休むことを指導したにとどまり，労働時間の実態を勤務票に正しく記録し，適正に自己申告を行うよう指導したり，労働者の労働時間に関する実態調査をすることもなかったことが考慮されている。

萬屋建設事件・前橋地判平24・9・7労判1062号32頁は，建設会社の現場代理人として勤務していた労働者がうつ病にり患し自殺したことについて，安全配慮義務違反を理由とする損害賠償請求が認容された事案である（認容額は6000万円超）。同事件では，亡労働者の自殺前約5カ月間の時間外労働は月100時間を超えていたこと，業務量が多く，発注者から工期遵守を求められていたことなどが認定されている。同判決もまた，前掲九電工事件と同様，厚生労働省の基準に照らして「労働時間の実態を正しく記録し，適正に自己申告を行うことなどについて十分に説明するとともに，必要に応じて自己申告によって把握した労働時間が実際の労働時間と合致しているか否かについて，実態調査を実施する等して，一郎が過剰な時間外労働をして健康状態を悪化させないようにする義務（以下「労働時間把握義務」という。）があった」と判断し，義務違反を肯定した。その際，時間外・休日労働の手続をとらずに時間外・休日労働をしている労働者がいることを認識しながら，申告時間と実際の時間が一致しようとしているか否かの調査が行われていないことに加え，月24時間を超える残業時間の申告を認めていない

など，適正申告を妨げる措置がとられていたことが考慮されている。また，人員を1人配置するなど業務軽減措置をとったことは認められるものの，これにより業務負担は軽減されておらず，このことは労働時間把握義務を尽くしていれば把握可能であったにもかかわらず，これを怠り，更なる軽減措置をとることはなかったことについても考慮されている。

Y歯科医院事件・福岡地判平31・4・16労経速2412号17頁は，歯科医院に就職し歯科技工士として勤務していた者が過重な労働に従事し，うつ病を発症し自殺するに至ったことについて，安全配慮義務違反等を理由とする損害賠償請求が認められた事案である（認容額は4000万円超）。同事件では，死亡前6カ月のうち5カ月で時間外労働時間が145時間を超えていたこと，業務に関し医院開設者から日常的に叱責され強い心理的負荷がかかっていたことが認定されている。同判決は，「従業員の労働時間を客観的資料に基づいて把握しておらず，労働時間に関する聞き取りなど，労働時間を把握するための措置も特段講じていなかったのであるから，Y社による労働管理は不十分であるというほかない」として，Y社の責任を肯定している。

病院関係の事件では，本書第66条の8 5 1でも取り上げた公立八鹿病院組合ほか事件・広島高松江支判平27・3・18労判1118号25頁もまた，新人医師の過労自殺に対する安全配慮義務違反を肯定するに際し，労働時間把握それ自体が適切に行われていなかったことを考慮している。使用者側は病診連携等のシステムを導入し，可能な限りの医師不足の解消や個々の勤務医の負担軽減を図り，一定の成果を上げるなどしていたことなどを主張していたが，同判決は，労働時間の把握がなされていなかったことをもってこの主張を排斥した。

上記判決からも明らかなように，労働時間の適正な把握は安全配慮義務の内容となるといえる。特に，長時間労働の事案において，労働時間把握は健康管理（その手段としての長時間労働是正）の大前提となるべきものであり，これすら怠っていたという場合においては，安全配慮義務違反が認められやすい。また，特に自己申告による労働時間把握を行う場合には，適正な自己申告を妨げる措置をとっていないか，申告された労働時間と実態との間に乖離がないか，あることが窺われる場合にこれを踏まえた対応をとっているかなども，安全配慮義務違反に当たるか否かを検討するにあたり考慮されることになる。

2 労働者の過少申告と過失相殺

岐阜県厚生農業協同組合連合会事件・岐阜地判平31・4・19労判1203号20頁は，Yが管理する病院に

勤務していた事務職員が，月100時間を超える時間外労働が半年程度続く中でうつ病を発症し，自殺したものとして，遺族であるXらが，Yに対し安全配慮義務違反に基づく損害賠償請求をし，認容された事案である。

同事件では，安全配慮義務違反については争いがなく，過失相殺の適用をめぐって争いがなされた。Yは超過勤務申請の不提出が過失相殺であると主張したが，判決は，自ら労働者の労働時間の把握を怠っておきながら，労働時間が把握できなかった責任を労働者に転嫁しようとするものであるとして，この主張を排斥している。その際，①上司が超過勤務申請を出さずに，慢性的に長時間の時間外労働をしていたことを現認しており，申告されている労働時間が現実のものとかい離していることを十分に認識していたにもかかわらず，(a)超過勤務申請を提出することを積極的に求めたことも，(b)労働時間を正確に把握しようとしたこともないということ，②管理者が勤務時間内に業務を終えることができないのは労働者自身の仕事の進め方の問題であるとの認識を示していたこと等から，超過勤務申請することを躊躇させるような職場環境となっており，それが放置されていたとの事実が認められている。

(本条) 5 1の通り，労働時間の適正な把握は安全配慮義務の内容となるものであり，その責任は一義的には使用者に課されるものである。労働者が正しい労働時間を申告しない場合に，使用者がこの責任を十分に果たし得ないことになることは確かであるが，過少申告についての労働者の責任（過失相殺）を認める前提としては，適正な申告が可能であるような職場環境が整えられている必要があるといえる。

3 取締役等の体制構築義務

大庄事件・大阪高判平23・5・25労判1033号24頁は，飲食店の従業員が月100時間を超えるかあるいはそれに近い時間外労働に入社後4カ月従事した後，急性左心機能不全により死亡したことについて，会社の安全配慮義務違反に基づく損害賠償責任が認められるとともに，取締役らの第三者（本件では死亡した労働者の遺族）に対する善管注意義務違反に基づく賠償責任（会社法第429条第1項）も認められた事案である（認容額：合計8000万円）。同判決は，会社が適切に労働時間を把握しておらず，適切な休憩及び休日を従業員にとらせることがなかったことについて，会社の安全配慮義務違反を認めた。また，このことに加え，基本給に月80時間の時間外労働を組み込み，36協定においては月100時間の時間外労働を許容していることなども併せ考慮した上で，取締役等は，悪意又は重大な過失により，会社が行うべき労働者の生命・健康を損なうこ

とがないような体制の構築と長時間労働の是正方策の実行に関して任務懈怠があるとした。

同判決は，長時間労働の事実だけでなく，労働契約上も当然にそれを予定するような規定が設けられていたことを踏まえて判断されたものではあるが，労働時間把握を怠り，労働者の生命・健康を損ないかねない長時間労働の状況を放置していた場合には，会社だけでなく役員個人の責任が問われうることを示唆するものといえる。

4 慰謝料請求事件における労働時間把握

狩野ジャパン事件・長崎地大村支判令元・9・26労判1217号56頁は，麺製造販売会社の製麺工場で作業に従事していた労働者が25カ月間にわたって月90ないし160時間の時間外等労働を行ったことにつき，労働者の側に長時間労働による具体的疾患が生じていないなかで，使用者の安全配慮義務違反が認められ，慰謝料請求が認容された事案（慰謝料の認容額：30万円）である。その際，36協定を従前締結していなかったことや締結した後の36協定は無効であること，タイムカードの打刻時刻から窺われる原告の労働状況について注意を払い，原告の作業を確認し，改善指導を行うなどの措置を講じることもなかったことなどが考慮されている。また，「具体的な疾患を発症するに至らなかったとしても，被告は，安全配慮義務を怠り，2年余にわたり，原告を心身の不調を来す危険があるような長時間労働に従事させたのであるから，原告の人格的利益を侵害した」と判示されている。

同判決は具体的疾患が発症する前にもかかわらず，安全配慮義務違反を理由とする慰謝料請求が一部認容されたやや珍しい事案である。同判決の趣旨からは，使用者が適切な健康管理のための措置あるいはその前提としての労働時間の適正把握を怠っている場合には，健康障害が生じる前の時点において，慰謝料請求権が発生するということが示唆される。このことは，健康障害の予防という観点からは重要な意味を持つものといえよう。

> 第66条の8の4　事業者は，労働基準法第41条の2第1項の規定により労働する労働者であつて，その健康管理時間（同項第3号に規定する健康管理時間をいう。）が当該労働者の健康の保持を考慮して厚生労働省令で定める時間を超えるものに対し，厚生労働省令で定めるところにより，医師による面接指導を行わなければならない。
> 2　第66条の8第2項から第5項までの規定は，前項の事業者及び労働者について準用する。こ

> の場合において，同条第5項中「就業場所の変更，作業の転換，労働時間の短縮，深夜業の回数の減少等」とあるのは，「職務内容の変更，有給休暇（労働基準法第39条の規定による有給休暇を除く。）の付与，健康管理時間（第66条の8の4第1項に規定する健康管理時間をいう。）が短縮されるための配慮等」と読み替えるものとする。

1 趣旨

本条は，労基法における労働時間・休日規制（深夜割増賃金規制を含む）が適用除外となる特定高度専門業務・成果型労働制（高度プロフェッショナル制）の下にある労働者（高度プロフェッショナル）の「健康管理時間」（事業場内労働時間と事業場外労働時間を合算したもの）のうち，週40時間を超える時間の合計が月100時間を超える場合に，医師による面接指導の実施を事業者に義務づけたものである。高度プロフェッショナルに対しては，健康確保の観点から労基法上も所定の規制がなされているが，安衛法において，特に長時間の労働に従事した高度プロフェッショナルについては，その申出の有無にかかわらず，医師による面接指導の実施を罰則による強制力をもって事業者に義務づけたものといえる。

本条に違反した事業者は，50万円以下の罰金に処せられる可能性がある（安衛法第120条第1号）。私法上の効力については，本書第66条の8を参照。

2 内容

1 高度プロフェッショナル制

本条の対象となる「労基法第41条の2第1項の規定により労働する労働者」が所定の業務（対象業務）に従事する場合には，労働時間，休憩，休日及び深夜の割増賃金に関する規定は適用されない（労基法第41条の2，労基則第34条の2）。

高度プロフェッショナル制の対象労働者は，対象業務に就かせる労働者であって，使用者との書面等による合意に基づく職務が明確に定められており，1年間に支払われる見込みの賃金額が「基準年間平均給与額」（厚労省の毎月勤労統計により算定される労働者1人あたりの給与の平均額）の3倍の額を相当程度上回る水準として厚労省令で定める額（1075万円）以上である者とされる。

対象業務とは，「高度の専門的知識等を必要とし，その性質上従事した時間と従事して得た成果との関連性が通常高くないと認められるもの」として，労基則第34条の2第3項に列挙される下記の業務に限定され

る。なお，国会の附帯決議を受けて，これらの業務であっても，当該業務に従事する時間に監視や使用者からの具体的指示を受けて行うものは除かれる。

> ①金融工学等の知識を用いて行う金融商品の開発の業務
> ②資産運用の業務又は有価証券の売買その他の取引の業務のうち，投資判断に基づく資産運用の業務等（資産運用会社におけるファンドマネージャー，トレーダー，ディーラーの業務等）
> ③有価証券市場における相場等の動向又は有価証券の価値等の分析，評価又はこれに基づく投資に関する助言の業務（有価証券市場アナリストの業務）
> ④顧客の事業の運営に関する重要な事項についての調査又は分析及びこれに基づく当該事項に関する考案又は助言の業務（いわゆるコンサルタントの業務）
> ⑤新たな技術，商品又は役務の研究開発の業務

高度プロフェッショナル制度の適用が認められるための手続的要件としては，一定の事項について，労働者代表・使用者代表を構成員とする労使委員会の委員の5分の4以上の多数による議決を得て，これを所轄労働基準監督署長に届け出ること，及び，対象となる労働者から書面による同意を得ることである。また，決議の対象となる事項は下記の通りである。

> (ア)対象業務
> (イ)対象労働者
> (ウ)「健康管理時間」を把握する措置を講ずること
> (エ)1年間に104日以上かつ4週間を通じて4日以上の休日付与
> (オ)下記いずれかの措置を講ずること
>   ①11時間の継続した休息時間の確保（勤務間インターバル）及び深夜労働を月4回以内とすること
>   ②1週間辺りの健康管理時間が40時間超となった場合にその超えた時間が月100時間以内，3カ月で240時間以内とすること
>   ③年1回以上継続した2週間（労働者が請求した場合には，1年2回以上の継続した1週間）の休日付与
>   ④週40時間を超えた健康管理時間が80時間を超えた労働者又は申出があった労働者に臨時健康診断を実施すること
> (カ)健康管理時間の状況に応じて健康・福祉確保措置（(オ)の措置，健康診断，医師の面接指導，休日・休暇付与，心と体の健康問題についての相談窓口の設置，適切な部署への配置転換，産業医等による助言指導又は保健指導）を講じること
> (キ)対象労働者の同意の撤回手続
> (ク)苦情処理措置を講ずること
> (ケ)同意をしなかった労働者に対する不利益取扱いの禁

止
　㈡その他（決議の有効期間，労使委員会の開催頻度・時期，記録の保存，産業医のいない事業場における医師の選任等）

　上記のうち，㈦㈧㈨については，高度プロフェッショナル制を適法に適用するための要件であり，これが実施されていない場合には，高度プロフェッショナル制の適用は認められず，労基法に基づく法定労働時間や割増賃金規制に服することとなる。

　なお，厚生労働省が受理した高度プロフェッショナル制度の決議届及び定期報告によると，令和3年3月末時点において，高度プロフェッショナル制度の導入企業数は20社（21事業場）であり，㈨の選択的措置のうち，①インターバル＋深夜労働の制限を選択した事業場はなく，②上限設定を選択したのが5事業場，③休日付与を選択したのが9事業場，④臨時の健康診断を選択したのが3事業場である。

　また，㈩の健康・福祉確保措置として選択されたものの中では，心とからだの健康問題についての相談窓口の設置を選択したのが10事業場，医師による面接指導を選択したのが4事業場となっている。

2　健康管理時間の把握

　高度プロフェッショナル制の対象労働者の健康管理時間の把握は，高度プロフェッショナル制を導入するに際しての決議事項とされている。ここでいう「健康管理時間」とは対象労働者が事業場内にいた時間と事業場外において労働した時間の合計の時間を意味する。ただし，事業場内にいた時間のうち，労使委員会が休憩時間その他対象労働者が労働していない時間を除くことを決議したときは，当該決議に係る時間を除いた時間とされている（労基則第34条の2第7項）。健康管理時間の把握に際しては，タイムカードによる記録，パーソナルコンピュータ等の電子計算機の使用時間の記録等の客観的な方法によるのが原則とされる。ただし，事業場外において労働した場合であって，やむを得ない理由があるときは，自己申告によることができる（同第8項）。

3　面接指導の実施

　健康管理時間が週40時間を超えた場合の超えた時間が1カ月当たり100時間を超えた場合には，本条に基づき医師による面接指導を行うことが義務づけられる（安衛則第52条の7の4）。超えた時間の算定は，毎月1回以上，一定の期日を定めて行わなければならず，面接指導は同期日後遅滞なく行われなければならない（同第52条の7の4第2項，第52条の2第2項）。本条に基づく面接指導について，労働者の申出によらずに実施が求められる点は，高度プロフェッショナル制の適用を受けない通常の労働者の面接指導（安衛法第66条の8）とは異なる。他方，労働者は面接指導を受けなければならないとされている点，事業者は面接指導結果に基づき，対象労働者の健康保持に必要な措置について医師の意見を聴かなければならない点，記録の保存が求められる点は同様である。なお，事後措置の必要があると認められるときは，職務内容の変更，有給休暇の付与，健康管理時間が短縮されるための配慮等の措置を講じなければならないとされている。

　また，本条に基づく面接指導に係る費用については，事業者に当該面接指導の実施の義務を課している以上，当然，事業者が負担する必要がある。また，事業者がその事業の遂行に当たり，当然実施されなければならない性格のものであり，実施にかかる時間は健康管理時間に含まれる（改正解釈通達・平成31年3月29日基発0329第2号Q&A17）。

3　沿革

　2015（平成27）年の国会に提出された労基法改正案には，「時間ではなく成果で評価される働き方を希望する働き手のニーズに応える[291]」労働時間制度として，高収入の高度専門人材の労働時間規制を適用除外しつつ，一定の健康・福祉確保措置を求める「高度プロフェッショナル制」が盛り込まれていたが，批判も強く，審議中に国会は閉会となった。2018（平成30）年に国会に提出された働き方改革関連法案においては，労基法における時間外労働に対する罰則付上限規制の導入等を内容とする労基法改正と一本化する形で，継続審議となっていた労働基準法改正案に含まれる高度プロフェッショナル制についても盛り込まれた。同法案は，同年6月20日に成立し，2019（平成31）年4月1日に施行された。

　この一本化にあたっては，2017（平成29）年8月30日，同年9月4日の第138・139回労働政策審議会労働条件分科会において，労働者側委員から強い反対が示されていた。その際，健康確保措置については，①健康管理時間に基づいてインターバル措置，②健康管理時間の上限，あるいは③年間104日の休日確保のいずれかを講じることを義務づけることが予定されていたが，労働者側委員から，健康確保措置が不十分であるとの懸念点も示され，この点については，公益委員や使用者側委員からも一定の理解も示された。こうしたなかで，健康確保措置の強化が求められ，同年9月8日に労働条件分科会において諮問された法律案要綱においては，高度プロフェッショナルに対する104日の休日の付与を義務づけ，かつ，上記①，②のほか，③1年に1回以上の継続した2週間の休日を与えること，あるいは，④健康管理時間が月80時間を超えた場

資料7-97 高度プロフェッショナル制度に関する報告の状況（2024年3月末時点）

1 決議事業場数及び対象労働者数 （※1）

業務の種類 （※2）	決議事業場数	対象労働者数
①金融商品の開発の業務	—	—
②ファンドマネージャー、トレーダー、ディーラーの業務	4事業場	41人
③証券アナリストの業務	4事業場	23人
④コンサルタントの業務	22事業場	1,269人
⑤新たな技術、商品又は役務の研究開発の業務	4事業場	7人
①～⑤計	30事業場（29社）	1,340人

（※1） 令和6年3月31日までの間に受理した各事業場の直近の決議届（労働基準法第41条の2第1項に基づき、高度プロフェッショナル制度に係る労使委員会の決議を労働基準監督署長に届け出ることとされているもの）に基づき厚生労働省において集計したものである。なお、各種情報から同制度の廃止等を確認した事業場は除外している。同一事業場において複数の業務を同制度の対象としている場合、業務ごとに1事業場として集計しているため、決議事業場数を足し上げた数と①～⑤計は一致しない。

（※2） 業務の種類のうち、「①金融商品の開発の業務」とは労働基準法施行規則第34条の2第3項第1号に定める「金融工学等の知識を用いて行う金融商品の開発の業務」を指し、「②ファンドマネージャー、トレーダー、ディーラーの業務」とは同項第2号に定める「資産運用（指図を含む。以下この号において同じ。）の業務又は有価証券その他の取引の業務のうち、投資判断に基づく資産運用の業務、投資判断に基づく資産運用として行う有価証券の売買その他の取引の業務又は投資判断に基づき自己の計算において行う有価証券の売買その他の取引の業務」を指し、「③証券アナリストの業務」とは同項第3号に定める「有価証券市場における相場等の動向又は有価証券の価値等の分析、評価又はこれに基づく投資に関する助言の業務」を指し、「④コンサルタントの業務」とは同項第4号に定める「顧客の事業の運営に関する重要な事項についての調査又は分析及びこれに基づく当該事項に関する考案又は助言の業務」を指し、「⑤新たな技術、商品又は役務の研究開発の業務」とは同項第5号に定める「新たな技術、商品又は役務の研究開発の業務」を指す。

2 健康管理時間の状況 （※3）（※4）

業務の種類	1か月当たりの健康管理時間の最長 （※5）		1か月当たりの健康管理時間の平均 （※6）	
①金融商品の開発の業務	—	—	—	—
②ファンドマネージャー、トレーダー、ディーラーの業務	100H以上～200H未満	0事業場	100H以上～200H未満	3事業場
	200H以上～300H未満	5事業場	200H以上～300H未満	2事業場
③証券アナリストの業務	100H以上～200H未満	0事業場	100H以上～200H未満	1事業場
	200H以上～300H未満	3事業場	200H以上～300H未満	2事業場
④コンサルタントの業務	100H以上～200H未満	0事業場	100H以上～200H未満	7事業場
	200H以上～300H未満	7事業場	200H以上～300H未満	6事業場
	300H以上～400H未満	6事業場	300H以上～400H未満	0事業場
⑤新たな技術、商品又は役務の研究開発の業務	100H以上～200H未満	1事業場	100H以上～200H未満	3事業場
	200H以上～300H未満	2事業場	200H以上～300H未満	0事業場
①～⑤計	100H以上～200H未満	1事業場	100H以上～200H未満	14事業場
	200H以上～300H未満	17事業場	200H以上～300H未満	10事業場
	300H以上～400H未満	6事業場	300H以上～400H未満	0事業場

（※3） 令和6年3月31日までの間に受理した各事業場の直近の定期報告（労働基準法第41条の2第2項に基づき、健康管理時間の状況等を6か月以内ごとに労働基準監督署長に報告することとされているもの）に基づき厚生労働省において集計したものである。なお、各種情報から同制度の廃止等を確認した事業場は除外している。同一事業場において複数の業務を同制度としている場合、業務ごとに1事業場として集計している。

（※4） 「健康管理時間」は、対象労働者が事業場内にいた時間と事業場外において労働した時間との合計の時間。労使委員会が除くことを決議しない場合、健康管理時間には、事業場内における休憩時間等も含まれ得る。

（※5） 「1か月当たりの健康管理時間の最長」は、定期報告に記載された健康管理時間が最長であった労働者の時間数（当該報告の対象期間中に対象業務に従事した適用労働者の中で1か月当たりの健康管理時間数が最長であった者の1か月当たりの健康管理時間数）を100時間単位で分類し集計したものである。

（※6） 「1か月当たりの健康管理時間の平均」は、定期報告に記載された健康管理時間の平均の時間数（当該報告の対象期間中に対象業務に従事した適用労働者全員の1か月当たりの健康管理時間数の平均値）を100時間単位で分類し集計したものである。

（厚生労働省WEBサイト「高度プロフェッショナル制度の概要」〔https://www.mhlw.go.jp/stf/seisakunitsuite/bunya/koyou_roudou/roudoukijun/roudouzikan/202311.html, 2024年7月11日〕）

合における健康診断の実施のいずれかを講じることを義務づけるとの修正がなされ，同分科会の答申としては，「おおむね妥当と認める」とされた。ただし，労働者側委員から，高度プロフェッショナル制度の創設については，「長時間労働を助長するおそれがなお払拭されておらず，実施すべきではないとの考え方に変わりはない」との意見があったことも記載されている。安衛法との関係では，法律案要綱に健康管理時間が月100時間を超えた場合における面接指導の規定が設けられることとなり，同年9月14日の第108回労働政策審議会安全衛生分科会において諮問がなされ，同日これを是とする答申がなされている。なお，2015

（平成27）年の労基法改正案の国会提出に先立ち示された建議「今後の労働時間法制等の在り方について」においては，高度プロフェッショナル制度の創設に関して，健康管理時間をもとにした医師の面接指導が盛り込まれており，これを踏まえたものともいえる。

4 適用の実際

1 高度プロフェッショナル制度の導入状況

受理された高度プロフェッショナル制度の決議届及び定期報告の結果を集計した厚生労働省のデータ（資料7-97）によると，2022（令和4）年3月時点で，同制度の導入企業数は21社（22事業場），対象労働者数（合計）は665人〔2021（令和3）年：552人〕であり，特に，④顧客の事業の運営に関する重要な事項についての調査又は分析及びこれに基づく当該事項に関する考案又は助言の業務に従事する者が550人となっている。高度プロフェッショナル制度の適用を受ける労働者のうち，1カ月当たりの健康管理時間数が最長であった者の1カ月当たりの健康管理時間数が200時間以上300時間未満であるとするのが合計15事業場，300時間以上400時間未満であるとするのが合計7事業場，400時間以上500時間未満であるとするのも2事業場である。なお，高度プロフェッショナル制度の下で導入されている選択的措置としては，2週間の連続休日が最も多い15事業場であり，健康・福祉確保措置としては，相談窓口の設置をしているところが最も多い（17事業場）。

2 面接指導の実施状況

「令和2年労働安全衛生調査（実態調査）」の事業所調査によれば，労働時間の状況を把握している高度プロフェッショナルがいる事業所のうち，100時間超の時間外・休日労働をした労働者がいたと回答した事業所の割合が20.8％（労働者数階級別にみると3人），いないとの回答が68.2％，不明が10.9％である。また，時間外・休日労働をした労働者がいたと回答した事業所のうち，面接指導を申し出た者がいたと回答した事業所も20.8％であるが，申出を受けた事業所では面接指導が実施されている。

> **第66条の9** 事業者は，第66条の8第1項，第66条の8の2第1項又は前条第1項の規定により面接指導を行う労働者以外の労働者であつて健康への配慮が必要なものについては，厚生労働省令で定めるところにより，必要な措置を講ずるように努めなければならない。

1 趣旨

本条は，安衛法第66条の8（＊通常労働者向けの長時間労働面接指導），第66条の8の2（＊研究開発業務従事者向けの長時間労働面接指導），第66条の8の4（＊高プロ対象者向けの長時間労働面接指導）に基づく面接指導の対象とならない労働者についても，健康への配慮が必要な場合には，面接指導等に準じた措置を実施するよう努めることを事業者に義務づけるものである。ここでいう健康への配慮には，脳・心臓疾患の発症の予防的な意味が含まれる（平成18年2月24日基発第0224003号）。

本条違反に対する罰則はない。もっとも，事業者において，健康への配慮が必要であることが認識可能であるにもかかわらず，配慮を怠ったことにより，健康障害が発症・増悪した場合には，安全配慮義務違反・心身の健康に配慮する義務違反により損害賠償責任が認められることとなろう。

2 内容

長時間労働者に対する面接指導の対象とならない労働者のうち，健康への配慮が必要なものについて，事業者は面接指導の実施又は面接指導に準ずる措置の実施に努めなければならない（安衛則第52条の8第1項）。

ここでいう「面接指導に準ずる措置」には，労働者に対して保健師等による保健指導を行うこと，チェックリストを用いて，産業医等が疲労蓄積度を把握の上で，必要な者に対して面接指導を行うこと，事業場の健康管理について事業者が産業医等から助言指導を受けること等が含まれる（改正解釈通達・平成31年3月29日基発0329第2号Q&A18）。さらに，面接指導又は面接指導に準ずる措置を実施した場合には，その結果に基づき事後措置を実施するよう努めなければならないとされる（同Q&A19）。

こうした措置を実施するか否かの判断にあたっては，事業場において定めた「必要な措置の実施に関する基準」に該当しているか否かをみることになる（安衛則第52条の8第2項）。同基準の策定は衛生委員会等における調査審議の内容を踏まえて決定する。衛生委員会が設置されていない事業場では，基準の策定にあたり，労働者の意見を聴取するよう努める（安衛則第23条の2参照）。また，長時間労働による健康障害に係る医学的知見を考慮し，時間外・休日労働時間が月45時間を超える労働者については，健康への配慮の必要な者の範囲と措置について検討し，それらの者が措置の対象となるように「必要な措置の実施に関する基準」を設定することが望ましいとされる（平成18年2月24日基発第0224003号）。

なお，特に，健康管理時間の超過時間が1月当たり

100時間を超えない高度プロフェッショナル制度対象労働者については，当該労働者の申出があった場合には，面接指導を行うよう努めなければならないとされる（安衛則第52条の8第3項，Q&A20）。

3 制度史
1 制定
本条は，安衛法第66条の8と共に2005（平成17）年改正で追加された規定である。労働政策審議会安全衛生分科会における検討を経て示された2004（平成16）年12月27日の建議「今後の労働安全衛生対策について」では，安衛法第66条の8の対象とならない労働者についても，①長時間にわたる労働により疲労の蓄積が認められ又は労働者自身が健康に不安に感じた労働者であって申出を行った労働者及び②事業場で定めた基準に該当する労働者に対して，事業者は面接指導に準ずる措置等必要な措置を行うよう努めることが記載されている。安全衛生分科会における当初の案においては，「周囲の者が労働者の健康の異常を疑った場合等で，産業医等が必要と認めた」労働者も面接指導に準ずる措置の対象とすることが検討されていたが，「実行上の問題がある」との理由により，最終案では落とされている。こうして，安衛則第52条の8（平成18年厚生労働省令第1号）においては，①長時間の労働により，疲労の蓄積が認められ，又は健康上の不安を有している労働者及び，②事業場において定められた基準に該当する労働者に対して，当該労働者の申出に基づき必要な措置を実施する旨規定された。

2 2018（平成30）年改正
2018（平成30）年働き方改革関連法により，安衛法第66条の8のほかに，研究開発業務従事者に対する面接指導や高度プロフェッショナル制の対象労働者に対する面接指導の規定が設けられたこととの関係で本条も一部表現が見直されている。

なお，平成30年9月7日厚生労働省令第112号により，安衛則も改正されている。従前，通常の労働者については，安衛則第52条の8第2項において，必要な措置の対象者は①「長時間の労働により，疲労の蓄積が認められ，又は健康上の不安を有している労働者」のほか，②事業場において定められた「必要な措置の実施に関する基準」に該当する者が列挙されていたが（この頃の同条第3項は，安衛則第52条の7所定の労働者自身の希望による代替健診の場合に，申出のあった者に絞る内容だったが），①は削除されて，事業場策定基準に該当すれば対象となることとなった。合わせて第3項が改められ，高度プロフェッショナル制の対象労働者に本条（法第68条の9）所定の努力義務としての面談を行う際には，本人の申出によることとされた。

4 適用の実際
監督実務の経験者によれば，就業規則において，労働者からの申出がなくても面接指導を実施することや，週40時間超の労働時間が月45時間を超え，使用者が必要と認めた場合は面接指導を実施することを規定している企業は一定数あるとのことである。[294]

> **（心理的な負担の程度を把握するための検査等）**
> **第66条の10** 事業者は，労働者に対し，厚生労働省令で定めるところにより，医師，保健師その他の厚生労働省令で定める者（以下この条において「医師等」という。）による心理的な負担の程度を把握するための検査を行わなければならない。
> 2 事業者は，前項の規定により行う検査を受けた労働者に対し，厚生労働省令で定めるところにより，当該検査を行った医師等から当該検査の結果が通知されるようにしなければならない。この場合において，当該医師等は，あらかじめ当該検査を受けた労働者の同意を得ないで，当該労働者の検査の結果を事業者に提供してはならない。
> 3 事業者は，前項の規定による通知を受けた労働者であつて，心理的な負担の程度が労働者の健康の保持を考慮して厚生労働省令で定める要件に該当するものが医師による面接指導を受けることを希望する旨を申し出たときは，当該申出をした労働者に対し，厚生労働省令で定めるところにより，医師による面接指導を行わなければならない。この場合において，事業者は，労働者が当該申出をしたことを理由として，当該労働者に対し，不利益な取扱いをしてはならない。
> 4 事業者は，厚生労働省令で定めるところにより，前項の規定による面接指導の結果を記録しておかなければならない。
> 5 事業者は，第3項の規定による面接指導の結果に基づき，当該労働者の健康を保持するために必要な措置について，厚生労働省令で定めるところにより，医師の意見を聴かなければならない。
> 6 事業者は，前項の規定による医師の意見を勘案し，その必要があると認めるときは，当該労働者の実情を考慮して，就業場所の変更，作業の転換，労働時間の短縮，深夜業の回数の減少等の措置を講ずるほか，当該医師の意見の衛生委員会若しくは安全衛生委員会又は労働時間等

> 設定改善委員会への報告その他の適切な措置を講じなければならない。
> 7　厚生労働大臣は，前項の規定により事業者が講ずべき措置の適切かつ有効な実施を図るため必要な指針を公表するものとする。
> 8　厚生労働大臣は，前項の指針を公表した場合において必要があると認めるときは，事業者又はその団体に対し，当該指針に関し必要な指導等を行うことができる。
> 9　国は，心理的な負担の程度が労働者の健康の保持に及ぼす影響に関する医師等に対する研修を実施するよう努めるとともに，第2項の規定により通知された検査の結果を利用する労働者に対する健康相談の実施その他の当該労働者の健康の保持増進を図ることを促進するための措置を講ずるよう努めるものとする。

1　趣旨

　仕事や職業生活に関して強い不安，悩み又はストレスを感じている労働者が5割を超える状況にある中，「労働者の心の健康の保持増進のための指針」（平成18年3月31日指針公示第3号）（メンタルヘルス指針）に基づき，労働者の心の健康の保持増進のための措置の実施が推進されてきたが，仕事による強いストレスが原因で精神障害を発病し，労災認定される労働者が，2006（平成18）年以降も増加傾向にあり，労働者のメンタルヘルス不調を未然に防止することが重要な課題となっていった。本条は，事業者に「ストレスチェック制度」と称される「心理的な負担を把握するための検査等」を毎年実施することを義務づけるものである。本条の目的はメンタルヘルス不調の未然防止にあり，精神疾患者の特定ではない。すなわち，本条の主要な目的は，①定期的に労働者のストレスの状況について検査を行い，本人のその結果を通知して自らのストレスの状況について気づきを促し，個人のメンタルヘルス不調のリスクを低減させること，②検査結果を集団的に分析し，職場環境の改善につなげることで，リスクの要因そのものも低減させること，③メンタルヘルス不調のリスクの高い者を早期に発見し，医師による面接指導に繋げることである。本条に基づき，事業者はストレスチェック及び面接指導を実施することが義務づけられるが，労働者に受検義務はない。

　本条違反に対する罰則はない。本条に基づくストレスチェック制度を実施しなかったことによって，直ちに損害賠償請求権が基礎づけられる訳ではないが，こうした体制を整えていなかったことは，業務を原因としてメンタルヘルス不調にり患した労働者との関係で安全配慮義務違反・心身の健康に対する配慮義務違反が問われる際には使用者の不利に斟酌されうる。

2　内容

　ストレスチェック制度に基づく取り組みは，(ア)事業者による基本方針の表明，(イ)ストレスチェック及び面接指導の実施，(ウ)集団ごとの集計・分析の順に行うものとされる。(イ)のストレスチェック及び面接指導の実施にあたっては，①事業者は，衛生委員会等において調査審議を行い，その結果を踏まえ，ストレスチェック制度の実施方法等を規程として定め，②医師，保健師等にストレスチェックを実施させ，③結果を労働者本人に通知させ，④高ストレス者として選定された労働者から申出があった場合には，医師による面接指導を実施し，⑤面接指導を実施した医師から就業上の措置に関する意見聴取を行い，これを踏まえて就業上の措置を講じるという流れでこれを行う（資料7-98）。

　なお，上記の具体的手順については，「心理的な負担の程度を把握するための検査及び面接指導の実施並びに面接指導結果に基づき事業者が講ずべき措置に関する指針」（以下，「ストレスチェック指針」という）（平成27年4月15日心理的な負担の程度を把握するための検査等指針公示第1号，最終改正：平成30年8月22日心理的な負担の程度を把握するための検査等指針公示第3号）が定められている。また，これに加えて，「労働安全衛生法に基づくストレスチェック制度マニュアル」（2015〔平成27〕年5月，最終改訂：2021〔令和3〕年2月）も作成されており，「ストレスチェック実施規程例」や連絡・通知のための文書例などが示されている。

1　衛生委員会における調査審議

　「労働者の精神的健康の保持増進を図るための対策の樹立に関すること」は衛生委員会の付議事項とされており（安衛則第22条第10号），ストレスチェック制度に関する下記事項もここに含まれる（平成27年5月1日基発0501第3号）。

> イ　ストレスチェック制度の目的に係る周知方法並びにストレスチェック制度の実施体制及び実施方法に関すること
> ロ　ストレスチェック結果に基づく集団ごとの集計・分析の実施方法に関すること
> ハ　ストレスチェックの受検の有無の情報の取扱いに関すること
> ニ　ストレスチェック結果の記録の保存方法に関すること
> ホ　ストレスチェック，面接指導及び集団ごとの集計・分析の結果の利用目的及び利用方法に関すること
> ヘ　ストレスチェック，面接指導及び集団ごとの集

計・分析に関する情報の開示，訂正，追加及び削除の方法に関すること
ト　ストレスチェック，面接指導及び集団ごとの集計・分析に関する情報の取扱いに関する苦情の処理方法に関すること
チ　労働者がストレスチェックを受けないことを選択できることの趣旨の周知方法に関すること
リ　労働者に対する不利益な取扱いの防止に関すること

　事業者は衛生委員会等における結論を踏まえ，当該事業場におけるストレスチェック制度の実施に関する規程を定め，これを予め労働者に対して周知することが求められる（平成27年5月1日基発0501第3号）。

2　実施方法・検査項目

　事業者は，常時使用する労働者に対し，1年以内ごとに1回，定期に，心理的な負担の程度を把握するための検査を行わなければならない（本条第1項，安衛則第52条の9）。検査は，①職場における当該労働者の心理的な負担の原因に関する項目，②当該労働者の心理的な負担による心身の自覚症状に関する項目，③職場における他の労働者による当該労働者への支援に関する項目について行い，これを点数化して労働者のストレスの程度を評価するものである（安衛則第52条の9）。これらの項目を含まない調査票で検査を行うもの又は点数化せずに評価を行うものは，ストレスチェックには該当しない（平成27年5月1日基発0501第3号）。なお，ストレスチェック指針においては，事業者がストレスチェックに用いる調査票として「職業性ストレス簡易調査票」が示されている（**資料7-99**）。

　ストレスチェックの実施方法として，特定の時期に全ての労働者に対して一斉に実施する方法のほか，1年を通して労働者ごとに時期をずらしながら実施する方法も考えられるが，集団ごとの集計・分析ができるよう，少なくとも集計・分析の単位となる集団については同じ時期に一斉に実施することが望ましいとされる（平成27年5月1日基発0501第3号）。また，ストレスチェックを健康診断の自覚症状及び他覚症状の有無の検査と同時に実施することもできるが事業者は，ストレスチェックの調査票及び健康診断の問診票を区別する等，労働者が受検・受診義務の有無及び結果の取扱いがそれぞれ異なることを認識できるよう必要な措置を講じなければならないとされる（ストレスチェック指針）。

3　実施者等

　ストレスチェックは，医師，保健師，厚生労働大臣が定める研修を修了した歯科医師，看護師，精神保健福祉士，公認心理士により実施される（安衛則第52条の10第1項）。研修は，**資料7-100**の範囲について行われる（平成27年5月1日基発0501第4号）。

　調査票の回収，集計若しくは入力又は受検者との連絡調整等の実施の事務については，必ずしも実施者が直接行う必要はなく，実施事務従事者（＊資格不要で職種にも限定はなく，次の段落に示された制限にかからなければ，人事労務担当者等も担当可能〔三柴追記〕）に行わせることができる（ストレスチェック指針）。実施事務従事者に対しては，事業者が，安衛法第104条に基づく秘密保持義務が課されること，秘密の漏えいや知り得た秘密の多目的利用をしてはならないことを周知することが求められる（ストレスチェック指針）。

　ストレスチェック結果が労働者の意に反して人事上の不利益な取扱いに利用されることがないようにするため，ストレスチェックの実施に際し，検査を受ける労働者の人事について直接の権限を持つ監督的地位にある者は，検査の実施の事務に従事してはならない（同第52条の10第2項）。ただし，労働者の健康情報を取り扱わない下記の事務については，監督的地位にある者が従事して差し支えないとされる（平成27年5月1日基発0501第3号）。

①事業場におけるストレスチェックの実施計画の策定
②ストレスチェックの実施日時や実施場所等に関する

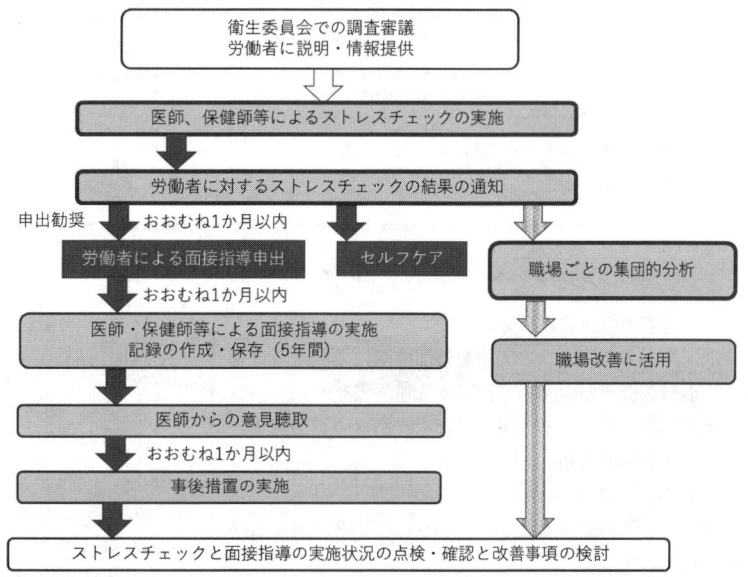

資料7-98　ストレスチェックの流れ

（石﨑由希子作成）

資料7-99　職業性ストレス簡易調査票

職業性ストレス簡易調査票（57項目）

A　あなたの仕事についてうかがいます。最もあてはまるものに○を付けてください。
【回答肢（4段階）】そうだ／まあそうだ／ややちがう／ちがう
1. 非常にたくさんの仕事をしなければならない
2. 時間内に仕事が処理しきれない
3. 一生懸命働かなければならない
4. かなり注意を集中する必要がある
5. 高度の知識や技術が必要なむずかしい仕事だ
6. 勤務時間中はいつも仕事のことを考えていなければならない
7. からだを大変よく使う仕事だ
8. 自分のペースで仕事ができる
9. 自分で仕事の順番・やり方を決めることができる
10. 職場の仕事の方針に自分の意見を反映できる
11. 自分の技能や知識を仕事で使うことが少ない
12. 私の部署内で意見のくい違いがある
13. 私の部署と他の部署とはうまが合わない
14. 私の職場の雰囲気は友好的である
15. 私の職場の作業環境（騒音、照明、温度、換気など）はよくない
16. 仕事の内容は自分にあっている
17. 働きがいのある仕事だ

B　最近1か月間のあなたの状態についてうかがいます。最もあてはまるものに○を付けてください。
【回答肢（4段階）】ほとんどなかった／ときどきあった／しばしばあった／ほとんどいつもあった
1. 活気がわいてくる
2. 元気がいっぱいだ
3. 生き生きする
4. 怒りを感じる
5. 内心腹立たしい
6. イライラしている
7. ひどく疲れた
8. へとへとだ
9. だるい
10. 気がはりつめている
11. 不安だ
12. 落着かない
13. ゆううつだ
14. 何をするのも面倒だ
15. 物事に集中できない
16. 気分が晴れない
17. 仕事が手につかない
18. 悲しいと感じる
19. めまいがする
20. 体のふしぶしが痛む
21. 頭が重かったり頭痛がする
22. 首筋や肩がこる
23. 腰が痛い
24. 目が疲れる
25. 動悸や息切れがする
26. 胃腸の具合が悪い
27. 食欲がない
28. 便秘や下痢をする
29. よく眠れない

C　あなたの周りの方々についてうかがいます。最もあてはまるものに○を付けてください。
【回答肢（4段階）】非常に／かなり／多少／全くない
次の人たちはどのくらい気軽に話ができますか？
1. 上司
2. 職場の同僚
3. 配偶者、家族、友人等
あなたが困った時、次の人たちはどのくらい頼りになりますか？
4. 上司
5. 職場の同僚
6. 配偶者、家族、友人等
あなたの個人的な問題を相談したら、次の人たちはどのくらいきいてくれますか？
7. 上司
8. 職場の同僚
9. 配偶者、家族、友人等

D　満足度について
【回答肢（4段階）】満足／まあ満足／やや不満足／不満足
1. 仕事に満足だ
2. 家庭生活に満足だ

==

職業性ストレス簡易調査票の簡略版（23項目）

A　あなたの仕事についてうかがいます。最もあてはまるものに○を付けてください。
【回答肢（4段階）】そうだ／まあそうだ／ややちがう／ちがう
1. 非常にたくさんの仕事をしなければならない
2. 時間内に仕事が処理しきれない
3. 一生懸命働かなければならない
8. 自分のペースで仕事ができる
9. 自分で仕事の順番・やり方を決めることができる
10. 職場の仕事の方針に自分の意見を反映できる

B　最近1か月間のあなたの状態についてうかがいます。最もあてはまるものに○を付けてください。
【回答肢（4段階）】ほとんどなかった／ときどきあった／しばしばあった／ほとんどいつもあった
7. ひどく疲れた
8. へとへとだ
9. だるい
10. 気がはりつめている
11. 不安だ
12. 落着かない
13. ゆううつだ
14. 何をするのも面倒だ
16. 気分が晴れない
27. 食欲がない
29. よく眠れない

C　あなたの周りの方々についてうかがいます。最もあてはまるものに○を付けてください。
【回答肢（4段階）】非常に／かなり／多少／全くない
次の人たちはどのくらい気軽に話ができますか？
1. 上司
2. 職場の同僚
あなたが困った時、次の人たちはどのくらい頼りになりますか？
4. 上司
5. 職場の同僚
あなたの個人的な問題を相談したら、次の人たちはどのくらいきいてくれますか？
7. 上司
8. 職場の同僚

==

（厚生労働省「労働安全衛生法に基づくストレスチェック制度マニュアル」〔2015年5月、最終改訂：2021年2月〕より抜粋）

実施者との連絡調整
③ストレスチェックの実施を外部機関に委託する場合の外部機関との契約等に関する連絡調整
④ストレスチェックの実施計画や実施日時等に関する労働者への通知
⑤調査票の配布
⑥ストレスチェックを受けていない労働者に対する受検の勧奨

なお、労働者にはストレスチェックの受検義務はないが、ストレスチェック指針によれば、これは、メンタルヘルス不調で治療中のため受検の負担が大きい等の特別の理由がある労働者にまで受検を強要する必要はないためであり、ストレスチェック制度を効果的なものとするためにも、全ての労働者がストレスチェックを受検することが望ましいとされており、事業者は、受検を勧奨できるとされている。[296]　また、労働者の

資料7-100

科目	範囲
労働者の健康管理	・労働衛生関係法令 ・職場の労働衛生管理体制 ・産業医等産業保健スタッフの役割と職務 ・労働者の健康管理の基本的考え方 ・労働者の健康情報とその評価 ・労働者の健康情報の保護
事業場におけるメンタルヘルス対策	・事業場におけるメンタルヘルス対策の基本的考え方 ・労働者のメンタルヘルス不調の予防と対応,職場復帰支援 ・職場のストレス要因と職場環境の改善
事業場における労働者の健康の保持増進を図るための労働者個人及び労働者の集団に対する支援の方法	・職場における健康教育の知識と技法 ・労働者との面接の知識と技法 ・職場における労働者の集団への支援の知識と技法

＊衛生管理者免許を受けた者は「労働者の健康管理」が免除される。
＊労働衛生コンサルタント免許を受けた者は全科目が免除される。
(石﨑由希子作成)

受検の有無の情報を得るにあたり,労働者の同意を得る必要はない(ストレスチェック指針)。

ストレスチェック及び面接指導の実施は産業医の職務内容に含まれるが(安衛則第14条第1項第3号),産業医がストレスチェック及び面接指導等の実施に直接従事することまでを求めているものではなく,衛生委員会等に出席して,医学的見地から意見を述べるなど,何らかの形でストレスチェック及び面接指導の実施等に関与することが求められている(平成27年5月1日基発0501第3号)。なお,ストレスチェック及び面接指導の実施を外部機関に委ねる場合,事業者は,当該委託先において,ストレスチェック又は面接指導を適切に実施できる体制及び情報管理が適切に行われる体制が整備されているか等について,事前に確認することが望ましいとされる(ストレスチェック指針)。

上記のほか,事業者は,実施に当たって,実施計画の策定,当該事業場の産業医等の実施者又は委託先の外部機関との連絡調整及び実施計画に基づく実施の管理等の実務を担当する者を指名する等,実施体制を整備することが望ましいとされる。当該実務担当者には,衛生管理者又はメンタルヘルス指針に規定する事業場内メンタルヘルス推進担当者を指名することが望ましいが,ストレスチェックの実施そのものを担当する実施者及びその他の実施事務従事者と異なり,ストレスチェック結果等の個人情報を取り扱わないため,監督的地位にある者を指名することもできる(ストレスチェック指針)。

4 高ストレス者の判定方法

ストレスチェック指針は,面接指導の対象となりうる高ストレス者の判定方法を以下の通り示す。高ストレス者として選定されるのは,下記いずれかの要件を充たす者である。具体的な選定基準は衛生委員会等での調査審議を踏まえて事業者が決定する。

①調査票のうち,「心理的な負担による心身の自覚症状に関する項目」の評価点数の合計が高い者
②調査票のうち,「心理的な負担による心身の自覚症状に関する項目」の評価点数の合計が一定以上の者であって,かつ,「職場における当該労働者の心理的な負担の原因に関する項目」及び「職場における他の労働者による当該労働者への支援に関する項目」の評価点数の合計が著しく高い者

実施者による具体的な高ストレス者の選定は,上記の選定基準のみで選定する方法のほか,選定基準に加えて補足的に実施者又は実施者の指名及び指示のもとにその他の医師,保健師,歯科医師,看護師若しくは精神保健福祉士又は公認心理師,産業カウンセラー若しくは臨床心理士等の心理職が労働者に面談を行いその結果を参考として選定する方法も考えられる。

5 結果の通知

事業者は,ストレスチェックを受検した労働者に対し,遅滞なく,当該検査を行った医師等から当該検査の結果が通知されるようにしなければならない(本条第2項,安衛則第52条の12)。ここでいう「遅滞なく」とは,ストレスの程度の評価等ストレスチェック結果が出力された後,速やかにという趣旨である。また,通知すべき結果は,①当該労働者のストレスの特徴や傾向を数値,図表等で示したもの(資料7-101),②当該労働者のストレスの程度を示したものであって,高ストレスに該当するかどうかを示した結果,③面接指導の要否である(平成27年5月1日基発0501第3号)。

通知に際して,①労働者によるセルフケアに関する助言・指導,②面接指導の対象者にあっては,事業者への面接指導の申出窓口及び申出方法,③面接指導の申出窓口以外のストレスチェック結果について相談できる窓口に関する情報提供も行うことが望ましいとされる(ストレスチェック指針)。

なお,事業者は,ストレスチェック結果の通知を受けた労働者に対して,相談の窓口を広げ,相談しやすい環境を作ることで,高ストレスの状態で放置されないようにする等適切な対応を行う観点から,日常的な活動の中で当該事業場の産業医等が相談対応を行うほか,産業医等と連携しつつ,保健師,歯科医師,看護師若しくは精神保健福祉士又は公認心理師,産業カウンセラー若しくは臨床心理士等の心理職が相談対応を行う体制を整備することが望ましいとされる(ストレスチェック指針)。

資料7-101 ストレスチェック結果通知の例

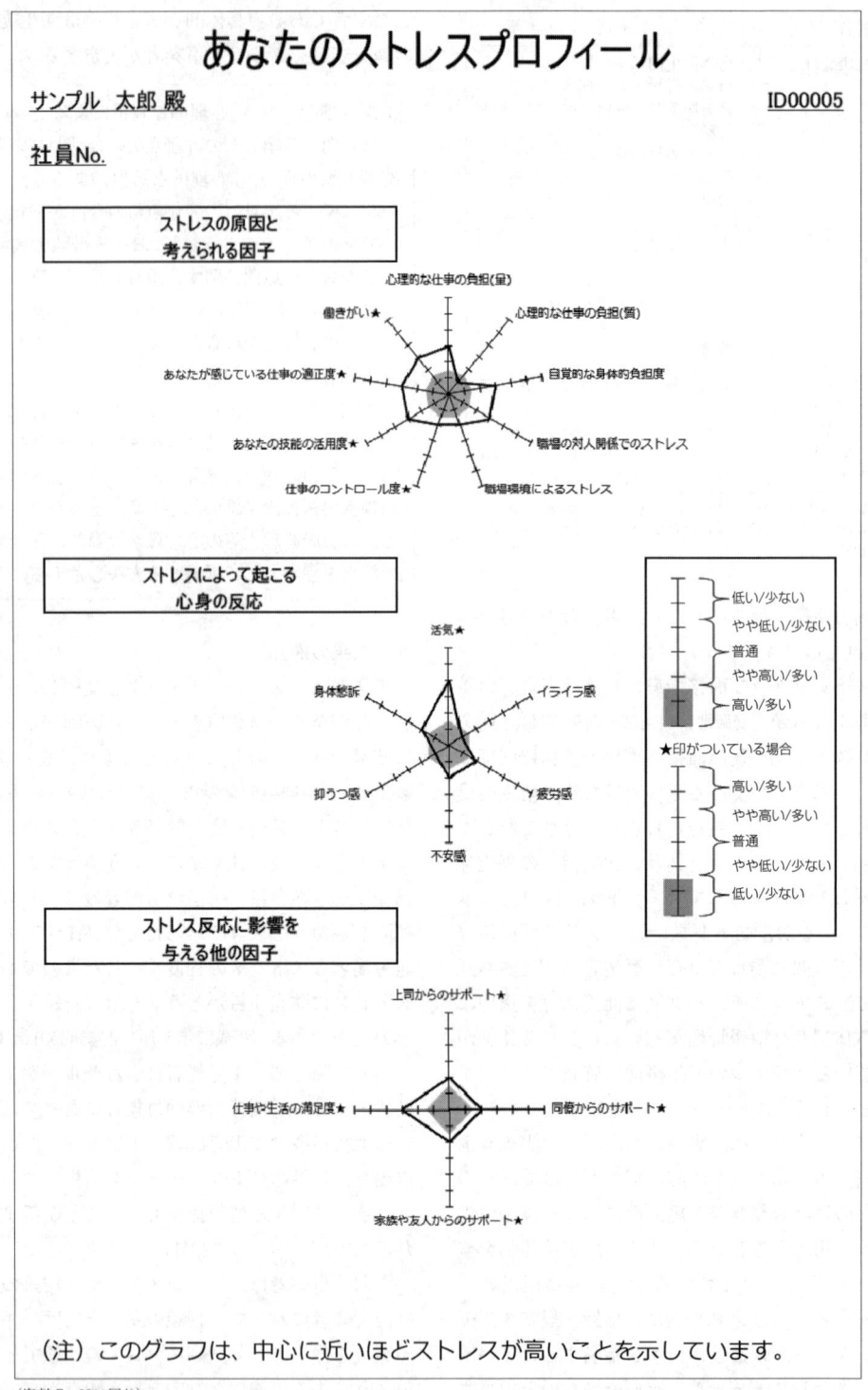

(資料7-99に同じ)

6 労働者の同意

ストレスチェックの実施者は、労働者の同意（書面又は電磁的記録による）を得ることなく、当該労働者の検査の結果を事業者に提供してはならない（本条第2項、安衛則第52条の13）。なお、事業者がストレスチェックの実施前や実施時に同意を取得することは認められておらず、労働者にストレスチェック結果の通知がなされた後に取得するものとされる（ストレスチェック指針）。

ストレスチェックの結果、高ストレス者として選定され、面接指導を受ける必要があると実施者が認めた労働者のうち、面接指導の申出を行わない労働者に対

しては，実施者が面接指導の申出の勧奨を行うことが望ましいとされる（安衛則第52条の16第3項，ストレスチェック指針）。面接指導の申出を行った労働者については，ストレスチェック結果の事業者への提供に同意したものとして取り扱うことが許容されている（平成27年5月1日基発0501第3号，ストレスチェック指針）。面接指導の申出は，遅滞なく（概ね1カ月以内）にするものとされる（安衛則第52条の16第1項，平成27年5月1日基発0501第3号）。

7　面接指導の実施

ストレスチェックの結果，心理的な負担の程度が高い者（高ストレス者）であって，面接指導を受ける必要があると当該検査を行った医師等が認めたものが，医師による面接指導を受けることを希望する旨を申し出たときは，当該申出をした労働者に対し，遅滞なく（概ね1カ月以内），医師による面接指導を行わなければならない（本条第3項，安衛則第52条の15，第52条の16第2項，平成27年5月1日基発0501第3号）。ここでいう面接指導とは，「問診その他の方法により心身の状況を把握し，これに応じて面接により必要な指導を行うこと」であり（安衛法第66条の8第1項），医師が労働者と面接し，労働者とのやりとりやその様子（表情，しぐさ，話し方，声色等）から労働者の疲労の状況やストレスの状況その他の心身の状況を把握することが想定されるものである。もっとも，近年のデジタル技術の進展や労働者のニーズを踏まえ，産業医や過去1年以内に当該労働者に指導を実施した医師等による面接指導については，労働者の表情を確認でき，情報セキュリティが確保されているなどの一定の条件を充たすことにより，情報通信機器を用いて遠隔での面接指導も可能とされている（平成27年9月15日基発0915第5号，最終改正：令和2年11月19日基発1119第2号）。

医師は，面接指導に際して，検査項目（ストレスチェックの結果）のほか，①当該労働者の勤務の状況，②当該労働者の心理的な負担の状況，③そのほかの当該労働者の心身の状況について確認する（安衛則第52条の17）。なお，事業者は，当該労働者の勤務の状況及び職場環境等を勘案した適切な面接指導が行われるよう，予め，面接指導を実施する医師に対して当該労働者に関する労働時間，労働密度，深夜業の回数及び時間数，作業態様並びに作業負荷の状況等の勤務の状況並びに職場環境等に関する情報を提供するものとする（ストレスチェック指針）。

面接指導は，面接指導を受ける労働者の所属する事業場の状況を日頃から把握している当該事業場の産業医その他労働者の健康管理等を行うのに必要な知識を有する医師が行うことが望ましいとされる（平成27年5月1日基発0501第3号）。

資料7-102

就業区分		就業上の措置の内容
区分	内容	
通常勤務	通常の勤務でよいもの	―
制限勤務	勤務に制限を加える必要のあるもの	メンタルヘルス不調を未然に防止するため，労働時間の短縮，出張の制限，時間外労働の制限，労働負荷の制限，作業の転換，就業場所の変更，深夜業の回数の減少又は昼間勤務への転換等の措置を講じる。
要休業	勤務を休む必要のあるもの	療養等のため，休暇又は休職等により一定期間勤務させない措置を講じる。

（石崎由希子作成）

8　医師からの意見聴取

事業者は，面接指導の結果に基づき，当該労働者の健康を保持するために必要な措置について，遅滞なく（概ね1カ月以内），医師の意見を聴かなければならない（本条第5項，安衛則第52条の19，平成27年5月1日基発0501第3号）。聴取対象事項は，**資料7-102**に基づく就業区分及びその内容に関する医師の判断と職場環境の改善に関する意見である（ストレスチェック指針）。

面接指導は産業医により行われることが望ましく，面接指導を実施した医師が，事業場外の精神科医又は心療内科医等である場合等当該事業場の産業医等以外の者であるときは，当該事業者の事業場の産業医等からも面接指導を実施した医師の意見を踏まえた意見を聴くことが望ましいとされる（平成27年5月1日基発0501第3号，ストレスチェック指針）。

9　就業上の措置の実施

事業者は，医師の意見を勘案し，その必要があると認めるときは，当該労働者の実情を考慮して，就業場所の変更，作業の転換，労働時間の短縮，深夜業の回数の減少等の措置を講ずるほか，当該医師の意見の衛生委員会若しくは安全衛生委員会又は労働時間等設定改善委員会への報告その他の適切な措置（就業上の措置）を講じなければならない（本条第6項）。

ストレスチェック指針は，事業者が労働者に対して面接指導の結果に基づく就業上の措置を決定する場合には，予め（必要に応じて産業医同席の下で）当該労働者の意見を聴き，十分な話し合いを通じてその労働者の了解が得られるよう努めること，労働者に対する不利益な取扱いにつながらないように留意することが求められるとする。また，事業者は，就業上の措置を実施し，又は当該措置の変更若しくは解除をしようとするに当たっては，産業医等と他の産業保健スタッフ，当該事業場の健康管理部門及び人事労務管理部門の連携に留意する必要があるほか，当該労働者の勤務する

職場の管理監督者に対して就業上の措置について理解が得られるよう必要な説明を行うことが適当であるとされる。また，就業上の措置を講じた後，ストレス状態の改善が見られた場合には，当該事業場の産業医等の意見を聴いた上で，通常の勤務に戻すことが予定される。

10　記録の作成・保存

事業者は，面接指導の結果に基づき，結果の記録を作成し，5年間保存しておかなければならない。記録内容は，①実施年月日，②当該労働者の氏名，③面接指導を行った医師の氏名，④労働者の勤務の状況，⑤労働者の心理的な負担の状況，⑥その他の労働者の心身の状況，⑦医師の意見である（本条第4項，安衛則第52条の17，同第52条の18）。その際，必要な事項が記載されていれば，医師からの報告をそのまま保存することで足りる（平成27年5月1日基発0501第3号）。

なお，面接指導結果のうち，労働者の心理的な負担の状況やその他の心身の状況については，診断名，検査値，具体的な愁訴の内容等の生データや詳細な医学的な情報を記載すべき趣旨ではない。また，面接指導を実施した医師は，当該労働者の健康を確保するための就業上の措置を実施するため必要最小限の情報に限定して事業者に情報を提供する必要があり，診断名，検査値，具体的な愁訴の内容等の生データや詳細な医学的な情報は事業者に提供してはならないとされる（平成27年5月1日基発0501第3号）。

上記のほか，労働者の同意を得て，ストレスチェックの結果の提供を受けた場合，事業者はその記録を作成し，5年間保存しておかなければならない（安衛則第52条の13第2項）。同意が得られなかった場合には，実施者が5年間保存することになる。事業者は，実施者によるストレスチェック結果の記録の作成及び当該実施者を含む実施事務従事者による当該記録の保存が適切に行われるよう，記録の保存場所の指定，保存期間の設定及びセキュリティの確保等必要な措置を講じなければならない（安衛則第52条の11，ストレスチェック指針）。

11　検査及び面接指導の結果の報告

常時50人以上の労働者を使用する事業者は，1年以内に1回，定期に，ストレスチェック及び面接指導の結果を「心理的な負担の程度を把握するための検査結果報告書」（様式第6号の2）により，所轄労働基準監督署長に提出しなければならない（安衛則第52条の21）。提出時期は，各事業場における事業年度の終了後など，事業場ごとに設定して差し支えないとされている（平成27年5月1日基発0501第3号）。

12　不利益取扱いの禁止

本条第3項の規定に基づき，事業者は，労働者が面接指導の申出をしたことを理由とした不利益な取扱いをしてはならないとされる。また，労働者が面接指導を受けていない時点においてストレスチェック結果のみで就業上の措置の要否及び内容を判断することはできないことから，事業者は，当然に，ストレスチェック結果のみを理由とした不利益な取扱いについても，これを行ってはならないとされる。

ストレスチェック指針は，これに加え，下記の不利益取扱いについても一般的に合理的なものとはいえないとして，事業者はこれらを行ってはならないと規定する。

ア　労働者が受検しないこと等を理由とした不利益な取扱い
①ストレスチェックを受けない労働者に対して，これを理由とした不利益な取扱いを行うこと。
②ストレスチェック結果を事業者に提供することに同意しない労働者に対して，これを理由とした不利益な取扱いを行うこと。
③面接指導の要件を満たしているにもかかわらず，面接指導の申出を行わない労働者に対して，これを理由とした不利益な取扱いを行うこと。

イ　面接指導結果を理由とした不利益な取扱い
①措置の実施に当たり，医師による面接指導を行うこと又は面接指導結果に基づく必要な措置について医師の意見を聴取すること等の法令上求められる手順に従わず，不利益な取扱いを行うこと。
②面接指導結果に基づく措置の実施に当たり，医師の意見とはその内容・程度が著しく異なる等医師の意見を勘案し必要と認められる範囲内となっていないもの又は労働者の実情が考慮されていないもの等の法令上求められる要件を満たさない内容の不利益な取扱いを行うこと。
③面接指導の結果を理由として，次に掲げる措置を行うこと。
(a)解雇すること。
(b)期間を定めて雇用される者について契約の更新をしないこと。
(c)退職勧奨を行うこと。
(d)不当な動機・目的をもってなされたと判断されるような配置転換又は職位（役職）の変更を命じること。
(e)その他の労働契約法等の労働関係法令に違反する措置を講じること。

13　集団的分析

事業者は，ストレスチェックを行った医師等に，ストレスチェックの結果を当該事業場の当該部署に所属する労働者の集団その他の一定規模の集団ごとに集計させ，その結果について分析（集団的分析）させるよ

う努めなければならない（安衛則第52条の14第1項）。

「一定規模の集団」とは、職場環境を共有し、かつ業務内容について一定のまとまりをもった部、課などの集団であり、具体的に集計・分析を行う集団の単位は、事業者が当該事業場の業務の実態に応じて判断するものとされる（平成27年5月1日基発0501第3号）。集団ごとの集計・分析の結果は、当該集団の管理者等に不利益が生じないようその取扱いに留意しつつ、管理監督者向け研修の実施又は衛生委員会等における職場環境の改善方法の検討等に活用することが望ましいとされる（ストレスチェック指針）。

事業者はまた、集団的分析の結果を勘案し、その必要があると認めるときは、当該集団の労働者の実情を考慮して、当該集団の労働者の心理的な負担を軽減するための適切な措置を講ずるよう努めなければならない（安衛則第52条の14第2項）。

適切な措置を講ずるに当たり、事業者は、実施者又は実施者と連携したその他の医師、保健師、歯科医師、看護師や心理職等から措置に関する意見を聴き、又は助言を受けることのほか、管理監督者による日常の職場管理で得られた情報、労働者からの意見聴取で得られた情報及び産業保健スタッフによる職場巡視で得られた情報等も勘案して職場環境を評価するとともに、勤務形態又は職場組織の見直し等の様々な観点から職場環境を改善するための必要な措置を講ずることが望ましいとされる（ストレスチェック指針）。

ストレスチェック指針及び行政通達（平成27年5月1日基発0501第3号）は、集団的分析は努力義務ではあるが、事業者はできるだけこれを実施することが望ましいとする。

なお、集団的分析の結果はストレスチェック結果を把握できるものではないことから、当該集団の労働者個人の同意を取得する必要はない。ただし、集計・分析の単位が10人を下回る場合には、集団ごとの集計・分析を実施した実施者は、原則として、集計・分析の対象となる全ての労働者の同意を取得しない限り、事業者に集計・分析の結果を提供してはならないものとされている（ストレスチェック指針）。

14 派遣労働者

派遣労働者に対するストレスチェックの実施は、派遣元事業者の義務である。ただし、派遣元事業主が面接指導の結果に基づき、就業上の措置を講じるにあたっては、労働者派遣契約の変更が必要となることなども考えられることから、派遣先事業者と連携し、対応することが望ましいとされる（平成27年5月1日基発0501第3号）。また、ストレスチェック結果の集団ごとの集計・分析は、職場単位で実施する必要があることから、派遣労働者も含めた一定規模ごとに、派遣先事業者において集計・分析することが適当であり、派遣先事業者においても派遣労働者に対してストレスチェックを実施することが望ましいとされる（ストレスチェック指針）。

15 費用負担

ストレスチェック及び面接指導の費用については、法で事業者に実施の義務を課しているものであり、当然、事業者が負担すべきものとされている（平成27年5月1日基発0501第3号）。他方、ストレスチェック及び面接指導を受けるのに要した時間に係る賃金の支払いについては、当然には事業者の負担すべきものではなく、労使協議をして定めるべきものであるが、労働者の健康の確保は、事業の円滑な運営の不可欠な条件であることを考えると、ストレスチェック及び面接指導を受けるのに要した時間の賃金を事業者が支払うことが望ましいとされている（平成27年5月1日基発0501第3号）。

16 小規模事業者の特例

常時使用する労働者数が50人未満の小規模事業場においては、当分の間、ストレスチェックの実施は努力義務とされている（安衛法附則第4条）。これらの小規模事業場では、産業医及び衛生管理者の選任並びに衛生委員会等の設置が義務づけられていないためである。小規模事業場でストレスチェック及び面接指導を実施する場合は、産業保健スタッフが事業場内で確保できないことも考えられることから、産業保健総合支援センターの地域窓口（地域産業保健センター）等を活用して取り組むことができる（ストレスチェック指針）。

3 沿革

1 制度史

(1) 前史

本条制定に先立ち、メンタルヘルス対策については、指針等に基づく施策が展開されていた[20]。「心理的負荷による精神障害等に係る業務上外の判断指針」（平成11年9月4日基発第544号）において精神分裂病（統合失調症）や躁うつ病を職業病に加えたことなどを契機として、2000（平成12）年8月には「事業場における労働者の心の健康づくりのための指針」が策定され、同指針では、①労働者自らによるセルフケア、②管理監督者等のラインによるケア、③産業医等の事業場内産業保健スタッフによるケア、④産業保健推進センター等の事業場外資源によるケアの重要性が示されていた。また、「過重労働・メンタルヘルス対策の在り方に関する検討会報告書」（2004〔平成16〕年12月）に基づく、2004（平成16）年12月27日の建議「今後の労働安全衛生対策について」においては、面接指導においてメンタルヘルス面にも留意することやメンタル

ヘルス教育の実施，相談体制の整備，外部機関の活用等について法律に基づく指針で示すことが求められた。これを受けて，2006（平成18）年3月31日には「労働者の心の健康の保持増進のための指針」が策定されているが，そこでは，上記の4つのケアのほか，(a)職場環境の把握と問題点の把握，それに基づく職場環境の改善や(b)メンタルヘルス不調への気づきと対応（労働者による自発的相談とセルフチェック）の重要性が示されている。

本条制定には，また，自殺対策も大きく関わっている。年間自殺者が3万人を超える現状に対処するため，2006（平成18）年には「自殺対策基本法」が制定され，国・地方公共団体の職域における体制整備や事業主の責務として，国・地方公共団体の自殺対策に協力し，労働者の心の健康の保持を図るため必要な措置を講ずる努力義務が規定されている。2007年6月には同法に基づき「自殺総合対策大綱」が，2008（平成20）年10月には「自殺対策加速化プラン」が策定され，後者においては，職場におけるメンタルヘルス不調者の早期発見のための研修実施や相談機関の紹介について言及されている。

2010（平成22）年1月に厚生労働省内に設置された「自殺・うつ病対策プロジェクトチーム」は，同年5月に報告書「誰もが安心して生きられる，暖かい社会づくりを目指して」を取りまとめている。同報告書の中で，「職場におけるメンタルヘルス対策・職場復帰支援の充実」は「今後の自殺防止のための厚生労働省の対策 5本柱」のうちの3本目の柱とされ，そこでは，職場におけるメンタルヘルス不調者の把握とその後の対応（労働時間の短縮，作業転換，休業等）に係る制度等の検討が必要であるとされている。

(2) 「職場におけるメンタルヘルス対策検討会報告書」

2010（平成22）年5月から，厚生労働省に「職場におけるメンタルヘルス対策検討会」が設けられ，同年9月に報告書（以下，検討会報告書）がまとめられた。同検討会においては，一般定期健康診断において調査票を配布して，メンタルヘルス不調者を早期に発見する方法も検討されたが，一般定期健康診断においては，①健康診断結果は事業者に通知されること，②事業者においてメンタルヘルス不調に対する理解が十分でない場合には，労働者にとって不利益な取扱いが行われるおそれがあること，③調査票を活用してメンタルヘルス不調を把握する場合には専門家の関与が必要であり多大なコストも要することから，別の新たな枠組みが必要であるとされた。

具体的な枠組みとしては，一般定期健康診断における「自覚症状及び他覚症状の有無の検査」（問診票の使用も含む）に併せて，医師がストレスに関連する心身の症状・不調（職場だけでなく家庭等によるものも含む）について確認するとともに，就業上の措置について意見を述べる医師による面接の要否について判断するが，その際，労働者の症状や面接の要否について事業者には伝えないこと，面接を行う医師は，就業上の措置の要否について判断し，労働者による同意を得た上で事業者に意見を伝えることとされている。また，併せて，メンタルヘルス不調者に対する不利益取扱い防止のための措置や事業場に対する支援体制の整備が必要であることも提言されている。

(3) 労働政策審議会安全衛生分科会建議と法案の提出

労働政策審議会安全衛生分科会においてはまず，使用者側委員からコスト面などの問題が指摘され[298]，これについては事務局から，一般定期健康診断に併せてストレスに関連する状況を確認するに際して利用する「職業性ストレス簡易調査票」の調査項目を57項目から9項目に絞って実施する方向性などが示されたほか[299]，ストレス関連症状に関して「陽性者」となるのは14％が見込まれるところ，問診にかかる時間は1割程度増えるが，面接指導を申し出る者が仮にその半数であり，1人に30分程度時間がかかることを前提に計算したとしても，問診については，労働者1人あたり100円分，面接については労働者1人あたり250円分の負担増が試算されるところであり，中小企業にとってみても大きな負担にならないことなどが説明されている[300]。

また，労働者のプライバシーを保護は重要であるとしても，面接の必要性についておよそ事業者に伝えずに，面接の実施をすることについては，面接に要する費用や面接にかかる時間をいかに確保すべきかを考えると労務管理の点で無理があることについて，労働者側委員からも指摘がなされたことを受けて[301]，面接が必要と判断された労働者は，自ら面接の申出を事業者に対して行い，事業者が医師による面接指導を実施し，医師からの意見聴取を行う仕組みへと修正された。このほか，ストレスによる症状・不調の確認に関しては，労働者のプライバシー保護や労働者の意向の尊重の観点から，健診結果が事業者に通知される一般定期健康診断とは別の仕組みとすることとされた[302]。

さらに，50人以上の事業場でも比較的小規模の事業場では産業医の選任率も十分ではないという実態や巡視などを含めて産業医の活動時間や事業場を訪問する頻度が十分でない実態があること，他方，優良事例の中には，産業医とメンタルヘルスに対応可能な医師・保健師等の連携がみられることなどを踏まえ，①面接指導を実施するにあたり，外部専門機関を活用するこ

と，②50人未満の事業場においても効果的な面接等を行うために，地域産業保健センターにおいて，メンタルヘルスに対応可能な医師・保健師の確保や連携を図っていくことなどが提言されることとされた。

　以上のような議論を経て出された労働政策審議会安全衛生分科会建議「今後の職場における安全衛生対策について」(2010〔平成22〕年12月22日) では，医師が労働者のストレスに関連する症状・不調を確認し，この結果を受けた労働者が事業者に対し面接の申出を行った場合には，事業者が医師による面接指導及び医師からの意見聴取等を行うことを事業者の義務とする「新たな枠組み」が提言された。また，「新たな枠組み」の下，個人情報の保護の観点から，医師 (ストレスに関連する症状・不調の確認を行った医師) は，労働者のストレスに関連する症状・不調の状況及び面接の要否等の結果については，労働者に直接通知することとすること，事業者は，労働者が面接の申出を行ったことや，面接指導の結果を理由として，労働者に不利益な取扱いをしてはならないことが提言された。また，「新たな枠組み」に対応する産業医の体制は必ずしも十分でないことから，産業医有資格者，メンタルヘルスに知見を有する医師等で構成された外部専門機関を，一定の要件の下に登録機関として，嘱託産業医と同様の役割を担うことができるようにすることや医師が労働者のストレスに関連する症状・不調を確認する項目については，労働者の「疲労」，「不安」，「抑うつ」について，簡易に確認することができる標準的な例を示すこととすること，地域産業保健センターにおいて，メンタルヘルスに対応可能な医師・保健師を確保する等，機能を強化すべきであること等が示された。

　2011 (平成23) 年3月11日に起こった東日本大震災への対応に伴う影響もあり，同年10月に「労働安全衛生法の一部を改正する法律案要綱」の諮問・答申が行われ，同年12月8日，全ての事業者に対し，医師又は保健師による「精神的健康の状況を把握するための検査」を実施することを義務づけ，労働者にもまたその受検を義務づけることを盛り込んだ「労働安全衛生法の一部を改正する法律案」が衆議院に提出された。しかし，同法案は，会期末により継続審議となり，その後，第181回臨時国会でも継続審議となっていたが，2014 (平成26) 年11月，衆議院の解散により廃案となっている。なお，この間に，この制度をうつ病者のスクリーニングを図るものと理解した精神医学関係者から，うつ病り患のレッテル貼りや職場からの排除を招くものとなるなどの批判が出されている。

(4) 法案の再提出

　2013 (平成25) 年2月14日の諮問を経て策定された「第12次労働災害防止計画」(2013〔平成25〕～2017〔平成29〕年度) においては，「ストレスのリスクを特定，評価するリスクアセスメントのような新たな手法の検討」が盛り込まれた。ストレスチェック制度に関する検討は，これを受けて，同年6月10日の労働政策審議会安全衛生分科会において再開されている。まず，分科会では，改正法提出後の労働者の心の健康を取り巻く状況を踏まえても，メンタルヘルス対策の必要性は引き続きあるとの点につき委員の認識は一致している。

　同年9月25日の分科会では，精神医学の専門家に対するヒアリングがなされ，①9項目の検査項目が挙げられているが，精神疾患の早期発見としては科学的根拠が不十分であるとの指摘や②精神症状と身体症状の区分が不可能であることからすると，一般健康診断から精神的健康の状況にかかるものを除くことは不適切であるとの指摘等がなされた。前者の点に関し，事務局からは，ストレスチェックは精神疾患の早期発見を目的とするものではないことの確認と，57項目については既に一定の使用実績もあり，一定の評価を経たものといえるが，9項目抜き出すことについては更に専門家による検討会で実務的検討が必要と考える旨の発言がなされている。また，後者の点に関しては，ストレスチェックの結果については，プライバシー保護の観点から本人同意が必要であり，事業者が内容を知り得る一般健康診断と切り分ける必要があるものの，一般健康診断において，疲労や睡眠，食欲等について確認することを排除する趣旨ではないこと，他方，ストレスチェックの結果として保護すべき情報の内容・範囲については更なる検討が必要であるとの回答がなされている。

　2013 (平成25) 年12月24日の建議「今後の労働安全衛生対策について」では，ストレスチェックの目的が，「労働者自身のストレスの状況についての気づきを促し，ストレスの状況を早期に把握して必要な措置を講じることにより，労働者がメンタルヘルス不調となることを未然に防止すること」にあることのほか，また，「検査の目的がストレスの状況を把握するものであり，精神疾患の発見を一義的な目的としたものではないこと」に留意すべき旨も明記された。また，同建議を受けて2014 (平成26) 年2月4日に答申された法律案要綱においては，制度の名称が，こうした趣旨に則した形で，「精神的な健康の状況を把握するための検査」から「心理的な負担の程度を把握するための検査」に改められた。

　法案はその後，与党内で審議されることとなったが，その際出された意見を踏まえ，法案提出に先立ち，下記のような修正がなされた。まず，全ての事業

場にストレスチェックを義務づける点については，中小規模事業場で適切に実施されない可能性があることから，産業医の選任義務のない労働者50人未満の事業場については努力義務とされた。また，労働者に受検義務を課す部分についても異議が出され，義務規定は削除された。なお，この点に関しては，安全衛生分科会において，中小企業の取り組みの強化を目指してまとめた建議の内容から後退した内容と言わざるを得ないとの批判がなされている。このほか，ストレスチェックの実施者として，産業医，保健師だけでなく，一定の研修を受けた看護士，精神保健福祉士等を含めることとしたほか，産業医等への研修の充実やストレスチェックを受けた労働者に対する企業内外の相談・情報提供体制の整備に関して国の責務を規定する条文が追加されることとなった。

以上のような経過により，法案は第186回国会に提出され，2014（平成26）年6月19日に成立し，同月25日に公布された。なお，参議院の附帯決議（2014〔平成26〕年4月8日）では，職場ごとのストレスの状況を事業者が把握し，職場環境の改善を図る仕組みを検討することや小規模事業場のメンタルヘルス対策について，産業保健活動総合支援事業による体制整備など必要な支援を行うことが記載された。また，衆議院の附帯決議（2014〔平成26〕年6月18日）では，上記に加え，「ストレスチェック制度は，精神疾患の発見でなく，メンタルヘルス不調の未然防止を主たる目的とする位置付けであることを明確にし，事業者及び労働者に誤解を招くことのないようにする」ことや，「ストレスチェック制度の実施に当たっては，労働者の意向が十分に尊重されるよう，事業者が行う検査を受けないことを選んだ労働者が，それを理由に不利益な取扱いを受けることのないようにすること」，「また，検査項目については，その信頼性・妥当性を十分に検討し，検査の実施が職場の混乱や労働者の不利益を招くことがないようにすること」が記載されている。なお，2014（平成26）年6月27日には，過労死等防止対策推進法も公布されている（本書第66条の8の3 ③ 1(2)，2(3)）。

（5）法律制定後

改正法成立後，附帯決議の内容等も踏まえた上で，具体的な実施方法について，2014（平成26）年7月以降，「ストレスチェック項目等に関する専門検討会」が開催され，同年9月に「中間とりまとめ」が示された。また，その後，同年10月には「ストレスチェックと面接指導の実施方法等に関する検討会」と「ストレスチェック制度に関わる情報管理及び不利益取扱い等に関する検討会」が同時並行で進められ，同年12月17日に「ストレスチェック制度に関する検討会報告書」がまとめられた。同報告書では，ストレスチェック実施に当たり，衛生委員会で必要事項を審議・確認し，労働者に周知すること，ストレスチェック項目として，「仕事のストレス要因」，「心身のストレス反応」及び「周囲のサポート」の3領域に関する内容を含めることが必要である旨，ストレスチェックの標準項目は，旧労働省委託研究により開発された「職業性ストレス簡易調査票」（57項目）が適当であるが，中小規模事業場の負担を踏まえ，より簡易な項目も示す旨提言された。労働者のプライバシー等との関係では，労働者の同意の取得方法として，事前同意ではなく，結果通知後に同意を取得すべきとされ，本人から面接指導の申出があった場合には，同意があったとみなすこととされた。また，高ストレスと評価された者のうち，面接指導の申出を行わない労働者に対して，実施者が面接指導の申出勧奨を行うことを推奨すべき旨，集団分析の実施とこれに基づく職場環境改善を努力義務とする旨，面接指導の結果を理由とする不利益取扱い禁止のほか，ストレスチェックを受けないことやストレスチェック結果の提供に同意しないことを理由とした不利益取扱いも禁止されるべきとされた。上記の提言に基づき，2015（平成27）年5月に安衛則の改正がなされたほか，「心理的な負担の程度を把握するための検査及び面接指導の実施並びに面接指導結果に基づき事業者が講ずべき措置に関する指針」が策定・公表されている。

2 背景となった災害等

(1) 自殺者の増加

2009（平成21）年の警察庁統計によると，自殺者は3万2845人となり，1998（平成10）年以降12年連続して3万人を超えているが，このうち，「被雇用者・勤め人」は約9000人（約28%）と「無職者」（約1万9000人・57%）に次いで多く，また「勤務問題」が原因・動機の一つとなっている者は約2500人となっている。

また，「自殺・うつ病対策プロジェクトチーム」の報告書では，有職者全般，特に一部の業種や職種において自殺死亡率が高まっていること，具体的には，農林漁業職・サービス職では以前から自殺死亡率が高かったが，1998（平成10）年代にさらに上昇していること，また，専門・技術職，管理職で急激に上昇していることが挙げられており，職場における対策の充実が必要であるとの指摘もなされている。

なお，2013（平成25）年7月30日の第74回労働政策審議会安全衛生分科会では，自殺者の推移が確認され，2012（平成24）年は15年ぶりに3万人を下回っているが，「勤務問題」を理由とする自殺は2400人台と一定の割合を占めていることが確認されている（資料7-103）。

(2) メンタルヘルス不調者の増加

2010（平成22）年の「職場におけるメンタルヘルス対策検討報告書」においては，①2007（平成19）年の労働者健康状況調査報告において，「仕事や職業生活に関して強い不安，悩み，ストレスがある」とする労働者の割合は約58%にも上り，「過去１年間にメンタルヘルス上の理由により連続１カ月以上休業又は退職した労働者がいる」とする事業場の割合が約８%（7.6%）となっていることが指摘されている。また，同報告書では，この要因として，うつ病等に対する国民の理解が浸透したこと，厳しい経済情勢や職場環境の変化等が影響を与えていることが考えられると分析されている。

　2013（平成25）年７月30日の第74回労働政策審議会安全衛生分科会に提出された資料３-４によれば，「過去１年間にメンタルヘルス上の理由により連続１カ月以上休業又は退職した労働者がいる」とする事業場の割合が2007（平成19）年の7.6%から2011（平成23）年には９%へと上昇していること，他方，メンタルヘルスケアに取り組んでいる事業所の割合は，2007（平成19）年に33.6%だったのが，2011（平成23）年には43.6%に伸びてはいるものの，「第12次労働災害防止計画」の目標とされる80%には及ばない上，300人以上の企業では９割近くがメンタルヘルスケアに取り組んでいるのに対し，100人以上では８割，50人以上では６割，30人以上では4.5割，10人以上では４割弱と小規模事業場での取り組みが遅れているといえる。

　なお，2021（令和３）年の労働安全衛生調査（個人調査）によれば，「仕事や職業生活に関して強い不安，悩み，ストレスがある」とする労働者の割合は53.3%〔2020（令和２）年調査54.2%〕であり，同調査（事業所調査）によれば，「過去１年間にメンタルヘルス上の理由により連続１カ月以上休業又は退職した労働者がいる」とする事業場の割合は10.1%〔2020（令和２）年調査9.2%〕である。

　(3)　精神障害等による労災請求件数の増加

　「職場におけるメンタルヘルス対策検討会報告書」や第74回労働政策審議会安全衛生分科会においては，精神障害等による労災請求件数や支給決定数の増加についても指摘されている（**資料７-104**）。労災請求件数は，2005（平成17）年度は656件，2009（平成21）年度は1136件，2012（平成24）年度は1257件であり，請求件数は，2010（平成22）年以降は毎年1200件程度となっている。

　また，労災支給決定件数は2005（平成17）年度は127件，2009（平成21）年度は234件，2012（平成24）年度

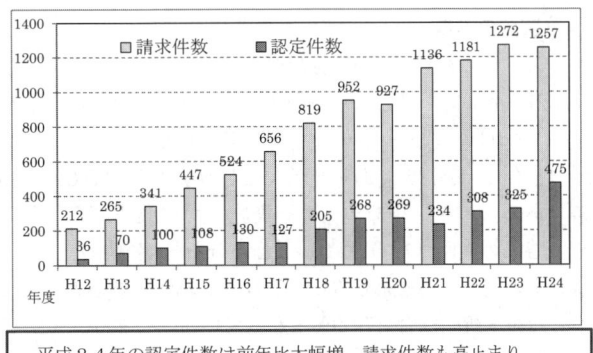

資料７-103　自殺者の推移

（単位：人）

	自殺者数	原因・動機特定者	自殺の原因・動機						
			家庭問題	健康問題	経済・生活問題	勤務問題	男女問題	学校問題	その他
平成24年	27,858	20,615	4,089	13,629	5,219	2,472	1,035	417	1,535
平成23年	30,651	22,581	4,547	14,621	6,406	2,689	1,138	429	1,621
平成22年	31,690	23,572	4,497	15,802	7,432	2,590	1,103	371	1,533
平成21年	32,845	24,434	4,117	15,867	8,377	2,528	1,121	364	1,613
平成20年	32,249	23,490	3,912	15,153	7,404	2,412	1,115	387	1,538

（厚生労働省「第74回労働政策審議会安全衛生分科会」〔2013年７月30日〕資料３-４「メンタルヘルス対策について」〔https://www.mhlw.go.jp/stf/shingi/0000013830.html，最終閲覧日：2022年10月６日〕）

資料７-104　精神障害の労災補償状況

（資料７-103に同じ）

は475件である。特に，2012（平成24）年度の支給決定件数は前年度の支給決定件数である325件から大きく伸びていることが指摘されている（なお，労災請求件数は1272件）。なお，2021（令和３）年度の請求件数は2346件，支給決定件数は629件である。

　(4)　過労自殺等による労災民訴事案

　2010（平成22）年の「職場におけるメンタルヘルス対策検討会報告書」においては，職場における心理的負荷が原因でメンタルヘルス不調に至り自殺したなどとして，企業に高額な賠償が命じられた民事裁判の例もあることが指摘されている。どの事件を指しているか必ずしも明らかではないものの，検討会に先立ち出された労災民訴の認容例としては，月100時間を超える時間外労働や交代制勤務，クリーンルーム内での作業等により心理的負荷を増大させていた派遣労働者がうつ病を発症し自殺した事案の下，派遣先・派遣元企業双方の損害賠償責任を認めたニコンほか事件・東京高判平21・７・28労判990号50頁（賠償額：約7000万円），月100時間を超える時間外労働による疲労やシステムの不具合が頻発することに伴う精神的負荷の蓄積等によりプロジェクトマネージャーの地位にある労働者がうつ病を発症し自殺した事案の下，出向先企業の

事業場規模	50～99人	100～299人	300～999人	1000人以上	計
割合	22.6%	36.9%	61.0%	85.0%	32.7%

(厚生労働省「ストレスチェック制度の実施状況（概要）」2017年7月26日)

損害賠償責任を認めたJFEスチールほか事件・東京地判平20・12・8労判981号76頁（賠償額計：約7900万円）、月100時間を超える時間外労働や精神的緊張を伴うベルトコンベアでのライン作業に従事していた製造課塗装班のリーダーの地位にある労働者がうつ病を発症し自殺した事案の下、企業の損害賠償責任を認めた山田製作所（うつ病自殺）事件・福岡高判平19・10・25労判955号59頁（賠償額計：約7400万円）等がある。

4 適用の実際

1 ストレスチェックの実施状況

2021（令和3）年度の労働安全衛生調査（事業所調査）によれば、ストレスチェックを実施している事業所の割合は、65.2%であり、50人以上の事業所で95.6%である。ストレスチェックを実施した事業所のうち、結果の集団（部、課など）ごとの分析を実施した事業所の割合は76.4%であり、その中で分析結果を活用した事業所の割合は79.9%となっている。つまり、ストレスチェックを実施した事業所のうち、集団的分析の結果を活用した事業所は6割に留まる。

分析結果を活用した事業所の活用内容（複数回答）としては、「残業時間削減、休暇取得に向けた取組」が最も多く（53.3%）、「相談窓口の設置」（44.6%）、「上司・同僚に支援を求めやすい環境の整備」（41.1%）、「衛生委員会又は安全衛生委員会での審議」（35.2%）、「人員体制・組織の見直し」（34.1%）、「業務配分の見直し」（33.9%）、「管理監督者向け又は労働者向け研修の実施」（27.5%）の順に多い。

もっとも、「令和2年度厚生労働科学研究による行政官・元行政官向け法令運用実態調査（三柴丈典担当）」においては、「義務化以降、5年経過し、簡易調査票の問診事項が同一であり、マンネリが生じているため実施結果の収集方法の見直し等が必要（安易に受検する者も少なからずある状況）」との指摘が寄せられている。後者の点については、行政監督実務の経験者からの情報提供においても、「年とともに費用対効果が見えない」との声があるとの指摘もある。上記回答内容のうち、「安易に受検する」の趣旨は必ずしも明確ではないが、繰り返し実施することにより、どのように回答すればどのような結果が出るかを労働者が把握し、高ストレスと判定されるように意図的に回答したり、逆に、高ストレスと判定されないように回答を変えることができるようになる可能性もある。特に、集団的分析との関係では、数値のみならず、日常の職場管理で得られた情報も踏まえた職場環境評価が必要といえよう。

2 面接指導の実施状況

厚生労働省が2017（平成29）年7月26日に公表した「ストレスチェック制度の実施状況（概要）」によれば、ストレスチェックを実施した事業場のうち、医師による面接指導を実施した事業所の割合は32.7%であるが、中小企業において実施率が低い（資料7-105）。また、ストレスチェックを受検した労働者のうち、医師による面接指導を受けた労働者は0.6%である。

なお、2017（平成29）年度の労働安全衛生調査（事業所調査）によれば、ストレスチェックを実施した事業所のうち、面談を実施した事業所の割合は47.0%［2016（平成28）年調査33.6%］とされている。また、面接指導の実施者又は実施機関をみると、産業医が67.0%と最も高く、産業医以外の医師が13.2%、健康診断機関が11.9%、その他事業所内の保健師・看護師が6.6%、地域産業保健センターが3.4%となっている。

3 高ストレス者の状況

面接指導を受ける者の割合が少ないという上記結果は、他の実証研究においても裏付けられている。ストレスチェック制度が導入される前から、定期健康診断に併せてストレスチェックをするサービスを提供するなどしてきた公益社団法人全国労働衛生団体連合会（全衛連）のメンタルヘルス専門委員会が2020（令和2）年に全衛連会員機関が提供したストレスチェックサービスについて調査した結果をまとめた「令和2年全衛連ストレスチェックサービス実施結果報告書」（2021〔令和3〕年8月）によれば、受検者132万3756人のうち18万1093人（13.7%）が高ストレス者と判定されており、医師面接対象者とした割合はストレスチェック受検者全体の12.1%であったが、実際に医師面接を実施したのは対象者の1.8%であったとある。

また、ニッセイ基礎研究所が実施したインターネット調査の「2018年度 被用者の働き方と健康に関する調査」（2019〔平成31〕年3月実施、サンプル数5309）によれば、職場でストレスチェックを受けた2572人のうち、受検者全体の10.0%が「高ストレスと評価され、専門家等との面談を勧められた」、12.1%が「高ストレスと評価されたが、面談等は勧められていない」、62.8%が「中または低ストレスと評価された」、15.1%が「覚えていない」と回答したとある。「高ストレスと評価され、専門家との面談を勧められた」258人のうち、結果を受けて「何も行わなかった」割合は61.6%であり、残りの38.4%は、複数回答で「職場で指定された専門家等と面談を行った」（24.0%）、「自分で病院やカウンセリングに行った」（15.5%）である。

また、「何も行わなかった」者について、その最大の理由は、「それほど深刻ではないと思った」(30.2%)が最も多く、次いで「時間がなかった」(23.9%)、「どう対処していいかわからなかった」(15.7%)などが選ばれている。また、自由記載では、「どうせ何も変わらない」、「職場にばれる・不利益を被る」がみられたとある。

同様に、厚生労働省厚生労働科学研究費補助金（労働安全衛生総合研究事業）「ストレスチェック制度による労働者のメンタルヘルス不調の予防と職場環境改善効果に関する研究　平成29年度総括・分担研究報告書」（主任：川上憲人）(2018〔平成30〕年3月) の労働者調査では、高ストレスだったが医師面接を受けなかった者(141人)にその理由を尋ねているが、「面接指導がどのように役立つのかが分からなかった」(36%)、「面接指導の必要性を感じなかった」(29%)、「時間がなかった」(20%)が多いとある。もとより面接指導を受けることは労働者の義務ではないが、同報告書にもあるように、医師面接の内容や有用性に関する情報を提供し、医師面接の申し出を増やすこと、また事業場として従業員の医師面接のための時間の確保を行うなどして、医師面接の実施率を改善していくことが求められる。

4　定期監督における法違反状況

「平成31年・令和元年労働基準監督年報」によれば定期監督におけるストレスチェック実施等義務違反の件数は173件であるのに対し、「令和2年労働基準監督年報」では95件である。

5　関係判例

1　メンタルヘルス対策の実施

NHKサービスセンター事件・横浜地判令3・11・30労経速2477号18頁は、コールセンター業務に従事していた原告労働者がカスタマーハラスメント（わいせつ発言、暴言・不当な要求）により精神的苦痛を受けたとして、被告会社に対し安全配慮義務違反を理由とする慰謝料請求がなされた事案である。裁判所は、被告会社はコミュニケーターの心身の安全を確保するために、ルールを策定してコミュニケーターに周知し、コミュニケーターがわいせつ電話と判断した場合には指示を待たずに直ちにスーパーバイザーに転送したり、保留・ミュートとすることも可能とされていたことやコールセンターの業務の性質上、電話の内容を1度は聞かざるを得ないことなどを考慮し、義務違反を否定した。その際、被告会社において、無料のフリーダイヤルで専門のカウンセラーによるメンタルヘルス相談、提携カウンセリング機関で面接による無料のカウンセリングも受けられるようになっていること、毎年ストレスチェックを実施しており、検査の結果高ストレスと判定され、産業医の面接指導が必要と判断された場合には、希望により面接指導を受けることができるようになっていることも考慮されている。

同判決は、安全配慮義務違反を否定する結論を導くにあたり、ストレスチェックが実施されていることを考慮したものである。もっとも、同判決においては、コミュニケーターの心身の安全を確保するための業務上の対応策についてルールを策定し、それが実施されていたことやメンタルヘルス相談やカウンセリングが行われていたことも併せて考慮されていることからすれば、法定のストレスチェック制度が実施されていたことのみをもって安全配慮義務違反が免責されるとまでは言いきれない。ストレスチェック制度が適切に運用されていたことは、使用者が安全配慮義務を履行していたことを基礎づける一事情となりうるが、それのみで十分であったといえるかは具体的事案によって異なりうると解される。なお、ストレスチェック制度が導入される以前の裁判例ではあるが、音更町農業協同組合事件・釧路地帯広支判平21・2・2労判990号196頁では、昇格に伴う業務量の増大や人間関係及び課長からの叱責等による心理的負荷の蓄積により、農協職員がうつ病り患後に自殺したという事案の下で、農協の損害賠償責任が肯定されている。農協側はカウンセリングを実施してきたことを理由に安全配慮義務違反はないと主張したが、カウンセリングは希望者のみを対象とするものであり、（平成14年からは実施していたが、）平成15年10月から当該農協職員の自殺に至るまでカウンセリングが1回も開催されていないことや業務負担を軽減する措置を十分に講じていないこと等から、かかる主張が排斥されている。

2　高ストレス者に対する対応

東京福祉バス事件・東京地判令3・6・17 LEX/DB 25590527は、不安障害による休職から復職したXに対し、通勤に約2時間を要する営業所への出勤日を設けたり、同営業所での業務等を命じたことが安全配慮義務違反に当たるとして争われた事案である。同事件においては、ストレスチェック制度の下でXが高ストレスと判定されていることやXが同営業所での業務日や業務を命じられた日に体調不良を訴えていることや救急搬送されたりしていることが認められており、Y社の対応には不適切な面があったとされてはいるものの、復帰に際して作成された診断書には就労制限についての記載がなく、救急搬送されたときを含めて、診断書等の提出がなかったことから、Xが医師作成の意見書・診断書を提出するまでの間においては、上記業務等命令により体調不良となることについて、医学的な裏付けを伴わないものと捉えられたとし

てもやむを得ないとされ，安全配慮義務違反には当たらないと判断された。同判決からは，ストレスチェック制度における高ストレス判定から，安全配慮義務の内容として，具体的な就業上の措置をとることが直ちに義務づけられるものではないこと，使用者に具体的な措置の実施義務を課すにあたっては，医学的知見が重要であることが示唆される。

本条制定前の判例ではあるが，三洋電機サービス事件・東京高判平14・7・23労判852号73頁でもまた，医学的見地に基づく情報収集の重要性が指摘されている。業務上の心理的負荷が重なった労働者が自殺した同事件において，東京高裁は，亡労働者の精神状態が病的な状態にあり，医師の適切な措置を必要とする状況であったことは上司も認識可能であったとし，その上で，亡労働者が医師の診断書を提出して休業を申し出たときには，「心理的負荷のため精神面での健康が損なわれていないかどうかを把握し，適切な措置をとるべき注意義務」に従って，亡労働者の心身の状況について医学的見地に立った正確な知識や情報を収集し，休養の要否について慎重な対応をすることが要請されていたと判断し，義務違反を肯定している。

これに加え，音更町農業協同組合事件・釧路地帯広支判平21・2・2労判990号196頁でも，脳神経外科において異状なしとの診断を受けたことを認めつつ，課長が亡農協職員の長時間労働のほか，心理的・肉体的変調を窺わせるような事情を複数把握していたこと，亡職員の仕事ぶりや言動を注意深く観察していれば，単純な仕事もこなすことができないような精神状態に陥っていたことなどを把握することは十分に可能であったこと，身体面に特段の問題がないという受診結果の報告を鵜呑みにし，精神的疾患の可能性を疑わなかった農協側の落ち度は否定できないとして，安全配慮義務違反を肯定している。このように，何を予見し，どのような対応をとるべきかは具体的事案及びその評価によって異なりうるが，長時間労働などの事情がある場合には，安全配慮義務違反が認められやすくなることが示唆されうる。

（健康管理手帳）
第67条　都道府県労働局長は，がんその他の重度の健康障害を生ずるおそれのある業務で，政令で定めるものに従事していた者のうち，厚生労働省令で定める要件に該当する者に対し，離職の際に又は離職の後に，当該業務に係る健康管理手帳を交付するものとする。ただし，現に当該業務に係る健康管理手帳を所持している者については，この限りでない。

2　政府は，健康管理手帳を所持している者に対する健康診断に関し，厚生労働省令で定めるところにより，必要な措置を行なう。
3　健康管理手帳の交付を受けた者は，当該健康管理手帳を他人に譲渡し，又は貸与してはならない。
4　健康管理手帳の様式その他健康管理手帳について必要な事項は，厚生労働省令で定める。

1 趣旨

本条は，離職後の労働者について，その従事した業務に起因して発生する遅発性疾病で，がんその他の重度の健康障害を引き起こすものの早期発見のために，そのような疾病に係る業務に従事して離職した一定の労働者に対し，政府が健康管理手帳を交付し，政府の費用負担で，定期的に健康診断などの措置を行ってその健康管理の万全を期することとして定められたものである（昭和47年9月18日発基第91号）。

ベンジジンやベータ－ナフチルアミンなどによる職業性膀胱がんは潜伏期間が20〜30年と極めて長い。これらの物質については既に製造禁止の対象となっているが（安衛法第55条），既にこうした物質に接触する業務に従事した労働者の健康管理対策については，早期発見・早期治療が唯一の措置ということになる。そのため，関係業務に従事した労働者については，その業務を離れた後も長期にわたって健康管理を行う必要がある。在職中の労働者は，配置転換などにより有害業務を離れた後も，事業者に作業転換後健診の実施が義務づけられているが（安衛法第66条第2項後段），事業者に離職後の健康診断を義務づけたとしても，関係事業者に零細のものが多いことや退職者がその事業所との接触を嫌うという理由で実効性が不十分となるおそれがある。本条は以上のような理由から，遅発性の疾病でかつ重篤な健康障害を引き起こすおそれのある所定の業務に従事していた労働者を対象に，事業者ではなく政府がその費用負担のもとに定期に健康診断を行うものとしたものである[315]。なお，退職後，業務に起因すると思われる疾病を発症した場合に，健康管理手帳は労災の業務上認定に際しての重要な資料となる。

2 内容

1 手帳交付

下記の業務に一定期間従事した者で要件を満たす者は，離職の際又は離職の後の申請により，業務に従事した事業場の所在地を管轄する都道府県労働局長（離職後に該当する者は，その者の住所を管轄する都道府県労働局長）から健康管理手帳（資料7-106）の交付を受け

ることができる（本条第１項，安衛則第53条第２項）。

健康管理手帳の交付を受けた者は，当該健康管理手帳を他人に譲渡し，又は貸与してはならない（本条第３項）。交付を受けると年２回，所定の健康診断を無料で受診できる。

健康管理手帳を交付する業務は労働安全衛生法施行令第23条において列挙されている。健康管理手帳交付対象業務については，1995（平成７）年12月４日付けで労働省（当時）の検討会が取りまとめた「健康管理手帳交付対象業務等検討結果報告」において，以下の①～③のいずれの要件も満たす物質の取扱業務等を健康管理手帳の交付対象とするべきであるとされている。

> ①当該物質等について，重度の健康障害を引き起こすおそれがあるとして安全衛生の立場から法令上の規制が加えられていること
> ②当該物質等の取扱い等による疾病（がんその他の重度の健康障害）が業務に起因する疾病として認められていること（労働基準法施行規則別表第１の２第７号，同第10号参照）
> ③当該物質等の取扱い等による疾病（がんその他の重度の健康障害）の発生リスクが高く，今後も当該疾病の発生が予想されること（※近年の労災認定の事例数等勘案）

したがって，健康管理手帳交付業務はいずれも，作業環境測定（安衛法第65条）及び特殊健診（安衛法第66条第２項）の対象となっている（資料７‑107）。

なお，2022（令和４）年度第１回労働安全衛生法における特殊健康診断等に関する検討会においては，尿路系腫瘍（膀胱がん）を引き起こす可能性のある3・3'-ジクロロ-4・4'-ジアミノジフェニルメタン（MOCA）について，交付対象業務への追加が議題とされ，持ち回り審議の末，参集者の了承が得られたとされている。対象業務としては，特殊健診対象業務と同様に「3・3'-ジクロロ-4・4'-ジアミノジフェニルメタン（これをその重量の１パーセントを超えて含有する製剤その他の物を含む）を製造し，又は取り扱う業務」とすること，交付要件となる従事期間は，労災認定事例における従事期間が最短２年６カ月であること等に鑑み，予防・早期治療の有効性を高めるため，２年以上とすることが適当との提案がされている。

2　健康診断の勧告

都道府県労働局長は，手帳を交付するときは，当該手帳の交付を受ける者に対し，厚生労働大臣が定める健康診断を受けることを勧告するものとする（安衛則第55条）。また，都道府県労働局長は，前条の勧告をするときは，手帳の交付を受ける者に対し，その者が

資料７‑106　健康管理手帳

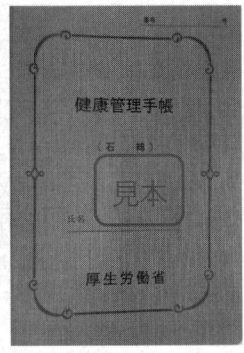

（大阪労働局「労働安全衛生法に基づく健康管理手帳について」見本１，２，12・見本11〔https://jsite.mhlw.go.jp/osaka-roudoukyoku/houreiseido_tetsuzuki/anzen_eisei/hourei_seido/roudo_eisei/tetyou.html，最終閲覧日：2022年10月26日〕）

受ける健康診断の回数，健康診断を行う医療機関の名称，所在地及び医療機関における受診の方法その他当該健康診断を受けることについて必要な事項を通知するものとする（同第56条，昭和47年９月18日基発第601号の２）。

3　沿革

1　制度史

1972（昭和47）年の安衛法制定に際しては，ベンジジン，ベーターナフチルアミン等による職業性膀胱がんは潜伏期間が20～30年と極めて長く，労働者が離職した後に発病するケースが極めて多いことを踏まえ，本条が設けられた。

また，1977（昭和52）年の安衛法改正時には，本条に「離職の後」という文言が追加された。この文言は，対象となる業務によっては，離職の際に交付要件を充たさなかったものが，離職の後に要件を充たすようになることがあり，こうした者にも継続的な健康管理が必要となることから追加されたものである（昭和53年２月10日発基第９号）。

2　背景となった災害等

ベンジジンは，染料などに使われていた化学物質であるが，1960（昭和35）年代頃にこれが膀胱がんを引き起こすことが明らかとなり，1972（昭和47）年安衛法により製造等が禁止されている。

ベンジジンにばく露したことによる尿路系腫瘍の特徴としては，発病までの潜伏期間が，最短で１年，最長で45年，平均で18年と長期間であること，統計上ベンジジンへのばく露期間と発病率の間に相関関係が認められないことからして，短期間でもばく露されたものは発病の可能性をもつことになること，再発率がほぼ50％近くにものぼり，発病が９回，10回という例も報告されていることが挙げられる。以上はいわゆる和歌山ベンジジン訴訟（山東化学工業所ほか・和歌山労働基

資料 7-107

業務	要件	発症のおそれのある疾病[*7]
ベンジジン及びその塩を製造，取り扱う業務（第1号（括弧内は施行令第23条の号数。以下同じ。）	当該業務に3月以上従事	尿路系腫瘍
ベータ－ナフチルアミン及びその塩を製造，取り扱う業務（第2号）		
ジアニシジン及びその塩を製造，取り扱う業務（第12号）		
1,2-ジクロロプロパンを取り扱う業務[*1]（第13号）	当該業務に2年以上従事	胆管がん
ビス（クロロメチル）エーテルを製造，取り扱う業務（第7号）	当該業務に3年以上従事	肺がん
ベンゾトリクロリドを製造，取り扱う業務[*2]（第9号）		
クロム酸及び重クロム酸並びにこれらの塩を製造，取り扱う業務[*3]（第4号）	当該業務に4年以上従事	肺がん，上気道がん
塩化ビニルを重合する業務又は密閉されていない遠心分離機を用いてポリ塩化ビニルの懸濁液から水を分離する業務（第10号）		
無機砒素化合物（アルシン及び砒化ガリウムを除く）を製造する工程において焙焼若しくは精製を行い，又は砒素をその重量の3％を超えて含有する鉱石をボット法若しくはグリナワルド法により精錬する業務（第5号）	当該業務に5年以上従事	肺がん，皮膚がん
コークス又は製鉄用発生炉ガスを製造する業務[*4]（第6号）		肺がん
オルト－トルイジン及び含有製剤その他の物を製造，取り扱う業務（第14号）		膀胱がん
石綿等の製造又は取扱いに伴い石綿の粉じんを発散する場所における業務（第11号）	[*6]	肺がん，じん肺
ベリリウム及びその化合物を製造，取り扱う業務[*5]（第8号）	両肺野にベリリウムによる慢性の結節性陰影がある	肺がん
粉じん作業に係る業務（第3号）	じん肺管理区分が管理2又は管理3である	肺がん，じん肺

[*1] 屋内作業場やタンク，船倉，坑の内部など通風の悪い場所で印刷機，その他の設備の清掃業務に限る。
[*2] 太陽光線により塩素化反応をさせることによりベンゾトリクロリドを製造する事業場における業務に限る。
[*3] クロム酸等を鉱石から製造する事業場以外の事業場における業務を除く。
[*4] コークス炉上において若しくはコークス炉に接して又はガス発生炉上において行う業務に限る。
[*5] ベリリウム等のうち粉状の物以外の物を取り扱う業務を除く。
[*6] 次のいずれかに該当すること。
　① 両肺野に石綿による不整形陰影があり，又は石綿による胸膜肥厚があること。
　② 石綿等の製造作業，石綿等が使用されている保温材，耐火被覆材等の張付け，補修若しくは除去の作業，石綿等の吹付けの作業又は石綿等が吹き付けられた建築物，工作物等の解体，破砕等の作業（吹き付けられた石綿等の除去の作業を含む）に1年以上従事した経験を有し，かつ，初めて石綿等の粉じんにばく露した日から10年以上を経過していること。
　③ ②の作業以外の石綿等を取り扱う作業に10年以上従事した経験を有していること。
[*7] 「職業病リスト」（労基法施行規則別表第1の2）を参照して記載した。
（石崎由希子作成）

準監督署長事件・和歌山地判昭61・5・14労判476号26頁）において判示されたところである。同事件は，ベンジジン製造の就労に従事していた被災の労働者・遺族7名が労働基準監督署長に労災保険給付の支給を求めたところ，労働者災害補償保険法施行前にベンジジンの製造業務に従事していた労働者に，同法施行後膀胱腫瘍等の疾病が発症した場合につき，同法施行前の業務に基づく右疾病には同法の適用がないとして，不支給処分とされたため，その取消を求めて訴えを提起したものである。最高裁（最3小判平5・2・16民集47巻2号473頁）は，同法の施行後に疾病の結果が生じた場合における災害補償については，その疾病が同法施行前の業務に起因するものであっても，なお同法による災害補償の対象としたものと解するのが相当であるとし，不支給処分の取消を認めた。

4 関係判例

1 証拠としての機能

健康管理手帳は労災民訴請求や労災補償請求（ないし不支給処分の取消訴訟）において重要な証拠機能を営む。すなわち，健康管理手帳に記載される職歴の記載は，有害物質のばく露と疾病の因果関係ないし業務起因性の判断の際に参照される。損害賠償請求事件・山口地判令4・2・25 LEX/DB 25591966は，造船所構内で，Y社の下請関連企業に在籍して，新造船又は修繕船の木艤装作業（木材を用いた各種装備の取付け）ないし修繕船での溶接工事などに従事していた亡Gらはアスベスト粉じんばく露の結果じん肺にり患したなどとして遺族らが損害賠償を請求した事案である。同事案において，Y社は，亡GがY社造船所以外でも粉じんばく露していることを理由に因果関係を否定する主張をしているが，その際，健康管理手帳に記載された職歴欄が参照され，亡Gが，Y社造船所にお

いて作業に従事する前も，石綿取扱業務に従事し，石綿にばく露していたことが認定されている。ただし，同事案においては，結論として，アスベスト粉じん職場であるＹ社造船所での勤務期間が長期にわたること（昭和39年から平成21年）から因果関係は肯定されている。

遺族補償給付不支給処分取消請求控訴事件・大阪高判平28・1・28判時2304号110頁は，石綿ばく露により肺がんを発症したとして，労災保険法による遺族補償給付の請求をしたところ，支給しない旨の処分を受けたため，その処分の取消を求めて訴えた訴訟の控訴審判決である。1審（神戸地判平25・11・5判時2304号120頁）は請求を棄却したが，控訴審は，石綿ばく露作業従事期間（10年）を2倍以上上回る24年以上の長期間にわたって，本件工場での作業に従事し，この間，日常的に間接的な石綿のばく露を受け続けていたこと，同一の職種又は類似する職種に属し，あるいは同種の作業に従事していたとされる者や，亡Ａと同じ部署に在籍していた者，さらに，直接石綿を取り扱っていたわけではない周辺業務のみに従事していたとされる者を含めて，同工場の敷地内で就労していた多くの従業員らが石綿に起因する疾患を発症し，健康管理手帳を交付されたり，労災認定を受けるなどしていることを踏まえ，業務起因性を肯定し，不支給処分を取り消している。

2 文書提出義務

健康管理手帳が労災民訴において重要な証拠となることは，原告労働者と同じ職場で働く他の労働者の健康管理手帳に係る文書を裁判所に提出する義務を被告会社が負うか否かが争われた事例においても確認できる。ここでは，健康管理手帳に係る文書内に，「技術又は職業の秘密」が含まれ，提出を拒むことが許容されうるかが問題となる（民訴法第220条第4号ハ，同法第197条第1項第3号）。「技術又は職業の秘密」とは，その事項が公開されると，当該技術の有する社会的価値が下落しこれによる活動が困難になるもの，又は当該職業に深刻な影響を与え以後その遂行が困難になるものをいう（最1小決平12・3・10民集54巻3号1073頁）。そして，文書提出命令の対象文書に職業の秘密に当たる情報が記載されていても，所持者が文書の提出を拒絶することができるのは，対象文書に記載された職業の秘密が保護に値する秘密に当たる場合に限られ，当該情報が保護に値する秘密であるかどうかは，その情報の内容，性質，その情報が開示されることにより所持者に与える不利益の内容，程度等と，当該民事事件の内容，性質，当該民事事件の証拠として当該文書を必要とする程度等の諸事情を比較衡量して決すべきものとされる（最3小決平18・10・3民集60巻8号2647頁，最3小決平20・11・25民集62巻10号2507頁参照）。

ニチアス（石綿ばく露・文書提出命令）事件・大阪高判平25・6・19労判1077号5頁では，石綿健康管理手帳の交付を受けた者に関する石綿健康管理手帳交付申請書の写し（及び同申請書に添付された職歴証明書の写し）等について，同申請書に手帳の種類，申請者の氏名，性別，生年月日，住所，電話番号，本籍地等が記載されること，労働者がみだりに開示されることを望まないものであることを認める一方，①記載内容次第では，本件工場において，どの時期にどの場所で石綿が飛散していたか，Ｙ社が石綿を含む製品等の製造工程をどのように管理していたかを基礎づける事実認定の証拠資料となりうるから，本案事件の証拠として取り調べる必要性のある客観性の高い証拠であること，②法令に基づいて作成された文書であること，③石綿製造は禁止されており（安衛法第55条，同法施行令第16条第4号），同文書が提出されることにより，元従業員及び現従業員が健康診断の受診や情報提供を拒否し，労働安全衛生等の人事労務管理が著しく困難になるおそれがあるとはいえないことなどから，保護に値する「職業の秘密」には当たらないと判断されている。

5 適用の実際

1 交付数

健康管理手帳の交付対象とされる業務は14業務であり，2021（令和3）年末における累積交付数の合計は約7万件である。

2 取得の経緯

健康管理手帳制度の適用の実際を示す研究として，高松大学の研究チームが1997年～2005年にかけてアスベスト健康管理手帳を取得した患者（78人）を対象に取得経緯等について尋ねたアンケート調査がある（回答：61人）。やや古いデータであり，また，調査対象も限られてはいるが，同調査によれば，手帳制度を知らなかった38人の取得の経緯としては，（元）同僚から情報を入手したという割合が最も高い（20人）。それ以外の入手先としては，医療機関が5人（2005年以前に取得した者）が，新聞・ラジオが6人，事業所の担当者が4人，知人・家族が3人（いずれも2005年に取得した者）である。2005年のクボタショックを契機として手帳の取得が進んでいることが窺われるが，同調査においては，制度を知っていたにもかかわらず，取得手続を放置した理由として，手続きが面倒くさいと指摘したのが12人，請求方法・意義が不明と回答したのが7人いる。さらに，具体的な管理手帳取得手続に関して，難しいと答えた割合が65.4％であり，アスベストの危険性を教えられた患者は10％程度と少数であることも示されている。

6 関連規定

都道府県労働局長が発行する健康管理手帳には，本条に基づくもののほか，労災保険給付の一種であるアフターケアを受けるために必要となる健康管理手帳もある。厚生労働省労働基準局長は，「アフターケア制度実施要領」や「傷病別アフターケア実施要綱」を定め（平成19年4月23日基発第0423002号），これに基づきせき髄損傷，頭頸部外傷症候群等20種類の傷病について，労災病院等（労保法施行規則第11条）においてアフターケアを行っている。アフターケアを受けるにあたり，対象者はその都度，実施医療機関に健康管理手帳を提示することが求められている。なお，国・沖縄労働局長・那覇労基署長事件・東京地判平30・4・18 LEX/DB 25560852では，アフターケア対象者が健康管理手帳を医療機関において提示しなかったとして，アフターケア通院費の不支給処分は違法とはいえないと判断されている。

> （病者の就業禁止）
> 第68条　事業者は，伝染性の疾病その他の疾病で，厚生労働省令で定めるものにかかつた労働者については，厚生労働省令で定めるところにより，その就業を禁止しなければならない。

1 趣旨

本条は，伝染病の疾病その他の一定の疾病にかかった労働者について，その就業を禁止しなければならないことを事業者の義務として定めたものである。病者の就業禁止については，工場法時代から存在するが，その目的は，本人を保護すると共に，工場内での感染を防止する上，公衆衛生の観点から社会を保護することにあるとされていた[322]。本条についても，病者本人自身の健康状態の悪化の防止だけでなく，他の労働者の健康障害や悪影響を排する趣旨があるといえよう[323]。

本条違反に対しては，6月以下の懲役（2025〔令和7〕年6月以降は拘禁）又は50万円以下の罰金が科されうる（安衛法第119条第1号）。本条所定の病者は就労を拒否する権利を有し，就労拒否を理由とする懲戒処分や解雇は無効となるが，これが長期に及ぶような場合には解雇の合理的理由が基礎づけられうる（労契法第16条）。そもそも，本条所定の病者か否かにかかわらず，病者に対し就業を強制することにより，病勢が悪化した場合には，安全配慮義務ないし注意義務違反が認められうる。ただし，このとき，就業を禁止しなかったとしても，事実上休業させているのであれば，上記義務違反は生じないと解される。

2 内容

本条に基づく就業禁止は，(a)一般的な病者の就業禁止と，(b)鉛業務その他の特定の業務への就業禁止とに大別される。なお，就業の禁止は種々の条件を十分に考慮して慎重に判断し，やむを得ない場合に限りこれを行うものであり，まず，その労働者の疾病の種類，程度，これについての産業医や専門医等の意見等を予め聴取し，これを勘案して，できるだけ配置転換，作業時間の短縮その他必要な措置を講ずることにより就業の機会を失なわせないようにすることが求められる（安衛則第61条第2項，昭和47年9月18日基発第601号の1）。

(a)就業を禁止すべき一般的な病者については，更に次の2つの疾病のグループが就業禁止の対象とされている。（安衛則第61条第1項）。

第1に，①病毒伝ぱのおそれがある伝染性の疾病にかかった者である。ここには，病毒伝ぱのおそれのある結核，梅毒，淋疾，トラコーマ，流行性角膜炎及びこれに準ずる伝染性疾患等が含まれる。もっとも，伝染予防の措置をした場合にはこの限りではないとされており，(イ)結核については，ツベルクリン皮内反応陽性者のみに接する業務に就かせること，(ロ)伝染性皮膚疾患については，り患部位より，病毒が他物に附着するおそれがない程度に繃帯等をもって十分に覆い，かつ，患者の手指を消毒させること，(ハ)炎症盛んで分泌物多量の伝染性眼疾患については，り患眼を眼帯等をもって十分覆わせ，患者の手指を消毒させ，かつ，患者用洗面用具を区別することなどがここでいう伝染予防の措置に当たる（昭和47年9月18日基発第601号の1）。

第2に，②心臓，腎臓，肺等の疾病で労働のため病勢が著しく増悪するおそれがあるものにかかった者である。すなわち，心臓，腎臓，肺等の疾病にかかり，その病勢増悪，例えば，体動により息切れ，浮腫，チアノーゼ，高度の発熱，意識喪失等の病症が容易に発現する程度の心，血管，腎，肺及び気管支，肝の疾病にかかっていることが明らかであるため労働することが不適当であると認められた者がこれに当たる（昭和47年9月18日基発第601号の1）。

(b)特定の有害業務への就業が禁止される労働者は，**資料7-108**の通りである。

資料7-108のうち，高気圧業務への就業禁止の対象となる疾病は，高気圧業務への従事により，病勢が増悪したり，減圧症が発現しやすかったり，あるいは，減圧症の合併によりその病勢が増悪することがある疾病である[324]。

3 沿革

1　制度史

(1)　戦前

資料7-108

業務	労働者	根拠規定
鉛業務（医師が必要と認めた期間）	鉛中毒にかかつている労働者 健康診断の結果，業務に従事することが健康の保持のため適当でないと医師が認めた労働者	鉛則第57条
四アルキル鉛等業務	四アルキル鉛中毒にかかつている労働者 健康診断の結果，業務に従事することが健康の保持のため適当でないと医師が認めた労働者	四アルキル則第26条
高気圧業務（医師が必要と認めた期間）	次の疾病にり患している労働者 一 減圧症その他高気圧による障害又はその後遺症 二 肺結核その他呼吸器の結核又は急性上気道感染，じん肺，肺気腫その他呼吸器系の疾病 三 貧血症，心臓弁膜症，冠状動脈硬化症，高血圧症その他血液又は循環器系の疾病 四 精神神経症，アルコール中毒，神経痛その他精神神経系の疾病 五 メニエル氏病又は中耳炎その他耳管狭さくを伴う耳の疾病 六 関節炎，リウマチスその他運動器の疾病 七 ぜんそく，肥満症，バセドー氏病その他アレルギー性，内分泌系，物質代謝又は栄養の疾病	高圧則第41条

（石﨑由希子作成）

1911（明治44）年の工場法第12条においては，病者又は産婦の就業を制限又は禁止する規定を主務大臣が設けることができるとされていた。これに基づき1916（大正5）年に制定された工場法施行規則第8条では，①精神病，②癩，肺結核，咽頭結核，③丹毒（皮膚の浅いところに生じる細菌感染症），再帰熱（ダニやシラミで媒介される細菌感染症），麻疹（いわゆるはしか），流行性脳脊髄膜炎その他これに準ずべき急性熱性病，④徴毒，疥癬（ヒゼンダニが皮膚の最外層の角質層に寄生して生じる）その他伝染性皮膚病，⑤膿漏性結膜炎，トラホーム（伝染性の結膜炎）（ただし著しく伝染のおそれあるもの）その他これに準ずべき伝染性眼病にり患した者を就業させてはならないと定めていた。このうち，上記④，⑤について，感染予防の措置を講じた場合は就業禁止の対象外となる。感染予防の措置とは，④について，繃帯で患部を完全に覆った場合や，⑤について，医師の治療を受け，予防措置を行った場合がこれに当たる。上記①ないし⑤に加え，⑥肋膜炎，心臓病，脚気，関節炎，腱鞘炎，急性泌尿生殖器病その他の疾病に罹った者で，就業のために増悪のおそれがある者，⑦伝染病又は重大疾病にり患し，その症状は消失したが健康回復に至っていない者も就業禁止の対象とされた。ただし，これらの疾病に罹った者については，医師の意見を踏まえた上で支障がないと認められる業務に従事させることは可能とされた。なお，地方

長官は，必要ありと認めたときは，工業主に対しり病者の就業の制限又は禁止を命じ得る旨規定されていた（施行規則第10条）。

上記規則制定に際し，特に肺結核をその対象に加えることについては，多数の失職者が生じるおそれがある一方，これを対象としなければ，「工業病は即肺結核なり」という現状を改善しないことになり，「火を薪に投ずるを黙過する」ことになるとして，中央衛生会が当局の諮問に対し賛成を示したとされる。

1942（昭和17）年2月10日の工場法施行規則改正（厚生省令第7号）では，②「肺結核，咽頭結核」とされていたのが「病毒傳播ノ虞アル結核」に改正され，その代わり，⑦それ以外の結核が⑦の対象とされた（工場法施行規則第8条の8）。

(2) 労基法時代

以上のような工場法時代の規定は一部就業禁止の対象を限定しつつ，労基法において引き継がれた。労基法第51条第1項は「使用者は，伝染性の疾病，精神病又は労働のために病勢が増悪するおそれのある疾病にかかった者については，就業を禁止しなければならない」と規定し，同条第2項が「前項の規定によって就業を禁止すべき疾病の種類及び程度は，命令で定める」と規定した。

制定当初の安衛則（昭和22年10月31日労働省令第9号）第47条では，①再帰熱，麻疹，炭そ（炭疽菌による感染症），鼻そ（鼻疽菌による感染症）その他これに準ずる伝染病にかかっている者，②病毒伝ぱのおそれのある結核，梅毒，疥癬その他の伝染性皮膚疾患，膿漏性結膜炎，著しく伝染のおそれのあるトラホームその他これに準ずる伝染性眼疾患にかかっている者又は伝染病の病原体保有者，③精神分裂病，躁うつ病，麻ひ性痴ほう（脳が梅毒に侵された状態）その他の精神病の患者であって就業することが不適当な者，④胸膜炎，結核，心臓病，脚気，関節炎，けんしょう炎，急性泌尿生殖器病その他の疾病にかかっている者であって労働のために病勢が著しく増悪するおそれのある者，⑤前各号の他，中央労働基準審議会の議を経て労働大臣の指定する疾病にかかっている者を就業禁止の対象として規定した。なお，上記①，②，④，⑤につき，制定当初は「かかった者」という表現が用いられていたが，1949（昭和24）年11月16日労働省令第30号により，「かかっている者」に改正されている。

また，制定当初の安衛則第21条では，就業禁止した場合には使用者はその旨を所轄労働基準監督署長に報告しなければならないとされていた（ただし，昭和24年11月16日労働省令第30号により削除）。他方，当時の労基法第101条第2項は，医師たる労働基準監督官は，就業の禁止をなすべき疾病にかかった疑いのある労働者

の検診をすることができるとしていた。

(3) 安衛法時代

1972（昭和47）年制定の安衛法は，伝染性疾病その他の疾病で厚生労働省令に定めるものをその対象としており，現行法とほぼ同様の規定ぶりとなっている。安衛則第61条においては，①病毒伝ぱのおそれのある伝染性の疾病にかかった者，②精神障害のために，現に自身を傷つけ，又は他人に害を及ぼすおそれのある者，③心臓，腎臓，肺等の疾病で労働のため病勢が著しく増悪するおそれのあるものにかかった者，④前各号に準ずる疾病で労働大臣が定めるものにかかった者が挙げられる。なお，①，④に係る具体的な疾病の種類について，安衛則の施行通達（昭和47年9月18日基発第601号の1）において示されていることは既述の通りである（2）。

上記のうち，②については，精神保健及び精神障害者福祉に関する法律（昭和25年5月1日法律第123号）第29条にいう「入院させなければ精神障害のために自身を傷つけまたは他人に害を及ぼすおそれがあると認められた者」と同様の病状の者をいうものであるとされていたが（昭和47年9月18日基発第601号の1），2000（平成12）年の安衛則改正により削除されている。同改正の背景には，①自傷他害のおそれのある者については，精神保健及び精神障害者福祉に関する法律に基づき，都道府県知事が複数の精神保健指定医の診察に基づき行う措置入院により就業禁止と同等の措置が担保されること，②医療の専門家ではない事業者に自傷他害のおそれについて客観的かつ公平な判断をさせることは困難であり，対象者の人権保護の観点からも診断の客観性及び公平性の確保を図る必要性があるとされたことがある（施行通達・平成12年3月30日基発第207号）。

2 背景となった災害等

本条制定の背景には，工場法制定の背景ともなった肺結核が第一に挙げられる。特に，繊維業に従事する女工に肺結核のり患者が多いこと，またその原因が不衛生な労働環境と深夜業にあることは，政府が1900（明治33）年に大規模な全国的工場調査を実施し，これをもとに農商務省が1903（明治36）年にまとめた『職工事情』や医学士の石原修が1913（大正2）年に公表した論文『衛生學上ヨリ見タル女工之現況』において示されていた。特に，石原論文においては，工場在籍中の死亡者の過半数が結核性疾患であること，疾病が治らないことを理由に解雇された者の過半数が結核性疾患であること，帰郷者中の死亡者の死亡原因は，肺結核39％，肺結核が疑われる者31.5％などが明らかにされている。なお，帰郷後死亡した者の多くは農業者として統計上処理され，職工死亡統計に含

まれないことに留意する必要があるとされる。[326]

4 関係判例

田中鉄工休職事件・神戸地判昭33・8・13労民9巻5号791頁では，肺結核と診断された電気溶接工に対する休職命令（就業禁止）が無効とされている。その際，就業禁止の対象となりうる肺結核について，安衛則第47条第2号において，「病毒伝ぱのおそれある結核」，同第4号において「結核にかかつている者であつて労働のために病勢が著しく増悪するおそれのある者」と規定されていることからすると，単に労働者が肺結核にり患しているというだけでは，これを原因として当該労働者の意に反して就業の禁止をなすことはできないとされている。また，外見上次第に痩せていき疲労の様子が見えるなどの身体的外観だけでは，こうした事情を医学的に基礎づけるのに十分ではないところ，被申請会社は労働者（申請人）の病状が休職及び就業禁止をなすべき場合に該当することにつき，なんら具体的にして確然たる医師の専門的知識に基づく判断等の根拠・客観的資料を把握していないとして，休職命令は無効と判断されている。

城東製鋼事件・大阪地判昭46・3・25判時645号96頁は，被告会社は，原告労働者が肺結核に感染し，治療又は精密検査を要することを定期健康診断により知っていたにもかかわらず，労基法第51条に基づく就業禁止等の措置をとらず，その結果として，症状が増悪し外科手術を余儀なくされた等としてなされた損害賠償請求が棄却されたケースである。その際，被告会社は「原告に医師の診療および精密検査を受けるよう指示しているのであるから，その結果の報告をまって現在の労働のために病勢が著しく増悪するおそれがあるかどうか判断して対応措置をとれば足りるものというべきであり，健康診断の結果から直ちに就業を禁止し，あるいは制限することは就業の機会を奪うことにもなり，このようなことまで右法令が要求しているとは解されず，また右法令は使用者の労働者に対する義務を直接定めているとも解されない」と判示されている。

これらの判決の意義は，労働者の意に反する就業禁止が認められるか否かは慎重に判断する必要があること，就業禁止に先立ち医師等の専門的知識に基づく判断を経ることが求められることを明らかにした点にある。

5 適用の実際

監督実務の経験者によれば，本条はあまり適用されていないとのことである。その背景には，就業禁止の対象となる伝染病の範囲が明確ではないこと，就業禁

止期間は賃金の保障が必ずしもないことなどがある。通常は，主治医，産業医，専門医等の意見を踏まえ，自主的に療養させて健康保険の傷病手当金を受給させることになる。[327]

6 関連規定

1 感染症法に基づく就業制限

本条の関連規定としては，感染症の予防及び感染症の患者に対する医療に関する法律（以下「感染症法」という）第18条に基づく就業制限の規定がある。感染症法に基づく就業制限が行われる場合には，本条に基づく就業制限の対象とはならない。

感染症法において指定される1類感染症の患者及び2類感染症，3類感染症又は新型インフルエンザ等感染症，指定感染症，新感染症の患者又は無症状病原体保有者又はその保護者が，都道府県知事から通知を受けた場合には，感染症を公衆にまん延させるおそれがある業務に，そのおそれがなくなるまでの期間従事することが禁止される（感染症法第18条第2項，同法第7条第1項〔準用〕，同法第53条第1項〔準用〕）。この就業制限に違反した者は，50万円以下の罰金に処されうる（同法第77条第4号）。なお，感染症法における感染症の分類及び上記規定に基づき就業が禁止される業務及び期間（感染症法施行規則第11条第2項，同第3項）は**資料7-109・7-110**の通りであり，全ての就業が制限されるわけではなく，特定の業務への就業が禁止されるに留まる。

就業制限に至るまでのプロセスは下記の通りである。まず，医師が1類感染症の患者及び2類感染症，3類感染症又は新型インフルエンザ等感染症の患者又は無症状病原体保有者等を診断した場合には，最寄りの保健所長を通じて，保健所を設置する市又は特別区（保健所設置市等）の長か都道府県知事に対して，下記事項を届け出なければならない（感染症法第12条第1項，感染症法施行規則第4条第1項，同第2項・第3項）。

①当該者の職業及び住所
②当該者が成年に達していない場合にあっては，その保護者（親権を行う者又は後見人をいう。以下同じ。）の氏名及び住所（保護者が法人であるときは，その名称及び主たる事務所の所在地）
③感染症の名称及び当該者の症状
④診断方法
⑤当該者の所在地
⑥初診年月日及び診断年月日
⑦病原体に感染したと推定される年月日（感染症の患者にあっては，発病したと推定される年月日を含む。）
⑧病原体に感染した原因，感染経路，病原体に感染した地域（以下「感染原因等」という。）又はこれらとして推定されるもの
⑨診断した医師の住所（病院又は診療所で診療に従事している医師にあっては，当該病院又は診療所の名称及び所在地）及び氏名
⑩その他感染症のまん延の防止及び当該者の医療のために必要と認める事項
⑪（新感染症の場合）新感染症と疑われる所見

届出を受けた保健所設置市等の長は厚生労働大臣及び都道府県知事に，届出を受けた都道府県知事は厚生労働大臣に届出内容を直ちに報告をすることが求められる（感染症法第12条第2項，同第4項）。都道府県知事は，就業制限通知をするに先立ち，保健所に設置された感染症診査協議会（感染症法第24条第5項に基づき，委員は，感染症指定医療機関の医師，感染症の患者の医療に関する学識経験者，法律に関する学識経験者並びに医療及び法律以外の学識経験者から選任されるが，過半数は医師である）に通知の必要性についての意見聴取を行うことが求められるが，緊急の場合にはこの限りではなく，事後報告で足りる（同法第18条第5項，同条第6項）。

都道府県知事は，上記患者又は保護者に対し，下記事項の通知を行う（同条第1項，感染症法施行規則第11条第1項）。

①感染症の名称及び当該者の症状，診断方法，初診年月日及び診断年月日
②就業制限及びその期間に関する事項
③制限に違反した場合に，法第77条第4号の規定により罰金に処される旨
④就業制限対象者でないことの確認を求めることができる旨
⑤その他必要と認める事項

通知を受けた患者及び無症状病原体保有者は上記の通り就業制限の対象となるが（感染症法第18条第2項），就業制限の適用を受けている者又はその保護者は，都道府県知事に対し，就業制限の対象者でなくなったことの確認を求めることができ，確認の求めを受けた都道府県知事は，就業制限の対象者でないかどうか，又は就業制限期間を経過しているかどうかの確認をしなければならない（同条第3項，同第4項）。

2 新型コロナウイルスの感染症法上の位置づけ

2019（令和元）年3月末から感染拡大した新型コロナウイルスについては，「新型コロナウイルス感染症を指定感染症として定める等の政令」（令和2年1月28日政令第11号）により，指定感染症に指定して対策が講じられ，指定期限は2020（令和2）年1月31日から1年間延長されていたが，2021（令和3）年2月3日に公布され，同月13日に施行された「新型インフルエ

資料7-109 感染症法における感染症の分類

分類	定義	感染症名
1類感染症	感染力や罹患した場合の重篤性などに基づく総合的な観点からみた危険性が極めて高い感染症	【法第6条第2項】エボラ出血熱，クリミア・コンゴ出血熱，痘そう，南米出血熱，ペスト，マールブルグ病，ラッサ熱
2類感染症	感染力や罹患した場合の重篤性などに基づく総合的な観点からみた危険性が高い感染症	【法第6条第3項】急性灰白髄炎，結核，ジフテリア，重症急性呼吸器症候群（病原体がベータコロナウイルス属SARSコロナウイルスであるものに限る），中東呼吸器症候群（病原体がベータコロナウイルス属MERSコロナウイルスであるものに限る），特定鳥インフルエンザ（H5N1，H7N9）
3類感染症	感染力や罹患した場合の重篤性などに基づく総合的な観点からみた危険性は高くないものの，特定の職業に就業することにより感染症の集団発生を起こしうる感染症	【法第6条第4項】コレラ，細菌性赤痢，腸管出血性大腸菌感染症，腸チフス，パラチフス
4類感染症	人から人への感染はほとんどないが，動物，飲食物，衣類，寝具などの物件を介して人に感染し，国民の健康に影響を与えるおそれのある感染症	【法第6条第5項】E型肝炎，A型肝炎，黄熱，Q熱，狂犬病，炭疽そ，鳥インフルエンザ（特定鳥インフルエンザを除く），ボツリヌス症，マラリア，野兎と病【政令第1条の2】ウエストナイル熱，エキノコックス症，オウム病，オムスク出血熱，回帰熱，キャサヌル森林病，コクシジオイデス症，サル痘，ジカウイルス感染症，重症熱性血小板減少症候群（フレボウイルス属SFTSウイルスに限る），腎症候性出血熱，西部ウマ脳炎，ダニ媒介脳炎，チクングニア熱，つつが虫病，デング熱，東部ウマ脳炎，ニパウイルス感染症，日本紅斑熱，日本脳炎，ハンタウイルス肺症候群，Bウイルス病，鼻疽など，ブルセラ症，ベネズエラウマ脳炎，ヘンドラウイルス感染症，発しんチフス，ライム病，リッサウイルス感染症，リフトバレー熱，類鼻疽，レジオネラ症，レプトスピラ症，ロッキー山紅斑熱
5類感染症	国が感染症発生動向調査を行い，その結果に基づき必要な情報を国民や医療関係者などに提供・公開していくことによって，発生・拡大を防止すべき感染症	【法第6条第6項】インフルエンザ（鳥インフルエンザ及び新型インフルエンザ等感染症を除く），ウイルス性肝炎（E型肝炎及びA型肝炎を除く），クリプトスポリジウム症，後天性免疫不全症候群，性器クラミジア感染症，梅毒，麻しん，メチシリン耐性黄色ブドウ球菌感染症【施行規則第1条】アメーバ赤痢，RSウイルス感染症，咽いん頭結膜熱，A群溶血性レンサ球菌咽頭炎，カルバペネム耐性腸内細菌科細菌感染症，感染性胃腸炎，急性弛し緩性麻痺（急性灰白髄炎を除く），急性出血性結膜炎，急性脳炎（ウエストナイル脳炎，西部ウマ脳炎，ダニ媒介脳炎，東部ウマ脳炎，ベネズエラウマ脳炎及びリフトバレー熱を除く），クラミジア肺炎（オウム病を除く），クロイツフェルト・ヤコブ病，劇症型溶血性レンサ球菌感染症，細菌性髄膜炎，ジアルジア症，侵襲性インフルエンザ菌感染症，侵襲性髄膜炎菌感染症，侵襲性肺炎球菌感染症，水痘，性器ヘルペスウイルス感染症，尖圭せんけいコンジローマ，先天性風しん症候群，手足口病，伝染性紅斑はん，突発性発しん，播種性クリプトコックス症，破傷風，バンコマイシン耐性黄色ブドウ球菌感染症，バンコマイシン耐性腸球菌感染症，百日咳せき，風しん，ペニシリン耐性肺炎球菌感染症，ヘルパンギーナ，マイコプラズマ肺炎，無菌性髄膜炎，薬剤耐性アシネトバクター感染症，薬剤耐性緑膿のう菌感染症，流行性角結膜炎，流行性耳下腺せん炎，淋りん菌感染症
新型インフルエンザ等感染症	【法第6条第7項】新型インフルエンザ：新たに人から人に伝染する能力を有することとなったウイルスを病原体とするインフルエンザであって，一般に国民が当該感染症に対する免疫を獲得していないことから，当該感染症の全国的かつ急速なまん延により国民の生命及び健康に重大な影響を与えるおそれがあると認められるもの 再興型インフルエンザ：かつて世界的規模で流行したインフルエンザであってその後流行することなく長期間が経過しているものとして厚生労働大臣が定めるものが再興したものであって，一般に現在の国民の大部分が当該感染症に対する免疫を獲得していないことから，当該感染症の全国的かつ急速なまん延により国民の生命及び健康に重大な影響を与えるおそれがあると認められるもの 新型コロナウイルス感染症：新たに人から人に伝染する能力を有することとなったコロナウイルスを病原体とする感染症であって，一般に国民が当該感染症に対する免疫を獲得していないことから，当該感染症の全国的かつ急速なまん延により国民の生命及び健康に重大な影響を与えるおそれがあると認められるもの 再興型コロナウイルス感染症：かつて世界的規模で流行したコロナウイルスを病原体とする感染症であってその後流行することなく長期間が経過しているものとして厚生労働大臣が定めるものが再興したものであって，一般に現在の国民の大部分が当該感染症に対する免疫を獲得していないことから，当該感染症の全国的かつ急速なまん延により国民の生命及び健康に重大な影響を与えるおそれがあると認められるもの	
指定感染症	【法第6条第8項】1～3類及び新型インフルエンザ等感染症に分類されない既知の感染症の中で，1～3類に準じた対応の必要が生じた感染症（政令で指定，1年限定）	
新感染症	【法第6条第9項】人から人に伝ばすると認められる感染症で，既知の感染症と症状などが明らかに異なり，その伝ば力びり罹患した場合の重篤度から判断した危険性が極めて高い感染症	〔当初〕都道府県知事が，厚生労働大臣の技術的指導・助言を得て，個別に応急対応する〔政令指定後〕政令で症状などの要件した後に1類感染症に準じた対応を行う

ンザ等対策特別措置法等の一部を改正する法律」（令和3年2月3日法律第5号）により，期限の定めなく必要な対策を講じられるよう，「新型インフルエンザ等感染症」に「新型コロナウイルス感染症」及び「再興型コロナウイルス感染症」が追加されている（令和3年2月3日健発0203第2号）。その後，新型コロナウイルス感染症は，2023（令和5）年5月8日以降，「新型インフルエンザ等感染症」（いわゆる2類相当）から，

資料7-110　就業制限の対象となる業務と期間

感染症	業務	期間
エボラ出血熱，クリミア・コンゴ出血熱，南米出血熱，マールブルグ病及びラッサ熱	飲食物の製造，販売，調製又は取扱いの際に飲食物に直接接触する業務及び他者の身体に直接接触する業務	その病原体を保有しなくなるまでの期間
結核	接客業その他の多数の者に接触する業務	その病原体を保有しなくなるまでの期間又はその症状が消失するまでの期間
重症急性呼吸器症候群（病原体がベータコロナウイルス属SARSコロナウイルスであるものに限る），中東呼吸器症候群（病原体がベータコロナウイルス属MERSコロナウイルスであるものに限る），特定鳥インフルエンザ	飲食物の製造，販売，調製又は取扱いの際に飲食物に直接接触する業務及び接客業その他の多数の者に接触する業務	
ジフテリア，新型インフルエンザ等感染症，痘そう，及びペスト		その病原体を保有しなくなるまでの期間
上記以外	飲食物の製造，販売，調製又は取扱いの際に飲食物に直接接触する業務	

（石崎由希子作成）

「5類感染症」に位置づけが変更され（「新型コロナウイルス感染症の感染症法上の位置づけの変更等に関する対応方針について」〔令和5年1月27日新型コロナウイルス感染症対策本部決定〕），都道府県知事による就業制限の対象からも外されている。

なお，労働者が新型コロナウイルスに感染したか，発熱等の症状がある労働者を事業者の判断で休業させる場合の休業手当の支払義務については，個別事案ごとに諸事情を総合的に勘案して判断されることになるが，発熱などの症状があることのみをもって一律に休業させる場合は，一般には「使用者の責に帰すべき事由による休業」に該当し，労基法第26条に基づく休業手当の支払い義務が生じると解されている（厚生労働省WEBサイト「新型コロナウイルスに関するQ&A〔企業の方向け〕」4-問1・問2）。

> （受動喫煙の防止）
> 第68条の2　事業者は，室内又はこれに準ずる環境における労働者の受動喫煙（健康増進法（平成14年法律第103号）第28条第3号に規定する受動喫煙をいう。第71条第1項において同じ。）を防止するため，当該事業者及び事業場の実情に応じ適切な措置を講ずるよう努めるものとする。

1 趣旨

本条は，たばこによる健康への影響に対する社会的関心が高まるなか，受動喫煙が肺がん，肺機能障害，呼吸器疾患等の健康障害のリスクになるとの研究成果や非喫煙者がたばこの煙により受けるストレスや不快感等を踏まえ，事業者に対し，当該事業者及び事業場の実情に応じた適切な措置を講じることを努力義務として規定するものである。ここでいう「受動喫煙」とは「人が他人の喫煙によりたばこから発生した煙にさらされること」をいう（健康増進法第28条第3号）。

本条は努力義務規定について定めるものであり，罰則の適用はない。他方，2018（平成30）年に改正された健康増進法第6章では，施設の種類に応じて受動喫煙防止のためにとるべき措置を義務として規定している。喫煙室の構造が技術的基準に適合しなくなったときには，都道府県知事の勧告の対象となり，勧告に従わない場合は企業名公表や命令が，命令に違反した場合には過料が課されうる（6参照）。

事業者が受動喫煙防止のための適切な措置をとらなかったことにより，受動喫煙を原因として健康障害が生じたと認められる場合には，安全配慮義務等の違反に基づく民事責任を問われうる。ただし，受動喫煙と健康障害の因果関係の立証がしばしば困難であることや受動喫煙対策に係る法整備が社会的情勢の変化に応じて段階的に進められてきたこともあり（3 1参照），これまでの裁判例において安全配慮義務違反を認定した例はごくわずかである（5参照）。ただし，健康増進法に基づく規制が強化されたことにより，同法に基づく措置を怠っていた事業者については，安全配慮義務違反が認められやすくなる可能性がある。

2 内容

1 概要

本条に基づく適切な措置の具体的内容については，「職場における受動喫煙防止のためのガイドライン（以下，ガイドライン）」（令和元年7月1日基発0701第1号）に規定されている。同ガイドラインは2018（平成30）年の改正健康増進法で施設の管理権原者に対し義務づけられる事項及び本条に基づき事業者が実施すべき事項を一体的に示すことを目的とするものであり，事業者と管理権原者が異なる場合，当該事業者は，健康増

資料7-111　標識一覧

① 喫煙専用室に関する標識

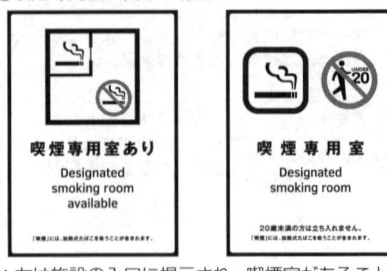

＊左は施設の入口に掲示され，喫煙室があることを示すもの。右は施設内の喫煙室に掲示されるもの。

② 指定たばこ専用喫煙室に関する標識

＊左は施設の入口に掲示され，喫煙室があることを示すもの。右は施設内の喫煙室に掲示されるもの。

③ 喫煙目的室に関する標識

＊左は喫煙を目的とするバー，スナック等の施設の入口に掲示され，喫煙目的室があることを示すもの。真ん中は施設内の喫煙室に掲示されるもの。右は施設の入口に掲示され，当該施設全体が喫煙目的室であることを示すもの。

＊左はたばこ販売店の施設の入口に掲示され，喫煙目的室があることを示すもの。真ん中は施設内の喫煙室に掲示されるもの。右は施設の入口に掲示され，当該施設全体が喫煙目的室であることを示すもの。

＊その場所が公衆喫煙所であることを示すもの。

④ 喫煙可能室に関する標識

＊左は施設の入口に掲示され，喫煙可能室があることを示すもの。真ん中は喫煙可能室に掲示されるもの。右は施設の入口に掲示され，施設全体が喫煙可能室であることを示すもの。

⑤ その他の標識

＊左はその場所が禁煙であることを示すもの。右はその場所が特定屋外喫煙場所であることを示すもの。

(厚生労働省「なくそう！望まない受動喫煙。」WEB サイト〔https://jyudokitsuen.mhlw.go.jp/sign/，最終閲覧：2022年10月13日〕)

進法の規定が遵守されるよう，管理権原者と連携を図る必要があるとされる。以下もガイドラインに基づく記述である。

2　組織的対策

ガイドラインでは，職場における受動喫煙防止対策を効果的に進めていくにあたり，組織的に実施することが重要であり，事業者は衛生委員会，安全衛生委員会等（以下，「衛生委員会等」）の場を通じて，労働者の受動喫煙防止対策についての意識・意見を十分に把握し，事業場の実情を把握した上で，各々の事業場における適切な措置を決定することを推奨する。また，当該事業場に従事する労働者の意識や行動等のあり方も重要であるため，労働者に対しても，事業者が決定した措置や基本方針を理解しつつ，衛生委員会等の代表

資料7-112

区分	定義	健康増進法の位置づけ
第1種施設	多数の者が利用する施設のうち，学校，病院，児童福祉施設その他の受動喫煙により健康を損なうおそれが高い者が主として利用する施設として健康増進法施行令第3条及び健康増進法施行規則第12条乃至第14条に規定するもの並びに国及び地方公共団体の行政機関の庁舎	敷地内原則禁煙
	受動喫煙を防止するために必要な技術的基準を満たす特定屋外喫煙場所を除き，労働者に敷地内で喫煙させないこと。	
第2種施設	多数の者が利用する施設のうち，第1種施設及び喫煙目的施設以外の施設（一般の事務所や工場，飲食店等も含まれる）	原則屋内禁煙
	ア．たばこの煙の流出を防止するための技術的基準に適合した喫煙専用室又は指定たばこ専用喫煙室*1を除き，労働者に施設の屋内で喫煙させないこと。 イ．指定たばこ専用喫煙室を設ける施設の営業について広告又は宣伝をするときは，指定たばこ専用喫煙室の設置施設であることを明らかにしなければならないこと ウ．受動喫煙を望まない者が指定たばこ専用喫煙室において業務や飲食を避けることができるよう配慮すること	
喫煙目的施設	多数の者が利用する施設のうち，その施設を利用する者に対して，喫煙をする場所を提供することを主たる目的とする施設であり，①公衆喫煙所，②喫煙を主たる目的とするバー，スナック等，③店内で喫煙可能なたばこ販売店	屋内の一部又は全部に喫煙目的室の設置可
	ア．喫煙目的室を設ける施設の営業について広告又は宣伝をするときは，喫煙目的室の設置施設であることを明らかにしなければならないこと イ．受動喫煙を望まない者が，喫煙目的室であって飲食等可能な室内において，業務や飲食を避けることができるよう配慮すること	
既存特定飲食提供施設	2020（令和2）年4月1日時点で営業している飲食店で個人又は資本金5,000万円以下の会社が経営しており，客席面積が100平方メートル以下であること	喫煙可能室の設置可（経過措置）
	ア．喫煙可能室を設ける施設の営業について広告又は宣伝をするときは，喫煙可能室の設置施設であることを明らかにしなければならないこと。 イ．受動喫煙を望まない者が喫煙可能室において業務や飲食を避けることができるよう配慮すること。また，業務上であるか否かにかかわらず，受動喫煙を望まない者を喫煙可能室に同行させることのないよう，労働者に周知すること ウ．既存特定飲食提供施設の飲食ができる場所を全面禁煙として喫煙専用室又は屋外喫煙所を設置する場合には，技術的基準を満たす喫煙専用室を設ける，又は，屋外喫煙所を設けることが望ましいこと エ．事業者は健康増進法に基づき求められる下記事項が実施されているか管理権原者に確認すること。 　(ア) 既存特定飲食提供施設の要件に該当することを証する書類を備えること。 　(イ) 喫煙可能室設置施設の届出を保健所に行うこと。	

*1 喫煙専用室及び指定たばこ専用喫煙室はいずれも，構造及び設備がその室外の場所（第2種施設等の屋内又は内部の場所に限る）へのたばこの煙の流出を防止するための技術的基準に適合した室であることが求められるが，専ら喫煙をすることができる場所として定められた喫煙専用室では，室内で飲食等を行うことは認められないのに対し，加熱式たばこのみの喫煙が可能な指定たばこ専用喫煙室では，飲食等を行うことが認められている。加熱式たばことは，専用の道具を使って，たばこの葉やその加工品を電気で加熱し，発生する煙（エアロゾル）を喫煙するものである（**資料7-113**[329]）。
（石崎由希子作成）

資料7-113　加熱式たばこ

日本で販売されている加熱式たばこ（2022年7月現在）

（国立がん研究センター「がん情報サービス」〔https://ganjoho.jp/public/pre_scr/cause_prevention/smoking/tobacco04.html，最終閲覧：2022年10月13日〕）

者を通じる等により，必要な対策について積極的に意見を述べることが望ましいとする。

また，受動喫煙対策を組織的に進めていくにあたっては，①推進計画の策定，②担当部署の指定，③労働者の健康管理等，④標識の設置・維持管理等，⑤意識の高揚及び情報の収集・提供，⑥労働者の募集及び求人の申込み時の受動喫煙防止対策の明示等の取り組みを進めることが必要であるとされている。具体的には，①受動喫煙防止対策を推進するための計画（推進計画）を策定し，推進計画においては，例えば，受動喫煙防止対策に関し将来達成する目標と達成時期，当該目標達成のために講じる措置や活動等を定めること，②企業全体又は事業場の規模等に応じ，受動喫煙防止対策の担当部署やその担当者を指定し，受動喫煙防止対策に係る相談対応等を実施させるとともに，各事業場における受動喫煙防止対策の状況について定期的に把握，分析，評価等を行い，問題がある職場について改善のための指導を行わせるなど，受動喫煙防止対策全般についての事務を所掌させること，③事業場における受動喫煙防止対策の

状況を衛生委員会等における調査審議事項としたり，産業医の職場巡視に当たり，受動喫煙防止対策の実施状況に留意したりすること，④施設内に喫煙することができる場所を定めようとするときは，当該場所の出入口及び施設の主たる出入口の見やすい箇所に必要な事項を記載した標識（標識例については，「『健康増進法の一部を改正する法律』の施行について」〔平成31年健発0222第１号〕の別添３や「なくそう！望まない受動喫煙。」WEBサイト参照）を掲示しなければならないこと（資料7-111)，⑤事業者は，労働者に対して，受動喫煙による健康への影響，受動喫煙の防止のために講じた措置の内容，健康増進法の趣旨等に関する教育や相談対応を行うことで，受動喫煙防止対策に対する意識の高揚を図ること，また，受動喫煙防止対策の担当部署等は，他の事業場の対策の事例，受動喫煙による健康への影響等に関する調査研究等の情報を収集し，これらの情報を衛生委員会等に適宜提供すること，⑥労働者の募集及び求人の申込みに当たっては，就業の場所における受動喫煙を防止するための措置に関する事項（敷地内又は屋内で全面禁煙か否か，喫煙可能な場所を設けているか否か）を明示することが挙げられている。

事業者はまた，妊娠している労働者や呼吸器・循環器等に疾患を持つ労働者，がん等の疾病を治療しながら就業する労働者，化学物質に過敏な労働者など，受動喫煙による健康への影響を一層受けやすい懸念がある者に対して，特に配慮を行うことが求められている。

3　喫煙可能な場所における作業に関する措置

まず，未成年者の受動喫煙防止の観点から，20歳未満か否かにより，求められる対応が異なる。まず，事業者は，20歳未満の労働者を喫煙専用室等に立ち入らせて業務（喫煙専用室等の清掃作業等も含まれる）を行わせないようにすることが求められる。また，20歳未満と思われる者が喫煙専用室等に立ち入ろうとしている場合にあっては，施設の管理権原者等に声掛けをすることや年齢確認を行うことが求められる。また，健康増進法において適用除外となっている宿泊施設の客室（個室）や職員寮の個室，特別養護老人ホーム・有料老人ホームなどの入居施設の個室，業務車両内等についても，同様である。

他方，20歳以上の労働者についても，望まない受動喫煙を防止する趣旨から，事業場の実情に応じ，勤務シフトや業務分担の工夫，禁煙フロアと喫煙フロアの区分，喫煙区域を通らないような動線等の設定，喫煙専用室等の清掃に先立ち，換気によりたばこの煙の排出を行うことや室内のたばこの煙の濃度が高い場合における呼吸用保護具の着用等，業務車両内での喫煙時に同乗者の意向に配慮すること等の配慮が求められる。

4　各種施設における受動喫煙防止対策

ガイドラインは，健康増進法において定められる施設の区分に応じて事業者に求められる対応を示している（資料7-112）。

なお，特定屋外喫煙場所，喫煙専用室又は指定たばこ専用喫煙室，喫煙目的室，喫煙可能室については，ガイドライン別紙１「健康増進法における技術的基準等の概要」においてその設置のための要件が示されている（資料7-114）。また，別紙２では，「技術的基準を満たすための効果的な手法等の例」が示されている。

5　受動喫煙防止対策に対する支援

受動喫煙防止対策に取り組む事業者に対する財政的な支援制度としては，安衛法第71条に基づく受動喫煙防止対策助成金がある。対象事業主は，中小企業事業主，かつ，第２種施設を営む者であり，①入口における風速が毎秒0.2ｍ以上，②煙が室内から室外に流出しないよう，壁，天井等によって区画されていること，③煙を屋外又は外部の場所に排気すること等の一定の要件を満たす専用喫煙室，指定たばこ専用喫煙室の既存特定飲食提供施設における設置・改修に必要な経費の３分の２（主たる業種の産業分類が飲食店以外は２分の１）が100万円を上限として支給される（2022〔令和４〕年10月時点）。

また，労働衛生コンサルタント等の専門家が，現在の喫煙状況，事業の内容，建物の構造といった職場環境に応じた適切な対策が実施できるよう，無料で個別に相談・助言を行うなど技術的支援も行われている。上記支援策については，ガイドラインにも記載されている厚生労働省WEBサイトのリンク先において紹介され，情報が更新されている。

3　沿革

1　制度史

(1)　指針・ガイドラインによる受動喫煙防止対策

職場における受動喫煙防止対策については，当初，快適職場形成の促進施策の一環として推進されてきた。快適職場の形成については，1992（平成４）年の安衛法改正により，事業者にその努力義務が課され（安衛法第71条の２），労働大臣（厚労働大臣）は事業者が講ずべき快適な職場環境の形成のための措置に関して指針を公表するものとされ（同法第71条の３），国はかかる措置の適切かつ有効な実施に資するため必要な援助に努めるものとされた（同法第71条の４）。安衛法第71条の３に基づく指針の一つとして出されたのが，「事業者が講ずべき快適な職場環境の形成のための措置に関する指針」（平成４年７月１日労働省告示第59号）

資料 7-114　ガイドライン別紙 1 に基づく技術的基準等の概要

特定屋外喫煙場所	①喫煙をすることができる場所が区画されていること。 ②喫煙をすることができる場所である旨を記載した標識を掲示すること。 ③第 1 種施設を利用する者が通常立ち入らない場所に設置すること。
喫煙専用室	①たばこの煙の流出を防止するための技術的基準に適合すること。 　(ア)出入口において，室外から室内に流入する空気の気流が，0.2m 毎秒以上であること。 　(イ)たばこの煙が室内から室外に流出しないよう，壁，天井等によって区画されていること。 　(ウ)たばこの煙が屋外又は外部の場所に排気されていること。 ②喫煙専用室の出入口及び当該喫煙専用室を設置する第二種施設等の主たる出入口の見やすい箇所に所定の標識を掲示しなければならないこと。 ③喫煙専用室へ 20 歳未満の者を立ち入らせてはならないこと
指定たばこ専用喫煙室	①指定たばこ（加熱式たばこ）のみ喫煙可能であること。 ②たばこの煙の流出を防止するための技術的基準（上記(ア)乃至(ウ)）に適合すること。 ③指定たばこのみの喫煙をすることができる場所が当該施設等の 1 又は 2 以上の階の全部の場所である場合における指定たばこの煙の流出を防止するための技術的基準は，②の要件に代えて，指定たばこの煙が，喫煙をすることができる階から喫煙をしてはならない階に流出しないよう，壁，天井等によって区画されていること。また，喫煙してはならない階へのたばこの煙の流出を防止するための適切な措置が講じられていること。 ④指定たばこ専用喫煙室の出入口及び当該指定たばこ専用喫煙室を設置する第 2 種施設等の主たる出入口の見やすい箇所に所定の標識を掲示しなければならないこと。 ⑤指定たばこ専用喫煙室へ 20 歳未満の者を立ち入らせてはならないこと。 ⑥当該指定たばこ専用喫煙室設置施設等の営業について広告又は宣伝をするときは，当該指定たばこ専用喫煙室設置施設等が指定たばこ専用喫煙室設置施設等である旨を明らかにしなければならないこと。
喫煙目的室	①たばこの煙の流出を防止するための技術的基準（上記(ア)乃至(ウ)）に適合すること。 ②喫煙目的室の出入口及び当該喫煙目的室を設置する喫煙目的施設の主たる出入口の見やすい箇所に所定の標識を掲示しなければならないこと。 ③事業者は，喫煙を主たる目的とするバー，スナック等及び店内で喫煙可能なたばこ販売店にあっては，管理権原者が喫煙目的室設置施設の要件に関する事項を帳簿に記載し保存しているか確認すること。 ④喫煙目的室へ 20 歳未満の者を立ち入らせてはならないこと。 ⑤当該喫煙目的室設置施設の営業について広告又は宣伝をするときは，当該喫煙目的室設置施設が喫煙目的室設置施設である旨を明らかにしなければならないこと。
喫煙可能室	①たばこの煙の流出を防止するための技術的基準（上記(ア)乃至(イ)）に適合すること。ただし，既存特定飲食提供施設の全部の場所を喫煙可能室とする場合における技術的基準は，これに代えて，喫煙可能室以外の場所にたばこの煙が流出しないよう，喫煙可能室が壁，天井等によって当該喫煙可能室以外の場所と区画されていること。 ②喫煙可能室の出入口及び当該喫煙可能室を設置する既存特定飲食提供施設の主たる出入口の見やすい箇所に所定の標識を掲示しなければならないこと。 ③喫煙可能室へ 20 歳未満の者を立ち入らせてはならないこと。 ④喫煙可能室設置施設が既存特定飲食提供施設の要件に該当することを証明する床面積や資本金に関する書類を備え保存しなければならないこと。 ⑤当該喫煙可能室設置施設の営業について広告又は宣伝をするときは，当該喫煙可能室設置施設が喫煙可能室設置施設である旨を明らかにしなければならないこと。 ⑥事業者は，喫煙可能室を設置した喫煙可能室設置施設の管理権原者が，施設等の類型に応じ，都道府県知事（又は市長・区長）に対して届出を行っているか確認すること。

（石﨑由希子作成）

である。同指針では，その空気環境の項において，「屋内作業場では，空気環境における浮遊粉じんや臭気等について，労働者が不快と感じることのないよう維持管理されるよう必要な措置を講ずることとし，必要に応じ作業場内における喫煙場所を指定する等の喫煙対策を講ずること。」が明記された。厚生省はまた，1995（平成 7）年 3 月，「たばこ行動計画」をまとめ，その中で，職場における分煙について，職場は「特定の人々が社会的な必要から日常的にかつ選択の余地なく相当程度の時間を過ごす場所」であることから「職場の状況を踏まえつつ非喫煙者に十分配慮した対策を積極的に推進すべき」と指摘した。

また，1996（平成 8）年 2 月，労働省は，「職場における喫煙対策のためのガイドライン」（平成 8 年 2 月 21 日基発第 75 号）を公表した。その中で，職場における労働者の健康の確保や快適な職場環境の形成の促進の観点から，受動喫煙を防止するための労働衛生上の対策が求められていることを指摘し，他方で，喫煙が個人の嗜好に強くかかわるものとして喫煙に対し寛容な社会的認識がなお一部に残る中にあって，職場における喫煙対策を推進するに当たっては，喫煙者と非喫煙者が相互の立場を尊重することが重要であると指摘し，喫煙対策の方法として，事業場全体を常に禁煙とする方法（全面禁煙），時間帯を定めて事業場全体を禁煙とする方法（時間分煙）及び喫煙室でのみ喫煙を認める又は喫煙対策機器等の設置によってたばこの煙の拡散を制御し，受動喫煙を防止する方法（空間分煙）の 3 つの方法があるが，喫煙者と非喫煙者の間で合意を得やすい空間分煙を進めることが適切であると指摘した。

他方，厚生省は，同年 3 月，「公共の場所における分煙のあり方検討会報告書」を公表し，その中で，公共の場所における分煙の基本原則として，不特定多数の人が社会的な必要のために利用する公共の場所で

は，非喫煙者に対する受動喫煙の健康への影響や不快感を排除又は減少することを目的として，分煙を進めることが必要であること及び分煙対策を推進するに当たっては，受動喫煙に対する基本認識やたばこをめぐる現状等を踏まえ，非喫煙者と喫煙者のコンセンサスが得られるよう努めるなど社会生活の調和の中で十分な配慮がなされる必要があることを指摘した。

この当時は，受動喫煙の健康への影響も踏まえられているものの，もっぱら不快感の減少等を目的として受動喫煙対策が進められており，喫煙者と非喫煙者の合意形成に重点が置かれていることが窺える。

(2) 健康増進法の制定とガイドラインの改正

たばこの煙の健康影響や分煙効果の基準が明らかになるにつれて，受動喫煙対策はより具体的なものへと進化していく。2000（平成12）年4月から開始された「21世紀における国民健康づくり運動（健康日本21）」においては，①喫煙が及ぼす健康影響についての十分な知識の普及，②未成年者の喫煙をなくす，③公共の場及び職場での分煙の徹底及び効果の高い分煙に関する知識の普及，④禁煙支援プログラムの普及という4つの目標が掲げられていたが，2002（平成14）年6月には，厚生労働省内に設置され，受動喫煙の健康への影響，公共の場所の分煙の実施方法，分煙が効果的に実施されているかの評価方法，今後の分煙対策のあり方について検討した「分煙効果判定基準策定検討会」の報告書がまとめられている。同報告書では，受動喫煙防止の観点からは，屋内に設置された喫煙場所の空気は屋外に排気する方法を推進することが最も有効であること，空気清浄機を使用する場合には，換気に配慮すべきこと，非喫煙場所にたばこの煙やにおいが漏れないようにするため，非喫煙場所から喫煙場所へ一定の空気の流れ（0.2/s）を確保すべきことなどが示されている。

2002（平成14）年8月には健康増進法（平成14年8月2日法律第103号）が制定され（2003〔平成15〕年5月12日施行），同法第25条は，多数の者が利用する施設を管理する者に対し，受動喫煙を防止する措置をとる努力義務を課し，これにより，国民の健康増進の観点からの受動喫煙防止の取り組みを積極的に推進することとした。同法施行に先立ち出された通知「受動喫煙防止対策について」（平成15年4月30日健発第430003号）では，同法制定の背景として，流涙，鼻閉，頭痛等の諸症状や呼吸抑制，心拍増加，血管収縮等生理学的反応等，受動喫煙による健康への悪影響に関する知見が示されてきたこと，慢性影響として，肺がんや循環器疾患等のリスクの上昇を示す疫学的研究があり，IARC（国際がん研究機関）は，証拠の強さによる発がん性分類において，たばこを，グループ1（グループ1ないし4のうち，グループ1は最も強い分類）と分類していること，さらに，受動喫煙により非喫煙妊婦であっても低出生体重児の出産の発生率が上昇するという研究報告があることなどが挙げられている。また，全面禁煙は，受動喫煙防止対策として極めて有効であるが，施設の規模・構造，利用状況等は，各施設により様々であるため，施設の態様や利用者のニーズに応じた適切な受動喫煙防止対策を進める必要があるとされ，公共性等の当該施設の社会的な役割も十分に考慮に入れて，分煙効果判定基準報告書などを参考にしながら，喫煙場所から非喫煙場所にたばこの煙が流れ出ないよう，適切な受動喫煙防止措置の方法を採用する必要があること，完全禁煙を行っている場所では，その旨を表示し，また，分煙を行っている場所では，禁煙場所と喫煙場所の表示を明確に行い，周知を図るとともに，来客者等にその旨を知らせて理解と協力を求める等の措置を取ることも受動喫煙防止対策として効果的であることが示されている。

厚生労働省は，2003（平成15）年5月9日，健康増進法において受動喫煙防止対策を講ずる努力義務が規定されたこと，分煙効果判定基準策定検討会において分煙効果判定基準が提示されたこと，また，受動喫煙による健康への悪影響については，流涙，鼻閉，頭痛等の諸症状や呼吸抑制，心拍増加，血管収縮等生理学的反応等に関する知見等が得られており，より適切な受動喫煙防止対策が必要とされていることを背景として，労働者の健康確保と快適な職場環境の形成を図る観点から，一層の受動喫煙防止対策の充実を図るため，従来のガイドラインを見直し，「職場における喫煙対策のためのガイドライン」（平成15年5月9日基発第0509001号）を策定・公表した。新ガイドラインでは，喫煙室等の設置につき，非喫煙場所にたばこの煙が漏れないような喫煙室とすることを推奨するとともに，喫煙室等に設置する「有効な喫煙対策機器」としては，屋外に排出する方式を原則とし，やむを得ない場合にのみ空気清浄装置等の設置によることとし，その際は，喫煙室等の換気に特段の配慮を行うこととした。また，新ガイドラインでは，喫煙室等から非喫煙場所へのたばこの煙やにおいの流入を防止するため，喫煙室等と非喫煙場所との境界において，喫煙室等に向かう風速を0.2m/sとするように必要な措置を講ずることを空気環境の基準に追加した。

(3) 条約締結と受動喫煙防止対策の推進

2003（平成15）年5月21日，世界保健総会において，「たばこの規制に関する世界保健機関枠組条約」が採択され，日本は，2004（平成16）年3月9日，これに署名した上，同年5月19日には国会で承認された。同条約においては，たばこの煙にさらされることからの

保護（第8条）として，締約国は，屋内の職場，公共の輸送機関，屋内の公共の場所及び適当な場合には他の公共の場所におけるたばこの煙にさらされることからの保護を定める効果的な立法上，執行上，行政上又は他の措置を国内法によって決定された既存の国の権限の範囲内で採択し及び実施し，並びに権限のある他の当局による当該措置の採択及び実施を積極的に促進することとされている。

こうした中で，2005（平成17）年6月には，「『職場における喫煙対策のためのガイドライン』に基づく対策の推進について」（平成17年6月1日基安発第0601001号）が発出され，喫煙室の設置等喫煙場所の確保等が困難な場合には，全面禁煙を勧奨するよう指導すべきとされた。また，2009（平成21）年3月から厚生労働省健康局において，「受動喫煙防止対策のあり方に関する検討会」が開催され，2010（平成22）年3月に報告書がとりまとめられた。同報告書は，まず，喫煙者から喫煙の自由や権利が主張されることがあるが，喫煙者は，その周囲の者が副流煙等にばく露していることや受動喫煙によりたばこの害やリスク（他者危害）から守られるべきことを認識すべきことを指摘し，今後の受動喫煙防止対策の方向性として，多数の者が利用する公共的な空間については，原則として全面禁煙であるべきことを示す。他方，中小企業が多数を占める飲食店や旅館等は，受動喫煙防止措置と営業の両立が困難であることも踏まえ，社会情勢の変化に応じて暫定的に喫煙可能区域を確保することもとり得る方策の一つであるとする。なお，喫煙可能区域を設定した場合，従業員についてみれば，「長時間かつ長期間にわたりたばこの煙にばく露されることもあるため，従業員を健康被害から守るための対応について検討を深める必要がある」ことや「職場によっては従業員本人の自由意思が表明しにくい可能性もあることも踏まえ，職場において可能な受動喫煙防止対策について検討していく必要がある」ことにも言及されている。

2010（平成22）年2月には，上記報告書に基づき，厚生労働省健康局長名で「受動喫煙防止対策について」（平成22年2月25日健発0225第2号）が発出され，2003（平成15）年の通知が廃止されるとともに，今後の受動喫煙防止対策の基本的な方向性として，多数の者が利用する公共的な空間については，原則として全面禁煙であるべきであること，全面禁煙が極めて困難な場合等においては，当面，施設の態様や利用者のニーズに応じた適切な受動喫煙防止対策を進めることが示された。また，「職場における受動喫煙防止対策との連携と調和」についても掲げられ，労働者のための受動喫煙防止措置は，「職場における喫煙対策のためのガイドライン」に即した対策が講じられることが望ましいこと，健康増進法第25条に基づく施策の実施に当たっては，都道府県労働局との連携を図ることなどが記載されている。

健康局における検討がなされたのとほぼ同じ時期である2009（平成21）年7月から厚生労働省労働基準局安全衛生部「職場における受動喫煙防止対策に関する検討会」が開催され，翌2010（平成22）年5月に報告書がまとめられている。同報告書はまず，職場における受動喫煙防止対策が，今後，「快適職場形成という観点ではなく，労働者の健康障害防止という観点」から取り組まれることが必要であることを指摘する。また，職場は労働者が選択することが容易でなく，しかも一定の時間拘束されること，事業者には，安全配慮義務（労契法第5条）があることを考慮に入れると，事業者の責任において措置を講ずる必要があるとし，労働安全衛生法において，労働者の健康障害防止に着目した受動喫煙防止対策を規定することが必要であるとしている。同報告書は，事業者が講ずべき具体的措置として，①全面禁煙又は（一定の条件を充たした）空間分煙による対策を挙げるほか，職場の労働者だけでなく顧客等も発生源となりうるところ，顧客に対して禁煙とすることを事業者に一律に求めることは困難であることなどを踏まえ，顧客等の喫煙により，上記対策が困難である場合には，②当該喫煙区域における換気等による有害物質濃度の低減，適当な場合は保護具の着用等の措置により，可能な限り労働者の受動喫煙の機会を低減させること，措置の効果を判定するため，換気量や何らかの濃度基準等の設定が必要であることを指摘している。また，③「その他の対策」としては，受動喫煙にかかる責任体制の整備や喫煙区域・禁煙区域の区域分けの表示・周知が必要となること，事業者及び労働者に対する教育も重要であることも示している。その上で，上記①乃至③の措置については，労働者の健康障害防止という観点から事業者の努力義務ではなく義務とすること，労働者もまた受動喫煙防止対策の重要性を理解した上で，「当該措置に関する事業者の指示に従うべきことは言うまでもない」ことが明記されている。上記に加え，情報提供を含めた技術的支援や中小企業に対する財政的支援等，国による援助のあり方についても言及されている。[34]

上記のうち，特に，受動喫煙防止措置に係る責務のあり方については，第2回検討会で議論がなされ，従業員は通常の国民以上に保護の必要性があるところ，受動喫煙対策が十分になされていない中で，努力義務ということで対策が進むか疑念があるとの意見や受動喫煙そのものをゼロにすることについて責務とするのは難しく，努力義務としないと現場では対応できないが，受動喫煙を低減させること自体は責務と捉えられ[35]

うるとの意見[336]が出され，第3回検討会で事業者の「義務」とすることにつき了承が得られている[337]。

（4）安全衛生分科会での議論と法案提出

安全衛生分科会では，飲食店・宿泊業関係者や市民団体の代表，受動喫煙問題に取り組む弁護士，医学・公衆衛生学の専門家に対する公聴会の結果や「職場における受動喫煙防止対策に関する検討会報告書」を踏まえて議論が進められた。また，2010（平成22）年11月12日の分科会では，学校，病院，官公庁施設等の第1種施設に禁煙のための措置を，飲食店，ホテル等の第2種施設に禁煙又は分煙の措置を義務づける「神奈川県公共的施設における受動喫煙防止条例」が同年4月に施行された神奈川県の担当者からのヒアリングが行われている。同ヒアリングでは，当初は，全ての公共的施設を禁煙にするという案でスタートしたが，国による規制が努力義務に留まる中で県内で規制を強化すると，県外へ顧客が流出するなど経済的影響が懸念されるなどの声が挙げられたことから，小規模飲食店や宿泊施設等については，禁煙又は分煙の措置が努力義務とされたこと，職場の受動喫煙防止については，労働安全衛生法に基づき国により対応がなされるべき事項として，条例の対象から外されたことなどが確認されている[338]。

以上の議論を経て，労働政策審議会建議「今後の職場における安全衛生対策について」（2010〔平成22〕年12月22日）では，①一般の事務所，工場等については，全面禁煙や空間分煙とすることを事業者の義務とすることが適当とされ，②飲食店等の顧客が喫煙できることをサービスに含めて提供している場所についても，同様の措置をとることが適当であるが，それが困難な場合には，当分の間，換気等により可能な限り労働者の受動喫煙の機会を低減させることを事業者の義務とすることが適当との提言がなされた。また，罰則は当面つけず，進捗状況を踏まえて対応すること，国は事業場の取り組みを支援するため，デジタル粉じん計の貸与，喫煙室の設置に係る問い合わせに対する労働衛生コンサルタント，作業環境測定士等の専門家の派遣等の技術的支援及び空間分煙に取り組む事業者に対して，喫煙室設置に係る財政的支援を行うべきことが提言されている。

上記建議に基づく「労働安全衛生法の一部を改正する法律案要綱」について，2011（平成23）年10月に諮問・答申が行われ，同年12月8日，「労働安全衛生法の一部を改正する法律案」が衆議院に提出された。法律案の内容は，安衛法第68条の2において，事業者に専用の喫煙室以外の所定の屋内作業場において喫煙の禁止その他の措置を講じることを義務づけ，附則第27条において，飲食業・宿泊業・娯楽業等の事業者につ

いては，同規定の適用を除外し，その一方で，労働者の受動喫煙の程度を低減させるための措置として，たばこの煙の浮遊粉じん濃度の基準や喫煙エリアの換気の基準を守ることを義務づけるものであった。しかし，同法案は，会期末により継続審議となり，2012（平成24）年11月，衆議院の解散により廃案となっている。なお，この間，2012（平成24）年4月には，当時与党であった民主党が，事業者に受動喫煙防止を義務づける政府案の規定を努力義務に修正する方向に向けた調整に入ったとの報道がなされた[339]。他方，同年8月，公明党は，民主党及び自民党が努力義務に修正案をまとめたことに反対する声明を出すなどしており，8月に衆議院の厚生労働委員会で趣旨説明はなされたものの，審議は行われないままとなっていた[341]。

なお，上記建議を受けて，2011（平成23）年10月には，受動喫煙対策にかかる費用の一定割合を助成する「受動喫煙防止対策助成金」等，事業者への支援事業が開始されている。また，2013（平成25）年度からは，対象事業主及び助成率が拡大されている。

（5）法案廃案後の議論と改正法の成立

2013（平成25）年7月30日の第74回労働政策審議会安全衛生分科会では，労働者側委員から建議に則し，事業者の義務規定を盛り込んだ法案の提出が求められるとの意見が出されたのに対し[342]，使用者側委員からは，受動喫煙防止対策が広がることが重要であって，義務化することが目的であるべきではない，義務化されると助成金が受けられなくなり，かえって対策が広がらないことになるとの意見が出されている。その後，同年11月26日の第78回分科会，同年12月17日の第79回分科会では，義務化ではなく努力義務化とする方向性について，労働者側委員から繰り返し疑義が示されているが[344]，使用者側委員からは，受動喫煙対策を講じている事業所割合が増加していることなども踏まえると，努力義務とすることで妥当であるとの意見も出されている[345]。最終的に，第80回分科会で了承が得られた建議「今後の労働安全衛生対策について」（2013〔平成25〕年12月24日）では，「平成22年の建議に基づく労働安全衛生法の一部を改正する法律案を踏まえつつ，一部の事業場での取組が遅れている中で全面禁煙や空間分煙を事業者の義務とした場合，国が実施している現行の支援策がなくなり，その結果かえって取組が進まなくなるおそれがあるとの意見が出されたことにも十分に留意し，また，建議後に受動喫煙防止対策に取り組んでいる事業場が増加していることも勘案し，法案の内容を検討することが適当である」とされた。2014（平成26）年1月23日に諮問され，同年2月4日に答申が行われた「労働安全衛生法の一部を改正する法律案要綱」では，受動喫煙を防止するため，屋内作

業場その他の所定の作業場について，喫煙室を除き，禁煙とすることその他の措置を講じることについて事業者に努力義務を課すこと，国が喫煙室の設置の促進その他の必要な援助に努めるものとすることが規定された。なお，事業者による措置が努力義務とされたことから，飲食店等を対象とする特例は設けられていない。[346]

労働安全衛生法の一部を改正する法律案については，同年3月10日に国会に提出され，同年6月19日に成立，同月25日に公布されている。また，参議院の附帯決議（2014〔平成26〕年4月8日）及び衆議院の附帯決議（2014〔平成26〕年6月18日）では，受動喫煙が健康に悪影響を及ぼすことが「たばこの規制に関する世界保健機関枠組条約」においても明示されていることや2020年までに受動喫煙のない職場を実現するとの政府目標を踏まえ，受動喫煙の防止のための設備の設置を促進するための援助に必要な予算措置を講じ，中小企業に対する支援に努めることや改正法の施行状況を見つつ，受動喫煙防止対策の在り方について検討することとされている。

事業者が講ずべき具体的措置について，法律案要綱では厚生労働省令で示すことが予定されていたが，最終的には通達で示されている（平成27年5月15日基発0515第1号）。同通達では，事業者において，当該事業者及び事業場の実情を把握・分析し，その結果等を踏まえ，実施することが可能な労働者の受動喫煙の防止のための措置のうち，最も効果的なものを講ずるよう努めるものとすることが求められることや，当該措置には，施設・設備面（ハード面）の対策だけでなく，①担当部署の指定や②推進計画の策定，③教育，指導の実施等，④周知，掲示等のソフト面の対策が含まれることが示されている。また，同通達により，「職場における喫煙対策のためのガイドラインについて」（平成15年5月9日基発第0509001号）は廃止された。また，各事業場が効果的に受動喫煙防止対策に取り組むために参考となると考えられる事項については，「労働安全衛生法の一部を改正する法律に基づく職場の受動喫煙防止対策の実施について」（平成27年5月15日基安0515第1号）において示され，「『職場における喫煙対策のためのガイドライン』に基づく対策の推進について」（平成17年6月1日基安発第0601001号）は廃止された。

(6) 健康増進法の改正とガイドラインの改正

「2020年東京オリンピック・パラリンピック」が開催されることが決まると，幅広い公共の場等における受動喫煙防止対策を強化する必要があるとして，「2020年東京オリンピック・パラリンピック競技大会関係府省庁連絡会議」の下に，「受動喫煙防止対策強化検討チーム」（以下，検討チームという）が設置された。[347] 背景には，「たばこのないオリンピック」を推進することについてのIOC（国際オリンピック委員会）とWHOとの間に合意（2010〔平成22〕年7月21日）があることと，合意後，日本を除く全てのオリンピック開催国・開催予定国が，受動喫煙防止について罰則を伴う法規制を実施してきたことがある。検討チームは，受動喫煙の防止が平成15年に健康増進法の「努力義務」とされてから10年以上経過したが，飲食店や職場等での受動喫煙は依然として多く，「努力義務」としての取り組みでは限界であるとの認識に基づき，①大学，老人福祉施設，体育館，官公庁施設，バス，タクシー等は屋内・車内禁煙（喫煙専用室設置不可）とするが，②健康上の配慮を要する施設では敷地内禁煙とすること，③それ以外の場所では原則屋内禁煙（喫煙専用室設置可）とするが，一定規模以下のバー，スナック等については喫煙禁止場所としないことを提言した。一定規模以下のバー，スナック等に関する例外は，公開ヒアリングにおける業界団体における規制強化に対する反対の声を踏まえたものである。

2018（平成30）年7月18日に改正された健康増進法第6章では，望まない受動喫煙の防止を図るため，施設の区分に応じて喫煙を禁止するとともに，施設管理の権原を有する者が講ずべき措置を義務として規定している（⑹）。医療施設，教育機関，行政機関は敷地内禁煙とし，それ以外の場所では，原則屋内禁煙（喫煙専用室設置可）とすること，小規模の特定の飲食店については，経過措置として，「喫煙」，「分煙」標識の掲示により喫煙可能とすることとされた。同法改正にかかる衆議院の附帯決議（2018〔平成30〕年6月15日）においては，喫煙可能な場所・空間において，従業員の受動喫煙をできるだけ避けるよう必要な措置を講ずること，参議院の附帯決議（2018〔平成30〕年7月12日）においては，従業員が望まない受動喫煙に遭わないよう，労使でしっかり話し合い，必要な措置が講ぜられるよう取り組むとともに，管理権原者が20歳未満の者を喫煙可能な場所・空間に立ち入らせることのないよう実効的な措置を講ずることとされている。

上記の附帯決議を踏まえ，健康増進法で義務づけられている事項と，労働安全衛生法の努力義務により事業者が実施すべき事項を一体的に示すことを目的として，「職場における受動喫煙防止のためのガイドライン」（令和元年7月1日基発0701第1号）が策定され，[348] 平成27年5月15日基安発0515第1号は廃止されている。なお，健康増進法の名宛人である施設の管理権原者等と安衛法における事業者は一般的には一致するが，一致しない場合については，事業者が管理権原者と連携を図ってその実効性を担保することが求められる。な

お，未成年者の立入禁止について，20歳未満の宿泊客が居室に入るのを事業者が阻止するという趣旨かについて質問がなされ，当該ガイドラインはあくまでも労働者を守るためのものであること，上記質問のケースでは「旅館の仲居さんとか，ホテルの一般的な従業員について」喫煙室，喫煙可能になっている宿泊施設に入らないということを主眼として書かれたものであることが安全衛生分科会において確認されている。

2　背景となった災害

(1)　「受動喫煙防止対策のあり方に関する検討会報告書」

「受動喫煙防止対策のあり方に関する検討会報告書」（2010〔平成22〕年3月）は，「受動喫煙が死亡，疾病及び障害を引き起こすことは科学的に明らか」であるとして，国際機関や諸外国において報告されている事項として，①受動喫煙は，ヒトに対して発がん性がある化学物質や有害大気汚染物質へのばく露であること，②受動喫煙の煙中には，ニコチンや一酸化炭素など様々な有害化学物質が含まれており，特にヒトへの発がん性がある化学物質であるベンゾピレン，ニトロソアミン等も含まれていること，③受動喫煙によって，血管内皮細胞の障害や血栓形成促進の作用が認められ，冠状動脈疾患の原因となること，④受動喫煙によって，急性の循環器への悪影響があることを指摘するが，これらは，「職場における受動喫煙防止対策に関する検討会報告書」（2010〔平成22〕年5月）でも引用され，こうした健康影響を前提として検討を進めるべきことが指摘されている。

(2)　受動喫煙の発がん性に関する評価

IARCは1986（昭和61）年に喫煙習慣が肺がんだけでなく，上部消化管，膵臓，下部尿路系がんを引き起こす可能性があることにつき十分なエビデンスがあるとし，「たばこ煙（Tabaco Smoking）」をグループ1（人への発がん性あり）に分類していたが，2002（平成14）年には，再度「たばこ煙と不随意喫煙（Tabaco Smoking and Involuntary Smoking）」について取り上げ，肺や膵臓，尿路だけでなく，口腔，鼻腔・下咽頭，喉頭，食道，胃，肝臓，腎臓（体部及び骨盤），子宮頸部及び骨髄のがんを引き起こす可能性があるとしたほか，不随意喫煙（すなわち受動喫煙〔passive smoking〕）についても，肺がんを引き起こす可能性があることについて十分なエビデンスがあるとし，グループ1（人への発がん性あり）に分類した。こうした動向や飲食店従業員など数百万人の労働者がたばこ煙にばく露されることが注目されるようになったことから，日本産業衛生学会は，2010（平成22）年5月，「タバコ煙」の職場におけるばく露について，労働者の肺がんリスクを増加させる十分な証拠があるとして，「第1群（ヒトに対して発がん性がある）」に位置づけている。

(3)　国立がん研究センターの研究成果等

また，2010（平成22）年10月19日の第44回労働政策審議会安全衛生分科会では，同年9月に公表された国立がん研究センターの研究成果として，家庭と職場それぞれの受動喫煙によって死亡する人数について，約6800人が受動喫煙によって毎年死亡し，そのうち半数の約3600人が職場での受動喫煙に起因すると推計された事実が取り上げられている。この推計は，受動喫煙との因果関係が確立された疾患である肺がん及び虚血性心疾患の2つの疾病について，それぞれの疾病により1年間に死亡した者のうち，受動喫煙を原因とする者の人数を人口寄与危険度割合（ある集団において，ある原因〔ここでは受動喫煙〕により死亡〔や疾病り患〕する割合。ある集団における死亡〔り患〕割合と非ばく露群におけるそれとの頻度の違いをベースに算出する）を算出することによって求めたものである。

なお，その後，国立がん研究センターでは，2016（平成28）年8月31日にプレスリリースにおいて，日本人の非喫煙者を対象とした受動喫煙と肺がんとの関連について，複数の論文を統合，解析するメタアナリシス研究の結果，受動喫煙のある人はない人に比べて肺がんになるリスクが約1.3倍で，国際的なメタアナリシスの結果と同様であることを公表している。なお，同研究は，平成27年度厚生労働科学研究費補助金（循環器疾患・糖尿病等生活習慣病対策総合研究事業）「たばこ対策の健康影響および経済影響の包括的評価に関する研究」及び国立がん研究センター研究開発費「科学的根拠に基づく発がん性・がん予防効果の評価とがん予防ガイドライン提言に関する研究」の助成を受けたものである。

また，国立がん研究センターでは，リーフレット「喫煙と健康　望まない受動喫煙を防止する取り組みはマナーからルールへ」（2020〔令和2〕年4月）を公表しており，その中では，受動喫煙と肺がん，虚血性心疾患，脳卒中や呼吸器への急性影響との間の因果関係については，これを推定するのに科学的根拠が十分であること，また，鼻腔・副鼻腔がん，乳がん，慢性呼吸器症状，喘息などと受動喫煙の関係については，科学的根拠は因果関係を示唆しているが十分ではないことが示されている。

(4)　労働者の意識と事業者の取組状況

第74回労働政策審議会安全衛生分科会（2013〔平成25〕年7月30日）では，2011（平成23）年労働災害防止対策等重点調査の結果として，34.1％の労働者が「全面禁煙を積極的に行うべきである」，52.3％の労働者が「空間分煙を行えば十分である」と回答しており，8割超が空間分煙以上の対策を望んでいることが指摘

されている。[36]また、第75回労働政策審議会安全衛生分科会(2013〔平成25〕年9月25日)では、2012(平成24)年労働者健康状況調査(事業所調査)の結果に基づく資料が示されているが、同資料においては、全面禁煙に取り組む事業所は42%、空間分煙に取り組む事業所は19.4%(計61.4%)であり、2007(平成19)年度の調査結果(全面禁煙：18.4%、空間分煙：27.9%)や2011(平成23)年度の調査(全面禁煙：25.8%、空間分煙：21.8%)と比べて改善傾向がみられる一方、小規模事業所では対策が遅れていることなどが確認できる(資料7-115)。こうした傾向については、2013(平成25)年12月の建議「今後の労働安全衛生対策について」においても指摘されている。

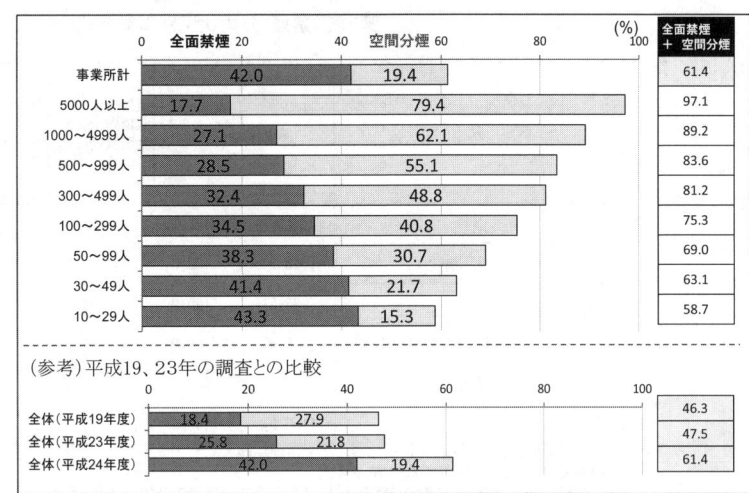

資料7-115 事業所規模別取組状況

(厚生労働省「第75回労働政策審議会安全衛生分科会」〔2013年9月25日〕資料5-7「受動喫煙防止対策関係資料」〔https://www.mhlw.go.jp/stf/shingi/0000025154.html、最終閲覧日：2022年10月13日〕)

4 適用の実際：事業所における取組状況

1 事業所における取組状況

2020(令和2)年度の労働安全衛生調査(事業所調査)によれば、事業所における禁煙・分煙状況について、屋外を含めた敷地内全体を全面禁煙にしている事業所の割合は30.0%であり、2018(平成30)年調査の13.7%と比べて大幅に伸びている(資料7-116)。また、「屋内を全面禁煙として、屋外喫煙所を設置している」が46.7%、「屋内に喫煙専用室等を設置し、それ以外の屋内の場所を禁煙にしている」が18.8%である。健康増進法における施設分類の種類別にみると、第1種施設(学校・病院など受動喫煙により健康を損なうおそれが高い者が主として利用する施設)では「屋外を含めた敷地内全体を全面禁煙にしている」が63.1%、第2種施設(第1種施設及び喫煙目的施設以外の施設)では「屋内を全面禁煙として、屋外喫煙所を設置している」が49.2%とそれぞれ最も多くなっている。

また、敷地内全体を全面禁煙にしていない事業所について、受動喫煙を防止するための取り組みを進めている事業所の割合は54.1%であり、このうち、取組内容(複数回答)をみると、「受動喫煙を望まない者が加熱式たばこ喫煙専用室での業務や飲食を避けるよう配慮している」が27.2%、「20歳以上の労働者に対する措置」のうち「業務用車両内での喫煙時における周知啓発」が27.0%、「20歳未満を喫煙可能な場所で立入禁止としている」が24.6%、「受動喫煙防止対策に関する教育や相談対応の実施」が23.7%である。

2 労働者の受動喫煙の状況

2012(平成24)年労働者健康状況調査(労働者調査)の結果によれば、受動喫煙があるとする労働者の割合は、「ほとんど毎日ある」が23.2%であり、「ときどきある」の28.6%をあわせて51.8%であった。これに対し、2021(令和3)年度の労働安全衛生調査(個人調査)によれば、職場で受動喫煙がある労働者の割合は、「ほとんど毎日ある」が8.4%であり、「ときどきある」の12.3%を合わせて20.7%となっており、本条制定当時と比べると大幅に減少している。ただし、受動喫煙があると回答するもののうち、「不快に感じること、体調が悪くなることがある」と感じる者の割合は約4割を占める(資料7-117)。

なお、2016(平成28)年度の労働安全衛生調査(個人調査)では、職場における受動喫煙防止対策のうち、禁煙場所の設定として職場に望むことがある労働者の割合は62.5%〔2015(平成27)年調査57.6%〕となっていた。具体的には、「事業所の内部に空間的に隔離された喫煙場所(喫煙室)を設け、それ以外の場所は禁煙にすること」が39.2%〔同36.0%〕と最も多く、次いで「屋外を含めた事業所敷地内全体を禁煙にすること」が26.2%〔同28.6%〕となっている(単一回答)。

5 関係判例

1 安全配慮義務違反に基づく損害賠償請求

(a) 名古屋市教員(志賀中学校等)事件・名古屋地判平10・2・23判タ982号174頁(以下、α判決)は、市立中学校教員Xが、勤務先中学校での禁煙措置が不十分なために健康被害等を受けたとして、名古屋市(Y)に対し安全配慮義務違反等による損害賠償を求めた事

資料7-116 事業所の禁煙・分煙状況

第7表 禁煙・分煙状況別事業所割合

(単位：%)

区分	事業所計 1)2)	屋外を含めた敷地内全体を全面禁煙にしている	屋内を全面禁煙として、屋外喫煙所を設置している 3)	事業所の屋内に喫煙専用室等を設置し、それ以外の屋内の場所を禁煙にしている 4)	屋内で自由に喫煙できる 5)
令和2年	[100.0]	100.0	30.0	46.7	18.8	-
第一種施設（学校、病院など）6)	[16.2]	100.0	63.1	33.6	…	…
第二種施設	[83.8]	100.0	23.6	49.2	22.4	…
既存特定飲食提供施設	[5.4]	100.0	53.5	25.1	17.3	…
上記以外	[78.4]	100.0	21.6	50.9	22.8	…
平成30年	[100.0]	100.0	13.7	38.8	35.6	10.8

注：1）[ ]は、全事業所のうち、健康増進法で分類した施設の割合である。
　2）「事業所計」には、「禁煙・分煙状況不明」を含む。
　3）平成30年は、「事業所の建物内全体を禁煙とし、屋外のみ喫煙可能としている」として調査を行った。
　4）平成30年は、「事業所の内部に空間的に隔離された喫煙場所を設け、それ以外の場所は禁煙にしている」「事業所の内部に空間的に隔離されていない喫煙場所を設け、それ以外の場所は禁煙にしている」「その他の方法で事業所内の喫煙可能場所と禁煙場所を区分している」として調査を行った。
　5）平成30年は、「事業所内で自由に喫煙できる」「受動喫煙防止対策に取り組んでいない」として調査を行った。
　6）調査対象が民営事業所に限るため、地方公共団体が運営する学校や病院は含まない。

（2020〔令和2〕年労働安全衛生調査の事業所調査「結果の概要」〔https://www.mhlw.go.jp/toukei/list/dl/r02-46-50_kekka-gaiyo01.pdf、最終閲覧日：2022年9月20日〕）

資料7-117 受動喫煙者の割合と受動喫煙により不快・体調悪化を感じる者の割合

(%)

年	ほとんど毎日ある	ときどきある	計	不快・体調悪化を感じる	全労働者に占める割合
2007（平成19）	32.8	32.3	65.0	—	30.7
2012（平成24）	23.2	28.6	51.8	—	27.1
2013（平成25）	22.0	25.7	47.7	—	19.2
2015（平成27）	12.2	20.6	32.8	—	18.4
2016（平成28）	13.4	21.3	34.7	内37.1	12.9
2017（平成29）	13.5	23.8	37.3	内38.8	14.5
2018（平成30）	9.3	19.6	28.9	内43.2	12.5
2020（令和2）	7.6	12.5	20.1	内39.2	7.87
2021（令和3）	8.4	12.3	20.7	内41.1	8.51

＊なお、2015（平成27）年までの調査では、(A)「『職場での喫煙に関して』不快に感じること、体調が悪くなること」の有無の結果のみが示されており、(B)受動喫煙があると回答する者のうち、「不快に感じること、体調が悪くなることがある」と回答する者の割合は示されていない。また、2020（令和2）年の調査では、(A)の結果は示されていない。(A)(B)双方のデータが示されている調査結果の数値も踏まえると、(A)の数値は、(B)の数値から算出される数値よりも数％高く、(A)には自らの喫煙により体調の悪化を自覚する者の回答も含まれることが推察される。図表では、2016（平成28）年以降は、受動喫煙があると回答する者のうち、「不快に感じること、体調が悪くなることがある」と回答する者の労働者全体に占める割合を算出し、記載している。
（厚生労働省WEBサイト「労働安全衛生に関する調査」〔https://www.mhlw.go.jp/toukei/list/list46-50.html、最終閲覧日：2022年10月14日〕において公表されている労働安全衛生調査〔2012（平成24）年までは労働者健康状況調査〕をもとに石﨑由希子作成）

案である。同判決は、受動喫煙による健康リスクに関する研究成果の公表や国際機関の勧告、日本においても公共の場所での喫煙規制が進んでおり、職場において分煙化が定着化しつつある状況にあるとして、Yは、公務遂行のために設置した施設等の管理又は公務の管理に当たり、当該施設等の状況に応じ、一定の範囲において受動喫煙の蔵する危険から職員の生命及び健康を保護するよう配慮がなされるべきであるとする。その際、受動喫煙の身体に対する影響はばく露の時間及び量その他諸種の条件の違いにより変動すること、喫煙が、日本において個人の嗜好として長きにわたり承認されてきたことも踏まえ、「受動喫煙の蔵する危険に対して配慮すべき義務の具体的な程度、事項、態様としては、当該施設の具体的状況に応じ、喫煙室を設けるなど可能な限り分煙措置を執るとともに、原則として職員が執務のために常時在室する部屋においては禁煙措置を執るなどし（これらの措置が庁舎の配置上の理由等により困難な場合であっても、少なくとも、執務室においては喫煙時間帯を決めた上、これを逐次短縮する措置を執るべきである）、職場の環境として通常期待される程度の衛生上の配慮を尽くす」必要があるとされた。具体的判断においては、Yが分煙措置を一定程度とっていること、Xの自覚症状はのどの痛み及び不快感、頭痛であり、Yのとった措置により、配慮義務を尽くしていないとはいえないと判断された。

（β）江戸川区（受動喫煙損害賠償請求）事件・東京地判平16・7・12労判878号5頁（以下、β判決）は、東京都江戸川区(Y)の職員であるXが、受動喫煙下で咽頭炎等の健康被害が生じたとして、安全配慮義務違反を理由にかかった医療費及び慰謝料の請求をした事案であり、慰謝料請求（5万円）が認められた例である。同判決は、1992（平成4）年の「事業者が講ずべき快適な職場環境の形成のための措置に関する指針」（平成4年7月1日労働省告示第59号）や1995（平成7）年に

厚生省がまとめた「たばこ行動計画」の記載，1996（平成8）年の「職場における喫煙対策のためのガイドライン」における記載等から，1995（平成7）年，1996（平成8）年当時において，「公務の遂行のために設置した施設等の管理又はXがY若しくは上司の指示の下に遂行する公務の管理に当たり，当該施設等の状況に応じ，一定の範囲において受動喫煙の危険性からXの生命及び健康を保護するよう配慮すべき義務を負っていた」と判断した。その上で，安全配慮義務の内容については，受動喫煙の危険性は受動喫煙のばく露時間やばく露量を無視して一律に論ずることのできない性質のものであったこと，当時の日本においては，喫煙が個人の嗜好に強くかかわるものとして喫煙に対し寛容な社会的認識がなお残っていたこと，ガイドラインにおいても，分煙対策についても，即時に全面的な導入を図るべきものとされていたわけではないこと等を考慮した上で判断されるとした。

具体的判断にあたっては，受動喫煙による急性障害が疑われる状態にあることから，非喫煙環境下での就業が望ましい旨の診断書を示して善処を申し入れた時点以降については，Xの席の後方2，3mの位置に設置されていた喫煙場所を撤去するなどしてXの席を喫煙場所から遠ざけるとともに，自席での禁煙を更に徹底させるなど，速やかに必要な措置を講ずるべきであったにもかかわらず，これを放置していたとしてその点について安全配慮義務違反が認められた。もっとも，診断書を提示しての申入れがなされる以前は健康障害と受動喫煙の因果関係が明らかではなく，一般的な分煙対策はとられていたといえること，また，Xの申入れに応じる形で分煙対策のとられた職場への異動がなされて以降は，所内において禁煙・分煙の表示がなされ，喫煙場所が縮小されるなど分煙対策が順次進められていたことなどから義務違反は認められないとされた。結論として，損害については，診断書を申し入れる以前の症状と義務違反との間の因果関係は否定され，医療費の請求については棄却されたが，精神的苦痛に対する慰謝料請求は認められた。

（γ）積水ハウス（受動喫煙）事件・大阪地判平27・2・23労経速2248号3頁（以下，γ判決）は，作業服の修理作業等に従事していたXがY社の本件工場において恒常的に受動喫煙を強いられていたことにより，受動喫煙症等を発症したとして，Y社に対し安全配慮義務違反を理由とする損害賠償請求がなされた事案である。Y社は2003（平成15）年に施行された健康増進法旧第25条や「職場における喫煙対策のためのガイドライン」の内容等を踏まえ，本件工場内を禁煙としていたが，本件工場のミシン室や会議室内で喫煙する者もいるなど，受動喫煙防止が必ずしも徹底されていない状況にあった。同判決は，Y社が，健康増進法の施行やガイドラインの内容等を踏まえ，Xの申出を受ければ，その都度，相応の受動喫煙防止対策を講じてきたことを評価し，Y社の安全配慮義務違反を否定した。具体的には，①Xが産業医面談を経て，ミシン室を禁煙にするようにとの申入れを受けて，その直後に同室内に禁煙の張り紙を掲示し，これにより，ミシン室でなされていた一部の者による喫煙がなくなったこと，②会議室での喫煙については，Xからの改善提案通りではないとはいえ，課長会に会議室の準備や片付けをする人のことを考えるよう依頼し，Xの提案の1年後には例外なく全面禁煙としたこと，③Xから受動喫煙症にり患した旨の診断書の提出を受け，損害賠償を求められると，Xと面談の上，受動喫煙対策として，本件工場内の喫煙スペースのある室内において粉じん濃度を測定する，警備室を禁煙化し，警備室の換気扇のそばに開いていた隙間を塞ぐ等の対策を採ったことなどが考慮されている。

上記3判決を踏まえると，本条制定以前から，受動喫煙から労働者の健康を保護する義務は安全配慮義務の内容となっていたことが確認できる。健康増進法において受動喫煙防止に係る努力義務が規定されていたに留まる頃にもこうした判断がなされていることからすると，本条の規定が整備されて以降はもちろん，健康増進法において義務規定が整備された現段階においては，当然に同様の帰結が導かれよう。もっとも，α判決やβ判決にみられるように，安全配慮義務の内容を特定するに際し，受動喫煙による健康影響はばく露量により変動することや喫煙が個人の嗜好として承認されてきたという社会的情勢，従前の法整備が段階的に行われてきたこと等も考慮されうる。また，α判決やβ判決では，義務違反があったか否かの判断に際し，健康影響の程度も考慮されており，受動喫煙の影響が鼻やのどの痛み，頭痛等にとどまるとみられること等が安全配慮義務違反を否定する結論を導く際に考慮されている。なお，β判決は，慰謝料に留まるとはいえ，安全配慮義務違反が認められているが，受動喫煙症であるとの医師の診断書が提出された時点以降のことであり，健康影響にこうした医学的根拠があることや社会情勢の変化が生じていることが安全配慮義務違反の認定にあたり考慮されているといえる。[37] γ判決は，安全配慮義務に関して一般論を展開せずに事例判断を示すものであるが，Xが受動喫煙症との診断を受けていたこともあってか，健康影響の程度については特に言及せず，Y社がその都度一定の対応をとってきたことを主な理由として安全配慮義務違反を否定している。

2 禁煙施設の設置に係る履行請求

京都簡易保険事務センター事件・京都地判平15・1・21労判852号38頁は，郵政事業庁の職員らが，国に対し，安全配慮義務等に基づき，庁舎内を禁煙とする措置をとることを請求した事件である。同判決は，安全配慮義務違反を理由に公務員の生命，健康等を危険から保護するための措置の履行請求が認められる余地があること，また，「嫌煙権」という言葉の適否はともかく，受動喫煙を拒む利益を法的保護に値する人格権の一種と捉え，これに基づき受動喫煙を拒むことを求めうると解する余地があること自体は一般論として認める。もっとも，受動喫煙による健康被害も，一般的，統計的な危険性であって，ばく露時間，ばく露量等にかかわらず現実的な危険が生じるというものでもないこと，喫煙が社会的には許容されている行為であること，1992（平成4）年の「事業者が講ずべき快適な職場環境形成のための措置に関する指針」や1996（平成8）年の「職場における喫煙対策のためのガイドラインについて」でみられるように，職場における受動喫煙対策の主流は空間分煙であることから，たばこの煙に少しでもばく露される環境の下におくことが安全配慮義務に反するとはいえないとする。その上で，喫煙室から漏れ出す煙の量及び濃度はわずかであり，執務席は喫煙室から離れていること，X1の訴える被害は一時的な不快感にとどまっており，X2についても，化学物質過敏症と受動喫煙との間に因果関係があるとまでは認められないことから，その時点における分煙対策が安全配慮義務違反とはいえないと判断されている。

同様の判断は，JR西日本（受動喫煙）事件・大阪地判平16・12・22労判889号35頁においてもみられる。同事件は，施設管理権者である勤務先のY社に対し，安全配慮義務に基づき禁煙施設等の設置の履行請求がなされた事案である。

Y社は請求の特定がなされていないとして却下されるべきと主張したが，同判決は，Xの請求内容（施設内の喫煙を禁止するとともに，その旨を室内に表示する等の方法によりこれを周知すること）は，社会通念上，容易に理解できるものであって，Y社に対し，困難ないし不可能な措置を求めるものではない，認容された場合の強制執行は間接強制によるほかないが，執行裁判所がその履行の有無を判断することは可能と判断した。

他方，同判決は，Xが受動喫煙により健康を害されたわけではなく，また職員がそれらの施設に終始滞留するよう義務づけられていたわけではないこと，また，その時点における受動喫煙対策に係る法整備の状況（安衛法における快適職場形成の努力義務規定やこれに基づく指針，健康増進法旧25条における努力義務規定，2003〔平成15〕年の「職場における喫煙対策のためのガイドライン」）やその内容によれば，事業場内の全ての場所において禁煙措置又は完全分煙措置までが義務づけられているわけではないことなどを考慮し，Y社が安全配慮義務の内容として一義的に事業場内の全ての箇所において禁煙措置を講じなければならない義務が導かれるものでもないとし，結論において，「一般に安全配慮義務に基づく履行請求が法的に可能かどうか論ずるまでもなく」安全配慮義務の履行請求権に基づく本件作為請求は認められないとした。

上記2判決においては，受動喫煙防止対策措置の履行請求の可能性について，理論的には否定されてはいない。ただし，いずれの事案においても，安全配慮義務違反がそもそも認められていないことから，結論において，履行請求は否定されている。安全配慮義務違反を否定するに際しては，①受動喫煙による健康影響の程度，すなわち，受動喫煙による健康被害はばく露時間やばく露量によって異なりうるところであり，当該事案において受動喫煙を原因とする（重篤な）健康障害が認められないことや，②社会的情勢や法整備の状況，すなわち，従来，喫煙が社会的に許容されてきており，当時は禁煙措置が義務づけされてはいなかったことが考慮されている。なお，上記2判決では全面禁煙措置が履行請求の内容となっているが，広い範囲を対象とするものであったことも，否定の結論を導く上で考慮されているといえる。

今後，受動喫煙による健康被害に係る医学的知見の進展や社会情勢の変化（ 4 ），健康増進法における義務規定の整備を背景として，安全配慮義務違反がより認められやすくなることは想定されうる。もっとも，履行請求が認められるかは，請求の内容に照らして，その特定性や必要性も考慮して，更に検討されることとなろう。

3 製造業者に対する損害賠償請求

損害賠償等請求事件・東京地判平25・12・17 LEX/DB 25516748は，タクシー乗務員であったXが，タクシー車内での受動喫煙により咽頭がん等の各種疾病にり患した等として，たばこの販売を行う事業者である日本たばこ産業株式会社（JT）に対して，不法行為に基づく損害賠償請求，人格権に基づき，主位的にたばこの製造・販売の差し止め請求を，予備的に警告表示・不適切な広告の削除及び謝罪広告の掲載請求を行った事案である。

同判決は「受動喫煙の直接の原因行為は，喫煙者による喫煙であり，被告によるたばこの製造・販売は，これに間接的に関与しているにすぎない」，受動喫煙による被害の防止のために紙巻きたばこの製造・販売

の停止という結果回避義務が直ちに導かれる旨の主張は論理の飛躍があるなどとして，請求を全部棄却した。その際，同判決は，受動喫煙対策において中心的課題とされていたのは，「公共施設，職場等の施設管理者による分煙化の措置，喫煙者の喫煙マナーの徹底」であったこと，健康増進法第25条（当時）の規定も，受動喫煙の防止のための措置を一義的には施設管理者に求めていることも指摘している。Xはまた，JTに対し受動喫煙が生じないような環境整備として，受動喫煙についての健康被害の周知徹底と啓蒙等を図る義務があったとしてその義務違反を主張したが，同判決は，JTがそれぞれの時代における医学的知見と社会的要請を背景に，「スモーキン・クリーン・キャンペーン」，「喫煙マナー向上強調月間」等による喫煙マナー啓発活動に継続的に取り組んできたほか，たばこ事業法の要請に基づき，受動喫煙に関する注意文言（「たばこの煙は，あなたの周りの人，特に乳幼児，子供，お年寄りなどの健康に悪影響を及ぼします。喫煙の際には，周りの人の迷惑にならないように注意しましょう。」）をたばこ包装に表示する扱いを実施するなどしてきたこと，Xが受動喫煙による急性影響の被害を最も受けていた時期は，社会全体に受動喫煙に寛容な風潮があったことなどから，Y社の責任を否定した。

本件は，労働者が事業者ではなく製造業者を被告として訴えを提起した点に特徴があるが，製造業者は受動喫煙に間接的に関与しているにすぎないことなどを理由として，同判決は製造業者の責任を否定した。化学物質等による職業性疾病対策においては，危険源の上流での対応が必要とされ，製造業者が一定の義務を怠った場合には，責任も相応に問われることが前提となるが，受動喫煙に関しては，これと異なる発想がとられていることが窺われる。この点，被告であるたばこ事業者の営業活動それ自体を否定するような請求内容であったことも影響しているといえるが，健康増進法や受動喫煙対策が，施設管理者を主たる名宛人として想定してきたことを明らかにするものであるといえる。なお，本条においても，名宛人となるのはあくまで事業者であって製造業者ではない。いずれにせよ，上記判決の認定によれば，JTはそれぞれの時代における社会的要請を背景に，受動喫煙等による健康影響やマナー啓発活動に取り組んできているとのことであり，製造業者として果たすべき責務を果たしていたとされている。そのため，仮に，製造業者もまた，施設管理者や事業者と同等の責任を負うべきとの発想に立ったとしても，請求棄却の結論は変わらなかったといえよう。

6 関連規定

2018（平成30）年の改正健康増進法は，「望まない受動喫煙をなくす」という基本的考え方の下，多数の者が利用する施設等の区分に応じて，当該施設の一定の場所等を除き，喫煙を禁止するとともに，当該施設の管理権原者が講ずべき措置について規定する（健康増進法第29条以下）。その際，受動喫煙による健康影響が大きいとされる子ども，患者等（以下，患者等）に対する配慮が求められ，特に20歳未満の者の喫煙可能な場所への立入りは禁止される。健康増進法はまた，全ての者を名宛人として，喫煙禁止場所における喫煙を禁止し，都道府県知事による命令及び命令違反に対する罰則によりその履行を担保するとともに（同第29条，第77条第1号），喫煙する際には「望まない受動喫煙」を生じさせることがないよう周囲の状況に配慮しなければならないことを規定する（同第27条）。

施設等の区分に応じた講ずべき措置としては，概要は以下の通りである（2 4のほか，資料7-119も参照）。まず，多数の者が利用する施設のうち，学校，病院，児童福祉施設その他の受動喫煙により健康を損なうおそれが高い者が主として利用する第1種施設については，特定屋外喫煙場所を除き，敷地内原則禁煙とすることが求められる（同第29条第1項第1号）。なお，改正健康増進法の全面施行時期は2020（令和2）年4月であったが，この点にかかる改正は，2019（令和元）年7月からの施行となっている。他方，第1種施設や喫煙目的施設以外の施設である第2種施設については，技術的基準に適合した喫煙専用室を除き，原則屋内禁煙とされる（同第29条第1項第2号，第33条）。他方，バーやスナック等，喫煙する場所を提供することを主目的とする喫煙目的施設については，屋内の一部又は全部を構成する喫煙目的室（喫煙を主目的とする施設内に設けられた飲食等しながら喫煙できる部屋）において喫煙可能である（同第35条）。また，既存の小規模飲食店である既存特定飲食提供施設においては，事業継続に配慮し，特例による経過措置として屋内の一部又は全部を構成する喫煙可能室（飲食等しながら喫煙できる部屋）において喫煙可能とされる（同附則〔平成30年7月25日法律第78号〕第2条）。ここでいう既存特定飲食提供施設は，2020（令和2）年4月1日時点で営業している飲食店で個人又は資本金5000万円以下の会社が経営しており，客席面積が100m²以下であることが求められるが，これに当たるか否かは，事業の継続性や経営主体の同一性，店舗の同一性等を踏まえて，総合的に判断される。2020（令和2）年4月以降に出店する店舗は第2種施設として屋内原則禁煙とされる。なお，人の居住の用に供する場所やホテル等の客室（個室）は受動喫煙にかかる上記規制の適用が除外

資料7-118 健康増進法の体系

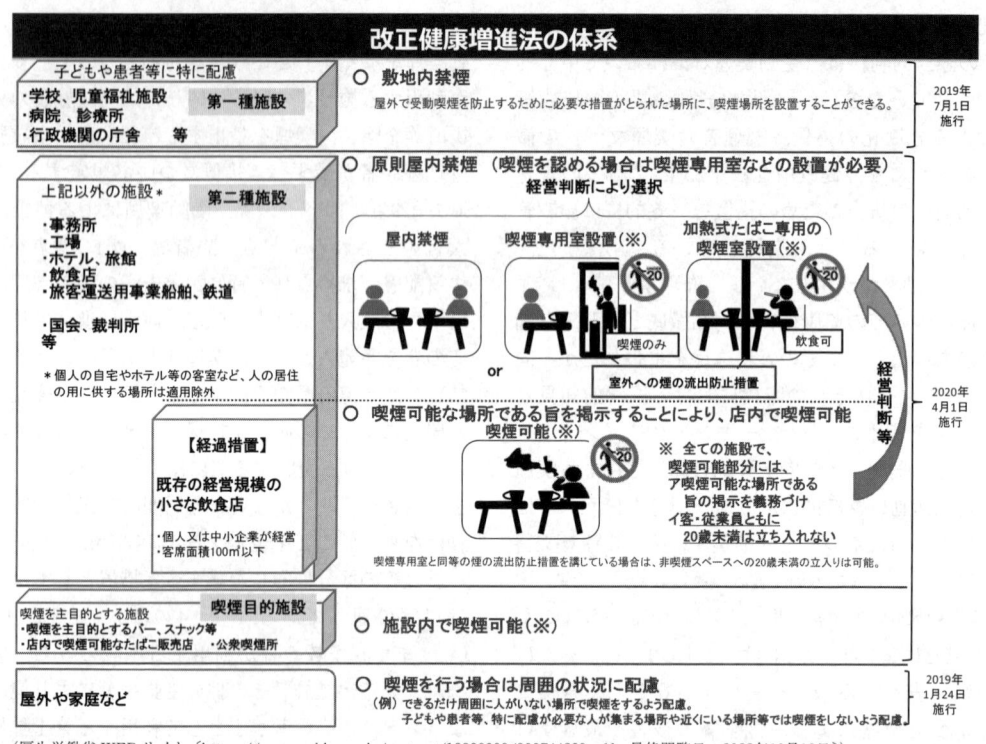

(厚生労働省WEBサイト〔https://www.mhlw.go.jp/content/10900000/000744289.pdf, 最終閲覧日：2022年10月13日〕)

される（同第40条第1項第1号，同第2号）。

第1種施設，第2種施設及び喫煙目的施設（以下，特定施設等という）の施設管理権限者等には，喫煙禁止場所における喫煙器具（灰皿等）の設置が禁止されるほか，当該特定施設等の喫煙禁止場所において，喫煙をし，又は喫煙をしようとする者に対し，喫煙の中止又は当該喫煙禁止場所からの退出を求めるよう努めなければならないとされる（同第30条第1項，同第2項）。また，専用喫煙室（喫煙だけができる部屋）や喫煙目的室（喫煙を主目的とする施設内に設けられた飲食等しながら喫煙できる部屋）を設置する場合，施設の出入口に所定の標識を掲示すること（同第33条第3項，第35条第3項）や20歳未満の者を喫煙室に立ち入らせないようにすることが求められる（同第33条第5項，第35条第7項）。これらに違反した場合，都道府県知事等の指導の対象となる（同第31条）。喫煙器具の設置状況について改善がみられない場合には，当該器具を一定期間内に撤去すべきとの勧告が（同第32条第1項），また，喫煙専用室や喫煙目的施設の構造又は設備が技術的基準に適合しなくなったときには，標識の除去や当該喫煙専用室の使用停止に係る勧告がなされうる（同第34条第1項，同第36条第2項）。この勧告に従わない場合には，企業名公表又は／及び勧告に従うべきとの命令（同第32条第2項，同第3項，第34条第2項，同第3項，第36条第3項，同第4項）がなされうる。また，命令に従わない場合や出入口における標識の掲示義務に違反した場合には罰則（50万円以下の過料）の適用がありうる（同第76条第1号，同第2号）。

なお，附則第5条においては，本条に対応する形で，「特定施設等において現に業務に従事する者を使用する者」に対し，当該業務に従事する者の望まない受動喫煙を防止するため，当該使用する者又は当該特定施設の実情に応じ適切な措置をとるよう努めるべきことが規定されている。

考察と結語：第64条～第68条の2

1 作業環境管理

作業環境測定は，「作業環境の実態をは握するため空気環境その他の作業環境について行うデザイン，サンプリング及び分析（解析を含む。）」と定義されているが（安衛法第2条第4号），これは「労働衛生の3管理」の一つである「作業環境管理」の基盤をなし，「作業管理」や「健康管理」の前提となるものである。また，作業環境測定及び作業環境評価はその後必要な場合に行われる労働環境の改善措置の契機となるものであり，実施に際して，客観性や正確性の担保が必要となる。そのため，作業環境測定の実施及び作業環境評価については，厚生労働大臣の定める作業環境測定基準や作業環境評価基準が定められているほか，一定の指定作業場については作業環境測定士によりこれを行うことを義務づけている。また，指定作業場におけ

る作業環境測定の担い手となる作業環境測定士を国家資格とし，一定の講習・研修等の受講を義務づけるなど，資格者への信頼性を担保する仕組みを設けている。公益社団法人日本作業環境測定もまた，作業環境測定方法について『作業環境測定ガイドブック』を公刊し，各種研修を実施するなど，作業環境測定に係る質の向上に向けて一定の役割を果たしている。また，作業環境測定の結果及びその結果の評価に基づく対策の樹立に関することは，「労働者の健康障害の防止及び健康の保持増進に関する重要事項」（安衛法第18条第1項第4号）の一つとして，衛生委員会の付議事項とされているほか（安衛則第22条第6号），有機則・鉛則・特化則においては，評価結果・改善措置・改善後の評価結果について労働者の周知する仕組みが設けられており，労働者の関与が担保されている。更に，2022（令和4年）の省令改正では，作業環境評価の結果，第3管理区分となった場合に，作業環境管理専門家の意見を聴取する義務や2年以上継続して第1管理区分となり，化学物質管理専門家の配属をした場合には特別規則の適用を一部除外するなど，より専門家の役割を重視する改正がなされている。

　上記のような作業環境測定・評価の仕組みは作業環境測定技術や労働環境改善技術等の工学的技術の進展，あるいは，新たな化学物質等の登場に伴う職業病の発症やその認知，国際的な動向を背景として段階的に発展してきたものである。また，作業環境測定・評価の仕組みは完成されたものではなく，現在も技術の発展等を見据えながら，見直しが続けられているものである。

　なお，受動喫煙に係る規制の展開においてもまた，医学的知見や工学的技術の進展や国際的な動向が影響を及ぼしていることが確認できる。同じ職場の労働者（喫煙者）が有害物質の発生源となる点，喫煙が従前個々人の嗜好として社会に広く受け入れられてきた点，受動喫煙により短期的に出る症状が比較的軽く，受動喫煙との因果関係を判断しにくい点などに特徴があり，安衛法はソフトロー（努力義務規定，ガイドライン）に基づく規制を置くに留まっている。この点，健康増進法ではハードロー化が図られ，職場における受動喫煙についても一定程度これによりカバーされたといえるが，安衛法においてもハードロー化を進める必要があるか，健康増進法の規制とソフトローの組み合わせにより実効性は確保されているとみるか，実態を踏まえた上での判断が必要となる。

2　作業管理

　一般的な作業管理の実施については事業者の努力義務にとどまるが（安衛法第65条の3），作業管理の具体的な措置は，通達，指針やガイドライン等において具体化されており，こうした措置を怠った結果，健康障害が生じた場合には，損害賠償請求権も認められている。ソフトローが行為規範としてではなく，裁判規範として機能していることが確認できる。なお，これらの規範についても，技術の発展やこれに伴う作業環境の変化に応じて発展してきたといえる。

　作業管理のうち，高圧下の業務及び潜水業務の作業時間については，安衛法第65条の4及びこれに基づく高圧則により，罰則付で制限が課されている。もっとも，ここでいう「作業時間」のうち，「直接業務に従事する時間」の制限については，技術の進展に伴い，これを高圧則において一義的に定めていた規制手法を改め，所定の計算式を示しつつも，事業者の責任の下で定める作業計画における設定に委ねることとした点が注目される。

3　健康管理

　作業環境管理や作業管理が適切になされているとしてもなお，健康障害が生じる可能性はある。また，作業環境管理や作業管理が適切になされているか否か自体，常に検証の対象となるべきものである。こうしたなかで，健康管理は，健康障害の発生やそのリスクを早期に把握し，必要な措置をとることにより，健康障害の発生や増悪を予防するためのものといえる。健康診断は「健康管理」の基盤をなすものであり，その後の労働者個人に対する就業上の措置のほか，場合によっては，労働環境改善のための措置の契機となるものである。以上に述べたような意味で，健康管理と作業環境管理・作業管理は相互に関連するものであり，また，関連させることにより，労働者の健康障害防止を図っていくことが望まれるものである。作業環境測定において，作業環境測定士という専門家の果たす役割が重要であることはすでに述べた通りであるが，健康診断においても，医師等の意見聴取や労働者への結果の通知が必要とされる。

　健康診断には，職場に特有の有害要因がある場合に，当該要因に起因する健康障害発生リスクの評価と健康障害の早期発見を目的として行う特殊健康診断と労働者の健康状態を把握し，職務適性を評価することにより，就業制限や適正配置，保健指導を行い，疾病の発症・増悪防止を図る一般健康診断がある。前者は，作業環境測定・評価と同様，医学の発展や新たな職業病の発生により発展してきたものであるが，後者は，急速な高齢化や過労死などが社会問題となる中で，独自の発展を遂げてきたものということができる。

　こうした発展のなかで，日本独特ともいえる制度として，長時間労働者に対する面接指導制度やストレスチェック制度が創設されている[358]。個々の労働者の労働

時間の状況やストレスの状態を把握し，必要に応じて，医師の意見を踏まえて，必要に応じて事後措置を行い，場合によっては職場環境改善に繋げるという従来からの健康管理の仕組みはここでも採用されているが，同制度の利用にあたり，労働者の申出を必要とするなど労働者の自発性もまた重視されている点が特徴といえる。この点は健康管理に関する労働者の意向を尊重するものといえるが，ストレスチェックや長時間労働者の面接指導の実施割合が低いことを踏まえると，今後見直しの必要がないか検討の必要がある。少なくとも，面接指導に向けた勧奨を実効的に行っていく必要があるといえる。

4　労働衛生の3管理と今後の課題

以上のように，労働者の健康障害防止に向けて，作業環境管理・作業管理・健康管理の3管理が相互に連関することを企図して，制度が設計されてきており，また，その時々の必要に応じて，規制対象が拡大してきたといえる。もっとも，特殊健診と作業環境測定の結果の関連性の把握や健康診断の事後措置としての作業環境改善，ストレスチェックの集団的分析を踏まえた職場環境改善が必ずしも十分になされているとはいえない状況にあり，3管理の相互連関という点では課題がある。こうした相互連関にあたっては，専門人材の育成・資質向上も必要になるといえる。[359]　上記の他，規制をいかに分かりやすく組み立てるかも長期的な課題になるといえよう。[360]

【注】
1）　定義については，畠中信夫『労働安全衛生法のはなし』（中央労働災害防止協会，2019年）284頁，浜田直樹「中小企業の安全衛生管理体制の整備と労働者の健康の保持増進対策の充実等」時の法令1341号（1988年）43-44頁，公益社団法人日本作業環境測定協会編『作業環境測定ガイドブック 0（総論編）』（日本作業環境測定協会，2019年）3頁等参照。
2）　日本作業環境測定協会編・同上3頁。
3）　厚生労働省厚生労働科学研究費補助金（労働安全衛生総合研究事業）「リスクアセスメントを核とした諸外国の労働安全衛生制度の背景・特徴・効果とわが国への適応可能性に関する調査研究」〔研究代表者：三柴丈典〕（2014〔平成26〕年度～2016〔平成28〕年度）総括研究報告書10頁。
4）　日本作業環境測定協会編・前掲注1）3頁。
5）　労務行政研究所編『労働安全衛生法〔改訂2版〕（労働法コンメンタール10）』（労務行政，2021年）545-565頁。
6）　畠中・前掲注1）285頁。
7）　一般社団法人日本鉄リサイクル工業会WEBサイト（https://www.jisri.or.jp/recycle/technology.html，最終閲覧日：2020年3月9日）及び一般社団法人日本鉄鋼連盟WEBサイト（https://www.jisf.or.jp/kids/shiraberu/index.html，最終閲覧日：2020年3月9日）参照。
8）　中嶋隆吉WEBサイト「紙への道」（https://dtp-bbs.com/road-to-the-paper/paper/about-paper-005-3.html，最終閲覧日：2020年3月9日）参照。WEBサイト開設者は，王子製紙株式会社を定年退職後，中越パルプ工業株式会社において勤務している者である。
9）　放射線には非電離放射線（電波，マイクロ波，赤外線，可視光線，紫外線）もある。
10）　環境省WEBサイト（https://www.env.go.jp/chemi/rhm/h28kisoshiryo/h28kiso-01-03-02.html，最終閲覧日：2021年3月17日）。
11）　日本作業環境測定編『労働衛生工学とリスク管理』（日本作業環境測定協会，2009年）169-170頁。
12）　同上66頁〔高田勗・門脇武博〕。
13）　環境省WEBサイト「放射線による健康影響等に関する統一的な基礎資料」（https://www.env.go.jp/chemi/rhm/h30kisoshiryo/h30kiso-02-03-07.html, https://www.env.go.jp/chemi/rhm/h29kisoshiryo/h29kiso-02-03-05.html，最終閲覧日：2021年3月17日）参照。
14）　なお，同じ時に「事故由来廃棄物等処分業務に従事する労働者の放射線障害防止のためのガイドライン」（平成25年4月12日基発0412第2号）が策定されている。
15）　令和4年度第1回化学物質管理に係る専門家検討会（2022〔令和4〕年9月1日）資料4-2「特別則の対象物質に係る濃度基準値の設定について」。
16）　「実務家のための労働安全衛生のサイト」〔柳川行雄〕（https://osh-management.com/document/information/special-organic-solvent/，最終閲覧日：2022年10月21日），オリエンタル技研工業株式会社WEBサイト「安全管理者必見！『特定化学物質障害予防規則』徹底解説」（https://www.orientalgiken.co.jp/solution/compliance_scs.html，最終閲覧日：2022年10月21日）。
17）　コークス炉業務に従事した者において肺がんの発生が認められたことなどを踏まえ（「タール・ピッチ障害予防対策の促進について・昭和48年7月12日基発第408号」），労働安全衛生法施行令の一部を改正する政令（昭和50年1月14日政令第4号）により，「コークス炉上において若しくはコークス炉に接してコークス製造の作業を行う場合の当該作業場」が作業環境測定の対象とされるとともに，健康管理手帳を交付する業務に「製鉄用コークス又は製鉄用発生炉ガスを製造する業務（コークス炉上において若しくはコークス炉に接して又はガス発生炉上において行う業務に限る。）」がそれぞれ追加されている。
18）　損害賠償請求事件・福岡地小倉支判平28・4・14 LEX/DB 25542776。
19）　2020（令和2）年3月18日に実施した後藤博俊氏（労働省環境改善室長等歴任後，日本労働安全衛生コンサルタント会顧問）への聞き取り調査に基づく。
20）　横浜西労基署長等事件・横浜地判昭56・2・25労判359号30頁（鉛蓄電池製造作業に携わっていた者について労災不支給処分を取り消した事案）。
21）　厚生労働省・労働衛生関係リーフレット「なくそう！酸素欠乏症・硫化水素中毒」（2002年8月）参照。
22）　前掲注15）。
23）　第72回国会衆議院社会労働委員会第24号（1974〔昭和49〕年5月14日）会議録〔渡邊健二（政府委員）〕。
24）　労務行政研究所編・前掲注5）584頁。告示については，実質的に法規命令の補充たる性格をもつ場合もあれば，国民の権利義務関係に影響しない行政規則としての性格を持つ場合もあり，いずれに当たるかは具体的に判断することが必要とされるが（塩野宏『行政法Ⅰ―行政法総論〔第6版〕』〔有斐閣，2015年〕112頁），作業環境測定基準は前者にあたると解される。
25）　日本作業環境測定編『作業環境測定の実務の進め方』（日本作業環境測定，2018年）100-101頁〔飛鳥滋執筆〕。
26）　2020年3月18日に実施した後藤博俊氏（一般社団法人日本労働安全衛生コンサルタント会顧問，労働省労働省環境改善室長，岐阜労働基準局長，兵庫労働基準局長等歴任）に対する聞

27) 日本作業環境測定協会編・前掲注1）11頁。
28) 同上12頁。
29) 同上13頁。
30) 同上32頁。
31) 同上25頁。
32) 厚生労働省「個人サンプラーを活用した作業環境管理のための専門家検討会報告書」（2018（平成30）年11月16日）。
33) 日本作業環境測定協会編・前掲注1）75頁。
34) 日本カノマックス株式会社WEBサイト（http://www.kanomax.co.jp/technical/detail_0039.html，最終閲覧日：2020年2月29日）。
35) 日本作業環境測定協会編・前掲注1）101頁以下。日本カノマックス株式会社WEBサイト（http://www.kanomax.co.jp/technical/detail_0028.html，最終閲覧日：2020年1月12日），厚生労働省平成28年度第1回トンネル建設工事の切羽付近における作業環境等の改善のための技術的事項に関する検討会（2016〔平成28〕年11月30日）資料1-1「作業環境測定基準（昭和51年労働省告示第46号）の概要」（https://www.mhlw.go.jp/stf/shingi2/0000145103.html，最終閲覧日：2020年2月1日）。
36) 環境リサーチ株式会社WEBサイト（https://www.kankyo-research.co.jp/equipment/xrd.php，最終閲覧日：2022年10月28日）。
37) 日本作業環境測定編・前掲注25）35頁表2.4「分析方法の概要」〔渋谷雅紀執筆〕。
38) 株式会社日立ハイテクサイエンスWEBサイト（https://www.hitachi-hightech.com/hhs/products/tech/ana/aa/basic/index.html，最終閲覧日：2020年1月13日）。
39) 日本作業環境測定協会編・前掲注1）138頁。
40) 同上141頁。
41) 同上142頁。
42) 一般社団法人日本分析機器工業会WEBサイト〔小森亨一（（株）島津製作所）執筆〕（https://www.jaima.or.jp/jp/analytical/basic/chromatograph/principle/，最終閲覧日：2022年10月28日，株式会社島津製作所WEBサイト（https://www.an.shimadzu.co.jp/hplc/support/whatis_hplc.htm，最終閲覧日：2022年10月28日），環境リサーチ株式会社WEBサイト（https://www.kankyo-research.co.jp/equipment/gc-ms.php，最終閲覧日：2022年10月28日）。
43) 日本作業環境測定協会編・前掲注1）149頁。
44) 同上121頁，同・前掲注25）35頁表2.4〔渋谷雅紀〕。
45) 以上のほか，目の水晶体などの被ばくなど，深さや入射方向についても評価する必要がある場合の量として方向性線量当量という概念もある。
46) 環境省WEBサイト「放射線による健康影響等に関する統一的な基礎資料」（https://www.env.go.jp/chemi/rhm/h30kisoshiryo/h30kiso-02-03-08.html，最終閲覧日：2021年3月17日）参照。
47) 原子力百科事典ATOMICA WEBサイト「70μm 線量当量」（https://atomica.jaea.go.jp/dic/detail/dic_detail_999.html，最終閲覧日：2021年3月17日）参照（記事の登録は2001〔平成13〕年9月）。
48) 日本作業環境測定協会編『作業環境測定ガイドブック2（電離放射線関係）〔改訂第3版〕』（日本作業環境測定協会，2008年）79-95頁。検出器の説明については，日本電気計測器工業会WEBサイト「6-2-2 放射線検出器」（https://www.jemima.or.jp/tech/6-02-02.html，最終閲覧日：2021年3月16日）。
49) 第6回眼の水晶体の被ばく限度の見直し等に関する検討会（2019〔令和元〕年8月1日）議事録〔中村吉秀（公益社団法人日本アイソトープ協会）〕。

50) 経緯につき，第6回眼の水晶体の被ばく限度の見直し等に関する検討会（2019〔令和元〕年8月1日）議事録及び同検討会資料2「作業環境測定基準について」（公益社団法人日本アイソトープ協会　中村吉秀提出資料）参照。本文中に挙げた事情のほか，個人線量計であるフィルムバッジについては，2011（平成23）年を最後に日本国内でのフィルムバッジの取扱いがなくなり，フィルムバッジ関連JISが廃止されたこと，熱ルミネセンス線量計測装置や蛍光ガラス線量計測装置がJISにおいて「受動形個人線量計測装置並びに環境線量計測装置」として統合されたことなども挙げられている。
51) 日本電気計測器工業会WEBサイト「6-3-2-6 個人線量計」（https://www.jemima.or.jp/tech/6-03-02-06.html，最終閲覧日：2021年3月18日）。
52) 日本作業環境測定協会編・前掲注48）13-14頁。
53) この方法では，核種の同定が可能なので，試料中に含まれる核種が未知の場合あるいは複数の核種が存在している場合にも，着目する核種の放射能を求めることが一般に可能である（同上14頁）。
54) 同上6-8頁，欅田尚樹「放射性物質を取り扱う作業室における作業環境測定」産業医科大学雑誌29巻4号（2007年）444頁。
55) 一見芳明「作業環境測定の現状と測定法（放射線作業環境における線量当量率及び放射性物質濃度測定の現状）」RADIOISOTOPES55巻4号（2006年）224(44)頁。
56) 以上につき，独立行政法人労働者健康安全機構・労働安全衛生総合研究所吉川直孝氏の助言及び令和元年度第1回トンネル建設工事の切羽付近における作業環境等の改善のための技術的事項に関する検討会（2019〔令和元〕年6月26日）資料4-1「トンネル工事における粉じん測定及び換気等に関する文献等について」7-8頁（厚生労働省WEBサイト https://www.mhlw.go.jp/stf/newpage_05356.html，最終閲覧日：2020年1月11日）参照。
57) 平成28年度第1回トンネル建設工事の切羽付近における作業環境等の改善のための技術的事項に関する検討会（2016〔平成28〕年11月30日）議事録〔田中安全衛生部長〕。
58) 同検討会の委員である井上聡（弁護士）によれば，同検討会設置の背景には，トンネルじん肺の被害者を原告とする全国トンネルじん肺根絶訴訟において，国の規制権限不行使を認める判決（損害賠償請求事件・東京地判平18・7・7判時1940号3頁，損害賠償請求事件・熊本地判平18・7・13訟月55巻3号797頁，損害賠償請求事件・仙台地判平18・10・12訟月55巻3号1367頁等）が出されたこと，これを受けて，2007（平成19）年6月18日には，切羽付近における粉じん濃度測定について，個人サンプラーによる粉じん濃度測定の方法，及び作業環境測定方式に準じた粉じん濃度測定の方法について調査研究をし，これを踏まえて，粉じん則改正に結び付けることを内容とする政治合意がされていたこともあるとする（前掲注57）議事録〔井上聡〕）。
59) 第72回国会衆議院社会労働委員会第24号（1974〔昭和49〕年5月14日）会議録〔渡邊健二（政府委員）〕。
60) 第75回国会衆議院社会労働委員会第12号（1975〔昭和50〕年4月15日）会議録〔東村金之助（政府委員）〕。
61) 日本作業環境測定協会WEBサイト（https://www.jawe.or.jp/other/gaiyo.html?id=history，最終閲覧日：2020年3月16日）。
62) 第72回国会衆議院社会労働委員会第24号（1974〔昭和49〕年5月14日）会議録〔中西正雄（政府委員）〕。
63) 木村嘉勝・松尾幸夫・畠中信夫・沼野雄志・輿重治「座談会　作業環境測定法20年を迎えて」作業環境17巻1号（1996年）4頁・15頁〔畠中信夫〕。
64) 同上15頁・16頁〔沼野雄志〕。なお，登録時の住所は，労働（基準）局において保管されているとの発言として，同16頁

[木村嘉勝]。

65) 以下については，松尾幸夫主筆／片岡輝男・木村嘉勝編『政策担当者が語る 労働安全衛生施策の歩み』（労働調査会，2012年）7-13頁［松尾幸夫執筆］，16-28頁［松尾幸夫執筆］，76-87頁［後藤博俊・唐沢正義・木村嘉勝執筆］，輿重治「わが国における作業環境管理の変遷と作業環境測定（上）・（下）」作業環境32巻1号50頁，2号51頁以下（2011年）。同「講演 作業環境管理の歴史的変遷」労働衛生工学47号（2008年）57頁，木村ほか・前掲注63）4頁参照。

66) 日本において，1178通達の起草に関わった石川知福は，昭和13年に公刊した『塵埃衛生の理論と実際』の中で，日本で初めて作業環境測定及びその改善の必要性を主張していた。なお，同書では，粉じんの恕限度を「作業場内に発散している粉じん濃度に対する濃度の基準」と定義していた。

67) 内藤榮治郎・沼野雄志「対談 作業環境測定士の生い立ち」作業環境23巻1号（2002年）15頁［内藤榮次郎発言］。

68) 松尾主筆・前掲注65）28頁［松尾幸夫執筆］。

69) 検知管は，1946（昭和21）年に北川徹ら により，当初は硫安肥料の製造用に開発されていたが，これが徐々に普及したことを受けたものである（堀江正知「産業医と労働安全衛生法の歴史」産業医科大学雑誌35巻特集号〔2013年〕10頁）。

70) 松尾主筆・前掲注65）11頁［松尾幸夫執筆］。

71) 輿・前掲注65）上52頁。

72) 同上 下51頁，同・講演59頁。

73) 生活関連化合物の遺伝毒性データベース（石館基〔https://www.j-ems.org/the-mutants/mo-ishidate/Mutagenicity-RolesinTesting.html，最終閲覧日：2022年10月22日〕）。

74) 2020（令和2）年2月19日厚労科研安全衛生法学プロジェクト第8回会議における唐沢正義先生のご発言による。

75) 輿・前掲注65）上52頁，松尾主筆・前掲注65）79頁［後藤博俊・唐沢正義・木村嘉勝執筆］。

76) 内藤ほか・前掲注67）19頁［内藤榮治郎発言］。

77) 輿・前掲注65）上52頁，同・講演59頁。

78) 本法及び作業環境測定士制度の新設を促したのは，当時の通産省による計量法改正による環境計量士制度新設の動きだったことを示唆する資料がある。

すなわち，労働行政におられた後藤博俊氏によれば，1973（昭和48）年ころ，通産省が計量法改正により設けようとしていた環境計量士制度が作業環境測定も取り扱う予定が判明したため，当時の労働省が，急遽，作業環境測定法案を準備し，計量法改正案と同じ時期の国会に上程し，1974（昭和49）年の国会では，参議院で廃案となったが，翌1975（昭和50）年の国会で可決成立させた。

しかし，いわば「間に合わせ」の性格が強くて予算準備も不十分だったため，作業環境測定士の試験が実施できない状況に陥った。当時，安衛法関係の資格試験は労働局が実施していたが，窮余の一策として，指定試験機関として，作業環境測定士試験協会（現在の安全衛生技術試験協会）に試験実施を委託することになったのだという。

これが，指定試験機関のさきがけとなり，以降，各省庁が追随するようになったという（後藤博俊「労働衛生の変遷(9)充実の時代（その2）法令の整備」セイフティダイジェスト52巻4号〔2006年〕34-36頁）（以上，三柴追記）。

79) 第72回国会衆議院社会労働委員会第24号（1974〔昭和49〕年5月14日）会議録［島本虎三］［多賀谷真稔］，第75回国会衆議院社会労働委員会第12号（1975〔昭和50〕年4月15日）［金子みつ］。

80) 第72回国会衆議院社会労働委員会第24号（1974〔昭和49〕年5月14日）会議録［渡邊健二（政府委員）］。

81) 作業環境測定法の適用対象となる事業場の規模，数に照らし，1万人程度の測定士の養成が見込まれていた（第75回国会衆議院社会労働委員会第12号（1975〔昭和50〕年4月15日）会議録［中西正雄（政府委員）］）。

82) 畠中・前掲注1）290頁。

83) 松尾主筆・前掲注65）83頁［後藤博俊・唐沢正義・木村嘉勝執筆］。

84) 吉田一彦「労働安全衛生法及びじん肺法の一部を改正する法律（上）職業病疾病対策の充実強化」時の法令1003号（1978年）15頁。

85) 沿革について，輿・前掲注65）下53頁，同・前掲注65）講演57頁，松尾主筆・前掲注65）85-87頁［後藤博俊・唐沢正義・木村嘉勝執筆］。

86) 輿・同上 下53頁，松尾主筆・同上10頁参照［松尾幸夫執筆］。

87) 輿・同上 下51-52頁。

88) 改正内容については，同検討会の座長を務めた城内博『こう変わる！化学物質管理 法令順守型から自律的な管理へ』（中央労働災害防止協会，2022年）。

89) 2003（平成15）年から2018（平成30）年の間に管理濃度が引き下げられた35物質のうち，28物質については5割超引き下げられ，7物質は1割以下になっているとされる。第1回職場における化学物質等の管理のあり方に関する検討会（2019〔令和元〕年9月2日）議事録［課長補佐］。

90) 松尾主筆・前掲注65）37-39頁参照［松尾幸夫執筆］。

91) 松岡三郎「職業病と法律―クロム禍判決を契機に」法学セミナー26巻1号（1982年）22頁，日本化学工業事件・東京地判昭56・9・28判時1017号34頁における事実認定等参照。

92) 松尾主筆・前掲注65）35頁参照［松尾幸夫執筆］。

93) 中央労働災害防止協会WEBサイト「写真と年表で辿る産業安全運動100年の軌跡」（https://www.jisha.or.jp/anzen100th/nenpyou04.html，最終閲覧日：2020年1月11日）。家内労働者は労働基準法が適用されず，内職者たちが治療費を工面する余裕もなく病状を悪化させていることも多く，労働省は1961（昭和36）年に「家内労働に関する行政措置」を通達，1970（昭和45）年には「家内労働法」を公布，施行した。

94) ベンゼン及びトルエンを溶剤としているビニルのグラビア印刷事業所における症例については，野見山一生ほか「ベンゼン・トルエン使用小工場の女子従業員にみられた再生不良性貧血3例について」産業医学6巻11-12号（1964年）685頁。このケースは，日中は事業所で高濃度のトルエンにばく露し，夜間は溶剤蒸気が充満している事業所の2階・3階に居住しているというものであった。また，小型抵抗器の塗装業務に従事していた23歳の女子労働者が7年11カ月の勤務の末，再生不良貧血により死亡した例を紹介するものとして，東京タイムズ産業病取材班編『現代の産業病―その実態と方向を探る』（中央労働災害防止協会，1973年）174-175頁。

95) 竹内康浩「産業医倶楽部 大学からの労働衛生管見(7)ノルマルヘキサン中毒(1)」産業医学ジャーナル40巻1号（2017年）85頁。

96) 東京タイムズ産業病取材班編・前掲注94）184-185頁。

97) 江戸川区WEBサイト（https://www.city.edogawa.tokyo.jp/e024/kurashi/kankyo/johochosa/cr6.html，最終閲覧日：2020年2月4日），江東区WEBサイト（https://www.city.koto.lg.jp/380303/machizukuri/sekatsu/dojoosen/7331.html，最終閲覧日：2020年2月4日）。

98) 東京タイムズ産業病取材班編・前掲注94）48頁。

99) 同上43-44頁。

100) 松尾主筆・前掲注65）36頁。

101) 症例については，山村行夫・高倉淳・平山二三夫・山内博・吉田稔「航空機用燃料タンク清掃作業において発生した四エチル鉛中毒」産業医学17巻4号（1975年）223頁。

102) 小畑史子「労働安全衛生法規の法的性質3完―労働安全衛生

法の労働関係上の効力」法学協会雑誌112巻5号（1995年）112頁。三柴丈典「使用者の健康・安全配慮義務」日本労働法学会編『講座労働法の再生 第3巻 労働条件論の課題』（日本評論社，2017年）273-296頁は，安全配慮義務が，安衛法上明文の規定がなくともその趣旨を踏まえた対応をとる義務が安全配慮義務の一内容となりうることについて論証する。

103) 2021（令和3）年11月19日における玉泉孝次氏からの情報提供による。

104) 2021（令和3）年11月19日における玉泉孝次氏からの情報提供及び同月21日における篠原耕一氏（労働衛生コンサルタント）からの情報提供による。

105) 労務行政研究所編・前掲注5）551頁，畠中・前掲注1）288頁。

106) 第1回化学物質管理に係る専門家検討会（2022〔令和4〕年9月1日）議事録〔化学物質国際動向分析官〕。

107) 日本作業環境測定協会・前掲注1）126-127頁。

108) 「この人に聞く 輿重治氏 管理濃度の設定の経緯と今後の課題」作業環境25巻1号（2004年）13頁〔輿重治発言〕。

109) 松尾主筆・前掲注65）13頁〔松尾幸夫執筆〕。

110) 輿・前掲注65）講演61頁，輿「職場の環境評価—環境測定結果の評価基準をめぐって」日本医師会雑誌86巻12号（1981年）1529頁。

111) 日本作業環境測定協会・前掲注1）162-166頁。

112) 同上159-161頁。同編・前掲注25）92頁以下〔飛鳥滋執筆〕。

113) B測定の第2管理水準とされている1.5倍という数値は，作業環境測定に係る116のデータをもとに設定されたものであるが，改めて検証する必要があることを指摘するものとして，前掲注108）18頁。

114) なお，管理区分が不明又は初めて作業環境測定を行う単位作業場所において，女性作業環境測定士がサンプリングを行った結果，第3管理区分となった場合には改正女性則違反とはならないが，第3管理区分となった単位作業場所については，区分が改善され，第2管理区分以上となったことが確認されるまで女性作業環境測定士はサンプリング業務に就くことはできない。以上につき，厚労省への照会結果を掲載したとする日本作業環境測定協会WEBサイト（https://www.jawe.or.jp/sokutei/jyosei.html，最終閲覧日：2020年2月28日）参照。

115) このときの改正により，タンク，船倉内などで規制対象の化学物質を取り扱う業務で，呼吸用保護具の使用が義務づけられている業務についても，同様に女性労働者の就業禁止が定められている。

116) 以下，輿・前掲注65）下52頁，松尾主筆・前掲注65）153-154頁以下〔松尾幸夫執筆〕。

117) 佐野久綱「塩化ビニールの発がん性と各国の対応」第一経大論集7巻1号（1977年）20-21頁。

118) 厚生労働省「平成13年労働環境調査の概況」（厚生労働省WEBサイト https://www.mhlw.go.jp/toukei/itiran/roudou/saigai/anzen/kankyou01/1-3.html，最終閲覧日：2020年2月10日），「平成18年労働環境調査の概況」（厚生労働省WEBサイト https://www.mhlw.go.jp/toukei/itiran/roudou/saigai/anzen/06/05.html，最終閲覧日：2020年2月10日），「平成26年労働環境調査の概況」（厚労省WEBサイト https://www.mhlw.go.jp/toukei/list/h26-46-50b.html，最終閲覧日：2020年2月10日）参照。

119) 2021（令和3）年11月19日における玉泉孝次氏からの情報提供による。

120) 2021（令和3）年11月21日における篠原耕一氏からの情報提供による。

121) 日本産業衛生学会産業衛生技術部会「化学物質の個人ばく露測定のガイドライン」（2015年1月）では，良い方から「1A，1B，1C，2A，2B，3」の管理区分を設定しており，「1A，1B，1C」は作業環境測定の第1管理区分，「2A，2B」は第2管理区分，「3」は第3管理区分に相当する。管理区分2Bと3では「対策を行う」，管理区分2Aでは「更なるばく露低減措置に努める」とし，法定の作業環境測定よりも厳しい管理としている。

122) 平成29年度第1回個人サンプラーを活用した作業環境管理のための専門家検討会（2017〔平成29〕年10月31日）（厚労省WEBサイト https://www.mhlw.go.jp/stf/shingi2/0000183612.html，最終閲覧日：2020年2月11日）資料1-3「平成22～25年度作業環境における個人ばく露測定に関する実証的検証事業」。

123) 厚生労働省WEBサイト（https://www.mhlw.go.jp/stf/seisakunitsuite/bunya/0000094161.html，最終閲覧日：2020年2月11日）参照。概要については，前掲注122）専門家検討会参考資料1-2「平成28年度健康診断・作業環境測定結果相関調査業務報告書」参照。

124) 前掲注108）26頁〔沼野雄志発言〕，木村ほか・前掲注63）4頁〔畠中信夫発言〕。

125) 前掲注108）16頁〔輿重治発言〕。

126) 第1回職場における化学物質管理の今後のあり方に関する検討会（2010〔平成22〕年1月19日）議事録〔名古屋俊士座長発言〕。

127) 前掲注108）17頁〔輿重治発言〕では，作業者がはんだ付け作業中に顔を前に10cm程出していることにより，マスクについた有害物質（鉛）の濃度が他の者と比べて数倍高くなっているケース等において作業方法（作業姿勢）の見直しが必要になることが指摘されている。

128) 労務行政研究所編・前掲注5）554頁。

129) 同基準は，「業務上腰痛の認定基準等について」（昭和51年10月16日基発第750号）において，その後の医学的情報等に基づく改正が行われ，現行基準とされている。

130) 「キーパンチャー等上肢作業にもとづく疾病の業務上外の認定基準について」（昭和50年2月5日基発第59号）。

131) 中央労働災害防止協会編『安全衛生運動史—安全専一から100年』（中央労働災害防止協会，2011年）403頁。

132) 松尾主筆・前掲注65）49頁〔松尾幸夫執筆〕。

133) タイピストの右母指腱鞘炎及び頸肩腕障害発症について，業務起因性を認めた裁判例としては日本メール・オーダー事件・東京地決昭49・10・4判時765号105頁が存在する。

134) 熊野電報電話局事件・名古屋高判昭63・3・30判時1286号73頁（最3小判平4・7・14労判615号9頁により双方からの上告棄却）では，電話交換手であった原告労働者の症状につき，加齢に伴う変形性頸椎症に因るものと業務起因性の頸肩腕症候群が競合しているとした上で，一定期間の症状に限定して，業務起因性を認めている。

135) 労務行政研究所編・前掲注5）555-556頁。

136) 第83回労働政策審議会安全衛生分科会（2014〔平成26年〕3月25日）資料2-2「高気圧作業安全衛生規則の一部を改正する省令案要綱の概要」。

137) 小島泰史（潜水医学の専門医）「【連載コラム】もっと知りたいダイビング医学 第2回 減圧症～ダイバーが知っておくべきこと その1～」Marin Diving Web（https://marinediving.com/safety_diving/kojima_2/，最終閲覧日：2022年10月20日）。

138) 前掲注136）参照。

139) イミダスWEBサイト（https://imidas.jp/genre/detail/A-123-0084.html#::text=%E6%BD%9C%E5%87%BD%E5%B7%A5%E6%B3%95%E3%81%AF%E3%80%81%E5%9C%B0%E4%B8%8B%E6%A7%8B%E9%80%A0、%E3%81%AE%E3%81%A7%E3%80%81%E3%82%B1%E3%83%BC%E3%82%BD%E3%83%B3%E5%B7%A5%E6%B3%95%E3%81%AE%E8%82%82%E5%91%BC%E3%81%B0%E3%82%8C%E3%82%8B%E3%80%82，最終

閲覧日：2020年12月28日）参照〔本田秀一執筆〕。
140) オリエンタル白石株式会社WEBサイト（http://www.orsc.co.jp/tec/newm_v2/ncon02.html#01，最終閲覧日：2020年12月28日）
141) 労務行政研究所編・前掲注5）556頁。
142) 同上。
143) 森松嘉孝ほか「改正高気圧作業安全衛生規則と労働衛生」産業衛生学雑誌60巻2号（2018年）41頁，池田知純「改正高気圧作業安全衛生規則の問題点」日本高気圧環境・潜水医学会雑誌51巻3号（2016年）110頁。
144) 不動弘幸『潜水士試験 徹底研究〔改訂4版〕』（オーム社，2021年）110頁。
145) 第6回高気圧作業安全衛生規則改正検討会（2013〔平成25〕年6月19日）議事録〔眞野喜洋座長〕。
146) 厚生労働省労働基準局・高気圧作業安全衛生規則改正検討会（2014〔平成26〕年2月21日）報告書8頁。
147) 前掲注145）議事録〔濱本主任中央労働衛生専門官〕。
148) 同上。
149) なお，代田英夫「潜水病ノ一治例」岡山醫學會雑誌第29巻（1917年）909頁には，潜水病の報告は「本邦ニ於イテハ甚ダ少ナキ」とある。
150) 東京タイムズ産業病取材班編・前掲注94) 80-81頁。例えば，太田良実・松永等「減圧症における骨変化の種々相（第1報）」整形外科と災害外科15巻1号（1965年）68頁。
151) 西日本新聞2018年5月17日朝刊（https://www.nishinippon.co.jp/item/n/416881/，最終閲覧日：2021年2月12日）。
152) 東京タイムズ産業病取材班編・前掲注94) 78-79頁，84-85頁。
153) 前掲注145）議事録〔毛利元彦（日本海洋事業株式会社顧問・産業医）〕。
154) 結果については，社団法人日本潜水協会安全委員会編「平成18年度安全委員会潜水の安全に関するアンケート調査 調査結果報告書」（2007〔平成19〕年3月）82頁。第4回高気圧作業安全衛生規則改正検討会（2012〔平成24〕年7月30日）資料「高圧則改正において検討すべき課題について2」（自衛隊中央病院提出）。
155) 森松ほか・前掲注143) 42頁，池田・前掲注143) 114頁。
156) 畠中・前掲注1）293頁。
157) 労働者健康安全機構「労災疾病等医学研究普及サイト：振動障害」（https://www.research.johas.go.jp/sindou/03.html，最終閲覧日：2021年2月14日）。
158) この頃の調査研究として，山田信也「チェン・ソーの振動による白ろう病」労働の科学20巻12号（1965年）20頁。
159) 上記通達の規定内容が安全配慮義務の内容になるとした上で，義務違反を認定した裁判例として，三菱重工神戸造船所事件・神戸地判平6・7・12労判663号29頁，同事件・大阪高判平11・3・30労判771号62頁参照。なお，同判決においては，原告の主張を受ける形で安衛法第65条の4も安全配慮義務の内容になることについての言及もある。チェンソー以外の振動工具の利用による振動障害の発生について，通達発出以前の1965（昭和40）年には社会問題化していたことやその後の学会の動向を踏まえて，1969（昭和44）年末以降については，予見可能性が認められると判断した。なお，チェンソー等の使用による振動障害発症について，1965（昭和40）年以前は予見可能性がないと判断するものとして，林野庁高知営林局事件・最2小判平2・4・20労判561号6頁参照。
160) 宮下和久・竹村重輝「日本における手腕振動障害対策のこれまでとこれから」日本職業・災害医学会会誌67巻5号（2019年）377頁。
161) 労務行政研究所編・前掲注5）558頁。
162) この点に関しては，森晃爾「健康診断制度の現状と課題」令和4年度厚生労働行政推進調査事業費補助金（政策科学総合研究事業）（政策科学推進研究事業）「法学的視点からみた社会経済情勢の変化に対応する労働安全衛生法体系に係る調査研究」〔研究代表者：三柴丈典〕も参照。
163) 鎌田耕一「安全配慮義務の履行請求」水野勝先生古稀記念論文集刊行委員会編『労働保護法の再生』（信山社，2005年）395頁は，「労働安全衛生法規が，労働者のために事業者に一定の作為義務を課している場合」に履行請求ができるとしており，本条について，労働者が本条所定の要件に該当することを主張すれば，健康診断の履行を請求できるとする。
164) 小畑・前掲注102) 109-110頁は，私法的権利を認めることで総合的見地からの積極的行政に足枷をはめることになることが懸念されるとして，安衛法違反に基づく損害賠償請求権や履行請求権の成立を否定する。
165) なか卯事件・名古屋地半田支判平25・9・10判時2220号75頁は，雇入れ健診の不実施について，雇用期間が1年間であった労働者について，更新可能性を考慮しても，雇入時点で「常時使用する労働者」に当たらないと判断した。なお，当該労働者は，雇用後6カ月が経過する前に脳幹出血により死亡しており，遺族らは過重業務及び健康診断不実施等を理由として安全配慮義務違反に基づく損害賠償請求をしていたが，業務の過重性は認められないことなどから請求は棄却されている。
166) 伊藤直人「特定業務従事者健康診断の歴史」厚生労働省労災疾病臨床研究事業費補助金研究「特定業務従事者の健康診断等の労働安全衛生法に基づく健康診断の諸課題に対する実態把握と課題解決のための調査研究」総合研究報告書〔研究代表者：森晃爾〕（2020〔令和2〕年3月）分担研究報告書99頁以下。
167) 伊藤直人「特定業務従事者健康診断のあり方の検討」同上分担研究報告書129頁以下によれば，特定業務従事者健診の実施基準として，通達の数値を利用しているかとの問いについて，「あまり利用していない」（15.2%），「全く利用していない」（9.7%）が2割5分であり，「深夜業（昭和23年基発1456号：深夜業を週に1回以上，又は1月に4回以上）のみ利用している」との回答（30.1%）が最多であったとされる。
168) この基準は，1948（昭和23）年2月15日に発刊された社団法人日本産業衛生協会編『労働安全衛生規則の説明─衛生の部』（労働省産業安全研究所内 産業安全協会，1948年）32頁に既にその記載がある。
169) 玉泉孝次氏からの2023（令和5）年8月16日における情報提供による。また，シフト制で上記いずれかの基準に沿う形でシフトが組まれている場合には，原則として「深夜業を含む業務」に当たることになるが，シフト変更や休暇，欠勤等により，予め組まれたシフトと勤務実態がずれる場合には，平均をとって上記基準を充たすかが判断されることになる。
170) 2021（令和3）年11月19日における玉泉孝次氏からの情報提供及び2023（令和5）年8月16日における追加の情報提供による。なお，条文に関する正式な解釈がない段階で，似たような条文の解釈が出された場合に，それを援用するような形で指導することはしばしば行われており，ただし，その際，罪刑法定主義との関係で問題にならないよう，あくまでも「目安」という形で指導が行われるということである。
171) 伊藤直人「特定業務従事者健康診断のあり方の検討」前掲注167) 分担研究報告書129頁以下。
172) 2021（令和3）年11月19日における玉泉孝次氏からの情報提供によれば，監督官サイドからも，ルの「これらに準ずる有害物を取り扱う業務」やヲの「これらに準ずる有害物のガス，蒸気又は粉じんを発散する場所における業務」の範囲については不明瞭であり，法違反の指摘がしにくいとの指摘もなされているとのことである。
173) 第10回労働安全衛生法における特殊健康診断等に関する検討

会（2013〔平成25〕年8月1日）議事録［圓藤委員，化学物質評価室長補佐］．

174) 第10回労務行政研究所編・前掲注5) 565頁．
175) 奈良労働局WEBサイト「じん肺，じん肺健康診断，じん肺管理区分について」(https://jsite.mhlw.go.jp/nara-roudoukyoku/var/rev0/0113/2718/jinpai.pdf, 最終閲覧日：2022年11月4日)．
176) 畠中・前掲注1) 307-308頁．
177) 同上308頁．
178) 本規定は，後述のように，労基法制定当時から設けられていたが，寺本廣作『労働基準法解説』（信山社出版，1998年『労働基準法解説』〔時事通信社，1948年〕の復刻版）272頁は，健康診断の必要性と労働者の自由権を調整するために設けられたものであると説明する．
179) なお，1919（大正8）年に制定された結核予防法に基づく健康診断は既に実施されていた．
180) 堀江正知「産業医制度の歴史と新たな役割」日本労働法学会誌136号（2023年）70-71頁，濱口桂一郎「健康診断の労働法政策」季労283号154頁．
181) 労働省編『労働行政史 第1巻』（労働法令協会，1961年）629-630頁，633-634頁．
182) 同上372頁，378-379頁．
183) 同上643-644頁，濱口桂一郎『日本の労働法政策』（労働政策研究・研修機構，2018年）32-33頁．
184) 同規定及びその後の変遷については，堀江・前掲注69) 5頁参照．
185) 労働省編・前掲注181) 656頁．
186) 同上1030-1032頁．
187) 中川一郎『詳解 改正労働安全衛生規則』（三晃社，1957年）32頁．
188) 伊藤直人・吉田彩夏・森晃爾「特定業務従事者健康診断の実施対象となる業務とその基準に関する歴史的変遷」産業衛生学雑誌62巻1号（2020年）6頁．
189) 第92回帝国議会貴族院労働基準法案特別委員会第2号（1947〔昭和22〕年3月22日）［渡邉覺造・種田虎雄発言］．
190) 同上［吉武惠市（政府委員）発言］．
191) 寺本・前掲注178) 272頁．
192) 堀江・前掲注180) 6頁．
193) 同上11頁．
194) 労働省労働衛生課編『一般健康診断ハンドブック』（中央労働災害防止協会，2000年）29-30頁．
195) 畠中・前掲注1) 304頁．
196) 同上305頁．
197) 労働安全衛生法における胸部エックス線検査等のあり方検討会報告書（2006〔平成18〕年8月31日）．
198) 労働省編・前掲注181) 372頁．
199) 厚生労働省「平成26年版厚生労働白書―健康長寿社会の実現に向けて」（2014年8月）10-11頁．
200) 2021（令和3）年11月19日における玉泉孝次氏からの情報提供による．
201) 同上．
202) 同上．
203) 下記で検討する裁判例のほか，渡辺工業（石綿ばく露等）事件・大阪地判平22・4・21判時2099号62頁，損害賠償請求事件・さいたま地判平23・1・21判時2105号75頁等．
204) なお，法定の健康診断費用にかかる事案ではないが，入社日の2日前に健康診断を労働者の費用負担で受診させたという事案の下，営業上必要な費用を労働者に負担させたとして，不当利得に基づく返還請求を認めた裁判例として，オンテックス事件・名古屋地判平16・1・20労判880号153頁がある．
205) 私企業の事案にそのまま適用できないとする見解として，砂押以久子「労働者の健康情報とプライバシー」季労209号（2005年）36頁．
206) 空港グランドサービス（AGS）・日航事件・東京地判平3・3・22労判586号19頁は，労働者が選択した医療機関の診断結果に疑問があるような場合でそのことについて合理的理由が認められる場合，安全配慮義務を尽くす必要上，使用者の指定医の診察を指示することができ，労働者はこれに従う義務があるとする．もっとも，その後，労働者にこうした義務があるか否かにかかわらず，受診拒否によって，安全配慮義務を尽くすべき手段を労働者自らの意思によって退けられた以上，これにより安全配慮義務を尽くすことができなくなる限度において，義務違反の責任の全部又は一部を免れると判断し，2割の過失相殺を認めている．
207) トッパンメディアプリンテック東京事件・東京地立川支判平28・11・15労経速2301号3頁，大建工業事件・大阪地決平15・4・16労判849号35頁参照．京セラ事件・東京高判昭61・11・13労判487号66頁（期間満了による退職扱いの不当労働行為該当性を否定）．
208) 東芝（うつ病・解雇）事件・最2小判平26・3・24労判1094号22頁参照．
209) ティー・エム・イーほか事件・東京高判平27・2・26労判1117号5頁は，過重負荷が大きくないなかで労働者が自殺したという事案の下，健康診断において精神面の不調を訴えておらず，うつ病にり患しているとの診断書等を提出したことがないとしても，安全配慮義務の一環として，亡労働者や家族に対し，「単に調子はどうかなど抽象的に問うだけでなく，より具体的に，どこの病院に通院していて，どのような診断を受け，何か薬等を処方されて服用しているのか，その薬品名は何かなどを尋ねるなどして，不調の具体的な内容や程度等についてより詳細に把握し，必要があれば……産業医等の診察を受けさせるなどした上で，……体調管理が適切に行われるよう配慮し，指導すべき義務があった」とし，義務違反を肯定する（ただし，自殺との因果関係は否定し，慰謝料200万円のみを認容）．同判決は病名や薬品名など精神的不調にかかる「生の情報」の収集すら使用者に求める点でやや珍しい裁判例といえる．
210) 三柴丈典『労働者のメンタルヘルス情報と法―情報取扱い前提条件整備義務の構想』（法律文化社，2018年）290頁以下．
211) 河野奈月「労働者の健康情報の取扱いをめぐる規制の現状と課題」季労265号（2019年）103頁．
212) 内山博之「深夜労働者の健康管理と労働現場での化学物質の管理を充実」時の法令1601号（1999年）26頁．
213) 濱口桂一郎『日本の労働法政策』（労働政策研究・研修機構，2018年）487・489頁．
214) 日本産業衛生学会交代勤務委員会「夜勤・交代制勤務に関する意見書」産業医学20巻5号（1978年）308頁．
215) 厚生労働省WEBサイト「平成22年労働安全衛生基本調査」結果の概要（https://www.mhlw.go.jp/toukei/list/dl/49-22_4.pdf, 最終閲覧：2021年2月16日）．
216) 労務行政研究所編・前掲注5) 576頁．
217) 2021（令和3）年11月19日における玉泉孝次氏からの情報提供による．
218) 2021（令和3）年11月21日における篠原耕一氏からの情報提供による．
219) 増田嗣郎「職場の健康管理の充実」時の法令1537号（1997年）47頁．
220) この点の指摘について，濱口・前掲注213) 487頁．
221) 上畑鉄之丞『過労死の研究』（日本プランニングセンター，1993年）177頁では，「過労死はもともと一家の大黒柱を失い，明日の生活の不安に直面した家族の労働災害補償を求める悲痛な叫びの中から生まれた用語で，必ずしも医学的に厳密なものではない」と指摘されている．なお，具体的なエピソードにつ

いては，全国過労死を考える家族の会編・青山恵構成『日本は幸福か——過労死・残された50人の妻たちの手記』(教育史料出版会，1991年)。

222) 上畑鉄之丞「過労死の医学的考察」過労死弁護団全国連絡会議編『KAROSHI〈過労死〉国際版』(窓社，1990年) 88頁。

223) 同上17・18頁。

224) 労災認定基準の変遷については，徐婉寧『ストレス性疾患と労災救済——日米台の比較法的考察』(信山社，2014年) 298-307頁。

225) 例えば，大日本印刷・新宿労働基準監督署長事件・東京高判平3・5・27労判595号67頁は，24時間隔日交替制勤務のロッカー室管理人が脳出血により死亡した事案の下，当該労働者に高血圧症があることを踏まえつつ，業務起因性を肯定している。同判決では，死亡2カ月前の勤務状況や精神的不安や緊張感を伴う業務の性質が過重労働の判断にあたり考慮されている。また，茨木労基署長(関西幹線整備)事件・大阪高判平6・3・18労判655号54頁でも，高血圧症を有する労働者の脳出血による死亡につき，数カ月間にわたる夜勤，交代勤務による睡眠不足や，不自然な姿勢による作業，寒暖差が脳出血の共働原因であるとして業務起因性を肯定している。

他方，中央田中電機・品川労働基準監督署長事件・東京高判平2・8・8労判569号51頁(同事件・最3小判平3・3・5労判583号6頁により確定)は，「特に過重な業務であるかどうかの判断に当たっては，死亡当日や死亡前1週間の状況のみではなく，日常業務に比べて重い業務への就労期間が相当長期にわたる場合は，右期間全体の状況を検討して決すべきである」とした。ただし，「重い業務への就労が一定期間継続した場合に，そのことが当然に発症や死亡の原因となると推認するべきであると解するのは合理的ではない。相当因果関係の有無は，事例毎に，業務の重さの程度や疾病の種類を総合的に考慮して判断するべきである」とも判示し，結論において業務起因性を否定している。

また，名古屋南労基署長(矢作電設)事件・名古屋地判平6・8・26労判654号9頁は，1987(昭和62)年達が，過重性判断にあたり基準とする「同僚又は同種労働者」について，「当該被災者の年齢，具体的健康状態等を捨象して，基礎疾患，健康等に問題のない労働者を想定しているとすれば，それは，多くの労働者がそれぞれ高血圧その他健康上の問題を抱えながら日常の業務に従事しており，しかも高齢化にともないこうした問題を抱える者の比率が高くなるといった社会的現実の存することが認められることを考慮すると，業務過重性の判断の基準を社会通念に反して高度に設定したものといわざるを得ない」と指摘し，高血圧症の労働者が脳出血により死亡した事案の下で業務起因性を認めている。

226) 第136回国会参議院労働委員会第10号(1996〔平成8〕年5月14日)[松原亘子(政府委員)]では，労災補償保険法の改正をめぐる議論の中での答弁であるが，過労死の労災認定件数が，1992(平成4)年度18件，1993(平成5)年度31件，1994(平成6)年度32件，1995(平成7)年度，76件と増加傾向にあること，1995(平成7)年2月から1996(平成8)年3月末では90件となっており，労災認定基準の改正による影響が一定程度窺われることを述べている。

227) なお，京都南労働基準監督署事件・大阪高判平7・4・27労判679号46頁は，長距離トラックの運転手がくも膜下出血を発症して死亡した事案について，死亡前約4週間の拘束時間が長時間であること等を踏まえ，労災不支給決定の取り消しを認めた。同事案において，死亡した労働者は基礎疾病として脳動脈瘤を抱えていたが，業務の過重性とそれが夜間であり，緊張を伴うという性質こそが，脳動脈瘤の血管壁を自然の経過を超えて急激に脆弱化させた原因であるとして，業務起因性を認めている。名古屋南労基署長(東宝運輸)事件・名古屋地判平7・

9・29労判684号26頁もまた，高血圧症にり患していたセミトレーラー運転手がくも膜下出血を発症して死亡した事案について，死亡前約4週間の勤務状況等を勘案して，業務起因性を認め，労災不支給決定を取り消している。さらに，梅田運輸・帯広労働基準監督署長事件・釧路地判平8・12・10労判709号20頁もまた，高血圧症のトレーラー運転手の運転中の脳出血及びその後の死亡につき，発症42日前から15日前の間の過重な業務が相対的有力原因となったことを認めている。

228) 平成19年の自殺統計以降，原因・動機を最大3つまで上げることができるようになっているため，それ以前との比較には注意が必要となる。

229) 第136回国会参議院労働委員会第5号(1996〔平成8〕年4月11日)[武田節子]。

230) 寺本・前掲注178) 272頁。

231) 吉田一彦「職業病疾病対策の充実強化」時の法令1003号(1978年) 21頁。

232) 第139回労働法学会大会における堀江正知氏(産業医科大学)による報告内容及び堀江・前掲注180) 76頁参照。

233) 2021(令和3)年11月19日における玉泉孝次氏からの情報提供による。

234) なお，鎌田・前掲注163) 400頁は，使用者が協議に応ずべき地位にあることの確認請求及び仮処分申請は可能であるとする。

235) 労務行政研究所編・前掲注5) 583頁，畠中・前掲注1) 316頁。

236) 2021(令和3)年11月19日における玉泉孝次氏からの情報提供によれば，昭和49年ころの新任監督官の本省研修においてこのように説明されていたという。

237) 第14回労働政策審議会安全衛生分科会(2004〔平成16〕年11月10日)資料3「労働者の健康情報の保護について」をもとに作成。

238) 2021(令和3)年11月19日における玉泉孝次氏からの情報提供による。

239) 労務行政研究所編・前掲注5) 586頁。

240) 榎並工務店(脳梗塞死損害賠償)事件・大阪地判平14・4・15労判858号105頁，同事件控訴審・大阪高判平15・5・29労判858号98頁は，深夜業従事者に対して，適切な頻度で定期健康診断がなされておらず，医師の意見聴取や産業医の選任されていなかったことについて，安全配慮義務違反が認められたケースであるが，「要治療や要2次検査の所見が出た労働者が病院に行くことができるよう，作業の日程を調整したことはな」かったことについても安全配慮義務違反を認定するにあたり，言及されている。

241) システムコンサルタント事件・東京高判平11・7・28労判770号58頁は，過重業務により引き起こされた脳出血及びこれに基づく死亡について安全配慮義務違反が認められた事案であるが，死亡した労働者が，健康診断結果の通知を受けており，自らが高血圧であって治療が必要な状態であることを知っていた上，勤務先から精密検査を受けるよう指示されていたにもかかわらず，全く精密検査を受診したり，あるいは医師の治療を受けることをしなかったことについて，「自らの健康の保持について，何ら配慮を行っていない」として，過失相殺(5割。なお，高血圧であるとの素因による減額を含む)が認められている。なお，過重業務であったとしても，数年間にわたって病院に行くための1日ないし半日の休暇すら取ることができない程多忙であったとまではいえないと判示されている。

242) 第162回国会衆議院厚生労働委員会第36号(2005〔平成17〕年7月27日)[青木豊政府参考人]。

243) 第14回労働政策審議会安全衛生分科会(2004〔平成16〕年11月10日)議事録[讃井委員(使用者代表)]。

244) 第13回労働政策審議会安全衛生分科会(2004〔平成16〕年10

月21日）議事録，第14回同分科会（2004〔平成16〕年11月10日〔いずれも讃井委員（使用者代表）議事録〕．

245) 第13回労働政策審議会安全衛生分科会（2004〔平成16〕年10月21日）議事録〔金子委員（使用者代表）〕．

246) 第13回労働政策審議会安全衛生分科会（2004〔平成16〕年10月21日）議事録〔讃井委員，金子委員（使用者代表）〕，第14回同分科会（同年11月10日）議事録〔いずれも讃井委員（使用者代表）〕．第15回同分科会（同年11月29日）議事録，第17回同分科会（同年12月22日）議事録〔讃井委員，伊藤委員（使用者代表）〕．

247) 第13回労働政策審議会安全衛生分科会（2004〔平成16〕年10月21日）議事録〔阿部労働衛生課長〕．

248) 第13回労働政策審議会安全衛生分科会（2004〔平成16〕年10月21日）議事録，第14回同安全衛生分科会（同年11月10日）議事録，第15回同分科会（同年11月29日）議事録，第17回同分科会（同年12月22日）議事録〔阿部労働衛生課長〕．

249) 第15回労働政策審議会安全衛生分科会（2004〔平成16〕年11月29日）議事録〔和田委員（公益委員）〕．

250) 第15回労働政策審議会安全衛生分科会（2004〔平成16〕年11月29日）議事録〔伊藤委員，讃井委員（使用者代表）〕．

251) 第16回労働政策審議会安全衛生分科会（2004〔平成16〕年12月13日）議事録〔阿部労働衛生課長〕．

252) 同上．

253) 第16回労働政策審議会安全衛生分科会（2004〔平成16〕年12月22日）議事録〔伊藤委員（使用者代表）〕．

254) 第17回労働政策審議会安全衛生分科会（2004〔平成16〕年12月27日）議事録〔阿部労働衛生課長〕．

255) 労働政策審議会「働き方改革実行計画を踏まえた今後の産業医・産業保健機能の強化について（建議）」（2017〔平成29〕年6月6日）．

256) なお，うつ病による精神状態からすれば，職場復帰にあたり自己の病状等を報告し難い面があることは否めないとしつつ，職場復帰が亡Aの希望によるものであったことや，Y社と亡Aとの面談において，体調は回復傾向にあることを伝えていたこと等を捉えて，3割の過失相殺を認めた裁判例として，JFEスチールほか事件・東京地判平20・12・8労判981号76頁がある．

257) 同制度については，「賃金と労働時間のリンク，割増賃金というものと全く切り離して設ける」制度として説明がされている．第122回労働政策審議会労働条件分科会（2015〔平成27〕年1月16日）議事録〔村山労働条件政策課長〕．

258) 自己申告を利用できる場合がそれほど少なくないことを示唆するとの理解について，豊岡啓人「労働時間把握・管理のための制度と対応上の留意点」ビジネス法務21巻7号（2021年）17頁．

259) 石﨑由希子「雇用型テレワークに係る労働法上の課題」季労274号（2021年）17-18頁．

260) 自己申告がベースになるとはいえ，労働時間規制（とりわけ割増賃金規制）との関係で通算を引き続き求めることは，結局，副業先での労働時間の過少申告や非専用型副業・兼業への誘導に繋がり，かえって実態を見えにくくするおそれがあると考える．この点に関し，石﨑由希子「副業・兼業者の労働時間管理と健康確保」季労269号（2020年）10頁．

261) 健康管理の観点からの労働時間把握が必要ではないかとの点について，同上9頁以下参照．なお，労働時間規制において通算していながら，健康確保規制において通算しないことにつき，両規制の目的の共通性から一貫性を欠くと指摘するものとして，長谷川聡「『副業・兼業の促進に関するガイドライン』の労働時間・健康管理ルールの特徴と課題」労旬1978号（2021年）23頁．本業先の指示に基づかない副業・兼業の場合，労働者に副業・兼業実態等使用者が認識しにくい就業上のリスクに

ついて自己申告を行う機会の提供までは法令で使用者に求め，それ以外は産業医との面談（安衛則第14条の4第2項参照）等を通じた把握や事業者への伝達等の仕組みで対処することを提案するものとして，三柴丈典「副業・兼業者，フリーランスに対する安全衛生法政策に関する試論」労働法学研究会報71巻21号（2020年）9頁．

262) 労働時間把握に係る規制の展開については，石﨑由希子「労働時間把握・管理に関する法的検討」連合総合生活開発研究所編『今後の労働時間法制のあり方を考える調査研究委員会報告書』（連合総合生活開発研究所，2022年）121頁も参照．

263) 寺本・前掲注178）381頁．

264) 厚生労働省労働基準局「労働時間の適正な把握のために使用者が講ずべき措置に関する基準について」季労198号（2002年）74頁．

265) 濱口桂一郎「テレワークの法政策」季労271号（2020年）201頁は，上記基準につき，健康確保の視点は現れていないとする．また，第124回労働政策審議会労働条件分科会（2015〔平成27〕年2月6日）議事録〔村山労働条件政策課長〕は，基本的に適正な割増賃金の支払いや，適切な賃金台帳への労働時間の記入の担保という観点から発出されている通達と説明する．

266) 第三の柱との関係では，事業主団体に対して労働時間の適正把握について，「心の健康づくり」の推進や長時間労働の背景になっている取引慣行（短納期発注，発注内容の頻繁な変更等）の是正と併せて，緊急要請を行っている．

267) なお，第189回国会には，野党側議員から，労働時間管理台帳や時間外労働等管理規程の作成や時間外労働等管理委員会の設置を罰則付きで使用者に義務づける労働基準法の一部を改正する法律案（参法第6号）も提出されていた．

268) 第192回国会衆議院厚生労働委員会第10号（2016〔平成28〕年12月2日）会議録〔井坂信彦委員に対する塩崎恭久厚生労働大臣の答弁〕．

269) 第196回国会参議院予算委員会第5号（2018〔平成30〕年3月2日）会議録〔小池晃委員〕．

270) 同上会議録〔加藤勝信厚生労働大臣〕．

271) 第196回国会参議院予算委員会第2号（2018〔平成30〕年1月31日）会議録，第196回国会衆議院予算委員会第5号（2018〔平成30〕年2月5日）会議録等．

272) 第196回国会衆議院予算委員会第13号（2018〔平成30〕年2月19日）会議録．

273) 第196回国会衆議院厚生労働委員会第4号（2018〔平成30〕年3月23日）会議録〔山井和則委員〕．

274) 朝日新聞2016（平成28）年10月8日朝刊．

275) 第192回国会衆議院厚生労働委員会第10号（2016〔平成28〕年12月2日）会議録．

276) 朝日新聞2016（平成28）年10月14日夕刊，同月15日朝刊，同年11月7日夕刊，同月8日朝刊．

277) 朝日新聞2016（平成28）年12月29日朝刊．

278) 朝日新聞2017（平成29）年7月13日朝刊．

279) 朝日新聞2017（平成29）年10月7日朝刊，同月21日朝刊．

280) 朝日新聞2017（平成29）年1月30日朝刊．

281) 朝日新聞2019（令和元）年12月15日朝刊．なお，是正勧告の対象は2018（平成30）年中の法令違反であり，36協定の上限（原則月45時間，特別条項により月75時間）を超える違法残業（最長月156時間超）をさせていたことや月75時間に延長するのに必要な事前申請をしなかったこと，安全衛生委員会の運営に際し産業医を関与させていなかったことや使用者側委員が半数を超えていたことなどがその対象となっている．

282) 朝日新聞2017（平成29）年12月26日夕刊，同月27日朝刊．

283) 朝日新聞2017（平成29）年3月4日朝刊，同年4月5日朝刊．

284) 朝日新聞2017（平成29）年5月27日朝刊．

285) 以下の記述は，朝日新聞2019（令和元）年9月27日朝刊，同年11月22日朝刊。
286) 朝日新聞2015（平成27）年12月16日朝刊及び第180回国会衆議院厚生労働委員会第2号（2012〔平成24〕年3月7日）会議録。
287) 「全国過労死を考える家族の会」WEBサイト（https://karoshi-kazoku.net/about.html，最終閲覧日：2022年10月17日）。
288) 例えば，第192回国会衆議院厚生労働委員会第10号（2016〔平成28〕年12月2日）会議録〔長尾敬委員〕。
289) 第180回国会衆議院厚生労働委員会第2号（2012〔平成24〕年3月7日）会議録。
290) 同様の判断をするものとして，無洲事件・東京地判平28・5・30労判1149号72頁（毎月80時間超の時間外労働の事案，慰謝料30万円）参照。
291) 「『日本再興戦略』改訂2014」（2014〔平成26〕年6月24日閣議決定）。
292) 厚生労働省WEBサイト「高度プロフェッショナル制度の概要」（https://www.mhlw.go.jp/stf/seisakunitsuite/bunya/koyou_roudou/roudoukijun/roudouzikan/202311.html，最終閲覧日：2024年7月11日）。
293) 第17回労働政策審議会安全衛生分科会（2004〔平成16〕年12月22日）議事録〔阿部労働衛生課長〕。
294) 2021（令和3）年11月21日における篠原耕一氏からの情報提供による。
295) 厚生労働省労働基準局安全衛生部「労働安全衛生法に基づくストレスチェック制度に関する検討会報告書」（2014〔平成26〕年12月17日）。
296) 後の沿革でも述べられている通り，元々，労働者にも受検義務を課す案だったところ，自民党の部会で異論が出たため，このような理由づけをして，指針でカバーすることとなった経緯がある（三柴追記）。
297) 濱口桂一郎「メンタルヘルスの労働法政策」季労232号（2011年）162頁，同・前掲注213）493頁，鈴木俊晴「ストレスチェック制度の意義と問題点」季労250号（2015年）11頁。
英文だが，ストレスチェック制度の創設に深く関わった法学者の論考として，Mishiba, Takenori. 2022. The background and current state of implementing a legal system for stress checks in Japan. Industrial Health Vol. 60 No. 2, 183-195. https://doi.org/10.2486/indhealth.2021-0090 がある。
298) 第46回労働政策審議会安全衛生分科会（2010〔平成22〕年11月4日）議事録〔高橋信雄委員（使用者代表）〕。
299) 第46回労働政策審議会安全衛生分科会（2010〔平成22〕年11月4日）議事録〔鈴木幸雄労働衛生課長〕。
300) 第48回労働政策審議会安全衛生分科会（2010〔平成22〕年11月22日）議事録〔鈴木幸雄労働衛生課長〕。
301) 第46回労働政策審議会安全衛生分科会（2010〔平成22〕年11月4日）議事録〔市川佳子委員（労働者代表）〕。
302) 第48回労働政策審議会安全衛生分科会（2010〔平成22〕年11月22日）議事録及び資料3「新たな枠組みにおける労働者に面接の要否を通知するまでの労働者の健康情報の流れ」。
303) 第74回労働政策審議会安全衛生分科会（2013〔平成25〕年7月30日）議事録。
304) ヒアリング対象となったのは，精神科七者懇談会を代表する中村純氏及び日本産業衛生学会理事の川上憲人氏である。精神科七者懇談会とは，日本精神神経学会，日本精神科病院協会，日本精神神経科診療所協会，精神医学講座担当者会議，日本総合病院精神医学会，全国自治体病院協議会，国立精神医療施設長協議会という精神科医の集まりである。
305) 第75回労働政策審議会安全衛生分科会（2013〔平成25〕年9月25日）議事録〔泉陽子労働衛生課長〕。
306) 第83回労働政策審議会安全衛生分科会（2014〔平成26〕年3月25日）議事録〔中野雅之労働基準局長〕。
307) 第83回労働政策審議会安全衛生分科会（2014〔平成26〕年3月25日）議事録〔新谷信幸委員（労働者代表）〕。併せて，三者構成の審議会である労政審の軽視や形骸化につながりかねないとの懸念が示されている。
308) 警察庁生活安全局生活安全企画課「平成21年中における自殺者の概要資料」（2010〔平成22〕年5月）。他の年度の資料を含めて警察庁WEBサイト（https://www.npa.go.jp/publications/statistics/safetylife/jisatsu.html，最終閲覧日：2022年10月4日）において閲覧可能。
309) 厚生労働省WEBサイト（https://www.mhlw.go.jp/stf/newpage_26394.html，最終閲覧日：2022年10月6日）。
310) 2021（令和3）年11月19日における玉泉孝次氏からの情報提供による。
311) 厚生労働省WEBサイト「ストレスチェック制度の実施状況（概要）」（https://www.mhlw.go.jp/stf/houdou/0000172107.html，最終閲覧日：2022年9月21日）。
312) 「公益社団法人全国労働衛生団体連合会メンタルヘルス専門委員会「令和2年 全衛連ストレスチェックサービス実施結果報告書」（2021〔令和3〕年8月）全衛連WEBサイト（https://www.zeneiren.or.jp/cgi-bin/pdfdata/20211004101358.pdf，最終閲覧日：2022年10月5日）。
313) なお，厚生労働省の「ストレスチェック制度実施マニュアル」では，高ストレス者の判定基準として「合計点方式」，「素点換算表方式」の2つの方法を示しており，全衛連では事業者の希望に応じていずれかの方式による判定をしているが，上記結果は「素点換算表方式」により計算したものである。
314) 村松容子「ストレスチェック後，高ストレス者が面談を受けない理由」ニッセイ基礎研究所WEBサイト（https://www.nli-research.co.jp/report/detail/id=61493?pno=2&site=nli，最終閲覧日：2022年10月5日）。
315) 坂本哲也「安全で快適な職場環境を」時の法令805号（1972年）12-13頁。
316) 第1回令和4年度労働安全衛生法における特殊健康診断等に関する検討会（2022〔令和4〕年10月26日）資料1「健康管理手帳を交付する業務を選定する際の考え方について」参照。2022（令和4）年10月26日における唐沢正氏からの情報提供によれば，従来から，健康管理手帳の交付対象業務については，当該職業病との因果関係が疫学的調査結果やこれに関連する作業環境の実態等によって明確であるものに限定して規定されてきているとのことである。
317) 令和4年度労働安全衛生法における特殊健康診断等に関する検討会第1回資料（https://www.mhlw.go.jp/stf/newpage_28789.html，最終閲覧日：2022年10月31日）。
318) 第1回令和4年度労働安全衛生法における特殊健康診断等に関する検討会（2022〔令和4〕年10月26日）資料2-2「3・3'-ジクロロ-4・4'-ジアミノジフェニルメタン（MOCA）を取扱う業務の健康管理手帳における取扱いについて」参照。
319) 「労働基準法研究会第3小委員会報告」（1971〔昭和46〕年7月13日）。
320) 第1回令和4年度労働安全衛生法における特殊健康診断等に関する検討会（2022〔令和4〕年10月26日）資料1「健康管理手帳を交付する業務を選定する際の考え方について」参照。
321) 森由弘・粟井一哉・荒川裕佳子・頼富昌和・宮崎真二郎・藤原伸代・広瀬絵美子・三谷のぞみ・厚井文一「アスベスト健康管理手帳の取得経緯と健康被害に関する意識調査」日本呼吸ケア・リハビリテーション学会誌17巻1号（2007年）63頁。
322) 岡實『工場法論〔改訂増補3版〕』（有斐閣，1917年）385頁，399頁。
323) 労務行政研究所編・前掲注5）632頁。

324) 同上634頁。
325) 岡・前掲注322）402頁。なお，肺結核による就業禁止が定められることで，工場法の適用外の工場に転職する可能性を指摘し，社会政策による対応が必要であるとする。
326) 岡・前掲注322）223-224頁。
327) 2021（令和3）年11月19日における玉泉孝次氏からの情報提供による。
328) 厚生労働省WEBサイト（https://www.mhlw.go.jp/stf/seisakunitsuite/bunya/kenkou_iryou/dengue_fever_qa_00007.html，最終閲覧日：2023年8月29日）。
329) 国立がん研究センター・がん情報サービス「たばことがん：加熱式たばこ」（https://ganjoho.jp/public/pre_scr/cause_prevention/smoking/tobacco04.html，最終閲覧日：2022年10月13日）。
330) 「『受動喫煙防止対策助成金の手引きについて』の改正について」（令和元年5月9日基安労発0509第1号）のほか，厚生労働省WEBサイト「受動喫煙防止対策助成金 職場の受動喫煙防止対策に関する各種支援事業（財政的支援）」（https://www.mhlw.go.jp/stf/seisakunitsuite/bunya/0000049868.html，最終閲覧日：2022年10月13日）
331) 厚生労働省WEBサイト「受動喫煙防止対策に係る相談支援 職場の受動喫煙防止対策に関する各種支援事業（技術的支援）」（https://www.mhlw.go.jp/stf/seisakunitsuite/bunya/0000049989.html，最終閲覧日：2022年10月13日）。
332) 厚生労働省WEBサイト「職場における受動喫煙防止対策について」（https://www.mhlw.go.jp/stf/seisakunitsuite/bunya/koyou_roudou/roudoukijun/anzen/kitsuen/index.html，最終閲覧日：2022年10月13日）。
333) 本条の制度史に関しては，濱口桂一郎「たばこのけむりの労働法政策」季労238号（2012年）140頁，濱口・前掲注213）498頁以下。
334) この報告書の比較法制度面での裏付けを提供した調査報告書として，中央労働災害防止協会中央快適職場推進センター「平成19年度受動喫煙の健康への影響及び防止対策に関する調査研究委員会報告書」（2008〔平成20〕年3月）13-106頁，125-243頁（三柴丈典編／井村真己・大友有・表田充生・小谷順子・小早川真理・鄭永薫・沼田雅之・幡野利通・水島郁子分担執筆）がある（2010〔平成22〕年には三柴，幡野両名による英米独の追加調査結果書が作成されている）。
　この調査研究結果を要約再編した論考として，三柴丈典「職場の受動喫煙対策に関する法的検討―8か国の法制度調査を踏まえて」季労221号（2008年）136-148頁がある。
335) 第2回職場における受動喫煙防止対策に関する検討会（2009〔平成21〕年9月30日）議事録［望月友美子委員（国立がんセンター研究所たばこ政策研究プロジェクトリーダー）］。
336) 第2回職場における受動喫煙防止対策に関する検討会（2009〔平成21〕年9月30日）議事録［土肥誠太郎委員（三井化学（株）本社健康管理室長統括産業医）］。
337) 第3回職場における受動喫煙防止対策に関する検討会（2009〔平成21〕年11月9日）議事録によれば，相澤好治座長（北里大学医学部長）から「責務の在り方で，『義務』という言葉に替わっています。これについてはよろしいでしょうか。」との問いかけがなされ，この点に関して特に異論は出されていない。
338) 第47回労働政策審議会安全衛生分科会（2010〔平成22〕年11月12日）議事録。
339) 朝日新聞2012年4月23日。
340) 公明新聞2012年8月15日「職場や飲食店等での義務化進めよ」（https://www.komei.or.jp/news/detail/20120815_8870，最終閲覧日：2022年10月28日）。
341) 経緯については，第72回労働政策審議会安全衛生分科会（2013〔平成25〕年6月10日）議事録［井内雅明計画課長］参照。
342) 第74回労働政策審議会安全衛生分科会（2013〔平成25〕年7月30日）議事録［半沢美幸委員（労働者代表）］。
343) 第74回労働政策審議会安全衛生分科会（2013〔平成25〕年7月30日）議事録［上條氏（中村節雄委員（使用者代表）代理）］。
344) 第78回労働政策審議会安全衛生分科会（2013〔平成25〕年11月26日）議事録［小畑明委員（労働者代表）］，第79回労働政策審議会安全衛生分科会（2013〔平成25〕年12月17日）議事録［小畑明委員（労働者代表）］。
　同じく労働者側委員の新谷信幸委員からは，建議について了承がなされた第80回労働政策審議会安全衛生分科会（2013〔平成25〕年12月24日）において，小畑明委員からは，法律案要綱の諮問がなされた第81回労働政策審議会安全衛生分科会（2014〔平成26〕年1月23日）において，従前の建議とは異なり，努力義務とされたことについて遺憾の意が表明されている。
345) 第78回労働政策審議会安全衛生分科会（2013〔平成25〕年11月26日）議事録［明石祐二委員（使用者代表）］，第79回労働政策審議会安全衛生分科会（2013〔平成25〕年12月17日）議事録［明石祐二委員（使用者代表）］。
346) 第81回労働政策審議会安全衛生分科会（2014〔平成26〕年1月23日）議事録［泉陽子労働衛生課長］。
347) 第1回受動喫煙防止対策強化検討チーム（2016〔平成28〕年1月25日）資料1「受動喫煙防止対策強化検討チームの開催について」。
348) 第116回労働政策審議会安全衛生分科会（2018〔平成30〕年8月23日）議事録［西田和史環境改善室長］。第123回労働政策審議会安全衛生分科会（2019〔令和元〕年7月29日）議事録［安井省侍郎環境改善室長］。
349) 第123回労働政策審議会安全衛生分科会（2019〔令和元〕年7月29日）議事録［増田将史委員の質問に対する安井省侍郎環境改善室長の回答］。
350) WHO IARC, IARC Monographs on the Evaluation of Carcinogenic Risks to Humans, Vol. 38, Lyon, 1986.
351) WHO IARC, IARC Monographs on the Evaluation of Carcinogenic Risks to Humans, Vol. 38, Lyon, 2002.
352) 日本産業衛生学会許容濃度等に関する委員会「発がん物質暫定物質の提案理由」産業衛生学雑誌52巻5号（2010年）258頁。
353) 第44回労働政策審議会安全衛生分科会（2010〔平成22〕年10月19日）議事録［亀澤典子環境改善室長］。
354) 国立がん研究センターWEBサイト「受動喫煙による日本人の肺がんリスク約1.3倍　肺がんリスク評価『ほぼ確実』から『確実』へ」（2016年8月31日）（https://www.ncc.go.jp/jp/information/pr_release/2016/0831/index.html）。なお，同成果に対しては日本たばこ産業株式会社（JT）から成果が公表されたその日にそのWEBサイト（https://www.jti.co.jp/tobacco/responsibilities/opinion/list/fsc_report_01_20160831_01.html）において疑義が示され，2016（平成28）年9月28日には国立がん研究センターのプレスリリースにおいて「受動喫煙と肺がんに関するJTコメントへの見解」として反論が示されている（https://www.ncc.go.jp/jp/information/pr_release/2016/0928/index.html，いずれも最終閲覧日は2022年10月13日）。
355) 国立がん研究センター・がん情報サービス」（https://ganjoho.jp/public/qa_links/brochure/leaflet/tabacoo-report2020.html，最終閲覧日：2022年10月13日）。
356) 第74回労働政策審議会安全衛生分科会（2013〔平成25〕年7月30日）議事録［井内雅明計画課長］及び資料3-5「受動喫煙防止対策について」。
357) 三柴丈典「わが国における嫌煙権訴訟の動向について（下）

―江戸川区職員（受動喫煙）事件（東京地判平16・7・12（判例時報1884号81頁）を契機として」判例時報1906号（判例評論562号）192頁。
358) 労働者の高齢化，疲労・ストレスによる健康障害の一般化などの日本的文脈を前提にすると，たとえ比較法制度的にパターナリスティックな面があっても，職域でできる健康保持対策は積極的に推進すべきであるとの見解として，厚生労働省厚生労働科学研究費補助金（労働安全衛生総合研究事業）「リスクアセスメントを核とした諸外国の労働安全衛生制度の背景・特徴・効果とわが国への適応可能性に関する調査研究」〔研究代表者：三柴丈典〕（2014〔平成26〕年度～2016〔平成28〕年度）総括研究報告書27頁〔三柴丈典〕。
359) 法規制の実効性確保のため，安全衛生人材の育成や能力の向上が重要であることを指摘するものとして，同上75頁。
360) 同上72頁及び淀川亮・三柴丈典「リスクアセスメントを核とした諸外国の労働安全衛生法制度の背景・特徴・効果とわが国への適応可能性に関する調査研究の紹介」労働安全衛生研究13巻2号（2020年）179-180頁では，リスク最小化原則（排除できるリスクは排除し，それが困難なリスクは最小化すべきとする原則）やリスク創出者管理責任負担原則（リスクを創出したり，それに影響を与えうる者こそが，その管理責任を負う原則）等，重要な基本原則を法律本法においてできる限り明確に示し，詳細部分の具体化は従前以上に省令等に委任するなどの方策が求められるとする。また，リスク要因と実効的な対策が明確な対象には，仕様基準（なすべきこと・なすべきでないことを特定的に定める基準）で規制を行い，そうでない対象にはできる限り性能基準（達成すべき目的のみを特定し，達成手段は名宛人の合理的な裁量に委ねる基準）で規制を行うのが適当とする。

〔石﨑由希子〕

第69条から第71条まで

（健康教育等）
第69条 事業者は，労働者に対する健康教育及び健康相談その他労働者の健康の保持増進を図るため必要な措置を継続的かつ計画的に講ずるように努めなければならない。
2 労働者は，前項の事業者が講ずる措置を利用して，その健康の保持増進に努めるものとする。
（体育活動等についての便宜供与等）
第70条 事業者は，前条第1項に定めるもののほか，労働者の健康の保持増進を図るため，体育活動，レクリエーションその他の活動についての便宜を供与する等必要な措置を講ずるように努めなければならない。
（健康の保持増進のための指針の公表等）
第70条の2 厚生労働大臣は，第69条第1項の事業者が講ずべき健康の保持増進のための措置に関して，その適切かつ有効な実施を図るため必要な指針を公表するものとする。
2 厚生労働大臣は，前項の指針に従い，事業者又はその団体に対し，必要な指導等を行うことができる。
（健康診査等指針との調和）
第70条の3 第66条第1項の厚生労働省令〔＊法定健診の方法等を具体化する省令〕，第66条の5第2項の指針〔＊健診後の事後措置等の履行を支援するための指針〕，第66条の6の厚生労働省令〔＊法定健診結果の本人への通知の方法等にかかる省令〕及び前条第1項の指針〔＊THP等の健康保持増進策を具体化ないし履行支援する指針〕は，健康増進法第9条第1項に規定する健康診査等指針〔＊厚生労働大臣が，健康増進事業実施者（健康増進法第6条所定の健康保険者等）に対して，健康診査の実施，健康手帳の発行等に関する指針を公表して，国民の自主的な健康増進を支援しようとするもの〕と調和が保たれたものでなければならない。
（国の援助）
第71条 国は，労働者の健康の保持増進に関する措置の適切かつ有効な実施を図るため，必要な資料の提供，作業環境測定及び健康診断の実施の促進，受動喫煙の防止のための設備の設置の促進，事業場における健康教育等に関する指導員の確保及び資質の向上の促進その他の必要な援助に努めるものとする。
2 国は，前項の援助を行うに当たつては，中小企業者に対し，特別の配慮をするものとする。

1 趣旨と内容

1 第69条
(1) 趣旨
本条は，労働者の健康の保持増進を図るため，事業主に対し必要な措置を講じるよう努めなければならないことを定めるとともに，労働者側にも自らの健康の保持増進に努力するよう定めている。労働者の職場における安全と健康を確保するためには，労働に起因する健康障害を防止するだけでなく，日常生活においても生活習慣病の予防を行うなど，より積極的な心身両面にわたる健康保持増進措置を講ずることが必要であると考えられているためである。健康保持増進活動が行われることによって，生活習慣病の有病率の減少，労働災害発生率の減少，病気・負傷による労働損失日数の減少等の効果が見込まれる[1]。

(2) 内容

　事業主は，労働者の健康の保持増進を図るために必要な措置（健康保持増進措置）を継続的かつ計画的に講じるよう努めなければならない。

　同条をはじめとする「健康保持増進措置」に関連する規定は，1988（昭和63）年の労働安全衛生法改正時に新設された。制定の背景には，以下2つの問題があった。第1に，高年齢労働者の労働災害の増加傾向である。高齢化社会の進展に伴い高年齢労働者が大幅に増加しており，今後さらに増加することが見込まれる状況にあった[2]。高年齢労働者の労働災害には，転倒，墜落などが多く，高年齢労働者の労働災害発生率は，若年労働者のそれの2倍を超えていた。これは，高齢者は加齢により運動機能や感覚機能が低下するが，それに応じた安全衛生管理が十分に行われていないことが原因であると指摘された[3]。

　また，高齢労働者は，高血圧疾患，虚血性心疾患等の有病率が高く，これらの疾病の程度は労働者の従事する業務によって影響を受けることがある[4]。

　第2に，ME機器の導入など技術革新の進展による作業態様の急激な変化を背景に，ストレス関連疾病など労働者のストレスの問題もクローズアップされるようになった。労働者の心の健康対策も重要な課題とされた[5]。

　そこで，健康保持増進措置として，各事業所における労働者の健康保持増進措置を普及するため，本条に基づく指針（第70条の2）を策定し，現在は労働者の心と体の健康づくり（トータル・ヘルスプロモーション・プラン, Total Health Promotion Plan, THP）が推進されている[6]。

　「健康の保持増進」という事柄は，労働生活のみならず，人生全般にわたって快適な生活を営むために基礎となる「健康」を保持し，かつ増進させるためのものである[7]。本条で「継続的かつ計画的」とあるのは，健康が長い間の積み重ねによってつくられるものであることに鑑み，労働者の職業生涯を通じた健康づくりを進めることが必要であることを明らかにしたものである[8]。また，同条第1項の「その他労働者の健康の保持増進を図るため必要な措置」には，労働者自らが行う健康の保持増進のための活動に対する援助のほか，勤務条件面での配慮等が含まれる[9]。

　なお，本条に関連し，第70条の2では健康保持増進等のための指針が公表され，第71条には国の援助に関する規定が設けられている。本条は努力義務規定である。

　本条に基づく「事業場における労働者の健康保持増進のための指針」（昭和63年9月1日指針公示第1号，最終改正：令和5年3月31日指針公示第11号。以下，「健康保持増進指針」という）の趣旨，内容等は，以下の通りである。

　職場における健康づくりの目的は，若年期から継続した適度な運動を行い，健全な食生活を維持し，ストレスをコントロールするなど積極的な心とからだの健康づくりをすることによって，メタボリックシンドロームを予防し，労働者の健康レベルを向上させることである[10]。労働者の心身の健康問題に対処するためには，事業場において，全ての労働者を対象として早い段階から心身の両面について健康教育等の予防対策に取り組むことが労働生産性向上の観点からも重要である[11]。

　健康保持増進対策の基本的な考え方として，令和2年の指針から新たに以下3つの留意点が追加された。①従来の労働者「個人」から「集団」への視点が強化された。直ちに生活習慣上の課題が見当たらない労働者も対象として，事業場全体の健康状態の改善や健康増進に係る取り組みの活性化等，一定の集団に対して活動を推進できるような「ポピュレーションアプローチ」の視点が新たに加わった。②労働者の積極的な参加を促すための取り組みとして，健康増進に関心を持たない無関心層への取り組みや事業場の風土醸成についての記載が追加された。労働者の行動が無意識のうちに変化する環境づくり，楽しみながら参加することができるスポーツの仕組みづくりなどに取り組むことが重要であるとされている。③労働者の高齢化を見据えて若年期からの運動の習慣化の必要性が確認されている。労働者が高年齢期を迎えても就業を継続するためには，加齢に伴う筋量の低下による健康状態の悪化を防ぐため，若い時から心身両面の総合的な健康が維持されていることが必要であるとされている[12]。また，指針改正の背景には2020年に開催予定であった東京オリンピック・パラリンピック競技大会をふまえて策定された「スポーツ基本計画」（平成29年3月24日）と連動して，事業場において運動実践を通じて労働者の健康増進を推進するねらいもあった。

　事業者が行う健康保持増進措置の内容としては，労働者に対する健康指導，健康教育，健康相談，または健康保持増進に関する啓発活動・環境づくり等が含まれる。健康保持増進活動の中心となる健康指導は，健康診断や必要に応じて行われる健康測定[13]により労働者の健康状態を把握したうえで実施される。健康指導として，運動指導，メンタルヘルスケア，栄養指導，口腔保健指導，保健指導がある。例えば，メンタルヘルスケアとして，ストレスに対する気付きへの援助，リラクゼーションの指導などを行うものとされている。保健指導としては，勤務形態や生活習慣による健康上の問題を解決するために職場生活を通して行う，睡

資料7-119 THP指針に基づく健康保持増進対策の進め方

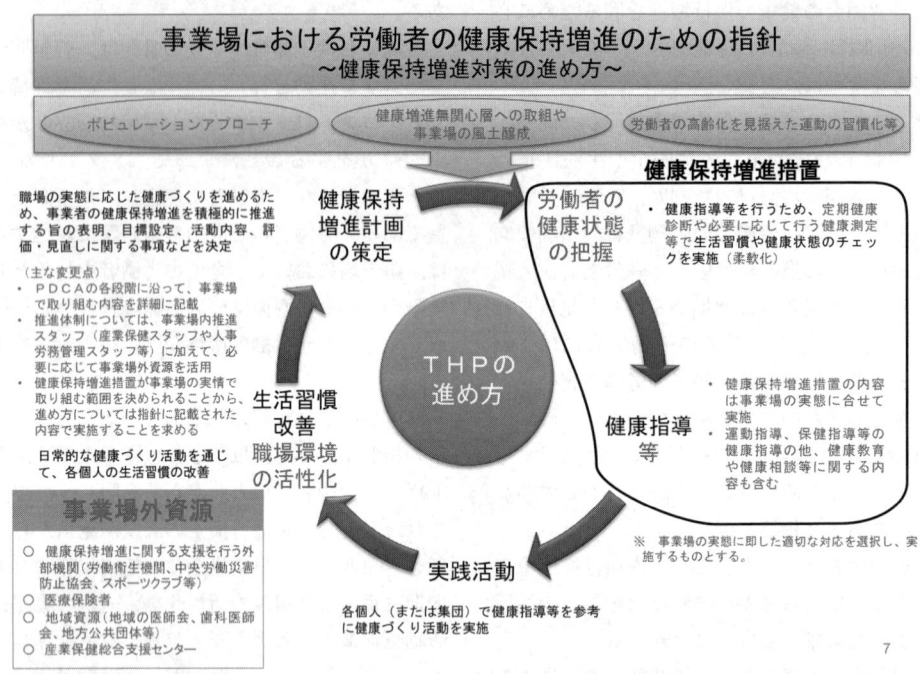

(厚生労働省「第128回労働政策審議会安全衛生分科会」〔令和2年3月30日〕資料4「『事業場における労働者の健康保持増進のための指針』の改正について」)

眠，喫煙，飲酒に関する健康的な生活への指導が想定されている[14]。

　健康保持増進事業場における実施主体として，事業場内スタッフと事業場外資源が想定されている。事業場内スタッフとしては，（衛生委員会の委員を務める場合もある）産業医，衛生管理者，保健師等の事業場内産業保健スタッフや人事労務管理スタッフがあげられる。事業場外資源として，労働衛生機関，中央労働災害防止協会，スポーツクラブ，医療保険者，地域の医師会や歯科医師会，地方公共団体といった地域資源があげられる[15]。事業場の規模によっては事業場内スタッフを配置することが難しい一方で，健康保持増進に関し専門的な知識を有する機関は外部に多数存在することから，事業場外資源を有効活用する視点が令和2年の指針から強く打ち出されている。

　健康保持増進対策を推進するにあたって，事業者は，健康保持増進を積極的に推進する旨の表明，目標設定，活動内容，評価・見直しに関する事項等を決定し，健康保持増進計画のなかで盛り込むこととなっている[16]。取組内容そのものを各事業場の特性に応じて柔軟化する一方で，PDCAサイクルの各段階における事業場での取組項目を明確にし，確実に実施されるよう工夫されている（資料7-119参照）。

2　第70条

(1)　趣旨

　本条は，労働者の健康の保持増進を図るため，その一環として事業者が労働者に対し，身体的活動として体育活動，レクリエーション活動等について便宜を供与する等必要な措置を講ずるよう定めたものである。

(2)　内容

　健康保持増進措置に関する第69条等の規定は1988（昭和63）年の労働安全衛生法改正で新設されたが，本条は1972（昭和47）年の労働安全衛生制定当時から定められている。内容もほぼ変わっていない。

　ここでの「体育活動」とは，スポーツや運動を手段として行われる活動であり，「レクリエーション」とは，仕事や生活の必要から離れて自分で自由にできる時間に行われる楽しみの活動である[17]。「便宜を供与する等必要な措置」は，事業者が事業の運営に支障を及ぼさない範囲内で講ずれば足りるものであり，労働者が権利として請求できるわけではない（昭和47年9月18日基発第602号）。「その他の活動」には，職場体操，栄養改善が含まれる（同）。本条は努力義務規定である。

3　第70条の2，第70条の3

(1)　趣旨

　第70条の2は，第69条第1項の事業者が講ずべき健康の保持増進のための措置として，厚生労働大臣はその適切かつ有効な実施を図るための指針を定めて公表し，またその指針に従い，事業者またはその団体に対し必要な指導等を行うことができることとされている。

事業場においては，健康指導等の労働者の健康保持増進活動が適切かつ有効に実施されるための具体的な手法が十分には普及していない現状にあるため，原則的な手法を指針によって示すことで事業場における健康保持増進を推進するねらいがある。

(2) 内容

厚生労働大臣は，第69条の健康保持増進措置に関して適切かつ有効な実施を図るために必要な指針を定め，原則的な実施方法を示すこととされている。第70条の2に基づき健康保持増進指針及び「労働者の心の健康の保持増進のための指針」（平成18年3月31日指針公示第3号，最終改正：平成27年11月30日指針公示第6号。以下「メンタルヘルス指針」という）の2つの指針が公表されている。

前者の指針は1988（昭和63）年の労働安全衛生法改正時にあわせて定められたものであり，健康保持増進対策の基本的な考え方，事業者による計画作成の取組方法，事業場内・外のスタッフ体制，個人情報保護等の留意事項が規定されている（詳細については，第69条の内容を参照）。

後者の指針は，2005（平成17）年の労働安全衛生法改正時に，仕事に関し強いストレスを感じる労働者が依然増加傾向にあり，メンタルヘルス対策をさらに進めていくことが求められている[18]なかで，法令の根拠規定がない従前の指針内容を踏襲する形で策定されたものである。メ[19]ンタルヘルス指針の趣旨，内容等は以下の通りである。[20]

仕事に関して強い不安やストレスを感じている労働者が半数を超える状況にあり，精神障害に係る労災補償については請求件数，認定件数とも増加傾向にある。このようななかで，事業場において，より積極的に心の健康の保持増進を図ることは，労働者とその家族の幸せを確保するとともに，わが国の健全な発展という観点からも重要になっている。そこで，事業者は衛生委員会を活用し実態調査に基づき「心の健康づくり計画」を策定・実施し，関係する実施主体と連携を図りながらメンタルヘルス不調を予防することが求められている。

メンタルヘルス指針には，主に2つの特徴がある。第1に，3段階の予防場面ごとに具体的な進め方を示していることである。ストレスチェック制度の活用や職場環境の改善を通じて，メンタルヘルス不調を未然に防止する「1次予防」，メンタルヘルス不調を早期に発見し，適切な措置を行う「2次予防」及びメンタルヘルス不調となった労働者の職場復帰の支援を行う「3次予防」の3段階である[21]。

1次予防として，例えば作業環境，作業方法，労働時間，仕事の質と量，ハラスメントを含む職場の人間関係，職場の文化や風土といった職場環境が労働者の心の健康にどのように影響を及ぼすかを評価して，問題点を把握しその改善を図ることとされている[22]。2次予防では，メンタルヘルス不調への気づきと対応として，事業者は労働者，上司である管理監督者，家族からの相談に対応できる体制を整備したり，事業場内の産業医や保健師の産業保健スタッフあるいは外部の医療機関へつなぐことができるネットワークを整えたりすることとなっている[23]。3次予防として，事業者はメンタルヘルス不調となった労働者に対する職場復帰支援プログラムを策定するとともに，その体制を整備して組織的かつ計画的に取り組むこととされている[24]。

第2に，4つの実施主体による取組方法が提案されていることである。労働者自身による「セルフケア」，労働者と日常的に接する上司等の管理監督者による「ラインによるケア」，産業医や保健師等の「事業場内産業保健スタッフ等によるケア」ならびに医療機関や

資料7-120　メンタルヘルスケアにおける4つのケア

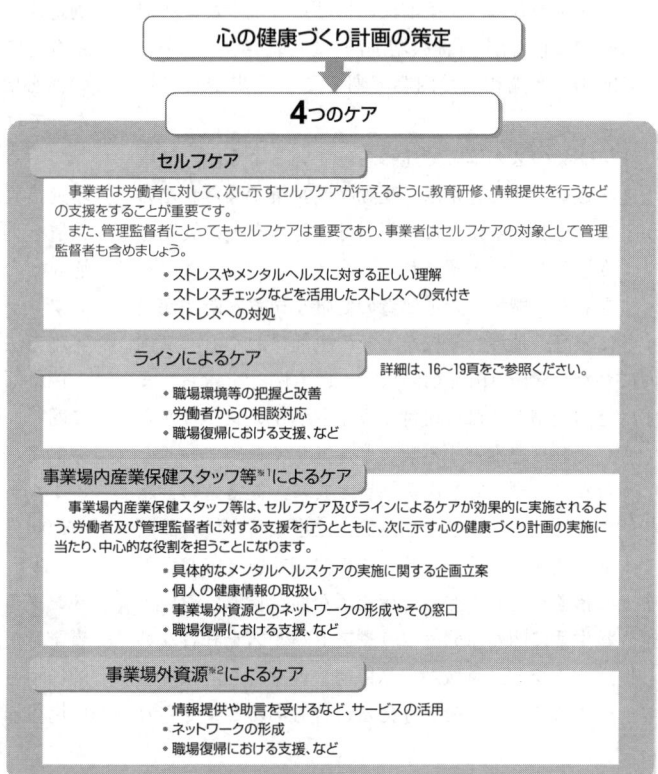

（厚生労働省・独立行政法人労働者健康安全機構のパンフレット「職場における心の健康づくり～労働者の心の健康の保持増進のための指針～」〔2019年3月〕7頁）

資料7-121 メンタルヘルスケアの具体的な進め方

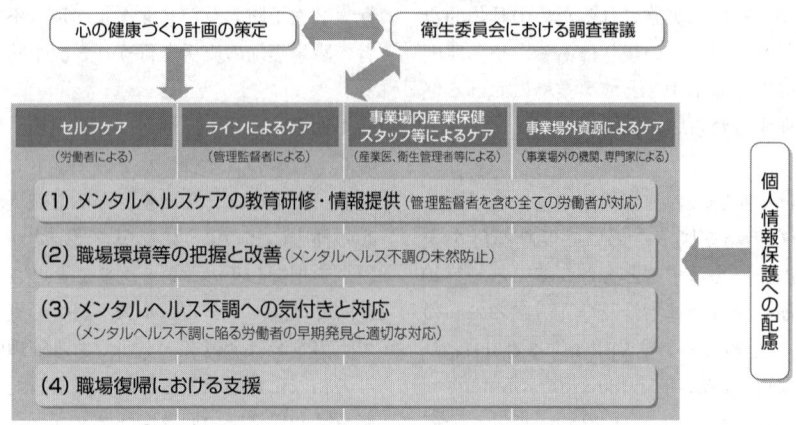

(資料7-120に同じ〔8頁〕)

地域保健機関といった外部のメンタルヘルスケアの専門家による「事業場外資源によるケア」の4つである。これらの4つのケアが継続的かつ計画的に行われるようにすることが重要とされている[25]（資料7-120・7-121参照)。

メンタルヘルス指針では，メンタルヘルスの進め方が包括的・詳細に記述されていること，職場復帰支援について新たに項目立てされたこと，及び個人情報保護についてより詳細な注意事項が加わったことなどが旧メンタルヘルス指針にはない新しい点である。本条は努力義務規定である。

法第70条の3は，本条前段に掲げた各規定及び各規定に基づく指針が，「健康増進法」（平成14年8月2日法律第103号）と調和した内容であることを規定している。

法第68条の2の解説で述べられているように，健康増進法と安衛法の連携は，受動喫煙対策で図られたのが嚆矢と思われるが，この規定は，それを更に展開させようとしたものと解される。

すなわち，職域での労働者の健康を司る安衛法が，まさに家庭，地域，学校などでの生涯にわたる心身両面にわたる健康（国民全体の健康）にも関心を持ち，まずは努力義務やそれに紐付くガイドラインレベルからでも，それらを推進する政策と連携して進めていくという行政の目標設定を図る趣旨と共に，健常者の健康状態の維持強化のみならず，例えば事業者に健康診断で生活習慣病等も診査させ，その健康状態に応じた就業上の措置を講じさせる，産業医が面接指導において行う私生活に関わる聞き取りやアドバイスを許容ないし促進するなど，職域から私傷病管理や私生活にアプローチすることに根拠を与える趣旨もあると察せられる。

4 第71条
(1) 趣旨

法第71条は，作業環境測定や健康診断が適切に実施されるように，作業環境測定及び健康診断の実施体制が整備されること，受動喫煙防止のための設備の設置が促進されること，及び事業場における健康教育に関する指導員の確保・資質向上が促進されることなど，労働者の健康保持増進のための事業場の各種施策が適切かつ有効に実施されるよう，国が援助する旨定めている。国の援助により事業場における健康保持増進措置の実施を推進するねらいがある。

(2) 内容

国の援助として，①必要な資料の提供，②作業環境測定及び健康診断の実施の促進，③事業場における健康教育に関する指導員の確保・資質向上の促進，④その他必要な援助が挙げられる。国が援助を行うにあたっては，中小企業に対し，特別の配慮をすることとしている。国は，労働者の心身両面にわたる健康保持増進措置を実施するための必要な支援，健康保持増進措置を実施する事業場に対する専門家による助言・指導などの支援を行うとともに，取組方法を紹介したパンフレットの配布などを通じて，健康保持増進措置の実施方法に関する普及啓発を行っている[26]。

例えば，メンタルヘルス対策の一つである職場復帰に関し，厚生労働省は「心の健康問題により休業した労働者の職場復帰支援の手引き」（送付案内：平成16年10月14日基安発第1014001号，平成21年3月23日基安労発0323001号，最終改正：平成24年7月6日基安労発0706第1号。以下「職場復帰の手引き」という）[27]を公表している[28]。メンタルヘルス不調により休業した労働者に対して，事業者が講ずべき職場復帰支援の内容が体系的・総合的に示され，事業者向けのマニュアルとなっている。職場復帰支援の流れとして，病気休業開始及び休業中のケア（第1ステップ），主治医による職場復帰可能性の判断（第2ステップ），職場復帰の可否の判断及び職場復帰プランの作成（第3ステップ），最終的な職場復

帰の決定（第4ステップ），職場復帰後のフォローアップ（第5ステップ）の5段階に分けて，それぞれの段階に応じた具体的支援内容が例示されている。

精神疾患を発症し病気休業のスタート時及び休業中の段階である第1ステップでは，事業者は労働者が安心して療養に専念できるよう必要な情報提供などを行う旨記載されている。この点，使用者は健康配慮義務の一つとして，労働者に対して療養に専念させる義務があり，休業中の面談方法のあり方をめぐり使用者に義務違反が認められると判断した裁判例がある（後掲・ワコール事件判決参照）。復帰可能性判断をめぐる第2ステップでは，日常生活における病状の回復と職場で必要とされる業務遂行能力に関する回復が同程度の回復とは限らないことから，主治医と産業医との間の情報交換が必要であることが述べられている。第3ステップでは，休業していた労働者が復職するにあたって，事業者が「職場復帰プラン」を作成することになっている。そこでは事業場内産業保健スタッフが中心となり，労働者の意向を確認し，産業医や職場の上司も加わって，復帰日，短時間勤務や残業・深夜労働の禁止など就業上の配慮に関する個別具体的な支援内容を定めることとされている。第5ステップでは，職場復帰後のフォローアップを実施し，疾患の再燃・再発の確認，職場復帰プランの評価や見直しを行うこととされている。この点，裁判例のなかには2度目の休業前の職場復帰プランでは定時勤務・軽減勤務とされていながら，実際には月100時間を超える時間外労働が行われた結果，労働者の精神疾患が再燃した事案につき，使用者の安全配慮義務違反が認められたものがある（後掲・建設技術研究所事件判決参照）。

職場復帰の手引きのなかでは，正式な職場復帰の決定前に，休業中の労働者の不安を和らげ，労働者自身が職場の状況を確認しながら，復帰の準備を行うことができる「試し出勤制度」も推奨されている。メンタルヘルス不調者の職場復帰に関しては，全国各都道府県に「産業保健総合支援センター」が開設され，メンタルヘルス不調の予防から職場復帰支援までのメンタルヘルス対策全般について対応する総合相談窓口が設置されている。

2 関連規定

本解説の取扱い規定のうち，第70条の2第1項の「メンタルヘルス指針」に関連して，第66条の10では事業者によるストレスチェック（心理的な負担の程度を把握するための検査）の実施が義務化されている。ストレスの原因となる職場環境の改善につなげることで，労働者のメンタルヘルス不調の未然防止（1次予防）を図ることを目的としている。

第70条の2の「健康保持増進措置」に関する指針として，上述の2つの指針のほか「原子力施設等における緊急作業従事者等の健康の保持増進のための指針」（「東京電力福島第一原子力発電所における緊急作業従事者等の健康の保持増進のための指針」平成23年10月11日基発1011第2号・第3号・第4号。最終改定：平成27年8月31日基発0831第11号・第12号）が公表されている。

第70条の2に関し，安衛則第61条の2は，同第24条を準用し，指針の公表は，当該指針の名称及び趣旨を官報に掲載するとともに，当該指針を厚生労働省労働基準局及び都道府県労働局において閲覧に供することにより行うと規定している。

3 沿革：制度史

> 「健康保持」に関して，労働基準法（昭和22年4月7日法律第49号）の制定当初は，第五章の「安全及び衛生」のなかに，「第43条　使用者は，労働者を就業させる建設物及びその附属建設物について，換気，採光，照明，保温，防湿，休養，避難及び清潔に必要な措置その他労働者の健康，風紀及び生命の保持に必要な措置を講じなければならない。」「第52条第3項　使用者は，前2項の健康診断の結果に基いて，就業の場所又は業務の転換，労働時間の短縮その他労働者の健康の保持に必要な措置を講じなければならない。」との規定がおかれていた。
>
> 1972（昭和47）年の労働安全衛生法の制定当初は，第七章「健康管理」のなかに，「健康保持増進措置」として「第70条　事業者は，労働者の健康の保持増進を図るため，体育活動，レクリエーションその他の活動についての便宜を供与する等必要な措置を講ずるように努めなければならない。」との規定がおかれているのみであった。
>
> 1988（昭和63）年の法改正において，第七章が「健康の保持増進のための措置」と改められた。69条の内容が「健康教育等」に一新される（＊従前の69条は，潜水業務等の危険作業における作業時間の制限規定〔現在の65条の4〕だった）とともに，70条の2「健康の保持増進のための指針の公表等」が新設された。70条の規定は，これまでとほぼ同じ内容のままで，健康保持増進措置の一内容として条文の見出しが「体育活動等についての便宜供与等」に改められた。

健康増進（Health Promotion）の考え方は，国際的には，1946（昭和21）年にWHO（世界保健機関）が提唱した「健康とは単に病気でない，虚弱でないというのみならず，身体的，精神的そして社会的に完全に良好な状態を指す」という健康の定義から出発している。

1986（昭和61）年，カナダのオタワで開催されたWHOの国際会議において，「ヘルスプロモーション

に関するオタワ憲章」が採択された。この中で，ヘルスプロモーションとは，人々が自らの健康をコントロールし，改善することができるようにするプロセスであると定義されるとともに，健康増進を個人の生活習慣に限定してとらえるのではなく，社会的環境の改善を含んだものとすることが確認されている。[29]

1978（昭和53）年度から「第１次国民健康づくり対策」の10カ年計画が策定された。健康な人に関してはより良い健康を確保すること，高血圧，肥満等の人に関しては疾病に陥ることを防止することによって，国民全てが健康な生活を送れることを目標としていた。同年，労働省（当時）は「シルバー・ヘルス・プラン（SHP）構想」を発表し，翌年の1979（昭和54）年から中災防にシルバー・ヘルス・プラン推進室が設けられ，「中高年齢労働者の健康づくり運動」が行われている。[30] 1980（昭和55）年には第６次労働災害防止計画において，中高年齢層に限定せず，全年齢の対象とした健康対策を行うことから「トータル・ヘルスケア」という言葉が用いられている。[31]

それまでの健康管理では，職業病の早期発見等疾病の発見という消極的な対策が主流であったが，病気にならないよう積極的な健康づくり・体力づくりを進めていく考え方が広まった。ネガティブ・ヘルスケアからポジティブ・ヘルスケアへ，全年齢と対象として，職場はもちろん日常生活全てにおいてメンタルヘルスもあわせた健康管理を図っていくこととされた。日本では高度経済成長時代が終焉し，低成長時代，高齢化社会を迎えるにあたりポジティブ・ヘルスケアは時代の要請に応えるものであった。

1984年には女性の平均年齢が80歳を超えるなど，1980年代後半には「人生80年時代」が現実的なのものとなり，80歳になっても身の回りのことができ，社会参加もできるようにするために，1988（昭和63）年には「第２次国民健康づくり対策（アクティブ80ヘルスプラン）」が10カ年計画で策定された。[32] そのようななか，同年に労働安全衛生法の改正によって，「健康の保持増進のための措置」に関連する諸規定が新設され，トータル・ヘルスプロモーション・プラン（THP）事業が開始された。

第70条の２に基づくメンタルヘルス指針自体は2006（平成18）年に公表されている。それ以前の1980年代から，メンタルヘルスに関する取り組みは行われている。シルバー・ヘルス・プランには「メンタルヘルス」の項目があり，トータル・ヘルスプロモーション・プランにも引き継がれているほか，「企業におけるストレス対応―指針と解説」（中央労働災害防止協会，1986年）や「労働衛生管理におけるメンタルヘルス―職場における心の健康づくり」（産業医学振興財団，1986年）の冊子が発行されている。[33] 1982（昭和57）年２月９日に発生した羽田沖航空機墜落事故（後掲）や1984（昭和59）年２月の精神障害労災認定の第１号事案である新幹線上野地下駅の設計技師の反応性うつ病事例には，社会的なインパクトがあったものの，行政や企業にはさほどの切実さはなく，メンタルヘルス施策は理念的なものにとどまっていた。[35]

2000（平成12）年には「事業場における労働者の心の健康づくりのための指針」が策定されている。[36] 1999（平成11）年に精神障害に関する労災認定の基準が通達によってはじめて示されたこと（「心理的負荷による精神障害等に係る業務上外の判断指針」平成11年９月14日基発第544号，最終改正：平成21年４月６日基発0406001号）[37] や精神障害を患い過労自殺した労働者に対する安全配慮義務が争われ企業の責任が認められた電通事件の最高裁判決（最２小判平12・３・24民集54巻３号1155頁）が大きく影響している。[38]

2006（平成18）年のメンタルヘルス指針は，2005（平成17）年に改訂された労働安全衛生法に基づく指針として位置づけられる。2005（平成17）年の法改正では，メンタルヘルスに関して指針が策定されたほかに，安衛則の改正点として以下の２点も追加された。第１に，長時間労働を行った労働者に対する医師の面接指導では，心身の状況，つまりメンタルヘルスを含めたチェックを行うことが明記された。第２に，衛生委員会の調査審議事項として，労働者の精神的健康の保持増進を図るための対策をたてることが明記された。メンタルヘルス対策が法令ベースに乗ってきたのは2006（平成18）年の指針が初めてのことであった。[39]

4 背景となった災害等

1988（昭和63）年の労働安全衛生法の改正では，健康増進措置関連の諸規定が新設されたが，身体的健康にとどまらず，精神的健康も念頭におかれていた。その背景には，1982（昭和57）年２月９日に発生した羽田沖航空機墜落事故が影響している。[40]

同事件では，精神的変調をきたした機長の異常行動が直接の原因となって，逆噴射装置を作動させた結果，航空機が墜落し，乗員乗客174人中24人が死亡し149人が負傷した。「機長（キャプテン），やめてください」という副操縦士が発した台詞や，「逆噴射」・「心身症」[41] が流行語になるほどショッキングな出来事であった。[42] 事故調査報告書のなかでは，機長は心身症ではなく，精神分裂症（現在は統合失調症という）であったこと，数年前から通院し投薬治療を行っていたことから，機長に対する日本航空の健康管理が不十分であったことが認定されている。[43]

5 運用

1 適用の実際

以下，阿部が，2021年11月に，藤森和幸氏（中央労働災害防止協会東京安全衛生教育センター・元鳥取労働局長），篠原耕一氏（京都産業保健総合支援センター相談員）よりヒアリングした結果を示す。

(1) 適用の実態

法第69条では事業主に労働者の健康保持増進措置を講じる努力義務を定め，第70条の2では国が健康保持増進措置の原則的な実施方法を事業主に示すよう定め，「健康保持増進指針」及び「メンタルヘルス指針」が策定されている。これらの「健康保持増進」及び「メンタルヘルス」に関しては，安衛法上，事業者の義務規定にはなっていないため，労働基準監督官による介入は難しいというのが実態である。努力義務規定でみられる手法であるが，指針を定め，国が援助を行うというソフトな形で，各事業場の健康増進・メンタルヘルス対策支援が行われている。他方で，メンタル不調者，過労死及び過労自殺に関連する事後的な救済の場面では，労災における業務起因性の判断基準の改正のほか，労災民訴において安全配慮義務という観点から，事業者の予測可能性，結果回避可能性等を要件として事業者に幅広い義務が認められる傾向にある。

ここでは健康増進・メンタルヘルス対策の事業場外資源である「中央労働災害防止協会」及び「産業保健総合支援センター」における事業内容や運用実態，各事業場における具体的な「健康増進計画」の作成実施，事業場内スタッフ間の連携状況，メンタルヘルス対策への労基署の指導状況について述べる。

(2) 健康保持増進事業の普及に関する中災防の具体的な取組内容と課題

健康保持増進指針のなかでは，健康保持増進事業の「事業場外資源」と位置づけられている「中央労働災害防止協会」（以下「中災防」という）が重要な役割を担っている。

そもそも，中災防は，事業主の自主的な労働災害防止活動の促進を通じて，安全衛生の向上を図り，労働災害を絶滅することを目的に，労働災害防止団体法に基づき，1964（昭和39）年に労働大臣（現在は厚生労働大臣）の認可により設立された公益目的の法人である。中災防は，事業主の自主的な労働災害防止活動を促進し，労働災害ゼロへの取り組みを行う事業場を「人材育成」，「技術サポート」，「情報発信」の側面から支援することを社会的使命としている。健康保持増進に関しては人材育成として，事業場の健康づくり，メンタルヘルス推進担当スタッフ等を養成することが主な役割とされている。具体的には，中災防のトレーナー（講師）を依頼のあった事業場に派遣して，当該事業場の方針や意向に沿うメニューを作成し，各事業場の実態に即した管理監督者向けのラインケアや従業員向けのセルフケアなどのテーマで研修が実施される。また，ヘルスアドバイスサービスとして，運動習慣，生活リズム，食生活，メンタルヘルスなど事業場が実施する心身両面の健康づくりを支援している。トレーナー（講師）の派遣は，依頼のあった全ての事業場に対して行われるが，労働災害防止団体法に基づく賛助会員である全国約5000の事業場を中心に行われている。

事業場から中災防に対して，メンタルヘルス及びパワーハラスメントについての相談及び依頼がここ数年増えている。また，コロナ禍でテレワークが急増しているなか，中災防が作成した「セルフチェックテレワーク」が活用されている。これは，自宅等でテレワークを行う際のメンタルヘルスについてわかりやすいチェックリスト方式になっており，各事業場がこれを活用することで労働者に対するメンタルヘルス対策の普及が図られている。加えて，中災防では高年齢労働者の増加に伴い，高齢者の転倒災害の増加に対応するため，「転倒等リスク評価セルフチェック票」を活用することで労災を減らす取り組みがなされているほか，高年齢労働者に対する健康増進にも力を入れている。そのほか，例えば中災防東京安全衛生教育センターでは，職長教育（安衛法第60条）のトレーナーを養成するため，年間約40の講座を開設している（受講者は年間約3000人）。職長は，現場の要であり，直接作業の指示・命令を行う監督者としてラインケアを行う立場にあることから，講座では労働者本人の気づき（セルフケア）を援助する役割についての教育等が行われている。

中災防の課題の一つとして，他の事業場外資源との情報交換・情報共有の少なさがあげられる。組織としての情報交換等は，各都道府県労働局を軸とした定期的な連絡会議を通じて行われているが，日頃から個別の情報交換や連携がより活発に実施されれば，労災防止に向けた取り組みがより一層進むものと考えられている。

(3) 事業場における具体的な「健康増進計画」

事業場における具体的な健康増進計画として，先進的な2つの企業を紹介する。1つ目は，大阪に本社のあるパナソニックサイクルテックにおける取り組みである。2019年より取り組みが開始された。事業場内の労働者が在職中病気で亡くなられたことが続いた時期があったことから，「健康経営活動」を通じて「社員がいきいきと働ける職場づくり」を実現することとされた。これは同社の「自転車を通じて社会の健康に貢献する」という事業活動目的とも合致する。健康経営

の基本的な考え方を労働者に示し，経営トップから発信を行い，全員参加の活動とするための「職場健康サポーター」を活動のキーマンとして選出し，最終的には経済産業省が主催する「健康経営優良法人ホワイト500認証取得」を目指すという取り組みである。健康経営とは，社員が健康になることの意義として，5つのメリット（①業務効率の向上や欠勤率の低下などの生産性向上，②健康保険料抑制や傷病・欠勤手当削減などの会社の負担軽減，③企業のイメージアップや優秀な人材確保，④労災リスクの減少といったリスクマネジメント，⑤社員のモチベーションアップや離職率低下など社員満足度の向上）が示されている。副社長（兼総括安全衛生管理者）が当該取り組みのリーダーを務めるとともに，積極的なボトムアップ活動も推進するため，各部門・支店において「職場健康サポーター」を選出し，3カ月ごとに個々の健康活動進捗状況確認アンケートの実施・フォロー・取りまとめ等の活動推進を職場健康サポーターが担当することとされている。また「見える化」として運動実施率・適正体重率・喫煙率ダウンの3つに関する数値目標を掲げ，社員全員で目標達成を目指すものとされている。取り組みの途上ではあるが，職場内での健康意識の向上や自主的な健康活動の風土醸成を実現することができているとの報告がなされている。パナソニックグループ内の「健康・安全衛生フォーラム 健康の部」では最優秀賞を受賞したほか，グループ内で初めて「健康経営優良法人ホワイト500認証」を取得でき，企業価値を高めることにもつながったという。数値目標の未達成部分は継続課題とされているが，このような具体的な取り組みが事業場における健康増進のグッドプラクティスとなっている。[46]

2つ目は，名古屋に本社のあるトヨタ自動車における取り組みである。「健康は企業経営の原動力」という考えのもと「心身の健康を自ら考え行動できる人づくり・職場づくり」を基本方針に掲げ活動を推進している。同社では，自分の健康は自分で守ることに加え，会社がそれをサポートしていくことの重要性が認識され，1次予防から3次予防までの活動を体系化した健康施策フレームワークを掲げている。社員の過去10年以上の健診データの解析結果を踏まえ，「8つの健康習慣」（①適正体重—BMI25未満，②朝食—毎日食べる，③飲酒—飲まないか1日1合まで，④間食—夕食後，寝るまでの間食は週2日以下，⑤禁煙，⑥運動—1日30分以上の運動を週1日以上，⑦睡眠—熟睡できている，⑧ストレス—多い方ではない）をターゲットとして，健康習慣の実践数平均値に関する数値目標を掲げ活動を行っている。具体的には実践率向上のため，産業保健スタッフが各職場に出向き健康出前講座を実施しているほか，労働者各人がセルフチェックできるよう上記8の健康習慣に関する「実践きっかけシート」を配布，トヨタオリジナルツールとして8つの健康習慣に関する「健康スマホアプリ」の開発，健康習慣が高く実践されている部署に対する表彰，個人に対するインセンティブ付与なども実施されている。逆に，実践がうまくいっていない労働者に対しては，定期健診2カ月前に運動や朝食に関するメールを送信するなどの意識づくりに務めている。

健康増進に関する各事業場の取り組みは，自主的かつ長期的な取り組みが必要であり，すぐに成果が表れるようなものではない。しかし，紹介した2つの企業では，いずれも数値目標を掲げ全社的に取り組むことで企業の健康風土が醸成され，各労働者が心身の健康を保ちやすくするような工夫がなされている。このように「健康増進」だけを取り上げて計画を立て実践している企業はマンパワーのある大企業であることが多く，一般の事業者については安全衛生計画のなかに健康面も組み込んでいるケースが多い。

なお，健康という課題の質的性格ゆえに，成功例を定義しにくいという問題もある。健康経営優良企業[47]の認証も比較的手続きを重視した仕組みであり，その認証を受けているから実質を伴っているとは限らない。逆もまた然りである。一般論として，アピールの上手な企業が前面に出やすいという問題も生じる。

(4) メンタルヘルス対策事業を行う「産業保健総合支援センター」の具体的役割と課題

独立行政法人労働者健康安全機構（JOHAS）は，独立行政法人労働者健康安全機構法（平成14年12月13日法律第171号）に基づいて設立された厚生労働省が所管する法人である。1993（平成5）年4月，同機構の前身である労働福祉事業団において，産業医，産業看護職，衛生管理者等の産業保健関係者を支援するとともに，事業主等に対し職場の健康管理への啓発を行うことを目的として，産業保健推進センター（山形，栃木，愛知，兵庫，広島，福岡の各県）が開設され，以降，47都道府県に産業保健推進センターが開設されるに至った。2011（平成23）年3月以降，厚生労働省の省内事業仕分けの決定に基づき，都道府県産業保健推進センター間で統合が行われるなど縮小されたが，2014（平成26）年4月，産業保健推進センターが廃止され，全国47の都道府県に産業保健総合支援センター（通称「産保センター」。以下「さんぽセンター」という）が設置された。[48]もともと「さんぽセンター」は，産業医及び衛生管理者の選任が義務づけられている常時使用労働者50名以上の事業場を対象とし，50名未満の事業場は地域産業保健センター（通称「ちさんぽ」。以下「ちさんぽ」という）が担うこととして，地域医師会に事業を委託していた時期もあるが，現在は産業保健総合支援

センターにおいて「ちさんぽ」の運営を担っている。

さんぽセンターの具体的な業務内容は，大きく6つに分けられる。①メンタルヘルス対策支援など産業保健に関する問題に対応した窓口相談・実施相談，②産業保健関係者を対象とした研修会の実施・講師派遣，③産業保健に関するWEBサイト等を通じた情報提供，④職場の健康問題に関する事業者向けの広報・啓発，⑤産業保健活動における調査研究・成果発表，⑥ちさんぽの運営である（詳細については，資料7-122・7-123参照）。特に，ここでは近年業務量とその重要性が増している①と⑥についてみていく。①メンタルヘルス対策支援の一環である事業場での実施相談においては，産業カウンセラーや社会保険労務士などの有資格者が「メンタルヘルス対策促進員」として，その業務を担っている。メンタルヘルスに関する相談ニーズの高まりを受けて，「心の健康づくり対策計画策定」の支援も行っている。実施相談・窓口相談ともに，相談料は無料である。ただし，当該事業は事業者が支払う労災保険の保険料をもとに運営されている。労働基準監督官がメンタルヘルス対策を講じていない事業者に対して，さんぽセンターを紹介し利用を促していることも，同センターの利用増加に寄与している。

⑥ちさんぽの業務として，産業医の選任義務のない50名未満の事業場を対象に様々な産業保健サービスが無料で行われている。例えば，健康診断の結果，有所見者である労働者に対する医師等の意見聴取，長時間労働者に対する医師の面接指導は，事業者の義務になっている（安衛法第66条の4，第66条の8，第66条の8の2）が，50名未満の事業場には自前の産業医がいないケースが多いため，さんぽセンターが医師を紹介し，紹介された医師が労働者の面談・相談等を行う。この際，ちさんぽの「コーディネーター」が事業場の求めに応じて事業場と医師をつなぐ業務を担っている（資料7-124参照）。メンタル不調労働者に対する相談・指導，ストレスチェック実施で判明した高ストレス者への医師による面接指導もちさんぽを活用することができる。これらのサービスも，労働基準監督官が是正勧告や指導を行った際，ちさんぽを紹介することで，ちさんぽの利用が大幅に促進されている。

さんぽセンターでは，所長に医師（医師会会長である場合もある）が就任し，産業医の（更新）研修等が行われるなど，医師会との連携が密に行われている。また，都道府県労働局・労働基準監督署が実施する説明会への講師派遣を行うなど労働行政との連携も積極的に行われている。

メンタルヘルス対策支援を含めた産業保健サービスを行うさんぽセンターについては，以下3つの特徴をあげることができる。第1に地域密着性である。全国47の各都道府県にセンターがあることから，各事業場とのつながりを深めながら継続したサービスを行うことができるという点である。第2に，サービスが無料であるという点である。労災保険料を財源とした事業であるため，広い意味で事業者が支出しているともいえるが，各サービスとの対価関係はなく，無料でニーズに沿ったサービスが提供されている。第3に，健康増進・メンタルヘルスを含め安衛法に基づく事業者の対応に呼応した対策支援事業を展開しているという点である。事業者は法令に紐づけされた措置を（努力義務を含め）講じる必要があるところ，さんぽセンターではそれに対応したサービスの提供を行っており，事業者の真剣な取り組みにつながっている。

さんぽセンターの課題として，周知・活用が不十分である点があげられる。さんぽセンターの存在やそこで行われている産業保健サービスは，労働基準監督署から促され利用がふえているとはいえ，いまだ周知が不十分で，無料のサービスでありながら産業保健サービスが広く行き渡っていないという点が課題である。

(5) 健康保持増進・メンタルヘルス対策事業に関する事業場内スタッフの具体的な連携

50人以上の事業場では，毎月1回以上開催される衛生委員会あるいは安全衛生委員会において，「労働者の健康の保持増進を図るための基本となるべき対策に関すること」や「労働者の健康障害の防止及び健康の保持増進に関する重要事項」等を調査審議することになっており（安衛法第18条第1項各号），重要事項に含まれる事項として，「労働者の健康の保持増進を図るため必要な措置の実施計画の作成に関すること」（安衛則第22条第8号），「長時間にわたる労働による労働者の健康障害の防止を図るための対策の樹立に関すること」（同第9号），「労働者の精神的健康の保持増進を図るための対策の樹立に関すること」（同第10号）なども列記されている。ただし，各委員の構成に関する要件や担うべき役割が明確にされておらず，体制が十分に整っていないケースも一部に見られ，また，これらの委員会の開催がマンネリ化したり，事業場内で情報共有が不十分な場合も見受けられる。

大企業であれば，さらに特別な分科会等を設けて日常的に関係するスタッフ間の連携が図られている例もみられるが，中小規模の事業場では上記委員会の設置義務がなく関係するスタッフ間の連携の機会も少ないのが実情である。

なお，労働基準監督官が個別の臨検監督を行う際，上記委員会の開催状況，あるいは開催議事録（安衛則第23条第4項）を確認することはあるが，調査審議事項について内容を深く確認することは少ない。とはいえ，委員会のメンバーが安衛法の手続に則って適正に

資料7-122　産業保健総合支援センター（さんぽセンター）の主な業務内容

1．窓口相談・実施相談	産業保健に関する様々な問題について，専門スタッフが実地又は，センターの窓口（予約），電話，電子メール等で相談に応じ，解決方法を助言しています。 ①メンタルヘルス対策支援センター 　産業カウンセラーや社会保険労務士有資格者が促進員として求めに応じて事業場へ出向き，心の健康づくり対策計画策定や，メンタルヘルス研修を無料で実施。 　労働基準監督署がメンタルヘルス対策を講じていない事業場を指導する際，メンタルヘルス対策支援センターの活用を促します。 ②専門スタッフによる相談 　医師，労働衛生コンサルタント，行政OB等による相談対応
2．研修	産業保健関係者を対象として，産業保健に関する専門的かつ実践的な研修を実施しています。また，他の団体が実施する研修について，講師の紹介等の支援を行っています。 上記②の専門スタッフ（産業保健相談員）による研修
3．情報の提供	メールマガジン，ホームページ等による情報提供を行っています。また，産業保健に関する図書・教材の閲覧等を行っています。
4．広報・啓発	事業主，労務管理担当者等を対象として，職場の健康問題に関するセミナーを実施しています。
5．調査研究	地域の産業保健活動に役立つ調査研究を実施し，成果を公表・活用しています。
6．地域窓口 （地域産業保健センター）の運営	地域産業保健センターは，産業医の選任義務のない50名未満の事業場を対象に，次の産業保健サービスを無料で実施しています。 　労働基準監督署が健診結果の医師からの意見聴取，長時間労働者の面接指導，高ストレス者の面接指導に関する勧告や指導を行う際，地域産業保健センターの利用を促します。 ①脳・心臓疾患のリスクが高い労働者に対する健康相談・保健指導 ②メンタル不調の労働者に対する相談・指導 ③健康診断の結果に基づく医師からの意見聴取 ④長時間労働者に対する医師による面接指導 ⑤ストレスチェック実施で判明した高ストレス者の面接指導 ⑥個別訪問による産業保健指導の実施

（さんぽセンターWEBサイトをもとに篠原耕一氏が追加，阿部が一部微修正）

資料7-123　産業保健総合支援センターの業務内容・他機関との連携

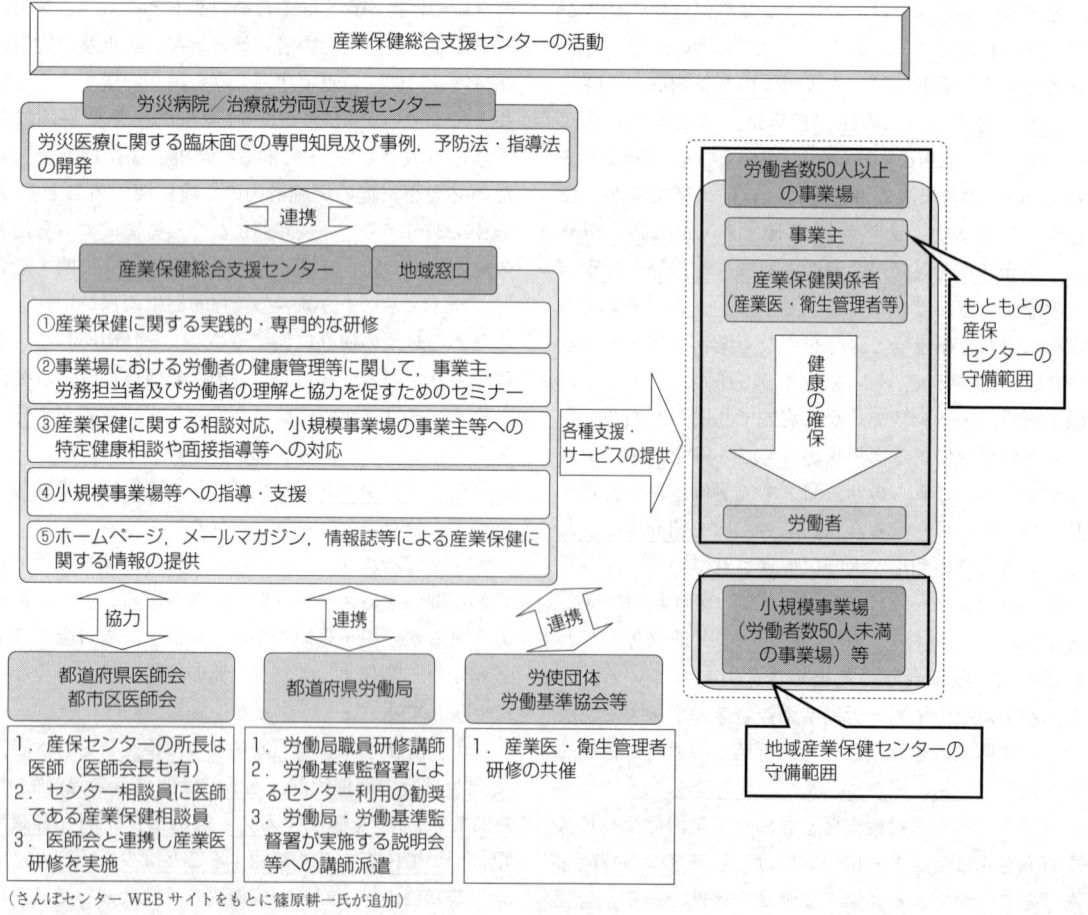

（さんぽセンターWEBサイトをもとに篠原耕一氏が追加）

資料7-124 さんぽセンターにおける各都道府県ごとのスタッフと業務内容

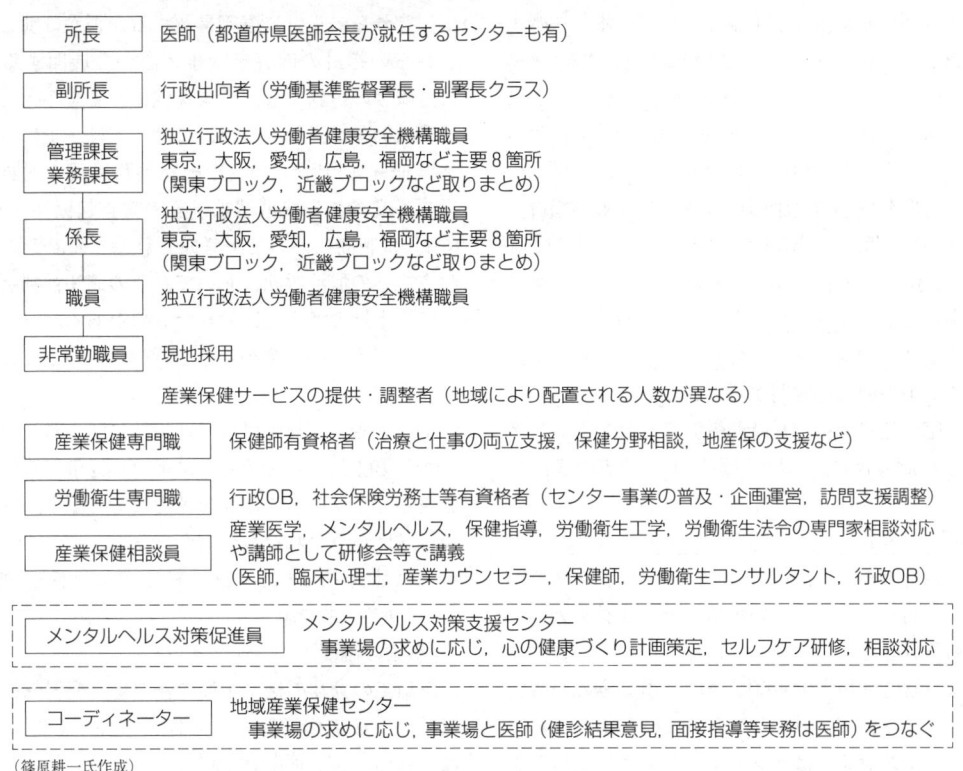

(篠原耕一氏作成)

選出されているか，あるいは委員会から事業場に意見が出された場合には（意見の内容に加えて意見を踏まえてどのような措置が講じられたか）事業場側の対応状況まで議事録に記載する義務があるため，それらのチェックを労基官が行うことができる。健康増進措置等に関する安全衛生委員会の調査審議事項についても，1度の臨検監督では内容を深くチェックすることまではできないが，法定事項が調査審議されているかについてはチェックを行う。

事業場内スタッフとして位置づけられている産業医・保健師などの「産業保健スタッフ」と「人事労務管理スタッフ」の連携には難しい課題がある。産業保健スタッフは労働者個人の相談にのり，労働者の健康状態の改善に向け対応する一方で，人事労務管理スタッフは，組織全体の人事労務管理，管理者としての責任，組織防衛なども念頭に対応することになるため，両者の視点は一致しない。実際の事業場において，産業医等の産業保健スタッフが保有する労働者個人の健康情報（メンタルヘルスを含む）は，必ずしも全ての情報が人事労務管理スタッフと共有されてはいない。労働者個々人の健康情報は，健康保持増進事業に携わる事業場内スタッフであっても，特定の者にだけ必要な情報のみ伝えられているし，そのような運用がなされるべきなのであろう。実態として労働者の健康情報は人事にも大きく関わっている。その情報によっ

て労働者が左遷を含む配転や退職勧奨の対象にもなりうる。労働者の健康情報の取り扱いに関する産業保健スタッフと人事労務管理スタッフとの間には，協力関係が必要である一方，緊張関係にも立つ。

事業場ごとのストレスチェックが実施されることで，個人のストレスチェックのみならず，集団分析も可能になっている。特定の事業場での長時間労働やハラスメントの発見及び職場改善につながるが，制度の趣旨が理解されていないと，「犯人捜し」として利用されてしまうケースもみられるという。労働者の健康情報（メンタルヘルスに関する情報を含む）に関しては，事業場内スタッフの連携とともに各スタッフ間における情報の適正な取扱いが今後とも課題として残る。

各事業場における健康保持増進・メンタルヘルスに向けた取り組みは，墜落災害や挟まれ災害などの従来型の労働災害防止の取り組みに比べるとかなり前倒しの取り組みであるため，自社に専門スタッフがいる大企業も一部にはあるが，中小企業では全般的に取り組みが遅れている。

(6) メンタルヘルス対策に対する労働基準監督署の指導状況

安衛法・労基法の義務違反の事案と異なり，メンタルヘルス対策の欠如を重点として個別に監督指導が行われるケースは少ないであろう（あるとすれば，過労死事案が発生じた事業場）。事業者のメンタルヘルス対策

の取組状況を確認することはあるが、臨検監督業務については現場の安全衛生が主眼とされている。法令上では、第66条の10（心理的な負担の程度を把握するための検査等のストレスチェック）を根拠に監督指導が行われている。ストレスチェック未実施の場合、「是正勧告書」により、同条第1項違反の指摘がなされ、厚生労働省が「労働者の心の健康の保持増進のための指針」（メンタルヘルス指針、平成18年3月策定、平成27年11月30日改正）で示す、職場におけるメンタルヘルス対策の推進については、ソフトな文書である「指導票」により関連するリーフレット等の資料を利用したりして、メンタル対策の周知・説明が行われることが多い。

なお、臨検監督の折、長時間労働者や高ストレス者が発見された場合に、「過重労働による健康障害防止について」と「メンタルヘルス対策に関する指導書」という所定の書式にて、指導が行われるようになっている。法令や指針に沿った細かな内容が示されており、事業場側が出来ていない事項にチェックを入れ、改善を報告させるものとなっている。これらの様式の最後には、常時使用労働者50名未満の事業場の長時間労働者に対する面接指導としてちさんぽが紹介され、メンタルヘルス対策にはメンタルヘルス対策支援センターが紹介される等、事業場への指導がなされた後、事業場が具体的な取り組みを実施するにあたり、ちさんぽやさんぽセンターが活用できる旨の記載があり、両センターの利用が様式のひな形に組み込まれている。厚生労働省が「過重労働対策」や「メンタルヘルス対策」に力を入れている背景には、年間での労働災害による死亡者数が減少を続ける一方で、過労死や過労自殺で死亡された方は高止まりしており、警察庁の統計と厚生労働省の統計との比較（警察庁の統計によると、令和2年の勤務問題を原因・動機とする自殺者数は1918人であるが、厚生労働省の統計によると、令和2年度の精神障害の労災請求件数のうち自殺〔未遂を含む〕によるものは155件）から、実際に労災申請される例はごく一部であることが推察され、労災申請を行っていない過労死や過労自殺者数も考慮に入れた取り組みが必要であると考えられているからである。メンタルヘルス全般に関する行政の施策は、ニーズをとらえたメニューの作成・周知が積極的に行われているものの、その後の実施状況の確認・分析については、現状、必ずしも十分とはいえず、各事業場での継続的な取り組みが促されるような仕組みづくりも必要であると考えられている。

2　関連判例

1988（昭和63）年の労働安全衛生法改正による第69条、第70条の2の新設と同時に、第70条の2第1項に基づき健康保持増進指針（1988年）が、そして後にメンタルヘルス指針（2006年）が策定されたが、裁判例は、これらの指針に直接言及するか否かは別として、これらの指針の内容を踏まえながら展開するとともに、職場の労務管理、産業保健に影響を与えてきた。

裁判例では、これら指針の考え方は、主に労災民訴（損害賠償請求訴訟）の安全配慮義務違反の判断及び労災の不支給処分取消請求訴訟の業務起因性（相当因果関係）の判断において、考慮されてきた。その他にも懲戒処分の取消訴訟において、その適法性判断等において、指針の考え方に触れたものがある。

以下、第69条、第70条の2新設以後の主な裁判例を取り上げる。

（1）第69条、健康保持増進指針に関する裁判例

（a）第69条、第70条の2に基づく健康保持増進指針を遵守しなかったこと等を理由に労災認定、安全配慮義務違反が争われた裁判例がある。

●東京地判平20・11・28（療養補償給付不支給処分取消請求事件）未登載

〈事案の概要〉

店舗での勤務の後、工場の作業場に配置転換され、箱詰め、梱包作業等の立ち作業に従事していた原告は、高血圧症（重症度高血圧症で要治療状態）の基礎疾患を有していたが、外出中に右被殻出血（脳疾患。本件疾病）を発症して手術を受け、その術後治療の経過中、脳梗塞を合併発症したことにより左片麻痺となった。原告は、本件疾病は業務上の事由によるものとして療養補償給付及び休業補償給付を請求したものの不支給処分とされたため、取消訴訟を提起した。

原告は、会社が健康診断、保健指導等の健康保持増進措置を取ることを怠ったと主張した上で、原告が工場へ異動せず、そのまま店舗勤務を続けていれば、本件疾病が発症していなかったと主張していた。

〈判決の概要〉

判決は、会社は定期的に健康診断を実施しており、保健指導で、血圧は定期的に測定すること、ストレスを溜めないようにし、休養、睡眠を十分にとり、塩分のとりすぎに注意すること、禁煙を心がけることとの指示をしていたのであるから、会社が健康保持増進措置を取ることを怠ったということはできず、また、工場での作業は、作業環境も快適で、定型業務の繰り返しであり、特に精神的緊張を伴うものでもなく、業務量が特に過重であったわけでもないから恒常的な負荷となったとは認められないとした。

一方、原告は、アルコール摂取量も、相当量の飲酒を続けており、喫煙についても、毎日相当量を喫煙していたことが認められる。

以上からすると原告の業務に危険が内在するとはいえず、他方、業務による負荷が原告の危険因子として

の血管病変促進要因に比して相対的に有力な原因となって本件疾病を発生させたということもできないので，本件疾病と原告の業務との間には相当因果関係を肯定することはできないとした。

〈判決の示唆〉

労災の相当因果関係の判断に当たり，業務が過重なものとはいえないことと合わせて，重症度・要治療状態の高血圧の基礎疾患を有する労働者に対し，健康保持増進指針の内容である，健康診断とそれに基づく適切な保健指導等の健康保持増進措置が履行されていたことを評価した裁判例である。[49]

判決を踏まえれば，重篤な高血圧症などの基礎疾患を有する労働者については，積極的な健康保持増進措置を行う前提として，健康診断とそれに基づく保健指導，受診勧告等の措置を講じることが，疾病悪化を防ぐための健康保持の措置として求められると考えられる。その不履行が法律上の安全配慮義務違反ないし過失に当たり債務不履行あるいは不法行為責任を負うこととなるか否か，あるいは症状を自然的経緯を超えて増悪させたとして，脳心疾患発症との相当因果関係が認められることとなるのか否かは，従業員の疾病の程度，担当業務の内容や職場環境等も考慮して判断されることとなろう。

その際，法定の健康診断やそれに基づく措置義務は，端的に安衛法上の法的義務であり（安衛法「第七章　健康の保持増進のための措置」の一内容であり，健康保持増進指針の積極的な健康保持増進の前提でもある），また民事上の安全配慮義務の根拠となりやすい。[50]

(b) また，安衛法第69条や健康保持増進指針を明示的に引用はしなくとも，その内容に沿った判断をした裁判例がみられる（なお，後記の通り，メンタルヘルス指針については，その内容を安全配慮義務の根拠としている裁判例が見られる）。

下記真備事件判決は，学校を運営する事業者は，健康診断やそれに基づく健康指導・健康相談など健康管理に関する措置や体制整備を行う義務があるにもかかわらず，それを漫然と怠ってきたとして安全配慮義務違反を認めた。

●真備学園事件・岡山地判平 6・12・20労判672号42頁

〈事案〉

被告設立の高等学校の教諭として勤務していた被災労働者は，勤務中，昼休み時間に学校の応接室において，生徒指導担当教諭とともに生徒に対する注意，指導をしていた際に昏倒し，直ちに救急車で病院に搬送され，入院して血腫除去手術等の治療を受けたが，その後再度の出血を起こし死亡した事案。被災労働者は，腎疾患を原因とする悪性の高血圧症により通院継続中であった。

〈判決の概要〉

事業者である被告は，被告と雇用契約関係にある職員らに対して，直接，右雇用契約関係の付帯義務として，信義則上，健康診断やその結果に基づく事後措置等により，その健康状態を把握し，その健康保持のために適切な措置をとるなどして，その健康管理に関する安全配慮義務を負う。被告においては，安衛法第66条第1項，第7項，安衛則第44条（平成元年6月30日改正前）等の定めに則した職員を対象とする正規の健康診断等は実施されておらず，職員の健康診断個人票も作成されていた形跡はなく，また，校医が職員の健康診断や健康に関する指導相談に当たるなど健康管理に関する措置を講じていた形跡もない。定期の健康診断の項目に血圧検査があれば，被災労働者の悪性の高血圧症は容易に判明し，また，尿検査の受検を促し，検査した結果の報告を義務づけ，健康診断個人票を作成していれば，同人の悪性の高血圧症の原因というべき腎疾患の存在と程度を含む総合的な健康状況を容易に把握し得たはずであり，それに基づく業務の大幅軽減，一時入院等の措置をとることができたはずである。これらの健康管理に関する措置や体制の整備を漫然と怠っていたという健康管理に関する安全配慮義務違反がある。

〈判決の示唆〉

上記判決は，安衛法（安衛法第66条第1項，第7項，安衛則第44条等），学校保健法（同法第16条第1項，第4項）の各規定を踏まえ，事業者は，それらの規定を遵守する公的な責務を負うとともに，それらの規定を前提に，雇用契約に付随する信義則上の義務として，健康診断やその結果に基づく健康指導，健康相談，他の検査の受診勧告やその結果報告と健康診断個人票の作成等の事後措置を実施することにより，その健康状態を把握し，その健康保持のために適切な措置をとるなど，その健康管理に関する安全配慮義務を負うとした。

このように，健康診断やそれに基づく健康指導，相談等を行い，健康保持のための適切な措置を講じる等，トータルな健康管理に関する措置や体制の整備を行うことが，健康管理に関する安全配慮義務を構成すると判断したことは注目される。健康保持増進指針の基本的考え方に通じるものといえよう。[51]

なお，健康診断の結果に基づく措置義務（現在の安衛法第66条の5の事後措置義務），健康診断を受けて健康に関する指導，相談（現在の第66条の7の保健指導）を行う安衛法の規定は，本判決当時追加されていなかったが，判決ではそれらの措置を講じることが安全配慮義務の内容になると判断された。

メンタルヘルス対策の面で安全配慮義務を履行するための体制の構築，諸措置（長時間労働者を対象とする面接指導の徹底，メンタルヘルス専門部会の設置など）や当該労働者の業務軽減措置・担当替えを行っていれば，被災を防止しうる蓋然性があったと判断した裁判例として，後掲公立八鹿病院組合ほか事件・広島高松江支判平27・3・18労判1118号25頁がある。

(2) 電通事件最高裁判決と（旧）メンタルヘルス指針作成

平成12年3月24日，後の過労死・過労自殺，安全配慮義務に関する訴訟，実務に大きな影響を与える電通事件最高裁判決が出された。

●電通事件・最2小判平12・3・24民集54巻3号1155頁，労判779号13頁（1審：東京地判平8・3・28労判692号13頁，原審：東京高判平9・9・26労判724号13頁）

〈事実の概要〉

亡Aは大学を卒業後，平成2年4月にY社（被上告人）に採用されラジオ推進部に配属された。Xら（上告人）はAの相続人（両親）である。

Aは，業務に意欲的で，積極的に仕事をし，上司等から好意的に受け入れられていた。Y社では，従業員が恒常的に長時間にわたり残業しており，残業を過少申告することも常態化していた。Aは同年8月ころから翌日の午前1時ないし2時ころに帰宅することが多くなり，11月末以降は帰宅しない日があるようになった。Aは平成3年7月ころから業務遂行やそれによる睡眠不足の結果，心身ともに疲労困憊した状態になっていて，Aの上司もそれに気付いていた。Aは，平成3年8月27日に自宅で自殺した。

Xらは，Y社に対して民法第415条ないし第709条に基づき，Aの死亡による損害賠償を請求した。第1審は，Xらの請求をほぼ全面的に認容したが，原審は，過失相殺の類推適用により，発生した損害の7割のみをY社に負担させるのを相当とする判断を行った。そこでXらとY社の双方が上告した。

〈判旨：Y社の上告棄却，原判決中Xらの敗訴部分について破棄差戻し〉

(i)「労働者が労働日に長時間にわたり業務に従事する状況が継続するなどして，疲労や心理的負荷等が過度に蓄積すると，労働者の心身の健康を損なう危険のあることは，周知のところである。労働基準法は，労働時間に関する制限を定め，労働安全衛生法65条の3は，作業の内容等を特に限定することなく，同法所定の事業者は労働者の健康に配慮して労働者の従事する作業を適切に管理するように努めるべき旨を定めているが，それは，右のような危険が発生するのを防止することをも目的とするものと解される。……使用者は，その雇用する労働者に従事させる業務を定めてこれを管理するに際し，業務の遂行に伴う疲労や心理的負荷等が過度に蓄積して労働者の心身の健康を損なうことがないよう注意する義務を負うと解するのが相当であり，使用者に代わって労働者に対し業務上の指揮監督を行う権限を有する者は，使用者の右注意義務の内容に従って，その権限を行使すべきである。」

(ii)「身体に対する加害行為を原因とする被害者の損害賠償請求において，裁判所は，加害者の賠償すべき額を決定するに当たり，損害を公平に分担させるという損害賠償法の理念に照らし，民法722条2項の過失相殺の規定を類推適用して，損害の発生又は拡大に寄与した被害者の性格等の心因的要因を一定の限度でしんしゃくすることができる……。」「ある業務に従事する特定の労働者の性格が同種の業務に従事する労働者の個性の多様さとして通常想定される範囲を外れるものでない限り，その性格及びこれに基づく業務遂行の態様等が業務の過重負担に起因して当該労働者に生じた損害の発生又は拡大に寄与したとしても，そのような事態は使用者として予想すべきものということができる。しかも，使用者又はこれに代わって労働者に対し業務上の指揮監督を行う者は，各労働者がその従事すべき業務に適するか否かを判断して，その配置先，遂行すべき業務の内容等を定めるのであり，その際に，各労働者の性格をも考慮することができるのである。したがって，労働者の性格が前記の範囲を外れるものでない場合には，裁判所は，業務の負担が過重であることを原因とする損害賠償請求において使用者の賠償すべき額を決定するに当たり，その性格及びこれに基づく業務遂行の態様等を，心因的要因としてしんしゃくすることはできないというべきである。」

「Aの性格は，一般の社会人の中にしばしば見られるものの一つであって，Aの上司……らは，Aの従事する業務との関係で，その性格を積極的に評価していた」。「Aの性格は，同種の業務に従事する労働者の個性の多様さとして通常想定される範囲を外れるものであったと認めることはできないから，Y社の賠償すべき額を決定するに当たり，Aの前記のような性格及びこれに基づく業務遂行の態様等をしんしゃくすることはできない」。

〈判決から汲み取りうる示唆〉

本判決では，最高裁において労働者の過労自殺にかかる企業の民事過失責任（注意義務違反）がはじめて認められた。本判決は第69条や第70条の2について直接の言及はないものの（労基法上の労働時間規制や，作業管理を定める安衛法第65条の3への言及はしている），業務管理を通じた過重な疲労・ストレス防止義務を述べたことで，メンタルヘルス事案におけるリーディングケースとなった。本判決において企業の責任や過失相

殺に関する基本的な考え方が示され以後の裁判例でも踏襲されているほか，本事案が精神障害に係る労災認定の行政通達に転換がもたらされる契機となるなど多大な影響を与えた。

本判決は，労働者のメンタルヘルスに関して特に以下2つの点で重要な意義を有している。

第1に，使用者の注意義務（≒安全配慮義務）の射程に，就労場所や設備などの物的な安全面だけでなく，労働者の心身の健康に対する配慮が含まれることを明らかにした。長時間労働によって疲労や心理的負荷が蓄積されると労働者の心身の健康が損なわれることがあるため，使用者は労働者の過重な疲労やストレスを防止する注意義務（健康配慮義務）を負うと判断された[52]。

また，この安全配慮義務に基づいて使用者が損害賠償責任を負う場合の過失相殺の類推適用（民法第722条第2項）について，裁判所は被害者の性格等の心因的要因を一定程度しん酌できるが，労働者の性格が同種の業務に従事する労働者の個性の多様さとして通常想定される範囲を外れるものでない限り，その性格等が損害の発生や拡大に寄与する事態は使用者として予想すべきであり，しん酌できないと述べた。本事案では，神経質，几帳面，真面目といった労働者に通常想定される程度の性格は損害賠償額の算定においてしん酌されないと判断された。なお，その後の裁判例では労働者側の事情を考慮して過失相殺等の損益相殺を肯定した例も複数ある[53]。

第2に，第70条の2に基づくメンタルヘルス指針策定の契機となった点である。

本判決以前には，自殺はその者の判断（故意）によるもので，その者の性格も影響しており，自殺した労働者に責任があるとする考え方が少なからず存した。本判決は，業務を原因として精神障害を発症し，自殺という結果を招きうることが示された。いくつかの裁判例の動向[54]を本判決が拡大的に枠づけたことで，いわゆる「過労自殺」が社会的にも認識され救済が必要と捉えられるようになった。あわせて，精神障害の労災認定に関して従来の取扱いを大きく変更する初めての判断指針「心理的負荷による精神障害等に係る業務上外の判断指針」（平成11年9月14日基発第544号）[55]が1999（平成11）年に発出された。業務による心理的負荷によって精神障害を発病したと認められる者が自殺を図った場合には，精神障害によって正常な認識，行為選択能力が著しく阻害され，または自殺を思いとどまる精神的抑制力が著しく阻害されている状態で自殺が行われたものと推定し，原則として業務起因性が認められるものとされた。

判断指針に基づく労災補償は事後補償であるところ，予防措置として，2000（平成12）年に第70条の2に基づく「事業場における労働者の心の健康づくりのための指針」（旧メンタルヘルス指針）が策定された。職場の安全衛生対策の一つとして，予防措置の重要性も認識されはじめてメンタルヘルス指針として通達に登場した。

それまで職場の安全衛生・事後補償といえば物的な安全面に力点が置かれていたが，本事案によって職場でのメンタルヘルスも重要であることが認識されるようになった。本判決は，労災民訴という手法で争われ，会社側の損害賠償責任が全面的に認められたが，本事案の一連の裁判が契機となり，メンタルヘルスに関する事前の労働安全衛生対策及び事後の労災補償に関する法整備が進められることとなった。

(3) 2006年メンタルヘルス指針の発出と，その後の裁判例

2006（平成18）年，メンタルヘルス指針（「労働者の心の健康の保持増進のための指針」）が発出される。この指針は，第70条の2第1項，第69条に基づく指針であるが，内容的には，「心の健康づくり計画」の実施に当たっては，1次予防（未然予防）から3次予防（職場復帰支援等）の対策が必要であるとともに，4つのケア（セルフケア，ラインケア，事業場内スタッフによるケア，事業場外資源によるケア）を継続的に実施すること，メンタルヘルスの具体的進め方として，労働者の心の健康には，作業環境，労働時間，仕事の量と質，セクシュアルハラスメント等職場内のハラスメントを含む職場の人間関係，職場の組織及び人事労務管理体制，職場の文化や風土等の職場環境等が影響を与えること及びその改善策が明記され，また職場環境のみならず勤務形態や職場組織の見直し等の様々な観点から職場環境等の改善を行うものとされた。その他にも，職場復帰の支援や個人情報の保護など，旧メンタルヘルス指針の内容を大幅に充実化したものとなっている（なお，パワーハラスメントの文言，心の健康に関する情報を理由とする不利益取扱いの防止，改正安衛法〔第66条の10〕に基づくストレスチェック制度に関する記述等は，平成27年のメンタルヘルス指針の改正において付加されている。メンタル指針作成に伴い，旧メンタルヘルス指針は廃止された）。

このメンタルヘルス指針の作成された頃から，メンタルヘルス指針を直接引用するかどうかは別として，メンタルヘルス指針の内容を踏まえた判決が出されるようになった。

(a) メンタルヘルス指針を直接引用はしていないものの，その内容を踏まえた判断をした裁判例

(1)例えば，メンタルヘルス指針が発出された翌年の国・静岡労基署長（日研化学）事件・東京地判平19・10・15は，上司のいじめ・嫌がらせ（パワハラ）によ

る心理的負荷の強さとともに，その実態を把握し改善することが難しい会社の勤務形態，管理体制の問題により被災労働者の心理的負荷を阻止，軽減することができなかったとして，精神障害の業務上認定において，メンタルヘルス指針の内容を踏まえた判断をした。

●国・静岡労基署長（日研化学）事件（遺族補償給付不支給処分取消請求事件）・東京地判平19・10・15労判950号5頁（確定）

〈事案〉

原告の夫である従業員が自殺したのは，従業員が勤務していた本件会社における業務に起因する精神障害によるものであるとして，労働基準監督署長の遺族補償給付の不支給決定の取消を求めた事案である。

〈判決の概要〉

上司である係長の従業員に対する発言は，10年以上のMRとしての経験を有する従業員のキャリアを否定し，従業員の人格，存在自体を否定するものもあること，係長の従業員に対する態度に，同人に対する嫌悪の感情の側面があること，係長の発言は，相手方の立場や感情を配慮することなく，直截に表現し，しかも大きい声で傍若無人に（受ける部下の立場からすれば威圧的に）発言するというものであることが認められ，また，従業員の所属する部署の勤務形態（自宅と営業先の直行直帰を基本とし，他の同僚やB係長より上位の社員との接点が日常的にはない等）からして，従業員は係長から受ける厳しいことばを，心理的負荷のはけ口なく受け止めなければならなかった上，周囲の者や本件会社が，所属部署の人間関係ひいては従業員の異常に気付き難い職場環境にあったものと認められるとした。そして，このような勤務形態と会社の管理態勢の問題も相まって，会社は，係長による従業員の心理的負荷を阻止，軽減することができなかったのであるから，一般人を基準として，社会通念上，客観的にみて，精神障害を発症させる程度に過重なものと評価するのが相当であるとした。

〈判決の示唆〉

メンタルヘルス指針を引用こそしていないものの，同指針の6(2)「職場環境等の把握と改善」の内容を踏まえて，職場におけるハラスメントやそれによる心理的負荷を阻止，軽減するための勤務形態や管理体制の問題点を認定し，業務の過重性，精神障害の発症と自殺の業務起因性を丁寧な事実認定に基づき判断した判決ということができる。

(2)また，名古屋南労基署長（中部電力）・名古屋高判平19・10・31は，厳しい指導の範疇を超えた，いわゆるパワーハラスメントとも評価される言動が継続して行われ，業務も量的，内容的に増大し，上司の支援体制も不十分で，長時間にわたる時間外労働を強いられたことがうつ病発症の大きな原因となったとして，業務とうつ病発症，自殺との相当因果関係を認めた。この判決も，内容的にはメンタルヘルス指針の内容を踏まえた判断と評価できる。

●名古屋南労基署長（中部電力）事件（遺族補償年金等不支給処分取消請求控訴事件）・名古屋高判平19・10・31労判954号31頁

〈事案〉

被告（控訴人）会社に勤務していた被控訴人の夫である従業員がうつ病にり患して自殺をしたのは，業務に起因するものであるとして，被控訴人（名古屋南労基署長）の行った遺族補償年金及び葬祭料の不支給処分の取消を求めた事案である。

〈判決の概要〉

亡Zの上司Aは，亡Zに対し，「主任失格」「お前なんかいてもいなくても同じだ」などの文言を用いて感情的に叱責し，かつ結婚指輪を身に着けることが仕事に対する集中力低下の原因となるという独自の見解に基づいて，亡Zに対してのみ，死亡の前週まで複数回にわたって，結婚指輪を外すよう命じていた。

これらは，何ら合理的理由のない，単なる厳しい指導の範疇を超えた，いわゆるパワーハラスメントとも評価されるものであり，一般に相当程度心的負荷の強い出来事と評価すべき。

しかも，上記叱責や指輪を外すよう命じられたことが，一回的なものではなく，主任昇格後から亡Zが死亡する直前まで継続して行われたものであり，大きな心理的負荷を与えたものと認められる。

また，亡Zの業務は量的，内容的に大きな変化が生じていた（増大した）ものと認められ，上司の支援体制も不十分であったことから，8月86時間24分，9月93時間57分，10月117時間12分，11月（7日分）39時間52分という長時間にわたる時間外労働を強いられたものであり，これが，うつ病の発症及びその進行の大きな原因となった。

したがって，業務とうつ病発症との相当因果関係が認められ，うつ病発症と自殺との相当因果関係も認められる。

〈判決の示唆〉

本件判決は，メンタルヘルス指針6(2)が指摘する，上司の継続的なパワハラや労働時間（過度な長時間労働），仕事の量と質，職場の組織及び人事労務管理体制（支援体制が不十分）の問題が労働者のうつ病発症，自殺の原因となったとするものである。

このほかにも，パワハラや長時間労働，勤務形態，管理体制の問題等を指摘し，精神障害の発症，自殺の業務起因性を認定する判決，損害賠償請求を認容する

判決が増加している。

これらのメンタルヘルス指針が発出された後の一連の裁判例は、「心理的負荷による精神障害等に係る業務上外の判断指針」（平成11年9月14日基発第544号）の見直しにつながり、2011（平成23）年、「心理的負荷による精神障害の認定基準」（平成23年12月26日基発1226第1号）が策定された。精神障害の労災認定実務は、以後、同認定基準に従って運用されることとなる。そして、上記平成23年認定基準は、その策定後、精神障害の業務起因性に関する判決や安全配慮義務違反を理由とする労災民訴の判決にも影響を与え、職場の健康管理、産業保健にも反映されてゆくこととなる。

　（b）メンタルヘルス指針を引用し、事業者の措置義務、安全配慮義務の根拠とする裁判例

　裁判例の中には、メンタルヘルス指針を引用し、安全配慮義務違反があるとしている裁判例も存在する。例えば、以下の裁判例である。

　(1) うつ病、適応障害で89日間の病気休暇後に職場復帰した職員に対し、メンタルヘルス指針に沿った職場復帰支援を適切に行わなかったことが安全配慮義務違反に該当するとともに、パワハラの訴えに対して適切に対応しなかったことも安全配慮義務の内容である職場環境調整義務に違反するものであり、それらの義務違反により職員のうつ病が増悪し、自殺に至ったとして、損害賠償責任を認めた。

●さいたま市事件・東京高判平29・10・26労判1172号26頁（1審原告控訴に基づき原判決一部変更・一部認容、1審被告控訴棄却）

〈事案の概要〉

　1審被告さいたま市の職員であった亡Cが、さいたま市立e小学校に業務主任として勤務していた際、「うつ病、適応障害」の病名で89日間の病気休暇を取得し、職場復帰してから約半年後に異動して、さいたま市環境局施設部aセンターb係の業務主任として勤務していたところ、指導係であったDから暴行を受けるなどのパワーハラスメントを受け続けたため、うつ病を悪化させて自殺したなどとして、Cの両親である1審原告らが、1審被告に対し、安全配慮義務違反の債務不履行又は国家賠償法第1条第1項に基づき損害賠償を請求した事案。

　原審は、損害賠償責任を認めるとともに8割の過失相殺を認めたが、控訴審は過失相殺を7割に変更した。

〈判旨の概要〉

　地方公共団体である1審被告は、その任用する職員が生命、身体等の安全を確保しつつ業務をすることができるよう、必要な配慮をする義務（安全配慮義務）を負うものである。

　そして、「労働安全衛生法70条の2第1項に基づき、同法69条1項の労働者の健康の保持増進を図るための必要な措置に関して、適切かつ有効な実施を図るための指針として、労働者の心の健康の保持増進のための指針〔メンタルヘルス指針〕が策定され……、心の健康問題により休業した労働者の職場復帰支援を求めていることに鑑みると、上記の安全配慮義務には、精神疾患により休業した職員に対し、その特性を十分理解した上で、病気休業中の配慮、職場復帰の判断、職場復帰の支援、職場復帰後のフォローアップを行う義務が含まれるものと解するのが相当である。」

　Cは、1審被告に採用された直後の平成14年に職務ストレスによる長期のストレス障害と診断され、平成16年には反復性心因性抑うつ精神病と診断された経過があり、e小学校に転任した直後である平成22年6月には「うつ病、適応障害」との病名でほぼ上限である連続89日間の病気休暇を取得しているが、精神疾患によりほぼ上限の89日間の病気休暇を取得した旨の情報は、職場復帰後のフォローアップという観点からは、e小学校のO校長が、Cの同意を得るなどした上、本庁の人事担当者に対し、異動先の上司らに病気休暇等の情報を引き継ぐように求め、あるいは自ら上司らに情報を提供するなどすることが望まれた（ただし、本判決は、Cの職場復帰後における状況の詳細が明らかではない本件においては、1審被告の組織内で適切に共有されなかったからといって、直ちに安全配慮義務に反するものということはできないとした）。

　本件センターのF所長は、Cから、平成23年12月14日には体調不良を訴えられ、翌15日には、実際自殺念慮までも訴えられ、Cの精神状態が非常に危険な状況にあることを十分認識できたのであるから、直ちにCの同意をとるなどし、自らあるいは部下に命じるなどして主治医等から意見を求め、産業医等に相談するなど適切に対処をする義務があったにもかかわらず、自己の判断で、勤務の継続をさせ、Cの精神状況を悪化させ、うつ病の症状を増悪させたのであるから、1審被告には、パワハラを放置した点とともに、この点においても、安全配慮義務違反がある。

　F所長らが、パワハラの訴えを受けた後に適切な対応をとり、Cの心理的な負担等を軽減する措置をとっていれば、Cのうつ症状がそれほど悪化することもなく、F所長がCから自殺念慮を訴えられた直後に主治医や産業医等に相談をして適切な対応をしていれば、Cがそのうつ病を増悪させ、自殺することを防ぐことができた蓋然性が高かったものというべきであるから、1審被告の安全配慮義務違反とCの自殺との間には、相当因果関係がある。

〈判決から汲み取りうる示唆〉

本判決の最大の意義は，メンタルヘルス指針に言及し，その内容に則した職場復帰支援やフォローアップを事業者の安全配慮義務と明言した点にある。

　特に，その6(4)「職場復帰における支援」に照らして，重症症状を呈したCへのF所長の対応，6(2)「職場環境等の把握と改善」に照らして，パワハラの放置が問題視された。

　また，7「メンタルヘルスに関する個人情報の保護への配慮」では，不調者への対応にあたり，労働者の上司や同僚の理解と協力のため，労働者のメンタルヘルスに関する情報を適切に活用する必要が生じ得る旨が記されていることに照らし，元の勤務先の校長が，異動先の上司らに病気休暇等の情報を引き継ぐ措置を講じなかったことも問題視しつつ，安全配慮義務違反にまでは当たらないと評価している。

　(2)また，派遣労働者のうつ病り患と自殺に関して，派遣元及び派遣先にはメンタルヘルス指針に沿って，派遣労働者の不調の具体的内容と程度を把握し，産業医の診察を受けさせる等する安全配慮義務があるとし，派遣元会社と派遣先会社に対する損害賠償請求の一部が認められた裁判例がある。

●ティー・エム・イーほか事件・東京高判平27・2・26労判1117号5頁（原審：静岡地判平26・3・24労判1117号12頁）（確定）

〈事実の概要〉

　亡Aは，平成19年9月10日より派遣会社Y1に雇用され，派遣先会社Y3に派遣され原子力発電所で空調設備の監理業務等に従事していたが，平成22年12月9日に自宅で自殺した。

　Aは，Y1に入社するより前から，遅くとも平成19年2月頃には精神科等クリニックを受診し，当初は不安障害や不眠症と診断され，投薬治療を継続して受けていた。平成21年10月か11月頃には，抑うつ気分，気分の日内変動，興味関心の喪失という症状が現れて，抑うつ剤の処方を受けるようになった。同年12月頃には，職場の人間関係のストレスを感じやすく意欲が低下し，集中力の低下があり，夜に翌日のことを考えると辛くなると訴える状態に陥っていた。

　Aの残業時間は，平成22年（ただし11月まで）には1カ月平均約25.8時間であった。Y1への入社面接でAは健康面では問題がない旨述べており，年1回行われる健康診断は，身体的及び精神的な不調を窺わせるものはなかった。Aは平成22年1月から12月までの間に，体調不良等による早退・休暇が1月に1回，3月に3回，4月に2回，7月に1回，10月に1回，12月に1回あった。

　就業先である原子力発電所の所長Y4は，Aが体調不良により早退したことを心配し，平成22年4月にY1の代表取締役Y2に電話でその旨伝え，Aの様子を聞くよう頼んだところ，AはY2に不眠で睡眠薬を服用していると告げた。その後も4月中にY4が直接Aに仕事の状況等を確認したほか，Y2がAに対し体調等の状況を確認するメールを数回送っている。同年6月には，Y2とA間でメールでのやりとりが1回あり，AからY2に対して体調が以前より改善しており，薬は服用していない旨の返信があった。同年10月にY2がAに電話で健康診断の再検査の結果を尋ね，異常がないことを確認した。

　Aは，死亡までの間，業務遂行上の問題点はなく，業務遂行中に奇異な又は異常な言動があったことは窺えない。またAから，Y1及びY2に対し，うつ病にり患している旨の診断書は提出されていなかった。

　Aの妻子であるXら（原告・控訴人）は，派遣元会社のY1社，Y1の代表取締役Y2，派遣先会社のY3社及びY3の出張所所長であるY4（被告・被控訴人）に対し，Aのうつ病を認識し又は認識することができたのに安全配慮義務等を怠りAを自殺に至らしめたとして，不法行為ないしは債務不履行に基づく損害賠償請求をした。

　原審は，Xらの請求を棄却したため，Xらが控訴した。

〈判旨：一部認容，一部棄却〉

　(i)「Aの自殺についてYらに法律上の責任はない……が，Y1社及びY3社は，従業員であるAの体調不良を把握した以上，安全配慮義務の一環として，具体的に不良の原因や程度等を把握し，必要に応じて産業医の診察や指導等を受けさせるなどすべきであったのに，これを怠たり，その限度でAに対して慰謝料の支払義務が生じたものと認められる」。

　(ii)　安全衛生法は，第69条1項，第70条の2第1項に基づいてメンタルヘルス指針を策定し，6(3)「メンタルヘルス不調への気づきと対応」として，「労働者からの相談に応ずる体制を整備し，特に個別の配慮が必要と思われる労働者から管理監督者が話を聞いたり，労働者の家族に対してストレスやメンタルヘルスケアに関する基礎知識を提供したりすることが望ましいなどとしている」。

　この点，本件では，「Y1及びY3社は，それぞれ従業員に対する安全配慮義務の一環として，……Aが自殺に至るまでの間に，AやXらの家族に対して，単に調子はどうかなどと抽象的に問うだけではなく，より具体的に，どこの病院に通院していて，どのような診断を受け，何か薬等を処方されて服用しているのか，その薬品名は何かなどを尋ねるなどして，不調の具体的な内容や程度等についてより詳細に把握し，必要があれば，Y1又はY3の産業医等の診察を受けさ

せるなどした上で、A自身の体調管理が適切に行われるよう配慮し、指導すべき義務があったというべきである。それにもかかわらず、Y1及びY3は、いずれもAに対して通院先の病院や診断名や処方薬等について何も把握していないのであって、従業員であるAに対する安全配慮義務を尽くしていなかったものと認めることができる。」

(iii)「もっとも、Aは、Y1に入社した際の面接で健康面に問題はないと述べ、……入社後も……毎年7月に実施された健康診断において精神面の不調等を訴えてはいないし、Y1やY3に対してうつ病に罹患しているとの診断書等を提出したこともないが、このことは、A自身が解雇されることなどを恐れてうつ病又はうつ状態に陥っていることを明かそうとしなかったものと考えられる」。Aが自身の病状を説明しなかった「原因の1つには、Y4やY2のAに対する日頃の対応があったのではないかとも考えられ、そのこと自体、Y1やY3における従業員に対する安全配慮義務の履行が必ずしも十分なものではなかったことを推認させる」。

しかし、Aの同僚らにおいても、「同居して一緒に生活していたXらにおいても、Aの自殺のおそれを事前に察知することまではできなかったのであるから、Y4やY2においても、Aが自殺に至るほどに深刻な状況にあることまで把握することは困難であったといわざるを得ない。」

「そうすると、本件では、Y1及びY3においてAに対する安全配慮義務の履行に十分ではないところがあったとは認められるものの……、その安全配慮義務違反とAの自殺との間に相当因果関係があるとまでは認められないというべきであるが、……一切の事情を総合的に勘案するならば、Y1やY3の安全配慮義務違反によってAに生じた精神的苦痛を慰謝するには200万円の損害賠償を認めるのが相当であ」り、Xら相続人は法定相続分に応じて分配される。

〈判決から汲み取りうる示唆〉

本事案では、派遣元及び派遣先会社は体調不良であった派遣労働者に対し、不調の具体的な内容や程度等をより詳細に把握し、必要に応じて産業医の診察を受けさせるべきであったとして、両事業者の安全配慮義務違反が認められたが、安全配慮義務違反とその自殺との間に相当因果関係があるとまでは認められないとして自殺に至ったことに関する法的責任は否定され、慰謝料の支払いのみ認められた。

本判決から汲み取りうる示唆として、以下の3点があげられる。

第1に、本判決は、前掲さいたま市事件判決と同様に、事業者に対し、メンタルヘルス指針を挙げて、安全配慮義務違反を認めた点に意義がある。

第2に、本判決は安全配慮義務を構成する「適切な措置」に関する具体的な内容(特に、体調に懸念のある労働者に対してとるべき措置)を示した一例といえる。使用者は労働者の心身の健康を損なわないよう注意する義務を負っており、健康診断などを実施し労働者の健康状態を把握したうえで、業務の軽減などの適切な措置を講じなかった場合には、安全配慮義務に違反すると解されている(前掲電通事件最判)。本判決は、労働者を就労させるに際し、その心身の健康を損なわないよう注意する義務(安全配慮義務)の内容として、メンタルヘルス指針を念頭に、メンタル不調に陥った労働者の早期発見と適切な対応を図るために、体調に懸念のある労働者に対しては、抽象的に体調を尋ねるだけでは足りず、通院先や診断、投薬の状況等を聞く等して、不調の具体的な内容や程度等を詳細に把握し、必要に応じて産業医の診察を受けさせるなど体調管理が適切に行われるよう配慮し、指導すべき義務があったとして、会社の安全配慮義務違反を認めている。

なお、本判決は、Aに対して直截に具体的な病名等を確認しようとしても、Aが素直にこれに応じてうつ病又はうつ状態にあることを説明したか否かについては、不明という他はないとする一方、Aがそのような不安(病名を明らかにすると解雇されるかもしれないという不安)を抱くようになった原因の一つには、被控訴人Y4や被控訴人Y2のBに対する日頃の対応があったのではないかとも考えられ、そのこと自体、被控訴人派遣会社や被控訴人派遣先会社における従業員に対する安全配慮義務の履行が必ずしも十分なものではなかったことを推認させるものである。」としている。

メンタルヘルス指針は、「6(3)メンタルヘルス不調への気付きと対応」において、メンタル不調者の早期発見と適切な対応を図る必要があるとして、事業者は、労働者が自ら相談を行えるよう必要な環境整備を行うとともに、管理監督者は、日常的に、労働者からの自発的な相談に対応するよう努め、個別の配慮が必要と思われる労働者から、話を聞き、適切な情報を提供し、必要に応じ事業場内産業保健スタッフ等や事業場外資源への相談や受診を促すよう努めるものとするとしているが、上記の裁判所の指摘は、本件のように、仮により具体的な不調の内容を聴取しようとしても明らかにされなかった可能性がある場合であっても(なお、健康情報は要配慮個人情報であるから、原則として、本人の同意を得なければ取得することができない。個人情報保護法第20条第2項)、こうしたメンタルヘルス不調の早期発見と適切な対応に努めること自体が、安全配慮

義務の重要な内容となり得ることを指摘するものと理解できよう。

なお，東芝（うつ病・解雇）事件・最2小判平26・3・24[58]では，メンタルヘルスに関する通院歴，病名，薬剤の処方等の情報は，労働者にとって，自己のプライバシーに属する情報であり，人事考課等に影響しうる事柄として通常は職場に知られることなく就労を継続しようとすることが想定される性質の情報であるところ，使用者は労働者からの申告がなくても，その健康にかかわる労働環境等に十分な注意を払うべき安全配慮義務を負っているとしてうつ病発症について使用者の安全配慮義務違反が認められた。

上記最判は，同事件の原告は過重な業務が続く中で，相当日数の欠勤をしたり，業務軽減の申出をしたり，産業医にその状態を申告するなどしていたことから，被告会社としては，そのような状態が過重な業務によって生じていることを認識し得る状況にあり，その状態の悪化を防ぐために原告の業務の軽減をするなどの措置を執ることは可能であったというべきであるとして，発症に対する責任を認めたのであって，本件事案とは事実関係が異なっている。本件事案では，過重業務は認定されておらず，労働者は精神面での体調不良を会社に訴えていなかった上に，早退・休暇も多くなく，うつ病に関する診断書も提出されていなかったことなどから，Aが自殺に至るほどに深刻な状況にあることまで把握することは困難であったとされ，自殺に対する責任は否定されたものである。

第3に，派遣元会社と派遣先会社の双方に安全配慮義務違反を認めた点である。安全配慮義務は，単に労働契約上の義務であるだけでなく，「特別な社会的接触関係」にある当事者間における付随義務であると解されている[59]。本判決は派遣先会社も，派遣労働者に対し，（メンタルヘルス指針を考慮した）安全配慮義務を負うことを確認したものといえる。

なお，本判決では派遣元及び派遣先会社の代表取締役等の個人責任は否定されている[60]。

(c) メンタルヘルス指針「職場復帰における支援」にかかわる裁判例

●長時間労働等により精神疾患を発症し，寛解して職場復帰したものの再燃した事案において，使用者の安全配慮義務違反が認められた例（建設技術研究所事件・大阪地判平24・2・15労判1048号105頁）

〈事実の概要〉

建設コンサルタント業務を行うY社に勤務する入社2年目のXは，長時間労働と上司らによる激しい叱責のため精神疾患を発症し，1カ月間自宅で療養し，寛解した後に元の職場に復帰したが，長時間労働により再び発症（再燃）した。6カ月間の自宅療養後，元の職場とは異なるパソコン処理業務を任されたが，欠勤や遅刻が続き，主治医や産業医からXは就労可能との診断がなされた後も，Xが欠勤を続けていたため，Y社は正当な理由なく欠勤を続けているとしてXを解雇した。Xは2度の精神疾患発症は過重業務等が原因であり，欠勤は業務による精神疾患によるものであるとして，労基法第19条等を根拠に本件解雇の無効や安全配慮義務違反による慰謝料請求などを請求した。

〈判旨：一部認容，一部棄却〉

(i) Xは，長時間労働により強度の心理的負荷を受け，上司から頻繁に叱責を受ける等，継続的に強い心理的負荷を受けていたものであり，過重な業務と精神疾患の発症との間には相当因果関係が認められる。また，寛解後，一旦は職場復帰したものの，Xは，定時勤務・軽減勤務との条件で復帰したにもかかわらず，月間の時間外労働時間が100時間を超える状態になる等，Xへの配慮が十分になされていなかったことが認められるので，復帰後の過重業務と精神疾患の再燃との間には相当因果関係が認められる。

(ii) また，Xは，過重な業務を担当したことなどにより，強度の心理的負荷を受け，それにより精神疾患を発症し，その後も寛解しては再燃を繰り返すという経過をたどったものといえ，上司らはXが著しく長時間にわたり業務に従事し健康状態が悪化していることを認識しながら，負担軽減措置をとらなかったことについて過失があり，Y社は安全配慮義務違反に基づく責任を負う。

(iii) なお，解雇については，Xは，本件解雇がされた当時は，Xが業務上疾病にかかり療養のために休業する期間及びその後30日間に当たらず，本件解雇が労基法19条1項に違反するということはできないとした。

〈判決から汲み取りうる示唆〉

本判決は，直接の言及はないものの，メンタルヘルス指針における「職場復帰における支援」に沿った内容となっている。

本件では，1度目の自宅療養後に寛解し，定時勤務・軽減勤務の条件下で復帰したものの十分な配慮がなされずに，月100時間を超える時間外労働をするなどした結果，症状が再燃している。メンタルヘルス指針は，6(4)「職場復帰における支援」において，メンタルヘルス不調により休業した労働者が円滑に職場復帰し，就業を継続できるようにするため，事業者は，その労働者に対する支援として，衛生委員会等において調査審議し，産業医等の助言を受けながら職場復帰支援プログラムを策定することを挙げている。指針も指摘するように，メンタルヘルス不調者の職場復帰に

向けた職場のサポートは，労働者の体調回復に大きな影響を与える。特に初期の段階で十分な支援を行うことが重要である。

●休職中の労働者への接触方法など労働者が療養に専念できるように配慮する使用者の義務に違反するとされた例（ワコール事件・京都地判平28・2・23LEX/DB 25542312）

〈事実の概要〉

Y社と有期労働契約を締結し，販売員として勤務していたXが，適応障害及び軽症うつ病エピソードを発病し，休職していたところ，精神疾患の発症や慢性化は，Y社が職場環境の改善を行わなかったことが原因であるとして，不法行為等に基づく損害賠償を請求した事案である。なお，これに関する労災保険給付の請求については，京都下労働基準監督署が不支給決定処分を行い，不支給決定処分の取消しを求めた審査請求も棄却されている。

〈判旨：一部認容〉

休職前の職場環境改善義務違反を否定し，職場復帰支援プログラムの策定が法令上あるいは労働契約上も使用者に義務づけられていたとは認められないとした上で，休職中の使用者の労働者が療養に専念できように配慮する義務違反について，以下のように判断している。

Xの上司は，XからXが適応障害と診断されたことを告げられ，そのことを認識していたので，YはXが療養に専念できるように配慮すべきであり，少なくとも積極的にXの精神障害の増悪をもたらすような行為を行ってはならないという義務を負っていた。YはXから医師にYの関係者と会うことを止められている旨伝えられていたので，Xの主治医を介して，あるいは主治医からXとの接触の手順につき教示を受けた上で，これに従って原告と接触するなどの方策を講じるべきであり，Xへ直接接触は差し控えるべき義務を負っていたと認められるにもかかわらず，Yは主治医等の付添いもなくXと面談したのであるから，Yには上記義務の違反が認められる。

また，有期契約の更新などXに不利益な内容を含む打合せをし，Xの了解を得るに当たっては，少なくともXの精神障害に増悪をもたらさないよう，Xへ配慮を行うべき義務，少なくとも不利益な条件を提示することについての合理的な説明を十分に行うべき義務を負っており，義務違反が認められる。

Yの義務違反行為がXの精神障害に悪影響を与えたことについての精神的苦痛に対する慰謝料を損害として賠償する義務がある。

〈判決から汲み取りうる示唆〉

本判決は，療養休職中の労働者に対する使用者の応対につき労働者が療養に専念できるようにする配慮義務に違反すると判断された珍しい判決であり，休職中のメンタルヘルス不調者に対する会社の具体的な対応方法として実務上参考になる。

メンタルヘルス指針6⑷「職場復帰における支援」は，メンタルヘルス不調により休業した労働者が円滑に職場復帰し，就業を継続できるようにするため，事業者は，その労働者に対する支援として，衛生委員会等において調査審議し，産業医等の助言を受けながら職場復帰支援プログラムを策定すること，職場復帰支援プログラムにおいては，休業の開始から通常業務への復帰に至るまでの一連の標準的な流れを明らかにするとしているが，本判決は，使用者の健康配慮義務が，復帰に至る手続きを含む療養休職中の労働者への配慮にも及びうることを示した点に意義がある。

本事案では，労働者が上司に電話で，主治医から会社の関係者と直接会うことを止められていると伝えたにもかかわらず，主治医を介さず，複数回，直接面談をした点が問題となった。特に，有期契約の期間満了が差し迫ったなかで，労働者に不利益な内容の打合せが行われた場面では，労働者の精神障害への配慮を行うべきであり，少なくとも不利益な条件提示について合理的な説明を十分に行うべき義務を負っていたと判断されている。

なお，本判決は，休職中の職場復帰支援プログラムの策定については，法令上使用者に義務づけられているわけではないと判断している。個別事案の判断であり，本事案の場合に職場復帰プログラムの策定が法律上義務づけられるとはいえないとしても，メンタルヘルス指針6⑷における「職場復帰における支援」等を参考にしながら，職場復帰プログラムを整備することが労働者が職場に適応し，長期間働くうえで重要な意義を有することは確認をしておくべきであろう。

⑷ メンタルヘルス指針を踏まえた内容の安全配慮義務履行体制を構築することの重要性を強調する裁判例

●公立八鹿病院組合ほか事件・広島高松江支判平27・3・18労判1118号25頁（1審：鳥取地米子支判平26・5・26労判1099号5頁。最2小決平28・3・16 LEX/DB 25542653が上告棄却，不受理確定）

整形外科の医師として，Y1病院に派遣され勤務していた亡AがY1病院における月100時間を優に超える過重労働や上司のパワハラにより，うつ病を発症し，赴任から2カ月余りで自殺に至った事案である。Aの相続人XらがY1らに対し債務不履行または不法行為に基づく損害賠償を請求した。

判決は，過重業務やパワハラが亡Aに与えた心理的負荷は非常に大きく，本件疾病との間には相当因果

関係が認められるとした。
〈判決から汲み取りうる示唆〉
　本判決は，労働安全衛生委員会で提言された安全配慮義務を履行するための体制の構築，諸措置を実施していれば，被災を防止し得る蓋然性があったとしているが，その具体的な内容は，長時間労働者に対する医師による面接指導を確実に実施するために，対象者を労働安全衛生委員会へ報告し，また，労働者が自己の労働時間数を確認できるシステムを作る，事業場内産業保健スタッフによる面接指導や相談を受ける体制・方法の整備，労働安全衛生法に則った指針等の作成，職員に対する啓蒙活動，産業医や健康センター保健師らによるメンタルヘルス専門部会を作り，カウンセラーからの相談，休職者，復職リハビリ対象者などの検討を随時行う等であり，その内容は，メンタルヘルス指針の6「メンタルヘルスケアの具体的進め方」の(1)教育研修・情報提供，(3)ア　労働者による自発的な相談とセルフチェック，イ　管理監督者，事業場内産業保健スタッフ等による相談対応等で詳細に記載されている内容である。
　本判決は，安衛法第69条やメンタルヘルス指針に直接言及はしていないが，同指針を踏まえた，トータルな安全配慮義務履行体制を構築することの重要性を指摘した判決ということができる。

　　(5)　メンタルヘルス指針を踏まえた適切な対応をとることなく，無断欠勤の事実のみを重視して懲戒免職処分としたことは裁量権の濫用にあたり無効とした例
●名古屋高判平30・3・14懲戒免職処分取消等請求控訴事件（裁判所WEBサイト）
〈事実の概要〉
　愛知県職員として採用された控訴人は，自分は職場で不要な人間と考えるようになり，次第に仕事が嫌になり，職場にいることが耐えられず，逃げ出したい気持ちになっていたが，始業時刻ぎりぎりに行くと出勤自体をやめてしまうおそれがあると考え，そういうことが起きないように，通常の始業時刻である午前8時45分よりも早めに職場に出勤していたところ，短期間の間に，当日届け出の1日単位の休暇を9日も立て続けに取得し，上記9日のうち7日は，いずれも当日の朝は1日仕事をするつもりで1時間余りの通勤時間をかけて午前7時台にいったん出勤しながら，気持ちが非常に焦って落ち着かず，職場にいたたまれなくなり，パソコンを開いてメールチェックをして必要なメールの返信を行った後，出退勤等管理システムが使えるようになる午前8時まで待って自身でパソコンのシステムに登録をし，班長であるJ課長補佐の許可をもらって職場を離れるという，特異な休暇申請を続けていた。

　J課長補佐は，控訴人のこのような特異な休暇の取得申請の理由等を確認したり，仕事上の支障の有無について話題にしたりすることはなく，控訴人の上記のような精神状況を確認しないままに，漫然と休暇取得の許可を与え，特異な休暇申請をし続けていることについて，上司であるB課長に報告することもしなかった。

　欠勤を開始した当日は，控訴人は，午前8時まで職場で待つことすらできず，休暇届の手続をしないままに職場を離れ，その後，控訴人は，職場にも母にも連絡することなく，スーパーのゲームコーナーやゲームセンターなどで時間をつぶし，夜はネットカフェで睡眠をとるなどして過ごし，携帯電話にも一切出ない生活を続けた。

　職場の上司らは，本人と連絡を取ろうとしたが，とることができなかった。

　被控訴人は，47日間の無断欠勤を理由に控訴人を懲戒免職処分及び退職手当支給制限処分としたところ，控訴人は，上記各処分の取消しを求めて本訴を提起した。

　原審は，職員の請求をいずれも棄却していた。
〈判旨：原判決取消・請求認容〉
　(i)　「労働者の心の健康の保持増進のための指針」（メンタルヘルス指針）では，メンタルヘルス不調の労働者の早期発見と適切な対応を図る必要があるが，管理監督者は，日常的に，労働者からの自発的な相談に対応するよう努めるとともに，特に個別の配慮が必要と思われる労働者から，話を聞き，適切な情報を提供し，必要に応じ事業場内産業保健スタッフ等や事業場外資源への相談や受診を促すよう努めるものとしている。また，同指針を踏まえた管理監督者による部下への接し方の取組内容としては「いつもと違う」部下に早く気づくことが大切だとされているところ，「遅刻，早退，欠勤が増える。」は，「いつもと違う」部下の様子の具体例の最初に挙げられている。

　(ii)　上記のような控訴人の休暇取得状況は，頻度だけではなく，その経緯も，控訴人のそれまでの行動様式とズレており，「いつもとは違う」特異なものであり，控訴人はメンタルヘルスの不調を疑うべき明瞭な兆候を発していたといえ，このころから控訴人は，うつ病ないしそれに類似する精神の病気にり患していたものと認められる。

　被控訴人は，上記のような控訴人の特異な行動に気付いてメンタルヘルスの不調を早期発見し，控訴人から話を聞き，適切な情報を提供し，必要に応じ事業場内産業保健スタッフ等や事業所外資源への相談や医療機関の受診を促すよう努めるべきであったといえ，そ

のようにしていれば，控訴人がうつ病ないしそれに類似する精神の病気にり患していたことを確認することができ，休暇届も出さずに突然職場から遁走するなどという事態になることは避けられた可能性が極めて高い。

このような奇異な休暇申請がその後立て続けに繰り返されたにもかかわらず，そのサインを放置し，不服申立てがされた以降もこれを看過している被控訴人の責任は重いというべきである。

(iii) 以上のように，無断欠勤に至る前に控訴人が発していた精神状態の不調を疑うべき明瞭な兆候を見逃し，とるべき適切な対応をとらなかった上，本件無断欠勤後も控訴人の精神状態を正しく認識しないまま，控訴人の欠勤日数のみをことさら重大視して本件免職処分を行ったものというべきであり，その判断の基礎になる事実に対する評価において明白に合理性を欠くことにより，その判断が社会通念に照らし著しく妥当性を欠くことは明らかであるから，裁量権の範囲を逸脱又は濫用した違法なものである。

〈判決から汲み取りうる示唆〉

(i) 本件は，47日に及ぶ無断欠勤とその間の職員の行動のみを捉えれば，相応の懲戒処分もやむを得ないと思われる事例であるが，本判決は，その原因としてうつ病ないしそれに類似した精神障害にり患していたことが認められ，特異な休暇取得の状況等メンタルヘルスの不調を疑うべき明瞭な兆候を発していたのであるから，メンタルヘルス指針を踏まえれば，職員から話を聞き，適切な情報を提供し，必要に応じ事業場内産業保健スタッフ等や事業所外資源への相談や医療機関の受診を促すよう努めるべきであったにもかかわらずそれを怠ったとして，管理監督者らの対応を厳しく批判している。

(ii) 本判決が，メンタルヘルス指針において「職場でメンタルヘルス不調に陥る労働者が発生した場合は，その早期発見と適切な対応を図る必要があり，管理監督者は，日常的に，労働者からの自発的な相談に対応するよう努める必要があり，……特に個別の配慮が必要と思われる労働者から，話を聞き，適切な情報を提供し，必要に応じ事業場内産業保健スタッフ等や事業場外資源への相談や受診を促すよう努める」とされていること及び同指針を踏まえ，管理監督者が部下の「いつもと違う」様子に早く気づくことの大切さを強調している点は，重要である。

メンタルヘルス指針に規定された上記対応は，法律上は努力義務にとどまるが，その基本的な努力を尽くすことなく懲戒免職処分を行うことは，合理性を欠き，任命権者の裁量を逸脱した懲戒処分と判断される可能性があることを示した裁判例である。

私企業の労働者の場合には，メンタルヘルス不調の疑われる労働者に対し，メンタルヘルス指針を踏まえた適切な対応をすることなく懲戒解雇等の懲戒処分に及んだ場合には，労契法第15条に基づき権利濫用とされる可能性がある。

なお，日本ヒューレット・パッカード事件・最2小判平24・4・27裁時1555号8頁は，被害妄想などの症状から出勤を拒否し，無断欠勤を40日余り継続した社員に対する懲戒処分（諭旨退職）の有効性が問題となった事件について，「このような精神的な不調のために欠勤を続けていると認められる労働者に対しては，……精神科医による健康診断を実施するなどした上で……，その診断結果等に応じて，必要な場合は治療を勧めた上で休職等の処分を検討し，その後の経過を見るなどの対応を採るべきであり，……直ちに……諭旨退職の懲戒処分を執ることは……適切なものとはいい難い」として懲戒処分を無効としている。

明示的に判決でメンタルヘルス指針を引用するかどうかは別として，メンタル不調が疑われる社員に対しては，裁判所は，メンタルヘルス指針の考えに沿った，労働者の健康に配慮した慎重な対応を求めているといえよう。言い方を変えれば，事例性の背後に疾病性が窺われる場合には，それに見合った適切な配慮を義務づけているといってよい。[61]

事業者（職場においては，特に管理監督者）は，メンタルヘルス指針を踏まえながら，部下から話を聞き，適切な情報を提供し，必要に応じ，メンタルヘルス不調の疑われる労働者に対しては，事業場内産業保健スタッフ等や事業場外資源への相談や受診を促すよう努めるとともに，医師の受診を勧め，拒否をする場合は受診命令を出すことも検討する必要がある。

なお，代表的な（裁）判例は，就業規則に受診命令の根拠規定を設けている場合[62]はもちろん，たとえ就業規則に規定がない場合[63]であっても，身体疾患の事例や，疾患の業務上外が争われていて，労働者側の提出する診断に疑義が生じているなど，受診を命じる合理的かつ相当な理由がある場合には，受診命令は有効としている。[64]

> **考察と結語：第69条～第71条**

少子高齢化が進み，労働力人口が急速に減少する中で，一億総活躍社会の実現が唱えられている。女性活躍，障害者雇用とともに，高齢者も健康でその能力を十分に発揮できるよう，健康保持増進措置（トータル・ヘルスプロモーション・プラン，THP）として，職場における健康づくりを推進していくための施策が講じられている。そこでは全労働者を対象として，心身両

面にわたる勤務時間のみならず日常生活全般における健康指導や生活習慣の改善に向けた取り組みが必要である。

　事業者が有効かつ適切に職場における健康づくりに取り組むことができるよう、健康保持増進指針とメンタルヘルス指針によって詳細かつ具体的な取組方法が示されており、重要な指針となっている。前者の健康保持増進指針は1988（昭和63）年の労安法改正で新設された。他方、後者のメンタルヘルス指針は労働者のストレスやそれに伴う精神障害を患う事例も散見されその必要性が認識されていたが、行政や企業における取り組みが本格化したのは、2005（平成17）年以降と遅かった。

　近年の改正では、事業場内の専門家のみならず事業場外の資源も積極的に活用すること、事業場全体で集団的に取り組むことで健康に関心のない労働者も巻き込み自然と健康づくりに取り組むことができるような環境整備を行う必要性が指摘されている。

　これらの規定は努力義務規定であるが、これらの規定に基づく具体的な取り組みがなされないまま、労働者の職場環境等が改善されず、健康が害される場合には、安全配慮義務違反を判断する際の考慮要素あるいは疾病の発症・増悪の業務起因性の判断の考慮要素になることも判例によって示されている。また、メンタル不調が疑われる労働者に対しては、これら規定を踏まえた適切な対応をとることなく行われる懲戒処分は、違法とされる可能性があることも示されている。

　このように、本条及びそれに基づく指針は、労働者の健康確保のために現場をあるべき方向に誘導し問題の発生を未然に防止するとともに、問題が発生した場合には、事業者の責任の有無や労災の認定判断等、事後救済の判断基準としての役割を持っているということができる。

　先に述べたわが国の直面する状況を背景に、高齢者をはじめとする労働者の労働市場への参入を後押しする労働政策が求められるとともに、医学的な知見の発達を踏まえ、狭い意味での職場における健康管理にとどまらないトータルな健康の保持増進措置の推進が益々求められるようになっている。

　労働安全政策の歴史的な経緯を見れば明らかなように、わが国の労働安全政策は狭い意味での職場における危険防止策から始まり、次第にその対象を広げ、労災の予防と労働者の健康確保のための労安法の改正と労働基準法の改正、労働契約法の成立と改正、事後救済措置としての労災保険法、労災の認定基準の改正が相互に関連しながら展開してきた。そうした法政策の展開の中では、予防や事後救済のためのいわゆるガイドラインや指針など広い意味での法が重要な役割を果たし、現場の産業保健や労務管理に反映されてきた。また、裁判所の判決は、それらの法令や指針を踏まえながら安全配慮義務や業務起因性に関する具体的判断を行うとともに、現実の紛争を踏まえて指針等の基準に飽き足らない場合には、それには必ずしもとらわれないで判断を行い、そのような裁判例の集積は認定基準等の改正にも影響を与えてきた[65]。

　このような予防から問題解決に至るトータルな広い意味での法政策とその実践の担い手となる産業医をはじめとする産業保健スタッフの育成や（安全）衛生委員会等の担当機関の活性化を着実に進めていくことが求められる。同時に予防や問題を解決するうえで明らかとなった課題に対応するために、必要に応じて関係法令や指針を見直していくことが求められよう。

【注】

1）労働調査会出版局編『労働安全衛生法の詳解―労働安全衛生法の逐条解説〔改訂5版〕』（労働調査会、2020年）842頁。
2）1984（昭和59）年には、日本の平均寿命が男性75.54年、女性が80.18年となり、女性が80年を上回った。「人生80年時代」が現実的なものとなり、積極的に自らの健康を増進するよう取り組んでいくべきであるという考え方が普及しつつあった。
3）労働調査会出版局編・前掲注1）113頁、労務行政研究所編『労働安全衛生法（労働法コンメンタール10）』（労務行政、2017年）665頁。
4）労働調査会出版局編・同上、労務行政研究所編・同上。
5）同上。
6）労働調査会出版局編・前掲注1）842頁。厚生労働省WEBサイトには「心とからだの健康づくり」がある（https://anzeninfo.mhlw.go.jp/yougo/yougo03_1.html）ほか、中央労働災害防止協会（中災防）WEBサイトには「健康づくり・メンタルヘルスケア・快適職場づくり」として、「THP推進協議会」や「働く人の健康づくり　THP」（https://www.jisha.or.jp/health/index.html）、安全衛生情報センターWEBサイトには「健康づくり（THP）」や「事業場における健康づくりの事例」（http://www.jaish.gr.jp/information/thp02.html）がある。
7）畠中信夫『労働安全衛生法のはなし』（中央労働災害防止協会、2019年）368頁。
8）昭和63年9月16日基発第601号の1。
9）同上。
10）労務行政研究所編・前掲注3）666頁。
11）健康保持増進指針1。
12）健康保持増進指針2①-③。
13）なお、健康測定とは、疾病の早期発見に重点をおいた健康診断と比べ、健康指導を行うために実施される調査、測定等のことを指し、健康診断を活用しつつ、追加で生活状況調査や医学的検査等を実施するものとされている（健康保持増進指針4(2)イ(イ)）。
14）健康保持増進指針4(2)。
15）健康保持増進指針4(1)。
16）健康保持増進指針3。
17）労働調査会出版局編・前掲注1）846頁、労務行政研究所編・前掲注3）668頁。
18）労働調査会出版局編・前掲注1）157頁。
19）「事業場における労働者の心の健康づくりのための指針の策定について」（平成12年8月9日基発第522号の2）。

20) 厚生労働省・独立行政法人労働者健康安全機構のパンフレット「職場における心の健康づくり―労働者の心の健康の保持増進のための指針」(2019年3月)。
21) メンタルヘルス指針2。
22) メンタルヘルス指針6(2)。
23) メンタルヘルス指針6(3)。
24) メンタルヘルス指針6(4)。
25) メンタルヘルス指針4。
26) 労働調査会出版局編・前掲注1) 849-850頁。
27) https://www.mhlw.go.jp/bunya/roudoukijun/anzeneisei12/pdf/120830-1.pdf
28) 三柴丈典『職場のメンタルヘルスと法―比較法的・学際的アプローチ』(法律文化社, 2020年) 148-150頁に詳しい。
29) 厚生労働省「平成26年版厚生労働白書―健康長寿社会の実現に向けて」20頁。
30) 中央労働災害防止協会『安全衛生運動史―安全専一から100年』(中央労働災害防止協会, 2011年) 466-469頁。
31) 同上473-474頁。
32) 厚生労働省・前掲注29) 22頁。
33) 萩野達史「産業精神保健の歴史(2)―1980年代から1990年代前半まで」静岡大学人文論集62巻1号 (2011年) 22頁。
34) 厚生労働省「こころの耳 働く人のメンタルヘルス・ポータルサイト」の「精神障害労災認定の第1号事案」として紹介されている (https://kokoro.mhlw.go.jp/case/615/, 最終閲覧日:2024年9月1日)。
35) 萩野・前掲注33) 24-27頁。
36) 平成12年8月9日基発第522号の2。以下,「旧メンタルヘルス指針」という。なお同指針は2006年のメンタルヘルス指針が示されたことにより廃止された。
37) なお,現在は,「心理的負荷による精神障害の認定基準について」平成23年12月26日基発1226第1号,最終改正:令和5年9月1日基発0901第2号)に改められて,これまでの判断指針は廃止されている。
38) 萩野・前掲注33) 24-27頁,萩野達史「産業精神保健の歴史(3)―1990年代後半から現在まで」静岡大学人文論集62巻1号 (2011年) 48頁。
39) 萩野・前掲注38) (3)73頁。
40) 中央労働災害防止協会・前掲注30) 472頁,萩野・前掲注33) 24-25頁。
41) 身体の病気だが,心理的・社会的な要因(ストレス)がかかわって,症状が発現・悪化する。
42) 中央労働災害防止協会・前掲注30) 472頁。
43) 航空事故調査報告書「58-3-JA8061 日本航空(株)所属 ダグラス DC-8-61型 JA8061 東京都東京国際空港(羽田)沖合」(航空事故調査委員会, 1983年5月16日) 151-155頁 (https://www.mlit.go.jp/jtsb/aircraft/download/58-3-JA8061-05.pdf)。
44) JISHA 中央労働災害防止協会WEBサイトより (https://www.jisha.or.jp/about/organization.html)。
45) 全国産業安全衛生大会のメンタルヘルス・健康づくり分科会において発表されたもの。なお,全国産業安全衛生大会は,1932 (昭和7) 年より毎年開催されており,産・官・学一体となって研究発表等が行われている。3日間行われ,参加者は約1万人である。
46) パナソニックグループでも,ホワイト500の認証を受けた企業は複数あり,パナソニックサイクルテック株式会社は,グループ企業内では比較的独自の沿革を持つ小規模企業(従業員数約540人)である。グループ内で認証を受けた企業には,パナソニックコネクト株式会社のように,既存の本体事業を残存させたグループの中核企業(従業員数約3万人弱〔うち国内1万3400人〕)もあり,一般的にはこうした企業の方が体制整備や手続きに手間がかかり易いという。
47) 「健康経営®」は,NPO法人健康経営研究会の登録商標である (https://kenkokeiei.co.jp/kenkokeiei_executiveoffice_info/)。
　健康経営については,日本労働研究雑誌66巻1号 (2024年) が,多角的な検証を加えた。
　ここで,三柴丈典「個人と組織の健康測定・情報管理と法」は,健康経営について,従業員の健康管理を通じて労働生産性の向上を図るよう,経営層に訴求するための概念であって,特に労働生産性に影響する精神・脳心臓疾患(のリスク),心身の不調の測定に関心を持つことを述べる。国の産業保健に関するEBPM構想とも相まって,先ずは事業者による健康情報の取扱いの要求が高まっていることを指摘する。
　そのうえで,事業者がいかなる点に留意して健康情報を取り扱うべきかを整理している。
　すなわち,①偏見を受けやすい情報か,②職場で管理できる事柄か,③労働能力や職場秩序に影響する事柄か,の3点を基本的な基準として,一定の体制整備と手順を踏んだうえ,職場での情報の取扱いの是非を判断すべき旨を述べている。
48) 独立行政法人労働者健康安全機構WEBサイト (https://www.johas.go.jp/shisetsu/tabid/578/default.aspx)。
49) このほかにも,札幌地判平16・3・26 (損害賠償請求事件)確定,判時1868号106頁は,高血圧症により治療を受けていた従業員が,左脳出血を発症して重障害を負うことになったのは,被告会社が,原告の健康保持増進のための措置(運動指導,出張制限,定期健康診断の実施や検査及び受診時間の付与など)をとらなかったこと等によるものであるとして,安全配慮義務違反,不法行為責任を追及した事例について,出張,業務内容等の過重性が認められないとして因果関係を否定し,会社の安全配慮義務違反の有無については判断するまでもないとして請求を棄却した。
50) 富士保安警備事件・東京地判平8・3・28損害賠償請求事件(控訴審で和解)労判694号34頁は,警備会社で夜間・休日の警備業務に従事していた高血圧症の基礎疾患を有する従業員(68歳)が勤務時間中に脳梗塞を発症して死亡した事件につき,健康診断を実施して健康状態を把握する義務を怠り,健康診断実施後の業務軽減などの措置義務にも違反したとして,事業者の安全配慮義務違反,不法行為等を認めた。
51) 健康保持増進指針は,「労働者の働く職場には労働者自身の力だけでは取り除くことができない疾病増悪要因,ストレス要因等が存在しているため,労働者の健康を保持増進していくためには,労働者の自助努力に加えて,事業者の行う健康管理の積極的な推進が必要である。」としている。
52) 平成19年に成立した労働契約法第5条は,「使用者は,労働契約に伴い,労働者がその生命,身体等の安全を確保しつつ労働することができるよう,必要な配慮をするものとする」としているが,行政解釈(平成24年8月10日基発0810第2号)で,「生命,身体等の安全」には「心身の健康」が含まれることが明らかにされている。
53) 東加古川幼児園事件・最3小決平12・6・27労判795号13頁 (80%の過失相殺),三洋電機サービス事件・東京高判平14・7・23労判852号73頁 (80%の過失相殺) 等。
54) 過重労働により精神障害を発症,自殺したとして業務起因性を認める裁判例(加古川労基署〔神戸製鋼所〕事件・神戸地判平8・4・26労判695号31頁,大町労基署〔サンコー〕事件・長野地判平11・3・12労判764号43頁)等が続き,審査請求件数も増加傾向にあった。
55) 平成11年9月14日基発第544号,「精神障害による自殺の取扱いについて」同545号。
56) 精神障害の業務起因性に関する裁判例としては,①上司による厳しい叱責,言動やパワハラを理由に業務起因性を肯定した

裁判例として，奈良労基署長（日本ヘルス工業）事件・大阪地判平19・11・12労判958号54頁，諫早労基署長（ダイハツ長崎販売事件）事件・長崎地判平22・10・26労判1022号46頁，国・神戸労基署長（阪神高速パトロール）事件・大阪高判平29・9・29（自殺）労判1174号43頁等がある。②長時間労働による精神障害発症・自殺を認めた裁判例として，天満労基署等（CSKうつ病自殺）事件・大阪高判平25・3・14労判1075号48頁，秋田労基署長（ネッツトヨタ秋田）事件・秋田地判平27・3・6労判1119号35頁等がある。

精神障害による損害賠償請求を認めた裁判例としては，①一定の業務軽減措置は行っていたものの，依然として月100時間を超える時間外労働が継続しており，上司は単に，指導，助言をするにとどまらず業務命令で残業を禁止する等より厳しい対応をすべきであったとした富士通四国システムズ（FTSE）事件（うつ病発症）・大阪地判平20・5・25労判973号76頁，月90時間から100時間を超える時間外労働，連続勤務が続いていたにもかかわらず，適正な労働条件を確保するための必要な措置・対応を怠っていたことが安全配慮義務違反に該当するとしたアクセスメディア事件・大阪地判令2・1・31（うつ病発症）LEX/DB25564864，②長時間の時間外労働・休日労働が明らかに過大なものになっていることに加え，リーダーへの昇格などの状況の中，業務量の調整，必要な人員の配置や職務分担の見直し等，十分な支援体制がとられないまま，放置されていたとして安全配慮義務違反を認めた山田製作所（うつ病自殺）事件・福岡高判平19・10・25労判955号59頁，長時間労働に上司のパワハラが加わりうつ病を発症し自殺した事案について使用者の不法行為責任を認めた後掲公立八鹿病院組合ほか事件（うつ病自殺）・広島高松江支判平27・3・18労判1118号25頁等がある。

57) 同認定基準は，労災申請件数の増大を背景に，審査の迅速化，効率化のためにそれまでの裁判例も踏まえて策定された（前掲注56）。内容的には，心理的負荷の程度を出来事により類型化し，社会問題となっていた長時間労働による心理的負荷の程度の評価についても基準を設けた。行政による労災認定業務は，それ以後上記新認定基準に基づき判断されることとなったが，裁判所の判断は，新認定基準は尊重しつつ，必ずしも行政の認定基準にはとらわれずに業務と発症等の相当因果関係を判断している。

58) 東芝うつ病事件・最2小判平26・3・24裁時1600号1頁，労判1094号22頁。1審：東京地判平20・4・22労判965号5頁，原審：東京高判平23・2・23労判1022号5頁）過重労働により労働者がうつ病を発症したことについて使用者の安全配慮義務違反が認められ，労働者からメンタルヘルス情報の申告がないこと重視するのは相当でなく，過失相殺の対象とすることはできないとされた。

59) 陸上自衛隊八戸車両整備工場事件・最3小判昭50・2・25民集29巻2号143頁など。

60) 反対に，出向及び出向先のみならず，両者の代表取締役等の個人責任も肯定した裁判例として，ネットワークインフォメーションセンターほか事件・東京地判平28・3・16労判1141号37頁がある。

61) ただし，精神科診断が医療診断として客観的かの問題は残る。内科診断などとは異なり，器質的な検査等によって短期日に客観的判定を行うことは困難で，一定期間以上の事例性等の観察から，行動観察的，逆算的に疾病性を推定する面も強いと解されるためである。医師により判断が分かれることも多い。
確かに，DSMやICDといったメジャーな診断基準があるが，その解釈適用を機械的（操作的）に行うには限界があるし，診断が患者に及ぼす社会的影響を慮って診断名が操作されることも多い。
しかし，法的対応上，精神科診断への求めは避けられないだろう。

62) 帯広電報電話局事件・最1小判昭61・3・13裁判集民147号237頁は，必要かつ相当な場合に法定外健康診断を命じることができる旨の就業規則，労働協約を設けていたところ，頸肩腕症候群の長期り患者（労災）に対し病気の治癒回復を目的に総合精密検査を命じた業務命令は，合理性，相当性が認められ，有効であり，業務命令を拒否したことを理由とする懲戒戒告処分は有効とした。

63) 京セラ事件・最1小判昭63・9・8労判530号13頁，東京高判昭61・11・13労判487号66頁は，休職中の社員が，自らの疾病を業務に起因するものと取扱うように求めた事案において，就業規則等に指定医受診に関する定めはないが，当該社員の疾病が業務に起因するものか否かは同人の以後の処遇に直接に影響するなど極めて重要な関心事であり，しかも当該社員が当初提出した診断書を作成した医師から当該社員の疾病は業務に起因するものではないとの説明があったこと等から，改めて職業病の専門医の診断を受けるように求めることは，労使間における信義則ないし公平の観念に照らし合理的かつ相当な理由のある措置であり，就業規則等にその定めがないとしても指定医の受診を指示することができ，当該社員はこれに応ずる義務があるとした。

64) こうした裁判例を整理した近年の研究として，三柴丈典『労働者のメンタルヘルス情報と法──情報取扱い前提条件整備義務の構想』（法律文化社，2018年），特にその52-62頁がある。同書は，こうした判例のほか，学説と行政解釈をつぶさに検討し，使用者が情報管理や健康管理面で所要の措置を講じることを前提に，労働者の個別同意がなくても，その健康情報を取り扱える旨を論じている。

65) 令和5年9月の認定基準改正も，それまでの裁判例の集積を踏まえたものである。

〔阿部未央・吉田肇〕

第七章の二　快適な職場環境の形成のための措置

第71条の2から第71条の4まで

（事業者の講ずる措置）
第71条の2　事業者は、事業場における安全衛生の水準の向上を図るため、次の措置を継続的かつ計画的に講ずることにより、快適な職場環境を形成するように努めなければならない。
一　作業環境を快適な状態に維持管理するための措置
二　労働者の従事する作業について、その方法を改善するための措置
三　作業に従事することによる労働者の疲労を回復するための施設又は設備の設置又は整備
四　前3号に掲げるもののほか、快適な職場環境を形成するため必要な措置

（快適な職場環境の形成のための指針の公表等）
第71条の3　厚生労働大臣は、前条の事業者が講ずべき快適な職場環境の形成のための措置に関して、その適切かつ有効な実施を図るため必要な指針を公表するものとする。
2　厚生労働大臣は、前項の指針に従い、事業者又はその団体に対し、必要な指導等を行うことができる。

（国の援助）
第71条の4　国は、事業者が講ずる快適な職場環境を形成するための措置の適切かつ有効な実施に資するため、金融上の措置、技術上の助言、資料の提供その他の必要な援助に努めるものとする。

1　趣旨

安衛法は、労働基準法と相まって、職場における労働者の安全と健康を確保するとともに、快適な職場の形成を促進することを目的としている（第1条）。第7章の2「快適な職場環境の形成のための措置」（第71条の2～第71条の4）は、主に後者の目的を達成するための規定である。

本章は平成4年の安衛法改正で追加されたが、当時、技術革新と経済のソフト化、サービス化、国際化の進展に伴い、職場環境が変化する中で、労働者の就業に伴う疲労やストレスの増加が問題となっていた。また労働者の意識も労働時間の短縮の要求や心身の負担の大きい作業については軽減を求める等、働きやすさが重視されるようになっていた。加えて、労働力人口の高齢化や女性の職場進出などの就業構造の変化に対応する必要も生じていた。

こうした変化の中で、労働者が、その生活時間の多くを過ごす職場について、疲労やストレスを感じることが少ない快適な職場環境を形成していくことが重要な課題となり、本章が追加されたものである。また、快適な職場環境の形成により、労働災害や健康障害の防止、労働生産性の向上や事業活動の活性化にも資することが期待された。

以上のような背景、趣旨から労働安全衛生法第7章の2（第71条の2～第71条の4）が、労働安全衛生法及び労働災害防止団体法の一部を改正する法律（平成4年5月22日法律第55号）により追加され、同改正法律附則第1条但書の規定により、平成4年7月1日に施行された。

2　内容

1　第71条の2の内容

本条は、事業者は、事業場における安全衛生の水準の向上を図るため、①作業環境の管理（同条第1号）、②作業方法の改善（同条第2号）、③労働者の疲労を回復するための施設・設備の設置・整備（同条第3号）、④その他の快適な職場環境を形成するために必要な措置（同条第4号）を継続的かつ計画的に講ずることにより、快適な職場環境を形成するように努めなければならないとしている。④のその他の措置は、具体的には洗面所、トイレ等の施設、設備の維持管理等を指し

ている。

　本条の措置を講ずる義務は，努力義務である。したがって，労働基準監督官が強制力を持った規制権限を行使する根拠とはならない。

　厚生労働大臣は，事業者が快適な職場を形成するために講ずる措置が適切・有効に行われるため指針を公表し（第71条の3），それに従い事業者やその団体に対し必要な指導を行うとともに，国は，金融上の措置，技術上の助言，資料提供等の援助に努める（第71条の4）としているが，これらの施策は，事業者の本条に基づく自主的な取り組みを支援するものである。

　ただし，快適な職場環境が形成されていないことにより，従業員に具体的な健康被害が生じ，あるいは生じる可能性があるような場合には，事業者は安全配慮義務の一内容として職場環境を改善するために必要な措置を講じる配慮義務を負う可能性はある。

　本条の措置義務の具体的内容は，第71条の3に基づく指針（「事業者が講ずべき快適な職場環境の形成のための措置に関する指針」〔平成4年7月1日労働省告示第59号，改正平成9年9月25日労働省告示第104号。以下「快適職場指針」という〕）及び通達（「『事業者が講ずべき快適な職場環境の形成のための措置に関する指針』について」平成4年7月1日基発第392号，改正平成16年5月13日基発第0513002号。以下「快適職場指針について」という）で示されている。

2　第71条の3の内容

　本条は，厚生労働大臣は第71条の2の快適な職場環境を形成するために事業者が講ずる措置に関して，その適切・有効な実施を図るための指針を公表するものとし（第71条の3第1項），その指針に従い，事業者又はその団体に対し，必要な指導を行うことができるとしている（同条第2項）。

　本条に基づき，快適職場指針が策定され労働省告示として公表されたが，同指針は，1を踏まえ，事業者が快適な職場環境の形成を進めるに際して，①快適な職場環境の形成についての目標に関する事項，②事業者が講ずべき措置の内容に関する事項，③事業者が措置の実施に関し考慮すべき事項を定めている。その内容は，概略以下の通りである。

（1）快適職場指針の趣旨及び考え方

　まず，快適職場指針と安衛法令の定める安全衛生に関する基準との関係は，以下の通り整理することができる。

　すなわち，安衛法令が定める作業環境，作業方法，休憩室，食堂等に関する基準は，労働者の危険又は健康障害を防止するため事業者が最低限講ずべき措置を定めたものであるが，本指針が定める取り組みは，事業者の自主的な努力により進めていくべきものである。事業者は，安衛法令等に定める措置を講じた上で，快適職場指針により労働者が疲労やストレスを感じることの少ない，快適な職場環境を形成してゆくことが求められる（なお，「建設現場の仮設事務所等については，状況に応じた改善をすることとなる1)）。

（2）快適職場指針の内容

(a)　快適な職場環境の形成についての目標に関する事項

　指針は，以下に示すところにより快適な職場環境の形成を図ることが望ましいとしている。

1　作業環境の管理

　空気環境，温熱条件等の作業環境が空気の汚れ，暑さ・寒さや不十分な照度等により不適切な状態にある場合には，労働者の疲労やストレスを高めることから，空気環境について浮遊粉じんや臭気等の労働者が不快に感じる因子が適切に管理されたものとすることにもなるため，温度，照度等が作業に従事する労働者に適した状態に維持管理されるようにすること。

2　作業方法の改善

　労働者の従事する作業は，その心身に何らかの負担を伴うものではあるが，不自然な姿勢での作業や大きな筋力を必要とする作業等については，労働者の心身の負担が大きいことから，このような作業については，労働者の心身の負担が軽減されるよう作業方法の改善を図ること。

3　労働者の心身の疲労の回復を図るための施設・設備の設置・整備

　労働により生ずる心身の疲労については，できるだけ速やかにその回復を図る必要がある。このため，休憩室等の心身の疲労の回復を図るための施設の設置・整備を図ること。

4　その他の施設・設備の維持管理

　洗面所，トイレ等の労働者の職場生活において必要となる施設・設備については，清潔で使いやすい状態となるよう維持管理されていること。

(b)　快適な職場環境の形成を図るために事業者が講ずべき措置の内容に関する事項

　事業者が講ずべき措置の内容は，以下の通りである2)。

1　作業環境を快適な状態に維持管理するための措置

（なお，取り組みの具体例は，後記「職場の快適化事例」を参照）

①空気環境

　屋内作業場：空気環境における浮遊粉じんや臭気等について，労働者が不快と感ずることのないよう維持管理されるよう必要な措置を講ずることとし，必要に応じ作業場内に喫煙場所を指定する

等の喫煙対策を講ずる。[3]

喫煙対策に関しては，後記の通り，別途，安衛法第68条の2が追加されるとともに，職場における受動喫煙防止のためのガイドライン（令和元年7月1日基発0701第1号）が定められている。これは，法第68条の2に紐付き，その履行支援を図るもので，2018（平成30）年の改正健康増進法が施設管理権者に求めた事項と本条に基づき事業者が実施すべき事項の双方を一体的に示すことを目的に策定されたものである。

屋外作業場：浮遊粉じんや臭気等が常態的に発生している作業場では，これらの発散を抑制するために必要な措置を講ずることが望ましい。

②温熱条件

屋内作業場：作業の態様，季節等に応じて温度，湿度等の温熱条件を適切な状態に保つ。[4]

屋外作業場：夏季及び冬季における外気温等の影響を緩和するための措置（例えば，日除け，暖をとる設備等）を講ずることが望ましい。

③視環境

作業に適した照度を確保するとともに，視野内に過度な輝度対比（対象物と周囲の輝度の差。周囲が明るいと対象物は暗くなる等の相対性がある）や不快なグレアが生じないように必要な措置を講ず[5]る。また，屋内作業場については，採光，色彩環境，光源の性質などにも配慮した措置を講ずることが望ましい。[6]

④音環境

事務所については，外部からの騒音を有効に遮蔽する措置を講ずるとともに，事務所内のOA機器等について低騒音機器の採用等により，低騒音化を図る。また，事務所を除く屋内作業場についても，作業場内の騒音源となる機械設備について遮音材で覆うこと等により騒音の抑制を図る。[7]

⑤作業空間等

作業空間や通路等の適切な確保を図る。[8]

2　作業方法を改善する措置

①不自然な姿勢での作業については，機械設備の改善等により作業方法の改善を図る。[9]

②荷物の持ち運び機械設備の取扱・操作等の作業で相当の筋力を要するものについては，助力装置の導入を図ること。

③高温，多湿や騒音等の場所における作業については，防熱や遮音壁の設置，操作の遠隔化等を図る。

④高い緊張状態の持続が要求される作業や一定の姿勢を長時間持続する作業等については，緊張を緩和するための機器の導入等を図ること。[10]

⑤日常用いる機械設備，事務機器や什器（オフィスの備品等）等は，識別しやすい文字により適切な表示を行うこと等。[11]

3　労働者の疲労の回復を図るための施設・設備の設置・整備

①疲労やストレスを効果的に癒すことができるように，臥床できる設備を備えた休憩室等を確保する。

②多量の発汗や身体の汚れを伴う作業がある場合には，シャワー室等の洗身施設を整備する等。

③職場における疲労やストレス等に関し，相談に応ずることができるよう相談室等を確保する。

なお，疲労やストレスの要因となるものには，作業環境，作業方法のほか，職場における人間関係，職場組織等種々の要因がある。疲労やストレスについては，労働者がこれに気付くとともに，当該労働者に対して適切な対処の仕方等を示すことが，有効であり，労働者が専門家の相談を受けることができるようにするための適切な場所等を確保することが重要である。

④職場内に労働者向けの運動施設を設置するとともに，敷地内に緑地を設ける等の環境整備を行うことが望ましい。

4　その他の快適な職場環境を形成するため必要な措置

洗面所，更衣室，トイレ等の設備や食堂等の食事スペースを確保し，これを清潔に管理するとともに，労働者の利便に供する給湯設備や談話室等を確保することが望ましい。

なお，トイレ等については，性同一性障害等のLGBTQの労働者の利用に配慮した設備とすることが求められる。[12]

(c) 快適な職場環境の形成のための措置の実施に関し，考慮すべき事項

1　継続的かつ計画的な取り組み

快適な職場環境を形成し，適切に維持管理するためには，継続的かつ計画的な取り組みが不可欠である。日常推進する担当者を選任する等その推進体制の整備を図るとともに，設備等について，性能や機能の確保等に関するマニュアルを作成する等の措置を講ずること及び作業内容や労働者の年齢構成の変化，技術の進展等にも留意して，事業場の職場環境を常時見直し，これに応じて必要な措置を講ずることが求められる。

なお，継続的かつ計画的な取り組みを進めることにより，現実に一定の成果を上げていることが後掲中央労働災害防止協会（中災防）の実施したアンケートによっても裏付けられている。

2 労働者の意見の反映

　職場環境の影響を最も受けるのは，その職場で働く労働者であることから，快適な職場環境の形成のための措置の実施に関しては，例えば安全衛生委員会を活用する等により，労働者の意見ができるだけ反映されるよう必要な措置を講ずることが求められる。このことにより労働者の満足感を高めることにもつながる。

3 個人差への配慮

　労働者が作業をするに当たっての温度，照明等の職場の環境条件についての感じ方や作業から受ける心身の負担についての感じ方等には，その労働者の年齢等による差を始めとして個人差があることから，そのような個人差を考慮して必要な措置を講ずること。

4 潤いへの配慮

　職場は，仕事の場であると同時に，労働者が一定の時間を過ごす場でもあるから，生活の場としての潤いを持たせ，緊張をほぐすよう配慮することが求められる。

　ここにいう「潤いへの配慮」とは，職場環境に空間的，情緒的なゆとりを持たせることにより，労働者に「潤い」を与え，気持ちを和ませようとすることを意味し，具体的には，植栽の設置，絵画等の展示等を含む。

3　第71条の4の内容

　本条は，第106条と同様，国の援助に関する規定であるが，本条は事業者が快適な職場環境形成のための措置を講じるに当たっての援助，第106条は，安全衛生に関する活動を行うに当たっての援助を規定したものである。本条は，事業者が講ずる快適職場形成の措置の適切かつ有効な実施に資するため，国は，金融上の措置，技術上の助言，資料の提供その他の必要な援助に努めるとする。

　本条に基づき，労働安全衛生規則第61条の3において，都道府県労働局長による事業者の快適職場推進計画の認定制度及び認定事業者に対する特別の配慮が規定され，改正法施行と同時に「快適職場形成促進事業の施行について」（平成4年7月1日基発第391号：法第71条の4の施行通達）が発出され，快適職場形成の促進のための事業者に対する相談活動，情報の提供等を実施し，快適職場推進計画の認定，低利融資や助成による援助の事業を開始することとされた。認定された事業者に対しては，労災保険制度の「特別メリット制」[13]の適用，小規模事業場の場合は職場改善用機器整備等助成金のあっせん，相談等の援助が実施された。

3 関連規定

(1) 労働安全衛生法第1条

　本条は，安衛法の目的規定であるが，同法の目的は，職場における労働者の安全と健康を確保するとともに，快適な職場環境の形成を促進することにある旨規定する。

　後に，4で説明するように，安衛法第7章に第7章の2「快適な職場環境の形成のための措置」（第71条の2～第71条の4）を加えるのに伴い，本条及び第3条第1項中「作業環境」を「職場環境」に改める改正が行われた。

(2) 労働安全衛生法第3条

　事業者の責務として，事業者は，単にこの法律で定める労働災害の防止のための最低基準を守るだけでなく，快適な職場環境の実現と労働条件の改善を通じて職場における労働者の安全と健康を確保するようにしなければならないと規定する。

(3) 労働安全衛生規則第61条の3

　同条第1項は，都道府県労働局長は，事業者が快適な職場環境の形成のための措置の実施に関し必要な計画を作成し，提出した場合において，当該計画が法第71条の3の指針に照らして適切なものであると認めるときは，その旨の認定をすることができるとしている。そして，同条第2項は，都道府県労働局長は，法第71条の4の援助を行うに当たっては，前項の認定を受けた事業者に対し，特別の配慮をするものとするとしている。具体的に行われた配慮措置の内容については，2 3を参照。

(4) 労働安全衛生法第68条の2，健康増進法，職場における受動喫煙防止のためのガイドライン（令和元年7月1日基発0701第1号）

　安衛法第71条の3に基づく快適職場指針は，作業環境を快適な状態に維持管理するための措置として，屋内作業場の空気環境における浮遊粉じんや臭気等について，労働者が不快と感ずることのないよう維持管理されるよう必要な措置を講ずることとし，必要に応じ作業場内に喫煙場所を指定する等の喫煙対策を講ずるとしている。

　平成26年に追加された安衛法第68条の2は，健康保持増進対策の一環として，すなわち，受動喫煙が業務上疾病となる場合があることを前提に（三柴丈典氏による）[14]，事業者に対し，事業場の実情に応じた受動喫煙防止措置の努力義務を課した。

　また，平成30年7月に成立した改正健康増進法第30条第4項は，国民の健康の向上を目的として，多数の者が利用する施設等の管理権原者等は，当該特定施設等における受動喫煙を防止するために必要な措置をとるよう努めなければならないと規定した。喫煙専用室

や喫煙目的室を設置する管理権原者によるその旨の標識の掲示等，一部の管理権原者等による措置は義務とされた。特定施設等の管理権原者には，喫煙器具等の設置が禁止された。いずれも，都道府県知事による遵守命令に従わなければ罰則も適用され得る。

職場における受動喫煙防止のためのガイドラインは，上記改正健康増進法の施行に伴い，同法で多数利用施設管理権原者等が求められた事項及び安衛法第68条の2により事業者が実施すべき事項を一体的に示すことを目的に作成されたものである。

安衛法第68条の2及び改正健康増進法，職場における受動喫煙防止のためのガイドラインについては，安衛法第68条の2の逐条解説を参照されたい。

(5) 労働契約法第5条，民法第415条，第709条，第715条，第719条，国家賠償法第1条

安衛法第71条の2の事業者の措置義務は公法上の義務であるとともに努力義務であり，同条を私法上の履行責任や安全配慮義務の直接的な根拠とすることは困難である。また，第71条の3に基づく快適職場指針も直ちに事業者に私法上の義務を負担させるものではない。

しかしながら，個別具体的事情により，安衛法第71条の2及び快適職場指針に基づく措置の実施が当該労働者の安全や健康に障害を及ぼす可能性があるような場合には，当該措置を講じることが私法上の安全配慮義務の内容を構成する可能性があるというべきである。このような場合，事業者は，民法第415条（労働契約に付随する安全配慮義務違反。労働契約法第5条），不法行為（民法第709条），使用者責任（民法第715条），共同不法行為責任（複数の共同不法行為者がいる場合。民法第719条）を負うこととなり，国または公共団体の公務員が，必要な措置を講じないことにより労働者に違法に損害を与えたときは国家賠償法第1条第1項に基づき損害賠償責任を負うこととなる。

具体的な裁判例としては，後掲受動喫煙に関する関連裁判例を参照。

4 沿革
1 中央労働基準審議会の建議

平成4年1月10日，中央労働基準審議会において「労働者の安全と健康の確保のための対策の推進について」が建議された。

同建議は，建設業における総合的な労働災害防止対策及び快適職場の形成促進を効果的に実施するための方策を建議するものであるが，当時，労働災害の発生件数は，長期的には減少していたものの，減少傾向が鈍化し建設業を中心に死亡事故が多発するとともに，労働環境，作業態様の変化により職場における疲労・ストレスを感じている労働者が高い割合に達しており，疲労・ストレスの蓄積が労働者の健康を損なうとともに，それがヒューマンエラーによる事故につながることも多く，労働災害発生の背景の一つにもなっているとの認識もあり，「すべての労働者にとって疲労・ストレスが蓄積することのない，働きやすい職場の形成」が重要な課題となっているとしている。

また，冒頭の 1 趣旨でも触れたように，労働力人口の高齢化や女性の職場進出に合った作業方法，設備等の職場形成の必要性，労働者の意識の変化に対応する必要性等も快適職場の形成の必要性の背景として触れられている。

建議は，快適職場の概念を整理し，快適職場とは，①労働者が作業を行う場所の空気，温湿度，照明その他の環境が適切な状態に維持管理されている，②労働者の心身に負担の大きい作業が適切に管理維持されているとともに，労働者にとって作業がしやすい配慮がなされている，③職場における労働者の疲労・ストレスの蓄積を軽減し，又は解消するための適切な措置が講じられているとともに洗面所等職場生活で使用する設備や休憩室等作業の疲れをとるために使用する設備等が清潔で使いやすく整備されている職場としている。

また，建議は，事業者の取り組みの促進として，事業者は，作業環境に限らず，作業方法やサポートシステム（職場における労働者の疲労・ストレスの蓄積を軽減又は解消するための適切な措置が講じられているとともに，洗面所等職場生活で使用する設備や休憩室等作業の疲れをとるために使用する設備が清潔で使いやすく整備されていること）を含めた職場全体を快適なものとするための取り組みが求められることから，快適職場を形成し，維持管理するための措置を計画的かつ継続的に講ずるよう努めることとした。

そして，事業者の快適職場形成の取り組みが円滑かつ効果的に行われるように基本的な指針を作成し，公表することとした。

また，事業者が快適職場推進計画を策定した場合は，都道府県労働局長の認定を受けることができることとし，認定を受けた事業者に対する措置として，認定計画に基づく設備，施設等の改善に対する低利融資制度，助成制度のあっせん，相談の実施等の援助を行うこと，一定の要件を満たすものに対する安衛法の規定の適用に関する特例を設けることとした。

快適職場の普及のための措置として，普及啓発活動の他，中央労働災害防止協会を快適職場センターと位置づけて事業者に対する指導，助言，情報提供等を行わせることとした。

2 法改正
(1) 中央労働基準審議会の建議に基づく「労働安全衛生法及び労働災害防止団体法の一部を改正する法律（平成4年5月22日法律第55号）」による改正
○第7章の次に第7章の2「快適な職場環境の形成のための措置」（第71条の2～第71条の4）を加える。
○第1条及び第3条第1項中「作業環境」を「職場環境」に改める。
○第7章の2を加えることに伴い、事業者は作業環境を快適な状態に維持管理するように努めることとしていた第64条を削除する。

改正法は、同改正法律附則第1条但書の規定により、平成4年7月1日に施行された。

(2) 第71条の4及び施行通達

第71条の4は、第106条と同様、国の援助に関する規定であるが、前者は事業者が快適な職場環境形成のための措置を講じるに当たっての援助、第106条は、安全衛生に関する活動を行うに当たっての援助を規定したものである。

第71条の4の施行に合わせて通達「快適職場形成促進事業の施行について」（平成4年7月1日基発第391号：法第71条の4の施行通達）が発出された。同通達で行うこととされた事業の概要は、①快適職場指針の公表、②事業者に対する相談、情報の提供、③安衛則第61条の3の規定により事業者が策定した快適職場推進計画の都道府県労働基準局長による認定、④認定を受けた事業者に対する職場改善の措置に関する経費の一部の低利融資、⑤認定を受けた事業者に対する職場改善用の機器の取得等に対する助成である。

(3) 第71条の3及び快適職場指針

第71条の3に基づき、改正法施行と同時に「事業者が講ずべき快適な職場環境の形成のための措置に関する指針」（平成4年7月1日労働省告示第59号。以下「快適職場指針」という）が作成、公表された。

また、同時に施行通達「『事業者が講ずべき快適な職場環境の形成のための措置に関する指針』について」（平成4年7月1日基発第392号。以下「快適職場指針について」という）が発出された。

(4) 平成16年5月13日基発第0513002号による関係通達の改正

快適職場指針は、職場環境の改善の一環として空気環境の整備を挙げているが、受動喫煙の健康に与える影響について医学的、疫学的調査が進展し、労働者、国民の健康確保の観点から喫煙対策を講じる必要性が強調されるようになった。

国は、その後、平成26年の安衛法改正で、事業者に努力義務として個々の事業の事情に応じた受動喫煙防止対策を求める法第68条の2を第七章に新設し、健康の保持増進対策として受動喫煙防止対策を進めることとしたが、第7章の2が司る快適な職場環境の形成のための取り組みの中でも、受動喫煙対策を重要な位置づけをもって取り組んでいる。

職場の受動喫煙対策については、2003（平成15）年5月に、分煙効果判定基準（詳細は本書第68条の2の逐条解説を参照されたい）の影響を強く受け、喫煙室と非喫煙場所の境界線で喫煙室に向かう風速を示唆するなど分煙措置の強化を図った、職場における喫煙対策のためのガイドライン（「新ガイドライン」）（平成15年5月9日基発第0509001号）が公表された。

同じ2003（平成15）年5月に、WHO総会で「たばこの規制に関する世界保健機関枠組み条約（FCTC）」が採択され、日本も署名した。

これらの経緯を踏まえ、平成16年5月に、基発第0513002号（「事業者が講ずべき快適な職場環境の形成のための措置に関する指針」について等関係通達の一部改正について）が発出された。

これにより、「快適職場指針について」等関係通達の一部が改正され、上記「快適職場指針について」のⅡの第2の1の(1)の［3］中「たばこの煙又は臭いに不快を感じている労働者がいる」が「職場で非喫煙者の受動喫煙がある」に改められ、［4］中「喫煙室や喫煙場所の設置、禁煙タイムの設定等」が「全面禁煙又は空間分煙」に改められるとともに、法第71条の4の施行通達である平成4年7月1日付け基発第391号「快適職場形成促進事業の施行について」に「(2)職場における喫煙対策のための教育の実施」が加えられ、受動喫煙防止を一層進めるための変更がなされた。

その他、受動喫煙対策の経緯の詳細については、本書第68条の2の逐条解説を参照されたい。

(5) ストレスチェック制度の創設

平成27年12月にストレスチェック制度が開始されたが、同制度は、ストレスの高い職場に対して、職場環境の改善を求めている。ここにいう職場環境とは、職場の物理的な環境（温度、換気、照明等）、レイアウト、作業方法、人間関係、人事労務管理体制、疲労を回復するための施設、設備等様々なものを含む。これらの環境要因をストレスチェックの集団分析結果を活用しながら評価し、職場で話し合いながら改善することが望まれる。なお、上記職場の環境要因は、後記 5 1(2)(d)で紹介する調査票「快適職場調査（ソフト面）」の項目と共通したものである。

5 運用
1 適用の実際
(1) 労働基準監督官による監督指導の実際
快適職場形成というのは、労働基準監督官による監

督指導の現場では，あまり意識されていなかった（いない）というのが，実情と思われる。現場の監督官の意見として，一般の事業場の指導の現場では労基法違反や危害防止基準違反が多過ぎて，快適職場形成指針についてまで指導すると，事業者側が消化できなくなってしまうという評価もある。臨検監督業務については現場の安全衛生が主眼とされており，（そもそも安衛法第71条の2は事業者の努力義務としての性格を持つが，）快適職場形成推進のためには，監督官による指導というよりも，中央労働災害防止協会等の関係団体を通じた指導，援助，情報提供，相談や平成22年度まで行われていた快適職場推進事業による快適職場推進計画の認定や様々な援助措置により企業の自主的な取り組みを支援することが求められよう。平成4年の安衛法改正のもとになった中央労働基準審議会の建議も指摘するように，企業の側は快適職場形成の必要性は認識をしていても，そのための知識やノウハウを有しておらず，その創意工夫により職場の実情に応じた快適な職場環境を作り出すためには，国や専門的な機関による相談や取り組み事例などの情報提供，設備・施設の整備の資金的な援助などが求められるというべきであろう。

(2) 職場の取り組み

(a) 快適職場形成促進事業

高度経済成長を経て，物質的な豊かさよりも心の豊かさを求める傾向が強まり，労働者の価値観も，職場は単に生産の場ではなく生活時間の3分の1を過ごす場でもあるという認識が広がり，作業環境や作業方法の改善はもちろん，ストレス対策や設備の改善も求められるようになった。特に若年者はいわゆる3K（きつい，汚い，危険）を嫌い，収入以上に働きやすさ，ストレスの少ない職場を求める傾向が強まってきた。この傾向は近時，益々強くなってきているといってよかろう。

こうした社会・経済情勢の変化や労働者の価値観，意識の変化を背景に，中央労働基準審議会の建議を受けて，平成4年に安衛法が改正され，快適職場形成促進事業が開始された。事業を実施するために，中央労働災害防止協会及び各都道府県に快適職場推進センターが設置された。

(b) 職場における取り組みの事例等

職場によって，屋外作業，重筋作業，不自然な姿勢での作業等の労働負荷の大きい作業がある，作業者の高齢化が進んでいるなどの特性があるため，職場の快適化を進めていくためには，各業種の特性を踏まえた対応をする必要がある。建設業については「建設業における快適職場形成のための対象作業・対象事項及び対策の例」（平成7年9月26日基安発第13号）が示されており，林業（平成8年5月16日基安発第15号），陸上貨物運送事業（平成10年7月15日基安発第17号），工業及び砕石業（平成14年3月29日環境改善室長事務連絡）についても，快適職場形成他のための対策，改善事例が示されている。

また，中央労働災害防止協会から，労働安全衛生規則第61条の3に基づき都道府県労働局長により快適職場推進計画の認定を受けた事業場等が実施している職場の快適化事例が紹介されている（**資料7-2-1**）。

快適職場形成促進事業は，平成4年度に開始され，平成22年度まで実施された。「社会復帰促進等事業に関する平成22年度成果目標の実績評価及び平成23年度成果目標」の労働基準局労災補償部労災管理課作成の資料によると，平成19年度は約3億9700万円の予算（執行率93％）で実施され，予算額は漸減して平成22年度は2億3300万円（執行率97％）で行われてきたが，22年度目標は快適職場推進計画の認定件数を年間3210件以上とするとされていたところ，認定件数3422件の実績を上げていた。目標を達成した理由として快適職場づくりの周知啓発により，より多くの事業場に認識され，自主的な取り組みが推進された結果と考えられるとされている。

本事業及びそれに基づく快適職場推進計画の認定制度，認定を受けた事業者に対する低利融資や助成措置は，平成22年度をもって廃止され，各地の快適職場推進センターも廃止されたが，今後も快適職場の形成の取り組みを進めるうえで，職場の快適化事例の情報を収集し，提供する事は有用である。

(c) 快適職場づくりのもたらす安全衛生等への効果の調査

中災防が，快適職場形成促進事業が開始された平成4年度から平成15年度までに都道府県労働局長により快適職場推進計画の認定を受けた事業場を対象に「快適職場づくりのもたらす安全衛生等に関する効果」についてアンケート調査を行っている（おそらく平成16年頃の実施。1649事業場から回答。うち37％が従業員300人以上，57％が100人以上の企業である）[18]。

これによると，回答者の85％が快適職場推進計画が計画通り進んでいるとし，現在でも取り組んでいる企業が83％を占めている。また，取り組みの形態としては，75％が取り組みのスタートからあるいは途中から安全衛生活動の一環として快適職場づくりに取り組んでいると回答している。そして，計画を実行した結果「効果あり」と評価できる事項として，①安全衛生に関しては，従業員の安全衛生に対する関心の向上（73％），経営者の安全衛生に対する関心の向上（53％），職場の整理整頓の推進（64％）を挙げる者が多く，②職場全般に関しては，職場での安心感・満足感の向上（49％），作業の生産性の向上（44％），企業イメージ（社会的信用）の向上（35％）が多い。

資料7-2-1　職場の快適化事例

①作業環境
　空気環境，温熱条件，作業空間等，視環境，音環境

▶ 防寒アノラックを支給

▶ 高所作業車に冷房装置を設置

▶ 鉄筋籠加工ヤードに移動式テントを設置

▶ タイヤ自動洗浄装置を設置

▶ 作業場の一部を間仕切りして憩いの場を設置

▶ 検査作業にマイクロスコープ装置を導入

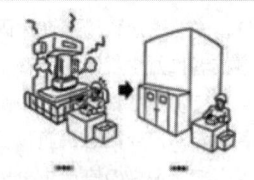
▶ プレス機械を防音パネルで組み立てたボックスで囲う

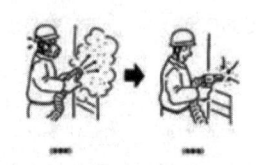
▶ 気吹洗浄による粉じんを吸引洗浄，換気扇へのフィルター取付けにより除去

▶ 作業場の照度をアップ

②作業方法
　不良姿勢作業，重筋作業，高温作業等，緊張作業等，機械作業等，洗浄作業等，騒音作業，ロボット作業，検査作業，クレーン作業，高所作業

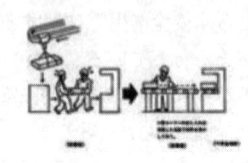
▶ 運搬作業をローラー化し重筋作業を解消

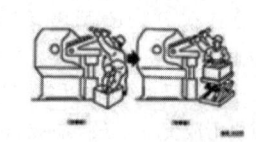
▶ 電動式テーブルリフターの導入で材料の持上げ作業を解消

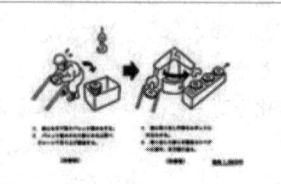
▶ パレット積み作業をロボット化し、作業を改良

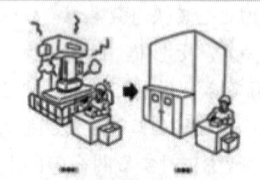
▶ プレス機械を防音パネルで組み立てたボックスで囲う

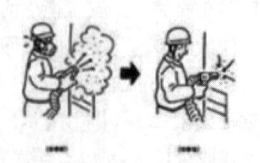
▶ 気吹洗浄による粉じんを吸引洗浄，換気扇へのフィルター取付けにより除去

▶ 自動仕分装置を導入

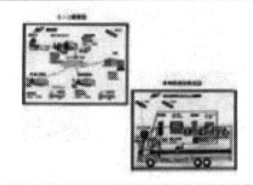
▶ 移動体管理システムを導入

▶ パレット・ロールボックスの活用で準一環輸送

▶ 自走式搬器の導入

③疲労回復支援施設
　休憩室，シャワー室等，相談室等，音環境，環境設備，照明施設，遮音施設，腰痛防止，喫煙室，植樹，水洗トイレ，リフレッシュコーナー，運動施設

▶ 洗濯機と移動可能型の乾燥棟を設置

▶ 水洗トイレをユニットハウス内に設置

▶ 屋内外に運動施設を設置

▶ 公園工場を目指し植樹

▶ 作業場の一部を間仕切りして憩いの場を設置

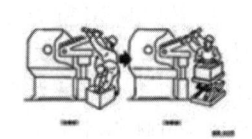
▶ 電動式テーブルリフターの導入で材料の持上げ作業を解消

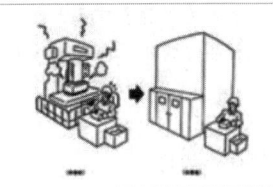
▶ プレス機械を防音パネルで組み立てたボックスで囲う

▶ 休憩小屋の設置

▶ 明るく広い休憩室に改善

④職場生活支援施設
　洗面所，更衣室等，食堂等，給湯設備・談話室等，乾燥室

▶ 洗濯機と移動可能型の乾燥棟を設置

▶ 浴室及びシャワールームを設置

▶ ウォータークーラー、自動販売機の設置

▶ 食堂を広くし、畳敷きの"いろり"コーナーを設置

▶ 研究所にコミュニティプラザを設置

▶ 浴場、更衣室、トイレ等を快適に改造

▶ 現場用移動式トイレを設置

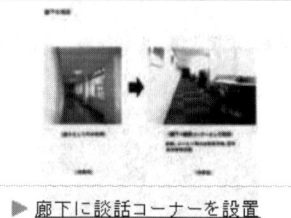
▶ 廊下に談話コーナーを設置

▶ 更衣室を改装して談話室兼多目的ホールを設置

注：本資料は事例の一覧ではなく紹介されているHPの目次部分。
（中央労働災害防止協会安全衛生情報センターWEBサイト（https://www.jaish.gr.jp）より一部掲載。各事例の詳細は，同WEBサイトを参照〔快適職場づくり―職場の快適化事例（https://www.jaish.gr.jp/user/anzen/sho/ankz02.htm），最終閲覧日：2023年5月30日〕）

これを見ると，快適職場推進の取り組みについて，計画を策定し継続的に取り組んでいる企業では，一定の成果を上げていることが窺われる。

(d) 継続的かつ計画的に快適な職場環境の形成に取り組むためのツール

快適職場指針も指摘するように，また上記実際の取り組み事例の調査結果からも，快適な職場環境を形成し，適切に維持管理するためには，継続的かつ計画的な取り組みが重要である。

そして，職場が快適であるためには，作業環境や作業方法等のハード面の快適化が欠かせないが，同時に，近年は職場の人間関係や仕事のやりがい等の職場環境のソフト面に関する様々な問題が生じており，そのようなソフト面の課題を早期に発見し対応することの重要性が認識されてきた。そうしたソフト面の課題を早期に発見し対応することによって快適な職場を形成するために，調査票「快適職場調査（ソフト面）」が国の委託調査研究により開発された。調査票「快適職場調査（ソフト面）」は公表され，利用に供されている。現在では資料7-2-2の「快適化のためのハード，ソフト両面の評価表」が作成され，中災防から公表されて利用に供されている。今後も，その活用が望まれる。

また，このほかにも「いきいき職場づくりのための参加型職場環境改善の手引き」が厚労省から公表されている。[19]この資料は，中小規模事業場の安全衛生担当者が従業員と一緒に行う「メンタルヘルスのための職場環境改善」の手順についてまとめたものであり，現場の取り組みの参考になる。手引きは，職場環境の改善の4つの視点として，A「仕事のすすめ方」（仕事の量，裁量度，役割葛藤等），B「オフィス・職場環境」（温度，採光，騒音，粉じん，休憩・休養設備等），C「人間関係・相互支援」（上司のリーダーシップ，公正な態度，上司・同僚のサポート，対人関係等），D「安心できる職場の仕組み」（相談窓口，キャリア形成，公正な人事評価，ハラスメント対応等）を挙げているが，自らの職場環境を同僚や管理監督者とともに見直すことがメンタルヘルスに役立つこと及び生産性にも直接的・間接的に良い効果をもたらすことが指摘されている。

2 関連判例

(1) 受動喫煙に関する裁判例

快適な職場環境の形成は，安衛法上の健康と安全を確保するための最低限の義務を履行していることが前提のいわば上乗せの努力義務を事業者に課したものということができる。その適用範囲は，健康障害を生じる危険があるとは限らないものを広く含み，健康障害リスクの医学的な確証が得られていない段階でも，安全衛生の水準を向上させる観点から対策を講じようとする規定である。

受動喫煙は，咳やのどの痛み，頭痛などの急性障害の原因となることの医学的なエビデンスは示されていたものの，がん等の慢性疾病への影響については十分なものは示されてこなかった。しかし，次第に疫学的な研究が進み，また国際的にも受動喫煙対策の必要性が強調されるようになる中で，厚労省は受動喫煙とがんなどの慢性影響との医学的な因果関係の確証が示さ

資料7-2-2　継続的かつ計画的に快適な職場環境の形成に取り組むために

ハード・ソフト両面からのアプローチ

快適職場づくりを推進するに当たっては、労働安全衛生マネジメントシステムの基本的な考え方に沿って、「P→D→C→A」という一連の過程により連続的かつ計画的に実施することが必要です。

その際には、職場環境を不快にしている要因と快適化に必要な要因の把握と評価及び快適職場推進計画の実施結果等の評価が重要なポイントになります。

そのポイントを把握するためのツールとしてハード面、ソフト面からアプローチするための評価票を作成しました。

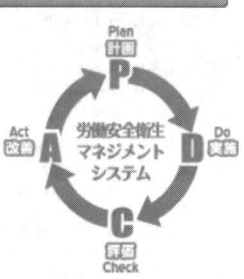

快適化の評価のために

職場環境評価
快適な職場環境を作るために、職場の現状の把握から改善を段階的に評価して、ハード面の快適化への取り組みを計画的に行います

快適職場調査
職場の人間関係や仕事のやりがいなど、働きやすい職場づくりのために、ソフト面の現状を把握し問題点の確認をするためのツールです。

職場環境評価(ハード面)〜快適職場指針項目〜

第一段階評価表(基礎的事項の点検項目)	sho_07_p1.pdf (PDF:14KB)
第二段階評価表(1作業環境)	sho_07_p2.pdf (PDF:140KB)
第二段階評価表(2作業方法)	sho_07_p3.pdf (PDF:61KB)
第二段階評価表(3疲労回復支援施設)	sho_07_p4.pdf (PDF:44KB)
第二段階評価表(4職場生活支援施設)	sho_07_p5.pdf (PDF:41KB)
評価項目別快適度チャート	sho_07_p6.pdf (PDF:35KB)
作業環境(職場の一部)強度ランク値チャート	sho_07_p7.pdf (PDF:30KB)
評価項目別職場不快量グラフ	sho_07_p8.pdf (PDF:28KB)
強度ランク・評価ランクごとの評価項目数の推移	sho_07_p9.pdf (PDF:29KB)
強度ランク・評価項目数の推移	sho_07_p10.pdf (PDF:29KB)
各種評価指標の推移	sho_07_p11.pdf (PDF:29KB)

働きやすい職場づくりのために「職場のソフト面の快適化のすすめ」
〜快適職場調査(ソフト面)の活用による職場の心理的・制度的側面の改善〜

「快適職場調査」(ソフト面)のすすめの活用にあたっては、画面をプリントしてご使用下さい。
なお、実施にあたっては留意事項をよくお読み下さい。

表紙	働きやすい職場づくりのために「職場のソフト面の快適化のすすめ」〜快適職場調査(ソフト面)の活用による職場の心理的・制度的側面の改善〜	sho_07_p1s.pdf (PDF:159KB)
P2	目次	sho_07_p2s.pdf (PDF:475KB)
P3	はじめに	sho_07_p3s.pdf (PDF:451KB)
P4	第1 快適職場づくりにおけるソフト面 1 労働者のストレスの状況 2 快適職場づくりのハード面とソフト面 (1)労働衛生の新しい流れ (2)快適職場づくりにおけるソフト面 (3)ソフト面の快適職場づくりの意義	sho_07_p4s.pdf (PDF:651KB)

P5	3 ソフト面の7領域 領域1　キャリア形成・人材育成 領域2　人間関係	sho_07_p5s.pdf (PDF:469KB)
P6	領域3　仕事の裁量性 領域4　処遇 領域5　社会とのつながり 領域6　休暇・福利厚生 領域7　労働負荷	sho_07_p6s.pdf (PDF:893KB)
P7	第2 ソフト面の快適職場づくりの現状 1 快適職場づくりのソフト面に関する企業の認識 2 ソフト面の快適職場づくりの企業の対応とニーズ	sho_07_p7s.pdf (PDF:718KB)
P8	第3 ソフト面の快適職場づくりの進め方 1 基本的考え方 2 基本的な手順 (1)方針の決定・体制の整備等 (2)快適職場調査の実施	sho_07_p8s.pdf (PDF:593KB)
P9	(3)対策の樹立と実行	sho_07_p9s.pdf (PDF:570KB)
P10	3 領域毎の改善策立案上のポイント 領域1　キャリア形成・人材育成 領域2　人間関係 領域3　仕事の裁量性	sho_07_p10s.pdf (PDF:747KB)
P11	領域4　処遇 領域5　社会とのつながり 領域6　休暇・福利厚生	sho_07_p11s.pdf (PDF:760KB)
P12	領域7　労働負荷 4 快適職場とメンタルヘルス	sho_07_p12s.pdf (PDF:814KB)
P13	資料　快適職場調査(ソフト面) [1]快適職場調査の概要 [2]快適職場調査の特徴	sho_07_p13s.pdf (PDF:622KB)
P14	[3]集計結果の見方とわかること [4]快適職場調査の実施にあたっての留意事項	sho_07_p14s.pdf (PDF:585KB)
P15	評価・解釈の例	sho_07_p15s.pdf (PDF:661KB)
P16	チェックシートⅠ(事業所用)	sho_07_p16s.pdf (PDF:1,238KB)
P18	チェックシートⅡ(従業員用)	sho_07_p17s.pdf (PDF:1,294KB)
P20	プロフィール	sho_07_p18s.pdf (PDF:228KB)

快適職場調査ソフト面集計表 (xls:121KB)
※ダウンロードしてご使用ください。
注）このエクセルの表には、集計のためのマクロ(プログラム)が含まれています。

注：本資料は事例の一覧ではなく紹介されているHPの目次部分。
（中央労働災害防止協会WEBサイト［快適職場づくり｜継続的かつ計画的に快適な職場環境の形成に取り組むために｜安全衛生情報センター (jaish.gr.jp)，最終閲覧日：2023年5月30日］）

れていない状況の下でも，国民の健康確保の観点から健康増進法を平成14年に成立させ（平成15年5月1日に施行），新ガイドライン（「職場における受動喫煙防止のためのガイドライン」平成15年5月9日基発第0509001号）を発出して，快適職場を形成する観点から職場の受動喫煙対策を重視してきた。新ガイドラインは，分煙効果判定基準の影響を強く受け，喫煙室と非喫煙場所の境界線で喫煙室に向かう風速を示唆するなど分煙措置の強化を図ったものである。

平成26年には安衛法第68条の2が新設され，健康保持増進対策の一環として，すなわち，受動喫煙が業務上疾病となる場合があることを前提に（三柴丈典氏による），事業者に対し，事業場の実情に応じた受動喫煙防止措置の努力義務を課した。

また，平成30年7月に成立した改正健康増進法第6章は，多数者利用施設等の管理権原者等に対し，当該特定施設等における受動喫煙防止措置の義務及び努力義務を課した。

これを受けて，職場における受動喫煙防止のためのガイドライン（令和元年7月1日基発0701第1号）が公表された。これは，改正健康増進法が施設管理権者等に求めた事項及び安衛法第68条の2が事業者に求めた事項を一体的に示すことを目的に作成されたものである。

こうした中で，安衛法，快適職場指針，健康増進法等に照らして，一定の範囲で個別の状況を踏まえた受動喫煙対策を講じる義務が安全配慮義務の内容となり

うるとした裁判例が現れた。[20]

　(a)　安全配慮義務違反を肯定した裁判例としては，以下の裁判例がある。
●江戸川区（受動喫煙損害賠償請求）事件・東京地判平成16年7月12日労判878号5頁
〈事案〉
　被告の職員である原告が，被告に対し，被告が，原告を受動喫煙下に置かないように，職場を完全に禁煙にするか又は喫煙場所を区画して換気系統を別にする必要があったにもかかわらずこれを怠り，健康被害等を与えたとして，安全配慮義務違反の債務不履行，不法行為又は国家賠償法第1条第1項に基づき損害賠償を請求した事件である。
〈判決〉
　判決は，「職場における受動喫煙防止のためのガイドライン」（平成8年2月21日基発第75号）や，労働省マニュアル（「やさしい空気環境へ―職場における喫煙対策推進マニュアル―以下「労働省マニュアル」という）」〔平成8年10月〕）[21]が原告の勤務当時公表されていたこと等を考慮すれば，その当時において，公務の遂行のために設置した施設等の状況に応じ，一定の範囲において受動喫煙の危険性から原告の生命及び健康を保護するよう配慮すべき義務を負っていたものというべきであるとし，その義務の内容は，上記危険の態様，程度，被害結果の状況等に応じ，具体的状況に従って決すべきものであるとした。
　その上で，原告は，同人について血たん，咽頭痛，頭痛等の受動喫煙による急性障害が疑われること，原告について勤務後受診時には喫煙の指標である呼気中一酸化炭素濃度が高値をとっており，明らかに受動喫煙環境下にあると考えられること，症状等より，今後，同様の環境下では健康状態の悪化が予想されるので，非喫煙環境下での就業が望まれることなどが記載されたT大学病院の診断書を示しているのであるから，被告は，診断書に記載された医師の指摘を踏まえた上で，受動喫煙による急性障害が疑われる原告を受動喫煙環境下に置くことによりその健康状態の悪化を招くことがないよう，原告の席の後方2，3mの位置に設置されていた喫煙場所を撤去するなどして原告の席を喫煙場所から遠ざけるとともに，自席での禁煙を更に徹底させるなど，速やかに必要な措置を講ずるべきであったにもかかわらず，同年4月1日に原告をその希望に沿って異動させるまでの間，特段の措置を講ずることなく，これを放置していたのであるから，被告は，原告の生命及び健康を受動喫煙の危険性から保護するよう配慮すべき義務に違反したものといわざるを得ないとして慰謝料5万円の支払を命じた。なお，受動喫煙と急性障害との法的因果関係は認めなかった。

　(b)　受動喫煙対策を講じることが安全配慮義務の内容になり得ることを肯定しつつ，事案の具体的事情のもとでは安全配慮義務違反は認められないとした判決としては，以下の裁判例がある。
●京都簡易保険事務センター（嫌煙権）事件・京都地判平15・1・21労判852号38頁
　快適職場指針，受動喫煙防止のためのガイドラインは法的義務を定めたものではなく，（当時の）健康増進法第25条[22]も努力義務を規定したものであることを指摘したうえで，生命，健康等に対する現実的な危険が生じているような場合には，安全配慮義務を根拠に，そうした危険を排除するための措置を執ることを求め得ると解する余地はあるとしたが，各階に喫煙室が設けられ，現時点では空間的な分煙は図られており，被害も一時的な不快感にとどまること等を総合考慮すると，本件センター庁舎内の現状程度の分煙をもって，原告らに対する安全配慮義務に違反し，違法であるとまではいうことができないとした。
●JR西日本（受動喫煙）事件・大阪地判平16・12・22労判889号35頁
〈事案〉
　職員の会社に対する，乗務員詰所等の一定の施設内を禁煙室とせよ請求した事件である。
〈判決〉
　被告は，労働安全衛生法上，快適な職場環境を形成するため必要な措置を継続的かつ計画的に講ずることにより，快適な職場環境を形成する努力義務を負っている（第71条の2）。そして，同法の規定に基づき労働省が公表した指針によれば，必要に応じ作業場内における喫煙場所を指定する等の喫煙対策を講ずることとされている（「快適職場指針」）。
　また，被告は，健康増進法により，その管理する事務所その他の多数の者が利用する施設において，受動喫煙を防止するために必要な措置を講ずる努力義務を負っている。
　もっとも，事業者は法令等により直ちに事業場内の全ての箇所において禁煙措置を講じることを義務づけられているわけではなく，安全配慮義務の内容として一義的に事業場内の全ての箇所において禁煙措置を講じなければならない義務が導かれるものでもない。被告が原告らとの関係において，安全配慮義務の内容としていかなる受動喫煙対策を講じるべきかは，原告らが業務中に受動喫煙を余儀なくされる場所に滞留することが義務づけられているのか，原告らが受動喫煙にばく露される程度（原告らが本件各施設に滞留する時間やその間の同施設内のたばこの煙の濃度等），それによって原告らに生じた健康上の影響等を踏まえて判断される

べきとした。

その上で、〈1〉原告らは、受動喫煙により何らかの疾病にり患するなど現実に医師の治療を要するほど健康が害されたとまでは認められないこと、〈2〉本件各施設は、乗務員等が常時そこで業務を処理することが義務づけられている場所とはいい難く、滞留可能な時間も長いとはいえない上に、実際に滞留している時間に常に受動喫煙にさらされているわけでもないこと、〈3〉わが国の現時点の喫煙対策において、事業場内の全ての場所において禁煙措置又は完全分煙措置までが義務づけられているわけではないことなどを考慮すれば、安全配慮義務の一内容として、本件各施設を禁煙室とすべき作為義務、すなわち、原告らの受動喫煙を完全に防止するに足りる分煙措置を講じるべき作為義務を負っているということはできないとしている。

なお、健康増進法第25条は、努力義務を定めたにすぎず、被告の原告らに対する安全配慮義務の内容を判断するに当たって考慮されるべき重要な事実ではあるが、それのみで作為義務を直接根拠づけることはできないとした。

●横浜地小田原支判平18・5・9労判943号84頁
〈事案〉

タクシーの乗務員である原告が、タクシー車内における乗客の喫煙による乗務員の受動喫煙の被害を防止すべき措置を取るべき義務を被告が怠ったとして、安全配慮義務の不履行、又は、不法行為に基づく損害賠償を請求した。
〈判決〉

厚生労働省策定の新ガイドライン（職場における喫煙対策のためのガイドライン〔平成15年5月9日基発第0509001号〕）においても、労働者の健康確保と快適な職場環境の形成を図る観点から、一層の受動喫煙防止対策の充実を図ることを求めていることに照らせば、被告は、当該施設等の状況に応じ、一定の範囲内において受動喫煙の危険性に照らし、原告の生命及び健康を保護すべき義務を負っているというべきである。

もっとも、その義務の内容は、上記受動喫煙の危険の態様、程度、被害結果の状況等に応じ、具体的な状況に従って決すべきものであるとし、タクシーの乗務員が、自らの受動喫煙による体調の変化について雇主に告知し、告知があるにもかかわらず、雇主が、これを放置するなどし、これにより、タクシー運転手に被害が生じた場合には、雇主は、安全配慮義務違反の責任を負うと解することが相当である。

被告は、原告が、喫煙タクシーに乗務することにつき、原告が特に異議を唱えることなく乗務し、その体調の不良を被告に明確に訴えることはなく、健康診断の結果にも特に異常がなかったのであるから、安全配慮義務に違反していたとすることはできないとした。

●岩手県（職員・化学物質過敏症等）事件・盛岡地判平24・10・5労判1066号72頁
〈事案〉

被告の職員である原告らが、化学物質過敏症を発症したのは、被告が公用車について受動喫煙防止対策を講ずべき安全配慮義務を怠ったことによるものであると主張して、被告に対し、不法行為、債務不履行又は国家賠償法第1条第1項等に基づく損害賠償を求めるとともに、化学物質過敏症の症状が悪化するおそれがあるとして、人格権又は安全配慮義務の履行請求権に基づいて、原告が勤務している建物において、ワックス床剤を掛けて清掃することの差止めを求めた事案。
〈判決〉

問題となっている平成20年1月の時点では、健康増進法が施行されてから4年半以上が経過し、たばこ規制枠組条約が効力を生じてから約3年が経過していたのであり、しかも、受動喫煙が健康に対して一定の悪影響を及ぼすことが平成15年通達において指摘され、受動喫煙に関する報道もされていたことなどに照らせば、平成20年1月の時点において、職場で受動喫煙防止対策を講ずることは、国によって推進されていたということができ、特に地方公共団体の職場については、そのような対策を講ずることが求められていたといえる。

したがって、被告は、一定の範囲において、受動喫煙の危険から原告の生命及び健康を保護するよう配慮すべき安全配慮義務を負っていたというべきである。

もっとも、被告が原告に対して負う受動喫煙に関する安全配慮義務の具体的内容は、受動喫煙の危険性の程度やそれによって生じ得る結果、施設の状況などの具体的状況に応じて定まるべきものである。

健康被害が生じ得るとしても、これを防止するために求められていたのは、喫煙によって現に生じている副流煙などのたばこの煙を吸わされないように分煙などを徹底することであったというべきであり、残留たばこ煙に曝されることがないように対策を講ずべきだとする認識が、社会において広く一般的に受容されていたとはおよそいい難い。

公用車内における残留たばこ煙に係る受動喫煙によって、化学物質過敏症等の継続的かつ重篤な病気までをも発症する可能性があることを前提とした上で、職員を保護するような具体的な対策を講ずべき義務を負っていたということはできず、被告に安全配慮義務違反等は認められない。

●積水ハウス事件・大阪地判平27・2・23労経速2248号3頁
〈事案〉

障害者枠で被告に雇用された原告が，被告は受動喫煙対策を講ずることなく原告を受動喫煙症及び化学物質過敏症にり患させ，また，関節リウマチにり患していたにもかかわらず負担の多い業務に従事させ関節痛等の機能障害を生じさせたとして，安全配慮義務違反に基づく損害賠償を求めた事案。
〈判決〉
　①被告は，平成15年の健康増進法（第25条）[23]の施行等を受け，同年12月には，当初配属されていたミシン室があった本件工場内の総務部事務所を禁煙とする，（おそらく原告の勤務場所と直接関わりはないが，）総務課及び業務課のある建物内に喫煙所を設ける，各課事務所に併設された休憩所内にビニールの暖簾やカーテン等で仕切られた喫煙スペースを設置する等の分煙措置を採り，その際，従業員らに対し，喫煙は喫煙所や喫煙コーナー等の指定場所で行うよう指示，指導したこと，
　②被告は，平成17年8月頃，原告，被告産業医間の面談を経て，原告からミシン室を禁煙にするようにとの申入れを受け，その直後の同年秋頃，ミシン室を禁煙にして同室内に禁煙の張り紙を掲示し，これにより，ミシン室でタバコを吸う者はいなくなったこと
　等を踏まえれば，<u>被告は，法改正等を踏まえ，原告を含む従業員が本件工場内で受動喫煙状態になることがないよう，相応の受動喫煙防止のための対策を講じてきたものであり，受動喫煙対策に関する安全配慮義務に違反したとまでは認めることはできない。</u>
　　(c)　裁判例の評価
　以上のように，裁判例は，概ね，使用者が安衛法上，快適な職場環境を形成する努力義務を負っていること（第71条の2），快適職場指針によると，必要に応じ喫煙場所を指定する等の喫煙対策を講ずることとされていること，健康増進法により，受動喫煙を防止するために必要な措置を講ずる努力義務（各事件の発生当時）を負っていること等に照らし，受動喫煙を防止する対策を講じることが安全配慮義務の内容となる可能性はあるが，その内容は，当該労働者の業務中に受動喫煙を余儀なくされる場所に滞留する義務づけの有無，受動喫煙にばく露される程度（その場に滞留する時間やその間の同施設内のたばこの煙の濃度等），それによって労働者に健康障害が生じる現実的危険性の有無，程度等の個別具体的な事情を踏まえて判断していた。
　そのため，職場での受動喫煙により，事業者が損害賠償責任や対策の履行責任を負う可能性は非常に低かったと言えよう（三柴付記）。
　(2)　快適職場環境形成の保護対象の範囲を拡大した裁判例——建設アスベスト訴訟

　一人親方等を含む建設作業に従事した原告らが，石綿（アスベスト）粉じんにばく露したことにより，石綿肺，肺癌，中皮種等の石綿関連疾患にり患したことについて，国が安衛法に基づく規制権限を行使しなかったのは違法である等と主張して国家賠償法第1条第1項に基づく損害賠償を求め，建材メーカーに対して危険を表示することなく石綿含有建材を製造販売したことについて共同不法行為（民法第719条）に基づく損害賠償を求めた建設アスベスト訴訟において，一人親方等の労基法上の労働者以外の者が安衛法の保護の対象者となり得るかが争われた。
　具体的には，安衛法第57条の危険物表示義務，第22条（同条に基づく特化則第38条の3）の作業現場掲示義務（健康障害防止の措置義務）による保護は，一人親方等に及ぶかという法解釈問題が争われたが，原告側が，安衛法第1条は職場における労働者の安全と健康を確保するという目的のほかに快適な職場環境の形成を促進する目的を掲げていることを根拠の一つとして主張したことから，同条の「快適な職場環境の形成」による保護の対象が一人親方等にも及ぶのかという点も争点となった。
　この点については，最高裁判決に先行する下級審判決の判断は分かれていた。そのうち下記の東京高裁判決における原告・控訴人の主張及びそれを否定した判決の論理は，以下の通りである。
●東京高判平29・10・27判タ1444号137頁
〈原告・控訴人の主張〉
　旧労基法は，「工場ないし設備」から生じる工場内外の危害を防止することを目的とした工場法を前身としており，旧労基法第42条に「労働者」との文言はなかった。労基法から派生した安衛法も，第1条において職場における労働者の安全と健康を確保するという目的のほかに，「快適な作業環境の形成を促進すること」を目的として制定され，その後，平成4年の改正によって，その目的は，「快適な職場環境の形成」へと改正された。この改正は職場の安全衛生水準の向上のためには作業環境のみならず，その従事する作業や職場で使用する施設・設備等を含めて職場環境全体を快適なものとしていく必要があるとして，より広く高次の概念として「快適な職場環境の形成」と改正したものであり，それによって保護される者は必ずしも労働者に限らず，労働者に準じて，労働者と同様に職場での作業に従事する者の保護をも予定しているといえる。
〈判決〉
　判決は，被告・被控訴人国の主張を認め，要旨以下のように判断した。
　安衛法第1条が，職場における労働者の安全と健康

の確保とともに快適な作業環境（原文のママ。事件当時の文言を示したものと思われる。現在は、作業方法等を含め、より広義の「職場環境」に代えられている）の形成の促進を目的としているのは、快適な作業環境（原文のママ）の形成の促進を独立の目的とするのではなく、あくまでも、これが究極の目的である職場における労働者の安全と健康の確保に資するとの位置づけによるものであることは、同条の文言のみならず、安衛法が旧労基法の規定の一部を整備し単独法として制定された経緯から明らかであり、快適な職場環境の形成との文言を根拠に、安衛法が労働者を超えて快適な職場環境から利益を受ける者を広く保護対象とするものと解することはできない。

　これに対し、上記控訴審判決に対する上告審である最高裁は、要旨以下のように判示して、安衛法第1条の快適職場形成の保護は労基法上の労働者以外の一人親方にも及ぶとした。

●最1小判令3・5・17民集75巻5号1359頁
　安衛法第57条は、労働者に健康障害を生ずるおそれのある物で政令で定めるものの譲渡等をする者が、その容器又は包装に、名称、人体に及ぼす作用、貯蔵又は取扱い上の注意等を表示しなければならない旨を定めている。同条は、健康障害を生ずるおそれのある物についてこれらを表示することを義務づけることによって、その物を取り扱う者に健康障害が生ずることを防止しようとする趣旨のものと解され、また、安衛法第57条は、物の危険性に着目した規制であり、その物を取り扱うことにより危険にさらされる者が労働者に限られないこと等を考慮すると、その物を取り扱う者であって労働者に該当しない者も保護する趣旨のものと解するのが相当である。なお、安衛法は、その第1条において、職場における労働者の安全と健康を確保すること等を目的として規定しており、安衛法の主たる目的が労働者の保護にあることは明らかであるが、同条は、快適な職場環境（平成4年法律第55号による改正前は「作業環境」）の形成を促進することをも目的に掲げているのであるから、安衛法第57条が労働者に該当しない者を当然に保護の対象外としているとは解し難い。

　本件掲示義務規定は、特別管理物質を取り扱う作業場という場所の危険性に着目した規制であり、その場所で作業する者であって労働者に該当しない者も保護する趣旨のものと解するのが相当である。なお、安衛法が人体に対する危険がある作業場で働く者であって労働者に該当しない者を当然に保護の対象外としているとは解し難いことは、上記と同様である。

　このように、最高裁は、安衛法第57条等の各規制法令の趣旨、性格を考慮すると、危険な物を取り扱い、危険な場所で作業する者であれば労働者以外の者をも保護する趣旨と解するのが相当であり、また、安衛法第1条が労働者の安全と健康を確保する目的のみならず快適な職場環境形成促進をも目的に掲げていることに照らせば、労働者に該当しない者を規制法令による保護の対象外としているとは解されない、すなわち安衛法第1条の快適職場形成は労働者以外の者であっても保護の対象にしているとした。

　最高裁判決を受けて、厚労省は石綿障害予防規則をはじめとする関係省令を改正した。

（3）最高裁が、安衛法の快適職場環境形成による保護の対象を労基法上の労働者以外にも広げたことの意義と今後の課題

(a) 安衛法令による規制の保護対象（者）をどこまで広げるか——最高裁判決の射程と省令改正

　最高裁判決は、①安衛法令の各条規の趣旨、性格と、②安衛法第1条が快適な職場環境の形成の保護対象を労働者に限定していないことから危険有害物を取り扱う労働者以外の作業従事者や危険な作業現場で作業に従事する労働者以外の作業従事者をも各規制法令の保護対象者に含むものとした。

　最高裁判決からは、安衛法令の各条規の趣旨、性格を離れて、労働者以外の作業従事者に当該規制法令の保護対象を広げたとは解されない。

　厚労省は、最高裁判決を受けて必要な省令の改正を行ったが、その主な内容は、以下の通りである。

　第1に危険有害作業を請け負う請負人（一人親方、下請業者）に対する保護措置として、
①有害物の発散防止の装置等の稼働につき、請負人のみが作業をするときも稼働させ、使用を許可する等の配慮義務、
②マスク等の保護具の使用につき、請負人に対し使用が必要である旨を周知する義務、
③安全確保のための作業方法の遵守につき、請負人に対し遵守の必要性を周知する義務、
④作業終了時の身体の汚染除去等につき、汚染除去が必要である旨を周知する義務、

　を事業者に負わせた（請負人は事業者が指揮監督する関係にないため周知義務にとどめる）。

　第2に同じ作業場所にいる労働者以外の者（一人親方、他社の労働者、資材搬入業者、警備員等）に対する保護措置として、労働者に対する措置と同様に、
①危険箇所への立ち入りを禁止する義務、
②特定の場所での喫煙・飲食を禁止する義務、
③危険性等に関する掲示をして知らせる義務、
④事故発生時に退避させる義務

　を事業者に負わせた（主な改正省令は、石綿障害予防

規則第17条，第13条，第14条，第33条，第34条，有機溶剤中毒予防規則第26条，特定化学物質障害予防規則第38条の14，酸素欠乏症等防止規則第14条である）。

(b) 今後求められる検討事項

今後は，最高裁判決の趣旨も踏まえながら，安衛法令による保護の対象者をどこまで広げるかを検討する必要があろう。具体的な検討課題として考えられるのは，

① 「物の危険性」及び「場所の危険性」に関する規定で，労働安全衛生法第22条及び第57条以外の規定のあり方（安衛法第20条，第21条，第23条，第25条等），

② 労働者が作業に従事しない場合の事業者（注文者）による措置のあり方，

③ 労働者以外の者による（事業者が行う措置の）遵守義務（罰則あり）のあり方—履行確保の方法，

④ 個人事業者（一人親方，フリーランス等）による事業者としての措置義務のあり方，

⑤ リスクアセスメント等を基本とする自主的な管理における労働者以外の者を対象とする措置のあり方等である。

現状でも，建設の作業現場では重層下請構造により，多くの請負人が作業に従事しておりその適切な保護策は重要な課題であるが，それ以外の業種でも，今後は更に個人事業主が増加することが予想され，安衛法，労災保険法の改正も含めたトータルな保護の在り方を検討してゆく必要があろう。

(c) 第71条の2の快適職場環境形成のための措置義務の対象範囲をどこまで広げるか

最高裁は，安衛法第1条の快適職場形成による保護の対象は労働者に限定されると解する必要はないとした。同法第71条の2に基づき，事業場における安全衛生の水準の向上を図るために行われる，快適な職場環境を形成する措置は，安衛法上の最低限の安全基準を満たしたうえで行われるべきものであるが，作業環境の改善，作業方法の改善，疲労回復やストレスを低減させるための体制整備は，安全や健康確保措置と一体として行われることも多く，原則的には労基法上の労働者に限定することなく，その便益は提供されるのが相当と考えられる。

(4) その他

安衛法上の健康診断の受診を命じることは，当該受診者のみならず職場の他の職員や児童，生徒らの健康の保持増進を図り，同第1条の快適職場環境を形成しようとするものであるとして，受診義務は職務上の義務であり，受診命令違反が地方公務員法の懲戒事由に該当する事情になるとした裁判例がある。

● 愛知県教育委員会（減給処分）事件・名古屋高判平9・7・25労判729号80頁

〈事案〉

市立中学校教員が胸部エックス線検査を受検せず，その受検を命じた校長の職務命令を拒否したことを理由とする減給処分の取消請求事件である。

〈判決〉

判決は，以下のように，安衛法第1条は，健康診断を実施することにより受診者個人のみでなく職場における他の職員や児童，生徒，学生らを含む者の健康を保持し，快適な職場環境を形成することも目的としていると解している。

安衛法が「職場における労働者の安全と健康を確保するとともに，快適な職場環境の形成を促進することを」（同第1条）目的として制定されていること等から考えると，結核予防法学校保健法，安衛法等は，それぞれに定める健康診断を実施することにより，受診者個人の健康を増進させることはもとより，それにとどまらず職場環境，教育環境における各人の健康の保持増進を図り，快適な環境を形成しようとしていると解される。したがって，右各条の受診義務の規定は，労働者（業務従事者）の職務上の義務としての右の受診義務を定めたものと解されないとするのは狭きに失するとして，被控訴人が本件エックス線検査を受検しなかった事実は，地方公務員法第29条第1項第1号に該当すると判断した。

考察と結語：第71条の2〜第71条の4

1 職場環境の変化とソフト面の対策の必要性

既に，平成4年の中央労働基準審議会の建議でも指摘されていた経済のソフト化，サービス化や国際化による仕事の内容や働き方の変化，労働者の価値観や意識の変化は，近時さらに進展しており，物理的な職場環境の改善のみならず職場の人間関係や人事労務管理の在り方（キャリア形成や公正な人事評価，上司や同僚によるサポート，仕事の内容・裁量度や量，ハラスメント対応等）といったソフト面の改善により，ストレスや疲労の少ない快適な職場環境を形成することの重要性が高まっている。最近は，精神障害による労災の請求件数，支給決定件数が増加しており，出来事別では，パワハラが最も多く，仕事内容・仕事量の変化がそれに次いでいるが[24]，このことからもソフト面の改善によるストレスの低減が強く求められる。

労災は，ストレスや疲労の蓄積がその背景事情にあることも多く，労災の防止と快適な職場環境形成は，連続性があり不可分の関係にあるといってよい[25]。

今後，急速な技術革新やIoTの活用は，仕事の内容，労働者の働き方やそれによる労働者のストレスと疲労の内容にも影響を及ぼす可能性がある。COVID-

19パンデミックを契機に広がった在宅ワークもデジタル技術の進歩によるIoTの活用があったから可能になった。今後は，AIを活用したDXと第4次産業革命といわれる産業構造の変化によって更に労働者の働き方が変化し，労働者の安全と健康に影響を及ぼすことも考えられる。

IoTの活用で職場の意味も変化しているが，職場環境のハード面とソフト面の両面で，労働者の安全と健康を確保し，ストレスや疲労の少ない快適な職場環境を作る取り組みが重要である。労働者が健康で生き生きと働く職場づくり，エンゲージメントの高い職場づくりは，快適な職場環境の形成と一体になって行われる必要がある。また，「働き方改革」をインプット（労働力投入）を効率化するフェーズⅠからアウトプット（付加価値の創造）を最大化するフェーズⅡに進化（深化）させる上でも，避けて通れない課題である。

快適な職場環境の形成は，事業者が，自らの職場に応じた改善の取り組みを計画的，継続的に行うことが重要であるが，仕事の内容や働き方が変化する中で，国には，快適な職場環境形成の普及，啓発及び専門的な知識，技術の提供や相談，助成措置などにより事業者の自主的な取り組みを支援することが求められる。特に，支援に際しては，中小企業に対する配慮が求められる。

2　個人事業主の保護策の検討の必要性

保護の方法としては，労働者概念の見直しを図る考え方もあろうが，労働者の意義を何らかの使用従属性の存在を基本に個別的労働関係法と集団的労働関係法の労働者概念に分けて捉える通説的な考え方を前提にしたとしても，労働者に類似した働き方をする業務従事者を安衛法による保護の対象とすることを検討する必要がある。

検討に当たっては，建設アスベスト事件・最高裁判決を踏まえ，保護の対象をどの程度広げるのが適切かを検討する必要がある。

私見は，三柴丈典教授の提唱される，基本的にリスクを作り出した者に，その管理責任を負担させるリスク創出者管理責任負担原則の考え方[26]を参考に，責任を負うべき者とその保護の対象範囲を決定することが適切と考える。

その場合，安衛法令の各規制の趣旨，性格に照らして，労働基準法上の労働者に該当しない業務従事者であっても安衛法による保護を及ぼすのが相当な場合を確定する必要があると考える。また，保護の内容，事業者の措置義務の内容は，個人事業主の実態（請負や業務委託の形式をとっていたとしても，諾否の自由，業務遂行上の指揮監督関係，時間的場所的拘束，報酬の労務対償性等の点で労働者との類似性がどの程度あるか等）により変わり得ることも念頭に置く必要があると思われる。

なお，労災保険法の適用については，労災保険法の趣旨，性格を踏まえてその適用範囲を検討する必要があり，作業従事者の実態によっては，法令の改正も検討する必要が出てこよう。

3　予防と事後救済及び産業保健の担い手の育成によるトータルな労働安全政策の必要性

安衛法第71条の2や関連する健康増進法の一般規定は努力義務規定であり（上述の通り，健康増進法において，喫煙専用室や喫煙目的室を設置する管理権原者による標識等，一部の管理権原者等による措置は義務規定となっている），指針やガイドラインも法的拘束力を持つものではないが，これらの規定等に基づく具体的な取り組みがなされないまま，労働者の職場環境等が改善されず，健康が害される現実的な危険が生じた場合には，安全配慮義務違反を判断する際の考慮要素になることも判例によって示されている。

このように，第71条の2及び第71条の3に基づく指針は，労働者の安全と健康確保のために現場をあるべき方向に誘導し問題の発生を未然に防止する予防策として機能するとともに，問題が発生した場合には，事業者の損害賠償責任等，事後救済の判断基準としての役割を持っているということができる。そして第71条の4に基づく国の援助は，事業者の自主的取り組みを支援する重要な役割を持っている。

わが国の少子高齢化と労働力人口の減少が急速に進む中で，高齢者や女性をはじめとする労働者の労働市場への参入を後押しする労働政策が求められているが，そのためには，狭い意味での危険防止，健康障害の防止にとどまらない，ストレスと疲労の少ない快適な職場環境をつくる取り組みが重要である。

労働安全政策の歴史的な経緯を見れば明らかなように，わが国の労働安全政策は狭い意味での職場における危険防止策から始まり，次第にその対象を広げてきたが，そうした法政策の展開の中では，予防や事後救済のためのいわゆるガイドラインや指針など広い意味での法が重要な役割を果たし，現場の産業保健や労務管理に反映されてきた。また，裁判所の判決は，それらの法令や指針を踏まえながら安全配慮義務等に関する具体的判断を行ってきた。また，裁判所の判決を踏まえて，必要な省令等の改正が行われるとともに，法改正も含めた法政策の展開が検討されている。

このような予防から問題解決に至るトータルな広い意味での法政策とその実践の担い手となる産業医をはじめとする産業保健スタッフの育成や（安全）衛生委員会等の担当機関の活性化を着実に進めていくことが，残された課題である。

【注】
1）「快適職場指針について」Ⅰ第2参照。
2）詳細な内容は，「快適職場指針について」Ⅱ第2参照。
3）「必要に応じ」とは，たばこの煙又は臭いに不快を感じている労働者がいる場合をいう。「喫煙対策」としては，全面禁煙又は空間分煙があり，事業場の実態に応じて適切な対策がとられていることをいう。なお，安衛法第68条の2参照，健康増進法，「職場における受動喫煙防止のためのガイドライン」参照。
4）個人差や作業場の点在に対しては局所的な冷房・暖房により対応すること，温熱条件の管理が難しい場合には休憩室を確保することが考えられる。
5）「グレア」とは，照明器具等における「まぶしさ」のことであり，視野内に輝度の高い光源があると，グレアの原因となり，不快感を与える。対策としては，ルーバやカバーを用い，照明器具や窓からの光が直接目に入らないようにする方法，採光の制限や機器配置に考慮し，VDTのディスプレイ面に光が映り込まないようにする方法等がある
6）照明用光源の光色や演色性は作業環境の快適性の視点から，重要な要素のひとつとして重視されてきている。
7）発生する騒音の少ない装置や工程に替える，防音カバー等の適切な遮音材を用いて音の伝ぱを遮る，天井や壁の内側に吸音材を貼る等の吸音対策を行う，防音構造の操作室を設ける等が考えられる。なお，騒音防止対策を講じても十分な効果が得られない場合には，騒音から隔離された休憩室等を確保することが考えられる。
8）事務機器の導入により空間がせばめられていないこと，OA機器の配線が床に露出していないこと，他人の視線等が気になる場合には机の配置，ローパーティションの設置を配慮すること，適切な大きさの窓を確保すること等である。
9）コンベアラインの変更，可変作業台の設置，足場の安定化等である。
10）自動化，ロボット化，適正なコンベアラインの流れとなるような配慮，小休止の導入，精神的疲労の解消ができるような音楽機器等を導入すること等である。
11）誤操作等を招きやすい操作レバー等が識別しやすく，人間の作業動作特性に合った配置等にすることや，作業の手順に沿った機械器具の配置がなされていること，機械設備，事務用機器等の操作盤やディスプレイの表示方法等を改善すること，作業台，机，椅子等の高さを調節可能なものとすること等である。
12）裁判例として，経産省事件は，トランスジェンダー（Male to Female）であり，経産省職員である原告が，女性用トイレの使用に関する制限を設けないこと等を求めて人事院に対し行政措置の要求をしたところ，認められないとする判定処分が出されたため，その取消しを求めた事案について，最3小判令5・7・11民集77巻5号1171頁は，人事院の判断は，他の職員に対する配慮を過度に重視し，原告（上告人）の不利益を不当に軽視するものであって著しく妥当性を欠き，裁量権の範囲を逸脱又は濫用したもので違法とした。
13）中小企業における労働災害防止活動を一層促進する目的で，所定の安全衛生措置を講じた中小企業事業主を対象に，通常は最大±40％のメリット増減率を最大±45％とする制度。
14）ここにいう受動喫煙とは，健康増進法第28条第3号の規定する「人が他人の喫煙によりたばこから発生した煙にさらされること」をいう。
15）健康保持増進対策は，危害防止基準のように，主に業務上傷病の予防を目的とするものではないが，業務上外が不明，すなわち業務上の場合もあり得る健康障害（作業関連疾患等）の防止を目的に含むものである（三柴丈典氏による）。
16）この条約の第8条は，締約国が，屋内の職場，屋内の公共の場所等での受動喫煙防止措置につき，既存の国内法の範囲で，立法，執行，行政等の措置を講じること等を求めている。
17）運用，法適用の実際については，現役あるいは元労働基準監督官の方々から貴重な情報，資料を提供いただいた。
18）この調査結果を掲載するWEBサイトには調査実施時期が記載されていないが，質問項目の中に，「9．快適職場認定前の1年間と最近（平成15年4月～平成16年3月の1年間）の災害発生率等について」というものがあるので，平成16年頃の調査だろうと推測できる（三柴追記）。
19）厚生労働省WEBサイト「いきいき職場づくりのための参加型職場環境改善の手引き」（https://kokoro.mhlw.go.jp/manual/files/H27_ikiki_shokuba_kaizen.pdf，最終閲覧日：2023年5月30日）。
20）受動喫煙に関する裁判例の解説として下記の文献を参照されたい。

三柴丈典「改正労働安全衛生法解説：メンタルヘルス対策の充実・強化，受動喫煙防止対策の推進等職場環境の改善へ」労働法学研究会報66巻5号（2015年）4-23頁，三柴丈典「職場の受動喫煙対策に関する法的検討―8か国の法制度調査を踏まえて」季労221号（2008年）136-148頁。

前者は，2010年頃までの受動喫煙に関する国内の法令と判例水準，後者は，諸外国の法令と国内の判例の水準を示したものであり，いずれも，三柴が主導し，平成26（2014）年の法改正や指針整備の参考資料とされた研究成果（受動喫煙の健康への影響及び防止対策に関する調査研究委員会編『受動喫煙の健康への影響及び防止対策に関する調査研究委員会報告書〔平成19年度〕』〔中央労働災害防止協会・中央快適職場推進センター，2008年〕）をまとめたものである。
21）受動喫煙の健康影響について，従前より踏み込んだ内容に言及し，たばこ煙の拡散を適切に遮断する装置（エアーカーテン，パーティション，たばこ煙を除去・排気できる特殊な空気清浄機等）を配した喫煙室や喫煙コーナーの設置等を促した。
22）当時の健康増進法第25条は，多数者利用施設の管理者に，受動喫煙防止措置の努力義務（現行法第30条第4項に近い定め）を課していた。
23）上述の通り，当時の健康増進法第25条は，多数者利用施設の管理者に，受動喫煙防止措置の努力義務（現行法第30条第4項に近い定め）を課していた。
24）厚労省によると，令和3年度の精神障害に関する事案の労災補償状況は，(1)請求件数は2346件で前年度比295件の増加。(2)支給決定件数は629件で前年度比21件の増加。(3)出来事別の傾向については，支給決定件数は，「上司等から，身体的攻撃，精神的攻撃等のパワーハラスメントを受けた」125件，「仕事内容・仕事量の（大きな）変化を生じさせる出来事があった」71件の順に多い。
25）労災の発生状況は，新型コロナウイルス感染症への り患による労災件数増加による影響はあるものの，死亡者数については，長期的に減少傾向にあったものが，令和3年は増加に転じ，また，休業4日以上の死傷者数については，平成10年以降で最多となる等，労災防止の取り組みを強化する必要がある。
26）三柴丈典「安衛法の来し方行く末」日本労働法学会誌136号（2023年）7-22頁に詳しい。

〔吉田肇〕

第八章　免許等

第72条から第77条まで

本稿は，第8章に属する第72条から第77条について解説している。この章は，
①第61条第1項（就業制限）が特に就業を認める者や，
②第12条第1項（衛生管理者の選任と所定業務の委任）と第14条（作業主任者の選任と所定業務の委任）が，事業者による所定業務の遂行上一定数の選任を求めている者

に必要な免許や技能講習制度の細目，それらの実施を委ねられる指定機関の業務，備えるべき条件，国による監督等を定めている。

第75条の2から第75条の12は，実質的に公益財団法人安全衛生技術試験協会のための条文と言って良い。また，登録検査機関に関する定めを多く準用する第77条にも，その履行を支援し担う団体として，一般社団法人全国登録教習機関協会（全登協）のような行政関係団体が設けられている。

現段階で，安衛法に基づく免許は，第1種衛生管理者免許を筆頭に，各種作業主任者免許を含めて20種類あり，同じく技能講習は，木材加工用機械作業主任者技能講習を筆頭に37種類ある。

概　　論

1　労働安全衛生関係の免許・技能講習

労働安全衛生法は，法の目的（労働者の安全と健康の確保，快適な職場環境の形成の促進）を達成するための政策手段の一つとして免許及び技能講習の制度を導入している。

法第61条（就業制限）では，一定の危険な作業を伴う業務を就業制限業務と規定し，これらの業務に就くためには一定の資格を有することを条件としたうえで，その資格の区分を，①都道府県労働局長の免許を受けた者，②都道府県労働局長の登録を受けた者（登録教習機関）が行う技能講習を修了した者，③その他厚生労働省令で定める資格を有する者に分類する。

また，法第12条第1項が規定する衛生管理者には免許が必要とされる。また，法第14条が規定する作業主任者の資格には，①都道府県労働局長の免許を受けた者，②都道府県労働局長の登録を受けた者（登録教習機関）が行う技能講習を修了した者の2種類がある。

今日，労働安全衛生法に基づく免許の種類は以下の通りである。①第1種衛生管理者免許，②第2種衛生管理者免許，③衛生工学衛生管理者免許，④高圧室内作業主任者免許，⑤ガス溶接作業主任者免許，⑥林業架線作業主任者免許，⑦特級ボイラー技士免許，⑧1級ボイラー技士免許，⑨2級ボイラー技士免許，エックス線作業主任者免許，ガンマ線透過写真撮影作業主任者免許，⑫特定第1種圧力容器取扱作業主任者免許，⑬発破技士免許，⑭揚貨装置運転士免許，⑮特別ボイラー溶接士免許，⑯普通ボイラー溶接士免許，⑰ボイラー整備士免許，⑱クレーン・デリック運転士免許，⑲移動式クレーン運転士免許，⑳潜水士免許。

また，労働安全衛生法に基づく技能講習は以下の通りである（法別表第18〔第76条関係〕）。参考1のほか，参考2，章末資料8-6〜8-10を参照されたい）。
①木材加工用機械作業主任者技能講習
②プレス機械作業主任者技能講習
③乾燥設備作業主任者技能講習
④コンクリート破砕器作業主任者技能講習
⑤地山の掘削及び土止め支保工作業主任者技能講習
⑥ずい道等の掘削等作業主任者技能講習
⑦ずい道等の覆工作業主任者技能講習
⑧型枠支保工の組立て等作業主任者技能講習
⑨足場の組立て等作業主任者技能講習
⑩建築物等の鉄骨の組立て等作業主任者技能講習
⑪鋼橋架設等作業主任者技能講習
⑫コンクリート造の工作物の解体等作業主任者技能講習
⑬コンクリート橋架設等作業主任者技能講習
⑭採石のための掘削作業主任者技能講習

⑮はい作業主任者技能講習
⑯船内荷役作業主任者技能講習
⑰木造建築物の組立て等作業主任者技能講習
⑱化学設備関係第1種圧力容器取扱作業主任者技能講習
⑲普通第1種圧力容器取扱作業主任者技能講習
⑳特定化学物質及び四アルキル鉛等作業主任者技能講習
㉑鉛作業主任者技能講習
㉒有機溶剤作業主任者技能講習
㉓石綿作業主任者技能講習
㉔酸素欠乏危険作業主任者技能講習
㉕酸素欠乏・硫化水素危険作業主任者技能講習
㉖床上操作式クレーン運転技能講習
㉗小型移動式クレーン運転技能講習
㉘ガス溶接技能講習
㉙フォークリフト運転技能講習
㉚ショベルローダー等運転技能講習
㉛車両系建設機械（整地・運搬・積込み用及び掘削用）運転技能講習
㉜車両系建設機械（解体用）運転技能講習
㉝車両系建設機械（基礎工事用）運転技能講習
㉞不整地運搬車運転技能講習
㉟高所作業車運転技能講習
㊱玉掛け技能講習
㊲ボイラー取扱技能講習

2　公的規制としての免許・技能講習

一般に「規制」とは、「特定の社会を構成する私人、ないし特定の経済を構成する経済主体の行動を、一定の規律をもって、制限する行為」を意味し、その規制を行う主体は私人と公的機関の2つ（私的規制と公的規制の類型）に分けられる[5]。

このうち、労働安全衛生法に基づく各種規制を含む公的規制は、「不完全競争、自然独占性、外部性、公共財、非価値財、情報の非対称性等の市場の失敗に対処する目的で、政府が法的権限をもって経済主体の行動を規制するもの」と理解される[6]。

公的規制は、規制の目的に応じて経済的規制と社会的規制の類型に分類されることがある。このうち経済的規制とは、「自然独占や情報偏在が存在する分野において資源配分非効率の発生の防止と利用者の公平利用の確保を目的として、企業の参入・退出、価格、サービスの量と質、投資、財務・会計等の行動を許認可等の手段によって規制」することであり、具体的には公益産業（電気、ガス、水道など）、通信・放送、運輸、金融、製造業、建設業、流通などの産業を対象として参入規制や料金規制を実施する[7]。

また、社会的規制とは、「外部性、公共財、情報の非対称性、リスク等によって資源配分効率が歪められ、社会秩序の維持と社会経済の安定性が損なわれる場合に、これを防止することを目的とし、特に国民の健康・安全の確保、環境の保全・災害の防止」を主題とする規制とされる[8]。

社会的規制の中核的な分野としては、①健康・衛生の確保（公衆衛生・医療、環境衛生の確保、麻薬等の規制）、②安全の確保（自然災害の防止、産業災害・労働災害の防止、交通事故・火災事故の防止、製品・サービスの事故の防止）、③公害防止・環境保全（公害防止、廃棄物処理、環境保全）の分野が挙げられ、免許・技能講習を含む労働安全衛生法に基づく規制は、②安全の確保を目的とした分野に含まれる[9]。

社会的規制の目的を達成する手段を広く捉える場合、直接規制、ルール型規制、経済的手段（誘導型規制・誘因型規制）、情報公開・提供の類型に分類されることがあり、この場合、労働安全衛生法に基づく免許・技能講習の仕組みは直接規制の範疇に含まれる[10]。

このうち直接規制の具体的な手段をみると、①特定行為の禁止・営業活動の制限、②資格制度、③検査検定制度、④基準・認証制度、⑤その他の方法による規制手段に分類することができる[11]。

まず①に関し、特定行為の禁止・営業活動の制限は、社会的規制を目的とする法令に基づく許認可制度により実施される[12]。この許認可制度は、国の関与の程度の違いに着目すると、以下の3つのグループに分類することができる[13]。①強い規制：一般的な禁止を特定の場合に解除する行為、特定の権利を設定する行為など（例：許可、認可、免許、指定、承認など）。②中間の規制：特定の事実や行為が、予め定められた基準を満たしているか否かを審査・判定し、これを公に証明する行為など（例：認定、確認、証明、認証、試験、検査、検定、登録、審査など）。③弱い規制：一定の事実を行政庁に知らせるもので、行政庁は原則として記載事項を確認するにとどまるもの（例：届出、提出、報告、交付、申告など）。

また、②資格制度は、一般には「特定の業務に関する専門知識、経験、技能を有するものについて国が認定、証明するとともに、これらの者の業務について規制する制度」を意味する[14]。

③検査検定制度は、製品などの品質保持、生活の安全、取引の適正化などの目的の下、定期検査、使用前検査、使用後検査などを事業者に義務づける仕組みを指す[15]。出荷する製品自体の検査を行う仕組みのほかに、製品の設計段階のみ行政庁が検査・確認を行う（製造は事業者の責任により行われる）形式承認制度も含まれる[16]。

④基準・認証制度は、「製品の安全性、設備の操

業・管理の安全性を確保する観点から，それらの安全基準を定め，これに合致している旨のマークをつけたもの，ないしはその検定を受けたものでなければ，販売・利用を禁止する」制度である[17]。順守すべき技術的水準を定めるものが基準（technical regulation）であるのに対し，基準に適合することを確認する方法・手続を法令に規定する仕組みが認証（certification）であり，後者には行政機関が行う認証以外に，事業者自身が行う自己確認や第三者による適合性評価（conformity assessment）も含まれる[18]。

このほか，⑤その他の方法による規制には，契約，協定（代表例として公害防止協定など），申し合わせ，行政指導などの手段が含まれる[19]。

以上にみた直接規制の具体的手段の類型のうち，労働安全衛生法に基づく免許・技能講習の制度に直接関連する②資格制度の類型に関しては，「製品等の物的なものに結びついた技術ではなく，消費者や企業に対して一定の役務を提供する者自体の有する技能水準を，公的に確認・保証するための仕組み」と解釈される[20]。

この資格制度は，その態様から次の3つの類型に分類される[21]。①業務独占資格：有資格者以外の業務への従事を禁止することにより，資格を有する者に業務を独占させる。②業務必置資格：一定の事業活動を管理・監督する者に関する基準を設定し，有資格者をその事業活動に必ず置くことを義務づける。③名称資格：関係者の資質や国民の利便性の向上を図るため，一定の基準を満たしていることを公証し，あるいは一定の称号を独占することを認める資格。

労働安全衛生法の免許・技能講習の制度をこの類型に当てはめた場合，例えばボイラー技士免許，ボイラー溶接士免許などは業務独占資格に該当する。また，木材加工用機械作業主任者，プレス機械作業主任者などは業務必置資格に該当する。

資格制度はその時々の社会的要請に基づき設けられるものであり，安全や衛生の確保，取引の適正化，資格を取得した者の資質とモラルの向上，専門的知識や技能の普及・向上などを目的とする点にその意義が認められる[22]。また，検査・検定の制度と同様，事業者と消費者との間に存在する情報の非対称性を解消する機能があるほか，資格による検査の代替機能（技術的要因により検査・検定を実施できない場合，一定の資格を有する者による自己確認を公的な検査に代替すること）を果たしている[23]。

その一方で資格制度には，資格が細分化されていること，事業への新規参入を阻む経済的規制の側面があること，行政コストの増大につながるおそれがあること，一度新設されると複雑な利害関係が形成されてしまい適切な見直しが難しくなることなどの問題点も指摘されている[24]。

そこでこのような問題に対処するため，資格制度に関しては，業務独占資格の範囲の見直し，隣接する分野の資格の相互乗り入れ，形骸化しつつある資格の廃止・統合，規制の実効性確保に向けた代替手段の検討，合理的な理由のない受験資格要件の見直しなどが求められている[25]。

3 政策実施（政策の執行活動）としての免許・技能講習

公共政策が立案・実行される過程である政策過程（policy process）は，課題設定，政策立案，政策決定，政策実施（政策の執行活動），政策評価などの段階で構成される循環モデル的な政策段階論で説明されることがある[26]。

この政策段階論における政策実施（政策の執行活動）のプロセスは，「一般的な形で定められた法律や条例を個々の事案に適用し，あるいは定められた使途に予算を支出することによって，対象に働きかけ，多数の対象の行動を制御することによって，一定の社会状態を作り出そうとする活動」を意味する[27]。

政府の活動を，広く社会で発生する諸問題を解決し，社会を望ましい状態に維持・管理する「社会管理」（social control）と捉える場合[28]，意図した政策の目的と結果との間にギャップ（implementation gap）が生じないようにするための工夫が必要となる[29]。

政策実施の手段・方法には様々なものがあるが[30]，免許，許可・認可などの手段は，有効な社会管理を行うための手段（多数の人々に対し比較的緻密で効率的なコントロールが可能）として多くの政策分野で採用されている[31]。

政策実施の観点からみた「免許[32]」とは，「それなしには禁止されているところの，ある特定の事業を経営したり，専門職（profession）に就くための，または一定の行為を行うための公的承認（an official permit）」[33]とされ，労働安全衛生法に基づく免許・技能講習の制度と同様，「人々の行為を一律に禁止し，一定の要件を充足する者だけにその禁止を解除することによって人々の行動をコントロールする」ための政策手段とみなされる[34]。

社会管理を有効に行うための政策手段である免許には，以下の①〜③の特徴が挙げられる。

①人々の行動経路上に設定した隘路においてその行動の適切性をチェックし，適切とされた者だけに通過を認める。隘路を通らなければ一定の行動を行い得ないため，網羅的かつ例外なく多数の人々を効率的にコントロールすることができる政策手段である[35]。

②事前（人々が行動を行う前）に行動の適否を判断す

るため，社会で生じる可能性のある様々なリスクを未然に防止する機能を有する。そのため，煩雑で時間のかかる事後的な手段よりも優位性のある政策手段とみなされる。[36]

③免許の付与には一定の行為をしようとする者の申請を前提としている。行政機関は申請を受けて適否を判断する作業を開始すればよいため，効率的なコントロールの手段とみなされる。[37]

また，①免許の付与又は拒否という二者択一方式ではなく，申請事案に応じて個別具体的な条件（行政機関にある程度の裁量を付与）を付し柔軟なコントロールを行い，②事後的なコントロールの仕組みとして，免許の効力に期限を設け免許の更新の可否に関するチェックをするための制度を導入するなど，免許によるコントロールの効果を高める工夫もなされる。[38]

このような政策実施の観点から労働安全衛生法に基づく免許・技能講習の仕組みを振り返ると，政策（法）の目的（労働者の安全と健康の確保など）を達成するために設けられた，効率的かつ有効な政策手段とみなすことができよう。[39]

4　免許・技能講習の歴史的経緯

免許・技能講習制度の変遷を概観すると，労働基準法の施行直後（1947〔昭和22〕年）は5種類の免許のみであったところ，労働安全衛生法の制定（1972〔昭和47〕年）を経て，今日，免許は20種類，技能講習は37種類にまで増加した。これまでの経緯の概要は以下の通りである。[40]

(1)　旧労働基準法時代
(a)　年表

> 1947（昭和22）年
> 　「汽罐士免許」「汽缶溶接士免許」「起重機運転士免許」「アセチレン溶接士免許」「映写技術者免許」の5種類。
> 1959（昭和34）年
> 　「ボイラ及び圧力容器安全規則」の施行に伴い，汽罐士免許，汽缶溶接士免許は「ボイラ技士免許」「ボイラ溶接士免許」にそれぞれ名称を変更。
> 　講習免許関係では「電気発破技士（講習免許）」「導火線発破技士（講習免許）」を創設。
> 1961（昭和36）年
> 　「潜水士（講習免許）」を創設。
> 1962（昭和37）年
> 　「集材架線技士免許」「運材架線技士免許」の創設。「クレーン等安全規則」施行に伴い起重機運転士免許を「クレーン運転士免許」に名称変更。「デリック運転士免許」「揚貨装置運転士免許」を創設。「映写技術者免許」を廃止。
> 　講習免許関係では「玉掛技能講習」を創設。
> 1967（昭和42）年
> 　「ガス溶接技能講習」を創設。
> 1968（昭和43）年
> 　「ホークリフト運転技能講習」を創設。
> 1971（昭和46）年
> 　クレーンから移動式クレーンを分離して「移動式クレーン運転士免許」を創設。
> 　アセチレン溶接士免許は「アセチレン溶接主任者免許」として作業主任者免許に移行。
> 　集材架線技士免許と運材架線技士免許を「林業架線技士免許」に統合。
> 　電気発破技士（講習免許）と導火線発破技士（講習免許）を「発破技士免許」に統合。
> 1972（昭和47）年
> 　技能講習関係では「ボイラ取扱技能講習」「ボイラ整備士（講習免許）」を創設。

(b)　解説：旧労基法時代の就業制限制度

安衛法は，一定の危険有害な業務に就くことができる者について，作業の危険度によって，国家試験である「免許」の取得者，都道府県労働局長に登録する教習機関の行う「技能講習」の講習修了証所持者等であることを要求している。

この件に関し，安衛法制定前の旧労働基準法第49条は次のように規定していた。

> 第49条　使用者は，経験のない労働者に，運転中の機械又は動力伝動装置の危険な部分の掃除，注油，検査又は修繕をさせ，運転中の機械又は動力伝動装置に調帯又は調索の取付又は取外をさせ，動力による起重機の運転をさせその他危険な業務に就かせてはならない。
> 　使用者は必要な技能を有しない者を特に危険な業務に就かせてはならない。
> 　前2項の業務の範囲，経験及び技能は，命令で定める。

旧労働基準法第49条第3項に基づき，旧安衛則では，以下に述べる

ア　免許，技能講習を要求する業務，
イ　技能を選考した者以外の者の就業が禁止される業務，
ウ　未経験者の就業が禁止される業務
に整理された。

なお，工場法においてはこの規定はなく，また，旧労働基準法に基づき最初に施行された旧安衛則では，免許の必要な業務として①汽缶のふん火その他取扱の業務，②溶接による汽缶の製造若しくは改造又は修繕の業務，③巻上能力5t以上の起重機運転の業務，④アセチレン溶接装置の作業主任の業務，⑤映写機によ

る上映操作の業務の5種類に限られていた（昭和22年旧安衛則第44条）。

　ア　免許，技能講習を要求する業務（旧安衛則第44条）
1　プレス機械作業主任者の業務：実務経験5年以上かつ技能講習終了者（旧安衛則第43条の2）
2　アセチレン溶接主任者の業務：アセチレン溶接主任者免許取得者（旧安衛則第44条）
3　ガス溶接等の業務：アセチレン溶接主任者免許取得者，ガス溶接技能講習修了者等（旧安衛則第44条の2）
4　発破の業務：発破士免許，火薬類取扱保安責任者免状所持者等（旧安衛則第44条の3）
5　揚貨装置の運転の業務：揚貨装置運転士免許取得者（旧安衛則第44条の3の2）
6　制限荷重3t以上の揚貨装置の玉掛けの業務：揚貨装置運転士免許，クレーン運転士免許，デリック運転士免許，玉掛け技能講習修了者（旧安衛則第44条の4）
7　3t以上のフォークリフト運転の業務：フォークリフト運転技能講習修了者等（旧安衛則第44条の4の2）
8　機械集材装置，運材索道の組立て，解体の作業主任者の業務：集材架線技士免許，1級運材架線技士免許，2級運材架線技士免許（旧安衛則第44条の5）
9　ボイラー溶接の業務：特別ボイラー溶接士免許（旧ボイラー則第8条）
10　第1種圧力容器溶接の業務：特別ボイラー溶接士免許（旧ボイラー則第44条）
11　ボイラーの整備の作業：ボイラー整備士免許：（旧ボイラー則第28条の2）
12　第1種圧力容器の整備の作業：ボイラー整備士免許（旧ボイラー則第55条の2）
13　ボイラーの取扱いの業務：ボイラー技士免許（旧ボイラー則第19条）
14　小型ボイラーの取扱いの業務：ボイラー技士免許，ボイラー取扱い講習修了者（旧ボイラー則第76条の2）
15　つり上げ荷重5t以上のクレーンの運転の業務：クレーン運転士免許（旧クレーン則第18条）
16　つり上げ荷重5t未満のクレーン，床上クレーンの運転の業務：クレーン運転士免許，技能を選考して指名した者（旧クレーン則第19条）
17　つり上げ荷重5t以上の移動式クレーンの運転：クレーン運転士免許（旧クレーン則第57条）
18　つり上げ荷重5t未満の移動式クレーンの運転：クレーン運転士免許，技能を選考して指名した者（旧クレーン則第58条）
19　つり上げ荷重5t以上のデリックの運転：デリック運転士免許（旧クレーン則第88条）
20　つり上げ荷重5t未満のデリックの運転：デリック運転士免許，技能を選考して指名した者（旧クレーン則第89条）
21　つり上げ荷重3t以上のクレーン，移動式クレーン，デリック（小型デリックを除く）の玉掛けの業務：玉掛け技能講習修了者，クレーン運転士，デリック運転士，揚貨装置運転士（旧クレーン則第148条）
22　つり上げ荷重3t未満のクレーン，移動式クレーン，小型デリックの玉掛けの業務：玉掛け技能講習修了者，クレーン運転士，デリック運転士，揚貨装置運転士，技能を選考して指名した者（旧クレーン則第149条）
23　送気調節，加圧調節の業務：選考により指名した者（旧高圧則第11条）
24　高圧室内業務：高圧室管理者免許取得者（旧高圧則第12条）
25　潜水業務：潜水士免許取得者（旧高圧則第13条）

　イ　技能を選考した者以外の者の就業が禁止される業務（旧安衛則第45条）
1　第9条の火元責任者の業務
2　第10条第1項第2号から第4号まで及び第6号から第17号までの当該係員の業務
・アセチレン溶接装置の溶接主任者（第2号）
・ガス集合溶接装置の溶接主任者（第2号の2）
・圧縮ガス，液化ガス製造装置の作業主任者（第3号）
・爆発性の物，発火性の物，酸化性の物，引火性の物，可燃性のガスを製造し，取り扱う事業の危険物取扱主任者（第4号）
・溶鉱炉，金属溶解炉，電気溶解炉の作業主任者（第6号）
・金属の熱間圧延の作業主任者（第7号）
・空気圧縮機の作業主任者（第8号）
・乾燥室，乾燥機の作業主任者（第9号）
・型枠支保工の組み立て・解体の作業主任者（第10号）
・つり足場，張り出し足場，高さ5m以上の構造の足場の組み立て・解体・変更の作業主任者（第11号）
・地山の掘削の作業主任者（第12号）
・土止め支保工の切りばり，腹起しの取付け・取りはずしの作業主任者（第13号）
・掘削作業により露出したガス導管の防護の作業主任者（第13号の2）
・ずい道支保工の組み立て，変更，木製のずい道支保工の木はずしの作業主任者（第14号）
・ずい道型枠支保工の組み立て・移動・解体の作業主任者（第15号）

・岩石の採取のための掘削の作業主任者（第16号）
・高さ2m以上のはいの作業主任者（第17号）
3 機械集材装置又は運材索道以外の機械集材装置又は運材索道の組立て又は解体の作業主任者の業務
4 制限荷重が5t未満の揚貨装置の運転の業務
5 高さが5m以上の個所で墜落により労働者が危害を受ける恐れのあるところにおける業務
6 動力による軌条運輸の業務
7 動力による巻上機（電気ホイスト，エアーホイストを除く）運搬機（フォークリフトにあっては，最大荷重が3t未満のものに限る。以下この号において同じ）又は索道（運材索道を除く）の運転（道路交通法第2条第1号に規定する道路における運搬機の走行を除く）の業務
7の2 機械集材装置又は運材索道の運転の業務
8 高圧（直流にあっては750Vを，交流にあっては600Vを超え，7000V以下である電圧をいう。以下同じ）若しくは特別高圧（7000Vを超える電圧をいう。以下同じ）の充電電路若しくは当該充電電路の支持物の敷設，点検，修理若しくは操作の業務，低圧（直流にあっては750V以下である電圧をいう。以下同じ）の充電電路（対地電圧が50V以下であるもの及び電信用のもの，電話用のもの等であって感電による危害を生ずる恐れがないものを除く）の敷設若しくは修理の業務又は配電盤室，変電室等に設置する低圧の電路（対地電圧が50V以下であるもの及び電信用のもの，電話用のもの等であって感電による危害を生ずる恐れがないものを除く）のうち充電部分が露出している開閉器の操作の業務
9 原動機（定格出力7.5kw未満の電動機を除く）の運転又はその運転中における掃除，給油または検査の業務
10 研削といしの取換え及び取換え時の試験運転の業務
11 制限荷重が3t未満の揚貨装置の玉掛けの業務
12 消費量毎時400ℓ以上の液体燃焼器の点火の業務
13 アーク溶接の業務
14 動力による土木建築用機械の運転の業務
15 胸高直径が70cm以上の立木の伐木，胸高直径が30cm以上であって，かつ，重心が著しく偏している立木の伐木，つりきりその他特殊な方法による伐木又はかかり木であってかかっている木の胸高直径が20cm以上であるものの処理の業務（2人以上の者によって行う業務における補助作業の業務を除く）
16 緩燃性でないフィルムの上映操作の業務
17 前各号の外，中央労働基準審議会の議を経て，労働大臣の指定する業務

　ウ　未経験者の就業が禁止される業務（旧安衛則第46条）
1 運転中の原動機から中間軸までの動力伝動装置の掃除，注油，検査，修理又はベルトの掛替の業務
2 ゴム，ゴム化合物又は合成樹脂のロール練りの業務
3 丸のこの直径が25cm以上の木材加工用丸のこ盤又はのこ車の直径が75cm以上の木材加工用帯のこ盤における木材の送給の業務
4 動力によって運転するプレス機械の金型又はシャーの刃部の調整又は掃除の業務
5 操車場構内における軌道車両の入替，連結又は解放の業務（60時間以上の正規の訓練を経た者については，これを除く）
6 軌道内であってずい道の内部，見透距離400m以内又は車輌の通行ひん繁な場所における単独の業務
7 前各号の外，中央労働基準審議会の議を経て，労働大臣の指定するもの

(2) 労働安全衛生法の制定以降
(a) 年表

1972（昭和47）年
　労働安全衛生法施行の際，ボイラから「ボイラー」に名称を変更し，ボイラ整備士（講習免許）を「ボイラー整備士免許」に，潜水士（講習免許）を「潜水士免許」に移行。
　ホークリフトを「フォークリフト」に名称変更，「車両系建設機械運転技能講習」を創設。
　林業架線技士を「林業架線作業主任者免許」に移行。

1978（昭和53）年
　「ショベルローダー等運転技能講習」「車両系建設機械（整地・運搬・積込・掘削用）運転技能講習」「車両系建設機械（基礎工事用）運転技能講習」を創設。従来の車両系建設機械運転技能講習を車両系建設機械（整地・運搬・積込・掘削用）運転技能講習とみなす。

1988（昭和63）年
　「ボイラー及び圧力容器安全規則」改正に伴い，「ボイラー溶接士免許」の有効期間を従来の1年から2年に延長（1989（平成元）年実施）。

1989（平成元）年
　「衛生管理者免許」を「第1種衛生管理者免許」と「第2種衛生管理者免許」に分離。

1990（平成2）年
　「床上操作式クレーン」「小型移動式クレーン」「車両系建設機械（解体用）」「不整地運搬車」「高所作業車」に係る運転技能講習を創設。

1998（平成10）年
　「クレーン運転士床上運転式クレーン限定免許」を創設。

2004（平成16）年
　用語の見直しに伴い玉掛技能講習を「玉掛け技能講習」に変更。
2006（平成18）年
　クレーン運転士免許とデリック運転士免許を「クレーン・デリック運転士免許」に統合。
　クレーン運転に限定した「クレーン・デリック運転士クレーン限定免許」を創設。床上運転式クレーン限定免許は「クレーン・デリック運転士床上運転式クレーン限定免許」に変更。

(b)　解説：労基法研究会報告書の示唆

昭和47年3月，塚原労働大臣は衆議院社会労働委員会において安衛法提案理由を次のように説明した。

「労働災害の状況にかんがみ，労働省では，産業活動の急速な変化に対応できる適切な防止対策を展開するため，労働安全衛生行政の今後のあり方について検討を重ねてまいりました。すなわち，その一環として，昭和44年に学識者の方々にお願いして労働基準法研究会を設置し，労働基準法の法制上及び運用上の諸問題について調査研究を依頼しましたところ，労働安全衛生に関しまして，昨年7月に報告書が提出されました。

労働省では，この報告書のほか，労働災害の実情及びその対策等について広く検討した結果，産業活動の変化に即応した労働安全衛生対策を推進していくためには，法制の整備が必要であるとの結論に達し，労働安全衛生法案の構想をとりまとめ，昨年11月これを中央労働基準審議会に諮問いたしました。

同審議会では，慎重審議の結果，本年2月，若干の事項について配慮するよう意見を付した上，労働省の構想によることが適当である旨の答申がなされました。

労働省におきましては，この答申の趣旨を尊重して成案を固め，ここに労働安全衛生法案として提案した次第であります。」

ここで挙示された労働基準法研究会は，昭和46年7月13日，安全衛生関係について報告を取りまとめ，労働大臣に提出した。その中で，就業資格の現状と問題点について，次の通り報告していた。

(7) 就業資格
イ　法制
　安全衛生の徹底を確保するためには機械設備，原材料に対する規制のみでは足りず，これに加えて業務を担当する労働者についての配慮がなされなければならない。
　この点については，安全衛生教育の徹底とあわせて，一定の危険な業務には，一定水準以上の技能なり経験を有した者以外には，従事させないことも必要である。
　労働基準法第49条は，一定の危険業務に対して経験のない労働者の就業を禁止し，さらに，とくに危険な業務については，必要な技能を有しない者の就業を禁止している。
　そして，危険業務の範囲，危険業務に従事する労働者に必要な経験又は技能の水準については，労働安全衛生規則，ボイラー及び圧力容器安全規則，クレーン等安全規則，ゴンドラ安全規則などの労働省令に具体的に規定されている。

ロ　現状及び問題点
　(イ) 就業資格体系の整備
　労働省令による就業資格の態様としては，業務の危険度に応じ，
　①ボイラー技士，クレーン運転士などの試験免許
　②発破技士，潜水士などの講習免許
　③クレーン玉掛工，フォークリフト運転者などの指定講習
　④動力巻上機，運搬機の運転の業務などの技能選考指名
　⑤動力伝導装置の掃除，注油，検査又は修理の業務などの6ケ月以上の経験

など，試験免許から6ケ月の経験まで五段階にわかれているが，これらの技能水準あるいはそれを判定する基準などは，必ずしも明確でなく，その体系，内容の不備が指摘される。

さらに，法制上の問題として，労働基準法以外の法律では一般に就業資格にかかる免許制度を定めるに際し，法律自体において免許試験，免許資格等について詳細な規定を置き，細部の手続的事項等を政令，省令に委ねているのに対し，上記①ないし②の免許制度は，労働基準法上きわめて抽象的な根拠規定が存するのみであるので，免許試験，免許資格等重要事項については法律に明確な規定を置く必要がある。

また，技能選考指名制度については，現在，技能選考基準が確立されていないため，その実効が期しがたい。

　(ロ) 業務量の増加とそれに対する体制の整備
　最近における大幅な機械化，作業の合理化等により，クレーン等特殊設備の設置が増加していることにともなって試験，講習免許関係の受験者数も年々増加しており昭和44年においては，10年前昭和35年に比べボイラー技士試験では約2倍，クレーン等運転士では約3倍の伸びを示している。

また，技能講習を要件とする就業資格業務の技能講習会実施回数も年々増加しており，そのほとんどが行政官庁が指定した民間団体が実施したものである。

このような受験者あるいは受講者の増加は必然的に行政官庁の事務量の増加をもたらしているが，その増加に見合う体制は，必ずしも十分といえず，とくに，

実技試験実施面あるいは民間の指定講習団体に対する監督指導の面で問題があり，行政の簡素化及び行政体制の整備の見地から教習制度等の整備が要請されている。

(ハ)技術の進展に対応する就業資格制度のあり方

技術革新の急激な進展により，一度獲得された技能が数年後は安全衛生上有効でないものとなるケースが増加している。また，現行の免許は終身免許であるため，当該業務から相当期間離れても有効であり，技能講習制度による講習受講についても同様である。

技術の進展に対応し，労働災害防止の徹底を期するためには，再教育，再講習の制度，免許更新制度の整備など危険な作業を行なうに当って必要とされる技能ないし知識を積極的に附与ないし確認する体制の検討が必要であろう。

(10)結び

ロ　安全衛生教育の充実強化

(イ)新技術導入時，職種転換時等における教育の実施

一般労働者について，一定の基準のもとに，新規採用時のみならず，新技術導入時，配置転換時等においても安全衛生教育を実施すること。

(ロ)教育内容の明確化

安全衛生教育を進めるに当っては，業種，企業規模等職場の実態を考慮し，座学のみでなく実技を含む安全衛生教育を実施させるなどその内容の明確化をはかること。

(ハ)職長教育等の明確化

一般作業者を指揮監督する第一線現場監督者として必要な安全衛生に関する知識を重点的，効率的に附与するため，とくに職長に対する安全衛生教育を重点として教育内容等について明確にすること。

また，安全管理者，衛生管理者，特殊技能者に対する教育の充実をはかるとともに，設計技術者に対する啓蒙を行なうこと。

ホ　免許資格体系の整備

現在，複雑多岐にわたっている免許試験，技能講習等の就業資格制度を法的に整備するとともに，資格取得のために必要な技能知識等を積極的，効率的に附与する体制を整備すること。

この報告を受け，免許，技能講習の再編整備が検討され，安衛法第8章「免許等」が規定された。

すなわち，上記(1)(b)で述べた3種類の就業制限業務（ア「免許，技能講習を要求する業務」，イ「技能を選考した者以外の者の就業が禁止される業務」，ウ「未経験者の就業が禁止される業務」）は，第61条（就業制限業務）関係や第59条第3項（特別教育）関係の規定に，就業制限内外で求められる免許と技能講習については，第72条（免許）関係，第76条（技能講習）関係の規定に再編された。

このうち，免許関係規定には，第12条（衛生管理者），第14条（作業主任者）等がある。いずれも，免許以外の資格取得方法が定められている。

なお，衛生管理者免許の手続きについては，旧安衛則でも，衛生管理者の資格（第13条の2），衛生管理者の免許（第23条），衛生工学に関する衛生管理者の免許（第24条），衛生管理者免許の欠格事項（第25条），衛生管理者免状の交付（第26条），衛生管理者免許の取消（第27条），衛生管理者試験（第28条），衛生管理者試験の受験資格（第29条），衛生管理者試験の試験科目（第30条），試験科目の一部免除（第31条），衛生管理者免

資料8-1

	安衛法に基づく免許の種類（安衛則第69条）	旧労働基準法に基づく免許等
1	第1種衛生管理者免許	衛生管理者免許（旧安衛則第24条）
1の2	第2種衛生管理者免許	
2	高圧室内作業主任者免許	高圧室管理者免許（旧高圧則第49条）
3	ガス溶接作業主任者免許	ガス溶接技能講習（旧安衛則第44条の2）
4	林業架線作業主任者免許	集材架線技士免許（旧安衛則第44条の5）
5	特級ボイラー技士免許	特級ボイラー技士免許（旧ボイラー則第81条）
6	1級ボイラー技士免許	一級ボイラー技士免許（旧ボイラー則第81条）
7	2級ボイラー技士免許	二級ボイラー技士免許（旧ボイラー則第81条）
8	エックス線作業主任者免許	エックス線作業主任者免許（旧電離則第59条）
8の2	ガンマ線透過写真撮影作業主任者免許	－
9	発破技士免許	発破技士免許（旧安衛則第44条の3）
10	揚貨装置運転士免許	揚貨装置運転士免許（旧安衛則第44条の4）
11	特別ボイラー溶接士免許	特別ボイラー溶接士免許（旧ボイラー則第93条）
12	普通ボイラー溶接士免許	普通ボイラー溶接士免許（旧ボイラー則第93条）
13	ボイラー整備士免許	ボイラー整備技能講習（旧ボイラー則第104条の2）
14	クレーン・デリック運転士免許	クレーン運転士免許（旧クレーン則第104条）デリック運転士免許（旧クレーン則第127条）
15	移動式クレーン運転士免許	移動式クレーン運転士免許（旧クレーン則第126条の2）
16	潜水士免許	潜水士免許（旧高圧則第56条）

状の書換え（第32条），衛生管理者免状の再交付（第33条）と細かく規定していた。これらの定めは，法第72条及び安衛則第7章「免許等」に反映された。

その他の安衛法に基づく免許とそれに対応する旧労働基準法に基づく免許等を並記すると，**資料8-1**の通りとなる。特筆すべきは，旧労働基準法における免許の殆どが引き継がれ，ガス溶接，ボイラー整備士資格は，技能講習から免許に引き上げられたことである。

こうした免許制度等の整備充実化に伴い，試験事務の実施方法の改善が急務となったが，昭和47年の安衛法制定には間に合わなかった。安衛法による免許試験の業務は都道府県労働局の他の業務に支障を生じさせ，試験の実施回数も制限され，受検者に不便をかける等の問題が生じていた。法制定から約4年後の昭和51年4月1日，労働省により，作業環境測定法に基づく試験実施機関として，（財）作業環境測定士試験協会が指定され，作業環境測定士試験が同協会で実施された。その後，昭和52年改正で，安衛法第75条の2以降が追加され，昭和53年4月1日，同協会が改組・名称変更され，広く安全衛生関係の免許試験を実施する（財）安全衛生技術試験協会となり，指定試験機関となった。同協会は，受験者の利便性を考慮し，全国に次の7つのセンターを配置し，必要な整備を完了した（これらの7つのセンターは出張試験も実施している）。

技能講習の経過を辿ると，旧労働基準法の下では，ガス溶接技能講習（旧安衛則第327条），フォークリフト運転技能講習（旧安衛則第333条），プレス作業主任者技能講習（旧安衛則第372条），ボイラー整備技能講習（旧ボイラー則第104条の2），玉掛技能講習（クレーン則第150条）の5種のみが関係省令に規定され，その指定講習は，都道府県労働基準局長又は局長の指定する講習機関が実施していた。

安衛法の制定により，旧安衛則第45条所定の技能選考者でなければ就業できない業務の殆どが，技能講習修了者でなければ就くことができない業務となった。

（免許）
第72条 第12条第1項〔＊衛生管理者〕，第14条〔＊作業主任者〕又は第61条第1項〔＊クレーンの運転，ボイラーの取扱い，車両系建設機械の運転等の危険業務にかかる就業制限〕の免許（以下「免許」という。）は，第75条第1項〔＊都道府県労働局長による免許試験（学科・実技）の実施〕の免許試験に合格した者その他厚生労働省令で定める資格を有する者に対し，免許証を交付して行う。

2　次の各号のいずれかに該当する者には，免許を与えない。
一　第74条第2項（第3号を除く。）〔＊免許にかかる重大事故，安衛法令違背，心身の故障等による免許の取り消し〕の規定により免許を取り消され，その取消しの日から起算して1年を経過しない者
二　前号に掲げる者のほか，免許の種類に応じて，厚生労働省令で定める者

3　第61条第1項〔＊クレーンの運転，ボイラーの取扱い，車両系建設機械の運転等の危険業務にかかる就業制限〕の免許については，心身の障害により当該免許に係る業務を適正に行うことができない者として厚生労働省令で定めるものには，同項の免許を与えないことがある。

4　都道府県労働局長は，前項の規定により第61条第1項の免許を与えないこととするときは，あらかじめ，当該免許を申請した者にその旨を通知し，その求めがあつたときは，都道府県労働局長の指定する職員にその意見を聴取させなければならない。

[1] **趣旨**

安衛法は，一定の業務に就く場合，国家試験の合格者等に与えられる「免許」を証する免許証の所持者，都道府県労働局長に登録する教習機関の行う「技能講習」の修了証所持者であることを求めており，安衛法第8章はこの「免許」及び「技能講習」について規定している。

本条第1項は，「免許」が必要とされる衛生管理者（法第12条第1項），作業主任者（法第14条）及び就業制限業務（法第61条第1項）について，原則として試験に合格することが必要であることを規定し，第2項，第3項は，免許の欠格事由等について規定している[41]。

[2] **内容**

1　免許の種類及び取得方法

本条が定める「厚生労働省令で定める資格を有する者」，すなわち衛生管理者，作業主任者，及び就業制限業務に就く者に係る免許は，種類ごとの免許試験に合格した者，及びその他一定の資格を有する者に対して交付される（安衛則第62条，別表第4）[42]。

免許の種類は次の20種類である。
〈法第12条（衛生管理者）第1項の免許〉
1　第1種衛生管理者免許
2　第2種衛生管理者免許
3　衛生工学衛生管理者免許

〈第14条（作業主任者）の免許〉
4　高圧室内作業主任者免許
5　ガス溶接作業主任者免許
　＊次項にも重複該当する。
6　林業架線作業主任者免許
〈法第61条（就業制限）第1項の免許〉
7　特級ボイラー技士免許
8　1級ボイラー技士免許
9　2級ボイラー技士免許
10　エックス線作業主任者免許
11　ガンマ線透過写真撮影作業主任者免許
12　特定第1種圧力容器取扱作業主任者免許
13　発破技士免許
14　揚貨装置運転士免許
15　特別ボイラー溶接士免許
16　普通ボイラー溶接士免許
17　ボイラー整備士免許
18　クレーン・デリック運転士免許
19　移動式クレーン運転士免許
20　潜水士免許
　＊5も重複該当する。

以上のうち，衛生工学衛生管理者免許については，一定の学力を有すると認められた者で都道府県労働局長に登録した登録教習機関が行う衛生工学衛生管理者講習を修了した者等に与えられる。

また，特定第1種圧力容器取扱作業主任者免許は，①電気事業法で定める第1種ボイラー・タービン主任技術者免状又は第2種ボイラー・タービン主任技術者免状の交付を受けている者，②高圧ガス保安法で定める製造保安責任者免状又は販売主任者免状の交付を受けている者，③ガス事業法で定めるガス主任技術者免状の交付を受けている者に対して与えられる。

このように，衛生工学衛生管理者免許，特定第1種圧力容器取扱作業主任者免許については試験が実施されないため，実際に免許試験が行われるのは18種類である。

2　免許証の交付

衛生管理者，作業主任者又は就業制限業務に就く者に係る免許は，免許の種類ごとに，免許試験に合格した者やその他一定の資格を有する者に対し，免許証を交付することで行われる[43]。

昭和63年より，行政手続の簡素化等のため，免許証の交付において，同一人が同日に2種類以上の免許を受けるときは，1つの免許証に他の種類の免許に係る事項を記載し，当該種類の免許に係る免許証の交付に代えることとなった（安衛則第66条の2第1項）。

免許を現に受けている者に対し，当該免許の種類と異なる種類の免許を与えるときは，その異なる種類の免許に係る免許証にその者が現に受けている免許に係る事項を記載し，その者が現に有する免許証と引換えに交付する（安衛則第66条の2第2項）。

クレーン・デリック運転士に係る限定免許を現に受けている者に限定しない免許を交付するときは，その者が現に有する免許証と引き換えにクレーン・デリック運転士に係る免許証を交付する。この場合において，その者がクレーン・デリック運転士免許と異なる種類の免許を現に受けているときは，当該クレーン・デリック運転士免許に係る免許証に，その異なる種類の免許に係る事項を記載するものとする（安衛則第66条の2第3項）。

3　免許の申請手続

免許試験に合格した者で免許を受けようとするものは，免許試験合格後に遅滞なく免許申請書を所轄の都道府県労働局長に提出しなければならない。指定試験機関が行う免許試験に合格した者で免許を受けようとするものも，免許試験合格後に遅滞なく免許申請書に合格の通知を添えて，当該免許試験を行った指定試験機関の事務所の所在地を管轄する都道府県労働局長に提出しなければならない（安衛則第66条の3第1項，第2項）。

また，免許試験に合格した者以外の者で免許を受けようとする者に関しても，免許申請書を，住所を管轄する都道府県労働局長に提出しなければならない（安衛則第66条の3第3項）。

4　免許証の再交付又は書替え

免許証を滅失又は損傷したときは，免許証再交付申請書を免許証の交付を受けた都道府県労働局長又は住所を管轄する都道府県労働局長に提出し，免許証の再交付を受けなければならない。また，氏名を変更したときは，免許証書替申請書を免許証の交付を受けた都道府県労働局長又は住所を管轄する都道府県労働局長に提出し，免許証の書替えを受けなければならない（安衛則第67条第1項，第2項）。

5　免許証の返還

免許の取消しの処分を受けた者は，遅滞なく免許の取消しをした都道府県労働局長に免許証を返還しなければならない（安衛則第68条第1項）。

6　免許の欠格事項

法第72条第2項は，次の①～③のいずれかに該当する者には免許を与えないことを規定している[44]。

①免許の取消しの日から1年を経過しない者。

②満18歳に満たない者（揚貨装置（＊船舶に取り付けられたクレーンやデリック）運転士免許，特級ボイラー技士免許，1級ボイラー技士免許，2級ボイラー技士免許，特別ボイラー溶接士免許，普通ボイラー溶接士免許，ボイラー整備士免許，クレーン・デリック運転士免許，移動式クレーン

運転士免許，ガス溶接作業主任者免許，林業架線作業主任者免許，発破技士免許，エックス線作業主任者免許，ガンマ線透過写真撮影作業主任者免許及び潜水士免許）（安衛則第63条，ボイラー則第98条・第105条・第114条，クレーン則第224条・第230条，電離則第49条・第52条の4の2，高圧則第53条）。

③満20歳に満たない者（高圧室内作業主任者免許）（高圧則第48条）。

免許試験の受験資格には年齢制限がなく，免許の年齢制限に抵触する年齢で免許試験を受けることは可能であるが，合格した場合においても，免許の申請は所定の年齢に達してから行わなければならない。[45]

7　免許の重複取得の禁止

免許を現に受けている者は，当該免許と同一の種類の免許を重ねて受けることができない。ただし，次の①～②に掲げる者が当該各号に定める免許を受けるときはこの限りではない（安衛則第64条，クレーン則第224条の4）。[46]

①取り扱うことのできる機械の種類を床上運転式クレーンに限定したクレーン・デリック運転士免許を受けている者が，取り扱うことのできる機械の種類を限定しないクレーン・デリック運転士免許又は取り扱うことのできる機械の種類をクレーンに限定した（＊しかし，クレーンの運転上限定のない）クレーン・デリック運転士免許を受ける場合。

②取り扱うことのできる機械の種類をクレーンに限定したクレーン・デリック運転士免許を受けている者が，取り扱うことのできる機械の種類を限定しないクレーン・デリック運転士免許を受ける場合。

8　法第72条第3項の厚生労働省令で定める者

第72条第3項は，法第61条第1項に基づく免許に関し，免許の種類に応じ，心身の障害により，免許に係る業務を適正に行うことができない者として免許を与えないことがある者を，厚生労働省令で規定する旨定めている。この「法第61条第1項に基づく免許」は次の12種類の免許を指す。

①発破技士免許
②揚貨装置運転士免許
③特級ボイラー技士免許
④1級ボイラー技士免許
⑤2級ボイラー技士免許
⑥特別ボイラー溶接士免許
⑦普通ボイラー溶接士免許
⑧ボイラー整備士免許
⑨クレーン・デリック運転士免許
⑩移動式クレーン運転士免許
⑪潜水士免許
⑫ガス溶接士作業主任者免許

すなわち，エックス線作業主任者免許，ガンマ線透過写真撮影作業主任者免許，特定第1種圧力容器取扱作業主任者免許は対象から除外されている。

第14条（作業主任者）の免許と重複該当する⑫も含まれている。

第72条第4項では，都道府県労働局長が免許を申請した者に免許を与えないこととするとき，予め申請者にその旨を通知し，求めがあったとき場合には，都道府県労働局長の指定する職員に意見を聴取させなければならないことを規定している。

なお，2001（平成13）年の法改正に基づき，衛生管理者と作業主任者の免許に関し障害者に係る欠格事由が廃止され，また，法第61条第1項関係（就業制限）の免許に関し，心身の障害により免許を与えないことがある者を厚生労働省令により規定することとされた。[47]

就業制限業務の免許に関しては，心身の障害により業務を適正に行うことができない者として免許が付与されない場合や作業に関し，条件付きの免許が与えられる場合がある（章末資料8-4参照）。[48] この場合において免許を付与するか否かを決定する際には，現に利用している障害を補う手段又は現に受けている治療などにより障害が補われ，又は障害の程度が軽減している状況などが考慮される。[49]

3　関連規定

1　第1項の厚生労働省令で定める資格関係

・安衛則第62条・別表4（免許の種類及び取得方法。章末資料8-3に記載）

・ボイラー則第97条（ボイラー技士免許〔特級，1級，2級〕の付与の要件），第104条（特別ボイラー溶接士免許の付与の要件），第113条（ボイラー整備士免許の付与の要件），第119条（特定第1種圧力容器取扱作業主任者免許の付与の要件及び免許取り消し・効力停止の事由のうち省令で定めるもの）

・クレーン則第223条（クレーン・デリック運転免許の付与の要件），第229条（移動式クレーン運転士免許の付与の要件）

・高圧則第47条（高圧室内作業主任者免許の付与の要件），第52条（潜水士免許の付与の要件）

・電離則第48条（エックス線作業主任者免許の付与の要件），第52条の4（ガンマ線透過写真撮影作業主任者免許の付与の要件）

2　第2項第2号の厚生労働省令で定める者関係

・安衛則第63条（ガス溶接作業主任者免許，林業架線作業主任者免許，発破技士免許又は揚貨装置運転士免許の省令所定の欠格事由を満18歳未満とすること）

・ボイラー則第98条（各種ボイラー技士免許の省令所定の

欠格事由を満18歳未満とすること），第105条（各種ボイラー溶接士免許の省令所定の欠格事由を満18歳未満とすること），第114条（ボイラー整備士免許の省令所定の欠格事由を満18歳未満とすること）
・クレーン則第224条（クレーン・デリック運転士免許の省令所定の欠格事由を満18歳未満とすること），第230条（移動式クレーン運転士免許の省令所定の欠格事由を満18歳未満とすること）
・高圧則第48条（高圧室内作業主任者免許の省令所定の欠格事由を満20歳未満とすること），第53条（潜水士免許の省令所定の欠格事由を満18歳未満とすること）
・電離則第49条（エックス線作業主任者免許の省令所定の欠格事由を満18歳未満とすること），第52条の4の2（ガンマ線透過写真撮影作業主任者免許の省令所定の欠格事由を満18歳未満とすること）

3　第3項の厚生労働省令で定める者関係
・安衛則第65条（発破技士免許，揚貨装置運転士免許，ガス溶接作業主任者免許の心身の故障による省令所定の欠格事由）
・ボイラー則第98条の2（各種ボイラー技士免許の心身の故障による省令所定の欠格事由），第105条の2（各種ボイラー溶接士免許の心身の故障による省令所定の欠格事由），第114条の2（ボイラー整備士免許の心身の故障による省令所定の欠格事由）
・クレーン則第224条の2（クレーン・デリック運転士免許の心身の故障による省令所定の欠格事由），第230条の2（移動式クレーン運転士免許の心身の故障による省令所定の欠格事由）
・高圧則第53条の2（潜水士免許の心身の故障による省令所定の欠格事由）

> 第73条　免許には，有効期間を設けることができる。
> 2　都道府県労働局長は，免許の有効期間の更新の申請があつた場合には，当該免許を受けた者が厚生労働省令で定める要件に該当するときでなければ，当該免許の有効期間を更新してはならない。

1　趣旨
第73条は，必要に応じて免許に有効期間を設けることができること，また，都道府県労働局長が免許の有効期間を更新する場合には一定の要件に基づかなければならないことを定めている。

免許証の交付を受けても，期間の経過によりその技能が低下する恐れがある場合がある。また，新技術・新工法等の導入に伴う労働災害防止のための最新の知識を付与すること，関係法令の改正内容について正確な情報を理解させる必要がある。

このため，免許について必要に応じて有効期間を定めることができること及び都道府県労働局長が免許の有効期間を更新する場合の要件について規定したものである。

2　内容
免許証の交付後に技能が低下するおそれがある業務に関し，免許の種類・有効期間・更新する場合の基準を厚生労働省令で定めることとしている[50]。

この点，厚生労働省令では，ボイラー溶接士について，特別ボイラー溶接士免許と普通ボイラー溶接士免許の有効期間を2年と規定している（ボイラー則第107条第1項）が，他の免許には有効期間を設けていない[51]。

特別ボイラー溶接士免許又は普通ボイラー溶接士免許の有効期間の更新を受けようとする者は，その有効期間の満了前に，免許更新申請書を当該免許を受けた都道府県労働局長又はその者の住所を管轄する都道府県労働局長に提出しなければならない（ボイラー則第107条第3項）。

都道府県労働局長は，特別ボイラー溶接士又は普通ボイラー溶接士が，当該免許の有効期間の満了前1年間にボイラー又は第1種圧力容器を溶接し，かつ，当該免許の有効期間中に溶接したボイラー又は第1種圧力容器の全てが所定の溶接検査又は変更検査に合格している場合，その他ボイラー溶接士としての技能の低下が認められない場合に当該免許の有効期間を更新することとされている（ボイラー則第107条第2項）。

3　関連規定
1　有効期間が設けられている免許関係
ボイラー則第107条第1項（各種ボイラー溶接士免許の有効期間：2年）

2　第2項の省令で定める要件関係
ボイラー則第107条第2項（各種ボイラー溶接士免許の有効期間の更新要件：期間満了前1年間に所定の溶接検査・変更検査に合格し，技能低下が認められない場合）

> （免許の取消し等）
> 第74条　都道府県労働局長は，免許を受けた者が第72条第2項第2号〔＊免許の種類に応じて省令で定める欠格事由。年齢制限が該当〕に該当するに至つたとき〔＊年齢を偽った場合〕は，その免許を取り消さなければならない。
> 2　都道府県労働局長は，免許を受けた者が次の各号のいずれかに該当するに至つたときは，そ

の免許を取り消し，又は期間（第1号，第2号，第4号又は第5号に該当する場合にあつては，6月を超えない範囲内の期間）を定めてその免許の効力を停止することができる。
　一　故意又は重大な過失により，当該免許に係る業務について重大な事故を発生させたとき。
　二　当該免許に係る業務について，この法律又はこれに基づく命令の規定に違反したとき。
　三　当該免許が第61条第1項〔*クレーンの運転，ボイラーの取扱い，車両系建設機械の運転等の危険業務にかかる就業制限〕の免許である場合にあつては，第72条第3項〔*心身の故障による業務不適応による欠格〕に規定する厚生労働省令で定める者となつたとき。
　四　第110条第1項〔*免許等に際しての条件の設定や変更〕の条件に違反したとき。
　五　前各号に掲げる場合のほか，免許の種類に応じて，厚生労働省令で定めるとき。
　3　前項第3号に該当し，同項の規定により免許を取り消された者であつても，その者がその取消しの理由となつた事項に該当しなくなつたとき，その他その後の事情により再び免許を与えるのが適当であると認められるに至つたときは，再免許を与えることができる。
　（厚生労働省令への委任）
　第74条の2　前3条に定めるもののほか，免許証の交付の手続その他免許に関して必要な事項は，厚生労働省令で定める。

長は，個々の具体的事情を検討して，免許の取消しあるいは効力の一時停止を行うことができる（安衛則第66条）[54]。
①故意又は重大な過失により免許に係る業務について重大な事故を発生させたとき。
②免許に係る業務について労働安全衛生法令に違反したとき。
③就業制限業務の免許の場合には，心身の障害により免許の業務を適正に行うことができない者となったとき。
④免許に付せられた条件に違反したとき。
⑤免許試験の受験についての不正その他の不正の行為があったとき。
⑥免許証を他人に譲渡し，又は貸与したとき。
⑦免許を受けた者から当該免許の取消しの申請があったとき。
　免許の効力の停止を行う場合には，免許証を提出させて効力の停止とその期間を記入したうえで，都道府県労働局の掲示板に掲示するなどの方法により公示するほか，免許証が提出されない場合には免許を取り消すことも考慮する[55]。
　第74条第3項は，障害者に係る欠格事由に該当し免許を取り消された者について，取消しの理由となった事項に該当しなくなったとき，その後の事情により再び免許を与えるのが適当であると認められるに至ったときは，都道府県労働局長は再免許を与えることができることを定める[56]。
　第74条の2は，第72条（免許），第73条（免許の有効期間・更新），第74条（免許の取消し）に定めるもののほか，免許証の交付（安衛則第66条の2），免許の申請手続（安衛則第67条），免許証の再交付又は書替え（安衛則第67条），免許の取り消し申請手続き（安衛則第67条の2）など免許に関する必要な事項は，厚生労働省令（労働安全衛生規則：第62条～第72条）が規定することを定めている。

1　趣旨

　第74条は，都道府県労働局長による免許の取消し，効力の停止及び再免許について規定している。
　また，第74条の2は，厚生労働省令が規定する免許証の交付の手続その他免許に関する必要な事項が，法律を根拠として規定されていることを明確化するものである[52]。

2　内容

　第74条第1項は免許の必要的取消しに関する規定であり，免許を受けた者が法第72条第2項第2号に該当する場合（18歳以上という年齢制限があるにもかかわらず年齢を偽って免許を取得した場合）は，都道府県労働局長が免許を取り消すべきことを規定する[53]。
　また，第74条第2項は，免許の任意的取消しと効力の一時停止を定めるものであり，免許を有する者が次の①～⑦のいずれかに該当した場合，都道府県労働局

3　関連規定

1　第74条関係
（1）第2項第5号の厚生労働省令で定めるとき関係
・安衛則第66条（省令所定の諸種の免許の取り消し事由：免許試験の受験にかかる不正行為，免許証の譲渡・貸与，本人からの申請）
・ボイラー則第119条第2項（特定第1種圧力容器取扱作業主任者免許の省令所定の取り消し事由：電気事業法等他の法律に基づき免状の交付を受けている者が，当該他の法律に基づく免状の返納を命じられたとき）
（2）免許証の返還関係
安衛則第68条（法定事由による免許の取消しを受けた者

資料8-2

事業場の規模（常時使用する労働者数）	衛生管理者数
50人以上200人以下	1人
200人を超え500人以下	2人
500人を超え1000人以下	3人
1000人を超え2000人以下	4人
2000人を超え3000人以下	5人
3000人を超える場合	6人

（安衛則第7条第1項第4号）

の免許証返還義務等）

2 第74条の2関係

(1) 免許証の交付手続き関係

安衛則第66条の2（免許に際しての免許証の交付，異なる種類の免許を付与する場合の免許証への追記等）

(2) 免許の申請手続関係

安衛則第66条の3（免許試験合格者による免許申請）

(3) 免許の手数料関係

・法第112条第1項（資格試験の受験者，登録更新者等の政令所定の手数料の納付義務）

・安衛法関係手数料令第1条第1項（法第112条第1項から定めを委任された手数料の金額）

(4) 免許の再交付又は書替え関係

安衛則第67条（免許証を滅失・損傷した場合に再交付を受ける義務，氏名変更時に書替えを受ける義務）

(5) 免許の取消しの申請手続関係

安衛則第67条の2（免許取得者による自発的な取消し申請）

3 第72条〜第74条の2に共通する主な関連規定

第72条〜第74条の2に共通する関連規定は，以下の通り。

(1) 免許資格の必要な業務

(a) 衛生管理者関係

・法第12条（所定の資格を持つ衛生管理者の選任及び衛生管理関係業務を行わせる義務）

・施行令第4条（衛生管理者を選任すべき規模の事業場を，常時使用労働者数50人以上とすること）

・安衛則第7条（選任の方法：事業場の業種，規模等に応じて必要な数，資格，専任とすべきか否か等。このうち事業場の規模と必要な数の関係については，資料8-2〔本条第1項第4号〕）

・安衛則・別表第5第1号（第1種衛生管理者免許試験に関すること〔受験資格，試験科目，免除を受けられる者，免除試験科目〕），第1号の2（第2種衛生管理者免許試験に関すること〔同前〕）

・衛生管理者規程（無試験でそのまま衛生管理者となれる者，安衛則第62条所定の免許を受けられる者，衛生工学衛生管理者となるための講習，講習を受けずにそのまま衛生工学衛生管理者になれる者，衛生工学衛生管理者となるための講習の一部を免除される者，第1種衛生管理者試験の受験資格のうち安衛則で大臣に定めが委任されているもの，第2種衛生管理者試験の範囲の詳細等）

(b) 作業主任者関係

・法第14条（政令所定の危険作業につき所定の技能講習修了者や免許試験合格者の中から作業主任者を選任し，作業従事者の指揮等所定の事項を行わせるべきこと）

・施行令第6条（作業主任者を選任すべき危険作業）

・安衛則第16条（作業主任者の選任は，別表第1所定の区分ごとに所定の要件を充たす者について行うべきこと），第17条（複数の作業主任者を選任した場合の事業者による分担の決定）

・安衛則・別表第1（安衛則第16条，第17条に基づく区分と作業主任者の資格要件），別表第5（第2号〜第5号）（第2号：ガス溶接作業主任者免許試験の受験資格，試験科目，科目免除を受けられる者，免除試験科目，第3号：林業架線作業主任者免許試験について以下同じ〔ただし，受験資格なし〕，第4号：発破技士免許試験について以下同じ〔ただし，受験資格，試験科目免除を受けられる者，免除試験科目なし〕，第5号：揚貨装置運転士免許試験について以下同じ〔ただし，受験資格なし〕），別表第6（木材加工用機械作業主任者ほか技能講習で資格が得られるものの区分，受講資格，講習科目）

(c) 就業制限業務関係

・法第61条（クレーンの運転その他政令所定の危険業務については，所定の免許取得者か技能講習を修了した資格保有者に就業を制限する旨の定め）

・施行令第20条（法第61条が定める就業制限がかかる指定危険業務：発破に係る複数の業務，一定重量以上の揚貨装置の運転，ボイラーの取扱い業務等16項目）

・安衛則第41条（就業制限業務に就業できる者を別表に定めること）

・安衛則・別表第3（第41条を受けて，施行令第20条所定の危険業務ごとに就業可能な者を列挙），別表第4（第62条（試験の受験資格を別表に定めること）を受けて，20種の免許の受験資格を列挙）

(2) ボイラー及び圧力容器の取扱い，溶接，整備に関する規定

(a) 特級（1級，2級）ボイラー技士免許関係

・施行令第20条第3号（就業制限対象業務：ボイラー取扱い業務）

・ボイラー則第23条（施行令第20条第3号所定のボイラー取扱い業務にかかる所定の資格保有者以外の就業制限の原則），第97条〜第98条の2（第1号：特級ボイラー技士免許の取得要件，第2号：1級ボイラー技士免許の取得要件，第3号：2級ボイラー技士免許の取得要件），第101条（特級，1級ボイラー技士免許試験の受験資格），第

102条（特級，1級，2級ボイラー技士免許試験の学科試験科目），第102条の2（特級ボイラー技士免許試験の科目合格者の試験科目免除措置），第103条（免許試験の細目にかかる大臣への決定の委任）

(b) 特別（普通）ボイラー溶接士免許関係

・施行令第20条第4号（就業制限対象業務：ボイラー溶接業務）

・ボイラー則第9条（ボイラー溶接業務にかかる特別ボイラー溶接士免許取得者以外〔溶接部の厚さが25mm以下の場合等には普通ボイラー溶接士免許取得者以外〕の就業制限の原則），第55条（第1種圧力容器の溶接業務にかかる特別ボイラー溶接士免許取得者以外の就業制限の原則），第104条（特別ボイラー溶接士免許，普通ボイラー溶接士免許を受けることができる者：免許試験合格者と，後者の場合は試験免除者も該当），第105条（法第72条第2項第2号所定の免許の欠格事由：満18歳未満），第105条の2（法第72条第3項所定の心身の故障による欠格事由：心身の故障により当該免許にかかる業務を適切に行い得ない者），第109条（特別ボイラー溶接士免許試験の受験資格：普通ボイラー溶接士免許の取得後一定期間の溶接作業経験），第110条（特別ボイラー溶接士免許試験及び普通ボイラー溶接士免許試験の試験方法と試験科目），第111条（所定の条件を充たす者にかかる特別ボイラー溶接士及び普通ボイラー溶接士免許試験の試験科目の免除），第112条（免許試験の細目にかかる大臣への決定の委任）

(c) ボイラー整備士免許関係

・施行令第20条第5号（就業制限対象業務：ボイラーや第1種圧力容器の整備業務）

・ボイラー則第35条（ボイラー整備業務についてのボイラー整備士免許取得者以外の就業制限），第70条（第1種圧力容器整備業務についてのボイラー整備士以外の就業制限），第113条（ボイラー整備士免許試験の受験資格：ボイラー整備等の業務補助に6カ月以上従事等），第114条（免許の欠格事由：満18歳未満），第114条の2（法第72条第3項所定の心身の故障による欠格事由：心身の故障により当該免許にかかる業務を適切に行い得ない者）

＊ボイラーは，圧力，伝熱面積，胴の内径・長さにより，ボイラー，小型ボイラー，簡易ボイラーに区分される。圧力容器も最高使用圧力と内容積等によって，第1種圧力容器，小型圧力容器，簡易容器の3つに区分される。詳細については 参考1 「5 特級，1級，2級ボイラー技士」「9 ボイラー，第1種圧力容器の溶接の業務（特別，普通）」を参照。

(3) クレーン，移動式クレーン，デリック運転免許に関する規定

・クレーン，デリック運転士免許関係

・施行令第20条第6号（就業制限対象業務：つり上げ荷重5t以上のクレーンの運転業務），第7号（同：つり上げ荷重1t以上の移動式クレーンの運転業務），第8号（同：つり上げ荷重5t以上のデリックの運転業務）

・クレーン則第22条（クレーン・デリック運転士免許を持つ者以外のクレーン運転業務への就業制限の原則），第21条（小型クレーンの運転業務に従事させる労働者への特別教育の必要性），第68条（移動式クレーン運転士免許を持つ者以外の就業制限の原則）・第67条（小型移動式クレーンの運転業務に従事させる労働者への特別教育の必要性）

・クレーン則第108条（クレーン・デリック運転士免許を持つ者以外のデリック運転業務への就業制限の原則），第107条（小型デリックの運転業務に従事させる労働者への特別教育の必要性），第223条（クレーン・デリック運転士免許の要件：免許試験合格者，学科試験が行われた日から起算して1年以内に実技教習を修了した者等），第224条（法第72条第2項第2号所定の免許の欠格事由：満18歳未満），第224条の2（法第72条第3項所定の心身の故障による欠格事由：心身の故障により当該免許にかかる業務を適切に行い得ない者）

・クレーン則第226条（免許試験の試験方法〔学科及び実技〕と試験科目），第227条（試験科目の免除），第228条（クレーン・デリック運転士免許に関する詳細の決定の厚生労働大臣への委任）

＊クレーン，移動式クレーンの取扱い資格は，つり上げ荷重によって異なる。詳細については 参考1 「11 つり上げ荷重が5t以上のクレーンの運転の業務」「12 つり上げ荷重が1t以上の移動式クレーンの運転の業務」を参照。

（免許試験）

第75条 免許試験は，厚生労働省令で定める区分ごとに，都道府県労働局長が行う。

2 前項の免許試験（以下「免許試験」という。）は，学科試験及び実技試験又はこれらのいずれかによつて行う。

3 都道府県労働局長は，厚生労働省令で定めるところにより，都道府県労働局長の登録を受けた者が行う教習を修了した者でその修了した日から起算して1年を経過しないものその他厚生労働省令で定める資格を有する者に対し，前項の学科試験又は実技試験の全部又は一部を免除することができる。

4 前項の教習（以下「教習」という。）は，別表第17に掲げる区分ごとに行う。

5 免許試験の受験資格，試験科目及び受験手続並びに教習の受講手続その他免許試験の実施に

ついて必要な事項は，厚生労働省令で定める。

1 趣旨

第75条は，免許試験の実施方法，免許試験の一部免除などの事項を定めている。

2 内容

免許試験は，厚生労働省令（安衛則第69条）で定める18種の区分ごとに学科試験・実技試験又はそのいずれかによって都道府県労働局長が行うこととされ，実際には第75条の2（指定試験機関の指定）の規定に基づき，指定試験機関である公益財団法人安全衛生技術試験協会が都道府県労働局長の行う免許試験の実施に関する事務の全部又は一部を行っている（同協会は，法第82条に基づく労働安全コンサルタント試験，第83条に基づく労働衛生コンサルタント試験，作業環境測定法第14条に基づく作業環境測定士試験の指定試験機関として試験事務も行っている）。[57]

第75条第1項中「厚生労働省令で定める区分」とは，①第1種衛生管理者免許試験，②第2種衛生管理者免許試験，③高圧室内作業主任者免許試験，④ガス溶接作業主任者免許試験，⑤林業架線作業主任者免許試験，⑥特級ボイラー技士免許試験，⑦1級ボイラー技士免許試験，⑧2級ボイラー技士免許試験，⑨エックス線作業主任者免許試験，⑩ガンマ線透過写真撮影作業主任者免許試験，⑪発破技士免許試験，⑫揚貨装置運転士免許試験，⑬特別ボイラー溶接士免許試験，⑭普通ボイラー溶接士免許試験，⑮ボイラー整備士免許試験，⑯クレーン・デリック運転士免許試験，⑰移動式クレーン運転士免許試験，⑱潜水士免許試験の18種の免許試験の区分を指す（安衛則第69条）。なお，衛生工学衛生管理者免許及び特定第1種圧力容器取扱作業主任者免許に関しては免許試験は存在せず，決められた資格に基づき取得するものとされている。[58]

第75条第3項では，省令による定めを前提に試験免除の要件を定めており，登録教習機関が行う一定の教習を修了した者で，修了日から1年以内のものや，厚生労働省令が定める一定の資格の保有者について試験を免除することとしており，安衛則第70条が定める別表第5により，前者（試験免除の対象となる教習修了者となる）には，クレーン運転実技教習，移動式クレーン運転実技教習，揚貨装置運転実技教習及びデリック運転実技教習が該当する。[59]

第75条第5項中「厚生労働省令で定める」事項とは，安衛則，ボイラー則，クレーン則，高圧則，電離則が定める免許試験の区分ごとの受験資格，試験科目，試験免除資格，免除試験科目，受験手続などである。[60]

〔免許試験の種類〕

免許試験の種類ごとの受験資格及び試験科目は章末資料8-2の通りである（法第75条第1項・第2項，安衛則第70条・別表第5）。

3 関連規定

1 第1項の厚生労働省令で定める免許試験の区分関係

安衛則第69条（第1種衛生管理者免許試験から潜水士免許試験に至る18種類の免許試験を列挙）

2 第3項の厚生労働省令で定める（免許試験免除の要件となる）資格関係

・安衛則第70条（免許試験の試験区分に関する第69条で列挙された18種類の免許試験のうち，第1種衛生管理者，第2種衛生管理者，ガス溶接作業主任者，林業架線作業主任者，発破技士，揚貨装置運転士の免許試験の受験資格，試験科目，科目免除の対象者と対象科目につき，別表第5で定めることを規定）・別表第5（第70条を受けた具体的な定め）

・ボイラー則第102条の2（特級ボイラー技士免許試験につき，第102条所定の試験科目〔第1号：ボイラーの構造，第2号，ボイラーの取扱い，第3号：燃料及び燃焼，第4号：関係法令〕の一部で合格点を得た者につき，当該科目を免除できること），第111条（免許試験の区分〔現在のところ，特別ボイラー溶接士，普通ボイラー溶接士〕に応じた試験科目の免除），第117条（ボイラー技士等について，第116条所定の学科試験科目〔第1号：ボイラー及び第1種圧力容器，第2号：同じくその整備作業，第3号：同じくその整備作業に使う器材，薬品等，第4号：関係法令〕を免除できること）

・クレーン則第227条（一定の実技教習受講者や実務経験者，最近の学科試験合格者等についてのクレーン・デリック運転士免許試験の学科・実技試験の全部／一部の免除），第233条（一定の実技教習受講者や実務経験者，最近の学科試験合格者等についての移動式クレーン運転士免許試験の学科・実技試験の全部／一部の免除）

・電離則第51条（関連法規に基づく免状を持つ者や，ガンマ線透過写真撮影作業主任者の免許試験合格者につき，一定の試験科目を免除すること），第52条の4の4（エックス線作業主任者の免許試験合格者につき，第52条の4の3所定のガンマ線透過写真撮影作業主任者の学科試験科目（第1号：撮影作業，第2号：照射装置，第3号：生体影響，第4号：関係法令）のうちの一部〔生体影響〕を免除すること）

3 第5項（免許試験に関する必要事項につき省令で定める旨の規定）関係

・安衛則第70条（免許試験の区分に関する第69条で列挙さ

れた18種類の免許試験のうち，第1種衛生管理者，第2種衛生管理者，ガス溶接作業主任者，林業架線作業主任者，発破技士，揚貨装置運転士の免許試験の受験資格，試験科目，科目免除の対象者と対象科目につき，別表第5で定めることを規定）・別表第5（第70条を受けた具体的な定め）

・ボイラー則第101条（免許試験の受験資格：特級ボイラー技士の場合，1級ボイラー技士免許を受けた者，大学や高等専門学校でボイラー関係講座等を修めて卒業し，2年以上実地修習した者等。1級ボイラー技士の場合，2級ボイラー技士免許を受けた者，大学，高等専門学校，高等学校又は中等教育学校でボイラー関係講座等を修めて卒業し，1年以上実地修習した者等），第102条（免許試験の学科試験科目〔第1号：ボイラーの構造，第2号：ボイラーの取扱い，第3号：燃料及び燃焼，第4号：関係法令〕），第102条の2（特級ボイラー技士免許試験につき，第102条所定の試験科目の一部で合格点を得た者につき，当該科目を免除できること），第103条（特別，1級，2級ボイラー技士免許試験の実施に関する細目の決定の厚生労働大臣への委任），
第109条（特別ボイラー溶接士免許試験の受験資格：普通ボイラー溶接士免許取得後1年以上の実務経験，普通ボイラー溶接士免許試験の受験資格：1年以上の実務経験），第110条（特別ボイラー溶接士及び普通ボイラー溶接士免許試験の試験方法〔学科試験合格者のみに実技試験を行うこと等〕，学科試験科目〔第1号：構造，材料，第2号：工作・修繕方法，第3号：溶接施工方法の概要，第4号：溶接棒と溶接部の性質の概要，第5号：溶接部の検査方法の概要〕等），第112条（特別，普通ボイラー溶接士免許試験の実施に関する細目の決定の厚生労働大臣への委任），
第116条（ボイラー整備士免許試験の試験方法〔学科試験〕，学科試験科目〔第1号：ボイラー及び第1種圧力容器，第2号：同じくその整備作業，第3号：同じくその整備作業に使う器材，薬品等，第4号：関係法令〕），第118条（ボイラー整備士免許試験の実施に関する細目の決定の厚生労働大臣への委任）

・クレーン則第226条（クレーン・デリック運転士免許試験の方法〔学科試験と実技試験〕と試験科目〔学科試験について，第1号：クレーンとデリック，第2号：原動機と電気，第3号：力学，第4号：関係法令。実技試験について，第1号：運転，第2号：運転のための合図〕），第228条（クレーン・デリック運転士免許試験の実施に関する細目の決定の厚生労働大臣への委任），第232条（移動式クレーン運転士免許試験の方法〔学科試験と実技試験〕と試験科目〔学科試験について，第1号：移動式クレーン，第2号：原動機と電気，第3号：力学，第4号：関係法令。実技試験について，第1号：運転，第2号：運転のための合図〕），第234条（移動式クレーン運転士免許試験の実施に関する細目の決定の厚生労働大臣への委任）

・高圧則第50条（高圧室内作業主任者免許試験の試験方法〔学科試験〕，学科試験科目〔第1号：圧気工法，第2号：送気及び排気，第3号：高気圧障害，第4号：関係法令〕），第51条（高圧室内作業主任者免許試験の実施に関する細目の決定の厚生労働大臣への委任），
第54条（潜水士免許試験の試験方法〔学科試験〕，学科試験科目〔第1号：潜水業務，第2号：送気，潜降及び浮上，第3号：高気圧障害，第4号：関係法令〕），第55条（潜水士免許試験の実施に関する細目の決定の厚生労働大臣への委任）

・電離則第50条（エックス線作業主任者免許試験の試験方法〔学科試験〕，学科試験科目〔第1号：管理，第2号：測定，第3号：生体影響，第4号：関係法令〕），第52条（エックス線作業主任者免許試験の実施に関する細目の決定の厚生労働大臣への委任），第52条の4の2（ガンマ線透過写真撮影作業主任者免許の欠格事由：満18歳未満），第52条の4の3（ガンマ線透過写真撮影作業主任者免許試験の試験方法〔学科試験〕，学科試験科目〔第1号：撮影作業，第2号：照射装置，第3号：生体影響，第4号：関係法令〕），第52条の4の5（ガンマ線透過写真撮影作業主任者免許試験の実施に関する細目の決定の厚生労働大臣への委任）

4　免許試験の手数料関係

法112条第1項第11号（免許試験を受けようとする者は，国等に手数料を支払うべきこと），安衛法関係手数料令第6条第1号～第4号（法第112条第1項第11号に基づき支払うべき手数料の額）

5　受験手続関係

安衛則第71条（免許試験の申請手続は所定の免許試験受験申請書によるべきこと）・第72条（法第69条所定の免許試験のうち所定の6種の実施に関する細目の決定の厚生労働大臣への委任）

6　教習関係

安衛則第74条（揚貨装置運転実技教習の科目（第1号：基本運転，第2号：応用運転，第3号：合図の基本作業）），第75条（教習受講の申請手続は所定の申請書によるべきこと），第77条（揚貨装置運転実技教習の実施に関する細目の決定の厚生労働大臣への委任），クレーン則第240条（クレーン運転実技教習の科目〔第1号：基本運転，第2号：応用運転，第3号：合図の基本作業〕），第243条（クレーン運転実技教習及び移動式クレーン運転実技教習の実施に関する細目の決定の厚生労働大臣への委任），揚貨装置運転実技教習・クレーン運転実技教習及び移動式クレーン運転実技教習規程

> （指定試験機関の指定）
> 第75条の2　厚生労働大臣は，厚生労働省令で定めるところにより，厚生労働大臣の指定する者（以下「指定試験機関」という。）に前条第1項の規定により都道府県労働局長が行う免許試験の実施に関する事務（以下「試験事務」という。）の全部又は一部を行わせることができる。
> 2　前項の規定による指定（以下第75条の12までにおいて「指定」という。）は，試験事務を行おうとする者の申請により行う。
> 3　都道府県労働局長は，第1項の規定により指定試験機関が試験事務の全部又は一部を行うこととされたときは，当該試験事務の全部又は一部を行わないものとする。

1 趣旨

本条は，都道府県労働局長が行う試験事務の全部又は一部を，試験事務を行おうとする者の申請により，厚生労働大臣が指定試験機関に指定して行わせることができる旨を規定している。

免許試験は18種類で行われており，これらの免許試験の業務は膨大であるため，都道府県労働局の他の業務に支障を生じさせ，他方，試験場の確保が困難なことから試験の実施回数が制限されるなど受験者に多くの不便をかける問題が生じていた。

そこで，昭和52年の法改正で，指定試験機関を指定し，常時試験を実施し得る体制を整備することによって，受験者の不便の解消と行政事務の効率化を図ることとしたものである。

2 内容

1 指定試験機関

労働安全衛生法に基づく免許試験に関する業務は膨大であるため，1977（昭和52）年の法改正により，都道府県労働局長の行う免許試験を厚生労働大臣が指定する指定試験機関（全国で1つに限る）に行わせることができる制度を設け，常時試験を実施できる体制を整備し，受験者の利便性の向上と行政事務の効率化（都道府県労働局の負担の軽減）を目指した。[61]

今日，指定試験機関として公益財団法人安全衛生技術試験協会が指定されており，都道府県労働局長が行う試験事務を実施している。[62]

同協会は，昭和52年の法改正で，安衛法第75条の2以降が追加され，昭和53年4月1日，（財）作業環境測定士試験協会が改組・名称変更されて，労働安全衛生法免許試験指定試験機関の指定を受けた。昭和53年10月に開所した近畿安全衛生技術センターで免許試験を開始し，その後，次の通り各地の安全衛生技術センターを開所し，試験事務を開始した。

・北海道安全衛生技術センター（北海道恵庭市，昭和62年11月開所）
・東北安全衛生技術センター（宮城県岩沼市，昭和61年12月開所）
・関東安全衛生技術センター（千葉県市原市，昭和54年4月開所）
・中部安全衛生技術センター（愛知県東海市，昭和59年11月）
・近畿安全衛生技術センター（兵庫県加古川市，昭和53年11月）
・中国四国安全衛生技術センター（広島県福山市，昭和61年3月）
・九州安全衛生技術センター（福岡県久留米市，昭和54年4月開所）

これらのセンターは，受験者の利便を考慮し，都道府県単位に出張試験も実施している。

なお，同協会は，昭和51年4月，作業環境測定士試験指定試験機関の指定を受け測定士試験を実施するとともに，平成12年4月，労働安全コンサルタント及び労働衛生コンサルタント試験指定試験機関の指定を受け，これらの試験も実施している。

章末資料8-1に「①労働安全衛生法に基づく免許試験実施状況（令和5年度）（公財）安全衛生技術試験協会」を示した。

令和5年度における安衛法関係免許試験受験者17万4252人のうち過半数の10万4633人が衛生管理者試験に挑戦した。業種にかかわらず常時50人以上の従業員が従事する事業場では，衛生管理者を1人以上置くことが義務づけられていることからこれを満たすため，また，総務・労務などのスペシャリストとして昇進・昇給，キャリアアップを目指す人の人気の資格となっている。

2 試験事務の範囲

厚生労働大臣は，指定試験機関に試験事務を行わせようとするときは，指定試験機関に行わせる試験事務の範囲を定めるものとされている（登録省令第19条の25）。

指定試験機関に行わせる試験事務の範囲とは，労働安全衛生規則第69条で定められた免許試験の区分について，試験日時及び試験場の公示，受験申請書の受理，試験問題の作成，試験の実施，合否の決定及び合否の通知の事務である。[63]

3 指定の申請

指定試験機関としての指定を受けようとする者は，①〜③の事項を記載した申請書を厚生労働大臣に提出しなければならない（登録省令第19条の26第1項）。

① 名称及び住所
② 試験事務を行おうとする事務所の名称及び所在地
③ 試験事務を開始しようとする年月日

4 申請書に添える書面

また，申請書には，①〜④に掲げる書面を添えなければならない（登録省令第19条の26第2項）。

① 定款及び登記事項証明書
② 申請の日を含む事業年度の前事業年度における財産目録及び貸借対照表
③ 申請の日を含む事業年度及び翌事業年度における事業計画書及び収支予算書
④ 役員の氏名及び略歴を記載した書面

3 関連規定

・登録省令第3章の4（厚生労働大臣は指定試験機関に行わせる試験事務の範囲を定めるべきこと，指定を受けようとする者は，所定事項を記載した申請書を提出すべきこと，指定機関が住所や事務所名称等を変更ないし新設・廃止しようとする場合には届出書を提出すべきこと，同じく役員の選任／解任の認可を受けようとする場合には所定の申請書を提出すべきこと，免許試験員の要件，免許試験員の選任／解任につき理由を添えて届け出るべきこと，作成した試験事務規程の認可は，それを添えて書面により申請すべきこと，試験事務規程の必要記載事項，試験事務規程の変更の認可は，理由等を記載した書面により申請すべきこと，指定試験機関は，免許試験実施後，遅滞なく，受験申請者数，合格者数等を含む結果報告を行うべきこと，指定試験機関は，合格者氏名等の情報を記載した帳簿を作成し，保存すべきこと，指定試験機関が休廃止の許可を受けようとする場合，所要の事項（休廃止の年月日，休止の場合の期間，休廃止の理由等）を記した申請書を提出すべきこと，指定試験機関は，指定を取り消された場合，試験事務につき許可を受けて休廃止する場合には，都道府県労働局長に所定の事務や書類等を引き継ぐべきこと，行政が試験機関の指定，休廃止の許可等，この章に定める行政処分を行った場合には官報で告示すべきこと）

・法第112条第1項（資格試験の受験者，登録更新者等による政令所定の手数料の納付義務）

・手数料令第1条第1項（法第112条第1項から定めを委任された手数料の金額）

（指定の基準）
第75条の3 厚生労働大臣は，他に指定を受けた者がなく，かつ，前条第2項の申請が次の各号に適合していると認めるときでなければ，指定をしてはならない。
一 職員，設備，試験事務の実施の方法その他の事項についての試験事務の実施に関する計画が，試験事務の適正かつ確実な実施に適合したものであること。
二 経理的及び技術的な基礎が，前号の試験事務の実施に関する計画の適正かつ確実な実施に足るものであること。
2 厚生労働大臣は，前条第2項の申請が次の各号のいずれかに該当するときは，指定をしてはならない。
一 申請者が，一般社団法人又は一般財団法人以外の者であること。
二 申請者が行う試験事務以外の業務により申請者が試験事務を公正に実施することができないおそれがあること。
三 申請者がこの法律又はこれに基づく命令の規定に違反して，刑に処せられ，その執行を終わり，又は執行を受けることがなくなつた日から起算して2年を経過しない者であること。
四 申請者が第75条の11第1項の規定により指定を取り消され，その取消しの日から起算して2年を経過しない者であること。
五 申請者の役員のうちに，第3号に該当する者があること。
六 申請者の役員のうちに，次条第2項の規定による命令により解任され，その解任の日から起算して2年を経過しない者があること。

（役員の選任及び解任）
第75条の4 試験事務に従事する指定試験機関の役員の選任及び解任は，厚生労働大臣の認可を受けなければ，その効力を生じない。
2 厚生労働大臣は，指定試験機関の役員が，この法律（これに基づく命令又は処分を含む。）若しくは第75条の6第1項に規定する試験事務規程に違反する行為をしたとき，又は試験事務に関し著しく不適当な行為をしたときは，指定試験機関に対し，当該役員を解任すべきことを命ずることができる。

（免許試験員）
第75条の5 指定試験機関は，試験事務を行う場合において，免許を受ける者として必要な知識及び能力を有するかどうかの判定に関する事務については，免許試験員に行わせなければならない。
2 指定試験機関は，免許試験員を選任しようとするときは，厚生労働省令で定める要件を備える者のうちから選任しなければならない。

> 3　指定試験機関は，免許試験員を選任したときは，厚生労働省令で定めるところにより，厚生労働大臣にその旨を届け出なければならない。免許試験員に変更があつたときも，同様とする。
> 4　厚生労働大臣は，免許試験員が，この法律（これに基づく命令又は処分を含む。）若しくは次条第1項に規定する試験事務規程に違反する行為をしたとき，又は試験事務に関し著しく不適当な行為をしたときは，指定試験機関に対し，当該免許試験員の解任を命ずることができる。

1 趣旨

第75条の3は，指定試験機関の基準（試験事務を実施する能力）を規定する。また，第75条の4は指定試験機関の役員の選任と解任について，第75条の5は免許試験員について所要の事項を定めている。

2 内容

1 指定の基準

国に代わり試験事務を行う指定試験機関には，社会的信頼性や技術的な基盤などを備えるだけでなく，試験の実施に際しては高度の公正・中立性・斉一性を保つことが求められる。第75条の3は，このような観点に基づいて指定試験機関の指定基準を定めている（現在，指定試験機関として公益財団法人安全衛生技術試験協会が指定されている）。具体的には，指定試験機関は，職員，設備，試験事務の実施の方法，加えて経理的及び技術的な基礎が，試験事務の実施に関する計画の適正かつ確実な実施に足るものであること等を規定している。これらが，安定的に公共的な業務を遂行していく上での要素と考えられたということである。

2 役員の選任及び解任

第75条の4は，指定試験機関の役員の選任・解任に関しては，厚生労働大臣の許可を受けなければ効力を生じないこととし，指定試験機関の役員としての適格性を確認すること定めている。また，厚生労働大臣は，指定試験機関の役員に不正な行為があった場合には，指定試験機関に対しその役員の解任を命ずることができる。

指定試験機関は，役員の選任及び解任について，厚生労働大臣の認可を受けようとするときは，次の①～②の事項を記載した申請書を厚生労働大臣に提出しなければならない（登録省令第19条の28）。
①選任又は解任に係る役員の氏名及び略歴
②選任又は解任の理由

3 免許試験員

第75条の5では，免許試験を受験する者の知識・能力の判定に関する事務（試験の合否に関する事務）に関し，試験の適正な水準を確保するために一定の要件を備えた免許試験員に行わせなければならないことを定めている。免許試験員に求められる要件は，免許試験の種類に応じて厚生労働省令が規定している（登録省令第19条の29及び別表）（章末資料8-5参照）。

指定試験機関は，免許試験員を選任又は変更した場合は，厚生労働大臣にその旨を届け出なければならない。また，厚生労働大臣は，免許試験員が不正な行為を行った場合，指定試験機関に対しその免許試験員の解任を命ずることができる。

3 関連規定

登録省令第19条の26から30（試験機関の指定を受けようとする者は，所定事項を記載した申請書を提出すべきこと，指定機関が住所や事務所名称等を変更ないし新設・廃止しようとする場合には届出書を提出すべきこと，同じく役員の選任／解任の認可を受けようとする場合には所定の申請書を提出すべきこと，免許試験員の要件の定め，免許試験員の選任／解任につき，理由を添えて届け出るべきこと）

> （試験事務規程）
> 第75条の6　指定試験機関は，試験事務の開始前に，試験事務の実施に関する規程（以下この条及び第75条の11第2項第4号において「試験事務規程」という。）を定め，厚生労働大臣の認可を受けなければならない。これを変更しようとするときも，同様とする。
> 2　試験事務規程で定めるべき事項は，厚生労働省令で定める。
> 3　厚生労働大臣は，第1項の認可をした試験事務規程が試験事務の適正かつ確実な実施上不適当となつたと認めるときは，指定試験機関に対し，これを変更すべきことを命ずることができる。

1 趣旨

第75条の6は，指定試験機関の試験事務規程について定めている。

2 内容

試験事務は公正・的確に実施される必要があるため，指定試験機関は試験事務規程を定め，試験事務規程を制定又は変更する場合には厚生労働大臣の認可を受ける必要がある。また，適正かつ確実な試験事務を

実施するために試験事務規程が不適当となった場合には，厚生労働大臣はその変更を命ずることができる。

試験事務規程で定めるべき事項（絶対的必要記載事項）としては，次の①～⑥が挙げられる（登録省令第19条の32）。
①免許試験の実施の方法に関する事項
②手数料の収納の方法に関する事項
③合格の通知に関する事項
④試験事務に関して知り得た秘密の保持に間する事項
⑤試験事務に関する帳簿及び書類の保存に関する事項
⑥その他試験事務の実施に関し必要な事項

3 関連規定

・登録省令第19条の31～第19条の33（作成した試験事務規程の認可は，それを添えて書面により申請すべきこと，試験事務規程の必要記載事項，試験事務規程の変更の認可は，理由等を記載した書面により申請すべきこと）
・手数料令第7条（手数料の納付は，国に納付するものは，申請書等に相当額の収入印紙を貼り，指定試験機関等に納付するものは，法定の登録事務の実施に関する規程の定めにより納付すべきこと）

（事業計画の認可等）
第75条の7 指定試験機関は，毎事業年度，事業計画及び収支予算を作成し，当該事業年度の開始前に（指定を受けた日の属する事業年度にあつては，その指定を受けた後遅滞なく），厚生労働大臣の認可を受けなければならない。これを変更しようとするときも，同様とする。
2 指定試験機関は，毎事業年度の経過後3月以内に，その事業年度の事業報告書及び収支決算書を作成し，厚生労働大臣に提出しなければならない。

---

1 趣旨

第75条の7は，指定試験機関が作成する事業計画の認可などに関する規定である。

2 内容

本条は，指定試験機関における適正な業務運営を確保するため，指定試験機関には事業年度ごとに事業計画及び収支予算の作成及び厚生労働大臣の認可を受けることを義務づけているほか，指定試験機関が認可を受けた事業計画及び収支予算を作成・変更する際にも厚生労働大臣の認可を受けることを求めている。

また，指定試験機関に，事業年度終了後に事業報告書，収支決算書を作成し，厚生労働大臣に提出するよう求めている。

安衛則，登録省令に，事業計画，事業報告のための提出書類の内容について具体的な規定はないが，公益社団法人及び公益財団法人の認定等に関する法律（認定法）に，以下のような定めがある。すなわち，「公益法人は，毎事業年度の開始の日の前日までに，当該年度の事業計画書，収支予算書及び資金調達及び設備投資の見込みを記載した書類（事業計画書等）を作成し，当該事業年度の末日までの間，事業計画書等を事務所に備え付けなければならない」（認定法第21条第1項），と。

また，公益社団法人や公益財団法人も殆どの定めの適用を受ける一般社団法人及び一般財団法人に関する法律（法人法）には，計算書類等（貸借対照表及び損益計算書，事業報告並びにこれらの付属明細書〔監査報告又は会計監査報告を含む〕）のほか，毎事業年度経過後3カ月以内に，財産目録，役員名簿，役員等の報酬等の支給基準を記載した書類，キャッシュ・フロー計算書，運営組織及び事業活動の状況及びこれらに関する数値のうち重要なものを記載した書類を作成し，これらの書類を5年間事務所に備え付けておく必要がある旨定められている（認定法第21条第2項）。

よって，指定試験機関であり，公益財団法人である安全衛生技術試験協会が作成する事業計画は，認定法に準じたものでなければならず，事業報告は，法人法に準じたものでなければならない。指定試験機関である以上，試験の種類別の実施日，実施場所が事業計画の中心であることはいうまでもない。

（秘密保持義務等）
第75条の8 指定試験機関の役員若しくは職員（免許試験員を含む。）又はこれらの職にあつた者は，試験事務に関して知り得た秘密を漏らしてはならない。
2 試験事務に従事する指定試験機関の役員及び職員（免許試験員を含む。）は，刑法（明治40年法律第45号）その他の罰則の適用については，法令により公務に従事する職員とみなす。

---

1 趣旨

第75条の8は，指定試験機関の役職員等の守秘義務について規定している。

2 内容

指定試験機関の役職員等（元役職員を含む）は，試験事務の実施に関し秘密を知り得る立場にあるので，本条第1項では，試験事務の実施に関し知り得た秘密を

漏らしてはならないこととされ，守秘義務が課せられている。[70]

また，試験事務の公正な遂行を図るため，刑法その他の罰則の適用に関しては，法令により指定試験機関の役職員につき，ある場合には，必要な保護を加え，ある場合には特定の義務を科す必要があるので，公務に従事する職員とみなし，必要な保護や特定の義務を課している。[71]

先ず，第75条の8第1項の規定に違反して指定試験機関の役職員等（元役職員を含む）が知り得た秘密を漏らした場合には，安衛法により，1年以下の懲役又は100万円以下の罰金に処せられる（法第117条）。

また，第2項により指定試験機関の役職員はみなし公務員とされ，国家公務員法に基づく秘密を守る義務が適用される。よって，「職員は，職務上知ることのできた秘密を漏らしてはならない。その職を退いた後といえども同様とする。」とする国家公務員法第100条が適用され，これに違反した場合，同第109条により，1年以下の懲役又は50万円以下の罰金に処せられる。

3 関連規定

- 法第117条（指定試験機関の役員や免許試験員を含む職員及びその退職者の守秘義務を定めた法第75条の8第1項〔法第83条の3〈指定コンサルタント試験機関及びコンサルタント試験事務におけるコンサルタント試験員への準用〉及び法第85条の3〈指定登録機関によるコンサルタントの登録事務における職員への準用〉で準用する場合も含む〕違反：1年以下の懲役又は100万円以下の罰金），
  法第122条（法第117条等に関する両罰規定）。

なお，現在，指定コンサルタント試験機関も安全衛生技術試験協会である。

（監督命令）
第75条の9　厚生労働大臣は，この法律を施行するため必要があると認めるときは，指定試験機関に対し，試験事務に関し監督上必要な命令をすることができる。

（試験事務の休廃止）
第75条の10　指定試験機関は，厚生労働大臣の許可を受けなければ，試験事務の全部又は一部を休止し，又は廃止してはならない。

（指定の取消し等）
第75条の11　厚生労働大臣は，指定試験機関が第75条の3第2項第3号又は第5号〔＊申請者又は申請者の役員が本法違反の犯罪を犯し，刑の執行から2年経過していない場合の欠格〕に該当するに至つたときは，その指定を取り消さなければならない。

2　厚生労働大臣は，指定試験機関が次の各号のいずれかに該当するに至つたときは，その指定を取り消し，又は期間を定めて試験事務の全部若しくは一部の停止を命ずることができる。
一　第75条の3第2項第6号〔＊申請者の役員による本法違反または試験事務規程違反等の不正行為があって解任されてから2年を経過しない場合の欠格〕に該当するとき。
二　第75条の4第2項〔＊指定試験機関の役員による本法違反または試験事務規程違反等の不正行為があった場合の大臣による解任命令〕，第75条の5第4項〔＊指定試験機関の免許試験員による本法違反または試験事務規程違反等の不正行為があった場合の大臣による解任命令〕，第75条の6第3項〔＊試験事務規程が不適当となった場合の大臣による変更命令〕又は第75条の9〔＊大臣による試験事務に関する監督上の命令〕の規定による命令に違反したとき。
三　第75条の5第1項から第3項まで〔＊判定事務に際しての免許試験員の選任，選任に際しての省令所定要件の遵守，選任・変更時の大臣への届出〕，第75条の7〔＊事業計画と収支予算の作成と大臣の認可等〕又は前条の規定〔＊試験事務の休廃止に際しての大臣の許可〕に違反したとき。
四　第75条の6第1項〔＊試験事務規程の策定と大臣の認可等〕の規定により認可を受けた試験事務規程によらないで試験事務を行つたとき。
五　第110条第1項〔＊許可，免許等についての条件の設定〕の条件に違反したとき。

（都道府県労働局長による免許試験の実施）
第75条の12　都道府県労働局長は，指定試験機関が第75条の10の規定による厚生労働大臣の許可を受けて試験事務の全部若しくは一部を休止したとき，前条第2項の規定により厚生労働大臣が指定試験機関に対し試験事務の全部若しくは一部の停止を命じたとき，又は指定試験機関が天災その他の事由により試験事務の全部若しくは一部を実施することが困難となつた場合において必要があると認めるときは，当該試験事務の全部若しくは一部を自ら行うものとする。

2　都道府県労働局長が前項の規定により試験事務を自ら行う場合，指定試験機関が第75条の10の規定による厚生労働大臣の許可を受けて試験事務の全部若しくは一部を廃止する場合，又は

> 前条の規定により厚生労働大臣が指定試験機関の指定を取り消した場合における試験事務の引継ぎその他の必要な事項については，厚生労働省令で定める。

1 趣旨

第75条の9は指定試験機関に対する監督命令について，第75条の10は試験事務の休廃止について，第75条の11は指定試験機関の指定の取消し等について，第75条の12は指定試験機関が実施する試験事務の休止等の場合における都道府県労働局長による免許試験の実施等をそれぞれ規定している。

2 内容

1 監督命令

指定試験機関は，法第75条の5に基づく免許試験員を配置し，法第75条の6に基づく事務規程を作成してこれに基づき試験事務を実施する。また，試験の実施結果等については，登録省令第19条の34，第19条の35に基づき，結果報告，帳簿の作成保存が義務づけられている。

法第75条の9は，試験事務の適正かつ公正な実施を図るため，指定試験機関に対して厚生労働大臣がいつでも監督上必要な命令をすることができることを規定している[72]。これにより，試験を実施する事務所を管轄する都道府県労働局長は，試験が適正に行われているか監督し，必要な命令をすることができる。

2 試験事務の休廃止

法第75条の10は，指定試験機関が試験事務を休廃止しようとする場合には，厚生労働大臣の許可を受けなければならないことを定めている。

免許試験は一定の業務などに就くための資格を付与するために行われる，労働安全衛生法の施行上重要な制度であり，免許試験制度の適正な運用を図るため，指定試験機関が試験事務を休廃止する場合には，厚生労働大臣の許可を受けなければならないこととしている[73]。

指定試験機関が休廃止の許可を受けようとする場合には，次の①〜④の事項を記載した申請書を厚生労働大臣に提出しなければならない（登録省令第19条の36）。
① 休止し，又は廃止しようとする試験事務の範囲
② 試験事務の全部又は一部を休止し，又は廃止しようとする年月日
③ 試験事務の全部又は一部を休止しようとする場合にあっては，その期間
④ 試験事務の全部又は一部を休止し，又は廃止しようとする理由

また，指定試験機関の役職員が，第75条の10の規定に違反し，厚生労働大臣の許可を受けないで試験事務の業務の全部を廃止した場合には，50万円以下の罰金に処せられる（法第121条第2号）[74]。

3 指定の取消し等

第75条の11では，指定試験機関の指定の取消しに関し，必要的取消し事由と任意的取消し事由を定め，併せて試験事務の全部又は一部の停止命令を規定している[75]。

指定試験機関としての指定を受けた後，指定試験機関又はその役員が安衛法令の規定に違反して刑に処せられた場合，その執行を終わり又は執行を受けることがなくなった日から2年を経過しない場合，厚生労働大臣は，指定試験機関としての指定を取り消さなければならない。このような場合には，もはや指定試験機関としての公正な運営が期待できないので，必ず指定を取り消すこととしたものである。

また，次の①〜⑤の場合には，厚生労働大臣はその裁量により，指定試験機関としての指定を取消し，又は期間を定めて試験事務の全部又は一部の停止を命ずることができる[76]。
① 申請者の役員の中に解任命令により解任され，その日から2年を経過しない者がいる場合
② 役員の解任命令，免許試験員の解任命令，試験事務規程の変更命令又は監督命令に違反した場合
③ 免許試験員に関する規定（判定事務に際しての免許試験員の選任，選任に際しての省令所定要件の遵守，選任・変更時の大臣への届出），事業計画及び収支予算の大臣による認可等の規定又は試験事務の休廃止に際して大臣の許可を要する旨の規定に違反した場合
④ 認可を受けた試験事務規程によらないで試験事務を行った場合
⑤ 指定や許可に厚生労働大臣による付された条件がある場合でその条件に違反した場合

なお，指定試験機関の役職員が，第75条の11第2項に規定する業務の停止の命令（＊所定事項を充たした場合の裁量による指定取り消し又は業務停止命令）に違反した場合には，1年以下の懲役又は100万円以下の罰金に処せられる（法第118条）[77]。

4 都道府県労働局長による免許試験の実施

第75条の12は，都道府県労働局長が自ら試験事務を実施する場合を規定している。

都道府県労働局長は，次の①〜③の場合には，試験事務の全部又は一部を行わなければならない[78]。
① 指定試験機関が厚生労働大臣の許可を受けて試験事務の全部又は一部を休止した場合
② 厚生労働大臣が指定試験機関に対し試験事務の全部又は一部の停止を命じた場合

③指定試験機関が天災等により試験事務の全部又は一部を実施することが困難な場合で，必要があると認める場合

また，都道府県労働局長が試験事務を引き継ぐ場合，指定試験機関は次の①～②の事項を行わなければならない（登録省令第19条の37）。

①試験事務を行った事務所ごとに，事務所の所在地を管轄する都道府県労働局長に試験事務並びに試験事務に関する帳簿及び書類を引き継ぐこと
②その他試験事務を行った事務所の所在地を管轄する都道府県労働局長が必要と認める事項

3 関連規定

1 第75条の10関係（試験事務の休廃止の許可制）

登録省令第19条の36（指定試験機関が休廃止の許可を受けようとする場合，所要の事項（休廃止の年月日，休止の場合の期間，休廃止の理由等）を記した申請書を提出すべきこと），第19条の38（行政が試験機関の指定，休廃止の許可等，第3章の4に定める行政処分を行った場合には官報で告示すべきこと）

2 第75条の11関係（必要的指定取り消し及び裁量的指定取り消し）

登録省令第19条の38（行政が試験機関の指定，休廃止の許可等，第3章の4に定める行政処分を行った場合には官報で告示すべきこと）

3 第75条の12関係（都道府県労働局長による試験実施）

・登録省令第19条の37（指定試験機関は，指定を取り消された場合，試験事務につき許可を受けて休廃止する場合には，都道府県労働局長に所定の事務や書類等を引き継ぐべきこと）
・登録省令第19条の38（行政が試験機関の指定，休廃止の許可等，第3章の4に定める行政処分を行った場合には官報で告示すべきこと）

> **（技能講習）**
> **第76条** 第14条又は第61条第1項の技能講習（以下「技能講習」という。）は，別表第18に掲げる区分ごとに，学科講習又は実技講習によつて行う。
> 2 技能講習を行なつた者は，当該技能講習を修了した者に対し，厚生労働省令で定めるところにより，技能講習修了証を交付しなければならない。
> 3 技能講習の受講資格及び受講手続その他技能講習の実施について必要な事項は，厚生労働省令で定める。

1 趣旨

第76条は，都道府県労働局長又はその指定する者が行う作業主任者及び就業制限業務に係る技能講習の実施方法，修了証の交付等に関する規定であり[79]，法第72条の免許と対を為す。

2 内容

作業主任者に必要な資格，就業制限業務に必要な資格に係る技能講習は，法別表第18に掲げる37種の区分ごとに，学科講習・実技講習により行われる[80]。

技能講習の実施に必要な具体的事項に関する定めは省令に委任され，現段階では，安衛則・ボイラー則・クレーン則・有機則・鉛則・四アルキル鉛則・特化則・酸欠則・石綿則と各規則に基づく技能講習規程に定められている[81]。

就業制限業務は，法第61条の委任を受けて施行令第20条が16種の業務を定め，安衛則第41条関係の別表第3が，就業可能な資格を列挙している。多くは免許者と技能講習修了者が占め，作業主任者資格では，ガス溶接作業主任者免許を受けた者に限られている。就業制限は，比較的高いリスクレベルの業務にかけられており，特別教育（法第59条第3項）の修了者の就業は認められていない。

他方，作業主任者については，法第14条の委任を受けて施行令第6条が選任すべき31業務を列挙し，このうち，
①高圧室内作業（高圧室内作業主任者免許），
②アセチレン溶接装置又はガス集合溶接装置を用いて行う金属の溶接，溶断又は加熱の作業（ガス溶接作業主任者免許），
③機械集材装置若しくは運材索道の組立て，解体等の作業（林業架線作業主任者免許），
④電熱面積が大きいボイラーの取扱作業等（特級・1級・2級ボイラー技士免許），
⑤放射線業務に係る作業（エックス線作業主任者免許），
⑥ガンマ線照射装置を用いて行う透過写真撮影作業（ガンマ線透過写真撮影作業主任者免許），

の6業務には免許が求められ，その他は技能講習で足りる（∴作業主任者資格を得られる）とされている。つまり，作業主任者になるには，免許の取得か技能講習の修了のいずれかが求められる。

内容の類似する免許や技能講習を既に修得している場合に講習の一部が免除されることがあり，所要日数は1～4日程度と様々である。誰でも受講できるものと，一定の資格を要するものとがあり，また，地域の人口や業務需要の多寡により講習の実施頻度は異なる。

以前は安衛則別表第6で規定するものと個別の規則

等で直接規定するものに分かれていたが，公益法人に係る改革を推進するための厚生労働省関係法律の整備に関する法律（平成15年7月2日法律第102号）により，技能講習の名称は，労働安全衛生法別表第18，受講資格は同別表第20で定められることとなった。

講習科目と受講資格については，なお従前の規則条項の定めが残っているが，別表第20に講習科目のほぼ全部が掲出されている。

法別表第18に基づく技能講習の区分は以下の通りである（法別表第18）。

1　木材加工用機械作業主任者技能講習（安衛則別表第6）
2　プレス機械作業主任者技能講習（安衛則別表第6）
3　乾燥設備作業主任者技能講習（安衛則別表第6）
4　コンクリート破砕器作業主任者技能講習（安衛則別表第6）
5　地山の掘削及び土止め支保工作業主任者技能講習（安衛則別表第6）
6　ずい道等の掘削等作業主任者技能講習（安衛則別表第6）
7　ずい道等の覆工作業主任者技能講習（安衛則別表第6）
8　型枠支保工の組立て等作業主任者技能講習（安衛則別表第6）
9　足場の組立て等作業主任者技能講習（安衛則別表第6）
10　建築物等の鉄骨の組立て等作業主任者技能講習（安衛則別表第6）
11　鋼橋架設等作業主任者技能講習（安衛則別表第6）
12　コンクリート造の工作物の解体等作業主任者技能講習（安衛則別表第6）
13　コンクリート橋架設等作業主任者技能講習（安衛則別表第6）
14　採石のための掘削作業主任者技能講習（安衛則別表第6）
15　はい作業主任者技能講習（高さ2mを超える積み付け，積み崩し〔はいつけ，はい崩し〕の作業）（安衛則別表第6）
16　船内荷役作業主任者技能講習（安衛則別表第6）
17　木造建築物の組立て等作業主任者技能講習（安衛則別表第6）
18　化学設備関係第1種圧力容器取扱作業主任者技能講習（ボイラー及び圧力容器安全規則第123条第1項）
19　普通第1種圧力容器取扱作業主任者技能講習（ボイラー及び圧力容器安全規則第123条第2項）
20　特定化学物質及び四アルキル鉛等作業主任者技能講習（特定化学物質障害予防規則第51条）
21　鉛作業主任者技能講習（鉛中毒予防規則第60条）
22　有機溶剤作業主任者技能講習（有機溶剤中毒予防規則第37条）
23　石綿作業主任者技能講習（石綿障害予防規則第48条の2）
24　酸素欠乏危険作業主任者技能講習（酸素欠乏症等防止規則第26条）
25　酸素欠乏・硫化水素危険作業主任者技能講習（酸素欠乏症等防止規則第27条）
26　床上操作式クレーン運転技能講習（つり上げ荷重5t以上のもので，走行横行共に荷と共に移動するもの）（クレーン等安全規則第244条）
27　小型移動式クレーン運転技能講習（つり上げ荷重1t以上5t未満のもの）（クレーン等安全規則第245条）
28　ガス溶接技能講習（安衛則別表第6）
29　フォークリフト運転技能講習（最大荷重1t以上のもの）（安衛則別表第6）
30　ショベルローダー等運転技能講習（最大荷重1t以上のもの）（安衛則別表第6）
31　車両系建設機械（整地・運搬・積込み用及び掘削用）運転技能講習（機体重量3t以上のもの）（安衛則別表第6）
32　車両系建設機械（解体用）運転技能講習（機体重量3t以上のもの）（安衛則別表第6）
33　車両系建設機械（基礎工事用）運転技能講習（機体重量3t以上のもの）（安衛則別表第6）
34　不整地運搬車運転技能講習（最大積載量1t以上のもの）（安衛則別表第6）
35　高所作業車運転技能講習（作業床の高さが10m以上のもの）（安衛則別表第6）
36　玉掛け技能講習（つり上げ荷重等1t以上のクレーン等に係るワイヤーの掛け外しなどの作業）（クレーン等安全規則第246条）
37　ボイラー取扱技能講習（小規模ボイラー）（ボイラー及び圧力容器安全規則第122条）

技能講習は，厚生労働省令で定める区分に基づき登録教習機関が行うものであり，区分ごとの受講資格及び講習科目は筆者が整理した章末資料8-6の通りである。[82]登録教習機関は，技能講習修了者に対し，技能講習修了証（以下「修了証」という）を交付しなければならない。

修了証の交付を受けた者が修了証を滅失し，又は損傷したときは，修了証の交付を受けた登録教習機関から修了証の再交付を受けることができる。また，当該登録教習機関が技能講習の業務を廃止した場合等は，厚生労働大臣が指定する技能講習修了証明書発行事務局に申請を行うことにより，技能講習修了証明書（以下「修了証明書」という）の交付を受けることができる。

修了証，修了証明書ともに法第61条第3項が当該業務従事時の携帯を求める「資格を証する書面」に該当する。

3 関連規定
1 （免許取得者か技能講習修了者から）作業主任者を選任すべき業務関係

法第14条（事業者は，政令所定の危険有害業務につき，免許取得者又は所定の技能講習修了者から，作業区分に応じて作業主任者を選任して作業指揮等を行わせるべきこと），施行令第6条（法第14条所定の危険有害業務を31種規定），安衛則第16条（法第14条所定の作業主任者の選任を別表第1所定の作業区分，資格に即して行うべきこととその名称，高圧ガス保安法等一定の法律の適用を受ける第1種圧力容器の取扱い作業にかかる例外〔ボイラ則に基づき特定第1種圧力容器取扱作業主任者免許を受けた者からの第1種圧力容器取扱作業主任者の選任を可とする〕等），安衛則別表第1（施行令第6条第1号所定の作業にかかる32種の作業主任者について規定）

2 （免許取得者か技能講習修了者以外の者の）就業を制限すべき業務関係

法第61条（事業者は，政令所定の危険業務について，免許取得者又は登録機関による技能講習修了者以外を就業させてはならないこと，就業者側も資格なくそれらに就業してはならないこと，免許証等の資格証明を携帯すべきこと，職業訓練を受ける労働者の特例），施行令第20条（法第61条第1項が定める政令所定の業務として発破関連業務に始まる16種を列挙），安衛則第41条（法第61条第1項所定の業務を行い得る者を，別表第3が作業区分に応じて定める者とすること），安衛則別表第3（安衛則第41条を受け，施行令第20条各号所定の危険業務ごとに，就業可能な者を規定）

3 手数料関係

法第112条第1項第2号（技能講習の受講希望者は政令所定の手数料を国等に納付すべきこと），手数料令第2条（第112条第1項第2号所定の手数料額の定め）

4 その他実施上の必要事項
（1） 安衛則関係

安衛則第79条（技能講習の区分を定めた法別表第18のうち所定の技能講習の受講資格及び講習科目を別表第6に定めること），第80条（技能講習受講希望者は，所定の申込書を登録教習機関に提出すべきこと），第81条（技能講習修了者には修了証を交付すべきこと），第82条（技能講習修了証を滅失／損傷した場合，所定の申込書を提出して再交付を受けるべきこと等），第82条の2（都道府県労働局長が技能講習を自ら行う場合における第80条から第82条の読み替え），第83条（技能講習の実施関連事項に関する決定の厚生労働大臣への委任），別表6（法第79条を受け，木材加工用機械作業主任者技能講習に始まる25種の技能講習を規定）

＊各種技能講習規程（概ね，受講資格〔一定の学科や職業訓練を修め，職業経験を積んだ者等〕，講師〔各講習科目に応じた知識経験を有する者〕，講習科目の範囲と時間，受講の一部免除，修了試験〔筆記，口述等〕等を定めている）

①木材加工用機械作業主任者技能講習規程
②プレス機械作業主任者技能講習規程
③乾燥設備作業主任者技能講習規程
④コンクリート破砕器作業主任者技能講習規程
⑤地山の掘削及び土止め支保工作業主任者技能講習規程
⑥ずい道等の掘削等作業主任者技能講習規程
⑦ずい道等の覆工作業主任者技能講習規程
⑧採石のための掘削作業主任者技能講習規程
⑨はい作業主任者技能講習規程
⑩船内荷役作業主任者技能講習規程
⑪型枠支保工の組立て等作業主任者技能講習規程
⑫足場の組立て等作業主任者技能講習規程
⑬建築物等の鉄骨の組立て等作業主任者技能講習規程
⑭鋼橋架設等作業主任者技能講習規程
⑮木造建築物の組立て等作業主任者技能講習規程
⑯コンクリート造の工作物の解体等作業主任者技能講習規程
⑰コンクリート橋架設等作業主任者技能講習規程
⑱ガス溶接技能講習規程
⑲フォークリフト運転技能講習規程
⑳ショベルローダー等運転技能講習規程
㉑車両系建設機械（整地・運搬・積込み用及び掘削用）運転技能講習規程
㉒車両系建設機械（基礎工事用）運転技能講習規程
㉓車両系建設機械（解体用）運転技能講習規程
㉔不整地運搬車運転技能講習規程
㉕高所作業車運転技能講習規程

（2） ボイラ則関係

ボイラ則第122条（技能講習は，5種〔構造，取扱い，点火及び燃焼，点検及び異常時の処置，関係法令〕の学科で行うこと），第122条の2（化学設備関係第1種圧力容器取扱作業主任者技能講習の受講資格：化学設備の取扱作業の5年以上経験者），第123条（化学設備関係第1種圧力容器取扱作業主任者技能講習及び普通第1種圧力容器取扱作業主任者技能講習の講習科目：構造，取扱い，関係法令は両者共通。化学設備関係では，危険物及び化学反応が加わる），第124条（その他詳細に関する決定の厚生労働大臣への委任）

①ボイラ取扱技能講習規程
②化学設備関係第1種圧力容器取扱作業主任者技能講習及び普通第1種圧力容器取扱作業主任者技能

講習規程

(3) クレーン則関係

クレーン則第244条（床上操作式クレーン運転技能講習の内容：学科及び実技），第245条（小型移動式クレーン運転技能講習の内容：学科及び実技），第246条（玉掛け技能講習の内容：学科及び実技），第247条（その他詳細に関する決定の厚生労働大臣への委任）

①玉掛け技能講習規程
②床上操作式クレーン運転技能講習規程
③小型移動式クレーン運転技能講習規程

(4) 有機則関係

有機則第37条（有機溶剤作業主任者技能講習の内容：学科講習（健康障害と予防措置，作業環境改善方法，保護具，関係法令），その他詳細に関する決定の厚生労働大臣への委任）

(5) 鉛則関係

鉛則第60条（鉛作業主任者技能講習の内容：学科講習〔健康障害と予防措置，作業環境改善方法，保護具，関係法令〕，その他詳細に関する決定の厚生労働大臣への委任）

(6) 四アルキル則関係

四アルキル則第27条（特定化学物質及び四アルキル鉛等作業主任者技能講習の内容は特化則の定めによること）

(7) 特化則関係

・特化則第51条（特定化学物質及び四アルキル鉛等作業主任者技能講習の内容：学科講習〔健康障害と予防措置，作業環境改善方法，保護具，関係法令〕，その他詳細に関する決定の厚生労働大臣への委任）
・特定化学物質作業主任者技能講習規程

(8) 酸欠則関係

・酸欠則第26条（酸素欠乏危険作業主任者技能講習の内容：学科〔酸欠症及び救急そ生，酸欠の発生原因と防止措置，保護具，関係法令〕及び実技〔救急そ生方法，酸素濃度測定方法〕），第27条（第26条の酸素欠乏・硫化水素危険作業主任者技能講習への準用），第28条（酸素欠乏危険作業主任者技能講習及び酸素欠乏・硫化水素危険作業主任者技能講習の詳細に関する決定の厚生労働大臣への委任）
・酸素欠乏危険作業主任者技能講習規程

(9) 石綿則関係

・石綿予防則第48条の5（石綿作業主任者技能講習の内容：学科講習〔健康障害と予防措置，作業環境改善方法，保護具，関係法令〕，その他詳細に関する決定の厚生労働大臣への委任）
・石綿作業主任者技能講習規程

（登録教習機関）

第77条　第14条，第61条第1項又は第75条第3項の規定による登録（以下この条において「登録」という。）は，厚生労働省令で定めるところにより，厚生労働省令で定める区分ごとに，技能講習又は教習を行おうとする者の申請により行う。

2　都道府県労働局長は，前項の規定により登録を申請した者（以下この項において「登録申請者」という。）が次に掲げる要件のすべてに適合しているときは，登録をしなければならない。

一　別表第19の上欄に掲げる技能講習又は教習については，それぞれ同表の下欄に掲げる機械器具その他の設備及び施設を用いて行うものであること。

二　技能講習にあつては別表第20各号の表の講習科目の欄に掲げる講習科目に応じ，それぞれ同表の条件の欄に掲げる条件のいずれかに適合する知識経験を有する者が技能講習を実施し，その人数が事業所ごとに1名以上であり，教習にあつては別表第21の上欄に掲げる教習に応じ，それぞれ同表の下欄に掲げる条件のいずれかに適合する知識経験を有する者が教習を実施し，その人数が事業所ごとに2名以上であること。

三　技能講習又は教習の業務を管理する者（教習にあつては，別表第22の上欄に掲げる教習に応じ，同表の下欄に掲げる条件のいずれかに適合する知識経験を有する者に限る。）が置かれていること。

四　教習にあつては，前項の申請の日前6月の間に登録申請者が行つた教習に相当するものを修了し，かつ，当該教習に係る免許試験の学科試験又は実技試験を受けた者のうちに当該学科試験又は実技試験に合格した者の占める割合が，95パーセント以上であること。

3　第46条第2項〔＊製造時検査機関登録の欠格事由：本法違反による処罰から所定期間を経ない者，所定の規定違反による登録取り消し等から所定期間を経ない者等〕及び第4項〔＊登録製造時等検査機関登録簿の必要記載事項：登録年月日・登録番号，氏名や代表者氏名，事務所の名称・所在地等〕の規定は第1項の登録について，第47条の2から第49条まで〔＊第47条の2：登録製造時等検査機関が登録事項の一部を変更する場合の厚生労働大臣への届出義務，第48条：登録製造時等検査機関の検査の業務規程の作成・届出義務（第1項），業務規程の必要的記載事項（第2項），第49条：休廃止時の大臣への届出義務〕，第50条第1項〔＊事業報告書・財務

諸表等の作成及び保管義務〕、第2項〔＊検査を受けようとする者等の請求への対応（財務諸表等の書面の閲覧等）義務〕及び第4項〔＊事業年度経過後の事業報告書・損益計算書等の大臣への提出義務〕、第52条〔＊第46条第3項各号の登録要件に不適合となった登録製造時等検査機関への大臣による適合命令〕、第52条の2〔＊第47条（求められた検査の速やかで公正・適正な実施）違反者に対する大臣による改善命令〕、第53条第1項（第4号を除く。以下この項において同じ。）〔＊所定の事由に該当した場合の検査機関の大臣による登録の取り消し又は業務停止命令〕並びに第53条の2〔登録を受ける者がいない場合，休廃止，登録取り消し，業務停止命令を下した等により検査機関による検査業務が困難な場合，都道府県労働局長自らが検査業務を行い得ること等〕の規定は第1項の登録を受けて技能講習又は教習を行う者（以下「登録教習機関」という。）について準用する。この場合において，次の表の上欄に掲げる規定中同表の中欄に掲げる字句は，それぞれ同表の下欄に掲げる字句と読み替えるものとする。

第46条第2項各号列記以外の部分	登録	第77条第1項に規定する登録（以下この条，第53条第1項及び第53条の2第1項において「登録」という。）
第46条第4項	登録製造時等検査機関登録簿	登録教習機関登録簿
第47条の2	厚生労働大臣	都道府県労働局長
第48条第1項	製造時等検査	第14条若しくは第61条第1項の技能講習又は第75条第3項の教習
	厚生労働大臣	都道府県労働局長
第48条第2項	製造時等検査	第14条若しくは第61条第1項の技能講習又は第75条第3項の教習
第49条	製造時等検査	第14条若しくは第61条第1項の技能講習又は第75条第3項の教習
	厚生労働大臣	都道府県労働局長
第50条第1項	事業報告書	事業報告書（登録教習機関が国又は地方公共団体である場合にあつては，事業報告書）
第50条第2項	製造時等検査	第14条若しくは第61条第1項の技能講習又は第75条第3項の教習
第50条第4項	事業報告書	事業報告書（登録教習機関が国又は地方公共団体である場合にあつては，事業報告書）
	厚生労働大臣	都道府県労働局長
第52条	厚生労働大臣	都道府県労働局長
	第46条第3項各号	第77条第2項各号
第52条の2	厚生労働大臣	都道府県労働局長
	第47条	第77条第6項又は第7項
	製造時等検査	第14条若しくは第61条第1項の技能講習若しくは第75条第3項の教習
第53条第1項	厚生労働大臣	都道府県労働局長
	製造時等検査	第14条若しくは第61条第1項の技能講習若しくは第75条第3項の教習
第53条第1項第2号	第47条から第49条まで，第50条第1項若しくは第4項	第47条の2から第49条まで，第50条第1項若しくは第4項，第77条第6項若しくは第7項
第53条第1項第3号	第50条第2項各号又は第3項各号	第50条第2項各号
第53条の2	製造時等検査	第14条若しくは第61条第1項の技能講習

4　登録は，5年以上10年以内において政令で定める期間ごとにその更新を受けなければ，その期間の経過によつて，その効力を失う。

5　第2項〔＊登録教習機関の登録要件〕並びに第46条第2項〔＊登録製造時等検査機関の登録の欠格事由：本法違反により処罰されたり，所定の理由で登録を取り消された者等〕及び第4項〔＊登録時の登録簿への必要的記載事項〕の規定は，前項の更新について準用する。この場合において，第46条第2項各号列記以外の部分中「登録」とあるのは「第77条第1項の登録（以下この条において同じ。）」と，同条第4項中「登録製造時等検査機関登録簿」とあるのは「登録教習機関登録簿」と読み替えるものとする。

6　登録教習機関は，正当な理由がある場合を除き，毎事業年度，厚生労働省令で定めるところにより，技能講習又は教習の実施に関する計画を作成し，これに基づいて技能講習又は教習を実施しなければならない。

7　登録教習機関は，公正に，かつ，第75条第5項又は前条第3項の規定に従つて技能講習又は教習を行わなければならない。

1 趣旨

第77条は，法第14条の作業主任者技能講習，法第61条第1項の就業制限業務に係る技能講習，法第75条第3項の教習に係る登録を受けようとする者は，管轄の都道府県労働局長に対し，登録省令第20条の区分ごとに登録の申請を行うことを規定している。[83]

このほか，公的な性格を有する技能講習や教習を行う機関には，登録性能検査機関（第41条を参照。法第53

条の3により，登録製造時等検査機関に関する第47条から第53条の2の定めが準用される。性能検査とは，検査証の有効期間の更新を受けようとするときに厚生労働大臣の登録を受けた登録性能検査機関が行う検査を意味する）と同じく十分な社会的信頼性が求められるため，登録製造時検査機関に関する規定が準用される[84]。

2　内容

作業主任者，就業制限に関する技能講習，免許試験に関する教習は，都道府県労働局長による登録を受けた登録教習機関が行う。

登録教習機関には，以下の①〜④の要件に全て適合していることが求められる（第77条第1項・第2項）[85]。

①機械設備・施設等を用いて行う技能講習又は教習については，技能講習又は教習の種類に応じて定められた機械設備・施設等を用いて行うこと。

②技能講習の場合，技能講習の講習科目に応じて定められた条件に適合する知識経験を有する者（人数は事業所ごとに1名以上）が技能講習を実施すること。教習の場合，教習に応じて定められた条件に適合する知識経験を有する者（人数は事業所ごとに2名以上）が教習を実施すること。

③技能講習又は教習の業務を管理する者（教習の場合は，教習の内容に応じて定められた条件に適合する知識経験を有する者に限る）が置かれていること。

④教習の場合，申請の日前6月の間に登録申請者が行った教習を修了し，かつ，当該教習に係る免許試験の学科試験又は実技試験を受けた者のうち，当該学科試験又は実技試験に合格した者の占める割合が95％以上であること。

また，登録教習機関の登録に関する詳細は以下の通りである[86]。

1　登録の申請

第77条第1項の「登録」とは，申請に基づき都道府県労働局長が行う登録を単位とするものであり，「技能講習又は教習を行おうとする者」とは法人又は個人を指す。

ただし，法人の支部・支店等については，法人から当該支部・支店等に対し，登録の申請を行う権限が委任されている場合には，登録の申請を行うことができる。支部・支店等が技能講習又は教習の業務を実施する場合は，業務の実施等に係る権限が法人から委任されている必要がある。

2　機械器具等

第77条第2項第1号の「機械器具その他の設備及び施設を用いて行うものであること」とは，機械器具その他の設備及び施設（以下「機械設備等」という）を所有して技能講習又は教習を行うほか，機械設備等を借り上げて行うことも含む趣旨とされる。ただしこの場合でも，登録教習機関として賃貸借契約を締結しているなど，機械設備等を正当に占有できることが明らかとなっていることが必要とされる。

3　講師等

法別表第20又は第21の条件の欄に掲げる知識経験を有する者に関しては，登録教習機関が雇用する者以外の者について，契約により確保されていることが明らかにされている必要がある。

4　実施管理者

第77条第2項第3号の「技能講習又は教習の業務」の例示として，以下の①〜⑩の業務が挙げられる。
①技能講習又は教習に関する実施計画の策定
②技能講習の講師又は教習の指導員及び技能検定員の選定
③使用する機械器具その他の設備及び施設の整備
④技能講習の受講資格の確認
⑤技能講習又は教習の科目及び時間の決定並びに実施状況の把握
⑥修了試験の作成，修了試験の合否の判定及び修了者の決定
⑦関係帳簿の作成
⑧修了証の再交付及び書替えの業務
⑨関係者からの照会及び苦情処理
⑩その他の技能講習又は教習に関する重要な業務

また，第3号の「技能講習又は教習の業務を管理する者」（以下「実施管理者」という）は，第1項各号の業務の管理に係る職務権限を有し，管理の業務を直接行うものを指す。なお，実施管理者が管理を確実に行うためには，法及び関係法令などを十分に理解している必要がある。

5　登録教習機関に係る要件

第77条第2項第4号の「教習に相当するもの」とは，揚貨装置運転実技教習，クレーン運転実技教習及び移動式クレーン運転実技教習及びデリック運転実技教習規程（昭和47年9月30日労働省告示第99号）の規定に従って行われるものを指す。また，第4号の適用には，「学科試験又は実技試験を受けた者」が20人以上いることが必要とされる。

また，登録教習機関には，登録製造時等検査機関に関する規定（第46条第2項・第4項，第47条の2，第48条，第49条，第50条第1項・第2項・第4項，第52条，第52条の2，第53条第1項〔第4号を除く〕，第53条の2）が準用（第77条第3項）され，その概要は以下の通りである[87]。

6　都道府県労働局長による登録教習機関の登録を受けることができない場合

以下の①〜③のいずれかに該当する者は，都道府県労働局長の登録を受けることができない。

①安衛法令の規定に違反して，罰金以上の刑に処せられ，その執行を終わり又は執行を受けることがなくなった日から起算して2年を経過しない者。
②登録を取り消され，その取消しの日から起算して2年を経過しない者
③法人でその役員のうちに①～②のいずれかに該当する者があるもの。[88]

7　変更の届出
登録教習機関は，代表者の氏名などを変更しようとする場合には，変更の日の2週間前までに都道府県労働局長に届け出なければならない。[89]

8　業務規程
登録教習機関は，技能講習，教習の実施方法，教習に関する料金などの事項に関する業務規程を定め，業務の開始の日の2週間前までに都道府県労働局長に届け出なければならない。[90]

9　業務の休廃止
登録教習機関は，業務の全部又は一部を休止し又は廃止しようとするときは，厚生労働省令で定めるところにより，その旨を都道府県労働局長に届け出なければならない。[91]

10　財務諸表等の備付け及び閲覧等
登録教習機関は，毎事業年度経過後3月以内に，その事業年度の財務諸表等（財産目録，貸借対照表及び損益計算書又は収支決算書，事業報告書）を作成し，5年間事務所に備え置かなければならない。[92]

第77条第3項において準用する法第50条の営業報告又は事業報告書は，登録を受けた事業の内容が明らかになっているもので足り，登録を受けた技能講習又は教習の区分ごとに次の事項が記載されていなければならない。

①実施場所ごとの実施回数（実施場所については市区町村名）
②受講者数
③修了証交付数

また，当該事業期間内に，担当役員，実施管理者，技能講習の講師，教習の指導員及び技能検定員が新たに選任された場合には，その氏名，略歴，担当科目等について付記しなければならない。

利害関係人は財務諸表等の閲覧を求めることができるが，第77条第3項において準用する第50条第2項の「その他の利害関係人」には，技能講習又は教習においては受講希望者の所属する事業者等が含まれる。

なお，登録教習機関は，毎事業年度経過後3月以内に，損益計算書又は収支決算書及び事業報告書を都道府県労働局長に提出しなければならない。

11　適合命令
都道府県労働局長は，登録教習機関が登録の要件（第77条第2項各号）のいずれかに適合しなくなったと認めるときは，その登録教習機関に対し，これらの規定に適合するため必要な措置をとるべきことを命ずることができる。[93]

12　改善命令
都道府県労働局長は，登録教習機関が第77条第6項又は第7項の規定に違反していると認めるときは，業務の方法の改善に関し必要な措置をとるべきことを命ずることができる。[94]

13　登録の取消し等
都道府県労働局長は，登録教習機関が欠格事由（安衛法令に違反し罰金以上の刑に処せられた場合，業務の運営に際し各種の義務を怠った場合，財務諸表等の公開を拒んだ場合，不正な手段により登録を行った場合）該当する場合には，その登録を取り消し又は6月を超えない範囲内で期間を定めて業務の全部若しくは一部の停止を命ずることができる。[95]

14　都道府県労働局長による第14条又は第61条第1項の技能講習の実施
登録教習機関が存在しない場合，登録教習機関の業務の全部又は一部が実施できない場合などは，都道府県労働局長が自ら技能講習を行うこととされる。[96]

第77条第4項は，登録教習機関の登録は，5年以上10年以内において政令で定める期間ごとに更新を受けなければ効力を失うことを規定しており，安衛施行令第23条の2に基づき，5年ごとの更新が必要とされている。[97]

第77条第5項は，登録教習機関の登録の更新の要件は，登録を行う場合と同様のものであることを規定する。[98]

15　実施計画の作成
第77条第6項は，登録教習機関に対し，技能講習・教習の実施に係る計画の作成，計画に基づく技能講習・教習の実施に関する義務を課している。[99]

この実施計画の作成に関し，第77条第6項の技能講習又は教習の実施に関する計画を作成できない「正当な理由がある場合」に関しては，第77条第3項において準用する法第49条の規定に基づき登録の業務を休止している場合，受講申込み者数が著しく少ないためその事業年度に技能講習又は教習を行うことが困難な場合などが挙げられる。[100]

16　登録教習機関の義務等
第77条第7項は，登録教習機関に対し，公正かつ法令の義務に従って技能講習，教習を行うことの義務を課す。[101]

第77条第7項の「公正」とは，特定の者を不当に差別的に取り扱わないことを意味する。公正ではない行為の具体例としては，登録教習機関が受講対象者を不

当に制限していること，特定の取引関係のある受講者に対して受講料に差を設けること，受講者によって修了試験の結果に異なる判定基準を適用することなどが例示されている。[102]

17 罰則

第77条に関連する罰則は以下の通りである。[103]

登録教習機関の役職員が，第77条第3項で準用する法第53条第1項の規定による厚生労働大臣の命令に従わない場合，1年以下の懲役又は100万円以下の罰金に処せられる（法第118条）。

登録教習機関の役職員が，第77条第3項で準用される法第49条の規定による届出をせず，又は虚偽の届出をした場合には，50万円以下の罰金に処せられる（法第121条第1号）。

第77条第3項で準用される法第50条第1項の規定に違反して財務諸表等を備え置かず，財務諸表等に記載すべき事項を記載せず，若しくは虚偽の記載を行い，又は正当な理由がないのに法第50条第2項の規定による請求を拒んだ者は，20万円以下の過料に処せられる（法第123条第1号）。

考察：第72条〜第77条
——免許・技能講習制度の課題と改正提案

---

1 現状

労働安全衛生法に基づく免許試験の業務は膨大であるため，公益財団法人安全衛生技術試験協会が指定試験機関として指定され，都道府県労働局長が行う試験事務を実施している（免許試験の種類ごとの受験資格・試験科目は章末資料8-2の通り）。

このような国家試験の実施事務を外部の機関に委託する仕組みは，「作業環境測定法」制定（1975〔昭和50〕年）の際に導入された指定試験機関制度（作業環境測定士試験の実施事務を財団法人作業環境測定士試験協会〔当時〕に委託）を嚆矢とし，1977（昭和52）年の安衛法改正の際に同法の制度として採用された。[104]

作業環境測定士試験協会を前身とし，指定試験機関である公益財団法人安全衛生技術試験協会は，労働安全衛生法に基づくボイラー技士，クレーン・デリック運転士，衛生管理者などの免許試験を実施するほか，労働安全衛生法に基づく労働安全・衛生コンサルタント試験，作業環境測定法に基づく作業環境測定士試験を国に代行して行っている（労働安全衛生法に基づく免許試験の統計は章末資料8-1を参照）。[105]

他方，作業主任者に必要な資格，就業制限業務に必要な資格に係る技能講習は，法別表第18に掲げる37種の区分ごとに，学科講習・実技講習により行われる（章末資料8-6を参照）。

技能講習は，厚生労働省令で定める区分に基づき登録教習機関が行うものであり，安全関係の技能講習等の登録教習機関の数は**章末資料8-7**，安全関係の技能講習等の修了者数は**章末資料8-8**，衛生関係の技能講習の登録教習機関の数は**章末資料8-9**，衛生関係の技能講習の修了者数は**章末資料8-10**の通りである。[106][107]

2 免許制度の課題と改正提案

(1) 課題

近年，労働安全衛生法に基づく免許試験に対しては，以下の課題が指摘されるようになった。[108]

①免許試験における受験者数の格差

年間受験者数が6万人を超える試験があるのに対し，100人を下回る試験もあること。

②試験の実施体制

受験者の利便性の向上に向けたチェックの必要性があること。

③試験の手数料

受験者負担や収支均衡のあり方の観点からの見直しの必要性。

また，試験制度の見直しの方向性としては，以下の事項が挙げられている。[109]

①受験資格に実務経験を求めている試験に関し必要に応じた見直しを行うこと。

②技術の進歩など状況の変化に応じた免許試験の区分の見直しに向けた検討を行うこと。

③試験方法（筆記・口述など）の見直しに向けた検討を行うこと。

④受験者の利便性の向上に向けた試験実施の方法（会場の確保，手数料・試験回数の見直しなど）に取り組むこと。

このような見直しの方向性に関する提起を受けて，高圧室内業務主任者免許などについては，免許試験の受験機会の拡大などを図る観点から，2012（平成24）年に受験資格の見直しなどの改正が行われたところである。[110]

(2) 改正提案

(a) 免許更新制と能力向上教育制度について

安衛法に基づく免許資格について，

・労働災害を防止するため，当該免許に必要な技能，知識の低下がないか定期的に確認する必要があること

・新技術・新工法等の導入に伴う労働災害防止のため，最新の知識を付与する必要があること

・関係法令の改正内容について正確な情報を理解させる必要があること

等の理由から有効期間を設けるべきであるとの意見がある。

免許更新制度については，昭和63年安衛法改正の際，具体的な検討が行われたが，
・ボイラー溶接士免許に有効期間（2年）が設けられているが，これは旧労働基準法下におけるボイラー溶接士免許の有効期間（1年）が引き継がれたものであること
・その他の免許について，有効期間を設けていないことにより災害につながったとする明確なデータがないこと
・取得した免許に新たに有効期間を付すことは既得権の侵害となる恐れがあること
等の理由から，新たに有効期間を設けることは困難と判断された。

なお，経産省所管法令で27種類の就業資格に関する免許が設けられているが，そのうち有効期間が付されているのは，中小企業診断士，液化石油ガス設備士のみである（中小企業診断士にあっては，講習会参加等一定の実績による専門知識補充要件，実務要件の両方を満たす場合更新され，液化石油ガス設備士にあっては，有効期間は付されてはいないが液化石油ガスの保安の確保及び取引の適正化に関する法律第38条の9に基づき，5年に1回の定時講習の受講が求められている）。

このように，現在においても，免許更新制度を設けることの客観的環境が整っているとはいえない。

昭和63年安衛法改正の際，免許更新制に代わり検討され，導入されたのが安全管理者等に対する能力向上教育制度である。

すなわち，労働災害の動向，技術革新の進展等社会経済情勢の変化に対応しつつ事業場における安全衛生の水準の向上を図るためには，免許，技能講習修了者に対し，現在身に着けている知識・技能を反復学習するとともに，その向上を図ることが有効であるとして，能力向上教育の実施の努力義務規定として法第19条の2が追加された。

法第19条の2に基づく能力向上教育指針において教育の対象者とされているのは，安全管理者，衛生管理者，安全衛生推進者，衛生推進者，作業主任者，元方安全衛生管理者，店社安全衛生管理者，その他の安全衛生業務従事者である。

しかし，法第19条の2は努力義務規定であり，その結果，作業主任者技能講習等を実施する登録教習機関における能力向上教育の受講需要がほとんどない。

そこで，法第19条の2に基づく能力向上教育指針において教育の対象者とされている者のうち，一定の免許資格者（衛生管理者，作業主任者）に対し，関係法令の改正内容について正確な情報の提供，新技術・新工法等の導入等に関する最新の知識の付与等を目的とする定期的な能力向上教育の義務化を提案したい。

なお，免許資格のうちボイラー技士，発破技士，揚貨装置運転士，ボイラー整備士，クレーン・デリック運転士，移動式クレーン運転士，潜水士については，個人の技術・技能を問うものであり，衛生管理者，作業主任者に対する能力向上教育とは趣旨が異なると考える。

(b) 能力向上教育指針で示されたカリキュラムの充実

免許制の資格であって，法第19条の2に基づく能力向上教育指針によりカリキュラムが示されているのは衛生管理者（初任時，定時又は随時）のほか，作業主任者ではガス溶接作業主任者（定時又は随時），林業架線作業主任者（定期又は随時）に係る能力向上教育のみである。

上記(a)作業主任者等の免許保持者に対する定期的な能力向上教育の義務化の実施のためにも，高圧室内作業主任者，エックス線作業主任者，ガンマ線透過写真撮影作業主任者，特定第1種圧力容器取扱作業主任者のカリキュラムを新たに示す必要がある。

3　技能講習制度の課題と改正提案：技能講習に係る能力向上教育カリキュラムの策定

技能講習であって，法第19条の2に基づく能力向上教育指針により，能力向上教育カリキュラムが示されているのは，法別表第18に掲げる以下の37種のうち下線を付したものに限られる。しかし，少なくとも作業主任者用の技能講習については，その全てについてカリキュラムを示す必要がある。

1 <u>木材加工用機械作業主任者技能講習</u>
2 <u>プレス機械作業主任者技能講習</u>
3 <u>乾燥設備作業主任者技能講習</u>
4 コンクリート破砕器作業主任者技能講習
5 地山の掘削及び土止め支保工作業主任者技能講習
6 ずい道等の掘削等作業主任者技能講習
7 ずい道等の覆工作業主任者技能講習
8 型枠支保工の組立て等作業主任者技能講習
9 <u>足場の組立て等作業主任者技能講習</u>
10 建築物等の鉄骨の組立て等作業主任者技能講習
11 鋼橋架設等作業主任者技能講習
12 コンクリート造の工作物の解体等作業主任者技能講習
13 コンクリート橋架設等作業主任者技能講習
14 <u>採石のための掘削作業主任者技能講習</u>
15 はい作業主任者技能講習
16 船内荷役作業主任者技能講習
17 木造建築物の組立て等作業主任者技能講習
18 化学設備関係第1種圧力容器取扱作業主任者技能講習
19 普通第1種圧力容器取扱作業主任者技能講習

20　特定化学物質及び四アルキル鉛等作業主任者技能講習
21　鉛作業主任者技能講習
22　有機溶剤作業主任者技能講習
23　石綿作業主任者技能講習
24　酸素欠乏危険作業主任者技能講習
25　酸素欠乏・硫化水素危険作業主任者技能講習
26　床上操作式クレーン運転技能講習
27　小型移動式クレーン運転技能講習
28　ガス溶接技能講習
29　フォークリフト運転技能講習
30　ショベルローダー等運転技能講習
31　車両系建設機械（整地・運搬・積込み用及び掘削用）運転技能講習
32　車両系建設機械（解体用）運転技能講習
33　車両系建設機械（基礎工事用）運転技能講習
34　不整地運搬車運転技能講習
35　高所作業車運転技能講習
36　玉掛け技能講習
37　ボイラー取扱技能講習

4　免許・技能講習にまたがる課題と改正提案：規定の整合性の確保と分散規定の統合

免許の種類については，安衛則第62条及び同条に関連する別表第4，第69条で規定している。一方，技能講習の種類は，法別表第18で規定しており，均衡を欠いている。また，免許試験の受験資格，試験科目，試験科目の免除は，安衛則・別表第5のほか，高圧則，ボイラー則，電離則，クレーン則にそれぞれ分散して規定され，技能講習の受講資格，講習内容については，安衛則・別表第6のほか，ボイラー則，クレーン則，特化則，鉛則，有機則，石綿則，酸欠則にそれぞれ分かれて規定されており，いずれも分かりにくい。

よって，免許と技能講習の種類は，共に安衛令に整理し，免許試験の受験資格，試験科目，試験科目の免除は，安衛則・別表第4と同じ形式で，全て別表第5にまとめて規定し，技能講習の受講資格，講習内容については，安衛則・別表第6にまとめて規定できないか検討すべきと考える。

参考1　免許に関連する用語等

1　衛生管理者（第1種，第2種，衛生工学衛生管理者）

衛生管理者免許には，第1種衛生管理者と第2種衛生管理者の2種類がある。

第1種衛生管理者と第2種衛生管理者の違いは対応できる業種。第1種免許を取得していれば，全ての業種に対応できるが，第2種免許のみ取得している場合，**資料8-3**の第1種衛生管理者の従事できる業種

資料8-3

第1種衛生管理者	農林水産業，鉱業，建設業，製造業（物の加工業を含む），電気業，ガス業，水道業，熱供給業，運送業，自動車整備業，機械修理業，医療，清掃業
第2種衛生管理	その他の業種

（安衛則第7条第1項第3号による）

資料8-4　潜函工法

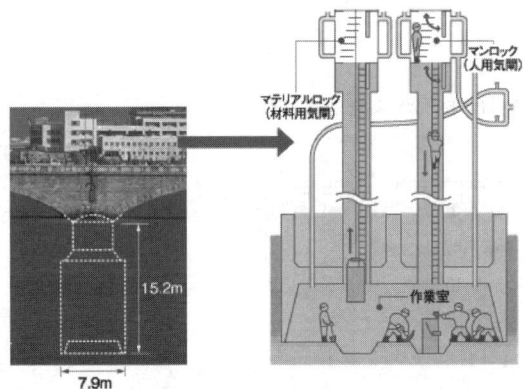

（国土交通省北陸地方整備局 WEB サイト〔http://www.hrr.mlit.go.jp/nyusho/big_bandai.html，最終閲覧日：2022年3月3日〕）

には対応できない。

このほか，大学又は高等専門学校において，工学又は理学に関する課程を修めて卒業した者で登録教習機関の行う衛生工学衛生管理者講習を修了した者等に与えられる衛生工学衛生管理者がある。

2　高圧室内作業主任者

高圧室内作業とは，潜函工法やシールド工法（湧水を抑えるために密閉の作業室内に水圧に対抗する圧縮空気を送って作業する）等大気圧を超える気圧下での作業室またはシャフトの内部において行う作業である（**資料8-4**）。

高圧室内業務については，空気圧縮機による空気圧縮過程から作業室等の排気管から排気過程に至るまでの圧気工法全体をシステムとして把握し，関連する設備や作業方法を安全衛生に十分留意したものとする必要がある。

3　ガス溶接作業主任者

ガス溶接は，アセチレン等の可燃性ガスと酸素を燃焼させ，その炎により母材を溶融させる溶接法である。

アセチレン溶接装置またはガス集合溶接装置を用いた金属の溶接，溶断または加熱の作業においては，ガス溶接作業主任者を選任し，法定の事項を行わなければならない（安衛則第314条，第315条）。

ア　アセチレン溶接装置（**資料8-5**）

イ　ガス集合溶接装置（**資料8-6**）

資料8-5　アセチレン溶接装置

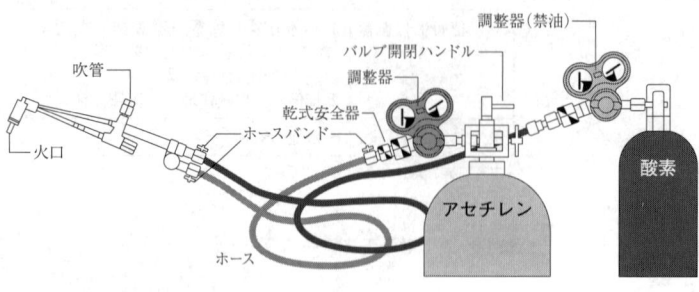

資料8-6　ガス集合溶接装置

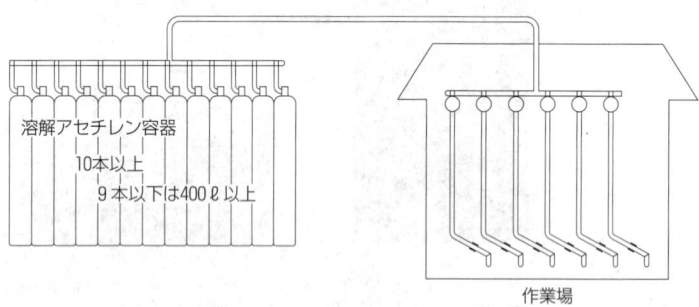

（一般財団法人労働安全衛生管理協会 WEB サイト〔http://www.roudouanzen.com/pdf/g005.pdf、最終閲覧日：2024年7月5日〕）

4　林業架線作業主任者

林業では、伐木した木材を土場まで集材する方法として機械集材装置を用いることが多い。

機械集材装置、運材索道の組み立て、解体、変更、修理の作業、及びこれらの設備による集材、運材の作業においては、林業架線主任者を選任し、法定の事項を行わなければならない（安衛則第151条の126、第151条の127）。

【運材索道、機械集材装置】

集材機、架線、搬器、支柱及びこれらに附属する物により構成され、動力を用いて、原木又は薪炭材を巻き上げ、かつ、空中において運搬する設備（資料8-7〜8-9）。

5　特級、1級、2級ボイラー技士

（1）ボイラーの定義（令第1条第3号）

蒸気ボイラー及び温水ボイラーのうち、次のイ〜ヘ以外のもの。

イ　ゲージ圧力0.1 MPa以下で使用する蒸気ボイラーで、伝熱面積が0.5 m²以下のもの又は胴の内径が200 mm以下で、かつ、その長さが400 mm以下のもの

ロ　ゲージ圧力0.3 MPa以下で使用する蒸気ボイラーで、内容積が0.0003 m³以下のもの

ハ　伝熱面積が2 m²以下の蒸気ボイラーで、大気に開放した内径が25 mm以上の蒸気管を取り付けたもの又はゲージ圧力0.05 MPa以下で、かつ、内径が25 mm以上のU形立管を蒸気部に取り付けたもの

ニ　ゲージ圧力0.1 MPa以下の温水ボイラーで、伝熱面積が4 m²以下のもの

ホ　ゲージ圧力0.6 MPa以下でかつ、摂氏100度以下で使用する……。

ヘ　ゲージ圧力1 MPa以下で使用する貫流ボイラー（管寄せの内径が150 mmを超える多管式のものを除く）で、伝熱面積が5 m²以下のもの（気水分離器を有するものにあつては、気水分離器の内径が200 mm以下で、かつ、その内容積が0.02 m³以下のもの）

ト　内容積が0.004 m³以下の貫流ボイラー（管寄せ及び気水分離器のいずれをも有しないものに限る）で、

資料8-7　運材索道

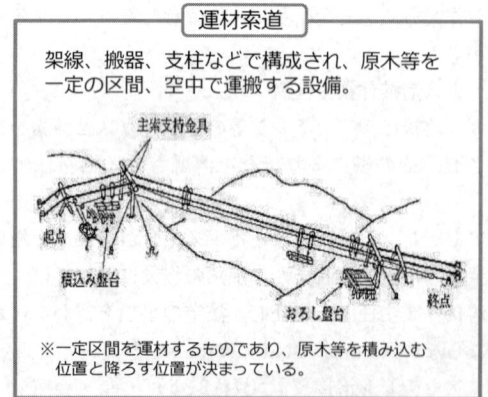

（厚生労働省の車両系木材伐出機械リーフレット〔https://www.mhlw.go.jp/new-info/kobetu/roudou/gyousei/anzen/dl/141027-1.pdf、最終閲覧日：2022年3月3日〕）

資料8-8　機械集材装置

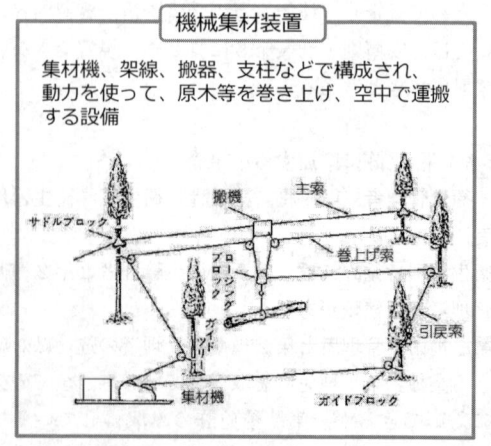

（資料8-7に同じ）

資料8-9 集材機

(株式会社前田製作所 WEB サイト〔https://www.maesei.co.jp/products/yarding-machine/, 最終閲覧日：2024年7月8日〕)

その使用する最高のゲージ圧力をメガパスカルで表した数値と内容積を立方メートルで表した数値との積が0.02以下のもの

(2) 小型ボイラーの定義（令第1条第4号）

ボイラーのうち，次に掲げるボイラー。

イ　ゲージ圧力0.1MPa以下で使用する蒸気ボイラーで，伝熱面積が1m²以下のもの又は胴の内径が300mm以下で，かつ，その長さが600mm以下のもの

ロ　伝熱面積が3.5m²以下の蒸気ボイラーで，大気に開放した内径が25mm以上の蒸気管を取り付けたもの又はゲージ圧力0.05MPa以下で，かつ，内径が25mm以上のU形立管を蒸気部に取り付けたもの

ハ　ゲージ圧力0.1MPa以下の温水ボイラーで，伝熱面積が8m²以下のもの

ニ　ゲージ圧力0.2MPa以下の温水ボイラーで，伝熱面積が2m²以下のもの

ホ　ゲージ圧力1MPa以下で使用する貫流ボイラー（管寄せの内径が150mmを超える多管式のものを除く）で，伝熱面積が10m²以下のもの（気水分離器を有するものにあつては，当該気水分離器の内径が300mm以下で，かつ，その内容積が0.07m³以下のものに限る）

以上を整理すると資料8-10の通り。

(3) 用語の解説

ア　蒸気ボイラー，温水ボイラー（資料8-11・8-12）

ボイラーとは，水を火気などで加熱して，大気圧を超える蒸気又は温水を作り他に供給する容器をいい，蒸気を作る蒸気ボイラーと，温水を作る温水ボイラーがある。ボイラーから供給される蒸気や温水は，工場にある反応器や加熱器，ビルの暖房や給湯に利用される。

イ　貫流ボイラー（資料8-13）

ウ　ゲージ圧力（資料8-14）

ゲージ圧とは，大気圧を基準として考える圧力。大気圧の値は約101.3kpaだが，ゲージ圧では大気圧を0kpaと考え，他の圧力の値を表す。

エ　伝熱面積

実際に熱の授受がある面の広さ。伝熱面積の計算はボイラー則第2条で規定されている。

資料8-10　ボイラーの区分

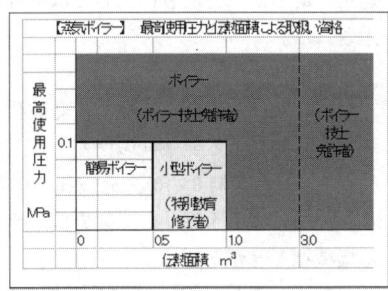

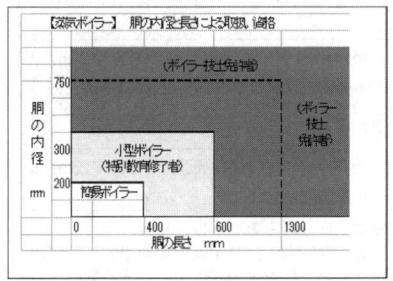

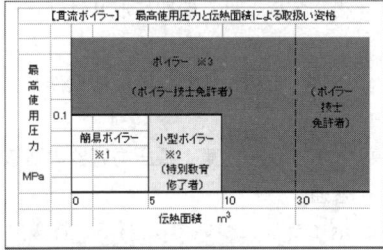

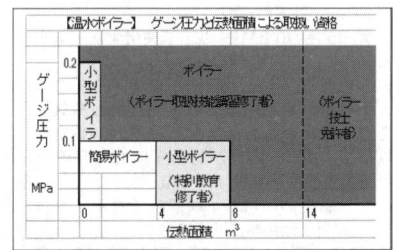

```
＊汽水分離器付の場合
　※1　D≦200　かつ　V≦0.02に限る
　※2　D≦300　かつ　V≦0.07に限る
　※3　D≦400　かつ　V≦0.4に限る
　D：気水分離器の内径（mm）
　V：気水分離器の内容積（m3）
```

(一般社団法人日本ボイラー協会 WEB サイト〔https://www.jbanet.or.jp/license/division/boiler/, 最終閲覧日：2024年7月10日〕に掲載された図表を只野が加工した。当該図表は，安衛法第61条，第41条，安衛法施行令第20条第3号～第5号，安衛則別表第3等に基づいて作成されたと思われる。)

資料8-11 蒸気ボイラー（炉筒煙管ボイラー）

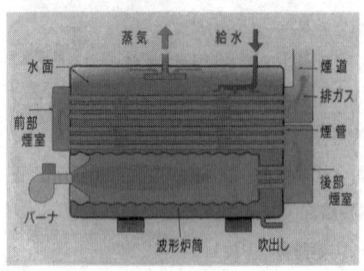

（厚生労働省「第1回ボイラー等の自主検査制度の導入の可否に関する検討会」資料 No. 4〔https://www.mhlw.go.jp/shingi/2006/08/s0801-4d.html, 最終閲覧日：2022年3月4日〕）

資料8-12 温水ボイラー（立て温水ボイラー）

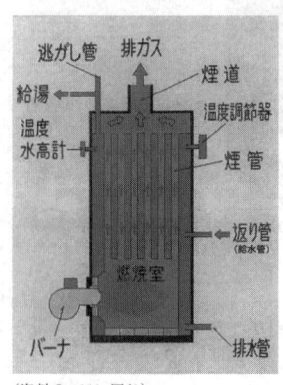

（資料8-11に同じ）

資料8-13 貫流ボイラー

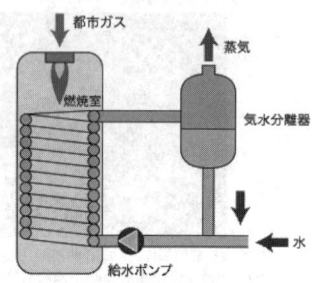

（仙台市ガス局 WEB サイト〔https://www.gas.city.sendai.jp/biz/boilers/01/index.php, 最終閲覧日：2024年7月8日〕）

資料8-14 ゲージ圧力

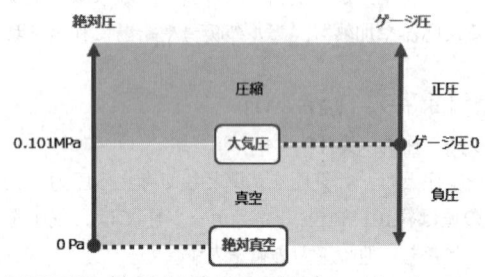

（MONOWEB〔株式会社 RE〕WEB サイト〔https://d-engineer.com/fluid/zettaiatu.html, 最終閲覧日：2024年7月22日〕）

資料8-15

特級ボイラー技士	取り扱うボイラーの伝熱面積の合計が500 m² 以上の場合（貫流ボイラーのみを取り扱う場合を除く）
1級ボイラー技士	取り扱うボイラーの伝熱面積の合計が25 m² 以上500 m² 未満の場合（貫流ボイラーのみを取り扱う場合は、伝熱面積の合計が500 m² 以上の時を含む）
2級ボイラー技士	取り扱うボイラーの伝熱面積の合計が25 m² 未満の場合
ボイラー取扱技能講習修了者	次のボイラーのみを取り扱う場合 イ ゲージ圧力0.1 MPa 以下で使用する蒸気ボイラーで、伝熱面積が0.5 m² 以下のもの又は胴の内径が200 mm 以下で、かつ、その長さが400 mm 以下のもの ロ ゲージ圧力0.3 MPa 以下で使用する蒸気ボイラーで、内容積が0.0003 m³ 以下のもの ハ 伝熱面積が2 m² 以下の蒸気ボイラーで、大気に開放した内径が25 mm 以上の蒸気管を取り付けたもの又はゲージ圧力0.05 MPa 以下で、かつ、内径が25 mm 以上の U 形立管を蒸気部に取り付けたもの ニ ゲージ圧力0.1 MPa 以下の温水ボイラーで、伝熱面積が4 m² 以下のもの

（ボイラー則第24条による）

オ 特級，1級，2級ボイラー技士

資格によって取り扱うことのできるボイラーが**資料8-15**の通り異なる（ボイラー則第24条）。

6 エックス線作業主任者，ガンマ線透過写真撮影作業主任者

医療，非破壊検査の現場等では，エックス線，ガンマ線を利用した検査等が行われており，放射線業務の作業については，管理区域ごとに，エックス線作業主任者あるいはガンマ線透過写真撮影作業主任者を選任しなければならない（電離則第46条，第47条，第52条の2，第52条の3）。

なお，放射線の管理に関する法律には，放射性物質に関しては放射性同位元素等による放射線障害の防止に関する法律が，ウラン，トリウム，プルトニウムや原子炉に関しては，核燃料，核燃料物質及び原子炉の規制に関する法律が，医療現場では医療法や薬事法の適用があるが，労働者に関しては電離則が全面的に適用される。

7 発破技士

発破作業は，爆薬を装填する発破孔の穿孔，爆薬の装填，込物による発破孔の閉塞，点火などの一連の工程から成る（資料8-16）。発破孔の穿孔は，たがねとハンマーによる手掘りと，削岩機，オーガーなどによる機械掘りとがある。

8 制限荷重が5t以上の揚貨装置の運転の業務

揚貨装置とは，船舶に取り付けられたデリックやクレーンの設備のこと。陸から船へあるいは船から陸へ積載貨物を積み替える港湾荷役作業に用いられる機械である。

9 ボイラー，第1種圧力容器の溶接の業務（特別，普通）

ボイラーについては，「5 特級，1級，2級ボイラー技士」の項参照。

(1) 第1種圧力容器の定義（令第1条第5号）

次のイ～ニに掲げる容器（①ゲージ圧力0.1 MPa 以下で使用する容器で，内容積が0.04 m³ 以下のもの。②胴の内径が200 mm 以下で，その長さが1000 mm 以下のもの。③最高のゲージ圧力（MPa）と内容積（m³）との積が0.004以下

資料8-16

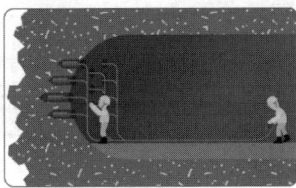

（国土交通省東北地方整備局磐城国道事務所WEBサイト〔https://www.thr.mlit.go.jp/iwaki/hama-lib/michi/t-taukuru-01.html，最終閲覧日：2022年3月4日〕）

資料8-17

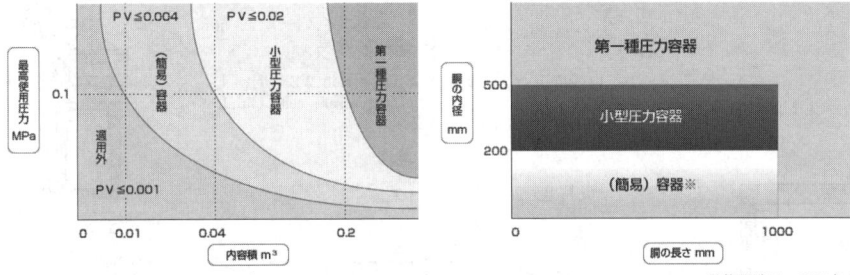

（一般社団法人日本ボイラ協会WEBサイト〔https://www.jbanet.or.jp/examination/classification/vessel-1/，最終閲覧日：2024年7月10日〕）

資料8-18

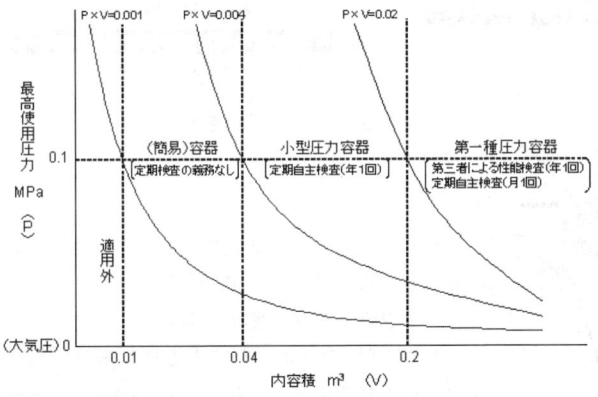

（資料8-11に同じ）

資料8-19　熱交換器の例

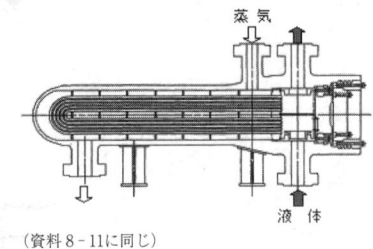

（資料8-11に同じ）

のものを除く）。
イ　蒸気その他の熱媒を受け入れ，又は蒸気を発生させて固体又は液体を加熱する容器で，容器内の圧力が大気圧を超えるもの（ロ又はハに掲げる容器を除く）
ロ　容器内における化学反応，原子核反応その他の反応によつて蒸気が発生する容器で，容器内の圧力が大気圧を超えるもの
ハ　容器内の液体の成分を分離するため，当該液体を加熱し，その蒸気を発生させる容器で，容器内の圧力が大気圧を超えるもの
ニ　上記容器のほか，大気圧における沸点を超える温度の液体をその内部に保有する容器

（2）　小型圧力容器の定義（令第1条第6号）
第1種圧力容器のうち，次に掲げる容器をいう。
イ　ゲージ圧力0.1MPa以下で使用する容器で，内容積が0.2m³以下のもの又は胴の内径が500mm以下のもので，かつ，その長さが1000mm以下のもの
ロ　その使用する最高のゲージ圧力をメガパスカルで表した数値と内容積を立方メートルで表した数値との積が0.02以下の容器

（3）　第2種圧力容器の定義（令第1条第7号）
ゲージ圧力0.2MPa以上の気体をその内部に保有する容器（第1種圧力容器を除く）のうち，次に掲げる容器をいう。
イ　内容積が0.04m³以上の容器
ロ　胴の内径が200mm以上で，かつ，その長さが1000mm以上の容器
以上を整理すると資料8-17・8-18の通り。

（4）　用語の解説
第1種圧力容器とは，容器の内部において煮沸，加熱，反応等の操作が行われるものをいう。一方，第2種圧力容器は，内部に圧縮気体を保有する容器をいう。
ア　内部に液体，固体等を保有する圧力容器
熱交換器（蒸気で水や油などを加熱するもの。資料8-19），蒸煮器（製紙用，醸造用，食品用などの原料を加熱処

資料8-20 ガスホルダの例

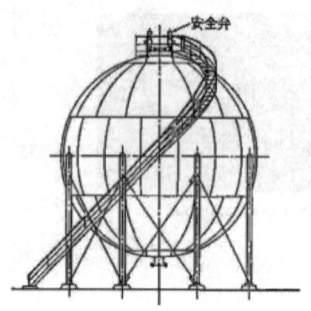

(資料8-11に同じ)

資料8-21

①クラブトロリ式天井クレーン

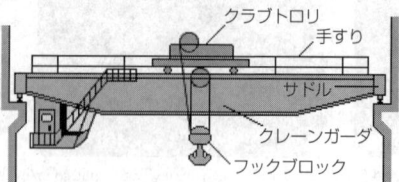

②ホイスト式天井クレーン

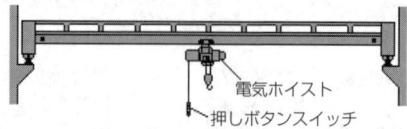

(山本誠一氏が運営する crane club WEB サイト〔http://www.crane-club.com/study/crane/ceiling.html, 最終閲覧日：2022年3月4日〕)

資料8-22

①低床ジブクレーン

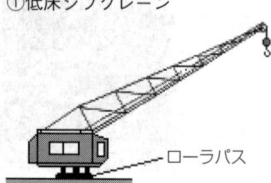

②高脚（門型）ジブクレーン

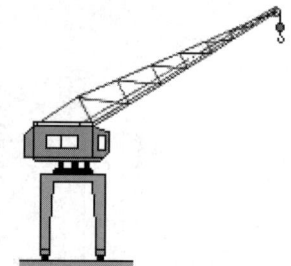

(山本誠一氏が運営する crane club WEB サイト〔http://www.crane-club.com/study/crane/jibcrane.html, 最終閲覧日：2022年3月4日〕)

資料8-23 クラブトロリ式橋形クレーン

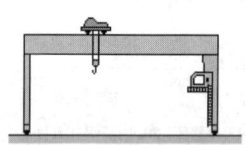

(山本誠一氏が運営する crane club WEB サイト〔http://www.crane-club.com/study/crane/gantry.html, 最終閲覧日：2022年3月4日〕)

資料8-24 アンローダ

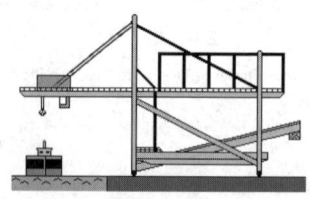

(資料8-23に同じ)

資料8-26 テルハ

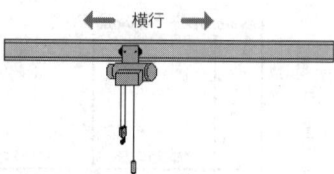

(資料8-25に同じ)

資料8-25 片側走行ケーブルクレーン

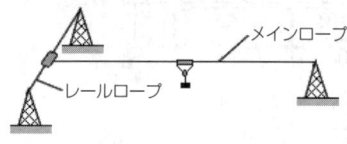

(山本誠一氏が運営する crane club WEB サイト〔http://www.crane-club.com/study/crane/cable.html, 最終閲覧日：2022年3月4日〕)

理するもの），消毒器（医療器具，食器類などを消毒するもの）などがある。

イ 内部に圧縮気体を保有する容器

ガスホルダ（資料8-20），給食用の二重釜などがある。

10 ボイラー，第1種圧力容器の整備の業務

整備の内容としては，ボイラー，第1種圧力容器の本体や，装置，附属設備の点検，整備，保守などがある（「5 特級，1級，2級ボイラー技士」，「9 ボイラー，第1種圧力容器の溶接の業務（特別，普通）」参照）。

11 つり上げ荷重が5t以上のクレーンの運転の業務

クレーンは，構造，形状及び用途によって，一般に次のように分類される。

ア 天井クレーン（資料8-21）

建屋の両側の壁に沿って設けられたランウェイ上を走行するクレーン。建屋の天井をクレーンが走るようになるのでこの名がある。

イ ジブクレーン（資料8-22）

ジブ（肘：アーム）を有するクレーン。天井クレーンに次いで多く用いられている。

ウ 橋形クレーン（資料8-23）

天井クレーンのクレーンガーダの両端に脚を設け，地上または床上に設けた走行レール上を走行させるようにしたクレーン。

エ アンローダ（資料8-24）

船からばら物を陸揚げする専門のクレーン。ばら物を受け入れるためのホッパとコンベヤーが組み込まれている。

オ ケーブルクレーン（資料8-25）

2つの塔間に張り渡したメインロープ上をトロリが横行する形式のクレーン。

カ テルハ（資料8-26）

荷の上げ下げとレールに沿った移動のみを行うクレーン。工場建屋・倉庫等の天井に取付けられたI形鋼の下フランジに，電気ホイスト，電動チェーンブロックをつり下げた簡単な構造のものが多い。

なお，跨線テルハについてはクレーン運転士免許資

資料8-27 荷昇降式床上型スタッカークレーン

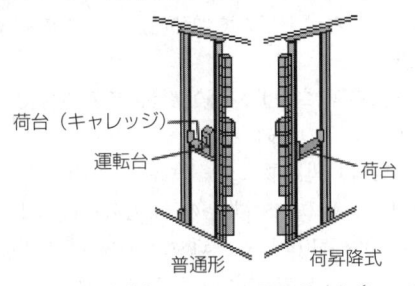

（山本誠一氏が運営するcrane club WEBサイト〔http://www.crane-club.com/study/crane/stacker.html，最終閲覧日：2022年3月4日〕）

資料8-28 トラッククレーン

（株式会社タダノWEBサイト〔https://www.tadano.co.jp/products/index.html，最終閲覧日：2024年6月20日〕）

資料8-29 クローラクレーン

（資料8-28に同じ）

資料8-30 浮きクレーン

資料8-31 ガイデリック

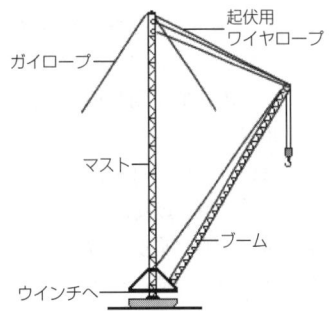

（山本誠一氏が運営するcrane club WEBサイト〔http://www.crane-club.com/study/derrick/definition.html，最終閲覧日：2022年3月4日〕）

格は要求されないが，跨線テルハとは，鉄道において，手荷物を積んだ台車などをつり上げ，線路をこえて運搬するために使用されるものをいう。

キ　スタッカー式クレーン（資料8-27）

直立したガイドフレームに沿って上下するフォーク等を持つもの。倉庫等の棚に対する荷の出し入れに用いられる。

12　つり上げ荷重が1t以上の移動式クレーンの運転の業務

移動式クレーンはその走行方式によって，トラッククレーン，ホイールクレーン，クローラクレーン，鉄道クレーン，浮きクレーンに分類される。

なお，ここでいうクレーン運転の業務は，工事現場等で行う運転業務を指し，道路上を走行させる場合には，道路交通法に基づく免許が必要である。

ア　トラッククレーン（資料8-28）

イ　クローラクレーン（資料8-29）

クローラクレーンは，走行体が起動輪，遊動輪，下部ローラ，上部ローラ及び履帯（クローラ）を巻いた装置で構成された台車の上にクレーン装置（上部旋回体）を架装した形式のものである。

走行は履帯の上を起動輪の回転力によって下部ローラで転がって行く構造になっている。クローラ式は，左右の履帯の接地面積がホイール式等にくらべ広いので安定性が良く，不整地や比較的軟弱な地盤でも走行ができるが走行速度は極めて遅い。

原動機，巻上装置及び運転室等（操作装置を含む）の全装置が上部旋回体に装備されている（日本クレーン協会WEBサイト〔http://www.cranenet.or.jp/tisiki/idou.html，最終閲覧日：2022年3月4日〕）。

ウ　浮きクレーン（資料8-30）

13　つり上げ荷重が5t以上のデリックの運転の業務

デリックとは，動力を用いて荷をつり上げることを目的とする機械装置であって，マスト又はブームを有し，原動機を別置し，ワイヤロープにより操作させるものである（資料8-31）。

資料8-32　潜水装備の例

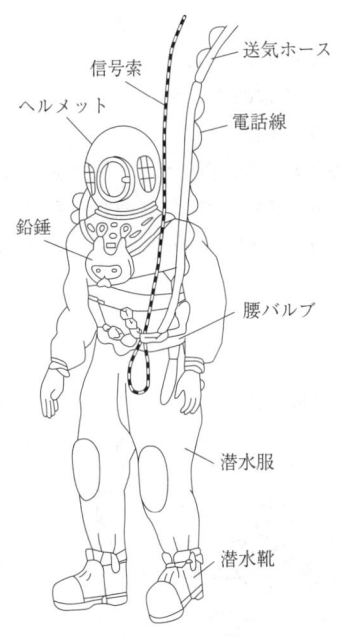

14　潜水士業務

潜水器を用い，かつ，空気圧縮機若しくは手押しポンプによる送気又はボンベからの給気を受けて，水中において行う業務をいう（資料8-32）。

参考2　技能講習に関連する用語等

1　木材加工用機械作業主任者

木材加工用機械による災害は、鋸刃（のこば）など切削工具に手、指等が接触するもの、加工中の材又は木片が反発又は逆走して身体に飛来・激突するものが主なものである。

この災害を防止するためには、刃の接触予防装置、反発予防装置などの安全装置の適正な取り付けが必要である（資料8-38）。

木材加工用機械（携帯用を除く丸のこ盤、帯のこ盤、かんな盤、面取り盤及びルーター）を5台以上（自動送材車式帯のこ盤が含まれている場合は3台以上）有する事業場において木材加工用機械による作業を行う場合、木材加工用機械作業主任者を選任し、法定の事項を行わせなければならない（安衛則第129条、第130条）。

ア　丸のこ盤（資料8-33）
イ　帯のこ盤、自動送材車式帯のこ盤（資料8-34）
ウ　かんな盤（資料8-35）
エ　面取り盤（資料8-36）
オ　ルーター（資料8-37）

2　プレス機械作業主任者

プレス機械による災害の大部分は、スライドの下降中、金型間に手指を入れ、その金型により手指を負傷するものであり、そのほとんどは後遺障害となる。

プレス機械を5台以上有する事業場において行うプレス機械による作業については、プレス機械作業主任者を選任し、法定の事項を行わせなければならない（安衛則第133条、第134条）。

プレス機械の安全装置には、ガード式、両手操作式（レバー式、押しボタン式等）、光線式、手引き式、手払い式及びこれらの組み合わせ型等その種類は多い（資料8-39）。

3　乾燥設備作業主任者

乾燥設備とは、熱源を用いて加熱乾燥する次の乾燥室及び乾燥器をいう。

(1) 施行令別表第1に掲げる危険物等に係る設備で、内容積が1m³以上のもの
(2) (1)の危険物等以外の物に係る設備で、熱源として燃料を使用するもの（固体燃料の場合毎時10kg以上、液体燃料の場合毎時10L以上、気体燃料の場合毎時1m³以上であるもの）又は熱源として電力を使用するもの（定格消費電力が10Kw以上のもの）

乾燥設備による物の過熱の作業については、乾燥設備作業主任者を選任し、法定の事項を行わせなければならない（安衛則第297条、第298条）。

ア　乾燥設備（資料8-40）

4　コンクリート破砕器作業主任者

コンクリート破砕器は、建築物の基礎の撤去や宅地造成などで使用するために開発された火薬を用いた火工品であり、爆薬による発破と比較した場合に騒音、振動、飛石などが少なく安全性は高い。

コンクリート破砕機を用いて行う破砕の作業については、コンクリート破砕器作業主任者を選任し、法定の事項を行わせなければならない（安衛則第321条の3、第321条の4）。

5　地山の掘削及び土止め支保工作業主任者

(1) 地山の掘削作業

地山の掘削（明り掘削）及びこれに伴う土石の運搬等の作業においては、土工、法工、基礎工、土止め等の作業が大部分を占める。

土木工事においては、必ず明り掘削作業が行われ、また、建築工事においても、基礎工事、根切工事等は明り掘削の作業を多く含んでいる。

地山の崩壊または落下の防止のためには、基準に合致した掘削面の勾配及び高さで行わせること、手掘り

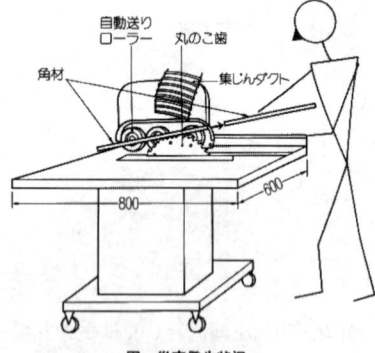

資料8-33　丸のこ盤

図　災害発生状況
（厚生労働省「職場のあんぜんサイト」〔https://anzeninfo.mhlw.go.jp/anzen_pg/sai_det.aspx?joho_no=582、最終閲覧日：2019年10月3日〕）

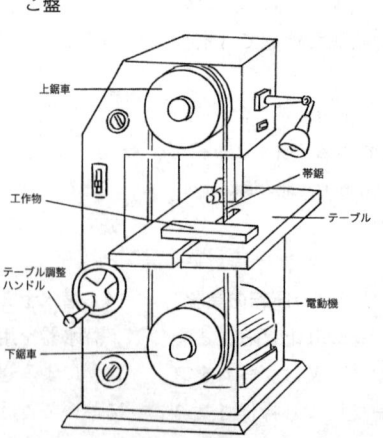

資料8-34　帯のこ盤、自動送材車式帯のこ盤

（イラスト：辻井タカヒロ氏）

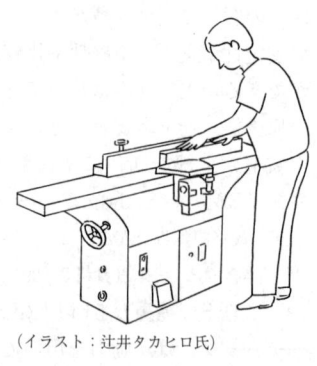

資料8-35　かんな盤

（イラスト：辻井タカヒロ氏）

資料8-36　面取り盤

(JIS B 0114：1997の付図54)

資料8-37　ルーター

(JIS B 0114：1997の付図55)

資料8-40　乾燥設備

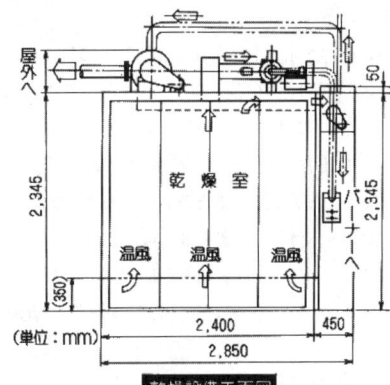

(厚生労働省「職場のあんぜんサイト」〔https://anzeninfo.mhlw.go.jp/anzen_pg/SAI_DET.aspx?joho_no=000406，最終閲覧日：2024年10月25日〕)

資料8-38　木工機械の安全装置

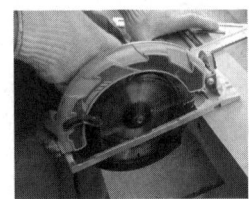

資料8-39　プレス機械の安全装置

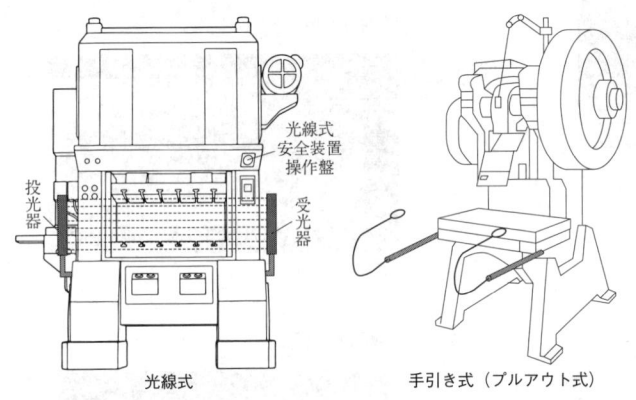

資料8-41　地山の掘削

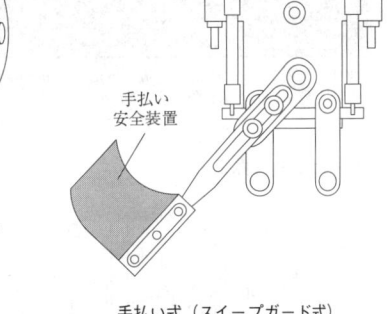

による作業ではすかし掘り（垂直に近く切り立つ面の最下部を掘り込むこと。資料8-42）を行わせないこと，上下水管やケーブルを敷設するため地面下へ掘り下げる場合には，擁壁の崩壊を防止するため措置を講じること等が重要である。

　掘削面の高さが2m以上となる地山の掘削の作業については，地山の掘削作業主任者を選任し，法定の事項を行わせなければならない（安衛則第359条，第360条）。

　ア　地山の掘削（資料8-41）

　(2)　土止め支保工作業

　土止め支保工とは，土砂または岩石の崩壊または落下を防止するために設ける架設の構造物である。

　土止め支保工の切りばり又は腹起こしの取付け又は取り外しの作業については，土止め支保工作業主任者を選任し，法定の事項を行わせなければならない（安衛則第374条，第375条）。

(厚生労働省EWBサイト〔https://www.mhlw.go.jp/new-info/kobetu/roudou/gyousei/anzen/040330-5.html，最終閲覧日：2024年7月3日〕)

　ア　土止め支保工（資料8-43）

6　ずい道等の掘削等作業主任者

　ずい道は，用途別から，道路・鉄道等の交通用，かんがい・発電等の水路用，上下水道及び電線路等の公益事業用トンネルなどに大別され，施工場所からは，山岳，都市，水底トンネルに，また，施工法からは，

山岳工法，開削工法，シールド工法，沈埋工法などに分類される。

ずい道等の掘削の作業又はこれに伴うずり積み，ずい道支保工の組立て，ロックボルトの取付け，コンクリート等の吹付けの作業については，ずい道等の掘削等作業主任者を選任し，法定の事項を行わせなければならない（安衛則第383条の2，第383条の3）。

ア　ずい道支保工（資料8-44）
イ　ロックボルト（資料8-45）
ウ　コンクリート等の吹付けの作業（資料8-46・8-47）

コンクリート等吹付作業においては，粉じん障害を防止するための対策を講じることが求められている（「ずい道等建設工事における粉じん対策に関するガイドライン」（平成12年12月26日基発第768号の2）等も参照されたい）。

7　ずい道等の覆工作業主任者

ずい道等の覆工作業（資料8-48）とは，トンネル工事の工程の一つで，掘削した横穴を内側から補強する作業をいう。ずい道等の覆工作業主任者は，作業方法と労働者の配置の決定，作業の指揮，器具，工具，安全帯，保護帽の点検，安全帯や保護帽の使用状況の監視等を行う。同じトンネル工事に関連する資格として，ずい道等の掘削等作業主任者があるが，こちらはずい道の掘削の指導，岩盤や肌落ち防止の指導などを行う。

ずい道等の覆工（ずい道型枠支保工の組立て→コンクリートの打設→支保工の解体→移動）の作業については，

資料8-42　透かし掘り

（マサトーのブログ〔https://ameblo.jp/323masato/entry-12159909037.html，最終閲覧日：2022年3月5日〕）

資料8-43　土止め支保工

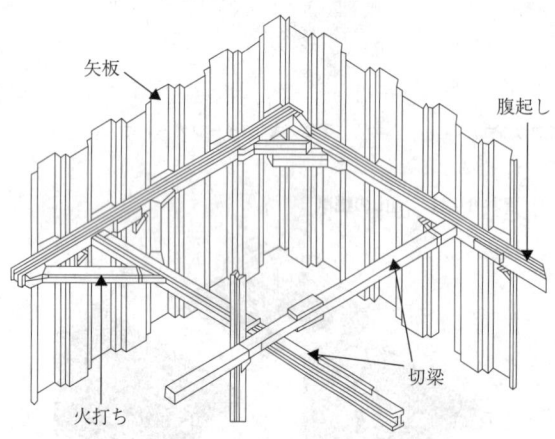

資料8-46

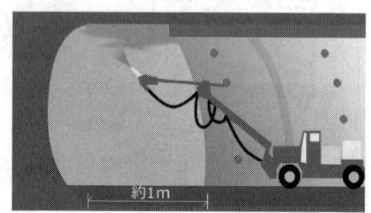

（資料8-45に同じ）

資料8-47

写真-3　吹付工施工状況

（一般社団法人・斜面防災対策技術協会WEBサイト〔https://www.jasdim.or.jp/gijutsu/gakekuzure_joho/sekkei/hukituke/index.html，最終閲覧日：2024年7月17日〕）

資料8-44　ずい道支保工

（株式会社サンレック〔パネルライニング研究会正会員〕WEBサイト〔https://www.sunrec.co.jp/products_detail02_04/，最終閲覧日：2024年6月27日〕）

資料8-45　ロックボルト

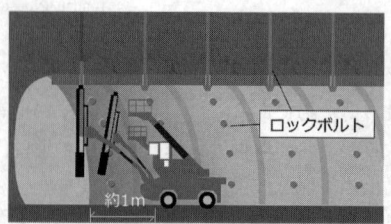 

（国土交通省北陸地方整備局WEBサイト「日本沿岸北陸自動車道国道7号朝日温海道路」〔https://www.hrr.mlit.go.jp/niikoku/now/nichiendou/tunel.html，最終閲覧日：2024年7月19日〕）

資料8-48 ずい道の覆工

（資料8-45に同じ）

資料8-49

資料8-50 足場

資料8-51 つり足場

（厚生労働省「職場のあんぜんサイト」〔https://anzeninfo.mhlw.go.jp/anzen_pg/sai_det.aspx?joho_no=100620，最終閲覧日：2024年9月9日〕）

資料8-52 張り出し足場

（厚生労働省「職場のあんぜんサイト」〔https://anzeninfo.mhlw.go.jp/anzen_pg/sai_det.aspx?joho_no=100491，最終閲覧日：2024年7月16日〕）

資料8-53

資料8-54

資料8-55

ずい道等の覆工等作業主任者を選任し，法定の事項を行わせなければならない（安衛則第383条の4，第383条の5）（ずい道型枠支保工は「6 ずい道等の掘削等作業主任者」の項参照）。

8 型枠支保工の組立て等作業主任者

型枠支保工とは，建設物におけるスラブ，桁等のコンクリートの打設に用いる型枠を支持する仮設の設備をいい，支柱，はり，つなぎ，筋かい等の部材により構成される（**資料8-49**）。コンクリートの型崩れを防止するため，型枠支保工には強度が求められるため，荷重を計算して適切な部材を選ばなければならない。

型枠支保工の組立て又は解体の作業については，型枠支保工の組立て等作業主任者を選任し，法定の事項を行わせなければならない（安衛則第246条，第247条）。

9 足場の組立て等作業主任者

つり足場（ゴンドラのつり足場を除く），張出し足場又は高さが5m以上の構造の足場の組立て，解体又は変更の作業については，足場の組立て等作業主任者を選任し，法定の事項を行わせなければならない（安衛則第565条，第566条）。

ア 足場（**資料8-50**）
イ つり足場（**資料8-51**）
ウ 張出し足場（**資料8-52**）

10 建築物等の鉄骨の組立て等作業主任者

建築物の骨組み又は塔であって，金属製の部材により構成されるもの（その高さが5m以上であるもの）の組立て，解体又は変更の作業（**資料8-53**）については，建築物等の鉄骨の組立て等作業主任者を選任し，法定の事項を行わせなければならない（安衛則第517条の4，第517条の5）。

11 鋼橋架設等作業主任者

橋梁の上部構造であって，金属製の部材により構成されるもの（その高さが5m以上であるもの又は当該上部構造のうち橋梁の支間が30m以上であるもの）の架設，解体又は変更の作業（**資料8-54**）については，鋼橋架設等作業主任者を選任し，法定の事項を行わせなければならない（安衛則第517条の8，第517条の9）。

12 コンクリート造の工作物の解体等作業主任者

コンクリート造の工作物（その高さが5m以上であるもの）の解体又は破壊の作業（**資料8-55**）については，コンクリート造の工作物の解体等作業主任者を選任し，法定の事項を行わせなければならない（安衛則第517条の17，第517条の18）。

資料8-56

資料8-57

資料8-58　はい積みの例

資料8-59

（泉海陸作業株式会社WEBサイト〔https://izumi kairiku.com/ship/〕，最終閲覧日：2024年6月24日〕）

資料8-60
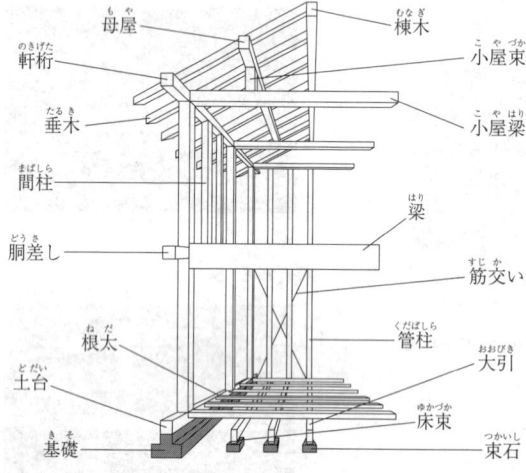

13　コンクリート橋架設等作業主任者

橋梁の上部構造であって，コンクリート造のもの（その高さが5m以上であるもの又は当該上部構造のうち橋梁の支間が30m以上であるもの）の架設又は変更の作業（**資料8-56**）については，コンクリート橋架設等作業主任者を選任し，法定の事項を行わせなければならない（安衛則第517条の22，第517条の23）。

14　採石のための掘削作業主任者

掘削面の高さが2m以上となる岩石の採取のための掘削の作業（**資料8-57**）については，採石のための掘削作業主任者を選任し，法定の事項を行わせなければならない（安衛則第403条，第404条）。

15　はい作業主任者

はい作業とは，粉状の物や粒状の物以外の物，例えば，袋物，林業で伐採した原木，製造業で製造した製品等の荷を，「はい付け」（積み上げ。**資料8-58**），「はい崩し」（積み下ろし），「はい替え」（積み替え）する作業のことをいう。はいは，漢字で"堆"と書き，倉庫，上屋，または土場に積み重ねられた荷の集団を指す（コベルコ教習所WEBサイト〔https://www.kobelco-kyoshu.com/haisagyo_special，最終閲覧日：2022年3月6日〕）。

高さが2m以上のはいのはい付け又ははい崩しの作業（荷役機械の運転者のみによつて行われるものを除く）については，はい作業主任者を選任し，法定の事項を行わせなければならない（安衛則第428条，第429条）。

16　船内荷役作業主任者

船舶に荷を積み，船舶から荷を卸し，又は船舶において荷を移動させる作業（**資料8-59**）については，総t数500t未満の船舶において揚貨装置を用いないで行うものを除き（ただし例外的に適用される場合あり），船内荷役作業主任者を選任し，法定の事項を行わせなければならない（安衛則第450条，第451条）。

17　木造建築物の組立て等作業主任者

軒の高さが5m以上の木造建築物の構造部材の組立て又はこれに伴う屋根下地若しくは外壁下地の取付けの作業については，木造建築物の組立て等の作業主任者を選任し，法定の事項を行わせなければならない（安衛則第517条の12，第517条の13）。

ア　木造建築物の構造部材（**資料8-60・8-61**）

18　化学設備関係第1種圧力容器取扱作業主任者

化学設備に係る第1種圧力容器の取扱いの作業については，第1種圧力容器取扱作業主任者を選任し，次の事項を行わせなければならない（ボイラー則第62条前段，第63条）。

一　最高使用圧力を超えて圧力を上昇させないこと。

二　安全弁の機能の保持に努めること。

三　第1種圧力容器を初めて使用するとき，又はその使用方法若しくは取り扱う内容物の種類を変えるときは，労働者に予め当該作業の方法を周知させるとともに，当該作業を直接指揮すること。

四　第1種圧力容器及びその配管に異常を認めたときは，直ちに必要な措置を講ずること。

五　第1種圧力容器の内部における温度，圧力等の状態について随時点検し，異常を認めたときは，直ちに必要な措置を講ずること。

六　第1種圧力容器に係る設備の運転状態について必

資料8-61 屋根下地・外壁下地

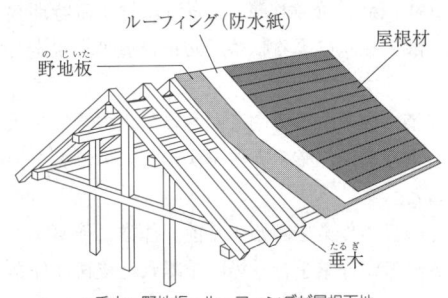

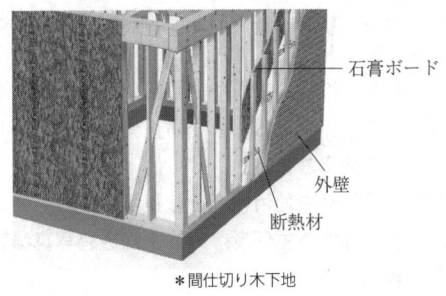

＊垂木・野地板・ルーフィングが屋根下地。

＊間仕切り木下地

資料8-62 除じん装置の例

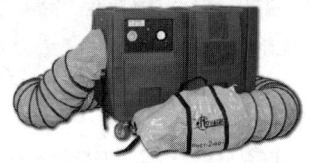

（ティー・アイ・トレーディング株式会社WEBサイト〔https://t-i-trading.co.jp/, 最終閲覧日：2024年7月3日〕）

資料8-63 排ガス装置の例

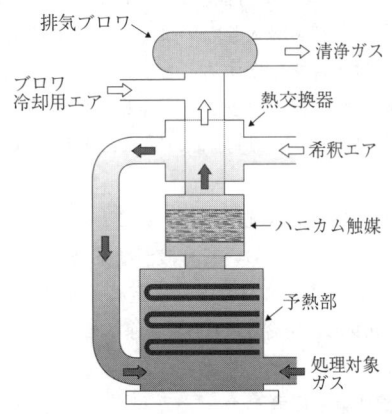

要な事項を記録するとともに、交替時には、確実にその引継ぎを行うこと。

19 普通第1種圧力容器取扱作業主任者

化学設備に係わらない第1種圧力容器の取扱いの作業については、特級ボイラー技士、1級ボイラー技士若しくは2級ボイラー技士又は化学設備関係第1種圧力容器取扱作業主任者技能講習若しくは普通第1種圧力容器取扱作業主任者技能講習を修了した者のうちから、第1種圧力容器取扱作業主任者を選任しなければならない（実施すべき事項：「18 化学設備関係第1種圧力容器取扱作業主任者」に同じ）。

20 特定化学物質及び四アルキル鉛等作業主任者

特定化学物質の製造、取扱作業については、特定化学物質及び四アルキル鉛等作業主任者技能講習（特別有機溶剤業務に係る作業にあって有機溶剤作業主任者技能講習）を修了した者のうちから、特定化学物質作業主任者を選任し、次の事項を行わせなければならない（特化則第27条、第28条）。

一　作業に従事する労働者が特定化学物質により汚染され、又はこれらを吸入しないように、作業の方法を決定し、労働者を指揮すること。

二　局所排気装置、プッシュプル型換気装置、除じん装置（資料8-62）、排ガス処理装置（資料8-63）、排液処理装置その他労働者が健康障害を受けることを予防するための装置を1月を超えない期間ごとに点検すること。

三　保護具の使用状況を監視すること。

四　タンクの内部において特別有機溶剤業務に労働者が従事するときは、第38条の8において準用する有機則第26条各号に定める措置（タンク内で労働者を有機溶剤業務に従事させる場合に講ずべき措置〔開口部の開放、汚染した場合等に身体を洗浄させること等〕）が講じられていることを確認すること。

21 鉛作業主任者

鉛業務（鉛の製錬や精錬工程での焙焼、焼結、溶鉱の業務等のほか施行令所定の業務）の作業については、鉛作業主任者技能講習を修了した者のうちから鉛作業主任者を選任し、次の事項を行わせなければならない（鉛則第33条、第34条）。

一　鉛業務に従事する労働者の身体ができるだけ鉛等又は焼結鉱等（鉛の製錬又は精錬を行なう工程において生ずる焼結鉱、煙灰、電解スライム及び鉱さい等）により汚染されないように労働者を指揮すること。

二　鉛業務に従事する労働者の身体が鉛等又は焼結鉱等によって著しく汚染されたことを発見したときは、速やかに、汚染を除去させること。

三　局所排気装置、プッシュプル型換気装置、全体換気装置、排気筒及び除じん装置を毎週1回以上点検すること。

四　労働衛生保護具等の使用状況を監視すること。

五　令別表第4第9号に掲げる鉛業務に労働者が従事するときは、第42条第1項各号に定める措置（鉛装置〔粉状の鉛等又は焼結鉱等が内部に付着し、又はたい積している炉、煙道、粉砕機、乾燥器、除じん装置その他の装置〕とそれ以外の装置の接続箇所の遮断、鉛装置の内部

の換気，鉛装置内部に付着／たい積している粉状の鉛等又は焼結鉱等の湿潤等による発散防止，作業終了後の速やかな労働者の洗身）が講じられていることを確認すること。

22 有機溶剤作業主任者

有機溶剤の作業については，有機溶剤作業主任者技能講習を修了した者のうちから，有機溶剤作業主任者を選任し，次の事項を行わせなければならない（有機則第19条第2項，第20条）。

一 作業に従事する労働者が有機溶剤により汚染され，又はこれを吸入しないように，作業の方法を決定し，労働者を指揮すること。

二 局所排気装置，プッシュプル型換気装置又は全体換気装置を1月を超えない期間ごとに点検すること。

三 保護具の使用状況を監視すること。

四 タンクの内部において有機溶剤業務に労働者が従事するときは，第26条各号に定める措置（開口部の開放，汚染した場合等に身体を洗浄させること等）が講じられていることを確認すること。

23 石綿作業主任者

石綿を取り扱う作業については，石綿作業主任者技能講習を修了した者のうちから，石綿作業主任者を選任し，次の事項を行わせなければならない（石綿則第19条，第20条）。

一 作業に従事する労働者が石綿等の粉じんにより汚染され，又はこれらを吸入しないように，作業の方法を決定し，労働者を指揮すること。

二 局所排気装置，プッシュプル型換気装置，除じん装置その他労働者が健康障害を受けることを予防するための装置を1月を超えない期間ごとに点検すること。

三 保護具の使用状況を監視すること。

24 酸素欠乏危険作業主任者，酸素欠乏・硫化水素危険作業主任者

酸素欠乏危険作業については，第1種酸素欠乏危険作業にあっては酸素欠乏危険作業主任者技能講習又は酸素欠乏・硫化水素危険作業主任者技能講習を修了した者のうちから，第2種酸素欠乏危険作業にあっては酸素欠乏・硫化水素危険作業主任者技能講習を修了した者のうちから，酸素欠乏危険作業主任者を選任し，次の事項を行わせなければならない（酸欠則第11条）。

なお，酸欠則は，酸欠危険のある作業場所を広く列挙して，対象範囲を定め，種々の防止措置の確保を図っている。防止措置としては，作業環境測定を筆頭に，換気（による一定の酸素濃度の確保と硫化水素濃度の抑制），換気を行えない場合等に保護具を使用させること，入退場者の点検，酸欠危険作業従事者以外の者の立入禁止，作業主任者の選任，特に危険な酸欠危険作業（第1種酸欠危険作業）従事者に対する特別教育，退避，酸欠症状による転落の防止措置等を規定している。

一 作業に従事する労働者が酸素欠乏の空気を吸入しないように，作業の方法を決定し，労働者を指揮すること。

二 その日の作業を開始する前，作業に従事する全ての労働者が作業を行う場所を離れた後再び作業を開始する前及び労働者の身体，換気装置等に異常があつたときに，作業を行う場所の空気中の酸素の濃度を測定すること。

三 測定器具，換気装置，空気呼吸器等その他労働者が酸素欠乏症にかかることを防止するための器具又は設備を点検すること。

四 空気呼吸器等の使用状況を監視すること。

25 エックス線作業主任者，ガンマ線透過写真撮影作業主任者

参考1 「6 エックス線作業主任者，ガンマ線透過写真撮影作業主任者」参照。

26 床上操作式クレーン運転

床上で運転し，かつ，当該運転をする者が荷の移動とともに移動する方式のクレーンの運転の業務（資料8-64）には，床上操作式クレーン運転技能講習を修了した者を就業させることができる（クレーン則第22条後段）。

27 小型移動式クレーン運転

つり上げ荷重が1t以上5t未満の移動式クレーンの運転の業務については，小型移動式クレーン運転技能講習を修了した者を当該業務に就かせることができる（クレーン則第68条後段）。

28 ガス溶接

参考1 「3 ガス溶接作業主任者」参照。

29 最大荷重が1t以上のフォークリフト，ショベルローダー，フォークローダーの運転の業務

最大荷重とは，フォークリフトの構造及び材料に応じて基準荷重中心に負荷させることができる最大の荷重をいう。

フォークリフトはリフトする機能に特化しており，荷物の上げ下げに適している。フォークローダーは積込の際にすくい上げることが可能で，リフト後に角度を持たせることにより，より安定して荷物を運搬することが可能（フォークリフトも角度をつけることが可能だが，ローダーと比べて浅い）。

なお，ここでいうフォークリフト，ショベルローダー，フォークローダー運転の業務は，工場等で行う運転業務を指し，道路上を走行させる場合には，道路交通法に基づく免許が必要である。

資料8-64

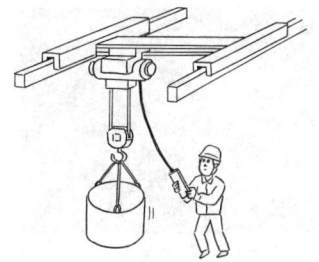

（イラスト：辻井タカヒロ氏）

資料8-65　フォークリフト

資料8-66　フォークローダー

（厚生労働省「ショベルローダー等運転技能講習補助テキスト」〔https://www.mhlw.go.jp/content/11300000/001006480.pdf, 最終閲覧日：2024年7月17日〕）

資料8-67　ブル・ドーザー

資料8-68　モーター・グレーダー

資料8-69　トラクター・ショベル

（厚生労働省「職場のあんぜんサイト」〔https://anzeninfo.mhlw.go.jp/anzen_pg/SAI_DET.aspx?joho_no=101286, 最終閲覧日：2022年10月9日〕）

ア　フォークリフト（資料8-65）
イ　フォークローダー（資料8-66）

30　車両系建設機械（整地・運搬・積込み用，掘削用）運転

　建設機械のうち，令別表第7に掲げる整地・運搬・積み込み用機械，掘削用機械，基礎工事用機械，解体用機械の運転の業務を言う。

　なお，ここでいう建設機械運転の業務は，工事現場等で行う運転業務を指し，道路上を走行させる

（1）整地・運搬・積込み用機械

　整地・運搬・積込み用機械として令別表第7第1号は，ブル・ドーザー，モーター・グレーダー，トラクター・ショベル，ずり積機，スクレーパー，スクレープ・ドーザーを示している。

ア　ブル・ドーザー（資料8-67）

　前方に排土板を装備し，土砂，岩石などの掘削，押土，敷きならしを行う。

イ　モーター・グレーダー（資料8-68）

　工事現場での整地，道路工事における路床・路盤の整地作業，除雪作業，路面や広場など精度の高い整形や仕上げ，法面の切取り及び仕上げ，L形溝の掘削及び整形などを行う。

ウ　トラクター・ショベル，ずり積機

　トラクター・ショベル（資料8-69）には，クローラ式（キャタピラ）とホイール式（タイヤ）があり，積み込み作業のほか，整地，溝掘り，材料運搬などにも利用される。

　ずり積機（シャフローダー。資料8-70）は，トンネルの切羽や砕石現場から"ずり"を搬出する機械で，"ずり"の集積と搬出車両への積み込みを行う。

エ　スクレーパー，スクレープ・ドーザー

　スクレーパー（資料8-71）とは，鉄製容器（土溜め）の前方下部に取り付けた刃板で路面を削って土をすくい込み，運搬し，捨てる重機を指す。スクレーパー系機械は，掘削・積込・運搬・敷均の一連の土工作業サイクルを1台でこなせる自己完結的な機械である。他の重機と比べて一度に作業できる土工量が大きい反面，旋回性・掘削・積み込みの精度に劣る。スクレープ・ドーザー（資料8-72）は，ブル・ドーザーとスクレーパーの両方の機能を持つハイブリットマシンを指す。特徴は，タイヤではなくクローラーで走行すること，ブレードの代わりに巨大なカゴのような「ボウル」を装着していることの2点である（日本工学院テクノロジーカレッジのブログ〔http://blog18.neec.ac.jp/archives/52068896.html〕，株式会社豊新興業WEBサイト〔https://houshinkougyo.jp/archives/610〕，最終閲覧日：2022年3月7日）。

（2）掘削用機械

　掘削用機械として令別表第7第2号は，パワー・ショベル，ドラグ・ショベル，ドラグライン，クラムシェル，バケット掘削機，トレンチャーを示している。

ア　パワー・ショベル，ドラグ・ショベル（バックホー）（資料8-73）

　土木作業現場等で掘削作業や掘った土をダンプカーに載せる積込作業を行う。ショベル部分を付け替える

資料8-70　ずり積機（シャフローダー）の例

（株式会社フジタWEBサイト〔https://www.fujita.co.jp/solution-technology/11773/，最終閲覧日：2024年7月22日〕）

資料8-73　ドラグ・ショベル

資料8-76　バケット掘削機

©iStock

資料8-71　スクレーパー

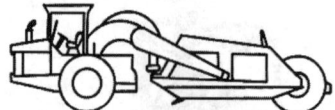

（JIS D 0004-1：1998の図8）

資料8-74　ドラグラインの例

©iStock

資料8-77　トレンチャー

©iStock

資料8-72　スクレープ・ドーザー

（モデルトラックファクトリーWEBサイト〔https://www.mt-factory.jp/nzg/models/398.htm，最終閲覧日：2024年7月5日〕）

資料8-75　クラムシェル

（日立建機日本株式会社WEBサイト〔https://japan.hitachi-kenki.co.jp/products/industry/general/telescopic-clamshell/，最終閲覧日：2024年7月1日〕）

資料8-78　ブレーカ

（右：東空販売株式会社WEBサイト〔https://www.toku-net.co.jp/product/breaker-small.html，最終閲覧日：2024年7月17日〕）

ことで解体現場などでの破砕作業など行うことができる。なお，パワー・ショベルとドラグ・ショベル（バックホー）に実質的な違いはなく，ショベルが進行方向側を向いているならパワー・ショベル，手前を向いているならドラグ・ショベル（バックホー）と呼ばれることが多いというにとどまる。

イ　ドラグライン，クラムシェル

クラムシェル（資料8-75）が地面を「掘る」のに対し，ドラグライン（資料8-74）はバケットを前方に投下して手前にたぐり寄せる事で，土砂や砂利をかき取ることができる。

ウ　バケット掘削機（資料8-76）

エ　トレンチャー（資料8-77）

31　機体重量が3t以上の車両系建設機械（解体用）運転

ア　ブレーカ（資料8-78）

32　機体重量が3t以上の車両系建設機械（基礎工事用）運転

基礎工事用機械として令別表第7第3号は，くい打機，くい抜機，アースドリル，リバース・サーキュレーション・ドリル，せん孔機，アース・オーガー，ペーパー・ドレーン・マシンを示している。

ア　くい打機（資料8-79）

イ　くい抜機（資料8-80）

ウ　アースドリル（資料8-81）

エ　アース・オーガー（資料8-82）

33　最大積載量が1t以上の不整地運搬車の運転の業務

ここでいう不整地運搬車（資料8-83）の運転の業務は，工事現場等で行う運転業務を指し，道路上を走行させる場合には，道路交通法に基づく免許が必要である（道路上を走行させる運転を除く）。

34　作業床の高さが10m以上の高所作業車の運転の業務

ここでいう高所作業車（資料8-84）の運転の業務

資料8-79 くい打機　　資料8-80 くい抜機

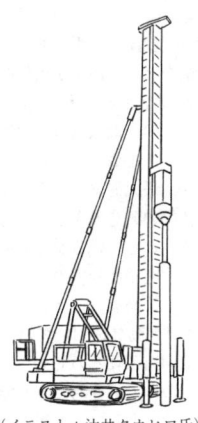

（イラスト：辻井タカヒロ氏）

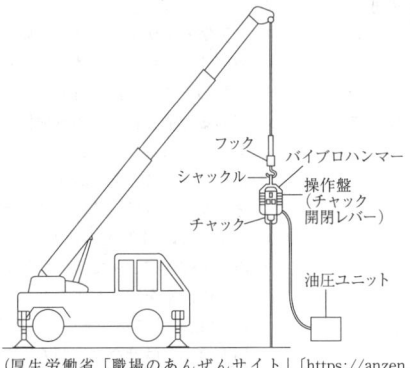

（厚生労働省「職場のあんぜんサイト」〔https://anzeninfo.mhlw.go.jp/anzen_pg/sai_det.aspx?joho_no=940、最終閲覧日：2024年10月22日〕）

資料8-81 アースドリル

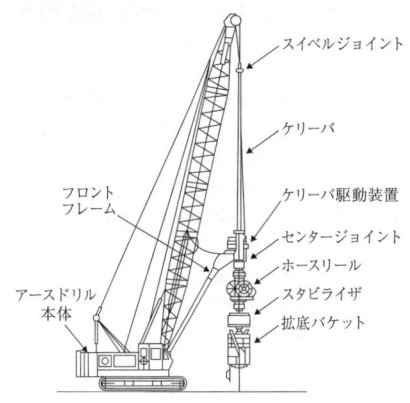

資料8-82 アース・オーガー　　資料8-83 不整地運搬車

資料8-84 高所作業車

資料8-85

は、作業現場等で行う運転業務を指し、道路上を走行させる場合には、道路交通法に基づく免許が必要である（道路上を走行させる運転を除く）。

35 玉掛け技能講習

制限荷重が1t以上の揚貨装置又はつり上げ荷重が1t以上のクレーン、移動式クレーン若しくはデリックの玉掛けの業務については、玉掛技能講習を終了した資格者でなければ行ってはならない。

玉掛けとは、工場や建設現場などで重い荷物をクレーンで持ち上げる際に、フックに荷物を掛けたり外したりする作業のことをいう（資料8-85）。

36 ボイラー取扱技能講習

参考1 「5 特級、1級、2級ボイラー技士」の(3)のオの項参照。

【注】
1) この団体は、自ら登録教習機関として技能講習等を行う限り、民業としての登録教習機関と同じだが、それらの機関に対する支援を行う点等で、公益性を帯びている。

三柴は、日本では、こうした形で安全衛生技術の普及や開発を行政がリードないし関与することには必然性があると考えている。

2) 労務行政研究所編『労働安全衛生法〔改訂2版〕（労働法コンメンタール10）』（労務行政、2021年）531-532頁。

3) 同上224-225頁。

4) 免許の種類は2021（令和3）年3月1日現在のもの。厚生労働省WEBサイト（https://www.mhlw.go.jp/stf/seisakunitsuite/bunya/koyou_roudou/roudoukijun/anzen/anzeneisei22/index.html、最終閲覧日：2021年3月15日）。

5) 植草益『公的規制の経済学』（NTT出版、2000年）3頁。

6) 植草益「社会的規制研究の必要性」植草益編『社会的規制の経済学』（NTT出版、1997年）6頁。

7) 植草・前掲注5) 24頁、36頁。

8) 植草・前掲注6) 8-9頁。

9) 同上13頁。

10) 井出秀樹「社会的規制の手段」植草益・前掲注6) 50-79頁。このうちルール型規制とは、独占禁止法、商法、民法、製造物責任法（PL法）などに基づき、経済主体が順守すべきルールを政府が明示し、違反行為があった場合に罰則、損害賠償などの制裁を加える規制を指す。また、経済的手段による規制は、企業に経済的なインセンティブを与えることによる規制目的を達成する手段を意味する。情報公開・提供の例としては、「市場の失敗」である「情報の不完全性」をできる限り補正することを目的とした、財・サービスに関する情報開示、情報公開制度の整備などの取り組みが挙げられる（井出・同71-79頁）。

11) 同上51頁。

12) 同上。
13) 総務庁「規制緩和推進の現況」（1995〔平成7〕年7月）。
14) 井出・前掲注10) 54頁。
15) 同上62頁。
16) 八代尚宏・伊藤隆一「安全規制の改革—検査・検定・公的資格の横断的見直しを」八代尚宏編『社会的規制の経済分析』（日本経済新聞社，2000年) 250頁。
17) 井出・前掲注10) 62-67頁。
18) 八代・伊藤・前掲注16) 249-250頁。
19) 井出・前掲注10) 67-71頁。
20) 八代・伊藤・前掲注16) 250-251頁。
21) 臨時行政改革推進審議会事務室監修『規制緩和の推進—国際化と内外価格差』（ぎょうせい，1989年）。井出・前掲注10) 54-62頁。
22) 井出・前掲注10) 54-55頁。
23) 八代・伊藤・前掲注16) 273頁。
24) 井出・前掲注10) 54-62頁。八代・伊藤・前掲注16) 274-276頁。
25) 八代・伊藤・前掲注16) 273-280頁。
26) 大藪俊志「政策過程分析モデル」縣公一郎・藤井浩司編『コレーク政策研究』（成文堂，2007年) 195-220頁。
27) 森田朗『新版 現代の行政』（第一法規，2017年) 172頁。
28) 森田朗『許認可行政と官僚制』（岩波書店，1988年) 23頁。
29) 政策実施の段階に関する研究は今日においても蓄積が十分ではない分野とされており，政策過程では「欠落した章」とされる（真渕勝『行政学〔新版〕』〔有斐閣，2020年〕96-101頁）。本格的な政策実施研究の嚆矢として，Pressman, Jeffrey L. and Aaron Wildavsky, Implementation: *How Great Expectations in Washington are Dashed in Oakland : or, Why It's Amazing that Federal Programs Work at all, this Being a Saga of the Economic Development Administration as Told by Two Sympathetic Observers Who Seek to Build Morals on a Foundation of Ruined Hopes*, 1973, University of California Press. が挙げられる。
30) 政策実施の手段に関し，例えば法律に規定された政策手段（行政の執行活動）を可視化するための分類として，法規制，基準設定，作為義務設定，許容，受取，監視，強制，指導，証明，特定，支援，制裁，公知，調整，その他（給付，支給，料金徴収など）の類型が挙げられる（行政管理庁『行政作用の本質と役割に関する調査研究報告書〔昭和58年度〕』〔行政管理庁，1984年〕）。また，政策実施の方法として，周知戦略，制止戦略，制裁戦略，適応戦略の類型が挙げられる（西尾勝『行政の活動』〔有斐閣，2000年〕36-37頁）。
31) 森田・前掲注28) 76頁。
32) 法令上の「免許」は，「一般には許されない特定の行為を特定の者が行えるようにする行政処分」とされ，規制行政における主要な法的仕組みとしての許可制における用語として用いられる（法令用語研究会編『有斐閣法律用語辞典〔第4版〕』〔有斐閣，2012年〕1108-1109頁）。なお，許可制とは，「ある種の国民の活動を一般的に禁止したうえで，国民からの申請に基づき審査を行い，一定の要件に合致する場合，禁止を個別具体的に解除する法的仕組み」であるが，許可制のもとで一般的禁止を個別具体的に解除する行為を指す法令上の用語には，許可，承認，免許，登録，確認，認定，認証などがあり，その用語法は一定していない（宇賀克也『行政法概説Ⅰ　行政法総論〔第6版〕』〔有斐閣，2017年〕86頁）。
33) Leonard D. White, *Introduction to the Study of Public Administration, Revised Edition*, Macmillan, 1939, p. 500.
34) 森田・前掲注28) 76頁。
35) 同上76-77頁。
36) 同上77頁。
37) 同上。
38) 同上77-78頁。
39) 労働安全衛生法に基づく免許・技能は，制度の運用において民間部門（指定試験機関，登録教習機関など）の活用が積極的に行われている点，日本の行政システムの特徴を説明する概念である「最大動員」の具体例でもある。この「最大動員」の概念は「それは目的を達成するためにリソースを最大限に利用しようとすることを意味するわけであるが，最大能率という表現をしないわけは，能率が個別的な管理活動の概念であるのに対して，行政制度の全体の能率を判断しようとしているからである。組織内において個人は分業によって，明確な管轄のなかで最大の能率を達成しようとする。しかし，管轄以外のところでは，「遊ぶ」ことがある。これに対して最大動員においては，個人をあそばせない。個人は別の場所で利用されるのである。その場合，個人の専門性が発揮できないわけで部分的には非能率だが，ここで問題なのは全体の能率なのである」と説明される（村松岐夫『日本の行政—活動型官僚制の変貌』〔中央公論社，1994年〕iv頁）。
40) 以下，免許・技能講習制度の歴史的変遷に関し，新潟労働局WEBサイト（https://jsite.mhlw.go.jp/niigata-roudoukyoku/houreI_seido_tetsuzuki/anzen_eisei/roudouanzenkankei/menkyo.html，最終閲覧日：2021年3月15日）「2．技能講習—免許の変遷」などを参照。
41) 労働調査会出版局編『労働安全衛生法の詳解—労働安全衛生法の逐条解説〔改訂5版〕』（労働調査会，2020年) 860-862頁，労務行政研究所編・前掲注2) 661-663頁。
42) 労働調査会出版局編・同上863-866頁，労務行政研究所編・同上663-669頁。
43) 労働調査会出版局編・同上862頁。行政サービスの向上と行政業務の簡素化を図るため，労働安全衛生法に基づく免許を複数保有する場合においても，それらの免許は一枚の免許証に全てを記載することで交付される（1988〔昭和63〕年より実施された）。
44) 労務行政研究所編・前掲注2) 669頁。
45) 尾添博『楽に読める安衛法：概要と解説〔改訂第2版〕』（労働新聞社，2019年）
46) 木村大樹『実務解説 労働安全衛生法』（経営書院，2013年) 324頁。
47) 労働調査会出版局編・前掲注41) 862頁。詳細な取扱いに関し「障害者等に係る欠格事由の適正化等を図るための医師法等の一部を改正する法律（労働安全衛生法関係）の施行について」（平成13年7月16日基発第631号）を参照。
48) 木村・前掲注46) 324-325頁。
49) 同上。
50) 労働調査会出版局編・前掲注41) 866-867頁。労務行政研究所編・前掲注2) 671-672頁。
51) 労働調査会出版局編・同上867頁。労務行政研究所編・同上672頁。尾添・前掲注45) 253-254頁。
52) 労働調査会出版局編・同上869頁。労務行政研究所編・同上675頁。尾添・同上252-253頁。
53) 労働調査会出版局編・同上868-869頁。労務行政研究所編・同上672-673頁。第72条第2項第2号に該当するものは年齢制限であり，第74条第1項が適用されるケースとしては不正な手段（年齢を偽るなど）により免許を取得する場合が考えられる（尾添・同上255頁）。
54) 労働調査会出版局編・同上868-869頁。労務行政研究所編・同上674頁。木村・前掲注46) 326頁。
55) 労務行政研究所編・同上674頁。詳細な取扱いに関し「労働安全衛生法及び同法施行令の施行について」（昭和47年9月18日基発第602号）を参照。
56) 再免許の手続に関し，前掲注47)（平成13年7月16日基発第

57) 労働調査会出版局編・前掲注41）870-871頁。労務行政研究所編・前掲注2）675-677頁。尾添・前掲注45）256-258頁。
58) 尾添・同上257頁。
59) 労働調査会出版局編・同上870-871頁。労務行政研究所編・同上675-677頁。尾添・同上256-258頁。
60) 尾添・同上258頁。
61) 労働調査会出版局編・前掲注41）881頁。「労働安全衛生法及びじん肺法の一部を改正する法律の施行について（労働安全衛生法関係）」（昭和53年2月10日発基第9号）。
62) 労働調査会出版局編・同上881頁。労務行政研究所編・前掲注2）685頁。尾添・前掲注45）258-259頁。公益財団法人安全衛生技術試験協会は1976（昭和51）年4月に設立され、試験の実施機関として、北海道安全衛生技術センター、東北安全衛生技術センター、関東安全衛生技術センター、中部安全衛生技術センター、近畿安全衛生技術センター、中国安全衛生技術センター、九州安全衛生技術センターを設置している（公益財団法人安全衛生技術試験協会WEBサイト　https://www.exam.or.jp/exmn/H_aramashi.htm、最終閲覧日：2021年3月15日）。
63) 「労働安全衛生法及びじん肺法の一部を改正する法律及び労働安全衛生法施行令の一部を改正する政令の施行について」（昭和53年2月10日基発第77号）。試験合格者は、指定試験機関が発行する合格証を添えて都道府県労働局長に免許の申請を行う。
64) 労働調査会出版局編・前掲注41）885頁。労務行政研究所編・前掲注2）687頁。尾添・前掲注45）260-261頁。
65) 労務行政研究所編・同上686-687頁。尾添・同上260-261頁。
66) 労務行政研究所編・同上687-688頁。尾添・同上260-261頁。
67) 労働調査会出版局編・前掲注41）886-887頁。労務行政研究所編・同上690-691頁。尾添・同上262-263頁。
68) 労働調査会出版局編・同上886-887頁。労務行政研究所編・同上690-691頁。尾添・同上262-263頁。
69) もとより、法第75条の3第2項第1号は、一般社団法人または一般財団法人であることを指定試験機関の要件としている。公益社団法人または公益財団法人は、公益目的事業を行うものとして行政庁から認可を受けたものである（認定法第2条、第4条）。
70) 労働調査会出版局編・前掲注41）888-889頁。労務行政研究所編・前掲注2）693頁。尾添・前掲注45）264頁。
71) 労働調査会出版局編・同上888-889頁。労務行政研究所編・同上693頁。尾添・同上264頁。
72) 事務の公的性格に鑑み厳しい規制を加える必要があるためと解されている（労務行政研究所編・同上694頁）。
73) 労働調査会出版局編・前掲注41）891頁。労務行政研究所編・同上695頁。
74) 労務行政研究所編・同上695頁。
75) 労務行政研究所編・同上696-697頁。
76) 労働調査会出版局編・前掲注41）892頁。労務行政研究所編・同上696頁。
77) 労務行政研究所編・同上697頁。
78) 労働調査会出版局編・前掲注41）892頁。労務行政研究所編・同上697-698頁。
79) 労働調査会出版局編・同上893-894頁。労務行政研究所編・同上699-700頁、721-739頁。
80) 労働調査会出版局編・同上894-914頁。労務行政研究所編・同上700-717頁。
81) 労働調査会出版局編・同上897頁。
82) 労働調査会出版局編・前掲注41）897-914頁。労務行政研究所編・前掲注2）701-717頁。
83) 労働調査会出版局編・同上915-920頁。労務行政研究所編・同上717-721頁。
84) 労働調査会出版局編・同上915-920頁。労務行政研究所編・同上717-721頁。
85) 木村・前掲注46）342-343頁。
86) 以下、登録の申請（第77条第1項関係）、機械器具等（第77条第2項第1号関係）、講師等（第77条第2項第2号関係）、実施管理者（第77条第2項第3号関係）、登録教習機関に係る要件（第77条第2項第4号関係）に関し、「公益法人に係る改革を推進するための厚生労働省関係法律の整備に関する法律の施行並びにこれに伴う関係政令、省令及び告示の改正等について」（平成16年3月19日基発第0319009号）、「労働安全衛生法等の一部を改正する法律（労働安全衛生法関係）等の施行について」（平成18年2月24日基発第02240003号）、「道路交通法の一部を改正する法律の施行に伴う厚生労働省関係告示の整備に関する告示について」（平成19年6月1日基発第0601006号）、「技能講習の講師の条件等の改正について」（平成21年3月31日基発第0331040号）、「労働安全衛生法における登録検査・検定機関の登録基準に係る運用の一部改正について」（平成24年3月9日基発第0309第4号）、「作業環境測定法に規定する登録講習機関の講習及び研修の講師の要件等について」（平成25年3月14日基発第0314第4号）及び労務行政研究所編・前掲注2）717-725頁を参照。
87) 木村・前掲注46）342-343頁。尾添・前掲注45）270-280頁。
88) 第46条（登録製造時等検査機関の登録）の準用。尾添・同上272-273頁。
89) 第47条の2（変更の届出）の準用。尾添・同上273頁。
90) 第48条（業務規程）の準用。尾添・同上273-274頁。
91) 第49条（業務の休廃止）の準用。尾添・同上274-275頁。
92) 以下、財務諸表等の備付け及び閲覧等（第77条第3項において準用する第50条関係）に関し、前掲注88）（平成16年3月19日基発第0319009号）及び労務行政研究所編・前掲注2）723-724頁、尾添・同上275-277頁を参照。
93) 第52条（適合命令）の準用。尾添・同上277頁。
94) 第52条の2（改善命令）の準用。尾添・同上277-278頁。
95) 第53条（登録の取消し等）の準用。尾添・同上278-279頁。
96) 第53条の2（都道府県労働局長による製造時等検査の実施）の準用。尾添・同上279-280頁。
97) 尾添・同上281頁。
98) 第77条第2項並びに第46条第2項・第4項（登録製造時等検査機関の登録）の規定の準用。尾添・同上281-283頁。
99) 尾添・同上283-284頁。
100) 前掲注88）（平成16年3月19日基発第0319009号）及び労務行政研究所編・前掲注2）724頁。
101) 尾添・前掲注45）281頁。
102) 前掲注88）（平成16年3月19日基発第0319009号）及び労務行政研究所編・同上724-725頁。
103) 労務行政研究所編・同上725頁。尾添・前掲注45）269-284頁。労働調査会出版局編『労働安全衛生法実務便覧〔改訂21版〕』（労働調査会、2020年）202頁。
104) 津澤健一「安全行政50年の歩み―産業安全の歴史を踏まえて」労働省労働基準局『労働基準行政50年の回顧』（日本労務研究会、1997年）324-349頁。松尾幸夫主筆／片岡輝男・木村嘉勝編『政策担当者が語る労働衛生施策の歩み』（労働調査会、2012年）83-84頁。畠中信夫『労働安全衛生法のはなし』（中央労働災害防止協会、2019年）290-291頁。
105) 労働安全衛生法に基づく免許試験の統計に関し、公益財団法人安全衛生試験技術協会WEBサイト（統計）（https://www.exam.or.jp/exmn/H_gokakuritsu.htm、最終閲覧日：2021年3月15日）を参照。
106) 登録教習機関に関する全国規模の団体として一般社団法人全国登録教習機関協会が設立されている（https://www.zentokyo.or.jp/index.html）。

107) 労働安全衛生法に基づく技能講習等の登録教習機関及び修了者数に関し，厚生労働省 WEB サイト（技能講習等の登録教習機関数及び修了者数）(https://www.mhlw.go.jp/bunya/roudoukijun/anzeneisei11/index.html，最終閲覧日：2021年3月15日）を参照。
108)「労働安全衛生法関係試験制度等の見直し検討会報告書」（2010〔平成22〕年4月）。同報告書は，労働安全衛生法に基づく試験制度全般の点検，受験者の視点からの試験実施のあり方の改善に向けた方向性の検討のために設置された，学識経験者からなる「労働安全衛生法関係試験制度等の見直し検討会（座長：平野敏右千葉科学大学学長）が取りまとめたものである。
109)「労働安全衛生法関係試験制度等の見直し検討会報告書」（2010〔平成22〕年4月）。
110)「労働安全衛生規則等の一部を改正する省令の施行について」（平成24年2月13日基発0213第6号）。「労働安全衛生法関係試験制度等の見直し検討会報告書」（2010〔平成22〕年4月）。

〔大藪俊志・只野祐・近藤龍志・三柴丈典〕

章末資料8-1　免許試験，技能講習実施状況

①労働安全衛生法・作業環境測定法に基づく試験（令和5年度）

〈免許試験〉

	試験区分	受験者数（人）	合格者数（人）	合格率（%）
学科試験	特級ボイラー技士	444	97	21.8
	1級ボイラー技士	4,535	2,248	49.6
	2級ボイラー技士	22,178	12,137	54.7
	特別ボイラー溶接士	133	93	69.9
	普通ボイラー溶接士	723	493	68.2
	ボイラー整備士	2,762	1,921	69.6
	クレーン・デリック運転士	18,564	10,893	58.7
	移動式クレーン運転士	5,080	3,234	63.7
	揚貨装置運転士	607	422	69.5
	発破技士	447	250	55.9
	ガス溶接作業主任者	937	725	77.4
	林業架線作業主任者	187	117	62.6
	第1種衛生管理者	67,572	31,108	46.0
	第2種衛生管理者	37,061	18,374	49.6
	高圧室内作業主任者	64	51	79.7
	エックス線作業主任者	5,746	2,578	44.9
	ガンマ線透過写真撮影作業主任者	352	244	69.3
	潜水士	6,860	5,194	75.7
	計	174,252	90,179	51.8

	試験区分	受験者数（人）	合格者数（人）	合格率（%）
実技試験	特別ボイラー溶接士	117	102	87.2
	普通ボイラー溶接士	732	441	60.2
	クレーン・デリック運転士	2,133	977	45.8
	移動式クレーン運転士	461	297	64.4
	揚貨装置運転士	324	298	92.0
	計	3,767	2,115	56.1

〈作業環境測定士試験〉

試験の種類	受験者数（人）	合格者数（人）	合格率（%）
第1種作業環境測定士	1,026	574	55.9
第2種作業環境測定士	1,426	368	25.8
		392	―
計	2,452	966	39.4

＊第2作業環境測定士の合格者数欄の下段は，第1種試験を申請，受験した者で第2種試験にのみ合格した者18名及び第2種試験科目のうち一部科目について合格点を得て，科目免除を受けた後に当該科目以外の全ての科目が免除となる他の資格を取得し今回の第2種試験を受験申請したため，第2種試験合格として取り扱った者6名を含む合格者数。

〈労働安全・労働衛生コンサルタント試験〉

試験の種類		受験者数（人）	合格者数（人）	最終合格率（%）
労働安全コンサルタント	筆記試験	1,372	238	13.9
	口述試験	238（　1）	191	
労働衛生コンサルタント	筆記試験	749	318	25.7
	口述試験	523（223）	250	

＊1　労働安全・労働衛生コンサルタント試験の口述試験受験者数欄の（　）内は，筆記試験全部免除者数で内数。
＊2　最終合格率は，口述試験合格者数÷（筆記試験受験者数＋筆記試験全部免除者のうち，実際に口述試験を受験した者の数）×100%。

（公益財団法人安全衛生技術試験協会WEBサイト「統計」〔https://www.exam.or.jp/exmn/H_gokakuritsu.htm，最終閲覧日：2024年9月26日〕より作成）

② 登録省令第20条に定める登録区分ごとの登録教習機関及び技能講習実施状況（令和2年4月）

	登録省令第20条に定める登録区分	登録教習機関数	受講者数
1	木材加工用機械作業主任者技能講習	60	1,103
2	プレス機械作業主任者技能講習	59	6,158
3	乾燥設備作業主任者技能講習	48	7,988
4	コンクリート破砕器作業主任者技能講習	3	0
5	地山の掘削及び土止め支保工作業主任者技能講習	122	9,154
6	ずい道等の掘削等作業主任者技能講習	21	208
6の2	ずい道等の覆工作業主任者技能講習	20	176
7	型枠支保工の組立て等作業主任者技能講習	108	3,608
8	足場の組立て等作業主任者技能講習	218	20,778
9	建築物等の鉄骨の組立て等作業主任者技能講習	92	3,833
10	鋼橋架設等作業主任者技能講習	20	250
11	コンクリート造の工作物の解体等作業主任者技能講習	63	2,125
11の2	コンクリート橋架設等作業主任者技能講習	20	139
11の3	採石のための掘削作業主任者技能講習	17	165
11の4	はい作業主任者技能講習	123	14,232
11の5	船内荷役作業主任者技能講習	13	409
12	木造建築物の組立て等作業主任者技能講習	130	2,949
13	化学設備関係第1種圧力容器取扱作業主任者技能講習	22	1,496
14	普通第1種圧力容器取扱作業主任者技能講習	49	3,293
15	特定化学物質及び四アルキル鉛等作業主任者技能講習	88	36,627
16	鉛作業主任者技能講習	48	2,967
17	有機溶剤作業主任者技能講習	111	55,963
18	石綿作業主任者技能講習	108	13,902
18の2	酸素欠乏危険作業主任者技能講習	9	328
18の3	酸素欠乏・硫化水素危険作業主任者技能講習	76	49,654
18の4	床上操作式クレーン運転技能講習	175	38,611
18の5	小型移動式クレーン運転技能講習	437	67,288
19	ガス溶接技能講習	598	71,769
20	フォークリフト運転技能講習	620	225,141
20の2	ショベルローダー等運転技能講習	65	2,965
21	車両系建設機械（整地・運搬・積込み用及び掘削用）運転技能講習	288	47,960
21の2	車両系建設機械（解体用）運転技能講習	177	19,833
21の3	車両系建設機械（基礎工事用）運転技能講習	20	1,394
21の4	不整地運搬車運転技能講習	136	9,708
21の5	高所作業車運転技能講習	287	59,879
22	玉掛け技能講習	549	189,060
23	ボイラー取扱技能講習	62	7,294
24	揚貨装置運転実技教習	3	89
25	クレーン運転実技教習	31	10,205
26	移動式クレーン運転実技教習	58	3,390

（資料：厚生労働省労働基準局安全衛生部）

章末資料8-2　免許試験の受験資格，試験科目等

1　第1種衛生管理者免許試験

受験資格	試験科目	試験科目の免除を受けることができる者	免除する試験科目
一　学校教育法による大学又は高等専門学校を卒業した者で，その後1年以上労働衛生の実務に従事した経験を有するもの 二　学校教育法による高等学校又は中等教育学校を卒業した者で，その後3年以上労働衛生の実務に従事した経験を有するもの 三　船員法（昭和22年法律第100号）第82条の2第3項の衛生管理者適任証書の交付を受けた者で，その後1年以上労働衛生の実務に従事した経験を有するもの 四　その他厚生労働大臣が定める者	学科試験 イ　労働衛生（有害業務に係るものと係らないものの双方） ロ　労働生理 ハ　関係法令（有害業務に係るものと係らないものの双方）	一　受験資格の欄第3号に掲げる者 二　第2種衛生管理者免許を受けた者	労働生理

1の2　第2種衛生管理者免許試験

受験資格	試験科目	試験科目の免除を受けることができる者	免除する試験科目
一　学校教育法による大学又は高等専門学校を卒業した者で，その後1年以上労働衛生の実務に従事した経験を有するもの 二　学校教育法による高等学校又は中等教育学校を卒業した者で，その後3年以上労働衛生の実務に従事した経験を有するもの 三　船員法第82条の2第3項の衛生管理者適任証書の交付を受けた者で，その後1年以上労働衛生の実務に従事した経験を有するもの 四　その他厚生労働大臣が定める者	学科試験 イ　労働衛生（有害業務に係らないもののみ） ロ　労働生理 ハ　関係法令（有害業務に係らないもののみ）	受験資格の欄第3号に掲げる者	労働生理

2　ガス溶接作業主任者免許試験

受験資格	試験科目	試験科目の免除を受けることができる者	免除する試験科目
	学科試験 イ　アセチレン溶接装置及びガス集合溶接装置に関する知識 ロ　アセチレンその他の可燃性ガス，カーバイド[*1]及び酸素に関する知識 ハ　ガス溶接等の作業に関する知識 ニ　関係法令	一　安衛則別表第4ガス溶接作業主任者免許の項第1号ロからヘまでに掲げる者（ヘに掲げる者にあつては，1級の技能検定に合格した者に限る。） 二　その他厚生労働大臣が定める者	一　アセチレン溶接装置及びガス集合溶接装置に関する知識 二　アセチレンその他の可燃性ガス，カーバイド及び酸素に関する知識

*1　カーバイド：水と作用させてアセチレンガスを発生させる等に使用する炭化カルシウム。

3　林業架線作業主任者免許試験

受験資格	試験科目	試験科目の免除を受けることができる者	免除する試験科目
	学科試験 イ　機械集材装置及び運材索道に関する知識 ロ　林業架線作業に関する知識 ハ　林業架線作業に必要な力学に関する知識	一　学校教育法による大学，高等専門学校，高等学校又は中等教育学校において力学に関する講座又は学科を修めて卒業した者（大学改革支援・学位授与機構により学士の学位を授与された	林業架線作業に必要な力学に関する知識

	ニ 関係法令		者（当該講座又は学科を修めた者に限る。）若しくはこれと同等以上の学力を有すると認められる者又は当該講座若しくは学科を修めて専門職大学前期課程を修了した者を含む。） 二 その他厚生労働大臣が定める者

4 発破技士免許試験

受験資格	試験科目	試験科目の免除を受けることができる者	免除する試験科目
	学科試験 イ 火薬類の知識 ロ 火薬類の取扱い ハ 発破の方法		

5 揚貨装置運転士免許試験

受験資格	試験科目	試験科目の免除を受けることができる者	免除する試験科目
	一 学科試験 イ 揚貨装置に関する知識 ロ 原動機及び電気に関する知識 ハ 揚貨装置の運転のために必要な力学に関する知識 ニ 関係法令 二 実技試験 イ 揚貨装置の運転 ロ 揚貨装置の運転のための合図	クレーン・デリック運転士免許又は移動式クレーン運転士免許を受けた者	一 学科試験のうち，次の科目 イ 原動機及び電気に関する知識 ロ 揚貨装置の運転のために必要な力学に関する知識 二 実技試験のうち，揚貨装置の運転のための合図
		揚貨装置運転実技教習を修了した者で，修了した日から起算して1年を経過しないもの	実技試験の科目の全部
		床上操作式クレーン運転技能講習，小型移動式クレーン運転技能講習又は玉掛け技能講習を修了した者	実技試験のうち，揚貨装置の運転のための合図
		一 当該免許試験を行う都道府県労働局長が行った前回の揚貨装置運転士免許試験の学科試験に合格した者 二 当該免許試験を行う指定試験機関が行った揚貨装置運転士免許試験の学科試験に合格した者で，当該学科試験が行われた日から起算して1年を超えないもの	学科試験の科目の全部

6 高圧室内作業主任者・潜水士免許試験（高圧則第47条～第55条）

受験資格	試験科目	試験科目の免除を受けることができる者	免除する試験科目
	①高圧室内作業主任者 圧気工法 送気及び排気 高気圧障害 関係法令		
	②潜水士 潜水業務 送気，潜降及び浮上 高気圧障害 関係法令		

7 特級ボイラー技士，1級ボイラー技士，2級ボイラー技士，特別ボイラー溶接士，普通ボイラー溶接士，ボイラー整備士（ボイラー則第97条～第118条）

受験資格	試験科目	試験科目の免除を受けることができる者	免除する試験科目
①特級ボイラー技士 イ 1級ボイラー技士免許を受	一 ボイラーの構造に関する知識	試験科目の一部の科目について合格点を得た者（当該合格点を得た	当該合格点を得た科目

けた者 ロ 学校教育法による大学又は高等専門学校においてボイラーに関する講座又は学科目を修めて卒業した者で，その後2年以上ボイラーの取扱いについて実地修習を経たもの ハ イ又はロに掲げる者のほか，厚生労働大臣が定める者	二 ボイラーの取扱いに関する知識 三 燃料及び燃焼に関する知識 四 関係法令	科目の試験が行われた月の翌月の初めから起算して2年以内に実施される試験を受ける者に限る)	
②1級ボイラー技士 イ 2級ボイラー技士免許を受けた者 ロ 学校教育法による大学，高等専門学校，高等学校又は中等教育学校においてボイラーに関する学科を修めて卒業した者で，その後1年以上ボイラーの取扱いについて実地修習を経たもの ハ イ又はロに掲げる者のほか，厚生労働大臣が定める者	一 ボイラーの構造に関する知識 二 ボイラーの取扱いに関する知識 三 燃料及び燃焼に関する知識 四 関係法令		
③2級ボイラー技士	一 ボイラーの構造に関する知識 二 ボイラーの取扱いに関する知識 三 燃料及び燃焼に関する知識 四 関係法令		
④特別ボイラー溶接士 普通ボイラー溶接士免許を受けた後，1年以上ボイラー又は第1種圧力容器の溶接作業の経験がある者	学科試験 一 ボイラーの構造及びボイラー用材料に関する知識 二 ボイラーの工作及び修繕方法に関する知識 三 溶接施行方法の概要に関する知識 四 溶接棒及び溶接部の性質の概要に関する知識 五 溶接部の検査方法の概要に関する知識 六 溶接機器の取扱方法に関する知識 七 溶接作業の安全に関する知識 八 関係法令 実技試験 突合せ溶接		
⑤普通ボイラー溶接士 1年以上溶接作業の経験がある者	学科試験 一 ボイラーの構造及びボイラー用材料に関する知識 二 ボイラーの工作及び修繕方法に関する知識 三 溶接施行方法の概要に関する知識 四 溶接棒及び溶接部の性質の概要に関する知識 五 溶接部の検査方法の概要に関する知識 六 溶接機器の取扱方法に関する知識 七 溶接作業の安全に関する知識 八 関係法令 実技試験 突合せ溶接		
⑥ボイラー整備士 一 令第20条第5号の業務の補助の業務に6月以上従事した経験を有する者 二 ボイラー(令第20条第5号イからニまでに掲げるボイラーのうち小型ボイラーを除いたものをいう)の整備の業	一 ボイラー及び第1種圧力容器に関する知識 二 ボイラー及び第1種圧力容器の整備の作業に関する知識 三 ボイラー及び第1種圧力容器の整備の作業に使用する器材，薬品等に関する知識 四 関係法令		

	務又は第1種圧力容器（令第6条第17号イ又はロに掲げる第1種圧力容器のうち小型圧力容器を除いたものをいう）の整備の業務に6月以上従事した経験を有する者 三　第97条第3号ロに掲げる者		

8　エックス線作業主任者，ガンマ線透過写真撮影作業主任者（電離則第46条〜第52条の4）

受験資格	試験科目	試験科目の免除を受けることができる者	免除する試験科目
①エックス線作業主任者	一　エックス線の管理に関する知識 二　エックス線の測定に関する知識 三　エックス線の生体に与える影響に関する知識 四　関係法令	一　放射性同位元素等の規制に関する法律第35条第1項の第2種放射線取扱主任者免状の交付を受けた者 二　ガンマ線透過写真撮影作業主任者免許試験に合格した者	二　エックス線の測定に関する知識 三　エックス線の生体に与える影響に関する知識 三　エックス線の生体に与える影響に関する知識
②ガンマ線透過写真撮影作業主任者	一　ガンマ線による透過写真の撮影の作業に関する知識 二　ガンマ線照射装置に関する知識 三　ガンマ線の生体に与える影響に関する知識 四　関係法令	エックス線作業主任者免許試験に合格した者	三　ガンマ線の生体に与える影響に関する知識

9　クレーン・デリック運転士，移動式クレーン運転士（クレーン則第223条〜第234条）

受験資格	試験科目	試験科目の免除を受けることができる者	免除する試験科目
①クレーン・デリック運転士	〈学科試験〉 一　クレーン及びデリックに関する知識 二　原動機及び電気に関する知識 三　クレーンの運転のために必要な力学に関する知識 四　関係法令 〈実技試験〉 一　クレーンの運転 二　クレーンの運転のための合図	一　クレーン運転実技教習（床上運転式クレーンを用いて行うものを除く。）を修了した者で，その修了した日から起算して1年を経過しないもの 二　鉱山においてつり上げ荷重が5t以上のクレーン（床上操作式クレーン及び床上運転式クレーンを除く）の運転の業務に1月以上従事した経験を有する者	〈実技試験〉の全部
		一　都道府県労働局長が行つた前回のクレーン・デリック運転士免許試験の学科試験に合格した者 二　指定試験機関が行つたクレーン・デリック運転士免許試験の学科試験に合格した者で，当該学科試験が行われた日から起算して1年を超えないもの	〈学科試験〉の全部
		一　床上運転式クレーンを用いて行うクレーン運転実技教習を修了した者で，その修了した日から起算して1年を経過しないもの 二　鉱山においてつり上げ荷重が5t以上の床上運転式クレーンの運転の業務に1月以上従事した経験を有する者	〈実技試験〉 一　クレーンの運転（床上運転式クレーンを用いて行うものに限る） 二　クレーンの運転のための合図
		床上運転式クレーンに限定したクレーン・デリック運転士免許を受けた者	〈学科試験〉 一　クレーン及びデリックに関する知識（クレーンに係る部分に限る） 二　原動機及び電気に関する知識 三　クレーンの運転のために必要な力学に関する知識 四　関係法令（クレーンに係る部分に限る）

			〈実技試験〉 二　クレーンの運転のための合図
		クレーンに限定したクレーン・デリック運転士免許を受けた者	〈学科試験〉 一　クレーン及びデリックに関する知識（クレーンに係る部分に限る） 二　原動機及び電気に関する知識 三　クレーンの運転のために必要な力学に関する知識 四　関係法令（クレーンに係る部分に限る） 〈実技試験〉の全部
		移動式クレーン運転士免許又は揚貨装置運転士免許を受けた者	〈学科試験〉 三　クレーンの運転のために必要な力学に関する知識 〈実技試験〉 二　クレーンの運転のための合図
		床上操作式クレーン運転技能講習，小型移動式クレーン運転技能講習又は玉掛け技能講習を修了した者	〈実技試験〉 二　クレーンの運転のための合図
②移動式クレーン運転士	〈学科試験〉 一　移動式クレーンに関する知識 二　原動機及び電気に関する知識 三　移動式クレーンの運転のために必要な力学に関する知識 四　関係法令 〈実技試験〉 一　移動式クレーンの運転 二　移動式クレーンの運転のための合図	一　移動式クレーン運転実技教習を修了した者で，その修了した日から起算して1年を経過しないもの 二　鉱山においてつり上げ荷重が5t以上の移動式クレーンの運転の業務に1月以上従事した経験を有する者	〈実技試験〉の全部
		一　都道府県労働局長が行つた前回の移動式クレーン運転士免許試験の学科試験に合格した者 二　指定試験機関が行つた移動式クレーン運転士免許試験の学科試験に合格した者で，当該学科試験が行われた日から起算して1年を超えないもの	〈学科試験〉の全部
		クレーン・デリック運転士免許又は揚貨装置運転士免許を受けた者	〈学科試験〉 三　移動式クレーンの運転のために必要な力学に関する知識 〈実技試験〉 二　移動式クレーンの運転のための合図
		床上操作式クレーン運転技能講習，小型移動式クレーン運転技能講習又は玉掛け技能講習を修了した者	〈実技試験〉 二　移動式クレーンの運転のための合図

（1～5の免許は安衛則別表第5より，6の免許は高圧則，7の免許はボイラー則，8の免許は電離則，9の免許はクレーン則に基づき整理した）

章末資料8-3　免許の種類及び取得方法（安衛法第72条・安衛則第62条・別表第4）

免許の種類	免許が与えられる者
第1種衛生管理者免許	一　第1種衛生管理者免許試験に合格した者 二　学校教育法による大学又は高等専門学校において，医学に関する課程を修めて卒業した者（大学改革支援・学位授与機構により学士の学位を授与された者（当該課程を修めた者に限る。）又はこれと同等以上の学力を有すると認められる者を含む。） 三　学校教育法による大学において，保健衛生に関する学科を専攻して卒業した者（大学改革支援・学位授与機構により学士の学位を授与された者（当該学科を専攻した者に限る。）若しくはこれと同等以上の学力を有すると認められる者又は当該学科を専攻して専門職大学前期課程を修了した者を含む。）で労働衛生に関する講座又は学科目を修めたもの 四　その他厚生労働大臣が定める者
第2種衛生管理者免許	一　第2種衛生管理者免許試験に合格した者 二　その他厚生労働大臣が定める者
衛生工学衛生管理者免許	一　学校教育法による大学又は高等専門学校において，工学又は理学に関する課程を修めて卒業した者（大学改革支援・学位授与機構により学士の学位を授与された者（当該課程を修めた者に限る。）若しくはこれと同等以上の学力を有すると認められる者又は当該課程を修めて専門職大学前期課程を修了した者を含む。）で，都道府県労働局長の登録を受けた者が行う衛生工学衛生管理者講習を修了したもの 二　その他厚生労働大臣が定める者
高圧室内作業主任者免許	一　高圧室内業務に2年以上従事した者であつて，高圧室内作業主任者免許試験に合格したもの 二　高圧則第47条第2号に掲げる者
ガス溶接作業主任者免許	一　次のいずれかに掲げる者であつて，ガス溶接作業主任者免許試験に合格したもの 　イ　ガス溶接技能講習を修了した者であつて，その後3年以上ガス溶接等の業務に従事した経験を有するもの 　ロ　学校教育法による大学又は高等専門学校において，溶接に関する学科を専攻して卒業した者（当該学科を専攻して専門職大学前期課程を修了した者を含む。） 　ハ　学校教育法による大学又は高等専門学校において，工学又は化学に関する学科を専攻して卒業した者（大学改革支援・学位授与機構により学士の学位を授与された者（当該学科を専攻した者に限る。）若しくはこれと同等以上の学力を有すると認められる者又は当該学科を専攻して専門職大学前期課程を修了した者を含む。）であつて，その後1年以上ガス溶接等の業務に従事した経験を有するもの 　ニ　職業能力開発促進法第28条第1項の職業訓練指導員免許のうち職業能力開発促進法施行規則別表第11の免許職種の欄に掲げる塑性加工科，構造物鉄工科又は配管科の職種に係る職業訓練指導員免許を受けた者 　ホ　職業能力開発促進法第27条第1項の準則訓練である普通職業訓練のうち，職業能力開発促進法施行規則別表第2の訓練科の欄に定める金属加工系溶接科の訓練を修了した者であつて，その後2年以上ガス溶接等の業務に従事した経験を有するもの 　ヘ　職業能力開発促進法施行規則別表第11の3の3に掲げる検定職種のうち，鉄工，建築板金，工場板金又は配管に係る1級又は2級の技能検定に合格した者であつて，その後1年以上ガス溶接等の業務に従事した経験を有するもの 　ト　旧保安技術職員国家試験規則による溶接係員試験に合格した者であつて，その後1年以上ガス溶接等の業務に従事した経験を有するもの 　チ　その他厚生労働大臣が定める者 二　職業能力開発促進法による職業能力開発総合大学校が行う同法第27条第1項の指導員訓練のうち職業能力開発促進法施行規則別表第8の5の訓練科の欄に掲げる塑性加工科又は溶接科の訓練を修了した者 三　その他厚生労働大臣が定める者
林業架線作業主任者免許	一　林業架線作業の業務に3年以上従事した経験を有する者であつて，林業架線作業主任者免許試験に合格したもの 二　学校教育法による大学又は高等専門学校において機械集材装置及び運材索道に関する講座又は学科目を修めて卒業した者（当該講座又は学科目を修めて専門職大学前期課程を修了した者を含む。）で，その後1年以上林業架線作業の業務に従事した経験を有するもの 三　学校教育法による高等学校又は中等教育学校において機械集材装置及び運材索道に関する講座又は学科目を修めて卒業した者であつて，その後3年以上林業架線作業の業務に従事した経験を有するもの 四　その他厚生労働大臣が定める者
特級ボイラー技士免許	一　1級ボイラー技士免許を受けた後，5年以上ボイラー（令第20条第5号イからニまでに掲げるボイラー及び小型ボイラーを除く。以下この欄において同じ。）を取り扱つた経験がある者又は当該免許を受けた後，3年以上ボイラー取扱作業主任者としての経験がある者であつて，特級ボイラー技士免許試験に合格したもの 二　ボイラー則第101条第1号ロ又はハに掲げる者で，特級ボイラー技士免許試験に合格したもの
1級ボイラー技士免許	一　2級ボイラー技士免許を受けた後，2年以上ボイラーを取り扱つた経験がある者又は当該免許を受けた後，1年以上ボイラー取扱作業主任者としての経験がある者であつて，1級ボイラー技士免許試験に合格したもの 二　ボイラー則第101条第2号ロ又はハに掲げる者で，1級ボイラー技士免許試験に合格したもの
2級ボイラー技士免許	一　ボイラー則第97条第3号イに掲げる者 二　ボイラー則第97条第3号ロ及びハに掲げる者

エックス線作業主任者免許	一　エックス線作業主任者免許試験に合格した者 二　電離則第48条各号に掲げる者
ガンマ線透過写真撮影作業主任者免許	一　ガンマ線透過写真撮影作業主任者免許試験に合格した者 二　電離則第52条の4各号に掲げる者
特定第1種圧力容器取扱作業主任者免許	ボイラー則第119条第1項各号に掲げる者
発破技士免許	一　次のいずれかに掲げる者であつて，発破技士免許試験に合格したもの 　イ　学校教育法による大学，高等専門学校，高等学校又は中等教育学校において，応用化学，採鉱学又は土木工学に関する学科を専攻して卒業した者（大学改革支援・学位授与機構により学士の学位を授与された者（当該学科を専攻した者に限る。）若しくはこれと同等以上の学力を有すると認められる者又は当該学科を専攻して専門職大学前期課程を修了した者を含む。次号において同じ。）であつて，その後3月以上発破の業務について実地修習を経たもの 　ロ　発破の補助作業の業務に6月以上従事した経験を有する者 　ハ　都道府県労働局長の登録を受けた者が行う発破実技講習を修了した者 二　学校教育法による大学，高等専門学校，高等学校又は中等教育学校において応用化学，採鉱学又は土木工学に関する学科を専攻して卒業した者で，その後1年以上発破の業務について実地修習を経たもの
揚貨装置運転士免許	一　揚貨装置運転士免許試験に合格した者 二　揚貨装置運転士免許試験の学科試験に合格した者で，当該学科試験が行われた日から起算して1年以内に揚貨装置運転実技教習を修了したもの 三　職業能力開発促進法第27条第1項の準則訓練である普通職業訓練のうち職業能力開発促進法施行規則別表第2の訓練科の欄に定める揚重運搬機械運転系クレーン運転科若しくは揚重運搬機械運転系港湾荷役科又は同令別表第4の訓練科の欄に掲げるクレーン運転科若しくは港湾荷役科の訓練（通信の方法によつて行うものを除く。）を修了した者で揚貨装置についての訓練を受けたもの 四　その他厚生労働大臣が定める者
特別ボイラー溶接士免許	特別ボイラー溶接士免許試験に合格した者
普通ボイラー溶接士免許	一　普通ボイラー溶接士免許試験に合格した者 二　普通ボイラー溶接士免許試験の学科試験の全科目及び実技試験の全部の免除を受けることができる者
ボイラー整備士免許	ボイラー則第113条各号のいずれかに掲げる者であつて，ボイラー整備士免許試験に合格したもの
クレーン・デリック運転士免許	一　クレーン・デリック運転士免許試験に合格した者 二　クレーン則第223条第2号から第6号までに掲げる者
移動式クレーン運転士免許	一　移動式クレーン運転士免許試験に合格した者 二　クレーン則第229条第2号から第5号までに掲げる者
潜水士免許	一　潜水士免許試験に合格した者 二　高圧則第52条第2号に掲げる者

（出典及び参考文献；中央労働災害防止協会安全衛生情報センターWEBサイト〔別表第4：第62条関係〕〔https://www.jaish.gr.jp/horei/hor1-2/hor1-2-1-m-5.html，最終閲覧日：2021年3月15日〕。労働調査会出版局編『労働安全衛生法の詳解─労働安全衛生法の逐条解説〔改訂5版〕』〔労働調査会，2020年〕863-866頁。労務行政研究所編『労働安全衛生法〔改訂2版〕（労働法コンメンタール10）』〔労務行政，2021年〕663-669頁）

章末資料8-4　免許を与えられない者など

免許の種類	免許を与えられない者	条件付きの免許の条件
発破技士免許	身体又は精神の機能の障害により免許の業務を適正に行うに当たって必要なせん孔機械，装てん機若しくは残薬の点検及び処理を適切に行うことができない者	行うことのできる作業の限定
揚貨装置運転士免許	身体又は精神の機能の障害により免許の業務を適正に行うに当たって必要な揚貨装置の操作又は揚貨装置の周囲の状況の確認を適切に行うことができない者	取り扱うことのできる揚貨装置の種類の限定
ガス溶接作業主任者免許	身体又は精神の機能の障害により免許の業務を適正に行うに当たって必要な溶接機器の操作を適切に行うことができない者	行うことのできる作業の限定
潜水士免許	身体又は精神の機能の障害により免許の業務を適正に行うに当たって必要な潜降及び浮上を適切に行うことができない者	行うことのできる作業の限定
特級ボイラー技士免許，1級ボイラー技士免許，2級ボイラー技士免許	身体又は精神の機能の障害により免許の業務を適正に行うに当たって必要なボイラーの操作又はボイラーの運転状態の確認を適切に行うことができない者	取り扱うことのできるボイラーの種類の限定その他作業についての必要な条件
特別ボイラー溶接士免許，普通ボイラー溶接士免許	身体又は精神の機能の障害により免許の業務を適正に行うに当たって必要な溶接機器の操作を適切に行うことができない者	行うことのできる作業の限定その他作業についての必要な条件
ボイラー整備士免許	身体又は精神の機能の障害により免許の業務を適正に行うに当たって必要なボイラーの掃除又は附属品の分解などを適切に行うことができない者	行うことのできる作業の限定その他作業についての必要な条件
クレーン・デリック運転士免許	身体又は精神の機能の障害により免許の業務を適正に行うに当たって必要なクレーン若しくはデリックの操作又はクレーン若しくはデリックの周囲の状況の確認を適切に行うことができない者	取り扱うことのできる機械の種類の限定その他作業についての必要な条件
移動式クレーン運転士免許	身体又は精神の機能の障害により免許の業務を適正に行うに当たって必要な移動式クレーン又は移動式クレーンの周囲の状況の確認を適切に行うことができない者	取り扱うことのできる移動式クレーンの種類の限定その他作業についての必要な条件

(木村大樹『実務解説 労働安全衛生法』〔経営書院，2013年〕325-326頁（表7-2））

章末資料8-5　免許試験員の要件（登録省令第19条の29関係）

第1種衛生管理者免許試験，第2種衛生管理者免許試験，高圧室内作業主任者免許試験，特級ボイラー技士免許試験，エックス線作業主任者免許試験，ガンマ線透過写真撮影作業主任者免許試験及び潜水士免許試験	一　学校教育法による大学において厚生労働大臣の定める科目を担当する教授又は准教授の職にあり，又はあつた者 二　学校教育法による大学又は高等専門学校において理科系統の正規の課程を修めて卒業した者で，その後10年以上国，地方公共団体，一般社団法人又は一般財団法人その他これらに準ずるものの研究機関において厚生労働大臣の定める研究の業務に従事した経験を有するもの 三　その他厚生労働大臣が定める者
ガス溶接作業主任者免許試験，林業架線作業主任者免許試験，1級ボイラー技士免許試験，2級ボイラー技士免許試験，発破技士免許試験，揚貨装置運転士免許試験，特別ボイラー溶接士免許試験，普通ボイラー溶接士免許試験，ボイラー整備士免許試験，クレーン・デリック運転士免許試験及び移動式クレーン運転士免許試験	一　学校教育法による大学又は高等専門学校において工学に関する学科を専攻して卒業した者で，その後12年以上産業安全の実務に従事した経験を有するもの 二　学校教育法による高等学校又は中等教育学校において工学に関する学科を専攻して卒業した者で，その後15年以上産業安全の実務に従事した経験を有するもの 三　その他厚生労働大臣が定める者

（「労働安全衛生法及びこれに基づく命令に係る登録及び指定に関する省令」〔昭和47年9月30日労働省令第44号〕第19条の29〔免許試験員の要件〕別表）

章末資料 8-6　技能講習，技能講習修了証及び細目

区分	受講資格	講習科目
木材加工用機械作業主任者技能講習（則第79条から第83条まで）	①木材加工用機械による作業に3年以上従事した経験を有する者 ②その他厚生労働大臣が定める者（準則訓練である普通職業訓練のうち，製材機械系製材機械整備科，建築施工系木造建築科等の訓練を修了した者等で，2年以上木材加工用機械作業の経験を有する者）（昭和47年労働省告示第100号）	学科講習 ①作業に係る機械，その安全装置等の種類，構造及び機能に関する知識 ②作業に係る機械，その安全装置等の保守点検に関する知識 ③作業の方法に関する知識 ④関係法令
プレス機械作業主任者技能講習（則第79条から第83条まで）	①プレス機械による作業に5年以上従事した経験を有する者 ②その他厚生労働大臣が定める者（準則訓練である普通職業訓練のうち，金属加工系窯業塑性加工科又は金属加工系溶接科の訓練を修了した者等で，4年以上プレス機械作業の経験を有する者）（昭和47年労働省告示第101号）	学科講習 ①作業に係る機械，その安全装置等の種類，構造及び機能に関する知識 ②作業に係る機械，その安全装置等の保守点検に関する知識 ③作業の方法に関する知識 ④関係法令
乾燥設備作業主任者技能講習（則第79条から第83条まで）	①乾燥設備の取扱いの作業に5年以上従事した経験を有する者 ②学校教育法による大学又は高等専門学校において理科系等の正規の学科を専攻して卒業した者（大学改革支援・学位授与機構により学士の学位を授与された者又はこれと同等以上の学力を有すると認められる者を含む。）で，その後1年以上乾燥設備の設計，製作，検査又は取扱いの作業に従事した経験を有するもの ③学校教育法による高等学校又は中等教育学校において理科系統の正規の学科を専攻して卒業した者で，その後2年以上乾燥設備の設計，製作，検査又は取扱いの作業に従事した経験を有するもの ④その他厚生労働大臣が定める者（現在のところ定められていない）	学科講習 ①乾燥設備及びその附属設備の構造及び取扱いに関する知識 ②乾燥設備，その附属設備等の点検整備及び異常時の処置に関する知識 ③乾燥作業の管理に関する知識 ④関係法令
コンクリート破砕器作業主任者技能講習（則第79条から第83条まで）	①コンクリート破砕器を用いて行う破砕の作業に2年以上従事した経験を有する者 ②学校教育法による大学，高等専門学校，高等学校又は中等教育学校において応用化学，採鉱又は土木に関する学科を専攻して卒業した者（大学改革支援・学位授与機構により学士の学位を授与された者又はこれと同等以上の学力を有すると認められる者を含む。）で，その後1年以上コンクリート破砕器を用いて行う破砕の作業に従事した経験を有するもの ③発破技士免許を受けた者で，その後1年以上コンクリート破砕器を用いて行う破砕の作業又は発破の作業に従事した経験を有するもの ④その他厚生労働大臣が定める者（甲種火薬類製造保安責任者免状を有する者等）	学科講習 ①火薬類に関する知識 ②コンクリート破砕器の取扱いに関する知識 ③コンクリート破砕器を用いて行う破砕の方法に関する知識 ④作業者に対する教育等に関する知識 ⑤関係法令
地山の掘削及び土止め支保工作業主任者技能講習（則第79条から第83条まで）	①地山の掘削の作業又は土止め支保工の切りばり若しくは腹おこしの取付け若しくは取りはずしに関する作業に3年以上従事した経験を有する者 ②学校教育法による大学，高等専門学校，高等学校又は中等教育学校において土木，建築又は農業土木に関する学科を専攻して卒業した者（大学改革支援・学位授与機構により学士の学位を授与された者又はこれと同等以上の学力を有すると認められる者を含む。）で，その後2年以上地山の掘削の作業又は土止め支保工の切りばり若しくは腹おこしの取付け若しくは取りはずしに関する作業に従事した経験を有するもの ③その他厚生労働大臣が定める者（準則訓練である普通職業訓練のうち，建築施工系鉄筋コンクリート施行科，土木系土木施工科等の訓練を修了した者等で，2年以上土止め支保工の切りばり又は腹おこしの取付け又は取りはずしに関する作業の経験を有する者）（昭和47年労働省告示第104号）	学科講習 ①土止め支保工の切りばり，腹おこし等に関する知識 ②工事用設備，機械，器具，作業環境等に関する知識 ③作業者に対する教育等に関する知識 ④関係法令
ずい道等の掘削等作業主任者技能講習（則第79条から第83条まで）	①ずい道等の掘削の作業又はこれに伴うずり積み，ずい道支保工の組立て，ロックボルトの取付け若しくはコンクリート等の吹付けの作業（次号において「ずい道等の掘削等の作業」という。）に3年以上従事した経験を有する者 ②学校教育法による大学，高等専門学校，高等学校又は中等教育学校において土木，建築又は農業土木に関する学科を専攻して卒業した者（大学改革支援・学位授与機構により学士の学位を授与された者又はこれと同等以上の学力を有すると認められる者を含む。）で，その後2年以上ずい道等の掘削等の作業に従事した経験を有するもの ③その他厚生労働大臣が定める者（準則訓練である普通職業訓練のうち，土木系土木施工科の訓練を修了した者等で，2年以上ずい道等の掘削等の作業に従事した経験を有する者）（昭和56年労働省告示第41号）	学科講習 ①作業の方法に関する知識 ②工事用設備，機械，器具，作業環境の改善方法等に関する知識 ③作業者に対する教育等に関する知識 ④関係法令

ずい道等の覆工作業主任者技能講習（則第79条から第83条まで）	①ずい道等の覆工の作業に3年以上従事した経験を有する者 ②学校教育法による大学，高等専門学校，高等学校又は中等教育学校において土木，建築又は農業土木に関する学科を専攻して卒業した者（大学改革支援・学位授与機構により学士の学位を授与された者又はこれと同等以上の学力を有すると認められる者を含む。）で，その後2年以上ずい道等の覆工の作業に従事した経験を有するもの ③その他厚生労働大臣が定める者（準則訓練である普通職業訓練のうち，土木系土木施工科の訓練を修了した者等で，2年以上ずい道等の履工の作業に従事した経験を有する者）（昭和56年労働省告示第42号）	学科講習 ①作業の方法に関する知識 ②工事用設備，機械，器具，作業環境等に関する知識 ③作業者に対する教育等に関する知識 ④関係法令
型枠支保工の組立て等作業主任者技能講習（則第79条から第83条まで）	①型枠支保工の組立て又は解体に関する作業に3年以上従事した経験を有する者 ②学校教育法による大学，高等専門学校，高等学校又は中等教育学校において土木又は建築に関する学科を専攻して卒業した者（大学改革支援・学位授与機構により学士の学位を授与された者又はこれと同等以上の学力を有すると認められる者を含む。）で，その後2年以上型枠支保工の組立て又は解体に関する作業に従事した経験を有するもの ③その他厚生労働大臣が定める者（準則訓練である普通職業訓練のうち，建築施工系鉄筋コンクリート施工科，建築施工系とび科又は建築仕上系ブロック施工科の訓練を修了した者等で，2年以上型枠支保工の組立て又は解体に関する作業の経験を有する者）（昭和47年労働省告示第108号）	学科講習 ①型枠及び型枠支保工の組立て，解体等に関する知識 ②工事用設備，機械，器具，作業環境等に関する知識 ③作業者に対する教育等に関する知識 ④関係法令
足場の組立て等作業主任者技能講習（則第79条から第83条まで）	①足場の組立て，解体又は変更に関する作業に3年以上従事した経験を有する者 ②学校教育法による大学，高等専門学校，高等学校又は中等教育学校において土木，建築又は造船に関する学科を専攻して卒業した者（大学改革支援・学位授与機構により学士の学位を授与された者又はこれと同等以上の学力を有すると認められる者を含む。）で，その後2年以上足場の組立て，解体又は変更に関する作業に従事した経験を有するもの ③その他厚生労働大臣が定める者（準則訓練である普通職業訓練のうち，建築施工系とび科の訓練を修了した者等で，2年以上足場の組立て，解体又は変更に関する作業の経験を有する者）（昭和47年労働省告示第109号）	学科講習 ①作業の方法に関する知識 ②工事用設備，機械，器具，作業環境等に関する知識 ③作業者に対する教育等に関する知識 ④関係法令
建築物等の鉄骨の組立て等作業主任者技能講習（則第79条から第83条まで）	①建築物等の鉄骨の組立て等の作業（建築物の骨組み又は塔であつて，金属製の部材により構成されるものの組立て，解体又は変更の作業）に関する作業に3年以上従事した経験を有する者 ②学校教育法による大学，高等専門学校，高等学校又は中等教育学校において土木又は建築に関する学科を専攻して卒業した者で，その後2年以上建築物等の鉄骨の組立て等の作業に従事した経験を有する者 ③その他厚生労働大臣が定める者（準則訓練である普通職業訓練のうち，建築施工系とび科の訓練を修了した者等で，2年以上鉄骨の組立て等の作業の経験を有する者）（昭和52年労働省告示第121号）	学科講習 ①作業の方法に関する知識 ②工事用設備，機械，器具，作業環境等に関する知識 ③作業者に対する教育等に関する知識 ④関係法令
鋼橋架設等作業主任者技能講習（則第79条から第83条まで）	①鋼橋架設等の作業（橋梁の上部構造であつて，金属製の部材により構成されるものの架設，解体又は変更の作業に関する作業に3年以上従事した経験を有する者 ②学校教育法による大学，高等専門学校，高等学校又は中等教育学校において土木又は建築に関する学科を専攻して卒業した者で，その後2年以上鋼橋架設等の作業に従事した経験を有するもの ③その他厚生労働大臣が定める者（準則訓練である普通職業訓練のうち，建築施工系とび科の訓練を修了した者等で，2年以上鋼橋架設等の作業の経験を有する者）（平成4年労働省告示第94号）	学科講習 ①作業の方法に関する知識 ②工事用設備，機械，器具，作業環境等に関する知識 ③作業者に対する教育等に関する知識 ④関係法令
コンクリート造の工作物の解体等作業主任者技能講習（則第79条から第83条まで）	①工作物の解体等の作業（コンクリート造の工作物の解体又は破壊の作業）に3年以上従事した経験を有する者 ②学校教育法による大学，高等専門学校，高等学校又は中等教育学校において土木又は建築に関する学科を専攻して卒業した者で，その後2年以上工作物の解体等の作業に従事した経験を有するもの ③その他厚生労働大臣が定める者（準則訓練である普通職業訓練のうち，建築施工系とび科の訓練を修了した者等で，2年以上コンクリート造の工作物の解体等に従事した経験を有する者）（昭和56年労働省告示第44号）	学科講習 ①作業の方法に関する知識 ②工事用設備，機械，器具，作業環境等に関する知識 ③作業者に対する教育等に関する知識 ④関係法令
コンクリート橋架設等作業主任者技能講習（則第	①コンクリート橋架設等の作業（橋梁の上部構造であつて，コンクリート造のものの架設又は変更の作業）に関する作業	学科講習 ①作業の方法に関する知識

79条から第83条まで)	に3年以上従事した経験を有する者 ②学校教育法による大学,高等専門学校,高等学校又は中等教育学校において土木又は建築に関する学科を専攻して卒業した者で,その後2年以上コンクリート橋架設等の作業に従事した経験を有するもの ③その他厚生労働大臣が定める者(準則訓練である普通職業訓練のうち,建築施工系とび科の訓練を修了した者等で,2年以上コンクリート橋架設等の作業の経験を有する者)(平成4年労働省告示第95号)	②工事用設備,機械,器具,作業環境等に関する知識 ③作業者に対する教育等に関する知識 ④関係法令
採石のための掘削作業主任者技能講習(則第79条から第83条まで)	①岩石の掘削の作業に3年以上従事した経験を有する者 ②学校教育法による大学,高等専門学校,高等学校又は中等教育学校において,土木又は採鉱に関する学科を専攻して卒業した者(大学改革支援・学位授与機構により学士の学位を授与された者又はこれと同等以上の学力を有すると認められる者を含む。)で,その後2年以上岩石の掘削の作業に従事した経験を有するもの ③その他厚生労働大臣が定める者(準則訓練である普通職業訓練のうち,石材科の訓練を修了した者等で,2年以上岩石の掘削の作業の経験を有する者)(昭和47年労働省告示第105号)	学科講習 ①岩石の種類,岩石の採取のための掘削の方法等に関する知識 ②設備,機械,器具,作業環境等に関する知識 ③作業者に対する教育等に関する知識 ④関係法令
はい作業主任者技能講習(則第79条から第83条まで)	はい付け又ははい崩しの作業に3年以上従事した経験を有する者	学科講習 ①はい(倉庫,上屋又は土場に積み重ねられた荷の集団をいう。)に関する知識 ②人力によるはい付け又ははい崩しの作業に関する知識 ③機械等によるはい付け又ははい崩しに必要な機械荷役に関する知識 ④関係法令
船内荷役作業主任者技能講習(則第79条から第83条まで)	①揚貨装置運転士免許,クレーン・デリック運転士免許又は移動式クレーン運転士免許を受けた者で,その後4年以上船内荷役作業に従事した経験を有するもの ②その他厚生労働大臣が定める者(昭和47年5月1日以前において,船内荷役作業の作業指揮者の職務を行っていた者で,同日までに5年以上船内荷役作業の経験を有する者)(昭和47年労働省告示第107号)	学科講習 ①作業の指揮に必要な知識 ②船舶設備,荷役機械等の構造及び取扱いの方法に関する知識 ③玉掛け作業及び合図の方法に関する知識 ④荷役の方法に関する知識 ⑤関係法令
木造建築物の組立て等作業主任者技能講習(則第79条から第83条まで)	①構造部材の組立て等の作業(木造建築物の構造部材の組立て又はこれに伴う屋根下地若しくは外壁下地の取付けの作業)に3年以上従事した経験を有する者 ②学校教育法による大学,高等専門学校,高等学校又は中等教育学校において土木又は建築に関する学科を専攻して卒業した者で,その後2年以上構造部材の組立て等の作業に従事した経験を有するもの ③その他厚生労働大臣が定める者(準則訓練である普通職業訓練のうち,建築施工系木造建築科,建築施工系とび科又は建築施工系プレハブ建築科の訓練を修了した者等で,2年以上木造建築物の組立て等の作業に従事した経験を有する者)(昭和56年労働省告示第43号)	学科講習 ①木造建築物の構造部材の組立て,屋根下地の取付け等に関する知識 ②工事用設備,機械,器具,作業環境等に関する知識 ③作業者に対する教育等に関する知識 ④関係法令
化学設備関係第1種圧力容器取扱作業主任者技能講習(ボイラー則第122条の2及び第124条)	化学設備(配管を除く。)の取扱いの作業に5年以上従事した経験を有する者	学科講習 ①第1種圧力容器の構造に関する知識 ②第1種圧力容器の取扱いに関する知識 ③危険物及び化学反応に関する知識 ④関係法令
普通第1種圧力容器取扱作業主任者技能講習(ボイラー則第123条及び第124条)		学科講習 ①第1種圧力容器(化学設備に係るものを除く。)の構造に関する知識 ②第1種圧力容器(化学設備に係るものを除く。)の取扱いに関する知識 ③関係法令
特定化学物質及び四アルキル鉛等作業主任者技能講習(特化則第51条)		学科講習 ①健康障害及びその予防措置に関する知識 ②作業環境の改善方法に関する知識 ③保護具に関する知識 ④関係法令
鉛作業主任者技能講習(鉛則第60条)		学科講習 ①健康障害及びその予防措置に関する知識 ②作業環境の改善方法に関する知識 ③保護具に関する知識 ④関係法令
有機溶剤作業主任者技能講習(有機則第37条)		学科講習 ①健康障害及びその予防措置に関する知識

		②作業環境の改善方法に関する知識 ③保護具に関する知識 ④関係法令
石綿作業主任者技能講習 （石綿則第48条の２）		学科講習 ①健康障害及びその予防措置に関する知識 ②作業環境の改善方法に関する知識 ③保護具に関する知識 ④関係法令
酸素欠乏危険作業主任者技能講習（酸欠則第26条）		１．学科講習 ①酸素欠乏症及び救急蘇生に関する知識 ②酸素欠乏の発生の原因及び防止措置に関する知識 ③保護具に関する知識 ④関係法令 ２．実技講習 ①救急蘇生の方法 ②酸素の濃度の測定方法
酸素欠乏・硫化水素危険作業主任者技能講習（酸欠則第27条）		１．学科講習 ①酸素欠乏症，硫化水素中毒及び救急蘇生に関する知識 ②酸素欠乏及び硫化水素の発生の原因及び防止措置に関する知識 ③保護具に関する知識 ④関係法令 ２．実技講習 ①救急蘇生の方法 ②酸素及び硫化水素の濃度の測定方法
床上操作式クレーン運転技能講習（クレーン則第244条）		１．学科講習 ①床上操作式クレーンに関する知識 ②原動機及び電気に関する知識 ③床上操作式クレーンの運転のために必要な力学に関する知識 ④関係法令 ２．実技講習 ①床上操作式クレーンの運転 ②床上操作式クレーンの運転のための合図
小型移動式クレーン運転技能講習（クレーン則第245条）		１．学科講習 ①小型移動式クレーンに関する知識 ②原動機及び電気に関する知識 ③小型移動式クレーンの運転のために必要な力学に関する知識 ④関係法令 ２．実技講習 ①小型移動式クレーンの運転 ②小型移動式クレーンの運転のための合図
ガス溶接技能講習（則第79条から第83条まで）		１．学科講習 ①ガス溶接等の業務のために使用する設備の構造及び取扱いの方法に関する知識 ②ガス溶接等の業務のために使用する可燃性ガス及び酸素に関する知識 ③関係法令 ２．実技講習 ガス溶接等の業務のために使用する設備の取扱い
フォークリフト運転技能講習（則第79条から第83条まで）		１．学科講習 ①走行に関する装置の構造及び取扱いの方法に関する知識 ②荷役に関する装置の構造及び取扱いの方法に関する知識 ③運転に必要な力学に関する知識 ④関係法令 ２．実技講習 ①走行の操作 ②荷役の操作
ショベルローダー等運転技能講習（則第79条から第83条まで）		１．学科講習 ①走行に関する装置の構造及び取扱いの方法に関する知識 ②荷役に関する装置の構造及び取扱いの方法に関する知識 ③運転に必要な力学に関する知識

			④関係法令 2．実技講習 ①走行の操作 ②荷役の操作
車両系建設機械（整地・運搬・積込み用及び掘削用）運転技能講習（則第79条から第83条まで）			1．学科講習 ①走行に関する装置の構造及び取扱いの方法に関する知識 ②作業に関する装置の構造，取扱い及び作業方法に関する知識 ③運転に必要な一般的事項に関する知識 ④関係法令 2．実技講習 ①走行の操作 ②作業のための装置の操作
車両系建設機械（解体用）運転技能講習（則第79条から第83条まで）			1．学科講習 ①走行に関する装置の構造及び取扱いの方法に関する知識 ②作業に関する装置の構造，取扱い及び作業方法に関する知識 ③運転に必要な一般的事項に関する知識 ④関係法令 2．実技講習 ①走行の操作 ②作業のための装置の操作
車両系建設機械（基礎工事用）運転技能講習（則第79条から第83条まで）			1．学科講習 ①走行に関する装置の構造及び取扱いの方法に関する知識 ②作業に関する装置の構造，取扱い及び作業方法に関する知識 ③運転に必要な一般的事項に関する知識 ④関係法令 2．実技講習 ①走行の操作 ②作業のための装置の操作及び合図
不整地運搬車運転技能講習（則第79条から第83条まで）			1．学科講習 ①走行に関する装置の構造及び取扱いの方法に関する知識 ②荷の運搬に関する知識 ③運転に必要な力学に関する知識 ④関係法令 2．実技講習 ①走行の操作 ②荷の運搬
高所作業車運転技能講習（則第79条から第83条まで）			1．学科講習 ①作業に関する装置の構造及び取扱いの方法に関する知識 ②原動機に関する知識 ③運転に必要な一般的事項に関する知識 ④関係法令 2．実技講習 作業のための装置の操作
玉掛け技能講習（クレーン則第246条から第247条まで）			1．学科講習 ①クレーン等（クレーン，移動式クレーン，デリック及び揚貨装置）に関する知識 ②クレーン等の玉掛けに必要な力学に関する知識 ③クレーン等の玉掛けの方法 ④関係法令 2．実技講習 ①クレーン等の玉掛け ②クレーン等の運転のための合図
ボイラー取扱技能講習（ボイラー則第122条から第124条まで）			学科講習 ①ボイラーの構造に関する知識 ②ボイラーの取扱いに関する知識 ③点火及び燃焼に関する知識 ④点検及び異常時の処置に関する知識 ⑤関係法令

（参考文献：労務行政研究所編『労働安全衛生法〔改訂2版〕（労働法コンメンタール10）』〔労務行政，2021年〕701-717頁。愛知労働局 WEB サイト〔技能講習受講資格一覧表〕〔https://jsite.mhlw.go.jp/aichi-roudoukyoku/hourei_seido_tetsuzuki/anzen_eisei/ginou01/_81792.html，最終閲覧日：2021年3月15日〕）

章末資料8-7　技能講習等登録教習機関数（安全関係）

	種　類	平成26年度	平成27年度	平成28年度	平成29年度	平成30年度	令和元年度	令和2年度	令和3年度	令和4年度
技能講習	木材加工用機械作業主任者	63	61	65	61	63	60	61	64	63
	プレス機械作業主任者	62	62	63	58	61	59	60	62	62
	乾燥設備作業主任者	49	49	49	46	47	48	45	46	47
	コンクリート破砕機作業主任者	3	4	4	4	3	3	1	3	3
	地山の掘削作業主任者									
	土止め支保工作業主任者									
	地山の掘削及び土止め支保工作業主任者	128	130	127	122	126	122	125	127	128
	ずい道等の掘削等作業主任者	20	19	19	22	22	21	19	21	22
	ずい道等の覆工作業主任者	19	18	18	21	21	20	18	20	21
	採石のための掘削作業主任者	18	19	19	18	19	17	15	17	15
	はい作業主任者	109	118	119	116	122	123	123	125	130
	船内荷役作業主任者	15	16	15	16	16	13	15	15	14
	型枠支保工の組立て等作業主任者	109	112	114	114	111	108	105	110	109
	足場の組立て等作業主任者	217	224	223	227	225	218	201	213	218
	木造建築物の組立て等作業主任者	138	145	142	141	141	130	125	124	120
	コンクリート造の工作物の解体等作業主任者	63	63	63	66	64	63	61	60	60
	建築物等の鉄骨の組立て等作業主任者	91	93	95	94	93	92	87	91	92
	鋼橋架設等作業主任者	25	24	23	23	22	20	21	21	24
	コンクリート橋架設等作業主任者	21	19	21	20	20	20	19	19	21
	ボイラー据付け工事作業主任者									
	化学設備関係第1種圧力容器取扱作業主任者	23	23	23	23	23	22	21	23	23
	普通第1種圧力容器取扱作業主任者	50	50	50	49	50	49	48	49	49
	床上操作式クレーン運転	159	161	165	166	174	175	170	183	188
	小型移動式クレーン運転	414	423	433	423	439	437	425	453	461
	ガス溶接	661	662	664	637	624	598	583	590	599
	フォークリフト運転	565	591	608	607	614	620	605	644	648
	ショベルローダー等運転	71	70	70	68	67	65	60	63	63
	車両系建設機械（整地・運搬・積込み用及び掘削用）運転	259	265	263	271	277	288	284	297	296
	車両系建設機械（基礎工事用）運転	21	24	24	23	24	20	21	23	24
	車両系建設機械（解体用）運転	158	160	161	167	170	177	180	187	192
	不整地運搬車運転	131	141	138	133	137	136	135	140	140
	高所作業車運転	264	273	271	275	284	287	278	294	299
	玉掛け	528	540	548	540	554	549	532	576	591
	ボイラー取扱	66	67	65	64	63	62	60	60	62
実技教習	揚貨装置運転	3	3	3	3	3	3	4	4	4
	クレーン運転	32	33	33	33	34	31	34	34	35
	移動式クレーン運転	59	59	58	57	55	58	55	55	57
	デリック運転									

（厚生労働省WEBサイト（技能講習等の登録教習機関数及び修了者数）〔https://www.mhlw.go.jp/bunya/roudoukijun/anzeneisei11/index.html，最終閲覧日：2024年6月23日〕）

章末資料8-8 技能講習等修了者数（安全関係）

	種類	平成26年度	平成27年度	平成28年度	平成29年度	平成30年度	令和元年度	令和2年度	令和3年度	令和4年度
技能講習	木工加工用機械作業主任者	1,415	1,485	1,428	1,352	1,500	1,103	904	1,194	1,275
	プレス機械作業主任者	6,404	6,184	6,571	6,356	6,367	6,158	3,631	4,520	5,369
	乾燥設備作業主任者	8,334	8,356	8,701	7,965	8,488	7,988	4,769	5,952	7,315
	コンクリート破砕機作業主任者	33	73	168	18	18	0	0	47	42
	地山の掘削作業主任者									
	土止め支保工作業主任者									
	地山の掘削及び土止め支保工作業主任者	9,975	11,018	11,050	10,598	9,968	9,154	7,160	9,799	9,876
	ずい道等の掘削等作業主任者	145	263	255	257	192	208	117	1,297	308
	ずい道等の覆工作業主任者	90	207	217	197	156	176	111	179	148
	採石のための掘削作業主任者	389	267	263	230	275	165	88	151	174
	はい作業主任者	12,947	13,021	13,911	14,383	15,274	14,232	10,385	12,998	14,835
	船内荷役作業主任者	465	459	471	480	440	409	276	313	375
	型枠支保工の組立て等作業主任者	4,621	5,478	5,247	4,952	4,329	3,608	3,107	3,826	3,744
	足場の組立て等作業主任者	28,687	41,664	40,921	37,416	26,368	20,778	14,241	17,401	16,456
	木造建築物の組立て等作業主任者	4,209	4,038	4,083	3,832	3,184	2,949	2,453	2,524	2,958
	コンクリート造の工作物の解体等作業主任者	2,077	2,519	3,785	2,789	2,194	2,125	1,674	2,006	2,251
	建築物等の鉄骨の組立て等作業主任者	4,092	4,404	4,706	4,459	4,127	3,833	2,901	3,705	3,546
	鋼橋架設等作業主任者	292	251	427	324	431	250	253	321	363
	コンクリート橋架設等作業主任者	234	148	232	176	291	139	116	198	169
	ボイラー据付け工事作業主任者									
	化学設備関係第1種圧力容器取扱作業主任者	1,904	1,810	1,716	1,722	1,756	1,496	835	1,244	1,398
	普通第1種圧力容器取扱作業主任者	3,329	3,519	3,351	3,376	3,283	3,293	2,028	2,504	3,000
	床上操作式クレーン運転	34,917	37,190	37,088	37,794	39,397	38,611	30,120	33,186	35,021
	小型移動式クレーン運転	78,940	79,898	75,818	72,812	70,569	67,288	65,204	72,076	67,067
	ガス溶接	85,493	86,851	85,687	80,708	78,696	71,769	63,563	67,270	61,811
	フォークリフト運転	224,893	222,830	221,258	221,038	227,580	225,141	193,190	212,475	211,529
	ショベルローダー等運転	3,273	3,327	3,139	3,046	3,108	2,965	2,501	2,625	3,183
	車両系建設機械（整地・運搬・積込み用及び掘削用）運転	55,383	54,017	49,974	48,597	49,027	47,960	49,086	56,071	53,200
	車両系建設機械（基礎工事用）運転	1,279	1,404	1,367	1,535	1,690	1,394	1,272	1,550	1,420
	車両系建設機械（解体用）運転	20,471	23,489	24,329	21,212	20,286	19,833	20,362	23,727	23,230
	不整地運搬車運転	10,902	10,731	9,913	10,004	9,676	9,708	9,987	11,655	10,551
	高所作業車運転	56,633	61,356	61,291	60,724	61,163	59,879	56,079	64,196	59,878
	玉掛け	191,153	198,042	194,969	192,658	195,849	189,060	153,421	170,262	175,050
	ボイラー取扱	9,949	10,130	9,321	9,466	8,286	7,294	6,567	6,284	6,493
実技教習	揚貨装置運転	86	82	74	75	78	89	84	99	125
	クレーン運転	10,149	10,897	11,036	10,683	10,983	10,205	8,585	9,238	9,327
	移動式クレーン運転	3,341	3,758	3,565	3,292	3,451	3,390	3,215	3,459	3,142
	デリック運転									

（章末資料8-7に同じ）

章末資料8-9 技能講習登録教習機関の数（衛生関係）

種類 \ 区分	平成20年度	平成21年度	平成22年度	平成23年度	平成24年度	平成25年度	平成26年度	平成27年度	平成28年度	平成29年度	平成30年度	令和元年度	令和2年度	令和3年度	令和4年度
鉛作業主任者技能講習	45	36	37	38	38	38	42	44	44	44	44	48	46	46	47
特定化学物質及び四アルキル鉛等作業主任者技能講習	89	79	81	83	77	76	79	84	75	83	86	88	87	109	112
石綿作業主任者技能講習	69	74	61	51	62	55	105	101	106	102	107	108	105	117	141
有機溶剤作業主任者技能講習	92	90	95	100	101	107	101	109	109	111	112	111	106	110	112
酸素欠乏危険作業主任者技能講習	38	28	18	17	14	15	15	10	11	13	12	9	10	9	9
酸素欠乏・硫化水素危険作業主任者技能講習	70	70	71	72	76	75	76	77	78	76	79	76	74	79	78
四アルキル鉛等作業主任者技能講習	/	/	/	/	/	/	/	/	/	/	/	/	/	/	/
特定化学物質等作業主任者技能講習	/	/	/	/	/	/	/	/	/	/	/	/	/	/	/
合計	403	377	363	361	368	366	418	425	423	429	440	440	428	470	499

（章末資料8-7に同じ）

章末資料8-10 技能講習修了者数（衛生関係）

種類 \ 区分	平成20年度	平成21年度	平成22年度	平成23年度	平成24年度	平成25年度	平成26年度	平成27年度	平成28年度	平成29年度	平成30年度	令和元年度	令和2年度	令和3年度	令和4年度
鉛作業主任者技能講習	1,430	1,160	1,246	1,330	1,323	1,286	4,577	3,948	2,682	2,814	2,932	2,967	2,286	2,846	2,928
特定化学物質及び四アルキル鉛等作業主任者技能講習	33,294	26,882	28,098	27,514	32,101	30,890	33,081	34,467	39,055	39,540	39,594	36,627	37,868	132,996	91,306
石綿作業主任者技能講習	9,850	9,645	7,271	6,018	6,839	6,115	10,498	10,724	14,043	13,076	14,205	13,902	11,539	30,141	78,533
有機溶剤作業主任者技能講習	58,098	52,924	52,787	50,301	52,633	51,874	51,739	56,381	58,739	59,803	59,731	55,963	37,660	47,030	52,473
酸素欠乏危険作業主任者技能講習	4,047	5,463	5,612	3,074	3,169	3,133	4,189	3,107	2,970	3,137	2,785	328	2,022	256	2,104
酸素欠乏・硫化水素危険作業主任者技能講習	45,123	44,278	46,524	44,825	46,117	46,225	45,371	48,561	50,356	48,713	51,585	49,654	30,577	43,011	47,145
四アルキル鉛等作業主任者技能講習	/	/	/	/	/	/	/	/	/	/	/	/	/	/	/
特定化学物質等作業主任者技能講習	/	/	/	/	/	/	/	/	/	/	/	/	/	/	/
合計	151,842	140,352	141,538	133,062	142,182	139,523	149,455	157,188	167,845	167,083	170,832	159,441	121,952	256,280	274,489

（章末資料8-7に同じ）

第九章　事業場の安全又は衛生に関する改善措置等

第78条から第87条まで

　本解説は，労働安全衛生法第9章「事業場の安全又は衛生に関する改善措置等」を対象とする。本章は，第1節「特別安全衛生改善計画及び安全衛生改善計画」(第78条〜第80条)と，第2節「労働安全コンサルタント及び労働衛生コンサルタント」(第81条〜第87条)に大別される。

　まず全体的な構造から説明すれば，本章は，重大な労働災害が発生した場合や労働災害の防止を図るため総合的な改善措置を講ずる必要があると認められる場合，厚生労働大臣又は都道府県労働局長が特別安全衛生改善計画，安全衛生改善計画の作成を指示することができる旨を定め，さらに，それを作成するよう指示された事業者に対して，労働安全コンサルタント又は労働衛生コンサルタントによる安全衛生診断を受けさせるなどを勧奨することができるという行政機関による労働安全衛生についての改善措置等を定めている。そして，安全衛生診断を担当する労働安全コンサルタント及び労働衛生コンサルタントの資格制度等を定めることによって，改善措置等の実効性を担保している。

　平成26年度〜平成28年度に実施された「リスクアセスメントを核とした諸外国の労働安全衛生制度の背景・特徴・効果とわが国への適応可能性に関する調査研究」では，一般的提言として，(a)組織の責任者による真摯で具体的な関与，(b)構造的で計画的な取り組み，(c)適切な人的・物的資源が利用できる条件の整備，(d)全ての管理者による安全衛生の重視，(e)直面課題に応じた柔軟な対応，(f)安全衛生と組織の生産性や競争力との一体視が挙げられていた。[1]

　本解説が取り扱う特別安全衛生改善計画制度や，安全衛生改善計画及び労働安全コンサルタント及び労働衛生コンサルタント制度は，上記の諸点のうち，各事業場における人的措置（体制づくり，マニュアルづくり，教育等）の促進策に深く関わる。それに行政の支援が加わっている。

　例えば，上記報告書においては，「労災発生率が高いか重大労災が生じた事業体に対する労災防止団体の関与の強化」の中で，安全管理特別指導事業場や衛生管理特別指導事業場の指定制度と連続するように，労災防止団体による，より継続的かつ体系的な関与が求められる旨が指摘されている。[2]現行法において既に，特別安全衛生改善計画及び安全衛生改善計画の作成について，労働安全コンサルタントや労働衛生コンサルタントによる関与の勧奨が可能とされているが，その他労災防止団体による継続的な関与を示唆しているものと考えられる。これは，労災防止団体は組織であるが故に強みがあること，労災防止団体は，一応，特別民間法人であり，一応，行政とは異なる柔軟性があって，企業等に警戒感を与えがたいこと，そして，ドイツやフランスでは，労災防止団体は労災保険と共に強制加入だが，日本では任意加入であり，より積極的な活用が図られてもよいとの趣旨と解される。

　もっとも，労働安全コンサルタント及び労働衛生コンサルタントも，上記研究報告書で紹介されたアメリカの現地コンサルテーション制度（民間の安全衛生人材が政府のクレジットを得て他社を訪問し，安全衛生についてアドバイスを与えること等を内容とする制度）のように，企業経営者の「良き相談者」として役立つのではないかとも考えられる。事業場における労働安全衛生を確保するための仕組みの中で，労働安全・労働衛生コンサルタント制度は，上記研究報告書で重要性が示唆されていた「ルール・制度」と「人・組織の意識・知識」の相互作用のうち，[3]特に後者と密接に関わるものと考えられる。

第一節　特別安全衛生改善計画及び安全衛生改善計画

（特別安全衛生改善計画）
第78条　厚生労働大臣は，重大な労働災害として

厚生労働省令で定めるもの（以下この条において「重大な労働災害」という。）が発生した場合において，重大な労働災害の再発を防止するため必要がある場合として厚生労働省令で定める場合に該当すると認めるときは，厚生労働省令で定めるところにより，事業者に対し，その事業場の安全又は衛生に関する改善計画（以下「特別安全衛生改善計画」という。）を作成し，これを厚生労働大臣に提出すべきことを指示することができる。

2　事業者は，特別安全衛生改善計画を作成しようとする場合には，当該事業場に労働者の過半数で組織する労働組合があるときにおいてはその労働組合，労働者の過半数で組織する労働組合がないときにおいては労働者の過半数を代表する者の意見を聴かなければならない。

3　第1項の事業者及びその労働者は，特別安全衛生改善計画を守らなければならない。

4　厚生労働大臣は，特別安全衛生改善計画が重大な労働災害の再発の防止を図る上で適切でないと認めるときは，厚生労働省令で定めるところにより，事業者に対し，当該特別安全衛生改善計画を変更すべきことを指示することができる。

5　厚生労働大臣は，第1項若しくは前項の規定による指示を受けた事業者がその指示に従わなかつた場合又は特別安全衛生改善計画を作成した事業者が当該特別安全衛生改善計画を守つていないと認める場合において，重大な労働災害が再発するおそれがあると認めるときは，当該事業者に対し，重大な労働災害の再発の防止に関し必要な措置をとるべきことを勧告することができる。

6　厚生労働大臣は，前項の規定による勧告を受けた事業者がこれに従わなかつたときは，その旨を公表することができる。

1　趣旨

特別安全衛生改善計画に関する第78条は，厚生労働大臣が，重大な労働災害が発生した場合において，その再発を防止するため必要がある場合に，事業者に対して特別安全衛生改善計画を作成し，提出すべきことを指示することを定める。

従来個別の事案や個別の事業場ごとに対応する仕組みになっていた都道府県労働局長による安全衛生改善計画の作成指示に加え，法令に違反し，一定期間内に同様の重大災害を複数の事業場で繰り返し発生させた企業に対して，当該企業の事業場において再び同様な重大な労働災害が発生しないようにするための体制整備や具体的な対策を講じるための計画を作成するよう厚生労働大臣が指示することができることとされたものである。[4]
なお，特別安全衛生改善計画は，労働安全衛生法上初めて企業単位で捉えるものとして位置づけられている。[5]

2　内容

1　重大な労働災害の意義

まず，重大な労働災害の意義が問題となる。重大な労働災害については，安衛則第84条第1項において，次のように規定されている。すなわち，労働災害のうち，
① 死亡災害（第1号）
② 負傷又は疾病により，労働者災害補償保険法施行規則別表第一の障害等級第1級から第7級までのいずれかに該当する障害が生じたもの又は生じるおそれのあるもの（第2号）

である。法第78条に係る通達[6]によれば，第1に，安衛則第84条第1項第2号の「生じるおそれのあるもの」とは，事業者が発生させた重大な労働災害についての再発防止対策を速やかに行う必要性に鑑み，労働者災害補償保険法施行規則別表第1の障害等級第1級から第7級までのいずれかに該当する障害が生じたものとして労災認定がなされたもののほか，労働災害が発生した時点において，労働災害の負傷等の程度から，障害等級第1級から第7級までのいずれかに該当する障害を生じるおそれがあると判断されるものを含むとされる。具体的には，事業者より提出のあった労働者死傷病報告書又は災害調査の結果等において，障害等級第1級から第7級までの障害を生じるおそれのある労働災害に該当するか否かを判断するとされる。なお，労働災害が発生した時点において，その負傷等の程度から，障害を生じるおそれがあるか否かが判断できないものは，「当該時点においては」重大な労働災害には該当しないが，その後の労災認定において障害等級第7級以上であることが確定した場合には，重大な労働災害に該当するものであり，この場合，第84条第2項第1号の「重大な労働災害を発生させた日」とは，当該労災認定がなされた日ではなく，当該重大な労働災害が発生した日として取り扱う。例えば，重大な労働災害が遅発性の疾病である場合は，診断によって当該疾病にかかったことが確定した日を，当該負傷又は疾病が原因で死亡した場合には，負傷した日又は診断によって疾病にかかったことが確定した日を，それぞれ「重大な労働災害を発生させた日」とされている。

2　重大な労働災害の再発を防止するため必要がある場合として厚生労働省令で定める場合に該当すると認めるとき

2つ目の要件は，重大な労働災害の再発を防止する

ため必要がある場合として厚生労働省令で定める場合に該当すると認めるときである。これは，安衛則第84条第2項が定める以下のいずれにも該当する場合とされる。すなわち，

① 重大な労働災害を発生させた事業者が，当該重大な労働災害を発生させた日から起算して3年以内に，当該重大な労働災害が発生した事業場以外の事業場において，当該重大な労働災害と再発を防止するための措置が同様である重大な労働災害を発生させた場合

② ①の事業者が発生させた重大な労働災害及び当該重大な労働災害と再発を防止するための措置が同様である重大な労働災害が，いずれも当該事業者が法（安衛法），じん肺法若しくは作業環境測定法若しくはこれらに基づく命令の規定又は労働基準法第36条第6項第1号（坑内労働等の危険有害業務の労働時間制限），第62条第1項若しくは第2項（若年者の危険有害業務への就業制限），第63条（若年者の坑内労働の禁止），第64条の2（妊産婦〔産後については希望者〕ないし女性一般にかかる坑内業務の全部または一部の就業制限）若しくは第64条の3第1項若しくは第2項（妊産婦ないし女性一般にかかる危険有害業務への就業制限）若しくはこれらの規定に基づく命令の規定に違反して発生させたものである場合

である。つまり，本条項によれば，重大な労働災害を発生させた事業者が当該労働災害発生日から3年以内に，当該労働災害が発生した事業場以外の事業場において，当該重大な労働災害に対する再発防止措置が同様である重大な労働災害を発生させ，かつ，それが安全又は衛生に関する関係法令の規定に違反した場合とされる。

したがって，第1に，重大な労働災害が発生した事業場において，繰り返し重大な労働災害が発生した場合は含まない。第2に，「当該重大な労働災害と再発を防止するための措置が同様である重大な労働災害」とは，原則として，重大な労働災害の原因となった起因物（災害をもたらすもととなった機械，装置など。「動力機械」，「物上げ装置，運搬機械」，「その他の装置等」，「仮設物，建築物，構築物等」，「物質，材料」，「荷」，「環境等」，「その他」の8項目に大別され，さらに，25項目の中分類，101項目の小分類に分けられる。ここでは小分類を指す。災害の直接の加害物とは異なり，例えば，クレーンが動いてきて，つり荷に激突された場合，起因物はクレーン，加害物はつり荷となる）と事故の型（墜落・転落，転倒など，傷病を受けるもととなった起因物が関係した現象）が同じである場合であるとされる。そのため，基本的には重大な労働災害の原因となった起因物と事故の型が異なる重大な労働災害が複数の事業場において発生した場合は含まれない。ただし，改正法の趣旨が同一企業内における重大な労働災害の再発防止であることから，事業者が発生させた複数の事業場における重大な労働災害について，必要となる再発防止対策が同様であり，当該対策を企業内で水平展開することが，企業内の他の事業場における同様の災害防止に有効であるものについては，「当該重大な労働災害と再発を防止するための措置が同様である重大な労働災害」に該当するか否かについて，個別に判断するとされている。

3 労働者・労働組合に対する意見聴取

厚生労働大臣から特別安全衛生改善計画の作成が指示された事業者はその作成にあたり，事業場の過半数組合ないし過半数代表者の意見を聞くことが義務づけられている（第78条第2項）。そして，事業者は，特別安全衛生改善計画を作成しようとする場合には，当該事業場の過半数労働者又は従業員代表者の意見を聴取しなければならず，提出する特別安全衛生改善計画に添付しなければならない（安衛則第84条第5項）。

ところで，この過半数労働者又は従業員代表者は，どの事業場の過半数労働者等か，労働災害を起こした事業場だけか，あるいは全ての事業場なのかが問題となる。この点，特別安全衛生改善計画は，「計画の対象とする事業場」を対象とした計画を定めることとされていることから，第78条第2項にいう「当該事業場」は，この「計画の対象とする事業場」を指すものであり，全ての事業場を指すものではないとされ，計画の対象とする事業場の過半数労働組合等への意見聴取が求められると解される。

なお，安衛則第84条第4項第2号の「計画の対象とする事業場」とは，重大な労働災害が発生した事業場と同様の作業が存在するなど，同様の労働災害が発生する可能性のある全ての事業場であるとされる。

4 特別安全衛生改善計画作成の指示と変更の指示等

第78条第1項は，特別安全衛生改善計画の作成指示の方法について，「厚生労働省令で定めるところにより」と定めており，安衛則第84条第3項では，特別安全衛生改善計画作成指示書によるものとされ，同書に記載する計画の提出期限については，事業者が発生させた重大な労働災害の態様，必要となる計画の範囲等を勘案し，厚生労働大臣が個別に設定するとされる。

また，厚生労働大臣は，特別安全衛生改善計画が重大な労働災害の再発の防止を図る上で適切でないと認めるときは，厚生労働省令で定めるところにより，事業者に対し，当該特別安全衛生改善計画を変更すべきことを指示することができる（第78条第4項）。ここにいう，「特別安全衛生改善計画が重大な労働災害の再発の防止を図る上で適切でないと認めるとき」とは，計画が発生させた重大な労働災害の原因に対応した対

策の内容になっていないとき，計画の対象が重大な労働災害の発生した事業場のみに止まっており，他の関連する事業場で同様の労働災害の発生を防止するものになっていないときが含まれるとされる[14]。また，特別安全衛生改善計画の変更の指示は，特別安全衛生改善計画変更指示書によるものとし，変更を指示された事業者は，特別安全衛生改善計画変更届により，厚生労働大臣に提出しなければならない（安衛則第84条の2）。

5　特別安全衛生改善計画の記載事項

安衛則第84条第4項によれば，特別安全衛生改善計画の記載事項として，①氏名又は名称及び住所並びに法人の場合には，その代表者の氏名，②計画の対象とする事業場，③計画の期間及び実施体制，④当該事業者が発生させた重大な労働災害及び当該重大な労働災害と再発を防止するための措置が同様である重大な労働災害の再発を防止するための措置及び，⑤その他重大な労働災害の再発を防止するため必要な事項が挙げられている。そして，特別安全衛生改善計画は，事業者の本社事業場を管轄する都道府県労働局労働基準部健康安全主務課を経由して厚生労働大臣に提出される[15]。なお，記載事項と関連して，安衛則第84条第4項第2号の「計画の対象とする事業場」とは，前述したように，重大な労働災害が発生した事業場と同様の作業が存在するなど，同様の労働災害が発生する可能性のある全ての事業場である[16]。

6　勧告・公表

厚生労働大臣は，事業者が特別安全衛生改善計画の作成の指示もしくはその変更の指示に従わなかった場合又は特別安全衛生改善計画を守っていないと認める場合において，重大な労働災害が再発するおそれがあると認めるときは，重大な労働災害の再発の防止に関し必要な措置をとるべきことを勧告することができる。より具体的にいえば，厚生労働大臣による勧告がなされる場合として，特別安全衛生改善計画作成指示書又は特別安全衛生改善計画変更指示書による指示を受けたにもかかわらず計画を提出しない場合において，重大な労働災害が再発するおそれがあると認められるときなどが挙げられる[17]。なお，法第78条第3項は事業者及び労働者に特別安全衛生改善計画の遵守義務を課しているが，労働者のみが遵守していない場合には，厚生労働大臣はそれに対する勧告を行うことはできないものと考えられる。なぜならば，第5項は，「事業者がその指示に従わなかった場合」又は「特別安全衛生改善計画を守っていないと認める場合」において，必要な措置をとるべきことを勧告することができるとされており，労働者のみが遵守していない場合については定めが置かれていないからである。

次に，公表について述べる。厚生労働大臣による勧告において示された必要な措置をとることに着手しない場合など，事業者が勧告に従わなかった場合には，その旨を公表することができる（第78条第6項）。この公表は，企業の名称及び本社事業場の所在地，発生させた重大な労働災害の概要，公表するに至った事由について行われる[18]。その目的は，企業名等の公表により特別安全衛生改善計画の実行の確保を担保していると説明される[19]。

もっとも事業者の大半は，勧告や公表の前に適切な措置を講じることが十分予想され，勧告及び公表の仕組みが安全衛生実務に与える影響はそれほど大きくないとも指摘されている[20]。

3　関連規定

（1）法第79条：都道府県労働局長が，事業場の施設その他の事項について，労働災害の防止を図るため総合的な改善措置を講ずる必要があると認めるとき，厚生労働省令で定めるところにより，事業者に対して安全衛生改善計画を作成すべきことを指示する権限を定めた規定。

（2）法第80条：厚生労働大臣が，特別安全衛生改善計画を作成し，これを厚生労働大臣に提出すべきことを指示した場合又は変更すべきことを指示した場合，専門的な助言をする必要とすると認めるとき，当該事業者に対し，労働安全コンサルタント又は労働衛生コンサルタントによる安全又は衛生に係る診断を受け，かつ，特別安全衛生改善計画の作成又は変更について，これらの者の意見を聴くべきことを勧奨する権限を定めた規定。

4　沿革

1　制度史

従来，労働災害が発生した場合，労働災害の原因となった個別の法令違反に対する是正勧告・司法処分や，次条に定めるように，総合的な改善が必要と認められた事業場に対する都道府県労働局長による安全衛生改善計画の作成指示が行われてきた[21]。しかし，安全衛生改善計画は個別の事案や個別の事業場ごとの対応が求められるものであり，あくまで事業場における改善にとどまり，同一企業の別の事業場の安全衛生の改善や労働災害の防止になるものではなかった[22]。そのため，同じような重大な労働災害が，同一企業の別の事業場で繰り返し発生する事案が散見され，このような重大な労働災害を繰り返す企業への対応が必要であるとの考えから導入されたのが，第78条が定める特別安全衛生改善計画である[23]。

2　背景になった災害等

特別安全衛生改善計画に関する制度が設けられた背景として，上述したように，同一企業の別々の事業場

において同種の労働災害が頻発しており，事業場ごとの改善を図るための安全衛生改善計画の作成指示では不十分であるとの認識がある。第78条を新設するに当たって参考にされた労働災害としては，資料によると[24]，まず，死亡災害の事例として，同一事業者（サービス業）の異なる現場において，イベント会場の設営のための資材をトラックから荷卸しする際に，資材がずり落ち，下敷きになって死亡した事例，同一事業者（卸売業）の異なる現場において，倉庫内で荷の整理作業中，開口部から墜落して死亡した事例や，同一事業者（サービス業）の異なる現場において，エレベーターピット[25]（資料9-1）内で点検作業中，挟まれて死亡した事例が挙げられる。実際，平成21年から平成23年の3年間において同一企業で同種の死亡災害が複数回発生した事例は10社以上になっていた。他にも，造船業を営む会社のある事業場において，パレット[26]（1.3t）をクレーンで降ろす作業中，吊り具がパレットに掛かりパレットが移動し，被災者が移動したパレットに挟まれて死亡した事象が発生した後，同社の別の事業場において，鋼板12枚を，クレーンで移動させる作業中，クレーンが走行し，鋼板がクレーンに引きずられ，被災者が移動してきた鋼板と架台の間に挟まれて死亡した事象が発生し例が挙げられる。両事例ともにクレーンによって挟まれた点で共通している。さらに，建設業を営む事業者において，道路舗装工事中，工事箇所の終点を確認していた被災者が，後退してきたドラグ・ショベルに轢かれ死亡した事象が生じたのち，別の事業場において，道路舗装工事のためのアスファルト路面剥ぎ取り作業準備のため，道路内でスプレーによるマーキングを行っていた被災者が，後退してきたダンプトラックに轢かれ即死した事象が発生するなど，掘削用機械やトラックによる激突による労働災害のケースも見られる。さらに別の資料によると[27]，上記期間内に，同一企業内で過重労働による健康障害の事例が複数回発生した会社は約20社，同じく，精神障害の事例が複数回発生した会社も約30社に上ったと報告されている。このように，特別安全衛生改善計画制度は，同一企業内の異なる事業場において複数回にわたって同種の労働災害が発生した場合に，事業者に，事業場単位を超えて対策や改善措置を講じさせることを企図するものである。

5 運用

1 適用の実際

実際に，現時点において，厚生労働大臣が特別安全衛生改善計画の作成及び提出の指示を発出した事例は公表されていない。この点，公式の統計記録ではないものの，本制度創設時における国会審議では，本条が

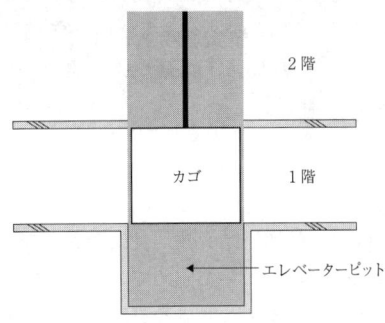

資料9-1 エレベーターピット

適用され特別安全衛生改善計画の作成の指示がなされる可能性がある重大な労働災害を3年以内で2回繰り返された事例については，当時18社にとどまっており，ほとんどないのではないかとの指摘も見られる[28]。また，元労働基準監督官の篠原耕一氏，玉泉孝次氏，藤森和幸氏からは実際の適用された事例はほとんど聞かないとのことであった。

2 関係判例

特別安全衛生改善計画について争われた，もしくはそれに関連する公刊裁判例は，見当たらない。

（安全衛生改善計画）

第79条　都道府県労働局長は，事業場の施設その他の事項について，労働災害の防止を図るため総合的な改善措置を講ずる必要があると認めるとき（前条第1項の規定により厚生労働大臣が同項の厚生労働省令で定める場合に該当すると認めるときを除く。）は，厚生労働省令で定めるところにより，事業者に対し，当該事業場の安全又は衛生に関する改善計画（以下「安全衛生改善計画」という。）を作成すべきことを指示することができる。

2　前条第2項及び第3項の規定は，安全衛生改善計画について準用する。この場合において，同項中「第1項」とあるのは，「次条第1項」と読み替えるものとする。

（安全衛生診断）

第80条　厚生労働大臣は，第78条第1項又は第4項の規定による指示をした場合において，専門的な助言を必要とすると認めるときは，当該事業者に対し，労働安全コンサルタント又は労働衛生コンサルタントによる安全又は衛生に係る診断を受け，かつ，特別安全衛生改善計画の作成又は変更について，これらの者の意見を聴くべきことを勧奨することができる。

2　前項の規定は，都道府県労働局長が前条第1

> 項の規定による指示をした場合について準用する。この場合において，前項中「作成又は変更」とあるのは，「作成」と読み替えるものとする。

1 趣旨

法第79条は，都道府県労働局長による安全衛生改善計画の作成の指示について定めている。労働災害を防止するためには，まず事業者が自主的に災害防止のための対策を講ずることが基本となるものの，その取り組みが不十分で，労災を多発させてしまう事業場も少なくないと言われている[29]。そこで，本条は，都道府県労働局長に対して，労災の防止を図るため「総合的な改善措置」を講じなければ，労災の的確な防止ができないような事業場を対象に，安全衛生改善計画の作成を指示する権限を付与している[30]。すなわち，国が関与して，事業場に災害防止に関する計画を作成させることにより，災害の再発防止を図ろうとした制度といえる[31]。計画の作成の指示は，事業場の安全衛生の状態を総合的に改善しようとするものであるから，必ずしも法違反の状態にあるもののみを前提とするものではないとされている[32]。そのため，「この指示は，当該事業場が法違反の状態になくとも行うことができ，その意味で踏み込んだ規制により積極的に事業場をより良好な安全衛生状態へと高める施策である」と評価されている[33]。

2 内容

1 総合的な改善措置

法第79条にいう「総合的な改善措置」とは，労働災害の防止を図るための設備，管理，教育面等の全般にわたる改善措置をいうが，必ずしも事業場全体に係る改善措置である必要はなく，事業場のうちの一部門に限った改善措置でも差し支えないとされている[34]。

2 安全衛生改善計画の作成指示及び計画の内容

安全衛生改善計画の作成指示は，改善措置を講ずべき事項その他の事項及び作成期限を記載した書面により行い，この指示を受けた事業者は，速やかに安全衛生改善計画を作成することが求められる[35]。都道府県労働局長による改善指示は，労働者の安全と健康の確保のために講じなければならない事項について当該事業場にとって改善が不可欠であると考えられる事項が示されるものであり，労働災害の防止のため，機械設備の配置や作業工程に関する改善，通路の確保，機械設備の安全化，騒音，振動，暑熱環境等の有害性の除去あるいは低減措置，有害化学物質の発生源対策等，作業標準（作業手順，作業マニュアル）の整備及び改訂，安全衛生教育の実施，保護具や防具の整備等，総括安全衛生管理者，安全管理者，衛生管理者等の安全衛生担当者の選任ならびに職務権限や職務内容の見直し，安全衛生委員会等の活性化，リスクアセスメント及び労働安全衛生マネジメントシステムへの取り組みの促進等に関することの必要性等が指示される[36]。

安全衛生改善計画の内容は，職場の安全衛生水準の現状を十分に検討し，労災防止や安全衛生の確保に効果のある内容にすることが必要であり[37]，また，改善計画は企業の実態に即して，将来を見越した確実な計画を策定し，誇大計画にならないように注意する必要がある[38]。より具体的には，一般に，以下のようなものが内容に含まれることになる。すなわち，

1）生産・荷役・運搬・掘削用等の機械，電気設備・化学設備・炉その他の設備装置の改修，代替，新設
2）有害物に係る機械，設備，建物等の局所排気装置，換気装置等の措置
3）有害物の用後処理施設についての措置
4）作業標準の設定及びその具体的実施のための訓練の方策

が挙げられる[39]。

なお，安全衛生改善計画の作成に当たっては，後述する労働者の意見を聴くことが義務づけられており，実務上，特にリスクアセスメントに従事する労働者や管理監督者の意見を聴くことが重要とされ，また，必要に応じ労働安全コンサルタントや労働衛生コンサルタント等の専門家の助言を求めることも望まれており[40]，実際，都道府県労働局長から，それぞれのコンサルタントの意見を聴くべき旨の勧奨を受ける可能性もある（第80条）[41]。

3 労働者・労働組合に対する意見聴取

特別安全衛生改善計画と同様に，安全衛生改善計画を作成するに当たっては，事業場の労働者の過半数で組織する労働組合があるときにおいてはその労働組合，労働者の過半数で組織する労働組合がないときにおいては労働者の過半数を代表する者の意見を聴かなければならない（第79条第2項，第78条第2項）。そして，計画を提出する際には，労働組合又は労働者を代表する者の意見を記載した書面を添付しなければならない。なお，この点については，特別安全衛生改善計画の項も参照のこと。

4 安全衛生改善計画の提出

事業者が安全衛生改善計画を作成した後，その計画を，所轄労働基準監督署長を経由してその指示をした都道府県労働局長へ2通提出することとなっている（安衛則第84条及び様式第19号）。

5 安全衛生診断

第78条及び第79条に定められている特別安全衛生改善計画及び安全衛生改善計画の作成には，高度に専門

的な知識を必要とする場合がある一方，必ずしもこうした専門的知識を備えた労働者が企業にいるとは限らない。そこで，都道府県労働局長は，当該事業者に対し，専門的知識や経験のある労働安全コンサルタントや労働衛生コンサルタントによる安全・衛生にかかる診断を受け，特別安全衛生改善計画や安全衛生改善計画の作成について，その意見を聴くべきことを勧奨することができるよう規定している[42]。

第80条も2回改正されているが，いずれも形式的な改正に止まっている。すなわち，平成11年の改正は，第79条の改正と同様に，省庁再編に伴う都道府県労働基準局長から都道府県労働局長への変更と，平成26年改正は，特別安全衛生改善計画制度の導入に伴う改正である。

以上の通り，安全衛生診断制度は，労働安全コンサルタントや労働衛生コンサルタントによる安全衛生診断を通じて，事業場の特別安全衛生改善計画や安全衛生改善計画の実効性を高めるためのものと言える。

3 関連規定

法第78条第1項，第4項：厚生労働大臣は，重大な労働災害として厚生労働省令で定めるものが発生した場合において，重大な労働災害の再発を防止するため必要がある場合として厚生労働省令で定める場合に該当すると認めるときは，厚生労働省令で定めるところにより，事業者に対し，その事業場の安全又は衛生に関する改善計画（特別安全衛生改善計画）を作成し，これを厚生労働大臣に提出すべきこと，又は変更すべきことを指示することができる。

4 沿革

1 制度史

労働災害を防止するためには，事業者が自主的に災害防止のための対策を講ずることが基本となる一方，こうした取り組みが不十分で，労災を多発させてしまう事業場も存在する。そこで，労働安全衛生法制定時に，企業に自主的に安全衛生の改善をはからせるような指導をする目的で[43]，都道府県労働局長が安全衛生改善計画の作成を指示することができるようにする規定を設け，行政指導監督を強化したものである[44]。

もっとも，労働安全衛生法立法時には，既に労働省（当時）労働基準局による安全管理特別指導制度（昭和25年～）と衛生管理特別指導制度（昭和27年～）が存在していた[45]。当時，事業場における各種安全設備が戦争によって損傷されたままになっており，労働基準法の制定によって改善されつつあったものの，産業復興には追随していなかったという。そのため，労働者の安全教育の欠如，安全管理の不徹底，労働力の増大などによる労働災害[46]等が生じていた。そこで，昭和25年，労働災害の抑制を企図し，地方の労働基準局ごとに災害発生率の高い主要事業場を選定し，その発生災害の3割減少を目標として，特別安全管理指導を行うようになったという[47]。昭和25年における安全管理特別指導事業場の選定については，全国の都道府県労働基準局管内における災害率の高い事業場のうち，次の3つの条件を検討して選定された。

①災害度数率が同業種の平均値に比べて高いこと[48]
②労災補償保険の給付額が多額に上り，保険経済の立場から成績の悪いこと
③労働者数が150人～1000人程度であること

昭和25年に選定された事業場は，労働者数1000人未満の事業場が556事業場，1000人以上の事業場が87事業場となった。当時，対象となった事業場に対しては，労使双方に対する安全指導，安全管理組織の検討指導，安全委員会，安全管理研究会等の開催指導，安全点検の励行指導，危険有害業務の調査対策指導，作業動作の標準化・教育訓練指導，安全教育計画作成・実施指導といった内容が含まれていたと推測される[49]。これらの安全管理特別指導によって，昭和24年と比較して，労働者1人当たりの年間労働時間が約7％増だったにもかかわらず，災害度数率は15.2％の減少が見られたという[50]。さらに昭和27年からは，衛生管理特別指導もスタートした[51]。スタート時には，衛生管理組織の整備，健康診断の実施，病者の保護措置，環境調査とそれに伴う施設の改善，適切な教育の実施等が指導事項として挙げられ，また，労働衛生に関する特別指導の対象事業場として指導育成を目的として行われた[52]。その後，衛生管理機構の整備，主任の衛生管理者を始め衛生管理者を主体とする衛生管理の業務内容の確立，疾病発生の予防及び作業環境の改善に指導の重点を置き，その具体的な指導事項として，衛生管理機構の整備・衛生委員会の適正な運営，適切な衛生教育の徹底とその効果の判定，健康診断の完全実施とそれによって見つかった患者の措置，事業場の労働者疾病統計の作成による，疾病発生状況，疾病による欠勤者延数，欠勤率，疾病による休業延日数，損失労働時間延数，労働時間損失率等の調査と疾病による労働損失の把握が挙げられていた[53]。

このように，安全衛生改善計画に関する規定が設けられる以前においても，安全管理特別指導や衛生管理特別指導という形で行政による指導が行われていた。そして，当時，これらの特別指導については，第一に，労働者の生命身体の保護ということが目的として挙げられていたが，これにとどまらず，労災による労働生産性の低下を防ぎ，企業経営の効率化を図ること，そして，労災保険の支出の削減も目的としていた

と推測される[54]。

このような安全管理特別指導及び衛生管理特別指導に加え, 具体的な労災防止対策の行政措置の実効性確保という観点から[55], 労働安全衛生法制定時の中央労働基準審議会の答申 (労働安全衛生に関する法制について (答申))[56]において, 「八　自主的改善計画の作成」として「事業者の作成する安全衛生改善計画に基づき自主的な労働災害防止活動を昂揚する」ことを目的として安全衛生改善計画に関する規定を創設することとなった。さらに, 災害多発事業場に対する安全衛生のための改善計画の作成指示と必要に応じた専門家 (安全・衛生コンサルタント) による助言を可能にする条文が盛り込まれた[57]。この際, 行政庁は安全衛生改善計画の作成については指示するものの, 安全衛生の診断については, 資格を有する労働安全衛生コンサルタントによる診断を受けることなどを勧奨することができるとしており, 第三者の手をもって行わせる監督指導自体の間接化の一端が垣間見える[58]。

なお, 現在でも安全衛生改善計画は, 「具体的な計画を作成させるもので, 安全衛生管理特別指導制度の骨格となるもの」として位置づけられている[59]。

第79条は2度の改正を経ているが, 1度目は, 平成11年の中央省庁再編に伴い都道府県労働基準局, 都道府県女性少年局及び都道府県職業安定主務課が統合して都道府県労働局となったことから, 作成指示を出す権限の主体について, 都道府県労働基準局長から都道府県労働局長へと変更したもの (平成11年改正労働安全衛生法), 2度目は, 平成26年に特別安全衛生改善計画制度の制定に伴い条文番号を1つ繰り下げたものであり (平成26年改正労働安全衛生法), 実質的な改正ではない。

2 背景になった災害等

労働安全衛生改善計画の作成と指示に関する本条についても, 制度創設に当たり, 具体的な労働災害が背景にあったわけではなく, 沿革史の部分で説明したように, 既に存在していた安全管理特別指導又は衛生管理特別指導の骨格となるものとして, 安全衛生に関する行政措置の実効性確保という観点から事業者の自主的な労災防止活動を促すために設けられたものといえる。

5 運用

1 適用の実際

本条の適用について, 元労働基準監督官である篠原耕一氏, 玉泉孝次氏, 藤森和幸氏へのインタビュー調査を行ったところ, 以下のような情報が得られた。

(1) 本条に基づく都道府県労働局長による安全衛生改善計画の作成指示は, 前述したように, 安衛法違反がなされた場合にのみ行われるわけではないことから, 労働災害の的確な防止のため法違反状態のない事業場に対して作成を指示することがあるという。

すなわち, 法違反が見られたために, 本条に基づき労働安全衛生改善計画の作成を指示するというよりも, 安全衛生につき, より優れた取り組みを促すために, そのような取り組みが可能な事業場に対して, ある種のスキルアップという観点から作成が指示される事例もあるという。

(2) 従前, 労働安全衛生融資制度[60]があった時期においては, 本条が定める事業場として指定されることで同制度を用いて労働安全衛生に関する設備投資を促していたという。

(3) 玉泉孝次氏によれば, 現在では行われていないが, 古くは, 安全衛生改善計画の作成が指示された安全管理特別指導や衛生管理特別指導の対象事業場になると, その旨を事業場に掲示させていた例もあったという。

労災の抑止効果を狙った一種のポストノーティス的な措置として, 現在の企業名公表制度 (安衛法第78条第6項) に類似するものとも考えられるが, 安全衛生改善計画の作成指示は違法を前提としないことに鑑みれば, 現在では行われるべきではないと考えられよう。

(4) 近時は, 本条に基づく指示が少なくなっているものの, 介護事業等の第3次産業の事業場に対して適用される事例が出てきているという。また, 衛生改善計画については, 実際に改善させるためには多大な設備投資が必要であることが多いことから, 指定事業場として作成の指示を出すことが難しいという実態も見られるという。

(5) 安衛法第80条第1項及び第2項によれば, 都道府県労働局長は, 本条により労働安全衛生改善計画の作成を指示された事業場に対して, 労働安全コンサルタント又は労働衛生コンサルタントによる安全衛生診断を受けさせ, 同計画の作成等についてその意見を聴くべきことを勧奨できる。

その際, 以前は, 労働安全衛生改善計画の作成を指示された事業者を集めて合同説明会を開催した上で, 当該コンサルタント制度の紹介, コンサルタントによる説明がなされ, 事業場の担当者が彼／彼女らに依頼することもあったという。しかし, 現在では, 労働災害事例も少なく, 安全衛生改善計画の作成を指示される事業場が少なく, 事業場ごとに説明が行われるようになり, 事業場とコンサルタントとの繋がりが弱くなっている可能性もあるという[61]。

2 関係判例

安全衛生改善計画の作成の指示やその内容が直接争われた事案ではないが, 都道府県労働基準局長 (当時) による安全衛生改善計画の作成指示権限に関連し

て，じん肺の発生について国の監督機関の労働法規上の監督権限の不行使に違法があり，国家賠償法第1条第1項の責任が争われた，長野地判昭61・6・27判タ616号34頁〔長野じん肺訴訟第1審判決〕がある。本件は都道府県労働基準局長が事業者に安全衛生改善計画の作成を指示し，当該事業者から当該計画の提出がなされていた事案である。

〈事実の概要〉

本件は，石綿製品の製造作業に従事していた原告労働者Xら（及びその相続人）がじん肺にり患したことについて，被告使用者Y1社及びその親会社Y2社のほか，国家賠償法第1条第1項に基づき被告国Y3に対して損害賠償責任を求めた事案である。本件では，長野労働基準局長による監督権限の行使が問題となっているが，その一つとして数度にわたって，第79条に基づき，被告Y1社に対して，過去にじん肺所見者が出現したことなどから，安全衛生改善計画の作成を指示し，改善計画報告書がY1社から提出されていた。なお，ここにいう改善計画報告書がどのような書類であるかについては本判決では特段示されていない。

〈判旨〉

「昭和45年4月衛特事業場に指定して集団指導を実施し，同年5月27日右指定に基づく定期監督により時間外労働関係等について是正勧告の指導をするとともに除じん設備関係，じん肺健康診断関係等について指導し，同年10月8日有害物取扱事業場に対する一斉監督を兼ねて右指定に基づく定期監督により時間外労働関係，じん肺健康診断関係のほか，防じんマスクの着用の徹底等につき指導し，昭和46年4月衛特事業場に指定して集団指導を実施し，同年4月20日右指定に基づく定期監督により除じん設備増設の確認とじん肺健康診断の調査と指導をし，同年9月13日特定化学物質等取扱事業場に対する一斉監督指導により，粉じん濃度の調査と改善を指導し，昭和47年4月25日衛特事業場に指定し，同年6月集団指導を実施し，同年9月12日右指定に基づく局署合同監督により粉じん濃度の確認と精紡機につき局所排気装置未設置を理由に変更命令をしたほか，局所排気装置の一部改善，二次粉じん発散防止，じん肺健康診断関係，検定合格品の防じんマスク着用等について指導し，同年11月集団指導の結果同被告から安全衛生改善計画の届出と改善融資を受ける旨の認証願が提出され，これを認証し，昭和48年3月23日右指定に基づく局署合同監督により除じん設備関係等について指導し，昭和48年4月衛特事業場に指定し，同年5月集団指導を実施し，同年6月下旬右指定に基づく定期監督により精紡機一基につき局所排気装置未設置を理由に変更命令をしたほか，除じん設備関係，粉じんの二次発生〔作業場内に堆積した粉じん の発じん〕の防止，検定合格品の防じんマスクの着用等について指導し，同年同月ころした衛生管理実施計画の指導に基づいてY1社が安全衛生融資制度を利用して4000万円を借受け，右計画に基づく工事に着工した事実があり，同年10月11日右指定に基づく定期監督により右工事の確認と局所排気装置の点検等について是正勧告の指導をし，昭和49年4月衛特事業場に指定し，集団指導を実施し，同年9月10日右指定に基づく定期監督により前記除じん設備改善工事完成の確認，粉じん濃度の調査，確認とじん肺健康診断関係，時間外労働関係，防じんマスク関係，除じん設備関係等について指導し，昭和50年10月2日定期監督により混綿機前等につき局所排気装置未設置を理由に変更命令をしたほか，じん肺健康診断関係，局所排気装置関係，検定合格品の防じんマスクの使用等につき指導したことが明らかである。」とした上で，「監督機関が前記監督上の措置以上のことをしなかったことをもってその監督権限の行使につき裁量の範囲を著しく逸脱し，著しく合理性を欠いたものということはできない。」とした。

〈本判決からの示唆〉

本判決では，都道府県労働局長による労働安全衛生改善計画の指示があった事例であり，さらに他の監督権限も行使されていたという事実認定の下，監督権限の不行使について違法がなかったとされた事例である。もし，労働安全衛生改善計画の作成指示を行わなかった場合には，監督権限の不行使により国の責任が認められるかまでは本判決からはわからない。また，従来の裁判例において，労働安全衛生改善計画の作成指示について明示的に争われたことはなく（例えば，最1小判平26・10・9判時2241号13頁〔大阪・泉南アスベスト訴訟上告審判決〕参照），単に当該計画の作成指示を行わなかったことのみをもって国の監督権限不行使が認められるとは即断することはできないものと思われる。あくまで考慮要素の一つに過ぎないものと考えられる。

第二節　労働安全コンサルタント及び労働衛生コンサルタント

（業務）

第81条　労働安全コンサルタントは，労働安全コンサルタントの名称を用いて，他人の求めに応じ報酬を得て，労働者の安全の水準の向上を図るため，事業場の安全についての診断及びこれに基づく指導を行なうことを業とする。

2　労働衛生コンサルタントは，労働衛生コンサルタントの名称を用いて，他人の求めに応じ報酬を得て，労働者の衛生の水準の向上を図るた

め，事業場の衛生についての診断及びこれに基づく指導を行なうことを業とする。

（労働安全コンサルタント試験）

第82条　労働安全コンサルタント試験は，厚生労働大臣が行なう。

2　労働安全コンサルタント試験は，厚生労働省令で定める区分ごとに，筆記試験及び口述試験によつて行なう。

3　次の各号のいずれかに該当する者でなければ，労働安全コンサルタント試験を受けることができない。

一　学校教育法（昭和22年法律第26号）による大学（短期大学を除く。）若しくは旧大学令（大正7年勅令第388号）による大学又は旧専門学校令（明治36年勅令第61号）による専門学校において理科系統の正規の課程を修めて卒業した者で，その後5年以上安全の実務に従事した経験を有するもの

二　学校教育法による短期大学（同法による専門職大学の前期課程（以下「専門職大学前期課程」という。）を含む。）又は高等専門学校において理科系統の正規の課程を修めて卒業した者（専門職大学前期課程にあつては，修了した者）で，その後7年以上安全の実務に従事した経験を有するもの

三　前二号に掲げる者と同等以上の能力を有すると認められる者で，厚生労働省令で定めるもの

4　厚生労働大臣は，厚生労働省令で定める資格を有する者に対し，第2項の筆記試験又は口述試験の全部又は一部を免除することができる。

（労働衛生コンサルタント試験）

第83条　労働衛生コンサルタント試験は，厚生労働大臣が行なう。

2　前条第2項から第4項までの規定は，労働衛生コンサルタント試験について準用する。この場合において，同条第3項第1号及び第2号中「安全」とあるのは，「衛生」と読み替えるものとする。

（指定コンサルタント試験機関）

第83条の2　厚生労働大臣は，厚生労働省令で定めるところにより，厚生労働大臣の指定する者（以下「指定コンサルタント試験機関」という。）に労働安全コンサルタント試験又は労働衛生コンサルタント試験の実施に関する事務（合格の決定に関する事務を除く。以下「コンサルタント試験事務」という。）の全部又は一部を行わせることができる。

（指定コンサルタント試験機関の指定等についての準用）

第83条の3　第75条の2第2項及び第3項並びに第75条の3から第75条の12までの規定は，前条の規定による指定，指定コンサルタント試験機関及びコンサルタント試験事務について準用する。この場合において，第75条の2第3項及び第75条の12中「都道府県労働局長」とあるのは「厚生労働大臣」と，第75条の2第3項中「第1項」とあるのは「第83条の2」と，第75条の4第2項中「第75条の6第1項に規定する試験事務規程」とあるのは「コンサルタント試験事務の実施に関する規程」と，第75条の5第1項中「免許を受ける者として必要な知識及び能力を有するかどうかの判定」とあるのは「労働安全コンサルタント試験又は労働衛生コンサルタント試験の問題の作成及び採点」と，同条及び第75条の8中「免許試験員」とあるのは「コンサルタント試験員」と，第75条の5第4項中「次条第1項に規定する試験事務規程」とあるのは「コンサルタント試験事務の実施に関する規程」と，第75条の6第1項中「規程（以下この条及び第75条の11第2項第4号において「試験事務規程」という。）」とあるのは「規程」と，同条第2項及び第3項並びに第75条の11第2項第四号中「試験事務規程」とあるのは「コンサルタント試験事務の実施に関する規程」と読み替えるものとする。

（登録）

第84条　労働安全コンサルタント試験又は労働衛生コンサルタント試験に合格した者は，厚生労働省に備える労働安全コンサルタント名簿又は労働衛生コンサルタント名簿に，氏名，事務所の所在地その他厚生労働省令で定める事項の登録を受けて，労働安全コンサルタント又は労働衛生コンサルタントとなることができる。

2　次の各号のいずれかに該当する者は，前項の登録を受けることができない。

一　心身の故障により労働安全コンサルタント又は労働衛生コンサルタントの業務を適正に行うことができない者として厚生労働省令で定めるもの

二　この法律又はこれに基づく命令の規定に違反して，罰金以上の刑に処せられ，その執行を終わり，又は執行を受けることがなくなつた日から起算して2年を経過しない者

三　この法律及びこれに基づく命令以外の法令

の規定に違反して，禁錮以上の刑に処せられ，その執行を終わり，又は執行を受けることがなくなつた日から起算して2年を経過しない者
四　次条第2項の規定により登録を取り消され，その取消しの日から起算して2年を経過しない者

（登録の取消し）
第85条　厚生労働大臣は，労働安全コンサルタント又は労働衛生コンサルタント（以下「コンサルタント」という。）が前条第2項第1号から第3号までのいずれかに該当するに至つたときは，その登録を取り消さなければならない。
2　厚生労働大臣は，コンサルタントが第86条の規定に違反したときは，その登録を取り消すことができる。

（指定登録機関）
第85条の2　厚生労働大臣は，厚生労働大臣の指定する者（以下「指定登録機関」という。）に，コンサルタントの登録の実施に関する事務（前条の規定による登録の取消しに関する事務を除く。以下「登録事務」という。）を行わせることができる。
2　指定登録機関が登録事務を行う場合における第84条第1項の規定の適用については，同項中「厚生労働省に」とあるのは「指定登録機関に」とする。

（指定登録機関の指定等についての準用）
第85条の3　第75条の2第2項及び第3項，第75条の3，第75条の4並びに第75条の6から第75条の12までの規定は，前条第1項の規定による指定，指定登録機関及び登録事務について準用する。この場合において，第75条の2第3項及び第75条の12中「都道府県労働局長」とあるのは「厚生労働大臣」と，第75条の2第3項中「第1項」とあるのは「第85条の2第1項」と，第75条の4第2項中「第75条の6第1項に規定する試験事務規程」とあるのは「登録事務の実施に関する規程」と，第75条の6第1項中「規程（以下この条及び第75条の11第2項第4号において「試験事務規程」という。）」とあるのは「規程」と，同条第2項及び第3項並びに第75条の11第2項第4号中「試験事務規程」とあるのは「登録事務の実施に関する規程」と，第75条の8中「職員（免許試験員を含む。）」とあるのは「職員」と，第75条の10中「試験事務の全部又は一部」とあるのは「登録事務」と，第75条の11第2項及び第75条の12中「試験事務の全部若しくは一部」とあるのは「登録事務」と読み替えるものとする。

（義務）
第86条　コンサルタントは，コンサルタントの信用を傷つけ，又はコンサルタント全体の不名誉となるような行為をしてはならない。
2　コンサルタントは，その業務に関して知り得た秘密を漏らし，又は盗用してはならない。コンサルタントでなくなつた後においても，同様とする。

（日本労働安全衛生コンサルタント会）
第87条　その名称中に日本労働安全衛生コンサルタント会という文字を用いる一般社団法人は，コンサルタントを社員とする旨の定款の定めがあり，かつ，全国のコンサルタントの品位の保持及びその業務の進歩改善に資するため，社員の指導及び連絡に関する事務を全国的に行うことを目的とするものに限り，設立することができる。
2　前項に規定する定款の定めは，これを変更することができない。
3　第1項の一般社団法人（以下「コンサルタント会」という。）は，成立したときは，成立の日から2週間以内に，登記事項証明書及び定款の写しを添えて，その旨を厚生労働大臣に届け出なければならない。
4　コンサルタント会の業務は，厚生労働大臣の監督に属する。
5　厚生労働大臣は，コンサルタント会の業務の適正な実施を確保するため必要があると認めるときは，いつでも，当該業務及びコンサルタント会の財産の状況を検査し，又はコンサルタント会に対し，当該業務に関し監督上必要な命令をすることができる。
6　コンサルタント会以外の者は，その名称中に日本労働安全衛生コンサルタント会という文字を用いてはならない。

１　趣旨

　労働安全コンサルタント及び労働衛生コンサルタントの業務とその性格並びに日本労働安全衛生コンサルタント会の業務等を定めた規定である。[62]

２　内容

1　労働安全コンサルタント・労働衛生コンサルタントの概要
　労働安全コンサルタントの業務は，労働安全コンサ

ルタントの名称を用いて，他人の求めに応じ報酬を得て，労働者の安全の水準の向上を図るため，事業場の安全についての診断及びこれに基づく指導を行うことである（第81条第1項）。また，労働衛生コンサルタントの業務は，労働衛生コンサルタントの名称を用いて，他人の求めに応じ報酬を得て，労働者の衛生の水準の向上を図るため，事業場の衛生についての診断及びこれに基づく指導を行うものである（同第2項）。また，ときには行政機関が中小企業等に対し，コンサルタントの診断や指導を受けるべきことを勧奨することもある。すなわち，厚生労働大臣は，厚生労働大臣が事業者に対して特別安全衛生改善計画の作成ないし変更又は都道府県労働局長が安全衛生改善計画作成の指示を行った場合に（第78条第1項，第4項及び第79条第1項，第2項），コンサルタントの診断等を受けるようにとの勧奨をすることができる（第80条）。また，安全管理者と衛生管理者は，事業場専属の者であることが原則であるが，専属の者が1人でもいれば，他は専属でない労働安全コンサルタントか労働衛生コンサルタントを選任してもよく（安衛則第4条第1項第2号，第7条第1項第2号），加えて，安全衛生推進者や衛生推進者については，事業場専属でない労働安全コンサルタントや労働衛生コンサルタントを選任してもよいとされている（安衛則第12条の3第1項第2号）。

2 労働安全コンサルタント・労働衛生コンサルタントの役割

労働安全コンサルタント及び労働衛生コンサルタントの法政策上の主な業務や役割には以下のようなものが挙げられる。

第1に，安衛法第78条及び第79条に基づく厚生労働大臣による事業者への特別安全衛生改善計画の作成・変更指示及び都道府県労働局長による事業者への安全衛生改善計画の作成指示に際して当該事業者に勧奨される安全衛生診断等（≒安全管理・衛生管理特別指導の一環としての安全衛生診断等）がある。第2に，日本労働安全衛生コンサルタント会が厚生労働省より委託を受けて実施している中小企業を対象とした安全衛生診断事業等の担当業務がある。第3に，第13次労働災害防止計画が示唆する安全衛生管理組織の強化及び人材育成の推進という観点からの事業場外の専門人材の活用という趣旨に沿って，各事業場が自主的に選任した者に割り当てる業務がある。なお，健康障害事案において近時，産業医の選任を安配義務の一環とする例が増えているとの指摘も見られ，これは産業医に限らず安全衛生に関する他の専門家にも妥当するという。したがって，労働安全コンサルタント・労働衛生コンサルタント制度は，使用者が安衛法上の安全衛生管理義務や民事法上の安全配慮義務を履行する際に，適切な専門家の関与を受けることで，それらの義務違反を回避するシステムの一環としても機能するだろう。

3 他の制度──旧労災防止指導員

労働安全コンサルタント及び労働衛生コンサルタントとは別に，やはり中小規模事業場で労働災害の防止を図ることを主な目的とした制度として労災防止指導員制度があった。労災防止指導員とは，「労災防止指導員規程」に基づき，中小規模事業場等における安全衛生管理の向上を図り，もって労働災害の防止に資するため任命される非常勤の国家公務員であった。

労災防止指導員は，平成23年に廃止された労災防止指導員規程（平成13年1月6日厚生労働省訓第41号）に基づく制度であり，中小規模事業場等における安全管理及び衛生管理の向上を図り，もって労働災害の防止に資するため，都道府県労働局に置かれ（同規程第1条），その職務内容として都道府県労働局長の指示を受けて，中小規模事業場等における安全管理及び衛生管理についての指導に関する事務に従事するものとされていた（同規程第2条）。

事業場を実際に訪問し，その知識や経験を活かし，主として安全管理について指導していた。

元労働基準監督官である玉泉孝次氏によれば，労働安全コンサルタント又は労働衛生コンサルタントを利用するよりも，労災防止指導員による指導を受ける事業場もあったという。両コンサルタントはあくまで民間の存在だが，労災防止指導員は非常勤の国家公務員であったことも相俟って，活用されていたという。もっとも，平成23年に事業仕分けの一環として廃止された。

4 コンサルタント業務の非独占性

労働安全コンサルタント及び労働衛生コンサルタントは，その名称を用いて，他人の求めに応じ報酬を得て事業場の安全及び衛生についての診断及びこれに基づく指導を行うことを業とすることができるとされている。そして，労働安全コンサルタント及び労働衛生コンサルタントは，技術全般及び安全又は衛生に関する高度の知識と豊富な実務経験が要求されることから，受験資格及び試験制度が設けられている。しかしながら，両コンサルタント共に，名称独占規定及び業務独占規定は設けられていない。ただし，後述するように，日本労働安全衛生コンサルタント会については名称独占とされている（第87条第6項）。

5 労働安全コンサルタント・労働衛生コンサルタントの信頼保持

第86条では，労働安全コンサルタント及び労働衛生コンサルタントの信頼を保持するため，コンサルタントに対して一定の義務を課している。すなわち，第1に，コンサルタントは，その信用を傷つけ，またはコ

ンサルタント全体の不名誉となるような行為をしてはならず、さらに、その業務に関して知り得た秘密を漏らし、または盗用してはならないとされている。なお、後者の行為はコンサルタントでなくなった後にも義務を負うことになる。

本条の趣旨は、コンサルタントは、他の事業場に立ち入って生産設備、作業方法等についての安全又は衛生上の診断、指導をする者であるから、社会的な信頼の上に立たなければ、その業務を円滑に実施することができない。そこで、登録制度に加えて、コンサルタントの信用保持規定と秘密保持義務規定が設けられた[72]。

まず本条第1項の信用失墜行為について述べる。従前、労働安全コンサルタント及び労働衛生コンサルタントに関する裁判例は存在しておらず、具体的にどのような場合が信用失墜行為に当たるかは明らかではない。

しかし、この点、後述する一般社団法人日本労働安全衛生コンサルタント会においては、倫理綱領及び行動規範を定めている。まず倫理綱領においては、品位の保持(第2条)、公正かつ誠実な業務遂行(第3条)、業務遂行能力の充実(第4条)、自己の経験・技術・知識の把握と能力を超え、または確信のない業務を行わないこと(第5条)、秘密保持(第6条)、契約に基づく誠実業務遂行(第7条)、利害相反行為等の禁止(第8条)、誇大表示の禁止(第9条)などが定められ、それをより具体化した行動規範を示している。

例えば、信頼性の保持という観点からは、「専門家としての信頼を傷つけ、関係者を欺くおそれのある行為をしない。また、事実を知っていても黙っていたり、誤り伝えることをしない。」(2-4)、「業務に関する見解や証言を求められたときには、その業務に関連する科学的な根拠又は客観的データに基づき、把握した事実を曲げたり、隠したりはしない。」(3-3)、「業務の契約に当っては、不当な対価で受注し、名義貸をし、業務の全面的なアウトソーシングなどの行為をしてはならない。」(5-4)、また、秘密保持という観点からは、「業務上知りえた企業及び個人の秘密は、第三者に漏らし、又は盗用してはならない。」(6-1)、「個人の情報については、業務遂行上必要としない情報の聴取等は行わない。」(6-2)、「依頼者に関する情報を開示するときは、事前に依頼者の承諾を得る。」(6-3)、「企業及び個人の秘密の保持については、労働安全衛生コンサルタントでなくなった場合においても、漏らし、又は盗用してはならない。」(6-4)とされている。

そのほか、「契約を締結した後に、当初の見積りを超える経費を要することになっても、契約履行の原則に則り、依頼者との合意なしに契約した報酬以外の金品の請求をしない。」(7-3)、「業務の遂行に当たって、利害の相反するおそれがあるときは、またはそのようなおそれがある状況にあると判断したときは直ちに、行為を中止し、当事者に通知しなければならない。」(8-1)、「業務の遂行に際して、直接間接を問わず業務に影響を与えることを意図した金品を請求し、又は受け取ってはならない。」(8-2)、「業務受注のため、いかなる名目を問わず金品等の提供をしてはならない。」(8-3)、「学歴、受けた専門教育、業務歴又は有する資格内容等は正確に記載し、依頼者に誤解を与えるような誇大又は偽りの表示をしない。」(9-1)と定められている。

したがって、労働安全コンサルタント及び労働衛生コンサルタントの信用失墜行為該当性を検討する上では、上記、コンサルタント会の倫理綱領や行動規範が一つの考慮要素となり得ると思われる。

もちろん、これらの規定はあくまで会内の自主規制であって、これらの規定に反する行為をしたことをもって、必ずしも第86条第1項の信頼失墜行為に当たるとは解されない。しかし、倫理綱領及び行動規範で定められている行為のうち、例えば、秘密保持に関する倫理綱領及び行動規範に反する行為があった場合には、後述する第86条第2項に該当するおそれがあることから、当該行為態様によっては、登録取消しの可能性があるものと思われる(第85条第2項)。

なお、第86条第1項に該当する行為をコンサルタントが行ったとしても、罰則はなく、あくまで任意的な登録の取消しの可能性があるにとどまる(ただし、第86条第2項に該当する信頼失墜行為を行った場合には罰則があり、かつ刑事罰が科せられた場合には、第85条第1項所定の必要的取消事由となる)。

次に、本条2項の秘密保持義務について述べる。労働安全コンサルタントは、事業場の安全についての診断及びこれに基づく指導を行うことを業とし、また労働衛生コンサルタントは、事業場の衛生についての診断及びこれに基づく指導を行うことを業とするとされ、これらの業務を行う中で知り得た秘密を漏洩し、または盗用することが禁止されている。そして、この秘密保持義務はコンサルタントではなくなった後についても課せられている。

なお、第86条第2項は、他の士業等における秘密保持義務規定で定められているような「正当な理由なく」という免責規定が置かれていないことから、正当な理由があったとしても、免責されないとも考えられる。しかし、他の法令における秘密保持義務の免責事由である「正当な理由」は、基本的に、「本人の許諾又は法令に基づく義務があること」とされており(後

掲大阪高判平26・8・28判時2243号35頁），コンサルタントの場合も，そうした事情があれば，同様に解されよう。

ところで，コンサルタントの秘密保持義務についての裁判例や事例は少なくとも公表されておらず，具体的に，どのような秘密を，どのような形で漏らしたり，盗用したりした場合であれば秘密保持義務違反に該当するかは明確ではない。

従来，コンサルタントの秘密保持義務に関する検討自体ほとんどなされていないと思われるが，考え得る問題として，労働基準監督官による事業場への立入検査権限との関係が問題となるように思われる。

安衛法第91条第1項では，労働基準監督官は，労働安全衛生法を施行するため必要があると認めるときは，事業場に立ち入り，関係者[73]に質問し，帳簿，書類その他の物件を検査するなどすることができるとされる。そして，第91条第1項に基づく労働基準監督官による立ち入り，検査等を拒み，または質問に対して陳述しなかったような場合には刑事罰が科せられる（安衛法第120条第4号）。このように，労働基準監督官が立入検査及び質問等を関係者であるコンサルタントに対して行った場合，コンサルタントは，第86条第2項の秘密保持義務に基づき質問を拒否することが認められるかが問題となり得る。

この点，本条とほぼ同様の規定を有する社会保険労務士法第21条の秘密保持義務について次のような裁判例がみられる。

すなわち，名古屋地判平12・11・20税務訴訟資料249号673頁は，社会保険労務士に対して税務職員が顧客の氏名，住所及び取引金額を質問したことに対して社会保険労務士法第22条（現第21条：秘密保持義務）に基づき回答を拒絶した事案において，社会保険労務士が保持すべき秘密とは，顧客のプライバシー及び名誉や営業上または信用上の秘密であり，<u>それに含まれない事項については同条にいう秘密には当たらず</u>，他方で，<u>税務職員の側にも秘密保持義務が刑事罰をもって課せられていることから，税務職員による質問に対して回答を拒絶することはできない</u>としている。

また，他の士業の事案として，税理士が弁護士法第23条に基づく照会（いわゆる23条照会）に対して顧客の情報を回答したことが，顧客に対する秘密保持義務違反に基づく不法行為が成立するかが争われた事例において，大阪高判平26・8・28判時2243号35頁は，「税理士は，税務に関する専門家として，独立した公正な立場において，納税義務者の信頼に応えて納税義務の適正な実現を図るべく援助をするのであるから，税理士業務の遂行に当たって，納税義務者の資産，負債の状況，資金繰り，取引の内容等々の細部にまで立ち入ることとなり，他人に知られたくない秘密に接する機会が極めて多い。また，納税義務者としても，税理士を信頼し，そうした秘密に関わる事柄の詳細について真実を明らかにしてこそ，適正な納税義務の実現が図られることになり，納税義務者の秘密に関する事項を税理士がみだりに外部に漏らすことがあるとすれば，納税義務者は安心して税理士に委嘱することができず，両者の相互の信頼関係は成り立たないことになる」。

税理士法第38条「に基づく守秘義務は，以上のような事情を考慮して規定されたものであって，税理士業務の根幹に関わる極めて重要な義務である。」としたうえで，23条照会に対して報告を拒絶することができたことに鑑みて，秘密保持義務に違反するとした。

本条のコンサルタントの秘密保持義務と労働基準監督官の立入検査・質問権との関係を，上記裁判例に照らして考えると，

①事業場の安全性や衛生について診断・指導をするに当たって知り得た事項が秘密に該当しうると考えられるものの，

②情報提供先である労働基準監督官においても守秘義務が課せられていること（労基法第105条），

③労働基準監督官からの質問に対する回答拒絶について刑事罰が科せられ，報告を拒絶することが法令上認められないこと，

④安衛法第91条の労働基準監督官による立入検査・質問権限は労働安全衛生法の実効ある施行を確保するためという観点からなされるものであり，それは職場における労働者の安全と健康を確保するとともに，快適な職場環境の形成を促進することを目的とするものである点では，労働安全コンサルタント及び労働衛生コンサルタント制度の目的である「すべての働く人びとが安全で健康に働くことができる環境を確保することにより，社会の発展に貢献すること」（倫理綱領第1条）であり，究極的な顧客の利益に資するものであると考えられることからすれば，

基本的には労働基準監督官からの質問に対して，本条に基づく拒絶することはできないものと考えられる。

6　日本労働安全衛生コンサルタント会

第87条は，日本労働安全衛生コンサルタント会に関する定めである。

本条では，労働安全コンサルタント及び労働衛生コンサルタントがその品位の保持及び業務の進歩改善に資するため，会員の指導及び連絡に関する事務を行うことを目的とする日本労働安全衛生コンサルタント会の設立要件が定められている。[74]

まず，日本労働安全衛生コンサルタント会の目的

は、コンサルタントの品位保持と業務の進歩改善に資するため、社員であるコンサルタントの指導及び連絡に関する事務を全国的に行うことである。

より具体的な業務内容として、①労働安全コンサルタント及び労働衛生コンサルタントに対する教育事業、②定期刊行物（「安全衛生コンサルタント」）や特別資料の出版事業、③コンサルタント制度の普及事業、④調査研究事業（安全衛生に関する調査研究、安全衛生診断手法の開発・改善）、⑤安全衛生診断事業、⑥海外技術協力事業、⑦労働安全衛生コンサルタント業務の進歩改善事業・他の労働安全衛生関連団体との協力事業を行っている[75]。

日本労働安全衛生コンサルタント会の組織は、一般社団法人であり、労働安全コンサルタント及び労働衛生コンサルタントが社員とされる。日本労働安全衛生コンサルタント会は、従前、平成18年改正前民法第34条に基づく公益法人であるとされていたが[76]、平成18年の公益法人制度改革により、法人制度が大幅に改正され、その影響により、日本労働安全衛生コンサルタント会は同年の労働安全衛生法の改正に伴い、公益法人ではなく一般社団法人として位置づけられた[77]。そのため、一般法人法・公益法人認定法とは別の枠組みとしての個別法の公益法人としても位置づけられていないことがわかる。

すなわち、従来、公益法人であるとされ、公益認定法とは別に個別法により公益法人であると認定された法人として、社会福祉法に基づく社会福祉法人、特定非営利活動促進法に基づく特定非営利活動法人、私立学校法に基づく学校法人、宗教法人法に基づく宗教法人があるが、日本労働安全衛生コンサルタント会は、労働安全衛生法に基づく公益法人として設立されたものとはされず、あくまで一般社団法人とされた。この点をとらえるのであれば、法制度上、同会は、公益性を有する法人というより、あくまで社員（コンサルタント）相互の利益を重視した法人と位置づけられているのではないかとも考えられる。

日本労働安全衛生コンサルタント会は、一般社団法人であるとされ、かつ具体的なガバナンスについては労働安全衛生法上特段の定めはないことから、原則として、民法及び一般法人法により規律されることになる。したがって、日本労働安全衛生コンサルタント会は、法令の規定に従い、定款で定められた目的の範囲内において、権利を有し、義務を負う（民法第34条）。

そして、コンサルタントが社員となることから、コンサルタントから構成される社員総会により、一般法人法に規定する事項及び組織、運営、管理その他コンサルタント会に関する一切の事項について決議をする（一般法人法第35条第1項）。また、社員総会によって理事、監事及び会計監査人が選任される（同第63条第1項）。理事は一般社団法人の業務を執行し（同第76条第1項）、同会を代表する（同第77条第1項）。他方で、監事は理事の職務の執行を監査することになる（同第99条第1項）。

加えて、一般法人法に基づくガバナンスだけではなく、労働安全衛生法は、コンサルタント会の業務は、厚生労働大臣の監督に属するとし（法第87条第4項）、また、厚生労働大臣は、コンサルタント会の業務の適正な実施を確保するため必要があると認めるときは、いつでも、当該業務及びコンサルタント会の財産の状況を検査し、またはコンサルタント会に対し、当該業務に関し監督上必要な命令をすることができるとしており（同第5項）、主務官庁による直接的な監督権限の行使が認められている。

日本労働安全衛生コンサルタント会は、他の一般社団法人と同様に定款を作成しなければならないが、安衛法は、当該定款の改正について、独自に一定の限界を設けている。

すなわち、法第87条第2項において、コンサルタントを社員とする旨の規定については、たとえ社員総会の特別決議によるとしても（一般法人法第49条第2項第4号、第146条）、改正することはできないとされる。あくまで日本労働安全衛生コンサルタント会の社員はコンサルタントでなければならない。

なお、コンサルタント会以外の者は、その名称中に日本労働安全衛生コンサルタント会という文字を用いてはならないとされる。前述したように、労働安全コンサルタント及び労働衛生コンサルタントという資格の名称については独占性が認められていないが（ただし、異論があることについては、脚注71を参照されたい）、日本労働安全衛生コンサルタント会という名称については独占的使用が認められている（法第87条第6項）。

3 関連規定

(1) 第78条：厚生労働大臣は、重大な労働災害として厚生労働省令で定めるものが発生した場合において、重大な労働災害の再発を防止するため必要がある場合として厚生労働省令で定める場合に該当すると認めるときは、厚生労働省令で定めるところにより、事業者に対し、その事業場の安全又は衛生に関する改善計画（特別安全衛生改善計画）を作成し、これを厚生労働大臣に提出すべきこと、又は変更すべきことを指示する権限を定めた規定。

(2) 第79条：都道府県労働局長が、事業場の施設その他の事項について、労働災害の防止を図るため総合的な改善措置を講ずる必要があると認めるとき、厚生労働省令で定めるところにより、事業者に対して安全

衛生改善計画を作成すべきことを指示する権限を定めた規定。

（3）第80条：厚生労働大臣が，事業者に対して特別安全衛生改善計画の作成ないし変更を指示した場合，又は，都道府県労働局長が，事業者に対して安全衛生改善計画の作成を指示した場合で，専門的な助言をする必要とすると認めるとき，当該事業者に対し，労働安全コンサルタント又は労働衛生コンサルタントによる安全衛生診断を受け，かつ，それらの計画の作成ないし変更について，その意見を聴くべきことを勧奨する権限を定めた規定。

4 沿革

1 沿革史

現行労働安全衛生法の制定時，企業等の死亡災害の防止をはじめとする労働者の安全衛生から，健康確保や汚染などの外部への悪影響の防止，さらには快適な作業環境形成へ向けた努力など，広く内外の環境との調和を保ちながら事業活動を行うことが経営者の責務であると捉えられているようになっており，その実現のため，安全衛生上の改善策等を不断に検討することが求められるようになっていた。これらの改善は，事業者の発意に基づき，生産技術はもちろんのこと，安全衛生に関する豊富な経験と知識を持つ者を中心に進められねばならないが，とりわけ中小企業においては，個々の企業ごとにそれぞれ，このような専門家を企業内部の労働者として確保することは困難であることから，企業が必要とする場合，その都度，安全衛生問題に精通した技術専門家を供給できるような条件を整えることが要請された。そこで，国の行う公正な資格試験による試験合格者について，労働省（当時）に備える名簿に登録させた上で，事業場の安全又は衛生についての診断と指導を行わせるために労働安全・衛生コンサルタント制度が誕生した[78]。もっとも，立法当時，安全衛生改善計画を作成するよう指示する際に，専門家による意見を聞くべきであるという指摘に対して，ここにいう専門家とはどのような者であるのか，また，新たに専門家制度を創設するよりも，労働基準監督署による相談を強化すべきであるとの意見も見られた[79]。

このような経過を経て，労働安全コンサルタントと労働衛生コンサルタントに関する規定は，労働安全衛生法ではじめて設けられた[80]。それ以前の労働基準法時代にも安全コンサルタント等を名乗っている人が若干いたが[81]，法令に根拠を有する制度として確立したのは，労働安全衛生法制定時である[82]。もともとコンサルタント制度は労働安全衛生法制定時の議論の中では，現在の労働安全コンサルタントのみが考えられていた

が，結果的に労働衛生コンサルタントも含まれることとなったという[83]。当時，安全及び衛生管理者，安全及び衛生推進者，作業主任者等の制度が整備され，労働衛生に関し，健康管理については産業医が，作業環境管理については作業環境測定士の制度が整備又は整備の準備がされ，更に衛生工学衛生管理者の制度も成立していたので，労働衛生に関する技術支援の制度は全て準備されているという意見もあったという[84]。しかし，労働衛生管理の観点から，各専門家から得られた個々の作業場に関する情報が有機的に利用される必要があるにもかかわらず，それらを結び付ける方策が欠如していたことから，それらを全て総合して，効果的なものとする役割が労働衛生コンサルタントに担わされていると評価されている[85]。

労働安全及び労働衛生コンサルタント制度の発足時の国会における議論では，労働省（当時）の監督官不足を補うものとしてこの制度があるのではないか，更には労働基準監督官の天下りとなるのではないか，との疑問も見られ[86]，当時の労災防止指導員に法的な権限を付与した方が良いのではないか，という指摘もあった。しかし，それに対して，第1に，労働災害の防止については，まず事業者が自主的に行うべきものであって，監督官によってのみ行われるべきものではなく，第2に，既に民間には安全衛生についての専門的知識を有している者がおり，それらの者を活用することも重要であること，第3に，生産技術の伸展，様々な有害物質の出現という激しい変化の中で監督官だけでは対応が困難であることが示されていた[87]。

2 背景になった災害等

労働安全コンサルタント及び労働衛生コンサルタント制度の創設に当たっては，具体的な労働災害が背景にあったというよりも，前述したように，特に中小企業において労働安全衛生の専門家がいない中で，労働安全衛生を確保することが困難であることなどから，試験に合格し，信頼のおける外部の専門家による診断と指導を行うために設けられたものである。

5 運用

1 適用の実際

労働安全コンサルタント及び労働衛生コンサルタントにつき，業務，試験制度は法第81条以下に基づいて運用されている。法は，その体系上，特別安全衛生改善計画又は安全衛生改善計画の作成等の際に，労働安全コンサルタント及び労働衛生コンサルタントの利用を事業者に勧奨することや，安全・衛生管理者，推進者の代替となり得ることのみを定めているが，実際の運用においては，それ以外の業務（例えば，広く安全衛生の専門家としての指導，専門的な安全技術指導，安全衛生

管理の指導等)の役割も果たしている。[88]

2 関係判例

労働安全コンサルタント,労働衛生コンサルタントの業務及びコンサルタント会の業務等に関する裁判例は公表されていない。

課題と考察：第78条〜第87条

1 特別労働安全衛生改善計画における課題

特別安全衛生改善計画制度に対しては,社会福祉業,小売,外食などは事業場が多店舗展開しており,個々の店舗や施設などの事業場ごとの労災防止対策には限界があり,チェーン展開している企業においては,本社が中心となって労災防止対策に企業単位で組織的に取り組むことが,労災防止に資することから,好意的に評価されている。[89] しかし,第78条の対象となる重大な労働災害が死亡災害及び障害等級7級以上の災害が発生し,かつ,それが労働安全衛生法,じん肺法及び作業環境測定法などの法律や命令の規定に違反していた場合に限定されており,過重労働やメンタルヘルス疾患を原因とする死亡災害等は,特別安全衛生改善計画の作成指示の対象とはなっていない。近時は,過重労働による労働災害がクローズアップされている中で,複数の過重労働による労働災害が発生している事業者に対しても特別安全衛生改善計画の作成の指示を出すことも検討に値するのではないだろうか。[90]

2 労働者の意見聴取の位置づけ

第78条第2項及び第79条第2項に基づき,特別労働安全衛生改善計画及び安全衛生改善計画の作成に際しては,労働者(の代表)に対する意見聴取が義務づけられている。労働者に対する意見聴取は,一般的に,事業者が安全衛生改善計画の作成指示を受けた場合に,事業場が良好な安全衛生状態へ到達するための具体的改善手法についてなされるものであり,労働者の理解如何がその成果に大きな影響があることから求められると説明される。[91] しかしながら,労働者への意見聴取については,やや異なった説明もなされることもある。上記の立場は,改善計画の内容を労働者に理解させるための仕組みとして労働者への意見聴取が捉えられているように読めるが,例えば,労使において事業場の安全衛生状態の改善を考える機会を提供するものや,[92] 改善計画が十分な成果を上げるため,労働者の協力を得るためのものとして位置づけるものもあり,[93] このような理解も有意義と思われる。そうすると,労働者自らも特別安全衛生改善計画の作成に参画することからも,第78条第3項が定める計画の遵守義務を事業者だけではなく労働者も負うと解し得るのではなかろうか。

3 労働安全コンサルタント・労働衛生コンサルタント制度における課題

労働安全コンサルタント及び労働衛生コンサルタント試験は,厚生労働省令で定める区分ごとに筆記試験及び口述試験によって行われるとされる。労働安全コンサルタント試験は年に1回以上行われることとされ(コンサルタント規則第6条),試験の日時,場所等は,予め官報で公告される。[94] 試験区分について,コンサルタント規則第1条によると,労働安全コンサルタントについては,機械,電気,化学,土木,建築の5分野に分かれている。また,労働衛生コンサルタントについては,保健衛生と労働衛生工学の2分野に分かれている。ただし,この試験区分は労働安全衛生コンサルタントとしての活動分野を制限するものではなく,いわば得意科目とする専門分野を示すものに過ぎず,例えば,「機械」の区分で試験を受けて合格した場合でも,建設工事現場や化学プラント等についてもコンサルタント活動ができるという。[95]

そうすると,機械という区分で受験したとしても,土木や建築といった別の業務を制度上行うことができる。たしかに,実際には,各人が自分の得意分野を自覚し,できない分野は他の専門家に任せている旨の指摘もある。[96] しかし,制度として,試験区分と実際の業務との間で乖離がある場合には,業務の効果に影響が生じる可能性もないとはいえないことから,やはり,試験区分と業務活動とを一致させるのが本来であろう。とはいえ,必ずしも安全衛生の専門家が多くない中,狭い区分で受験し,業務もそれに限定されるとするのでは,広く労働安全衛生の向上が図られないという批判も説得的であり,安易にそのような考え方をとるということもできない。

加えて,前掲の研究報告書でも言及されていたが,[97] 労働安全コンサルタント及び労働衛生コンサルタント制度にかかる更新制度等の導入も一考に値するのではないかと思われる。もっとも,任意参加の更新講習を関係団体が開設しても,受講者が増えないことから強制的な資格更新制度を採用しようとすると,規制緩和を求める立場からは否定的な意見も出る可能性がある。

また,労働安全コンサルタント及び労働衛生コンサルタント制度自体の認知度が低く,企業における利用が低調との指摘もある。[98] 制度の体系上,前述したように,特別安全衛生改善計画又は安全衛生改善計画の作成を指示された事業者が,労働安全コンサルタント及び労働衛生コンサルタントを利用して,より実効的な計画が策定されることが予定されている。つまり,労働安全コンサルタント・労働衛生コンサルタントは,上記各計画の策定を前提とした制度として法文上存在している。しかし,より重要なことは,労働災害の防

止であって，普段からこれらのコンサルタントを利用しながら，事業場の安全及び衛生を改善することであって，労働災害が繰り返し発生している場合にのみ用いられるような建て付けではなく，コンサルタントを「普段使い」のできる制度として確立していくことも重要であると考える。

おわりに：第78条〜第87条　　若干の提言

1　特別安全衛生改善計画について

上述したように，特別安全衛生改善計画制度は，事業場単位ではなく全社的な労働災害の防止を目的として設計されている一方，適用の要件となる労働災害の種類が限定されており，例えば，繰り返し社内において長時間労働に伴う過労死・過労自殺が発生しているようなケースについては基本的に対象となっていない。建築現場等での労働災害の防止も重要である一方，近時は，ホワイトカラーの長時間労働に伴う労働災害が報告されている中では，このようなケースにおいても適用の対象とするような方向性も検討すべきであると考えられる。

2　労働安全コンサルタント・労働衛生コンサルタント制度について

現行制度自体に特段の問題はないように見受けられるが，他方で，労働コンプライアンスという観点からは，制度やコンサルタントの業務内容の認知度の向上が課題であるようにも思われる。弁護士・産業医・社会保険労務士等との連携などにより，事業場や作業場での総合的な労働災害防止のために，前述したように，「普段使い」できる仕組みとして位置づけるべきだろう。

労働安全コンサルタント及び労働衛生コンサルタント制度の課題については，諸外国との比較を通じて考察する必要もあるかもしれない。例えば，イギリスにおける安全衛生アシスタントに係る研究によれば，安全衛生コンサルタントを選任しなければならない場合があるなど，必要な場合には，義務化という方向性もありうるかもしれない。少なくとも，「はじめに」において言及したように，ルールや制度設計の問題だけではなく，労働安全衛生においては，専門的な「人」というソフトという側面からの充実化が重視されるのであれば，労働安全コンサルタント・労働衛生コンサルタントについてもその一つとしてきちんと位置づけ，その利用の促進を図る方策を検討する必要があるものと思われる。

この点と関連して，日本労働安全衛生コンサルタント会の目的も問題になるように思われる。前述したように，日本労働安全衛生コンサルタント会は，平成18年改正前においては民法第34条に基づく公益法人であると位置づけられていたが，他方で，公益法人改革による改正によって，一般社団法人として位置づけられることとなり，公益法人ではなくなった。これは，日本労働安全衛生コンサルタント会の目的が，コンサルタントの品位の保持及びその業務の進歩改善に資するため，社員であるコンサルタントの指導及び連絡事務を行うこととされており，この目的があくまでコンサルタントのための団体として考えられていることの証左であると思われる。しかしながら，労働安全コンサルタント及び労働衛生コンサルタントはあくまで労働者が安全で健康に働くことのできる環境を確保することをその使命としており，日本労働安全衛生コンサルタント会はそれをバックアップするための組織として捉えることもできると思われる。そうすると，日本労働安全衛生コンサルタント会についても，単にコンサルタントのための組織という枠組みを超えて，職場における労働安全衛生を確保するための人的資源を統括する労災防止団体として位置づけるべく，立法論的には公益法人化も十分あり得るのではないかと思われる。

【注】

1) 厚生労働省厚生労働科学研究費補助金（労働安全衛生総合研究事業）「リスクアセスメントを核とした諸外国の労働安全衛生制度の背景・特徴・効果とわが国への適応可能性に関する調査研究」〔研究代表者：三柴丈典〕（2014〔平成26〕年度〜2016〔平成28〕年度）総括研究報告書1頁〔三柴丈典〕。
2) 同上7頁。
3) 同上14頁。
4) 労働調査会出版局編『労働安全衛生法の詳解—労働安全衛生法の逐条解説〔改訂4版〕』（労働調査会，2015年）906頁。
5) 畠中信夫『労働安全衛生法のはなし』（中央労働災害防止協会，2019年）108頁，山本和義「これで納得！安衛法読み方講座（第23回）労働安全衛生法第88条，第89条，第89条の2，第79条，第80条」労働安全衛生広報49巻（2017年）40頁。
6) 厚生労働省平成27年5月15日基発0515第1号。
7) 同上。したがって，同一事業場内において重大な労働災害が繰り返された場合には，第79条に基づく安全衛生改善計画の対象となる。
8) 厚生労働省「職場のあんぜんサイト」（https://anzeninfo.mhlw.go.jp/yougo/yougo13_1.html，最終閲覧日：2020年3月3日）。
9) 陸上貨物運送事業労働災害防止協会WEBサイト（http://www.rikusai.or.jp/public/rousai_joukyo/bunrui/jiko/pdf.htm，最終閲覧日：2020年3月3日）。
10) 平成27年5月15日基発0515第1号「労働安全衛生法の一部を改正する法律の施行に伴う厚生労働省関係省令の整備に関する省令等の施行について」。
11) 畠中信夫『労働安全衛生法のはなし〔第3版〕』（中央労働災害防止協会，2016年）126頁。
12) 前掲注10) 参照。
13) 労務行政研究所編『労働安全衛生法（労働法コンメンタール10）』（労務行政，2017年）757頁。

14) 前掲注10) 参照。
15) 労務行政研究所編・前掲注13) 757頁。
16) 前掲注10) 参照。
17) 同上。
18) 同上。
19) 畠中・前掲注11) 127頁。
20) 水島郁子「職場における安全衛生実務の方向性—改正労働安全衛生法施行を契機として」季労250号（2015年）4頁。この公表制度については、既に平成26年6月13日衆議院厚生労働委員会において、「例えばメンタルの課題についても、経営者も悩んでいるはずです。管理者も悩んでいるし、これを、要するに、単純に誰かを悪者にすることで解決できるかというと、そう単純ではないと理解しておりますので、企業名の公表については、本当に悪質なところについては正直あってよいと思いますけれども、その選別において極めて慎重にあるべきだということを考えております。」「制度としては設ける意味があると私は思っております。ただし、柳生流の抜かずの剣という使い方がいいのではないか」という指摘がなされていた［三柴丈典参考人発言］。
21) 中央労働災害防止協会編『詳報！改正労働安全衛生法—改正政省令を完全収録！〔第3版〕』（中央労働災害防止協会、2015年）47頁。
22) 水島・前掲注20) 3頁。
23) 中央労働災害防止協会編・前掲注21) 47頁。
24) 安達栄「改正労働安全衛生法の施行と行政施策の推進」（2015年）29-32頁（https://www.jniosh.johas.go.jp/publication/mail_mag/2015/pdf_85/siryou_1.pdf、最終閲覧日：2019年11月11日）。
25) エレベーターピットとは、エレベーターの最下階の床面から昇降路の底部のこと指す（資料9-1参照）。
26) パレットとは、荷物を載せるための荷役台のことである。ただし、パレットには様々なものがあるが、この事例におけるパレットがどのようなものであったかまでは資料から不明である。
27) 第73回労働政策審議会安全衛生分科会（2013年6月27日）の配布資料2「安全・健康に対する意識変革を促進するための取組について」9頁（https://www.mhlw.go.jp/stf/shingi/2r9852 0000035tbz-att/2r9852000035tek_1.pdf、最終閲覧日：2019年10月11日）。
28) 平成26年6月11日衆議院厚生労働委員会［井坂信彦委員発言］。
29) 近藤恵子「ここがポイント！労働安全衛生法入門（第8回）監督、その他」労務事情47巻1191号（2010年）69頁。
30) 同上69頁、労働調査会出版局編『チャート安衛法〔改訂4版〕』（労働調査会、2008年）386頁。
31) 山本・前掲注5) 37頁。
32) 昭和47年9月18日発基第91号「労働安全衛生法の施行について」、労働調査会出版局編・前掲注30) 386頁。
33) 保原喜志夫・山口浩一郎・西村健一郎編『労災保険・安全衛生のすべて』（有斐閣、1998年）72頁［小畑史子］。
34) 昭和47年9月18日基発第602号「労働安全衛生法および同法施行令の施行について」。
35) 労務行政研究所編・前掲注13) 760頁。
36) 山本・前掲注5) 40-41頁。
37) 近藤・前掲注29) 69頁、労働調査会出版局編・前掲注30) 386頁。
38) 労働調査会出版局編・前掲注30) 386頁。
39) 労務行政研究所編・前掲注13) 761頁。
40) 山本・前掲注5) 41頁。
41) 保原ほか編・前掲注33) 72頁。
42) 近藤・前掲注29) 69頁、労務行政研究所編・前掲注13) 762頁。
43) 昭和47年3月28日衆議院社会労働委員会［渡邊健二政府委員発言］。
44) 石井照久（萩澤清彦改訂）『労働法〔全訂版〕』（勁草書房、1990年）108頁。
45) 日本労働安全衛生コンサルタント会神奈川支部WEBサイト（http://conkana.org/duties/03.html、最終閲覧日：2020年12月3日）。
46) 当時は、産業災害と呼ばれていた。
47) 労働省労働基準局「安全管理特別指導の実態」労働時報5巻3号（1952年）34頁。
48) ここにいう災害度数率とは、災害の起こった頻度を示す数字で、100万労働時間の作業中にどの程度の傷害を生じたのかを表す数字であり、次のような数式によって計算される。

$$災害度数率 = \frac{傷害件数}{延労働時間数} \times 1,000,000$$

49) 労働省労働基準局・前掲注47) 36頁。
50) 同上35頁。
51) 労働衛生課「衛生管理特別指導について」労働基準6巻11号（1954年）13頁。
52) 同上13頁。
53) 同上13-14頁。
54) 山田耕作「安全管理特別指導の成果」労災2巻6号（1951年）40頁、労働基準局・前掲注47) 36頁。実際、安全管理特別指導及び衛生管理特別指導の成果として、労働生産能率の向上が強調されている（山田・同43頁、労働衛生課・前掲注51) 14-15頁）。
55) 桑原昌宏「労働安全衛生法案の骨子・労基法研究会報告批判」労旬794号（1971年）4頁参照。
56) 昭和47年2月4日、中央労働基準審議会答申（会長石井照久）。答申の内容については、労働基準局「労働安全衛生法案国会に提出」労働時報25巻2号（1972年）13頁以下参照。
57) 桑原・前掲注55) 10頁。
58) 菊池高志「労災防止と災防行政の課題」季労138号（1986年）12頁参照。なお、労働安全衛生全般について、企業の自主的な安全衛生管理活動に委ねている側面については、批判的な立場も見られた（会田朋哉「企業における自主的災防活動の限界と今後の災防行政について」日本労働法学会誌50号〔1977年〕36頁以下参照）。
59) 厚生労働省「職場のあんぜんサイト」（https://anzeninfo.mhlw.go.jp/yougo/yougo53_1.html、最終閲覧日：2020年12月3日）。
60) これは、資金的な問題により労働災害の防止措置を十分に果たすことのできない中小企業に対して、事業者が行う労働災害防止の基盤、環境を整備する努力を側面から援助するため、資金を長期かつ低利で事業者に融資する制度であったが、平成13年に特殊法人等整理合理化計画（閣議決定）により廃止された（https://www.mhlw.go.jp/jigyo_shiwake/gyousei_review_sheet/2012/h23_pdf/0818.pdf、最終閲覧日：2022年10月1日参照）。
61) この点については、既に昨年度の森山哲氏（労働安全コンサルタント）へのインタビュー調査においても、コンサルタントの側から見て、どこが指定事業場になっているかわからなくなっているとの指摘がなされていた。もっとも、神奈川県では今でも合同の説明会が行われている旨も指摘されており、各都道府県によって実態が異なる可能性もあるようにも思われる。
62) 労務行政研究所編・前掲注13) 764頁。
63) 労働調査会出版局編・前掲注30) 912頁。
64) 井上浩『最新労働安全衛生法〔第7版〕』（中央経済社、2006年）225-226頁。
65) 田中辰雄「労働安全・衛生コンサルタントの活動の現状と将

来」労働の科学54巻4号（1999年）6-7頁。
66) 三柴丈典「使用者の健康・安全配慮義務」日本労働法学会編『講座労働法の再生　第3巻　労働条件論の課題』（日本評論社，2017年）292-293頁。
67) 厚生労働省「安全衛生指導業務等の改革案について」（https://www.mhlw.go.jp/jigyo_shiwake/dl/14-2b.pdf，最終閲覧日：2022年11月1日参照）。
68) 実際に労災防止指導員となる者は，民間企業における労働安全衛生担当者，労働安全コンサルタント・労働衛生コンサルタント，労働組合からの推薦者の中から都道府県労働局長により任命されていた。
69) 平成23年3月31日基発0331第1号「労災防止指導員規程」の廃止について（通知）」。
70) 労働基準局「労働安全・労働衛生コンサルタント制度の発足」労働時報26巻6号（1973年）37頁。
71) 井上浩『労働安全衛生法』（北樹出版，1978年）372頁。ただし，法第81条が「労働安全コンサルタントの名称を用いて」（第1項），「労働衛生コンサルタントの名称を用いて」（第2項）と規定していること等から，名称独占であるとの理解が一般化しているとの見解もある（田中正晴氏〔一社・日本労働安全衛生コンサルタント会専務理事〕）。
72) 労働調査会出版局編・前掲注30) 922頁。
73) この点，労働安全コンサルタント及び労働衛生コンサルタントに対する質問がそもそもできるか，ということも問題となるかもしれない。例えば，労基法第101条第1項に基づく労働基準監督官の権限では，使用者もしくは労働者に対して尋問することができるとされており，対象は労使に限定されている。しかし，安衛法においては，「関係者」と定められ，幅広い対象に質問できるとされている。これは，安衛法上，労働災害の防止等の観点から労使に限られず，他の関係者（元請事業者等）に対しても立入検査等を行う必要によると思われ，特に関係者を限定する文言がない以上，労働基準監督官は，コンサルタントに対しても質問等を行うことができると考えられる。
74) 労務行政研究所・前掲注13) 780頁。
75) 日本労働安全衛生コンサルタント会 WEB サイト「事業の概要」（https://www.jashcon.or.jp/contents/society/summary，最終閲覧日：2020年10月31日）。
76) 吉本実『労働安全衛生法の詳解』（労働法令協会，1981年）633頁。
77) 平成18年の公益法人制度改革により，非営利法人関連の法律においては，一般法人法を土台として，その上に公益社団法人及び公益財団法人の認定等に関する法律（公益法人認定法）があるという構造となり，準則主義により一般社団法人及び一般財団法人が成立し，その中から，公益認定により公益法人が成立するという2階建て方式となった（山野目章夫編『新注釈民法(1)　総則(1)』〔有斐閣，2018年〕642-643頁〔後藤元伸〕）。
78) 労働基準局・前掲注70) 36頁，労働調査会出版局編・前掲注30) 911-912頁。
79) 松岡三郎「労働安全衛生法要綱案の個別的法的検討―昭和47年1月21日中央労働基準審議会提出案を中心に」労旬802号（1972年）22頁。
80) 井上浩『労働安全衛生法詳説〔改訂12版〕』（経営書院，2006年）351頁。
81) 井上・前掲注64) 225頁。当時は，技術士や安全管理士などのいわゆるコンサルタント業務を実際に行っている個人あるいはファームが，安全設備の計画，災害防止計画や従業員教育を委託されている例があったという（鈴木成一「安全コンサルタント業務の実情」安全工学13巻2号〔1974年〕101頁）。なお，同文献に記載されている技術士や安全管理士が技術士法及び労働災害防止団体法に基づくものであるかは不明であるが，コンサルタント制度発足時には，既に同制度が存在していることから，ここにいう技術士及び安全管理士については技術士法及び労働災害防止団体法に基づくものと推測される。
82) なお，制定当時既に存在して特別管理指定制度については，日本労働安全衛生コンサルタント会神奈川支部 WEB サイト・前掲注45) 参照。
83) 藤田雄三「労働衛生コンサルタントの昨今」産業医学ジャーナル40巻6号（2017年）72頁。
84) 輿重治「労働衛生コンサルタント活動の活性化」労働の科学54巻4号（1999年）9頁。
85) 同上。
86) 昭和47年4月12日衆議院社会労働委員会［川俣健二郎委員発言］，昭和47年4月18日衆議院社会労働委員会［後藤俊夫委員発言］，昭和47年5月11日参議院社会労働委員会［須原昭二委員発言］。
87) 昭和47年4月12日衆議院社会労働委員会［北川俊夫政府委員発言］，昭和47年5月11日参議院社会労働委員会［渡邊健二政府委員発言］。
88) 日本労働安全衛生コンサルタント会 WEB サイト（https://www.jashcon.or.jp/contents/society/consultant，最終閲覧日：2020年12月3日）。
89) 北岡大介『職場の安全・健康管理の基本―これだけは押さえたい解説と Q&A60』（労務行政，2015年）63頁。
90) なお，この点は第77回労働政策審議会安全衛生分科会において議論になっている（https://www.mhlw.go.jp/stf/shingi/0000033470.html，最終閲覧日：2020年12月3日）。
91) 渡辺健二『労働安全衛生法の詳解』（労働法令協会，1973年）449頁，吉本・前掲注76) 621頁，桑原敬一『改正労働安全衛生法の詳解』（労働法令協会，1978年）563頁，野見山眞之『労働安全衛生法の詳解』（労働法令協会，1989年）693頁，佐藤勝美『労働安全衛生法の詳解』（労働基準調査会，1992年）173頁，労働省労働基準局安全衛生部『労働安全衛生法の詳解―改正安衛法全条文の逐条解説〔改訂2版〕』（労働調査会，2000年）808頁，労務行政研究所編・前掲注13) 761頁。
92) 保原ほか編・前掲注33) 72頁。
93) 加来利一『わかりやすい労働安全衛生法〔改訂版〕』（労務行政研究所，1986年）312頁，労働省労働基準局編『労働基準法・労働安全衛生法・労災保険法の実務〔改訂2版〕』（日本労務研究会，1997年）365頁，労働調査会出版局編・前掲注30) 386頁，近藤・前掲注29) 69頁。
94) 労働調査会出版局編・前掲注30) 916頁。
95) 労働省労働基準局編・前掲注93) 371頁。
96) 厚生労働科学研究（労働安全衛生総合研究事業）「労働安全衛生法の改正に向けた法学的視点からの調査研究」第6回会議（2019〔令和元〕年12月23日）における角田淳氏の発言。
97) 三柴・前掲注1) 総括研究報告書75頁。
98) 前掲注96) 会議における角田淳氏の発言。
99) 三柴・前掲注1) 分担研究報告書295頁等参照。
100) 三柴・前掲注1) 分担研究報告書92頁では，専門家・専門機関の適格性確保，事業者による活用の促進や義務づけについて言及されており，また，作業環境測定の場合には，一定の場合，作業環境測定機関等への委託義務が法定されているが（作業環境測定法施行規則），労働安全コンサルタント・労働衛生コンサルタントについても同様の方式も検討の余地があるように思われる。

〔南健悟〕

第十章　監督等

第88条から第100条まで

　労働安全衛生法は，その実効性確保のため様々な制度を用意している。形式的には，法令で危害防止基準を設定し，その違反に対しては刑事罰で制裁することにより実行性を確保するものといえるが，実際には，行政機関が法の実効に大きな役割を果たしている。

　第10章は，この法律の実効性を確保するための事項として，行政機関（労働基準監督署長，都道府県労働局長または厚生労働大臣）の役割を規定したものである。

　すなわち，工事計画の届出と一定の場合の厚生労働大臣の審査（法第88条・第89条），労働基準監督官の権限（法第91条・第92条），産業安全衛生専門官及び労働衛生専門官の権限（法第93条・第94条），労働衛生指導医の職務（法第95条），厚生労働大臣及び都道府県労働局長の権限（法第96条），労働者の申告（法第97条），都道府県労働局長等の使用停止等命令及び緊急措置命令（法第98条・第99条），並びに事業者の報告等（法第100条）がそれである。

　行政機関による監督等の仕組みについては，**資料10-1**を参照されたい。

> **（計画の届出等）**
> **第88条**　事業者は，機械等で，危険若しくは有害な作業を必要とするもの，危険な場所において

資料10-1　労働安全衛生法の実効性確保　監督等

1．88条関係（事前予防。計画時の作業開始の差し止め・変更）

- (A1) 機械等で危険若しくは有害な作業を必要とするもの，危険な場所において使用するもの又は危険若しくは健康障害を防止するため使用するもののうち，省令で定めるものを設置し，若しくは移転し，主要部分を変更する場合，工事開始の30日前に労働基準監督署長に届け出なければならない。
- (A2) 届出に係る事項が法律，命令違反があると認められた場合
- (A3) 労働基準監督署長は，届出をした事業者に対して，工事若しくは仕事の開始の差し止め，又は計画変更を命ずることができる。
- (A4) 都道府県労働局長，労働基準監督署長は，差し止め，変更命令をした場合，必要があると認めたとき，仕事の発注者に対し，勧告又は要請を行うことができる

2．98条関係（作業時の安全衛生基準違反時の是正勧告及び使用停止等）

- (B1) 20条から25条まで，25条の2第1項，30条の3第1項若しくは第4項，31条1項，31条の2，33条1項又は34条に違反する事実があるとき
- (B2) 都道府県労働局長又は労働基準監督署長は，違反した事業者，注文者，機械貸与者又は建築物貸与者に対し，作業の全部又は一部の停止，建築物の全部又は一部の使用停止，変更その他命ずることができる。
- (B3) 都道府県労働局長又は労働基準監督署長は，前項の規定により命じた事項について必要な事項を，労働者，請負人又は建築物の貸与を受けている者に命ずることができる。
- 労働基準監督官は，B2，B3の場合において，労働者に急迫した危険があるとき，都道府県労働局長又は労働基準監督署長の権限を即時に行うことができる。
- 都道府県労働局長又は労働基準監督署長は，B3の命令をした場合，必要があると認めるとき，注文者に対し，違反事実について必要な事項の勧告又は要請をすることができる。

3．99条関係（作業時の安全衛生基準違反が無い場合の急迫した危険時の作業停止等）

- (C1) B1以外の場合，労災の急迫した危険があり，かつ，緊急の必要があるときは，
- (C2) 必都道府県労働局長又は労働基準監督署長は，必要な限度において，事業者に，作業の全部又は一部の一時停止，その他の必要な応急の措置を命ずることができる。

使用するもの又は危険若しくは健康障害を防止するため使用するもののうち，厚生労働省令で定めるものを設置し，若しくは移転し，又はこれらの主要構造部分を変更しようとするときは，その計画を当該工事の開始の日の30日前までに，厚生労働省令で定めるところにより，労働基準監督署長に届け出なければならない。ただし，第28条の2第1項に規定する措置その他の厚生労働省令で定める措置を講じているものとして，厚生労働省令で定めるところにより労働基準監督署長が認定した事業者については，この限りでない。

2 　事業者は，建設業に属する事業の仕事のうち重大な労働災害を生ずるおそれがある特に大規模な仕事で，厚生労働省令で定めるものを開始しようとするときは，その計画を当該仕事の開始の日の30日前までに，厚生労働省令で定めるところにより，厚生労働大臣に届け出なければならない。

3 　事業者は，建設業その他政令で定める業種に属する事業の仕事（建設業に属する事業にあつては，前項の厚生労働省令で定める仕事を除く。）で，厚生労働省令で定めるものを開始しようとするときは，その計画を当該仕事の開始の日の14日前までに，厚生労働省令で定めるところにより，労働基準監督署長に届け出なければならない。

4 　事業者は，第1項の規定による届出に係る工事のうち厚生労働省令で定める工事の計画，第2項の厚生労働省令で定める仕事の計画又は前項の規定による届出に係る仕事のうち厚生労働省令で定める仕事の計画を作成するときは，当該工事に係る建設物若しくは機械等又は当該仕事から生ずる労働災害の防止を図るため，厚生労働省令で定める資格を有する者を参画させなければならない。

5 　前3項の規定（前項の規定のうち，第1項の規定による届出に係る部分を除く。）は，当該仕事が数次の請負契約によつて行われる場合において，当該仕事を自ら行う発注者がいるときは当該発注者以外の事業者，当該仕事を自ら行う発注者がいないときは元請負人以外の事業者については，適用しない。

6 　労働基準監督署長は第1項又は第3項の規定による届出があつた場合において，厚生労働大臣は第2項の規定による届出があつた場合において，それぞれ当該届出に係る事項がこの法律又はこれに基づく命令の規定に違反すると認めるときは，当該届出をした事業者に対し，その届出に係る工事若しくは仕事の開始を差し止め，又は当該計画を変更すべきことを命ずることができる。

7 　厚生労働大臣又は労働基準監督署長は，前項の規定による命令（第2項又は第3項の規定による届出をした事業者に対するものに限る。）をした場合において，必要があると認めるときは，当該命令に係る仕事の発注者（当該仕事を自ら行う者を除く。）に対し，労働災害の防止に関する事項について必要な勧告又は要請を行うことができる。

1 趣旨

本条は，労働者の危険及び健康障害の発生の防止を徹底するため，行政機関が，事業者が工事着手前に，当該計画の届出を受けて内容を審査し，必要に応じて勧告または命令を発することにより，工事の過程（施工業者等）と工事後（ユーザー企業等）における安全衛生を確保しようとするものである[1]。

本条は，事業者に対し，厚生労働省令で定める機械等の設置，移転若しくは主要構造部分の変更をしようとするとき又は厚生労働省令で定める建設工事若しくは土石採取を開始しようとするときに，事前にその計画を行政官庁に提出することを義務づけるとともに，行政官庁に当該計画の届出を行った事業者に対して当該計画に関する工事着手差止・計画変更命令を行う権限等について規定しており，この制度は労働安全衛生法における事前審査制の中核をなすものといえる。

2 沿革

戦前，工場法においては，その第13条が，工場及び附属建設物又は設備が危害を生じ又は衛生風紀その他公益を害するおそれがあると認めるとき，労働監督機関は予防又は除害のため必要な事項又は使用の停止を命じることを規定したほか，企業の設備や建設物等の新設，操業の開始等に関して安全衛生上の立場から法律上の監督を規定していなかった。これは，工場法制定当時すでに各府県に警察命令による工場取締規則が制定されていたことによる。

日本国憲法施行と共に，従来警察命令で規定されていた事柄は新たに立法を必要とすることになったので，昭和22年に制定された旧労基法（労働安全衛生法が分離する前）は，企業設備の新設に関する統一的監督規定を設けることになった[2]。

すなわち，事業場の設備については労基法第45条に

基づく命令で，事業附属寄宿舎については同法第96条に基づく命令で，予め一定の基準を示して，この基準に則って作成された新設計画を講じ，着手14日前までに届け出ることとした。さらに，第54条は，特定の条件下での監督上の行政措置を規定した。すなわち，常時10人以上の労働者を就業させる事業，命令で定める危険な事業又は衛生上有害な事業の建設物，寄宿舎その他の附属建設物又は設備を設置し，移転し，又は変更する場合，第45条又は第96条の規定に基づいて発する命令で定める危害防止等に関する基準に則り定めた計画を，工事着手14日前までに労働基準監督署に届け出なければならないこと，労働基準監督署は，労働者の安全及び衛生に必要であると認めたときは，工場の着手を差し止め，又は計画の変更を命ずることができることを規定した。

その後，昭和47年に労基法から労働安全衛生法が分離独立した際に，旧労基法第54条は現行の安衛法第88条に近い形で受け継がれた。

すなわち，当時の安衛法は，第88条第1項において，事業場の業種及び規模が一定のものについて，建設物，機械等を設置・移転，又は主要構造部分を変更しようとするときは，その計画を工事開始の日の30日前までに労働基準監督署長に届け出なければならない，と規定した。第2項では，危険有害な作業を必要とする機械，危険な場所において使用するものなど設置・移転し，又は主要構造部分を変更しようとする場合に準用した。第3項では，建設業その他の業種に属する一定の仕事の場合，その計画を当該仕事の開始の日の14日前までに労働基準監督署長に届け出なければならない，と規定し，さらに第4項では，数次の請負によって行われる場合において，計画届の義務を負う者を発注者又は元請負人に限定した。

そして，第5項は，労働基準監督署長は，上記の工事計画の届け出た事項について，「法律又はこれに基づく命令の規定に違反すると認めるときは」工事・仕事の開始を差し止め，又は当該計画を変更すべきことを命ずることができる，と規定した。

昭和55年の改正労働安全衛生法は，①建設業に属する事業で大規模な仕事は，工事計画を開始日30日前に，労働大臣に届け出ることを規定し，②工事計画の作成にあたって，特定の有資格者を参画させることを義務づけた。

昭和63年改正労働安全衛生法は，労働大臣，労働基準監督署長はこれまでの差し止め命令のほか，「必要があると認めるときは，当該命令に係る仕事の発注者（当該仕事を自ら行う者を除く。）に対し，労働災害の防止に関する事項について必要な勧告又は要請を行うことができる。」と規定した。

平成26年改正労働安全衛生法は，従前の第1項の内容を削除した。同条がその役割を実質的に終えたと解されることと，届出を受ける労基署のキャパシティーの問題を慮った措置である[3]。すなわち，従来，①規模の大きい工場等で生産ライン等を新設・変更する場合の事前届出，②危険な機械等を設置・移転等する場合の事前届出，③大規模建設工事の事前届出，④一定の建設工事等の事前届出の4つの場合を定めていたが，上記①が廃止となり，3つの場合となった[4]。

3 内容

1 本条の概要

(1) 計画届が必要な場合

本条は，労働者の危険及び健康障害の防止を図るため，3つの場合に分けて，危害の発生が予想されるような設備が設けられたり，労働者の安全衛生を損なうような生産方法や工法等の採用が行われることを防止するために，その計画の届出をさせようとするものである。

すなわち，事業者は，

①一定の危険又は有害な機械等の設置，移転，変更をしようとするとき（本条第1項），

②建設業の仕事で特に大規模なものを開始しようとするとき（本条第2項），

③建設業又は土石採取業の事業の一定の規模あるいは種類のものを開始しようとするとき（本条第3項）

には，

その計画を，一定期日前までに厚生労働大臣（②の場合）又は労働基準監督署長（①③の場合）に届け出なければならない。

ただし，事業者が一定の危険性または有害性等を調査し，リスクアセスメントを含め労働安全衛生マネジメントシステムを適正に実施し，一定の安全衛生水準を上回ると労働基準監督署長が認定した場合，工事計画等の事前審査を代替したものとみられ，上記①②の届出は免除される（本条第1項但書）。

厚生労働大臣又は労働基準監督署長は，これらの届出について審査を行い，法令に違反する事実があると認めたときは，工事差止め等の命令をすることができる（本条第6項）。

さらに，厚生労働大臣及び労働基準監督署長は，工事差止め等の命令をした場合，必要があるときは，発注者に対し，労働災害の防止に関する事項について，勧告又は要請を行うことができる（本条第7項）。

工事計画の届出の概要については，**資料10-2**を参照されたい。

(2) 計画届の共通事項

(1)で計画届が必要な3つの場合を示したが，ここで

資料10-2　工事計画の届出

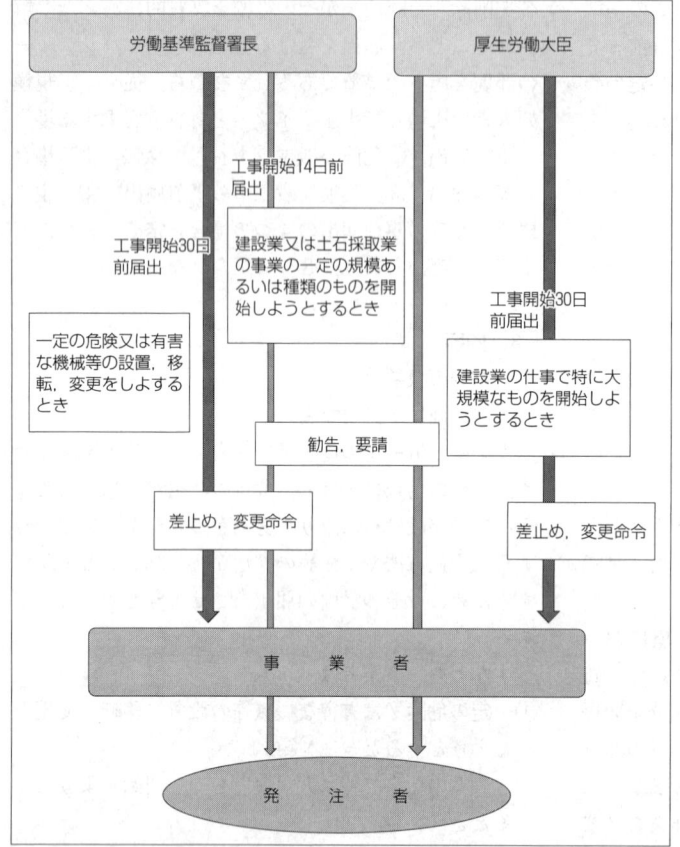

（鎌田耕一作成）

は計画届の共通事項，すなわち，届出の義務者，安衛法でいう事業場の意味，届出名義，届出先，参画者について説明する。

　(a)　計画届の提出義務者

　計画届の提出義務者は事業者である。届出は事業場単位で行い，企業単位ではない。

　事業場とは，労働基準法におけるそれと同様の意味で，工場，鉱山，事務所，店舗等のように一定の場所において相関連する組織のもとに継続的に行われる作業の一体をいう。したがって，1つの事業場といえるかどうかは，主として組織の存在する場所を基準として決定される。同一の場所にあるものは原則として1つの事業場とし，場所的に分散しているものは原則として別個の事業場として扱われる。

　ファミリーレストランチェーンを例にとれば，フランチャイズの本部があり，セントラルキッチンがあり，各店舗がある。場合によっては地域本部や地域配送センターが設けられている。事業場とは，これらそれぞれをいう。

　ただし，同一の場所にあっても，著しく労働の態様を異にしている部門がある場合，その部門を主たる部門と切り離して別個の事業場ととらえることにより安衛法がより適切に運用できる場合には，その部門は別個の事業場ととらえることになる。例えば，工場内に設けられた診療所，自動車販売会社に附属する自動車整備工場，学校に付設された給食場等がある。

　計画届を提出する義務があるのは事業者である。法人の場合は，法人そのものをいう。したがって，届出に当たっては，企業名と代表者名を記載し，一般的には社判と代表者印を押印して提出することになる。しかし，例えば，本社が東京にあり，工場が北海道から九州に10箇所あるという場合に全てに代表者印を押印しなければ受理されないことになり煩雑である。そこで，厚生労働省は，当該事業場における安衛法に基づく報告等を行う権限が当該支店，事業場等の長に委譲されている場合には，当該支店，事業場の長の職及び氏名で行っても差し支えないとしている（昭和48年1月8日基安発第2号）。

　(3)　計画届の提出先

　計画届の提出先は，当該事業場又は仕事を行う場所を管轄する労働基準監督署長である。しかし，建設業や採石業の場合，その事業場が複数の労働基準監督署長の管轄をまたぐ場合がある。そのような場合には，原則として事務所の所在地を管轄する労働基準監督署長となる。

　(4)　参画者

　(a)　参画者が参画する計画

　安衛法第88条の届出の対象となる工事のうち，次のものは，一定の資格を有する参画者がその計画の作成に参画しなければならない（同条第4項）。第1項のみならず第2項の届出も同様である。

　その対象となる工事又は仕事は次のものである（安衛則第92条の2）。

○機械を設置し，若しくは移転し，又はこれらの主要構造部分を変更する工事。機械は型枠支保工（支柱の高さが3.5m以上のものに限る）

　足場（つり足場，張出し足場以外の足場であっては，高さが10m以上の構造のものに限る）

○仕事

　(1)　法第88条第2項の届出対象の仕事

　　①高さが300m以上の塔の建設の仕事

　　②堤高（基礎地盤から堤頂までの高さをいう）が150m以上のダムの建設の仕事

　　③最大支間500m（つり橋にあつては，1000m）以上

の橋梁の建設の仕事（＊最大支間とは橋梁の支点と支点の間隔のうち，最大のものをいう〔昭和55年11月25日基発第648号〕）

④長さが3000m以上のずい道等の建設の仕事

⑤長さが1000m以上3000m未満のずい道等の建設の仕事で，深さが50m以上のたて坑（通路として使用されるものに限る）の掘削を伴うもの

⑥ゲージ圧力が0.3MPa以上の圧気工法（＊圧縮空気を送入して気圧を上げ，湧水をおさえながらトンネルやケーソン掘削をする工法をいう〔詳細は4(2)参照〕）による作業を行う仕事

(2) 第88条第3項の届出対象の仕事のうち，以下の仕事が対象となる。

①高さ31mを超える建築物又は工作物（橋梁を除く）の建設，改造，解体又は破壊（以下「建設等」という）の仕事

②最大支間50m以上の橋梁の建設等の仕事

③最大支間30m以上50m未満の橋梁の上部構造の建設等の仕事（第18条の2の2の場所において行われるものに限る）

④ずい道等の建設等の仕事（ずい道等の内部に労働者が立ち入らないものを除く）

⑤掘削の高さ又は深さが10m以上である地山（じやま，建設業では人為的な盛り土などが行われていない，自然のままの地盤をいう）の掘削（ずい道等の掘削及び岩石の採取のための掘削を除く。以下同じ）の作業（掘削機械を用いる作業で，掘削面の下方に労働者が立ち入らないものを除く）を行う仕事

⑥圧気工法による作業を行う仕事

(b) 参画者の資格

参画者の資格は資料10-3の通りである（安衛則第92条の3，別表9）。

2 一定の危険又は有害な機械等の設置・移転・変更の計画届（第1項）

(1) 本条第1項の規定による届出

本条第1項の規定による届出をしようとする事業者は，安衛則別表第7の上欄に掲げる機械等を設置し，若しくは移転し，又はこれらの主要構造部分を変更しようとするときは，様式第20号等の届書に，当該機械等の種類に応じて同表の中欄に掲げる事項を記載した書面及び同表の下欄に掲げる図面等を添えて，所轄労働基準監督署長に提出しなければならない（安衛則第86条第1項）。

別表第7の上欄に掲げる機械には，概略①動力プレス，②金属その他の鉱物の溶解炉，③化学設備，④乾燥設備，⑤アセチレン溶接装置，⑥ガス集合溶接装置，⑦機械集材装置，⑧運材索道，⑨軌道装置，⑩型枠支保工，⑪架設通路，⑫足場，⑬有機溶剤の蒸気の発散源を密閉する設備，局所排気装置，プッシュプル型換気装置又は全体換気装置，⑭鉛等又は焼結鉱等の粉じんの発生源を密閉する設備，局所排気装置又はプッシュプル型換気装置，⑮四アルキル鉛等業務に用いる機械又は装置，⑯特定化学物質の第1類物質又は特定第2類物質等を製造する設備，⑰特定化学設備及びその付属設備，⑱特定第2類物質又は管理第2類物質のガス，蒸気又は粉じんが発散する屋内作業場に設ける発散抑制の設備，⑲アクロレインに係る排ガス処理装置，⑳アルキル水銀化合物・塩酸・硝酸・シアン化カリウム・シアン化ナトリウム・ペンタクロルフェノール及びそのナトリウム塩・硫酸・竜化ナトリウムの排液処理装置，⑳の2，1,3-ブタジエン等に係る発散抑制の設備，⑳の3，硫酸ジエチル等に係る発散抑制の設備，⑳の4，1,3-プロパンスルトン等を製造し，又は取り扱う接尾及びその付属設備，㉑放射線装置，㉒空気調和設備又は機械換気設備で中央管理方式のもの，㉓特定粉じん発生源を有する機械，㉔特定粉じん発生源における粉じんの発散を防止するための局所排気装置又はプッシュプル型換気装置，㉕石綿等の粉じんが発散する屋内作業場に設ける発散抑制尾設備がある（詳細は(2)参照）。

また，特定機械等であるボイラー，第1種圧力容器，クレーン，デリック，エレベーター，建設用リフト及びゴンドラを設置し，又は変更しようとするときは，各個別規則で定める通り設置届又は変更届を所轄労働基準監督署長に提出しなければならない（ただし，移動式ボイラー及び移動式クレーンの設置に際しては，法第100条第1項の規定に基づく設置報告書を提出しなければならない）。

安衛法第37条に定める特定機械等（ボイラー，第1種圧力容器，クレーン，移動式クレーン，デリック，エレベーター，建築用リフト，ゴンドラ）の設置・変更にあっても設置届が必要である。

(2) 危険有害機械等の範囲

安衛則第85条は，本条に定める危険有害機械等は，法に基づく他の省令に定めるもののほか，別表第7の上欄に掲げる機械等としている（ただし，別表第7の上欄に掲げる機械等で，①機械集材装置，運材索道，架設通路及び足場以外の機械等で，6月未満の期間で廃止するもの，②機械集材装置，運材索道，架設通路又は足場で，組立てから解体までの期間が60日未満のものは除く）。

別表第7の上欄に掲げるものは以下の通りである。

① 動力プレス（機械プレスでクランク軸等の偏心機構〔金型中心と荷重中心がずれている機構〕を有するもの及び液圧プレスに限る）（動力プレスとは，動力により駆動されるプレス機械をいう〔安衛則第36条第2号〕

資料10－3　別表第9（第92条の3関係）

工事又は仕事の区分	資格
別表第7の上欄第10号に掲げる機械等に係る工事	一　次のイ及びロのいずれにも該当する者 　イ　次のいずれかに該当する者 　　(1)　型枠支保工に係る工事の設計監理又は施工管理の実務に3年以上従事した経験を有すること。 　　(2)　建築士法（昭和25年法律第202号）第4条第2項に規定する1級建築士の免許を受けることができる者であること。 　　(3)　建設業法施行令第34条に規定する1級土木施工管理技術検定又は1級建築施工管理技術検定に合格したこと。 　ロ　工事における安全衛生の実務に3年以上従事した経験を有すること又は厚生労働大臣の登録を受けた者が行う研修を修了したこと。 二　労働安全コンサルタント試験に合格した者で，その試験の区分が土木又は建築であるもの 三　その他厚生労働大臣が定める者
別表第7の上欄第12号に掲げる機械等に係る工事	一　次のイ及びロのいずれにも該当する者 　イ　次のいずれかに該当する者 　　(1)　足場に係る工事の設計監理又は施工管理の実務に3年以上従事した経験を有すること。 　　(2)　建築士法第4条第2項に規定する1級建築士の免許を受けることができる者であること。 　　(3)　建設業法施行令第34条に規定する1級土木施工管理技術検定又は1級建築施工管理技術検定に合格したこと。 　ロ　工事における安全衛生の実務に3年以上従事した経験を有すること又は厚生労働大臣の登録を受けた者が行う研修を修了したこと。 二　労働安全コンサルタント試験に合格した者で，その試験の区分が土木又は建築であるもの 三　その他厚生労働大臣が定める者
第89条第1号に掲げる仕事及び第90条第1号に掲げる仕事のうち建設の仕事（ダムの建設の仕事を除く。）	一　次のイ及びロのいずれにも該当する者 　イ　次のいずれかに該当すること。 　　(1)　学校教育法による大学又は高等専門学校において理科系統の正規の課程を修めて卒業し（大学改革支援・学位授与機構により学士の学位を授与された者（当該課程を修めた者に限る。）若しくはこれと同等以上の学力を有すると認められる者又は当該課程を修めて専門職大学前期課程を修了した者である場合を含む。次項第一号イ(1)において同じ。），その後10年以上建築工事の設計監理又は施工管理の実務に従事した経験を有すること。 　　(2)　学校教育法による高等学校又は中等教育学校において理科系統の正規の学科を修めて卒業し，その後15年以上建築工事の設計監理又は施工管理の実務に従事した経験を有すること。 　　(3)　建築士法第4条第2項に規定する1級建築士の免許を受けることができる者であること。 　ロ　建設工事における安全衛生の実務に3年以上従事した経験を有すること又は厚生労働大臣の登録を受けた者が行う研修を修了したこと。 二　労働安全コンサルタント試験に合格した者で，その試験の区分が建築であるもの 三　その他厚生労働大臣が定める者
第89条第2号から第6号までに掲げる仕事及び第90条第1号から第5号までに掲げる仕事（同条第1号に掲げる仕事にあつてはダムの建設の仕事に，同条第2号，第2号の2及び第3号に掲げる仕事にあつては建設の仕事に限る。）	一　次のイからハまでのいずれにも該当する者 　イ　次のいずれかに該当すること。 　　(1)　学校教育法による大学又は高等専門学校において理科系統の正規の課程を修めて卒業し，その後10年以上土木工事の設計監理又は施工管理の実務に従事した経験を有すること。 　　(2)　学校教育法による高等学校又は中等教育学校において理科系統の正規の学科を修めて卒業し，その後15年以上土木工事の設計監理又は施工管理の実務に従事した経験を有すること。 　　(3)　技術士法（昭和58年法律第25号）第4条第1項に規定する第2次試験で建設部門に係るものに合格したこと。 　　(4)　建設業法施行令第34条に規定する1級土木施工管理技術検定に合格したこと。 　ロ　次に掲げる仕事の区分に応じ，それぞれに掲げる仕事の設計監理又は施工管理の実務に3年以上従事した経験を有すること。 　　(1)　第89条第2号の仕事及び第90条第1号の仕事のうちダムの建設の仕事　ダムの建設の仕事 　　(2)　第89条第3号の仕事並びに第90条第2号及び第2号の2の仕事のうち建設の仕事　橋梁の建設の仕事 　　(3)　第89条第4号及び第5号の仕事並びに第90条第3号の仕事のうち建設の仕事　ずい道等の建設の仕事 　　(4)　第89条第6号及び第90条第5号の仕事　圧気工法による作業を行う仕事 　　(5)　第90条第4号の仕事　地山の掘削の作業を行う仕事 　ハ　建設工事における安全衛生の実務に3年以上従事した経験を有すること又は厚生労働大臣の登録を受けた者が行う研修を修了したこと。 二　労働安全コンサルタント試験に合格した者で，その試験の区分が土木であるもの 三　その他厚生労働大臣が定める者

②　金属その他の鉱物の溶解炉（容量が1t以上のものに限る）（溶解炉には，溶鉱炉，電気炉，転炉等がある）

③　化学設備（配管を除く）（化学設備〔資料10－4参照〕とは，安全衛生法施行令別表第1に掲げる，爆発性，発火性，酸化性，引火性の物及び可燃性のガス等を製造し，若しくは取り扱う設備で，移動式以外の物いう。ただし，引火点が65度以上の物の量が厚生労働大臣が定める基準に満たないものを除く〔安衛令第9条の3第1号〕）

④　乾燥設備（乾燥設備〔資料10－5参照〕とは，熱源を用いて火薬類以外のものを加熱乾燥する乾燥室及び乾燥器をいう。また，加熱乾燥とは，加熱することにより，乾燥物から水分，溶剤等を除去することをいう〔安衛令第6条第8号イ又はロ〕）

⑤　アセチレン溶接装置（移動式のものを除く）（アセチレン溶接装置〔資料10－6参照〕とは，アセチレン発生器，安全器，導管，吹管等により構成され，熔解アセチレ

資料10−4　化学設備

ⒸiStock

資料10−5　乾燥設備

(株式会社日向製作所 WEB サイト〔https://www.hyuga-ss.com/products/oven/boxydryer/〕，最終閲覧日：2024年7月12日〕)

資料10−6　アセチレン溶接装置とガス集合溶接装置

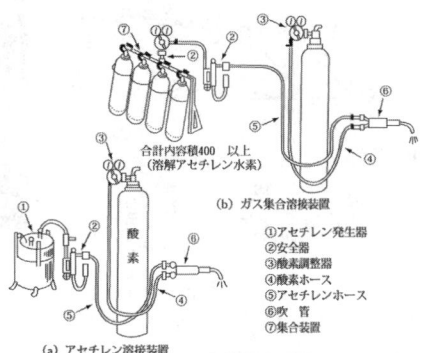

合計内容積400ℓ以上（溶解アセチレン水素）

(b) ガス集合溶接装置

①アセチレン発生器
②安全器
③酸素調整器
④酸素ホース
⑤アセチレンホース
⑥吹　管
⑦集合装置

(a) アセチレン溶接装置

＊使用に際しては，ガス溶接主任者の選任及び指揮させることが必要
(日本溶接協会 安全衛生・環境委員会「溶接および溶断の安全・衛生に係る法令」溶接技術51巻7号〔2003〕)

資料10−9　軌道装置

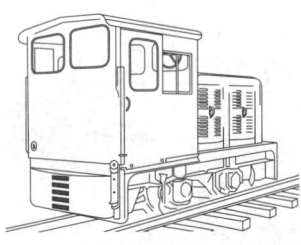

資料10−10　トラバーサー

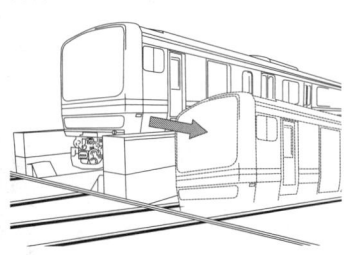

資料10−7　機械集材装置

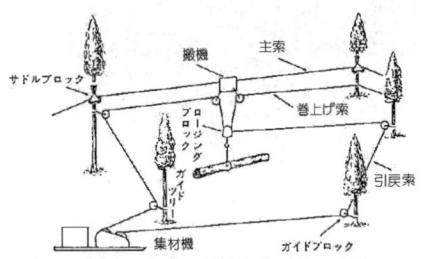

(厚生労働省の車両系木材伐出機械リーフレット〔https://www.mhlw.go.jp/new-info/kobetu/roudou/gyousei/anzen/dl/141027-1.pdf，最終閲覧日：2022年10月8日〕)

資料10−8　運材索道

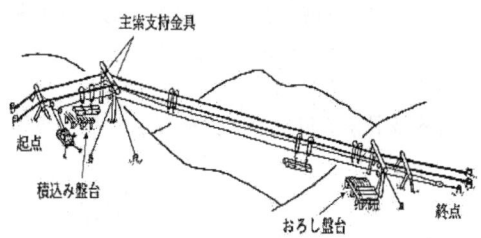

※一定区間を運材するものであり，原木等を積み込む位置と降ろす位置が決まっている。
(資料10−7に同じ)

ン以外のアセチレン及び酸素を使用して，金属を溶接し，溶断し，または加熱する設備をいう〔安衛令第1条第1号〕。アセチレン発生器とは，カーバイトに水をかけてアセチレンガスを発生させるものである。溶解アセチレンとは，アセチレンガスボンベに封入されたものをいう。

⑥　ガス集合溶接装置（移動式のものを除く）（ガス集合溶接装置とは，ガス集合装置，安全器，圧力調整器，導管，吹管等により構成され，可燃性ガス及び酸素を使用して，金属を溶接し，溶断し，又は加熱する設備をいう〔安衛令第1条第2号，安衛則第308条第1項〕）

⑦　機械集材装置（資料10−7参照。集材機，架線，搬器，支柱及びこれらに附属する物により構成され，動力を用いて，原木又は薪炭材を巻き上げ，かつ，空中において運搬する設備をいう。ただし原動機の定格出力が7.5kwを超えるものに限る）

⑧　運材索道（資料10−8参照。架線，搬器，支柱及びこれらに附属する物により構成され，原木又は薪炭材を一定期間空中において運搬する設備をいう。ただし，支間の斜距離の合計が350m以上のものに限る）

⑨　軌道装置（資料10−9参照）
＊事業場附帯の軌道及び車両，動力車，巻上げ機等を含む一切の装置で，動力を用いて軌条により労働者または荷物を運搬する用に供されるもの（鉄道営業法，鉄道事業法，軌道法の適用を受けるものを除く）をいう（安衛則第195条）。軌道とは，動力車，貨車，人車等を運行する線路をいう。

トラバーサーは軌道及び動力原動機を有しているが，トラバーサー（重量物，車体を台上に載せて回転向き変え水平方向に平行移動させる装置）のみでは軌道装置にならない。安衛則に定める軌道装置の適用を受ける軌道に接続して使用されるトラバーサーは，安衛則の適用を受ける（昭和24年8月8日基収第2480号，昭和33年2月13日基発第90号）。有軌道台車（コンピュータにより制御され，無人の状態でコイルなどを搬送する装置）は，構造上，脱線，転倒等その他災害のおそれがないとして，安衛則第195条の軌道装置として取り扱わないとされる（平成23年11月28日基安発第1128第1号）。

トラバーサー（資料10−10参照）とは，重量物を水平方向に平行移動（長尺物を横移動）させるための装

資料10-11 登りさん橋

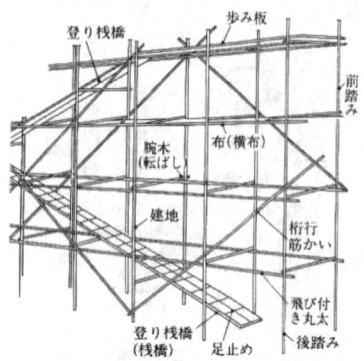

資料10-12 一側足場

(提供:近畿労務安全衛生研究所代表 玉泉孝次氏)

資料10-13 つり足場

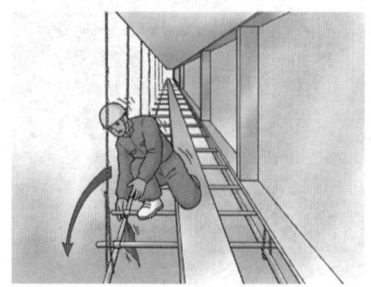

(厚生労働省「職場のあんぜんサイト」〔https://anzeninfo.mhlw.go.jp/anzen_pg/sai_det.aspx?joho_no=100620,最終閲覧日:2024年9月9日〕)

(提供:近畿労務安全衛生研究所代表 玉泉孝次氏〔元労働基準監督官〕)

資料10-14 張出し足場

(厚生労働省「職場のあんぜんサイト」〔https://anzeninfo.mhlw.go.jp/anzen_pg/sai_det.aspx?joho_no=100491,最終閲覧日:2024年7月16日〕)

置。一般には,鉄道の工場,検査場,車両基地などで複数線路間で鉄道車両を移動させる遷車台を指す。

⑩ 型枠支保工(支柱の高さが3.5m以上のものに限る)

＊型枠支保工とは,支柱,はり,つなぎ,筋かい等の部材により構成され,建設物におけるスラブ(建設物の床のように水平方向に長く平べったいコンクリート構造物),けた等のコンクリートの打設に用いる型枠を支持する仮設の設備をいう(安衛令第6条第14号)。

⑪ 架設通路(高さ及び長さがそれぞれ10m以上のものに限る)

＊架設通路とは,労働者が通行するための設備,つまり通路であって,両端が支持されているものをいう。架設足場の登りさん橋(昇降階段)が典型だが,仮設物に限られない。登りさん橋とは,建築工事に従事する作業員が,歩いて上り下りできるようにしたスロープ状の仮設通路のこと(資料10-11参照)。

⑫ 足場(つり足場,張出し足場以外の足場にあっては,高さが10m以上の構造のものに限る)

＊足場とは,いわゆる本足場,一側足場(資料10-12参照。ブラケット足場),つり足場(資料10-13参照),張出し足場(資料10-14参照。地面から本足場を組み上げられない場合に,工事中の建物の躯体に張り出し材を取り付けて,その上に本足場を設置する,といったつくりの足場),脚立足場等のように,建設物,船舶等の高所部に対する塗装,鋲打ち,部材の取り付け又は取り外し等の作業において,労働者を作業箇所に接近させて作業させるために設ける仮設の作業床及びこれを支持する仮設物をいう。

⑬ 有機則第5条又は第6条(特化則第38条の8においてこれらの規定を準用する場合を含む)の有機溶剤の蒸気の発散源を密閉する設備,局所排気装置,プッシュプル型換気装置又は全体換気装置(移動式のものを除く)

＊有機溶剤とは,他の物質を溶かす性質を持つ有機化合物の総称であり,様々な職場で,溶剤として塗装,洗浄,印刷等の作業に幅広く使用されている。有機溶剤は常温では液体だが,一般に揮発性が高いため,蒸気となって作業者の呼吸を通じて体内に吸収されやすく,また,油脂に溶ける性質があることから皮膚からも吸収される。局所排気装置(資料10-15参照)とは,有害物の発散源に吸引口を設け,吸引気流によって当該有毒物を含んだ空気を吸入するものである。その風上側に労働者を配置して作業することにより,有害物にばく露することを防ぐ。プッシュプル型換気装置(資料10-16参照)とは,動力により一定方向の流れを持つ吹き出し,吸い込み気流を形成し,有害物を含む空気を吸入するものである。全体換気装置とは,換気扇が典型だが,当該有害物を取り扱う作業場の空気を排出することにより,室内の有害物の濃度を低下させる。

⑭ 鉛則第2条，第5条から第15条まで及び第17条から第20条までに規定する鉛等又は焼結鉱等の粉じんの発散源を密閉する設備，局所排気装置又はプッシュプル型換気装置。焼結鉱とは，製鉄の焼結工程において使用するため，粉状の鉄鉱石を焼き固めたものをいう。高炉に粉状の鉄鉱石をそのまま入れると目づまりを起こし，炉内の下から上の還元ガスの流れを阻害するので，石灰石を混ぜ一定の大きさに焼き固めている。[13]

⑮ 四アルキル鉛をガソリンに混入する業務（四アルキル鉛をストレージタンクに注入する業務を含む）に用いる機械又は装置。四アルキル鉛とは，鉛にエチル基又はメチル基が合計4個ついた物をいい，内燃機関の燃料であるガソリンのオクタン価を高める添加物であるアンチノック剤として使用される物をいう。極めて毒性が高い。[14]

⑯ 特化則第2条第1項第1号に掲げる第1類物質又は特化則第4条第1項の特定第2類物質等を製造する設備。第1類物質（資料10-17参照）とは，製造許可物質とも呼ばれ，労働者に重度の健康障害を生ずるおそれのある物であることから，予め厚生労働大臣の許可を受けなければ，製造し，又は輸入することが禁じられている物をいう。具体的には，特化則第1条第1項に定める物質をいう。特定第2類物質（資料10-18参照）とは，第2類物質のうち，特化則第2条第1項で定める物質をいう。[15]

⑰ 令第15条第1項第10号の特定化学設備及びその附属設備。特定化学設備とは，安衛令別表第3第2号に掲げる第2類物質のうち厚生労働省令で定めるもの（特定第2類物質）又は同表第3号に掲げる第3類物質を製造し，又は取り扱う設備で，移動式以外のものをいう（特化則第13条）。その附属設備とは，特定化学設備に附設されたものをいい，主なものとしては，動力装置，圧縮装置，給水装置，計測装置，安全装置等がある（平成18年2月24日基発第0224003号）。

⑱ 特定第2類物質又は特化則第2条第1項第5号に掲げる管理第2類物質のガス，蒸気又は粉じんが発散する屋内作業場に設ける発散抑制の設備（特化則

資料10-15　局所排気装置

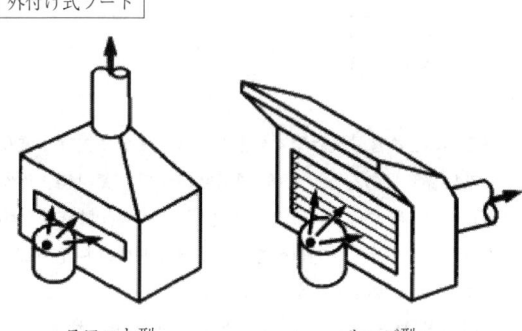

(厚生労働省「職場のあんぜんサイト」〔https://anzeninfo.mhlw.go.jp/user/anzen/kag/pdf/taisaku/common_Ventilating.pdf，最終閲覧日：2024年7月30日〕)

資料10-16　プッシュプル型換気装置

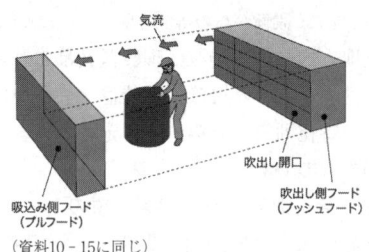

（資料10-15に同じ）

資料10-17　第1類物質

物質名	CAS No.	対象となる含有濃度	特別管理物質	管理濃度
ジクロルベンジジン及びその塩	特定されず	1%超	該当	―
アルファ-ナフチルアミン及びその塩	特定されず	1%超	該当	―
塩素化ビフェニル（別名PCB）	特定されず	1%超	非該当	0.01 mg/m^3
オルト-トリジン及びその塩	特定されず	1%超	該当	―
ジアニシジン及びその塩	特定されず	1%超	該当	―
ベリリウム及びその化合物	特定されず	1%超（合金は3%超）	該当	ベリリウムとして0.001 mg/m^3
ベンゾトリクロリド	98-07-7	0.5%超	該当	0.05 ppm

(「化学物質管理の情報サイト」〔https://www.chemical-substance.com/roudouanzen/tokuteikagakubushitsurisuto.html，最終閲覧日：2024年7月11日〕)

資料10-18　特定第2類物質

物質名	CAS No.	対象となる含有濃度	特別管理物質	管理濃度
エチレンイミン	151-56-4	1％超	該当	0.05 ppm
エチレンオキシド	75-21-8	1％超	該当	1 ppm
塩化ビニル	75-01-4	1％超	該当	2 ppm
クロロメチルメチルエーテル	107-30-2	1％超	該当	―
酸化プロピレン	75-56-9	1％超	該当	2 ppm
3,3'-ジクロロ-4,4'-ジアミノジフェニルメタン	101-14-4	1％超	該当	0.005 mg/m³
ジメチル-2,2-ジクロロビニルホスフェイト（DDVP）	62-73-7	1％超	該当	0.1 mg/m³
1,1-ジメチルヒドラジン	57-14-7	1％超	該当	0.01 ppm
ナフタレン	91-20-3	1％超	該当	10 ppm
ニッケルカルボニル	13463-39-3	1％超	該当	0.001 ppm
パラ-ジメチルアミノアゾベンゼン	60-11-7	1％超	該当	―
ベーターブロピオラクトン	57-57-8	1％超	該当	0.5 ppm
ベンゼン	71-43-2	1％超	該当	1 ppm
ホルムアルデヒド	50-00-0	1％超	該当	0.1 ppm
オルト-トルイジン	95-53-4	1％超	該当	1 ppm
アクリルアミド	79-06-1	1％超	非該当	0.1 mg/m³
アクリロニトリル	107-13-1	1％超	非該当	2 ppm
塩素	7782-50-5	1％超	非該当	0.5 ppm
シアン化水素	74-90-8	1％超	非該当	3 ppm
臭化メチル	74-83-9	1％超	非該当	1 ppm
トリレンジイソシアネート	584-84-9 91-08-7	1％超	非該当	0.005 ppm
パラ-ニトロクロルベンゼン	100-00-5	5％超	非該当	0.6 mg/m³
弗化水素	7664-39-3	5％超	非該当	0.5 ppm
沃化メチル	74-88-4	1％超	非該当	2 ppm
硫化水素	7783-06-4	1％超	非該当	1 ppm
硫酸ジメチル	77-78-1	1％超	非該当	0.1 ppm

（資料10-17に同じ）

第2条の2第2号又は第4号から第8号までに掲げる業務のみに係るものを除く）（管理第2類物質〔**資料10-19**参照〕とは，特定化学物質の第2類物質のうち，特定第2類物質及びオーラミン等以外をいい，具体的には特化則第2条第1項が定めるものをいう）

⑲　特化則第10条第1項の排ガス処理装置。排ガス処理装置とは人体に有害なガスを分解又は排出するための装置であって，ここではアクロレインに係るものものをいう。特定化学物質のうち一定の物のガス又は蒸気を含有する気体を排出する製造設備の排気筒又は局所排気装置若しくはプッシュプル型換気装置には，一定の処理方式による排ガス処理装置またはこれらと同等以上の性能を有する排ガス処理装置を設けなければならない（特化則第10条第1項）。ここでは，そのうち，アクロレイン（有害物質）に関する設備が対象となる。

⑳　特化則第11条第1項の排液処理装置。排液処理装置（**資料10-21**参照）とは多種多様な物質を含む廃油や廃酸，廃アルカリなどの廃液や排水を処理する装置で環境への負担軽減やコスト削減に貢献する。特定化学物質のうち一定の物を含有する排液（第1類物質を製造する設備からの排液を除く）については，一定の処理方式による排液処理装置又はこれらと同等以上の性能を有する排液処理装置を設けなければならない。特化則第11条第1項に定める物質とは**資料10-20**のものである。

⑳の2　特化則第38条の17第1項の1・3-ブタジエン等に係る発散抑制の設備（屋外に設置されるものを除く）

⑳の3　特化則第38条の18第1項の硫酸ジエチル等に係る発散抑制の設備（屋外に設置されるものを除く）

⑳の4　特化則第38条の19の1・3-プロパンスルトン等を製造し，又は取り扱う設備及びその附属設備

㉑　電離則第15条第1項の放射線装置（放射性同位元素等の規制に関する法律第12条の5第2項に規定する表示付認証機器又は同条第3項に規定する表示付特定認証機器を除く）。放射線装置とは，①エックス線装置，②荷電粒子を加速させる装置，③エックス線管若しく

資料10-19　管理第2類物質

物質名	CAS No.	対象となる含有濃度	特別管理物質	管理濃度
三酸化二アンチモン	1309-64-4	1％超	該当	アンチモンとして0.1mg/m
インジウム化合物	特定されず	1％超	該当	—
クロム酸及びその塩	特定されず	1％超	該当	クロムとして0.05mg/m³
コバルト及びその無機化合物	特定されず	1％超	該当	コバルトとして0.02mg/m³
コールタール	特定されず	5％超	該当	ベンゼン可溶性成分として0.2mg/m³
重クロム酸及びその塩	特定されず	1％超	該当	クロムとして0.05mg/m³
ニッケル化合物（ニッケルカルボニルを除き，粉状の物に限る）	特定されず	1％超	該当	ニッケルとして0.1mg/m³
砒素及びその化合物（アルシン及び砒化ガリウムを除く）	特定されず	1％超	該当	砒素として0.003mg/m³
リフラクトリーセラミックファイバー	特定されず	1％超	該当	5μm以上の繊維として0.3本/cm³
アルキル水銀化合物（アルキル基がメチル基又はエチル基である物に限る）	特定されず	1％超	非該当	水銀として0.01mg/m³
オルト-フタロジニトリル	91-15-6	1％超	非該当	0.01mg/m³
カドミウム及びその化合物	特定されず	1％超	非該当	カドミウムとして0.05mg/m³
五酸化バナジウム	1314-62-1	1％超	非該当	バナジウムとして0.03mg/m³
シアン化カリウム	151-50-8	5％超	非該当	シアンとして3mg/m³
シアン化ナトリウム	143-33-9	5％超	非該当	シアンとして3mg/m³
水銀及びその無機化合物（硫化水銀を除く）	特定されず	1％超	非該当	水銀として0.025mg/m³
ニトログリコール	628-96-6	1％超	非該当	0.05ppm
ペンタクロルフェノール（別名PCP）及びそのナトリウム塩	87-86-5 131-52-2	1％超	非該当	ペンタクロルフェノールとして0.5mg/m³
マンガン及びその化合物（塩基性酸化マンガンを除く）	特定されず	1％超	非該当	マンガンとして0.2mg/m³

（資料10-17に同じ）

はケノトロンのガス抜き又はエックス線の発生を伴うこれらの検査を行う装置，④放射性物質を装備している機器をいう。表示付認証装置とは，RI装備計器（RI（放射性同位元素）を利用して，水分や密度を測定する装置を装備したもの）のうち，原子力規制委員会又は登録認証機関の（財）原子力安全技術センターで設計認証を受けたものをいう[16]（電離則第15条第1項）。

㉒　事務所衛生基準規則第5条の空気調和設備又は機械換気設備で中央管理方式のもの。空気調和設備とは，空気を浄化し，その温度，湿度及び流量を調節して供給できる設備をいう（事務所則第5条第1項）。機械換気設備とは，空気を浄化し，その流量を調節して供給することができる設備をいう（事務所則第5条第1項）。**資料10-22参照**。

㉓　粉じん則別表第2第6号及び第8号に掲げる特定粉じん発生源を有する機械又は設備並びに同表第14号の型ばらし装置。

　粉じん則別表第2第6号に掲げる特定粉じん発生源を有する機械又は設備とは，粉じん則別表第1第6号又は第7号に掲げる作業に係る粉じん発生源のうち，屋内の，研磨材の吹き付けにより，研磨し，

資料10-20

物質名	処理方式
アルキル水銀化合物（アルキル基がメチル基又はエチル基である物に限る。	酸化・還元方式
塩酸	中和方式
硝酸	中和方式
シアン化カリウム	酸化・還元方式　活性汚泥方式
シアン化ナトリウム	酸化・還元方式　活性汚泥方式
ペンタクロロフェノール（別名PCP）およびそのナトリウム塩	凝集沈でん方式
硫酸	中和方式
硫化ナトリウム	酸化・還元方式

（「化学物質管理の情報サイト」〔https://www.chemical-substance.com/roudouanzen/kanri.html，最終閲覧日：2024年7月11日〕）

資料10-21　中和方式排液処理装置

（株式会社エイチツー WEBサイト〔https://ph.eichitwo.com/?page_id=225，最終閲覧日：2024年11月8日〕）

資料10-22

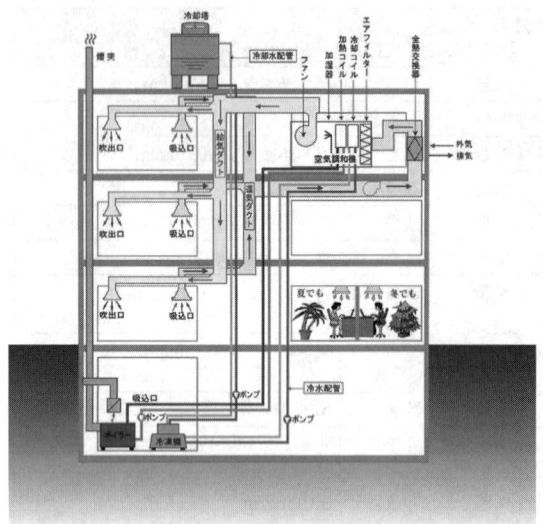

(一般社団法人日本空調衛生工事業会WEBサイト〔https://www.nikkuei.or.jp/architecture-tips/tips-air/，最終閲覧日：2024年7月29日〕)

又は岩石若しくは鉱物を彫る箇所に設置された機械又は設備をいう。

　粉じん則別表第1第6号とは，「岩石又は鉱物を裁断し，彫り，又は仕上げする場所における作業（第13号に掲げる作業を除く。）。ただし，火炎を用いて裁断し，又は仕上げする場所における作業を除く。」であり，第7号の作業とは，「研磨材の吹き付けにより研磨し，又は研磨材を用いて動力により，岩石，鉱物若しくは金属を研磨し，若しくはばり取りし，若しくは金属を裁断する場所における作業（前号に掲げる作業を除く。）」をいう。

　粉じん則別表第2第8号に掲げる特定粉じん発生源を有する機械又は設備とは，別表第1第8号に掲げる作業に係る粉じん発生源のうち，屋内の，鉱物等，炭素原料又はアルミニウムはくを動力（手持式動力工具によるものを除く）により破砕し，粉砕し，又はふるい分ける箇所に設置された機械または設備をいう。

　別表第1第8号の作業とは，「鉱物等，炭素原料又はアルミニウムはくを動力により破砕し，粉砕し，又はふるい分ける場所における作業（第3号，第15号又は第19号に掲げる作業を除く。）。ただし，水又は油の中で動力により破砕し，粉砕し，又はふるい分ける場所における作業を除く。」をいう。

　粉じん則別表第2第14号の型ばらし装置に言う型ばらしとは，鋳造が完了した鋳物を振動機やハンマー等により鋳型を崩し，鋳物を取り出す工程を指す。製品に傷がつかないように鋳物を取り出す必要があるため，注意が必要となる。これを行うために用いられる機械（振動を加えるものや棒で突くもの等）

が型ばらし装置である[17]。

㉔　粉じん則第4条又は第27条第1項但書の規定により設ける局所排気装置又はプッシュプル型換気装置。

㉕　石綿等の粉じんが発散する屋内作業場に設ける発散抑制の設備。事業者は，石綿等の粉じんが発散する屋内作業場については，当該粉じんの発散源を密閉する設備，局所排気装置（資料10-15）又はプッシュプル型換気装置（資料10-16）を設けなければならない。ただし，当該粉じんの発散源を密閉する設備，局所排気装置若しくはプッシュプル型換気装置の設置が著しく困難なとき，又は臨時の作業を行うときは，この限りではない（石綿則第12条）。なお，石綿をその重量の0.1％を超えて含有する物は製造禁止である[18]。

3　計画の届出等

(1)　計画の届出書等

　事業者は，安衛則別表第7の上欄に掲げる危険有害機械等を設置し，若しくは移転し，又はこれらの主要構造部分を変更しようとするときは，所定の様式（様式第20号）による届書に，当該機械等の種類に応じて同表の中欄に掲げる事項を記載した書面及び同表の下欄に掲げる図面等を添えて，所轄労働基準監督署長に提出しなければならない（安衛則第86条第1項）。所定の様式は**資料10-23**「様式第20号」サンプルを参照されたい。

　ただし，以下の場合は安衛法第88条第1項による届出は要しない（安衛則第86条第2項，第3項）。

①　特化則第49条第1項の規定による申請をした者（安衛法第56条第1項に定める，ジクロルベンジジン等を含有する製剤その他の労働者に重大な健康障害を生ずるおそれのある物等を製造しようとする者で，製造許可を申請した者をいう）が，別表第7の16の項から20の3の項までの上欄に掲げる機械等の設置を行う場合（ここでいう機械等とは，特化則第2条第1項第1号に掲げる第1類物質又は特化則第4条第1項の特定第2類物質を製造する設備〔16項〕，安衛令第15条第1項第10号の特定化学物質及びその附属設備など〔17項〕をいう）。

②　石綿則第47条第1項（安衛法第55条に定める黄りんマッチ，ベンジジン等を含有する製剤その他の労働者に重度の健康障害を生ずる物等を試験研究のため製造・輸入・使用する者で許可を申請する者），又は第48条の3第1項の規定による申請をした者（安衛法第56条第1項に定める，ジクロルベンジジン等を含有する製剤その他の労働者に重大な健康障害を生ずるおそれのある物等を製造しようとする者で，製造許可を申請した者をいう）が，別表第7の25の項の上欄に掲げる機械等（石綿等が発散する屋内作業場に発散抑制の設備）の設置を行う場

資料10-23　様式第20号（第86条関係）

（機械等 設置・移転・変更届の様式）

資料10-24　橋梁の各部分の長さ

橋　長…両端の橋台の胸壁（パラペット）前面間の長さ
桁　長…主桁の長さ
支間長…支承の間の長さ
径間長…下部構造の橋台（橋脚）と橋台（橋脚）の間の長さ

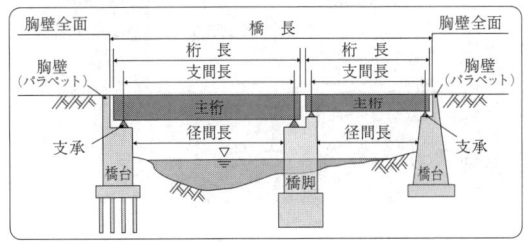

（国土交通省「橋梁の基礎知識と点検のポイント」をもとに作成）

よる届書に次の書類及び圧気工法による作業を行う仕事にかかる場合にあっては圧気工法作業摘要書（様式第21号の2）を添えて厚生労働大臣に提出しなければならない（安衛則第91条第1項）。

① 仕事を行う場所の周囲の状況及び四隣との関係を示す図面
② 建設等をしようとする建設物の概要を示す図面
③ 工事用の機械，設備，建設物等の配置を示す図面
④ 工法の概要を示す書面又は図面
⑤ 労働災害を防止するための方法及び設備の概要を示す書面又は図面
⑥ 工程表

（2） 第2項の計画届の対象工事

厚生労働大臣への届出の対象工事としては，過去の災害状況からみて，爆発，倒壊，異常出水等の災害の危険性が特に高いトンネル，橋梁，潜函等に係る建設工事のうち，危険度等を考慮して，次のような仕事が対象工事に規定されている（安衛則第89条）。

① 高さが300m以上の塔の建設の仕事
② 堤高（基礎地盤から堤頂までの高さをいう）が150m以上のダムの建設の仕事
③ 最大支間500m（つり橋にあっては，1000m）以上の橋梁の建設の仕事（＊最大支間とは橋梁の支点と支点の間隔のうち，最大のものをいう〔昭和55年11月25日基発第648号〕。資料10-24参照）
④ 長さが3000m以上のずい道等の建設の仕事
⑤ 長さが1000m以上3000m未満のずい道等の建設の仕事で，深さが50m以上のたて坑（通路として使用されるものに限る）の掘削を伴うもの
⑥ ゲージ圧力が0.3MPa以上の圧気工法による作業を行う仕事。圧気工法（資料10-25参照）とは，構造物の基礎や地下トンネルなどで，湧水を防ぐため，高い空気圧のもとで掘削作業を進める工法。基礎の場合には，空気ケーソン，潜函，ニューマチックケーソン，地下トンネルの場合には，圧気シールド工法などと呼ばれている。作業員が高い気圧のもと

合。

（2） 計画届出書の提出先，期日

届出書の提出先である所轄労働基準監督署長の所轄とは，事業場の所在地又は仕事の場所を管轄する労働基準監督署を指す。

届出の期日は，工事開始の30日前までとされている。

4　建設業の仕事で特に大規模な仕事の計画届（第2項）

（1） 計画届の方法

建設業の仕事で特に大規模な仕事については，事業者は，その仕事の開始の日の30日前までに，直接，厚生労働大臣に届けなければならない（本条第2項）。

ここで，工事の開始の日とは，本工事ないし本体工事に着手する日であると考えられ，例えば，ずい道建設においては立坑又は本坑の掘削に着手する日，ビル建築では基礎掘削に着手する日などがこれにあたる。

ここでの届出の対象となる仕事には，全て一定の資格者がその計画作成に関与することを要する。

建設業に属する事業の仕事について，本条第2項の規定に基づく届出をしようとする者は，様式第21号に

資料10-25 圧気工法（トンネル工事）

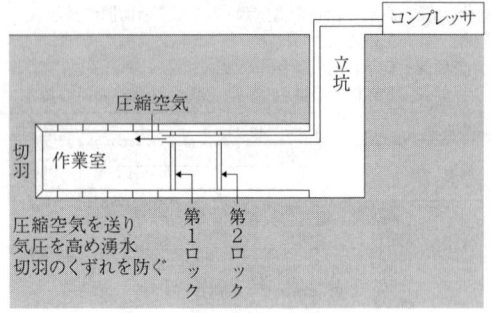

で作業をするので、作業時間などに制約があるが、直接地質を確かめながら作業できるので、確実な工事が可能となる。近年は、大型基礎に空気ケーソンを用い、各種の建設機械をケーソンの中に持込み、機械化作業が行われるようになった。[19]

5 建設業又は土石採取業の事業の一定の規模あるいは種類の仕事の計画届（第3項）

(1) 第3項の計画届の方法

事業者が建設業又は土石採取業の事業の一定の規模あるいは種類のもの（以下では建設業等の仕事）を開始しようとするときは、工事開始14日前までに、労働基準監督署長に届け出なければならない（法第88条第3項）。

土石採石業とは、採石業や土砂採石業が含まれるが、鉱山は経済産業省が所管するため、ここでの対象とならない。

(a) 建設業の計画届

建設業に属する事業の仕事について、本条第3項の規定に基づく届出をする場合、安衛則第91条第1項の規定を準用する（安衛則第91条第2項）とされる。

安衛則第91条第1項は、「建設工事・土石採取計画届」（様式第21号）による届出に次の書類及び圧気工法による作業を行う仕事に係る場合にあっては、圧気工法作業摘要書（様式第21号の2）を添えて厚生労働大臣に提出しなければならない。

① 仕事を行う場所の周囲の状況及び四隣との関係を示す図面
② 建設等をしようとする建設物等の概要を示す図面
③ 工事用の機械、設備、建設物等の配置を示す図面
④ 工法の概要を示す書面又は図面
⑤ 労働災害を防止するための方法及び設備の概要を示す書面又は図面
⑥ 工程表

(b) 土石採取業の計画届

土石採取業に属する事業の仕事について、本条第3項の規定に基づく届出をしようとする者は、様式第21号による届書に次の書類を添えて所轄労働基準監督署長に提出しなければならない（安衛則第92条）。

① 仕事を行う場所の周囲の状況及び四隣との関係を示す図面
② 機械、設備、建設物等の配置を示す図面
③ 採取の方法を示す書面又は図面
④ 労働災害を防止するための方法及び設備の概要を示す書面又は図面

(2) 第3項の計画届の対象

本条第3項の厚生労働省令で定める仕事とは、以下のものをいう（安衛則第90条）。

① 高さ31mを超える建築物又は工作物（橋梁を除く）の建設、改造、解体又は破壊（以下「建設等」という）の仕事（第1号）
② 最大支間50m以上の橋梁の建設等の仕事（第2号）
③ 最大支間30m以上50m未満の橋梁の上部構造の建設等の仕事（第18条の2の2の場所において行われるものに限る）（第2号の2）
④ ずい道等の建設等の仕事（ずい道等の内部に労働者が立ち入らないものを除く）（第3号）
⑤ 掘削の高さ又は深さが10m以上である地山（建設業では人為的な盛り土などが行われていない、自然のままの地盤をいう[20]）の掘削（ずい道等の掘削及び岩石の採取のための掘削を除く。以下同じ）の作業（掘削面の下方に労働者が立ち入らないものを除く）を行う仕事（第4号）
⑥ 圧気工法による作業を行う仕事（第5号）
⑦ 建築物、工作物又は船舶（鋼製の船舶に限る。次号において同じ）に吹き付けられている石綿等（石綿等が使用されている仕上げ用塗り材を除く）の除去、封じ込め又は囲い込みの作業を行う仕事（第5号の2）

（令和2年安衛則改正。「建築物」とは、全ての建築物をいい、建築物に設けるガス若しくは電気の供給、給水、排水、換気、暖房、冷房、排煙又は汚物処理の設備等の建築設備を含むものをいう。「工作物」とは、「建築物」以外のものであって、煙突、サイロ、鉄骨架構、上下水道管等の地下埋設物、化学プラント等、建築物内に設置されたボイラー、非常用発電設備、エレベーター、エスカレーター等又は製造若しくは発電等に関連する反応槽、貯蔵設備、発電設備、焼却設備、煙突等及びこれらの間を接続する配管等の設備等があるものをいう。なお、建築物内に設置されたエレベーターについては、かご等は工作物であるが、昇降路の壁面は建築物である。建築物等や船舶の解体等の前には、当該建築物等や船舶に石綿含有建材が使用されているか否かを調査する必要がある。この調査は、原則として書面による調査〔書面調査〕と現地で目視により確認する調査〔現地での目視調査〕を行う必要がある。また、事前調査で建材が石綿を含有するか否か判断できない場合は、

建材の採取・分析を行って石綿含有の有無を確認する必要がある。）[21]

⑧ 建築物，工作物又は船舶に張り付けられている石綿等が使用されている保温材，耐火被覆材（耐火性能を有する被覆材をいう）等の除去，封じ込め又は囲い込みの作業（石綿等の粉じんを著しく発散するおそれのあるものに限る）を行う仕事（第5号の3）

⑨ ダイオキシン類対策特別措置法施行令別表第一第5号に掲げる廃棄物焼却炉（火格子面積が$2m^2$以上又は焼却能力が1時間当たり200kg以上のものに限る）を有する廃棄物の焼却施設に設置された廃棄物焼却炉，集じん機等の設備の解体等の仕事（火格子とは，ボイラーの焚口と火堰の間にあって，燃焼する固体燃料を支えるもので，火格子面積とは燃焼室内の面積をいう）[22]（第5号の4）

⑩ 掘削の高さ又は深さが10m以上の土石の採取のための掘削の作業を行う仕事（第6号）

⑪ 坑内掘り（坑道を開削して地下の鉱体や炭層を採掘する採掘方式。露天掘りに対する用語）[23]による土石の採取のための掘削の作業を行う仕事（第7号）

6 参画人が参画する工事等（第4項）

安衛法88条の届出の対象となる工事のうち，以下のものは，厚生労働省が定める一定の資格を有する者（参画人）がその計画の作成に参画していなければならない（同条第4項）。第1項のみならず，第2項又は第3項の届出においても同様である。

参画人の資格は，安衛則別表第9の上欄に掲げる工事又は仕事の区分に応じて同表の下欄に掲げるものとする（安衛則第92条の3。1(4)参照）。

7 数次の請負による工事の場合の特例（第5項）

第3項の届出に関して，建設工事が数次の請負契約によって行われる場合において，当該工事を自ら行う発注者（最先次で他者に仕事を請け負わせている注文者であって，丸投げせず，自らも仕事を行う者。〔特定〕元方事業者には，発注者の下にある元請も含まれる点で異なる）がいるときは当該発注者以外の事業者，当該仕事を自ら行う発注者がいないときは元請負人以外の事業者については，適用しない。つまり，数次の請負契約によって工事が行われる場合，下請の事業者は届出義務を負わない（本条第5項）。

この場合，元請負人が共同企業体（JV）の場合は，事前に「共同企業体代表者届」を所轄の労働基準監督署長を経由して都道府県労働局長に提出した場合，当該代表者である企業を安衛法で定める事業者とみなして同法を適用するため（法第5条），計画の届出も代表者である企業に対してのみ義務が生ずる。[24]

8 計画届免除認定制度

安衛法第28条の2第1項に規定する措置その他の厚生労働省令で定める措置を講じているものとして，厚生労働省令で定めるところにより労働基準監督署長が認定した事業者について，本条第1項及び第2項に基づく計画の届出義務が免除される（安衛法第88条第1項但書〔第2項で準用する場合を含む〕）。

平成18年施行の改正安衛法において設けられた制度である。

(1) 免除申請できる事業者

事業者が，以下の①から③までの全ての要件を満たす場合，計画の届出等の免除申請ができる。

① 法第28条の2第1項の危険性又は有害性の調査を含む安衛則第24条の2の指針に従った自主的活動（労働安全衛生マネジメントシステム）が行われていること（安衛則第87条第1項及び第2項）

② 安衛則第87条の3に定める欠格条項に該当しないこと

③ 安衛則第87条の4に定める認定基準に該当すること

である。

欠格事項とは，以下の場合をいう。①法又は法に基づく命令の規定（認定を受けようとする事業場に係るものに限る）に違反して，罰金以上の刑に処せられ，その執行を終わり，又は執行を受けることがなくなった日から起算して2年を経過しない者，②認定を受けようとする事業場について第87条の9の規定により認定を取り消され，その取消しの日から起算して2年を経過しない者，③法人で，その業務を行う役員のうちに前2号のいずれかに該当する者があるものは，認定を受けることができない（安衛則第87条の3）。

労働安全衛生マネジメントシステムとは，事業場における安全衛生水準の向上を図ることを目的として，トップの方針のもと，実施したリスクアセスメントの結果に基づき，事業者が目標の設定，計画の作成，実施，評価及び改善の一連の過程（PDCA）を定めて行う自主的な安全衛生活動の仕組みである。[25]厚生労働省は「労働安全衛生マネジメントシステムに関する指針」（令和元年7月1日基発0701第3号）を公表している。[26]

(2) 免除認定の申請

認定は，通常は事業場単位で，所轄労働基準監督署長が行う（安衛則第87条の2）。ただし，建設業に属する事業の仕事を行う事業者については，当該仕事の請負契約を締結している事業場ごと（＊場所単位ではなく，契約単位ということ）に認定を行う（安衛則第88条）。認定の単位については，資料10-26を参照されたい。

免除認定の申請を行おうとする事業者は，計画届免除認定申請書（様式第20号の2）に次の①から④までの書面を添えて，所轄労働基準監督署長に提出しなけれ

資料10−26

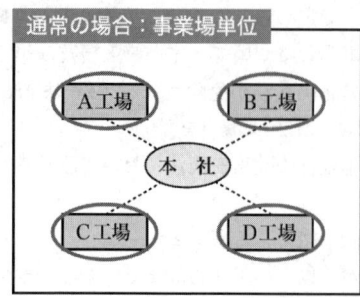

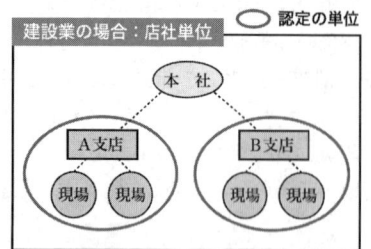

（厚生労働省のWEBサイト〔https://www.mhlw.go.jp/topics/bukyoku/roudou/an-eihou/dl/060421-2b.pdf，最終閲覧日：2022年10月8日〕）

ばならない（安衛則第87条の5第1項）。
① 安衛則第87条の3各号（欠格事項）に該当しないことを説明した書面
② 安衛則第87条の措置（リスクアセスメントを含む労働安全衛生マネジメントシステム）の実施状況について，申請の日前3カ月以内に一定の要件を備えた2人以上の労働安全コンサルタント又は労働衛生コンサルタント等による評価を受けたことを証する書面及び評価結果の概要を記載した書面
③ 前記②の評価について，一定の要件を備えた2人以上の労働安全コンサルタント又は労働衛生コンサルタント等による監査を受けたことを証する書面
④ 後記②③の要件に該当することを証する書面
（3）認定基準
所轄労働基準監督署長は，認定を受けようとする事業場が次に掲げる要件の全てに適合しているときは，認定を行わなければならない。
① 安衛則第87条の措置（リスクアセスメントを含む労働安全衛生マネジメントシステム）を適切に実施していること
② 労働災害の発生率が，当該事業場の属する業種における平均的な労働災害の発生率を下回っていると認められること[27]
③ 申請の日前1年間に労働者が死亡する労働災害その他の重大な労働災害が発生していないこと[28]
が要件となっている（安衛則第87条の4）。
なお，厚生労働省は，さらに詳しい認定基準を，「労働安全衛生法第88条に基づく計画届の免除認定制度の運用について」（平成18年3月10日基安発第0310001

号）に定めている。
（4）認定の有効期間，措置の停止，取消し等
事業者は3年ごとに更新を受けなければ，受けた認定は失効する（安衛則第87条の6第1項）。

認定を受けた事業者は，認定を受けた事業場ごとに，1年以内ごとに1回，実施状況等報告書に安衛則第87条の措置の実施状況について行った監査の結果を記録した書面を添えて，所轄労働基準監督署長に報告しなければならない（安衛則第87条の7）。

認定を受けた事業者が，認定を受けた事業場において安衛則第87条の措置を行わなかったときは，その旨を速やかに所轄労働基準監督署長に報告するとともに，認定証を返納しなければならない（安衛則第87条の8）。

欠格事項に該当するに至ったとき，認定基準に適合しなくなったと認められるとき，実施状況等報告書を提出せず，若しくは虚偽の記載をして提出したとき，又は不正の手段により認定若しくはその更新を受けたことが明らかになったときは，認定は取り消される（安衛則第87条の9）。

9　差止め又は変更命令（第6項）
厚生労働大臣又は労働基準監督署長は，届け出られた計画を審査した結果，その計画による建設物，機械等の設置，移転，変更又は仕事の開始についての内容が労働安全衛生法令に違反すると認めた場合，工事若しくは仕事の開始の差止め，又は計画変更を届出者に対して命令することができる（本条第6項）。

ただし，工事又は仕事の開始の差止め命令は，労働者の安全と健康を確保するためのものであるから，計画が変更され安全衛生上危険有害でないことが期待される場合は，計画の変更が命じられることになる。

工事着手差止・計画変更命令は，工事着手差止・計画変更命令書の交付により行われている。

また，命令を行わない場合であっても，計画の届出の内容に問題があるときは，工事計画変更勧告書又は工事計画変更指導書により計画の改善を行うよう行政指導がなされることがある。

本条の工事差止・計画変更命令に関する実際の運用においては，迅速な処理のため，窓口担当者が届出の受理と同時に内容の審査を行い，その場で任意の用紙に指導事項を記入して計画の改善（修正，変更）を求め，工事着手までに，改善したとの報告を徴し，上記の正式な様式による命令，勧告，指導は行わず審査を終了することも多いようである。

安衛法第88条第6項及び労基法第96条の2第2項では，工事着手差止・計画変更命令以外の権限について規定されていないが，厚生労働省設置法等に基づく行政指導は当然可能である。

労働基準監督年報によると年間の工事着手差止・計画変更命令件数が100～200件となっているが，これも本当は工事着手差止・計画変更命令の対象となりうる計画届はもっと多いと思われるが，上述の通り簡易的な指導で解決している例が多いことから命令がなされていないと思われる。

勧告・指導の内容は，計画届の対象となる機械や作業そのものに絞られるわけではなく，例えば石綿等の除去に係る建設工事計画届において，石綿等の除去のために薬剤を使用する時は，当該薬剤のSDSを確認して防毒マスクの使用等を指導することがあるとされる[29]。

10　発注者に対する勧告又は要請

厚生労働大臣又は労働基準監督署長は，本条第6項の規定に基づき差止め命令又は変更命令をした場合で，必要があると認めるときは，当該命令に係る工事の発注者等に対して，今後，安衛法上問題となるような発注条件を付さないよう留意すること等，労働災害防止に関する事項について必要な勧告又は要請を行うことができる（本条第7項）。

本条第1項から第4項は，計画の届出等の措置を事業者に義務づけているが，第7項は，行政が事業者ではない発注者に対しても一定の勧告又は要請を行うことができることを規定している。

安衛法は，数次の請負により事業が行われる場合などに，労働契約の相手方たる事業者以外の者（発注者，派遣先など）を義務主体に加えている。これは，特定の事案に関し，最適な義務主体は誰かということと，それに負わせるべき義務内容として何が求められるかという2つの側面から，安全衛生上の実効性を確保することを目的としている[30]。同種の考え方は，イギリスの法制度でもみられ，安全衛生では，リスクを創出した者や，情報を得て情報を管理する者が管理責任を負うという考え方がとられている[31]。

安衛法第3条第3項は，建設工事の注文者等仕事を他人に請け負わせる者に対して，施行方法，工期等について，安全で衛生的な作業の遂行をそこなうおそれのある条件を附さないよう配慮しなければならないと規定している。これは建設工事では，発注者が工期，設計条件等を示し，この発注条件に基づいて事業者が工事を施工することになるので，これらの設計条件が施工方法に大きな影響を及ぼし，不適切な発注条件が付された場合，施工時の安全衛生の確保に困難が生ずることになるからである。

しかし，現実には，無理な工期が設けられているなど安全衛生上問題がある設計条件の発注がなされている例がある。数次の請負がなされている場合，労災事故の防止を徹底させるためには，発注者においても工事が安全に行われるよう配慮しなければならない。

法第3条第3項は，発注者に対し一般的に配慮を求めるものであるが，本条第7項は，本条第6項に定める差止め命令又は変更命令を行うなど具体的な危険が認められる場合，行政は，当該命令にかかる工事の発注者に対しても安衛法上問題となるような発注条件を附さないよう必要な勧告又は要請を行うことにより，具体的な配慮を求めるものといえよう。

具体的な配慮の内容としては，例えば，発注者に対して，今後，安衛法上問題となるような発注条件を付さないよう留意すること，事業者の改善措置が迅速に講じられるよう配慮すること等を勧告又は要請することになる。なお，これらの勧告は，発注者その他の注文者が安衛法違反となる事項を発注条件として付していることを理由として行われるものであるから，設計図書において安衛法違反となる事項が明示されている場合等に行われることになる[32]。

昭和63年9月16日基発第601号の1では，発注者等に対する勧告又は要請（第88条第8項〔現行では第7項〕及び第98条第4項）について次の通り通達されている。すなわち，

① 第88条第8項（現行第7項）又は第98条第4項に基づく勧告又は要請は，当該仕事の発注者（第98条第4項の場合にあっては，注文者）が労働安全衛生法違反を惹起させる条件を付していることを理由に行うこととしているものであり，したがって設計図面において同法違反となる事項が明示されている場合等に行うものであること。

② 第88条第8項の「労働災害の防止に関する事項」及び第98条第4項の「労働災害を防止するため必要な事項」には，命令に基づく事業者の改善措置が迅速に講ぜられるよう配慮すること，今後，労働安全衛生法違反を惹起させる条件を付さないよう留意すること等があること。

11　本条違反の場合の罰則

事業者が，本条第1項から第3項までの規定に違反して計画の届出をしない場合又は第4項の規定に違反し有資格者を参画させない場合には，50万円以下の罰金に処せられる（安衛法第120条第1号）。

事業者が第6項の規定に違反して，労働基準監督署長の命令に従わない場合には，6カ月以下の懲役又は50万円以下の罰金に処せられる（法第119条第2号）。

計画届の提出期限に遅れた場合は，その計画届の内容を審査する期間がないため，法令に従って，労働基準監督署長はその受理を拒むことになる。

ただし，運用の実態としては，届出期限に遅れた場合，労働基準監督署長から，「遅延理由書」の提出を求められ，その添付を条件に，提出期限に遅れた計画

届を受理することもある。[33]

本条違反の送検事例を紹介する。紹介例は、労基署から足場設置届の提出などについて、2度にわたって是正勧告を受けながら、それを無視し、足場の設置届を行わないまま建築工事をしていた建設会社A社とその現場責任者が書類送検された事例である。

労基署がA社の施工する鉄筋10階建てマンションの工事現場を臨検したところ、高さ30mを超える建物であるにもかかわらず、安衛法第88条第4項（現在の第3項）に規定された建築工事計画届及び同第2項（現第1項）に規定された足場の設置届を提出していなかったことから、現場代理人Xを出頭させ、猶予期間を定めた是正勧告書を交付した。ところが、その後、労基署が、A社施工の別のビル建築現場を確認・監督したところ、やはり足場の設置届を提出していない違反が再び発見された。そこで、労基署が、同現場の現場代理人Yを出頭させ是正勧告書を再度交付した。

労基署はその後も是正勧告書を交付した2つの現場について調査を継続していたが、いずれの足場設置届も提出されていなかった。そこで、労基署は違反を繰り返す悪質店主として、A社と現場代理人X及びYの3者を安衛法第88条第2項違反の疑いで送検した。[34]

次に、行政監督と刑事責任の関係について述べる。本条の第1項から第3項までは計画等の届出を「事業者」に課している。すなわち、届出義務を負っているのは「事業者」である。この義務の履行にあたっては、事業者本人が履行する場合もあるが、義務の履行を受任者に委任して行うこともでき、あるいは従業員を履行補助者として用いることもできる。行政上の責任という観点からみれば、事業者がいかなる履行方法をとろうと、結果として届出がなされなければ、行政上の義務違反が生じる。

ところが、刑事責任は、法律に違反する行為をしたことについての責任を問うものであって、届出がなされなかったという結果が発生したことに対する責任を問うものではない。刑事法上は、結果において届出がなされなかった場合、誰の行為によってその結果が発生したかということを問題にするのであって、事業者が自ら届出をしなかったのか、補助者や受任者が届出をしなかったということを区別しなければならない。そのうえで、補助者や受任者が届出を行わなかった場合には、意図的に届出を行わなかったどうかが検討される。[35]

例えば、建設業に属する事業の仕事では事前にその計画を労働基準監督署長に届け出なければならないが（第3項）、届出がなされなかった状況としては、①事業者に届け出る意思がなく、届け出なかった、②事業者に届出の意思があり、受任者に届け出ることを委任したが、受任者が故意又は過失によって届け出なかった、③事業者に届け出る意思があり、書類を作成して補助者（従業員）に書類を提出するよう指示したが、補助者が故意又は過失によって届け出なかった、という状況が想定できる。

行政法規上はいずれの場合であっても事業者の責任が発生する。しかし、刑事法上は、上記①の場合は事業者が、上記②の場合は受任者が、上記③の場合は補助者が違反者となる。

ところが、上記②、③の場合、受任者にも補助者にも事業者という身分がないので、違反行為者であってもその行為は構成要件に該当しないため安衛法第88条第3項の規定に違反することにならず、処罰されない。さらに、この場合、事業者に届出がなされなかったことを知りながら、それを容認して放置していたという事情がなければ、事業者も処罰できないことになる。[36]

これは法目的に反するものといわなければならない。そこで、こうした場合には、安衛法第122条のいわゆる両罰規定が重要な役割を果たす。すなわち、両罰規定の意味は、法人の代表者又は法人がもしくは代理人、使用人その他の従業者が、その法人又は人の業務に関して、第116条、第117条、第119条又は第120条の違反行為をしたときは、「行為者を罰する」点にある。「行為者を罰する」というのは、第116条以下の各規定が引用している各本条の措置義務者が特定の身分がある場合には、その規定違反の犯罪は身分犯となり、身分のない者は形式的には各規定に違反する行為を行っても処罰されないが、この「行為者を罰する」という規定により、身分がない者が行った各規定に違反する行為を犯罪とすることを意味しているのである。[37]

この規定により、事業者ではない履行補助者が処罰の対象とされることになるが、さらに、事業者自体が処罰されるか否かにかかわらず、行為者に加えて、法人もまた処罰されることになる。

（厚生労働大臣の審査等）

第89条　厚生労働大臣は、前条第1項から第3項までの規定による届出（次条を除き、以下「届出」という。）があつた計画のうち、高度の技術的検討を要するものについて審査をすることができる。

2　厚生労働大臣は、前項の審査を行なうに当つては、厚生労働省令で定めるところにより、学識経験者の意見をきかなければならない。

> 3 厚生労働大臣は、第1項の審査の結果必要があると認めるときは、届出をした事業者に対し、労働災害の防止に関する事項について必要な勧告又は要請をすることができる。
> 4 厚生労働大臣は、前項の勧告又は要請をするに当たつては、あらかじめ、当該届出をした事業者の意見をきかなければならない。
> 5 第2項の規定により第1項の計画に関してその意見を求められた学識経験者は、当該計画に関して知り得た秘密を漏らしてはならない。

1 内容

1 趣旨

本条は、前条の規定により届けられた計画のうち、高度の技術的検討を要するものについて、厚生労働大臣が行う審査、それに基づく勧告等について定めたものである。

技術革新の進展により、大幅な機械化や設備の大型化のほか、新原材料、新生産方法の採用等が急テンポに進むため、危害防止のための措置基準や構造基準等に常に検討が加えられているとはいえ、各産業界の技術水準に即応することが困難な場合がある。前条の届出内容が法令の定める措置基準等に違反する場合は、厚生労働大臣又は労働基準監督署長が前条第6項に基づく命令をすることができることはもちろんであるが、届出内容が法令に規定される技術水準を超えているような場合でも基準がないからといって安全衛生確保の観点からは、これを放置することはできない[38]。

2 審査の対象（第1項）

本条第1項において、厚生労働大臣が審査を行うのは、前条の規定（第88条第1項から第3項までの規定）による届出があった計画のうち、「高度の技術的検討を要するもの」である。具体的には、新規に開発された工法等を採用する建設工事計画、石油化学工場等における新生産方式の採用による設備増設計画等である[39]。

そして、これらの計画内容がこの法令又はこれに基づく命令に違反する事実がなくても、届け出られた計画内容について、厚生労働大臣は学識経験者の意見を聴いて安全性を審査することができる[40]。

3 審査の方法（第2項）

厚生労働大臣は、この審査に際しては、安衛則第93条に従って、審査委員候補者名簿に記載されている者のうちから、審査すべき内容に応じて、審査委員を指名し、指名した委員の意見をきかなければならない。

審査を行うに当たって、審査対象となった計画に関して意見を求められた学識経験者は、審査対象の計画に関して知り得た秘密を漏らしてはならない（第5項）。

審査委員候補者名簿に記載される者は、安全又は衛生について高度の専門的な知識を有する者のうちから、厚生労働大臣が委嘱して、その名簿を作成し、公表される（安衛則第94条）。

審査委員は、トンネルや構造物、圧気工法、爆発火災の専門家などからなる。大臣審査の審査委員候補は十数人いるが、その中から特定の工事について毎回4～5名が厚労省安全衛生部長名で指名され、委員会が組織される。審査委員はその場で対象となる工事について意見を求められ審査するというプロセスとなる。

委員会は届出がなされた都度行われ、委員も交代で指名される。対象となる工事はトンネル（ずい道）や圧気工法関係が多い。

4 事業者への勧告又は要請（第3項）

厚生労働大臣は、この審査の結果、労働災害防止のため必要があると認めるときは、その審査対象となった計画の届出をした事業者に対し、必要な勧告又は要請をすることができる。

厚生労働大臣は、その勧告又は要請をするに当たっては、予め、届出を行った事業者の意見をきかなければならない（第4項）。

> （都道府県労働局長の審査等）
> 第89条の2 都道府県労働局長は、第88条第1項又は第3項の規定による届出があつた計画のうち、前条第1項の高度の技術的検討を要するものに準ずるものとして当該計画に係る建設物若しくは機械等又は仕事の規模その他の事項を勘案して厚生労働省令で定めるものについて審査をすることができる。ただし、当該計画のうち、当該審査と同等の技術的検討を行つたと認められるものとして厚生労働省令で定めるものについては、当該審査を行わないものとする。
> 2 前条第2項から第5項までの規定は、前項の審査について準用する。

1 内容

1 趣旨

安衛法第89条の規定に基づいて厚生労働大臣は特に大規模な工事等の計画を中心に審査を行うこととされているが、厚生労働大臣の審査の対象となっているものに準ずるような工事等の計画についても、専門的観点からの検討を行うことが労働災害防止のために有効であることから、本条は厚生労働大臣が審査を行う高度の技術的検討を要する工事等の計画に準ずる工事等の計画について、都道府県労働局長が審査を行うこと

ができるとした。

　本条は，厚生労働大臣が審査を行うことになっていない工事等の計画の中にも，地質が極めて軟弱なところや有害ガスが発生するところで行うもの，曲率の大きい曲線けた（橋脚の上に架け渡して橋板を乗せるための曲線の材）（資料10‐27参照）の橋梁や土被り（ずいどうの上端から地表面までの土砂や岩盤の厚さ）（資料10‐28参照）が小さく断面のおおきなずい道等，建設する物の構造が特殊なもの等危険性の高いものがあり，このような建設工事において，予め専門的な観点からの検討が十分行われていなかったことによる災害がみられたことから，平成4年の改正によって新設された規定である。[41]

2　本条の対象となる計画

　都道府県労働局長は，第88条第1項又は第3項の規定による届出があった計画のうち，安衛法第89条第1項の高度の技術的検討を要するものに準ずるものとして当該計画に係る建設物若しくは機械等又は仕事の規模その他の事項を勘案して厚生労働省令で定めるものについて審査をすることができる。

　ただし，当該計画のうち，当該審査と同等の技術的検討を行ったと認められるものとして厚生労働省令で定めるものについては，当該審査を行わないものとする（本条第1項但書）。

　安衛法第89条第2項から第5項までの規定は，この審査について準用する（本条第2項）。

3　計画届の対象となる仕事

　法第89条の2第1項の厚生労働省令で定める計画は，次の仕事を対象とする（安衛則第94条の2）。

① 高さが100m以上の建築物の建設の仕事であって，次のいずれかに該当するもの
　イ　埋設物その他地下に存する工作物（第2編第6章第1節及び第634条の2において「埋設物等」という）がふくそう（幅輳：1カ所に複数のものが集中して混在する状況）する場所に近接する場所で行われるもの
　ロ　当該建築物の形状が円筒形である等特異であるもの

② 堤高が100m以上のダムの建設の仕事であって，車両系建設機械（安衛令別表第7に掲げる建設機械で，動力を用い，かつ，不特定の場所に自走できるものをいう。以下同じ）の転倒，転落等のおそれのある傾斜地において当該車両系建設機械を用いて作業が行われるもの（資料10‐29参照）

③ 最大支間300m以上の橋梁の建設の仕事であって，次のいずれかに該当するもの
　イ　当該橋梁のけた（橋脚と橋脚の間を結び，上の重さを支えるもの）が曲線けたであるもの（資料10‐27参照）
　ロ　当該橋梁のけた下高さが30m以上のもの

④ 長さが1000m以上のずい道等の建設の仕事であって，落盤，出水，ガス爆発等による労働者の危険が生ずるおそれがあると認められるもの

⑤ 掘削する土の量が20万m^3を超える掘削の作業を行う仕事であって，次のいずれかに該当するもの
　イ　当該作業が地質が軟弱である場所において行われるもの
　ロ　当該作業が狭あいな場所において車両系建設機械を用いて行われるもの

⑥ ゲージ圧力が0.2MPa以上の圧気工法による作業を行う仕事であって，次のいずれかに該当するもの
　イ　当該作業が地質が軟弱である場所において行われるもの
　ロ　当該作業を行う場所に近接する場所で当該作業と同時期に掘削の作業が行われるもの

4　審査の方法

　都道府県労働局長の審査の方法は，前条の規定に基づく厚生労働大臣の審査と同様である。すなわち，都道府県労働局長は，この審査に際しては，安衛則第93条に従って，審査委員候補者名簿に記載されている者のうちから，審査すべき内容に応じて，審査委員を指名し，指名した委員の意見をきかなければならない。

　都道府県労働局長は，審査委員の学識経験者から意見を聴いて審査を行った上で，労働災害防止のために必要があると認めた場合，当該事業者に対して勧告，要請を行うことができる。

資料10‐27　曲線けた

資料10‐28　ずいどうの土被り

資料10‐29　車両系建設機械の例
　　　　　　（写真はドラグ・ショベル）

(労働基準監督署長及び労働基準監督官)
第90条 労働基準監督署長及び労働基準監督官は，厚生労働省令で定めるところにより，この法律の施行に関する事務をつかさどる。

1 趣旨

本条は，本法の施行事務は労働基準監督署長及び労働基準監督官がつかさどることを定めたものである。労働基準監督署長及び労働基準監督官は，本法のほか，じん肺法，作業環境測定法，最低賃金法，家内労働法，炭鉱災害による一酸化炭素中毒症に関する特別措置法等により，それらの法律の施行に関する事務をつかさどっている（じん肺法第41条，作業環境測定法第31条，最低賃金法第31条，家内労働法第29条，炭鉱災害による一酸化炭素中毒症に関する特別措置法第12条）。

実際の本法施行に係わる全ての監督業務は，地方公共団体の非現業部門等を除き，労基法上の監督機関すなわち，厚生労働省労働基準局，都道府県労働局，労働局管内労働基準監督署（労基法第97条第1項）を通して行われることになる。なお，都道府県労働局，労働基準監督署は，厚生労働大臣の直接の管理に属することが規定されている（同法第99条）。このような中央直轄型の指揮命令系統が確立した一元的組織において，労働基準監督署長及び労働基準監督官は労働基準行政の先端に位置づけられている。

2 沿革

わが国の監督制度の発祥を丹念に紐解けば，1892（明治25）年6月に鉱業条例の施行に伴って設置された鉱山監督制度にまで遡ることもできるが[42]，一般的には，工場法施行の前年である1915（大正4）年12月に，農商務省商工局に工場課を新設し，工場監督官4名，工場監督官補5名を置いたことが出発であったとされている。翌年の1916（大正5）年には，工場法の施行権限を都道府県知事（東京都は警視庁）に委任し，地方分権的で，かつ，警察機関と結びついた監督制度とし，警視庁及び各府県の警察部に工場監督官及び工場監督官補199名を置き，合計208名の体制としている。当時の工場監督官及び同監督官補は独立官職ではなく，一般職である警察官，事務官または技官が補官職として兼任補職されており，工場監督官としての身分保障はなかった。

1938（昭和13）年に，国民の体力向上と福祉の増進のために厚生省が設置されると，工場法に関する事項は，同省労働局監督課の所管となった。1941（昭和16）年には，従来の工場監督官・同監督官補，調停官・調停官補の名称が労務監督官・労務監督官補に改められ，戦時体制下となった1942年には，重要事業場労務管理令（以下「管理令」という）が発令され，中央地方とも労務監理官という名称に統一された。

なお，この管理令は，1941（昭和16）年2月24日に，国家総動員法第6条に基づき，重要事業場における労務管理の指導，監督のため定められたもので，「厚生大臣は国家総動員法第31条の規定に基づき重要事業場の労務管理の状況に関し事業主より報告を徴し，又は当該官吏をして重要事業……臨検し帳簿書類を検査」させることができる旨を規定するなど（第21条第1項），戦時色の強い命令であった[43]。

戦後の1947（昭和22）年には，労働基準法の制定とともに労働省が新設され，各監督機関は労働省の直轄機関として一元化され，地方政治や警察行政から完全に分離することとなった。また，労働基準監督官制度も，1923年のILO第20号勧告をモデルに一定の独立権限と身分保障が付与され，工場法時代と比べると飛躍的に前進した新しい監督官制度となった[44]。

3 労働基準監督署長の職務

労働基準監督署長は，都道府県労働局長の指揮監督を受けて，労基法に基づく臨検，尋問，許可，認定，審査，仲裁その他労基法に関する事項をつかさどり，所属の職員を指揮監督する（労基法第99条第3項）。

4 労働基準監督署の業務[45]

労働基準監督署の業務は，大きく分けて，労災保険法以外の労働基準法，労働安全衛生法，じん肺法，賃確法，家内労働法等を所管する「監督畑」と，労災保険法，労働保険徴収法等を所管する「労災畑」の2つに分けらる。

更に，「監督畑」を事業場の臨検（監督・指導）・司法処分（捜査）を担当する「監督」と，ボイラー，クレーン等の検査，計画届の審査など労働安全衛生法の技術的な事項を担当する「安全衛生」に分けている。

官名として労働基準監督官，厚生労働技官，厚生労働事務官の3官がある。

なお，「監督」は労働基準監督官のみの業務，「安全衛生」は技官が中心の業務，「労災」は事務官が中心の業務となっている。ただし，人員配置等の関係から「安全衛生」「労災」に労働基準監督官が配属されることはある。

1 監督

「監督」というのは，労働基準監督官が労働基準法，労働安全衛生法等の所管の法律に基づく臨検，司法処分（送検）などの業務を行うことをいう。「臨検」とは部内的には「臨検監督」（又は単に「監督」）といっているが，工場や建築・土木現場，事務所などへ立ち入

り，機械や設備等の違反について「使用停止命令」「変更命令」「立入禁止命令」を行うほか，法違反事項については「是正勧告書」の交付，法違反でない事項や是正方法の指導に関しては「指導票」の交付を行うのが中心である。

2 安全衛生

「安全衛生」は，技官又は労働基準監督官が労働安全衛生法に基づく「検査」「安衛法第88条の計画届の審査」「安全衛生指導」などの業務を行うことをいう。具体的には，労働局においてはボイラーやクレーン，エレベーターなどの製造許可や検査（溶接検査，構造検査など），監督署においてはボイラーやクレーン，エレベーターなどの検査（落成検査，使用再開検査など），安衛法第88条の計画届の審査，有機則などの適用除外認定業務，安全衛生に関する一般的指導，その他安衛法に基づく各種届出書類（労働者死傷病報告，健康診断結果報告など）の取りまとめなどの一般業務を行っている。

3 労災

「労災」は，事務官又は労働基準監督官が「労働災害」についての業務上外の決定，支給の業務を行うことをいう。具体的には，労働者からの「休業補償給付請求」（労災保険法に基づき労基署に請求する給付），「休業補償請求」（労働基準法に基づき使用者に請求する補償），「障害補償給付請求」，「遺族補償請求」などの請求について，業務上外の決定，休業補償（平均賃金）の計算，障害等級の決定，遺族補償の決定などの事務を行っている。

5 「事務をつかさどる」の意味

本条に定める労働基準監督官の「この法律の施行に関する事務をつかさどる」の意味は，実際には，安衛法に基づく事業場への臨検，関係者への尋問，製造許可等の事務，ボイラー，クレーン等の検査，司法事件捜査など安衛法に規定されている全ての業務を行うことができる権限を有しているということである。つまりはオールマイティである。

ただし，ボイラー，クレーン等の検査については，経験が必要なため部内での一定の研修を修了した者を充てることとしている（検査は技官が中心で行うが，監督官が実施することもある）。

6 権限行使の制約

労働基準監督官の権限行使において罰則をもって強制することは，令状なくして侵入，捜索，押収することになるため，憲法第35条の精神に反するとする説と憲法第35条はもっぱら司法上の強制捜査権を制限したものだから，労働者救済のために認められた行政権の強制捜査権はこれに抵触しないとする説が対立する。

こうした対立に関する税法上の強制捜査権と憲法第35条について判断した以下の川崎民商事件（最大判昭47・11・22判時684号17頁）が参考になる。

1 川崎民商事件の事実概要と判旨

本件は，Yが税務署の過少申告疑いの税務調査のための質問検査を拒んだため，旧所得税法第70条第10号に違反するとして起訴されたという事案である。1審，2審ともYを有罪としたため，Yは，①質問調査は刑罰よって強制されているにもかかわらず裁判所の令状を必要としておらず，強制的な捜査・押収等には裁判所が発令する令状が必要であるとする憲法第35条に違反するなどを理由として上告した。判決は，旧所得税法第63条の質問調査は，「もつぱら，所得税の公平確実な賦課徴収のために必要な資料を収集することを目的とする手続であつて，その性質上，刑事責任の追及を目的とする手続ではない」，「刑罰を加えることによって，間接的心理的に右検査の受忍を強制しようとするものである」るが，「その作用する強制の度合いは，それが検査の相手方の自由な意思をいちじるしく拘束して，実質上，直接的物理的な強制と同視すべき程度にまで達しているものとは，いまだ認めがた」く，公益上の目的を実現するには，「右の程度の強制は，実効性確保の手段として，あながち不均衡，不合理なものとはいえない」。「憲法35条1項の規定は，本来，主として刑事責任追及の手続における強制について，それが司法権による事前の抑制の下におかれるべきことを保障した趣旨であるが，当該手続が刑事責任追及を目的とするものでないとの理由のみで，その手続における一切の強制が当然に右規定による保障の枠外にあると判断することは相当ではない。しかしながら，前に述べた諸点を総合して判断すれば，旧所得税法70条10号，63条に規定する検査は，あらかじめ裁判官の発する令状によることをその一般的要件としないからといつて，これを憲法35条の法意に反するものとすることはでき」ないとした。

2 本判決から汲み取るべき示唆

本判決からは，憲法第35条の令状主義の適用が行政手続きにも及ぶかという問題について，令状主義を一般的要件としなくても違憲ではないが，令状主義が行政手続きに適用される場合であっても，その範囲は狭く，また，制限的であるということが汲み取れる。[46]

（労働基準監督官の権限）

第91条 労働基準監督官は，この法律を施行するため必要があると認めるときは，事業場に立ち入り，関係者に質問し，帳簿，書類その他の物

> 件を検査し，若しくは作業環境測定を行い，又は検査に必要な限度において無償で製品，原材料若しくは器具を収去することができる。
> 2　医師である労働基準監督官は，第68条の疾病にかかつた疑いのある労働者の検診を行なうことができる。
> 3　前2項の場合において，労働基準監督官は，その身分を示す証票を携帯し，関係者に提示しなければならない。
> 4　第1項の規定による立入検査の権限は，犯罪捜査のために認められたものと解釈してはならない。

1　趣旨

本条第1項は，本条の実効性確保のために，労働基準監督官に，事業場への立入り，関係者への質問，帳簿，書類その他の物件の検査，若しくは作業環境測定を行い，又は，検査に必要な限度において無償で製品，原材料若しくは器具を収去することを行政上の権限行使として規定したものである。

同第2項では，医師である労働基準監督官は，伝染性の疾病その他の疾病（安衛法第68条）の疑いのある労働者を対象として検診を行うことができることを規定している。ただし，かつては医師が労働基準監督官に任命された例もあったが，近年では本省を除いてないようである[47]。

同第3項は，労働基準監督官が第1項，第2項の規定に定められた権限を行使する場合に，労基法（第101条第2項）で，ILO第81号条約と同様に，労働基準監督官証票（労基法施行規則様式第18号）を携行して関係者に提示し，身分を示すことを要求している。同第4項では，第1項で規定する労働基準監督官の立入検査の権限の目的が安衛法を施行するために必要な行政上の権限の行使であり，犯罪捜査等刑事責任追及ではないことを確認している。

2　権限

1　労基法上の労働基準監督官の権限[48]

労基法における労働基準監督官は，安衛法と同様臨検（監督，指導，使用停止等命令〔寄宿舎関係〕），関係者への尋問，司法事件捜査など全ての業務を行うことができる権限を有している。

なお，法制度的には，労基法第99条第1項で労働基準主管局長，同第2項で都道府県労働局長が「この法律の施行に関する事項をつかさど」ることとし，第4項で「所属の労働基準監督官をして行わせることができる」と権限を委任できることとしており，第101条第1項で労働基準監督官は「臨検し，帳簿及び書類の提出を求め，又は使用者若しくは労働者に対して尋問を行うことができる」としている。

労基法第99条第3項の労働基準監督署長の行う「臨検，尋問，許可，認定，審査，仲裁」のうち「許可，認定，審査，仲裁」は行政官庁としての労働基準監督署長の職務であって，労働基準監督官の権限ではなく，「臨検，尋問」の権限は，両者が共有していることになる（許可と認定は署長の権限なので，労基法第99条第3項により署長の指揮監督により業務を行っているという解釈である）。

労働基準監督官の業務としては，「定期監督」といって各署の年間の監督計画に基づき主体的に工場や建設現場などに対して臨検監督等を実施するもの，労働者からの申告に基づいて臨検監督等を行い法違反があった場合に是正を求める「申告監督」（基本給及び割増賃金の不払い〔違反事例としては基本給不払いのほうが多いようである〕，解雇予告手当の支払いの指導などが多い），労働者死傷病報告や労災保険の請求書（療養補償給付や休業補償給付請求書など）の情報，事業場や消防署等からの通報に基づいて労災事故の原因調査と再発防止のための是正勧告や指導をする「災害時監督」及び「災害調査」のほか，定期監督，申告監督，災害時監督時の是正勧告や使用停止命令等に対する是正状況を確認する「再監督」がある。

また，家内労働法に基づいて委託者に臨検し，家内労働手帳の交付の確認，最低工賃の確認などの業務も行っている。これらを総合して「臨検」（臨検監督）と総称している。

「災害調査」は死亡事故や重大な災害の場合に実施するもので，安全衛生に係る調査だが，法違反があると捜査に移行することがあるため，労働基準監督官が実施することが多い（ただし，技官が同行する場合も多い）。

また，就業規則や36協定等各種届出の受理，解雇予告除外認定申請の対応，宿・日直許可申請の対応，監視断続勤務適用除外申請の対応，児童使用許可，最低賃金減額特例許可，賃確法に基づく倒産の認定，未払い賃金額の確認などの業務もある。

長時間労働，賃金不払いなどで事案が悪質とされた場合や災害調査で重大な法違反があった場合又は告訴・告発があったときは，労基法違反，安衛法違反，最賃法違反などで司法事件として捜査のうえ事件を検察庁に送ることになる。

2　本条における権限

労働基準監督官は，この法律を施行するため必要があると認めるときは，事業場に立ち入り，関係者に質問し，帳簿，書類その他の物件を検査し，若しくは作

資料10-30 臨検監督の一般的な流れ

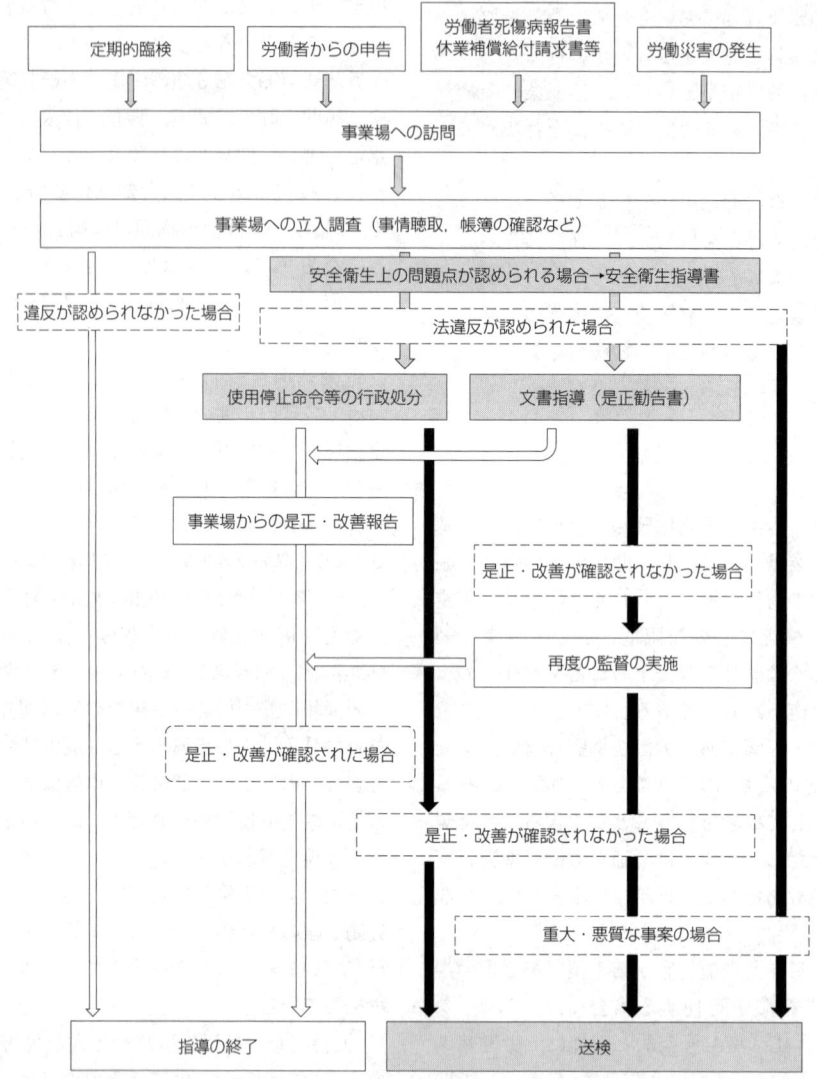

＊上図は一般的な流れを示したもので、厚労省が公表している「労働基準監督署の役割」に掲載された図を鎌田耕一が一部手直ししたものである。

業環境測定を行い、又は検査に必要な限度において無償で製品、原材料若しくは器具を収去することができる。

労働基準監督官は、この法律の施行するために必要と判断した場合、努力義務・訓示規定に基づき行政指導を行うことができるが、行政処分、司法処分を行う場合は、本法の定める義務に違反する場合にのみなし得るとされる。

3 臨検監督等

臨検監督とは、行政機関の職員が、行政法規の実施を監督するために、事務所、倉庫、工場などに立ち入り、関係者に質問し、帳簿、書類の検査を行うことである。その目的は、法違反の発見とその是正にある。

臨検監督には、定期監督、災害時監督、申告監督そして再監督がある。[49] 臨検監督の流れについては、**資料10-30**を参照されたい。

臨検監督で何をみるかは、その種類によって異なるが、定期監督においては、労働局（労働基準監督署）がその年度の監督実施計画を定め、法令の全般について、対象となる事業場の法令の実施状況を審査する。

安全衛生については、安全衛生法・規則の全般について審査する。

安衛法の監督行政実務は、事後送検が殆どで、事前送検（災害が生じる前に、法違反のみを理由に送検すること）は例外であること、つまり、法違反を理由にいきなり厳罰をもって臨むことは殆どないこと、また、立入検査等も、事業場側の帳簿の準備等のため、事前に通告してから行われる場合もあるし、いきなり強制的に行うのではなく、まずは任意での立入を求め、拒否された場合に、改めて必要に応じて強制的な措置が講じられる場合が多い。[50]

3 是正勧告, 指導票等

1 是正勧告書

労働基準監督官が事業場に対して臨検監督等を行った際に, 労働法令違反があると認めたとき, その違反事項と是正期日を記した是正勧告書を交付する。事業主又は労務担当者等は是正勧告書を受け取ったとき, 是正勧告書に受領年月日を記入し, 記名押印する。是正勧告書については, **資料10-31**を参照されたい。

是正勧告書に記載された違反事項は, 指定された是正期日までに是正しなければならない。是正した場合, そのことを報告しなければならない (是正報告の徴収)。

是正勧告・是正報告の徴収は行政処分ではなく, 行政指導にあたり, その法的性格は労基法第104条の2又は安衛法第100条第3項に基づく行政処分にあたらない。[51] 是正勧告に従った改善は, あくまでも使用者の任意の協力によってなされるものである。したがって, 監督指導により是正勧告を行った事案について是正報告をしないこと又は虚偽の是正報告をしたことをもって労基法第120条第5号又は安衛法第120条第5号に基づき送検手続きをとることができない。しかし, 違反状態を放置している場合, 労働基準監督官らは, 労基法第104条の2又は安衛法第100条第3項に基づく行政処分として報告を求めることができる。ただし, その際には, 同条を根拠にしていることを明示するとともに, 行政不服審査法第57条及び行政事件訴訟法第46条に基づき不服申立て等に関する教示を付さねばならない (「監督指導業務の運営に当たって留意すべき事項について」〔平成19年2月14日基発0214001号〕)。

この場合, 使用者が是正報告をしない場合, 労基法第120条第5号又は安衛法第120条第5号に基づき送検手続きをとることができる。

また, 是正報告に際して使用者ないし事業者が虚偽の陳述をした場合には, 労基法第120条第4号又は安衛法第120条第4号, 虚偽の記載をした帳簿書類を提出した場合には労基法第120条第4号に基づき送検手続をとることができると考えられる。

2 指導票

安衛法等に違反するものではないが, 改善を図らせる必要のある事項 (例えばガイドラインに従っていない場合など), 労働法令違反と断定しがたいが改善すべき事項は, 指導票に記載して使用者に交付し, 改善を求める (原則として, 文書での改善報告を求める)。また, 是正勧告書等で通知した法違反の是正のための補足説明を指導票に記載することもある。

労働基準監督官等は, 指導票を使用者又は労務担当者等に対し, 指導票の所定欄に受領年月日を記入し, 署名することを求める。

指導票の様式については, **資料10-32**を参照されたい。

資料10-31　是正勧告書

法条項等	違反事項	是正期日
労働安全衛生法第65条第1項(酸素欠乏症等防止規則第3条第1項)	腐敗し, 又は分解しやすい物質を入れてあるタンク等の内部について, その日の作業を開始する前に, 当該作業場における空気中の酸素及び硫化水素の濃度を測定していないこと。	今　後
同法第22条第1号(酸素欠乏症等防止規則第5条第1項)	酸素欠乏危険作業に労働者を従事させる場合において, 当該作業を行う場所の空気中の酸素の濃度を18パーセント以上, かつ, 硫化水素の濃度を100万分の10以下に保つように換気をしていないこと。	即　時
労働安全衛生法第14条(酸素欠乏症等防止規則第11条第1項)	第2種酸素欠乏危険作業について, 酸素欠乏・硫化水素危険作業主任者技能講習を修了した者のうちから, 酸素欠乏危険作業主任者を選任していないこと。	○年○月○日
	(以下, 余白)	

資料10-32　指導票 (見本)

4 労働基準監督官の守秘義務

労働基準監督官は、職務上知り得た秘密を漏らしてはならない。これは在職中だけではなく退官後にまでも課せられる義務である（労基法第105条）。こうした労働基準監督官の守秘義務規定は、令状なしでも行使し得る労働基準監督官の行政権限から得られる労使双方からの情報の要保護性を担保するという目的がある。

5 司法処分

行政権限行使を契機として、犯罪が発覚することがあり得るが、犯罪捜査を行う場合は、司法警察員として権限を行使するため、刑事訴訟法で定められた手続きに従わなければならない。行政上の権限行使と司法警察員としての権限行使は厳格に区別されなければならない（第4項）。使用者の私宅内への侵入や寄宿舎内の私宅に臨検する場合（社長宅にも任意であれば入ることがある）にも、裁判官の令状が必要であるとの見解が有力である。[52]

どのような場合に司法処分にするかを判断する基準（いわゆる「司法処理基準」）はかつては存在したが、現在はその有無を含め公開されていない。[53]

どのような場合に司法処分されるかは、実際に送検された事件及び関係者からのヒアリング結果から窺うことになる。最近労働基準監督署が公表した送検事例で労働安全衛生に関係したもの参照すると、概ね、

① 就業制限にかかる違反、使用停止命令を繰り返すなど法違反が繰り返される事案
② 死亡事故などの人の生命・健康に重大な危害を及ぼす重大な労災事故がある事案
③ 長時間労働による労災がらみの請求が繰り返されるなどの事案の性質が重大でかつ悪質な事案

などについて司法処分を行う傾向にあるといえよう。[54]
これをみると、司法処分は、罰則の適用要件を満たす事例のなかでも、違反が繰り返されている事例や死亡事故などの重大事案を主な対象としてなされていると考えられる。とくに、「労災隠し」は重大かつ悪質な事案となる。ここでいう「労災隠し」とは、故意に労働者死傷病報告を労基署に提出しないこと、虚偽の内容を記載した労働者死傷病報告を労基署に提出することなどの場合を指す（第100条を参照されたい）。

6 犯罪捜査と行政監督

1 犯罪捜査と行政監督の峻別

労働基準監督官が実施する犯罪捜査は、本条に定める権限に基づく事業場への立ち入り、関係者の質問、帳簿等の書類その他の物件を検査する行為と峻別しなければならない。後者はあくまでも労働監督のために認められた行政上の権限の行使であり、犯罪捜査を目的とするものではないからである。

したがって、労働基準監督官が司法警察員として本法違反の捜査を行う場合に、前条の行政上の権限行使の場合と違い、裁判官が発する令状がなければ、差押え、捜索又は検証することができない。[55]

安衛法は、第1条の目的規定に明示されているように、職場における労働者の安全衛生と健康確保という行政上の目的から一定の行為を禁止し又は作為を命じていること、そしてその違反に対して、行政上の処分（使用停止命令など）を課すことから行政取締法規である。しかし、罰則規定を設けたことにより、罰則規定の適用場面で刑罰法規に変身するものである。そのため、本来行政法規である安衛法は、刑罰法規の適用場面では、罪刑法定主義に服して、厳格に解釈されることになる。

罪刑法定主義とは、どのような行為が犯罪となるか、その犯罪に対してどのような刑罰が科せられるかということを、予め法律で明確にしていなければ、ある行為を犯罪としたり、刑罰を科したりすることは許されないという刑罰法規に関する原理である。[56]

そのことから、刑罰法規として労働安全衛生法の規定を解釈する場合、規定の文言からその意味・内容を明らかにする文理解釈や、規定の文言の意味を拡大して規定の内容を明らかにする拡張解釈は認められるが、規定の文言から類推して規定の内容を明らかにする類推解釈は禁止されることになる。

これに対して、行政法規は多少内容があいまいで拡張して解釈する余地があるほうが、行政が円滑に遂行でき行政目的を達成することができるという側面があり、行政解釈も、行政目的の達成という合目的的な解釈が認められることは当然であり、規定の文言を足がかりにして類推して解釈することも、行政上の必要があれば、可能だと考えられる。[57]

労災防止という立場から、行政により行政法規の類推解釈、拡張解釈がなされる一方で、刑罰法規の適用の場面では、罪刑法定主義から解釈が制限され、適用範囲が縮小するという現象が生じうる（行政監督と司法処分の乖離）。[58]

現場で監督行政を担う労働基準監督官は、こうした乖離を認識して権限行使をする必要がある。[59]

もっとも、過去においては、刑罰法規であるにもかかわらず、規定を柔軟に解釈した事例もみられる。現行安衛法の制定前に、刑事上、広義の安全衛生法上の「使用者」には元請やその現場監督主任者等も含まれることを示した裁判例がある（河村産業所事件〔鍋田農協倉庫倒壊事件〕・名古屋高判昭47・2・28判時666号94頁〔1審：名古屋地判昭46・3・23注解労働安全衛生関係法令解釈例規集9-2巻第7編第1章3181頁。上告後、最2小判昭

48・3・9注解労働安全衛生関係法令解釈例規集同上3170頁で棄却された」)。

2　実際の運用・手続き[60]

通常，工場や建設現場，事務所などに行く「臨検」(臨検監督) は，原則的には全て「行政上の監督権限」として実施している。

したがって，事業者の同意の下に臨検を実施し，行政処分としての「使用停止等命令」，行政指導としての「是正勧告書」「指導票」の交付を行い，是正を求め，併せて報告（是正報告書）を求める。「行政上の監督権限」として臨検する場合は「労働基準監督署です。」と名乗って臨検を行う。

事業場に行く場合は，予め通知をして赴く場合と，非通知で赴く場合があるが，事案によってケースバイケースである。

使用停止等命令の行政処分に対して是正しない場合や，是正勧告に対して是正をしない場合で悪質な法違反の場合は，司法事件に移行することがある（被害額や悪質度など事案の軽重も関係するが）。

司法事件となる場合は，刑事訴訟に基づき適正な手続きが定められているので，それにより実施する。

したがって，例えば，災害調査の場合は「行政上の監督権限」として実施しているが，災害調査の途中で重大な法違反が認められ司法事件としなければならないと判断したときは，「ただいまから，労働安全衛生法違反被疑事件として捜査に移りますので，実況見分として行います。」「○○さんに立会人になっていただきます。」と宣言したうえで，刑事訴訟法に基づく捜査に入る（移行する）。つまり，「行政上の監督」と「捜査」をある時点で厳密に区別している。

実況見分は任意捜査である。相手の事業場が拒否したり，隠蔽工作をしたり，任意の捜査ができないと判断されたときは，検証令状又は捜索差押許可状を裁判所に請求して強制捜査を行う。

労働基準法違反で送検するケースは，定期監督や申告監督等で事案が悪質である場合に実施する。その場合は，使用者に対して「労働基準法違反被疑事件として捜査する。」と宣言して実施する。

相手が否認せず，また捜査に協力する場合は任意捜査として証拠を提出させ，「参考人調書」「被疑者調書」を作成して送致（通常「書類送検」）する。相手が非協力的である場合は，捜索差押許可状を請求して家宅捜査を実施して証拠を収集するほか，件数は少ないが被疑者を逮捕して送致することもある。告訴，告発の場合は，刑事訴訟法上必ず捜査し，違反の有無を問わず書類を検察庁に送らなければならない。この場合の送検は「送付」といい，通常事件の「送致」と区別されている。

捜索差押（家宅捜査）は，ごく普通に行われている。

> 第92条　労働基準監督官は，この法律の規定に違反する罪について，刑事訴訟法（昭和23年法律第131号）の規定による司法警察員の職務を行なう。

1　趣旨

本条は，労働基準法第102条の規定と同じく，労働基準監督官が前条の行政上の権限を行使できるだけではなく，本法違反の罪において，特別司法警察職員として，刑事訴訟法が規定する司法警察員の職務も行い得ることを定めている。本法違反の捜査は，高度に専門的であることが多く，特別な知識と経験を必要とするため，労働基準監督官に特別司法警察職員としての職務を行わせることとした。

2　沿革

工場法の時代には，各府県の警察部が工場法の実施に関する地方の事務を主管し，同法違反の罪に係る司法手続も行っていた。

しかし，戦後になって労働行政が警察行政から分離されると，労基法違反の罪に関する犯罪捜査について専門的な知識，経験を必要とすることから，労働行政に関する専門性を有する労働基準監督官をして労基法違反事件に関する司法警察員の職務を行わせることとなった。

そして，労働安全衛生法が労基法から分離したことにより，同法違反事案についても労働基準監督官が司法警察員の職務を行うこととした。

3　司法警察員の権限

本条にいう「司法警察員」とは，刑事訴訟法第39条第3項の「司法警察員」をいう（刑事訴訟法第190条は，「森林，鉄道その他特別の事項について司法警察職員として職務を行うべきもの及びその職務の範囲は，別に法律でこれを定める」とし，刑事訴訟法第39条第3項で，司法警察職員は，司法警察員と司法巡査に区分される旨を定めている）。

司法警察員は，通常，逮捕状の請求（刑事訴訟法第199条第2項），捜索・差押・検証令状の請求（刑事訴訟法第218条第4項），検察官への事件送致（刑事訴訟法第246条本文）を行う権限を有する（司法巡査はこれらを行う権限がない）。

> （産業安全専門官及び労働衛生専門官）
> 第93条　厚生労働省，都道府県労働局及び労働基

準監督署に，産業安全専門官及び労働衛生専門官を置く。
2　産業安全専門官は，第37条第1項の許可，特別安全衛生改善計画，安全衛生改善計画及び届出に関する事務並びに労働災害の原因の調査その他特に専門的知識を必要とする事務で，安全に係るものをつかさどるほか，事業者，労働者その他の関係者に対し，労働者の危険を防止するため必要な事項について指導及び援助を行う。
3　労働衛生専門官は，第56条第1項の許可，第57条の4第4項の規定による勧告，第57条の5第1項の規定による指示，第65条の規定による作業環境測定についての専門技術的事項，特別安全衛生改善計画，安全衛生改善計画及び届出に関する事務並びに労働災害の原因の調査その他特に専門的知識を必要とする事務で，衛生に係るものをつかさどるほか，事業者，労働者その他の関係者に対し，労働者の健康障害を防止するため必要な事項及び労働者の健康の保持増進を図るため必要な事項について指導及び援助を行う。
4　前3項に定めるもののほか，産業安全専門官及び労働衛生専門官について必要な事項は，厚生労働省令で定める。

1 趣旨

本条は，産業安全専門官及び労働衛生専門官の配置，職務について定めている。

産業安全専門官及び労働衛生専門官（ 3 で詳しく述べる）は，安衛法施行のための事務のうち安全衛生に関する専門的知識を必要とするものをつかさどるとともに，事業者，労働者など関係者に対し，必要な事項の指導及び援助を行うため，厚生労働省，都道府県労働局及び労働基準監督署に配置しなければならない（第1項）。

産業安全専門官は，「労働者の危険」を防止するスタッフとして，労働衛生専門官は，「労働者の健康障害」を防止するスタッフとして指導及び援助を行う。

産業安全専門官及び労働衛生専門官について必要な事項は，「産業安全専門官及び労働衛生専門官規程」（昭和47年9月30日労働省令第46号）（以下「専門官規程」という）が定めている（第4項）。

2 沿革

産業安全専門官及び労働衛生専門官については，かつては，旧産業安全専門官規程（昭和36年労働省訓令第1号）及び旧労働衛生専門官規程（昭和41年労働省訓令第3号）によって設置されていたのであるが，昭和47年に安衛法が制定された際，法律上の制度として確立した。

法制上，産業安全専門官及び労働衛生専門官の制度ができた背景事情は，以下の通りといわれる[61]。

労働基準監督官だけでは安衛法の膨大な業務が処理できないこと，技官は事業場への立入権限がないこと，労働基準監督官には文系監督官と理系監督官がいるが（ 3 で詳しく述べるが，採用試験を文系と理系で分けて採用している）理系監督官が少ないこと（20～30%程度），安全衛生のウエイトが増してきたこと，技術が高度化しており専門的知識を有する者を育てる必要が生じたこと，技官の処遇の改善が必要なこと等からこの制度ができたのではないかといわれている。

3 資格・配置

産業安全専門官及び労働衛生専門官のうち，厚生労働省には中央産業安全専門官又は中央労働衛生専門官を配置し，都道府県労働局及び労働基準監督署には，地方産業安全専門官及び地方労働衛生専門官を配置しなければならない（「専門官規程」第1条）。

中央産業安全専門官及び中央労働衛生専門官は，厚生労働省労働基準局に勤務する一般職の職員の給与に関する法律（昭和25年4月3日法律第95号）第6条第1項第1号イに規定する行政職俸給表（一）に定める職務の級が4級以上である職員で産業安全又は労働衛生に関する専門的知識を有するもののうちから，地方産業安全専門官及び地方労働衛生専門官は，都道府県労働局に置くものにあっては，都道府県労働局に勤務する職務の級が3級以上である職員で産業安全又は労働衛生に関する専門的知識を有するもののうちから，労働基準監督署に置くものにあっては労働基準監督署に勤務する職務の級が2級以上である職員で産業安全又は労働衛生に関する専門的知識を有するもののうちから任命する（「専門官規程」第2条）。

4 職務

産業安全専門官及び労働衛生専門官は，官名ではなく職名である。労働基準監督官又は技官が就くが事務官はならない。

産業安全専門官は，特定機械等の製造の許可（第37条第1項），安全衛生改善計画のうち産業安全に関する事項，工事等の計画の届出内容の審査等の事務並びに労働災害の原因の調査をはじめとして労働安全に関すること，技術に関する情報の収集に関すること，安全に係る技術基準に関すること等をつかさどるほか，事業者，労働者その他の関係者に対し，労働者の危険を

防止するため必要な事項について指導及び援助を行う（第2項）。

労働衛生専門官の職務は，有害物の製造許可，新規化学物質の有害性調査に係る勧告，化学物質の調査指示，作業環境測定についての専門技術的事項，特別安全衛生改善計画，安全衛生改善計画のうち労働衛生に係る事項，工事等の計画の届出内容の審査等の事務，労働災害の原因の調査をはじめとして労働衛生コンサルタントに関すること，作業環境基準の普及に関すること，有害物の表示及び有害性の調査に関すること，健康の保持増進の推進に関すること，労働衛生に関する情報の収集に関すること等があり，そのほか，労働衛生教育の実施及び援助等がある（第3項）。

5 実際の配置，職務

1 実際の配置

産業安全専門官及び労働衛生専門官の配置，職務について，法令上は上記のように定められているが，実際の配置，職務については，以下のようである。

産業安全専門官，労働衛生専門官は都道府県労働局の場合は「健康安全課」（健康課と安全課に分かれている場合もある）に配置される。労働基準監督署の場合は，安全衛生課のある方面制署（大規模の労働基準監督署関係では法令に関する各種届出の受付や，相談対応，監督指導を行う部署である「方面」を置く）の場合は「安全衛生課」に配置され，安全衛生課のない方面制署では方面に配置され，課制署（小規模の労働基準監督署では「方面」ではなく「監督課」を置き，2課ないし3課制をとる）の場合は「安全衛生課」，「監督・安衛課」又は「労災・安衛課」に配置される。なお，2課制署には，「監督課」と「労災・安衛課」からなる署と，「監督・安衛課」と「労災課」からなる署があり，現在，前者から後者への組織変更が進んでいるようである。

技官が労働基準監督署の安全衛生課長になった場合でも，併せて安全専門官か衛生専門官の発令をする。技官のままでは立入権限がないためである。労働基準監督官が安全衛生課長になっても産業安全専門官や労働衛生専門官の発令はされない。実益がないためである。

ただし，都道府県労働局の健康安全課等に所属する場合は，労働基準監督官であっても産業安全専門官か労働衛生専門官の発令をする（行政職俸給表（一）の3級以上の場合）。これは，健康安全課内での職務の分担のためだが，人員が少ない都道府県労働局の健康安全課の場合は，安全専門官か衛生専門官のどちらか1名しかいない場合もある。

技官の採用時点では「厚生労働技官」だが，行政職俸給表（一）の3級以上になると，地方労働局又は労働基準監督署の産業安全専門官又は労働衛生専門官に発令される可能性が出てくる（それまでは，安全係長などの職名である）。

なお，2008年から厚生労働技官の採用が停止され，労働安全衛生分野での専門的知識を有する職員の不足が問題とされている。従前，監督署ごとに1名配置されていた技官は，現在では1名の技官を複数の監督署に併任発令している。将来的にはゼロになることが予想される。現在，技官の人数は都道府県労働局基準サイドの全職員の数％程度である。

2 具体的な職務

産業安全専門官は安全関係の事務（ボイラー則，クレーン則，ゴンドラ則，安衛則の安全関係条文を所管することから，ボイラー，クレーンの検査，足場や機械などの安全関係の法第88条の計画届の審査など）を担当する。

労働衛生専門官は衛生関係の事務（じん肺法，作業環境測定法，有機則，特化則，石綿則，粉じん則，酸欠則，鉛則などの衛生関係規則，安衛則の衛生関係条文を所管することから，じん肺の健康管理区分の決定事務〔都道府県労働局のみ〕，健康管理手帳の事務（都道府県労働局のみ），有機則，特化則の適用除外許可，健康診断・ストレスチェック関係事務，局所排気装置・プッシュプル型換気装置などの衛生関係の第88条の計画届の審査など）を担当する。

また，両官とも災害調査に同行することもある。

とはいうものの，上記の通り，実際には，都道府県労働局の健康安全課には産業安全専門官か労働衛生専門官しかいない，労働基準監督署においても産業安全専門官か労働衛生専門官しかいないというのが現状であり，安全専門官・衛生専門官の名称に関係なく「安全衛生」の業務全般を担当しているのが現状である。

法にある「第37条第1項の許可」「第56条第1項の許可」「第57条の4第4項の規定による勧告」，「第57条の5第1項の規定による指示」，「第65条の規定による作業環境測定」は，技術的な事項であるため都道府県労働局については健康安全課の産業安全専門官，労働衛生専門官，厚生労働技官が担当しており，本省では安全課，労働衛生課の厚生労働技官（産業安全専門官，労働衛生専門官）が担当しているようである。

「特別安全衛生改善計画」は，本省安全課，労働衛生課の所管なので，両課の産業安全専門官，労働衛生専門官が担当しているようである。

「安全衛生改善計画」（所謂「安特」「衛特」）は都道府県労働局長が作成指示するが，対象事業場の選定と実際の指導は労働基準監督署が行う。

労働基準監督署では，安特・衛特の事業場を担当労働基準監督官（又は各方面）に割り振って1年間監督指導（臨検，是正勧告，使用停止等命令，指導等）をさせる。したがって，各事業場から提出されてくる改善計

画及びそれに対する進捗状況の確認等も担当労働基準監督官が全て担当する。これについては，法条文では産業安全専門官，労働衛生専門官が担当することとされているが，技官である産業安全専門官，労働衛生専門官が単独で担当することは少ない。これは，技官である産業安全専門官，労働衛生専門官は，立入権限があるため「指導」はできるが，「監督」（是正勧告，使用停止等命令）はできないためである（同行することはある）。

安衛法第88条に基づく届出は，労働基準監督署の安全衛生主務課所管になっているので，同課所属の産業安全専門官，労働衛生専門官，技官，労働基準監督官が担当する（第2項については，本省の産業安全専門官等が審査を行う）。

6 関連裁判例

受託収賄被告事件（福岡地小倉支判平30・10・4 LEX/DB 25449830）は，福岡労働局労働基準部健康課に所属して地方労働衛生専門官の職務に従事していたYが，自己の本来業務ではない移動式クレーンの製造許可に関し，同部安全課所属の地方産業安全専門官Cへ早急に本件申請を受理して許可決裁を受け，申請会社が速やかに製造許可を受けることができるよう働き掛けるなどして，申請会社に有利な取り計らいをしてもらいたいとの趣旨の請託を受け，額面合計30万円の商品券を賄賂として収受した事案において，特定機械等の製造許可の審査等に関する指導・助言をすることは，被告人の本来職務の職務密接関連行為であったとして，「自己の職務に関し請託を受けて賄賂を収受した」と判断した事件である。

〈判旨〉

前掲受託収賄被告事件判決は，産業安全専門官と労働衛生専門官の職務を，以下のように詳細に述べており，参考になる。

労働安全衛生法により，都道府県労働局には産業安全専門官と労働衛生専門官を置くことが規定されており（同法第93条第1項），前記福岡労働局労働基準部の安全課には地方産業安全専門官が，健康課には地方労働衛生専門官が配置されている。

労働安全衛生法，産業安全専門官及び労働衛生専門官規程等によれば，地方労働衛生専門官は，労働安全衛生法第93条第3項で規定される事務（健康障害を生ずるおそれのある物の製造の許可等，特に専門的知識を有する事務で，衛生に係るものをつかさどるほか，事業者，労働者その他の関係者に対し，労働者の健康障害を防止するため必要な事項及び労働者の健康保持増進を図るため必要な事項について指導及び援助を行うこと）等を行うこととされる。

また，地方産業安全専門官は，労働安全衛生法第93条第2項で規定される事務（移動式クレーン等の特に危険な作業を必要とする機械等として政令で定められた「特定機械等」の製造に関する許可等，特に専門的知識を必要とする事務で，安全に係るものをつかさどるほか，事業者，労働者その他の関係者に対し，労働者の危険を防止するため必要な事項について指導及び援助を行うこと）等を行うこととされる。

なお，地方産業安全専門官及び地方労働衛生専門官は，都道府県労働局に置くものにあっては都道府県労働局に勤務する職務の級が3級以上である職員で産業安全又は労働衛生に関する専門的知識を有するもののうちから任命するとされている（産業安全専門官及び労働衛生専門官規程第2条）。実際，安全衛生業務を専門に行っている職員は，安全課と健康課のどちらかに配置され，両課をまたいで異動することが通常であり，職務経験を積んだ厚生労働技官は，安全課に配属されれば地方産業安全専門官に，健康課に配属されれば地方労働衛生専門官に任命されていた。

〈判決から汲み取るべき示唆〉

法令上は，地方産業安全専門官と地方労働衛生専門官が取り扱うことができる職務内容は明確に区別されているが，地方産業安全専門官と地方労働衛生専門官の職務内容は類似し，関連性が強く，安全衛生業務を取り扱うことで共通している。

実際に，労働局の健康課と安全課では受付や審査等において相互に補助連携した事務処理が行われており，一定の職務経験を積んだ後は，人員配置の都合によって，安全課に配属されれば地方産業安全専門官に，健康課に配属されれば地方労働衛生専門官に任命され得るため，健康課に所属する地方労働衛生専門官であったとしても，法令上の職務に限定されず，地方産業安全専門官が従事する特定機械等の製造許可審査に係る職務についても，一般的職務権限を有しているといえる。

（産業安全専門官及び労働衛生専門官の権限）

第94条　産業安全専門官又は労働衛生専門官は，前条第2項又は第3項の規定による事務を行うため必要があると認めるときは，事業場に立ち入り，関係者に質問し，帳簿，書類その他の物件を検査し，若しくは作業環境測定を行い，又は検査に必要な限度において無償で製品，原材料若しくは器具を収去することができる。

2　第91条第3項及び第4項の規定は，前項の規定による立入検査について準用する。

資料10-33

(第一面)

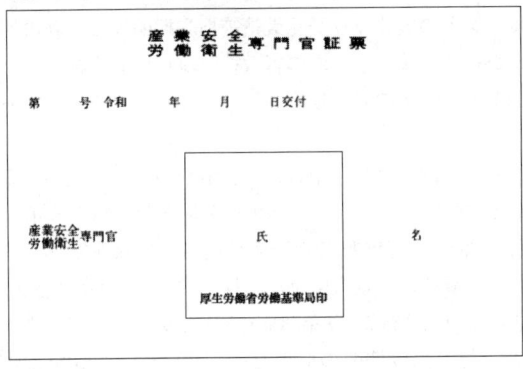

1 趣旨

本条は，産業安全専門官及び労働衛生専門官が，前条の事務を行うために必要な限度における権限について定めたものである。また，立入検査を行う際に必要な措置について規定している。

2 権限

産業安全専門官及び労働衛生専門官は，前条の事務を行うために必要があると認めるときは，事業場に立ち入り，事業者，労働者その他の関係者への質問，帳簿，書類その他の物件の検査，作業環境測定の実施又は検査に必要な限度における製品，原材料もしくは器具の無償収去をすることができる（第1項）。

3 立入検査

産業安全専門官又は労働衛生専門官が，事業場に立ち入り，上記の事項を行う場合，その身分を示す産業安全専門官証票又は労働衛生専門官証票（「専門官規程」第5条，資料10-33参照）を携帯し，関係者から要求のあった場合には，それを提示しなければならない（第2項）。なお，この立入検査の権限は，犯罪捜査のために認められたものではないことは言うまでもない。

（労働衛生指導医）
第95条　都道府県労働局に，労働衛生指導医を置く。
2　労働衛生指導医は，第65条第5項又は第66条第4項の規定による指示に関する事務その他労働者の衛生に関する事務に参画する。
3　労働衛生指導医は，労働衛生に関し学識経験を有する医師のうちから，厚生労働大臣が任命する。
4　労働衛生指導医は，非常勤とする。

1 趣旨

本条は，都道府県労働局に，労働衛生指導医を置き，労働衛生の専門医学的な立場から，労働衛生行政の展開に参画させることを定めたものである。その職務は，法第65条第5項が規定する都道府県労働局長の指示による作業環境測定の実施，法第66条第4項が規定する都道府県労働局長の指示による臨時の健康診断の実施について必要な意見を述べることや，作業環境の改善，健康管理の推進など労働者の衛生の確保に必要な事項に関し調査や指導を実施することである。

労働衛生指導医は，労働衛生に学識経験を有する医師のうちから，厚生労働大臣が任命する。その任期は2年で，都道府県労働局に勤務する非常勤の国家公務員となる。

2 沿革

労働衛生指導医については，すでに昭和43年5月に労働衛生指導医規程（昭和43年労働省訓令第4号）により，労働者の衛生環境の改善，職業性疾患の予防その他の労働者の衛生の確保に資するため，都道府県労働局長が必要と認めたものを労働衛生指導医として都道府県労働局に置き，医学上の調査，指導を実施していた。本条は，これを引き継ぎ，法律上の制度とした規定である。

3 職務

労働衛生指導医の職務は，法第65条第5項及び法第66条第4項の指示に関する事務その他，労働者の衛生に関する事務に参画することである。

例えば，法第66条第4項に関連して，鉛中毒が発生した事業場において，り患労働者以外の労働者にも鉛中毒のり患のおそれがあるような場合には，都道府県労働局長は，それらの労働者にも鉛に関する臨時の健康診断を実施するよう事業者に指示することができる。その指示の内容として，①労働者の健康保持のためなど臨時の健康診断の必要性の判断理由，②健康診断の項目，③実施すべき労働者の範囲などを明示することが必要とされるため，このような指示について，その必要があるか否かの判定，指示する必要がある場合には，健康診断の項目，実施すべき労働者の範囲などを明示して行うこととされているので，その事務には専門的な医学的知識が必要となるため労働衛生指導医を参画させることとなる。[64]

また，この事務のほか，作業環境測定，作業環境の改善，職業性疾病の予防その他労働者の健康確保に資するために必要な事項，例えば新しい原材料，作業方法などに起因する健康障害の発生原因の調査や予防対策の検討，衛生管理特別指導事業場の指導上とくに必

要な事項についての検討などが，その職務となる。

4 任命

労働衛生指導医の任命にあたっては，大学の教授クラスの医師に委嘱している。[65]

(厚生労働大臣等の権限)
第96条　厚生労働大臣は，型式検定に合格した型式の機械等の構造並びに当該機械等を製造し，及び検査する設備等に関し労働者の安全と健康を確保するため必要があると認めるときは，その職員をして当該型式検定を受けた者の事業場又は当該型式検定に係る機械等若しくは設備等の所在すると認める場所に立ち入り，関係者に質問させ，又は当該機械等若しくは設備等その他の物件を検査させることができる。
2　厚生労働大臣は，コンサルタントの業務の適正な運営を確保するため必要があると認めるときは，その職員をしてコンサルタントの事務所に立ち入り，関係者に質問させ，又はその業務に関係のある帳簿若しくは書類(その作成，備付け又は保存に代えて電磁的記録の作成，備付け又は保存がされている場合における当該電磁的記録を含む。)を検査させることができる。
3　厚生労働大臣又は都道府県労働局長は，登録製造時等検査機関，登録性能検査機関，登録個別検定機関，登録型式検定機関，検査業者，指定試験機関，登録教習機関，指定コンサルタント試験機関又は指定登録機関(外国登録製造時等検査機関，外国登録性能検査機関，外国登録個別検定機関及び外国登録型式検定機関(第123条第1号において「外国登録製造時等検査機関等」という。)を除く。)(以下「登録製造時等検査機関等」という。)の業務の適正な運営を確保するため必要があると認めるときは，その職員をしてこれらの事務所に立ち入り，関係者に質問させ，又はその業務に関係のある帳簿，書類その他の物件を検査させることができる。
4　都道府県労働局長は，労働衛生指導医を前条第2項の規定による事務に参画させるため必要があると認めるときは，当該労働衛生指導医をして事業場に立ち入り，関係者に質問させ，又は作業環境測定若しくは健康診断の結果の記録その他の物件を検査させることができる。
5　第91条第3項及び第4項の規定は，前各項の規定による立入検査について準用する。

1 趣旨

本条は，型式検定制度の適正な運用を図り，コンサルタントの業務及び登録製造等検査機関等の業務の適正な運営を確保する為の行政機関職員の立入検査，労働衛生指導医の立入検査等について規定したものである。

厚生労働大臣は，型式検定合格証の効力を失わせること(法第44条の4)，コンサルタントの登録の取消し(法第85条)，登録製造時等検査機関，登録性能検査機関，登録個別検定機関及び登録型式検定機関の登録の取消し(法第53条，法第53条の3，法第54条，法第54条の2)，指定試験機関の取消し(法第75条の3)等を行いうる権限があり，また，都道府県労働局長には，登録教習機関の取消し(法第77条第3項)等を行いうる権限がある。また，労働衛生指導医は，作業環境測定の指示(法第65条第5項)，臨時の健康診断の指示(法第66条第4項)等の事務に参画するものである。本条は，これらの事務を適正に行うことができるよう規定されたものである。[66]

本条第1項でいう「その職員」とは，型式検定は小型ボイラーや第2種圧力容器など安全関係なので，本省労働基準局安全課の中央産業安全専門官が基本だが，同課の技官も該当する。[67]

2 内容

1　型式検定合格証の失効に係る調査権限

安衛法は，一定の機械等について，それらを製造・販売を行う者に対して，当該機械について，ユーザーたる個々の事業者の手に渡って使用されるに至った段階において安全を確保するために，初期段階で必要な措置を講ずべきことを罰則付で義務づけている。

この製造・流通規制が課せられる機械等は，①特に危険な作業を必要とする特定機械等，②特定機械等以外の機械等で，危険もしくは有害な作業を必要とするもの，危険な場所において使用するもの又は危険もしくは健康障害を防止するために使用するもの，③動力により駆動される機械等で，作動部分上の突起物又は動力伝導部分もしくは調速部分に所用の防護措置が施されていないものの3通りに区分されている。

法第42条は，上記②の特定機械以外の機械で一定の機械等については，厚生労働大臣が定める規格又は安全装置を備えたものでなければ，譲渡，貸与又は設置してはならないとしている。

そして，法第42条の対象となる機械等のうち，一定のものを製造し，又は輸入した者は，当該機械等について，所定の規格又は安全装置を具備しているかどうかの確認のため，検定をうけなければならない(法第44条，第44条の2)。この検定には，個別検定と型式検

定の2種類がある。

型式検定に合格した機械等が製造・流通段階では安全性を確保していても、ユーザーが個別に使用する際に必要な規格等を具備していない場合には、厚生労働大臣は当該機械等についての型式検定合格証の効力を失わせることができる（法第44条の4）。

本条第1項は、厚生労働大臣が型式検定合格証を失効させる前提として、必要と認めた場合、当該型式検定を受けた者の事業場又は当該型式に係る機械等もしくは設備等の所在すると認める場所に、その職員をして立ち入り、関係者に質問させ、又は当該機械等その他の物件を検査させる権限を与えている。

2 コンサルタントの登録取消しに係る調査権限

厚生労働大臣はコンサルタントの登録を取消す権限（法第85条）を有している。

法第78条第1項は、厚生労働大臣は重大な労働災害が発生した場合において、その再発を防止するために必要と認めるとき、事業者に対して、その事業場の安全又は衛生に関する改善計画（特別安全衛生改善計画）を作成、提出することを義務づけている。

厚生労働大臣は、特別安全衛生改善計画の作成、提出を指示した場合、専門的な助言を必要とすると認めるときは、労働安全コンサルタント又は労働衛生コンサルタントによる安全又は衛生に係る診断を受け、かつ、特別安全衛生改善計画の作成または変更について、これらの者の意見を聴くべきことを勧奨することができる（法第80条）。

労働安全コンサルタント及び労働衛生コンサルタントになろうとする者は、厚生労働大臣の行う試験を受け、この試験に合格した者を厚生労働省に備える労働安全コンサルタント名簿又は労働衛生コンサルタント名簿に登録されて、はじめて労働安全コンサルタント又は労働衛生コンサルタントになる（法第84条）。

当該試験に合格したとしても、第84条第2項所定の欠格事由に該当するものは、登録を受けることができない。また、コンサルタントは、社会的信用を保持することが大切である。そこで、登録を受けた後においても、コンサルタントが上記の欠格事由に該当することになった場合、又は法第86条第1項の規定に違反して社会的信用を失う行為をした場合には、厚生労働大臣はその登録を取り消すことができる（法第85条）。

本条第2項は、この登録取消しの前提として、厚生労働大臣は、その職員をしてコンサルタントの事務所に立ち入り、関係者に質問させ、又はその業務に関係のある帳簿もしくは書類を検査させる権限を与えている。

3 登録製造時等検査機関等への立入りなどの権限

厚生労働大臣は、登録製造時等検査機関（厚生労働大臣の登録を受けて、ボイラーや第1種圧力容器等につき、製造時等検査を行う者）、登録性能検査機関（厚生労働大臣の登録を受けて、ボイラー、第1種圧力容器等につき、定期的に損傷の有無等の状況をチェックして、継続して使用できるかを見極める検査〔性能検査〕を行う者）、登録個別検定機関（厚生労働大臣の登録を受け、第2種圧力容器、小型ボイラー等につき、労働安全衛生法所定の構造、材料等の要件を満たしているか否かを確認するため、製造時又は輸入時に個々に検定を行う者）及び登録型式検定機関（厚生労働大臣の登録を受け、動力プレス、安全器具等の譲渡、貸与、設置にあたり、機械等の型式ごとに行われる検定を行う者）の登録の取消し（法第53条、法第53条の3、法第54条、法第54条の2）、指定試験機関の取消し（法第75条の3）等を行う権限を持ち、また、都道府県労働局長は、登録教習機関（建設機械等の運転・操作や作業主任者となるのに必要となる免許又は技能講習に関する学科・実技教育を行うことを目的として都道府県労働局長より登録された機関）の登録の取消し（法第77条第3項）等を行う権限を持つ。

本条第3項は、こうした登録製造時検査機関等の登録取消しの前提として、その職員をして、これら機関等の事務所に立ち入り、関係者に質問させ、又はその業務に関係がある帳簿、書類その他の物件を検査させる権限を与えている。

これらの機関は、他の事業場に立ち入って、ボイラー、圧力容器、動力プレスの各検査を行うものであるから、社会的信頼の上に立たなければ、その業務を円滑に実施できないため、行政の関係団体しか指定を受けていない。現状では、妥当であると思われるが、将来的には、信頼性が担保される民間団体に権限を付与することの検討が必要であろう。

4 労働衛生指導医の立入り権限

労働衛生指導医は、作業環境測定の指示（法第65条第5項）、臨時の健康診断の指示（法第66条第4項）等の事務に参画するものである（法第95条第2項）。

本条第4項は、都道府県労働局長に、労働衛生指導医を、これらの事務に参画させるため必要があると認められるときは、当該労働衛生指導医をして事業場に立ち入り、関係者に質問させ、又は作業環境測定もしくは健康診断の結果の記録その他の物件を検査させる権限を与えている。[68]

5 証票の携帯

上記職員が本条各項に基づき立入検査を行う際には、その身分を示す証票を携帯し、関係者に提示しなければならない（本条第5項）。

3 罰則

この規定による強制立入り、検査等は国内に存する

事業場，物件等についてのみ認められる。これを拒んだ者等に対しては，罰則の適用がある（第1項，第2項，第4項の阻害行為は50万円以下の罰金（法第120条第4号），両罰規定（法第122条），第3項の阻害行為に対しては50万円以下の罰金〔法第121条第3号〕）。

外国事業者の事業場等の検査等については，第44条の4第3号に規定されており，これを拒んだ者等に対しては，労働大臣は，型式検定合格証を失効させることができる（昭和58年8月1日基発第419号）。

> **（機構による労働災害の原因の調査等の実施）**
> 第96条の2　厚生労働大臣は，第93条第2項又は第3項の規定による労働災害の原因の調査が行われる場合において，当該労働災害の規模その他の状況から判断して必要があると認めるときは，独立行政法人労働者健康安全機構（以下「機構」という。）に，当該調査を行わせることができる。
> 2　厚生労働大臣は，必要があると認めるときは，機構に，第94条第1項の規定による立入検査（前項に規定する調査に係るものに限る。）を行わせることができる。
> 3　厚生労働大臣は，前項の規定により機構に立入検査を行わせる場合には，機構に対し，当該立入検査の場所その他必要な事項を示してこれを実施すべきことを指示するものとする。
> 4　機構は前項の指示に従つて立入検査を行つたときは，その結果を厚生労働大臣に報告しなければならない。
> 5　第91条第3項及び第4項の規定は，第2項の規定による立入検査について準用する。この場合において，同条第3項中「労働基準監督官」とあるのは，「独立行政法人労働者健康安全機構の職員」と読み替えるものとする。

1 趣旨

本条は，厚生労働大臣が必要があると認めるときに，独立行政法人労働者健康安全機構に対し，労働災害の原因調査，立入検査を行わせることができ，立入検査を行わせたときは，その結果を厚生労働大臣に報告しなければならないことを規定したものである。

2 沿革

本条は，「独立行政法人に係る改革を推進するための厚生労働省関係法律の整備に関する法律」（平成18年3月31日法律第25号）により追加されたものである。

平成17年度まで特定独法であり国家公務員身分を有していたが，平成18年度から特定独法でなくなり国家公務員ではなくなったための措置とされている。

平成28年4月1日に，独立行政法人労働者健康安全機構（以下，「機構」という）は，独立行政法人労働者安全衛生総合研究所（平成18年4月1日発足，以下「総合研究所」という）と独立行政法人労働者健康福祉機構（昭和24年「財団法人労災協会」として発足）が統合し，①勤労者医療の充実，②勤労者の安全向上，③産業保健の強化を理念として発足した。統合前の総合研究所は，安全衛生に関する専門の研究所であり，厚生労働省傘下にあった産業安全研究所と産業医学総合研究所が母体となっているため，機構は，この分野の高度な専門の技術，知見，ノウハウを継承していることから，国による災害原因調査に参画させたものである。

3 機構の目的と組織

機構は，療養施設及び労働者の健康に関する業務を行う者に対する研修，情報の提供，相談その他の援助を行うための施設の設置及び運営等を行うことにより労働者の業務上の負傷又は疾病に関する療養の向上及び労働者の健康の保持増進に関する措置の適切かつ有効な実施を図るとともに，事業場における災害の予防に係る事項並びに労働者の健康の保持増進に係る事項及び職業性疾病の病因，診断，予防その他の職業性疾病に係る事項に関して臨床で得られた知見を活用しつつ，総合的な調査及び研究並びにその成果の普及を行うことにより，職場における労働者の安全及び健康の確保を図るほか，未払賃金の立替払事業等を行い，もって労働者の福祉の増進に寄与することを目的として設立された（独立行政法人労働者健康安全機構法〔以下では「機構法」という〕第3条）。

機構は，労働者の健康と安全を守るため，現場ニーズの把握を踏まえた課題研究や行政機関，事業場，学会，災害防止団体との連携を通じて，労働災害や疾病を減少させるというミッションに統合後も変わりはなく，日本で唯一の労働安全衛生の総合的専門機関として労働安全衛生施策の基礎となる科学的知見を提供するという重要な役割を担っている。

主要な研究としては，①労働者の健康保持増進及び職業性疾病の病因，診断，予防等の調査研究，②安全衛生指針の策定のための研究，③労災病院等と連携した，過労死，脊髄損傷，産業中毒等の共同研究などである。

機構法第12条第2項は，安衛法第96条の2第1項の規定による調査及び同条第2項の規定による立入検査を行うと規定している。

平成26年度から5年間を対象とした中期目標のうち，労働災害調査業務に関しては，①安衛法第96条の

2に基づく災害調査等の実施について，緊急時も含めた連絡体制の整備，高度な専門的知見を有する研究員の現地派遣などにより，迅速かつ適切に労働災害の原因調査等を行うこと，②原因調査結果等について，これを踏まえた再発防止対策の提言や災害防止のための研究への活用・反映を行うこと，③調査実施後，調査内容については，行政における捜査状況，企業の秘密や個人情報の保護に留意しつつ，その公表を積極的に行い，同種災害の再発防止対策の普及等に努めること，④災害調査の高度化のため，リスク評価・管理手法の開発等に努めること，があげられている。

災害調査等については，機構内の労働災害調査分析センターが災害調査等の対外的・対内的な中核調整機能を担っている。また，災害調査等の進行管理については，研究員所属の各研究グループ部長が行っている。

4 内容

1 機構による労働災害調査

厚生労働大臣は，第93条第2項又は第3項の規定による労働災害の原因の調査が行われる場合において，当該労働災害の規模その他の状況から判断して必要があると認めるときは，機構に，当該調査を行わせることができる（第1項）。

「当該労働災害の規模その他の状況から判断して必要があると認めるとき」とは，高度な専門的知見に基づく災害要因の究明」の必要がある場合であり，労働基準監督官等では難しい事案について調査を行わせている[69]。

機構における本条第1項に基づく災害調査の流れは以下のようである[70]。

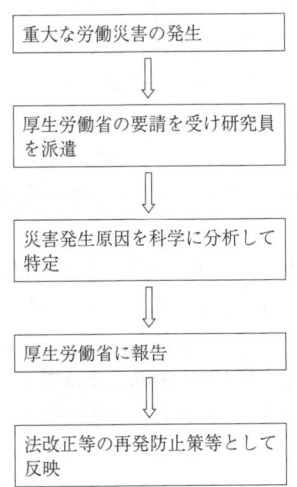

調査の実績としては，厚生労働省からの依頼に基づき，労働災害に対応した件数は平成29年度は新規に9件であった[71]。

労働者健康安全機構の労働安全衛生総合研究所は，災害調査実施後，一定の期間が経過し公表が可能となった調査内容については，同種災害の防止に関する視点から，企業の秘密や個人情報の保護に留意しつつ，研究所のWEBサイトで公表している[72]。

実施件数からも明らかなように，災害調査は，厚生労働大臣の指示が前提となる行政措置ではあるが，強制権限の行使でもあるため，運用は慎重なものとなっている。そのため，災害予防という制度趣旨に叶っていないのではないかとの疑問が呈されている[73]。

平成29年度の調査実施件数は9件，調査結果等報告13件，鑑定等12件，労災保険給付に係る鑑別，鑑定等7件，行政機関依頼調査1件となっている[74]。

2 機構職員による立入検査等

厚生労働大臣は，必要があると認めるときは，機構に，第94条第1項の規定による立入検査（本条第1項に規定する調査に係るものに限る）を行わせることができる（本条第2項）。

また，厚生労働大臣は，機構に立入検査を行わせる場合には，機構に対し，当該立入検査の場所その他必要な事項を示してこれを実施すべきことを指示するものとする（本条第3項）。

なお，機構は本条第3項の指示に従って立入検査を行ったときは，その結果を厚生労働大臣に報告しなければならない（本条第4項）。

実際に，厚生労働大臣が機構の職員にどの程度立入検査を行わせているかについては，公表されていないが，ほとんど立入検査はなされていないようである。第3回職場における化学物質等の管理のあり方に関する検討会リスク評価ワーキンググループ（令和2年12月23日（水））での，甲田茂樹委員による以下の発言がある[75]。「今，第96条の2の話があったのですけれども，ちなみに安全衛生研究所の安全も含めてなのですが，基本的にこの法律を使って入ったことというのは，私は研究所に入って15年ぐらいですが，実は1回しかないのです。あとは全部，説明と同意の繰り返しで，基本的には資料を送って，最終的に『この現場を改善しますよ』という形で，こうやったらいわゆる『健康障害が出ないでしょう』だとか『ばく露が減りますよ』というようなフォロー付きで入るという形なので，今言われたことは多分，非常に企業に入るときに重要なことだと思っております。」

（機構に対する命令）
第96条の3　厚生労働大臣は，前条第1項に規定する調査に係る業務及び同条第2項に規定する立入検査の業務の適正な実施を確保するため必

> 要があると認めるときは，機構に対し，これらの業務に関し必要な命令をすることができる。

1 趣旨

厚生労働大臣は，労働災害の原因調査，立入検査の業務の適正な実施を確保するため必要があると認めるときは，独立行政法人労働者健康安全機構（機構）に対し，これらの業務に必要な命令をすることができる。

2 沿革

本条は，「独立行政法人に係る改革を推進するための厚生労働省関係法律の整備に関する法律」（平成18年3月31日法律第25号）により追加された。

3 命令

厚生労働大臣は，法第96条の2第1項に規定する調査に係る業務及び同条第2項に規定する立入検査の業務の適正な実施を確保するため必要があると認めるときは，機構に対し，これらの業務に関し必要な命令をすることができる。

厚生労働大臣が本条に基づき命令することは現実にはあまりないようであるが，厚生労働大臣が機構に行わせるとした第96条の2の災害調査（第1項）の内容に不備があったときや違法な災害調査をしたとき，立入検査（第2項）の際に証票を携帯せず，また関係者に提示しなかったとき（第4項），大臣が指定した立入検査の場所や指示に従った立入検査をしなかったときなどが考えられる。[76]

> （労働者の申告）
> 第97条　労働者は，事業場にこの法律又はこれに基づく命令の規定に違反する事実があるときは，その事実を都道府県労働局長，労働基準監督署長又は労働基準監督官に申告して是正のため適当な措置をとるように求めることができる。
> 2　事業者は，前項の申告をしたことを理由として，労働者に対し，解雇その他不利益な取扱いをしてはならない。

1 趣旨

本条は，安衛法又は安衛法に基づき発せられる命令違反の事実について，労働者が労働基準監督官等の行政官庁に申告する権利を有すること（本条第1項），及び当該申告をした労働者に対する事業者の不利益取扱いが禁止されること（本条第2項）を規定し，労基法第104条の規定と同様に，労働者に労働基準監督機関に対する申告権を保障したものである。

安衛法等に違反した事実がある場合，監督機関が迅速的確に是正することが望ましい。このため，監督機関には臨検をはじめ行政権限が与えられている。しかし，監督の対象となる事業場，労働者の数は膨大であり，監督機関の積極的な監督を待つのみでは実効性が確保しがたい。なお，「平成31年・令和元年労働基準監督年報」によれば，平成31年・令和元年度の適用事業場数は412万804事業場，適用労働者数は5293万5178人で，労働基準監督官数は3013人であった。

本条に定める労働者の申告権は，安衛法の遵守のために，労働基準監督機関による監督だけではなく，労働者からの申告によって監督機関の権限の発動を促すことによって，適正な安全衛生行政の実効性確保のために保障されている。そのため，事業者が，本条第2項の規定に違反して，労働者に対し，解雇その他の不利益な取り扱いをした場合には，6か月以下の懲役または50万円以下の罰金に処するという罰則規定を置いている（法第119条第1号）。

2 沿革

本条は，労働基準法第104条の規定と同じ思想に源を発する。ILOの「労働者保護を目的とする法令及び規則の実施を確保する為の監督制度の組織についての一般原則に関する勧告（第20号）」第19条は，「労働者及其の代表者は，其の使用せらるる事業場に於ける欠点又は法令違反に関し監督官に自由に通報する為一切の便宜を与へらるべきこと。此の種の異議は，監督官に依り遅滞なく能ふ限り取調べらるべきこと。並該異議は，監督官に依り絶対に秘密に取扱はるべく且取調を目的とする臨検が異議の接受の結果行はるるものなることを使用者又は其の役員に何等覚知せしむべからざることを緊要とすること。」と規定している。本条はこの勧告の趣旨に沿い，労働者からの異議の通報と迅速な監督の実施及び申告の保障を定めたものである。

本条の元となった労基法第104条の規定は，労働者が違反事実を労基署等に申告することができる旨を定めるだけであるが，安衛法制定時に，本条は，労基署等に申告して「是正のため適当な措置をとるように求めることができる」と改め，労基署等が積極的に措置をとることを促している。[77]

3 申告権の内容

1 申告の対象事実

本条にいう申告とは，「行政庁に対する一定事実の

通告」であり，労働者が違反事実を監督機関に通告することにより，行政上の権限の発動を促すことを目的としている。

申告できる事実は本法及び本法に基づいて発する命令に違反する事実であれば足り，必ずしも安衛法115条の3から123条に定める罰則が科される犯罪を構成する事実である必要はなく，本法各条の構成要件に該当する事実であればよい。[78]

2　申告の主体

本条に基づく申告ができる主体は「労働者」である。そのため，労働者と同一の事業場で同一の危険物を取り扱う一人親方などの労働者以外の者は，申告することができない。しかし，最高裁は，建設アスベスト神奈川1陣訴訟・最判令3・5・17において，安衛法第57条に定める有害物の警告表示に関して，この規定は労働者以外の者も保護の対象とすると判示しており，安衛法の個々の規定の趣旨・目的に応じて申告権の主体を拡大すべきと解される。

申告の対象は申告を行う労働者自身に関する事実である必要はなく，同じ事業場の他の労働者や他の企業の労働者に関する事実であってもよい。[79]

この「労働者」に退職者が含まれるか明らかではないが，有害物の影響が遅れて生じうることを考えると，健康診断不実施などの申告がある場合には，たとえ退職者であっても申告を受けるべきであろう。

4　申告と労働基準監督官の監督権限の発動

本条にいう申告は，労働基準監督官の監督権限の発動を促すものであるが，申告を受けた監督機関は，労働者からの申告があったからといって，それに基づく監督や調査の実施が義務づけられるわけではない。

東京労働基準局長（青梅労基署）事件（最3小判昭57・4・27判例集未登載）では，「申告は，労働者が労働基準監督官に対して事業場における同法の違反の事実を通告するものであるが，同法はその申告をしたことを理由に労働者に不利益な取扱をしてはならない旨を定めるのみで，その申告の手続きや申告に対応する労働基準監督官の措置についての別段の規定を設けていないことからして，労働基準監督官の使用者に対する監督権発動の有力な契機をなすものであっても，監督官に対してこれに対応して調査などの措置をとるべき職務上の作為義務まで負わせたものと解することはできない」とした東京高裁判決（昭56・3・26労経速1088号17頁）を正当として是認した。

しかし，すでに本条の沿革において述べた通り，労基法第104条の規定と比較して，本条は，「是正のため適当な措置をとるように求めることができる」としていることに留意が必要である。

この立法の経緯を踏まえると，申告を受けて，労基署等が特定の安全衛生措置を講じるか否かは労働行政の裁量であるとしても，申告内容が労働者の生命・身体・健康に重大な侵害が予想されるも場合には，当該事実に関する調査を実施する義務を課すものと解するべきである。[80]

しかし，労基法第104条に定める申告があった事案であるが，裁判例（八王子労基署長事件・東京地判平29・5・12判タ1474号222頁）は，労働基準監督官は，労働基準法第104条第1項に基づく申告をした者との関係において，当該申告に対応して調査等の措置をとるべき職務上の作為義務を負うものではないから，申告者は，労働基準監督官による調査等の措置の不適正を理由に，国家賠償請求することはできない，としている。

ただし，中央労働基準監督署長（大島町宿日直許可処分）事件（東京地判平15・2・1判時1852号付録判例評論544号195頁）では，法理論的正当性と共に，申告件数の急増などから労働基準監督官が監督署ごとの監督官の配置人数等によって設定された業務計画を超えた業務量に取り組んでいるということを汲み取るべき背景事情として指摘していることに留意が必要である

なお，「平成31年・令和元年労働基準監督年報」によれば，平成31年・令和元年度の申告受理事業場数は2万7471事業場（前年度繰り越し分含む）であるのに対して，監督実施事業場数は1万9691事業場であった。

5　本条違反の不利益取扱いの効力

本条第2項は強行規定であり，これに違反する不利益取扱いは，それが解雇等の法律行為である場合は無効であり，いじめ等の事実行為である場合は不法行為となる。

「不利益取扱い」には，解雇，配転，降格，賃金引下げ等他の人に比して不利益な取扱いをすることをいう。[81]

「申告をしたことを理由として」とは，事業者の報復的意思の存在を指すというべきであり，事業者が労働者がなした申告を認識し，当該労働者に対して報復として不利益な取扱いを行う場合を指す。こうした使用者の報復的意思の存否は，使用者の単なる表面上の理由にとらわれず，当該不利益取扱いをするに至った経緯，他の労働者との対比等一切の要素を総合的に考慮して判断しなければならない。なお，不利益取扱いをする理由が複数競合している場合には，使用者が当該不利益取扱いをするにあたって，労働者が申告したという事実が決定的な動機となっている場合をいうと解される。[82]

決定的な動機の有無については，労働委員会による

不当労働行為判断における決定動機の認定と同様に，間接的な事実から推認することになる。

この点に関する裁判例（太洋鉄板事件・東京地判昭25・12・28労民1巻6号1039頁）は以下の通りである。

太洋鉄板事件は，労働者Xが就業中に熱傷を負い，その結果身体障害を残存させ，以前のように労働することが出来なくなったこと，勤務先Yが労働基準法所定の災害補償金を支払っていないことにつき，Xらが，亀戸労働基準監督署へ申告したところ，同署は補償決定をした。この後，Yは，「職務上の命令に不当に反抗し，職場に秩序を乱し，又は乱そうとしたとき」に当たるとして，Xを解雇した。これに対し，Xは，本当の解雇理由は，労基法違反の事実を監督署に申告したことにあるとして，当該解雇は労基法第104条第2項に違反するとして，効力停止の仮処分を申請したものである。

本件決定は，「本件解雇が亀戸労働基準監督署の災害補償決定がなされた直後に行われたこと」，会社代表取締役がXらに，「会社の機密を外部へ洩すような者を雇用しておくわけにはいかないという趣旨の発言をした」ことが疎明されたことを理由として，「綜合すればYの本件解雇の決定的な理由はXらが，労働基準法に違反する事実を労働基準監督署に申告したことにあると判断せざるをえない」などとして，本件解雇が労働基準法第104条第2項の規定に反するものであり，「これらの解雇の意思表示は無効なもの」としている。

（使用停止命令等）
第98条　都道府県労働局長又は労働基準監督署長は，第20条から第25条まで，第25条の2第1項，第30条の3第1項若しくは第4項，第31条第1項，第31条の2，第33条第1項又は第34条の規定に違反する事実があるときは，その違反した事業者，注文者，機械等貸与者又は建築物貸与者に対し，作業の全部又は一部の停止，建設物等の全部又は一部の使用の停止又は変更その他労働災害を防止するため必要な事項を命ずることができる。
2　都道府県労働局長又は労働基準監督署長は，前項の規定により命じた事項について必要な事項を労働者，請負人又は建築物の貸与を受けている者に命ずることができる。
3　労働基準監督官は，前2項の場合において，労働者に急迫した危険があるときは，これらの項の都道府県労働局長又は労働基準監督署長の権限を即時に行うことができる。
4　都道府県労働局長又は労働基準監督署長は，請負契約によつて行われる仕事について第1項の規定による命令をした場合において，必要があると認めるときは，当該仕事の注文者（当該仕事が数次の請負契約によつて行われるときは，当該注文者の請負契約の先次のすべての請負契約の当事者である注文者を含み，当該命令を受けた注文者を除く。）に対し，当該違反する事実に関して，労働災害を防止するため必要な事項について勧告又は要請を行うことができる。

1 趣旨

本条は，安衛法（上の安全衛生基準）の実効性を広く確保するために，規定に違反する事実がある場合に，行政機関が，違反した事業者，注文者等に対して，作業の全部又は一部の停止，建設物の全部又は一部の使用停止又は変更その他，労働災害を防止するための必要な事項を命ずることができることを規定したものである。

法令違反は通常監督指導を通じて是正措置が図られるが，本条は，労働災害防止を未然に防止するため，違反状態の回復措置が必要急務であると認められる場合に着目して定められた[83]。

その一環として，労働基準監督官が現場に臨んで急迫した危険があると認めたときは，都道府県労働局長又は労働基準監督署長の権限を即時に行使し，使用停止又は変更を命じることができるとしたものである[84]。

2 沿革

工場法は第13条で，工場及び附属建設物又は設備が危害を生じ又は衛生風紀その他公益を害するおそれがありと認めるとき，労働監督機関は，予防又は除害のため，必要な事項又は使用の停止を命じうることを規定していた。

旧労働基準法も，その趣旨を受け，第55条で，労働者を就業させる事業の建設物，寄宿舎その他附属建設物若しくは設備または原料若しくは材料が，安全及び衛生に関し定められた基準に反する場合においては，行政官庁は，使用者に対して，その全部又は一部の使用の停止，変更その他必要な事項を命じることができると規定していた。

工場法が工場の新設について監督上必要な事項を規定することがなく，できあがった建設物，附属建設物等又は設備について監督規定を設けるに止まったのに対し，旧労働基準法は，第54条において，それらの新設移転又は変更について必要な監督権限（基準に則し

て届出させたうえで，必要に応じ，工事を差し止め，使用を停止させること）を定めるとともに，これを補う意味で，工場法第13条と趣旨を同じくする第55条を設けた。それは，たとえ，新設，移転，変更が安全衛生基準に適合し，適法に行われた建設設備等であっても，その後の変化により安全衛生基準に違反する状態に陥ることがあるので，こうした場合に対処するには，使用停止命令等による行政監督が必要だと考えられたからである。[85]

その後，労働安全衛生法が労働基準法から独立分離したときに，旧労基法第55条の趣旨は，現在の第98条に引き継がれた。

3 都道府県労働局長等の使用停止等命令
1 使用停止等命令の発出要件

都道府県労働局長又は労働基準監督署長が，事業者，注文者，機械等貸与者又は建設物貸与者に対して，本条により使用停止等を命ずることができるのは，本条に列挙された条文の規定に違反する事実がある場合である。法第99条による使用停止命令等が，法令違反がない場合であっても，発出できるのとは異なっている。

本条は，次の場合に，都道府県労働局長又は労働基準監督署長が，関係者に対して，作業の全部又は一部の停止，建設物等の全部又は一部の使用の停止又は変更その他，労働災害を防止するため必要な事項を命じることができることを規定している。

① 法第20条（機械設備，爆発物等による危険の防止措置），第21条（掘削・墜落等による危険の防止義務），第22条（健康障害防止義務），第23条（通路等の保全，換気，採光等の必要な措置），第24条（作業行動について必要な措置），第25条（危険急迫時の作業中止，退避等）の規定により事業者が講ずべき危害防止のための措置が講じられていない事実がある場合

② 法第25条の2第1項（爆発・火災等による労働者の救護措置）又は第30条の3第1項（特定元方事業者等の講ずべき措置）若しくは第4項の規定により事業者，元方事業者等が講ずべき救護に関する措置が講じられていない事実がある場合

③ 特定事業の仕事を自ら行う注文者（他者に仕事を請け負わせているが，丸投げせず，自らも仕事を行う者。他者に丸投げする者を含まない点で〔特定〕元方事業者とは異なる場合があり，他者から仕事を請け負う者も含む点で，発注者とは異なる。ただし，法第31条第1項の措置義務は，第2項によって，最も先次の注文者のみに課されているので，その点では〔特定〕元方事業者と似ている）で，建設物等を当該仕事を行う場所においてその請負人の労働者に使用させるものが，当該建設物等について，法第31条第1項の規定により当該労働者の労働災害を防止するため講ずべき必要な措置が講じられていない事実がある場合

④ 法第33条第1項の規定により機械等の貸与を受けた事業者の事業場において，機械等貸与者が，当該機械等による労働災害を防止するため講ずべき必要な措置が講じられていない事実がある場合

⑤ 法第34条の規定により建築物貸与者が，当該建築物の貸与を受けた事業者の事業に係る当該建築物による労働災害を防止するため講ずべき必要な措置が講じられていない事実がある場合

前記①から⑤までに記されているような場合には，事業者，元方事業者，注文者，機械等貸与者又は建築物貸与者が法令違反の状態にあることになるが，これをたんに事後的に刑罰権の行使をもって処罰するだけではなく，労働災害を未然に防止するため，危険な法令違反の状態を直ちに解消させようとするものである。[86]

命令の発出は，上記の各規定の定める安全衛生措置の不履行を要件としているが，安全衛生措置義務がどのような場合に発生するかについては議論がある。

例えば，事業者に対して労働者の墜落防止措置の義務を定めた労働安全衛生法第21条第2項及び安衛則第518条は，高さが2m以上という要件以外に墜落により労働者に危険が及ぼすおそれがあることをも要件としているから，具体的な危険の存在を必要としていると解すべきで，具体的に落下場所の模様，高度，当該労働者の年齢技量等を総合的に判断して墜落により労働者に危険が及ぶおそれがある場合でなければ事業者に安全措置義務が発生しないとする主張があり得る。[87]

これに対して，裁判例は，「労働安全衛生法規の定めは，労働災害の危険性をあらかじめ除去し軽減させ又は危険が生じないことを直接の目的として，労働災害の危険そのものを事前に個別定型的にとらえ，これに対する災害防止措置の基準を示して，事業者にその安全措置を講じさせ，もって労働者の安全を確保せんとしていると解すべきであるから，右規則518条にいう墜落により労働者に危険が及ぼすおそれという点についてもその蓋然性まで要求されておらず，その可能性が認められることで足りる」としている（広島簡判昭56・4・9判例集未登載）。

確かに，安衛法の条文は，安全衛生措置義務の発生について，一定の客観的要件と共に「危険が及ぼすおそれ」などの要件を加えており，当該具体的状況において具体的な危険の存在を立証する必要があるかのように読める。

しかしながら，安衛則の規定は，危険の内容を個別具体的に定めて安全衛生措置の履行を求めているか

資料10-34 使用停止等命令書（見本）

```
                                    労  署使    号の
                                       年  月  日
    使 用 停 止 等 命 令 書
 （事業者等）
                    殿
               労働基準監督署長      ㊞
 （事業場の名称）
 における下記の「命令の対象物件等」欄記載の物件等に関し，「違反法令」
 欄記載のとおり違反があるので労働基準法第96条の3，103条，労働安全衛生法第98条第 項に基
 づき，それぞれ「命令の内容」欄及び「命令の期間又は期日」欄記載のとおり命じます。
 なお，この命令に違反した場合には送検手続きをとることがあります。
```

番号	命令の対象物件等	違反法令	命令の内容	命令の期間又は期日

備考
1 上記命令について，当該違反が是正された場合には，その旨報告してください。
  なお，「番号」欄に□印を付した事項については，今後同種違反の繰り返しを防止するための点検責任者を事業ごとに指名し，確実に点検補修を行うよう措置して併せて報告してください。
2 この命令に不服がある場合は，命令があったことを知った日の翌日から起算して3か月以内に厚生労働大臣に対して審査請求をすることができます。ただし，命令があった日から1年を経過した場合は，審査請求をすることができません。
3 この命令に対する取消訴訟は，国を被告として（訴訟において国を代表する者は法務大臣となります。），この命令があったことを知った日の翌日から起算して6か月以内に提起することができます。ただし，命令があった日から1年を経過した場合は，提起することができません。また，厚生労働大臣に対して審査請求をした場合には，この命令に対する取消訴訟は，その審査請求に対する裁決の送達を受けた日の翌日から起算して6か月以内に提起することができます。（この場合においても裁決を経る前から直ちに取消訴訟を提起することは妨げられません。）ただし，裁決があった日から1年を経過した場合は，提起することができません。
4 この命令書は，3年間保存して下さい。

受領年月日
受領者職氏名   年 月 日

ら，上記裁判例がいうように，労働災害の危険そのものを事前に個別定型的にとらえ，これに対する災害防止措置義務が発生する要件示したものと解するべきであろう。

しかしながら，安衛則の規定に定めた要件を充足する場合のみ安全衛生措置が発生すると考えると，技術革新により新たな危険が発生する現代において，労働災害の防止という観点から，安衛法の適用範囲を不当に狭めることになる。そこで，学説は，「政省令側での定め方に一定の抽象性を持たせ，危険が窺われる場合には，事業者側に安全性の証明責任を課す，専門官による判定を行うなどの手続き面での規定により，要件を個別的に特定していく必要がある」と指摘している[88]。

2 使用停止等命令の内容

使用停止等の処分は，建設物等が安全又は衛生に関する基準に反する場合に，専ら労働災害予防の見地から当該危険性を除去ないし回避するために必要な措置を関係事業者，安衛法第31条の注文者等に命じるものである。

したがって，使用停止命令を発するに当たって個々の事案の具体的な状況と，当該危険性に即して具体的に適切な内容の措置が要請される。

これらの処分の種類（類型）については，本条では作業の停止，建設物等の使用の停止及び変更のほか，その他労働災害を防止するため必要な事項と規定しているが，「その他」の措置として，産業関係者からの聴取からは，危険な場所への立入禁止を命じた例が確認された。

都道府県労働局長等が命じうるのは，「作業の全部又は一部の停止，建設物等の全部又は一部の使用の停止又は変更その他労働災害を防止するため必要な事項」に限られる。

使用停止措置等の処分の具体的内容は，上記法違反の個別具体的状況に応じて様々である。

産業関係者へのヒアリングによると，具体的には，製造業において機械の歯車等の可動部がむき出しになっている場合に当該部分に覆い等を設けるよう命じた例や，建設業において本足場の作業床に手すりが設けられていない場合に労働者の作業を停止した上で手すりを設けるよう命じた例が確認された。

使用停止等命令に際しては，事業者等に対し，「命令の対象物件等」，「違反法令」を記載して違反事実を明示し，違反法令ごとにそれぞれ「命令の内容」及び「命令の期間又は期日」を記載した書面（資料10-34を参照されたい）が交付されている。

是正がなされるべき期間・期日までに命令内容が履行されない場合は，送検手続をとることができる。この命令後に，違反状態が是正された場合，事業者は，その旨を報告しなければならない。

4 労働基準監督官の権限行使

本条第3項は，法令違反の事実があることにより，労働者に急迫した危険があるときは，労働基準監督署官は，自ら使用停止等の権限を即時に行使することができると規定している。

都道府県労働局長等の使用停止等命令の権限行使の要件である違法状態は，新設，移転等に際しての机上の審査により判明するものではなく，監督官が現場に臨んで発見する場合が多く，しかも場合によっては事態が急迫し捨て置きがたいこともあるので，労働基準監督官に即時執行権を認めることとされた[89]。

「労働者に急迫した危険があるとき」とは，労働災害の発生の危険が目前に迫っており，放置すれば労働者の生命自体に危害が及ぶことが予想されるような状態，すなわち，第1項又は第2項の規定による都道府県労働局長等の権限行使を待っていられないほど事態が急迫しているような場合をいう[90]。

5 都道府県労働局長等の権限行使と裁量

労働監督機関は，事業者が本条に基づき所定の規定に違反するとき，その権限を行使し，使用停止等命令を発する義務を負うのか，議論があるところである。

大東マンガン事件・大阪高判昭60・12・23判時1178号27頁は，マンガンの粉じん等が飛散する工程で就業していてマンガン中毒等にり患したのは，事業者による従前からの関連法令違反があり，労働者の生命身体健康が侵される危険を認識し得たのに，臨検，指導勧告等，適切な監督措置を講じなかったことによるとして，国の国家賠償責任を問うた事案について判断した。

判決は，労働基準監督行政は使用者の安全衛生ないし労災防止義務の履行を確実ならしめるために行政的監督を行うものであり，監督機関による監督権限は使用者に対して行使され，労働者に対して行使されるものでなく，監督機関が労働者に対して直接的に責任を負うものでなく，権限の行使も監督機関の裁量に委ねられているとした。

しかしながら，裁判例は，権限行使は全て都道府県労働局長の裁量に委ねられているわけではなく，「右権限の行使は個別，具体的な事業場につき当該事業場の労働者保護を目的としてなされることに鑑みると，監督機関が具体的事案について右権限の行使・不行使について著しく合理性を欠く場合においては，当該労働者との関係で違法であり，国家賠償責任の生じる場合がないとはいえない。」としたうえで，「上来説示の労働基準監督行政の目的，性質並びに監督機関，使用者及び労働者の関係からして，少なくとも当該事業場につき労働者に対し切迫した重大な危険の発生が予見され，監督機関の監督権限行使以外の方法によつては危険の発生を防止できず，かつ右権限の行使によつて危険の発生を防止することが可能であるのに，監督機関が右権限を行使しなかつた場合にこれを認めるべきであるということができよう。」としている。

こうした国賠法違反に対する判断枠組みは，労働行政の裁量を認めたうえで，権限濫用となる要件を広く捉えたものといえる。

6 注文者に対する勧告又は要請

請負契約によって行われる工事の施工中に本法の規定に違反した事実がある場合で，本条第1項による命令をした場合，都道府県労働局長等は，必要であると認めたとき，当該仕事の注文者（当該仕事が数次の請負契約によって行われるときは，当該注文者の請負契約の先次の全ての請負契約の当事者である注文者を含み，当該命令を受けた注文者を除く）に対し，当該違反する事実に関して，労働災害を防止するため必要な事項について勧告又は要請を行うことができる。

安衛法は，事業者にとどまらず，危険有害物質の製造者，流通者，注文者等に対してもリスクを最小化するために労災防止の観点から一定の措置義務を課している。こうした考え方は，リスクを創出しかつ容易にリスク管理できる者に対して災害防止の責任を課すという考え（いわゆる「リスク創出者管理責任」）に基づくものと解することができる。本条もこうした考えをふまえたものといえる。[91]

ただし，注文者は労働者に対して直接指揮命令を行うことができないので，本条は，安衛法上問題になるような発注条件を附さないよう留意することなど，労災防止に関する事項について必要な勧告又は要請を行うことができる，と規定した。

昭和63年9月16日基発第601号の1では，発注者等に対する勧告又は要請（第88条第8項（現行では第7項）及び第98条第4項）について次の通り通達されている。すなわち，

① 第88条第8項（現行第7項）又は第98条第4項に基づく勧告又は要請は，当該仕事の発注者（第98条第4項の場合にあっては，注文者）が労働安全衛生法違反を惹起させる条件を付していることを理由に行うこととしているものであり，したがって設計図面において同法違反となる事項が明示されている場合等に行うものであること。

② 第88条第8項の「労働災害の防止に関する事項」及び第98条第4項の「労働災害を防止するため必要な事項」には，命令に基づく事業者の改善措置が迅速に講ぜられるよう配慮すること，今後，労働安全衛生法違反を惹起させる条件を付さないよう留意すること等があること。

7 使用停止等命令違反に対する罰則

本条の使用停止等命令を受けたにもかかわらず，なんらの必要な措置をもとらない場合，法第119条の罰則が適用される。複数回使用停止等命令をうけたにもかかわらず，必要な措置をなんらとらずに災害が発生したため即時送検された事例がある。

この事例は，安全措置を講じることなく不安全な状態のまま作業者を，プレスを用いた単品の穴あけ加工に従事させていたところ，左手人差し指を第1関節から切断した例である。プレス機械は旧式のクランクプレスが多く，安全装置も両手操作式と手払い式のものが中心で，安全囲いも設置されていなかった。

同事業場では，過去5年間に当該災害を含めて5件のプレス災害を発生させており，3回にわたって使用停止命令を受けていた。労基署は過去の状況からみて悪質であり，このままでは災害の再発する可能性があるとして，工場の安全管理の責任者である工場長と，法人A社を安衛法違反の疑いで送検した。[92]

> **第99条** 都道府県労働局長又は労働基準監督署長は，前条第1項の場合以外の場合において，労働災害発生の急迫した危険があり，かつ，緊急の必要があるときは，必要な限度において，事業者に対し，作業の全部又は一部の一時停止，建設物等の全部又は一部の使用の一時停止その他当該労働災害を防止するため必要な応急の措置を講ずることを命ずることができる。
> 2　都道府県労働局長又は労働基準監督署長は，前項の規定により命じた事項について必要な事項を労働者に命ずることができる。

1　趣旨

本条は，前条第1項の場合以外の場合，すなわち，法令違反が認められない場合又は法令違反の断定ができない場合においても，「労働災害発生の急迫した危険があり，かつ，緊急の必要があるときは」，労働災害を防止するために，事業者に対して，必要な限度で，作業の全部又は一部の一部停止，建築物等の全部又は一部の使用の停止の措置を命じることができる旨を規定している。すなわち，第98条の使用停止命令は，法違反を要件として都道府県労働局長又は労基署長が権限を行使できることから，命令を発する要件が限られているのに対して，本条の命令は，労働災害発生の急迫した危険がありかつ緊急の必要があるときという要件があるとはいえ，法違反を要件としていない。

本条に基づく命令は緊急措置命令と呼ばれる。

2　沿革

本条に相当する規定としては，1964年に成立した労働災害防止団体等に関する法律（安衛法施行時に「労働災害防止団体法」に改題。以下「災防法」という）第61条が設けられていた。[93]

旧災防法第61条第1項は，「都道府県労働基準局長は，労働基準法第55条第1項に規定する場合以外の場合において，労働災害発生の急迫した危険があり，かつ，緊急の必要があるときは，必要な限度において，使用者に対して作業の全部又は一部を一時停止すること，建築物等の全部又は一部の使用を一時停止することその他当該労働災害の発生を防止するため必要な応急の措置を講ずることを命ずることができる。」と規定していた。

こうした規定を設けた趣旨は，労働災害の防止は，労働者の生命，身体にかかわる重大な問題であることから建築物，設備又は原材料が安全及び衛生に関し定められた労働基準法第55条第1項に反していない場合

であっても，「労働災害の急迫した危険があり，かつ，緊急の必要があるときは，必要な限度において」都道府県労働局長が作業停止その他応急の措置を講ずることができるようにする点にある。[94]

旧災防法の規定はその後の改正により削除され，安衛法第99条に同じものが規定された。

3　内容

1　緊急措置命令の発出要件

本条に定める「労働災害発生の急迫した危険があり，かつ，緊急の必要があるときは」とは，労働災害の発生の危険が目前に迫っており，放置すれば労働者の生命自体に危害が及ぶことが予想されるような状態で，かつ，労働災害の発生を防止するための措置を直ちに講じなければならない場合をいう。

急迫の場合とは，具体的には，可燃性のガスが多量に存在し，爆発の危険のある濃度に達しているとき又は達するおそれがあるときなど，生命の急迫した危険がある場合などをいう。

2　緊急措置命令

都道府県労働局長又は労働基準監督署長は，必要な限度で命令することができる。この場合，都道府県労働局長等が命じうるのは，作業の一時停止等又は建築物等の使用の一時停止その他労働災害を防止するため必要な応急の措置を講じることである。

これは，本条が，労働災害発生の現実の差し迫った危険を取り除き，又は回避することを目的としており，労働災害の防止のための根本的な是正措置については，安衛則その他の規則の定めるところにより実施されるべきだからである。[95]

こうした緊急の必要がある場合の措置命令を「緊急措置命令」といい，「緊急措置命令書」を事業者に交付する。緊急措置命令書については，**資料10－35**を参照されたい。

緊急措置命令の実態を明らかにすることは容易ではないが，雪崩等の自然災害の急迫した危険がある場合に発出された例がある。また，例えば工場で危険有害物質が漏出している場合で，それに隣接する場所に事業場を有する他の事業者に対して避難措置等を命じるときには，通常は当該他の事業者には安衛法違反が認められないことから，第98条ではなく本条による措置を行うことになると考えられる。

4　適用の実際

本条に定める緊急措置命令は，法違反がない場合であっても，必要な限度において作業の停止等を命ずるものとされる。その意味では，労働基準監督官の自主的な判断による行使が法令上は認められているが，行

資料10-35　緊急措置命令書（見本）

様式第7号の2

緊急措置命令書

〇労〇署緊急第〇号の〇
令和〇年〇〇月〇〇日

（事業者等）
〇〇株式会社
代表取締役　〇〇　　　殿

〇〇労働基準監督署長　印

（事業場の名称）
〇〇〇〇〇〇〇〇における〇〇〇〇〇〇〇〇〇〇〇については、下記のとおり労働災害発生の急迫した危険があり、かつ、緊急の必要があるので、労働安全衛生法第99条の規定に基づき〇〇〇〇〇〇〇〇〇〇〇〇〇〇〇〇〇〇〇〇〇〇〇〇〇〇〇〇〇〇〇〇〇〇〇〇〇を命令します。

記

〇〇〇

（注）
1　上記期間中に労働災害発生の危険がなくなった場合には、この命令を解除するので、その旨報告して下さい。
2　この命令に不服がある場合は、命令があったことを知った日の翌日から起算して3か月以内に厚生労働大臣に対して審査請求をすることができます。ただし、命令があった日から1年を経過した場合は、審査請求をすることができません。
3　この命令に対する取消訴訟は、国を被告として（訴訟において国を代表する者は法務大臣となります。）、この命令があったことを知った日の翌日から起算して6か月以内に提起することができます。ただし、命令があった日から1年を経過した場合は、提起することができません。
また、厚労働大臣に対して審査請求をした場合には、この命令に対する取消訴訟は、その審査請求に対する裁決の送達を受けた日の翌日から起算して6か月以内に提起することができます（この場合においても裁決を経る前に直ちに取消訴訟を提起することは妨げられません。）。ただし、裁決があった日から1年を経過した場合は、提起することができません。
4　この命令書は、3年間保存して下さい。

受領年月日　令和　　年　　月　　日
受領者職氏名

使は災害発生の急迫した危険があり、かつ、緊急の必要性があるとき限られ、行使の要件及び行使の内容においても厳しく制限されている。その結果、労働基準監督年報によれば、緊急措置命令の発出件数は少なく、労働行政の関係者によれば、これを行使した実例はほとんど見当たらないのが実態である。[96]

とはいえ、法令に囚われない労災防止対策の砦であり、もう少し積極的な活用が図られても良いように思われる（三柴）。[97]

（講習の指示）
第99条の2　都道府県労働局長は、労働災害が発生した場合において、その再発を防止するため必要があると認めるときは、当該労働災害に係る事業者に対し、期間を定めて、当該労働災害が発生した事業場の総括安全衛生管理者、安全管理者、衛生管理者、統括安全衛生責任者その他労働災害の防止のための業務に従事する者（次項において「労働災害防止業務従事者」という。）に都道府県労働局長の指定する者が行う講習を受けさせるよう指示することができる。
2　前項の規定による指示を受けた事業者は、労働災害防止業務従事者に同項の講習を受けさせなければならない。
3　前2項に定めるもののほか、講習の科目その他第1項の講習について必要な事項は、厚生労働省令で定める。

1 趣旨

本条は、都道府県労働局長が、労働災害が発生した事業場の事業者に対して、その事業場の総括安全衛生管理者、安全管理者、衛生管理者、統括安全衛生責任者その他労働災害の防止のための業務に従事する者（次項において「労働災害防止業務従事者」という）に都道府県労働局長の指定する者が行う講習を受けさせるよう指示する権限を付与している。

このような規定が置かれた理由は、労働災害の発生状況からみて、無災害を長く続ける事業者がある一方で、災害を繰り返し発生させる事業場があり、各事業場の労働災害防止業務従事者の安全意識が十分でないことなど安全衛生管理体制に問題がある場合が多いからである。

2 内容

1　講習の指示

都道府県労働局長は、次のような労働災害発生事業場に対して、期間を定めて、指定する機関（指定講習機関）が行う講習を労働災害防止業務従事者に受講させるよう指示する。
①死亡災害発生事業所
②重大災害発生事業所
③災害多発事業所

事業者は、この指示を受けた場合には、指示された期間内に、事業場の労働災害発防止業務従事者に講習を受けさせなければならない。また、事業主は、自らが労働災害発防止業務を担当している場合には、事業主が自ら受講することになる。なお、事業主とは、経営主体のことであり、事業者とは、経営主体及びそれと一体の者を含めたものをいう。

講習を修了した者に対しては、指定講習機関が「労働災害防止業務従事者講習修了証」（様式第10号）を交付することとされている（登録者令第70条第2項）。

2　講習の内容

労働災害防止業務従事者に対する講習科目は、次の通りである（登録省令第69条第1項第3号）。なお、これらの講習科目については、総括安全衛生管理者、安全管理者、統括安全衛生責任者ごとに、講習科目の範囲と時間が示されている（平成21年3月30日厚生労働省告示第143号）。なお、本講習の趣旨が、労働災害の再発

防止にあることより衛生管理者を受講対象者とはしていない。
①事業場の安全衛生に関する管理に係る問題点及びその対策
②事業場の安全衛生に関する管理の方法
③安全衛生関係法令
④労働災害の事例及びその防止対策

> 第99条の3　都道府県労働局長は、第61条第1項の規定により同項に規定する業務に就くことができる者が、当該業務について、この法律又はこれに基づく命令の規定に違反して労働災害を発生させた場合において、その再発を防止するため必要があると認めるときは、その者に対し、期間を定めて、都道府県労働局長の指定する者が行う講習を受けるよう指示することができる。
> 2　前条第3項の規定は、前項の講習について準用する。

1 趣旨

本法は、第61条第1項で、クレーンの運転その他の就業制限業務とその業務に就くことができる資格者を規定しているが、本条では、そうした資格者が、当該業務について、この法律またはこれに基づく命令の規定に違反して労働災害を発生させた場合に、その再発を防止するために、その者に対し、期間を定めて、都道府県労働局長の指定する者が行う講習を受けるよう指示することができることを定めたものである。

2 内容

1　講習の指示

都道府県労働局長は、就業制限業務従事者に対して、期間を定めて、都道府県労働局長が指定する機関（指定講習機関）が行う講習を受講させるよう指示する。この指示を受けた就業制限業務従事者は、指示された期間内に指定講習機関が行う講習を受講しなければならない。講習を修了した者に対しては、指定講習機関が「就業制限業務従事者講習修了書」を交付することとされている（登録省令第84条第2項）。

2　講習機関の指定

本条第1項の指定は、次の各号に掲げる者の区分に応じて定める同項の講習を行おうとする者（法人に限る）の申請により行う（登録省令第82条第1項）。すなわち、

①登録省令第20条第6号の業務に就くことができる者
　（クレーン運転士等に対する講習）
②登録省令第20条第7号の業務に就くことができる者
　（移動式クレーン運転士等に対する講習）
③登録省令第20条第12号の業務に就くことができる者
　（車両系建設機械運転業務従事者に対する講習）
④登録省令第20条第16号の業務に就くことができる者
　（玉掛業務従事者に対する講習）

指定を受けようとする者は、次の事項を記載した申請書を、当該者がクレーン運転士等に対する講習、移動式クレーン運転士等に対する講習、車両系建設機械運転業務従事者に対する講習又は玉掛業務従事者に対する講習（「就業制限業務従事者講習」）を行おうとする場所を管轄する都道府県労働局長に提出しなければならない（登録省令第82条第2項）。

①名称及び住所
②就業制限業務従事者講習の業務を行おうとする事務所の名称及び所在地
③クレーン運転士等に対する講習、移動式クレーン運転士等に対する講習、車両系建設機械運転業務従事者に対する講習又は玉掛業務従事者に対する講習の別
④就業制限業務従事者講習を開始しようとする年月日

3　講習の内容

就業制限業務従事者に対する講習科目は、次の通りである（登録省令第83条第1項第3号）。なお、時間が示されている。

①就業制限業務機械等の構造
②就業制限業務機械等に係る安全装置等の機能
③就業制限業務機械等の保守管理
④就業制限業務機械等に係る作業の方法
⑤安全衛生関係法令
⑥労働災害の事例及びその防止対策

> （報告等）
> 第100条　厚生労働大臣、都道府県労働局長又は労働基準監督署長は、この法律を施行するため必要があると認めるときは、厚生労働省令で定めるところにより、事業者、労働者、機械等貸与者、建築物貸与者又はコンサルタントに対し、必要な事項を報告させ、又は出頭を命ずることができる。
> 2　厚生労働大臣、都道府県労働局長又は労働基準監督署長は、この法律を施行するため必要があると認めるときは、厚生労働省令で定めるところにより、登録製造時等検査機関等に対し、必要な事項を報告させることができる。
> 3　労働基準監督官は、この法律を施行するため必要があると認めるときは、事業者又は労働者

に対し，必要な事項を報告させ，又は出頭を命ずることができる。

1 趣旨

本条は，厚生労働大臣，都道府県労働局長または労働基準監督署長は，この法律を施行するにあたり必要があるときに，厚生労働省令で定めるところにより，事業者，労働者，機械等貸与者，建築物貸与者またはコンサルタントに対し，必要な事項を報告させ，又は出頭を命じることができることを定めている（第1項）。

また，登録製造時検査機関に対しても，必要な事項を報告させることができる（第2項）。さらに，労働基準監督署長だけでなく，労働基準監督官も，必要があると認めるときは，事業者又は労働者に対し，必要な事項を報告させ，又は出頭を命ずることができると規定している（第3項）。

本条に基づく報告は，定型的報告と必要に応じて報告が求められる個別報告（安衛則第98条）[98]に大別され，前者の種類は多岐にわたるが，とりわけ，労働者死傷病報告は，行政機関の災害調査の端緒，引いては，統計データ活用により，労災統計から労災予防への応用が可能であるため[99]，労災防止にとって重要な役割を果たしている。

また，本条に定める報告等には，労働者死傷病報告など事故の結果，健康診断結果などの過去の事実に関する報告にとどまらず，石綿障害予防規則第5条に定める作業届のような届出，さらに，有機溶剤中毒予防規則第4条に定める認定の申請書も含む[100]。

なお，労働基準監督官の権限は，本法を施行するに際し必要な行政上の監督指導を行うために認められているものであって，司法警察員としての犯罪捜査を行うために認められているものではないことは言うまでもない。

2 沿革

工場法では災害（同法施行規則第26条。疾病・負傷・死亡等の届出義務に違反がある場合の処罰規定）及び扶助（同第23条）に関する事項のほかは報告義務を規定していなかった。実際上は，工場法が警察によって運用されていた関係から警察命令で各種の報告が要求されていた。

労働基準法の制定によって，法律の運用が労働省に委ねられたため，制定時の労働基準法第110条（現行第104条の2）は，必要があるとき使用者及び労働者に対して報告又は出頭を要求できるとする一般的規定を設けた[101]。

そして，昭和22年の同法施行規則第58条第2号は，事業場又は寄宿舎その他附属施設内における事故が発生したとき，所轄労働基準監督署長に報告することを義務づけている。上記事故としては，例えば，火災又は爆発の事故，一時に3人以上の埋没者，死傷者が発生した崩壊又は落盤の事故，一時に5人以上の死傷者が発生した事故があげられていた。

安衛法が制定されたとき，報告（死傷病報告を含む）を求める行政主体として，厚生労働大臣，都道府県労働局長が加えられ，義務主体も，事業者，労働者とされた。

その後の法改正により，報告の義務主体には，機械等貸与者，建築物貸与者，コンサルタントが加えられた。

3 報告すべき内容

1 報告すべき事項

本条第1項は「厚生労働省令で定めるところにより」とある通り，安衛則やその他の各種規則で報告すべきものを定めている。

本条第1項で定める報告すべき事項は，安衛則その他規則で届出すべき事項も含まれる。例えば，石綿則第5条では，石綿が吹き付けられているビルなどの建築物の解体作業を行う事業者は，所定様式による届書に当該作業に係る解体等対象建築物等の概要を示す図面を添えて，所轄労働基準監督署長に提出しなければならないと規定している。これを怠った事業者は，本条違反として罰則の適用がある。実際，石綿則第5条に違反して作業届を提出しなかった事例において，労基署が本条違反を根拠に送検した事例がある。

労働行政は，本条における報告と届出を区別していないようにみえる。しかし，報告は事故報告にみられるように，生じた事実を事後に報告するものであるが，届出は予め提出させ審査を行うことを想定させる。実際，法第88条が定める計画届は届出の後，審査を行うことを前提にしたものであり，届出の不履行については法第120条第1号により処罰される。令和2年安衛則改正により，石綿の吹き付けられている建築物等の解体作業の一部については法第88条第2項による届出が義務づけられている。報告と届出にはニュアンスの違いがあることを考えると，届出に罰則を適用するためには別途の規定を設けることも検討すべきであろう。

以下では，報告の義務主体，安衛則その他規則に基づく報告事項を挙げた上で，とくに，重要な報告である事故報告，選任報告，健康診断結果報告，労働者死傷病報告について報告義務の内容を詳述する。

(1) 報告の義務主体

報告の義務主体は事業者（特定元方事業者を含む），労働者，機械等貸与者，建築物貸与者，コンサルタント（法第100条第1項），登録製造時等検査機関等（登録性能検査機関，登録型式検定機関，検査業者）である。

以下，安衛則に基づく報告の義務主体ごとに主な報告事項をあげる。なお，安衛則に基づく報告事項の詳細及び安衛則以外の報告事項については，(2)に挙げるものを参照されたい。

(a) 事業者が報告すべき場合

事業者が報告すべき場合として，法令は様々な場合を指定している。主な場合は，総括安全衛生管理者を選任した場合（第2条第2項），安全管理者を選任した場合（第4条第2項），衛生管理者を選任した場合（第7条第2項），産業医を選任した場合（第13条第2項），指定事業場における安全衛生教育計画及び実施計画報告（第40条の3），常時50人以上の労働者を使用する事業者が，定期の健康診断を行った場合（第52条），有害物ばく露作業報告（第95条の6），事故報告（第96条），労働者死傷病報告（第97条），計画届免除認定を受けた事業者に係る実施状況の報告（第87条の7）である。

(b) 登録製造時検査機関が報告すべき場合

本条第2項は，厚生労働大臣，都道府県労働局長又は労働基準監督署長は，この法律の施行に必要な事項について，登録製造時等検査機関等に対し報告させることができる，と規定している。

登録製造時等検査機関等には，登録性能検査機関，登録型式検査機関，検査業者が含まれる。

安衛法第53条の3に定める登録性能検査機関は，性能検査の結果について，当該性能検査を行った月の翌月末日まで，登録性能検査報告書を管轄の労基署長に提出しなければならない（登録省令第9条）。

安衛法第54条の4に定める登録型式検定機関は，毎事業年度において6カ月に1回，その期間内に行った型式検定の結果について，型式検定に合格した機械等に係る申請者の氏名並びに当該型式検定対象機械等の種類，型式，性能，型式検定を行った年月日及び型式検定合格番号などを厚生労働大臣に報告しなければならない（登録省令第19条の10）。

(c) 検査業者が報告すべき場合

安衛法第45条第2項の規定により，事業者は，動力により駆動されるプレス機械，フォークリフト等について1年以内ごとに1回定期に行われる自主検査を，法第54条の3第1項の登録を受けた検査業者に実施させなければならない。当該検査業者は，特定自主検査の業務に関する規程を変更した場合，遅滞なく都道府県労働局長に報告しなければならない（登録省令第19条の19）。

(d) その他

その他，指定試験機関，指定コンサルタント試験機関，指定登録機関に対しても所定の報告義務を課している。

(2) 安衛則その他規則に基づく報告事項

事業者等から報告を求める旨の定めは安衛則のほか各種規則に多数存在する。具体的には，下記の通りである。以下，安衛則その他各種の規則ごとに報告すべき事項を記述する。

(ア) 安衛則が報告義務を定めるものとして，大きくは，安全衛生管理体制の整備に関する報告，健康診断等の結果の報告，事故報告に分かれる。

まず，安全管理体制整備に関するものとしては，総括安全衛生管理者の選任（第2条），安全管理者の選任（第4条），衛生管理者の選任（第7条），産業医等の選任（第13条），指定事業場における安全衛生教育の計画及び実施結果報告（安全衛生教育実施結果報告書）（第40条の3），計画届免除認定を受けた事業者による安全衛生管理の実施状況等の報告（第87条の7）がある。

次に，健康診断等の結果報告として，健康診断結果報告（第52条），心理的負担の程度の検査及び面接指導結果の報告（第52条の21）がある。

さらに，事故報告等には，有害物ばく露作業報告（第95条の6），事故報告（第96条），労働者死傷病報告（第97条），報告・出頭命令の通知事項（第98条）（厚労大臣，都道府県労働局長又は労働基準監督署長が，事業者，労働者，機械等貸与者又は建築物貸与者に対して報告させ，又は出頭を命じるときに行政側に通知する事項をいう）がある。

(イ) ボイラー則に定める報告には，ボイラー設置・変更に関係するとしては，ボイラーの製造許可条件（設備又は工作責任者）の変更報告（第4条），安衛法第88条第1項に基づくボイラー設置届（第10条），移動式ボイラーの設置報告（第11条）がある。

使用停止については，ボイラー使用休止報告（休止廃止報告書）（第45条），第1種圧力容器の製造許可条件（設備又は工作責任者）の変更報告（第50条），第1種圧力容器の使用休止報告（休止廃止報告書）（第80条），小型ボイラーの設置報告（第91条）などがある。

(ウ) クレーン則に定める報告としては，クレーン等設置・変更に関するもの，クレーン使用中止等に関するものに分かれる。

クレーン等設置・変更に関する報告事項としては，検査設備等の変更報告（第4条），クレーン設置報告（第11条），移動式クレーンの製造許可条件（設備等）の変更報告（第54条），移動式クレーン設置報告（第61条），デリックの製造許可条件（設備等）の変更報告（第95条），デリック設置報告（第101条），エレベーターの製造許可条件（設備等）の変更報告（第139条），エレ

ベーター設置報告（第145条），建設用リフトの製造許可条件（設備等）の変更報告（第173条），簡易リフト設置報告（第202条）などがある。

休止届については，クレーン使用休止報告（休止・廃止報告書）（第48条），移動式クレーン使用休止報告（第89条），デリック使用休止報告（休止・廃止報告書）（第133条），エレベーター使用休止報告（休止・廃止報告書）（第167条）がある。

(エ) ゴンドラ則に定める報告には，ゴンドラの製造許可条件（設備等）の変更報告（第3条），ゴンドラ使用休止報告（休止・廃止報告書）（第32条）などがある。

(オ) 有機則に定める報告には，有機溶剤等健康診断結果報告（第30条の3）などがある。

(カ) 鉛則に定める報告には，鉛健康診断結果報告書（第55条）などがある。

(キ) 四アルキル則に定める報告には，健康診断結果報告（第24条）などがある。

(ク) 特化則に定める報告には，特定化学物質障害予防規則一部適用除外認定申請（第6条），発散防止抑制措置特例実施許可申請（第6条の3），特定化学物質健康診断個人票（第40条），健康診断結果報告（第41条），製造等禁止物質製造・輸入・使用許可申請（第46条），特定化学物質製造許可申請書（第49条），特別管理物質等関係記録等報告（第53条）などがある。

(ケ) 高圧則に定める報告には，健康診断結果報告（第40条）がある。

(コ) 電離則に定める報告には，東電福島原発事故で生じた放射線物質で汚染された物等の事故由来廃棄物等（除染則第2条・事故由来廃棄物等処分業務に従事する労働者の放射線障害防止のためのガイドライン）の処分の業務に係る作業の届出（第41条の14），事故に関する報告（第43条），診察結果報告（第44条），健康診断結果報告（緊急時電離放射線健康診断結果報告書）（第58条）などがある。

(サ) 除染電離則に定める報告には，作業の届出（第10条），診察結果報告（第11条），健康診断結果報告（第24条）などがある。

(シ) 酸欠則に定める報告には，事故等の報告（第29条）がある。

(ス) 粉じん則に定める報告には，粉じん濃度測定結果摘要書（第26条）がある。

(セ) 石綿則に定める報告には，作業の届出（第5条），健康診断結果報告（第43条），石綿関係記録等報告書（第49条）がある。

(ソ) コンサルタント則に定める報告には，コンサルタント業務継続が困難になった場合の報告（第19条），安衛法の施行上の必要がある場合の報告・出頭の命令（第21条）がある。

(タ) 登録省令に定める報告には，性能検査結果報告（第9条），型式検定結果報告（第19条の10），業務規程変更報告（第19条の19），特定自主検査実施状況報告（第19条の21），免許試験結果報告（第19条の34），コンサルタント試験の結果の報告（第35条），登録状況の報告（第47条），不正登録者の報告（第48条）などがある。

2 事故報告

事業者は，労働者が負傷しなくても，事業場の火災など事故が発生したときは，遅滞なく，事故報告書（様式第22号）を所轄労働基準監督署長に届け出しなければならない（安衛則第96条）。この場合，人災の有無は問わない。事業者への報告義務は，労働行政が的確に監督指導を行うための事実を収集することを目的としている。

事故報告をしなければならない場合とは以下の場合である。

(1) 事業場又はその附属建設物内で次の事故が発生したとき，すなわち，
  ①火災又は爆発の事故
  ②遠心機械，研削といしその他の高速回転体の破裂の事故（遠心機械とは，材料を容器に入れ，高速で容器を回転させることにより材料を混ぜたり，分離する機械をいう）
  ③機械集材装置，巻上げ機，索道の鎖又は索の切断の事故（索道とは，空中に渡したロープに吊り下げた輸送用機器に人や貨物を乗せ，輸送を行う交通機関である。ロープウェイ，ゴンドラリフト，スキー場などのリフトなどが索道に含まれる）
  ④建設物，附属建設物，機械集材装置，煙突，高架槽等の倒壊の事故（高架槽〔高架水槽〕とは，道路に埋設されている水道の本管と，各家庭の止水栓とを直接に結ばずに，屋上などの高所で貯水するためのタンクをいう）[102]

(2) 安衛令第1条第3号のボイラー（小型ボイラーを除く）の破裂，煙道ガスの爆発又はこれらに準ずる事故が発生したとき，

(3) 小型ボイラー，安衛令第1条第5号の第1種圧力容器及び同第7号の第2種圧力容器の破裂の事故が発生したとき，

(4) クレーン（つり上げ荷重が0.5t未満のものを除く）の次の事故が発生したとき，すなわち，
  ①逸走，倒壊，落下又はジブの折損
  ②ワイヤーロープ又はつりチェーン（資料10-36参照）の切断

(5) 移動式クレーン（つり上げ荷重が0.5t未満のものを除く）の次の事故が発生したとき，すなわち，
  ①転倒，倒壊又はジブの折損
  ②ワイヤーロープ又はつりチェーンの切断

資料10－36　つりチェーン

(6) デリック（つり上げ荷重が0.5t未満のものを除く）の次の事故が発生したとき，
　①倒壊又はブームの折損
　②ワイヤーロープの切断
(7) エレベーター（積載荷重が0.25t未満のものを除く）の次の事故が発生したとき，
　①昇降路等の倒壊又は搬器の墜落
　②ワイヤーロープの切断
(8) 建設用リフト（積載荷重が0.25t未満のものを除く）の次の事故が発生したとき，
　①昇降路等の倒壊または搬器の墜落
　②ワイヤーロープの切断
(9) 簡易リフト（積載荷重が0.25t未満のものを除く）の次の事故が発生したとき，
　①搬器の墜落
　②ワイヤーロープ又はつりチェーンの切断
⑽ ゴンドラの次の事故が発生したとき，
　①逸走，転倒，落下又はアームの折損
　②ワイヤーロープの切断

電離則第44条第2項では，放射線漏れ事故，被ばく限度以上の被ばく，誤って放射性物質の吸入・経口摂取，洗身等によっても放射線汚染を基準以下にできない場合及び傷創部放射線汚染等，これらの場合に実施した緊急診察で放射線障害若しくはその疑いがあって放射線障害が生ずるおそれがある場合に，任意様式で報告書を速やかに所轄労働基準監督署長に届出なければならないとしている。

3　選任報告

事業者は以下の者を選任したとき遅滞なく報告しなければならない。

総括安全衛生管理者（安衛則第2条），安全管理者（安衛則第4条），衛生管理者（安衛則第7条）及び産業医の選任（安衛則第13条）はその選任すべき日から14日以内に選任し，遅滞なく所轄の労働基準監督署へ報告する必要がある。

なお，安全管理者及び衛生管理者の選任が義務づけられていない中小規模事業場については，安全衛生水準の向上を図るため，常時10人以上50人未満の労働者を使用する事業場では，安全推進者及び衛生推進者を選任し，労働者の安全や健康確保などに係わる業務を担当させなければならない（安衛則第12条の2）（安全管理者の選任対象外の業種では安全推進者を選任し担当させる）[103]。

この場合，安全衛生推進者及び衛生推進者についての届出は不要であるが氏名を作業場の見やすい箇所に掲示する等により関係労働者に周知させなければならない（安衛則第12条の4）。

厚生労働省では，労働安全衛生法関係の届出等の帳票印刷に係る入力支援サービスを進めており，インターネット申請にまで至っていないが，上記の4つの報告は，帳票への入力データの保存により，次回届出の際の効率化を図っている。

4　健康診断結果報告

(1) 一般定期健康診断

安衛法では，健康診断のうち，一般の定期健康診断（法第66条第1項，安衛則第44条），特定業務従事者健康診断（安衛則第45条），定期の歯科医師による健康診断（安衛則第48条）を実施した常時50人以上の労働者を使用する事業者は，健康診断の対象労働者数，各項目別の受診者数と有所見者数を記載し，遅滞なく労働基準監督署長へ報告しなければならない（法第100条第1項，安衛則第52条）。

一般健康診断は，一般的な健康の確保を図ることを目的として事業者にその実施義務を課したものであり，業務遂行との関連において行われるものではないので，その受診のために要した時間は，事業者の負担とすべきものではなく，労使協議して定めるべきものであるが，労働者の健康の確保は，事業の円滑な運営の不可欠な条件であることを考えると，その受診に要した時間の賃金を事業者が支払うことが望ましい（昭和47年9月18日基発第602号）。

なお，法第66条第1項の健康診断についての結果報告書は，安衛法制定当時，産業医制度がなかなか定着しなかったため，1978（昭和53）年の安衛則の改正により，その定着の促進を図ることを目的として，届出様式において産業医の署名又は記名・押印が必要であるとしていたが[104]，2020年8月28日厚生労働省令第154号（官報号外第178号）第3条により，様式第6号（表面）産業医の欄中「印」及び同様式（裏面）備考中『「産業医の氏名」の欄及び』を削除し，記名だけでもよいことに変更された[105]。

(2) 特殊健康診断結果報告

特殊健康診断とは，有害業務に従事する労働者，または，従事していた労働者に行う医師による健康診断（法第66条第2項）及び有害業務に従事する労働者に行う歯科医師による健康診断（同条第3項）のことをいうが，じん肺法に規定されたじん肺健康診断（じん肺法第3条），通達に基づき行政指導として勧奨される重量物取扱作業，VDT作業等29業務の健康診断もこれに含まれる。詳細は以下の通りである。

①特定化学物質健康診断結果報告（特化則第41条）
②有機溶剤等健康診断結果報告（有機則第30条の3）
③鉛健康診断結果報告（鉛規則第55条）
④四アルキル鉛健康診断結果報告（四アルキル則第24条）
⑤高気圧業務健康診断結果報告（高気圧則第40条）
⑥電離放射線健康診断結果報告（電離則第58条）
⑦除染等電離放射線健康診断結果報告（除染則第24条）
⑧石綿健康診断結果報告（石綿則第43条）
⑨歯科特殊健康診断（安衛則第52条）（歯科検診については50人以上の事業場について定期健康診断結果報告〔様式第6号〕に含めて報告する義務を課している）
⑩指導勧奨による特殊健康診断結果報告など（例えば，情報機器作業における労働衛生管理のためのガイドライン令和元年7月12日基発0712第3号，騒音作業健康診断平成4年10月1日基発第546号，振動業務健康診断昭和45年2月28日基発第134号，昭和49年1月28日基発第45号，昭和50年10月20日基発第609号，昭和50年10月20日基発第610号）

特殊健康診断は，原則として，雇入れ時，配置替えの際及び6カ月以内ごとに1回実施することが事業者に義務づけられている。一般健康診断が，全ての疾病や健康障害を対象とするのに対し，特殊健康診断は，ある特定の健康障害を対象とするという違いがある。

特殊健康診断は，事業の遂行に絡んで実施する性格のものであり，所定労働時間内に行われるのを原則とする。また，特殊健康診断の実施に要する時間は労働時間と解される（昭和47年9月18日基発第602号）。

健康診断の結果報告は，上記の通り規則で義務づけられている。事業者は，事業場の規模にかかわりなく1人でも健康診断を実施すれば労働基準監督署長へ報告する義務があり，省令でその様式が定められている。

なお，特殊健康診断と混同しやすい「特定健康診査」は，40歳から74歳までの公的医療保険加入者等を対象としたメタボリックシンドローム（内臓脂肪症候群）の予防と改善を目的とした保健制度であるため区別しなければならない（高齢者の医療の確保に関する法律第18条，国民健康保険法第82条）。

なお，じん肺の健康管理については，じん肺法施行規則第37条第1項により，じん肺健康診断の実施の有無にかかわらず，粉じん作業従事者数，じん肺健康診断の実施状況（実施の有無を含む），じん肺に罹った者に対する就業上の措置その他のじん肺健康管理全般について，毎年，じん肺健康管理実施状況報告として所轄労働基準監督署長を経由して所轄都道府県労働局長に提出することとされている。

5　労働者死傷病報告

(1) 労働者死傷病報告の方法と目的

毎年，多くの死傷者を含む労災事故が新聞等で報道されている。詳しい内容は，中央労働災害防止協会「安全衛生情報センター」のサイト「写真で見る労働災害ニュース」で見ることができる（https://www.jaish.gr.jp/syasin/ansy00.htm）。

事業者は，安衛則第97条第1項の規定により，①労働者が4日以上休業した場合に，死傷病報告の提出を義務づけ，②休業が3日以内であるときは，同条第2項により，四半期ごとにまとめて，各期間の最後の月の翌月の末日までに，死傷病報告を提出することを義務づけている。労働基準監督署長は，これにより労働災害の発生状況を把握し，必要に応じて，労働災害が発生した事業場に対して再発防止のための監督指導等を行っている。

また，このように労働基準監督署に提出された労働者死傷病報告の情報は，その中で労働災害に係るもの全てを計上し，厚生労働省において把握した全ての労働災害として，年ごとにその統計データを公表し，かつその統計データをもとに厚生労働省は労働災害防止に係る様々な施策や法令改正等各種の施策を検討し，また，その施策の効果を判断するのであり，当該情報は厚生労働省における労働安全衛生行政の根幹をなすものである。そのため，労働者死傷病報告を怠ったり，虚偽の報告をした場合には，いわゆる「労災隠し」となり，50万円以下の罰金に処せられる（法第120条第5号）。

(2) 派遣先事業者の労働者死傷病報告

従来から，派遣事業では，派遣元事業者及び派遣先事業者の双方に死傷病報告の提出義務が課せられ，派遣先事業者は，死傷病報告を所轄労働基準監督署長に提出するとともに，派遣元事業者が所轄監督署長へ労働者死傷病報告を提出するために，その写しを派遣元事業者に送付することが必要であるとされていたが（労働者派遣法第45条第15項，安衛則第97条に基づく労働者死傷病報告の様式，労働者派遣法施行規則第42条），派遣先事業者から，死傷病報告が提出されないことが少なくなかった。

そこで，派遣元の事業者から提出のあった労働者死傷病報告により，派遣先の事業者からの労働者死傷病

報告の提出状況を確認できるようにするため、安衛則様式第23号を改定し、派遣元事業者が「派遣先の事業場の郵便番号」を記入する欄と提出を受けた労働基準監督署の職員が派遣先事業所の労働保険番号を記入する欄が設けられた（平成22年1月25日基発0125第1号）。

(3) 外国人労働者の死傷病報告

外国人労働者の労働災害については、2019（平成31）年に、死傷病報告の様式を改正し、当該外国人労働者（特別永住者、在留資格「公用」・「外交」の者を除く）の「国籍・地域」、「在留資格」を記入する欄を設けるとともに、職員記入欄、備考欄を加えた。これは、外国人労働者数の増加を踏まえ、外国人の労働災害の正確な把握するためのである。

(4) 労働者死傷病報告の提出要件

労働者死傷病報告の提出の要件については、安衛則第97条第1項が定めている。これによれば、事業者は、「労働者が労働災害その他就業中又は事業場内若しくはその附属建設物内における負傷、窒息又は急性中毒により死亡し、又は休業したとき」遅滞なく報告書を所轄労働基準監督署長に提出しなければならない、と規定している。

安衛則第97条第1項が「労働災害その他」と規定しているように、提出義務は労働災害の場合のみに限定されていない。例えば、仕出し弁当によって労働者が食中毒になった場合のように、通常業務との相当因果関係がないと思われる場合でも、事業場内もしくはその附属建設物内での急性中毒により休業したときは、労働者死傷病報告を提出しなければならない。これは、その災害が労働災害に該当するか否かはある程度調査しないと判明しない場合があり、労働災害に限定してしまうと、報告までに相当の期間を要するおそれがあるからである。

「遅滞なく」とは、どの程度の時間的間隔を指すのであろうか。一般的には、「遅滞なく」は「速やかに」「直ちに」と同様、時間的即時性を意味するが、義務づけられた行為の性質により報告すべき内容に違いがあり、一概に確定日数で定めることは困難である。

安衛法令には、「遅滞なく」の他に「速やかに」（安衛則第14条の2第2項第2号等）「直ちに」（安衛則第6条第1項、同第11条第1項等）という類似の用語が用いられている。また、確定日数を用いて報告期間を指定する条文もある（例えば、安衛則第4条第1項第1号は、安全管理者は選任すべき事由が発生した日から14日以内に選任すべきことを定めている）。

これら「遅滞なく」「速やかに」「直ちに」という用語の違いはどこにあるか。銃刀法違反に関する裁判例であるが、被告側が旧銃刀法第17条第1項の「すみやかに」という用語は不明確であり、その条文そのもの が無効であると主張したのに対して、大阪高判昭37・12・10判時327号46頁は、「すみやかに」は、「直ちに」「遅滞なく」という用語とともに時間の即時性を表わすものとして用いられるが、これらは区別して用いられており、その即時性は、最も強いものが「直ちに」であり、ついで「すみやかに」、さらに「遅滞なく」の順に弱まっており、「遅滞なく」は正当な又は合理的な理由による遅滞は許容されるものと解される[106]。

これをふまえると、「遅滞なく」は正当な又は合理的な理由により遅滞が許される場合を除いて速やかに報告すると解するのが相当といえる。そうだとしても、実務的には報告のための猶予期間がどの程度かの目安が必要であろう。監督実務においては提出時期の「遅滞なく」は、災害発生から概ね一箇月以内を目安としているようである。例えば、心理的負荷の検査結果の報告義務を課している安衛則第52条の16第1項に定める「遅滞なく」に関して、行政は、概ね1カ月以内と解している（平成27年5月1日基発0501号第3号）[107]。

負傷、窒息及び急性中毒以外の傷病については、労働災害のときのみ労働者死傷病報告の提出義務が生じる。この場合、精神疾患、有機溶剤中毒、腰痛など直ちに労働災害と判然としないが休業した場合の労働者死傷病報告の要否及び提出時期が問題となる。

行政実務を知る関係者によれば、一般に、労働災害のうち健康障害は、原因を完全に特定するのが医学的に難しい場合があり、労働基準監督署長は、労災保険業務において業務上外（労災補償給付等の支給・不支給）を決定しているが、その決定は、保険給付上のものであり、労災請求に係る健康障害が真に労働災害であるかどうかを必ずしも意味しない。疾病の種類によっては業務との因果関係が比較的分かりやすい場合もあるが、そうでないものも多く、特に精神障害、脳・心臓疾患等の作業関連疾患については、厚労省で定められた基準に基づいて業務上外が決定されるとしても、それは業務に起因したことが一定の確率で推定されたことを意味するのであって、具体的原因が証明できたとまでは言えない場合もある。しかしながら、そのような場合であっても、一般に、労災支給基準に該当する健康障害は労働災害と推定されるのであるから、実務上は、労働者死傷病報告の提出を求めているとのことであった。

一般に、労働者の傷病の原因が不明の場合であっても、労働災害が疑われる場合、事業者は傷病の原因を調べることとなろう。しかし、調査にもかかわらず原因不明の場合はどうなるのだろうか。安衛則第97条は原因不明の場合を特段想定していないので、事実上安衛則第97条を適用できず、また労基署側としても事業者に対して原因不明の傷病につき労働者死傷病報告の

提出を求めることはできないだろう。実務上は、「念のため」提出する事業者も多く、その場合、労基署はこれを受領した上で、労災の認定状況等を踏まえた上で労働災害統計への反映の可否を判断することになる。

また、事業者側の実際をみると、労災申請（休業補償給付申請）の際に死傷病報告を提出することがあるようである。休業補償給付請求書には、死傷病報告の提出年月日を記入する欄があり、これにより「休業補償給付請求をしているのに死傷病報告の提出漏れがある」というパターンはかなり少なくなっている。保険給付が絡むので、死傷病報告の提出よりも、労災請求のほうが、"忘れずに"行われることが多い。そもそも、休業補償給付請求書の当該欄を見て死傷病報告義務を知り、報告に至るというケースも少なくない。しかし、労災請求と死傷病報告は基本的には連動していない。例えば休業補償を全額会社負担でやる場合は労災請求がなされないので、その場合は、死傷病報告を知らない事業者はついに出さず仕舞いになる可能性がある。

また、細かいことだが、死傷病報告は休業1日でも義務が生じるが、休業補償給付は4日目からしか支給されないので、そのズレもある。更に、休業日数の数え方も異なり、死傷病報告では丸1日休んだ日数を、休業補償では所定労働時間の全部又は一部を休業した日数を数える。

(5) 死傷病報告の未提出と労災隠し

労災隠しとは、安衛則第97条に該当するものであることを認識しているにも拘らず法第100条第1項または第3項の規定による報告を提出しないこと、又は虚偽の内容を報告した場合をいう（法第120条第5号）。平成3年12月5日基発687号によれば、「労働災害の発生に関し、その発生事実を隠蔽するため故意に労働者死傷病報告書を提出しないもの及び虚偽の内容を記載して提出するもの」を労災隠しと定義している。

労働者死傷病報告の違反で多いのは、次のようなケースである。

①災害発生現場の虚偽

建設現場の場合、下請の労働者の事故についても元請の労災保険が適用されるため、下請会社で労災が発生した場合に、当該下請会社が元請からの追及を恐れ、自社が施工する他の現場や、自社の資材倉庫での事故と偽ること（労災保険も、それぞれの現場の保険を使うなど）。

また、元請自身が、元請の労災保険を使用したくないがために、これを教唆することもある。

②災害の内容の虚偽

法違反がないように事実と異なる事故とすること（例：足場から物が落ちて足を負傷したのを、労働者自身が持っていた物を落として足を負傷したことにするなど）。

③報告書を提出しないこと。

提出すると安衛法違反が監督署に知られるため提出しない（治療費は健康保険で処理するか、会社の費用で支払うなど）。

この他、労災隠しが行われる動機としては、①労災保険のメリット制による保険料の増額、②刑事責任追及からの回避、③作業責任者、監督者の勤務評価の低下、などが挙げられている。[108]

こうした状況下にあって、労働安全衛生法令別違反件数（令和元年6月1日～令和2年5月29日）を見ると、全件数333件中、労働者死傷病報告義務違反は49件で、2位の作業床の端部等覆いの違反36件を大きく上回っている。これは、行政の労災隠しは許さないという積極的な姿勢の現れでもあろう。

労災隠しの実際を送検事例から紹介したい。

鉄筋コンクリート造りの新築ビル工事現場で、2階天井梁部分のコンクリート型枠の組み立て作業中に、作業床上でバランスを崩した型枠工Xが約1m下のコンクリート床に転落し、左足のかかとを骨折した事例である。

Xは同工事の2次下請会社A社に所属する作業員で、本来ならXの被災について、A社は現場を所轄する労基署に「労働者死傷病報告」を遅滞なく提出しなければならない。しかし、A社に直接仕事を発注したB社（1次下請）の専務は、「労災として労基署に報告すると、元請（総合工事業者）に迷惑をかけ、また、今後の営業活動にも支障が生ずる」などの理由から、元請の現場総合所長らと共謀し、死傷病報告を提出しなかった。

XはB社から治療費と休業補償費を渡されていたが、不自由な状態での生活が困難であったために、家族のいる故郷で療養を行うこととしたが、B社から今後も治療・休業補償の費用が支給されるかどうか不安を抱いたXは、B社に労災扱いにして欲しいと相談した。しかし、B社からは「元請けと相談しなければ即答できない」との回答しかなく、途方に暮れたXが労基署に駆け込み、事件が発覚した。

その結果、B社専務と元請総合所長、Xを雇用するA社社長3人が共謀して労働者死傷病報告の提出を怠った（労災隠し）として、A社と同社社長を安衛法第100条第1項、安衛則第97条第1項違反の容疑で、また、B社専務と元請総合所長が、同法第100条第1項、同規則第97条第1項並びに刑法第60条（共同正犯）違反の疑いで送検された。[109]

6 特定元方事業者の報告義務

特定元方事業者は、その労働者及び関係請負人の同

一場所で行われるときは，以下のことを当該作業開始後，遅滞なく，管轄労働基準監督署長に報告しなければならないとされている（安衛則第664条）。
①事業の種類並びに当該事業場の名称及び所在地
②関係請負人の事業の種類並びに当該事業場の名称及び所在地
③安衛法上の統括安全責任者の選任義務がある場合は，その旨及びその者の氏名
④同じく，安全衛生責任者の選任義務がある場合は，その旨及びその者の氏名
⑤同じく店社安全管理者の選任義務がある場合は，その旨及びその者の氏名

なお，この規定は，法第30条第2項によって指名された事業者にも準用される（同条第2項）。

7　届出の電子申請

現在，労働安全衛生法関係の届出・申請帳票印刷に係る入力支援サービスが進められており，①労働者死傷病報告，②定期健康診断結果報告，③心理的な負担の程度を把握するための検査結果報告，④総括安全衛生管理者（安衛則第2条），安全管理者（安衛則第4条），衛生管理者（安衛則第7条）及び産業医の選任（安衛則第13条）について行われている。現状では，届出データの保存により，共通部分や次回入力の省略にとどまっている。

8　安衛法関係法令の押印手続きの見直し

安衛法関係の届出書類等の作成においては，従来，様式に押印を求めていたが，「押印見直しガイドライン」（平成9年7月3日事務次官等会議申合せ）に基づき，平成11年に労働省令が改正され，多くの様式において，押印に変えて署名によることができることとされた。

これはe-Gov電子申請が開始されて以降も同様であり，紙による手続に準じ，電子署名が必要とされていた。

しかしその後，デジタル化・行政手続等の簡素化の流れが加速し，令和2年7月「規制改革実施計画」により，現在，労働安全衛生法令でできるところから，押印を廃止している（その場合，電子署名も不要となる）。

具体的には，①労働者死傷病報告，②定期健康診断結果報告，③心理的な負担の程度を把握するための検査結果報告書，④総括安全衛生管理者，安全管理者，衛生管理者，産業医の選任，⑤機械等設置・移転・変更など多数で，詳細は，「押印を求める手続の見直し等のための厚生労働省関係政令の一部を改正する政令」（令和2年政令第367号）及び「押印を求める手続の見直し等のための厚生労働省関係省令の一部を改正する省令」（令和2年12月25日厚生労働省令第208号）」参照。[110]

【注】
1）村木宏吉編著『労働安全衛生法の計画届AtoZ』（大成出版社，2012年）2頁。
2）寺本廣作『労働基準法解説（日本立法資料全集　別巻46）』（信山社，1998年）275-276頁。
3）三柴丈典教授のご示唆による。
4）畠中信夫『労働安全衛生法のはなし』（中央労働災害防止協会，2019年）102頁。
5）昭和22年9月13日発基17号。
6）東京大学労働法研究会編『注釈労働基準法　上巻』（有斐閣，2003年）160-161頁［山川隆一］，村木編著・前掲注1）13頁。
7）ハナダユキヒロ氏が運営する「建築学生が学ぶ構造力学」WEBサイト（http://kentiku-kouzou.jp/kisokouzou-ziyama.html，最終閲覧日：2022年10月8日）。本文では「人為的な盛土がない自然のままの地盤」とあるが，安衛則第355条では「地山の掘削の作業を行う場合において，地山の崩壊，埋設物等の損壊等により労働者に危険を及ぼすおそれのあるときは，……」としており，地山の概念として必ずしも自然のままの地盤だけとはしていないように思われる。また，現実に，安衛法第88条の計画届の提出については，市街地での10m以上の掘削も届出対象にしているので，建設業界における概念とは異なる。以上は，労働省安全課編『新版　安全用語辞典』（中央労働災害防止協会，1984年）193頁を参照した。また，近畿労務安全衛生研究所代表・玉泉孝次氏（元労働基準監督官）のご示唆による。
8）村木編著・前掲注1）74頁。
9）同上78頁。
10）同上79頁。
11）厚生労働省WEBサイト（https://www.mhlw.go.jp/new-info/kobetu/roudou/gyousei/anzen/dl/120815-03.pdf，最終閲覧日：2022年10月8日）。
12）村木編著・前掲注1）80-81頁。
13）日本製鉄WEBサイト（https://www.nipponsteel.com/company/tour/process01.html，最終閲覧日：2022年10月8日）。
14）村木編著・前掲注1）82頁。
15）同上83頁。
16）株式会社フィールドテックWEBサイト（https://www.fieldtech.co.jp/p/law/page1.html，最終閲覧日：2022年10月8日）。
17）太陽パーツ株式会社が運営するWEBサイト「ロストワックス鋳造.com」（https://www.taiyoparts.co.jp/lostwax-navi/glossary/257.html，最終閲覧日：2024年4月27日）。
18）村木編著・前掲注1）95頁。
19）コトバンクWEBサイト（原典はブリタニカ国際大百科事典）（https://kotobank.jp/word/圧気工法，最終閲覧日：2022年10月8日）。
20）前掲注7）参照。
21）厚生労働省・環境省「建築物等の解体等に係る石綿ばく露防止及び石綿飛散漏えい防止対策徹底マニュアル」（2021年3月）（https://www.env.go.jp/air/asbestos/post_71.html，最終閲覧日：2022年10月8日）。
22）コトバンクWEBサイト（原典はブリタニカ国際大百科事典）（https://kotobank.jp/word/火格子，最終閲覧日：2022年10月8日）。
23）コトバンクWEBサイト（原典はブリタニカ国際大百科事典）（https://kotobank.jp/word/坑内掘り，最終閲覧日：2022年10月8日）。
24）村木編著・前掲注1）4頁。
25）厚生労働省「認定を受けられる事業者」（https://www.mhlw.go.jp/topics/bukyoku/roudou/an-eihou/dl/060421-2c.pdf，最終閲覧日：2022年10月8日）。

26) 厚生労働省「労働安全衛生マネジメントシステム」(https://www.mhlw.go.jp/bunya/roudoukijun/anzeneisei14/dl/ms_system.pdf，最終閲覧日：2022年10月8日）。

27) 労働災害の発生率については，労災保険のメリット収支率が75％以下である場合が該当する。なお，建設業の場合は，店社の参加の全ての現場の労災保険のメリット収支率（申請の日前1年間に通知されたもの）の平均が75％以下である場合である。

28) 自社の労働者又は関係請負人の労働者による労働災害（認定を受けようとする事業者に安衛法上元方事業者としての重大な責任があったものに限る）のうち，①死亡労働災害，②一度に3人以上の労働者に4日以上の休業又は身体障害を伴った労働災害，③爆発，火災，破裂，有害物の大量漏洩等による労働災害であって，避難勧告又は避難指示を伴ったものが該当する。第三者に主たる原因があるもの及び地震による災害等予見不可能なものは含まれない。

29) 関係者への聴取によると，通達（令和2年8月17日基安化発0817第2号）（https://www.mhlw.go.jp/web/t_doc?dataId=00tc5357&dataType=1&pageNo=1，最終閲覧日：2022年10月8日）に基づいてこのような指導を行うことがあるとのことである。

30) 畠中・前掲注4）67頁。

31) 三柴丈典「副業・兼業者，フリーランスに対する安全衛生法政策に関する試論」労働法学研究会報71巻21号（2020年）7頁。

32) 労務行政研究所編『労働安全衛生法（労働法コンメンタール10）』（労務行政，2017年）803頁。

33) 村木編著・前掲注1）18頁。

34) 労働調査会編著『建設業編　安衛法違反による送検事例集第1集』（労働調査会，2001年）100-101頁。

35) 寺西輝泰『労働安全衛生法違反の刑事責任（総論）―労働災害の防止をめざして〔改訂版〕』（日労研，2004年）235-236頁。

36) 同上238頁。

37) 同上239頁。

38) 労働調査会出版局編『労働安全衛生法の詳解―労働安全衛生法の逐条解説〔改訂3版〕』（労働調査会，2009年）902頁。

39) 同上。

40) 労務行政研究所編・前掲注32）805頁。

41) 労働調査会出版局・前掲注38）904頁。

42) 片岡昇ほか『新労働基準法論』（法律文化社，1982年）551頁。

43) 弁護士法人奔流（http://www.bengoshi-honryu.com/wp-content/uploads/2010/08/F30307.pdf，最終閲覧日：2022年10月8日）。

44) 日外喜八郎「労働基準監督行政」日本労働法学会編『現代労働法講座　第9巻　労働保護法論』（総合労働研究所，1982年）254頁。

45) この項目の内容については，全面的に，玉泉孝次氏のご教示による。

46) 松井幸夫「判批」高橋和之ほか編『憲法判例百選Ⅱ〔第5版〕』（2007年）265頁。

47) 玉泉孝次氏のご示唆による。

48) この項目の内容については，全面的に，玉泉孝次氏の教示に負う。

49) 角森洋子『改訂　労働基準監督署への対応と職場改善―是正勧告，指導を活用し明るい職場づくりを』（労働調査会，2010年）20頁。

50) 三柴丈典教授のご教示による。

51) 行政指導は，行政手続法第2条第6号が定義しているが，これによれば，「行政機関がその任務又は所掌事務の範囲内において一定の行政目的を実現するため特定の者に一定の作為又は不作為を求める指導，勧告，助言その他の行為であって処分に該当しないものをいう。」その特徴は，指導内容が相手方の任意により実現されるという点にある。しかし，実際には，許認可権限をもつ行政機関が行う行政指導は，これに従わない場合，許認可の停止・剝奪をもたらすおそれがあり，事実上の拘束力がある。これに対して，行政手続法第2条第2号は，行政処分を，「行政庁の処分その他公権力の行使に当たる行為」と定義している。また，行政不服審査法第1条は，不服申立ての対象として「行政庁の違法又は不当な処分その他公権力の行使に当たる行為」を定義し，行政処分が対象とされている。ここでいう行政処分は行政事件訴訟法における処分と同義とされる。行政処分に対しては，行政事件訴訟法第2章が処分の取消を求める抗告訴訟の手続きを定めている。行政処分が何か明確な定義を置いておらず解釈に委ねられているが，取消訴訟の対象である行政処分が何かは争いがあり，判例は，「行政庁の法令に基づく行為のすべてを意味するものではなく，公権力の主体たる国または公共団体が行う行為のうち，その行為によって，直接国民の権利義務を形成しまたはその範囲を確定することが法律上認められているもの」（最1小判昭39・10・29民集18巻8号1809頁）としている。櫻井敬子・橋本博之『行政法〔第4版〕』（弘文堂，2013年）145頁，246頁，278-279頁。

52) 片岡ほか・前掲注42）559頁。

53) 145回国会　衆議院予算委員会議事録第21号（平成11年7月15日）34頁は，大森委員の質問に対して，伊藤（庄）政府委員は，司法処理基準について，一般的に重大な法違反，たび重なる法違反，明らかに故意に行われた法違反の3つの場合があたると答えている。角森・前掲注49）53頁。

54) 玉泉孝次氏のご示唆による。宮﨑晃・西村裕一・鈴木啓太・森内公彦『Q&A　労基署調査への法的対応の実務』（中央経済社，2017年）283頁。

55) 西谷敏・野田進・和田肇・奥田香子編『新基本法コンメンタール　労働基準法・労働契約法〔第2版〕』（日本評論社，2020年）302頁〔植村新〕。

56) 寺西・前掲注35）214頁。

57) 同上214-215頁。

58) 安西愈『労働災害と企業の刑事責任』（労働調査会，2013年）112頁。

59) 筆者らが本章所定の法令違反を要件としない行政行為（例えば緊急措置命令）の活用状況について，労働行政関係者（玉泉孝次氏）にヒアリング調査を行ったところ，活用例が極めて少ないことが判明した。

なお，厚生労働省厚生労働科学研究費補助金（労働安全衛生総合研究事業）「リスクアセスメントを核とした諸外国の労働安全衛生制度の背景・特徴・効果とわが国への適応可能性に関する調査研究」〔研究代表者：三柴丈典〕（2014〔平成26〕年度～2016〔平成28〕年度）〈第1分冊〉総括研究報告書3頁〔三柴丈典〕は，安衛法の解釈運用上，罪刑法定主義を強調し過ぎると，法規則の隙間で生じる労災を防げないことを懸念し，法の委任を受けた政省令の定め方に一定の抽象性を持たせ，事業者側に安全性の証明責任を課したうえ，専門官に法遵守の判定を行わせるなどの手続きを定めることで，要件を個別的に特定していく手法を提言している。

60) この項目の内容は，全面的に玉泉孝次氏のご示唆による。

61) 玉泉孝次氏のご示唆による。

62) 労務行政研究所編・前掲注32）815頁。

63) この項目の内容は，全面的に玉泉孝次氏のご示唆による。

64) 労働調査会出版局編・前掲注38）918頁。

65) 玉泉孝次氏のご示唆による。

66) 労務行政研究所編・前掲注32）819-820頁。

67) 玉泉孝次氏のご示唆による。

68) 労務行政研究所編・前掲注32）820頁。

69) 独立行政法人労働者健康安全機構「第3期中期目標期間（平

成26〜30年度）勤務実績等報告書」83頁（https://www.johas.go.jp/Portals/0/data0/jigyogaiyo/jyoho/koukai_shiryou/hyouka_kansa_jyoho/H30_3gyoumu.pdf，最終閲覧日：2022年10月8日）。
70) 厚生労働省「平成29年度業務実績説明資料」（https://www.mhlw.go.jp/content/12601000/000343314.pdf，最終閲覧日：2022年10月8日）。
71) 具体的には，兵庫県で発生した有機粉じんによる肺疾患，岐阜県のシリカ製造工場で発生したじん肺災害，千葉県で発生したクレーン転倒災害，沖縄県の駐車場造成工場現場で発生した石積擁壁崩壊災害等であった。
72) 労働安全衛生総合研究所による災害調査報告書の公表サイト（https://www.jniosh.johas.go.jp/publication/saigai_houkoku.html，最終閲覧日：2022年10月8日）。
73) 三柴丈典教授のご教示による。
74) 尾添博『楽に読める安衛法──概要と解説〔改訂第2版〕』（労働新聞社，2019年）342頁。
75) 三柴丈典教授のご教示による。
76) 玉泉孝夫氏のご示唆による。
77) 畠中信氏のご示唆による。
78) 厚生労働省労働基準局編『労働基準法 下 平成22年版（労働法コンメンタール3）』（労務行政，2012年）994頁。
79) 西谷ほか編・前掲注55）304頁［植村］。
80) 西谷敏・野田進・和田肇編『新基本法コンメンタール 労働基準法・労働契約法』（日本評論社，2012年）283-284頁［梶川敦子］。
81) 厚生労働省労働基準局編・前掲注78）995頁。
82) 同上。
83) 労働安全衛生法事例研究会編著『労働安全衛生法令違反 相談事例集 第2巻』（第一法規出版，1992年）8342頁参照。
84) 同上。
85) 寺本・前掲注2）277-278頁。
86) 労働調査会出版局編・前掲注38）927頁。
87) 寺西・前掲注35）167-168頁。
88) 三柴・前掲注59）。
89) 寺本・前掲注2）277-278頁
90) 労働調査会出版局編・前掲注38）928頁。
91) 三柴・前掲注59）5頁，10頁。
92) 労働基準調査会編著『送検事例と労働災害 平成元年版』（労働基準調査会，1990年）48-49頁。
93) 桑原敬一『改正労働安全衛生法の詳解』（労働法令協会，1978年）615頁。
94) 「労働災害防止団体等に関する法律の内容」労政時報1760号（1964年）18-19頁。
95) 労働調査会出版局編・前掲注38）930頁。
96) 玉泉孝夫氏のご示唆による。
97) 前述の通り，前掲注59）後段を参照。
98) 畠中・前掲注4）105頁
99) 石井まこと「労働市場構造を反映した労働災害統計と労災予防ワークルールの形成」労働の科学74巻9号（2019年）14頁。
100) 労務行政研究所編『労働安全衛生法（労働法コンメンタール10）』（労働行政，2017年）835頁。
101) 寺本・前掲注2）382頁。
102) 建築用語集（匠総合事務所運営）WEBサイト（https://kenchikuyogo.com/?page_id=4626，最終閲覧日：2024年1月31日）。
103) 厚生労働省WEBサイト「安全衛生に関するQ&A」（https://www.mhlw.go.jp/stf/newpage_09980.html，最終閲覧日：2024年1月31日）。
104) 畠中・前掲注4）152頁。
105) 玉泉孝次氏のご示唆による。
106) 「遅滞なく」の意義について，裁判例の紹介を含めて，柳川行雄氏（労働安全コンサルタント・労働衛生コンサルタント），玉泉孝次氏のご教示による。
107) 本条以外の規定に関して，通達は「遅滞なく」と「概ね1カ月以内」と解説するものが多い。平成27年5月1日基発0501第3号は，安衛則第52条の16第1項の「遅滞なく」を「概ね1カ月以内」としている。他方，安衛法第52条の12の「遅滞なく」は，「ストレスの程度の評価等ストレスチェック結果が出力された後，速やかにという趣旨であること。」としている。
108) 畠中・前掲注4）16-17頁。
109) 労働調査会編著『送検事例と労働災害 平成12年版』（労働調査会，2000年）52-53頁。
110) 厚生労働省WEBサイト「押印見直し」（https://www.mhlw.go.jp/stf/seisakunitsuite/bunya/hokabunya/jyouhouseisaku/index_00001.html，最終閲覧日：2022年10月8日）。

〔鎌田耕一・田中建一〕

第十一章　雑　　則

第101条から第103条まで

（法令等の周知）
第101条　事業者は，この法律及びこれに基づく命令の要旨を常時各作業場の見やすい場所に掲示し，又は備え付けることその他の厚生労働省令で定める方法により，労働者に周知させなければならない。

2　産業医を選任した事業者は，その事業場における産業医の業務の内容その他の産業医の業務に関する事項で厚生労働省令で定めるものを，常時各作業場の見やすい場所に掲示し，又は備え付けることその他の厚生労働省令で定める方法により，労働者に周知させなければならない。

3　前項の規定は，第13条の2第1項に規定する者に労働者の健康管理等の全部又は一部を行わせる事業者について準用する。この場合において，前項中「周知させなければ」とあるのは，「周知させるように努めなければ」と読み替えるものとする。

4　事業者は，第57条の2第1項又は第2項の規定により通知された事項を，化学物質，化学物質を含有する製剤その他の物で当該通知された事項に係るものを取り扱う各作業場の見やすい場所に常時掲示し，又は備え付けることその他の厚生労働省令で定める方法により，当該物を取り扱う労働者に周知させなければならない。

1　趣旨

労働災害を効果的に防止するためには，労働安全衛生関係の法令を労働者に適切な方法で広く周知するとともに，専門的・技術的な事項が多く関係する条文も複雑多岐にわたる法令に関する理解を促し，事業者や労働者に対して法令の遵守と労働災害防止に向けた意識の向上を図る必要がある。[1]

そのため第101条では，事業者に対して労働安全衛生法及び関係政省令等の要旨を常時各作業場に掲示するなどの方法で労働者に周知させなければならないことを規定している。[2]

同様の趣旨に基づく規定は工場法（工場法施行規則第12条），労働基準法（第106条）にも設けられており，また，ILO条約「1947年の労働監督条約（第81号）」の第12条においても，労働監督官が事業場での法令遵守を確認（ないし促進）するため，法規により求められた掲示を事業者に行わせる権限を規定している（第1項(c)(iii)）。[3]

2　内容

1　周知すべき内容

法第101条第1項に基づく周知すべき命令には，主要なものとして以下に掲げるものがある。[4]

①労働安全衛生法施行令
②労働安全衛生規則
③ボイラー及び圧力容器安全規則
④クレーン等安全規則
⑤ゴンドラ安全規則
⑥有機溶剤中毒予防規則
⑦鉛中毒予防規則
⑧四アルキル鉛中毒予防規則
⑨特定化学物質障害予防規則
⑩高気圧作業安全衛生規則
⑪電離放射線障害防止規則
⑫酸素欠乏症等防止規則
⑬事務所衛生基準規則
⑭粉じん障害防止規則
⑮石綿障害予防規則

事業者においてはこれらの法令の全てを掲示するのではなく，作業場における作業の内容や作業の態様などを考慮したうえで，作業場において必要な命令や告示等に関し，その内容を分かりやすく整理し，労働者

の見やすい箇所に掲示し，あるいは備え付けることが必要とされる。

2 周知の方法

事業者は，労働安全衛生法及び法に基づく命令の要旨を，次の①～③のいずれかの方法により，労働者に対して周知しなければならない（法第101条第1項，安衛則第98条の2第1項）。

①常時各作業場の見やすい場所に掲示し，又は備え付けること。

②書面を労働者に交付すること。

③事業者の使用に係る電子計算機に備えられたファイル又は電磁的記録媒体をもって調製するファイルに記録し，かつ，各作業場に労働者が当該記録の内容を常時確認できる機器を設置すること。

なお，法第101条における「作業場」とは，事業場（事業に属する人的・物的施設の存する場所的な範囲）内において密接な関連のもとに作業が行われている個々の現場を指し，主として建物別などにより判定すべきものとされる（昭和23年4月5日基発第535号）。

3 産業医の業務の具体的内容等の周知

産業医を選任した事業者は，その事業場における産業医の業務の具体的な内容，産業医に対する健康相談の申出の方法，産業医による労働者の心身の状態に関する情報の取扱いの方法を，次の①～③までの方法により，労働者に対して周知しなければならない（法第101条第2項，安衛則第98条の2第1項・第2項）。

①常時各作業場の見やすい場所に掲示し，又は備え付けること。

②書面を労働者に交付すること。

③事業者の使用に係る電子計算機に備えられたファイル又は電磁的記録媒体をもって調製するファイルに記録し，かつ，各作業場に労働者が当該記録の内容を常時確認できる機器を設置すること。

また，法第101条第2項の規定は，第13条の2第1項に規定する者（労働者の健康管理等を行うのに必要な医学に関する知識を有する医師その他厚生労働省令で定める者。安衛則で主に保健師を想定している）に労働者の健康管理等の全部又は一部を行わせる事業者に準用される。すなわち，産業医の選任義務のない事業場（常時使用する労働者が50人未満）において，法第13条の2第1項に規定する者（保健師等）に労働者の健康管理等の全部又は一部を行わせるときは，業務の内容その他の業務に関する事項を，作業場の見やすい場所への掲示，備え付けなどの方法により労働者に周知することに努めなければならない。

4 危険又は健康障害を生ずるおそれのある物等を取り扱う作業場における一定事項の掲示

労働者に危険若しくは健康障害を生ずるおそれのある物を譲渡し又は提供する者は，名称，成分及びその含有量，物理的及び化学的性質，人体に及ぼす作用，貯蔵又は取扱い上の注意，流出その他の事故が発生した場合において講ずべき応急の措置，危険性又は有害性の要約，安定性及び反応性などに関する事項を譲渡又は提供する相手方に通知しなければならない（法第57条の2）。

法第101条第4項は，労働者が取り扱う物質の成分，有害性，取扱い上注意すべき点等を事前に承知していなかったことにより生ずる労働災害を防止するため，事業者に対し，法第57条の2の規定により通知された事項について，化学物質，化学物質を含有する製剤その他の物で当該通知された事項に係るものを取り扱う各作業場の見やすい場所に常時掲示し，又は備え付けること等の方法により，当該物を取り扱う労働者に周知させることを義務づけている。

法第101第4項が厚生労働省令に特定を委任した周知の方法は以下の通り（安衛則第98条の2第3項）。

①通知された事項に係る物を取り扱う各作業場の見やすい場所に常時掲示し，又は備え付けること。

②書面を，通知された事項に係る物を取り扱う労働者に交付すること。

③事業者の使用に係る電子計算機に備えられたファイル又は電磁的記録媒体をもって調製するファイルに記録し，かつ，通知された事項に係る物を取り扱う各作業場に当該物を取り扱う労働者が当該記録の内容を常時確認できる機器を設置すること。

3 実務上の取扱い

安衛法第101条第1項の類似の規定として労働基準法第106条第1項がある。労基法第106条第1項では法令またはその要旨のほかに就業規則や労使協定等の周知義務が課せられているが，法令またはその要旨そのものを周知している事業場は稀であろう。法令そのものは現在はインターネット等で容易に確認することができ，労働基準監督署の指導も事実上就業規則や労使協定等の未周知についてのみ行われ，法令またはその要旨そのものの未周知についての指導は行われていないと思われる。

同じように，安衛法第101条でも，労働基準監督署の指導は第2項の産業医の業務内容等や第4項の化学物質に関し通知された事項等（一般的にはSDS）の未周知についてのみ行われ，第1項における法令またはその要旨そのものの未周知についての指導は行われていないと思われる。

なお，安衛則第23条第3項において，安全委員会，衛生委員会の議事概要の周知義務を課しており，その方法について安衛法第101条第1項と同様の方法が定

資料11-1 プレス機械等のリーフレット

機械による労働災害防止対策を強化するため
労働安全衛生規則を改正しました
（プレス機械対策を中心に）

プレス機械による労働災害は、依然として高い水準で発生しており、その多くが指の切断など後遺障害を伴うものとなっています。今回、プレス機械による挟まれ災害などの対策を強化するため、プレス機械に取り付ける新たな安全装置の追加や手払い式安全装置の原則使用禁止など、労働安全衛生規則の一部を改正しました。
改正規則は平成23年7月1日から施行されます。

改正の概要

1 プレス機械に取り付けることができる新たな安全装置を追加（第131条）
プレスブレーキ（※1）に使用できる安全装置（プレスブレーキ用レーザー式安全装置）を追加しました。この装置は、スライドの速度を低速度（毎秒10ミリメートル以下）とすることができ、操作部を操作している間のみスライドを作動させることができるプレスブレーキに設置、使用することができます。
（※1）主として、長板の曲げに使用する構造をもつプレス機械

2 手払い式安全装置の原則使用禁止（第131条および附則）
手払い式安全装置は、使用禁止となります。ただし、当分の間、プレス機械の操作部が両手操作式のものに取り付けた場合に限り使用することができます。

3 機械のストローク端による危険防止措置の充実（第108条の2）
ストローク端が労働者に危険を及ぼすおそれのある機械について、工作機械に限らず、移動するテーブルなど該当するものはすべて、危険を防止する措置を講じなければならなくなります。

厚生労働省・都道府県労働局・労働基準監督署

I プレス機械に取り付けることができる新たな安全装置を追加

プレスブレーキは、材料を手に持って加工する場合など、現行の光線式安全装置が使いにくいことがあります。今回の改正により、一定の条件（※2）を満たすプレスブレーキについて、「プレスブレーキ用レーザー式安全装置」が使用できるようになりました。この安全装置については、今回、「プレス機械又はシャーの安全装置構造規格」にも、新たに規定しています（第22条の2）。このような安全装置は、欧州規格（EN規格）に基づき、ヨーロッパなどでも使用されています。

この安全装置は、プレスブレーキの停止性能に応じ、身体の一部がスライドに挟まれるおそれがないよう、上型の近傍に検出機構のレーザー光線を配して使用します。

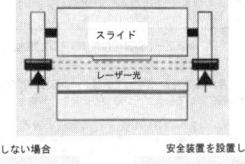

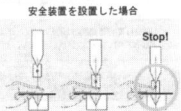

（※2）プレスブレーキ用レーザー式安全装置を取り付けることができる一定の条件
(1) スライドの速度を毎秒10ミリメートル以下の低速度にすることができるものであること。
(2) (1)の低速度でスライドを作動させるときは、スライドの操作部を操作している間のみスライドを作動させるものであること。例えば、足踏みスイッチを用いる場合は、踏んでいる間のみスライドが作動するもの。

II 手払い式安全装置の原則使用禁止

手払い式安全装置は簡便な安全装置として使用されてきましたが、足踏みスイッチのプレス機械に設置した場合に、手を払いきれずにスライドに手を挟まれることがありました。そこで、今後は原則使用禁止とします。ただし、両手操作式のプレス機械など一定の条件（※3）を満たすものに限り、当分の間、使用することができます。

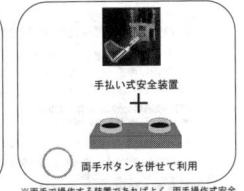

※手で操作する装置であればよく、両手操作式安全装置の条件を満たす必要はありません。

※3 当分の間、手払い式安全装置を使用することができるプレス機械の条件
- 操作方法が両手操作式であること
- ストローク長さが
  ① 40ミリメートル以上
  ② スライドの作動中に手の安全を確保できる防護板（以下「防護板」）の高さ以下
  （防護板の高さが300ミリメートル以上のものは300ミリメートル以下）
- 毎分ストローク数が120以下

※この経過措置については、改正規則の施行状況を踏まえて将来的に見直すことを予定しています。
新たにプレス機械の安全対策を行う場合は、できる限り手払い式安全装置以外の措置を選択しましょう。

III 機械のストローク端による危険防止

労働者に危険を及ぼすおそれのある機械のストローク端については、改正前は工作機械にのみ、柵、覆いなどを設けることを規定していましたが、工作機械以外の移動するテーブルやラムを有する機械でも、テーブルと建物設備の間に挟まれる死亡災害が発生していることから、ストローク端のリスクを有するすべての機械について、危険防止のための措置を講じなければならないこととしました。

対象を工作機械から、ストローク端のリスクを有するすべての機械に拡大！

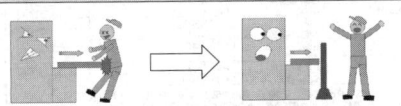

- 対象となる機械には、タレットパンチプレス、木工用のNCルーター、NCフライス盤などがあります。
- 危険を防止する措置とは、例えば、①覆い・柵を設けること、②光線式安全装置・マット安全装置を設置し、作業者の進入を検知したときに機械の作動を停止すること、などがあります。

改正 労働安全衛生規則

第108条の2（ストローク端の覆い等）
事業者は、研削盤又はプレーナーのテーブル、シェーパーのラム等のストローク端が労働者に危険を及ぼすおそれのあるときは、覆い、囲い又は柵を設ける等当該危険を防止する措置を講じなければならない。

第131条（プレス等による危険の防止）
（略）
2 事業者は、作業の性質上、前項の規定によることが困難なときは、当該プレス等を用いて作業を行う労働者の安全を確保するため、次に定めるところに適合する安全装置（手払い式安全装置を除く。）を取り付ける等必要な措置を講じなければならない。
一 （略）
二 （略）
三 プレスブレーキ用レーザー式安全装置にあっては、プレスブレーキのスライドの速度を毎秒10ミリメートル以下とすることができ、かつ、当該速度でスライドを作動させるときはスライドを作動させるための操作部を操作している間のみスライドを作動させる性能を有するものであること。
3 （略）

附 則
第25条の2（手払い式安全装置に係る経過措置）
当分の間、第131条第2項の規定の適用については、同項各号列記以外の部分中「手払い式安全装置」とあるのは、「手払い式安全装置（ストローク長さが40ミリメートル以上であって防護板（スライドの作動中に手の安全を確保するためのものをいう。）の長さ（当該防護板の長さが300ミリメートル以上のものにあっては、300ミリメートル以下のものであり、かつ、毎分ストローク数が120以下である両手操作式のプレス機械に使用する場合を除く。）」とする。

※労働安全衛生規則（昭和47年労働省令第32号）の改正とあわせて、「プレス機械又はシャーの安全装置構造規格」（昭和53年労働省告示第102号）、「動力プレス機械構造規格」（昭和52年労働省告示第116号）も改正しました。

このリーフレットに関するお問い合わせは、最寄りの都道府県労働局、労働基準監督署まで

められているが、安衛則第23条第3項は安衛法に委任根拠を持たない（安衛則第23条第4項の議事録の保存義務は安衛法第103条第1項が根拠条文である）。

4 行政指導

行政指導の現場において、他の条文の規定に違反が認められる事業場は法令の周知についても違反の可能性が高いと考えられる。労働基準監督官や技官が事業

資料11-2 溶接ヒュームに関するリーフレット

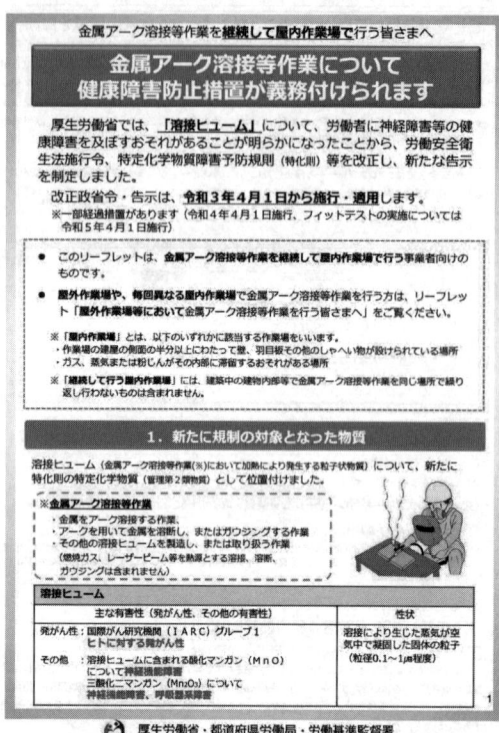

場を臨検し，例えばボール盤使用時に手袋を着用している労働者を認めた場合は，安衛法第20条，安衛則第111条の条文に関する周知についても未実施であることがほとんどと思われる。安衛法令の他の条文に関する違反を認めた場合，法令の周知に関する条文の違反の有無についても併せて確認すれば，全体として法令の履行確保の期待が高まると考えられる。

ここで留意すべきは，安衛法の多くの条文は「事業

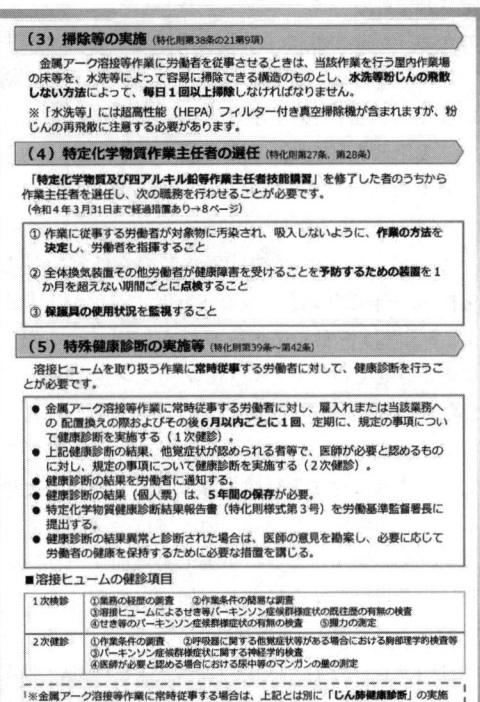

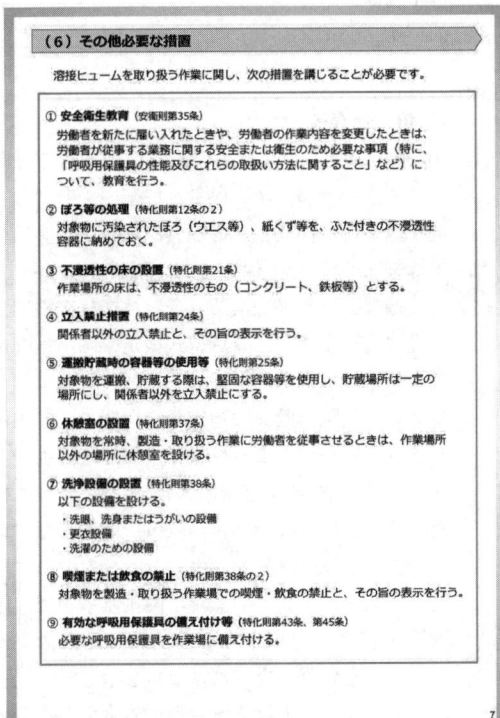

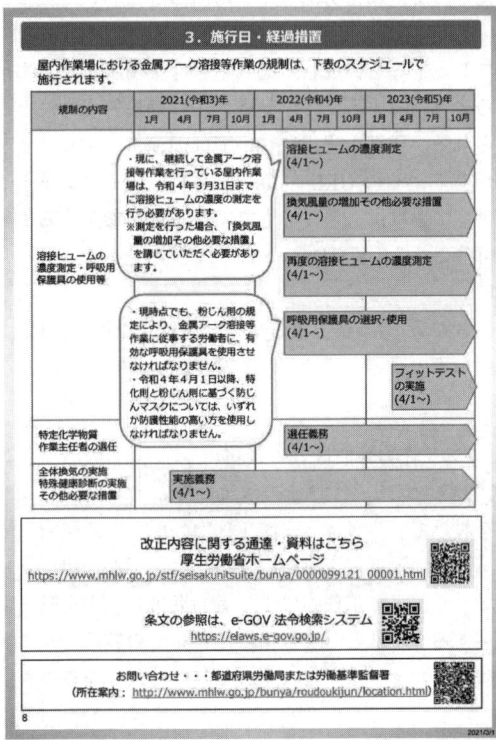

者は……しなければならない／してはならない」と規定していることである。例えばボール盤を用いる作業の場合，安衛法第20条に紐付く安衛則第111条では，

「第1項　事業者は，ボール盤，面取り盤等の回転する刃物に作業中の労働者の手が巻き込まれるおそれのあるときは，当該労働者に手袋を使用させてはならない。

第2項　労働者は，前項の場合において，手袋の使用を禁止されたときは，これを使用してはならない。」

と規定されている。

そのため，ボール盤に「手袋着用禁止」と張り紙をしている事業者は多いと思われるが，この張り紙はあくまで安衛則第111条第1項の事業者の措置の一環であって，安衛法第101条第1項の法令の周知とはならないと考えられる（強いて言えば，安衛則第111条第2項についての周知と言えなくもない）。

1 の通り，法令の周知は事業者の責任宣言的な意味を持ち，自主的な法令の遵守を促す趣旨から考えると，「事業者は労働者にボール盤を使用させる際，手袋を着用させてはならない」ということを周知して初めて法令の周知義務を履行していると考えられる。

現状は法令またはその要旨を周知している事業者や未周知の事業者に対する行政指導はほとんどないと思われるが，その理由としては安衛法令は条文が膨大であり，全部を周知することは事実上不可能であり，またそれは作業現場の実態に即した周知の趣旨にもそぐわないであろう（例えば労働調査会発行『安衛法便覧Ⅰ～Ⅲ』を各作業場に備え付けていれば形式上は本条違反とはみなされないであろうが，労働災害防止の観点からはあまり意味はないであろう）。

したがって，厚生労働省や災防団体等において業種や作業内容に応じて法令の内容を簡易的にまとめたリーフレット等を作成し，それらを作業場所ごとに掲示するよう指導することが効率的かつ効果的な方法と考えられる。詳細な規定については別途ポータルサイトを用意し，そのURLのQRコードをリーフレットに添付しておけば，いつでも詳細な規定を参照することが可能となる（**資料11－1・11－2参照**）。

〔罰則〕

事業者が第101条第1項の規定に違反した場合には，50万円以下の罰金に処せられる（法第120条第1号）。

（ガス工作物等設置者の義務）

第102条 ガス工作物その他政令で定める工作物を設けている者は，当該工作物の所在する場所又はその附近で工事その他の仕事を行なう事業者から，当該工作物による労働災害の発生を防止するためにとるべき措置についての教示を求められたときは，これを教示しなければならない。

---

1 趣旨

法第102条は，ガス工作物，電気工作物，熱供給施設，石油パイプラインを設けている者に対し，当該工作物の所在する場所又はその附近で建設工事等を行う者から，当該工作物による労働災害を防止するためにとるべき措置について教示を求められたときは，これを教示しなければならないことを定めている[12]。

2 内容

建設工事を行う場合，工事中にガス管，電力地下ケーブル，蒸気配管，石油配管などの地下埋設物に接触し，これを破壊したことにより重大な災害を発生させるリスクが存在する[13]。

そのため，接触あるいは破壊したことにより重大な労働災害を発生させるおそれのあるガス工作物などが存在する場所における工事に際しては，事前又は工事中に適切な対策を講ずることが必要となる[14]。この対策を講じる場合において，ガス工作物などの設置者が危険性及び破壊，漏洩等の事故の防止対策に関する必要な知識と経験を有しているのが普通であるため，工事の施工者に適切な措置をとらせるためにも，ガス工作物等の設置者に災害の発生を防止するためにとるべき措置についての教示義務を課すこととしている[15]。

法第102条の工作物としては，ガス工作物以外に次のものが定められている（安衛令第25条）。
① 電気工作物
② 熱供給施設
③ 石油パイプライン

（書類の保存等）

第103条 事業者は，厚生労働省令で定めるところにより，この法律又はこれに基づく命令の規定に基づいて作成した書類（次項及び第3項の帳簿を除く。）を，保存しなければならない。

2 登録製造時等検査機関，登録性能検査機関，登録個別検定機関，登録型式検定機関，検査業者，指定試験機関，登録教習機関，指定コンサルタント試験機関又は指定登録機関は，厚生労働省令で定めるところにより，製造時等検査，性能検査，個別検定，型式検定，特定自主検査，免許試験，技能講習，教習，労働安全コンサルタント試験，労働衛生コンサルタント試験又はコンサルタントの登録に関する事項で，厚生労働省令で定めるものを記載した帳簿を備え，これを保存しなければならない。

3 コンサルタントは，厚生労働省令で定めるところにより，その業務に関する事項で，厚生労働省令で定めるものを記載した帳簿を備え，これを保存しなければならない。

---

1 趣旨

法第103条では，労働基準監督機関による監督の実

資料11-3　事業者の書類の保存

書類	保存期間
救護に関する訓練に関する記録	3年間
特別の安全衛生教育の受講者，科目などの記録	3年間
作業環境測定の結果の評価の評価日時，評価箇所，評価結果及び評価を実施した者の氏名の記録	鉛業務を行う作業場及び有機溶剤の製造・取扱いの作業場は3年間，特定化学物質及びコークスの製造などの作業場は3年間（クロム酸などを製造する作業場は30年間），粉じん作業場は7年間，石綿等の取扱い又は試験研究のための製造の作業場は40年間
健康診断個人票（則様式第5号）	5年間
高気圧業務健康診断個人票（高圧則様式第1号）	5年間
電離放射線健康診断個人票（電離則様式第1号）	5年間保存した後に厚生労働大臣が指定する機関に引き渡すときを除き30年間
特定化学物質健康診断個人票（特化則様式第2号）	特別管理物質の製造・取扱い業務は30年間
それ以外は5年間	
石綿健康診断個人票（石綿則様式第2号）	常時当該業務に従事しないこととなった日から40年間
鉛健康診断個人票（鉛則様式第2号）	5年間
四アルキル鉛健康診断個人票（四アルキル鉛則様式第2号）	5年間
有機溶剤等健康診断個人票（有機則様式第3号）	5年間
面接指導の結果の記録	5年間
じん肺則施行規則様式第3号による記録及びじん肺健康診断に関するエックス線写真	病院，診療所又は医師が保存しているエックス線写真を除き7年間

（木村大樹『実務解説　労働安全衛生法』〔経営書院，2013年〕376-377頁〔表7-10〕）

効性を確保するとともに，事業場における安全管理・衛生管理手法の適正化と水準の向上に資するため，労働安全衛生法と同法に基づく命令の規定に基づき作成すべきこととされた書類のうち，特に労働災害を防止するうえで必要とされるものについては一定期間関係者に保存させることとし，また，当事者の資格等に関するものに関しては，その備付け及び保存を義務づけている。[16]

2　内容

事業者，登録製造時等検査機関，登録性能検査機関，登録個別検定機関，登録型式検定機関，検査業者，指定試験機関，登録教習機関，指定コンサルタント試験機関，指定登録機関，コンサルタントは，一定の書類・帳簿を作成し，一定の期間保存しなければならない。[17]

1　保存すべき書類の種類及び期間

法第103条第1項に基づき事業者が保存すべき書類としては，
①特別教育に関する記録
②健康診断の結果に関する記録
③定期自主検査の結果に関する記録
④作業環境の測定に関する記録及びその評価の記録
⑤安全委員会，衛生委員会又は安全衛生委員会における議事で重要なものに係る記録
などがある。[18]

このような記録の保存年限はそれぞれの規則が定めている。例えば，定期自主検査結果報告記録，作業環境測定結果記録，安全・衛生委員会会議記録，特別教育記録は，原則として3年間とされ，健康診断結果記録や面接指導結果記録に関しては，医療法の規定によるカルテの保存年限に合わせて保存年限が5年間とされている（資料11-3）。[19]

また，特化則等において，発がん性のある物質に係る健康診断の結果等については，その保存期間が30年間とされ，石綿則第40条各項の健康診断結果記録（石綿健康診断個人票）に関しては，労働者が常時業務に従事しないこととなった日から40年間の保存が定められている。[20]

2　103条第2項の規定に基づく帳簿

第103条第2項の規定による帳簿としては，登録製造時等検査機関又は登録性能検査機関が作成する製造時等検査又は性能検査の対象機械等に関する帳簿，登録個別検定機関又は登録型式検定機関が作成する個別検定又は型式検定の対象機械等に関する帳簿，検査業者が作成する特定自主検査の機械等に関する帳簿，指定試験機関が作成する免許試験に関する帳簿及び登録教習機関が作成する技能講習又は教習に係る帳簿がある（資料11-4）。[21]

3　第103条第3項の規定に基づく帳簿

第103条第3項の規定による帳簿としては，コンサルタントが依頼者の氏名等を記載する帳簿があり，この帳簿は記載の日から3年間保存しなければならない（コンサルタント則第22条）。[22]

資料11-4　登録製造時等検査機関などの帳簿の保存

区分	記載事項	保存期間
製造時等検査	①製造時等検査を受けた者の氏名又は名称及び住所 ②製造時等検査対象機械・設備の型式，構造及び性能並びにその安全装置及び附属装置などに関する事項 ③製造時等検査を行った年月日 ④製造時等検査を行った検査員の氏名 ⑤製造時等検査の結果 ⑥製造時等検査合格番号 ⑦その他製造時等検査に関し必要な事項	3年間
性能検査	①性能検査を受けた者の氏名又は名称及び住所並びに性能検査対象機械・設備の設置の場所 ②性能検査対象機械・設備の型式，構造及び性能並びにその安全装置及び附属装置などに関する事項 ③検査証番号 ④検査証の更新を行った年月日 ⑤検査証の有効期間 ⑥性能検査を行った検査員の氏名 ⑦性能検査の結果 ⑧その他性能検査に関し必要な事項	3年間
個別検定	①個別検定を受けた者の氏名又は名称 ②個別検定対象機械・設備の種類，型式及び性能 ③個別検定を行った年月日 ④個別検定を行った検定員の氏名 ⑤個別検定の結果 ⑥個別検定合格番号 ⑦その他個別検定に関し必要な事項	10年間
型式検定	①型式検定を受けた者の氏名又は名称 ②型式検定対象機械・設備の種類，型式及び性能 ③型式検定を行った年月日 ④型式検定を行った検定員の氏名 ⑤型式検定の結果 ⑥型式検定合格番号 ⑦その他型式検定に関し必要な事項 ⑧型式検定を行ったときはその年月日 ⑨型式検定において不合格としたときはその理由	10年間
特定自主検査	①特定自主検査を受けた者の氏名又は名称及び住所 ②特定自主検査を行った機械・設備の種類，型式，性能及び製造年月又は製造番号 ③特定自主検査を行った年月日 ④特定自主検査を実施した者の氏名 ⑤特定自主検査の結果 ⑥その他特定自主検査に関し必要な事項	3年間
免許試験	免許試験の区分ごとの合格者の氏名，生年月日及び住所	試験事務を廃止するまで
技能講習又は教習	技能講習又は教習の修了者の氏名，生年月日，本籍地，終了年月日及び終了証番号	技能講習の場合は業務の廃止まで教習の場合は2年間
	①技能講習又は教習の種類，科目及び時間 ②技能講習又は教習を行った年月日 ③技能講習の講師又は指導員及び技能検定員の氏名並びにその者の資格に関する事項 ④技能講習又は教習の結果 ⑤その他技能講習又は教習に関し必要な事項	5年間
労働安全コンサルタント及び労働衛生コンサルタントの登録	労働安全コンサルタント及び労働衛生コンサルタント試験の区分ごとに次の事項 ①各月における登録，登録の拒否及び登録の取消しの件数 ②各月における登録証の書換え，再交付及び返納の件数 ③角津におけるコンサルタントがその業務を廃止又は死亡した場合の報告などの件数 ④各月の末日において登録を受けている者の人数	登録事務を廃止するまで

(木村大樹『実務解説　労働安全衛生法』〔経営書院，2013年〕377-379頁〔表7-11〕)

4　罰則

事業者が，法第103条第1項の規定に違反して，作成した書類を保存しない場合は，50万円以下の罰金に処せられる（法第120条第1号）。

登録製造時等検査機関等の役員又は職員が，第103条第2項の規定による帳簿の備付け若しくは保存をせず，又は同項の帳簿に虚偽の記載をした場合には，50万円以下の罰金に処せられる（法第121条第5号）。

コンサルタントが，第103条第3項の規定に違反して，記載した帳簿の備付け若しくは保存をせず，又は同項の帳簿に虚偽の記載をした場合には，50万円以下の罰金に処せられる（法第120条第6号）。

【注】

1) 労務行政研究所編『労働安全衛生法〔改訂2版〕（労働法コンメンタール10）』（労務行政，2021年）820頁。畠中信夫『労働安全衛生法のはなし』（中央労働災害防止協会，2019年）88-89頁。労働調査会出版局編『労働安全衛生法の詳解―労働安全衛生法の逐条解説〔改訂5版〕』（労働調査会，2020年）1014頁。
2) 労務行政研究所編・前掲注1）819-820頁。労働調査会出版局編・前掲注1）1014頁。
3) 国際労働機関（ILO）WEBサイト（https://www.ilo.org/tokyo/standards/list-of-conventions/WCMS_238155/lang--ja/index.htm，最終閲覧日：2024年2月2日）。労働調査会出版局編・前掲注1）1014頁。
4) 労務行政研究所編・前掲注1）821頁。労働調査会出版局編・前掲注1）1014-1015頁。
5) 労務行政研究所編・前掲注1）821-822頁。労働調査会出版局編・前掲注1）1014-1015頁。
6) 木村大樹『実務解説 労働安全衛生法』（経営書院，2013年）375頁。
7) 畠中・前掲注1）89頁。労働調査会出版局編・前掲注1）1016-1017頁。
8) 尾添博『楽に読める安衛法―概要と解説〔改訂第2版〕』（労働新聞社，2019年）355頁。
9) 木村・前掲注6）376頁。「労働安全衛生法等の一部を改正する法律等の施行等（化学物質等に係る表示及び文書交付制度の改善関係）に係る留意事項について」（平成18年10月30日基安化発1020001号）。『「労働安全衛生法等の一部を改正する法律等の施行等（化学物質等に係る表示及び文書交付制度の改善関係）に係る留意事項について」の改正について』（平成22年12月16日基安化発1216第1号）。
10) 労務行政研究所編・前掲注1）820頁。労働調査会出版局編・前掲注1）1015-1016頁。
11) 厚生労働省労働基準局が毎年発表する「労働基準監督年報」の定期監督の違反状況では，労基法第106条について指導していることは確認できる（違反指摘件数もかなり多い〔令和2年は2476件〕）が，それが何についての（法令なのか就業規則なのか労使協定なのか）未周知なのかは把握できない。また，安衛法第101条については違反状況の欄がないため指導状況は確認できない。
12) 木村・前掲注6）379頁。畠中・前掲注1）235頁。
13) 法第102条の規定は，1970（昭和45）年4月8日に発生した大阪市営地下鉄谷町線の建設工事中のガス爆発事故の教訓に基づき立法化されたものである（労働調査会出版局編『労働安全衛生法の詳解〔改訂4版〕』（労働調査会，2015年）1018頁）。この事故では，坑内に宙吊りにされたガス導管の継ぎ手が抜けたことによりガスが工事現場に噴出し，何らかの理由により引火爆発したことにより，工事関係者・通行人などに多数の死傷者（死者79人，負傷者420人）が発生した（久谷與四郎『事故と災害の歴史館―"あの時"から何を学ぶか』〔中央労働災害防止協会，2008年〕63-75頁）。
14) 労務行政研究所編・前掲注1）823-824頁。労働調査会出版局編・前掲注1）1018頁。
15) 労務行政研究所編・前掲注1）824頁。労働調査会出版局編・前掲注1）1018-1019頁。
16) 労務行政研究所編・前掲注1）826頁。畠中・前掲注1）104-105頁。労働調査会出版局編・前掲注1）1021頁。
17) 尾添・前掲注8）357頁。
18) 労務行政研究所編・前掲注1）826頁。労働調査会出版局編・前掲注1）1021-1022頁。
19) 労務行政研究所編・前掲注1）827頁。労働調査会出版局編・前掲注1）1021-1022頁。
20) 同上。
21) 同上。
22) 同上。

〔大藪俊志・近藤龍志〕

第104条・第105条

（心身の状態に関する情報の取扱い）
第104条　事業者は，この法律又はこれに基づく命令の規定による措置の実施に関し，労働者の心身の状態に関する情報を収集し，保管し，又は使用するに当たつては，労働者の健康の確保に必要な範囲内で労働者の心身の状態に関する情報を収集し，並びに当該収集の目的の範囲内でこれを保管し，及び使用しなければならない。ただし，本人の同意がある場合その他正当な事由がある場合は，この限りでない。
2　事業者は，労働者の心身の状態に関する情報を適正に管理するために必要な措置を講じなければならない。
3　厚生労働大臣は，前2項の規定により事業者が講ずべき措置の適切かつ有効な実施を図るため必要な指針を公表するものとする。
4　厚生労働大臣は，前項の指針を公表した場合において必要があると認めるときは，事業者又はその団体に対し，当該指針に関し必要な指導等を行うことができる。

1 趣旨

　事業者は，労働者の健康確保措置を実施し，事業者が負う民事上の安全配慮義務を履行する目的で，心身の状態の情報を取り扱う必要がある。

　一方，心身の状態の情報は，そのほとんどが，機微情報であり，本人に不利益が生じないように，その取扱いに特に配慮を要する個人情報保護法（以下「個情法」ともいう）上の「要配慮個人情報」（同法第2条第3項）に当たることから，事業者が心身の状態の情報を取り扱えるのは，本人が同意している場合のほか，労働安全衛生法令及びその他の法令に基づく場合や，人の生命，身体，財産の保護のために必要がある場合であって，本人の同意を得ることが困難であるとき，あるいは公衆衛生の向上等のために特に必要がある場合であって，本人の同意を得ることが困難であるとき等

とされている（個情法第20条第2項第1号乃至第8号）。

そこで，本条は，労働者が雇用管理において不利益な取り扱いを受ける不安なく，安心して健康診断等を受けられるように，事業者に対し，労働者の心身の状態に関する情報を上記の目的に即して，適正に収集，使用，保管することを義務づける（本条第1項）とともに，その適正な管理のための必要な措置を講じる義務を負わせた（同条第2項）ものである。

また，厚生労働大臣は，事業者の講ずべき措置を適切かつ有効に実施するために指針を公表する（同条第3項）とともに，事業者又はその団体に対し，必要な指導を行うことができることとした（同条第4項）。

2 内容

1 本条の内容，性格

2018（平成30）年の安衛法改正において産業医・産業保健機能の強化が図られたが，あわせて，心身の状態に関する情報の取り扱いに関する本条が新設された。なお，同時にじん肺法においても同様の改正が行われている（同法第35条の3，第35条の4）。

本条において，事業者は，本人の同意がある場合その他正当な事由がある場合を除き，安衛法又はこれに基づく命令の規定による措置の実施に関し，労働者の心身の状態の情報を収集し，保管し，又は使用するに当たっては，労働者の健康の確保に必要な範囲内で労働者の心身の状態の情報を収集し，並びに当該収集の目的の範囲内でこれを保管し，及び使用しなければならないとされている（本条第1項）。

また，事業者は，労働者の心身の状態の情報を適正に管理するために必要な措置を講じなければならないこととされ（第2項），厚生労働大臣は，事業者が講ずべき措置の適切かつ有効な実施を図るため必要な指針を公表するものとされた（第3項）。

本条第3項（及びじん肺法第35条の3第3項）に基づき，厚生労働省「労働者の心身の状態に関する情報の適正な取扱いのために事業者が講ずべき措置に関する指針」（平成30年9月7日労働者の心身の状態の情報の適正な取扱い指針公示第1号，最終改正：令和4年3月31日指針公示第2号〔以下，「本指針」という〕）が策定され，本指針に基づき事業者が定めるべき取扱規程等について解説した同省「事業場における労働者の健康情報等の取扱規程を策定するための手引き」（以下「手引き」という）が「労働者の健康情報の取扱いに関する検討会」での審議を経て，平成31年3月に公表された。

なお，本指針の策定以前に策定された「雇用管理分野における個人情報のうち健康情報を取り扱うに当たっての留意事項について（通知）」（平成29年5月29日個情第749号・基発0529第3号，最終改正：令和5年10月27日基発1027第5号〔以下，「留意事項」という〕），安衛法第66条の10第7項に基づく「心理的な負担の程度を把握するための検査及び面接指導の実施並びに面接指導結果に基づき事業者が講ずべき措置に関する指針」（平成27年4月15日心理的な負担の程度を把握するための検査等指針公示第1号，最終改正：平成30年8月22日公示第3号〔以下，「ストレスチェック指針」という〕）及び安衛法第70条の2に基づく「労働者の心の健康の保持増進のための指針」（平成18年3月31日健康保持増進のための指針公示第3号，最終改正：平成27年11月30日指針公示第6号〔以下「メンタルヘルス指針」という〕）は，いずれも心身の状態の情報の取扱いに関する記載を含んでいるが，オーバーラップする部分については本指針が優先し，本指針に定められていない部分については，「留意事項」，ストレスチェック指針，メンタルヘルス指針によることとなる。

また，上記の通り，本条の「労働者の心身の状態の情報」は，そのほとんどが個情法第2条第3項の「要配慮個人情報」に該当するが，本条は，そのことを踏まえながら，事業者が，心身の状態の情報を主に労働者に対する健康確保措置を実施し，安全配慮義務を履行する目的で適切に取り扱うことを求めるものである。その意味で，本条は，労働安全衛生の分野における心身の状態の情報のもつ特色を踏まえた個情法の特則としての性格を有するといってよい。そして，本指針及び「手引き」は，その特色を具体的に反映した内容となっている。

2 事業者，労働者の意義，適用範囲

本条の「事業者」は，事業を行う者で，労働者を使用するものをいう（安衛法第2条第3号）が，通達（昭和47年9月18日発基第91号）で，ここにいう「事業者」とは，法人企業であれば当該法人（法人代表者ではない），個人企業であれば，事業経営主を指すとされている。これは，従来の労働基準法上の義務主体であった使用者と異なり，事業経営の利益の帰属主体そのものを義務主体としてとらえ，その安全衛生上の責任を明確にしたものとされる。

ただし，実際に一定規模の法人である事業者の代表が自ら健康情報等の管理を行うことは考え難いし，そもそも法人の従業員の行為は法人の行為とも言える。

そこで，本指針は，「事業者等」という文言を用い，それを，安衛法上の事業者「に加え，事業者が行う労働者の健康確保措置の実施や事業者が負う民事上の安全配慮義務の履行のために，心身の状態の情報を取り扱う人事に関して直接の権限を持つ監督的地位にある者，産業保健業務従事者及び管理監督者等を含む」者と定義した（三柴氏による）。

本条の「労働者」とは，労基法第9条に規定する労

働者（同居の親族のみを使用する事業又は事務所に使用される者及び家事使用人を除く）をいう（安衛法第2条第2号）。

このように，本条は，同居の親族のみを使用する事業の場合を除き，使用する全労働者を対象として，全事業者に適用され，規模の大小を問わない。規模の大小を問わない点は，個人情報保護法と同じである。

3 心身の状態の情報の取扱規程の策定
(1) 取扱規程策定の目的及び定めるべき事項

心身の状態の情報が，労働者の健康確保措置の実施や事業者が安全配慮義務を履行する目的の範囲内で適正に使用され，事業者による労働者の健康確保措置が十全に行われるよう，事業者は，当該事業場における取扱規程を定め，労使で共有することが求められる。心身の状態の情報の取扱いは，法令で守秘義務が課されている産業保健業務従事者以外の者が，法令に基づく取り組み以外の機会に関与することもあり得るので，情報を取り扱う者及びその権限，取り扱う情報の範囲等について取扱規程で取り決めておくことが求められる。

本指針は，心身の状態の情報の取扱いに関する原則を明らかにするとともに，事業者が策定すべき取扱規程の内容，作成方法，運用等について定めている。

本指針は，取扱規程に定めるべき事項として以下の事項を挙げる。

①心身の状態の情報を取り扱う目的及び取扱方法
②心身の状態の情報を取り扱う者及びその権限並びに取り扱う心身の状態の情報の範囲
③心身の状態の情報を取り扱う目的等の通知方法及び本人同意の取得方法
④心身の状態の情報の適正管理の方法
⑤心身の状態の情報の開示，訂正等（追加及び削除を含む。以下同じ）及び使用停止等（消去及び第三者への提供の停止を含む。以下同じ）の方法
⑥心身の状態の情報の第三者提供の方法
⑦事業承継，組織変更に伴う心身の状態の情報の引継ぎに関する事項
⑧心身の状態の情報の取扱いに関する苦情の処理
⑨取扱規程の労働者への周知の方法

(2) 取扱規程の策定の方法

事業者は，取扱規程の策定に当たっては，衛生委員会等を活用して労使関与の下で検討し，策定したものを労働者と共有することが必要である（本指針2⑷）。この共有の方法については，就業規則その他の社内規程等により定め，当該文書を常時作業場の見やすい場所に掲示，備え付け，あるいはイントラネットに掲載するなどの方法により周知するのが適切である（本指針2⑷）。このように就業規則の一部として取扱規程を策定し，周知することにより，取扱規程の内容は労働契約の内容となり，事業者は取扱規程に定められた方法で情報を取り扱うことができ，労働者はそれに応じる義務があることになる。こうすることにより取扱規程の実効性を確保することにもなる。

なお，衛生委員会等を設置する義務がない常時50人未満の労働者を使用する事業場（以下「小規模事業場」）においては，必要に応じて安衛則第23条の2の関係労働者の意見を聴く機会を活用する等の方法により，労働者の意見を聴いた上で取扱規程を策定し，労働者と共有するのが適切である（本指針2⑷）。

また，取扱規程を検討又は策定する単位は，当該企業及び事業場の実情を踏まえて，事業場単位ではなく，企業単位とすることも可能である（本指針2⑷）。

4 取扱方法の種類

心身の状態の情報に関する取扱方法としては，以下のものがある（「手引き」4頁参照）。

収集：健康情報等（心身の状態の情報）を入手すること（健康診断結果の収集だけではなく，面談等により入手，記録することも含む）。

保管：入手した健康情報等を保管すること（紙媒体での保管，電子媒体での保存の両者を指す）

使用：健康情報等を取り扱う権限を有する者が，健康情報等を（閲覧を含めて）活用すること，また第三者に提供すること（紙媒体で入手した健康情報等をデータ化する場合も「使用」に含まれる）

加工：収集した健康情報等の他者への提供に当たり，当該健康情報等の取扱いの目的の達成に必要な範囲内で使用されるように変換すること（例えば，健康診断の結果等をそのまま提供するのではなく，所見の有無や検査結果を踏まえ，医師の意見として置き換えることなど）

消去：収集，保管，使用，加工した情報を削除するなどして使えないようにすること

5 心身の状態の情報の具体的内容

事業者が，労働者の心身の状態の情報を取り扱う主な目的は，上記の通り，労働者の健康確保措置を実施し，事業者が負う民事上の安全配慮義務を履行することにあるが，その他に事故防止など，職場の同僚や顧客などの第三者の安全確保，関係者の財産保護のために取り扱われることもある。

心身の状態の情報としては，例えば以下のようなものがある（心身の状態の情報の具体的内容（例）については，「手引き」32頁の別表1，「留意事項」の第2健康情報の定義参照）。

(1)健康診断の結果，医師等から聴取した意見，それに基づく事後措置，保健指導の内容
(2)長時間労働者を対象とした医師の面接指導の結果，

医師から聴取した意見，事後措置の内容
(3) ストレスチェックの結果，それに基づく医師による面接指導の結果，医師から聴取した意見，それに基づく事後措置の内容
(4) 健康診断の結果
(5) その他（がん検診の結果，職場復帰のための面談の結果，治療と仕事の両立支援のための医師の意見書[7]，通院状況等疾病管理のための情報，産業保健業務従事者が労働者の健康管理等を通じて得た情報，任意に労働者等から提供された本人の病歴，健康に関する情報，じん肺法に基づく措置を行うための情報，旅客自動車運送事業運輸規則及び貨物自動車運送事業輸送安全規則に基づくアルコール検知，睡眠に関する情報等）

6　心身の状態の情報の取扱いの原則〜心身の状態の情報を取り扱う者及びその権限並びに取り扱う心身の状態の情報の範囲

(1)　心身の状態の情報を取り扱う者

心身の状態の情報を取り扱う担当者は，以下の者である（後掲**資料11-6**参照）。

ア）人事に関して直接の権限を持つ監督的地位にある者：社長，役員，人事部門の長
イ）産業保健業務従事者：産業医（専属・嘱託），保健師・看護師，衛生管理者，衛生推進者（安全衛生推進者）
ウ）管理監督者：労働者本人の所属長
エ）人事部門の事務担当者：人事部門の長以外の事務担当

これらのうち，医師，保健師等については，後記の通り法令で守秘義務が課されているが，それ以外の法令で守秘義務が課されていない者については，取扱規程等で守秘義務を規定しておく必要がある（手引き5頁）。

また，健康診断等の実施や結果の入力を外部に委託する場合は，情報を適切に取り扱うことを含めた安全管理措置を講じるよう委託契約を締結し，必要かつ適切な監督を行う必要がある（個情法第23条，第24条）

(2)　担当者の権限及び取り扱う心身の状態の情報の範囲

本指針は2(9)で，心身の状態の情報の取扱いの原則について，情報の性質により**資料11-5**の3つの類型に情報を分類して整理している（担当者ごとの取り扱う情報の範囲と権限については後掲**資料11-7**参照）。

(3)　各類型の情報の個情法上，安衛法上の位置づけと取り扱いの原則

上記の第1類型と第2類型は，ともに「法令に基づく場合」（個情法第20条第2項第1号）として，取得に当たり本人の同意は不要である。第3類型は，「法令に基づく場合」に基本的に該当しないため本人の同意が必要なもの（個情法第20条第2項）として位置づけられている。

個情法上は，適法に取得した個人情報であれば，事業者は利用目的の達成に必要な範囲内でそれを取り扱うことが認められており，個人情報の取り扱いについて事業者内の役割分担は定められておらず，個情法上，当該事業者内部において情報を隔てる「壁作り」は規定されていない。

一方，安衛法上は，安全配慮義務の履行や労働者の健康確保措置の実施のために必要な範囲内で心身の状態の情報を共有することが認められており，安衛法第104条第3項に基づく指針（本指針）にしたがい，適正な個人情報の取り扱い方法を講じることが求められている。

(4)　各類型の情報の取扱いに関する基本的な考え方

「手引き」及び本指針は，各類型の情報の取扱いに関する基本的な考え方を以下のように整理している[8]。

第1類型については，法令を遵守するためには，事業者が把握する必要があり，その把握を怠ると，健康診断や面接指導，事後措置を履行するという事業者の義務が果たせなくなる情報である。

第2類型は，事業者が法令に基づき把握することができるものの，必ずしも事業者が直接把握する必要がない情報であるため，労働者がその取扱いについて十分に納得できるよう，健康情報等を取り扱う者の中でも，当該情報を取り扱うことができる者を制限したり，医療職種がいる場合には，医療職種が情報を加工した上で事業者が取り扱うといった対応が求められる。

なお，当該情報を取扱う担当者は，事業場の状況に応じて労使の話合いにより定めることが求められる。事業場内に産業医や保健師等の医療職種がいる場合には，その取扱いを医療職種に制限することも考えられる。

第1類型，第2類型いずれの情報についても，取り扱いの目的や方法等について，予め取扱規程に定めることが望まれる。

第3類型の情報は，労働者本人の同意を得て収集する必要があり，事業場内の誰が，どのように取り扱うか，取扱規程に予め定める必要がある。

(5)　心身の状態の情報を取り扱う目的等の通知方法

各類型のいずれの情報についても，取り扱う目的や取扱方法等について，労働者に周知（方法としては，例えばイントラネットでの掲載，パンフレットの配布事業場の担当窓口の備え付け，掲示板への掲示，メールの一斉送信〔メールアドスの悪用を防ぐため宛先を送信者自身とし，送信先アドレスはBCCに記載する方法等が望ましい〕等が考えられる）した上で収集する必要がある（個情法第21条

資料11-5

心身の状態の情報の分類	左欄の分類に該当する心身の状態の情報の例	心身の状態の情報の取扱いの原則
①労働安全衛生法令に基づき事業者が直接取り扱うこととされており，労働安全衛生法令に定める義務を履行するために，事業者が必ず取り扱わなければならない心身の状態の情報	(a)健康診断の受診・未受診の情報*1 (b)長時間労働者による面接指導の申出の有無 (c)ストレスチェックの結果*2，高ストレスと判定された者による面接指導の申出の有無 (d)健康診断の事後措置について医師から聴取した意見 (e)長時間労働者に対する面接指導の事後措置について医師から聴取した意見 (f)ストレスチェックの結果，高ストレスと判定された者に対する面接指導の事後措置について医師から聴取した意見	全ての情報をその取扱いの目的の達成に必要な範囲を踏まえて，事業者等が取り扱う必要がある。 　ただし，それらに付随する健康診断の結果等の心身の状態の情報については，②の取扱いの原則に従って取り扱う必要がある。
②労働安全衛生法令に基づき事業者が労働者本人の同意を得ずに収集することが可能であるが，事業場ごとの取扱規程により事業者等の内部における適正な取扱いを定めて運用することが適当である心身の状態の情報*3	(a)健康診断の結果（法定の項目） (b)健康診断の再検査の結果（法定の項目と同一のものに限る。） (c)長時間労働者に対する面接指導の結果 (d)ストレスチェックの結果，高ストレスと判定された者に対する面接指導の結果	事業者等は，当該情報の取扱いの目的の達成に必要な範囲を踏まえて，取り扱うことが適切である。そのため，事業場の状況に応じて， ・情報を取り扱う者を制限する ・情報を加工する 等，事業者等の内部における適切な取扱いを取扱規程に定め，また，当該取扱いの目的及び方法等について労働者が十分に認識できるよう，丁寧な説明を行う等の当該取扱いに対する労働者の納得性を高める措置を講じた上で，取扱規程を運用する必要がある。
③労働安全衛生法令において事業者が直接取り扱うことについて規定されていないため，あらかじめ労働者本人の同意を得ることが必要であり，事業場ごとの取扱規程により事業者等の内部における適正な取扱いを定めて運用することが必要である心身の状態の情報*4	(a)健康診断の結果（法定外項目） (b)保健指導の結果 (c)健康診断の再検査の結果（法定の項目と同一のものを除く。） (d)健康診断の精密検査の結果 (e)健康相談の結果 (f)がん検診の結果 (g)職場復帰のための面接指導の結果 (h)治療と仕事の両立支援等のための医師の意見書 (i)通院状況等疾病管理のための情報	個人情報の保護に関する法律に基づく適切な取扱いを確保するため，事業場ごとの取扱規程に則った対応を講じる必要がある。

＊1　要配慮個人情報には当たらないので，取得に当たり本人の同意（個情法第20条第2項）は不要である。
＊2　ストレスチェックの結果については，当該ストレスチェックを行った医師等からストレスチェックを受けた労働者に対して通知されることとなっている。また，この場合において，当該医師等は，あらかじめストレスチェックを受けた労働者の同意を得ないで，当該労働者のストレスチェックの結果を事業者に提供してはならないこととされている（安衛法第66条の10第2項）。
＊3　②の心身の状態の情報について，労働安全衛生法令に基づき行われた健康診断の結果のうち，特定健康診査及び特定保健指導の実施に関する基準（平成19年厚生労働省令第157号）第2条各号に掲げる項目については，高齢者の医療の確保に関する法律（昭和57年法律第80号）第27条第3項の規定により，事業者は保険者の求めに応じて健康診断の結果を提供しなければならないこととされているため，労働者本人の同意を得ずに事業者から保険者に提供できる。
＊4　労働安全衛生法令以外の他法令（道路運送法，貨物自動車運送事業法，航空法，食品衛生法，水道法等）に基づいて事業者が取り扱う情報もある。
（厚生労働省「事業場における労働者の健康情報等の取扱規程を策定するための手引き」〔2019年〕25頁）

参照）。これは，外部で受診した健康診断の結果を本人の意思に基づき，本人から事業者に提出してもらう場合も同様である。

　また，第2類型の情報は，予め同意を得ずに収集することが可能であるが，必ずしも事業者が直接把握する必要がない情報であるため，取り扱いの目的や方法等について労働者の十分な理解を得ることが望ましく，取扱規程に定めた上で健康診断の受診案内等に予め記載する等の方法により労働者に通知することも考えられる。

　また，取り扱う目的を変更した場合には，変更した目的について，本人に通知し，公表しなければならない（個情法第21条第3項）。

　なお，退職者についても，その心身の状態の情報を取り扱う場合は上記と同様の取扱いが求められ，郵送等の方法で通知，公表することが必要となる。

　(6)　本人の同意取得
　(a)　本人の同意取得の方法

　第3類型の情報は，個情法第20条第2項各号に該当する場合（法令に基づく場合，人の生命，身体又は財産の保護のために必要がある場合であって，本人の同意を得ることが困難であるとき等）を除き，取り扱う目的や取扱方法等について労働者に周知した上で，更に労働者本人の同意を得て収集する必要がある。

　労働者本人の具体的な同意を得る方法としては，本人からの同意する旨の口頭による意思表示の外，同意する旨の書面，メール，ホームページ上の同意ボタンのクリックなどが考えられる。9)

なお、第3類型の情報を書面または口頭により、労働者本人から適正に直接取得する場合には、労働者が情報を提供したことをもって事業者が当該情報を取得することについて労働者本人の同意があったものと考えられる[10]（例えば、労働者が治療と仕事の両立支援のために、勤務情報提供書に対応した主治医意見書を事業者に提出した場合）。ただし、当該情報について事業者等が医療機関等に直接問い合わせる場合には、別途、労働者本人の同意を得る必要がある。

いずれの場合も、同意取得の裏付けとなる資料を保管することが適切である。

なお、ストレスチェックについては、検査を行った医師等は、予め当該検査を受けた労働者の同意を得ないで、当該労働者の検査の結果を事業者に提供してはならない（安衛法第66条の10第2項）とされているが、ストレスチェック結果が当該労働者に知らされていない時点でストレスチェック結果の事業者への提供についての労働者の同意を取得することは不適当であるため、事業者は、ストレスチェックの実施前又は実施時に労働者の同意を取得してはならないとされている（ストレスチェック指針11の(3)）。

ただし、ストレスチェックを受けた労働者が、事業者に対して面接指導の申出を行った場合には、その申出をもってストレスチェック結果の事業者への提供に同意がなされたものとみなして差し支えないとされている（ストレスチェック指針11の(3)）。

(b) 就業規則に心身の状態の情報を取り扱う規程を設けて労働者に周知した場合と本人の同意

健康診断の結果に法定外の項目が含まれる場合（例えば、がん検診等）、法定項目については第1類型の情報に該当するので労働者の同意を得ずに収集することが可能であるが、法定外の項目については第3類型の情報に該当するため、個情法第20条第2項に規定する例外を除き、労働者の予めの同意を得る必要がある。「手引き」は、この場合、労働者に対し、事前に事業者が必要とする項目を明示し、それ以外の項目は提出は不要であることを伝える等の対応が求められるとしている。[11]

しかしながら、このような場合に、事業者に対し、その都度、労働者本人の同意を書面等で得ることを求めることは、事業者にとって大きな負担となる。そこで、「手引き」は、就業規則を作成、変更し、心身の状態の情報の取扱いに関する規程を追加するに際し、心身の状態の情報を取得する方法、利用目的等について労使で十分協議した上で取扱規程を盛り込み、労働者に適切な方法で周知するとともに労働者の求めに応じて内容等を丁寧に説明している場合には、労働者が本人の意思に基づき情報を提供したことをもって、当該情報の取扱いについて労働者本人の同意の意思が表示されたと解されるとしている。[12]

この文言調整に際しては、厚生労働省労働衛生課と個人情報保護委員会の間で調整が行われ、三柴も検討会内外で関与した。本人の意思を尊重する書きぶりではあるが、少なくとも、健康管理上必要な情報であれば不提供への不利益措置による強制は可能な趣旨である。

あるいは、労働者本人が自らの意思で就業規則（取扱規程）に定めた情報を提出した場合には、その提出をもって当該情報の取扱いに同意する意思を表示したものと解する旨の規定を取扱規程に定めた場合[13]には、合理的な就業規則の作成、変更により就業規則の規定内容が労働契約の内容となることにより（労働契約法第7条、第10条）、労働者の個別の同意なく、就業規則の規定に基づき個情法第20条第2項の同意を得たものとして扱われるという解釈も可能だろう。

(c) 就業規則に取扱規程を設けて労働者に周知したにもかかわらず、本人が同意しない場合の取扱い

事業者が健康管理措置を講じ、安全配慮義務を履行するためには、本人から法定外検診の結果等の心身の状態の情報を収集する必要が生じる場合がある[14]（例えば、健康診断の精密検査の結果を把握しないと就業上の措置を決定できない場合、メンタルヘルス不調により職場で問題行動を繰り返す場合等）。

この場合、事業者には、取得した情報の管理を適正に行い、労働者が安心して健診結果を提供できる条件を整えることが、まず求められ、事業者は就業規則で定めた心身の状態の情報と取り扱いに関する規程について、改めて当該労働者（場合によっては家族に事情を説明し、協力を得ることが適切な場合もあり得る）に対し丁寧に説明し、理解を求めることが必要となる。その場合、事業場の状況に応じ、取扱規程には、取り扱いの目的や取扱方法を定めるとともに、情報の内容、利用目的によっては、情報の提供先を医療職種に限定し、事業者や管理監督者、人事労務担当者には加工された情報のみを提供する等の定めを設け、運用することが求められる。[15]

このような条件を整えた上で、当該労働者が健診結果を提供することに同意しない場合には、就業規則に基づき適切な対応をすることとなる。[16] 対応の内容は、検診の指示に従わない場合には、業務命令違反等を理由とする懲戒処分（労契法第15条の要件を満たす必要がある）、メンタル不調者が休職の要件を満たす場合には休職命令を発令してその後の経過を見る、精密検査の結果次第では現在の担当業務に従事させることが不適切な可能性がある場合には配置転換（担当業務の変更）を行う、必要な範囲内での業務軽減措置をとること等

が考えられよう。なお，配置転換をする場合は，安全配慮義務を履行する観点も踏まえた業務上の必要性や著しい不利益となることを避ける等配置転換の要件を満たす必要がある。業務軽減措置を講じる場合も，産業医等の医師の意見を聴いた上で，制限の内容を決定することが求められる。

なお，法定外検診の受診命令については，電電公社帯広局事件最高裁判決[17]は，受診の指示に関する規定の内容が合理的なものであれば，規定された義務は労働契約の内容となっており，規定に基づく具体的指示が，その目的に照らして，合理性ないし相当性が肯定し得る内容であるかぎり，労働者は，労働契約上，指示に従う義務を負っているとしている[18]。

ただし，事業者は，労働者が心身の状態の情報の取扱いに同意しないことを理由として，合理性のない不利益取扱いをしてはならず，また労働者の健康確保措置及び民事上の安全配慮義務の履行に必要な範囲を超えて，当該労働者に対して不利益な取り扱いをしてはならない。

本指針[19]は，不利益な取り扱いの例として，労働者が情報の取扱いに同意しないことや情報の内容を理由として解雇，雇止め，退職勧奨をすること，不当な動機・目的をもって配置転換，職位（役職）の変更を行うこと，その他労働関係法令に違反する措置を講じること，健康診断後に医師の意見聴取を行わずに就業上の措置を行う（安衛法第66条の4，第66条の5）こと，医師の意見と著しく異なる就業上の措置を行うことを挙げている。

なお，事業者が心身の状態の情報を適正に管理し，安心して情報を提供できる条件を整えていたにもかかわらず，労働者本人が心身の状態の情報を自ら提供せず，事業者が当該情報の提供がないと必要な健康管理措置を講じることができなかったため，労働者が疾病を増悪させる等の結果を生じさせた場合には，事業者は，予見可能性がなかったことにより免責され，あるいは過失相殺等により責任が減じられる可能性がある[20]。

(7) 事業者等の内部における情報の適切な取扱いについて

メンタルヘルス指針の7「メンタルヘルスに関する個人情報の保護への配慮」では，「メンタルヘルスに関する労働者の個人情報は，健康情報を含むものであり，その取得，保管，利用等において特に適切に保護しなければならないが，その一方で，メンタルヘルス不調の労働者への対応に当たっては，労働者の上司や同僚の理解と協力のため，当該情報を適切に活用することが必要となる場合もある」としている。

手引きでは，後掲（常時使用する労働者が10人以上の事業場の例を掲記する〔10人未満の例は，「手引き」参照〕）の資料11-6で健康情報を取り扱う者の分類が，資料11-7で健康情報を取り扱う者及びその権限並びに取り扱う健康情報等の範囲が示されている。これらを参考にしながら，それぞれの事業場の状況に応じた内容で，内部における情報の適切な取扱いを取扱規定に定めることが求められる。

特に第2類型の情報を取り扱うに際しては，事業者等は，当該情報の取扱いの目的の達成に必要な範囲を踏まえて取り扱うことが適切であり，事業場の状況に応じて，情報を取り扱う者を制限する，情報を加工する（医療職種がいる場合）等，事業者等の内部における取扱いを適正な内容で取扱規程に定める必要がある。

心身の状態の情報を取り扱う者が取扱規程で制限されている場合において，制限された者以外に情報を提示する場合には，原則として，予め本人の同意が必要とされる（「手引き」）。ただし，個情法第18条第3項に規定する，法令に基づく場合，人の生命，身体又は財産の保護のために必要がある場合であって，本人の同意を得ることが困難であるとき等には，予め本人の同意を得ることなく個人情報を取り扱うことが可能であり，その他安衛法第104条第1項の「正当な事由」があると認められる場合にも，適法な取扱いとされる場合があろう[21]。特に（就業規則と一体となった）取扱規程にしたがいメンタルヘルスに関する情報等の心身の状態の情報を医療職が加工して他の取扱者に情報を提供する場合は，取扱規程が適正に作成，運用され，使用目的が合理的なものである限り，就業規則の効力により当該労働者本人は当該情報を提供することに応じる義務があり，安衛法第104条の「正当な事由」がある使用に当たると考えられる[22]。この場合，労働者本人の個別の同意がなくとも，情報提供行為は適法と考えられる（本指針2(9)の第2類型の情報の取扱いの原則参照）。法律に基づく適法行為（正当行為）とされる結果，医療職等の産業保健スタッフの情報提供行為は，安衛法第119条第1号（第105条の罰則），第105条（法定健診，長時間労働面接，ストレスチェック関係の実施事務従事者の守秘義務），刑法第134条（医師等専門職の守秘義務）等の刑罰法規違反とはならず，個情法第18条第1項（利用目的による制限）も適用されず（同条第3項第1号〔法令に基づく場合の適用除外〕あるいは第2号〔生命・身体・財産の保護に必要で本人同意を得がたい場合の適用除外〕），プライバシー侵害の不法行為にも該当しないと解される。

なお，小規模事業場においては，(2)の原則に基づいた十分な措置を講じる体制を整備することが困難な場合も少なくないため，その事業場の状況に応じて，取扱規程を定めるともに，特に第2類型に該当する情報

資料11-6　別表3：健康情報等を取り扱う者の分類（別表4の「取り扱う者及び権限」の表記に対応）

〈常時使用する労働者が10人以上の事業場の例〉

健康情報等を取り扱う者	具体的内容	表記
ア）人事に関して直接の権限を持つ監督的地位にある者	社長，役員，人事部門の長	担当ア
イ）産業保健業務従事者	産業医（専属・嘱託），保健師・看護師，衛生管理者，衛生推進者（安全衛生推進者）	担当イ
ウ）管理監督者	労働者本人の所属長	担当ウ
エ）人事部門の事務担当者	人事部門の長以外の事務担当者	担当エ

（資料11-5に同じ〔33頁〕）

資料11-7　別表4：健康情報等を取り扱う者及びその権限並びに取り扱う健康情報等の範囲

〈常時使用する労働者が10人以上の事業場の例〉

健康情報等の種類	担当ア	担当イ	担当ウ	担当エ
① 安衛法第65条の2第1項の規定に基づき，会社が作業環境測定の結果の評価に基づいて，従業員の健康を保持するため必要があると認めたときに実施した健康診断の結果	△	○	△	△
①-1 上記の健康診断の受診・未受診の情報	◎	○	△	△
② 安衛法第66条の第1項から第4項までの規定に基づき会社が実施した健康診断の結果並びに安衛法第66条第5項及び第66条の2の規定に基づき従業員から提出された健康診断の結果	△	○	△	△
②-1 上記の健康診断を実施する際，会社が追加して行う健康診断による健康診断の結果	△	○	△	△
②-2 上記の健康診断の受診・未受診の情報	◎	○	△	△
③ 安衛法第66条の4の規定に基づき会社が医師又は歯科医師から聴取した意見及び第66条の5第1項の規定に基づき会社が講じた健康診断実施後の措置の内容	◎	○	△	△
④ 安衛法第66条の7の規定に基づき会社が実施した保健指導の内容	△	○	△	△
④-1 上記の保健指導の実施の有無	◎	○	△	△
⑤ 安衛法第66条の8第1項（第66条の8の2第1項，第66条の8の4第1項）の規定に基づき会社が実施した面接指導の結果及び同条第2項の規定に基づき従業員から提出された面接指導の結果	△	○	△	△
⑤-1 上記の労働者からの面接指導の申出の有無	◎	○	△	△
⑥ 安衛法第66条の8第4項（第66条の8の2第2項，第66条の8の4第2項）の規定に基づき会社が医師から聴取した意見及び同条第5項の規定に基づき会社が講じた面接指導実施後の措置の内容	◎	○	△	△
⑦ 安衛法第66条の9の規定に基づき会社が実施した面接指導又は面接指導に準ずる措置の結果	◎	○	△	△
⑧ 安衛法第66条の10第1項の規定に基づき会社が実施したストレスチェックの結果	△	○	△	△
⑨ 安衛法第66条の10第3項の規定に基づき会社が実施した面接指導の結果	△	○	△	△
⑨-1 上記の労働者からの面接指導の申出の有無	◎	○	△	△
⑩ 安衛法第66条の10第5項の規定に基づき会社が医師から聴取した意見及び同条第6項の規定に基づき会社が講じた面接指導実施後の措置の内容	◎	○	△	△
⑪ 安衛法第69条第1項の規定に基づく健康保持増進措置を通じて会社が取得した健康測定の結果，健康指導の内容等	△	○	△	△
⑫ 労働者災害補償保険法第27条の規定に基づき，従業員から提出された二次健康診断の結果及び労災保険法の給付に関する情報	△	○	△	△
⑬ 治療と仕事の両立支援等のための医師の意見書	△	○	△	△
⑭ 通院状況等疾病管理のための情報	△	○	△	△
⑮ 健康相談の実施の有無	△	○	△	△
⑯ 健康相談の結果	△	○	△	△
⑰ 職場復帰のための面談の結果	△	○	△	△
⑱ （上記のほか）産業保健業務従事者（担当イ）が労働者の健康管理等を通じて得た情報	△	○	△	△
⑲ 任意に従業員から提供された本人の病歴，健康に関する情報	△	○	△	△

※◎：事業者が直接取り扱う。
※○：情報の収集，保管，使用，加工，消去を行う。
※△：情報の収集，保管，使用を行う。なお，使用に当たっては，労働者に対する健康確保措置を実施するために必要な情報が的確に伝達されるよう，医療職が集約・整理・解釈するなど適切に加工した情報を取り扱う。

POINT
- 可能な限り，「健康情報等の種類」を具体的に示します。
- 例えば，表中のピンク色の網掛けの情報は，労働安全衛生法令に基づき，事業者が直接取り扱う必要がある情報です。黄色の網掛けの情報は，労働安全衛生法令に基づき収集しますが，必ずしも事業者が直接取り扱う必要のない情報です。緑色の網掛けの情報は，法令によらず事業者が収集する情報であり，取り扱う担当者を定め，労働者の同意に基づき取り扱う必要がある情報です。
- 各情報を取り扱う者及びその権限は，事業場の状況に応じて設定します。

（資料11-5に同じ〔34頁〕）

資料11-8　保存期間一覧表

〈健康診断名（根拠条文）〉	〈保存期間〉
①雇入時の健康診断（安衛則第43条）	5年間（安衛則第51条）
②定期健康診断（安衛則第44条）	5年間（安衛則第51条）
③特定業務従事者の健康診断（安衛則第45条）	5年間（安衛則第51条）
④海外派遣労働者の健康診断（安衛則第45条の2）	5年間（安衛則第51条）
⑤給食従業員の検便（安衛則第47条）	5年間（安衛則第51条）
⑥歯科医師による健康診断（安衛則第48条）	5年間（安衛則第51条）
⑦労働衛生指導医の意見に基づく臨時の健康診断（安衛法第66条第4項）	5年間（安衛則第51条）
⑧事業者の指定した健康診断を受けず，健康診断に相当する健康診断を受け，その結果を証明する書面を事業者に提出した場合（安衛法第66条第5項）	5年間（安衛則第51条）
⑨深夜業に従事する労働者の自発的健康診断（安衛法第66条の2）	5年間（安衛則第51条）
⑩高気圧作業健康診断（高圧則第38条）	5年間（高圧則第39条）
⑪電離放射線健康診断（電離則第56条）	30年間（電離則第57条）
⑫除染等電離放射線（除染則第20条）	30年間（除染則第21条）
⑬特定化学物質等健康診断（特化則第39条）	5年間又は30年間（特化則第40条）
⑭鉛健康診断（鉛則第53条）	5年間（鉛則第54条）
⑮四アルキル鉛健康診断（四アルキル則第22条）	5年間（四アルキル則第23条）
⑯有機溶剤健康診断（有機則第29条）	5年間（有機則第30条）
⑰じん肺健康診断（じん肺法第7条〜第9条の2）	7年間（じん肺法第17条）
⑱石綿健康診断（石綿則第40条）	40年間（石綿則第41条）

（資料11-5に同じ〔14頁〕）

の取扱いについては，衛生推進者を選任している場合にはその者に取り扱わせる方法や，取扱規程に基づき適切に取り扱うことを条件に，取り扱う心身の状態の情報を制限せずに事業者自らが直接取り扱う方法等も考えられる（本指針2⑽）。

「手引き」の別表4は，常時使用する労働者が10人未満の事業場の例も掲記しているが，そこでは産業保健業務従事者がいない場合の健康情報を取り扱う者（①社長・役員等の人事権者，②管理監督者，③人事部門の事務担当者）及びその権限の具体例が示されている。また，第1類型の情報について，事業者自ら取り扱うとともに管理監督者に当たる所属上長が情報の収集，保管，使用，加工等を行うことや，情報の使用に当たっては，地域産業保健センター等の事業場外資源を活用し，必要な情報が的確に伝達されるために医療職が適切に加工した情報を取り扱うこと等も例示されている。

7　心身の状態の情報の適正管理

(1)　心身の状態の情報の適正管理のために講ずべき措置

講ずべき措置としては，以下のものがあげられる（本指針3⑴）。

①心身の状態の情報を必要な範囲において正確・最新に保つための措置（個情法第22条）

②心身の状態の情報の漏洩，滅失，改ざん等の防止のための措置（組織体制の整備，正当な権限を有しないものからのアクセス防止のための措置等）（同法第23条）

③保全の必要がなくなった情報の適切な消去等（同法第22条）（ただし，法令により保存期間が定められている場合はその保存期間が経過するまでの間は保存しなければならない。資料11-8参照）

なお，情報の適切な管理に際しては，企業や事業場ごとの体制，整備等を個別に勘案して，その運用の一部または全部を本社事業場において一括して行うことも考えられる（本指針3⑴）。

また，心身の状態の情報の取扱いを外部に委託する場合は，委託先において安全管理措置が適切に講じられるよう，委託先に対して必要かつ適切な監督を行う必要がある（同法第25条）。具体的には，委託契約に安全管理措置の規定を盛り込み，定期的に確認すること等が考えられる。再委託に関しては，それを認めるか否かを委託契約で定めるとともに，再委託を認める場合には，再委託先にも委託先と同様の義務を負わせることが考えられる（手引き15頁）。

(2)　心身の状態の情報の開示等

事業者は，労働者本人から，心身の状態の情報の開示請求を受けた際は，本人に対し，遅滞なく当該情報を開示しなければならない。ただし開示することにより，本人又は第三者の生命，身体，財産その他の権利利益を害するおそれがある場合や，当該事業者の業務の適正な実施に著しい支障を及ぼすおそれがある場合等には情報の全部または一部を開示しないことができる（個情法第33条）。その場合，本人に対し，開示を行わない旨を遅滞なく通知する必要があり，その理由を説明するよう努めなければならない（同法第36条）。

また，事業者は，心身の状態の情報の訂正，追加，削除，使用停止（第三者への提供を含む）の請求があった場合で，その請求が適正であると認められるときは，これらの措置を講じなければならない（同法第34条）。ただし，訂正等の請求があった場合でも，利用

目的からみて訂正等の必要がない場合，指摘が正しくない場合，評価に関する情報である場合（例えば，産業医の意見を踏まえた就業可否の判断）には訂正等を行う必要はない。その場合，遅滞なく，訂正等を行わない旨を本人に通知しなければならず，その理由を説明するよう努めなければならない（同法第36条）。

(3) 安全管理措置の具体的手法

「個人情報の保護に関する法律についてのガイドライン（通則編）」（平成28年個人情報保護委員会告示第6号）の「10（別添）講ずべき安全管理措置の内容」は，同法第23条に定める安全管理措置として，事業者が具体的に講じなければならない措置や当該措置を実践するための手法を例示している。[23] 小規模事業場においては，取り扱う心身の状態の情報の量，労働者数が一定程度にとどまることを踏まえ，ここに例示された手法等を参考に，円滑にその義務を履行し得るような手法とすることが求められる。

(4) 心身の状態の情報の第三者提供

事業者は，安衛法等の法令に基づく場合や，人の生命，身体又は財産の保護のために必要がある場合であって，本人の同意を得ることが困難であるとき等を除き，原則として，予め労働者本人の同意を得ないで，心身の状態の情報を第三者に提供することはできない（同法第27条）。

なお，同一事業者内で情報を共有する場合は，第三者提供には当たらないが目的外利用には当たる可能性があり，該当する場合は，原則として，予め労働者本人の同意を得なければならない（同法第18条第1項）。

ただし， 2 6(7)で説明したように，個情法第18条第3項各号に該当する場合のほか，安衛法第104条第1項の「正当な事由」があると認められる場合には，本人の同意が得られないときでも適法な取扱いとされる場合があろう。

(5) 事業承継，組織変更に伴う心身の状態の情報が引き継がれる場合

事業者は，合併，会社分割，事業譲渡等により他の事業者から心身の状態の情報を引き継ぐ場合がある。その場合は，当該情報を事業の承継前の利用目的の達成に必要な範囲内で取り扱う場合は目的外利用とならないが，その範囲を超えて情報を取り扱う場合は，原則として，予め労働者本人の同意を得る必要がある（個情法第18条第2項）。

(6) 苦情処理

事業者は，心身の状態の情報の取扱いについて，労働者からの苦情に適切かつ迅速に対処するよう努める必要がある。そのために，事業者は，苦情処理窓口や処理の手順を予め定めるなど，必要な体制を整えるとともに，労働者が相談を行いやすいよう窓口等を周知する必要がある（同法第40条）。

(7) 取扱規程の運用

事業者は，取扱規程の運用が適切に行われるように，心身の状態の情報を取扱う者等の関係者を教育するとともに，適宜，運用状況を確認し，規定の見直し等の措置を行うことが求められる。

また，運用が適切に行われていないことが明らかになった場合は，労働者にその旨を説明するとともに，再発防止に取り組む必要がある。

8 心身の状態の情報の取扱いとプライバシー侵害

(1) 個情法に違反する情報の取扱いとプライバシー侵害

心身の状態の情報は，本指針の取扱いの原則にしたがって，収集，保管，利用される必要があり，違反をした取扱いは，安衛法第104条や個情法の各規定に違反するのみならず，プライバシー侵害の不法行為にも該当する場合がある。

心身の状態の情報は，プライバシー情報の中でも特にセンシティブな情報であるが，裁判例は，プライバシー情報の収集，保管，利用の各行為について，原則として本人の同意又は推定的同意が必要としている（後掲関連裁判例参照）。なお，前記本指針の第1類型の情報は，安衛法令に基づき事業者が直接取り扱うこととされており，第2類型の情報は，安衛法令に基づき事業者が本人の同意なく収集することができる情報であるから，本人の同意が得られない場合でも収集することに正当な事由があり，不法行為とはならない。

(2) プライバシー保護と個情法による保護の内容

プライバシーが侵害された場合には，不法行為に基づく損害賠償請求，差止請求が問題となり，個情法に違反した場合には，個人情報保護委員会による指導，助言（第147条），勧告，命令（第148条）の対象となり，命令にも違反した場合には罰則が科される（第178条）等の公法上の規制が問題となる。また，保有個人データに関する（無条件の）開示（第33条），（保有個人データの内容が事実でない場合）訂正（第34条），（保有個人データの利用目的制限違反〔第18条〕，不適正利用〔第19条〕，個人情報の不適正な取得〔第20条〕の場合）[24]利用停止（第35条）等が認められている。

(3) プライバシーに係る情報と個人情報

プライバシーに係る情報と個情法上の個人情報は重なり合う部分が多いが，[25]後者は，個人識別性に着目した定義がされており（第2条第1項），公知情報か否かを問わない。

後掲JAL労働組合ほか（プライバシー侵害事件）判決は，ファイルに含まれる必ずしも秘匿性の高くない個人識別情報から秘匿性が要請され人格的自律に影響を及ぼすもの，あるいは秘匿性の要請の強い病歴，健康

状況等のセンシティブ情報まで含めて，いずれもプライバシー情報として法的保護の対象となるとしている[26]。

3 関連判例

心身の状態に関する情報の取扱いについて判断した裁判例を以下紹介，検討する。

1 主に情報の収集に関する裁判例
(1) メンタルヘルス情報に関する例
(a) 情報の収集制限を強調した例

裁判例は，メンタルヘルスに関する情報の収集については，労働者本人のプライバシー保護の観点から，本人にメンタルヘルス不調の兆候が見られない場合において，事業者が一般的に精神疾患の有無について調査をすることを労働者に義務づけること，あるいは労働者に特段精神的不調を窺わせる言動がないにもかかわらず，事業者が精神疾患の健康診断を実施したり，労働者に受診を義務づけることについては否定的である。

●富士電機E&C事件・名古屋地判平18・1・18労判918号65頁

〈事案の概要〉

被告の従業員であったＢが，業務の心理的負荷によりうつ病にり患し，一時休職した後，職場復帰したものの，被告がＢを中部支社に転勤させた上，過重な業務に従事させ，うつ病を再発させた結果，Ｂを自殺に至らしめたとして，Ｂの遺族が被告に対し損害賠償請求した事案。

〈判決の要旨〉

中部支社に異動後の業務は過重であったとは認められないとした上で，原告が，安衛法令や被告就業規則規定から，被告には精神疾患について調査すべき安全配慮義務があったとの主張に応え，被告の負う安全配慮義務の内容について，以下のように判示している。

すなわち，①精神的疾患について事業者に健康診断の実施を義務づけることは，労働者に健康診断の受診を義務づけることにもつながるが，精神的疾患については，社会も個人もいまだに否定的な印象を持っており，それを明らかにすることは不名誉であるととらえていることが多いことなどの点でプライバシーに対する配慮が求められる疾患であり，その診断の受診を義務づけることは，プライバシー侵害のおそれが大きいといわざるを得ない。②安衛法（現在の第66条の4，第66条の5）及び安衛則（第44条第1項）の各規定ぶりなどを併せ考慮すると，事業者は，法定検査項目（安衛則第44条第1項）について異常所見が認められた労働者に関して，当該労働者の健康を保持するために必要な措置について，医師等の意見を聴くべき義務を負うと解するのが相当であり，これを超えて，精神的疾患に関する事項についてまで医師の意見を聴くべき義務を負うということはできない。また，事業者が負う就業場所の変更，作業の転換，労働時間の短縮等の措置を講ずるべき義務（安衛法第66条の5第1項）は，同法第66条の4を受けたものであるから，上記と同様，精神的疾患に関する事項には当然に適用されるものではないとした。

もっとも，安全配慮義務違反については，Ｂは，被告に対し，自らうつ病にり患したことを報告しており，被告はＢのうつ病を認識していたので，同人の心身の状態に配慮した対応をすべき義務があったというべきであるが，被告は，職場復帰に際し，Ｂの希望を踏まえて難易度の低い業務に従事させ，労働時間も特に長時間ではなく，それ以上の軽減措置をとることは却って昇給昇格等の点で不利益を生じさせかねないので，相応の配慮をしたと認めることができ，安全配慮義務違反があったと認めることはできないとしている。

なお，Ｂは中部支社に異動後，寛解の状態に至っていたと認定されている。

〈判決から汲み取れる示唆〉

判決は，事業者に対し，一般的に労働者の精神疾患の健康診断を実施することを義務づけたり，労働者に受診を義務づけることは，プライバシー侵害のおそれがあるとして否定するとともに，その健康診断の結果を踏まえた労働者の精神疾患に関する医師からの意見聴取やそれを受けた事後措置の実施についても否定した。精神疾患に対する社会的偏見や，情報を事業者が取得することによる労働者の不利益のおそれを考慮すれば，労務管理上特段の必要性がないにもかかわらず，一般的な精神疾患の健康診断実施，受診義務を否定したのは当然の判断と考えられる。

なお，本件では，労働者本人がうつ病にり患していることを自ら会社に報告していることから，会社は一定の配慮措置を実施しており，しかも異動先では寛解の状態にあったとされているので，労務管理上，精神疾患の健康診断を改めて会社が実施するべき事情はなかった。

●ボーダフォン（ジェイフォン）事件・名古屋地判平19・1・24労判939号61頁

〈事案の概要〉

被告の従業員であったＡが自殺したのは，長時間労働等の過重労働や新規事業等に従事させたこと等が原因でうつ病を発症し，その後の異動によりうつ病を悪化させたことによるものである等として，Ａの相続人らが，被告の安全配慮義務違反に基づき，損害賠償を請求した事案。

〈判決の要旨〉

　判決は，Aの担当していた業務等とうつ病発症との相当因果関係は認められないが，異動の打診及び説得とうつ病増悪との間に相当因果関係はあるとした上で，異動の打診をした当時，被告はAのうつ病り患を認識し又は認識することが可能であったかを検討している。

　本件では，Aはクリニックに通院していることを被告に報告しておらず，特に異常な言動，不自然なしぐさを見せることもなかったこと等から，うつ病のり患を認識し又は認識する可能性があったとはいえないとした。

　これに対し，原告らは，使用者は健康管理義務として，必要に応じて，メンタルヘルス対策を講じ，労働者の精神的健康状態を把握して健康管理を行い，精神障害を早期に発見すべき義務を負うと主張したが，判決は，労働者に異常な言動が何ら見られないにもかかわらず，精神的な疾患を負っているかどうかを調査すべき義務まで認めることは，労働者のプライバシーを侵害する危険があり，法律上，使用者に上記健康管理義務を課すことはできないというべきであるとした。

〈判決から汲み取れる示唆〉

　前掲富士電機E&C事件判決と同様に，労働者に異常な言動等が見られないにもかかわらず，使用者に対して，一般的に労働者の精神疾患り患の有無を調査することはプライバシー侵害に当たるおそれがあるとして，使用者の調査義務は否定したが，反対解釈をすれば，精神疾患のり患が疑われる状態で業務にも悪影響が出ているような場合には，適切な方法で医師の受診と必要に応じて治療を促す等の対応をすることは否定していないというべきであろう。

　(b)　精神的不調を疑わせる言動を前提に，積極的な情報収集（精神科受診の促し等）を示唆した例
● 日本ヒューレット・パッカード事件・最2小判平24・4・27裁時1555号8頁

〈事案の概要〉

　被上告人は，被害妄想など何らかの精神的な不調により，実際には存在しないにもかかわらず，約3年間にわたり加害者集団らによる盗撮や盗聴等を通じて日常生活を子細に監視され，職場の同僚らを通じて自己に関する情報のほのめかす等の嫌がらせを受けていると考え，上告人会社に事実の調査を依頼したものの納得できる結果が得られず，また上告人に休職を認めるよう求めたものの認められなかったことから有給休暇を全て取得した後，約40日間にわたり欠勤を続けたところ，会社は諭旨退職の懲戒処分に処した事案である。

〈判決の概要〉

　判決は，精神的な不調のために欠勤を続けていると認められる労働者に対しては，使用者である上告人としては，その欠勤の原因や経緯が上記の通りである以上，精神科医による健康診断を実施するなどした上で（記録によれば，上告人の就業規則には，必要と認めるときに従業員に対し臨時に健康診断を行うことができる旨の定めがあることが窺われる），その診断結果等に応じて，必要な場合は治療を勧めた上で休職等の処分を検討し，その後の経過を見るなどの対応を採るべきであるとした。

〈判決から汲み取れる示唆〉

　本判決は，以下の点で重要な示唆を与えている。

　第1に，精神的な不調を抱える労働者に対しては，たとえ表面上は懲戒事由に該当するかのような言動が見受けられる場合であっても（事例性），まずは健康診断を実施した上で治療を勧める，休職処分に付する等の労働者の健康に配慮（疾病性を考慮）した対応をすべきであり，それを行うことなく直ちに懲戒処分等の不利益処分を行うことは不適切であると判断した点である。

　判決は，このような考えから本件の場合，正当な理由のない無断欠勤には当たらないとして，諭旨解雇は懲戒事由を欠いており無効とした。

　職場における紛争事例には，職場不適応の事例性の背後に精神的不調の存在（疾病性）が疑われる例が少なくなく，上記判決の示唆は重要である。

　また，逆に判決の指摘する労働者の健康に配慮した適切な対応がとられれば，例えば，休職処分に付し，休職期間満了までに休職事由が消滅しなかったことを理由とする解雇，自然退職措置等が行われることはやむを得ないこととなろう。健康診断を実施したものの，精神疾患等の疾病は認められず，休職の要件も満たさない場合には，適切な労務管理を実施し，注意，指導を繰り返したにもかかわらず業務を阻害する問題行動等が改善されないときは，就業規則に基づき懲戒処分あるいは解雇等の対応を検討することとなる。

　精神的な不調が疑われる労働者に対しては，上記のような切り分けを産業医等の協力を得ながら適切に実施することが求められる。

　第2に，判決が，就業規則に，必要と認めるときは臨時の健康診断を行うことができる旨の規定があることを指摘しつつ，精神疾患が疑われる労働者に対しては，精神科医による健康診断を実施する等して，その結果に応じた適切な対応を採るべきであるとしている点である。これは就業規則に規定がある場合には，労働契約上，使用者は，上記のような労働者に対しては，精神科医による健康診断を実施することができ，労働者もそれに応じる義務があることを示唆している

といえよう。

　精神科医による健康診断ではないが，後記電電公社帯広局事件・最高裁判決は，法定外の健康診断の指示について，就業規則等にそれを基礎づける規定が存在し，同規定に基づく具体的な検査の指示が，その目的に照らして合理性，相当性が認められるかぎり，労働契約上，指示に従う義務を負っているとしている。また，京セラ事件・東京高裁判決（上告棄却により確定）は，法定外検診に関する就業規則の規定が存しない場合であっても，合理的かつ相当な理由がある場合には，信義則，公平の観点から事業者は健診を指示することができ，労働者はそれに応じる義務があるとしている。

　第3に，判決は，事業者は，精神的不調が窺われる労働者に対して，精神科医による健康診断を実施するなどした上で，その診断結果等に応じて，必要な場合は治療を勧めた上で適切な対応を採るべきとしており，事業者が健康診断を実施するとともにその結果を収集（取得）することを前提として，事業者に適切な対応を求めているという点である。

　心身の状態の情報は要配慮個人情報に該当するため，法所定の例外を除き，予め本人の同意を得ないで取得してはならないとされているところ（個情法第20条第2項），判決は，精神科医の健康診断を実施した後に，労働者がその結果を事業者に提供することに同意しない事態を想定していないとも解されるが（この点は，前掲電電公社帯広局事件・最高裁判決も同様であろう。検査を命じることが有効とされても，検査結果の提供がなされなければ無意味である），健康診断の目的が，診断の結果に応じて事業者が適切な就業上の配慮措置を採ることにあるかぎり，健康診断の受診を指示するのみならず，その結果の情報を取得することは合理的な理由があるということができる。

　もっとも，2 6(6)(c)の通り，心身の状態の情報を取得する際しては，事業者には，取得した情報の管理を適正に行い，労働者が安心して健診結果を提供できる条件を整えるとともに，事業者は就業規則で定めた心身の状態の情報と取り扱いに関する規程について，当該労働者（場合によっては家族）に対し丁寧に説明し，理解を求めることが求められ，取扱規程には，事業場の状況に応じ，取扱いの目的や取扱方法を定めるとともに，情報の内容，利用目的によっては，情報の提供先を医療職種に限定し，事業者や管理監督者，人事労務担当者には加工された情報のみを提供する等の定めを設け，運用することが求められる。

　しかし，このような労働者が安心して情報を提供できる条件を整えたにもかかわらず，当該労働者が就業規則の規程にしたがい健診結果を提供することに同意しない場合には，就業規則に基づき適切な対応をすることとなる（健診の指示に従わない場合には，業務命令違反等を理由とする懲戒処分〔労契法第15条〕，休職の要件を満たす場合には休職命令の発令，配置の可能な他の業務があれば配置転換〔担当業務の変更〕等）。

　(2)　メンタルヘルス情報以外の健康情報等に関する例

　精神疾患以外の健康情報を収集，利用する前提である法定外検診の受診を事業者が指示（業務命令）することができるかという点について判断した判例として，上記電電公社帯広局事件・最高裁判決がある。同判決は，精神科医師による健康診断の受診が問題となった事例ではないが，合理性，相当性の認められる受診命令を有効としている。

　(a)　代表的判例

●電電公社帯広局事件・最1小判昭61・3・13労判470号6頁

〈事案の概要及び判決の要旨〉

　頸肩腕症候群の長期り患者に対する総合精密検診の受診を命ずる業務命令に違反したことを理由とする懲戒処分の有効性が問題となった事案であったが，判決は，健康回復を目的として公社は指示をすることができるとする就業規則・健康管理規程の規定の内容は合理的であり，それに基づく総合精密検査の指示（業務命令）は，疾病の治癒回復という目的との関係で，合理性ないし相当性が肯定し得るかぎり，労働契約上，指示に従う義務を負っているとした。

　(b)　一定条件下で就業規則の根拠規定なくなされた法定外検診の指示を有効とした例

●京セラ事件・最1小判昭63・9・8労判530号13頁［上告棄却］，東京高判昭61・11・13労判487号66頁

〈事案の概要〉

　当初，脊椎々間軟骨症のため休職していた社員が，休職期間中に別の医師から，疾病は頸肩腕障害・腰痛症である旨の診断書を得て，当該疾病を業務に起因するものと取扱うように求め，休職期間満了による退職措置の無効を主張した事案。

〈判決の要旨及び得られる示唆〉

　就業規則等に指定医受診に関する定めはないが，当該社員の疾病が業務に起因するものか否かは同人の以後の処遇に直接に影響するなど極めて重要な関心事であり，しかも当該社員が当初提出した診断書を作成した医師から当該社員の疾病は業務に起因するものではないとの説明があったこと等から，改めて職業病の専門医の診断を受けるように求めることは，労使間における信義則ないし公平の観念に照らし合理的かつ相当な理由のある措置であり，就業規則等にその定めがないとしても指定医の受診を指示することができ，当該

社員はこれに応ずる義務があるとした。

その上で，会社が，業務上の疾病と認めず，病気欠勤を続けた当該社員を<u>休職期間満了とともに退職扱いとしたこと</u>は相当とした。

就業規則等に定めがないとしても，労使間における信義則ないし公平の観念に照らし合理的かつ相当な理由のある措置であれば，指定医の受診を指示することができ，従業員はそれに応ずる義務があるとした判決であるが，実務上は，就業規則に休復職の判断に際しては会社の指定する医師の健診を命じることがある旨の規定を定めておくことが望ましい。

なお，本件のように指示された健診を受けなかった場合はもちろん，その結果の提供に同意しなかった場合も，労働者は休職事由の消滅を立証していないものとして復職を拒否することが可能となろう。

(c) 労働者が一定条件下で法定外検診の受診を拒否した場合，使用者の責任が免責ないし減責されるとした例

● 空港グランドサービス事件・東京地判平3・3・22 労判586号19頁

〈事案の概要〉

航空機のクリーニング・セッティング業務及びその準備作業に従事してきた原告らが，業務が原因で腰痛症を発症したと主張し，安全配慮義務違反等を理由に被告らに対し損害賠償を請求した事案である。判決は，安全配慮義務違反を認めたが，使用者の指定した医師の受診を拒否したこと等の事情を考慮して過失相殺を認め，賠償額を2割減額した。

〈判決の要旨〉

判決は，原告らの業務と疾病の発症との相当因果関係を認めるとともに，安全配慮義務違反については，被告AGSは，腰痛についての専門的知識を有し，また被告AGSの業務内容を熟知している嘱託医により，被用者の就労能力，勤務能力を判断させていたことからすれば，嘱託医による診断の結果が確実に被用者の就労，勤務時間に反映されるよう適切な措置を取るべき義務を負っているとし，それにもかかわらず，被告AGSは，嘱託医の指示した作業内容に見合う作業内容が存在しない場合には，嘱託医に問い合わせるなどしてその指示する作業内容に見合う作業を特定すべきであったのにそれを怠った点，就労能力の制限を受けている被用者が通常の機内クリーニング作業に従事しているのを漫然と放置した点及び嘱託医の勤務時間変更あるいは就労能力低下（ママ）の指示に直ちに従うべきであったのにそうしなかった点において，嘱託医による診断結果が確実に被用者の就労，勤務形態及び勤務時間に反映されるよう適切な措置を取るべき義務を怠ったとし，安全配慮義務違反を認めた（嘱託医の指示に従わなかった事情としては，人員の確保の事情のほかに，原告らの方から強く従前の業務に従事させるよう要求があったことや，従前の勤務時間で勤務したいという希望があったといった事情も認定されているが，判決は，腰痛症の専門家の嘱託医の診断結果が明らかになっている以上，本人意向によるのではなく嘱託医の意見に従うべき義務があったとしている）。

一方で，判決は，原告らが被告AGSの嘱託医の受診を拒否した点について以下のように述べている。

すなわち，医師による診察を受けるという行為は，診察に必要な限度において身体への侵襲を受けることになるとともに，個人的な秘密を知られることにもなるのであって，患者のプライバシーあるいは自己決定権が侵害される可能性のある行為だから，原則として，これを受けるものには，自己の信任する医師を選択する自由があるというべきであるが，<u>労働者の選択した医療機関の診断結果について疑問があるような場合で，使用者が右疑問を抱いたことなどに合理的な理由が認められる場合には，使用者は，被用者への安全配慮義務を尽くす必要上，労働者に対し，使用者の指定する医師の診察をも受けるように指示することができるというべきであり，労働者はこの指示に応ずる義務がある</u>というべきであるとした。

その上で，労働者が指定された医師の受診を拒否した場合には，受診義務が存在する場合はもとより，その義務が存在しない場合であっても，<u>使用者は，被用者の受診拒否によって，安全配慮義務を尽くすべき手段を被用者自らの意思により退けられたのであるから，これにより使用者が安全配慮義務を尽くすことができなくなる限度において，義務違反の責任の全部または一部を免れるものと解するのが，損害の分担についての信義，公平の観点から相当</u>というべきであるとした。

本件では，原告らは，嘱託医の受診を拒否する一方で同人らの受診した医師の診断書を提出しているが，そこには病名，休業加療を要すること，短時間勤務が妥当であることなどの結論が記載されているのみで診断に至る症状の推移，診断の根拠が記載されていなかったので，その診断内容に被告AGSが疑問を抱くことに合理性を認め得るとされ，原告らは嘱託医の診察を受ける義務を負っているとされた。

〈判決から汲み取ることができる示唆〉

本判決は，診察の結果得られる心身の状態の情報が，プライバシーに関する情報であり，自己の信任する医師の診察を受けることが自己決定権にかかわる行為である点は踏まえつつ，同時に労働者の提出した医師の診断書に疑問を抱く合理的な理由がある場合には，事業者の指定する医師の受診を指示することがで

き，労働者はそれに応じる義務があるとした点（この点は，前掲京セラ事件判決と同趣旨である）及び労働者の受診拒否により安全配慮義務を尽くすことができなかった場合は，義務を尽くすことができなくなる限度において，信義則，公平の観点から責任の全部又は一部を免れるとした点が重要である。免責される範囲は，事業者の指定する医師の診察を受けていれば発症あるいは自然的経過を超えた増悪を避けることができたのか，あるいは発症，増悪自体は避けられないが症状の程度，増悪の程度を軽減することができたのかによることになろう。

　　（d）本人同意なくHIV感染の検査を行い，その結果を提供及び取得したことが，提供者側・取得者側双方のプライバシー権侵害となるとした例
● T工業（HIV解雇）事件・千葉地判平12・6・12労判785号10頁
〈事案の概要〉
　被告会社に雇用され，その工場に勤務していた日系ブラジル人である原告が，被告Aの経営するI病院で被告会社の定期健康診断を受けた際に，原告の同意なくHIV抗体検査が行われたことにつき，被告会社については，原告に無断でHIV抗体検査の依頼をし，検査結果が記載されたHIV検査報告書及びHIV検査証明書を受けとるなどの行為が，被告Aについては，原告に無断でHIV抗体検査を行い，その検査結果票を被告会社に交付するなどの行為が，原告の情報プライバシー権を侵害するものであると主張し，両被告に対し慰謝料を請求するとともに被告会社に対し原告の解雇は無効であると主張して，雇用契約上の権利を有する地位の確認を求めた事案である。以下，無断で検査を実施し，その結果を提供，取得した行為についての判断を紹介する。
〈判決の内容及び判決から得られる示唆〉
　判決は，まず被告会社が，合理的かつ客観的な必要性もなく，原告の同意を得ることもなく，I病院に右検査を依頼し，その結果を取得した行為は，原告のプライバシーを不当に侵害するものであるとした。なお，平成7年2月20日に，労働省から「職場におけるエイズ問題に関するガイドライン」が出され，そこでは事業者は労働者に対してHIV抗体検査を行ってはならない旨明記されていた。
　また，被告Aは，たとえ事業主からの依頼があったとしても，本人の意思を確認した上でなければHIV抗体検査を行ってはならず，また，検査結果についても秘密を保持すべき義務を負っているものというべきであり，これに反して，本人の承諾を得ないままHIV抗体検査を行ったり，本人以外の者にその検査結果を知らせたりすることは，当該本人のプライバシーを侵害する違法な行為であるとした。

　通常は，従業員にHIV検査を行う必要性は認められないが，仮に必要性があったとしても，本人の同意を得ず，検査を依頼し，その結果を取得した事業者にプライバシー侵害が成立するのみならず，本人の同意を確認せず，事業者の依頼を受けて検査を実施し，その結果を事業者に提供した医療機関の側にもプライバシー侵害の不法行為責任が認められた点に注意すべきである。

2　情報の取扱い全般に関する裁判例
　（1）健康情報等を含む個人情報の収集，保管，利用行為が，プライバシー権侵害の不法行為に当たるとして損害賠償責任が認められた裁判例
● JAL労働組合ほか（プライバシー侵害）事件・東京地判平22・10・28労判1017号14頁
〈事案の概要〉
　株式会社J航空インターナショナル（本件会社）の客室乗務員又は元客室乗務員である原告らが，被告Y1労働組合が，本件会社と一体となって，原告らを含む本件会社の客室乗務員の職場内外にわたるプライバシーに係る個人情報（社員番号，氏名，生年月日，性別，住所及び電話番号等の個人識別情報，人事考課に関する情報，組合活動に関する情報，人物評価に係る情報，家族関係，思想・信条等のほか，病歴，健康状況等の心身の状態の情報を含んでいた）を収集してこれをデータ化した電子ファイル（本件ファイル）を作成，保管，使用したことにより，原告らのプライバシー権等が侵害されたとして，Y1労組及び本件ファイル作成等にかかわった同労組元執行委員長である被告Y2らに対し，不法行為に基づく損害賠償請求をした事案である。
〈判決の要旨〉
1）プライバシー情報の定義と意義について
　判決は，まずプライバシー情報の定義と意義について，何人も，人格的利益としての個人の私生活上の自由の一つとして，個人に関する情報をみだりに第三者に開示又は公表されない自由を有し，それは人格的自律ないし私生活上の平穏を維持するという利益にかかわるものとして，法的保護の対象となるとする。そして，当該個人に関する情報をみだりに収集されないという利益，収集された当該個人に関する情報をみだりに保管されないという利益，及び，当該個人に関する情報をみだりに開示又は公表されないだけでなくみだりにその他の使用もされないという利益も法的保護の対象となるとした。
　そして，上記の第三者に知られたくない個人に関する情報（プライバシー情報）が一般人の感受性を基準にして人格的自律ないし私生活上の平穏を害する態様で収集，保管又は使用された場合には，その情報の収

集，保管又は使用はプライバシーを侵害する違法なものとなるとする。
2）本件ファイルに含まれる情報について
　本件ファイルに含まれる情報には，必ずしも秘匿性の高くない個人識別情報から秘匿性が要請され人格的自律に影響を及ぼすもの，あるいは秘匿性の要請の強い病歴，健康状況等のセンシティブ情報まで含まれているが，後者の情報だけでなく個人識別情報も含めて，みだりに第三者に収集，保管，使用されたくない情報ということができるので，いずれもプライバシー情報として法的保護の対象となる。
3）プライバシー情報の収集について
　プライバシー情報の収集について，本人の同意がある場合や，収集方法等に照らして定型的に推定的同意があると認められる場合には，人格的自律ないし私生活上の平穏を害する態様で収集されたということはできない。
　被告 Y1 組合を含む会社内各組合に対して会社から公式に提供された情報（社員番号，社員の氏名住所等が記載されているフルネームリスト等）は，各組合の組合員の把握の便宜から会社から公式に提供された情報であり，各組合がその情報を収集することについて，定型的に推定的同意があるものと認められるし，被告組合 Y1 に対してのみ公式に提供されていた組合団体保険加入者リストの情報についても，組合が組合員の当該保険加入の有無を把握する必要性があり，当該保険に関係する原告らについて，定型的に推定的同意があったと認められる。
　しかし，社員から非公式に取得した人事データ等，あるいは被告 Y1 組合 OB 管理職や被告組合員から非公式に取得した病歴，健康状況を含むセンシティブな情報については，前者は，提供することが本来予定されていない情報であり，また提供について本人が一般的，定型的に知り得る状況にないものであり，後者については，原則として第三者がみだりに収集することが許されない情報である上に，また提供について本人が一般的，定型的に知り得る状況になかったものであるから，被告組合 Y1 が情報を取得することについて定型的に推定的同意があったとは認められない。
　他に収集の違法性を阻却する正当な目的も認められない。
　よって，上記非公式に提供された情報の収集行為については，いずれも原告らの個人に関する情報を，原告らの同意なく，かつ，正当な目的なく収集したものであると認められるから，一般人の感受性を基準にして人格的自律ないし私生活上の平穏を害する情報収集行為に当たるものであって，原告らのプライバシーを侵害する違法なものというべきである。

4）プライバシー情報の保管について
　収集について原告らの同意がないものについては，被告 Y1 組合において保管されることについても，原告らの同意があったことを認め得る証拠はなく，被告組合が，これらを被告 Y1 組合内で保管したことも，原告らのプライバシーを侵害する行為に当たる。
　他方，収集について原告らの同意がある情報については，被告 Y1 組合内において保管されることを当然の前提としているということができるから，これらを被告 Y1 組合内部において保管するにとどまるのであれば，これについては定型的に推定的同意があると認めるのが相当である。
　しかしながら，原告らの情報は，被告 Y1 組合から流出することのないように保管されるという措置が十分に整えられておらず，その流出の具体的危険があったものというべきであり，容易には第三者に開示又は公表されない状態にあったといえる程度の保管がされていたとはいえないから，その収集について原告らの同意がある情報についても，その保管については，当該同意の範囲を超えた態様のものというべきである。そして，その保管について正当な目的を認め得る事情もないから，その保管は，原告らのプライバシーを侵害する行為に当たるというべきである。
5）プライバシー情報の利用について
　情報のうち，その収集について原告らの同意がないものについては，被告 Y1 組合内における使用についても，原告らの同意はないと考えられ，被告 Y1 組合がこれを使用すること自体，当該情報に係る原告らのプライバシーを侵害する行為に当たる。
　収集について原告らの同意があるものについては，被告 Y1 組合内部において使用されることを当然の前提としているということができるから，これらを被告 Y1 組合内部で使用するにとどまるのであれば，定型的に推定的同意があると認めるのが相当であるが，これにとどまらない使用については，当該情報に係る原告らのプライバシーを侵害する行為に当たるというべきである。
　本件で使用に当たると認められるものとして，①本件ファイルを被告 Y1 組合の組合員5名が本件ファイルを閲覧していたこと，②本件ファイル中の情報の一部が，被告組合客乗支部の組合員であれば誰でも見ることのできる支部共用パソコンに保存され，利用に供されていたことがあるが，①については，会社から公式に提供された情報以外の情報については収集行為及び使用のいずれについても原告らの同意がないから，上記5名に対する当該情報の開示は，原告らのプライバシーを侵害する行為に当たるというべきであり，本件会社から公式に提供された情報については，開示さ

れた情報の取扱いについて被告組合内部にとどめる旨の限定がされていたことを窺わせる事情は認められないから、その使用が被告Y1組合内部にとどまるものであったとはいい難く、推定的同意の範囲を超える使用として、原告らのプライバシーを侵害するものというべきであるし、②については、被告組合の組合員であれば誰でも見ることができる状態で保管され、その持ち出し、流出等を防止するための対応措置等をしていたとは認められないから、推定的同意の範囲を超える使用に当たるということができ、したがって、原告らのプライバシーを侵害するものというべきである。

以上より、被告Y1組合らの本件ファイル作成等の行為は、原告らのプライバシー侵害の不法行為に該当する。

〈判決から得られる示唆〉

1）事案の背景と判決の意義

本判決は、多数の労働者に関する心身の状態の情報等のセンシティブな情報を含む個人情報を大量に集積した電子データファイル（本件ファイル）が、内部告発により、それを作成等していた被告Y1組合から外部に漏洩したことがきっかけで、当該ファイルに含まれる情報の収集、保管、利用の各行為がプライバシー侵害に該当するか争われた事件である。判決文からは、事件の背景に、会社内部の異なる組合間の対立関係が存在することが窺われるが、原告らは、被告Y1組合とは別組合の組合員である。

本件は、事業者による労働者の心身の状態に関する情報の収集、保管、利用行為が問題となった事案ではないが、事業者が上記行為を行った場合のプライバシー侵害の問題を検討する上で参考になる。また、本判決は平成27年の個情法改正により要配慮個人情報に関する規定が設けられる以前の判決であるが、プライバシー情報の収集、保管、利用の各行為について、原則として本人の同意又は推定的同意が必要としている点も参考になる。

2）本件ファイルに含まれた情報にかかる個別的判断

本判決は、本件ファイルに含まれる必ずしも秘匿性の高くない個人識別情報から秘匿性が要請され人格的自律に影響を及ぼすもの、あるいは秘匿性の要請の強い病歴、健康状況等のセンシティブ情報まで含めて、みだりに第三者に収集、保管、使用されたくない情報ということができるので、いずれもプライバシー情報として法的保護の対象となるとしている。

3）プライバシーに係る情報の取扱いがプライバシー侵害となる判断基準

本件判決は、第三者に知られたくない個人に関する情報（プライバシー情報）が人格的自律ないし私生活上の平穏を害する態様で収集、保管又は使用された場合には、その情報の収集、保管又は使用はプライバシーを侵害する違法なものとなるとした。そして、収集、保管、利用の各行為について、本人の同意あるいは定型的に推定的同意が認められない場合は、本人の人格的自律ないし私生活の平穏を害する態様の取扱いであり、プライバシー侵害に該当するとする判断枠組みを立てている。

心身の状態の情報は、プライバシーの中でも秘匿する要請の強い情報として保護されると考えられるので、心身の状態の情報が、正当な理由がないにもかかわらず、本人の同意あるいは推定的同意がなく収集、利用、保管される場合には、プライバシー侵害に該当する可能性がある（上記の通り、本指針の第1類型の情報、第2類型の情報は、本人の同意が得られない場合でも収集することに正当な事由があるので、不法行為は成立しない）。

そして、本判決は、収集、保管、利用の各行為について推定的同意が認められない場合の指標を以下のように整理している。①収集のうち、非公式に取得した病歴、健康状況を含むセンシティブな情報については、原則として第三者がみだりに収集することが許されない情報である上に、また提供について本人が一般的、定型的に知り得る状況になかったものであるから、被告組合Y1が情報を取得することについて定型的に推定的同意があったとは認められないとしたこと、②保管と利用については、ア）収集について推定的同意が認められない情報については、保管、利用についても推定的同意は認められないこと、イ）また収集について推定的同意が認められる情報であっても、保管の態様が、情報を収集した者以外の第三者に漏洩し、あるいは第三者に利用される具体的危険がある場合は保管に推定的同意を認めることはできず、利用については、内部の者に対する開示であっても内部にとどめる限定がされておらず、共用サーバーに保管するという態様の利用であっても、内部の者であれば誰でも見ることができる状態で、流出防止の対応措置を採っていなかった場合には推定的同意を認めることはできず、違法なプライバシー侵害になるとされていることに注意する必要がある。

4）判旨と現行個情法の類似性

現行の個情法は、個人情報の目的外利用（同法第18条第1項）、要配慮個人情報の取得（第20条第2項）、第三者提供（第27条第1項、第28条第1項、第31条第1項）等の場面で、それぞれ、予め本人の同意を得なければならないとしている。本判決及び前掲T工業（HIV解雇）事件、後掲社会医療法人A会事件判決は、上記個情法上の同意を得ることなく行われた行為は、個情法違反になるとともに、プライバシー侵害にも該当

し，不法行為に基づく損害賠償が問題となり得ることを示している。

(2) 診療目的で収集した医療情報を労務管理目的（院内感染の防止のために原告の就労に関する方針を検討する目的）で利用することは個情法の目的外利用（当時の第16条第1項）に該当し，本人の同意がない限りプライバシー侵害の不法行為が成立するとした例

●社会医療法人A会事件・福岡地久留米支判平26・8・8労判1112号11頁，福岡高判平27・1・29労判1112号5頁

〈事案の概要〉

被告が経営するa病院看護師である原告が，b病院で受けた血液検査の結果によりHIV陽性と診断されたところ，b病院の医師から上記情報を取得したa病院の医師及び職員が原告の同意なくa病院の他の職員らに伝達して情報を共有したことが当時の個情法第23条第1項（第三者提供）及び第16条第1項（目的外利用）に反し，原告のプライバシーを侵害する不法行為に当たる等として，使用者である被告に対し，民法第715条に基づき，損害賠償を請求した事案。

〈判決の要旨及び判決から得られる示唆〉

本件情報共有は，被告の非常勤医師であるD医師から順次被告内部の医師，看護師及び事務長に情報提供されたものであり，同一事業者内における情報提供というべきであるから，第三者に対する情報提供には該当せず，法第23条第1項には反しない。

原告の同意を得て行われた検査の結果HIV感染が判明した旨の情報は，a病院で患者として受診した原告の治療過程の検査の結果によって取得されたものであるからその収集目的は診療目的にあり，労務管理を目的（院内感染の防止のために原告の就労に関する方針を検討する目的）として利用することは目的外利用（第16条第1項）に該当し，本人の同意がない限り許されず，特段の事情のない限り不法行為が成立するとして損害賠償を命じた。

なお，高裁は，情報共有が図られたのは6名に限られていたこと等も考慮して，賠償額を減額した。

判決も指摘するように，HIV感染に対する社会的偏見や差別はいまだに根強いものがあり（精神疾患についても同様の現状はあるといわざるを得ない），心身の状態に対する情報の中でも，その感染に関する情報は，重要なプライバシーとして保護される必要がある。治療目的で収集した感染情報を労務管理目的で情報共有することは，個情法第18条第1項の目的外利用に当たるといわざるを得ず，同時にプライバシー侵害となる。なお，現在では，治療方法の進歩により，病院や公衆衛生施設等を除く，労務管理上HIVの感染情報

を収集，保管，利用する必要性，合理性は少ないと思われる。

(3) 精神疾患に関する健康情報を本人の同意を得るなどして異動先に適切に引き継がなかったことが，安全配慮義務違反になる可能性を示した例

●さいたま市（環境局職員）事件・東京高判平29・10・26労判1172号26頁（1審：さいたま地判平27・11・18労判1138号30頁）

〈事実の概要〉

さいたま市職員だった亡Cは，市立小学校で業務主任として勤務していた際に「うつ病，適応障害」の病名で89日間病気休暇を取得し，職場復帰後約半年で，環境局所管のaセンターの業務主任に配転されたところ，指導係Dから暴行などのパワハラを受け続け，うつ病を発症して自殺したなどとして，その両親であるX（1審原告，被控訴人）らがY（1審被告，控訴人。さいたま市）を相手取り，安全配慮義務違反の債務不履行又は国家賠償法第1条第1項に基づき損害賠償請求した。

原審は，Yの損害賠償責任を認めつつ，亡C本人にはうつ病の既往症があったこと，Xらには，亡Cが受けていたパワハラや精神状況の悪化を認識しながら医師と連携して休職させる等しなかったことを理由に，8割を過失相殺した。

両当事者共に控訴した。

〈判旨：原判決一部変更〉

安衛法第70条の2に基づくメンタルヘルス指針により，メンタルヘルス問題で休業した労働者への職場復帰支援が求められていることから，Yが負う安全配慮義務には，そのような職員に対し，その特性を十分理解した上で，①休業中の配慮，②復帰の判断，③復帰の支援，④復帰後のフォローアップ，を行う義務が含まれる。

Cは，採用直後に職務ストレスによる長期のストレス障害，その後反復性心因性抑うつ精神病と診断され，小学校への転任直後に「うつ病，適応障害」の病名で，ほぼ上限の89日間の病気休暇を取得した。

復帰後のフォローアップの観点では，勤務先の校長が，本人同意を得るなどしたうえ，本庁の人事担当者から異動先（環境局のaセンター）の上司に病気休暇等の情報を引き継ぐよう求めるか，自ら彼らに情報提供することが望まれたが，その懈怠がただちに安全配慮義務違反とは言えない。

他方，aセンターのF所長は，体調不良，その後重症うつ状態で90日間の休職を要する旨の診断書の提出を受け，自殺念慮を訴えられ，Cの精神状態の危険性を十分に認識できたのだから，主治医等から意見を求め，産業医等に相談するなど適切に対処する義務が

あったのに，自己判断で勤務を継続させ，その精神状況を悪化させ，うつ病の症状を増悪させたから，パワハラを放置した点と共に，安全配慮義務に違反した。

〈判決から得られる示唆〉

判決は，被災者は「うつ病，適応障害」との病名でほぼ上限である連続89日間の病気休暇を取得した後，異動先に復職しているが，その情報は，職場復帰後のフォローアップという観点からは，本庁の人事担当者を通じて，あるいは自ら異動先の上司らに提供するなどすることが望まれたとしている。ただし，被災者の職場復帰後における状況の詳細が明らかではないため直ちに安全配慮義務に反するものということはできないとした。

具体的な事情にもよるが，メンタル不調で休業，休職していた従業員を復職させる場合は，復職支援のために心身の状態の情報を職場に提供することが求められる場合が少なくない。その場合，医療職により適切に加工された情報を提供することも検討する必要がある。

4 関連する規定

1 じん肺法第35条の3

本条と同じ法律により，安衛法第104条と同趣旨の規定として，じん肺法第35条の3が制定されている。

2 個人情報保護法の諸規定

心身の状態の情報は，そのほとんどが個情法第2条第3項の要配慮個人情報に該当し，その情報の取扱いは，安衛法第104条のほかに個情法の規定にしたがって行われる必要がある。同条が個人情報保護法の特則に当たると解されるため，両者は法条競合の関係に立つと解される。個情法の各規定のうち，心身の状態の情報の取り扱いに関連する主な規定は以下の通りである（各規定の具体的適用場面については，上記本条の「内容」解説を参照）。

第17条：個人情報を取り扱うに当たっては，利用目的をできる限り特定すべきこと（第1項）。

第18条：予め本人の同意を得ることなく利用目的を超えて個人情報を取り扱ってはならないこと（第1項）。事業承継をした場合は，予め本人の同意を得ることなく，承継前の利用目的を超えて取り扱ってはならないこと（第2項）。前2項の例外（第3項第1号 法令に基づく場合，同第2号 人の生命，身体又は財産の保護のために必要であって本人の同意を得ることが困難であるとき等）。

第20条：要配慮個人情報は，原則として，予め本人の同意を得ないで取得してはならないこと。例外として，法令に基づく場合，人の生命，身体又は財産の保護のために必要であって本人の同意を得ることが困難であるとき等（第2項）。

第21条：個人情報を取得するに際しては利用目的を通知する等しなければならないこと。

第22条乃至第26条，第33条乃至第37条：情報の適正な管理等の内容。第22条はデータ内容の正確性の確保，第23条は安全管理措置，第24条は従業者の監督，第25条は委託先の監督，第26条は漏洩等の個人情報保護委員会への報告を定め，第33条は開示，第34条は訂正等，第35条は利用停止等，第36条は理由の説明，第37条は開示等の請求等に応じる手続きを定め得ること等を定めている。

第27条：個人情報は，予め本人の同意を得ることなく，第三者に提供してはならないこと。例外として，第1号 法令に基づく場合，第2号 人の生命，身体又は財産の保護のために必要であって本人の同意を得ることが困難であるとき等。

第40条：個人情報の取扱いに関する苦情処理。

第147条，第148条，第178条：個情法に違反した場合には，個人情報保護委員会による指導，助言（第147条），勧告，命令（第148条）の対象となり，命令にも違反した場合には罰則が科される（第178条）等の公法上の規制が規定されている。

また，「個人情報の保護に関する法律についてのガイドライン（通則編）」（平成28年個人情報保護委員会告示第6号。以下「ガイドライン」）は，同法各条の「本人の同意」の意義，同法23条に定める安全管理措置の具体的内容及び上記個情法各条の具体的な内容等について解説している。

3 憲法第13条（プライバシー保護）

心身の状態の情報の取扱いについては，収集，利用，保管等の各行為が，予め労働者本人の同意を得ることなく行われた場合には，個情法に違反する可能性があるとともに，プライバシー侵害による不法行為に当たる可能性がある。判例は，憲法第13条が保障する私生活の自由の一内容としてプライバシーに係る情報が適切に取り扱われるよう法的に保護される利益としているが，労働者本人の同意を得ていない心身の状態の情報の取扱いをプライバシー侵害とした裁判例が見られる。実際に裁判となった例については，関連裁判例を参照されたい。

4 ストレスチェック指針，留意事項，メンタルヘルス指針

上記指針等の記載内容のうち，本指針の内容とオーバーラップする部分については本指針が優先し，本指針に定められていない部分については，留意事項，ストレスチェック指針，メンタルヘルス指針によることとなる。上記指針等の内容のうち健康情報の取扱いに関する部分の概要は以下の通りである。

(1) ストレスチェック指針

ストレスチェックをメンタルヘルス不調の防止及び職場環境の改善につなげるためには，ストレスチェックに関する労働者の健康情報の保護が適切に行われることが極めて重要であるとして，ストレスチェックの実施事務者の範囲，ストレスチェックの結果の事業者への提供に当たっての本人の同意取得の方法，事業者に提供する情報の範囲，集団ごとの集計・分析結果の提供に当たっての留意事項，面接指導結果の事業者への提供に当たっての留意点（必要に応じて適切に加工すること等）等が詳細に定められている。

(2) 留意事項

健康情報の取扱いについて，上記「ガイドライン」に定める措置を実施するに当たり留意すべき事項について，個情法の各規定及びそれに対応する「ガイドライン」の内容に即して具体的に解説をしている。

(3) メンタルヘルス指針

メンタルヘルスに関する労働者の個人情報は，その取得，保管，利用等において特に適切に保護しなければならないが，その一方で，メンタルヘルス不調の労働者への対応に当たっては，労働者の上司や同僚の理解と協力のため，当該情報を適切に活用することが必要となる場合もあるとして，個人情報を取得あるいは第三者に提供する際の労働者の同意取得の方法，留意点，情報を事業者に提供する場合は，事業場内産業保健スタッフによる情報の集約・整理・解釈等適切に加工した上で提供すること，診断名，検査値，具体的な愁訴の内容等の加工前の情報又は詳細な医学的情報は提供してはならないこと等を定めている。

5 沿革

1 個人情報保護法の制定から平成27年改正まで

情報通信技術の発達に伴い，個人情報の保護の必要性が高まってきたこと等を背景に，平成15年5月23日，個人情報の保護に関する法律（個情法）が成立したが，雇用管理分野における個人情報のうち，健康情報の取扱いについては，平成27年の個情法改正以前は，「雇用管理に関する個人情報の適正な取扱いを確保するために事業者が講ずべき措置に関する指針」（平成16年厚生労働省告示第259号。以下「旧指針」）及び旧指針について事業者が留意すべき事項に関し「雇用管理に関する個人情報のうち健康情報を取り扱うに当たっての留意事項について」（平成16年10月29日基発第1029009号。以下「旧留意事項通達」）が発出され，運用されてきた。

その後，個人情報の保護に関する法律及び行政手続における特定の個人を識別するための番号の利用等に関する法律の一部を改正する法律（平成27年9月9日法律第65号。以下「改正個人情報保護法等」）及びガイドラインが全面施行・適用され，それに伴い，個情法ガイドラインが公表され，留意事項も，旧留意事項通達における規律水準を維持しつつ，同ガイドラインにつき，雇用管理分野における健康情報等の取扱い方法の具体化等を図るものとして，現在の「留意事項」が定められ，改正個人情報保護法等の施行日（平成29年5月30日）より適用されている。

この「留意事項」の適用に伴い，旧留意事項通達は廃止された。

2 働き方改革と安衛法第104条の新設

平成30年春の通常国会で成立した「働き方改革を推進するための関係法律の整備に関する法律」（平成30年7月6日法律第71号。以下「整備法」）では，労基法の改正とあわせて安衛法の改正[34]が行われ，産業医・産業保健機能の強化が図られるとともに，心身の状態に関する情報の取扱いに関する第104条が新設された（翌平成31年4月1日に施行[35]）。また，本条に基づく本指針及びその解説をした「手引き」が改正にあわせて策定され，公表された。

（健康診断等に関する秘密の保持）

第105条 第65条の2第1項及び第66条第1項から第4項までの規定による健康診断，第66条の8第1項，第66条の8の2第1項及び第66条の8の4第1項の規定による面接指導，第66条の10第1項の規定による検査又は同条第3項の規定による面接指導の実施の事務に従事した者は，その実施に関して知り得た労働者の秘密を漏らしてはならない。

1 趣旨

安衛法第105条（以下「本条」という）は，法定の健康診断（第65条の2第1項，第66条第1項乃至第4項），法定の面接指導（第66条の8第1項，第66条の8の2第1項，第66条の8の4第1項），ストレスチェックの検査（第66条の10第1項）及び面接指導（第66条の10第3項）の実施の事務に従事した者に対し，その実施に関して知り得た労働者の秘密について守秘義務を課し，受益者（労働者）が安心して健康診断等を受けられるようにする趣旨の規定である。[36]

本条に違反した者は，6月以下の拘禁刑（改正施行日前までは「懲役」）又は50万円以下の罰金刑が科される（安衛法第119条第1号）。

なお，罰則の適用は，実行行為者である自然人の他事業者たる法人又は人に対しても罰金刑が科されることとなり（両罰規定）（安衛法第122条），本条の秘密保持

義務被違反した場合は，実行行為者のほか，上記事業者もその罰則の適用対象となる。

2 内容

1 刑法第134条との関係

本条は，刑法第134条（秘密漏示罪）の労働安全衛生領域における関連規定とされている。刑法第134条は，「医師，薬剤師，医療品販売業者，助産師，弁護士，弁護人，公証人又はこれらの職にあった者が，正当な理由がないのに，その業務上取り扱ったことについて知り得た人の秘密を漏らしたときは，6月以下の拘禁刑（改正施行日前までは「懲役」）又は10万円以下の罰金に処する。」と規定しているが，本条の「秘密」とは，刑法第134条（秘密漏示罪）の「秘密」と同義と解されている。[38]

2 行為者（守秘義務の主体）

本条の行為者については，本条の制定当初は健診実施事務従事者のみを対象としていたが，平成17年の改正（平成17年11月2日法律第108号）により面接指導実施事務従事者（長時間労働面接指導実施事務従事者）が加えられ，平成26年の改正（平成26年6月25日法律第82号）によりストレスチェックとその後の面接指導の実施事務従事者（ストレスチェック後面接指導実施事務当事者等）も対象に加えられた。[39]

3 「秘密」とは

本条の「秘密」の要件として，以下のことが求められる。[40]

ⅰ）特定の小範囲の者にしか知られていない事実であって，これを他人に知られないことが本人の利益と認められるものであること。公知の事実は，たとえこれを知らない他人に対しても秘密とはいえないが，単に噂の程度に過ぎない場合は，秘密に当たる。

ⅱ）生存する人の秘密であることを要する。自然人のほか，法人や法人格のない団体の秘密を含む。

ⅲ）業務上取り扱ったことによって知り得たものであることが必要である。業務上知った秘密であるかぎり，本人から明示的又は黙示的に打ち明けられたものであると，自己の調査によって知り得たものであるとを問わない。

ⅳ）秘密は，本人が主観的に秘密とすることを欲する事実であれば足りるか，一般人が客観的に秘密としようと欲する事実でなければならないかについては，見解が分かれており，a）本人が主観的に秘密とすることを欲すれば足りるとする説，b）客観的にみて，本人の秘密として保護するに値するものでなければならないとする説，c）一般人が秘密とすることを欲し，かつ，本人も秘密と欲する事項であることを要するとする説，d）客観的に秘密として保護するに値するもの，又は，本人が特に秘密とすることを欲する旨を明示したもののいずれかであれば足りるとする説が対立している。

この点を判断した裁判例は少ないが，少年に対する現住建造物等放火・殺人等保護事件において家庭裁判所から精神鑑定を依頼された医師である被告人が，ジャーナリストに対し，供述調書，心理検査，精神鑑定の結果等の写しを閲覧させるなどした行為について，秘密漏示罪の成立を認めた奈良地判平21・4・15判時2048号135頁がある。[41] 判決は，本罪における「秘密」とは，一般に知られていない非公知の事実であって，これを他人に知られないことが本人の利益と認められるものをいうとした上で，閲覧させた資料は，プライバシーに極めて深くかかわる個人的な事項を内容とするものであるから，これらは，一般的にみて何人も他人に知られることを欲しない事項といえ，他人に知られないことが本人にとって利益であると認めることができるので「秘密」に当たるとした。前記b）の客観説の立場に立った判断といってよい。

4 漏示（「漏らし」）とは

本条及び刑法第134条は，「漏らし」た行為を処罰の対象とする。

「漏らし」たとは，秘密をまだ知らない他人に告知することをいい，不作為による場合（例えば，秘密を記載した書面を放置したままで他人の閲読に任せておくような場合）も含む。また，既知の事実が概略に過ぎないときに，その詳細を述べることも漏らした行為に含まれる。[42]

5 違法性が阻却される場合等

秘密の漏示に本人が同意した場合には，漏示行為は，違法性が阻却されるか，構成要件該当性を欠くこととなる。[43]

なお，健康診断の結果等の心身の状態の情報を安全配慮義務の履行及び健康確保措置を講じるために事業場内産業保健スタッフが事業場内で提供する場合は，第104条の内容解説（本書第104条 2 6）で説明したように，取扱規程に従って原則として医療職が集約，整理，解釈する等の適切な加工をした情報を提供することが求められよう。そうした情報提供行為は，正当な理由のある情報提供であり，刑法第134条の構成要件には該当しない，あるいは違法性が阻却される行為と解される。本条についても，同様に違法性は阻却される（本書第104条 2 6(7)参照）。

3 関連規定

事業場内産業保健スタッフの秘密保持義務と関連するその他の規定の主なものとしては，以下の規定があげられる。

（1） 保健師助産師看護師法第42条の2，第44条の4
（罰則：6月以下の拘禁刑〔改正施行日前までは「懲役」〕又は10万円以下の罰金。親告罪）

保健師，看護師又は准看護師は，正当な理由なく業務上知り得た人の秘密を漏らしてはならない。

（2） 医療法第86条第1項（罰則：1年以下の拘禁刑〔改正施行日前までは「懲役」〕又は50万円以下の罰金）

診療録，助産録の提出等の事務に従事した公務員である医師，助産師等が，その職務の執行に関して知り得た業務上の秘密を正当な理由なく漏示した場合。

（3） 精神保健福祉法第53条（罰則：1年以下の拘禁刑〔改正施行日前までは「懲役」〕または100万円以下の罰金）

精神科病院の指定医等が，この法律の職務の執行に関して知り得た人の秘密を正当な理由なく漏らしたとき。

若干の考察：第104条・第105条

心身の状態の情報は，労働者に対する安全配慮義務の履行や健康確保措置の実施のために活用することが求められる一方で，その取扱いについては，個人情報保護法が要配慮個人情報の取得，個人情報の目的外利用，第三者提供について本人の同意を要求していること及びプライバシー保護の要請から，情報の取得・収集，保管，使用の各場面で労働者本人の同意をどの程度厳格に要求するかが問題となる。基本的には，本条及び本指針で示された取扱いの原則にしたがって，労働者本人が情報を安心して提供できるような体制を整備，運用し，本人に丁寧に収集や一定の範囲の情報共有の必要性を説明し，納得を得るべきであるが，現実には，同意を得ることができず，安全確保措置の実施や業務の遂行に支障が出る場合がある。

具体的には，業務遂行上，労務管理上現実に問題が発生している場合に，安全配慮義務の履行（職場の同僚等に対する安全配慮義務も含む），健康確保措置の実施のために心身の状態の情報を取得しようとしたが，処遇上の不利益等を恐れた労働者本人が情報の提供を拒否した場合に事業者の採り得る措置の内容と限界が問題となる。情報の提供を拒否された場合に事業者の採り得る方法としては，本人の安全に配慮した配置転換等の人事権の行使や疾病のために労務提供の本旨履行ができないおそれがある場合には休職処分に付すること等を検討せざるを得ないが，指針の禁止する合理性のない不利益な取り扱いと合理的な理由のある人事権の行使等は，区別して取り扱われる必要がある。

また，そもそも労働者が必要な心身の状態の情報を秘匿し，提供しなかった場合における事業者の責任の減免も，個別の事案に応じて考慮されるべきである。

収集した心身の状態の情報を安衛法第104条の趣旨に沿って活用するためには，とりわけ本指針の第2類型の情報については，当該情報を集約，整理，解釈した上で，取り扱う目的に即して適切に加工して職場の上司や人事担当者等の他の取扱者に提供する産業医等の役割が重要である。その際，心身の状態の情報の取扱いは，当該労働者の安全配慮や健康確保措置の実施が主な目的ではあるが，職場の他の同僚やさらには顧客（例えば，バスの運転手が運転するバスの乗客等）の安全確保等も目的に含まれることは考慮されるべきである。このように，本条及び指針にしたがい，正当な目的かつ適切な方法で情報を提供する行為は，本条や個人情報保護法に違反しないし，刑罰法規である第105条，刑法第134条等にも違反しない取り扱いがされる必要がある。事業主の負う安全配慮義務が重くなっている状況も考慮する必要があろう。

ただし，働き方改革の一環として，産業医の権限，産業保健機能の強化が図られ，要配慮個人情報である心身の状態の情報を保護しつつ，安全配慮義務の履行や健康配慮措置の実施のために適正に情報を取り扱う法の枠組みを整えたとしても，「産業保健ボックス」の役割を果たすべき産業医等の現状は，質的，量的に不十分といわざるを得ない。第104条の趣旨を実現するには，産業医等の産業保健スタッフを質的，量的に充実することが極めて重要な課題というべきであろう。

【注】

1） 個情法第2条第3項は，本人の「病歴」とともに「政令で定める記述等が含まれる個人情報」を要配慮個人情報として定義している。後者について，個情法施行令第2条は，①身体障害，知的障害等の一定の心身の障害があること（第1号），②医師等により行われた健康診断等の結果（第2号），③健康診断等の結果に基づき，又は疾病，負傷その他の心身の変化を理由として，本人に対して医師等により心身の状態の改善のための指導又は診療もしくは調剤が行われたこと（第3号）を，要配慮個人情報として規定している。

2） 「手引き」では「健康情報等」とも呼ばれている。「健康情報」とは，労働者の心身の状態の情報のうち，要配慮個人情報に該当するものを指す。「健康情報等」の呼称は，「心身の状態の情報」では長すぎるため，関係検討会の委員であった三柴から厚生労働省に提案したものである。三柴自身は，より前段階で提案していれば，法第104条以下の文言も健康情報等として頂けたのにと後悔しているとのことだった（三柴氏による）。

3） 取扱規程の雛形が「手引き」30頁以下に掲記されているので，参照されたい。

4） 本指針は，②については，個々の事業場における心身の状態の情報を取り扱う目的や取り扱う体制等の状況に応じて，部署や職種ごとに，その権限及び取り扱う心身の状態の情報の範囲等を定めることが適切であるとする。なお具体例として「手引き」別表3，4参照。

5） 取扱規程を就業規則の一部とする方法としては，就業規則の

規定に「別途定める［健康情報等の取扱規程］は，この就業規則の一部とする。」とする条項を設け，取扱規程とともに労働基準監督署に届け出るとともに，労働者に周知することが考えられる。

6）　例えば，後にも述べるように健康確保措置を講じるために法定外健診を指示した場合，指示の内容が合理的で相当なものであれば，健診に応じることは労働者の義務となり，応じない労働者を懲戒処分に付することも可能となる。

7）　平成29年3月28日，働き方改革実現会議で決定された「働き方改革実行計画」では，病気の治療と生活の両立が重要な課題の一つとして掲げられた。また，厚労省「事業場における治療と職業生活の両立の支援のためのガイドライン」は，法第68条（病者の就業禁止）について，労働者がり患した疾病の性質によっては，事業者がまずは配転，時短などの必要な措置を講ずることで就業を支援し，やむを得ない場合に限り禁止する趣旨であるとする。

8）　三柴丈典教授は，行政による情報取扱4原則として，ⅰ本人同意の取得，ⅱ産業医等産業保健の専門家（できる限り法律上の守秘義務を負う者）による生情報の管理，ⅲ産業保健の専門家以外の者へ情報を渡す場合の情報加工，ⅳ衛生委員会等での審議を踏まえた規定の整備を求めてきたとし，これらはあくまで原則なので，事情によって求められる条件は変わり得るのであり，例えばⅰが満たされなくとも，その努力をしたうえ，他の原則を満たせば足りることもあり得るとする。そして，本指針と手引きに示された分類は，個情法の改正を踏まえ，安衛法令に基づき，4原則を展開したものとする（岡村久道編『対談で読み解くサイバーセキュリティと法律』〔商事法務，2019年〕296頁［三柴丈典発言］）。

　　また，同教授は，最近公表された別稿において，近年における事業者らによる健康情報等の取扱いの必要性の高まりに応じて，①偏見を生じ易いか（情報共有相手の理解の程度にも左右される），②情報を得たことで就業上の配慮ができるか，③職場秩序（自他の労働生産性）に影響するか，の3視点から，①：×，②③：○の情報なら，行政による情報取扱4原則に基づく手順を緩やかに踏み，①：○，②③：×の情報なら，保護の必要性が高いので，その手続きを厳格に踏むべきと提言している（三柴丈典「個人と組織の健康測定・情報管理と法」日本労働研究雑誌66巻1号〔2024年〕4-14頁）。

9）　個情法ガイドライン通則編2-16「本人の同意」によると，「本人の同意」とは，本人の個人情報が，個人情報取扱事業者によって示された取扱方法で取り扱われることを承諾する旨の当該本人の意思表示をいうとしている。

10）　同ガイドライン3-3-2要配慮個人情報の取得（法第20条2項関係）。

11）　「手引き」9頁。

12）　「手引き」10頁のQ&A参照。

13）　「手引き」30頁「取扱規程の雛形」参照。

14）　検診は特定の疾患を疑って，ある程度項目を絞って行う診査であり，健診はより一般的に健康状態を検査するものであり，前者の方が医療的性格が強い（三柴氏による）。

15）　三柴丈典『労働者のメンタルヘルス情報と法―情報取扱い前提条件整備義務の構想』（法律文化社，2018年）は，使用者が適正な健康管理と情報管理を行うことで，労働者が安心して自身の健康情報等を提供できる条件を提供することを前提に，労働者の個別同意が得られない場合の情報取扱いを正当化する法理を提示している。

　　なお，ティー・エム・イーほか事件・東京高判平27・2・26労判1117号5頁（原審：静岡地判平26・3・24労判1117号12頁）（確定）は，労働者の自殺防止のための安全配慮義務の内容に関するものではあるが，使用者がかなり機微な健康情報等を得るべきことと共に，その前提として，労働者が安心して情報提供できる条件を整備すべきことを述べた。

　　すなわち，入社前より精神科クリニックを受診していたものの，通院している事実や診断名を告げていなかった派遣社員が自殺した事案について，判決は，メンタル不調に陥った労働者の早期発見と適切な対応を測るために，体調に懸念のある労働者に対しては，抽象的に体調を尋ねるだけでは足りず，通院や診断，投薬の状況等を聞く等して，不調の具体的な内容や程度等を詳細に把握し，必要に応じて産業医の診察を受けさせるなど体調管理が適切に行われるよう配慮し，指導すべき義務があったとした。

　　その上で，派遣社員に対して直截に具体的な病名等を確認しようとしても，同人が素直にこれに応じてうつ病又はうつ状態にあることを説明したか否かは分からないが，同人がそのような不安（病名を明らかにすると解雇されるかもしれないという不安）を抱くようになった原因の一つには，上司らの派遣社員に対する日頃の対応があったのではないかとも考えられ，そのこと自体，被控訴人派遣会社や被控訴人派遣先会社における従業員に対する安全配慮義務の履行が必ずしも十分なものではなかったことを推認させるものである。」とした（なお，メンタルヘルス指針6(3)「メンタルヘルス不調への気づきと対応」参照）。

16）　「手引き」11頁のQ&A参照。

17）　最1小判昭61・3・13裁判集民147号237頁。頸肩腕症候群の長期り患者に対する総合精密検診の受診を命ずる業務命令の有効性が問題となった事案であったが，判決は，健康回復を目的として公社は指示をすることができるとする就業規則・健康管理規程の規定の内容は合理的であり，それに基づく総合精密検査の指示は，疾病の治癒回復という目的との関係で，合理性ないし相当性が肯定し得るかぎり，労働契約上，指示に従う義務を負っているとした。

18）　その後，京セラ事件（最1小判昭63・9・8労判530号13頁［上告棄却］，東京高判昭61・11・13労判487号66頁）では，就業規則等に定めがないとしても，労使間における信義則ないし公平の観念に照らし合理的かつ相当な理由のある措置であれば，指定医の受診を指示することができ，従業員はそれに応ずる義務があるとされている。

19）　なお，本指針は本文に掲げる不利益な取り扱いを行うことは，一般的に合理的なものとはいえないので，事業者は原則としてこれを行ってはならないとしているが，合理的な理由のある不利益取扱いを，それぞれの要件に従って行使することまで否定する趣旨とは解されない。

20）　同旨，三柴・前掲注15）158頁以下。

21）　「手引き」10頁。岡村編・前掲注8）297頁，302頁以下［三柴発言］は，政策立案者の産業医等が形成する「産業保健ボックス」で健康情報等を管理させようとの意図が窺われ，今後はストレスチェックの結果も法定健診結果もそこで扱われ，就業判定の結果や事業者がなすべき就業上の配慮措置などの加工情報だけがボックス以外の関係者に伝えられるというフランス的な形に統合されていくのではないかと思われるが，現状では実質的な産業医等の質量がそれをカバーできる水準ではないことから外部の専門機関なども活用しつつ時機を待つことになるとする。同時に，日本の労使の信頼関係が重視される根強い労使慣行や，事業者の健康管理責任の強化といった日本的な特徴も踏まえれば，法定外検診の実施の場合と同様に，事業者が労働者が安心して情報を提供できる条件づくりをすれば，労働者の本人同意が擬制される（事業者が一定の条件下で健康情報等を取り扱える／取り扱うべき余地を残しておく）といった考え方も必要とする。

22）　本条及び本指針等が施行される以前の文書であるが，平成18年3月に公表された中央労働災害防止協会「職場におけるメンタルヘルス対策のあり方検討委員会報告書」は，報告書の別紙

5の1で「事業場内産業保健スタッフがメンタルヘルスに関する相談を受ける場合，相談の場で取得した個人情報を同一事業場内で取り扱う場合は個人情報保護法の第三者提供には該当しないが，医療職等に課せられた守秘義務を遵守すること及び事業場に求められる就業上の措置を適切に実施していくことが重要である。すなわち，事業場内産業保健スタッフは，取得した健康情報を人事担当者や職場の上司に対して秘密にしておけばよいのではなく，事業者が適切な就業上の措置を実施することができるように健康情報を加工して通知しなければならない。特に，本人が事業者には通知しないよう希望する場合であっても，労働者の生命や健康の保護のために必要がある場合，特別な職業上の必要性がある場合，または，労働安全衛生に関する措置に必要である場合であって，本人の同意を得ることが困難または医療上望ましくない場合は，企業等に求められる措置を的確に遂行するうえで必要な情報を提供すべきである。」としていた。なお，安衛法第104条が健康情報を取扱う目的には，労働者本人に対する安全配慮義務の履行や健康確保措置の実施だけでなく，職場の同僚や顧客など第三者の安全確保，関係者の財産保護のためにも取り扱われるべきことに留意すべきであろう。

23) 項目だては以下の通り。
　　10-1：基本方針の策定
　　10-2：個人データの取扱いに係る規律の整備
　　10-3：組織的安全管理措置
　　10-4：人的安全管理措置
　　10-5：物理的安全管理措置
　　10-6：技術的安全管理措置
　　10-7：外的環境の把握

24) 以前は，利用停止等の請求が可能なのは，①同意を得ずに個人情報を取得した場合等，②偽りその他不正な手段で個人情報を取得した場合等に限られていたが，令和2年の法改正（同年法律第44号）により，利用目的制限違反や不適正利用の場合等にも請求が認められることとなった。

25) 最高裁は，憲法第13条で保障される「私生活上の自由」の一つの内容として，何人も個人に関する情報をみだりに第三者に開示又は公表されない自由が保障されているとした上で，個人識別情報のように必ずしも秘匿性の高くない情報も含めて，プライバシーに係る情報として保護されるとしているので，個情法とその保護の対象となる情報は重なり合う部分が多いと考えられる。なお，菅原貴与志『詳解　個人情報保護法と企業法務〔第7版〕』（民事法研究会，2017年）29頁は，プライバシーの概念をどうとらえるかによって個人情報との重なり方は異なってくるとする。

26) いわゆるプライバシー権の意義，内容については，学説上も見解が分かれているが，最近では，自己に関する情報をコントロールする権利（自己情報コントロール権）としてとらえる見解が有力である。プライバシー権については，樋口陽一・佐藤幸治・中村睦男・浦部法穂『注解法律学全集　憲法Ⅰ』（青林書院，1994年）285頁，長谷部恭男『憲法〔第7版〕』（新世社，2018年）149頁，佐藤幸治『憲法〔第3版〕』（青林書院，1995年）454頁以下，毛利透・小泉良幸・浅野博宣・松本哲治『憲法Ⅱ　人権』（有斐閣，2013年）56頁他。また，労働法の観点からプライバシー権の法理を整理，検討した三柴・前掲注15) 68頁以下参照。

27) なお，原告らは，直接の雇用主である被告 AGE の外に同社の親会社である JAL も被告として損害賠償を請求しているが，同社に対する請求は，同社は原告らを直接指揮監督していなかったので信義則上安全配慮義務を負う立場にはなかった等として請求を棄却している。

28)「留意事項」は，HIV 感染症や B 型肝炎等の職場において感染したり，蔓延したりする可能性が低い感染症に関する情報や，色覚検査等の遺伝性疾病に関する情報については，職業上の特別な必要性がある場合を除き，事業者は，労働者等から取得すべきでない。ただし，労働者の求めに応じて，これらの疾病等の治療のため就業上の配慮を行う必要がある場合については，当該就業上の配慮に必要な情報に限って，事業者が労働者から取得することは考えられる，としている。

29) 最高裁平成19年(オ)第403号・最1小判平20・3・6民集62巻3号665頁等参照。

30) 最高裁は，住民基本台帳ネットワーク（住基ネット）の合憲性が問題となった訴訟（住基ネット訴訟・最1小判平20・3・6民集62巻3号665頁）において，憲法第13条が保障する私生活上の自由の一内容として，何人も，個人に関する情報をみだりに第三者に開示又は公表されない自由を有するとした上で，住基ネットで管理，利用される本人確認情報は，氏名，生年月日，性別，住所など一定の範囲の他者に当然開示されることが予定されている個人識別情報及び住民票コードであり，いずれも個人の内面に関わるような秘匿性の高い情報とはいえないこと，また正当な行政目的の範囲内で管理，利用するもので，法令の根拠に基づかず又は正当な行政目的の範囲を逸脱して第三者に開示，公表される具体的な危険が生じているともいえないことから，住基ネットで本人確認情報を管理，利用する行為は，たとえ本人が同意していないとしても，憲法第13条で保障された上記自由を侵害するものではないとしたが，個人情報の内容が個人の内面に関わるような秘匿性の高い情法であれば，より手厚い保護が求められることが示唆されているといえよう。本判決で問題とされたプライバシー情報は，個人識別情報から人格的自律にかかわる個人情報，センシティブな個人情報等の秘匿性の高い情報まで様々な個人情報を含んでおり，その点で，保管の適法性を判断するに際して，本人の同意ないし推定的同意が必要とし，第三者に情報が流出する具体的な危険が存する場合にはそれがないとする判断基準を立てたのは，情報の性質を考慮した判断枠組みと理解することができる。

31) 江沢民講演会名簿提出事件・最2小判平15・9・12民集57巻8号973頁は，大学が，外国国賓講演会への出席者を予め把握する目的で学生に提供を求めた個人情報を警察の要請に基づいて提供した行為が，プライバシー侵害の不法行為に該当するかが問題とされた事案であるが，最高裁は，学籍番号，氏名，住所等は，個人識別等を行うための単純な情報であり秘匿されるべき必要性が必ずしも高くないものの，このような個人情報についても，本人が自己が欲しない他者にはみだりに開示されたくないと考えることは自然なことであり，その期待は保護されるべきとして，プライバシーに係る情報として法的保護の対象となるとした。その上で，警察への開示について予め承諾を求めることは容易であったにもかかわらず，それを行わず，本人の同意を得ずに開示した行為はプライバシー侵害の不法行為を構成するとした。プライバシーに係る情報の第三者への開示については，本人の同意を得ることがプライバシー侵害の重要な基準となることを示唆している（本件は，個情法の施行前の事案である。個情法第27条第1項参照）。

32) 本件は三柴氏が整理した。

33) この見解は三柴氏による。

34) この法改正により，メンタルヘルス指針の中に既に定められていたストレスチェック制度に関する部分は法律に格上げされた。

35) 改正前の同法第104条（健康診断等の実施事務に携わる者による秘密の保持）は，改正により第105条となった。また，整備法第71条では，改正じん肺法第35条の3として安衛法第104条と同趣旨の規定が新設された。本指針は，上記安衛法第104条3項及びじん肺法第35条の3第3項双方の規定に基づく指針である。

36) 厚労省労働基準局安全衛生部編「わかりやすい労働安全衛生

37) 例えば、医師の秘密漏示行為が刑法第134条、安衛法第105条の両方の罪名に触れる場合は、観念的競合となり、その最も重い刑により処断されることとなる（刑法第54条）と解される。なお、刑法第134条は親告罪であり、告訴が無ければ公訴を提起できない（刑法第135条）。
38) 労働調査会出版局編『労働安全衛生法の詳解—労働安全衛生法の逐条解説〔改訂5版〕』（労働調査会、2020年）1024頁等。
39) なお、産業医が行う産業保健業務で取り扱った労働者の秘密の漏示に刑法第134条が適用されるかは、一応問題となり得るが、三柴・前掲注15）64頁は、後記保健師助産師看護師法第42条の2（第44条の4で違反には罰則が科されている）で保健師の保健業務に就いても守秘義務が課されていることとの対比から、産業医による産業保健業務にも基本的には刑法第134条の適用は及び、必要な情報提供には、同条の正当な理由による例外を活用すべきとする。
40) 大塚仁『刑法概説各論〔増補版〕』（有斐閣、1979年）112頁以下。
41) 控訴審（大阪高判平21・12・17刑集66巻4号471頁）も1審判決を支持した。
42) 団藤重光編『注釈刑法(3) 各則(1)』（有斐閣、1965年）254頁〔所執筆部分〕。
43) 大塚・前掲注40）115頁、大塚仁・河上和雄・佐藤文哉・古田佑紀編『大コンメンタール刑法 第7巻〔第2版〕』（青林書院、2000年）374頁。このうち後者は、親権者の有する子の監護・教育権（民法第820条）に基づき、親が医師等に対して子の秘密を尋ね、これに応じて子の秘密を告知することも、子の訓育上必要と認められる限りで許されると解されており、医師が、患者以外の第三者の生命・身体を保護するために患者本人の秘密を漏示する行為も緊急避難に該当する場合のほか、第三者の利益を保護する目的を持つ漏示にも、違法性阻却を認めるべきとする。

この場合、現個情法第27条第1項第2号に基づく第三者提供であり、刑法第134条第1項の正当な理由に該当するとともに本条についても違法性が阻却されると解される。

〔吉田肇〕

第106条から第108条の2まで

> **（国の援助）**
> 106条　国は、第19条の3、第28条の2第3項、第57条の3第4項、第58条、第63条、第66条の10第9項、第71条及び第71条の4に定めるもののほか、労働災害の防止に資するため、事業者が行う安全衛生施設の整備、特別安全衛生改善計画又は安全衛生改善計画の実施その他の活動について、金融上の措置、技術上の助言その他必要な援助を行うように努めるものとする。
> 2　国は、前項の援助を行うに当たつては、中小企業者に対し、特別の配慮をするものとする。

法令の逐語解釈等においては、正確性及び簡単のため、行政通達、厚生労働省編解説書等について、文末注に出典元を明記した上で本文中に字句を変えず転記した部分がある。

以下、単に第何条という時は本法の条番号を指すこととする。

法令等を引用する場合は□で囲むこととし、その際、本法については題名を省略し、本法以外の法令（本法に基づく命令等を含む）を引用する場合には題名等を明示する。国際労働基準は英語正文を引用した。引用中の〔　〕は筆者注である。

1　趣旨

本法では、本条以外にも事業者による安全衛生教育、労働者の健康保持増進等個々の事項について国の援助規定が置かれているが、本条は、それ以外の事項についても、国が、労働災害の防止に資するため、事業者が行う安全衛生施設の整備、特別安全衛生改善計画又は安全衛生改善計画の実施その他の活動について、金融上の措置、技術上の助言その他必要な援助を行うように努めるものとすることを一般的に定めるとともに、国がこの援助を行うに当たっては中小企業者に対し特別の配慮をするものとすることを定めたものである。

本条の位置づけを把握するために、本法中の複数の国の援助規定を、概括的に、その対象者と対象分野で分類すると、**資料11-9**のようになる。

本条の制定理由及び制定当初の援助措置の概要については、施行通達で次の通り説明されている。

> 発基第91号
> 昭和47年9月18日
> 都道府県労働基準局長　殿
> 　　　　　　　　　　　　労働事務次官
> 　　労働安全衛生法の施行について
> 　　　　　　　記
> 第三　概要
> 一〇　監督等（第10章関係）
> 　㈢　国の援助
> 事業者、とくに中小企業においては、資金的または技術的な問題により労働災害の防止措置が十分に果たせないという事情があることにかんがみ、法規制の拡充整備を図るとともに、国が事業者の行なう労働災害防止の基盤と環境を整備する努力を側面から援助することも、労働災害防止という点においては極めて有効な手法である。このため、この法律の制定を契機とし

資料11-9　労働安全衛生法のうち国による援助規定に関する整理表

対象分野		対象者		
		事業者	事業者以外	対象者に限定無し
対象分野	労働災害防止	第19条の3 第28条の2第3項 第57条の3第3項 第63条 第106条	第107条	第58条 第66条の10第9項 第71条
	快適職場形成	第71条の4		

（森山誠也作成）

て，労働福祉事業団法を改正して，新たに労働安全衛生融資制度を設け，事業者に対しては安全衛生改善計画の実施に要する資金，健康診断機関に対しては健康診断用機器の購入に要する資金を労働福祉事業団が長期低利で融資することとし，また，租税特別措置法の一部改正により，新たに特定の労働安全衛生設備の特別償却が認められることとなり，これらの減税措置を講ずることによって安全衛生設備の整備の促進をはかることとしたこと。

このほか，その一環として，国は，行政措置により，安全衛生教育を行なう指導員を養成するための安全衛生教育センターの設置，健康診断機関に対する特殊健康診断用機器の整備に要する経費の補助，中小企業における特殊健康診断の実施のための巡回健康診断の実施等の援助を行なうこととしていること。

なお，このうち「このほか，その一環として」から始まる段落は，本条ではなく，本法制定当時の第63条及び第71条の規定に関する記述であろう。

2　条文解釈

1　「国」

一般に，法令において国の義務を規定する場合の主語には，「国」や「政府」（法第108条等）がある。

「国」とは，法律上の権利義務の主体としての国家を意味することが多いが，これに対して「政府」は行政府，即ち内閣及びその統括の下にある行政機関の意味で用いられることがある[2]。

例えば，男女共同参画社会基本法第11条（法制上の措置等）は，政府に施策の実施のため必要な具体的措置を講じることを義務づけることを明確にするために，主語を「国」でなく「政府」としている[3]。

また，国の義務を規定する場合の主語に「厚生労働大臣」（法第28条の2第3項，第57条の3第4項，第107条等）など行政機関の長が置かれる場合もある。行政機関の長の援助義務は，援助の範囲が当該行政機関の権限の範囲内で行うことができるものに限られると考えられる一方で，当該行政機関の長に一定の具体的な義務が課されたものとも解すこともできる。

本条は，主語を「政府」ないし「厚生労働大臣」とせず，最も広義の「国」としていることから，立法による措置を含めたあらゆる意味における国の援助について一般的かつ包括的に規定したもの（＊特定行政機関や政府のみならず，三権全ての責務であり，義務とまでは言えない）と解すことができるだろう。

2　「第19条の3……に定めるもの」

現在，本法では，本条以外に，資料11-10の通り，9つの国又は厚生労働大臣による援助規定を置いている。

本法制定時，本条以外の援助規定はこれらのうち第63条，第71条及び第107条のみであったが，その後の法改正により9個に増加している。

本条は，事業者が行う活動に対する国の援助義務に関する一般的規定であり，このうち第107条を除く8個の特別の事項以外の事項についても，国が援助を行うよう努めることを規定している。

したがって，立法技術的に言えば，本条から特別規定を分離し，又は特別規定を本条に吸収することもできるであろう。

ただし，この8個の特別規定の中には，事業者が行う活動に対する援助を定めるもののほか，援助の対象者を事業者に限定していないものもあることから，全てを本条に吸収することはできない。また，第71条の4は，快適な職場環境の形成を目的とする規定であることから，労働災害の防止を目的とする本条に吸収することはできないであろう。

以上のほか，第93条において，産業安全専門官及び労働衛生専門官の職務として，事業者，労働者その他の関係者に対し，労働者の危険又は健康障害を防止するため必要な事項について指導及び援助を行うことを定めている。

3　「労働災害の防止に資するため」

本法の目的は，第1条によれば，労働災害の防止（ないし職場における労働者の安全と健康の確保）と快適な職場環境の形成を促進することの2つであるが，本条は，このうち前者に係る国の援助について規定したものである。

後者に関する国の援助については，第71条の4で規定されている。

4　「事業者」

事業者については，第2条で「事業を行う者で，労働者を使用するもの」と定義されている。

5　「安全衛生施設の整備」

「施設」とは，一定の目的のために設けられる土地

資料11-10　労働安全衛生法中第106条以外の国等による援助規定

条項	規定内容の概要
第19条の3	国は，産業医の選任義務のない規模の事業場〔筆者註＝常時50人未満の労働者を使用する事業場〕の労働者の健康の確保のために援助を行うよう努めること。（労働安全衛生法の一部を改正する法律（平成8年6月19日法律第89号）により新設）
第28条の2第3項	厚生労働大臣は，事業者が行うリスクアセスメントについて指針に基づいて必要な指導，援助等を行うことができること。（労働安全衛生法等の一部を改正する法律（平成17年11月2日外法律第108号）により新設）
第57条の3第4項	厚生労働大臣は，事業者が行う通知対象物等に係るリスクアセスメントについて指針に基づいて必要な指導，援助等を行うことができること。（労働安全衛生法の一部を改正する法律（平成26年6月25日法律第82号）により新設）
第58条	国は，化学物質に係る有害性の調査の適切な実施に資するため，必要な援助に努めるほか，自ら有害性の調査を実施するよう努めること。（労働安全衛生法及びじん肺法の一部を改正する法律（昭和52年7月1日法律第76号）により第57条の4として新設，労働安全衛生法及び作業環境測定法の一部を改正する法律（平成11年5月21日法律第45号）により第57条の5に移動，労働安全衛生法の一部を改正する法律（平成26年6月25日法律第82号）により第58条に移動）
第63条	国は，事業者が行う安全衛生教育の効果的実施を図るため必要な施策の充実に努めること。（本法制定時から改廃無し）
第66条の10第9項	国は，心理的な負担の程度が労働者の健康の保持に及ぼす影響に関する医師等に対する研修を実施するよう努めるとともに，ストレスチェック結果を利用する労働者の健康の保持増進を図ることを促進するための措置を講ずるよう努めること。（労働安全衛生法の一部を改正する法律（平成26年6月25日法律第82号）により追加）
第71条	国は，労働者の健康の保持増進に関する措置の適切かつ有効な実施を図るため，必要な資料の提供，作業環境測定及び健康診断の実施の促進，受動喫煙の防止のための設備の設置の促進，事業場における健康教育等に関する指導員の確保及び資質の向上の促進その他の必要な援助に努めるとともに，この援助を行うに当たって，中小企業者に対し，特別の配慮をするものとすること。（第71条の援助の対象は，本法制定当初は健康診断のみに係る規定であったが，作業環境測定法（昭和50年5月1日法律第28号）により作業環境測定が追加され，労働安全衛生法の一部を改正する法律（昭和63年5月17日法律第37号）により労働者の健康の保持増進とされるとともに第2項が新設されて中小企業者への特別の配慮をするものとされ，労働安全衛生法の一部を改正する法律（平成26年6月25日法律第82号）により援助の一つに受動喫煙の防止のための設備の設置の促進が追加）
第71条の4	国は，事業者による快適な職場環境を形成する措置の適切有効な実施に資するため，必要な援助を行うよう努めること。（労働安全衛生法及び労働災害防止団体法の一部を改正する法律（平成4年5月22日法律第55号）による追加）
第107条	厚生労働大臣は，安全管理者，衛生管理者，安全衛生推進者，衛生推進者，産業医，コンサルタントその他労働災害の防止のための業務に従事する者の資質の向上を図り，及び労働者の労働災害防止の思想を高めるため，資料の提供その他必要な援助を行うように努めること。（沿革については第107条 4 参照）

（森山誠也作成）

や建物を意味することもあるが，さらに広く物的設備のほかに人的要素を加味した事業活動の全体を総合的に指し示す意味で用いられることが多いとされる。

「整備」とは，一般に，整えそなえることをいい，新設はもちろん，点検，修理等も含まれるだろう。

かつて存在した職場環境改善資金制度の貸付条件によれば，機械等の新設，増設及び改造，土地の取得及び整備と並んで運転資金も融資対象となっているが，これらはいずれも「安全衛生施設の整備」に対するものといえるだろう。

6　「特別安全衛生改善計画又は安全衛生改善計画の実施」

第78条の特別安全衛生改善計画，第79条の安全衛生改善計画をいう。

この部分は，従来「安全衛生改善計画」であったものが，労働安全衛生法の一部を改正する法律（平成26年6月25日法律第82号）による特別安全衛生改善計画指示制度の創設により，「特別安全衛生改善計画又は安全衛生改善計画」と表現を整理された。従前は第78条で安全衛生改善計画制度（第1項：都道府県労働局長による事業者への作成指示，第2項：事業者による過半数代表への意見聴取）を，第79条で事業者と労働者双方の安全衛生改善計画の遵守義務を規定していたが，同改正法によりこれら2カ条の全部が改正され，第78条で特別安全衛生改善計画制度が，第79条で安全衛生改善計画制度が規定されることなった。旧第78条と第79条の内容は，現在の第79条に統合され，旧第79条の内容は，第78条の第3項に設けられると共に，第2項と共に，第79条の第2項で準用された。

第78条の特別安全衛生改善計画制度では，必要と認める場合の計画変更指示（第4項），計画不遵守等の場合の必要な措置の勧告（第5項），勧告不遵守の場合の企業名公表（第6項）の定めが特徴であり（第79条の安全衛生改善計画制度には存在しない），現在の第79条は，共通する第2項（過半数代表からの意見聴取）と第3項（労使による計画遵守義務）を準用する形をとっている。

かつて存在した職場環境改善資金では，事業者側から労働基準監督署への相談を端緒として労働基準監督署が事業場を点検し，その結果に基づき都道府県労働基準局長が当該事業者に対して安全衛生改善計画の作成を指示し，それに対して事業者が安全衛生改善計画を作成することが貸付条件の一つとされていた。

7　「その他の活動」

労働災害の防止に資するあらゆる活動が含まれると解される。

8 「金融上の措置」

一般に、金融とは、金銭の融通、特に資金の借り手と貸し手の間で行われる貨幣の信用取引をいう[8]。

一般に、政府による資金供給のあり方には無償資金（補助金等の予算措置）と有償資金（融資、出資及び投資）が考えられるが[9]、金融上の措置といった場合には、有償資金のみを意味することが多いと思われる。

かつて存在した融資事業（[6]4(3)参照）は[2]2及び[3]に掲げた各規定に基づく援助に該当しない限り、原則的には本条に基づくものであろう。

なお、国の施策実施規定中の「○○上の措置」という形の表現については、ものづくり基盤技術振興基本法（平成11年3月19日法律第2号）第7条の「法制上、財政上又は金融上の措置」、バイオマス活用推進基本法（平成21年6月12日法律第52号）第19条の「法制上、財政上、税制上又は金融上の措置」、スポーツ基本法（平成23年6月24日法律第78号）第8条の「法制上、財政上又は税制上の措置」、労働者の職務に応じた待遇の確保等のための施策の推進に関する法律（平成27年9月6日法律第69号）第4条の「法制上、財政上又は税制上の措置その他の措置」など、主に基本法に用例がある。

9 「技術上の助言」

「技術上の助言」には、労働基準監督機関による援助（[6]1、[4]参照）が含まれる。なお、第93条で、産業安全専門官及び労働衛生専門官は、事業者に対して労働者の危険又は健康障害を防止するため必要な事項について指導及び援助を行うと規定されているが、これも「技術上の助言」に含まれるであろう。

労働基準監督機関以外の機関による技術上の助言としては、労災防止指導員等の制度（[6]4(1)参照）、産業保健総合支援センターの相談対応（第19条の3の規定に係る援助を除く）、中央労働災害防止協会が行う中小規模事業場安全衛生サポート事業等は、この技術上の助言に含まれるだろう。

10 「その他必要な援助」

金融上の措置及び技術上の助言以外の必要な援助としては、減税措置、補助金（助成金を含む）、資料の提供、集団指導（講習会）等がこれに該当するだろう。

なお、一般的に、減税、納税猶予等の措置を「税制上の措置」とする用例や、補助金の支出や金融上の措置を含めた予算案の作成及び国会提出、予算の執行等による措置を「財政上の措置」とする用例がある[10]。

「減税措置」については、国の徴税権に制約を加えるものであることから[11]、あるいは直接的に税収減に繋がることから[12]、各種の援助措置の中でも、実現のためのハードルが極めて高いと言われているという証言がある。

資料11-11 中小企業基本法による中小企業者の範囲（昭和38年7月20日～昭和48年10月14日）

業種	中小企業者（下記のいずれかを満たすこと）	
	資本の額又は出資の総額	常時使用する従業員の数
①工業、鉱業、運送業その他の業種（②を除く）	5000万円以下	300人以下
②商業又はサービス業	1000万円以下	50人以下

（森山誠也作成）

資料11-12 中小企業基本法による中小企業者の範囲（昭和48年10月15日～平成11年12月2日）

業種	中小企業者（下記のいずれかを満たすこと）	
	資本の額又は出資の総額	常時使用する従業員の数
①工業、鉱業、運送業その他の業種（②及び③を除く）	1億円以下	300人以下
②卸売業	3000万円以下	100人以下
③小売業又はサービス業	1000万円以下	50人以下

（森山誠也作成）

資料11-13 中小企業基本法による中小企業者の範囲（平成11年12月3日～現在）

業種	中小企業者（下記のいずれかを満たすこと）	
	資本金の額又は出資の総額	常時使用する従業員の数
①製造業、建設業、運輸業その他の業種（②～④を除く）	3億円以下	300人以下
②卸売業	1億円以下	100人以下
③サービス業	5000万円以下	100人以下
④小売業	5000万円以下	50人以下

（森山誠也作成）

11 「援助を行う」

「援助」には、国が自ら事業を行うもののみならず、国費を投じた委託事業等を行う場合も含まれると解される[13]。また、これには労災保険料財源による事業が含まれると解されている[14]。しかし、労災保険料財源による事業を「国の援助」といえるか否かという問題については、別途[7]4で検討する。

なお、補助金を始めある種の事業には当然予算が必要となるが、既に事業者に対して義務づけられた事項を援助することは難しく、事業者の努力義務となっている事項の促進のための援助や、法令改正に伴う経過措置期間において事業者の対応を促進するための援助の方が、予算措置を求めやすいという証言がある[15]。経過措置に関する補助金の例として、近年ではフルハーネス型墜落制止用器具等の導入促進のための既存不適

資料11-14　労働安全衛生法以外の労働安全衛生に関する法律における国等の援助規定

法条項	規定内容の概要
労働基準法 第105条の2	厚生労働大臣又は都道府県労働局長は，労働基準法の目的を達成するために，労働者及び使用者に対して資料の提供その他必要な援助をしなければならないこと。
じん肺法 第32条～第35条	政府は，事業者に対して粉じんの測定・発散防止抑制，じん肺健康診断その他じん肺に関する予防及び健康管理に関し，必要な技術的援助を行うように努めるとともに，じん肺の予防に関する技術的研究及び当該技術的援助を行うため必要な施設の整備を図らなければならないこと。また，都道府県労働局及び産業保安監督部に，事業者が行うじん肺の予防に関する措置について必要な技術的援助を行わせるため，粉じん対策指導委員会を置くこと。 政府は，じん肺管理区分が管理3の労働者の職業転換に関し適切な措置を講ずるように努めること。 政府は，じん肺にかかった労働者であつた者の生活の安定を図るため，就労の機会を与えるための施設及び労働能力の回復を図るための施設の整備その他に関し適切な措置を講ずるように努めなければならないこと。
船災防法 第5条	国は，船舶所有者又は船舶所有者の団体が船員災害の防止を図るために行う活動について，財政上の措置，技術上の助言，資料の提供その他必要な援助を行うように努めるとともに，船員災害の防止に資する科学技術の振興を図るため，研究開発の推進及びその成果の普及その他必要な措置を講ずるように努めるものとすること。
CO法 第9条～第11条	政府は，炭鉱災害によるCO中毒症について療養補償給付を受けていた被災労働者であって同症が治ったものに対し，必要があると認めるときは，社会復帰促進等事業の一環として診察，保健指導等を行うこと。 また，政府は，炭鉱災害によるCO中毒症にかかった被災労働者のためのリハビリテーション施設の整備に努めなければならないこと。
家労法 第25条	国又は地方公共団体は，家内労働者及び委託者に対し，資料の提供，技術の指導，施設に関する便宜の供与その他家内労働法の目的を達成するために必要な援助を行なうように努めなければならないこと。
作環法 第47条	政府は，作業環境測定士の資質の向上並びに作業環境測定機関及び登録講習機関の業務の適正化を図るため，資料の提供，測定手法の開発及びその成果の普及その他必要な援助を行うように努めるものとすること。
建設職人基本法 第7条	政府は，建設工事従事者の安全及び健康の確保に関する施策を実施するため必要な法制上，財政上又は税制上の措置その他の措置を講じなければならないこと。

（森山誠也作成）

合機械等更新支援補助金事業（ 6 4(4)参照）がある。

12　「努めるものとする」

本条の規定は努力義務にとどまっており，また援助内容が具体的に定められているわけではないことから，本条に基づく援助事業の経費は義務的経費ではなく裁量的経費にとどまり，その時々の政治及び政策により大きな影響を受けると考えられる。

しかし，援助措置に係る予算要求の際の根拠条文となりうることから[16]，その点で，本条には意義があるといえる。

13　「中小企業者」

本条及び第71条で「中小企業者」という語が使用されているが，その定義は示されていない。

中小企業者に関する国等の施策の総合的な推進等については，中小企業基本法（昭和38年7月20日法律第154号）で定められているが，同法第2条第1項では，同法に基づいて講ずる国の施策の対象とする「中小企業者」の原則的な範囲（以下本稿において「原則の範囲」という）が資料11-13のように定められている。ただし，同項に明記されているように，それは飽くまで原則であり「その範囲は，これらの施策が次条〔筆者註＝第3条〕の基本理念の実現を図るため効率的に実施されるように施策ごとに定めるものとする。」と規定されている。

本条に基づいて講ぜられる国の援助措置である既存不適合機械等更新支援補助金事業（ 6 4(4)参照）の対象者は，この原則の範囲の中小企業者となっている。

ただし，この中小企業者の原則的範囲は，法改正等により変更されうるものであることに注意が必要である。

中小企業基本法は昭和38年7月20日に公布され，即日施行されたが，このときの中小企業者の原則的範囲は，資料11-11の通りであった。

その後，中小企業者の範囲の改定等のための中小企業基本法等の一部を改正する法律（昭和48年10月15日法律第115号，即日施行）により中小企業基本法の中小企業者の原則的範囲は資料11-12のように改められた（現在のものに類似するが，若干資本金額が少ない）。

さらにその後，中小企業基本法等の一部を改正する法律（平成11年12月3日法律第146号）による改正により，中小企業基本法の中小企業者の原則的範囲は現在のものに改正された（即日施行）。

3　関係規定

ここでは他の労働安全衛生関係法令中の国等の援助規定について述べることとし，本法中の関係規定については 2 2で，国の援助事業の実施に関する法令については必要に応じて 6 の中で，国際労働基準については 4 で述べることとする。

労働基準法（昭和22年4月7日法律第49号），じん肺法（昭和35年3月31日法律第30号），船員災害防止活動の促進に関する法律（昭和42年7月15日法律第61号，船災防法），炭鉱災害による一酸化炭素中毒症に関する特別

措置法（昭和42年7月28日法律第92号，CO法），家内労働法（昭和45年5月16日法律第60号，家労法），作業環境測定法（昭和50年5月1日法律第28号，作環法）及び建設工事従事者の安全及び健康の確保の推進に関する法律（平成28年12月16日法律第111号，建設職人基本法）においては，**資料11-14**のように，国の援助に関する規定が設けられている。

別途，労働基準法については 5 2，家内労働法については 8 3，船員法については 8 2を参照されたい。

4 国際労働基準

日本は，1919年の創設時から国際労働機関（ILO）に参加していたが，1938年11月に脱退を通告し，2年後に発効した。その後，1951年の第34回ILO総会で日本の再加盟が承認され，同年11月に発効した[17]。

従来，国際労働基準においても，国や労働監督機関による援助について繰り返し謳われてきた。

1 労働者保護を目的とする法令及び規則の実施を確保する為の監督制度の組織に付ての一般原則に関する勧告（第20号）

労働者保護を目的とする法令及び規則の実施を確保する為の監督制度の組織に付ての一般原則に関する勧告（第20号，第5回総会で1923年10月29日採択）[18]では，次の通り，監督官は，健康安全の最善の標準（best standards）について，使用者に対し情報供与及び助言（inform and advise）をすべきと勧告している。

> Recommendation concerning the General Principles for the Organisation of Systems of Inspection to Secure the Enforcement of the Laws and Regulations for the Protection of the Workers, 1923 (No. 20, ILO)
> II. Nature of the Functions and Powers of Inspectors
> B. SAFETY
> 7．(略)
> (b) that inspectors should inform and advise employers respecting the best standards of health and safety;

2 産業災害の予防に関する勧告（第31号）

産業災害の予防に関する勧告（第31号，第12回総会で1929年6月21日採択，第109回総会で2021年撤回）[19]では，第10項で常設安全展覧会の設置又は設置の促進を勧告していた。また，第23項で国が災害保険機関及び災害保険会社を災害予防事業に協力させるべきことを勧告しており，その協力の方法の例として，監督機関への災害情報の報告，災害調査研究機関及び安全第一運動への協力，使用者への安全装置の貸付，災害防止について労働者，技術者その他の者がした発明等に対する褒賞，使用者及び公衆への宣伝，安全措置への助言並びに安全博物館及び災害予防教育施設への醵出を挙げていた。

また，第107条関係であるが，同勧告第9項では，国が災害予防に関する労働者の関心を覚醒させ維持させるための取り組みを行うべきことについて，同勧告第11項では，国が，使用者に災害予防に関する労働者教育の改善を行わせ，労働者団体にその教育への協力を行わせるようにすべきことについて勧告していた。

> Prevention of Industrial Accidents Recommendation, 1929 (No. 31)
> III. Organisation of Inspection
> A. ORGANISATION OF THE STAFF
> 9．It is recommended that the Members should do all in their power to awaken and maintain the interest of the workers in the prevention of accidents and ensure their co-operation by means of lectures, publications, cinematograph films, visits to industrial establishments, and by such other means as they may find most appropriate.
> 10．It is recommended that the State should establish or promote the establishment of permanent safety exhibitions where the best appliances, arrangements and methods for preventing accidents and promoting safety can be seen (and in the case of machinery, seen in action) and advice and information given to employers, works officials, workers, students in the engineering and technical schools, and others.
> 11．In view of the fact that the workers, by their conduct in the factory, can and should contribute to a large extent to the success of protective measures, the State should use its influence to secure (a) that employers should do all in their power to improve the education of their workers in regard to the prevention of accidents, and (b) that the workers' organisations should by using their influence with their members co-operate in this work.
> IV. Inspectors' Reports
> 23．The State should use its influence with accident insurance institutions and companies to co-operate in the work of accident prevention by such means as the following: communication of information on causes and consequences of accidents to the inspection service or other supervising authorities concerned; co-operation in the institutions and committees referred to in Paragraph 1 and in the Safety First Movement in general; advances to employers for the adoption or improvement of safety appliances; the award of prizes to workmen, engineers and others who, by their inventions or ideas, contribute substantially to the avoidance of accidents; propaganda among employers and the public; advice on safety measures, contributions to safety museums and institutions for instruction in accident prevention.

3 労働監督官の手引

労働監督官の手引（Guide for labour inspectors）（1955年[20]）では、最も効果的な監督手法として、健全な労働条件及び法令に関する理解の促進と、労使に対し最も効果的な法的義務履行についての情報提供と助言を行うこととし、重大・悪質な違反行為に対してやむをえず抑圧的な措置を講じることとしている。

> Guide for labour inspectors
> Part I. *The Labour Inspection Service*
> Method and Standards of Inspection
>   Methods of Inspection
>   〈略〉
> The most effective practice is to lay particular stress on promoting understanding of sound labour conditions and of the legal provisions, and on informing and advising employers and workers of the most effective means of complying with their legal obligations. At the same time, the way is left open for repressive measures to be applied, if unavoidable, in cases of serious or repeated offences and obviously intentional violation.

4 その他

以上のほか、日本は批准していないが、職業上の安全及び健康並びに作業環境に関する条約（第155号、第67回総会で1981年6月22日採択[21]）及びこれを補足する職業上の安全及び健康並びに作業環境に関する勧告（第164号、第67回総会で1981年6月22日採択[22]）では、国の援助を含む国の施策についてより体系的な規定がなされている。

5 沿革

ここでは国等の援助ないし援助規定の沿革について述べることとするが、労働者災害補償保険事業の沿革については7で、国際労働基準の沿革については4で述べることとする。

なお、筆者が若干の調査を行った範囲内では、戦前戦中の労働関係法において国の援助規定を見出すことはできなかった。

1 戦前戦中の状況

戦前戦中の民間団体（官製を含む）による労働安全衛生関係の運動、活動等については、中央労働災害防止協会編『労働安全運動史―安全専一から100年』（2011年[23]）にも詳しいが、学術的な文献としては、近代日本の安全衛生運動に尽力した蒲生俊文に焦点を当てた研究である堀口良一著『安全第一の誕生―安全運動の社会史〔増補改訂版〕』（不二出版、2015年[24]）がある。同書によれば、戦前期の日本の安全運動（個別の社内運動及び地域的ないし業界内的運動を除く）には、大正6年に始まる安全第一協会、中央災害防止協会、日本安全協会と続く民間の安全運動の系統と、昭和4年に設立された産業福利協会を起源とする官製の安全運動の系統があり、この2系統は昭和16年に大日本産業報国会へ統合された[25]。

安全第一協会は、雑誌『安全第一』の刊行のほか、大正8年5月4日から7月10日まで文部省東京教育博物館で開催され延べ18万3605人の入場者があった災害防止展覧会（別称 安全第一展覧会）に多大な協力を行うとともに、同展覧会会期のうち6月15日から6月21日まで、東京市とその隣接町村において内田嘉吉[26]を主催者代表として日本最初の安全週間を実施したが、収入の殆どを会費及び寄附に頼っており[27]、筆者の若干の調査では、国が援助をしていた状況は確認できなかった。

産業福利協会は、大正14年11月、内務省社会局の外郭団体として設立されたが、その性格は、工場法等の労働法規の円満な施行、労働安全衛生の改善、労働者福利の増進等を目的とした工場及び鉱山に関する事業主団体の全国組織として、労働行政を所管する内務省社会局を補佐するものであり、事務所は社会局内に置かれていた[28]。その後、産業福利協会は昭和4年2月に財団法人となり、昭和11年に解散した。産業福利協会の理事は、社会局職員から構成され、社会局長官を会長、社会局労働部長を理事長としており、これはその後財団法人化して理事の一部に民間人を起用するようになっても変わることはなかった[29]。

産業福利協会の事業は、月刊誌『産業福利』や安全衛生関係図書の刊行や災害豫防及び衛生に関するポスター、パンフレット類の配布、安全週間・衛生週間の実施、安全委員会の奨励指導等であったが、財政面においては会費等を主体としながらも例えば昭和2年度において歳入5.7万円のうち国庫補助2万円、財団法人化後の昭和10年度において歳入6.1万円のうち国庫補助1.1万円であり、国の援助が行われたことが分かる[30]。

財団法人産業福利協会は、昭和11年に協調会に吸収され、その事業は協調会産業福利部に受け継がれ、昭和16年4月、協調会産業福利部は汽罐協会等とともに大日本産業報国会に統合されることとなる（ただし協調会の本体は、大日本産業報国会に統合されず存続した）[31][32][33]。

2 戦後の状況

昭和20年11月1日、工場法戦時特例（昭和18年6月16日勅令第500号）が廃止された[34]。

戦後、労働者の福祉のための国の援助としては、都道府県労働基準局等を介した労務用物資（作業用必需品、食料及び嗜好品）の配給が行われたこともあった[35]。

労務法制審議会は、昭和21年12月24日の最終総会において労働基準法草案の答申案を決定し、同案はその

後立法技術上の見地から12の点について修正が加えられた外そのまま帝国議会で成立をみたが，その最終総会において，休業手当と罰則適用について次の附帯決議が附けられた。[36]

> 一，現下におけるわが國産業の實情にかんがみ，政府は，勞働者又は使用者のいづれの責にも歸すべからざる事由による休業に對して勞働者の生活を保障するごとく施策を講ぜられ度い。
> 二，この法律の違反事件については監督官による戒告，起訴猶予，その他刑事政策上の考慮をはらひ，みだりに初犯者に體刑を科し，法の運用を苛酷ならしめることなきを期せられ度い。

この附帯決議の一は，政府による労働者の生活援助が求めるものであり，二は，使用者に対する指導・助言の必要性を示したものと考えることができるだろう。

また，昭和22年3月27日の第92回帝国議会貴族院本会議で労働基準法案が可決成立した際，次の希望決議がなされた。

> 希望決議
> 　政府は本法の施行に當り左の諸點に留意せられむことを望む
> 一，本法の施行期日を定むるに當りては経濟，勞働の實状，特に本法運営の為多くの施設準備を要すべき事情に鑑み，十分の餘裕を存するやう篤と考慮すること
> 二，本法施行の為の命令規則の制定に當りては，経濟，勞働に知識経驗ある委員に諮問して之を行ふこと
> 三，本法の運営に當りては徒らに取締乃至處罰を旨とすること無く，指導斡旋に努め且つ此の方針を行政の末端に徹底せしむること
> 四，本法の施行と並行して社會保険及び公的醫療機關の整備充實を圖ること

この希望決議の三からは，労働基準法の実施に際し，政府には厳正な制裁のみならず指導斡旋が強く求められていたことが窺える。

労働基準法に国の援助義務が初めて明記されたのは，労働基準法の一部を改正する法律（昭和27年7月31日法律第287号）により雑則の筆頭に新設された第105条の2で，同条は同年9月1日に施行された。

> 労働基準法（昭和22年4月7日法律第49号）
> 　第12章　雑則
> （国の援助義務）
> 第105条の2　労働大臣又は都道府県労働基準局長は，この法律の目的を達成するために，労働者及び使用者に対して資料の提供その他必要な援助をしなければならない。[37]

労働基準法には目的規定はないが，この条文における「この法律の目的」とは，労働基準法第1条の趣旨から，労働者に人たるに値する生活[38]を保障する労働条件の最低基準を確保し，さらに労働条件を向上させることと解される。[39]この「資料の提供」にはパンフレット，リーフレット等の提供が含まれ，「必要な援助」には，助言，勧告等のほか，福利施設，住宅等に対する財政的援助等が含まれる。[40]

当時は労働基準法で労働安全衛生に関する事項が定められていたことから，これらには労働安全衛生に関するものも含まれていた。

この改正は，昭和26年の政令諮問委員会の後，同年9月11日労働省発基第74号をもって労働大臣から諮問を受けた中央労働基準審議会が，昭和27年3月15日にした答申及び建議に基づいてなされたものである。

この諮問は，「労働基準法及びこれに基く諸規則は独立国家として我が国が国際社会に復帰するに際し，再検討を加える必要があると認められる。如何なる点を改正すべきか。貴会の意見を問う。」という包括的なものであり，これに対して中央労働基準審議会は多岐に亘る事項を審議し，答申では次の通り国の援助義務についても提案するに至った。[41]

> 労働基準法の改正に関する答申並びに建議
> 四，問題点の審議経過は，次の通りである。
> 　A　労使公益三者の意見の一致したもの
> 　　a　法律改正に関するもの
> 　　　(九)　労働基準法中に，国は，労働者の福祉の向上によつて労働能率を増進するために資料の提供その他必要な援助をなさなければならない旨の規定を設けること。

これは，日本労働組合総評議会から「福利厚生施設に関し労働基準法中に使用者に対して必要な措置を講ずる義務を課するとともに，国もこれに対して援助協力すべきこと」として，また日本レクリエーション協会から「事業場におけるレクリエーション施設の最低基準を法的に定めること」として提案されたものに対し，使用者側が使用者による義務を時期尚早として反対した結果，国の援助義務だけが答申としてまとめられたものである。[42]

この答申中「労働者の福祉の向上によつて労働能率を増進するために」の部分は，法案の段階で「この法律の目的を達成するために」とされた。「この法律の目的」の意義については上述の通りである。

その後，けい肺及び外傷性せき髄障害に関する特別保護法（昭和30年7月29日法律第91号）やその後身であるじん肺法（昭和35年3月31日法律第30号）においても政府の援助規定が設けられた。

3　沖縄法令

戦後，アメリカ合衆国の統治下にあった沖縄では，昭和28年9月1日に労働基準法（1953年9月1日立法第44号）が公布され，同年10月1日から施行されたが，この際，本土の労働基準法と同様，雑則の筆頭に次の通り政府の援助義務が定められた。[43]

> 労働基準法（1953年9月1日立法第44号）
> （政府の援助義務）
> 第103条　行政主席は，この立法の目的を達成するために，労働者及び使用者に対して資料の提供その必要な援助をしなければならない。

沖縄は，労働安全衛生法公布目前の昭和47年5月15日に本土に復帰し，本土の法令が適用されるようになった。

4　労働安全衛生法以後

労働安全衛生法の制定にあたり，労働安全衛生法においても，第63条，第71条，本条及び第107条（資料11-10参照）で国又は厚生労働大臣を主語とする援助規定が設けられた。

労働基準法第105条の2の労働者に対する援助規定に該当する内容は本法第107条に，使用者に対する援助規定に該当する内容は事業者に対するそれとして本条に規定された（労基法第105条の2自体は，現在もほぼそのまま労基法に残存している）。

本法制定当初の本条の規定は次の通りであった。

> （国の援助）
> 第106条　国は，第63条及び第71条に定めるもののほか，労働災害の防止に資するため，事業者が行なう安全衛生施設の整備，安全衛生改善計画の実施その他の活動について，金融上の措置，技術上の助言その他必要な援助を行なうように努めるものとする。
> 2　国は，前項の援助を行なうに当つては，中小企業者に対し，特別の配慮をするものとする。

本条については，その後，3に示した特別の事項に関する援助規定の追加に伴って所要の改正が行われたほか，労働安全衛生法の一部を改正する法律（平成26年6月25日法律第82号）による特別安全衛生改善計画指示制度の創設により，「安全衛生改善計画」が「特別安全衛生改善計画又は安全衛生改善計画」に改められた。

ちなみに，労働安全衛生法及びじん肺法の一部を改正する法律（昭和52年7月1日法律第76号）の「第106条中『国は』の下に『，第57条の4』を加え，『行なう』を『行う』に改める。」との規定により，第1項のみならず第2項まで「2　国は，第57条の4，前項の援助を行なうに当つては，中小企業者に対し，特別の配慮をするものとする。」と改正されてしまったが，これは労働安全衛生法の一部を改正する法律（昭和55年6月2日法律第78号）により「第106条第2項中『，第57条の4』を削る。」と修正済である。

本条を改正した法律は，次の通りである。

> ・労働安全衛生法及びじん肺法の一部を改正する法律（昭和52年7月1日法律第76号）
> ・労働安全衛生法の一部を改正する法律（昭和55年6月2日法律第78号）
> ・労働安全衛生法及び労働災害防止団体法の一部を改正する法律（平成4年5月22日法律第55号）
> ・労働安全衛生法の一部を改正する法律（平成8年6月19日法律第89号）
> ・労働安全衛生法及び作業環境測定法の一部を改正する法律（平成11年5月21日法律第45号）
> ・労働安全衛生法等の一部を改正する法律（平成17年11月2日法律第108号）
> ・労働安全衛生法の一部を改正する法律（平成26年6月25日法律第82号）

6　運用

国の援助規定は，1，2及び3で述べたように，本条に限らず第107条を始め本法及び他の法令中に数多く存在するが，1つの援助措置又は援助事業がこのうち本条の規定だけに係るものとは限らないことも多い。

したがって，以下ここで挙げる援助の事例が，当然，他の条文や法令に係るものであることもあるが，これについては以下，特に必要と思われた場合以外には逐一附記しないこととする。

1　労働基準監督機関による助言等

本条を初めとする国の援助規定は，労働基準監督機関が事業者に対して助言等の根拠にもなっている。労働基準監督官が法令の取締りだけに止まるのではなく，使用者その他の関係者に対して資料の提供，助言等の援助をすべきであるということは，旧労働省労働基準局が昭和25年に定めた「労働基準監督官執務規範」[44][45]等でも示されてきた。

近年では，政府の働き方改革政策に関連して策定された労働基準監督官行動規範（平成31年1月公表）においても，労働安全衛生法を含む労働基準の確保のため，監督指導等においては事業主等に法令等を分かりやすく説明すること等が表明されている。[46]

労働基準監督官，産業安全専門官等が行う技術上の

助言の方法としては，口頭によるもの，安全衛生指導書又は指導票に記載して交付するものなどがあるほか，その他資料の提供があるが，資料の提供については本法第107条の解説中（本書第107条 5 2）で述べることとする。

2　労働者災害補償保険事業（社会復帰促進等事業）

労働基準監督機関による助言等以外の援助については，現在，その多くが労働者災害補償保険事業のうちの社会復帰促進等事業（労働者災害補償保険法第29条）の一環として実施されているが，現行事業を資料11-15に示した。

この事業については，別途 7 で述べることとする。

3　労働災害防止計画との関係

国の援助については，本法第2章の規定に基づく労働災害防止計画で謳われることがある。例えば，第13次労働災害防止計画においては，「構造規格等の改正時には，経過措置により，既存の機械等への最新基準の適用が猶予されることが多いが，これらの更新を促進するための支援措置等について検討する。」（既存不適合機械等更新支援補助金事業（ 6 4(4)）を指すもの）「第三次産業の事業場が実効ある取組を行えるようにするため，労働安全コンサルタント，労働衛生コンサルタント等の専門家を活用できるよう支援する。」等をはじめ，援助に関する記述が複数箇所に認められる。

4　主な援助事業

以下，既に廃止されたものも含め，国によるいくつかの主要な援助等について援助の類型ごとに述べることとする。

(1) 安全指導員制度及び労災防止指導員制度（廃止済）

昭和33年秋に開催された政府の有識者会議である臨時産業災害防止懇談会（会長三村起一氏）が政府に具申した意見書の中に，中小企業災害防止対策として「産業安全に関する知識，経験を有する者を政府において安全指導員に委嘱し，中小企業の事情に通暁している者の参加をえて，業種別または企業系列別に安全指導班を編成し，これを中軸として自主的，安全管理を促進し，安全管理水準の向上をはかる。」という意見が含まれていた。当時の労働省はこれを受けて，安全指導員規程（昭和34年労働省訓令第2号）（資料11-16）を制定し，全国の都道府県労働基準局に安全指導員を置いた。安全指導員の職務は，同訓令第3条によれば「中小規模事業場等における安全管理についての指導に関する事務」であったが，具体的には①安全管理一般，②研究発表，③災害事例の検討会（安全指導員による検討会），④災害事例に対する対策，⑤安全器具（安全保護具を含む）に対する取り扱い及び知識の普及，⑥集団事業場のパトロールなどであり，中小企業向けの集団指導のほか，個々の事業場でも要請があれば無料で指導員が派遣されていた（資料11-17）。

安全指導員制度は，労災防止指導員規程（昭和40年労働省訓令第10号）（資料11-18）の制定により，労災防止指導員制度に改められた。労災防止指導員の職務は，同訓令第3条で「中小規模事業場等における安全管理及び衛生管理についての指導に関する事務」と定められ，従来の「安全管理」に「衛生管理」が加わった。後年，厚生労働省の設置と同時に労災防止指導員規程（平成13年1月6日厚生労働省訓第41号）が制定され，即日施行されたが，これは旧訓令とほぼ同一の内容であった。

労災防止指導員の活動実績についての詳細な統計は不見当であるが，昭和53年度の活動実績は35187事業場であったとの政府答弁がある[48]。

労災防止指導員制度は，制度の発足以来40年以上に亘って実施されていたが，平成22年のいわゆる省内事業仕分けにより廃止が提言され[49]，労災防止指導員規程を廃止する訓令（平成23年3月31日厚生労働省訓第12号）により平成23年4月1日に廃止され[50]，任期途中の労災防止指導員も平成23年3月31日を以て解職された。

この労災防止指導員制度は，一定の効果を挙げたものであるが，筆者が複数の関係者に聴取したところ，その末期における次のようなメリット及デメリットが挙げられた。

〈メリット〉

行政職員に比べて実際の産業現場に根ざした経験や技術をもった指導員が多く，特に，企業組織に各種の安全衛生対策を定着させるための技術に長けていた。

また，労災防止指導員自身の技術的向上や労災防止指導員を輩出する企業における安全衛生への取組のモチベーションが向上するという効果もあった。

〈デメリット〉

労災防止指導員は民間営利企業に所属する一従業員でもあることから，社外秘の技術や経験の流出を懸念し，労災防止指導員が事業場へ立ち入ることを嫌がる企業も少なくなかった。

労災防止指導員は本来単独で事業場を訪問することができたが，労災防止指導員と指導を受ける企業との間のトラブル防止のため都道府県労働局や労働基準監督署の技官や監督官が随行することも多く，業務量の負担増となることがあった。

また，同じくトラブル防止のため，特に深刻な問題がある中小事業場にはかえって労災防止指導員を派遣しづらいという事情があった。

資料11-15　社会復帰促進等事業の全事業一覧

	事業名	主な事業内容
1	外科後処置等経費	・労働災害等による傷病が治癒した後の再手術等，外科後処置に要した経費の支給 （項）05社会復帰促進等事業費（事項）08被災労働者等の社会復帰促進・援護等に必要な経費
2	義肢等補装具支給経費	・労働災害等による両上下肢の亡失，機能障害等が残存した者の義肢等補装具の購入等に要した費用の支給 （項）05社会復帰促進等事業費（事項）08被災労働者等の社会復帰促進・援護等に必要な経費
3	特殊疾病アフターケア実施費	・20傷病（せき髄損傷，精神障害等）を対象として，医療機関での診療等に要した費用の支給 （項）05社会復帰促進等事業費（事項）08被災労働者等の社会復帰促進・援護等に必要な経費
4	社会復帰特別対策援護経費	・療養期間が長期間に及ぶ振動障害等の疾病にり患した者への賃金の一部補填や職業転換等に要する費用の支給 （項）13業務取扱費（事項）08保険給付業務に必要な経費
5	CO中毒患者に係る特別対策事業経費	・「炭鉱災害による一酸化炭素中毒症に関する特別措置法第11条」に基づき，CO中毒患者の特性を十分に考慮した診療体制等の整備 （項）05社会復帰促進等事業費（事項）08被災労働者等の社会復帰促進・援護等に必要な経費
6	独立行政法人労働者健康安全機構運営費	・療養施設及び労働者の健康に関する業務を行う者に対して研修，情報の提供，相談その他の援助を行うための施設の設置及び運営等を行う。 ・事業場における災害の予防に係る事項並びに労働者の健康の保持増進に係る事項及び職業性疾病の病因，診断，予防その他の職業性疾病に係る事項に関して臨床で得られた知見を活用しつつ，総合的な調査及び研究並びにその成果の普及を行う。 （項）06独立行政法人労働者健康安全機構運営費（事項）
	独立行政法人労働者健康安全機構施設整備費	・療養施設（労災病院を除く）の整備等を行う。 （項）07独立行政法人労働者健康安全機構施設整備費
7	労災疾病臨床研究補助金事業	・早期の職場復帰の促進，労災認定の迅速・適正化などに寄与する研究，放射線業務従事者の健康影響に関する疫学研究，過労死等防止対策推進法に基づく調査研究への補助 （項）05社会復帰促進等事業費（事項）08被災労働者等の社会復帰促進・援護等に必要な経費
8	炭鉱災害による一酸化炭素中毒症に関する特別措置法に基づく介護料支給費	・炭鉱災害により，一酸化炭素中毒症にかかった労働者に対する介護料の支給 （項）05社会復帰促進等事業費（事項）08被災労働者等の社会復帰促進・援護等に必要な経費
9	労災就学等援護経費	・労災年金受給者及びその子弟に対する，学校等に在学する場合の就学に要する経費及び未就学児を幼稚園，保育所等に預ける場合の保育に要する経費の支給 （項）05社会復帰促進等事業費（事項）08被災労働者等の社会復帰促進・援護等に必要な経費
10	労災ケアサポート事業経費	・在宅介護・看護等が必要な労災重度被災労働者等に対する看護師等による訪問支援等 （項）05社会復帰促進等事業費（事項）08被災労働者等の社会復帰促進・援護等に必要な経費
11	休業補償特別援護経費	・労働基準法第76条に基づき使用者が行う休業3日目までの休業補償について，事業場の廃止等，やむをえない事由で休業補償を受けることができない被災者に対し，休業補償3日分相当額を支給する。
12	長期家族介護者に対する援護経費	・労災重度被災労働者が業務外の事由により死亡した場合の，長期にわたり介護に当たってきた遺族に対する生活転換援護金の支給
13	労災特別介護援護施設設置運営費・設置経費	・在宅介護を受けることが困難な労災重度被災労働者が利用する労災特別介護施設の運営，整備・修繕 （項）05社会復帰促進等事業費（事項）08被災労働者等の社会復帰促進・援護等に必要な経費
14	労災診療被災労働者援護事業補助事業費	・被災労働者への診療に要した費用が国から労災指定医療機関に支払われるまでの間の当該費用に相当する額について，（公財）労災保険情報センターが行う無利子貸付事業に対する補助
15	労災援護金等経費	・打切補償費の支給を受けたために現在保険給付を受けることができない被災労働者に対する，療養に要した費用等の支給
16	過労死等防止対策推進事業実施経費	1．過労死等に関する調査研究 2．過労死等を防止することの重要性について国民の理解を促す等周知・啓発 3．国民の過労死等防止対策の重要性に対する関心と理解を深めるための「過労死等防止対策推進シンポジウム」 4．過労死で親を亡くした遺児及びその保護者等を対象とした過労死遺児交流会の実施 （項）01労働安全衛生対策費（事項）08労働安全衛生対策に必要な経費
17	安全衛生啓発指導等経費	・安全衛生意識の普及高揚を図り，災害防止活動を効果的に促進させるための全国安全週間・全国労働衛生週間の実施 ・災害防止活動を効果的に促進するための指導や安全衛生教育等を実施 ・車両系建設機械の運転等一定の危険又は有害な業務に従事する者や，作業主任者の一部に義務づけられている技能講習の修了者の利便性を高めるため，技能講習修了証を統合した証明書の発行 ・職場の安全衛生情報の周知・意識啓発をするため，過去の災害やヒヤリハット事例，化学物質等の情報を「職場のあんぜんサイト」にて提供 ・労働者の健康障害を未然に防止するため，有害物質等有害要因を有する事業場に対する監督指導等の実施 ・火災，爆発等の重大な災害の再発や同種災害の発生を防止するため，重大な災害等発生時に徹底的な災害原因調査の実施 ・重篤な労働災害を発生させた事業場等に対して安全管理措置の構築を図るため，当該事業場等に対する継続的な安全指導の実施 （項）01労働安全衛生対策費（事項）08労働安全衛生対策に必要な経費
18	安全衛生に関する優良企業を評価・公表する制度の推進	・安全衛生に関する優良企業を評価・公表する制度の推進のため，企業等が自社の安全衛生水準を自己診断できるようにするためのコンテンツを厚生労働省ホームページにて提供

	事業名	主な事業内容
19	設計・施工管理を行う技術者等に対する安全衛生教育の支援事業	・学識経験者，企業の実務担当者等の専門家により安全衛生教育に関する知識を体系的に付与するカリキュラム及び到達目標等を策定し，教材を作成 ・当該教材の公開，教材を使用した講習等を通じ，設計・施工管理を行う技術者等に対する安全衛生教育を支援
20	安全衛生分野における国際化への的確な対応のための経費	・安全衛生分野における国際化への的確な対応のため，OECD等の国際会議等への職員の派遣，中国との政策対話，日中安全衛生シンポジウムの開催等を実施
21	職業病予防対策の推進	・東電福島第一原発で緊急作業に従事した者の健康の保持増進のため，被ばく線量，健康診断結果等のデータを蓄積するシステムの構築及び健康相談，保健指導の実施 ・廃炉等作業員の健康支援相談窓口の開設，産業保健支援に係る研修会の開催，廃炉等作業員の健康管理に係る情報発信の実施 ・東電福島第一原発・除染作業者の放射線関連情報の国際発信を強化するため，東電福島第一原発作業者の放射線被ばく状況やその対策に関する情報を，厚生労働省の英語版ホームページに掲載及び世界保健機関（WHO）等の国際機関への情報発信の実施 ・東電福島第一原発の被ばく線量低減対策の強化のため，東電福島第一原発における廃炉作業等の施工計画作成者等に対する被ばく低減措置の実施に係る教育の実施 ・被ばく線量低減に関する専門家チームを組織し，効果的な被ばく低減措置の検討，好事例の収集及び元請事業者が作成する施工計画に対する助言の実施
22	じん肺等対策事業	・石綿ばく露によるじん肺等への対策のため，石綿取扱い業務に従事し離職した労働者等に対する健康管理手帳の交付，特殊健康診断の実施 ・石綿作業に係る適切な石綿ばく露防止対策の普及啓発を行うため，マニュアルを改訂し，厚生労働省のホームページにて情報を掲載 ・石綿除去作業等に対応する行政体制を充実するため，石綿障害防止総合相談員等による石綿除去作業等に係る相談業務，届出の審査等の実施
23	職場における受動喫煙対策事業	・職場における受動喫煙防止対策の推進のため，デジタル粉じん計等の測定機器の貸出 ・職場における受動喫煙防止対策に係る問い合わせに対応するための電話相談及び実地指導 ・喫煙室等を設置する事業場に対して設置費用を一部助成
24	職場における化学物質管理促進のための総合対策	・化学物質による労働者の健康障害を防止するため，新規化学物質の審査及び有害性調査機関の査察 ・職場で利用されている化学物質について，発がん性に重点を置いたリスク評価の実施 ・化学物質による労働者の健康障害を防止するため，化学物質管理に関する相談・訪問指導の実施及びGHS分類やモデル表示・モデルSDSの作成 ・化学物質による労働者の健康障害を防止するため，化学物質による職業がん対策を行う日本バイオアッセイ研究センター等の施設整備の実施
25	産業保健活動総合支援事業	・労働者の職業病を未然に防止するため，都道府県労働局に労働衛生指導医を設置 ・都道府県労働局長が事業者に対して作業環境測定実施や臨時の健康診断実施を指示する際，労働衛生指導医からの意見の聴取を実施 ・事業場における産業保健活動（メンタルヘルス対策，治療と仕事の両立支援等の取組）に対する各種支援を行うため，事業者，産業保健スタッフ等への研修等の実施，情報提供等を実施 ・労働者数50人未満の小規模事業場に対する訪問指導，相談対応や助成等を実施
26	働き方改革の実現に向けた労働時間の上限規制の定着による長時間労働の抑制等のための取組	・労働基準監督署に配置した時間外及び休日労働協定点検指導員による窓口指導の徹底 ・労働時間管理適正化のための指導が必要な事業場に対する個別訪問指導 ・過重労働解消用パンフレット等を活用した集団指導や自主点検の実施・インターネット監視による労働条件に問題のある事業場情報の収集 ・夜間・休日に無料で電話相談を受け付ける「労働条件相談ほっとライン」の設置 ・労働基準法等の基礎知識，相談窓口及び関係法令に基づき事業場が行うべき手続きの解説や具体的な届出方法のほか，労務管理や安全衛生管理上のポイントについてWEB上で診断を受けられるサービス等をまとめた労働条件ポータルサイトの設置 ・大学や高校等での法令の周知啓発や労働法教育に必要な指導者用資料の作成 ・36協定未届事業場に対し自主点検を実施するとともに，基本的な労務管理や安全衛生管理についてセミナー及び個別訪問での専門家による助言等の実施。また，具体的事例を交えて，過重労働による労働者の健康障害防止に特化したセミナーを開催 ・新規起業事業場向けの情報発信を目的としたポータルサイトにて，労働関係法令の周知及び関係法令に基づき事業場が行うべき手続きの解説や具体的な届出方法のほか，労務管理や安全衛生管理上のポイントについてWEB上で診断を受けられるサービス等の実施
27	メンタルヘルス対策等事業	・労働者のメンタルヘルス対策のため，ポータルサイト「こころの耳」における情報提供，メール相談・電話相談・SNS相談の実施
28	治療と職業生活の両立等の支援手法の開発	・疾病を抱える労働者の治療と職業生活の両立支援を行うため，「事業場における治療と仕事の両立支援のためのガイドライン」の参考資料の作成，広報用ポータルサイトの設置，シンポジウムの開催
29	職場におけるハラスメントへの総合的な対応等労働者健康管理啓発等経費	・職場のハラスメントに関するポータルサイトの改修・運営等による周知・啓発 ・パワーハラスメント対策支援コンサルティング等の実施 ・パワーハラスメントに関する実態調査の実施 ・雇用均等指導員による，職場におけるハラスメント事項等にかかる相談対応等 ・パートタイム労働者・有期雇用労働者を雇用する事業主に対する啓発指導の実施
30	建設業等における労働災害防止対策費	・2020年東京オリンピック・パラリンピック競技大会の開催に向け，首都圏で増加する建設工事における労働災害を防止するため，安全専門家による巡回指導，新規入職者や管理者等に対する安全衛生教育，外国人建設就労者に対する安全衛生教育を実施 ・東日本大震災及び熊本地震にかかる復旧・復興工事における労働災害の発生を防止するため，安全専門家による巡回指導，新規参入者等に対する安全衛生教育支援を実施 ・足場からの墜落防止措置に係る「より安全な措置」について，専門家による診断の実施，診断結果に基づく改善計画の作成等の現場に対する指導・支援を実施 ・一人親方を対象とした研修会等の実施

	事業名	主な事業内容
31	第三次産業等労働災害防止対策支援事業	・腰痛による労働災害を防止するため，腰痛による労働災害が多発している介護施設等を対象とする腰痛予防教育・対策の講習会の実施 ・高年齢労働者の安全衛生対策を促進するため，「高年齢労働者の安全と健康確保のためのガイドライン」についてのセミナーを実施 ・中小企業を対象に高年齢労働者の安全衛生対策の導入にかかる費用の一部を補助する「エイジフレンドリー補助金」事業を実施 ・外国人労働者に適切な安全衛生教育を実施するため，視聴覚教材や技能講習の補助教材を多言語で作成 ・「外国人在留支援センター」に「安全衛生班」を設置し，外国人労働者を雇用する事業者及び外国人労働者からの安全衛生に関する相談に対応
32	林業従事労働者等における安全衛生対策の推進事業	・伐木等作業における安全作業のためのマニュアルを開発，同マニュアルに基づく，林業の事業場における安全担当者を対象とする安全対策講習会を実施 ・林業従事労働者等における労働災害防止のため，チェーンソー取扱作業指導員による林業の作業現場等の巡回を行うと共に，ガイドブック等を用いたチェーンソー取扱作業指針の周知徹底
33	機械等の災害防止対策費	・最新構造規格に適合していないフルハーネス型墜落制止用器具等の更新を促進するため，中小企業等を対象に，更新に要する費用の一部補助を実施 ・危険性・有害性のある機械等について，危険性・有害性等の調査の促進及び労働災害の防止を図ることを目的として，機械等の検査検定等を行う登録機関の監査指導を実施 ・輸入機械等を中心として市場に流通している型式検定対象機械等（防爆構造電気機械器具）に買取試験を実施 ・自走自律制御機械の安全性を確保するため，関係事業者に対する実態調査を実施 ・設備の老朽化による労働災害防止を目的として，高経年生産設備の実態調査及び安全対策の調査分析を実施
34	特定分野の労働者の労働災害防止活動促進費	・専門相談員による，特定分野（外国人労働者，派遣労働者等）の労働者等からの相談対応 ・外国人労働者等特定分野の労働者の労働災害防止のためのパンフレットの作成
35	自動車運転者の労働時間等の改善のための環境整備等	・トラック運送業に関する荷主向け周知用動画の作成および令和元年度に開設したポータルサイトの運用・拡充 ・自動車運転者の労働時間等に係る実態調査を実施するため，実態調査検討会の開催及び調査の実施
36	家内労働安全衛生管理費	・家内労働安全衛生指導員による安全衛生指導 ・家内労働者の危険有害業務について，災害防止対策好事例の収集 ・家内労働の安全衛生確保等に関するセミナーの実施，総合的な情報提供を行うサイトの開設
37	女性就業支援・母性健康管理等対策費	・母性健康管理について周知啓発のためのパンフレット等の作成や配布 ・母性健康管理の措置に関する調査の実施 ・女性労働者や事業主向けの母性健康管理に関するサイトの運営 ・働く女性の健康保持増進のための支援施策の実施に関する相談対応及び講師派遣 ・全国の女性関連施設等に対する働く女性の健康保持増進のための支援事業の周知，情報等提供 ・雇用均等行政に係る行政指導や相談等をデータベース管理し，迅速かつ正確な事務処理を実施
38	多言語相談支援事業	・14ヶ国語の電話通訳に対応した「多言語コンタクトセンター」の活用等により，職場におけるハラスメントや解雇等のトラブルに関する相談対応，紛争解決援助等の多言語化
39	外国人技能実習機構に対する交付金	・監理団体，実習実施者に対する実地検査の実施 ・安全衛生マニュアルの活用等による啓発 ・実習実施者に対する安全衛生セミナーの開催
40	労働安全衛生融資資金利子補給費等経費	・資金面から労働災害の防止措置を行うことが難しい中小企業に対する職場改善機器等の導入資金としての融資の実施（平成13年度以降，新規の融資は廃止しており，現在は融資資金の回収等を行っている）
41	労働災害防止対策費補助金経費	・事業主等による自主的な安全衛生活動を促進し，労働災害を防止するため，労働災害防止団体等が行う労働災害防止活動事業等に対する補助
42	産業医学振興経費	・職場における労働者の健康を管理する産業医の養成及び産業医科大学の運営に対する助成 ・産業医科大学の学生に対する修学資金貸与制度の運営及び産業医の資質の向上を図る研修等の実施
43	就労条件総合調査費	・主要産業における企業の労働時間制度，賃金制度等についての総合的な調査の実施
44	未払賃金立替払事務実施費	・企業倒産に伴い賃金が支払われないまま退職を余儀なくされた労働者に対して，その未払賃金の一部を事業主に代わって立替払する制度の実施
45	過重労働の解消及び仕事と生活の調和の実現に向けた働き方・休み方の見直し	・生産性を高めながら労働時間の縮減等に取り組む中小企業事業者等に対する助成金の支給 ・働き方改革推進支援センターの設置 ・「働き方改革」に向けた周知・啓発の実施 ・「働き方・休み方改善ポータルサイト」による「働き方・休み方改善指標」や企業の好事例等の提供
46	テレワーク普及促進等対策	・適切な労務管理のためのガイドラインの周知啓発やテレワーク導入に関する相談対応及び訪問コンサルティング，テレワーク用通信機器の導入・運用等に要した費用に要した費用の助成等による導入支援 ・企業向けセミナー，労働者向けイベントの開催や先進企業の表彰等を通じた気運の情勢
47	医療労働者の確保・定着に向けた職場環境改善のための取組	・「医療勤務環境改善支援センター」による相談支援 ・勤務環境改善マネジメントシステムの普及促進 ・医療機関の勤務環境改善事例に関するデータベースサイトの運用
48	中小企業退職金共済事業経費	・中小企業退職金共済制度において，事業主に対する掛金負担軽減措置に要する費用の補助
49	独立行政法人労働政策研究・研修機構運営費・施設整備費	・独立行政法人労働政策研究・研修機構における労働行政職員等に対する研修の実施 ・独立行政法人労働政策研究・研修機構の計画的な施設改修，更新

	事業名	主な事業内容
50	個別労働紛争対策費	・個別労働関係紛争の解決・促進のための「総合労働相談コーナー」の設置 ・都道府県労働局長による紛争解決のための制度の運営
51	雇用労働相談センター設置・運営経費	・国家戦略特別区域に設置した「雇用労働相談センター」における，相談対応・個別訪問指導の実施

（厚生労働省WEBサイト〔https://www.mhlw.go.jp/stf/seisakunitsuite/bunya/koyou_roudou/roudoukijun/rousai/syahukuzennzigyou.html，最終閲覧日：2021年10月7日〕）

資料11-16　安全指導員規程（昭和34年労働省訓令第2号）（昭和34年4月13日〔月曜日〕付け官報本紙第9689号掲載）

◎労働省訓令第2号
　安全指導員規程を次のように定める。
　昭和34年4月13日

　　　　　　　　　　　　　　　　　　　　　　　　　　　労働大臣　倉石　忠雄

　　　安全指導員規程
（設置）
第1条　中小規模事業場等における安全管理の向上を図り，もつて，安全行政の円滑な運営と産業災害の防止に資するため，都道府県労働基準局に安全指導員を置く。
（任命）
第2条　安全指導員は，社会的信望があり，かつ，産業安全に関し学識経験を有する者のうちから，労働大臣が任命する。
（職務）
第3条　安全指導員は，都道府県労働基準局長の命を受けて，中小規模事業場等における安全管理についての指導に関する事務に従事する。
（任期等）
第4条　安全指導員の任期は，1年とする。
2　安全指導員は，非常勤とする。
（秘密を守る義務）
第5条　安全指導員及び安全指導員であつた者は，国家公務員法（昭和22年法律第120号）の定めるところにより，その職務に関して知得した秘密を漏らしてはならない。
（政治的行為の禁止）
第6条　安全指導員は，国家公務員法に規定する政治的行為をしてはならない。
（その他の事項）
第7条　この規程に定めるもののほか，安全指導員に関し必要な事項は，労働省労働基準局長が定める。
　　　附　則
　この訓令は，公布の日から施行する。

資料11-17　安全指導員（労働省）（昭和35年9月21日〔水曜日〕付け官報資料版第10127号掲載）

　　　　　　　　　　　　　　安全指導員（労働省）
　最近わが国における経済復興とその後の成長は，まことにめざましいものがある。しかしながら一方中小企業における産業災害も。また大企業に比べて多発の傾向にあることはまことに遺憾である。尊い労働者の生命がうばわれて行く数は年々増加の一途をたどり，最近では，年間約6万人に及んでいる。なお，死亡者を含め75万人の死傷者を生じており，これに伴う経済的損失は，年間推定1500億円に達する憂慮すべき状況である。
　そこで労働省では，特に多発傾向をたどっている中小企業に対する安全指導を行なうため，昭和34年4月13日労働省訓令第2号による「安全指導員規定」をつくり，安全指導員制度を設け，産業災害防止に役立てることにした。
　安全指導員は一般民間人を起用することとし過去において安全管理に経験の深い人を事業場の中から推せんしてもらい，都道府県労働基準局で審査のうえ，労働大臣が任命することになっている。身分は国家公務員で一般職非常勤職員とされ，都道府県労働基準局におかれ，中小企業の集団指導に当たることになっているが，個々の事業場でも要請があれば指導することになっている。したがって，申し込みを労働基準局にすれば，指導員が派遣されることとなるが，その費用は無料である。
　現在全国で安全指導員は1000人が任命されており，災害防止に大きな役割を果たしている。
　安全指導員の仕事は，①安全管理一般②研究発表③災害事例の検討会（安全指導員による検討会）④災害事例に対する対策⑤安全器具（安全保護具を含む）に対する取り扱い，ならびに知識の普及⑥集団事業場のパトロールなどである。
　なお，安全指導員は中小企業のうち，特に従業員100人以下の事業場を対象に，安全指導を行なうことになっているので，各事業場では，これら指導員の指導を積極的に受け，災害を未然に防止するよう望まれる。

資料11-18　労災防止指導員規程（昭和40年労働省訓令第10号）（昭和40年12月18日（土曜日）付け官報本紙第11707号掲載）

○労働省訓令第10号
　労災防止指導員規程を次のように定める。

　　昭和40年12月18日

部内一般

労働大臣　小平　久雄

　　　　労災防止指導員規程
（設置）
第1条　中小規模事業場等における安全管理及び衛生管理の向上を図り，もつて，労働災害の防止に資するため，都道府県労働基準局に労災防止指導員（以下「指導員」という。）を置く。
（任命）
第2条　指導員は，社会的信望があり，かつ，産業安全又は労働衛生に関し学識経験を有する者のうちから，労働大臣が任命する。
（職務）
第3条　指導員は，都道府県労働基準局長の指示を受けて，中小規模事業場等における安全管理及び衛生管理についての指導に関する事務に従事する。
（任期等）
第4条　指導員の任期は，1年とする。
2　指導員は，非常勤とする。
（秘密を守る義務等）
第5条　指導員及び指導員であつた者は，国家公務員法（昭和22年法律第120号）の定めるところにより，その職務上知ることのできた秘密を漏らしてはならない。
2　指導員は，その地位を利用して，特定の個人若しくは団体の利益を図り，又は紛争に介入すること，その他その信用を傷つける行為をしてはならない。
（その他の事項）
第6条　この訓令に定めるもののほか，指導員に関し必要な事項は，労働省労働基準局長が定める。
　　　附　則
（施行期日）
1　この訓令は，昭和41年1月1日から施行する。
（安全指導員規程の廃止）
2　安全指導員規程（昭和34年労働省訓令第2号）（以下「旧規程」という。）は，廃止する。
（経過措置）
3　この訓令の施行の際現に旧規程による安全指導員である者は，その施行の日において，当該日の前日に所属していた都道府県労働基準局の指導員になるものとし，その任期は，第4条第1項の規定にかかわらず，第2条の規定により，当該都道府県労働基準局の指導員がこの訓令の施行後最初に任命されるまでの間とする。
4　この訓令の施行の日から昭和41年3月31日までの間に任命される指導員の任期は，第4条第1項の規定にかかわらず，4月以上1年3月をこえない範囲内において，各指導員につき労働大臣が定める。

　労災防止指導員制度の廃止に伴い，その代替措置として，都道府県労働局安全衛生労使専門家会議が設置された[51]。しかし，同会議は，都道府県労働局が年2回程度，安全衛生実務に係る専門家である委員を招集して安全衛生に関する意見を聴取し，これを都道府県労働局ごとの安全衛生行政の運営方針等に反映するものであり，個別事業場に対する現地指導を主としていた労災防止指導員制度とは性格を大きく異にするものであるといえるだろう。

　労災防止指導員等の制度は，国が事業者に行う助言・援助措置という側面だけで論じ切れるものではなく，様々な可能性を有している。例えば，地域の民間安全技術者が労働基準監督業務に参加し，様々な事業場の実態を見聞し，指導や法令運用の経験を積むことで専門性を高め，再び民間に戻って自社の安全衛生管理に活かし，又は労働安全コンサルタント等として一層活躍するという可能性もあるし，あるいは労働基準監督官等に比べて高度な安全衛生実務の経験を有する民間安全技術者が行政監督に参加することにより行政監督の水準を引き揚げ，労働基準監督官等がこれに学ぶ効果も期待できる。後者についていえば，日本の労働基準監督官採用試験は受験資格として年齢の上限を約30歳[52]に設定しているため，採用後の訓練で一定の専門知識を与えることはできても，安全衛生実務（例えば，是正・改善の実施手法に関すること）の経験は十分とは言えない者が多いと思われる。英国では，安全衛生に係る監督官（検査官）が民間のベテランから任用され，その専門性について評価が高いとされていることから[53]，労災防止指導員等の制度は再検討する価値があると思われる。

(2)　減税措置

　既に昭和32年4月1日から，汎用機械としての電気集じん機などが，租税特別措置法に基づいて青色申告書を提出する個人及び法人が新規購入後3年間5割増で減税償却費を計算することができる重要機械等とされていた[54]。

　その後，租税特別措置法第11条第1項第2号に規定する機械その他の設備及びこれに係る期間を指定する件（昭和36年7月大蔵省告示第215号）の一部改正（昭和41年3月31日大蔵省告示第33号）により「別表第3　産

業安全衛生設備」が新設され，昭和41年4月1日施行された。同別表によれば，この時対象とされた機械等は，活線作業用具の絶縁性能検査装置，有害ガス局所排出処理装置（排気の無害化処理機能付），粉じん局所排出処理装置（集じん装置付），可搬式換気装置（有害ガス又は粉じん除去用）及び再圧タンク（高気圧障害予防用）で，いずれも昭和41年4月1日から昭和43年9月30日までに取得したものに限る時限的な措置であった。

しかし，その後も労働省が大蔵省と折衝を続けた結果，産業安全衛生設備の減税措置は少なくとも昭和52年度までは実施されていたが，現在は実施されていないようである。

このほか，減価償却資産の耐用年数等に関する省令の一部を改正する省令（昭和47年6月6日大蔵省令第52号）により，健康診断用機器（自動血液分析器）の耐用年数が短縮される等の減税措置が行われていた。これは本法施行前に開始された措置であるが，本法施行後は本法第71条の規定に基づく措置であると解される。

現在では，租税特別措置法第42条の12の4の規定に基づく中小企業者等が取得をした働き方改革に資する減価償却資産の中小企業経営強化税制において，対象となる減価償却資産に冷暖房設備等が掲げられており，これが本条の規定を根拠とするものか不明であるが，当該制度の対象施設の中には労働災害の防止に資する施設も含まれるだろう。

(3) 融資（廃止済）

(a) 政策金融機関による融資（廃止済）

戦後，国民金融公庫（昭和24年6月設立）や中小企業金融公庫（昭和28年8月設立）により中小企業の設備近代化のための融資が行われていたが，その後特定の政策目的に沿った重点的融資が行われるようになり，その中で産業安全衛生に係る融資制度も創設された。

国民金融公庫は，昭和36年5月の閣議決定「鉱山保安の確保等産業災害の防止に関する対策の推進について」に基づき，同年9月，産業安全施設等整備資金貸付（略称 産業安全貸付）を発足させた。これは当初，2年間の時限的な制度であったが，昭和41年度労働災害防止実施計画に関する公示（昭和41年2月2日労働省）に「機械，装置等作業環境の欠陥による労働災害を防止するため，監督指導の強化と相いまって，安全衛生施設にかかる融資制度並びに所得税，法人税，及び固定資産税についての税制特別措置の活用を図る等作業環境の整備を飛躍的に促進するものとする。」と謳われたことに伴い，昭和41年度からは資金使途に産業衛生施設取得資金が加えられる等内容が拡充されるとともに制度が恒久化された。この制度は昭和45年9月に資金使途に産業公害防止施設の取得資金を追加して産業安全衛生・公害防止施設等整備資金貸付（略称＝安全公害貸付）に改組され，昭和47年6月に産業安全衛生施設等整備資金貸付（略称＝安全貸付）と産業公害防止施設等整備資金貸付（略称 公害貸付）に制度が分離された。

中小企業金融公庫でも，前同閣議決定に基づき，昭和36年，産業災害防止施設貸付を創設した。この制度は，中小企業における各種産業災害を防止するために必要となる施設整備資金を貸し付け，中小企業の産業安全の確保を図ることを目的とするもので，産業安全施設等貸付（昭和36年9月発足，昭和41年度から産業安全衛生施設等貸付に拡充），金属鉱山保安施設貸付及び石炭鉱山保安施設貸付（ともに昭和36年12月発足）の3つからなっており，当初は2年間の時限的な制度であった。

中小企業金融公庫を例にとって産業安全施設等貸付（昭和36年9月）の条件を見ると，貸付対象は，火薬取締法の対象となる製造業者，販売業者及び火薬類を消費する事業者並びに労働基準法に規定する製造業者，建設業者及び道路運送取扱業者（通運業者を含む）であり，資金使途は火薬取締法施行規則及び労働安全衛生規則に規定する産業安全施設の取得・改造に必要な資金とされていた。

昭和41年度には，労働者の衛生・作業環境改善の必要性等から，資金使途に産業衛生施設取得資金が加わり産業安全衛生施設等貸付に改称するとともに，従前は2年の時限的措置であったこの資金貸付制度が恒久化し，その後も貸付対象が拡充された。

中小企業金融公庫編『中小企業金融公庫三十年史』（中小企業金融公庫，1984年）に掲載された昭和57年度までの貸付額を表にまとめると**資料11-19**の通りである。

これらの融資制度は，その後廃止され，現在は実施されていない。

(b) 労働安全衛生融資（廃止済）

本法（労働安全衛生法）制定に伴い，附則第15条で労働福祉事業団法が改正され，労働福祉事業団法第1条（目的）中に「労働災害の防止に資するため必要な資金の融通を行なうこと」が追加されるとともに，第19条（業務の範囲）に「事業者又は政令で定める者が労働災害の防止及び労働者の健康の保持のため必要とする政令で定める資金の貸付けを行なうこと。」が追加され，また，第19条の2（金融機関に対する業務の委託等）が新設された。

これにより，昭和47年7月に労働安全衛生融資制度が発足し，当初は職場環境改善資金及び健康診断機関等整備促進資金の2つの融資制度によりスタートし，昭和54年度からは建設工事安全機材資金が加わり，長

資料11－19　中小企業金融公庫による産業安全施設等貸付（昭和41年度以降は産業安全衛生施設等貸付）の貸付状況

年度	件数	金額（百万円）
昭和36年度	85	205
昭和37年度	187	448
昭和38年度	183	545
昭和39年度	168	569
昭和40年度	163	679
昭和41年度	303	1,148
昭和42年度	390	1,423
昭和43年度	392	1,515
昭和44年度	463	1,896
昭和45年度	433	1,887
昭和46年度	（以下データ無し）	1,856
昭和47年度		1,843
昭和48年度		3,734
昭和49年度		4,521
昭和50年度		5,010
昭和51年度		8,082
昭和52年度		10,003
昭和53年度		16,846
昭和54年度		15,378
昭和55年度		11,801
昭和56年度		12,318
昭和57年度		11,509

（中小企業金融公庫編『中小企業金融公庫三十年史』〔中小企業金融公庫，1984年〕をもとに森山誠也作成）

年に亘り運営されていた。しかし，平成13年の特殊法人等整理合理化計画により，同年を以て新規融資が廃止されることとなり[62]，独立行政法人化に際し融資業務は引き継がれず，独立行政法人労働者健康福祉機構法の施行及び労働福祉事業団法の廃止により，融資事業に関する規定は消え，独立行政法人労働者健康福祉機構（平成28年4月1日に独立行政法人労働者健康安全機構に改組）は融資事業を行っていない（その後は債権管理回収業務のみ存続）。

(4) 補助金・助成金

本条の規定に基づくもの（同時に他の条項の規定にも基づくものも含む）と思われる助成金としては，廃止されたものとして，平成7年度から平成12年度頃まで行われていた中小企業安全衛生活動促進事業助成制度[63][64]のうちの中小企業集団安全衛生活動促進事業，平成11年度から平成24年度まで（新規申込は平成22年度まで）行われていた小規模事業場等団体安全衛生活動援助事業（たんぽぽプラン）[65][66]，平成13年度から平成21年度まで行われていた職場改善用機器等整備事業[67][68]等があった。

近年実施されているものとしては，既存不適合機械等更新支援補助金[69]（資料11－15の33の項）がある。これは，中小企業における胴ベルト型安全帯のフルハーネス型墜落制止用器具への買い換え（正確に言えば，旧規格による安全帯を新規格による墜落制止用器具に買い換えること）及びつり上げ荷重3t未満の移動式クレーンで過負荷防止装置（荷重計でないもの）の装備の促進を行うもので，その費用の一部を補助するものである。これらの機械等は，構造規格の改正[70]により，新構造規格に適合しなくなったもので，法令の経過措置により新構造規格に適合するものとみなされ，法的には使用することができるものについて，労働災害の防止のため，新構造規格による製品へ買い換え又は改修を促進するものである。

補助金については，中小企業安全衛生活動促進事業助成制度のうちの特殊健康診断用機器等整備事業や，労働者健康保持増進計画助成制度（THPの推進のため，事業者が計画を定めて行う研修，健康測定，健康指導等への助成制度）等など，法第71条の規定に基づくものも多い。

7 労働者災害補償保険事業（社会復帰促進等事業）

1 概要

この節では，本条の規定による事業に限定しないで記述する。

労働基準監督機関による助言等以外の援助については，現在，その多くが労働者災害補償保険事業のうちの社会復帰促進等事業（労働者災害補償保険法第29条）の一環として実施されている。その現行事業を，**資料11－15**に示した。

社会復帰促進等事業は次の通り，3個に区分されている。

社会復帰促進等事業	社会復帰促進事業
	被災労働者等援護事業
	安全衛生確保等事業

安全衛生確保等事業は「業務災害の防止に関する活動に対する援助，健康診断に関する施設の設置及び運営その他労働者の安全及び衛生の確保，保険給付の適切な実施の確保並びに賃金の支払の確保を図るために必要な事業」（同条第1項第3号）と定められており，本条の規定に基づく事業は，このうち「業務災害の防止に関する活動に対する援助その他労働者の安全及び衛生の確保を図るために必要な事業」の一部をなすと考えられる。なお，「健康診断に関する施設の設置及び運営」は本法第71条の規定に基づく各種事業，「賃金の支払の確保」は賃金の支払の確保等に関する法律第7条に規定する未払賃金立替払事業がこれに当たる

だろう。

2 沿革及び行財政改革

終戦時点において、労働者災害扶助責任保険は健康保険、国民健康保険とともに厚生省保険局が所管していた。

労働者災害補償保険法（昭和22年4月7日法律第50号）は、労働基準法の一部及び労働省設置法（昭和22年8月31日法律第97号）とともに昭和22年9月1日に施行されたが、労働省設置に際して労働者災害補償保険に関する事務の所掌を厚生省保険局に残すか新労働省労働基準局に移すかが問題になった。

当時の厚生省労働基準局監督課長だった寺本廣作の回顧によると、厚生大臣室において厚生大臣一松定吉の前で、新労働省側代表の寺本廣作が厚生省側代表の厚生省保険局庶務課長高田浩運及び同保険課長友納武人と討論を行い、厚生省側が「新憲法第25条第2項には、国は社会保障の向上充実に務めなければならないという義務を負っている。労災保険であれ、失業保険であれ、社会保険といわれるものは、保険局に一元化してこれを取扱うのでなければ、社会保障の充実は期待できない」と主張し、なお細目として、徴収、給付等の一元化による事務費の軽減や、業務上外の解釈の統一等を挙げたのに対し、新労働省側は「今まで業務上の損害賠償を健康保険や年金保険で取り扱っているが、完全賠償からはほど遠いものだ。とても今の社会保険に代行させていては、労働者の損害賠償を完全に履行することはできない。その上、労災保険というものは、労働災害の後始末をするものだ。労働災害の予防をする役所に後始末もさせるというのでなければ予防の効果は上がらん。予防から後始末まで一貫して同じ役所で扱うということこそ、初めてこの労働行政の能率をあげ、効果をあげることができるのだ」と主張し、この討論の結果として新労働省への労働者災害補償保険の移管が決まったという。当時厚生省労働基準局監督課員だった松本岩吉は、新労働省への移管を主張する新労働省側の考えを纏めたものを著書に掲載しており、労働者災害補償保険に関する当時の監督課の考え方がそこに表現されていることから、**資料11-20**として掲載する。

厚生省大臣官房総務課長として労働省の設立準備委員となり、労働省の初代大臣官房総務課長兼会計課長となった斎藤邦吉の回顧によると、日本政府部内だけでなくGHQにおいても対立があったとのことである。

労働者災害補償保険法の制定・施行当初、労働者災害補償保険事業は保険給付のほかは業務災害に係る保険施設（同法旧第23条）のみを行うこととなっていたが、労働災害防止団体等に関する法律（昭和39年6月29日法律第118号）附則第6条の規定により改正され、「業務災害の予防に関し必要な保険施設」も併せて行うこととされた（労働者災害補償保険法旧第23条の2）。

昭和50年12月、中央労働基準審議会内の労災保険基本問題懇談会は、労働者災害補償保険事業について、労働災害の補償を中心としつつ、労働安全衛生や労働条件の確保を含む労働条件をめぐる使用者の責任分野に関する総合的な保険制度へ発展させるよう建議した。これを受けて成立した労働者災害補償保険法等の一部を改正する法律（昭和51年5月27日法律第32号）により、従来の「保険施設」は労働条件確保事業（未払賃金立替払事業を含む）を含む「労働福祉事業」に拡充された。なお、労災勘定に占める労働福祉事業（特別支給金の支給に関する事業を除く）及び事務執行のための費用については、従来行政内部の慣行として設定されていたが、昭和56年度予算以降、当該費用が労災勘定に占める割合の上限が労働者災害補償保険法施行規則第43条で規定されている。

その後、行財政改革が進む中で事業縮小へと流れが変わり、平成12年12月1日閣議決定「行政改革大綱」において特殊法人等改革が示され、特殊法人等改革基本法（平成13年6月21日法律第58号）が制定された。同法に基づき、労働福祉事業の相当部分を担っていた労働福祉事業団も検討対象となり、平成13年12月18日付け特殊法人等整理合理化計画が策定され、これに基づき、労働福祉事業団は平成16年4月1日に独立行政法人労働者健康福祉機構に改組され、労働安全衛生融資業務も廃止された（債権管理回収業務は存続）。

さらに、平成17年12月24日閣議決定「行政改革の重要方針」では「『小さくて効率的な政府』を実現し、財政の健全化を図るとともに、行政に対する信頼性の確保を図る」と謳われ、同閣議決定及び簡素で効率的な政府を実現するための行政改革の推進に関する法律（平成18年6月2日法律第47号）第23条で次のような見直し方針が示された。

> 簡素で効率的な政府を実現するための行政改革の推進に関する法律（平成18年6月2日法律第47号）
> （労働保険特別会計に係る見直し）
> 第23条　労働保険特別会計において経理される事業は、労災保険法の規定による保険給付に係る事業及び雇用保険法の規定による失業等給付に係る事業に限ることを基本とし、労災保険法の規定による労働福祉事業並びに雇用保険法の規定による雇用安定事業、能力開発事業及び雇用福祉事業については、廃止を含めた見直しを行うものとする。
> 2　〈略〉

これを受けて、平成18年、使用者側委員及び厚生労

資料11-20　労働者災害補償保険の全面的移管について（厚生省労働基準局監督課，昭和22年）

◎労働者災害補償保険の全面的移管について
　　　理論上の問題
一，労働者災害補償保険は憲法第二十七条に基いて規定された労働条件を保険化したものであって，憲法第二十五条に言う社会保障を目的とする他の社会保険とは根本的に異なる。
二，従って疾病，老齢その他人間不可避の事故について一般国民を対象とする社会保険法が制定される場合においても，これと，企業経営の責任上，当然の義務として労働者の災害を賠償せんとする労働者災害補償保険は性質上峻別すべきものである。
三，社会保障法が実施されている英米に徴しても，労働者災害補償保険法はこれを峻別され別個に取扱われている。
　　　実際上の問題　一，積極的理由
一，健康保険は点数計算制の保険であって，その給付額は実際の治療分の三分の一程度にしか相当せぬ場合が多いが，労働者災害補償保険は治療費全額負担の保険である。之を同一保険官署で所管させることは，労働者災害補償保険の治療費の給付内容を低下させる危険性がある。
二，健康保険及年金保険の金銭給付は郵便で請求できるが，労働者災害補償保険の大宗をなす障害補償の給付に当っては障害等級認定のため，必ず労働者の出頭を必要とする。全国に亘り県庁の外僅かに四十一ヵ所の出張所しか持たぬ保険官署に比し，都道府県基準局の外三百三十六ヵ所の組織網を持つ労働基準監督署を利用することは，労働者にとって遙かに便利である。
三，労働者災害補償保険行政の中心をなすものは障害等級の認定事務であるが，右の認定事務は労働者災害補償保険法適用外の事業及び進駐軍労働等に於ける災害補償の認定並びに労働者災害補償保険法適用事業に於ける労働基準法上の災害補償義務の認定事務とも統一的に取扱うことが必要であり，且つ，行政の経済化を図る所以でもある。
四，前掲の認定事務が統一されない場合，労働者災害補償保険法適用事業に於て，保険官署の認定と労働基準官署の認定が相違するときは使用者は労働基準官署の認定に従い差額補償をせばならぬこととなる。従来の実例に徴し両者の認定は相当に頻発するものと考えられ，その都度災害補償に関し労使の間に紛議が起ることになる。
五，労働者災害補償行政は作業条件の改善を目的とする産業安全，労働衛生行政と不可分の関係に立つ。労働者災害補償保険法立案の当時，保険局が自ら安全衛生行政を主管するための規定を起草したのもかかる理由によるものであり，右の規定が削除された後に於て現在尚，その予算に於て安全衛生指導行政費を計上しているのも右の事情を裏書きするものである。国は一般会計に於て多額の予算を安全衛生行政のために計上しているが，租税と同じく強制力を以て国民より掛金を徴収する保険が安全衛生について二重行政を行うため多額の予算を計上しているのは，国家の財政的損失であるのみでなく行政の紛淆を来すものである。
　　　実際上の問題　二，消極的理由
一，労働者災害補償保険の保険料徴収技術は，月々労働者の俸給より保険料を徴収する健康保険，年金保険及び失業保険と異り，一年に一回（最大の場合一年三回）使用者より概算払いで一括して徴収するので，その徴収事務は極めて簡単であり之を他の保険と形式的に統一して保険官署に所管させる必要はない。
二，健康保険はその治療費について点数計算制をとり，之に基き医師会と契約を結んでいるので，その限度で医療行政と深い関係を持つが，労働者災害補償保険の治療費は実費主義であるから，如何なる医療機関を利用するにしても之に現実の治療費を支払へばそれで問題は解決するのであって，医療行政とは本質的に何の関係も持たない。
三，労働者災害補償保険を健康保険より分離した場合，業務外の一元的認定が不可能になり労働者の保護に欠けるところがあると言う議論があるが，国の法律で業務上の負傷疾病を定めるのは労働基準法のみであり，労働基準法で業務上と認定されたもの以外は当然業務外として取扱わるべきものであって，健康保険がかかる場合にこれを業務上なりとして給付を拒むならばそれは違法の措置である。
　　　歴史的な事情
一，現行の労働者災害補償保険は，昭和六年制定当時より昭和十三年迄中央に於ては，保険行政の一部門としてではなく，労働行政の一部門として所管されてきた。厚生省設立に当り保険行政統一の名の下に，中央は保険院に移管されたのであるが地方庁に於てはその後も引続き今次戦争に至る迄労働行政の一部門として取扱われて来た。保険行政統一の原則が，その後簡易生命保険の分離等によって破棄されたとき，労働行政は戦時中の沈滞期に在ったため労働者災害補償保険は今日迄労働行政に復帰しなかったものである。
二，工場法，鉱業法の下では，労働者が社会保険の被保険者である場合に於ては，使用者は之等の労働法規の規定する災害補償義務を全免されることになり，労働法規はその限度で機能を失うことになっていた。然し，労働法規がその機能を喪失したにも拘らず，之を代行すべき社会保険は制度的にも運用上も極めて不十分であって労働者は多年に亘り労働法規が保証するその権利を侵害されて来た。新しい労働者災害補償保険法が制定されたのはかかる事情に基くものである。
　　　輿論
一，労働者災害補償保険と労働行政の一元的運営は労働者，使用者双方の一致せる意見であり，之に対し，労働者災害補償保険を他の社会保険と一元的に運用すべしと言うのは，保険行政に関係する現役及び退役の官吏並びに社会保険制度審議会をめぐる一部の関係のみである。

（松本岩吉『労働基準法が世に出るまで』〔労務行政研究所，1981年〕275-279頁から転載）

働省幹部による労働福祉事業の見直し検討会が組織され，労働条件確保事業（未払賃金立替払い事業を含む）を大幅に縮小して安全衛生確保事業と統合し，統合後の事業では「保険給付事業の健全な運営のために必要な事業（労災保険給付の抑制に資する労働災害の防止，職場環境の改善等の事業）」のみを行うこととし（未払賃金立替払事業及び中小企業福祉事業は継続検討），労働福祉事業の名称も変更することとされた[86]。この検討結果をもとに労働政策審議会労働条件分科会労災保険部会[87]が審議を行い，この検討結果を特に変更せず厚生労働大臣に建議した[88]。

この建議に基づき，雇用保険法等の一部を改正する法律（平成19年4月23日法律第30号）により労働者災害補償保険法の労働福祉事業が再編され，その名称は「社会復帰促進等事業」に改められた。

その後，民主党による政権交代後には見直しの動きがさらに加速し，行政刷新会議ワーキンググループ[89]が行った平成22年10月27日の事業仕分け第3弾前半においては[90]，「社会復帰促進等事業は労働保険特別会計としては原則廃止」という評価結果となった[91]。しかし，

資料11-21 鉱山保安情報（平成29年6月16日号）

（経済産業省WEBサイト「鉱山保安情報」平成29年に発行されたリーフレット一覧より）

これについては当時の野党からの批判もあり[92]、全部廃止や一般会計への移行がなされた事実は確認できず、社会復帰促進等事業のうちの個別事業ごとの大幅な整理や廃止が行われるに止まったものと思われる。

このほか、社会復帰促進等事業ないし労働者災害補償保険事業については、労働基準局が主催する社会復帰促進等事業に関する検討会[93]、行政監察等[94]の機会で検討が加えられてきた。

3　災害保険と災害予防との関係

行財政改革における労働者災害補償保険事業の検討に際し、一部の委員から主張されることが多いのが、受益と負担の関係を限定的に捉える立場から、労災保険料財源の使途は被災労働者やその遺族のための保険給付（や特別支給金）に限るべきだという意見である[95]。しかし、保険機関がその保険財政を安定させるためには、災害の減少又は増加の抑制が必要であり、安全衛生対策の推進は保険機関としても有利であるから、保険機関自らそれに寄与する措置を行うことは決して不自然ではないという考え方もあり[96]、災害保険機関が災害予防事業を行うべきことは、国際労働基準（[4]2参照。産業災害の予防に関する勧告〔第31号、第12回総会で1929年6月21日採択、第109回総会で2021年撤回〕では、第23項で国が災害保険機関及び災害保険会社を災害予防事業に協力させるべきことを勧告していた）でも謳われている。また、日本の安全衛生分野では、古くから損害保険ジャパン株式会社（商号等に変遷あり）[97]がボイラーの検査を行う例がある[98]。

4　「援助」概念と労働者災害補償保険との関係

本条ないし[2]2に列挙されている各条その他じん肺法等の規定に基づく労働災害防止のための国の援助に係る支出は、労働保険特別会計の労災勘定によって賄われている。

国の労働災害防止事業は、労働者災害補償保険法制定以降、同法の保険施設、のちに労働福祉事業、さらに社会復帰促進等事業と変遷する事業の一環として行われてきており（[7]2参照）、会計上は、当初は労働者災害補償保険特別会計、その後労働保険特別会計の労災勘定と変遷したが一貫して労災保険料を主な財源とする会計から支出されてきており、筆者の不十分な調査の範囲においては、一般会計による事業は不見当であった。また、近年では、一般会計からの労災勘定への国庫補助は殆ど無くなっている。

ここで疑問が生じるのが、本稿においては労働者災害補償保険事業における安全衛生確保等事業を国の「援助」として記述しており、政府の資料においてもそのような記載が認められるが[99]、そもそも保険料を財源として労働災害防止事業を行うことを、国の「援助」と呼ぶことが妥当なのかということである。即ち、一般論として、災害保険が災害防止事業を行うことは、その収支の安定のためであるという見方（[7]3参照）、あるいは、国の援助ではなく、事業主の共同連帯による事業という見方も可能である[100]。しかし、労災保険の保険料は、単なる保険料ではなく、税に近い公益的拠出という見方もできる。

[8]　本法が適用されない領域等における事情

本法は、鉱山における保安については第2章（労働災害防止計画）を除き適用されず、船員については全く適用されない。

1　鉱山における保安

鉱山保安法等に国の援助規定はないが、経済産業省等においても技術上の助言、リーフレットの配布等による指導援助が行われていることは周知の通りである[101]（資料11-21）。

なお、独立行政法人エネルギー・金属鉱物資源機構により、金属鉱業等による鉱害の防止に必要な資金の貸付けその他の鉱害防止支援事業が行われている[102]。

2　船員

船員災害防止活動の促進に関する法律（昭和42年7月15日法律第61号）では、第1章（総則）に次の通り国の援助規定が置かれている。

> 船員災害防止活動の促進に関する法律（昭和42年7月15日法律第61号）
> （国の援助等）

> 第5条　国は、船舶所有者又は船舶所有者の団体が船員災害の防止を図るために行う活動について、財政上の措置、技術上の助言、資料の提供その他必要な援助を行うように努めるものとする。
> 2　国は、船員災害の防止に資する科学技術の振興を図るため、研究開発の推進及びその成果の普及その他必要な措置を講ずるように努めるものとする。

3　家内労働者

家内労働法にも次の通り家内労働者及び委託者に対する援助規定がある。

> 家内労働法（昭和45年5月16日法律第60号）
> （援助）
> 第25条　国又は地方公共団体は、家内労働者及び委託者に対し、資料の提供、技術の指導、施設に関する便宜の供与その他この法律の目的を達成するために必要な援助を行なうように努めなければならない。

本条の特徴として、国に加えて地方公共団体もまた努力義務を負っていることが挙げられる。これは、家内労働者の労働条件向上のための施策が、地域住民の福祉対策としての側面を有していることによるものであると説明されている。

家内労働者については、国民金融公庫の産業安全衛生施設等整備資金貸付（⑥ 4(3)(a)参照）及び労働安全衛生融資制度（⑥ 4(3)(b)参照）の対象となっていた。

4　一人親方等

既存不適合機械等更新支援補助金事業では、労災保険に特別加入している個人事業者も対象としている。

> （厚生労働大臣の援助）
> 第107条　厚生労働大臣は、安全管理者、衛生管理者、安全衛生推進者、衛生推進者、産業医、コンサルタントその他労働災害の防止のための業務に従事する者の資質の向上を図り、及び労働者の労働災害防止の思想を高めるため、資料の提供その他必要な援助を行うように努めるものとする。

1　趣旨

本条は、厚生労働大臣が、安全管理者、衛生管理者、安全衛生推進者、衛生推進者、産業医、コンサルタントその他労働災害の防止のための業務に従事する者の資質の向上を図り、及び労働者の労働災害防止の思想を高めるため、資料の提供その他必要な援助を行うように努めるものとすることを明確化したものである。

第106条との主な相違点として、本条の主語が国ではなく厚生労働大臣であること、本条の対象が事業者ではなく労働災害の防止のための業務に従事する者及び労働者であることが挙げられる。

なお、国の援助義務に関する一般的事項については、第106条の解説にまとめることとし、本条の解説では本条に特徴的な事項について述べることとする。

2　条文解釈

1　「安全管理者……その他労働災害の防止のための業務に従事する者」

類似の表現として、第99条の2（労災の再発防止のための都道府県労働局長による講習受講の指示）に（事業者に受講させるよう指示する対象として）「総括安全衛生管理者、安全管理者、衛生管理者、統括安全衛生責任者その他労働災害の防止のための業務に従事する者（次項において「労働災害防止業務従事者」という。）」との表現があるが、本条との細かい異同は明らかではない。しかし、同条は都道府県労働局長が事業者に対し事業場の労働災害防止業務従事者に講習を受けさせるよう指示させる規定であるから、少なくとも、本条が事業場に所属せず活動する例えば開業コンサルタントも対象としうる点で趣旨を異にすると考えられる。

「その他労働災害の防止のための業務に従事する者」には、総括安全衛生管理者、産業医、産業保健師、産業歯科医師、作業主任者、職長、統括安全衛生責任者、元方安全衛生管理者、店社安全衛生管理者、安全衛生責任者等は当然含まれるほか、その他労働災害の防止のための業務に従事するあらゆる自然人が含まれるであろう。

2　「労働者」

従来、労働基準法第105条の2では「労働者及び使用者に対して資料の提供その他必要な援助をしなければならない。」と規定されてきたが、本法では使用者について名宛人を事業者に改めて第106条に、労働者について本条にと分けて規定された。

3　「……の資質の向上を図り……の労働災害防止の思想を高めるため」

本書第106条 2 3参照。本条も、第1条が定める本法の目的、すなわち労災防止と快適職場形成のうち前者に係る国の援助を定めている。

4　「資料の提供その他必要な援助」

「資料の提供」には、労働災害の発生状況、有効な防止対策事例、諸外国における労働災害防止対策の現況、各種の統計等を示したリーフレット、パンフレット等の提供が含まれる。

「その他必要な援助」には、資料の提供も伴うが、

全国安全週間，全国労働衛生週間等の行事の開催，後援等のほか，（法第63条の支持を受けた）安全衛生教育センター，産業安全技術館（ 5 2参照）等の施設の設置（委託等を含む）や助成が含まれるであろう。

なお，これらの具体的な援助が，同時に本条以外の国の援助関係規定に関する援助にも該当することも少なくないと思われる。

3 関係規定

実際に労働災害が発生してしまった場合には，国（都道府県労働局長）は，第99条の2の規定により安全管理者等に講習を受けさせるよう事業者に指示することができる。

> （講習の指示）
> 第99条の2　都道府県労働局長は，労働災害が発生した場合において，その再発を防止するため必要があると認めるときは，当該労働災害に係る事業者に対し，期間を定めて，当該労働災害が発生した事業場の総括安全衛生管理者，安全管理者，衛生管理者，統括安全衛生責任者その他労働災害の防止のための業務に従事する者（次項において「労働災害防止業務従事者」という。）に都道府県労働局長の指定する者が行う講習を受けさせるよう指示することができる。
> 2　前項の規定による指示を受けた事業者は，労働災害防止業務従事者に同項の講習を受けさせなければならない。
> 3　前2項に定めるもののほか，講習の科目その他第1項の講習について必要な事項は，厚生労働省令で定める。

4 沿革

国の援助規定全般に係る沿革は本書第106条 5 に示した。

本法制定当初の本条の規定は次の通りであった。

> （労働大臣の援助）
> 第107条　労働大臣は，安全管理者，衛生管理者，コンサルタントその他労働災害の防止のための業務に従事する者の資質の向上を図り，及び労働者の労働災害防止の思想を高めるため，資料の提供その他必要な援助を行なうように努めるものとする。

その後，労働安全衛生法の一部を改正する法律（昭和63年5月17日法律第37号）により安全衛生推進者及び衛生推進者に関する規定が新設された際，同時に本条中「衛生管理者」の下に「，安全衛生推進者，衛生推進者」が加えられ，「行なう」が「行う」に改められ，昭和64年4月1日から施行された。

また，労働安全衛生法の一部を改正する法律（平成8年6月19日法律第89号）で産業医の専門性の確保等のための改正が行われた際，本条中「衛生推進者」の下に「，産業医」が加えられ，平成8年10月1日から施行された。

中央省庁等改革関係法施行法（平成11年12月22日法律第160号）第705条の規定により「労働大臣」が「厚生労働大臣」に改められ，平成13年1月6日から施行された。

5 運用

労働省労働基準局安全衛生部編『実務に役立つ労働安全衛生法』（中央労働災害防止協会，1993年）によれば，全国安全週間，全国労働衛生週間等の行事の推進，安全衛生関係法令等に関する講習会や説明会の開催等が本条に基づく援助であると解説されている。

これらの行事等は，本条の規定だけに基づくものとは限らないが，以下これらの行事等について便宜上本条の解説として記述することとする。

1　全国安全週間及び全国労働衛生週間

日本最初の安全週間は，大正8年6月15日から6月21日まで，東京市とその隣接町村において地域的なものとして実施された（本書第106条 5 1参照）。その後，関西地区の工場監督官らの発案をきっかけとして昭和2年に1道3府21県連合工場安全週間が実施され，昭和3年には全国工場監督主任官会議の決定により全国統一の全国安全週間が初めて開催された（資料11‑22）。

昭和25年以降は，全国安全週間から分離する形で全国労働衛生週間が実施されている（資料11‑23）。

令和5年7月には，厚労省により，96回目となる全国安全週間が開催された。同年10月には，同じく74回目となる全国労働衛生週間が開催された。

2　産業安全技術館及び大阪産業安全技術館

広く一般への安全衛生に関する資料や設備を提供する施設として，かつて，産業安全技術館と大阪産業安全技術館が存在した（資料11‑24）。

産業安全技術館は，産業安全参考館として昭和18年に厚生省産業安全研究所（東京都港区芝田町）の附属施設として設立された。産業安全研究所と産業安全参考館の設立は伊藤一郎ら民間からの寄附と強い要望により設立されたものであった。

産業安全参考館は，昭和29年に（国立）産業安全博物館に改称された。同博物館は，その後，博物館法（昭和26年12月1日法律第285号）第29条の規定に基づき，昭和30年12月28日文部省告示第108号により，労働科学資料館（世田谷区祖師ケ谷，私立）等とともに博物館相当施設として指定された。

資料11-22 昭和3年の第1回全国安全週間のポスター

資料11-23 昭和25年の第1回全国労働衛生週間のポスター

資料11-24

産業安全参考館（昭和18年）

産業安全会館（昭和46年）
（産業安全研究所および産業安全技術館）

大阪産業安全博物館（昭和36年）
（労働省産業安全研究所『労働省産業安全研究所50年の歩み』〔1992年〕4-5頁）

昭和36年には，日立造船株式会社からの寄附により，大阪市にも大阪産業安全博物館が設立された。

昭和46年，産業安全博物館と大阪産業安全博物館はそれぞれ産業安全技術館と大阪産業安全技術館に改称された。

なお，その後，博物館の独立行政法人化の流れの影響で，産業安全技術館は，平成19年3月時点で，国立で唯一の博物館相当施設であった[115]。

民主党政権が成立すると，平成22年5月21日の行政刷新会議「事業仕分け第2弾」（後半）で産業安全技術館及び大阪産業安全技術館を含む中央労働災害防止協会による安全衛生情報提供・相談等業務について廃止と判定されたこと等を受け，これらは平成23年3月31日をもって廃止された[116][117][118]。

3 リーフレット等

厚生労働省は，法令改正等に関するリーフレット，パンフレットをWEBサイトや官署にて配布している。

（研究開発の推進等）
第108条　政府は，労働災害の防止に資する科学技術の振興を図るため，研究開発の推進及びその成果の普及その他必要な措置を講ずるように努めるものとする。

1 趣旨

本条は，政府は，労働災害の防止に資する科学技術の振興を図るため，研究開発の推進及びその成果の普及その他必要な措置を講ずるように努めるものとすることを定めている。

2 条文解釈

1 「政府」

「政府」の意義については，本書第106条 2 1で述べた。

2 「研究開発の推進及びその成果の普及」

施設としては，独立行政法人労働者健康安全機構の労働安全衛生総合研究所，産業医学振興財団，学校法人産業医科大学などがこれに該当する。

なお，日本バイオアッセイ研究センター（当初中央労働災害防止協会に運営を委託，その後独立行政法人労働者健康安全機構に移管）は，本条ではなく第58条の規定に基づく事業である。

また，警察庁科学警察研究所，消防庁消防大学校消防研究センター，独立行政法人製品評価技術基盤機構，独立行政法人国民生活センターなど，他の行政分野で行われる研究開発が，労働災害の防止に資することは少なくない。

3 関係規定

じん肺法にも，政府による技術研究等についての規定がある。

じん肺法（昭和35年3月31日法律第30号）
　　第4章　政府の援助等
　（技術的援助等）
　第32条　政府は，事業者に対して，粉じんの測定，粉じんの発散の防止及び抑制，じん肺健康診断その他

じん肺に関する予防及び健康管理に関し，必要な技術的援助を行うように努めなければならない。
2　政府は，じん肺の予防に関する技術的研究及び前項の技術的援助を行なうため必要な施設の整備を図らなければならない。

4　沿革

本条の趣旨については，昭和46年7月13日付け労働基準法研究会第3小委員会報告に既に窺うことができる。

昭和46年7月13日付け労働基準法研究会第3小委員会報告別紙
3　安全衛生対策の現状と問題点
(十)　むすび
(8)　国の監督指導および援助
ホ　研究体制の整備充実
技術の進展，労働環境等の変化に対応する科学的労働災害防止対策を展開するためその裏づけとなる研究体制の整備充実をはかる必要があること。

5　運用

本条の運用上の代表格である労働安全衛生総合研究所の沿革は資料11-25の通りである。
その他に，
公益財団法人産業医学振興財団
学校法人産業医科大学
厚生労働科学研究費補助金
等が挙げられる。

（疫学的調査等）
第108条の2　厚生労働大臣は，労働者がさらされる化学物質等又は労働者の従事する作業と労働者の疾病との相関関係をは握するため必要があると認めるときは，疫学的調査その他の調査（以下この条において「疫学的調査等」という。）を行うことができる。
2　厚生労働大臣は，疫学的調査等の実施に関する事務の全部又は一部を，疫学的調査等について専門的知識を有する者に委託することができる。
3　厚生労働大臣又は前項の規定による委託を受けた者は，疫学的調査等の実施に関し必要があると認めるときは，事業者，労働者その他の関係者に対し，質問し，又は必要な報告若しくは書類の提出を求めることができる。

4　第2項の規定により厚生労働大臣が委託した疫学的調査等の実施の事務に従事した者は，その実施に関して知り得た秘密を漏らしてはならない。ただし，労働者の健康障害を防止するためやむを得ないときは，この限りでない。

1　趣旨と内容

本条は，厚生労働大臣が，労働者がさらされる化学物質等又は労働者の従事する作業と労働者の疾病との相関関係を把握するため必要があると認めるときに疫学的調査その他の調査を行うことができる権限のほか，調査の実施に関する事務の全部又は一部の外部委託，調査にあたっての質問，報告徴収等の権限，調査の実施の事務に従事した者の秘密保持義務について規定するものである。

本条は，労働安全衛生法及びじん肺法の一部を改正する法律（昭和52年7月1日法律第76号）による本法改正（以下「昭和52年改正」という。）で，新規化学物質の製造者等による有害性調査制度等（法第57条の2等）の新設と共に追加されたものであり，その趣旨は，施行通達により次の通り説明されている。

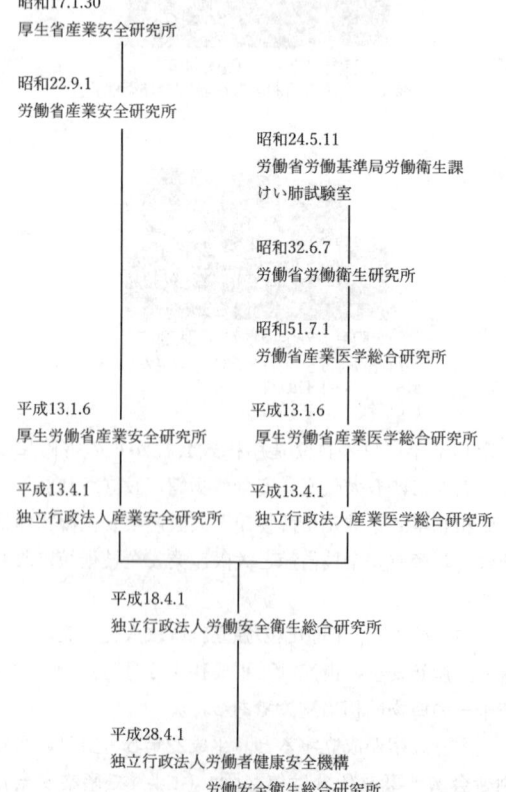

資料11-25　労働安全衛生総合研究所の沿革

（労働安全衛生総合研究所の紹介パンフレット[119]から作成）

> 発基第9号
> 昭和53年2月10日
> 都道府県労働基準局長　殿
> 　　　　　　　　　　　　　　　労働事務次官
> 労働安全衛生法及びじん肺法の一部を改正する法律の施行について（労働安全衛生法関係）
> 　　記
> 第一　労働安全衛生法の改正の経緯及び趣旨
> 　労働安全衛生法の制定以来5年余が経過したが、その間の労働災害の発生状況をみると、全般的には毎年着実に減少の一途をたどってはいるものの、今なお、相当数の労働災害の発生がみられている。
> 　特に職業性疾病については、最近の新しい原材料の採用等により、職業がん等新しい型の疾病の発生がみられ、最近においては、六価クロム、塩化ビニル等の化学物質による重篤な職業性疾病が大きな社会問題となったところである。こうした化学物質等による職業がん等の重篤な職業性疾病の防止対策が、安全衛生行政の重要な課題となっている。
> 　このような情勢を踏まえ、労働省では、中央労働基準審議会の労働災害防止部会における職業性疾病対策を重点とした労働安全衛生法の改正についての報告書を受けて、同審議会に「労働安全衛生法の一部を改正する法律案要綱」を諮問し、その答申を受けて改正を行ったものである。
> 第二　労働安全衛生法の改正の内容
> 　七　疫学的調査等（第108条の2関係）
> 　疫学的調査等は、がん原性等の疑いがある化学物質等又は労働者の従事する作業と労働者の疾病との相関関係をは握するために行う調査である。
> 　この調査は、従来は法的な根拠をもたず、事業者の自主的な協力に依存して実施してきたが、その重要性にかんがみ、特に規定を設け、国として調査を行う姿勢を明らかにしたものであること。
> 　この調査の結果は、労働者の疾病の原因となることが明らかになった化学物質等又は作業に関連する有害な要因を除去し、又は減少させる技術的な対策を講ずるための基礎資料となるとともに、適正かつ迅速な労災補償を行うための基礎資料としても利用されるものであること。

2　条文解釈

1　「労働者がさらされる化学物質等」

「化学物質」は本法第2条第3号の2で「元素及び化合物をいう。」と定義されており、化学物質の審査及び製造等の規制に関する法律（昭和48年10月16日法律第117号）で定義されている「化学物質」の範囲が人為的に合成したものに限られているのとは対照的である。

本法では、制定時には法律条文に「化学物質」の語がなく、そのかわり「有害物」、「残さい物」等（安全関係では「爆発性の物」等）の語が使用されていたが、昭和52年改正により本条を含む化学物質関連規定が追加され、上記の定義規定もその時に加えられた。その時の施行通達を次に引用する。

> 基発第77号
> 昭和53年2月10日
> 都道府県労働基準局長　殿
> 　　　　　　　　　　　　　　　労働事務次官
> 労働安全衛生法及びじん肺法の一部を改正する法律及び労働安全衛生法施行令の一部を改正する政令の施行について（抄）
> 　　記
> Ⅰ　法律関係
> 一　定義（第2条関係）
> 　第3号の2の「元素」及び「化合物」は、以下のとおりとすること
> 　㈠　「元素」とは、
> 　　1種類の原子（同位体の区別は問わない。）からなる物質のすべての状態（励起状態、ラジカル等を含む。）をいい、単体を含むものであること。
> 　㈡　「化合物」とは、
> 　　2種類以上の元素が互に化学結合力によって結合すること（化合）によって生じた、原則として一定の組成を有する物質をいうこと（安定な非結合ラジカル（2.2-ジフエニル-1-ピクリルヒドラジル、ジ-tert-プチルニトロキシド等）を含む。）
> 　　なお、「化合物」とは通常単一の種類の物質をいうが、ここでいう化合物には、次の各号に掲げる物を含むものとすること。
> 　イ　主成分は一定の組成を有しているが、その主成分を製造する際に混入した不純物、副生物等が混在しているもの
> 　ロ　高分子化合物のごとく、単量体（モノマー）は一定の組成を有しているが、厳密な意味では、その物の化学構造が完全な同一性を有するとは限らないもの
> 　ハ　一部の染料、コールタール状物質等のごとく、製造する行為の結果、複数の化合物の集合体として得られ、個々の化学物質の同定が困難であるが、全体として均一な性状を有し、個々の化学物質の分離精製を行わないもの
> 　また、次の各号に掲げる物は、化合物として取り扱わないものとすること。
> 　イ　合金
> 　ロ　固有の使用形状を有するもの（合成樹脂製の什器、板、管、棒、フイルム等）及び混合物のうち、混合することによってのみ製品となるものであって、当該製品が原則として最終の用途に供さ

れる物（例：顔料入り合成樹脂塗料，印刷用インキ，写真感光用乳剤）

本条では「化学物質」ではなく「化学物質等」となっているが，「等」については定義されておらずその範囲は明確ではない。しかし，「化学物質」は，例えば化学的組成そのものに毒性はないが吸入すると健康障害を引き起こす粉じん等を的確に指す語ではないと思われるので，「等」とする必要があったのではないかと考えられる。また，「有害物」としてしまうと，これから有害性を調査するのに予め「有害物」と言うのはおかしいということになるだろう。

このほか，「等」には含まれるものとして，黄りんマッチ，ベンゼンゴムのりなどの化学品や有害な動植物等が含まれるだろう。「さらされる」という意味では本法第22条に列挙されている放射線，高温，低温，超音波，騒音，振動，異常気圧等といったものも考えられる。しかし，いずれにせよ，あらゆる作業が次に来る「労働者の従事する作業」に含まれうることから，実務上，厳密な解釈は不要であろう。

2 「労働者の従事する作業」

文字どおり，労働者が従事するあらゆる作業が含まれるだろう。

化学物質等にさらされる作業以外にも，計器監視，精密工作等の作業や，重量物取扱作業，介護作業，クレーム対応の作業，無重力下の作業など色々なものが考えられる。

また，長時間労働（長時間に亘る作業）も含むと考えられるのではないだろうか。

3 「疫学的調査」

「疫学的調査」とは，一定の集団における特定の疫病の分布を多角的（人間の因子〔性，年齢，職業等〕，場所〔地理的〕，時間〔年，月〕等）に観察し，その結果を基として，なぜそのような分布をするかという理由（主としてその疫病の成立の原因）を統計学的に解析して考究するための調査をいい，コーホートスタディ，ケースコントロールスタディ等がこれに該当する。[121]

コーホートスタディとは，同種の職業又は業務等に従事した労働者等のできる限り幅広い集団を疫学的調査の対象集団（コーホート）として設定し，この集団に属する労働者等の死因等の遡及調査又は将来における死因等の追跡調査を行い，その集団に属する労働者等の特定の死因に係る死亡率等と一般人口におけるその死因に係る修正死亡率とを統計的に比較解析すること等により特定の疾病の原因となる因子を解明しようとする疫学的研究手法（*職業等の特徴からのアプローチ手法〔三柴〕）をいう。[122]

ケースコントロールスタディとは，特定の地域等における特定の疾病にり患した者（ケース）と性，年齢等が等しい者を対照として無作為的に選定し，当該疾病にり患した者（ケース）及び無作為に選定した者（コントロール）の従事した職業又は業務等の履歴を調査して，そのケースの群とそのコントロールの群との間における特定の職業又は業務等の出現頻度の差を推計学的に検討し，その特定の疾病とその特定の職業又は業務等との関連を解明しようとする疫学的研究手法（*疾病や死因からのアプローチ手法〔三柴〕）をいう。[123]

なお，廣見和夫監修・労働大臣官房国際労働課編『改訂　和英労働用語辞典』（日刊労働通信社，1997年）[124]によると，「疫学的調査」の英訳語としてepidemiological surveyの語を充てている。

「疫学的調査」は一般に使用される「疫学調査」という用語と意味内容に相違は無い。[125]

4 「その他の調査」

「その他の調査」とは，特定の疾病（主として特異的なもの）にり患した者等について，その職業及び取扱い物質等並びにその者等の病歴その他の医学的所見等を調査し，その職業及び取扱い物質等がその特定の疾病の成立の原因となっているかどうかを，既に得られている科学的な知見に照らして考究するための調査（*個別ケースの原因分析アプローチ）をいい，ケーススタディがこれに該当する。[126]

5 「事業者，労働者その他の関係者に対し，質問し，又は必要な報告若しくは書類の提出を求めることができる」

疫学的調査を実施するためには，事業者，労働者その他の関係者から，作業工程，労働者の作業歴，生死の別，死因等についての資料を得る必要があることから，調査の受託者を含め，質問等の権限を規定したものである。[127]

労働基準監督官，産業安全専門官等が行う調査に対する拒否，妨害，忌避，虚偽陳述等については罰則があるが，本条の調査に対する妨害については，罰則は設けられていない。ただし，この調査に従事する公務員に対して暴行または脅迫を加えた者に対しては公務執行妨害罪が適用される。また委託の場合も調査従事者がみなし公務員となり同罪が適用される場合もあると考えられる。

6 「その実施に関して知り得た秘密を漏らしてはならない」

調査の実施の事務に従事した者は個人の死因等のプライバシーや企業のノウハウに触れる可能性があるため，本条の調査制度の円滑な運営を図ることをねらいとして守秘義務が規定されたものであり，これに違反した者は6カ月以下の懲役又は50万円以下の罰金に処せられる（法第119条第1項）。「従事した者」であるか

ら，調査終了後はもちろん退職後であっても守秘義務は免れないだろう。

ここでは受託業者に限定して規定されているが，国家公務員についてはもとより国家公務員法第100条第1項で守秘義務が課されており（退職後も同様），これに違反した場合は1年以下の懲役又は50万円以下の罰金に処せられる（国家公務員法109条第12号）。

なお，第57条の4（当時の第57条の2）第5項及び第57条の5（当時の第57条の3）第5項では（いずれも本条と同じ昭和52年改正で設けられた規定），化学物質の有害性の調査で意見を求められた学識経験者について同様に守秘義務が規定されている。

ここで，どのようなものが「秘密」に該当するかが問題となる。昭和52年改正が審議され成立した第80回国会では，本条及び第57条の4第5項及び第57条の5第5項の守秘義務規定が，①企業の公害隠しや職業病隠しに加担するものではないか，②科学公開の原則に反しないか，③学識経験者の自由な研究，良心の自由を制約することとはならないか等々の意見が出されたところ（国会での審議経過については 6 3参照），参議院社会労働委員会において，「学問上の論議をいたずらに制限したり，ましてや職業病隠しという結果を招くこととならないよう」十分配慮が必要ではないかという日本社会党議員の質問に対し，政府答弁は，守秘義務規定が有害性の調査あるいは疫学的調査等の制度の，円滑な運営を図るために必要があるかどうかという観点から判断されるべきとした上で，一般に「秘密」かどうかの判断においては，その事実を提供する者が「秘密」とする意見を有しているかどうかが一つの重要な要素であり，それに加え，調査の責任を負う労働大臣（現在では厚生労働大臣）が「秘密」とする意思を有するかどうかを含めて判断することになると解している。また，委託の場合は契約で「秘密」の範囲を明確化することによって，労働大臣がその意思を明らかにし，原則としてそれ以外は「秘密」には該当しないものと考えるとしている。[128]

7 「ただし，労働者の健康障害を防止するためやむを得ないときは，この限りでない。」

この但書は，国会に提出された原案の段階では存在しなかったが，同法律案成立に際し，参議院社会労働委員会の修正で加えられた[129]（国会での審議経過については 6 3参照）。

原案に対する日本共産党等からの批判は，「正当な理由がないのに」という文言がないということであったが，自由民主党議員から提出され可決された修正案は結局「ただし，労働者の健康障害を防止するためやむを得ないときは，この限りでない。」というより明確なものとなった。しかし，その批判は，公害が問題化していた時代背景もあり，守秘義務規定が「職業病隠し」とともに「公害隠し」に繋がるというものであった。結局は本法が労働法である趣旨もあって「労働者の健康障害」という文言となったと思われるが，本条の疫学的調査等が広く公害問題にも結びつくことを考えれば，「労働者の健康障害」という限定的表現が本当に妥当かどうかは議論の余地があると考えられる。ただし，日本共産党員等の質問に対して政府委員桑原敬一労働省労働基準局長が答弁したように，「正当な理由」があれば違法性は阻却されると解されることから，公害防止上やむを得ない場合も正当な理由として守秘義務違反は成立しないとも考えられる。しかしいずれにせよ法律上明文化した方が良いのではないだろうか。

3 罰則

本条第4項の規定に違反した者は，第119条の規定により6カ月以下の懲役又は50万円以下の罰金に処せられる。

また，この場合，両罰規定（第122条）も適用されることから，その事務を受託した事業の業務主もまた罰金刑を受けることとなる。

4 関係規定

1 本条に関係する命令

労働安全衛生規則第98条の4において，厚生労働大臣は，疫学的調査等の結果を労働政策審議会に報告することとしている。

> 労働安全衛生規則（昭和47年9月30日労働省令第32号）
> （疫学的調査等の結果の労働政策審議会への報告）
> 第98条の4　厚生労働大臣は，法第108条の2第1項に基づき同項の疫学的調査等を行つたときは，その結果について当該疫学的調査等の終了後1年以内に労働政策審議会に報告するものとする。
> 　（昭54労令2・追加，平12労令7・旧第98条の2繰下，平12労令41・一部改正，平30厚労令112・旧第98条の3繰下）

同条は，既に昭和52年6月9日の参議院社会労働委員会において桑原敬一労働省労働基準局長から「法第108条の2第1項の規定により疫学的調査等を実施し，または同条第2項の規定による委託を受けた者から，当該委託に係る疫学的調査等の結果の報告がありましたときは，1年以内にその結果を中央労働基準審議会に報告をいたしたいと考えております」という答弁があり，また，同日の同委員会での附帯決議でも「八，企業及び国が実施する有害性調査または疫学的調査の[130]

結果等については，労働大臣がそれを審査し，できる限り速やかにその結果を中央労働基準審議会に報告するよう明定すること。[131]」とされたことから規定されたものである。

また，労働安全衛生規則等の一部を改正する省令（平成18年1月5日厚生労働省令第1号）により，有害物ばく露作業報告の義務が新設された。

> 労働安全衛生規則（昭和47年9月30日労働省令第32号）
> （有害物ばく露作業報告）
> 第95条の6　事業者は，労働者に健康障害を生ずるおそれのある物で厚生労働大臣が定めるものを製造し，又は取り扱う作業場において，労働者を当該物のガス，蒸気又は粉じんにばく露するおそれのある作業に従事させたときは，厚生労働大臣の定めるところにより，当該物のばく露の防止に関し必要な事項について，様式第21号の7による報告書を所轄労働基準監督署長に提出しなければならない。

2　他の規定

本法において，化学物質等又は労働者が従事する作業の有害性の調査に関する規定には資料11－26のようなものがある（安全衛生管理体制に関する規定を除く）。

5 国際労働基準

日本は，がん原性物質及びがん原性因子による職業性障害の防止及び管理に関する条約（第139号条約，第59回総会で1974年6月24日採択，1977年7月26日批准，1978年7月26日国内効力発生）（略称　職業がん条約）[132][133]を批准しているが，この条約を補足するものとして，がん原性物質及び因子による職業性障害の防止及び管理に関する勧告（第59回総会で1974年6月24日採択）[134]が採択されており，次の通り，同勧告16の(1)において，権限のある機関は，適当な場合には国際的及び国内的な団体（使用者団体及び労働者団体を含む）の援助を得て疫学的その他の研究（epidemiological and other studies）を促進し，かつ，職業がんの危険に関する情報を収集し普及すべきであるとされている。

> Recommendation concerning Prevention and Control of Occupational Hazards caused by Carcinogenic Substances and Agents, 1974 (No. 147)
> IV. Information and Education
> 16.
> (1) The competent authority should promote epidemiological and other studies and collect and disseminate information relevant to occupational cancer risks, with the assistance as appropriate of international and national organisations, including organisations of employers and workers.
> (2) It should endeavour to establish the criteria for determining the carcinogenicity of substances and agents.

6 沿革

本条は，労働安全衛生法及びじん肺法の一部を改正する法律（昭和52年7月1日法律第76号）により，化学物質の有害性調査制度等に係る諸規定とともに追加されたものである。

同改正法成立までの沿革は，1に引用した施行通達の「第一」にも簡潔に記載されている。

1　時代背景

昭和50年前後，化学物質の需要が多様化し，その種類も極めて複雑多岐にわたってきており，さらに，毎年約450種類の新規化学物質が産業界で生み出されていると推定されていた[135]。そのような中で，六価クロムによる肺がん，塩化ビニルモノマーによる肝血管肉腫及び末端骨溶解症等，新しい化学物質による重篤な職業性疾病が社会問題化し，職業性疾病の予防対策の早期確立が望まれていた[136]。

国際的にも，国際労働機関（ILO）において昭和49年に職業がん条約，昭和52年に作業環境条約が採択された。

2　中央労働基準審議会における検討から労働省による法律案作成まで

このような背景の中で，昭和50年11月13日の中央労働基準審議会において，労働側委員から職業性疾病対策の充実強化を主要な内容とする意見書が提出され，本法の改正について検討されたい旨の要望がなされた。同審議会はこれを受けて法改正問題を労働災害防止部会で検討することとし，同部会

資料11－26

	調査主体	
	事業者	国
全ての要因	第28条の2	第94条（産業安全専門官・労働衛生専門官），第96条の2（労働者健康安全機構），第108条（政府による研究開発），第108条の2
表示・通知対象物	第57条の3	
化学物質	第57条の4（新規化学物質の製造輸入業者による有害性調査），第57条の5（重度の健康障害を労働者に生ずるおそれのある化学物質を製造輸入使用する事業者による大臣の指示に基づく有害性調査）	第58条（国の援助等）

（森山誠也作成）

はその後1年余，12回に亘って部会を開催し，公労使及び労働省側からも意見が提出され，活発な議論を経て，全員一致で報告書をとりまとめ，昭和51年12月23日，本審議会に提出した。同報告書のうち本条に係る部分は次の通りである。

> 中央労働基準審議会労働災害防止部会「労働安全衛生法の改正等に関する報告」（抄）
> Ⅰ 労働安全衛生法を改正すべき事項
> 1 職業病対策の充実強化
> ② 疫学調査
> イ 労働大臣は，疾病と化学物質又は作業環境との関係をは握するため，疫学調査を行うことができるものとし，事業者等には，この疫学調査に協力する義務を課すものとすること。
> ロ 上記を法制化するに当たっては，
> 　(ｲ) 退職労働者，医師等の報告義務を明らかにして，疫学調査の結果の正確性を確保するとともに，医師の守秘義務に関して法律上の疑義が生じないようにすること。
> 　(ﾛ) 疫学調査に従事する者が，個人や企業の秘密を守らねばならないものとすること。
> ハ また，疫学調査を実施するに当たっては，
> 　(ｲ) 疫学調査を委託する場合は，大学の研究者等専門的な知識を有する者に対して行うこと。
> 　(ﾛ) 疫学調査の実施に伴い，事業者に過重な調査，記録保持等の負担をかけないよう配慮すること。
> 　(ﾊ) 疫学調査の実施に当たっては，調査対象関係労使の意見を十分聴取するよう配慮すること。
> 　(ﾆ) 疫学調査の実施時期，実施内容，調査結果等について，当審議会に報告すること。

労働省は同報告書を基本とし，細部について検討した上，労働安全衛生法の一部を改正する法律案要綱を作成し，昭和52年2月3日の中央労働基準審議会に諮問し，全委員の賛成を得て，2月5日，同要綱により法改正を行うことが適当である旨の答申を得た。

> 労働安全衛生法の一部を改正する法律案要綱
> 第1 職業病対策の充実強化
> 2 労働者の健康障害の防止に資するため，次により疫学的調査等を行うものとすること。
> イ 労働大臣は，化学物質等又は労働者の従事する作業と疾病との関係をは握するため，疫学的調査その他の調査（疫学的調査等）を行うことができるものとすること。
> ロ 労働大臣は，疫学的調査等の実施に関する事務を，疫学的調査等に関し専門的知識を有する者に，委託することができるものとすること。
> ハ 労働大臣又はロによる委託を受けた者は，事業者，労働者，医師その他の関係者に対し，調査票への必要な事項の記入又は必要な書類の提出を求めることができるものとすること。

労働省は，この答申を基礎に本法の改正案を作成し，関係各省庁との折衝，内閣法制局審査等を経て，当時並行して改正作業が進められていたじん肺法と併せ，労働安全衛生法及びじん肺法の一部を改正する法律案とした。

同法律案は，昭和52年3月15日の閣議に提出され，3月18日，閣法第61号として第80回国会に提出された。

3 第80回国会での審議・成立

同法律案はまず衆議院で審議されたが，社会労働委員会（附帯決議あり）を経て，本会議（昭和52年4月29日）で原案通り可決され，参議院に送付された。

参議院でも社会労働委員会に付託され，昭和52年5月12日以降審議されたが，その中で日本共産党等の議員から本条及び化学物質の有害性調査条項に設けられた計3つの守秘義務規定について激しい批判がなされた。その内容は，守秘義務規定が①企業の公害隠しや職業病隠しに加担するものではないか，②科学公開の原則に反しないか，③学識経験者の自由な研究，良心の自由を制約することとはならないか，④刑法改正草案の「企業秘密漏示罪」の先取りではないか，⑤「正当な理由がないのに」との文言を欠いているのは，「企業秘密漏洩罪」よりも厳しいのではないか等といったものであった。

昭和52年6月9日の審議で，日本共産党内藤功議員から各守秘義務規定とそれらについての罰則を削除する修正案が，自由民主党佐々木満議員から各守秘義務規定の条項にそれぞれ「ただし，労働者の健康障害を防止するためやむを得ないときは，この限りでない。」という但書を加える修正案が提出されたところ，内藤案は否決，佐々木案は可決され（附帯決議あり），同日行われた参議院本会議において，修正後の同法律案が成立した。同法は昭和52年7月1日に公布され，本条の規定は昭和53年1月1日に施行された。

4 改正

中央省庁等改革関係法施行法（平成11年12月22日法律第160号）第705条の規定により「労働大臣」が「厚生労働大臣」に改められ，平成13年1月6日から施行された。

7 運用及び本条の意義

1 疫学的調査

本条が追加された時代背景に，職業がん等死に至る疾病の発生があり，疫学的調査では特にがん原性物質を取り扱って離職した者の生死を追跡し，死亡した者

についてはその原死因調査を行う必要があったが、死亡診断書等は本籍地で保管されるが労働者名簿から本籍地欄が削除されたこと等から原死因調査が困難となったこと等により、相当以前から、本条に基づく疫学的調査は行われていない。

また、本条の追加時点で既に、主に化学物質による健康障害防止政策の軸足が、疫学的調査という後追い的なものから、第57条の4及び第57条の5等の規定による事前アセスメント等に移されつつあったことも、本条の規定が運用されていない要因の一つであると考えられる。

なお、社団法人日本産業衛生学会が、石綿取扱労働者の疫学的調査の実施を求めた例がある。

また、本条の規定に基づくものか未確認だが、厚生労働科学研究費補助金が交付された特別研究として「印刷労働者にみられる胆管癌発症の疫学的解明と原因追究」と題する研究事業が存在する。

考察と結語：第106条〜第108条の2

第106条から第108条の2までの規定は、国の施策実施に関するものである。

第106条は、国が事業者の労働災害防止活動に関して行う援助に係る努力規定である。同条に基づく援助の具体例としては、労働基準監督機関が監督業務、相談業務等において事業者に行う助言等もあるが、特別な支出を要するものとしては社会復帰促進等事業（以前は労働福祉事業）の一環として各種補助金、サービスの提供等が実施されている。過去には、減税措置、融資等による援助も行われていたが、行財政改革ないし行政刷新の流れを受け平成以降は事業縮小の傾向がみられた。

第107条は、厚生労働大臣が労働災害の防止のための業務に従事する者及び労働者に対して行う援助に係る努力規定である。具体的には、全国安全週間及び全国労働衛生週間などがある。

第108条は、政府が労働災害の防止に資する科学技術の振興を図るために行う研究開発の推進及びその成果の普及その他必要な措置に係る努力規定である。具体的には、労働安全衛生総合研究所の運営、厚生労働科学研究費補助金の交付等がこれに当たる。

第108条の2は、職業性疾病の発生状況等に関する疫学的調査その他の調査に関する権限等を定めるものである。第108条の2の規定に基づく疫学的調査は、情報保護との両立の困難等により、あまり実施されていない。

安全衛生その他の労働条件の確保を目的とする国の援助は、工場法施行とともに形を変え、あるいはその大義名分を変えながら絶えず行われてきた。

本稿で取り上げた第106条から第108条の2は、国が労働安全衛生に関して行う事業の根拠となる規定であるが、その内容はその性質上抽象的で、努力義務ないし権限規定であり、またその事業の実施には経費がかかるがこれは義務的経費ではなく裁量的経費である。このような状況から、事業の新規創設や廃止は、各時代の政治状況等に大きく左右されてきた。

有意義でない事業を漫然と存続させるようなことがあってはいけないが、事業廃止が労働災害の発生に影響する可能性を考えると安易な事業廃止も避けるべきであり、また長年蓄積されたものを一旦廃止すると後でこれを再生することは難しい。安全衛生に関する事業評価については、事業仕分け等の議事録やその後の事業評価関係資料等をみても、少なくとも安全衛生事業に関して有効な評価手法があるとは言い難い。国の援助事業一般に言えることとして、新しい政策課題や事業者の努力義務とされている事項のみが事業の対象とされるのに対し、従来からあるが深刻な課題は逆に援助の対象とならないということがある。その結果として、例えばストレスチェック実施の助成金を受けている事業場で、局所排気装置やプレス機械の安全装置を設置していないというアンバランスな事態も生じる。各事業場の安全衛生水準を向上させ、労働災害を減らすという本来の（長期的な）目的のための事業評価手法の研究開発が必要であると考える。

【注】
1) 昭和47年9月18日発基第91号「労働安全衛生法の施行について」（https://www.mhlw.go.jp/web/t_doc?dataId=00tb2042&dataType=1）。
2) 田島信威『最新 法令用語の基礎知識〔三訂版〕』（ぎょうせい、2005年）212-214頁。
3) 内閣府男女共同参画局「男女共同参画社会基本法逐条解説」第11条（https://www.gender.go.jp/about_danjo/law/kihon/chikujyou11.html）。
4) 田島・前掲注2) 288頁。
5) 小学館『精選版日本国語大辞典』の「整備」の項。
6) 労働省労働基準局『労働衛生のしおり 平成11年度』（中央労働災害防止協会、1999年）234頁。
7) 労働省労働基準局『労働衛生のしおり 昭和56年度』（中央労働災害防止協会、1981年）193-194頁。
8) 小学館『デジタル大辞林』の「金融」の項。
9) 財務省WEBサイト「財政投融資の仕組み」（https://www.mof.go.jp/policy/filp/publication/filp_report/zaito2021/1_1.html、最終閲覧日：2024年8月30日）
10) 前掲注3) 参照。
11) 半田有通氏（元厚生労働省労働基準局安全衛生部長、昭和58年労働省入省、平成26年7月11日退職）への電子メールでの問合せに対する回答（令和3年6月16日）による。
12) 畠中信夫氏（元中央労働委員会事務局次長、昭和43年労働省入省、労働安全衛生法作成に従事、元白鴎大学法学部教授）への電話での問合せ結果（令和3年10月25日）による。

13) 事業仕分けにおける厚生労働省の行政事業レビューシートにおいて、委託事業の根拠条文として、労働安全衛生法第106条第1項が記載されている（中央労働災害防止協会に委託する安全衛生情報センター運営等事業 https://www.mhlw.go.jp/jigyo_shiwake/h22_gyousei_review_sheet/pdf/0937.pdf など）。

14) 事業仕分けにおける厚生労働省の行政事業レビューシートにおいて、労災保険料財源による安全衛生情報センター運営等事業の根拠条文として、労働安全衛生法第106条第1項が記載されている（https://www.mhlw.go.jp/jigyo_shiwake/h22_gyousei_review_sheet/pdf/0937.pdf など）。

15) 野澤英児氏（元福岡労働局長、平成30年7月31日退職）へのZOOMによるインタビュー（令和3年9月11日）による。

16) 前掲注12）参照。

17) 国際労働機関WEBサイト―「ILOと日本―小史」（https://www.ilo.org/tokyo/ilo-japan/history/lang-ja/index.htm）

18) 国際労働機関WEBサイト―1923年の労働監督勧告（第20号）（https://www.ilo.org/tokyo/standards/list-of-recommendations/WCMS_239341/lang-ja/index.htm）

19) 国際労働機関WEBサイト―1929の産業災害予防勧告（第31号）（https://www.ilo.org/tokyo/standards/list-of-recommendations/WCMS_239330/lang-ja/index.htm）

20) International Labour Organization ― A Guide for Labour Inspectors（Part I）（https://www.ilo.org/labadmin/info/WCMS_111289/lang-en/index.htm）

21) 国際労働機関WEBサイト―1981年の職業上の安全及び健康に関する条約（第155号）（https://www.ilo.org/tokyo/standards/list-of-conventions/WCMS_239024/lang-ja/index.htm）

22) 国際労働機関WEBサイト―1981年の職業上の安全及び健康に関する勧告（第164号）（https://www.ilo.org/tokyo/standards/list-of-recommendations/WCMS_239197/lang-ja/index.htm）

23) 中央労働災害防止協会編『安全衛生運動史―安全専一から100年』（中央労働災害防止協会、2011年）。なお、類似書として、中央労働災害防止協会編『日本の安全衛生運動―五〇年の回顧と展望』（中央労働災害防止協会、1971年）、中央労働災害防止協会編『安全衛生運動史―労働保護から快適職場への七〇年』（中央労働災害防止協会、1984年）がある。

24) 堀口良一『安全第一の誕生―安全運動の社会史〔増補改訂版〕』（不二出版、2015年）。同書序章の冒頭文によれば、「本書は、近代日本における安全運動の誕生過程について、その思想と活動を蒲生俊文（一八八三～一九六六年）に焦点をあてて解明することを課題とする」。

25) 同上3-4頁。

26) 内田嘉吉は、1866年10月江戸生まれ、1884年7月東京外国語学校独逸語科卒業、1891年7月帝国大学法科大学法律学科卒業、同年8月逓信省入省、海事行政に従事、通信次官、貴族院議員等を歴任、米国滞在中に安全第一運動を知り、帰国後普及に尽力する（堀口・前掲注24）68-69頁参照）。

27) 堀口・前掲注24）60-61頁。

28) 同上126-127頁。

29) 同上127頁。

30) 同上128-131頁。

31) 同上3-4頁。

32) 中央労働災害防止協会編・前掲注23）[『安全衛生運動史』] 196頁。

33) 社団法人日本ボイラ協会『五十年の歩み』（1996年）13頁。

34) 工場法戦時特例等廃止ノ件（昭和20年10月24日勅令第600号）（昭和20年10月24日官報第5636号 https://dl.ndl.go.jp/info:ndljp/pid/2962140/2）。

35) 労務用物資対策に関する件（1946年11月29日閣議決定 https://rnavi.ndl.go.jp/politics/entry/bib00764.php）。

36) 寺本廣作『労働基準法解説』（時事通信社、1948年）[『日本立法資料全集 別巻46』（信山社、1998年）所収] 130-131頁。

37) 現行安衛法第106条は、国の努力義務規定となっている。

38) 寺本廣作『ある官僚の生涯』（制作センター、1976年、非売品）96-97頁によると、「人たるに値する生活」は、当時厚生省労政局労働保護課長として労働基準法案の起草を主導した寺本廣作がヴァイマル憲法第151条第1項から取った表現とのことである。

39) 厚生労働省労働基準局編『労働基準法 下 平成22年版（労働法コンメンタール3）』（労務行政、2011年）1002頁。

40) 労働省労働基準局編『労働基準法 下〔改訂新版〕（労働法コンメンタール3）』（労務行政研究所、1969年）1052頁。

41) 中央労働基準審議会「労働基準法の改正に関する答申並びに建議」（1952年）。

42) 同上。

43) 1953年9月1日付公報号外第28号、沖縄県公文書館WEBサイトから（https://www3.archives.pref.okinawa.jp/GRI/searchs/img/kouhou//R-1953-09-01-G.pdf）。

44) 弁護士山中理司のブログ―労働基準監督官執務規範開示請求結果（https://yamanaka-bengoshi.jp/wp-content/uploads/2020/02/労働基準監督官執務規範.pdf）。

45) 労働省編『労働行政史 第2巻』（労働法令協会、1969年）780頁によれば「執務規範の冒頭に、監督官の使命は労働基準法が遵守されているかどうかの監督にあり、それと同時に労働保護法令の周知徹底と自己の専門的技術、知識経験を生かした労使双方に対する勧告助言が重要な使命であることを明らかにした……」とのことである。

46) 労働基準監督官行動規範（厚生労働省WEBサイト：労働基準監督署における中小企業事業主に対する相談支援 https://www.mhlw.go.jp/stf/newpage_03141.html、最終閲覧日：2021年10月7日）は次の通り。

労働基準監督官行動規範
（基本的使命）
1．私たち労働基準監督機関は、労働条件の最低基準を定める労働基準法や労働安全衛生法等の労働基準関係法令（以下、法令という。）に基づき、働く方の労働条件の確保・改善を図ることで、社会・経済を発展させ、国民の皆さまに貢献することを目指します。
（法令のわかりやすい説明）
2．労働基準監督官（以下、監督官という。）は、事業主の方や働く方に、法令の趣旨や内容を十分に理解していただけるよう、できる限りわかりやすい説明に努めます。
（事業主の方による自主的改善の促進）
3．監督官は、法令違反があった場合は、違反の内容や是正の必要性を丁寧に説明することにより、事業主の方による自主的な改善を促します。また、法令違反の是正に取り組む事業主の方の希望に応じ、きめ細やかな情報提供や具体的な取組方法についてのアドバイスなどの支援に努めます。
（公平・公正かつ斉一的な対応）
4．監督官は、事業主の方や働く方の御事情を正確に把握し、かつ、これを的確に考慮しつつ、法令に基づく職務を公平・公正かつ斉一的に遂行します。
（中小企業等の事情に配慮した対応）
5．監督官は、中小企業等の事業主の方に対しては、その法令に関する知識や労務管理体制の状況を十分に把握、理解しつつ、きめ細やかな相談・支援を通じた法令の趣旨・内容の理解の促進等に努めます。また、中小企業等に法令違反があった場合には、その労働時間の動向、人材の確保の状況、取引の実態その他の事情を踏まえて、事業主の方に

よる自主的な改善を促します。

47) 労働省「産業災害を減少させよう『臨時産業災害防止懇談会』の意見書」（昭和33年12月11日［木曜日］付け官報資料版第9593号）。

48) 第91回国会衆議院社会労働委員会第14号昭和55年4月22日，日本社会党安田修三衆議院議員に対する津澤健一労働省労働基準局安全衛生部長の答弁（国会会議録検索システム〔https://kokkai.ndl.go.jp/txt/109104410X01419800422/42〕）。

49) 平成22年6月28日第14回厚生労働省省内事業仕分け（議事録 https://www.mhlw.go.jp/jigyo_shiwake/dl/giji-14.pdf, 仕分け評決結果 https://www.mhlw.go.jp/jigyo_shiwake/dl/14-2e.pdf）。

50) 2010年9月15日第41回労働政策審議会安全衛生分科会議事録（https://www.mhlw.go.jp/stf/shingi/2r9852000000v05o.html）。

51) 平成22年12月27日基発1227第4号「都道府県労働局安全衛生労使専門家会議の設置について」（http://www.joshrc.org/files2010/20101227-003.pdf），開催事情について，岡山労働局WEBサイト「平成28年度 岡山労働局安全衛生労使専門家会議を開催しました（平成29年2月10日）」（https://jsite.mhlw.go.jp/okayama-roudoukyoku/hourei_seido_tetsuzuki/anzen_eisei/hourei_seido/roiusikaigi.html）。

52) 例えば令和5年度に実施される労働基準監督官採用試験は，1993（平成5）年4月2日以降に生まれた者しか受験できない。このように，満30歳の誕生日を実施年の4月2日以降に迎える者しか受験できない年齢制限がある。ただし，変更されることもあるので，具体的な受験資格（年齢制限）については各年の官報，パンフレット等で確認されたい。

53) 三柴丈典「イギリスのリスクアセスメントと法」厚生労働省厚生労働科学研究費補助金（労働安全衛生総合研究事業）「リスクアセスメントを核とした諸外国の労働安全衛生制度の背景・特徴・効果とわが国への適応可能性に関する調査研究」〔研究代表者：三柴丈典〕（H26-労働-一般-001, 2016〔平成28〕年度）（https://mhlw-grants.niph.go.jp/project/26210, 文献番号201621001B）分担研究報告書156頁【3.1.2】。

54) 租税特別措置法第10条及び第42条の規定の適用を受ける機械その他の設備又は船舶及び期間を指定する件（昭和32年大蔵省告示第234号）（昭和32年10月31日官報号外第71号）第1表 汎用機械。

55) 租税特別措置法第10条の2第1項及び第66条の5第1項の規定の適用を受ける機械その他の減価償却資産を指定する件（昭和53年3月31日大蔵省告示第36号）（昭和53年3月31日官報号外第27号）。

56) 国税庁WEBサイト「中小企業者等が取得をした働き方改革に資する減価償却資産の中小企業経営強化税制（租税特別措置法第42条の12の4）の適用について」（https://www.nta.go.jp/law/shitsugi/hojin/04/16.htm, 最終閲覧日：2021年11月3日）。

57) 国民金融公庫『国民金融公庫五十年史』（国民金融公庫, 1999年）123-125頁。

58) 同上132-133頁。

59) 中小企業金融公庫編『中小企業金融公庫三十年史』（中小企業金融公庫, 1984年）127-128頁。

60) 同上127-128頁。

61) 同上246-247頁。

62) 平成13年12月18日付け行政改革推進事務局「特殊法人等整理合理化計画」（https://www.gyoukaku.go.jp/jimukyoku/tokusyu/gourika/jigyou1.html）。

63) 平成7年3月22日基発第137号「中小企業安全衛生活動促進事業助成制度の推進について」（https://www.jaish.gr.jp/anzen/hor/hombun/hor1-36/hor1-36-5-1-0.htm）。

64) 中央労働災害防止協会発行の『労働衛生のしおり』では，その平成12年度版まで中小企業安全衛生活動促進事業助成制度の記事があり，平成13年度以降の版にはその記事が無いため，平成12年度頃に廃止されたと思われる。

65) 平成11年4月1日基発第220号「小規模事業場等団体安全衛生活動援助事業の実施について」（https://www.jaish.gr.jp/anzen/hor/hombun/hor1-40/hor1-40-33-1-0.htm）。

66) 奈良労働局「安全衛生に係る事業廃止等のお知らせ」（https://jsite.mhlw.go.jp/nara-roudoukyoku/library/nara-roudoukyoku/00topics/h230107topics-zigyouhaisi.pdf, 最終閲覧日：2021年10月31日）。

67) 平成13年3月30日基発第213号「職場改善用機器等整備事業について」（https://www.jaish.gr.jp/anzen/hor/hombun/hor1-42/hor1-42-33-1-0.htm）。

68) 平成22年3月31日基発0331第1号「職場改善用機器等整備事業の廃止について」（http://www.joshrc.org/files2009/20100331-002.pdf）。

69) 既存不適合機械等更新支援補助金（https://www.mhlw.go.jp/stf/newpage_03667.html, 最終閲覧日：2021年10月31日）。

70) クレーン又は移動式クレーンの過負荷防止装置構造規格等の一部を改正する告示（平成30年2月26日厚生労働省告示第33号，同3月1日適用）。

71) 行政簡素化實施ノ爲ニスル厚生省官制中改正ノ件（昭和17年11月1日勅令第760號）（https://dl.ndl.go.jp/info:ndljp/pid/2961246/24）。

72) 当時，厚生省大臣官房総務課長として労働省の設立準備委員となり，労働省設置とともに労働省大臣官房総務課長となった齋藤邦吉の回想によると，労働省の設置に際し，健康保険と厚生年金保険についても，「日本政府部内においては，労働者に関する問題として，労働省の所管にすべきであるとの意見が大勢を占めておりました。ところが，GHQの社会保障と衛生関係を担当する局長サモス氏が，健康保険等は医療問題として切り離すことはできないという強い主張を出したため，これは割合い早く厚生省の所管とすることが決定しました。」（労働新聞社出版部編『目で見る労働行政25年史』〔労働新聞社，1972年〕104-105頁）とのことであった。

73) 労働省設置法の施行期日を定める政令（昭和22年8月31日政令第169号），労働基準法の一部の施行期日を定める政令（昭和22年8月31日政令第170号），労働者災害補償保険法の施行期日を定める政令（昭和22年8月31日政令第171号）。

74) 寺本・前掲注38) 100-102頁。

75) 松本岩吉『労働基準法が世に出るまで』（労務行政研究所, 1981年）273-288頁（279-281頁に「寺本先生30周年講演速記より」との引用あり）。

76) 寺本廣作の自伝『ある官僚の生涯』（前掲注38) 末尾の著者略歴によると，明治40年8月29日生まれ，昭和7年3月東京帝国大学法学部卒業，昭和7年5月内務省入省（初任は高知県属），昭和20年10月厚生省労政局管理課長，昭和21年3月厚生省労政局労働保護課長兼中央労働委員会幹事，昭和22年5月厚生省労働基準局監督課長兼山鉱山課長，昭和22年9月労働省労働基準局監督課長，昭和23年6月労働省労働基準局長，昭和25年7月労働事務次官，昭和28年3月労働事務次官辞任。その後参議院議員，熊本県知事等を歴任。

77) 松本・前掲注75) 中「特別資料 労働基準行政の今昔 寺本廣作（昭和52年9月1日滋賀県大津市で開催された『労働基準法・労働者災害補償保険法施行30周年記念大会』における寺本廣作の講演速記の全文）」327-331頁。

78) 衆議院議員斎藤邦吉「労働省設置当時の思い出」労働新聞社出版部編・前掲注72) 104-105頁。

79) 厚生労働省労働基準局労災補償部労災管理課編『労働者災害

補償保険法〔六訂新版〕（労働法コンメンタール5）』（労務行政，2005年）57頁。

80) 労働基準法施行規則及び労働者災害補償保険法施行規則の一部を改正する省令（昭和56年1月26日労働省令第3号）第2条，昭和56年1月31日付け基発第50号「労働基準法施行規則及び労働者災害補償保険法施行規則の一部を改正する省令の施行について」記の二（https://www.mhlw.go.jp/web/t_doc?dataId=00tb1904&dataType=1）。

81) 平成12年12月1日閣議決定「行政改革大綱」（https://www.gyoukaku.go.jp/about/taiko.html）。

82) 特殊法人等改革基本法（平成13年法律第58号）（https://www.cas.go.jp/jp/hourei/houritu/tokusyu_h.html）。

83) 前掲注62) 参照。

84) 平成17年12月24日閣議決定「行政改革の重要方針」（https://www.gyoukaku.go.jp/sou-jinkenhi/kaikaku_houshin.html）。

85) 労働福祉事業見直し検討会開催要綱（https://www.mhlw.go.jp/shingi/2006/10/dl/s1019-6as.pdf）（平成18年10月19日第22回労働政策審議会労働条件分科会労災保険部会配布資料1の参考資料）。

86) 平成18年8月労働福祉事業見直し検討会「労働福祉事業の見直しについて」（https://www.mhlw.go.jp/shingi/2006/10/dl/s1019-6a.pdf）。

87) 平成18年10月19日第22回労働政策審議会労働条件分科会労災保険部会議題・配付資料（https://www.mhlw.go.jp/shingi/2006/10/s1019-6.html）。

88) 平成18年12月14日付け労審発第442号労働政策審議会「労働福祉事業の見直しについて（建議）」（https://www.mhlw.go.jp/houdou/2006/12/h1214-1.html）。

89) 内閣府WEBサイト「行政刷新」（https://www.cao.go.jp/gyouseisasshin/）。

90) 行政刷新会議の事業仕分け：詳細と評価結果（平成22年10月27日水曜日，A-5：労働保険特別会計(1)労災勘定(2)雇用勘定(3)徴収勘定）（https://warp.da.ndl.go.jp/info/ndljp/pid/9283589/www.cao.go.jp/sasshin/shiwake3/details/2010-10-27.html），当該議事録（https://warp.da.ndl.go.jp/info/ndljp/pid/9283589/www.cao.go.jp/sasshin/shiwake3/details/pdf/1027/gijigaiyo/a-5.pdf），当該動画（https://www.youtube.com/watch?v=fzPTWhtWRWI）。

91) 平成22年10月27日の事業仕分けによる評価結果（https://warp.da.ndl.go.jp/info/ndljp/pid/9283589/www.cao.go.jp/sasshin/shiwake3/details/pdf/1027/kekka/A5.pdf）。

92) 第176回国会参議院本会議第11号（平成22年11月27日）質問主意書及び答弁書（官報〔号外〕7-8頁）（https://kokkai.ndl.go.jp/#/detailPDF?minId=117615254X01120101127&page=8&spkNum=16&current=17）。

93) 社会復帰促進等事業に関する検討会（平成23年から）（https://www.mhlw.go.jp/stf/shingi/other-roudou_128811.html）。

94) 総務庁「労働者災害補償保険事業に関する行政監察結果に基づく勧告」（平成11年12月）（https://www.soumu.go.jp/main_sosiki/hyouka/rousai_kankoku.htm）。

95) 正確には，政府が事業主から納付を受けた労働保険料のうち，労災保険料率に係る部分をいうが，この部分を便宜上「労災保険料」と呼ぶことがある（なお，労働保険料は，（労災保険料）＝（賃金総額）×労働保険料率（労災保険料＋雇用保険料率）で一括計算・納付される）。労災勘定は，労災保険料を主たる財源とするが，一般会計からの国庫補助も部分的に行われ

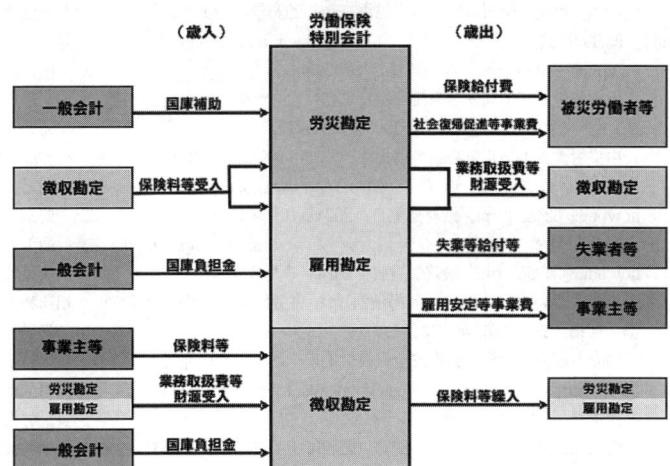

（財務省『令和4年版特別会計ガイドブック』労働保険特別会計〔https://www.mof.go.jp/policy/budget/topics/special_account/fy2022/index.html，最終閲覧日：2024年6月24日〕）

ており，労災保険料とイコールではない（資料11-27）。

96) 藤本武「労災補償法と労働安全」季刊社会保障研究5巻3号（1969年）12頁のⅠの(1)。

97) 1908年8月第一機関汽罐保険株式会社設立，1944年2月東京火災海上保険株式会社及び帝国海上火災保険株式会社と合併して安田火災海上保険株式会社，2002年7月日産火災海上保険株式会社と合併して株式会社損害保険ジャパン，その後も合併を経て，2014年9月日本興亜損害保険株式会社と合併して損害保険ジャパン日本興亜株式会社，2020年4月損害保険ジャパン株式会社に商号変更（https://www.sompo-japan.co.jp/company/information/history/，最終閲覧日：2024年9月1日）。

98) 損害保険ジャパン株式会社WEBサイト「ボイラー検査100周年の概要と歴史」（https://www.sompo-japan.co.jp/hinsurance/risk/property/boiler/100th/，最終閲覧日：2021年11月3日）。

99) 前掲注14) 参照。

100) 「事業主の共同連帯」という考え方については，行政刷新会議ワーキンググループが行った平成22年10月27日の事業仕分け第3弾前半において，清水涼子評価者が労働保険特別会計により未払賃金立替払事業を行うことを批判したのに対し，金子順一厚生労働省労働基準局長が「国で，このためだけに新たな保険制度を作るのはいかにも不合理なので，労災保険の仕組みで事業主の共同連帯でやっていただいているということでございます。」と答弁している。議事概要（https://warp.da.ndl.go.jp/info/ndljp/pid/9283589/www.cao.go.jp/sasshin/shiwake3/details/pdf/1027/gijigaiyo/a-5.pdf）当該動画 https://www.youtube.com/watch?v=fzPTWhtWRWI&t=5046s）。

101) 例として，経済産業省WEBサイトで鉱山保安に係るリーフレットがダウンロードできるようになっている（鉱山保安情報〔リーフレット一覧〕https://www.meti.go.jp/policy/safety_security/industrial_safety/sangyo/mine/detail/mineinfo.html，最終閲覧日：2022年8月24日）。

102) 独立行政法人エネルギー・金属鉱物資源機構「鉱害防止支援」（http://www.jogmec.go.jp/mp_control/）。

103) 寺園成章『家内労働法の解説』（労務行政研究所，1981年）286頁。

104) 国民金融公庫・前掲注57) 132-133頁。

105) 平成31年3月28日基発0328第25号（改正：令和2年3月24日基発0324第7号，改正：令和3年3月26日基発0326第11号）「既存不適合機械等更新支援補助金事業実施要領」（https://www.mhlw.go.jp/content/11300000/000760236.pdf）。

106) 労働調査会出版局編『労働安全衛生法の詳解―労働安全衛生法の逐条解説〔改訂5版〕』（労働調査会，2020年）1026頁。
107) 厚生労働省のWEBサイト（https://www.mhlw.go.jp/stf/newpage_34356.html，最終閲覧日：2024年3月3日）。
108) 労働省労働基準局安全衛生部編『実務に役立つ労働安全衛生法』（中央労働災害防止協会，1993年）547頁。
109) 中央労働災害防止協会編・前掲注23〔2011年〕122-123頁。
110) 厚生労働省WEBサイト（https://www.mhlw.go.jp/stf/newpage_32482.html，最終閲覧日：2024年3月3日）。
111) 厚生労働省のWEBサイト（https://www.mhlw.go.jp/stf/newpage_34356.html，最終閲覧日：2024年3月3日）。
112) 経緯については，堀口・前掲注24，中央労働災害防止協会編・前掲注23〔2011年〕に詳しい。
113) 独立行政法人労働者健康安全機構労働安全衛生総合研究所―沿革（https://www.jniosh.johas.go.jp/about/history.html，最終閲覧日：2023年2月28日）。
114) 博物館法の一部を改正する法律（昭和30年7月22日法律第81号）により加えられた当時の第29条は，次の通り（昭和30年7月22日官報第8566号）。

> 博物館法（昭和26年12月1日法律第285号）
> 第5章　雑則
> （博物館に相当する施設）
> 第29条　博物館の事業に類する事業を行う施設で，文部大臣が，文部省令で定めるところにより，博物館に相当する施設として指定したものについては，第7条及び第9条の規定を準用する。

115) これからの博物館の在り方に関する検討協力者会議「新しい時代の博物館制度の在り方について（中間まとめ）」（2007年3月）（https://www.mext.go.jp/b_menu/shingi/chousa/shougai/014/toushin/07051101.pdf）8頁。
116) 国立国会図書館インターネット資料収集保存事業（WARP）―行政刷新会議―事業仕分け詳細と評価結果―2010年5月21日（https://warp.da.ndl.go.jp/info/ndljp/pid/9283589/www.cao.go.jp/sasshin/shiwake/detail/2010-05-21.html）-B-33：中央労働災害防止協会 - 議事概要（https://warp.da.ndl.go.jp/info/ndljp/pid/9283589/www.cao.go.jp/sasshin/shiwake/detail/gijiroku/b-33.pdf），評価者名簿（https://warp.da.ndl.go.jp/info/ndljp/pid/9283589/www.cao.go.jp/sasshin/data/files/63dec4ad-2deb-3b38-2902-4bd128117723.pdf），行政刷新会議「事業仕分け第2弾」（後半）評価結果一覧（https://warp.da.ndl.go.jp/info/ndljp/pid/9283589/www.cao.go.jp/sasshin/data/files/d3694976-66f0-5d8e-48a7-4bf6cba80745.pdf）。
117) 中央労働災害防止協会―あんぜんミュージアム＆シアター「産業安全技術館，大阪産業安全館及びシアター（東京・大阪）の運営終了のお知らせ」（https://www.jaish.gr.jp/museum/japanese/end.html，最終閲覧日：2023年2月28日）。
118) 独立行政法人労働者健康安全機構労働安全衛生総合研究所―日立造船株式会社からの寄附により設置された大阪産業安全博物館（https://www.jniosh.johas.go.jp/publication/mail_mag/2010/27-1.html，最終閲覧日：2023年2月28日）。
119) 独立行政法人労働者健康安全機構労働安全衛生総合研究所―研究所概要（https://www.jniosh.johas.go.jp/about/laboratory.html）の研究所案内パンフレット（https://www.jniosh.johas.go.jp/about/doc/jniosh_pamphlet.pdf）19頁の沿革から（2024年8月時点では掲載されていないが，27頁「研究所の歩み」にて確認できる）。ただし，労働省設置法等の一部を改正する法律（昭和31年4月13日法律第68号）（労働衛生研究所の設置に係る改正規定を含む）の施行期日は昭和31年8月1日，労働者災害補償保険法等の一部を改正する法律（昭和51年5月27日法律第32号）附則第29条（労働衛生研究所を産業医学総合研究所に改める規定）の施行期日は昭和52年4月1日，独立行政法人産業安全研究所法（平成11年12月22日法律第181号）及び独立行政法人産業医学総合研究所法（平成11年12月22日法律第182号）の施行期日は平成13年1月6日であった。
120) 昭和53年2月10日基発第77号「労働安全衛生法及びじん肺法の一部を改正する法律及び労働安全衛生法施行令の一部を改正する政令の施行について」（https://www.mhlw.go.jp/web/t_doc?dataId=00tb2045&dataType=1）。
121) 同上。
122) 同上。
123) 同上。
124) 廣見和夫監修・労働大臣官房国際労働課編『改訂　和英労働用語辞典』（日刊労働通信社，1997年）。
125) 労働安全衛生法及びじん肺法の一部を改正する法律（昭和52年7月1日法律第76号）の法案作成に従事した唐澤正義氏（昭和41年労働省入省，化学物質の有害性調査制度の創設等に従事，労働省労働基準局安全衛生部化学物質調査課長，福岡労働基準局長，公益社団法人ボイラ・クレーン安全協会会長等を歴任）へのメールでの問合せ結果（2021年10月28日）による。
126) 前掲注120) 参照。
127) 労働調査会出版局編・前掲注106) 1029頁。
128) 第80回国会参議院社会労働委員会第13号昭和52年6月9日，日本社会党浜本万三参議院議員に対する桑原敬一労働省労働基準局長の答弁（国会会議録検索システム〔https://kokkai.ndl.go.jp/txt/108014410X01319770609/6〕）。
129) 同委員会同号同日，自由民主党佐々木満参議院議員による修正案が可決された（国会会議録検索システム〔https://kokkai.ndl.go.jp/txt/108014410X01319770609/16〕）。
130) 同委員会同号同日，桑原敬一労働省労働基準局長の答弁（国会会議録検索システム〔https://kokkai.ndl.go.jp/txt/108014410X01319770609/4〕）。
131) 同委員会同号同日，附帯決議（国会会議録検索システム〔https://kokkai.ndl.go.jp/txt/108014410X01319770609/18〕）。
132) 国際労働機関WEBサイト―1974年の職業がん条約（第139号）（https://www.ilo.org/tokyo/standards/list-of-conventions/WCMS_239040/lang-ja/index.htm，最終閲覧日：2023年9月9日）。
133) 外務省WEBサイト「がん原性物質及びがん原性因子による職業性障害の防止及び管理に関する条約（第百三十九号）」（https://www.mofa.go.jp/mofaj/gaiko/treaty/pdfs/B-S53-0423.pdf）。
134) 国際労働機関WEBサイト―1974年の職業がん勧告（第147号）（https://www.ilo.org/tokyo/standards/list-of-recommendations/WCMS_239214/lang-ja/index.htm，最終閲覧日：2023年9月9日）。
135) 労働省安全衛生部化学物質調査課編『安衛法・有害性調査制度の解説』（中央労働災害防止協会，1990年）9頁。
136) 同上。
137) 労働調査会出版局編・前掲注106) 83-84頁。
138) 第108条の2及び有害性調査制度の成立の沿革について，労働省安全衛生部化学物質調査課編・前掲注135) 9-16頁。
139) 「安衛法の改正案，今国会へ―中基審・労働災害防止部会が報告まとめる」労働衛生18巻2号（通巻203号）（1977年）4-5頁。
140) 労働省労働基準局安全衛生部「労働安全衛生法の改正に関する中央労働基準審議会の答申について」日労研資料30巻3号（1977年）。
141) 労働省安全衛生部化学物質調査課編・前掲注135) 12-13頁に，答申文（別添法律案要綱〔抜粋〕付き）が掲載されている。
142) 前掲注138) 参照。
143) 議案全文について，第80回国会衆議院社会労働委員会第9号昭和52年4月13日（https://kokkai.ndl.go.jp/#/detailPDF?min

Id=108004410X00919770413&page=38).
144) 前掲注138) 参照。
145) 同上。
146) 前掲注137) 参照。
147) 前掲注131) 参照。
148) 前掲注137) 参照。
149) 前掲注138) 参照。
150) 「相当以前から」というのは，厚生労働省安全衛生部関係者への聴取による。
151) 松尾幸夫主筆／片岡輝男・木村嘉勝編『政策担当者が語る労働衛生施策の歩み』（労働調査会，2012年）170頁「疫学調査センターの設置構想を巡って」。
152) 平成19年7月6日付け厚生労働大臣柳澤伯夫あて社団法人日本産業衛生学会理事長清水英佑「石綿取り扱い労働者の疫学調査実施に関する要望書」(https://www.sanei.or.jp/files/topics/statement/070706sekimen.pdf)。
153) 厚生労働科学研究成果データベース「印刷労働者にみられる胆管癌発症の疫学的解明と原因追究」〔研究代表者：圓藤吟史〕(H25-労働-指定-013)（https://mhlw-grants.niph.go.jp/project/24494）

〔森山誠也〕

第109条から第115条の2まで

（地方公共団体との連携）
第109条　国は，労働災害の防止のための施策を進めるに当たつては，地方公共団体の立場を尊重し，これと密接に連絡し，その理解と協力を求めなければならない。

1 趣旨

法第109条では，労働災害防止の施策に関する国と地方公共団体との連携について，国のとるべき基本姿勢を規定している1)。

2 内容

労働災害の防止に関する施策は一義的に国の役割として総合的・計画的に取り組まれるべきものであるが，地方公共団体においても地域に暮らす住民である労働者の安全と健康の確保，福祉の向上等の観点から労働災害の防止に配慮した施策を展開する必要がある。また，都市型産業災害（Urban Industrial Disasters）2)のように地域住民に広く被害を及ぼす場合などでは，労働災害防止対策と地方公共団体の災害防止対策が密接な関連を持つことになる3)。

そのため法第109条では，国が労働災害を防止するための施策を推進するに当たり，地域の実情を踏まえたうえで地方公共団体の立場を積極的に理解し十分配慮することを要請する規定を設けている4)。

国と地方公共団体との連携の例として，建設工事関係者連絡会議があげられる。これは，建設業において工事を施工する建設事業者だけではなく発注機関が工事の安全衛生により配慮した発注条件で発注を行うことや，発注者，施工者，労働災害防止行政関係者が緊密に連携して労働災害防止対策を進めていくために，国の発注機関や都道府県，市町村等の地方公共団体の公共工事担当部署を含め，都道府県を単位として建設工事関係者連絡会議（以下「連絡会議」という）を設置し，建設工事における労働災害の減少を図るものである5)。

連絡会議の事務局は都道府県労働局が担うこととされている。また，都道府県単位の連絡会議のほか，必要に応じて労働基準監督署の管轄等の単位での連絡会議の設置も行われる。また，石油コンビナート（原料・燃料・工場施設等を1カ所に集めて，関係企業の生産効率の向上を図った工業地帯）等に係る災害防止に関し，都道府県労働局や労働基準監督署において，石油コンビナート等防災本部及び幹事会への参画，県・防災本部の主催する防災訓練への参加等，防災本部の取り組みを通じて関係機関との連携を図っているほか6)，建設業附属寄宿舎において防火対策等がとられていないものについて消防機関に通報することとされている7)など，消防機関との連携は比較的とられているようである。

地方公務員の労働基準監督機関である地方公共団体の人事委員会等について，上記のような関係機関との会議などの連携の例は確認できなかった（なお，都道府県労働委員会に対しては，個別労働紛争解決制度機関や集団的労使紛争の調整機関として，都道府県労働局や中央労働委員会と情報交換や研修などが行われている8)）。

（許可等の条件）
第110条　この法律の規定による許可，免許，指定又は登録（第54条の3第1項〔*検査業者となろうとする者は，所定の検査業者名簿に所定事項の登録を受けねばならない旨の定め〕又は第84条第1項〔*労働安全・衛生コンサルタント試験合格者は，所定事項を厚生労働省に備える名簿に登録して初めて同コンサルタントとなることができる旨の定め〕の規定による登録に限る。次項において同じ。）には，条件を付し，及びこれを変更することができる。

> 2 前項の条件は，当該許可，免許，指定又は登録に係る事項の確実な実施を図るため必要な最少限度のものに限り，かつ，当該許可，免許，指定又は登録を受ける者に不当な義務を課することとなるものであつてはならない。

1 趣旨

法第110条は，労働安全衛生法の規定に基づく許認可等の行政処分に関し，必要最小限の条件を付すことができることを定めたものである[9]。

許可，免許，指定又は登録などの処分は，一般に国民に対して一定の利益を付与するものと解されるが，この行政処分に関しては，目的の範囲内において一定の条件を付することが適正な行政運用と行政自身の恣意的な裁量を抑制することに資するため，法第110条においてその趣旨を明確化している[10]。

2 内容

法第110条第1項の「この法律の規定による許可」としては，特定機械等についての製造の許可（法第37条第1項），ジクロルベンジジン等の労働者に重度の健康障害を生ずるおそれのある有害物についての製造の許可（法第56条第1項）があり，また，「免許」に関しては，衛生管理者の免許（法第12条第1項），作業主任者の免許（法第14条），就業制限業務に係る免許（法第61条第1項）がある[11]。このほか「指定」に関しては，指定試験機関等の指定（法第75条の2第1項，第83条の2，第85条の2）があり，「登録」には，検査業者，コンサルタント名簿の登録（法第54条の3第1項）がある[12]。

なお，法第110条が規定する「条件」とは行政処分の附款としての条件と解され，許認可等の法効果について法律で規定された事項以外の内容を付加したものを指す[13]。実務上広範に用いられる附款は，二者択一（許認可等の処分を行うか，拒否処分を行うか）的な硬直性を緩和し，あるいは行政庁が取り得る措置を予告するなど，状況に応じた適切な処分を可能にすることを目的としている[14]。この法第110条が規定する「条件」に関しては，必要最小限なものに限り，かつ，不当な義務を課してはならないこととされている[15]。

（審査請求）
第111条　第38条〔＊特定機械等の安全確保のため，製造すること自体についての許可制度（法第37条）とは別に，既に製造・輸入された機械等が構造規格に適合しているか否か等に関する検査の実施を求め[16]た規定〕の検査，性能検査，個別検定又は型式検定の結果についての処分については，審査請求をすることができない。
2　指定試験機関が行う試験事務に係る処分若しくはその不作為，指定コンサルタント試験機関が行うコンサルタント試験事務に係る処分若しくはその不作為又は指定登録機関が行う登録事務に係る処分若しくはその不作為については，厚生労働大臣に対し，審査請求をすることができる。この場合において，厚生労働大臣は，行政不服審査法（平成26年法律第68号）第25条第2項〔＊処分庁の上級行政庁等は，必要に応じ処分の執行を停止できる旨の定め〕及び第3項〔＊処分庁の上級行政庁等以外の審査庁も，必要に応じ一定範囲で処分の執行を停止できる旨の定め〕，第46条第1項〔＊処分にかかる審査請求に理由がある場合，審査庁は裁決で当該処分を取り消すこととなるが，審査庁が上級行政庁等でない場合，当該処分の変更はできない旨の定め〕及び第2項〔＊審査庁が申請却下・棄却の処分を取り消す場合，審査庁が処分庁の上級行政庁である場合，当該処分庁に当該処分をすべき旨を命じる旨等の定め〕，第47条〔＊事実上の行為にかかる審査請求に理由がある場合，審査庁は，裁決で当該行為を違法や不当と宣言し，当該処分庁にその撤廃や変更を命じることとなるが，審査庁が処分庁の上級行政庁でない場合，変更を命じることができない旨の定め〕並びに第49条第3項〔＊不作為にかかる審査請求に理由がある場合，審査庁は，裁決で，その違法や不当を宣言することとなるが，審査庁が処分庁の上級行政庁である場合，当該不作為庁に対し，当該処分をすべき旨命じる旨の定め〕の規定の適用については，指定試験機関，指定コンサルタント試験機関又は指定登録機関の上級行政庁とみなす。

1 趣旨

法第111条は，製造時等検査，性能検査，個別検定，型式検定，免許試験等の結果に基づき行われる適否の処分に関し，高度に専門的・技術的な結果に基づく処分の性格からみて行政不服審査法による審査請求はできないこととし，また，指定試験機関が行う試験事務に関する処分等については，事案の重要性に鑑みて厚生労働大臣に対し審査請求をできることとしている[17]。

2 内容

行政不服申立て制度は，行政過程の中に組み込まれた事後救済手続であり，国民が行政庁による公権力の

行使につき行政機関に対して不服を申し立てる手続きである。行政不服審査法（行審法）が規定する不服申立手続の種類は審査請求，再調査の請求，再審査請求であるが，このうち原則となるのが審査請求である。

審査請求の対象となるものは行政庁の処分又は不作為であるが，処分又は不作為であっても行審法の適用除外とされるものがある。この点，行審法第7条第1項第11号では「専ら人の学識技能に関する試験又は検定の結果についての処分」については審査請求を行うことができないとしており，この規定に相応する形で法第111条第1項では製造時等検査，性能検査，個別検定，型式検定，免許試験の結果についての処分に関しては審査請求をすることができないことと規定している。検査や検定などの結果に基づき行われる適否の処分は高度な専門的・技術的な実測・試験などの結果に基づく客観的な判定であり，行政不服申立てを認めた場合においても同様の結果になることが予想されるため，労働安全衛生法では明文の規定により行政不服審査の適用を除外している。

これに対し，指定試験機関及び指定コンサルタント試験機関が行う試験事務に係る処分若しくは不作為，指定登録機関が行う登録事務に係る処分若しくは不作為に関しては，これらの機関が行政庁ではないため，これらの機関に試験事務や登録事務を委託した厚生労働大臣に審査請求を行うことができる。

なお，検査や検定，免許試験の結果に関する処分に関し，行政事件訴訟法に基づく行政訴訟を提起することは妨げられない。

（手数料）
第112条 次の者は，政令で定めるところにより，手数料を国（指定試験機関が行う免許試験を受けようとする者にあつては指定試験機関，指定コンサルタント試験機関が行う労働安全コンサルタント試験又は労働衛生コンサルタント試験を受けようとする者にあつては指定コンサルタント試験機関，指定登録機関が行う登録を受けようとする者にあつては指定登録機関）に納付しなければならない。

一　免許を受けようとする者
一の二　第14条〔＊事業者は，所定の危険有害作業については，都道府県労働局長の免許や登録を受けた者が行う技能講習修了者から作業主任者を選任して，所定の業務を行わせるべき旨の定め〕，第61条第1項〔＊事業者は，クレーン運転等の危険有害業務＝就業制限業務については，都道府県労働局長による免許や登録を受けた者が行う技能講習修了者等以外を就業させてはならない旨の定め〕又は第75条第3項〔＊都道府県労働局長は，その登録を受けた者が行う教習を修了してから間もない等の資格者につき，免許試験の学科試験や実技試験の（一部）を免除できる旨の定め〕の登録の更新を受けようとする者

二　技能講習（登録教習機関が行うものを除く。）を受けようとする者

三　第37条第1項〔＊ボイラー，クレーン等の特定機械等（特に危険な作業を要する機械等のうち所定のもの）の製造に際して都道府県労働局長の許可を要する旨の定め〕の許可を受けようとする者

四　第38条〔＊前条の条文に付した注釈を参照のこと〕の検査（登録製造時等検査機関が行うものを除く。）を受けようとする者

四の二　第38条第1項〔＊ボイラー，クレーン等の特定機械等を製造輸入等した者は，検査対象により都道府県労働局長又は厚生労働大臣により登録を受けた登録製造時等検査機関による製造時等検査を受けるべき旨の定め〕，第41条第2項〔＊都道府県労働局長又は登録製造時等検査機関による検査に合格した特定機械等に交付される検査証の有効期間の更新を受けようとする者は，厚生労働大臣の登録を受けた登録性能検査機関の性能検査を受けるべき旨の定め〕，第44条第1項若しくは第44条の2第1項の登録又はその更新を受けようとする者

五　検査証の再交付又は書替え（登録製造時等検査機関が行うものを除く。）を受けようとする者

六　性能検査（登録性能検査機関が行うものを除く。）を受けようとする者

七　個別検定（登録個別検定機関が行うものを除く。）を受けようとする者

七の二　型式検定（登録型式検定機関が行うものを除く。）を受けようとする者

八　第56条第1項〔＊強い有害性を持つ物質の製造には許可を要する旨の定め〕の許可を受けようとする者

九　第72条第1項〔＊衛生管理者，作業主任者，クレーン運転等の就業制限業務従事者に求められる免許は，所定の免許試験合格者等に交付して行う旨の定め〕の免許証の再交付又は書替えを受けようとする者

十　免許の有効期間の更新を受けようとする者
十一　免許試験を受けようとする者

十二　労働安全コンサルタント試験又は労働衛生コンサルタント試験を受けようとする者

十三　第84条第1項〔＊労働安全・衛生コンサルタント試験合格者は，所定事項を厚生労働省に備える名簿に登録して初めて同コンサルタントとなることができる旨の定め〕の登録を受けようとする者

2　前項の規定により指定試験機関，指定コンサルタント試験機関又は指定登録機関に納められた手数料は，それぞれ，指定試験機関，指定コンサルタント試験機関又は指定登録機関の収入とする。

1　趣旨

法第112条では，労働安全衛生法の規定に基づき免許，許可，検査等を受けようとする者に対し，政令で定める金額を手数料として納付しなければならないことを定めている。[27]

2　内容

以下の者は，労働安全衛生法関係手数料令（手数料令）で定める手数料を，申請書又は申込書に手数料の額に相当する額の収入印紙を貼ること（電子情報処理組織を使用する場合には現金。指定試験機関，指定コンサルタント試験機関又は指定登録機関に納付する場合には試験事務規程などの定め）により，国（指定試験機関が行う免許試験を受けようとする場合には指定試験機関，指定コンサルタント試験機関が行う労働安全コンサルタント又は労働衛生コンサルタント試験を受けようとする場合には指定コンサルタント試験機関，指定登録機関が行う登録を受けようとする場合には指定登録機関）に納付しなければならない。[28]

①免許を受けようとする者
②作業主任者，就業制限業務従事者の資格要件である技能講習を行う機関としての登録又は教習機関としての登録の更新を受けようとする者
③技能講習（登録教習機関が行うものを除く）を受けようとする者
④特定機械等の製造の許可を受けようとする者
⑤製造時等検査（登録製造時等検査機関が行うものを除く）を受けようとする者
⑥登録製造時等検査機関，登録性能検査機関，登録個別検定機関若しくは登録型式検定機関の登録又は更新を受けようとする者
⑦検査証の再交付又は書換え（登録製造時等検査機関が行うものを除く）を受けようとする者
⑧性能検査（登録性能検査機関が行うものを除く）を受けようとする者
⑨個別検定（登録個別検定機関が行うものを除く）を受けようとする者
⑩型式検定（登録型式検定機関が行うものを除く）を受けようとする者
⑪有害物質の製造の許可を受けようとする者
⑫免許証の再交付又は書換えを受けようとする者
⑬免許の有効期間の更新を受けようとする者
⑭労働安全コンサルタント試験又は労働衛生コンサルタント試験を受けようとする者
⑮労働安全コンサルタント又は労働衛生コンサルタントの登録を受けようとする者

以上の場合に，指定試験機関，指定コンサルタント試験機関又は指定登録機関に納められた手数料は，それぞれ指定試験機関，指定コンサルタント試験機関又は指定登録機関の収入となる。[29]

他の立法例では法律で金額を定めているものや法律に最高限度額を規定し具体的な金額を政令に委任する場合もあるが，労働安全衛生法では手数料の納付対象が非常に多く極めて複雑なものになっているため，政令に全てを委任することとしている。[30]

また，「手数料」とは国若しくは地方公共団体又はこれらの指定機関が他人のために行う公の役務に対しその報償として徴収する料金のことを指すものであり，法令上の根拠なく無制限に徴収することは許されない。

なお，手数料は納付された後は返還されない（法第112条，手数料令第7条）。

（公示）

第112条の2　厚生労働大臣は，次の場合には，厚生労働省令で定めるところにより，その旨を官報で告示しなければならない。

一　第38条第1項〔＊第38条については，法第111条の条文に付した注釈を参照のこと。第1項は，ボイラー，クレーン等の特定機械等を製造輸入した者は，検査対象により登録製造時等検査機関による製造時等検査を受けるべき旨の定め〕，第41条第2項〔＊都道府県労働局長又は登録製造時等検査機関による検査に合格した特定機械等に交付される検査証の有効期間の更新を受けようとする者は，厚生労働大臣の登録を受けた登録性能検査機関の性能検査を受けるべき旨の定め〕，第44条第1項〔＊法第112条の条文に付した注釈を参照のこと〕又は第44条の2第1項〔＊法第112条の条文に付した注釈を参照のこと〕の規定による登録をしたとき。

二　第44条の4〔＊合格認定後に基準不適合が判

明した場合等に、厚生労働大臣が型式検定合格証を失効させられる旨の定め〕の規定により型式検定合格証の効力を失わせたとき。
三　第47条の２〔＊登録製造時等検査機関が登録簿に記載すべき法第46条第４項所定の事項のうち、氏名・名称や代表者氏名を変更する場合、厚生労働大臣に届け出るべき旨の定め〕又は第49条（第53条の３から第54条の２までにおいてこれらの規定を準用する場合を含む。）〔＊登録製造時等検査機関が当該検査を休廃止する場合、予め厚生労働大臣に届け出るべき旨の定め〕の規定による届出があつたとき。
四　第53条第１項（第53条の３から第54条の２までにおいて準用する場合を含む。）〔＊登録製造時等検査機関が一定の事由（所定の欠格事由等）に該当した場合に、厚生労働大臣が登録取り消し又は一定期間業務停止を命じ得る旨の定め〕の規定により登録を取り消し、又は製造時等検査、性能検査、個別検定若しくは型式検定の業務の全部若しくは一部の停止を命じたとき。
五　第53条第２項（第53条の３から第54条の２までにおいて準用する場合を含む。）〔＊外国登録製造時等検査機関が一定の事由（所定の欠格事由等）に該当した場合に、厚生労働大臣が登録取り消しを命じ得る旨の定め〕の規定により登録を取り消したとき。
六　第53条の２（第53条の３から第54条の２まで及び第77条第３項において準用する場合を含む。）〔＊登録製造時等検査機関の登録を受ける者がいない、休廃止の届出、登録取消し、業務停止命令等により、業務が困難な場合等で必要な場合には、都道府県労働局長が自ら行い得る旨の定め〕の規定により都道府県労働局長、労働基準監督署長若しくは厚生労働大臣が製造時等検査、性能検査、個別検定、型式検定若しくは技能講習の業務の全部若しくは一部を自ら行うものとするとき、又は都道府県労働局長、労働基準監督署長若しくは厚生労働大臣が自ら行つていた製造時等検査、性能検査、個別検定、型式検定若しくは技能講習の業務の全部若しくは一部を行わないものとするとき。
七　第75条の２第１項〔＊厚生労働大臣は、指定試験機関に法第75条所定の免許試験の実施に関する事務（試験事務）を委託できる旨の定め〕、第83条の２〔＊厚生労働大臣は、指定コンサルタント試験機関に労働安全・衛生コンサルタント試験の事務（試験事務）を委託できる旨の定め〕又は第85条の２第１項〔＊厚生労働大臣は、指定登録機関にコンサルタントの登録にかかる事務（登録事務）を委託できる旨の定め〕の規定による指定をしたとき。
八　第75条の10（第83条の３及び第85条の３において準用する場合を含む。）〔＊指定試験機関は、厚生労働大臣の許可を受けなければ、試験事務を休廃止できない旨の定め〕の許可をしたとき。
九　第75条の11第１項（第83条の３及び第85条の３において準用する場合を含む。）〔＊所定の事由に該当する場合の厚生労働大臣による指定試験機関の必要的取消しの定め〕の規定による取消しをしたとき。
十　第75条の11第２項（第83条の３及び第85条の３において準用する場合を含む。）〔＊所定の事由に該当する場合の厚生労働大臣による指定試験機関の裁量的取消しの定め〕の規定により指定を取り消し、又は試験事務若しくはコンサルタント試験事務の全部若しくは一部若しくは登録事務の停止を命じたとき。
十一　第75条の12第１項（第83条の３及び第85条の３において準用する場合を含む。以下この号において同じ。）〔＊指定試験機関が許可を受けて試験事務を休廃止したとき、試験事務の停止を命じた等により、業務が困難な場合等で必要な場合には、都道府県労働局長が自ら行い得る旨の定め〕の規定により都道府県労働局長若しくは厚生労働大臣が試験事務若しくはコンサルタント試験事務の全部若しくは一部若しくは登録事務を自ら行うものとするとき、又は同項の規定により都道府県労働局長若しくは厚生労働大臣が自ら行つていた試験事務若しくはコンサルタント試験事務の全部若しくは一部若しくは登録事務を行わないものとするとき。
２　都道府県労働局長は、次の場合には、厚生労働省令で定めるところにより、その旨を公示しなければならない。
一　第14条〔＊事業者は、所定の危険有害作業については、都道府県労働局長の免許や登録を受けた者が行う技能講習修了者から作業主任者を選任して、所定の業務を行わせるべき旨の定め〕、第61条第１項〔＊事業者は、クレーン運転等の危険有害業務＝就業制限業務については、都道府県労働

局長による免許や登録を受けた者が行う技能講習修了者等以外を就業させてはならない旨の定め〕又は第75条第3項〔＊都道府県労働局長は，その登録を受けた者が行う教習を修了してから間もない等の資格者につき，免許試験の学科試験や実技試験の（一部）を免除できる旨の定め〕の規定による登録をしたとき。
二　第77条第3項において準用する第47条の2〔＊登録製造時等検査機関が登録簿に記載すべき法第46条第4項所定の事項のうち，氏名・名称や代表者氏名を変更する場合，厚生労働大臣に届け出るべき旨の定め〕又は第49条〔＊登録製造時等検査機関が当該検査を休廃止する場合，予め厚生労働大臣に届け出るべき旨の定め〕の規定による届出があつたとき。
三　第77条第3項において準用する第53条第1項〔＊登録製造時等検査機関が一定の事由（所定の欠格事由等）に該当した場合に，厚生労働大臣が登録取り消し又は一定期間業務停止を命じ得る旨の定め〕の規定により登録を取り消し，又は技能講習若しくは教習の業務の全部若しくは一部の停止を命じたとき。

1 趣旨

　法第112条の2では，登録製造時等検査機関，登録性能検査機関，登録個別検定機関，登録型式検定機関及び指定試験機関の登録又は指定，業務又は事務の休廃止の許可，指定の取消し等を行った場合にその旨を官報で告示しなければならないことを定めている。[31]

2 内容

　厚生労働大臣は，登録製造時等検査機関，登録性能検査機関，登録個別検定機関，登録型式検定機関の登録をしたときなどには，その旨を官報で告示する。[32]　また，都道府県労働局長は，登録教習機関の登録をしたときなどには，都道府県労働局の掲示板に掲示することによりその旨を公示する。[33]
　この規定は，行政機関が行うべき業務を代行する機関の指定や業務の動向を広く一般に周知するために公示することを目的としている。[34]　公示する事項に関しては省令に委ねられており，具体的には登録省令（第1条の11，第10条の3，第19条の2，第19条の12，第19条の38，第25条の3，第38条，第52条），検定則（第15条）で規定されている。[35]

（経過措置）
第113条　この法律の規定に基づき命令を制定し，又は改廃するときは，その命令で，その制定又は改廃に伴い合理的に必要と判断される範囲内において，所要の経過措置（罰則に関する経過措置を含む。）を定めることができる。

1 趣旨

　法第113条は，労働安全衛生法の規定に基づく命令の制定，改廃に当たり，合理的に必要と判断される範囲内において，罰則に関する経過措置を含む所要の経過措置を定めることができることを規定している。[36]

2 内容

　労働安全衛生法及び同法に基づく政省令の制定，改廃に際しては経過措置が必要となることが多いため，法第113条の規定に基づき，施行令，各規則にそれぞれ所要の経過措置が規定されている。[37]

（鉱山に関する特例）
第114条　鉱山保安法（昭和24年法律第70号）第2条第2項〔＊鉱山の定義を，例外を除き，鉱業を行う事業場だとした定め〕及び第4項〔＊第2項但書の範囲は経済産業省令で定める旨の定め〕の規定による鉱山における保安（衛生に関する通気及び災害時の救護を含む。次条第1項において同じ。）については，第2章〔＊労働災害防止計画に関する定め〕中「厚生労働大臣」とあるのは「経済産業大臣」と，「労働政策審議会」とあるのは「中央鉱山保安協議会」とする。
2　鉱山保安法第2条第2項及び第4項の規定による鉱山に関しては，第3章〔＊安全衛生管理体制に関する定め〕中「総括安全衛生管理者」とあるのは「総括衛生管理者」と，「安全衛生推進者」とあるのは「衛生推進者」とする。

1 趣旨

　法第114条では，鉱山保安法（昭和24年5月16日法律第70号）の規定による鉱山に関し，労働安全衛生法の適用に係る特例について定めている。[38]

2 内容

　鉱山に関しては鉱山保安法が保安に関する事項を規制しており，次条（法第115条）の規定に基づき第2章「労働災害防止計画」を除き労働安全衛生法は適用されない。

鉱山保安法には労働災害防止計画と同様の趣旨の規定がないため，労働安全衛生法の規定による労働災害防止計画の策定を行うことになるが，経済産業省が鉱山における保安を一元的に所管している現状に鑑み，鉱山における保安については，労働災害防止計画の策定・変更，公表，関係者に対する必要な勧告・要請に関する責務を経済産業大臣，中央鉱山保安協議会に課している[39]。

また，鉱山保安法における「保安」には安全に係る事項は原則として含まれるが，衛生に関する通気及び災害時救護を除く労働衛生の事項は労働安全衛生法の適用となるため，総括安全衛生管理者を総括衛生管理者に，安全衛生推進者を衛生推進者と読み替えることとしている[40]。

(適用除外)
第115条 この法律（第2章の規定を除く。）は，鉱山保安法第2条第2項及び第4項の規定による鉱山における保安については，適用しない。
2 この法律は，船員法（昭和22年法律第100号）の適用を受ける船員については，適用しない。

1 趣旨

法第115条では，鉱山及び船員に関し労働安全衛生法の適用に関する特例を定めている[41]。

2 内容

鉱山における保安に関しては鉱山保安法により安全確保と必要な規制がなされるため，労働災害防止計画に関する規定を除き，労働安全衛生法は適用されない[42]。

また，船員法（昭和22年9月1日法律第100号）の適用を受ける船員に関しても，海上労働の特殊性の観点から労働安全衛生法を適用せず，船員法をはじめとする別個の法体系により船員の安全及び衛生を確保することとされている[43]。

(厚生労働省令への委任)
第115条の2 この法律に定めるもののほか，この法律の規定の実施に関し必要な事項は，厚生労働省令で定める。

1 趣旨

本条は，本法制定当初には存在しなかったが，働き方改革を推進するための関係法律の整備に関する法律（平成30年7月6日法律第71号）により追加された規定で

資料11-28

区分	説明
完結型本条	第35条のように，委任がなく各本条中で規定内容が完結しているもの
個別委任型本条	第13条のように，構成要件の一部を各条項の中で「厚生労働省令で定める」等と定める方式で命令に委任しているもの
包括委任型本条	第27条を介して規定の内容の一部を包括的に命令に委任している第20条のような規定

(寺西輝泰『労働安全衛生法違反の刑事責任（総論）─労働災害の防止をめざして〔改訂版〕』〔日労研，2004年〕216-221頁の分類をもとに森山誠也が作成)

ある。

一般に，国民に義務を課し，又は国民の権利を制限する事項を命令で規定するためには，法律による委任が必要であり，本法においても，**資料11-28**に示すような方法で，事業者，労働者等に対する義務規定等の具体的内容の多くが政省令へ委任されている（このような命令は「法規命令」と呼ばれる）。その一方で，国民の義務や権利の制限を直接的な内容としない手続的な事項については，一般に，法律の特別な委任がなくても，実施命令（執行命令とも呼ばれる）として，行政機関の命令で定めることができる範囲のものが多い。したがって，本法においても，従来，本条のような規定を設けないで，実施命令を定めていたが，近年，実施命令についてもその根拠を明確にし，命令の形式（政令か省令かなど）を定めておくため法律で明文化される例が多くなっており[44]，本条もその例に倣って追加されたものである。

【注】

1) 労務行政研究所編『労働安全衛生法（労働法コンメンタール10）〔改訂2版〕』（労務行政，2021年）837-838頁。労働調査会出版局編『労働安全衛生法の詳解─労働安全衛生法の逐条解説〔改訂5版〕』（労働調査会，2020年）1030-1031頁。
2) 都市型産業災害とは都市型災害（urban disasters）と産業災害（industrial disasters）の両方の特色を有するものであり，「市街地の拡大と人口の高密度化に伴い，人口密集地またはその近傍で発生することで影響が際だって大きく出る災害であり，加えて一時原因が産業設備にあるもの」が都市型産業災害と定義される（日本リスク研究学会編『増補改訂版 リスク学事典』〔阪急コミュニケーションズ，2006年〕105-106頁）。
3) 労務行政研究所編・前掲注1）837-838頁。尾添博『楽に読める安衛法─概要と解説〔改訂第2版〕』（労働新聞社，2019年）355頁。労働調査会出版局編・前掲注1）1030-1031頁。
4) 労務行政研究所編・前掲注1）837-838頁。労働調査会出版局編・前掲注1）1030-1031頁。
5) 平成26年4月11日基安発0411第1号「建設工事関係者連絡会議の設置について」。
6) 令和2年度石油コンビナート等災害防止3省連絡会議（第2回）（https://www.fdma.go.jp/relocation/neuter/topics/fieldList4_16/r02_konbunato_kaigi.html，最終閲覧日：2021年9月15日）。
7) 平成13年5月11日基発第441号「建設業附属寄宿舎における

労働基準法等関係法令の遵守の徹底について」。
8) 村田毅之「紛争調整委員会による個別労働紛争のあっせんの現状と課題」日本労働研究雑誌63巻6号（2021年）62頁，道幸哲也「労働委員会制度の直面する課題」同75頁。
9) 労務行政研究所編・前掲注1）838-839頁。労働調査会出版局編・前掲注1）1032頁。
10) 労務行政研究所編・前掲注1）839頁。尾添・前掲注3）364-365頁。労働調査会出版局編・前掲注1）1032頁。
11) 労働調査会出版局編・前掲注1）1032頁。
12) 同上。
13) 同上。宇賀克也『行政法概説Ⅰ　行政法総論〔第6版〕』（有斐閣，2017年）98-100頁。
14) 宇賀・同上98-100頁。
15) 尾添・前掲注3）364-365頁。種別として，条件，期限，負担，撤回権の留保などがあるが，法令上は単に条件と呼ばれることが多い（高橋和之・伊藤眞・小早川光郎・能見善久・山口厚編集代表『法律学小辞典〔第5版〕』〔有斐閣，2016年〕1124頁）。
16) 法第38条第1項，第2項が定める都道府県労働局長等が行う製造時等検査には，
①製造時検査（製造の際や直後の構造規格適合性を重視する検査），
②輸入時検査，
③所定期間（ボイラー等につき原則1年。移動式クレーンにつき原則2年）にわたり設置（定置式の特定機械等の据付及び使用）されなかったものの設置時検査（性格的に使用開始時検査に近く，休止後再開検査などとは異なる），
④使用（移動式の特定機械等の利用）廃止後の再設置・再使用時検査（同前），
の4つがある。
同条第3項は，特定機械等の設置とそれ以後の検査を定めており，これには，
①設置（落成）時検査，
②所定の主要部分の変更時検査，
③休止後（：報告を提出して使用休止し，検査証の有効期間を徒過後）再開検査，
の3つがある。
17) 労務行政研究所編・前掲注1）839-840頁。労働調査会出版局編・前掲注1）1033-1035頁。
18) 櫻井敬子・橋本博之『行政法〔第6版〕』（弘文堂，2019年）229頁。
19) 同上231頁。
20) 行政不服審査法の適用除外とされる処分又は不作為の分類は以下の通りである。①特別な機関により特別な手続で行われる処分（国会や裁判所によって行われる処分など：行審法第7条第1項第1号〜第4号），②行審法が定める審査請求よりも慎重な手続で行われる処分（犯則調査において行われる処分など：行審法第7条第1項第5号〜第7号），③処分の性質に照らして行審法を適用することが適当でないとされたもの（学校，刑務所等における処分，外国人の出入国に関する処分など：行審法第7条第1項第8号〜第11号），④既に審査庁の判断が示されており，再度審査庁の判断を求める意義に乏しいもの（行審法に基づく処分：行審法第7条第1項第12号），⑤国の機関又は地方公共団体等に対する処分で，これらの機関等が固有の資格において当該処分の相手方となるもの及びその不作為（行審法第7条第2項）（中原茂樹『基本行政法〔第3版〕』〔日本評論社，2018年〕244-245頁）。
21) 労務行政研究所編・前掲注1）840-841頁。尾添・同上365-366頁。労働調査会出版局編・同上1033-1035頁。
22) 労務行政研究所編・同上840-841頁。木村大樹『実務解説労働安全衛生法』（経営書院，2013年）381頁。尾添・同上365-366頁。労働調査会出版局編・同上1033-1035頁。
23) 木村・同上381頁。尾添・同上365-366頁。
24) 労務行政研究所編・前掲注1）841頁。労働調査会出版局編・前掲注1）1033-1035頁。
25) 第44条は，特定機械等以外の機械等であって，小型ボイラーのように，溶接など工作上の適否について個別に検定を行う必要のある機械について，製造者又は輸入者が個別検定を受けなければならず，これに合格したものだけに付すことのできる個別検定合格標章のない当該機械等を使用してはならないこと等を定めた規定。

第1項は，その検定は，厚生労働大臣の登録を受けた登録個別検定機関によるべき旨を定めている。
26) 第44条の2は，
①プレス機械の安全装置のように同型のものが大量に生産され，サンプルについて検定を行えば安全性が確認できるものや，
②保護帽のように検定（破壊試験）を行うことにより検定現品が破損し，又はその性能が劣化する等個別に安全性を確認できないものについて，
その製品の型式（機械等の種類，形状，性能等の組み合わせにおいて，共通の安全性能を持つ1つのグループ）について，製造者又は輸入者が型式検定を受けなければならず，これに合格したものだけに付すことのできる型式検定合格標章のない当該機械等を使用してはならないこと等を定めた規定である。

第1項は，その検定は，厚生労働大臣の登録を受けた登録型式検定機関によるべき旨を定めている。
27) 労務行政研究所編・前掲注1）841-843頁。労働調査会出版局編・前掲注1）1035-1041頁。
28) 木村・前掲注22）382-383頁。尾添・前掲注3）367-368頁。
29) 木村・同上。
30) 労務行政研究所編・前掲注1）843頁。労働調査会出版局編・前掲注1）1035-1041頁。
31) 労務行政研究所編・同上844-846頁。労働調査会出版局編・同上1041-1044頁。
32) 木村・前掲注22）381-382頁。尾添・前掲注3）369-371頁。
33) 同上。
34) 労務行政研究所編・前掲注1）846頁。労働調査会出版局編・前掲注1）1041-1044頁。
35) 労務行政研究所編・同上846-847頁。労働調査会出版局編・同上1041-1044頁。
36) 労務行政研究所編・同上847頁。労働調査会出版局編・同上1044-1045頁。
37) 労務行政研究所編・同上。尾添・同上371頁。労働調査会出版局編・同上1044-1045頁。
38) 労務行政研究所編・同上847-848頁。労働調査会出版局編・同上1045-1047頁。
39) 労務行政研究所編・同上848頁。尾添・同上372-374頁。労働調査会出版局編・同上。
40) 同上。
41) 労務行政研究所編・前掲注1）849頁。労働調査会出版局編・前掲注1）1047-1050頁。
42) 労務行政研究所編・同上。尾添・前掲注3）374頁。労働調査会出版局編・同上。
43) 労務行政研究所編・同上。尾添・同上。労働調査会出版局編・同上。
44) 法制執務研究会編『新訂ワークブック法政執務』（ぎょうせい，2007年）48-49頁。

〔大藪俊志・近藤龍志〕

事項索引

あ行

アーク炉　185, 964
ISO／IEC Guide 51：2014　624
ISO Guide 73　625
ISO 31000　625
IMO条約　132, 766
あおり　81, 82, 588
足場の組立て等作業主任者　1361
アスベスト　→石綿
ALARP（as low as reasonably practicable）　99, 674, 684
新たな労働衛生上の課題の発生　37, 460
アルファ－ナフチルアミン（α-ナフチルアミン）　64, 184, 958
安全　5-7, 9, 17, 19, 23, 25, 27, 28, 30-33, 45, 53, 54, 56, 57, 61-63, 73, 76, 84, 86-90, 93, 98, 100, 108, 109, 118, 121, 129, 132, 146, 150, 156, 164, 186, 192, 202, 213-216, 218, 221-223, 296, 299, 307, 311, 312, 328, 350, 622
　——に係る具体的事項　438
　——に関する措置　31, 438
安全委員会　5, 30, 33, 53-57, 70, 102, 213, 262, 321, 334, 365, 510, 597
　——の意見等の記録・保存　40, 474
　——の構成と調査審議事項等　515
　——の成立要件　514
　——の設置　54, 513
　——の設置義務違反　57, 517
　安衛法上の——　512
安全衛生委員会　26, 33, 40, 54-57, 97, 243, 265-267, 300, 305, 308, 511, 597
　——の設置　57, 518
　——の設置義務　56, 516
安全・衛生委員会　→安全委員会, 衛生委員会
安全衛生改善計画　24, 201, 213, 320-323, 328, 348, 349, 351, 380, 598, 1389, 1392, 1394, 1400, 1403-1405
安全衛生確保事業　354, 1513
安全衛生確保等事業　1511
安全衛生管理体制　4, 7, 19, 29, 30, 35, 47-50, 57, 59, 107, 108, 214, 217, 328, 367, 434
安全衛生管理人　30, 33, 447
安全衛生教育　26, 27, 29, 46, 47, 55, 74, 87, 106, 111, 113, 185, 201, 202, 213-218, 223-225, 292, 313, 348, 352, 620, 1326

安全・衛生経験者委員　56, 515
安全衛生施設　201, 347, 349, 353, 1496
安全衛生診断　322, 323, 380, 1394, 1400
安全衛生推進者　30-32, 35, 194, 219, 320, 364, 453
　——の選任義務　453
安全衛生推進者等に行わせるべき職務　453
安全衛生責任者　51-53, 105, 216, 504, 505, 510
安全衛生責任者兼職長　51, 505
安全衛生における管理体制整備義務違反　32, 446
安全衛生の実務　453
安全貸付　→産業安全衛生施設等整備資金貸付
安全管理者　24, 29-36, 38, 39, 47, 48, 53, 54, 57, 89, 95, 100, 213, 224, 320, 332, 348, 365, 434, 436, 437
　——と衛生管理者が区分　30, 447
　——の過失（注意義務違反）　31, 439
　——の選任　30, 90, 438
　——の選任対象事業　31, 34, 437
安全管理者選任義務違反（安衛法上の）　517
安全管理者等に対する教育等　519
安全管理特別指導　380, 1396
安全管理特別指導事業場　1395
安全管理特別指導制度　321, 1395
安全教育　32, 62, 76, 77, 90, 102, 109, 111, 136, 214, 215, 321, 514, 517
　——を施すべき義務　712
安全経験者委員　56, 515
安全公害貸付　353, 1510
安全指導員制度　1504
安全装置　23, 45, 46, 61, 62, 80, 82, 91, 97, 118, 123, 137, 152-156, 158, 159, 160, 164, 176, 177, 202, 203, 330, 331, 350, 366, 861
安全第一協会　350, 1501
安全第一展覧会　350, 1501
安全配慮義務　8, 10, 19, 24, 37, 45, 46, 49, 53, 57, 62, 70, 71, 74, 76-78, 90, 94, 95, 104-106, 109, 115-117, 164, 197, 200, 215-218, 237, 243, 244, 246, 247, 255-257, 259, 261, 262, 264, 266-270, 272, 273, 282, 287, 290, 292-295, 299, 302-307, 309, 310, 323, 337, 344, 1284-1286, 1289-1292, 1296, 1300, 1303, 1310-1312, 1471

安全配慮義務履行体制　1293
安全防護　88, 89, 94, 594
安全保証義務　109, 712
安定性及び反応性　187, 190, 191, 972
安定性及び反応性項目　191
eラーニング等に関する所定の通達　460
委員会の必要的調査審議事項　55, 513
いきいき職場づくりのための参加型職場環境改善の手引き　1308
鋳込　964
医師選択権　597
医師選択の自由　250, 252, 255, 264, 1167
医師に関する規定　38, 462
石綿（アスベスト）　9, 21, 28, 57, 58, 64, 87, 94, 95, 112, 127, 156, 182-184, 188, 212, 283, 228, 234, 235, 249, 254, 259, 283, 284, 334, 367, 951, 954, 1102
石綿作業主任者　1364
石綿障害予防規則（石綿則）　23, 69, 70, 72, 94, 95, 112, 127, 181, 182, 195, 212, 213, 228, 230, 249, 259, 318, 334, 548, 549, 558, 565, 566, 733
石綿の使用における安全に関する条約　600
石綿粉じん　27, 57, 87, 127, 614
　——の発生飛散抑制措置　518
委託者　9, 157, 198, 200, 215, 350, 878, 1515
1級ボイラー技士　314-316, 1354
一の仕事　113, 367, 720
一の場所　→同一の場所
一般会計　355, 1514
一般健康診断　252, 253, 1156
一般社団法人仮設工業会　157, 876
一般的な安全衛生管理組織図　455
一般法　621
伊藤一郎　356, 1516
移動式足場　654
委任命令　611
違法が横行する組織での勤務　479
請負契約に関連する安衛法上の用語　739
請負人の講ずべき措置　736, 737
内田嘉吉　1501
運転者　62, 81, 125, 131, 587, 595
衛生　6, 8, 20, 26-28, 31, 33, 34, 36, 54-56, 60, 70, 73, 80, 87, 103, 132, 193, 221, 248, 251, 252, 292, 299, 312, 323, 328, 364, 622

1537

衛生委員会　5, 30, 36, 39, 40, 54-58, 70, 213, 235, 240, 260-262, 264, 265, 275-278, 287, 288, 300, 305, 321, 322, 334, 345, 365, 377, 378, 511, 597, 1292, 1296, 1316
　――の意見等の記録・保存　40, 474
　――の構成と調査審議事項　515
　――の成立要件　514
　――の設置義務　54, 55, 513
　――や産業医の設置／選任義務違反　54, 512
　安衛法上の――　512
衛生委員会特有の調査審議事項　55, 514
衛生管理者　29-39, 43, 54, 97, 193, 252, 259, 277, 297, 300, 314-316, 320, 322, 337, 360, 362, 378, 434, 447, 1351
　――として選任され得る要件　449
　――の活動状況　451, 452
　――の職務　34, 35, 224, 450
　――の選任　31, 34, 36, 252, 314, 449, 451
　専属の――　437
「衛生管理者の現状と課題について」　529
衛生管理体制の確立　451
衛生管理特別指導　322, 1396
衛生管理特別指導制度　321, 1395
衛生工学衛生管理者　33, 34, 196, 316, 323, 368, 374, 447, 449, 1351
　――の職務　450
衛生工学衛生管理者免許　194, 314, 450, 1328
衛生工学衛生管理者免許保有者　447, 449
衛生推進者の選任義務　453
A 測定　1107
疫学的調査　356-360, 1520, 1523, 1524
液体捕集方法　1110
SDS（Safety Data Sheet：安全データシート）制度　35, 90, 91, 94, 95, 98, 101, 102, 111, 117, 181, 185-193, 199, 333, 334, 348, 352, 368, 373, 374, 452, 978
ECETOC TRA　102, 680
エックス線作業主任者　314, 315, 318, 1354
LGBTQ　308, 630, 1301
エレベーター　629
エレベーター構造規格　89
エレベーターピット　1393
塩化ビニル　241, 1142
塩化ビニルモノマー　359, 1522
塩素化ビフェニル（ポリ塩化ビフェニル，PCB）　184, 375, 958
黄りんマッチ　357, 951

黄燐燐寸製造禁止法　16, 182, 953
大阪産業安全技術館　355, 356, 1516
大阪産業安全博物館　356, 1517
大阪の印刷工場での胆管がん発症の事案　475
オキュペイショナルハイジニスト　196, 368, 377, 1141
屋外作業場　229, 308, 1105
屋外産業的業種　30, 31, 202, 216, 435, 437
おそれ（危険等の）　6, 8, 38, 60, 62, 63, 77, 78, 81, 88, 89, 94, 98, 107, 153, 156, 164, 172, 176, 184, 186, 187, 193, 195, 227-229, 239, 248, 253, 263, 279, 285, 286, 307, 316, 320, 330, 358, 359, 373, 374, 379, 543
オルト-トリジン（O-トリジン）　184, 958
温水ボイラー　1353, 1354

か 行

外国登録製造時等検査機関　169, 170, 363, 919, 926-929
介護作業　620, 1520
回収命令　850
海上における人命の安全のための国際条約（1974年）　769
改善命令　155, 157, 167, 169, 170, 172, 174, 176, 319, 850
外地　767
快適職場環境形成　1313
快適職場形成　19, 23, 58, 288, 290, 309, 310, 348, 399
快適職場形成関係　27
快適職場形成促進事業　308, 310, 1305
快適職場指針　19, 288, 307, 309, 310, 380, 1300, 1304
快適な作業環境　25, 852
快適な職場環境　3, 19, 92, 156, 292, 293, 307-309, 410, 852, 1299
買取試験　157, 159, 870
『街路樹剪定ハンドブック（改訂版）』　509
化学安全　411
化学設備関係第一種圧力容器取扱作業主任者　1362
化学品の分類および表示に関する世界調和システム　→ GHS
化学物質　3-8, 10, 21, 23, 26-29, 33, 42, 55, 57-59, 71, 73, 90-103, 106, 109-111, 117, 118, 120, 121, 127, 135, 136, 181, 184, 186-201, 214, 216, 227, 239, 240, 241, 288, 291, 293-295, 333, 352, 356-359, 367, 368, 373-377, 402, 405, 1519

化学物質管理者　97, 98, 181, 193, 194, 196, 987
化学物質管理専門家　97, 194, 196, 240, 368, 374, 674, 990, 1141
化学物質管理の改善措置　990
化学物質の審査及び製造等の規制に関する法律（化審法）　21, 198-200, 357, 999
化学物質のリスクアセスメント指針　625
化管法　→特定化学物質の環境への排出量の把握等及び管理の改善の促進に関する法律，化学物質排出把握管理促進法
下級管理者　89, 592, 633, 634
各種技能講習規程　1344
核燃料加工の保安を審議する安全専門委員会　444
核燃料サイクル開発機構　442
攪拌機　961
科刑上一罪の処理　52, 507
化合物　21, 64, 184, 185, 197, 231, 282, 357, 367, 373, 405
カゴ車　770
家事使用人　20, 402
過失相殺　24, 63, 71, 109, 116, 223, 246, 255, 258, 260, 263, 268, 273, 302, 303, 378, 379, 413, 725, 1286, 1289
煆焼　185, 964
ガスケット　184, 961
ガス溶接作業主任者　314-316, 318, 320, 1351
型式検定　138, 143, 152-159, 169, 175-177, 328, 360-363, 366, 371-373
型式検定合格証の有効期間　158, 159
型枠支保工の組立て等作業主任者　1361
学校法人産業医科大学　356, 1517, 1518
家内労働者　157, 158, 182, 215, 350, 603, 880, 1515
家内労働法　9, 157, 215, 350, 603, 1515
過半数組合／過半数代表による委員推薦制　54, 515
樺太　767
過料　89, 169, 173, 175, 177, 296, 380, 634
カルティエ委員会　132, 156, 766, 857
過労死　20, 28, 29, 55, 250, 253, 259, 260, 265, 270, 272, 300, 301, 324, 352, 1189
過労自殺　244, 260, 266, 271, 272, 300, 301, 1211
過労死等防止対策推進法　270, 1210, 1213, 1232
環境濃度　241
関係請負人　6, 11, 17, 24, 46, 47, 49-51, 98, 106-108, 110-114, 116-118, 120, 122, 135, 216, 367, 369, 702, 717, 739

がん原性指針 →健康障害を防止するための指針
がん原性物質及び因子による職業性障害の防止及び管理に関する勧告 1522
がん原性物質及びがん原性因子による職業性障害の防止及び管理に関する条約 1522
勧告 17, 24, 29, 30, 36, 37, 39-42, 44-46, 48, 55, 56, 59, 65, 70, 72-74, 90, 92, 108, 114, 119, 120, 123, 128, 130, 133, 135, 162, 186, 188, 191, 197, 198, 215, 238, 254, 255, 258, 266, 271, 272, 281, 283, 287, 292, 296, 301, 321, 325-328, 330, 331, 345, 349-351, 355, 358, 359, 364, 365, 380, 471
勧告的基準 617
感染症の予防及び感染症の患者に対する医療に関する法律（感染症法） 253, 257, 258, 286, 378, 1185, 1243
乾燥設備作業主任者 1358
関東州 767
ガンマ線透過写真撮影作業主任者 314, 315, 318, 1354
管理区域 69, 209, 214, 227, 232, 233, 1099
管理区分 57, 72, 195, 231, 232, 239, 240, 242, 249, 283, 376, 377, 1138
管理第2類物質 1418
管理的対策 88, 102, 595
管理特別指導 1396
管理濃度 37, 99, 190, 228-231, 239, 241, 242, 376, 1128, 1138
起因物 320, 321, 619
機械 3-6, 10-12, 17, 19, 20, 23, 26-28, 33, 37, 44, 45, 57, 59-63, 70, 71, 73, 75, 79-83, 86-91, 93-96, 99-102, 106, 107, 111, 112, 113, 120-125, 128, 134-141, 144, 146-148, 150-160, 162, 164-166, 169, 172-178, 180, 181, 184, 185, 192, 198, 200, 202-204, 206, 212, 214-216, 218, 221, 222, 225-227, 230, 237, 242, 294, 308, 313, 320, 325, 326, 328, 331, 332, 342, 349, 362, 366, 367, 371-373, 381, 839
　動力により駆動される── 154, 848
　特に危険な作業を必要とする── 136, 137, 833
　本邦の地域内で使用されないことが明らかな── 841
機械安全 22, 23, 28, 93, 94, 99-101, 152, 155-158, 164, 367, 411
機械等貸与者 121, 135, 329, 331, 743, 744, 747, 751, 754
機械等の瑕疵 880

機械の防護に関する条約 152, 600, 836, 854
危害防止基準 6, 7, 19, 32, 59, 60, 62, 63, 73, 80, 87-90, 92, 307, 310, 324, 399, 535, 616
規格 26, 88, 89, 103, 118, 123, 138, 151-153, 155-158, 160, 177, 187, 190, 233, 366, 370-374, 381, 847, 861
汽缶取締令 86, 608, 610, 614, 860
企業社会経済委員会 531
企業名公表制度 21, 404
器具 154, 155, 197, 367, 839
危険 5, 6, 8, 9, 11, 17, 20, 29, 33, 44, 45, 51, 58-60, 62, 63, 69, 71, 76, 77, 81, 89, 93, 94, 97, 98, 102, 104, 105, 107, 111, 115, 117, 124, 125, 130, 134-137, 152, 154-157, 166, 167, 169-172, 174, 176-178, 213, 214, 218, 221, 222, 224-226, 229, 230, 238, 245, 246, 292, 302, 310, 313, 325, 326, 330, 331, 340, 344, 362, 366-368, 371, 372, 374, 381, 622
──の防止 622
危険源 5, 6, 60, 63, 64, 70, 80, 81, 88, 89, 94, 96, 101, 152, 154, 230, 234, 624
「危険性又は有害性等の調査に関する指針，同解説」 533
危険性・有害性の特定 669, 675
危険性・有害性の分類と具体例 520
危険物船舶運送及び貯蔵規則 769
危険有害業務 16, 20, 27, 202, 213-215, 218, 219, 224, 321, 361, 1065-1067, 1074-1076, 1079, 1084
技術上の指針 28, 90-95, 99-101, 653
技術上の助言 349, 350, 1498
技術担当者 29, 434
基準適用委員会（CAS） 776
基準・認証制度 159, 312, 1320
偽装請負 22, 109, 409
既存不適合機械等更新支援補助金 157, 1511
既存不適合機械等更新支援補助金事業 348, 349, 1498, 1499, 1515
技能講習 70, 202, 213, 214, 216, 218, 219, 222, 224, 229, 312-314, 318-320, 334, 361-363, 380, 487, 1342
技能講習修了証 122, 319, 1343
技能講習制度の課題と改正提案 1350
技能講習又は教習の業務 1347
技能を選考した者以外の者の就業が禁止される業務（旧安衛則第45条） 1323
義務的基準 617
CAS (Chemical Abstracts Service) 91, 93, 131, 189, 374, 948
CAS登録番号 659

吸光光度分析方法 232, 1111
急迫した危険 70, 78, 331, 617
旧労基法時代の就業制限制度 1322
旧労働安全衛生規則 401
旧労働災害防止団体法 401, 407
教育義務 57, 214, 518
　常時粉じん作業者への── 518
業種分類（安衛法上の） 435
行政官・元行政官向けの調査 108, 708
行政刷新会議 1513
行政上の制裁 89, 634
協調会 1501
協調会産業福利部 351, 1501
共同企業体代表者（変更）届 415
強度率 528
業務起因性 42, 258, 260, 283, 296, 305, 1284, 1296
業務規程 167, 170, 171, 173-175, 177-179, 319, 921-923, 927, 930-934, 936, 938-940
業務上過失致死傷罪 7, 53, 89, 90, 109, 592, 633, 710
業務独占資格 312, 1321
業務主 590
業務必置資格 312, 380, 1321
業務を統括管理する 433, 497
局所排気装置 35, 45, 64-66, 69, 70, 71, 74, 88, 110, 118, 127, 161, 181, 182, 196, 224, 225, 235, 322, 325, 964
　囲い式フードの── 962
許容濃度方式 631
緊急措置命令 331, 598, 1450
緊急措置命令書 331, 1450
緊急避難 78, 347, 596
金融上の措置 349, 1498
国 1496
具備 74, 123, 142, 152, 153, 155, 156, 160, 177, 848
クボタ・ショック 70, 182, 955
グランド 961
クリエイト・シンプル 102, 680
クレーム対応の作業 1520
クレーン 6, 17, 26, 44, 45, 51, 60, 83, 87, 88, 107, 110-113, 115, 118-126, 128, 133, 135-152, 157, 159, 160, 162-165, 167, 172, 176-178, 204, 208, 209, 213, 215, 218-222, 224, 313-316, 319, 331, 335, 361, 362, 369-372, 381, 1356
クレーン横転による一般人の死亡事例 490
クレーン等安全規則（クレーン則） 318
クロスブレンド法 442
クロマトグラフ 1112
計画届免除認定制度 1423
経過措置 157, 288, 291, 349, 364, 368,

事項索引 1539

373, 374, 1498, 1504
計器監視　63, 81, 88, 357, 1520
頸肩腕症候群　17, 88, 244, 338, 1146
経済的規制　312, 1320
計算の届出　1409
型式検定　883
型式検定合格証の有効期間　901, 902
継続犯　155, 840
経団連　764
警報の統一と周知　113, 719
計量法　129, 757, 770
ケースコントロールスタディ　358, 1520
ケーススタディ　1520
結果犯　89, 633
欠陥機械等通報制度　157, 851, 867, 869
研究開発業務従事者　264, 274-276, 531
健康管理　8, 26-28, 36-38, 43, 44, 59, 99, 103, 123, 226, 235, 241, 244, 247, 248, 252, 255, 259-264, 269-271, 273, 275, 280, 282, 288, 299-301, 338, 344-346, 350, 356, 379, 1093
　安衛則第14条第1項第6号でいう
　　──　459
健康管理時間　269, 271, 273-276, 1218
健康管理手帳　282-284, 352, 1236
健康管理等に必要な情報の提供　40, 472
健康教育・相談等の措置　459
健康障害　26, 27, 38, 39, 44, 63-65, 69, 73, 75, 81, 94, 97, 98, 100-102, 152, 154, 156, 186, 193, 219, 227, 229, 231, 238, 244, 245, 247, 250, 258, 260, 265, 269, 273, 275, 287, 296, 302, 307, 309, 321, 332, 348, 356-359, 378, 622, 624
　──の防止　622
　未規制の化学物質による──　35, 452
健康障害を防止するための指針（が
　ん原性指針）　90-92, 94, 95, 100, 199, 367, 368, 653
健康障害防止措置　29, 34, 38, 65, 69-71, 91, 92, 100, 196-198, 200, 460
健康情報　28, 37, 41, 43, 44, 55, 262, 304, 333, 336-338, 342-346, 377-379, 381, 382, 1492
健康情報の取扱いに関する法規制　474
健康診断　37, 91, 181, 195, 201, 226, 242-244, 250-253, 258, 281, 298, 367, 377, 1155
健康診断機関等整備促進資金　1510
「健康診断結果に基づき事業者が講ず
　べき措置に関する指針」　529
健康診断結果報告　332, 1456
健康増進法　257, 263, 287-293, 295, 298, 308, 309, 380, 1250, 1259
健康保持　300
健康保持増進　54, 55, 243, 297, 298, 300,

301, 309, 310, 1272-1277, 1279, 1284
健康保持増進指針　297, 301, 302, 1284, 1285, 1296
健康保持増進措置　29, 37, 301, 459, 1284
検査員　141, 150, 151, 165-176, 179, 918-920, 922, 924, 925, 927, 930-932, 934, 936, 940, 942
検査業者　159, 160, 162-164, 177-181, 328, 334, 360, 906, 909-912, 914, 938-944
検査検定制度　312, 1320
検査証　135, 139, 140, 142-151, 171, 361, 362, 786, 824-831
検査代行機関　165-167, 917, 919, 920, 923
原死因調査　1524
原子力安全委員会ウラン加工工事事故
　調査委員会報告（平成11年12月24
　日）　444
原子炉等規制法違反　445
健診実施義務　57, 247, 259, 518
減税措置　348, 349, 353, 1498
建設安全　23, 411
建設業のみの請負関係に着目した規制　703
建設業元方事業者　50, 106, 107, 112, 117, 717
建設工事安全機材資金　353, 1510
建設工事従事者の安全及び健康の確保
　の推進に関する法律　411
元素　21, 197, 356, 357, 373, 405, 996
検知管方式　232, 240, 1113, 1141
建築基準法　107, 147, 148, 150, 796, 820, 825, 827, 830
建築物　5, 6, 12, 27, 69, 70, 73, 94, 96, 122, 123, 126-128, 134, 135, 148, 182, 212, 227, 233, 311, 325, 326, 330, 331, 369, 1422
建築物貸与者　135, 329-331, 743, 746, 752-754
建築物等の鉄骨の組立て等作業主任者　1361
検定合格標章　153, 157, 864
故意　24, 89, 103, 302, 314, 315, 326, 327, 596
　──の犯罪行為　596
高圧ガス保安法　146-148, 150, 796, 819, 825, 827, 830
高圧室内業務　65, 245, 249, 313, 1148
高圧室内作業主任者　314-316, 318, 1351
行為者罰規定　590
公益財団法人産業医学振興財団　1518
公益保護　86, 89, 607
公害　17, 64, 86, 234, 235, 358, 360, 604
公害隠し　358, 1521

公害貸付　353, 1510
鉱害の防止　608
高気圧作業安全衛生規則（高圧則）　17, 65, 72, 78, 213, 244-246, 249, 252, 285, 314-316, 377, 549, 554, 565, 566, 569, 578, 1147
鋼橋架設等作業主任者　1361
鉱業警察規則　86, 588, 607, 610
鉱業条例　86, 327, 588, 607, 610
工業的業種　30, 31, 86, 202, 216, 435, 437
工業主　20, 22, 30, 36, 60, 70, 73, 86, 107, 108, 134, 252, 259, 285, 773
鉱業法　86, 213, 607, 610
工作責任者　138, 794-796
工作物　70, 123, 128, 212, 244, 334, 369, 1422
交差分類　619
鉱山保安法　6, 30, 86, 129, 134, 213, 224, 349, 364, 367, 590, 607, 610, 773
鉱山労働者　134, 589, 601
公衆災害　20, 90, 606
工場管理人制度　30, 436
工場危害予防及衛生規則　16, 20, 70, 73, 86, 108, 251, 252, 259, 608, 610
工場法　16, 17, 20, 22, 30, 33, 59, 60, 70, 73, 75, 86, 87, 107, 108, 132, 134, 136, 182, 213, 216, 224, 251, 252, 259, 261, 284-286, 325, 327, 329, 333, 350, 385, 386, 391, 396, 400, 401, 407, 436, 537, 588, 608, 610, 707, 773
工場法戦時特例　351, 1501
高ストレス者　43, 59, 277-279, 281, 299-301, 337, 378, 1225
構成要件修正説　81, 591
厚生労働科学研究費補助金　10, 39, 356, 366, 367, 374, 375, 378, 1518
厚生労働大臣　29, 40, 58, 79, 87, 90, 139, 141, 150-152, 154, 157, 178, 179, 184, 185, 192, 197-200, 230, 234, 241, 276, 286, 297, 298, 307, 316-318, 321, 323-328, 331, 348, 354-356, 358, 360-364, 368, 381, 1496
厚生労働大臣所定の者　453
構造規格　26, 60, 61, 86-89, 136, 138-143, 146, 147, 151, 152, 156, 157, 166, 326, 361, 848
構造規格化　133
構造検査　138-148, 152, 156, 166, 178, 372, 787, 805, 808, 810, 813, 815, 823, 825, 826
公訴時効　155, 838, 840
公的規制としての免許・技能講習　1320
高度プロフェッショナル制度　→特定
　高度専門業務・成果型労働制
坑内の作業場　226, 1099, 1120

──の切羽　242
構内下請作業　106, 108, 702
公務執行妨害罪　358, 1520
合理的に実現可能な程度に低い
　→ ALARP（as low as reasonably practicable）
交流アーク溶接機　118, 159, 176, 367, 654
高齢者の医療の確保に関する法律　257, 1185
港湾法　146, 819
コーホートスタディ　358, 1520
小型圧力容器の定義　1355
小型移動式クレーン運転　1364
小型ボイラーの定義　1353
国際海上コンテナ　129, 131, 132, 757, 769
国際労働機関（ILO）　776
告示　37, 65, 152, 155, 170, 187, 195, 212-215, 233, 236, 241, 242, 245, 248, 333, 362, 365, 611
国民金融公庫　350, 353, 1510
個人サンプリング　99, 240, 242, 1130
個人サンプリング測定　240
個人サンプリング法　230, 234, 239, 240, 376, 1140
個人事業主　22, 47, 48, 50, 59, 80, 81, 255, 256, 121, 156, 1316
個人情報の保護に関する法律（個人情報保護法）　337, 343, 344, 346, 1471, 1489, 1490
──の諸規定　344
個人情報の保護に関する法律についてのガイドライン　345
国家公務員　20, 317, 323, 328, 358, 403
個別検定　138, 143, 152-157, 159, 169, 173, 174, 328, 361-363, 366, 371-373, 882
コンクリート橋架設等作業主任者　1362
コンクリート造の工作物の解体等作業主任者　1361
コンクリート破砕器作業主任者　1358
混在作業　5, 11, 19-21, 46-48, 50, 51, 59, 98, 107, 110-114, 116, 117, 129, 135, 326, 365, 367, 369, 418, 706, 740
──による労災の防止　724
混在作業現場における統括安全衛生管理体制　495-497
コンテナ　129, 131, 132, 146, 370, 757
コンデンサー　116, 961
コントロール・バンディング　98, 102, 195, 368, 677, 993
こん包業（組立こん包業を除く）　775

さ 行

再委任　87, 611, 613
災害発生状況図　491
災害保険機関　1500, 1514
災害予防事業　350, 355, 1500, 1514
SAICM　376, 1130
在監関係　637
採石のための掘削作業主任者　1362
財務諸表等　167-171, 173-177, 179, 319, 320, 923-927, 930, 932, 934-936, 938, 940
作業環境　19, 21, 23, 34, 38, 64, 69, 71, 73, 92, 156, 202, 218, 226, 234, 235, 238, 241, 242, 245, 253, 262, 283, 298, 307, 308, 334, 359, 399
作業環境管理　26, 27, 34, 37, 69, 71, 91, 195, 226, 229, 234, 235, 238, 241, 243, 244, 260, 261, 307, 308, 376, 377, 459, 1093
作業環境管理専門家　97, 194, 240, 368, 374, 674, 1140
作業環境測定　21, 25, 37, 55, 64, 69-71, 73, 74, 87, 91, 99, 110, 195, 196, 198, 199, 201, 226-230, 234-238, 240-243, 249, 260-262, 298, 327, 328, 347, 375-377, 402, 406, 1094, 1105
作業環境測定機関　180, 234, 236, 243, 350, 377, 1122
作業環境測定基準　26, 230-233, 240, 1105
作業環境測定義務　57, 518
作業環境測定士　34, 54, 64, 196, 229, 233, 234, 236, 238, 243, 316, 323, 350, 368, 376, 377, 1122
作業環境測定法　5, 22, 25, 26, 64, 180, 226, 229, 230, 233, 234, 236, 316, 350, 375, 376, 1122, 1127
作業環境評価　239, 253, 259, 1128
作業環境評価基準　230, 233, 238, 239, 241, 1137
作業管理　37, 91, 226, 243, 244, 260, 302, 376, 459, 1093, 1145
作業関連疾患　9, 26, 37, 39, 55, 296, 332, 624
作業行動　20, 75, 80, 81, 88, 95, 574, 575, 577, 582, 619, 620
作業指揮者を選任　110, 713
作業主任者　5, 23, 30, 31, 35, 46, 56, 58, 59, 63, 65, 69, 70, 88, 105, 110, 114, 162, 193, 194, 216, 218, 229, 238, 313-316, 318-320, 360-363, 366, 434, 486, 487, 1342
──の選任　65, 117, 185, 314, 487, 491, 493
──の選任義務違反　490
──の未選任　490
──を選任すべき業務関係　1344
作業主任者選任業務一覧表　488
作業場単位の規制　703
作業場の災害リスク　47, 494
作業内容変更時　117, 202, 215, 216, 224, 225, 1041, 1042, 1066, 1067, 1069, 1070, 1074, 1084
作業方法　17, 19, 22, 37, 49, 59, 71, 75, 80-82, 88, 90, 112, 118, 185, 186, 192, 202, 209, 214, 216, 226, 230, 242, 243, 245, 307, 308, 310, 331, 619
作業列挙方式　235, 631
作為犯　633
差止め又は変更命令　1424
匣鉢　185, 965
参画者　1412
──の資格　1413
産業安全衛生施設等整備資金貸付（安全貸付）　350, 353, 1510, 1515
産業安全貸付　353, 1510
産業安全技術館　355, 356, 1516
産業安全研究所　329, 356, 1516
産業安全参考館　356, 1516
産業安全専門官　138, 145, 328, 348, 349, 358, 359, 1435, 1498
産業安全博物館　356, 1516
産業医　5, 8, 9, 28, 30-33, 35-44, 54, 56, 59, 195, 236, 248, 255, 259-268, 275-277, 279, 280, 284, 286, 288, 293, 296-300, 303-305, 321, 323, 332-334, 337, 346, 355, 365, 377, 378, 381, 382, 1289, 1290, 1292, 1316
──が安衛則第14条が定める職務を怠った場合の法的効果　470
──が行った勧告と事業者の対応の記録の義務づけ　473
──が介入する健康管理制度　530
──が事業者に勧告　473
──に関する規定　38, 461
──に選任できない　36, 457
──に相当する職の選任を事業者に義務づけている国　464
──にとって臨床上の専門でない症例／事例　478
──による衛生委員会等に対する調査審議の求め　475
──のIT機器を用いた遠隔業務　460
──のアイデンティティの確立　477
──の勧告を受けたときの衛生委員会等への報告　40, 473
──の業務の内容等の周知　40, 474
──の権限の具体化　39, 471

──の資格　458
──の事業者への勧告　36, 471
──の辞任又は解任　40, 472
──の職務の今後の展望　477
──の職務の追加　39, 470
──の選任　36, 38, 43, 332, 333, 456
──の選任義務　36, 259, 266, 279, 456
──の選任義務と選任率　36, 456
──の選任を法で義務づけている国　475
──の知識・能力の維持向上　39, 470
──の独立性・中立性の強化　39, 472
──の判断の合理性を認めた例　483
──の不法行為　479
──のメンタルヘルス業務への関わり　467
──の歴史（日本）　455, 467
化学物質管理が可能な──　477
様々なタイプの──　468, 476
産業医学振興財団　43, 56, 259, 300, 356, 1517
産業医科大学の基礎研修　459
産業医科大学の基礎研修修了者　458
産業医業務の重点　465
「『産業医・産業保健機能』と『長時間労働者に対する面接指導等』が強化されます」　531
産業医・産業保健機能の強化にかかる法令等改正の趣旨　469
産業医制度の現代的な意義　464
産業医制度はなぜ必要なのか　463
産業災害の予防に関する勧告　350, 599
産業歯科医　38, 460
産業福利協会　350
産業保健活動総合支援事業の実施状況　485
産業保健制度に関する国際比較　522
産業保健制度を市場に委ねている国　475
産業保健総合支援センター（産保センター）　8, 43, 58, 59, 201, 279, 300, 301, 347, 349, 352, 484, 521, 1279, 1280, 1281, 1498
産業保健のあり方に関する検討会　458
産業保健法務主任者／メンタルヘルス法務主任者制度　459
産業用ロボット　654
産業労働の場以外の場　852
残さい物　81, 88, 1519
三者構成原則　615
酸素欠乏危険場所　104, 210, 229, 238, 1103
酸素欠乏症等防止規則（酸欠則）　69, 72, 78, 89, 104, 105, 213, 229, 238, 318, 548, 549, 557, 566, 568, 578

サンドシール　185, 964
サンプリング　21, 231, 233, 234, 236, 406, 1108
ジアニシジン　184, 282, 958
四-アミノジフェニル　182
四アルキル鉛　77
四アルキル鉛中毒予防規則（四アルキル鉛則）　65, 72, 73, 213, 240, 249, 318, 548, 549, 552, 566, 568, 578
CEACR（条約勧告適用専門家委員会）　131, 132, 763, 765, 766, 776, 857
CEACR報告書　776
GHS（化学品の分類および表示に関する世界調和システム）　7, 10, 91, 98, 99, 102, 103, 181, 186-192, 194, 201, 202, 352, 367, 368, 373, 374, 676, 975
GHQ　237, 252, 1512
C測定　1107
GP　8, 464
JCO東海村臨界事故　209, 214, 623, 637
四エチル鉛　65, 237, 252, 366, 1134
四エチル鉛等危害防止規則（四エチル鉛則）　237
歯科医師からの意見聴取義務　461
歯科医師による特殊健診　38, 460
資格制度　37, 312, 1320
資格による検査の代替機能　1321
事業経営主　20, 403
事業者　3, 5-10, 19-50, 52-60, 62, 63, 65, 70, 71, 75-83, 87-93, 95-103, 106-112, 114, 116-128, 134-136, 138, 140, 142, 146, 154, 156, 157, 159, 160, 162-165, 177, 178, 180, 181, 183, 186, 188, 191-202, 213-219, 221-225, 230, 232, 234, 236, 238, 240-242, 244-247, 249, 250, 253-260, 262-266, 268, 269, 273-282, 284, 287, 288, 290, 291, 293, 294, 296-301, 303, 307-312, 320-323, 326, 329-339, 344, 346-353, 355, 356, 358, 359, 361, 365, 366, 369, 372, 375, 402, 403, 409, 410, 1472
安全委員会と衛生委員会の双方を設置すべき──　54, 512
事業者宛の具体的な努力義務規定　23, 410
事業者等に宛てた一般的な責務規定　410
事業仕分け　323, 352, 354, 356, 1513, 1517
事業組織の安全の要素　32, 446
事業の実施を統括管理する者　29, 433
事業場　3, 5, 7, 10, 17, 19-21, 23, 28-38, 41, 43, 44, 47, 48, 50, 53-56, 58-60, 63, 71, 72, 74, 75, 86, 90, 92, 93, 96, 97, 100, 102, 103, 106, 108, 112, 115,
121-123, 128, 129, 135, 136, 138, 156, 159, 163, 181, 193-198, 202, 213-216, 224, 226, 238, 240, 242, 248, 249, 254, 259, 260, 264-267, 269, 272-281, 287, 290-292, 294, 295, 297-301, 306, 308-310, 320-323, 325, 326, 328, 331-334, 336-339, 343, 347, 349, 352-355, 357, 364, 365, 368, 369, 374, 376-378, 380, 382, 404
──の規模別産業医及び衛生管理者の選任状況　457
事業場規模別・業種別安全衛生管理組織　449
事業場内外での安全衛生管理体制の構築　528
事業場における労働者の健康情報等の取扱規程を策定するための手引き（令和元年）　474, 1472
ジクロルベンジジン（ジクロロベンジジン）　64, 65, 184, 185, 958
事故現場の標識の統一と周知　718
自己情報コントロール権　345
事故の型　321, 618
自己防衛　596
事故報告　1455
事故由来廃棄物等取扱施設　227, 229, 233, 1100
自殺対策基本法　1230
私傷病者に対する行政と司法の姿勢と産業医ら産業保健専門職の役割　465
私傷病者への対応　9, 39, 465
自然災害　620
実効性　25, 30, 47, 48, 59, 113, 119, 120, 131, 185, 198, 200, 260, 321, 329, 331, 360
実施管理者　319, 1347
実施命令　611, 612
『実践・安全衛生委員会の実務〔増補版〕』　56, 516
指定化学物質等取扱事業者　191, 983
指定試験機関　314, 316-318, 334, 360-364, 376, 1336, 1338-1342
──の指定　316, 1336
指定の基準　1337
指導　17, 21, 23-26, 32-37, 39-42, 44, 46-51, 56, 58, 59, 62, 71, 72, 74-76, 79, 80, 82, 83, 90, 92, 93, 95, 100, 102, 104, 106-114, 119, 123, 128, 133-135, 138, 145, 146, 149, 151, 156, 157, 160, 162, 165, 182, 183, 188, 192, 201, 202, 215, 216, 218, 219, 222-224, 230, 236-238, 240, 242, 244, 250-252, 254, 257, 260, 261, 263, 265, 267, 268, 271-273, 275, 279, 281, 286, 290, 291, 294, 296-

301, 303-305, 307, 309-311, 320-324, 326-328, 330, 333-336, 345, 348-352, 356, 365, 366, 369, 371, 372, 374, 375, 378, 380, 381, 471
指導斡旋 351, 1502
指導票 80, 219, 261, 300, 327, 351, 1433
四－ニトロジフェニル（四－ニトロビフェニル） 182, 951
自発的健康診断 253, 1186
司法処分 327, 1434
事務所衛生基準規則（事務所則） 64, 73-75, 127, 227, 325, 549, 566, 569-571, 573, 574
社員総会 1403
社会的規制 312, 1320
　——の中核的な分野 1320
社会復帰促進等事業　→労働者災害補償保険事業
射出成形機 61, 62, 89, 632
地山の掘削及び土止め支保工作業主任者 1358
車両系機械 242, 595
ジャンク品 875
重貨物ノ重量標示ニ関スル件 767
就業禁止 235, 252, 263, 284-286, 1240
従業者 591
就業上の措置 38, 225, 249, 251, 253, 259-261, 266, 273, 282, 298, 299, 338, 1188, 1192, 1200, 1227
就業制限 16, 20, 45, 87, 115, 202, 214, 218, 219, 221, 222, 224, 247, 260, 286, 287, 314, 315, 318, 319, 1041, 1043, 1067, 1074-1076, 1079-1081, 1089
就業制限業務 218, 222, 312, 313, 318, 319, 331, 360-363, 1319
就業判定 9, 39, 477
重層的請負関係 47, 109, 111, 113, 117, 119, 326, 366, 367, 716
重大な過失 273, 595
集団指導 349, 1498
集団的分析 1228
周知 30, 35, 40, 44, 56, 73, 77, 87, 92, 94, 99, 104, 112, 118, 124, 127, 131, 186, 192-194, 196, 240-243, 264, 266, 282, 288, 293, 301, 311, 333, 334, 336-338, 352, 364, 365, 1463-1467
重量物取扱い 36, 75, 76, 88, 244, 248, 620
重量物取扱作業 1520
就労拒否 366, 596
　——・退避権 596, 597
受刑者 637
主治医と産業医・指定医の見解が相違したケース 483
主治医の判断の合理性を認めた例 484

受診命令 338, 341, 382, 1295, 1477
受動喫煙 287-295, 298, 308-310, 348, 379, 380, 1245, 1304, 1308, 1310, 1313
主として一般消費者の生活の用に供される製品 982
主として一般消費者の生活の用に供するためのもの 973
主任設計者 138, 794-796
準統括管理体制の構築 50, 502
ジョイントベンチャー 108, 113, 123, 369, 414, 415, 716
障害者の雇用の促進等に関する法律（障害者雇用促進法） 223, 225, 261, 379
仕様規定 88, 627
蒸気ボイラー 654, 1353, 1354
小規模事業場産業医活動助成金 521
小規模事業場における健康管理等の確保 484
小規模事業場産業医活動助成金 59
上級管理者 21, 634
衝撃試験 850
焼結 185, 226, 325, 376, 964
使用検査 139-148, 152, 156, 166, 178, 372, 787, 805, 808, 810, 814, 815, 823, 825, 829
使用再開検査 139, 140, 142, 147, 148, 166, 178, 372, 787, 809, 810, 815, 825
使用者 6, 7, 19, 20, 22, 36, 38, 42, 43, 60, 62, 70, 71, 73, 74, 76, 77, 86, 93, 94, 100, 104, 107, 109, 123, 134, 135, 143, 145, 148, 155, 164, 197, 200, 213, 215, 221, 222, 224, 244, 252, 258-263, 265, 268, 270, 272-274, 282, 285, 286, 292, 299, 302, 305-307, 322, 323, 330, 338, 343, 344, 346, 349-351, 366, 367, 371-373, 377-379, 711
　——が認識すべき予見義務の内容 518
使用者概念 711
状態犯 155, 840
使用停止等命令 328, 330, 331, 598
使用停止命令等 59, 329, 1446
商店法 86, 213, 610
譲渡 6, 65, 121, 123, 148, 149, 152, 153, 155-157, 160, 177, 180, 181, 183, 191, 215, 315, 839, 849, 952
傷病性質コード表 621
条約勧告適用専門家委員会　→CEACR
省略行動 587
諸外国の産業保健制度 475
職業安全衛生法（米国・1970年） 604
職業がん条約 1522
職業上の安全及び健康並びに作業環境に関する条約 600

職業上の安全及び健康を促進するための枠組みに関する条約 615
職業病隠し 358, 1521
嘱託産業医 36, 42, 476
　——の報酬額は低額 476
職長教育 196, 214, 216, 217, 224, 1065-1067, 1069-1073, 1084
職場環境 19, 25, 39, 201, 226, 251, 273, 280, 281, 289, 296, 298, 299, 303, 304, 306-310, 380, 399
職場環境改善資金 349, 353, 1510
職場におけるエイズ問題に関するガイドライン 27
「職場における化学物質等の管理のあり方に関する検討会報告書」 101, 181, 948
「職場における腰痛予防対策指針」 75, 620
職場復帰支援プログラム 298, 305-307, 1293
助言 36, 37, 39-41, 196, 201, 260, 261, 274, 275, 305, 309, 322, 345, 350, 351, 354, 365, 368, 370, 377, 471
除染則 566
除染電離則　→東日本大震災により生じた放射性物質により汚染された土壌等を除染するための業務等に係る電離放射線障害防止規則
職工 16, 20, 22, 70, 107, 134, 251, 252, 286, 406, 589, 773
自律神経失調症 478
自律的管理 165, 193, 195, 240, 368, 373, 374, 688, 1132
事例性 467
新型コロナウイルス感染症 89, 287, 598
新規化学物質 6, 21, 29, 55, 90, 92, 98, 100, 103, 181, 192, 197-201, 236, 328, 348, 356, 357, 359, 995
真空ろ過機 184, 962
人工契約 723
申告 13
申告権 10, 329, 597
心身の条件 222, 1081, 1083, 1085, 1087
心身の状態の情報 336, 381, 1471
身体障害者雇用促進法 466
人体に及ぼす作用 189, 190, 980
深夜業 27, 37, 248, 249, 258-265, 273, 276, 286, 1185
人力 154, 244, 848
人力機械 154, 838
心理的な負担を把握するための検査等 1222
推薦に基づき指名 56, 515
ずい道等の掘削等作業主任者 1359
ずい道等の覆工作業主任者 1360

事項索引 1543

すかし掘り　62, 1359, 1360
スクリューフィーダー（スクリューフィーダー）　184, 961
ストレスチェック　5, 28, 37, 59, 270, 276-278, 280-282, 299-301, 310, 332, 337, 345, 347, 348, 378, 379, 1287, 1304
　――の実施者　463
ストレスチェック後の面接指導　337, 463
ストレスチェック指針　310, 337, 345, 1472, 1489
ストレスチェック制度　1222
3ステップメソッド　88, 625, 632
スリップフォーム工法　90, 654
スレート工事中の屋根から落下して死亡した災害　22, 408
スレート工事と望ましい安全対策の例　22, 409
スレート踏み抜き災害　22, 409
Threshold Limit Values　1125
製剤　70, 100, 117, 135, 181, 183, 186, 227, 228, 282, 373, 951
政策系3医大の卒業者の現状　477
製造業における混在作業による作業間の連絡調整不足の災害例　718
製造許可　5, 65, 136-140, 143, 151, 166, 183-186, 189, 191, 192, 201, 227, 249, 328, 360, 366, 368, 371-374, 783, 785-789, 792-795, 800-804, 808, 815, 833
製造許可基準　794
製造検査　139-147, 152, 156, 166, 178, 372, 787, 805, 809, 810, 814, 815, 823, 825, 829
製造時等検査　141-143, 145-147, 151, 152, 156, 165-167, 169, 171-180, 319, 360-363, 372, 804, 808-810, 813, 823, 825, 829, 833, 917, 919, 920, 922, 923, 929, 931, 934, 940-942
製造時等検査機関　172, 826
製造等禁止物質　181, 283, 951
製造流通規制　416
性同一性障害　1301
性能規定　88, 89, 627
性能検査　139, 140, 142-145, 150-152, 156, 160, 165-167, 169, 171-173, 177, 178, 360-363, 366, 372, 787, 815, 822, 823, 827-833
性能検査機関　832
性能要件　833
製品安全規格　88, 624
政府　25, 78, 83, 123, 129-132, 158, 159, 178, 217, 252, 269-271, 282, 298, 312, 348, 350-352, 354, 356, 358, 359, 370, 372, 1496

成分及びその含有（量）　189, 191, 979
精密工作等の作業　81, 357, 1520
世界貿易機関　893
セクシュアルハラスメント　1287
是正勧告書　80, 326, 327, 1433
設置　6, 16, 20, 22, 23, 30, 36, 39, 44-48, 54-56, 58, 60, 62, 65, 69, 70, 72-75, 79, 81, 90, 93, 94, 96, 99, 100, 103, 104, 107, 109, 110, 112-114, 122, 125-127, 135-139, 141-145, 150, 152, 153, 155, 156, 164, 177, 181, 184, 185, 196-198, 201, 213, 234, 235, 245, 246, 260, 261, 325, 329, 332, 348, 840
　――が義務づけられている委員会　513
切羽　1120
船員災害防止活動の促進に関する法律　350, 1514
船員法　6, 20, 129, 364, 403, 588, 602, 637
船員労働安全衛生規則　603
全国安全週間　352, 355, 1516
全国労働衛生週間　355, 1516
潜水業務　65, 220, 221, 244, 245, 299, 313, 1148
潜水士業務　1357
専属　23, 31, 34-36, 48, 56, 79, 240, 323, 437
専属産業医　36, 42, 476
　――の退職後専属の者の補充ができない場合　456
船内荷役作業主任者　1362
専任　31, 33, 34, 48, 50, 438, 448
選任事由が生じた日　448
選任すべき衛生管理者数　448
選任報告　30, 48, 1456
船舶安全法　159, 796, 841
線量当量　232, 233, 1113
総括安全衛生管理者　6, 29, 30, 31, 33-37, 47, 48, 53, 54, 56, 97, 225, 332, 364, 433, 434, 447, 498
　――の業務の執行について事業者に勧告　435
　――の選任　435
SOLAS条約（1974年）　132, 370, 758, 766, 769
組織全体の健康度向上　465
組織的過失に当たるような場合　479
租税特別措置法　348, 353, 1509

た　行

第1類物質　1417
第1種圧力容器　136, 138-143, 145, 146, 150, 160, 165, 166, 171, 172, 174, 176, 178, 219, 313, 372, 381, 1355
　――の定義　1354

　――の溶接の業務　1354
第1種衛生管理者　31, 34, 194, 316, 437, 1351
第1種衛生管理者免許　312, 314, 449
第1種衛生管理者免許保有者　447, 449
第3管理区分　598
第三者の加害行為　880
第2種圧力容器　136, 160, 162, 174, 1355
　――の定義　1355
第2種衛生管理者　31, 34, 316, 437, 1351
第2種衛生管理者免許　314, 450
第2種衛生管理者免許保有者　447, 449
大日本産業報国会　350, 351, 1501
退避　61, 69, 77, 78, 116, 190, 202, 244, 377, 596
貸与　6, 121, 123, 124, 127, 128, 135, 148, 149, 152, 153, 155-158, 215, 315, 369, 839, 849, 877
ダイレクトリクエスト　776
台湾　767
単位作業場所　99, 230, 239, 243, 1107
『胆管がん問題！それから会社は…』　529
単軌条運搬機　606, 631
単純行為犯　633
地域産業保健センター（地産保）　43, 58, 59, 201, 259, 260, 266, 301, 347, 484, 521
　――の産業保健活動　59, 521
チェーンソー　26, 28, 89, 204, 219, 631
チェーンポール　639
筑豊じん肺訴訟　636
地方公共団体　29, 127, 350, 360, 362, 1529
地方公務員　20, 403
注意喚起語　187, 190, 191, 972
中央災害防止協会　350, 1501
中央労働基準審議会　35, 49, 78, 155, 270, 309, 322, 351, 359, 365, 422, 1502
中央労働災害防止協会（中災防）　26, 75, 153, 200, 201, 217, 224, 243, 297, 299-301, 309, 310, 349, 356, 375, 379, 380, 382, 1274, 1279, 1498, 1517
中高年齢者　202, 222, 223, 1041, 1081, 1085
中小企業金融公庫　353, 382, 1510
中小企業者　8, 178, 298, 347, 349, 353, 1499
注文者　5, 10-13, 17, 19-24, 47, 106, 109, 111, 117-120, 122, 135, 152, 156, 222, 325, 329-331, 365, 367, 369, 739
　最先次の――　106-108, 117, 119, 120, 369, 728
長時間労働者　28, 59, 250, 264, 265, 267, 270, 273, 276, 279, 300-302, 335, 337,

347, 1198
長時間労働者面接指導とストレス
チェック後面接指導の実施状況
486
朝鮮　767
直接請求　776
直接捕集方法　1109
直接要請（direct request）　776
貯蔵又は取扱い上の注意　980
D測定　1107
定期監督等実施状況・法違反状況の集計　516
定期健康診断　261, 262, 1157
定期健康診断結果報告　254
定期健診結果報告書（様式第6号）　456
定期自主検査　11, 121, 123, 159, 160, 162-165, 177, 179, 180, 334, 904, 906, 909-911, 913, 915, 916
定期自主検査指針　27, 162, 163, 165, 907, 910, 944
提供　5, 6, 21, 23, 26, 43, 98-100, 102, 107, 109, 110, 112, 117, 120, 122, 123, 133, 135, 157, 158, 167-169, 173, 175, 177, 181-183, 191, 200, 215, 223-225, 251, 257, 259, 264, 266, 269, 276, 278-280, 288, 297, 305, 306, 308, 321, 337, 343-345, 350-352, 355, 367, 368, 378, 379, 840, 877, 952
ディスチミア親和性を疑う等　478
適応支援　39, 400
適合　21, 31, 87, 88, 107, 118, 127, 136, 138-143, 146-148, 150, 152, 153, 155-159, 166, 167, 169-176, 179, 180, 185, 186, 213, 234, 235, 288, 296, 312, 319, 349, 361, 366, 371-373, 848
適合命令　169-172, 174, 176, 319, 925, 926, 930, 934, 936
適正配置　9, 39, 202, 222, 223, 225, 247, 248, 1041, 1081, 1083-1085
適用除外（安衛法の）　416
デザイン　21, 22, 99, 230, 234, 406
鉄骨組立工の墜落による死亡事例　490
手続的理性　9, 39, 280, 482
デリック　122, 136, 137, 139-143, 145, 148, 150, 160, 172, 178, 204, 208, 209, 213, 219-221, 313-316, 319, 1357
転嫁罰　634
電気事業法　146, 174, 815, 841
典型七公害　604, 610
展示　6, 152, 308, 849
店社安全衛生管理者　47-50, 113, 320, 326, 501-504, 506
　――の資格要件　50, 503
店社安全衛生管理者制度の概要図　503
天然産出化学物質　21, 197, 357, 406, 996

電離放射線障害防止規則（電離則）　16, 17, 28, 33, 65, 72, 78, 80, 113, 197, 209, 210, 213, 227, 230, 233, 249, 252, 314-316, 549, 556, 557, 566, 568, 578, 579
店社安全衛生管理者　496
同一の場所（一の場所）　24, 25, 46-50, 107, 111-115, 117, 135, 365, 367, 369, 720, 722
当該機械等　121, 135, 149, 153, 180, 786
当該法人　403
統括安全衛生管理義務者　24, 46-48, 50, 113, 117, 135, 369, 412, 497, 503, 735
　――の指名制度　496
統括安全衛生責任者　30, 46-48, 50, 51, 107, 112-114, 134, 216, 326, 365, 493, 494, 497, 498, 504, 505, 716, 741
　――と安全衛生責任者　506
　――を選任すべき場所　495
統括管理事項（法第30条第1項所定の）　48, 50, 498
統括管理担当者　47, 326, 496
動植物　197, 199, 357, 1520
動物　620, 621
　――の力　848
動力　17, 26, 27, 45, 60-63, 77, 107, 121, 152-154, 156, 159-163, 176, 179, 203, 204, 209, 220, 224, 225, 313, 325, 371, 375, 838
動力に依り運転せらるる機械の保護に付いての責任に関する勧告　853
登録　37, 87, 133, 139, 141, 149-151, 154, 156, 165-180, 219, 234, 319, 324, 334, 360-364, 372, 373, 380, 381, 1345
登録型式検定機関　143, 159, 165, 175-177, 334, 362, 364, 372
登録教習機関　312, 314, 316, 319, 320, 334, 360, 362, 380, 1347
　――の義務等　1348
登録型式検定機関　903, 917, 920, 935-937
登録個別検定機関　143, 165, 173-175, 334, 362, 364, 372, 917, 920, 932-934
登録製造時等検査機関　138-143, 145, 147, 151, 165-169, 171-180, 319, 320, 328, 331, 334, 362-364, 804, 805, 808, 810, 814, 823-825, 830, 832, 916-918, 920-925, 927-932, 934, 936-938, 940, 942, 943, 1441
登録性能検査機関　139, 150-152, 171-173, 178, 334, 362, 364, 372, 830-833, 917, 920-922, 929-931
特殊貨物船舶運送規則　769
特殊健康診断　74, 235, 237, 256, 283, 377, 1160

特定化学物質　64, 184, 210, 227, 228, 231, 232, 239, 240, 249, 259, 726, 1100
特定化学物質及び四アルキル鉛等作業主任者　376, 1363
特定化学物質障害予防規則（特化則）　6, 17, 19, 21, 64, 65, 69-72, 75, 77, 80, 92, 109, 116-118, 181-185, 195, 227-230, 235, 236, 239, 240, 249, 252, 254, 259, 318, 325, 334, 367, 368, 374, 405, 548, 549, 552, 553, 558, 560, 564-568, 578, 583, 608
特定化学物質の環境への排出量の把握等及び管理の改善の促進に関する法律，化学物質排出把握管理促進法（化管法）　974
特定機械等　60, 123, 136-144, 147-153, 155-157, 160, 165-167, 172, 173, 175, 177, 178, 328, 330, 360-362, 372, 783, 785-788, 794, 796, 800-802, 804, 806, 808-810, 814, 815, 824-833, 840
特定業務従事者健康診断　377, 1157
特定健康診査　257, 1185
特定建設業者　107, 706
特定行為の禁止・営業活動の制限　312, 1320
特定工場　436
特定高度専門業務・成果型労働制（高度プロフェッショナル制度）　273, 1217
　――の適用対象者　273, 531
　――対象者からの申し出による健康配慮　514
特定自主検査　45, 159, 160, 162-164, 177-181, 334, 904, 906, 907, 909-912, 914-916, 920, 939-944
特定自主検査機関　178, 179
特定第1種圧力容器取扱作業主任者　316, 320
特定第1種圧力容器取扱作業主任者免許　315, 1328
特定第2類物質　1417
特定粉じん作業　226, 239, 375, 1095
特定元方事業者　8, 25, 47-49, 51, 77, 83, 107, 108, 110-114, 116, 117, 119, 120, 134, 135, 326, 365, 369, 380, 495, 497, 498, 501, 505, 706, 715-717, 720, 723, 724, 739, 741
　――が負う統括管理義務　706
　――の該当性　48, 499, 501
　――の事業開始報告　499
　――の報告義務　1459
　――の役を引き受ける被指名者　117, 718
毒物及び劇物取締法（毒劇法）　187, 188, 191, 974

事項索引　1545

特別安全衛生改善計画　321, 349, 351, 1389-1393, 1395, 1403
特別安全衛生改善計画作成指示書　1391
特別安全衛生改善計画制度　320, 321, 323, 324, 349, 380, 1405
特別安全衛生改善計画又は安全衛生改善計画の実施　1497
特別管理物質　72, 227, 228, 259, 368, 376, 1101
特別教育　45, 69, 108, 163, 202, 209, 212-216, 218, 219, 221, 224, 225, 245, 314, 318, 334, 375, 1041-1045, 1047-1049, 1052-1056, 1058, 1059, 1061-1068, 1070, 1074, 1075, 1079, 1080, 1084, 1085, 1088
　　──を修了しない者の就業　708
特別特定機械等　141, 142, 145, 166, 167, 372, 804, 809, 810, 823
特別な社会的接触関係　8, 53, 509, 510
特別法　64, 87, 621
特別有機溶剤等　227, 1101
特別労働安全衛生改善計画　1405
独立行政法人労働者健康安全機構　43, 200, 201, 329, 357, 1442, 1511, 1517
独立行政法人労働者健康安全機構労働安全衛生総合研究所　356
独立行政法人労働者健康福祉機構法　353
土石採取場安全及衛生規則　16, 86, 589, 610
特級ボイラー技士　314-316, 1354
都道府県労働局長による免許試験の実施　1341
土木建築工事場附属宿舎規則　610
土木建築工事場安全及衛生規則　16, 86, 137, 610
ドラフトチェンバー（ドラフトチャンバー、ヒュームフード）　89, 953
トレーラー　769

な 行

名宛人の報償責任の原則　404
内務省社会局　60, 251, 350, 377, 1501
流れ橋　639
鉛業務　238, 239, 249, 254, 284, 1102
鉛作業主任者　1363
鉛中毒予防規則（鉛則）　64, 70, 72, 195, 230, 239, 240, 249, 252, 284, 318, 548, 549, 551, 552, 560, 566, 568
２級ボイラー技士　314, 315, 1354
日本安全協会　350, 1501
日本医師会認定産業医数の推移　457
日本医師会の基礎研修　459
日本医師会の調査結果を受けた厚生労働省作成資料　529

日本医師会の認定産業医制度　458
日本委任統治領南洋群島　767
日本経団連　296, 379
日本産業規格　613
日本バイオアッセイ研究センター　29, 92, 200, 1004, 1517
日本標準規格（JES）　86, 155, 614, 861
日本レクリエーション協会　1502
日本労働安全衛生コンサルタント会　27, 323, 324, 1399, 1400, 1402, 1406
日本労働組合総評議会　1502
日本労働組合総連合会（連合）　131, 132, 156, 764, 765
荷役用具　770, 771
ノルマルヘキサン　71, 110, 237, 1133

は 行

はい作業　631
はい作業主任者　1362
破壊試験　153, 362, 877
破過試験　850
白ろう病　63, 246, 1154
バケットコンベヤー　184, 961
派遣法　→労働者派遣法
働き方改革　39, 264, 266, 271, 352, 1316, 1490
　　──における産業医制度改変の骨子と狙い　468, 469
働き方改革関連法　28, 266, 268, 269, 271, 275, 276, 344, 346, 1201
発生飛散抑制義務　57, 518
罰則付きの規定　108, 215, 708
罰則で裏付けられた最低基準規定　410
発達障害者支援法　466
発注者　5, 8, 17, 21, 25, 28, 32, 33, 47, 49-52, 62, 83, 95, 106, 109-111, 113, 116, 117, 135, 325, 326, 360, 366, 367, 369, 374, 739
　　──に対する勧告又は要請　1425
　　特定事業の仕事の──　47, 715
発破技士　313, 315, 1354
ハラスメント　41, 58, 63, 267, 281, 298, 304, 379, 380, 1287
パレット　1393
パワーハラスメント　305, 620, 1287-1289
犯罪捜査と行政監督　1434
反応槽　184, 961
B測定　1107
東日本大震災により生じた放射性物質により汚染された土壌等を除染するための業務等に係る電離放射線障害防止規則（除染電離則）　69, 209, 212, 213, 557
ビス（クロロメチル）エーテル（クロ

ロメトキシメタン）　282, 951
非定常作業　629
人の健康に係る公害犯罪の処罰に関する法律　633
一人親方　6, 9, 21-23, 25, 44, 80, 81, 156, 182, 183, 225, 244, 369, 607, 1315
秘密　189, 201, 283, 284, 317, 323, 324, 347, 358, 359, 380, 1521
ヒューマンエラー　19, 23, 309, 595
ヒューマンファクター　595
評価値　239
表示対象物　187, 188, 192, 193, 368, 373, 374, 968
飛来物による危険防止措置を求める　110, 713
ビルメンテナンス　776
不安全行動　3, 17, 20, 26, 75, 80, 88, 95, 215, 595
風紀　60, 70, 73, 86, 299, 329, 367, 608, 618
フォークリフト　3, 12, 114, 159, 160, 162, 163, 177-179, 181, 203, 214, 220-222, 314, 592, 601
4ステップメソッド　625
不確実性の高いリスクに対応する　57, 517
付加保護方策　622
浮渣　964
不作為犯　633
不調者のキャリア形成支援　39, 467
普通第１種圧力容器取扱作業主任者　1363
プッシュプル型換気装置　64, 65, 68, 69, 127, 161, 184, 185, 375, 962
物理的及び化学的性質　190, 191, 979
不法行為規定（民法第709条）　479
不法行為法上の注意義務　8, 110, 714
プライバシー　9, 39, 253, 265, 268, 278, 338, 341-346, 377, 1480, 1489
プライマリー・ケア　8, 36, 39, 464
フリーランス　5, 9, 21, 311, 367, 369, 1315
不良品　157, 850, 893
ふるい分け機　962
プレス機械　28, 91, 153, 154, 157-159, 161, 162, 176, 223, 654
プレス機械作業主任者　45, 46, 1358
プロパティマネジメント　776
分社化に伴う親子事業者における安全管理者等の選任要件　439, 453
粉じん作業　69, 210, 211, 215, 226, 242, 248-250, 253, 254, 282, 375, 1095
粉じん障害防止規則（粉じん則）　26, 69, 72, 195, 210, 213, 215, 226, 229, 230, 231, 236, 239, 240, 242, 548, 549,

558, 565-568, 583
分析 8, 17, 21, 39, 70-72, 93, 95, 184, 201, 230, 231-234, 236, 243, 249, 274, 277, 278, 280, 281, 291, 299, 329, 345, 353, 358, 375, 377, 378, 406
ベーターナフチルアミン 182, 282, 951
ベリリウム 65, 184, 185, 282, 958
変更検査 139, 140, 142, 145, 147, 148, 166, 178, 372, 787, 809, 810, 814, 815, 822, 823, 825
ベンジジン 65, 182, 185, 235, 249, 282, 283, 951, 1237
ベンゼン 64, 156, 182, 188, 236, 237, 357, 951, 1132
ベンゾトリクロリド 184, 958
ベンド（継手） 184, 962
保安委員会 602
保安規程 602
ボイラー 27, 60, 86, 88, 91, 135-150, 152, 156, 157, 159, 160, 165, 166, 171, 172, 174, 176-178, 215, 219, 220, 222, 224, 313, 314, 318, 361, 362, 372, 381, 654, 1353
——の区分 1353
ボイラー技士 312, 318, 320, 1352
ボイラー取扱技能講習修了者 1354
貿易の技術的障害に関する協定 893
「法学的視点からみた社会経済情勢の変化に対応する労働安全衛生法体系に係る調査研究」 365, 531
包括的委任 87, 612, 636, 771
報告すべき内容 1453
放射性物質 21, 28, 65, 197, 209-211, 213, 227, 233, 234, 357, 406, 996
放射性物質取扱作業室 227, 229, 233, 1118
放射線 742
放射線業務 78, 227, 238, 248, 249, 254, 318, 375, 1099
法制 322
暴力 88, 620
保険施設 354, 1512, 1514
保健指導 37, 43, 44, 59, 247, 249, 253, 257-261, 263, 279, 297, 301, 302, 337, 350, 1197
保護具着用管理責任者 194, 240, 989
保護責任の原則 404
保護方策 100, 624
補助金 59, 201, 349, 353, 1498
補助者 9, 31, 35, 39, 53, 76, 77, 158, 222, 277, 326, 346, 603
本質的安全設計方策 594
ボンジョイント 874
本来的義務者説 81, 591

ま 行

マスク配布及び着用指導義務 57, 518
未経験者の就業が禁止される業務（旧安衛則第46条） 1324
水俣病 606
無災害ながら再三の是正勧告の無視を踏まえた事前送検の例 491
名称資格 312, 1321
命令 20, 37, 55, 70, 73, 81, 82, 86, 87, 108, 153, 157, 168, 169, 172-177, 180, 222, 285, 287, 295, 296, 313, 317, 318, 326, 327, 330, 345, 364, 367, 372, 373, 380, 611
命令委任 86, 87, 768, 771
免許 8, 31, 33, 34, 43, 44, 122, 125, 126, 136, 140, 151, 194, 202, 213, 214, 216, 218, 219, 222, 224, 245, 312-318, 320, 360-362, 1321, 1327
——の欠格事項 1328
——の種類及び取得方法 314, 1326, 1327
——の申請手続 1328
——の重複取得の禁止 1329
——の任意的取消しと効力の一時停止 1331
旧労働基準法に基づく—— 314, 1326
免許・技能講習にまたがる課題と改正提案 1351
免許・技能講習の歴史的経緯 1322
免許・技能講習を要求する業務 1323
免許資格の必要な業務 1332
免許試験 34, 35, 125, 313-320, 334, 360-363, 1333, 1334
——の手数料関係 1335
免許証の再交付又は書替え 362, 1328
免許証の返還 140, 1328
免許制度の課題と改正提案 1349
面接指導 5, 28, 37, 40, 55, 58, 59, 263, 265-269, 273-282, 298, 300-302, 305, 321, 335-337, 347, 378, 1198, 1206, 1218, 1227
——に準ずる措置 1220
メンタルヘルス 9, 10, 27-29, 36-39, 43, 54-56, 58, 201, 219, 250, 264-266, 268, 277, 280, 282, 300-303, 324, 345, 352, 377-380, 382, 1232, 1275-1279, 1281, 1286, 1287, 1290, 1292
——に関する個人情報の保護への配慮 303
メンタルヘルスケア 37, 297, 306, 478, 1273
メンタルヘルス指針 28, 297, 299, 300, 303-306, 345, 382, 1284, 1286-1296, 1472, 1489
メンタルヘルス対策関連事項 514
メンタルヘルス不調 8, 280, 298, 300, 306, 1222
猛獣 620
木材加工用機械作業主任者 312, 1358
木造建築物の組立て等作業主任者 1362
目的規定 89, 351, 629
元請負人 739
元請が下請の被用者に使用者責任を負う要件 53, 509
元請事業場等の専属産業医が下請事業場の嘱託産業医を兼務できる 456
元方安全衛生管理者 31, 46-48, 50, 51, 58, 107, 113, 320, 494, 497, 498, 503, 504, 706
元方事業者 5, 6, 17, 20, 21, 25, 28, 46-51, 83, 87, 96, 98, 106-120, 123, 128, 133-135, 216, 325, 326, 330, 365, 367, 369, 404, 702, 725, 739, 742
元方事業主 24, 107, 108, 412

や 行

雇入れ時 38, 185, 202, 213-216, 218, 224, 225, 235, 247-255, 263, 1041, 1042, 1066, 1067, 1069, 1070, 1073, 1085
雇入れ時健診 1156
有害性調査 5, 6, 26, 29, 55, 90, 92, 100, 181, 197-201, 328, 348, 356-359, 653, 995, 1002
有害物 6, 22, 27, 32, 41, 55, 64, 72, 83, 86, 87, 92, 108, 136, 156, 182, 186, 188, 202, 215, 230, 233, 235, 236, 240, 242, 248-250, 311, 322, 328, 357, 360, 376-378, 1519
有機溶剤 17, 64, 65, 71, 72, 74, 77, 80, 88, 91, 110, 112, 113, 120, 217, 218, 227-231, 232, 234, 236, 237, 239, 240, 249, 325, 332, 1104
有機溶剤業務 64, 71, 219, 230, 239, 254, 367, 1104
有機溶剤作業主任者 110, 1364
有機溶剤中毒予防規則（有機則） 6, 64, 65, 71, 72, 74, 75, 77, 80, 87, 88, 109, 110, 195, 228-230, 235, 239, 240, 249, 252, 254, 318, 367, 548-553, 563, 565-568, 572, 573, 578, 583
有機溶剤等の容器の集積箇所の統一と周知 719
遊離けい酸 230, 235, 243, 1111
床上操作式クレーン運転 1364
揚貨装置の運転の業務 1354
要求性能墜落制止用器具の「使用させ」等の墜落防止措置 509
要件となる衛生管理者の資格 449

事項索引 1547

様式第20号（安衛則第86条関係）1420
溶接検査 139-142, 144, 146-148, 152, 156, 166, 178, 372, 787, 805, 808, 810, 813, 815, 823, 825
要配慮個人情報 343, 345, 381, 1471, 1472
抑制濃度 1127

ら 行

落成検査 138-140, 142-145, 147-152, 166, 169, 178, 372, 787, 806, 809, 810, 814, 820, 823, 825, 826, 828, 829, 831-833
リース 5, 12, 44, 108, 120-128, 135, 152, 163, 330, 369, 743-748, 750, 751, 753
リスクアセスメント（RA） 8, 10, 19, 28, 35, 49, 55, 58, 63, 76, 77, 89-91, 95, 98-101, 165, 181, 189-197, 201, 216, 240, 244, 348, 365-368, 373, 374, 396, 513, 520, 634, 668, 674, 685, 985, 992
リスクアセスメント指針 28, 88, 348, 625
リスク管理のヒエラルキー 625
リスク関連情報の労働者への周知 112, 717
リスク創出者 5, 6, 9, 19, 21, 23, 24, 128, 331, 374, 410
リスク創出者管理責任負担原則 3, 6, 9, 10, 13, 21, 63, 90, 121, 123, 128, 158, 201, 638, 640, 743, 746, 747, 776, 1316
リスク低減措置 99-101, 625, 672, 684
リスク低減方策 624
リスクの見積もり 98, 671, 676
留意事項 28, 223, 345, 346
流出その他の事故が発生した場合において講ずべき応急の措置 980
両罰規定 6, 20, 22, 52, 73, 77, 81, 89, 108, 114, 128, 183, 186, 188, 199, 217, 218, 326, 347, 366, 403, 407, 590, 708
臨界事故 441
臨界事故解析 445
林業架線作業主任者 314, 315, 318, 320, 1352
臨検監督 72, 74, 79, 192, 270, 327, 1432
冷却凝縮捕集方法 1110
連結子会社 439
労基署長による事業者への増員・解任命令 32, 440
労基法違反罪 710
労基法別表第1各号の事業 435
労災勘定 354, 355, 1514
労災防止指導員 323, 349, 352, 353, 1404, 1498
労災防止指導員規程 323, 352, 1400

労災防止指導員制度 323, 1400, 1504
労働安全衛生改善計画 1396, 1397
労働安全衛生関係の免許・技能講習 1319
労働安全衛生規則（沖縄・1954年1月30日規則第5号）768
労働安全衛生教育 112
労働安全衛生総合研究所 6, 134, 329, 356, 357, 1517
労働安全衛生法（英国・1974年）603
労働安全衛生法施行令第2条第3号に掲げる業種における安全推進者の配置等に係るガイドライン 528
労働安全衛生法に基づく衛生管理者, 産業医, 保健師の選任基準等 454
労働安全衛生法に基づく各種規制を含む公的規制 1320
「労働安全衛生法令の整備について」（昭和63年1月29日）453
労働安全衛生マネジメントシステム 668
労働安全衛生マネジメントシステムに関する指針 58, 520
労働安全衛生融資制度 322, 348, 350, 1396, 1515
労働安全コンサルタント 362, 365, 453, 1389, 1392, 1394, 1396, 1397, 1399-1402, 1404-1406
労働衛生関係法令に基づく労働衛生の専門職等の推移 448
労働衛生コンサルタント 24, 34, 36, 46, 49, 117, 139, 194, 196, 234, 316, 362, 365, 368, 374, 377, 447, 453, 1389, 1392, 1394, 1396, 1397, 1399-1402, 1404-1406
労働衛生コンサルタント資格 459
労働衛生専門 328
労働衛生専門官 234, 328, 348, 349, 358, 359, 1435, 1498
労働衛生の3管理 38, 80, 226, 235, 464, 626, 1093
労働監督官の手引 350, 1501
「労働基準関係法令違反に係る公表事案」24, 48, 108, 114, 119, 120, 436, 440, 452, 475, 490, 498, 708, 721, 734, 737
労働基準監督官行動規範 351, 1503
労働基準監督官執務規範 1503
労働基準監督官の権限 1430
労働基準監督機関による助言 1503
労働基準監督署長の職務 1429
労働基準監督署の業務 1429
労働基準監督年報の経年データ①（送検件数）526
労働基準監督年報の経年データ②（違

反指摘件数）526
労働基準局報告例規基準業種分類表 776
労働基準審議会 616
労働基準法（労基法）7, 16, 19-23, 30, 33, 36, 38, 40, 43, 57, 60, 62, 64, 70, 71, 82, 83, 86, 87, 94, 103, 107-109, 115, 116, 123, 132, 134-137, 142, 144, 145, 155, 182, 195, 213, 216, 221, 224, 235, 236, 239, 241, 244, 245, 252, 258, 266, 268-275, 285-287, 296, 299, 302, 310, 313, 314, 324, 326, 327, 330, 333, 334, 350, 351, 353, 355, 356, 379, 385-387, 390, 391, 395, 396, 590, 768, 1503
労働基準法研究会 16, 86, 92, 216, 217, 313, 385-387, 391, 395, 396, 609, 865
労働基準法研究会報告書 20, 123, 401
——による現行安衛法の骨子の提言 707
労働契約に基づく安全保証義務違反 712
労働災害 9, 20, 25, 28, 78, 81, 119, 125, 128, 217, 218, 296, 320, 321, 323, 329, 332, 402
労働災害防止業務従事者 331, 355, 365, 375, 382, 1515
労働災害防止計画 25, 155, 270, 421-424
労働災害防止団体等に関する法律 17, 616, 774
労働時間把握義務 271, 1207
労働者 3, 5, 6, 9-13, 16, 17, 19-25, 27, 28, 32, 34, 35, 40-42, 44-48, 51, 53, 54, 56, 60-65, 69-83, 89-94, 96-103, 105-118, 120, 122, 125, 127-130, 133-135, 138, 146, 151, 152, 155, 156, 159, 164, 177, 182-188, 192-194, 196-200, 202, 209, 211, 212, 214-219, 221-227, 230, 231, 237, 239-245, 247-256, 258-260, 262-270, 272-292, 296-303, 306-308, 311, 321, 324, 325, 327-341, 343, 345-348, 350-352, 355-359, 365, 402, 406, 408, 1472
——からの健康相談 36, 40, 473
——の救護 120, 580-582
——の健康管理等 35, 36, 259, 264, 333, 334, 365, 454
——の協力 585
——の自宅 21, 417
——の申告 380, 1444
——の心身の状態に関する情報の取扱い 40, 474
——の心身の状態の情報 381
——の責任 595
——の責務 412
——の退避 70, 77, 78, 560, 578, 579

――の退避権　78, 366, 578
――への具体的な義務づけ　413
労働者災害扶助責任保険　16, 1512
労働者災害扶助法　16, 86, 132, 137, 608, 610
労働者災害補償保険事業（社会復帰促進等事業）　29, 157, 158, 350, 351, 354, 379, 1504, 1511, 1513, 1514
労働者災害補償保険特別会計　1514
労働者死傷病報告　331, 1457
「労働者の安全と健康の確保のための対策の推進について」　309, 365, 502
労働者の心身の状態に関する情報の適正な取扱いのために事業者が講ずべき措置に関する指針　1472

『労働者のメンタルヘルス情報と法』　365, 377
労働者派遣法第45条のみなし規定　22, 109, 709
労働者保護を目的とする法令及規則の実施を確保する為の監督制度の組織に付ての一般原則に関する勧告　1500
労働省　16, 19, 21, 35, 37, 65, 69, 71, 76, 79, 87, 89, 95, 101, 103, 114, 132, 135, 144, 145, 154-156, 159, 162, 168, 184, 194, 209, 213-215, 222, 224, 225, 235, 236, 241, 244, 246, 248, 252, 253, 285, 288, 293, 294, 299, 304, 307, 309, 313, 314, 316, 321, 327, 335, 351, 352, 354,

359, 366, 371-373, 376, 377, 381, 382, 1512
労働条件安全衛生委員会　531
労働政策審議会　29, 87, 100, 198, 265, 268, 271, 275, 290-292, 358, 364, 421, 423, 424
労働福祉事業　354, 1512-1514
労働福祉事業団　348, 353, 354, 370, 1512
労働保険特別会計　354, 1514
労務法制審議会　351, 1501
ロールオン・ロールオフ船　769
ロールボックスパレット　154, 638, 770
ろ過捕集方法　1109
六価クロム　188, 199, 200, 237, 241, 356, 359, 374, 1134, 1522

判例索引

最高裁判所

最1小判昭28・3・5刑集7巻3号506頁（酒税法違反外国人登録令違反被告事件）……………………………642
最3小判昭30・10・18刑集9巻11号2253頁 …………366, 641
最2小判昭37・5・4刑集16巻5号510頁（賍物故買, 古物営業法違反事件）……………………………………643
最1小判昭39・10・29民集18巻8号1809頁 ………1461
最1小判昭40・5・27刑集19巻4号379頁 ……366, 641
最3小決昭43・4・30刑集22巻4号363頁 ……366, 641
最大判昭43・12・25民集22巻13号3459頁（秋北バス事件）……338
最3小判昭47・6・6刑集26巻5号333頁（加藤〔家屋建築請負業〕事件）…………………………62, 541, 652
最大判昭47・11・22判時684号17頁（川崎民商事件）…… 327, 1430
最2小判昭48・3・9注解労働安全衛生関係法令解釈例規集9-2巻第7編第1章3170頁（河村産業所事件〔鍋田農協倉庫倒壊事件〕）…………7, 22, 109, 134, 407, 709, 1435
最3小決昭48・7・24判時715号110頁 ………63, 544
最3小判昭50・2・25民集29巻2号143頁（陸上自衛隊八戸車両整備工場事件）…………………………1298
最2小判昭53・9・20裁判所WEBサイト ……124, 748
最1小判昭55・2・21注解労働安全衛生関係法令解釈例規集9-2巻第7編第2章5112頁（幸陽船渠事件）………………722
最1小判昭55・12・18民集34巻7号888頁（大石塗装・鹿島建設事件）…………………………………109, 711
最3小判昭56・4・14民集35巻3号620頁（京都市前科照会事件）……………………………………382
最3小判昭57・4・27未登載（東京労働基準局長〔青梅労基署〕事件）…………………………329, 1445
最1小判昭61・3・13労判470号6頁（電電公社帯広電報電話局事件）……………338, 341, 1184, 1298, 1483, 1493
最1小判昭63・9・8労判530号13頁（京セラ事件）
…………………………………341, 1298, 1483, 1493
最2小判平2・4・20労判561号6頁（林野庁高知営林局事件）……………………………70, 560, 1266
最3小判平3・3・5労判583号6頁（中央田中電機・品川労働基準監督署長事件）……………………………1268
最1小判平3・4・11労判590号14頁（三菱重工神戸造船所〔騒音性難聴〕事件）…………………71, 510, 561
最3小判平4・7・14労判615号9頁（熊野電報電話局事件）…………………………………………1265
最1小判平5・1・21判時1456号92頁（山形県水産公社事件）………………………………8, 116, 493, 726
最3小判平5・2・16民集47巻2号473頁（和歌山ベンジジン〔山東化学工業所ほか・和歌山労基署〕事件）…… 283, 1238
最1小判平8・1・18労判714号14頁（横浜南労基署長〔旭紙業〕事件）………………………………416
最1小決平12・3・10民集54巻3号1073頁 ……284, 1239
最2小判平12・3・24民集54巻3号1155頁（電通事件）

…… 244, 270, 271, 300, 302, 1147, 1191, 1210, 1211, 1278, 1286
最3小決平12・6・27労判795号13頁（東加古川幼児園事件）……………………………………1297
最1小判平13・4・26時1751号173頁（愛知県教育委員会〔減給処分〕事件）…………………………1183
最2小判平15・3・14判タ1126号97頁（長良川リンチ殺人事件報道事件）……………………………382
最2小判平15・9・12民集57巻8号973頁（江沢民講演会名簿提出事件）……………………………1494
最3小判平16・4・27労判872号5頁（筑豊じん肺〔国賠関係〕訴訟）…………………367, 648, 651, 956, 1005
最3小決平17・12・21判タ1199号197頁 ……47, 48, 495, 499
最3小決平18・10・3民集60巻8号2647頁 ……284, 1239
最1小判平19・6・28労判940号11頁（藤沢労基署長事件）……416
最1小判平20・3・6民集62巻3号665頁（住基ネット訴訟）
…………………………………………………1494
最3小決平20・11・25民集62巻10号2507頁 ……284, 1239
最2小判平24・4・27裁時1555号8頁（日本ヒューレット・パッカード事件）………………306, 340, 1295, 1482
最2小判平26・3・24労判1094号22頁（東芝〔うつ病・解雇〕事件）………………266, 346, 379, 1205, 1267, 1292, 1298
最1小判平26・10・9判時2241号13頁（大阪・泉南アスベスト訴訟〔第1陣訴訟〕）……………648, 1006, 1397
最1小判平26・10・9民集68巻8号799頁（大阪・泉南アスベスト訴訟〔第2陣訴訟〕）……………………1005, 1006
最2小決平28・3・16LEX/DB 25542653（公立八鹿病院組合ほか事件）……………………………1293
最1小判令3・5・17判タ1487号136頁（建設アスベスト訴訟〔東京第1陣〕事件）……………………955, 956
最1小判令3・5・17判タ1487号143頁（建設アスベスト訴訟〔大阪第1陣〕事件）……………………………955
最1小判令3・5・17判タ1487号149頁（建設アスベスト訴訟〔京都第1陣〕事件）……………………………955
最1小判令3・5・17民集75巻5号1359頁（建設アスベスト訴訟〔神奈川第1陣〕事件）……6, 19, 21, 156, 183, 188, 311, 367, 370, 377, 405, 416, 565, 614, 647, 778, 897, 955, 1005, 1007, 1314, 1445
最2小判令4・6・3裁時1793号1頁（建設アスベスト訴訟〔神奈川第2陣〕事件）……………………………955
最3小判令5・7・11民集77巻5号1171頁（経産省事件）……1317

高等裁判所

大阪高判昭37・12・10時327号46頁 ………………332
仙台高判昭40・6・28下刑集7巻6号1206頁（大泉〔伊藤ビル新築工事現場〕事件）………………62, 541, 545
大阪高判昭46・12・13刑集27巻7号1368頁 ………544
名古屋高判昭47・2・28判時666号94頁（河村産業所事件〔鍋田農協倉庫倒壊事件〕）
………………7, 22, 107, 109, 114, 134, 407, 709, 721, 1434

福岡高判昭51・7・14民集34巻7号906頁（大石塗装・鹿島建設事件）……………………………………109, 711, 712
福岡高判昭52・8・3判時896号110頁……………124, 748, 756
広島高判昭53・4・18判時918号135頁（幸陽船渠事件）…………………………………10, 114, 369, 532, 722, 740
東京高判昭53・7・18判時900号68頁（池袋労基署長事件）………………………………71, 329, 330, 382, 565
東京高判昭54・7・9判時323号26頁（浦和労基署長事件〔夜勤従業員心臓病死事件控訴審判決〕）………258, 1186
東京高判昭56・3・26労経速1088号17頁（東京労働基準局長〔青梅労基署〕事件）…………………329, 1445
東京高判昭56・8・11判タ459号143頁……………………22, 408
高松高判昭59・9・19判時440号39頁（林野庁高知営林局事件）…………………………………………………560
東京高判昭60・7・17判時1170号88頁（富士ブロイラー事件）…………………………………10, 138, 801, 823
東京高判昭60・9・17判時1182号80頁（クレーン車引渡請求事件）……………………………………149, 828
大阪高判昭60・12・23判時1178号27頁（大東マンガン事件〔植田満俺精錬所・守口労基署長事件〕）………………………………71, 255, 330, 380, 382, 564, 1449
東京高判昭61・11・13判労487号66頁（京セラ事件）…………………………………341, 1267, 1298, 1483, 1493
名古屋高判昭63・3・30判時1286号73頁（熊野電報電話局事件）………………………………………………1265
福岡高判昭63・5・12判時1278号161頁…………23, 45, 409, 492
大阪高判昭63・11・28労判532条49頁（三菱重工神戸造船所〔騒音性難聴〕事件）………………………………561
東京高判平1・2・23労判652号11頁（山形県水産公社事件）……………………………………………………726
東京高判平2・8・8労判569号51頁（中央田中電機・品川労働基準監督署長事件）…………………………1268
東京高判平3・5・27労判595号67頁（大日本印刷・新宿労働基準監督署長事件）………………258, 1187, 1268
大阪高判平6・3・18労判655号54頁（茨木労基署長〔関西幹線整備〕事件）……………………………………1268
大阪高判平7・4・27労判679号46頁（京都南労働基準監督署事件）…………………………………………1268
名古屋高判平9・7・25労判729号80頁（愛知県教育委員会〔減給処分〕事件）………………………………1315
東京高判平9・9・26労判724号13頁（電通事件）………302, 1286
東京高判平10・2・26労判732号14頁（東京海上火災保険・海上ビル診療所事件）……………………255, 1181
大阪高判平11・3・30労判771号62頁（三菱重工神戸造船所〔振動障害〕事件）………………………71, 562, 1266
東京高判平11・7・28労判770号58頁（システムコンサルタント事件）………………………261, 378, 1181, 1183, 1268
福岡高判平13・7・31判時1806号50頁……………………1081
東京高判平14・3・22労判835号80頁（M製作所〔労働安全衛生法違反被告〕事件）…………………………571
東京高判平14・7・11判時832号13頁（新宿労基署長〔映画撮影技師〕事件）……………………………………416
東京高判平14・7・23労判852号73頁（三洋電機サービス事件）…………………………………………1236, 1297
大阪高判平15・5・29労判858号98頁（榎並工務店〔脳梗塞死損害賠償〕事件）………………………261, 1194, 1268
福岡高判平19・10・25労判955号59頁（山田製作所〔うつ病自殺〕事件）………………………………1234, 1298
名古屋高判平19・10・31労判954号31頁（名古屋南労基署長〔中部電力〕事件）………………………304, 1288
東京高判平19・11・29労判951号31頁（朝日新聞社〔国際編集部記者〕事件）…………………………………416
東京高判平21・7・28労判990号50頁（ニコンほか事件）……1233
高松高判平21・9・15労判993号36頁（エム・テックほか事件）……………………………………………542, 723
大阪高判平21・12・17刑集66巻4号471頁………347, 1495
東京高判平23・1・26労判1025号5頁（日本ヒューレット・パッカード事件）………………………………………340
東京高判平23・2・23労判1022号5頁（東芝〔うつ病・解雇〕事件）……………………………267, 346, 1205, 1298
大阪高判平23・5・25労判1033号24頁（大庄事件）……273, 1216
大阪高判平25・3・14労判1075号48頁（天満労基署等〔CSKうつ病自殺〕事件）…………………………………1298
大阪高判平25・6・19労判1077号5頁（ニチアス〔石綿ばく露・文書提出命令〕事件）…………………283, 1239
東京高判平25・11・27労判1091号42頁（横河電機〔SE・うつ病り患〕事件）…………………………266, 483, 1204
大阪高判平26・8・28判時2243号35頁………………324, 1402
福岡高判平27・1・29労判1112号5頁（社会医療法人A会事件）……………………………………………………344, 1488
東京高判平27・2・26労判1117号5頁（ティー・エム・イーほか事件）……………………………303, 1267, 1290, 1493
広島高松27・3・18労判1118号25頁（公立八鹿病院組合ほか事件）……58, 266, 302, 305, 519, 1203, 1215, 1286, 1293, 1298
大阪高判平27・9・11労経速2264号2頁（日本放送協会事件）……………………………………………………416
大阪高判平28・1・28判時2304号110頁（遺族補償給付不支給処分取消訴訟事件）……………………283, 1239
東京高判平28・8・31労判1147号62頁（東芝〔うつ病・解雇〕事件）……………………………………………1206
東京高判平28・11・8高等裁判所刑事裁判速報集（平28）号151頁（X社事件）…………………………62, 63, 541
大阪高判平29・9・29労判1174号43頁（国・神戸労基署長〔阪神高速パトロール〕事件）……………………1298
東京高判平29・10・26労判1172号26頁（さいたま市〔環境局職員〕事件）………………………303, 344, 1289, 1488
東京高判平29・10・27労判タ1444号137頁（建設アスベスト訴訟〔神奈川第1陣〕事件）……………955, 977, 1005, 1313
名古屋高判平30・3・14裁判所WEBサイト（懲戒免職処分取消等請求事件）………………………………306, 1294
東京高判平30・3・14裁判所WEBサイト（建設アスベスト訴訟〔東京第1陣〕事件）……………………………955
東京高判平30・4・26労判1206号46頁（日本総合住生活ほか事件）……………………………53, 102, 105, 508, 691, 698
大阪高判平30・8・31判時2404号4頁（建設アスベスト訴訟〔京都第1陣〕事件）……………………………………955
大阪高判平30・9・20判時2404号240頁（建設アスベスト訴訟〔大阪第1陣〕事件）…………………………………955
東京高判平30・10・11LEX/DB 25561854（神奈川SR経営労務センター事件）………………………………464, 484

東京高判平31・4・17 2019WLJPCA04176007（公益社団法人ボイラ・クレーン安全協会事件）……151, 167, 832, 921
福岡高判令元・11・11裁判所WEBサイト（建設アスベスト訴訟〔九州第1陣〕事件）……955
東京高判令2・8・28判時2468・2469号15頁（建設アスベスト訴訟〔神奈川第2陣〕事件）……955
仙台高判令2・12・16LEX/DB 25568687（東京電力ホールディングス〔旧東京電力〕ほか2社事件）……78, 579
札幌高判令4・5・30LEX/DB 25593072（建設アスベスト訴訟〔北海道第1陣〕事件）……955
東京高判令5・1・25未登載……530
東京高判令5・5・31未登載（建設アスベスト訴訟〔神奈川第1陣〕事件）……955

地方裁判所

東京地判昭25・12・28労民1巻6号1039頁（太洋鉄板事件）……1446
名古屋地判昭26・9・19未登載（良工社女子年少者就業制限等違反被告事件）……214, 224, 1066
神戸地判昭33・8・13労民9巻5号791頁（田中鉄工休職事件）……286, 1242
東京地判昭39・9・28下級民集15巻9号2317頁（宴のあと事件）……382
名古屋地判昭46・3・23注解労働安全衛生関係法令解釈例規集9-2巻第7編第1章3181頁（河村産業所事件〔鍋田農協倉庫倒壊事件〕）……709, 1434
大阪地判昭46・3・25判時645号96頁（城東製鋼事件）……286, 1242
神戸地判昭48・4・10判時739号103頁（常石造船事件）……24, 411, 734
福岡地小倉支判昭49・3・14民集34巻7号895頁（大石塗装・鹿島建設事件）……109, 711, 712
東京地決昭49・10・4判時765号105頁（日本メール・オーダー事件）……1265
長崎地判昭52・1・11未登載……124, 748
仙台地判昭52・3・14判時847号3頁（ソニー有機溶剤中毒訴訟事件）……256, 1182
高知地判昭52・7・28判時861号24頁（林野庁高知営林局事件）……560
広島地尾道支判昭53・2・28判時901号93頁（常石造船・宮地工作所事件）……49, 499
鳥取地判昭53・6・22判時920号198頁（中国電力事件）……416
神戸地尼崎支判昭54・2・16判時941号84頁（尼崎港運・黒崎産業事件）……48, 109, 499, 712
横浜地判昭56・2・25労判359号30頁（横浜西労基署長等事件）……1262
東京地判昭56・9・28判時1017号34頁（日本化学工業事件）……103, 237, 694, 1134, 1264
大阪地判昭57・9・30労判396号51頁（大東マンガン事件〔植田満俺精錬所・守口労基署長事件〕）……255, 564, 1182
京都地判昭57・10・7判タ485号189頁（京和タクシー事件）……263, 1196
秋田地判昭57・10・18労判401号52頁（東北機械製作所事件）……70, 256, 561, 1182
静岡地判昭58・4・7訟月29巻11号2031頁（富士ブロイラー事件）……138, 801
札幌地判昭59・2・28労判433号64頁（北土建設・前田道路事件）……62, 542
神戸地判昭59・7・20労判440号75頁（三菱重工神戸造船所〔騒音性難聴〕事件）……561
東京地判昭59・8・31未登載（クレーン車引渡請求事件）……828
神戸地尼崎支判昭60・2・8労判448号31頁（ヤンマーディーゼル事件）……76, 576
松山地判昭60・10・3判時1180号116頁（日本電信電話〔NTT〕事件）……246, 1153
和歌山地判昭61・5・14労判476号26頁（和歌山ベンジジン〔山東化学工業所ほか・和歌山労基署長〕事件）……283, 1237
京都地判昭61・6・10労判479号78頁……164, 912
長野地判昭61・6・27判タ616号34頁（長野じん肺訴訟第1審判決）……322, 1396
新潟地判昭61・10・31労判488号54頁（山形県水産公社事件）……726
東京地判昭61・12・26判タ644号161頁（大成建設他事件）……76, 103, 576, 695
名古屋地判昭62・7・27判時1250号8頁（大隈鉄工所高価機械損傷損害賠償訴訟）……93, 664, 666
神戸地判昭62・7・31判時502号6頁（三菱重工業事件）……584
神戸地判昭62・11・20判時1258号22頁（ノンフィクション「逆転」事件）……382
広島地判平元・9・26労判547号6頁（中国ピアノ運送事件）……416, 576
大阪地判平2・11・28労経速1413号3頁（高島工作所事件）……261, 1195
神戸地判平2・12・27労判596号69頁（内外ゴム事件）……237, 256, 416, 572, 1135, 1182
山口地判平3・2・27判タ757号208頁……164, 914
長野地判平3・3・7労判588号64頁（みくに工業事件）……110, 713, 1133
東京地判平3・3・22判時586号19頁（空港グランドサービス〔AGS〕・日航事件）……341, 382, 576, 1267, 1484
高松地判平3・5・23労自91号71頁……125, 750
神戸地判平6・7・12労判663号29頁（三菱重工業神戸造船所〔振動障害〕事件）……562, 1266
名古屋地判平6・8・26労判654号9頁（名古屋南労基署長〔矢作電設〕事件）……1268
東京地判平6・12・20労判671号62頁（本田技研工業事件）……77, 577
岡山地判平6・12・20労判672号42頁（真備学園事件）……8, 255, 302, 493, 1180, 1183, 1285
名古屋地判平7・9・29労判684号26頁（名古屋南労基署長〔東宝運輸〕事件）……1268
東京地判平8・3・28労判692号13頁（電通事件）……302, 1190, 1286
東京地判平8・3・28労判694号34頁（富士保安警備事件）……1179, 1297
神戸地判平8・4・26労判695号31頁（加古川労基署長〔神戸製鋼所〕事件）……1297
釧路地判平8・12・10労判709号20頁（梅田運輸・帯広労働基準監督署長事件）……1268
名古屋地判平10・2・23判タ982号174頁（名古屋市教員〔志賀

中学校等〕事件）……………………………… 292, 1255
大阪地判平10・4・30労判741号26頁（佐川急便〔損害賠償請求〕事件）……………………… 76, 244, 576, 1147
東京地判平10・9・22労判752号31頁（東京電力〔解雇〕事件）………………………………………………… 531
千葉地判平11・1・18労判765号77頁（東洋精箔事件）…… 104, 696
長野地判平11・3・12労判764号43頁（大町労基署長〔サンコー〕事件）……………………………………… 1297
東京地判平11・3・19労経速1707号17頁（ワタシン事件）…… 530
千葉地判平12・6・12労判758号10頁（T工業〔HIV解雇〕事件）……………………………… 342, 531, 1485
大阪地判平12・8・9判時1732号152頁（労働安全衛生法違反、労働基準法違反被告事件）……………………… 1178
名古屋地判平12・11・20税務訴訟資料249号673頁 …… 1402
大阪地判平14・4・15労判858号105頁（榎並工務店〔脳梗塞死損害賠償〕事件）………………… 1194, 1268
京都地判平15・1・21労判852号38頁（京都簡易保険事務センター〔嫌煙権〕事件）…………… 294, 1258, 1311
東京地判平15・2・1判時1852号付録判例評論544号195頁（中央労働基準監督署長〔大島町宿日直許可処分〕事件）…… 1445
水戸地判平15・3・3判タ1136号96頁（JCO東海村臨界事故事件）……………………………… 32, 90, 440, 649
大阪地堺支判平15・4・4労判854号64頁（南大阪マイホームサービス〔急性心臓死損害賠償〕事件）…… 59, 260, 521, 1191
大阪地決平15・4・16労判849号35頁（大建工業事件）…… 1267
横浜地判平15・5・13労判850号12頁（綾瀬市シルバー人材センター〔I工業所〕事件）………………… 223, 1082
東京地判平15・5・28労判852号11頁（東京都〔警察学校・警察病院HIV検査〕事件）……………………… 1184
東京地判平15・6・20労判854号5頁（B金融公庫事件）…… 531
東京地八王子支判平15・12・10判時1845号83頁（Aサプライ〔知的障害者死亡災害〕事件）…………… 33, 56, 446, 516
名古屋地判平16・1・20労判880号153頁（オンテックス事件）……………………………………………… 1267
大阪地判平16・3・22労判883号58頁（喜楽鉱業〔有機溶剤中毒死〕事件）…………………… 71, 562, 700
札幌地判平16・3・26判時1868号106頁（損害賠償請求事件）……………………………………………… 1297
東京地判平16・7・12労判878号5頁（江戸川区〔受動喫煙損害賠償請求〕事件）…………… 292, 310, 1256, 1311
大阪地判平16・12・22労判889号35頁（JR西日本〔受動喫煙〕事件）………………………… 294, 1258, 1311
東京地判平17・2・18労判892号80頁（カンドー事件）…… 466
名古屋地判平18・1・18労判918号65頁（富士電機E&C事件）……………………………… 340, 1184, 1481
那覇地沖縄支判平18・4・20労判921号75頁（おきぎんビジネスサービス事件）………………………… 76, 576
横浜地小田原支判平18・5・9労判943号84頁 ………… 1312
東京地判平18・7・7判時1940号3頁（損害賠償請求事件）……………………………………………… 1263
熊本地判平18・7・13訟月55巻3号797頁（損害賠償請求事件）……………………………………………… 1263
長崎地判平18・10・3労判923号93頁（労働安全衛生法違反、有印私文書偽造、同行使被告事件）……………… 1179
仙台地判平18・10・12訟月55巻3号1367頁（損害賠償請求事件）……………………………………………… 1263

名古屋地判平19・1・24労判939号61頁（ボーダフォン〔ジェイフォン〕事件）…………………… 340, 1481
東京地判平19・10・15労判950号5頁（国・静岡労基署長〔日研化学〕事件）…………………… 304, 1288
大阪地判平19・11・12労判958号54頁（奈良労基署長〔日本ヘルス工業〕事件）……………………… 1297
長野地判平19・12・4労判967号79頁（信濃運送事件）…… 75, 575
大阪地判平20・1・25労判960号49頁（キヤノンソフト情報システム事件）……………………………………… 483
東京地判平20・4・22労判965号5頁（東芝うつ病事件）…… 1298
大阪地判平20・5・25労判973号76頁（富士通四国システムズ〔FTSE〕事件〔うつ病発症〕）…… 1298
大阪地判平20・6・25自保1827号160頁 ………………… 834
高松地判平20・9・22労判993号41頁（エム・テックほか事件）……………………………… 115, 542, 723
東京地判平20・11・13労判981号137頁（岩瀬プレス工業事件）……………………………………… 45, 492
東京地判平20・11・28未登載（療養補償給付不支給処分取消請求事件）……………………………… 301, 1284
東京地判平20・12・8労判981号76頁（JFEスチールほか事件）……………………………… 1233, 1269
釧路地帯広支判平21・2・2労判990号196頁（音更町農業協同組合事件）…………………… 282, 1235, 1236
奈良地判平21・4・15判時2048号135頁 ………… 347, 1491
福岡地判平21・12・2労判999号14頁（九電工事件）…… 272, 1214
大阪地判平21・12・21労判1003号16頁（グルメ杵屋事件）……………………………………… 272, 1214
大阪地判平22・4・21判時2099号62頁（渡辺工業〔石綿曝露等〕事件）…………………………………… 1267
東京地判平22・6・11労判1025号14頁（日本ヒューレット・パッカード事件）………………………………… 340
長崎地判平22・10・26労判1022号46頁（諫早労基署長〔ダイハツ長崎販売事件〕事件）………………… 1298
東京地判平22・10・28労判1017号14頁（JAL労働組合ほか〔プライバシー侵害〕事件）…………… 342, 1485
さいたま地判平23・1・21判時2105号75頁（損害賠償請求事件）……………………………………………… 1267
東京地判平23・2・25労判1028号56頁（日本通運事件）…… 43, 481
大阪地判平23・10・25判時2138号81頁（（財）大阪市K協会事件）……………………………… 42, 458, 478
大阪地判平24・2・15労判1048号105頁（建設技術研究所事件）……………………… 42, 299, 305, 479, 1277, 1292
東京地判平24・3・15労判1091号60頁（横河電機〔SE・うつ病り患〕事件）………………………… 267, 1205
横浜地判平24・5・25訟月59巻5号1157頁（建設アスベスト訴訟〔神奈川第1陣〕事件）…………………… 955
東京地判平24・8・21労経速2156号22頁（F社事件）…… 42, 479
前橋地判平24・9・7労判1062号32頁（萬屋建設事件）……………………………………… 273, 1215
盛岡地判平24・10・5労判1066号72頁（岩手県〔職員・化学物質過敏症等〕事件）……………………… 1312
さいたま地判平24・10・10裁判所WEBサイト（石綿管製造会社石綿関連疾患事件）…………………… 57, 518
東京地判平24・10・30LEX/DB 25498287 …………… 915

東京地判平24・12・5判時2183号194頁（建設アスベスト訴訟〔東京第1陣〕事件）………………………………………955
東京地判平24・12・25労判1068号5頁（第一興商〔本訴〕事件）………………………………………43, 482, 483
東京地判平25・1・31労経速2185号3頁（伊藤忠事件）………483
東京地判平25・2・18判例秘書L06830232……………………77, 577
名古屋地半田支判平25・9・10判時2220号75頁（なか卯事件）………………………………………………………1266
東京地判平25・9・11労判1085号60頁（医療法人衣明会事件）………………………………………………20, 403
東京地判平25・12・17LEX／DB 25516748（損害賠償等請求事件）………………………………………295, 1258
静岡地判平26・3・24労判1117号12頁（ティー・エム・イーほか事件）………………………………303, 1290, 1493
神戸地尼崎支判平26・4・22判時2237号127頁（阪神バス〔勤務配慮〕事件）………………………………………466
鳥取地米子支判平26・5・26労判1099号5頁（公立八鹿病院組合ほか事件）………………………………………1293
福岡地久留米支判平26・8・8労判1112号11頁（社会医療法人A会事件）………………………………………344, 1488
福岡地判平26・11・7LEX／DB 25505227（建設アスベスト訴訟〔九州第1陣〕事件）………………………………955
横浜地判平27・1・14労経速2244号3頁（コンチネンタル・オートモーティブ事件）………………………………483
大阪地判平27・2・23労経速2248号3頁（積水ハウス〔受動喫煙〕事件）………………………292, 1257, 1312
秋田地判平27・3・6労判1119号35頁（秋田労基署長〔ネッツトヨタ秋田〕事件）………………………………1298
さいたま地判平27・11・18労判1138号30頁（さいたま市〔環境局職員〕事件）………………………303, 344, 1488
大阪地判平28・1・22判タ1426号49頁（建設アスベスト訴訟〔大阪第1陣〕事件）…………………………………955
京都地判平28・1・29判時2305号22頁（建設アスベスト訴訟〔京都第1陣〕事件）…………………………………955
京都地判平28・2・23LEX／DB 25542312（ワコール事件）………………………………299, 306, 1277, 1293
東京地判平28・3・16労判1141号37頁（ネットワークインフォメーションセンターほか事件）……………………1298
京都地判平28・3・29労判1146号65頁（京都府立大学事件）……466
福岡地小倉支判平28・4・14LEX／DB 25542776（損害賠償請求事件）………………………………………1262
東京地判平28・5・30労判1149号72頁（無洲事件）………273, 1270
東京地判平28・9・12労判1206号65頁（日本総合住生活ほか事件）………………………53, 102, 105, 508, 691, 698
東京地立川支判平28・11・15労経速2301号3頁（トッパンメディアプリンテック東京事件）……………………1267
東京地判平29・1・24判タ1453号211頁（損害賠償請求事件）………………………………………………93, 665
札幌地判平29・2・14判時2347号18頁（建設アスベスト訴訟〔北海道第1陣〕事件）……………………………955
東京地判平29・5・12判タ1474号222頁（八王子労基署長事件）………………………………………………1445
神戸地判平29・8・9労経速2328号23頁（兵庫教育大学事件）………………………………………9, 39, 466
横浜地判平29・10・24LEX／DB 25549052（建設アスベスト訴訟〔神奈川第2陣〕事件）………………………955
千葉地判平29・12・8労経速2340号11頁（C市立病院事件）…483
長野地松本支判平30・3・28LEX／DB 25560025（綿半ソリューションズ〔綿半鋼機訴訟承継人〕事件）……217, 1072
東京地判平30・4・18LEX／DB 25560852（国・沖縄労働局長・那覇労基署長事件）…………………284, 1240
横浜地判平30・5・10労判1187号39頁（神奈川SR経営労務センター第3事件）…………………………………484
東京地判平30・6・27LEX／DB 25555958………………459, 530
東京地判平30・7・2労判1995号64頁（化学メーカーC社〔有機溶剤中毒等〕事件）………………………71, 563
福岡地小倉支判平30・10・4LEX／DB 25449830（法第37条に係る受託収賄事件）………………370, 802, 1438
東京地判平30・11・9LEX／DB 25558845（公益社団法人ボイラ・クレーン安全協会事件）………………831, 921
神戸地判平31・4・16LEX／DB 25563012（損害賠償請求事件）………………………………………94, 666
福岡地判平31・4・16労経速2412号17頁（Y歯科医院事件）………………………………………………273, 1215
岐阜地判平31・4・19労判1203号20頁（岐阜県厚生農業協同組合連合会事件）………………………273, 1215
福島地いわき支判令元・6・26裁判所WEBサイト（東京電力ホールディングス〔旧東京電力〕ほか2社事件）……78, 578
長崎地大村支判令元・9・26労判1217号56頁（狩野ジャパン事件）………………………………………273, 1216
大阪地判令2・1・31LEX／DB 25564864（アクセスメディア事件）………………………………………………1298
静岡地沼津支判令2・2・25判判1244号94頁（山崎工業事件）………………………………………………215, 1068
東京地判令2・9・4LEX／DB 25586308（建設アスベスト訴訟〔東京第2陣〕事件）……………………………955
福井地判令3・5・11判時2506・2507号86頁（三星化学工業事件）………………………………………94, 666
東京地判令3・6・17LEX／DB 25590527（東京福祉バス事件）………………………………………282, 1235
東京地判令3・8・10LEX／DB 25601459（有限会社ラボプレクス事件）…………………………………370, 945
横浜地判令3・11・30労経速2477号18頁（NHKサービスセンター事件）…………………………………281, 1235
東京地立川支判令3・12・16LEX／DB 25592016………51, 505
東京地判令4・2・8LEX／DB 25603655（センクシア（株）産業医契約解除事件）…………………………42, 531
山口地判令4・2・25LEX／DB 25591966（損害賠償請求事件）………………………………………283, 1238
東京地判令4・4・12労判1276号54頁（酔心開発事件）………………………………………………378, 1180
札幌地判令4・4・28未登載（建設アスベスト訴訟〔北海道第2陣〕事件）……………………………………955
京都地判令4・5・11労判1268号22頁（社会福祉法人セヴァ福祉会事件）………………………………251, 1182
横浜地判令4・6・23未登載…………………………………530
京都地判令5・3・23LEX／DB25595087（建設アスベスト訴訟〔京都第2陣〕事件）……………………………955
大阪地判令5・6・30LEX／DB25573005（建設アスベスト訴訟〔大阪第2陣〕事件）……………………………955

簡易裁判所

人吉簡判昭45・2・20判時602号105頁（岡部組事件）… 222, 1080
尾道簡判昭52・6・23注解労働安全衛生関係法令解釈例規集9-2巻第7編第2章5114頁（幸陽船渠事件）………………… 722

佐倉簡判昭56・2・18未登載………………………………… 22, 408
広島簡判昭56・4・9未登載………………………………… 330, 1447
熊本簡判昭62・11・26未登載……………………………… 23, 409
千葉簡判平13・4・13労判835号86頁（M製作所〔安衛法違反被告〕事件）………………………………… 10, 369, 571

■執筆者紹介 (50音順／＊は編者)

安達　栄（あだち さかえ）　公益財団法人安全衛生技術試験協会常務理事, 元厚生労働省安全課長

阿部未央（あべ みお）　東北学院大学法学部教授

阿部理香（あべ りか）　九州国際大学法学部助教

石﨑由希子（いしざき ゆきこ）　横浜国立大学大学院国際社会科学研究院教授

井村真己（いむら まさき）　追手門学院大学法学部教授

大藪俊志（おおやぶ としゆき）　佛教大学社会学部教授

鎌田耕一（かまた こういち）　東洋大学名誉教授, 前労働政策審議会会長

吉川直孝（きっかわ なおたか）　独立行政法人労働者健康安全機構労働安全衛生総合研究所研究推進・国際センター　上席研究員

近藤龍志（こんどう たつし）　労働基準監督官

佐々木達也（ささき たつや）　名古屋学院大学法学部准教授

只野祐（ただの たすく）　前公益社団法人全国労働衛生団体連合会専務理事, 元厚生労働省職業病認定対策室長

田中建一（たなか けんいち）　東洋大学健康スポーツ科学部非常勤講師, 社会保険労務士

長谷川聡（はせがわ さとし）　専修大学法学部教授

原俊之（はら たかゆき）　青森中央学院大学経営法学部教授

半田有通（はんだ ありみち）　元厚生労働省労働基準局安全衛生部長

＊三柴丈典（みしば たけのり）　近畿大学法学部教授

南健悟（みなみ けんご）　慶應義塾大学法学部教授

森山誠也（もりやま せいや）　労働基準監督官

吉田肇（よしだ はじめ）　弁護士法人天満法律事務所弁護士, 元京都大学法科大学院客員教授

淀川亮（よどがわ りょう）　弁護士法人英知法律事務所弁護士

簡易裁判所

人吉簡判昭45・2・20判時602号105頁（岡部組事件）… 222, 1080
尾道簡判昭52・6・23注解労働安全衛生関係法令解釈例規集9-2巻第7編第2章5114頁（幸陽船渠事件…………………… 722
佐倉簡判昭56・2・18未登載……………………………… 22, 408
広島簡判昭56・4・9未登載……………………………… 330, 1447
熊本簡判昭62・11・26未登載……………………………… 23, 409
千葉簡判平13・4・13労判835号86頁（M製作所〔安衛法違反被告〕事件）………………………………… 10, 369, 571

■執筆者紹介 （50音順／＊は編者）

安達　栄（あだち さかえ）　公益財団法人安全衛生技術試験協会常務理事，元厚生労働省安全課長

阿部未央（あべ みお）　東北学院大学法学部教授

阿部理香（あべ りか）　九州国際大学法学部助教

石﨑由希子（いしざき ゆきこ）　横浜国立大学大学院国際社会科学研究院教授

井村真己（いむら まさき）　追手門学院大学法学部教授

大藪俊志（おおやぶ としゆき）　佛教大学社会学部教授

鎌田耕一（かまた こういち）　東洋大学名誉教授，前労働政策審議会会長

吉川直孝（きっかわ なおたか）　独立行政法人労働者健康安全機構労働安全衛生総合研究所研究推進・国際センター　上席研究員

近藤龍志（こんどう たつし）　労働基準監督官

佐々木達也（ささき たつや）　名古屋学院大学法学部准教授

只野　祐（ただの たすく）　前公益社団法人全国労働衛生団体連合会専務理事，元厚生労働省職業病認定対策室長

田中建一（たなか けんいち）　東洋大学健康スポーツ科学部非常勤講師，社会保険労務士

長谷川聡（はせがわ さとし）　専修大学法学部教授

原　俊之（はら たかゆき）　青森中央学院大学経営法学部教授

半田有通（はんだ ありみち）　元厚生労働省労働基準局安全衛生部長

＊三柴丈典（みしば たけのり）　近畿大学法学部教授

南　健悟（みなみ けんご）　慶應義塾大学法学部教授

森山誠也（もりやま せいや）　労働基準監督官

吉田　肇（よしだ はじめ）　弁護士法人天満法律事務所弁護士，元京都大学法科大学院客員教授

淀川　亮（よどがわ りょう）　弁護士法人英知法律事務所弁護士

■編者紹介

三柴丈典（みしば・たけのり）

Takenori Mishiba
東大阪市新上小阪228-3 近畿大学法学部
Faculty of Law, Kindai University
228-3, Shin-kamikosaka, Higashi-Osaka, Osaka
takenori.mishiba@gmail.com

略歴

1971年愛知県東海市生まれ。1999年，一橋大学大学院法学研究科博士後期課程修了，博士（法学）。同年に近畿大学法学部講師，2002年に同助教授，2007年に同准教授，2012年に同教授となり，現在に至る。専門は，労働法及び労働安全衛生法。2011年4月より2021年3月まで厚生労働省労働政策審議会安全衛生分科会公益代表委員。これまでに厚生労働省の検討会の委員等を歴任し，2014年7月には衆議院厚生労働委員会で，労働安全衛生法の改正について，参考人を務めた。2012年に一般社団法人産業保健法学研究会を設立，2020年に日本産業保健法学会を設立した。単著として，『労働安全衛生法論序説』（信山社，2000年），『労働者のメンタルヘルス情報と法』（法律文化社，2018年），『職場のメンタルヘルスと法』（法律文化社，2020年）などがある。2020年8月には，『職場のメンタルヘルスと法』の原著である Workplace Mental Health Law: Comparative Perspectives. Routledge を上梓した。その他，主に安全衛生や労災補償・賠償に関する共著書，論文等を多数公表している。

■協力者紹介

日本産業保健法学会

生きた安全衛生法の探究と教育を目的として，多くの方々の支援を頂きつつ，2020年に設立された。現代表理事は，東洋大学名誉教授，元厚生労働省労働政策審議会会長の鎌田耕一先生。現在の会員数は1100名を超え，年次学術大会には1100名以上が参加。分野をリードする国内誌『産業保健法学会誌』と国際誌 Journal of Work Health and Safety Regulation を発行，WEBで公開され，万単位のアクセスを得ている。労使の健康に関わる試行錯誤と対話に基づく自己決定の支援を重視することを理念に，多くの方々の自律的な活動により運営されている（https://jaohl.jp/）。

Horitsu Bunka Sha

コンメンタール労働安全衛生法

2025年4月15日　初版第1刷発行

編　者　三柴丈典
発行者　畑　光
発行所　株式会社　法律文化社

〒603-8053 京都市北区上賀茂岩ヶ垣内町71
電話 075(791)7131　FAX 075(721)8400
customer.h@hou-bun.co.jp
https://www.hou-bun.com/

印刷：共同印刷工業㈱／製本：藤原製本㈱
装幀：白沢　正
ISBN978-4-589-04362-7
©2025 Takenori Mishiba Printed in Japan

乱丁など不良本がありましたら，ご連絡下さい。送料小社負担にてお取り替えいたします。
本書についてのご意見・ご感想は，小社ウェブサイト，トップページの「読者カード」にてお聞かせ下さい。

JCOPY 〈出版者著作権管理機構　委託出版物〉

本書の無断複写は著作権法上での例外を除き禁じられています。複写される場合は，そのつど事前に，出版者著作権管理機構（電話 03-5244-5088，FAX 03-5244-5089, e-mail: info@jcopy.or.jp）の許諾を得て下さい。

三柴丈典著／日本産業保健法学会協力 **生きた労働安全衛生法** ―成り立ちと運用実態― B5判・220頁［近刊］	『コンメンタール労働安全衛生法』の姉妹書。同書より，主要な裁判例，行政官による監督指導状況，事業場での実施状況を抽出。さらに，主要な事件には，安全衛生の専門家による「判決への賛否」「未然防止策」の2点を掲載した。
三柴丈典著 **労働者のメンタルヘルス情報と法** ―情報取扱い前提条件整備義務の構想― A5判・302頁・6820円	労働者のメンタルヘルス情報の取扱いをめぐる諸問題について関係法規および法理・学説を整理し，諸問題を理論的に解明。メンタルヘルス情報の取扱い適正化のための法理論構築へ向け，論証を試みる。
三柴丈典著 **職場のメンタルヘルスと法** ―比較法的・学際的アプローチ― A5判・246頁・6380円	不調の予防策，不調が生じた際の処置や法制度を6カ国の調査をもとに解明。予防策としての1次（問題の未然防止），2次（早期発見・早期介入），3次（事後的な介入と再発防止）という分類ごとの措置と問題への対応手段や法整備を実証的に考察。
道幸哲也・開本英幸・淺野高宏編 **変貌する労働時間法理** ―《働くこと》を考える― A5判・210頁・3080円	労働時間法理を判例・学説などの理論面および実務面から総合的に再検証し，その解明を試みる。実態および法理の新たな展開を踏まえ，その全体像を提示するとともに，《働くこと》とは何かを原理的に考察する。
淺野高宏・北岡大介編 **労働契約論の再構成** ―小宮文人先生古稀記念論文集― A5判・350頁・7700円	労働環境の変動への対応から体系的に立法された労働契約法は，成立以降，その法理の妥当性が常に問われている。労働契約論に関する主な論点につき，理論的到達点を踏まえ，あらためて再定位を試みるとともに，今日的課題を探る。

―法律文化社―

表示価格は消費税10％を含んだ価格です